PALÄOZOIKUM TIEFSEEVULKANISMUS
KLIMAWECHSEL ARTENSTERBEN … UM
MOOSTIERCHEN GONDWANA … EN
STACHELHÄUTER MASSENSTERBEN
AMPHIBIEN FARNE EVOLUTIONSSCHUB
LEITFOSSILIEN REPTILIEN PANGAEA
SCHUPPENBÄUME KARBON MOOSE
TETHYS LAURASIA ROTLIEGENDES
AMMONITEN VERSTEINERUNGEN JURA
ÜBERLEBENSSTRATEGIE DINOSAURIER
WÜSTENBILDUNG KONTINENTALDRIFT
DENDRITEN BRACHIOSAURUS SOLNHOFEN
ARAMBERRI MESOZOIKUM ERDNEUZEIT
BEDECKTSAMER ALPIDISCHE FALTUNG
PAARHUFER TYRANNOSAURUS PRIMATEN
TOUMAI LUCY HIPPARION HOMINIDEN
STEINWERKZEUG AUSTRALOPITHECUS
MAMMUT ARGIL CROMER-WARMZEIT
WOLLNASHORN MICOQUIEN WALLACE-
LINIE HOMO SAPIENS NEANDERTALER

W0222885

DAS JAHR MILLIONEN BUCH

DAS JAHR MILLIONEN BUCH

Vom Urknall zum Neandertaler

EIN
ADAC
BUCH

Impressum

Dieses Buch entstand in Zusammenarbeit
zwischen dem ADAC Verlag, München,
und dem Wissen Media Verlag, Gütersloh/München

© 2003 ADAC Verlag GmbH, München
© 2003 Wissen Media Verlag GmbH, Gütersloh/München

Projektleitung: Dr. Hans-Joachim Völse, Detlef Wienecke-Janz

Projektmanagement: Johannes Ebert, Annette Grunwald

Autoren: Matthias Felsch, Gerhard Hartl, Herwig Kenzler,
Dr. Kai Lückemeier

Redaktionsleitung: Andreas Schimkus
Redaktion: Christian Jahnel, Claudia Stutzmann, Walter Liedke

Bildredaktion: Traute Schürmann-Baetzel, txt redaktion & agentur
Bildnachweis: Seite 375
Karten: Wissen Media Verlag, Andromeda Oxford Limited

Wissenschaftliche Beratung: Dr. Andreas Braun (Universität Bonn),
Dr. Martin Sander (Universität Bonn), Dr. Frank Wiese (FU Berlin)

Projektabwicklung, Layout, Satz: txt redaktion & agentur; Lünen, Bonn, München

Titelgestaltung: Kühne Werbeagentur, München

Herstellung: John C. Bergener
Repro: Thomas Semmler

Gesamtherstellung: MOHN MEDIA • Mohndruck GmbH, Gütersloh

Das Werk einschließlich aller seiner Teile ist urheberrechtlich geschützt. Jede Verwendung außerhalb der engen Grenzen des Urheberrechtsgesetzes ist ohne Zustimmung der Verlage unzulässig und strafbar. Das gilt insbesondere für Vervielfältigungen, Übersetzungen, Mikroverfilmungen und die Verarbeitung in elektronischen Systemen.

Die Daten und Fakten dieses Buches wurden mit äußerster Sorgfalt recherchiert und geprüft. Dennoch kann keine Gewähr für die Richtigkeit der Angaben übernommen werden.

Printed in Germany

ISBN 3-89905-140-8

Das Jahrmillionenbuch

Eine Chronik der Erde und des Menschen von allem Anbeginn bis zum Anfang unserer Zeitrechnung

Eine Zahl mit neun Nullen – man muss sich das einmal vorstellen. Vor beinahe 14 Mrd. Jahren also soll alles begonnen haben mit dem Universum. Kann man bei solch einer Dimension von Abstand überhaupt schon (oder noch) von »Zeit« sprechen? Im Grunde versagt hier die Phantasie. Doch wagen wir das Experiment trotzdem! Setzen wir, liebe Leserinnen und Leser, unsere Imaginationskraft ruhig einmal in Gang. Wie fing es an mit unserer Erde? Und was war davor? Wohl jeder hat schon vom Urknall gehört und weiß, dass damit »irgendwie« offenbar »alles« begonnen haben müsse. Aber wie dürfen wir uns das vorstellen? Und vor wie vielen Jahren fand er eigentlich statt, jener spektakuläre Big Bang?

Erst seit Februar 2003 kennen wir diese Zahl annähernd genau: Auf 13,7 Mrd. Jahre hat sich die Wissenschaft geeinigt. Und so neu wie diese Information ist, so brandaktuell recherchiert sind auch die vielen anderen Daten, Fakten, Hintergründe und Zusammenhänge, die Ihnen »Das Jahrmillionenbuch« hier bietet. Die Entstehung der Planeten, die Geheimnisse von Materie, Atomen, Schwarzen Löchern, die Gesamtschau der geologischen Entwicklung auf der Erde, Werden und Entwicklung irdischen Lebens, schließlich das Wirken der frühen Menschheit – freuen Sie sich auf eine unvergleichlich spannende Lektüre und den puren Genuss beim Betrachten der eindrucksvollen Bilder.

Zauber des Vergangenen

»Tief ist der Brunnen der Vergangenheit«, stellt Thomas Mann geheimnisvoll fest, wenn er in seinem »Joseph«-Roman das alte Ägypten beschwört. In früheren, wissenschaftlich weit weniger ausgeleuchteten Epochen als der unseren war die Frage nach der Herkunft alles Gewordenen vor allem ein Gegenstand von Mythos und Religion. Sagen, manche davon fast so alt wie die Menschheit selbst, ranken sich um Seeungeheuer, Drachen und Sintfluten, um Götter, Wunder und Katastrophen. Der Mensch früher Zeiten brauchte solche Legenden, um mit all dem Unerklärbaren, Angst Machenden um ihn herum fertig zu werden. Oft besitzen diese faszinierenden Geschichten, deren Inhalt in modernem Sinne natürlich nicht zu beweisen ist, einen realen Kern. Und Forscher waren und sind nicht erst seit dem Troja-Entdecker Heinrich Schliemann dabei, anhand von Funden und deren Interpretation Mutmaßungen darüber anzustellen und Schlussfolgerungen ziehen. Steht etwa der Untergang des sagenhaften Atlantis in Zusammenhang mit jenem verheerenden, um 1625 v. Chr. erfolgten Vulkanausbruch auf der Kykladeninsel Thera, dem heutigen Santorin? Und was erzählt uns die erst Anfang 2002 in Sachsen-Anhalt gefundene »Himmelsscheibe von Nebra« und das im Juli 2003 nahebei entdeckte »Sonnenobservatorium von Goseck« über das astronomische Wissen der Bronzezeit? Auch davon unterrichtet dieses Buch Sie auf spannende Art.

Wissenschaft hat leider oft die Tendenz, dem Forschungsgegenstand seinen Zauber zu nehmen. Objektiv nachprüfbare Fakten und Umstände, auch die Interessen und Motive handelnder Menschen – das ist es, was sie interessiert. In einem Gedicht Bertolt Brechts fragt ein Arbeiter bei geschichtlicher Lektüre kritisch, ob es denn die Könige gewesen seien, welche die Felsbrocken zum Bau des ägyptischen Theben herangeschleppt hätten. Auch um solche berechtigten Fragen und ihre Beantwortung geht es in diesem Buch – ohne dass der Zauber der Geschichte indessen, da sind wir sicher, darüber verloren ginge.

Eine Erfolgsgeschichte

Von Charles Darwin haben wir gelernt, dass die Abläufe in der belebten Natur den Gesetzen der Evolution folgen. Das Überleben in den Urmeeren, Wäldern und Eiswüsten, das Aussterben der Dinosaurier, ja sogar die Entstehung des Menschen als Nachfahre des Affen seien Ausdruck ihrer Launenhaftigkeit. Um wie viel größeres Erstaunen lösen da die enormen Leistungen der frühen Menschen aus: die Erfindung von Keilschrift, Rad und Pflug. Der Bau der ägyptischen Pyramiden, von Athens Akropolis oder der Mauer der Chinesen, von Roms Fernstraßennetz, seiner Basiliken, Paläste, Wasserleitungen. Die Gestaltung indischer Stupas, von Mittelamerikas olmekischen Kolossalstatuen, der Masken der afrikanischen Nok-Leute.

Das »Jahrmillionenbuch«, liebe Leserinnen und Leser, macht Sie mit alledem vertraut. In einer Ausführlichkeit, Anschaulichkeit und Opulenz, wie Sie es vom ADAC Verlag gewohnt sind, präsentiert das Werk Ihnen, sportlich gesprochen, einen grandiosen Doppelschlag: Die gesamte Geschichte aller Erdzeitalter, dazu die spannende Schilderung alles dessen, was davor kam. Und darüber hinaus: Die gesamte Geschichte der frühen Menschheit, von den allerersten Hominiden aus Afrika über die Irr- und Nebenwege menschlicher Evolution bis hin zu den ersten Hochkulturen. Und weiter und mehr: die großen Taten der frühen Zivilisationen bis hin zu Cäsar, Augustus, Christus. Die Bände »Jahrtausendbuch« und »Jahrhundertbuch« haben somit ihren Vorläufer gefunden, der dort endet, wo sie einsetzen, und sowohl Grund- als auch Schlussstein des nunmehr vollendeten großen historischen Kompendiums aus dem ADAC Verlag darstellt.

Neueste Forschungsergebnisse

Wissenschaftlich fundiert und in verständlicher Darstellung zeigt das Jahrmillionenbuch ein packendes Bild allen Anbeginns, das in seiner Art neu ist. Ganz aktuelle Forschungsergebnisse – paläontologisch, archäologisch, althistorisch – werden hier zusammengefasst, wie sie in dieser Form großteils noch nicht einmal in die einschlägigen Fachkompendien eingeflossen sind. Auch mittlerweile in der Wissenschaft unstrittige Neudatierungen, etwa im Bereich der ägyptischen Geschichte, präsentieren wir Ihnen hier – anders als die meisten gängigen Nachschlagewerke.

Wer die genannten Vorgängerbände besitzt, findet im Jahrmillionenbuch Vertrautes: chronologische Ordnung, ausführliche Epochen-Einleitungen, die bewährten Chronik-Doppelseiten mit Hauptartikeln, Biografien, Berichten und Kurzeinträgen. Dazwischen eingestreut sind Doppelseiten mit einem Vertiefungsthema, wo Zusammenhänge transparent gemacht, Hintergründe erhellt und interessante Spezialaspekte in den Brennpunkt gestellt werden. Neben der, wie wir glauben, wirklich brillant gelungenen Bebilderung wollen wir noch ein besonders nützliches Detail hervorheben: Jeder Band besitzt am Ende, vor dem ausführlichen Register, ein informatives Glossar mit der Erläuterung ausgewählter wichtiger Fachbegriffe. Lesen, durchblättern, genießen Sie die Facetten einer faszinierenden Vergangenheit – oder greifen Sie systematisch auf den Inhalt zu. Das Jahrmillionenbuch will Ihnen Unterhaltung bieten und Wissen vermitteln. Viel Freude wünschen wir Ihnen damit!

Die Herausgeber

Vorwort

In den Medien werden Funde aus der Urzeit immer wieder als Sensationen präsentiert. Meist aber fehlt dem Laienverständnis dabei der erdgeschichtliche Rahmen, der die wirkliche Aussagekraft ermessen ließe. Die Geologen, welche die Gesteine erforschen, und die Paläontologen als Sammler der Reste ausgestorbener Tiere und Pflanzen erschließen das Verständnis für den Wandel, dem die ganze Erde und das Leben auf ihr unterworfen sind. Was auf den ersten Blick als statisch erscheinen mag – wie die Lage der Kontinente, die Formen der Küsten, die Verteilung von Bodenschätzen, die Lage der großen Vulkane und die Erdbebenzonen als Gefahrenquellen –, zeugt von einer überaus bewegten Geschichte, welche die Erde seit ihrer Entstehung durchlebt hat.

Das äußerst reiche Leben kennzeichnet unsere Erde. Es wird zwar immer wieder diskutiert, ob Leben auch auf anderen Planeten existieren könne. Bei der Vielzahl der Gestirne könnte es tatsächlich irgendwo Formen von Leben geben. Dieses aber hätte mit Sicherheit eine ganz andere Entwicklung durchgemacht und entspräche nicht den Lebensformen auf der Erde, die unseren Planeten tiefgreifend verändert haben. Zum Beispiel wäre der hohe Sauerstoffgehalt unserer Atmosphäre undenkbar, hätten die Pflanzen nicht die Photosynthese »erfunden«, bei der Sauerstoff als echter Biomüll anfällt. Es ist charakteristisch für das Leben, dass sich dann Organismen – zu denen auch wir Menschen gehören – entwickeln konnten, deren Atmung auf dieses Gas angewiesen ist. Bei der Evolution der Lebensformen wurden immer wieder alle sich bietenden Möglichkeiten, Energie aufzunehmen und umzuwandeln, ausgeschöpft. Viele dieser Konstruktionsmodelle waren über viele Jahrmillionen sehr erfolgreich, sind aber trotzdem wieder verschwunden. Der Grund: Unter den sich ständig verändernden Rahmenbedingungen entstanden andere Formen, die mit der Umwelt besser zurechtkamen. Die Vielfalt der großartigen biologischen Konstruktionen, darunter Riesenlibellen und Flugsaurier, ist immer wieder verblüffend. Davon berichtet dieses Buch.

Trotz der vielen Größenrekorde, z. B. unter den Dinosauriern, wird die Biomasse im Wesentlichen von relativ einfach gebauten Bakterien gebildet. Das war so in der Frühzeit des Lebens und ist auch heute noch so, aber es kommt eben nicht auf die Quantität an. Entscheidend ist vielmehr die komplexe Ordnung des Lebens, die zu jenen besonderen Formen führte, zu denen auch die Säugetiere – und mit ihnen wir Menschen – gehören. Normalerweise werden in der Natur alle Biomaterialien einem rigorosen Recycling unterworfen und somit zerstört. Faszinierend ist, dass trotzdem immer wieder Reste dieser Zerstörung entgehen konnten und heute als Fossilien vom Leben vergangener Epochen zeugen. Diese Überreste sind zwar oft recht unvollständig, lassen sich aber eindeutig interpretieren, wenn man mit einem guten anatomischen Wissen ans Werk geht.

Es geht nämlich nicht darum, mit viel Phantasie eindrucksvolle Theorien zu liefern. Wichtig ist es vielmehr, so genau wie möglich die tatsächlichen Pflanzen und Tiere und ihre Lebensweise nachzuzeichnen. Das wissenschaftliche Ethos verlangt es, alle Annahmen immer wieder kritisch anhand ergänzender Funde zu überprüfen. Dadurch kommen voreilig aufgestellte Hypothesen meist recht schnell zu Fall, besonders, wenn in einem nicht erwarteten zeitlichen oder räumlichen Zusammenhang weitere Funde auftauchen. Jeder Neufund ist ein Prüfstein, der zwar meist nicht zum Umstoßen bisheriger Vorstellungen zwingt, aber häufig Korrekturen im Detail erforderlich macht: Das ist der Fortschritt der Wissenschaft. Durch eine ständige Überprüfung von Theorien mittels der Befunde in der Natur konnte die spannende Geschichte der Lebensformen vergangener Jahrmillionen Stück für Stück rekonstruiert werden. Daraus ergibt sich das Gesamtbild der Erdgeschichte von den Anfängen bis zum heutigen Zustand, das in diesem Buch – leicht vereinfacht, um verständlich zu bleiben – vorgestellt wird. Sicher werden neue Funde Details ergänzen und an manchen Stellen andere Zusammenhänge erkennen lassen, aber das grundsätzliche Bild wurde so vielfach bestätigt, dass es recht stabil geworden ist und damit dem tatsächlichen Geschehen nahe kommt.

Das Buch regt mit seinen vielen Bildern zum Lesen und zum Schauen an. Wer einiges an Vorkenntnissen gesammelt hat, weiß die Zeugnisse der Erdgeschichte in der Landschaft zu lesen und lernt zum Beispiel, wo man in alten Meeresablagerungen nach Fossilien suchen kann, die sonst nur in den Museen zu bestaunen sind. Nicht zuletzt leistet das »Jahrmillionenbuch« einen wichtigen Beitrag zur allgemein verständlichen Vermittlung dieses spannenden Sujets – der Paläontologie und der Evolutionsgeschichte.

Ich wünsche dem »Jahrmillionenbuch« des ADAC Verlags eine große Verbreitung.

Prof. Dr. Wighart v. Koenigswald

Inhaber des Lehrstuhls für Paläontologie an der Universität Bonn,
Vorsitzender der Paläontologischen Gesellschaft

Abb. links: Dinosaurier-Fußspuren in der Morrison-Formation (Colorado, USA) – Zeugen einer vergangenen Zeit

1000–440 Millionen

Chronik des Zeitraums 1000–440 Millionen

Themen der Zeit

440–354 Millionen

Chronik des Zeitraums 440–354 Millionen

Themen der Zeit

65,5–7 Millionen

7 Millionen–40 000

13,7 – 4 Milliarden

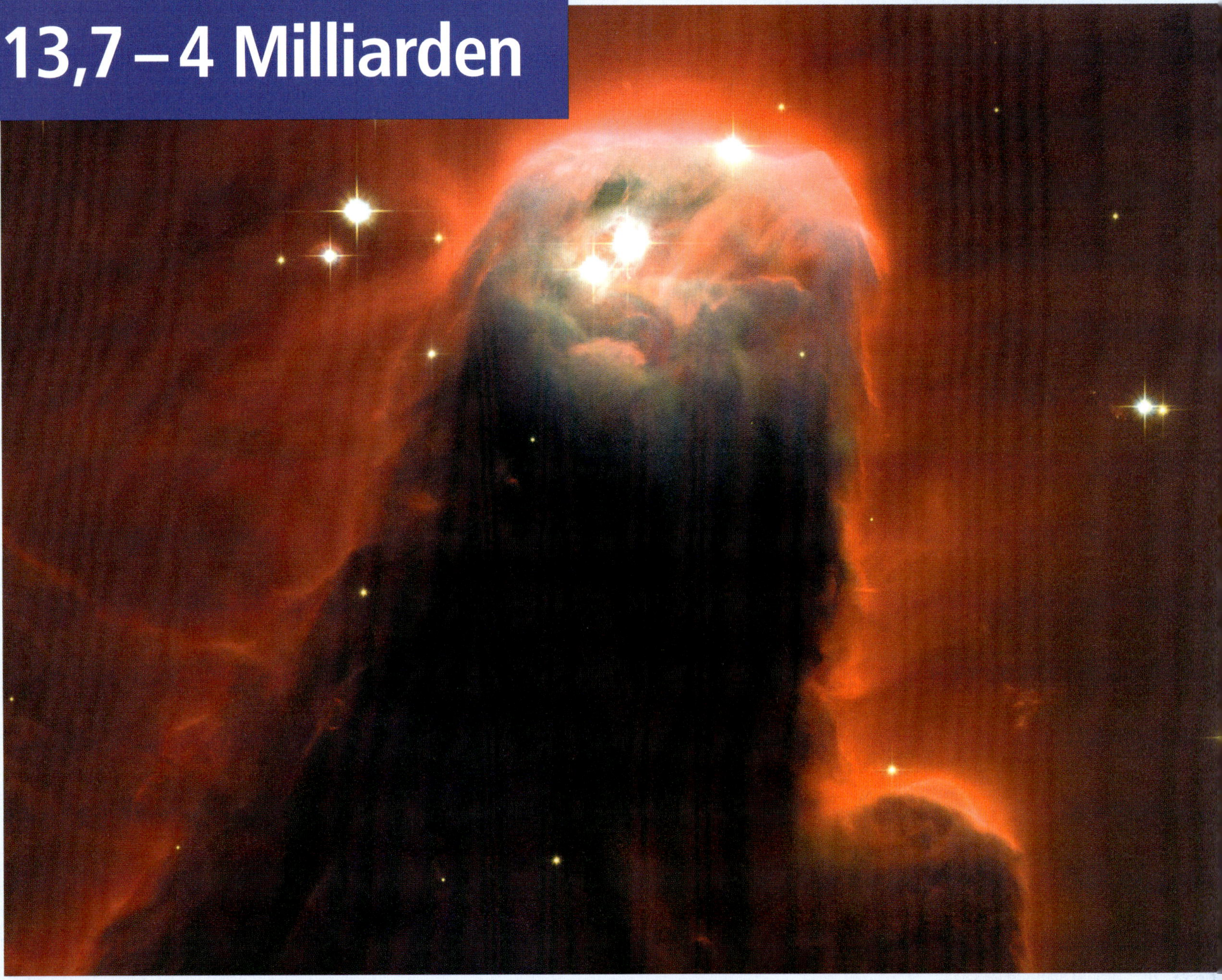

1

2

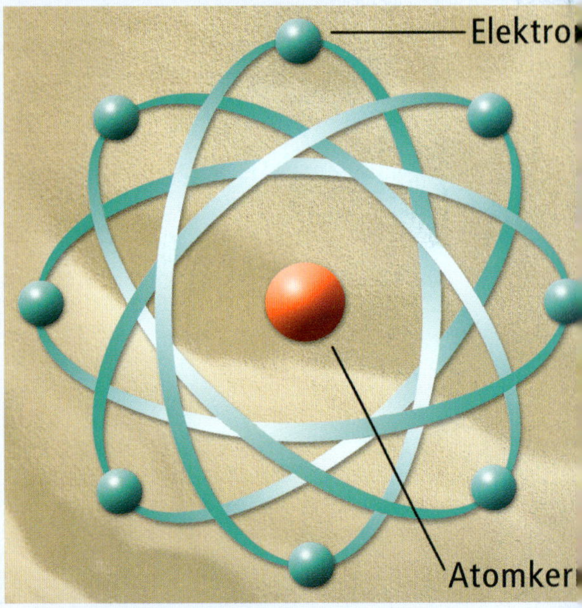

3

1 – Geheimnisvolles, unerklärliches Weltall: Eine riesige Säule aus Gas und Staub erhebt sich inmitten eines Sternentstehungsgebietes. Der Nebel NGC 2264 im Sternbild Einhorn erinnert an ein gigantisches Urweltmonstrum. 2 – Herr der Ringe: Unter den Planeten unseres Sonnensystems sticht Saturn mit seinem Ringsystem hervor (Fotomontage). 3 – Kleinste Bausteine: Das Atommodell von Ernest Rutherford erleichtert die Erklärung der Mikrostrukturen des Alls.

4

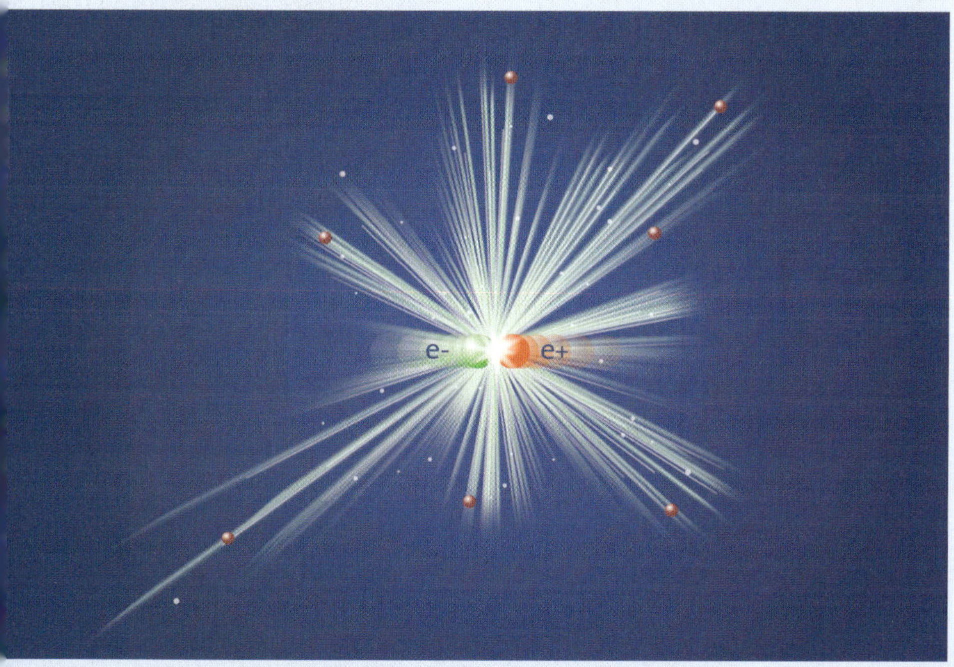

5

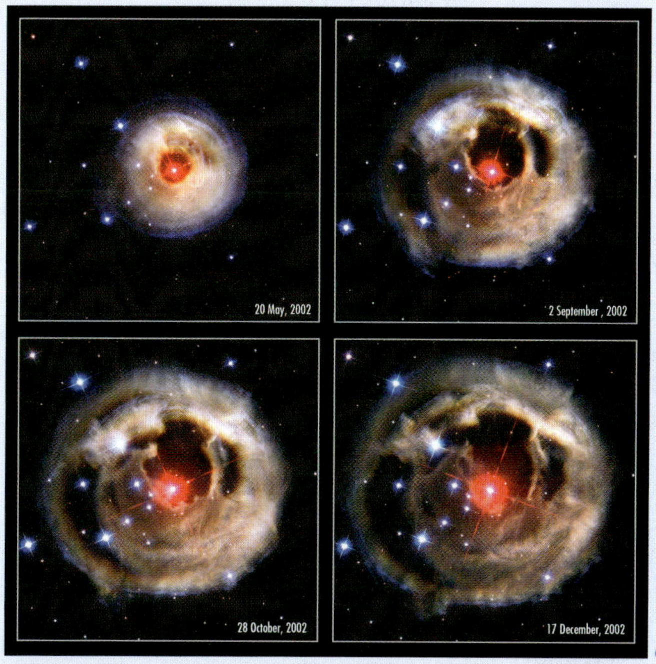

6

7

8

4 – Ein Dokument der Eroberung des Weltalls: Die Erde, von der Mondoberfläche aus fotografiert. 5 – Die Teilchenphysik schlägt die Brücke zur Energieerzeugung im All: Bei der Kollision von Elektron und Positron entsteht pure Energie. 6 – Dramatik: Eine Sternexplosion mit 600 000-facher Sonnenstärke. 7 – Zu nahe am Mutterstern: Ein Gasplanet verdampft (ESA-Zeichnung nach einem Hubble-Foto). 8 – Weltraum-Kreisel: Spiralgalaxie M 81 im Großen Bären.

Urknall, Sonne und Planeten – Das Universum entsteht

Unendlicher Raum, unendliche Zeit: Wer des Nachts den Sternenhimmel betrachtet, kann sich dem überwältigenden Eindruck angesichts der grenzenlosen Weite kaum entziehen. Dabei sehen wir nur einen winzigen Teil des gesamten Universums. Lediglich die Sterne unserer nächsten Umgebung, die Planeten und bestenfalls das schwach schimmernde Band der Milchstraße sind für uns Menschen visuell ohne technische Hilfsmittel erfahrbar. Die meisten Sterne in unserer Galaxie und erst recht die unzähligen Galaxien in der Tiefe des Universums bleiben unserem Blick verborgen. Dennoch versetzt uns schon dieser winzige Ausschnitt in großes Staunen. So still und immerwährend der Kosmos zu sein scheint – er ist nicht unveränderlich, sondern unterliegt einer Entwicklung. Seine Entstehung lässt sich mit der – unter Astrophysikern weitgehend anerkannten – sog. Urknalltheorie beschreiben. Danach entstand das Universum mit einer Explosion aus einem dimensionslosen Punkt mit unvorstellbar hoher Energiedichte. Der Urknall schuf auch Raum und Zeit und gab den Anstoß zu einer Entwicklung, die bis heute andauert. Seitdem treiben alle Objekte des Weltraums auseinander: das Universum expandiert und kühlt dabei ab. Energieinhalt und Materie im Universum werden dadurch ausgedünnt. Die Wissenschaft hat von den ersten Sekundenbruchteilen der Entwicklung des Universums keine direkten Beobachtungs- oder Messergebnisse. Sie kann nur aufgrund der Eigenschaften und Entwicklungen aus späteren Phasen auf die des Frühuniversums rückschließen. Allerdings ist die Anwendung der physikalischen Gesetze, wie wir sie heute unter gemäßigten energetischen Bedingungen kennen, nicht ohne weiteres möglich. Temperatur und Energiedichte hatten im Frühuniversum so unvorstellbar hohe Werte, dass unsere gewohnten physikalischen Vorstellungen versagen. So müssen sich z.B. die vier elementaren Naturkräfte (Gravitation, elektromagnetische Wechselwirkung, starke und schwache Kernkraft) nach den heute anerkannten Theorien im Frühuniversum aus einer anfänglichen Superkraft erst abtrennen bzw. herausbilden.

Struktur im Weltall: die Spiralgalaxie M 100, fotografiert per Hubble-Teleskop

Mehr Materie als Antimaterie

Die Entwicklung des Universums bis zum Beginn der Stern-Ära wird bestimmt durch die Störung von Gleichgewichtszuständen und Entkopplungsmechanismen (Freisetzung) sowohl für Teilchen wie auch für elektromagnetische Strahlung. Mit sinkender Temperatur des Universums werden diese Prozesse ausgelöst. Anfänglich existiert noch keine Materie. Die durch den Anfangsschwung nach dem Urknall vorgegebene gleichmäßige Ausdehnung wird bei 10^{-34} Sekunden für einen kurzen Augenblick unterbrochen. Eine schlagartige Ausdehnung über das bis dahin vorgegebene Maß hinaus bewirkt eine enorme Vermehrung des Energie-Inhaltes (durch die Expansion eines theoretisch definierten Quantenvakuums), wodurch das Universum eine Aufheizung erfährt. Bei 10^{-32} Sekunden endet diese so genannte inflationäre Phase, das Universum kehrt wieder zurück zu seinem ursprünglichen Expansionsverhalten.

Supernova 1987 A in der Großen Magellanschen Wolke

Nun beginnt Materie aus dem reinen Energie-Inhalt zu entstehen, wobei sich eine gewisse Zeit bzw. bis zu einer gewissen Energieschwelle die Entstehung von Materie/Antimaterie-Teilchen aus Energie und die Rückverwandlung von Materie/Antimaterie-Teilchen in Energie im Gleichgewicht befinden. Durch das Unterschreiten gewisser Energieschwellen in der weiteren Entwicklung werden diese Gleichgewichte gestört und die vorhandenen Materie/Antimaterie-Paare (sowohl bei den Hadronen als auch bei den Leptonen) zerstrahlen zu Energie. Da Materie gegenüber Antimaterie in einem kleinen Überschuss vorhanden ist, bleibt dieser übrig und bildet die heute im Universum vorhandene baryonische Materie. Die ursprüngliche Antimaterie ist zerstrahlt und komplett aus dem Universum verschwunden.

Auch die Entkopplung der Neutrino-Hintergrundstrahlung einige Sekunden nach dem Urknall und der Photonen-Hintergrundstrahlung 379 000 Jahre nach dem Urknall ist durch das Unterschreiten unterschiedlicher Energieschwellen erklärbar: Neutrinos und Photonen waren an Reaktionen beteiligt, die nun nicht mehr stattfinden können. Durch die Freisetzung der Photonen wird das Universum durchsichtig. Protonen, Neutronen und Elektronen vereinigen sich nun zu Atomen und bilden in großen Mengen die leichten Elemente Wasserstoff und Helium. Sie füllen als fast homogen verteiltes Gas das Universum. Damit ist in einem Zeitraum von einer Million Jahren die Voraussetzung für die Bildung von Sternen geschaffen.

Die Strukturdimensionen des Universums wachsen in den ersten 300 000 Jahren nach dem Urknall um das 100millionenfache. Die ersten Mate-

13,7 Mrd.

Um 13,7 Mrd.: Aus einem extrem dichten und heißen Ausgangsstadium entsteht explosionsartig das Universum (Urknall).

Um 13,7 Mrd.: Mit ursprünglichen Wasserstoff- und Heliumatomen bilden sich die Grundbausteine des Weltalls.

Um 13,7 Mrd.: Die Bindung der Elektronen an die ersten Atomkerne ermöglicht den Photonen, sich über lange Strecken frei zu bewegen. Die so entstehende kosmische Hintergrundstrahlung macht das Universum »durchsichtig«.

Um 13,3 Mrd.: Aus den Sternen der ersten Generation und interstellaren Gaswolken bilden sich Galaxien – die ersten großräumigen Strukturen des Universums.

rieteilchen, die Quarks, sind weniger als 10^{-18} Meter groß. Die als nächstes entstandenen Protonen übertreffen sie mit einem Durchmesser von 10^{-15} Metern um das Tausendfache. Noch zehnmal größer sind Atomkerne mit einem typischen Durchmesser von 10^{-14} Meter, und die zuletzt entstandenen Atome erreichen mit einem typischen Durchmesser von 10^{-10} Meter wiederum das 10000-fache hiervon.

Gravitation und Sternbildung

In der Folge verlagert sich das Geschehen von den kleinen zu den großen Dimensionen und die Massenanziehung (Gravitation) beginnt eine dominierende Rolle in der weiteren Entwicklung des Universums zu spielen. Etwa 200 Mio. Jahre nach der Entkopplung der Hintergrundphotonen bilden sich die ersten Sterne. Gaswolken ballen sich zu dichten Ansammlungen, in deren Zentrum die Temperatur so weit ansteigt, dass dort das atomare Fusionsfeuer zu brennen beginnt. Bei der Verbrennung entstehen neben großen Mengen Strahlung die chemischen Elemente als Verbrennungsprodukte.

Alle Elemente unseres heutigen Universums, die schwerer als Helium sind, wurden im Inneren der Sterne in teilweise mehreren Zyklen durch Kernverschmelzung erzeugt und durch Sternexplosionen im Raum verteilt. Der Aufbau der schweren Elemente durch Kernfusionsreaktionen in Sternen funktioniert aber nur bis zum Element Eisen mit der Kernladungszahl 26. Noch schwerere Elemente werden in den spektakulären Supernova-Explosionen am Ende des Lebens von Sternen mit vier- bis achtfacher Sonnenmasse erzeugt. Die neu gebildeten Elemente werden dann im Universum verteilt und stehen neuen Sterngenerationen als Ausgangsmaterial zur Verfügung. So entstehen auch alle chemischen Elemente, die unsere Erde und speziell unsere Biologie ausmachen. Aus wissenschaftlicher Sicht sind daher wir Menschen mit all den Atomen, aus denen wir bestehen und aufgebaut sind, im Inneren von Sternen entstanden: danach sind wir buchstäblich »Kinder der Sterne«. Damit sich aber überhaupt Sterne bilden konnten, muss in der ursprünglichen Verteilung des Wasserstoff/Helium-Gases im Universum eine kleine Inhomogenität vorhanden gewesen sein. An diesen Inhomogenitäten konnte die Gravitation angreifen und Massekonzentrationen erzeugen, aus denen sich dann Sterne und eventuell Planetensysteme bildeten. Einen Eindruck von diesen Inhomogenitäten zum Zeitpunkt, als das Universum durch die Freisetzung der Photonen gerade durchsichtig wurde, liefern erst jüngst die Messungen der kosmischen Hintergrundstrahlung mit dem WMAP-Satelliten. Diese Messungen zeigen neben den in Bildern sichtbar gemachten, kleinen Schwankungen der Hintergrundstrahlung, dass das Universum 13,7 Mrd. Jahre alt ist, zu 73 % aus dunkler Energie, zu 23 % aus dunkler Materie und nur zu 4 % aus baryonischer Materie besteht. Nur Letztere sendet elektromagnetische Strahlung, teils als sichtbares Licht aus, wodurch wir sie erst sehen können. Den Hauptinhalt (96 %) des Universums nehmen wir nur über Sekundärwirkungen wahr. Mit zunehmender Entwicklung strukturiert und differenziert sich das Universum immer mehr. Spielte sich in den ersten Momenten im gesamten Universum jeweils ein einheitliches Szenario ab – Kondensation der Quarks, Entkopplung der Neutrinos etc. –, so finden nun stärker differenzierte Vorgänge statt. Sterne entstehen zu unterschiedlichen Zeiten an verschiedenen Orten mit unterschiedlicher Ausgangsmasse und erreichen nach unterschiedlichen Brenndauern unterschiedliche Endstadien. All diese differenzierten Abläufe steigern die Vielfalt der Erscheinungsformen im Universum. Doch endet die Strukturierung des Universums nicht bei den stellaren Objekten.

Energiespender Sonne: In ihrem Innern finden ununterbrochen Kernfusionen statt.

Der Jupiter besitzt vier große Monde und zählt zu den äußeren Planeten des Sonnensystems.

Galaxien und Großstrukturen

Sterne bilden Galaxien, Galaxien ordnen sich in Gruppen und diese Gruppen bilden wiederum Haufen und Superhaufen sowie Großstrukturen. Die Ausprägung dieser Strukturen wird von der unsichtbaren dunklen Materie im Hintergrund bestimmt. Wie aber wird das Universum sich weiterentwickeln? Hat es ein Ende oder wird es, angetrieben vom Urknall, ewig weiterexpandieren? Wird der Schwung des »Big Bang« erlahmen, sich umkehren und alles wieder in sich zusammenstürzen? Die Beantwortung dieser Fragen hängt von der mittleren Massendichte des Universums ab. Soweit wir heute wissen, ist sie gerade so beschaffen, dass sich das Universum ewig ausdehnen, immer weiter abkühlen und schließlich im Kältetod erstarren wird.

Tiefenblick in Raum und Zeit

Doch noch ist das Universum sehr vital. In unzähligen Galaxien entstehen ständig neue Sterne. Auch unsere Sonne entstand vor etwa 5 Mrd. Jahren und wird noch weitere 5 Mrd. Jahre als stabiler Stern existieren, um schließlich in einer Supernova zu explodieren und als sog. Weißer Zwerg zu erlöschen. Ein kleiner Teil an Restmaterie, der nicht an der Bildung der Sonne beteiligt war, bildete vor 4,5 Mrd. Jahren ein System aus kleineren Körpern, die um die Sonne laufen: die Planeten. Die Bildung von Planeten bei Sternen ist kein seltener Vorgang. Ob dies auch für die Entstehung intelligenten Lebens gilt, lässt sich derzeit nicht beantworten. Auf einem dieser Planeten waren die stoffliche Zusammensetzung, die Entfernung zur Sonne und die energetischen Verhältnisse jedoch so günstig, dass sich eine Biologie entwickeln konnte, die Leben und Intelligenz hervorbrachte. Anfangs ist unsere Erde jedoch nur ein Ball aus glühend heißer Schmelze. Erst um 4 Mrd. beginnt mit der Entstehung erster Erdkrustenstücke ihre eigentliche Geschichte. Mit Teleskopen blicken wir heute in die Tiefen des Universums – ein Blick zu immer entfernteren Bereichen, aber auch zu immer früheren Zuständen: Licht breitet sich mit einer endlichen Geschwindigkeit aus. Die Vakuumlichtgeschwindigkeit beträgt 300000 km/s. Je weiter eine Galaxie entfernt ist, desto länger hat ihr Licht gebraucht, um zu uns zu gelangen und desto jünger war die Galaxie, als sie das Licht aussendete. Der Blick in die Tiefe offenbart unterschiedliche Entwicklungsstadien des Universums und ist dadurch eine Reise in die kosmische Vergangenheit.

Um 8,7 Mrd.: Die Milchstraße kollidiert mit zwei kleineren Galaxien.

Um 4,565 Mrd.: Im Zentrum einer Gas- und Staubwolke bildet sich die Proto-Sonne. Sie saugt durch Gravitation Staub und Gas an, bis es in ihrem Zentrum zur bis heute andauernden Kernfusion kommt.

Um 4,5 Mrd.: Aus einer Zusammenballung mehrerer Kleinkörper entsteht die Erde. Auch die anderen Planeten unseres Sonnensystems bilden sich.

Um 4,415 Mrd.: Durch den Einschlag eines anderen Himmelskörpers wird aus dem Mantel der Erde leichtes Gestein ins All geschleudert, aus dem der Mond entsteht.

Um 4,1 Mrd.: Die Phase intensiver Bombardierung durch Meteoriten endet. Die Gesteinsplaneten des Sonnensystems können Oberflächenstrukturen ausbilden.

4 Mrd.

Ein nahezu vollständig ionisiertes Gas, in dem die Atome in ihre Hüllenelektronen und positiven Ionen (Atomkerne mit Resten der Elektronenhülle) zerlegt sind, bezeichnet man als **Plasma**. Nach außen ist ein Plasma elektrisch neutral, es sind gleich viele und frei bewegliche negative Elektronen und positive Ionen vorhanden. In Anlehnung an diesen allgemeinen Plasmabegriff bezeichnet man den fremdartigen Materiezustand, welcher unmittelbar nach dem Urknall bei extrem hoher Energie vorhanden war, als **Quark-Gluon-Plasma**. Darin sind die Quarks nicht in Baryonen gebunden, sondern frei beweglich.

Quarks sind kleinste Materiebausteine, aus denen u.a. die Baryonen (Protonen und Neutronen) aufgebaut sind. Quarks unterliegen der sog. starken Wechselwirkung und haben einen Bruchteil der elektrischen Ladung eines Elektrons. Quarks kommen in sechs verschiedenen Arten vor.

Die starke Wechselwirkung, welche nur im subatomaren Bereich auftritt, wird durch Austauschteilchen, die **Gluonen**, vermittelt (engl. glue = Leim). Ihre Reichweite beträgt maximal 10^{-15} m. Die Austauschteilchen der elektromagnetischen Wechselwirkung sind die **Photonen**, welche wir in einem bestimmten Wellenlängenbereich als sichtbares Licht wahrnehmen.

Bis 10^{-43} Sekunden nach dem Urknall

Ein Punkt und ein Knall

Nach den neuesten naturwissenschaftlichen Erkenntnissen liegt die Geburt des Universums etwa 13,7 Mrd. Jahre zurück. Mit dem einzigartigen Phänomen des Urknalls entsteht das Universum explosionsartig aus einem extrem heißen und dichten Anfangszustand, der weder räumliche noch zeitliche Dimensionen hat. Die Kosmologen – Wissenschaftler, die sich mit der Entwicklung des Universums beschäftigen – nennen den Geburtszustand des Universums eine Singularität. Damit ist gemeint, dass es zum Zeitpunkt Null einem dimensionslosen Punkt entspricht. Im explosionsartigen Anfang haben nicht nur alle Materie und Energie sowie die gesamte Entwicklung unseres Universums ihren Ursprung. Auch Raum und Zeit entstehen mit dem Urknall. Die Theorie des Urknalls leitet sich aus der Beobachtung des Lichtes galaktischer Objekte ab. Dabei handelt es sich um sehr weit entfernte, riesige Ansammlungen von Sternen. Ein wesentliches Ergebnis der Untersuchungen ist, dass sich im Universum, in großen Dimensionen betrachtet, alle Objekte voneinander fortbewegen – und je weiter sie von uns entfernt sind, desto schneller. Kosmologen, die auf der Basis dieser Erkenntnis die Entwicklung des Universums zurückverfolgen, kommen zu dem Ergebnis, dass das Universum früher kleiner und damit dichter und heißer gewesen sein muss. Die Reise auf der Zeitskala rückwärts offenbart ein Universum, das immer kleiner, dichter und heißer wird. Dies führt schließlich zu einem Ausgangspunkt, der den Beginn des Universums markiert: den Urknall.

Mit dem Urknall beginnt die bis heute andauernde Expansion und Abkühlung des Universums. Die nachfolgenden Entwicklungen sind geprägt von sinkenden Temperaturwerten bzw. Energiezuständen auf niedrigerem Niveau. Doch zunächst herrschen bei 10^{-43} Sekunden noch unvorstellbar hohe Werte für Temperatur (10^{32} Kelvin) und Dichte (10^{93} g/cm^3). Zum Vergleich: Wassereis schmilzt bei 273 Kelvin, Wasser hat die Dichte 1 g/cm^3. Die sehr komplexe Evolution des Universums scheint nach einem schon anfänglich festgelegten Plan abzulaufen. Die Physiker versuchen heute mit neuen Theorien und Modellvorstellungen immer weiter in Richtung des geheimnisvollen Anfangs vorzudringen.

Während der größte Teil der Entwicklung des Universums durch physikalische Gesetze beschreibbar und durch Beobachtungen und Experimente erforschbar ist, liegt der sich an den Urknall unmittelbar anschließende, unvorstellbar kurze Zeitraum im Dunkeln. Zustand und Geschehen sind darin unbestimmt, eine physikalische Beschreibung ist nicht möglich. Man bezeichnet diesen geheimnisvollen winzigen Zeitabschnitt, der bis 10^{-43} Sekunden nach dem Urknall reicht, nach dem deutschen Physiker Max Planck (1858–1947) als Planck-Epoche.

Der Begriff Urknall bzw. »Big Bang« stammt von dem britischen Astronomen Sir Fred Hoyle. Dieser lehnte die Urknalltheorie ab und verwendete 1949 dafür den spöttisch gemeinten Begriff »Big Bang«. Wissenschaftler, aber auch Laien stellen vielfach die Frage, was vor dem Urknall war. Rein physikalisch betrachtet, ist diese Frage nicht zulässig. Die kosmische Uhr beginnt erst mit dem Urknall zu laufen. Ein »Vorher« gibt es nicht, auch wenn dies nur schwer vorstellbar ist. Empirisch nicht abgesicherte Antworten auf die Frage, wodurch die Entstehung unseres Universums ausgelöst wurde und nach welchen Gesetzmäßigkeiten dies geschah, geben ausschließlich die Religionen oder philosophische Überlegungen.

Urknall im Labor: Materie zerstrahlt in einem Stern aus Elementarteilchen

Ab 10^{-34} Sekunden nach dem Urknall

Das Universum bläht sich sprunghaft auf – die ersten subatomaren Teilchen entstehen

Unmittelbar nach dem Urknall tritt eine dramatische Veränderung bei der Ausdehnung des Universums ein: Von einer Größe, die kleiner als ein Atomkern ist, wächst es auf »riesige« zehn Zentimeter an, die Größe eines Tennisballs. Der Abstand zweier Raumpunkte vergrößert sich um den Faktor 10^{29}. Bei der bisherigen Ausdehnungsgeschwindigkeit wäre er nur hundertfach angewachsen. Diese Periode bezeichnet man als »inflationäre Phase«.

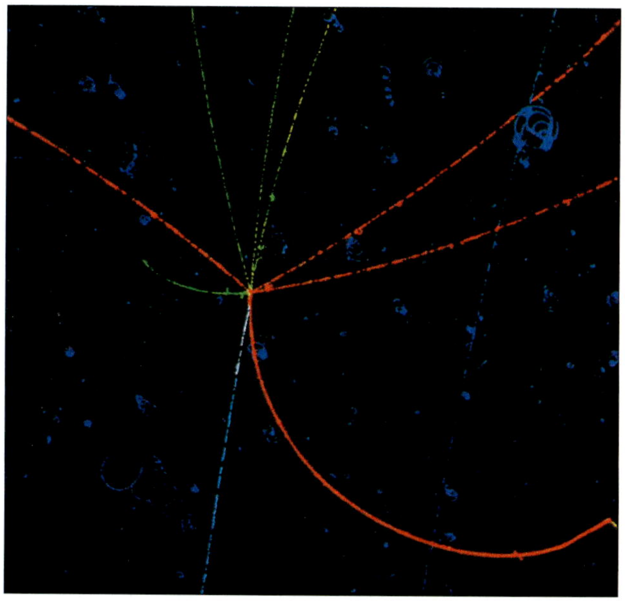

Zu Beginn dieser gewaltigen Expansionsphase sind wesentliche Bereiche des Universums von falschem Vakuum (sog. Quantenvakuum) erfüllt. Dieses weist im Gegensatz zum uns geläufigen Vakuumbegriff – der die Leere des Raumes meint – eine hohe Energiedichte auf. Bei einer Vergrößerung seines Volumens nimmt die Energiedichte nicht ab, vielmehr vermehrt sich die Energie im Maße der Ausdehnung. Das Universum erfährt durch die inflationäre Expansion des falschen Vakuums einen enormen Zuwachs seines Energie-Inhaltes. Es wird dadurch heißer. Die aus dem Quantenvakuum entstandene Energie stößt die erste Materialisierung des Universums an: Energie wandelt sich in Materie, diese aber auch wieder zurück in Energie. Es entsteht eine heiße »Materiesuppe«, in der zu gleichen Teilen Photonen (Quanten elektromagnetischer Strahlung) und subatomare Teilchen (Elementarteilchen, Bausteine der Atome) enthalten sind. Subatomare Teilchen entstehen paarweise: Quarks (Bausteine der Protonen und Neutronen) und Leptonen (darunter Elektronen) sowie ihre Antimaterie-Teilchen, die Antiquarks und Antileptonen. Durch die paarweise Entstehung ist anfänglich eine ideale Symmetrie zwischen Materie und Antimaterie gegeben. Materie- und Antimaterie-Teilchen haben gleiche Eigenschaften, nur ihre elektrische Ladung ist entgegengesetzt (Abb.: Kollision und Zerstrahlung eines künstlich erzeugten Antiprotons mit einem Proton). Mit der Entstehung subatomarer Teilchen beginnen unter diesen komplexe Reaktionen, d.h. Umwandlungen. Dabei entstehen auch Teilchenarten, die heute verschwunden sind. Nach der inflationären Phase (ab 10^{-32}) dehnt sich das Universum wieder gleichmäßig aus, die generelle Abkühlung setzt sich weiter fort.

Ab 10^{-12} Sekunden nach dem Urknall

Noch immer Sekundenbruchteile am Urknall: Exotisches Quark-Gluon-Plasma füllt den Raum

Nach der sog. inflationären Phase und eines Augenblicks der Normalisierung – das Universum ist immer noch 10^{13} Kelvin heiß – trennen sich die schwache Kernkraft und die elektromagnetische Wechselwirkung.

Die Materie-Antimaterie-Asymmetrie, welche dazu führte, dass unsere Welt aus Materie aufgebaut und die Antimaterie aus dem Universum verschwunden ist, entstand nach heutigem Wissensstand bei der Trennung der elektromagnetischen Kraft und der schwachen Kernkraft. Bei dieser immer noch unvorstellbar hohen Energiedichte ist das Universum angefüllt mit Leptonen (u.a. Elektronen), Photonen und Materie in einem zunächst fremdartig erscheinenden Zustand: dem Quark-Gluon-Plasma (Abb.: Schwach leuchtendes Ionen-Plasma, eingeschlossen von Magnetfeldern in einer Kernversuchsanlage). Darin sind die eben erst entstandenen Quarks noch nicht in komplexeren Hadronen-Teilchen – Baryonen (Protonen oder Neutronen) und Mesonen – gebunden, sondern mit den Gluonen, den Wechselwirkungsteilchen der starken Kernkraft, frei beweglich. Im Jahr 2000 wurde dieses Plasma in einem Teilchenbeschleuniger-Experiment am Kernforschungszentrum CERN (Centre Européenne pour la Recherche Nucléaire) im schweizerischen Genf erstmals künstlich erzeugt. Damit ist die experimentelle Physik bis auf winzige Sekundenbruchteile an den Urknall herangekommen. Bei der Kollision von Blei-Ionen mit Blei-Targets wurden die Kernprotonen und Kernneutronen stark komprimiert und auf Temperaturen von 10^{15} Kelvin aufgeheizt, wodurch sich eine große Zahl von Quark-Teilchen aus ihren Verbindungen in den Kernprotonen oder Neutronen lösten und frei beweglich waren. In diesem Zustand besitzt die Materie völlig fremde physikalische Eigenschaften.

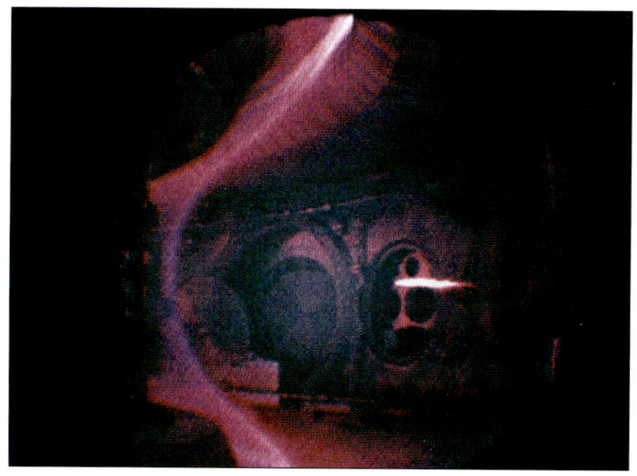

Ab 10^{-43} Sekunden nach dem Urknall

Vier fundamentale Kräfte

In den ersten Augenblicken, in denen das Universum physikalisch beschreibbar ist, wird es einmilliardenmal größer. Es hat nun eine Ausdehnung von 10^{-28} cm. Der kleinste Atomkern, ein Proton, misst 10^{-17} cm. Das Universum ist also noch 100 Milliarden Mal kleiner als ein Atomkern. Im Energiezustand des heutigen Universums kennen wir vier fundamentale Naturkräfte, die unterschiedlich weit wirken: Gravitation, elektromagnetische Wechselwirkung, starke und schwache Kernkraft. Nach den Grand Unified Theories (GUT) und der Theory of Everything (TOE) sind diese Kräfte am Beginn des Universums noch vereinheitlicht und trennen sich erst mit sinkender Temperatur des Universums ab.

Ab 10^{-6} Sekunden nach dem Urknall

Quarks kondensieren zu Hadronen: Baustoff für das Universum

Bei weiter sinkenden Temperaturen kondensieren Quarks zu Hadronen (Abb.: Die ungebundenen Quarks sind rot, grün und blau, die gebundenen Hadronen weiß dargestellt). Dieser Elementarteilchengruppe gehören u.a. die Baryonen an, die aus drei Quarks aufgebaut sind. Baryonen spielen für den materiellen Aufbau des sichtbaren Universums die entscheidende Rolle. Ab 10^{-4} Sekunden bei 10^{12} Kelvin wird die Schwelle für die Nukleon-Antinukleon-Paarbildung aus Energiestrahlung unterschritten. Die Nachlieferung von Proton-Antiproton- und Neutron-Antineutron-Paaren stockt. Dadurch sind die Gleichgewichtszustände von Kombination und Rekombination der Teilchen aus reiner Energiestrahlung gebrochen. Antihadronen zerstrahlen paarweise mit Hadronen und verschwinden aus dem Universum. Nach Zerstrahlung eines Großteils der baryonischen Materie-Antimaterie-Paare bleibt ein kleiner Rest an baryonischen Materieteilchen übrig, aus denen heute das Universum aufgebaut ist.

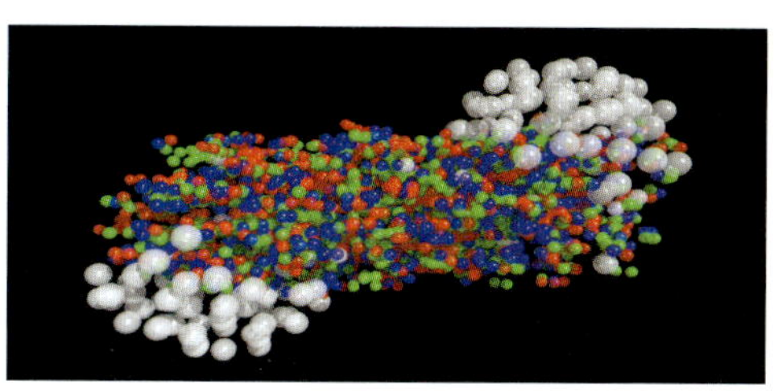

Der Aufbau der Materie

Niels Bohr

Dem am 7. Oktober 1885 in Kopenhagen geborenen Physiker Niels Hendrick David Bohr gelang als Erstem die Konstruktion eines brauchbaren Atommodells. Bereits mit seiner 1911 vorgelegten Promotion – über die Unvereinbarkeit der klassischen Physik und der physikalischen Erforschung der magnetischen Eigenschaften von Metallen – machte sich Bohr einen Namen. 1912 wechselte der Däne nach Manchester, wo er Mitarbeiter Ernest Rutherfords wurde. Auf der Basis des Rutherfordschen Atommodells entwickelte Bohr 1913 sein Atommodell, mit dem er das Periodensystem der chemischen Elemente theoretisch erklären konnte und für das er 1922 den Nobelpreis für Physik erhielt. Seit 1916 leitete Bohr an der Kopenhagener Universität das Institut für Theoretische Physik. Im neuen »Mekka der Atomphysik« entwickelte er u. a. das »Korrespondenzprinzip«, das eine Analogie zwischen klassischer Physik und Quantenmechanik herstellt. 1943 emigrierte Bohr mit seiner Familie in die USA, wo er als Mitarbeiter des »Manhattan-Projekts« am Bau der Atombombe mitwirkte. Nach dem Ende des Zweiten Weltkriegs übernahm er wieder die Leitung des Kopenhagener Instituts für Theoretische Physik. Niels Bohr erlag am 18. November 1962 in Kopenhagen einem Herzleiden.

Schon die antiken Philosophen hatten die Vorstellung, dass die Materie aus kleinsten, nicht weiter teilbaren Bausteinen aufgebaut ist. Heute wissen wir, dass die Materie im Universum aus Atomen besteht. Diese sind die kleinsten, nicht weiter teilbaren Einheiten eines bestimmten Stoffes bzw. chemischen Elementes. Aber auch Atome haben Strukturen und sind aus noch kleineren Teilchen, den sog. Elementarteilchen, zusammengesetzt.

Niels Bohr und Wolfgang Pauli 1951: Das Drehen eines Kreisels als Analogie zu den Elektronenbewegungen in der Atomhülle

Atom – Kern mit Hülle

Um das Verhalten der Atome und seiner Bestandteile beschreiben und erklären zu können, hat die Forschung verschiedene Modelle entwickelt. Das einfachste ist das von Ernest Rutherford 1911 aufgestellte Rutherfordsche Atommodell. Danach sind Atome aus einem Atomkern und einer Elektronenhülle aufgebaut. Der Kern ist im Verhältnis zum Volumen des Gesamtatoms relativ klein, macht aber fast die gesamte Masse eines Atoms aus. Er setzt sich aus einer bestimmten Anzahl elektrisch positiv geladener Protonen und elektrisch neutralen Neutronen zusammen. Die positive elektrische Ladung des Kerns, verursacht durch die Protonen, wird durch eine entsprechende Anzahl elektrisch negativ geladener Elektronen in seiner Hülle kompensiert. Nach außen ist das Atom elektrisch neutral. Ein Großteil des Volumens eines Atoms ist nur leerer Raum. Welches chemische Element ein Atom repräsentiert, hängt von der Anzahl der Protonen im Kern ab (Kernladungszahl). Seine chemischen Eigenschaften (z.B. Reaktionsfähigkeit) sind durch die Elektronenhülle bestimmt. Atome mit gleicher Anzahl Protonen, aber unterschiedlicher Anzahl Neutronen im Kern bezeichnet man als Isotope. So kommt etwa Wasserstoff in drei Isotopen vor: normaler Wasserstoff, Deuterium und Tritium. Bis 2003 sind 112 chemische Elemente mit mehr als 2700 experimentell nachgewiesenen natürlich vorkommenden oder künstlichen Isotopen bekannt. Die meisten unterliegen radioaktivem Zerfall oder der Selbstspaltung mit Halbwertszeiten von Tausenden von Jahren bis zu Bruchteilen von Sekunden. Niels Bohr postulierte 1913 in seinem Atommodell, dass sich die Hüllenelektronen nur auf bestimmten, stabilen Bahnen um

Im Fokus

Elementarteilchen nach dem Standardmodell: Der Club der 48

Die Atome sind nicht die kleinsten Materie-Einheiten. Sie sind strukturiert und bestehen aus noch kleineren Teilchen, den Elementarteilchen. Es gibt davon eine verwirrend große Anzahl, die jedoch in ein Schema, das sog. Standardmodell, passen. Dieses umfasst 48 verschiedene fundamentale Teilchen: sechs Leptonen (Elektron, Tauon und Myon mit zugehörigen Neutrinoarten), sechs Quarks in jeweils drei Farben (also 18) plus dieselbe Anzahl (24) an Antimaterieteilchen.

Nach den zwischen ihnen wirksamen Kräften lassen sich vor allem Quarks und Leptonen unterscheiden: Quarks unterliegen der starken Wechselwirkung, Leptonen nicht. Es gibt sechs Arten von Quarks und Leptonen. Jedes der sechs Quarks kann in drei Ausprägungen auftreten – in Rot, Grün und Blau. Diese »Farben« bezeichnen die Ladungen der starken Wechselwirkung, haben aber nichts mit dem uns geläufigen Farbenbegriff zu tun. Sowohl die Quarks als auch die Leptonen haben je einen Partner aus Antimaterie, z.B. das negativ geladene Elektron e^- das positive Positron e^+. Zwischen den Elementarteilchen können vier Kräfte wirken: die Gravitation, starke und schwache Kernkraft sowie die elektromagnetische Kraft. Die Wirkung der Gravitation ist im subatomaren Bereich so schwach, dass sie dort nicht berücksichtigt werden muss. Elektromagnetische Wechselwirkung erzeugt im subatomaren Bereich elektrische und magnetische Anziehungs- und Abstoßungskräfte. Die schwache Wechselwirkung tritt nur im subatomaren Bereich auf. Ihre Reichweite beträgt maximal 10^{-17} m. Sie bewirkt den radioaktiven Zerfall der Atomkerne. Auch starke Wechselwirkung tritt nur im subatomaren Bereich auf. Ihre Reichweite beträgt 10^{-15} m. Sie wird durch Gluonen vermittelt. Die Gluonen wirken auf die Farbladungen der Quarks.

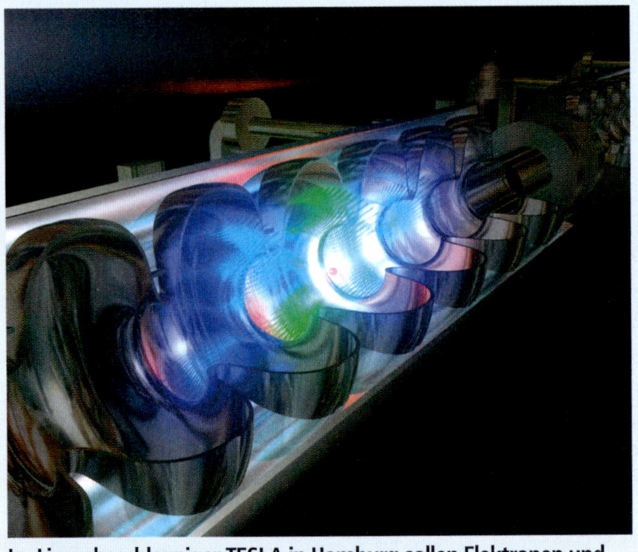

Im Linearbeschleuniger TESLA in Hamburg sollen Elektronen und Positronen kollidieren. Dabei entstehen neue, exotische Teilchen.

Das Uran-Atom nach dem Bohrschen Atommodell: Uran besitzt 92 Protonen im Kern und entsprechend viele Elektronen auf unterschiedlichen Bahnen in seiner Atomhülle. Das natürlich vorkommende Element ist radioaktiv.

Niels Bohr über den tieferen Sinn seiner Forschung:

»Aufgabe der Naturwissenschaft ist es nicht nur, die Erfahrung zu erweitern, sondern in diese Erfahrung eine Ordnung zu bringen.«

den Atomkern bewegen können. Bohrs Modell ermöglichte die Berechnung des Spektrums und des Durchmessers des Wasserstoffatoms. Es stellt drei Kernaussagen auf:
Zum einen können sich Elektronen strahlungsfrei nur auf ganz bestimmten Bahnen um den Atomkern bewegen. Zu jeder dieser Bahnen gehört ein definierter Energiezustand, d.h., in der Elektronenhülle gibt es nur bestimmte Energiestufen. Zweitens sind nur Bahnen erlaubt, bei denen das Produkt aus Impuls und Bahnlänge des Elektrons dem ganzzahligen Vielfachen einer Naturkonstanten, des Planckschen Wirkungsquantums, entspricht. Drittens erfolgt der Übergang des Elektrons aus einem Quantenzustand in einen anderen unter Aufnahme oder Abgabe der entsprechenden Energiedifferenz in Form eines sog. elektromagnetischen Strahlungsquants (Photons).
Das Modell versagt bei der Berechnung der Spektren von Atomen mit mehr als einem Elektron und liefert auch keine Erklärung für die Feinstruktur, d.h. die Aufspaltung der Spektrallinien. Erst die Einführung der Quantenmechanik nach 1925 u.a. durch Werner Heisenberg und die Beschreibung des Energiezustandes der Hüllenelektronen in vier Quantenzahlen liefert eine umfassende Erklärung des Aufbaus und der Wechselwirkungen der Elektronenhülle.

Periodensystem der Elemente

Das Periodensystem der Elemente wird verständlich durch das Pauli-Prinzip (nach dem österreichischen Physiker Wolfgang Pauli), das die Gesetzmäßigkeiten des Atombaus – den Schalenbau der Elektronenhülle des Atoms – beschreibt: Jeder Energiezustand in der Hülle eines Atoms kann höchstens durch ein Elektron besetzt sein, d.h., zwei Elektronen können nie in allen Quantenzahlen übereinstimmen. Die innerste, dem Kern nächste Bahn beschreibt den Grundzustand kleinster Energie. Die Besetzung höherer Bahnen bezeichnet man als angeregten Zustand. Der Übergang des Elektrons von einem höheren zu einem tieferen Energieniveau (bzw. von einem größeren zu einem kleineren Bahnradius) dichter am Kern bedeutet einen Energieverlust. Die Energiedifferenz wird in Form eines Photons bestimmter Wellenlänge abgegeben. Auch der umgekehrte Vorgang ist möglich: das Übergehen eines Elektrons in ein höheres Energieniveau (bzw. von einem kleineren zu einem größeren Bahnradius) unter Aufnahme des erforderlichen Energiebetrages. Die Wellenlänge des emittierten oder absorbierten Photons ist umso kürzer, je größer seine Energie ist.
Die Summe der möglichen Energie-Übergänge in der Elektronenhülle bestimmt das Muster der Spektrallinien eines chemischen Elementes. Jede Atomart hat ihr eigenes Muster. Dies ermöglicht es den Astronomen, aus der Beobachtung des Lichtspektrums von Sternen (und von galaktischen Objekten) u.a. Informationen über deren stoffliche Zusammensetzung zu erhalten.

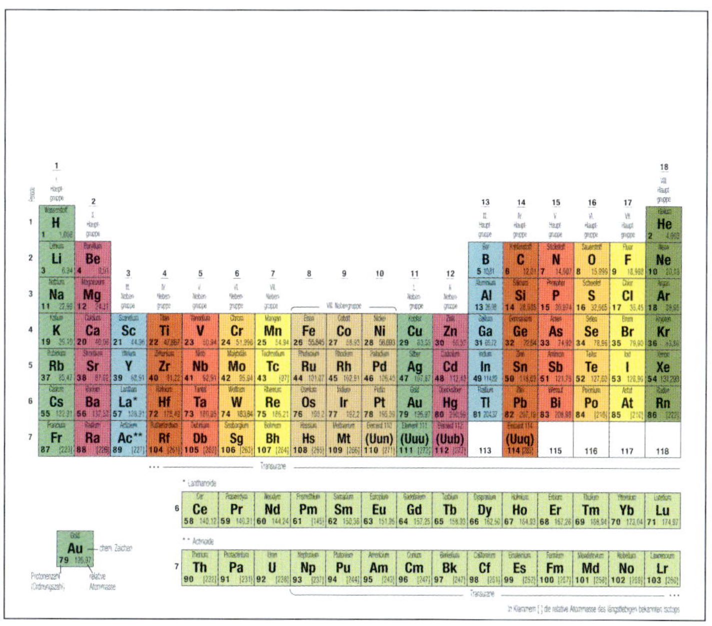

Das Periodensystem der Elemente ist die systematische tabellarische Anordnung der chemischen Elemente nach ihrem Atombau.

*Lediglich 92 der im Periodensystem aufgeführten **Elemente** kommen in der Natur vor, die übrigen sind künstlich erzeugt. Seitdem dies in den frühen 1940er-Jahren erstmals gelang, suchen Kernphysiker die Elementsynthese in den Sternküchen des Universums im Labor nachzuvollziehen. Hierzu beschleunigen sie Atomkerne auf hohe Geschwindigkeiten, um sie anschließend miteinander kollidieren zu lassen. Dabei entstehen neue radioaktive Kerne. Produkte solcher Kernverschmelzungsprozesse sind u.a. Einsteinium (Ordnungszahl 99) und Nobelium (102). In den 1980er- und 1990er-Jahren gelang Wissenschaftlern der Gesellschaft für Schwerionenforschung (GSI) in Darmstadt die Entdeckung der Elemente 107 bis 112. Im Jahr 1999 schließlich gaben US-Forscher an, ihnen sei die Erzeugung der Elemente 116 (Ununhexium) und 118 (Ununoctium) gelungen. Da entsprechende Nachweisexperimente in anderen Labors fehlschlugen, zogen die Wissenschaftler aus Berkeley die Entdeckung jedoch wieder zurück.*

Wir sind im Alltag gewohnt, die Temperatur in Grad Celsius (°C) anzugeben (im angelsächsischen Raum in Fahrenheit). In der Physik ist die Angabe in **Kelvin** üblich. Die Kelvin-Temperaturskala beginnt am absoluten Temperatur-Nullpunkt, der bei –273,15 °C liegt. Eine Temperatur darunter gibt es nicht. 0 Kelvin = –273,15 °C; 273,15 Kelvin = 0 °C. Bei sehr hohen Temperaturen in der Frühphase des Universums ist der Unterschied zwischen der Celsius- und der Kelvin-Skala vernachlässigbar.

Will man in der Naturwissenschaft sehr große oder sehr kleine Werte ausdrücken, gibt man, um nicht zu viele Nullen schreiben zu müssen, die Zahl in **Exponentialschreibweise** an. $5{,}1 \times 10^{6}$ bedeutet, das Komma muss in Normalschreibweise um sechs Stellen nach rechts verschoben werden. Es steht somit für 5 100 000. $5{,}1 \times 10^{-6}$ bedeutet, das Komma muss in Normalschreibweise um sechs Stellen nach links verschoben werden. Es steht somit für 0,0000051.

Als **Akkretionsscheibe** bezeichnet man eine flache Gasscheibe um ein massereiches, zentrales Objekt. Die Materie in der Scheibe umläuft das Objekt und wandert dabei nach innen. Schließlich stürzt sie auf das zentrale Objekt, wobei dessen Masse zunimmt (accretio = lat. Zuwachs). Akkretionsscheiben bilden sich u. a. bei der Sternentstehung um Protosterne, in Doppelsternsystemen und bei galaktischen Schwarzen Löchern.

In der Atomphysik ist es üblich, die Energie in **Elektronenvolt** (eV) anzugeben. 1 eV ist diejenige (für makroskopische Maßstäbe sehr geringe) Energie, die ein Elektron beim Durchlaufen einer elektrischen Spannung von einem Volt gewinnt. 1 eV = $1{,}602 \times 10^{-19}$ Joule.

Atomkerne sind aufgebaut aus Protonen und Neutronen. Viele davon sind nicht stabil, sie zerfallen spontan unter Aussendung von Alpha-, Beta- oder Gamma-Strahlung. Man bezeichnet diese Eigenschaft als **Radioaktivität**. Alpha-Strahlung besteht aus Heliumkernen (zwei Protonen, zwei Neutronen), Beta-Strahlung aus Elektronen, Gamma-Strahlung aus hoch energetischen Photonen **(elektromagnetische Strahlung)**. Nach Ablauf der Halbwertszeit eines bestimmten Stoffes ist die Hälfte der ursprünglich vorhandenen Atomkerne zerfallen.

Leptonen sind neben den Quarks kleinste Materiebausteine. Zu ihnen gehören u. a. die Elektronen und die Neutrinos. Leptonen unterliegen der Fundamentalkraft der schwachen, nicht aber der starken Wechselwirkung.

Ab 370 000 Jahre nach dem Urknall

Entstehung der ersten Atome

Die Photonen-Energie ist nun unter 10 000 eV, die Temperatur auf etwa 3000 Kelvin abgesunken. Es ist den Photonen energetisch nun unmöglich, dauerhafte Bindungen der freien Elektronen an die Atomkerne zu verhindern bzw. neu entstandene Atome wieder zu zerstören. Die Atomkerne binden die freien Elektronen in Atomhüllen und werden zu elektrisch neutralen Atomen. Das Universum füllt sich mit ursprünglichen Wasserstoff- und Helium-Atomen sowie Spuren von Lithium-Atomen. Die Dimensionen der Strukturträger (Quarks, Atome) haben sich um den Faktor 100 Millionen vergrößert: Der Durchmesser von Quarks misst weniger als 10^{-18} m, der von Atomen 10^{-10} m. Mit den Atomen (Abb.: Kohlenstoffatom) hat das Universum nun Bausteine entwickelt, die Strukturen und Wechselwirkungen bis in den makroskopischen Bereich ermöglichen.

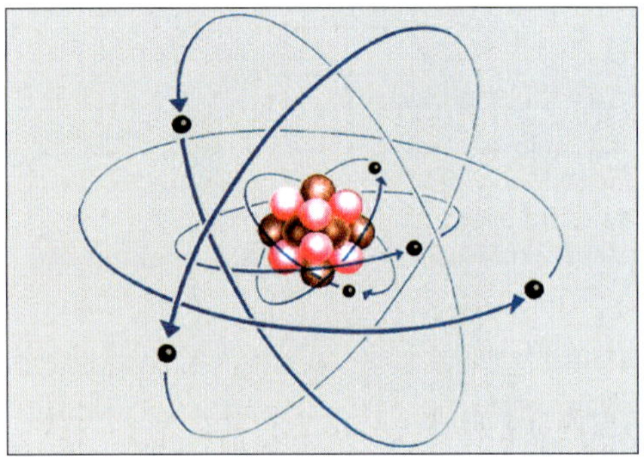

Ab 10 Sekunden nach dem Urknall

Dominanz der Photonen

Zehn Sekunden nach dem Urknall sinkt die Temperatur im Universum auf 3×10^{9} Kelvin. Durch das Unterschreiten dieser Energieschwelle wird ein weiteres Gleichgewicht zerstört: die Bildung und Zerstrahlung von Leptonen-Paaren (Elektron-Positron-Paaren). Dies bedeutet das Ende der Leptonen-Ära.

Energetisch ist die Bildung neuer Elektron-Positron-Paare aus dem Energie-Inhalt des Universums nun nicht mehr möglich. Die vorhandenen freien Positronen zerstrahlen paarweise mit ihren Antiteilchen, den Elektronen, und nur ein kleiner Teil der Elektronen bleibt übrig. Auch bei den Leptonen führt ein leichter Überschuss von Materie gegenüber Antimaterie – wie schon früher bei den Hadronen – dazu, dass Materie (hier Elektronen) übrig bleiben, während Antimaterie (hier Positronen) vollkommen zerstrahlen. Bei der Zerstrahlung der Leptonen-Paare entstehen große Mengen Photonen, die als elektromagnetische Strahlung nun das Universum dominieren. Sie bilden in der nun beginnenden Strahlungs-Ära dessen Hauptinhalt. Photonen bewegen sich mit Lichtgeschwindigkeit. Je höher ihre Frequenz bzw. kürzer ihre Wellenlänge, desto höher ist ihre Energie. Die Photonen des frühen Universums sind als Licht nicht sichtbar, sondern gehören zum höchstenergetischen Bereich der Gamma-Strahlung. Das Universum ist nun überwiegend gefüllt mit Photonen, Protonen, Neutronen, freien Elektronen und Hintergrund-Neutrinos.

Ab 1 Sekunde nach dem Urknall

Ende des Gleichgewichts zwischen Protonen und Neutronen

Das Gleichgewicht zwischen Protonen und Neutronen – sie waren bei der Kondensation der Quarks zu gleichen Teilen entstanden – löst sich kurz nach dem Urknall bei einer Temperatur von 10^{10} Kelvin auf. Ein Großteil der ursprünglichen Neutronen fällt dem radioaktiven sog. Beta-Zerfall zum Opfer: Das freie Neutron ist ein instabiles, wenn auch relativ langlebiges Elementarteilchen. Während des Beta-Zerfalls wandelt es sich in ein Proton, ein Elektron und ein Antineutrino um. Die Halbwertszeit für den Zerfall des Neutrons beträgt 16,8 Minuten. In der Regel wird ein Neutron jedoch lange vor seinem Beta-Zerfall von einem Atomkern eingefangen. Es gibt heute keine freien Neutronen im Universum. Die umgekehrte Reaktion wandelt ein Proton in ein Neutron unter Absorption eines Neutrinos um. Das Neutron ist etwas schwerer als das Proton, weshalb es sich etwas leichter in ein Proton umwandelt als umgekehrt ein Proton in ein Neutron. Bei den hohen Energien des Frühuniversums bis eine Sekunde nach dem Urknall spielte der Einfluss des Massenunterschieds keine Rolle.

Mit sinkender Temperatur und Energie wird die Massendifferenz plötzlich bedeutsam. Die Reaktionen laufen nun unterschiedlich schnell ab: Neutronen zerfallen schneller als sie gebildet werden. Dadurch nimmt die Anzahl der Neutronen gegenüber den Protonen immer mehr ab, bis sich schließlich ein Verhältnis Protonen zu Neutronen von etwa 7:1 einstellt. Als Nebenprodukt des verstärkten Beta-Zerfalls der Neutronen werden große Mengen ursprünglicher Neutrinos freigesetzt. Wissenschaftler nennen diesen Vorgang auch Neutrino-Entkopplung. Da die Reaktion, welche sie wieder absorbieren würde, nun fehlt, durchdringen sie seitdem als Teilchenstrahlung das Universum (Abb.: Neutrino-Detektor in der Genfer Kernforschungsanstalt CERN).

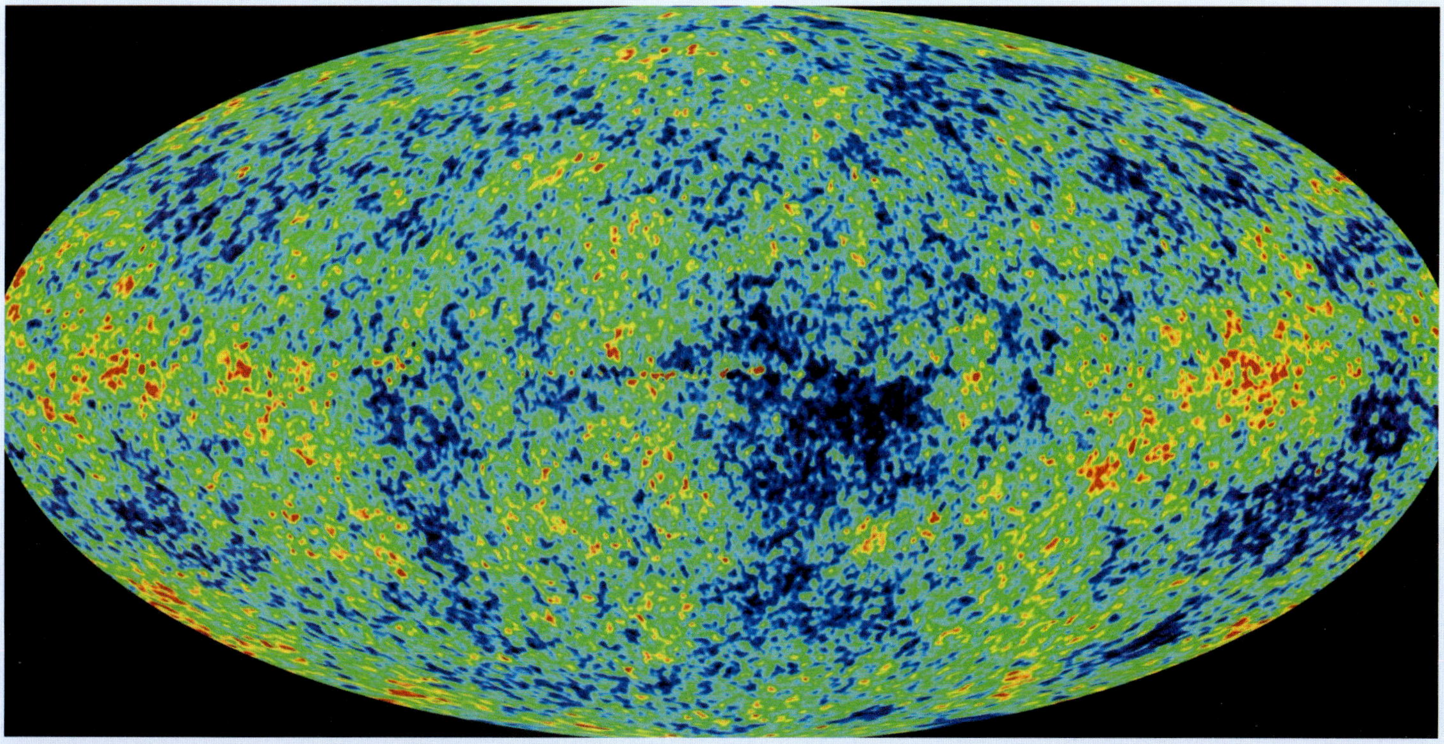

Ungleichverteilung der ersten frei beweglichen Photonen im Universum: Blau zeigt die Richtungen niedriger, Rot die höherer Strahlungsintensität an.

Ab 379 000 Jahre nach dem Urknall

Der Kosmos wird durchsichtig

Durch das Absinken der Photonen-Energie auf ein Niveau, bei dem eine Wechselwirkung mit den Hüllenelektronen der Atome nicht mehr möglich ist, können sich die ursprünglichen Photonen plötzlich über lange Zeiträume und große Strecken hinweg frei im Universum bewegen. Sie füllen noch heute das Universum als Hintergrundstrahlung. Vielfach wird dafür das Bild vom »Nachglühen« des Urknalls gebraucht.

Bis zur Freisetzung der Photonen war das Universum »trüb«. Die Photonen wurden ständig an freien Elektronen abgelenkt und machten dadurch eine Transparenz unmöglich, ganz ähnlich wie bei der Streuung des Lichtes an den Wassertröpfchen in dichtem Nebel. Durch die ungehinderte Beweglichkeit der Photonen wird das Universum nun schlagartig durchsichtig. Wären die Atome bei ihrer Entstehung vollkommen gleichmäßig verteilt gewesen, müsste man die Hintergrundstrahlung aus allen Richtungen als vollkommen gleichmäßig helles Bild wahrnehmen. Tatsächlich sind aber kleine Schwankungen bzw. richtungsabhängige Intensitätsunterschiede messbar.

In den 1940er-Jahren erkannte der russisch-amerikanische Physiker George Gamow, dass ein sehr dichter Anfangszustand des Universums auch sehr hohe Temperaturen bedeutet und die Strahlung dieser Temperatur bis heute als schwache Hintergrundstrahlung nachweisbar sein müsste. Er sagte voraus, dass die Urknall-Strahlung durch die Expansion des Universums auf 5 bis 50 Kelvin abgesunken sein müsste. Tatsächlich fanden Arno Penzias, ein amerikanischer Physiker deutscher Herkunft, und der britische Astrophysiker Robert Wilson 1965 bei Experimenten mit Telekommunikationsantennen einen Strahlungshintergrund, der (innerhalb der möglichen Messgenauigkeit) gleichförmig und mit einer Temperatur von 2,7 Kelvin aus allen Richtungen strahlte. Je weiter wir also in den Raum hinausschauen, desto tiefer blicken wir in die kosmische Vergangenheit. Der sichtbare Kosmos ist begrenzt von der Wand des heißen Plasmas, das den Raum erfüllte, als Elektronen und Atomkerne sich noch nicht vereinigt hatten. Nur diesseits der Wand ist der Kosmos durchsichtig. Wir sehen in der Hintergrundstrahlung das Überbleibsel eines Zustands des Universums, als dieses nur ein Tausendstel seiner heutigen Größe hatte. Neueste Messungen der Fluktuationen des kosmischen Mikrowellen-Strahlungshintergrundes mit dem US-Satelliten WMAP ergaben im Februar 2003 ein Alter für das Universum von 13,7 Mrd. Jahren und eine Temperatur der Hintergrundstrahlung von 2,725 Kelvin.

Ab 3 Minuten nach dem Urknall

Das 30-Minuten-Intermezzo: In der Fusions-Ära bilden sich die ersten Atomkerne

Bei einer Temperatur von etwa 10^9 Kelvin beginnen Protonen und Neutronen Verbindungen einzugehen. Die Ära der Fusionen unterbricht die Strahlungs-Ära für etwa 30 Minuten. Die freien Protonen und Neutronen, die im Verhältnis 7:1 vorhanden sind, reagieren nun in der ursprünglichen Kernverschmelzung zu Heliumkernen (s. Abb.), bis die freien Neutronen aufgebraucht sind. Die Reaktion verläuft über die Zwischenprodukte Deuterium (1 Proton, ein Neutron im Kern) und Tritium (1 Proton und 2 Neutronen im Kern), den schweren Formen des Wasserstoffs. Die nicht verbrauchten Protonen verbleiben als freie Wasserstoffkerne. Bei etwa 33 Minuten enden die Fusionsprozesse der Atomkernsynthese. Die leichten Elemente liegen im Universum nun mit folgenden Anteilen vor: Wasserstoff 75 %, Helium 25 %, Deuterium 1/1000 % und Lithium (3 Kernprotonen) nur 1/10000 %. Dichte und Temperatur im Universum nehmen nun zu schnell ab, um den Aufbau schwererer Kerne in weiteren Kernverschmelzungen zu ermöglichen.

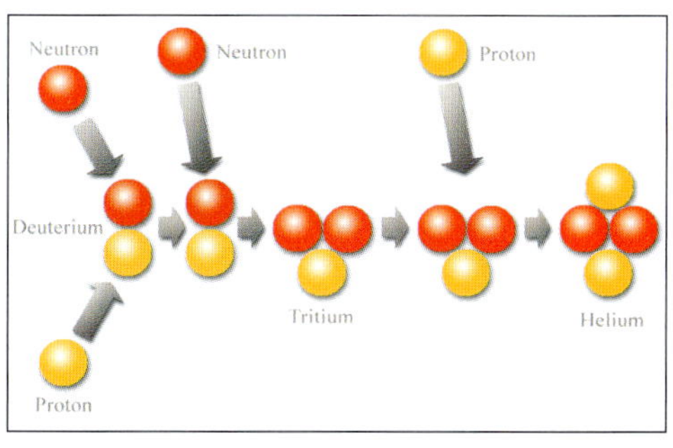

Galaxien sind riesige Ansammlungen von Einzelsternen im Universum, die u.a. als flache Diskusscheibe vorkommen. Unsere Galaxie, die Milchstraße, besteht aus Milliarden von Einzelsternen.

Aus der Rotation von Galaxien kann man berechnen, wie groß die Massenanziehung der einzelnen Sterne untereinander sein muss, um sie entgegen der durch die Rotation entstehenden Fliehkraft zusammenzuhalten. Zählt man die Massen aller Sterne und der interstellaren Materie zusammen, erhält man nur ein Zehntel der dafür tatsächlich benötigten Masse. Unsere Milchstraße muss demnach zu 90 % aus einer unsichtbaren **dunklen Materie** bestehen, im gesamten Universum macht sie 23 % aus. Dunkle Materie kann man nicht sehen, da sie kein Licht (elektromagnetische Strahlung) aussendet.

Um die großen Abstände im Weltall durch relativ kleine Zahlen ausdrücken zu können, benutzen Astronomen die Laufzeiten des Lichtes. Die bekannteste Einheit zur Messung des Raums ist das **Lichtjahr**. Das Licht legt in einer Sekunde etwa 300 000 km zurück. Eine Lichtsekunde ist also eine Strecke von 300 000 km, ein Lichtjahr 9 461 000 000 000 km.

Um die Abstände innerhalb unseres Planetensystems in kleinen Zahlen wiedergeben zu können, benutzen Astronomen die **Astronomische Einheit**. Dies ist der mittlere Abstand der Erde von der Sonne: 1 AE = 149 600 000 km

Seit 1998 gibt es Hinweise darauf, dass Galaxien am Rande des Universums schneller auseinander streben, als die Explosion des Urknalls dies vorgibt. Um diese Beschleunigung in den Außenbezirken des Universums zu erklären, führte man die **»dunkle Energie«** ein. Sie soll für das beschleunigte Auseinandertreiben der Galaxien bzw. des Universums in den größten Dimensionen entgegen der Massenanziehung verantwortlich sein. 73 % des Universums bestehen aus dunkler Energie.

Als **Metallizität** der Sternmaterie bezeichnet man deren Anteil an Atomkernen, die schwerer als Wasserstoff und Helium sind. Die Metallizität ist ein Maß für das Alter eines Sterns: Je geringer die Metallizität, desto älter der Stern.

Um 12 Mrd.

Langsam entstehen im Universum großräumige Strukturen

Aus Galaxien und Galaxiengruppen beginnen sich großräumige Strukturen herauszubilden, die von der Verteilung einer Materie geprägt werden, auf die nur aufgrund ihrer Massenanziehung geschlossen werden kann (sog. dunkle Materie). Durch die Gravitationswirkung orientieren sich die Galaxien und Galaxiengruppen an dem Verteilungsmuster der dunklen Materie (Abb.: Verteilung der dunklen Materie in einer Computersimulation der Strukturbildung im Universum). Die (sichtbare) baryonische Materie wirkt wie ein Indikator für die unsichtbaren Strukturen. Die ältesten baryonischen Materiespuren der heutigen Großstrukturen finden sich in den Zentren der großen Galaxienhaufen, vor allem in den großen elliptischen Galaxien. Noch sind die Strukturen, wie wir sie heute kennen, wesentlich weniger ausgeprägt. Das Frühuniversum ist insgesamt »kontrastärmer«.

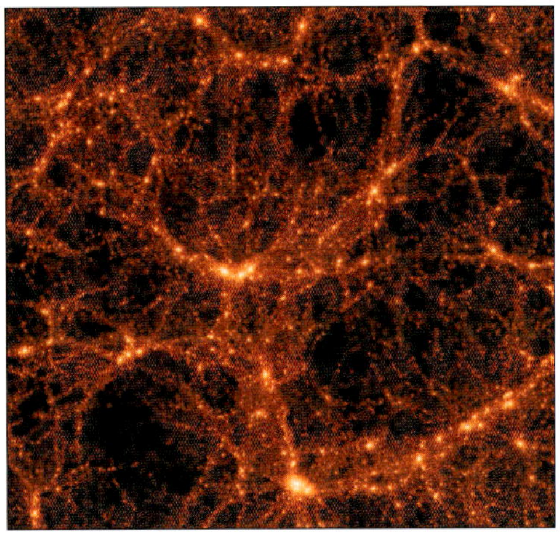

Sowohl Strukturbildung als auch die Galaxienentstehung vollziehen sich im Universum hierarchisch: Zunächst bilden sich kleinere Strukturen, die sich dann durch Verschmelzungsprozesse zu immer deutlicheren und größeren Strukturen mit größeren Dichteunterschieden steigern.

Um 13,3 Mrd.

Es wird galaktisch

Aus den Sternen der ersten Generation und den interstellaren Gaswolken bilden sich die ersten Galaxien. Sie unterscheiden sich ganz wesentlich von heutigen Galaxien: Sie sind kleiner, haben unregelmäßige Formen und bilden viel schneller neue Sterne aus.

Durch Kollisionen verschmelzen Galaxien miteinander und werden dadurch größer. So entsteht auch die Anfangsformation, aus der unsere Galaxie, die Milchstraße, hervorgegangen ist. Fast jede Galaxie hat in ihrem Zentrum ein Schwarzes Loch – noch immer rätselhafte, Masse und sogar Licht verschlin-

ESO 269-57 ist eine symmetrische Spiralgalaxie im südlichen Sternbild Centaurus.

Um 13,6 Mrd.

Masse verdichtet sich

Dichteschwankungen des uranfänglichen Gasgemisches verstärken sich unter dem Einfluss der Schwerkraft. Es bilden sich Gravitations-Instabilitäten. Masse bewegt sich von Stellen geringerer Dichte und damit schwächerer Gravitationswirkung zu Stellen höherer Dichte bzw. stärkerer Massenanziehung. Diese Materieströme führen zu Gaswolken bzw. Massekonzentrationen in größeren Dimensionen und damit zur Ausbildung auch großräumiger Strukturen im Weltall.
Die womöglich nahe liegende Annahme, dass nach der Bildung der Atome (siehe S. 20) diese im Universum vollkommen gleichförmig verteilt waren, führt in die Irre: Größere Strukturen hätten sich dann nicht herausbilden können. Die zunächst winzigen Inhomogenitäten der Masseverteilung im Bereich weniger Atome – deren Ursache bereits in Fluktuationen während der inflationären Aufblähung des Weltalls (siehe S. 17) angelegt ist – verstärken sich vielmehr immer weiter bis in den makroskopischen Bereich.

Um 13,699 Mrd.

Gravitation immer wichtiger

Bisher waren die Ereignisse im Universum von extrem hohen Temperaturen und Energiedichten, vor allem aber von rasend schnell ablaufenden Vorgängen im mikroskopischen Bereich geprägt. Nun beginnen Abläufe, die sich in größeren zeitlichen und räumlichen Dimensionen bewegen. Dabei spielen Gravitation (Massenanziehung) und die baryonische Materie, die aus dem ursprünglichen Aufbau der Atomkerne stammt, die entscheidende Rolle. Wasserstoff, Helium und geringe Mengen Lithium bilden die baryonische Materie. Ihre Kerne sind aus den ursprünglichen Protonen und Neutronen aufgebaut. Bei der Bewertung dieser Vorgänge unterliegt die Wissenschaft gewissen Einschränkungen: Astrophysiker können die Vorgänge nur an den Objekten verfolgen, die als baryonische Materie sichtbar sind. Über 96 % des Inhalts des Universums wissen wir nicht näher Bescheid: 23 % des Universums besteht aus unsichtbarer dunkler Materie, 73 % aus der geheimnisvollen dunklen Energie.

Um 13,5 Mrd.

Sterne – die erste Generation

In den Gaswolken sind Verdichtungen entstanden, die aufgrund des erhöhten Drucks eine Temperatur von 1000 Kelvin aufweisen. Wegen der Schwereanziehung der Atome und Moleküle kollabieren die Wolken immer weiter und ziehen neues Material an. Diese Ansammlungen bestehen nur aus Wasserstoff und Helium, besitzen also keine Metallizität und erreichen Temperaturen von über 15 Mio. Kelvin. Dadurch zündet die nukleare Kernfusionsreaktion: Die erste Sternengeneration ist geboren (Abb.: metallfreier Stern HE 0107–5240).

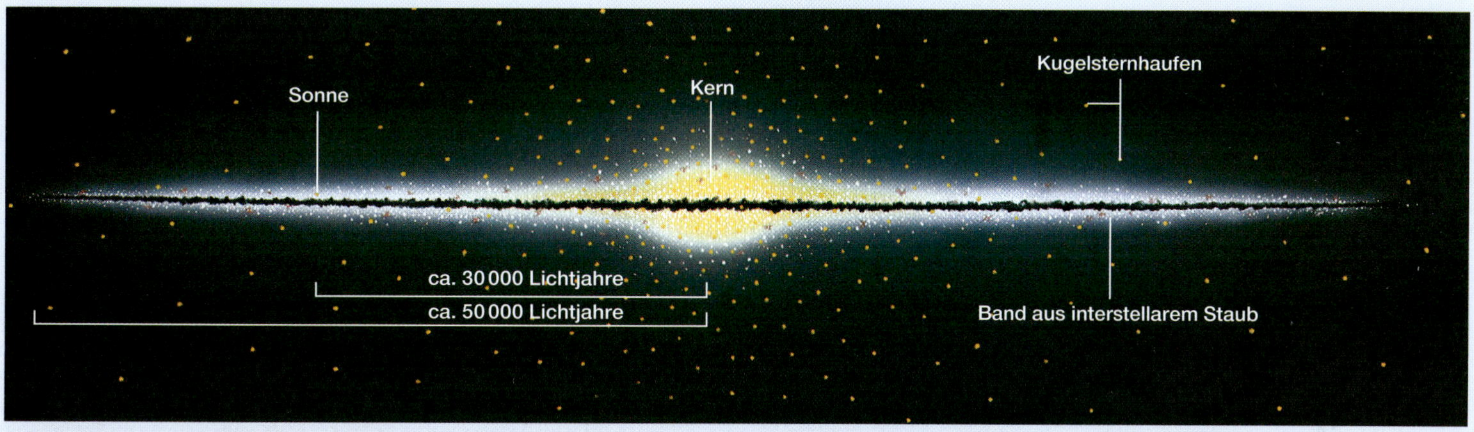

Seitenansicht unserer Milchstraße: Das dunkle quer laufende Band weist auf interstellare Materie hin, insbesondere auf Staubwolken.

gende Himmelskörper. Vieles spricht dafür, dass Schwarze Löcher die Entwicklung von Sternensystemen beeinflussen, vielleicht sogar die Kondensationskeime der Galaxienbildung sind. Vermutlich sind die ersten Schwarzen Löcher Endstadien der massereichen Sterne der ersten Generation und damit kurz vor Erscheinen der ersten Galaxien entstanden. Galaxien kommen in verschiedenen Formen vor, lassen sich aber in drei Grundtypen einteilen: elliptische Galaxien, Scheibengalaxien und irreguläre Galaxienformen. Elliptische Galaxien sind – je nach ihrer Krümmung – kugelig bis zigarrenförmig. Sie enthalten wenig Gas und Staub und bestehen überwiegend aus alten, rötlichen Sternen. Die Einzelsterne bewegen sich in ihnen auf beliebigen Bahnen. Ihre Helligkeit nimmt von innen nach außen gleichmäßig ab. Am bekanntesten sind Scheibengalaxien. Ihr Hauptmerkmal sind Galaxienarme, die entweder direkt von der zentralen Verdickung ausgehen oder an einem Balkenarm ansetzen. In irregulären Galaxien sind Sterne ohne erkennbare Großstrukturen angeordnet. Der Mechanismus zur Bildung von Scheiben- bzw. Spiralgalaxien wie unserer Milchstraße ist komplex: Eine zunächst kugelige Wolke aus Einzelsternen wird in ihrem Zentrum immer dichter und gravitativ dadurch wirkungsvoller. Wahrscheinlich befindet sich dort ein Schwarzes Loch, das eine starke Massenanziehung ausübt. Auf die »Teilchen« der Galaxie, die Sterne, welche um das Massenzentrum wirbeln, wirken zwei Kräfte: die Gravitation zum Zentrum und die Gravitation untereinander als eine Art Reibung. Letztere bremst die Teilchen der Anfangswolke so lange, bis sie sich einigermaßen geordnet um einen scheibenförmigen Strudel bewegen. Die ersten Galaxien sind noch heute am Rande des Universums zu beobachten. Sie haben sich zu quasistellaren Objekten (sog. Quasaren) entwickelt. Diese strahlen ungeheure Mengen Energie ab, weil in ihrem Inneren ein supermassives Schwarzes Loch sitzt. Die darin einstürzende Materie leuchtet vor ihrem Verschwinden hell auf und macht die Quasare zu den leuchtkräftigsten Objekten. Bislang ist es aber nicht möglich, die kosmischen Materieströme in der Nähe galaktischer Schwarzer Löcher direkt zu beobachten und damit diese These zu bestätigen. Die Schwereanziehung um diese kollabierende Masse ist so groß, dass keine Masse und selbst Licht nicht entweichen können. Schwarze Löcher sind nur durch die starke Gravitationswirkung auf die umgebenden Sterne oder durch die Röntgen- oder Gamma-Strahlung, welche die gerade einstürzende Masse aussendet, nachweisbar. In unserer Milchstraße konnten Wissenschaftler jüngst – auch hier indirekt durch die starke Gravitationswirkung und den dadurch bedingten schnellen Umlauf naher Sterne ums Zentrum – die Existenz eines Schwarzen Loches nachweisen. Galaktische Schwarze Löcher sind zwischen eine Million und eine Milliarde Mal massereicher als die Sonne. Ihre Masse lässt sich aufgrund der Gravitationswirkung auf die umgebenden Sterne bestimmen. Je schwerer ein Schwarzes Loch ist und je näher sich Sterne am Schwarzen Loch befinden, umso schneller werden sie von diesem herumgewirbelt.
Unsere Galaxie – die Milchstraße – ist eine Spiralgalaxie, die von der Kantenansicht wie ein Diskus aussieht. Sie besteht aus Milliarden von Einzelsternen in allen Entwicklungsstufen. Die Scheibe hat eine Ausdehnung von ungefähr 100 000 Lichtjahren und eine Dicke von etwa 3000 Lichtjahren. In der Mitte ist sie auf ca. 16 000 Lichtjahre verdickt. Die Sonne sitzt etwa 30 000 Lichtjahre vom Zentrum entfernt auf einem Seitenarm. Die Sterne bewegen sich innerhalb der Struktur um das Zentrum. Unsere Sonne benötigt für einen kompletten Umlauf um das galaktische Zentrum etwa 200 Mio. Jahre.

Einen Stern, der seinen Wasserstoffvorrat verbrannt und sich bis zu einem 10- bis 100fachen Sonnendurchmesser aufgebläht hat, bezeichnet man als **Roten Riesen**. Er strahlt mit einer Oberflächentemperatur von etwa 3000 Kelvin, wodurch er rötlich erscheint. Bekannte Rote Riesensterne sind Beteigeuze im Sternbild Orion und Aldebaran im Sternbild Stier.

Ein **Weißer Zwerg** ist ein Stern, der am Ende seines Lebens angelangt ist. Er produziert keine Energie mehr aus Kernfusion und glüht nur noch aufgrund seiner Restenergie aus, bis er schließlich erlischt. Wesentlich schwerere Sterne enden als **Neutronenstern**. Bricht ein Stern unter seiner eigenen Schwerkraft zusammen, entsteht ein **Schwarzes Loch** – ein Raumgebiet, in dem die Gravitationskraft so groß ist, dass weder Licht noch Materie aus ihm entweichen kann.

Parallaxe nennt man den Richtungsunterschied (Winkel zwischen den Sehstrahlen) zu einem Objekt von zwei unterschiedlichen Beobachtungsorten aus. Bei einem Standortwechsel erscheint der Gegenstand vor seinem Hintergrund leicht verschoben. Beobachtet man nahe Sterne im Zeitabstand eines halben Jahres, erscheinen sie durch die Bewegung der Erde um die Sonne und den dadurch veränderten Beobachtungsstandort relativ zu den weit entfernten Sternen leicht verschoben.

Quasare sind leuchtkräftige, sternartige Objekte am Rand des Universums. Ihre große Entfernung und Helligkeit lassen auf eine Leuchtkraft schließen, die bis tausendmal größer ist als die einer ganzen Galaxie. Man vermutet, dass Quasare ihre Energie aus supermassiven Schwarzen Löchern beziehen.

Als **Nukleosynthese** bezeichnet man den Aufbau von Atomkernen im Innern von Sternen durch **Kernfusion**. Dabei verbinden sich mehrere leichte Wasserstoff- und Heliumkerne, aber auch Kerne, die schon eine Fusionsreaktion hinter sich haben, zu schweren Atomkernen.

Um 11,9 Mrd.

Der Zyklus der Sterne

Nachdem die erste Sternengeneration, die sog. metallfreien Sterne (siehe S. 23), ihre Entwicklung hinter sich hat, gibt es nun Sterne mit unterschiedlichen Massen und demzufolge verschieden langen Lebensdauern. Ihr Lebensweg verläuft – abhängig von ihrer Anfangsmasse – unterschiedlich und endet in verschiedenen Endstadien.

Bei einem Stern der Masse unserer Sonne (1,989 x 10^{30} kg) reicht der Brennstoff für die Nukleosynthese etwa 10 Mrd. Jahre. Nach einem Übergang von weiteren 2 Mrd. Jahren bläht er sich zu einem Roten Riesen auf, um dann einen Teil seiner Gashülle abzustoßen. Diese bildet später einen Ringnebel um den Reststern. Der Stern hat sich zum Weißen Zwerg gewandelt, in dem keine Energieerzeugung mehr stattfindet. Er strahlt nur noch durch die eigene Resthitze und glüht bis zur Unsichtbarkeit aus. Einen ganz anderen Weg nimmt ein Stern mit vier- bis achtfacher Sonnenmasse. Schon 33 Mio. Jahre nach seiner Geburt explodiert er als Supernova, wobei er kurzzeitig mit dem Milliardenfachen seiner ursprünglichen Leuchtkraft strahlt. Der Begriff novae bezeichnet plötzlich aufleuchtende, vorher unscheinbare oder sogar unsichtbare Sterne. Zurück bleibt die abgesprengte Sternhülle und in deren Zentrum ein winziger Stern mit extremen Eigenschaften: ein Neutronenstern. Er besteht nur noch aus Neutronen und ist wie ein riesiger Atomkern mit 100 km Durchmesser unvorstellbar dicht. Einen schnell rotierenden Neutronenstern nennt man Pulsar.

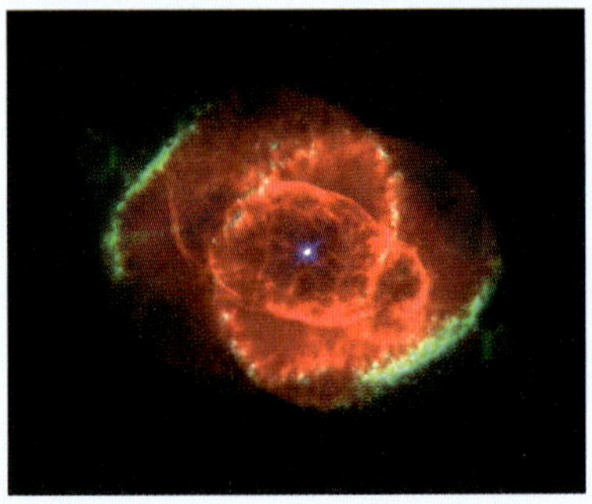

Endstadium: ein sog. Weißer Zwerg mit Gashülle im Nebel NGC 6543

Ist nach einer Supernova-Explosion die Masse des übrig bleibenden Kerns größer als zwei Sonnenmassen, endet der Stern nicht in einem Neutronenstern. Die Masse stürzt dann zu einem Punkt zusammen: einem Schwarzen Loch. Dessen Schwereanziehung ist so groß, dass keine Masse und auch kein Licht entweichen können.

Ein Schwarzes Loch und seine Umgebung (in einer künstlerischen Darstellung)

Um 11,7 Mrd.

Uralt-Sterne in Kugelhaufen

In sog. Kugelsternhaufen bilden sich Sterne, die ihren Brennstoff langsam verbrennen und deshalb heute noch existieren. Kugelsternhaufen sind kugelige Ansammlungen von 100 000 bis zu einer Million Einzelsternen, die aber nicht mit Galaxien zu verwechseln sind. Typisch für sie ist, dass man darin einen hohen Anteil sehr alter Sterne findet. Die Sterndichte im Haufen ist tausendmal höher als in der Umgebung der Sonne (Abb.: Kugelsternhaufen M 13 im Sternbild Herkules).

Kugelsternhaufen findet man bei fast allen Galaxien, bei unserer Milchstraße gibt es etwa 200 in einem Kugelvolumen von 180 000 Lichtjahren Durchmesser. Kugelsternhaufen bewegen sich mit Umlaufzeiten von etwa 200 Mio. Jahren in elliptischen Bahnen um die Galaxie. Die ältesten Sterne in Kugelsternhaufen haben nur eine Metallizität (siehe S. 22) von etwa einem Zehntausendstel des Wertes unserer Sonne. Die Altersbestimmung sehr alter Sterne geschieht über die Messung des Gehaltes der langlebigen Isotope Thorium 232 (Halbwertszeit 14,05 Mrd. Jahre) und Uran 238 (4,47 Mrd.).

Um 9 Mrd.

Kernfusion in vollem Gange

Bei der Nukleosynthese (Kernfusion) im Inneren der nun existierenden Sterne hat der Aufbau schwerer Elemente, welcher bis heute andauert, begonnen. Alle Elemente, die schwerer als Helium sind, werden im Inneren von Sternen durch Kernfusion erzeugt und durch Sternwinde entweder stetig oder explosionsartig an das interstellare Medium zurückgegeben.

Für die Sterne der ersten Generation stand nur Wasserstoff und Helium als Brennstoff für die Kernfusion zur Verfügung. Im Ausgangsmaterial der nachfolgenden Generationen befindet sich nun ein gewisser Anteil schwerer Elemente. Heute machen die schweren Elemente 2–3 % der baryonischen (sichtbaren) Materie des Kosmos aus. Hat ein älterer Stern seinen Wasserstoff im Kern verbraucht, wird Helium zu schwererem Kohlenstoff und dieser schließlich zu noch schwereren Elementen verbrannt. Elementaufbau durch Kernfusion ist bis zum Element Eisen (26 Kernprotonen) möglich. Die noch schwereren Elemente entstehen bei Supernova-Explosionen. Dabei werden nicht einzelne Protonen und Neutronen an bestehende Atomkerne gebunden, sondern zwei oder mehrere, schon bestehende Atomkerne verschmelzen untereinander zu noch schwereren Kernen. Alle chemischen Elemente, die wir heute auf der Erde antreffen, sind entweder im Innern von Sternen oder bei gewaltigen Supernova-Explosionen von Sternen entstanden. Ohne diese Mechanismen zur Bildung schwerer Atomkerne gäbe es weder die anderen Planeten, noch unsere Erde, noch die darauf entstandene belebte Natur.

Um 8,7 Mrd.

Zwischenfall: Milchstraße kollidiert mit anderen Galaxien

Unsere heute so gleichmäßig rotierende und ruhig durch die Tiefen des Universums driftende Galaxie, die Milchstraße, erlebt unruhige Zeiten: Sie kollidiert mit zwei kleineren Galaxien. Galaxienkollisionen stellen keine seltenen Ereignisse dar. Sie sind ein bedeutender Vorgang bei der Bildung von Großstrukturen im Universum.

Von der Kollision erfuhr man durch die Messdaten des Satelliten Hipparcos (High Precision Parallaxe Collecting Satellite). Dieser vermaß zwischen 1989 und 1993 mit höchster Präzision u. a. die Eigenbewegungen von 120 000 Einzelsternen in unserer Milchstraße. Die Daten zeigten, dass sich in unserer Milchstraße zwei Sterngruppen nach ihrer Bewegung von den anderen Sternen unterscheiden lassen. Dies sind wohl die Überreste von zwei kleinen Galaxien, die bei einer Kollision von der Milchstraße einverleibt wurden. Mit Hilfe von Großteleskopen haben Astronomen zudem Galaxienformen gefunden, die sich nur als Momentaufnahme einer Galaxienkollision erklären lassen (Abb.: Kollision der Spiralgalaxien NGC 2207 und IC 2163 im Sternbild Herkules).

Ein spektakuläres Ereignis wäre die Begegnung zwischen einer Materie- und einer Antimaterie-Galaxie. Die gegensätzliche Materie des interstellaren Mediums und der Sterne der beiden Galaxien würde dabei zerstrahlen und eine intensive Vernichtungsstrahlung aussenden. Bisher konnte dies aber noch nicht beobachtet werden – vielleicht, weil es im Universum keine separierten Inseln aus Antimaterie in Form von Galaxien gibt.

Um 11,7 Mrd.

Wanderer durch Raum und Zeit: Das Licht von Quasaren

Die ersten Galaxien haben sich zu Quasaren entwickelt. Dies sind quasistellare Objekte, die heute als besonders leuchtkräftig am Rande des Universums zu beobachten sind. Ihre große Entfernung von der Erde und die messbare starke Helligkeit lassen auf eine Leuchtkraft schließen, die hundertmal bis tausendmal intensiver ist als die einer ganzen Galaxie. Man vermutet daher, dass die Quasare ihre Energie aus supermassiven Schwarzen Löchern beziehen.

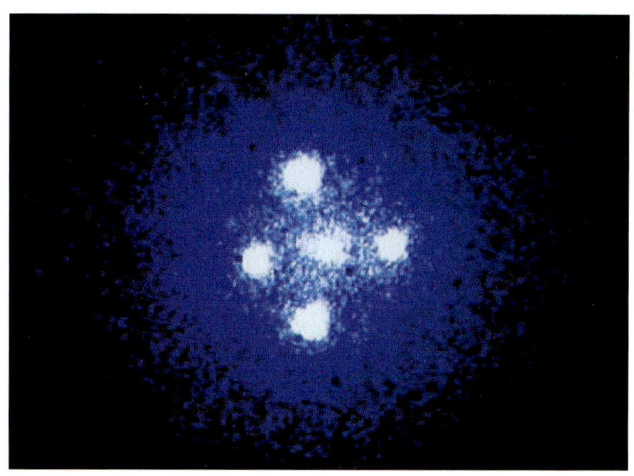

Das Licht der Quasare durchlief annähernd das gesamte Universum. Es ist deshalb besonders geeignet, das Universum zu »durchleuchten«. Veränderungen in seiner Beschaffenheit während der langen Laufzeit erlauben Rückschlüsse auf die Eigenschaften des Universums. Durch die Analyse der Absorptionsmuster in Quasarspektren ist es den Astronomen möglich, die physikalischen Eigenschaften (wie etwa Temperatur, Geschwindigkeit, chemische Zusammensetzung und räumliche Verteilung) der Materie längs der Sichtlinie zu erforschen und Informationen über den grundlegenden Vorgang der Galaxien-Entstehung abzuleiten. Die Entdeckungsgeschichte der Quasare begann im Jahr 1960 mit der optischen Beobachtung des Quasars 3 C 48, dessen Signal im Bereich der Radiostrahlung empfangen wurde. Das Licht des am weitesten entfernten, uns bekannten Quasars 3 C 273 (Entdeckung 1963) wurde schon ca. zwei Milliarden Jahre nach dem Urknall ausgesendet. Es ist also schon 11,7 Mrd. Jahre unterwegs (Abb.: Dieser Quasar erscheint vierfach, weil sein Licht auf dem Weg zu uns von der Masse einer 400 Mio. Lichtjahre entfernten Galaxie abgelenkt wurde. In der Mitte erkennt man die ablenkende Galaxie).

Das Universum expandiert

Edwin Powell Hubble

Der am 20. November 1889 in Marshfield, Missouri, geborene US-amerikanische Astronom und Astrophysiker Edwin Powell Hubble begründete die moderne extragalaktische Astronomie. 1917 beendete er sein Astronomie-Studium mit einer Promotion über ein morphologisches Klassifikationsschema für Galaxien. Nach dem Kriegsdienst in der US-Armee arbeitete er ab 1919 am Mount-Wilson-Observatorium in Pasadena. Dort gelang ihm in den Jahren 1923–1924 die Bestimmung der Entfernung des Andromeda-Nebels. 1929 entdeckte Hubble die Rotverschiebung der Spektrallinien weit entfernter Galaxien in Abhängigkeit von ihrer Entfernung – den sog. »Hubble-Effekt«. Die Galaxien teilte er in elliptische, spiralförmige und balkenspiralige ein. Der Astronom, dem zu Ehren das Weltraumteleskop »Hubble« benannt wurde, starb am 28. September 1953 im kalifornischen San Marino.

Seit dem Urknall dehnt sich das Universum aus und alle Objekte bewegen sich voneinander fort. Je weiter ein Objekt im Universum von uns entfernt ist, desto schneller bewegt es sich von uns weg. Durch die Messung der Fluchtgeschwindigkeit von Galaxien und Quasaren lernen wir die Eigenschaften des Universums in großen Dimensionen kennen. Zur Messung der Fluchtgeschwindigkeit eines kosmischen Objektes analysieren Astronomen das Spektrum seines bei uns ankommenden Lichtes und suchen nach Emissions- oder Absorptionslinien, die von bekannten chemischen Elementen herrühren und deren Wellenlängen aus Laborexperimenten bekannt sind. Bewegt sich das untersuchte Objekt von uns weg, ist die Wellenlänge größer (nach Rot verschoben), bewegt es sich auf uns zu, ist sie kleiner (nach Blau verschoben).

Ein langer Weg zur Theoriefindung

Als Albert Einstein (1879–1955) im Jahr 1917 versuchte, seine Allgemeine Relativitätstheorie auf den gesamten Kosmos anzuwenden, bekam er als Ergebnis ein unter der Last der eigenen Schwerkraft in sich zusammenstürzendes Universum. Einstein hielt jedoch zu diesem Zeitpunkt ein zusammenstürzendes – also zeitlich veränderliches – Universum für undenkbar und führte zur Korrektur seiner Theorie die sog. Kosmologische Konstante ein. Durch diese Korrektur, die er später »als die größte Eselei meines Lebens« bezeichnete, erhielt er ein zeitlich konstantes Universum. Vesto M. Slipher (1875–1970) fand 1923 heraus, dass sich von 41 nahen Spiralgalaxien 36 von uns fort, aber nur fünf auf uns zu bewegen. Slipher hatte die Spektren der Galaxien untersucht und die gefundenen Rot- und Blauverschiebungen der Spektrallinien als Doppler-Effekt gedeutet. Carl Wilhelm Wirtz (1876–1939) schlug vor, dass der Grund dafür nicht eine tatsächliche Bewegung der Galaxien, sondern die Ausdehnung des Raumes sein sollte. 1928 fand man heraus, dass die Rotverschiebung gleichmäßig mit der Entfernung zunimmt. Dieser Zusammenhang zwischen Entfernung und Rotverschiebung wird heute nach Edwin Powell Hubble als Hubblesches Gesetz bezeichnet.
Wenn das Universum aber expandiert, nimmt seine Materiedichte mit der Zeit ab. Die Materie wird im expandierenden Raum ausgedünnt. Andererseits muss das Universum früher

Theorien zur Expansion des Alls: Nach dem Steady State Modell (obere Reihe) nimmt die Masse des Weltalls gerade so zu, dass die Materiedichte gleich bleibt; nach der evolutionären Theorie (untere Reihe) bleibt die Masse konstant und die Materiedichte nimmt ab.

dichter und kleiner gewesen sein und einen punktförmigen ultradichten Anfang gehabt haben. Dies erkannten Alexander A. Friedmann (1888–1925) und Abbé G. Lemaître (1894–1966). Ende der 1940er-Jahre wurde die Theorie des Urknalls von George Gamow aufgegriffen und von Ralph A. Alpher (* 1921) und Robert Herman (*1914) näher ausgearbeitet. Das Universum wird sich nach unseren heutigen Erkenntnissen immer weiter ausdehnen und abkühlen. Der nukleare Brennstoff wird zur Neige gehen und übrig bleiben schließlich tote Endstadien von Sternen, Schwarze Löcher, kaltes Gas und wahrscheinlich auch die dunkle Materie.

Auge der Menschheit im All: Das nach Edwin Hubble benannte Weltraumteleskop ist seit 1990 im Orbit. Der Hauptspiegel hat einen Durchmesser von 2,4 Meter.

Die Rotverschiebung im Raum

Neben dem großräumigen Auseinanderstreben der Galaxien können diese sich aber – in kleineren Dimensionen betrachtet – aufgrund von lokalen Gravitationswirkungen auch aufeinander zu bewegen. Dies ist beispielsweise bei der Andromeda-Galaxie der Fall, der mit 2,7 Mio. Lichtjahren Entfernung uns nächstgelegenen Galaxie am Nordhimmel. In einigen Milliarden Jahren wird sie mit unserer Milchstraße zusammenstoßen.

Im gesamten Universum ist kein Punkt gegenüber einem anderen hervorgehoben. Wie auf einem Luftballon, der aufgeblasen wird, streben alle Raumpunkte und damit Galaxien auseinander. Häufig wird die Rotverschiebung des Lichtes ferner Galaxien fälschlicherweise mit dem Doppler-Effekt erklärt. Der Doppler-Effekt bewirkt z.B. in der Akustik folgendes Phänomen: Bewegt sich eine Schallquelle rasch auf uns zu, erhöht sich ihre Tonhöhe. Bewegt sie sich von uns weg, sinkt ihre Tonhöhe gegenüber der Tonhöhe bei unbewegter Quelle. Das Licht einer fernen Galaxie (die sich von uns fortbewegt) nimmt auf ihrem Weg zu uns hingegen an der Expansion des Raumes teil. Dass für die kosmologische Rotverschiebung nicht der Doppler-Effekt, sondern die Raumdehnung verantwortlich ist, konnte durch die Messung von Supernova-Lichtkurven im Jahr 1995 gezeigt werden. Aus den Beobachtungen wurde deutlich, dass nicht nur die Wellenlängen des Spektrums, sondern auch der zeitliche Verlauf der Lichtkurve gedehnt waren. Wäre nicht die Dehnung des Raumes, sondern der Doppler-Effekt für die kosmologische Rotverschiebung verantwortlich, würden Lichtkurven ferner Supernovae sich in ihrem zeitlichen Verlauf nicht von den Lichtkurven räumlich näherer Supernovae unterscheiden.

Im Fokus

Kosmologische Modelle und Spekulationen

Das Universum ist homogen und isotrop, d.h., überall befinden sich Galaxien und in allen Richtungen etwa gleich viele. Dieser Grundsatz wird nicht dadurch verletzt, dass wir in Richtung der Scheibenebene unserer Milchstraße mehr Sterne sehen als senkrecht zur galaktischen Ebene.

Die Kosmologie hat eine Reihe von Modellvorstellungen und Theorien entwickelt. Eine davon beschäftigt sich mit der mittleren Massendichte: Die Expansion des Universums wird bestimmt sowohl durch den Anfangsschwung seit dem Urknall als auch durch die gegenseitige Gravitationsanziehung der Massen, die dem Auseinanderstreben entgegenwirkt. Nach Albert Einsteins Allgemeiner Relativitätstheorie hängt das Langzeitverhalten des Universums von seiner mittleren Massendichte ab. Diese beträgt heute etwa ein Atom pro Kubikmeter an baryonischer (sichtbarer) Materie. Hinzu kommt noch das Zehnfache an dunkler (nicht sichtbarer) Materie. Bei der durch Messungen heute festgestellten Massendichte ist das Universum offen: Es dehnt sich ewig weiter aus. Bei höherer Massendichte würde die gegenseitige Massenanziehung überwiegen und den Anfangsschwung vollkommen abgebremst haben. Das Universum wäre wieder in sich zusammengestürzt. Bei wesentlich niedrigerer Massendichte hätte sich das Universum noch schneller ausgedehnt. Die Materie wäre so rasch verdünnt worden, dass sich die Galaxien und Sterne nicht gebildet hätten.

Der Physiker Albert Einstein entwickelt wegweisende Theorien zum Aufbau des Universums.

Eine andere Überlegung sieht den Beginn unseres Universums nur als Teil eines größeren Geschehens. Daneben entstanden weitere Universen, von denen wir aber kausal getrennt sind. Die jüngsten Spekulationen der Kosmologen betreffen die Anfangsbedingungen der Raumzeit-Singularität zum Zeitpunkt null. Die Überlegungen gehen zwar von einem Anfang in einem heißen Urknall aus. Das Universum könnte aber schon eine zwar winzige, aber endliche Ausdehnung gehabt haben. Es bleibt die Frage: Lag der Anfang in einem Ur-Atom?

*Der deutsche Physiker **Albert Einstein** begründete mit der Entwicklung der speziellen (1905) sowie der allgemeinen (1915) Relativitätstheorie ein neues physikalisches Weltbild. Er erklärte darin die Gravitation und erkannte die Äquivalenz von Masse und Energie ($E = mc^2$). Einstein, der am 14. März 1879 in Ulm geboren wurde, begann 1896 ein Physikstudium am Polytechnikum in Zürich. 1900 bekam er eine Anstellung am eidgenössischen Patentamt in Bern, nebenher veröffentlichte er wissenschaftliche Beiträge in den »Annalen der Physik«. Durch seine Anstellung als Professor an der Züricher Universität konnte sich Einstein ab 1909 ganz der Physik widmen. Auf Empfehlung seines Berliner Kollegen Max Planck übernahm er 1914 die Leitung des Kaiser-Wilhelm-Instituts für Physik in Berlin. 1921 erhielt Einstein den Nobelpreis für Physik – allerdings nicht für seine Relativitätstheorie, sondern für seine Beiträge zur Quantentheorie. 1933 emigrierte der als Jude diskriminierte Physiker in die USA und wurde Professor in Princeton. Mit einem Brief an US-Präsident Franklin D. Roosevelt gab Einstein den Anstoß zum »Manhattan Projekt« – die Entwicklung der Atombombe. In seinen letzten Jahren widmete sich der überzeugte Pazifist vorzugsweise der Aufklärung über die Gefahren von atomaren Waffen. Albert Einstein starb am 18. April 1955 in Princeton.*

Als **Protoplanet** bezeichnet man die Vorstufe eines Planeten, der beim Entstehungsprozess seine endgültige Größe noch nicht erreicht hat; als **protoplanetare Scheibe** jene Gas- und Staubscheibe, aus der sich die Protosonne (Vorstufe der Sonne oder auch andere Protosterne) bilden.

Die im Inneren der Sonne durch Fusionsreaktionen erzeugte Kernenergie wird über die **Strahlungszone** als Energiestrahlung nach außen geleitet. Diese nimmt etwa zwei Drittel des Sonnenradius ein. In der anschließenden **Konvektionszone** wird die Sonnenmaterie (überwiegend heißes Wasserstoffgas) nach außen so undurchsichtig, dass die Wärme nur noch durch Materialtransport (aufsteigende heiße Materie, absinkende kühlere Materie) weiter zur Sonnenoberfläche gelangen kann. Die dort ankommende Energie hält die Sonnenoberfläche auf einer Temperatur von etwa 6400 Kelvin (in Sonnenflecken 4000 Kelvin).

Die **Photosphäre** ist die 100 km dünne obere Grenzschicht der Konvektionszone, deren weißes Licht wir als Sonnenoberfläche mit einer Temperatur von 6400 Kelvin sehen. Durch Magnetfeldlinien erzeugte Störungen in der Photosphäre sind als kühlere (Temperatur 4000 Kelvin) und damit dunkle **Sonnenflecken** sichtbar.

Die **Chromosphäre** ist die etwa 10 000 km dicke oberste Gasschicht der Sonne. Sie liegt oberhalb der Photosphäre und hat eine wesentlich stärker strukturierte Oberfläche. Diese strahlt aber weniger intensiv als die Photosphäre und nur in bestimmten Spektralbereichen, wodurch sie für das Auge unsichtbar bleibt.

Protuberanzen sind zeitlich und räumlich veränderbare Strukturen an der Grenzschicht der Chromosphäre zur Korona. Entlang des Sonnenrandes sind sie als Bogen- oder Säulenstrukturen zu beobachten. Sie bestehen aus heißem Wasserstoffgas, das sich längs der Magnetfeldlinien der Sonne bewegt.

Die **Korona** ist der äußere, weit ins Weltall reichende Strahlenkranz der Sonne. Sie besteht aus einem ständig von dieser abströmenden Gasstrom, welcher sich an den Magnetfeldstrukturen der Sonne orientiert. Die Korona ist nur bei totalen Sonnenfinsternissen oder mit speziellen Koronographen-Fernrohren sichtbar.

Um 5 Mrd.

Scheibenförmige Sternwolken

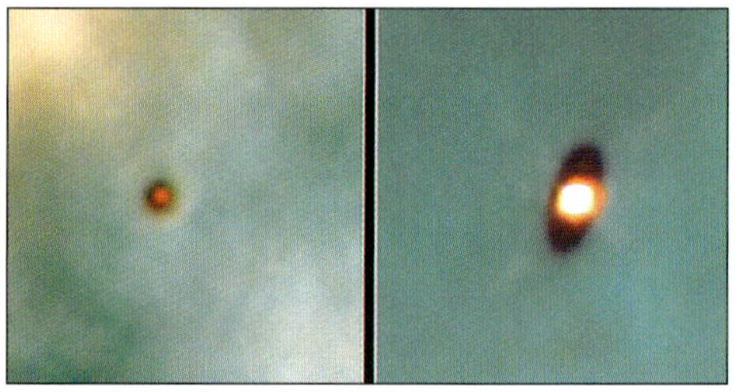

In einem Teil unserer Milchstraße herrschen gute Bedingungen für die Stern-Entstehung. Staubteilchen absorbieren die Strahlung umliegender Sterne und erwärmen sich dadurch. Stoßprozesse zwischen Gas- und Staubteilchen erwärmen wiederum das Gas, wodurch sich ein Gasdruck ausbildet, der entgegen der Massenanziehung wirkt. Der Staub strahlt Energie ab, wodurch Druck und Temperatur im Kernbereich der Wolke nicht zu hoch werden. In der kollabierenden Wolke separieren sich kleinere Teilbereiche mit einer leicht erhöhten Massendichte. Durch Gravitation nehmen diese Zentren weitere Materie auf und wachsen zu embryonalen Sternwolken. Die darin ablaufenden Prozesse sind nun voneinander abgekoppelt. Auf die Gasteilchen, welche um das Massenzentrum wirbeln, wirken zwei Kräfte: Gravitation und Reibung. Die Reibung bremst die Teilchen der Anfangswolke so lange, bis sie sich geordnet um einen scheibenförmigen Strudel bewegen. Dieser Mechanismus führte zu einer Abflachung der zunächst kugeligen Wolke und zur Ausbildung einer Akkretionsscheibe (s. Abb.).

Um 4,563 Mrd.

In der Akkretionsscheibe ballen sich Vorformen der Planeten

Die protoplanetare Scheibe besitzt noch etwa 3 % der Masse der Sonne und eine Ausdehnung von etwa dem zehnfachen Radius der Erdbahn. Die Temperatur an ihrem äußeren Rand liegt bei nur wenigen Kelvin, weiter innen über 273 Kelvin. In den Außenbereichen liegt dadurch das Gas in gefrorener Form vor. Die junge Sonne beginnt nun Gas aus den inneren Bereichen der Akkretionsscheibe in die Außenbereiche zu blasen. Schwerere Teilchen, Klumpen und Brocken bleiben zurück. Heutige Unterschiede in der Struktur und der chemischen Zusammensetzung der Planeten (innen Gestein, außen Gas) sind direkt auf Vorgänge im frühen solaren Nebel zurückzuführen.

Um 4,555 Mrd.

Proto-Jupiter: Gigant setzt zweiten Akzent im Sonnensystem

An einer Stelle in der protoplanetaren Scheibe hat ein fester Körper eine bestimmte Massengrenze überschritten. Seine Aufnahme von Gas und festen Kleinkörpern ist nun noch effektiver und er wächst lawinenartig an: Proto-Jupiter ist entstanden. Ab jetzt bestimmen Jupiter (s. Abb.) und Sonne zusammen die Dynamik des Sonnensystems. Beide Körper vereinigen zusammen über 99 % der Gesamtmasse des Systems. Durch dieses zweite dominierende Massezentrum wird viel Materie in ihrer gemäßigten Bewegungsform gestört und aus der Scheibenebene hinausgeschleudert. Die anderen Protoplaneten konkurrieren gegenseitig um die verbliebene Restmaterie.

Um 4,565 Mrd.

Die Geburt der Sonne

Im Zentrum der sog. Akkretionsscheibe aus Gas und Staub hat sich ein heißer Kern von der Größe der Erdbahn mit einer klar definierten Oberfläche gebildet. Er strahlt auch schon Licht ab, anfänglich aber nur aufgrund der erhöhten Temperatur, nicht aus der Energie durch Kernfusion. Diese Proto-Sonne saugt aus der Scheibe durch ihre Gravitationswirkung ständig Gas und Staub an, bis die Kernfusionsreaktion in ihrem Zentrum zündet. Seither verwandelt die Sonne in einer atomaren Kernreaktion Wasserstoff in Helium.

Durch die große Energiemenge, die nun aus den Kernreaktionen entsteht, steigt die Leuchtkraft des neuen Sterns stark an, der erhöhte Strahlungsdruck hält die Gas- und Staubschwaden zurück. Ein nach außen gerichteter Strahlungsdruck und die nach innen gerichtete Gravitationskraft stellen schließlich ein Gleichgewicht her und halten den heißen Gasball der neuen Sonne seitdem in stabiler Form. Der Sonnenkörper besteht aus 75 % Wasserstoff, 23 % Helium und 2 % schweren Elementen. Der Kernbrennstoff unserer Sonne reicht etwa 10 Mrd. Jahre, sie befindet sich in unserer Gegenwart also etwa in der Mitte ihrer Lebensdauer. Wenn der Wasserstoff in ihrem Kern verbraucht ist, wird sich die Sonne zu einem Roten Riesen aufblähen und wohl alles Leben auf der Erde vernichten. Die relativ langsame Brennrate erklärt sich aus der elektrischen Abstoßung der Ausgangsprotonen. Damit sie fusionieren können, müssen sie sich bis auf einen Abstand von 10^{-15} m (Größe eines Heliumkerns) annähern. Diese Notwendigkeit bremst die andernfalls schlagartig ablaufende Fusionsreaktion.

Die im Kern erzeugte Energie wandert über die Strahlungszone und Strömungs- (oder Konvektions)zone zur Sonnenatmosphäre. Mit bloßem Auge sehen wir von der Sonne nur das weiße Licht der etwa 100 km dünnen und 6400 Kelvin heißen obersten Grenzschicht der Konvektionszone, die Photosphäre. Die nach außen sich anschließenden, weniger dichten und lichtschwächeren Bereiche der Chromosphäre und der Korona werden von der Photosphäre überstrahlt und bleiben unsichtbar. Die Sonne ist der einzige Stern, den wir im Detail beobachten können. Mit bloßem Auge – wobei die Sonne nur durch spezielle Filterfolien beobachtet werden darf – sehen wir die Photosphäre mit Flecken, am Rand unter besonderen Bedingungen Protuberanzen und den in den Raum hinausreichenden Strahlenkranz, die Korona.

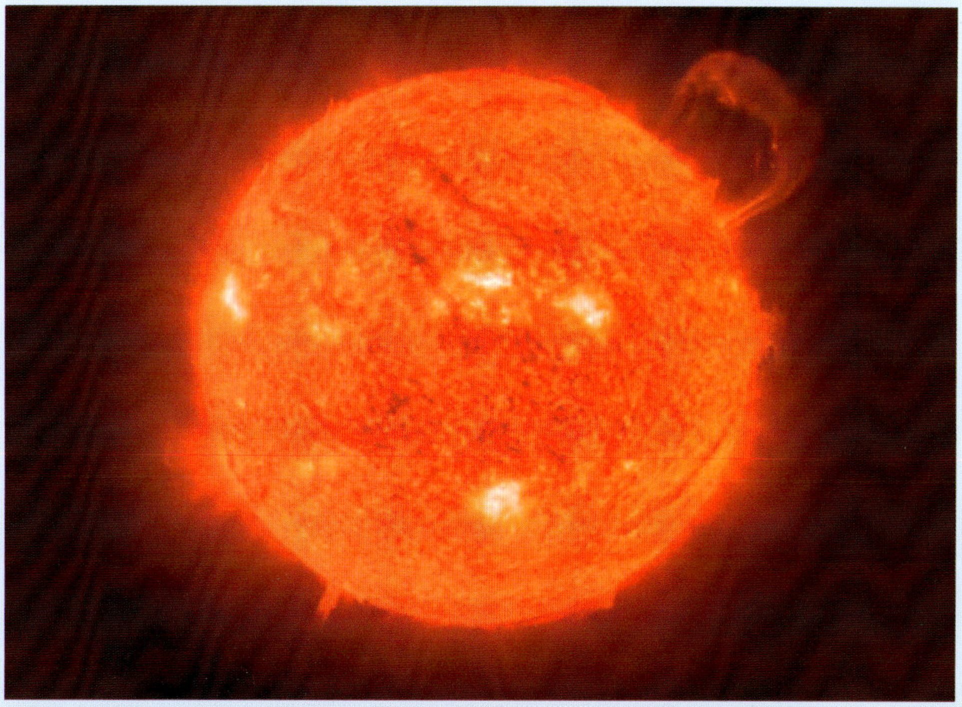

Sonnenoberfläche mit Protuberanzen – Gaswolken, die riesigen Stichflammen gleichen

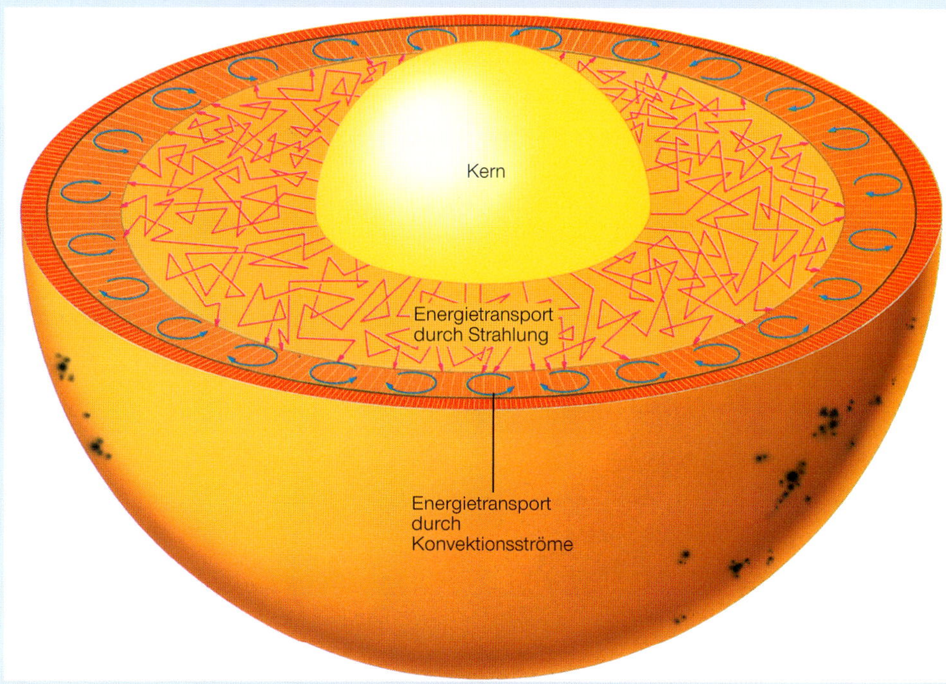

Die im Innern freigesetzte Kernenergie wird durch Strahlung und Konvektion nach außen transportiert.

Um 7 Mrd.

Licht einer frühen Sternenexplosion dient heutigen Astronomen als Entfernungsmesser

Ein Stern in einer fernen Galaxie mit vier- bis achtfacher Sonnenmasse hat seinen Kernbrennstoff verbraucht (siehe S. 25) und ist damit am Ende seines Lebens angelangt. Er explodiert als Supernova. Seine Helligkeit nimmt dabei rasch zu, bis er fast die Helligkeit einer ganzen Galaxie erreicht, um dann wieder langsam lichtschwächer zu werden. Nachdem das Licht 6 Mrd. Jahre unterwegs war, können Astronomen dieses frühe Ereignis heute im Teleskop live verfolgen. Die maximale Helligkeit und die Zeitdauer bis zum Erreichen des Maximums ist bei allen Supernovae dieses Typs in etwa gleich. Dies macht sie zu idealen Maßstäben für die Bestimmung des Abstandes von weit entfernten Galaxien.

Einen Himmelskörper, der aufgrund seiner geringen Masse nicht die für einen Stern typischen Kernfusionsreaktionen in seinem Inneren zünden konnte, bezeichnet man als **Braunen Zwerg**. Er erreicht nicht die erforderliche Temperatur von 10 Mio. Kelvin und glimmt bis zum vollkommenen Erkalten langsam aus.

Merkur, Venus, Erde und Mars nennt man **innere Planeten**, da ihre Bahnen relativ nahe an der Sonne verlaufen. Sie sind aus Gestein und Metall zusammengesetzt, tragen zur Gesamtmasse der Planeten aber nur 0,5 % bei. Sie haben größere Bahngeschwindigkeiten als die äußeren Planeten. Die Erde z.B. ist auf ihrer Bahn um die Sonne mit fast 30 km/s, Saturn dagegen nur mit weniger als 10 km/s unterwegs.

Jupiter, Saturn, Uranus und Neptun nennt man **äußere Planeten**, da ihre Bahnen relativ sonnenfern verlaufen. Sie sind wesentlich größer als die inneren Planeten, rotieren sehr viel schneller und haben eine wesentlich geringere Massendichte, da sie überwiegend aus Gas bestehen. Für einen Sonnenumlauf brauchen sie relativ lange, Saturn beispielsweise rund 29,5 Jahre

Scheibengalaxien sehen in der Seitenansicht aus wie eine Diskusscheibe. Die darin angeordneten Sterne konzentrieren sich in einer zentralen Verdickung. Bei Draufsicht erkennt man, dass die Scheibe aus mehreren **Galaxienarmen** gebildet wird, welche vom Zentrum ausgehen und sich um dieses winden. Die Sonne liegt innerhalb der Milchstraße auf dem Orionarm zwischen dem außen liegenden Perseusarm und dem innen liegenden Sagittariusarm. Die Rotation dieses riesigen Feuerrades verläuft nicht konstant. Die Winkelgeschwindigkeit nimmt vom Zentrum nach außen bis 25 000 Lichtjahre zu, um dann wieder abzunehmen. Ein Umlauf der Sonne dauert 200 Mio. Jahre, d.h., als die Dinosaurier lebten, befand sich die Sonne gerade auf der gegenüber liegenden Seite des galaktischen Zentrums.

Die **Infrarot-Strahlung** ist eine Form der elektromagnetischen Strahlung. Die verschiedenen Formen der elektromagnetischen Strahlung unterscheiden sich durch die abnehmende Wellenlänge: Radiostrahlung, Mikrowellenstrahlung, Infrarot-Strahlung, sichtbares Licht, ultraviolette Strahlung, Röntgen- und Gammastrahlung. Elektromagnetische Strahlung entsteht immer dann, wenn elektrische Ladungen beschleunigt werden – in Radioantennen genauso wie in Sternatmosphären oder Atomen.

Um 4,5 Mrd.

Die Planeten entstehen

Ein Glücksfall im Weltall: Unsere Erde hat nach heftigen Geburtswehen das Potenzial zu einem bewohnbaren Planeten.

Schon 2 Mio. Jahre nach Entstehung der Proto-Sonne waren einige Planeten bis auf Marsgröße (etwa halber Erddurchmesser) angewachsen. Insgesamt 50 bis 150 kompakte Kleinkörper – sog. Embryos – ballen sich über einen Zeitraum von etwa 65 Mio. Jahren zur Erde zusammen. Die heftigen Einschläge von Himmelskörpern auf die Erde bringen so viel Energie mit, dass größere Teile des Erdmantels immer wieder aufschmelzen.

Die inneren (d.h. sonnennahen) Planeten Merkur, Venus, Erde und Mars hatten es nach der Entstehung des Proto-Jupiter schwer, unter der nun einsetzenden Konkurrenz um Materie ihre endgültige Größe zu erreichen. Ihren thermischen Zustand und ihre Bewegungsformen haben die einzelnen Körper im Sonnensystem primär aus ihrer frühen Entwicklungsphase »mitgenommen«. Die erdähnlichen Planeten des inneren Sonnensystems besitzen vergleichsweise geringe Masse und setzen sich vorwiegend aus silikatischen Gesteinen und Metallen zusammen. Die außen umlaufenden (sonnenfernen) Planeten Jupiter, Saturn, Uranus und Neptun haben im Gegensatz dazu eine viel größere Masse und bestehen in erster Linie aus Gasen, ihre Monde zumeist aus Eis. Sie setzen sich überwiegend aus den leichten Gasen zusammen.

Neptun mit dem charakteristischen dunklen Fleck – einem stabilen atmosphärischen Wirbel

Grund dafür ist die »Vertreibung« leichter Gase aus dem inneren Sonnensystem durch den Teilchenstrom der jungen Sonne. Von den inneren Planeten besitzen nur Erde und Mars Monde: die Erde einen, der Mars zwei. Die Grenze des inneren Planetensystems bildet zwischen Mars- und Jupiterbahn der sog. Asteroidengürtel.

Alle Planeten umlaufen die Sonne gegen den Uhrzeigersinn. Die Umlaufbahnen liegen alle annähernd in einer Ebene, der Ekliptikebene. Die Achsen, um die sich die Sonne und die Planeten drehen, stehen annähernd senkrecht zur Umlaufebene. Eine Ausnahme macht Uranus: Seine Rotationsebene liegt in der Umlaufebene, d.h., er rollt auf seiner Umlaufbahn. Auch die anderen Planeten zeigen kleinere Abweichungen ihrer Drehachsen von der Senkrechten. Diese Unregelmäßigkeiten (auch die Schrägstellung der Rotationsachse der Erde gegenüber ihrer Bahnebene von 23,5°) sind auf Einschläge großer Körper in der Frühphase der Planetenbildung zurückzuführen. Die Planetenbahnen im Sonnensystem sind nicht willkürlich angeordnet: die mittleren Abstände der Planeten zur Sonne unterliegen einem bestimmten Reihenverhältnis. Die Umläufe lassen sich mit den sog. Keplerschen Gesetzen beschreiben. Pluto ist so weit von der Sonne entfernt, dass sein Umlauf 248 Jahre dauert. Merkur, der innerste Planet, benötigt dafür nur 88 Tage.

Aufgrund der Anreicherung von Zerfallsprodukten radioaktiver Elemente mit sehr langen Halbwertszeiten lässt sich das Alter des Gesteins verschiedener Herkunft (Erdmond, Mars, Meteorite) im Sonnensystem relativ genau auf 4,5 Mrd. Jahre bestimmen. Dies beweist, dass die Entstehung der festen Körper in unserem Sonnensystem zeitgleich und rasch abgelaufen ist.

Um 4,5 Mrd.

»Brauner Zwerg« Kelu-1

33 Lichtjahre von der Sonne entfernt steht ein Proto-Stern mit weniger als einem Zwanzigstel der Sonnenmasse kurz davor, die Kernfusionsreaktion zu zünden und zum Stern zu werden. Wegen seiner geringen Masse erreicht er jedoch nicht oder nur kurz die erforderlichen 10 Mio. Kelvin. Dem Stern (Abb.: Kelu-1 im südlichen Sternbild Wasserschlange) gelingt es nicht, selbst Energie aus Kernfusionsreaktionen zu erzeugen oder die begonnene Reaktion bricht nach kurzer Zeit wieder ab. Der Stern leuchtet dann nur durch seine Temperaturstrahlung bei 2500 Kelvin, um anschließend langsam auszukühlen. Man bezeichnet solche Objekte als Braune Zwerge.

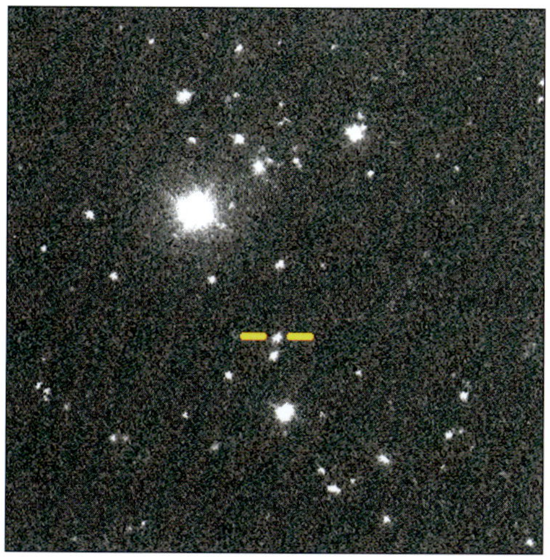

Um 4,5 Mrd.

Universum erzeugt die heute vorhandene Galaxien-Struktur

Parallel zur Entstehung des Planetensystems der Sonne geht die Strukturierung im Universum auch im makrokosmischen Bereich kontinuierlich voran. Es hat annähernd seine heutige Größe und eine Struktur aus Galaxien gebildet. Die Verteilung der Galaxien im Raum erforschen Astronomen, indem sie von einer möglichst großen Anzahl von Galaxien Richtung und Entfernung – Letztere über die Rotverschiebung ihres Lichtes – bestimmen. Solche Galaxiendurchmusterungen haben ergeben, dass Galaxien nicht gleichmäßig im Raum angeordnet sind. Sie bilden Gruppen und Haufen und formen daraus eine Art dreidimensionale Netzstruktur. Dazwischen gibt es riesige Leerräume. Mit 50 anderen Gruppen bildet unsere Milchstraße den Virgo-Haufen, der wiederum Teil des Virgo-Superhaufens ist. Dessen Strukturen haben Dimensionen im Bereich von 75 Mio. Lichtjahren. Die größten Strukturen des Universums reichen bis in Dimensionen von etwa 1 Mrd. Lichtjahre.

Um 4,5 Mrd.

Galaxienrotation: Sternbilder sind kein feststehendes Muster

In der Umgebung der Sonne gibt es viele weitere Sterne – bis zu einer Entfernung von 100 Lichtjahren etwa 100. Diese sind im Verband der Milchstraße im sog. Orion-Arm angeordnet. Die Sterne bewegen sich innerhalb der Struktur der Milchstraße um das Zentrum, zentrumsnah schneller als in der Peripherie. Dies führt dazu, dass die Positionen der Einzelsterne zueinander nicht fix sind und sich ändern. Unsere Sonne benötigt für einen Umlauf um das galaktische Zentrum etwa 200 Mio. Jahre (Abb.: Ein gigantisches Feuerrad wie unsere Milchstraße: die Spiralgalaxie NGC 1232).
Man nimmt die Einzelsterne der Milchstraße Nacht für Nacht als scheinbar unveränderliches Muster am Himmel wahr. Die seit Jahrtausenden gleichen Sternmuster hat der Mensch in verschiedenen Kulturkreisen und Epochen unterschiedlich interpretiert und ihnen Sternbilder zugeordnet. Und doch verändert sich die Position der Sterne zueinander im Laufe von Zeiträumen über 10 000 Jahren merklich. Die Menschen können die Veränderung aufgrund ihrer kurzen Erfahrungsdauer nur nicht feststellen.

Um 4,5 Mrd.

Reger Betrieb in der »Kinderstube« der Sterne – auch Planetensysteme kommen hinzu

In unserer Milchstraße existieren einige Sternentstehungsgebiete, aus denen im Schnitt ein Stern pro Jahr hervorgeht. Die Geburt unserer Sonne aus einer Gas- und Staubwolke war kein Einzelfall. Sterne entstehen immer in Gruppen – in sog. Sternassoziationen –, jedoch nicht alle zum selben Zeitpunkt, sondern zeitlich versetzt. Bei vielen dieser neuen Sterne bilden sich auch Systeme mit Planeten. Der Teil des Staubes, der nicht von den jungen Sternen aufgesogen oder in den Raum geblasen wird, sammelt sich in den protoplanetaren Scheiben. Daraus bilden sich neue Planeten. Aber die Strahlung eines jungen Sterns kann die eigene protoplanetare Scheibe auflösen. Sogar besonders leuchtstarke Nachbarsterne schaffen dies. Doch der Blick in diese »Kinderstuben« der Sterne ist schwierig: Die Sterne sind noch eingehüllt in Gas- und Staubschwaden. Beobachtet man solche Objekte aber im langwelligeren Infrarotbereich, erhält man faszinierende Bilder von soeben aufleuchtenden Sternen (Abb.: Infrarotlicht durchdringt die kühlen Staubschleier eines Sternentstehungsgebietes im Sternbild Adler).
Noch schwieriger ist die Beobachtung von protoplanetaren Scheiben bei jungen Sternen. Sie sind für ferne Betrachter nur dann zu erkennen, wenn man sie von der Kante her sieht und die Scheibe das Licht des Zentralsterns mittig abdeckt. Am schwierigsten ist die Beobachtung bzw. der Nachweis einzelner Planeten bei anderen Sternen. Da Planeten nicht selbst leuchten, sind sie zu lichtschwach und stehen zu dicht bei den Sternen, als dass man sie optisch trennen könnte: Sie werden von ihren Sternen überstrahlt. Ein Nachweis ist bei schweren Planeten indirekt über ihre Schwerkraftwirkung oder in seltenen Fällen über die regelmäßige Bedeckung des Sterns durch den Planeten möglich. Bisher konnten in unserer Milchstraße 107 Planeten außerhalb des Sonnensystems nachgewiesen werden. Im Kugelsternhaufen M4, 5600 Lichtjahre von der Sonne entfernt, entdeckte das Hubble-Teleskop im Juli 2003 einen Planeten, der schon 12,7 Mrd. Jahre alt ist. Dies bedeutet, dass sich schon bei den Sternen der ersten Generation Planeten bildeten und Planeten häufiger entstehen, als bisher angenommen.

Kometen sind Körper aus gefrorenen Gasen und Staub – ähnlich einem schmutzigen Schneeball – mit Durchmessern von etwa 20 bis 100 km, die einmal oder wiederkehrend in den inneren Bereich des Sonnensystems gelangen. Aufgrund der intensiven Sonnenstrahlung verdampft dort Gas von der Oberfläche des Kometenkerns, wodurch eine stark lichtreflektierende Gas- und Staubhülle (Koma) um den Kern entsteht. Sowohl die Licht- als auch die Teilchenstrahlung von der Sonne reißt Materie aus der Koma, wodurch sich ein zweigeteilter Schweif bildet, der für Kometen typisch ist.

Die kugelschalenförmige Wolke aus Kometenkernen, die das Sonnensystem in einem Abstand von 20 000 bis 70 000 Astronomischen Einheiten umgibt, nennt man **Oortsche Wolke**. Durch die Massenanziehung (Gravitation) von vorbeiziehenden Sternen kann ein Kern so abgelenkt werden, dass er sich zu den inneren Bereichen des Sonnensystems aufmacht und dort als Komet erscheint.

Der **Kuipergürtel** ist ein ringförmiger Gürtel jenseits der Plutobahn, der sich etwa von 30 bis 1000 Astronomischen Einheiten Sonnenabstand erstreckt und, ähnlich dem Asteroidengürtel, viele Kleinkörper enthält – Eis- und Gesteinsbrocken, die meist kleiner als 100 km sind.

Meteoroide sind Bruchstücke von Himmelskörpern. Zu ihnen zählen durch Kollision entstandene Asteroiden-Teile, zerfallene Kometen oder ausgeschlagene Oberflächenpartikel anderer Planeten. Fallen Meteoroide auf die Erde, bezeichnet man die irdischen Fundstücke als **Meteorite**. Die Leuchterscheinungen, die Meteoroide bei ihrem Einfall in die Erdatmosphäre durch starke Erhitzung (Aufglühen) erzeugen, bezeichnet man als **Meteore**.

Asteroide (auch Planetoide) sind unregelmäßig geformte Himmelskörper. Wesentlich kleiner als Planeten, bestehen sie, ähnlich wie die Erde, aus Gestein und Metall. Der größte bekannte Asteroid ist Ceres mit einem Durchmesser von 914 km. Die meisten Asteroiden halten sich im Asteroidengürtel zwischen Mars- und Jupiterbahn auf. U. a. die Raumsonden Galileo und NEAR machten in den letzten Jahren eindrucksvolle Fotos von Asteroiden, die Details der äußeren Gestalt mit deutlichen Einschlagskratern zeigen.

Um 4,1 Mrd.

Oortsche Wolke ist der »Wartesaal« künftiger Kometen

Die Materie in den Randbereichen der Entstehungswolke des Sonnensystems, der sog. Akkretionsscheibe, ist noch weitgehend im Urzustand.

Sie war weder an der Bildung von Planeten noch an Separierungsprozessen beteiligt und bildet nun zwei Reservoirs aus vielen Kleinkörpern: den Kuipergürtel und die Oortsche Wolke (s. Abb.). Der Kuipergürtel ist eine ringförmige Ansammlung von rd. 50 000 Kometenkernen mit Größen von 20 bis 100 km Durchmesser. Sie bestehen überwiegend aus gefrorenen Gasen, verunreinigt mit Staub. Aus dem Kuipergürtel kennt man nur wenige Objekte. Astronomen vermuten, dass der Planet Pluto, sein Mond Charon und der Neptunmond Triton Kuiperobjekte waren und eingefangen wurden oder eine eigene Bahn um die Sonne eingenommen haben.

Noch weit jenseits des Kuipergürtels und fast bis an die Einflussbereiche der angrenzenden Nachbarsterne reichend, erstreckt sich die Oortsche Wolke, eine Kugelwolke mit Milliarden Objekten wie im Kuipergürtel. Die Oortsche Wolke rotiert. Ihre Bestandteile sind durch Staub »verunreinigte« Brocken gefrorenen Gases, als potenzielle Kometenkerne in der Warteposition. Durch gravitative Störungen können sie aus ihrer Parkposition gelenkt werden und als Kometen im Sonnensystem auftauchen.

Um 4,1 Mrd.

Kratzer, Krater, tiefe Wunden: Meteoriten hinterlassen Spuren

Alle Körper im Sonnensystem mit fester Oberfläche weisen Einschlagkrater des Bombardements von Kometen und Meteoriten auf. Jetzt endet die Phase der heftigen Bombardements, da die meisten Projektile schon bei früheren Kollisionen integriert wurden oder zerplatzt waren. Die teils sehr heftigen Zusammenstöße von Festkörpern prägten die Entwicklung des Sonnensystems. Sie waren verantwortlich für das Anwachsen der Körper ab einer gewissen Größe, das Aufschmelzen von Planeten und den damit verbundenen Vulkanismus sowie die Oberflächenprägung der Gesteinsplaneten, Monde und Asteroiden (Abb.: Vulkane, Krater und tektonischer Graben auf dem Mars). Auch heute noch gibt es Einschläge im Sonnensystem, die zwar nicht mehr die großen Körper in ihrer Existenz gefährden, aber »Oberflächenschaden« anrichten können.

Um 4,165 Mrd.

Vier Gasriesen nun komplett

Nach dem Jupiter erreichen auch Saturn (s. Abb.), Uranus und Neptun die Massengrenzen von über zehn Erdmassen, ab der die Massenaufnahme und damit das Anwachsen effektiver funktioniert. Sie nehmen nun große Mengen des von der Sonne aus den inneren Bereichen des Sonnensystems nach außen geblasenen Gases auf und wachsen so zu Gasriesen. In ihrem Kern bestehen aber auch die Gasriesen aus schweren Materialien. Diese Kerne hatten sich wahrscheinlich schon gebildet, bevor die Separierungsprozesse der unterschiedlich schweren Elemente wesentlichen Einfluss auf die weitere Entwicklung genommen haben. Die Planeten Saturn, Uranus und Neptun haben Ringsysteme. Bei Uranus und Neptun sind diese aber wesentlich schwächer ausgeprägt als bei Saturn und mit Fernrohren von der Erde aus nicht direkt zu beobachten.

Um 4,415 Mrd.

Der Mond – Spaltprodukt der Erde

Monde werden in der Endphase des Wachstums der Protoplaneten entweder durch deren Gravitationskraft angezogen und auf Dauer in einer Umlaufbahn gebunden oder sie entstehen als Produkt heftiger Kollisionen. Speziell die Entstehung des Erdmondes war nach heutigen Theorien ein äußerst energiereiches Ereignis. Ein marsgroßer Einschlagskörper trifft die Erde und beschleunigt ihre Rotation. Durch den Einschlag werden Teile des Projektils und des Erdmantels in teils geschmolzener Form in eine Umlaufbahn um die Erde geschleudert. Der Metallkern des Projektils wird von der Erde angezogen und vereinigt sich mit dem Erdkern. Aus dem die Erde umkreisenden leichteren Gestein des Erdmantels und des Projektilmantels entsteht schließlich der Erdmond. Dies erklärt die gegenüber der Erde geringere mittlere Dichte des Mondmaterials. Die schweren Elemente des Erdkerns bleiben auf der Erde, der Mond hat gegenüber der Erde einen geringeren Anteil an Eisen.

Der Gesamtdrehimpuls von Erde und Mond setzt sich zusammen aus der Eigenrotation der Erde und des Mondes sowie der Bewegung des Mondes um die Erde. Wäre dieser Impuls allein auf die Erde beschränkt, wäre die Drehung so schnell, dass ein Erdtag nur fünf Stunden dauern würde. Der Mond läuft auf einer elliptischen Bahn um die Erde, die um 5° 8′ gegenüber der Erdbahnebene geneigt ist. Seine Rotationsachse ist um 6° 41′ zur Bahnebene geneigt. Pro Umlauf dreht er sich einmal um seine Achse, wodurch immer dieselbe Seite des Mondes zur Erde gewandt ist (sog. gebundene Rotation).

Von den im Jahr 2003 bekannten 101 Monden im Sonnensystem sind 97 bei den vier äußeren Gasplaneten zu finden. Nur sieben der Monde sind in der Größe dem Erdmond vergleichbar. Der Erdmond ist nach Ganymed (Jupiter), Titan (Saturn), Kallisto, Io (beide Jupiter) und Triton (Neptun) der sechstgrößte Mond im Sonnensystem. Schon diese Statistik zeigt, dass die Entstehung eines Trabanten von der Größe des Erdmondes im inneren Sonnensystem geringe Wahrscheinlichkeit hatte.

Im inneren Sonnensystem gibt es nur drei Monde: den Erdmond sowie Phobos und Deimos bei Mars. Die meisten Monde sind sehr klein und wurden nur durch Satellitenerkundung entdeckt. Einige Monde besitzen eine Atmosphäre (Saturnmond Titan), andere haben ein Magnetfeld (Jupitermond Ganymed). Der Jupitermond Io ist der geologisch aktivste Mond. Unter der gefrorenen Kruste des Jupitermondes Europa vermuten Astronomen einen Ozean. Andere Monde wie der Saturnmond Phoebe oder die Marsmonde Phobos und Deimos könnten von der Gravitation der Planeten eingefangene Asteroiden sein.

Nichts weist mehr auf den verheerenden Einschlag hin: die Erde und ihr Trabant, der Mond, heute

4000–1000 Millionen

1

2

3

1 – Ursprung des Lebens: Heiße, schwefelhaltige Thermalquellen wie hier im Yellowstone-Nationalpark (USA) bieten ideale Entwicklungsbedingungen für die ersten Organismen. 2 – Zeugen der Erdfrühzeit: Die schottischen Highlands entstehen während der Grenville-Gebirgsbildung im Präkambrium.

3 – Unser Urgestein: Granit, das am weitesten verbreitete Tiefengestein, ist das Ergebnis ständiger Aufschmelzung und Verfestigung der Erdkruste.

4

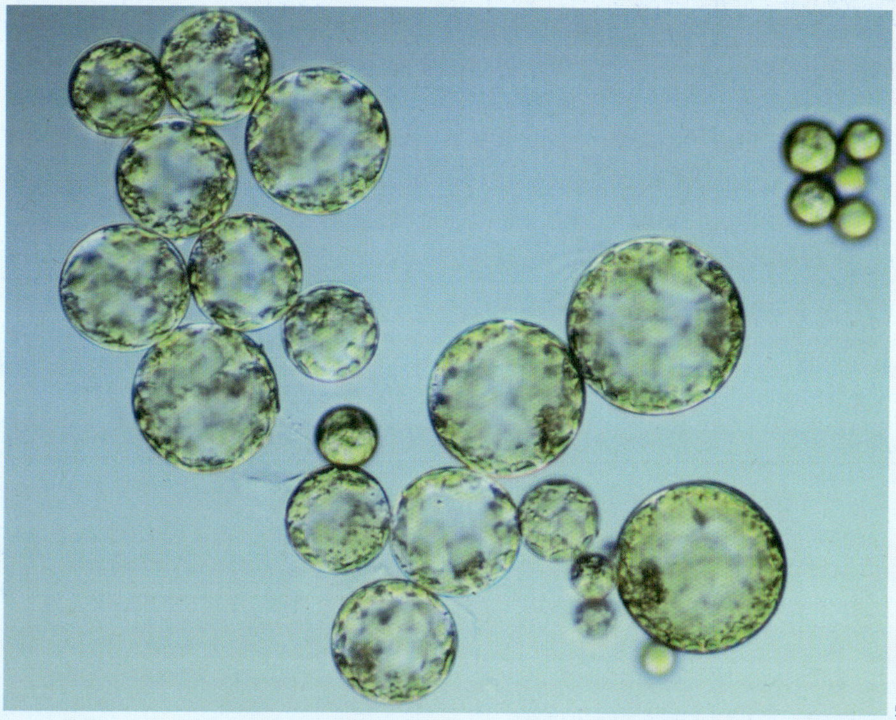
5

6

9

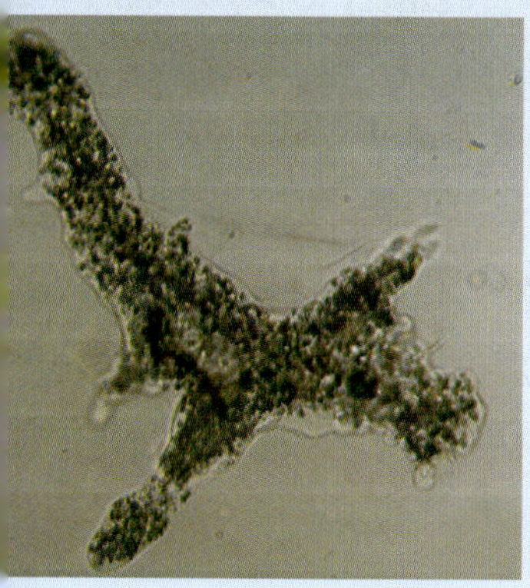
7

8

4 – Binden Sauerstoff: durch Oxidation von zweiwertigem Eisen entstandene Bändereisenerze. 5 – Vom Ein- zum Mehrzeller: Beerenblase, eine Gelbgrünalge. 6 – Bilden Sauerstoff: aus Cyanobakterien bestehende Stromatolithen in der australischen Shark-Bay. 7– Einzeller mit Scheinfüßchen: Amoeba proteus, eine Nacktamöbe. 8 – Die Schätze der Erde: Mineralgemenge aus Hämatit, Calcit, Pyrit und Baryt. 9 – Archaisches Afrika: Erongo-Gebirge in Namibia.

Vulkane, Flachmeere, Kontinente – Die Erde nimmt Gestalt an

In ihrer Frühzeit war die Erde ein glühender Lavaball, der einem ständigen Meteoritenhagel aus dem All ausgesetzt war. Erst vor rund 4000 Mio. Jahren beginnt sich die flüssig-heiße Außenschicht unseres Planeten abzukühlen und es entstehen erste feste Stücke Erdkruste. Entstanden war die Erde allerdings vor rund 4600 Mio. Jahren aus einer Zusammenballung kosmischen Materials.
Der Zeitraum bis zur Entstehung erster Oberflächenstrukturen wird als vorgeologische Ära bezeichnet. Das sich anschließende Präkambrium (4000–545 Mio.) ist das mit Abstand längste Zeitalter. Ließe man die Erdgeschichte auf einen Tag zusammenschrumpfen und würde man die Entstehung der Erde auf Mitternacht datieren, würde das Präkambrium erst um 21 Uhr enden. Angesichts dieser zeitlichen Dimensionen vergehen jüngere Abschnitte der Erdgeschichte geradezu rasant. Das Präkambrium ist aber nicht nur unendlich lang, es erscheint auf den ersten Blick auch ausgesprochen ereignisarm: Selbst kleine Entwicklungsschritte benötigen Hunderte Millionen Jahre. Doch der erste Blick trügt.

Die Erde nach ihrer Entstehung

Die Verhältnisse an der Erdoberfläche wandeln sich nie so grundlegend wie im Präkambrium: Auf der glutflüssigen Oberfläche unseres Planeten bilden sich nach und nach Kontinente und Ozeane, Bakterien und Bakterienkolonien sind neben pflanzlichen und tierischen Einzellern die ersten Lebewesen und in der Atmosphäre reichert sich allmählich der lebenswichtige Sauerstoff an.
Auch nachdem die Erde als Planet entstanden ist, zieht sie aufgrund ihrer Gravitationskraft weiterhin Material aus dem Kosmos an. Die ganze Frühphase unseres Planeten ist durch das »Einsammeln« von Meteoriten und Kometen gekennzeichnet, die seine Oberfläche mit Kratern geradezu pflastern. Die Erde ist nach ihrer Entstehung sehr heiß. Die Energie, die bei der Zusammenballung von großen Mengen von festem Material frei wurde, hat die Temperatur steigen lassen. Der Zerfall radioaktiver Isotope wie Uran setzt weitere Wärme frei.
Ab einer bestimmten kritischen Größe der Erde beginnen schwere Elemente wie Eisen in den Erdkern zu sinken, leichte steigen an die Oberfläche. Allmählich differenziert sich der Aufbau des Planeten: Rund um den Erdkern bildet sich der Erdmantel heraus. Im flüssigen, eisenreichen äußeren Kern entsteht das Magnetfeld der Erde. An der Oberfläche, die wahrscheinlich aus flüssigen Laven besteht, entweichen Gase aus dem heißen Inneren in die Atmosphäre. Dort werden auch große Mengen Wärme abgegeben.
Langsam beginnt auf diese Weise die Oberflächentemperatur zu sinken, schließlich sogar so weit, dass erste Gesteine aus der Lava erstarren. Diese kleinen Stücke einer frühen Erdkruste tauchen aber immer wieder in den flüssigen Erdmantel ein und schmilzen. Der generelle Trend zur Abkühlung aber ist nicht aufzuhalten. Je größer und mächtiger die festen Krustenstücke sind, desto stärker wird auch der Wärmefluss aus dem Erdinneren zur Oberfläche behindert. So entstehen immer stabilere Krustenstücke, aus denen sich schließlich die Kerne einer festen Erdkruste bilden.

Die Entstehung gebänderter Eisenerze (hier aus der Gunflint-Serie in Kanada) bindet den im Meer befindlichen Sauerstoff.

Fundament der Kontinente

Während des Präkambriums entsteht der weitaus größte Teil der Kontinente. Nicht überall treten die ältesten Gesteinsserien heute an die Oberfläche, meist sind sie im Untergrund verborgen. Dort bauen sie ausgedehnte, stabile Schilde auf, die geologisch sehr ruhig sind. Im Gegensatz zu den Erdregionen, in denen gerade junge Gebirge entstehen, wo sich neue Erdkruste bildet oder alte Erdkruste aufschmilzt, kommen im Bereich der Schilde Erdbeben nur selten vor. Vulkane sind, wenn es sie hier überhaupt jemals gegeben hat, schon lange erloschen.
Afrika und Arabien erhalten im Präkambrium ihre Fundamente, mit Ausnahme des Atlasgebirges im äußersten Nordwesten, der Kapregion an der Südspitze des Kontinents und der Gebirge am Golf von Oman. In Amerika sind es nur die Kordilleren am Westrand des Kontinents, ein schmaler Küstenstreifen im Osten der USA und die karibischen Inseln, die ein jüngeres Entstehungsdatum aufweisen. In Australien und der Antarktis stammen jeweils etwa drei Viertel des Festlandes aus dem Präkambrium. Lediglich Europa und Asien bilden eine Ausnahme. Hier sind die alten Landmassen in Nordosteuropa, Sibirien, Ostchina und Indien durch einen lang gestreckten, jungen Gebirgsgürtel verschweißt, der von den Alpen über den Balkan, den Kaukasus und den Pamir bis nach Kamt-

In ihrer Frühphase verfügt die Oberfläche der Erde noch über keine feste Gestalt. Durch sog. Fumarolen (hier in der Gegend von Rotoroa auf der Nordinsel Neuseelands) gelangt Wasserdampf in die Atmosphäre.

4000 Mio.

Um 4000 Mio.: Erste feste Stücke der Erdkruste entstehen, als sich die von flüssiger Lava bedeckte Oberfläche abkühlt.

Um 4000 Mio.: Die Erde ist einem kontinuierlichen Meteoritenhagel ausgesetzt. Durch die Einschläge verändert sich die stoffliche Zusammensetzung der bereits gefestigten Erdkruste.

Um 3800–2500 Mio.: Durch die Aktivität aus dem Meer ragender Vulkane entstehen die sog. Urkontinente. Vulkangesteine und Sedimentgesteine lagern sich wechselseitig ab.

Um 3500–3000 Mio.: Bakterien sind die ersten Lebenden Organismen. Einige Bakterienarten entwickeln Fähigkeiten zu Chemosynthese und Photosynthese.

schatka, weiter über Tibet und den Himalaja bis nach Indonesien reicht. Eurasien besteht daher nur etwa zur Hälfte aus präkambrischen Gesteinen. Anders als auf den Kontinenten sind auf dem Boden der Ozeane nirgendwo alte Gesteine zu finden. In einem beständigen, nicht mehr als 200 Mio. Jahre dauernden Zyklus entstehen und vergehen diese immer wieder. Gesteine des Ozeanbodens sind aber nicht nur jünger, sondern auch dichter und schwerer als die Gesteine des Festlandes, auch haben sie eine andere Zusammensetzung. Auf diesem Unterschied beruht die Gliederung der Erdoberfläche in Ozeane und Kontinente, die es aber nicht von Beginn an gegeben hat. Während langer Phasen im Präkambrium entstehen aus der ozeanischen Erdkruste immer wieder kleine Stücke der andersartigen kontinentalen Erdkruste, bis sich diese schließlich aus dem Meer erheben und eine eigenständige Entwicklung nehmen. Nicht nur das Leben, auch die Kontinente haben ihren Ursprung daher im Meer. Langsam, aber stetig wachsen die Festlandskerne durch Gebirgsbildungen an ihren Rändern. In die Meeresbecken rund um die Festlandskerne ergießen sich große Mengen an Abtragungsschutt, die in weitere Gebirgsbildungen einbezogen werden. Auf diese Weise wachsen die Kerne zu Festlandsgebieten größerer Ausdehnung, um dann untereinander zu Kontinenten verschweißt zu werden. Afrika zum Beispiel entsteht gegen Ende des Präkambriums aus drei ehemals selbstständigen Festlandskernen, in Nordamerika und Europa wachsen je zwei Festlandskerne zum Kontinent zusammen. Eine Karte der Erde vor 1000 Mio. Jahren würde noch ausgesprochen wenig Ähnlichkeit mit der heutigen Weltkarte zeigen. Die Kontinente driften zu dieser Zeit aufeinander zu und bilden einen Superkontinent namens Rodinia. Kollisionen einzelner Kontinente führen zu Gebirgsbildungen, während an anderen Stellen aber bereits schon die Auflösung des Kontinents beginnt: Entlang von Schwächezonen bricht die Erdkruste auf und wird auseinander gezogen. Zwischen den einzelnen Kontinenten werden im Präkambrium zum Teil bereits geologische Verwandtschaften angelegt, die auch während nachfolgender Zyklen der Superkontinentbildung (Gondwana, Laurentia) erhalten bleiben.

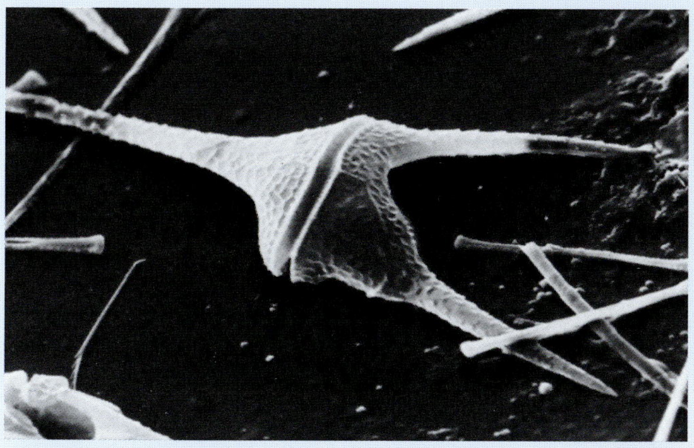

Meilenstein der Evolution: In den präkambrischen Meeren entwickeln sich die ersten pflanzlichen Einzeller, z. B. dieses Panzergeißeltierchen.

Wasser und Sauerstoff – die Basis des Lebens

Aus den Gasen, die an der flüssigen Erdoberfläche des frühesten Präkambriums austreten, setzt sich die Uratmosphäre zusammen. Diese ist noch nicht stabil und wird in der Folge mehrere Zyklen der Veränderung durchlaufen. Sie enthält aber bereits große Mengen an Wasserdampf. Aus dem Weltraum einschlagende Kometen können den Wassergehalt der frühen Atmosphäre sogar noch erhöht haben, indem sie beim Einschlag auf der Erdoberfläche verdampften.

Stromatolithen (hier aus der Tieling-Formation in China) versorgen die Erdatmosphäre mit Sauerstoff.

Dass sich schließlich aus dem Wasserdampf Wolken bilden, Regen fällt und Wasser in flüssiger Form auf der Erde vorkommt, verdanken wir neben der Abkühlung der Erdoberfläche auch der besonderen astronomischen Position, die unser Planet innerhalb des Sonnensystems einnimmt. Hier mag einer der »Zufälle« liegen, die die Entstehung des Lebens auf der Erde ermöglicht haben. Etwas näher an der Sonne oder etwas weiter entfernt und Wasser wäre gasförmig geblieben oder gefroren – damit hätte eine der entscheidenden Voraussetzungen des Lebens gefehlt. So aber können sich die Urozeane füllen, die vor etwa 3800 Mio. Jahren fast die gesamte Erdoberfläche eingenommen haben.

Zu dieser Zeit gibt es zwar Wasser, aber noch keinen freien Sauerstoff in der Atmosphäre – eine weitere grundlegende Bedingung für die Evolution des Lebens. Seine Entstehung und Anreicherung ist eines der eindrucksvollsten Beispiele für das Ineinandergreifen der verschiedenen Teile des Biosphärensystems Erde. Der erste freie Sauerstoff wird vor allem von Bakterien produziert, die zur Photosynthese in der Lage sind. Auf den Kontinenten und in den Weltmeeren gibt es aber noch zahlreiche Sauerstoff zehrende Stoffe und Verbindungen (zum Beispiel Minerale mit zweiwertigem Eisen), die sofort oxidieren, den Sauerstoff dabei binden und der Atmosphäre wieder entziehen. Der Gehalt der Luft an freiem Sauerstoff bleibt deshalb lange Zeit praktisch bei Null, obwohl ständig Nachschub geliefert wird. Der zweistufige Prozess aus Produktion durch Bakterien und Bindung in Bändereisenerzen sowie anderen Stoffen läuft über 2000 Mio. Jahre lang immer wieder ab, bis schließlich die Sauerstoffproduktion der Organismen stark zu steigen beginnt und die Vorräte an Sauerstoff bindenden Stoffen zur Neige gehen. Erst ab diesem Zeitpunkt, vor 1800 Mio. Jahren, steigt der Sauerstoffgehalt der Atmosphäre langsam an. In ihren höheren Schichten entstehen die Anfänge einer Ozonschicht und damit ein Schutzschild gegen die lebensfeindliche UV-Strahlung der Sonne. Parallel dazu führt die Bindung von Kohlendioxid in den Ozeanen und in mächtigen Serien aus den Karbonatgesteinen Kalk und Dolomit zur Reduzierung des Kohlendioxidgehaltes der Luft. Dieser Prozess dauert mit etwa 3000 Mio. Jahren sogar noch länger als die Sauerstoffbindung. Er trägt ebenfalls dazu bei, dass die Zusammensetzung der Atmosphäre am Ende des Präkambriums – im Gegensatz zur Uratmosphäre – der heutigen bereits sehr ähnlich ist.

Ozeane – Ursprung des Lebens

Die Entstehung des Lebens vollzieht sich in Ozeanen und Meeren, auf dem Boden von Seen und Tümpeln, in Thermalquellen sowie an Stellen der Erdoberfläche, wo schweflige Gase aus dem Erdinneren austreten. Hier sind es Bakterien – die einfachsten bekannten Lebewesen –, die verschiedene Formen des Stoffwechsels entwickeln, bis schließlich die Cyanobakterien zur Photosynthese in der Lage sind. Sie können das Sonnenlicht als allgegenwärtige Energiequelle nutzen und Sauerstoff produzieren.

Die ersten Bakterienarten sind Endglieder einer Entwicklung. Ihren Ausgangspunkt hat diese in den einfachen organischen Molekülen, die wahrscheinlich seit Anbeginn überall im Weltall verfügbar sind. Zu den komplizierten Ketten chemischer Reaktionen, die von diesen Molekülen zu den Bakterien führen, haben Wissenschaftler verschiedene Modelle und Theorien entwickelt. So unwahrscheinlich und zufällig die Bedingungen und Prozesse zunächst anmuten, die zum Ablaufen dieser Reaktionsketten führen, so zwangsläufig scheint bei näherer Betrachtung auch zu sein, dass genau dies im Laufe von 300 oder 400 Mio. Jahren irgendwann einmal passieren musste. Schrittweise entsteht so das Leben.

Ähnlich langsam verlaufen die nächsten Schritte der Evolution. Nachdem vor 3800 bis 3500 Mio. Jahren die ältesten Lebewesen entstanden sind, dauert es weitere 2000 Mio. Jahre, bis sich höhere Lebensformen herausbilden, zunächst tierische und pflanzliche Einzeller, schließlich die ersten mehrzelligen Organismen. Noch spielt sich alles unter Wasser ab – die Kontinente bleiben während des gesamten Präkambriums ohne Leben.

Um 2700 Mio.: Mehrere Festlandskerne schließen sich zu einem Ur-Europa zusammen. Der größte und wichtigste Kern ist der Baltische Schild.

Um 2300–2000 Mio.: Die in den Flachmeeren lebenden Stromatolithen (Kolonien aus Cyanobakterien) erleben eine Blütezeit. Sie produzieren freien Sauerstoff, der in die Atmosphäre gelangt.

Um 2000–1400 Mio.: Bakterien mit Zellkernen (Eukaryonten) sind die ersten höheren Lebewesen.

Um 1600 Mio.: Die Bedingungen in den Weltmeeren und in der Erdatmosphäre nähern sich heutigen Verhältnissen an.

Um 1050 Mio.: Nahezu alle Festlandskerne schließen sich zum Superkontinent Rodinia zusammen.

1000 Mio.

Um 4000 Mio. Mit einer Geschwindigkeit von etwa fünf Kilometern pro Sekunde schlägt ein gewaltiger Asteroid auf die Oberfläche des Planeten Merkur. Der Gesteinsbrocken mit einem Durchmesser von 100 km reißt bei dem Aufprall einen riesigen Krater in den Planeten, das so genannte **Caloris Basin**. Das Einsturzbecken besitzt einen Durchmesser von etwa 1400 km. Auf der dem Caloris-Krater gegenüberliegenden Seite des Merkur entsteht – vermutlich durch die vom Einschlag ausgelösten Schockwellen – ein hügeliges, von Gräben durchzogenes Gebiet.

Der Planet **Mars** büßt sein Magnetfeld ein. Dies ergaben Untersuchungen an zwei großen Meteoritenkratern, die 2001 von der US-Raumfahrtbehörde NASA unternommen wurden. Die Forscher stellten fest, dass die um 4000 Mio. entstandene Kruste der Einsturzbecken im Gegensatz zu älteren Kratern keine magnetische Wirkung besitzt. Durch die Auflösung des Magnetfeldes, das wie eine Art Schild die Ionen der von der Sonne erzeugten Sonnenwinde ableitete, ist die Atmosphäre des Mars diesen ungeschützt ausgesetzt und löst sich auf.

Durch Meteoriteneinschläge entstehen auf der Oberfläche des Mondes zahlreiche Krater, die so genannten **Maria** (lat.: Meere). Zu ihnen zählen das Mare Nectaris, das Mare Serenitatis, das Mare Frigoris, das Mare Tranquillitatis und das Mare Imbrium. Die Maria sind von der Erde aus mit bloßem Auge sichtbar und erscheinen dunkler als ihre benachbarten Gebiete, die Terrae (lat.: Erden). Insgesamt bedecken die Maria 33 Prozent der sichtbaren und etwa zehn Prozent der nicht sichtbaren Mondoberfläche. Die größten Maria liegen auf der der Erde zugewandten Seite.

Die ersten Minerale sind **Zirkonkristalle**. Sie sind vermutlich noch älter als die ersten Gesteine und gelten als einzige Überreste der frühen, nicht erhaltenen Erdkruste. Zirkonkristalle sind beispielsweise in den Sandsteinen im Westen Australiens erhalten und können mit Hilfe von Ionensonden untersucht werden. Ihre chemische Zusammensetzung weist darauf hin, dass die Temperatur der Erde zu diesem Zeitpunkt bereits auf 100 °C gesunken ist. Möglicherweise entstanden erste Zirkonkristalle bereits vor 4400 Mio. Jahren.

Um 4000 Mio.

Aus flüssig wird fest

Überall auf der Erde entstehen kleine feste Krustenstücke (Schilde), da sich die ursprünglich von flüssiger Lava bedeckte Oberfläche abkühlt. Sie haben noch keine lange Lebensdauer, da der ständige Wechsel vom Entstehen und Vergehen der Gesteine und Oberflächenstrukturen zu sehr ausgeprägt ist. Die Ausdehnung der fest gewordenen Krustenstücke ist noch gering, von Kontinenten kann man noch nicht sprechen. Es wird weitere rund 3500 Mio. Jahre dauern, bis 70 Prozent der heute vorhandenen kontinentalen Festlandsflächen entstanden sind.
Obwohl die Temperaturen in der Erdkruste am Beginn des Präkambriums nach und nach abnehmen, ist die Erde in ihrem gesamten Inneren noch immer sehr heiß. Die sich formende Erdkruste ist deshalb kein starres Gebilde. Turbulente Strömungen flüssiger Gesteinsschmelzen fördern überall Magma und Wärme an die Oberfläche. Sie bewegen auch die bereits abgekühlten, verfestigten Krustenstücke wie Eisschollen auf einem Meer hin und her. Immer wieder wird die bereits feste Erdkruste aufgerissen und aus zahlreichen punkt- oder spaltenförmigen Vulkanen tritt Lava aus. An solchen Stellen beträgt die Austrittstemperatur der Gesteinsschmelze, aus der schließlich Basalte oder die magnesiumreiche Basaltart Komatiit entstehen, 1200 bis 1650 °C. Zusätzlich zur Wärme aus dem Erdinneren lässt die Energie aus den zahlreichen Meteoriteneinschlägen die Temperaturen an der Erdoberfläche punktuell immer wieder ansteigen. Selbst diejenigen Gesteine, die bereits erstarrt waren (sog. Magmatische), werden durch den Kontakt mit den heißen Schmelzen und den einschlagenden Meteoriten wieder verflüssigt.
Das bisher älteste bekannte Gestein der Erde, ein Gneis aus dem heutigen Kanada, entsteht vor etwa

Teile des Kanadischen Schildes zählen zu den ältesten Gesteinen der Erdkruste.

Um 3900 Mio.

Der Mond als Zeitzeuge

Die Intensität des kosmischen Meteoritenhagels beginnt sich dem heutigen Niveau, das weniger als ein Tausendstel der ursprünglichen Aktivität beträgt, zu nähern. Beweise dafür erbrachte die Erforschung des Erdmondes, dessen Oberfläche vor 3900 Mio. Jahren praktisch konserviert wurde. Da auf ihm kaum jüngere Spuren von Ereignissen wie Gebirgsbildungen oder Vulkanausbrüchen zu finden sind, ist der Mond ein einzigartiges Schaufenster in die Zeit am Beginn des irdischen Präkambriums. Nach der Entstehung unseres Sonnensystems waren zunächst noch zahlreiche kleine Teile der Urmaterie durch das Weltall geflogen. Die großen Himmelskörper – Sonne, Planeten und Monde – sammelten diese Partikel aufgrund ihrer Anziehungskräfte allmählich ein. Einige, darunter der Erdmond, tragen aus dieser Phase zahlreiche Krater von z. T. gewaltiger Ausdehnung. Die Mare bzw. Maria genannten Mondkrater sind heute mit bloßem Auge gut zu erkennen (s. Abb.). Sie erhielten ihre dunkle Farbe von vulkanischen Gesteinen, die bei den Meteoriteneinschlägen geschmolzen waren (so genannte Decken). Geologisch jüngere Decken weisen weniger zusätzliche Einschlagsspuren auf als ältere – Indiz für eine abnehmende Meteoritentätigkeit. Von den Maria heben sich die etwa 33 000 hellen Hochländer (Terrae bzw. Terra) – ringförmige Gebirge bzw. Kraterränder – ab.

4000 Mio. Jahren. Dynamische Bewegungen der Kruste, angetrieben von den Strömungen im Erdinneren, verändern viele Male die Lage des Urgesteins. Es wird an die Oberfläche gehoben, den Witterungseinflüssen und der Abtragung ausgesetzt und mitunter auch wieder in das Innere der Erde versenkt. Der Gneis kommt dabei mit anderen chemischen Verbindungen in Kontakt und verändert seine Zusammensetzung. In den tieferen Schichten der Erde üben hoher Druck und extreme Temperaturen ihre Einflüsse aus. Sie verändern die Form und die Größe der Kristalle, aus denen das Urgestein aufgebaut ist. All diese Umwandlungsprozesse werden Gesteinsmetamorphosen genannt. Sie laufen bis heute ununterbrochen ab und führen dazu, dass Forscher das ursprüngliche Entstehungsalter vieler Gesteine nicht sicher bestimmen können. Sehr alte Gesteine sind daher besondere geologische Schätze. Der älteste Gneis gibt aber nur in begrenztem Umfang Aufschluss darüber, wie die Erdoberfläche vor 4000 Mio. Jahren aussah, denn seine Verbreitung ist zu gering. Tempo und Ausmaß der Veränderungen der Erdoberfläche am Beginn des Präkambriums haben verhindert, dass es weitere Spuren gibt. Dennoch beweist die Existenz dieses Urgesteines, dass die Erde mit der Verfestigung der Erdkruste ein neues Stadium ihrer Entwicklung erreicht hat.

Einzelne feste Bestandteile von Gesteinen sind noch etwa 100 bis 200 Mio. Jahre älter als der kanadische Gneis. Es handelt sich um in Westaustralien gefundene Kristalle aus dem sehr widerstandsfähigen Mineral Zirkon. Je nach Farbe und Durchsichtigkeit zählen diese Kristalle zu den Edelsteinen. Spurenanteile von Uran, das in langen Zeiträumen zu Blei zerfällt, ermöglichen die Altersbestimmung von Zirkon. Das Gestein, dessen Bestandteil die ältesten Zirkonkristalle ursprünglich waren, wurde bereits kurz nach seiner Entstehung wieder zerstört. Winzige Bruchstücke widerstanden jedoch den dabei wirkenden Kräften, wurden umgelagert und bilden zusammen mit anderen Sedimenten eine bis heute gut erhaltene Formation von Sandsteinen.

Zirkonkristalle: Das Mineral bildet Einsprenglinge in Eruptivgesteinen und kristallinen Schiefern.

Um 3900 Mio.

Neue Kruste formt Festland

Die Erdkruste verliert ihre Einheitlichkeit. Aus dem Typ der ozeanischen Kruste bildet sich durch die Entmischung (Trennung einzelner Bestandteile) von flüssigen Gesteinsschmelzen an einigen Stellen ein weiterer, eher kontinentaler Krustentyp. Vorbedingungen dieser Entwicklung sind sowohl die anhaltende Abkühlung der Erdoberfläche als auch das Nachlassen des Meteoritenhagels.

Die ozeanische Kruste ist relativ dünn und baut bis heute die Böden der Ozeane auf. Sie besteht überwiegend aus Basalt, einem sehr widerstandsfähigen und harten Gestein. Es entsteht, wenn besonders heißes, dünnflüssiges Magma durch Vulkane an die Oberfläche gelangt und dort erstarrt. Einige dieser Basalte werden am Beginn des Präkambriums durch die turbulenten Strömungen im Erdinneren von der Erdoberfläche in tiefere Schichten hinabgezogen. Die Gesteine werden dabei erwärmt und ihre Bestandteile durchlaufen verschiedene Prozesse der Entmischung. Zunächst schmelzen einzelne Minerale, andere bleiben noch fest. Schwere Bestandteile sinken ab, leichte steigen dagegen auf. Das in den Basaltgesteinen enthaltene Wasser sondert sich ab. Schließlich setzen chemische Reaktionen ein, die zur Bildung neuer Stoffe führen. Als Ergebnis dieser Prozesse bildet sich eine Gesteinsschmelze, die leichter als die ursprüngliche Schmelze und die Gesteine der Umgebung ist. Sie kann deshalb in der Erdkruste aufsteigen. An der Erdoberfläche erstarrt sie und bildet dort den neuen, kontinentalen Krustentyp, der wesentlich dicker ist als die ozeanische Kruste und bis heute die Festländer der Erde aufbaut.

Um 4000 Mio.

Bombardement aus dem Weltall verändert die Zusammensetzung der Erdkruste

Die Erdoberfläche ist einem kosmischen Meteoritenhagel ausgesetzt, der seit der Zusammenballung der großen Himmelskörper kaum nachgelassen hat und der noch rd. 100 Mio. Jahre andauert, ehe er langsam abklingt.

Zahlreiche Meteoriten unterschiedlicher Größe und Art bewegen sich mit extrem hohen Geschwindigkeiten auf die Erde zu. Nur die kleinsten Exemplare verdampfen beim Eindringen in die Atmosphäre, die größeren treffen die Erdoberfläche mit besonderer Wucht (Abb.: Fragment eines Meteoriten). Beim Einschlag wird ihre Bewegungsenergie in Wärme umgewandelt, es entstehen kurzzeitig ein sehr hoher Druck und extrem heiße Temperaturen. Das Material, aus dem die Meteoriten bestehen, verdampft unter diesen Bedingungen. Es wird punktuell sogar so heiß, dass bereits feste Teile der Erdkruste wieder schmelzen und die Gesteine im Inneren des Einschlagskraters eine Gesteinsumwandlung erfahren. Da die Meteoriten hohe Anteile an Eisen und Silikaten enthalten, verändert sich die stoffliche Zusammensetzung der Erdkruste an den Einschlagsstellen. Dabei können ganz neuartige Gesteine entstehen. Über den Einschlagsstellen bilden sich riesige Eruptionswolken. Sie bestehen aus verdampfter Meteoritensubstanz, geschmolzenem Gestein sowie Staub und gelangen bis in die höheren Schichten der Atmosphäre, wo sie sogar zum Auslöser klimatischer Veränderungen werden können.

Gesteine, die unter der Einschlagsstelle und in deren Umgebung liegen, werden bei den Einschlägen durch schockartige Erschütterungen und Wellen zertrümmert, Lockermaterialien wie Staub und Schutt werden aus dem Krater geschleudert und über große Entfernungen verteilt. Die dabei entstehenden Oberflächenstrukturen haben unterschiedliche Größen. Sie können bei den größten Meteoriten einen Durchmesser von mehreren 100 km erreichen, bei mittelgroßen Meteoriten ist eine Tiefe von 100 m und ein Durchmesser von einem Kilometer typisch. Äußerlich sind die Krater von einem ringförmigen, höher gelegenen Rand umgeben.

Um 4000 Mio. Im Nordwesten Kanadas entsteht der **Acasta-Gneis**, eines der ältesten Gesteine der Erdgeschichte. Die Gneisschicht in dem Mikrokontinent Slave auf dem Kanadischen Schild bildet sich etwa 500 Jahre nach Verfestigung der Erdkruste. Kurz darauf bilden sich weitere Gesteine in West-Australien, West-Grönland, der östlichen Antarktis und Südafrika. Gesteine aus der Zeit vor 4000 Mio. Jahren, der so genannten vorgeologischen Ära, sind nicht bekannt. Sämtliche geologischen Prozesse dieser Zeit lassen sich nur aufgrund von nachvollziehbaren Ereignissen auf dem Mond oder anderen Himmelskörpern ableiten.

Es gibt bereits **Oberflächenwasser** auf der Erde. Anhand von Sauerstoff-Isotopen, die sich in den ältesten bekannten Mineralen wie Zirkon nachweisen lassen, ist die Existenz von Wasser zu dieser frühen Zeit belegbar. Einigen Datierungen zufolge soll sich Wasser bereits vor 4300 Mio. Jahren auf der Erde gesammelt haben.

Um 3900 Mio. Die junge Erdkruste besteht vermutlich aus **Anorthosit** – einem Gestein, das noch heute in den Hochländern des Mondes nachgewiesen werden kann. Da von der frühen Erdkruste jedoch kaum Spuren überliefert sind, ist ein Vergleich mit der Mondkruste nicht möglich. Anorthosit ist ein grobkörniges magmatisches Gestein und kommt als Tiefengestein in der sog. Gabbro-Gruppe (u.a. in Angola, Finnland und Kanada) vor. Es besteht zu mindestens 90 Prozent aus Plagioklas (Mischglied aus Natrium- und Kalzium-Feldspat).

Auf dem **Mars** existieren Kohlenstoffverbindungen. Als Beleg gilt ein 1984 in der Arktis aufgefundener vom Mars stammender Meteorit. Er schlug vor etwa 13 000 Jahren auf die Erde auf. Bei Untersuchungen an dem ALH 84001 benannten Himmelskörper entdeckten Forscher 3900 Mio. Jahre alte Kohlenstoffverbindungen. Auf welche Weise der Kohlenstoff entstand, ist umstritten. Einigen Wissenschaftlern gilt er als Beleg primitiven Lebens auf dem Mars. Andere Forscher vermuten, der Kohlenstoff sei durch kohlendioxidhaltige Flüssigkeiten entstanden.

Um 3900 Mio.

Die ersten Gewässer des Präkambriums enthalten Soda

Mit den ersten Regenfällen entstehen Bäche und Flüsse sowie Seen und Meere. Die präkambrischen Ozeane unterscheiden sich von den heutigen vor allem durch die Zusammensetzung der im Wasser gelösten Stoffe. Kochsalz, heute für das »salzige Meerwasser« verantwortlich, spielt noch keine Rolle. Stattdessen kommen große Mengen von Soda vor. Das weiße, leicht in Wasser lösliche Salz entsteht durch chemische Reaktionen in den präkambrischen Ozeanen. Voraussetzung dafür ist das Vorhandensein von Kohlendioxid, Natrium und Calcium. Das Kohlendioxid stammt aus der Atmosphäre, wo es in großen Mengen vorkommt. Die fortwährende Bindung im Soda der Ur-Ozeane sorgt aber dafür, dass der Anteil des Kohlendioxids an der Luft stetig abnimmt. Damit verringert sich auch der Treibhauseffekt der damaligen Atmosphäre.

Die Natrium- und Calcium-Ionen stammen aus der Verwitterung der Gesteine an der Erdoberfläche. Mit dem Wasser der Flüsse gelangen sie in die Ozeane. Dagegen bleiben nicht in Wasser lösliche Stoffe am Verwitterungsort im Boden zurück. Im Ozeanwasser setzt zeitgleich zur Bildung von Soda auch eine Zerfallsreaktion ein. Durch sie wird Soda in einem 3000 Mio. Jahre dauernden Prozess in Kochsalz umgewandelt. Dabei entsteht als Nebenprodukt Kalk. Durch den Zerfall des Sodas ändern sich die chemischen Eigenschaften des Wassers; so sinkt der ph-Wert von 10 auf 8 und nähert sich damit dem heutigen Wert an. Einzelne Sodaseen und -tümpel gibt es bis heute (Abb.: Sodasee im Death Valley, Kalifornien/USA).

Um 3900 Mio.

Der Wasserkreislauf beginnt

Die Temperaturen an der Erdoberfläche sind zu Beginn des Präkambriums schon so weit abgesunken, dass der Wasserdampf in der Atmosphäre kondensieren kann. Es bilden sich Wolken, aus denen Regen fällt. Durch Verdunstung gelangt das Wasser wieder in die Atmosphäre, wo sich neue Wolken bilden – der globale Kreislauf des Wassers ist in Gang gesetzt. Dafür wurden eindeutige Beweise gefunden: Spuren fließenden Wassers sind in 3850 Mio. Jahre alten Sedimentgesteinen aus dem heutigen Grönland dokumentiert (Abb.: Im Yellowstone-Nationalpark in den USA wurde die Erdoberfläche durch fließendes Wasser linienhaft abgetragen).

In unserem Sonnensystem ist die Existenz von Wasserdampf in der Lufthülle eines Planeten und von flüssigem Wasser auf seiner Oberfläche etwas Besonderes. Diese Gunst verdankt die Erde ihrer Entfernung zur Sonne. Wäre diese nur etwas geringer, würde flüssiges Wasser sofort verdunsten und der Wasserdampf in Wasserstoff und Sauerstoff zerlegt werden. Der Wasserstoff ginge ans Weltall verloren. So aber reichert sich Wasserdampf in der Erdatmosphäre an. Aus flüssigen Gesteinsschmelzen an der Erdoberfläche werden große Mengen davon freigesetzt. Daneben bringen die Kometen, gefrorene Eisbälle aus dem Weltall, Wasser zur Erde. Bei ihrem Einschlag gelangt Wasserdampf in die Atmosphäre. Auch das Wasser aus den Meteoriten gelangt in die Atmosphäre, wenn die beim Einschlag entstandenen Gesteinsschmelzen während ihrer Abkühlung entgasen.

Um 4000–1800 Mio.

Atmosphäre noch ohne Sauerstoff

Im frühen Präkambrium fehlt in der Lufthülle der Erde ein Gas nahezu völlig: der freie Sauerstoff. Kommen überhaupt einmal Spuren davon vor, werden sie rasch wieder gebunden und der Atmosphäre entzogen. In allen folgenden Phasen der Erdgeschichte werden Photosynthese treibende Pflanzen und Bakterien die Hauptproduzenten von Sauerstoff sein. Solange diese Organismen aber noch fehlen, besteht keine Möglichkeit zur Anreicherung des heute so lebenswichtigen Gases in der Luft.
Die Erdatmosphäre setzt sich zu dieser Zeit v.a. aus Kohlendioxid, Wasserdampf und Stickstoff zusammen, enthält aber auch größere Mengen an Chlorwasserstoff, Kohlenmonoxid, Schwefeldioxid und Schwefelwasserstoff – gemessen an dem Bedarf vieler heute lebender Organismen ein wirklich lebensfeindliches Gemisch. Insofern weist die Erdatmosphäre Ähnlichkeiten zur heutigen Lufthülle unseres Nachbarplaneten Venus auf. Der hohe Gehalt an Kohlendioxid bewirkt auf der Erde einen starken Treibhauseffekt und eine damit verbundene Erwärmung der Atmosphäre. In den folgenden Jahrmillionen nimmt dieser Effekt nach und nach ab, denn große Mengen von Kohlendioxid werden in den Ozeanen des Präkambriums gebunden.
Ihrer Größe hat es die Erde zu verdanken, dass sich überhaupt eine dauerhafte Atmosphäre ausbildet. Himmelskörper wie der Merkur und der Erdmond verlieren mit der Zeit ihre Lufthüllen, da sie zu klein sind und ihre Anziehungskraft zu gering ist. Der Mars – größer als der Merkur, aber kleiner als die Erde – kann nur eine sehr dünne Atmosphäre bewahren. Doch auch die Erde ist nicht vor Luftverlusten in den Weltraum geschützt. Die besonders flüchtigen Stoffe entweichen schon in der Frühphase der Entstehung unseres Planeten. Deshalb hat die Erdatmosphäre bis heute nur sehr geringe Anteile an Edelgasen. So kommt z.B. Neon im Sonnensystem und im Kosmos viel häufiger vor als auf der Erde. Neben den Edelgasen, die kaum chemische Verbindungen eingehen, sind es auch Gase mit sehr geringer Dichte, wie z.B. Wasserstoff, die besonders schnell entweichen. Wäre die Erde größer, wie etwa der Saturn oder der Jupiter, könnte sie diese Gase »festhalten«.
Die Gase, aus denen die präkambrische Erdatmosphäre besteht, stammen aus zwei Quellen. Zum einen schlägt das verdampfte Material aus den Meteoriteneinschlägen zu Buche. Zum anderen waren durch die flüssige Erdoberfläche mit den Vulkanen Gase aus dem heißen Erdinneren nach außen gelangt. Mit fortschreitender Abkühlung und Verfestigung der Erdkruste lässt die Freisetzung aus dieser Quelle nach, ohne aber jemals ganz zum Erliegen zu kommen. Untersuchungen an sog. Fumarolen, den Austrittsstellen heißer Gase in vulkanischen Gebieten, geben heute wichtige Aufschlüsse über die Entgasung der Erde.

Austrittsstellen heißer Gase am Vulkan Chico auf Isabela, der Hauptinsel des Galápagos-Archipels

Die Zusammensetzung der Atmosphäre hat auch Auswirkungen auf die Mineralbildung. So können die Erze Pyrit und Uraninit nur in einer sauerstofffreien Umgebung überdauern. Heute ist dies beispielsweise noch in abgeschlossenen Erzgängen im Inneren der Erde der Fall, wo die Minerale nicht mit der Luft in Berührung kommen. Im Präkambrium ist diese Bedingung auch an der Erdoberfläche erfüllt – beide Minerale sammeln sich dort in großen Erzlagerstätten an.

Um 4000–3800 Mio.

Die ersten Aminosäuren – entscheidende Bausteine für das Leben auf der Erde

Durch Energiezufuhr, sei es aus Blitzen oder chemischen Vorgängen, die Wärme freisetzen, reagieren einfach gebaute organische Stoffe miteinander. Dabei entstehen zahlreiche verschiedene Aminosäuren (Abb.: Computermodell der Aminosäure Tryptophan), von denen einige wiederum Bausteine von höheren organischen Verbindungen sind (Proteine, Eiweiße). Die großen Moleküle dieser Verbindungen können komplizierte Formen wie Ringe, Ketten oder Schrauben haben. Ohne sie könnten Prozesse des Stoffwechsels oder der Vermehrung von Lebewesen nicht ablaufen. Da es in der Atmosphäre noch keine Ozonschicht gibt, die vor der zerstörerischen UV-Strahlung schützt, werden Aminosäuren an der Erdoberfläche sofort wieder zersetzt. Findet die Reaktion dagegen auf dem Boden von Seen, Tümpeln oder flachen Meeresbecken statt, bleiben die Aminosäuren – durch Wasser geschützt – erhalten.

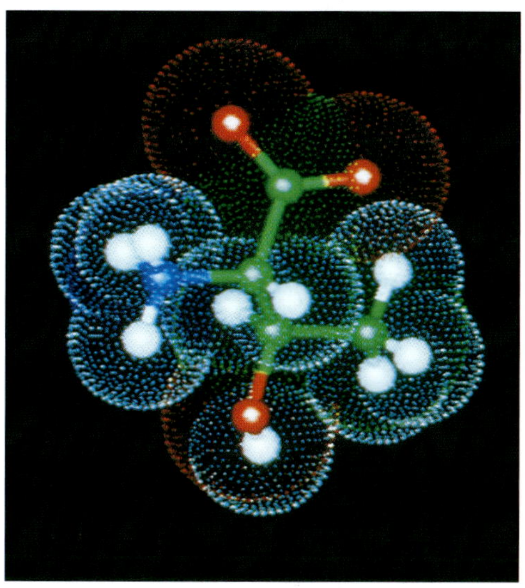

Einfach gebaute organische Stoffe wie Wasser, Methan, Ammoniak und Blausäure gibt es auf der Erde bereits seit ihrer Entstehung. Sie waren schon Teil der Urmaterie, gelangen mit Himmelskörpern auf die Erdoberfläche oder entstehen durch chemische Reaktionen in der Atmosphäre. Einige höhere Formen dieser Verbindungen werden eine Schlüsselstellung bei der Entwicklung des Lebens einnehmen.
Andere Himmelskörper unseres Sonnensystems enthalten ebenfalls organische Verbindungen, darunter sogar Aminosäuren. Als Bestandteil von Meteoriten und Kometen können sie während des Meteoritenhagels in der Frühphase der Erdgeschichte auf die Oberfläche unseres Planeten gelangt sein. Auch im übrigen Weltall wurden Vorprodukte von Aminosäuren nachgewiesen. Es ist daher denkbar, dass Aminosäuren bereits mit der Urmaterie zur Erde gelangt waren.

Um 3800 Mio. Eine frühe Gesteinsart ist **Amphibolit**. Dieses metamorphe Gestein ist aus Magnesium und Eisensilikaten zusammengesetzt, hat ein schieferartiges Gefüge und ist noch heute auf der Erdoberfläche zu finden, u.a. im Sächsischen Erzgebirge, im Schwarzwald und im Fichtelgebirge.

Die metamorphen Gneise im heutigen US-Bundesstaat **Minnesota** beginnen sich auszubilden. Sie zählen zu den ältesten Gesteinen der Welt.

Um 3700 Mio. Die **Onverwachtgruppe** im heutigen Transvaal (Südafrika) entsteht. Im Laufe der folgenden 350 Mio. Jahre bildet sich an dieser Stelle eine Sedimentschicht aus der ältesten Erdfrühzeit, die bis zu 16 km mächtige Stellen aufweist. Wie die Warawoona-Sedimente Australiens und die Fig-Tree-Gruppe (ebenfalls Südafrika) enthält die Onverwachtgruppe zahlreiche organische Mikrofossilien. Die Funde erinnern an unbelebte organische Mikrostrukturen, doch ist in der Forschung heute umstritten, ob es sich um Überreste ehemals lebender Zellen handelt.

Auf dem Gebiet des heutigen Grönland bildet sich ein Gestein, das aus Quarz und leichten Metallen besteht: **Tonalit**. Es handelt sich um graues bzw. hellgraues festes Gestein, das von weißen Kalzitadern durchzogen ist. In seiner Zusammensetzung ähnelt Tonalit dem Gneis, der aus Quarz, Glimmer und Feldspat besteht. Tonalit wird noch heute in Steinbrüchen (z.B. in Slowenien) abgebaut und für Fassaden oder Böden verwendet.

Um 3600 Mio. Das **Altarchaikum** beginnt. Es ist die zweite Phase der ältesten wissenschaftlich greifbaren Epoche, dem Archaikum. Das frühe oder Eoarchaikum begann vor 4000 Mio. Jahren und endet vor 3600 Mio. Jahren. Das Altarchaikum umfasst die nächsten 400 Mio. Jahre. Daran schließen sich das Mittelarchaikum (bis 2800 Mio. Jahre) und schließlich das Jungarchaikum (bis 2500 Mio. Jahre) an. Im Archaikum bilden sich die ersten Spuren des Lebens auf der Erde.

Gneise und **Migmatite** bilden den ältesten Kern des Baltischen Schilds. Die Migmatite sind Mischgesteine (griechisch migma = Mischung), die durch Schmelzprozesse entstehen. Die frühen an der Kontinentbildung beteiligten Gesteine des Baltischen Schilds sind heute im Mumanblock auf der Halbinsel Kola – zwischen Weißem Meer und Barentssee – nachweisbar. In ihnen eingefaltet sind archaische Grünsteinserien und Weißmeer-Kola-Gneise. Über die Entstehung oder das genaue Alter dieser Gesteine gibt es bis heute keine letztgültige Gewissheit.

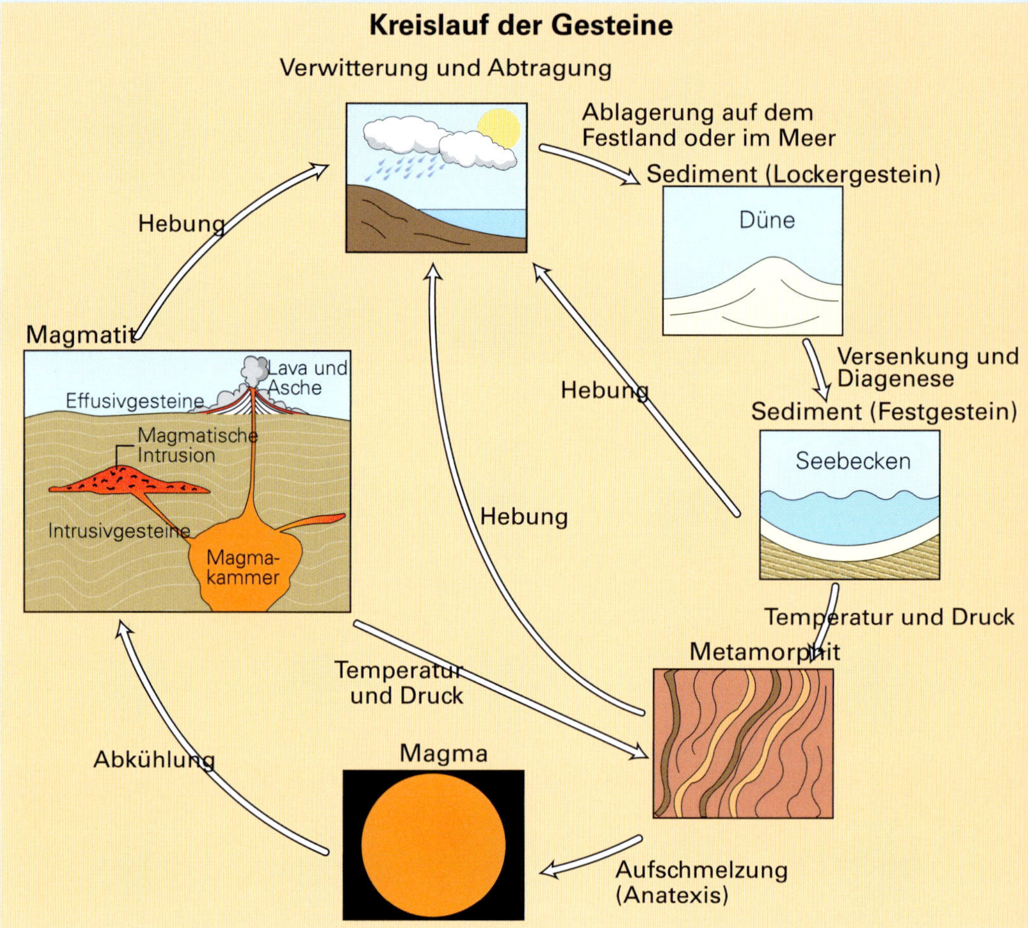

Die aus dem Magma entstandenen Urgesteine (Magmatite) werden durch Verwitterung und Umlagerung in Sedimente verwandelt, die dann durch Druck und hohe Temperaturen wieder zu Magma aufgeschmolzen werden.

Um 3800 Mio.

Kohlenstoff im Gestein: Auf den Spuren des ersten Lebens

Aus Aminosäuren bzw. höheren organischen Verbindungen entstehen erste Lebensformen. Sie können sich selbst reproduzieren, verfügen bereits über einen Stoffwechsel und sind relativ stabil. Obwohl es sehr unwahrscheinlich klingt, gibt es unter den Billionen von möglichen Molekülkombinationen zunächst nur eine einzige mit diesen Eigenschaften. Da diese Kombination winzig und selten ist und die umgebenden Gesteine immer wieder umgestaltet werden, bleiben keine direkten Spuren in Form von Fossilien erhalten. Indizien für die Existenz der frühen Lebensformen liefern jedoch alte Gesteine aus dieser Zeit, die spezielle Formen von reinem Kohlenstoff enthalten. Dieser könnte aus organischen Verbindungen stammen, die von Lebewesen abgegeben wurden. Die bisher ältesten Spuren dieser Kohlenstoff-Formen wurden in der Isua-Formation im westlichen Grönland nachgewiesen (Abb.: Küstenstreifen im Nordwesten der Insel).

Um 3800–2300 Mio.

Verwitterung schafft Sedimentgestein

Im heutigen Westgrönland entstehen die ältesten Sedimentgesteine, die gegenwärtig bekannt sind. Sie bestehen aus den Trümmern noch älterer Gesteine vulkanischen Ursprungs. Die Gesteinstrümmer sind das Ergebnis von Verwitterungsprozessen an der Erdoberfläche, bei denen das Ausgangsgestein durch die Einwirkung von Hitze und Kälte sowie von Wasser und Wind gelockert und schließlich zerkleinert wird. Je größer die Temperaturunterschiede zwischen Tag und Nacht sind und je häufiger Wasser in Felsspalten friert und wieder auftaut, desto intensiver verläuft dieser Prozess. Auch chemische Reaktionen mit Stoffen aus der Atmosphäre oder Lösungsprozesse im Wasser greifen die Bestandteile des Gesteins an. Feuchtwarme Bedingungen fördern diese Arten der Zersetzung, in einem trockenwarmen oder kühlen Klima laufen sie dagegen langsamer ab.

Bei diesen Verwitterungsprozessen entstehen Lockermaterialien wie Geröll, Kies, Sand und Ton. Die Kräfte von Wind, Wasser und Erdanziehung sorgen dafür, dass diese Materialien immer wieder umgelagert werden und an der Erdoberfläche Formen wie Schutthalden, Schotterbänke und Dünen entstehen. Ursprünglich scharfkantige Formen runden sich dabei allmählich ab. Auch eine Sortierung nach der Größe und der Masse findet statt. So kann z.B. schnell fließendes Wasser Sandkörnchen und Kies transportieren, langsam fließendes Wasser dagegen führt nur die sehr kleinen und leichten Tonteilchen mit sich. In stehenden Gewässern kommt der Stofftransport ganz zum Erliegen, dort sinkt das mitgeführte Material zu Boden. Für viele Verwitterungsprodukte sind die tiefen Bereiche der Meere und Ozeane der endgültige Ablagerungsort. Am Meeresboden setzt ein Verfestigungsprozess ein, bei dem die Lockermaterialien Ton, Sand und Kies durch Druck zusammengepresst oder durch ein Bindemittel wie z.B. Silt verklebt werden. Dabei entstehen Trümmergesteine, eine spezielle Art von Sedimentgesteinen.

Viele Sedimentgesteine lassen Rückschlüsse auf ihre Entstehungsbedingungen zu. Oft enthalten Trümmergesteine schichten- und bandförmige Strukturen, die Spuren der Ablagerung in Gewässern sind. Feinere und gröbere Materialien wie Sand und Ton wechseln sich darin ab. Auch wenn Trümmergesteine eine Gesteinsumwandlung erfahren haben und dadurch deformiert wurden, sind diese Strukturen heute noch als Sedimente erkennbar.

Typisch für das frühe Präkambrium sind Sandsteine, Tonsteine und Konglomerate. Sie bleiben häufig nicht in ihrer ursprünglichen Zusammensetzung erhalten. Bei Sandstein z.B. können allmählich alle Bestandteile außer dem sehr stabilen und widerstandsfähigen Material Quarz herausgelöst und abtransportiert werden.

Brekzie (Breccie), ein Sedimentgestein aus Gesteinstrümmern

Um 3800 Mio.

Gebänderte Eisenerze

Die ältesten Eisenerze bestehen aus einander abwechselnden Schichten eisenreicher Minerale und Kieselsäure. Sie erhalten daher den Namen Banded Iron Formations (BIFs) oder Bändereisenerze (auch: eisenhaltige chemische Sedimente). Das Eisen dieser Erze stammt aus Verwitterungsprozessen an Land oder untermeerischem Vulkanismus. Es liegt zunächst in zweiwertiger Form (Fe^{2+}) vor. Im sodahaltigen Wasser der Ozeane (siehe S. 40) wird es dann in dreiwertiges Eisen (Fe^{3+}) umgewandelt und chemisch ausgefällt, d.h. in einen unlöslichen Zustand überführt. Um 1800 Mio. kommt die Bildung von Bändereisenerzen zum Abschluss.

Bändereisenerze sind in der Neuzeit wichtige Untersuchungsobjekte der historischen Geologie. Sie liefern Indizien für die Entwicklung der Erdatmosphäre. Nur in einer sauerstoffarmen Atmosphäre kann sich zweiwertiges Eisen über größere Entfernungen an der Erdoberfläche ablagern und zur Entstehung neuer BIFs beitragen, da es sonst oxidieren würde. Gleichzeitig wird in den bereits entstandenen Banded Iron Formations Phosphat gebunden, das – in Wasser gelöst – den Nährstoff für das Blaualgenwachstum liefert. Ein geringer Phosphatgehalt führt zu einer eingeschränkten Vermehrung der Blaualgen und damit auch zu einer geringeren Sauerstoffproduktion durch Photosynthese.

Um 3800–2500 Mio.

Kerne der Kontinente steigen allmählich aus dem Meer

Vulkane, die über den Meeresspiegel ragen, sind die Ausgangspunkte bei der Entstehung von Kontinenten. Wenn Hebungsprozesse einsetzen oder wenn die Vulkane ausbrechen und dabei neue Gesteine entstehen, vergrößern sich diese Festlandskerne.

Durch Verwitterungsprozesse und Abtragungen füllen sich die umliegenden Meeresbecken mit Sedimentgesteinen, bis schließlich auch sie durch Hebung aus dem Meer auftauchen. Die auf diese Weise entstehenden Abfolgen von vulkanischen Gesteinen und Sedimentgesteinen, die nach der Farbe des in Sedimenten enthaltenen Minerals Chlorit als Grünsteingürtel bezeichnet werden, dokumentieren das Wachstum der Festlandskerne in verschiedenen Erdregionen, u.a. in Nordamerika, Südafrika und Nordosteuropa (Abb.: Vulkan Teneguia auf der spanischen Insel La Palma).

Rätsel um Beginn des Lebens

Der Mediziner und Wissenschaftsjournalist Hoimar von Ditfurth (1921–1989) schreibt in seinem Buch »Im Anfang war der Wasserstoff« (1972) über Experimente mit der Ursuppe:

»Es schien vollkommen gleich zu sein, auf welche Ausgangsstoffe man zurückgriff. Hauptsache war, dass das Gemisch Kohlenstoff, Wasserstoff und Stickstoff enthielt, jene Atome, die den Hauptteil aller lebenden Materie bilden ... Mit welchen Mitteln auch immer man die Bedingungen der Ur-Erde zu kopieren versuchte, in praktisch jedem Fall entstanden die komplizierten Moleküle, deren ›abiotische Genese‹, deren Entstehung ohne die Anwesenheit von Lebewesen nicht nur so vielen vorangegangenen Forschergenerationen, sondern auch den Männern, die diese Versuche jetzt durchführten, bis dahin so geheimnisvoll erschienen war.«

*Stanley Millers »Ursuppen«-Rezept ist heute umstritten. Kritiker bezweifeln, dass die Zusammensetzung der Ur-Atmosphäre der Erde den von Miller im Labor verwendeten Ausgangsstoffen entsprach. Bereits Ende der 1980er-Jahre schlug der Münchner Chemiker Günther Wächtershäuser eine Art **»Urpizza«** als Alternative vor: Nach seiner Theorie entstanden die ersten Moleküle des Lebens auf der Oberfläche von Eisensulfiden (Pyrit oder Schwefelkies). Forscher der Universität Jena haben im Jahr 2003 bestätigt, dass Pyrit in der Frühzeit für die Produktion von Ammoniak verantwortlich gewesen sein könnte. »Urpizza«-Bedingungen finden sich heute in der Umgebung von untermeerischen Heißwasserquellen – den »Black Smokers«.*

Die Frage nach der Entstehung des Lebens ist eine der ältesten Fragen der Philosophie und der Wissenschaft. Die gefundenen Antworten könnten zunächst kaum unterschiedlicher und widersprüchlicher sein. Aristoteles sah das Leben überall und immer wieder von selbst entstehen. Getragen wurden solche Vermutungen von Naturbeobachtungen: Nach einem plötzlichen Regen bedeckt sich die Wüste mit einem Teppich blühender Pflanzen, in einer trockenen

Der US-amerikanische Chemiker Harold C. Urey, Chemie-Nobelpreisträger von 1934, regte Experimente mit der Ursuppe an.

Senke entsteht ein Gewässer, in dem sich kurze Zeit später Fische tummeln. Andere Gelehrte und Wissenschaftler haben im gesamten Sonnensystem und auf der Erde winzige, allgegenwärtige Keime vermutet, aus denen ähnlich wie bei einem Saatkorn Leben entsteht.

Heißer Favorit: die Ursuppe

Zu den viel versprechenden Wegen, eine Antwort zu finden, zählt es, auf den Spuren Charles Darwins die Evolution der Lebewesen bis zu den ältesten Fossilfunden zurückzuverfolgen. Auf diese Weise gelangt man zu den zellkernlosen Bakterien, die an lebensfeindlich anmutenden Orten existierten: in kochend heißem Wasser – bei 60 °C schon »erfrierend«–, in der Nähe von Schwefelquellen und auf dem Grund von Tümpeln, die mit der »Ursuppe« des Präkambriums gefüllt waren. Variabel und anpassungsfähig nutzten sie eine große Bandbreite an Formen des Stoffwechsels, von der Gärung über die Chemosynthese bis hin zur Photosynthese.

So einfach die Bakterien in ihrem Bau und in ihrer Lebensweise anmuten, so schwierig scheint es, die Ungewissheiten aufzuklären, die sich bei vielen Fragen ergeben. Gab es einen Vorläufer der Bakterien? Wie entstand die Zellwand des ersten Bakteriums? Wie hat sich die Teilung als eine Art der Vermehrung entwickelt, als weder eine DNS noch Chromosomen zur Weitergabe der Erbinformationen zur Verfügung standen? Wie war es schließlich möglich geworden, aus einfachsten Verbindungen komplizierte Nahrungsstoffe und Zellbestandteile aufzubauen, die es in dieser Form zuvor in der Umgebung nicht gab?

Der russische Biochemiker Alexander Oparin versuchte schon 1947, dazu Antworten aus Sicht der Chemie zu geben. Er stellte sich vor, welche Stoffe und Verbindungen es am Anfang gegeben haben könnte und stieß auf die »Ursuppe« – einen wässrigen Cocktail, gemixt aus organischen Molekülen und frei von Sauerstoff. Oparins Ansatz inspirierte eine Flut von Nachfolgern, die mögliche Mikromilieus am Beginn des Präkambriums simulierten, in denen das Leben entstanden sein könnte. Dazu ließen die Wissenschaftler in Laborexperimenten lange Reaktionsketten ablaufen, mit denen sie komplexe organische Moleküle – Bausteine des Lebens – herstellten. Einen der berühmtesten Versuche unternahm der amerikanische Wissenschaftler Stanley Miller auf Anregung seines Professors Harold Urey im Jahr 1953. Er gab Ammoniak, Methan, Wasserstoff und Wasser in ein Gefäß, erzeugte darin Blitze und konnte daraufhin Aminosäuren, die Bausteine der Proteine, nachweisen. In weiteren Experimenten wurden kugelartige Objekte bei der Abkühlung von proteinhaltigen Flüssigkeiten gefunden, die aus mehreren Schalen aufgebaut und gegen ihre Umgebung abgegrenzt waren. Die Sensation war, dass sie sich teilten und zwei identische Abbilder hervorbrachten, obwohl es noch keine Zellen waren.

Das Miller-Urey-Experiment war jedoch nicht unumstritten. Wissenschaftler führten u.a. an, dass freier Wasserstoff, so wie er im Experiment verwendet wurde, in der Atmosphäre damals nicht vorkam. Heute geht man davon aus, dass die erste Atmosphäre eine andere Zusammensetzung hatte, als in den damaligen Experimenten angenommen.

Biochemie blickt auf Minerale

Andere Forschungen konzentrierten sich bei der Suche nach dem Beginn des Lebens auf Mineralkristalle wie Pyrit und widmeten sich der Untersuchung von Reaktionen an deren Oberfläche. Dabei gelang der Nachweis einer chemischen Kette, bei der sich stabile, abgekapselte Bläschen von der Mineraloberfläche absondern. Aus ihnen könnten Organismen entstanden sein, die den heute existierenden Formen sehr ähnlich sind. Einige Forscher nahmen Prozesse der Selbstordnung von Materie wie das Wachstum von Kristallen als Ausgangspunkt. Tonminerale waren für diesen Ansatz besonders interessant: Sie haben Eigenschaften, die Membranen ähnlich sind,

Im Gegensatz zur zellularen Fortpflanzung bei Lebewesen (hier zwei Pantoffeltierchen) geben Minerale Informationen weiter und ermöglichen so die Bildung neuer Kristalle.

verfügen als einer Art Vorstufe der Fortpflanzung über Mechanismen der Informationsweitergabe beim Kristallwachstum und besitzen die Fähigkeit zur Aufnahme und Abgabe von anderen Molekülen, also eine Form des Stoffwechsels.

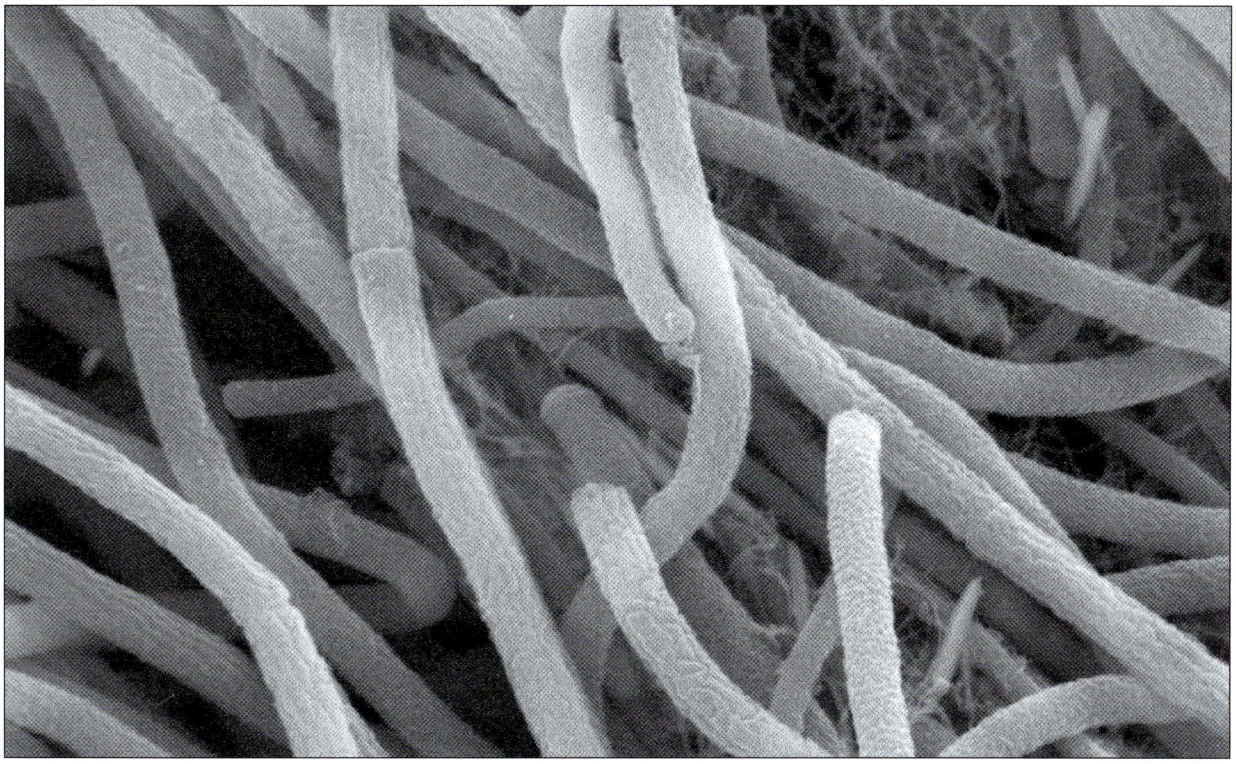

Wärme liebende Bakterien wachsen in warmen Gewässern und waren auch in der sog. Ursuppe vertreten. Unter dem Elektronenmikroskop werden die von ihnen gebildeten Fäden (Zöpfe) sichtbar, die auf Steinen wachsen.

Beginnend mit den einfachsten Einzellern sind allen Lebewesen sieben Merkmale gemeinsam, die sie von unbelebten Objekten unterscheiden:

- *Bewegung*
- *Exkretion (Ausscheidung von Abfallprodukten)*
- *Stoffwechsel*
- *Vermehrung*
- *Reizbarkeit*
- *Nahrungsaufnahme*
- *Wachstum*

Im Fokus

Leben aus dem All: Hirngespinst oder ernst zu nehmende Variante?

Einer der populärsten Gegner der »Ursuppen-Theorie« ist Fred Hoyle. Der britische Astrophysiker behauptet, die Annahme, das Leben sei durch Zufall in den Ur-Ozeanen entstanden, sei genauso unwahrscheinlich, »als wirble ein Tornado auf einem Schrottplatz einen Jumbo-Jet zusammen«. Vielmehr gehen Hoyle und seine Anhänger von einem außerirdischen Ursprung des Lebens aus. Demnach hätten Meteoriten und Kometen die ersten Bausteine des Lebens auf die noch junge Erde gebracht. Gestützt wird diese These von handfesten Beweisen: So enthielten Meteoritentrümmer, die 1969 auf die australische Kleinstadt Murchison stürzten, Aminosäuren. Einige Wissenschaftler stellen gar die Theorie auf, dass Himmelskörper ganze Organismen auf die Erde brachten.

Unzweifelhaft stellen Kometen – Himmelskörper mit Einschlüssen aus Staub und zu Eis gefrorenen Gasen, gelegentlich »dirty snowballs« genannt – geeignete Transportmittel für die Bausteine des Lebens dar. Sie sind Materiebrocken, die vom Rand unseres Sonnensystems aus dem Gebiet der Oortschen Wolke und dem Kuiper-Gürtel stammen. Stoßen die in regelmäßigen, aber exzentrischen Bahnen um die Sonne kreisenden Kometen mit anderen Himmelskörpern zusammen, zerbersten sie in kleine Bruchstücke, aus denen sich gefährliche Geschosse bilden können. Die Atmosphäre der Erde stellt einen gewissen Schutz vor diesen unkontrollierbaren Bruchstücken dar. Asteroide mit geringer Dichte zerbersten und verglühen beim Eintritt. Viele hinterlassen nicht mehr als eine Wasserwolke – genug immerhin, um die Erde mit den Bausteinen des Lebens zu impfen. Auch brechen immer wieder dichtere extraterrestrische Festkörper durch die Erdatmosphäre – die Meteorite. Einschläge von Meteoriten waren in der Frühphase der Erdgeschichte sehr häufig. Zumindest zeitweise war die Erde einem regelrechten Bombardement aus Meteoriten ausgesetzt. Damit erhält die Theorie von einem außerirdischen Anstoß des Lebens auf der Erde Rückendeckung. Substanzen wie Aminosäuren wären demnach das Ausgangsmaterial, aus dem über einen Zeitraum von Milliarden von Jahren höhere Lebensformen entstehen konnten – und vielleicht anderswo noch können.

NASA-Grafik eines Eiskörpers (»dirty snowball«): Mit Kometen gelangen Aminosäuren und andere organische Stoffe aus dem Weltall auf die Erde.

*Eine Gesamtdarstellung der Verwandtschaftsverhältnisse sämtlicher Lebensformen der Erde strebt das so genannte **Tree-of-Life-Projekt** an, das auf eine Initiative von Wissenschaftlern der Universität von Arizona in Tucson zurückgeht. Rund 320 Biologen aus 21 Ländern beteiligen sich bis heute an dem Projekt. Die Idee ist, das Fachwissen von Biologen aus aller Welt in einem datenbankgestützten Internet-Auftritt zu bündeln. Jeder, der spezielle Kenntnisse über ganz bestimmte Lebensformen besitzt, stellt einen eigenen Stammbaum auf. Dieser wird dann an den bereits bestehenden »Mutterbaum« angedockt. Im Januar 1996, als das Tree-of-Life-Projekt erstmals öffentlich vorgestellt wurde, umfasste der Baum bereits 948 Internet-Seiten, die auf sieben Computer auf zwei Kontinenten verteilt waren. Seitdem hat sich die Zahl der Seiten mehr als verdoppelt.*

Um 3500 Mio. Erste **Stromatolithen** entstehen auf der Landmasse des heutigen Australien. Stromatolithe sind knollenförmige Kalkablagerungen, die unter Mitwirkung von Kleinstorganismen (Cyanobakterien) entstehen. Die großen Mengen der australischen Funde lassen auf eine beträchtliche Biomasse als Urheber der Ablagerungen schließen. Obwohl sie hauptsächlich im Präkambrium nachgewiesen sind, kommen Stromatolithe in der ganzen Erdgeschichte vor. Für einige Erdzeitalter dienen sie als Leitfossilien. Heute unterscheidet die Geologie zwischen knollenförmigen Stromatolithen und solchen Exemplaren, die in großer Fläche auf breiten Unterlagen wachsen.

Im heutigen **Simbabwe** bilden sich Gesteine, die neben denen Südwestgrönlands, Labradors und Norwegens zu den ältesten der Welt zählen. Vor 2000 Mio. Jahren sind in allen Schilden der Welt Gesteine nachweisbar.

In der Warawoona-Schicht Australiens, nahe dem heutigen North Pole, lagert sich eine Sedimentschicht aus Gips und Kieselsintern ab, die große **Baryt-Vorkommen** enthält. Möglicherweise treten in der präkambrischen Warawoona-Schicht auch schon Bleianreicherungen auf. Gips und Baryt weisen auf eine Oxidation von Schwefel in einer sauerstoffhaltigen Umgebung hin. Das lässt den Schluss zu, dass zu dieser frühen Zeit möglicherweise schon erste Photosynthese betreibende Lebewesen existieren.

Die Bildung der frühesten Erzlagerstätten ist abgeschlossen. Zu den ersten Erzen gehören **Chromitanreicherungen**, die gelegentlich in Verbindung mit Platinmetallen auftreten. Chromit ist ein bräunlich-schwarzes Mineral aus der Gruppe der Spinelle. Es bildet meist nestförmige Massen und ist heute das einzig bedeutende Chromerz, das für die Legierung von Chromstählen benötigt wird. 90 Prozent aller Chromitvorkommen der Erde befinden sich in Südafrika.

Um 3350 Mio. Prokaryonte (zellkernlose) Mikroorganismen versteinern in den schwarzen Kieselschiefern des **Swazilandsystems** im Babertonbergland des östlichen Transvaal (Südafrika). Diese sphärisch geformten, kernlosen fossilen Zellen ähneln in ihrer Struktur derjenigen heute lebender blaugrüner Algen. In der Forschung galten die organismenartigen Gebilde aus Swaziland lange als die ältesten Fossilien der Welt.

Um 3500–3000 Mio.

Kluger Mikrokosmos

Die ersten lebenden Organismen auf der Erde sind verschiedene Bakterienarten: einzellige Mikroorganismen ohne abgegrenzten Zellkern und ohne innere Differenzierung. Diese Merkmale unterscheiden sie von allen höheren Organismen, die sich später entwickeln werden.

Die Bakterien dieser Zeit leben in Gewässern, wo sie vor der bedrohlichen UV-Strahlung geschützt sind. Sie können auch unter lebensfeindlich anmutenden Bedingungen existieren, z.B. bei Temperaturen von 100 °C, wie sie in heißen Thermalquellen herrschen, oder – unter Ausschluss von Sauerstoff – im Faul-

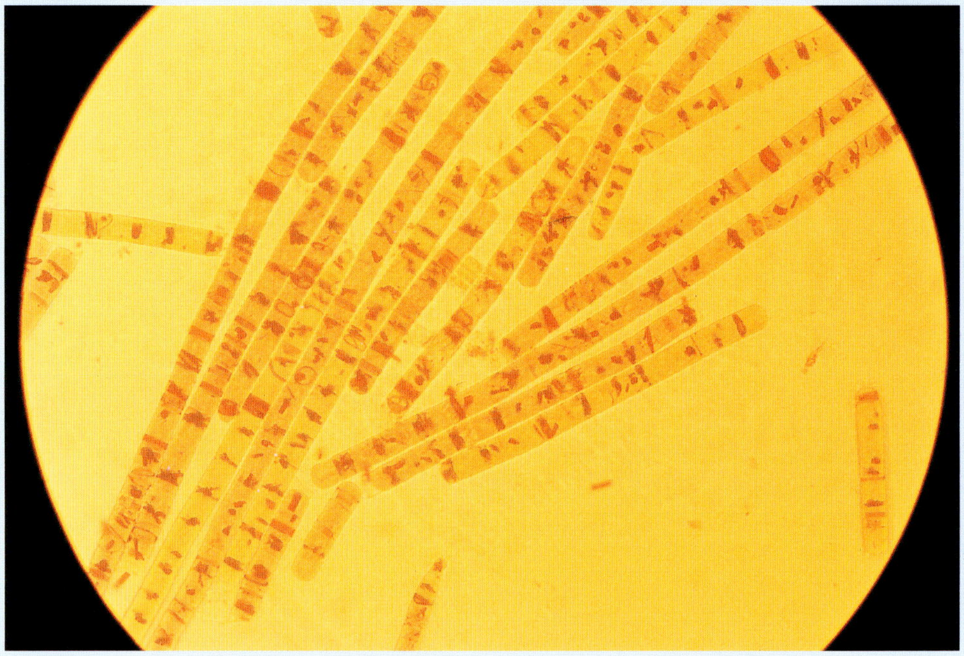

Aufnahme von Phormidium, einer fadenförmigen Cyanobakterie, unter dem Lichtmikroskop

Um 3500–2000 Mio.

Reich durch Sauerstoffarmut

Auf der Erde bilden sich Ablagerungen bestimmter Minerale wie Pyrit (s. Abb.) und Uraninit, die nur in einer weitgehend sauerstofffreien Atmosphäre entstehen können. Das häufige Pyrit und das eher seltene Uraninit entstehen eigentlich in Erzadern im Erdinneren. Gelangen solche Adern zusammen mit den sie umgebenden Gesteinen an die Erdoberfläche, werden sie der Verwitterung ausgesetzt. Da beide Minerale nicht in Wasser löslich und zu dieser Zeit auch nicht chemisch zersetzbar sind, können sie durch die Bäche und Flüsse nur als feste Verwitterungsrückstände abtransportiert werden. Je nach Dichte und Korngröße kommt es dabei zu Anreicherungen in Sedimenten. So setzt sich zuerst das schwere Uraninit ab, dann folgt das etwas leichtere Pyrit und schließlich die leichtesten Bestandteile wie Sandkörnchen und Tonteilchen.
Heute, in einer sauerstoffhaltigen Atmosphäre, ist dies nicht mehr möglich. Ablagerungen dieser Art, die jünger sind als 2000 Mio. Jahre, gibt es nicht. Pyrit z.B. verliert rasch seine gelbe Farbe (wegen der es auch als Katzengold bekannt ist). Es läuft zunächst bunt, später braun bis schwarz an – diese Farbwechsel belegen die Reaktion mit freiem Sauerstoff und die beginnende Zersetzung.

schlamm von Tümpeln und Seen. Einige Arten sind in der Lage, sich durch Chemosynthese oder Photosynthese zu ernähren.
Bestimmte Bakterienarten haben die Eigenschaft, große Kolonien aus unzähligen einzelnen Organismen zu bilden. In den flachen Randbereichen der präkambrischen Meere gibt es die aus Cyanobakterien bestehenden sog. Stromatolithen. Sie bilden charakteristische Formen, u.a. zahlreiche kleine Hügel aus Kalk, die eng aneinander gedrängt sind. Stromatolithen können Höhen von mehreren Metern erreichen. In ihrem Innern besitzen sie einen Schalenbau mit zahlreichen, übereinander angeordneten Schichten. Besonders häufig sind sie allerdings noch nicht, da die Festlandskerne der künftigen Kontinente klein sind und an ihren Rändern steil ins Meer abfallen, somit also kaum Flachmeere existieren.
Bemerkenswert ist, dass sowohl von einzelnen Bakterien als auch von Bakterienkolonien konkrete Spuren überliefert sind. In Australien konnten 3500 Mio. Jahre alte geologische Strukturen dokumentiert werden, die heute lebenden Stromatolithen sehr ähnlich sehen. Ihre äußeren Formen und ihr innerer Aufbau lassen kaum Zweifel an der Interpretation als Bakterienkolonien zu. Etwas jüngere geologische Strukturen dieser Art wurden in Simbabwe und Südafrika entdeckt (jeweils um 3000 Mio. Jahre alt). Es ist aber nicht auszuschließen, dass diese Strukturen nicht auf biologische Art und Weise entstanden sind.
Fossilfunde einzelner Bakterien, die sehr klein und nur unter dem Mikroskop zu erkennen sind, stammen ebenfalls aus Australien (3500 Mio. Jahre), Swaziland (3350 Mio. Jahre) und Südafrika (3100 Mio. Jahre). Bei den fossilen Bakterien aus Südafrika ist sogar die Vermehrung von Bakterien durch Teilung dokumentiert.

Ab 3500 Mio.

Photosynthese der Bakterien dient Pflanzen als Vorbild

Mit der Photosynthese entwickeln bestimmte Bakterienarten eine Form des Stoffwechsels, die später von den pflanzlichen Organismen übernommen wird. Sie ermöglicht die Produktion von Nahrung aus wenigen, einfach gebauten Stoffen mit Hilfe von Lichtenergie.
Für die allerersten Organismen, die noch keine Photosynthese betreiben, ist es von Nachteil, dass sie ihren Stoffwechsel auf begrenzte Vorkommen bestimmter Stoffe gründen. Dazu zählen die Bakterienarten, die ihre Nahrung in Form von organischen Stoffen wie Zucker oder Aminosäuren direkt aus der Umgebung aufnehmen. Sie beziehen ihre Energie aus der Zersetzung dieser Produkte (wie z.B. die Bakterien, die Gärungsprozesse auslösen, oder die Gruppe der Methan produzierenden Bakterien). Solche Organismen sind nicht in der Lage, aus einfachen Grundstoffen selbst organische Verbindungen aufzubauen. Fehlt nur einer der für die Energiegewinnung benötigten Stoffe, bricht in kürzester Zeit die gesamte Bakterienkultur zusammen.

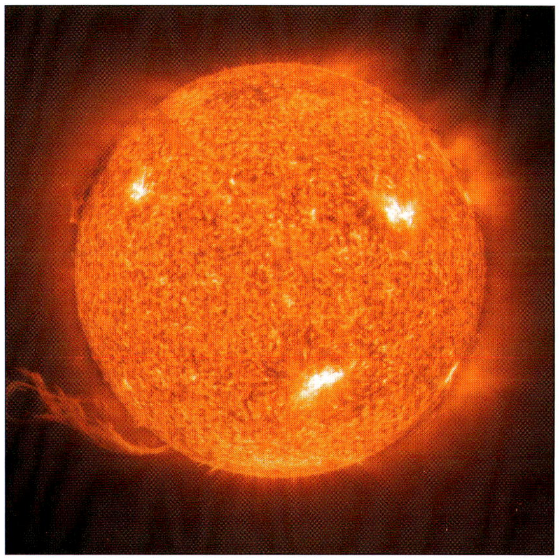

Anders bei der Photosynthese: Bestimmte Bakterienarten haben einen großen evolutionären Vorteil – sie kommen mit fast überall und unbegrenzt verfügbaren Grundstoffen aus. Wasser und Kohlendioxid zählen bis heute zu den häufigsten Verbindungen an der Erdoberfläche und in der Atmosphäre. Ihre Energie gewinnen diese Bakterienarten mit Hilfe des Sonnenlichts (Abb.: Ultraviolettaufnahme der Sonne vom Satelliten SOHO, dargestellt in Falschfarben), das tagsüber selbst bei Wolkenbedeckung zur Verfügung steht. Mehr ist nicht notwendig, um energiereiche Nahrungsstoffe aufzubauen.
Die während der Photosynthese ablaufenden Prozesse sind sehr komplex. Es gibt verschiedene Formen. Einige Bakterienarten, z.B. Purpurbakterien, bauen Zucker aus Kohlendioxid und Schwefelwasserstoff (»Faulgas«) auf. Dabei geben sie Schwefel ab. Sauerstoff produzieren diese Bakterien nicht. Andere Arten, z.B. die Cyanobakterien, benötigen Kohlendioxid und Wasser für den Zuckeraufbau; Sauerstoff wird freigesetzt. Beiden Formen der Photosynthese ist gemeinsam, dass durch Chlorophyll Sonnenlicht aufgenommen wird. Die dabei gewonnene Energie wird zunächst in einem Energieübertragungsstoff zwischengespeichert und von dort abgerufen, um bei Bedarf Zucker zu produzieren.

Um 3500 Mio.

Freier Sauerstoff – in der Atmosphäre noch Mangelware

Durch Bakterien, die in der Lage sind, Photosynthese zu betreiben, entsteht auf der Erde freier Sauerstoff. Dazu zählen die Kolonien bildenden und in Meeren lebenden Cyanobakterien (Abb.: Stromatolithen vor der Küste Westaustraliens). Daneben bilden sich geringere Mengen auch in den höheren Schichten der Atmosphäre, wenn dort Wassermoleküle unter dem Einfluss des Sonnenlichts aufgespalten werden.
Obwohl also freier Sauerstoff entsteht, kommt es noch nicht zu einer Anreicherung in der Erdatmosphäre. Der Großteil des von den Cyanobakterien produzierten Sauerstoffs wird zunächst an das Wasser der Ozeane abgegeben. Dort setzt sofort die Reaktion mit zweiwertigen Eisen-Ionen ein, die zur Bildung der Bändereisenerze führt (siehe S. 43, 55) und den freien Sauerstoff bindet. Solange nahezu unerschöpfliche Mengen Eisen in zweiwertiger Form im Wasser vorkommen, wird die gesamte Sauerstoffproduktion auf diesem Wege »abgefangen«. Doch nicht nur im Wasser, auch in der Atmosphäre gibt es zahlreiche Stoffe, mit denen der reaktionsfreudige freie Sauerstoff Verbindungen eingeht. Dazu zählen das aus Vulkanausbrüchen stammende Kohlenmonoxid sowie Schwefel- und Stickstoffverbindungen.

Ab 3500 Mio.

Chemischer Stoffwechsel

Die Chemosynthese ist eine der ältesten Formen des Stoffwechsels. Die Lebewesen, die sie praktizieren, sind – im Gegensatz zu den Bakterien, die ihre Nahrung aus Stoffen der unmittelbaren Umgebung gewinnen – nicht auf die Aufnahme organischer Substanzen angewiesen.
Zu den Lebensformen, die zur Chemosynthese in der Lage sind, zählen Schwefelbakterien. Sie wandeln mit Hilfe von Sauerstoff bestimmte Schwefelverbindungen um, andere Bakterien z.B. Eisen- oder Stickstoffverbindungen. Durch solche Reaktionen wird Energie freigesetzt und zunächst an einen Energieübertragungsstoff weitergegeben. Später ermöglicht die gespeicherte Energie den Aufbau höherer organischer Substanzen. Diese können verwendet werden, um Zellstrukturen aufzubauen oder lebenswichtige Zellfunktionen zu ermöglichen. Der Energieübertragungsstoff wird schließlich wieder in seinen Ausgangszustand versetzt. Die Organismen, die Chemosynthese betreiben, kommen somit beim Aufbau von Nahrung zwar mit wenigen Grundstoffen aus, benötigen aber in der Regel einen speziellen, nicht überall verfügbaren Stoff – wie Schwefel – zur Energiegewinnung. Dies wiederum schränkt ihre möglichen Lebensräume stark ein.

Um 3200 Mio. Auf der Erde existieren bereits verschiedene Ökosysteme. In der Nähe von Vulkanen bilden sich Gebiete mit Wassertemperaturen bis zu 100 °C. Hier entstehen **Hyperthermophile** – Bakterien, die bevorzugt in heißem Wasser leben. Möglicherweise sind Hyperthermophile die ersten Lebewesen dieser frühen Periode der Erdgeschichte und weiter verbreitet als andere Bakterien. Mit der Abkühlung der Erde schrumpft auch der Lebensraum der Hyperthermophilen zusammen. Entsprechend selten sind die Spuren, die sich heute von dieser Lebensform finden lassen.

Große **Stromatolithenschichten** entstehen in verschiedenen Regionen der Erde. Im heutigen Simbabwe bilden sich die Bulawayo-Stromatolithen und in Kanada die Steeprock-Lake-Stromatolithen. Auch in den präkambrischen Schichten Russlands und Australiens lagern sich Stromatolithen ab. Sie dienen der modernen Geologie als Indikatoren für biostratigrafische Vergleiche (Festlegung der geologischen Gliederung und des Alters der Erde).

Die ältesten Faltengürtel **Vorderindiens** entstehen. In Südindien dauert dieser Prozess bis vor 2800 Mio. Jahren an und bildet die Dharwar-Gruppe, in der Grünsteine enthalten sind. Die Iron-Ore-Gruppe in West-Kalkutta ist ungefähr gleich alt und enthält wirtschaftlich bedeutende Bändereisenerze. Das Alter der zentralindischen Vindhyan-Gruppe ist umstritten. In den 4000 m mächtigen Schichten sind viele Tillit-ähnliche Gesteine enthalten. Im oberen Teil befindet sich zudem ein reiches Fossilienlager.

Um 3100 Mio. In den Ton- und Hornschiefern der südafrikanischen **Fig-Tree-Serie** versteinern kugelförmige sowie aus Fäden bestehende Lebewesen. Dank günstiger Erhaltungsbedingungen lassen sich heute in den Wänden der Organismen noch Kohlenwasserstoffe nachweisen, die auf einen ursprünglich organischen Aufbau der Fossilien hinweisen. Die Struktur der Funde erinnert an die der heutigen Blaualgen.

Um 3000 Mio. Die Landmasse, die heute **Brasilien** bildet, wird durch drei tektonisch aktive Phasen neu gestaltet. Die erste dieser Phasen (Guriense) setzt vor 3000 Mio. Jahren ein. Die zweite sog. Transamazonische Phase beginnt vor 2100 Mio. Jahren und wird von der letzten Phase (Brasiliano) abgelöst, die bis an die Kambrium-Ordovizium-Grenze (um 500 Mio.) heranreicht und die tektonische Entwicklung eines Teils des Superkontinents Gondwana bestimmt. Im Zuge dieser geologischen Umwälzungen entstehen gewaltige Minerallager.

Um 3200–2100 Mio.

Anlagerungen aus Stein lassen Festlandskerne weiter wachsen

Die bereits vorhandenen Festlandskerne – auch als Kratone bezeichnet – wachsen durch die Anlagerung von Gesteinen. An ihren Rändern dringen sie weiter in die Ozeane vor, in ihrem Inneren erheben sie sich zunehmend über den Meeresspiegel. Dieser Prozess wirkt selbstverstärkend: Je größer und höher ein Kraton ist, desto mehr Abtragungsschutt fällt an, aus dem wiederum neue Trümmergesteine entstehen.
Einer der ältesten Festlandskerne der Erde liegt in Südafrika. Dort werden mehr als 3000 Mio. Jahre alte Gesteinsserien (Grünsteingürtel, siehe S. 43) von jüngeren Sedimenten überlagert, die sich in flachen Meeresbereichen gebildet haben. Innerhalb dieser Ablagerungen nimmt die Meerestiefe allmählich ab. Darauf folgen noch jüngere Trümmergesteine, die in den Becken des Landesinneren entstehen (2800–2500 Mio. Jahre) und den Übergang von Meeres- zu Festlandsablagerungen markieren. Ihre Ausdehnung beträgt 40 000 km^2. Die Entstehung des südafrikanischen Kratons umfasst eine Periode von etwa 500 Mio. Jahren.
Im heutigen Europa entstehen Festlandskerne im Baltikum sowie im Bereich Schottlands. Auch in Grönland, Nordamerika, Südamerika, Nordasien (Abb.: Felsenformation im sibirischen Jakutien), China, Indien und Australien entstehen Kratone, deren Verfestigung vor etwa 2100 Mio. Jahren abgeschlossen ist. Sie sind heute Teil der Kontinente und haben seit ihrer Entstehung kaum Veränderungen erfahren – abgesehen von der Lage auf der Erdkugel, die keine Ähnlichkeit mit der Verteilung der Kontinente in der Gegenwart hat.

Um 3000–2100 Mio.

Bedeutendstes Goldlager der Welt entsteht in Südafrika

Während der Verfestigung des südafrikanischen Festlandskerns lagern sich westlich von Johannesburg die berühmten Goldseifen ab. Seifen sind Sande bzw. Geröll mit zusammengeschwemmten, abbauwürdigen Mineralen.
In flachen Becken beginnt sich vor 3000 Mio. Jahren Verwitterungsschutt aus den umliegenden Bergen zu sammeln. Ähnlich wie bei der Ablagerung von Uraninit erfolgt eine Sortierung nach der Dichte. Durch mehrfache Umlagerung, wie sie für die Schotterbänke von Flüssen typisch ist, kann die Intensität dieser Sortierung noch zunehmen. Die Ablagerungen bei Johannesburg enthalten zwar nur einen kleinen Anteil an schweren Goldsedimenten. Dennoch gelten die südafrikanischen Goldlagerstätten (Abb. l.: Bergmann in einer Goldmine) als die bedeutendsten der Erde.
Gold (Abb. r.) kommt in der Natur meistens in reiner Form vor. Selbst kleine Körnchen des seltenen Metalls sind sehr schwer. Sie lagern sich deshalb zusammen mit zahlreichen größeren, allerdings ähnlich schweren Gesteinspartikeln (Kies, Geröll) ab. Bei der Gewinnung von Gold nutzt man die Eigenschaften, die zur Entstehung der Lagerstätten geführt haben: Werden goldhaltige Gesteine gleichmäßig zerkleinert und dann in fließendem Wasser gespült, können die Goldkörnchen von den anderen Bestandteilen getrennt und ausgewaschen werden.

Um 3200 Mio.–2500 Mio.

Vorformen heutiger Tiefseegräben: Tektonische Fugen durchziehen die ozeanische Kruste

Zwischen den zwar weiterhin wachsenden, aber immer noch vergleichsweise kleinen Festlandskernen erstrecken sich während des Archaikums (4000–2500 Mio.) ausgedehnte Meeresbecken. Sie sind nicht nur durch Sedimentationsbecken in der Umgebung der Festlandskerne, sondern auch durch sog. Störungszonen charakterisiert. Diese durch tektonische Bewegung entstandenen Fugen strukturieren den Ozeanboden und gelten als Vorformen der heutigen Rift- und Grabenzonen (Abb.: Reliefkarte des Meeresbodens).

Im Erdinnern nimmt während des Archaikums die Menge der radioaktiven Stoffe ab, die bei ihrem Zerfall Wärme erzeugen. Das führt zur Abkühlung der Erdkruste, im Erdinnern wird aber immer noch etwa doppelt so viel Wärme produziert wie heute. Die davon angetriebenen Magma-Strömungen sind entsprechend stark und die Erdkruste ist wesentlich instabiler und beweglicher als heute. Hinzu kommt, dass die ozeanische Kruste entlang der weit verbreiteten Störungszonen besonders dünn und zerbrechlich ist.
All dies führt dazu, dass es besonders in den Störungszonen immer wieder zu intensivem untermeerischem Vulkanismus kommt, bei dem sich so genannte Kissenlaven bilden. Diese Laven (auch als Pillow-Basalte bezeichnet) zeigen an ihrer Oberfläche ein charakteristisches, an Kissen erinnerndes Muster. Es entsteht typischerweise bei der Abkühlung und Erstarrung von Lava unter Wasser. Entsprechende Beispiele finden sich auch heute noch an verschiedenen geologisch aktiven Stellen im Bereich der ozeanischen Riftzonen. In der Umgebung der untermeerischen Störungszonen nimmt als Folge des untermeerischen Vulkanismus die Dicke der Erdkruste deutlich zu. Es entsteht ozeanische Kruste. Durch den sich ausdehnenden Meeresboden entsteht in den sog. Subduktionszonen der Festlandskerne neue kontinentale Kruste, an deren Rand sich Grünsteinfolgen (siehe S. 43) oder Gebirge bilden können.

Um 3200–2500 Mio.

Aus Steinen werden Berge

Weltweit entstehen die ersten Gebirge. Da die Erdkruste noch eine stärkere Dynamik als heute hat und Bewegungen von Krustenteilen ungleich schneller ablaufen, sind diese Gebirgsbildungen nur bedingt mit den heutigen zu vergleichen. Zudem fehlen sichere Beweise, wie es sie erst für sehr viel jüngere, etwa 2000 Mio. Jahre alte Gebirge gibt. Meist müssen sich die Forscher auf Indizien und Modelle der damaligen geologischen Strukturen stützen, um die ersten Orogenesen (griech.: »Oro« für Berg, Gebirge; »Genese« für Entstehung) rekonstruieren zu können.
Bausteine der ersten Gebirge sind wahrscheinlich Sedimentserien, die in muldenförmigen Vertiefungen im Bereich der heutigen Grünsteingürtel (siehe S. 43) abgelagert werden. Die Basis solcher Serien liegt meist tief im Erdinneren, wodurch die Sedimente verfestigt, aber auch deformiert werden. Magmen dringen ein, bilden neue Gesteinskörper und lösen Umwandlungen aus. Neben den Sedimenten enthalten die ersten Gebirge deshalb auch Gesteine wie Granit, der durch langsame Abkühlung von Magmen im Erdinneren entsteht, oder Gneis, der ein Ergebnis von intensiven Umwandlungen älterer Gesteine ist. Hebungsprozesse bringen die Gesteinspakete schließlich wieder an die Erdoberfläche. Parallel zu den meisten Orogenesen bilden sich auch Erzlagerstätten.
Im Bereich des heutigen Nordamerika erreichen Gebirgsbildungen vor etwa 3200 Mio., 2850 Mio. und 2500 Mio. Jahren ihre Höhepunkte. Parallelen dazu lässt die nordatlantische Region erkennen, wo es in Labrador, Grönland und Schottland 2900 Mio. und 2550 Mio. Jahre alte Gebirge gibt. In Nordosteuropa liegt zwischen den beiden großen Gebirgsbildungen des Archaikums vor 3500 Mio. bzw. 2700 Mio. Jahren eine lange Phase relativer Ruhe, in der mehrere Grünsteingürtel entstehen. In Nordasien und China ist die geologische Aktivität dieser Zeit vermutlich erheblich geringer.
Auch auf der heutigen Südhalbkugel gibt es Festlandskerne mit unterschiedlich ausgeprägten Gebirgsbildungen. Am intensivsten sind diese Prozesse in Südamerika, dem westlichen, östlichen und südlichen Afrika sowie in Australien, wo es jeweils mindestens zwei Orogenesen gibt (Alter um 3500 Mio. bzw. 2600 Mio. Jahre, in Südafrika auch 3200 Mio. Jahre).

Kanadas Gesteinsserien (hier im Banff-Nationalpark mit Peyto Lake) zählen zu den ältesten der Erde.

Um 2800 Mio. Die Hauptphase der **kontinentalen Krustenbildung** beginnt. In den folgenden 300 Mio. Jahren entstehen etwa 70 Prozent der heutigen Erdkruste. Der in Etappen ablaufende Prozess setzte bereits um 3800 Mio. Jahre ein und erlebte zwischen 3200 und 3000 Mio. Jahren einen ersten Höhepunkt. Die Bildung der kontinentalen Kruste ist noch heute im Gange: Durch Plattentektonik und enorme Wärmemengen schmelzen Landmassen an einem Ort zusammen, während sie an anderer Stelle auseinander gerissen werden.

Im Baltischen Schild durchsetzen Orthogneise die so genannten **Kuhmo/Ilomantsi-Schiefer**. Tektonische Prozesse transportieren dieses Metamorphosegestein nach Ostfinnland (Karelien). Damit sind die Kuhmo/Ilomantsi-Schiefer die ältesten Granite neben den nordschwedischen Rastojaure-Graniten, die vor etwa 2750 Mio. Jahren entstehen. Möglicherweise stammen auch die Roten und Grauen Gneise des südwestschwedischen Raums aus dieser Zeit. Ihre radiometrischen Werte liegen mit 950 bis 1050 Mio. Jahren jedoch deutlich darunter. Die Radiometrie analysiert Gesteine aufgrund der ihnen eigenen radioaktiven Strahlung.

Um 2700 Mio. Mit den **Rio-das-Velhas-Gneisen** entstehen in Brasilien die ältesten Gesteine Südamerikas. Wegen seines Erz- und Mineralreichtums ist der brasilianische Küstenschild geologisch gut erforscht. Hier lagern u. a. die berühmten Itabirite, welche die größte und wirtschaftlich bedeutendste Eisenerzkonzentration der Erde darstellen. Da sich die älteren Gesteinsschichten durch regionale Aufheizungen vor 1200 Mio. bzw. 600 Mio. Jahren verändern, lassen sich viele Schichten heute nicht mehr exakt datieren.

Um 2550 Mio. Die beiden ursprünglichen nordamerikanischen Festlandskerne, der **Slave-** und der **Superiorkern**, entstehen. Vor 1850 Mio. Jahren verschmelzen sie mit den Faltenketten der Churchillprovinz zu einer zusammenhängenden Landmasse. Damit sind die Grundlagen für die Entstehung Nordamerikas gelegt. In den folgenden Jahrmillionen schließen sich die Central-Provinz (1450–1300 Mio.) und die Grenville-Provinz (1100–900 Mio.) an. Die Appalachiden wachsen erst vor 450 bis 350 Mio. Jahren hinzu.

Um 2900 Mio.

Erze und Kristalle – wertvolle Bodenschätze in der Erdkruste

Im Zusammenhang mit den ersten Gebirgsbildungen (siehe S. 49) entstehen zahlreiche Erzlagerstätten – u. a. aus flüssigen Magmen, die in die Erdkruste eindringen –, aber auch vielgestaltige Kristalle von atemberaubender Schönheit und großer Seltenheit.
Die Abkühlung der Gesteinsschmelzen auf der Erde führt zunächst zur Ausbildung ausgedehnter, gleichförmiger Gesteinskörper. Diese haben schmale Risse und kleine Hohlräume, in die heiße Flüssigkeiten eindringen, die bei der Gesteinsbildung übrig geblieben sind. Oft enthalten sie Elemente und Verbindungen, die wegen ihrer besonderen Eigenschaften nicht in die Struktur der Gesteine eingebaut werden konnten. Bei weiter sinkenden Temperaturen bilden sich aus diesen Flüssigkeiten nun allmählich Kristalle. Manche treten kompakt wie Gesteine auf, andere – Drusen genannt – wachsen langsam in ovale Hohlräume hinein und setzen sich an den Wänden fest. Diese Prozesse der Mineral- und Erzbildung dauern bis heute an.

Um 2700–2500 Mio.

Die Geburt Kanadas

Im Bereich des heutigen Kanada entstehen kleine Festlandskerne, die durch Sedimentation und Gesteinsmetamorphose nach und nach mit den bereits vorhandenen Schollen der Erdkruste zum Kanadischen Schild zusammenwachsen.
Gegen Ende des Archaikums (4000–2500 Mio.) gibt es in Nordamerika zwei größere Festlandskerne: zum einen die Superior-Provinz, die einen Bogen im Bereich östlich und südlich der heutigen Hudsonbai beschreibt, zum anderen die deutlich kleinere Slave-Provinz im Norden des heutigen Kanada. Aus der etwa 1000 km breiten Meeresstraße zwischen den Provinzen steigen nun kleine Festlandskerne wie Inseln auf. Sie haben einen Durchmesser von maximal 300 km und bilden eines der ältesten Inselreiche der Erde. In die zunächst noch verbleibenden Meeresarme und -buchten ergießen sich mächtige Ströme aus Lockermaterial, die sich im Wasser ablagern und dabei verfestigt und deformiert werden. Allmählich wachsen die Inseln ins Meer hinaus und die Tiefen der Meeresbecken nehmen ab – Prozesse, die mit zunehmender Größe der Inseln immer intensiver werden. Aber die Inseln bilden noch keinen zusammenhängenden Kontinent – zwischen der Slave- und der Superior-Provinz bleibt noch für mehrere 100 Mio. Jahre eine Meeresstraße bestehen.

Seenplatte im Kanadischen Schild, der aus mehreren Festlandskernen besteht.

Um 2700–2300 Mio.

Neuer Meerestyp: Neben der Tiefsee etablieren sich flache und warme Schelfmeere

Weltweit entstehen die ersten relativ großen Flachmeergebiete (Abb.: Satellitenaufnahme der Nordsee mit Dänemark, Südnorwegen und Südschweden). Sie sind, im Unterschied zu den bis dahin dominierenden Tiefseebereichen, höchstens 200 m tief. Die Abnahme der Meerestiefe ist Voraussetzung für die Entstehung ganz neuer Ablagerungsgesteine.
Ein Teil der neuen Meere liegt an den Rändern der Kontinente, wo sich die sog. Schelfe bilden. Sie sind bis auf wenige Ausnahmen fast eben. Ihr Boden wird von den vielfältigen Sedimenten aufgeschüttet, die aus der Verwitterung auf den wachsenden Kontinenten stammen. Ein steiler Abfall, der sog. Kontinentalabfall, trennt die Schelfe von der Tiefsee. Der zweite Meerestyp wird ganz oder teilweise vom Festland eingerahmt und ist mitunter nur über eine schmale Meeresstraße mit den Ozeanen verbunden. In diesen Meeren kann sich das Wasser besonders stark erwärmen, sie sind relativ ruhig und seicht. Tief gehende und dadurch abkühlend wirkende Meeresströmungen fehlen häufig ganz, sodass die archaische Lebenswelt, vor allem die Stromatolithen, sehr gute Lebensbedingungen vorfindet.
Hebungsprozesse können ein Binnenmeer ganz von den Ozeanen abtrennen, bei hohen Temperaturen kann sogar nach und nach das gesamte Wasser verdunsten und das Meer verschwinden. Dagegen können Senkungsprozesse auch zur Überflutung von ausgedehnten kontinentalen Räumen und damit zur Ausdehnung des Meeres führen. Vergleichbare Prozesse kommen in Gang, wenn die Gesamtmenge an Wasser in den Weltmeeren zu- oder abnimmt – beispielsweise als Folge von Vereisungen.

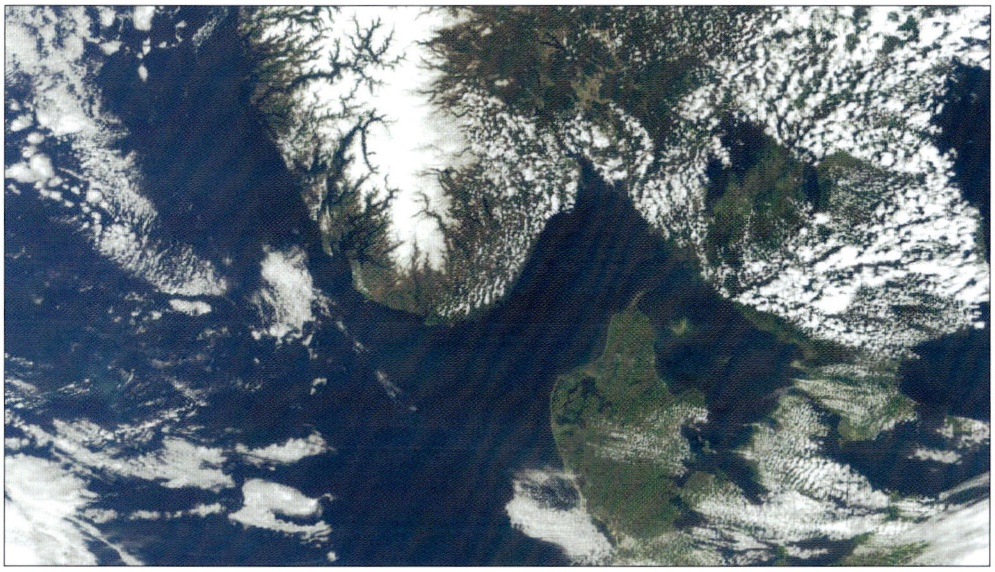

Ab 2700 Mio.

Meeresablagerungen aus Kalk

Weltweit entstehen in Flachmeeren neuartige Ablagerungsgesteine: die Kalke (s. Abb.). Ihre Genese weist Parallelen zu Orten auf, an denen sich in der Jetztzeit Riffe und Atolle bilden.
Erhebliche Mengen der ältesten Kalksteine lagern sich nur durch die Mitwirkung von Lebewesen ab, die in warmen, seichten Meeren leben. Noch haben diese Cyanobakterien zwar keine harten Schalen, aus denen Ablagerungen entstehen könnten, aber sie fällen aus dem Meerwasser Kalke aus. Es kommt zur Entstehung von Stromatolithen (siehe S. 52). Nach und nach bilden sich auf diese Weise mehrere Kalkschichten. Dieser Prozess wiederholt sich so lange, bis eine riffartige Struktur zustande kommt.
Verstärkt wird dieser Vorgang dadurch, dass Kalk aus warmem Wasser sehr leicht chemisch ausgefällt, also unlöslich wird, sich dann am Meeresboden ablagert und dort Schicht für Schicht ganze Gesteinsserien aufbaut. An Kalk besteht in den archaischen Weltmeeren kein Mangel: Als Abfallprodukt der Milliarden Jahre andauernden Umwandlung von Soda in Kochsalz (siehe S. 40) entsteht er unter Bindung von Kohlendioxid aus der Luft – ein Prozess, der zur allmählichen Abkühlung der Temperaturen in der Erdatmosphäre führt.

Um 2700 Mio.

Festlandskerne wachsen zum archaischen Europa zusammen

Während einer Phase intensiver Gebirgsbildung wachsen mehrere Festlandskerne zu einem ausgedehnten Kontinent, dem Vorläufer des heutigen Europa, zusammen. Das heutige Europa hat seine Wurzeln in mehreren Festlandskernen unterschiedlicher Größe, allerdings ist die Lage dieser Kerne nicht mit der damaligen zu vergleichen. Dies belegen der Nordwesten Schottlands (Abb.: »Tal der Tränen« im schottischen Glencoe) und die Hebriden – sie sind geologisch mit sehr alten Strukturen im heutigen Grönland und Kanada verwandt und haben sich erst deutlich später, nach dem Zerbrechen der ursprünglichen Strukturen, dem europäischen Kontinent angelagert.
Der wichtigste Festlandskern, aus dem sich während der folgenden 2700 Mio. Jahre Europa entwickeln wird, ist der Baltische Schild im heutigen Skandinavien. Er ist am Ende des Archaikums (4000–2500 Mio.) bereits sehr groß, denn er war während einer 500 Mio. Jahre dauernden Phase kontinuierlich gewachsen. Bereits vor 3200 Mio. bzw. 2900 Mio. Jahren hatten sich der karelische und der ostfinnische Grünsteingürtel angelagert. Auch die ältesten Gebirgsbildungen (siehe S. 49) hatten durch die Entstehung von verfestigten Ablagerungsgesteinen zur Vergrößerung des Baltischen Schilds beigetragen.
Im äußersten Südosten ist ein weiterer Festlandskern im Bereich der heutigen Ukraine entstanden, der vor 2700 Mio. Jahren noch deutlich kleiner als sein nordosteuropäisches Gegenstück ist. Zwischen diesen beiden größeren Festlandskernen bestehen wahrscheinlich weitere, vergleichsweise kleine Kerne der Erdkruste, die sich nun allesamt zu einem großen Kontinent verbinden.

Um 2500 Mio.

Die Bildung von gebänderten Eisenerzen erreicht ihren Höhepunkt. Bis 1800 Mio. entstehen weltweit so viele **»Banded Iron Formations«** (BIFs) wie nie zuvor. Die ältesten BIFs lassen sich auf 3800 Mio. Jahre zurückdatieren. Der Forschung dienen Bändereisenerze zur Identifikation klimatischer Vorgänge im Präkambrium. So dokumentieren BIFs die Schwankungen des Sauerstoffgehalts in der sich bildenden Erdatmosphäre und beinhalten Spuren von Bakterien, die sich an der Ausfällung der Erze aus dem Wasser beteiligt haben könnten.

Mit der so genannten **Kenoran-Tektogenese** endet das nordamerikanische Archaikum. Es begann mit der Bildung der Morton- und Montevideo-Gneise in Minnesota und umfasst die Grauwackenserien, Bänderschiefer und vor allem Grünsteine der Coutchiching-Keewatin-Tektogenese. Nach dem Archaikum folgen weitere bedeutende Sedimentierungen wie u.a. die huronischen Ablagerungen mit Quarziten, Konglomeraten und Eisenerz führenden Hornsteinen.

Mehrere **Mikrokontinente** bilden eine unzusammenhängende Landmasse, aus der später Nordamerika entsteht. Diese Gebiete tragen heute die Namen Superior, Nain, Slave, Rae und Hearne-Wyoming. Im Gebiet der heutigen Großen Seen lassen sich vier große Phasen von Gebirgsbildungen für diese Zeit unterscheiden: Saganagan, Algoman, Penokean und Grenville.

Im heutigen südafrikanischen **Witwatersrand** (Provinz Gauteng) entsteht eine Gesteinsformation, deren Zusammensetzung darauf schließen lässt, dass die Erdatmosphäre noch immer weitgehend sauerstofffrei bzw. -arm ist.

Erneut kommt es zu einer Phase verstärkter **Chromitlagerstättenbildung**. Wie die Titanerze entsteht Chromit nicht durch atmosphärische Einwirkung auf Ursprungsgestein, sondern bildet sich aus flüssigen Magmen in Riftgebieten, die durch Spalten aus dem Erdinnern an die Oberfläche steigen.

Südwestlich des Murmanblocks im Baltischen Schild entsteht während einer erneuten Phase der Kontinentalbildung der so genannte suprakrustale Komplex, der auch als **Svekokarelium** zusammengefasst wird. Dabei handelt es sich um eine Landbildung, die nach ihren auffälligsten Gesteinen Leptit-Hälleflinta-Serie genannt wird und sich über Nord- und Mittelschweden sowie Westfinnland erstreckt.

Um 2300–2000 Mio.

Ausbreitung der Stromatolithen verändert die Erdatmosphäre

Mit der Ausbreitung flacher Meeresregionen verbessern sich die Lebensbedingungen der Cyanobakterien deutlich. Dies leitet eine Blütezeit dieser frühen Lebensformen ein, die noch keine natürlichen Feinde haben. Bis zu diesem Zeitpunkt hatten Cyanobakterien wegen des steilen, nahezu übergangslosen Abfalls der Kontinente in die Tiefsee nur sehr vereinzelt geeignete Lebensräume gefunden.

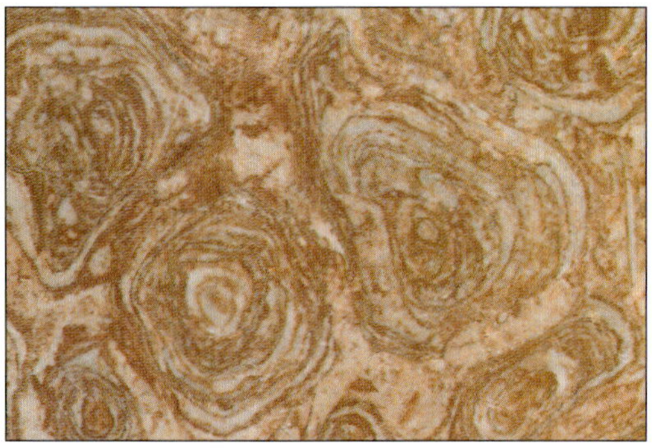

Im warmen und relativ ruhigen Wasser der kurz zuvor entstandenen flachen Schelfe (siehe S. 51) bauen die Cyanobakterien schrittweise ausgedehnte riffartige Strukturen aus Kalk, so genannte Stromatolithen, auf (Abb.: präkambrische Stromatolithenkalke aus China). Die gute Versorgung mit Nährstoffen fördert diese Entwicklung. Die Nährstoffe gelangen aus der Tiefsee an die Meeresoberfläche, transportiert von Strömungen, die am steilen Übergang zwischen Tiefsee und Schelf zum Aufstieg gezwungen werden.

Die Blütezeit der Cyanobakterien ist durch zahlreiche fossile Stromatolithen dokumentiert. Ihre besondere Stellung verdanken die Cyanobakterien aber nicht nur der Tatsache, dass sie zu den ältesten nachgewiesenen Lebensformen zählen. Ihre Fähigkeit, große Mengen Sauerstoff zu produzieren, leitet eine Phase der Erdentwicklung ein, in der der Anteil an freiem Sauerstoff in der Atmosphäre erstmals markant zunimmt.

Um 2500 Mio.

Die Erde kühlt sich ab

Erstmals im Laufe der Erdgeschichte kühlt sich das Klima deutlich ab. Ursache dafür sind verschiedene, zum Teil miteinander in Wechselwirkung stehende Prozesse.

Die Wärmeproduktion der Erde hat in den 1900 Mio. Jahren seit ihrer Entstehung stark abgenommen. Ähnlich wie in einem Kernkraftwerk waren durch den Zerfall radioaktiver Isotope im Erdinnern über Millionen Jahre hinweg große Mengen an Wärme produziert worden. Einmal zerfallen, gab es aber keinen Nachschub an spaltfähigem Material mehr: Die Wärmeproduktion sank.

War es zunächst möglich, die Wärme an die aus flüssigen Gesteinen bestehende Erdoberfläche zu transportieren, so führt die zunehmende Dicke der festen Erdkruste zu einer immer stärkeren Hemmung dieses Wärmeflusses. Je dicker die Erdkruste ist, desto schwieriger ist es, sie auch zu durchdringen: Ge-

Das kalte Gesicht der Erde: Gletscher und Eisfelder im Grenzgebiet zwischen Kanada und Alaska

Um 2200–2000 Mio.

Roter Sandstein lässt Rückschlüsse auf den Sauerstoffgehalt in der Atmosphäre zu

Weltweit kommt es erstmals zur Bildung von rotem Sandstein (»red beds«). Seine Farbe ist auf einen der Hauptbestandteile, das Eisenmineral Hämatit, zurückzuführen und lässt auf das Vorhandensein von freiem Sauerstoff in der Erdatmosphäre schließen.
Die Photosynthese betreibenden Lebewesen, vor allem die Cyanobakterien, setzen bei ihrem Stoffwechsel große Mengen Sauerstoff frei. Dessen Anreicherung in der Atmosphäre führt zwar bereits zu nennenswerten Konzentrationen (etwa ein bis zwei Prozent des heutigen Wertes), der weitaus größte Teil wird jedoch von Stoffen absorbiert, die den Sauerstoff dauerhaft binden und speichern. So kommt es u.a. zum Verrosten von Eisen an der Erdoberfläche.

Die Kratone (feste Erdkrustenteile) im Bereich des heutigen Nordamerika und Südafrika sind zu dieser Zeit bereits so groß, dass sich auf ihnen ausgedehnte Becken bilden können. Diese werden zum Schauplatz von Sedimentablagerungen. Unter den aufgeschütteten Materialien sind auch Sande, die häufig Körnchen von oxidationsfreudigen Eisenmineralen wie Pyrit oder auch Magnetit enthalten. Diese Mineralkörnchen werden im Laufe von einigen Millionen Jahren, also während eines vergleichsweise kurzen Zeitraumes, vollständig zersetzt. Sie enthalten zweiwertiges Eisen – einen der Stoffe, der am leichtesten und schnellsten mit Sauerstoff reagiert. Dabei entstehen graue bis hellrote Minerale, die dreiwertiges Eisen enthalten (Hämatit) und die Sedimente rot färben.
Roter Sandstein zählt zu den besonders geeigneten und begehrten Baumaterialien (Abb.: das Rote Fort im indischen Agra). »Red beds« sind neben den Bändereisenerzen und bestimmten Mineralen aber auch die wichtigste Gesteinsart, aus deren Alter und Verbreitung die Entwicklung des Sauerstoffgehaltes der Erdatmosphäre rekonstruiert werden kann.

steinsschmelzen erstarren tief im Innern der bereits gefestigten Erdkruste, sie bleiben dort praktisch stecken. Nur noch in Vulkanen kann Magma an die Oberfläche gelangen. Aber auch Zahl und Größe der Schwächezonen, an denen Vulkanismus leicht möglich wäre, nehmen mit der Konsolidierung der Kontinente und der Erdkruste insgesamt ab. Hinzu kommt, dass der Meteoritenhagel (siehe S. 39), der die Frühphase der Erdentwicklung gekennzeichnet hatte und der Erde beim Schmelzen der schweren, mit hoher Geschwindigkeit auftreffenden Meteoritenkörper beträchtliche Mengen an Energie zuführte, vereinzelten Einschlägen gewichen ist. Wenngleich diese sehr wirkungsvoll sind, so können sie doch die Abkühlung der Erde nur bremsen, nicht aber aufhalten.
Innerhalb der Erdatmosphäre kommt es zu einer stetigen Abnahme des Kohlendioxidgehaltes, die den so genannten Treibhauseffekt mindert und unabhängig vom Geschehen im Erdinnern ebenfalls zur Abkühlung beiträgt. Kohlendioxid wird einerseits in großen Mengen in Gesteinen wie Kalk oder Dolomit gebunden (siehe S. 51), andererseits wird es von den Photosynthese betreibenden Bakterien aufgenommen. Nicht zuletzt tragen auch erhebliche Schwankungen bei der auf die Erde treffenden Sonneneinstrahlung zu den sinkenden Temperaturen bei. Eine Ursache dafür ist die phasenweise abnehmende Aktivität der Sonne. Hinzu kommen kleine Veränderungen in der Umlaufbahn der Erde um die Sonne, durch die sich die Entfernung zwischen den beiden Himmelskörpern vergrößert.
Wäre nur eines dieser Ereignisse eingetreten, so würde die Erde nicht zwangsläufig auf die erste Eiszeit ihrer Geschichte zusteuern. Andere, eventuell gegenläufige Entwicklungen hätten den Abkühlungseffekt ausgleichen oder zumindest abmildern können. Erst das Zusammenwirken all dieser Prozesse mit gleicher Tendenz lässt die Erde erkalten.

Um 2450–2100 Mio.

Vereisungsspuren belegen Ausbreitung von Inlandsgletschern

Auf mehreren Kontinenten kommt es aufgrund der Abkühlung der Erdatmosphäre zur Entstehung und Ausbreitung von Inlandsgletschern (Abb.: Gletscher Gigjökull auf Island). Die ausgedehnten Eismassen verstärken die Abkühlung, denn an ihrer Oberfläche wird das Sonnenlicht fast vollständig reflektiert.
Die ältesten bekannten Ablagerungen eines Gletschervorstoßes entstehen vor rund 2450 Mio. Jahren im heutigen Kanada. Das Vorfeld der Gletscher ist durch wallartige oder von mehreren Kuppen geprägte Moränen sowie ausgedehnte Schotterflächen gekennzeichnet, von denen aber keine Spuren überliefert sind. Noch während der Eiszeit ändern sie ständig Lage und Aussehen, da die Gletscher immer wieder vorrücken oder sich zurückziehen.
Auf dem Grund von großen Gewässern jedoch entstehen bis heute erhaltene, gebänderte Tone, die sogar den jahreszeitlichen Wechsel während der ersten Eiszeit widerspiegeln können: Auf eine dünne Schicht feinen, meist dunklen Materials, die während des Winters (in dem kein Schmelzwasser anfällt) abgelagert wird, folgt eine dickere Schicht gröberen, oft hellen Materials aus dem Sommer, in dem wegen der höheren Temperaturen Gletschereis taut und große Mengen Schmelzwasser in die umliegenden Gewässer gelangen.

Die ältesten Bändertone sind zwischen 2100 und 2450 Mio. Jahre alt. Durch ihre Gliederung und Abfolge lassen sich mindestens zwei Kaltzeiten mit ein bzw. drei Gletschervorstößen nachweisen.

Um 2300 Mio. Mit der **Huron-Eiszeit** erlebt die Erde ihre erste Kaltphase. Die Eiszeit lässt sich heute an präkambrischen Tilliten erkennen. Dabei handelt es sich um Ablagerungen von Moränen – zerstoßene Gesteine, die die wandernden Gletscher mit sich tragen oder vor sich herschieben (Endmoränen). Die Tillite bilden in Ostgrönland Schichten von bis zu 100 m Mächtigkeit, in Australien können sie 6000 m stark sein. Noch nicht geklärt ist die Frage, ob es zu drei weiteren präkambrischen Eiszeiten gekommen ist.

Um 2200 Mio. Ausläufer des Baltischen Schilds reichen bis zum Schwarzen Meer und bilden in einer Tiefe bis zu 1700 m das Fundament des ukrainischen Festlandskerns **Fennosarmatia**. In dessen Schichten sind u.a. die wirtschaftlich bedeutenden Eisenerze von Kursk und Krivoi Rog eingeschlossen. Vor 1900 Mio. Jahren verschweißen sich die Landmassen des baltischen und ukrainischen Kerns zu einem Ganzen, um sich im Jungproterozoikum wieder zu zerspalten.

Um 2100 Mio. In Kanada bilden sich die Mikrobiotope der so genannten Belcher-Gruppe und – vor 2080 Mio. Jahren – die so genannte **Gunflint-Formation** heraus. Die Gunflint-Formation ist eine zwischen 100 und 180 m mächtige Schicht, in der sich neben Hämatit und Quarz auch Bändereisenerze sowie Reste von Stromatolithen (Kalkablagerungen von Cyanobakterien) erhalten haben.

Um 2500–1700 Mio.

Mikroorganismen probieren vielfältige Formen aus

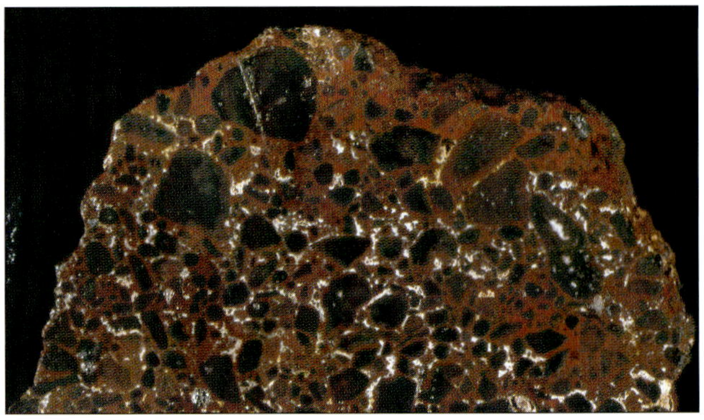

In allen Teilen der Erde entstehen neue Bakterienarten. Es entwickeln sich insbesondere weitere Körperformen und Varianten der Zellteilung. Besonders vielfältige Lebensgemeinschaften sind durch 1900 Mio. Jahre alte Fossilfunde aus Nordamerika belegt, die sog. Gunflint-Fossilien (Abb.: Gunflint-Gestein aus Minnesota, USA). Sie zeigen neben kugelförmigen Arten auch solche, die an einen Schirm, einen Faden oder einen Stern erinnern. Auf einem Fossil war ein Bakterium nachweisbar, an dessen Außenhaut sich mehrere kleine Kugeln gebildet haben, die als Tochterzellen interpretiert werden. Die Vermehrung über Tochterzellen könnte ein evolutionärer Vorteil gegenüber der einfachen Teilung in zwei Organismen gewesen sein. Ein evolutionärer Entwicklungssprung der Bakterien (z.B. hin zu einzelligen Lebewesen mit Zellkern, sog. Eukaryonten) lässt aber noch auf sich warten. Über einen Zeitraum von etwa 2000 Mio. Jahren hinweg bleiben sowohl der Aufbau als auch die grundsätzlichen Lebensprozesse der zellkernlosen Bakterien weitgehend unverändert.

Um 2200–1700 Mio.

Konsolidierung der Kontinente

Die Festlandsbildung der Kontinente durch die Verschmelzung verschieden großer Festlandskerne (Kratone) kommt im Wesentlichen zum Abschluss. Damit sind bereits etwa 70 Prozent der heutigen Festlandskruste gebildet.

In Afrika gibt es zu dieser Zeit Festlandskerne von unterschiedlicher Ausdehnung. Darunter sind drei große Blöcke: das heutige Süd-, Äquatorial- und Westafrika (Abb.: Westafrika aus Sicht des Satelliten MERIS). Der Festlandskern im südlichen Afrika ist eines der ältesten erhaltenen Krustenstücke der Erde, hier befinden sich auch einige der ältesten Gesteine und Fossilien sowie zahlreiche wichtige Kohle- und Erzlagerstätten. Etwas jünger sind die Festlandsstrukturen in Zentralafrika – heute schwer zugänglich, da größtenteils im Untergrund verborgen. Dies gilt bis auf wenige Ausnahmen auch für den westafrikanischen Festlandskern.

Bei der nun stattfindenden Festlandsbildung wachsen die drei großen afrikanischen Kerne an ihren Rändern durch Gebirgsbildungen. Die geologischen Strukturen der Festlandskerne werden stabilisiert. Vor etwa 1700 Mio. Jahren ist dieser Prozess abgeschlossen. In der Folgezeit werden zwar immer wieder weitere Gebirge angefaltet und Afrika wächst dadurch weiter – die grundlegenden Strukturen sind aber seit dieser Zeit stabil. Das geologisch hohe Alter großer Teile Afrikas erklärt auch, warum der Kontinent in der Jetztzeit kaum von Vulkanausbrüchen oder Erdbeben heimgesucht wird. Ausnahmen bilden lediglich einzelne Regionen im Osten des Kontinents und der äußerste Nordwesten.

In Australien entsteht aus einem großen Block fast schon kontinentalen Ausmaßes und mehreren kleinen Blöcken eine zusammenhängende Landmasse, die bereits zwei Drittel des heutigen Kontinents ausmacht. Die Landmasse ist so groß, dass es in ihrem Inneren ausgedehnte Sedimentationsräume gibt. In Australien sind es die östlichen Teile, die jüngeren Datums sind und – ähnlich wie in Afrika – erst später an den gefestigten Kontinent angefaltet werden.

Um 2500 Mio.

Eisenerz in bandförmigen Schichten

Dreiwertiges Eisen und Kieselsäure bilden die typische Schichtstruktur der Bändereisenerze.

Die Phase der Bildung von Bändereisenerzen erreicht weltweit ihren Höhepunkt – um dann vor rund 1800 Mio. Jahren allmählich auszulaufen. Der überwiegende Teil der heute wirtschaftlich bedeutsamen Lagerstätten entsteht während dieser 700 Mio. Jahre andauernden Phase. Ihr hoher Gehalt an Magnetit und ihre große Ausdehnung (bis zu mehrere 1000 km Länge) machen diese Stätten besonders ergiebig.

Die Bändereisenerze des Präkambriums bilden sich unter marinen Bedingungen. Eine Entstehungsvariante ist die chemische Ausfällung (Kristallbildung) aus dem Wasser der Meere, in dem sowohl zweiwertiges Eisen (Fe^{2+}) als auch Kieselsäure (SiO_2) gelöst vorkommen. Schätzungen zufolge enthält ein Kubikmeter Wasser zu dieser Zeit etwa zehn Gramm gelöstes Eisen, das aus der Gesteinsverwitterung an Land stammt und in jahreszeitlich schwankenden Mengen ins Meer gespült wird. Den Ursprung der Kieselsäure vermutet man in vulkanischen Quellen. In Abhängigkeit von der jeweiligen Konzentration im Wasser werden die beiden Stoffe abwechselnd ausgefällt, sodass die typische Schichtstruktur der Bändererze entsteht. Auf diese Weise bilden sich Lagerstätten in Nordschweden (Kiruna), der Ukraine (Kriwoi Rog, Kursk), den USA (Oberer See), Indien und Südafrika (Swasiland).

Eine andere Möglichkeit der Bildung von Bändereisenerzen ist, dass sich eisenhaltige Sedimente nahe der Küste ablagern. Diese können zahlreiche kleine Körnchen von nicht oxidierten Eisenmineralen enthalten. Wie stark der Anteil der Körnchen ist, hängt von den jahreszeitlich schwankenden Zuflüssen vom Festland ab.

Hämatit-Kristalle haben eine dunkelrote Färbung.

Während der starken Zuflüsse im Sommer dominieren die größeren und schweren Partikel, im Winter hingegen finden sich eher kleinere und leichtere Partikel. Über Jahrtausende hinweg entstehen auf diese Weise geschichtete Ablagerungen nach immer demselben Bauplan. Von diesem Typ sind Lagerstätten in Westafrika (Mauretanien, Guinea), Südafrika, Indien, Westaustralien, Südamerika (Brasilien, Venezuela) und Nordamerika (Oberer See, Labrador). Eisen kommt heute in den Bändereisenerzen in sehr unterschiedlichen Formen vor: als Oxide (z.B. Hämatit oder Magnetit), als Karbonate (z.B. Eisenspat), als Silikate (z.B. Eisennitrat) oder als Sulfide – ein Hinweis darauf, dass nach der Entstehung weitere Umwandlungsprozesse chemischer Art abgelaufen sind. Hinzu kommen Deformierungen, die durch Bewegungen in der Erdkruste hervorgerufen werden und die vielen Bändereisenerzen eine Faltenstruktur verleihen.

Vor 1800 Mio. Jahren erreicht der Sauerstoffgehalt in der Atmosphäre etwa zwei Prozent des heutigen Wertes. Bändereisenerze aus dieser Zeit zeigen zunehmend Hinweise auf freien Sauerstoff in der Atmosphäre (z.B. Magnetitkörnchen mit Oxidationsspuren). Noch jüngere Funde von Bändereisenerzen sind nicht bekannt. Damit endet ein Prozess, bei dem die Anreicherung von freiem Sauerstoff in der Erdatmosphäre durch die Speicherung des lebenswichtigen Gases in Eisenverbindungen verhindert worden war.

Um 2100–1850 Mio.

Das Werden Nordamerikas

Innerhalb kurzer Zeit verschmelzen zwei große und mehrere kleine Festlandskerne im Bereich des heutigen Nordamerika zu einem Kontinent. Von einem nordöstlichen Komplex um die Slave-Provinz und einem südöstlichen um die Superior-Provinz (beide im heutigen Kanada) werden große Sedimentserien in die dazwischen liegende Meeresstraße geschüttet. Beide Komplexe driften aufeinander zu und üben Druck auf die eingezwängten Sedimente aus. Nach und nach erhebt sich ein Gebirge, das heute – obwohl abgetragen – als Schweißnaht durch den Kontinent zu verfolgen ist.

Um 2100–900 Mio.

Rodinia: Schollenwanderung gebiert gigantischen Erdteil

Fast alle vorhandenen Festlandskerne der Erde konzentrieren sich auf engem Raum und ballen sich zusammen, sodass die Anordnung der Kontinente auf der Erdoberfläche in keiner Weise der heutigen ähnlich ist. Von Strömungen im Erdmantel angetrieben, wandern die einzelnen Schollen der Erdkruste aufeinander zu. Es dauert allerdings sehr lange (mehr als 1000 Mio. Jahre) bis dieser Prozess abgeschlossen und – unter dem Namen Rodinia – ein einziger Superkontinent entstanden ist. Zwei große Einheiten stehen sich in diesem Superkontinent gegenüber. Auf der einen Seite sind es die Festlandskerne, die später den Großkontinent Gondwana bilden werden (Südamerika, Afrika, Antarktis, Indien, Australien, Arabien). Die einzelnen Teilstücke dieser Einheit sind nur durch relativ schmale Meeresstraßen getrennt, die spätere Schwächezonen andeuten und aus denen die Ozeane entstehen werden. Auf der anderen Seite befinden sich die beiden Kontinente Laurentia (mit dem heutigen Nordamerika und Grönland) und Baltica (Skandinavien). Am Rand Laurentias zeugt ein Gebirge von der Kollision mit den späteren Gondwana-Gebieten.

Die Theorie der Plattentektonik

Alfred Wegener

Mit dem Namen Alfred Wegeners vor allem verbindet die Wissenschaft die bahnbrechende Theorie der Kontinentalverschiebung. Der am 1. November 1880 in Berlin geborene Spross einer Pastorenfamilie verlegte als von den Naturwissenschaften begeisterter Student sein Interesse zunächst auf die Astronomie. Nach der Dissertation wandte er sich der Meteorologie und der Geophysik zu. Im Anschluss an eine erste Grönland-Expedition im Jahr 1906 entschied sich Wegener für die akademische Laufbahn. Seine rege Forschungstätigkeit, die er trotz Einsatzes im Ersten Weltkrieg weiterverfolgte, setzte er nach Kriegsende an der Deutschen Seewarte und an der Universität in Hamburg fort. 1924 folgte Wegener dem Ruf an den Lehrstuhl für Meteorologie und Geophysik nach Graz. Sechs Jahre später trat der Forscher, der 1912 die Theorie der Kontinentalverschiebung öffentlich vorgestellt hatte, seine vierte Grönlandexpedition an, von der er nicht mehr zurückkehrte. Alfred Wegener starb im November 1930.

Seit es genaue Weltkarten gibt, hat die verblüffende Ähnlichkeit zwischen den Küstenlinien Westafrikas und Südamerikas zu Spekulationen Anlass gegeben, was die Ursache dafür sein könnte. Der Verlauf der Küstenlinien vermittelt den Eindruck, als sei Südamerika von Afrika abgebrochen – oder umgekehrt. Wem dies zuerst auffiel, ist unbekannt. Antonio Snider-Pellegrini, ein französischer Wissenschaftler, veröffentliche 1858 einen ersten Aufsehen erregenden Erklärungsversuch: Amerika, Europa und Afrika sollten demnach zu einem einzigen Großkontinent gehört haben, bei dessen Auseinanderbrechen und Auseinanderdriften der Atlantik entstanden sei. Dies widersprach den damals verbreiteten Vorstellungen der Geologen vollkommen.

Zwischen 1910 und 1915 erweiterte der Meteorologe Alfred Wegener die Idee Snider-Pellegrinis zu einer Theorie der Kontinentaldrift, denn auch Madagaskar, Indien und Australien ließen sich sozusagen passgenau an Afrika anfügen. Obwohl Wegener eine schlüssige Erklärung für dieses Phänomen schuldig blieb, konnte er seine Beobachtungen durch zahlreiche Belege stützen: Sowohl in Afrika als auch in Südamerika wurden mehrere Fossilien der gleichen Art entdeckt, hinzu kamen geologische Beweise, z. B. Schichtfolgen, die sich an den Kontinenträndern genau ergänzten. Die Ursachen dafür ließen sich aber erst mit der Theorie der Plattentektonik erklären.

Die Erdoberfläche – ein geologisches Puzzle

Die Theorie der Plattentektonik (Tektonik = Lehre von Aufbau und Bewegungen der Erdkruste) gliedert die Erdoberfläche in sieben große und mehrere kleine Platten. Europa und der östliche Atlantik gehören zusammen zur Eurasischen Platte, die im Mittelmeer an die Afrikanische Platte und im Atlantik an die Nordamerikanische Platte grenzt. Die Gesteine, aus denen sich die Platten aufbauen, sind vergleichsweise leicht und »schwimmen« auf den schwereren Gesteinen des Erdmantels. Während im Innern der Platten relative geologische Ruhe herrscht, laufen an ihren Grenzen dynamische Prozesse ab.

Von kontinuierlichen Strömungen innerhalb des Erdmantels angetrieben, sind die Platten in ständiger Bewegung. Dabei kommt vor, dass zwei benachbarte Platten in entgegengesetzte Richtungen verschoben werden, wie zum Beispiel entlang der San-Andreas-Störung in Kalifornien. An den Plattengrenzen kommt es zu Reibungen, Krustenstücke verhaken sich ineinander und blockieren die Bewegung der Platten. Es entstehen Spannungen, die sich in plötzlichen Erdbeben entladen und dann an der Erdoberfläche Verschiebungen von einigen Metern hinterlassen können.

Nicht nur die Lage, auch die Form der Platten ist veränderlich. Dort, wo die Eurasische und die Nordamerikanische Platte einander berühren – in der Mitte des Atlantiks –, erhebt sich auf dem Ozeanboden ein lang gestrecktes Gebirge. Es ist Teil eines lückenlosen Systems ozeanischer Rücken, das vom Atlantik bis in den Indischen und den Pazifischen Ozean reicht. In den Rücken entsteht ständig neue Erdkruste: Lava dringt entlang von Bruchspalten aus dem Erdinneren hervor und bildet Basaltgesteine, die von ständig nachdrängender Lava wieder »beiseite geschoben« werden. Auf diese Weise entstehen pro Jahr auf beiden Seiten des Mittelatlantischen Rückens ein bis sechs Zentimeter Ozeanboden neu. Je weiter man sich vom Rücken in Richtung der Kontinente entfernt, desto älter werden die Basaltgesteine am Boden. Sie zeigen ein völlig symmetrisches Bild.

Das Wachstum des Atlantiks hat insgesamt nur etwa 200 Mio. Jahre gedauert – damit ist er ein vergleichsweise junger Bestandteil der Erdkruste. Auf der Suche nach älteren Gesteinen auf dem Ozeanboden sind die Forscher weltweit nicht fündig geworden. Das bedeutet, dass etwa alle 200 Mio. Jahre die gesamte ozeanische Kruste neu entsteht – und sich damit auch die Lage der Kontinente vollständig ändert.

Kontinente schieben sich übereinander

Wenn ständig neue Erdkruste entsteht, muss es auch Orte geben, an denen sie wieder vernichtet wird. Lange Zeit nahmen Geologen an, dass ganze Krustenstücke verschwinden, indem sie im Erdmantel versinken – wie ein untergehendes Schiff im Meer. Dies ist aber nicht möglich, da die leichten Gesteine der Erdkruste immer wieder an die Erdoberfläche drängen würden. Heute weiß man, dass die entscheidenden Vorgänge an den Grenzen von Platten stattfinden, die sich aufeinander zu bewegen. Dabei wird eine der beiden Platten mit einer Geschwindigkeit von bis zu 24 cm/Jahr zum Abtauchen in die Asthenosphäre gezwungen, wo sie in mehr als 700 km Tiefe aufgeschmolzen wird. Diesen Vorgang nennt man Subduktion. Die Subduktionszonen zählen zu den geologisch aktivsten Bereichen der Erdkruste und sind immer wieder Schauplatz von Katastrophen. Die beim Aufschmelzen der abtauchenden Erd-

Eines der sichtbarsten Zeichen für die anhaltenden Bewegungen der Erdkruste: die San-Andreas-Störung südlich von San Francisco im US-Bundesstaat Kalifornien

*Durch **Lasermessungen** von Satelliten aus kann die derzeitige Bewegungsgeschwindigkeit von Kontinenten gemessen werden. Sie ist in etwa vergleichbar mit dem Wachstum von menschlichen Fingernägeln. Der Atlantik z.B. wächst pro Jahr etwa um 4–5 cm, der Pazifik um 12–14 cm.*

Im Fokus

Blick in das Innere der Erde: Viele Schalen und ein heißer Kern

Das Innere unseres Planeten wird schalenförmig in Kern, Mantel und Kruste gegliedert. Würde die Erde auf die Größe eines Apfels schrumpfen, so entspräche die fünf bis 40 km dicke Erdkruste etwa seiner Schale. Die tiefsten Löcher, die bisher in die Erde gebohrt wurden, können nicht einmal vollständigen Aufschluss über die Beschaffenheit der Erdkruste liefern – ganz zu schweigen von Aussagen zu Erdkern und Erdmantel.

Der äußere Rand des Erdkerns liegt in 2900 km Tiefe unter der Erdoberfläche, der Mittelpunkt der Erde ist 6371 km von ihr entfernt. Im Erdkern, der aus einem inneren, festen und einem äußeren, flüssigen Teil besteht, befinden sich fast ausschließlich die schweren Metalle Nickel und Eisen. Wie aber hat man den Erdkern überhaupt untersuchen können?

Den ersten Anhaltspunkt für seine Beschaffenheit liefert die Zusammensetzung der Erde zur Zeit ihrer Entstehung. Aus der Analyse von Meteoriten und benachbarter Himmelskörper hat man Rückschlüsse ziehen können. Eine zweite Informationsquelle sind Erdbeben. Bei großen Beben entstehen Wellen, die sich im Erdinnern ausbreiten. Durchqueren sie eine Flüssigkeit, werden solche Wellen, die eine bestimmte Wellenlänge aufweisen, vernichtet. In zahlreichen Stationen überall auf der Welt zeichnen Forscher ständig die Wellen großer Beben auf. Aus der Lage derjenigen Stationen, wo keine Wellen registriert werden, und dem Ort des betreffenden Erdbebens wird nun ermittelt, an welchen Stellen im Erdinneren flüssige Bereiche liegen. Auf ähnliche Weise kann aus der Ausbreitungsgeschwindigkeit der Erdbebenwellen auf die Art und die Dichte der im Erdkern vorhandenen Stoffe geschlossen werden.

Für die Untersuchung des Erdmantels steht eine weitere Quelle zur Verfügung: Magma. In Vulkanen gelangt Magma aus dem Erdmantel an die Oberfläche. Geowissenschaftler haben über den Erdmantel herausgefunden, dass dieser dichtere und schwerere Gesteine als die Erdkruste enthält. Das Material im Erdmantel ist fließfähig und wird durch die Wärme, die vom Erdkern aus abstrahlt, in Bewegung gehalten. Diese Strömungen im Erdmantel sind der Motor der dynamischen Prozesse der Plattentektonik.

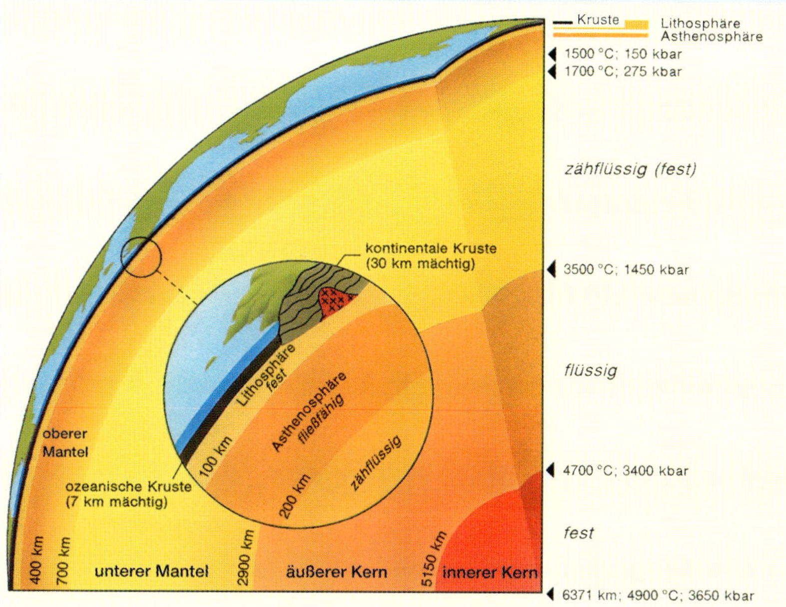

kruste gebildeten Magmen speisen einen intensiven Vulkanismus und heftige Erdbeben treten auf, wenn sich Spannungen und Blockaden zwischen zwei Platten lösen.

Bei einem häufig auftretenden Typ der Subduktion entstehen Tiefseegräben, die mit teilweise mehr als 11 000 m die größten bekannten Meerestiefen aufweisen. Sie umschließen fast den gesamten Pazifik. An der Ostküste Südamerikas zum Beispiel, entlang des Peru- und des Atacamagrabens, taucht die kleine Nazca-Platte unter die große Südamerikanische Platte ab. Da die Südamerikanische Platte vom Mittelatlantischen Rücken her wächst und immer weiter vorgeschoben wird, entstehen große Kräfte, sodass längs der Subduktionszone eines der höchsten Gebirge der Erde herausgehoben wurde: die Anden. Sie sind – genau wie die Alpen oder die Rocky Mountains – ein typisches Beispiel für eine Gebirgsbildung entlang einer Subduktionszone (siehe Abb. S. 223).

Andere Subduktionszonen können als fortgeschrittene Stadien des soeben beschriebenen Vorgangs interpretiert werden. Dort, wo der indische Subkontinent mit der Eurasischen Platte kollidiert, hat sich ein ehemals vorhandenes Meer bereits geschlossen, oberhalb der Subduktionszone ragt mit dem Himalaja das höchste Gebirge der Erde auf. Im Persischen Golf und im Mittelmeer wird die Afrikanische Platte unter die Eurasische gedrückt. Beide Meere schließen sich allmählich und werden letztlich ganz verschwinden.

Erdgeschichte in anschaulicher Weise präsentiert: In den südfranzösischen Seealpen lässt sich die Auffaltung der Alpen anhand von Gesteinsablagerungen nachvollziehen.

*Die **Erdkruste** besteht aus den relativ starren ozeanischen und kontinentalen Platten. Infolge der Bewegung des oberen Mantels (sog. Konvektionsströme) stoßen sie aneinander und lösen Erdbeben aus. Die ozeanische Kruste ist 5 bis 10 km dick und besteht größtenteils aus dichtem Basalt, auf dem eine dünne Sedimentschicht liegt. Die kontinentale Kruste erreicht eine Mächtigkeit von 20 bis zu 80 km (unter dem Himalaja) und setzt sich aus Vulkaniten, Graniten, Metamorphiten und Sedimenten zusammen.*

Ab 2000 Millionen

Um 1900 Mio. Mit der Hebung der **Svekokareliden** beginnt eine Gebirgsbildungsphase auf den Landmassen zwischen dem heutigen Norden Finnlands und dem Süden Schwedens. Die Auffaltung verläuft von Nordwesten nach Südosten. In ihrem Zuge entstehen die baltischen Ur-Granite und – etwas später – die Mikroklin-Granite, die sich aus älteren Gesteinen aufschmelzen. Durch die gewaltigen geologischen Kräfte der Gebirgsfaltung bilden sich zahlreiche Lagerstätten, die das Gebirge heute wirtschaftlich bedeutend machen.

Im Kieselschiefer von Minnesota (USA) und Ontario (Kanada) versteinern lebende Zellen, die in der wissenschaftlichen Forschung unter dem Namen **Gunflint-Fossilien** weltberühmt werden. Die Gunflint-Organismen werden – je nach Aussehen – in drei Gruppen eingeteilt. Die erste Gruppe umfasst dünne Fäden. In der zweiten Gruppe finden sich kugelförmige Körper, die Bakterien und der Blaugrünalge ähnlich sehen. Der dritten Gruppe werden Mikroorganismen zugerechnet, die sternförmige, regenschirmförmige oder fallschirmförmige Körper haben, deren Verwandtschaft untereinander aber unbekannt ist. Die Gunflint-Fossilien wurden 1953 entdeckt.

Um 1800 Mio. Die Bildung von **Bändereisenerzen** kommt zum Abschluss. Die Banded Iron Formations (BIFs) sind heute wichtige Untersuchungsobjekte der historischen Geologie.

Um 1700 Mio. Auf dem Gebiet des heutigen Finnland entstehen Gebilde, die wegen ihrer sackartigen Form den Namen **Corycium** (griechisch: Beutelchen) erhalten. Die Deutung von Corycium ist umstritten. Es handelt sich um ein möglicherweise organisches Gebilde von zwei bis drei Zentimetern Durchmesser, das von einem Kohlehäutchen umhüllt ist. Das in fossilisierten Corycien feststellbare Verhältnis der Kohlenstoffisotope C^{12} und C^{13} zueinander spricht für einen organischen Ursprung Coryciums. Vermutlich ist Corycium mit den späteren Algen verwandt.

Um 1640 Mio. Teile des skandinavischen Grundgebirges werden von einem **Rapakivi-Granit** genannten geologischen Streifen durchzogen. Der grobkörnige Granit verläuft von der Region des Onega-Sees über Südfinnland bis nach Mittelschweden.

Um 1850 Mio.

Riesenmeteorit trifft Kanada

In der Nähe des heutigen Sudbury, nördlich des Huronsees in Kanada, stürzt ein Riesenmeteorit auf die Erde und erzeugt einen Krater von 200 km Durchmesser. Beim Einschlag verschmelzen die Gesteine der Erdkruste mit dem Meteoriten. Das Umfeld der Aufprallstelle wird durch Schockwellen zertrümmert, sodass zahlreiche Risse entstehen. In solche Hohlräume dringen flüssige Magmen ein, die große Mengen Meteoritengestein enthalten. Aus ihnen bilden sich einige der bedeutendsten Nickel-, Magnetkies- und Kupfererzlagerstätten der Erde. Ereignisse dieser Art sind selbst in geologisch langen Zeiträumen selten. Spuren vergleichbarer Einschläge finden sich u.a. im heutigen Norwegen und im Nördlinger Ries.

Um 2000–1800 Mio.

Orogenese fördert Erzbildung

Bei Gebirgsbildungen (Orogenesen) dringen Magmen in vorhandene Gesteinskörper ein und finden in bei der Hebung entstandenen Rissen ideale Bedingungen zur Ablagerung von Erzen (Abb.: Kupfererz). Die zyklisch auftretenden Orogenesen sind daher oft Hochphasen der Lagerstättenbildung. Weitere Erze entstehen – unabhängig von tektonischen Prozessen – durch Kristallbildung auf dem Meeresboden oder Anreicherung in Sedimenten.

Um 2000–1400 Mio.

Meilenstein Zellkern

In den Weltmeeren vollziehen sich die ersten Entwicklungsschritte, mit denen aus den zellkernlosen, in ihrem Innern nicht weiter differenzierten Bakterien (Prokaryonten) höhere Lebewesen mit Zellkern und inneren »Organellen« (Eukaryonten) entstehen. Auch wenn mindestens 1400 Mio. Jahre alte Fossilien unzweifelhaft Eukaryonten zeigen, so sind sie doch zu dieser Zeit noch keineswegs häufig. Es dauert weitere 500 Mio. Jahre, bis sie eine erste Blütezeit haben und damit eine größere Verbreitung erreichen.

Unauffällig, aber eine evolutionäre Sensation: Alge der Gattung Grypania spiralis mit Zellkern

Es ist anzunehmen, dass sich die Entwicklung der Eukaryonten über mehrere Zwischenstufen vollzieht. Rückschlüsse auf diese Zwischenstufen lassen sich allerdings aufgrund lückenhafter fossiler Überlieferung nur aus der Beobachtung gegenwärtig lebender Eukaryonten gewinnen. So gibt es heute etwa 0,0001 mm große, einzellige Organismen, die mit anderen Bakterien in einer Art Lebensgemeinschaft existieren. Der Mutterorganismus ist selbst nicht in der Lage, Atmungsprozesse zu vollziehen: Er kann keinen Sauerstoff aufnehmen, um damit organische Stoffe zu Wasser und Kohlendioxid zu zersetzen und die frei werdende Energie dem Organismus zuzuführen. Für diese Prozesse ist er auf andere, sehr viel kleinere Bakterien angewiesen, die in seinem Innern selbst leben. Diese wiederum profitieren von der schützenden Zellwand des Mutterorganismus.
Irgendwann im Präkambrium könnten daher in einem ersten Entwicklungsschritt kleine Kolonien aus selbstständigen Lebewesen entstanden sein, die den oben beschriebenen, heute existierenden Lebensformen ähnelte und zwischen denen eine Art Aufgabenteilung erfolgte. Während die einen grundlegende Aufgaben des Stoffwechsels übernahmen, bildeten die anderen den äußeren Rahmen der Lebensgemeinschaft und sorgten für die Zufuhr von Nahrungsstoffen – es sind aber auch zahlreiche andere Varianten denkbar. Was diese Kolonien von den bis dahin im Präkambrium aufgetretenen Lebensformen unterscheidet, ist die Existenz eines zellkernähnlichen Bestandteils des Mutterorganismus. In diesem Zellkernäquivalent wird bereits DNS (Desoxyribonucleinsäure) zur Verschlüsselung und Weitergabe der Erbinformationen benutzt. Damit setzt wahrscheinlich die innere Differenzierung der Zellen und der einzelligen Lebewesen ein, die in weiteren Schritten zu den Eukaryonten führt.
Zu den ältesten Eukaryonten zählen die im Wasser schwebenden, planktonischen Acritarchen. Es sind einzellige, häufig kugelförmige Organismen. Aber auch Vertreter in Sternform kommen vor. Vergleiche mit heute lebenden Arten, aber auch einige Fossil-

Um 2000–1800 Mio.

Das Fundament Osteuropas

Durch eine Orogenese (Gebirgsbildung) vor 2000 Mio. Jahren werden zwei bis dahin getrennte Festlandskerne des Baltischen Schildes zusammengeschweißt. Im Südwesten des neuen Festlandkörpers lagern sich vor 1800 Mio. Jahren die Gebirgszüge der Svekokareliden an. Beide Gebirge sind heute eingeebnet, ihre Spuren finden sich in Karelien, Schweden (Abb. r.: Schärenküste bei Stockholm) und Südfinnland. Weitere Orogenesen vergrößern auch den Ukrainischen Schild. Damit haben die riesigen, weitgehend ebenen Räume Ost- und Nordosteuropas ihr bis heute nahezu unverändertes Fundament erhalten. Zwischen Baltischem und Ukrainischem Schild entsteht ein großer, flacher Sedimentationsraum.

Acritarchen aus dem untersten Kambrium Chinas (im Dünnschliff), 1000-fach vergrößert

funde legen nahe, dass die Acritarchen des Präkambriums eine chitinartige Hülle besaßen. Manche hatten an ihrer Oberfläche ein bis zwei geißelförmige Fortsätze, die ihnen das Schweben im Wasser erleichterten. Sämtliche chitinschalige Organismen, die taxonomisch nicht eindeutig zuzuordnen sind, werden zu den Acritarchen gezählt. Es ist bislang nicht geklärt, wann genau der Entwicklungsschritt von den Prokaryonten zu den Eukaryonten stattgefunden hat. Die wenigen Fossilfunde sind nicht eindeutig, sodass Forscher einen langen Zeitraum zwischen 2000 Mio. und 1400 Mio. Jahren vor heute angeben, in dem sich diese Entwicklung vollzogen habe. Die ältesten Fossilien zur Entwicklung eukaryontischer Zellen stammen aus dem Bereich der Hudsonbai. Bei manchen können nur anhand ihrer Größe Rückschlüsse auf die Art der versteinerten Organismen gezogen werden. Proeukaryontische Zellen sind meist höchstens 0,00002 mm groß, die eukaryontischen dagegen sind mit 0,00006 mm deutlich größer. Durch solchen Vergleich konnten z.B. einige der ältesten Versteinerungen von Eucaryonten identifiziert werden.

Um 1800 Mio.

Fossile Rückstände belegen Regenwetter in Südafrika

Die ersten erhaltenen Abdrücke von Regentropfen stammen aus den Waterberg-Schichten (Transvaal/Südafrika). Die Größe der fossilen Regentropfen (zwischen fünf und sechs Millimeter) ist dieselbe, wie sie heute bei Niederschlägen in den feuchten Tropen beobachtet wird.
Fallen so große Regentropfen auf trockenen Sand oder feuchten Schlamm, hinterlassen sie kleine kraterförmige, rundliche Abdrücke (Abb. u.: fossile Regentropfen aus Sandsteinen der Trias-Zeit). Diese können nur in trockenen Klimazonen erhalten bleiben, in denen hohe Temperaturen und rasche Verdunstung die Spuren rasch aushärten lassen. Derartige Rückstände sind allerdings äußerst selten. In reinem Sand versickert das Regenwasser umgehend und Winde verwischen die Abdrücke innerhalb kurzer Zeit. Es bedarf eines gewissen Gehalts an Ton im Boden, um die Spuren zu konservieren. Ein irdischer Wasserkreislauf mit Verdunstung, Wolkenbildung und Regen muss bereits vor dieser Zeit existiert haben. Dafür gibt es zwar nur indirekte, aber eindeutige Beweise. Viele der Ablagerungsgesteine an der Erdoberfläche konnten nur entstehen, weil Bäche und Flüsse ihr Ausgangsmaterial transportierten, sortierten und zerkleinerten. Schließlich sind auch die mächtigen Serien mariner Sedimente aus dem gesamten Präkambrium nicht ohne den Stoffeintrag vom Festland her denkbar. Fließende Gewässer setzen aber Regen voraus, der wiederum durch Wolkenbildung und Verdunstung entsteht. Der Wasserkreislauf muss daher rund 2000 Mio. Jahre älter sein, als es die ersten fossilen Regentropfen sind.

Um 1600 Mio. Die **Gotiden** entstehen. Dieser südschwedische und südnorwegische Teil des Baltischen Schildes ist deutlich jünger als die nördlich davon gelegenen Svekokareliden. Die Gotiden bestehen noch heute vorwiegend aus metamorphen Gesteinen wie Gneisen, Quarziten, Amphiboliten, Glimmerschiefern und dolomitischen Kalken. Vermutlich sind sie geologisch verwandt mit der Owrutchprovinz (heutige Ukraine) der Russischen Tafel.

Um 1500 Mio. Die Vorläufer der Erzlagerstätten in den heutigen US-Bundesstaaten Michigan und Wisconsin bilden sich. Durch das Absinken der nordamerikanischen Landschichten lagern sich neue Sedimentschichten ab, die heute als **Keweenawan-Serien** bekannt sind. In den unteren Abschnitten sammeln sich rote klastische (aus Bruchstücken gebildete) Gesteine an, in der Mitte der etwa 15 km mächtigen Schichten verschmelzen Lava und Tuff zu einem Gemenge, das in der Geologie als maßgeblicher Auslöser für die spätere Bildung von Kupferlagerstätten angesehen wird.

Die Faltung der **Ubendian-Zone** in Ostafrika ist abgeschlossen. Die Ubendian-Zone trennt den Bangweulu-Block von dem archaischen Tansania-Festlandskern und liegt hauptsächlich in Südwest-Tansania und in der Demokratischen Republik Kongo. Mit einer durchschnittlichen Breite von 150 km reicht die Zone bis nach Malawi. Sie besteht hauptsächlich aus Gneisen und Graniten. Bereits vor 2000 Mio. Jahren faltete sich die ebenfalls im heutigen Ostafrika gelegene Limpopo-Zone auf.

In der **Antarktis** kommt es zu einer Reihe von geologischen Umwandlungsprozessen, die zur Bildung großräumiger Erzlagerstätten führen.

Um 1600–545 Mio.

Afrikas raues Antlitz

Der afrikanische Kontinent liegt am Ende des Präkambriums im Innern eines Großkontinents, der bereits alle Landmassen des künftigen Gondwana vereinigt. Dieser Großkontinent ist Teil des Superkontinents Rodinia, der fast alle damaligen Festlandskerne umfasst (siehe S. 55).

Die Oberfläche Afrikas ähnelt zu dieser Zeit in weiten Teilen am ehesten einer Steinwüste oder auch den trockenen, vegetationslosen Hochlagen mancher Gebirge. Pflanzen oder Landlebewesen gibt es noch nicht. Die Gesteine sind ungehindert der Verwitterung durch Wind, Wasser und Sonne ausgesetzt. Schroffe Felsen mit bizarren Verwitterungsformen, Schutthalden, Schotterflächen und Sanddünen prägen die Gestalt der Oberfläche. Stürme durchziehen die Weiten Afrikas und wirbeln große Mengen an Lockermaterial auf. In Senken, die periodisch immer wieder austrocknen, bilden sich Salzkrusten und rissige Böden aus feinkörnigen, quellfähigen Materialien wie Ton. In der Jetztzeit vermitteln das Kalaharibecken (Botswana), das Tibestigebirge inmitten der Sahara (Tschad), der marokkanische Teil des Atlasgebirges oder die Hombori-Berge in der Sahelzone (Mali) einen gewissen Eindruck davon, welch lebensfeindlichen und urtümlichen Anblick der ganze Kontinent damals geboten hat. Afrika ist dabei keineswegs überall trocken – verbreitet fallen Niederschläge, in manchen Gebieten vielleicht sogar als Schnee. Sie leisten ihren Beitrag zur Abtragung und Einebnung der Gebirge. Es gibt zahlreiche Tümpel und Seen, Bäche und Flüsse, die am Transport, an der Aufschüttung und der Umlagerung von Sedimenten beteiligt sind.

Die tektonischen Aktivitäten konzentrieren sich vor allem auf die Ränder Afrikas, finden zum Teil aber auch noch in den sich weiter konsolidierenden Zonen zwischen den drei alten, großen Kernen des Kontinents (siehe S. 54) statt. Sie erreichen einen Höhepunkt während der panafrikanischen Oroge-

Das Atlasgebirge in Marokko vermittelt einen Eindruck vom präkambrischen Erscheinungsbild Afrikas.

Zeugnisse massiver Verwitterungsprozesse: die Hombori-Berge in Mali

nese (Gebirgsbildung), die vor rund 800 Mio. Jahren beginnt und etwa 250 Mio. Jahre dauert: In der Kapregion, im heutigen Mosambik, an den Küsten Namibias und Liberias, im Bereich des Roten Meeres sowie an den Nordrändern der Sahara bzw. des Kongobeckens entstehen weitere ausgedehnte Gebirge. Oft schieben sie sich an den Rändern des Kontinents in flache, oft schmale Randmeere und Senken vor, immer angelehnt an das Fundament der archaischen Festlandskerne.
Typisch für das frühe Gondwana ist, dass die Gebirgsbildungen nicht allein auf Afrika beschränkt sind. An die heutige Westküste des Kontinents schmiegen sich vor 800 Mio. Jahren die Festlandsgebiete Südamerikas (etwa von dem Punkt, an dem gegenwärtig die Amazonasmündung liegt, bis zum Rio de la Plata). Die Kontaktzone wird von einer lang gestreckten Gebirgsbildungszone markiert, deren Spuren heute auf beiden Kontinenten zu finden sind und mit deren Hilfe Forscher die Lagebeziehungen am Ende des Präkambriums rekonstruieren können. An der heutigen Nordostküste erhebt sich statt des Roten Meeres ein Gebirge, das den arabischen Festlandskern und Afrika zu einer Einheit verbindet. An der Südostküste des Kontinents schließlich bilden Afrika, der indische und der antarktische Festlandskern sowie Madagaskar eine Einheit.
Ein junges präkambrisches Gebirge zieht sich aus dem Inneren des afrikanischen Kontinents die Ostküste entlang, umschließt die Antarktis und streift Indien sowie Madagaskar. Von der Antarktis leitet es schließlich sogar nach Australien über, wo in dieser Zeit kontinentale Kruste im Osten des fünften Kontinents entsteht. Lediglich rund um die Kapregion existiert ein Binnenmeer größerer Ausdehnung.
Während der folgenden Phasen der Erdgeschichte sind es die Nahtstellen und Kontaktzonen zwischen den heutigen Kontinenten, an denen immer wieder Schwächezonen aufreißen. Im Mesozoikum (250–65,5 Mio.) schließlich spalten sich Australien, Antarktika und Südamerika von Afrika ab. Indien wird durch die Kontinentalverschiebung an Eurasien angegliedert.

Um 1600 Mio.

Atmosphärische Verhältnisse nähern sich heutigem Standard

In den Ozeanen gehen Stoffumwandlungen und Reaktionen, die über 2000 Mio. Jahre lang die chemischen Eigenschaften des Wassers und die Lebensbedingungen der Organismen bestimmt hatten, ihrem Ende entgegen.
Der Gehalt an Soda in den Meeren sinkt auf etwa zehn Prozent des ursprünglichen Wertes (siehe S. 40). Die Vorräte an Kohlendioxid in der Atmosphäre, eines der Vorprodukte der Soda-Bildung in den Ozeanen, haben stark abgenommen, sodass kein »Nachschub« mehr gebildet werden kann. In den folgenden 600 Mio. Jahren zerfallen nach und nach auch die letzten Reste an Soda, sodass vor etwa 1000 Mio. Jahren das Ende der Soda-Ozeane erreicht ist. Parallel erreicht der Gehalt an Kochsalz, einem der beiden Produkte aus der Soda-Zersetzung, die heutige Konzentration von etwa 3,5 Prozent. Damit nähern sich die Eigenschaften des Ozeanwassers weiter den heutigen an. So sinkt auch der ph-Wert bis zum Ende des Präkambriums von ursprünglich mehr als zehn auf etwas über acht.
Der bei der Soda-Zersetzung entstehende Kalk wird in Sedimentgesteinen abgelagert und endgültig gespeichert. Von dort kann das im Kalk gebundene Kohlendioxid nicht mehr ohne weiteres in die Atmosphäre gelangen. Die Reaktionen im Ozeanwasser tragen damit auch zur allmählichen Annäherung der atmosphärischen Bedingungen an die heutigen bei. Da parallel auch der Sauerstoffgehalt in der Luft steigt, entwickeln sich gegen Ende des Präkambriums stabile Verhältnisse in zwei der wichtigsten Lebensräume der Erde. Heute sind es nur noch einzelne kleine Seen in vulkanisch aktiven Riftzonen, in denen die chemischen Verhältnisse und die Lebensbedingungen der Soda-Ozeane überdauern und die als Forschungsgegenstand dienen.

Um 1500–545 Mio.

Der erste Gips – Salzgesteine und Phosphorite entstehen

In trockenem und heißem Klima bilden sich auf den Kontinenten erstmals kleinere Vorkommen von Salzgesteinen, darunter auch Gips. In Senken, die zwar einen Zufluss, aber keinen Abfluss haben, werden immer wieder Wasser und darin gelöste Stoffe herantransportiert. Sind die Temperaturen so hoch und die Niederschläge so gering, dass das zufließende Wasser aus der Senke verdunstet, setzen sich die enthaltenen Salze zunächst am Rand des Gewässers ab. Auf diese Weise entstehen allmählich Seen, die – ähnlich wie bei einem zugefrorenen Gewässer – von einer dicken Schicht aus Salz bedeckt sind. Ist alles Wasser verdunstet, bleiben ganze Serien aus Salzgesteinen zurück.
Erstmals entstehen am Ausgang des Präkambriums auch vereinzelt Lagerstätten von Phosphoriten (s. Abb.). Ihr Grundstoff, Calciumphosphat in

Form des Minerals Apatit, stammt aus der Verwitterung von Gestein auf dem Festland. Seine endgültige Form erhält Phosphorit aber erst durch die Mitwirkung von Lebewesen. Bei der Zersetzung von Organismenresten bilden sich unter Verwendung des Apatits knollenförmige Gebilde, die in ihrem Inneren ein dichtes Gefüge kleiner Kristalle aufweisen. Das häufigere Vorkommen von Phosphoriten lässt daher auch Rückschlüsse auf die fortschreitende Entwicklung des Lebens auf der Erde zu.

Um 1600–545 Mio.

Magnesium als Katalysator: Aus Kalk werden Dolomite

Weltweit entstehen in den Meeren Dolomitgesteine – hauptsächlich durch chemische Umwandlung der weit verbreiteten Kalkgesteine (so genannte Dolomitisierung), seltener auch durch direkte Ablagerung von Dolomitkristallen in Tiefseebereichen.
Dolomite sind nahe Verwandte der Kalke, häufig kommen beide Minerale auch mehr oder weniger stark miteinander vermischt vor. Dolomite bilden sich durch Einlagerung von Magnesium-Ionen in Kalkmoleküle. Dabei entstehen Dolomitmoleküle unter Freisetzung von Calcium-Ionen.

Das Magnesium kann unterschiedlicher Herkunft sein. Es kommt im Meerwasser vor, ist aber auch Bestandteil heißer Flüssigkeiten aus dem Erdinnern. Neben den kompakten Gesteinsserien aus Dolomit, wie sie heute aus dem südlichen Alpenraum gut bekannt sind (Abb.: Hochgebirgskarst in den Dolomiten), gibt es auch einzelne, vergleichsweise filigrane Kristalle. Gefördert wird die Entstehung von Dolomiten durch die Zunahme der Flachmeere, die Ausbreitung von Organismen wie den Stromatolithen und den Zerfall des Sodas in den Ozeanen.

Um 1400 Mio. In den Schelfbereichen des östlichen **Kanadischen Schilds** lagern sich mächtige Sedimentserien ab. Den Kern des Kanadischen Schilds bilden die archaischen Festlandskerne der Slave- und der Superior-Provinz. Durch die Entstehung des Trans-Hudson-Orogens waren diese beiden Kerne miteinander verschmolzen.

Die Entstehung des **Carpentarian** ist abgeschlossen. Dabei handelt es sich um einen Schichtkomplex quarzdominierten Sedimentgesteins mit Brekzien, Sandsteinen und Konglomeraten, die vor 1800 bis vor 1400 Mio. Jahren im heutigen Nordaustralien – zwischen den heutigen Bundesstaaten Queensland und Northern Territory – abgelagert werden.

Mit dem Ende des Gotidiums ist die Bildung von **Hälleflinta** und **Leptiten** abgeschlossen. Es handelt sich um zwei feinkörnige, hochmetamorphe Gesteinsarten, deren Ursprünge in Smaland, Mittelschweden und Südfinnland liegen. Sie sind vermutlich Bestandteile kalkalkalischer Pyroklastit- und Lavaserien gewesen. Hälleflinta sind in typischer Ausbildung mehrfarbige, helle Gesteine mit scharfkantigen Brüchen. Oft ist die ursprüngliche Schichtung als farbige Bänderung erkennbar. Die Abgrenzung zwischen Hälleflinta und Leptiten ist umstritten, erfolgt meistens aber über die Körnigkeit. Während die extrem feinkörnigen Hälleflinta makroskopisch keine Einzelkörner erkennen lassen, ist in den Leptiten gerade eben eine Körnung erkennbar. Der Übergang zwischen den beiden Gesteinsarten ist allerdings fließend.

Die Bildung der **Minas-Serie** in Brasilien ist abgeschlossen. Die Serie besteht aus proterozoischen Moeda-Quarziten und liegt im heutigen Bundesstaat Minas Gerais, zu dem auch das Erzabbaugebiet »Eisernes Viereck« gehört.

Am Ostrand des australischen Gawler-Kratons bildet sich ein trogartiges Becken, das der historischen Geologie unter dem Namen **Adelaide** bekannt ist. Vom Kratonrand aus werden Sedimente in das Becken abgelagert. Im Laufe des Kambriums entsteht an dieser Stelle ein Gebirge.

Basaltische Gesteine in Grünsteinfazies, sog. **Diabase**, zählen zu den wichtigsten Bestandteilen von Geschieben (von Gletschern verursachte Gesteinsansammlungen). Ein Mangel an makroskopisch erkennbaren individuellen Merkmalen macht eine Herkunftsbestimmung dieser Gesteine in den meisten Fällen unmöglich.

Um 1400 Mio.

Tierische Voraussetzungen

Aus Lebensgemeinschaften von Bakterien, wie sie heute von der Art Pelomyxa palastris (s. Abb.) praktiziert werden, entstehen echte tierische Einzeller. Nötig ist dazu die Bildung von sog. Mitochondrien. Diese Bestandteile der Mutterzelle regeln deren Atmung: Sie wandeln mithilfe von Sauerstoff organische Nahrungsstoffe in Wasser

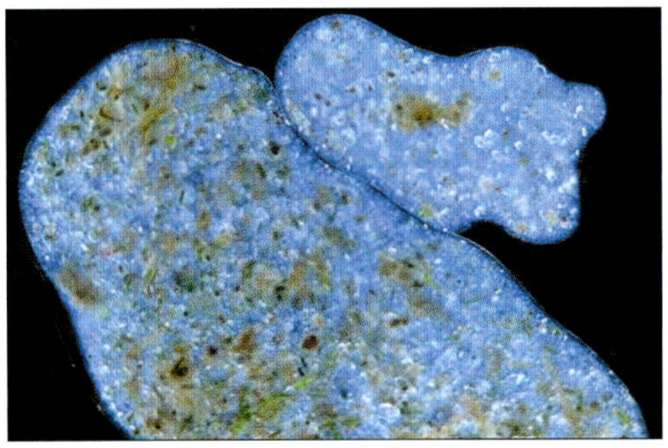

und Kohlendioxid um und setzen Energie für die Lebensprozesse des Organismus frei. Anders als Pflanzen konsumieren Tiere Nahrungsstoffe lediglich und produzieren sie nicht.

Um 1400 Mio.

Vorteil durch Chloroplasten

Die ersten einzelligen Pflanzen weisen neben einem Zellkern und Mitochondrien auch zellinterne Chloroplasten (siehe S. 65) auf. Mithilfe dieser Zellbestandteile sind sie in der Lage, sich durch Photosynthese mit Nahrung zu versorgen (siehe S. 47). In den Mitochondrien können sie die in der Nahrung gespeicherte Energie je nach Bedarf wieder freisetzen. Pflanzen sind dadurch gleichzeitig Produzenten und Konsumenten und unterscheiden sich so von den tierischen Organismen. Die Chloroplasten sind nach außen durch eine Membran abgeschlossen und geschützt. In ihrem Inneren sind sie aus zahlreichen weiteren, lamellen- und lappenförmig angeordneten Membranen aufgebaut, in die das grüne Pigment Chlorophyll eingelagert ist. Es setzt sich aus dem blaugrünen Chlorophyll a und dem gelbgrünen Chlorophyll b zusammen, die beide während unterschiedlicher Teilphasen der Photosynthese genutzt werden. Die einzelnen Chlorophyll-Moleküle sind von kompliziertem Aufbau: Um ein Magnesiumatom herum sitzen Ringe aus verschiedenen Kohlenwasserstoffen, Stickstoff und Sauerstoff.

Um 1400 Mio.

Die Ozonschicht – ein Filter, der sich langsam aufbaut

Mit zunehmendem Sauerstoffgehalt der Atmosphäre beginnen sich langsam die Anfänge einer Ozonschicht herauszubilden. Am Ende des Präkambriums wird die entsprechende Konzentration aber noch bei unter zehn Prozent des heutigen Wertes liegen. Ozon besteht chemisch gesehen aus Molekülen mit jeweils drei Sauerstoffatomen. Das in niedriger Konzentration farblose Gas entsteht unter Einwirkung der UV-Strahlung in den oberen Schichten der Atmosphäre in einer Höhe zwischen 20 und 60 km (Ozonsphäre). Es ist dort relativ warm, da das Ozon die energiereiche UV-Strahlung absorbiert und die enthaltene Energie in Form von Wärme freisetzt. Dieser Filterwirkung verdankt das atmosphärische Ozon seine Bedeutung für das Leben auf der Erde (Abb.: Ozonlöcher in der Erdatmosphäre im Jahr 2001; das Ozonloch über der Antarktis (l.) ist in den letzten Jahren geschrumpft). Die Bildung der Ozonhülle vollzieht sich nur langsam. Bremsend wirkt, dass sich der zur Ozonbildung notwendige freie Sauerstoff erst allmählich in größeren Konzentrationen anreichert.

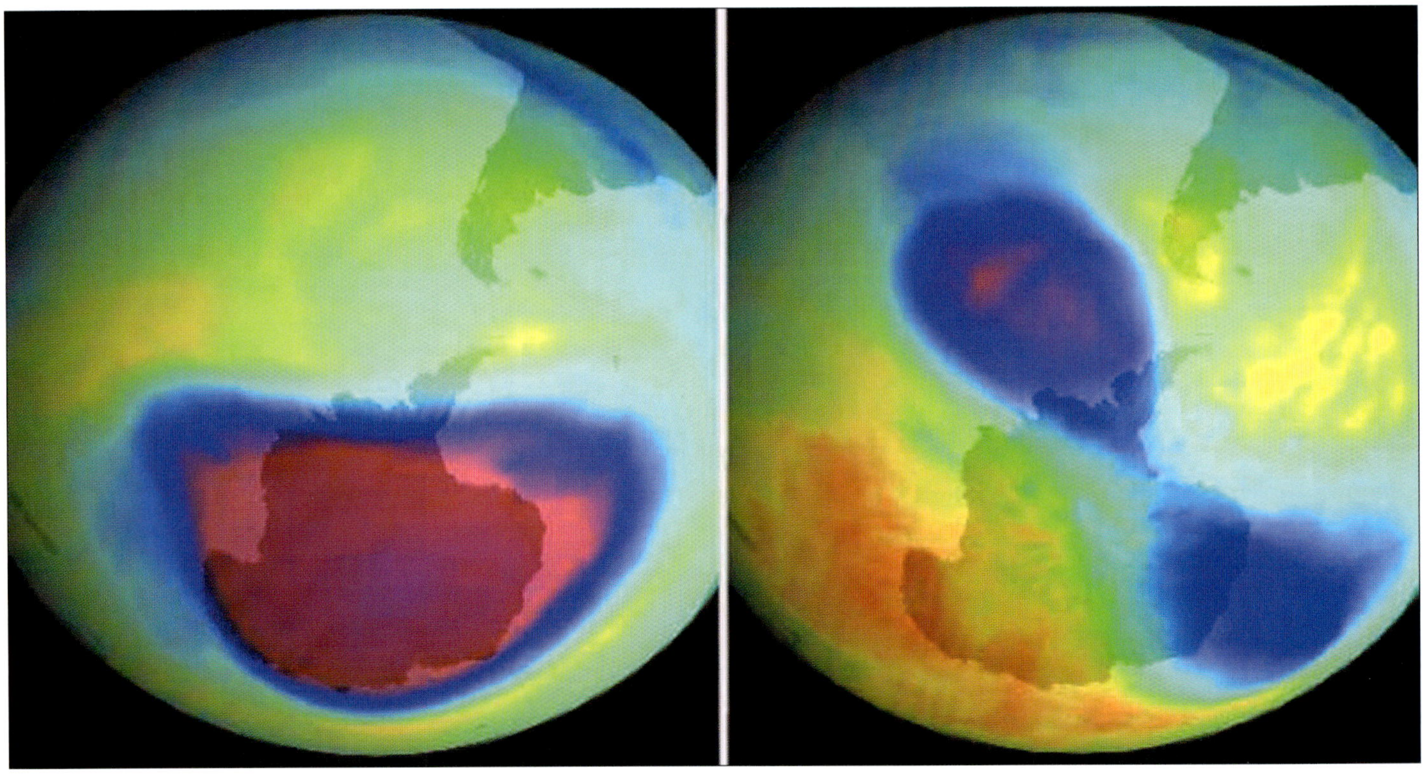

Um 1400 Mio.

Protisten – fresslustige Organismen

Aus dem Zusammenschluss von Bakterien und Cyanobakterien (siehe S. 47) entstehen einzellige Lebewesen mit differenziertem Zellinneren und echtem Zellkern (Eukaryonten). Je nach Art der sich vereinigenden Bakterien handelt es sich bei den so genannten Protisten um pflanzliche oder tierische Einzeller, die sich durch ihren Stoffwechsel unterscheiden, oder um primitive mehrzellige Lebewesen.
Eine der beiden Vorformen tierischer Protisten sind symbiotische Bakteriengemeinschaften (siehe S. 58). Die in der Mutterzelle lebenden Atmungsbakterien verlieren nach und nach ihre Lebensfähigkeit als eigenständige Organismen, bis sie zu Mitochondrien werden, kleinen Zellbestandteilen, die für die Atmungsprozesse der Zelle zuständig sind. Die Vermutung, dass Mitochondrien eine Vergangenheit als Bakterien haben, wird durch die Beobachtung erhärtet, dass sie DNS enthalten – notwendig für die Vermehrung von Zellen.
Als zweiter Vorgänger tierischer Protisten kommen große Bakterien in Frage, die andere, kleinere Exemplare »auffressen«, ohne sie jedoch zu »verdauen«. Wie bei der Verschmelzung von Bakteriengemeinschaften könnten aus den gefressenen Bakterien Mitochondrien werden.

Amöben (hier: beschalte Difflugia) ähneln vom Aufbau her den präkambrischen Protisten.

Tierische Einzeller (Protozoen) unter sich: Ein Didinum verschlingt gerade ein Pantoffeltierchen.

Pflanzliche Protisten entstehen wiederum aus tierischen Protisten, die ein oder mehrere Cyanobakterien »fressen«. Die Cyanobakterien enthalten Chlorophyll und sind in der Lage, Photosynthese zu treiben. Diese Fähigkeit übertragen sie auf den fressenden Organismus. Ganz ähnlich wie bei der oben beschriebenen Entstehung von Mitochondrien werden die Cyanobakterien nicht verdaut, sondern nach und nach in die Fresszelle integriert. Aus ihnen werden sog. Chloroplasten.
Neben der Bildung von »Organen« im Zellinnern ist es vor allem die Konzentration der Erbinformationen im Zellkern, die die neue Qualität der protistischen Lebewesen ausmacht. Die sehr langen Moleküle der DNS (Desoxyribonukleinsäure) sind wegen ihrer Schraubenstruktur sehr kompakt und passen nur deshalb in den Zellkern. In komprimierter Form enthalten sie den Bauplan der Zelle und können diesen mit sehr geringer Fehlerquote übermitteln. Das Geheimnis der Informationsweitergabe liegt in der komplementären Struktur der DNS. Zwei Stränge stehen sich verschraubt gegenüber und sind über Brücken miteinander verbunden, in deren Mitte – ähnlich wie beim Ineinandergreifen von Schloss und Schlüssel – immer genau zwei Molekülstrukturen zusammenpassen. Bei der Teilung des Zellkerns wird das DNS-Molekül aufgespalten und in zwei einzelne Tochterstränge zerlegt. Diese werden wiederum so vervollständigt, dass ein identisches Abbild der Ausgangs-DNS entsteht.
Von den heute lebenden Organismen ähneln Amöben, Wimperntierchen und einzellige Algen den damaligen Lebewesen. Älteste Fossilfunde werden auf ein Alter von 800 Mio. Jahren datiert. Sie sind nur überliefert, weil die fossilisierten Organismen harte Schalen besaßen, die rasch versteinern und daher gut erhalten sind. Forscher nehmen an, dass es Protisten ohne solche Hartteile bereits vor 1400 Mio. Jahren gab.

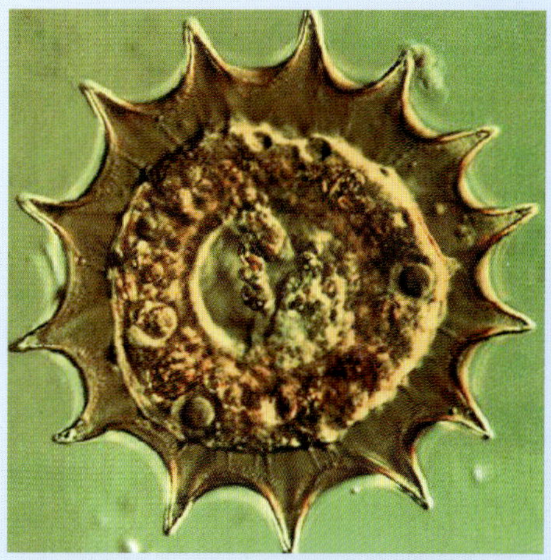
Die zu den Wurzelfüßern zählende Thekamöbe bildet ringförmig angeordnete Scheinfüßchen.

Um 1400–1200 Mio.

Frühe Lebensräume: Nur die Meere bieten Schutz vor dem zerstörerischen UV-Licht der Sonne

Das Leben spielt sich im Proterozoikum (2500 bis 545 Mio. Jahre) vor allem in den Meeren (Abb.: Brandung auf Korsika) und den tieferen Binnengewässern ab. Dort liegen die Lebensräume der Bakterien, der Algen und der einzelligen tierischen Protisten.
Landlebewesen gibt es noch nicht. Die gesamte Oberfläche der Kontinente ist einer relativ starken UV-Strahlung ausgesetzt, mit Wellenlängen zwischen 0,00000029 mm und 0,00000032 mm. Sie wirkt auf Lebewesen tödlich und führt zum raschen Zerfall organischer Substanzen und Strukturen. Wegen des noch geringen und nur langsam wachsenden Ozongehaltes in den höheren Schichten der Atmosphäre wird es noch Hunderte Millionen Jahre dauern, bis es auch an Land geeignete Lebensbedingungen gibt. In Wassertiefen von mehr als zehn Metern kann das tödliche UV-Licht dagegen kaum noch vordringen. Dies erklärt, warum das Leben in den Meeren und Ozeanen entstanden war. In dem Maße, wie die Lebewesen dort widerstandsfähige Zellwände – schließlich sogar harte Schalen aus Kalk – bilden, verbessern sie auch ihren Schutz vor dem UV-Licht. Sie können höhere Dosen der Strahlung vertragen, weiten ihre Lebensräume in flachere Meeresbereiche aus und erlangen einen evolutionären Vorteil gegenüber schalenlosen Organismen. Die großen Mengen an Kalk, die in den Meeren zur Verfügung stehen, erleichtern diesen Prozess. Parallelen finden sich im Weltall: Dort können organische Substanzen nur im Inneren von Himmelskörpern wie Kometen oder Meteoriten überdauern.

Um 1300 Mio. In den schwarzen Kieselschiefern des San-Bernadino-Gebietes im US-Bundesstaat Kalifornien lagern sich **Cyanophyceen** ab. Die Entdeckung dieser Gruppe zellkernloser Blaualgen und kerntragender Grünalgen sorgte 1966 für eine Sensation. Die ersten fossilen Einzeller mit erkennbaren Zellkernen waren entdeckt. Ihre Größe im Durchmesser beträgt nur 7/1000 bis 8/1000 mm. Vermutlich sind diese Algen mit den heute lebenden Chlorococcaceae verwandt, die damit zu den ältesten noch lebenden Organismenfamilien zählen.

Um 1100 Mio. Nachdem die Entstehung der Gotiden vor 1400 Mio. Jahren abgeschlossen war, entsteht in dem südnorwegisch-südschwedischen Teil des Baltischen Schilds ein eigenständiger geologischer Komplex, der unter dem Begriff **Dalslandium** zusammengefasst wird. Dieser kleine Komplex ist westlich des Vätternsees gelegen. In ihm finden sich migmatisierte (aus mehreren Gesteinen vermischte) Sandsteine, Quarzite und Schiefer mit basischen Vulkaniten. Das Dalslandium endet vor 950 Mio. Jahren und bildet in seiner letzten Phase den jüngsten präkambrischen Granit Schwedens.

Im Südwestteil des Baltischen Schilds entstehen die vulkanosedimentären Schichten der sog. **Telemarkserie** – eine aus Graniten bestehende metamorphe Formation des Jungpräkambriums. Etwa zur selben Zeit lagern sich in den Becken und Gräben des baltischen Kerns die Rotsedimente des Jotniums ab.

In Nordamerika entsteht die **Midcontintental Rift** – eine Grabenstruktur, die sich von Nord nach Süd mitten durch den Kontinent zieht. Heute verläuft die Rift vom US-Bundesstaat Minnesota (westlich des Michigansees) in südwestlicher Richtung bis nach Kansas. Riftbildung ist geologisch betrachtet das Gegenteil von Gebirgsfaltung. Gesteine werden nicht in die Höhe aufgeschoben, sondern fallen in eine Spalte, wenn große Risse in Landmassen entstehen. Gleichzeitig dringt geschmolzenes Gestein aus dem Erdinnern von unten nach und füllt den entstandenen Riss.

Um 1200–1000 Mio.

Grenville: Kollision löst Gebirgsbildung in Nordamerika aus

An der Ostküste des heutigen Nordamerika entsteht durch die Kollision von Laurentia und Südamerika das sog. Grenville-Orogen. Diese Gebirgsbildung legt das geologische Fundament für den gesamten Ostteil des Kontinents.

Der Kern Laurentias wird von den sehr alten, archaischen Festlandskernen der Slave- und der Superior-Provinz gebildet. Beide waren durch die Bildung des Transhudson-Orogens zwischen 1900 und 1300 Mio. Jahren miteinander verschmolzen. Im Süden hatten sich im selben Zeitraum weitere Gebirge angelagert. Am östlichen Rand der Superior-Provinz waren während einer langen Phase keine neuen Gebirge entstanden. In den Schelfbereichen des damaligen Kontinents herrschten deshalb vor 1400 Mio. Jahren Bedingungen, die eine Ablagerung mächtiger Sedimentserien ermöglichten. Von den Abtragungsprozessen im Innern des Kontinents gespeist, lagerten sich während der folgenden 200 Mio. Jahre in nahezu ungestörter Abfolge immer wieder Sedimente ab.

Erst die Kollision mit dem heutigen Südamerika löst eine 200 Mio. Jahre dauernde Phase intensiver geologischer Aktivitäten aus. Die ausgedehnten Sedimentserien in den flachen Küstenmeeren und am Kontinentalabhang werden durch den Druck zwischen den beiden aufeinander zu driftenden Landmassen eingeengt. Es kommt zu Faltungsprozessen, aber auch zu weitergehenden Gesteinsumbildungen innerhalb der Sedimentserien bis hin zu Aufschmelzungen. Die ozeanische Kruste, die zuvor den Meeresboden zwischen den beiden Schollen aufgebaut hatte, wird nach unten in das Erdinnere gedrückt. Unter den dort herrschenden Bedingungen werden die Gesteine aufgeschmolzen. Es setzt ein Differenzierungsprozess im Magma ein (siehe S. 39), der schließlich in verbreitetem Vulkanismus mündet.

Durch die Kollision der Schollen, aber auch durch Ausgleichsbewegungen innerhalb der Erdkruste werden Hebungsprozesse ausgelöst, die dazu führen, dass die nunmehr von vulkanischen Gesteinskörpern durchsetzten, durch Druck und Temperaturanstieg veränderten Sedimente aus dem Meer auftauchen. Solange die Hebungstendenzen stärker wirken als die Abtragungsprozesse, wächst das Grenville-Gebirge weiter. An seinen Rändern befinden sich zunächst noch die Restbecken und -senken des Meeres, das ursprünglich zwischen den beiden kollidierenden Schollen lag. In solche Senken ergießt sich der erste Ablagerungsschutt des jungen Gebirges, bis gegen Ende der Gebirgsbildung sogar diese jungen Sedimente in die Hebung einbezogen werden und das Meer ganz verschwindet.

In den nördlichen Abschnitten des Grenville-Gebirges werden mit den schottischen Highlands (Abb.: Grampian Highlands in der Nähe von Braema), den Hebriden und Nordirland kleinere Schollen in die Faltungsprozesse einbezogen, die zu den archaischen Kernen Europas zählen, damals aber noch nicht mit dem Baltischen Schild vereint sind.

Um 1300–900 Mio.

Algen werden mehrzellig

Gegen Ende des Präkambriums nimmt die biologische Aktivität in den Weltmeeren zu. Aus pflanzlichen Organismen mit Photosynthese betreibenden Organellen (Chloroplasten) entstehen neue Algenarten (Abb.: Algen unter dem Elektronen-

mikroskop). Unter ihnen sind mit großer Sicherheit auch die ältesten mehrzelligen Organismen (Metazoen). Diese Entwicklung dauert erneut mehrere 100 Mio. Jahre – erst in den folgenden Phasen der Erdgeschichte werden evolutionäre Prozesse viel schneller ablaufen.
Die ersten mehrzelligen Algen sind wahrscheinlich vielgestaltig. Sie schweben entweder in den Meeren oder bilden Kolonien auf Riffen und Felsen unter der Wasseroberfläche. Sie können neben dem Chlorophyll auch andere Farbstoffe enthalten, die ihnen eine braune oder rote Farbe verleihen. Von den später auftretenden höheren Pflanzen unterscheiden sie sich noch durch ihre Art der Fortpflanzung. In der Regel nutzen sie dazu spezielle Fortpflanzungszellen (Gameten), seltener auch Sporen.
Aus speziellen Arten von Grünalgen werden in nachfolgenden Phasen der Erdgeschichte die Moose – die ersten Landpflanzen – entstehen. Forscher geben zwischen 1300 Mio. und 900 Mio. Jahre als Alter der frühesten Fossilien mehrzelliger Algen an. Eine genauere Datierung ist problematisch, zumal der älteste Fund nicht zwangsläufig das erste Auftreten markieren muss. Oft handelt es sich um Interpretationen von Gesteinsstrukturen, die heute lebenden Algen ähnlich sind. So werden etwa verschiedene U-förmige, kohlenstoffhaltige Einschlüsse in Gesteinen aus dem heutigen Kanada der neuen Lebensform zugeschrieben. Die zwischen 0,000005 und 0,00003 mm großen Einschlüsse weisen Strukturen auf, die nicht durch Einzeller oder Bakterienketten entstanden sind.

Um 1050 Mio.

Mutter aller Kontinente

Zum Ende des Präkambriums schließen sich nahezu alle Kontinente und Festlandskerne zum Superkontinent Rodinia zusammen. Die Erdkruste ist in ständiger Bewegung. In den lang gestreckten Graben- und Riftsystemen, die den Superkontinent durchziehen, entstehen ausgedehnte Schwächezonen. Ihre Entwicklung leitet bereits die erste Phase des Auseinanderbrechens von Rodinia ein, obwohl der Superkontinent noch für weitere 400 Millionen Jahre eine Einheit bilden wird.
In Rodinia stehen sich vor etwa 1050 Mio. Jahren zwei Blöcke gegenüber: große Teile des späteren Gondwanas (Antarktis, Indien, Australien) auf der einen Seite und des späteren Laurentias (Kanadischer Schild, Grönland) auf der anderen Seite. Südamerika hat noch eine gänzlich andere Position als am Ende des Präkambriums. Es liegt weit von den anderen Teilen Gondwanas entfernt und kollidiert gerade mit Laurentia, wobei das Grenville-Gebirge entsteht (siehe S. 64). Arabien, Sibirien, die drei Festlandskerne Afrikas und der Baltische Schild befinden sich am Rand
Der Zerfall Rodinias wird durch Risse in der Erdkruste eingeleitet: Zwischen Laurentia, dem Kern des Superkontinents, und den Vorläufern Gondwanas öffnet sich eine so genannte Riftzone. Entlang von Störungslinien und Bruchspalten reißt die Erdkruste auf und bildet einen Graben, in den sich flüssige Laven ergießen, die auf weiten Flächen Basaltgesteine entstehen lassen. Dieser Graben wächst in dem Maße, wie sich die Bruchspalten in den noch unversehrten Kontinent hinein ausbreiten. Oft folgen sie alten Schwächezonen. Vom Hauptgraben zweigen in mehr oder weniger regelmäßigen Abständen kleinere Grabensysteme ab, die wie Sackgassen enden. An den Kreuzungspunkten der kleineren Gräben mit dem Hauptgraben wölbt sich die Erdkruste auf. Wie schnell sich das Grabensystem weiter öffnet und in die Phase des Auseinanderdriftens von Kontinenten übergeht, hängt unter anderem von den Kräften ab, die aus dem Erdmantel heraus auf die Krustenteile wirken.

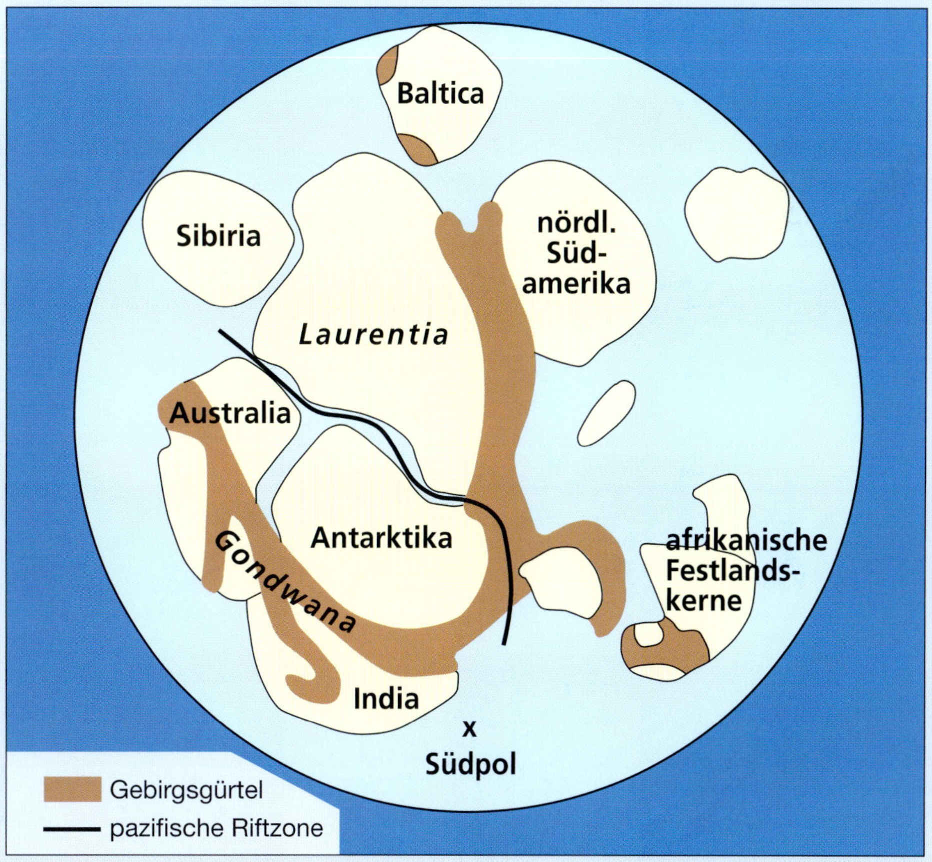

Nicht alle Riftvorgänge führen zwangsläufig zum Aufreißen von Kontinenten. So entsteht in Nordamerika vor 1100 Mio. Jahren eine Grabenstruktur (Midcontinental-Rift), die von Norden nach Süden mitten durch die heutige USA verläuft, bei der die Bildung von Bruchspalten aber im Zentrum zum Stillstand kommt. In einigen anderen Fällen bildet sich zwar eine vollständige Grabenzone, die Strömungen im Erdmantel reichen aber nicht aus, um die Kontinentteile links und rechts des Grabens auseinander zu reißen. Solche Gräben »frieren« praktisch ein, doch bilden sie eine geologische Schwächezone, die zu einem späteren Zeitpunkt wieder aktiviert werden kann.

1000–440 Millionen

1

2

3

1 – Thalattokratie – die Herrschaft des Meeres: Schmelzende Gletschermassen am Ende der präkambrischen Eiszeit lassen zahlreiche Flach- und Binnenmeere entstehen. 2 – Früher »Erdling«: Tribrachidium, ein Organismus der sog. Ediacara-Fauna Südaustraliens, zählt zu den ältesten je gefundenen fossilen Mehrzellern. 3 – Evolutionsschritt: Volvox, eine mitunter rotgefärbte Grünalgenform, bildet fadenförmige Geißeln aus, die dem Fortkommen dienen.

4

5

6

7

8

9

10

11

4 – Stars des Ordoviziums: Dreilappenkrebse (Trilobiten). 5 – Erkalteter Krater: Untermeerischer Vulkanismus erschafft den Valsorda-Kessel in Südtirol. 6 – Harte Schale, weicher Kern: Schnecke Bucaniella. 7– Das Prinzip Wurm: Viele Glieder, keine Füße (moderner Regenwurm). 8 – Erste Riffbildner: Archaeocyathiden. 9 – Schriftgranit in Geschiebe bei Karlshamn (Schweden). 10 – Steter Wechsel: Nach der Eiszeit ist vor der Eiszeit. 11 – Antimonit, ein frühes Mineral.

Algen, Einzeller, Gliederfüßer – Lebenselement Wasser

Während einer rund 60 Mio. Jahre dauernden Phase, die auf das Ende der präkambrischen Eiszeiten folgt, entstehen mehrzellige Weichtiere. Sie leiten einen sensationell anmutenden Entwicklungssprung ein: An der Wende zum Kambrium (545–495 Mio.), innerhalb von nur 10 Mio. Jahren, entwickeln sich fast alle heute existierenden Stämme des Tierreiches – im Wasser. Die Wissenschaft starrt gebannt auf diesen Zeitabschnitt, der Antworten auf viele offene Fragen zur Evolution zu geben scheint.

Eine Explosion des Lebens?

Die Dauer dieses Sprunges mag auf den ersten Blick lang erscheinen – bezogen auf die Geschichte der 4600 Mio. Jahre alten Erde und die damals schon 3200 Mio. Jahre währende Evolution ist sie aber so kurz, dass manche Wissenschaftler bildhaft von der »kambrischen Explosion des Lebens« sprechen. Unbestritten ist jedenfalls der sich überstürzende Charakter dieser Ereignisse: Ließe man die Erdgeschichte auf einen einzigen Tag zusammenschrumpfen, würde diese Phase gerade einmal von 21.00 Uhr bis 21.03 Uhr dauern, das gesamte Kambrium bis 21.25 Uhr.
Nicht minder eindrucksvoll ist die Entwicklung während des Ordoviziums (495–440 Mio.). Zu den 150 bekannten Familien des Tierreiches kommen

Schmelzwasser am Ende der ordovizischen Eiszeit lassen bizarre Felsformationen entstehen, ähnlich diesen Sandsteinfelsen im Tassili-Gebirge (Sahara).

weitere 300 neue Familien und zahlreiche neue Arten. Nach einer langen Pause entwickeln sich gegen Ende dieser Periode auch die Pflanzen weiter und bereiten den Landgang des Lebens vor. Verstärkt wird das Bild von einer »Explosion« auch durch die qualitative Dimension dieses evolutionären Sprunges, der alle grundsätzlichen Weichenstellungen für das Tierreich vornimmt. Ausgehend von den primitiven einzelligen Lebewesen vollziehen sich alle Entwicklungsschritte bis hin zu den Urfischen vom Stamm der Wirbeltiere (aus dem schließlich der Mensch hervorgeht). Dass viele Fischarten, fast alle Reptilien, Vögel, Säugetiere, Pflanzen und Bäume erst in den folgenden Perioden der Erdgeschichte entstehen und auch die Besiedlung des Festlandes noch aussteht, dass nach neueren Fossilfunden der »rätselhafte Entwicklungssprung« einem differenzierteren Bild, eher einer »sehr raschen Entwicklung mit zahlreichen Übergangsformen« gewichen ist – all dies beeinträchtigt nicht die evolutionäre Ausnahmestellung dieses Abschnittes der Erdgeschichte.

Fossilreichtum (hier ein Trilobit) kennzeichnet das Kambrium.

Günstiges Klima

Vor etwa 600 Mio. Jahren verbessern sich die Umweltbedingungen in allen Teilen der Erde deutlich. Der Sauerstoffgehalt der Luft und des Wassers steigt weiter an, damit verstärkt sich auch allmählich der atmosphärische Ozon-Schild gegen die UV-Strahlung. Das Ende der präkambrischen Eiszeiten, die fast alle Kontinente betroffen hatten, leitet eine 150 Mio. Jahre währende Warmphase ein, die nur von wenigen kurzzeitigen, relativ schwachen Abkühlungen unterbrochen ist. Erst gegen Ende des Ordoviziums wird es wieder deutlich kühler, als Gondwana am Südpol liegt und sich dort Gletscher ausbreiten.
Aber zunächst führt das Schmelzen der präkambrischen Gletscher am Beginn der Warmphase zu einer Ausdehnung der Meere, die über das gesamte Kambrium und lange Phasen des Ordoviziums hinweg anhält. Auch die tiefer gelegenen Bereiche des Festlands werden überflutet. Da alle Kontinente in der Nähe des Äquators liegen und sich das Klima erwärmt, bieten gerade diese flachen, ruhigen Rand- und Binnenmeere besonders günstige Lebensbedingungen – fast schlagartig erweitern sich damit die möglichen Lebensräume der Tiere und Pflanzen. Besonders die Riffe bildenden Tiere erleben eine Blütezeit, zumal im Meerwasser große Mengen des von ihnen benötigten Kalkes verfügbar sind.
Wie groß die Bedeutung der Wassertemperaturen gerade für diese Tiere ist, zeigt sich am Ende des Ordoviziums: Die Abkühlung des Klimas am Beginn der Eiszeit leitet ein Massensterben ein, dem etwa 100 von 450 Familien des damaligen Tierreiches zum Opfer fallen. Ausgelöscht werden vor allem Arten, die nur in sehr warmem Wasser existieren können, hingegen überleben zum Beispiel Arten im tiefen Wasser oder in den Aufstiegsregionen von Meeresströmungen, die ohnehin an kühlere Temperaturen gewohnt sind.

Geologische Ruhe

Die mehr als 500 Mio. Jahre währende geologische Stillhaltephase – gestört nur von der panafrikanischen und der kaledonischen Gebirgsbildung – unterstützt sicher ebenfalls die Ausbreitung des Lebens. Vulkanausbrüche oberhalb des Meeresspiegels erreichen nur geringe Bedeutung. Der Großkontinent Rodinia zerfällt, dabei driften die einzelnen Kontinente auseinander und der Iapetus-Ozean öffnet sich. Kollisionen von Kontinenten bleiben in dieser Situation weitgehend aus. Die zunehmende räumliche Distanz zwischen den kontinentalen Festlandskernen und deren inselartige Lage inmitten des Iapetus-Ozeans begünstigt auch die Ausbildung unterschiedlicher Faunenreiche an den Küsten der einzelnen Erdteile. Indem diese zumindest zeitweise eine eigenständige evolutionäre Entwicklung nehmen, tragen sie zur Vielfalt der Arten bei.
Die geologische Ruhe unterstützt auch die Fossilbildung: Erstmals werden ausgedehnte Sedimentserien abgelagert, die bis in die Gegenwart hinein ungestört erhalten blieben und keinen tief greifenden Gesteinsumwandlungen unterzogen wurden. In ihnen haben Paläontologen ganze Lebensgemeinschaften mit zahlreichen Tierarten gefunden. Einem Besucher der damaligen Erde wäre deren Vielfalt auf den ersten Blick vielleicht nicht aufgefallen – schließlich spielte sich alles Leben im Meer ab, das Festland bot nach wie vor einen eintönigen, ja trostlosen Anblick.
Einer der mächtigsten Gesteinsserien dieser Zeit, gefunden in Großbritannien, verdanken Kambrium und Ordovizium ihre Namen: Aus dem Namen »cambria«, einer ehemals im heutigen Wales gelegenen römischen Provinz, wurde Kambrium. Nach den Ordoviziern, einem dort siedelnden keltischen Volksstamm, wurde das Ordovizium benannt.

1000 Mio.

Um 1000–545 Mio.: Als früheste mehrzellige Lebensformen entstehen die Invertebraten. Sie besitzen weder ein Skelett noch eine harte Außenschale.

Um 545–495 Mio.: Mit den Chordatieren entsteht der am höchsten entwickelte Stamm aller Lebewesen. Aus dem Namen gebenden Stützstrang (Chorda) entwickelt sich später die Wirbelsäule.

Um 520–495 Mio.: Am Fuße eines Riffs in den kanadischen Rocky Mountains fossilisiert eine einzigartige Meeresfauna, die als »Burgess-Schiefer« weltberühmt wird.

Um 520–495 Mio.: In den kambrischen Meeren entwickeln die ältesten Pflanzen der Welt, die Algen, neue Formen.

Um 520–495 Mio.: Weite Teile der Festlandsgebiete sind von Meer bedeckt (Transgression).

Neue Überlebenstechniken

Unter den Lebewesen, die gegen Ende des Präkambriums die Weltmeere bevölkern, sind nur wenige, die sich als resistent gegen den kambrischen Ansturm neuer Arten erweisen. Die meisten verfügen mangels Notwendigkeit über keinerlei Schutz gegen mögliche Räuber. Neben Algen und Einzellern gab es vor allem Weichtiere, Schwämme, Nesseltiere und Würmer, aber auch zahlreiche Lebewesen unklarer Zuordnung. Eine zunehmende Zahl von Feinden und wühlenden Tieren stört die Ruhe dieser friedlichen, an Gärten erinnernden Gemeinschaften. Während zahlreiche ihrer Bewohner deshalb schon im Laufe des Kambriums wieder aussterben, zum Beispiel die besonders schönen und vielgestaltigen Vendobionten, können andere überdauern.

Den Würmern – ihre Spuren sind die ersten Fossilien tierischer Mehrzeller überhaupt – kommt vermutlich zugute, dass sie sich im Sediment vergraben und dort auch Nahrung finden können. Auf diese Weise vor möglichen Feinden geschützt, vermögen sie bis heute nahezu unverändert zu überleben. Manche Arten der Nesseltiere, etwa Quallen, suchen sich mittels Nesselfäden zu schützen, mit denen sie einerseits Nahrung fangen, andererseits aber auch giftige Substanzen absondern können. Die Schwämme profitieren schließlich davon, dass sie in der Lage sind, harten Kalk oder Quarz in ihren Körper einzubauen. Diese Beimischung macht sie als Nahrung wenig attraktiv und widersteht auch bis zu einem gewissen Grad den mechanischen Belastungen durch Wellen. Nach einem ähnlichen Bauplan entwickeln sich im Kambrium und Ordovizium auch Korallen und Bryozoen (Moostierchen), die alle beide bis heute überdauern, sowie die Archaeocyathiden (im Kambrium ausgestorben). Aus dem Präkambrium gibt es noch die Stromatolithen-Kolonien – all diese Lebewesen sind Riffbildner, die aus den günstigen Umweltbedingungen Nutzen ziehen.

Andere Arten entwickeln Klappen und Schalen. So ziehen sich die Brachiopoden (Armfüßer) und die Muscheln in zweischalige Gehäuse zurück und bleiben damit für viele Millionen Jahre unangreifbar. Manche Arten rüsten sogar noch mit Stacheln auf, so die Seeigel. Selbst winzige Einzeller umgeben sich mit Schalen, was sie bis zu einem gewissen Punkt schützt. In dem Maße, wie die Räuber aber Werkzeuge (Kiefer, zahnartige Gebilde oder Zangen) entwickeln, wird dieser Schutz aber relativiert. Bei manchen Arten setzt daraufhin eine andere, nicht minder wirksame Art der Verteidigung ein: die Größe des Körpers. Einige einzellige Foraminiferen erreichen 15 cm Länge – nicht nur wegen ihrer Schale für viele kleine Räuber zu groß. Von den krakenähnlichen Nautiloiden haben manche Arten im Ordovizium neun Millimeter Länge und sind damit unangreifbar. Aber die Entwicklung ist nicht aufzuhalten: Trotz aller Versuche, sich zu schützen, entstehen unaufhaltsam die ersten Nahrungsgefüge aus Beute- und Räubertieren.

Es wäre falsch, die Ausbildung von harten Körperbestandteilen auf den Schutzaspekt vor Feinden oder vor mechanischen Einwirkungen der Elemente zu reduzieren. Gleichermaßen schirmen diese Hartteile schädliche UV-Strahlung ab und erschließen damit weitere Lebensräume in geringen Wassertiefen. Sie ermöglichen bei manchen Arten auch eine mehr oder weniger schnelle Fortbewegung. Zu den ersten Spezialisten dafür zählen die Arthropoden (Gliedertiere). Ihre prominentesten Vertreter aus dieser Zeit sind die Trilobiten (Dreilapper). Sie verfügen über Extremitäten, mit denen sie auf dem Meeresboden laufen können. Obwohl sie, anders als festsitzende Tiere wie Korallen, damit dem Risiko ausgesetzt sind, von Meeresströmungen erfasst und an unerwünschte oder gar tödliche Orte wie die Tiefsee verfrachtet zu werden, überwiegen die Vorteile: Trilobiten können aktiv auf Nahrungssuche gehen und bleiben dadurch unabhängig. Auf sich verschlechternde Umweltbedingungen vermögen sie zudem mit einem Standortwechsel zu reagieren und sind überdies in der Lage, bei Angriffen vor Räubern zu flüchten. Auch manche der ältesten Ringelwürmer entwickeln Ansätze für Extremitäten – vermutlich sind diese Lebewesen sogar Vorformen der Gliedertiere.

Archaeocyathiden, hier in der Poleta Formation von Silver Peak (Nevada), überleben das Kambrium nicht.

Innere Differenzierung

Besonders der innere Aufbau der Armkiemer, deren älteste Art immerhin 600 Mio. Jahre alt ist, weckt Erstaunen. Armfüßer verfügen nicht nur über zwei schützende Körperschalen, sondern auch über drei spezielle Muskelarten zum Schließen und Öffnen der Klappen, ein Strudelorgan, mit dem sie Wasser zwischen die Klappen ziehen, Filter, die Nahrungspartikel festhalten, und spezialisierte Systeme für Verdauung , Nerven und Bluttransport. Woher dieser – verglichen mit Einzellern oder einfachen Weichtieren – geradezu hochkomplex wirkende Aufbau plötzlich kommt, ist bislang noch nicht endgültig aufgeklärt. Andere Tiere stehen dem wenig nach. Häufig kommen Fangarme, spezielle Magenhöhlen und Wimpern zum Strudeln und Filtern der Nahrung vor, auch bei einfach gebauten Weichtieren wie den Nesseltieren, zu denen die heutigen Polypen, Quallen und Korallen zählen. Viele Arten fügen diesen Elementen ein spezielles Verdauungssystem hinzu, bei dem Mund- und Afteröffnung durch einen vom übrigen Körper abgeschlossenen Darm verbunden sind. Extremitäten erleichtern die Fortbewegung, Kiefer, Zähne und Zangen als Werkzeuge die Nahrungsaufnahme. Schließlich ermöglichen Sinnesorgane wie Augen oder Gleichgewichtsorgane die Wahrnehmung der Umwelt und damit gezielte Handlungen statt zufälliger oder pausenloser Aktivität. Fast die gesamte Vielfalt denkbarer Kombinationen und Varianten wird durchgespielt, um schließlich einigen, vergleichsweise wenigen Tierarten den weiteren Lebensweg zu ermöglichen. Die kambrischen Lebewesen entwickeln auch verschiedene Formen der Fortpflanzung. Viele Pflanzen, aber auch einfache wirbellose Tiere wie die Polypen können sich vegetativ (ungeschlechtlich) durch Teilung, Abschnürung oder Knospung vermehren. Manche sind in der Lage, aus einzelnen Körperteilen wieder einen vollständigen Organismus zu regenerieren. Alle Eukaryoten, Pflanzen wie Tiere, entwickeln aber auch die Möglichkeit der sexuellen (geschlechtlichen) Fortpflanzung, bei der die Erbinformationen von der Elterngeneration über Samen- und Eizellen an eine befruchtete Eizelle übergehen, aus der sich ein oder mehrere Nachkommen entwickeln.

Höhepunkt der kambrischen Entwicklung sind unbestritten die mitunter salopp als »Urfische« bezeichneten ersten Chordatiere (Wirbeltiere). Sie verfügen über ein dentinhaltiges Skelett, teils noch außen, teils aber schon innen liegend, und eine lang gestreckte Chorda dorsalis, eine Art Wirbelsäule. Ihr Nervensystem ist bereits an der Chorda dorsalis orientiert und hat ein zentrales Gehirn als Bestandteil. Wirbeltiere haben Atmungsorgane und die meisten ein geschlossenes Blutsystem, zum Teil mit einem Herzen. Diese Differenzierung eröffnet ihnen im weiteren Evolutionsverlauf zahlreiche Möglichkeiten – die Weichen für die weitere Entwicklung des Lebens sind gestellt.

Um 495 Mio.: Erste bescheidene Kohlevorkommen bilden sich durch Inkohlung von Algen. Zuvor sind bereits kleinere Erdöl- und Erdgaslagerstätten entstanden.

Um 495 Mio.: Die Trilobiten erreichen den Höhepunkt ihrer Entwicklung. Sie stellen einen Großteil der Leitfossilien des Ordoviziums.

Um 460–440 Mio.: Mit der Entwicklung eines Schalenschlosses schaffen die Armfüßer (Brachiopoden) die Voraussetzungen, um sich den Lebensraum der Brandungszonen zu erobern.

Um 450–440 Mio.: Dem ersten großen Massenaussterben der Erdgeschichte fallen zahlreiche Tiergruppen, vor allem der Brachiopoden und der Trilobiten, zum Opfer.

440 Mio.

Um 1000 Mio. Eine wichtige Voraussetzung für die Entwicklung des Lebens wird geschaffen: die **Meiose**. Sie sorgt bei der sexuellen Fortpflanzung für eine Halbierung des Chromosomensatzes. Ohne die während der Meiose stattfindende Reduzierung der Erbanlagen würden sich die Chromosomen beim Verschmelzen der Samenzellen mit den Eizellen von Generation zu Generation verdoppeln. Darüber hinaus werden die Erbanlagen bei den zwei Teilungsvorgängen der Meiose (1. und 2. Reifeteilung) frei kombiniert. Auf diese Weise entstehen keine identischen Genkombinationen.

Um 950 Mio. Im Rahmen der Genese des nordamerikanischen Kontinents ist im Osten der heutigen USA die Entstehung der **Grenville-Provinz** abgeschlossen. Die Anfänge der zum Kanadischen Schild gehörenden tektonischen Einheit liegen vor etwa 1100 Mio. Jahren. Im Laufe der Jahrmillionen hat sich aus dem Erdinnern strömendes Magma aufgefaltet und zur Grenville-Provinz verfestigt. Der Festlandskern durchkreuzt ältere geologische Zonen im Südosten und Nordwesten. Entlang dieser Berührungspunkte falten sich die Appalachen sowie die Nevadiden auf.

Um 900 Mio. Die Tageslänge auf der Erde beträgt nur etwa 18 Stunden. Darauf deuten 900 Mio. Jahre alte Sedimentproben hin. Verantwortlich für die länger werdenden Erdtage ist die Mondanziehungskraft. Dadurch entstehen auf der Erdkruste auf der dem Mond zugewandten Seite sog. **Gezeitenbuckel**. Die bis zu 30 cm hohen Wölbungen verursachen bei der Erdrotation Reibungswiderstand, der die Erdbewegung verlangsamt. Als Folge werden die Tage alle 100 Jahre um 0,002 Sekunden länger. Um 400 Mio. dauert ein Tag bereits 22 Stunden.

Um 1000 Mio.

Wetterverhältnisse richten sich nach den Erdregionen

Durch die unterschiedliche Intensität der Sonneneinstrahlung und weitere Faktoren setzt die Bildung verschiedener Klimazonen ein. Je näher eine Region an den Polen liegt, desto weniger Sonne erhält sie, die Temperaturen sinken. In den äquatornahen Bereichen ist es zwar wärmer, hier können aber durch Niederschläge klimatische Unterschiede entstehen. Im Innern der Großkontinente ist es meist besonders trocken (Abb.: Namib-Wüste in Afrika).

Die Klimazonen werden auch durch die Verteilung von Ozeanen und Kontinenten geprägt. Wasser reflektiert die Sonnenstrahlung sehr stark, kann aber Wärme länger speichern – deshalb herrschen entlang der Küsten relativ ausgeglichene Temperaturen. Das Innere der Kontinente heizt sich schneller auf, kühlt sich jedoch auch schneller wieder ab, sodass es dort zu starken Temperaturschwankungen kommt. Im Unterschied zum heutigen Klima fehlt aber der Faktor Vegetation.

Um 1000–545 Mio.

Kalk und Dolomit bezeugen grundlegenden Klimawechsel

Am Ende des Präkambriums wandelt sich das Klima mehrfach grundlegend. Dass sich die Klimageschichte dieser Zeit überhaupt rekonstruieren lässt, verdanken wir u. a. den Kalk- und Dolomitgesteinen (Abb.: Blick in die Dolomiten Norditaliens). Sie lagern sich zum überwiegenden Teil während warmer Perioden der Erdgeschichte ab. Beide Gesteinsarten weisen zwischen 850 und 600 Mio. Jahren vor heute mindestens zwei bis drei Ablagerungslücken auf, wie sich auf allen damaligen Kontinenten mit Ausnahme der Antarktis beobachten lässt. An die Stelle von Kalk und Dolomit treten verbreitet Sedimente, die für Eiszeiten typisch sind. Aus dem Wechsel der Gesteine ergibt sich ein relativ genaues Bild. Es zeigt, dass sich zwischenzeitlich selbst die äquatornahen Regionen stark abgekühlt hatten.

Kalkstein kann unter sehr unterschiedlichen Bedingungen entstehen – mit oder ohne Beteiligung von Organismen. Dolomit wiederum bildet sich aus Kalkstein (siehe S. 61). Stromatolithen oder Korallen, die Riffe aus Kalk aufbauen, finden in warmen, von Licht durchfluteten Flachmeeren beste Lebensbedingungen und schichten dort über Generationen hinweg mächtige Serien von Kalkstein auf. Einschneidende klimatische Veränderungen können dazu führen, dass sie ihr Wachstum verringern oder ganz absterben – die Kalkproduktion kommt zum Erliegen.

Kalkstein dient aber auch als Klimaindikator, indem er Aussagen über die jeweiligen Wassertemperaturen ermöglicht. Nimmt die Wassertemperatur zu, kann weniger Kohlendioxid gelöst werden. Über ein System von Gleichgewichtsreaktionen führt ein niedriger Kohlendioxidgehalt im Wasser zur Ablagerung von Kalk, sofern alle dafür benötigten Ionen im Wasser ausreichend angereichert sind. Im Mittelpunkt der Reaktionskette stehen die gelösten Ionen des Hydrogencarbonats und des Kalziums, die z. B. aus Verwitterungsprozessen an Land stammen und durch Fließgewässer in seichte Flachmeere gespült und dort angereichert werden. Aus zwei Hydrogencarbonat-Ionen entsteht Kohlensäure, die zu Wasser und flüchtigem Kohlendioxid zerfällt, und ein Karbonat-Ion. Das Karbonat-Ion verbindet sich mit einem Kalzium-Ion und lagert sich schließlich als Kalk ab. In kaltem Wasser – also in den Polarregionen, der Tiefsee und im Bereich kalter Meeresströmungen – können sich auch Kalksteine bilden, erreichen aber nur eine geringe Mächtigkeit.

Um 1000–545 Mio.

Aus Einzellern werden Mehrzeller

Die frühesten Formen mehrzelligen tierischen Lebens sind verschiedene Organismen mit weichen Körpern, die noch keine hartschaligen Bestandteile oder gar Skelette ausgebildet haben (Invertebraten). Sie entstehen durch weitere Differenzierung aus einzelligen, auf organische Nahrung angewiesenen (heterotrophen) Urtierchen. Innerhalb der Nahrungskette zählen sie nicht mehr zu den Produzenten, sondern bereits zu den Konsumenten. Vermutlich wird ihre Entwicklung durch den zunehmenden Sauerstoffgehalt in der Atmosphäre begünstigt, denn erst ab einem gewissen Schwellenwert, der gegen Ende des Präkambriums überschritten worden sein muss, sind Atmungsprozesse von höheren Tieren möglich.
Die ersten mehrzelligen Tiere haben oft wurmartige Körper, aber auch quallen- und polypenartige Formen (Nesseltiere) kommen vor. Ihre Nahrung besteht vor allem aus Algen und Einzellern. Wahrscheinlich weiden sie Algenwiesen ab, durchkämmen Schichten aus lockerem Sand am Meeresboden und hinterlassen dabei Fraßspuren oder filtern das Meerwasser auf der Suche nach schwebenden Organismen.

Bizarres Formen- und Farbenspiel: Die zu den Hohltieren zählenden Quallen entwickelten sich aus den ersten mehrzelligen Tieren.

Spuren von röhrenförmigen Gängen, durch die sich wurmartige Organismen gewühlt haben, zeugen von der Beweglichkeit mancher Arten. Einzelne Kratzspuren zeigen, dass sie bereits erste Ansätze für Gliedmaßen entwickeln. Andere Arten bewegen sich vermutlich frei schwimmend oder leben an einem festen Ort, etwa auf einem Riff oder einem Felsen sitzend.
Neben ersten Tieren tauchen in den präkambrischen Lebensräumen auch Gemeinschaften aus zahlreichen, vielgestaltigen Vendobionten auf (siehe auch Funde in der Nama-Gesteinsgruppe, S. 73, und Ediacara-Gesellschaft, S. 77). Es handelt sich um Organismen, die weder eindeutig Tieren noch Pflanzen zuzuordnen sind. Sie sterben bereits im Kambrium wieder aus. Keine heute noch lebende Art ähnelt ihnen. Zu den Vendobionten wird auch ein häufig gefundenes Lebewesen namens Kimberella gezählt, das Algenmatten abgrast und zwischen drei und 105 mm lang ist.
Alle fossilen Spuren mehrzelliger tierischer Lebewesen in Schichten, die am Ende des Präkambriums abgelagert worden sind, wurden auf ein Alter von weniger als 1000 Mio. Jahren datiert. Fossilien, die aus einer Phase nach dem Ende der proterozoischen Eiszeiten vor 600 Mio. Jahren stammen, kommen relativ häufig vor. Dagegen sind Funde, die während oder noch vor diesen Eiszeiten entstanden sind, weitaus seltener. Da es sich um Weichtiere gehandelt hat, blieben Tierkörper nur unter Ausnahmebedingungen erhalten – dies erschwert Aussagen über den Zeitpunkt ihres ersten Auftretens und die Artenvielfalt. Weitaus zahlreicher sind Spurenfossilien, die diese Tiere bei ihren Bewegungen auf dem Meeresboden oder bei der Suche nach Nahrung hinterlassen haben. Sie finden sich meistens in Sandstein.
Weitere Indizien über die Entwicklung des Lebens in dieser Phase können aus der Untersuchung von Kohlenstoffisotopen gewonnen werden. Organismen bauen v.a. das Isotop C 12 in ihre Körper ein und nicht das ebenfalls weit verbreitete Isotop C 13. Nach dem Absterben der Organismen gelangt C 12 in den Meeresboden und kann dort unter Umständen angereichert werden. In Phasen, in denen C 12 verstärkt in Organismen eingebaut wird, nimmt der Anteil von C 13 im Meerwasser und in den daraus entstehenden Gesteinen zu (zum Beispiel in Kalkstein, der ohne Beteiligung von Organismen abgelagert wurde). Für den Zeitraum zwischen 900 und 600 Mio. sind mehrere Zyklen belegt, in denen verstärkt C 13 in Sedimenten abgelagert wurde – möglicherweise parallel zu klimatischen Schwankungen und entsprechenden biologischen Aktivitäten in den warmen Phasen zwischen den einzelnen Kaltzeiten.

Die Zusammensetzung präkambrischen Urkalks lässt Schlüsse auf die Entwicklung des Lebens zu.

Die Grüne Hydra ist eines der wenigen Nesseltiere, die bis ins Süßwasser vordringen.

Um 900–550 Mio.

Grabenbruch zwischen den Kontinenten: Iapetus-Meer entwickelt sich zum Ozean

Die Riftvorgänge, die das Auseinanderbrechen von Rodinia eingeleitet haben (siehe S. 64), erreichen vor 900 Mio. Jahren ein neues Stadium. Zwischen dem Großkontinent Laurentia (Nordamerika, Grönland) und Teilen des späteren Gondwana (Südamerika) hat sich bereits ein schmales, Iapetus genanntes Meer herausgebildet.
Ausgangspunkt dieser Entwicklung war ursprünglich eine lang gestreckte Schwächezone, an der sich ein Grabenbruch gebildet hatte. Als dieser immer weiter absank und sich zu verbreitern begann, wurde er vom Meer überflutet. In der Folgezeit vergrößert sich das Iapetus-Meer kontinuierlich. Entlang eines mittelozeanischen Rückens bildet sich neue Erdkruste. Sie drückt die beiden Kontinente, die für einige Zeit durch das Grenville-Gebirge miteinander verbunden waren, immer weiter auseinander. Im Laufe der folgenden 300 Mio. Jahre entwickelt sich das Iapetus-Meer schließlich zum Ozean.
Am Rand dieses jungen Ozeans lagern sich mächtige Serien aus Sedimenten des abgetragenen Grenville-Gebirges ab. Während zunächst grobe, nur wenig gerundete Materialien dominieren, folgen später reine Sande. Über ihnen lagern wiederum Kalkgesteine. Mit diesen Gesteinen ist bereits das Fundament der Appalachen gelegt – eines Gebirgszuges, der den nordamerikanischen Kontinent entlang der Ostküste vergrößern wird.

Um 700 Mio. Das **genetische Entwicklungspotenzial** der primitiven präkambrischen Lebewesen ähnelt dem der Wirbeltiere. Dies stellten Forscher 2001 bei der Untersuchung der Erbanlagen gegenwärtig lebender Wirbeltiere und Würmer fest. Bei beiden Tiergruppen regeln die gleichen Gene die Ausbildung des Darmes. Das Ergebnis übertrugen die Wissenschaftler auf die Tiere des Präkambriums. Zuvor hatte bereits ein anderes Forscherteam herausgefunden, dass für die Ausformung der Körperachse eines vor rund 600 Mio. Jahren lebenden Süßwasserpolypen ähnliche Gene verantwortlich waren wie für die Körperachsen der Wirbeltiere.

Schneller als alle übrigen Organismen entwickeln sich die so genannten **Ur-Würmer**. Die Gründe für diese sprunghafte Vermehrung sind unbekannt. Die hohen Populationen der Ur-Würmer führen zu einer Selektion unter den Meeresbewohnern. Der Bestand an Bakterien, der Nahrung der Würmer, verringert sich. Dadurch sinken die Sauerstoff reduzierenden Algen, die bisher teilweise von den Bakterien zersetzt wurden, auf den Meeresgrund. Dort entwickeln sie eine Meeresfauna mit neuen Fortpflanzungsstrategien.

Um 650 Mio. Ein erstes großes **Artensterben** erfasst die Erde. Dabei verschwinden etwa 70 Prozent der dominanten präkambrischen Fauna und Flora. Insbesondere die unter Mitwirkung von Kleinstorganismen entstandenen Algenmatten und die Gruppe der Actriarcha sind von dem Aussterben betroffen. Nach Ansicht einiger Forscher ist das Artensterben ein entscheidender Faktor für das Entstehen der Ediacara-Fauna und -Flora. Die präkambrischen Lebewesen – benannt nach den australischen Ediacara-Hügeln – bilden sich um 600 Mio. heraus.

Um 610 Mio. Erstmals tauchen auf der Erde die **Nesseltiere** (Cnidaria) auf. Die überwiegend in Meeresgewässern lebenden primitiven Hohltiere (Coelenterata) besitzen am Mund einen Kranz aus Tentakeln. Zum Fangen von Beute und zur Verteidigung dienen den Kleinstlebewesen Nesselfäden. Innerhalb des Stammes der Nesseltiere, zu denen u. a. Medusen und Polypen gehören, existieren zwei verschiedene Arten der Fortpflanzung: die geschlechtliche und die Knospung. Bei Letzterer vermehren sich die Tiere durch Abschnürung einzelner Zellkomplexe.

Um 800–600 Mio.

Der Festlandskern im Nordwesten Europas beginnt zu wachsen

Gegen Ende des Präkambriums werden im Nordwesten des heutigen Europa mehrere Gesteinsserien abgelagert. Die dortigen Festlandskerne beginnen zu wachsen. Sie bestehen aus metamorphen Gesteinen hohen Alters, sind aber im Vergleich zu den anderen Kontinenten dieser Zeit noch sehr klein. Ausgehend von diesem Zentrum entstehen in der Folge große Teile Nordwesteuropas.

Vor etwa 700 Mio. Jahren liegen Schottland (Abb.: Ostufer von Loch Ness), Irland und die Hebriden als Inseln vor der Küste Grönlands – im Schelfbereich am Rand des Iapetus-Ozeans (siehe S. 71). Von Grönland aus wird in den flachen Meeresbereichen entlang der Küste Abtragungsschutt aufgeschüttet, der heute in einem schmalen Küstenstreifen im Nordwesten Schottlands zu finden ist. Neben Sedimentgesteinen entstehen auch Basaltgesteine. Diese haben ihren Ursprung in den Senkungsgebieten einer sich verbreiternden Riftzone, in der intensiver Vulkanismus herrscht. Darauf deuten Kissenlaven hin – Basalte, die auf dem Meeresgrund erstarren.

In dem Maße, wie sich die Riftzone nach und nach zum Iapetus-Ozean öffnet, reißt die Verbindung zwischen dem heutigen Nordwesteuropa und dem Baltischen Schild, dem zweiten Kern Europas, ab. Einen zusammenhängenden europäischen Kontinent gibt es also zu dieser Zeit noch nicht.

Um 850–600 Mio.

Die Welt erstarrt im Eis

Weltweit kommt es zu Vereisungen. Sämtliche Kontinente, evtl. mit Ausnahme der Antarktis, sind betroffen. Das Klima hat sich sehr stark abgekühlt – deutlich stärker als während der jüngeren Eiszeiten. Eine solche Abkühlung ist insgesamt beispiellos in der Erdgeschichte. Sogar relativ äquatornahe Regionen sind von Gletschern bedeckt. Das heutige Australien zum Beispiel liegt während der nachgewiesenen vier Kaltzeiten zwischen dem Äquator und höchstens 40° nördlicher Breite. Die

Geschlossene Eisdecken sind ein Charakteristikum für großflächige Festlandsvereisungen.

Um 850–600 Mio.

Geschiebe im Gletscher

Im Zuge weltweiter Vereisung entstehen Geschiebe (Abb.: gefalteter Gneis). Das sind grobe Gesteine, Felsbrocken und Gerölle, die von den Gletschern bei ihrer Ausbreitung aufgenommen und zum Teil über weite Strecken transportiert werden. Häufig ist dies durch Schleif- und Kratzspuren an der Gesteinsoberfläche belegt.

Um 700 Mio.

Erstes Erdöl in Australien

In den Sedimentgesteinen Australiens entstehen die ersten, wenn auch noch kleinen und heute wirtschaftlich unbedeutenden Erdöllagerstätten. Sie sind nur deshalb erhalten geblieben, weil es bis heute in ihrer Umgebung keine nennenswerten geologischen Aktivitäten mehr gegeben hat.

Gletscher, die hier in dieser Zeit ihre Spuren hinterlassen, befinden sich dabei jeweils zwischen 10° und 30° nördlicher Breite – das entspricht der heutigen Lage der Sahara oder der Karibik. Diese klimatischen Einschnitte bleiben nicht ohne Auswirkungen auf die Evolution. Vermutlich sind sie einer der Gründe dafür, dass sich Fauna und Flora gegen Ende des Proterozoikums trotz zwischenzeitlich wärmerer Phasen nur sehr langsam und zögernd weiterentwickeln. Erst mit dem Ende der Eiszeit gewinnt der Evolutionsprozess wieder an Intensität.
Die Inlandsgletscher dieser Zeit hinterlassen in ihrem Umfeld zahlreiche charakteristische Formen. Sie sind keineswegs statisch, sondern bewegen sich langsam über die Erdoberfläche. Während in den so genannten Nährgebieten immer neues Gletschereis entsteht, taut das in die Zehrgebiete vorgeschobene Eis wieder ab. Im Vorfeld des Gletschers bilden sich dabei typische Sedimente, z.B. Bändertone (siehe S. 53). An den Rändern der Gletscher werden Moränenwälle zusammengeschoben, die sich als Tillite ablagern. Sie enthalten große Mengen an Geröllen und Geschieben (groben Steinen), zum Teil mit Schleif- und Kratzspuren. Auch Felsen, über die sich der Gletscher bei seiner Ausbreitung bewegt, zeigen solche Spuren.
Wodurch aber wurde diese Eiszeit ausgelöst – nach einer mehr als 1500 Mio. Jahre währenden Warmzeit? Genaues ist unklar, aber wahrscheinlich hat ein ganzes Bündel von Ursachen in einer einmaligen Konstellation zusammengewirkt. Vielleicht hat die Aktivität der Sonne vorübergehend abgenommen und abkühlend gewirkt, genauso wie auch der sinkende Kohlendioxidgehalt in der Atmosphäre. Größere Vulkanausbrüche könnten Staub in die Atmosphäre geschleudert haben, der für eine verringerte Sonneneinstrahlung und damit für abnehmende Temperaturen gesorgt hat. Nicht zuletzt hat sich der Abkühlungsprozess – einmal in Gang gesetzt – durch Gletscherbildung wahrscheinlich selbst verstärkt.

Um 625–575 Mio.

Harte Schale, weicher Kern – Armfüßer leben im Wasser

Vereinzelte Fossilfunde deuten darauf hin, dass die ersten Organismen mit hartschaligen Körperteilen aus Phosphaten oder Kalk entstehen. Sie gehören zu den Brachiopoden (Armfüßer oder Armkiemer), einem der frühesten Stämme wirbelloser Tiere. Die Gattung Lingulella (s. Abb.) ist etwa 600 Mio. Jahre alt. Sie hat bis heute überdauert und ihr Aussehen dabei nur wenig verändert. Andere Gattungen und Arten dagegen hat es nur während kurzer Perioden der Erdgeschichte gegeben. Brachiopoden haben ein Gehäuse, das aus zwei Klappen besteht. Das Innere des Körpers ist in zwei Teile gegliedert: einen kleineren Raum mit den Eingeweiden und einen größeren Raum mit einem Strudelorgan. Zwischen den Klappen strömt Wasser ein und aus, die darin enthaltene Nahrung wird herausgefiltert. Ein hoch entwickeltes System von Schließ- und Öffnungsmuskeln bewegt die beiden Gehäuseklappen. Manche Arten haben außerdem ein Schloss, an dem zahnartige Körperteile ineinander greifen. Die Brachiopoden sind nicht frei schwimmend. Sie leben an einem Ort auf dem Meeresboden, festgehalten durch eine Art Stiel, der sie in lockeren Sedimenten verankert. Dafür entwickeln sie einen weiteren Muskeltyp, die Stielmuskeln.

Insgesamt stellen die Brachiopoden schon sehr komplex organisierte Tiere mit einer Vielzahl spezialisierter Körperteile dar – besonders im Vergleich zu wesentlich einfacher gebauten Weichtieren wie den Ringelwürmern.
Mit dem Aufbau von hartschaligen Körperteilen gewinnen die Brachiopoden einen entscheidenden evolutionären Vorteil gegenüber den bis dahin dominierenden Tieren ohne äußere Hartteile. Sie sind einerseits vor räuberisch lebenden Feinden gut geschützt, andererseits aber auch vor der immer noch recht hohen UV-Strahlung in Meeresbereichen mit nur geringer Tiefe. Auch gegen Verletzungen in der Brandung oder schnelles Austrocknen bietet die Schale Schutz.

Um 650–570 Mio.

Nama-Gesteinsgruppe offenbart feingliedrige Meeresfossilien

Im heutigen Namibia, in der so genannten Nama-Gesteinsgruppe (Abb. o.: Namaland im südwestlichen Afrika), fossilisieren mehrzellige Lebewesen einer Vendobionten-Gemeinschaft, wie sie in ähnlicher Form auch in Australien (Ediacara), Brasilien (La Tinta) und Neufundland entdeckt wurden.

Viele der Vendobionten haben entweder Formen, die einer Feder ähneln, oder solche, die an Blätter mit verzweigenden Blattadern erinnern. Es gibt aber auch Organismen mit runden Formen (Abb. u.: fossile Abdrücke von rundförmigen Vendotaenia der Nama-Gesteinsgruppe aus dem Jungproterozoikum).
Vendobionten sind sehr filigran aufgebaut und haben in der Regel keine Hartteile. Ihre Struktur und ihren Halt verdanken sie hohlen Gewebesystemen, deren Inneres unter Druck steht. Die Vendobionten haben keinerlei innere Organe oder vergleichbare spezialisierte Körperteile. In der Nama-Gesteinsgruppe existieren Organismen, die ähnlich wie ein Wurzelstock ohne zugehörige Pflanze im Sand stecken. Sie gehören zur Art Pteridinium, die aus zwei längs aneinander geklebten, offenen Trögen zu bestehen scheint. Nach jeder neuen Sandaufschüttung wachsen sie wieder bis zur Oberfläche durch. Welche Art des Stoffwechsels sie praktizieren, ist unklar. Sowohl Chemo- als auch bakterielle Photosynthese sind möglich. Wahrscheinlich haben sich Arten der Vendobionten-Gemeinschaften wie Pteridinium unter den Bedingungen einer ruhigen, flachen Meeresbucht ausgebreitet. Durch ihren Körperbau wären sie kaum in der Lage gewesen, der Brandung oder stärkeren Meeresströmungen Widerstand zu leisten. Auch starken Bodenbewegungen oder Sedimentationsprozessen hätten die feingliedrigen Organismen nichts entgegensetzen können.

Erdöl – das schwarze Gold

Das aus der Erde gewonnene Rohöl kann nicht direkt als Energieträger verwendet werden. Es wird in Raffinerien mittels der ***fraktionierten Destillation*** *aufgespalten. Dazu wird Rohöl am Grund eines Turms erhitzt. Verschiedene Bestandteile des Öls kondensieren in verschiedenen Höhen des Turms und werden abgeleitet. Gase wie Methan strömen aus dem oberen Ende des Turms. Flüchtige Kohlenwasserstoffe wie Pentan kondensieren etwas weiter unten und werden zu Benzin verarbeitet. Von oben nach unten folgen Kerosin, Dieselkraftstoff, Heizöl, Schmieröle, Wachse und Bitumen. Letztere werden für die Asphaltproduktion verwendet.*

Die größten Erdölproduzenten der Welt waren im Jahr 2001 laut OPEC (Angaben in Barrel/Tag):

Saudi-Arabien	*7,9 Mio.*
Russland	*6,7 Mio.*
USA	*5,8 Mio.*
Iran	*3,6 Mio.*
China	*3,3 Mio.*
Norwegen	*3,2 Mio.*
Mexiko	*3,1 Mio.*
Venezuela	*2,8 Mio.*
Irak	*2,6 Mio.*
Großbritannien	*2,3 Mio.*
Vereinigte Arabische Emirate	*2,1 Mio.*
Nigeria	*2 Mio.*
Kuwait	*1,9 Mio.*
Kanada	*1,4 Mio.*
Brasilien	*1,3 Mio.*
Libyen	*1,3 Mio.*
Indonesien	*1,2 Mio.*

In mehr als 500 Mio. Jahren entstanden, in nicht einmal 200 Jahren verbraucht – auf diese knappe Formel lässt sich das Schicksal des Erdöls bringen. Das »schwarze Gold« deckt zu gut einem Drittel den Weltenergiebedarf und ist damit der wichtigste Primärenergieträger überhaupt, es ist aber auch ein unverzichtbarer Rohstoff der chemischen Industrie. Die Geschichte des Erdöls beginnt am Ende des Präkambriums. Ab dem Kambrium entsteht es in allen darauf folgenden geologischen Epochen in verschiedenen Regionen der Welt. Erdgas wurde zunächst lange Zeit als überflüssiges Nebenprodukt der Ölförderung betrachtet. Erst in jüngerer Zeit hat es erheblich an Bedeutung als Energieträger (wie Kohle deckt es etwa ein Viertel des Weltenergiebedarfs), aber auch als Grundstoff der Chemie gewonnen.

Brennende Erdölquellen: Der begehrte Rohstoff wird auch im 21. Jh. im Zentrum von kriegerischen Konflikten und strategischen Interessen stehen.

Tote organische Substanzen

Erdöl, ein flüssiges Gemisch aus Kohlenwasserstoffen und kleinen Anteilen anderer Begleitstoffe, und Erdgas, ein natürlich vorkommendes Gasgemisch aus Methan und kleinen Anteilen Äthan, Propan, Stickstoff, Schwefelwasserstoff und Kohlendioxid, entstehen oft zusammen. In Lagerstätten kommen sie deshalb auch in enger Nachbarschaft vor. Ausgangspunkte der Entwicklung waren bei vielen Lagerstätten ruhige, strömungsarme Meeresbecken an den Randbereichen der Ozeane oder in Binnenmeeren. Gegenwärtig sind Prozesse der Ölbildung z. B. im 2000 m tiefen Becken des Schwarzen Meeres zu beobachten, wo die Bodensedimente 25 bis 35 Prozent organische Stoffe enthalten; davon sind etwa zehn Prozent erdölähnliche Bestandteile (Bitumen). Die organischen Substanzen stammen aus abgestorbenen Lebewesen, die zu Boden gesunken sind und dort Faulschlammablagerungen bilden. Unter Ausschluss von Sauerstoff werden Abbauprozesse, wie sie z. B. an der Erdoberfläche ablaufen würden, verhindert. Die tote organische Substanz reichert sich an, mehrere Tausend oder gar Millionen Jahre lang. Dies kann sowohl in den tiefsten Wasserschichten als auch in den oberen Sedimentschichten des Meeresbodens geschehen. Bakterien, die unter Ausschluss von Sauerstoff leben können, zersetzen die Körper der abgestorbenen Organismen allmählich zu organischen Verbindungen wie Schwefelwasserstoff, zu Gasen wie Methan und zu einem Kohlenwasserstoffgemisch (Kerogen). Aus den Faulschlämmen kann bereits in dieser Phase Erdgas austreten. Gelangt das von den Bakterien gebildete Kerogen tiefer in das Erdinnere, wird zunächst das enthaltene Wasser herausgepresst. Wenn Temperaturen um 100 °C oder mehr herrschen und durch darüber liegende Sedimentschichten größerer Druck auf das Kerogen ausgeübt wird, setzen Stoffumwandlungsprozesse ein, aus denen einerseits Erdöl entsteht, die andererseits aber auch Erdgas freisetzen. Erdgas kann außerdem auch bei der Kohlebildung und bei magmatischen Prozessen entweichen.

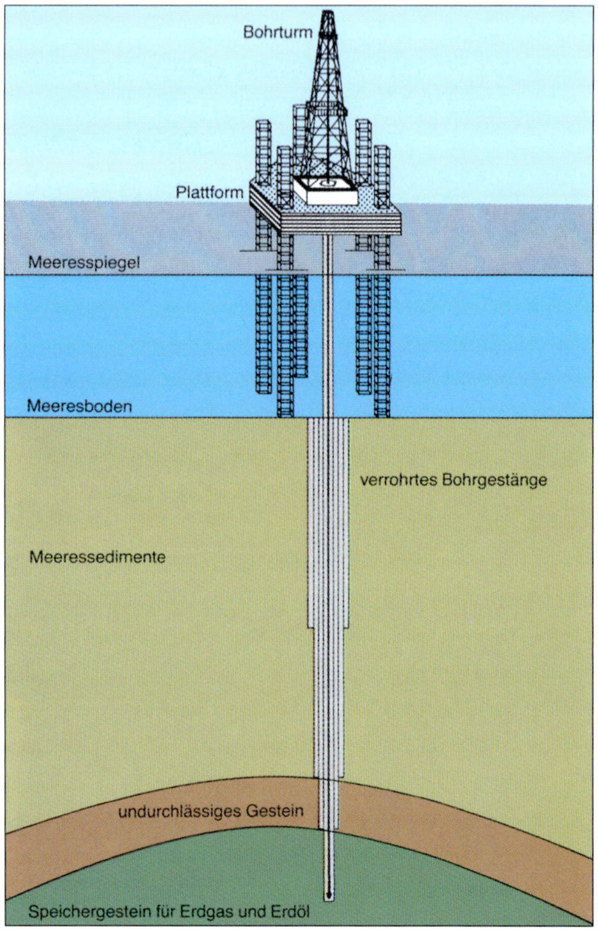

Offshore-Förderung von einer Erdöl-Plattform aus, wie sie etwa im Golf von Mexiko oder in der Nordsee betrieben wird

Lockere Sedimente als Speichergestein

Sowohl das fließfähige Erdöl als auch das Erdgas stehen nach ihrer Bildung unter großem Druck. Deshalb setzt eine Wanderung durch geologische Schichten verschiedenen Alters ein, bei der Strecken von mehreren hundert Kilometern zurückgelegt werden können. In porösen, durchlässigen Speichergesteinen, die nach oben von einer undurchlässigen Schicht (z. B. aus Ton) abgedichtet sind, reichert sich das Erdöl zu Lagerstätten an (so genannte Erdölfallen). Dies ist etwa dort möglich, wo sich gefaltete Schichten aufwölben. Häufig kann sich das leichte Erdgas in Form einer »Kappe« an der höchsten Stellen der Lagerstätte ansammeln. Als Speichergesteine kommen vor allem Sandstein und lockere Sedimente, aber auch an Hohlräumen reiche Riffkalke und -dolomite in Frage. Zwischen 10 und 40 Prozent ihres Volumens entfallen auf die Poren, die Öl und Gas aufnehmen können. Bei der Suche nach Lagerstätten versuchen Geologen in der Regel potenzielle Spei-

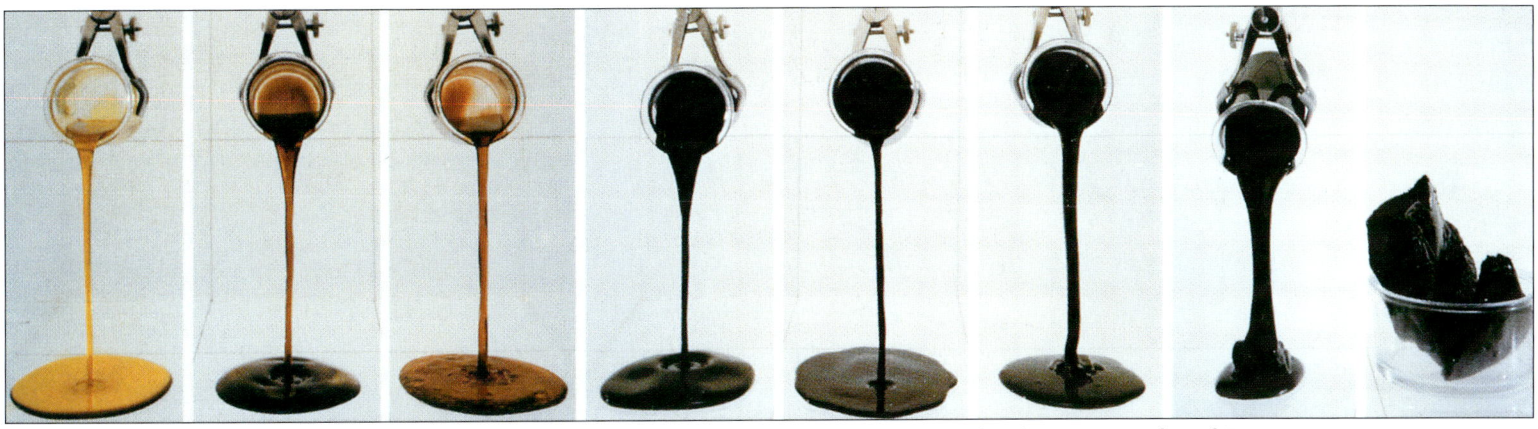

Erdöl in unterschiedlichen Ausprägungen (v. l.): aus dem Kaukasus, Arabien, Australien, der Nordsee, Frankreich (2x), Venezuela und Sumatra

chergesteine an den Stellen anzubohren, wo mögliche Erdölfallen vermutet werden. Hinzu kommen Verfahren, bei denen mit Wellen- oder Magnetmessungen der Untergrund praktisch »geröntgt« wird. Dass Erdöl und Erdgas in den Speichergesteinen unter Druck stehen, ist bei der Förderung von Vorteil. Wird ein Vorkommen angebohrt, entweichen zwischen 10 und 30 Prozent der begehrten Rohstoffe allein durch den natürlichen Lagerstättendruck. Indem Wasser, Erdgas, Dampf oder Kohlendioxid in die Lagerstätte einpresst werden, kann der Grad der Ausbeutung auf 40 Prozent und mehr erhöht werden. Immer aber verbleibt ein Rest Öl in der Lagerstätte, der durch weitere Bohrungen nicht gefördert werden kann.

Im Fokus

Erdölreserven sind ungleich verteilt – und das Ende ist absehbar

Die weltweiten Reserven an Erdöl sind begrenzt und ungleich verteilt. Der Schwerpunkt liegt im Nahen Osten. Seit in der Mitte des 19. Jh. die Erschließung von Erdölfeldern u. a. in den USA und in Russland begann, wurden bereits 128 Mrd. t Erdöl gefördert, gegenwärtig werden pro Jahr etwa 3,5 Mrd. t verbraucht.
Die Ölvorräte liegen zu knapp zwei Dritteln im Nahen Osten, allein auf Saudi-Arabien entfällt etwa ein Viertel der Weltvorräte, auf Irak, Iran, Kuwait und die Emirate je ein knappes Zehntel. Es folgen Nord- und Südamerika (zusammen 14 Prozent) und Russland mit zehn Prozent, abgeschlagen sind Afrika, das restliche Asien und Europa.
Zurzeit wird der Punkt überschritten, ab dem bereits mehr als die Hälfte der ursprünglich vorhandenen Ölvorräte verbraucht sind. Die bekannten förderbaren Ölreserven, je nach Quelle zwischen 140 und 152 Mrd. t, werden beim gegenwärtigen Verbrauch in 40 bis 43 Jahren erschöpft sein – bei steigendem Verbrauch, wie er in der letzten Zeit zu verzeichnen war, sogar in noch kürzerer Spanne. In den letzten Jahren wurde intensiv nach Öl gesucht, auch außerhalb der gegenwärtigen Hauptfördergebiete. Durch die dabei entdeckten Ressourcen ist die Reichweite der Vorräte seit Ende der 1980er-Jahre nur wenig gesunken – ob dies weiter so bleiben wird, muss jedoch bezweifelt werden.

*Saudi-Arabien verfügt über die größten **Ölreserven** der Welt. Mit 35,4 Mrd. Tonnen an förderbaren Vorkommen führt das OPEC-Land die Statistik der zehn ölreichsten Staaten der Welt deutlich an. Dicht dahinter folgt Kanada, das dank seiner 24,2 Mrd. Tonnen Rohöl den Irak (15 Mrd.) vom zweiten Platz der Rangliste verdrängen konnte. Der Grund für den plötzlichen Aufstieg Kanadas: Ein Teil der in Ölsanden gebundenen kanadischen Schwerölvorräte wurde Anfang 2003 als wirtschaftlich gewinnbar, d. h. durch vorhandene Techniken mit überschaubaren Kosten förderbar, eingestuft. Kanada, dessen Ölvorkommen zuvor mit nur 1 Mrd. Tonnen angegeben wurden, verfügt nun über einen Anteil von rund 15 % der bekannten förderbaren Weltölreserven, die insgesamt rund 164 Mrd. Tonnen betragen. Als Folge der Neubewertung der kanadischen Vorkommen schrumpfte der Anteil der OPEC-Staaten an den Weltölreserven von 80 % auf nunmehr 68 %.*

Um 600 Mio. Der etwa in der Mitte des heutigen Australien gelegene **Ayers Rock** entsteht. Der rote Felsen wird aus einem gewaltigen Sandsteingebirge herausgewaschen. Er setzt sich aus Arkose-Sandstein mit Feldspat- und Quarzeinlagerungen zusammen. Für die markante rote Färbung des Gesteins sorgt im Felsen eingeschlossenes oxidiertes Eisen. Der von den australischen Ureinwohnern Uluru genannte Monolith erhebt sich 335 m über die umliegende flache Ebene und hat einen Umfang von 9,4 km.

Die Übergangsphase vom Präkambrium zum Kambrium kennzeichnet eine hohe Populationsdichte von **Armfüßern** (Brachiopoda), die ausschließlich im Meer leben. Die aus einem Gehäuse mit zwei Klappen bestehenden Brachiopoda ähneln in ihrer Gestalt den Muscheln, unterscheiden sich aber anatomisch in der Anbringung der Klappen. Als fester Halt am Untergrund dient ihnen ein aus der so genannten Stielklappe hervortretender Stiel. An der anderen Klappe sitzen die Arme, denen die Tiere ihren Namen verdanken.

Während der auf der Erde herrschenden Eiszeit bieten nur die **Meere** ideale Bedingungen für das Überleben höherer Lebewesen. Da der Erdball bei der weltweiten Vereisung von bis zu Hunderten von Metern dicken Eisschichten bedeckt ist, sind die Tiefseeregionen die einzigen Rückzugsmöglichkeiten. In der Nähe von Hydrothermalquellen überdauern die einfachen wirbellosen Meerestiere die Kälteperiode.

Charakteristisch für die meeresbewohnenden **Stachelhäuter** (Echinodermata) ist das Ambulakral-System (Wassergefäß-System). Mit Hilfe der Wassergefäße pumpen die wirbellosen, fünfstrahlig-symmetrischen Tierchen Wasser in das Körperinnere und wieder hinaus. Es dient zur Fortbewegung, zur Nahrungsaufnahme und zum Atmen.

Um 550 Mio. Im heutigen Namibia beginnen tektonische Prozesse, die langfristig zur Entstehung des **Khomas-Hochlandes** führen. Zunächst lagern sich in der Khoma-Senke Tiefseetone ab. Die umliegenden Vulkane reichern die eingeschwemmten Gesteine mit basischen Magmatiten an. Während der so genannten Damara-Orogenese werden die Gesteinsschichten schließlich zum Bergland aufgefaltet. Das Khomas-Hochland mit dem 2347 m hohen Gamsberg als höchster Erhebung erstreckt sich westlich von Windhuk. Zur Küste fallen die Gebirgsketten steil und zerklüftet ab.

Um 570–250 Mio.

Weltweite Lagerstätten

Kupferkies und Malachit, die zu den wichtigsten Kupfermineralen der Erde zählen, bilden weltweit Erzlagerstätten. Die Lager entstehen auf verschiedene Weise in fast allen Phasen der Erdgeschichte, im Paläozoikum z. B. während der kaledonischen Gebirgsbildung in Nord- und Nordwesteuropa sowie als Sediment in trockenheißen Regionen der Erde (so etwa im damaligen Sibirien).

Antimonit (Antimonerz), ein kristallines Mineral

Die Kaledoniden ziehen sich als Gebirge vom mittleren Irland über Wales und Schottland bis nach Norwegen, unterbrochen nur durch den Vikinggraben am Übergang von der Nordsee in den Atlantik. Sie enthalten einige der wichtigsten Lagerstätten Europas vor allem für Kupfer, Zink und Blei, aber auch Eisen und Silber. Die Mineralisierung wurde ursprünglich durch vulkanische Prozesse, die die kaledonische Gebirgsbildung begleiteten, ausgelöst. Danach folgte jedoch noch eine umfassende Mineralumwandlung (Metamorphose), die den Erzen ihre heutige Gestalt gab. Eines der hier häufigen Minerale ist das messinggelbe, an der Luft schnell bunt anlaufende Chalkopyrit (Kupferkies). Wie auch Katzengold (Pyrit) gehört der schwefelhaltige Kupferkies zu den sulfidischen Erzen. Diese sind geologisch sehr stabil, da sie gegenüber Temperaturerhöhungen zwar mit Verformungen der Kristalle reagieren, nicht jedoch mit anderen Stoffen neue chemische Verbindungen eingehen. Erst unter sehr hohen Temperaturen wird Kupferkies instabil. Dort, wo die Erzgänge an die Erdoberfläche gelangen, verwittert Kupferkies rasch. Dabei kann mit Malachit ein weiteres Kupfermineral entstehen.

Bei einer zweiten Art der Bildung von Kupferlagerstätten entsteht Kupferschiefer. Im Kambrium existieren erstmals Bedingungen, die großräumig zur Bildung dieses Lagerstättentyps führen. Wird ein Binnenmeer dauerhaft von den Ozeanen abgetrennt, kann es in trocken-heißen Klimaten zur schrittweisen Eintrocknung des Gewässers und, damit verbunden, zur Auskristallisierung der gelösten Stoffe kommen. Bevor sich jedoch die charakteristischen Gesteinsfolgen aus Kalk, Gips und verschiedenen Salzen ablagern, entstehen in den tiefsten Bereichen der Meere oft weniger als einen Meter dünne Schichten aus dunklen Tonsteinen. Diese Gesteine bilden sich durch die allmähliche Verfestigung sauerstoffarmer Faulschlämme, begünstigt wahrscheinlich durch organische Überproduktion und große Mengen abgestorbener Lebewesen, die sich auf dem Meeresboden sammeln. Sie sind reich an Kohlenwasserstoffen und neben Blei oder Zink mit Kupfer angereichert. Daher werden sie auch als Kupferschiefer bezeichnet. Nicht selten sind diese Sedimente nachträglich auch mit Mineralen magmatischen Ursprungs durchsetzt worden. Gelangt der Kupferschiefer an die Erdoberfläche, kann im Verwitterungsbereich auch hier das Mineral Malachit entstehen.

Typisch sind die bunten Verfärbungen von Buntkupferkies an der Luft.

Ein wunderbares Farben- und Formenspiel bietet dieser afrikanische Malachit, ein Oxidationsprodukt aus Kupfererzen.

Um 600 Mio.

Gewundene Lebensspuren: Wurmförmige Mehrzeller im präkambrischen Gestein erhalten

Zahlreich treten Tiere von wurmförmiger Gestalt und Bewegungsart in Erscheinung. Die ältesten Arten zählen zum Stamm Annelida (Ringelwürmer), den es bis heute auf der Erde gibt. Während Ringelwürmer inzwischen auch an Land vorkommen (Abb r.: Palolowurm), leben die Arten des Präkambriums ausschließlich im Wasser. Sie zählen zu den ersten mehrzelligen Tierformen, die sich überhaupt auf der Erde entwickelt haben.
Ihr Körper ist in zahlreiche Segmente gegliedert, die auf beiden Seiten je einen Fortsatz haben. Diese Fortsätze, eine Vorstufe von Gliedmaßen – so genannte Parapodien –, sind unterschiedlich groß und können auch zurückgebildet sein. Zwischen den Segmenten sind Querwände ausgebildet. Die Ringelwürmer bewegen sich mithilfe eines differenzierten Muskelsystems fort, das aus einem ringförmigen äußeren und einem länglichen inneren Teil besteht. Die Nahrung wird über eine Art Mundöffnung an der Spitze des Körpers aufgenommen, gelangt über das Verdauungssystem an das Körperende, wo die Verdauungsreste in der Regel durch eine Art Afteröffnung ausgeschieden werden; es gibt aber auch Arten, die dazu Atmungsprozesse nutzen. Ein Nervensystem durchzieht den gesamten Körper in Form von zwei Strängen, die in den einzelnen Segmenten miteinander verbunden sind.
Es mag vielleicht überraschen, dass überhaupt fossile Hinweise auf Ringelwürmer erhalten sind. Die meisten Arten verfügen nicht über feste Körperteile, einige besitzen jedoch einen Kieferapparat oder kalkhaltige Röhren. Ringelwürmer sind daher nur in seltenen Fällen gesteinsbildend. In einzelnen Schichten, etwa in den kambrischen Burgess-Schiefern, sind aber ganze Tierkörper einschließlich der Borsten erhalten. Dagegen finden sich in einigen feinkörnigen Sedimenten zwar keine Tierkörper, aber doch zahlreiche Spuren ihrer Existenz in Form von Abdrücken. Häufig sind es Kriech- und Weidespuren (Abb. l.), aber auch Systeme röhrenförmiger Gänge. Sie geben Auskunft über die Lebensweise dieser frühen Organismen und damit auch über die marinen Lebensräume am Ende des Präkambriums. In dem Maße, wie die Spuren der ersten Ringelwürmer eine Systematik anstelle zufälliger Bewegungen zeigen, kann auf die Weiterentwicklung und Verfeinerung ihres Nervensystems geschlossen werden. Den Ringelwürmern werden die meisten der in präkambrischen Schichten gefundenen Spurenfossilien zugeschrieben. Daneben können aber auch Untersuchungen heute noch lebender Ringelwürmer Aufschlüsse über die damaligen Arten geben.

Um 600–570 Mio.

Tiere oder Pflanzen? Ediacara-Gemeinschaften bilden friedliche Gärten auf dem Meeresgrund

Im heutigen Australien fossilisieren als Ediacara bezeichnete Vendobionten-Gemeinschaften – Lebewesen, die denen in der Nama-Gesteinsgruppe in Namibia sehr ähnlich sind (siehe S. 73). Sie leben in Flachwasserbereichen, in denen nur schwache Wasserbewegungen und Strömungen auftreten. Der Boden besteht aus Sand. Die Vendobionten stehen für eine evolutionäre Entwicklung, die keine Fortsetzung gefunden hat, quasi eine Art »Sackgasse«. Lange hat man sie mit heute noch vorkommenden Formen wie den Seefedern, Seesternen, Polypen oder Quallen verglichen und den Tieren zugeordnet. Forscher sprachen deshalb auch von der Ediacara-Fauna (Abb.: Spriggina floundersi). Nach jüngeren Untersuchungen gilt dies jedoch als zweifelhaft.
Neben Arten, die ähnlich wie Wasserpflanzen aufrecht im Wasser stehen, gibt es auch schwebende, an Quallen erinnernde Formen. Organismen wie Dicksonia liegen flach ausgestreckt auf dem Meeresboden. Da die fest sitzenden Exemplare wahrscheinlich ganze Teppiche bilden, liefert die Vorstellung eines »Gartens« ein anschauliches Bild vom Aussehen der Ediacara-Gemeinschaften. Unter der Vendobionten gibt es keine Räuber. Zwischen den einzelnen Bewohnern der festsitzenden Lebensgemeinschaft schweben – sich nur langsam fortbewegend – glockenförmige Vendobionten-Arten. Andere, z. B. Kimberella, sind bereits ausgesprochen mobil und grasen mit einer mundförmigen Öffnung Algenteppiche ab. Manche dieser Lebewesen besitzen nur einen Zentimeter Durchmesser, andere erreichen eine Länge von 20 cm und mehr.
Neben den Abdrücken von Vendobionten gibt es bereits einzelne fossile Spuren von tierischen Lebewesen, wahrscheinlich einfachen Würmern. Sie durchwühlen systematisch die Sedimente, höhere Formen wie die Anneliden (Ringelwürmer) bewegen sich auch schon mithilfe von Körperfortsätzen, die an Gliedmaßen erinnern, fort. In den »Vendobionten-Gärten« hat es bis zum Ende des Präkambriums aber keine große Vielfalt solcher Lebewesen gegeben.

Um 600–545 Mio.

Cloudiniden: Organismen mit schützendem Außenskelett bauen hoch emporstrebende Riffe

In den Meeren treten Cloudiniden auf. Sie haben eine Körperhülle aus Kalk, die entweder an einen hohlen Kegel oder eine hohle Röhre erinnert. Die Außenskelette schützen den eigentlichen Organismus, der darin wie in einer Wohnhöhle lebt. Die von Cloudiniden gebildeten Riffe wachsen vor allem in die Höhe, weniger in die Breite. Nach den schon früher stark verbreiteten Stromatolithen sind sie eine weitere Riff bildende Gruppe. Zahlreiche Cloudina-Fossilien wurden z.B. in den Lebensgemeinschaften der Nama-Schichten in Namibia gefunden.

Um 545 Mio. Zeitgleich mit der Überflutung der von Norwegen bis zu den Britischen Inseln reichenden kaledonischen Geosynklinalen dehnt sich die Meeresfläche auch auf den **Baltischen Schild** aus. Dies führt zur Bildung eines flachen Gewässers. Es entspricht in seiner geografischen Lage und im Umfang etwa der heutigen Ostsee. Darüber hinaus entsteht die baltische Formationsgruppe. Sie verdankt ihren Namen den in den heutigen baltischen Ländern angelagerten Sedimenten aus Silt- und Sandsteinen. An die schwedische Küste spülen die Meeresfluten fossilreiche Sande an, die u.a. Armfüßer (Brachiopoden) enthalten.

Innerhalb des Stammes der Armfüßer entwickelt sich die Gruppe **Inarticulata**. Die muschelartigen Meerestiere besitzen ein Gehäuse aus zwei chitinig-phosphat- oder kalkhaltigen Klappen. Die Inarticulata spalten sich in zwei Ordnungen: die Lingulida und die Acrotretida. Beide unterscheiden sich u.a. in der Ausformung der Klappen. Während die Lingulida kleine längliche Klappen besitzen, weisen die Acrotretida eine untere konische und eine obere flache Klappe auf. Die zu den Lingulida gehörende Art Lingula anatina ist die älteste bis heute existierende Lebewesenart der Erde.

Die geologischen Prozesse, die sich auf dem Gebiet der **Nordamerikanischen Platte** abspielen, ähneln denen Nordeuropas. Auch hier überspülen die Wassermassen Teile des Festlandes. Drei große Senkungsgebiete sind von der Flutung betroffen: die felsengebirgische, die appalachische und die Franklin-Geosynklinale. Sie begrenzen die Nordamerikanische Platte im Westen, Osten und Norden. Im Oberkambrium dehnt sich das Meer auch auf die dazwischen liegenden Gebiete aus.

Erstmals bevölkern **Muscheln** (Lamellibranchia) den Boden der Meere. Zu den ältesten Vertretern der Weichtiere zählen die nur etwa fünf Millimeter großen Arten Pojetaia und Fordilla. Die winzigen Meeresbewohner besitzen wie alle Muscheln ein zweiklappiges Gehäuse, das durch das so genannte Schloss zusammengehalten wird. Quer durch den Körper verlaufende Schließmuskeln erlauben es den Tieren, die Schalen bei Bedarf zu öffnen und wieder zu verschließen. Mit Hilfe röhrenförmiger Fortsätze, den Siphonen, gelangen Atmungswasser und Nahrung in das Innere der Muscheln. Über eine Ausströmöffnung werden die Exkremente ausgeschieden.

Sowohl auf dem Land als auch im Wasser leben Vertreter der **Fühlerlosen** (Chelicerata). Die zu den Gliederfüßern (Arthropoden) zählenden Chelicerata kennzeichnet ein erstes klauen- oder scherenförmig ausgeformtes Extremitätenpaar. Namengebend für die Tiere sind die im Gegensatz zu den meisten anderen Gliederfüßern fehlenden Fühler. Heute lebende Klassen der Chelicerata sind u.a. die Spinnentiere und die Pfeilschwanzkrebse.

Um 545 Mio.

Urtierchen entwickeln schützendes Gehäuse aus Kalk

Mit den Foraminiferen bzw. Kammerlingen tritt erstmals die am weitesten verbreitete Klasse der einzelligen Urtierchen (Protisten) auf. Sie leben in den Küstenbereichen der Meere, aber auch schwebend als Plankton in den Ozeanen. Ihre Entwicklung beginnt am Übergang vom Präkambrium zum Kambrium, zunächst mit wenigen, mikroskopisch kleinen Arten (Durchmesser 0,05 mm; später bis zu 150 mm). Neu ist, dass diese Einzeller feste, an Muscheln oder Schnecken erinnernde Gehäuse bilden (Abb.), die eine oder sogar mehrere Kammern haben und meist aus Kalk bestehen. Es gibt aber auch Arten, die ihre Gehäuse aus Sandkörnern oder Schalenbruchstücken anderer Organismen aufbauen. Die Foraminiferenzelle besitzt einen oder mehrere Zellkerne. Von der Zelle gehen dünne Plasmafäden, so genannte Scheinfüßchen, aus, die der Fortbewegung, dem Schweben im Wasser und der Nahrungsaufnahme dienen.

Die Blütezeiten der Foraminiferen liegen in nachfolgenden Epochen der Erdgeschichte, wo sie Massenvorkommen bilden und wichtige Leitfossilien sind. Da die einzelnen Arten an spezielle Umweltbedingungen (Salzgehalt, Wassertiefe, Temperatur, Beschaffenheit des Meeresbodens) gebunden sind, liefern sie detaillierte Informationen über ihren Lebensraum. Foraminiferen leben noch heute auf dem Boden der Meere.

Um 545 Mio.

Vielfalt der Formen: Schwämme verbreiten sich in den Meeren

Die Stämme Porifera (Schwämme) und Archaeocyatha erreichen in den Meeren weite Verbreitung. Viele dieser mehrzelligen Lebewesen haben ein aus quarz- oder kalkhaltigen Substanzen bestehendes Skelett, manche auch eines aus Spongin, einem sehr flexiblen und weichen, seidenähnlichen Material. Manche erinnern an Badeschwämme, andere an vasenartige Hohlkörper (Abb. r.: Astylospongia) oder an Korallen.
Die Schwämme und die Archaeocyathiden sind relativ einfach gebaut. Sie besitzen weder ein Nerven- noch ein Muskelsystem und können sich daher auch nicht fortbewegen. Die einzelnen Zellen sind gleichförmig und wenig spezialisiert. Ihre Nahrungspartikel filtern die Schwämme direkt aus dem Wasser, das durch Poren in mit Geißelzellen ausgekleidete Hohlräume im Körperinneren gelangt. Von dort wird das gefilterte Wasser durch eine größere Öffnung an der Spitze des Körpers (Osculum) wieder ausgestoßen.
Bau und Dicke der Körperwände sind bei den Schwämmen und den Archaeocyathiden sehr unterschiedlich. Letztere haben einen doppelwandigen Körperbau, der einen zentralen Körperinnenraum mit der Austrittsöffnung einschließt. Bei den höher entwickelten Schwämmen liegen dagegen zahlreiche kammerartige Hohlräume zur Filterung der Nahrung geschützt im Inneren des Körpers, ohne direkten Zugang zur Austrittsöffnung. Dies macht sie weniger anfällig gegen Verletzungen oder Schädigungen einzelner Körperteile. Zur ungeschlechtlichen Fortpflanzung bilden manche Schwämme Knospen, andere Arten pflanzen sich geschlechtlich fort. Noch heute leben in den Küstenmeeren zahlreiche, teilweise farbenprächtige Schwammarten (Abb. l.). Dagegen sterben die Archaeocyathiden noch im Laufe des Kambriums wieder aus.

Um 545–495 Mio.

Erdteile auf Wanderschaft

Während des Kambriums driften die Platten und Kontinente auseinander. Die Kontinente liegen beiderseits des Äquators, ihre Lage unterscheidet sich aber noch deutlich von der heutigen.
Gondwana vereint Afrika, Südamerika, Arabien, Indien, Tibet und Antarktika – das sich am Äquator befindet. Der Baltische Schild, der Kern Osteuropas, hat sich von Laurentia (Nordamerika, Grönland, Westeuropa) entfernt. Asien hat sich noch nicht als Kontinent konsolidiert, einige der asiatischen Plattformen liegen als Inseln inmitten des riesigen Ozeans. Die Polregionen werden vollständig vom Meer eingenommen.
Charakteristisch für das Kambrium ist ein erdgeschichtlich beispielloser Anstieg des Meeresspiegels. Auf großen Teilen der Kontinente bilden sich ausgedehnte Flachmeere. Dies erschließt den sich entwickelnden Organismen neue Lebensräume, begünstigt auch durch die äquatornahe Lage und die dort herrschenden warmen klimatischen Verhältnisse. Zwischen den Bruchstücken des präkambrischen Großkontinents Rodinia hat sich der Iapetus-Ozean mittlerweile vollständig geöffnet (siehe S. 71).

Um 545–250 Mio.

Schwebende Strahlentierchen

Vom Kambrium bis zum Perm kommen die verschiedenen Arten der einzelligen Actinopoden (Strahlentierchen) zu einer ersten Blütezeit. Sie sind Gesteinsbildner und gehören zu den Protisten wie auch die Foraminiferen (siehe S. 78), mit denen sie eng verwandt sind. Vereinzelt traten Strahlentierchen bereits im Präkambrium auf, nun aber entstehen neue Arten und ihre Lebensräume weiten sich aus. Als weitere Blütezeiten der Actinopoden werden das Jura (205–142 Mio.) und das Tertiär (65,8–1,81 Mio.) folgen.
Strahlentierchen haben einen Durchmesser von etwa 0,1 bis 0,5 mm und kommen in kugeliger oder hutartiger Gestalt vor. Sie leben als Plankton, also frei in den oberen Schichten der Meere und Ozeane. Ihre Fortbewegungsart ist schwebend. Die Körperzelle der Strahlentierchen, der eigentliche Organismus, ist von einer schützenden Schale umhüllt (Abb.: überlebensgroße Nachbildung eines Strahlentierchens, einer sog. Radiolarie, mit Zentralkapsel). Wo sich diese Schalen auf dem Meeresboden ansammeln und ablagern, bilden sich spezielle Gesteine und Minerale: Radiolarite, die durch andere Minerale auffällig rot oder grün

gefärbt sein können, oder Quarzkristalle. Da Strahlentierchen phasenweise in Massen vorkommen, bauen ihre Überreste ganze Gesteinsserien auf. Sie sind deshalb gut nachweisbar.

Um 545–520 Mio.

Auf dem Weg zum Gliederfüßer

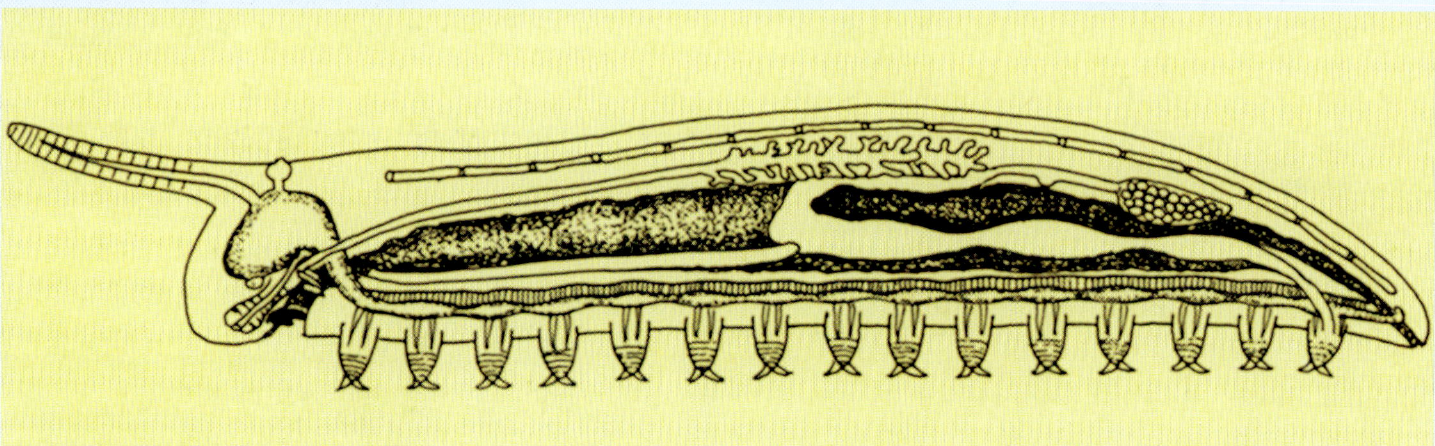

Schematische Darstellung eines Onychophoren (Stamm Proarthropoda), der systematisch zwischen Wurm und Gliederfüßer einzuordnen ist

Im Unterkambrium bilden sich einige Arten (sog. Proarthropoden), die Übergangsformen zwischen den Würmern und dem höheren Stamm der Arthropoden (Gliederfüßer) darstellen. Zu Letzteren zählen zahlreiche heute noch verbreitete Lebewesen wie Insekten, Tausendfüßer, Krebstiere und Spinnen, aber auch die als Leitfossilien überaus wichtigen Dreilapper (Trilobiten), die im Oberperm wieder aussterben.
Die Ringelwürmer hatten bereits einen in Segmente unterteilten Körper und Ansätze von Extremitäten ausgebildet (siehe S. 77). Die neuartigen Tiere aus der Gattung Aysheaia haben ebenfalls einen wurmförmigen Körper, sie verfügen an den Segmenten aber schon über echte Extremitäten, die sie in die Nähe der Gliederfüßer rücken. Von den Ringelwürmern haben sie auch den Aufbau des Nervensystems übernommen sowie die Fähigkeit, durch Bildung neuer Körpersegmente zu wachsen.
Völlig neu in der Evolution ist dagegen das starre Außenskelett aus Chitin. Da dieses nicht gleichmäßig mitwachsen kann, müssen sich die Aysheaia-Arten im Laufe ihres Lebens mehrfach häuten. Das Außenskelett verhindert zwar, dass sie sich wie die Würmer durch Zusammenziehen und Ausdehnen ihres Körpers fortbewegen können. Dieser vermeintliche Nachteil wird aber durch die Entwicklung der Extremitäten mehr als ausgeglichen, ermöglichen diese doch eine vergleichsweise schnelle Fortbewegung. Im Gegensatz zu den Gliederfüßern haben die Aysheaia-Arten noch keinen deutlich abgesetzten Kopf.
Versteinerungen dieser Übergangsformen wurden zum Beispiel in den außerordentlich fossilreichen Burgess-Schiefern in Nordamerika entdeckt. Dort sind nicht nur Spuren, sondern zahlreiche ganze Tierkörper erhalten. Funde von etwa 30 Gliederfüßer-Gattungen und sechs Wurm-Gattungen zeigen die verblüffende Vielfalt der damaligen Lebenswelt. Zu verdanken sind diese Fossilisierungen der Ablagerung in einem Tiefwassersediment, in dem es keinen Sauerstoff, keine Aas fressenden Tiere und auch keine zersetzenden Bakterien gab.

Um 545 Mio. Über weite Bereiche Asiens erstrecken sich große trogartige Senken **(Geosynklinalen)**. Sie reichen vom zentralasiatischen Altai-Gebirge bis nach Kaschmir im heutigen Nordwestindien, nach Südwestchina und nach Thailand. In den Geosynklinalen lagern sich z. T. bis zu 1000 m dicke Sedimente ab, die sich aus Gesteinsbruchstücken (klastische Sedimente) und vulkanischen Schichten zusammensetzen. Teilweise schließen die Ablagerungen fossilreiche Kalklinsen mit ein. Sie enthalten u. a. Archaeocyathen, marine Kleinstlebewesen, und Stromatolithen.

Weltweit verbreitet sind die **Archaeocyathen**. Ihre größte Populationsdichte erreichen die marinen Kleinstlebewesen in Australien, Sibirien und Nordamerika. Die wirbellosen Tiere tragen ein doppelwandiges Skelett aus Kalk. Einzelne Scheidewände unterteilen den Hohlraum in Kammern. Wie bei den Schwämmen (Porifera) lassen Poren Wasser in das Innere. Die meist konisch zusammenlaufenden Gehäuse dienen der Verankerung im Boden. Mit der Spitze bohren sich die Archaeocyathen in den Untergrund.

Auf der Erde bestehen bei den Trilobiten zwei Faunengebiete: die **Olenelliden-Provinz**, die Nordamerika, Südamerika und Nordwesteuropa umfasst, sowie die China, Südostasien, Australien und Antarktis einschließende **Redlichiiden-Provinz**. Die während des Unterkambriums angelagerten Schichten in den beiden Provinzen unterscheiden sich deutlich in den fossilisierten Tierarten. Als Gründe für die unterschiedliche Besiedlung der Lebensräume gelten räumliche und tektonische Trennungen sowie klimatische Unterschiede.

Innerhalb der Gliederfüßer (Arthropoda) bilden sich die **Krebse** (Crustacea) heraus. Die zunächst nur im Wasser, später auch an Land lebenden Crustacea hüllt ein schützender Panzer aus chitinigem Material ein. Oftmals sind Kopf und Rumpf der durch Kiemen atmenden Tiere zu einer Einheit verwachsen: dem Cephalotorax. Das am Kopf ansetzende einästige Antennenpaar beherbergt den Tastsinn. Drei Mundwerkzeuge dienen zum Zerkleinern der Nahrung. Heute umfassen die Crustacea etwa 45 000 Arten. So vielfältig ihre Formen sind, so unterschiedlich ist auch ihre Größe: Sie variiert zwischen 0,02 und 60 cm.

Innerhalb des Stammes der **Schwämme** (Porifera) erfolgt eine Differenzierung in verschiedene Klassen und Ordnungen. U. a. entstehen die Gemeinschwämme (Demaspongea) und die Kiesel- oder Glasschwämme (Hyalospongea). Die überwiegend marinen, fest am Untergrund verhafteten Schwämme ernähren sich durch das Ausfiltern kleinster Nahrungspartikel.

Fossilisierter Seestern aus dem Unterdevon; Fundort Hunsrückschiefer

Um 545–495 Mio.

Neue Arten der Nesseltiere: Polypen, Quallen und Korallen

Innerhalb des Stammes Cnidaria (Nesseltiere) entwickeln sich drei einfach organisierte, bis heute existierende Klassen: Polypen, Quallen und Korallen. Ihnen ist gemeinsam, dass sie im Wasser leben. Der zentrale Körperinnenraum, die Magenhöhle, wird von einer mehr oder weniger stabilen Körperwand umgeben, die bei Einlagerung von Kalk den Charakter eines Skelettes annehmen kann. Die Nahrung gelangt über eine unterschiedlich große Mundöffnung in die Magenhöhle, wo die Verdauungsprozesse ablaufen; die Mundöffnung ist zugleich auch Afteröffnung. Nesseltiere haben für ihre Lebensfunktionen unterschiedliche Zelltypen, aber noch kein ausgeprägtes Verdauungs- oder Nervensystem.

Die fest sitzenden Polypen leben in Meeren und später auch im Süßwasser. Sie nutzen zum Festhalten der Nahrung Fangarme. Auch die frei schwimmenden, glockenförmigen Quallen haben Fangarme, mitunter auch spezielle Nesselfäden, die ihrem Schutz dienen. Zum Beuteerwerb oder zur Verteidigung werden die Nesselfäden lassoartig ausgeschleudert. Die Nesselkapseln, in denen die Nesselfäden aufgerollt sind, werden in körpereigenen Zellen erzeugt und an ihren Einsatzort transportiert. Leere Nesselkapseln werden aus dem Gewebeverband ausgestoßen und durch neue ersetzt. Polypen und Quallen leben im Generationswechsel: Es gibt abwechselnd eine Polypen- und eine Medusengeneration. Die Riff bildenden Korallen leben in Kolonien ohne Generationswechsel (Abb.: Phillipsastrea pengellyi).

Um 545–520 Mio.

Sterne mit Stacheln

Die ersten Organismen aus dem Stamm Echinodermata (Stachelhäuter) – heute vor allem durch die Seesterne, Seelilien und Seeigel bekannt – bilden sich aus. Die frühen Arten der Stachelhäuter sind ausgesprochen vielgestaltig, zeigen aber nur geringe Ähnlichkeiten zu ihren heute lebenden Verwandten. Manche haben zwar schon die für Seesterne typische fünfstrahlige Symmetrie, andere erinnern dagegen eher an spitze, kegelförmige Hohlkörper (»Eistüten«), an längliche Gurken, an Kugeln oder an kleine Sträucher. Einige Arten verfügen an der Oberseite des Körpers über eine Platte, von der mehr oder weniger stark verzweigte Arme und Tentakel abgehen.

Die ersten Stachelhäuter leben auf dem Meeresboden, an Felsen oder Riffen festgewachsen. Dort filtern sie ihre Nahrung direkt aus dem Wasser, manche nutzen möglicherweise auch ihre Tentakel, um Nahrungspartikel einzufangen und fest zu halten. Sie verfügen über einen einfachen Verdauungstrakt mit getrennter Mund- und Afteröffnung und über ein Nervensystem, haben aber noch kein Gehirn und auch keinen vom Körper abgesetzten Kopf. Stachelhäuterarten, die sich später entwickeln werden, leben auch frei schwimmend im Wasser oder bewegen sich auf dem Meeresboden kriechend fort.

Alle Stachelhäuter haben ein Skelett aus Kalk, das aber sehr unterschiedliche Formen annehmen kann. Während die Seeigel und ihre Verwandten eine durchgehende, nach außen abgeschlossene Schale entwickeln, haben andere Tiere, etwa Seegurken, nur einzelne, nicht zusammenhängende Kalkplättchen, die in die Haut eingelagert sind. Die Skelette oder Skelettbestandteile der Stachelhäuter sind wichtige Fossilien. In den nachfolgenden Phasen des knapp 300 Mio. Jahre währenden Paläozoikums entstehen weitere Unterstämme und Klassen der Stachelhäuter. Seesterne, Schlangensterne und Seelilien erscheinen im Ordovizium und existieren bis heute. Andere Klassen wie die Beutel- und Knospenstrahler sterben noch im Laufe des Paläozoikums wieder aus.

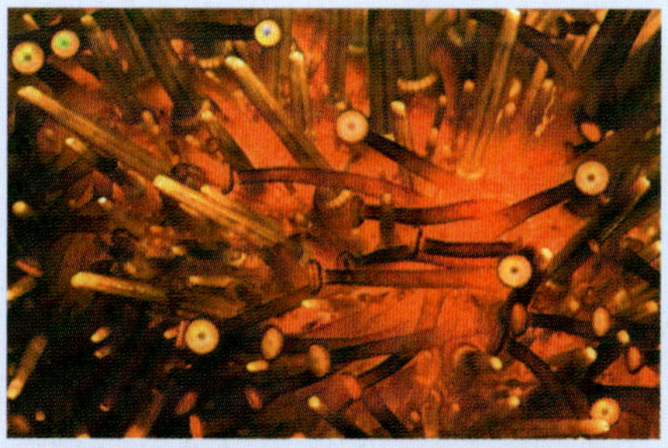

Seeigel haben Stacheln und Saugfüße, die innen hohl und mit Flüssigkeit gefüllt sind.

Um 545–495 Mio.

Muschelförmiges Leitfossil

Im Tierstamm der Armfüßer, der seinen Ursprung noch im Präkambrium hat (siehe S. 73), entwickeln sich neue Arten. Während des gesamten Paläozoikums erleben die Armfüßer mit mehreren tausend Arten eine Blütezeit, wegen ihrer großen Häufigkeit gelten sie als wichtige Leitfossilien. Die muschelartige Grundform ist bei allen Armfüßern gleich; die Variationsbreite hinsichtlich der Form – verglichen zum Beispiel mit dem Stamm der Stachelhäuter – ist sehr gering.

Die relativ kleinen Organismen dieses Stammes kommen praktisch in allen Meeren vor. Sie leben benthisch, das heißt auf dem Meeresboden, sind dort festgewachsen und ernähren sich von schwebenden Partikeln. Um die Nahrung aus dem Wasser zu filtern, erzeugen sie mit den rhythmisch schlagenden Wimpern, die auf den Tentakeln des Armgerüstes im vorderen Raum zwischen ihren Klappen sitzen, einen Strudel, der das Wasser durch die beiden Körperklappen strömen lässt. Diese Wimpern filtern auch die Nahrungspartikel heraus, die dann über eine Rinne zur Mundöffnung gelangen. Gewöhnlich werden Armfüßer in die Klassen der Schlosslosen und der Schlossträger unterteilt, je nachdem, ob die Tiere ein »Schloss« zur Verzahnung der beiden Körperklappen besitzen oder nicht. Die Schlossträger entwickeln sich erst im Laufe des Kambriums und stellen eine Weiterentwicklung der Schlosslosen dar. Bis in die Gegenwart existieren etwa 260 Armfüßerarten. Im Gegensatz zu den heute weiter verbreiteten Muscheln, denen sie mit ihren beiden Klappen äußerlich sehr ähnlich sehen, können sich Armfüßer nicht fortbewegen.

Um 545–495 Mio.

Viele neue Gliederfüßer

Weltweit bilden sich explosionsartig neue Unterstämme der Gliederfüßer. Es handelt sich vor allem um die hoch entwickelten Dreilapper (Trilobiten, Abb.: Sao hirsuta), deren harte Körperteile einige der wichtigsten Fossilien des Kambriums liefern und die ganze Gesteinsserien aufbauen. Während dieser Phase besiedeln sie mehrfach explosionsartig die Meere, es kommt aber auch zu ebenso plötzlichen Massensterben.

Um 545–495 Mio.

Gewaltiger Entwicklungssprung: Chordatiere mit Rückenstrang

Mit dem Stamm Chordata (Chordatiere, Abb.: Oikopleura longifurca) entsteht schon im Kambrium der am höchsten entwickelte Stamm der Lebewesen. Hauptmerkmale sind die Existenz eines länglichen Stützstranges im Körper (Chorda dorsalis) sowie eines Verdauungs- und eines Nervensystems, eines Atmungsorganes (unter Wasser zunächst als Kiemen) und fast immer eines geschlossenen Blutkreislaufes. Vermutlich entstehen die Chorda dorsalis und die Atmungsorgane durch Differenzierung aus Teilen des Urdarmes. Nicht alle Chordatiere haben ein Herz, manche besitzen stattdessen auch kontrahierende Gefäßabschnitte. Bei späteren Wirbeltieren wird die Chorda dorsalis während der Embryonalentwicklung durch die Wirbelsäule verdrängt.

Zu den ersten Chordatieren zählen vermutlich auch die Träger der sog. Conodonten. Die Tiere, die eine gewisse Ähnlichkeit mit aalförmigen Fischen haben, hinterlassen die zwischen ein und drei Millimeter großen zahnähnlichen Conodonten in Kalk- oder Tonstein. Ihre Zuordnung erfolgt wegen des Nachweises der Substanz Dentin in den Fossilien (Dentin ist ein knochenähnliches Material, aus dem Zähne in ihrem Kern aufgebaut sind). Eine weitere frühe Art der Chordatiere sind die ebenfalls an Aale erinnerenden Agnatha (Urfische), kieferlose Organismen, die im Unterkambrium erstmals auftreten. Aus ihnen gehen in den

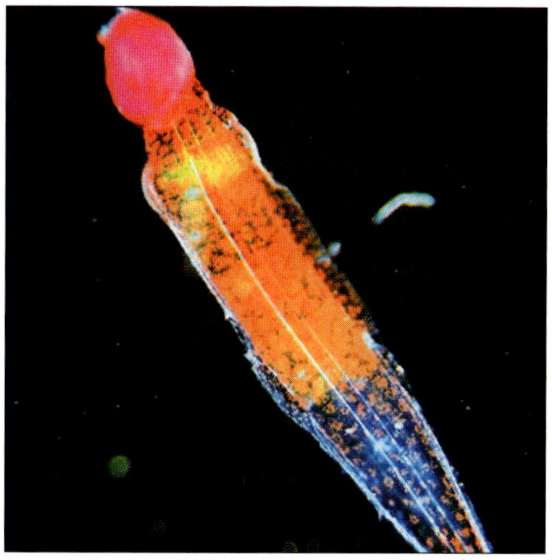

folgenden Perioden der Erdgeschichte die Kiefer tragenden Fische, Amphibien, Reptilien, Vögel und Säugetiere hervor. Die frühen Agnatha haben ein Außenskelett, das an einen Panzer erinnert. Ihr Nervensystem ist hoch entwickelt, es gibt ein Gleichgewichtsorgan, zwei Augen und ein differenziertes Gehirn. Sie ernähren sich räuberisch, aber nur von kleinen Nahrungspartikeln, da sie nicht über Zähne verfügen. Vermutlich leben sie vor allem auf dem Meeresboden, wo sie ihre Körpertemperatur der Umgebung anpassen.

Der Baukasten des Lebens

James Dewey Watson wurde am 6. April 1928 in Chicago geboren. Bereits im Alter von 15 Jahren begann er ein Zoologie-Studium an der Universität Chicago. Nach dem Abschluss im Jahr 1947 erhielt er ein Stipendium an der Indiana-Universität in Bloomington, die er 1950 als Doktor der Zoologie verließ. 1951 folgte die Arbeit im Cavendish Labor an der Universität Cambridge. Gemeinsam mit Francis Harry Crick bastelte Watson dort an dreidimensionalen Modellen der DNA. Im März 1953 präsentierten die beiden Forscher der Öffentlichkeit die Doppelhelix. Der bahnbrechenden Entdeckung folgte die Berufung Watsons an das »California Institute of Technology« in Pasadena. 1956 wechselte der Biochemiker an die Harvard Universität, 1968 wurde Watson Direktor des New Yorker »Cold Spring Harbor Laboratory«, dessen Präsident er noch heute ist. Zwischen 1988 und 1992 leitete James Dewey Watson das Humangenomprojekt.

Leben ist ohne die zuverlässige Weitergabe von Informationen über Aufbau, Funktion und Stoffwechsel eines Organismus nicht denkbar – nicht nur bei der Fortpflanzung, sondern auch bei Prozessen wie Wachstum, Entwicklung oder Heilung. Nur die Kombination von zwei grundlegenden Prinzipien ermöglicht die Übermittlung der fast unglaublich anmutenden Informationsfülle: zum einen der modulare Aufbau der Lebewesen aus Bausteinen und zum anderen die Verschlüsselung des Bauplans mithilfe eines für alle Lebewesen gleichen genetischen Codes.

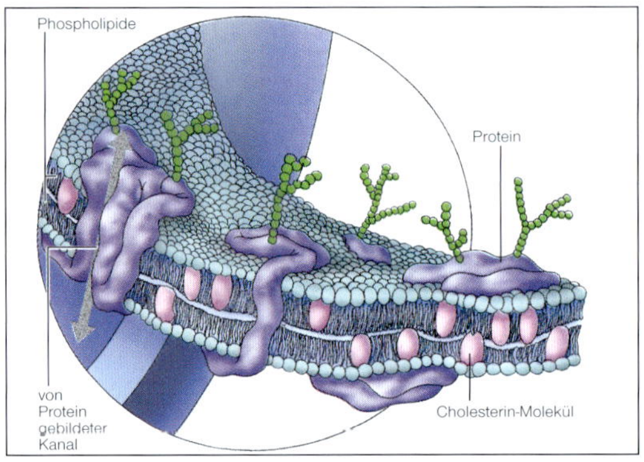

Winziger, aber bedeutender Bestandteil im Baukasten des Lebens: eine Zellmembran

DNS als Doppelhelix

20 Aminosäuren bilden die Bausteine, gewissermaßen den Bausatz des Lebens. Sie werden zu Proteinen zusammengesetzt, Kettenmoleküle aus durchschnittlich 400 Aminosäuren, die sich nur durch Abfolge, Anzahl und Kombination der »Bausteine« unterscheiden. Die Proteine wiederum bauen die Zellbestandteile auf. Mehr oder weniger stark differenzierte Zellen und Zellgruppen bilden schließlich den Organismus selbst, dessen Lebensprozesse von Proteinen gesteuert werden, etwa von Enzymen oder Hormonen. Die Angaben, wie zum Beispiel ein Protein aufgebaut sein und wann es gebildet werden soll, sind in den Chromosomen des Zellkerns enthalten. In jedes Chromosom ist ein Molekül DNS (Desoxyribonukleinsäure) eingebettet, das Träger der notwendigen Informationen ist. In diesem Molekül ist verschlüsselt, wie die 20 Aminosäuren, die Bausteine des Lebens, miteinander zu Proteinen verknüpft werden sollen.

Die DNS hat die Form einer Doppelhelix, sie ähnelt damit einer in sich schraubenförmig verdrehten »Strickleiter«. Auch diese Strickleiter besteht aus Bausteinen. Jeder Baustein umfasst eine Phosphatgruppe, die die Verbindung zum benachbarten Baustein des Einzelstranges hält (der »Strick«), sowie eine der vier Basen Adenin (A), Guanin (G), Cytosin (C) und Thymin (T), die ihrerseits die Verbindung zum gegenüberliegenden Strang halten (die »Sprossen« der Strickleiter). Jede Leitersprosse ist zweigeteilt: Sie besteht aus genau zwei Basen, die wie Schlüssel und Schloss ineinander passen (Adenin

Im Fokus

Meilenstein der Forschungsgeschichte: Die Raumstruktur der DNS

1962 erhalten die Briten Francis Harry Crick, Maurice Hugh Wilkins sowie der US-Amerikaner James Dewey Watson gemeinsam den Nobelpreis für Medizin. Der Anlass: Die Forscher haben mit der Doppelhelix ein Modell für die räumliche Struktur der DNS entwickelt, das, wie sie selbst schreiben, »einen möglichen Kopiermechanismus für das genetische Material unmittelbar nahe legt«. Fast spielerisch gelingt ihnen der vorläufige Abschluss einer fast 100 Jahre währenden Forschungsodysee, in deren Lauf viele Kollegen immer neue Erkenntnisse, Indizien, Ideen und Modelle gesammelt hatten, ohne diese Puzzlestücke aber zusammensetzen zu können.

Modell einer DNS im American Museum of Natural History

Die DNS wird bereits 1869 von Friedrich Miescher bei der Untersuchung von Samenzellen und Blutkörperchen entdeckt. In den folgenden 60 Jahren gelingt es, die Bestandteile der DNS zu finden: Phosphatgruppen, Zucker (Desoxyribose) und vier Basen. Einen zweiten Ansatzpunkt findet Frederick Griffith 1928, als ihm die Übertragung der Erbinformationen eines abgetöteten Bakteriums auf ein lebendes Bakterium gelingt. Welche Stoffe dies leisten, bleibt ihm aber verborgen. 1944 verbindet Theodore Avery beide Forschungsstränge: Er isoliert die DNS aus einem abgetöteten Bakterium und erzielt damit die gleiche Informationsübertragung wie Griffith. Damit ist klar: Die DNS enthält die Erbinformationen.

Ein weiterer Schritt gelingt Alexander Todd und Dan Brown. In achtjähriger Arbeit entwickeln sie ein Modell, wonach Zucker und Phosphatgruppen das Gerüst der DNS bilden, an das die Basen angehängt sind. Jetzt geht es Schlag auf Schlag: Erwin Chargaff findet heraus, dass je zwei Basen als Paare zusammengehören. Linus Pauling macht einkettige Schraubenstrukturen als häufige Baumuster von Proteinen aus. Die Erkenntnisse von Crick, Watson und Wilkins bereitet letztlich Rosalind Franklin vor: Sie »fotografiert« Figuren, die bei der Bestrahlung von DNS mit Röntgenstrahlen entstehen, um damit die räumliche Struktur der DNS zu entschlüsseln. Die Entdeckung der Doppelhelix ist damit nur noch eine Frage der Zeit.

Der britische Biophysiker und DNS-Forscher Maurice Hugh Wilkins in seiner Rede anlässlich der Verleihung des Nobelpreises für Medizin im Jahr 1962:

»Nukleinsäuren sind von Grund aus einfach gebaute Stoffe. Sie sind die Wurzel tief greifender biologischer Vorgänge, des Wachstums und der Vererbung. Der einfache Aufbau der molekularen Struktur der Nukleinsäuren und ihre einfache Beziehung zur Funktion widerspiegeln die ihnen zugrunde liegende Einfachheit der biologischen Phänomene, tragen zur Aufklärung ihrer Natur bei und haben den Anstoß zur ersten umfassenden Deutung der Lebensvorgänge anhand makromolekularer Strukturen gegeben.«

Die Projektion einer dreidimensionalen DNS-Struktur bezeichnet man in der Forschung als »Molecular Modelling«.

und Thymin sowie Cytosin und Guanin). Die Verbindung zwischen der Leitersprosse und dem äußeren Strick wird immer durch ein Zuckerteilchen gebildet, das Phosphatgruppe und Base miteinander verklebt. Dieses Bauprinzip kann theoretisch endlos wiederholt werden.

Geniales System: Ein Code für alle Fälle

Jeder DNS-Baustein eines Einzelstranges ist mit einer der vier Basen besetzt. Bei zwei benachbarten Bausteinen gibt es insgesamt 4 x 4 = 16 Möglichkeiten der Kombination der vier Basen: AA, AG, AC, AT – GA, GG, GC, GT – CA, CG, CC, CT – TA, TG, TC und TT. Für die Verschlüsselung der 20 Aminosäuren reichen diese 16 Kombinationen jedoch nicht aus, zumal noch weitere Kombinationen für den Anfang und das Ende eines Moleküls notwendig sind. Drei benachbarte DNS-Bausteine reichen aber aus. Sie ergeben 4 x 4 x 4 = 64 mögliche Abfolgen von Basen, damit könnten sogar noch deutlich mehr als 20 Aminosäuren verschlüsselt werden. Praktisch führt dieses Überangebot dazu, dass es für jede Aminosäure mehrere passende Basenfolgen gibt. Ein Beispiel: Die Basenfolgen CAA und CAG bedeuten, dass die Aminosäure Glutamin eingebaut werden soll. Einer der genialen Aspekte an diesem Verschlüsselungssystem ist, dass es mit nur zwei Basenpaaren bzw. vier Informationsbausteinen auskommt, ein anderer, dass das System universell ist: Vom Wasserfloh über die Rose bis zum Menschen – überall steht CAA für Glutamin. Lediglich die Länge der DNS ist unterschiedlich.

Wie erfolgt nun die Informationsweitergabe von der DNS, die im Zellkern, in den Mitochondrien (längliche Organellen in allen kernhaltigen Zellen) und den Chloroplasten (für die Fotosynthese zuständige Organellen) stecken kann, an die Proteinfabriken? Dazu wird der Botenstoff RNA verwendet, ein Verwandter der DNS mit nur einem Strang. Er entsteht, indem die DNS von einem Start- bis zu einem Stoppsignal (= ein Gen) wie ein Reißverschluss geöffnet wird. Dann nimmt die RNA einen komplementären Abdruck der DNS, die sich hinterher wieder schließt. Dieser Abdruck wandert durch die Zelle zur Proteinfabrik. Zu je einer Dreiersequenz in der RNA passt genau eine darin codierte Aminosäure, die an der entsprechenden Stelle in das Protein eingebaut wird. Die Fehlerrate bei dieser Informationsübertragung ist extrem gering: Nur bei jedem 83. »Durchschnittsprotein« (das aus 400 Aminosäuren besteht) wird eine falsche Aminosäure eingebaut. Beim Menschen umfasst ein DNS-Molekül 3 Mrd. Basenpaare bzw. 3 Mrd. Bausteine pro einzelnem DNS-Strang. Damit könnten theoretisch etwa 2,5 Mio. verschiedene »Durchschnittsproteine« aus Aminosäuremolekülen zusammengesetzt werden. Würde man für jedes Aminosäuremolekül einen Buchstaben schreiben, könnten etwa 300 000 Seiten wie in diesem Buch bedruckt werden.

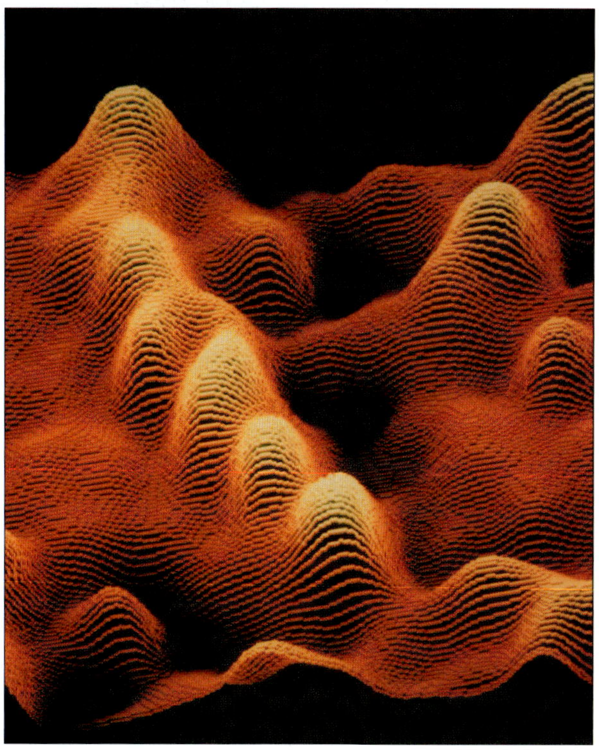

Falschfarbenaufnahme eines DNS-Scans durch ein Rastertunnelmikroskop.

*Mit dem Ziel, die Abfolge sämtlicher Bausteine der menschlichen DNS zu entziffern, startete 1990 das **Humangenomprojekt** in den USA. 1995 trat Deutschland diesem Konsortium bei. Bis Ende 1999 hatte das Projekt die erste vollständige Sequenz eines menschlichen Chromosoms, des Chromosoms 22, entschlüsselt. Im Februar 2001 war eine Rohfassung des gesamten menschlichen Genoms fertig. Im Laufe des Jahres 2003 sollen auch die letzten Lücken geschlossen werden. Verglichen mit bereits entschlüsselten Genomen anderer Organismen spielen die Gene beim menschlichen Genom eine untergeordnete Rolle. Auf eine Million Basenpaare kommen nur zehn bis zwölf Gene. Bei der Taufliege sind es 117, bei der Ackerschmalwand (einem Senfgras) 221. Den Großteil der menschlichen DNS bilden regulatorische Elemente, stillgelegte Pseudogene und sich wiederholende Sequenzen, die früher als »genomische Wüste« galten, von denen sich die Forschung heute aber Aufschlüsse über die Entwicklung des Lebens auf der Erde erhofft.*

*Das größte Genomprojekt der Welt startete im Sommer 2002 in **Estland**. 1 Mio. Bürger des baltischen Staates sollen genetisch erfasst werden – bei insgesamt 1,4 Mio. Einwohnern also fast die gesamte estnische Bevölkerung. Neben der Genomanalyse umfasst das Projekt auch die Speicherung von Informationen zu Gesundheitszustand, Lebensstil und Umwelteinflüssen. Die Daten der freiwilligen Spender bleiben anonym, darüber wacht ein internationales Ethik-Komitee. Ziel des Projekts ist die Erstellung einer so genannten Snip-Karte, aus der Zusammenhänge zwischen Genen und häufigen Krankheiten hervorgehen sollen. Estlands multiethnische Struktur aus Esten (65 %), Russen (28 %), Ukrainern (2,5 %), Weißrussen (1,5 %), Finnen (1 %) und Sonstigen (2 %) lässt auf interessante Forschungsergebnisse hoffen. Das Ende des Großprojekts, in das die estnische Regierung etwa 100 Mio. Euro investieren will, ist für 2007 geplant.*

Um 545 Mio. Nur wenig verändert gegenüber der Flora des Präkambriums zeigt sich die **Pflanzenwelt des Kambriums**. Weiterhin herrschen in den Meeren niedere Pflanzen ohne Gefäße vor. Sie werden zusammenfassend als Lagerpflanzen (Tallophyten) bezeichnet. Ebenfalls weit verbreitet sind die Spaltalgen (Cyanophyten). Die blaugrünen Algen leben als fadenförmige oder gallertartige Organismen vorwiegend im Süßwasser.

In den das heutige Kanada umgebenden Meeresgewässern lebt mit **Scenella reticulata** ein früher Vertreter der Einplatter (Monoplacophora). Fossile Reste des zu den Weichtieren (Mollusken) zählenden Tieres fanden Paläontologen an der Conception Bay in Neufundland. Das Gehäuse des primitiven Lebewesens besitzt die für alle Monoplacophoren charakteristische mützenförmige Form. Über sechs oder sieben Haftmuskeln ist es mit dem Weichkörper verbunden. Als Lebensraum der Monoplacophoren gelten flache Meereszonen und Riffe. In Tiefseeregionen haben einige Arten bis heute überlebt.

Markante Spuren im Sand hinterlassen die verschiedenen Dreilapper (Trilobiten). Zu den charakteristischen Fossilspuren (Ichnogenera) des Kambriums zählen **Rusophycus** und Cruziana. Rusophycus werden als Ruhespuren (Cubichnia) von Trilobiten gedeutet, die bei der Eiablage, beim Ausruhen oder beim Schutz vor Feinden entstehen. Die winzigen Meeresbewohner graben mit ihren Beinen dabei kleine Furchen in den Boden. Fossilisierte Ruhespuren fanden Wissenschaftler u.a. in Pakistan, Schweden und Kanada. Cruziana zählen hingegen zu den Kriech- bzw. Schreitspuren (Repichnia).

Im pazifischen Raum äußerst zahlreich und weit verbreitet ist der Dreilapper (Trilobit) **Redlichia**. Der marine Gliederfüßer besitzt wie alle Trilobiten einen dreigeteilten Rückenpanzer. Die einzelnen Abschnitte verbinden Gelenke. Wegen seiner weiten Verbreitung gilt Redlichia als eines der wichtigsten Leitfossilien des Unterkambriums. Da die Redlichiiden in China, Südostasien, Australien und Antarktika vorkamen, wurde nach ihnen eine ganze Faunenprovinz benannt.

Um 545 Mio.

Der Kompass steht Kopf: Wechsel der erdmagnetischen Polung

Erstmals kommt es nachweislich zu einem Wechsel der erdmagnetischen Polung (Abb.: nächtliche Leuchterscheinung nahe den magnetischen Polen, sog. Polarlicht), der sich in der nachfolgenden Geschichte des Planeten noch mehrere Dutzend Male wiederholen wird (siehe S. 140). Die Ursachen dieses Phänomens sind bis heute allerdings noch unbekannt.

Für die entstehende Pflanzen- und Tierwelt hat das Magnetfeld der Erde eine elementare Schutzfunktion. Dank bestimmter elektromagnetischer Wechselwirkungen bindet es die außerordentlich energiereichen kosmischen Strahlungen in einer Art Speicherring zwischen den Hemisphären. Diese Strahlungen würden sonst alles Leben auf der Erde vernichten. Darüber hinaus dient das Magnetfeld einer Vielzahl von Organismen zur Orientierung auf ihren Wanderzügen. Dieses Phänomen lässt sich bereits bei Bakterien und Insekten beobachten, es zeigt sich aber auch bei höher entwickelten Tieren wie Fischen, Vögeln und Säugetieren. Beim Menschen ist die Fähigkeit zur Orientierung am Erdmagnetfeld möglicherweise erst im Laufe der Evolution verkümmert. Im Gehirn finden sich Hinweise auf mögliche Relikte entsprechender Sensoren.

Um 545–495 Mio.

Neue Granit-Höhenzüge entstehen im Norden Frankreichs

Im Verlauf der sog. jungassyntischen Gebirgsfaltungsphase werden im späteren Europa Gebirge aufgeworfen. Stark betroffen sind Frankreich (Abb.: die sog. schwarzen Berge in der Bretagne) und Mitteleuropa. In Deutschland macht sich der Faltungsprozess u.a. im Gebiet des heutigen Spessart und in der Lausitz bemerkbar. Charakteristisches Merkmal der assyntischen Faltungsära ist das Entstehen mächtiger Granitformationen. Ihre Spuren sind aufgrund der später stattfindenden Faltungsprozesse (u.a. variskisch und alpidisch) heute schwer erkennbar. Häufig wird die assyntische Faltung mit der sog. cadomischen Faltung gleichgesetzt.

Um 545–205 Mio.

Zahntiere weltweit

Während des gesamten Erdaltertums und des ersten Drittels des Erdmittelalters, der Trias, fossilisieren zahnartige Gebilde, sog. Conodonten, von nur 0,14 bis 4 mm Größe. Dank ihrer Vielgestaltigkeit dienen sie den Paläontologen als wichtige Leitfossilien. Ihre Ursprünge gaben den Wissenschaftlern allerdings lange Zeit Rätsel auf.
Dank einiger wichtiger Fossilfunde weiß man heute, dass die Conodontentiere zu den frühesten Chordatieren (siehe S. 81) zählen. Lang und dünn, erinnern sie in ihrer Erscheinung an heutige Sandaale. An den Seiten ihres kleinen und schmalen Körpers tragen sie vermutlich Flossen. Offenbar sind sie äußerst flexible und gute Schwimmer, die in den paläozoischen Meeren große Schwärme bilden. Über bemerkenswert lange Erdepochen weltweit verbreitet, kommen die Conodonten sowohl in den seichten Küstengewässern als auch in beträchtlichen Tiefen vor.

Um 545–495 Mio.

Schwämme bauen erste Riffe

In den tropischen und subtropischen Meeren des Unter- und Oberkambriums entstehen einige der frühesten, überwiegend kleineren Riffe der Erdgeschichte. Erbauer sind die auch als Urbecher bezeichneten Archaeocyathiden (s. Abb.).
Die Zuordnung dieser frühesten Tiere, bei denen sich ein kalkschaliges Skelett nachweisen lässt, war unter Wissenschaftlern lange umstritten. Heute werden sie zu den Schwämmen gezählt. Nur im Kambrium vorkommend, dienen sie als wichtige Leitfossilien. Ihre Überreste finden sich in allen Regionen, die in dieser Periode etwa auf Höhe des Äquators liegen, so in Frankreich, Spanien und Sardinien, Nordafrika und Nordamerika, Sibirien,

Australien und der Antarktis. Die sowohl einzeln als auch kolonial lebenden Archaeocyathiden erhielten den Beinamen »Urbecher«, weil sie ein konisches, doppelwandiges Kalkgehäuse bilden, das auf seiner Spitze steht. Jedes einzelne dieser Gehäuse misst in der Regel in Durchmesser und Höhe einige wenige, maximal bis zu 15 cm. Es besteht aus einzelnen Kammern und weist zahlreiche Poren auf, durch die das Meerwasser in das Innere der Schwämme eindringen kann. Ihre Riffe errichten die Archaeocyathiden zumeist in Hügelstruktur. Bei den früheren Formen haben sie einen Durchmesser von wenigen Dezimetern. Spätere Vertreter können bis zu zwei Meter hoch und 30 m breit werden.

Um 545–520 Mio.

Muschel und Schnecke

Aus einer primitiven Ur-Molluske, die in den Flachmeeren beheimatet ist, entwickeln sich die wesentlichen Grundformen aller in heutigen Gewässern lebenden Weichtiere. Innerhalb einer erdgeschichtlich kurzen Zeitspanne von einigen Millionen Jahren treten erste Vertreter der Wurmmollusken, Käferschnecken, Napfschaler, Muscheln sowie Schnecken in Erscheinung, wenig später auch die ersten Grab- (siehe S. 87) und Kopffüßer (siehe S. 93).
In der Geschichte des Lebens markiert das Auftreten dieser fast durchgehend hartschaligen Mollusken eine Zäsur, denn sie zählen zu den ersten Lebewesen, die sich mit äußeren Panzern, Röhren und Platten vor möglichen Räubern schützen. Für den evolutionären Vorteil dieser Strategie spricht, dass sich ab dem Unterkambrium weltweit die Fossilien hartschaliger Meeresbewohner nachweisen lassen (siehe S. 88).
Mit annähernd 130 000 klassifizierten Arten bilden die Mollusken heute eine der erfolgreichsten Gruppen im gesamten Tierreich. Als die primitivsten unter ihnen gelten die Wurmmollusken und Käferschnecken, die zur Gruppe der Stachelweichtiere zählen. Deutlich weiter entwickelt sind die Kopffüßer oder Tintenfische, und zwar sowohl hinsichtlich ihres Nervensystems als auch der Sinnesorgane (siehe S. 93, 129).

Pleuromya zählt zu den Muscheln. Dieses Exemplar stammt aus Tonschichten bei Salzgitter.

Trotz des großen Gestaltenreichtums lassen die Mollusken eine Reihe von Gemeinsamkeiten erkennen. Ein typisches archaisches Merkmal ist die starre Kalkschale, die gewöhnlich auf der Rückseite des Tieres gebildet wird, sowie eine reibeisenförmige Schabeplatte im Vorderdarm, die Radula, die der Nahrungsaufnahme dient. Da die Außenschale eine schlängelnde Bewegung verhindert, entwickeln viele Weichtiere ein Fortbewegungsorgan in Form eines Bauchfußes. Charakteristisch ausgeprägt findet er sich bei Schnecken, bei anderen Mollusken wird er facettenreich variiert. Auch bei fortschrittlicheren Vertretern dieser Gruppe lassen sich viele dieser Merkmale noch im Larvenstadium erkennen.

Die ausschließlich in Meeren vorkommenden Nabelschnecken (Naticacea) ernähren sich von kleinen Muscheln.

Um 545 Mio. Im Westen des Ostseebeckens entsteht entlang der heutigen schwedischen Küste die sog. **File-Haidar-Formation**. Dabei handelt es sich um Gesteinsschichten aus hellen Konglomeraten, Sandsteinen und Quarziten. Sie werden in einigen Bereichen von tonigen Sedimenten durchzogen. Ihre größte Mächtigkeit erreicht die File-Haidar-Formation im Bereich der Insel Gotland, dem Zentrum des Beckens. Hier erreichen die Gesteine, die sonst nur eine Dicke von 10 bis 40 m haben, eine Mächtigkeit von bis zu 150 m. Die Sandsteinschichten weisen zahlreiche Spurenfossilien auf.

Innerhalb der Fühlerlosen (Chelicerata) sind **Olenellida** weit verbreitet. Zu ihnen gehören u. a. die namengebenden Olenellus sowie Paedeumias. Olenellus besitzt einen Rumpfpanzer, der in bis zu 44 Segmente gegliedert ist. In der älteren Forschung wurden die Olenelliden als urtümliche Dreilapper (Trilobiten) angesehen. Nach neueren Erkenntnissen stehen die Tiere aber den Chelicerata näher. Als wichtige Leitfossilien haben die Olenelliden einer Faunenprovinz den Namen gegeben: der Olenelliden-Provinz.

Kugelige und zylindrische Formen entwickeln die in Meeresgewässern lebenden **Lyssakida**. Sie bilden eine Gruppe der Glasschwämme (Hyalospongea), die wiederum zum großen Stamm der Schwämme (Porifera) gezählt werden. Eine der ältesten Arten ist Protospongia aus dem Unterkambrium. Der kugelförmige Schwamm besitzt ein Stützskelett aus vierstrahligen Kieselnadeln, die in die Körperwand eingebettet sind. Mit einem langen Stiel, an dem der Kugelkörper ansitzt, hält sich Protospongia am Untergrund fest.

Älter als bislang angenommen ist die Gruppe der kieferlosen Fische, der **Agnathen**. Nach neueren Erkenntnissen tauchen die ersten Vertreter der primitiven Wirbeltiere bereits im Unterkambrium auf. Fossile Reste der Fische fanden Forscher Mitte der 1990er-Jahre in zeitlich entsprechend datierten Schichten in Chengjiang. Bis dato galt das Oberkambrium als frühester Zeitpunkt für das Entstehen der Agnathen. Die ältesten Vertreter waren im Harding-Sandstein (USA) entdeckt worden.

Um 545–495 Mio.

Kaledonische Gebirge

Im Verlauf des Kambriums setzt die lange Phase der kaledonischen Gebirgsbildung ein, die im nachfolgenden Ordovizium (495–440 Mio.) einen Höhepunkt erreicht und erst im ausgehenden Silur (440–417 Mio.) abklingt. Sie erstreckt sich damit fast über das gesamte Unterpaläozoikum. Schematisch kann man den Prozess der kaledonischen Gebirgsbildung in drei große Phasen unterteilen. In der ersten werden – mit einem Schwerpunkt im Kambrium – bedeutende Gesteinsmassen abgelagert (siehe S. 87). In der zweiten Periode, die vor allem in das Ordovizium fällt, beginnt der Prozess der Faltung, der durch das Aufeinanderzudriften des Baltischen Schildes und der nordamerikanischen Festlandsmasse Laurentia ausgelöst wird. Erst in der dritten Phase, die ihren Höhepunkt im ausgehenden Ordovizium und im Silur erreicht, werden die jungen Faltengebirge aus dem Meer gehoben.
Zu Beginn der kaledonischen Faltung ist das spätere Europa noch gespalten. Viele Teile, die erst im Zuge der künftigen Gebirgsbildung in Erscheinung treten, liegen unter Wasser. Der Nordwesten des heutigen Kontinents befindet sich im Norden der Nordamerikanischen Platte. Die größten Teile Europas liegen jedoch nordöstlich davon, auf dem Baltischen Schild. Getrennt werden diese beiden Festlandsmassen durch den Iapetus-Ozean (siehe S. 71), einen Senkungsbereich, der auch als kaledonische Geosynklinale bezeichnet wird. Hierbei handelt es sich um einen schmalen Meeresarm, der im Zuge des Auseinanderbrechens von Rodinia im ausgehenden Präkambrium entstanden war. Dieser sog. Proto-Atlantik wird im Verlauf der Gebirgsfaltung wieder vollständig verschlossen. Bevor jedoch die Geosynklinale verschwindet, spielt sie als Ablagerungsstätte bei der Entstehung der kaledonischen Gebirge noch eine entscheidende Rolle.
Aufgeworfen werden in dieser Faltungsphase unter anderem Teile von Spitzbergen, Grönland, Norwegen, Westschweden, Schottland, Wales, Irland und den nordamerikanischen Appalachen. Seine Spuren hinterlässt der langwierige Prozess aber auch in der Nordsee, in Teilen Norddeutschlands und Polens. Allerdings liegen die Gesteine aus der Phase der kaledonischen Orogenese hier unter sehr viel jüngeren Sedimentationsschichten verborgen.
Die Benennung der großen Gebirgsbildungsphase geht auf das lateinische Wort für Schottland, Caledonia, zurück – da ihre charakteristischen geologischen Prozesse am deutlichsten in den schottischen Highlands nachvollziehbar sind.

Norwegens Fjordlandschaft verdankt ihre Entstehung der kaledonischen Faltung.

Um 545–495 Mio.

Mächtige Sedimente

In dem gesamten Bereich der kaledonischen Geosynklinale bzw. des Iapetus-Ozeans werden im Verlauf des Kambriums mächtige Sedimentschichten abgelagert. Mancherorts, wie etwa im

anglowalisischen Becken (Abb.: Wales, Gwynedd, Blick auf Snowdon), erreichen sie eine Stärke von bis zu 5000 m. Aus Gesteinsmassen wie diesen türmen sich später die kaledonischen Gebirge auf. Da die Festlandsbereiche des beginnenden Erdmittelalters noch von keinerlei Vegetation bedeckt werden, sind sie den Erosionskräften stark ausgesetzt. Durch Flüsse und starke Regenfälle gelangen große Mengen Festlandsschutt, bestehend aus Sandstein, Konglomeraten und Tonschiefern, ins Meer. Ihr Gewicht führt zu einer weiteren Absenkung des Meeresbodens. Neue Schichten lagern sich nach und nach an. Erst mit der Gegendrift beider Kontinentalplatten werden diese Sedimente verfaltet und zu riesigen Gebirgen aufgeworfen.

Um 545–520 Mio.

Grabfüßer – Grenzgänger zwischen Schnecke und Muschel

Mit der Ausdifferenzierung der verschiedenen Großgruppen im Stamm der Weichtiere (siehe S. 85) tauchen auch die ersten primitiven Scaphopoden auf, die auch als Grabfüßer oder Röhrenschaler bezeichnet werden. Mit ihren etwa 350 heutigen Arten zählen sie zu den lebenden Fossilien.

Das hervorstechende Merkmal aller Grabfüßer ist ihre gerundete Schale, die sich nach vorn gleichmäßig verjüngt (s. Abb.). Ihre Form wird häufig mit derjenigen von Elefantenzähnen verglichen, doch bleibt sie sehr klein. Einige Grabfüßer werden nicht einmal einen, die meisten nur wenige Zentimeter lang, obwohl sie mehrere Jahre alt werden können und lebenslänglich wachsen. In ihrer Biologie und Lebensweise ähneln sich alle Arten. Grabfüßer sind Meeresbewohner und in den obersten Sandschichten heimisch. Die meiste Zeit ihres Lebens verbringen sie im Sand vergraben, wobei die Spitze ihrer Schale hervorlugt, um jederzeit durch die hintere Mantelöffnung frisches Wasser aufnehmen zu können.

Morphologisch stehen die Grabfüßer zwischen Schnecken und Muscheln. Mit Letzteren teilen sie den Grabfuß und die starke, wenn auch nicht vollständige Rückbildung des Kopfes. An Schnecken erinnern Kiefer, Radula (eine Reibeplatte in der Mundhöhle) und der gesamte Bauplan des Körpers. Grabfüßer zeigen eine längliche Schalenform, Nervensystem und Sinnesorgane stehen auf einer frühen Entwicklungsstufe. Der Kopf ist auf einen Mundkegel reduziert, der von Fangfäden umgeben ist. Unterhalb des Mundes befindet sich der Fuß, dessen Form die Untergruppen der Dentaliidae und Siphonodentaliidae unterscheidet. Mit seiner Hilfe graben sich die Scaphopoden in den Sand, den sie mit ihren Fangfäden (Captacula) nach kleinen Organismen durchsuchen. Dank einer speziellen Klebesubstanz bleibt die Beute an den keulenförmigen Spitzen dieser Fangfäden hängen. Auch hartschalige Kleinstlebewesen werden gefressen. Lässt sich keine Nahrung mehr finden, wechselt man den Standort.

Um 545–495 Mio.

Fühlerlos im Ozean: Die Urahnen der nordamerikanischen Schwertschwänze

In den sog. Burgess-Schiefern der kanadischen Rocky Mountains (siehe S. 91) fossilisieren mit den Gattungen Sidneyia und Leanchoilia Lebewesen, die am ehesten den heute an Nordamerikas Ostküste lebenden Schwertschwänzen gleichen. Sie leben in einer Gemeinschaft mit frühen Vertretern der Crustacea (Krebse), der Tracheata (Insekten und Tausendfüßer) und der später ausgestorbenen Trilobiten – Meer bewohnende Gliederfüßer, die ebenfalls in den Burgess-Schiefern erhalten blieben. Obgleich Sidneyia und Leanchoilia äußerlich stark den Trilobiten gleichen, zählen sie wie die Schwertschwänze zur Gruppe der Chelicerata, der Fühlerlosen oder Spinnenartigen.

Die Schwertschwänze gelten als lebende Fossilien. Wie ihre archaischen Vorfahren leben sie ausschließlich im Meer. Ihre jüngeren Verwandten aus der Klasse der Arachnidae oder Spinnentiere sind hingegen fast gänzlich Landbewohner. Einige Ausnahmen wie die Wasserspinnen und verschiedene Milben werden als sekundäre Wasserbewohner bezeichnet. Gemeinsames Merkmal beider Gruppen ist das Fehlen von Fühlern.

Die einst weltweit verbreiteten Schwertschwänze sind heute noch mit vier Arten vertreten. Der größte Schwertschwanz ist der Pfeilschwanzkrebs der nordamerikanischen Atlantikküste, der eine Länge von bis zu 70 cm erreichen kann. Der kleinere Molukkenkrebs und seine engsten Verwandten sind an den Küsten rund um Süd- und Südostasien bis Neuguinea verbreitet. Alle Pfeilschwanzkrebse (Abb.: Limulus polyphemus) besitzen einen hufeisenförmigen Chitinpanzer. Der Hinterleib der Pfeilschwänze weist bei den archaischen Formen neun, bei den heute lebenden Arten sieben Segmente auf. An seinem Ende sitzt der namengebende Schwanzstachel. Schwertschwänze ernähren sich vorwiegend von Würmern, Schnecken und Muscheln, die sie unzerteilt mit ihren Scheren in die Mundöffnung befördern.

Um 545 Mio. Einige marine Gliederfüßer- (Arthropoden) und Wurmarten leben in Wohnbauten (Domichnia) in Form von Röhren oder Gängen. Die Tiere, die sich von Sedimenten ernähren, bohren diese senkrecht in den Boden. Als früheste Belege gelten entsprechende, von Paläontologen als **Rhizocorallium** bezeichnete Wohnbauten. Die fossilisierten Gänge sind als U-förmige Röhren angelegt. Ihre beiden etwa einen Zentimeter dicken Schenkel verlaufen zunächst parallel, um sich dann in einer Biegung zu treffen. Charakteristisch sind die bei dem Bohrvorgang entstehenden Spreiten (kleine Seitenarme), in denen Kot abgelagert wird.

Ein bis zu 150 mm langes Gehäuse besitzen die **Hyolithen**, die zu den Weichtieren (Mollusken) zählen. Einige Forscher rechnen die Tiere aber auch den Ringelwürmern (Anneliden) zu. Das kalkhaltige Gehäuse der Hyolithen läuft konisch zusammen und kann je nach Art einen dreieckigen, ovalen oder runden Querschnitt haben. Nachgewiesen sind sowohl glatte als auch mit Riefen versehene Gehäuseoberflächen. Die Hyolithen sterben im Perm (292–250 Mio.) aus.

Einziger unterkambrischer Vertreter der zu den Gliedertieren (Articulata) gehörenden Stummelfüßer (Onychophora) ist **Xenusion**. Von dem wurmförmigen Tier wurden bislang nur wenige fossile Exemplare entdeckt. So fand man Exemplare in Sewekow nordwestlich von Berlin und auf der Ostseeinsel Hiddensee. Xenusion hat einen in zahlreiche Segmente unterteilten, geringelten Körper. An jedem Segment sitzt ein Paar Stummelfüße. Den Rücken von Xenusion bewehrt eine Reihe Stacheln. Gegenwärtige noch lebende Stummelfüßer sind in tropischen und subtropischen Gebieten der Südhalbkugel anzutreffen.

In der Atlantischen Provinz, zu der Europa (außer Schottland), der östliche Teil Nordamerikas und Nordafrika gerechnet werden, erreicht der Dreilapper (Trilobit) **Holmia** weite Verbreitung. Den zu den Redlichiida zählenden Gliederfüßer schützt – wie alle Trilobiten – ein dreigeteilter Rückenpanzer. Der Rumpf (Thorax) ist in 16 bis 17 Segmente gegliedert, an denen kleine Stacheln wachsen. Aufgrund der hohen Funddichte gilt Holmia als Leitfossil der sog. Atlantischen Faunenprovinz.

Um 545–495 Mio.

»Kleine Schälchen« – Evolutionsschub unter den Wirbellosen

Ein wesentliches Merkmal der sog. kambrischen Explosion ist das plötzliche Erscheinen kleinschaliger Organismen, deren fossile Überreste von Paläontologen als »small shelly fossils« bezeichnet werden. Zum Teil stammen sie von den frühesten Urahnen der heutigen Molluskengruppen (siehe S. 85), zum Teil aber lassen sie sich den heute bekannten Tiergruppen schwer oder gar nicht zuordnen.

Die ersten hartschaligen Organismen dieser Art wurden in Sibirien nachgewiesen, inzwischen sind sie weltweit von Russland über China (Abb.: small-shelly-Fossilien aus China) bis Australien belegt. Es handelt sich in der Mehrzahl um äußerst kleinwüchsige, zum Teil auch skurrile Formen, die allenfalls einige Millimeter messen. Es finden sich Spiralen, winzige Schalen oder Panzer, einfache Röhren, die an Wurmbauten erinnern, asymmetrische Schuppen, kleine, zum Teil verzweigte Dornen und gewundene Formen. Bis in jüngste Zeit galt es deshalb als sicher, dass die Organismen, die diese fossilisierten Gehäuse einst bewohnt oder getragen hatten, ebenfalls maximal einige Millimeter groß geworden seien.

Obwohl dies in der Mehrzahl der Fälle vermutlich zutrifft, scheint es Ausnahmen zu geben. 1990 wurde in den unterkambrischen Sedimentationsschichten auf Grönland ein Geschöpf von immerhin mehreren Zentimetern Länge geborgen. Die Wissenschaft taufte dieses Lebewesen auf den Namen Halkieria. Dank seiner guten Erhaltung lässt sich erkennen, dass Halkieria auf seinem Rücken eine Art Panzerhemd aus winzigen Skelettplatten sowie zwei sehr viel größere, kreisrunde Platten von vollkommen anderer Gestalt getragen hat. Bereits zuvor waren einzelne Panzerstücke dieses Tieres geborgen und benannt, aber niemals in einen Zusammenhang gebracht worden. Einige Wissenschaftler schließen daraus, dass auch andere »small shelly fossils« ursprünglich zu größeren Organismen gehört haben könnten, die vor ihrer Fossilisation zerfallen sind.

Um 545 Mio.

Fenster ins Kambrium

Auf dem Grund des Ur-Ozeans – im Südwesten des heutigen China – fossilisiert eine Meeresfauna, die der Wissenschaft zu spektakulären Einblicken in die Lebenswelt des Kambriums verhilft. Die in der Lagerstätte von Chengjiang erhaltenen Fossilien stammen aus der Zeit kurz nach der als »Kambrische Explosion« bezeichneten Geburtsstunde aller Tierstämme. Die Sedimente der 1984 entdeckten Fossilienlagerstätte enthalten die wohl älteste diverse Meeresfauna der Erdgeschichte und übertreffen im Alter sogar den kanadischen Burgess-Schiefer (siehe S. 91).

Bemerkenswert an den fossilienreichen Schichten von Chengjiang ist neben dem hohen Alter und der Vielseitigkeit der Fauna besonders die gute Erhaltung von Weichteilen. Manche Wissenschaftler nehmen an, dass ein Katastrophen-Ereignis optimale Erhaltungsbedingungen schuf, welche die kambrischen Organismen nach ihrem plötzlichen Tod vor der Zersetzung retteten. Die Chengjiang-Fauna umfasst zum überwiegenden Teil die Gruppe der Gliederfüßer sowie Schwämme, Quallen, muschelähnliche Weichtiere, Würmer und Stachelhäuter.

Mitte der 1990er-Jahre kam ein weiteres Fossil hinzu, dessen Anatomie sich dank der guten Konservierung in allen Einzelheiten studieren ließ. Neben Rückenflosse, Chorda dorsalis (evolutionäre Vorstufe der Wirbelsäule) und Myomeren (Muskelsegmente) blieb auch die Struktur sämtlicher Organe erhalten, u.a. das älteste bisher geborgene Gehirn. Der sensationelle Fund, von chinesischen Paläontologen Haikouella genannt, sowie sein kurz darauf entdeckter Verwandter Haikouichthys sind wohl die ersten Fische der Erdgeschichte – und der fossilisierte Beleg dafür, dass kieferlose Fische rund 60 Mio. Jahre früher existiert haben als lange Zeit angenommen.

Eldorado der Kambrium-Forscher: die Fossillagerstätte Chengjiang in Südwestchina

Um 545 Mio.

Kambrische Embryonen

An der Schwelle zum Kambrium fossilisieren Kleinstlebewesen, die nach dem neuesten Stand der Forschung als Eier in unterschiedlichen Stadien und als Embryonen unterschiedlicher Tiergruppen gedeutet werden. Die Wissenschaft verspricht sich von ihrer näheren Untersuchung Aufschluss über Zeitpunkt, Geschwindigkeit und Verlauf der Evolution der Vielzeller in der Erdgeschichte vor dem Beginn der Überlieferung von Hartteil-Fossilien.

Voraussetzung für die Erhaltung dieser Kleinfossilien ist eine sehr frühe Mineralisierung der schnell vergänglichen Körperteile im Sediment innerhalb von Stunden oder Tagen. Das dabei wichtigste stabilisierende und fossilisierende Mineral ist das Calcium-Phosphat (Apatit). Die Maße der winzigen, kugeligen bis elliptischen Gebilde liegen in der Regel unterhalb eines Millimeters. Einige weisen unter einer dünnen Schale ebenfalls runde Gebilde im Innern auf, andere sind beerenähnlich in zahlreiche runde Teilzellen geteilt. Wieder andere zeigen deutliche Oberflächenmerkmale wie kleine Stacheln. Schwierigkeiten bereitet die Einordnung dieser Gebilde. Bei den eingerollten, oberflächlich segmentierten Embryonen scheint es sich um Arthropoden (Gliederfüßer) oder Wurm-Gruppen zu handeln. Problematisch ist auch die Zuordnung der Eier mit glatter oder gefurchter Oberfläche. Vermutet wird, dass es sich dabei um Schwämme oder Cnidarier (Nesseltiere) handelt. Embryonen fossilisieren in kalkigen und phosphathaltigen Sedimentgesteinen, dort vor allem in Gebieten, in denen die Schichtenfolgen des Jungpräkambriums und des Kambriums geologisch verhältnismäßig wenig beansprucht worden sind. Dies trifft auf Fundstellen in China und Russland, Kanada und Teilen Afrikas zu.

Um 545 Mio.

Flügelkiemer und Eichelwürmer wohnen in der Röhre

Im Stamm der Kragentiere (Abb.: Eichelwurm) oder Branchiotremata erscheinen die ersten Vertreter der Graptolithen (siehe S. 117) mit mehreren Dutzend verschiedener Arten.

Sie gehören ausnahmslos zu der älteren Untergruppe der Dendroidea – Kolonien bildende Lebewesen, die im Unterschied zu den Vertretern der zweiten großen Abteilung der Graptolithen, den Graptoloidea, fest verwachsen am Untergrund leben. Dendroidea lassen sich bis ins Karbon (354–292 Mio.), also nahezu während des gesamten Paläozoikums, nachweisen.

Die etwas jüngeren Graptoloidea, die aufgrund ihrer weltweiten Verbreitung als Leitfossilien vor allem für das Ordovizium (495–440 Mio.) und das Silur (440–417 Mio.) dienen, sterben bereits im Devon (417–354 Mio.) wieder aus. Vermutlich sind die Graptolithen weichkörperige Tiere. Da allein ihre chitinartigen Wohnröhren fossilisieren, kann die Forschung über Biologie dieser Lebewesen nur spekulieren.

Heute ist die im Erdaltertum formenreiche Gruppe der Branchoitremata nur noch durch Pterobranchia oder Flügelkiemer mit rund 20 Arten und der Enteropneusta oder Eichelwürmer mit rund 60 Arten vertreten. Es handelt sich um primitiv organisierte, schlauchartige Lebewesen, deren Merkmal es ist, in Wohnröhren die Meeresböden zu besiedeln und einen dreigliedrigen Körper aufzuweisen. Die Flügelkiemer sind kleiner und gedrungener. Ihre meisten Vertreter messen zwei bis drei Millimeter, die größten maximal 14 mm.

Deutlich größer sind die Enteropneusta, die in ihrer äußeren Gestalt an Würmer erinnern. Ihr erstes Leibsegment, ein zapfenförmiger Schwellkörper, ist die sog. Eichel. Darauf folgt der zweite Körperabschnitt, der – weil er das hintere Ende der Eichel manschettenartig umgibt – als Kragen bezeichnet wird. Der folgende Rumpf, der vielfach innere Organe erkennen lässt, hat Wurmgestalt. Eichelwürmer leben als Substratfresser in den Flachwasserzonen. Die meisten Arten werden 10 bis 50 cm, eine brasilianische Riesenform 250 cm lang.

Um 545–495 Mio.

Eine Schale mit zwei Klappen

Mit den ersten Muschelkrebsen (Ostracoden) treten im Kambrium frühe Vertreter der Krebstiere (Crustaceen) in Erscheinung. Mit zehn Unterklassen bilden die Crustaceen heute die größte und formenreichste marine Tiergruppe. Von den Muschelkrebsen gibt es bis in die Gegenwart rund 4200 erhaltene Arten. Etwa 8000 ausgestorbene Arten sind fossil bekannt.

Die Ostracoden, die aufgrund ihrer starken Verbreitung in späteren Perioden als wichtige Leitfossilien gelten, werden wie Muscheln vollständig von einer zweiklappigen, meist stark verkalkten Schale umschlossen – daher die Bezeichnung Muschelkrebse. Die beiden Klappen sind selten gleichartig geformt, vielmehr unterscheiden sie sich meist in Größe und Wölbung. Die meisten Vertreter der Muschelkrebse sind sehr klein und werden nur 0,4 bis 1,5 mm lang. Die größte bekannte Ostracoden-Art, Leperditia titanica, erreicht eine Länge von knapp sechs Zentimetern.

Ostracopoden sind Bodenbewohner, die in Salz-, Süß- und Brackwassern leben, wobei man die deutlich größten Vorkommen vor allem in Brackwassern nachgewiesen hat. Viele ihrer Schalen tragen Wülste, Höcker und Stachel, die ein Absinken in den schlammigen Grund verhindern sollen.

Um 545–495 Mio.

Schiefer und Sandstein lagern sich in Flachmeeren ab

Im Kambrium werden Teile des Baltischen Schildes von Flachmeeren bedeckt, während andere Regionen über dem Meeresspiegel liegen. Daher kommt es in dieser Periode in großen Teilen Europas sowohl im Meer als auch auf dem Festland zu Ablagerungen (Abb.: Sandstein von Calafuria nahe Livorno, Italien). Zu den charakteristischen marinen Trogablagerungen dieser Periode zählen die mächtigen Folgen aus Sandstein und Schiefer, die sich unter anderem im Brabanter Massiv, im Polnischen Mittelgebirge, in Italien sowie in Sachsen und Thüringen finden.

Um 520 Mio.

Zu den zahlreichen Meerestieren, die im Burgess-Schiefer in den Rocky Mountains fossilisieren, gehört der Gliederfüßer (Arthropoda) **Marella splendens**. Mehr als 15 000 versteinerte Exemplare legten Paläontologen an der wichtigsten kambrischen Fundstätte frei. Sie weisen die Tiere als primitive Arthropoden aus. Die meisten der Boden bewohnenden marinen Lebewesen erreichten eine Größe von 1 bis 1,5 cm. Als Nahrung diente Marella splendens vermutlich organisches Material, das er vom Untergrund aufnahm. Auffälligstes Kennzeichen von Marella sind die vier nach hinten laufenden Wangenhörner.

Zu den häufigsten Dreilappern (Trilobiten) gehört **Paradoxides**. Nach den Fundorten der fossilisierten Gliederfüßer lassen sich verschiedene, nur regional verbreitete Arten unterscheiden. So waren u.a. Paradoxides bohemicus und Paradoxides gracilis auf das Mittel- und Oberkambrium Böhmens beschränkt. Paradoxides oelandicus hingegen wurde in mittelkambrischen Schichten des westlichen Ostseeraums nachgewiesen. Kennzeichen aller zur Ordnung der Redlichiida gehörenden Paradoxides-Arten sind der große Kopfschild und der zylinderförmige Mittelteil (Glabella) des dreigeteilten Rückenpanzers. Paradoxides gilt als wichtiges Leitfossil der Atlantischen Provinz, zu der Nordafrika, Nordamerika und Europa (außer Schottland) gerechnet werden.

Im Böhmischen Becken entsteht die so genannte **Jince-Formation**. Über unterkambrischen Gesteinsschichten, die sich aus Grauwacken, Sandsteinen und Konglomeraten zusammensetzen, werden mächtige Schieferschichten angelagert. Sie erreichen eine Dicke von bis zu 400 m. Die Jince-Formation gilt als eine wichtige Lagerstätte von Fossilien. In den durch wenige tektonische Veränderungen fast unversehrten Schieferschichten fanden Paläontologen u.a. zahlreiche fossilisierte Dreilapper (Trilobiten). Das Gebiet, in dem die Jince-Formation liegt, wird nach dem im 19. Jh. lebenden französischen Forscher Joachim Barrande auch Barrandium genannt.

Innerhalb der Kragentiere (Branchiotremata) entwickeln sich die Graptolithen. Als erste Vertreter gelten die buschförmigen **Dendroidea**. Die nur etwa einen bis drei Millimeter großen Tiere tragen ein chitinhaltiges Außenskelett, das Rhabdosom. Es weist mit seinen weit verzweigten Ästen, die in ihrer Form an Tüten erinnern, eine baumartige Struktur auf. Mit einem Achsenfaden sind die Kolonie bildenden Dendroidea fest am Untergrund verhaftet (sessil). Wenige spätere Arten der bis zum Karbon existierenden Dendroidea lebten auch in halbsesshafter Weise.

Um 520–495 Mio.

Platten in Bewegung: Unterwasser-Vulkanismus nimmt zu

Der Beginn der langen Phase der kaledonischen Gebirgsfaltung kündigt sich im Oberkambrium durch eine stärkere Häufung untermeerischer Vulkanausbrüche an (Abb.: untermeerisch ausgeflossene Lava im Berounka-Tal, Tschechien). Ursache sind plattentektonische Bewegungen.
In dieser Phase beginnen die Nordamerikanische Platte, das sog. Laurentia, und der Baltische Schild, der die größten Teile Mittel- und Osteuropas umfasst, sich aufeinander zu zu bewegen (siehe S. 86). Die kaledonische Geosynklinale, eine Senkungszone, die beide Festlandsmassen voneinander trennt und vom Iapetus-Ozean ausgefüllt ist, wird dadurch im Laufe der folgenden Jahrmillionen wieder geschlossen. Während dieses Prozesses entstehen in den dünnen Krustenpartien auf dem Meeresboden immer wieder Risse und Brüche, durch die flüssiges Schmelzgestein aus dem Erdmantel an die Oberfläche drängt. Durch diesen Tiefseevulkanismus kann es zur Bildung basaltischer Gebirge auf dem Meeresgrund kommen. Wo das Wasser durch Spalten in den Meeresboden eindringt, können sich durch eine Kette geochemischer Prozesse auch bedeutende Erzlager bilden. Die aggressive hydrothermale Lösung, die bei diesem Prozess entsteht, ist für die meisten Meeresbewohner hochgradig giftig.

Um 520–495 Mio.

Hitze und Verdunstung fördern die Entstehung von Salz

Nach einer Phase der kontinuierlichen Erwärmung des Erdklimas ist im mittleren und ausgehenden Kambrium nahezu weltweit ein deutlicher Temperaturanstieg zu verzeichnen. Überdies werden einige Regionen immer trockener. Unter diesen Umständen kommt es in vielen Bereichen der Erde zur Bildung teils mächtiger Verdampfungsgesteine, zumeist in Form von Steinsalz (s. Abb. r.). Verdunstungsgesteine oder Evaporite bilden sich durch Ausfällung aus dem Wasser, wenn die Menge des verdunstenden Wassers die der Niederschläge oder Zuflüsse mengenmäßig übertrifft. Besonders auf der Sibirischen Platte, die zu diesem Zeitpunkt etwa auf Höhe des Äquators liegt, herrscht trockenes, wüstenartiges Klima, das die Bildung mächtiger Salzlager begünstigt. Ähnliche Klimaverhältnisse finden sich auch im späteren Indien, das im Kambrium zu den Inlandsgebieten Gondwanas zählt und nur knapp unterhalb der Äquatorlinie liegt. Im Westen wird es durch Tibet und Arabien, im Osten von China und Antarktika vom Weltmeer abgetrennt.

Etwas weniger stark werden Evaporite aber auch in zahlreichen anderen Erdregionen gebildet. Südlich des Äquators bildet sich ein Trockengürtel heraus, der nicht nur für die Ablagerungen in Indien, sondern auch für vergleichbare Sedimente in Nordamerika und Europa verantwortlich ist. Auch der Süden Australiens, der bis knapp an den Äquator heranragt, lässt an seinen Rotsedimenten mit Steinsalzbildung den Einfluss des trockenwarmen kambrischen Klimas erkennen.
Zur Familie der Salzgesteine, die durch Ausdunstung gebildet werden, zählt eine Reihe verwandter Gesteine. Das verbreitete Steinsalz ist ein farbloses oder weißes Sedimentgestein, das durch Beimengung von Eisenpartikeln, Bitumen und Tonen bläulich, braun oder rot erscheint. In diese Gruppe gehören auch Gips- und Anhydritstein sowie Edelsalze (Abb. l.: Salzabbau im Bergwerk Grasleben bei Helmstedt, Niedersachsen).

Um 520–495 Mio.

Jahrhundertfund Burgess-Schiefer

In rund 200 m Meerestiefe, am Fuße eines steil aufragenden Kalkalgen-Riffs in den heutigen kanadischen Rocky Mountains, fossilisiert eine einzigartige kambrische Meeresfauna, deren Formenreichtum alle Vorstellungen bei weitem übertrifft. Paläobiologen sprechen bei der Entdeckung der Fossillagerstätte des sog. Burgess-Schiefers von einer Sensation, für den amerikanischen Paläontologen Stephen Jay Gould ist sie gar der wichtigste Fundort aller Zeiten. Bis heute wurden dort mehr als 80 000 Fossilien geborgen. Die Besonderheit des Burgess-Schiefers ist der Erhaltungszustand der Fossilien. Die überlieferte Fauna hatte einst die Flachwasserzonen bewohnt und war durch gelegentliche Schlammlawinen in ein Becken gespült worden. In dieser fast sauerstofffreien Umgebung, in der es weder zersetzende Bakterien noch Aasfresser gab, haben sich selbst die Weichteile der eingebetteten Organismen bestens erhalten. Auch äußerst zarte Strukturen wie Tentakeln, die Kiemen der Spaltfüße und feinste Mundwerkzeuge sind überliefert. Anhand dieser und anderer Details konnten die Forscher Rückschlüsse auf die Ernährung, Fortbewegung und andere Aspekte der Biologie der kambrischen Fauna ziehen.

Ein großer Teil der überlieferten Organismen gehört zu einem der noch heute vertretenen Tierstämme, andere lassen sich keiner bekannten Gruppe zuordnen. Sie zeigen z.T. äußerst bizarr anmutende Formen. Stephen Jay Gould, der die seltsamen Kreaturen »irre Wundertiere« nennt, wurde durch sie zu einer völlig neuen Evolutionslehre angeregt, derzufolge die Natur im Kambrium eine Fülle von Formen ausprobiert habe, von denen zufällig einige überlebt hätten.

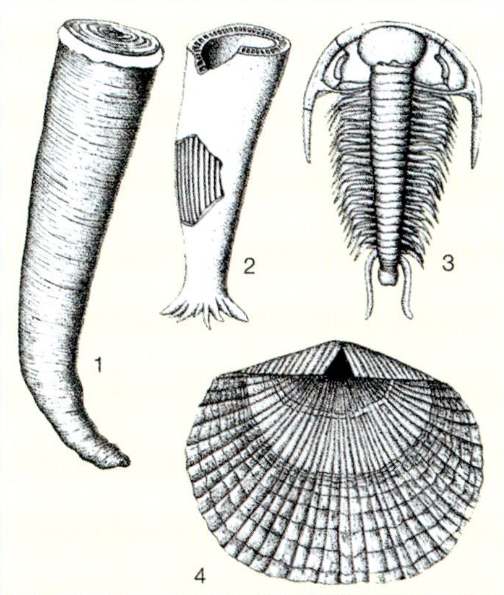

Leitfossilien: 1 Hyolithen ; 2 Archaeocyathen (beide Unterkambrium); 3 Trilobiten (Mittelkambrium); 4 Brachiopoden (Oberkambrium)

Dieser Trilobit Marella splendens aus dem Burgess-Schiefer hat eine Länge von 10 cm.

Etwa ein Drittel der in den Burgess-Schiefern erhaltenen Organismen sind Gliedertiere, ein Viertel zählt zu den Schwämmen und etwa 13 Prozent zu verschiedenen Würmern. Die restlichen Tiere verteilen sich auf die Mollusken (siehe S. 85), Stachelhäuter, Kragentiere (siehe S. 89), Armfüßer und einige andere Formen. Das größte der merkwürdigen Lebewesen in den Burgess-Schiefern ist Anomalocaris, ein 60 cm langer Räuber, dessen einzelne Körperteile zunächst drei verschiedenen Tieren zugeordnet wurden, nämlich einer Garnele, einem Schwamm und einer Qualle. Der Boden bewohnende Opabinia schiebt eine Art Staubsaugerrüssel vor sich her. Hallucigenia bewegt sich auf 14 Stelzenbeinen und trägt sieben markante Fortsätze auf dem Rücken.

Um 520–495 Mio.

Im Krebsgang an die Spitze

Die Crustaceen oder Krebstiere, die bereits ab dem frühen Kambrium nachgewiesen sind (siehe S. 89), nehmen hinsichtlich der Zahl ihrer Arten und Individuen unter den Meeresbewohnern eine immer wichtigere Stellung ein. Ab dem mittleren Kambrium sind neben den Muschelkrebsen auch Rankenfußkrebse und erste Vertreter der Malacostraca oder Höheren Krebse belegt.

Rankenfußkrebse sind überwiegend kleine, von einem Kalkskelett umgebene Tiere, die im Unterschied zu den meisten anderen Gliederfüßern eine überwiegend festsitzende Lebensweise bevorzugen. Ihre bekanntesten heutigen Vertreter sind die Entenmuscheln. Die Malacostraca übertreffen heute andere Unterklassen der Krebstiere hinsichtlich ihrer Artenzahl als auch der durchschnittlichen Körpergröße. Zu den rd. 28 000 Arten zählen u. a. Hummer, Garnelen und Krabben.

Um 520–495 Mio.

Gepanzerte Gliederfüßer: Trilobiten vermehren sich rasant

Bei den Trilobiten (Abb.: Rekonstruktion von Trilobiten aus Europa) kommt es im Verlauf des Kambriums zu einer explosionsartigen Vermehrung. Durch ihren Formenreichtum und ihre weltweite Verbreitung stellt diese Klasse Meer bewohnender Gliederfüßer während des gesamten Erdaltertums, vor allem vom Kambrium bis zum Silur (440–417 Mio.), die wichtigsten Leitfossilien. Zum Ende des Perms (292–250 Mio.) sterben sie wieder aus. Ihren Namen verdanken die Trilobiten oder Dreilapper der typischen Dreigliederung ihres Körpers in Kopf-, Rumpf- und Schwanzschild. Alle bekannten Formen sind gepanzert. Dank starker Segmentierung der einzelnen Körperteile können sie sich, wie die heutigen Asseln, zusammenrollen. Ihre Größe variiert zwischen 15 mm und 75 cm. Einige augenlose Kleinformen leben in der Tiefsee, die meisten bevorzugen Flachwasserzonen.

Um 520 Mio. Zu den einfachen Conodonten (Zahntierchen) gehören die mittelkambrischen **Paraconodonten**. Die primitiven marinen Lebewesen erreichen nur eine maximale Größe von etwa drei Millimetern. Charakteristisch für die Conodonten ist die zahnartige Form des aus Kalzium-Phospat aufgebauten, gelblich durchscheinenden Körpers. Wegen ihrer weiten Verbreitung dienen die Meerestierchen Wissenschaftlern als wichtige Leitfossilien zur zeitlichen Einordnung von Sedimenten. So ist die Gruppe der Paraconodonten nur vom Mittelkambrium bis zum Ordovizium belegt.

Eine der ältesten Gattungen der muschelähnlichen Lingulida, eine Ordnung der inarticulaten Armfüßer (Brachiopoden), stellt **Obolus** dar. Fossile Reste der ausschließlich im Meer lebenden Tiere fanden Wissenschaftler in Nord- und Südamerika, Europa und Asien. Das zweiklappige Schalengehäuse von Obolus hat die Form eines Herzens. Es schützt den innen liegenden Weichkörper. Ein aus der so genannten Stielklappe hervortretender fleischiger Stiel dient Obolus zur Befestigung am Untergrund.

Kleine Formen entwickeln die **Agnostida**, eine zu den Dreilappern (Trilobiten) zählende Ordnung im Meer lebender Gliederfüßer (Arthropoda). Kennzeichen der Agnostida, zu denen die namengebende Ordnung Agnostus sowie Eodiscus und Pagetia gehören, ist der aus zwei oder drei Segmenten bestehende Rumpf (Thorax). Fast ähnlich geformt sind der Kopf (Cephalon) und das Schwanzschild (Pygidium) der – wie alle Trilobiten – dreigeteilten Agnostida.

Kräftige Kauwerkzeuge besitzen die Ringelwürmer (Annelida) der Ordnung **Errantia**. Wie bei allen Anneliden ist die Gestalt der Tiere nur durch die Abdrücke ihrer Wohnbauten der Nachwelt bekannt. Die fossilisierten U-förmigen Errantia-Wohnbauten wurden u.a. im Burgess-Schiefer in den Rocky Mountains gefunden. Den dort entdeckten Abdrücken zufolge besaßen die in zahlreiche Segmente gegliederten Errantia einen ähnlichen Weichkörper wie der heute im Wattenmeer der Nordseeküste lebende Sandpierwurm.

Um 520–495 Mio.

Farbenfrohe Algenwelt

In den kambrischen Meeren bildet eine bereits formenreiche Algenflora die Lebensgrundlage zahlreicher Organismen. Bakterien und Algen sind die ältesten Organismen der Welt und gehören zugleich zu den frühesten erhaltenen Fossilien der gesamten Erdgeschichte. Neben den sog. Blau- oder Blaugrünalgen, die bereits seit dem Proterozoikum (2,5 Mrd.–540 Mio.) nachgewiesen sind, aber nicht zur Gruppe der eigentlichen Algen, sondern zu den Cyanobakterien zählen, treten vermehrt Rot- und Grünalgen in Erscheinung.
Insgesamt bilden die Algen eine sehr heterogene Pflanzengruppe, die neben mikroskopisch kleinen Einzellern auch Riesenorganismen von 300 m Länge umfasst (z. B. Macrocystis). Bei den Chlorophyta oder Grünalgen, die keine greifbaren Verwandtschaftsbeziehungen zu anderen Algen erkennen lassen, finden sich einige Einzeller, doch sind die meisten Vertreter ihrer insgesamt elf Ordnungen Mehrzeller. In der Evolution der Pflanzenwelt nehmen sie eine wichtige Stellung ein. Die ausnahmslos grünen Pflanzen weisen alle bereits die »normale« Blattfarbstoffzusammensetzung auf. In ihren Farbstoffträgern haben sie Stärkebildner und in Stärke legen sie ihre Nahrungsreserven an. Ihre Zellwände bestehen überwiegend aus Zellulose. Neben den Einzellern gibt es meterlange Arten, die in Wuchs und Form alle erdenklichen Algentypen repräsentieren, darunter fadenartig verzweigte aber auch blattähnliche und hoch entwickelte Formen.
Die überwiegend filigranen Rotalgen sind nicht nur formen-, sondern auch farbenreich – von Rosa über Rot bis Violett – vertreten. Sie bevorzugen häufig die Flachwasser- und Brandungszonen, können aber aufgrund ihrer Farbe, die ihnen die Absorption bestimmter Lichtwellen ermöglicht, auch in große Tiefen vordringen.

Bizarr: Fadenartig verzweigte Grünalge

Grünalge bei der Fortpflanzung: Zellteilung von Micrasterias fimbriata desmid (Mikroaufnahme)

Um 520–495 Mio.

Agnathen mit Schuppen- und Knochenplatten – die Evolution der Wirbeltiere beschleunigt sich

Mit den Anatolepsis (Abb.: Pteraspis sp.) treten im Oberkambrium weitere Vertreter der kieferlosen Fische oder Agnathen in Erscheinung, die bereits für das Unterkambrium nachweisbar sind (siehe S. 88). Es sind frühe Verwandte, allerdings keine unmittelbaren Vorfahren der späteren Heterostraci, Osteostraci und Anaspida, die in der Frühgeschichte der Wirbeltiere eine entscheidende Rolle spielen.
Das Erscheinen dieser Agnathen markiert den Beginn einer beschleunigten Evolution unter den Chordatieren (siehe S. 81). Die fischförmigen Kieferlosen des beginnenden Erdaltertums sind nicht die Vorfahren der echten Fische, vielmehr scheinen sich sowohl die Agnathen als auch die Gnathostomata (Kiefer tragende Wirbeltiere) aus einem gemeinsamen Ursprung entwickelt zu haben, der bei den Vertretern der frühen Chordatiere zu suchen ist. Eine oder mehrere Stammeslinien, die erst ab dem frühen Silur (440–417 Mio.) im Fossilbericht erscheinen, entwickeln einen Kiefer, der sie für eine räuberische Lebensweise prädestiniert. Andere Linien, die ab dem Oberkambrium in Erscheinung treten, behalten den ursprünglichen, kieferlosen Zustand bei. Ein charakteristisches Merkmal der frühen Agnathen ist ein ausgedehntes Außenskelett, das teils aus großen Knochenplatten, teils aus Schuppen besteht. Wegen dieser Rüstung, die bei manchen Formen als weiches Schuppenkleid, bei anderen als schwerer Panzer ausgebildet ist, bezeichnet man die paläozoischen Agnathen auch als Schalenhäuter oder Ostracodermen. Die fragmentarischen Funde von Anatolepis lassen kaum Rückschlüsse auf dessen Körperbau zu. Wenige Zentimeter lang, lebt er in Gemeinschaft mit Trilobiten (siehe S. 91), Brachiopoden und Conodonten. Besser belegt ist Arandaspis, der im unteren Ordovizium (ab 495 Mio.) in Australien lebt. Er wird 12 bis 14 cm lang und ernährt sich in den Bodenregionen von Mikroorganismen. Die Form seiner Schwanzflosse ist unbekannt, über paarige Flossen verfügt er nicht. Sein spindelförmiger Körper mit der stumpfen Schnauze ist vorn mit großen Knochenplatten und hinten mit kleinen Schuppen bedeckt.

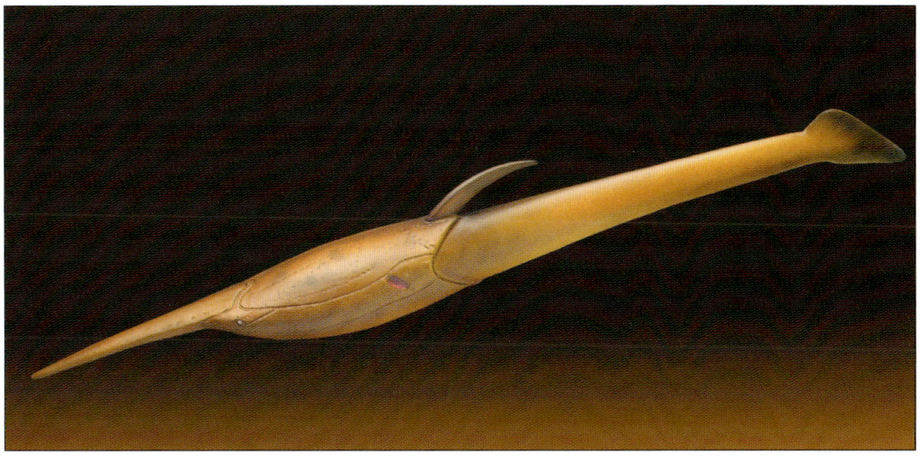

Um 520 Mio.

Primitive Schnecken im Meer

Im Mittelkambrium sind Meeresschnecken formenreich vertreten (Abb.: Käferschnecke). Sie gehören überwiegend zu Diotocardia, den sog. Alt- oder Urschnecken, die zu den Vorderkiemern (siehe S. 159) zählen und heute die primitivsten aller Schneckenarten (Gastropoden) stellen.

Um 520–495 Mio.

Tintenfische – hoch entwickelte Weichtiere des Kambriums

In den oberkambrischen Meeren tauchen erste Vertreter der Cephalopoden auf, der Kopffüßer oder Tintenfische, die die mit Abstand am weitesten entwickelte Gruppe im Stamm der Mollusken oder Weichtiere stellen (siehe S. 85).
Die älteste bekannte Form, Volborthella tenuis mit einem konischen Gehäuse und rund zwei Zentimetern Länge, wurde von den Wissenschaftlern lange Zeit als Stammform aller Tintenfische betrachtet, gilt heute aber eher als ein Modellversuch der Evolution. Wenig später, noch im Oberkambrium, sind bereits erste Vertreter der Nautiloidea, der Vierkiemer oder Alt-Tintenfische belegt (Abb.: Ellesmeroceras). Die Form ihrer gekammerten Wohnröhre erinnert an ein spitz zulaufendes, leicht gekrümmtes Horn. Sie gelten als früheste bekannte Vorfahren der Ammoniten und der sechs bis heute vorkommenden Arten der Gattung Nautilus. Die folgenden Perioden des Erdaltertums sind für die Cephalopoden eine Blütezeit. Vor allem die Ammoniten stellen aufgrund ihrer Verbreitung und ihres Formenreichtums in vielen Abschnitten des Paläozoikums wichtige Leitfossilien. Form und Struktur ihrer Gehäuse werden immer differenzierter, häufig erinnern sie an Schneckenhäuser. Bis heute ist die äußere symmetrische Schale das auffälligste Merkmal, welches die kleine Gruppe der Alt-Tintenfische von der bedeutend größeren der Neu-Tintenfische trennt.

Um 520–495 Mio.

Stachelhäuter mit Bodenhaftung: Edrioasteroidea bevorzugen eine festsitzende Lebensweise

Im Stamm der Stachelhäuter, der unter anderem die Seeigel, Seesterne und Seelilien umfasst, entwickeln sich die Edrioasteroidea. Bis zu ihrem Aussterben im Oberkarbon bringen sie annähernd 30 Gattungen mit zahlreichen Arten hervor.
Die Edrioasteroidea zählen zu der im Erdaltertum außerordentlich formenreichen Gruppe der sog. primär gestielten Stachelhäuter (Pelmatozoa), deren kennzeichnendes Merkmal es ist, dass sie – anders als Seeigel und Seesterne – mindestens einen Großteil ihres Lebens in einer festsitzenden Lebensweise verbringen.
Im Unterschied zu ihren engsten rezenten Verwandten, den Seelilien und den Haar- oder Federsternen, sind die Edrioasteroidea scheiben- oder sackförmig. Sie werden nur wenige Zentimeter groß. Während der Mund bei den meisten Stachelhäutern nach unten gerichtet ist, sitzt er bei den Edrioasteroidea wie bei allen Pelmatozoen an der Körperoberseite, wo auch der spiralig gewundene Darm ausmündet.

Um 520 Mio. In warmen Gewässern lebt die Alge **Margaretia dorus**. Fossile Reste der Pflanze fanden Wissenschaftler in mittelkambrischen Schichten am Burgess-Pass in den Rocky Mountains und im Aldanplateau in Sibirien. Diese Fundorte lagen im Kambrium in der Nähe des Äquators. In ihrer Form erinnert die Alge, die bislang noch keiner Gruppe zugeordnet werden konnte, an heute lebende Schlauchalgen (Siphonales). Wie die modernen Vertreter besitzt Margaretia dorus einen nicht in Zellen gegliederten, schlauchförmigen Körper. Stattdessen umhüllt die Zellwand eine Plasmamasse. Zum Verankern am Untergrund dienen der Alge Zellfäden (Rhizoide).

Um 510 Mio. Im gesamten schwedischen Raum herrscht die **Alaunschieferfazies** vor. Das dunkelgraue bis schwarze Gestein ist reich an so genannten Stinkkalkkonkretionen. Dabei handelt es sich um rundliche oder knollenförmige Mineralausscheidungen der Sedimente. Der Stinkkalk, der auch in Norddeutschland weit verbreitet ist, verdankt seinen Namen dem an Erdöl oder Benzin erinnernden Geruch, den das Mineral beim Aufschlagen oder Erwärmen verströmt. Vereinzelt findet sich neben dem Stinkkalk auch eingelagerter bituminöser Kalkspat. Darüber hinaus enthält der Alaunschiefer zahlreiche fossilisierte Dreilapper (Trilobiten) und Armfüßer (Brachiopoden).

Um 500 Mio. Innerhalb der Nesseltiere (Cnidaria), eine Untergruppe der Hohltiere (Coelenterata), bilden sich die **Conulata** heraus. Weltweite Verbreitung findet die namengebende Art Conularia. Der Hohlraum (Coelenteron) der meeresbewohnenden Tiere läuft konisch zusammen. Mit der Spitze des aus dünnem, chitinig-phosphatischem Material bestehenden Körpers verankern sich die Conulata am Untergrund. Außen ist das Gehäuse der etwa sechs bis zehn Zentimeter großen Tiere mit markanten Längs- und Querstreifen versehen. Am Mund, der sich am oberen Teil des Hohlraumes befindet, sitzen Tentakeln. Wahrscheinlich filterten die Tiere mit ihrer Hilfe Nahrung aus dem Wasser – vergleichbar den heute lebenden Süßwasserpolypen.

Vielfältige Formen entwickelt die Trilobiten-(Dreilapper-)Ordnung **Ptychopariida**. Zu den bereits seit dem Mittelkambrium weit verbreiteten Gattungen Olenus, Ptychoparia und Conocoryphe gesellen sich im Oberkambrium die augenlose Art Dikelocephalus und die Familie Proetidae. Dikelocephalus wird wegen seiner hohen Populationsdichte zum Leitfossil der den größten Teil Nordamerikas, die Arktis und Nordschottland umfassenden pazifischen Faunenprovinz. Als langlebig erweisen sich die kleinen Proetidae. Von allen Trilobiten bleiben sie am längsten nachweisbar: vom Oberkambrium bis zum Mittelperm.

Um 520–495 Mio.

Ganz neue Landschaften

Im Zuge der plattentektonischen Bewegungen, die den Beginn der eigentlichen kaledonischen Gebirgsfaltungsphase ankündigen, ereignen sich nahezu weltweit einschneidende geografische Veränderungen. Weitgehend ausgenommen von dieser Entwicklung bleiben einzig Südamerika und Afrika, die in dieser Phase gemeinsam die Südspitze Gondwanas bilden. In Nordamerika, Europa, Asien und Australien ereignen sich hingegen bedeutende Umgestaltungen in der Formgebung der Landmassen.

In weiten Teilen der Erde kommt es durch den kontinuierlichen Anstieg des Meeresspiegels zu weiträumigen Überschwemmungen von ganzen Landstrichen. Diese sog. Transgression wird durch die große Verbreitung einer typischen Meeresfauna belegt und bringt zum Teil bedeutende Ablagerungen hervor. Noch deutlich stärker geschieht die Sedimentation in den Senkungszonen, den sog. Geosynklinalen (siehe S. 86), in denen sich mancherorts jene mehrere tausend Meter starken Schichten ablagern, aus denen in der Folge die kaledonischen Gebirge gefaltet werden. Auch vulkanische Eruptionen, die – wie etwa in Böhmen – bis zu 500 m mächtige Gesteinsserien hervorbringen, tragen zur Entstehung neuer Festlandsmassen bei.

Der Lake Peyto in den kanadischen Rocky Mountains, die im Kambrium entstanden sind

Nordamerika, das zu dieser Zeit in seiner Längsrichtung ungefähr auf der Äquatorlinie liegt, wird im Kambrium von einem ausgedehnten Flachmeer bedeckt. Davon zeugen die weiträumigen Stromatolithenkalke, die ebenso auf Flachwasserzonen deuten wie die Wurmröhren, die sich in sandigen Bereichen finden. An den Randgebieten der Nordamerikanischen Platte kommt es unterdessen vor allem durch Sedimentanhäufung zur Entstehung neuer geologischer Provinzen. Die heute nördlichen Regionen von Alaska und Neufundland,

Um 520–495 Mio.

»Herrschaft des Meeres« prägt das gesamte Erdaltertum

In den größten Teilen des Erdaltertums sind weite Landstriche überflutet (sog. Thalattokratie). Ursache ist das warme Klima. Da es kaum Vereisungen gibt, wird kein Wasser gebunden. Für die evolutionäre Entwicklung der Flora und Fauna sind die ausgedehnten Flachwasserzonen ideal. Der Begriff »Thalattokratie« stammt aus dem Griechischen und bedeutet so viel wie Herrschaft des Meeres (Abb.: überfluteter Küstensaum an der Algarve in Portugal).

Urtümliche Berge kennzeichnen die faszinierende Gletscherwelt der Magdalenenbucht auf Spitzbergen.

große Teile der Rocky Mountains und der Appalachen, das Mississippi-Becken, Florida und der Norden Mittelamerikas gehen geologisch vor allem auf das Kambrium zurück.

In Europa zeigt sich die beginnende Angliederung neuer Landmassen besonders deutlich in jenen Bereichen der kaledonischen Senkungströge, die große Mengen Erosionsschutt aufnehmen und noch heute Gebirgsreste aus der Phase der kaledonischen Faltung erkennen lassen – also im Westen Skandinaviens, in Schottland, England und Irland sowie in der Bretagne. In einigen Teilen Schottlands weisen die kambrischen Schichtfolgen eine Stärke von bis zu 8000 m, in Wales immerhin von rund 4000 m auf. In Böhmen erreichen die kambrischen Gesteinsserien eine Stärke von bis zu 2500 m, doch ist hier nur eine vergleichsweise geringe Schicht von 400 m marinen Ursprungs.

Um 520–495 Mio.

Lange Zeit ein Rätsel: Ooide bilden organisches Gestein

Im Kambrium lagern sich in den Sedimenten erstmals sog. Ooide ein, die bis heute in warmen Gewässern etwa im Bereich der Bahamas, im Persischen Golf und vor der Küste Tunesiens anzutreffen sind und deren Ursprung und Entstehung der Wissenschaft lange ein Rätsel war.

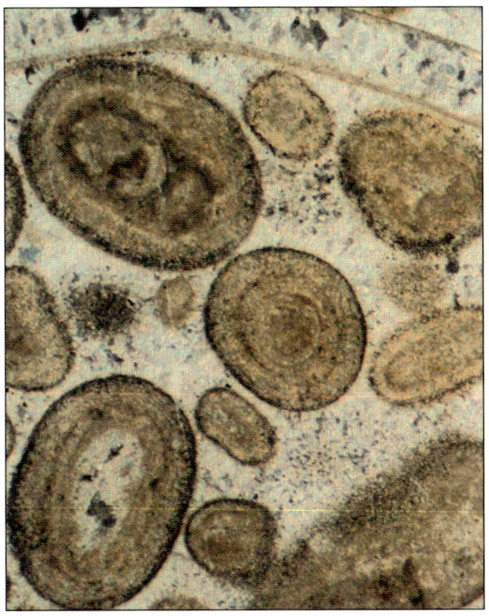

Ooide werden zu den »coated grains« (umkrustete Körner) gezählt. Diese besitzen einen inneren Kern oder Kristallisationskeim, der aus einem Sandkorn oder einem frei schwebenden Partikelchen bestehen kann. Um diesen Kern bilden sich durch Kalkausscheidung aus dem Meereswasser konzentrische Schalen.

Die Ooide sind rund bis eiförmig und haben einen Durchmesser von maximal zwei Millimetern. Zumeist sind sie aus mehreren, manchmal aber auch nur aus einer Hülle aufgebaut. In diesem Fall wird von Rinden- oder Einfach-Ooiden gesprochen. Während ihrer Wachstumsphase existieren die Ooiden gleichsam frei schwebend im Meer. Hat ihr Durchmesser einen kritischen Punkt überschritten, sinken sie auf den Meeresboden ab. Dort können sie bei starken Vorkommen die Hauptkomponente einer Gesteinsart bilden, die man als Oolith bezeichnet. Dieser Stein (s. Abb.), der in seiner Gestalt an Fischrogen erinnert, kommt je nach Beschaffenheit seiner anderen Gemengeteile als Kalk-, Kiesel- und Eisenoolith vor.

Viele Ooide lassen im Querschnitt den Wechsel von hellen und dunklen Hüllen erkennen, was an Jahresringe von Bäumen erinnert. Aufgrund dieser Strukturen werden sie als Tangential-Ooide bezeichnet. Sie bilden sich bevorzugt in warmen Flachwasserzonen. Von ihnen unterschieden werden die Radial-Oide, die eher eine Art Strahlenmuster aufweisen. Sie entstammen häufig ausgesprochenen Stillwassern, die in den Randbereichen der Meere und in Höhlen vorzufinden sind.

Um 520–495 Mio.

Vielfalt der Mineralien

Die plattentektonischen Bewegungen der Erdkruste, die von einem verstärkten Vulkanismus begleitet werden, lassen durch geologische und geochemische Prozesse eine Vielzahl metallischer Erze und Mineralien entstehen, die zum Teil nicht unbedeutende Lagerstätten bilden.

Grundsätzlich kommen auf der Erde mehrere Dutzend natürliche Elemente vor. Allein neun dieser Grundstoffe, jeder chemisch sehr reaktionsfreudig, bilden etwa 98 Prozent des vorkommenden Gesteins.

Ihre Verbindungen werden als Mineralien bezeichnet und sie liefern sowohl wichtige Metalle als auch nützliche Edelsteine. Zu den wichtigsten und häufigsten Mineralien zählen Quarz, Feldspat, Glimmer und die Eisen-Magnesium-Mineralien.

Mineralien können nahe der Erdoberfläche durch Einwirkung von Wasser, Kohlendioxid und Sauerstoff entstehen, doch finden sich die meisten in sog. Abkühlungsgestein, wo sie während des Abkühlungsvorgangs und der daraus resultierenden Kristallisation des geschmolzenen Gesteins gebildet werden. Dies bedeutet, dass ihre Entstehung häufig eng mit vulkanischer Tätigkeit zusammenhängt.

Dieser Prozess kann durch Kristallisation des Schmelzgesteins, durch Erhitzung und Umwandlung benachbarten Gesteins oder durch sog. Exhalationen – dem Ausstoß von Gasen aus Magma – erfolgen.

Zu einer Kette geochemischer Reaktionen kommt es häufig bei Tiefsee-Vulkanismus, wenn Meerwasser in Risse in der Erdkruste einsickert und als hydrothermale Lösung wieder an die Erdoberfläche gelangt. In diesem Fall werden vor allem bedeutende Erzlager gebildet.

Ähnliche Prozesse können auch an heißen Quellen oder Geysiren ablaufen. Zu den Metallen und Halbmetallen, die im Kambrium gebildet werden, zählen u. a. Wismut (s. Abb. o.), Arsen (Abb. M.: Arsen-Schwefel-Mineral), Pyrit (Abb. u.) und viele weitere Erze.

Um 495 Mio. Zu den frühen kieferlosen Fischen (Agnathen) gehört **Arandaspis**. Die Gestalt des primitiven Fisches lässt sich anhand von Gesteinsabdrücken rekonstruieren, die in Schichten des unteren Ordoviziums in Australien entdeckt wurden. Knochen von Arandaspis sind nicht erhalten. Den aufgefundenen Abdrücken zufolge war der Meeresbewohner etwa 12–14 cm lang. Reihen winziger Schuppen bedeckten den im Längsschnitt ovalen Körper. Vermutlich lebte Arandaspis in Bodennähe und ernährte sich von über dem Meeresboden schwebenden Kleinstlebewesen.

Im Thüringischen Becken werden Schichten aus grobkörnigem Quarzit, Schiefer und Sandstein angelagert. Sie erhielten nach den dort gefundenen fossilisierten Wohnbauten des wurmartigen Tieres Phycodes circinatum den Namen **Phycodenquarzit** und Phycodenschiefer. Die im Gestein erhaltenen Abdrücke der Wohnbauten besitzen eine fächerartige Form. Ob als Verursacher dieser Spuren tatsächlich Phycodes circinatum in Frage kommt, ist in jüngerer Zeit mehr und mehr umstritten. Möglicherweise handelt es sich bei den Gängen eher um Reste einer algenähnlichen primitiven Pflanze.

Innerhalb der Dreilapper (Trilobiten) treten die **Phacopida** in Erscheinung. Zu den frühesten Vertretern der wirbellosen Meereslebewesen zählen u. a. die Gattungen Dalmanitina, Cheirurus und Calymene. Wie alle Trilobiten besitzen die Phacopida einen dreigeteilten Rückenpanzer. Die meisten Gattungen der Phacopida weisen einen vorn verbreiterten Mittelteil (Glabella) und einen in acht bis 19 Segmente unterteilten Rumpf (Thorax) auf. Spätere Arten der bis zum Oberdevon vorkommenden Phacopida erreichen beträchtliche Ausmaße. Die namengebende Gattung Phacops aus dem Silur wird bis zu 30 cm lang.

Beim heutigen schottischen Ort **Girvan** am nordwestlichen Rand der kaledonischen Geosynklinale, die sich von Skandinavien bis zu den Britischen Inseln erstreckt, lagern sich mächtige Schichten aus kalkigen, groben Gesteinsbruchstücken an. Eine andere Zusammensetzung der Gesteinsschichten prägt die Mitte des Senkungsgebietes. Hier liegen dünnere Schichten aus Schiefersteinen, die zahlreiche Kragentiere (Graptolithen) enthalten. Zum Ostrand der kaledonischen Geosynklinale nehmen die unterordovizischen Ablagerungen an Mächtigkeit wieder zu.

Um 495 Mio.

Moostierchen bilden Kolonien und setzen auf Arbeitsteilung

Zu Beginn des Ordoviziums, zum Zeitpunkt der größten Ausdehnung des Ur-Ozeans, treten die ersten Moostierchen (s. Abb.) oder Bryozoen in Erscheinung. Gemeinsam mit den Hufeisenwürmern (Phoronidea) und den Armfüßern (Brachiopoda) bilden sie den Stamm der Arm- oder Kranzfühler.

Moostierchen sind stark spezialisierte, aber recht primitiv organisierte Lebewesen, die immer in Kolonien leben. Vor der Küste Nordamerikas bilden sie im Ordovizium mit Stromatoporen und Algen erste Riffstrukturen. Das Verbreitungsgebiet ihrer einzelnen Vertreter reicht von den Tiefengewässern bis in die Flachwasserzonen, wobei sie in Letzteren besonders arten- und individuenreich vertreten sind. Die oft mikroskopisch kleinen Bryozoen bilden aus organischen Substanzen ein kalkhaltiges Gehäuse, in das sich der weiche Vorderkörper und die Tentakelkrone vollständig zurückziehen können. An seiner Rückseite ist das Gehäuse mit den Schalen der benachbarten Tiere verwachsen. Das einzelne Tier wird als Zooid, die ganze Kolonie als Zooarium bezeichnet. Eine Bryozoen-Kolonie kann aus mehreren Millionen Zooiden bestehen, wobei die einzelnen Tiere hinsichtlich der Form und ihrer Funktion für das Zooarium erhebliche Unterschiede zeigen. Sog. Autozoide dienen der Nahrungsaufnahme und -verwertung sowie der Fortpflanzung, Heterozoide der Befestigung und Reinigung des gesamten Stocks. Dessen Wuchsform kann korallen-, netz- oder strauchartig sein.

Um 495 Mio.

Sardische Gebirgsbildung – Übergang zur Faltungsphase

Die sog. sardische Gebirgsbildung (Abb.: Felsformation auf Sardinien) markiert in der langen Epoche der kaledonischen Gebirgsbildung (siehe S. 86) das Ende der Ablagerungs- und den Beginn der Faltungsphase. Die aufgefalteten Massive bestehen überwiegend aus Sandsteinen und Tonschiefern, in die nicht selten Erze eingelagert sind. Der Beginn der kaledonischen Gebirgsbildung zeigt sich u. a. im nördlichen Skandinavien und am Südrand Nordamerikas (Laurentias). In Mitteleuropa ist vor allem der Großraum südlich der Alemannischen Insel betroffen, die sich etwa in dem Bereich zwischen Frankfurt am Main und Stuttgart aus dem Ur-Ozean erhebt. England, die Beneluxländer, Frankreich, die Schweiz und Österreich haben sich noch nicht aus dem Meer erhoben. Auf die sardische Faltung folgen die takonische (Silur) und die ardennische (Devon) Faltung.

Um 495 Mio.

Seeigel: Frei lebende Stachelhäuter

In den ordovizischen Meeren treten die ersten Seeigel (Echinoiden) in Erscheinung. Sie zählen ausnahmslos zur Gruppe der Regularia, die im Laufe des Erdmittelalters eine Blütezeit erleben. Erst wesentlich später, ebenfalls im Mesozoikum, tritt mit den Irregularia die zweite große Gruppe der Seeigel in Erscheinung. Insgesamt übertreffen die ausgestorbenen Arten der Seeigel (rd. 2500) die Anzahl der überlebenden Formen (rd. 900) um ein Vielfaches.
Seeigel gehören mit den See- und Schlangensternen sowie den Seegurken zur Gruppe der primär frei lebenden Stachelhäuter (siehe S. 93), die keine gestielte Lebensphase kennen. Sie kommen nahezu ausschließlich in den Bodenregionen der offenen Meere und nur selten im Brackwasser vor. Bevorzugt besiedeln sie die flacheren Küstengewässer, manche Arten dringen aber auch in Tiefen von mehr als 7000 m vor. Ihre Röhrenfüße, in fünf Linien angeordnet, werden oft von den Stacheln verdeckt. Seeigel sind die einzigen Stachelhäuter, die ein unbewegliches Skelett ausbilden. Es umschließt den Körper außen und ist aus Kalktafeln aufgebaut. Einige Arten leben als Allesfresser, andere haben sich entweder auf pflanzliche oder räuberische Lebensweise spezialisiert.
In der Gestalt des Körpers und der Stacheln weisen Seeigel ein breites Formenspektrum auf. Ihre Befruchtung erfolgt im Meerwasser. Aus dem Ei geht zunächst eine von Plankton lebende Larve hervor, die sich nach wenigen Wochen in einen Seeigel umwandelt. Zu diesem Zeitpunkt haben alle Seeigel ungefähr eine Kugelform, wobei die Unterseite mit der Mundöffnung leicht abgeplattet ist und die Afteröffnung auf der gerundeten Oberseite liegt. Während bei den Vertretern der Regularia diese Körperform mit einer gleichmäßigen, fünfstrahligen Radiärsymmetrie im Wesentlichen erhalten bleibt – wobei kugel- bis scheibenförmige Formvariationen möglich sind –, verschiebt sich bei den Irregularia in der Folgezeit die Afteröffnung in Richtung des Mundes. Dadurch kommt es häufig zu einer Streckung des Körpers, der eine Herz- oder Eiform gewinnt. Während sich die Irregularia am Meeresgrund in Sand und Schlamm eingraben, wandern die Regularia auf dem Untergrund umher.

Seeigel aus der Oberkreide: Deutlich sichtbar ist die fünfstrahlige Symmetrie der Gehäuse

Essbarer Seeigel (Echinus esculentus), wie er häufig in der Nordsee anzutreffen ist

Um 495 Mio.

Europa nur eine Teilscholle

Im Ordovizium bilden die größten Teile aller Festlandsmassen der Erde einen großen, zusammenhängenden Block, den Südkontinent Gondwana. Eine Ausnahme machen der nordamerikanische und der europäische Kontinent sowie Teile Asiens wie etwa Sibirien und die Mongolei, die als Teilschollen im Ur-Ozean treiben.
Nordamerika und Europa, knapp unterhalb der Äquatorlinie gelegen, werden nur noch durch den schmalen Iapetus-Ozean getrennt. Dieser sog. Proto-Atlantik schließt sich im Zuge der kaledonischen Gebirgsbildung. Die südlichen Regionen Europas liegen jedoch noch immer an der Westküste Gondwanas. Zu diesem Riesenkontinent gehören neben der Antarktis und Australien u.a. China, Indien, Arabien, Afrika, Mittel- und Südamerika. Da die heute nördlichen Regionen Afrikas im Ordovizium im Süden Gondwanas und damit im Bereich des Südpols liegen, kommt es in der Sahara-Region zu Vereisungen. Die Antarktis liegt hingegen mit Nordamerika, Europa, Sibirien, China und Teilen Australiens im äquatorialen Raum.

Um 495 Mio.

Formengruppe fast komplett: Schwämme sind primitivste Tiere

Bei den Schwämmen bilden sich die zu den Kieselschwämmen zählenden Sclerospongiae heraus, während zugleich bei den Glasschwämmen (Hexactinellida) erste Vertreter der Dictyida in Erscheinung treten. Damit sind bei den Schwämmen die meisten noch heute existierenden Formengruppen repräsentiert.
Bis heute ist die systematische Gliederung der Schwämme umstritten, doch werden sie häufig in drei große Gruppen unterteilt. Die formenreichste unter ihnen ist die der Demospongiae oder Gemeinschwämme. Neben den Badeschwämmen werden ihnen etwa 90 Prozent der rund 10 000 bekannten Arten von Schwämmen zugerechnet. Typische Flachwasserbewohner sind die kleinen Kalkschwämme oder Calcarea, die selten größer als etwa 10 cm werden. Das namengebende Merkmal dieser Gruppe von Schwämmen ist das kalkige Skelett, das häufig eine klassische Vasenform aufweist. Bewohner tieferer und kälterer Gewässer sind die Glasschwämme (Abb.: Hydnoceras sp.). Ihre fragilen Strukturen erreichen eine Größe von bis zu einem Meter. Schwämme sind fast ausschließlich Meerestiere, nur wenige Arten haben sich dem Süßwasser angepasst. Sie leben sowohl in Flachwasser als auch in größeren Meerestiefen unbeweglich am Grund. Sie ernähren sich, indem sie Wasser filtrieren. Kragengeißelzellen dienen ihnen dazu, Plankton und organische Kleinstteilchen aus dem Wasser zu schöpfen. Schwämme haben weder erkennbare Körperteile noch Nervenzellen und gelten als die primitivsten aller Tiere.

Um 495 Mio. Innerhalb der Kragentiere (Graptolithen) bilden sich die **Cryptograptidae** heraus. Die aus röhrenförmigen Skeletten bestehenden primitiven Lebewesen leben in Kolonien zusammen und schweben frei in den küstenfernen Meeresgewässern. Die chitinartigen Röhren sind in zwei Reihen (biseriales Rhabdosom) angeordnet und bei den meisten Gattungen mit Dornen besetzt. Fossilisierte Reste der Cryptograptidae finden sich oft in Schiefersedimenten und Kalkablagerungen. Wie alle Graptolithen dienen sie der Wissenschaft als wichtige Leitfossilien zur Klärung der Abfolge von Gesteinsschichten.

Weite Verbreitung findet die zu den Weichtieren (Mollusken) zählende Gattung **Michelinoceras**. Versteinerte Exemplare der Meereslebewesen fanden Paläontologen in Europa, Nordamerika, Asien und Australien. Die bis zu drei Meter großen Tiere besitzen ein lang gestrecktes zylindrisches Gehäuse mit vertikal verlaufenden Verwachsungslinien, den so genannten Lobenlinien. Sie markieren die Nahtstellen zwischen der Kammerscheidewand und der Außenwand des Gehäuses.

Erstmals treten in den Meeren die zu den Scherenhörnlern (Chelicerata) gehörenden Eurypteridae in Erscheinung. Ihren Namen verdanken die wirbellosen Tiere der Gattung **Eurypterus**. Sie werden bis zu 40 cm groß und besitzen ein skorpionähnliches Aussehen. Der Körper des räuberischen Meeresbewohners gliedert sich in vier Abschnitte: den gerundeten Kopfschild mit zwei Punktaugen, die vordere, in sieben bewegliche Segmente unterteilte Bauchregion (Abdomen), das hintere fünfgeteilte Abdomen und den langen Stachel. Spätere Formen der Eurypteridae werden bis zu drei Meter lang. Damit sind sie die größten bekannten Gliederfüßer (Arthropoden).

Eine frühe Gruppe der Seesterne (Asteroidea) bilden die **Somasteroidea**. Eine der ersten Gattungen der noch heute mit einigen Arten vertretenen Somasteroidea, Villebrunaster, ist durch Funde aus Schichten des untersten Ordoviziums (Tremadoc) in Frankreich belegt. Im Unterschied zu den späteren Asteroida besitzen die altertümlichen Somasteroidea noch nicht fünf radiale Arme, die scharf von der Körperscheibe abgegrenzt sind. Mittels des sog. Ambulakralsystems, das in einer Röhre in den Ambulakralplatten (Kalkplatten) sitzt, befördern die marinen Lebewesen Nahrungspartikel in die große Mundöffnung.

Um 495 Mio.

Tierwelt des Weltmeers

Ein kennzeichnendes Merkmal für das Ordovizium ist die Eigenständigkeit der marinen Tierwelt, die sich sowohl von der vorhergehenden des Kambriums (545–495 Mio.) wie auch von der nachfolgenden des Silurs (440–417 Mio.) deutlich unterscheidet. Die wichtigsten Fossilien stellen die Trilobiten (siehe S. 91), Graptolithen (siehe S. 117), Brachiopoden (siehe S. 99) und Conodonten (siehe S. 85), neue und charakteristische Formen zeigen sich aber auch in den Gruppen der Kopffüßer, Muscheln, Korallen und Schwämme. Die Trilobiten (Dreilapper) nehmen unter den Fossilien des Ordoviziums eine Sonderstellung ein, da sie in dieser Periode sowohl hinsichtlich der Zahl der Individuen als auch in Bezug auf Form und Körpergröße den Höhepunkt ihrer Entwicklung erreichen. Von ihren kambrischen Vorfahren unterscheiden sie sich unter anderem durch deutlich besser entwickelte Facettenaugen, die auf eine größere Beweglichkeit schließen lassen. Auf Kosten des Rumpfsegments ist ihr Schwanzschild deutlich vergrößert, sodass es bei vielen Arten stärker dem Kopfschild gleicht. Außerdem können sich die Trilobiten wie die heutigen Kellerasseln einrollen. Die größten Vertreter dieser Tiergruppe werden annähernd 70 cm lang.

Trilobiten, hier Onnia ornata, zählen im Ordovizium zu den vorherrschenden Lebensformen.

In der Gruppe der Hohltiere treten im unteren Ordovizium die ersten Bodenkorallen oder Tabulata, im mittleren Ordovizium die ältesten nachgewiesen Rugosa in Erscheinung. Neu in der marinen Tierwelt sind auch die Moostierchen (siehe S. 96) und die Seeigel (siehe S. 97). Eine Fülle neuer Formen bringt der Stamm der Mollusken oder Weichtiere (siehe S. 85) hervor. Die Muscheln breiten sich allgemein aus und werden zugleich im Bau ihres Gehäuses immer differenzierter. Bei den Schnecken treten neben die überlebenden kambrischen Formen spezifisch ordovizische Arten. Noch weit bedeutender als bei den Muscheln und Schnecken ist die Entwicklung bei den Kopffüßern oder Tintenfischen (siehe S. 93). Unter den zahlreichen Formen, die im Laufe des Ordoviziums in Erscheinung treten, befinden sich auch solche, die eine Größe von annähernd neun Metern erreichen.

Die Brachiopoden oder Armfüßer (siehe S. 72/73), die äußerlich stark den nicht näher verwandten Muscheln gleichen, bilden in dieser Periode typische Schloss tragende Arten (siehe S. 99) mit überwiegend kalkigen Schalen aus. Auch bei den Schwämmen entwickeln sich neue Formengruppen (siehe S. 97), wobei vor allem die Kieselschwämme wichtige Fossilien liefern. Von besonderer Bedeutung für die Paläontologen sind schließlich die Graptolithen, die im Ordovizium eine rasante Entwicklung erleben. Ihre fossilen Überreste finden sich ausschließlich in pelagischen (Freiwasser-)Sedimenten.

Graptolith Dicranograptus clingani in Schiefer

Um 495 Mio.

Neue Gruppe der Grünalgen

In den ausgedehnten Flachwassergebieten des Ordoviziums entwickelt sich mit den Codiaceen eine neue Gruppe der Grünalgen (siehe S. 92), die verschiedene Gattungen mit zahlreichen Arten

hervorbringt und noch heute vertreten ist. Ein gemeinsames Merkmal der rund ein Dutzend Gattungen der Codiaceen ist der Aufbau aus etwa gleich dicken, verästelten Zellschläuchen, die sich zu einer kugelförmigen bis zylindrischen Form verbinden. Diese Zellschläuche werden durch keinerlei Zellwände unterteilt, die Zellkerne sind im Plasma verstreut. Da die Zellschläuche die Fähigkeit besitzen, Kalk anzulagern, können die Codiaceen dort, wo sie in Massen auftreten, in einem gewissen Umfang gesteinsbildend wirken (Abb.: Kalkgestein aus Grünalgen). Viele Arten zeigen eine Anpassung an bestimmte Böden.

Um 495 Mio.

Zwischen Ästen wächst der Kalk: Algen als Gesteinsbildner

In der Gruppe der Grünalgen treten erste Vertreter der Mikroalgenfamilie der Dasycladaceen in Erscheinung, zu denen auch die Wirtelalgen zählen. Diese nahen Verwandten der Codiaceen, die wie diese bevorzugt küstennahe Flachmeere besiedeln, zählen zu den bedeutendsten Kalkgesteinsbildnern der Erdgeschichte (Abb.: fossile Wirtelalge). Selbst in den Korallenriffen späterer Perioden haben sie häufig einen höheren Anteil an der Kalkbildung als die Korallen selbst. Das Verbreitungsgebiet der heute lebenden Dasycladaceen beschränkt sich auf die warmen Meere. In der Gegenwart sind sie mit etwa drei Dutzend verschiedenen Gattungen vertreten.

Die Dasycladaceen zählen zu den ältesten Vertretern der sog. siphonalen Grünalgen, die auch als Schlauchalgen oder Chlorosiphonales bezeichnet werden. Jede Schlauchalge ist im Prinzip eine einzige große Zelle ohne alle Querwände. Ein typisches Merkmal der Dasycladaceen verdeutlicht ihr Bauplan. Die eigentliche Stammzelle trägt rundum eine große Zahl einfacher oder verzweigter Seitenäste, wodurch sie entfernt an einen kurzstacheligen Seeigel erinnert. Den freien Raum zwischen den einzelnen Ästchen füllt eine gallertartige Masse, in der sich Kalk ablagert, sodass mit der Zeit ein fester Kalkmantel entsteht. Nach dem Absterben des organischen Kerns bleibt eine charakteristische Kalkstruktur zurück, die in der Mitte einen Hohlraum und an Stelle der ehemaligen Verzweigungen kleine Poren aufweist. Alle Vertreter der Dasycladaceen tragen an ihrer Unterseite ein wurzelähnliches Gebilde, das Rhizoid, mit dem sie sich am Boden verankern. Einige Vertreter dieser Gruppe erreichen Größen von bis zu 10 cm. Sie gehören damit zu den größten einkernigen Pflanzenzellen überhaupt.

Um 495 Mio.

Geißel-Winzlinge mit Panzer

In den ordovizischen Meeren treten mikroskopisch kleine, einzellige Organismen in Erscheinung, die eine der Fortbewegung dienende Geißel tragen. Diese ausnahmslos beweglichen Lebewesen, die von einer Chitinhülle umgeben werden und deshalb besonders gut fossilisieren, werden als Panzergeißler bezeichnet. Die taxonomische Stellung dieser artenreichen Gruppe, die einen Teil des marinen Planktons stellt und deren Vertreter zum Teil Meeresleuchten erzeugen, ist bis heute umstritten. Als Panzergeißelalgen (s. Abb.) werden sie der Algengruppe der Pyrrophyta oder Braunbunten Geißelalgen zugerechnet.

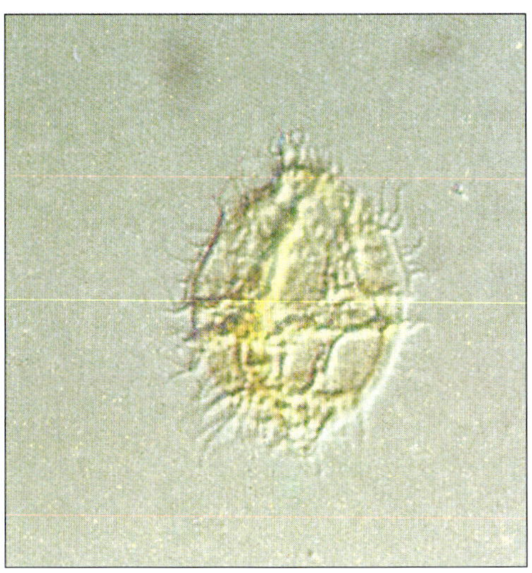

Um 495–440 Mio.

Rasante Entwicklung: Artenreichtum bei den Brachiopoden

Unter den Brachiopoden oder Armfüßern erlebt insbesondere die Untergruppe der Articulata, der Armfüßer mit Schalenschloss, im Ordovizium eine rasante Entwicklung. Es erscheinen zunächst die Strophomenida, wenig später gefolgt von Spiriferida und Rhynchonellida, wobei Letztere bis in die Gegenwart vertreten ist. Die heutigen Formen der im Erdaltertum außerordentlich artenreichen Brachiopoden werden in nur noch drei Ordnungen mit 17 Familien unterteilt.

Armfüßer sind wirbellose Meerestiere (s. Abb.), die aufgrund ihrer zwei – allerdings ungleichen – Schalen lange zu den Muscheln gerechnet wurden, tatsächlich aber mit den Moostierchen (siehe S. 96) und Hufeisenwürmern verwandt sind. Mit diesen bilden sie den Stamm der Kranz- oder Armfühler. Die meisten Brachiopoden haben zwei in den Schalen eingerollte Armfüße, die mit Fühlern besetzt sind und das Plankton aus dem Meer dem Mittelkörper zuführen. Ein Stiel am Körperende dient zur Verankerung am Untergrund, der Kopf fehlt. Aus den Eiern der überwiegend getrenntgeschlechtlichen Tiere entwickeln sich die Jungen teils direkt, teils über ein Larvenstadium. Manche Arten verbergen die eigene Brut eine Zeit lang in den eigenen Schalen, betreiben also eine Vorform der Brutpflege. Das kennzeichnende Merkmal der Articulata ist, dass die überwiegend rundlich bis ovalen Schalenklappen durch ein Schloss verbunden sind, das aus Schlosszähnen in der Bauchschale und entsprechenden Vorsprüngen in der Rückenschale gebildet wird.

Die überlebenden Formen der Rhynchonelliden bevorzugen kühle bis kalte Gewässer. Hemithyris psittacea, eine arktische Form, kommt im nördlichen Eismeer bis zu einer Tiefe von über 1300 m vor. Die ebenfalls zu den Rhynchonelliden zählende Art Tegulorhynchia döderleini ist die einzige noch immer existierende Brachiopodenart, auf deren Schalenklappen größere Stachel wachsen. Diese Stachel tragende Form findet sich im Pazifik und im Japanischen Meer.

Wie entstehen Fossilien?

Die versteinerten Überreste verstorbener Pflanzen und Tiere überdauern die Zeit in unterschiedlicher Form. Fossilien können aus Teilen des einstigen Lebewesens bestehen oder als dessen Abdruck bzw. Spur im Gestein in Erscheinung treten. Folgende Arten von Fossilien sind bisher nachgewiesen:

- ***Spurenfossilien** sind neben Fußabdrücken (z. B. von Sauriern) auch sog. Rollsiegel von Ammoniten. Sie entstehen, wenn die leere Ammonitenschale über den Grund des Meeres rollt.*
- ***Abdrücke** (z. B. von Ammoniten, Schnecken oder Muscheln): Hier hat sich die eigentliche Schale im Laufe der Zeit aufgelöst oder nur das Gehäuseinnere mit Sediment gefüllt.*
- ***Steinkern** ist die Bezeichnung von Fossilien, deren Platz vom umgebenden Sediment eingenommen wurde, nachdem sich die eigentliche Substanz des toten Lebewesens aufgelöst hat.*
- ***Kristallisierung** liegt vor, wenn durch mineralische Umwandlung organische Substanz wie z. B. Knochenmaterial eins zu eins durch kristalline Stoffe ersetzt wurde. Dies trifft auch bei der sog. Weichteilerhaltung zu.*
- ***Körperfossil:** In diesem Fall ist die Substanz der Hartteile oder sogar das Tier komplett – also mit allen Weichteilen – erhalten (z. B ein gefrorenes Mammut).*

Als 1860 in den Solnhofer Kalksteinbrüchen in Bayern die 150 Mio. Jahre alte Feder eines Vogels gefunden wurde, bahnte sich eine Sensation an, die dann schon im folgenden Jahr eintrat: Das erste von heute sieben Exemplaren des berühmten »Urvogels« Archaeopteryx, zu dem die Feder gehörte, wurde entdeckt. Das Fossil lag gut erhalten zwischen zwei Schichten Kalkstein. Körperbau und Größe legten einerseits eine Verwandtschaft des Urvogels mit den Sauriern nahe. Die Form der Federn sprach zudem dafür, dass sich der Urvogel tatsächlich in die Lüfte erheben konnte, anders als manche flugunfähige Laufvögel. Allerdings war er im Vergleich zu heutigen Vögeln ziemlich benachteiligt: Schwere Knochen, ein fehlendes Brustbein und schwache Muskeln – das aus dem versteinerten Skelett rekonstruierte Bild lässt ahnen, wie schwer der Übergang vom laufenden Landreptil zum Vogel gewesen sein muss. Gerade in dieser Zwischenstellung aber lag die Sensation: Der Archaeopteryx schloss als Übergangsform eine Lücke im Stammbaum der Lebewesen und stützte so die Überlegungen Darwins zur Evolution. Heute kann fast die gesamte, mehr als 3500 Mio. Jahre dauernde Evolution von den ersten Bakterien über unzählige zum Aussterben verurteilte Pflanzen und Tiere bis zum heutigen Menschen verfolgt und durch Fossilien wie den Archaeopteryx belegt werden.

Der Plattenkalk bei Solnhofen (hier Langenaltheim) birgt unzählige Fossilien.

Wie war es möglich, dass immer wieder Lebensspuren und Organismen erhalten blieben? In der Regel setzt unmittelbar nach dem Tod die Zersetzung des Körpers ein. Sie betrifft zunächst die weichen, dann aber auch die harten Körperteile wie Skelett, Schalen oder Zähne. Hinzu kommen die mechanischen Auswirkungen der Elemente: Ein Blick auf den Meeresstrand zeigt, dass selbst harte, widerstandsfähige Muschelschalen innerhalb kurzer Zeit zerstört und zerkleinert werden und nur wenige Spuren zurückbleiben. Der Prozess der Zersetzung und Zerstörung kann nur unterbunden werden, wenn der abgestorbene Körper sofort von Sedimenten verschüttet wird. Dies geschieht vor allem auf dem Boden von Gewässern, seltener auch unter einer Düne in der Wüste, einer Lawine oder vulkanischer Asche. Es gibt daher mehr Fossilien von Wasser- als von Landlebewesen.

Feinste Blattadern erkennbar

Ist der störende Einfluss von Meeresströmungen oder Wind ausgeschaltet, setzt der Prozess der Fossilisierung ein. Wie dies abläuft, hängt von der chemischen Zusammensetzung der Umgebung, aber auch von der Körpersubstanz ab. Erhalten bleiben vor allem die harten Körperteile. Schalen aus Kalk werden oft von Kalkstein, der sich aus dem Wasser absetzt, eingeschlossen und konserviert. Gehäuse aus Aragonit wandeln sich in das stofflich identische, aber anders auskristallisierende Mineral Calcit um – wobei die ursprüngliche Form erhalten bleibt, obwohl sich die stoffliche Zusammensetzung ändert. Bei Holz und Blättern tritt während der Zersetzung Kieselsäure (Quarz) an die Stelle der organischen Substanz, in so

Dokumentation eines Urzeit-Dramas: Spuren eines Pfeilschwanzkrebses und seines Todeskampfs im ehemaligen Schlick.

Spurenfossilien wie diese aus der Ediacara-Fauna des australischen Präkambriums zählen zu den wichtigsten Hilfsmitteln der Paläontologie.

detailreicher Abbildung, dass selbst feinste Blattadern erkennbar sind. Auf ähnliche Weise bleiben neben den Tierkörpern auch andere versteinerte und spektakuläre Zeugnisse des frühen Lebens auf der Erde erhalten, etwa Kriech- oder Fraßspuren in lockerem Schlamm.
Auch bitumenhaltige Sedimente wie die Kupferschiefer bieten gute Voraussetzungen für die Konservierung größerer Organismen, die in den Faulschlamm am Meeresboden absinken, dort aber von den Bakterien nicht vollständig zersetzt werden können. Stattdessen reichern sich kohlenstoffreiche Verbindungen im ehemaligen Skelett an. Eine ähnliche Art der Fossilisierung geht in Sümpfen vor sich. Im Wasser, unter Ausschluss von Luftsauerstoff, entsteht zunächst aus Pflanzenresten Torf. Dieser kann unter Druck geraten und dann bei erhöhten Temperaturen einen Verkohlungsprozess durchlaufen, bei dem sich schließlich der organische Kohlenstoff anreichert. Häufig sind Baum- und Pflanzenreste in Braunkohle enthalten.
Seltenere Möglichkeiten der Fossilisierung bieten das Einbetten in Harze (Insekten im Bernstein), in natürliche Bitumen- oder Teerlager (»Säbelzahntiger« von La Brea in Kalifornien) sowie in Eis (riesige Mammutfunde; letztlich sogar auch »Ötzi« in Südtirol). Mitunter blieben dadurch ganze Körper einschließlich der Weichteile erhalten, bisweilen können Forscher sogar die Nahrung untersuchen, die das jeweilige Lebewesen kurz vor seinem Tod verzehrt hat. Fossilienfunde dieser Kategorie sind besonders wertvoll, lassen sich doch durch sie über den Bau des Organismus hinaus weitgehende Informationen zu Lebensweise und konkreten Umweltbedingungen gewinnen.

__Leitfossilien__ sind Versteinerungen, die für einen Abschnitt der Erdgeschichte als charakteristisch gelten – also einer bestimmten geologischen Schicht angehören, zu deren Altersbestimmung sie dienen. Als Leitfossilien geeignet sind Fossilien mit kurzer erdgeschichtlicher und großer geografischer Verbreitung. Diese werden für weltweite Altersabgleiche (Biostratigrafie) genutzt, ferner dienen sie der Dokumentation des Wechsels von Meer und Land (Paläogeografie) sowie der Umweltbedingungen vorzeitlicher Lebensräume (Paläoökologie).

Im Fokus

Puzzle für Geologen: Die aufschlussreiche Sprache der Gesteine

Neben den Fossilien sind es vor allem die Gesteine, die Auskunft über die Geschichte der Erde geben. Durch ihre Beschaffenheit und ihr Aussehen erzählen sie von ihrer Entstehung, dem damaligen Klima und dem Wasserhaushalt, aber auch davon, was seitdem geschah: Hat tektonische Unruhe zu Bruchlinien in den Gesteinsserien geführt? Sind gar Magmen eingedrungen? Durch chemische Untersuchungen können Stoff- und Kristallumwandlungen dokumentiert werden, Altersbestimmungen z. B. mit Hilfe der Radioaktivität. Schließlich macht man sich das Prinzip der Aktualität zunutze: Was gegenwärtiger Beobachtung zugänglich ist, kann – gleiche Bedingungen in der Umgebung vorausgesetzt – auch früher schon so passiert sein.
Fast immer liegen die jüngeren Gesteine über den älteren – vorausgesetzt, die Ablagerung wurde nicht durch tektonische Prozesse gestört. Daraus kann man in vielen Fällen schließen, in welcher Reihenfolge die Gesteine einer Serie entstanden sind. Aber nicht nur das: Ton- und Sandsteine, besonders auskunftsfreudige Gesteine, verraten durch ihre Korngröße, wie intensiv sie vor der Ablagerung transportiert wurden – entsprechend zerkleinert und abgerundet sind die einzelnen Körnchen. Ihre Farbe und Anordnung im Gestein zeigt auch, ob Dünen in der Wüste oder Gewässer die Ablagerungsräume bildeten, ob es tiefe Ozeanbecken oder flache Binnenmeere gab. Lagern zum Beispiel über Wüstensandstein mächtige Salzgesteine, die nur in Meeren entstanden sein können, kann man Rückschlüsse auf die Ausdehnung der Meere, den Klimawandel und regionale Senkungsprozesse ziehen.
Über tektonische Bewegungen wie Gebirgsbildungen geben vor allen metamorphe (den Zustand wandelnde) Gesteine Auskunft: Wird Kalkstein in die Tiefen der Erdkruste hinabgezogen, entsteht Marmor, erkennbar an der umgewandelten Kristallstruktur und -anordnung. Ein Marmorvorkommen liefert daher immer den Beweis, dass die Gesteine bereits eine Wanderung durch die Erdkruste zurückgelegt haben. Granit, ein anderes wichtiges Gestein, entsteht aus Magma, das im Erdinneren erstarrt. Es kühlt dort langsam ab, die einzelnen Kristalle, aus denen der Granit aufgebaut ist, haben Zeit zum Wachsen – im Gegensatz dazu steht die homogene Gesteinsstruktur des stofflich identischen Rhyolith, der an der Erdoberfläche rasch abkühlte und keine mit bloßem Auge erkennbare Kristallstruktur hat. Beide Gesteine verraten also ihren Entstehungsort innerhalb der Erdkruste. Dass Granit überhaupt an die Erdoberfläche gelangen kann, setzt Hebungs- und Abtragungsprozesse voraus – ein weiteres Puzzleteil für die Forscher.

Das älteste fossilführende Gestein, der Isua-Schiefer in Südwestgrönland, ist rund 3,8 Mrd. Jahre alt.

Fossiliensammler benötigen eine spezielle __Ausrüstung__. Um Fossilienfundstellen entdecken zu können, ist neben einem Kompass eine geologische Karte als Hilfsmittel wichtig. Darin werden Gesteinsarten, deren Lagerungsverhältnisse, die tektonischen Strukturen und andere geologische Befunde vermerkt. Vor Ort benötigt man vor allem einen Geologenhammer mit gehärteter Spitze. Um Fossilien aus harten Gesteinen zu lösen, werden Fäustel und Flachmeißel benutzt. Fossilien in weicheren Gesteinsschichten lassen sich am besten mit einem Spachtel bearbeiten. Zerbrechliche Versteinerungen schützt man durch einen Gipsmantel. Sobald der Gips erhärtet ist, können das Fossil aus dem Gestein herausgelöst und die Unterseite des Fundes eingegipst werden.

Um 495 Mio. Im Harding-Sandstein, der in Ausläufern der Rocky Mountains in den USA und Kanada vorkommt, fossilisieren Tausende Vertreter zweier früher Gattungen der kieferlosen Fische (Agnathen): **Astrapis** und Eriptychius. Vermutlich lebten die primitiven Fische in küstennahen Meeresgewässern. Eine charakteristische Form besitzt der Knochenpanzer der Gattung Astrapis. Er setzt sich aus zahlreichen kleinen Knochenplättchen zusammen. Sie bildeten bei den jugendlichen Tieren zunächst einzelne Segmente und wuchsen erst bei ausgewachsenen Exemplaren zusammen.

Auf sandigen und schlammigen Meeresböden leben die **Schlangensterne** (Ophiuroidea). Die zu den Asterozoa gehörenden Lebewesen weisen wie alle Seesterne einen fünfarmigen Körper auf. Von der Zentralscheibe gehen die dünnen zylindrischen, bis zu 60 cm langen Arme ab. Sie sind von vier Kalkplattenreihen umgeben. Die noch heute mit Gattungen vertretenen Ophiuroidea entwickeln ausgeprägte Eigenschaften: Arme und Teile der Körperscheibe können abgeworfen und ersetzt werden.

Nur wenige Gattungen bilden die Dreilapper (Trilobiten) Odontopleurida aus. Zu der artenarmen Gruppe zählt u. a. **Selenopeltis** aus dem unteren Ordovizium. Versteinerte Exemplare des kleinen Meeresbewohners fanden Wissenschaftler in Europa und Nordamerika. Der breite Kopfschild des mit einem dreigeteilten Rückenpanzer bewehrten Tieres ist gerundet und mit langen Wangenstacheln besetzt. Neun Segmente gliedern das ebenfalls mit Stacheln versehene Bruststück (Thorax).

Frei im Wasser schweben die zu den Graptolithen (Kragentiere) gehörenden **Dichograptidae**. Wie alle Graptolithen bestehen sie aus röhrenförmigen Kammern (Theken), in denen die Individuen leben. Neben der namengebenden Gattung Dichograptus treten im unteren Ordovizium auch die Gattungen Tetragraptus und Didymograptus in Erscheinung. Bereits im oberen Ordovizium verschwinden die Dichograptidae aus den Meeren.

Innerhalb der Brachiopoden (Armfüßer) stellen die **Strophomenida** eine weit verbreitete Ordnung dar. Sie ist durch zahlreiche Fossilfunde aus Nordamerika und den baltischen Ländern belegt. Charakteristisch für die muschelähnlichen Strophomenida sind die zweiklappigen Gehäuse, bei denen meist die eine Klappe konkav, die andere konvex geformt ist. Während ihrer Verbreitung bis zum Jura entwickeln die Strophomenida noch zahlreiche Gattungen, darunter Gigantoproductus, den mit 35 cm Breite größten bekannten Brachiopoden.

Um 495–250 Mio.

Tintenfische neuer Art

Die Cephalopoden – besser bekannt als Kopffüßer oder Tintenfische –, deren frühester Nachweis auf das Oberkambrium (siehe S. 93) datiert, nehmen ab dem Ordovizium eine sprunghafte Entwicklung. Auch in den folgenden Perioden des Erdaltertums treten noch zahlreiche neue Formengruppen mit einer Vielzahl verschiedener Arten hervor.

Von den sog. Neu-Tintenfischen unterscheiden sich die archaischen Paläocephalopoden – die frühesten Vorfahren der heute nur noch mit sechs Arten vorkommenden Alt-Tintenfische – vor allem in dreierlei Hinsicht: Sie atmen nicht durch zwei, sondern durch vier Kiemen und tragen an ihrem Kopf nicht acht bzw. zehn Fangarme, vielmehr einige Dutzend Tentakeln. Das auffälligste Merkmal aber ist die Schale. Während bei Neu-Tintenfischen das Skelett in das Körperinnere gewandert ist, zeichnen sich die Alt-Tintenfische durch ein äußeres Schalengehäuse aus, das zugleich als wichtigstes Arterkennungsmerkmal dient.

Kopffüßer aus dem Ordovizium mit eingedrehtem Gehäuse: Discoceras (Fundort Öland, Schweden)

Zu den Formengruppen, die sich ab dem Ordovizium bilden, zählen u.a. die Endocerida und Actinocerida sowie verschiedene Untergruppen der Nautiloidea – wie die Orthocerida, Oncocerida, Ascocerida und Tarphycerida. Kaum einer dieser Kopffüßer überlebt das Erdaltertum. Allein die Gruppe der Nautiloidea ist mit der Ordnung Orthocerida bis in das frühe Erdmittelalter vertreten, doch bereits im Verlauf der Trias (250–205 Mio.) stirbt auch diese Gruppe wieder aus. Dafür treten im mittleren Erdaltertum, genauer im Devon (417–354 Mio.), die Ammoniten in Erscheinung, die bis in die Kreidezeit (142–65,5 Mio.) äußerst formen- und individuenreich vertreten sind. In ihrer rund 350 Mio. Jahre langen Geschichte bringen diese Kopffüßer spiralförmige, aber auch längliche und offene Gehäuse hervor, deren Größenmaße zwischen wenigen Millimetern und annähernd zwei Metern differieren.

Im Unterschied zu den meisten Ammoniten weisen die Gehäuse der Paläocephalopoden eine überwiegend längliche Form auf. Die der Endocerida, Actinocerida und Orthocerida sind lang gestreckt, kegelförmig und gerade, wobei sie allenfalls eine leichte Krümmung erkennen lassen. Ähnliches gilt für die Gehäuse der Oncocerida, die sich allerdings durch eine starke Wölbung der Wohnkammer auszeichnen. Die Ascocerida haben zunächst gerade, später leicht gekrümmte Gehäuse. Die Tarphycerida verbringen ihre Jugend in spiraligen

Um 495–300 Mio.

Schwamm oder Alge?

In ruhigen Flachwasserzonen und festgewachsen am Meeresboden leben Kolonie bildende Organismen, deren versteinerte Überreste als Receptacultien (s. Abb.) bezeichnet werden. Ihre systematische Zuordnung ist noch umstritten. Da sie in manchen Merkmalen an Schwämme erinnern, werden sie von einigen Forschern dem Tierreich zugeordnet, während andere in ihnen eher entfernte Verwandte der Chlorophyta oder Grünalgen (siehe S. 99) sehen.

Äußerlich ähneln die Receptacultien am ehesten Kalkschwämmen. Sie haben einen kugel- bis schüsselförmigen Körper mit einem Durchmesser von einigen Zentimetern, der außen geschlossen ist und innen einen Hohlraum aufweist. Ihr kalkiges Skelett besteht aus sechseckigen Plättchen, die durch feine Schäfte und Stege miteinander verbunden sind. Die Receptacultien sind vor allem im Silur (440–417 Mio.) vergleichsweise häufig, doch zeichnet sich ihr Untergang bereits im darauf folgenden Devon (417–354 Mio.) ab. Im Laufe des Karbons (354–292 Mio.) sterben sie aus.

Der Kopffüßer Litnites, dessen lang gestrecktes Gehäuse in einer Windung endet (Öland, Schweden)

Gehäusen, die sich erst im Laufe ihrer weiteren Entwicklung strecken. Die Gehäuse der Paläocephalopoden zeigen generell einen hoch entwickelten Aufbau, der sich an den spiralförmigen Außenschalen der Ammoniten sowie der heutigen Perlboote ablesen lässt. Die meisten ihrer spiraligen Gehäuse sind von ihrer Konstruktion her isometrisch, d.h. dass sich in den – unterschiedlich großen – Kammern, von denen nur die äußerste und größte als Wohnkammer dient, jeweils identische Größenverhältnisse feststellen lassen. Jede neue Kammer ist jeweils 6,3 Prozent größer als die vorhergehende, sodass insgesamt 18 Kammern einen Vollradius ergeben. Das Volumen der 18. Kammer ist gegenüber der ersten um genau das Dreifache größer. Da auch die Wandstärken der einzelnen Kammern von innen nach außen proportional zunehmen, halten die Gehäuse der Protocephalopoden auch dem Wasserdruck großer Meerestiefen stand.
In der Biologie der archaischen Kopffüßer und Ammoniten spielen die Gehäuse nicht nur als Wohngebäude eine wichtige Rolle. Um in größere Tiefen abzutauchen, benutzen die Protocephalopoden ihre Außenschalen wie eine Druckkammer. Die einzelnen Kammern sind mit Gas gefüllt, das einen gewissen Innendruck aufrechterhält. Durch eine Verbindung zwischen den Kammern lässt sich dieser Innendruck den wechselnden Druckverhältnissen unterschiedlicher Meerestiefen anpassen.

Um 495–55 Mio.

Rotalgen bilden Kalkstöcke

Mit den ersten Vertretern der Solenoporaceae tritt in den ordovizischen Meeren erstmals eine Pflanzenfamilie in Erscheinung, die sich während des gesamten weiteren Paläozoikums und des Mesozoikums bis ins Tertiär (65,5–1,81 Mio.) nachweisen lässt. Wie bei einigen anderen Organismen war auch die systematische Zuordnung der Solenoporaceen unter den Forschern lange Zeit umstritten. Es wurde sogar gemutmaßt, dass es sich um tierische Mikroorganismen handeln könne. Inzwischen werden sie jedoch zur Gruppe der Rhodophyta oder Rotalgen gezählt.
Die Solenoporaceen bilden Stöcke, deren Wuchsform grobästig bis knollig ist und die, miteinander verflochten, zum Teil bedeutende Kolonien bilden. Mit anderen Rotalgen – vor allem aus der Gruppe der Corallinaceae oder Kalkrotalgen – teilen sie die Eigenschaft, in ihren Zellwänden Kalkkrusten einzulagern, die sich nach dem Absterben der Pflanze an einigen Wuchsorten zu mächtigen Kalkformationen, den sog. Lithothamien- oder Rotalgenkalken, verdichten können. Auf diese Weise sind im Laufe der Erdgeschichte durch Rotalgen regelrechte Kalkgebirge aufgebaut worden, die sich z.B. in Deutschland und Österreich finden lassen. So besteht etwa ein großer Teil der Prachtbauten des alten Wiens einschließlich des Stephansdoms aus den Rotalgenkalken des Leithagebirges. Während die heutigen Kalkrotalgen in den tropischen Meeren am Aufbau der echten Riffe beteiligt sind, bilden die Soleoporaceen zwar Strukturen aus, die als Riffe bezeichnet worden sind und die bis zu 100 m Mächtigkeit erreichen können. Allerdings handelt es sich hierbei nicht um Riffe im eigentlichen Sinne, sondern nur um Akkumulationen ihrer verkalkten Überreste, die kein zusammenhängendes Gerüst bilden. Kalkrotalgen liefern heute, etwa an den Atlantikküsten, einen wichtigen Kalkdünger. Fast ausschließlich handelt es sich bei ihren Vertretern um Meeresbewohner.

Um 495–250 Mio.

Fusulinen: Leitfossilien späterer Erdzeitalter treten ans Licht

Im Unterreich der Einzeller oder Urtiere treten in der Gruppe der Rhizopoda oder Wurzelfüßer erstmals die Fusulinida auf, die in geologischer und paläozoischer Hinsicht eine besondere Bedeutung haben. Durch ihre massenhafte Verbreitung sind sie in späteren Perioden verantwortlich für die Entstehung der sog. Fusulinenkalke (Abb.: Fusulinenkalk im Dünnschliff), zugleich dienen sie als wichtiges Leitfossil für das Karbon (354–292 Mio.) und vor allem das Perm (292–250 Mio.).

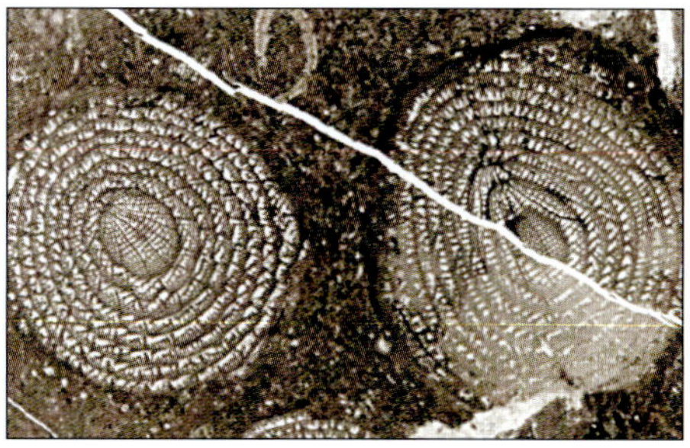

Die Fusulinen zählen zu den Foraminiferen, einer Gruppe einzelliger, überwiegend im Meer vorkommender Organismen mit einem mehrkammerigen Gehäuse. Dieses kann aus Kalziumkarbonat, zusammengeballten Fremdkörpern oder Tektin, einem organischen, der Hornsubstanz ähnlichen Stoff, aufgebaut sein. In der Ordnung Fusulinida werden vor allem die großwüchsigen Foraminiferen zusammengefasst. Ihr Name leitet sich von dem lateinischen »Fusus« (Spindel) ab, da sie überwiegend ein spindelförmiges Gehäuse mit feinkörniger, perforierter Kalkschale aufweisen, das bei verschiedenen Arten aber auch kugel- bis linsenförmig gestaltet sein kann. Die kleinsten Fusulinen messen weniger als einen Millimeter, die größten fast 10 cm. Fusulinen sind im Meer vorkommende Bodenbewohner, die bevorzugt in uferfernen Zonen mit klarem Wasser auftreten. Ihre aus zahlreichen kleinen Kammern bestehenden Gehäuse haben eine komplizierte innere Struktur. Die Außenwand wird, vor allem bei den späteren Formen, aus mehreren Schichten aufgebaut.

Um 495 Mio.

Kohleflöze noch bescheiden

Nachdem sich bereits in früheren Perioden die ersten Erdgas- und Erdölvorkommen gebildet haben, setzt nun auch die Entstehung der ersten Kohle (s. Abb.) ein. Da es auf dem Festland noch keinerlei Vegetation gibt und einzig die Algen das mögliche Ausgangsmaterial für den Prozess der Inkohlung stellen, hat die Kohlebildung im Ordovizium und dem nachfolgenden Silur (440–417 Mio.) allerdings noch bescheidene Ausmaße.

Um 480 Mio.

Weltweit verbreitet ist der Armfüßer (Brachiopode) **Lingula anatina**. Die heute noch existierende Gattung gilt als ältestes bekanntes Lebewesen der Erde. Wie alle Brachiopoden besitzt Lingula ein aus zwei Klappen bestehendes Gehäuse. Mittels eines langen beweglichen Stiels, der aus der so genannten Stielklappe hervortritt, hält sich der muschelartige Meeresbewohner am Untergrund fest. In Gezeitenzonen sucht Lingula in Röhren Zuflucht, die in den Schlick gebohrt wurden.

Im heutigen Estland entsteht der sog. **Kukkersit**, ein brennbarer, mit Bitumen (ein Kohlenwasserstoffgemisch) durchsetzter Mergel (Ölschiefer). Verantwortlich für den hohen Bitumengehalt sind die zwischen den angelagerten Gesteinen eingeschlossenen und verfaulten Reste der ordovizischen Grünalge Gloeocapsomorpha prisca, die sich zu dem dunkelbraunen und energiereichen Ölschiefer verfestigten. Darüber hinaus bestehen die Gesteinsschichten des estländischen Kukkersits aus Sanden und Kalken. Sie enthalten zahlreiche fossilisierte Lebewesen der Flachwassermeere.

Riesige Formen entwickeln die Dreilapper (Trilobiten) der Gruppe **Lichida**. Bis zu 75 cm groß wird die Gattung Uralichas ribeiroi. Versteinerte Exemplare des größten bekannten Trilobiten fanden Paläontologen in Sedimenten des mittleren Ordoviziums in Portugal. Er weist die für die Lichida typischen Eigenschaften auf. So ist der Kopfschild (Cephalon) des gepanzerten Meerestieres mit nach hinten weisenden Wangenhörnern besetzt. Neben Uralichas ribeiroi existieren u.a. auch die Gattungen Lichas und Ceratarges.

Halb in den Meeresgrund vergraben leben die **Grabfüßer** (Scaphopoda). Die zu den Weichtieren (Mollusken) zählenden Lebewesen verdanken ihren Namen dem als Grabwerkzeug ausgebildeten Fuß, mit dem sie sich in den Schlick bohren. Da ihr Gehäuse eine röhrenförmige Gestalt besitzt, werden die Scaphopoda auch als Rohrschnecken bezeichnet. Als Nahrung dienen den Scaphopoda Kleinstlebewesen.

Um 480 Mio.

Tiefseevulkanismus fördert die Entstehung von Brandschiefer

Durch die plattentektonischen Bewegungen der Erdkruste und den damit einhergehenden Vulkanismus werden verstärkt Minerale wie Antimon und Wolfram eingelagert. Zugleich bilden sich in den ausgedehnten epikontinentalen (durch Überflutung entstandene Festlands-)Flachmeeren bedeutende Schieferlager. Da dieser Schiefer durch die enthaltenen Kohle- bzw. Ölanteile brennbar ist, wird er als Brandschiefer bzw. Ölschiefer (Abb.: Kukkersit) bezeichnet.

Maßgeblich beteiligt an der Entstehung von Antimon und Wolfram sind Prozesse im Zusammenhang mit dem Tiefseevulkanismus. Durch Spalten dringt Meerwasser tief in die Erdkruste ein, wo es sich durch Erhitzung und chemische Reaktionen in heiße Säure verwandelt, die aus dem umliegenden Gestein die enthaltenen Metalle auswäscht. Steigt diese Lösung wieder in das Meerwasser auf, werden die gelösten Stoffe durch Abkühlung ausgefällt. Ebenfalls im Zusammenhang mit Vulkanismus kann sich Wolfram in Abkühlungsgesteinen bilden, wo es oft gemeinsam mit anderen Metallen in Erscheinung tritt.

Um 480–460 Mio.

Globale Überflutung

Im mittleren Ordovizium erreicht die Herrschaft des Meeres über die Festlandsgebiete, die von Geologen als Thalattokratie (siehe S. 94) bezeichnet wird, ihren Höhepunkt. Weite Teile der Kontinentalschollen sind, wie bereits im vorausgehenden Kambrium (545–495 Mio.), von ausgedehnten Epikontinentalmeeren (durch Überflutung entstandene Festlandsmeere) überzogen. Die Fest-

Ausgedehnte Flachmeergebiete: Das Hardy- und das Hook-Riff in Australien (Great Barrier Reef)

Um 480–460 Mio.

Festlandsmeere hinterlassen kilometerdicke Schichten von Sedimentationsgesteinen

Die Ausbreitung weiträumiger Epikontinentalmeere (durch Überflutung entstandene Festlandsmeere) begünstigt nicht allein die Entwicklung der Tier- und Pflanzenwelt, sondern auch die Entstehung bedeutender mariner Sedimentationsgesteine, die mancherorts eine Stärke von mehreren Tausend Metern erreichen. Einen positiven Einfluss auf diesen Sedimentationsprozess hat das überwiegend milde Klima, das auf die Bildung organischer Kalke förderlich wirkt.

Auf die Art und Mächtigkeit der entstehenden Sedimentationsschichten nehmen verschiedene Faktoren Einfluss, darunter die jeweilige Meerestiefe, die unter anderem für die chemischen und physikalischen Prozesse auf dem Meeresboden eine wichtige Rolle spielt. Hinzu kommen der Verlauf von Wasserströmungen und nicht zuletzt die jeweilige Flora und Fauna, die vor allem bei der

Entstehung verschiedener Kalkgesteine (siehe S. 103) eine bedeutende Rolle einnimmt.

Ordovizische Sedimentfolgen (Abb.: metamorpher Quarzit) lassen sich weltweit nachweisen. Die mächtigsten europäischen Ablagerungen entstehen in Südschottland, Wales und Irland, wo sie eine Stärke bis zu 10 000 m erreichen. Vor allem werden Kalke, Grauwacken und Sandsteine abgelagert. Im norwegischen Raum bildet sich Schiefer, der eine Schichtstärke von bis zu 6000 m aufweist. Mitteleuropa bleibt vergleichsweise sedimentationsarm.

landskerne, die sich in vielen Regionen wie Inseln aus dem Ur-Ozean erheben, sind ausnahmslos von breiten Schelfgebieten umgeben. Im Verhältnis zu den eigentlichen Tiefseebereichen erreichen die Flachmeere eine Ausdehnung wie zu keinem späteren Zeitpunkt. Zurückführen lässt sich dieses Phänomen auf das Zusammenspiel zweier Faktoren. Da ist zunächst das relativ milde Klima im mittleren Ordovizium, das die Bildung größerer Vereisungen verhindert. Einzig im Norden Afrikas, der sich zu diesem Zeitpunkt etwa auf der Höhe des Südpols befindet, kommt es zur Entstehung von Gletschern, doch werden hier, im Vergleich zu späteren Epochen, nur vergleichsweise geringe Wassermassen gebunden. Der Meeresspiegel ist dadurch im gesamten frühen Unterpaläozoikum außergewöhnlich hoch. Die Entstehung der Epikontinentalmeere wird zum anderen durch den Umstand begünstigt, dass es sich bei den überfluteten Regionen um ausgesprochene Tieflandgebiete handelt.

Für die Entwicklung und Entfaltung der marinen Pflanzen- und Tierwelt bieten die kambrischen und ordovizischen Flachmeere ideale Voraussetzungen. Erstmals lässt sich in dieser Phase die Herausbildung unterschiedlicher Faunenprovinzen mit je eigenen, charakteristischen Vertretern erkennen. Dieser Trend hält bis in das obere Ordovizium an, doch mit dem einsetzenden Rückzug des Meeres, der sog. Regression, ändert sich das Bild. Durch den allgemeinen Verlust von Lebensraum kommt es in den Rückzugsgebieten wieder zu einer stärkeren Vermischung, die zu einer Auflösung der einzelnen Provinzen und einer stärkeren Angleichung der Flora und Fauna führt. Das Ausmaß der sog. ordovizischen Transgression lässt sich gut in Europa erkennen, das ebenfalls zu weiten Teilen unter Wasser liegt. Eine Insel wächst etwa auf dem Gebiet der heutigen Pyrenäen empor, weitere Festlandsgebiete liegen auf Höhe des heutigen Ärmelkanals, in Böhmen und in Schlesien. Die größte dieser Inseln erstreckt sich, etwa in Form eines Bumerangs, quer über Norddeutschland, hinauf über Westdänemark bis in den Süden Norwegens.

Um 480 Mio.

Muscheln und Tentakulitida experimentieren mit neuen Formen

Unter idealen Lebensbedingungen entwickelt vor allem der Stamm der Mollusken oder Weichtiere eine Vielzahl neuer Entwicklungslinien, die teils im weiteren Verlauf der Erdgeschichte verloren gehen, teils aber auch bis in die Gegenwart erhalten bleiben. Besonders ausgeprägt schreitet die Entwicklung neuer Formen bei den Muscheln voran, zugleich tritt mit den Tentaculitida eine vollkommen neue Tiergruppe in Erscheinung.

Bei Letzteren handelt es sich um eine Gruppe von Weichtieren, deren kennzeichnendes Merkmal ein spitzkonisches Gehäuse von nur zwei bis maximal 30 mm Länge ist. Dieses Gehäuse besteht aus Kalk und ist bei der etwas älteren Untergruppe der Dacryoconarida längs gestreift und ohne Kammern, bei der Untergruppe der Tentakuliten quergeringelt und in Kammern unterteilt (s. Abb. r.). Die beiden Untergruppen unterscheiden sich nicht nur äußerlich, sondern auch hinsichtlich ihrer Lebensweise. Die Dacryoconarida mit dem deutlich dünnwandigeren Gehäuse bevorzugen den Aufenthalt in Freiwassern, während die Tentakuliten eher die Bodenregionen bewohnen.

Die systematische Zuordnung der Tentaculitida war unter den Wissenschaftlern lange Zeit umstritten. Im 19. Jh. wurden sie als Schnecken, später eher als Muscheln betrachtet, inzwischen werden sie jedoch als eine eigene Gruppe behandelt. Obgleich sowohl die Dacryoconarida als auch die Tentakuliten bereits zum Ende des Devons (417–354 Mio.) wieder aussterben, dienen sie aufgrund ihrer großen Verbreitung und ihrer enormen Entwicklungsgeschwindigkeit als wichtiges Leitfossil.

Bei den Muscheln bilden sich verschiedene Formgruppen, die bis in die Gegenwart vertreten sind. Zu ihnen zählen die Arcoida oder Taxodonta, die sich u. a. durch gleichklappige Schalen auszeichnen, die niemals Perlmutt aufweisen und zumeist an ihrem Schlossrand viele oft gleichartige Zähne tragen. Neu sind auch erste Vertreter der Pterioida, die noch heute mit zahlreichen Formen vertreten sind. Zu dieser Gruppe, die sich durch zwei

stets ungleiche Klappen auszeichnet, zählen Flügel-, Zwiebel- und Kammmuscheln (s. Abb. u.) sowie die Austern. Eine weitere Großgruppe der Muscheln ist die der Heterodonta, die heute weltweit in Süß- und in Salzwasser verbreitet sind. Sie tragen wechselständige Hauptzähne sowie davon abweichende Seitenzähne und sind im Ordovizium u. a. durch die noch heute vorkommenden Anomalodesmata vertreten.

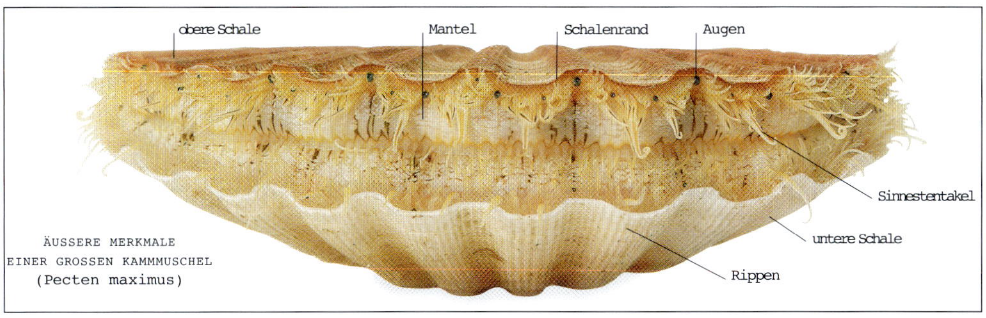

ÄUSSERE MERKMALE EINER GROSSEN KAMMMUSCHEL (Pecten maximus)

Um 480 Mio. Etwa zeitgleich mit den Bodenkorallen tauchen in den Flachwassermeeren die **Runzelkorallen** (Rugosa) auf. Ihren Namen verdanken die Tiere den horizontalen Runzeln der Außenwände, den sog. Rugae. Im Gegensatz zu den Kolonie bildenden Tabulata kommen die Rugosa überwiegend einzeln (solitär) vor. Teilweise existieren aber auch in Kolonien lebende Gattungen. Ihre weiteste Verbreitung fanden die bis zum Perm vorkommenden Meereslebewesen im Silur und Devon.

Einen der am häufigsten vorkommenden Beutelstrahler (Cystoideen) stellt **Sphaeronites** dar. Das 1 bis 5 cm große Meerestier schützt ein ei- oder kugelförmiges Kalkgerüst (Theka), das sich aus zahlreichen Platten zusammensetzt. Alle Platten sind mit paarig angeordneten Poren besetzt, den so genannten Diploporen. An der Oberseite der Theka befinden sich der Mund und die Afteröffnung. Aus der Gattung Sphaeronites entstehen im mittleren Ordovizium gesteinsbildende Lagen, die der Wissenschaft als Leithorizont im oberen Teil des sog. Asaphuskalkes dienen.

Auf der heutigen Mittelmeerinsel **Sardinien** herrschen kontinentale Bedingungen. Während dieser Zeit prägen Erosion und Sedimentation das sardische Grundgebirge, dessen Basis während der so genannten sardischen Phase an der Wende Kambrium/Ordovizium (um 495 Mio.) entstanden ist. Im weiteren Verlauf des Ordoviziums kommt es durch das Vordringen des Meeres (Transgression) an den Küsten zur Ablagerung großer Gesteinsmengen, der sog. alluvialen Schuttfächer.

Innerhalb der zu den Mikrofossilien zählenden **Zahnreihen-Conodonten** tauchen zahlreiche neue Gattungen auf. Zu ihnen zählen u. a. Chirognathus, Hindeodella und Amorphognathus. Die so genannten »Zahnreihen-Conodonten« stellen eine besondere Form der zahnähnlichen aus Kalziumphosphat bestehenden marinen Conodonten dar. Diese Lebewesen sind ast- oder blattförmige Exemplare, die sich aus einer Reihe von z. T. unterschiedlich großen Zähnen zusammensetzen. Aufgrund ihrer weiten Verbreitung gelten die Conodonten als wichtige Leitfossilien für die zeitliche Bestimmung von angelagerten Sedimenten.

Zahlreiche Arten entwickeln die zu den Seelilien (Crinoidea) gehörenden **Camerata**. Bis zum Oberperm entstehen etwa 2500 verschiedene Gattungen. Wie alle Crinoidea bestehen die Camerata aus einem kalkigen Kelch (Theka) und einem langen Stiel. Mit ihm halten sich die hoch spezialisierten Meerestiere am Untergrund fest.

Um 480–250 Mio.

Künftige Riffbildner: Korallentiere gründen Kolonien

Am Grund der ausgedehnten Flachwassermeere treten im Ordovizium weltweit Bodenkorallen oder Tabulata (s. Abb.) in Erscheinung. Ihre Rolle als Riffbildner bleibt zunächst noch bescheiden,

doch haben sie im anschließenden Silur (440–417 Mio.) und Devon (417–354 Mio.) gemeinsam mit den Stromatoporen einen herausragenden Anteil am Aufbau der ausgedehnten Riffsysteme.

Kennzeichnendes Merkmal der tabulaten Korallen ist, dass sie – im Unterschied zu den zeitgleich in Erscheinung tretenden Rugosa – immer koloniebildend sind. Die Form der oft nur wenige Millimeter, maximal zwei Zentimeter großen Kelche, in denen die einzelnen Korallentiere leben, ist zumeist rund bis elliptisch, manchmal auch viereckig. Die aus zahlreichen einzelnen Kalkröhrchen bestehenden Kolonien können, abhängig vom entsprechenden Siedlungsraum, knollenförmig bis kugelig, ast- oder strauchförmig aufgebaut sein und einige Zentimeter oder auch mehrere Meter groß werden. Die röhrenartigen Individualskelette der Kolonie sind durch Poren miteinander verbunden und weisen die charakteristischen, namengebenden Querböden oder Tabulae auf.

Korallen bilden im Stamm der Nessel- oder Hohltiere mit den Seeanemonen die Blumen- oder Korallentiere. Zwischen den Tabulata und den Rugosa des Paläozoikums und den heute lebenden Riffkorallen besteht keine biologische Verwandtschaft. Allein die Scleractinia des Erdmittelalters leben heute noch.

Um 460–440 Mio.

Ablagerungen prägen Gesicht des späteren fünften Kontinents

Im Nordosten des mächtigen Südkontinents Gondwana lagern sich bedeutende Sedimentationsschichten ab, die das spätere Australien (Abb.: Mount Olga) und Neuseeland prägen. Zu den wichtigsten Sedimenten zählen Graptolithenschiefer, Grauwacke und Gesteinsmassen vulkanischen Ursprungs. Die Graptolithen (siehe S. 89) aus der Gruppe der Kragentiere sind polypenähnliche, Kolonie bildende Meeresbewohner, die vor allem in Ordovizium, Silur (440–417 Mio.) und Unterdevon (417–390 Mio.) mancherorts in so großen Mengen in Erscheinung treten, dass sie Graptolithenschiefer aufbauen. Bei der Grauwacke handelt es sich um ein für das Erdaltertum typisches Sediment von grauer bis graugrünlicher Farbe. Es kommt als grobes Konglomerat sowie als feiner Sandstein vor und besteht hauptsächlich aus den Erosionsprodukten der Festlandsgebiete.

Um 480–354 Mio.

Nähte im Gesicht

Bei den Trilobiten (siehe S. 98) kommt es zu einem Generationenwechsel. Während die Vertreter der Agnostida, einer der ältesten Gruppen, zum Ende des Ordoviziums aussterben, treten mit den Phacopida und den Lichida (Abb.: Lichas platyrhinos) ganz neuartige Formen hervor. Zu der letzteren Gruppe, die großwüchsige, oft auch mit Dornen und Stacheln bewehrte Arten umfasst, zählen auch die mit 70 cm Länge größten Trilobiten.
Die Vertreter der beiden neuen Gruppen zeichnen sich durch charakteristische Gesichtsnähte auf, die von der Vorderseite des Kopfes über die Augenhügel verlaufen. Entlang dieser Nähte, die ein wichtiges Arterkennungsmerkmal liefern, kann bei der Häutung der Kopfschild zerfallen. Trotz ihres hohen Alters handelt es sich bei den Trilobiten um vergleichsweise hoch entwickelte Tiere, die über ein ausgebildetes Nervensystem, ein Gehirn und gute Augen verfügen.

Um 480–380 Mio.

Fünfstrahlig und frei

In der Gruppe der nicht verwachsen am Untergrund existierenden, sondern frei lebenden Stachelhäuter, zu denen u. a. die Seesterne und Seeigel (siehe S. 97) zählen, kommt es zur Entstehung neuer Formen, die jedoch durchweg spätestens im Devon (417–354 Mio.) wieder aussterben.
Die Ophiocystoidea zeichnen sich durch einen fünfstrahlig-symmetrischen, leicht helmförmigen Körper aus, dessen Oberseite aus fest gefügten Platten aus Calcit (Kalkspat) besteht. Auch die Tentakel, die sie an ihrer Körperunterseite tragen, sind mit Calcitplättchen versehen. Deutlich flacher und zugleich flexibler sind die Vertreter der Cyclocystoidea, die eine große Zahl kleiner, konzentrisch angeordneter Calcitplättchen aufweisen. Die kurzlebigste und zugleich am wenigsten erforschte Gruppe ist die der Paracrinoidea.

Um 460–440 Mio.

Stachelhäuter mit Stiel

Unter für sie günstigen Lebensbedingungen nehmen die Seelilien und Haarsterne im Ordovizium eine sprunghafte Entwicklung, die eine Vielzahl neuer Formen hervorbringt. Zu ihnen zählen die rundlichen, teils gestielten Seeäpfel sowie die Knospenstrahler, eine Gruppe überwiegend kleinerer Formen mit knospenähnlichem Körper.
Insgesamt übertrifft die Zahl der annähernd 5000 ausgestorbenen Arten die rund 620 rezenten Formen um ein Vielfaches. Überdies treten die Seelilien und Haarsterne im Erdaltertum und Erdmittelalter vielerorts in derart großer Zahl in Erscheinung, dass sie gesteinsbildend wirken. Ganze Kalkformationen in den heutigen Gebirgen sind, wie etwa im Schwäbischen Jura, ausschließlich aus den Kalkpanzern und -stielen dieser äußerlich an Pflanzen erinnernden Tiere gebildet.
Gemeinsam bilden die Seelilien und die Haar- oder Federsterne die Gruppe der primär gestielten Stachelhäuter oder Crinoidea. Deren kennzeichnendes Merkmal ist, dass sie – anders als ihre engsten Verwandten, die Seesterne und Seeigel – ihr ganzes Leben oder ihre Jugend auf einem Stiel festsitzend am Untergrund verbringen. Ersteres ist bei den Haar- oder Federsternen der Fall, die sich allerdings nach der Adoleszenz ablösen, um sich forthin durch die Bewegung ihrer Arme frei schwebend im Meer zu bewegen.

Seelilien sind keine Pflanzen, sondern Tiere: hier Scytalocrinus robustus (Gransfordville, Montgomery Creek; US-Staat Indiana)

Die Seelilie Encrinus liliformis aus dem Oberen Muschelkalk, Fundort Alverdissen (Westfalen)

Seelilien bleiben hingegen lebenslang fest am Untergrund. Die wissenschaftliche Sammelbezeichnung beider Gruppen leitet sich von dem griechischen Wort »crinon« für »Lilie« her und erinnert an das pflanzenartige Aussehen. Ein Gemeinschaftsmerkmal sowohl der Seelilien als auch der Haarsterne ist der sehr kleine, kelchförmige Rumpf, der bei den gestielten Arten sowie bei den jungen Haarsternen an seiner Unterseite mit einem Stiel versehen ist. An der Oberseite, dem Kelchrand, setzen die fünf Arme an, die fast immer gegabelt, oft auch mehrfach verzweigt sind. In ihrer Mitte befindet sich die wenig gepanzerte Oralseite des Crinoidenkörpers, auf der sich die Mund- und seitlich angrenzend die Afteröffnung befindet. Bei den Crinoiden des Erdaltertums ist der Rumpf im Verhältnis zu den Armen deutlich größer als bei den heutigen Arten, bei denen eine deutliche Reduktion des zudem immer flacher werdenden Kelches zugunsten der Arme zu verzeichnen ist.
Die Arme dienen allen Crinoiden als Fangapparat, den Haarsternen auch zum Laufen und Schwimmen. Sie bestehen aus zahlreichen kurzen Gliedern, die durch elastische Bänder und Muskeln miteinander verbunden und von einem Nervenkanal durchzogen sind. Mit einem dichten Netz von Tentakeln filtern sie pflanzliche und tierische Mikroorganismen aus dem Meer, die dann über eine Nahrungsrinne auf der Innenseite der Arme zum Mund befördert werden.

Um 460–440 Mio.

Armfüßer entwickeln ihr Schalenschloss weiter und erobern sich neuen Lebensraum

Mit der evolutionären Entwicklung neuer Formen, die sich, wie die Strophomedida, Spiriferida und Rhynchonellida (siehe S. 99), durch ein Schalenschloss und somit durch eine stärkere Widerstandsfähigkeit gegen mechanische Kräfte auszeichnen, erobern sich die Brachiopoden oder Armfüßer zunehmend einen neuen Lebensraum: die Brandungszone. Aufgrund ihrer äußeren Erscheinung wurden die Brachiopoden lange Zeit fälschlich zu den Muscheln gezählt. Diese gehören zwar ebenfalls dem großen Stamm der Wirbellosen an, haben aber mit den Armfüßern keine nähere Verwandtschaftsbeziehung. Ein gemeinsames Merkmal beider Tiergruppen ist, dass der Körper von Schalen umhüllt wird, die bei Bedarf geöffnet und geschlossen werden können. Auch der Verschlussvorgang erfolgt im Wesentlichen auf dieselbe Art und Weise, nämlich durch die Kontraktion der Muskeln an der Schalenklappe. Unterschiede gibt es jedoch beim Mechanismus des Öffnens. Während dieses bei den Muscheln mittels eines elastischen, beide Schalenhälften verbindenden Bandes – des so genannten Ligamentbands – erfolgt, haben die Brachiopoden hierzu spezielle Muskelstränge ausgebildet, die wegen der ungünstigen Hebelverhältnisse sehr kräftig entwickelt sein müssen.

Um 450 Mio. Weite Verbreitung findet der zu den Trinucleina gehörende Dreilapper (Trilobit) **Onnia ornata**. Versteinerte Exemplare des kleinen Meeresbewohners wurden u. a. in den fossilreichen Schichten der Prager Mulde gefunden. Sie weisen Omnia ornata als einen etwa zwei Zentimeter großen, kugeligen Trilobiten aus. Typisch sind die sehr langen Wangenstacheln, mit denen der Kopfschild (Cephalon) besetzt ist. Darüber hinaus läuft um das Cephalon eine sichelförmige, perforierte Auflagefläche, die das Einsinken des Trilobiten in den Meeresschlamm verhindert.

Zur formenreichen Gruppe der Nautiloideen gehört der Kopffüßer **Lituites**. Er verdankt den Namen »Krummstab« (lateinisch lituus) seiner eigenwilligen Form: Die ersten Kammern des schützenden Gehäuses sind spiralförmig eingerollt. An die gekrümmten Gehäuseumgänge schließt sich ein langer, stabförmig gestreckter Gehäuseabschnitt an. Dabei handelt es sich um so genannte frühe Spiralstadien. Fossile »Krummstäbe« fanden sich in großer Zahl auf der schwedischen Insel Öland. Dort stellten die Meerestiere die gesteinsbildende Basis des Lituites-Kalks dar.

Um 460–440 Mio.

Vulkanische Gesteine

Durch den im Zusammenhang mit der kaledonischen Gebirgsbildung (siehe S. 86) verstärkt auftretenden unterseeischen Vulkanismus, der bereits seit dem frühen Ordovizium zu beobachten ist, werden in verschiedenen Teilen Europas vulkanische Gesteinsserien aufgeschichtet, die sich noch heute in einigen Regionen nachweisen lassen. Beeinflusst wird dieser Prozess durch Faktoren wie etwa die Meerestiefe, die Temperatur und die physikalische Beschaffenheit des Magmas. Es handelt sich um sog. basaltische, andesitische oder rhyolithische Gesteine, wobei die Erstgenannten bei Vulkanausbrüchen ozeanischen Ursprungs generell besonders häufig sind.

Klassische Lokalitäten für solche magmatischen Gesteinsserien aus dem Ordovizium, die zum Teil eine Stärke von mehreren Tausend Metern aufweisen, finden sich in Schottland und Wales. Sie entstehen in unmittelbarem Zusammenhang mit der Verengung des Iapetus-Ozeans, der sich bis zum Ende des Ordoviziums durch den Zusammenstoß der Nordamerikanischen mit der Europäischen Platte wieder schließt. Aus den in diesem Proto-Atlantik abgelagerten Gesteinen werden in Nordamerika, Grönland und Europa die Kaledonischen Gebirge aufgefaltet. Gesteinsserien vulkanischen Ursprungs, die aus dem Ordovizium datieren, lassen sich aber auch in verschiedenen Teilen des Alpenraums nachweisen. Besonders deutlich zeigen sie sich heute in Österreich: in den Karawanken, den Gurktaler und den Karnischen Alpen sowie im Grazer Bergland. Die gesamte Alpenregion liegt – wie die meisten Gebiete Nord-, West- und Mitteleuropas – noch immer tief unter dem Meeresspiegel, der während des mittleren Ordoviziums ein Rekordniveau erreicht.

In Schottland und Wales werden sowohl Basalte als auch Andesiten und Rhyolithen abgelagert. Rhyolith ist ein Ergussgestein aus der Granitfamilie, dessen Name sich aus dem griechischen Wort »rheo« für »fließen« und »lithos« für »Stein« ableitet. Es handelt sich um ein sehr feinkörniges bis glasiges Grundgestein, das relativ große Einsprenglinge aus Quarz und Feldspat enthält. Ein ähnliches Gefüge, von Geologen als porphyrisch bezeichnet, weist auch das zweite typische Ergussgestein dieser Epoche auf: der Andesit. Seine Grundmasse ist feinkörnig-kristallin, allerdings selten glasig. Die Farbe schwankt zwischen verschiedenen Grautönen und Rotbraun, die Einsprenglinge bestehen aus verschiedenen Kalknatronfeldspäten, aus Hornblende, Biotit oder Pyroxen.

Das mit Abstand häufigste, weltweit verbreitete Ergussgestein ist jedoch der überwiegend schwarze, gelegentlich grünlich bis gräulich schimmernde Basalt. Sein Gefüge ist meist feinkörnig und dicht. Ist er porphyrisch, enthält also Einsprengsel, bestehen diese zumeist aus Olivin oder Pyroxenen. Basalte entstehen bei sog. effusiven Vulkanausbrüchen, die in der Tiefsee – begünstigt durch den hohen Wasserdruck – besonders häufig auftreten. Von explosiven Eruptionen, bei denen das Magma regelrecht herausgeschleudert wird, unterscheiden sie sich vor allem durch eine andere Temperatur des Schmelzgesteins. Bei basaltischen Ergüssen ist das Magma heißer und dadurch dünnflüssiger. Die Gase, die sich in der Magmakammer entwickeln, können leichter entweichen. Es kommt zu einem weniger explosiven, vielmehr ruhigen und gleichmäßigen Ausfluss der Lava.

Ein alpines Überbleibsel vulkanischer Aktivität ist der Valsorda-Kessel in den Dolomiten.

Um 460–440 Mio.

Klastisch deutet auf Zerstörung hin: Südamerikas Sedimentgesteine bilden sich anders

Anders als in den von warmen Flachmeeren bedeckten Teilen der Erde, wo im Ordovizium vor allem Kalksedimente aus tierischen und pflanzlichen Zersetzungsprodukten eingelagert werden (biogene Sedimente), bilden sich im deutlich kühleren Südamerika die Sedimentgesteine. Hier sind es die sog. klastischen Sedimente (Abb. u.: heutige Sande im US-Bundesstaat Alaska).

Südamerika bildet in dieser Periode gemeinsam mit Mittelamerika die Südspitze Gondwanas. Seine heutige Ostküste besitzt noch immer eine feste Landverbindung mit der heutigen Westküste Afrikas, dessen Norden während des Ordoviziums unmittelbar über dem Südpol liegt und wo gerade Eiszeit herrscht (siehe S. 111). Diese lässt das Klima auch in den direkt angrenzenden Regionen fallen. Die Kalk produzierenden pflanzlichen und tierischen Organismen, die für die Ablagerungen im äquatorialen Raum von entscheidender Bedeutung sind, spielen in den kühlen Gewässern der Polarregion eine geringe Rolle.

Die Sedimente Südamerikas, die vor allem aus sandigen und tonigen Ablagerungen bestehen, sind nicht aus chemischen oder biologischen Prozessen hervorgegangen. Ihr Urheber ist vielmehr die mechanische Zerstörung eines Ausgangsgesteins, das vor allem mittels Wasser und Wind transportiert und – sortiert nach Korngrößen – wieder abgelagert wird. Der Name dieser Gesteinsgruppe, die als Klastite bezeichnet werden, leitet sich vom griechischen Wort »klastos« für »zerbrochen« her.

Für die Einteilung der verschiedenen Trümmergesteine spielt die Korngröße der Einzelbestandteile die entscheidende Rolle. Feinklastische Gesteine werden als Pelite, mittelklastische als Psammite und grobklastische als Psephite bezeichnet.

Zu den Peliten zählen Tone mit einer Korngröße bis 0,002 mm sowie Schluff – klastische Sedimente mit einer Korngröße bis 0,063 mm. Als Schluff werden gröbere Tone und besonders feine Sande bezeichnet. Zu der zweiten Gruppe der Psammiten, benannt nach dem griechischen »psammos« für Sand, rechnet man mittlere und gröbere Sande mit einer Körnung von 0,063 bis 2,0 mm (Abb. o.: Sandstein unter dem Mikroskop). Die grobkörnigsten klastischen Sedimentgesteine sind die Psephite, die sowohl Kies als auch Steine umfassen. Der Kies wird seinerseits in Fein-, Mittel- und Grobkies unterteilt. Ab einer Körnung von 63 mm spricht man von Steinen, bei einem wesentlich größeren Durchmesser schließlich von Trümmern.

Um 460–440 Mio.

Das Weltmeer weicht zurück

Nachdem die Herrschaft des Meeres über die Festlandsgebiete im mittleren Ordovizium einen Höhepunkt erreicht hat, deutet sich ein Rückzug des Weltmeeres an. Auf die bereits das gesamte Kambrium (545–495 Mio.) und große Teile des Ordoviziums andauernde Transgression folgt allmählich eine Phase der Regression.

In den langen erdgeschichtlichen Zeiträumen, die beide Ereignisse für sich einnehmen, bedeutet dieser Umschwung zunächst kaum mehr als eine Tendenz. So wird etwa Mitteleuropa noch viele Jahrmillionen zu großen Teilen von Flachmeeren bedeckt. Auch im nachfolgenden Silur (440–417 Mio.) zeichnet sich im Verhältnis von Wasser und Land zwar eine Verschiebung, aber noch kein grundlegender Wandel ab. Noch immer liegt das Gebiet der heutigen Beneluxstaaten, der größte Teil Deutschlands und Österreichs sowie das gesamte westliche Polen unter dem Meeresspiegel. Im Westen Deutschlands erhebt sich die Alemannische Insel aus dem Meer. Als schmaler Keil schiebt sie sich über die baden-württembergische Region bis kurz vor Kassel. Ein zweites Festlandsgebiet, die Ringköbing-Fünen-Schwelle, umfasst Teile Schleswig-Holsteins, Mecklenburg-Vorpommerns sowie die meisten Gebiete Dänemarks.

Um 460–440 Mio.

Riffbildung im Ordovizium durch Algen und Moostierchen

Durch warme Temperaturen, die das Klima vor allem in den Äquatorregionen und auf der Nordhalbkugel prägen, kommt es nahezu weltweit – mit Ausnahme der südlichen Gebiete Gondwanas – zur Bildung von Riffen. Von den Riffen des nachfolgenden Silurs (440 bis 417 Mio.) und Devons (417–354 Mio.) unterscheiden sich die des oberen Ordoviziums dadurch, dass sie – ungeachtet ihrer Häufigkeit – noch deutlich kleiner sind und im Wesentlichen auch auf andere Riffbildner zurückgehen (Abb.: ordovizischer Riffkalk aus Schweden mit Trilobit Scutellum).

Die Tabulata oder Bodenkorallen, die am Aufbau der Riffsysteme späterer Perioden einen herausragenden Anteil haben, sind zu diesem Zeitpunkt erdgeschichtlich noch jung. Zum Aufbau der Riffe tragen sie zunächst nur in bescheidenem Umfang bei. Weit verbreitet hingegen sind die Moostierchen oder Bryozoen (siehe S. 96), die in Gemeinschaft mit Algen und Stromatoporen einen großen Anteil am Aufbau der ordovizischen Riffe haben. Bei den Riff bildenden Algen handelt es sich um frühe Vertreter der Mikroalgenfamilie der Dasycladaceen (siehe S. 99), die zu den Grünalgen zählt. Auch die Solenoporaceen (siehe S. 103) aus der Gruppe der Kalkrotalgen bauen riffähnliche Strukturen auf. Sie unterscheiden sich von den eigentlichen Riffen dadurch, dass sie kein zusammenhängendes Gerüst aufweisen, sondern verkalkte Überreste sind.

Um 450 Mio. In den Weltmeeren weit verbreitet ist der zu den Steinschwämmen (Lithistida) gehörende Schwamm **Astylospongia praemorsa**. Das marine Lebewesen besitzt ein kugelförmiges Skelett mit Furchen, das einen Durchmesser von 4,5 bis 5 cm aufweist. Es besteht aus Spongin mit eingelagerten Kieselnadeln. Mit den Nadeln der Unterseite (Basalnadeln) heftet sich Astylospongia fest an den Untergrund. Durch die ovale Öffnung (Osculum) an der Oberseite strömt das durch die Poren eingestrudelte Wasser aus dem Körper heraus.

Im heutigen Thüringen entsteht der so genannte **Lederschiefer**. Dabei handelt es sich um einen Gerölltonschiefer, der mit Lagen aus Gesteinsbruchstücken (klastische Sedimente) durchsetzt ist. Ihre Deutung ist in der Geologie umstritten. Einige Forscher sehen in den Klasten die einzigen Sedimente Mitteleuropas, die Spuren der spätordovizischen Eiszeit enthalten. Nach dieser Deutung wären die Gesteine ein von den Eismassen aus Nordafrika hierhin transportiertes Geschiebe (Geröllablagerungen, die durch Gletscher verursacht wurden). Andere Wissenschaftler betrachten den Lederschiefer dagegen als sog. Fluxoturbidit: ein durch Ablagerung aufgeschlämmter Partikel entstandenes Sediment.

In den küstennahen Flachmeerbereichen lebt der Dreilapper (Trilobit) der Gattung **Encrinurus**. Dort ernährt sich das etwa vier Zentimeter lange wirbellose Tier von über dem Meeresboden schwebenden pflanzlichen und tierischen Resten. Da Versteinerungen von Encrinurus weltweit gefunden wurden, gilt der Trilobit als Kosmopolit. Charakteristisch ausgeprägt ist der Kopfschild (Cephalon). Er ist in ein größeres Mittelsegment sowie zwei seitliche Bereiche unterteilt. Diese sind jeweils mit Pusteln besetzt. Elf bis zwölf Segmente gliedern das Bruststück (Thorax). Der kurze Schwanzschild ist mit zehn Unterteilungen ebenfalls segmentiert.

Das zwischen Südamerika und einem westlich von Gondwana gelegenen Mikrokontinent befindliche **Ablagerungsbecken** beginnt sich zu schließen. Verantwortlich für die Schließung der seit dem Oberkambrium bestehenden Senke ist die Kollision des kleinen Kontinents mit dem Großkontinent Gondwana. In dem Ablagerungsraum hatten sich während des Ordoviziums bis zu 15 km mächtige Sedimente getürmt. Sie trugen wesentlich zum Aufbau der südlichen Zentralanden bei: Die von Südperu bis nach Nordwestargentinien verlaufende Ostkordillere besteht zum Großteil aus diesen ordovizischen Sedimenten.

Um 460–440 Mio.

Atmung passt sich an

Die evolutionäre Weiterentwicklung der Atmungsorgane betrifft u.a. den noch jungen Stamm der Chordatiere (siehe S. 80). So tritt in der Gruppe der Kieferlosen oder Agnathen eine Reihe neuer Formen in Erscheinung.

In Australien, dem etwa auf Äquatorhöhe gelegenen äußersten Nordosten des Südkontinents Gondwana, kommen neben den Kieferlosen Arandaspis auch die ebenfalls gepanzerten Porophoraspis vor. Unter ähnlichen klimatischen Bedingungen entwickeln sich auch in den Flachmeeren vor der nordamerikanischen Küste mit Astrapsis und Eriptychius zwei neue Gruppen der Agnathen. Gemeinsam mit den noch etwas älteren Anatolepsis (siehe S. 93) aus dem Oberkambrium bilden sie die fünf bekannten Gruppen kieferloser Fische aus Kambrium (545–495 Mio.) und Ordovizium. Erste echte, Kiefer tragende Fische treten im nachfolgenden Silur (440–417 Mio.) in Erscheinung (siehe S. 117).

Ein wesentlicher Motor dieser Entwicklung ist die Verbesserung der Kiemen und damit der Sauerstoffversorgung des Körpergewebes. Noch beschränkt sich zu diesem Zeitpunkt alles Leben auf das Wasser, während die Festlandsgebiete weder Pflanzen noch Tiere aufweisen. Doch zeichnet sich – als ein erster Schritt in der Geschichte der Landbesiedlung – eine beginnende Anpassung an die Gezeitenzonen ab. Ein wesentlicher Bestandteil dieser Entwicklung ist die Ausbildung von Atmungsorganen, die in kurzen Phasen des Trockenliegens durch bestimmte Vorrichtungen feucht gehalten werden.

Gemeinsam ist den höher entwickelten Lebewesen wie den frühen Agnathen und den meisten primitiven Mikroorganismen, dass sie zur Verbrennung ihrer Nahrung Sauerstoff benötigen. Bei den Einzellern und zahlreichen einfach aufgebauten Vielzellern erfolgt die Atmung durch die Körperhaut. Bei diesem Prozess, von Biologen als Diffusion bezeichnet, strömt Gas von einem Ort höherer Konzentration zu einem Ort niedriger Konzentration. Bei einzelligen Tieren, einigen Würmern, Schwämmen und Polypen sowie bei Pflanzen kann der Sauerstoffbedarf des Körpers durch Diffusion gedeckt und auf diese Wei-

Um 450–440 Mio.

Erstes großes Artensterben hat wohl klimatische Ursachen

Im ausgehenden Ordovizium ereignet sich weltweit das erste große Massenaussterben, dem nicht nur vereinzelte Arten, sondern auch ganze Tiergruppen zum Opfer fallen. Die Ursachen dieser Krise sind bis heute in der Forschung umstritten, doch ist es wahrscheinlich, dass sie klimatischer Natur sind.

Kennzeichnende Merkmale dieses Artensterbens sind einerseits das globale Ausmaß der Katastrophe, andererseits die Tatsache, dass es – geologisch betrachtet – als außerordentlich plötzlich bezeichnet werden muss. Zu den betroffenen Tiergruppen zählen vor allem die Brachiopoden, die annähernd ein Drittel ihrer Formen einbüßen. Schwere Verluste erleiden auch die Trilobiten (Abb.: Elrathia kingi, l., und Agnostus), Conodonten, Bryozoen sowie allgemein alle Mitglieder der Riff bildenden Fauna. Weltweit werden nach der ordovizischen Krise deutlich weniger Sedimente in Form von Kalkgesteinen abgelagert.

Ursache dieses Artensterbens ist vermutlich eine plötzliche Abkühlung des Weltklimas, die wahrscheinlich mit der Eiszeit in dem über dem Südpol gelegenen Norden Afrikas in Zusammenhang steht. Sowohl Kalkstein als auch Riffe werden bevorzugt in warmen Meeren aufgebaut. Überdies ist ein signifikanter Einbruch in der Gruppe grüner Kalkalgen zu verzeichnen, die auf warme Gewässer spezialisiert sind. Auf eine allgemeine Abkühlung deuten auch die Verbreitungsmuster bei den Graptolithen und Brachiopoden. Jene Arten, die zuvor auf die kühleren Breiten beschränkt waren, wandern zum Ende des Ordoviziums immer stärker Richtung Äquator, während die zuvor dort ansässigen Arten besonders stark zurückgehen.

Die große Krise am Ende des Ordoviziums bleibt nicht die einzige ihrer Art. Zu ähnlichen Aussterbeereignissen kommt es zum Ende des Devons, des Perms, der Kreide und in den Eiszeiten des Pleistozäns. Von Massenaussterben sprechen Biologen, wenn die Aussterberate die Entwicklung neuer Arten um ein Vielfaches übersteigt.

In Gezeitenzonen – wie hier im Wattenmeer – können im Wasser lebende Tiere nur überleben, indem sie ihre Atmungsorgane vor dem Austrocknen schützen.

se ausreichend Kohlendioxid abtransportiert werden. Da der Gasaustausch jedoch von dem Verhältnis der Körperoberfläche zur Körpermasse bestimmt wird, reicht diese Form der Atmung bei größeren Tieren in der Regel nicht aus.

Bei den im Wasser lebenden Mollusken oder Weichtieren (siehe S. 85), einigen Würmern, den Stachelhäutern (siehe S. 80) sowie den frühesten Vertretern der Fische (siehe S. 93) erfolgt die Atmung durch Kiemen. Bei den so genannten äußeren Kiemen handelt es sich um Ausstülpungen der Körperwand, bei den inneren um solche des Vorderdarms. Kiemen sind stark durchblutet, da der Gasaustausch bei Kiemenatmern nicht durch das umliegende Gewebe, sondern durch das Blut erfolgt.

Um 450–440 Mio.

Verbreitungsmuster ändert sich: Trilobiten passen sich wechselnden Klimabedingungen an

Ähnlich wie bei Graptolithen und Brachiopoden kommt es auch bei den Trilobiten zu einer Veränderung in den Verbreitungsmustern, die auf eine globale Abkühlung des Klimas und der Meere schließen lässt.

Viele Trilobiten-Arten, die bislang nur in den Polarregionen gelebt hatten, wandern in die warmen und gemäßigten Breiten ab, viele der dort ursprünglich heimischen Arten verschwinden ganz. Zu den auffälligsten Vertretern der ordovizischen Trilobiten oder Urkrebse zählt Onnia ornata – ein nur etwa zwei Zentimeter langes Tier, dessen Kopfschild hufeisenförmig so weit nach hinten gezogen ist, dass er den ganzen Körper umgibt. Onnia ornata zählt zu jener Gruppe von Trilobiten, die sich zum Schutz vor räuberischen Feinden einrollen können (Abb. r.: eingerollter Trilobit Asaphidae aus dem Atlasgebirge Marokkos). Zu den Feinden der Trilobiten zählen vor allem Nautiliden (Kopffüßer) und wohl auch Panzerfische.

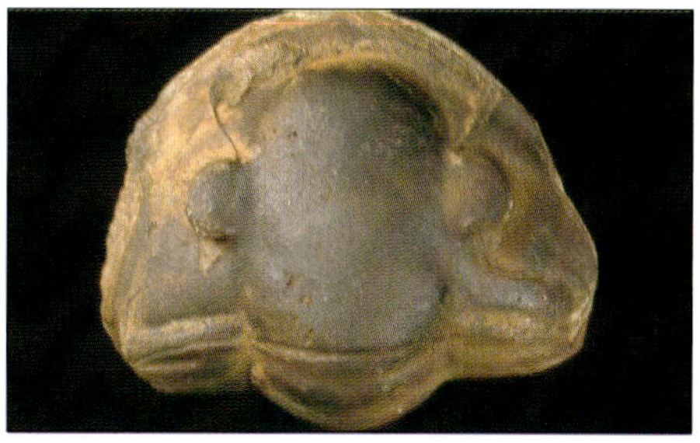

Um 460–423 Mio.

Kälteeinbruch in der Wüste

Im Süden Gondwanas kommt es zu einer jener Eiszeiten, die sich im Verlauf der Erdgeschichte vermutlich immer dann entwickelt haben, sobald sich ein Kontinent über einen der beiden Pole bewegt hat. Diese ordovizische Eiszeit blieb von den Wissenschaftlern lange unentdeckt, da sich ihre Spuren fast ausschließlich in einer Region finden, in der sie am wenigsten vermutet wurden, nämlich in der heutigen Sahara (s. Abb. l.). Das Zentrum der Vereisungen liegt vermutlich im Süden der heutigen Wüstenregion. Wie weit sich die Gletschermassen auf andere Teile des afrikanischen Kontinents ausdehnen, ist nicht mehr zu rekonstruieren. Als sicher gilt, dass auf dem Höhepunkt der Vereisungen – zwischen dem oberen Ordovizium (460–440 Mio.) und dem unteren Silur (440–428 Mio.) – auch die südafrikanische Kap-Provinz von Gletschern bedeckt ist. Entdeckt wurde die Eiszeit in den 1960er-Jahren von einem französischen Geologenteam, das in Nordafrika auf Gletscherablagerungen stieß.

440–354 Millionen

1

2

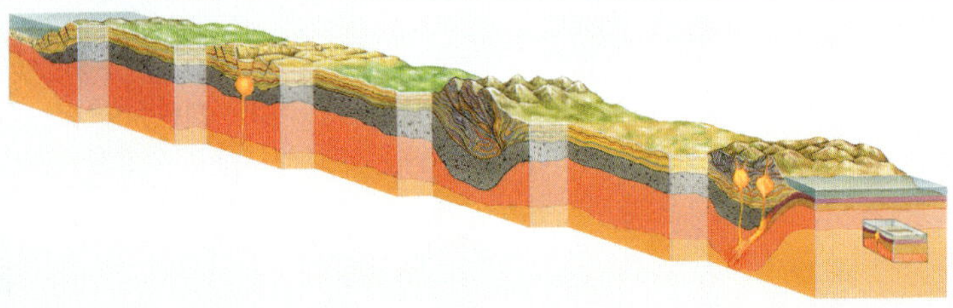
3

4

1 – Land in Sicht: In Gezeitenzonen wie dem Wattenmeer passen sich die ersten Pflanzen und später auch Wirbeltiere an ein Leben auf dem Festland an. 2 – Evolutionsschub: Cladoselache zählt zu den ersten Fischen mit einem Kiefer. 3 – Tektonische Bewegungen in der Erdkruste setzen Gebirgsbildungen in Gang. 4 – Indikator für gute Luftqualität: Flechten, bestehend aus symbiotisch lebenden Algen und Pilzen, begrünen die Erde noch vor den Farnen.

5

6

7

8

9

5 – Fossiles Riff: Langhammarsranka bei Gotland (Schweden). 6 – Nicht Pflanze, sondern Tier: Die Seelilie Merhoumacrinites legrandi. 7 – Pioniere des Pflanzenreichs: Urfarne verlassen das Wasser und breiten sich an Land aus (Abbildung von Odondopteris, einer fortgeschrittenen Farnartigen). 8 – Der Urlurch Ichthyostega zählt zu den frühen Landgängern. 9 – Lichtdurchflutete Flachmeere bestimmen das Ökosystem Riff (Hardy Reef, Australien).

Wälder, Insekten und Wirbeltiere – Das Land belebt sich

Die Pflanzen und Tiere, die den Beginn des mittleren Paläozoikums erleben, sind die Überlebenden einer klimatischen Katastrophe. Das ausgehende Ordovizium (495–440 Mio.) hatte mit einer Eiszeit für das paläozoische Leben weltweit eine erste einschneidende Zäsur herbeigeführt. Ein großer Teil der Festlandsgebiete war vereist und der Meeresspiegel so stark gesunken, dass die Ozeane infolge von Algenblüten teilweise toxisch wurden – was eine dramatische Reduktion ganzer Gattungen und Familien mariner Lebewesen bis hin zur Ausrottung bedeutete. Trotz dieser Krise kehrte das Leben im Silur (440–417 Mio.) und Devon (417–354 Mio.) nicht nur wieder zurück – es eroberte sogar einen ganz neuen Raum: das bis zu diesem Zeitpunkt karge, unbewohnte Festland.

Das Leben breitet sich aus

Eingeleitet wird dieser bedeutende Wendepunkt in der Geschichte des Lebens durch eine deutliche Verbesserung des Klimas. Infolge der Abschmelzung großer Gletschermassen steigt der Meeresspiegel an. Weltweit kommt es zu einer ausgeprägten Transgression – der Überschwemmung weiter Festlandsgebiete durch das vordringende Wasser. Dieser Vorgang erzeugt die für das Silur und das Devon so typischen Flachwasserzonen, die zahlreichen Arten und Lebensgemeinschaften ein fruchtbares Milieu bieten. Besonders artenreich entfaltet sich die Flora und Fauna in der Region des europäisch-nordamerikanischen Doppelkontinents, der zu diesem Zeitpunkt relativ genau auf der Äquatorlinie liegt.
Es beginnt eine Blütephase vor allem für die Korallenriffe, die sich bevorzugt in den warmen und seichten Gewässern entlang des Äquators ansiedeln, wo sie zum Teil beachtliche Dimensionen annehmen. Das mit einer Länge von 2500 km vermutlich größte unter ihnen bildet sich vor der Küste Australiens. Der spätere fünfte Erdteil ist zu diesem Zeitpunkt noch Teil der riesigen Festlandmasse Gondwanas, des Südkontinents.

Bekannte Blattpflanze des Devons: Protopteridium germanicum; das Fossil fand man nahe Wuppertal.

Während sich diese gigantische Einheit mit ihrem südlichen, zum späteren Afrika zählenden Gebiet bereits über den Südpol geschoben hat, ragt das australische Festland als ihre nordöstlichste Spitze in tropische Regionen.
Unter denselben klimatischen Bedingungen entstehen auch die silurischen Riffsysteme am Rande der europäischen und nordamerikanischen Plattform, die sich heute u.a. in Schweden, Schottland, England und Nordamerika nachweisen lassen. Eine besondere Erscheinung auf dem nordamerikanischen Kontinent sind ausgedehnte Salzlagerstätten, die von der Höhe New Yorks bis zu den Großen Seen reichen. Sie bilden sich im mittleren Silur, als infolge der Klima-Erwärmung das Wasser verdunstet, welches zuvor diese Festlandbereiche überflutet hatte. Doch zuvor war auch entlang des riesigen Michigan-Beckens ein silurisches Riff entstanden. Die mächtigen Massenkalke, die heute in Deutschland mittlere Höhenzüge wie etwa das Rheinische Schiefergebirge bilden, stammen hingegen vor allem von devonischen Riffen.

Riffsysteme mit warmem, lichtdurchflutetem Wasser zählen zu den wichtigsten Ökosystemen des Silurs: Low Islets (Great Barrier Reef, Australien).

Biotop Riff

Die wichtigsten Mitglieder der silurischen Riffgemeinschaften sind koloniebildende Korallen, allen voran die Septenkorallen (Rugosa) sowie die Bödenkorallen (Tabulata), die in Silur und Devon hinsichtlich der Arten und Individuen eine Blütezeit erleben. Hinzu kommen Stromatoporen – porenhaltige, Kalkstöcke bildende Hohltiere. In Gemeinschaft mit diesen eigentlichen Riffbildnern leben verschiedene Brachiopoden oder Armfüßer, die äußerlich an heutige Muscheln erinnern, mit diesen aber nicht verwandt sind. Ebenfalls Teil der Riffgemeinschaft sind Bryozoen (Moostierchen) und verschiedene Echinodermen (Stachelhäuter) wie die Seelilien und die Schlangen- und Seesterne. Die Entstehung sog. Trochitenkalke als Gesteinstyp deutet darauf hin, dass vor allem die Seelilien an bestimmten Orten in großen Massen vorkommen. Alle Tiere dieser Lebensgemeinschaft Riffsystem stellen hohe Ansprüche an die Umweltbedingungen. Sie benötigen für ihr Wachstum warmes, gut durchlichtetes, aber auch sauerstoffreiches Wasser.
Die Trilobiten – krebsähnliche Urtierchen des Erdaltertums – zählen zu jenen Arthropoden (Gliederfüßern), die von der Krise am Ende des Ordoviziums am stärksten betroffen sind. Zwar bilden sie noch immer bedeutende Populationen, doch sind die vormals vielfältigen Stammlinien auf einige wenige begrenzt. Gemeinsam mit der zweiten großen Gruppe Arthropoden, den Ostrakoden oder Muschelkrebsen, bewohnen sie die Flachwasserzonen. In diesem Milieu entwickeln sich bereits im Silur mit den mehr als zwei Meter langen Gigantostraken und Eurypteriden die gewaltigsten Krebstiere aller Zeiten. Ihre Größe lässt auf eine räuberische Lebensweise schließen.

Pioniere des Festlands

Wann genau die ersten Lebewesen erstmals erfolgreich einen Schritt an Land gewagt haben, lässt sich anhand der fossilen Funde nur annähernd datieren. Die ältesten gesicherten Belege stammen aus dem Silur. Spärliche Funde kleiner Pflanzenspuren auf dem Festland, die aus dem Ordovizium stammen, sind umstritten. Eine echte Vegetationslandschaft gab es in dieser Periode mit Sicherheit noch nicht.
Bei allen Unsicherheiten lässt sich zweierlei festhalten: Zunächst, dass die Rolle des eigentlichen Pioniers zweifellos den Pflanzen zukommt. Eine dauerhafte Besiedlung des Landes durch die Tiere kann unmöglich vor oder gleichzeitig mit den Pflanzen erfolgt sein, da alle Tiere heterotroph le-

440 Mio.

Um 440–417 Mio.: Bei einigen der primitiven Fische des Silurs bildet sich ein Kiefer heraus.

Um 423–417 Mio.: Meeresskorpione und im Wasser lebende Tausendfüßer sind die ersten Tiere, die vorübergehend Festland betreten.

Um 420 Mio.: Urfarne sind die ersten Pflanzen, die nachweislich Festland erobern.

Um 417 Mio.: Das erste fossil belegte Insekt an Land ist der zur Gattung der Springschwänze gehörende Rhyniella praecursor.

Um 417–354 Mio.: Der südliche Urkontinent Gondwana bildet zum letzten Mal eine in sich geschlossene, riesige Landmasse.

ben – was bedeutet, dass sie anderer Organismen, gleich ob Pflanzen oder Beutetiere, zu ihrer Nahrung bedürfen. In einer kargen, vegetationslosen Landschaft können sie nicht dauerhaft existieren. Ebenso sicher erscheint, dass die Besiedlung des Landes nicht ein einziger Schritt ist, sondern ein Jahrmillionen dauernder Prozess. Sowohl Pflanzen wie auch Tiere bewohnen, bevor sie sich wirklich an eine terrestrische (festlandgerechte) Lebensweise anpassen, für lange Zeit eine Zwischenwelt. Bei den Vorfahren der späteren Landpflanzen sind dies die unmittelbaren Ufer- und Gezeitenzonen. Zunächst strecken sie nur einzelne Teile des Pflanzenkörpers aus dem Wasser oder setzen sich für kurze Ebbephasen den atmosphärischen Bedingungen aus. Es bleibt aber noch ein langer Weg, bis sie mit einem gegliederten Pflanzenkörper aus Wurzel, Stängel und Krone wirklich unabhängig vom feuchten Element existieren können.

Die größte Herausforderung besteht für die Ur-Pflanzen darin, aus dem Wasser in die Luft überzuwechseln. Für ihr empfindliches Gewebe ist Austrocknung eine der schlimmsten Gefahren. Sie müssen sich eine Art Wachsschicht zulegen, die sie vor dem Austrocknen schützt, zugleich aber neue Schwierigkeiten mit sich bringt, da dadurch die Aufnahme von Nährstoffen erschwert wird. Die Anpassung an das Land ist eine komplexe Aufgabe, die sich nur durch eine Spezialisierung der einzelnen Gewebe lösen lässt. Zu den frühesten europäischen Landpflanzen zählt der wenige Zentimeter hohe Urfarn Cooksonia caledonica, der auf seinen Stängeln keine Blätter, sondern nur kleine Sporenkapseln trägt. Im Unterdevon ist die ähnlich gebaute, noch wurzellose Rhynia von Schottland bis zum Spessart weit verbreitet. Aus ihr gehen die Bärlappgewächse hervor. Ab dem Mitteldevon lassen sich bereits meterhohe Gefäßpflanzen mit Baumgestalt nachweisen. Als erster echter Baum gilt der Archaeopteris des ausgehenden Devons, der für die Waldflora des Karbons (354–292 Mio.) eine bedeutende Rolle spielt.

Ein Wanderer zwischen den Welten: Der Urlurch Ichthyostega kriecht zwar an Land, lebt aber überwiegend noch im Wasser.

In ähnlich kleinen Schritten erobern die Tiere das Land. Vermutlich werden sie zunächst nur auf der Flucht vor Räubern aus ihrem heimischen Element getrieben, in das sie, sobald die Gefahr gebannt ist, umgehend zurückkehren. Auch als sie sich an eine terrestrische Lebensweise bereits gewöhnt ha-

Vorläufer der Vierbeiner: Fossil eines Rhipidistier Thursius sp. im Sandstein der schottischen Orkney-Inseln

ben, bleiben sie wie die Urlurche – die Vorfahren der späteren Landwirbeltiere – noch lange in vielen entscheidenden Lebensfunktionen auf das Wasser angewiesen. Zu den ersten echten Landtieren zählen Tausendfüßer und Skorpione. Letztere, kleinere Verwandte der oben genannten Riesenkrebse, gelten als die Vorfahren aller heute lebenden Spinnentiere (Arachnida), zu denen auch alle Spinnen, Weberknechte und Milben gehören. Weitere frühe Landtiere sind die sog. Springschwänze, primitive Insekten, die ab der Silur-Devon-Grenze in Erscheinung treten.

Aufstieg der Wirbeltiere

Die Fische nehmen im Devon eine so gewaltige Entwicklung, dass man die Periode unter Paläontologen auch als Zeitalter dieser Wasserbewohner apostrophiert. Die Basis für den nun entstehenden Formenreichtum, der nicht nur verschiedene heute noch lebende Ordnungen, sondern mit den Fleischflossern auch die unmittelbaren Vorfahren der späteren Landwirbeltiere hervorbringt, wird jedoch bereits im Silur gelegt. Als letzte Glieder der Nahrungskette profitieren die Fische von der allgemeinen Blüte des marinen Lebens, die eine Fülle neuer Lebensräume schafft. Zu den bereits im Oberkambrium (500–495 Mio.) oder unteren Ordovizium entstandenen Kieferlosen (Agnathen), den ältesten Wirbeltieren der Erdgeschichte, treten im Silur die ersten echten Fische hinzu. Im Gegensatz zu den Agnathen sind es Gnathostomata (Kieferfische). Zu ihren frühesten Vertretern zählen die beiden Gruppen der Panzerfische (Placodermi) und der so genannten Stachelhaie (Acanthodii). Sie alle profitieren von der Entwicklung eines beweglichen Kiefers, der ihnen den Übergang zu einer räuberischen Lebensweise gestattet.

Im Devon bringen beide Gruppen eine Fülle verschiedener Formen hervor, die sowohl an das Leben im Salz- als auch im Süßwasser angepasst sind. In der zu den Placodermen zählenden Familie der Arthrodiren entsteht im Oberdevon eine Reihe großer Räuber, die teils eine Körperlänge von mehr als zwei Metern erreichen. Der herausragendste Vertreter dieser Familie ist der Duncleosteus, ein schon deutlich spärlicher gepanzerter und daher sehr beweglicher Raubfisch. Mit seinen acht Metern Länge dominiert er die devonischen Meere. Er ernährt sich u. a. von ebenfalls im Zeitalter des Devons entstandenen Haien – wie dem etwa zwei Meter langen Cladoselache, der als einer der frühesten Vertreter der Condrichthyes oder Knorpelfische gilt.

Die stammesgeschichtlich bedeutendste Neuerung vollzieht sich im frühen Devon mit der Herausbildung der neuen Gruppe der Fleischflosser, zu denen als heutige Vertreter die Quastenflosser und die Lungenfische gehören. In einer Anpassung an das warme Klima des Devons, das viele flache Gewässer im jahreszeitlichen Wechsel trockenfallen lässt, entwickeln sie die Fähigkeit, atmosphärische Luft zu atmen. Begleitet wird dieser Prozess von einer zweiten, entscheidenden Anpassungsleistung, die sich exemplarisch bei der Gruppe der Rhipidistier beobachten lässt: Deren paarige Flossen deuten bereits den anatomischen Bauplan der Gliedmaßen späterer Tetrapoden, also der vierbeinigen, landlebenden Wirbeltiere an. Mit der etwa einen Meter langen Ichthyostega tritt im ausgehenden Devon das erste amphibische Landwirbeltier in Erscheinung, wenig später gefolgt vom Acanthostega. Die Skelettmerkmale dieser Ur-Lurche, die als erste echte Landwirbeltiere gelten, weisen auf eine Abstammung von den Rhipidistiern hin, zugleich lassen sie bereits deutlich den Bauplan aller für ein Leben auf dem Land gerüsteten Wirbeltiere erkennen. Ichthyostega und Acanthostega sind aber nach neuesten Erkenntnissen noch weitgehend wasserlebend.

Um 417–354 Mio.: Die variskische Gebirgsbildung setzt ein. Sie ist die Ursache für die Entstehung zahlreicher deutscher Mittelgebirge.

Um 390–375 Mio.: In der europäisch-amerikanischen Arktis entsteht durch Senkungsbereiche in der Erdkruste ein 2000 km langer Faltengürtel.

Um 375–354 Mio.: Einem weltweiten Massensterben fallen zahlreiche Arten der Wirbellosen und der Panzerfische zum Opfer.

Um 375–354 Mio.: In der Pflanzenwelt setzt das sekundäre Dickenwachstum ein, das zur Bildung von Holz führt.

Um 360 Mio.: Die Amphibien entwickeln mit der Gattung Acanthostega eine zweite Gruppe von Landwirbeltieren neben Ichthyostega.

354 Mio.

Um 440 Mio.

Im Silur zählen Südskandinavien, der Süden Grönlands und das Gebiet der heutigen Hudsonbai zu den wärmsten Gebieten der Erde. Durch diese Landstriche verläuft zu Beginn des Silurs der **Äquator**. Die Wärme führt zu großflächigen Verdunstungen von Meerwasser; Salz lagert sich in mächtigen Schichten ab. In Südschweden entstehen erste Korallenriffe. Kälteextreme herrschen hingegen in den Gebieten um Südafrika. Die Spitze des afrikanischen Kontinents liegt zu Beginn des Silurs auf dem Südpol.

Eine Zeit üppigen **Pflanzenwuchses** beginnt im Silur. Damit endet allmählich auch die Frühphase der Erdentwicklung, in der das trockene Land lediglich eine unbelebte Steinwüste ohne jegliche Vegetation war.

Brasilien und Teile der Sahara sind von einem riesigen **Flachmeer** überflutet. Durch die Verschiebung der Kontinente liegt das Gewässer zu Beginn des Silurs in der Nähe des Südpols. Deshalb ist das Flachmeer vermutlich ein Eismeer mit darin treibenden Eisblöcken.

In der Umgebung des heutigen **Buckenreuth** in Franken sind Vulkane aktiv. Die Eruptionen ereignen sich unterhalb des Meeres und zählen zu den einzigen Hinterlassenschaften des untermeerischen Vulkanismus in Deutschland.

Mit den **Psilophyten** wachsen die ersten Landpflanzen an den Uferregionen der Gewässer. Die Nacktfarne zählen zu den Krautartigen und haben nur einen Stängel.

Zwischen Silur und Ordovizium kommt es zum ersten **Massenaussterben** der Erdgeschichte. In den Meeren fallen viele Arten veränderten Umweltbedingungen zum Opfer. Zahlreiche Gattungen der Armfüßer verschwinden ebenso wie Vertreter der Kopffüßer. Die Trilobiten verlieren einige Arten vollständig. Die Katastrophe trifft auch Stachelhäuter und Schalenkrebse.

Die ersten **Spinnen** verlassen die Gewässer und entwickeln Formen, die an das Landleben angepasst sind. Auch die Tausendfüßer erobern mit dem Land neuen Lebensraum.

Um 440–423 Mio.

Wärme fördert Algenwachstum in vielen Farben und Formen

Die Algen in den flachen, warmen Meeren des Silurs erreichen ihre heutige Evolutionsstufe. Neben den bereits bestehenden Mikroalgen, zu denen sowohl einzellige Organismen als auch mehrzellige, fadenförmige Algen zählen, entwickeln sich nun Makroalgen mit mehrzelligen, dreidimensional verzweigten Formen.
Zwar fehlen auch bei den höher entwickelten Algen noch echte Blätter, Wurzeln sowie Leitbahnen, doch klingt in ihrer Organisation bereits vieles an, was bei den späteren Landpflanzen zur vollen Entfaltung gelangt. Makroalgen verfügen über echtes Gewebe. Das Spezialgewebe um ihre Vermehrungsorgane deutet bereits auf die spätere Fruchthülle hin und die Haftorgane lassen schon die Wurzeln der höher entwickelten Pflanzen erahnen.

Makroalgen werden gewöhnlich in Grünalgen (Chlorophyta), Braunalgen (Phaeophyta) sowie Rotalgen (Rhodophyta) unterteilt. Jede dieser Gruppen ist bereits seit dem Präkambrium und Kambrium durch mikroskopisch kleine Arten vertreten, entwickelt aber erst im frühen Silur großwüchsige Formen. Die äußerst facettenreichen Braunalgen (Abb. l.: Zellengeflecht der Braunalge Prototaxites) leben bevorzugt in felsigen Gezeitenzonen, insbesondere in den kälteren und gemäßigten Breiten. Diesen Lebensraum teilen sie sich oft mit den gewöhnlich etwas kleineren Rotalgen, die nicht nur verschiedene Formen, sondern auch Farbschattierungen von Rosa bis Violett aufweisen. Das größte Formenspektrum entfalten die wärmeliebenden Grünalgen (Abb. r.: Schema einer Grünalge) mit elf Ordnungen.

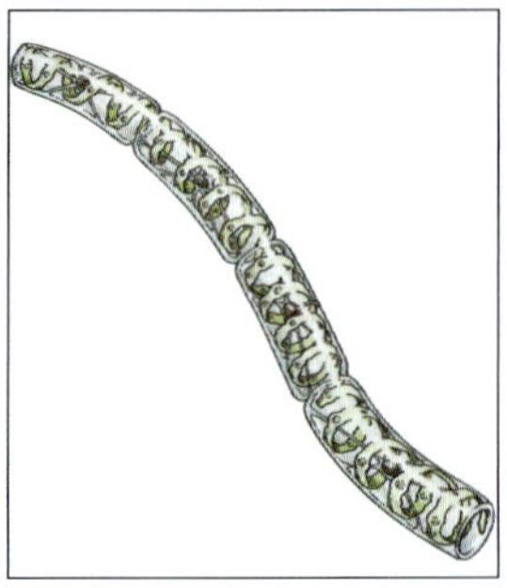

Um 440–435 Mio.

Kaledonische Gebirgsbildung tritt in ihre Endphase ein

Die gebirgsbildenden Prozesse, die sich über die gesamte altpaläozoische Zeit erstrecken, gehen ihrem Ende entgegen.
Die Bezeichnung kaledonische Gebirgsbildung leitet sich von dem nördlichen Teil Schottlands ab, den die Römer Caledonia nannten. Kaledonische Gebirge, sog. Kaledoniden, finden sich jedoch weltweit. Zu ihnen zählen die Gebirgszüge Spitzbergens, das skandinavische Hochgebirge (Abb.: Gebirgszug in Norwegen), westeuropäische Teilstücke auf den Britischen Inseln, in der Bretagne und in Spanien sowie die Gebirge im Nordwesten Afrikas. Darüber hinaus heben sich die Gebirge Grönlands, Neufundlands, Teile der Appalachen an der amerikanischen Ostküste sowie Gebirgszüge in Sibirien und Australien.

Um 440–417 Mio.

Kieferfische sind geschickte Räuber

Mit der Ausbildung eines Kieferbogens vollziehen die primitiven Fische des Silurs einen bedeutenden Schritt in ihrer Evolutionsgeschichte. Die ersten beiden Klassen fischähnlicher Lebewesen, die sich durch den Besitz eines Kiefers auszeichnen, sind die Placodermi und die Acanthodii.
Bis zu diesem Zeitpunkt wurden die Süß- und Salzgewässer von sehr frühen fischartigen Lebewesen bevölkert, den Agnathen, zu denen die Neunaugen und Schleimaale zählen. Es handelt sich um primitive Wirbeltiere, die statt des späteren Kieferapparats eine runde Maulöffnung mit Raspelzähnen besitzen. Obgleich sie im Silur und Devon einen beachtlichen Formenreichtum entwickeln, werden ihnen ihre Ernährungsgewohnheiten in der weiteren Entwicklungsgeschichte zum Verhängnis. Kieferfische sind ihnen in vielfacher Hinsicht überlegen. Die Ausbildung des Kieferbogens gestattet ihnen den Übergang zu einer räuberischen Lebensweise. Überdies sind ihre zwei Flossenpaare, aus denen später die Beine der Landwirbeltiere entstehen, mit einem kräftigen Innenskelett gut entwickelt, so dass ihr Schwimmvermögen deutlich verbessert ist. Schließlich weist ihr Neurokranium, also der Teil des Schädels, der das Gehirn umschließt, bereits eine Form auf, die derjenigen bei modernen Fischen sehr ähnlich ist.
Ob sich die ersten Kieferfische aus den kieferlosen Agnathen entwickelt haben oder ob sich nicht vielmehr beide Gruppen schon lange vor dem Erscheinen der ersten Kieferlosen getrennt haben, wurde lange Zeit kontrovers diskutiert. Inzwischen überwiegt letztere Annahme, da keiner der bislang entdeckten Agnathen als Vorfahre der Gnathostomata (kiefertragende Tiere) in Betracht kommt. Bei den ersten echten Fischen entwickelt sich aus dem ersten Kiemenbogen das Spritzloch (Spiraculum), das als Atemöffnung dient. Der zweite Kiemenbogen übernimmt die Funktion, den Kiefer am Schädel so beweglich aufzuhängen, dass sich das Maul aufsperren lässt. Atemwasser und Nahrung können auf diese Weise getrennt voneinander aufgenommen werden. Der bewegliche Kiefer macht es möglich, auch größere Beute festzuhalten.
Die Gruppe der Placodermi, der Panzerfische, umfasst eine Gruppe eigenartiger, schwer gepanzerter Kieferfische, die im Devon eine starke Radiationsphase (Artenbildungsprozess) erlebt, aus der eine Vielzahl von Formen hervorgeht. Ihr gemeinsames Merkmal ist ein kräftig entwickeltes Außenskelett aus Hautknochenplatten und ein knorpeliges Innenskelett. Bei den meisten Gattungen zerfällt das Außenskelett in zwei Abschnitte, den Kopf- und den Rumpfpanzer. Die Panzerfische sterben im späten Devon wieder aus. In der Jetztzeit lebende Nachkommen der Placodermi gibt es deshalb nicht, auch für ihren Panzer ist bei unseren wasserbewohnenden Wirbeltieren keine Entsprechung bekannt.

Der Stachelhai Climatius ist im Silur in Europa und Nordamerika heimisch.

Ein Vertreter der Kieferlosen-Gattung Dartmuthia

Die andere, noch etwas ältere Gruppe der Kieferfische ist die der Acanthodii (Stachelhaie). Ihre ältesten Fossilien, einzelne Flossenstacheln, stammen aus den Ablagerungen des Untersilurs. Im Obersilur sind sie durch Stacheln, Schuppen und Zähne vertreten. Das erste vollständige Skelett stammt aus dem Unterdevon. Ein charakteristisches Merkmal der Acanthodii ist der Besitz kräftiger, aus modifizierten Schuppen entstandener Stacheln an allen Flossen, die bei manchen Gattungen durch Stacheln an Brust und Bauch ergänzt werden. Die meisten Acanthodier sind klein und haben einen spindelförmigen Körper, einige Arten werden bis zu zwei Meter lang. Der Körper ist von dünnen Schuppen bedeckt.
Obgleich die verwandtschaftlichen Verhältnisse noch unsicher sind, werden die Acanthodii zu den Knochenfischen gezählt. Sie sind damit die ursprünglichsten Vertreter einer Gruppe, der nahezu alle heute lebenden Fische angehören. Davon ausgenommen sind lediglich Haie, Rochen und Seedrachen, die zu den Knorpelfischen zählen, sowie Neunaugen und Schleimaale.

Um 440–410 Mio.

Leitfossil Graptolithen: Röhrenkolonien treiben durch die Meere

In den altpaläozoischen Meeren leben zahlreiche Graptolithen. Es sind Organismen, die zur Gruppe der Kragentiere gehören. Da sie weltweit mit ähnlichen Arten vertreten sind, dienen sie Paläologen als Leitfossil und erlauben die Bestimmung von Formationen des Ordoviziums und Silurs.
Ihren Namen verdanken sie der Tatsache, dass die zumeist in Schiefern erhaltenen Fossilien wie Gekritzel auf einer Steinplatte wirken (Abb.: Graptolithen des Untersilurs aus dem tschechischen Beroun). Die Bezeichnung stammt aus dem Griechischen und meint wörtlich »auf Stein geschrieben«. Graptolithen bestehen aus einer Kolonie von hundert oder mehr winzigen Röhren von etwa einem Millimeter Länge. In ihrem Aufbau unterscheiden sich einästige von zwei- und mehrästigen Formen, die bereits zum Ende des Silurs aussterben.
Als Teil des Planktons treiben die Graptolithen durch die Meere. Ihre Überreste fand man in dunklem Schiefer, wie er sich – weit vom Ufer entfernt – auf den urzeitlichen Meeresböden in Regionen ablagert, in denen es besonders wenig Sauerstoff gibt. In den dunklen Schlamm dieser leblosen Tiefe gelangen die Graptolithen aber erst nach ihrem Absterben. Ihr Leben spielt sich in den gut durchlüfteten Oberflächenregionen ab. Die feinen Röhren der Graptolithen bestehen aus organischem, proteinreichem Material. Über ihre Bewohner ist wenig bekannt. Vermutlich handelt es sich um »Polypen«, die sich ihrerseits von kleinsten Plankton-Organismen ernähren.

Um 440 Mio. Die Fische der Gruppe **Anaspida** entwickeln sich zu einer panzerlosen Form. Anaspiden zählen zur Ordnung der Agnatha. Der spindelförmige Körper der Fische ist mit Längsreihen aus schmalen Aspidinplatten bedeckt. Jüngere Formen bauen den Panzer nach und nach ab. Sie verfügen nur über eine Schwanzflosse.

Im Nordosten des heutigen US-Bundesstaates **Missouri** versteinern Trilobiten (Dreilapper) in großer Zahl. Die Population lässt Schlüsse auf die Verteilung der Trilobiten zur Zeit des Obersilurs zu. Insgesamt fossilisieren 233 Tiere, die zehn Arten zugeordnet werden können. Die Ansammlung ist für die paläontologische Forschung von großer Wichtigkeit, da aus dem Obersilur keine vergleichbaren Funde bekannt sind.

Die Bildung des **Lederschiefers** im heutigen Thüringen kommt zum Abschluss. Seit dem Ordovizium (495–440 Mio.) haben sich Ton- und Siltschiefer hier abgelagert, die nun bis zu 250 m mächtige Schichten bilden.

Die Artenvielfalt der **Stromatoporen** erreicht ihren Tiefpunkt. Nur vier Vertreter haben den Sprung ins Obersilur überlebt: Clathrodictyon, Ecclimadictyon, Pachystylostroma und Forolinia. Stromatoporen sind koloniebildende Organismen, die ein kalkiges Skelett in Gestalt unregelmäßig geformter Krusten oder Kleinriffe absondern. Die Größe der Kolonien beträgt zwischen einem Zentimeter und ein bis zwei Metern.

Mit Beginn des Silurs wird in der nördlichen Uralregion die **Brachiopodenfauna** fast vollständig ersetzt. Die Armfüßer Holorhynchus giganteus sterben aus. Stattdessen tauchen neue, weiter entwickelte Formen auf. Brachiopoden sind Meerestiere mit zweiklappigem Gehäuse und zwei tentakelartigen, fleischigen Armen. Sie sind vielfach mittels eines Stieles, der unter dem Wirbel der Stielklappe austritt, am Untergrund festgewachsen und leben in den küstennahen Flachwassern. Zahlreiche Leitfossilien des Paläozoikums gehören zu den Brachiopoden.

Um 440–417 Mio.

Riesenriffe des Silurs

Mit der starken Vermehrung der seit dem Ordovizium (495–440 Mio.) nachgewiesenen Korallen nimmt im Silur die Riffbildung zu. Eines der bekanntesten europäischen Riffe entsteht um die schwedische Ostseeinsel Gotland. Ein anderes bildet heute die Anhöhen von Wenlock Edge im walisischen Grenzland. Das mächtigste Riffsystem entsteht auf der anderen Erdhälfte in den warmen Gewässern vor der Küste Australiens. Es weist die gewaltige Länge von mehr als 2500 km auf und hat zwar viel Ähnlichkeit mit dem heutigen Great Barrier Reef, ist mit diesem aber nicht identisch.

Riffbildung wird durch klimatische und atmosphärische Bedingungen beeinflusst. Gemeinsam ist den verschiedenen Arten von Korallentieren, die auch als Anthozoen oder Blumentiere bezeichnet werden, dass sie gewöhnlich in mindestens 20 °C warmen, sauerstoff- und nährstoffreichen Gewässern leben, die klar, gut durchlüftet und nicht zu tief sind. Außerdem muss in der Atmosphäre ausreichend Kohlendioxid vorhanden sein, aus dem u.a. das Kalziumkarbonat für die kalkhaltigen Skelette gewonnen wird.

Charakteristische Mitglieder der silurischen Riffgemeinschaften sind Stromatoporen – eine Gruppe ausgestorbener Hohltiere, die knollige, porenhaltige Kalkstöcke bilden –, außerdem Brachiopoden (Armfüßer), Bryozoen (Moostierchen), Echinodermen (Stachelhäuter) und eben riffbildende Korallen, die in dieser und der folgenden Periode eine Blüte erleben, zum Ende des Devons aber aussterben. Die überlebenden Formen des Karbons und Perms haben als Riffbildner praktisch keine Funktion mehr. Erst in der Trias kommt es mit den neuen, modernen Korallentypen erneut zur Entstehung von Riffen.

Zu den wichtigsten Vertretern der koloniebildenden Korallen des Silurs zählen die auch als Tetrakorallier oder als Septenkorallen bezeichneten Rugosa. Es sind typische Korallentiere des Erdaltertums mit vier Scheidewänden und runzeligen Außenwänden. Ein zweites wichtiges Leitfossil unter den Korallen stellen die Bödenkorallen oder Tabulaten, deren Stöcke aus quer gefächerten, engen Röhren bestehen. Verstreut zwischen diesen gerüstbauenden Riffbewohnern siedeln verschiedene Trilobiten, Schnecken, vereinzelt Seelilien und vermutlich Hunderte weitere Arten, die keine versteinerungsfähigen Körperteile bilden. Obwohl fast kein Bewohner dieses silurischen Riffsystems das Ende des Devons überlebt, ist das frühe Ökosystem Riff im Prinzip identisch mit dem heutigen.

Korallenriffe aus der Zeit des Silurs finden sich u.a. in den Högklint Beds bei Gotland (Schweden).

Um 440–250 Mio.

Stachelhäuter sitzen ihr Leben am Meeresboden ab

Ab dem Silur erleben die Seelilien (Abb.: Seelilie aus dem Mitteltrias) in den paläozoischen Meeren eine Blütezeit. Seelilien zählen wie die Seeigel und Seesterne zum Stamm der Stachelhäuter, in dem sie – gemeinsam mit den Haar- oder Federsternen – den Unterstamm der primär gestielten Stachelhäuter, der so genannten Crinoidae bilden. Gemeinsames Kennzeichen dieser Tiergruppen ist, dass sie entweder ihr ganzes Leben (wie bei den Seelilien) oder aber ihre ersten Entwicklungsstadien (wie bei den Haar- oder Federsternen) fest sitzend am Meeresboden verbringen.

Drei heute ausgestorbene Unterklassen der Crinoidae sind bereits seit dem Ordovizium (495–440 Mio.) bekannt, doch entwickeln sie erst im Zuge der allgemeinen Klimaerwärmung im Silur eine Fülle neuer Formen. Auf über 5000 Arten der Crinoidae lassen fossile Funde schließen, während in der Jetztzeit nur noch etwa 600 Arten leben. Auch zeigen die gestielten Stachelhäuter des Erdaltertums einen größeren Facettenreichtum als heutige. Manche Crinoidae entwickeln Arme von nur einem halben Meter Länge, andere haben einen 21 m langen Stiel.
Die Seelilien des Silurs sind gut belegt, da sie einerseits außerordentlich zahlreich sind und ihr Kalkskelett zugleich günstige Voraussetzungen für die Versteinerung bietet. Riesige Kalkformationen in den heutigen Gebirgen gehen auf die Kalkpanzer und -stiele dieser frühen Stachelhäuter zurück. Eines ihrer charakteristischen Merkmale ist, dass sie – anders als alle anderen Stachelhäuter – ihre Mundseite nicht dem Meeresboden, sondern dem Licht zuwenden. Der Name der Seelilien rührt davon, dass ihre Arme oft blütenähnliche Formationen bilden.

Um 440–417 Mio.

Einzeller lassen es leuchten

Erstmals sind als Dinoflagellaten oder Panzergeißler bekannte Protozoen (Einzeller) nachweisbar – von denen verwandte Arten bereits lange früher existierten. Nachweisen lassen sich diese Urtierchen ab dem Silur, weil sie in dieser Periode einen plattenförmigen, oft durchbrochenen Zellulosepanzer entwickeln. Durch lange Schwebefortsätze gekennzeichnet, leben sie sowohl in Süß- als auch in Salzwasser, wo sie einen erheblichen Teil des Meeresplanktons ausmachen. Einige Vertreter (Abb.: Dinoflagellat Noctiluca scimti) erzeugen Meeresleuchten.

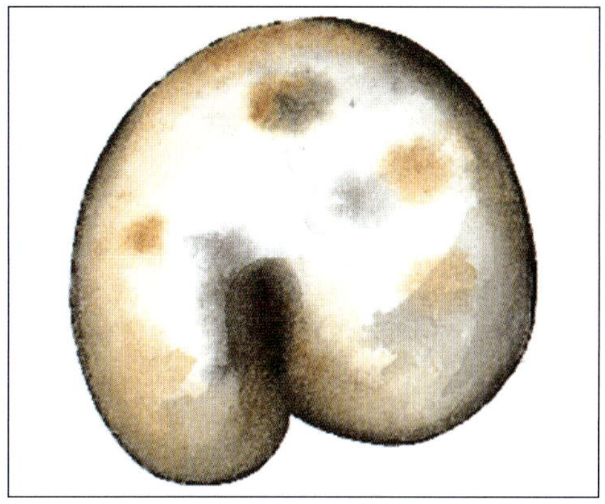

Um 440–354 Mio.

Grauwackenzone – Sedimentablagerungen unter Wasser bilden das Fundament der Kalkalpen

Am Südrand der Kalkalpen, die zu diesem Zeitpunkt noch von einem Meer bedeckt sind, bildet sich mit der so genannten Grauwackenzone eine für das Paläozoikum typische Gesteinsserie. In der Salzburger und Tiroler Region entsteht ein westlicher, in der niederösterreichisch-steirischen Region ein deutlich abgrenzbarer östlicher Abschnitt. Die Kalkalpen (Abb.: bei Hallein) zeichnen sich heute durch schroffe Wände, zerklüftete und kahle Hochflächen sowie malerische Felsformationen aus.
In der westlichen Grauwackenzone setzt sich die Bildung des »Wildschönauer Schiefers«, die im ausgehenden Ordovizium durch einen intensiven Vulkanismus unterbrochen worden war, mit dem beginnenden Silur fort. Es handelt sich um sandigtonige Schichten, die auch als turbiditische (graduell geschichtete) Tiefwassersedimente bezeichnet werden. In dieser Schicht sind Graptolithen (siehe S. 117) nachgewiesen. Auf den Tiefwasserschwellen lagern sich ab dem ausgehenden Silur und im nachfolgenden Devon (417–354 Mio.) pelagische (dem Tiefseebereich angehörende) Kalke ab, auf die später z.T. Schichten aus basaltischer Lava und aus Tuffen folgen. In anderen Regionen der Grauwackenzone lagern Kalke ab, auf die im Obersilur dolomitische Schichten folgen, in denen Magnesium das Calcium verdrängt.

Zeitgleich entsteht in der östlichen Grauwackenzone eine schwarze Kieselschieferfolge, die ebenfalls fossile Graptolithen enthält. Es kommt hier vor allem zu einer mächtigen Kalkentwicklung, die sich bis in das Mitteldevon hinein fortsetzt.

Um 440–354 Mio.

Südösterreich: Tektonische Prozesse modellieren das heutige Gesicht des Grazer Berglands

In dem Bergland nördlich von Graz, das heute den östlichen Abschluss der Alpen bildet, entstehen ab dem Silur drei ganz unterschiedliche tektonische Einheiten, die aber alle auf ihre Weise die Spuren eines paläozoischen Meeres bewahren. Von Nord nach Süd bezeichnet man sie als Schöckel-, Hochlantsch- und Rannachfazies (Fazies = äußere Gestalt), wobei Letztere die wenigsten Metamorphosen erfahren hat und daher eine besonders klar strukturierte Schichtfolge aufweist. Die silurische Schicht deutet hier auf einen ausgedehnten Vulkanismus, der sich in den beiden anderen Faziesbereichen nur vereinzelt findet. Überdeckt wird die Rannachfazies von einer Dolomit-Sandstein-Folge, wie sie für ein Gezeitenmilieu charakteristisch ist. Ab dem Mitteldevon wird sie von drei aufeinander folgenden, äußerst fossilreichen Kalkschichten überlagert, von denen die ersten beiden typischen Flachwasserzonen entstammen, während die letzte Schicht mit einer leicht rötlichen Färbung auf ein pelagisches (dem Tiefseebereich angehöriges) Milieu schließen lässt.
Hervorstechendes Merkmal der Hochlantschfazies ist, dass die Dolomit-Sandstein-Folge hier eine Stärke von fast 800 m erreicht. Das deutet darauf hin, dass diese Region während des gesamten Silurs und Oberdevons unter Flachwassern lag. Der Kalk der Schöckelfazies enthält Blei-Zink-Vererzungen, aber keinerlei Fossilien.

Um 430 Mio. In der Wenlock genannten Erdepoche erscheinen die ältesten Pflanzen der Gattung **Cooksonia**. Das nach der australischen Forscherin Isabel Cookson benannte Gewächs ist die älteste bekannte Landpflanze der Erdgeschichte. Cooksonia erreicht eine Höhe von nur wenigen Zentimetern und hat einen einfach strukturierten Aufbau. Sie besteht aus einem Stängel, der sich mehrere Male teilt, und endet in kleinen Kapseln, in denen sich Sporen ausbilden. Vermutlich ragen von horizontal wachsenden Stängeln Wurzelhärchen in die Erde, die die Pflanze mit Nährstoffen versorgen.

In **Wales** entstehen mächtige Kalksteinablagerungen, in denen mehr als 600 Tiere als Fossile erhalten bleiben. Die Wenlockfauna besteht hauptsächlich aus Korallen, Brachiopoden, Trilobiten, Algen und Bryozoen. Bei Letzteren handelt es sich um Moostierchen, meist mit kalkigem Außenskelett. Das Einzeltier besteht aus einem Weichkörper und dem umgebenden Skelett. Obwohl die Bryozoen des Wenlock häufig auftreten, sind sie bis heute nur mangelhaft untersucht. Zuletzt brachte die Erforschung von Ptilodictya lanceolata wichtige Erkenntnisse über jahreszeitliche Veränderungen der Moostierchen.

Die Muschelfamilie der **Plecotceratiden** stirbt aus. Die in Küstennähe lebende Muschel stammt von den Barrandeoceratiden ab und trat im mittleren Ordovizium zum ersten Mal auf.

Die zu den Oncoceriden gehörende Familie **Hemiphragmoceratida** entsteht. Es handelt sich um eine Kopffüßerart mit kurzem, gedrehtem Panzer. Zu der Familie zählen Conradoceras, Hemiphragmoceras, Hexameroceras, Mandatoceras, Octamerella und Tetrameroceras. Die Tiere sterben bereits gegen Ende des Silurs um 417 Mio. wieder aus.

Die seit dem Kambrium existierende Art Xiphosura bildet die Gattung der **Synziphosuridae** aus. Xiphosura (Schwertschwänze) haben mit drei Arten bis heute überlebt und gelten als lebende Fossilien. Charakteristisch sind die Hufeisenform des Körpers und das dreigeteilte Außenskelett.

Um 430–375 Mio.

Rundum gepanzert: Auch Fische ohne Kiefer verknöchern

Unabhängig von den Kieferfischen entwickeln nun auch Vertreter der Kieferlosen (Agnathen) paarige Brustflossen und ein verknöchertes Außenskelett. Erstmals in Erscheinung treten beide Merkmale bei den Osteostraci, einer Gruppe schwer gepanzerter Fische mit stark abgeflachtem Körper (Abb.: Zenaspis pagei aus dem Unterdevon, gefunden in Schottland). Möglicherweise existierten sie in modifizierter Form bereits vor ihrer Nachweisbarkeit in der fossilen Überlieferung und entwickeln erst jetzt im Silur einen Außenpanzer. Er umschließt die Tiere vom Kopf bis zum Schwanzansatz

und weist beiderseits zehn Kiemenöffnungen auf. Während die ältesten Funde auf ein Leben in küstennahen Meeresregionen hinweisen, stammen jüngere Fossilien häufig aus Süßwassern. Nach einer starken Artbildung im Unterdevon sterben sie im Oberdevon aus. Eng mit den Osteostraci verwandt, im Erscheinungsbild aber völlig verschieden, sind die ebenfalls kieferlosen Anaspida, wie einige anatomische Merkmale zeigen. Von allen Agnathen des Erdaltertums haben die Anaspiden mit ihren spindelförmigen Körpern am ehesten das typische Aussehen von Fischen. Sie leben, mit einer einzigen Ausnahme, in Süßwassern.

Um 425–417 Mio.

Auf allen drei Erdteilen herrscht kontinentales Klima

Das Weltklima im Obersilur wird, wie im Untersilur, stark durch die Verteilung der Landmassen bestimmt, die nun – im Unterschied zum Ordovizium (495–440 Mio.) – nur noch drei Kontinente bilden: Im Norden befindet sich eine vergleichsweise kleine, aus Sibirien und der Mongolei bestehende Landmasse; auf Höhe des Äquators formen Europa und Nordamerika einen größeren zusammenhängenden Block; südöstlich davon liegt der Riesenkontinent Gondwana.

Durch diese plattentektonische Konstellation gibt es weltweit ausgedehnte Inlandgebiete, die über ein ausgeprägtes Kontinentalklima verfügen. Dieses ist grundsätzlich warm bis heiß und sehr trocken. Abgesehen von den ersten Nacktpflanzen gibt es noch keinerlei Vegetation. Sandige Böden werden von den Winden zu Dünen aufgeschichtet (Abb.: Dünen in der Namib-Wüste). Das Fließwasser trägt ungehindert Lockermaterial ab und formt dadurch tiefe Rinnen und Schluchten.

Um 425–417 Mio.

Neue Gattungen der Armfüßer

Die Klasse der Armfüßer, eine der ältesten Tiergruppen, die seit dem Ordovizium bereits äußerst zahl- und formenreich vertreten ist, bringt mit den Productinen und Pentameriden zwei auffällige neue Gattungen hervor. Die Pentameriden zeichnen sich durch ihre besondere Größe aus. Die Productinen, unter ihnen eine Art mit dem bezeichnenden Namen Horridonia horrida, entwickeln stachelige Außenfortsätze der Schale, die ihnen ein äußerst kriegerisches Aussehen verleihen – in Wirklichkeit aber weniger der Verteidigung als der Verankerung im Sediment dienen.

Obgleich Armfüßer (Abb.: Terebratula vitrea), die man auch als Brachiopoden oder Armkiemer bezeichnet, äußerlich wie Muscheln wirken, sind sie mit diesen zoologisch nicht verwandt. Vielmehr zählen sie mit den Moostierchen und den Hufeisenwürmern zum Stamm der Kranzfühler. Zwar ist ihre Schale wie die der Muscheln zweiklappig, doch fehlt das muscheltypische Schloss. Überdies handelt es sich nicht um eine linke und rechte Klappe, sondern um einen Rücken- und Bauchschild.

Das Leben der Brachiopoden ähnelt dem der Miesmuscheln. Ihr Gehäuse ist durch einen Stiel am Boden verankert. Die Schalen, die das ganze Tier umhüllen, können nach Bedarf geöffnet und geschlossen werden. Bei den meisten Arten befinden sich im Innern zwei eingerollte sog. Armfüße, die mit unzähligen Fühlern besetzt sind. Sie filtern die aus Mikroorganismen bestehende Nahrung aus dem Meer und führen sie dem Mund am Mittelkörper zu. Einen Kopf gibt es nicht.

Ab 425 Mio.

Riesenskorpione leben im Süßwasser

In den Brack- und Süßwassern des Obersilurs entwickelt sich die formenreiche Gruppe der Seeskorpione oder Riesenskorpione, die in der Wissenschaft auch als Eurypterida oder – aufgrund ihrer zum Teil beachtlichen Größe – als Gigantostraca bezeichnet werden.

Zu ihren markantesten Vertretern zählt der Pterygotus rhenanius, der mit seinen annähernd zwei Metern Länge als der mächtigste Gliederfüßer aller Zeiten gilt. Neben ihm entwickeln sich rund 280 verschiedene Arten, die jedoch ausnahmslos bis zum Ende des Perms (292–250 Mio.) bereits wieder aussterben. Ein enger Verwandter der Riesenskorpione ist der ebenfalls im Silur entstehende Palaeophonus nuncius, ein kleinerer Seeskorpion. Er nimmt in der Evolutionsgeschichte insofern eine ganz besondere Stellung ein, als er mit großer Wahrscheinlichkeit der Urahn aller heute lebenden Arachnida oder Spinnentiere ist, zu denen neben den Skorpionen auch sämtliche Spinnen zählen.

Gemeinsam ist dem Palaeophonus nuncius mit den Eurypteriden, dass deren Gestalt derjenigen heutiger Skorpione auffallend gleicht. Dennoch weisen einzelne Gattungen der Seeskorpione einige Unterschiede in Form und Größe auf. Letztere variiert zwischen zwei Metern Länge bei den Gigantostraca und nur zehn Zentimetern bei den kleinwüchsigen Arten. Häufig verbreitet sind Spielformen mit ca. einem Meter Länge.

Im Erscheinungsbild lassen sich zwei charakteristische Ausprägungen unterscheiden. Die eine Gruppe zeigt einen abgeflachten Körper mit dem für die heute lebenden Skorpione typischen stachelförmigen Schwanzfortsatz. Die andere Gruppe der Riesenskorpione verweist noch stärker auf das Leben im Wasser. Der Körper ist spindelförmig, der Mitteleib insgesamt breiter und der Schwanzfortsatz endet mit einem flossenartig gestalteten Endglied. Diese beiden Urtypen sind jedoch keineswegs scharf voneinander getrennt, vielmehr bilden verschiedene Arten morphologische Zwischenformen, die Charakteristika beider Urtypen vereinen. Gemeinsam ist allen Eurypteriden ein flossenartig gestaltetes hinteres Beinpaar.

Die Mundwerkzeuge, die zur Nahrungszerkleinerung dienen, und die beiden ersten Gliedmaßenpaare sind infolge der Anpassung an verschiedene Lebensräume unterschiedlich in Form und Länge. Manche Seeskorpione sind reine Grundbewohner, andere vorwiegend Schwimmtiere, einige suchen vermutlich zeitweise Uferregionen auf. Alle Riesenskorpione leben räuberisch und atmen durch Kiemen, wobei jedes der fünf Blattfußpaare eine eigene Kiemenhöhle überdeckt.

Riesenskorpion der Art Eurypterus lacustris aus dem Obersilur (Litchfield, New York)

Um 423 Mio. Der Kontinent **Laurasia I** entsteht. Die baltische Landmasse mit Skandinavien, Europa, Russland und Teilen Nordeuropas schiebt sich auf den Laurentia genannten Kontinent, der von Nordamerika und Grönland gebildet wird. Durch mehrere tektonische Prozesse entsteht eine Reihe neuer Vulkane, die vom Osten Grönlands bis in die Region des heutigen US-Bundesstaates Pennsylvania reicht.

Mit dem **Ludlow** beginnt ein neuer Abschnitt das Obersilurs. Das Klima dieser erdgeschichtlichen Epoche ist mild. Die letzten Auswirkungen der bereits im Ordovizium beendeten Eiszeit sind bis auf eine kleine polare Eiskappe in Afrika verschwunden. Der Sauerstoffgehalt der Luft schwankt zwischen 50 und 100 Prozent des heutigen Wertes und begünstigt die Entwicklung von Tieren in Flachwassergebieten. Der Meeresspiegel erreicht den höchsten Pegel des gesamten Paläozoikums und überschwemmt viele Kontinentalbecken.

Die vom Südkontinent **Gondwana** abgespaltenen Landteile des späteren Südeuropa kollidieren mit den laurentischen und baltischen Landmassen. Auch der Mini-Kontinent Avalonien driftet auf die nördlichen Kontinente zu. Er bildet später die Südostküste der USA. Vermutlich noch im Silur erreicht Sibirien die Landmasse Laurasiens, gefolgt von Landteilen, aus denen später Kasachstan und Zentralasien entstehen.

Der **Kohlendioxidgehalt** der Luft ist weltweit etwa zehnmal so hoch wie heute. Ursache dafür ist der Vulkanismus, der mit der Bildung des Kontinents Laurasia einhergeht.

Zeitgleich mit den ersten Landpflanzen tauchen **Pilze** auf. Vermutlich existieren auch schon pilzefressende Kleinlebewesen an Land, wie Funde vermuten lassen, die als Überreste von Tausendfüßern gedeutet werden. Theorien zufolge gibt es erste Räuber an Land, die sich von Insekten ernähren. Damit wäre eine erste Nahrungskette hergestellt, die von Primärnahrung (Pilzen) über Erstverwerter (Insekten) bis zu Jägern reicht.

Im Ludlow herrscht eine geomagnetische Periode mit vorwiegend **umgekehrter Polung** vor, d.h. die Lage der magnetischen Erdpole ist gegenüber den heutigen Verhältnissen umgekehrt.

Um 423–417 Mio.

Stippvisite auf dem Festland

Im Wasser lebende Tausendfüßer und Skorpione sind vermutlich die ersten Tiere, die gelegentlich die Uferregionen aufsuchen, wenn es gilt, herannahenden Feinden zu entkommen. Zu landlebenden Tieren im eigentlichen Sinne werden sie durch diese Strandausflüge noch nicht. Millionen Jahre lang bleiben sie Wanderer zwischen zwei Welten, die in allen elementaren Lebensfunktionen auf das Wasser angewiesen sind und nur in Todesgefahr das Land aufsuchen. Dass beide Tiergruppen schließlich zu den ersten echten Landbewohnern zählen, gilt als gesichert. Dennoch bleiben die Seeskorpione immer Wassertiere; die Zwischenformen, die zu den heute an Land lebenden Skorpionen führen und beide Ordnungen verbinden, sind noch unentdeckt. Bei der Frage, wie sich diese ursprünglichen Wasserbewohner in ihrer Atmung an das Landleben angepasst haben, ist die Forschung auf Spekulationen angewiesen. Alle heutigen Arachniden und Tausendfüßer atmen durch Tracheen.

Um 423–417 Mio.

Neue Alt-Tintenfische

In der Klasse der Kopffüßer (Abb.: von Kalkalge überwachsener Cephalopode Orthoceras) erscheint mit der Ordnung der Bactritoidea eine neue Gruppe der Alt-Tintenfische. Das Gehäuse der Bactritoidea ist schlank und gestreckt. Von den Kammern im Gehäuse-Inneren dient die erste als Wohnkammer, die anderen sind mit Gas gefüllt und geben Auftrieb zum Schwimmen.

Um 423–417 Mio.

Aus überschwemmten Festlandsgebieten werden Salzlager

In Nordamerika sowie in weiten Teilen Sibiriens entwickeln sich bedeutende Salzlagerstätten, weil die ausgedehnten Meeresbecken auf den Festlandsgebieten, die noch aus dem Untersilur stammen, infolge der kontinuierlichen Klimaerwärmung verdampfen.
Entstanden sind diese inländischen Wassergebiete im Zuge jener plattentektonischen Bewegungen, die auch die kaledonische Gebirgsbildung verursacht hatten. Von Überflutungen unberührt blieb der Südkontinent Gondwana. Die durch die Gebirgsfaltung zusammengeschweißte Landmasse aus Nordamerika und Europa sowie das weiter nördlich gelegene Sibirien wurden hingegen großflächig überschwemmt. Betroffen in Amerika war vor allem das Michigan-Becken um die Großen Seen (Abb.: Salzsee auf Zypern).
Die Mächtigkeit dieser Salzlager wirft noch immer Fragen auf. Vielerorts sind die Salzschichten so dick, dass sie sich kaum allein durch Verdunstung gebildet haben können. Ungeklärt ist auch der bemerkenswerte Umstand, dass der Salzgehalt der Ozeane trotz dieser immensen Abscheidungen im Wesentlichen konstant geblieben ist.

Um 423–417 Mio.

Erzlagerstätten breiten sich aus

Weltweit lagern sich natürlich vorkommende Minerale und Mineralgemenge in größeren Erzlagern an. Die Entstehung solcher Vorkommen vollzieht sich bereits in früheren Erdzeitaltern, doch nehmen sie nun hinsichtlich ihrer Größe und Reinheit zu. Diese Erzlagerstätten aus dem Erdaltertum werden in der Jetztzeit für die Gewinnung verschiedenster Metalle genutzt.
Ihre wirtschaftliche Bedeutung verdankt sich dem Umstand, dass nur sehr wenige Metalle in der Natur in reiner, gediegener Form vorkommen. Das wichtigste und bekannteste unter ihnen ist Gold. Nahezu alle anderen Metalle, vor allem Eisen, Aluminium, Kupfer, Zink und Blei, treten in der Natur nur in Verbindungen mit anderen Metallen sowie mit Sauerstoff, Schwefel, Chlor und Kalk auf. Alle Mineralien, in denen diese nutzbaren Metalle so stark angereichert sind, dass sie in Verhüttungsprozessen gewonnen werden können, werden unter der Bezeichnung Erze zusammengefasst.
Die Bildung von ausgedehnten Erzlagern vollzieht sich vor allem in den Weltmeeren, wobei verschiedene Faktoren eine Rolle spielen können. In der Nähe der Festlandsgebiete gehen die Vorkommen häufig auf die Abtragungsarbeiten großer Flüsse zurück. Mit den Erosionsmassen schleppen die Ströme bedeutende Mengen entsprechender Mineralien ins Meer. Mancher solcher Sedimentablagerungen, die sich auf große Flüsse zurückführen lassen, finden sich noch in 1000 km Entfernung von der Küste. Die Eisen-, Kupfer-, Silber-, Zink- und Bleierze, die durch solche Transportströmungen in die Ozeane eingebracht werden, lagern sich entsprechend der natürlichen Kornsortierung am Meeresboden ab.
Von nicht minder großer Bedeutung ist der Plutonismus oder Tiefseevulkanismus, wie er sich etwa am Beispiel der Alpen dokumentieren lässt. In unserem Zeitraum, im Obersilur, sind diese noch zu weiten Teilen von einem ausladenden Meeresbecken bedeckt. Plattentektonische Bewegungen lassen den Meeresboden an manchen Stellen absinken, wodurch muldenförmige Vertiefungen entstehen. Eine solche Absenkung wird von sog. submarinem Vulkanismus begleitet, durch den an verschiedenen Stellen geschmolzenes Gestein aus dem Meeresboden dringt.

Fossiles Kupfererz aus dem Rammelsberg bei Goslar – Resultat eines intensiven Vulkanismus im Meer

Da die Prozesse, die nun zur Entstehung großer Erzlagerstätten führen, noch heute in manchen Regionen des Pazifiks andauern, haben die Forscher von den Vorgängen ein relativ genaues Bild. Für das maritime Ökosystem stellt sich die Entstehung von Bodenschätzen zunächst als eine Naturkatastrophe dar. Die austretende Lava erstarrt in dem kalten Meerwasser schnell, die vulkanische Asche und die mitgeführten Gase verwandeln das einst lebensfreundliche Milieu in ein lebensfeindliches. In der Folge brechen am Meeresboden zahlreiche Spalten auf, aus denen eine schwermetallhaltige Lösung hervortritt, die verschiedene Metalle wie Blei, Kupfer, Zink, Barium etc. enthält und die das submarine Leben im weiten Umkreis endgültig zum Erliegen bringt. Diese Hydrothermen, die sich heute u.a. noch im Roten Meer beobachten lassen, treten in schwarzgrauen Wolken aus dem Meeresboden aus wie mächtige Rauchfahnen aus einem Schornstein. Man nennt sie auch »Black smokers« (= Schwarze Raucher). Im Verlaufe dieses Schauspiels, das sich über Tausende von Jahren erstrecken kann, lagern sich die gelösten Metalle als Schlamm auf dem Meeresboden ab. Untersuchungen der darüber liegenden Schichten beweisen, dass es in den betroffenen Regionen mehrere hunderttausend Jahre dauert, bis sich wieder ein intaktes Ökosystem etabliert. Im Laufe von Jahrmillionen wird die metallhaltige Schicht von mehreren hundert Metern Gestein überlagert, wobei sie sich durch den Druck allmählich zum Erzlager verfestigt. Erst durch die gebirgsbildenden Vorgänge gelangen diese Schichten, oft verformt und verfaltet, wieder in die Nähe der Erdoberfläche.

»Black Smoker« mit Hydrothermalfauna in rd. 1700 m Wassertiefe

Feuer aus dem Innern der Erde

Der mexikanische Bauer Dionisio Pulido, seine Frau Paula und deren Mitarbeiter Demetrio Toral wurden am 20. Februar 1943 Augenzeugen der Geburt eines Vulkans: des Paricutin. Der Vulkankegel wuchs innerhalb von neun Jahren auf eine Höhe von 457 m. Die Lavamassen begruben zwei Dörfer. Demetrio Toral pflügte gerade ein Maisfeld, als sich plötzlich eine Spalte öffnete. Später sagte man Demetrio nach, er hätte einen Vulkan »hochgepflügt«. Dionisio Pulido beschrieb das Geschehen so:

»Die Erde blähte sich auf und erhob sich um zwei bis zweieinhalb Meter und eine Art Rauch oder feiner Staub – grau wie Asche – fing an, aus einem Teil der Spalte auszutreten... Plötzlich stieg immer mehr Rauch aus der Spalte mit einem lauten und anhaltenden Zischen und Pfeifen auf und es roch stark nach Schwefel... Ich erinnerte mich an den heiligen Señor de los Milagros, die Kirche in San Juan Parangaricutiro und ich schrie mit lauter Stimme: ›Heiliger Señor de los Milagros, Du hast mich zur Welt gebracht – rette mich jetzt vor diesen Gefahren, durch die ich bald sterben werde.‹«

In den bewohnten Regionen der Erde ist Vulkanismus eine ständige Bedrohung, in den unbewohnten hingegen ein faszinierendes Naturphänomen. Ohne Vulkanismus würde es möglicherweise kein Leben auf der Erde geben. Noch heute bilden vulkanische Asche und verwitterte Lava weltweit die fruchtbarsten Böden.
Vulkane sind äußerst komplexe Gebilde und ihre Ausbrüche unterscheiden sich voneinander in vielerlei Hinsicht. Der erste und grundlegendste Unterschied ist der zwischen dem Vulkanismus auf dem Festland und jenem in der Tiefsee, dem sog. Plutonismus. Da sich Letzterer überwiegend in großen Meerestiefen abspielt, ist er vergleichsweise wenig erforscht. Unterwassereruptionen gehen ganz anders vor sich als Vulkanausbrüche an Land. Durch das kalte Meerwasser wird die Lava binnen kürzester Zeit abgeschreckt, so dass sich lange Lavaflüsse, wie sie bei kontinentalen Vulkanausbrüchen häufiger vorkommen, nicht bilden können. Charakteristisch für den Tiefseevulkanismus ist die Entstehung sog. Lavakissen. Dabei wird die austretende Schmelzgesteinsmasse durch die Abkühlung äußerlich abgeschlossen. Sie sinkt ab und passt sich, da ihr Kern noch heiß und flüssig ist, der Form des Meeresbodens an.

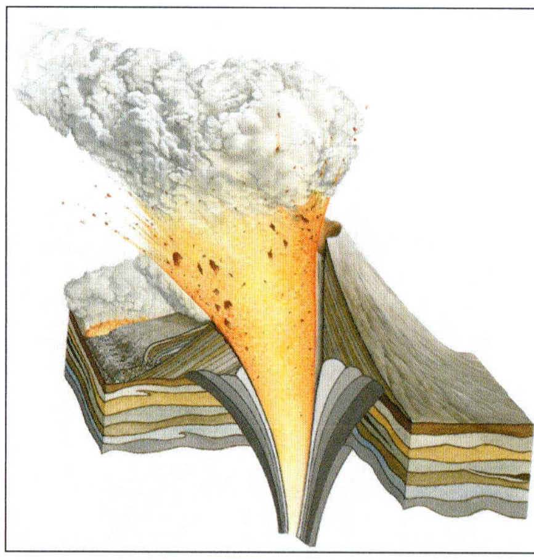

Ist der Druck der Magmamassen größer als der Gesteinsdruck, kommt es zu einer Eruption.

Unabhängig davon, ob es auf dem Meeresboden oder auf einem Festlandsgebiet zu einem Vulkanausbruch kommt, in beiden Fällen hängen die Art und Stärke der Eruption von vielen Faktoren ab. Von zentraler Bedeutung sind etwa die jeweiligen physikalischen Eigenschaften des Magmas, insbesondere was seine Viskosität (Zähigkeit) und den jeweiligen Gasgehalt betrifft. Ausschlaggebend sind auch das Alter und die Geschichte eines Vulkans, die darüber entscheiden, ob bereits offene Ausbruchsspalten vorhanden sind. Haben sich diese Ausbruchsspalten im Laufe von Jahrhunderten verstopft, kann es zur Bildung von Nebenkratern, zu Flankenrissen oder auch zu explosionsartigen Ausbrüchen kommen.
Für die Entstehung von Vulkanen sind plattentektonische Bewegungen der Erdkruste verantwortlich. Der Planet Erde ist keineswegs ein fester Körper; vielmehr setzt er sich aus unterschiedlichen Schichten zusammen. Die äußerste ist die Erdkruste, auf der wir leben. Sie besteht aus einer mehrere Kilometer dicken Schicht aus festem Gestein. Unterhalb der Erdkruste folgt der Erdmantel. In dieser Schicht herrschen deutlich höhere Temperaturen. Rund 30 km von der Erdoberfläche entfernt sind sie

Im Fokus

Aktive Vulkane – bis heute eine Bedrohung für die Menschen

Die Zahl der aktiven Vulkane lässt sich nur schwer ermitteln. Eruptionen geschehen in unregelmäßigen Abständen, daher lässt sich oft nicht entscheiden, ob ein Vulkan untätig oder wirklich erloschen ist. Von erloschen wird gesprochen, wenn es – wie etwa in der deutschen Eifel – 10 000 Jahre lang zu keiner Eruption gekommen ist. Seit dem Beginn der menschlichen Überlieferung waren schätzungsweise 1000 Vulkane auf den Festlandsgebieten aktiv.
Jedes Jahr kommt es zu rund 50 neuen Eruptionen.
Das europäische Zentrum des Vulkanismus liegt in Süditalien. Die Äolischen Inseln im Tyrrhenischen Meer, nördlich der Küste Siziliens, sind allesamt vulkanischen Ursprungs. Zu ihren zwei noch immer aktiven Vulkanen zählt der Vulcano, der Namenspate aller heutigen Feuerberge. In der Antike galt das Eiland als Sitz des Hephaistos (Vulcanus), des Gottes des Erdfeuers und der Schmiedekunst. Die nördlichste der Äolischen Inseln ist Stromboli. In der Antike nannte man den Stromboli das »Leuchtfeuer des Mittelmeeres«. Es handelt sich dabei um einen rund 40 000 Jahre alten, daueraktiven Vulkan, dessen Eruptionen im Abstand von 10 Minuten erfolgen. Er ragt 926 m aus einem Meer, das an dieser Stelle etwa 2100 m tief ist.
Der größte Vulkan Europas ist der Ätna (ital. Etna) auf Sizilien mit einer kreisförmigen Grundfläche von 40 km Durchmesser. Mehr als 100 seiner Ausbrüche sind überliefert, heute erfolgen sie meist über die mehr als 260 seiner Nebenkrater. Ähnlich bekannt ist der Vesuv, der im Jahr 79 n. Chr. die Stadt Pompeji nach einem viertägigen Ausbruch unter einer 5,2 m dicken Lavaschicht begraben hat. Mit langen Ruhephasen und plötzlichen, gewaltigen Eruptionen ist der Vesuv eine ständige Bedrohung für die Stadt Neapel.

Im Mittelmeer gibt es noch mehrere aktive Inselvulkane wie z. B. der Teneguia auf La Palma (hier beim Ausbruch im November 1971).

Naturschauspiel auf Hawaii: Lava fließt aus dem Vulkan Kilauea ins Meer.

bereits so hoch, dass Gesteine schmelzen und zu Magma werden. Die meiste Vulkane entstehen an den Rändern der einzelnen Erdplatten. Dort, wo sich zwei Erdplatten voneinander wegbewegen oder auch ineinander schieben und dadurch Risse und Brüche in der Erdkruste verursachen, drängt flüssige Gesteinsschmelze aus dem Erdmantel an die Erdoberfläche. Da sich die meisten Plattengrenzen dieser Art in den Ozeanen befinden, sind die Weltmeere von Vulkanismus sehr viel stärker betroffen als die Festlandsgebiete. Der Pazifische Ozean weist einen ganzen Ring vulkanischen Ursprungs auf, im Atlantischen Ozean liegt der so genannte Mittelatlantische Rücken.

Vulkane schaffen neue Inseln

Gelegentlich sind die Vulkanausbrüche so heftig oder erstrecken sich über einen so langen Zeitraum, dass daraus neue Inseln entstehen. Diese sog. ozeanischen Inseln, die sich häufig an Stellen bilden, an denen das Magma besonders dicht unter der Erdkruste liegt, unterscheiden sich von den kontinentalen Inseln dadurch, dass sie niemals Teil eines Kontinents waren. Deutlich erkennen lässt sich dies zumeist an einer sehr eigentümlichen Flora und Fauna. Viele ozeanische Inseln haben ihre evolutionäre Entwicklung bis zur Ankunft der europäischen See- und Handelsmächte in mehr oder minder vollständiger Isolation zurückgelegt. Auf diese Weise entwickelte sich etwa auf Hawaii, Mauritius, Réunion und den Galápagosinseln eine eigenständige Tier- und Pflanzenwelt. Auch Island ist vulkanischen Ursprungs. Die der Südostküste vorgelagerte Insel Surtsey, die sich 1963 aus dem Atlantik erhob, zählt zu den jüngsten Vulkaninseln der Erde.

Dass es die flüssige Gesteinsschmelze des Erdmantels immer wieder an die Oberfläche drängt, ist eine Folge des hohen Drucks, der auf dem Erdinneren lastet. Um diesem Druck auszuweichen, bahnt sich das Magma durch alle entstehenden Risse neue Wege nach oben. Wenn es die Erdkruste erreicht, sammelt es sich zunächst in großen Hohlräumen, die als Magmakammern bezeichnet werden. Wenn sich diese Kammern nach einer gewissen Zeit bis an ihren Rand gefüllt haben, beginnen andere physikalische Prozesse, ihre Wirkung zu entfalten. Da in der Kammer weniger Druck herrscht als im Erdmantel, setzt das Magma Gas frei – und dieses drückt das geschmolzene Gestein in den Vulkanschlot.

Stromboli- und Hawaii-Typus

Der Verlauf der Eruption wird im Wesentlichen durch zwei Faktoren bestimmt: durch die Menge des vorhandenen Gases und durch die Konsistenz des Magmas. Nach zwei charakteristischen Vulkanen unterscheidet man den explosiven – und für die umliegenden Regionen oft gefährlicheren – »Stromboli-Typus« von dem eher effusiven (ausfließenden) »Hawaii-Typus«. Letzterer zeichnet sich vor allem durch einen geringeren Gasgehalt des Magmas aus. Ursache dieses Phänomens ist in der Regel, dass das Magma heißer und dadurch dünnflüssiger ist. Das in der Magmakammer entstehende Gas kann deshalb leichter nach oben entweichen. Bricht dieser Vulkantypus aus, dann fließt das Schmelzgestein, das nach seinem Austritt als Lava bezeichnet wird, oft in einem ruhigen, gleichmäßigen Strom den Vulkanberg hinab. Ist die Lava besonders heiß, kann dieser Strom eine gefährliche Fließgeschwindigkeit aufweisen. Die Fließeigenschaften dieser heißen Lava lassen aus solchen Eruptionen häufig so genannte Schildvulkane entstehen.

Bei Vulkanausbrüchen vom »Stromboli-Typus« ist das Magma so zäh, dass das Gas nicht ohne weiteres entweichen kann. Bei den explosiven Eruptionen gibt es zwei Varianten. Es bilden sich entweder große Blasen, die beim Erreichen des Kraters zerplatzen und dabei mitunter gewaltige Lavafetzen in die Luft schleudern, oder der Druck auf die Kammer wird durch das erste aufsteigende Magma so plötzlich verringert, dass sich das vorhandene Gas explosionsartig einen Weg nach oben bahnt. Bei Eruptionen dieser Art entstehen häufig die charakteristischen Vulkankegel aus aufgeworfenem, zertrümmertem Gestein.

Fast eine Mondlandschaft: Gipfelbereich des zuletzt 1944 ausgebrochenen Vesuv

Die Schauplätze der berühmtesten Vulkanausbrüche der Geschichte sind:

- *Santorin (Griechenland) 1600 v. Chr.: Ein Teil der Mittelmeerinsel stürzt ein und versinkt, die Hochkultur der Minoer geht unter, Menschen kommen bei der Eruption nicht ums Leben.*
- *Vesuv (Italien) 79: Die Städte Pompeji und Herculaneum werden unter einer 4 bis 20 m dicken Schicht aus Vulkanasche begraben.*
- *Tambora (Indonesien) 1815: Dichte Aschewolken verdunkeln mehrere Tage ein Gebiet im Umkreis von 500 km^2, etwa 88 000 Menschen werden getötet.*
- *Krakatau (Indonesien) 1883: Auf der ganzen Welt ist die von der Eruption ausgelöste Schockwelle messbar, eine 30 m hohe Flutwelle tötet 36 000 Menschen.*
- *Mont Pelée (Martinique) 1902: Die Hafenstadt Saint Pierre brennt binnen weniger Minuten nieder, nur zwei Menschen überleben das Inferno, 29 000 sterben in den Flammen.*
- *Mount St. Helens (USA) 1980: Die neunstündige Eruption setzt Asche- und Gesteinsmassen frei, die ein Tal von 62 km^2 füllen.*
- *Pinatubo (Philippinen) 1991: Nach 600 Jahren Ruhepause explodiert der Vulkan erneut und schleudert eine riesige Eruptionswolke bis in die Stratosphäre.*
- *Ätna (Italien) 2001: Europas aktivster Vulkan an der Ostküste Siziliens bricht aus und bedroht die Stadt Nicolosi und das Touristenzentrum Rifugio Sapienza.*

Um 420 Mio. In den Gewässern der Landmassen, aus denen sich später Nordamerika und Europa herausbilden, schwimmt **Hemicyclaspis**, ein primitiver Fisch aus der Gruppe der Osteostraci. Im Gegensatz zu seinen Vorgängern hat Hemicyclaspis ein engeres Sichtfeld. Seine Sensoren sind jedoch besser ausgebildet als die seiner Vorfahren.

Entlang der Küsten des euroamerikanischen Kontinents gedeiht eine Reihe von Pflanzen in Süßwasserregionen. Ursprünglich stammen die Pflanzen der Gattung **Rhyniophytes** aus dem Meer, einige Arten haben sich aber bereits an das Leben in den Uferregionen von Süßwasser führenden Fließ- und Standgewässern gewöhnt. Zu den Rhyniophyten gehört auch die Cooksonia, eine der ersten Landpflanzen der Erdgeschichte. Ihre fossilen Reste werden häufig zusammen mit Überresten von Meeres-Skorpionen gefunden, so dass auf eine ökologische Verbindung zwischen beiden Lebewesen geschlossen werden kann.

In der Pridoli genannten Endphase des Silurs taucht eine neue Art unter den Skorpionen auf. Die **Paleoscorpininen** leben zunächst auf der euroamerikanischen Landmasse, verbreiten sich aber im Verlauf des Karbons über die ganze Welt. Sie leben nur noch zum Teil im Meer und ziehen Süßwasser vor. Ihre Lebensweise ist amphibisch, d.h. sie können das Wasser verlassen und eine Weile an Land leben. Die Beine dieser Tiere sind zylindrisch geformt wie die der verwandten Protoscorpione. Die Körper weisen jedoch eindeutige Merkmale auf, die auf das Leben an Land hindeuten.

Mehrere Arten der **Myxopteriden**, der mutmaßlichen Vorfahren der Skorpione, sterben im Pridoli aus, darunter Myxopterus kiaeri, eine skorpionähnliche Form mit Außenskelett und halbrunden Scheren. Die ersten beiden Beinpaare des Tiers sind stark entwickelt. Sie dienen zum Beutefang. Das dritte und vierte Paar ist jeweils von durchschnittlicher Größe und dient der Fortbewegung. Myxopterus kiaeri tauchte im Wenlock erstmalig auf. Die Tiere sind vor allem auf dem euroamerikanischen Kontinent verbreitet.

Die **Lechritrochoceratiden** sterben aus. Die Tiere gehören zur Gruppe der Tarphyceratiden und sind mit den Nautiloiden verwandt, möglicherweise sogar deren Vorfahren. Sie unterscheiden sich jedoch in der Form ihrer Panzer stark von den erst später auftauchenden Nautiloiden – Kopffüßern, die im Laufe der Erdgeschichte immer wieder als Leitfossilien eine bedeutende Rolle spielen.

Um 420–380 Mio.

Thelodontier – kieferlose Fische mit kurioser Schwanzflosse

In der Gruppe der Agnathen (kieferlose Fische) lässt sich mit den Thelodontiern oder Coelolepiden eine Untergruppe nachweisen, deren Körperbau aufgrund der schlechten Fundlage für Spekulationen sorgt. Denn obgleich die Thelodontier mit den Osteostraci und Anaspida (siehe S. 120) zu den Ostracodermi gezählt werden, verfügen sie, anders als die meisten ihrer Verwandten, über keinen gut fossilisierenden Hautknochenpanzer. Die ältesten Funde dieser primitiven Fische stammen aus den Meeresregionen, jüngere Fossilien kommen auch in Süßwasserablagerungen vor. Die Coelolepiden haben einen spindelförmigen Körper mit einem flachen Rücken. Alle Agnathen haben keine paarigen Flossen, also auch keine Brust- und Afterflossen, die Rückenflosse ist weit nach hinten versetzt. Die beiderseits ungefähr acht äußeren Kiemenöffnungen befinden sich in gerader Reihe an der Körperunterseite. Eine eigentümliche Form weist die Schwanzflosse auf, deren obere Hälfte kurz und gerade abgeschnitten ist, während die untere Hälfte weit nach hinten ausragt (Abb.: Rekonstruktionszeichnung nach einem Fund aus Norwegen).

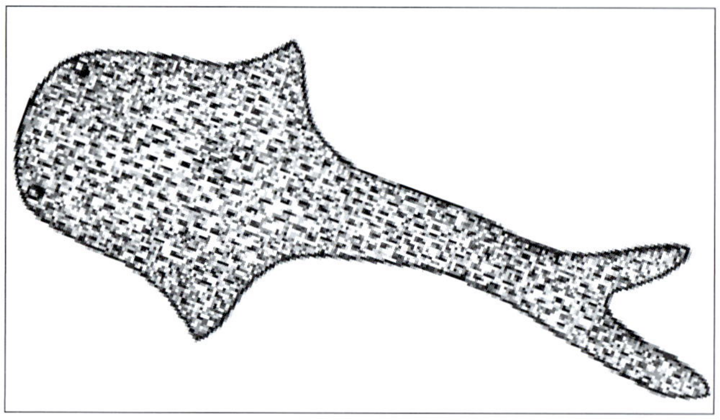

Um 420–410 Mio.

Gewaltiger Riffgürtel erstreckt sich über ganz Nordamerika

In Nordamerika und Kanada kommt es im mittleren und ausgehenden Silur erneut zu einer ausgeprägten Riffbildung. Nach ihrer wichtigsten Hervorbringung, dem großen Niagara-Riff (s. Abb.), wird diese Epoche von den nordamerikanischen Paläontologen als Niagarian bezeichnet.
Die Spuren dieses gewaltigen Riffgürtels aus festem dolomitischem Kalkstein finden sich heute in einem Gebiet, das von den oberen Rändern Kanadas bis in die Südhälfte der Vereinigten Staaten reicht. Der nördlichste Fundort befindet sich auf den Parry-Inseln, knapp unterhalb des Nordpolarmeeres, auf dem 75. Breitengrad; der südlichste liegt auf dem 40. Breitengrad im amerikanischen Bundesstaat Illinois. Zum Zeitpunkt der Entstehung des Niagara-Riffs wird diese Region fast genau in der Mitte von der Äquatorlinie durchschnitten. Die enorme Ausbreitung der Korallen und die allgemeine Klimaerwärmung machen diese Epoche zu einer wahren Blütezeit für Korallenriffe. Etwa auf gleicher Höhe mit Nordamerika befindet sich der größte Teil der europäischen Landmasse, die seit dem Ordovizium (495–440 Mio.) mit Nordamerika einen großen Kontinentalblock bildet. Einzig Südeuropa befindet sich noch im Norden Gondwanas. Das weiße Kalkgestein silurischer Riffe, einst von ausgedehnten Korallenkolonien aufgeschichtet, lässt sich heute noch in einigen Teilen Englands finden, vor allem in Wales. Die Kalkgesteine von Derbyshire und Yorkshire stammen hingegen überwiegend aus dem Karbon (354–292 Mio.).

Um 418 Mio.

Die Ardennen entstehen

Mit der Auffaltung des Ardennen-Gebirges (Abb.: Ourthe-Tal) tritt die ausgedehnte Epoche der großen kaledonischen Gebirgsbildungen in ihre letzte Phase ein. Da sie sich weitgehend auf Europa beschränkt und ihre Wirkungen zugleich am deutlichsten in den Ardennen entfaltet, wird diese sog. jungkaledonische oder erische Faltungsphase auch als ardennische Faltung bezeichnet. Insgesamt sind die Faltungen, die nun entstehen, in Relation zu vorherigen Gebirgsbildungen vergleichsweise unbedeutend.
Die Ardennen, die sich von der Westseite des Rheins über Luxemburg und Belgien bis nach Nordfrankreich erstrecken, bleiben ein flachwelliges Hochland von wenigen hundert Metern Höhe. Im Norden gehen sie in ein Hügelland über, das eine Höhe von 200 m kaum übersteigt. Auch nach der ardennischen Faltung bleibt das Kaledonische Gebirge in Mitteleuropa nur schwach ausgebildet, vergleicht man es mit den Gebirgsmassiven Nordeuropas, Spitzbergens oder Grönlands. Charakteristisch für die ardennische Faltung ist das Eindringen von Magma, das aufgrund des hohen Gesteinsdrucks im Erdmantel durch Risse und Spalten in höher gelegene Gesteine getrieben wird. Durch die hohen Temperaturen dieses glühenden Schmelzgesteins kommt es zu mechanischen Gesteinsumwandlungen, sog. Metamorphosen, bei denen das vorhandene Gestein umgeschmolzen oder mit Magma vermischt wird.

Um 420 Mio.

Pflanzen erobern das Festland

Die Urfarne des Obersilurs sind die ersten Pflanzen, die nachweislich den Übergang zum Landleben vollziehen und eine bis zu diesem Zeitpunkt noch wüste Erde begrünen. Sie stellen die zweite große Pflanzengruppe neben den schon deutlich älteren Algen. Ob sie tatsächlich die ersten oder nur die ersten nachgewiesenen pflanzlichen Vertreter auf dem Festland sind, ist umstritten. Fossilien aus der indischen Provinz Punjab, die aus dem Kambrium (545–495 Mio.) datieren, werden von einigen Forschern als landlebende Flechten interpretiert. Präkambrische Schieferplatten aus Nordfrankreich enthalten ebenfalls Hinweise auf Flechten, die aber nicht minder umstritten sind. Gesichert und allgemein anerkannt ist, dass die Urfarne im Obersilur das Festland erobern. Als gesichert gilt auch, dass diese Anpassung an das Leben an Land nicht, wie es landläufig heißt, ein Schritt war, sondern vielmehr ein Prozess. Es ist anzunehmen, dass die ersten Landpflanzen über viele Millionen Jahre eine Zwischenzone besiedelten. Vermutlich handelte es sich um jene Flachwasserbereiche, die bei zurückweichender Flut trockenfielen. Hier eigneten sich die frühen Landpflanzen jene Eigenschaften an, die sie zum Überleben auf dem Festland benötigten, während sie zugleich die Vorzüge einer regelmäßigen Nahrungsversorgung durch das Wasser genossen.
Das Leben an Land bietet den ehemaligen Wasserpflanzen einige wichtige Vorzüge. Licht und Kohlendioxid, das alle Pflanzen für die Photosynthese benötigen, sind hier im Überfluss vorhanden. Darüber hinaus gibt es keinerlei Lebewesen, mit denen die Pioniere konkurrieren müssen. Allerdings hatten sie zuvor eine Reihe ganz zentraler Anpassungsleistungen zu vollbringen. Vor allem mussten diese Pflanzen, die sich zuvor von der im Gewebe enthaltenen Luft hatten tragen lassen, eine Stütze entwickeln. Nicht minder wichtig waren Wurzeln, um in dem trockenen Boden an Nährstoffe zu gelangen. Da das Wasser und die Mineralien nicht mehr durch die gesamte Pflanzenoberfläche aufgenommen werden konnten, bedurfte es schließlich eines funktionierenden Leitungssystems. Die ersten Urfarne sind wenige Zentimeter hohe, primitiv gebaute Pflanzen, die noch keine Blätter, sondern allenfalls ein paar winzige Schuppen besitzen. Sie verfügen schon über eine Kutikula, ein dünnes Häutchen über der äußeren Zellschicht, das sie vor dem Austrocknen schützt. Ihr Wurzelsystem ist noch sehr unvollständig. Die Stützlast übernehmen Zellen, die im Wasser der Verankerung gegen die Strömung dienten und die sich nun zu einer Röhre entwickeln. Ob alle Nacktpflanzen von einer Urpflanze abstammen oder ob sich dieser Landgang nicht vielmehr zeitlich versetzt verschiedene Male vollzogen hat, zählt zu den noch ungelösten Fragen.

Die ersten Urfarne verlassen das Wasser: Zosterophyllum rhenanum und Rhynia maior (v. l.)

Um 417 Mio. Der **Meeresspiegel** geht zu Beginn des Devons drastisch zurück. Viele Flachmeere auf den Kontinenten verlanden, andere können einen niedrigen Wasserstand halten. Nach einem vorübergehenden Höchstwert im Ludlow und Pridoli – also im späten Silur – sinkt der Kohlendioxidgehalt in der Luft wieder ab. Der Sauerstoffpegel steigt hingegen an. Dadurch werden flache Gewässer gut durchlüftet und dienen vielen Tieren und Pflanzen als Lebensraum.

Im Gebiet des heutigen Südchina haben sich **kieferlose Fische** ausgebreitet. Sie tauchten erstmals im vorangegangenen Pridoli auf. Von Südchina breiten sie sich entlang der sinoaustralischen Halbinsel Gondwanas aus und erreichen über die antarktischen Landmassen die kühleren Zonen des Südkontinents.

Im frühen Devon bildet sich eine differenzierte **Fischfauna** vor den Küsten des heutigen Asien aus. In der Bac-Bun-Formation im Norden Vietnams sind viele Reste der Devonfische erhalten, die sich stark von den Formen unterscheiden, die zur selben Zeit im und um den euroamerikanischen Kontinent leben. Vertreter der asiatischen Fische sind u. a. der rund 30 cm lange Youngolepis, der kleinere Nostolepis sowie Lungenfische mit Gebissplatten. Alle Tiere leben in Lagunen oder Flachmeeren.

Mit **Zosterophyllopsida** taucht eine neue Pflanze auf, die der weit verbreiteten Cooksonia ähnlich ist. Zosterophyllopsida hat noch keine Blätter oder echte Wurzeln, sondern zieht mit Wurzelhärchen an den Stängeln Nährstoffe aus den oberen Bodenschichten.

Der Jebel Sahro in Zentralmarokko verdankt sein Gesicht der Winderosion durch Sandstürme.

Um 417 Mio.

Wind- und Sandschliff

Erosionswirkung durch Wasserdampf: Der Felsen »Old Man of Hoy« in Schottland

Da zu Beginn des Devons (417–354 Mio.) auf den Festlandgebieten noch keine nennenswerte Tier- und Pflanzenwelt existiert, wird die Gestalt der Landschaft ausschließlich durch mechanische Verwitterungs- und Erosionskräfte geformt. Neben plattentektonischen Bewegungen und dem damit verbundenen Vulkanismus prägen vor allem Wasser und Wind das Gesicht der Erde. Die Meereserosion wird vor allem durch die Brandungswellen ausgeübt und ist stark durch die Beschaffenheit der jeweiligen Küsten geprägt. Steinige und felsige Küsten werden ausgewaschen, zum Teil auch unterspült und abgetragen. An flachen Küsten werden lockere Gesteinssedimente und Muscheln permanent umgelagert, sortiert sowie zermahlen und anschließend vom Wind als feiner Sand auf das Festland getragen.

Da es auf diesem Festland noch keine Pflanzen gibt, die den Boden durch ihre Wurzeln binden, ist die Landschaft den Erosionskräften des Wassers ausgesetzt. Dessen Kraft wird durch verschiedene Faktoren bestimmt: durch die Menge sowie die Fließgeschwindigkeit, durch die Art der mitgeführten Sedimente und schließlich durch die Beschaffenheit des jeweiligen Untergrunds. Dort, wo es viel Lockergestein gibt, können Flüsse durch Abtragung tiefe Täler formen. Wo der Untergrund härter ist, schlängeln sie sich als Ströme durch die jeweilige Region und formen vor allem an den Flusskrümmungen durch Auskolkung, Auswaschung sowie durch Ablagerungen deren Profil.

In welchem Maße der Wind eine Landschaft prägen kann, wenn das feine Lockergestein durch keinerlei Wurzelwerk oder Grasnarben zusammengehalten wird, lassen die heutigen Wüstengebiete erkennen. Das leichtere Material wird abgetragen und zu großen Dünen aufgeschichtet, das schwere Gestein ist dem Wind- und Sandschliff ausgesetzt.

Um 417 Mio.

Schwelle ragt aus dem Ozean

Aus dem Ozean Tethys, der im Paläozoikum (545–250 Mio.) weite Teile Europas bedeckt, erhebt sich mit dem beginnenden Devon die Mitteldeutsche Schwelle. Dieses Schwellengebirge entsteht durch eine langzeitige und großräumige Aufwölbung der Erdkruste, die als Geoantiklinale bezeichnet wird. Hervorgerufen wird diese Aufwölbung, bei der die Lagerungsverhältnisse der Gesteine nicht wesentlich verändert werden, durch Magmabewegungen unterhalb der Erdkruste. Während sie einerseits eine Festlandschwelle aufwerfen, entsteht dort, von wo aus sich das Magma verlagert, ein untermeerischer Trog.

Auch nach der Erhebung der Mitteldeutschen Schwelle befinden sich die größten Gebiete des heutigen Deutschlands unter jenem Ozean, der der archaische Vorgänger des heutigen europäischen Mittelmeeres ist. Oberhalb einer fast horizontalen Linie, die an ihrem höchsten Punkt den Raum Hannover berührt, befindet sich der größte Teil der deutschen Landmasse, das Old-Red-Festland, das seinen Namen durch die charakteristischen rötlichen Sedimente erhalten hat. In das darunter liegende Meeresbecken ragt die Mitteldeutsche Schwelle, die etwa auf der Höhe von Schwarzwald und Pfälzer Wald beginnt und sich in nordöstlicher Richtung bis zu ihrem höchsten Punkt im Thüringer Wald erstreckt. In dem Meeresarm zwischen Köln und Mainz finden sich schließlich noch drei lang gestreckte Inseln.

Um 417 Mio.

Neue Gliederfüßer im Meer

Mit der Asselspinne entwickelt sich im Devon eine neue, meeresbewohnende Klasse der Gliederfüßer, die heute noch mit rund 1000 Arten vertreten ist (Abb.: Exemplar der Gattung Phalangites). Auf ein Charakteristikum dieser Tiergruppe deutet der wissenschaftliche Name Pantopoda, der wörtlich übersetzt »nur Bein« bedeutet. Tatsächlich scheinen diese Tiere ausschließlich aus

Beinen zu bestehen. Der stabförmige Körper der Asselspinnen ist mit einer Länge von einem bis maximal zehn Millimetern außerordentlich klein und mit dem bloßen Auge kaum zu erkennen. Meist leben sie am Meeresgrund auf Schwämmen, Korallen und Seeanemonen. Schwimmen können die Tiere vermutlich nicht.

Um 417 Mio.

Ur-Insekt mit Katapult

In Schottland lebt ein primitives Ur-Insekt namens Rhyniella praecursor, das als ältestes landbewohnendes Insekt fossil überliefert ist. Das Tier, dessen evolutionäre Genese bis heute im Dunkeln liegt, zählt zu den Collembola oder Springschwänzen, einer Gruppe in der Ordnung der Apterigoten oder Flügellosen, der auch die heute lebenden Verwandten der Rhyniella praecursor, die Silberfische, zugehören. Apterigoten bilden in der Klasse der Insekten oder Hexapoden (»Sechsfüßer«), die zum Stamm der Gliederfüßer zählen, eine eigene Ordnung.

Die nur 1,5 mm langen, flügellosen Ur-Insekten bevorzugen als Lebensraum ein feuchtes Erdreich. Ihren Namen Springschwänze verdanken sie einer charakteristischen Sprunggabel am Hinterleib. Dieser Fortsatz, der bei Nichtgebrauch mit der Spitze nach vorn unter den Leib geklappt und mit einem speziellen Haken, dem »Gabelhalter«, festgeklemmt wird, stößt das Insekt beim Ausklinken katapultartig mehrere Zentimeter vorwärts. Springschwänze, von denen heute etwa 1500 Arten bekannt sind, kommen oft in gewaltigen Mengen vor. Schätzungen besagen, dass auf einem Hektar Boden bis zu 500 Mio. Einzeltiere leben können, die dort bei der Umwandlung abgestorbener Pflanzenreste in fruchtbare Erde eine bedeutende Rolle spielen. Trotz ihrer großen Zahl lassen sie sich nur selten entdecken, da selbst die größten Arten maximal fünf Millimeter messen.

Um 417 Mio.

Neu-Tintenfische: Hoch entwickelte Weichtiere starten ihren Siegeszug durch die Fluten

Im Unterdevon entsteht in der Klasse der Kopffüßer die Unterklasse der Coleoiden oder Neu-Tintenfische. Von den bereits existierenden, primitiveren Alt-Tintenfischen unterscheiden sie sich

vor allem in dreierlei Hinsicht: Die Neu-Tintenfische sind nicht mehr Vier-, sondern Zweikiemer. An die Stelle der ursprünglichen Tentakeln sind sechs Kopfarme getreten, die durch zwei längere Fangarme ergänzt werden. Überdies weisen die Tiere einen grundlegend anderen Körperbau auf. Die Schale, die bei Alt-Tintenfischen wie dem heute lebenden Perlboot (Nautilus) ein schneckenhausähnliches Außenskelett bildet, ist bei den Neu-Tintenfischen als stab-, kegel- oder ovalförmiges Gebilde in das Körperinnere verlegt.

Die Neu-Tintenfische zeichnen sich durch einen bemerkenswert hohen Organisationsgrad aus. Dies gilt besonders in Bezug auf das Nervensystem und die hoch entwickelten Sinnesorgane, die sich durchaus mit denjenigen der Wirbeltiere vergleichen lassen. Coleoiden können sowohl räumlich als auch farblich sehen. Über die Lebensweise des ältesten Neu-Tintenfischs, des Eotheutis elfridae, der sich im Bundenbacher Schiefer des Hunsrücks erhalten hat, ist wenig bekannt. Er unterscheidet sich allerdings kaum von dem zur Unterordnung der Kalmare zählenden Allotheutis subulata, dem häufigsten Tintenfisch an unseren Küsten. Allotheutis wird als Zwergkalmar maximal 20 cm lang. Wie alle Coleoiden scheut er das Brackwasser, da er auf einen hohen Salzgehalt angewiesen ist. Der vorzügliche Schwimmer folgt von Frühjahr bis Herbst den in den Flachwasserzonen wandernden Fischschwärmen, verbringt jedoch den Winter in tieferen und wärmeren Meeresströmungen.

Die im Freiwasser lebenden Coleoiden-Arten lassen bei der Annäherung eines Feindes Tintenwolken ab, die in der Tiefsee existierenden Formen reagieren auf Bedrohung mit einem Leuchtstoff. In der Gruppe der Evertebraten, der Wirbellosen, stellen die Coleoiden die am höchsten entwickelten Meeresbewohner dar. Wie erfolgreich sie in den Ozeanen eine ökologische Nische besetzen, beweist die Tatsache, dass sie mehr als 400 Mio. Jahre lang in beträchtlicher Zahl die Meere bevölkern. Von den weit über 10 000 Arten, die fossil belegt sind (Abb. l. und u.: Kopffüßer des Devon aus Marokko), leben heute noch 745 Formen. Untergliedert werden sie in die etwas ältere und ursprünglichere Ordnung der Decapoden, der zehnarmigen Tintenfische, in die der Octopoden oder Achtfüßer und schließlich in die Ordnung der Vampyromorphen, einer kleinen Gruppe von Tiefseebewohnern, die als morphologische Übergangsform zwischen den beiden ersten großen Gruppen gilt.

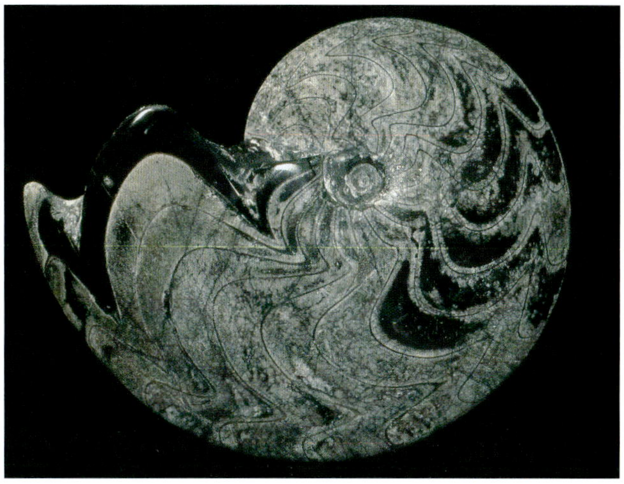

Um 417 Mio.

Durch Kontinentalverschiebungen schließt sich der Minikontinent **Avalonien** vollständig an die baltische Landmasse an. Der Iapetus-Ozean zwischen den Kontinenten ist damit endgültig verschwunden. Die Regionen der Appalachen und Skandinaviens entwickeln zu dieser Zeit große vulkanische Aktivität. Der laurasische Kontinent, der nach dem Anschluss Avaloniens auch als Old Red Continent bezeichnet wird, bewegt sich ab jetzt in Richtung des Superkontinents Gondwana im Süden der Erdkugel. Der Einzelkontinent Sibirien liegt als einzige Landmasse nördlich des Äquators.

Die globalen Positionen vieler **Landmassen** sind im frühen Devon unklar. Anhand der Verbreitungsgebiete von Fischgattungen kann zwar die südchinesische Landmasse nahe bei Australien lokalisiert werden, die Lage Nordchinas ist jedoch unbekannt. Auch Iberien und Armorica, das spätere Spanien und Frankreich, befinden sich auf heute unbekannten Koordinaten auf dem Globus. Sicher ist jedoch, dass sich diese beiden Landmassen von dem Superkontinent Gondwana abgespalten haben und nach Norden in Richtung der eurasischen Landmasse driften.

Die Fischfauna des frühen Devon weist eine große Anzahl von **Kiefertragenden** (Gnathostomata) auf. Dazu zählen vor allem Placodermi, eine gepanzerte Gruppe der Kieferfische, deren Außenskelett echtes Knochengewebe enthält. Placodermi haben wegen ihrer Panzerung eine nur geringe Beweglichkeit. Die ersten Vertreter tauchten im frühen Silur auf. Im Devon erreichen die Placodermi ihre größte Verbreitung und Blütezeit. Bis zu 200 Gattungen entstehen, bevor die Gruppe am Ende des Devons wieder verschwindet.

In Schottland entsteht mit dem **Rhynie Chert** die weltweit berühmteste Lagerstätte des Devons. Paläografischen Rekonstruktionen zufolge ist das Klima zu dieser Zeit tropisch bis subtropisch. Die Ablagerungen entstehen durch die Versteinerung eines Moores, in dem sich die Pflanzen hervorragend erhalten und viele Details aufweisen. Selbst einzelne Zellen sind in ihren ursprünglichen Formen überliefert. Ob die Pflanzen des Rhynie Chert einen repräsentativen Querschnitt der globalen Devonfauna bilden, ist allerdings umstritten.

Die ersten Hinweise auf **Pflanzen fressende Landtiere** stammen aus dem frühen Devon. Bislang ernährten sich die Landtiere nur von kompostiertem Pflanzenmaterial oder machten Jagd auf andere Tiere. Mit den ersten Pflanzenfressern wird nun ein neues Kapitel in der Erdgeschichte aufgeschlagen.

Um 417–390 Mio.

Spiriferen bilden Gesteine

Die Spiriferen, eine mit den Moostierchen verwandte, später ausgestorbene Gattung der Armfüßer, die auf Meeresböden lebt, breitet sich im Devon in so gewaltigen Mengen aus, dass ihre

Schalen gesteinsbildend wirken (Abb.: Cyrtospirifer verneuili Murchison). In Neuseeland, aber auch im Rheinischen Schiefergebirge, entstehen bedeutende Schichten aus Spiriferen-Sandsteinen, die übereinstimmende Merkmale aufweisen.

Um 417–390 Mio.

Pilze befallen Pflanzen

Mit dem vermehrten Auftreten landlebender Pflanzen wird zugleich eine Existenzgrundlage für erste Pilze geschaffen, die mit den höher entwickelten Pflanzen entweder symbiotisch oder parasitär existieren.

Pilze bilden im Pflanzenreich eine eigene Gruppe, die in vier Abteilungen untergliedert wird, ohne aber eine natürliche, systematisch-verwandtschaftliche Einheit darzustellen. Zu ihnen zählen neben den genießbaren und allgemein bekannten Formen auch großwüchsige Schwämme sowie Hefen und Schimmelpilze. Wie die Algen bilden sie keine Organe aus, die als Wurzeln, Blätter oder Stängel beschrieben werden könnten. Ihr primitiver Körper wird als Thallus bezeichnet. Aufgrund der meist zarten Bauart sind von den Pilzarten des Erdaltertums nahezu ausschließlich parasitierende Formen bekannt, die sich zusammen mit ihren Wirtspflanzen fossil erhalten haben. Vermutlich repräsentieren sie aber nur einen kleinen Ausschnitt der paläozoischen Pilzflora.

Um 417 Mio.

Quastenflosser und Lungenfische – Vorfahren der Vierbeiner?

In den devonischen Seen und Flüssen tritt unter den Fischen die neue Untergruppe der Fleischflosser hervor, zu der mit den Quastenflossern (Abb. r.: Osteolepis macrolepidotus) und den Lungenfischen zwei Fischgruppen zählen, die heute als lebende Fossilien gelten. Die Quastenflosser (Abb. u.: Komorenquastenflosser), die vor ihrer Wiederentdeckung 1938 als ausgestorben galten, nehmen unter den Wirbeltieren eine Sonderstellung ein, da sie von vielen Wissenschaftlern als die Urahnen der Tetrapoden, der vierbeinigen Wirbeltiere, betrachtet werden. Unumstritten ist diese Hypothese jedoch nicht. Die Lungenfische vollbringen eine besondere Anpassungsleistung an die Bedingungen des Devons, indem sie neben den Kiemen Lungen entwickeln, durch die sie Luft

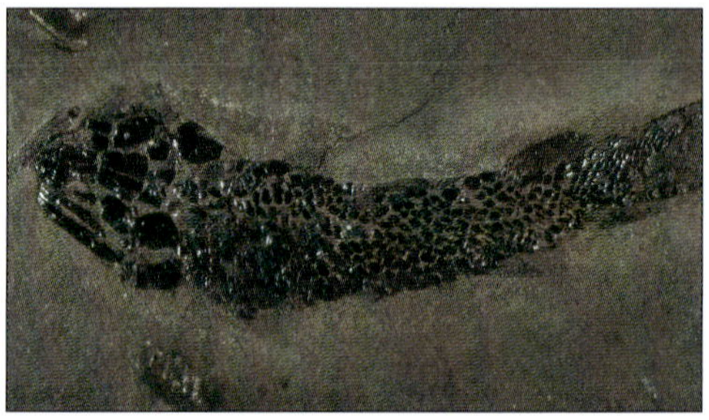

atmen können, wenn ihre flachen Wohngewässer austrocknen. Aufgrund verschiedener Körpermerkmale glauben einige Forscher, dass sie mit den Tetrapoden noch enger verwandt sein könnten als die Quastenflosser.

Um 417–390 Mio.

Landpflanzen breiten sich rasch aus

Wenige Millionen Jahre, nachdem mit den Urfarnen (Psilophyten) erstmals vollständig an das Landleben angepasste Pflanzen, also frühe Kormophyten, fossil nachweisbar sind, vermehren sich die landlebenden Pflanzen sehr rasch – sowohl hinsichtlich ihrer Arten als auch nach ihrer Individuenzahl. Im Verlauf dieser Ausbreitungsphase entstehen weltweit in verschiedenen Klimazonen charakteristische Florenprovinzen.
Als Kormophyten oder Sprosspflanzen werden jene höher entwickelten Pflanzen bezeichnet, deren aufrecht stehender Körper sich – im Unterschied zu demjenigen der Thallophyten – in einen Wurzelbereich, einen Stängel oder eine Sprossachse und Blätter gliedert. Die ganze Organisation dieser Pflanzen entspricht den Anforderungen des Lebens an Land. Ihre Vorläufer, die Lagerpflanzen oder Thallophythen, stehen nicht aufrecht, sondern passen sich liegend oder flutend dem jeweiligen Lebensraum an. Sie verfügen weder über feste Zellulosewände noch über komplizierte Leitgewebe; der ganze Vegetationskörper weist noch nicht die für Sprosspflanzen typische Gliederung auf. Die Algen, aber auch die Pilze gehören noch vollständig diesem archaischen Pflanzentyp an, die Moose nehmen in Bezug auf die entwickelten Kormuspflanzen eine Zwischenstellung ein. Die Urfarne zählen hingegen schon zu den frühen Kormophyten.
Die archaischen Bärlapp- und Schachtelhalmgewächse, die sich bereits im Unterdevon als zwei neue Gattungen in der Gruppe der Farne entwickeln, bilden so genannte Mikrophyllen aus. Dabei handelt es sich um erste, sehr einfach gebaute kleine Blätter, die von einem einzigen, in der Blattmitte verlaufenden Nerv durchzogen werden. Beide Gattungen werden deshalb als kleinblättrige Pteridophyten (Farnpflanzen) zusammengefasst. Erst die später auftretenden Farnpflanzen bringen echte Blätter hervor, so genannte Makrophylle. Bei den Farnen werden diese Blätter als Wedel bezeichnet.

Psilophyten der Gattung Taeniocrada aus der Eifel

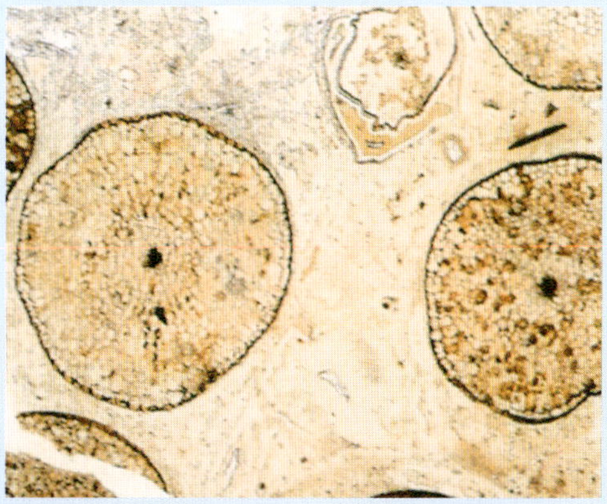

Querschnitt durch Ästchen der Rhynia-Flora

Fossilfunde belegen, dass im Verlauf des Devons (417–354 Mio.) in den einzelnen Erdregionen unter dem Einfluss verschiedener klimatischer Bedingungen auch je unterschiedliche Floren entstehen. Eine zentrale Fundstelle ist das schottische Rhynie, wo mehrere Ur-Landpflanzen gefunden wurden, die unter dem Begriff Rhynia-Flora zusammengefasst werden. Die reichste und facettenreichste Pflanzenwelt, von den Wissenschaftlern als Hyenia-Flora bezeichnet, entwickelt sich auf Höhe des Äquators, der sich in dieser Periode über den nordamerikanisch-europäischen Doppelkontinent erstreckt. Benannt ist sie nach der Leitpflanze Hyeniales, einer heute ausgestorbenen Urpflanze, die als Vorläufer der Schachtelhalmgewächse gilt. Fossil nachgewiesen ist die Hyenia-Flora in Nordamerika, auf Skandinavien und in Spitzbergen, im nördlichen Mitteleuropa, in Westeuropa sowie auf der russischen Tafel und in Teilen Asiens. Südlich der Äquatorlinie, etwa auf Höhe des heutigen Südafrika, entwickelt sich die sog. Böhmische Flora. Archäologische Funde dieses Pflanzentyps wurden außer in Mitteleuropa auch noch in Südeuropa und Nordafrika gemacht – also genau in jenen Regionen, die im Devon die nördliche Küste Gondwanas bilden.
Von diesen beiden Florentypen gänzlich verschieden ist die so genannte Bokkeveld-Flora, deren Kernverbreitungsgebiet im äußersten Süden Gondwanas rund um den Südpol liegt. Das Auftreten anderer, vor allem deutlich weniger Gattungen und Arten ist bei dieser Pflanzenwelt, die sich fossil vor allem in Südafrika und Südamerika findet, auf die südhemisphärische Lage und das kühle bis gemäßigte Klima zurückzuführen.

Fossilisierte Wasserpflanze: Haliserites dechenianus aus dem Unterdevon zählt zu den Vorläuferinnen der Nacktpflanzen.

Das versteinerte Pflänzchen Sciadophyton steinmanni aus dem Unterdevon des Wahnbachtales (Bergisches Land) bevorzugte Schlickstrände.

Um 417 Mio. Eine Pilzform, die heute unter dem Namen **Paläomyces** zusammengefasst wird, entsteht im frühen Devon und trägt zur Eroberung des Festlandes bei. Vermutlich ernährt sie sich von den Rückständen anderer Pflanzen.

Im **Wahnbachtal**, im Bergischen Land, entsteht eine bedeutende Fossillagerstätte, in der kleine Meerestiere sowie zahlreiche Land- und Wasserpflanzen erhalten bleiben.

Die Ordnung Anarcestida vertritt als Erste die Kopffüßer-Unterklasse **Ammonoidea**, zu der später zahllose wichtige Leitfossilien gehören und die gegen Ende der Kreidezeit (vor etwa 65,5 Mio. Jahren) ausstirbt. Die Ammonoidea unterscheiden sich von den ebenfalls kopffüßigen Nautiloiden durch ein eingerolltes, meist symmetrisches Gehäuse. Die Unterschiede im Aufbau der Tiere sind im Vergleich zu anderen Kopffüßern zunächst gering, werden aber in späteren Epochen immer größer.

Als Unterordnung der Knorpelfische erscheinen die **Haiartigen** (Elasmobranchii). Als Fossilien sind hauptsächlich Zähne erhalten.

Die seit dem Kambrium vertretene Klasse **Eocrinoidea** aus dem Stamm der Stachelhäuter (Echinodermata) stirbt aus. Es handelt sich um sesshafte, fünfstrahlig symmetrische Meerestiere mit einem runden Körper aus regelmäßig angeordneten Platten und einfachen Armen.

Bactriden bevölkern die Meere. Bei dieser Kopffüßerart handelt es sich um eine Form, die zwischen den meist länglichen Nautiloiden und den eingerollten Ammonoiden einzuordnen ist. Vermutlich bilden die Bactriden das Bindeglied in der Entwicklung der beiden großen Kopffüßerformen.

Um 417–354 Mio.

Gondwana expandiert

Der Südkontinent Gondwana bildet im Devon zum letzten Mal eine große, in sich geschlossene Einheit, die Afrika, Mittel- und Südamerika, Australien, China, Indien, Arabien, Persien, Südeuropa und die Antarktis umfasst. Nicht fest verbunden mit dieser Festlandmasse ist einzig die chinesische Provinz Tarim, die seit präkambrischen Zeiten eine isolierte Einheit darstellt. Vom Nordosten Gondwanas, dem späteren Tibet sowie China, ist sie durch eine schmale Wasserstraße getrennt.

Die Gestalt und der Umfang Gondwanas haben sich seit dem Kambrium (545–495 Mio.) zwar nicht mehr verändert, aber erst durch plattentektonische Bewegungen erreicht der Erdteil im mittleren Paläozoikum jene Lage, die ihm die Bezeichnung Südkontinent eingetragen hat. Zu Beginn des Erdaltertums liegt er noch halbmondförmig im südöstlichen Teil der Erdkugel, wobei nur seine äußerste Spitze, das spätere Nordafrika, den Südpol berührt. Mit dem Silur (440–417 Mio.) driftet der Kontinent auf der Südhalbkugel in eine fast horizontale Lage, der Südpol befindet sich nun etwa auf der Höhe des heutigen Staates Angola.

Insgesamt sind die Festlandsgebiete der Erde, die sich nun auf drei Kontinente und die Insel Tarim beschränken, deutlich enger zusammengerückt. Sibirien, die Mongolei und Dzungaria, die im Kambrium noch als Inseln im paläozoischen Ozean treiben, bilden seit dem Silur den kleinsten und nördlichsten der drei Kontinente. Er erstreckt sich in etwa vom heutigen Norddeutschland bis Zentralafrika. In seinem Südwesten befindet sich die zweitgrößte Landmasse, die aus Nordamerika, den größten Teilen Europas und der sibirischen Provinz Kolyma besteht. Ihr Zentrum liegt ziemlich genau auf der Äquatorlinie. Nordamerika und Europa, im Kambrium ebenfalls noch große Inseln, werden seit dem Ordovizium (495–440 Mio.) durch das Kaledonische Gebirge zusammengeschweißt.

Kolyma bleibt zunächst noch eine Insel, wird dann aber im Laufe des Silurs zu einem Teil Nordamerikas. Diese Landverbindung ist allerdings nicht von Dauer. Im Perm (292–250 Mio.) reißt sich Kolyma wieder los, wandert in der Trias (250–205 Mio.) südlich des Nordpols Richtung Osten, um schließlich im Jura (205–142 Mio.) mit Eurasien zu verschmelzen.

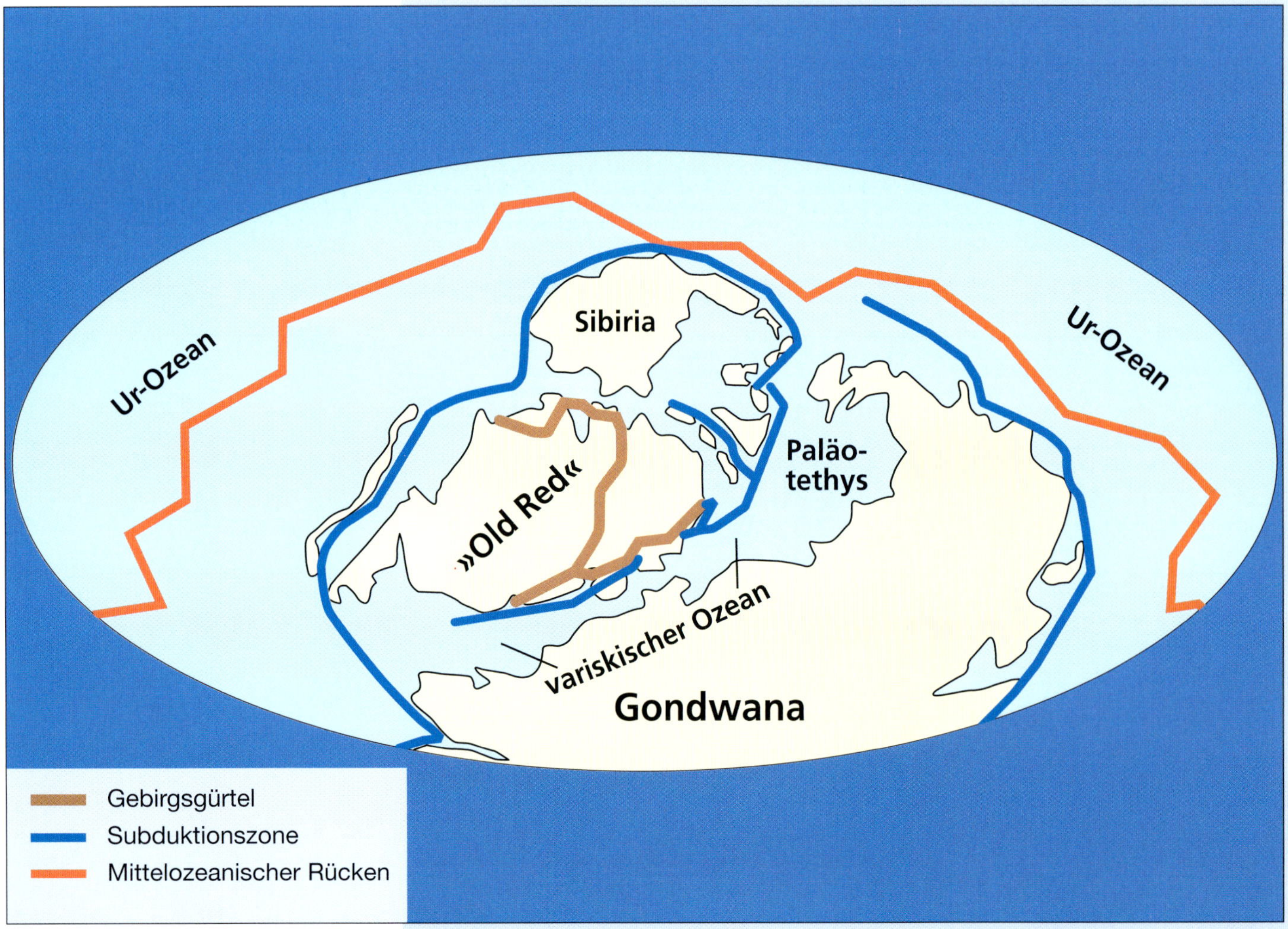

Um 417–354 Mio.

Variskische Faltung setzt ein

Die plattentektonischen Bewegungen, die dazu führen, dass die Landmassen im Verlauf des Devons immer näher aneinander rücken, während sich die Ozeane zwischen den Kontinenten schließen, leiten mit der variskischen Gebirgsbildung die nächste große Gebirgsbildungsepoche ein. Die variskische Faltung ist ein langwieriger Prozess, der im Devon beginnt, seine mächtigste Wirkung im Karbon (354–292 Mio.) entfaltet und erst zum Ende des Perms (292–250 Mio.) ausklingt. Die Verschiebung der Landmassen verursacht zunächst Verlagerungen des flüssigen Gesteins unterhalb der Erdkruste. Es entstehen Senkungsbereiche, sog. Geosynklinalen, die im Zuge einer Ausgleichsbewegung die benachbarte Erdkruste zu sog. Geantiklinalen aufwölben.
Die Hauptphase der variskischen Gebirgsbildung setzt im Karbon mit der Kollision des nordamerikanisch-europäischen Kontinents mit dem Südkontinent Gondwanaland ein. Ihre Spuren hinterlässt sie in Nordamerika, im Nordwesten Afrikas, vor allem aber in West- und Mitteleuropa, wo sich das eigentliche Variskische Gebirge erhebt. Die Mitteldeutsche Schwelle (siehe S. 127) verschiebt sich nach Norden, das Meer wird zunehmend aus Mitteleuropa verdrängt. Viele der alten Gebirge Deutschlands gehen – wenn auch durch jüngere Schichten überlagert – auf die variskische Faltung zurück. Dazu zählen etwa das Rheinische Schiefergebirge, das Erz- und Fichtelgebirge, der Harz sowie Teile des Odenwalds, des Schwarzwalds und der Vogesen (Abb.: variskische Gebirgsfaltung in der Eifel).

Um 417–390 Mio.

Dickstämmige Wasserpflanzen

In den devonischen Meeren entwickelt sich eine algenähnliche Wasserpflanze, deren Stamm einen Durchmesser von über 30 cm erreichen kann. Ein weltweit als einmalig geltendes fossilisiertes Exemplar dieser riesenwüchsigen Algen, zu denen u.a. die Gruppen Prototaxites (s. Abb.) und Nematophycus zählen, wurde im Jahr 1979 in einem Steinbruch in der Eifel entdeckt. In den 1990er Jahren kamen weitere Funde aus dem Bayerischen Wald hinzu. Die mikroskopische Analyse beweist allerdings, dass der Stängel dieser vermutlich zu den Braunalgen zählenden Wasserpflanze nicht aus Holz, sondern aus einer Art Scheingewebe besteht, das sich aus gleichartigen, schlauchförmigen Zellen zusammensetzt.

Um 417–354 Mio.

Zwischen Algen und Pilzen

Mit dem Stamm der Algomycetes entwickelt sich in der Pflanzenwelt eine Übergangsform zwischen den Algen und den Pilzen. In der Gerüstsubstanz ihrer Zellwände weist sie Chitin auf, ein Stoff, der sowohl im Gerüst der Glieder-, Mantel- und Hohltiere wie auch der höher entwickelten Pilze eine wichtige Rolle spielt. An die primitiv konstruierten Thallophyten (Lagerpflanzen) erinnert hingegen der für die Algen typische Pflanzenkörper ohne Gliederung in Stiel und Blätter. Auch weisen die Sporen der Algomyceten keinerlei Ähnlichkeit mit den Pilzen auf. Die wenige Zentimeter großen Pflanzen bevorzugen als Lebensraum einen schlammigen Untergrund. Ihr Verbreitungsgebiet beschränkt sich auf Nordamerika.

Um 417–354 Mio.

Paläozoischer Fischreichtum: Es tut sich viel im Orkney-See

Im Orkney-See, der sich im Devon nördlich von Schottland von der Küste vor Inverness über die Highlands, die Orkney- und Shetland-Inseln bis weit hinein in den Atlantik erstreckt, sind zahlreiche Fische des mittleren Paläozoikums vertreten. Seit der Entdeckung erster Fossilien in den 30er Jahren des 19. Jh. gilt das Orkney-Becken als eine der größten und ergiebigsten Fossilienlagerstätten des Devons.
Dieser Fossilienreichtum ist auf das Zusammenspiel verschiedener Faktoren zurückzuführen. Wie alle fischreichen Fundstätten liegt auch das Orkney-Becken im Devon auf Äquatorhöhe. Schon allein durch seine Größe verfügt der See über eine Fülle verschiedener Lebensräume, die zahlreichen Arten ökologische Nischen bieten. Überdies ist er außerordentlich tief. Wie die meisten tiefen Binnengewässer weist er eine sonnendurchflutete, sauerstoffreiche obere Wasserregion und eine dunkle und sauerstoffarme Tiefenschicht auf. Die Fundschichten zeigen, dass es in diesem See im Zyklus einiger Jahre immer wieder zu einem Massensterben kommt. Dessen Ursache kann eine Algenblüte sein, die dem Wasser den Sauerstoff entzieht, das Plankton erheblich reduziert und die Fische ersticken oder verhungern lässt. Ähnliche Wirkungen kann ein schwerer Sturm zeitigen, der die Wassermassen umwälzt und damit die Bewohner des Sees plötzlich einem lebensfeindlichen Milieu aussetzt. In beiden Fällen sinken die Fischkadaver auf den tiefen, sauerstoffarmen Grund, wo sie vom Schlick begraben werden, da es dort keine Aasfresser gibt.

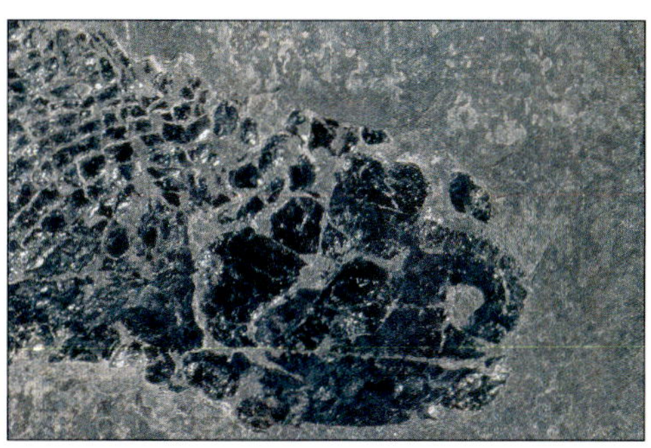

Die große Gruppe der kieferlosen Fische ist im Orkney-See u.a. durch den wenige Zentimeter langen Pterapsis und den etwas größeren Cephalaspis vertreten, der in seiner Körperform an den Seeteufel erinnert. Obwohl beide einen Kopfpanzer tragen, zählen sie nicht zu den eigentlichen Panzerfischen, die sich u. a. durch den Besitz eines Kiefers auszeichnen. Der auffälligste Vertreter dieser Gruppe ist der Pterichtyodes. Beiderseits des Kopfes hat er Flossen, die an die Flügel eines Pinguins erinnern und der Bewegung am Grund oder dem Bewerfen des Rückens zu Tarnungszwecken dienen. Von bereits modernem Aussehen sind die etwa 20 cm langen Acanthodier, frühe Verwandte der Knochenfische, die zumeist mit mehreren Paaren langer Dornen bewehrt sind und oft als gefräßige Räuber leben. Im Orkney-See leben aber auch Strahlenflosser, Fleischflosser (siehe S. 130) und räuberische Knorpelfische von bis zu 2 m Länge. Im Oberdevon tritt der 10 m lange Duncleosteus (siehe S. 147) hinzu (Abb.: Fossilien des Quastenflossers Osteolepis).

Die Eroberung des Festlandes

In der Geschichte des Lebens auf unserer Erde gibt es kaum eine Begebenheit, dessen Bedeutung und Wirkung sich mit der Eroberung des Festlandes durch erste Vertreter von Flora und Fauna messen lassen könnte. Die Hauptakteure dieses wahrhaft entscheidenden Ereignisses sind kleine, primitiv gebaute Wasserpflanzen, wenig später gefolgt von nicht minder kleinen, unscheinbaren Meeresbewohnern. So unbeholfen die ersten Schritte beider auch sind, so unzweifelhaft legen sie die Basis für alles weitere Leben auf der Erde.

Aufgrund der schwierigen Fundsituation ist die Besiedlung des Landes in mancherlei Hinsicht noch ungeklärt. Als sicher gilt, dass sie sich im Silur (440–417 Mio.) und Devon (417–354 Mio.) vollzogen hat. Vereinzelte Flechten und Algen, die möglicherweise bereits im Ordovizium Teile ihres Vegetationskörpers in die Luft reckten, bildeten nachweislich keine nennenswerte Vegetationsdecke. Außer Frage steht auch, dass die Emanzipation vom Wasser kein punktuelles Ereignis war, sondern ein Prozess. Die ersten Landpflanzen entwickelten sich in Brandungszonen, Uferregionen und Sumpfgebieten, von denen aus sie das weitere Festland nur langsam eroberten.

Bei dem Schritt vom Wasser aufs Land mussten sich die Pflanzen und Tiere auf komplett neue Lebensbedingungen einstellen. Vor allem die um vieles stärkere Wirkung der Schwerkraft und die höheren Temperaturschwankungen erforderten eine umfangreiche Anpassung. Folgende Adaptionen ermöglichten bei Tieren das Überleben unter den neuartigen Bedingungen:

- *Herausbildung eines Stützskeletts*
- *Aufbau eines Panzers, um die Verdunstung zu minimieren*
- *Entwicklung von Atmungsorganen, die den atmosphärischen Sauerstoff aufnehmen können*
- *Wandel in der Aufnahme und Verarbeitung von Reizen, v. a. die Umstellung in der Raumwahrnehmung*
- *Änderung der Fortpflanzung*
- *Umstellung der Nahrungsaufnahme*

In Sumpfgebieten – hier die Isla de Columel in Mexiko – entwickelten sich die ersten Landpflanzen.

Nur Spezialisten überleben an Land

Alle evolutionäre Entwicklung geht auf Spezialisierung zurück. Ein primitiver, thallöser (aus einem Lager bestehender) Pflanzenkörper aus wenigen Zelltypen, wie ihn Algen aufweisen, kann die verschiedenen Funktionen, die das Leben an Land erfordert, nicht erfüllen. Ausnahme von dieser Regel sind die Pilze, die zwar auch über einen thallösen Pflanzenkörper verfügen, sich aber heterotroph, also durch die Aufnahme organischer Nahrung am Leben erhalten und deshalb für die Rolle des eigentlichen Eroberers nicht in Betracht kommen – auch wenn sie bereits für frühe Zeiten nachgewiesen sind.

Die Emanzipation vom Wasser ist für die Pflanzenwelt eine komplexe Aufgabe, die eine Reihe physikalischer Anpassungsleistungen erfordert. Für das Leben an Land benötigen Pflanzen einen strukturierten Körper mit jeweils spezialisierten Geweben, die der Verankerung im Boden, dem Transport von Nährstoffen und Wasser, der Verbreitung der Fortpflanzungszellen sowie der Assimilation dienen. Nicht zuletzt muss sich die Pflanze stabilisieren. Diese Funktion wird umso wichtiger, als mit der beschleunigten Entwicklung der Landgewächse ein regelrechter Kampf ums Licht beginnt.

Die fossilen Funde zeigen, dass es vor den echten Landpflanzen viele Zwischenformen gab. Eine Gruppe ufernaher Wasserpflanzen passte sich vermutlich bereits dem Landleben an, doch blieb sie auf ein feuchtes Milieu angewiesen und ihre Triebe wuchsen nicht aufrecht, sondern liegend. Übergangsformen gab es auch in anderer Hinsicht. Alle frühen Pflanzenvertreter verfügen über eine wachsartige Verdunstungsschicht aus einer strukturlosen Substanz, die so genannte Kutikula, die sie vor zu großen Wasserverlusten schützt. Manche Landpflanzen besaßen bereits diesen wirksamen Oberflächenschutz, hingegen fehlten ihnen aber noch Wurzeln und Blätter. Im unteren Devon verfügte die Flora des Festlands bereits über

Von der Tausendfüßer-Gattung Myriapoda sind heute mehr als 10000 Arten in Feuchtgebieten auf der ganzen Welt verbreitet.

Die Mikrofauna des Wattenmeers bietet einigen Tierarten, die zu den ersten Landgängern zählen (u.a. Krebse und Wasserskorpione), ideale Lebensbedingungen.

einen großen Formenreichtum, dennoch kam es in dieser Phase zur Stagnation. Für die wirkliche Eroberung der Erde fehlte eine letzte wichtige Fähigkeit: diejenige zum so genannten sekundären Dickenwachstum. Gemeint ist damit jene kreisförmige Ausdehnung der Pflanzen, bei der das Gewebe ringartig nach außen wandert und so einen tragfähigen Stamm aus Holz entwickelt. Erst mit dieser letzten Fähigkeit wurde die Basis für das Entstehen der karbonischen Urwälder gelegt.

Tausendfüßer und Skorpione

Auch die Tierwelt passte sich nur sukzessive an das Landleben an, beginnend möglicherweise mit der temporären Flucht vor im Wasser lebenden Räubern. Pioniere in dieser Hinsicht waren vermutlich Tausendfüßer und Wasserskorpione. Eine eigentliche Landfauna entstand aber erst, nachdem sich bereits eine vergleichsweise dichte Vegetationsdecke entwickelt hatte, denn alle Landtiere leben heterotroph, d.h. sie ernähren sich von anderen Organismen – sei es von Pflanzen oder von pflanzenfressenden Tieren. Die Pioniere der Tierwelt hatten vor allem zwei wichtige Anpassungsleistungen zu vollbringen: Anpassung an die Luftatmung und an die Fortbewegung an Land.
Die ersten Tiere, denen diese Anpassung gelang, waren die Tausendfüßer und andere Arthropoden (Gliederfüßer), die beide durch Tracheen atmen. Dies sind röhrenförmige, oft in Körperhöhlen verborgene Strukturen, die den Sauerstoff direkt in das Gewebe leiten. Bereits im oberen Devon waren mit den Skorpionen, niederen Krebsen, Spinnen, Milben, Tausendfüßern sowie den Springschwänzen sehr verschiedene Arten landlebender Tiere vorhanden. Zugleich entwickelten sich aus den Quastenflossern, möglicherweise auch aus den Lungenfischen die ersten Amphibien – die frühesten Wirbeltiere, die es auf das Festland zog.

Die Abstammungslehre geht davon aus, dass die Entwicklung aller Lebewesen durch eine Um- und Weiterbildung der Arten stattgefunden hat. Zwei weit verbreitete Phänomene der Evolution sind:

– Divergenz: Von einer Stammform ausgehend entwickelt sich eine Tier- oder Pflanzenart in mehrere Richtungen; z.B. die Finken auf den Galápagosinseln (»Darwinfinken«), von denen sich dank unterschiedlicher Nahrungsquellen 13 heute bekannte Arten herausgebildet haben.

– Konvergenz: Durch gleichartige Lebensweisen bilden nichtverwandte Tiere und Pflanzen große Ähnlichkeiten; z.B. Seehunde und Pinguine, deren strömlinienförmige Körper perfekt an das Schwimmen angepasst sind.

Im Fokus

Plan oder Würfelspiel: Die Rolle des Zufalls in der Evolution

In den 50er Jahren des 19. Jh. wurden die Naturwissenschaften durch zwei – im viktorianischen England als gotteslästerlich verunglimpfte – Schriften revolutioniert. Es waren die Schriften über »Die Entstehung der Arten« von Charles Darwin und eine Arbeit über ihre geografische Verteilung auf der Erde von dem jungen Forscher Alfred Russel Wallace. Mit der Theorie von der stammesgeschichtlichen Entwicklung aller Lebewesen wurde den Naturwissenschaften ein Prinzip gegeben, mit dessen Hilfe sich die Entstehung der Arten auf jeder Stufe ihrer Entwicklung kausalgesetzlich begreifen ließ. Die bloße Kontingenz, der reine Zufall, schien für einige Jahrzehnte aus der Evolution getilgt.
Diese Gewissheit hat in der zweiten Hälfte des 20. Jh. eine Relativierung erfahren zugunsten einer Konzeption, die grundsätzliche Entwicklungen als notwendig erachtet, zugleich aber die Rolle des Zufalls nicht unterschätzt. Ein Beispiel für dieses Zusammenwirken von Notwendigkeit und reinem Zufall ist die Besiedlung des Festlands. Es liegt in der evolutionären Logik, dass dieser riesige Lebensraum erobert werden musste, nachdem die Bedingungen, etwa in der Form einer ausreichenden Anreicherung von Sauerstoff, dafür vorhanden waren. Dass sich aber die Floren und Faunen in jenen langen Zyklen der Artenbildung und des Aussterbens, die Darwin als evolutionäre Ausleseprozesse beschrieben hat, auf genau diese Weise entwickelt haben, ist auf eine Vielzahl verschiedener Umwelteinflüsse und Faktoren zurückzuführen, von denen einige gewiss zufälliger Natur waren.
So deuten etwa genetische Untersuchungen darauf hin, dass alle auf dem Festland lebenden Wirbeltiere von einem einzigen, gemeinsamen Vorfahren abstammen. Ein gemeinsames Merkmal aller Tetrapoden (Vierfüßer), zu denen neben den Amphibien, Reptilien und Säugetieren auch die Vögel zählen, ist, dass sie nahezu alle vier Gliedmaßen und fünf Finger aufweisen oder von Vorfahren abstammen,

Darwins These, der Mensch stamme vom Affen ab, stieß zu seiner Zeit auf breite Ablehnung; zeitgenössische Karikatur.

auf die dieses zutrifft. Ein nachvollziehbarer Grund für die evolutionäre Bevorzugung der Fünffingrigkeit lässt sich jedoch nicht erkennen. Möglich, dass sie einfach nur das Ergebnis eines Zufalls ist.

Der belgische Biochemiker und Nobelpreisträger Christian de Duve († 1917) argumentiert in seinem Werk »Aus Staub geboren: Leben als kosmische Zwangsläufigkeit« (1997), dass bei der natürlichen Auslese auch der Zufall gewissen Zwängen unterliegt:

»Mutationen sind zufällige Ereignisse, was, wie oft behauptet wird, eine Sicht der Evolution als vom Zufall bestimmt nach sich zieht. Obwohl ich die Rolle des Zufalls in der Evolution nicht leugne, weise ich darauf hin, dass Zufall innerhalb physikalischer, chemischer, biologischer, ökologischer Zwangslagen operiert, durch die sein freies Spiel eingeschränkt ist.«

Um 390 Mio. In der ersten Phase des Mitteldevons (390–375 Mio.) setzt sich die globale **Abkühlung** fort, die bereits zu Anfang des Devons begonnen hat.

Während die Populationen der kieferlosen Panzerfische zurückgehen, breiten sich **Kieferfische** in großer Zahl sowohl im Meer als auch in Süßwassergebieten aus. Die warmen, sauerstoffhaltigen Flachgewässer des Devons bieten vielen Fischarten hervorragende Lebensbedingungen, die durch die an den Ufern wachsenden Landpflanzen noch verbessert werden. In den folgenden Jahrmillionen entwickeln einige Tiere die Fähigkeit, durch den Gewässerschlamm zu kriechen und Seen sowie Flüsse für einen kurzen Landgang zu verlassen.

Zu den häufigsten Fischen des Mitteldevons zählen **Rhipidistier** – Fleischflosser mit einem langen Schädel. Rhipidistier gelten als Vorfahren der Vierfüßer (Tetrapoden).

In der Flora des Mitteldevons entwickeln sich **Lycophyten**. Die Pflanzen haben Wurzeln, wenig verzweigte Stängel und kleine, spiralförmige Blätter. Erste, winzige Lycophyten sind bereits für das späte Silur nachweisbar. Die Pflanzengruppe erreicht ihre größte Verbreitung im Karbon. In dieser Zeit bilden Lycophyten dichte Sumpfwälder mit Exemplaren von etwa 40 m Höhe.

Viele **Ammonoideenarten** (Kopffüßer mit gekammertem Außengehäuse) entstehen, darunter Agoniatites, Laganites und Pinacites. Sie alle tauchen zuerst im Gebiet des heutigen Europa auf und verbreiten sich von dort aus über weite Teile der Erde. Ammonoideen sind jedoch noch relativ selten und weisen untereinander nur geringe morphologische Unterschiede auf.

Die Population der **Gastropoden** geht zurück. Darauf deuten Fossilienfunde der Weichtiere aus dem Gebiet des heutigen Krakau in Polen hin. Gastropoden sind Schnecken – Mollusken mit Kopf, Fuß, Eingeweidesack und einem kalkigen Gehäuse. Sie stellen heute die erfolgreichste Molluskengruppe dar.

Um 390–375 Mio.

Senkung und Faltung

Die Entstehung von Senkungsbereichen in der Erdkruste zeigt an, dass die Ära der variskischen Gebirgsbildung (siehe S. 133) fortschreitet.
Die Senkungsbereiche, die zumeist in Form lang gestreckter Meereströge auftreten, werden als Geosynklinalen bezeichnet. Mit zunehmender Mächtigkeit der Sedimente sinken diese ein, geraten unter seitlichen Druck und werden dadurch gefaltet. Betroffen in dieser immer noch frühen Phase der variskischen Gebirgsbildung ist vor allem die europäisch-amerikanische Arktis. Hier entsteht ein 2000 km langer Faltengürtel, der sich ausgehend vom kanadischen Archipel über Nordgrönland bis nach Spitzbergen erstreckt. In Kanada und Grönland wird das Faltengebirge als »Ellesmere Orogen«, in Spitzbergen als »Svalbardian Fold-and-Thrust Belt« bezeichnet.
Geosynklinalen entstehen durch die sog. Epirogenese, also durch langzeitige und großräumige Erdkrustenverbiegungen, die ihrerseits durch Magmabewegungen im Erdmantel hervorgerufen werden. Die Randzonen der Geosynklinalen (sog. Geantiklinalen) steigen langsam auf. Es setzen dort Verwitterungsprozesse ein, die dabei entstehenden Sedimente fließen allmählich in die Geosynklinale ab. Der Abtragungsschutt kann dort eine Mächtigkeit erlangen, die den Absenkungsprozess in der Geosynklinale weiter verstärkt. Nicht selten ist dieser Prozess auch von Vulkanismus begleitet.
In Europa sind die Auswirkungen der variskischen Gebirgsbildung vor allem im Karbon (354–292 Mio.) sehr ausgeprägt.

Die variskische Faltung prägt unter anderem das Gesicht Mittel- und Westeuropas: Küstengebirge in Schottland.

Aus Geosynklinalen entstehen durch enormen Druck Faltengebirge wie die schottischen Highlands.

Um 390–375 Mio.

Riffwachstum in der Eifel

Die Frühphase der variskischen Gebirgsbildung prägt auch die deutsche Landschaft. Vor allem in den warmen, flachen Meeren im Gebiet der Eifel, die zu den variskischen Geosynklinalen zählen, wachsen mächtige Schelfrandriffe, in denen eine reichhaltige Fauna fossilisiert. Im Meeresbecken zwischen den Festlandsgebieten im Norden und der Mitteldeutschen Schwelle im Süden bildet sich das mächtige »Eifel-Riff«. Auf einer Länge von 75 km zieht es sich von der Gegend um Prüm und Gerolstein hinauf bis nach Sötenich und Münstereifel. Wie alle Riffe besteht es aus einer mächtigen Kalkformation, die im Laufe von Jahrtausenden aus den Hartteilen riffbildender Organismen entstanden ist. Im Gebiet der Eifel sind dies vor allem die für das Silur und Devon typischen Stromatoporen, eine Gruppe später ausgestorbener Hohltiere, die knollige Kalkstöcke mit vielen Poren bilden, aber auch Koloniekorallen, Muscheln, Kalkalgen (Abb. u. l.: Sonnenkoralle Dohmophyllum helianthoides) und Seelilien (Abb. u. r.: Cupressocrinus elongatus crassus).

Weltberühmt unter Wissenschaftlern und Sammlern wird die Region um Gees durch die sog. Trilobitenfelder (Abb. o.), in denen sich besonders viele bei der Häutung abgestreifte Körperhüllen dieser »Urkrebse« ansammeln. Darunter befinden sich auch die Häutungsreste des Hörnertrilobiten Ceratarges armatus, der mit seinen Stacheln eine Länge von etwa fünf Zentimetern misst. Weitere charakteristische Fossilien bilden die Runzel- und Pantoffelkorallen der auch als »Eulenkopf« bezeichneten Armfüßer Stringocephalus burtini sowie der Kopffüßer Cyrtoceratites, das so genannte Eifeler Krummhorn.

Die marinen Ablagerungen im devonischen Eifelraum zählen zu den typischen rheinischen bzw. neritischen Ablagerungen, wie sie im äquatorialen Raum in küstennahen Flachwasserbereichen entstehen. Vergleichbare Sedimentschichten finden sich auch im Harz, in Teilen der Alpen, in einigen Gebieten Portugals sowie im Nordwesten Afrikas. Da manche dieser Riffkalke eine Stärke von mehreren hundert Metern erreichen, lässt sich daraus schließen, dass die riffbildenden Organismen über einen langen Zeitraum in einer gut durchlichteten Wasserzone wachsen konnten, die für die Riffbildung unerlässlich ist.

Um 390 Mio.

Räuberische Panzerfische beherrschen das Devon – und sterben schließlich aus

Bei den Fischen kommt es im Devon zu einer fortschreitenden Spezialisierung, die sich deutlich bei den Placodermi (siehe S. 117) zeigt. Diese Gruppe überwiegend schwer gepanzerter Kieferfische bildet einen großen Formenreichtum aus und dominiert die Wirbeltiere im Devon eindeutig. Anatomische Anpassungen an bestimmte Lebensräume lassen sich auch bei einigen Vertretern der kieferlosen Fische beobachten.

Auf dem Höhepunkt ihrer Entwicklung finden sich Placodermen sowohl in den Meeren als auch im Süßwasser. Ein gemeinsames Merkmal ist ihre schwere Panzerung, die bei manchen Gattungen in einen Kopf- sowie einen Rumpfpanzer geteilt ist und sich bei anderen auf einen aus mehreren Platten bestehenden Kopfpanzer beschränkt. In ihrer Größe variieren sie stark, bei den meisten Vertretern ist der Kopfbereich überdimensional ausgebildet. In der Mehrzahl sind sie an ein Leben am Boden ihrer Gewässer angepasst. Bis auf wenige Ausnahmen sterben die Placodermi bereits an der Grenze vom Devon zum Karbon wieder aus. Sie bilden die einzige Großgruppe der Wirbeltiere, die von der Evolution restlos getilgt wird. Die systematische zoologische Gliederung der Placodermi fällt schwer. Unzweifelhaft zählen zu ihnen die Arthrodira, Antiarchi, Phyllolepidida und Petalichthyida. Aufgrund einer Reihe abweichender Körpermerkmale sind die Ptyctodontida und Acanthothoraci sowie besonders die Rhenanida und Stensioellidae umstritten. Bei Letzteren besteht die Körperpanzerung aus einem Mosaik kleinster Platten. Die zugleich ursprünglichste und facettenreichste dieser Gruppen ist die der Arthrodiren. Ihre archaischsten Vertreter sind kleine Fische mit einer ausgeprägten Hautverknöcherung. Hoch spezialisierte Gattungen finden sich vor allem unter den höher entwickelten Formen. Titanichthys, Heintzichthys und Duncleosteus werden zwei bis acht Meter lang. Mit ihren deutlich beweglicheren, bezahnten Kiefern sind sie die größten Räuber des oberen Devon (Abb.: Panzerfisch Bothriolepsis aus dem Unterdevon Kanadas). Anpassungen an bestimmte Lebensräume zeigen auch einige Kieferlose. In der Gruppe der Cyathaspididae entwickeln sich die Amphiaspididae, die vor allem im arktischen Kanada und in Sibirien verbreitet sind. Bei allen Vertretern haben sich die Augen entweder stark zurückgebildet oder sind völlig verschwunden. Die Forscher schließen daraus, dass sie entweder im Sediment vergraben oder in extrem trüben Gewässern gelebt haben.

Um 390 Mio.

Bauxitlager bilden sich im Gebiet des heutigen Spanien und des Ural. Bauxit ist ein erdiges oder aus harten Knollen bestehendes Sedimentgestein, das unterschiedlich gefärbt sein kann. Es ist ein wichtiger Rohstoff bei der Aluminiumgewinnung. In der Gegenwart wird Bauxit vor allem in Australien, auf Jamaika, in Surinam, Russland, Frankreich, Guyana und den USA abgebaut.

Die intensive Bildung von **Riffkalk** setzt sich im Mitteldevon fort. Besonders in Nordamerika und Mitteleuropa entstehen gewaltige Kalkriffe. Auch auf dem späteren australischen Kontinent ist das Riffwachstum zu beobachten.

Auf der Bäreninsel im Nordpolarmeer – vor der Küste des heutigen Norwegen und südlich der Inselgruppe Spitzbergen – bilden sich relativ große **Kohlelagerstätten**.

Im Zuge der **variskischen Gebirgsbildung** faltet sich ein Gebirgsgürtel auf, der vom französischen Zentralmassiv über Südbelgien und Mitteldeutschland bis in die Sudeten verläuft. Das nach dem Germanenstamm der Varisker benannte Gebirge hat eine Ausdehnung von rd. 1500 km und bildet den Kern der mitteleuropäischen Mittelgebirge.

Die Meeressedimente vor der Westküste Australiens werden zunehmend sandiger und weisen zugleich erhöhte Anteile des vulkanischen Ergussgesteins **Porphyrit** auf.

Am Ende des Mitteldevons erreichen Pflanzen bereits Höhen von mehreren Metern. Erste Wälder entstehen aus **farnartigen Bäumen**, die sich mit Hilfe von Sporen vermehren. Diese ersten Bäume haben noch kein ausgeprägtes Wurzelwerk wie heute lebende Formen. Ihr Stamm ähnelt aus Stabilitätsgründen dem eines Pilzes. Er ist oben schmal und läuft am Boden zu einer Knolle auseinander, die Standfestigkeit garantiert. Die Kronen der Bäume sind spärlich mit grün besetzt.

Um 390–375 Mio.

Leuchtender Old-Red-Sandstein prägt Doppelkontinent

Dieselben klimatischen Bedingungen, die in den Flachwassermeeren die Entstehung von Korallenriffen begünstigen, formen auf den Festlandsgebieten des nordamerikanisch-europäischen Doppelkontinents den Old-Red-Sandstein, der dieser großen Landmasse die Bezeichnung Old-Red-

Kontinent eingetragen hat. Hinsichtlich des Aussehens und der abgelagerten Fossilien unterscheidet sich der helle Kalk der marinen Ablagerungen von dem zeitgleich entstehenden dunklen Schiefer so stark, dass die ersten Forscher und Fossiliensammler des 19. Jh. glaubten, sie müssten beide Sedimente zwei völlig unterschiedlichen Epochen zuordnen.

Im mittleren Devon ist die Bildung des Old-Red-Sandsteins etwa zur Hälfte abgeschlossen. Begonnen hatte sie zum Ende des Silurs als eine Folge der kaledonischen Faltung. Die von Erdbeben und Vulkanausbrüchen begleiteten Erschütterungen der Erdkruste hatten in dieser Phase gewaltige Bergmassive aufgeworfen, von denen sich bis heute oft nur Rümpfe erhalten haben. Die Erhebungen bestanden zu einem nicht unerheblichen Teil aus lockerem Geröll und Gestein. Von zahllosen Flüssen und Strömen, die sich von den zum Teil schneebedeckten Bergen in die Täler ergossen, wurden Kies, Sand und Schlamm in die Ebenen und ins Meer getragen. Während die Gebirge durch die Erosionskräfte immer weiter abgebaut wurden, wuchs der überwiegend aus Sand und Schlamm bestehende Schuttgürtel ständig an. Im mittleren Devon sinken die Meeresböden infolge der variskischen Gebirgsbildung (siehe S. 136) vielerorts ein. Das Meer zieht sich allmählich vom Old-Red-Kontinent gen Süden zurück, auch Sumpfgebiete trocknen unter der äquatorialen Sonne aus. Die in den Sanden enthaltenen Eisenverbindungen oxidieren und verleihen dem Gestein dadurch eine tiefrote Farbe. Am stärksten ausgeprägt ist die als »Old Red« bezeichnete Gesteinsformation (s. Abb. l.) in Schottland, an der Grenze zu Wales und in Devonshire. Sie ist aber auch in Nordamerika, auf Grönland und in Spitzbergen zu finden. Im Allgemeinen ist der Old-Red-Sandstein fossilarm. An Stellen früherer Gewässer hingegen kann er, wie etwa im nordschottischen Orkney-Becken (siehe S. 133), außerordentlichen Fossilienreichtum bergen.

Die lockeren Auswürfe von Vulkanen können durch Verwitterungsprozesse magmatische Erze bilden.

Um 390–354 Mio.

Farne, Nacktpflanzen und erste baumförmige Gewächse verbreiten sich an Land

Im Mitteldevon nimmt die Zahl der landlebenden Pflanzen deutlich zu. Dominiert wird die vor allem in den Uferzonen bereits sehr formenreiche Vegetation eindeutig von den Farnen (Abb.: Rekonstruktionszeichnung der mitteldevonischen Sumpfflora). Es gibt immer mehr echte Kormophyten, jene höher entwickelten Pflanzen, die einen klar gegliederten Pflanzenkörper mit Wurzel, Stängel bzw. Sprossachse und Blättern besitzen. Häufig leben sie in Koexistenz mit primitiveren Pflanzenvertretern, die noch eine Übergangsform zwischen Wasser- und Landpflanzen darstellen. Wie die im Raum Wuppertal verbreitete Nacktpflanze Asteroxylon elberfeldense zeigt, können diese Gewächse Luftsprossen von bis zu einem Meter Länge austreiben. Mit der Fähigkeit zum sekundären Dickenwachstum (siehe S. 134) und der Ausbildung von Leitgewebe treten erste baumförmige Pflanzen auf. Die Arten Pseudosporochnus nodosus und Protopteridium germanicum werden zwei bis drei Meter hoch.

Um 390–300 Mio.

Vulkanismus erzeugt Erzlager

Mit dem Absinken der Meeresböden infolge der einsetzenden variskischen Gebirgsbildung kommt es weltweit zu submarinem Vulkanismus, der bei der Entstehung ausgedehnter Erzlagerstätten eine entscheidende Rolle spielt.

Diabastuffe (verfestigte vulkanische Auswurfprodukte) aus dem Mitteldevon vom Schellhofskopf bei Weilburg (Hessen)

Seit jeher kommt es in den Ozeanen häufiger zu vulkanischen Eruptionen als auf dem Festland. Die Nahtstellen der Erdkruste verlaufen auf dem Meeresboden, überdies ist die Erdkruste, die auf dem Festland ca. 30 km misst, hier oft nur drei Kilometer stark. Sie wird durch Bewegungen des Schmelzgesteins im Erdinneren immer wieder aufgerissen. Die austretende Lava lässt Inseln aus dem Meer entstehen oder formt lang gestreckte submarine Gebirgszüge, die sich – wie etwa der Ostpazifische Rücken – bevorzugt entlang der Nahtstellen bilden.

Erzlagerstätten entstehen dort, wo es solche vulkanischen Aktivitäten gibt. Erzeugt werden sie aus schwermetallhaltigen Lösungen, die von den Geologen als Hydrothermen bezeichnet werden. Aus kaminähnlichen Schloten von bis zu 15 m Höhe, die am Meeresgrund auf mehreren Metern hohen Hügeln aufsitzen, quellen diese Lösungen als schwarze Wolken hervor. Die hydrothermale Lösung besteht in ihrem gelösten Anteil überwiegend aus Kupfer-, Zink- und Eisensulfiden, die im weiten Umkreis ein hochtoxisches Milieu erzeugen.

Die Entstehung dieser lebensfeindlichen Kulisse ist dank modernster Unterseeboote gut erforscht. Wo die Erdkruste aufreißt, dringt Meerwasser kilometertief in den Ozeanboden ein. In der Nähe der Magmakammern wird es auf ca. 500 °C aufgeheizt. Zugleich beginnen geochemische Prozesse, die das Wasser in eine saure Lösung umwandeln. Bei ihrem Aufstieg zum Meeresboden wäscht diese Lösung Elemente wie Kupfer, Zink, Eisen und Schwefel aus dem umliegenden Gestein. Beim Kontakt mit dem kalten Meerwasser werden die Sulfide ausgefällt. Durch die Ablagerung der hydrothermalen Lösung entstehen gewaltige Metallvorkommen mit einem Volumen von zum Teil mehreren Millionen Tonnen.

Wissenbacher Schiefer (Pyrit, Kupferkies etc.) aus dem Mitteldevon, Rammelsberg bei Goslar

Um 375 Mio.

Wälder aus **Altfarnen** breiten sich aus. Die Bäume aus der Gruppe Archaeopteridales herrschen im Oberdevon vor. Es handelt sich um farnlaubige Pflanzen mit Fächeraderung, die noch nicht zu den Farnen zählen, ihnen aber nahe stehen. In den ersten Wäldern entsteht ein bodennahes Ökosystem, das kleinen Tieren Schutz, Schatten und ein reiches Nahrungsangebot in Form von toten Insekten und abgestorbenen Pflanzen bietet. Es lockt auch Amphibien aus dem Wasser, die bald als erste Wirbeltiere das Land erobern.

Die **Korallenriffe** sterben aus. Gegen Ende des Oberdevons unterliegt das globale Klima großen Schwankungen: In den Ozeanen herrscht Sauerstoffmangel aufgrund des Algenüberschusses. Der Meeresspiegel sinkt drastisch, viele Flachmeere trocknen aus; das Klima wird insgesamt rauer. Neben zahlreichen anderen Lebensformen werden auch die bislang blühenden Korallenriffe stark dezimiert. Damit bricht auch die ökologische Kette zwischen Korallen, Algen und Stromatoporen zusammen, die die Arten über 130 Mio. Jahre miteinander verbunden hat.

Ein Flachmeer bedeckt große Teile im Zentrum und im Osten des osteuropäischen Festlandskerns, der auch **Russische Tafel** genannt wird. Damit einher geht die Entstehung mariner kalkig-toniger Sedimente sowie die Bildung von Sanden und Tonen in Lagunen. Vom Mitteldevon bis zum Oberdevon hatten sich große Rotsandstein-Fächer aus dem Abtragungsschutt des Baltischen Schildes über die Russische Tafel ausgebreitet. Die Sibirische Plattform bleibt im Devon weitgehend sedimentfrei.

Baumähnliche Pflanzen entwickeln eine **Rinde**, die in ihrer Erscheinungsform bereits an die baumförmigen Bärlappgewächse, die Schuppenbäume des Karbons, erinnert. Einige dieser Bärlappgewächse (Lycopoden) wie Protolepidodendropsis erreichen eine Höhe von mehreren Metern. Auch haben sich schon einige wichtige Lycopodenformen wie Cyclostigma herausgebildet. Die Ausbildung einer Rinde als äußerer Gewebemantel ist ein Merkmal höher entwickelter Pflanzen.

Um 375–320 Mio.

Magnetpolung der Erde unterliegt mehrfachen Wechseln

Im Oberdevon beginnt eine bis zur Mitte des Karbons (um 325 Mio.) andauernde Phase, in der die Magnetpolung der Erde mehrfach wechselt. Die Ursachen dieses Phänomens, das sich seit Beginn des Erdaltertums (um 545 Mio.) nachweisen lässt und sich bis heute noch viele Male wiederholt, liegen im Ungewissen.

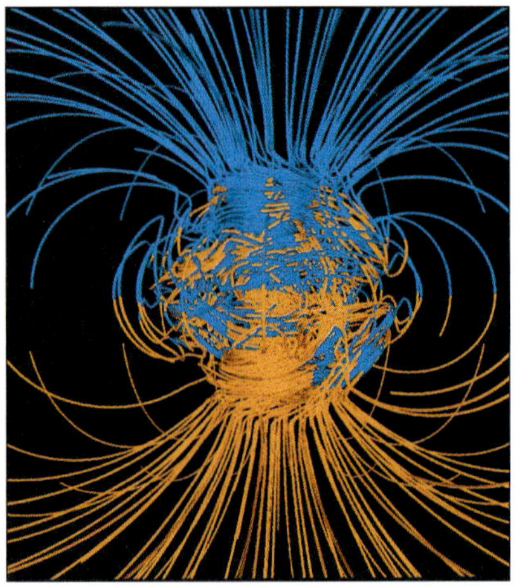

Als Erdmagnetismus wird die physikalische Eigenschaft des Erdkörpers bezeichnet, sich wie ein riesiger Magnet zu verhalten, also ein magnetisches Feld zu erzeugen (Abb. r.: dreidimensionale Simulation des Magnetfelds der Erde mit nach innen und außen gerichteten Feldlinien). Zurückgeführt wird der Erdmagnetismus auf die Umwälzungsbewegungen elektrisch leitender Materie im äußeren Erdkern. Da diese durch Unregelmäßigkeiten gekennzeichnet sind, unterliegt das Magnetfeld ständigen Veränderungen. Die zwei Magnetpole, also jene Punkte auf der Erdkugel, an denen die Achse des erdmagnetischen Feldes an die Erdoberfläche stößt, sind infolge dieser Anomalien inkonstant und Wanderungen unterworfen (Abb. u.: Von der Raumstation SPACELAB III aufgenommener Streifen des Polarlichts; Veränderungen des Lichts zeigen Schwankungen im Magnetfeld der Erde an). Die Entdeckung, dass die erdmagnetische Polung vielfach gewechselt hat, wurde in den 1960er Jahren durch magnetische Messungen auf dem Meeresboden südwestlich von Island gemacht und lieferte den Beweis für die Theorie der Kontinentalverschiebung. Bei der Bildung vulkanischer submariner Gesteine richten sich die eisenreichen und deshalb magnetisierbaren Minerale nach den Kraftlinien des Erdmagnetfeldes aus. Wenn die Temperatur der Basaltlava unter den sog. Curie-Punkt absinkt, der bei dem Magneteisenstein im Basalt bei etwa 580 °C liegt, wird das herrschende Magnetfeld in den Gesteinen gleichsam »eingefroren«. Die verschiedenen Ausrichtungen des Magnetfeldes in den einzelnen Schichten lassen Rückschlüsse auf die Bewegungen der Erdkruste zu. Datierungen belegen, dass sich Umkehrungen des Magnetfeldes in der Erdgeschichte in unregelmäßigen Zeitabständen von zehntausenden bis einigen Millionen Jahren wiederholt haben. Bei der Rekonstruktion der Kontinentalbewegungen im Erdaltertum liefert der Gesteinsmagnetismus wichtige Anhaltspunkte.

Um 375–354 Mio.

Vierfüßer tasten sich ans Ufer vor

Mit den Ichthyostegiden streifen erstmals vierfüßige Wirbeltiere die Grenze zwischen Wasser und Festland. Sie treten in großer Zahl in Grönland in Erscheinung. Es handelt sich um eine Übergangsform zwischen Fisch und Amphibium, die nach neuesten Erkenntnissen kaum oder gar nicht an Land gehen.

Diese frühesten paläozoischen Amphibien sind schwerfällige Tiere von mehr als einem Meter Länge, die einen schweren Schädel und kurze Beine aufweisen. Die Bezahnung und die weite Maulöffnung deuten darauf hin, dass sie sich als Räuber und Aasfresser ernähren. Da ihre Beine eher als Paddel dienen, bleiben sie in ihrem Jagd- und Fressverhalten auf das Wasser und die Uferregionen angewiesen.

Das Skelettmuster der Ichthyostegiden entspricht bereits demjenigen der terrestrischen Wirbeltiere späterer Zeiten. Extrem massive Rippen formen eine feste Körperwand, die die Eingeweide schützt und die Wirbelsäule beim Tragen des Rumpfes unterstützt. Bei späteren Tetrapoden sind die Rippen reduziert und die Wirbelsäule verstärkt. In mancherlei Hinsicht erinnern die Ichthyostegiden aber noch an ihre mutmaßlichen Vorgänger, die Rhipidistier. Bei diesen handelt es sich um eine Gruppe räuberischer Fleischflosser, die die Süßwasser des oberen und mittleren Devons dominierte. Übereinstimmung zeigen vor allem Teile der Schädel- und Gliedmaßenknochen, die Wirbel sowie die Atmungstechniken. Die Ichthyostegiden verfügen über die Möglichkeiten zur Kiemen- und zur Lungenatmung, die bereits von den Rhipidistiern in einer Anpassung an flache und sauerstoffarme Gewässer entwickelt worden war. Eine Übergangsform zwischen beiden Gruppen konnte mit dem zu den Elpistostegalia gehörenden Panderichthys nachgewiesen werden, der im späten Devon Estlands und Lettlands verbreitet war.

Die verwandtschaftlichen Verhältnisse der Ichthyostegiden zu späteren Amphibien sind von der Forschung mittlerweile aufgeklärt. Die Ichthyostegiden gelten heute als primitive Vertreter der Amphibien. Klassifikatorisch trennt die Forschung die Gruppe der archaischen Amphibien eindeutig von der Linie der heute noch lebenden Amphibien.

Panderichthys ist eine Übergangsform zwischen Rhipidistiern und Ichthyostegiden.

Um 375–354 Mio.

Massensterben: Kellwasser-Ereignis löscht weltweit zahlreiche Tierarten in den Meeren aus

Im Oberdevon kommt es erneut zu einem Massensterben, dem sog. Kellwasser-Ereignis. Da es sich am stärksten auf die marine Tierwelt auswirkt (Abb. l.: fossile Goniatiden aus dem Oberdevon; Abb. r.: fossiler Seestern des Unterdevons), vermuten manche Forscher, dass es durch erhöhte vulkanische Tätigkeit in den Meeren ausgelöst wird, eine Folge der variskischen Gebirgsbildung. Andere Wissenschaftler sehen in der wechselnden geomagnetischen Polung der Erde eine Ursache. Zudem gibt es Hinweise, dass es – wie das Artensterben im Oberordovizium – auf die Abkühlung des Klimas zurückzuführen ist, die den Beginn einer neuen Eiszeit einleitet. Am schwersten betroffen sind die Wirbellosen, die fast 70 Prozent ihrer Arten einbüßen, darunter viele Riffbildner. Große Verluste erleidet auch die artenreiche Gruppe der Panzerfische oder Placodermi.

Katastrophen als Geburtshelfer

Katastrophen und Klimawechsel haben in der Geschichte des Lebens mehrfach zu einschneidenden Veränderungen geführt. Indem sie viele Arten und Gattungen von begrenzter Anpassungsfähigkeit zum Untergang verurteilten, schufen sie zugleich den ökologischen Raum und Anreiz für die Entstehung neuer Arten. Exemplarisch zeigt sich dieses Phänomen etwa an der Kreide-Tertiär-Grenze (um 65,5 Mio.), an der das Aussterben der Dinosaurier den schon lange vorhandenen Säugetieren zum Durchbruch verhalf.
Auch zwei andere wichtige Weichenstellungen in der Evolution landlebender Wirbeltiere sind mit großer Wahrscheinlichkeit primär auf klimatische Faktoren zurückzuführen. Bereits im Silur waren erste Fische durch den zunehmenden Selektionsdruck aus den Meeren ins Süßwasser gewandert. In den folgenden Millionen Jahren erlebten sie eine Epoche starker klimatischer Schwankungen mit Zeiten heftigen Regens, aber auch mit Phasen anhaltender Dürre. Viele Flussläufe trockneten in solchen Perioden aus, flache Teiche und Tümpel verschlammten, die Wasservorräte aller stehenden Gewässer erwärmten sich. Je stärker aber die Wassertemperatur steigt, umso geringer wird der Sauerstoffgehalt.
In einem solchen Milieu ist es zweifellos zum Untergang zahlreicher lokaler Populationen, ganzer Arten und sogar Gattungen gekommen. Überleben konnten in dem flachen und warmen Wasser zahlreicher Lagunen und Seen nur solche Fische, die die Fähigkeit entwickelten, atmosphärische Luft aufzunehmen und durch feine Blutgefäße im Schlund Sauerstoff zu absorbieren. Aus einer solchen Anforderung ist im Laufe von Millionen Jahren die Luftatmung entstanden. Mit ihrer Hilfe konnten Lungenfische in Gewässern leben, in denen alle anderen Fische massenweise erstickten. Einige perfektionierten ihr Atmungsvermögen durch die Entwicklung der Choane, eines Gangs, der von der Nasenöffnung in die Mundhöhle führt. Sie konnten sich nun bei einer jahreszeitlich bedingten Austrocknung ihrer Wohngewässer für Monate im Schlamm vergraben, um dort ungefährdet die Regenzeit abzuwarten.

Körperbau passt sich veränderter Umwelt an

In eben diesem lebensfeindlichen Milieu, in dem sich die Lungenfische auf die Luftatmung spezialisierten, ist aller Wahrscheinlichkeit nach auch der anatomische Bauplan der Wirbeltiere entstanden. Denn dieselben klimatischen Bedingungen, die für zahllose Arten den Untergang bedeuteten, regten bei einer Gruppe von Fischen den Umbau sowohl des Skelettapparats als auch der Muskeln an. Die Rhipidistier, die

Der Zoologe und Naturforscher Ernst Haeckel unternahm 1901 eine Reise in den Malaiischen Archipel. In seinen Reiseberichten beschreibt er die neu entstandene Vegetation Krakataus:

»Aber die wunderbare Zeugungskraft der Tropensonne ... ist so mächtig, dass sie selbst die grauenhaften Folgen dieser furchtbaren Krakatau-Eruption bald wieder vergessen machte. Der neue Kegelberg, welcher sich in Folge derselben erhob, bedeckte sich bald wieder mit neuer Vegetation, und als Professor Treub, fünf Jahre nach dem Ausbruch, denselben besuchte, fand er bereits einen großen Teil des Vulkans wieder mit einer grünen Pflanzendecke geschmückt. Als wir am Nachmittag des 23. Januar nahe seiner Südküste vorbeifuhren, konnten wir deutlich nicht nur die dünnen, braunen Lavarippen unterscheiden, welche vom Gipfel des Kegels nach allen Seiten ausstrahlend seinen grünen Mantel durchsetzten, sondern auch ein kleines Wäldchen am Strande, dessen Bäume 10 bis 15 m Höhe zu erreichen schienen.«

Im Fokus

Krakatau – spektakulärer Untergang und schneller Neuanfang

Ein anschauliches Beispiel für die Neubesiedlung nach einem katastrophalen Artensterben lieferte im 19. Jh. die zwischen Sumatra und Java gelegene Insel Krakatau. Während Wissenschaftler bei früheren Massenaussterben auf Rückschlüsse angewiesen sind, spielten sich Untergang und Neubesiedlung Krakataus direkt vor ihren Augen ab.

Der Vulkan Krakatau auf der gleichnamigen indonesischen Insel unmittelbar vor seinem Ausbruch im Jahr 1883; kolorierte zeitgenössische Zeichnung

Im August 1883 war es auf Krakatau zu einer Serie vulkanischer Eruptionen gekommen. Sie kulminierten am 27. August in einer ungeheuren Explosion, durch die sich die Sonne so stark verfinsterte, dass die Erde erst fünf Jahre später wieder Normaltemperatur erreichte. Etwa 36000 Menschen kamen dabei ums Leben, vor allem durch die rund 30 m hohe Flutwelle, die gegen die Küsten Sumatras und Javas schlug. Auf den verschmorten Überresten Krakataus, das fortan Rakata hieß, überlebte kein einziges Lebewesen, weder Tier noch Pflanze, Spore oder Samen.
Eine erste Expedition neun Monate nach dem Ausbruch fand auf Rakata ein einziges, allerdings sehr ausbreitungsfreudiges Tier, nämlich eine Spinne, die durch den Wind auf die Insel getragen worden war. Nach drei Jahren hatten sich die ersten Moose, Blaualgen, vier Korbblütler, zwei Gräser und elf Farnarten etabliert. Im Jahr darauf wurde die Fauna um die ersten Bäume bereichert. Bis 1889 konnten mehrere Spinnen, Schmetterlinge, Fliegen, Käfer und mindestens ein großer Waran nachgewiesen werden. 1906 beherbergte Rakata mehr als 100, im Jahr 1934 bereits 271 Pflanzenarten. Die Farne wurden nun von den verschiedenen Bäumen der Strandregion in die Höhenlagen verdrängt. 27 Vogelarten hatten sich dauerhaft etabliert.
Ein Großteil der Pflanzen war durch den Wind angeweht worden, fast 30 Prozent hatten – wie etwa die Kokospalme mit ihren seetüchtigen Samen – den Weg über das Meer genommen. Die anderen pflanzlichen Neuankömmlinge wurden von Vögeln mitgebracht. Das Muster der Besiedlung ist typisch: Anfangs ist die Zuwanderungsrate hoch, dann sinkt sie, je stärker ökologische Nischen ausgefüllt werden.

Grelle Blitze künden von einem heftigen Unwetter: In der Evolutionsgeschichte spielen Klimaveränderungen eine wichtige Rolle.

*Jährlich sind rund 350 Mio. ha Wald von Feuer betroffen – das entspricht einer Fläche, die knapp zehnmal so groß ist wie Deutschland. **Waldbrände** sind lange Zeit ausschließlich unter dem Aspekt der Vernichtung von Lebensraum betrachtet worden. Seit den 1970er-Jahren befasst sich die Feuerökologie mit der naturgemäßen Rolle von Feuer in Wäldern, Buschländern und Savannen. Während Brände für einige Ökosysteme fast immer eine Katastrophe darstellen (z. B. im tropischen Regenwald), sind sie für andere Gebiete – etwa Savannen – fester Bestandteil des natürlichen Kreislaufs. Auch die nordamerikanischen Mammutbäume (Sequoias) sind auf das Feuer zwingend angewiesen: Nach Durchzug eines Waldbrands öffnen sich durch die heiße Luft die Zapfen der Giganten, und ihr Samen kann auf den mit mineralreicher Asche frisch gedüngten Boden fallen.*

sich ebenfalls an die Luftatmung angepasst hatten, entwickelten zusätzlich die Fähigkeit, sich über eine gewisse Distanz an Land zu bewegen. Anstatt vor der Dürre zu kapitulieren, wichen sie nach Möglichkeit in andere und bessere Gewässer aus.

Wie alle Fleischflosser verfügten auch die Rhipidistier über zwei Paar Flossen. Eines befand sich unmittelbar hinter dem Kopf, das zweite knapp hinter der Körpermitte. Im Gegensatz zu ihren Verwandten wiesen ihre Flossen jedoch eine völlig neue anatomische Bauart auf. Ihre Flossen waren nicht nur größer, sondern vor allem durch eine Art Oberarmknochen mit dem Hauptskelett verbunden, so dass sie deutlich sichtbar aus dem Körper hervorragten. Im nächsten Flossenabschnitt folgten zwei weitere Knochen, im letzten schließlich endete die Flosse in einer Reihe unregelmäßig verzweigter kleinerer Knochen. Solche Flossen weisen auch die Lungenfische auf, doch ist bei den Rhipidistiern überdies der Muskelapparat überproportional gut entwickelt. Er erlaubt es diesen Fischen, das eigene Körpergewicht an Land zu tragen, ohne einen Kollaps der inneren Organe zu riskieren. Da die Entstehung der ersten Landwirbeltiere aus den Rhipidistiern nicht nur hypothetisch angenommen werden muss – jüngere Funde (Panderichthys) haben hier Erkenntnislücken geschlossen –, lässt sich mit Sicherheit sagen, dass sie mit ihrer Fähigkeit zur Lungenatmung und ihrem anatomischen Grundmodell für den Gang an Land vermutlich besser gerüstet waren als jedes andere bekannte Lebewesen des Jung-Paläozoikums.

Wie kommt es zum Massensterben?

In der Geschichte der Erde hat es eine ganze Reihe großer Artensterben in Fauna und Flora gegeben. Viele von ihnen markieren eine Periodengrenze. Es gibt einige, die sich nahezu ausschließlich auf die Meeresfauna ausgewirkt haben, während es für den umgekehrten Fall kein bekanntes Beispiel gibt. So oft Arten, Gattungen oder ganze Großgruppen von den Festlandsgebieten verschwanden, wurden sie immer auch von einer großen Zahl meeresbewohnender Lebewesen begleitet. Das Aussterben einer ganzen Großgruppe von Wirbeltieren ist allerdings bislang einzig bei der überwiegend zum Ende des Devons verschwundenen artenreichen Gruppe der Panzerfische (Placodermi) bekannt.

Für das Phänomen des Massensterbens werden eine Reihe auslösender Faktoren diskutiert, etwa katastrophale Meteoriteneinschläge oder Vulkanausbrüche, durch die sich die Sonne verdunkelt und das Klima abgekühlt, oder ein globaler untermeerischer Vulkanismus, durch den sich das Lebensmilieu in den Ozeanen plötzlich verändert haben könnte. Diese gleichsam exotischen wie punktuellen Ursachen lassen sich jedoch nur in Einzelfällen belegen. An den möglichen Faktoren wird im Übrigen deutlich, dass auch der Zufall im Verlauf der Evolutionsgeschichte eine gewichtige Rolle spielt.

Überlebenskünstler in der Dürre: Afrikanische Lungenfische können monatelang im schlammigen Erdreich ausharren.

Vermutlich sind die meisten Massensterben jedoch auf eine schleichende, globale Veränderung des Klimas zurückzuführen. Die Bedeutung des Faktors Klima ist deshalb so groß, weil selbst vergleichsweise geringe Veränderungen der Durchschnittstemperaturen oder der Niederschlagshäufigkeit sich vor allem auf die unterste Ebene der Nahrungskette gravierend auswirken können. Verändert sich aber die Basis, dann bleiben nur die wenigsten Glieder dieser Kette von den Veränderungen unberührt. Gleichzeitig wird dadurch aber auch immer die Grundlage für neues Leben geschaffen.

*Obwohl die Umweltbedingungen seit dem Devon auf der ganzen Welt sehr viel lebensfreundlicher wurden, existieren auch heute noch **klimatische Extreme**. Mit einem jährlichen Mittel von 34,4 °C ist Dallol in Äthiopien der heißeste Ort der Erde. Am kältesten Ort, der Plateau-Station in der Antarktis, zeigt das Thermometer im jährlichen Mittel –89 °C. Bei Calama in der chilenischen Atacama-Wüste war bis 1972 über 400 Jahre lang kein Regen gefallen. Dagegen wurden am Mount Waialeale auf der Hawaii-Insel Kauai (USA) die meisten Regentage eines Kalenderjahres gezählt: 350.*

Um 375 Mio. Die Verbreitung der **Wälder** nimmt zu. Dank neuer Fähigkeiten können sich Bäume nun auch außerhalb von Sumpfgebieten ausbreiten. Die farnartigen Pflanzen entwickeln Äste und tief ins Erdreich dringende Wurzeln. Damit stehen den Bäumen auch dort Nährstoffe zur Verfügung, wo sich die Mineralien tief im Boden befinden. Durch die sich ausbreitenden Wälder wächst in großen Teilen der Kontinente eine Humusschicht heran, die zum Lebensraum für Landtiere wird.

Zu den bedeutendsten paläontologischen Fundstellen zählt die **Chattanooga-Formation** in den heutigen US-Bundesstaaten Tennessee und Kentucky. Die Schicht, die nur etwa zehn Meter stark ist, weist sämtliche geologischen Abfolgen des Oberdevons auf und umspannt damit einen Zeitraum von etwa 14 Mio. Jahren.

Im Oberdevon entstehen viele markante, aber kurzlebige Formen der Ammonoideen (Kopffüßer) wie Beloceras und Synpharcyceras. Zu den erfolgreichsten Vertretern zählt **Manticoceras** – eine Form, die sich im Laufe des Devons immer mehr verbreitet hat und im Oberdevon weltweit vertreten ist. Fossile Schalen von Manticoceras sind heute aus Lagerstätten in Nordamerika, Asien, Australien, Europa und Nordafrika bekannt.

Die marine Fischfauna der oberdevonischen Fossilienlagerstätte von **Gogo** in Nordwestaustralien weist eine große Bandbreite von Panzerfischen auf. Die meisten Fische gehören zur Gruppe der Arthrodira, bei denen Kopf und vorderer Körper mit einem großen Außenskelett aus Knochenplatten bedeckt sind. Kopf- und Rumpfpanzer sind durch Gelenke miteinander verbunden. Arthrodira können bis zu acht Meter lang werden. Ihre kräftigen Kiefer haben zahnartige Vorsprünge.

Die Landmassen **Gondwanas** und des **»Old-Red-Kontinents«** haben sich einander genähert. Das belegt die Verbreitung vieler Ammonoideen-, Brachiopoden- und Fischarten. Sie sind zwischen Küstengebieten gewandert, die zuvor zu weit auseinander lagen, um erreicht werden zu können.

Die **Fleischflosser** (Sarcopterygia) sind mit vielen Arten in der Miguasha-Fischfauna im heutigen Quebec, Kanada, vertreten. Fünf Hauptformen haben sich ausgebildet, die als direkte Vorfahren der ersten Tetrapoden (Vierfüßer) gelten.

Um 375–292 Mio.

Lungenfische entwickeln ihren bis heute gültigen Bauplan

Im Oberdevon und im darauf folgenden Karbon (354–292 Mio.) erreichen die zur Gruppe der Fleischflosser zählenden Dipnoi oder Lungenfische (siehe S. 142) eine Blütezeit. Ihr anatomischer Bauplan bleibt ab dieser Phase im Wesentlichen unverändert. Erhalten hat er sich vor allem in dem australischen Lungenfisch Neoceratodus forsteri (s. Abb.), dem in vielerlei Hinsicht ursprünglichsten aller heute vorkommenden Lungenfische.

Gemessen an ihrem Formenreichtum in Oberdevon und Karbon ist die heutige Gruppe der Lungenfische, bestehend aus den aalähnlichen südamerikanischen sowie afrikanischen Molchsfischen und dem australischen Lungen- oder Lurchsfisch, außerordentlich arm. Nach einer vergleichsweise raschen evolutionären Entwicklung im mittleren und oberen Devon durchlaufen die Dipnoi ab dem Unterkarbon mehrere aufeinander folgende Phasen der sog. adaptiven Radiation, bei der sich die Stammeslinie wiederholt in mehrere Seitenlinien aufspaltet. Durch Spezialisierung besetzen die Untergruppen der Lungenfische in ihren Wohngewässern jeweils unterschiedliche ökologische Nischen.

Um 375–354 Mio.

Bäume bilden Holz

Im Oberdevon wird in der Evolution der Pflanzenwelt die Grundlage für die späteren Wälder des Karbons (354–292 Mio.) mit ihren charakteristischen Baumriesen gelegt. Der entscheidende Schlüssel für diese Entwicklung ist die Entstehung von Holz.

Wuchtige Organismen wie die Bäume müssen sowohl aufgrund ihres Gewichts als auch ihrer Höhe statisch ausgewogen und belastbar sein. Diese beiden Eigenschaften erlangen sie, indem sie die Fähigkeit zum so genannten sekundären Dickenwachstum, also zur Bildung von Holz, entwickeln.

Typische Bäume des mitteleuropäischen Karbons: Sigillaria (l.), Lepidodendron (2 v. l.) und Baumfarne (M.)

Um 375–354 Mio.

Bärlappgewächse und Calamiten: Farnverwandte dominieren die Landschaft des Oberdevons

Die Festlandsflora des Oberdevons wird eindeutig von den Farnverwandten (Abb.: heutiger Bärlapp und sein fossiler Vorfahre) dominiert. Neben ihnen existieren noch einige Moose, die sich jedoch wegen ihrer insgesamt primitiven Organisationsform nur an extrem feuchten Standorten etablieren können. Darüber hinaus gibt es einige Frühformen der aus den Farnpflanzen hervorgegangenen frühen Samenpflanzen oder Nacktsamern, zu denen die fiederblättrigen Samenfarne sowie die gabel- und nadelblättrigen Gingko- und Nadelbäume zählen. Gemeinsam ist diesen Pflanzengruppen jedoch, dass sie ihre Hochblüte erst in späteren Erdepochen erleben.

Die Farnpflanzen des Oberdevons lassen sich in drei große Gruppen unterteilen: Bärlappgewächse, Calamiten und echte Farne. Bärlappgewächse und Calamiten spalten sich jeweils in zwei Hauptlinien auf, von denen je eine spätestens im Erdmittelalter ausstirbt, während die andere bis in die Jetztzeit überdauert. Die Linie der überwiegend kleinwüchsigen Bärlappe hat im Laufe ihrer Entwicklungsgeschichte eine Fülle von Formen hervorgebracht, von denen sich rund 400 Arten bis in die Gegenwart erhalten haben. Die heute noch vorhandenden Arten gehören jedoch nur noch zwei Ordnungen mit je einer einzigen Familie an. Die verwandten Bärlappbäume, die sich zum Ende des Devons entwickeln und im ausgehenden Karbon eine Blüte erleben, sterben im Perm (292 bis 250 Mio.) wieder aus.

Fast parallel zur Entwicklung der Bärlappbäume verläuft die der Calamiten, einer Gruppe überwiegend großwüchsiger, baumartiger Schachtelhalmgewächse. Einige Arten ihrer engsten Verwandten, der insgesamt deutlich kleineren Schachtelhalme, überleben dagegen bis heute. Wie die Bärlappe zählen sie zur Gruppe der keilblättrigen Farnverwandten. Auch bei den echten Farnen kommt es zu einer Aufspaltung der Entwicklungslinien.

Um 375–354 Mio.

Urahn des Hais durchzieht räuberisch die Meere

In den Meeren des Oberdevons entwickelt sich in der Gruppe der höheren Kieferfische mit den Chondrichthyes die erste Gruppe der Knorpelfische, zu der heute neben den Haien (Abb.: Galápagos-Hai) Rochen und Seedrachen zählen. Die bekannteste Frühform der Chondrichthyes ist der Cladoselache, ein etwa zwei Meter langer Raubfisch, der bereits die Gestalt der modernen Haie vorwegnimmt. Sein schlanker Körper zeigt, dass er sich auf eine schnelle Fortbewegung im Wasser spezialisiert hat. Wie bei den heutigen Haien dient ihm ein Paar breiter Vorderflossen zum Steuern, zum Stabilisieren des Körpers und für schnelle Körperdrehungen bei der Jagd. Die Rückenflosse und die ebenfalls auf seinem Rücken sitzende Finne sind kräftig ausgeprägt. In den devonischen Meeren ernährt sich der Cladoselache von kleineren Beutefischen wie den in Schwärmen lebenden Acanthodiern.

Abgesehen von den Kieferlosen zählen alle heute lebenden Fische zu zwei Gruppen: den Knorpelfischen mit rund 850 und den Knochenfischen mit annähernd 25 000 Arten. Der entscheidende Unterschied besteht darin, dass das Skelett der ersten Gruppe knorpelig und teilweise verkalkt, das der zweiten dagegen verknöchert ist. Dennoch zeigen Kiefer und Zähne, dass beide Klassen von einem gemeinsamen Vorfahren abstammen. Die Diskrepanz in der Zahl heutiger Arten spricht für den evolutionären Vorteil des verknöcherten Skeletts. Dessen ungeachtet haben sich die Haie an der Spitze der Nahrungskette behauptet.

Fossiler Wurzelstock von Stigmaria ficoides aus dem Oberkarbon, gefunden in England

Ein hölzerner Stamm entsteht, wenn das Gewebe, ausgehend von der ursprünglichen Sprossachse, kontinuierlich ringförmig nach außen wächst und so einen Stamm formt. Dieses Gewebe bildet das Holz, das meist noch von einer äußeren Bastschicht umgeben ist. Voraussetzung für die Entstehung einer Baumgestalt ist, dass dieses sog. sekundäre Dickenwachstum nahezu beliebig fortgesetzt werden kann, begrenzt einzig durch die Lebensdauer der Pflanze. Ein solches Wachstum, das mit einer regelmäßigen Anordnung des wasserleitenden Gewebes verbunden ist, lässt sich erstmals bei der mitteldevonischen Gattung Tetraxylopteris nachweisen.

Die strukturierte Anordnung des Gewebes und die Fähigkeit zur Bildung von Holz lässt die Pflanzen nicht nur stabiler und damit erheblich höher, sondern auch wesentlich älter werden. Als erster wirklicher Baum gilt der Archaeopteris des Oberdevons. Es handelt sich dabei um eine Sporenpflanze mit farnartigen Blattwedeln, die in kurzer Zeit eine Fülle von Arten mit bis zu 1,5 m dicken Stämmen hervorbringt.

Um 375 Mio. Die Flora des heutigen **Nordamerika** erlebt eine drastische Veränderung. Die Zusammensetzung der Pflanzen ändert sich mit dem allmählichen Aussterben von Lycopsiden, die jetzt nur noch in Baumform auftreten, jedoch nicht mehr als Bodenpflanze. Auch andere Kleinpflanzen verschwinden gegen Ende des Oberdevons, wie Untersuchungen entsprechender Schichten aus dem US-Bundesstaat New York ergaben.

Die Verbreitung und Artenvielfalt der **Armfüßer** (Brachiopoden) kommt im Zusammenhang mit dem Massenaussterben im Oberdevon zum Stillstand. Mit den Atrypida und Pentamerida sterben zwei Großgruppen vollständig aus, auch die Orthida sind von der Katastrophe betroffen. Bei ihnen handelt es sich um meist halbkreisförmige Brachiopoden mit einem radial gerippten Gehäuse, aber ohne kalkiges Armgerüst.

Mit **Psammolepis** tritt der letzte und größte Vertreter der kieferlosen Fische auf den Plan. Er erreicht eine Länge von zwei Metern und lebt auf dem Grund von Flachmeeren.

Pflanzen der Gattung Archaeopteris entwickeln **Jahresringe**, an denen sich jahreszeitliche Klimaschwankungen ablesen lassen. Die Baumart ist auch durch einen hohen Abwurf von Holz gekennzeichnet. Abgebrochene und auf den Boden gefallene Äste von Archaeopteris nähren vermutlich Brände, die durch Blitzeinschlag entstehen. Die unkontrollierten Feuer zerstören im Oberdevon wahrscheinlich viele Wälder. Die nährstoffreiche Asche bildet jedoch gleichzeitig die Grundlage für neuen, stärkeren Pflanzenbewuchs.

Im Oberdevon kommt es zu einem weltweiten **Massenaussterben**, dem viele Gattungen der Brachiopoden (Armfüßer), Trilobiten (Dreilapper) und Conodonten (Zahntierchen) zum Opfer fallen. Als Ursache für das sog. Kellwasser-Ereignis kommen Klimaveränderungen, das Absinken des Meeresspiegels oder Meteoriteneinschläge in Frage.

Um 375 Mio.

Eiszeit auf Gondwana

Wie bereits im ausgehenden Ordovizium (495 bis 440 Mio.) kommt es auch im Oberdevon zu einer deutlichen Abkühlung des Weltklimas, die sich besonders auf dem über dem Südpol liegenden Riesenkontinent Gondwana bemerkbar macht. Erneut ist dieser Abkühlungstrend mit verheerenden Folgen für das marine Leben verbunden. Die schwersten Verluste erleiden die riffbildenden Gemeinschaften: Brachiopoden, Trilobiten, Conodontentiere und Ammonoideen.

Beide Vereisungsphasen von Gondwana wurden von Wissenschaftlern erst sehr spät entdeckt, da sich ihre Spuren in Erdregionen finden, in denen sie am wenigsten gesucht oder vermutet wurden. Inzwischen sind entsprechende Fundstellen in Australien, im östlichen und mittleren Indien sowie an verschiedenen Orten Afrikas und Südamerikas nachgewiesen. Das unterschiedliche Alter der jeweiligen Vereisungsschichten ist auf die Wanderung des riesigen Südkontinents zurückzuführen, durch die sich jeweils andere Teile des Festlands über den Südpol geschoben haben (siehe S. 132).

Wichtige Fundplätze der Eiszeiten Gondwanas gibt es auch in den Wüstenregionen der Arabischen Halbinsel, vor allem in den so genannten Wadis, den spezifischen Talformationen der Wüstenlandschaft. Dort lassen sich große, steil aufragende Klippen mit Devongesteinen finden, die aus unregelmäßig geformten Felsblöcken bestehen. Die in diesem Geröllgestein eingeschlossenen Kiesel aus Kalk, Sandstein und Graniten weisen – nicht anders als die wieder freigelegten Talsohlen der Devonzeit selbst – jene typischen Kratzspuren auf, die als das charakteristische und unzweifelhafte Erkennungsmerkmal aller Vergletscherungen gelten.

Die beginnende Vereisung von Gondwana führt zu einer weiteren Abkühlung des Klimas. Zugleich werden dem Wasserkreislauf der Erde durch das Anwachsen der Gletscher große Mengen Wasser entzogen, wodurch die Meeresspiegel sinken. Dennoch beschränken sich die Folgen außerhalb Gondwanas auf das marine Leben, während die terrestrische Fauna und Flora im äquatorialen Raum relativ unbeschadet bleibt. Die großen Gewinner des Klimawandels sind die auch heute noch vertretenen Kieselschwämme, die eine Fülle neuer Arten hervorbringen. Kieselschwämme zählen zu den Porifera, deren Vertreter – bis auf wenige Arten – bevorzugt im kalten Salzwasser leben.

Plateaugletscher wie der Jostedalsbreen in Norwegen prägten das Bild des vereisten Urkontinents.

Um 375–354 Mio.

Riffbildner stark dezimiert

Die Abkühlung des Weltklimas sowie die beginnende Eiszeit auf Gondwana beeinträchtigen vor allem das marine Ökosystem. Besonders verheerend wirkt sich das auf die riffbildenden Gemeinschaften aus, die an der Devon-Karbon-Grenze nahezu vollkommen kollabieren. Nachdem die Riffgemeinschaften eine etwa 100 Mio. Jahre andauernde Blüte erlebt hatten, werden nun für einen fast genauso langen Zeitraum keine echten Riffe mehr gebildet. Erst mit dem Beginn des erdgeschichtlichen Mittelalters an der Perm-Trias-Grenze (um 250 Mio.) und dem Erscheinen der ersten Scleractinia, den heute lebenden Korallen, entstehen wieder neue Riffsysteme.

Der Aussterbeprozess der einzelnen Riffbildner vollzieht sich in unterschiedlichen Zeitspannen. Manche Arten verschwinden sehr rasch, andere im Laufe von Jahrmillionen. Zu Beginn des Oberdevons sind noch mindestens 148 Arten riffbildender Flachwasserkorallen nachgewiesen, zum Ende dieser Epoche sind es maximal noch sechs. Während aber die koloniebildenden Korallen (Abb.: Korallenkolonie Disphyllum aus dem Mitteldevon) vollkommen verschwinden, werden die für die tieferen Wasserschichten typischen Arten nur dezimiert. Noch vor dem Ende des Devons erleben sie eine Phase einer ausgeprägten adaptiven Radiation, d. h. einer entwicklungsgeschichtlichen Aufspaltung in neue Linien. Aus diesem Prozess gehen mindestens 14 neue Familien mit Dutzenden neuer Arten hervor. Allerdings handelt es sich ausschließlich um solitäre (einzeln lebende) Formen, die mit den charakteristischen Formen des Devons praktisch keine Ähnlichkeit mehr haben und auch keine Funktion mehr als Riffbildner übernehmen. Riffe, soweit man von solchen sprechen kann, werden im Karbon (354–292 Mio.) und Perm (292–250 Mio.) durch stromatolithenbildende Blaualgen (Cyanobakterien) erbaut. Als Stromatholiten bezeichnet man jene Kalkkrusten, die von Blaualgen durch Kalkausfällung erzeugt werden und die bereits im Präkambrium gesteinsbildend sind. Das Aufkommen der Cyanobakterien im Oberdevon ist eine unmittelbare Folge des Klimawandels. Durch die rasante Entwicklung der marinen Fauna war in den vorangegangenen Jahrmillionen eine Fülle von Arten entstanden, die sich von den Blaualgen ernährt hatten, nun aber der Abkühlung der Meere zum Opfer fallen. Der Verlust der Fressfeinde führt zur Vermehrung der Cyanobakterien.

Um 375–360 Mio.

Artenreichtum in Kanada

Unter äquatorialen Klimaverhältnissen bietet die Region im Mündungsgebiet des heutigen St.-Lorenz-Stroms in Kanada ideale Lebensbedingungen für zahlreiche Vertreter der oberdevonischen Pflanzen- und Tierwelt. Etliche Lebewesen fossilisieren in der Nähe der heutigen Kleinstadt Miguasha an der Südküste der zu Québec gehörenden Gaspé-Halbinsel.

Im Oberdevon werden die Uferregionen der Scaumenac-Bay bereits von zahlreichen hoch entwickelten Pflanzen und terrestrischen Skorpionen besiedelt. Noch ausgeprägter aber ist der Fischreichtum. Neben primitiven Kieferlosen existieren hier Panzer- und Lungenfische sowie Fleischflosser in großer Zahl. Aus jüngeren Ablagerungen wurden bis heute mehr als 14 000 Fossilien archaischer Amphibien geborgen. Wichtigstes Fundstück ist zweifellos das gut erhaltene fossile Skelett eines Eusthenopteron aus dem Oberdevon, das von seinen Entdeckern zunächst irrtümlich einem landlebenden Wirbeltier zugeschrieben wurde. Die Gattung Eusthenopteron ist jedoch unter allen Gattungen der Fleischflosser diejenige, deren Skelettmerkmale am besten den Vergleich mit den Vierfüßern erlauben.

Erstmals entdeckt wurde die Fossilienlagerstätte 1842, geriet dann jedoch für einige Jahrzehnte wieder in Vergessenheit. Seit der Wiederentdeckung 1879 zieht der außerordentliche Fossilienreichtum Wissenschaftler und Sammler aus aller Welt auf die Gaspé-Halbinsel. Der Miguasha-Park zählt heute zum UNESCO-Weltnaturerbe.

Um 375–354 Mio.

Duncleosteus ist der größte Panzerfisch aller Zeiten

Bevor die Panzerfische oder Placodermen im ausgehenden Oberdevon ihren vollständigen Untergang erleben, tritt mit dem Duncleosteus (Abb.: Schädelrekonstruktion) ihr größter Vertreter auf den Plan. Mit einer Länge von etwa acht Metern ist er der mächtigste Räuber der oberdevonischen Meere und zugleich das größte Wirbeltier der gesamten Epoche. Wie alle späten Placodermen weist auch Duncleosteus eine insgesamt schwächere Körperpanzerung zugunsten eines besseren Schwimmvermögens auf. Einzig der Kopf ist von massiven Knochen umgeben. Mit seinen auffallend grob gezackten Kieferrändern, die wie Reißzähne wirken, ernährt er sich von kleineren Placodermen sowie von Vorläufern der Haie. Duncleosteus bevorzugt die wärmeren Gewässer.

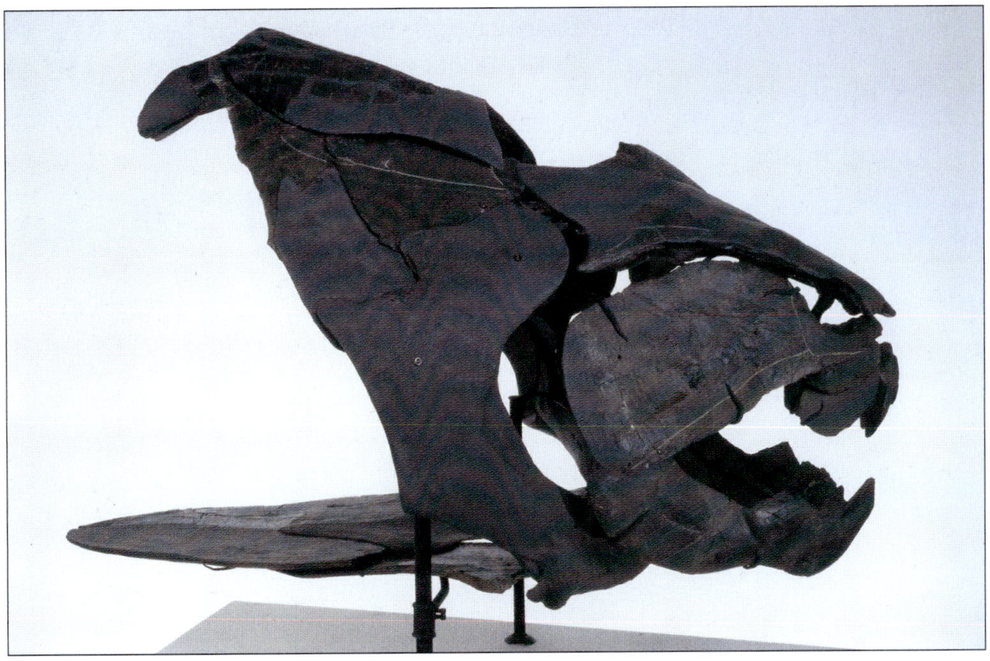

Um 364 Mio.

Nach dem Massenaussterben sind von ursprünglich 71 Formen der **Ammonoideen** (Kopffüßer) nur noch zehn erhalten: Atribonium, Aulacella, Crurithyris, Cupularostrum, Cytina, Cyrtospirifer, Productelle, Retichonetes, Schizophora und Steinhagella. Aus diesen Überlebenden entstehen noch in der letzten Phase des Oberdevons neue Formen, darunter Productida, die im Karbon weltweit Verbreitung finden wird.

Die Fischart **Holoptychius** bildet sich heraus. Die charakteristische Form dieses Wasserbewohners verbreitet sich im Karbon über den ganzen Globus. Holoptychius wird etwa 75 cm lang und gehört zur Gattung der Porolepiformen, die seit dem Unterdevon existieren.

Erste Spuren von **Pflanzensamen** tauchen auf. Die Fortpflanzung über Sporen ist jedoch noch die bedeutendere Art der Verbreitung.

Auf dem Gebiet des heutigen US-Bundesstaates Pennsylvania entsteht die Fossilienlagerstätte von **Red Hill**. Die überaus zahlreichen verschiedenartigen Fossile gelten als Fenster ins ausgehende Oberdevon. Red Hill entsteht aus einem breiten Flussbett mit ausladenden Überschwemmungsebenen. Unter den Fossilien befindet sich auch der älteste bekannte Tetrapode (Vierfüßer) Nordamerikas.

Die **Coenopteridae** bereichern die Landflora. Sie gehören zu den Farnen, können von der Paläobotanik jedoch nicht genau eingeordnet werden.

Erste **Tetrapoden** (Vierfüßer) verlassen das Wasser. Ihre Spuren finden sich in Australien, Brasilien, Grönland, Schottland und Irland. Die besterhaltenen Fußspuren stammen vom Genoa River in New South Wales (Australien). Sie sind 1,1 m lang und belegen, dass die frühen Vierfüßer bereits fünf oder mehr Zehen hatten.

Densignathus ist einer der frühesten Tetrapoden (Vierfüßer) auf dem Gebiet des heutigen Nordamerika. Fossil ist von diesem frühen Amphibium nur ein Unterkiefer aus der Red-Hill-Lagerstätte im US-Bundesstaat Pennsylvania erhalten. Die Form des Kiefers lässt darauf schließen, dass Densignathus den Fischen noch sehr nahe steht.

Um 360 Mio.

Erste Landeroberer unter den Nacktpflanzen verschwinden

Unter den Landpflanzen sterben jene Vertreter der Nacktpflanzen oder Psilophyten aus, die im oberen Silur als Erste das Land besiedelt hatten. Sie werden von anderen Farnpflanzen verdrängt und sind fossil nicht mehr nachgewiesen.
Im unteren und mittleren Devon waren die Psilophyten durch zahlreiche Gattungen vertreten, von denen Psilophyton (Abb.), Rhynia und Zosterophyllum die bekanntesten sind. Ihre landläufige Bezeichnung als Nacktpflanzen verdanken sie dem Umstand, dass sie über keine echten Blätter verfügten. Eine Vorstellung davon, wie diese Urfarne aussahen, vermittelt eine kleine Gruppe heute lebender Pflanzen, die als Psilotales bezeichnet werden. Die Art Psilotum nudum lebt vorwiegend epiphytisch, d.h. auf anderen Pflanzen. Sie besitzt keine echten Wurzeln, sondern sog. Rhizome, die fadenförmige Haftorgane bilden. Obgleich bislang keine Fossilien dieser Art gefunden wurden, wird Psilotum nudum als ein lebendes Fossil betrachtet.

Um 360 Mio.

Appalachen aufgefaltet – variskische Gebirgsbildung dauert an

Mit dem Beginn der so genannten Bretonischen Phase in der Ära der variskischen Gebirgsbildung faltet sich an der nordamerikanischen Ostküste das Appalachen-Gebirge auf, das in Teilen während der kaledonischen Faltung emporgehoben worden war. Zur gleichen Zeit bilden sich beiderseits des Gebirgszuges ausgedehnte Senken, in denen später zahlreiche bedeutende Kohlebecken entstehen. Das 200 bis 300 km breite Gebirge erstreckt sich über eine Gesamtlänge von rund 2600 km von Neufundland (Kanada) bis nach Alabama (USA).

Die Herausbildung der Appalachen (Abb.: Blick in den Great Smoky Mountains National Park, US-Bundesstaaten Tennessee und North Carolina) steht in engem Zusammenhang mit der variskischen Gebirgsbildung in West- und Mitteleuropa, denn zu dieser Zeit sind Nordamerika und Europa noch eine einzige zusammenhängende große Festlandsmasse, die sich etwa auf Höhe des Äquators befindet. Erst im ausgehenden Erdmittelalter, etwa in der Kreidezeit (142–65,5 Mio.), werden beide Kontinente voneinander getrennt und der Atlantik entsteht.

Um 360 Mio.

Neue Gattung der Vierfüßer

Mit Acanthostega tritt neben Ichthyostega (siehe S. 141) eine zweite Gattung amphibischer Landwirbeltiere in Erscheinung. In den meisten ihrer Skelettmerkmale und der Schädelstruktur erinnern sowohl die Acanthostega als auch die Ichthyostega stark an die Rhipidistier, jene im Perm (292–250 Mio.) ausgestorbenen Fleischflosser, die als Stammform sämtlicher Vierfüßer (Tetrapoden) gelten.

Die archaischen Amphibien sind – wie die aus dem Griechischen stammende Bezeichnung »amphibios«, also »doppellebig«, andeutet – keine echten Landwirbeltiere im modernen Sinne. Sie bleiben ihren Wohngewässern sowie den Ufer- und Gezeitenzonen treu. Ihr Atmungsvermögen und die Beine dienen primär nicht dem Zweck, ausgedehnte Landgänge zu unternehmen, sondern Trockenperioden zu überstehen und notfalls das Wohngewässer zu wechseln. Auch leben ihre Larven wie die aller heutigen Amphibien mit Kiemen im Wasser. Die Ur-Lurche sind mithin immer noch ganz und gar auf Feuchtbiotope angewiesen. Von ihren im Wasser lebenden Vorfahren haben die Acanthostega noch immer den langen Schwanz. Von den späteren Tetrapoden unterscheidet sie der Umstand, dass sie eben nicht, wie nahezu alle landlebenden Wirbeltiere, fünf Finger aufweisen, sondern sieben oder – in der Mehrzahl der Fälle – acht. Zugleich aber beweist die Anatomie von Schulter, Arm und Elle, dass sie in ihrem Gehvermögen den Fleischflossern eindeutig überlegen sind.

Im Karbon (354–292 Mio.) steigt die Artenbildung bei den Amphibien sprunghaft an. Bevorzugt besiedeln sie die äquatornahen Regionen Europas und Nordamerikas. Das grundlegende anatomische Muster aller nun erscheinenden Formen entspricht im Wesentlichen demjenigen der Ichthyostegiden, doch fehlen im Fossilbericht Hinweise auf die verwandtschaftlichen Beziehungen der einzelnen Gruppen. Eine zunehmend bessere Anpassung an die festländische Lebensweise lässt sich aber erkennen. Sie betrifft sowohl die Fähigkeit, mit den Gliedmaßen das Körpergewicht zu tragen, als auch die Weiterentwicklung der Sinnesorgane, der Atmung, der Fortbewegung und der Fressgewohnheiten.

Eine ganz zentrale Aufgabe im Übergang zur Lebensweise auf dem Festland ist eine verbesserte Ausbildung der Wirbelsäule, der Rippen und des gesamten Muskelapparats, um den Kopf über den Boden zu heben und vor allem einen Kollaps der Lunge und anderer innerer Organe zu verhindern. Andere notwendige anatomische Veränderungen betreffen die Fähigkeit, auch an Land Nahrung aufzunehmen. Die breite Maulöffnung und die reißzahnartigen Gaumenzähne deuten darauf hin, dass die archaischen Amphibien aktive Jäger sind. Anders als im Wasser lebende Beutegreifer, die sich auf den Auftrieb verlassen können, benötigen die landlebenden Arten zu diesem Zweck einen beweglichen Unterkiefer, um Beutetiere aufzunehmen. Ein eigentümlicher Vertreter der primitiven Amphibien ist der in Schottland heimische Crassigyrinus, ein bis zu zwei Meter langer Räuber mit massigem Kopf und fischartigem Körper. Er ist vermutlich sekundär aquatisch, d.h. seine Vorfahren lebten bereits an Land. Die im Vergleich zur Körpergröße fast grotesk kleinen Gliedmaßen belegen, dass er ein deutlich besserer Schwimmer als Läufer ist.

In der tschechischen Fundstelle Nürschan wurden mehrere Hundert fossilisierte Amphibien aus dem Karbon geborgen, die rund 20 Arten angehören. Ausnahmslos sind sie an ein Leben in einer Sumpf- und Seenlandschaft angepasst. Die kleinsten dieser archaischen Lurche messen nur wenige Zentimeter, die größten unter ihnen werden rund 60 cm lang. Auch diese haben auffallend kleine Gliedmaßen. Als Räuber ernähren sich die Lurche vorwiegend von Fisch.

Fossiler Schädel eines Acanthostega gunnari. Gut zu erkennen sind die kräftigen Zähne.

Der lange Schwanz (hier der Abdruck eines Ichthyostega) zeichnet Acanthostega aus.

1

2

3

4

1 – Von der Amphibie zum Kriechtier: Aus den Labyrinthodontia (hier ein Branchiosaurus aus dem Rotliegenden) entwickeln sich die ersten Reptilien.

2 – Fossilisierter Schachtelhalm Annularia aus dem Oberkarbon. 3 – Entwicklungslinie: Von den Diapsiden (hier Nyctiphruretus acudens) mit ihren zwei Schläfenfenstern stammen u.a. alle Vögel ab. 4 – Im Zuge der variskischen Faltung entsteht auch der Harz. Hier die Feigenbaumklippe, ein bizarrer Granitfelsen.

5

6

7

8

9

10

5 – Überbleibsel mariner Kalkriffe im Alpenraum: die Sella-Gruppe in den italienischen Dolomiten. 6 – Im Reich der Sinne: Der südafrikanischer Augenspinner besitzt riesige Fühler. 7 – Zeugin der Evolution: Die Riesenschildkröte ist ein Relikt der Urzeit. 8 – Namengebend für das Karbon sind Kohleflöze wie dieses in Namur (Belgien). 9 – Versteinerter Stamm eines Bärlappgewächses. 10 – Reptilien bevölkern im Trias und Jura die Ozeane: Fischsaurier Stenopterygius.

Amphibien, Kröten, erste Säuger – Reptilien auf dem Vormarsch

Die rund 150 Mio. Jahre umfassende Epoche des ausgehenden Erdaltertums (Jungpaläozoikum) und des beginnenden Erdmittelalters (Mesozoikum) wird in die drei Perioden Karbon (354–292 Mio.), Perm (292–250 Mio.) und Trias (250–205 Mio.) unterteilt. Sie ist in ihrer Gesamtheit eine Epoche der Extreme. Plattentektonische Bewegungen verschweißen in dieser Phase alle Festlandsmassen der Erde zu einem einzigen riesigen Kontinent Pangaea, der »All-Erde«. Auf der Südhalbkugel ereignet sich eine der größten Eiszeiten der Erdgeschichte. Im Norden wird eine lange Periode tropisch-milden Klimas von einer Phase trockener Hitze abgelöst, auf die großräumige Überschwemmungen durch das Meer folgen. In der Tierwelt kommt es an der Perm-Trias-Grenze zu einer Zäsur. Die zuletzt formenreiche Fauna des Erdaltertums wird durch ein gewaltiges Artensterben vernichtet, das als das größte Aussterbe-Ereignis aller Zeiten gilt.

Zwei Klimazonen im Karbon

Das Karbon wird auch als Steinkohlezeit bezeichnet. Der Name, 1839 von einem schottischen Geologen eingeführt, leitet sich von dem lateinischen Wort für Kohle (»carbo«) her. Charakteristische Merkmale der Karbonzeit sind die extremen klimatischen Gegensätze zwischen der Nord- und der Südhalbkugel, eine starke tektonische Unruhe, die intensive Weiterentwicklung der Flora und Fauna sowie die Bildung der bedeutendsten Kohlevorräte der Erdgeschichte.

Zu Beginn dieser Periode ist der Zusammenschluss aller Festlandsgebiete zu der einen großen Landmasse Pangaea noch nicht vollzogen, aber abzusehen. Es gibt einen riesigen Kontinent, Gondwana, der im Norden etwa auf der Höhe der heutigen Ostsee beginnt und sich im Süden bis weit über den Südpol erstreckt. Unmittelbar über dem Südpol liegt Antarktika, das durch Festlandsverbindungen mit Südamerika, Südafrika, Indien, China und Australien verbunden ist. Entsprechende Ablagerungen in diesen Gebieten beweisen, dass es in dieser Phase zu einer bedeutenden Eiszeit mit ausladenden Vergletscherungen kommt, die die Entfaltung einer nennenswerten Fauna und Flora über viele Jahrmillionen unterbindet.

Vollkommen anders stellt sich die Situation auf der Nordhalbkugel dar. Der kleinere Nordkontinent, bestehend aus den nördlichen Teilen Asiens und einigen Regionen Chinas, ist nur noch durch eine schmale Meeresstraße von der Ostküste Europas getrennt. Die Äquatorlinie überquert Südeuropa und das benachbarte Nordamerika auf der Höhe von Texas. Im äquatorialen Raum und auf der Nordhalbkugel herrscht ein tropisches, feuchtwarmes Klima. Es erzeugt ideale Voraussetzungen für ein intensives Pflanzenwachstum, wie es sich in den karbonischen Steinkohlewäldern, den ersten großen Wäldern der Erdgeschichte, manifestiert.

Articulatae wie Sphenophyllum (Fossil aus Sachsen) zeugen von der Riesenflora des Karbons.

Zugleich entwickelt sich ein Lebensraum, der die rasante Ausdifferenzierung der Fauna enorm begünstigt.

Ein zweiter Faktor ist bei der Entstehung der gewaltigen Kohlevorkommen maßgeblich, nämlich die sog. variskische Gebirgsbildung, die zu Beginn dieser Periode in Europa ihren Höhepunkt erreicht. Während die Erdkruste von Frankreich bis Böhmen zu gewaltigen Gebirgssystemen aufgeworfen wird, entstehen an den Rändern dieser Gebirge sog. Geosynklinalen. In diesen Bereichen, in denen die Erdkruste absinkt, breiten sich zwei verschiedene Arten von Steinkohlewäldern aus. In den Inlandsgebieten dominieren die von zahlreichen Flüssen gespeisten Sumpfmoore, die die späteren sog. limnischen Kohlereviere bilden. In den Brackwasser führenden Sedimentationsbecken in Küstennähe, die gelegentlich vom Meer überflutet werden, entstehen die sog. paralischen Reviere. Hier wie dort sind die Voraussetzungen für die Entstehung von Kohle ideal.

Lebenswelt der Kohlesümpfe

Nachdem die Pflanzenwelt in Silur und Devon Jahrmillionen benötigt hatte, um das Festland zu erobern, erlebt sie jetzt eine geradezu explosionsartige Entwicklung. Weite Teile der Nordhalbkugel werden von einer üppigen Sumpfvegetation überdeckt, die eindeutig von den Farnartigen dominiert wird. Ein herausragendes Merkmal dieser Periode ist die enorme Steigerung des Größenwachstums. Die Riesen der karbonischen Flora, baumförmige Bärlapp- und Schachtelhalmgewächse, erreichen Höhen von bis zu 40 m.

Rasante evolutionäre Fortschritte zeigen sich auch in der Tierwelt. Bei den Spinnentieren entwickelt sich die Gruppe der Webespinnen, die heute die große Mehrzahl aller Spinnen umfasst. Eine große Zahl neuer Formen und Stammeslinien bringen auch die Insekten hervor, die in dieser Periode den Luftraum erobern. Die imposantesten Fluginsekten

Die Bolaspinne zählt zu den Webespinnen, die sich zu Beginn des Mesozoikums entwickeln.

354 Mio.

Um 354–325 Mio.: Auf der Nordhalbkugel setzt die Bildung großer Kohlelagerstätten ein, die dem Zeitalter des Karbons seinen Namen verleihen.

Um 354–292 Mio.: Im Zuge der variskischen Gebirgsbildung wird in Europa ein Hochgebirgssystem aufgeworfen, das vom französischen Zentralmassiv bis nach Böhmen reicht.

Um 354–292 Mio.: Mit dem Auftreten ihrer ersten geflügelten Vertreter (Pterygoten) erfahren die Insekten einen Evolutionsschub.

Um 325 Mio.: Die ersten vom Wasser wirklich unabhängigen Vertreter der Reptilien bilden sich in Sümpfen des heutigen Ostkanadas heraus.

Um 310–270 Mio.: Walchien sind die früheste Vertreter der Nadelbäume, die bis in die Neuzeit die Flora der Nordhalbkugel prägen.

des Karbons sind die in Nordamerika und Europa heimischen Ur-Libellen, die Flügelspannweiten von bis zu 75 cm aufweisen.
Entscheidende Weiterentwicklungen gibt es auch in der Gruppe der Amphibien. Bei den älteren Labyrinthodontia, benannt nach der labyrinthartigen Faltung ihrer Zähne, treten mit Crassigyrinus, Eryops, Paracyclotosaurus, Mastodonsaurus und Eogyrinus gleich mehrere Vertreter in Erscheinung, die mindestens zwei Meter Länge messen. Zugleich entwickelt sich im Karbon die zweite, insgesamt heterogenere Stammeslinie der Lepospondyli. Es ist eine Gruppe kleinerer, Insekten fressender Amphibien, die in ihrer äußeren Erscheinung zum Teil an Salamander und Schlangen erinnern.
Einer der bedeutendsten Schritte in der Geschichte des Lebens, der sich ebenfalls in den karbonischen Sümpfen vollzieht und der nicht allein das gesamte Mesozoikum prägt, ist die Entwicklung der ersten Reptilien. Von ihren Vorfahren, den Amphibien, unterscheiden sie sich vor allem durch eine andere Reproduktionsstrategie, die sie später an die Vögel vererben. Sie legen hartschalige, nährstoffreiche Eier und emanzipieren sich dadurch endgültig vom Wasser, das nahezu allen Amphibien als Kinderstube dient. Die evolutionären Vorzüge dieser neuen, von den Umweltbedingungen unabhängigeren Reproduktionstechnik treten vor allem in den nachfolgenden Trockenzeiten hervor.

Das Florenmittelalter beginnt

Im Perm, der letzten Periode des Erdaltertums, kommt es weltweit zu einem schleichenden, darum nicht weniger grundlegenden Wandel der gesamten Lebenswelt. Der entscheidende Auslöser sind die sich verändernden klimatischen Bedingungen. Europa, das mit großen Teilen Asiens im Osten und mit Nordamerika im Westen die auch als Laurasien bezeichnete Nordhälfte Pangaeas bildet, liegt zu Beginn dieser Periode, wie die benachbarten Regionen, noch in Äquatornähe. Vorübergehend gibt es durch den Anschluss des kleineren Nordkontinents die eine große Landmasse Pangaea, auch wenn bereits zum Ende dieser Periode im Südosten der schleichende Zerfall beginnt. Der Riesenkontinent, die »All-Erde«, driftet langsam nach Norden. Antarktika bewegt sich dadurch vom Südpol fort, die Vereisungen in Gondwana lassen nach. In kleinen Schritten erobert die Vegetation nun auch die Südhalbkugel. Nach einem charakteristischen Samenfarn wird sie als Glossopteris-Flora bezeichnet. Auch landlebende Wirbeltiere und Insekten breiten sich aus.
Eine ganz andere Entwicklung vollzieht sich auf der Nordhalbkugel. Nordamerika und Europa werden durch die Verlagerung langsam in einen Trockengürtel gedrängt. Es ist weiterhin heiß, zugleich wird es aber immer trockener. Zum Teil entwickelt sich, wie die Ablagerungen erkennen lassen, ein trockenes, wüstenartiges Klima. Im Zusammenhang mit diesem Klimawandel endet in Laurasia der erste Abschnitt in der Florengeschichte und es beginnt das Florenmittelalter oder Mesophytikum. Jene feuchtigkeitsliebenden Arten, die die karbonischen Sumpflandschaften prägten,

Die Urahnen der heute lebenden Reptilien (hier eine Perleidechse, die größte aller europäischen Eidechsenarten) bevölkern die Erde.

verschwinden oder werden an den Rand gedrängt. Es beginnt die große Zeit der Koniferen. Erstmals breiten sich in Europa ausgedehnte Nadelwälder aus.
Die Fauna wird um die Gruppe der Käfer bereichert, die heute mit 400 000 klassifizierten Arten die erfolgreichste Tiergruppe aller Zeiten bilden. In einer Anpassung an das veränderte Klima entwickeln einige Insekten zwischen dem Larvenstadium und dem erwachsenen Zustand ein Puppenstadium. Die Amphibien sind noch immer formen- und zahlreich vertreten, geraten jedoch zunehmend in Rivalität mit den Reptilien, die ihnen im Kampf ums Dasein letztendlich überlegen sind. Während die Amphibien mit dem Austrocknen der Moore und Sümpfe kontinuierlich Lebensraum verlieren, können sich ihre Konkurrenten an das Leben sowohl in Wäldern als auch in Wüsten anpassen. Mit den Therapsiden gehen aus dieser Gruppe die Urahnen der Säugetiere hervor.
Das Erdaltertum endet mit einem gigantischen Massenaussterben, das als das größte aller Zeiten gilt, auch wenn ihm vor allem kleinere und unscheinbare Arten zum Opfer fallen. Namentlich die Meereslebewesen erleiden schwerste Verluste, doch auch die Insekten und Landwirbeltiere bleiben nicht verschont

Erste archaische Säugetiere

In der Trias setzt sich der Zerfall Pangaeas und die Erwärmung der Südhalbkugel fort. Für Europa ist es eine wechselhafte, durch starke Meeresspiegelschwankungen geprägte Zeit. Nach den sehr unterschiedlichen Sedimentationsschichten wird sie in die drei Stufen Buntsandstein, Muschelkalk und Keuper unterteilt. In der ersten Phase, dem Buntsandstein, ist es noch immer trocken und heiß. Neben dem zumeist rötlichen Sandstein werden bedeutende Mengen Steinsalz und Gips abgelagert. Im Muschelkalk erfolgt ein Meereseinbruch, der mit dem Germanischen Becken den größten Teil Mitteleuropas in ein riesiges Flachmeer verwandelt. Der Rückzug dieses Meeres leitet den Keuper ein. Zeitweise zeigt sich das Klima erneut trocken, erst zum Ende wird es feuchter.
Während der Stammbaum der Amphibien trotz spektakulärer Riesenformen insgesamt verarmt, bringen vor allem die Reptilien eine Vielzahl neuer Formen hervor. Schon früh treten mit den zum Teil mehr als vier Meter großen frühen Archosauriern die unmittelbaren Vorfahren der Dinosaurier in Erscheinung. Gleichzeitig passen sich einige Reptilien vollkommen an das Leben im Wasser an. Shonisaurus, ein Fischsaurier aus der Obertrias, erreicht eine Länge von 15 m.
Für diese Phase sind auch erste Vertreter der Flugsaurier belegt. Zu ihren Zeitgenossen zählen neben den frühesten Schildkröten und Krokodilen auch die ersten echten Dinosaurier. Unter diesen zweibeinigen Herrscherreptilien ist der etwa drei Meter lange, räuberische Coelophysis das größte. Wenig später tritt mit dem in Deutschland und Frankreich verbreiteten Plateosaurus der erste Pflanzen fressende Riesendinosaurier in Erscheinung. Er ist annähernd neun Meter lang und zwei Tonnen schwer.

Die Seychellen-Riesenschildkröte entstammt möglicherweise der Entwicklungslinie der Anapsiden.

Klein und unbedeutend wirken dagegen die Prototherier, die ersten archaischen Säugetiere. Ein primitives Merkmal der Vertreter dieser Gruppe ist, dass sie, wie ihre letzten überlebenden Verwandten, das Schnabeltier und der Ameisenigel, ihre Jungen zwar säugen, aber nicht lebend gebären. Wie ihre reptilischen Vorfahren legen sie Eier. Es sind spitz- oder wühlmausähnliche Tiere, die aus Vorsicht vor räuberischen Reptilien nachtaktiv sind. Das ganze Mesozoikum über existieren sie im Schatten der Dinosaurier. Durch das Leben bei Nacht und die vielen Feinde entwickeln sie jedoch in dieser Phase zwei in evolutionärer Hinsicht entscheidende Vorzüge: äußerst scharfe Sinne und ein größeres Gehirn.

Um 300 Mio.: Auf Höhe des Äquators bildet sich langsam das Ur-Mittelmeer Tethys heraus, das später die Großkontinente Gondwana und Laurasien trennt.

Um 292–270 Mio.: Bei den Insekten bildet sich die Ordnung der Käfer (Coleoptera) heraus, die zur artenreichsten Gruppe der Tierwelt werden.

Um 250–205 Mio.: Die frühen Archosaurier sind die Vorläufer der Dinosaurier, die die größten Landlebewesen aller Zeiten darstellen.

Um 227–205 Mio.: Flugsaurier sind die ersten Wirbeltiere, die den Luftraum erobern. Zu den wichtigsten Vertretern zählen Eudimorphodon, Peteinosaurus und Preondactylus.

Um 210 Mio.: Die ersten primitiven Säugetiere – Fleisch fressende Triconodonten – bevölkern die Erde.

205 Mio.

Um 354 Mio. In Mittel- und Westeuropa entstehen im Zuge der Gebirgsfaltungen sandig-tonige Gesteinsschichten, die so genannte **Flyschfazies**. Dabei handelt es sich um Meeresablagerungen, die aus Sandsteinen mit hohen Glaukonit- und Glimmeranteilen sowie Mergeln, Schiefertonen und Kalksteinen bestehen. Die Flyschsedimente lagern sich vor allem durch Trübeströme (Turbidite) in den trogförmigen Senkungsräumen der Erdkruste ab, den Geosynklinalen.

In Mitteleuropa kommt es zu einer vermehrten **vulkanischen Aktivität** in Senkungsbereichen im Vorfeld der Gebirge. Der Großteil der Eruptionen ereignet sich an den Übergängen der Mitteldeutschen Schwelle und in den Senkungsbecken nördlich davon. Von dem ausgeprägten Vulkanismus zeugen starke Ablagerungen am Nord- und Ostrand des Rheinischen Schiefergebirges. Die vulkanischen Schichten setzen sich aus basaltischer Lava zusammen. Sie weist im Unterschied zu bereits im Devon ausgetretenen Lavaströmen einen geringeren Gasgehalt auf.

Ein breiter **Meeresarm** umfließt das Brabanter Massiv im Norden und Osten des heutigen Belgien und im Süden der Niederlande sowie die Niederländische Scholle. Infolge tektonischer Prozesse wandert die Meereszone im Laufe der Zeit nach Norden. Sie hinterlässt in dem Senkungsgebiet in Belgien und beim heutigen Aachen bis zu 700 m dicke Ablagerungen aus Kohlenkalk. Die abgelagerten Sedimente zeichnen sich durch eine hohe Fossiliendichte aus. Am Rande des Beckens sind überwiegend Crinoidea (Stachelhäuter: Seelilien) zu finden. Im Zentrum des Beckens häufen sich dagegen Bryozoen (Moostierchen).

Im Zuge der variskischen Gebirgsbildung in Mitteleuropa entstehen der **Schwarzwald**, die Vogesen und das französische Zentralmassiv. Von den tektonischen Prozessen zeugen Ablagerungen, die fossile Pflanzenreste aus dem Karbon enthalten. Der Schwarzwald, die Vogesen und das Zentralmassiv liegen am Nordwestrand der Alemannisch-Böhmischen Insel. Sie trennt seit dem Alt-Paläozoikum die mitteleuropäischen Senkungsgebiete vom südeuropäischen Becken.

Bei der variskischen Gebirgsbildung wird das Meer im Bereich des **Harzes** zurückgedrängt. Das Senkungsgebiet füllt sich in der Folgezeit mit großen Mengen abgetragener Gesteinsmassen, zu denen u. a. Sieber-Tanne-Grauwacke, Bruchberg-Acker-Quarzit und Kulmgrauwacke zählen.

Um 354–325 Mio.

Riesige Schuppenbäume

Im Tournais (354–342 Mio.), dem frühesten Abschnitt des Karbons, entwickelt sich in den meisten Erdregionen eine üppige und zugleich relativ einheitliche Pflanzenwelt. Dominiert wird sie noch immer eindeutig von den Farnpflanzen. Deren herausragende Vertreter in dieser Epoche sind die zur Familie der Lepidodendraceae zählenden Schuppenbäume, nach denen die Pflanzenwelt des Tournais auch als Lepidodendropsis-Flora bezeichnet wird. Diese Schuppenbäume sind wie die ebenfalls sehr verbreiteten Siegelbäume der Gattung Sigillaria Vertreter der Bärlappgewächse, die eine stattliche Höhe von 20 bis 40 m erreichen. Einen nicht unerheblichen Anteil am Aufbau der oberkarbonischen Flora haben die Schachtelhalme (Articulata), die im Karbon äußerst formenreich vertreten sind, heute jedoch nur noch durch die Equisetales repräsentiert werden. Die mächtigsten Vertreter der karbonischen Schachtelhalme sind die bis zu 30 m hohen Calamites-Arten, die ebenfalls im Tournais eine Blütezeit erleben. Sowohl bei Farnen wie auch bei Samenfarnen finden sich sog. Gabelwedel – eine Großblattgestalt, wie sie etwa in der Gegenwart der Farn Gleichenia aufweist.

Lepidodendron veltheimi aus Kombach (Hessen)

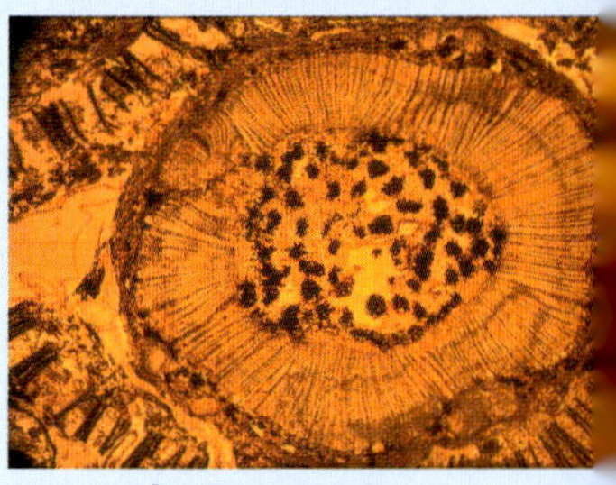

Stamm des Farns Lyginodendron (Querschnitt)

Um 354–325 Mio.

Schottland: Vulkanische Aktivitäten formen Arthur's Seat

In der Nähe der heutigen schottischen Stadt Edinburgh finden Vulkanausbrüche statt, aus denen durch spätere Erosionsprozesse die typische Gestalt des Hügels Arthur's Seat (s. Abb.) hervorgeht. Zunächst kommt es im Verlauf mehrerer Eruptionen zum Auswurf basaltischer Lavamassen. Da sie bei ihrer Erstarrung den Schlot des Vulkans verstopfen, bleibt das nachfolgende Magma unter einer Decke aus Lockergestein begraben. Die bei der Abkühlung entstehenden Schrumpfungsrisse erzeugen im vulkanischen Gestein säulenartige Strukturen, die – wie vergleichbare Formationen in Deutschland (Siebengebirge) – durch Erosion im Laufe von Millionen Jahren freigelegt werden.

Zeittypischer Schattenspender: versteinerte Farnblätter aus dem Karbon

Die Lepidodendropsis-Flora findet sich im Oberkarbon in vielen Teilen der Erde. Ausgenommen davon bleibt die Region der späteren Antarktis, die zwar noch der riesigen Festlandmasse Gondwanas angehört, sich aber bereits über den Südpol geschoben hat. Auf dem Nordkontinent, der in dieser Zeit aus Sibirien und Teilen Chinas zusammengesetzt ist, sind diese Pflanzen ebenso nachzuweisen wie in Europa, Amerika, Australien sowie weiten Teilen Afrikas und Asiens.

Um 354–325 Mio.

Tullimonstrum gibt Rätsel auf

Auf dem Gebiet des heutigen US-amerikanischen Bundesstaates Illinois lebt ein zu den Invertebraten (Wirbellosen) zählendes Tier, das von den Paläontologen den wissenschaftlichen Namen Tullimonstrum gregarium erhält. Die zoologische Klassifikation des Tieres bleibt jedoch bis heute ein Rätsel.

Das Tullimonstrum, das in den Sedimenten von Mazon Creek im Becken von Illinois versteinert, erreicht eine Körperlänge von mehr als 30 cm. Wie zwei weitere Vertreter der Invertebraten, die Opabinia und die Euthycarcinoidea, lässt sich das Tullimonstrum keinem der heute bekannten Tierstämme zuordnen. Die Wissenschaftler vermuten deshalb, dass es einer Entwicklungslinie angehört, die wahrscheinlich bereits im Erdaltertum erloschen ist.

Die Fachleute gehen davon aus, dass das Tullimonstrum gregarium vermutlich ein Meeresbewohner war. Es besitzt einen länglichen Körper, der im Brustbereich deutlich segmentiert ist und an seinem Ende in einen mit Flossen besetzten Schwanz ausläuft. An seinem Kopf befindet sich ein kleiner Rüssel, überdies lassen sich zwei kleine Kiefer erkennen. Die Augen liegen wahrscheinlich an den Enden einer Querstrebe zwischen Kopf und Rumpf.

Um 354–325 Mio.

Insekten erlangen Lufthoheit

Bereits im unteren Karbon nimmt die Evolution der Insekten einen gewaltigen Aufschwung, aus dem von der Eintagsfliege bis zur Riesenlibelle eine Fülle neuer Stammeslinien hervorgeht. Ein herausragendes Merkmal dieser Entwicklung ist die Trennung der ungeflügelten Insekten, der Apterygoten, von ihren geflügelten Verwandten, den Pterygoten. Erstmals erobern Tiere den Luftraum. Die Genese der Flugfähigkeit ist den Wissenschaftlern bis heute ein Rätsel, genau wie die Abstammung der Insekten überhaupt. Deren erster Vertreter, ein zu den Springschwänzen zählendes Ur-Insekt namens Rhyniella praecursor, lebte bereits an der Silur-Devon-Grenze (um 417 Mio.) in Schottland. Erste Flügel sind hingegen erst aus den obersten Schichten des Unterkarbons nachgewiesen. Sie stammen aus Sachsen-Anhalt und Nordrhein-Westfalen und gehören zu einem etwa 20 cm großen Fluginsekt. Bislang sind noch keine Zwischenstufen bekannt und die Wahrscheinlichkeit, sie zu finden, ist aufgrund der zarten Bauweise der Flügel außerordentlich gering.

Es wird vermutet, dass sich das Flugvermögen aus dem Sprungflug entwickelt hat. Diese Hypothese basiert auf der Beobachtung, dass sich bei Insekten, die den Sprungflug beherrschen, der Schwerpunkt des Körpers nach vorn verlagert und sie deshalb auch ein gutes Gleitverhalten aufweisen. Die Flugtechniken der verschiedenen Insekten differenzieren sich im Laufe der Evolutionsgeschichte aus. Die Ur-Flügler weisen, wie viele ihrer Nachkommen, am zweiten und dritten Brustsegment jeweils ein Flügelpaar auf. Die Schaben des Karbons zählen vermutlich zu den ersten Insekten, denen es gelingt, ihre Flügel in Ruhestellung nach hinten zu klappen.

Um 354–325 Mio.

Kohlenkalk – ein heute beliebter Baustoff entsteht im Karbon

Obwohl die Kolonien bildenden Korallen früherer Perioden an der Devon-Karbon-Grenze nahezu vollkommen ausgestorben sind (siehe S. 147), kommt es auch im Karbon zu bedeutenden Kalkablagerungen. Besonders stark treten sie auf der nördlichen Erdhalbkugel auf, wo sie mancherorts eine Mächtigkeit von bis zu 700 m erreichen.

Ein typisches Sediment speziell des Karbons ist der sog. Kohlenkalk. Anders als die Kulm-Fazies des Karbons (siehe S. 161), die nur in Tiefseeregionen vorkommt, entsteht der Kohlenkalk in Flachwasserbereichen. Nicht anders als die großen Riffformationen des Silurs und Devons bildet er sich bevorzugt in wärmeren Klimazonen. Heute kann man dieses Sediment vor allem für verschiedene Regionen Europas, etwa in Irland, England (Abb.: Korallenstock im englischen Kohlenkalk) und Belgien, nachweisen. Vergleichbare Kohlenkalk-Sedimente finden sich auch in weiten Teilen Nordamerikas. Unter dem Handelsnamen »Belgischer Marmor« wird Kohlenkalk heute bevorzugt zu Tischplatten, Fußböden und Fassadenverkleidungen verarbeitet.

Kohlenkalk ist ein kalkreiches, dunkles Gestein, das einen großen Anteil organischer Einlagerungen enthält und sich besonders stark in Schelfgebieten absetzt. Einen hohen Anteil stellen die Korallen, doch handelt es sich nun – im Unterschied zu vorherigen Perioden – um die weit verbreiteten einzeln lebenden Formen, die im Karbon eine Phase der ausgeprägten Artbildung erleben. Im »Belgischen Marmor« lassen sich die für ihre Skelette typischen Kalkscheidewände häufig gut im Querschnitt erkennen. Ebenfalls stark vertreten sind die Bryozoen oder Moostierchen – eine Gruppe der Kranzfüßer, die am Meeresboden fest sitzende Kolonien bilden. Schließlich spielen beim Aufbau der Kohlenkalk-Fazies die Echinodermen oder Stachelhäuter eine große Rolle. Die Seelilien, die eine Tendenz zu einfacher gebauten Kelchen zeigen, wandern nun in tiefere Wasserschichten, sodass sie auch bei der Entstehung der Kulm-Fazies von Bedeutung sind. Einige der karbonischen Seeigel ähneln bereits heute lebenden Formen.

Um 354 Mio. Im Unterkarbon kommt es auf der Erde zur Ausbreitung der **Cordaiten**. Die baumgroßen Pflanzen bilden eine Unterart der Coniferophytina, zu denen auch die Koniferen und die Ginkgo-Bäume zählen. Bei den Cordaiten handelt es sich um hohe Bäume mit verzweigten Ästen und großen Blättern. Diese sind ungeteilt und bilden eine schmale Form mit parallel verlaufenden Nervensträngen. Das Holz der Cordaiten kennzeichnen trichterförmige Aussparungen in den Leitbündeln, die nebeneinander angeordnet sind und sich berühren, so genannte araucarioide Hoftüpfel.

In den Alpen und in Südeuropa ähneln die Gesteinsablagerungen denen des Devon. In den Karnischen Alpen und den Karawanken bilden sich **Kalkschichten**, die große Mengen an fossilisierten Cephalopoden (Kopffüßer) enthalten. Ähnliche Ablagerungen finden sich auch auf dem Balkan, auf Korsika, im Süden Frankreichs und auf der Iberischen Halbinsel. Im oberen ostalpinen Raum ist dagegen eine andere Schichtenbildung zu beobachten. Hier lagern sich neben Kalk überwiegend sandige und schiefrige Sedimente ab.

Eine neue Pflanzengruppe, die **Pteridospermen** (Samenfarne), erscheint. Dies belegen fossile Florenreste, die in Ablagerungen aus dem Unterkarbon entdeckt wurden. Anhand der Fossilien lässt sich die Gestalt der Pteridospermen rekonstruieren. Sie besitzen farnförmige, wedelartige Blätter mit an der Blattunterseite hängenden Samen.

Die Geosynklinalen (Senkungsbereiche) **Asiens** werden von Gesteinsschichten aus Kohlenkalk und sandig-tonigen Sedimenten (Kulm) aufgefüllt. An einigen Küstengebieten beginnen sich erste Moorflächen auszubreiten. Im weiteren Verlauf des Karbons drängen die aufsteigenden Gebirge das Meer in weiten Teilen Asiens zurück. Nur in den heutigen Gebirgsregionen des Pamir, des Himalaja und des westlichen Kaukasus verbleiben die Wassermassen.

Im Osten des heutigen Europa wird der Festlandskern der **Russischen Tafel** teilweise vom Meer überflutet. Es lagern sich dünne Schichten aus Kalk mit hoher Fossiliendichte an. Zeitweise bilden sich kohlehaltige Sedimente. Im weiteren Verlauf des Karbons entstehen im Bereich der Russischen Tafel Becken, darunter das Donez-Becken, das z.T. mächtige Karbonflöze aufweist.

Um 354–325 Mio.

Chimären und ihre Verwandten: Rochen, Haie und Seedrachen

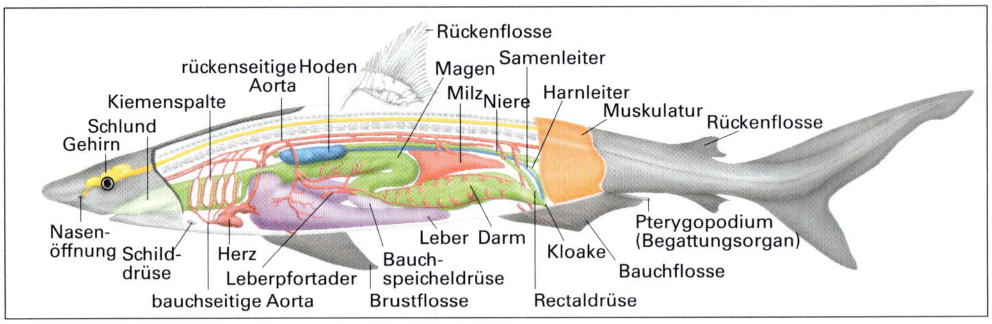

Im Unterkarbon tritt in der vergleichsweise kleinen Gruppe der Knorpelfische (Abb.: Anatomie eines Knorpelfischs) eine neue Untergruppe in Erscheinung: Es sind die Holocephalen, die auch als Chimären bezeichnet werden. Sie stellen die frühesten Vorfahren jener bizarren heute lebenden Formen, die unter den Namen Seedrachen, Seeratten oder Spöken bekannt sind.
Zu den frühesten Vertretern der Holocephalen zählen die Echinochimaeridae und die Chondrenchelyiformes. Diese Fische teilen viele Skelettmerkmale mit ihren engsten Verwandten, den Haien und Rochen, die gemeinsam die zweite Untergruppe (Elasmobranchii) der Knorpelfische bilden. Die Bauweise ihres auffallend langen, spitzen Schwanzes macht die Holocephalen zu langsamen und relativ unbeholfenen Schwimmern, die für die Fortbewegung vor allem die dicht hinter dem Kopf sitzenden, überproportional großen Brustflossen verwenden. Sie leben in großen Wassertiefen, wo sie sich bevorzugt von Schalentieren und Krebsen ernähren. In einer Anpassung an diese hartschalige Nahrung haben sich ihre Zähne zu robusten Kauplatten entwickelt.

Um 354–325 Mio.

Aus Torf wird Kohle

In verschiedenen Teilen der Nordhalbkugel bilden sich die ersten jener ausgedehnten Kohlelager, die dem Karbonzeitalter seinen Namen geben. »Carbo« ist das lateinische Wort für Kohle.

Während die Hauptzeit der Steinkohlebildung in den meisten Regionen Europas in etwas spätere Epochen fällt und im unteren Karbon nur in einigen wenigen Regionen nachzuweisen ist – so etwa in Teilen Schottlands, Polens und Tschechiens –, bilden sich bedeutende Teile der nordamerikanischen Steinkohlelager bereits in dieser frühen Phase. Die Entstehung der karbonischen Steinkohleformation ist ein Phänomen, das sich nur durch das Zusammenspiel verschiedener Faktoren ereignen kann.
Die große Faltungsphase, die man als variskische Gebirgsbildung (siehe S. 133) bezeichnet, hatte seit dem Devon auf den Festlandsgebieten zahlreiche Randsenken entstehen lassen, die durch Überflutung zu flachen Meeresbecken wurden. Als das Wasser sich mit der Zeit zurückzog, hinterließ es ebenso ausgedehnte wie fruchtbare Sumpflandschaften. Im Karbon setzt sich vor allem auf der Nordhalbkugel ein feuchtwarmes und niederschlagsreiches Klima durch. Parallel dazu nimmt

Steinkohleabbau in den Appalachen West Virginias (USA)

Um 354–325 Mio.

Kampf um das lebenswichtige Sonnenlicht: Pflanzen des Karbons bilden Riesenformen aus

Der Wechsel vom trockenen Klima des Devons (417–354 Mio.) zur feuchtwarmen Witterung des Karbons schafft ideale Voraussetzungen für die Ausbreitung der Pflanzenwelt über das gesamte Festland. Die rasche Entstehung einer dichten Vegetationsdecke wird begleitet von einem intensiven Wettlauf um das Licht, der zahlreiche Vertreter der Pflanzenwelt zum Größenwachstum und einer Ausdehnung ihrer das Sonnenlicht absorbierenden Oberfläche anregt. Der Versuch, möglichst viel Lichtenergie photosynthetisch zu fixieren, ist der Hauptantrieb in der karbonischen Evolution der Pflanzenwelt.
Eine verstärkte Tendenz zum Größenwachstum zeigt sich besonders ausgeprägt auf der Nordhalbkugel, die durch ein feuchtwarmes, niederschlagsreiches Klima bestimmt wird, wie es heute in den Tropen zu finden ist. Die Riesen der karbonischen Wälder, die im unteren Karbon vor allem weite Gebiete Nordamerikas und verstreute Regionen Europas bedecken, ihr Verbreitungsgebiet aber kontinuierlich erweitern, sind die zu den Bärlappgewächsen zählenden Schuppenbäume (siehe S. 154), die eine Höhe von bis zu 30 m erreichen. Ihren größten Artenreichtum entfalten sie im mittleren und oberen Karbon, sterben aber im Verlaufe des Perms (292–250 Mio.) wieder aus. Ebenfalls zu den Bärlappgewächsen zählen die etwas späteren Siegelbäume oder Sigillarien, die bis zu 40 m hoch werden.

Einen Großteil der tropischen Wälder des Karbons stellen die Calamites-Arten, baumförmige Schachtelhalmgewächse (Abb.: Stammstück eines Schachtelhalms), die eine ähnliche Höhe erreichen wie die Schuppenbäume. Des Weiteren gibt es baumförmige Samenfarne, die sich seit dem oberen Devon nachweisen lassen, im Karbon aber eine Blütezeit der großwüchsigen Formen erleben. Auch in der vergleichsweise noch jungen Gruppe der Samenpflanzen kommt es zu Großwuchs. Die zu den Nacktsamern zählenden Cordaiten, deren Vorkommen sich hauptsächlich auf das Karbon beschränkt, bringen hochwüchsige Formen mit nahezu astlosen Stämmen und verzweigten Kronen mit Blättern hervor.

In der Steinkohle liegt der Anteil an Kohlenstoff zwischen 75 und 91,5 Prozent.

das Pflanzenwachstum gewaltige Ausmaße an. Es entsteht eine üppige Sumpfvegetation aus Farnartigen wie den Bärlappen, Schachtelhalmen und den echten Farnen, die in dieser Periode allesamt großwüchsige Baumformen hervorbringen (siehe S. 154).
Vor allem die Schuppenbäume und die Calamites-Arten des Karbons liefern so gewaltige Mengen Biomasse, dass die Zersetzung mit dem Absterben nicht mehr Schritt halten kann. Die toten Bäume sinken in den feuchten, sauerstoffarmen Boden, außerhalb der Reichweite der Bakterien. Die Sümpfe verwandeln sich auf diese Weise langsam in ausgedehnte Torflager. Unter dem Gewicht überlagernder Schichten spielen sich in den tieferen Schichten des sumpfigen Bodens geochemische Prozesse ab, die als Inkohlung bezeichnet werden: Unter Druck und bei erhöhten Temperaturen wird der Torf zunächst verdichtet und anschließend in verschiedene Kohlearten umgewandelt.

Um 354 Mio.

Moose – feuchte Ur-Pflanzen

Auf dem Gebiet des heutigen Schottland fossilisiert ein früher Verwandter der heute lebenden Lebermoose, die weltweit mit 10 000 Arten vertreten sind und bevorzugt an schattigen und feuchten Standorten wachsen (Abb.: Beckenmoos Pellia epiphylla). Aufgrund ihrer außerordentlich primitiven Organisation gelten die Lebermoose unter allen heute lebenden Formen als diejenigen, die den Ur-Pflanzen, die zuerst den Schritt aus dem Wasser gewagt haben, am nächsten kommen. Mit großer Wahrscheinlichkeit existierten sie bereits im Devon, doch weder dort noch im darauf folgenden Unterkarbon stellen sie einen erheblichen Anteil an der Vegetation. Als reine Quellkörper ohne jede Möglichkeit zur Wasserspeicherung sind Lebermoose auf extrem feuchte Standorte angewiesen. Ob sich die Bryophyta oder Moospflanzen parallel zu den Ur-Pflanzen entwickelt haben oder aus ihnen hervorgegangen sind, ist bis heute nicht geklärt.

Um 354–325 Mio.

Der Bauplan der Bäume

Bereits die frühen baumartigen Pflanzen, welche die tropischen Wälder des Karbons bilden, lassen bestimmte Konstruktionselemente erkennen, die noch heute den Aufbau aller Bäume bestimmen.

Dazu zählt insbesondere die charakteristische Aufteilung des Pflanzenkörpers in Wurzel, Stamm und Krone.
Zu den häufigsten Baumarten des Karbons gehört der bis zu 30 m hohe Schuppenbaum. Er hat lange, nadelförmige Blätter, die nach dem Abfallen schräg angeordnete Narben auf der Rinde hinterlassen (Abb.: Rinde eines Schuppenbaums). Die grasartigen Blätter des Siegelbaumes, eines weiteren typischen Vertreters der Baumarten im Karbon, sind bis zu einen Meter lang und sitzen an der Spitze des Stamms. Unmittelbar am Baumstamm wachsen die Zapfen. Die zu den Schachtelhalmgewächsen zählende Calamiten-Untergattung Stylocalamites weist mehrere astfreie Stämme auf. Ganz anders sieht Eucalamites aus: Bei dieser Baumart des Karbons entspringen aus jedem Knoten gleich mehrere Äste. Die Stämme der Calamiten münden in unterirdische Sproßwurzeln, die waagerecht im Boden verlaufen.

Um 354 Mio. Bei **Horton Bluff** an der Küste Neuschottlands im Osten Kanadas hinterlässt ein riesiges Wirbeltier eine Reihe von Fußabdrücken. Die fossilen Fußspuren wurden 1964 bei geologischen Untersuchungen entdeckt. Auf einer Länge von 20 m erstreckt sich eine Reihe von 27 Abdrücken. Im Abstand von jeweils 30 cm ist ein 30 cm langer Fußabdruck in den ehemals feuchten Boden eingeprägt. Die Tiefe der Abdrücke lässt darauf schließen, dass es sich bei dem Tier um eine schwergewichtige Spezies handelte, vermutlich eine Amphibienart.

Gegen Anfang des Karbons sterben auf der Erde die **Psilophyten** aus. Die Nacktpflanzen waren seit dem Silur (um 440 Mio.) weltweit verbreitet. Als einfache, zu den Kormophyten (Gefäßpflanzen) zählende Gewächse sind die Psilophyten in Wurzel, Spross und Blatt unterteilt. Die Sporen bildenden Organe, die Sporangien, sitzen bei den Psilophyten an den Enden der Sprossen.

Zu den vorherrschenden Pflanzen im Karbon zählen die **Lepidodendrales**. Einzelne Arten der Schuppenbaumgewächse erreichen eine Höhe von bis zu 30 m. Sie tragen nadelförmige Blätter, die mit einer Ligula besetzt sind, einem am unteren Ende der Blattoberseite wachsenden zungenförmigen Blättchen. Es dient der schnellen Aufnahme von Wasser. Gegabelte Wurzeln verankern die Schuppenbaumgewächse fest im Boden. Die abgestorbenen Lepidodendrales sind ein pflanzlicher Hauptbestandteil der Steinkohle.

Innerhalb der Bärlappgewächse bilden sich die **Sigillariaceae** (Siegelbäume) aus und entwickeln große Arten. Kennzeichen aller Sigillariaceae sind am Stamm in Längsrichtung verlaufende Blattnarben, die runde oder sechseckige Formen bilden. Sie entstehen beim Abfallen der dickfleischigen, langen Blätter. Anhand der charakteristischen Blattnarbenmuster werden verschiedene Gruppen der Siegelbäume unterschieden, u. a. die mit vertikalen geraden Narbenreihen besetzten Eusigillariae und die Subsigillariae, die durch quer gestreckte, eng aneinander sitzende Narben gekennzeichnet sind.

Noch immer sind die **Brachiopoden** die vorherrschenden Zweischaler in den Meeren. Im Karbon bilden die zu den Brachiopoden zählenden Productiden besonders großwüchsige Formen (Productus giganteus). Großformen entwickeln auch die Spiriferaceen. An der Riffbildung beteiligen sich die Bryozoen (Archimedes). Als neue Vertreter der Muschelfauna tauchen Pinniden und Limiden auf. Im Verlauf des Karbons gewinnen die Süßwassermuscheln (Carbonicula) an Bedeutung.

Um 354–292 Mio.

Florenprovinzen der Erde folgen klimatischen Bedingungen

Im Karbon entwickeln sich in verschiedenen Teilen der Welt erstmals Florenprovinzen mit jeweils charakteristischen Leitpflanzen, deren üppiger Wuchs im Oberkarbon (ab 320 Mio.) den Höhepunkt erreicht. Ursache dafür sind die klimatischen Gegensätze auf der Erde.

Typisch für die sog. euramerische Flora, die sich in Teilen Europas und Nordamerikas herausbildet, sind großwüchsige Baumformen der Bärlapp- und Schachtelhalmgewächse. Dazu zählen vor allem die Schuppenbäume und die Calamites-Arten, die bevorzugt im tropischen, feuchtwarmen Klima in Äquatornähe auftreten. Eine andere Flora bildet sich im Süden Gondwanas. Der Südkontinent liegt zu dieser Zeit mit seinem Zentrum Antarktis über dem Südpol. An dieses Kerngebiet grenzen die Südhälften Afrikas und Südamerikas sowie Teile Indiens, Chinas und Australiens. Nach dem weit verbreiteten Zungenfarn (Glossopteris) wird diese Florenprovinz als Glossopteris-Flora bezeichnet. Charakteristisch sind strauchförmige Gehölze. Eine dritte große Florengemeinschaft bildet sich auf der nördlichsten Festlandsmasse, dem aus Sibirien und Teilen Chinas bestehenden Nordkontinent.

Um 354 Mio.

Schwämme weisen einfache Spezialisierung ihrer Zellen auf

Erstmals fossilisieren Vertreter zweier Gruppen der Demospongiae bzw. gemeinen Schwämme, und zwar der Keratosida und Choristida. Sie besitzen wie die gebräuchlichen Badeschwämme ein feines Skelett aus Spongin, einer aus jodhaltigem Eiweiß bestehenden, leicht zersetzlichen Gerüstsubstanz. Aus der Datierung des Fundes ist nicht unbedingt zu schließen, dass die gemeinen Schwämme im Karbon erstmals in Erscheinung treten. Wissenschaftler vermuten, dass sie – wie viele der engsten Verwandten – bereits erheblich früher existierten und lediglich aufgrund der schwierigen Erhaltungsbedingungen für keinen früheren Zeitpunkt dokumentiert sind.

Die auch als Porifera oder Spongien bezeichneten Schwämme zählen in der zoologischen Klassifikation zu den Metazoa (Vielzeller und Gewebetiere). Untergliedert sind sie traditionell in drei Klassen: in die Demospongiae oder gemeinen Schwämme, die Calcarea oder Kalkschwämme (Abb. u.) sowie der Hexactinellida oder Glasschwämme. Eine Zwischenstellung nehmen die Stromatoporen ein, die in Silur und Devon eine wichtige Rolle als Riffbildner spielten, in der Forschung lange als ausgestorben galten und erst 1970 bei einer Tauchfahrt in der Karibik wieder entdeckt wurden. Die korallenähnlichen Stromatoporen weisen sowohl Merkmale der Calcarea als auch der Demospongiae auf und werden häufig als eigene, vierte Gruppe der Porifera betrachtet.

Ihrer ganzen Organisation nach zählen Schwämme zu den primitivsten Lebewesen überhaupt. Ihnen fehlen noch echte innere Organe, auch weisen sie keine Nerven- oder Muskelzellen auf. Als wesentliches Merkmal ihrer Urtümlichkeit gilt auch der Umstand, dass ihr Aufbau keinerlei Polarisierung im Sinne von Vorne und Hinten, Oben und Unten erkennen lässt. Von den noch primitiveren Placozoen trennt die Schwämme allerdings die Tatsache, dass sie eine einfache Spezialisierung der Zellen aufweisen, die der Skelettbildung, der Nahrungsaufnahme oder dem Nahrungstransport dienen. Gegenwärtig gibt es rund 5000 bekannte Arten von Schwämmen, die – wie die Mehrzahl ihrer archaischen Vertreter – bevorzugt im Salzwasser leben. Nur rund 120 Arten sind aus dem Süßwasser bekannt (Abb. o.: Süßwasserschwamm Spongilla lacustris). Schwämme gibt es in einer Fülle verschiedener Formen und Farben. Neben kleinen Vertretern von wenigen Zentimetern gibt es Poriferen mit einem Durchmesser von bis zu zwei Metern. Abgesehen von wenigen Arten bevorzugen sie die Flachwasserzonen.

Um 354–292 Mio.

Schlauchpilze bilden eigene Fruchtkörper für ihre Sporen aus

Mit gleich mehreren Vertretern lässt sich im Karbon die erste Gruppe der sog. höheren Pilze belegen, die der Schlauchpilze oder Ascomycetes (Abb.: Zinnoberroter Kelchbecherling). Wie bei den meisten Lebewesen mit weichen, schlecht fossilisierenden Körpern lässt der erste paläontologische Beleg, der aus dem Oberkarbon (ab 325 Mio.) stammt, nicht unbedingt auf den Zeitpunkt der Entstehung schließen. Möglicherweise sind die Schlauchpilze bereits bedeutend älter.

Die Ascomycetes sind eine Gruppe von Pilzen, die sich wie alle höheren Pilze durch die Ausbildung von Fruchtkörpern auszeichnen. Bei den Schlauchpilzen entstehen die zumeist acht, manchmal aber auch nur vier Sporen (Ascosporen) in teils schlauchförmigen, teils runden Behältern, die als Asci bezeichnet werden. Die Ausbildung des Ascus geschieht je nach Pilzart auf unterschiedliche Weise. Bei den niederen Schlauchpilzen der Untergruppe Protascomycetidae, zu denen u.a. schmarotzende Formen und die Hefepilze zählen, entsteht der Ascus zumeist unmittelbar aus dem Verschmelzungsprodukt der Geschlechtsorgane. Bei den eigentlichen oder höheren Schlauchpilzen, den Euascomycetes, entstehen die Sporenschläuche in gesonderten Fruchtkörpern, die bei manchen Formen geschlossen bleiben, sich bei anderen an der Spitze öffnen oder ihre Fruchtschicht frei ausbreiten. Trüffel z. B. bilden unterirdische, knollenförmige Fruchtkörper aus. Die systematische Klassifikation der rund 20000 heute lebenden Arten bereitet einige Schwierigkeiten.

Um 354–325 Mio.

Schnecken verlagern ihre Kiemen

In der Gruppe der Gastropoda (Schnecken) tritt neben die bereits wesentlich ältere Gruppe der Vorderkiemer (Streptoneura) die neue Gruppe der Hinterkiemer (Opisthobranchiata).

Von den Vorderkiemern, zu denen fast alle Schneckenarten gehören und die besonders große, auffallend strukturierte oder gefärbte Gehäuse bilden, unterscheiden sich die Hinterkiemer in vielerlei Hinsicht. Das auffälligste äußere Merkmal ist, dass ihr Gehäuse allenfalls schwach ausgebildet ist, häufig sogar ganz fehlt. Überdies sind sie ausschließlich Zwitter. Ihre Bezeichnung leitet sich von dem Umstand her, dass sich ihr Eingeweidesack im Laufe ihrer Entwicklung in eine andere anatomische Lage dreht, wodurch sich auch die Kiemen verlagern.

Lungenschnecken (hier eine Wasserlungenschnecke) entwickeln sich im Jura (205–142 Mio.) aus den im Karbon auftretenden Hinterkiemern.

Diese Verlagerung ist charakteristisch für alle Schnecken und beginnt bereits im Larvenstadium. Ausgangspunkt ist eine sog. Torsion, eine spiralförmige Aufwindung des Eingeweidesacks. Bei dieser Drehung, die um eine senkrecht stehende Achse erfolgt und im äußersten Fall um bis zu 180 Grad geschieht, werden alle Organe in eine veränderte Lage gebracht. Die Kiemen wandern mit der Mantelhöhle, dem After und der Nierenöffnung nach vorn, die beiden Hautnervenstränge überschneiden sich. Die Schnecken, die in diesem Stadium verharren, bezeichnet man als Streptoneura (gekreuzte oder gedrehte Nerven) oder als Prosobranchiata (Vorderkiemer). Es gibt aber auch andere Schnecken, bei denen nun eine Rückdrehung einsetzt, die allerdings nicht bis zum Ausgangspunkt zurückführt, sondern meist auf halbem Wege beendet ist. Bei ihnen wandern die Atmungsorgane auf die rechte Körperseite, die Nervenstränge sind nicht mehr gekreuzt. Diese Schnecken werden heute als Euthyneura (gerade Nerven) zusammengefasst.

Dieser nur wenige Millimeter große Hinterkiemer (Alderia) ist an den Brandungszonen des Mittelmeeres beheimatet.

In der wissenschaftlichen Taxonomie wurden die Hinterkiemer lange Zeit als eigene Gruppe den beiden anderen bestehenden Untergruppen der Vorderkiemer und der Lungenschnecken (Pulmonata) gegenübergestellt, doch gilt diese Einteilung als überholt. Weil sie im Prinzip einen identischen Bauplan aufweisen, werden die Hinterkiemer heute mit den Lungenschnecken in der Untergruppe der Euthyneura zusammengefasst. In welcher genauen Beziehung die insgesamt acht Gruppen der Euthyneura zueinander stehen, ist noch unbekannt. Es gilt jedoch als gesichert, dass die Schneckenfamilie der Acteonidae das morphologische Bindeglied zwischen den Streptoneura und den Euthyneura stellt und deshalb als Stammform aller Hinterkiemer und Lungenschnecken zu betrachten ist.

Im Vergleich zu früheren Epochen ist die Familie der Acteoniden heute klein. Die jetzt lebenden Arten kommen jedoch im Mittelmeer und an den europäischen Atlantikküsten sehr häufig vor. Sie bevorzugen Sand- und Schlickböden, in denen sie unterirdische Kanalsysteme anlegen. Auf ihre Abstammung von den älteren Vorderkiemern weist vor allem ihre noch gut und kräftig ausgebildete, bis zu drei Zentimeter hohe Schale hin. Da die Kiemen der Acteoniden so klein sind, dass sie für die Atmung nicht ausreichen, verfügen die Tiere über eine Art zusätzliches Atmungsorgan, einen mit Wasser gefüllten, bis in die obersten Schalenwindungen reichenden Schlauch, durch den auch der Eingeweidesack Sauerstoff absorbieren kann. Die mehr als 20000 heute bekannten Arten der Hinterkiemer kommen im Süß- wie im Salzwasser vor. Die im Freiwasser lebenden Formen bilden eine wichtige Ernährungsgrundlage für verschiedene Wale.

Um 354 Mio. Auf der Erde breiten sich die seit dem Devon auftretenden **Schachtelhalmgewächse** (Calamitaceae) weiter aus. Die als Vorfahren der heute noch lebenden Schachtelhalme geltenden Calamitaceae bilden z. T. riesige Formen. So erreichen einzelne Arten eine Höhe von 30 m mit einem Stammdurchmesser von etwa einem Meter. Kennzeichen der Schachtelhalmgewächse sind große Markhohlräume, an deren Wand das wasserleitende Gewebe in Strängen sitzt.

An der Grenze vom Devon zum Karbon leben in den Meeren die letzten Vertreter der **Arthrodira**. Die bis zu acht Meter langen Fische haben einen kräftigen Kiefer mit zahnartigen Fortsätzen ausgebildet. Wie die nahe verwandten, ebenfalls ausgestorbenen Antiarchi sind die Arthrodira im Bereich des Kopfes und des Oberkörpers durch einen Panzer aus Knochenplatten geschützt. Gelenke verbinden Kopf und Rumpf der Fische. Zur Fortbewegung dienen den Arthrodira kleine Bauch- und Brustflossen.

Die **Strahlenflosser** (Actinopterygii), eine Untergruppe der Knochenfische (Osteichthyes), breiten sich aus. Als älteste Belege der Actinopterygii, zu denen auch die meisten der heute lebenden Fische zählen, gelten fossile Reste der Art Andreolepis. Sie wurden in Grönland gefunden und datieren aus dem Obersilur. Einige frühe Formen der Actinopterygii besitzen dicke, rhombenförmige Schuppen, so genannte Ganoid-Schuppen. Sie entwickeln sich später zu runden Schuppen (Cycloid-Schuppen) oder gezähnten Kammschuppen (Ctenoid-Schuppen).

Im heutigen Europa lebt **Pholidogaster**, eine zu den Anthracosauria zählende Amphibienart. Fossile Reste des Tieres wurden u. a. in der Nähe von Edinburgh in Schottland gefunden. Sie weisen Pholidogaster als eine große Echse aus, die einen langen und schmalen Rumpf besitzt. Nur schwach ausgeprägt sind die kurzen Beine. Den Bauch Pholidogasters schützt ein Schuppenpanzer.

Zu den ersten Amphibien zählt das in Nordamerika beheimatete **Dendrerpeton**. Das zu den Schnittwirblern (Temnospondylii) gehörende Dendrerpeton hat einen massigen Körper und erreicht eine Länge von etwa einem Meter. Kurze Füße dienen der Fortbewegung. Seitlich des plumpen, breitmauligen Kopfes sitzen große Augen.

Gut an das Leben im Wasser und auf dem Land ist **Proterogyrinus** angepasst. Das zu den Anthracosauriern gehörende Tier besitzt starke, kleine Beine, mit denen es sich sowohl in den Sümpfen als auch auf dem Land schnell fortbewegen kann. Proterogyrinus kennzeichnet ein kurzer Rumpf und ein ebenfalls nicht sehr langer Hals. 32 Doppelwirbel stützen den Körper. Fossilfunde belegen, dass Proterogyrinus in Nordamerika und Europa beheimatet war.

Um 354 Mio.

Garnelen, Hummer und Langusten bevölkern die Meere

Mit verschiedenen Vertretern der Garnelen- und Hummerartigen treten zu Beginn des Karbonzeitalters die ersten Zehnfußkrebse oder Decapoden in Erscheinung (Abb. r.: Eryma modestiformis). Mit gegenwärtig 10 000 bekannten Formen bilden die Decapoden heute die artenreichste Gruppe der höheren Krebse oder Malacostraca. Zu der äußerst vielgestaltigen Gruppe zählen neben den Garnelen, Hummern und Langusten auch die Krabben, Fluss- und Einsiedlerkrebse.

Das charakteristische und namengebende Merkmal der Decapoden ist die Zahl und Anordnung der Gliedmaßen. Von den insgesamt acht Gliedmaßenpaaren sind die vorderen drei zu sog. Kieferfüßen oder Maxillipeden umgestaltet, die ausschließlich im Dienst der Nahrungsaufnahme stehen. Die hinteren fünf Gliedmaßenpaare dienen hingegen vorwiegend der Fortbewegung. Bei manchen Formen, wie etwa bei den Hummern, Krabben und Flusskrebsen, ist das erste der fünf Laufbein-Paare zu den bekannten großen Scheren umgebildet.

Unter den heute lebenden Decapoden weisen die schlanken, oft seitlich zusammengepressten Garnelen den ursprünglichsten Körperbau auf, der demjenigen der primitiven Formen (Abb. l.: Fossil eines Aeger tipularis) am ähnlichsten ist. Der im Verhältnis zum übrigen Körper kräftig entwickelte Hinterleib läuft an seinem Ende in einen Schwanzfächer aus. Kopf und Brust sind fest miteinander verwachsen und werden von einem Schild überdeckt. Kurzschwänzige Vertreter der archaischen Garnelen, die eine Entwicklung zu den Krabben einschlagen, treten erst deutlich später in Erscheinung.

Um 354–292 Mio.

Gebirgssystem reicht von Frankreich bis nach Böhmen

Die große Gebirgsbildungsphase des oberen Paläozoikums, die als variskische Faltung bezeichnet wird und bereits seit dem frühen Devon (ab 417 Mio., siehe S. 133) vor allem in Nordamerika, aber auch in Afrika und Europa erste Auswirkungen zeigt, hinterlässt im Karbon vor allem in West- und Mitteleuropa ihre Spuren.

Es wird ein mächtiges Gebirgssystem aufgeworfen, das sich vom französischen Zentralmassiv bis nach Böhmen erstreckt und sowohl die Vogesen und den Schwarzwald als auch die Ardennen, das Rheinische Schiefergebirge sowie den Harz (Abb.: Blick auf den Brocken) umfasst. Vielerorts ist die Gebirgsbildung von heftigen vulkanischen Eruptionen begleitet. Durch die Verschiebungen der Landmasse kommt es immer wieder zu tiefen Rissen in der Erdkruste, durch die Magma an die Oberfläche drängt.

Die variskische Gebirgsbildung spielt bei der Entstehung der typischen Kohlelager des Karbonzeitalters eine tragende Rolle. In dem gleichen Maß, in dem die Erdkruste an manchen Stellen aufgewölbt wird, entstehen in den benachbarten Zonen Senkungsbereiche, so genannte Geosynklinalen. Diese Binnensenken bieten ideale Voraussetzungen für die Herausbildung von Kohle (siehe S. 156). Dass sich die nordamerikanischen Kohlelager etwas früher bilden als die europäischen, ist auf die frühere Auffaltung der Appalachen zurückzuführen.

Um 354–292 Mio.

Neunaugen bohren sich in die Beute

In der Gruppe der ältesten Wirbeltiere, der Kieferlosen oder Agnathen, entwickeln sich zwei noch heute lebende Gruppen: die Petromyzoniformes (Neunaugen) und die Myxiniformes (Inger). Von den zahlreichen Formen und Ordnungen der Agnathen bringen sie als einzige Arten hervor, die bis heute vertreten sind.
Von den aalförmigen Ingern sind 21 Arten bekannt, die alle ähnlich organisiert sind. Sie kommen ausschließlich im Wasser und in gemäßigten Breiten vor. Ihre inneren Organe sind primitiv, die Augen fehlen oder sind zurückgebildet. Tagsüber bohren sie sich in den Schlick, nachts ernähren sie sich von Kleintieren und Aas. Zur Zerkleinerung der Nahrung dient ihnen eine mit scharfen Hornzähnen versehene Zungenplatte, die sie wie eine Fräse vor- und zurückbewegen. Ihre bekannteste Art ist der Atlantische Inger, der die Küstenregionen in einer Tiefe von 30 bis 500 m bewohnt. Er wird maximal 75 cm, in den europäischen Meeren 30 bis 40 cm lang.
Von der Ordnung der Petromyzoniformes sind heute sieben Gattungen mit insgesamt 25 Arten bekannt, die sowohl im Süß- als auch im Salzwasser vorkommen und in Amerika, Europa und Asien anzutreffen sind. Den Namen Neunaugen verdanken sie dem Umstand, dass ihre Kiemenöffnungen als Rundlöcher ausgebildet sind. Zählt man die sieben Kiemen einer Seite mit dem Auge und dem unpaarigen Nasenloch zusammen, ergibt sich die Zahl Neun. Obwohl sie in ihrer Größe variieren, zeigen sie in ihrer Anatomie nur wenige Unterschiede. Sie besitzen einen trichterförmigen Saugmund, der mit spitzen Hornzähnen besetzt ist. Mit seiner Hilfe saugen sie sich an größeren Fischen fest, um sich durch die Muskulatur in deren Leibeshöhle zu bohren und die Opfer von innen aufzufressen. Dabei werden die Zähne vor- und zurückbewegt. Deren Zahl und Anordnung sind ein wichtiges Merkmal zur Bestimmung der Neunaugen. In der Größe variieren sie zwischen 15 cm und einem Meter.
Auch in ihrem Entwicklungsprozess lassen alle Arten ein prinzipiell einheitliches Muster erkennen, das sich exemplarisch beim einheimischen Flussneunauge zeigt. Im Unterschied zu den Ingern haben Neunaugen einen Lebenszyklus, der sich in ein langes Larvenstadium und eine kürzere Lebensperiode des erwachsenen Tieres gliedert. Unmittelbar nach dem Schlüpfen suchen die Larven des Neunauges ruhige Bachstellen auf, an denen sie sich bis zum Kopf in den Boden bohren. Mit Hilfe eines speziellen Kiemendarms filtern sie Nährstoffe aus dem Wasser. Nach drei Jahren sind sie etwa 15 cm lang und wandern ins Meer, wo sie dank ihrer räuberischen Lebensweise schnell an Größe gewinnen. Schon im darauf folgenden Sommer haben sie genug Fettreserven und Kraft gewonnen, um die Rückwanderung zu den Laichplätzen in den Fließgewässern aufzunehmen. Nach der Eiablage sterben die Tiere ab.

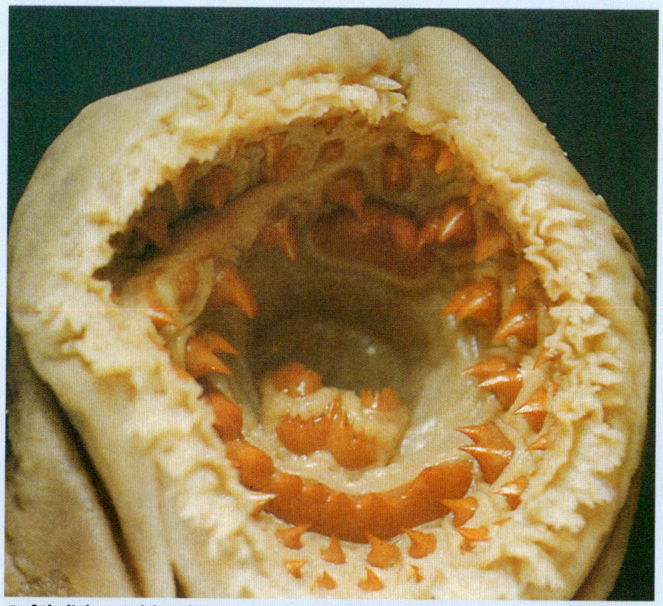

Gefährlicher Schlund: Das Rundmaul eines Meer-Neunauges saugt sich an Fischen fest und bohrt seine Hornzähne tief in ihr Muskelfleisch.

Die noch augenlose Larve eines Fluss-Neunauges wird auch Querder genannt.

Um 354–325 Mio.

Kulm – Sedimente der Tiefsee

Während in den Flachwasserzonen des Karbons der sog. Kohlenkalk (siehe S. 155) entsteht, lagert sich in den Tiefseebereichen die für diese Periode typische Kulm-Fazies ab. Dass sich beide Sedimentationstypen zeitlich überschneiden, lassen die sog. Conodonten – fossilisierte zahnähnliche Gebilde – erkennen, die als Leitfossil in beiden Sedimentationsräumen belegt sind.
Die Kulm-Fazies, die in den Erscheinungsformen Kulmgrauwacke, Kulmton- oder Kulmkieselschiefer vorkommt, setzt sich überwiegend aus Erosionsschutt zusammen. Diese so genannten klastischen Gesteine sind durchsetzt von »Kissenbasalten«, die von untermeerischem Vulkanismus zeugen. Überdies gibt es ein reiches Vorkommen organischer Substanzen. Kulm-Fazies und Kohlenkalke gehen geografisch ineinander über.

Um 354–292 Mio.

Porzellanschaler: Neue Einzeller erreichen erstaunliche Größe

Die Foraminiferen, zu den Protozoen (Einzellern) zählende Urtierchen, erleben im Kambrium (545–495 Mio.) hinsichtlich Artenbildung und Menge eine Blütezeit. Diese meeresbewohnenden Wurzelfüßer, die ein meist kalkiges, oft auch chitinartiges oder aus Sandkörnern aufgebautes Gehäuse aufweisen, tragen ganz wesentlich zum Aufbau des Meeresbodens bei (Abb.: Skelette von Foraminiferen und Radiolarien, die den Hauptanteil des Bodenschlamms bilden).
Als zwei neue Untergruppen in der Gruppe der Foraminiferen treten im Karbon die Rotalina und die Miliolina in Erscheinung. Bei Letzteren werden die Kalkkristalle in der Oberfläche des Gehäuses so eingelagert, dass die Schalen porzellanartig glänzen. Neben den bereits vorhandenen Sandschalern und den Glaskalkschalern bilden sie die Gruppe der Porzellanschaler. Foraminiferen erreichen eine für Protozoen erstaunliche Größe. Vor allem einige Arten, die in den tropischen Flachmeeren heimisch sind, können ein Gehäuse von bis zu drei Zentimetern Durchmesser entwickeln. Viele werden aber nicht größer als ein Reiskorn.

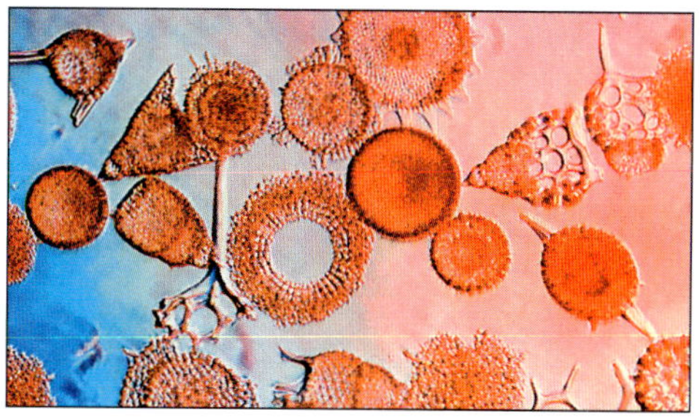

Um 340 Mio. Die Amphibie **Lethiscus stocki** gehört zu den Lepospondyli. Sie hat die Form eines Aals und erreicht nur eine geringe Größe. Fossile Reste des Landwirbeltieres belegen, dass Lethiscus stocki keinerlei Gliedmaßen besaß.

Die Populationsdichte der **Labyrinthodontia** nimmt zu. Seit dem Oberdevon leben die zu den Amphibien gehörenden Labyrinthodontia auf der Erde. Charakteristisch und namengebend für diese Gruppe primitiver Wirbeltiere sind die so genannten labyrinthodonten Zähne. Sie sind durch tiefe Einfaltungen des Zahnbeins (Dentin) gekennzeichnet.

In den Kohlesümpfen des Karbons leben die **Lepospondyli**. Sie verdanken ihren Namen kleinen, hülsenförmigen Wirbeln, den so genannten lepospondylen Wirbeln. Der Körper dieser einfachen, in der Regel kleinen Amphibien setzt sich aus einer Vielzahl dieser Wirbel zusammen.

Die seit dem Unterdevon in den Meeresgewässern lebenden **Lungen- oder Lurchfische** (Dipnoi) breiten sich weiter aus. Die Fische, die sowohl Lungen als auch Kiemen besitzen, bilden eine Gruppe der fleischflossigen Fische (Sarcopterygii). Charakteristisch für die Lungenfische ist die in der Bauchregion liegende, aus dem Vorderdarm ausgestülpte Lunge. Die Lungenfische werden als ein Versuch der Wirbeltiere gewertet, den Sprung vom Wasser- zum Landleben zu vollziehen.

Um 330 Mio. In den Gewässern des Unterkarbons jagt der fischähnliche **Crassigyrinus**. Fossile Reste dieses flossenlosen Amphibs wurden in East Kirkton im heutigen Schottland gefunden. Sie weisen Crassigyrinus als ein etwa zwei Meter langes Raubtier aus, dessen Kiefer mit einer Reihe scharfer Zähne bewehrt ist. Da Crassigyrinus im Vergleich zum Körper winzige Beine und Füße besitzt, lebt er vermutlich ausschließlich im Wasser.

Um 354 Mio.

Sauerstoffgehalt wie heute

Vier Milliarden Jahre nach Entstehung der Erde und fast drei Milliarden Jahre nach Erscheinen der ersten Sauerstoff produzierenden Lebewesen erreicht der Sauerstoffgehalt der Erdatmosphäre erstmals sein heutiges Niveau. Ursache für den steilen Anstieg ist die explosionsartige Ausbreitung der Vegetation.

Die ersten Lebewesen, die Photosynthese zur Gewinnung von Kohlenhydraten aus Kohlendioxid betrieben und Sauerstoff freisetzten, waren Cyanobakterien (siehe S. 47). Bereits vor ihnen bauten andere Bakterien per Chemosynthese Sauerstoff in chemische Verbindungen ein. Sie werden auf ein Alter von ca. 3,5 Mrd. Jahre datiert. Cyanobakterien lassen sich erstmals in Form von Stromatolithen in Sedimentgesteinen des Altpräkambriums nachweisen, die mindestens 3,1, vielleicht auch bis zu 3,5 Mrd. Jahre alt sind.

Vor etwa 2 Mrd. Jahren erreichte der Sauerstoffpegel etwa ein Prozent des heutigen Wertes. Langsam entwickelte sich aus molekularem Sauerstoff eine Ozonschicht (siehe S. 62) in der Stratosphäre. Sie war unerlässliche Voraussetzung für die Besiedlung des Festlandes im Silur und Devon, da das Ozon die lebensfeindliche UV-Strahlung der Sonne filtert.

Durch die Ausbreitung der Vegetation erlebt die Sauerstoffproduktion einen steilen Anstieg, bis sich schließlich das heutige Gleichgewicht zwischen Verbrauch und Produktion einpendelt.

Um 354–250 Mio.

Frühe Vorfahren der Libellen?

In Süßwassersümpfen und Seen karbonischer Steinkohlewälder entwickelt sich eine Gruppe imposanter Fluginsekten, die als Ur-Flügler (Palaeodictyopteroidea) bezeichnet werden. Ob sie eine Stammform späterer Fluginsekten darstellen, ist umstritten (Abb.: Plattbauch – eine Libellenart, die

möglicherweise von den Ur-Flüglern abstammt). Manche Wissenschaftler vertreten die Hypothese, dass die Ur-Flügler, die zum Ende des Perms wieder aussterben, eine frühe Seitenlinie repräsentieren. Auf eine mögliche Verwandtschaft der Ur-Flügler zu späteren Protodonaten (siehe S. 170), den unmittelbaren Vorläufern der Libellen, deuten die ebenfalls seitlich abstehenden, nicht faltbaren Flügel hin, die eine Spannweite von bis zu 70 cm aufweisen. Die meisten Ur-Flügler ernähren sich von Pflanzensäften.

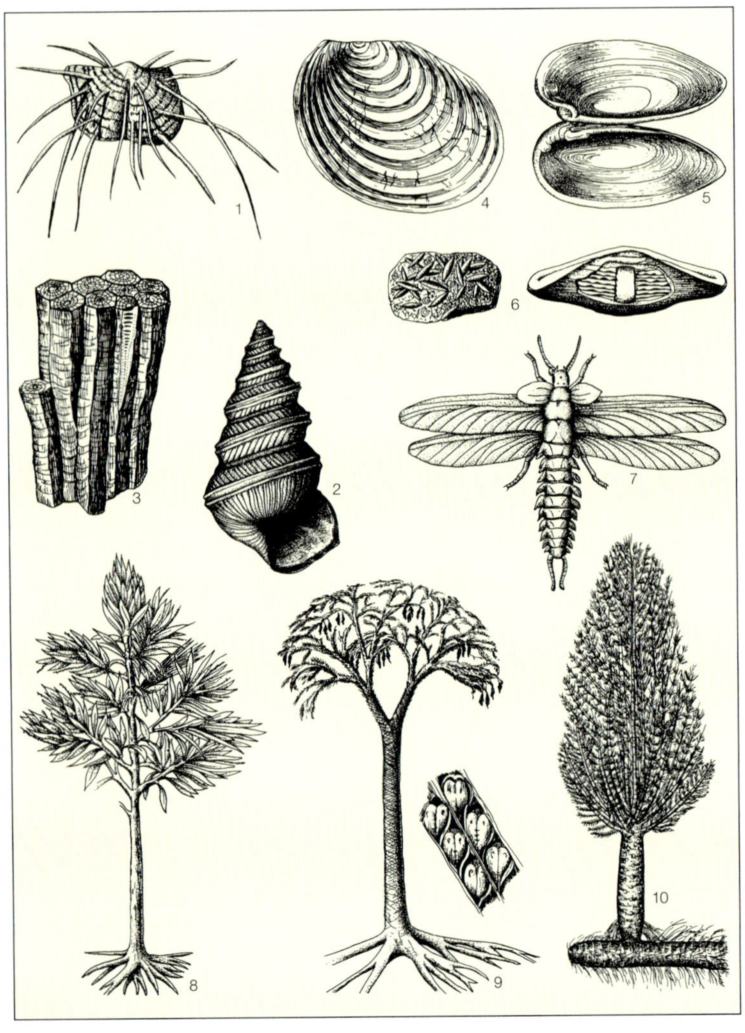

Um 354–292 Mio.

Karbon – Vielfalt der Leitfossilien

Im Karbon fossilisiert eine große Zahl verschiedener Pflanzen und Tiere, die heute als so genannte Leitfossilien gelten, mit deren Hilfe geologische Schichten bestimmten Zeiträumen eindeutig zugeordnet werden können. Dazu eignen sich möglichst kurzlebige, weit verbreitete und nur in bestimmten Gesteinsschichten vorkommende Formen (Abb.: Übersicht über einige Fossilien des Karbons; 1 Brachiopoden, 2 Gastropoden, 3 Anthozoen, 4 Bivalvier Posidonia becheri, 5 Bivalvier Anthracosia lottneri, 6 Foraminiferen, 7 Stenodictya lobata, 8 Cordaites, 9 Lycophyten, 10 Articulaten).

Die karbonische Fauna unterscheidet sich deutlich von der des Devons (417–354 Mio.). Dagegen verläuft der Übergang von der karbonischen Fauna und Flora zu der des nachfolgenden Perms (292–250 Mio.) eher fließend. In der Stratigrafie, der Wissenschaft von der zeitlichen Aufteilung der Ablagerungsgesteine und der Erdgeschichte, wird grob zwischen Unter- und Oberkarbon unterschieden. Während die stratigrafische Bestimmung des Unterkarbons fast völlig anhand von tierischen Resten geschieht, spielen im Oberkarbon pflanzliche Fossilien bereits eine größere Rolle.

Zu den wichtigsten Leitfossilien des Unterkarbons zählen die so genannten Conodonten – millimetergroße, zahnähnliche Gebilde, die erstmals in der Mitte des 19. Jh. gefunden wurden und seitdem für die relative Altersdatierung paläozoischer Schichten eine bedeutende Rolle spielen, auch wenn ihre Herkunft der Wissenschaft bis in die 1960er-Jahre ein Rätsel blieb. Heute weiß man, dass sie von wenige Zentimeter großen, aalähnlichen Tieren stammen, die sich bereits im Kambrium (545–495 Mio.) nachweisen lassen, wenn auch ihre Hauptverbreitungsphase ins Devon und ins Karbon fällt. Weitere marine Leitfossilien des Karbons sind Brachiopoden (muschelartige Armfüßer) für das Unterkarbon sowie Fusuliniden (Urtierchen) für das Oberkarbon.

Charakteristisch für karbonische Sedimente sind auch Bryozoen (Moostierchen). Während diese im Devon knollige Formen hervorgebracht hatten, wachsen sie nun bevorzugt band- und fächerförmig. Die Seelilien erreichen einen Höhepunkt ihrer Verbreitung, bei den Korallen treten typische, einzeln lebende Formen auf. Wichtige neue Tiergruppen bringen die zu den Urtierchen zählenden Foraminiferen hervor. Trilobiten werden hingegen immer seltener.

Um 354–292 Mio.

Meister der filigranen Vernetzung: Spinnen entwickeln die Kunst der Webetechnik

Mit der Spezies Eophrynus udus treten im Karbon erste Vertreter der Araneae, der Webespinnen (Abb.: Anatomie einer Webespinne), in Erscheinung. Spinnen zählen zu den Pionieren unter den landlebenden Tieren. Bereits für das Unterdevon konnten Wissenschaftler millimetergroße Exemplare nachweisen.

Spinnen sind die häufigsten Vertreter der Gliederfüßergruppe der Arachnida oder Spinnentiere. Zu dieser Gruppe zählen insgesamt elf Untergruppen, darunter die der Skorpione (Scorpiones), der Milben (Acari) und der Weberknechte (Opiliones). Im Unterschied zu den Insekten haben sie nicht drei, sondern vier Beinpaare. Überdies verfügen sie über keine Fühler und die ersten beiden Körperabschnitte, Kopf und Brust, sind immer miteinander verwachsen.

Obgleich Eophrynus udus zu den Webespinnen zählt, ist es unwahrscheinlich, dass sie bereits – wie viele der heute lebenden Vertreter dieser Ordnung – Fangnetze baut. Zu welchem Zeitpunkt in ihrer Evolutionsgeschichte Webespinnen diese Fähigkeit erwerben, ist unbekannt. Doch auch unter den heutigen Arten gibt es viele, die – anders als ihr Name vermuten lässt – keine Netze bilden, sondern sich bei der Jagd zum Beispiel optisch orientieren. Das Spinnvermögen ist allen Webespinnen gemeinsam, doch dient es bei den einzelnen Arten unterschiedlichen Zwecken. Entsprechend sind auch die Spinndrüsen sehr unterschiedlich entwickelt. Es gibt Arten, die ihre Netze aus einem oder auch aus mehreren Fäden spinnen, anderen dient das Spinnen primär zum Weben des Eikokons, viele Jagdspinnen schließlich nutzen den Faden einzig zur Orientierung.

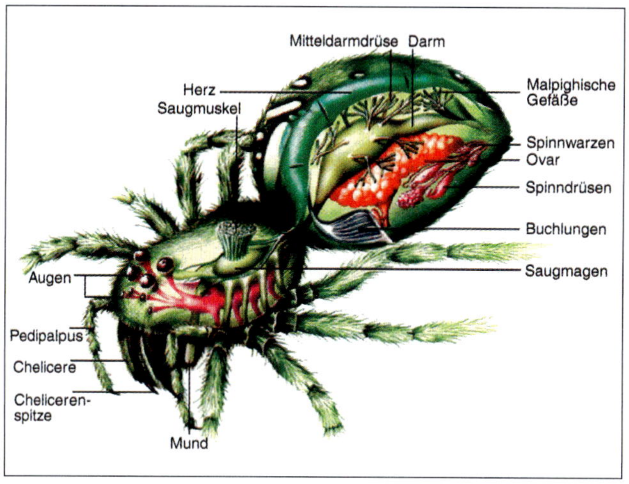

Zu den urtümlichsten heutigen Spinnen zählen die 26 Arten von Gliederspinnen, die den Mesothelae zugerechnet werden und als sog. Falltürspinnen in der Erde leben. Ihre Wohnbauten münden in einigen gut getarnten Fallgruben, die von der Spinne durch Signalfäden überwacht werden. Berührt ein Insekt den Faden, stürzt die Spinne heraus und zieht die Beute in die Röhre.

Um 354–292 Mio.

Evolutionsschub bei den Insekten

Im Devon waren es die Fische gewesen, die durch Spezialisierung in großem Stil Lebensräume erobern konnten– die des Wassers. Im Karbon kommt es nun zur Besiedlung des Festlandes – durch die Insekten. In den Kohlesümpfen leben Ur-Libellen, viele Schabenverwandte, Vorfahren der Eintagsfliegen und der Wanzen sowie frühe Vertreter der Heuschrecken. Ein wichtiges Ereignis dieser Periode ist die Aufspaltung der Gruppe der Insekten in die Apterygoten, die ungeflügelten, und die Pterygoten, die geflügelten Insekten.

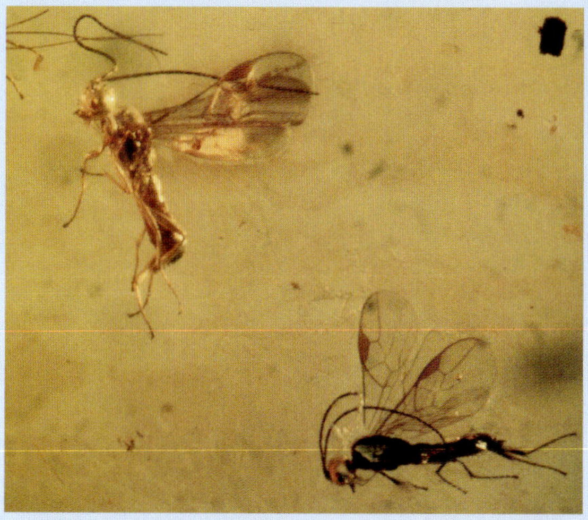

Insekten mit Flügeln (Pterygoten) in baltischem Bernstein

Zum Ende des Karbons existieren in der Klasse der Insekten bereits Hunderte, möglicherweise Tausende verschiedener Arten. Heute sind annähernd eine Million Arten bekannt und fortwährend kommen neue hinzu. Die mit Abstand erfolgreichste Gruppe stellen die Coleoptera oder Käfer, von denen allein bis heute an die 400 000 Arten klassifiziert worden sind.

Trotz des außerordentlichen Formenreichtums der unterschiedlichen Ordnungen, Gattungen und Arten lassen sich einige typische gemeinsame Merkmale aller Insekten bestimmen. Insekten sind in der Regel klein. Eine Ausnahme von dieser Regel bilden gewisse tropische Schmetterlinge mit einer Flügelspannweite von bis zu 30 cm sowie der ebenfalls tropische Goliathkäfer mit einem Panzer von 15 cm Länge, doch sind dies bereits die Giganten des Insektenreiches. Die Ausprägung der kleinen Formen ist bei den Insekten durch ihre Atmungstechnik bedingt: Die Tiere haben keine Lungen, sondern Tracheen – feine Röhrchen, deren Öffnungen an der Körperoberfläche münden. Im Inneren bilden sie ein fein verzweigtes System, das sämtliche Organe und Gewebe mit Sauerstoff versorgt, der aus der Luft herausgefiltert wird. Da Tracheen weniger effektiv sind als Lungen und dem Körper nur begrenzte Mengen Sauerstoff zuführen können, ist dieses Atmungssystem für große Lebewesen ungeeignet.

Es gibt weitere charakteristische Merkmale aller Insekten. Ihr Körper ist in drei Segmente gegliedert: Kopf, Mittelteil (Brust oder Thorax) und Hinterleib (Abdomen). Im Unterschied zu zwei weiteren Vertretern der karbonischen Gliederfüßer, den Spinnen und den Tausendfüßern, haben Insekten drei Beinpaare, die jeweils am Thorax befestigt sind. Aufgrund dieser sechs Beine werden sie auch als Hexapoda bezeichnet. Am Kopf tragen sie Mundwerkzeuge und ein Fühlerpaar. Die Flügel, soweit vorhanden, sind ebenfalls am Thorax angewachsen.

Auf dem Sprung: Die Hinterbeine der Heuschrecke sind überproportional ausgebildet.

Ihre Durchsetzungsfähigkeit im Karbon und nachfolgenden Erdzeitaltern verdanken die Insekten einer Reihe verschiedener Eigenschaften. Ihre Anforderungen an die Umwelt sind bescheiden. Aufgrund ihrer enormen Anpassungsfähigkeit und geringen Größe benötigen sie oft nur winzige Mengen an Nahrung. Diese finden sie auch in Nischen, die von größeren Tieren nicht besetzt werden können. Insekten leben z.B. im Inneren eines Samenkorns und sogar als Parasiten von Parasiten. Aufgrund dieser Anpassungsfähigkeit können sie nahezu jeden Lebensraum besiedeln. Einen großen evolutionären Vorteil erlangen sie mit der Flugfähigkeit. Sie erleichtert es, bei ungünstigen Lebensbedingungen den Ort zu wechseln, Feinden zu entfliehen und erfolgreich Geschlechtspartner zu suchen.

Um 325 Mio. Infolge ausgeprägter Verbiegungen der Erdkruste entstehen in den Gebirgen und Vortiefen West- und Mitteleuropas große **Festlandsbecken**. Zentrum der Senkbewegungen ist die Saxo-Thuringische Zone. Sie umfasst u. a. die heutigen Nordvogesen, den Nordschwarzwald, den Odenwald, den Thüringer Wald, das Fichtelgebirge, das Erzgebirge sowie Teile der Westsudeten.

Die im Zuge vulkanischer Aktivitäten aus der Erdkruste ausfließenden **Laven** unterscheiden sich von denen des Unterkarbons. Während dort überwiegend basische Gesteine an die Oberfläche traten, fördern die Magmen-Bewegungen des Oberkarbons zumeist saure Lava ans Tageslicht. Unter den Magmen-Gesteinen herrschen Granit und Quarzporphyre vor.

In den Landschaften des Oberkarbons wachsen **Moosfarne** (Selaginellales). Die moosähnlichen Gewächse gehören zu den Bärlappen wie die Schuppenbäume. Sie besitzen dünne gabelige Sprossen und bilden z. T. vierzeilig angeordnete Blätter. Heute existieren von den Moosfarnen etwa 700 verschiedene Arten.

In **Oberschlesien** bewegt sich die Vortiefe der Gebirge weiter nach Osten. Der Verlauf dieser Wanderungsbewegung ist noch heute an den angelagerten Kohleflözen nachzuvollziehen. Während die Kohleschichten am Fuße der Sudeten sehr mächtig sind, nimmt ihre Dicke nach Osten hin ab. Die bis zu 1000 m tiefen Schichten bergen riesige Kohlevorräte. Schätzungen zufolge lagern in dem bis heute bergmännisch wenig erschlossenen Gebiet etwa 65 Mrd. t Kohle.

Um 320 Mio. Durch die Kollision der Saxo-Thuringischen Zone mit dem Moldanubikum bildet sich unterhalb der heutigen Hügellandschaft der Oberpfalz eine gewaltige Gebirgswurzel. Die in etwa sieben Kilometer Tiefe liegende, von Wissenschaftlern als **SE1** benannte Zone entdeckten Forscher bei Tiefenbohrungen in der Oberpfälzer Erdkruste. Untersuchungen ergaben, dass sich die Zone nach 80 Mio. innerhalb eines Zeitraums von einer Million Jahre erneut um etwa drei Kilometer hob.

Während der variskischen Gebirgsbildung kommt es in einigen Teilen des Erzgebirges zu einer so genannten **Magnesiummetasomatose**. Dieser Gesteinsumwandlungsprozess, bei dem magnesiumreiche Flüssigkeiten umgelagert und zugeführt werden, wird durch hohen tektonischen Druck ausgelöst.

Um 325 Mio.

Die ersten Reptilien

In den karbonischen Sümpfen im Osten Kanadas vollzieht sich ein bedeutender Schritt in der Evolution der Landwirbeltiere. Mit Hylonomus und Palaeothyris treten erste Vertreter der Reptilien in Erscheinung. Es sind die ersten landlebenden Wirbeltiere, die im Unterschied zu den früheren Amphibien von stehenden oder fließenden Gewässern wirklich unabhängig sind.

Die archaischen Reptilien sind die ersten Vertreter der Amnioten, jener großen Gruppe hoch entwickelter Wirbeltiere, zu denen auch die Vögel und die Säugetiere zählen. Was Amnioten von primitiveren Wirbeltieren unterscheidet, ist eine andere Fortpflanzungsstrategie. Ihre Embryonen weisen das namensgebende Amnion und eine Harnhaut auf. Amnion, die sog. Schafshaut, ist eine Fruchthülle, die den Embryo vor der Austrocknung schützt. Die Harnhaut ist ein als Harnblase angelegtes Organ, das ihm als Atmungs- und Ernährungsorgan dient.

Für die endgültige Emanzipation vom Leben im Wasser sind diese beiden Merkmale von geradezu entscheidender Bedeutung. Die Embryonen können dank dieser Anpassung ein sehr viel späteres Entwicklungsstadium erreichen, bevor sie geboren werden oder schlüpfen. Anders als die Amphibien müssen die archaischen Reptilien auch keine Metamorphosen mehr durchmachen.

Die frühesten Reptilien – eben Hylonomus und Palaeothyris – ähneln in ihrem Körperbau, der Struktur der Zähne und anderen Merkmalen den heute lebenden Eidechsen, sind mit ihnen aber nicht verwandt. Sie werden etwa zehn Zentimeter lang und ernähren sich vorwiegend von Insekten und anderen Kleintieren. Da die kleineren Gliederfüßer im Karbon eine Phase starker Ausbreitung und Artenbildung erleben, gilt es als wahrscheinlich, dass die Entwicklung zum Reptil nicht zuletzt auf die Ernährungsgewohnheiten und das erweiterte Nahrungsangebot auf dem Festland zurückgeführt werden kann.

Im Gegensatz zu den Amphibien passen sich die archaischen Reptilien ganz an die Lungenatmung an. Sie entwickeln das wichtigste Merkmal der Reptilien, ein dotterreiches, hartschaliges Amniotenei, das sie unabhängig vom Feuchtmilieu der Uferzonen werden lässt. Der Bau ihrer Gliedmaßen belegt, dass sie im Vergleich mit den Amphibien über eine deutlich höhere Beweglichkeit und eine bessere Koordination ihrer Bewegungen verfügen.

Die evolutionären Ursprünge der frühen Reptilien sind ungesichert. Meist wurden sie in einen ent-

Um 325–292 Mio.

Vom Moor zum Steinkohleflöz: Europas Torf gerät unter Druck

Im feuchtwarmen Klima des Äquatorraums bilden sich im mittleren und oberen Karbon die wichtigsten europäischen Steinkohlevorkommen. Überwiegend handelt es sich um sog. paralische Reviere: um Kohlevorkommen in unmittelbarer Küstennähe, die in sumpfigen, Brackwasser führenden Sedimentationsbecken entstehen und zuweilen marine Ablagerungen enthalten. Als ihr Gegenstück bilden sich landeinwärts in reinen Süßwassergebieten die sog. limnischen Reviere.

Steinkohle entsteht bevorzugt unter Bedingungen, wie sie in den ausgedehnten Moorlandschaften des Karbons in weiten Teilen Europas zu finden sind. Das feuchtwarme Klima begünstigt ein üppiges Pflanzenwachstum. Der feuchte Boden verhindert zugleich, dass umstürzende Bäume organisch abgebaut werden können, bevor sie versinken. Nur zum Teil zersetzt, wird das abgestorbene Pflanzenmaterial zu Torf. Die einzelnen Torfarten unterscheiden sich, je nachdem, ob es sich um ein Hoch-, Nieder- oder Übergangsmoor handelt (Abb.: das Venner Moor im Münsterland, ein weitgehend abgetorftes Hochmoor) und welche Pflanzenarten bevorzugt vertreten sind. Wird der Torf von anderen Sedimenten überlagert, vollzieht sich unter zunehmendem Druck und Luftabschluss der Prozess der Inkohlung.

Limnische Reviere bilden sich u. a. im Bereich der Saale und Saar, im Erzgebirge, in Tschechien und Polen. Paralische Reviere finden sich in weiten Teilen Großbritanniens, wo die kohleführende Fläche etwa 20 000 km² umfasst, außerdem in Frankreich, Belgien, den Niederlanden und in Deutschland (Rheinisch-Westfälisches Revier).

Hylonomus zählt zu den frühesten Vertretern einer Entwicklungslinie, die später zu den Schildkröten führt und die sich von den anderen Reptiliengruppen durch den Bau des Schädeldachs unterscheidet.

wicklungsgeschichtlichen Zusammenhang mit einer Gruppe primitiver Tetrapoden, den Diadectomorpha, gebracht. In diesem stammesgeschichtlichen Kontext entwickelte sich die Bezeichnung Cotylosaurier – ein früherer Sammelbegriff für alle ursprünglichen Reptilien, der inzwischen weniger gebräuchlich ist. Besser erforscht sind die Verwandtschaftsverhältnisse unter den späteren Amnioten.

Ab dem Oberkarbon differenzieren sich die Reptilien in drei große Entwicklungslinien. Die erste Abspaltung führt zu den Säugetieren und ihren Vorfahren. Aus der zweiten Hauptlinie geht die Gruppe der Schildkröten hervor. Ein dritter großer Entwicklungsstrang führt zu den Sauriern, den Vögeln und den meisten heute noch lebenden Reptilien.

Um 325–292 Mio.

Gebirgsbildung verlagert sich

Die Ära der variskischen Gebirgsbildung, die bereits im Devon (417–354 Mio.) begann und ihre größte Wirkung in Europa im Unterkarbon entfaltet hat, tritt in ihre letzte Phase. Herausragendes Merkmal der variskischen Gebirgsbildungsphase ist der Umstand, dass in ihrem Verlauf nicht nur Gebirge aufgeworfen, sondern ganze Kontinente aneinandergeschweißt werden. Die Meeresstraße, die im Devon den nordamerikanisch-europäischen Doppelkontinent von Gondwana trennte, hatte sich etwa an der Devon-Karbon-Grenze (um 354 Mio.) geschlossen. Damit wurde Südeuropa erstmals mit der Hauptmasse des europäischen Festlands verbunden. Zugleich gingen das spätere Nord-, Mittel- und Südamerika eine Landverbindung ein, die in ihrer Lage bereits grob der heutigen entsprach. Der spätere amerikanische Doppelkontinent reißt nur im Erdmittelalter (250–65,5 Mio.) noch einmal auseinander. Um 340 Mio. waren nahezu alle Festlandsmassen zu einem riesigen Kontinent (Pangaea) vereint. Einzig Sibirien und Teile Chinas bildeten einen isolierten Festlandsblock, der sich vom Äquator bis auf die Höhe der heutigen Ostsee erstreckte.
Im Oberkarbon sind diese Kontinentalverschiebungen abgeschlossen, der Schwerpunkt der variskischen Gebirgsbildung verlagert sich nach Osteuropa und in den asiatischen Raum. In den europäischen Randbereichen beginnt im späten Karbon die sog. asturische Phase, von der vor allem die nordwestspanische Provinz Asturien und Teile Frankreichs betroffen sind.

Um 325 Mio.

Verwandte heutiger Farne

Mit den frühesten Vertretern der Filicales treten erstmals enge Verwandte der heutigen Farne in Erscheinung. Eine systematische Einordnung der bisherigen Funde (Abb.: Pecopteris sp., primitive Vorform von Farnen aus dem Karbon) ist aufgrund von deren Seltenheit und oft schlechtem Erhaltungszustand noch nicht gelungen, doch lässt der Bauplan ihrer Sporenbehälter (Sporangien) erkennen, dass sie zu den modernen Farnen gehören. Die Filicales zeichnen sich heute vor allem durch ungewöhnlichen Formenreichtum aus. Sie umfassen kleinwüchsige Arten, die in ihrem Aussehen fast an Moose erinnern. Daneben gibt es krautige und kletternde sowie baumförmige Farne und nicht zuletzt einige sog. Epiphyten – Farne, die auf anderen Pflanzen wachsen.

Um 325–292 Mio.

Aussterben betrifft ausschließlich Meerestiere

Im unteren und mittleren Karbon sterben einige Gruppen marin lebender Arten und Tiergruppen endgültig aus, die bereits im Laufe des Devons sehr stark dezimiert worden waren. Zu den bedeutendsten Opfern gehören die Graptolithen, die aufgrund ihrer einst weltweiten Verbreitung in Ordovizium und Silur zu den Leitfossilien zählen, ferner die zu den Kalkschwämmen gerechnete Ordnung Octactinellida sowie die Panzerfische (Placodermi). Bei den Kopffüßern sind die gesamte Unterklasse Actinocerida mit ihren großen, meist lang gestreckten Kalkskeletten und die Ordnung Oncocerida betroffen.

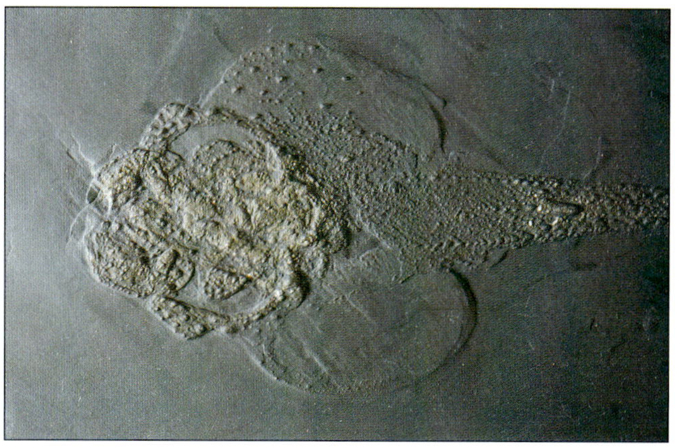

Die Placodermi (Abb.: Panzerfisch Gemuendina stürtzei aus dem Unterdevon, gefunden im Hunsrückschiefer), die bereits bei dem Massensterben im ausgehenden Devon schwere Verluste hinnehmen mussten, sind die auffälligsten unter den Opfern. Sie zählen zu den ersten echten Fischen (siehe S. 117). Bereits im unteren Silur hatten sie einen Kiemenbogen und vor allem einen Kiefer entwickelt , der ihnen den Übergang zu einer räuberischen Lebensweise ermöglichte. Besonders im Devon erlebten sie eine Phase der ausgeprägten Artenbildung und dominierten sowohl die Meere als auch die Süßwasser eindeutig.

Vor allem die frühen Placodermi besaßen ein umfangreiches, massiv gepanzertes Außenskelett, das sich allerdings im Laufe ihrer Entwicklungsgeschichte – besonders bei den räuberisch lebenden Vertretern der Ordnung Arthrodira – zugunsten eines verbesserten Schwimmvermögens immer stärker zurückbildete. Zahlreiche Panzerfische weisen jedoch auch später noch den Körperbau typischer Meeresgrundbewohner auf und bleiben behäbige Schwimmer.
Panzerfische bilden die einzige bislang bekannte Klasse der Wirbeltiere, die von der Evolution restlos ausgelöscht wurde. Mit dem Untergang ihrer größten Vertreter geht die Rolle des »Räubers der Meere« auf die Haie über.

Feine Sinne der Insekten

Insekten sind dank ihrer Widerstandsfähigkeit und ihrer geringen Größe potenzielle Helfer für den Menschen. In Japan, der führenden Nation in der Robotertechnologie, haben Wissenschaftler Insekten mithilfe von Elektroden, Sendern und Empfängern vernetzt, um sie aus der Ferne steuern zu können. Als eine Art ***Mini-Cyborg*** *(Mischwesen aus Mensch und Maschine) sollen sie – mit Kameras und Sensoren ausgestattet – an für Menschen unzugängliche Stellen gelangen. Auf diese Weise erhoffen sich die Forscher Hilfe beim Auffinden verschütteter Opfer von z. B. Erdbeben, Geröllawinen oder bei Grubenunglücken.*

Wie die zahllosen Insektenarten selbst, so weisen auch deren Sinne einen hohen Grad an Spezialisierung auf. Im Vergleich zu den Sinnesorganen höherer Wirbeltiere wie Vögeln oder Säugern sind sie vor allem vollkommen anders organisiert. Geruchs- und Geschmackssinn gehen häufig untrennbar ineinander über, auch Gehör- und Tastsinn lassen sich nur in Ausnahmefällen voneinander trennen. Der Gesichtssinn – einer der schärfsten Sinne hoch entwickelter Vierfüßer – ist bei den meisten Insekten vergleichsweise schwach ausgeprägt. Bei manchen Arten, die sich etwa an das Leben in der Erde oder in dunklen Höhlen angepasst haben, fehlt er sogar ganz. Selbst die gut entwickelten Facettenaugen der scharfsichtigen Honigbiene nehmen nur einen Bruchteil dessen wahr, was das menschliche Auge zu sehen vermag, sammeln dafür aber viele andere Informationen (siehe Kasten).

In Bernstein fossilisierte Schabe aus dem Eozän (53–33,5 Mio.), gefunden im Samland

Fühler – Multitalente unter den Tastorganen

Die Fühler sind bei den meisten Insekten das mit Abstand wichtigste Sinnesorgan. Sie dienen der sozialen Kommunikation, informieren aber auch – je nach Gestalt und Funktion – über elektrische Widerstände, Schallwellen, Außentemperatur und Luftfeuchtigkeit, selbst über den Geschmack und bestimmte Gerüche. Ameisen und Bienen unterscheiden mit den Fühlern Zuckerlösungen von reinem Wasser, vielen Blut saugenden Insekten zeigen sie über geringfügige Wärmesignale das Herannahen eines potenziellen Opfers an. In Größe und Gestalt weisen die Insektenfühler eine enorme Bandbreite auf. Sie erscheinen als extrem kurze oder die Länge des Körpers weit überragende Antennen, als geweihartige Gestelle oder – wie bei vielen Käfern, Spannern und Spinnern – als Fächer oder Federn. In der Regel verhält sich die Ausprägung der Fühler umgekehrt proportional zu derjenigen der Augen. Sind diese schlecht, so sind die Fühler, wie z. B. bei der Ameise, oft gut entwickelt, sind sie hingegen besonders gut, wie bei der Libelle, dann bleiben die Fühler klein.
Geruchsempfindungen werden an den Fühlern durch eine Reihe von Duftempfängern (Rezeptoren) wahrgenommen. Bei Honigbienen hat man rund 30 000 solcher Rezeptoren an jedem Fühler nachgewiesen. Bei den Bienen und bei vielen anderen Insekten dient der Geruchssinn primär dem Zweck, geeignete Nahrungsquellen zu finden. Eine nicht minder große Bedeutung übernimmt er bei anderen Insektenarten im Bereich der Fortpflanzung. Diese Arten bedienen sich des Geruchssinns, um einen geeigneten Wirt aufzuspüren, auf dem sich Eier ablegen lassen, oder aber um einen geeigneten Geschlechtspartner zu finden. Manche Falterarten, bei denen der Geruchssinn bei der Paarung eine entscheidende Rolle spielt, können einzelne Moleküle des Duftstoffs, den die Weibchen aussenden, auf eine Entfernung von mehr als einem Kilometer wahrnehmen. Verfolgen sie ein Weibchen, orientieren sie sich an der Zahl der einzelnen Duftpartikel, die jeweils vom linken oder rechten Fühler aufgenommen werden. Die Männchen dieser Falterarten, die einen Fühler verloren haben, können zwar noch den Geruch eines Weibchens erkennen, verlieren aber die Fähigkeit zur Ortung.

Für die ***Kriminalistik*** *liefern Insekten wichtige Hinweise bei der Ermittlung des Todeszeitpunktes und des Tatortes. Je nach Grad der Zersetzung wird ein toter Körper von unterschiedlichen Insekten bevölkert. Bereits 15 Minuten nach Eintritt des Todes legen Fliegen ihre Eier in Augenhöhlen, Nasenlöchern und Mundhöhle oder auch in Schuss- bzw. Stichwunden ab. Die aus den Eiern schlüpfenden Maden fressen sich durch Haut und Organe. Käfer ernähren sich von Haaren und Knochenmark. Und Knochenreste können z. B. Bienen oder Wespen als Bauplatz für ihre Nester dienen. Jede Spezies bevorzugt eine andere Umgebung. Für den bei der New Yorker Gerichtsmedizin beschäftigten Insektenforscher Mark Benecke aus Köln ist eine verweste Leiche ein faszinierendes Biotop: »Als würde man aus dem All der Besiedlung eines Planeten zuschauen.«*

Im Fokus

Facettenaugen – großflächige Sehhilfen mit Prismatechnik

Die meisten Insekten besitzen zwei verschiedene Arten von Augen. Fast allen Insekten gemeinsam sind die Komplex- oder Facettenaugen an beiden Seiten des Kopfes. Darüber hinaus verfügen viele Arten über zumeist drei zusätzliche Einzelaugen oder Ozellen, die sich an der Kopfoberseite zwischen den Fühlern befinden. Wozu diese Einzelaugen dienen, ist unbekannt. Werden die Facettenaugen einer Biene verklebt, die Ozellen aber frei gelassen, verhält sie sich wie blind. Im umgekehrten Fall reagiert sie kaum.
Facettenaugen sind zusammengesetzte Augen, die aus lauter kleinen sechseckigen Einzelaugen bestehen. Die Anzahl der einzelnen Linsen ist unterschiedlich. Die Arbeiterinnen vieler Ameisenarten, die ihr Leben unterirdisch verbringen, weisen nur sechs bis neun Facetten auf, die allenfalls ein sehr verschwommenes Bild liefern. Bei den fliegenden Männchen sind es immerhin 400. Stubenfliegen und Bienen verfügen über mehrere Tausend Sehzellen, bei einigen Schmetterlingen können sich die Komplexaugen aus bis zu 17 000, bei Libellen sogar aus 28 000 einzelnen Facetten zusammensetzen.
Welchen Bildeindruck diese zusammengesetzten Augen vermitteln, lässt sich nicht genau ermitteln. Die Forscher vermuten, dass sie – je nach Anzahl der Facetten – ein relativ grobkörniges, mosaikartiges Gesamtbild erzeugen. Die Facettenaugen lassen sich nicht unabhängig vom Kopf bewegen, auch können die Linsen nicht fokussieren. Sie übermitteln aber wichtige Informationen für die Orientierung. Bienen können durch die unterschiedlichen visuellen Eindrücke sowohl Entfernungen abmessen als auch ihre Position zur Sonne bestimmen, die bei der Navigation eine zentrale Rolle spielt. Die meisten Insekten erkennen allerdings die Farbe Rot nicht. Rote Blumen sind deshalb bei der Bestäubung auf die nicht rotblinden Schmetterlinge und Vögel angewiesen.

Komplexauge am Kopf eines Hautflüglers

Duftdrüsen und Dufthaare dienen den Schmetterlingen dazu, Geschlechtspartner über große Entfernungen hinweg anzulocken (australische Priamus-Falter bei der Paarung).

Die im Wasser lebenden Larven bauen sich mit Hilfe ihres Seidenfadens einen Köcher, der aus kleinen Sandkörnern, Muschelschalen und anderen Hartteilen besteht. Sie betasten jedes Bauteil hinsichtlich seiner Form und Größe, bevor es einen bestimmten Platz in dem Köcher bekommt.

Bei einigen Insekten wie den Schmetterlingen oder Fliegen dienen die Sensillen als Geschmackshaare. Sie sind von einfacher Bauart, erlauben den betreffenden Tieren aber, die Verträglichkeit einer potenziellen Nahrung dadurch zu testen, dass sie auf ihr herumlaufen. An der Wurzel jedes einzelnen Haares befinden sich drei Sinneszellen. Zwei dieser Rezeptoren stehen in Verbindung mit der Haarspitze, die dritte reagiert auf Berührungsreize. Dank modernster Untersuchungsverfahren lässt sich die Aufnahmefähigkeit dieser Härchen, die lange nicht messbar war, bei Fliegen relativ genau bestimmen. Jede der beiden Sinneszellen, die mit der Haarspitze in Verbindung stehen, übernimmt eine spezielle Funktion. Die eine reagiert auf Stoffe, die das Tier nicht vertragen kann – etwa auf Säuren, Salze und Alkohol –, die andere spricht auf Zucker an, einen wichtigen Nahrungsstoff der Fliegen. Die Impulse, die sie bei der Berührung mit Zucker aussendet, zeigen einen hohen Grad der Differenzierung. Sie informieren das Gehirn nicht nur darüber, dass Zucker vorhanden ist, sondern auch in welcher Konzentration und inwieweit er genießbar ist.

Die Organisation dieses Sinnesorgans reicht aber, wie weitere Untersuchungen gezeigt haben, noch sehr viel weiter. Obgleich sich alle Härchen weitgehend gleichen, sprechen sie ganz unterschiedlich auf vorhandene Reize an. Während einige sehr schnell starke Impulse an das Gehirn weiterleiten, reagieren andere deutlich verzögert und schwach. Der Vorteil dieser unterschiedlichen Rezeptivität der einzelnen Tasthärchen ist, dass das Gehirn auch bei starken Reizen nicht mit einer einzigen Information überschwemmt wird, sondern einige Rezeptoren ständig für gegenteilige Sinneseindrücke wachsam bleiben. Außer dem Geschmack ermitteln die Tasthaare auch noch andere Informationen, etwa über Konsistenz und Temperatur. Ihre Biegung kann der Fliege verraten, dass die Nahrungsquelle nicht nur süß, sondern auch klebrig ist.

Bei vielen Insekten werden zentrale Lebensfunktionen vom Tastsinn und dem Gehörsinn gesteuert – zwei Sinne, die stark ineinander übergehen. Wirkliche Gehörgänge mit einer Art primitivem Trommelfell besitzen nur die Grillen, Heuschrecken, Zikaden und zahlreiche Nachtfalter, doch befinden sich diese Gehörorgane niemals am Kopf, sondern unterhalb der Kniegelenke oder am Hinterleib. Der Grund dafür ist, dass das Gehör der Insekten in einem engen Verhältnis zum Tracheensystem steht, das der Atmung dient. An bestimmten Körperstellen sind die Tracheenröhrchen zu einer Art Lufttasche erweitert. Hier befinden sich in paariger Anordnung Gehörmembrane, die Schallwellen zu den Sinneszellen leiten. Trotz ihrer vergleichsweise primitiven Bauart lassen diese Membrane die Insekten eine erstaunliche Bandbreite von Tönen erkennen, darunter auch für menschliche Ohren nicht wahrnehmbare Laute im Ultraschallbereich. Zur Ortung verändern Grillen und Heuschrecken die Ausrichtung ihres Körpers.

Tasthaare als Windmesser

Der Körper der meisten Insekten ist mit sog. Sensillen bedeckt. Es handelt sich um feine Haare und Borsten, die mit dem Nervensystem in Verbindung stehen. Besonders stark entwickelt sind sie bei manchen Insekten an den Fühlern, bei anderen an den Füßen, den Beinen oder im Mundbereich. Bei den in tiefen Grotten und Höhlen lebenden Laufkäferarten, die ihre Augen im Zuge der Anpassung eingebüßt haben, spielen die Tasthaare bei der Orientierung eine wichtige Rolle. Zahllosen Fluginsekten liefern die Körperhaare wichtige Informationen über die Windverhältnisse. Bienen nutzen sie vermutlich zu Kommunikationszwecken. Forscher glauben, dass sie Artgenossen an der Schwingungsfrequenz des Flügelschlags erkennen. Auf diese Art können sie anderen Insekten das Herannahen räuberischer Arten signalisieren.

Zahlreiche Insekten registrieren mit Hilfe der Tasthaare feinste Schwingungen und Erschütterungen. Die Taumelkäfer, die auf den Oberflächen der Binnengewässer ihre gewundenen Bahnen ziehen, spüren geringste Hindernisse durch das »Echo« der Wasserwellen. Den Larven der Köcherfliege dienen die Sinneshaare an ihrer Schwanzspitze zum Bau ihrer Behausungen.

Die Wanderfeldheuschrecke besitzt an ihrem kräftigen Ober- und Unterkiefer zahlreiche Sinnesorgane zum Tasten.

Die Insekten sind die größte und artenreichste Gruppe im Tierreich. Sie machen rund 80 Prozent aller Lebewesen aus – obwohl viele Arten noch nicht entdeckt sind. Die folgende Übersicht listet die Ordnungen der Insekten alphabetisch auf:

- ***Beintastler***
  ca. 300–400 Arten
- ***Doppelschwänze***
  ca. 500 Arten
- ***Eintagsfliegen***
  ca. 2000 Arten
- ***Fächerflügler***
  ca. 500 Arten
- ***Fangschrecken***
  ca. 2000 Arten
- ***Federlinge***
  ca. 2000 Arten
- ***Felsenspringer***
  ca. 250 Arten
- ***Fischchen***
  ca. 300 Arten
- ***Flöhe***
  ca. 2000 Arten
- ***Fransenflügler***
  ca. 5000 Arten
- ***Fußspinner***
  ca. 300 Arten
- ***Gespenstschrecken***
  mehr als 2500 Arten
- ***Gleichflügler***
  mehr als 50 000 Arten
- ***Hautflügler***
  mehr als 100 000 Arten
- ***Heuschrecken***
  ca. 7000 Arten
- ***Käfer***
  ca. 350 000 Arten
- ***Kamelhalsfliegen***
  ca. 150 Arten
- ***Köcherfliegen***
  mehr als 3000 Arten
- ***Läuse***
  mehr als 3000 Arten
- ***Libellen***
  ca. 4000 Arten
- ***Netzflügler***
  ca. 3000 Arten
- ***Ohrwürmer***
  ca. 1300 Arten
- ***Schaben***
  ca. 3500 Arten
- ***Schlammfliegen***
  ca. 200 Arten
- ***Schmetterlinge***
  ca. 150 000 Arten
- ***Schnabelfliegen***
  ca. 350 Arten
- ***Springschwänze***
  mehr als 6000 Arten
- ***Steinfliegen***
  ca. 2000 Arten
- ***Termiten***
  mehr als 2000 Arten
- ***Wanzen***
  ca. 50 000 Arten
- ***Zweiflügler***
  ca. 100 000 Arten

Um 325 Mio.

Im Osten Kanadas leben die frühesten Vertreter der **Amnioten**. Die zu den Amnioten zählenden Reptilien, Vögel und Säugetiere bilden während der Embryonalentwicklung eine Hülle (Amnion), die den Embryo umgibt, sowie eine feste Schale aus. Fossile Reste der frühen Amnioten fanden Forscher in aufrecht stehenden Stümpfen des Bärlappgewächses Sigillaria. Starben die in den Kohlesümpfen wachsenden Bäume ab, wurde der von innen faulende Stumpf einigen Landwirbeltieren zur Falle: Sie fielen hinein und blieben der Nachwelt erhalten. Zwei frühe Gattungen der Amnioten lassen sich unterscheiden: Hylonomus und Palaeothyris. Die nur etwa 25 cm langen Tiere ähneln in ihrer Gestalt heute lebenden Eidechsen.

Innerhalb der Strahlenflosser (Actinopterygii) findet **Palaeoniscoidea** weite Verbreitung. Diese Knochenfische besitzen dicke, in der Regel rhombenförmige Schuppen sowie dreieckige Rücken- und Afterflossen. Die meisten Arten erreichen nur eine geringe Körperlänge. Einige fossilisierte Palaeoniscoidea weisen jedoch einen größeren Körperwuchs auf: Sie sind etwa einen Meter lang. Neben den Vertretern mit rhombenförmigen Schuppen bilden sich auch Arten mit runden Schuppen heraus (Cryphiolepididae).

In Nordamerika leben die letzten Exemplare der zu den Schnittwirblern (Temnospondylii) gehörenden Amphibie **Greererpeton**. Fossile Reste des Tieres wurden u. a. im US-Bundesstaat West Virginia gefunden. Wie die nahe verwandte Art Pholidogaster besitzt der 1,5 m lange Greererpeton bis zu 40 Wirbel und kurze Beine. Der abgeflachte lange Schädel weist keinerlei Ohrschlitze auf. Ober- und Unterkiefer sind mit einer Reihe scharfer Zähne bewehrt. Die relativ lang gestreckten Körperproportionen und die reduzierten Gliedmaßen kennzeichnen die Greererpetontiden als Wasserbewohner.

Die zu den Stachelhäutern (Echinodermata) zählende Klasse **Edrioasteroidea** stirbt aus. Die ausschließlich in Meeren lebenden primitiven wirbellosen Tiere hatten sich während des Unterkambriums entwickelt. Fossile Reste der Edrioasteroidea wurden nur in Europa und Asien gefunden. Sie weisen die marinen Kleinstlebewesen als sackförmige Stachelhäuter aus. Nicht fest miteinander verbundene Kalkplatten umhüllen den Körper. Mit Hilfe eines Wassergefäßsystems gelangen im Wasser gelöster Sauerstoff und Nahrungspartikel in das Körperinnere der Tiere. Die meisten Edrioasteroidea-Arten leben fest am Meeresgrund oder haften sich an andere Organismen an.

Um 325 Mio.

Ein Evergreen: Schachtelhalme überleben bis in die Neuzeit

In der zu den Farnverwandten zählenden Equisetales entwickelt sich die Familie Equisetaceae (Schachtelhalmgewächse), die als einzige bis in die Jetztzeit nachzuweisen und heute nur noch mit der Gattung Equisetum (Schachtelhalme) vertreten ist. Equisetales zählt zu den Articulatae, die im oberen Paläozoikum, vor allem aber im Karbon mit einer großen Zahl verschiedener Arten beträchtlichen Anteil am Aufbau der gesamten Vegetation haben, später aber fast vollständig verschwinden.

Die Schachtelhalme (Abb.: fossilisierter Asterophyllites) sind ausnahmslos krautige Pflanzen, die aus einem im Boden kriechenden Wurzelstock wachsen. Mitunter verzweigt sich dieser unter der Erde liegende Spross in Seitenzweige, die sich knollenartig verdicken, vom Hauptspross ablösen und eigene Pflanzen bilden. Auf diese Weise breitet sich z.B. der Ackerschachtelhalm aus. Einige Arten wie Equisetum palustre sind giftig.

Ihren Namen verdanken die Schachtelhalme einerseits dem Umstand, dass ihre nach oben auswachsenden Stängel im Querschnitt eine typische Halm-Struktur erkennen lassen. In der Mitte befindet sich die von Gefäßbündeln umsäumte Markhöhle. Mehr noch aber geht die volkstümliche Bezeichnung auf ihre besondere Wuchsform zurück. Ihre Stängel setzen sich aus einzelnen Abschnitten, den sog. Internodien, zusammen. Treffen zwei solcher Internodien aufeinander, bildet sich ein dichter Kranz kleiner schuppenförmiger Blättchen. Diese wie Manschetten wirkenden Blattkränze vermitteln den Eindruck, die Stängel seien ineinander geschachtelt.

Für die zeitliche Einteilung des Karbons spielen die Schachtelhalme nur eine untergeordnete Rolle. Für die Datierung von Sedimentschichten durch pflanzliche Funde eignen sich eher Schuppenbäume und die zum Teil hervorragend erhaltenen Fossilien echter Farne sowie Samenfarne.

Um 325–292 Mio.

Feuchtwarmes Klima dominiert auf der Nordhalbkugel

In Nordamerika und großen Teilen Europas ist das Klima auch zu Beginn des Oberkarbons noch immer warm und außerordentlich niederschlagsreich. In den Sumpfgebieten Nordamerikas (Abb.: Everglades im US-Bundesstaat Florida), vor allem aber in Europa und in Teilen Russlands sind die Bedingungen für die Entstehung mächtiger Steinkohlefelder nach wie vor ideal.

Den ausgedehnten Zeitraum, in dem sich Europa unter dem Einfluss eines tropischen Klimas befindet, lässt die Tatsache erkennen, dass die Kohle vielerorts Sedimente von mehreren 1000 m Dicke bildet (siehe S. 156). Dies gilt nicht nur für die sog. paralischen Kohlevorkommen, wie sie in den Küstensümpfen entstehen, sondern auch für die limnischen Reviere, die sich in den Binnensenken des Festlandes bilden. Bei der Entstehung limnischer Kohle spielen die zahlreichen Flüsse eine entscheidende Rolle, die die Kohlensümpfe immer wieder mit Sedimentschichten überlagern.

Erst zum Ende des Karbons verändern sich die Klimabedingungen, die sich in den Ablagerungen der Erde als Übergang von schwarzen und grauen zu rötlichen Gesteinen erkennen lassen. Ursache dieses Wandels sind plattentektonisch bedingte Verschiebungen, die die nördlichen Festlandsgebiete Gondwanas über den Äquator hinaus in trockenere Bereiche driften lassen. Nordamerika und Europa geraten langsam unter den Einfluss eines gemäßigten Klimas.

Um 310–270 Mio.

Walchien – die ersten Nadelbäume

Im Oberkarbon erscheinen mit den ersten Nadelbäumen die frühesten Vertreter einer Großgruppe von Pflanzen, die das Landschaftsbild in den gemäßigten und subpolaren Breiten bis in die Gegenwart prägen.
Die ersten beiden nachgewiesenen Nadelbaumarten, Walchia piniformis und Walchia filiciformis, sind in der letzten Epoche des Oberkarbons, dem so genannten Stephanium (310–292 Mio.), vereinzelt nachgewiesen, wobei sie einen Verbreitungsschwerpunkt im thüringischen Raum erkennen lassen. Bereits im nachfolgenden Rotliegenden (292–270 Mio.), der ersten Phase des Perms, erobern sie in Form von großen Beständen ein Verbreitungsgebiet, das sich von Kanada und Texas über Norwegen und England bis nach Deutschland, Frankreich, Spanien und weite Regionen Osteuropas erstreckt.
Beide Nadelbaumarten sind Vertreter der Gattung Walchia, die zu der heute ausgestorbenen Familie der Lebachiaceen gehört. Aufgrund ihres äußeren Erscheinungsbildes wurden sie jedoch zunächst zur Familie der Araucariengewächse gezählt, deren prominenteste Vertreterin die so genannte Zimmertanne ist. Sie war ursprünglich auf den Norfolk-Inseln heimisch, wurde von dem englischen Kapitän James Cook entdeckt und gelangte 1793 erstmals nach Europa. Heute ist sie vor allem in den Tropen und Subtropen weit verbreitet. Wie die Walchien des Oberkarbons, weicht die Zimmertanne in ihrem Aussehen stark von den gewohnten Formen der heutigen heimischen Nadelgehölze ab. Da ihre horizontal ausragenden Äste wenig verzweigt sind, ist ihr Wuchs deutlich lichter.
Solche horizontal ausragenden Äste besitzen auch die vergleichsweise kleinwüchsigen Walchien. Sie zählen aber zweifelsohne zu den Nacktsamern (Gymnospermen), denen alle heute noch vorkommenden Nadelhölzer angehören. Von den Bedecktsamern oder Angiospermen unterscheidet sich diese Pflanzengruppe durch ihre Fortpflanzung. Die Bedecktsamer bilden Blüten aus, die Tiere als Bestäuber anlocken. In der Mitte ihrer Blüte befinden sich die Staubblätter und ein sog. Stempel, der aus Fruchtknoten, Griffel und Narbe besteht und die Samenanlage im Innern der Fruchtblätter vor der Außenwelt abschließt bzw. »bedeckt«. Die Nacktsamer werden hingegen durch den Wind bestäubt und bilden deshalb keine Blütenhüllen aus Kelch und Krone aus. Sie sind eingeschlechtlich, also männlich oder weiblich, und zählen zu den Holzpflanzen. Zwar sind auch die Samen der Nacktsamer, anders als ihr Name vermuten lässt, in den für diese Pflanzengruppe typischen Zapfen fest verschlossen. Im Unterschied zu den Bedecktsamern lassen sie diesen Samen aber frei, ohne dass dabei der Gewebeverband der Fruchtwand, also des Zapfens, zerstört wird. Die Zapfenschuppen rücken lediglich auseinander. Bei allen Bedecktsamern hingegen muss die Gewebewand reißen oder platzen, um den Samen freizusetzen.

Nadelbäume (hier eine Kanarische Kiefer) verschließen ihre Samen in Zapfen.

Bei der häufig verbreiteten Walchia piniformis wie auch bei der deutlich selteneren Walchia filiciformis wachsen die Zapfen am Ende von Seitensprossen. Männliche und weibliche Zapfen lassen sich äußerlich kaum unterscheiden. Das Holz der Walchien entspricht im Wesentlichen demjenigen späterer Nadelgehölze. Es zeichnet sich durch das sog. sekundäre Dickenwachstum (siehe S. 144) aus und weist Harzzellen und Harzgänge auf. Aufgrund des konstant milden Klimas lassen die Jahresringe allerdings kaum die für Kälteperioden typischen Verdichtungen erkennen.

Um 325–292 Mio.

Gletscher im Süden Afrikas

Während große Teile jener Festlandsgebiete, die sich heute in den gemäßigten Breiten befinden, etwa auf Äquatorhöhe liegen und unter tropischem Klimaeinfluss stehen, befindet sich der Superkontinent Gondwana in der Nähe des Südpols und erlebt eine Kaltzeit.
Ihre Spuren hinterlässt die Kaltzeit nicht nur in der über dem Südpol gelegenen Antarktis, sondern auch in den unmittelbar angrenzenden Regionen Südamerikas, Südafrikas, Indiens, Chinas und Australiens. Fest miteinander verbunden bilden alle diese Gebiete den Südteil der riesigen Festlandsmasse Gondwanas. Durch Kontinentalverschiebung verlagert sich das Zentrum der Eiszeit von West nach Ost. Im Mittelkarbon liegt es im Süden Afrikas. Von Simbabwe bis nach Südafrika bilden sich mächtige Gletscher von bis zu 1000 m Höhe, die sich im Norden bis zur Arabischen Halbinsel und im Westen bis ins angrenzende Südamerika erstrecken, das zu dieser Zeit noch mit dem späteren afrikanischen Kontinent verwachsen ist. Auch Teile Australiens sind vereist.

Um 325–292 Mio.

Urahn der Dinosaurier, Vögel und der Schlangen

In Nordamerika tritt mit dem Petrolacosaurus der erste Vertreter der Diapsiden in Erscheinung – einer der drei Hauptlinien, die sich aus den frühesten Reptilien entwickeln. Während aus den Anapsiden vermutlich die Schildkröten und aus den Synapsiden die Säugetiere hervorgehen, sind die Diapsiden die Vorfahren der meisten heute lebenden Reptilien und der Vögel. Unterscheidungsmerkmal ist der Bau des Schädels, der bei den Anapsiden nur eine Augen- und Nasenöffnung, bei den Synapsiden eine zusätzliche Schläfenöffnung und bei den Diapsiden zwei solcher Schläfenfenster aufweist (Abb.: Schädel eines Mesenosaurus romeri).

Der Petrolacosaurus ist ein Insektenfresser. Mit etwa 40 cm Länge ist er deutlich größer als die ersten Reptilien. Seine Verbreitung beschränkt sich auf Nordamerika und das Oberkarbon. Er ähnelt den modernen Eidechsen, wobei ihm seine langen Gliedmaßen und der verlängerte Hals ein graziles Aussehen verleihen. Die weitere Entwicklung der Diapsiden liegt aufgrund der seltenen Funde zum Teil im Dunkeln, doch ab dem Perm (292–250 Mio.) lässt sich die Gruppe klar in zwei Hauptlinien unterteilen: Die eine führt zu den Krokodilen, Dinosauriern und Vögeln, die andere zu den heutigen Echsen und Schlangen.

Um 300 Mio.

Gegen Ende des Karbons herrschen auf der Erde starke **Klimagegensätze**. Anhand der abgelagerten Sedimentschichten stellten Geologen fest, dass die nördliche Erdhalbkugel zunehmender Trockenheit ausgesetzt ist. An den Wendekreisen begünstigt feuchtwarmes Wetter das Entstehen von Tropenmooren. Völlig andere klimatische Verhältnisse bestimmen die Süd-Kontinente. So entstehen im Einzugsbereich des karbonischen Südpol ausgedehnte Eisfelder. Sie bilden sich während der so genannten permokarbonen Eiszeit im Süden Südamerikas und Afrikas, in Antarktika, Australien und Vorderindien. Die letzte große Eiszeit herrschte während des Präkambriums vor etwa 800 bis 650 Mio. Jahren.

Während des Oberkarbons entwickeln sich aus den frühesten Reptilien die **Diapsida**. Sie verdanken ihren Namen zwei Schläfenöffnungen. Die im hinteren Bereich des Schädels liegenden Schläfen sind übereinander angeordnet. Die Schädelöffnungen sind mit einer sehnenähnlichen, elastischen Membran gefüllt, an die Kiefermuskeln ansetzen können, um die Beißkraft zu verstärken. Nach dem Tod verwesen diese Membrane sehr schnell. Aus den Diapsiden entwickeln sich die Dinosaurier und Flugsaurier des Erdmittelalters sowie alle auch in der Gegenwart noch lebenden (rezenten) Reptilien, die Krokodile und die Vögel.

Große Ähnlichkeiten mit den heute noch existierenden Neunaugen weist das im Oberkarbon vorkommende **Mayomyzon** auf. Wie die heute lebende Art Petromyzon besitzt der kieferlose Fisch die gleiche Anordnung der Skelettelemente. Zudem ist Mayomyzon durch die für Neunaugen typischen Kiemenöffnungen gekennzeichnet, die wie Augen aussehen. Der an einen Saugnapf erinnernde Mund dient dem Fisch zum Festsaugen an Steinen oder an anderen Fischen. Fossile Reste von Mayomyzon wurden in den USA im Rahmen geologischer Untersuchungen freigelegt.

Als erster Vertreter der Diapsiden – einer von drei Entwicklungslinien, die aus den frühesten Reptilien entstehen – gilt der den heutigen Eidechsen ähnelnde **Petrolacosaurus**. Reste des Tieres fanden Geologen in oberkarbonischen Gesteinsschichten im US-Bundesstaat Kansas. Ausgewachsene Exemplare von Petrolacosauros erreichen bis zum Schwanzansatz eine Länge von etwa 20 cm. Der lange Schwanz und die ebenfalls langen Beine verleihen dem frühen Diapsiden eine schlanke, grazil wirkende Gestalt. Hauptnahrungsquelle des an Land lebenden Petrolacosaurus sind Insekten. Sie werden mit Hilfe einer Reihe kleiner Zähne gefangen und zerkaut.

Um 300–270 Mio.

Biotop Böhmisches Becken

Im Böhmischen Becken (Abb.: Landschaft in Böhmen), einer im Zuge der variskischen Gebirgsbildung entstandenen Binnenlandsenke in der Nähe der heutigen Stadt Pilsen (Tschechien), entsteht unter den Bedingungen einer teilweisen Isolation eine reichhaltige und zum Teil gut fossilisierte Flora und Fauna.
Da das gesamte Böhmische Becken von einem großen Faltengebirgssystem umschlossen ist, kann sich die Flora und Fauna mit einer stark regionalen Ausprägung entwickeln. Gut vertreten sind verschiedene Vertreter der Farnlaubgewächse, darunter die Gattung Desmopteris mit zwei- oder mehrfach gefiederten Wedeln und die etwa zehn Arten umfassende Gattung Rhacopteris. Weit verbreitet ist auch Sphenophyllum cuneifolium, ein rankendes Keilblattgewächs. Die vierfüßigen Wirbeltiere sind vor allem durch verschiedene Arten von Amphibien vertreten.

Um 300 Mio.

Riesenhafte Ur-Libellen flattern über den Sümpfen Europas

In den ausgedehnten Sumpfgebieten West- und Mitteleuropas sowie Nordamerikas treten Ur-Libellen in Erscheinung, die zum Teil gigantische Flügelspannweiten aufweisen. Es handelt sich um die ersten Vertreter der Gruppe der Protodonaten, aus der wenig später die Odonaten, die echten Libellen, hervorgehen.
Die Protodonaten bilden möglicherweise das Bindeglied zwischen den Ur-Flüglern oder Palaeodictyopteroidea (siehe S. 162) und den echten Libellen. Ihr größter Vertreter in Europa ist das Fluginsekt Meganeura monyi (s. Abb.), das eine Flügelspannweite von 70 cm aufweist. Geringfügig übertroffen wird es von einem amerikanischen Verwandten, der Meganeuropsis, mit einer Spannweite von bis zu 75 cm. Daneben treten innerhalb der Gattung Meganeura aber auch deutlich kleinere Arten in Erscheinung, die eine Spannweite von lediglich zwei Zentimetern haben. Ein enger Verwandter der Ur-Libellen ist das Fluginsekt Stephanotypus schneideri, das vor allem in Thüringen und Sachsen-Anhalt heimisch ist und mit seinen 40 cm Spannweite immer noch zu den größten Insekten aller Zeiten zählt.
Während die Nachfahren der Protodonaten, die heutigen Libellen, zu den ausdauerndsten und gewandtesten Fliegern im Insektenreich zählen, sind die Flugkünste der Ur-Libellen vermutlich noch bescheiden. Ihre Fortbewegung in der Luft ist besser als Flattern zu beschreiben. Die große Zahl der in Sümpfen lebenden Kleininsekten verschafft ihnen aber eine solide Nahrungsgrundlage.

Um 300 Mio.

Ur-Mittelmeer Tethys trennt Gondwana und Laurasia

Etwa auf Höhe des Äquators bildet sich allmählich eine Meeresbucht heraus, die sich von Osten her in jene riesige, zusammenhängende Landmasse schiebt, die auch als Pangaea bezeichnet wird. Aus dieser Bucht entwickelt sich in den folgenden Perioden das Ur-Mittelmeer Tethys, das den Südkontinent Gondwana von dem nördlich gelegenen Laurasia trennt.

Das Tethys-Meer ist der Ursprung des Mittelmeeres, aber auch des Schwarzen und Kaspischen Meeres sowie des Aralsees. Obgleich sich seine Form durch die umfangreichen Kontinentalverschiebungen während des Mesozoikums (250–65,5 Mio.) kontinuierlich verändert, bleibt es beständig in tropischen und subtropischen Breiten. Es erstreckt sich in einem Senkungsgebiet, das vom heutigen Südeuropa und Nordafrika bis nach Südasien und Hinterindien reicht. Unter milden Temperaturen und mit einem nahezu idealen Salzgehalt bildet sich in diesem typischen Flachmeer in den folgenden Erdzeitaltern eine außerordentlich facettenreiche Lebensgemeinschaft mariner Pflanzen und Tiere. Bei dem großen Massenaussterben am Ende des Perms bietet die Tethys, die sich zu diesem Zeitpunkt vom Indischen Ozean bis zum heutigen Mittelmeer erstreckt, lange Zeit den letzten Zufluchtsort für eine Fülle von Arten, bis sie schließlich auch hier verschwinden.

Durch kalkige Warmwasser-Ablagerungen, vor allem durch eine blühende Gemeinschaft von Riffbildnern, werden in der Tethys die Grundlagen für viele spätere Hochgebirge geschaffen. Riesige, von Korallen und Kieselschwämmen erbaute Riffsysteme erstrecken sich von der Schweiz bis hinauf nach Polen. Sie liefern jene Sedimente, aus denen sich u.a. große Teile der Alpen auffalten. Mit der alpidischen Faltung, die in der Kreide (142–65,5 Mio.) beginnt, sich aber hauptsächlich im Tertiär (65,5–1,81 Mio.) ereignet und in deren Verlauf ein weltumspannender Gürtel aus riesigen Hochgebirgen entsteht – darunter auch der Himalaja –, endet die Zeit der Tethys. Aus dem Ur-Mittelmeer wird das heutige Mittelmeer.

Um 300–292 Mio.

Fossil aus Nordamerika

In der letzten Phase des Karbons entstehen auf dem nordamerikanischen Festland unter subtropischen Klimabedingungen eine Reihe bedeutender Fossillagerstätten, die einen hervorragenden Überblick über die Fauna und Flora unmittelbar vor der Karbon-Perm-Grenze (um 292 Mio.) bieten.

Zwei dieser Fundstätten, die Diamond Coal Mine sowie Mazon Creek, bilden sich südlich der Großen Seen auf dem Gebiet der heutigen US-Bundesstaaten Ohio und Illinois. In den Sedimenten der Diamond Coal Mine bleiben Tausende Wirbeltiere erhalten, darunter vor allem zahlreiche Fische. Daneben sind allein 26 verschiedene Arten wasserlebender Amphibien und eine kleinere Zahl überwiegend oder rein terrestrisch lebender Amphibien und Reptilien belegt. In Mazon Creek fossilisieren rund 200 Pflanzenarten und mehr als 250 verschiedene Tierarten, die zum Teil sogar mit ihren Weichteilen erhalten bleiben. Überliefert sind u.a. Quallen, Krebse, Kieferlose und Fische, daneben Ringelwürmer, Tausendfüßer, Spinnentiere, Amphibien und verschiedene Insekten.

Negativer und positiver Fossilabdruck des Farnblattes Pecopteris in einer Toneisenstein-Knolle von Mazon Creek.

In Kanada bilden sich bedeutende Fossilvorkommen bei Joggins in Nova Scotia und bei Garnett in Kansas. In Letzterem sind neben 39 Pflanzenarten neun verschiedene Wirbeltiere belegt, darunter Petrolacosaurus, der älteste bekannte Diapside (siehe S. 169). In Nova Scotia findet sich hingegen unter verschiedenen Amphibien und Reptilien auch der erste Synapside: Protoclepsydrops – ein Urahn der Säugetiere.

Um 300 Mio.

Bärlapp mit zwei Sporen

In der Gruppe der Lycopodiinae oder Bärlappgewächse (Abb. o.: fossile und heutzeitliche Bärlapp-Zweige) treten die Lepidospermae auf, die eine neue Unterordnung der Heterosporen, also der Bärlappgewächse mit zwei Sporen, bilden. Bis heute gibt es bei den Bärlappgewächsen Formen, die sich durch den Besitz sowohl von männlichen Makro- als auch von weiblichen Mikrosporen auszeichnen. Alle Pflanzen, bei denen sich dieses Phänomen beobachten lässt, werden als heterospore Pteridophyten zusammengefasst.

Von der archaischen Formenfülle der Bärlappgewächse, zu denen im Karbon u.a. baumförmige, bis zu 40 m hohe Vertreter wie die Schuppen- und Siegelbäume gehören, können die heutigen Vertreter dieser Pflanzen kaum noch einen Eindruck vermitteln. Lediglich zwei Gruppen haben sich bis heute erhalten. Es handelt sich bei den heutigen Formen durchweg um Pflanzen mit niedrigem Wuchs, die sich mit ihren verzweigten Sprossen auf dem Boden ausbreiten.

Um 300 Mio.

Florenmittelalter bricht an

Mit dem ausgehenden Karbon kündigt sich der Beginn des Mesophytikums, des sog. Florenmittelalters an. Zugleich endet der erste große Abschnitt in der Florengeschichte der Erde.

Charakteristisch für das Ende des Paläophytikums (Florenaltertums) ist das sukzessive Verschwinden aller baumförmigen Farne. An ihre Stelle treten zunehmend die Nacktsamer oder Gymnospermen, insbesondere die Nadelgehölze (siehe S. 169), die die Flora bis in den Jura (205–142 Mio.) dominieren. Zweifelsfrei nachzuweisen ist dieser Florenwandel vor allem in der gesamten Nordhemisphäre. Im Süden Pangaeas, der Gondwana-Region, nimmt die Vegetation eine etwas andere Entwicklung. Die karbonische Flora bleibt hier zunächst unverändert.

Um 292 Mio. Innerhalb der Nacktsamer (Gymnospermae) bilden sich die **Ginkgo-Gewächse** (Ginkgoopsida) heraus. Fossile Reste der Bäume wurden in den für den ersten Abschnitt des Perms typischen roten Sedimenten (Rotliegendes) gefunden. Eine weite Verbreitung finden die Pflanzen aber erst im Jura (205–142 Mio.). Charakteristisch für die Ginkgo-Bäume sind die flachen, breiten Laubblätter. Sie können z.T. zweilappig sein. In einer Art hat sich die Gestalt der Ginkgo-Gewächse bis heute fast unverändert erhalten: dem Ginkgo biloba. Der in Ostasien beheimatete Baum ist der einzige gegenwärtig noch lebende Vertreter der Ordnung Ginkgoales.

Eng verwandt mit der bereits im Oberkarbon entstandenen Diapsidenart Petralacosaurus ist **Araeoscelis**. Das an Land lebende Wirbeltier weist ähnliche Körperproportionen wie sein früher Verwandter auf. Das schlanke Tier besitzt einen lang gestreckten Körper mit 25 Wirbeln sowie einen langen Hals. Die ebenfalls länglichen Beine dienen der schnellen Fortbewegung. Etwas kräftiger als bei Petralacosaurus ist der Schädel ausgebildet. Die kräftigen Zähne des Insekten fressenden Tieres haben vermutlich zur Verstärkung des Schädels beigetragen. Er muss deutlich höhere Beißkräfe aushalten.

Die zu den Kammerlingen (Foraminiferen) zählenden **Fusulinacea** entwickeln vielfältige und große Formen. Ihre weite Verbreitung während des Perms bildet einen Höhepunkt der Foraminiferenentwicklung. Die bis zu mehrere Zentimeter großen Fusulinacea besitzen ein spindelförmiges Gehäuse, das in einzelne Kammern unterteilt ist. Lebensraum der wirbellosen einzelligen Tiere sind die flachen Uferzonen der Meere. Hier bevölkern die Fusulinacea den Meeresboden. Aufgrund ihres häufigen Vorkommens gelten die Meeresbewohner als wichtige Leitfossilien zur zeitlichen Eingrenzung von Sedimenten.

Zu Anfang des Perms werden im heutigen Schlesien die Höhenzüge des **Niederschlesischen Beckens** großflächig abgetragen. Die Schuttmassen lagern sich in dem nur zeitweilig von Wasserflächen bedeckten Senkungsgebiet des Beckens ab. Durch die Abtragungsvorgänge werden auch die in dem Gebiet vorkommenden Erze umgeschichtet. So lässt sich beispielsweise Kupfer bis heute in steinkohlenteerhaltigen Schiefergesteinen nachweisen. Darüber hinaus entstehen durch vulkanische Aktivitäten Schichten aus feinkörnigen Porphyren (Gestein mit großen Einsprenglingen), basaltischen dunkelgrünen Melaphyren, Tuffen und Tuffiten.

Um 292–250 Mio.

Die Tintenfische entwickeln

In den Flachwassermeeren des Unterperms findet die Gruppe der Kopffüßer oder Tintenfische Lebensbedingungen vor, die der Entstehung neuer Formen außerordentlich förderlich sind. Sowohl in der Unterklasse der Tetrabranchiata, der Vierkiemer oder Alt-Tintenfische, wie auch in der Untergruppe der Dibranchiata – der Zweikiemer oder Neu-Tintenfische – bilden sich mit den Ceratitidae und Phragmotheutidae neue Gruppen heraus.

Im Perm stellen die Alt-Tintenfische noch immer die deutliche Mehrheit Kopffüßer. Kennzeichnendes Merkmal der Alt-Tintenfische ist insbesondere, dass sie über eine äußere, symmetrische Kalkschale verfügen, die zumeist – wie das Gehäuse einer Schnecke – spiralförmig gewunden ist. Im Unterschied zu den Schnecken kommen Alt-Tintenfische allerdings niemals aus ihren Gehäusen heraus.

Zu den wichtigsten Vertretern der Tetrabranchiata im Erdaltertum zählen die später ausgestorbenen Ammoniten, die vom Silur (440–417 Mio.) bis in die Kreidezeit (142–65,5 Mio.) hinein wichtige Leitfossilien stellen. Die Ammoniten weisen im oberen Paläozoikum einen großen Formenreichtum auf. Gemeinsames Merkmal sind die – wie bei den heute lebenden Alt-Tintenfischen – durch Scheidewände in einzelne Kammern unterteilten Schalen, die einfachen Grubenaugen sowie die vielen kleinen Tentakel. Ihre Gehäuse sind meist spiralförmig, manchmal aber auch lang gestreckt. Ihre kleinsten Vertreter sind nur wenige Millimeter groß, es gibt aber auch einzelne Arten, deren Schalen einen gewaltigen Durchmesser von mehr als zwei Metern aufweisen. Bei den Ammonitenartigen kommt es im Verlauf des Unterperms zu einer wichtigen Neuerung: Im Bau der so genannten Lobenlinien, der Verwachsungslinien zwischen den Kammerscheidewänden und dem Gehäuse, deutet sich der für das gesamte Erdmittelalter (250–65,5 Mio.) charakteristische Bauplan an, der als Arterkennungsmerkmal eine wichtige Rolle spielt. Heute sind die Alt-Tintenfische nur noch durch die sechs seit dem Erdaltertum praktisch unveränderten Arten der Gattung Nautilus vertreten.

Auch in der Untergruppe der Dibranchiata, der fast alle heute lebenden Tintenfische angehören und die im Perm noch deutlich kleiner ist, kommt es zur Entstehung neuer Formen. Zu den bereits seit dem Devon vertretenen Teuthoidae mit zehn Fangarmen und Tintenbeutel sowie den Aulacoceratidae des Karbons treten nun die Phragmotheutidae. Alle drei

Um 292–180 Mio.

Karroo-Serie bietet einzigartigen Einblick in die Geologie Afrikas

Auf dem Gebiet des heutigen Südafrika, vor allem im Karroo-Becken (Abb.: Wanderdüne mit Büschen im Karroo-Becken) – einer Hochebene im Zentrum des Landes –, lagert sich eine interessante Abfolge von Sedimentationsschichten ab. Sie zeugen von den gewaltigen klimatischen Veränderungen, denen der Süden des Superkontinents Gondwana ausgesetzt ist. Von Paläontologen wird diese Abfolge auch als Karroo-Serie bezeichnet.

Der umsturzartige Klimawandel, der sich in den Ablagerungen vom späten Paläozoikum bis zum mittleren Mesozoikum ablesen lässt, hat seine Ursache vor allem in plattentektonischen Bewegungen, in deren Verlauf sich nicht nur die spätere Nordwestküste Afrikas abzuzeichnen beginnt, sondern vor allem das ganze ehemalige Gondwana seinen Schwerpunkt nach Norden verlagert. Während die afrikanische Landmasse zu Beginn des Perms nur im äußersten Norden den Äquator streift, liegt der Kontinent im Jura genau mittig über der Äquatorlinie. Alle Landesteile befinden

neue Formen

Dieser zu den Ammoniten zählende Discoceratites dorsoplanus versteinerte bei Kassel.

Gruppen zählen zu den zehnarmigen Tintenfischen (siehe S. 129). Von den Alt-Tintenfischen unterscheiden sie sich vor allem dadurch, dass das stützende Skelett als kalkige Schale innerhalb des Körpers liegt.

sich nun unter einem tropischen oder subtropischen Klimaeinfluss.
Die Sedimente der Karroo-Serie werden von den Geologen in vier große Gruppen unterteilt, die in chronologischer Reihenfolge als Dwyka, Ecca, Beaufort und Stromberg bezeichnet werden. Die Dwyka-Schicht aus dem Oberkarbon lässt noch Spuren der Vereisung Gondwanas erkennen. Südafrika hat zu dieser Zeit noch eine feste Landverbindung zur späteren Antarktis und liegt gemeinsam mit Südamerika in unmittelbarer Nähe des Südpols. Die Ecca-Schicht des unteren Perms lässt bereits den Einfluss eines gemäßigten feuchtwarmen Klimas erkennen. Die Ablagerung von Kohleflözen beweist, dass nun eine üppige Vegetation die ehemaligen Gletschergebiete des Oberkarbons überzieht. Hinsichtlich seiner Flora und der klimatischen Bedingungen gleicht der Süden des afrikanischen Kontinents zunehmend Nordamerika und Europa in den Zeiten des Oberkarbons.
Der Trend einer kontinuierlichen Erwärmung setzt sich in den folgenden Perioden ungebrochen fort. In der unteren Trias (250–241,7 Mio.) hat der afrikanische Kontinent die Äquatorlinie etwa zu einem Drittel überschritten. Die Beaufort-Schicht belegt das Vorkommen einer individuen- und artenreichen Reptilienfauna. Ihre Existenz lässt auf ein feuchtwarmes Klima und auf ein günstiges Nahrungsangebot aus verschiedenen Beutetieren wie Insekten, Spinnen und kleineren Amphibien schließen. Gleiches gilt für die vierte Ablagerungsschicht, die Stromberg-Gruppe, die in der Trias beginnt und mit dem oberen Jura endet.

Um 292–250 Mio.

Leitpflanze Glossopteris gibt Warmzeitflora ihren Namen

Nach einer langen Vereisungsphase im Oberdevon (375–354 Mio.) und Karbon (354–292 Mio.) breitet sich im Süden Gondwanas mit zunehmender Erwärmung des Klimas die nach dem Samenfarn Glossopteris benannte Glossopterisflora aus. Da fossilisierte Vertreter dieser regional verbreiteten Flora später in Afrika, Südamerika, Australien, China, Indien und der Antarktis gefunden wurden, lieferten sie – nicht anders als die Funde des Mesosaurus – erste wichtige Hinweise auf eine ursprüngliche Verbundenheit dieser später voneinander getrennten Festlandsgebiete.

Die Leitpflanze Glossopteris ist ein mehr als sechs Meter hoher, baumförmiger Samenfarn. Seine zungenförmigen Blätter werden von einem Mittelnerv durchzogen und weisen eine starke Aderung auf. Mit ihrer Länge von bis zu 30 cm sind sie eine wichtige Nahrungsgrundlage für säugetierähnliche Reptilien. Charakteristisch für die Glossopterisflora sind dichte subtropische Wälder, die nun auch auf der Südhalbkugel zur Entstehung von Kohleablagerungen führen. Zu den wichtigsten Vertretern der Glossopterisflora zählen außerdem Schachtelhalme und Ginkgos.

Um 292 Mio.

Frühe Verwandte der Laubmoose erobern Sibirien

In Sibirien fossilisieren zahlreiche frühe Verwandte der heute noch vorkommenden Laubmoose (Abb.: Blattmoos). Zu den Pflanzengruppen, die zweifelsfrei den Laubmoosen oder Musci zugeordnet werden können, zählen u.a. die Gattungen Salairia, Bachtia, Intia, Uskatia und Bajdaievia. Zum Ende des Karbons war Sibirien an die Ostküste Europas gestoßen. Im Oberperm bildet es mit Europa und Nordamerika die auch als Laurasia bezeichnete Nordhälfte des Riesenkontinents Pangaea. Das Klima ist mild und feucht. Etwa auf derselben Höhe liegt auch das spätere Frankreich,

wo die Überreste einer Pflanze fossilisieren, die als Muscites polytrichaeus bezeichnet und somit ebenfalls den Laubmoosen zugeordnet wird, auch wenn ihr Erhaltungszustand eine gesicherte systematische Zuordnung nicht gestattet.
Zu der großen und facettenreichen Gruppe der heutigen Laubmoose zählen alle Echten Moose, die auf Waldböden, Felsen oder Mauern leben und vor allem das Vegetationsbild der Hochmoore prägen. Sie sind allgemein von geringem Wuchs, fallen aber durch die flächendeckende Besiedlung ihrer Standorte auf.

Um 292 Mio.

Mesosaurier jagen im Süßwasser Brasiliens und Südafrikas

Mit dem Mesosaurus tenuidens und dem etwas späteren Mesosaurus brasiliensis treten im frühen Perm die ersten Reptilien in Erscheinung, die sich auf eine Lebensweise im Wasser spezialisieren. Die bislang einzigen Funde an der Südostküste Südamerikas (Abb.: Abguss eines Mesosauriers aus dem Perm Brasiliens) und im westlichen Südafrika legen nahe, dass sich die Verbreitung beider Arten auf Gondwana beschränkt. Sie gelten überdies als Beleg dafür, dass Afrika und Südamerika im Perm noch immer Teil einer zusammenhängenden Landmasse sind.

Mesosaurus tenuidens und Mesosaurus brasiliensis sind 60 bis 80 cm lange Räuber, die im Süßwasser nach Fischen jagen. Mit einem langen, seitlich abgeflachten Schwanz und den flossenartigen Gliedmaßen sind sie hervorragend an das Leben im Wasser angepasst. Die langen Beine deuten jedoch darauf hin, dass ihre unmittelbaren Vorfahren noch landlebende Lauftiere waren. Ihre Schnauze ist, wie bei vielen im Wasser lebenden Vierfüßern, stark verlängert und mit spitzen, rechenartig angeordneten Zähnen versehen. Aufgrund ihrer auffälligen Bezahnung werden die Vertreter dieser Gattung auch als Rechengebiss-Echsen bezeichnet.

Beide Mesosaurus-Arten wurden lange Zeit der Reptiliengruppe der Synapsiden zugeordnet, die als Stammform der Säugetiere gilt. Neuere Untersuchungen haben jedoch zu dem Schluss geführt, dass sie der Linie der Anapsiden angehörten, aus der vermutlich die Schildkröten hervorgingen.

Um 292 Mio. Zu den primitiven Amnioten (Embryonalhüllen bildende Wirbeltiere) gehören die **Captorhinida**. Die einfachen Wirbeltiere breiten sich während des Perms in zahlreichen Gebieten der Erde aus. Fossile Reste der Captorhinida fanden Forscher in Indien, China, Russland, Afrika und Nordamerika. Charakteristisch für die in ihrer Gestalt an Echsen erinnernden Tiere sind die mit mehreren Zahnreihen versehenen Kiefer. Bis zu zwölf Reihen konnten an fossilisierten Captorhinida festgestellt werden. Anhand der Zahl und der Anordnung der Zähne lassen sich verschiedene Gattungen verifizieren.

In Mitteleuropa kommt es während des so genannten Rotliegenden – benannt nach den in dieser Phase angelagerten roten Sedimenten – zu starken **vulkanischen Aktivitäten**. Zeitgleich zu massiven tektonischen Bewegungen gelangen basaltische Melaphyre und Quarzporphyre aus dem Erdinnern an die Oberfläche. Dabei korrespondieren die Vulkanausbrüche mit den Größen der Senkungsgebiete. In den tiefsten Senkungströgen finden sich auch die mächtigsten vulkanischen Ablagerungen des Unterperms. Sie bestehen vor allem aus Melaphyren.

Zur dominanten Amphibiengruppe im Unterperm werden die **Eryopoiden**. Die zu den Schnittwirblern (Temnospondylii) zählenden Tiere sind an eine Vielzahl von Lebensräumen angepasst. Während einzelne Arten nur im Wasser vorkommen, existieren auch Eryopoiden, die sowohl auf dem Land als auch im Wasser leben. Innerhalb der Eryopoiden entwickelt sich die Gattung Eryops zur erfolgreichsten Form. Die fast zwei Meter langen Amphibien besitzen einen gedrungenen Körper mit einem gewölbten Rücken, an dem ein plumper Kopf ansitzt. Die kurzen, aber starken Gliedmaßen erlauben den großwüchsigen Tieren ein permanentes Landleben.

Im östlichen Mittelmeerraum vergrößern tektonische Prozesse die bereits im Oberkarbon eingesunkene **alpidische Geosynklinale**. Zudem lässt sich eine Ausbreitung des marinen Lebens feststellen. Untersuchungen ergaben, dass im Mittelmeer eine reiche Fauna und Flora entsteht. Große Gesteinsbänke werden von Fusulinacea, Korallen, Brachiopoden und Kalkalgen besiedelt.

Um 292–270 Mio.

Rotliegende Ödnis

Im so genannten Rotliegenden, der ersten Abteilung des Perms, geraten Europa, Nordamerika und Asien langsam, aber unaufhaltsam unter den Einfluss eines veränderten Klimas. Auf die Epoche der karbonischen Steinkohlewälder und einer tropisch-feuchten Witterung folgt eine Phase trockener Hitze.

Der Begriff Rotliegendes kommt aus der Bergmannssprache und bezeichnet eine für diese Epoche typische »rothe« und »todte« Sedimentationsschicht. Die Ablagerungen ähneln sowohl hinsichtlich ihres Aussehens als auch ihrer Entstehung den charakteristischen Sedimentationen aus rotem Sandstein, die im Silur (440–417 Mio.) und im Devon (417–354 Mio.) auf dem damals noch weitgehend unbelebten Festland entstanden sind und dem Old-Red-Kontinent seinen Namen gegeben haben (siehe S. 138).

Die Rotsedimente, die im Unterperm auf der Nordhalbkugel abgelagert werden, gehen auf zwei verschiedene, aber einander verstärkende Prozesse zurück. Zunächst verlagert sich der Riesenkontinent Pangaea nach Norden. Während seine Südhälfte, Gondwana, langsam unter den Einfluss eines milderen Klimas gerät, das hier eine üppige Vegetation entstehen lässt, wird der Norden dieser Festlandsmasse, das so genannte Laurasia, aus dem tropischen Feuchtraum nordwärts in den Trockengürtel gedrückt. Der gesamte europäische Raum und mit ihm die meisten Regionen Nordamerikas und Asiens geraten unter den Einfluss eines so trockenen und heißen Klimas, dass weite Landgebiete veröden und versteppen.

Paramblypterus aus dem Unterrotliegenden

Zugleich schreitet die Erosion der im Laufe der variskischen Gebirgsbildung aufgeworfenen Gebirgssysteme voran. Die Tröge, die sich während der Faltungsphase zwischen den Hebungsgebieten gebildet hatten, werden nun wieder mit Sedimenten angefüllt. Durch den rapiden Rückgang der Vegetation infolge der Trockenheit ist das Land verstärkt der Verwitterung, der Abtragung durch den Wind und den seltenen, aber heftigen Regenfällen ausgesetzt. Der harte, ausgetrocknete Boden nimmt nur sehr wenig Regenwasser auf, daher sammeln sich die Wassermassen oft in Binnensenken, die sich in mächtige Überflutungsgebiete verwandeln. Durch Verdampfung entstehen hier die für das Rotliegende charakteristischen Ablagerungen von Salzgesteinen. Ebenfalls typisch für die Sedimentation dieser Periode ist, dass die abgelagerten Gesteine in der Regel wenig sortiert und ihre Komponenten kaum gerundet sind. Diese Merkmale treten üblicherweise dort auf, wo der Jahresniederschlag im Laufe weniger Stunden fällt.

Wie bereits das Old-Red-Gestein, so sind auch die sog. New-Red-Sedimente durch die Erosion des in den Sedimenten enthaltenen Eisens rötlich gefärbt. Diese Rotverwitterung entsteht in einem sog. ariden Klima und einer vegetationsfreien, wüstenartigen Landschaft. Arid bedeutet, dass die durchschnittliche jährliche Verdunstungsmenge die entsprechende Niederschlagsmenge übersteigt.

Das Fundament des zum Coloradoplateau zählenden Monument Valley (Arizona und Utah, USA) entsteht im Rotliegenden.

Um 292 Mio.

Haie als Sonderformen

An der Grenze vom Karbon zum Perm sind die Haie noch immer die unangefochtenen Herrscher der Meere. Seit ihrer Entstehung im Oberdevon (siehe S. 145) haben sie sich in mindestens sieben große Gruppen gespalten, von denen jedoch nur eine Linie entwicklungsgeschichtlich die Erdneuzeit erreicht. Es ist die Gruppe der Stethacanthiformes, die als die Vorfahren der modernen Haie und Rochen gelten.

Im Rotliegenden existieren hingegen noch einige der teils bizarren und später ausgestorbenen Sonderformen der Haie. Zu ihnen zählt der in Nordamerika, Irland und Schottland beheimatete Stethacanthus, der in dieser Zeit seine größte Verbreitung erlebt. Dieser kaum mehr als einen Meter lange Räuber weist auf seinem Rücken, unmittelbar hinter dem Kopf, einen Fortsatz auf, der einige Zentimeter nach oben und dann parallel zum Kopf bis fast an die Spitze der Schnauze ragt und überdies mit Zähnen besetzt ist. Über den Zweck dieser bizarren Konstruktion lässt sich nur spekulieren. Am plausibelsten erscheint die Hypothese, dass dieser Auswuchs der Abschreckung dient. Wenn sich der Stethacanthus – wie viele heute lebende Rochen – mit einem Großteil seines Körpers im Sand vergräbt, dann kann die Zahnformation auf dem Rücken wie ein weit aufgesperrter Rachen erscheinen.

Zu den ausgestorbenen Formen zählen auch die Xenacanthida, die Süßwasserhaie, die sich bereits im Karbon (354–292 Mio.) nachweisen lassen, in der Trias (250–205 Mio.) aber wieder verschwinden. Süßwasserhaie zeichnen sich u.a. durch einen Flossenstachel aus, der wie beim Xenacanthus auch als Kopfstachel ausgebildet sein kann.

Um 292–270 Mio.

Königsfarne breiten sich über die Nordhalbkugel aus

Innerhalb der Filicatae, der im mittleren Karbon entstandenen Gruppe der modernen Farne, bilden sich die Königsfarne oder Osmundaceae heraus. Ihr Verbreitungsgebiet beschränkt sich zunächst auf den nördlichen Großkontinent Laurasien. In einem schmalen Gürtel erstreckt es sich von den östlichen Regionen Nordamerikas über Frankreich und die Mitte Deutschlands bis nach Russland.

Die Königsfarne zählen zu den primitivsten Vertretern der Filicatae und sind große, büschelförmig wachsende Pflanzen mit einem kurzen, dicken Stamm und einer dichten Krone. Die Wedel sind bei allen Arten außerordentlich üppig entwickelt und erreichen bei den etwas späteren Osmundaceae des Oberperms bereits eine Länge von zwei bis drei Metern. Insgesamt bringen die Königsfarne nur eine begrenzte Zahl von Arten hervor. Bekannt sind derzeit 14 heute noch vorkommende und 29 ausgestorbene Vertreter, die drei verschiedenen Gattungen zugeordnet werden. Alle Osmundaceae des Perms zählen zu der später ausgestorbenen Gattung Thamnopteris, nahezu alle heutigen Arten zur Gattung Osmunda. Die in Südafrika, Australien und Neuseeland beheimatete Gattung Todea ist nur mit einer einzigen Spezies, der Todea barbata, vertreten. Beide heutigen Gattungen unterscheiden sich vor allem im Aufbau ihrer Wedel. Bei Todea barbata sind die Sporen gleichmäßig über alle Wedel verteilt, bei der Gattung Osmunda beschränken sie sich auf bestimmte Abschnitte oder sogar lediglich auf einzelne Wedel.

Während die Königsfarne des Perms nur in einer bestimmten Klimazone vorkommen, sind die heutigen Arten weltweit verbreitet. In Europa ist Osmunda regalis beheimatet, die hellgrüne Wedel besitzt, an feuchten und schattigen Standorten wächst und aufgrund ihrer Seltenheit unter Naturschutz steht (Abb.: Illustration von Osmunda regalis aus dem 19. Jh.).

Um 292–270 Mio.

Fossiler Wald bei Chemnitz

Durch Verkieselung fossilisieren in der Nähe des heutigen Chemnitz die Überreste großer Bäume, etwa der baumförmig wachsenden Schachtelhalme, aber auch Stämme und Wedelteile diverser Farne der Gattung Psaronius, die mit mehr als 30 Arten vertreten ist (Abb.: Querschnitt durch einen Baumfarn). Letztere liefern die auffälligsten Fossilien, die wegen ihres getüpfelten Aussehens auch als »Starsteine« bezeichnet werden.

Als Verkieselung wird ein Prozess bezeichnet, bei dem Organismen oder Gesteine so stark mit Kieselsäure durchtränkt werden, dass diese im Extremfall den ursprünglichen organischen Bestand vollkommen ersetzt. In Chemnitz wird diese Kieselsäure durch vulkanische Prozesse freigesetzt.

Um 292–270 Mio.

Palmfarne sind typische Vertreter des Florenmittelalters

Unter noch immer subtropischen Klimabedingungen treten z.B. im Schwarzwald und in Texas erste Vertreter der Cycadales in Erscheinung. Sie sind Vorboten einer Pflanzengruppe, die Merkmale der Farne und Palmen vereint und vor allem ab der Trias (250–205 Mio.) am Aufbau der Flora einen herausragenden Anteil hat. Gemeinsam mit den Nadelbäumen und der ebenfalls zu den Nacktsamern zählenden Ginkgoopsida sind sie typische Vertreter des sog. Florenmittelalters.

Cycadales (Abb.: Zykaspalme) ist heute nur noch mit etwa 80 Arten vertreten, die sich auf neun Gattungen verteilen. Es handelt sich um Pflanzen, deren Stämme die Fähigkeit zum sekundären Dickenwachstum (Bildung von Holz) besitzen. Die meist einfachen, unverzweigten Stämme werden bei den meisten Palmfarnen nur einen bis maximal drei Meter hoch. Eine Ausnahme bilden Riesenformen wie Microcycas calocoma auf Kuba mit zehn Metern, Dioon spinulosum in Mexiko mit bis zu 16 m und Macrozamia calocoma in Australien mit annähernd 18 m Höhe.

Die Stämme der Cycadeen sind meist von zylindrischer Form und weisen an der Basis eine knollenartige Verdickung auf. An ihrer Spitze werden sie von einem Kranz großer Fiederblätter gekrönt. Ihren Siegeszug verdanken die Cycadeen ihrem derben, lederartigen Laub, das sie besonders resistent gegen Trockenzeiten macht.

Reptilien erobern das Festland

Die stammesgeschichtliche Entwicklung der Reptilien lässt sich, besonders hinsichtlich ihrer Ursprünge, bis heute nicht lückenlos rekonstruieren. Als unbestreitbar gilt, dass sich die sog. Stammreptilien – die früher unter der Bezeichnung Cotylosaurier zusammengefasst wurden, heute jedoch nur noch die Captorhinomorpha umfassen – in der Mitte des Karbons aus amphibischen Vierfüßern entwickelt haben. Nachdem sich diese Tiergruppe erst einmal vom Leben in und am Wasser emanzipiert hatte – begünstigt vor allem durch ihre neue Fortpflanzungsstrategie (s.u.) –, brachte sie schnell eine Fülle neuer Formen hervor. Besonders im Verlaufe des Perms (292–250 Mio.) sind die Reptilien ein gutes Beispiel für das, was Biologen »adaptive Radiation« nennen: eine Aufspaltung der Stammeslinie in zahllose, zumeist hoch spezialisierte Arten, Gattungen und Ordnungen.

»Lizzy« – Stammform aller Reptilien?

Die ersten gesicherten Vertreter der Reptilien sind Hylonomus und Palaeothyris aus dem mittleren Karbon (siehe S. 164). Bereits vor ihnen existiert jedoch ein Wesen, das von manchen Wissenschaftlern ebenfalls als Reptil interpretiert wird, dessen Verwandtschaftsbeziehungen aber vollkommen ungeklärt sind. Ein fossilisiertes Exemplar wurde 1988 in East Kirkton in Schottland entdeckt und auf die wissenschaftliche Bezeichnung Westlothiana lizziae sowie den Spitznamen »Lizzy« getauft. Sollte sich die Vermutung erhärten, dass es sich bei Lizzy um ein echtes Reptil handelt, würde dies die bisherige Vorstellung von der Entwicklung dieser Tiergruppe noch einmal gründlich erschüttern, denn der Fund aus dem Unterkarbon ist erheblich älter als alle bislang bekannten Exemplare. Neue Brisanz erhielte dann vor allem die ganz entscheidende Frage, ob es wirklich nur eine einzige Entwicklungslinie gegeben hat oder ob nicht vielmehr verschiedene Stränge zu verschiedenen Formen geführt haben.

*Das **Reptilien-Ei** ist annähernd autark, ihm fehlt nichts außer einer Wärmequelle, die es auf einer konstanten Temperatur von 27–35 °C hält. Die Wärme liefert die nötige Energie für die Entwicklung des Embryos und kann durch Körperwärme oder künstlich (z.B. in einem Brutkasten) erzeugt werden. Ein oder zwei Tage nach dem Legen absorbiert eine wachsende Zellschicht Nährstoffe aus dem Dotter in Form von Stärken, Zuckern, Fetten und Proteinen. Sobald sich der Embryo ausbildet, beginnen Blutgefäße die Dotteroberfläche zu überziehen. Haben sie ein ausgedehntes Netz gebildet, nehmen die inneren Organe des Embryos Gestalt an.*

Ob die heute lebenden Schildkröten (hier eine sog. unechte Karettschildkröte) von den Anapsiden abstammen, ist in der Forschung mittlerweile umstritten.

Sicher ist, dass die primitiven Reptilien von ihren mutmaßlichen Vorfahren, den amphibischen Vierfüßern, wesentliche morphologische Eigenschaften übernommen haben, die für das Leben an Land z.T. unerlässlich, mindestens aber von großem Vorteil sind. Dazu zählen in erster Linie die Fähigkeiten, atmosphärische Luft zu atmen und die Last des Körpers auf vier tragende Gliedmaßen zu verteilen. Wichtig für das Überleben an Land ist auch das Gehör. Dank einiger Veränderungen des Mittelohrs konnten bereits die Amphibien Geräusche wahrnehmen, die ihnen durch die Luft zugetragen wurden.

Die ersten Reptilien unterscheiden sich jedoch von früheren Amphibien in entscheidenden Punkten. Hylonomus und Palaeothyris sind wesentlich schlanker und beweglicher, auch zeigt ihr ganzer Körperbau andere Proportionen. Während der Kopf bei den Amphibien etwa ein Drittel bis Viertel des gesamten Körpers ausmacht, ist er bei den frühesten Reptilien bereits deutlich kleiner. Vor allem aber haben sie sich endgültig vom Leben in und am Wasser emanzipiert. Sie sind die Vertreter einer Gruppe von Tieren, die als Amnioten bezeichnet werden und zu der neben den heutigen Reptilien auch die Vögel und Säugetiere zählen.

Hartschalen-Ei beflügelt Evolution

Die meisten Amphibien legen ihre Eier in Gewässern ab, in denen ihre Jungen das Larvenstadium verbringen und von dem sie in jeder Hinsicht abhängig sind. Wenn die Gewässer austrocknen, gehen sie zugrunde.

Die Reptilien hingegen entwickeln ein hartschaliges, mit Nahrungsvorräten gefülltes Ei, das den Embryo einerseits vor dem Austrocknen schützt und ihm andererseits die Möglichkeit gibt, so lange geschützt heranzureifen, bis er im Prinzip in der Lage ist, für sich selbst zu sorgen. Dieses so genannte Amnioten-Ei besitzt gewöhnlich eine kalkhaltige, bei manchen Reptilien aber auch eine lederartige Schale. Wichtig ist, dass sie einerseits sauerstoffdurchlässig ist, zugleich aber den Embryo vor der Austrocknung schützt. Das für Amphibien typische Larvenstadium als Kaulquappe entfällt somit. Mit großer Wahrscheinlichkeit ist die Entwicklung dieses Amnioten-Eies ein entscheidender Grund dafür, dass die Reptilien sich während des großen Klimawandels im Perm in zahlreiche spezialisierte Arten aufspalten können, während unzählige Amphibien mit dem Trockenfallen zahlreicher Gewässer und Sümpfe verschwinden.

Synapsiden, Anapsiden, Diapsiden

Phylogenetisch, d.h. laut Abstammungslehre, lassen sich die primitiven sog. Amnioten in zwei bzw. drei große Gruppen unterscheiden, wobei das Vorhandensein bestimmter Schädelöffnungen, der sog. Schläfenfenster, als wichtigstes Unterscheidungsmerkmal dient. Die Funktion dieser Schläfenfenster ist bislang noch weitgehend ungeklärt. Möglicherweise sind sie einfach nur die Folgen eines sparsamen Knochenbaus in Körperregionen, die wenig beansprucht werden – was sowohl das Schädelwachstum beschleunigt als auch bei der Bewegung Energie spart.

Die erste große Aufspaltung ist diejenige in die Gruppe der säugertierähnlichen Reptilien, der sog. Synapsiden, und die aller übrigen Amnioten. Dieser zweite Stamm spaltet sich kurz darauf in zwei weitere Hauptlinien auf. Die eine dieser Stammeslinien, die der sog. Anapsiden, führt vermutlich zu den Schildkröten. Aus der anderen, derjenigen der Diapsiden, ge-

Das in Indien, Südostasien und Nordaustralien beheimatete Leistenkrokodil zählt zu den größten heute lebenden Reptilien und erreicht eine Länge von bis zu zehn Metern. Zur Gruppe der Krokodile rechnet man die Echten Krokodile, Alligatoren und Gaviale.

Bei Krokodilen, See- und Landschildkröten ist das ***Geschlecht*** *ihres Nachwuchses von der Temperatur abhängig, bei der die Eier ausgebrütet werden. Sie besitzen keine Geschlechtschromosomen, die »normalerweise« diese Rolle übernehmen. Auch bei Echsen mit Lebendgeburten ist dieses Phänomen beobachtet worden. So haben trächtige Weibchen der australischen Glattechsenart Eulamprus tympanum ihre Körpertemperatur auf 32 °C hochreguliert, um männliche Junge zur Welt zu bringen.*

hen neben den Dinosauriern und den Vögeln nahezu alle heutigen Reptilien (Krokodile, Eidechsen und Schlangen) hervor. Die in morphologischer Hinsicht primitivste unter diesen Gruppen ist die der Anapsiden, der u.a. die frühesten Amnioten, Hylonomus und Palaeothyris sowie möglicherweise Westlothiana lizziae angehören. Charakteristisches Merkmal der Anapsiden ist die fehlende Schädelöffnung. Aus dieser Linie entwickeln sich in der Trias (250–205 Mio.) möglicherweise die frühesten Schildkröten. Wenn sie wirklich von den Anapsiden abstammen, wären sie die einzigen heutigen Vertreter dieser einst formenreichen Stammeslinie. Aus den Anapsiden geht auch die vielgestaltige Gruppe der Diapsiden hervor, die auf beiden Seiten des Kopfes je ein Paar übereinander liegender Schädelöffnungen aufweist. Die Synapsiden hingegen, die ausgestorbenen Vorfahren der späteren Säugetiere, besitzen an beiden Seiten je eines dieser Schädelfenster.

Im Fokus

Streitfrage: Waren die frühen Reptilien Warmblüter?

Nicht erst bei den Dinosauriern, sondern bereits bei den frühen Reptilien wird von Wissenschaftlern die Frage diskutiert, ob sie möglicherweise in der Lage waren, ihre Körpertemperatur über den Blutkreislauf zu regulieren. Die Befürworter dieser These stützen sich dabei vor allem auf die anatomischen Merkmale einiger früher Reptilien, für die es bis heute keine andere plausible Erklärung gibt.

Der Edaphosaurus, ein für das gesamte frühe Perm nachgewiesener Pflanzenfresser, der zu den ursprünglichsten der säugetierähnlichen Reptilien zählt, lässt an seinem Skelett skurrile, nahezu übernatürlich große Wirbeldornen erkennen, die von den einzelnen Rückenwirbeln vertikal nach oben wachsen. Eine ganz ähnliche Anatomie zeigt das zur gleichen Zeit lebende, ebenfalls zu den Pelycosauriern zählende Dimetrodon. Im Unterschied zum Edaphosaurus ist Dimetrodon, das vor allem im US-Bundesstaat Texas nachgewiesen ist, ein Fleischfresser mit einer Körperlänge von bis zu drei Metern. Auch bei primitiven Raubsauriern aus der Trias, den Coelurosauriern, und bei verschiedenen Flugsauriern halten Wissenschaftler eine Entwicklung zur körpereigenen Wärmeregulation durchaus für möglich.

Es liegen jedoch auch begründete Einwände gegen diese Hypothese vor. Zunächst verfügen die meisten Reptilien, anders als die Säugetiere und Vögel, nicht über wärmeisolierende Strukturen wie etwa Haare oder Federn. Bei einigen wenigen Flugsauriern wurde tatsächlich eine Art Behaarung nachgewiesen. Vor allem aber würde die Eigenschaft der Warmblütigkeit die Reptilien einiger ganz entscheidender evolutionärer Vorteile berauben, denen sie ihren Siegeszug ab dem ausgehenden Erdaltertum (um 320 Mio.) mit großer Wahrscheinlichkeit verdanken. Da warmblütige Tiere auf eine konstante Körpertemperatur angewiesen sind, benötigen sie mehr Energie in Form von Nahrung, um ihre »Heizung« in Gang zu halten. Darüber hinaus sind sie in stärkerem Maß auf Wasser angewiesen. Da Reptilien nicht schwitzen, können sie eine Trockenzeit, wie sie sich etwa im Perm ereignet, deutlich besser überstehen als andere Vierfüßer.

Diente das Segel auf dem Rücken von Edaphosaurus zur Regulierung der Körpertemperatur?

Die ***Brückenechse*** *ist der einzige Vertreter einer Linie, die so alt ist wie die Dinosaurier. Sie hat sich kaum verändert, seit ihre nächsten Verwandten vor über 200 Mio. Jahren ausstarben und gilt somit als lebendes Fossil. Sie lebt heute nur noch auf einigen Neuseeland vorgelagerten Inseln.*

Um 280 Mio. In den Sümpfen Nordamerikas jagt das zu den Pelycosauriern zählende Reptil **Dimetrodon**. Bevorzugte Beute des säugetierähnlichen Tieres sind kleinere Amphibien und Reptilien. Deutliche Unterschiede zu den Beißwerkzeugen aller anderen Reptilien weist das Gebiss von Dimetrodon auf: Es besteht nicht aus Zähnen eines einzigen Typs, sondern aus verschiedenen Zahntypen (heterodontes Gebiss). Seinen deutschen Namen »Segelrückenechse« verdankt das etwa drei Meter lange Dimetrodon den aus den Wirbeln wachsenden, verlängerten Dornfortsätzen. Mit Haut überspannt, bilden sie das markante »Rückensegel«.

Jagd auf kleinere Amphibien macht der etwa ein Meter lange Räuber **Seymouria**. Fossile Reste des Fleisch fressenden Tieres wurden in den US-Bundesstaaten Utah und Texas gefunden. Ihren Namen verdankt die Amphibiengattung dem Fundort Seymour (Texas). Wegen ihrer Merkmale, die sowohl bei den Amphibien als auch bei den Stammreptilien anzutreffen sind, galt Seymouria lange Zeit als Bindeglied zwischen den Amphibien und den primitiven Reptilien. Neuere Forschungen rechnen die Gattung zu den Anthracosauria (Labyrinthodontia).

Auf der Erde erreicht die **permokarbone Eiszeit** ihren Höhepunkt. Weite Teile des im Einzugsbereich des Südpols liegenden Großkontinents Gondwana sind von Eismassen bedeckt. Sie dehnen sich vermutlich auf einer Fläche aus, die an Größe die heutige Antarktis übertrifft. Die Vereisung hängt mit einem geringen Gehalt des Treibhausgases Kohlendioxid in der Erdatmosphäre zusammen. Die Ursachen für diese Entwicklung liegen zum einen in der geringen plattentektonischen Aktivität, durch die weniger vulkanische Gase entstehen, andererseits in der Einbindung des Kohlenstoffs in pflanzlichen Substanzen.

Zu den Vorfahren der Säugetiere gehört der Pelycosaurier **Sphenacodon**. Fossile Reste des etwa drei Meter langen Reptils wurden u.a. im US-Bundesstaat New Mexico entdeckt. Sie weisen Sphenacodon als einen lang gestreckten, muskulösen Fleischfresser aus. Der Schädel ist lang und schmal. Raubtierähnliche Züge zeigt das Gebiss. Unter- und Oberkiefer zeigen eine Reihe scharfer Zähne, die Eckzähne sind verlängert.

Um 292–270 Mio.

Typische Pflanzen des Karbons verlieren den Überlebenskampf

Mit dem einsetzenden Klimawechsel (siehe S. 174) im Verlauf des Rotliegenden endet in der Nordhemisphäre die Zeit der üppigen karbonischen Flora. Die Ära einer Dominanz der Farnverwandten, der sog. Pteridophyten-Flora, geht damit langsam zu Ende. Gerade die auffälligsten ihrer Vertreter, die baumförmigen Farne, verschwinden aus der Landschaft. Im beginnenden Mesophytikum oder Florenmittelalter sind baumförmige Schachtelhalmgewächse, sog. Calamiten, zunächst noch stark vertreten. Einen immer breiteren Raum nehmen Nadelgehölze wie Walchia piniformis und Walchia filiciformis (siehe S. 169) ein, die z. T. bereits für das Oberkarbon nachgewiesen sind. Im Verlauf des Rotliegenden breiten sie sich über große Teile Laurasiens aus und entwickeln sich damit zu einem dominierenden Florenelement. Unter den Schuppenbaumgewächsen kommt zunächst noch einzelnen Siegelbaumarten eine gewisse Bedeutung zu, am Ende der Epoche verschwinden diese aber ebenfalls. Bis zur Mitte des Perms sterben alle Pflanzengruppen, die im Karbon einen bedeutenden Anteil am Aufbau der Flora hatten, entweder aus oder spielen nur noch eine untergeordnete Rolle.

Auch im Tierreich kommt es zum Artensterben, jedoch – anders als zu anderen Periodengrenzen – in bescheidenem Umfang. Aus den Meeren verschwinden die Calyptoptomatida, eine sehr alte Gruppe schalentragender Weichtiere, und die zu den Armfüßern zählenden Orthida. Zwei Gruppen der Steinkorallen überleben das Rotliegende ebenfalls nicht (Abb.: Rugose-Korallen).

Um 292–270 Mio.

Unter den Amphibien gibt es gewandte Wasserräuber

Im südlichen Gondwana etabliert sich im Zuge der Klimaverbesserung eine Reihe verschiedener Amphibienarten. Auf der Nordhalbkugel sind die Amphibien nach wie vor in einer großen Formenfülle vertreten.
Die Amphibien des Rotliegenden gehören zwei großen Untergruppen an. Die ursprünglichere der beiden ist die der Labyrinthodontia (Abb.: Branchiosaurus), der auch die frühesten Amphibien, die Ichthyostegiden (siehe S. 141), zugerechnet werden. Sie zerfällt in die beiden Gruppen der Temnospondylii und der Anthracosaurier, der mutmaßlichen Vorfahren der Reptilien. Die Untergruppe Lepospondyli umfasst überwiegend kleinere, Insekten fressende Amphibien, die in ihrem Erscheinungsbild den heute lebenden Salamandern ähneln.

Eine der größten Amphibien des Rotliegenden ist Archegosaurus aus der Gruppe der Eryopoidea. Der etwa 1,5 m lange Wasserräuber lebt – vermutlich ähnlich wie ein Krokodil – bevorzugt in den Deltas und Seen feuchtwarmer Regionen, wo er vor allem Fischen nachstellt. Sein langer, kräftiger Schwanz macht ihn zu einem guten Schwimmer. Ähnlich groß, doch wesentlich massiver gebaut ist Erypos, der in seiner ganzen Erscheinung an ein fettleibiges Krokodil erinnert. Während Archegosaurus vor allem in Europa heimisch ist, kommt Erypos hauptsächlich in Nordamerika vor. Dort lebt seit dem Karbon auch das etwa 1,5 m lange Greererpeton. Es zählt zu den ersten Amphibien, die sich wieder ganz auf das Leben im Wasser spezialisieren. Greererpeton hat mit seinen ca. 40 Rückenwirbeln einen fast aalförmigen Körper, mit kleinen Gliedmaßen und einen relativ kleinen Kopf.
Rund 40 Wirbel besitzt auch Microbrachis, der zur Ordnung der Microsauria, der »kleinen Echsen«, in der Unterklasse Lepospondyli zählt. Er wird maximal 15 cm lang und gleicht in seinem Äußeren stark den heutigen Lurchen. Eine Besonderheit von Microbrachis ist, dass er auch nach dem Larvenstadium beiderseits des Kopfes drei Kiemenpaare trägt. Ein weiterer europäischer Vertreter dieser Unterklasse ist der 30 cm lange Keraterpeton, dessen seitlich abgeplatteter Schwanz etwa zwei Drittel der gesamten Körperlänge ausmacht.

Um 292–270 Mio.

Käfer besetzen alle Lebensräume

Mit dem Auftreten der ersten Käfer werden die Kerbtiere oder Insekten um die Coleoptera bereichert. Sie sind die Vorboten einer Vielzahl von Tieren, die sich im weiteren Verlauf der Erdgeschichte zur erfolgreichsten Gruppe der gesamten Tierwelt entwickeln.

Die frühesten Käfer sind kleine bis mittelgroße Tiere, die ihr Leben vermutlich bevorzugt in verrottetem und verpilztem Holz verbringen. Wissenschaftler vermuten heute, dass dies die ursprünglichste Lebensweise der Käfer ist. Die frühen Tiere gehören ausnahmslos zu der Unterordnung Archostemata, die im ausgehenden Paläozoikum und im Mesozoikum mit zahlreichen Familien vertreten ist; später sterben allerdings die meisten davon aus. Heute ist die Unterordnung Archostemata nur noch mit den drei jeweils relativ artenarmen Familien Cupedidae, Ommatidae und Micromalthidae vertreten, die außer in Europa in allen übrigen Erdteilen mit einzelnen Vertretern verbreitet sind. Während die Ur-Käfer in ihrer Mehrzahl verschwinden, erlebt die gesamte Ordnung Coleoptera hingegen einen nahezu beispiellosen Siegeszug.

Insgesamt sind heute rund eine Million Tierarten bekannt. Etwa 4000 zählen zu den Säugetieren, 10 500 zu den Reptilien und Amphibien, 19 000 zu den Vögeln, 21 500 zu den Fischen und rund 870 000 zu den Insekten und anderen Gliederfüßern. Davon wiederum umfasst allein die Gruppe der Käfer annähernd 400 000 Arten. Dies bedeutet, dass deutlich mehr als ein Viertel aller bekannten Tierarten zu den Käfern zählt. Viele Wissenschaftler vermuten, dass bislang erst lediglich ein Teil der existierenden Coleoptera entdeckt und in ein biologisches System eingeordnet worden ist.

Trotz ihrer enormen Vielfalt bilden die Käfer aufgrund einer Reihe charakteristischer anatomischer und physiologischer Eigenarten eine klar abgegrenzte und einheitliche Insektengruppe. Zu den wichtigsten Charakteristika zählen ein wurmartiges Larvenstadium und eine Verpuppungsphase mit abschließender Metamorphose. Äußere Merkmale sind typische Kau- und Beißwerkzeuge sowie ein vorderes Flügelpaar, das sich zu Deckflügeln, den so genannten Elytren, umgestaltete. Viele Wissenschaftler betrachten diese Elytren als die wahrscheinlichste Ursache des biologischen Erfolges dieser Gruppe.

Die Käfer stammen mit großer Wahrscheinlichkeit von vierflügeligen Insekten ab. Aus dem ersten Flügelpaar entwickelten sich bei den Käfern die Deckflügel, die primär dazu dienen, die zarten und verletzlichen Hinterflügel sowie den gesamten Hinterleib zu schützen. Beim Flug werden die Elytren wie Tragflächen abgespreizt, allenfalls vibrieren sie leicht, während die eigentliche Flugfunktion dem hinteren Flügelpaar überlassen bleibt. Obwohl Käfer in ihren Flugkünsten von vielen anderen Insekten übertroffen werden, profitieren sie dennoch von dieser anatomischen Eigenart, die ihnen die Erschließung einer Vielzahl von Lebensräumen ermöglicht. So können sie sich sehr schnell am Boden und zwischen Gräsern bewegen, ohne dass ihre Flügel stören oder verletzt werden. Zudem sind sie imstande, sich auch in Kadavern, in Dung, in der Erde und im Inneren von Pilzen aufzuhalten, ohne dass ihre zarten Hinterflügel verkleben. Kaum ein anderes Insekt ist so unempfindlich gegen Druck, Stöße und Nässe. Vor dem Austrocknen bewahrt sie ihr Chitinpanzer, der einen hervorragenden Verdunstungsschutz bietet.

Abgesehen von der inneren Antarktis und den offenen Ozeanen sind die Käfer heute weltweit zu Land und zu Wasser verbreitet. Als ihr kleinster Vertreter gilt Trichosella nana mit 0,25 mm Körperlänge, ihr größter ist der bis zu 17 cm lange Herkuleskäfer (Dynastes hercules).

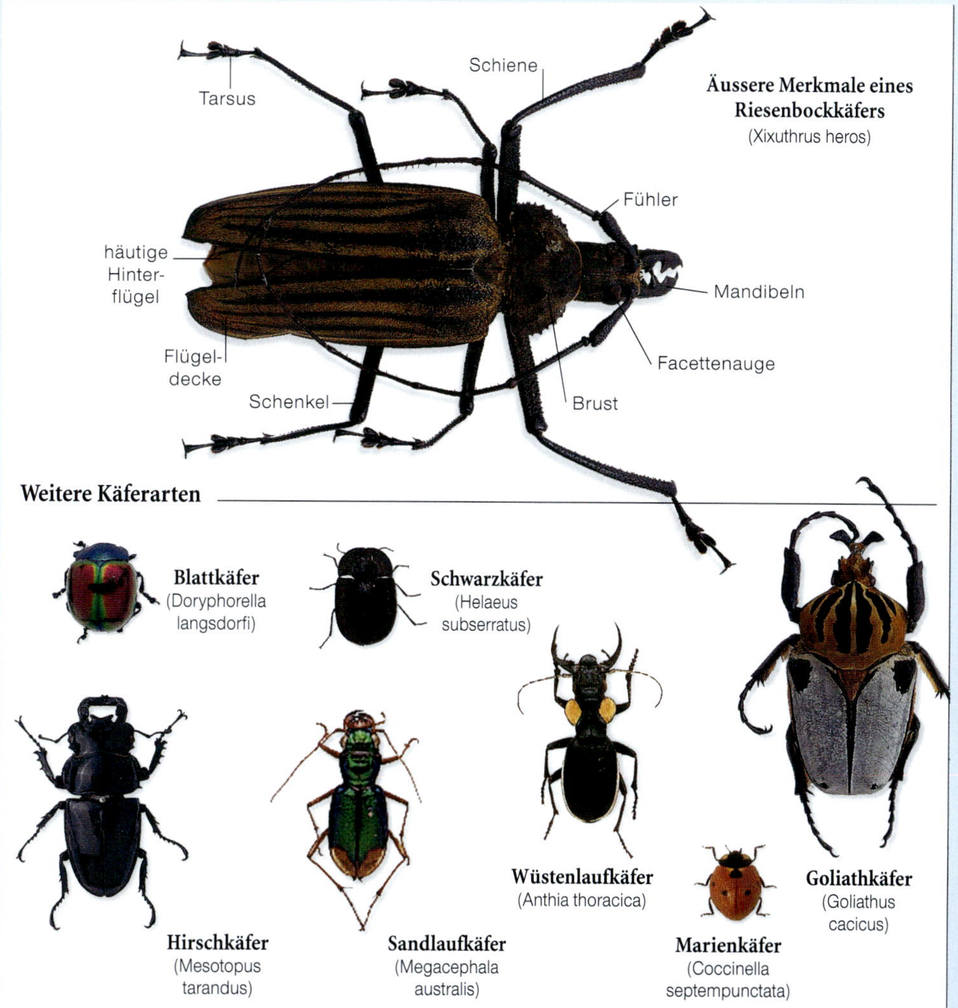

Alle Käfer weisen den typischen dreigliedrigen Körperbau auf: Kopf, Halsschild und Hinterleib.

Der Große Pappelbock oder Walzenbock (Saperda carcharias) aus der Familie der Bockkäfer

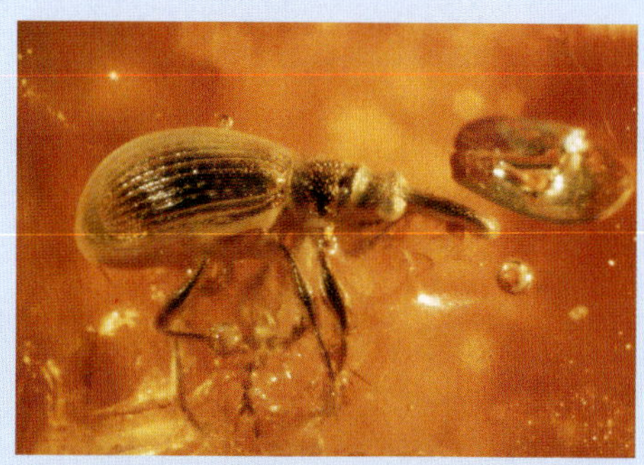

Ein in Bernstein eingeschlossener Rüsselkäfer aus dem ostpreußischen Samland

Um 280 Mio. Zwei große Senkungsgebiete (Geosynklinalen) liegen im Kerngebiet des Großkontinents Gondwana: das Karroo- und das Kongo-Becken. In diesen ausgedehnten Räumen im Süden und in der Mitte des heutigen Afrika lagern sich mächtige Gesteinsschichten aus Tillit, Schiefer und Sandstein ab. Die Sedimente werden nach ihrem Fundort, dem Dwykatal in der Republik Südafrika, als **Dwykagruppe** bezeichnet.

Zu den häufigsten kontinentalen Fischen gehören die **Palaeonisciden**. Fossile Reste der Tiere wurden in großer Zahl in Kupferschieferschichten Mitteleuropas gefunden. Die bekannteste Art ist Palaeoniscum freieslebi. Der auch als »Kupferschieferhering« bezeichnete Fisch erreicht eine Länge von 15 bis 35 cm. Dicke Schuppen schützen den schlanken, langen Körper. Als Lebensraum der Palaeonisciden gelten Brackwasser.

Im Bereich des heutigen **Indonesien** breitet sich das Ur-Mittelmeer Tethys über zwei Senkungsräume (Geosynklinalen) aus. Die beiden Meeresarme umschließen den heutigen Pazifik und vereinigen sich in Zentralamerika. Während sich die südliche Geosynklinale über Neukaledonien, Neuseeland, die westliche Antarktis und die Anden erstreckt, bedeckt der nördliche Senkungstrog Japan und Teile Sibiriens sowie Nordamerikas.

Eines der größten Wirbeltiere im Unterperm ist **Diadectes**. Die den primitiven Amnioten (Reptilien, Vögel, Säugetiere) am nächsten stehende Amphibiengattung wird bis zu drei Meter lang und ernährt sich von Pflanzen und wirbellosen Tieren.

Um 292–270 Mio.

Leitfossilien des Perms

Im Verlauf des Perms vollzieht sich in Nordamerika und Europa der Übergang vom Paläophytikum, dem Florenaltertum, zum Mesophytikum, dem Florenmittelalter (siehe S. 171). Es handelt sich hierbei um einen schleichenden Prozess, der sich in der Nordhälfte Pangaeas im Wesentlichen bis zur Mitte des Perms ereignet, Australien im Süden Gondwanas aber erst in der Trias (250–205 Mio.) erreicht. Die für das Karbon typischen, eine hohe Feuchtigkeit liebenden Arten werden seltener oder verschwinden. An ihre Stelle treten Pflanzentypen, die sich besser an Trockenheit anpassen können.

Pflanzenfunde spielen für die Grenzziehung zwischen Paläophytikum und Mesophytikum eine bedeutende Rolle. Für die Abgrenzung des Perms gegenüber dem Karbon gibt es sowohl kontinentale als auch marine Leitfossilien. Unter den Ersteren sind verschiedene Insekten und einige Reptilien hervorstechend, vor allem aber Pflanzen, insbesondere das Farnlaubgewächs Callipteris conferta, das in erster Linie im europäischen Raum als wichtigste Leitform dient. Im Bereich mariner Sedimente erfolgt die Grenzziehung primär anhand der Funde von Ammoniten, Brachiopoden, Wurzelfüßern (Großforaminiferen) und Conodonten.

Fusulinen-Kalk (Oberkarbon/Unterperm) aus dem Billefjord im Westen Spitzbergens

Zu den im Mesophytikum auftretenden neuen Formen im Pflanzenreich zählen u.a. die Ginkgogewächse. Diese beschränken sich jedoch zunächst auf die Nordhemisphäre. Auf den Südkontinenten breitet sich zur selben Zeit die Glossopterisflora (siehe S. 173) aus. Ihre Leitpflanze ist der über sechs Meter hohe, baumförmig wachsende Samenfarn Glossopteris, der im Oberperm gemeinsam mit den Cordaiten aus Nordamerika und Europa verschwindet. Die Schachtelhalmgewächse sind im Rotliegenden noch gut vertreten, werden aber im nachfolgenden Zechstein deutlich seltener. Einen immer größeren Raum nehmen hingegen die Koniferen ein, die u.a. mit den Gattungen Walchia (siehe S. 169), Pseudovoltzia und Ullmannia vertreten sind.

Wichtige Leitfossilien aus der Tierwelt sind die Großforaminiferen. Vor allem in den Flachwasserzonen des warmen Tethys-Meeres treten einzelne Gattungen wie Fusulina und Schwagerina in so großen Massen auf, dass sie gesteinsbildend wirken.

Weitere typische Lebewesen des Permzeitalters sind die Ammoniten, da sie sich sowohl von ihren karbonischen Vorgängern als auch von ihren Nachfahren aus der Trias im Aufbau und in der Struktur ihrer Gehäuse signifikant unterscheiden. Die paläozoischen Korallen sind mit den letzten altertümlichen Formen Rugosa und Tabulata vertreten, die zum Ende des Perms verschwinden. Gemeinsam mit riffbildenden Schwämmen, vor allem mit den noch stärker an der Riffbildung beteiligten Moostierchen (Bryozoen) sind sie ein Indikator für die Existenz von Flachmeeren im Perm.

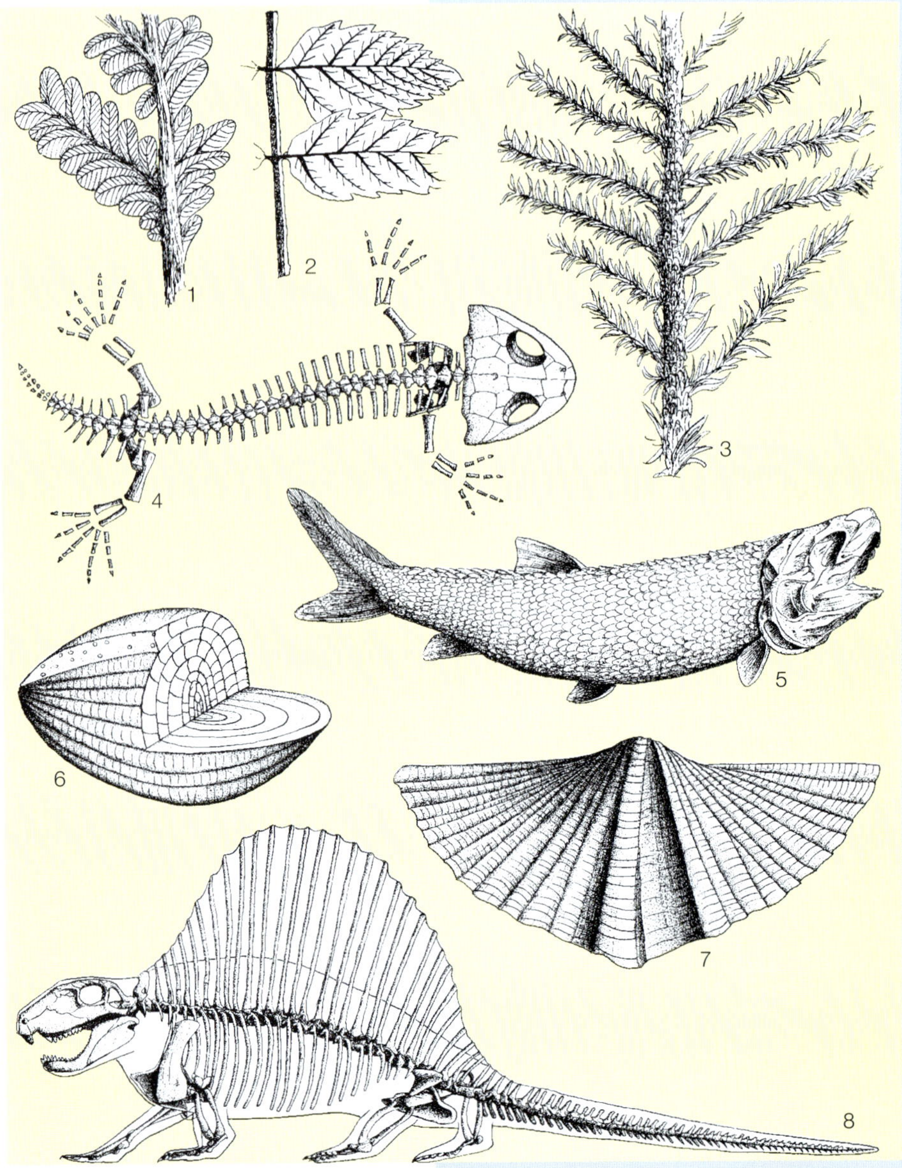

Leitfossilien: Samenfarne Callipteris conferta (1) und Gigantopteris (2), Nadelbaum Lebachia (3), Amphibie Branchiosaurus (4), Fisch Paleoniscus (5), Großforaminifere Fusuline (6), Brachiopode Spirifer (7), Pelycosaurier Dimetrodon (8)

Um 292–205 Mio.

Die Entstehung des Granits

Aufgrund eines verstärkten Vulkanismus kommt es im Perm, wie bereits im Karbon und in früheren erdgeschichtlichen Perioden, zur Bildung von Granit (Abb.: Granitformation in der nördlichen Namib-Wüste). Er entsteht zum einen durch Schmelzgestein, das bei Vulkaneruptionen ausgeworfen wird und dann abkühlt. Zum anderen kann Granit auch durch Aufschmelzen und Transformation bereits vorhandener Gesteine gebildet werden (Granitisation).

Granit ist mit seiner weltweiten Verbreitung eines der wichtigsten Massengesteine der Erde. Alle Granite bestehen im Wesentlichen aus den Mineralen Feldspat, Quarz und Glimmer. Während der Glimmer und zum Teil auch der Quarz eine etwas untergeordnete Rolle spielen, gehört der Feldspat immer zu den Hauptgemengteilen. Granit ist ein fein- bis grobkörniges kristallines Gestein, das aufgrund des hohen Prozentanteils der hellen Gemengteile grundsätzlich von einem eher hellen Farbton ist; die dunklen Mineralien stellen maximal 20 Prozent. Farbschattierungen ins Graue, Gelbliche, Rötliche oder Bläuliche kommen vor, wobei die verschiedenen Feldspäte für den jeweiligen Farbton verantwortlich sind. Aufgrund seines hohen Siliziumanteils zählt man Granit zu den »sauren« Gesteinen, im Unterschied zu anderen Massengesteinen wie etwa dem Basalt.

Die Körner des Granits sind richtungslos angeordnet, es besteht keine so ausgeprägte Schieferung, wie sie etwa beim Gneis oder beim Schiefer zu beobachten ist. Die Größe der einzelnen Gemengteile ist recht unterschiedlich, doch zeigen sich die Körner immer so entwickelt, dass sie mit bloßem Auge erkennbar sind, also mindestens einen Millimeter Durchmesser aufweisen.

Über die Entstehung des Granits wurde lange Zeit sehr kontrovers diskutiert. Angesichts seiner weltweiten Verbreitung und der verschiedenen Arten hat sich heute weitgehend die Ansicht durchgesetzt, dass er durch verschiedene Prozesse gebildet werden kann. Große Teile der Granitvorkommen gehen zweifellos unmittelbar auf vulkanische Eruptionen und die anschließende Abkühlung granitischen Schmelzgesteins zurück. Vermutlich spielt aber auch die Granitisation bei der Entstehung eine bedeutende Rolle.

Um 292–250 Mio.

»Saurer« Vulkanismus führt zu Glutwolkenausbrüchen

Zum Ende der Phase der variskischen Gebirgsbildung tritt vielerorts eine Erscheinung auf, die als »saurer« Vulkanismus bezeichnet wird und die für die unmittelbare Umgebung junger Faltengebirge typisch ist. Im Gegensatz zum so genannten basischen Vulkanismus enthält hier die zumeist stark zähflüssige Lava hohe Anteile Siliziumoxid (Quarz).

Ursache dieses Phänomens ist ein Wechsel in den tektonischen Bewegungen der Erdkruste. Hatten sich die kontinentalen Schollen in vorherigen erdgeschichtlichen Perioden vor allem gegeneinander geschoben und dadurch etwa die variskischen Gebirgszüge aufgeworfen, so bewegen sie sich nun reibend und scherend gegeneinander. Die dadurch entstehenden Brüche und Risse in der Erdkruste geben dem darunter gesammelten Schmelzgestein den Weg an die Erdoberfläche frei. Im Zusammenhang mit diesen vulkanischen Eruptionen ereignen sich in dieser Phase besonders häufig sog. Glutwolkenausbrüche, die vor allem durch die Konsistenz des Magmas hervorgerufen werden. Der basische Vulkanismus zeichnet sich durch dünnflüssiges Magma aus, bei dem die im Schmelzgestein entstehenden Gase nach oben entweichen können. Die Lavaergüsse dieser Vulkane werden aufgrund ihrer relativen Dünnflüssigkeit als effusiv bezeichnet. Für den sauren Vulkanismus sind hingegen explosive Eruptionen typisch. Die Gase können in dem zähen Magma nicht entweichen, sondern sammeln sich in großen Blasen. Wenn es zu einer plötzlichen Druckentlastung kommt, zerplatzen diese Blasen mit äußerster Gewalt und schleudern eine bewegliche Suspension aus glühendem Schmelzgestein an die Erdoberfläche, die sich nicht selten im weiten Umkreis über das Land verteilt (Abb.: Glutwolken-Gestein).

Um 292–250 Mio.

Vorfahr des Störs taucht auf

Die Meere des Perm-Zeitalters werden von einer großen Gruppe archaischer Strahlenflosser dominiert, die zu den frühesten Verwandten der heutigen Störe zählen. Es handelt sich um Vertreter der Palaeonisciformes, die – wie die Gruppe der Störartigen (Acipenseriformes) – zur Untergruppe Chondrostei zählen. Der erste unmittelbare Vorfahre des Störs tritt im unteren Jura in Erscheinung. Die Geschichte der Palaeonisciformes reicht bis in das Oberdevon zurück, wo sie bereits mit drei oder vier Gattungen vertreten waren. Im nachfolgenden Karbon (354–292 Mio.) setzte bei dieser Gruppe eine Phase der intensiven Artenbildung ein. Im Perm erreichen die Palaeonisciformes eine Blütezeit. Sie sind nun mit rund 80 Gattungen vertreten, die überwiegend der Untergruppe Palaeoniscoidea, zu einem kleineren Teil der Untergruppe Platysomoidei angehören. Dominanz erlangen sie nicht hinsichtlich ihrer Körpergröße, sondern aufgrund der großen Artenzahl. Viele Palaeonisciformes bleiben klein, einige erreichen nur wenige Zentimeter. Die größten Vertreter werden etwa einen Meter lang.

Ein gemeinsames Merkmal der Palaeoniscoidea ist das vergleichsweise dicke Schuppenkleid, ansonsten zeichnet sich diese Gruppe durch einen großen Formenreichtum aus. Neben extrem schlanken Vertretern, die den heutigen Hornhechten gleichen, gibt es andere Palaeonisciformes, die in ihren Proportionen stark an die klassische Gestalt des Lachses erinnern. Der kleine Dorypterus aus dem Oberperm zählt hingegen zu den hochrückigen Formen. Auf seinem Rücken sitzt ein extrem verlängerter Flossenstrahl.

Um 260 Mio.

In Russland lebt die zu den Dinocephalia zählende Gattung **Estemmenosuchus**. Ihre in oberpermischen Schichten gefundenen fossilen Reste gelten als einer der ältesten Existenzbelege für die säugetierähnlichen Reptilien der Therapsida. Estemmenosuchus besitzt einen massigen Körper, der die Größe eines ausgewachsenen Bullen erreicht. Aus dem großen, etwa 80 cm langen Schädel wachsen an Gehörne erinnernde Fortsätze. Die Eckzähne des Oberkiefers sind verlängert und ragen über den Unterkiefer hinaus. Aufgrund der kleinen hinteren Zähne wird vermutet, dass Estemmenosuchus sich von Pflanzen ernährte.

In Mitteleuropa führen tektonische Prozesse zur Veränderung der Senkungszonen (Geosynklinalen). Zusätzlich zu den bereits im Oberkarbon und im Unterperm eingetieften Geosynklinalen bilden sich weitere Tröge. Im Verlauf des Oberperms entsteht das **Germanische Becken**. Es setzt sich aus zwei großen Senkungsgebieten zusammen: der von West nach Ost verlaufenden baltischen und der sich in Nord-Süd-Richtung erstreckenden rheinischen Geosynklinalen. Die in den Becken abgelagerten Gesteinsschichten erreichen in Nordwestdeutschland – am Kreuzungspunkt beider Tröge – ihre größte Mächtigkeit.

Zu den höher entwickelten Dinocephalia, eine Untergruppe der Therapsiden, werden die **Tapinocephaliden** gerechnet. Ihre Knochen sind der Nachwelt in oberpermischen Schichten Südafrikas erhalten geblieben. Eine der bekanntesten Gattungen ist der etwa fünf Meter lange Tapinocephalide Moschops. Sein Skelett ähnelt im Aufbau dem eines Ochsen. Untersuchungen an dem Schädel des Pflanzenfressers ergaben, dass dieser, wie auch die Kopfgelenke, an das gleichfalls bei Schaf- und Ziegenböcken zu beobachtende Kopframmen angepasst sind. Bei diesem Ritual prallen die Schädel der Tiere mit großer Wucht gegeneinander.

Ein gefährlicher Feind der Pflanzen fressenden (herbivoren) Eotheriodontia sind die räuberischen Eotheriodonten der Gattung **Eotitanosuchus**. Knochen und Schädel der Tiere fanden Forscher in Flussablagerungen nahe der russischen Stadt Ocher. Sie stammen von einem jugendlichen Tier. Ausgewachsene Exemplare des Räubers erreichen eine Gesamtlänge von fünf bis sechs Metern. Als Fleischfresser besitzt Eotitanosuchus einen mit einer Reihe scharfer Zähne besetzten Kiefer. Die langen, starken Beine befähigen das Reptil, sich sowohl im Wasser als auch an Land schnell fortzubewegen.

Um 270–250 Mio.

Trockenheit führt zu Amphibiensterben auf der Nordhalbkugel

Durch den schleichenden Klimawandel und die damit einhergehende Austrocknung vieler Sümpfe und Seen sterben auf der Nordhalbkugel ganze Gruppen der Amphibien aus. So gehen in der Untergruppe Lepospondyli (siehe S. 178) die Gruppen Aistopoda und Microsauria für immer verloren, in der Untergruppe Labyrinthodontia sterben die Anthracosauria aus.
Die im Unterkarbon entstandenen Aistopoden sind die am stärksten spezialisierten Amphibien ihrer Zeit. Im Zuge der Anpassung an das Leben in weichen und schlickigen Sumpfböden haben sie alle Gliedmaßen verloren, sodass sie äußerlich den heutigen Schlangen gleichen. Sie ernähren sich von Würmern, Schnecken, Tausendfüßern sowie Insekten und sind von Nordamerika bis Europa heimisch. Die beiden Vertreter Ophiderpeton und Phlegethontia verschwinden zu Beginn bzw. in der Mitte des Perms.
Zu den Opfern des Klimawandels zählen auch die kleinen Microsauria (Abb.: Microbrachis pelikani) mit ihren eigentümlichen, an den Kopfaußenseiten befindlichen Kiemen. Als letzter Vertreter der Anthracosauria stirbt die nordamerikanische Seymouria aus. Dieses etwa 60 cm lange Tier wurde lange den frühen Reptilien zugerechnet.

Um 270–250 Mio.

Massiv gebaute Echsen

Während die Amphibien infolge des Verlustes an Lebensraum viele Seitenarme ihres evolutionären Stammbaums verlieren, entwickeln sich in der Klasse der Reptilien eine Vielzahl neuer Formen. Der evolutionäre Vorteil dieser Tiergruppe liegt in ihrer großen Anpassungsfähigkeit. Im oberen Perm zeichnet sich bereits die weltweite Vorherrschaft der Echsen ab.
So treten etwa in der Untergruppe Anapsida (siehe S. 176–177) zahlreiche neue Familien in Erscheinung. Die Anapsiden bilden im ausgehenden Paläozoikum und im beginnenden Mesozoikum eine große, formenreiche Gruppe von Kriechtieren, der Captorhinida und Mesosauria (siehe S. 173) angehören. Möglicherweise gehören die Chelonia auch hierhin. Während aus den Chelonia alle heute lebenden Schildkröten hervorgehen, sterben die beiden anderen Entwicklungslinien der Reptilien überwiegend an der Perm-Trias-Grenze und endgültig in der oberen Trias aus.
Sehr erfolgreich in der Gruppe Captorhinida ist die Familie Captorhinidae, die über das gesamte Permzeitalter nachgewiesen ist und deren Lebensraum sich über Nordamerika bis hinunter nach Asien, Indien und Afrika erstreckt. Vertreten ist sie u.a. durch Labidosaurus, ein plumpes, bis zu 75 cm langes Reptil, dessen Körperbau auf eine rein terrestrische Lebensweise schließen lässt. Der nordamerikanische Labidosaurus ist in mancherlei Hinsicht noch ein sehr primitives Tier, doch weist er gegenüber einem seiner frühesten Verwandten, dem Hylonomus (siehe S. 164), bereits einen deutlich kräftigeren Schädel und mehrere Zahnreihen auf. Durch dieses verbesserte Gebiss kann er auch hartschalige Kleintiere und widerstandsfähiges Pflanzenmaterial in seinen Speiseplan aufnehmen und das Nahrungsspektrum wesentlich erweitern. Eine weltweite Verbreitung lässt auch die Familie Procolophonidae erkennen, der überwiegend kleinwüchsige, grazil gebaute Reptilien angehören.
Zu den Anapsida zählt mit der Familie Pareiasauridae auch die Gruppe der größten archaischen Reptilien. Die auffälligsten Vertreter dieser frühen Großechsen sind der osteuropäische Scutosaurus und der ebenfalls in Osteuropa, aber auch in Süd-

Eine Länge von 2,5 m erreicht der in Osteuropa beheimatete, Pflanzen fressende Scutosaurus (ältere Darstellung).

Um 270–250 Mio.

Mächtige Salzablagerungen im Norden Deutschlands

Infolge des immer trockener werdenden Klimas bilden sich auf der Nordhalbkugel in früheren Überschwemmungs- und Feuchtgebieten durch Verdunstung und Eindampfung die bedeutendsten Salzablagerungen der Erdgeschichte. Zugleich verlagert sich die Sumpf- und Moorvegetation, die zur Bildung permischer Steinkohlelager führt, immer stärker in Regionen Asiens sowie ins südliche Gondwana. In Mitteleuropa ist sie nur noch auf einige wenige Gegenden begrenzt.

Die mächtigsten Salzablagerungen entstehen im nordamerikanischen Midcontinental-Becken, in Teilen Russlands sowie im Norden Deutschlands (Abb: Salzbergwerk bei Wolfenbüttel; Grenze Leine/Staßfurt-Folge: grau/rot). Die Evaporit-(Eindunstungs-)Sedimentation setzt hier bereits im Rotliegenden ein. In einem Becken zwischen der heutigen Nordsee und Polen bilden die Salzgesteine eine Schicht von rund 1000 m Stärke. Nicht ganz so massiv sind die Ablagerungen dort, wo die Sedimentation im Wesentlichen erst ab dem mittleren Perm, im sog. Zechstein, beginnt. Dies gilt vor allem für die Salzlagerstätten Kanadas, aber auch für Mitteleuropa und die Arktis.

Um 270–250 Mio.

Tethys-Meer grenzt sich ab

Die gewaltige Landmasse, die den Urkontinent Pangaea bildet und nahezu alle Festlandsgebiete der Erde umschließt, wird von einem ausgedehnten Ur-Ozean umgeben, aus dem sich seit dem Karbon (354–292 Mio.) immer deutlicher das Tethys-Meer (siehe S. 171), der Vorläufer des späteren Mittelmeeres, herausformt.

Es erscheint zunächst als ein gewaltiger Keil, der den Urkontinent Pangaea etwa auf seiner Mitte in das nördliche Laurasia und das südliche Gondwana teilt. Im Osten ist die Grenze des Tethys-Meeres noch unbestimmt, es geht nahtlos in den Ur-Ozean über. Im Westen ragt die Meeresbucht auf der Höhe Europas in das Festland hinein. Auf seiner Nordseite befinden sich neben weiten Teilen Europas auch die meisten Gebiete Asiens. Im Süden der Tethys liegen Südeuropa, Arabien, Indien und Teile Chinas.

und Ostafrika heimische Pareiasaurus. Es handelt sich dabei um zwei schwerfällige, massiv gebaute Pflanzenfresser mit einer Körperlänge von rund 2,5 m. Der Pareirasaurus schützt seinen Rücken durch in die Haut eingebettete Knochenplatten. Besondere Merkmale sind die verstärkte, sich deutlich abzeichnende Wirbelsäule und der kräftige Schädel, an dem sich dornen- und warzenartige Fortsätze befinden. Kiefer und Zähne des Pareiasaurus zeigen eine Anpassung an pflanzliche Nahrung. Wie beim Scutosaurus sind seine Gliedmaßen nach der für Reptilien typischen Art am Körper befestigt.

Beim Scutosaurus sind die typischen Merkmale der Pareiasauriden – massiger Körper, Kopffortsätze und Knochenpanzer – extrem ausgebildet. Sein Körper ist höher gebaut als bei den übrigen Pareiasauriden und er besitzt einen muskulösen »Buckel« über den Schultern, an dem kräftige Nackenmuskeln ansetzen. Um das hohe Gewicht besser tragen zu können, setzen die Beine bei ihm weiter unten an – eine Entwicklung, die bei den Dinosauriern schließlich ihren Höhepunkt erreicht.

Skelett eines Pareiasauriers; die breite Stellung der Beine ist gut zu erkennen.

Unterdessen spezialisieren sich an der Ostküste Afrikas weitere Reptilien auf ein Leben am und im Wasser. Unter ihnen befindet sich der Claudiosaurus, der eine eigene Familie bildet. Die biologische Einordnung der Claudiosauridae galt lange als unsicher, heute werden sie als Vertreter der Diapsiden (siehe S. 169) betrachtet und der Übergruppe Sauropterygia zugeordnet.

Die neuseeländische Brückenechse Sphenodon punctatus ist die letzte Überlebende der Ordnung Sphenodontida oder Keilzahnsaurier.

Der Claudiosaurus steht am Ursprung einer Entwicklungslinie, die zu den meeresbewohnenden und die Meere beherrschenden Reptilien des Mesozoikums führt. Seine Lebensweise ähnelt etwa derjenigen der heutigen Galápagosechsen. Er verbringt einen Großteil seines Lebens auf den Küstenfelsen, geht aber zur Nahrungssuche ins Wasser. Mit seinem auf einem langen Hals sitzenden kleinen Kopf sucht er im Tang nach genießbaren Pflanzen und Kleintieren. Als typische Übergangsform ähnelt der Claudiosaurus in seinen anatomischen Merkmalen stark den teils auf dem Festland, teils im Wasser lebenden Eosuchiern. Dies sind frühe Diapsiden, die als enge Verwandte der unmittelbaren Vorfahren höherentwickelter Diapsiden gelten, aus denen sich die heute lebenden Echsen und Schlangen entwickelt haben. Auch die Gruppe Eosuchia tritt erstmals im Oberperm in Erscheinung, mit einem Schwerpunkt in Süd- und Ostafrika sowie auf Madagaskar. Alle bekannten Arten werden vier Familien zugeordnet, die ausnahmslos in der mittleren Trias wieder aussterben.

Ein landbewohnender Vertreter der Familie Tangasauridae ist der auf Madagaskar lebende Thadeosaurus. Er misst insgesamt etwa 60 cm, wobei der Schwanz rund zwei Drittel der Körperlänge ausmacht. Seine Skelettbauweise zeichnet ihn als idealen Vorfahren der späteren Lepidosaurier oder Schuppenkriechtiere aus. Die Lepidosaurier sind mit fast 6000 heute noch lebenden Arten von Echsen und Schlangen unter den modernen Reptilien mit Abstand am besten vertreten. Nahe Verwandte des Thadeosaurus sind Tangasaurus und Hovasaurus, die aber im Unterschied zu ihm an eine marine Lebensweise angepasst sind. Der Hovasaurus, ebenfalls im Oberperm auf Madagaskar in Erscheinung tretend, verfügt über einen bemerkenswert langen und seitlich abgeflachten Schwanz, der unter Wasser als vorzügliches Ruder dient. Kleine Steine, die er verschluckt, wandern in seine Bauchhöhle und dienen ihm beim Tauchen als Ballast.

Um 260 Mio.

Die größte Gruppe der Pflanzen fressenden (herbivoren) Therapsiden, einer Gruppe säugetierähnlicher Reptilien, bilden die **Anomodontia**. Die frühesten Existenzbelege dieser Tiere stammen aus dem Oberperm Russlands. In Schichten des so genannten Russiums fanden Geologen fossilisierte Knochen zweier Gattungen: Otsheria und Venjukovia. Letztere gaben dieser Untergruppe der Anomodontia den Namen Venjukoviamorpha. Charakteristisch für die Reptilien sind kleine Schädelformen. In den Kiefern sitzen verkleinerte Eckzähne. Zum Zerrupfen der pflanzlichen Nahrung dienen kurze stumpfe Backenzähne.

In den Gewässern Osteuropas fischt der Wasserräuber **Platyoposaurus stuckenbergi**. Paläontologische Belege des Tieres stammen von einigen Fundstellen in der Nähe der Stadt Belebey im östlichen Russland. Die aufgefundenen Skelettreste lassen die Rekonstruktion des Wassertieres zu. Demnach handelt es sich bei Platyoposauros um ein krokodilähnliches, etwa 2,5 m langes Amphib. Der Schädel, der in einer lang gestreckten schmalen Schnauze ausläuft, misst etwa 30 cm. Die Augen stehen dicht nebeneinander. Zwischen den Zehen sind Schwimmhäute gespannt, die Platyoposaurus schnelle und wendige Schwimmbewegungen ermöglichen.

Wenig artenreich ist die **Oberperm-Flora**. Als Ursache dieser Artenarmut gilt das der so genannten permokarbonen Eiszeit folgende trockenheiße Klima. Da im Innern der kontinentalen Landmassen teilweise wüstenartige klimatische Bedingungen herrschen, siedeln sich viele Pflanzen nur in Meeresnähe an. Kupferschieferschichten weisen Florenreste der häufigsten Gewächse auf. So konnten Geologen in Sedimenten bei Gera und Frankenberg (Sachsen) sechs unterschiedliche Koniferenarten entdecken: Ullmania frumentaria, Ullmannia bronni, Quadracladus solmsi, Quadrocladus orobiformis, Rhenania reichelti und Pseudovoltzia liebeana.

Zu den höher entwickelten säugetierähnlichen Reptilien, den Therapsiden, gehören die **Therocephalia**. Fossile Reste bargen Geologen in oberpermischen Gesteinsschichten in China, Russland sowie Süd- und Ostafrika. Sie zeugen von einer beträchtlichen Formenvielfalt der Reptilien. Neben großen Fleisch fressenden Typen (Pristerognathidae) existieren kleinere Insektenfresser (Scaloposauridae) und Arten, die sich ausschließlich von Pflanzen ernähren (Bauriidae). Im Verlauf des Oberperms treten einige Arten der Therocephalia in Konkurrenz zu der dominierenden Gruppe der Gorgonopsida.

Um 270–250 Mio.

Hoch spezialisiert: Die unmittelbaren Vorfahren der Säuger

Bei den Reptilien entwickelt sich im Zechstein eine Fülle neuer Formen. Die Tendenz zur Artenbildung beschränkt sich nicht auf Anapsiden und Diapsiden (siehe S. 182), also die Stammlinien der Schildkröten, Echsen und Schlangen, sondern zeigt sich auch in jenem Entwicklungsstrang, der zu den späteren Säugetieren führt.
Bei diesen sog. Synapsiden entsteht neben der älteren Gruppe der Pelycosauria die Gruppe Therapsida, die weltweit Verbreitung findet. Im Unterschied zu ihren älteren Verwandten sind die Therapsiden hoch entwickelte Reptilien und unmittelbare Vorfahren der Säugetiere. Ihren Ursprung haben sie in den zur Gruppe Pelycosauria zählenden Sphenacodontidae, einer Gruppe Fleisch fressender archaischer Echsen. Vermutlich erfolgt ihre Abspaltung von dieser Linie im Unterperm. Die Therapsiden bilden eine sehr heterogene Ordnung, in der es Vertreter von der Größe und dem Aussehen einer Echse, aber auch bullige Riesen mit drei Metern Länge gibt. Einer von ihnen ist der vor allem in Südafrika verbreitete Moschops, ein mächtiger Pflanzenfresser mit einem tonnenförmigen Rumpf. Sein schwerer Schädel weist stark verdickte Knochen auf, die als Indiz für Rangkämpfe innerhalb der Herden gedeutet werden. Die Vorderbeine sind noch nach Art der Reptilien an der Körperseite aufgehängt, die Hinterbeine setzen bereits direkt unter der Hüfte an.
Eine andere auffällige Erscheinung ist Lycaenops aus der Gruppe der Gorgonopsida. Das »Wolfsgesicht«, dessen Anatomie eine ausgeprägte Anpassung an schnelle Bewegungen zeigt, ist etwa einen Meter lang, sehr leicht gebaut und verfügt über ausgezeichnete Laufbeine. Verglichen mit den anderen Reptilien seiner Zeit ähneln seine Körperproportionen am stärksten denen heutiger Fleisch fressender Säugetiere wie der Wölfe. Der Räuber, von Osteuropa bis nach Südafrika verbreitet, jagt vermutlich im Rudel und ist deshalb in der Lage, auch wesentlich größere Beutetiere wie den Moschops zu reißen. Seine Eckzähne sind zu scharfen Fangzähnen umgebildet.
Ein anderer erfolgreicher Räuber ist der ebenfalls in Südafrika heimische Titanosuchus. Die 2,5 m lange, kräftige Echse besitzt deutlich kürzere, reptilienartigere Beine als Lycaenops. Titanosuchus weist ein furchterregendes Raubtiergebiss auf: Er hat scharfe Schneidezähne und aus dem Oberkiefer ragen zwei große und spitze Fangzähne hervor. Auch er ernährt sich von Amphibien und Pflanzen fressenden Verwandten.

Um 270–250 Mio.

Weltklima generell heiß und trocken – Eis nur in Australien

Im mittleren und oberen Perm herrscht weltweit ein warmes bis gemäßigtes, zum Teil sogar ausgesprochen heißes und trockenes Klima. Einzig in Australien, das zu dieser Zeit den südlichsten Zipfel Pangaeas bildet und in unmittelbarer Nähe des Südpols liegt, gibt es noch lokale Vereisungen. Die großen Gletschermassen des Karbons sind auf der Südhalbkugel abgeschmolzen und haben einer reichhaltigen Vegetation Platz gemacht.
In dieser Periode liegt der Äquator fast exakt über der schmalsten Stelle Pangaeas, genau auf Höhe jener Bucht, die durch das entstehende Tethys-Meer (siehe S. 183) gebildet wird. Er überquert den südlichsten Zipfel Europas, den äußersten Norden Afrikas und Nordamerika etwa auf der Höhe von Texas. Noch immer sind diese Regionen Teil einer zusammenhängenden Landmasse. Im Vergleich zum Karbon haben sich die Festlandsgebiete Laurasias, bestehend aus Asien, Europa und Nordamerika, weiter nach Norden verschoben. Sie stehen weiterhin unter dem Einfluss warmen Klimas, nur ist dieses nicht mehr feucht, sondern ausgesprochen trocken. Von dieser Trockenheit zeugen nicht nur mächtige Salzablagerungen (siehe S. 183), sondern auch typische Wüstenformationen (Abb.: Sandwüste Westlicher Erg in Algerien) wie windgeschliffene Steine, von denen sich noch heute die damals vorherrschenden Windrichtungen in Nordamerika und Europa ablesen lassen. Insgesamt herrscht kontinentales Klima mit jahreszeitlichen Wechseln, wobei auch die Winter trocken und generell frostfrei sind.

Um 270–250 Mio.

Land unter: Riffe im Zechstein

Im Zechstein kommt es in verschiedenen Regionen Deutschlands sowie in ganz Mitteleuropa erneut zur Entstehung von Riffen. Sie werden nicht durch riffbildende Korallen, sondern in erster Linie durch Algenmatten, sog. Stromatolithen, Muscheln, Brachiopoden (Armfüßer) und Bryozoen (Moostierchen) aufgebaut. Ursache dieses Phänomens ist die Überschwemmung weiter Festlandsgebiete aufgrund des ansteigenden Meeresspiegels, der seinerseits durch die weltweite Klimaerwärmung und das Abschmelzen der Gletscher in der Südhemisphäre hervorgerufen wird.

Besonders gut lassen sich die Riffe des Zechsteins in der Harzregion erkennen, die in dieser Periode etwa auf Höhe des heutigen Kairo liegt. Wie in anderen Teilen Europas entwickelt sich hier eine ausgedehnte Flachwasserzone mit zahlreichen kleinen Inseln. Das Wasser ist lagunär, d.h. durch starke Temperaturschwankungen und einen extrem hohen Salzgehalt geprägt. Nur widerstandsfähige Organismen können unter diesen Bedingungen existieren, Fische kommen nicht vor.

In diesem sehr speziellen Milieu entstehen die für das Zechstein charakteristischen Riff-Formationen. Bei Bartolfelde entwickelt sich ein typisches Moostierchen-Riff. Nicht weit entfernt wächst auf einem Vulkan aus dem Rotliegenden der sog. Römerstein. Dieses Riff wird im Wesentlichen von Stromatolithen aufgebaut, doch kommen hier auch zahlreiche Muscheln, Bryozoen und Brachiopoden vor. Im Laufe des Zechsteins erreicht es eine Stärke von annähernd 100 m. Die Westersteine westlich von Bartolfelde sind die Überreste eines kleineren Riffs, das ausschließlich von Stromatolithen errichtet wird. Während der hohe Salzgehalt den meisten Tierarten ein Leben in diesen Flachwassern unmöglich macht, dient er den Stromatolithen, die diese übersättigte Lösung als Kalk an ihren Zellwänden ausscheiden, zum Aufbau des Riffkörpers. Noch im ausgehenden Zechstein werden die Westersteine von anderen Sedimentationen überdeckt und erst in der jüngeren Erdgeschichte durch Abtragungen wieder freigelegt.

Der Römerstein im Harz: Geologen finden hier die für den Zechstein – die obere Abteilung des Perms – charakteristischen Riff-Formationen vor.

Zwei Dolomitfelsen des permischen Zechsteins geben den Blick auf den Südharz frei

Um 270–250 Mio.

Zerfall Pangaeas steht bevor

Der Riesenkontinent Pangaea, die »All-Erde«, erreicht im Perm den Zeitpunkt seiner größten Ausdehnung. Der ehemalige Nordkontinent, bestehend aus Sibirien, der Mongolei und Dzungaria, hatte sich bereits im ausgehenden Karbon, in der letzten Phase der variskischen Gebirgsbildung (siehe S. 165), an Europa herangeschoben, dabei den Ural aufgeworfen und zugleich alle großen Festlandsmassen vereint.

Der frühere Nordkontinent bildet nun die größten Gebiete Asiens. In seinem Süden erstreckt sich die Tethys, die als langer Meeresarm in den Riesenkontinent hineinragt. Auf der südlichen Seite des Tethys-Meeres liegen die spätere Arabische Halbinsel, Indien und Teile Chinas. Vor allem in dieser Region setzt in der folgenden Trias (250–205 Mio.) der Zerfall Pangaeas ein. Schon im Karbon hatte sich ein langer, schmaler Meeresarm zwischen das spätere Indien und China geschoben. Seine Ausdehnung führt bereits im ausgehenden Perm zur Abtrennung Südchinas, Indochinas und Malaysias von den südlichen Festlandsmassen. Die Bildung eines kontinentalen Riftsystems in der Obertrias zwischen Nordamerika und Nordwestafrika läutet den endgültigen Zerfall Pangaeas ein.

Um 270–250 Mio.

Mächtige Sedimentationsbecken füllen sich mit Wasser

Durch ansteigende Meeresspiegel und die Absenkung weiter Festlandsbereiche kommt es weltweit zu einem Übergreifen des Meeres auf die Festlandsregionen. Es entstehen große Lagunenlandschaften, welche die charakteristischen Riffe des Zechsteins (s. o.) herausbilden, aber auch weiträumige Flachwasserbecken, in denen durch wiederholte Verdunstung und Überflutung bedeutende Steinsalzlager entstehen.

Eines dieser mächtigen Sedimentationsbecken bildet der gesamte Alpenraum. Die größten Teile Italiens, der Balkan, Albanien, Makedonien und Griechenland sind von einem Flachmeer bedeckt, das sich in seinem äußersten Westen bis über die Pyrenäen erstreckt. Ein zweites großes Becken umfasst das Gebiet der heutigen Nordsee, das sich südwärts bis in die Mitte Deutschlands erstreckt. Im Bereich des heutigen Russland liegt die Region nördlich des Kaspischen Meeres bis hinauf zur heutigen Barentssee unter Wasser (Abb.: Gebirgslandschaft und der Fluss Ural).

Um 260 Mio. Innerhalb der zu den säugetierähnlichen Reptilien (Therapsiden) gehörenden Gruppierung Anomondontia bilden sich die **Dicynodontia** heraus. Früheste Belege der neuen Gruppe wurden in oberpermischen Schichten Südafrikas gefunden. Im Verlauf des Oberperms breiten sich die Dicynodontia weltweit aus. In der Trias gehören sie zu den häufigsten Pflanzenfressern. Fossilfunde belegen, dass die frühesten Typen der Dicynodontia kleine Körpermaße besaßen. Später tauchten dann ochsengroße Arten auf. Charakteristisch für alle Dicynodontia sind kurze und plumpe Körper.

Ein hoch spezialisierter Pflanzenfresser ist das Reptil **Suminia getmanovi**. Den Schädel des permischen Wirbeltieres fanden Forscher 1990 am Fluss Vyatka in Zentralrussland. Besonderes Merkmal des nur etwa fünf Zentimeter langen Kopfes sind die vergleichsweise großen Zähne. Bei mikroskopischen Untersuchungen entdeckten Wissenschaftler am Zahnschmelz waagrechte Schleifspuren. Sie gelten als Beweis, dass Suminia seine pflanzliche Nahrung nicht wie ältere Reptilien zerrupfte, sondern zermahlte – ein Evolutionsvorteil, der möglicherweise die Ausbreitung der landlebenden Wirbeltiere beschleunigte.

In den kontinentalen Steppengebieten leben kleine, hundegroße Reptilien: die **Procynosuchidae**. Bekanntester Vertreter dieser Gruppe ist Procynosuchus. Das wegen seines deutschen Fundorts – die Korbacher Spalte beim hessischen Korbach – auch »Korbacher Dackel« genannte Reptil ist etwa 60 cm groß und weist eine längliche Körperform auf. Als Nahrung dienten dem Procynosuchus vermutlich kleinere Amphibien, Reptilien und Insekten. Neben Knochenfunden aus Südafrika sind die Korbacher Fossilreste der einzige direkte Nachweis von Procynosuchus. Indirekt ist das säugetierähnliche Reptil durch eine fossilisierte Fährte aus Cornberg belegt. Zahlreiche Funde aus der Korbacher Spalte, die ein einzigartiges Mosaik permischer Fossilien aufweist, sind heute im Museum von Korbach ausgestellt.

Zu den primitiven Dinocephalia, einer Gruppe der Therapsiden (säugetierähnliche Reptilien), zählt die Gattung **Titanophoneus**. Das Fleisch fressende (carnivore) Reptil erreicht eine Länge von etwa einem Meter. Das landlebende Wirbeltier besitzt kurze Beine und einen Schwanz, dessen Länge etwa den Rumpfmaßen entspricht. Der Kopf ist ebenfalls lang gestreckt. Im Oberkiefer sitzen spitze Zähne, die aus dem Maul herausragen. Für eine Lebensweise als Fleischfresser sprechen die scharfen Backenzähne. Fossilfunde von Titanophoneus stammen aus der Nähe der Stadt Isheevo im Osten Russlands.

Um 270 Mio.

Neuartige Fische mit deutlich verbesserter Beweglichkeit

In den Meeren des Oberperms tritt mit dem Acentrophorus der erste Vertreter der Neopterygia (Abb.: Pachythrissops macrolepidotus) auf. Diese

bilden neben den archaischen Chondrostei die zweite Gruppe von Strahlenflossern, der heute die überwältigende Mehrheit aller Fische angehört.

Von den früheren, primitiveren Strahlenflossern unterscheiden sich die Neopterygier durch anatomische Veränderungen, die sowohl die Atmung als auch die Nahrungsaufnahme und die Fortbewegung betreffen. Die höhere Beweglichkeit und die verbesserte Beißkraft sind Voraussetzungen für ihren evolutionären Erfolg, der sich in einer rasanten Ausbreitung im Mesozoikum (250–65,5 Mio.) niederschlägt.

Heute werden die Neopterygia in viele Gruppen unterteilt, zu denen außer den Chondrichthyes (Knorpelfische wie Hai und Rochen), den Sarcopterygia (Fleischflosser wie Lungenfisch und Quastenflosser) und den Chondrostei (Störartige) alle Fische gehören.

Um 270–250 Mio.

Nacktsamer im Aufwind

Die für das Mesozoikum kennzeichnende Flora der Nacktsamer oder Gymnospermen gewinnt im Verlaufe des Zechsteins endgültig die Überhand. Vertreten wird sie vor allem durch die Gruppe der Koniferen oder Nadelgehölze.

Im Rotliegenden (292–270 Mio.) hatte es in Nordamerika und Mitteleuropa noch zwei verschiedene Florengesellschaften gegeben: einerseits die feuchtigkeitsliebende Pflanzenwelt, die sich in den flözführenden Sedimenten des unteren Perms nachweisen lässt, und andererseits die sog. flözferne Flora, die sich an die immer häufiger werdenden trockeneren Standorte anzupassen begann. In diesem Milieu wurde die evolutionäre Entwicklung zu den Gymnospermen vorangetrieben. Deren kennzeichnendes Merkmal ist die Fortpflanzungsstrategie. Ihre Samen sind resistenter gegen Trockenheit als die Sporen der Farne und Farnverwandten, sodass die Pflanze besser

Herbstlaub eines Ginkgo-Baumes

Im Perm dominieren die Nacktsamer – hier Cycadeen, Ginkgo-Gewächse und Nadelbäume.

Um 270–250 Mio.

Kohleflöze auch im Süden

Viele Millionen Jahre nach der großen Ära der nordamerikanischen und europäischen Kohlewälder im Karbon (354–292 Mio.) setzt nun auch auf der Südhalbkugel eine verstärkte Bildung von Kohle ein. Wie zuvor auf der Nordhalbkugel geht dieses Phänomen auch in Gondwana auf das Zusammenspiel verschiedener Faktoren zurück. Einerseits gerät der Süden Pangaeas durch plattentektonische Veränderungen in wärmere Klimazonen. Zudem entstehen durch die Absenkung des Festlands ausgedehnte Moorlandschaften und Feuchtgebiete. Wichtig zuletzt ist die Ausbreitung einer üppigen Vegetation, die als Gondwana-Flora oder nach dem baumförmigen Samenfarn als Glossopteris-Flora bezeichnet wird.

an trockene Standorte angepasst ist. Im Zechstein werden jene Pflanzengruppen, die im Karbon die Basis für die Entstehung riesiger Kohleablagerungen gebildet hatten, immer seltener. Entweder verschwinden sie ganz, wie die baumförmigen Farne, oder sie schrumpfen zu lokalen Restbeständen zusammen. Obgleich sich innerhalb Europas kleinere regionale Abweichungen erkennen lassen, wird die Pflanzenwelt nun eindeutig von Koniferen und den Ginkgophyten dominiert. Zugleich lässt sich, verglichen mit dem Karbon, eine allgemeine Verarmung der Flora erkennen.
Viele typischen Pflanzenvertreter des Oberperms zeigen – wie die Samenfarne – Merkmale einer Anpassung an ein warmes und trockenes Klima. Sie haben etwa dicke und fleischige Blätter, die mit einer starken Außenschicht, der sog. Kutikula, überzogen sind – was einer zu raschen Verdunstung des aufgenommenen Wassers vorbeugen soll. Andere Pflanzen bilden zum selben Zweck eine starke Behaarung aus.

Araucaria excelsa, auch bekannt als Zimmertanne, zählt zu den Koniferen.

Um 270 Mio.

Diamanten – härtestes Mineral und kostbarer Schatz der Erde

Der permische Vulkanismus (siehe S. 181), der die Epoche nach der variskischen Gebirgsbildung prägt, ist eine ideale Voraussetzung für die Entstehung verschiedener Erzlagerstätten und Edelsteine. Es bilden sich in dieser Phase bedeutende Mengen von Eisen, Titan und Kupfer, von Barium, Phosphor und Kimberlit. Letzteres, benannt nach der südafrikanischen Stadt Kimberley, ist ein körniges, grün bis schwarz wirkendes Tiefengestein, das seine Berühmtheit dem Umstand verdankt, häufig Muttergestein für Diamanten zu sein (Abb.: Diamant aus Kimberley).
Die Lagerstätten entstehen bevorzugt an sog. Riftzonen. Dies können tektonische Grabenbereiche sein oder große Spalten, die sich durch Horizontalverschiebungen zweier Erdkrustenstücke bilden. An solchen Stellen drängen metallhaltige Schmelzgesteine aus dem Erdmantel leicht an die Oberfläche. Relativ häufig finden sich in Riftzonen magmatische Gesteine wie etwa das Alkaligestein, in dem sich seltene Metallerze und Elemente anreichern.
Im Zuge dieses Vulkanismus bildet sich auch der härteste aller natürlich vorkommenden Stoffe, der Diamant, dessen Name sich vom griechischen Wort »adamas«, »unbezwingbar«, ableitet. Sein Ausgangsmaterial ist das graue bis schwarzgraue Mineral Graphit, eine Modifikation des reinen Kohlenstoffs (C). Aus diesem Ausgangsstoff geht der Diamant durch eine rein isochemische, d.h. nur die Struktur, nicht aber die Zusammensetzung betreffende Umwandlung hervor. Die wichtigsten Voraussetzungen dieses Transformationsprozesses sind ein extrem hoher Druck, wie er nur in großen Tiefen zustande kommt, und eine außerordentlich hohe Temperatur. Unter diesen Bedingungen verwandelt sich Graphit durch eine veränderte Anordnung der Kohlenstoffatome in Diamant. Die wichtigsten Fundplätze befinden sich ausschließlich im ehemaligen Gondwana, mit einem Schwerpunkt in Südafrika.

Um 270–250 Mio.

Kupferschiefer – entstanden als Faulschlamm in Meeresbecken

In den Uferzonen des Zechsteinmeeres, das die größten Teile Deutschlands, Dänemarks und der Niederlande bedeckt und sich im Osten bis weit nach Polen erstreckt, wird mit dem Kupferschiefer das wichtigste deutsche Kupfererz abgelagert. Der typische Zechstein ist in Mitteleuropa überwiegend marinen Ursprungs und lässt klare Ablagerungszyklen erkennen. Auf die Sedimentation von Kali- und Steinsalzen folgt nun die von Kupferschiefer (Abb.: Zweig eines Nadelbaums in Kupferschiefer), wobei diese Sedimentationsschicht selten eine Stärke von einem halben Meter überschreitet.
Kupferschiefer ist ein Kohlenwasserstoffverbindungen enthaltender dunkler Mergelschiefer, der Kupfererze und geringe Mengen anderer Buntmetallerze enthält. Er entsteht als Faulschlamm in den flachen Lagunen des Kupferschiefermeeres. Während frühere Sedimentationsschichten Zeichen starker Wasserbewegungen erkennen lassen, bilden sich die Kupferschiefervorkommen in einer Stillwasserzone. Das Kupferschiefermeer, das über lange Zeit vom Wasseraustausch ausgeschlossen bleibt, ist für die meisten Organismen ein lebensfeindliches Milieu.
Für die biochemischen Prozesse hingegen, in deren Verlauf der Kupferschiefer gebildet wird, ist das sauerstoffarme Milieu ideal, denn hier gedeihen bestimmte Fäulnisbakterien, die für diesen Prozess von entscheidender Bedeutung sind. Woher jene Bunt- und Edelmetalle stammen, die sich im Kupferschiefer anreichern, und wie sie in den Faulschlamm gelangen, ist noch ungewiss. Nach einer verbreiteten Hypothese handelt es sich um Verwitterungsprodukte aus den umliegenden kontinentalen Gebieten des Rotliegenden. Ablagerungen von Kupferschiefer, die groß genug sind, um wirtschaftlich interessant zu sein, finden sich unter anderem im Richelsdorfer Gebirge in Nordhessen, im Thüringer Wald, besonders aber im polnischen Niederschlesien.

Um 250 Mio. Aus dem während des Oberperms entstandenen **stefanisch-permischen Meer** entwickelt sich in den Ost- und Südalpen ein riesiger Ablagerungsraum. Durch das vordringende Meer (Transgression) bilden sich mächtige Dolomitablagerungen. In den Becken türmen sie sich bis zu 3000 m hoch. Auf den zwischen den Beckenlandschaften aufgewölbten Schwellen sind sie weniger mächtig. Hier erreichen die Sedimente nur etwa 1000 m Dicke. Im Verlauf der Untertrias überfluten die Meeresgebiete auch das Nordalpine Becken.

Steppe und Flachland sind der bevorzugte Lebensraum des Dicynodonten **Kannemeyeria**. Wie alle zur großen Gruppe der Therapsiden (säugetierähnliche Reptilien) gehörenden Dicynodonten besitzt Kannemeyeria eine nilpferdähnliche Gestalt. Einige Vertreter haben zwei Stoßzähne. Untersuchungen an den in Südafrika gefundenen fossilen Resten der Tiere belegen, dass sich Kannemeyeria ausschließlich von Pflanzen ernährte. Plumpe Füße und ein massiger Körper legen nahe, dass sich die landlebenden Wirbeltiere nur langsam fortbewegten. Ärgster Feind von Kannemeyeria war der Fleischfresser Cynognathus.

Aus den hundeähnlichen Reptilien Procynosuchidae geht in der unteren Trias die Gruppe Galesauridae hervor. Zu den bekanntesten Gattungen der Galesauridae zählt **Thrinaxodon**. Das etwa 60 cm lange, säugetierähnliche Reptil ist ein flinker Jäger, der sich ausschließlich von kleinen Amphibien und Reptilien ernährt. Als weit entwickeltes Wirbeltier besitzt Thrinaxodon bereits Merkmale, die auch bei den später entstandenen Säugetieren anzutreffen sind. So stellen Bauch- und Lendenregion zwei deutlich voneinander unterscheidbare Bereiche dar.

Das sich zwischen den Großkontinenten Gondwana und Laurasia erstreckende Ur-Mittelmeer Tethys verbindet sich im Malaiischen Archipel mit der sog. **zirkumpazifischen Geosynklinale**. Ihr Senkungsraum umfasst den Indischen Ozean. Während sich entlang der Tethys – von den Alpen bis zum Himalaja – Kalke und Dolomite ablagern, bilden sich in der zirkumpazifischen Geosynklinalen, die von Sibirien bis zu den amerikanischen Kordilleren verläuft, vorwiegend Schichten aus klastischen Gesteinen (Trümmergesteine). Sie bestehen aus dunklen Schiefern, Sandsteinen und eingelagerten Tuffen vulkanischen Ursprungs. Kalkige Gesteine sind dagegen selten.

Um 250–205 Mio.

Klima und Plattentektonik lassen Meeresspiegel schwanken

Im Verlaufe der Trias kommt es wiederholt zu bedeutenden Meeresspiegelschwankungen, die sich – zeitparallel und in vergleichbarem Umfang – auf der ganzen Erde bemerkbar machen (Abb.: Kalksteinablagerungen aus der Trias in den Dolomiten). Verantwortlich für dieses Phänomen sind verschiedene Ursachen, von denen zwei hervorzuheben sind: Massenverlagerungen des Wassers gehen auf klimatisch bedingte Veränderungen des globalen Wasserhaushalts zurück. Hier spielen vor allem die Bildung oder das Abschmelzen großer Gletschermassen eine starke Rolle. Genauso wichtig sind jedoch plattentektonische Aktivitäten.

Zu Beginn der Trias kommt es zu einem weltweiten Anstieg der Meeresspiegel und einem Übergreifen des Wassers auf die Festlandsgebiete (sog. Transgression). Erneut bilden sich – wie bereits im Perm – bedeutende Sedimentationsbecken im Kontinentalbereich. Diese Transgression geht vor allem auf Klimafaktoren zurück. Die Durchschnittstemperaturen steigen weiter, wodurch auch die letzten Vereisungen, die sich im Perm noch in Australien nachweisen lassen, verschwinden. Der globale Wasserhaushalt erreicht in dieser Phase ein Maximum.

Zum Ende der Trias hingegen kommt es, trotz der unverändert hohen Durchschnittstemperaturen, zu einer Regression, einem Absinken des Meeresspiegels. Weite Schelfgebiete werden nun zu Teilen des Festlands. Dieser Vorgang geht vor allem auf sog. epirogenetische Bewegungen, also auf Veränderungen der Erdkruste zurück. Durch das weiträumige Absinken der Meeresböden entstehen tiefe Ozeanbecken, die große Wassermassen in sich aufnehmen.

Um 250–241 Mio.

Araukarien – auffällige Nadelhölzer der Südhalbkugel

In der oberen Trias treten in der Gruppe der Nadelholzgewächse die ersten Vertreter der Araukarien in Erscheinung – einer Pflanzenfamilie, die noch heute mit zwei Gattungen und rund 40 Arten vertreten ist (Abb.: Araucaria bidwillii). Die bekannteste Vertreterin ist in Europa die Zimmertanne Araucaria excelsa, die im ausgehenden 18. Jh. durch den englischen Weltumsegler James Cook von den zu Australien gehörenden Norfolk-Inseln nach England gelangte.

Bei den Araukarien handelt es sich um große Bäume mit quirlartig angeordneten Ästen, die oft die auffälligsten Formen ihrer heimischen Vegetation stellen. Sie bilden heute die einzige Koniferen-Gruppe, deren Vorkommen auf die südliche Hemisphäre beschränkt ist. In der Pflanzengeografie wird der Verbreitungsraum auch als Araukarien-Provinz beschrieben. Er umfasst Ostaustralien, Neuseeland und Neukaledonien, die Südsee-Inseln, Neuguinea, die Philippinen und Indonesien. In Afrika sind die Araukarien gar nicht und in Südamerika lediglich mit zwei Arten vertreten.

Zu den südamerikanischen Formen zählt Araucaria araucana (Chilefichte), die u.a. in den chilenischen Anden große lichte Wälder bildet und ebenfalls im ausgehenden 18. Jh. nach Europa gelangte, wo sie vor allem in Parks eine häufige Verbreitung fand. Alte Bäume können eine Höhe von 45 m erreichen.

Um 250–241 Mio.

Schneckenartiges Leitfossil

Aus den wenigen Gattungen der Ammoniten, die das Aussterben an der Perm-Trias-Grenze überlebt haben, gehen in kurzer Frist eine Fülle neuer Formen hervor. Da sie sich in Bau und Gestalt deutlich von ihren Vorgängern unterscheiden, sind sie ein wichtiges Leitfossil (Abb. o.: Ammonit aus dem unteren Trias)

Die Ammoniten, die die Meere sowohl des Paläozoikums als auch des Mesozoikums in großer Zahl bevölkern, zählen zur Gruppe der Alt-Tintenfische (siehe S. 172). Ein charakteristisches Merkmal, das sie mit dem heute noch existierenden Perlboot (Nautilus, s. Abb. u.) teilen, ist ein schneckenartiges, aus zahlreichen einzelnen Kammern bestehendes Gehäuse, das aus dem Mineral Aragonit gebildet wird. Bei einem erwachsenen Tier kann es je nach Art aus 40 bis 150 einzelnen Kammern bestehen, wobei nur die vorderste von dem Ammoniten bewohnt wird; die anderen dienen dem Gasaustausch. Die Kammerscheidewände (Septen) geben dem Gehäuse Stabilität, die sog. Lobenlinien zwischen den Kammern und dem Gehäuse sind je nach Art sehr unterschiedlich.

Die Entwicklung des Ammoniten beginnt mit einem Larvenstadium in oberflächennahen, warmen Wasserschichten. Erst wenn das Gehäuse etwa 1,5 Windungen erreicht hat, setzt das eigentliche Größenwachstum ein. Viele Ammoniten leben in der Bodenregion küstennaher Gewässer, andere bewohnen das offene Meer. Sie ernähren sich von Kleinstorganismen, Schnecken und Krebsen und sind Beutetiere für Reptilien, Schildkröten und Fische. Mit zehn bis zwölf Jahren sind sie geschlechtsreif und sterben nach der Fortpflanzung ab. Spektakuläre Funde von über zwei Meter großen Gehäusen stammen vermutlich von sterilen Tieren, die sich nie fortgepflanzt haben und deshalb überdurchschnittlich alt geworden sind.

Um 250–241 Mio.

Rötlicher Sandstein

Die Trias (»Dreiheit«) verdankt ihren Namen einer charakteristischen Abfolge dreier verschiedener Gesteinsarten, die als Buntsandstein, Muschelkalk und Keuper bezeichnet werden und an manchen Orten eine gewaltige Dicke von mehr als 1000 m erreichen. In der ersten Phase der Trias wird vor allem der Buntsandstein abgelagert.

Obgleich sich für diese typische Gesteinsfolge, die in der Mitte des 19. Jh. von dem deutschen Geologen Friedrich von Alberti benannt wurde, die Bezeichnung germanische Trias eingebürgert hat, ist das Phänomen keineswegs auf unsere Breiten beschränkt. Vergleichbare Ablagerungen finden sich im Westen der Alpen, in Südfrankreich und Spanien, selbst in einigen nördlichen Regionen des afrikanischen Kontinents und Vorderasiens. In England fehlt allerdings die mittlere Schicht aus Muschelkalk.

Wahrzeichen Helgolands aus Buntsandstein: Die Lange Anna (links) ragt 47 m hoch in den Himmel.

Am stärksten ausgeprägt sind diese Ablagerungen in Mitteleuropa im sog. Germanischen Becken, das sich von der Nordseeregion im Norden und dem Pariser Becken im Westen bis zur Iberischen Halbinsel im Süden und nach Polen im Osten erstreckt. Das Germanische Becken ist eine ausgedehnte Binnensenke, die sich durch das Ansteigen des Meeresspiegels phasenweise in ein flaches, reliefarmes Binnenmeer verwandelt. Zu Beginn des Erdmittelalters liegt sie überwiegend trocken, erst im oberen Buntsandstein zeigen sich marine Einflüsse.

Das Germanische Becken war durch Hebungen und Senkungen der Erdkruste entstanden, die ihrerseits durch Bewegungen des Schmelzgesteins unterhalb der Erdkruste verursacht wurden. Während sich in der Mitte eine ausgedehnte Binnensenke auftat, wurden an ihren Rändern Hügellandschaften aufgeworfen, die in den folgenden Jahrmillionen als Abtragungsgebiete die Sedimente für den Buntsandstein lieferten. Die Bewegung des Magmas wurde dadurch in Gang gehalten, dass sich das Becken mit der zunehmenden Last des Abtragungsschutts weiter absenkte, wodurch immer neue Gesteinsschmelze an die Ränder gedrängt wurde.

In die Senke gelangen die Gerölle und Sande vor allem durch ein breites Netz sich ständig verlagernder Flussarme. Die Größe des Gerölls lässt auf eine zum Teil erhebliche Schubkraft des Wassers schließen, die entweder von verstärkten Regenfällen oder einem starken Gefälle herrührt. Die gute Sortierung des Gesteins und charakteristische Rundungen deuten darauf hin, dass in der kargen Landschaft des beginnenden Erdmittelalters auch der Windtransport eine gewisse Rolle spielt, doch ist seine Bedeutung derjenigen des Wassers mit Sicherheit nachgeordnet.

Die Landschaft und das Klima in der Zeit des Buntsandsteins sind tendenziell lebensfeindlich und gleichen etwa heutigen Wüsten. Für ein heißes und trockenes Klima spricht die Rotfärbung des Buntsandsteins und nicht zuletzt der Umstand, dass sich in den Sedimenten dieser Periode kaum Fossilien finden. Bei den vergleichsweise wenigen Funden handelt es sich zumeist um die Überreste von Koniferen und Farnen, gelegentlich kommen kleine Krebstierchen und die Wohnbauten niederer Wirbelloser vor. Die Wirbeltiere sind durch die Amphibien Heptasaurus und Cyclotosaurus sowie durch die berühmten Fährten des »Handtiers« Chirotherium (siehe S. 191) belegt. Dabei handelt es sich um einen löwengroßen Raubsaurier (Rauisuchier).

Um 250 Mio. Ein gefährliches Raubtier ist der zu den Cynodontia (»Hundezähner«) zählende **Cynognathus**. Das säugetierähnliche, bis zu ein Meter große Reptil besitzt einen eindrucksvollen, etwa 40 cm langen Schädel. Mithilfe der Schneidezähne, der großen Reißzähne und der scharfen Backenzähne reißt der zu den Therapsiden zählende Cynognathus seine Beute in Stücke. Dabei entwickelt der in Rudeln lebende Räuber hohe Beißkräfte. Darauf deuten die verstärkten Kieferknochen. Zur schnellen Jagd befähigen Cynognathus lange Beine, die beim Laufen unter dem Körper pendeln.

Eine der am weitesten verbreiteten Muschelarten sind die **Myophorien**. Sie gehören zur Gruppe der dickschaligen Trigonoida. Fossile Reste der Schalentiere wurden in großer Zahl in Ablagerungen in den Alpen sowie im Germanischen Becken gefunden. Die Myophorien stellen eine wichtige Gruppe von Leitfossilien, mit deren Hilfe sich die Abfolge (Stratigrafie) von Gesteinsschichten bestimmen lässt. Die Schalen der Meereslebewesen können glatt oder skulptiert (wellenförmig) sein. Ihre Form variiert zwischen dreieckig, oval und trapezförmig.

Innerhalb der Cynodontia (»Hundezähner«) bilden sich neben den Cynognathidae zwei weitere Familien heraus: die Diamedodontidae und die Traversodontidae. Die Vertreter beider Gruppen, die als **Gomophodontia** zusammengefasst werden, weisen große Parallelen zu den Cynognathidae auf. Auch sie besitzen mit scharfen Backen- und Eckzähnen bewehrte Kiefer. Fossilfunde zeugen von der weiten Verbreitung der Fleisch fressenden Wirbeltiere. Knochen der Gomophodontia wurden in Nord- und Südamerika, China, Afrika sowie Indien gefunden.

Eine ausschließlich in der Untertrias vorkommende Gruppe von Amphibien (Labyrinthodontia) sind die **Trematosauroidea**. Sie leben u.a. im heutigen Grönland, auf Madagaskar, in Südafrika, Nordamerika und Australien. Wie die meisten Labyrinthodontia entwickeln die Trematosauroidea Formen mit langer Schnauze. Ihre Schädel sind schmal und weniger abgeflacht als die anderer Vertreter der Gruppe. Fossilien belegen, dass einige Arten im Meer leben. Damit sind die Trematosauroidea die einzige Gruppe mariner Amphibien.

Um 250–205 Mio.

Urahn der Dinosaurier

Die frühesten Archosaurier treten in Erscheinung – jene »Herrscherreptilien«, die in den folgenden rund 140 Mio. Jahren die Erde dominieren und zugleich die größten Landlebewesen aller Zeiten hervorbringen. Die überlebenden Vertreter dieses Formenkreises sind die heutigen Krokodile und Vögel.

Einer der bekanntesten Archosaurier ist der Chasmatosaurus, der in Erscheinung und Lebensweise am ehesten den heutigen Krokodilen ähnelt. Im Süden Afrikas und in China verbreitet, erreicht er etwa zwei Meter Länge. Seine kräftigen Gliedmaßen ragen waagerecht aus dem Rumpf, was ihm einen typisch echsenartigen Gang verleiht. Als Räuber setzt er vor allem Fischen nach, wobei er sich im Wasser durch schlängelnde Bewegungen des Rumpfes und seines langen Schwanzes fortbewegt. Ein archaisches Merkmal ist der mit Zähnen besetzte Gaumen. Ähnlich wie die Krokodile ist Chasmatosaurus zwar durchaus in der Lage, das Land aufzusuchen, lebt aber lieber im Wasser. Einer der größte Festlandsräuber weltweit ist der ebenfalls in Südafrika verbreitete Erythrosuchus, ein 4,5 m langes, massiv gebautes Reptil mit einem mächtigen Schädel. Seine Gliedmaßen sind stärker unter den Bauch gerückt, was ihm die Fortbewegung auf dem Festland erleichtert. Möglicherweise ist das Erscheinen gepanzerter Reptilien in der mittleren Trias auf den Selektionsdruck zurückzuführen, der von Erythrosuchus und ähnlich großen Räubern ausgeübt wird.

Typothorax, ein Pflanzenfresser, zählt zu den Aetosauria – einer von vier Gruppen der Archosaurier.

Auch Euparkeria, die ein wichtiges Bindeglied zwischen den vierbeinigen primitiven Archosauriern und den zweibeinigen Dinosauriern bildet, ist in ihrer Verbreitung auf die Südhalbkugel beschränkt. Etwa 60 cm groß und relativ schlank gebaut, verfügt das Tier über einen langen und kräftigen Schwanz und weist auf dem Rücken eine leichte Panzerung auf. Die Vorderbeine sind um etwa ein Drittel kürzer als die Hinterbeine.

Der massiv gebaute Erythrosuchus ist einer der größten Fleischfresser des Festlandes.

Um 250–241 Mio.

Viele neue Meeresreptilien

Mit dem Beginn des Erdmittelalters kehren ganze Reptiliengruppen ins Meer zurück und bringen eine Vielzahl neuer Formen hervor. Während die Plesiosaurier erst im nachfolgenden Jura (205–142 Mio.) das Wasser erobern, lassen sich die Placodonier, Nothosaurier und Ichthyosaurier bereits ab der Trias mit verschiedenen Arten belegen.
Die erfolgreichsten Rückkehrer sind die Ichthyosaurier, die fast während des gesamten Mesozoikums vertreten sind, gefolgt von den bis zu 20 m langen Plesiosauriern, die in der Jura und Kreide (142–65,5 Mio.) die Meere beherrschen. Das Vorkommen der Placodonier und Nothosaurier beschränkt sich hingegen auf die Trias. Alle vier Gruppen zählen zu den Diapsiden (siehe S. 169).
Unter den Meeresreptilien sind die Placodonier die am wenigsten spezialisierten Schwimmer, sie bevorzugen deshalb das Leben an den Uferzonen. Es lassen sich zwei große Formgruppen unterscheiden: Die Placodontidae haben noch eine typische Echsengestalt und einen kräftigen Schwanz. In den Brandungszonen ernähren sie sich vorwiegend von Muscheln, die sie mit ihrem kräftigen Gebiss zermalmen. Die Cyamodontidae und Henodontidae hingegen erinnern stark an Schildkröten, ohne mit ihnen enger verwandt zu sein. Wie diese weisen sie auf dem Rücken einen knöchernen Panzer auf, die Gliedmaßen sind zu Schwimmpaddeln umfunktioniert. Manche besitzen sogar einen Hornschnabel, wie ihn die heutigen Schildkröten tragen. Übereinstimmung gibt es auch bei der Nahrung, die – außer bei den Schildkröten – vor allem aus Schalentieren besteht.
Das kennzeichnende Merkmal der Nothosaurier, die in der Trias mit zahlreichen Arten weltweit verbreitet sind, ist ein stark verlängerter Hals. Nothosaurus, der zu ihren bekanntesten Vertretern zählt, hat eine Länge von sechs Metern und lebt ähnlich wie heutige Robben. Die am stärksten spezialisierten Meeresreptilien sind die Ichthyosaurier (»Fischechsen«), die in ihrer äußeren Erscheinung und in ihren Lebensgewohnheiten Delfinen gleichen und wie diese Luft atmen. Frühe Formen sind auch der zehn Meter lange Cymbospondylus und der etwa einen Meter große Mixosaurus, der weltweit verbreitet ist. Wie die Haie gebären die Ichthyosaurier lebende Junge (Abb.: Muttertier mit einem Jungtier und mehreren Embryonen im Leib).

Um 250–241 Mio.

Wüstenklima verheert Flora

Ein zum Teil wüstenhaftes Klima lässt vor allem auf der Nordhalbkugel von Nordamerika bis Asien die Böden vertrocknen und die Pflanzen verdorren. Die Vegetation zieht sich an die Ränder größerer Wüsten und in vereinzelte Feuchtgebiete zurück, während große Teile der Festlandsgebiete veröden. Unter diesen Bedingungen kommt es zu einer starken Verarmung der Flora, da viele Pflanzen der Hitze nicht gewachsen sind.

Zu den Pflanzengruppen, die sich an die Trockenheit anpassen können, zählen vor allem die Koniferen und verschiedene Farne. In den Trockengebieten wachsen bevorzugt niedrige Gewächse (Abb.: Wüstenkraut), die sich entweder durch die Blattform oder durch wasserspeichernde Blätter und Stämmchen an das Klima anpassen. Neu sind die zu den Bärlappgewächsen zählenden Pleuromeia und Brachsenkrautgewächse. Erstere entwickeln etwa zwei Meter hohe, unverzweigte Stämmchen mit schmaler Blätterkrone. Brachsenkrautgewächse sind hingegen krautige und robuste Pflanzen, die es feucht lieben, jedoch auch längere Trockenzeiten überdauern können.

Um 250–205 Mio.

Flucht zurück ins Meer

Die rasante Ausbreitung karnivorer, also Fleisch fressender Reptilien (siehe S. 184 und 190) lässt manche jener Amphibiengruppen, die das Massenaussterben am Ende des Perms überlebt haben, die Flucht ins Wasser antreten.
Zwei Überlebende aus der bereits im Karbon (354–292 Mio.) stark dezimierten Gruppe der Temnospondylii (siehe S. 178) sind Paracyclotosaurus und Gerrothorax. Ersterer ist ein mehr als zwei Meter langer, äußerlich an ein Krokodil erinnernder Räuber, der in Australien lebt. Eine bizarre Erscheinung ist der rund einen Meter lange Gerrothorax, der vor allem in den Gewässern Nordeuropas lebt. Er hat einen linsenförmigen Körper und einen scharf abgesetzten Kopf, der an beiden Seiten spitz ausragt. Die eng stehenden Augen sind nach oben gerichtet. Auf dem Gewässergrund ausharrend, lauert er kleineren Beutetieren auf.

Um 250–205 Mio.

Tierwelt erholt sich wieder

Nach der großen Krise an der Perm-Trias-Grenze (siehe S. 192), bei der etwa die Hälfte aller Familien des marinen Lebensraumes und erhebliche Teile der Wirbeltierfauna des Festlands ausgelöscht wurden, erlebt die Tierwelt in der Trias eine Phase der neuen Verbreitung. An die Stelle der typischen Faunenvertreter des Erdaltertums treten nun jene Formen, die über das gesamte Mesozoikum die Erde und die Ozeane dominieren. Die auffälligsten entwickeln sich in der Gruppe der Reptilien, wenig später tauchen die ersten Säugetiere auf. Auch unter den Meerestieren bilden sich zahlreiche neue Gruppen.

Um 250–205 Mio.

»Handtiere« geben Rätsel auf

In den weichen Böden von Flussbetten hinterlassen Reptilien in Nord- und Südamerika, in Frankreich, England und Deutschland Spuren, die einer menschlichen Hand ähneln (s. Abb.). Frühe Forscher ordneten sie deshalb lange Zeit einem sog. Handtier zu, das entsprechend im Jahr 1836 als Chirotherium klassifiziert wurde. Obgleich inzwischen zahllose solcher Fährten belegt sind, konnte ein dazugehöriges Skelett bis heute nicht geborgen werden. Die Frage nach der Gestalt ihres Urhebers war lange ein Rätsel.
Aufgrund der unterschiedlichen Größe der Abdrücke werden heute zwei Formen unterschieden. Bei Chirotherium barthi sind die einzelnen Abdrücke bis zu 25, bei dem kleineren Chirotherium sickleri maximal 12 cm lang. Die »Handtiere« sind mit dem Ticinosuchus verwandt, einem frühen Vorfahren der Dinosaurier aus der mittleren Trias der Südschweiz. Bei diesem etwa drei Meter langen Räuber deuten die langen Beine auf eine ausgezeichnete Anpassung an das Laufen.

Tod als Chance des Lebens

Ein spektakuläres Ergebnis der vielen Aussterbeereignisse in der Erdgeschichte ist, dass wesentlich mehr Arten ausgestorben sind, als heute noch auf der Erde leben. Die wenigen Arten, die es geschafft haben, über Jahrmillionen nahezu unverändert zu überleben, sind die so genannten ***Lebenden Fossilien****. Zu ihnen zählen u. a. der Nautilus, ein Verwandter der Tintenfische, der Quastenflosser, die Brückenechse, die Pfeilschwanzkrebse oder der Ginkgo-Baum.*

Mit dem Perm (292–250 Mio.) endet auch das Paläozoikum oder Erdaltertum (545–250 Mio.) und es beginnt eine neue Ära in der Erdgeschichte. Das Mesozoikum oder Erdmittelalter (250–65,5 Mio.) zeichnet sich durch einen grundlegenden Floren- und Faunenwechsel aus. Im Verlauf der ersten Periode des Mesozoikums, der Trias (250–205 Mio.), betreten alle heute dominierenden Tiergruppen die Szene. Und bei denjenigen Tiergruppen, die bereits seit dem Erdaltertum vertreten sind, setzen sich »moderne« Baupläne durch.

Das große Sterben

Zunächst kommt es aber zum Ende des Perms zu einem Artensterben, über dessen Ursachen bis heute nur spekuliert werden kann. Wissenschaftler sprechen vom größten Aussterbeereignis aller Zeiten. Dass dieser Kahlschlag im Allgemeinen weniger stark wahrgenommen wird, hängt damit zusammen, dass ihm nicht so viele spektakuläre Arten zum Opfer fallen wie etwa dem großen Artensterben in der ausgehenden Kreidezeit. Dieses löscht mit den Dinosauriern die größten Landlebewesen aller Zeiten aus. An der Perm-Trias-Grenze hingegen trifft es zunächst vor allem eher unscheinbare Arten, darunter Brachiopoden, Muscheln, Seelilien etc. Auf dieses große Massenaussterben am Ende des Perms folgt ein kleineres zum Ende der Trias. Beide gemeinsam bewirken, dass es zu einem regelrechten Faunenaustausch kommt.

Wüstenvegetation passt sich lebensfeindlicher Umgebung perfekt an.

Das große Sterben beginnt rund fünf Millionen Jahre vor der Perm-Trias-Grenze im Meer und trifft unter anderem die Trilobiten, die nach einer jahrmillionenlangen Erfolgsgeschichte und einer letzten kurzen Blüte im Perm für immer verschwinden. Ganz ähnlich ergeht es den Fusulinen (siehe S. 180), gesteinsbildenden Foraminiferen, die ebenfalls restlos ausgelöscht werden. Von den Korallen und Tabulaten (Bodenkorallen) des Erdaltertums überlebt nicht eine einzige Art. Spätere Korallen zeigen eine andere mineralogische Zusammensetzung des Skeletts und eine vollkommen andere Symmetrie. Auch die Brachiopoden oder Armfüßer bleiben nicht verschont. Etwa 80 Prozent ihrer Arten sterben aus, bei den Kopffüßern sind es mehr als 70 Prozent. Sämtliche Weichtiere werden schwer in Mitleidenschaft gezogen, Muscheln und Schnecken stark dezimiert. Die formenreichen Ammoniten sterben bis auf vier oder fünf Arten aus, ähnlich ergeht es den Stachelhäutern. Rund 98 Prozent der Seelilien gehen verloren. Insgesamt sterben unter den Meeresbewohnern rund 80 Prozent aller Gattungen aus. Da auch die

Auch im 21. Jahrhundert ist die Wissenschaft noch nicht einmal annähernd in der Lage, den kompletten ***Artbestand*** *auf der Erde sicher anzugeben. Eine weithin akzeptierte Schätzung, die von 20 Mio. Arten ausgeht, würde bedeuten, dass uns noch 90 Prozent aller heute lebenden Arten unbekannt sind. U. a. schätzt man, dass rd. 80 Prozent aller Lebewesen zu den Arthropoden (Gliederfüßern) gehören, von denen jedoch bis dato nur rund fünf Prozent wissenschaftlich erfasst sind.*

Im Fokus

Ist der Mensch schuld am heutigen Massenaussterben von Arten?

Seit die Spezies Mensch ihren Siegeszug über den Planeten angetreten hat, sind zahllose Tierarten endgültig von der Erde verschwunden. Der sagenhafte, mehr als drei Meter große Elefantenvogel Madagaskars und seine neuseeländischen Verwandten (Moas), der Dodo, die berühmte, flugunfähige Riesentaube auf Mauritius, der tasmanische Beutelwolf und der Riesenalk sind prominente Beispiele einer schier endlosen Liste ausgestorbener Arten.
Einige Forscher wenden ein, dieses Aussterben bewege sich noch immer im Rahmen eines natürlichen Normalniveaus. Die überwältigende Mehrheit ihrer Fachkollegen, neueste Zahlen und Forschungsergebnisse widersprechen dem. Viele Artenschutzbiologen gehen davon aus, dass das gegenwärtige Aussterben vor allem unter den Säugern und Vögeln das Normalniveau mindestens um das 100-fache übersteigt. Alle Indizien würden darauf weisen, dass die gegenwärtige Aussterbelawine als sechstes großes Artensterben der Erdgeschichte zu sehen sei. Das Worldwatch Institute in Washington prognostiziert in einer 2003 vorgestellten Studie, dass noch in diesem Jahrhundert 1200 weitere Vogelarten, also rund zwölf Prozent der verbliebenen Formen, verschwinden werden. Allein in Deutschland gelten 141 der 254 bekannten Vogelarten als akut bedroht.
99 Prozent der gefährdeten Arten leiden unter Faktoren, die zweifelsfrei auf den Menschen zurückgeführt werden können. Problem Nummer eins sind der Verlust und die Zersplitterung von Lebensraum. Zersplitterung verwandelt auch Festlandsgebiete – ökologisch betrachtet – in Inseln, die von Autobahnen, Kulturflächen und Städten umgeben sind. Für viele versteckt lebende Arten bilden sie unüberwindliche Hindernisse. Der Bestand an großen Raubtieren wird durch die genetische Isolation oft noch stärker bedroht als durch Jäger. Nicht minder verheerend wirken sich Nebeneffekte aus. So sind die einmaligen Vogelwelten Haitis und Guams Tieren zum Opfer gefallen, die der Mensch mitgebracht hat.

Der vom Aussterben bedrohte Gaur soll mit Hilfe der Klon-Technik gerettet werden. Der Ausgang ist ungewiss.

Einige Tiergruppen fallen dem Massensterben komplett, andere nur fast vollständig zum Opfer. Von den formenreichen Ammoniten (hier Daraelites phylloceratinoe) überleben an der Perm-Trias-Grenze lediglich vier oder fünf Arten.

überlebenden Formengruppen angeschlagen sind, gehen etwa 96 Prozent aller Arten verloren.

Auf dem Land sind die Verluste weniger dramatisch, doch reichen sie aus, das Ökosystem vollkommen umzuwälzen. Von den 37 nachgewiesenen Familien der Amphibien und Reptilien, die im letzten Drittel des Perms noch die Erde bevölkern, gehen 27 verloren. Sechs davon zählen zu den Amphibien und vermutlich 15 zu der am stärksten betroffenen Reptiliengruppe, den Synapsiden, den reptilischen Vorfahren der Säuger. Die Restfauna wird nach ihrem auffälligsten Vertreter, dem etwa einen Meter großen, schwerfälligen Pflanzenfresser Lystrosaurus, der von dem Massenaussterben in Form einer rasanten Ausbreitung profitiert, als Lystrosaurus-Fauna bezeichnet. Einige Anzeichen sprechen dafür, dass sich der Prozess des Aussterbens auf dem Land in einem größeren Zeitrahmen vollzieht und einige Millionen Jahre eher beginnt als in den Ozeanen.

Die Karten werden neu verteilt

Große Aussterbeereignisse hat es in der Geschichte der Erde mehrfach gegeben. Sie verwandeln Festland und Ozeane – Letztere insgesamt deutlich häufiger und gravierender – in ein evolutionäres Experimentierfeld. Ihren zukunftsweisenden Charakter verdanken sie dem Umstand, dass nach dem großen Sterben riesige ökologische Räume unbesetzt sind, die selbst vergleichsweise unscheinbare Gruppen – wie die kleinen Säugetiere der ausgehenden Kreidezeit – füllen können. Diese seltene Möglichkeit zur ungefährdeten Eroberung neuer Lebensräume ist ein wichtiger Motor der sog. Radiation, der Entfaltung neuer Großgruppen und Gattungen.

Die Frage, wie viele große Aussterbeereignisse es in der Geschichte des Lebens gegeben habe, wird kontrovers diskutiert. Die Grenzen zum »normalen« Aussterben in der Bandbreite eines gewissen Durchschnittsniveaus sind fließend. Es werden zehn und mehr solcher Ereignisse diskutiert, aber mindestens fünf große und globale Artensterben sind unumstritten. Das erste ereignete sich im ausgehenden Ordovizium (495–440 Mio.) und brachte für die Brachiopoden und Trilobiten schwere Verluste. Ein zweites, das sich ebenfalls vor allem auf die marine Tierwelt auswirkte, geschah gegen Ende des Devons (siehe S. 141). Auf das Massenaussterben an der Grenze von Perm und Trias folgte ein nächstes großes Ereignis dieser Art am Ende der Kreidezeit (65,5 Mio.), das den Dinosauriern zum Verhängnis wurde. Die Eiszeiten des Pleistozäns schließlich löschten noch einmal großwüchsige Säugetiere aus – zugunsten jener Arten, die heute die Erde bevölkern.

Das Aussterben selbst ist ein ganz normaler, die Geschichte der Evolution begleitender Prozess. Mangels ausreichender Absicherung durch Fossilfunde lässt sich das Aussterben in früheren Erdepochen zwar nur annähernd abschätzen, doch dürfte es sich so verhalten, wie ein amerikanischer Paläontologe errechnet hat: Pro Jahrmillionen stirbt in jeder größeren Tiergruppe durchschnittlich eine Handvoll Arten aus, ebenso viele entstehen neu. Auf dem Normalniveau, das die großen Zeiträume zwischen den vereinzelten Katastrophen bestimmt, bilden Artensterben und Artentwicklung zusammen eine Art Umschlagsprozess, da die Evolution die entstehenden Verluste ausgleicht. Diese Art des Aussterbens lässt zwar zahllose Spezies verschwinden, es beeinträchtigt aber nicht die biolo-

Heute nur noch als Rekonstruktion im Londoner Natural History Museum zu beobachten: Junge Maiasaurier beim Schlüpfen.

gische Vielfalt der Erde. Anders verhält es sich mit den Aussterbeereignissen, bei denen die Rate des Verschwindens die der Artbildung um das Hundert- oder Tausendfache übertrifft. Sie beeinträchtigen nicht nur die biologische Vielfalt, sondern auch das ökologische Beziehungsgeflecht. In der Geschichte des Lebens bilden sie eine echte Zäsur. Damit bieten sie aber auch die Chance, ein ganz neues Kapitel aufzuschlagen.

In seinem Buch »Krisen der Evolution« listet der US-amerikanische Paläontologe und Geologe Steven Stanley einige Leitmotive des Phänomens von ***Massenaussterben*** *auf, die diese vom üblichen »Hintergrundaussterben« qualitativ unterscheiden: Massensterben betreffen sowohl das Leben auf dem Land als auch im Meer. Sie suchen tropische Lebensformen stärker heim und scheinen Landpflanzen weniger stark und weniger schnell zu dezimieren. Außerdem kommen sie mehrfach innerhalb der gleichen Tiergruppen vor: Trilobiten überleben drei Massensterben, ehe sie dem vierten Ereignis dieser Art endgültig zum Opfer fallen.*

Um 250 Mio. Riesige Formen entwickeln die zu den frühen Vertretern der Archosaurier zählenden **Erythrosuchidae**. Sie erreichen eine Körperlänge von etwa fünf Metern. Die Schädel der Tiere werden bis zu einen Meter lang. Damit sind die Erythrosuchidae die größten landlebenden Wirbeltiere der Untertrias. Fossilfunde bezeugen, dass die Erythrosuchidae weite Gebiete besiedelten. So fanden Wissenschaftler Reste der Tiere im Süden Afrikas, in China, Russland, Nord- und Südamerika sowie Europa. Untersuchungen an den Beinknochen ergaben, dass die Erythrosuchidae vermutlich sowohl an Land als auch im Wasser lebten.

Mit den Gattungen Mesosuchus und Howesia treten auf der Erde erstmals Vertreter der **Rhynchosaurier** (Schnabelsaurier) auf. Im Verlauf der Mitteltrias werden sie die dominierenden Pflanzen fressenden Reptilien. Bereits die frühen Formen Mesosuchus und Howesia weisen die charakteristische Gestalt aller Rhynchosaurier auf: einen plumpen Körper mit kurzen Beinen. Er hat etwa die Größe eines Schweines. Den Namen »Schnabelsaurier« verdanken die Reptilien dem verlängerten Prämaxillarknochen. Er ragt wie ein Schnabel über den Unterkiefer.

In der Untertrias tauchen frühe Vorfahren der heute noch lebenden **Brückenechse** (Sphenodon) auf. Die in untertriassischen Ablagerungen gefundenen Kiefer weisen Merkmale auf, die auf eine Verwandtschaft zu Sphenodon schließen lassen. Die nur auf einigen neuseeländischen Inseln vorkommende Brückenechse gilt als lebendes Fossil, deren Ursprünge bis ins Erdmittelalter (Mesozoikum) reichen. Sie ähnelt im Aussehen einer Eidechse, ihr Skelettbau zeigt allerdings Charakteristika mesozoischer Reptilien.

Zu den frühen Archosauriern zählt **Euparkeria**. Das primitive Reptil unterscheidet sich deutlich von den Protero- und Erythrosuchidae, die ebenfalls zu den ältesten Archosauriern (Thecodontia) zählen. Die Gattung Euparkeria, die nur durch wenige Fossilreste aus China belegt ist, weist andere Körperformen auf. Während die Erythrosuchidae bis zu fünf Meter groß werden, erreicht Euparkeria vom Schwanz bis zum Kopf nur eine Länge von etwa 50 cm.

In seinen Umrissen fast unverändert überdauert der südliche Großkontinent **Gondwana**, der Südamerika, Afrika, Indien, Australien und Antarktika umfasst, die Wende vom Perm zur Trias. Allein die Lage des Südpols verschiebt sich. Er wandert von seiner Lage in der Zentralantarktis an den Südrand des Kontinents.

Um 250–205 Mio.

Salz in großen Mengen

Unter dem anhaltend trockenen und heißen Klima kommt es in der Trias, wie bereits im Perm (siehe S. 183), in weiten Teilen Laurasias und Nordafrikas erneut zu bedeutenden Ablagerungen von Stein- und Kalisalz sowie von Gips. Entsprechende Sedimente finden sich in ganz Westeuropa von England über Holland und Frankreich bis nach Spanien und Portugal, aber auch im Alpenraum und weiten Teilen Deutschlands.

Spaltstück eines Steinsalz-Würfels aus der Trias, gefunden in Württemberg nahe Heilbronn.

Die Bildung spielt sich in den riesigen, stellenweise mehrere hundert Meter tiefen Flachmeeren ab, die in dieser Epoche den Norden Pangaeas bedecken. Eine notwendige Voraussetzung für die Einlagerung von Salzen ist, dass in diesen Meeresbecken bedeutend mehr Wasser verdunstet, als durch Regenfälle, einmündende Flüsse oder offene Verbindungen mit den Ozeanen ergänzt werden kann. Unter diesen Bedingungen wird das Meerwasser mit der Zeit in den Eindampfungsbecken zu einer hochkonzentrierten Salzlösung, die sich immer stärker anreichert und schließlich auch absetzt. In unregelmäßigen Zyklen werden die Becken über verschiedene Untiefen durch weiteres Salzwasser aus den Ozeanen erneut angereichert bzw. angefüllt. Im Verlauf von Jahrmillionen kommt es auf diese Weise zur Ablagerung bedeutender Salzgesteinsvorkommen. Über einen wie großen Zeitraum sich die Entstehung dieser Sedimente (Evaporitgesteine) erstreckt, lässt der Umstand erahnen, dass für eine eineinhalb Meter starke Ablagerung eine rund 100 m mächtige Schicht Meerwasser verdampfen muss.

Ein besonderes Charakteristikum der abgelagerten Sedimente ist, dass all jene im Meerwasser enthaltenen, als besonders gut löslich geltenden Salze – also vor allem Kali- und Magnesiumsalze, aber auch Kochsalz –, im Vergleich zu anderen Salzen in den bei Verdampfung entstandenen Lagern unterrepräsentiert sind. Dieses Phänomen hat seine Ursache in der Art und Weise, in der Salzvorkommen gebildet werden. Immer wenn neues Meerwassers zufließt – sei es durch die Absenkung einzelner Regionen oder durch einen vorübergehenden Anstieg des Meeresspiegels –, kommt es auch zu einem Rückfluss aus den Meeresbecken. Dieser geschieht in Form bodennaher Unterströmungen. In genau diesen Wasserregionen aber bewegt sich Wasser, das wegen seiner höheren Salzkonzentration schwerer als Süßwasser ist. Es enthält vor allem die leicht löslichen Salze, die eben aufgrund dieser Eigenschaft als Erste wieder ins offene Meer hinausgeschwemmt werden.

Abraumhalde eines Kaliwerks in Hessen. Kalisalze finden u.a. als Düngemittel Verwendung.

Um 250 Mio.

Voltzien-Sandstein in Vogesen

Am Rande eines Flachmeeres in den nördlichen Vogesen lagert sich ein feinkörniges, leicht rötliches Sediment ab, das nach einem dort vorherrschenden Nadelbaum als Voltzien-Sandstein bezeichnet wird. Weitere Florenelemente, die darin fossilisieren, sind Farne und Schachtelhalmgewächse. Die Tierwelt ist durch eine typische Lagunen- und Flachwasserfauna belegt. Es finden sich vor allem Armfüßer und Muscheln, daneben einige Fische, Amphibien und Insekten.

Um 250–241 Mio.

Voraussetzung für Erdgaslager

Mit der Ablagerung des porösen Buntsandsteins (siehe S. 189) wird in der Untertrias eine wichtige Voraussetzung für die Entstehung bedeutender Erdgasvorkommen auf der Erde gelegt. Eine zweite wichtige Bedingung wird mit der Bildung des Muschelkalks in dem nachfolgenden Abschnitt dieses Erdzeitalters erfüllt. Der Muschelkalk übernimmt die wichtige Funktion, die durchlässigen Sedimente aus dem Oberperm und der Untertrias nach oben anzuschließen. Erst dadurch entstehen die sog. Erdgasfallen, in denen sich Gase, die aus den kohleführenden Schichten des Karbons und Unterperms aufsteigen, ansammeln können.

Um 250–205 Mio.

Südhalbkugel steht in Blüte

Während die Pflanzenwelt in Laurasia unter dem Einfluss des trockenen und heißen Klimas zunehmend verarmt, beginnt im Süden Gondwanas, vor allem in der Region von Australien und der späteren Antarktis, erst jetzt das Mesophytikum (siehe S. 178), das Florenmittelalter (Abb.: Farne aus der Trias).

Die Nord- und die Südhemisphäre weisen dadurch zwei völlig unterschiedliche Florenprovinzen auf. Im kargen Norden dominieren Nacktsamer, insbesondere Koniferen, im Süden hingegen breitet sich eine üppige und äußerst formenreiche Pflanzengesellschaft aus. Die Antarktis liegt zu dieser Zeit ganz knapp nördlich des Südpols und hat in ihrem Osten eine feste Landverbindung mit Australien. Besonders formenreich sind die zu den Samenfarnen zählenden Cycadophyten vertreten, die zum Teil Baumgröße erreichen.

Um 250–205 Mio.

Heutige Baustoffe entstehen

Im Zuge der Sedimentation in der Trias bilden sich auch eine Reihe von Gesteinen heraus, die heute vor allem für die Bauindustrie von nicht unerheblicher wirtschaftlicher Bedeutung sind. Annähernd ein Dutzend von ihnen werden oder wurden als mineralische Rohstoffe abgebaut.

So bilden sich etwa aus dem Abtragungsschutt, der vor allem in der ersten Phase der Trias durch die Einwirkungen von Wasser und Wind aus den umliegenden Hügellandschaften in das Germanische Becken transportiert wird (siehe S. 189), wertvolle Sandsteinlager. Ebenfalls in der Zeit des Buntsandsteins und unter ähnlichen Bedingungen lagert sich ein besonders reiner Ton ab, der dem Menschen bis heute u. a. als Rohstoff zur Ziegelherstellung dient. Ton ist ein Gemenge aus Tonmineralen, das zu mehr als zwei Dritteln aus Partikeln besteht, die kleiner als 0,002 mm sind. Sie kommen als Schwebestoff im Wasser vor, lagern sich jedoch nur in stehenden Gewässern ab. In der Periode des Muschelkalks (siehe S. 197) reichern sich Rohstoffe an, die für die Herstellung von Zement wichtig sind. Ein typisches Eindunstungsgestein oder Evaporit ist Gips, der sich ebenfalls zu Anfang und Ende der Trias bildet. Er besteht aus dem gesteinsbildenden Mineral Anhydrit, das oft gemeinsam mit Steinsalz auftritt.

Um 250–205 Mio.

Muscheln und Schnecken: Die Leitfossilien der Trias zeigen große Vielfalt der Formen

Wechsel in der Floren- und Faunengemeinschaft, bedingt vor allem durch einen Umschwung der klimatischen Verhältnisse, lassen im Verlauf der Trias recht unterschiedliche Vertreter der Pflanzen- und Tierwelt fossilisieren. Ganz grundsätzlich lässt sich die sog. germanische Trias im Bereich des Germanischen Beckens von der alpinen Trias in der Alpenregion unterscheiden. Letztere, am Nordrand des Tethys-Meers liegend, ist vor allem

marin geprägt und weist einen bedeutend größeren Artenreichtum auf als die germanische Trias.

Zu den wichtigsten Leitfossilien im Bereich der alpinen Trias zählen neue Formen der Korallen, die im Mesozoikum die zum Ende des Perms ausgestorbenen Korallen und Tabulaten (siehe S. 192 f.) beerben. Von ihren Vorgängern unterscheiden sich die neuen Hexakorallen (s. Abb. o.) durch eine sechsstrahlige, radialsymmetrische Bauweise.

Als Leitfossilien fungieren vor allem die zur Gruppe der Scleractinia zählenden Gattungen Isastrea, Montlivaltia und Thecosmilia.

Auch bei den Mollusken oder Weichtieren tritt nach der großen Perm-Krise (siehe S. 192 f.) eine Vielzahl neuer Gattungen in Erscheinung. Vor allem die Muscheln und Schnecken entwickeln ein breites Formenspektrum, das sich von demjenigen des Erdaltertums deutlich unterscheidet. Bei den Schnecken tauchen reich verzierte Gehäuse auf, die Muscheln entfalten eine enorme Artenvielfalt. Etwas fließender, aber unverkennbar ist auch eine Veränderung bei den Tintenfischen, die grundsätzlich neue Bauformen zeigen. Vor allem unter den Ammoniten treten zahlreiche neue Gattungen hervor (Abb. r.: Muscheln: 1 Myophoria vulgaris; 2 Rhaetavicula contorta; 3 Myophoria costata; 4 Daonella lommeli; Kopffüßer: 5 Ceratites nodosus; 6 Tirolites cassianus; Gymnospermen: 7 Pterophyllum jaegeri; Seelilien: 8 Encrinus liliiformis; Reptilien: 9 Plaetosaurus).

Im Bereich der germanischen Trias findet sich in den tieferen Schichten des Buntsandsteins eine typische Trockenvegetation mit Koniferen, Gingkogewächsen, Schachtelhalmen und einigen wenigen Farnen. Die deutlich reichhaltigere Keuper-Vegetation in der ausgehenden Trias deutet hingegen auf ein humides und fruchtbares Klima.

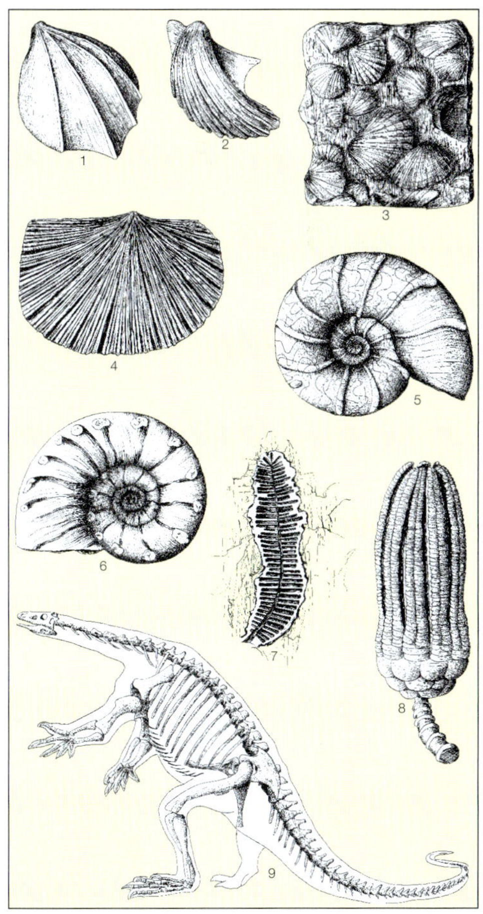

Neben zahlreichen Brachiopodenarten aus der mittleren Trias finden sich hier auch frühe Verwandte der heutigen Austern und Miesmuscheln.

Um 245 Mio. In den Meeresgewässern lebt der Nothosaurier **Neusticosaurus**. Wie alle Nothosaurier, eine Gruppe mariner Reptilien, besitzt diese Gattung einen sehr langen Hals. Mit 18 Wirbeln ist er nur etwas kürzer als der Rumpf. Hier schwankt die Wirbelzahl zwischen 20 und 21. Typisch sind verdickte Rippen, die dem Saurier als eine Art »Bleigürtel« dienen und ihn unter Wasser halten. Im Vergleich zu den landlebenden (terrestrischen) Reptilien weist Neusticosaurus verkürzte Gliedmaßen auf.

Unter den frühen Archosauriern entwickeln die Rauisuchidae die größten Formen. Die Fleisch fressenden Wirbeltiere erreichen eine Länge von bis zu sechs Metern. Eine der bekanntesten Gattungen ist **Ticinosuchus**. Knochen des räuberischen Tieres fanden Geologen in mitteltriassischen Schichten der Schweiz. Der lang gestreckte Körper weist krokodilähnliche Züge auf. Verwandtschaftliche Beziehungen bestehen jedoch nicht. Entlang des Rückens verläuft eine aus kleinen Plättchen bestehende Panzerung.

Das **südalpine Senkungsbecken** (Geosynklinale), das sich bis in die ungarische Tiefebene erstreckt und seine Fortsetzung in der großadriatischen Geosynklinale findet, füllt sich in den tiefsten Abschnitten mit Schichten aus Schiefer-Hornstein. Durch die zeitgleichen vulkanischen Eruptionen werden grüne Gesteine, basische Sedimente und Tuff eingelagert.

Zur Gruppe der Reptilien, die in den Meeresgewässern heimisch sind, zählen die **Placodontier**. Fossile Reste der Tiere fanden Forscher in Europa, Nordafrika und im Mittleren Osten. Im Unterschied zu den lang gestreckten, ebenfalls im Meer lebenden Nothosauriern kennzeichnet die Placodontier ein kurzer, massiger Körperbau. Als Revier bevorzugen die Tiere küstennahe Gebiete. Hier fischen sie nach Weichtieren. Hartschalige wirbellose Meerestierchen knacken sie mithilfe der großen flachen Backenzähne.

Um 245–205 Mio.

Im Innern Pangaeas entstehen erste Meeresstraßen

Im Verlauf der Trias setzt sich der im ausgehenden Perm begonnene Verfall des Riesenkontinents Pangaea weiter fort.

Im äußersten Norden driftet die sibirische Provinz Kolyma als Insel von Nordamerika Richtung Asien. Etwa auf Äquatorhöhe schiebt sich von Westen her ein langer, schmaler Meeresarm in das Festland, der sich später einmal zum Atlantik ausweiten wird. Er teilt zunächst Nord- und Südamerika und treibt dann einen Keil zwischen die Nordwestküste Afrikas und den Süden Nordamerikas. Die Landverbindung zwischen Südeuropa und dem äußersten Norden Afrikas bleibt zunächst noch bestehen. Am stärksten schreitet die Fragmentierung Pangaeas im Südosten voran. Persien reißt sich von der späteren Arabischen Halbinsel los und treibt als Insel in der Tethys. Auch Südchina, Indien und Indochina machen sich vom Festland los. Durch schmale Meeresstraßen voneinander getrennt, liegen sie in einer großen Bucht, die im Süden von Australien und der Arktis, im Westen von Ostafrika und Arabien begrenzt wird.

Um 245–205 Mio.

Überreste eines Flachmeeres: Korallen werden zu Kalkgestein

In der Alpenregion werden mächtige Kalkriffe aufgebaut, die zum Teil auf Korallen, zum Teil aber auch auf Muscheln, Armfüßer und Schwämme zurückzuführen sind. Einen Höhepunkt erreicht diese Phase der Riffbildung in der Mitteltrias.

Im ausgehenden Perm (292–250 Mio.) zählten weite Teile der Alpenregion noch zum Festland. Auch in der frühen Trias wurde in dieser Region noch Buntsandstein abgelagert. Durch Krustendehnung kommt es aber kurz darauf zu einem Absinken der Festlandsgebiete und zu einer weitflächigen Überschwemmung durch das Meer. Die Tethys, das »Ur-Mittelmeer«, verwandelt die gesamte Alpenregion in ein ausgedehntes Flachmeer, das sich zeitweilig im Norden und Nordwesten weit über die deutsche Landschaft erstreckt. Die rotbunten Festlandsablagerungen des Perms werden nun von marinen Kalken überdeckt (Abb.: Sass Songher in den Dolomiten).

Wichtige Gesteinsbildner sind die neuen Korallentypen des Erdmittelalters, die Scleractinia (siehe S. 195), die auch als Leitfossilien fungieren. Auch die Kalkalgen, vor allem Physoporella und Diplopora, bauen mächtige Karbonatkomplexe auf. Einen mancherorts sehr wichtigen Bestandteil der Kalke liefern die Skelette von Seeigeln und Seelilien. An einigen Stellen treten die Stacheln von Seeigeln wie der Spezies Cidaris dorsata in einer so starken Häufung auf, dass von Cidariskalk gesprochen wird.

Um 241–227 Mio.

Im Wasser regt sich neues Leben

Mit dem Ende des Buntsandsteins und dem Beginn des Muschelkalks kommt es in Mitteleuropa zu einem grundlegenden Wandel der Lebenswelt. Durch das Absinken des Festlands wird der überwiegende Teil dieser Region überschwemmt, das Germanische Becken, zentrales Sedimentationsbecken des Buntsandsteins (siehe S. 189), erhält eine Verbindung zum offenen Meer. Die größten Teile Deutschlands, Hollands, Dänemarks und Polens liegen unter Wasser. Eine größere Insel, das sog. Vindelizische Land, bildet sich im heutigen Städtedreieck von München, Prag und Wien, eine kleinere in den rechtsrheinischen Gebieten in Höhe Bonns. Im Übrigen erstreckt sich von Brüssel und Dijon im Westen bis weit hinter Warschau ein ausgedehntes kontinentales Flachmeer.

Käferschnecke aus dem triassischen Muschelkalk

Die anhaltende Ausfällung von Steinsalz und Gips in der Phase des Muschelkalks zeigt, dass das Klima weiterhin heiß und überwiegend trocken ist. Dennoch aber verbessern sich die Bedingungen für alle Wasserlebewesen grundlegend. Durch eine offene Verbindung zum Weltmeer wird die hohe Salzkonzentration in dem vormaligen Binnenmeer zumindest temporär deutlich gesenkt. Das Muschelkalkmeer ist lebensfreundlicher als das Buntsandsteinfestland, was sich nicht nur in der Tönung der nun eher graufarbenen Sedimente, sondern auch in einem erheblich größeren Fossilienreichtum ausdrückt. Die Ablagerungen in Mitteleuropa enthalten vor allem die Überreste von Flachwasserbewohnern. Es sind in der Schichtenfolge jedoch auch Phasen zu erkennen, in denen der Wasserspiegel durch das Absinken des Germanischen Beckens steigt und typische Flachwasserarten wie die Seelilien verschwinden. Von temporären Schwankungen des Salzgehalts zeugen fossilienarme Schichten, die eine starke Verarmung der marinen Fauna erkennen lassen.

Charakteristische Ablagerungen, die dem Muschelkalk seinen Namen eingetragen haben, sind mächtige Ansammlungen und Kolonien verschiedenster Muscheln. Ihre zertrümmerten oder auch ganzen Schalen bilden den typischen Muschelkalk, der nach den einzelnen Sedimentationsphasen als Wellenkalk, Anhydritgebirge oder Hauptmuschelkalk bezeichnet wird. Gemeinsam mit den Hartteilen von Schnecken sind Muscheln auch ein Bestandteil des Schillkalks, der ebenfalls ein typisches Sediment der Flachwasserzonen ist. Zu den wichtigsten Faunenvertretern des Muschelkalks zählen neben den Muscheln Brachiopoden (Armfüßer), Crinoiden (Seelilien) und die zu den Ammoniten (siehe S. 195) zählenden Ceratiten.

Neben Conodonten (siehe S. 162), See- und Schlangensternen, Foraminiferen und vereinzelten Seeigeln werden auch die Überreste größerer aquatischer Wirbeltiere eingelagert, darunter Zähne und Schuppen von Fischen. Neben Knochenfischen sind auch die beiden Haiarten Hybodus und Acrodus belegt.

Der Brachiopode Lingula lebt im Sand des ufernahen Bereichs.

Diese Seelilie (Encrinus liliiformis) kann ihre Arme zu einem Filterfächer ausbreiten.

Reptilien und Amphibien sind in dieser Phase in Mitteleuropa allgemein seltener. Eines der skurrilsten Wirbeltiere aller Zeiten ist der sog. Giraffenhalssaurier Tanystropheus, der im Bereich des heutigen Deutschland, in der Schweiz und dem Nahen Osten verbreitet ist. Der Hals dieses sechs Meter langen Tieres macht deutlich mehr als die Hälfte der gesamten Körperlänge aus. Vermutlich dient er dem Zweck, im Wasser nach Tintenfischen oder anderen Meeresbewohnern zu jagen. Vollkommen an das Leben im Wasser angepasst sind der weit verbreitete Nothosaurus (siehe S. 191) sowie die Placodontier, die sich in den Flachwasserzonen mit seinem speziellen Gebiss bevorzugt von Muscheln ernähren.

Um 245 Mio.

Entwicklungsschub auf Madagaskar: Primitiver Urfrosch macht seine ersten großen Sprünge

Im Südosten Afrikas, in der Region des späteren Madagaskar, lebt mit dem Triadobatrachus ein Urfrosch (Abb.: Rekonstruktion), der als Bindeglied zwischen den archaischen Amphibien und den ersten Vertretern der eigentlichen Frösche aus dem unteren Jura (205–142 Mio.) gilt. Sein Erscheinen steht im Kontext eines allgemeinen Faunenwechsels in der Gruppe der Amphibien, in dessen Verlauf die paläozoischen Formen verschwinden, um den unmittelbaren Vorfahren der heutigen Amphibien Platz zu machen.

Der Triadobatrachus erinnert in seiner äußeren Erscheinung und im Bau des Schädels bereits stark an die heutigen Frösche (s. Abb.). Er wird etwa zehn Zentimeter groß. Im Unterschied zu den primitiven Amphibien mit ihren 24 Wirbeln hat er bereits eine Reduktion auf 14 Rückenwirbel und sechs Schwanzwirbel erfahren. Seine Nachfahren, die Frösche, verfügen nur noch über fünf bis neun Rückenwirbel. Bei ihnen kommt der Schwanz ausschließlich im Larvenstadium vor. Der im Vergleich zum Körper sehr große Schädel ist vergleichsweise modern. Die knöchernen Teile des Ohres sind gut entwickelt, zu beiden Seiten befindet sich ein breites Trommelfell. Der Gehörsinn spielt beim Triadobatrachus für das Überleben an Land eine große Rolle. Der Bau des Beckens und der Beine deutet darauf hin, dass er sich im Wasser durch rückwärts gerichtete Stöße seiner Beine fortbewegt. Aus dieser Technik entwickeln seine Nachfahren den typischen Froschsprung. Nach einer Lücke in der Kette fossiler Belege tritt erst im unteren Jura der erste echte Frosch in Erscheinung. Die in Südamerika heimische Vieraella wird nur drei Zentimeter groß, entspricht aber in ihrer Anatomie ihren heute lebenden Nachfahren. Frösche bilden heute nicht nur die am stärksten spezialisierte, sondern auch die erfolgreichste Amphibiengruppe.

Um 245 Mio. Mit **Staurikosaurus** und einigen anderen Gattungen treten auf der Erde erstmals die Dinosaurier in Erscheinung. Die aufgefundenen Skelettreste von Staurikosaurus sind nur spärlich. So wurden am Fundort im Süden Brasiliens lediglich der Unterkiefer, die Wirbel, das Becken und das Hinterbein geborgen. Dennoch lassen die Knochen die Rekonstruktion des Tieres zu. Demnach handelte es sich bei Staurikosaurus um einen etwa zwei Meter langen Raubdinosaurier.

Als Bindeglied zwischen den meeresbewohnenden Nothosauriern und den Plesiosauriern gilt das marine Reptil **Pistosaurus**. Das Meeresreptil weist z.T. Merkmale beider Gruppen auf. Die genauen verwandtschaftlichen Beziehungen sind aber nicht eindeutig geklärt. Pistosaurus besitzt wie viele marine Reptilien einen langen Hals und reduzierte Gliedmaßen. Er bewegt sich im Wasser mit schlängelnden Bewegungen des Schwanzes fort.

Zu den häufigsten Fischen in der Trias zählen die **Actinopterygii**, eine Untergruppe der Knochenfische. Im Vergleich mit älteren Formen weisen sie einige anatomische Unterschiede auf. So ist u.a. der Knochenpanzer der Haut zurückgebildet und stattdessen das Innenskelett verstärkt.

Größere Formen als in der Untertrias entwickeln die meeresbewohnenden Ichthyosaurier. So erreicht z.B. die Gattung **Cymbospondylus** eine Länge von zehn Metern. Reste des riesigen Wasserreptils wurden in mitteltriassischen Schichten Nevadas, Spitzbergens und der Schweiz entdeckt. Der lang gestreckte Körper von Cymbospondylus setzt sich aus 60 Wirbeln zusammen. Der Kiefer ist mit einer Reihe scharfer Zähne besetzt.

Um 245–205 Mio.

Vulkane und Basalt

An vielen Stellen ereignen sich weitflächige Basaltergüsse, die durch Vulkanismus hervorgerufen werden. Sie konzentrieren sich vor allem auf Amerika, Sibirien und Afrika.

Basalt ist das häufigste aller Lava- oder Ergussgesteine. Er ist dunkel, oft sogar schwarz und gilt als besonders widerstandsfähig. In nahezu allen Erdregionen bildet er mehr oder minder große Massive oder Plateaus. Vielerorts tritt er auch als Erosionsrest in Erscheinung, wenn das umgebende, weniger harte Gestein im Verlauf der Jahrmillionen abgetragen worden ist. An die Erdoberfläche tritt Basalt an einigen Stellen auch in der Form sog. linearer Lavavulkane. Durch Deckenergüsse von gewaltigen Ausmaßen werden im Laufe der Erdgeschichte rund 2,5 Mio. km^2 der festen Landoberfläche von solchen linearen Lavavulkanen, die ausschließlich aus Basalten bestehen, überzogen. Die Stärke der einzelnen Basaltströme schwankt zwischen einem und 15 m, wobei die Gesamtschicht eine Mächtigkeit von bis zu 3000 m erreichen kann. Bekannt sind die sog. Deccan Traps in Indien.

Erstarrter Lavastrom aus Angitporphyr (Mitteltrias), zu sehen auf der Seiser-Alm in den Südtiroler Dolomiten.

Die enorme Ausbreitung der basaltischen Lava hängt mit ihren besonderen Eigenschaften zusammen, die sie von anderer Lava unterscheidet. Grundsätzlich gehen alle Formen des Vulkanismus auf plattentektonische Bewegungen zurück, die in der Erdkruste Brüche entstehen lassen. Dies geschieht bevorzugt an den Rändern, also dort, wo sich zwei Erdplatten ineinander schieben oder voneinander weg bewegen. In diese Risse drängt das Magma, flüssige Gesteinsschmelze aus dem Erdmantel, die dem hohen Druck im Erdinneren ausweicht, indem sie in die Nähe der Oberfläche steigt. Wenn das Magma die Erdkruste erreicht, sammelt es sich zunächst in sog. Magmakammern. Weil dort weniger Gesteinsdruck herrscht als im Erdmantel, setzt das Magma Gas frei, das an die Erdoberfläche steigt. Welcher Art der nun erfolgende Vulkanausbruch ist, wird durch eine Reihe verschiedener Faktoren bestimmt. Grundsätzlich werden explosive und effusive Ausbrüche unterschieden.

Basalt mit der typisch eckig-säuligen Untergliederung

Ist das Magma vergleichsweise weniger heiß, dann ist es meist zäh. Die entstehenden Gase können nicht ohne weiteres nach oben entweichen. In diesem Fall können sich zwei verschiedene Arten explosiver Ausbrüche ereignen. Das Gas kann sich in einer großen Blase sammeln, bei deren Zerplatzen Lavafetzen mit großer Wucht in die Luft geschleudert werden. Ein explosiver Vulkanausbruch kann aber auch auf andere Weise geschehen. Die Gase können, ähnlich wie Kohlensäure in einer Limonadenflasche, im Magma gelöst sein. Lässt der Druck auf die Kammer plötzlich nach, etwa dadurch, dass Teile des Magmas austreten, kann dies zu einem Phänomen führen, wie es sich beim Öffnen einer geschüttelten und erwärmten Limonadeflasche beobachten lässt: Es kommt zu einem explosionsartigen Ausbruch. In beiden Fällen werden zumeist die typischen Vulkankegel aufgebaut.

Anders verhält es sich bei basaltischen Lavaergüssen. Die Gesteinsschmelze in der Magmakammer weist in diesem Fall gewöhnlich höhere Temperaturen auf. Sie ist dadurch dünnflüssiger und lässt deshalb die sich entwickelnden Gase besser entweichen. Es herrscht weniger Druck in der Kammer und es kommt deshalb zu einem effusiven Vulkanausbruch. In diesem Fall fließt die Lava relativ ruhig und gleichmäßig aus. Der Austritt geschieht oft nicht aus einzelnen Schloten, sondern aus Spalten in der Erdkruste, die eine Länge von mehreren Kilometern aufweisen können. Die Lava ergießt sich in diesem Fall über weite Landstriche. Dazu zählen etwa die patagonischen Deckenbasalte in Südamerika. Riesige Plateaubasalte finden sich aber auch am Columbia River (Nordamerika), in Äthiopien, auf der Arabischen Halbinsel und in Indien.

Um 245–205 Mio.

Polargebiete sind eisfrei

In dem gesamten Zeitabschnitt der Trias, einer der wärmsten Perioden der ganzen Erdgeschichte, gibt es weltweit keinerlei Vereisungen oder Vergletscherungen mehr. In den Inlandsgebieten Pangaeas ist es heiß und trocken und bis zu den Polarregionen (Abb.: Jakutien nördlich des Polarkreises) erstreckt sich mildes, gemäßigtes Klima. Die allgemeine und weltweite Klimaerwärmung begann bereits im Perm (292–250 Mio.). Von einigen Forschern wird sie als eine wesentliche Ursache des rätselhaften Artensterbens an der Perm-Trias-Grenze diskutiert. Zu diesem Zeitpunkt hätte sich Gondwana nordwärts vom Südpol fortgeschoben, das Abschmelzen der letzten Gletschergebiete habe heftige Klimaschwankungen ausgelöst. Wegen des globalen Ausmaßes der Katastrophe ist diese Hypothese jedoch umstritten. In der Trias werden beide Pole vom Weltmeer bedeckt. Im Süden liegt die Antarktis dem Pol am nächsten, im Norden ist es der Nordrand Eurasiens und die spätere sibirische Insel Kolyma.

Um 245–205 Mio.

Kohlebildung down under: Aus der Glossopteris-Flora entsteht das schwarze Gold Australiens

Während die Kohlebildung auf der Nordhalbkugel zu einer Ausnahme unter besonderen lokalen Bedingungen wird, erreicht sie im äußersten Süden Pangaeas, vor allem in Australien, ihren Höhepunkt. Etwa 100 Mio. Jahre nach der großen Zeit der nordamerikanischen und europäischen Kohlesümpfe kommt es nun auch hier zur Entstehung großer und abbauwürdiger Kohlevorkommen. Ihr pflanzlicher Rohstoff ist die für die Südhalbkugel charakteristische, nach dem Zungenfarn Glossopteris benannte Glossopteris-Flora. Erdgeschichtlich endet in Australien die erste und fruchtbarste Phase einer weltweiten Kohlebildung. Begonnen hatte sie im ausgehenden Devon (417–354 Mio.) im tropischen Norden, um sich im Laufe von Jahrmillionen mit dem Abdriften der nördlichen Festlandsmassen in einen Trockengürtel und der gleichzeitigen Erwärmung der Südhemisphäre über Südostasien, Indien, Südafrika und die Arktis nach Australien zu verlagern. Eine zweite, weniger umfassende Phase der Kohlebildung fällt in die Zeit des Jura (205–142 Mio.) und der Kreide (142–65,5 Mio.). Bedeutende Rohstoffreserven werden nun im Vorland der Rocky Mountains und in einigen Regionen Europas eingelagert. Die dritte Phase der Kohlebildung vollzieht sich im Tertiär (65,5–1,81 Mio.) im Zuge tektonischer Einsenkungen. In dieser Periode werden statt Steinkohle vor allem bedeutende Teile der Braunkohlereserven gebildet.

Um 245–66,5 Mio.

Pangaeas gigantische Festlandsmasse prägt Meeresströmungen und Klima des Erdmittelalters

Auch während des gesamten Mesozoikums wird das Klima, wie in jeder Erdepoche, weltweit durch die Meeresströmungen beeinflusst. Diese ihrerseits sind stark durch den Umstand geprägt, dass es noch immer – ungeachtet der ersten Auflösungserscheinungen – die riesige Festlandsmasse Pangaea, die »All-Erde«, gibt.

Während des Erdmittelalters herrscht eine erdumspannende Meeresströmung, die im Unterschied zu heute in Ost-West-Richtung verläuft. Östlich Pangaeas teilt sie sich in drei Arme. Der mittlere Strom mündet auf Äquatorhöhe in das Weltmeer, die anderen Ströme verlaufen entlang der Ostküste Eurasiens in nördlicher und entlang der Küste Pangaeas in südlicher Richtung. Durch den äquatorialen Ursprung dieser Strömungen kommt es insgesamt zu einer klimatischen Begünstigung der Ostküsten Pangaeas, während die Westküste unter dem Einfluss von Strömungen steht, die ihren Ursprung in den nördlichen oder südlichen Polarregionen haben. Grundsätzlich werden Meeresströmungen durch verschiedenste Faktoren bestimmt (Abb.: Die Eisdrift in den Polarregionen gibt Aufschluss über Meeresströmungen). Von entscheidender Bedeutung sind neben der Lage der Kontinente die chemische Zusammensetzung, Dichte und Temperatur des Wassers sowie die Rotation des Planeten. Ein hypothetischer Punkt auf Höhe des Äquators muss bei jeder Erdumdrehung eine weit größere Strecke zurücklegen als ein vergleichbarer Punkt in der Polarregion, weil der Erdumfang dort deutlich geringer ist. Aus diesem Umstand erklärt sich die zunehmende Fliehkraft der Erde in Äquatornähe. Das Zusammenspiel von Fliehkraft und Schwerkraft sind für die Strömungsmuster entscheidend.

Um 227 Mio.

Als größter bekannter Ichthyosaurier gilt die Gattung **Shonisaurus**. Ausgewachsene Exemplare des Reptils werden bis zu 15 m lang. Wie die meisten Ichthyosaurier ist Shonisaurus durch einen lang gestreckten Körper und einen kurzen Hals gekennzeichnet. Der Schädel läuft in eine spitze Schnauze aus. Ein Unterschied besteht jedoch bei den Gliedmaßen: Sie sind – im Gegensatz zu den Flossen anderer Ichthyosaurier-Gattungen – ebenfalls sehr lang und schmal. Shonisaurus ist durch zahlreiche Funde aus Nevada (Südwesten der USA) belegt.

Einen leichten Körperbau besitzt der Dinosaurier **Coelophysis**. Die Knochen des etwa 2,5 m langen Reptils sind hohl, was das Gewicht gering hält. Zur Fortbewegung dienen nur die langen Hinterbeine. Die vorderen Extremitäten sind kürzer und werden beim aufgerichteten Laufen nicht benötigt. Da der Hals des landlebenden Tieres länger als der Rumpf ist, dient der lange Schwanz als Gegengewicht. Ebenfalls lang ausgeprägt ist der Schädel. In den Kiefern sitzen Reihen kleiner, aber scharfer Zähne. Vollständige Skelette des grazilen Dinosauriers fanden Wissenschaftler im US-Staat New Mexico.

Als nahe verwandt mit den erstmals auf der Erde auftretenden Flugsauriern (Pterosaurier) gilt die kleine, zu den Archosauriern gehörende Gattung **Scleromochlus**. Sie ist durch Funde aus der Obertrias Schottlands bekannt. Das landlebende Reptil, dessen Schädel nur etwa drei Zentimeter lang ist, weist Skelettmerkmale auf, die auch bei den fliegenden Sauriern anzutreffen sind. So besitzt der im Verhälnis zum Körper übergroße Schädel zahlreiche Aussparungen. Die so genannten Fenster dienen vermutlich der Gewichtsverringerung. Eine Anpassung an das Fliegen zeigt Scleromochlus jedoch nicht.

Eine hoch entwickelte Gruppe Pflanzen fressender Wirbeltiere stellen die **Tritylodontia** dar. Um die pflanzliche Nahrung zu zerkleinern, besitzen sie große, abgeflachte Backenzähne. Wie bei den Säugetieren sind sie mit mehreren Wurzeln im Kiefer verankert. Deshalb galten die Tritylodontia lange Zeit als den Säugetieren am nächsten stehende Therapsiden (säugetierähnliche Reptilien). Jedoch zeigen Gebisse und Kiefer Charakteristika, die eine direkte Abstammung ausschließen.

In Europa lebt **Ornithosuchus**. Die Fleisch fressende Gattung ist durch Fossilfunde aus Schottland belegt. Ausgewachsene Exemplare des »Vogel-Krokodils« erreichen eine Länge von vier Metern. Üblicherweise wird Ornithsuchus in zweibeiniger Gangweise dargestellt, hat sich vermutlich aber auf allen Vieren fortbewegt.

Um 227–205 Mio.

Pioniere der Lüfte: Flugsaurier perfektionieren den Gleitflug

Mit Eudimorphodon, Peteinosaurus und Preondactylus treten in der Gruppe der Wirbeltiere die ersten Eroberer der Lüfte in Erscheinung. Alle drei Flug- oder Pterosaurier aus der Obertrias kommen in Norditalien vor, zum Teil sind sie auch in England, Frankreich, Deutschland und bis nach Afrika verbreitet.

Der größte unter ihnen ist der Eudimorphodon mit einer Flügelspannweite von etwa einem Meter, gefolgt von Peteinosaurus mit einer Spannweite von 60 cm und Preondactylus mit einer Spannweite von 45 cm. Der Ursprung dieser Langschwanzflugsaurier liegt mangels fossiler Zeugnisse im Dunkeln. Paläontologen vermuten, dass sie sich bereits in der Mitteltrias von den übrigen Reptilien abgespalten haben.

In seiner Grundstruktur gleicht der Körperbau dieser frühen Pterosaurier bereits demjenigen aller späteren Vertreter dieser Gruppe. Die Knochen sind leicht, ein Finger ist verkümmert, der vierte enorm verlängert, die anderen sind zu kleinen Krallen umgeformt. Sie haben keine Federn, sondern eine Flughaut. Im aktiven Flug stellen sie Fischen und Insekten nach.

Um 227–205 Mio.

Gut gepanzert voran

Nach dem großen Artensterben im ausgehenden Perm werden das Festland und die Meere im frühen Mesozoikum wieder von Reptilien dominiert. In der Obertrias treten zahlreiche neue Formen in Erscheinung. Zu den auffälligsten zählen die ersten Schildkröten und Krokodile und die frühesten Fleisch und Pflanzen fressenden Dinosaurier.

Krokodile sind seit der Trias äußerlich fast unverändert.

Die älteste Schildkröte ist Proganochelys aus der Region des Germanischen Beckens. Mit dem gewölbten Rückenpanzer und dem flachen Bauchpanzer ähnelt sie heutigen Landschildkröten. Mit den rezenten Schildkröten teilt sie den charakteristischen, zahnlosen Hornschnabel. Im Unterschied zu ihnen ist sie jedoch nicht in der Lage, Kopf, Beine und Schwanz unter den schützenden Panzer zurückzuziehen. Die Vorfahren dieses etwa einen Meter langen Tieres sind unbekannt.

Unter den Archosauriern oder Herrscherreptilien (siehe S. 190), zu denen auch alle späteren Dinosaurier zählen, stellen die Krokodile die einzige überleben-

Aus Proganochelys gehen alle heute lebenden Schildkröten hervor.

Um 221 Mio.

Erfolgsmodelle der Trias: Bäumchen mit gefiederten Blättern verbreiten sich über die ganze Erde

Im mittleren Keuper, dem dritten Abschnitt der Trias, tritt eine Gruppe von Pflanzen auf, die sich in kurzer Frist über die ganze Erde verbreitet. Es handelt sich um Bennettiteen, kleine Bäumchen mit gefiederten Blättern (Abb.: Wedel von Nilssonia), die den heutigen Cycadeen nahe stehen.
Die Bennettiteen werden in verschiedene Gruppen unterteilt, wobei manche Zwischenformen schwer zuzuordnen sind. Sie alle zählen zu der großen, das Mesozoikum dominierenden Gruppe der Gymnospermen oder Nacktsamer, von denen sie allerdings in einigen interessanten Details abweichen. Die Zweigeschlechtlichkeit mancher Blüten, die Anordnung der Blütenorgane und nicht zuletzt die Anatomie der Blätter deuten bereits auf typische Merkmale der Angiospermen oder Bedecktsamer. Ähnlich verhält es sich mit dem Bau der Blüte und der beginnenden Umwachsung der Samenanlagen durch die Samenblätter. Einen Höhepunkt ihrer Verbreitung erleben die Bennettiteen ab der letzten Phase des Keuper. Im Jura (205–142 Mio.) und in der Unterkreide sind sie noch weltweit belegt, in der Oberkreide sterben sie schließlich aus.

Das Schildkröten-Jungtier ist beim Schlüpfen aus dem Ei bereits fertig ausgebildet.

de Gruppe. In der Obertrias sind sie in Europa durch Terrestrisuchus und in Südamerika durch Gracilisuchus vertreten. Nur bestimmte Schädelmerkmale lassen diese langbeinigen grazilen Tiere als Krokodile erkennen. Hinsichtlich ihrer Lebensweise und Erscheinung unterscheiden sie sich deutlich. Terrestrisuchus wird nur 50 cm und Gracilisuchus sogar nur 30 cm groß. Beide sind flinke Räuber, die vollkommen an eine Festlands-Lebensweise angepasst sind. Der langbeinige Terrestrisuchus ernährt sich von kleineren Wirbeltieren und Insekten und kann sich bei Bedarf auf die Hinterbeine stellen. Dieses Vermögen zeigt auch Gracilisuchus, der in seiner Erscheinung deutlich stärker an die späteren zweibeinigen Dinosaurier als an Krokodile erinnert.
Zugleich treten mit Coelophysis und Procompsognathus auf der Nordhalbkugel die ersten Fleisch fressenden Dinosaurier in Erscheinung. Der größte unter ihnen, Coelophysis, wird bis zu drei Meter, der kleinste, Procompsognathus, nur etwa 60 cm groß. Coelophysis ist ein Räuber. Er lebt von Aas und von der Jagd, bei der er auch Artgenossen nicht verschmäht. Seine ausgeprägten Laufbeine erlauben ihm eine hohe Laufgeschwindigkeit. Er wird maximal 40 kg schwer. Frühe Dinosaurier laufen grundsätzlich auf ihren beiden Hinterbeinen. Erst spätere, Pflanzen fressende Arten bewegen sich auf vier Beinen fort. Plateosaurus ist der bekannteste Vertreter der sog. Prosauropoden, also der zeitlichen Vorläufer jener langhalsigen Giganten, die man als Sauropoden bezeichnet. Eine direkte verwandtschaftliche Beziehung zwischen beiden Gruppen gilt als nicht gesichert. Der Pflanzenfresser ist bis zu zehn Meter lang, lebt vielleicht in Herden und ernährt sich bevorzugt von Bäumen und Farnen.

Um 227 Mio.

Spitzmausähnliche Säugetiere führen ein Schattendasein

Mit den Prototheria tritt in der Obertrias die primitivste Säugetiergruppe (siehe S. 202) in Erscheinung. Äußerlich erinnert sie an unsere heutigen Spitz- oder Wühlmäuse. Ihre unmittelbaren Vorfahren stammen vermutlich aus einer Linie kleiner, Fleisch oder Insekten fressender Cynodontier (»Hundezähner«), die ihrerseits zu den säugetierähnlichen Reptilien oder Therapsiden (siehe S. 184) zählen.
Die ersten Vertreter der Prototheria – wie Morganucodon – sind die nach ihren charakteristischen Backenzähnen benannten Triconodonten (»Dreihöckerzähne«), die bereits im Keuper von Südafrika über weite Teile Europas bis nach Ostasien verbreitet sind. Es handelt sich um kleine, nur etwa 12 cm lange Tiere, die Merkmale der Spitzmäuse mit denen ihrer archaischen Vorfahren vereinen. Die frühesten Triconodonten bewohnen wüstenartige Lebensräume, in späteren Perioden ziehen sie sich stärker in die Wälder zurück.
Ähnlich den heutigen Kleinsäugern verbringen die Triconodonten einen Großteil ihres Lebens mit der Suche nach Nahrung, die aus Insekten und kleinen Wirbeltieren besteht. Vermutlich sind sie zum Schutz vor räuberischen Reptilien überwiegend nachtaktiv. Wie ihre reptilischen Vorfahren legen sie Eier. Die Fortpflanzung erfolgt ähnlich wie bei den heutigen Kloakentieren, die die einzigen Überlebenden aus der Gruppe der Prototheria sind. Zu ihnen zählen die Schnabeltiere (Ornithorhynchus anatinus) und die Schnabel- oder Ameisenigel (Tachyglossidae).

Um 227–205 Mio.

Ein Wald versteinert – Naturdenkmal aus Arizonas Sümpfen

Im Osten Arizonas entsteht der spätere amerikanische Nationalpark Petrified Forest – ein versteinerter Wald aus der Obertrias (Abb.: abgesägte Scheibe eines versteinerten Stammes).
Zur Zeit des Keupers ist diese Region ein sumpfiges Überschwemmungsgebiet, das durch zahlreiche Flüsse gespeist wird. Mit den Wassermassen werden immer wieder Bäume aus dem Hochland in die Senke geschwemmt. Überwiegend handelt es sich um entwurzelte Nadelbäume, doch auch Bennettiteen (s. o.), großwüchsige Schachtelhalme und Farne kommen vor. Die pflanzlichen Überreste versinken in Ton und Schlamm, zum Teil werden sie aber auch unter der Asche aktiver Vulkane begraben. Da sie von der Sauerstoffzufuhr abgeschnitten sind, schreitet ihre Zersetzung nur sehr langsam voran. Die anschließende Versteinerung des Holzes wird durch das silikathaltige Grundwasser bewirkt. Als Silikate werden Salze der Kieselsäure bezeichnet, die etwa in der Form verschiedener Mineralien gesteinsbildend wirken. Silikathaltiges Wasser dringt durch die Poren des Holzes und kristallisiert im Laufe der Zeit jede einzelne Zelle aus. Alle Hohlräume werden auf diese Weise gefüllt. Nachdem sich die organischen Substanzen zersetzt haben, bleibt eine baumstammähnliche Gesteinsformation zurück. Fossilienfunde zeigen aber auch, dass es in Petrified Forest eine reiche Fauna gibt. Zu den Wirbeltieren zählen Lungenfische, Amphibien, krokodil- und säugetierähnliche Reptilien sowie frühe Dinosaurier.

Um 218 Mio. In Südamerika lebt der primitive Dinosaurier **Riojasaurus** aus der Gruppe der Prosauropoden. Hauptnahrung des Landreptils, das bis zu zehn Meter lang wird, sind Pflanzen. Mit seinem langen Hals rupft es sowohl Blätter von den Bäumen als auch am Boden gedeihende Gewächse. Im Unterschied zu kleineren Prosauropoden bewegt sich Riojasaurus auf vier Beinen vorwärts. Von Riojasaurus sind nur unvollständige Skelette erhalten geblieben. Schädel und Hals sind nicht überliefert. Vermutlich besaß der Pflanzenfresser zehn oder elf Halswirbel.

Um 210 Mio. Als eines der frühesten Säugetiere gilt der Prototherier **Morganucodon**. Die der Obertrias zugeordneten fossilen Reste des Tieres wurden in großer Zahl in China und Großbritannien geborgen. Das nur etwa zehn Zentimeter lange, mausähnliche Säugetier kennzeichnet ein im Verhältnis zum Körper großer Kopf. Er macht etwa ein Drittel der Gesamtlänge aus. Das Gebiss des Leichtgewichts – Morganucodon bringt es nur auf 20 bis 30 g – zeigt bereits die für Säugetiere charakteristische Spezialisierung. Hauptnahrung von Morganucodon waren vermutlich Insekten.

In den Ost- und Südalpen lagern sich gegen Ende der Trias während der sog. **norischen Phase** mächtige Schichten aus Kalk und Dolomit ab. Letzterer enthält hohe Anteile an fossilisierten Foraminiferen, eine Gruppe meeresbewohnender Tierchen mit kalkigen Schalen, sowie Bitumen.

Durch die Landschaften der Obertrias streift der Dinosaurier **Plateosaurus**. Skelettreste der Gattung wurden in großer Zahl in Deutschland (»schwäbischer Lindwurm«) sowie der Schweiz gefunden. Sie weisen Plateosaurus als einen etwa einen bis zehn Meter langen Dinosaurier aus. Plateosaurus besitzt einen langen Hals, mit dem das Pflanzen fressende Reptil auch höhere Baumkronen erreicht. Als Kauapparat dienen mehrere kleine Zähne. Da die Vorderbeine im Vergleich zu den hinteren Extremitäten sehr kurz sind, nahm man lange an, Plateosaurus habe sich nur auf zwei Beinen fortbewegt. Fußspuren belegen aber auch eine vierbeinige Gangart.

Zu den primitiven Säugetieren (Prototheria) gehört die Gattung **Sinoconodon**. Ein Skelett von Sinoconodon fanden Wissenschaftler in obertriassischen Schichten in der chinesischen Provinz Yünnan. Der etwa 15 cm lange, mausähnliche Säuger ist etwas größer als die früher auftretende Art Morganucodon. Stärker entwickelt sind bei dem Insektenfresser das Gebiss und der Kiefer.

Um 210 Mio.

Säuger nur in Nischen

Mit den ersten primitiven Säugetieren erscheinen in der Oberetrias jene Lebewesen, die heute die Fauna der Erde prägen. Vertreten werden sie zunächst von Insekten fressenden Triconodonten (siehe S. 201), etwas später gefolgt von vegetarisch lebenden sog. Multituberculaten.
In ihrer Größe variieren die Vertreter beider Gruppen zwischen Maus- und Bibermaß. In den folgenden 140 Mio. Jahren des Erdmittelalters, in denen zum Teil gigantische Dinosaurier die Erde beherrschen, bilden sie eine vergleichsweise unbedeutende Gemeinschaft, welche die kleinen ökologischen Nischen im Schatten der Riesenechsen besetzt. Hinsichtlich ihrer Biologie, ihrer Anatomie und Größe kommt es in dieser Phase zu kaum einer Veränderung. Der große Siegeszug der Säuger beginnt erst, nachdem die Dinosaurier von der Erde verschwunden sind.
Trotz der noch vorhandenen primitiven Merkmale weisen bereits die frühen Säuger wichtige Eigenschaften auf, die die spätere Stellung dieser Gruppe begründen. Das charakteristische Kennzeichen aller Säugetiere einschließlich des Menschen ist die veränderte Brutpflege. Nach dem lateinischen Wort »Mamma« für Brust oder Zitze werden sie als Mammalia bezeichnet, weil sie ihre Jungen säugen. Dies gilt auch für die frühesten Triconodonten, selbst wenn sie – wie ihre reptilischen Vorfahren – noch Eier legen. Dieses archaische Merkmal der frühen Säuger oder Prothoterier findet sich heute noch bei den Ameisenigeln und Schnabeltieren. Die Konsequenzen der veränderten Brutpflege sind enorm. Da das Muttertier die Nahrung für die Jungen nicht mehr suchen muss, sondern im eigenen Körper produziert, kann es sich, während der Nachwuchs im Nest verbleibt, auf die eigene Nahrungssuche konzentrieren. Jungtiere, die mit einer nährstoffreichen Milch gesäugt werden, entwickeln sich relativ schnell, ihre Überlebensrate ist insgesamt höher.
Ein zweites wichtiges Merkmal der Säuger, die Behaarung, die sich bereits vereinzelt bei ihren Vorfahren, den Cynodontiern findet, steht im engen Zusammenhang mit einer vollkommen veränderten Biologie. Fell und Fettschicht dienen dem Zweck, Körperwärme zu binden, denn Säugetiere sind Warmblüter, deren Körpertemperatur deutlich über derjenigen der Umgebung liegt. Während die kaltblütigen Reptilien ihren Körper jeden Morgen durch äußere Wärmequellen aufheizen müssen, sind die warmblütigen Säuger von solchen Maßnahmen unabhängig. Sie benötigen für ihren Stoffwechsel zwar bedeutend größere Nahrungsmengen, können dafür aber auch ununterbrochen aktiv sein, auch des Nachts. Der veränderte Nahrungsbedarf der Säugetiere führt zu einer Umformung des ganzen Gebisses. Während Reptilien ihre Beute verschlingen und in langen Ruhephasen verdauen, ist das Gebiss der Säuger auf das Zerkleinern spezialisiert. Aus den bis zu sieben Kieferknochen der Reptilien wird ein einziger Knochen. Der Kiefer wird beweglicher, die Kaumuskeln stärker. Die Verfeinerung aller Sinne, u.a. durch eine Spezialisierung auf Nachtaktivitäten hervorgerufen, führt bei den Säugetieren zu einer Vergrößerung des Gehirns.

Säugetierähnliches Reptil: Der katzengroße Massetognathus ist ein Cynodontier (Hundezähner).

Um 218–205 Mio.

Fundstelle beweist: Saurier finden im Schwäbischen vorzügliche Lebensbedingungen vor

Im Süden Deutschlands, vor allem aber im heutigen Württemberg, existiert eine außerordentlich reichhaltige Wirbeltierfauna, die unter anderem durch zahlreiche und zum Teil riesige Urlurche, durch Quastenflosser und Lungenfische, frühe Dinosaurier, Flugsaurier, Schildkröten und Krokodile charakterisiert ist. Einige fossilisierte Exemplare gelten weltweit als einzigartig.

Bedeutende Fundstellen befinden sich in der Stuttgarter Region und nordöstlich davon bei Kupferzell. Die Region, in dieser Periode ein vielseitiger Lebensraum, ist eine Schwemmebene mit Alt- und Brackwasserseen. Gelegentlich werden einzelne Gegenden vom Meer überflutet. Entsprechend vielfältig stellt sich die Fauna dar. Im Umland von Kupferzell sind neben verschiedenen Fischen zahlreiche Amphibien vertreten, darunter der riesige Mastodonsaurus (Abb.: Schädelfossil) und der eigentümliche Gerrothorax (siehe S. 191). Zu den auf dem Festland lebenden Reptilien zählen eine Reihe noch nicht näher bestimmter Gruppen, Vertreter der säugetierähnlichen Reptilien (Therapsiden, siehe S. 184) und Vorfahren der Eidechsen. Die krokodilartigen Reptilien sind durch die Rauisuchier und die Meeresreptilien durch den Nothosaurus (siehe S. 191) vertreten.
Eine ähnlich vielgestaltige Fauna präsentiert sich im Stuttgarter Raum. Zu den Besonderheiten zählen hier der geologisch älteste Nachweis der Schildkröten mit der Art Proganochelys (siehe S. 200), der Fund einer etwa 70 cm langen Echse Dyoplax arenaceus, deren systematische Zuordnung noch umstritten ist, die aber vermutlich zu den landlebenden Ur-Krokodilen zählt, sowie 22 gut erhaltene Exemplare der etwa 80 cm langen Adlerkopfechse Aetosaurus ferratus aus der Gruppe der »Herrscherreptilien« (siehe S. 190).

Um 218–205 Mio.

Das Germanische Becken

Im letzten Abschnitt der Trias ist die Lage und Ausdehnung des Germanischen Beckens, verglichen mit dem vorangehenden Muschelkalk (siehe S. 197), leicht verändert.
Die dauerhafte Verbindung zum Tethys-Meer, dem »Ur-Mittelmeer« im Südosten, ist abgeschnitten, an den Rändern haben sich die Gebiete mit festländischen Ablagerungen ausgedehnt. Noch immer aber erstreckt sich die Binnensenke von Warschau bis weit in den Nordseeraum. Im Süden umfasst sie den südwestdeutschen Raum sowie das östliche Frankreich und endet erst in der Region von Dijon und Bern. Sie steht unter wechselnder Wasserbedeckung und wird zeitweilig vom Meer überflutet.

Um 218 Mio.

Riesenamphibie schnappt zu

Mit dem Urlurch Mastodonsaurus tritt im Keuper die größte Amphibie der Erdgeschichte in Erscheinung. Der vor allem aus Württemberg bekannte Riesenlurch, der in seiner Gestalt an ein gestauchtes Krokodil erinnert, wird bis zu sechs Meter lang. Allein schon der gewaltige Unterkiefer misst mehr als anderthalb Meter. Die Zähne des Mastodonsaurus belegen, dass das Tier ein räuberischer Fleischfresser ist. Bissspuren an den Knochen von Artgenossen lassen zudem darauf schließen, dass es sich auch von Aas ernährt. Da der Riese mit seiner massigen Gestalt und den vergleichsweise kleinen Gliedmaßen kaum ein guter Schwimmer sein kann, lauert er vermutlich am Gewässergrund seiner Beute auf und überfällt sie.

Um 218–205 Mio.

Neue Nadelbaumfamilien: Die Pinaceen setzen sich durch

Im letzten Abschnitt der Trias treten drei neue Gruppen der Nadelgehölze in Erscheinung, die in der weiteren Florengeschichte eine unterschiedliche Stellung einnehmen. Während die vor allem in Süddeutschland nachgewiesenen Cheirolepidaceae und die systematisch nicht ganz eindeutig einzuordnenden Protopinaceen schon relativ bald wieder aussterben, nehmen die Pinaceen (Abb. o.: fossiles Holz) später vor allem auf der Nordhalbkugel eine wichtige Stellung in der Pflanzenwelt ein. Heute bilden sie die mit Abstand größte Familie der Koniferen.
Neben den Hemlocktannen, Douglasien, Lärchen, Goldlärchen und Zedern umfassen die Pinaceen heute je rund 40 Arten Fichten und Tannen sowie etwa 90 Arten Kiefern. Ein Gemeinschaftsmerkmal sind die Zapfen (Abb. u.: Zapfen der Nordmanntanne), in denen die Samen heranreifen und die der ganzen Gruppe den Namen Coniferae, »Zapfenträger«, eingebracht haben. Sie tragen zweierlei Arten Schuppen, die dünneren Deck- und die stärkeren Samenschuppen. Obgleich die größten Untergruppen der Kiefern, Fichten und Tannen häufig unter dem Sammelbegriff »Tannen« zusammengefasst werden, unterscheiden sie sich doch in verschiedenen Merkmalen. Abweichungen gibt es etwa beim Bau und der Anordnung der Nadeln und Zapfen. Viele der heute lebenden Formen entwickeln sich erst im späten Mesozoikum (142–65,5 Mio.) und im frühen Tertiär (ab 65,5 Mio.). Fast alle Arten sind groß, viele werden mehrere Hundert Jahre alt. Überwiegend gehören sie zu den immergrünen Gewächsen, da sie nur im Rhythmus einiger Jahre die Nadeln verlieren. Eine Ausnahme machen einige Lärchen, die ihre Nadeln jährlich vor dem Winter abwerfen. Die Verbreitung der Pinaceen beschränkt sich heute auf die gemäßigten und kalten Zonen der Nordhalbkugel. Nur vereinzelt dringen sie bis in die Höhenlagen der Tropen vor.

205 – 65,5 Millionen

1

2

3

1 – Die große Zeit der Dinosaurier: Links Diplodocus, rechts Stegosaurus, ein Pflanzenfresser aus dem Mittleren Jura; Nachbildungen aus dem Naturhistorischen Museum von Salt Lake City (Utah, USA). 2 – Landraubtier der Superlative: Albertosaurus, ein Verwandter des Tyrannosaurus, zählt zu den größten Fleisch fressenden Dinosauriern. 3 – Sensationsfund: Abguss des sog. Berliner Exemplars von Archaeopteryx, dem Urvogel aus dem Solnhofener Plattenkalk.

4

5

6

7

8

9

4 – Relikte der Kreidezeit: Die Felsen von Etretat (Frankreich). 5 – Tüpfelfarne wie Polypodium vulgare sind die erdgeschichtlich jüngste Gruppe der Farne. 6 – Formenreich im Meer: Die Ammoniten – hier Dactylioceras athleticum – erleben im Jura eine Blütezeit. 7 – Bizarre Formation: Sandstein des Antelope Canyon, US-Staat Arizona. 8 – Bis zu zehn Tonnen schwer wird der Horndinosaurier Triceratops. 9 – Die Schwäbische Alb ist aus Korallenriffen aufgebaut.

Echsen, Vögel, warme Meere – Die große Zeit der Saurier

Die zweite und dritte Periode des Erdmittelalters, der Jura (205–142 Mio.) und die Kreide (142–65,5 Mio.), stehen eindeutig im Zeichen der Dinosaurier. Hinsichtlich ihrer Verbreitung, ihres Individuen- und Formenreichtums, nicht zuletzt ihrer zum Teil überwältigenden Größe üben die Schreckensechsen eine solche Dominanz aus, dass leicht vergessen wird, dass in den letzten zwei Dritteln des Mesozoikums auch überaus entscheidende Grundlagen der Erdneuzeit geschaffen werden. Dies betrifft sowohl die Evolution von Fauna und Flora als auch die weiträumigen geografischen Veränderungen, die sich im Verlauf dieser rund 140 Mio. Jahre vollziehen.

Saurier in üppiger Vegetation

Sowohl der Jura als auch die Kreide zeichnen sich durch ein überdurchschnittlich warmes Klima aus. Dennoch ist insbesondere der Jura eine Phase des Übergangs. Zu Beginn herrscht eine nahezu globale Trockenheit. Doch dann wird es, vor allem in den höheren Breiten, zunehmend feuchter. Dieser Klimawandel schafft die entscheidenden Voraussetzungen für die Entstehung einer üppigen Vegetation u.a. aus Farnen, Ginkgos und Nadelbäumen. Dichte Wälder bilden die organische Grundlage für die rasante Evolution der Schreckensechsen. Deren Riesenwachstum wirkt wiederum auf die Pflanzenwelt zurück. Die Mammutbäume schießen derart in die Höhe, dass sie sich selbst den gigantischsten Pflanzenfressern entziehen. Dass die Zapfen der meisten Koniferenarten bevorzugt auf den höchsten Zweigen reifen, ist eine Eigenart, die sich im Kampf mit den gierigsten Herbivoren aller Zeiten entwickelt.

Die Dinosaurier, deren Ursprünge in der vorangehenden Trias liegen, haben zu Beginn des mittleren Mesozoikums bereits einen erstaunlichen Formenreichtum entwickelt, doch zu den eigentlichen Herrschern der Tierwelt werden sie erst jetzt. Im Jura bringen sie nicht nur einige der gigantischsten Lebewesen aller Zeiten hervor, sie erreichen nun auch eine erstaunliche Formenvielfalt. Einige ihrer Vertreter – wie die langhalsigen Sauromorphen, die mit kleineren Arten bereits in der Trias vorkamen – lassen selbst einen Afrikanischen Elefanten wie einen Zwerg aussehen. Der gewaltigste Landräuber ist Allosaurus, ein entfernter Verwandter des Tyrannosaurus und nur wenig kleiner als dieser. Es gibt zugleich Dinosaurier, die, wie Lesothosaurus aus dem Unterjura, kaum die Größe eines Huhns erreichen. Die Schreckensechsen erobern ausnahmslos alle Kontinente, einige spezialisierte Arten dringen sogar in die antarktischen und australischen Südpolregionen vor, wo sie zu dieser Zeit zwar nicht mit antarktischer Kälte, aber durchaus mit der Finsternis langer Winter konfrontiert werden.

Blütenpflanzen erobern die Erde: Zweig einer Hänge-Birke

Auch die Flug- oder Pterosaurier erleben in Jura und Kreide eine Blütezeit. Bis zum Oberjura dominieren die langschwänzigen Formen, bis sie von den kurzschwänzigen Pterodactyloiden verdrängt werden. Letztere erreichen in kurzer Frist einen großen Formenreichtum und eine weltweite Verbreitung. Bis zum Ende der Kreide nimmt die Anzahl der Arten wieder ab, zugleich werden die überlebenden Formen immer gigantischer. Der Quetzalcoatlus aus der Oberkreide ist mit seinen 12 bis 15 m Flügelspannweite das mit Abstand größte Flugtier aller Zeiten.

Im Schatten der Giganten treten aber auch einige der heute lebenden Vertreter der Tierwelt hervor. Im Jura entwickeln sich die Stammformen fast aller heutigen Fische, die ersten Frösche, Geckos, Salamander und Krokodile, nicht zu vergessen die Fliegen und Mücken. Herausragend unter allen ist der Urvogel Archaeopteryx aus dem Oberjura. Nach heutigem Kenntnisstand ist er mit seiner eigentümlichen Mischung vogel- und echsenähnlicher Merkmale das »missing link« (fehlende Glied), das zwischen den Dinosauriern und ihren einzigen direkten Nachfahren, den Vögeln, vermittelt. Das etwa huhngroße Tier ist vermutlich kein besonders guter Flieger, doch weisen seine Federn bereits die aerodynamische Form der »modernen« Vogelfedern auf.

Herrschaft der Meere

Der Meeresspiegel erreicht in Jura und Kreide eine Rekordmarke. Bereits im Jura liegt er phasenweise bei 100 m, in der Kreide sogar bei bis zu 200 m über heutigem Niveau: der höchste Stand aller Zeiten. Eine unmittelbare Folge ist die Überflutung weiter Festlandsgebiete durch sog. warme Epikontinentalmeere, die für zahlreiche Arten einen fruchtbaren Lebensraum bieten. Bereits im Jura bedecken diese flachen Binnenmeere schätzungsweise ein Viertel des Festlands. Europa ist in dieser Periode eine Insellandschaft, die vom Wasser dominiert wird. Korallen und Schwämme bauen riesige Riffsysteme auf, aus denen u. a. die Schwäbische Alb hervorgeht.

Im Ökosystem Binnenmeer erleben zahlreiche Tiergruppen eine Blütezeit. Unter dem reichhaltigen Nahrungsangebot durchlaufen die Fische die sog. mesozoische marine Revolution. Diese biologisch-anatomische Neuerung besteht vor allem in der Herausbildung eines mit zusätzlichen Gelenken versehenen Kiefers, der sich nach vorn ausstülpen lässt. Er verschafft den Teleostei, den modernen Knochenfischen, zu denen heute etwa 96 Prozent aller bekannten Arten zählen, bei der Suche nach Nahrung einen entscheidenden Vorteil. Die Haie, die über diese Anatomie nicht verfügen, haben sich an der Spitze der Nahrungskette bereits zu sehr etabliert, als dass ihnen in den modernen Knochenfischen eine ernsthafte Konkurrenz erwüchse, doch bilden sie nun schnellere und wendigere Formen aus.

Die Herrscher der Meere sind sie in dieser Periode allerdings nicht. Die aus der Trias stammenden, äußerlich stark an Delfine erinnernden Ichthyosaurier oder Fischechsen erreichen im Unterjura den Zenit ihrer Entwicklung und bringen mit dem etwa zwei Meter langen Ichthyosaurus und dem bis zu

Der am besten erforschte Horndinosaurier ist Triceratops (Schädel aus dem Naturmuseum Senckenberg).

205 Mio.

Um 205–180 Mio.: Weite Gebiete Europas sind vom Jurameer bedeckt.

Um 180–159 Mio.: Mit den Eupantotheria erscheinen primitive Säuger, die als Vorfahren aller heutigen Säugetiere gelten.

Um 159–142 Mio.: Der zu den Pflanzenfressern zählende Brachiosaurus läutet die Ära der gewaltigen Landwirbeltiere ein.

Um 150 Mio.: In Süddeutschland lebt mit Archaeopteryx der sog. Ur-Vogel – das Bindeglied in der Entwicklung der Saurier zu den modernen Vögeln.

Um 142–90 Mio.: Das im heutigen Israel nachgewiesene Reptil Pachyrhachis problematicus gilt als Urahn der heutigen Schlangen.

3,5 m großen Ophtalmosaurus noch einmal zwei Formen hervor, die vor allem durch ihre außerordentlich weite Verbreitung auffallen.
Weitere bedeutende meeresbewohnende Reptilien des Mesozoikums stellen die langhalsigen Plesiosaurier und die kurzhalsigen, stromlinienförmigen Pliosaurier, die ab dem Unterjura die Weltmeere erobern. Verschiedene Vertreter dieser miteinander verwandten Meeresechsen werden zwischen 12 und 14 m lang. Erst jüngst wurde ein neuer Pliosaurier entdeckt, der im Oberjura auf dem Gebiet des heutigen Mexiko lebt und der nach derzeitigem Kenntnisstand das mit Abstand größte Raubtier aller Zeiten ist. Das sog. Monster von Aramberri, das bislang noch keiner Familie zugeordnet werden kann, übertrifft mit einer geschätzten Körperlänge von 25 m selbst den heutigen Pottwal um einige Meter.

Das Erscheinungsbild Europas im Jura, wie man es sich im 19. Jh. vorstellte: Saurier beherrschen Luft, Erde und Wasser; Farbdruck, 1880

Leben in der Kreide

Mit dem Beginn der Kreidezeit verändern sich die Lebensbedingungen auf der Erde erneut. Bewegungen im Inneren der Erdkruste leiten eine Epoche ein, die durch bedeutende plattentektonische Bewegungen und den damit einhergehenden Vulkanismus geprägt ist. Die Aufwerfung des Mittelozeanischen Rückens treibt nicht nur die Herausbildung von Nord- und Südatlantik sowie des Indischen Ozeans voran, sie beschleunigt auch die bereits in der Trias begonnene Auflösung Pangaeas. In der Oberkreide setzt mit den ersten Vorboten der sog. alpidischen Faltung eine globale Faltungsära ein, die einen weltumspannenden Gürtel gewaltiger Gebirgssysteme hervorbringt. Infolge des intensiven Tiefseevulkanismus steigen die Meeresspiegel an, erneut liegen weite Festlandsgebiete unter ausgedehnten Binnenmeeren. Durch ein Massenaufkommen der zu den Kalkalgen zählenden Coccolithophoriden entstehen in Europa jene gewaltigen Kreidefelsen, die sich heute etwa auf Rügen, in England und in Frankreich finden lassen und die dieser erdgeschichtlichen Periode ihren Namen geben.
Bei den Dinosauriern kommt es zu einem Generationenwechsel. Die ältere Gruppe der Saurischia, der Echsenbecken-Dinosaurier, verliert insgesamt an Bedeutung, bringt jedoch in der Oberkreide mit dem Tyrannosaurus noch einmal den berüchtigtsten ihrer Vertreter hervor. Eine Blütezeit bricht dagegen für die zweite große Gruppe der Schreckensechsen, die Ornithischia oder Vogelbecken-Dinosaurier, an. Zunächst erscheinen in der Unterkreide die Iguanodontiden u.a. mit dem nahezu weltweit verbreiteten Iguanodon. Im Verlauf der Kreide bringen die Vogelbecken-Dinosaurier die Entenschnabel-Dinosaurier, die mit mächtigen Knochenplatten bewehrten Panzerdinosaurier und zuletzt die Horndinosaurier hervor. Der bekannteste Horndinosaurier, der wuchtige, bis zu neun Meter lange Triceratops, erlebt als Zeitgenosse des Tyrannosaurus das Ende der Schreckensechsen, dessen Ursachen bis heute noch immer im Dunkeln liegen.

Ära der Säugetiere beginnt

Die Kreide/Tertiär-Grenze steht für eine gewaltige Zäsur in der Erdgeschichte. Ihr augenfälligstes Merkmal ist das Verschwinden der Schreckensechsen. Mit ihrem Aussterben endet zugleich die große Blütezeit der Reptilien. Sie überleben in der Form von Schildkröten, Krokodilen, Eidechsen und Schlangen das große Artensterben an der Grenze zur Erdneuzeit, aber sie werden nie wieder eine ähnliche Dominanz erlangen wie im ausgehenden Paläozoikum und dem nachfolgenden Erdmittelalter. Aus ihrem Nischendasein heraus spielen nun die Säugetiere eine immer größere Rolle.
Die Pflanzenwelt ist der Tierwelt in evolutionärer Hinsicht voraus. Die Flora vollzieht den Schritt zur Erdneuzeit bereits in der späten Unterkreide. Das Aufkommen der Blütenpflanzen – Botaniker sprechen von Bedecktsamern oder Angiospermen – ist der möglicherweise bedeutendste Evolutionsschritt im Mesozoikum. In einer rasanten Geschwindigkeit entstehen die ersten Laubbäume und Doldenblütler und damit die frühesten Formen der meisten heutigen Baum- und Staudenarten sowie der Gewürz- und Heilpflanzen. In einem als Ko-Evolution bezeichneten Prozess bewirkt die rasche Ausbreitung der Blütenpflanzen zugleich eine beschleunigte Entwicklung der bestäubenden Insekten, die bereits in der Kreide beginnt und später im Paläozän (65,5–55 Mio.) unter anderem zur Entstehung der Wespen und Bienen führt.
Dass die große Epochenwende vom Mesozoikum zum Känozoikum durch den Einschlag eines gewaltigen Meteoriten in der Region der mexikanischen Halbinsel Yucatán markiert wird, ist inzwischen belegt. Als wichtigster Beweis gilt eine weltweit an zahlreichen Orten nachgewiesene dünne Grenzschicht in den Ablagerungen zwischen Kreide und Tertiär, die eine extrem hohe Konzentration des auf der Erde äußerst seltenen, in Meteoriten jedoch häufigen Elements Iridium aufweist. Ein zweites wichtiges Indiz für den Einschlag eines Himmelskörpers sind Funde von geschocktem Quarz, für die es keine andere plausible Erklärung gibt. Inzwischen konnte auch der Einschlagskrater nachgewiesen werden.
Ob es zwischen dem Meteoriteneinschlag und dem Massenaussterben der Dinosaurier einen Zusammenhang gibt, wird kontrovers diskutiert. Zum einen lassen sich in anderen erdgeschichtlichen Perioden noch größere Meteoriteneinschläge nachweisen, die offenbar mit keinem Aussterbe-Ereignis in Zusammenhang stehen. Zum anderen mehren sich Anzeichen, dass die Dinosaurier zum Zeitpunkt des Einschlags bereits deutlich reduziert waren. In jüngster Zeit rückt deshalb die These in den Vordergrund, dass eine monokausale Erklärung dieses globalen Ereignisses vermutlich unzureichend ist, sondern verschiedene Faktoren wie Klimawandel, der Rückzug des Meeres und ein gewaltiger Vulkanismus in einer Kette komplexer Wechselwirkungen das kreidezeitliche Ökosystem in den Kollaps getrieben haben.

Um 125–65,5 Mio.: Eine explosive Entwicklung erleben die Bedecktsamer, die 95 Prozent aller heute lebenden Pflanzen stellen.

Um 80–65,5 Mio.: Der größte Fleisch fressende Landdinosaurier der Erdgeschichte, der Tyrannosaurus rex, durchstreift den nordamerikanischen Kontinent.

Um 75–65,5 Mio.: Die Verteilung der Landmassen auf der Erde entspricht bereits in Grundzügen den Verhältnissen der Erdneuzeit.

Um 65,5 Mio.: Die ersten Gräser treten auf. Mit ihrem Erscheinen sind die Grundlagen für die späteren Lebensräume Savanne, Steppe und Wiese gelegt.

Um 65,5 Mio.: Einem weltweiten Artensterben an der Kreide-Tertiär-Grenze fallen zahlreiche Tiere, darunter sämtliche Dinosaurier, zum Opfer.

65,5 Mio.

Um 205 Mio.

In Schwärmen nahe der Meeresoberfläche schwimmt der zu den Belemniten gehörende Tintenfisch **Hibolites**. Der Körper des Meerestieres enthält ein kalkhaltiges Gehäuse, das Rostrum. Es nimmt etwa zwei Drittel des gesamten Körpers ein und besitzt die Form einer Lanzenspitze. In der vordersten Kammer des Rostrums sitzt der eigentliche Weichkörper des räuberischen Tieres. Seine Beute fängt der bis zu 1,5 m groß werdende Hibolites mit zehn Fangarmen, die am Kopf sitzen. Mittels des Rückstoßprinzips bewegt sich Hibolites im Wasser fort.

Im heutigen Indien durchstreift der riesige Dinosaurier **Barapasaurus** die Landschaft. Mit einer Länge von fast 20 m besitzt das zu den Sauropoden zählende Landreptil ähnliche Ausmaße wie später vorkommende Gattungen der Riesenechsen. Im Unterschied zu älteren Dinosauriern weist das Skelett von Barapasaurus einige Modifikationen auf. Um das Gewicht zu verringern – der langhalsige Barapasaurus wiegt mehrere zehntausend Kilogramm –, sind die Wirbel mit großen Eintiefungen versehen. Vier lange, säulenförmige Beine dienen dem Pflanzenfresser zur Fortbewegung. Sie bringen ihm die deutsche Bezeichnung »Großbeinechse« ein.

In den Gewässern des Unterjura leben die ersten modernen Knochenfische (Teleostei) – die **Pholidophoriden**. Zu ihnen gehören u.a. die Gattungen Polidophorus und Oreochina, deren fossilisierte Exemplare in unterjurassischen Schichten Europas bzw. der Antarktis gefunden wurden. In der Regel besitzen die frühen Knochenfische einen spindelförmigen, nur wenige Zentimeter großen Körper. Er ist meist mit rhombenartigen Schuppen bedeckt. Von einer räuberischen Lebensweise der Pholidophoriden zeugen mit großen Zähnen besetzte Kiefer.

Ein früher Vertreter der lebend gebärenden Säuger (Theria) ist die Gattung **Kuehneotherium**. Wie bei fast allen frühen Säugetieren ist sie nur durch fossilisierte Zähne und Reste der Kiefer der Nachwelt erhalten geblieben. Die Backenzähne (Molaren) des Insektenfressers weisen die für die frühen Theria charakteristischen Merkmale auf: Sie besitzen einen mittleren Haupthöcker und zwei seitliche kleinere Zahnspitzen.

Um 205–180 Mio.

Ginkgo, Eibe, Mammutbaum

Im Unterjura treten in der Pflanzenwelt keine neuen Großgruppen in Erscheinung, dafür erleben die Nacktsamer oder Gymnospermen eine Blütezeit. Zu den erfolgreichsten Gruppen zählen die Benettiteen (siehe S. 201) aus der Trias, die eine große Verbreitung finden. Zugleich beginnt für die Ginkgo-Gewächse die Epoche ihrer größten Formenvielfalt, die bis in die Unterkreide anhält. In der Gruppe der Nadelgehölze (Abb.: Kanarische Kiefer) tauchen erste Vertreter der Taxodiaceen oder Sumpfzypressengewächse auf, die heute mit rund 15 Arten auf der Nord- und Südhalbkugel vertreten sind. Zu ihren auffälligsten Exponenten gehört neben dem »Redwood« Sequoia sempervirens vor allem der bis zu 110 m hohe Mammutbaum. Neu ist außerdem die Gruppe der Podocarpaceen oder Steineiben, von der rund 150 heute noch lebende Arten bekannt sind. Außer in Europa sind sie auf allen Kontinenten zu finden, wobei sie den Äquator im Norden nur selten überschreiten. Die zum Teil stattlichen Bäume tragen stark zum Aufbau tropischer Bergwälder bei.

Um 205–180 Mio.

Red-bed-Ablagerungen kennzeichnen Nordamerikas Wüsten

Während in den meisten Regionen der Erde ein überwiegend warmes, aber auch feuchtes Klima herrscht, lagern sich in Nordamerika Sedimente ab, die auf eine ausgeprägte Trockenheit schließen lassen. Zu den sog. Red-bed-Ablagerungen zählen u.a. der farbenprächtige Navajo Sandstone, der sich in Arizona und dem benachbarten New Mexico findet, sowie der Nugget Sandstone aus Utah (Abb.: Sandsteinformationen im Monument Valley an der Grenze Arizona/Utah). Ein weiteres Indiz für ein trockenes, wüstenartiges Klima sind die gelegentlichen Einlagerungen von Steinsalz und Gips. Fossilisierte Abdrücke von Regentropfen lassen vermuten, dass der Süden Nordamerikas im Jura unter dem Einfluss von Nordostwinden steht.

Um 205–180 Mio.

Ammoniten – gerollt und gerippt

Die Ammoniten, die bereits seit dem Devon (417–354 Mio.) die Meere bevölkern und schon im Perm (292–250 Mio.) und in der Trias (250–205 Mio.) wichtige Leitfossilien stellten, erreichen im Jura den Zeitpunkt ihres größten Formenreichtums. Nicht zuletzt wegen ihrer enormen Verbreitung liefern sie den Paläontologen Anhaltspunkte für die Untergliederung dieses Zeitabschnitts in rund 50 Zonen.
Ammoniten sind ausgestorbene Verwandte der heute lebenden Tintenfische, Kopffüßer oder Cephalopoden, wobei sie vor allem der kleinen Gruppe der Alt-Tintenfische oder Nautiloiden (siehe S. 172 und 189) ähneln. Ihre frühesten Formen treten im mittleren Paläozoikum in Erscheinung. Von den späteren Ammoniten unterscheiden sich die frühesten Vertreter dieser Gruppe vor allem durch den Bau ihres Gehäuses. Bei Cyrtobaktrites aus dem frühesten Unterdevon ist dieses, ähnlich wie ein Elefantenstoßzahn, schwach gekrümmt. Ein Nachfolger aus dem mittleren Unterdevon, Anetoceras, wird von der Forschung als erster echter Ammonit betrachtet, weil sein Gehäuse an der Spitze eine erste Einrollung zeigt. Diese ist bei Mimagoniatites aus dem oberen Unterdevon bereits deutlich stärker ausgeprägt, doch weist das Tier noch immer in der Mitte ein so genanntes Nabelfenster auf. Erst im Mitteldevon treten vollkommen eingerollte Formen auf, bei denen auch die Mitte der Gehäusespirale geschlossen ist.

Insgesamt sind etwa 1500 Gattungen ausgestorbener Ammoniten bekannt, die rund 12 000 Arten umfassen. Bei der taxonomischen Gliederung der zahlreichen Formen spielen die Gehäuse die entscheidende Rolle. Neben ihrer Größe, die von wenigen Millimetern bis zu zwei Metern reichen kann, liefern der Querschnitt und die Art der Aufrollung wichtige Anhaltspunkte. Spiralige Gehäuse sind am häufigsten, doch gibt es auch mehr oder minder gestreckte Formen oder Kombinationen verschiedener Aufrollungsarten. Auch im Querschnitt weisen die Ammoniten eine große Bandbreite auf – von schlanken bis kugeligen Formen, die teils glatt, teils aber auch auf unterschiedliche Art und Weise gemustert sind. Weitere wichtige Merkmale liefern die sog. Lobenlinien, die Verwachsungslinien zwischen den Scheidewänden der einzelnen Kammern und dem umgebenden Gehäuse.
Auch in den drei großen Unterabschnitten des Jura, dem Unter-, Mittel und Oberjura – nach Begriffen der britischen Steinbruchindustrie auch als Lias, Dogger und Malm bezeichnet –, lassen Form und Skulptur der Ammonitengehäuse charakteristische Trends erkennen. Im unteren und mittleren Lias dominieren die Einfachripper, im oberen Lias und im unteren Dogger die Sichelripper. Gefolgt werden sie zunächst von den Gabel- und Spaltrippern, die im oberen Malm von den Fiederrippern abgelöst werden.

Dactylioceras athleticum, gefunden bei Schleifhausen in Franken

Um 205–180 Mio.

Nachtaktive Ohrwürmer

Mit dem vereinzelten Auftreten erster Ohrwürmer (Abb.: Gemeiner Ohrwurm) wird die Insektenfauna im Lias um eine neue Ordnung der Gradflügler bereichert, die bis heute weltweit mit 900 Arten vertreten ist. Kennzeichnendes Merkmal der Ohrwürmer, denen sowohl fliegende als auch flugunfähige Arten angehören, sind die kurzen, zu Deckflügeln umgewandelten Vorderflügel, unter denen die zarten und größeren Hinterflügel in Ruhestellung vielfach längs- und quergefaltet verborgen sind. Die Körper sind meist abgeflacht, schlank und von dunkler Farbe. An ihrem Ende tragen die Insekten Hinterleibszangen, die bei den männlichen Exemplaren deutlich größer sind. Sie dienen den lichtscheuen Tieren, die sich von Pflanzen, kleineren Insekten und Spinnen ernähren, als vielseitige Waffe.

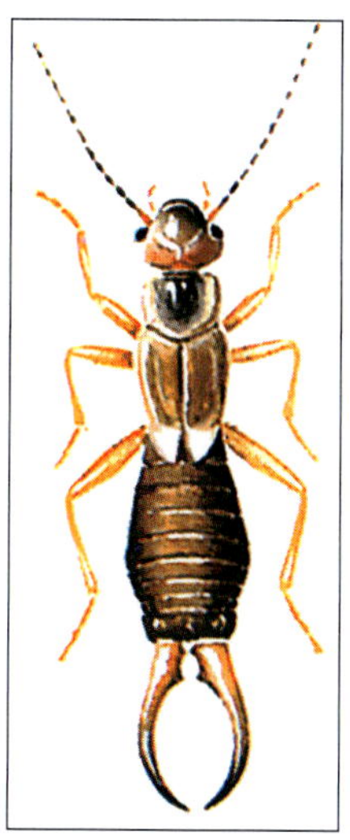

Um 205 Mio.

Neue Insektengruppe: Dipteren reicht ein einziges Flügelpaar

Zeitgleich mit den Ohrwürmern treten erste Vertreter einer neuen Großgruppe der Insekten in Erscheinung, die als Diptera oder Zweiflügler bezeichnet werden. Es handelt sich um schnakenähnliche Vorfahren der heute lebenden Mücken, die sich vermutlich aus permischen Urformen entwickelt haben.
Zu den Zweiflüglern, die heute über 120 000 verschiedene Arten umfassen, zählen alle Angehörigen der beiden großen Gemeinschaften der Fliegen und Mücken (Abb.: weibliche Regenbremse). Der Name Diptera, nach dem griechischen Wort für Zweiflügler, wurde dieser Gruppe bereits von Aristoteles verliehen und im 18. Jh. von dem großen schwedischen Naturforscher Carl von Linné übernommen. Mit Ausnahme einiger weniger flügelloser Arten zeichnen sich die Vertreter der Diptera dadurch aus, dass sie nur über ein Paar Flügel verfügen. Das hintere Flügelpaar, wie es die meisten anderen Insekten aufweisen, ist bei den Angehörigen dieser Gruppe zu sog. Halteren (zwei keulenförmige Schwingkölbchen) umgewandelt. Diese Halteren spielen eine bedeutende Rolle. Sie dienen als ein zusätzliches Sinnesorgan, das im Flug der Stabilitätskontrolle dient. Dipteren, die ihre Halteren verlieren, werden in den meisten Fällen flugunfähig, da sie den Gleichgewichtssinn einbüßen.
Bei den frühesten Dipteren sind die rüsselartigen Mundwerkzeuge sowohl zum Stechen als auch zum Saugen geeignet. Durch Anpassung und Spezialisierung sind sie bei den heute lebenden

Arten vielfältig entwickelt. Die Größe der Dipteren variiert zwischen Bruchteilen eines Millimeters und wenigen Zentimetern. Als die Riesen unter den Zweiflüglern gelten die tropisch und subtropisch vorkommenden Mydasfliegen mit einer Flügelspannweite von zehn Zentimetern.

Um 205 Mio. In den Meeren des Jura jagt der zu den Schwanenhalsechsen (Plesiosaurier) gehörende **Rhomaleosaurus**. Zur bevorzugten Beute des in den Küstenregionen jagenden Reptils zählen Fische und Kopffüßer (Cephalopoda). Vereinzelt gehören aber auch Flugsaurier zu seinen Opfern. Der bis zu sechs Meter langen Meeresechse dienen kräftige, paddelartige Flossen zur Fortbewegung. Sie haben sich aus den Extremitäten entwickelt. An dem langen Hals sitzt ein relativ kleiner Kopf, der krokodilähnliche Formen besitzt. Das Körperende markiert ein kurzer Schwanz.

Zahlreiche Formen der **Bennettiteen** wachsen auf der Erde. Die weit verbreiteten Gewächse zählen zu den Samenpflanzen (Spermophyten). Bei den Bennettiteen handelt es sich um zumeist baumgroße Pflanzen, deren Stämme in der Regel unverzweigt sind. Mächtige, gefiederte Blätter bilden die Baumkronen. Als prominentester Vertreter der Bennettiteen gilt die Gattung Williamsonia. An ihren mehrere Meter hohen Stämmen sitzen palmenartige Blätter. Gegen Ende der Unterkreide sterben die Bennettiteen aus.

Ausgehend vom Ur-Mittelmeer (Tethys) breitet sich das Jurameer auf zahlreiche Festlandsgebiete West- und Nordeuropas aus. Im Zuge dieser Ausbreitung entsteht das **Anglogallische Becken**, dessen Wassermassen das Nordseegebiet, den Nordwesten und schließlich auch den Süden Deutschlands überfluten.

In den Meeren leben die **Hybodontoidea**. Die bereits seit dem Karbon vorkommenden Haie sind im Jura zahlreich vertreten. Fische und die zu den Kopffüßern zählenden Belemniten bilden die Hauptnahrung der räuberischen Meeresbewohner. Dass vor allem die Belemniten bevorzugt gejagt werden, zeigte der Fund eines fossilisierten Haies der Gattung Hybodus. In dem Magen des Tieres fanden Wissenschaftler mehr als 250 Kalkskelette (Rostren) der Weichtiere. Vermutlich war dem Hai seine fette Beute zum Verhängnis geworden: Die spitzen Rostren hatten den Magen des Hybodus aufgeschlitzt.

Um 205–180 Mio.

Mächtiges Meeresreptil

Mit dem im Gebiet von England und Deutschland heimischen Plesiosaurus tritt im Unterjura der erste Vertreter der Plesiosaurier in Erscheinung. Es handelt sich um einen Vorboten einer sehr bedeutenden Gruppe meeresbewohnender Reptilien des Mesozoikums. Später werden aus ihr mit den Pliosauriern (siehe S. 234) die mit Abstand größten Raubtiere aller Zeiten hervorgehen.

Etwa 140 Mio. Jahre lang, vom Beginn des Juras bis zum Ende der Kreide (205–65,5 Mio.), machen die Plesiosaurier die Weltmeere unsicher. In dieser Zeit verändern sie sich in ihrem Grundbauplan kaum. Charakteristisch für die meisten Vertreter dieser Gruppe ist, ähnlich wie bei den Nothosauriern der Trias (siehe S. 191), der außergewöhnlich lange Hals. Von ebenfalls erstmals in der Trias nachgewiesenen Fischsauriern wie dem Ichthyosaurus (siehe S. 214) unterscheiden sie sich durch einen grundsätzlich anderen Körperbau. Während die Fischsaurier einen nahezu delfinförmigen Körper aufweisen, besitzen die gedrungenen Plesiosaurier einen spitz auslaufenden, zum Schwimmen nur wenig dienlichen Schwanz.

Zur Fortbewegung nutzen die Plesiosaurier zwei ausladende Flossenpaare, für deren Form und Anordnung es unter allen flossentragenden Meerestieren der Gegenwart und Vergangenheit keine Entsprechung gibt. Über die mögliche Fortbewegungstechnik der Plesiosaurier wird von Wissenschaftlern immer noch kontrovers spekuliert; man bringt sie u. a. mit derjenigen der Schildkröten, Pinguine und Seelöwen in Zusammenhang. Eine neuere Analyse deutet darauf hin, dass die Tiere ähnlich wie Delfine in einer Wellenbewegung mit wechselndem Auf- und Abwärtsschlagen beider Flossenpaare das Meer durchkreuzten, die Flossen zur Beschleunigung aber synchron bewegten.

Der in Europa heimische Plesiosaurus lebt vor allem von der Jagd auf Fische und Tintenfische und erreicht eine maximale Körpergröße von etwa 2,5 m. Sein Zeitgenosse und entfernter Verwandter ist Marcoplata aus der Gruppe der Pliosauroidea. Ein besonderes Merkmal dieses etwa 4,5 m langen, ebenfalls in der Region der Britischen Inseln heimischen Tieres, das zu den frühesten direkten Verwandten der riesenhaften Pliosaurier aus dem Oberjura und der Unterkreide zählt, ist der fast krokodilartige Schädel. Auch Marcoplata ernährt sich räuberisch, nämlich von Cephalopoden und Fischen.

Fossil eines Plesiosauriers aus dem Jura. Die flossenförmigen Extremitäten sind gut zu erkennen.

Um 205–180 Mio.

Wärme fördert die Entstehung von Riffen: Kalk- und Kieselschwämme versteinern in großer Zahl

Das weltweit warme Klima, das bereits seit dem Beginn des Mesozoikums herrscht, setzt sich auch im Unterjura fort. Ein wichtiges Indiz für die milden Temperaturen des Lias ist die Zunahme Kalk und Riff bildender Organismen, die zu den charakteristischen Bewohnern warmer Meere zählen. Bis hinauf zu den Britischen Inseln, die im mittleren Mesozoikum noch etwas weiter nördlich ihres heutigen Breitengrades liegen, werden im unteren und später im oberen Jura u. a. durch Korallen Riff-Formationen aufgebaut (Abb. r.: Riffdolomit am Staffelberg bei Coburg). Vergrößert wird die Riffgemeinschaft im Unterjura durch zwei neue Ordnungen der Schwämme (Abb. u.: versteinerte Schwämme aus dem Jura). In der Gruppe der Kieselschwämme bilden sich die Lychniskida, in der Gruppe der Kalkschwämme die Lebetida aus. Während Letztere, wie die meisten Riffbildner, typische Warmwasserbewohner sind, zeichnen sich die Kieselschwämme dadurch aus, dass sie auch unter kühleren Bedingungen gedeihen können. Aufgrund dieser Tatsache zählen sie zu den wenigen Meeresbewohnern, die von der deutlichen Abkühlung der Meere und dem Massensterben im Oberdevon kaum betroffen waren. Die heute lebenden Formen kommen ausschließlich in kühleren Meeresgewässern vor.

Während in der Gegenwart keinerlei Schwammriffe bekannt sind, weil Schwämme bevorzugt in großen Tiefen leben, kommt Letzteren im oberen Paläozoikum und unteren Mesozoikum – begünstigt durch das Aussterben der Bodenkorallen – ein herausragender Anteil am Aufbau der Riffe zu. So geht etwa der bedeutendste bekannte Riffkomplex aus dem Perm (292–250 Mio.), das Riff von Westtexas und New Mexico, vor allem auf Schwämme, Algen und Bryozoen zurück.

Die Schwämme oder Porifera, von denen vor allem die Kalk- und Kieselschwämme als Leitfossilien, Gesteins- und Riffbildner eine Rolle spielen, zählen zu den am einfachsten gebauten Vielzellern. Überlieferungsfähig und potenziell gesteinsbildend ist einzig das Stützskelett ihres Weichkörpers, das aus unterschiedlich geformten Nadeln besteht.

Um 205–180 Mio.

Farbenprächtige Räuber: Schnur- und Schlauchwürmer schlängeln sich durchs Wasser

Das Unterreich der Vielzeller oder Gewebetiere wird im Lias (Unterjura) um zwei neue Gruppen bereichert. Erstmals treten Nemertini (Schnurwürmer) und Nemathelminthes (Schlauchwürmer) in Erscheinung.

Die Schnurwürmer (Abb.: Schnurwurm mit Nesselkapseln und Stachel) bilden eine vergleichsweise kleine Tiergruppe mit etwa 850 heute noch lebenden Arten. Da viele ihrer anatomischen Merkmale stark denen der Plattwürmer ähneln, wurden sie lange Zeit der Gruppe der Plathelminthes zugerechnet. Da sie sich jedoch in einer Reihe von Merkmalen wie der Getrenntgeschlechtlichkeit, dem durchgehenden Darmkanal und einem ganz anderen Blutgefäßsystem von den Plattwürmern durch eine bedeutend höhere Organisationsstufe unterscheiden, wurde ihnen mittlerweile der Rang einer eigenständigen Gruppe zuerkannt.

Schnurwürmer sind zum Teil außerordentlich farbenprächtig gezeichnete Räuber, die ursprünglich in den Küstenregionen der Meere heimisch waren, heute aber auch in Süßwassern anzutreffen sind. Ihre Größe schwankt zwischen wenigen Millimetern und mehr als zehn Metern. Die im Querschnitt runden bis abgeflachten Körper der Schnurwürmer sind stets außerordentlich stark in die Länge gezogen. So wird die mehr als zehn Meter messende Art Lineus longissimus kaum einen Zentimeter breit.

Die Körperoberfläche der Schnurwürmer ist von einer vollständig bewimperten Oberhaut bedeckt, darunter erstreckt sich ein Hautmuskelschlauch aus Längs- und Ringmuskeln. Diese Anordnung der Muskulatur befähigt die Schlauchwürmer zu Schwimmbewegungen, die an das Schlängeln der Aale oder Wasserschlangen erinnern. Die meisten Arten sind überdies in der Lage, sich in Sand- und Schlickböden einzugraben. In den Küstenregionen halten sie sich zumeist in ihren selbst gegrabenen Röhren, in Felsspalten oder unter Steinen versteckt. Abgesehen von einigen Arten, die sich parasitisch von anderen Wirbellosen ernähren, leben die meisten Nemertinen von der Jagd auf Ringelwürmer und Weichtiere, kleine Krebse und Fische, die entweder ausgesaugt oder im Ganzen verschlungen werden.

Bei Gefahr können die Schnurwürmer – ähnlich den Strudelwürmern und Eidechsen – den hinteren Teil ihres Körpers abstoßen, wobei sich mindestens der Vorderteil, manchmal auch das Hinterteil vollständig regeneriert. Die Nemertinen werden in die beiden großen Gruppen der Anopla und Enopla untergliedert, wobei sich Letztere vor allem durch den Besitz eines oder mehrerer Giftstachel an ihrem Rüssel, einen höheren Organisationsgrad des Blutgefäßsystems und eine andere Lage des Mundes auszeichnen.

Überaus heterogen präsentiert sich im Gegensatz dazu der Stamm der Schlauchwürmer, der mit den Rund- und Saitenwürmern, Bauchhärlingen, Rädertieren und Kinorhynchen zwar Tiergruppen eines ähnlichen Formenkreises umfasst, aber vermutlich keinen natürlichen Verwandtschaftskreis widerspiegelt.

Um 205 Mio. Ausgedehnte dichte Seelilienkolonien (Crinoidea) bedecken den Boden der Liasmeere. Zahlreiche Arten bringt die Gattung Seirocrinus hervor. Zu ihnen gehört auch **Seirocrinus subangularis**, dessen fossilisierte Reste u. a. im Posidonienschiefer von Holzmaden gefunden wurden. Wie alle Crinoideen besteht Seirocrinus subangularis aus einem Kelch, an dem bis zu 1400 Arme wachsen, und einem an dem Kelch ansitzenden Stiel. Mit diesem halten sich die primitiven Meeresbewohner am Untergrund fest. An den versteinerten Exemplaren von Seirocrinus subangularis konnten bis zu 18 m lange Stiele festgestellt werden.

Der bis zu vier Meter lange, Pflanzen fressende **Massospondylus** besitzt fünfzehige Füße und eine lange Daumenkralle an der Hand. Mit seinem langen Hals erreicht der Dinosaurier auch höhere Äste. Mit seinen kräftigen Gliedmaßen bewegt sich Massospondylus auf allen Vieren fort. Fossilien von Massospondylus fanden Wissenschaftler in Südafrika und Indien.

Von Pflanzen ernährt sich der **Oligokyphus**. Das kleine säugetierähnliche Reptil (Therapsida) wird zu den Tritylodontia gerechnet, einer Gruppe hoch spezialisierter, Pflanzen fressender Therapsiden. So besitzt auch der etwa wieselgroße Oligokyphus die für das Zermahlen der pflanzlichen Nahrung wichtigen flachen Backenzähne. Sie sind wie die Backenzähne der Säugetiere mit mehreren Wurzeln im Kiefer verankert. Aufgrund der großen Ähnlichkeiten rechnete die Forschung die Tritylodontia lange Zeit zu den Säugetieren.

Der Raubdinosaurier **Cryolophosaurus** durchstreift die dichten Wälder und Sumpfgebiete der heutigen Antarktis. Der Fleischfresser erreicht eine Größe von etwa sieben Metern. Ein mit spitzen Zähnen bewehrter Kiefer dient dem Landreptil zum Zerreißen seiner Beute. An den Füßen des sich auf zwei Beinen fortbewegenden Cryolophosaurus sitzen scharfe Krallen. 1994 bargen Forscher gut erhaltene Überreste des Sauriers in den Eismassen der Antarktis – der erste Dinosaurierfund auf dem eisigen Kontinent.

Hunderte kleine dreieckige Knochenplatten sitzen auf dem Rücken und dem Schwanz des zu den Dinosauriern zählenden **Scutellosaurus**. Der etwa 1,2 m große, Pflanzen fressende Saurier pflegt eine semibipedale Fortbewegungsweise: Er kann sowohl auf seinen zwei hinteren langen Beinen, als auch auf allen Vieren laufen. Neben den Knochenplättchen ist Scutellosaurus durch den langen Körper und Schwanz charakterisiert. Scutellosaurus ist der Vorfahr der Stegosaurier und Ankylosaurier.

Um 205–180 Mio.

Kieselalgen mit feiner Struktur

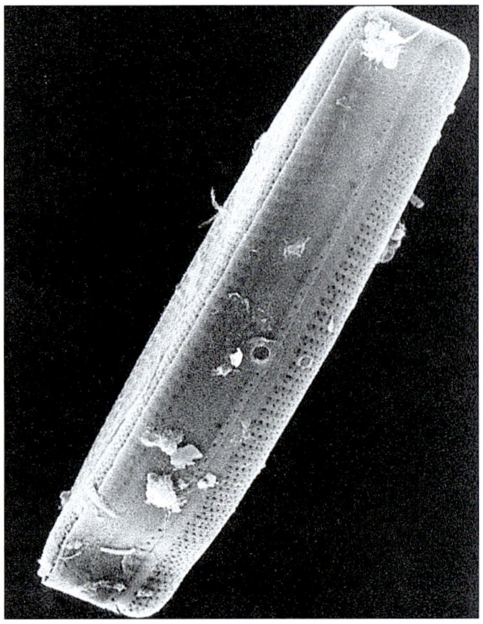

Als neue Sedimentbildner treten in den Süßwassern des Lias die Kieselalgen in Erscheinung (Abb.: Kieselalge unter dem Rasterelektronenmikroskop). Es handelt sich bei ihnen nicht um Algen im herkömmlichen Sinn sondern um einzellige Lebewesen, die meist einzeln leben und selten Kolonien bilden. In der großen Gruppe der Chrysophyten stellen sie die recht einheitliche Gemeinschaft der Bacilariophyceae oder Diatomeen. Rund 10 000 verschiedene Arten Kieselalgen sind bekannt.

Ein charakteristisches Merkmal der Kieselalgen ist der Aufbau der Zellenwand, die – ähnlich wie in den Wurzeln und Früchten vieler höherer Pflanzen – aus Pektin (ein Polysaccharid) besteht. Auf ihrer Außenseite ist sie von einem festen Panzer aus Kieselsäure umgeben. Kieselalgen bestehen aus zwei Teilen, die wie der Deckel und Boden einer Dose ineinander greifen. Sie verleihen den Diatomeen häufig ein vollkommen unterschiedliches Aussehen, je nachdem ob die Schale (Vlava) oder das seitlich zu sehende Gürtelband (Pleura) betrachtet wird. Zwischen die beiden Seitenteile ist bei vielen Arten noch ein zusätzliches Zwischenband eingezogen. Nur wenige Kieselalgen tragen eine glatte Schale, die meisten Arten weisen vielmehr ein breites Spektrum unterschiedliche Skulpturierungen auf. Diese nur unter dem Mikroskop zu erkennenden Strukturen verleihen den Diatomeen häufig ein außerordentlich filigranes Aussehen. Nach den Schalenmerkmalen werden die Kieselagen in die beiden Untergruppen der Centrales und Pennales unterteilt. Die Ablagerungen der Kieselalge – die sog. Kieselgur, die z. B. in Berlin und der Lüneburger Heide vorkommt – dienen u. a. zur Herstellung von Dynamit.

Um 205–180 Mio.

Entwicklungsschritte: Die Urahnen der heutigen Krokodile

Bei den Krokodilen, den neben den Vögeln einzigen überlebenden Archosauriern, schreitet die Herausbildung der modernen Gestalt voran (Abb.: Kieferknochen mit Zahnreihe einer Urzeitechse, die vermutlich ein Vorläufer der heutigen Krokodile war). Innerhalb dieser Gruppe entwickeln sich die Protosuchier mit dem vor allem in Nordamerika heimischen Protosuchus und etwas später die Mesosuchier mit Teleosaurus.

Der Protosuchus hat noch immer – wie seine früheren Verwandten Terrestrisuchus und Gracilisuchus (siehe S. 201) – eine stark echsenähnliche Gestalt. Seine für ein Krokodil überproportional langen Beine zeugen von der Anpassung an eine rein terrestrische Lebensweise, während der Kiefer und die Anordnung der Zähne bereits den heute lebenden Formen ähnelt. Protosuchus wird etwa einen Meter lang.

Bei Teleosaurus, der im Gebiet des heutigen Europa lebt, ist die Annäherung an die Gestalt und Biologie der modernen Krokodile hingegen deutlich vorangeschritten. Teleosaurus wird etwa drei Meter lang. In seiner Erscheinung gleicht er stark den heutigen Gavialen, einer in Indien und Myanmar heimischen Art der Panzerechsen mit einer langen, extrem schmalen Schnauze. Im Gegensatz zu den früheren Krokodilen ist Teleosaurus auf das Leben im Meer spezialisiert, wo er sich von der Jagd auf Tintenfische und Fische ernährt.

Die Gruppe der Mesosuchier bildet bis zu ihrem Aussterben im Obertertiär die größte Gemeinschaft archaischer Krokodile. Wenige unter ihnen sind Landräuber, die meisten halten sich teils im Wasser, teils an Land auf, einige sind, wie Teleosaurus, reine Wasserbewohner.

Um 205–180 Mio.

Zahl der Federkiemer steigt

Die Federkiemer oder Pterobranchia, eine sehr alte Gruppe kleiner Meerestiere, die seit dem Ordovizium (495–440 Mio.) nachgewiesen sind, erscheinen im Jura erstmals wieder in großer Zahl, wie Fossilienfunde belegen.
Federkiemer zählen zur Gruppe der auch als Kragentiere oder Hemichordata bezeichneten Branchiotremata, der u.a. die ausgestorbenen Graptolithen (siehe S. 89) angehören und die heute nur noch durch die Federkiemer und Eichelwürmer vertreten ist. Die Pterobranchia haben einen kurzen und gedrungenen Körper, mit dem sie in Kolonien auf dem Meeresboden leben. Sie verfügen über ein bis neun Arme, die jeweils eine Doppelreihe Tentakeln besitzen, die mit Wimpern besetzt sind und als Fangapparate dienen. Der sackartige Rumpf hat bei den meisten der 20 bekannten Arten nur eine Länge von zwei bis drei Millimetern, die größte Art misst 14 mm.

Um 205–180 Mio.

Mit Sporen betüpfelte Blätter: Die jüngste Gruppe der Farne

Mit den ersten Vertretern der Tüpfelfarngewächse oder Polypodiaceae aus der Gattung Davallia tritt die erdgeschichtlich jüngste Gruppe der Farne in Erscheinung (Abb.: Tüpfelfarn Dryopteris filix-mas). Bis vor relativ kurzer Zeit wurden den Tüpfelfarngewächsen mehrere Tausend Arten zugeordnet, doch inzwischen wird diese Gruppe wesentlich enger definiert. Doch auch mit den »nur« noch 1200 Arten bildet sie die größte Gruppe unter den Farnen. Tüpfelfarne wachsen überwiegend epiphytisch, also als Überpflanze auf anderen Pflanzen, wobei sie sich jedoch selbstständig ernähren. Mit Ausnahme von wenigen Arten kommen sie ausschließlich in den Tropen und Subtropen vor. Die Blätter der Tüpfelfarne sind meist einfach gefiedert oder nur fiederteilig. Ihren Namen verdanken sie den zu Häufchen vereinigten Sporenbehältern auf der Unterseite der Wedel, die ihre Blätter getüpfelt erscheinen lassen.

Um 205–180 Mio.

Mitteleuropa: Inseln im Jurameer

Während des Lias (Unterjura) sind weite Gebiete Mitteleuropas wieder von einem Meer bedeckt, aus dem sich nur wenige Festlandsgebiete als mehr oder minder kleine Inseln erheben. Eine ähnliche Überflutung durch ansteigende Meeresspiegel – Geologen sprechen von einer Transgression – hatte sich bereits im unteren Paläozoikum ereignet (siehe S. 105).
Die Entstehung des sog. Jurameeres reicht in die vorausgehende Trias (250–205 Mio.) zurück. Ein Vorstoß des Ozeans aus dem Norden hatte über Belgien, den Osten Frankreichs und Deutschland eine Verbindung zu den Küsten des weltumspannenden Tethys-Meeres in der Alpenregion geschaffen. Durch den kontinuierlichen Anstieg des Meeresspiegels gerieten weite Teile des europäischen Festlands unter Wasser.
Ein größeres Festlandsgebiet, Fennoscandia, erhebt sich im Norden des Jurameeres. Es umfasst große Teile des heutigen Skandinavien. Seine Südgrenze verläuft etwa entlang der heutigen Ostseeküste Polens, überquert die Ostsee und zieht sich dann durch Südschweden. Dänemark ist zu großen Teilen überflutet. Die einzige Ausnahme bildet das Fünenhoch – eine etwa 200 km lange und 75 km breite Landmasse, die ungefähr auf Höhe der heutigen Insel Fünen in das Nordmeer hineinragt. Südlich davon liegt ein breiter Meeresgürtel, der sich über die Niederlande, ganz Norddeutschland und Süddänemark bis weit nach Polen ausdehnt. Einzig auf der Höhe des heutigen Lodz ragt eine kleine, längliche Insel aus dem Wasser – nicht einmal halb so groß wie das Fünenhoch. Die Gegenden um Hamburg, Hannover und Berlin sind überflutet.
Knapp 400 km lang und an seiner stärksten Stelle gut 200 km breit ist das London-Brabanter Massiv – ein Festlandsgebiet, das sich von Südengland aus über den Ärmelkanal bis in die Mitte Belgiens erstreckt. Rund 200 km östlich davon liegt das Rheinische Massiv. Es umfasst im Wesentlichen die rechtsrheinischen Gebiete von Wuppertal bis Mainz. Das mit Abstand größte mitteleuropäische Festlandsgebiet ist das Böhmische Massiv. Es beginnt in der österreichischen Alpenregion und erstreckt sich dann nördlich von Wien bis in die Karpatenregion südlich von Krakau. Seine nördliche Grenze verläuft knapp oberhalb Breslaus und Dresdens. Südlich des Böhmischen Massivs gibt es noch eine Reihe kleinerer Inseln. Die bedeutendste unter ihnen ist die Alemannische Schwelle.
Bis zum Oberjura kommt es bei der Verteilung von Wasser und Land zu einigen bedeutenden Veränderungen (siehe S. 225). Das Böhmische Massiv schrumpft auf ein Drittel zusammen, dafür entstehen an Stelle des Rheinischen und des London-Brabanter Massivs sowie des Fünenhochs zwei ausgedehnte Festlandsgebiete, die in der nachfolgenden Kreidezeit wieder mit dem Böhmischen Massiv verschmelzen.

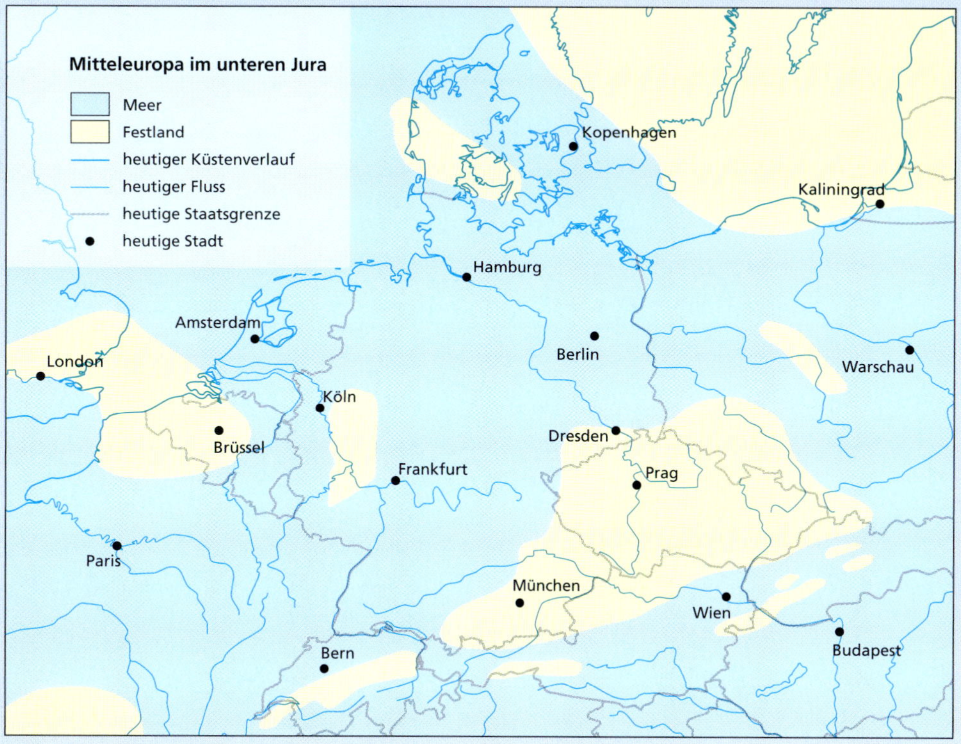

Um 205 Mio. Große Formen entwickelt der zu den frühen Theropoden zählende **Dilophosaurus**. Der Fleischfresser erreicht eine Körperlänge von etwa sechs Metern. Wie alle Theropoden bewegt sich Dilophosaurus auf zwei Beinen fort, während seine Arme verkürzt sind. Dilophosaurus besitzt einen sehr langen Schwanz, der als Gegengewicht eingesetzt wird. Auffällig ist der große, aber leicht gebaute Schädel. Zum Zerreißen der Beute dienen dem Reptil eine Reihe scharfer Zähne. Innerhalb der Theropoden gehört Dilophosaurus zur Gruppe der Ceratosaurier, die bis in den Oberjura überlebt.

Am Nordrand der Ostalpen lagern sich die sog. **Gresten-Schichten** ab. Dabei handelt es sich um Sedimente aus sandigen Schiefertonen, einzelnen Kohleflözen und Arkosen (Sandsteine mit hohem Feldspatanteil). Sie stammen aus küstennahen Granitgebirgen, in denen die Arkosen während einer trockenheißen Klimaphase entstanden.

Innerhalb der Farnartigen finden die Matoniaceen weite Verbreitung. Zu ihnen gehört u. a. die Gattung **Phlebobteris muensteri**. Fossile Reste des Farns fanden Paläontologen in Schichten des Lias in Franken. Ihnen zufolge besaß Phlebobteris muensteri einfach gefiederte Farnwedel, an denen die kreisförmigen Sporenbehälter (Sporangien) entlang der Mittelader wuchsen.

Eine auch heute noch mit mehreren Arten vertretene Gattung der Armfüßer (Brachiopoda) stellt **Discinisca** dar. Die Schalen des zweiklappigen, muschelähnlichen Meerestieres bestehen aus hornig-phosphatischem Material. Eine konkave Form besitzt die untere Schale, die so genannte Stielklappe. Aus ihr tritt der fleischige Stiel heraus, mit dem sich der weltweit verbreitete Brachiopode am Untergrund befestigt. Die obere Schale (Armklappe) kann gestreift oder kreisförmig skulptiert sein.

Einen primitiven Vertreter der Sauropoden stellt **Vulcanodon** dar. Das große Reptil ist durch Knochenfunde aus Afrika belegt. Die nur unvollständig erhaltenen Skelette – Kopf und Hals fehlen – weisen Vulcanodon als einen mehr als sechs Meter langen Sauropoden aus. Mit vier langen, säulenartigen Beinen bewegt sich der robust gebaute Dinosaurier fort. Vermutlich besitzt der wohl in der Nähe von Feuchtgebieten lebende Vulcanodon – wie auch spätere Sauropoden – einen langen Hals mit einem relativ kleinen Schädel.

Um 205–142 Mio.

Große Zeit für Fossilien

Im Jura fossilisiert eine so reichhaltige und vielgestaltige Fauna, dass diese Periode alle anderen Erdzeitalter in der Ergiebigkeit der Fossilienfunde überragt. Hinsichtlich Häufigkeit, Erhaltungszustand und Bedeutung zeigen sich die Ammoniten (siehe S. 209), die mit ihnen verwandten Belemniten, die Ichthyosaurier sowie der Urvogel Archaeopteryx als die wichtigsten Fossilien. Darüber hinaus bleiben jedoch von nahezu jeder größeren Tiergruppe des Erdmittelalters bedeutende Überreste erhalten.
Unter den meeresbewohnenden Tieren stellen die einzelligen Foraminiferen (siehe S. 78), die im Jura kalkige Schalen entwickeln, gemeinsam mit anderen Mikrofaunen wichtige Leitfossilien dar. Auch die Mollusken oder Weichtiere sind mit zahlreichen Formen vertreten. Unter ihnen ragen die Ammoniten heraus, die für die zeitliche Gliederung des Juras eine bedeutende Rolle spielen. Eine zweite wichtige Untergruppe der Kopffüßer sind die Belemniten, frühe Verwandte der heutigen Sepia, die man nach dem spitzkonischen Oberteil ihres Innenskeletts umgangssprachlich auch als Donnerkeile bezeichnet.
Bei den Schnecken entwickeln sich charakteristische turmförmige und schlanke Formen. Eine große Bedeutung kommt auch den Muscheln zu. Einige – wie etwa Posidonia bronni, die in der neueren Taxonomie ihren Namen allerdings verloren hat und nun in Steinmannia bronni und Bositra buchi aufgegliedert wird – sind für bestimmte Sedimentationsschichten – wie etwa den fossilienreichen Posidonienschiefer (siehe S. 216) – namengebend. Bei den Brachiopoden oder Armfüßern setzen sich immer stärker die modernen Formen durch. Weitere Leitfossilien sind gesteinsbildende Schwämme – vor allem aus der Gruppe der Kieselschwämme –, riffbildende Korallen wie Hexakorallen und Skleractinia, ferner die zur Gruppe der Echinodermen zählenden Seelilien und Seeigel.
Die spektakulärsten Fossilienfunde entstammen der Gruppe der Wirbeltiere, wobei in Mitteleuropa die im Meer und in Nordamerika die auf dem Festland verbreiteten Formen überwiegen. Im Jurameer kommen neben sehr modern aussehenden Fischen verschiedene Krokodile und Plesiosaurier vor. Einen der wichtigsten Funde stellen gebärende, exzellent erhaltene Ichthyosaurier dar. Aus der Gruppe der Landreptilien sind sowohl Vertreter der vierbeinigen, Pflanzen fressenden Dinosaurier wie Stegosaurus und Brachiosaurus als auch zweibeinige Raubsaurier belegt. Berühmtheit erlangten die bislang sieben Fossilien des Urvogels Archaeopteryx.

Leitfossilien des Juras: Ammoniten Amaltheus margaritatus (1), Leioceras opalinum (2) und Taramelliceras costatum (3); Gastropoden Nerinea tuberculosa (4) und Pterocera oceani (5); Belemnit Megateuthis giganteus (6); Seeigel Plesiocidaris coronata (7); Reptilien Stegosaurus stenops (8), Archaeopteryx lithographica (9), Compsognathus longipes (10) und Ichthyosaurus quadriscissus (11)

Um 205–142 Mio.

Fischechsen dominieren Meere

Der Jura ist die große Zeit der Fischechsen oder Ichthyosaurier. Zu ihren frühesten Vertretern aus der Trias (250–205 Mio.), dem zehn Meter langen Cymbospondylus und dem deutlich kleineren Mixosaurus (siehe S. 191), treten neben dem Ichthyosaurus noch zahlreiche andere Arten hinzu.
Die Ichthyosaurier, die am stärksten an das Leben im Wasser angepassten Reptilien, dominieren zahlenmäßig als Räuber das Jurameer eindeutig. In ihrer äußeren Erscheinung zeigen sie eine auffällige Ähnlichkeit mit den heute lebenden Delfinen, nur dass ihre Schnauze in der Regel noch spitzer ist, mitunter sogar an die Schwertfische erinnert. Im Unterschied zu den meisten anderen Wasserechsen brauchen sie nicht zur Eiablage das Land aufzusuchen, da sie – auch darin den Delfinen ähnlich – lebende Jungen zur Welt bringen. Stenopterygius (s. Abb.), der dank einer Reihe außergewöhnlich gut erhaltener Fossilien zu den am besten erforschten Urtieren zählt, ist von Deutschland bis Nordamerika verbreitet. Der etwa drei Meter lange Räuber ernährt sich vor allem von Fischen und Kopffüßern. Von ähnlicher Gestalt sind der zwei Meter lange Ichthyosaurus und der bis zu neun Meter messende Temnodontosaurus, der in Deutschland und England lebt.

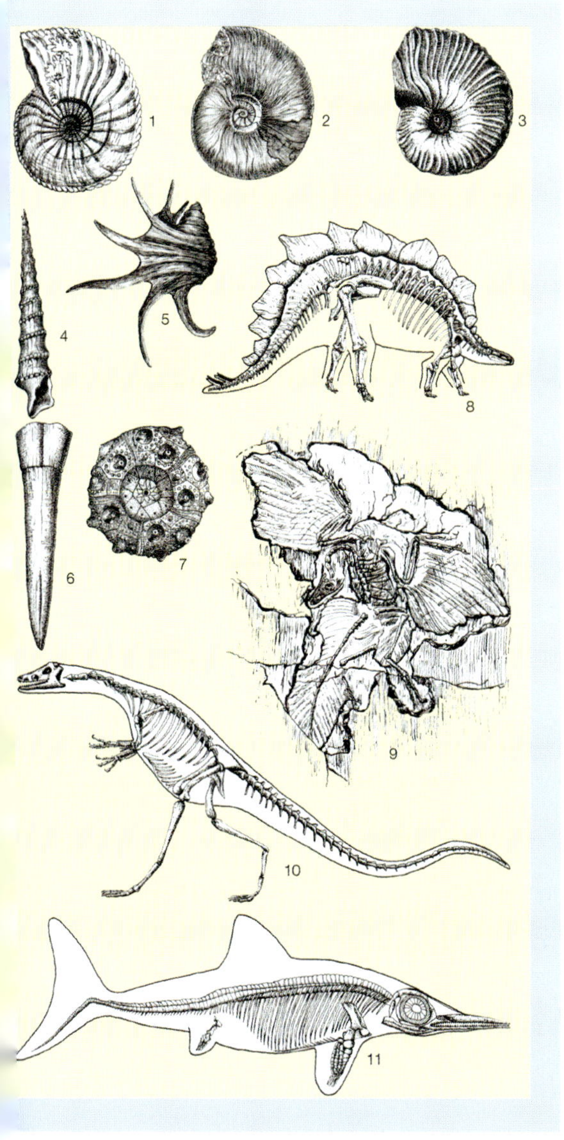

Um 205–180 Mio.

Der Erste aller echten Frösche? Vieraella quakt in Südamerika

Auf dem Gebiet des heutigen Argentinien lebt nach dem derzeitigen Kenntnisstand der erste echte Frosch der Erdgeschichte. Es handelt sich um Vieraella, einen nur etwa drei Zentimeter großen Vertreter der Salientia, denen sämtliche heute lebenden Frösche und Kröten sowie deren enge Vorfahren zugerechnet werden.

Vieraella ist ein Nachfahre des Triadobatrachus (siehe S. 197), der in der Untertrias auf Madagaskar lebte und allgemein als Bindeglied zwischen den frühen Amphibien und den ersten echten Fröschen gilt. Ob zwischen ihm und dem deutlich späteren Vieraella engere verwandtschaftliche Beziehungen bestehen, ist bislang nicht nachweisbar, da in der Überlieferungsgeschichte der Froschartigen eine bemerkenswerte Lücke von mindestens 30 Mio. Jahren klafft. Hinsichtlich seiner Anatomie gleicht Vieraella völlig den modernen Fröschen. Dies betrifft insbesondere die charakteristische Form des Beckengürtels, der einer stiellosen, dreizinkigen Gabel gleicht (Abb.: Fossil eines Frosches mit typischer Beckenform aus dem Eozän, gefunden in der Grube Messel). Ebenfalls in Argentinien heimisch ist der zweite Alt-Urfrosch: der etwas jüngere Notobatrachus, unmittelbarer Vorfahr der heute lebenden Neuseeländischen Urfrösche sowie der im Nordwesten der USA verbreiteten Schwanzfrösche, die zusammen die Gruppe der Leiopelmatidae oder Urfrösche bilden.

Von allen anderen Froschlurchen, zu denen sämtliche Frösche und die entwicklungsgeschichtlich deutlich jüngeren Kröten zählen, unterscheiden sich die Urfrösche vor allem dadurch, dass sie vor dem Kreuzbeinwirbel nicht acht, sondern neun freie Wirbel haben. Überdies weisen sie noch immer, obgleich schwanzlos, Reste einer altertümlichen Schwanzmuskulatur auf. Ein gemeinsames Merkmal aller Froschlurche ist hingegen die anatomische Anpassung an die springende Fortbewegungsweise, die sich in einem Umbau der Schwanzwirbel sowie der Bein- und Fußknochen zeigt. Fast alle ihre Vertreter tragen nur im Oberkiefer Zähne, während der Unterkiefer zahnlos ist. Von den Neuseeländischen Urfröschen sind drei Arten bekannt, die ausnahmslos die höheren Lagen bewohnen, in denen es kühl und feucht ist. Kühle Gebirgsbäche bevorzugen auch die äußerlich an Laubfrösche erinnernden, überwiegend nachtaktiven Schwanzfrösche.

Um 205–142 Mio.

Reptilien mit Schwingen: Ältere Gruppe der Flugsaurier erobert die Lufträume der ganzen Welt

Während die Ichthyosaurier das Jurameer erobern, bricht auch für die Gruppe der Flugechsen oder Pterosaurier eine Blütezeit an. Die ältere Gruppe der Rhamphorhynchoiden, zu der Eudimorphodon, Peteinosaurus und Preondactylus (siehe S. 200) aus der Obertrias (227–205 Mio.) zählen, erlebt bis zum Ende des Juras eine weltweite Verbreitung. Noch vor ihrem Aussterben etablieren sich im Oberjura erste Vertreter der jüngeren Gruppe der Pterodactyloiden, die sich von ihren Vorfahren vor allem dadurch unterscheiden, dass ihre Schwänze deutlich kürzer, ihre Hälse und Schnäbel hingegen länger sind. Zu dieser jüngeren Generation der Pterosaurier zählen die mit Abstand größten flugfähigen Wirbeltiere der Erdgeschichte, darunter der gewaltige Quetzalcoatlus (siehe S. 254/255).

Einer der frühesten und auffälligsten Vertreter der Rhamphorhynchoiden aus dem Unterjura ist der in England heimische Dimorphodon (s. Abb.), dessen Schnabel an einen Papageientaucher erinnert. Eigentümlich ist auch die Anatomie seiner Beine, die darauf schließen lässt, dass er – ähnlich wie Fledermäuse – lieber hängt als sitzt. Ein typischer Vertreter der frühesten Flugechsen ist hingegen Rhamphorhynchus aus dem Oberjura. Dieser Fischfänger hat eine Flügelspannweite von 40 cm bis 1,75 m und ist von Europa bis Afrika verbreitet. Ein mit 30 cm Spannweite kleiner, aber auch sehr wendiger Flieger ist der mitteleuropäische Anurognathus.

Mit Pterodactylus beginnt im Oberjura die Zeit der Pterodactyloiden. Er ist mit zahlreichen Unterarten von Europa bis Afrika verbreitetet, hat eine Spannweite von maximal 75 cm und besitzt bereits die charakteristischen Merkmale jüngerer Flugechsen.

Um 180 Mio. Während des Aaleniums, der untersten Stufe des Mitteljura, lagern sich im Bereich der heutigen Fränkischen und **Schwäbischen Alb** bis zu 75 m mächtige Schichten aus braunen Tonen und Tonmergeln ab. Dazwischen liegen Sedimente aus braunen Sandsteinen. Insbesondere die Ablagerungen der Schwäbischen Alb sind reich an Fossilien. In den dortigen Schichten finden sich zahlreiche fossilisierte Ammoniten. Bei vielen der Kopffüßer haben sich sogar die kalkigen Schalen erhalten.

Die seit dem Lias vordringenden Meere haben weite Teile Deutschlands überflutet. Nur wenige Festlandsgebiete werden nicht überspült. Im Norden Mitteleuropas führen tektonische Prozesse zur Hebung eines als **Kimbria** benannten Festlandsgebiets. Es umfasst Teile des Nord- und Ostseegebietes, Schleswig-Holsteins sowie Dänemarks, und besteht bis zur Unterkreide (142–98,9 Mio.).

In der Nähe von Gewässern lebt der Sauropode **Cetiosaurus**. Der bis zu 16 m lange Dinosaurier ist durch Fossilienfunde in Europa und Nordafrika belegt. Vier säulenartige Beine tragen den etwa 25 t schweren, plumpen Körper des riesigen Tieres. Als typischer Vertreter der Sauropoden besitzt Cetiosaurus einen sehr langen Hals, an dem ein relativ kleiner Kopf ansitzt. Cetiosaurus ernährt sich ausschließlich von Pflanzen.

Weltweite Verbreitung findet die Ammonitengattung **Kosmoceras**. Das schützende Kalkgehäuse des Weichtieres ist wie das der meisten Ammoniten spiralig eingerollt. Um einen weiten Nabel winden sich die Spiralen der Kalkschale nach außen und bilden eine dicke, scheibenartige Form. Rippen skulptieren die Außenseite des Gehäuses. Kosmoceras lebt frei schwimmend in freien, küstenfernen Meereszonen (Pelagial).

Ein gefährlicher Meeresräuber ist der Pliosaurier **Liopleurodon**. Mit seinem etwa drei Meter langen, gewaltigen Schädel wird der Saurier zur Gefahr für Fische, Kopffüßer (Cephalopoda) sowie andere Meeresreptilien. In den Fängen der scharfen, dolchförmigen Zähne gibt es für sie kein Entrinnen. Zur schnellen Fortbewegung im Wasser dienen dem insgesamt etwa zwölf Meter großen Liopleurodon die zu paddelartigen Flossen ausgebildeten Extremitäten. Sie sitzen jeweils am Ansatz des kurzen Halses und Schwanzes.

Um 180 Mio.

Fallende Pegel: Europas Meeresbewohner dramatisch dezimiert

Der Lias (Unterjura) endet mit einem Artensterben, das sich im Wesentlichen auf den europäischen Raum beschränkt. Schwer betroffen sind vor allem die typischen Flachwasserbewohner (Abb.: fossile Belemniten aus dem Lias bei Salzgitter). Von den marinen Muschelarten gehen etwa drei Viertel verloren. Bei den Brachiopoden oder Armfüßern verschwinden die Gruppen der Spiriferida und Strophomenida (siehe S. 99), die seit dem Ordovizium nachgewiesen sind. Auch die Kopffüßer oder Tintenfische werden um eine ganze Gruppe archaischer Vertreter, die Aulacocerida, reduziert.
Die Ursachen dieses Phänomens liegen in dem langsamen Rückzug des Jurameeres und der Umverteilung der Festlandsmassen. Durch fallende Wasserspiegel werden viele Flachwasserzonen von Zirkulation und Wasseraustausch abgeschlossen. Dadurch bildet sich in ausgedehnten Gebieten ein sauerstoffarmes, lebensfeindliches Milieu.

Um 180 Mio.

Einzigartige Lagerstätte

Zu Ende des Lias (Unterjura) bildet sich in Holzmaden, etwa 30 km südöstlich von Stuttgart, eine einzigartige Fossillagerstätte. Im Raum der Schwäbischen Alb wird in dieser Phase – wie in einigen anderen Gegenden Europas – der Posidonienschiefer abgelagert, benannt nach der weit verbreiteten Muschel Posidonia bronni (siehe S. 214). Die Bedeutung der Fundstätte Holzmaden, die sich im Laufe einer längeren Periode unter schwankenden Bedingungen bildet, liegt einerseits in der außerordentlichen Vielzahl der erhaltenen Arten, andererseits in der nahezu unvergleichlichen Qualität der Funde, die z. T. einschließlich ihrer Weichteile überliefert sind.
Ähnlich wie in weiten Teilen Mitteleuropas hatte sich in den Regionen der Schwäbischen und der Fränkischen Alb im Verlaufe des Lias ein flaches Nebenmeer gebildet, das mit dem allgemeinen Absinken des Meeresspiegels zunehmend von den Meeresströmungen abgeschlossen wird. Insbesondere für pflanzliches Plankton bietet dieses Wasser ideale Lebensbedingungen. Organisches Material wird an der Oberfläche mit Hilfe von Sauerstoff abgebaut und sinkt zu Boden. In den Bodenregionen ist der Sauerstoffgehalt so niedrig, dass organische Substanzen nicht weiter abgebaut werden. Sie verfaulen, wobei Fäulnisbakterien die unteren Wasserschichten in ein toxisches Milieu mit hohen Anteilen giftigen Schwefelwasserstoffs verwandeln. Oberhalb der Grenzzone zu den toxischen Wasserschichten existiert noch immer ein individuenreiches Leben. Begünstigt durch die geografische Lage im Bereich einer schmalen Meeresstraße, die das Nordmeer mit dem südlich gelegenen Tethys-Ozean verbindet, wird das stehende Wasser ab und zu von sauerstoffreichen, heran-

Im Museum Hauff in Holzmaden ist diese Rekonstruktion des Lebens im Liasmeer der Region zu sehen.

Um 180 Mio.

Sedimentbildung in Osteuropa

Zu einer besonders intensiven Sedimentbildung kommt es im Mitteljura, dem sog. Dogger, im äußersten Osten Europas und im Norden Eurasiens. Die weltweit mächtigsten Sedimentationsprofile – zum Teil stammen sie schon aus dem Lias – lagern sich im Kaukasus (Abb.: Gebirgsmassiv) und auf der Sibirischen Tafel ab. Sowohl bei den sibirischen Ablagerungen wie auch bei den bis zu 15 km mächtigen Juraprofilen des Kaukasus wechseln marine Folgen mit Festlandssedimenten ab. Da in den Phasen, in denen sich das Meer zurückzieht, weiträumig flache Sumpflandschaften entstehen, kommt es vor allem im sibirischen Raum zur Bildung großer Kohleflöze. Ihre Ausdehnung und Stärke deutet darauf hin, dass sich in den Küstensümpfen und Brackwasserzonen des Jurameeres vorübergehend eine reiche Vegetation ansiedelt. In geringerem Umfang kommt es auch im Kaukasus zu Kohlebildung.

Seelilien-Kolonie mit Muscheln auf einem Stück Treibholz aus der Umgebung von Holzmaden

transportierten Wasserschichten überlagert, ohne dass es zu einer vertikalen Zirkulation und dem normalen Austausch zwischen Bodenwasser und Oberflächenwasser kommt. Auf diese Weise gelangt neues organisches Material in die Region. Verstärkt wird der Abschließungseffekt im südwestdeutschen Raum einerseits durch untermeerische Schwellen, die dieses Teilbecken des Jurameeres von begünstigenden Strömungen abschließen, und andererseits durch die Zufuhr kontinentaler Süßwasser, die den Salzgehalt und damit das Gewicht des leichteren Oberflächenwassers zusätzlich vermindern und damit die extreme Schichtung stabilisieren.
Die hohe Anzahl überlieferter Fossilien geht auf verschiedene Ursachen zurück. Viele Tiere sterben eines natürlichen Todes und sinken anschließend auf den Boden ab. Andere geraten auf der Jagd oder auf der Flucht in die toxischen, stark schwefelwasserstoffhaltigen Regionen und verenden dort. Wenn schließlich Orkane und Stürme die giftigen Tiefenwasser in höhere Schichten bringen, können sie dort für ganze Populationen den Untergang bedeuten. Die Erhaltung der Kadaver wird durch die Beschaffenheit des Grundes ermöglicht. Der giftige Faulschlamm ist mancherorts so weich, dass sich einige tote Ichthyosaurier mit der spitzen Schnauze vorweg regelrecht in den Grund bohren. Dort, wo Wirbeltiere ganz oder teilweise im Schlamm versinken, kann es zur Weichteilerhaltung kommen. Begünstigt wird diese dadurch, dass Aasfresser unter den ungünstigen Bedingungen am Grunde solcher Teilbecken allenfalls zeitweise existieren können.
Die Liste der überlieferten Arten ist lang. Sie umfasst verschiedene Landpflanzen, zahlreiche Mikroorganismen, Ammoniten, die weltweit ersten vollständig erhaltenen Belemniten, dazu Muscheln, Brachiopoden, Seelilien, Krebse sowie eine Vielzahl von Fischen – darunter Haie –, die einschließlich ihres Mageninhalts fossilisieren. Die Reptilien sind u.a. mit verschiedenen Arten von Flugsauriern, Plesiosauriern (siehe S. 210), Ichthyosauriern (siehe S. 214) und Krokodilen (siehe S. 212) sowie mit den weltweit ersten Funden des Pleurosauriers vertreten.

Der Posidonienschiefer ist im wörtlichen Sinne eine Fundgrube für jeden Fossilienliebhaber.

Um 180 Mio.

Pleurosaurier lebt im Wasser

In den Posidonienschiefern von Holzmaden fossilisiert ein früher Vertreter der Sphenodontida oder Keilzahnsaurier. Er zählt zu den Vorfahren der noch existierenden neuseeländischen Brückenechse Spenodon punctatus. Als letzte Vertreter eines überaus alten Stammes gelten diese Echsen als Inbegriff lebender Fossile.
Obgleich der erste Fund eines Ichthyosauriers aus dem Holzmadener Posidonienschiefer aus dem Jahr 1749 datiert und spätestens im 19. Jh. systematische Grabungen erfolgten, wurden die ersten beiden Exemplare des zuvor unbekannten Palaeopleurosaurus erst 1976 entdeckt. Er ist ein von Landwirbeltieren abstammender Wasserbewohner aus der Gruppe der Pleurosaurier, der aufgrund seiner Anpassung an das marine Leben einen extrem verlängerten Körper mit 57 Wirbeln aufweist. Die erhaltenen Skelette aus der Fundstelle Holzmaden, bei denen jeweils die hinteren Schwanzabschnitte fehlen, lassen auf eine Gesamtlänge von rund 90 cm schließen. Vergleiche mit verwandten Arten legen die Vermutung nahe, dass der Schwanz seitlich abgeplattet ist. Die Gliedmaßen an dem extrem gestreckten Körper sind stark zurückgebildet, die Fortbewegung geschieht durch schlängeln.
Die Keilzahnsaurier, zu denen Palaeopleurosaurus rechnet, bilden einen frühen Seitenzweig in jener großen Stammeslinie, die zu den 6000 heute lebenden Schlangen- und Echsenarten führt. Der letzte Vertreter dieses evolutionär weniger erfolgreichen Zweiges ist die Brückenechse, deren nächste Verwandte bereits seit Jahrmillionen ausgestorben sind. Obgleich äußerlich stark an Leguane erinnernd, unterscheidet sich die Brückenechse in einigen anatomischen Merkmalen sowohl von diesen als auch von allen anderen Reptilien. Die auffälligsten Abweichungen zeigen sich in der Anordnung verschiedener Schädelöffnungen sowie im Fehlen eines männlichen Kopulationsorgans. Die Verbreitung der nachtaktiven Tiere, die sich hauptsächlich von Wirbellosen ernähren, beschränkt sich auf einige kleinere Inseln vor Neuseeland.

Wüsten – Land der Extreme

Die Wüstenbildung auf der Erde schreitet voran – auf natürlichem Wege und vor allem von Menschenhand verursacht. Durch Übernutzung, Überweidung, Abholzung und mangelhafte Bewässerungstechniken werden wasserarmen, trockenen Regionen die Nährstoffe entzogen. Diesen Prozess bezeichnet man als ***Desertifikation****. Ein Drittel der Erdoberfläche ist heute von der Vernichtung fruchtbaren Bodens bedroht; mehr als 250 Mio. Menschen sind direkt von Desertifikation betroffen. 1992 haben sich die Vereinten Nationen der Bekämpfung der Wüstenbildung verschrieben und die Desertifikationskonvention UNCCD (»United Nations Convention to Combat Desertification«) verabschiedet. Dem Übereinkommen sind mittlerweile mehr als 180 Staaten beigetreten. Koordinationsstelle und Sitz des Ständigen Sekretariats der UNCCD ist seit 1999 Bonn.*

Nach der Erstbesiedlung des Festlandes durch Pflanzen und Tiere im mittleren Paläozoikum vergeht ein ganzes Zeitalter, bis sich im mittleren Mesozoikum, genauer im Jura (205,1–142 Mio.), mit den ersten nachgewiesenen Wüsten ein vollkommen neuer Lebensraum präsentiert. Die größte unter ihnen, die südamerikanische Botucatú-Wüste aus dem Oberjura, ist mit einer Ausdehnung von rund 2 Mio. km² im Vergleich zur Sahara der Gegenwart mit ihren 8,7 Mio. km² noch relativ klein, bedeckt aber immerhin weit mehr als die fünffache Fläche der heutigen Bundesrepublik.

Klimatische Extreme, lange Dürreperioden und wolkenbruchartige Regenfälle zwingen die Wüstenvegetation – wie hier in der Arabischen Wüste – zu enormen Anpassungsleistungen.

Die Botucatú-Wüste ist eine typische Sandwüste. Ihre sedimentierten Dünen, bekannt als Botucatú-Sandstein, belegen, dass die vorherrschenden Windrichtungen, die bei der Entstehung von Wüsten eine entscheidende Rolle spielen, im Wesentlichen bereits den heutigen entsprechen. Zwar gibt es hinsichtlich der geografischen Lage der Kontinente noch einige Unterschiede, doch lassen sich durch die beginnende Loslösung Südamerikas von Afrika sowie Nordamerikas von Laurasia sowohl der Nord- als auch der Südatlantik in Ansätzen bereits erkennen. Fast zeitgleich mit der Botucatú-Wüste bildet sich auch in Nordamerika, auf der Höhe des Coloradoplateaus, eine ausgedehnte Wüstenlandschaft, von der noch heute mächtige Sandsteinformationen zeugen. Weitere Wüsten entstehen wenig später im asiatischen Teil Laurasias (Gebiet der heutigen Wüste Gobi) sowie im Norden Afrikas (Gebiet der heutigen Sahara). Genau wie heute konzentrieren sich die Wüstenregionen auf die beiden Trockengürtel nördlich und südlich des Äquators, auf die Regionen im Wendekreis des Krebses und des Steinbocks.

Rund 30 Prozent der Erdoberfläche bestehen aus Wüste. Weite Teile Afrikas und Australiens, große Regionen in Südwest- und Zentralasien, die Südweststaaten der USA und ein großer Teil Nordmexikos werden von Wüsten bedeckt. In Südamerika gibt es dagegen nur wenige ***Wüstengebiete****, in Europa gar keine. Die größte Wüste der Erde ist die Sahara mit 8,7 Mio. km², die sich auf sieben nordafrikanische Staaten verteilt. Wesentlich kleiner ist die zentralasiatische Wüste Gobi, die mit immerhin 2 Mio. km² Platz 2 belegt. Es folgen die südafrikanische Kalahari (800 000 km²), das nordamerikanische Great Basin (ca. 600 000 km²) und die Große Sandwüste in Westaustralien (388 500 km²).*

Kakteen wie dieser Organ Pipe sind typische Pflanzen der Wüsten und Steppen Amerikas.

Trocken, heiß – und kalt

Als echte Wüsten werden Landschaften bezeichnet, in denen die durchschnittliche jährliche Regenmenge weniger als 15 cm beträgt. Als ein weiteres wichtiges Merkmal gilt, dass dieser Regen unregelmäßig und ohne erkennbare Zyklen fällt. Die Trockenphasen dauern oft mehrere Jahre an, um dann nur kurz durch sintflutartige Regenfälle unterbrochen zu werden. Bei diesen Wasserstürzen bilden sich in kürzester Frist breite Ströme, die sich unbeirrt ihren Weg bahnen, allerdings auch schnell wieder versickern. In dieser Hinsicht unterscheiden sich echte Wüsten von den so genannten Halbwüsten, in denen der Regen nicht nur etwa in der doppelten bis dreifachen Menge, sondern vor allem regelmäßig niedergeht.

Die Entstehung einer Wüste wird durch verschiedene Faktoren wie Erdumdrehung, Klima und geografische Lage bestimmt. Die intensive Wüstenbildung im Oberjura ereignet sich bevorzugt in solchen Regionen, in denen im Unterjura noch ausgedehnte Flachmeere existierten, die durch ein kontinuierlich warmes und niederschlagsarmes Klima trockengefallen sind. Unter dem Einfluss von Winden sowie bestimmter geografischer Formationen können sich solche Gebiete, wenn sie in einem der beiden Trockengürtel liegen, in echte Wüsten verwandeln.

Einen wesentlichen Einfluss haben die Strömungen, die sich ab dem Jura in den Weltmeeren herausbilden. Die kalten Wassermassen aus den höheren Breiten fließen bevorzugt an den Westküsten der Kontinentalmassen Richtung Äquator. Die überwiegend aus Westen kommenden Winde müssen diese kalten Strömungen passieren. Da sie sich dabei deutlich abkühlen, können sie nicht mehr die gleichen Mengen Wasserdampf aufnehmen, wie es warme Luft vermag. Verstärkt wird dieser Effekt, wenn die Winde durch küstennahe Gebirge zum Aufstieg gezwungen werden. Die Abkühlung in den höheren Regionen entlädt sich dann häufig in typischem Steigungsregen. Auf der dem Wind abgewandten Seite der Gebirge sind die Luftmassen dann so feuchtigkeitsarm, dass es oft über Jahre zu keinem Niederschlag kommt. Daher sind Regionen, die durch Bergketten von einem westlich gelegenen Meer getrennt werden, für die Entstehung von Wüsten ideal geeignet.

Das Klima einer Wüste ist durch zwei Extreme geprägt: die außergewöhnliche Trockenheit und die nicht minder ausgeprägten Temperaturunterschiede zwischen Tag und Nacht, die sich hier wie in keinem zweiten Lebensraum finden. Die Durchschnittstemperaturen sind in der Sahara zwar nur unwesentlich höher als im Regenwald, doch können sie innerhalb eines Tages um bis zu 40 °C differieren. Während das Thermometer tagsüber häufig auf 50 °C klettert (unmittelbar über dem Boden sogar bis auf 70 °C), sind nachts – vor allem in den Wintermonaten – Minustemperaturen mit leichten Frösten möglich. Unter diesen Temperaturgegensätzen zerspringen selbst härteste Felsgesteine.

Naturkräfte ändern Landschaftsbild

Dabei trägt die Wüste selbst zur Aufrechterhaltung des typischen Wüstenklimas bei. Wenn die Sonne während des Tages auf Sand statt auf Bäume fällt, kann sie nur wenig Feuchtigkeit extrahieren, die in Form von Wolken die Stärke der vorhandenen Strahlung mäßigen könnte. Der Wind trifft auf sehr trockene Landflächen, wirkt in Verbindung mit Sand wie eine Reibe und treibt die Erosion der Landschaft voran. In Wüsten finden sich nicht nur die typischen Sandgebiete, mindestens ebenso häufig sind karge Kies-, Stein- oder Felsenregionen, die sich gelegentlich zu ganzen Gebirgsmassiven zusammenschließen. Der Sand der Wüste kann rot, schwarz, gelb oder nahezu weiß erscheinen. Vom Wind wird er zu Wellenbergen aufgetürmt, die bis zu 400 m hoch sein können. Solche Sandberge sind ihrer eigenen Natur nach instabile Gebilde, die aufgetürmt, abgetragen und erneut aufgeschichtet werden, wobei sich Wanderdünen um bis zu 25 km pro Jahr verschieben. Eine Düne bildet sich zunächst auf der dem Wind abgewandten Seite, dem sog. Lee eines Gesträuchs, eines Felsens oder anderer Hindernisse. Beginnt nach einer Phase der Anhäufung der Sand an der steilen Leeseite hinabzurieseln, fängt die Düne an zu wandern. In einigen Gebieten bilden eine Vielzahl großer Dünen regelrechte Sandmeere (sog. Ergs). Eines dieser Sandmeere in Libyen entspricht etwa der Größe Frankreichs.

*Im Mai 2003 entdeckten Forscher in den französischen Alpen **chinesischen Wüstenstaub**. Nach einer Odyssee um den halben Globus war der rote Staub aus der westchinesischen Taklamakan-Wüste auf den schneebedeckten Gipfeln der französischen Alpen niedergegangen. Chemische und mineralogische Untersuchungen ließen keinen Zweifel an seiner ostasiatischen Herkunft. Berechnungen der Wissenschaftler zufolge benötigte der feinkörnige Wüstensand für die 20000 km nicht mehr als zwei Wochen. Und er nahm dabei nicht etwa den kürzeren Weg Richtung Westen – vielmehr ließ er sich ostwärts über China, den Pazifik, Nordamerika und den Atlantik bis zu den Alpen wehen.*

Im Fokus

Erfindungsreichtum als Überlebensfaktor – Leben in der Wüste

Die extremen Lebensbedingungen der Wüste erfordern sowohl von Pflanzen als auch von Tieren ganz besondere Anpassungsleistungen, um mit der permanenten Wasserknappheit und den außergewöhnlichen Temperaturgegensätzen fertig zu werden. Da kein Lebewesen dauerhaft ohne Wasser existieren kann, ist die optimale Nutzung der knappen Ressourcen Pflicht.

Bei den Wüstenpflanzen gibt es zwei grundsätzlich verschiedene Überlebensformen. Einige Pflanzen haben sich den Wüstenbedingungen durch eine bestimmte Reproduktionsstrategie angepasst, die es ihnen erlaubt, die langen Phasen der Trockenheit als Samen zu überdauern. Ein eigentümliches Merkmal dieser Samenkörner ist, dass sie durch eine außergewöhnlich dicke Schale vor dem Austrocknen ideal geschützt sind. Wenn es zu Niederschlägen kommt, entscheidet ein Mechanismus in der Schale darüber, ob die Wassermenge ausreicht. Ist dies der Fall, beginnen in rasanter Geschwindigkeit Keimung und Wachstum, sodass die neuen Samen zum Teil bereits nach zwei Wochen ausgebildet sind.

Die eigentlichen Wüstengewächse, die auch die größten Hitzeperioden als Pflanzen überdauern, verfolgen unterschiedliche Strategien. Die kaktusähnlichen Vertreter, die sog. Sukkulenten, arbeiten nach dem Prinzip der maximalen Speicherung. Sie entwickeln ein weitflächiges Wurzelsystem, das in ihrer Umgebung keine anderen Pflanzen gedeihen lässt. Mit seiner Hilfe nehmen sie in den kurzen Regenperioden riesige Wassermengen auf, die in Wurzeln und Sprossen gespeichert werden. Der bis zu 15 m hohe mexikanische Kandelaberkaktus kann auf diese Weise bis zu neun Tonnen Wasser speichern. Andere Wüstenpflanzen aus der Gruppe der Akazien entwickeln extrem lange Pfahlwurzeln (bis zu 30 m), mit deren Hilfe sie sich von Grundwasser ernähren.

Nach langen Dürreperioden kommt es bei vielen Wüstenpflanzen zu einer regelrechten Blütenexplosion, wenn wieder Regen gefallen ist.

Unter den Wüstentieren dominieren die Gliederfüßer, insbesondere in der Gestalt von Skorpionen, verschiedenen Spinnenarten und Insekten, sowie die Reptilien. Fast alle Arten schützen sich vor der gleißenden Sonne, indem sie den Tag vergraben im Untergrund verbringen und erst in der Dämmerung auf Nahrungssuche gehen. Ihre Sandbauten brauchen nicht tief zu sein, denn während die Wüstenoberfläche extrem heiß ist, herrschen bereits dicht unter der Oberfläche vergleichsweise kühle Temperaturen.

Ein grundsätzliches Problem ist die Wasserversorgung. Einige Wüstentiere bleiben auf die verstreuten Oasen und deren unmittelbare Umgebung angewiesen. Andere haben im Umgang mit der ebenso lebenswichtigen wie knappen Ressource raffinierte Strategien ausgebildet. So besitzen Nagetiere wie die Kängururatte die Fähigkeit, das benötigte Wasser vollständig aus der Nahrung zu gewinnen. Bei ihrem Stoffwechsel wird durch chemische Reaktionen Verbrennungswasser erzeugt, das etwa 90 Prozent des Wasserbedarfs deckt, während das im Futter enthaltene Wasser nur etwa zehn Prozent beisteuert. Eine andere Strategie verfolgen die den Kängururatten nahe stehenden Taschenspringer. Wie viele andere Wüstentiere häufen sie in ihren Erdbauten große Nahrungsreserven an. Der Wasserdampf, den sie im Laufe des Tages durch die Atmung abgeben, wird zu großen Teilen von den gesammelten Samen aufgenommen, die quellen und den Tieren dann als saftiges Futter dienen.

__Kakteen__, die Wüstenpflanzen schlechthin, sind vielseitige Rohstofflieferanten. Neben ihrem Durst löschenden Saft sind besonders die Früchte und Samen zahlreicher Kakteen- und Opuntienarten begehrt – z. B. die des »Strawberry cactus« (Erdbeerkaktus). Die Indios Mittelamerikas wiederum nutzen Kakteen und andere Sukkulenten als Ausgangsmaterial für die Erzeugung alkoholischer Getränke. Nicht zuletzt werden Kakteen auch als Drogenlieferant geschätzt; Arten wie Lophophora williamsii oder Trichocereus pachanoi enthalten Meskalin, dessen halluzinierende Wirkung derjenigen des synthetischen Rauschgifts LSD ähnelt. Als eine natürliche Apotheke gilt die Selenicereus grandiflorus (Königin der Nacht). Die Blüten der Pflanze, die in Plantagen angebaut wird, enthalten Wirkstoffe zur Behandlung von Herz- und Kreislaufstörungen. Ihr Saft wiederum hilft gegen Rheumatismus und Wassersucht.

Um 180 Mio.

Im heutigen China lebt der zu den Sauropoden zählende **Shunosaurus**. Skelettreste des Reptils fanden Paläontologen in der chinesischen Provinz Sichuan. Sie weisen Shunosaurus als einen etwa zwölf Meter langen Pflanzenfresser aus. Auf langen, säulenförmigen Beinen durchstreift er die mitteljurassische Landschaft. Um Feinde abzuwehren, besitzt der Sauropode eine wirksame Waffe. Am Ende des langen Schwanzes befindet sich eine keulenförmige Verdickung, mit der sich das Tier gegen Angreifer zur Wehr setzt.

Durch die Überflutung großer Teile des heutigen Deutschlands bilden sich in einigen Gebieten, vor allem im Raum Salzgitter, **Trümmererze**. Dabei werden bereits angelagerte Erzschichten von den Meeresfluten aus dem Gestein herausgespült. Die stetige Brandung zertrümmert die eisenhaltigen Gesteine und schwemmt sie an der Küste zu teilweise mehr als 100 m mächtigen Schichten zusammen. Durch Oxidation bilden sich schließlich die Trümmererze.

Im Mitteljura treten erstmals die Iguanodontidae in Erscheinung. Die Dinosaurier besitzen einen relativ schweren Körper, der die Landreptilien zu einer fast waagerechten Körperhaltung zwingt. Als eine der ersten Gattungen gilt **Camptosaurus**. Er stellt mit etwa sechs Metern Länge einen recht kleinen Vertreter der Iguanodontiden dar. Der zumeist auf den Hinterbeinen laufende Camptosaurus benutzt teilweise seine Vorderläufe zum Abstützen.

In China lebt der Flugsaurier **Angustinaripterus**. Fossile Reste des Tieres wurden der Fachwelt 1993 bekannt gemacht. Insbesondere der Schädel des Tieres ist in einem guten Erhaltungszustand. Er misst etwa 17 cm und weist im vorderen Bereich große, abstehende Zähne auf. Die längliche Form erinnert an Schädel der erstmals im Oberjura auftretenden Flugsaurier Pterodactyloidea. Vermutlich besaß Angustinaripterus eine Spannweite von etwa einem Meter.

Zu den Meeresmuscheln des Mitteljura gehört die weit verbreitete Gattung **Gryphaea**, die mit den heute lebenden Austern verwandt ist. Gryphaea besitzt ein aus zwei ungleichen Schalen bestehendes Gehäuse. Während die rechte Klappe eine flache deckelartige Form hat, ist die Linke hochgewölbt. Mit ihr verhaftet sich Gryphaea fest am Untergrund. Als Nahrung dienen der Muschel tierische Kleinstlebewesen und Plankton.

Um 180–159 Mio.

Moostierchen bringen hoch entwickelte Formen hervor

In der Gruppe der Bryozoen oder Moostierchen treten die ersten Cheilostomata in Erscheinung. Diese so genannten Lippenmünder gelten als die am höchsten entwickelten und am stärksten differenzierten Moostierchen. Ihre Blütezeit fällt in die Oberkreide und das Tertiär. Noch heute bilden sie mit zahlreichen, nahezu weltweit vertretenen Arten die größte Gruppe der Bryozoen.

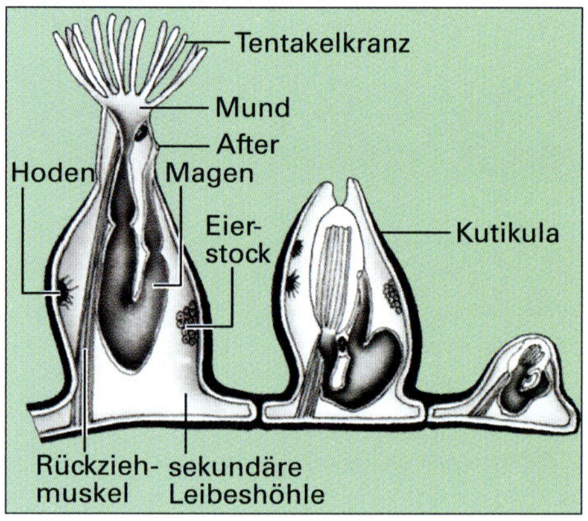

Bei den überwiegend in den Meeren vorkommenden Moostierchen handelt es sich um fest sitzende, Kolonien bildende Tiere aus der Gruppe der Kranzfühler. Während die einzelnen Tiere, die so genannten Zooide, selten größer als einen halben Millimeter werden, können die aus Tausenden von Einzeltieren bestehenden Kolonien, die äußerlich häufig denen der Algen oder Korallen sehr ähnlich sehen, in besonderen Fällen eine Höhe von bis zu einem Meter erreichen. Die Form solcher Kolonien ist außerordentlich vielgestaltig. Manche legen sich wie eine Kruste über lebende Muscheln oder Steine, es kommen aber auch strauch- und netzartige Stöcke, breitblättrige und pflanzenähnliche Wuchsformen sowie gallertartige Ansammlungen vor.

Bei den Cheilostomata ist die Spezialisierung und Arbeitsteilung innerhalb einer Kolonie (siehe S. 96) besonders fortgeschritten. Ein weiteres kennzeichnendes Merkmal der Lippenmünder ist, dass nach gegenwärtigem Erkenntnisstand alle Angehörigen dieser Gruppe Brutpflege betreiben. Ein letztes wichtiges Charakteristikum liefert der Bau ihres sog. Cystids: Alle »normalen«, also nicht spezialisierten Moostierchen weisen eine funktionelle Zweiteilung ihres Körpers auf. Der vordere Teil besteht aus dem sog. Polypid, dem Vorderkörper einschließlich der Tentakelkrone und der Darmschleife mit Mund und After, der Hinterteil aus dem röhren-, kästchen- oder sackförmigen Cystid, in welches sich der Polypid bei Gefahr zurückziehen kann (Abb.: Schema eines sich zurückziehenden Moostierchens). Diese Cystid ist bei den Lippenmündern stets verkalkt.

Um 180–159 Mio.

Zerfall Pangaeas setzt sich fort – Kontinente driften nordwärts

Im Mitteljura, dem sog. Dogger, schreitet der Verfall des einstmaligen Riesenkontinents Pangaea beschleunigt voran. Südamerika und Afrika sind in ihrem Norden noch immer durch eine Landverbindung vereint, doch ist sie im Vergleich zur Trias um gut zwei Drittel schmaler geworden. In ihrem Süden befindet sich ein lang gestreckter Meeresarm, der einen Großteil der beiden Landmassen bereits voneinander trennt. Es ist der Vorläufer des späteren Südatlantik. Eine ähnliche Entwicklung zeigt sich auch im Osten der Nordamerikanischen Platte. Bereits in der Trias begann die Trennung von Nordamerika und Afrika. Ein Meeresausläufer weitet sich nun in Richtung Norden aus und spaltet zunehmend auch den Südwesten Europas ab. Zugleich gewinnt der Vorläufer des Nordatlantik an Breite.

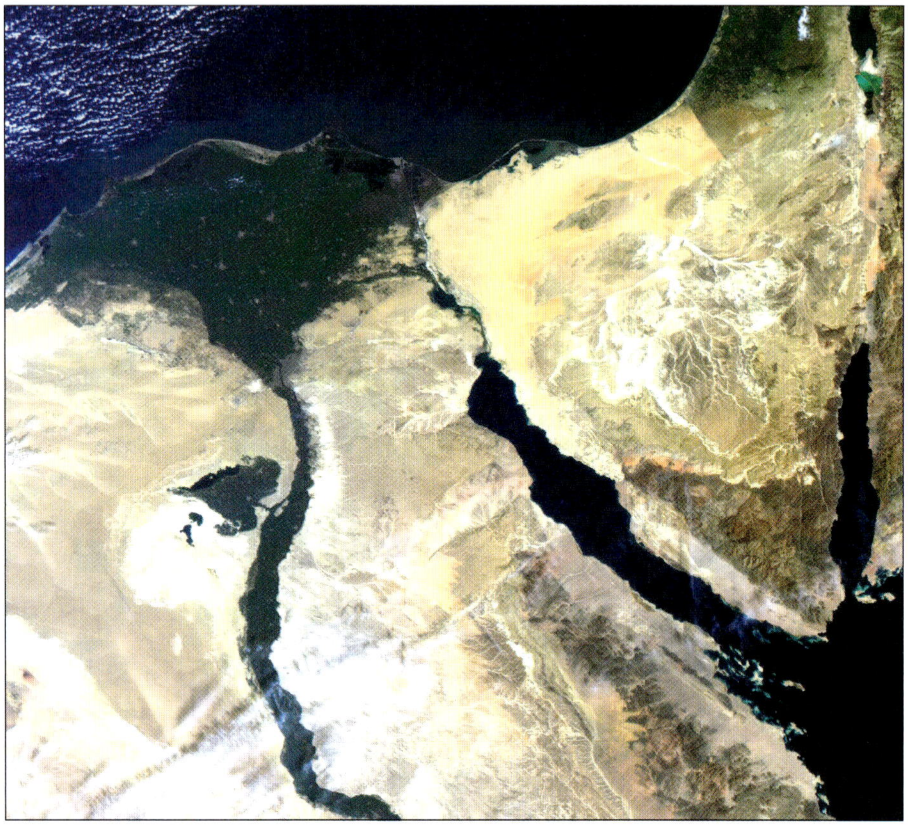

Auch der Indische Ozean gewinnt an Kontur. Hier, ähnlich wie im frühen Nord- und Südatlantik, werden im Jura die ältesten Gesteine abgelagert, die bislang in den heutigen Meeresböden entdeckt wurden (siehe S. 223). Antarktika, das seit dem Karbon (354–292 Mio.) die Südspitze Gondwanas gebildet hatte und das in seinem Osten noch immer fest mit der Australischen Platte verbunden ist, wird mit der Entstehung des Südatlantik zunächst von Südamerika, dann auch von der Südspitze Afrikas getrennt. Im Süden dieser bedeutenden Festlandsmassen reißt sich Neuseeland los, das nun unmittelbar in der Nähe des Südpols liegt.

Abgesehen von diesen südlichsten Festlandsmassen gibt es eine allgemeine Kontinentaldrift Richtung Norden (Abb.: Das Rote Meer entsteht durch die Norddrift der Arabischen Halbinsel). Der Süden Nordamerikas, der sich in der Trias noch unmittelbar auf der Äquatorlinie befunden hatte, liegt nun deutlich nördlicher, dafür haben sich Südamerika und Afrika auf bzw. weiter über den Äquator geschoben.

Um 180–159 Mio.

Primitive Säugetiere auf dem Sprung

In der Gruppe der Prototheria (siehe S. 202), der primitivsten Säuger, erscheinen im Mitteljura als deren fortschrittlichste Vertreter die Eupantotheria. Bis in die Unterkreide leben sie in weiten Teilen Westeuropas sowie in einigen Regionen Nordamerikas und Afrikas. In der Stammesgeschichte der Säugetiere (Mammalia) repräsentieren sie eine Organisationsstufe, die alle frühen Vertreter dieser Tiergruppe durchschritten haben müssen. Sie gelten deshalb als die Vorfahren aller echten Säugetiere oder Theria. Zu diesem Kreis zählen einerseits die Plazentatiere, deren Embryonen durch den Mutterkuchen (Plazenta) ernährt werden und die das Gros der heute noch lebenden Säuger stellen, sowie die Beuteltiere oder Marsupialia. Die Kloakentiere hingegen, die heute nur noch durch das Schnabeltier und den Ameisenigel vertreten sind, entstammen einer noch urtümlicheren Linie der Prototheria.
Eine exakte Rekonstruktion der Entwicklungsgeschichte der Eupantotheria leidet vor allem unter einem Mangel an überlieferten Fossilien. Bis vor relativ kurzer Zeit gab es kein einziges vollständig erhaltenes Exemplar. Bei der systematischen Zuordnung der Funde konnten sich die Wissenschaftler daher lange Zeit einzig auf Zähne und Skelettfragmente stützen. Zum Zweck der Grenzziehung zwischen den säugetierähnlichen Reptilien und den ersten primitiven Säugern dienten deshalb eine Reihe anatomischer Merkmale, die überwiegend mit dem Bau des Schädels in Zusammenhang stehen. Ein wichtiges Merkmal der Säuger ist der Erwerb eines so genannten sekundären Kiefergelenks am Unterkieferknochen. Aus Gelenkelementen der Reptilien an Unterkiefer und Schädel bilden sich bei ihnen die im Mittelohr sitzenden Gehörknöchelchen Hammer und Amboss. Weitere typische Merkmale der Säuger zeigen sich an den Zähnen, die in zwei Generationen als Milch- und Dauerzähne in Erscheinung treten und die in Schneide-, Eck- und Backenzähne differenziert sind. Ebenfalls charakteristisch für Säugetiere sind der relativ vergrößerte Hirnschädel und der verknöcherte Gaumen, der die Nasen- und Mundhöhle voneinander trennt.

Die Prototheria bringen im Jura neue Formen hervor, wie z. B. das katzengroße Triconodon.

Ein früher europäischer Vertreter der Eupantotheria aus dem Oberjura ist das im heutigen Portugal heimische Henckelotherium guimarotae. Von diesem nur etwa spitzmausgroßen Tier fossilisiert ein Exemplar, das als bislang einziges aus dem Kreis der Eupantotheria vollständig und im Verband überliefert ist. Henckelotherium, ein Insektenfresser, lebt – worauf seine Kletterkrallen und der lange Steuerschwanz schließen lassen – bevorzugt auf Bäumen. Das Fossil liefert ein eindrucksvolles Beispiel für die Schwierigkeit, die Stammesgeschichte der Mammalia aus Fragmenten zu rekonstruieren, denn während es im Aufbau des Skeletts bereits die Anatomie der heutigen Säugetiere vorwegnimmt, weisen seine Zähne, die sonst als ein entscheidendes Kriterium gelten, noch viele archaische Merkmale auf.
Ein weiterer Baumbewohner ist die wenig später in Erscheinung tretende Crusafontia, die ebenfalls in Portugal verbreitet ist. Die Rekonstruktion aus den überlieferten Fragmenten deutet darauf hin, dass dieses etwa zehn Zentimeter lange Tier in seinem Äußeren heute lebenden Eichhörnchen gleicht und über eine Art Greifschwanz verfügt. Im Unterschied zu Henckelotherium ernährt es sich von Nüssen, Früchten und Samen. Crusafontia gehört zu der Untergruppe Dryolestidae – der einzigen der insgesamt vier Eupantotherier-Familien, die sich erfolgreich bis in die Unterkreide behaupten kann.

Um 180–159 Mio.

Erfolgreiche Pflanzengruppe

Pollen, die charakteristische Merkmale der Bedecktsamerpollen aufweisen, lassen bereits im unteren Oberjura auf früheste Vertreter der heute mit großem Abstand erfolgreichsten Pflanzengruppe schließen, der Blütenpflanzen, die von Botanikern als Bedecktsamer oder Angiospermen bezeichnet werden (Abb.: Annona reticulata). Spätestens in der Unterkreide tritt mit Archaefructus liaoningernsis in China eine Pflanze in Erscheinung, deren Samen nachweislich in Fruchtblätter eingeschlossen sind.

Um 180–159 Mio.

Mildes Klima fördert die subtropische Flora der Antarktis

Unter dem Einfluss eines weltweit ausgeprägt milden Klimas entwickelt sich in der Region des antarktischen Graham-Landes eine üppige subtropische Baumflora. Die antarktische Florenprovinz ist vor allem durch verschiedene Farne, Cycadeen und Nadelgehölze gekennzeichnet. Sie zeigt eine große Nähe zu der Flora des östlich angrenzenden Australien, das mit Antarktika noch immer eine zusammenhängende Festlandsmasse bildet, sowie zu der Vegetation des indischen Subkontinents, der weiter nördlich als eine große Insel im Weltmeer treibt. Eine auffallend ähnliche Flora existiert aber auch auf der Nordhalbkugel, etwa in der Region des englischen Yorkshire (Abb.: Wedel einer Cykaspalme aus dem Dogger Whitbys, Grafschaft Yorkshire).

Die Angleichung der verschiedenen Florenprovinzen der Erde erreicht im Jura einen Höhepunkt. Sowohl im Karbon (354–292 Mio.) als auch im Perm (292–250 Mio.) hatte es noch außerordentlich gegensätzliche Vegetationslandschaften im Norden und Süden gegeben, was auch in der Trias (250–205 Mio.) zu einer unterschiedlichen Florenentwicklung geführt hatte. Vor allem klimatische Ursachen begünstigen nun eine Annäherung.

Um 180 Mio.

In den Meeren des Mitteljura schwimmt ein riesiger Fisch: **Leedsichthys problematicus**. Da bislang keine ganzen Skelette des Meeresbewohners gefunden wurden, schwanken die Größenangaben zwischen 10 und 25 m. Als sicher gilt, dass sich Leedsichthys, wie die heutigen Wale auch, von Plankton ernährt. Die Nahrung siebt er mit seinem knöchernen Kiemenapparat aus dem Wasser. Erstmals wurden Reste des großen Fisches gegen Ende des 19. Jh. in England entdeckt. Da der erste Bearbeiter des Fundes, Arthur Smith Woodward, große Schwierigkeiten mit der Deutung hatte, versah er die Gattung mit dem Namenszusatz »problematicus«.

Eine starke Anpassung an das Meer zeigt das Krokodil **Metriorhynchus**. Mit seinen zu Flossen umgewandelten Füßen ist es in der Lage, bis ins offene Meer vorzudringen. Mit dem fischähnlichen Schwanz, der in einer Art Schwanzflosse endet, steuert der etwa 4,3 m große Meeresbewohner seine Schwimmbewegungen. Metriorhynchus ernährt sich von Fischen. Fossilfunde des Krokodils belegen, dass sich im Magen der Tiere Steine befanden, die auch bei einer Vielzahl heutiger Krokodile nachweisbar sind. Welche Funktion sie haben, ist unklar.

In Westeuropa lagern sich im Bereich des heutigen Lothringen und Luxemburg bis zu 50 m mächtige **Eisenerzschichten** an. Sie liegen nahe der Erdoberfläche und gliedern sich in mehrere Flöze, die eine Dicke zwischen drei und neun Metern erreichen. Das Eisenerz setzt sich vorwiegend aus Eisensilikaten und Eisenoxidhydraten zusammen. Darüber hinaus enthalten die Schichten auch Siderit und Sulfide. Der Eisengehalt schwankt zwischen 28 und 40 Prozent.

Eine bevorzugte Beute im Meer lebender Reptilien stellt der Fisch **Lepidotes** dar. Das zu den Knochenfischen (Osteichthyes) zählende, bis zu 2,5 m lange Tier schwimmt jedoch nicht nur im Meer. Die hohe Anpassungsfähigkeit des mit dicken Schmelzschuppen besetzten Fisches erlaubt es Lepidotes, verschiedene Lebensräume zu erobern. So ist Lepidotes nicht nur im Meer, sondern auch in Brackwasser und Flussmündungen vertreten. Gut erhaltene Exemplare wurden u. a. in den Solnhofener Plattenkalken im Süden der Fränkischen Alb entdeckt.

Um 180–142 Mio.

Rohstoff der Neuzeit: Wertvolle Bauxitlager entstehen

In verschiedenen Regionen Europas bilden sich bedeutende Vorkommen des Aluminiumerzes Bauxit – dem wichtigsten Rohstoff bei der Aluminiumherstellung. Bauxit-Lagerstätten bilden sich vor allem in Südfrankreich, im Harz und Westerwald, in Italien, Ungarn sowie auf dem Balkan. Darüber hinaus entstehen entsprechende Vorkommen auch in anderen Regionen, beispielsweise in Teilen Russlands, in Südamerika, in Indien und Malaysia.

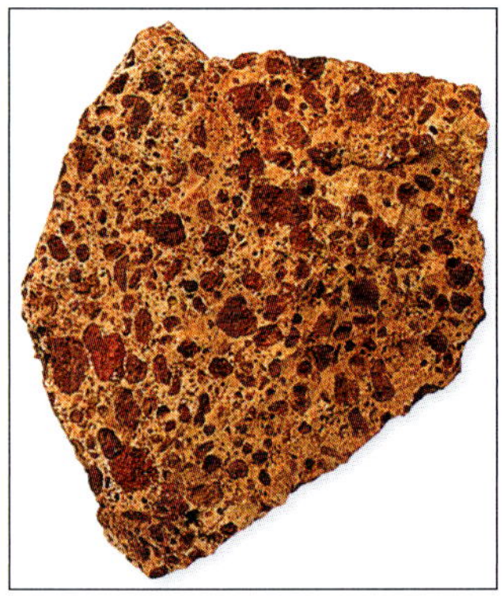

Bauxit, benannt nach der Hauptfundstätte bei der französischen Stadt Les Baux, ist ein natürliches Aluminiumhydroxid, das bei der Verwitterung von Gesteinen mit hohem Tonerde-Anteil unter tropischen bis subtropischen Klimaverhältnissen entsteht. Werden Kalk oder Kieselsäure durch chemische Verwitterung aus einem Gestein gelöst, so bleiben Tonerde, Eisen, Mangan, Nickel usw. als Hydroxide oder als wasserhaltige Silikate zurück. Aus solchen Aluminiumhydroxid- und Eisenhydroxid-Mineralverbindungen setzt sich Bauxit zusammen, der vor allem durch das Eisenhydroxid eine zumeist intensive Rotfärbung bekommt (s. Abb.). Bei der industriellen Verarbeitung wird das gewonnene Mineral zunächst in Aluminiumoxid, eine reine Aluminium-Sauerstoff-Verbindung, umgewandelt und dann in einem Ofen bei 970 °C geschmolzen. Mithilfe des Elektrolyseverfahrens – der Zersetzung des Aluminiumoxids durch die Zufuhr von Strom – wird anschließend das reine Aluminium gewonnen. Ein besonderes Merkmal des Aluminiums ist, dass es sich mit einer leichten Oxidschicht überzieht, die keinen Sauerstoff durchlässt und deshalb vor Korrosion schützt.

Um 180–142 Mio.

Korallenriffe in der Alb

Ab dem Mitteljura kommt es in weiten Teilen Europas, aber auch in Japan und Australien erneut zu einer intensiven Riffbildung, die in Süddeutschland großen Anteil am Aufbau der Schwäbischen Alb hat. In Europa tritt die Riffbildung in den Schelfmeeren auf, die den Nordrand des Ur-Mittelmeeres Tethys bilden, wobei sie in Spanien bereits im Mitteljura beginnt, während sie Süddeutsch-

Blick vom Hohenstaufen auf die Kaiserberge der Schwäbischen Alb

Um 180 Mio.

Älteste ozeanische Kruste

In der Tiefsee wird die älteste bis heute erhaltene ozeanische Kruste abgelagert. Sie befindet sich sowohl im Bereich des Nord- und Südatlantik als auch des Indischen Ozeans – also in jenen Weltmeeren, deren Entstehung sich im Verlaufe des Juras abzeichnet. Die ozeanische Kruste unterscheidet sich von der kontinentalen Kruste unter anderem dadurch, dass sie mit einer Stärke von durchschnittlich zehn Kilometern wesentlich dünner ist. Sie besteht vor allem aus Basalt, einem vulkanischen Ergussgestein, das durch Tiefseesedimente teilweise überdeckt ist. Dass die älteste erhaltene ozeanische Kruste »nur« etwa 180 Mio. Jahre alt ist, geht auf einen Prozess der permanenten Selbsterneuerung zurück.

In den Tiefseebereichen aller Ozeane gibt es submarine Schwellenzonen, auch als Mittelozeanische Rücken bezeichnet. Da sich die Ozeanböden ständig ausweiten, ist die Erdkruste entlang dieser Schwellenzonen besonders dünn. Die Scheitelbereiche der Mittelozeanischen Rücken bilden tiefe, sedimentfreie Gräben, durch die fortwährend basaltische Gesteinsschmelzen aufsteigen, die neue Meeresböden bilden. Vom Mittelozeanischen Rücken wandern die Ozeanböden in größere Wassertiefen und schließlich in die sog. Subduktionszone, wo sie sich unter die angrenzenden Kontinentalschollen schieben, um im Bereich des Erdmantels wieder aufgeschmolzen zu werden (Abb.: Kreislaufschema der Gesteinsschmelzen auf der Erde).

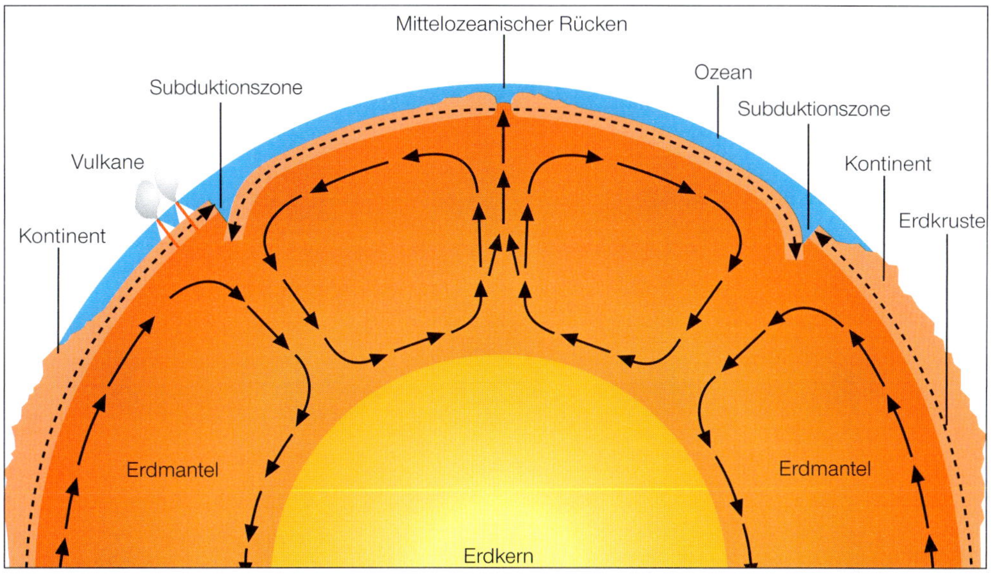

land erst im Oberjura, dem sog. Malm, erreicht. Nach den überwiegend marinen Kalkablagerungen mit ihrer weißen Färbung wird der Malm auch als Weißer Jura bezeichnet.

Die Riffbildner der oft bizarr erscheinenden Kalkformationen, die heute die Landschaft der Schwäbischen Alb prägen, sind zum Teil Korallen, vor allem aber Kieselschwämme (siehe S. 211), die häufig nach ihrem Absterben noch von Bakterien und kleinsten Mikroorganismen überkrustet werden. Weitere Mitglieder der Schwammriffgemeinschaft sind verschiedene kalkige Gehäuse oder Schalen hervorbringende Meeresbewohner wie einzellige Wurzelfüßer (Foraminiferen), Kalkschwämme, Muscheln, Moostierchen (Bryozoen), Seelilien, Seeigel und Armfüßer (Brachiopoden). Da der Anteil der einzelnen Tiergruppen am Aufbau des Riffgesteins nur selten quantifiziert werden kann, werden diese Gesteine verallgemeinernd als Mikrobiolithe bezeichnet. In welcher Tiefe sich diese Schwammriffe bevorzugt bilden, ist bis heute nicht bekannt. Der auffällige Mangel an typischen Flachwasserbewohnern wie den Korallen oder besonders großwüchsigen Muscheln und Schnecken, die entweder vollkommen fehlen oder sehr vereinzelt in Erscheinung treten, lässt darauf schließen, dass sie in größeren Tiefen angesiedelt sind als die heute vorkommenden Korallenriffe.

Die Schichtfolgen des Weißen Jura in der Schwäbischen Alb lassen Veränderungen in den Riffgemeinschaften erkennen, die vermutlich auf Veränderungen in der Lebenswelt zurückzuführen sind. Bis zur Mitte des Malms dominieren eindeutig die Schwammriffe. Ab dieser Phase überwiegt der sog. Massenkalk, der sehr unterschiedlich aufgebaut sein kann und bei dessen Entstehung die Schwämme z. T. nur noch eine untergeordnete Rolle spielen. Häufiger in Erscheinung treten jetzt Ooide (siehe S. 95), die auf Flachwasserzonen schließen lassen. Erst im obersten Jura treten in größerem Umfang Korallenkalke auf.

Um 180–142 Mio.

Dendriten – Scheinfossilien mit filigraner Struktur

In den Schichtflächen abgelagerter Sedimente bilden sich filigrane Gebilde oder Zeichnungen, die stark an Pflanzen, vor allem an Moose, Farne oder kleine Bäume und Sträucher erinnern. Es handelt sich hierbei um sog. Dendriten. Paläontologen hielten die Dendriten lange Zeit für fossilisierte Überreste mesozoischer Pflanzen. Tatsächlich handelt es sich jedoch um sog. Scheinfossilien, die rein anorganischen Ursprungs sind.

Der Name Dendriten leitet sich von dem altgriechischen Wort »dendron« für »Baum« her. Ihren Ursprung haben die äußerst filigranen Strukturen in Regenwasser, das mit den darin gelösten Eisen- und Manganlösungen in die Schichtspalten sickert, in denen es sich dann verästelnd ausbreitet. Während eisenhaltige Verbindungen vor allem rötliche und braune Dendriten bilden, schlagen sich manganhaltige Lösungen als dunkle bis schwarze Dendriten nieder.

Mit der eigentümlichen Geometrie der Dendriten, für die es bis heute keine lückenlose Erklärung gibt, befasst sich unter anderem die Chaos-Forschung. Besonders reiche Vorkommen finden sich in dem für seinen Fossilienreichtum weltberühmten Solnhofener Plattenkalk (siehe S. 236/237) – einem graubeigen bis gelblichen, teils fein geschichteten, teils plattigen Kalkgestein, das vor allem im Raum Solnhofen, Eichstätt sowie im Altmühltal (Bayern) weit verbreitet ist (Abb.: Mangan-Dendriten aus dem Solnhofener Plattenkalk).

Um 170 Mio. Kräftige Kiefer mit scharfen Zähnen besitzt der im heutigen Europa lebende **Eustreptospondylus**. Der auf zwei Beinen laufende Fleischfresser stellt mit einer Größe von bis zu neun Metern eine Gefahr für alle kleineren Reptilien dar. Wie bei vielen Dinosauriern sind die vorderen Extremitäten wesentlich kürzer als die hinteren. Anhand des in England gefundenen Skeletts eines noch nicht ausgewachsenen Exemplars schätzt man das Gewicht von Eustreptospondylus auf etwa 250 kg.

Eine weite Verbreitung finden die Ammoniten der Gattung **Macrocephalites**. Die Kopffüßer (Cephalopoda), die ein kalkschaliges Gehäuse schützt, bevölkern u.a. die Meeresgebiete in Europa, Nordafrika, Eurasien und Neuguinea. Wegen ihres häufigen Vorkommens gelten sie als wichtige Leitfossilien zur zeitlichen Eingrenzung abgelagerter Sedimente. Das Gehäuse von Macrocephalites ist in der für Ammoniten typischen Weise spiralförmig eingerollt. Um den engen Nabel winden sich die Spiralen. Deren Oberfläche prägen gleichmäßig verlaufende, scharfe Rippen.

Knochenpanzerplatten bedecken den Körper des zu den Panzerdinosauriern (Ankylosauriern) gerechneten **Tianchisaurus**. Fossile Reste des etwa fünf Meter langen Landreptils bargen Wissenschaftler im Nordwesten Chinas. Der Pflanzen fressende Saurier ist auch unter dem Namen Jurassosaurus bekannt. Er besitzt einen relativ kurzen Schädel und kann sich trotz seiner Panzerung leicht bewegen.

Ein kleiner Verwandter des Pliosauriers Liopleurodon ist der ebenfalls im Mitteljura vorkommende **Peloneustes philarchus**. Vollständige Skelette des Meeresreptils wurden im Süden Englands gefunden. Im Gegensatz zu dem bis zu zwölf Meter langen Liopleurodon besitzt der nur drei Meter große Peloneustes einen lang gestreckten Hals. An ihm sitzt ein verhältnismäßig kleiner Kopf, dessen Kiefer mit scharfen Dolchzähnen besetzt ist. Zu paddelartigen Flossen ausgeformte Extremitäten befähigen Peloneustes zur schnellen Fortbewegung im Wasser.

Auf die Jagd nach kleineren Reptilien geht der frühe Carnosaurier **Gasosaurus**. Belegt ist der Fleisch fressende Raubsaurier durch Fossilfunde in China. Sie weisen das Tier als einen sich auf zwei Beinen fortbewegenden Saurier aus. Mit seinem langen Schwanz schafft der etwa 3,5 m lange und 150 kg schwere Gasosaurus ein Gegengewicht. In den Kiefern des mittelgroßen Kopfes sitzen scharfe Zähne, mit denen der Fleischfresser seine Beute zerreißt. An den vorderen Extremitäten befinden sich dreifingrige Greiforgane. Die Füße sind mit krallenartigen Zehen besetzt.

Um 166–154 Mio.

Oxford Clay: Meeresbewohner werden zu Fossilien

In England wird der so genannte Oxford Clay eingelagert – ein außerordentlich fossilienreiches, toniges Sediment, das in seiner Bedeutung den berühmten Fundstätten in Holzmaden (siehe S. 216) und Solnhofen (siehe S. 236/237) kaum nachsteht (Abb.: Ammonit in Oxford-Clay).
Der Oxford Clay bildet sich in einer Meeresbucht im Nordosten Londons, die im Westen durch eine Gruppe kleinerer Inseln, im Norden durch eine größere Festlandsmasse und im Südosten durch das London-Brabanter Massiv (siehe S. 213) begrenzt wird. Durch einen breiten Meeresarm ist dieses Meeresbecken mit einem ähnlichen, etwas weiter östlich gelegenen Meerestrog verbunden, der seinerseits knapp 100 km nördlich der Rheinischen Masse liegt und in dem sich, wie etwa die Fundstelle Wallücke im Wiehengebirge zeigt, sehr ähnliche Ablagerungen bilden. Der erdölhaltige Tonstein wird in Deutschland als Ornaten-Ton bezeichnet.
Vor allem der untere Oxford Clay aus der Region von Peterborough ist für seinen großen Fossilienreichtum bekannt. Die Schichtung des Wassers und die Beschaffenheit des schlammigen Bodens erzeugen, ähnlich wie in Holzmaden, ideale Voraussetzungen zur Fossilisation. Der Sauerstoffgehalt in den Bodenregionen ist so gering, dass das organische Material kaum abgebaut wird. Auf diese Weise bleiben zahlreiche Meeresbewohner samt Weichteilen erhalten. Zu den wichtigsten Funden des Oxford Clay zählen Fische, Meereskrokodile, Ichthyosaurier und Plesiosaurier.

Um 166–154 Mio.

Globigerinen – frei im Wasser schwebende Einzeller

In der Gruppe der bis zu diesem Zeitpunkt ausschließlich benthonisch (am Meeresgrund) vorkommenden Foraminiferen oder Kammerlinge tritt mit den Globigerinen eine Untergruppe in Erscheinung, die sich auf eine schwebende Lebensform im Wasser spezialisiert. Ihre heute lebenden Vertreter haben einen ganz wesentlichen Anteil am Aufbau des sog. Globigerinenschlamms, der das mengenmäßig bedeutendste Kalksediment in den heutigen Weltmeeren bildet. Foraminiferen sind zu den Wurzelfüßern zählende Einzeller, die um ihren Zellleib ein kalkiges, mehrkammeriges Gehäuse abscheiden, das einen Durchmesser von zumeist weniger als einem Millimeter aufweist. Nur bei einigen Riesenformen, den Großforaminiferen, wird es über fünf Zentimeter groß. Während sich die meisten ihrer Vertreter kriechend am Boden bewegen, sind die im Freiwasser lebenden, etwa einen Millimeter großen Globigerinen mit sog. Schwebestacheln ausgestattet. Sie treten mitunter in so außerordentlichen Mengen auf, dass sie ganze Kalksteinformationen aufbauen. So sind etwa zahlreiche Häuser auf Malta mit Bausteinen aus Globigerinen-Kalk erbaut worden. Er verleiht dem Straßenbild die typische gelbe Farbe.

Um 160–142 Mio.

Früher Salamander in Asien

Im asiatischen Kasachstan treten im Oberjura mit der Gattung Karaurus erstmals Salamander in Erscheinung. In ihrer äußeren Erscheinung, im Körperbau und vermutlich auch in ihrer Biologie gleichen diese etwa 20 cm großen Tiere nahezu vollkommen den heute lebenden Formen (Abb.: Baumsalamander). Der Ursprung der archaischen Salamander ist mangels fossilisierter Zwischenstufen ungewiss. Ihre Ahnen sind möglicherweise unter den karbonischen Temnospondyli (siehe S. 191), wahrscheinlicher aber unter den etwa zeitgleichen Lepospondyli (siehe S. 178) – einer Gruppe kleinerer, Insekten fressender Amphibien – zu suchen. Die Gattung Karaurus zählt zur Gruppe der Schwanzlurche. Sie umfasst alle heute lebenden Salamander und Molche, wobei sich die Untergliederung in diese beiden Gruppen nicht auf zoologische Kategorien, sondern auf volkstümliche Bezeichnungen stützt. Die landlebenden Formen werden gemeinhin als Salamander und die im Wasser lebenden Arten als Molche zusammengefasst.

Um 170–159 Mio.

Europa steigt aus dem Jurameer

Gegen Ende des Mitteljuras kommt es in einem breiten Streifen entlang der deutschen Nord- und Ostseeküsten sowie in den unmittelbar nördlich angrenzenden, teils zu Dänemark, teils zur Nordsee zählenden Regionen zu weiträumigen Hebungen der Erdkruste, aus denen mit der Pompeckjschen Schwelle eine große, neue Festlandsmasse hervorgeht. Begleitet wird ihre Entstehung von Hebungen und Senkungen, durch die sich die geografische Situation in West- und Mitteleuropa im Vergleich zum Unterjura (siehe S. 213) erheblich verändert.

Bis zum Beginn des Mitteljuras hatte es zunächst keine einschneidenden Veränderungen gegeben. Doch dann hatte ein von Osten kommender Meeresvorstoß das Böhmische Massiv, die vormals größte europäische Festlandsmasse, auf die erheblich kleinere Böhmische Insel reduziert. Die sog. Vindelizische Schwelle, die die südwestlichen Regionen des Böhmischen Massives umfasst hatte, wurde durch den Meeresvorstoß abgetrennt. Zu Beginn des Oberjuras wird sie vom Meer überflutet und verwandelt sich dadurch zu einer Art Inselkette, die ideale Voraussetzungen für die Entstehung der süddeutschen Riffe (siehe S. 222) schafft. Sie bildet die Grenze zwischen dem flachen Jurameer und dem südlich angrenzenden Tethys-Ozean.

Auch im Westen kommt es zu erheblichen Veränderungen. Etwa dort, wo im Unterjura das Rheinische Massiv eine kleine Insel bildet, erhebt sich die Mitteldeutsche Schwelle aus dem Meer. Zugleich dehnt sich das ebenfalls im Unterjura noch vergleichsweise bescheidene London-Brabanter Massiv erheblich nach Südosten aus. Die etwa 200 km breite Meeresstraße zwischen den vormaligen Inseln verschwindet, beide Landmassen verschmelzen zu einem Festlandsgebiet, das sich von England über den Ärmelkanal, Südholland, Belgien und Nordfrankreich bis nach Südhessen erstreckt.

Die Festlandsmasse des heutigen Südhessen fällt im Oberjura trocken (Blick von der Wasserkuppe).

Im Norden wird das westliche Festland nur durch eine sehr schmale Meeresstraße von der Pompeckjschen Schwelle getrennt, doch kommt es hier zu keiner weiteren Verbindung. Durch zahlreiche, z.T. weiträumige Senkungen werden große Teile des Pompeckjschen Landes bis zur Unterkreide erneut geflutet. Alle Gebiete, die zur heutigen Nordsee zählen, fallen zusammen mit den angrenzenden Küstenregionen unter Wasser. Zurück bleibt eine Anzahl kleinerer Inseln, während sich die Pompeckjsche Schwelle auf den deutsch-dänischen Ostseeraum und die unmittelbar angrenzenden Gebiete reduziert. Im Süden wachsen das Mitteldeutsche Festland und die Böhmische Masse zum größten zusammenhängenden Festlandsgebiet seit Beginn des Mesozoikums zusammen.

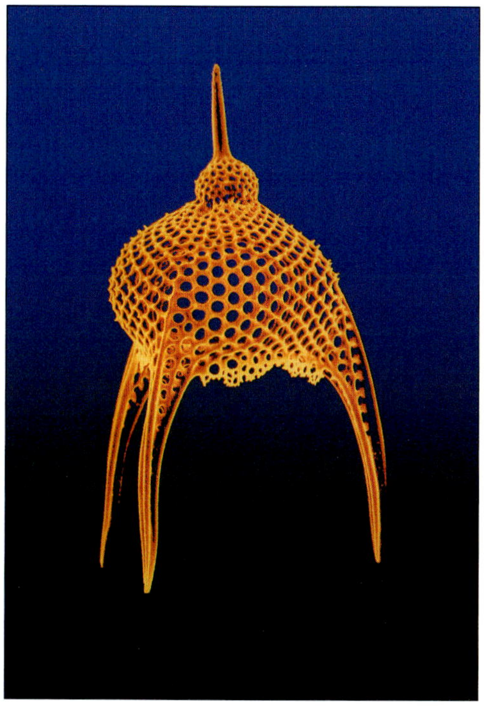

Um 170–159 Mio.

Land unter im Alpenraum: Schlammsedimente entstehen

Im Mittel- und Oberjura kommt es im Alpenraum zu einer kräftigen Einsenkung der Erdkruste, die sich in einem drastischen Wandel der Sedimente niederschlägt. Der aus Radiolarienschlamm, einem charakteristischen Tiefwassersediment, bestehende Kieselschiefer löst die festländischen, überwiegend sandig-tonigen Ablagerungen sowie die Brachiopoden- und Crinoidenkalke (siehe S. 107) einschließlich der unterjurassischen Riffe ab.

Der zumeist rötliche Radiolarienschlamm setzt sich aus den nur 0,1 bis 0,5 mm großen, kieseligen Skeletten der Radiolarien zusammen. Es handelt sich hierbei um mikroskopisch kleine, planktonische Organismen, die bereits seit dem frühesten Erdaltertum, dem Kambrium (545–495 Mio.), nachgewiesen sind (Abb.: Radiolarie unter dem Rasterelektronenmikroskop). Aufgrund ihres häufig bizarr geformten, strahligen Skeletts werden die marinen Einzeller auch als Strahlentierchen bezeichnet. Sie kommen als kugelförmige Spumellarien und als mützenförmige Nasselarien vor, wobei insbesondere die Letztgenannten im Mittel- und Oberjura eine Blütezeit erleben. Aufgrund ihres massenhaften Vorkommens können sie gesteinsbildend wirken. Dieses Gestein, im Alpenraum als Radiolarit bezeichnet, ist durch Eisenverbindungen rot, grün oder auch braun gefärbt. Das Hauptablagerungsgebiet der Radiolarienschlämme beschränkt sich heute auf die Tiefwasserzonen des Pazifik und des Indischen Ozeans.

Zu Beginn der Trias (250–205 Mio.) zählten weite Teile der Alpenregion noch zum Festland. Da dieses durch die Dehnung der Erdkruste aber kontinuierlich absank, wurde das Gebiet im Laufe dieser Periode weiträumig vom Meer überspült. Es bildeten sich typische Flachwassersedimente aus marinen Kalken und Dolomitgesteinen. Da die Kruste langsam aber kontinuierlich sank, konnten die Korallenriffe, die Jahrmillionen lang in die Höhe wuchsen, um das Absinken des Untergrundes auszugleichen, gewaltige Dimensionen annehmen. Durch die weitere Dehnung des Alpenraums wird die Erdkruste in dieser Region im Verlauf des Juras endgültig zerrissen.

Um 159 Mio. Neben Dinosauriern und frühen Säugetieren bevölkern auch viele Insekten die Landschaften des Oberjuras. Insbesondere die Libellen sind zahlreich vertreten. Zu ihnen gehört u. a. die Gattung **Aeschnogomphus**. Wie die gegenwärtig lebenden Libellen besitzt Aeschnogomphus zwei starre Flügelpaare an den Seiten des Körpers. Sie erreichen eine Spannweite von etwa 22 cm. Gut erhaltene Exemplare des Insekts fanden sich u. a. in den Solnhofener Plattenkalken (Fränkische Alb).

Deutlich unterscheiden sich die in Mitteleuropa angelagerten **Sedimente** des Oberjuras (Malm) von denen des Unter- (Lias) und Mitteljuras (Dogger). Während in den ersten beiden Phasen überwiegend Schichten aus dunklen Schiefertonen und Sandsteinen entstanden, bilden sich nun hellere Sedimente. Sie setzen sich aus Karbonaten, Korallen-Oolithen und Mergelkalken zusammen.

Im Norden Deutschlands fossilisieren Tausende Ringelwürmer (Annelida) der Gruppe **Serpulidae**. Die kalkhaltigen Röhren, in denen die Weichtiere leben, sind gesteinsbildend und lassen Kalksteinschichten entstehen: den sog. Serpulit. Bei den Serpulidae handelt es sich um zumeist fest am Untergrund haftende Anneliden, deren kalkige, konzentrisch aufgebaute Röhren mit einem Deckel verschlossen werden können. An der Oberseite des Weichkörpers sitzt ein Tentakelkranz.

Große Formen entwickeln die Insekten der Gattung **Kalligramma**. In den Solnhofener Plattenkalken im Süden der Fränkischen Alb entdeckten Forscher ein gut erhaltenes, versteinertes Exemplar der Riesenflorfliege. Die Gesteinsabdrücke kennzeichnen Kalligramma als ein mit vier schmetterlingsartigen Flügeln ausgestattetes Insekt. Sie erreichen eine Spannweite von etwa 25 cm. Die Flügel zieren große Augenflecken.

Ein schneller Saurier ist der zu den Ornithischia zählende **Dryosaurus**. Mit seinen langen und dünnen, aber kräftigen hinteren Extremitäten erreicht der auf zwei Beinen laufende Pflanzenfresser hohe Geschwindigkeiten. Dabei dient der lange Schwanz zum Ausbalancieren. Die flinken Bewegungen bieten dem etwa drei Meter langen und 1,7 m hohen Pflanzenfresser einen guten Schutz gegen größere Fleisch fressende Raubsaurier. Fossile Exemplare von Dryosaurus wurden in Nordamerika und Afrika gefunden.

Um 159–142 Mio.

Bizarre Welt der Quallen

Unter außergewöhnlich guten Erhaltungsbedingungen, wie sie sich etwa in den Solnhofener Plattenkalken (siehe S. 236/237) finden, fossilisieren einzelne Exemplare der Medusen oder Quallen. Es sind Vertreter einer sehr alten Tiergruppe, deren Ursprung bis auf das untere Kambrium (545–495 Mio.) zurückgeht, die aber, da sie am Körper keinerlei Hartteile ausbilden, im Fossilbericht weitgehend fehlen.

Bei den oberjurassischen Vertretern der Quallen handelt es sich um Tiere aus der Gruppe der Scyphomedusen oder Scyphozoen, die im Volksmund auch als Schirm- oder Scheibenquallen bezeichnet werden. Bis in die Gegenwart sind die Scyphozoen weltweit mit den fünf Untergruppen der Kranzquallen (Coronata), der Fahnenmundquallen (Semaeostomea), der Würfelquallen (Cubozoa), der Wurzelmundquallen (Rhizostomea) sowie der Stiel- oder Becherquallen (Stauromedusia) in zahlreichen Formen vertreten. Im zoologischen System bilden die Scyphozoen die einzige Gruppe der Medusen, während eng verwandte Formen wie die Staats- und Segelquallen zu den Hydrozoen zählen. Die Gründe für diese Einteilung liegen in der außerordentlich ähnlichen Biologie. Unterschieden werden jedoch die rund 80 Arten der Kamm- oder Rippenquallen, die wissenschaftlich als eigene Gruppe eingestuft werden.

Die Scyphozoen und Hydrozoen bilden gemeinsam mit den Blumen- oder Korallentieren den Stamm der ausschließlich im Wasser, bevorzugt in Meeren lebenden Nesseltiere oder Cnidaria. Diese treten in

Scheibenquallen sind bis in die Neuzeit in allen Weltmeeren verbreitet.

Um 159–142 Mio.

Indischer Ozean wächst

Im Zusammenhang mit dem fortschreitenden Auseinanderbrechen des Südkontinents Gondwana sowie der zunehmenden Drift der Indischen Platte Richtung Norden gewinnt der Indische Ozean (Abb.: Koralleninsel Kudabandos im Indischen Ozean) – dessen Entstehung sich seit dem mittleren Jura abzeichnet – langsam an Kontur. Er wird im Süden von einer großen, aus Australien und Antarktika bestehenden Landmasse, im Westen von Afrika, im Norden von Indien und im Osten von Indochina begrenzt. Durch Kontinentalverschiebungen vergrößert sich die Ausdehnung des Indischen Ozeans im Laufe der Kreide (142–65,5 Mio.) noch erheblich.

Die Herausbildung des Indischen Ozeans steht im Zusammenhang mit einer grundlegenden geografischen Umgestaltung der Erde. Diese lässt bereits viele Grundzüge erkennen, die das Gesicht der Erde bis in die Neuzeit prägen. Der Nordatlantik weitet sich aus und auch der Südatlantik ist in ersten Ansätzen zu erkennen. Auf der Grenze zwischen Kreide (142–65,5 Mio.) und Tertiär (65,5–1,8 Mio.) liegt der indische Subkontinent bereits etwa auf Höhe der Insel Réunion. Als Bruchstück des Subkontinents spalten sich etwa zu diesem Zeitpunkt die Seychellen ab, die sich heute vor der Ostküste Afrikas befinden.

Fossil einer Qualle aus dem Jura

zwei Erscheinungsformen auf: als fest sitzende, sich ungeschlechtlich vermehrende Polypen und als frei bewegliche, sich geschlechtlich fortpflanzende Medusen. Ungeachtet der unterschiedlichen Lebensweise besitzen alle Cnidaria einen nahezu identischen Bauplan. Sämtliche Nesseltiere kennzeichnet der Aufbau des ganzen Körpers aus nur zwei Zellschichten. Die äußere dieser Schichten wird als Ektoderm, die innere als Endoderm bezeichnet. Zwischen diesen beiden Schichten befindet sich außer einer zellenlosen, gallertartigen Stützsubstanz ein einziger, mehr oder minder verzweigter Hohlraum, der im Wesentlichen der Verdauung dient und deshalb als Gastralraum (Magenraum) bezeichnet wird. Es ist die einzige Körperöffnung der Cnidaria, die zugleich als Mund und After dient.
Einzigartig bei den Nesseltieren ist die Ausbildung der wie Pfeile vorschnellenden Nesselkapseln, die dem Beutefang sowie dem Schutz des Tieres dienen. Sie enthalten ein aus hochmolekularen Eiweißkörpern bestehendes Gift. Berüchtigt ist das Gift der Feuerqualle Cyanea capillata, das Fieber, anhaltendes Unwohlsein und Hautreizungen verursachen kann. Weit gefährlicher sind einige Würfelquallen, deren auf Atmung und Kreislauf zielendes Gift geschwächte Menschen töten kann.

Um 159–142 Mio.

Wendiger Räuber: Mini-Saurier bevorzugt Fleischkost

Von Bayern bis Südfrankreich lebt mit dem Compsognathus (s. Abb.) einer der kleinsten Dinosaurier aller Zeiten. Für Paläobiologen ist dieses Tier von besonderer Bedeutung, da sein Skelett eine auffallende Ähnlichkeit mit demjenigen des ersten Vogels, des Archaeopteryx, aufweist.
In seiner Gestalt ist Compsognathus, abgesehen von seiner geringen Größe, ein typischer Vertreter der zweibeinigen, Fleisch fressenden Dinosaurier, die in der Gruppe der Theropoda zusammengefasst werden. Er hat einen verhältnismäßig kurzen, gedrungenen Körper mit einem langen Hals und einem lang gestreckten Schwanz, der während des Laufens der Steuerung sowie der Wahrung des Gleichgewichts dient. Seine Hinterbeine sind gut entwickelt und tragen vier bekrallte Zehen, von denen drei nach vorn und eine nach hinten gerichtet sind. Die Arme, die nur zwei bekrallte Finger aufweisen, sind dagegen schwach entwickelt. Die ganze Anatomie ist auf das Erreichen großer Laufgeschwindigkeiten ausgerichtet. Als wendiger Räuber ernährt sich Compsognathus von kleinen Reptilien und Säugern sowie von Insekten. Obgleich er von Kopf bis Schwanzende knapp einen Meter misst, wiegt er kaum mehr als 2,5 kg. Sein Rumpf hat etwa die Größe eines Huhns. In der grundlegenden Einteilung aller Dinosaurier in die Saurischier (Echsenbecken-Dinosaurier) und die Ornithischier (Vogelbecken-Dinosaurier) zählt Compsognathus zu den Saurischiern.

Um 159–142 Mio.

Der Vorfahre des Gecko

In der Gruppe der Squamata oder Schuppenkriechtiere, zu der alle heute lebenden Eidechsen und Schlangen gehören, bildet sich der neue Seitenzweig der Geckos (Abb.: Gecko gecko) heraus, deren erster Vertreter der Ardeosaurus ist.

In allen äußerlichen Merkmalen erinnert der in Deutschland verbreitete Ardeosaurus an seine späteren Nachfahren. Die Augen sind groß, was auf eine nachtaktive Lebensweise schließen lässt. Als wendiger Räuber stellt das etwa 20 cm lange Tier Spinnen und Insekten nach. Ob Ardeosaurus bereits über die für Geckos typischen Haftscheiben an den Füßen verfügt, die ihnen auch an senkrechten Wänden Halt verleihen, ist unbekannt.

Um 159–142 Mio.

Säuger mit Evolutionssprung

Unter den Säugetieren schreitet die Entwicklung der Pantotherier voran, einer Gruppe noch immer kleiner Formen, die in Symmetrodonta und die Eupanthoteria unterteilt werden. Obgleich keiner ihrer Vertreter das Mesozoikum überdauert, spielen sie in der Entwicklungsgeschichte der Säugetiere eine entscheidende Rolle.
Während die ersten primitiven Säuger – darunter die Triconodonten, Multituberculaten (siehe S. 202) und die Kloakentiere – den Kreis der Prototherier, der Eier legenden Säugetiere bilden, die sich bereits seit der Obertrias nachweisen lassen, bildet sich mit den Pantotheriern ein neuer großer Entwicklungszweig in der Evolutionsgeschichte heraus. Sie gelten als die Stammform aller modernen Säuger. Bereits in der Kreide (142–65,5 Mio.) gehen aus dieser Linie die ersten primitiven Beuteltiere hervor, die Metatherier. Einer ihrer frühesten Vertreter ist das nordamerikanische Alphadon – ein baumbewohnender Kletterer, der sich als Allesfresser von Früchen sowie kleinen Wirbeltieren ernährt und in seiner Erscheinung dem heutigen Opossum ähnelt. Fast zeitgleich entwickelt sich auch die Stammeslinie der Insektenfresser oder Insectivora, die als erste Vertreter der höheren Säuger gelten und zu der u.a. die Igel, Maulwürfe und Spitzmäuse zählen.

Um 159–142 Mio.

Langschwänzige Flugsaurier

Eine der am häufigsten vorkommenden Gattungen der Langschwanzflugsaurier (Abb.: Dorygnathus banthensis aus dem Unterjura), der von Europa bis Afrika vertretene Rhamphorhynchus, stirbt im Verlaufe des Oberjuras aus. Fünf Arten des Rhamphorhynchus sind bis heute belegt, wobei die kleinste unter ihnen eine Flügelspannweite von 40 cm, die größte eine von 1,75 m aufweist. Alle besitzen am Ende ihres langen Schwanzes ein rhombisches Flugsegel, das der Steuerung dient. Dieses Segel und eine kräftige Flugmuskulatur machen Rhamphorhynchus zu einem der besten Flieger seiner Zeit, der mit seinen dolchartigen, nach vorn gerichteten Fangzähnen vor allem Fischen nachstellt, die er im Gleitflug erbeutet.

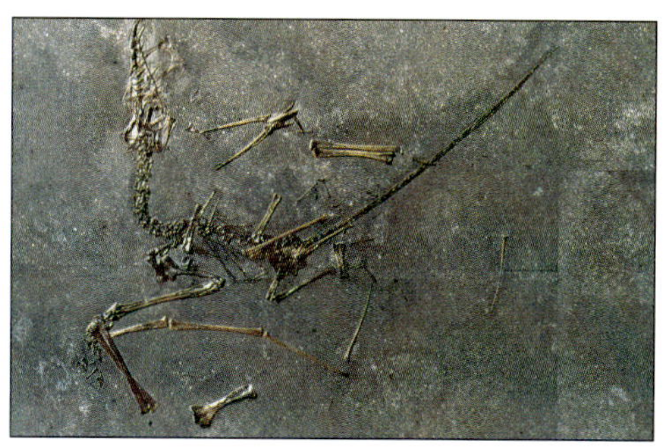

Um 159 Mio. Den Osten Afrikas durchstreift der Raubsaurier **Elaphrosaurus**. Knochen des Fleisch fressenden Reptils fanden Wissenschaftler in Tansania. Aus den Funden lässt sich ein etwa 6,2 m langer Saurier rekonstruieren. Er bewegt sich auf zwei Beinen fort und besitzt einen langen, steifen Schwanz. Die vorderen Beine waren wie bei den meisten zweibeinig laufenden Dinosauriern wesentlich kürzer als die hinteren Extremitäten und besaßen dreifingrige Hände. Die Kiefer müssen scharfe Zähne besessen haben, Schädelfunde existieren jedoch nicht.

Erstmals treten in den Meeren Schildkröten aus der Gruppe **Cryptodira** in Erscheinung. Sie werden zur Familie der Seeschildkröten (Chelonoidea) gerechnet. Fossilisierte Exemplare, die u.a. in Schichten des Oberjuras der Schweiz entdeckt wurden, weisen die frühen Cryptodira als primitive Schildkröten aus. So besitzen sie unspezialisierte Halswirbel (Cervicalwirbel), die es ihnen nicht ermöglichen, den Kopf in den Panzer einzuziehen. Dennoch bringen die Cryptodira im Jura vielfältige Gattungen hervor und sind noch heute mit zahlreichen Arten vertreten.

Große Ausmaße erreicht der zu den Sauropoden zählende Dinosaurier **Janenschia**. Den 24 m langen und mehr als 30 t wiegenden Pflanzenfresser tragen vier säulenartige Beine. Als typischer Vertreter der Sauropoden besitzt Janenschia einen sehr langen Hals, an dem ein im Verhältnis zu den Körpermaßen kleiner Kopf ansitzt. Möglicherweise schützen Knochenplatten den Rücken des riesigen Landreptils, paläontologische Belege dafür existieren jedoch nicht. Knochen von Janenschia wurden in Tansania im Osten Afrikas gefunden.

Um 159–142 Mio.

Hals kurz, Schnabel lang: Flugsaurier werden beweglicher

Mit dem Aussterben der Gattung Rhamphorhynchus (siehe S. 227) und anderer Langschwanzsaurier vollzieht sich ein Generationswechsel zugunsten der kurzschwänzigen Flugechsen oder Pterodactyloidea (Abb.: Fossil eines Pterodactylus aus Solnhofen). Sie sind im Oberjura bereits mit mehreren Untergruppen vertreten, die an verschiedene Lebensräume angepasst sind. Ihre unmittelbaren Vorfahren sind nicht fossil überliefert, doch deutet vieles darauf hin, dass sich die Pterodactyloidea aus den langschwänzigen Formen entwickelt haben.

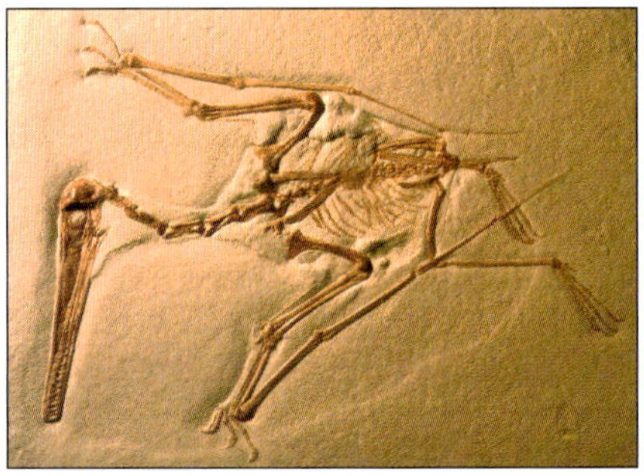

Der Verlust des Schwanzes, der bei den älteren Flugsauriern für den Flug eine wichtige Rolle spielte, führt bei den jüngeren Formen zu einem Umbau in der Anatomie und den Proportionen des Körpers. Schnabel und Hals werden noch länger, der Kopf rückt stärker auf den Hals und wird dadurch beweglicher. Die Pterodactyloidea erleben vor allem in der Unterkreide eine weltweite Verbreitung. Während im Unterjura die kleinen Formen dominieren, bringen sie in ihrer Spätphase wahre Giganten wie den Quetzalcoatlus aus der Oberkreide hervor.

Um 159–142 Mio.

Brachiosaurus – der Gigan

Skelett eines Brachiosaurus brancai aus Tansania im Berliner Naturkundemuseum

Mit Brachiosaurus, einem der größten und zugleich bekanntesten Vertreter der Sauropoden, beginnt im Oberjura das Zeitalter der gewaltigsten Landwirbeltiere aller Zeiten.

Brachiosaurus findet in den gut zehn Millionen Jahren seiner Existenz eine weite Verbreitung – von Nordamerika über Südwesteuropa bis an die Südostküste Afrikas. Er ist etwa 23 m, nach anderen Schätzungen bis zu 26 m lang und wiegt 70 bis 80 t. Das entspricht etwa dem Gewicht von zehn Tyrannosauriern bzw. dem von zwölf ausgewachsenen Bullen des Afrikanischen Elefanten. Sein Name, der so viel wie Armechse bedeutet, leitet sich von den für Sauropoden überproportional langen Armen ab. Tatsächlich ist Brachiosaurus der einzige Dinosaurier, bei dem die Arme länger sind als die Hinterbeine.

Mit einer Schulterhöhe von sechs Metern und einer Gesamthöhe von mehr als zwölf Metern ist Brachiosaurus annähernd dreimal so hoch wie heute lebende Giraffen und hervorragend dafür gerüstet, besonders hoch wachsende Pflanzenteile abzuweiden. Seine Hauptnahrung besteht vermutlich aus den Nadeln und Früchten von Koniferen. Die Form und Anordnung der Zähne ist ganz und gar auf die effektive Aufnahme unvorstellbarer Nahrungsmengen ausgelegt, während sich das Gebiss zum Zerkleinern dieser Nahrung kaum eignet. Dass diese Funktion von Steinen übernommen wird, die er in seinem mächtigen Magen transportiert, der Platz für knapp eine halbe Tonne pflanzlicher Nahrung hat, ist nach neuesten Erkenntnissen unwahrscheinlich.

Brachiosaurus, der ausschließlich im Oberjura lebt, ist nicht der größte, wohl aber der massigste unter all jenen Sauropoden, deren Existenz durch den Fossilbericht gesichert und deren Skelett weitgehend erhalten ist. Die Funde einzelner Skelett- und Knochenfragmente deuten zwar darauf hin, dass er von nahen Verwandten in Bezug auf Größe und Gewicht zum Teil noch erheblich übertroffen wird, doch

Um 159-142 Mio.

Vormarsch der Leptolepiden: Frühe Vertreter der modernen Knochenfische

Mit der Verdrängung der obertriassischen Pholidophoriden durch die eng verwandten, aber jüngeren Leptolepiden (Abb.: Schnabelfisch) vollzieht sich in der Evolutionsgeschichte der Fische eine entscheidende Weichenstellung. Aus den Leptolepiden entwickeln sich im weiteren Verlauf des Mesozoikums unabhängig voneinander die Stammformen der heutigen Fischfauna.

Die Pholidophoriden und Leptolepiden sind die frühesten Vertreter der Teleostei, der modernen Knochenfische. Zu diesem Formenkreis werden heute etwa 96 Prozent der bekannten Fische vom Seepferdchen über skurrile Tiefseeformen bis zu Flussbarsch und Forelle mit mehr als 20 000 Arten gezählt. Von den älteren Neopterygiern (siehe S. 186) unterscheiden sich die Teleostei durch einen Umbau im Bereich des Gehirnschädels, des Kieferbogens und der Schwanzflosse. Einer ihrer ältesten Vertreter, der in Trias und Jura nahezu weltweit verbreitete Pholidophorus, ist ein heringsähnlicher Fisch und ein schneller Schwimmer. Er weist bereits eine symmetrische Schwanzflosse und paarige Brust- und Bauchflossen auf. Zugleich lässt er noch, im Unterschied zu späteren Leptolepiden, archaische Merkmale wie die nur zum Teil verknöcherte Wirbelsäule erkennen.

Aus den Leptolepiden entwickeln sich fünf große Formengruppen. Die Ichthyodectiformes sterben am Ende der Kreide nach einer Blütephase wieder aus. Aus den Osteoglossomorpha gehen die heutigen Knochenzünglerartigen, aus den Elopomorpha u.a. die Aale und Tarpone, aus den Clupeomorpha die Heringe und Sardinen und aus den Euteleostei u.a. die Forellen und Lachse hervor.

unter den Sauropoden

liegen deren Erscheinungsbild und Biologie noch weitgehend im Dunkeln.

Funde einzelner Rückenwirbel lassen ahnen, dass der südamerikanische Argentinosaurus zwar ähnlich groß, aber noch erheblich schwerer ist als Brachiosaurus. Von einem anderen Tier, das den bezeichnenden Namen Supersaurus bekommen hat, kennt man einzig einen Halswirbel- und einen Schulterblattknochen, die allerdings auf eine errechnete Größe von mehr als 35 m schließen lassen. Und selbst dieser Riese wird möglicherweise noch übertroffen von dem rätselhaften Amphicoelias fragillimus, von dem im ausgehenden 19. Jh. nur ein einziges, inzwischen verloren gegangenes Knochenfragment geborgen wurde, aus dem Wissenschaftler eine Hüfthöhe von neun Metern und eine Länge von annähernd 60 m errechneten. Supersaurus könnte dem Diplodocus ähneln, das Aussehen der beiden anderen Giganten ist gänzlich unbekannt.

Die Geschichte der Sauropoden, dieser riesigen, vierbeinigen Pflanzenfresser, beginnt am Übergang zwischen Trias und Jura (um 205 Mio.) und endet mit der Kreidezeit (142–65,5 Mio.), umfasst also einen Zeitraum von etwa 140 Mio. Jahren, wobei der Oberjura sowie die Kreide der Südkontinente ihre Blütezeit markieren. Alle Sauropoden weisen einen ähnlichen Bauplan auf. Der Kopf ist klein, der Hals außerordentlich lang. Der voluminöse, tonnenförmige Rumpf wird von vier säulenartigen Beinen getragen. Der zu seinem Ende spitz zulaufende Schwanz ist ebenfalls auffällig lang.

Bereits frühe Vertreter, Barapasaurus und Cetiosaurus aus dem Unter- und Mitteljura, sind mit 15 bis 18 m Länge bemerkenswert groß. Beide werden zur Gruppe der Cetiosauridae, der so genannten Walechsen gezählt, die ihren Namen nicht einer den Walen ähnlichen Anatomie oder Lebensweise, sondern einer Fehleinschätzung verdanken. Als der erste Cetiosaurus im frühen 19. Jh. im Süden Englands geborgen wurde – Jahrzehnte bevor der Begriff Dinosaurier überhaupt geprägt wurde –, hielt man ihn für einen Meeresbewohner und titulierte ihn später deshalb als Walechse.

Der längste gesicherte Vertreter der Sauropoden, der gleichzeitig mit Brachiosaurus im Oberjura in Erscheinung tritt, ist der bis zu 30 m lange Diplodocus, der trotz seiner gewaltigen Größe »nur« maximal 20 Tonnen wiegt, im Vergleich zu dem viermal schwereren Brachiosaurus also ein Leichtgewicht. Der Grund dafür ist, dass er in evolutionärer Hinsicht eine Weiterentwicklung darstellt. Vor allem seine Wirbel weisen große Hohlräume auf, die das Gesamtgewicht des Tieres erheblich verringern, ohne aber die Stabilität des Skeletts zu gefährden. Der in Nordamerika heimische, in Herden lebende Gigant ernährt sich bevorzugt von niedrig wachsenden Pflanzen wie Farnen.

Der massige Brachiosaurus zählt zu den Pflanzenfressern.

Um 159–142 Mio.

Blütezeit der Rotalgen

In den warmen Meeren des Malms kommt es zu einer Blüte der zu den Rotalgen (Abb.: Rotalge Chondrus crispus) zählenden Pflanzengruppe der Solenoporaceen, die durch ihre massenhafte Verbreitung einen beträchtlichen Anteil am Aufbau der mächtigen oberjurassischen Kalksedimente hat. Solenoporaceen waren in den unterpaläozoischen Meeren spätestens im Ordovizium (495–440 Mio.), möglicherweise schon im Kambrium (545–495 Mio.) in Erscheinung getreten. Die systematische Einordnung dieser marinen Kalkbildner war jedoch lange umstritten, mitunter wurde sogar eine Eingliederung ins Reich der Tiere erwogen. Heute werden sie überwiegend zu der großen Gruppe der Rhodophyten oder Rotalgen sowie der Untergruppe der Corallinaceen oder Kalk-Rotalgen gezählt.

Von den kalkbildenden Grünalgen unterscheiden sich die Kalk-Rotalgen dadurch, dass sie den Kalk nicht an der Oberfläche der Zelle, sondern an den Zellwänden abscheiden. Dabei bilden sie Stöcke aus, deren Wuchsform grobästig, krusten- oder knollenförmig ist. Nach dem Absterben der Pflanzen häuft sich dieser Kalk in zum Teil unvorstellbaren Mengen an. Mit bis zu 100 m Mächtigkeit trägt er an bestimmten Orten entscheidend zum Aufbau späterer Gebirge bei. Obgleich sie häufig in Gemeinschaft mit echten Riffbildnern in Erscheinung treten, bilden die Solenoporaceen keine Riffe im eigentlichen Sinne, sondern lediglich Anhäufungen ihrer verkalkten Überreste aus.

Um 159 Mio. Beim heutigen Bernissart in Belgien sterben 29 Exemplare der Dinosauriergattung **Iguanodon**. Ihre fast vollständig erhaltenen Skelette wurden 1878 zufällig beim Abbau von Steinkohle entdeckt. Das für die Iguanodontidae namengebende Iguanodon wird bis zu zehn Meter lang und fünf Meter hoch. Vermutlich bewegt sich der massige Pflanzenfresser auf zwei Beinen fort, benutzt aber teilweise die vorderen Extremitäten zum Abstützen. An ihnen sitzen zu Greiforganen ausgebildete Hände. Iguanodon lebt in Eurasien, Nordamerika und Nordafrika.

Erstmals treten Säuger aus der Gruppe der **Multituberculata** in Erscheinung. Sie bilden innerhalb der mesozoischen Säugetiere die artenreichste Gruppe. Die in Nordamerika, Europa und Nordasien beheimateten Tiere sind der Nachwelt lediglich durch Zahnfunde überliefert. Von den primitiven Säugern wurden Backenzähne mit vielen Höckern sowie Schneidezähne entdeckt. Vermutlich ernährten sich die Multituberculata von pflanzlicher Nahrung.

Ein schneller Läufer ist der Saurier **Ornitholestes**. Der leicht gebaute, nur etwa zwölf Kilogramm wiegende Fleischfresser bewegt sich auf langen Beinen fort. Besonders ausgebildet ist der spitz zulaufende Schwanz. Er misst die doppelte Länge des restlichen Körpers. Eine markante Form weist der kleine Schädel auf. Auf der Oberseite der Schnauze wächst eine haubenförmige Verdickung. Ornitholestes lebt in Nordamerika.

In den Gewässern Nordamerikas ernährt sich der riesige Dinosaurier **Diplodocus** von Wasserpflanzen, Weichtieren und Insektenlarven. Ausgewachsene Exemplare von Diplodocus erreichen eine Länge von 30 m und wiegen etwa 20 t. Als besonderes Merkmal weisen die langhalsigen Dinosaurier zwischen den Augen ein einziges großes Nasenloch auf. Darüber hinaus besitzt Diplodocus keine aus massiven Knochen gebildete Wirbel, sondern eine Art knöchernes Gitterwerk, das große Hohlräume ausspart.

Um 159–142 Mio.

Ära der Carnosaurier

Während mit dem Brachiosaurus und seinen nächsten Verwandten (siehe S. 228) die größten Landwirbeltiere aller Zeiten in Erscheinung treten, beginnt zugleich die Blütezeit der Carnosaurier (Fleisch fressende Saurier). Bereits vor dem Erscheinen ihres berühmtesten Vertreters, des Tyrannosaurus aus der Kreidezeit (142–65,5 Mio.), bringen sie einige der gewaltigsten landlebenden Fleischfresser aller Zeiten hervor.

Zoologisch zählen die Carnosaurier zu den Saurischia, den sog. Echsenbecken-Dinosauriern. Diese Großgruppe wird unterteilt in die beiden Linien der vierbeinigen, Pflanzen fressenden Sauropodomorpha, zu denen u.a. der Brachiosaurus zählt, und in diejenige der Therapoda, der sich auf zwei Beinen fortbewegenden Fleischfresser. Letztere werden wiederum nach ihrer Größe in die drei Untergruppen der Coelurosaurier, Deinonychosaurier und Carnosaurier unterteilt, wobei die letztgenannte die größten aller Fleisch fressenden Dinosaurier umfasst. Ob allerdings das weit verbreitete Bild von den blutrünstigen Jägern auf die Mehrzahl der Carnosaurier wirklich zutrifft, ist mindestens umstritten. Möglicherweise haben gerade ihre größten Vertreter als Aasfresser in der mesozoischen Fauna jene Rolle übernommen, die heute den Hyänen, Geiern oder einigen Insekten zukommt.

Deinonychus ist mit einer Länge von drei bis vier Metern ein schneller und wendiger Räuber.

Die gewaltigsten Carnosaurier des Oberjura zählen zu der Untergruppe der Allosaurier, die von Nordamerika bis Asien sowie von Afrika bis Australien eine weite Verbreitung findet. Ihr bekanntester Vertreter ist der nahezu weltweit vorkommende Allosaurus, der mit zwölf Metern Länge der größte landlebende Fleischfresser seiner Epoche ist. Dieses in mehreren Dutzend teils vollständig, teils fragmentarisch erhaltener Skelette überlieferte Tier ist ein typischer Vertreter der Carnosaurier mit kräftig entwickelten, säulenartigen Hinterbeinen und vergleichsweise schmächtigen, allerdings mit scharfen Krallen bewehrten Armen. Allosaurus erreicht ein Gewicht von drei Tonnen und in seiner gewohnten aufrechten Haltung eine Gesamthöhe von knapp fünf Metern. Auch bei ihm gehen die Meinungen der Paläobiologen hinsichtlich seiner Qualitäten als Jäger weit auseinander. Während einige Forscher vermuten, dass er ein ebenso gefährlicher wie erfolgreicher Räuber ist, wenden andere ein, dass er sich schon allein wegen seiner Körpermasse kaum zum ausdauernden Läufer oder geschickten Pirschjäger eignet und sich deshalb vorwiegend von Aas ernährt.

Gleiches gilt für den in der mittleren Kreide lebenden Tyrannosaurus, den nach heutigem Erkenntnisstand größten landlebenden Fleischfresser aller Zeiten. Verschiedene Merkmale wie die Anordnung der sägeblattartigen, bis zu 15 cm langen Zähne und der vermutlich ausgeprägte Gesichts- und Geruchssinn deuten darauf hin, dass Tyrannosaurus ein aktiver Jäger ist. Dagegen nehmen andere Forscher an, dass es sich bei ihm um einen sich nur langsam fortbewegenden, allerdings unbezwingbaren Aasfresser handelt, der mit seiner ausgeprägten Kaumuskulatur problemlos Knochen zerbeißen kann. Tyrannosaurus wird bis zu 15 m lang und ist aufrecht stehend mehr als sechs Meter hoch. Mit einem Gewicht von mehr als sieben Tonnen ist er schwerer als ein ausgewachsener Afrikanischer Elefant. Sein Kernverbreitungsgebiet liegt im Bereich der nordamerikanischen Rocky Mountains.

Legende oder Wirklichkeit? Ein Fleisch fressender Daspletosaurus jagt einen Styracosaurus.

Um 159–142 Mio.

Evolutionsschub bei den Pflanzenfressern: Ornithischia werden dominierende Gruppe

Die Blüte der Fleisch fressenden Saurier wäre nicht denkbar ohne eine entsprechende Entwicklung bei den Pflanzen fressenden Dinosauriern. Zum Teil zählen sie wie Brachiosaurus und Apatosaurus zur großen Stammeslinie der Saurischia (»Echsenbecken-Dinosaurier«), zum Teil zu den Ornithischia (»Vogelbecken-Dinosaurier«). Während bei den Saurischia sowohl Fleisch- als auch Pflanzenfresser vertreten sind, kommen bei den Ornithischia ausschließlich Letztere vor.

Die Ornithischia bilden eine äußerst formenreiche Gruppe von Sauriern, deren gemeinsames Merkmal das vogelähnliche Becken sowie die vegetarische Ernährung ist, die aber ansonsten gleichermaßen kleine wie riesige und zwei- wie vierbeinige Vertreter umfasst. Eingeteilt werden die Ornithischia in die fünf Untergruppen der Stegosauria, Ankylosauria, Ornithopoda, Ceratopsia und Pachycephalosauria.

Einer der berühmtesten oberjurassischen Pflanzenfresser ist der nordamerikanische Stegosaurus (s. Abb.), der auf seinem Rücken eine Doppelreihe breiter Knochenplatten und an seinem Schwanz bis zu einen Meter lange Dornen trägt. Er wird bis zu neun Meter lang und erreicht ein Gewicht von mehr als zwei Tonnen. Kentrosaurus, ein naher ostafrikanischer Verwandter, ist bis zur Mitte des Rückens mit ähnlichen Knochenplatten bewehrt, auf die am hinteren Rücken und am Schwanz eine Doppelreihe langer und spitzer Dornen folgt. Diese knöchernen Schwanzstacheln sind leicht nach hinten geneigt und bieten damit eine vorzügliche Verteidigungswaffe gegen Angriffe von hinten. Die ersten Ornithischia waren in der oberen Trias in Erscheinung getreten, hatten dann aber eine eher unbedeutende Rolle gespielt. Erst ab dem Oberjura schlagen sie eine Entwicklung ein, die sie bis zum Ende der Kreidezeit zur dominierenden Dinosaurier-Gruppe werden lässt.

Um 159–125 Mio.

Basaltplateaus in Südamerika

Durch das weitere Auseinanderbrechen Gondwanas sowie die kontinuierliche Ausweitung des Südatlantik kommt es vor allem auf der Südhalbkugel verstärkt zu vulkanischen Aktivitäten. Da es sich bevorzugt um einen sog. effusiven Vulkanismus handelt, bei dem die Lava nicht wie bei explosiven Eruptionen hinausgeschleudert wird, sondern gleichmäßig ausfließt, kommt es zur Entstehung ausgedehnter Deckenbasalte aus erkaltetem Schmelzgestein (Abb.: Basaltfeld auf Island). Eines der größten Basaltplateaus mit einer Ausdehnung von 1 Mio. km² bildet sich im südamerikanischen Paraná-Becken, ähnlich ausgedehnte Deckenbasalte entstehen in der Amazonas-Region und in Südwestafrika.

Um 159–98 Mio.

Marine Sedimentgesteine enthalten Phosphorite

Durch die Ausweitung des Nordatlantik bilden sich vor allem im Obertrias sowie in der unteren und mittleren Kreide auch im Nordwesten Europas Phosphorit-Lager. Die Hauptvorkommen dieses wichtigen Rohstoffs für die Gewinnung von Phosphaten befinden sich allerdings in Brasilien, Nordafrika und auf dem Gebiet der USA.

Phosphorite sind marine Sedimentgesteine, die im Wesentlichen aus Phosphormineralien, vor allem aus dem Phosphat Apatit aufgebaut werden. Apatit ist ein Mineral, das seinen Namen dem griechischen Wort »apatein« für »täuschen« verdankt, da es leicht mit anderen Mineralien verwechselt wird. Es kommt sowohl klar als auch undurchsichtig in allen erdenklichen Farbvarianten vor. Der in den Phosphoriten enthaltene Phosphor (Abb.: Roter Phosphor) stammt aus dem Zerfall apatithaltiger Gesteine, aus organischen Substanzen, Knochen, Zähnen, Fäkalien u.ä. Aus diesem Grund werden die Phosphorite, die sich bevorzugt in Flachwasserzonen bis maximal 300 m Tiefe bilden, als biogene, aus dem Stoffwechsel von Organismen hervorgegangene Gesteine bezeichnet. Von seiner Struktur erinnert das Sediment an Oolithe (siehe S. 95). Industriell genutzt wird es für die Herstellung von Düngemitteln und Chemikalien.

Hohe Tiere: Giganten der Fauna

*Der **Blauwal** ist der Gigant unter den heute lebenden Riesen. Das größte Tier der Erde erreicht in ausgewachsenem Zustand eine Länge von bis zu 30 m sowie ein Gewicht von etwa 160 t und ist damit doppelt so groß wie die größten Dinosaurier der Erdgeschichte. Schon bei der Geburt misst ein Blauwalbaby etwa sieben bis acht Meter und wiegt um die drei Tonnen. Nach nur sieben Monaten wächst der Jungwal, den seine Mutter täglich mit etwa 300 l Milch versorgt, auf eine stattliche Länge von 16 m und ein Gewicht von ca. 23 t.*

*Die **Riesenschildkröten**, die in der Vergangenheit mehrere Aussterbe-Ereignisse überlebt haben, sind mit ihrem Gewicht von bis zu 250 kg die schwersten aller heute auf der Erde lebenden Landreptilien. Sie erreichen eine Länge von etwa 1,5 m. Die Lebensräume der gepanzerten Riesen, die heute vom Aussterben bedroht sind, beschränken sich auf isolierte Inselgebiete. Die im Indischen Ozean gelegene Seychellen-Insel Aldabara ist das Zuhause der Seychellen-Riesenschildkröte (Geochelone gigantea), die eng verwandte Elefantenschildkröte (Geochelone elephantopus) lebt auf den Galápagosinseln. Von seinen gigantischen Bewohnern leitet sich auch der Name des zu Ecuador gehörenden Archipels im Pazifik ab: »Galápago« ist das spanische Wort für Schildkröte.*

Giganten der Fauna: Zu verschiedenen Zeiten ist es im Verlauf der Erdgeschichte zu Formen von Riesenwuchs gekommen. Nie aber wirkte sich diese Tendenz dermaßen ausgeprägt auf alle erdenklichen Lebensräume und Lebensformen aus wie im letzten Drittel des Mesozoikums. Als Ikonen dieser heute unvorstellbaren Eskalation von Größenwachstum gelten unzweifelhaft die riesenhaften Sauropoden wie Brachiosaurus (siehe S. 228) und imposante Fleischfresser wie Tyrannosaurus und Allosaurus (siehe S. 230), doch beschränkt sich der Gigantismus in Oberjura und Kreide keineswegs auf diese spektakulären Landwirbeltiere.

Monstrum aus der Oberkreide: Stolze zweieinhalb Meter misst der Paraphzosia seppenradensis, der größte Ammonit der Welt.

Mit dem Quetzalcoatlus, benannt nach dem gleichnamigen aztekischen Gott, lebt in Nordamerika das größte fliegende Wirbeltier aller Zeiten. Mit einer Flügelspannweite von zwölf, nach anderen Schätzungen sogar von 15 m übertrifft diese Flugechse manch kleineres Motorflugzeug unserer Tage. Weltweit gibt es Meeresreptilien, die – wie Liopleurodon aus dem Oberjura oder Kronosaurus und Elasmosaurus aus der Kreide – eine Länge von zum Teil deutlich über zwölf Metern erreichen. Sie alle werden übertroffen von dem gigantischen Meeressaurier von Aramberri (siehe S. 234) – das größte Raubtier, das je auf der Erde gelebt hat.

Doch auch bei den kleineren, unscheinbareren Faunenvertretern kommt es zu Gigantismus. Die einzelligen, eigentlich zu den Mikrofossilien zählenden Foraminiferen bringen – mit immerhin bis zu 15 cm Größe – vergleichsweise riesenhafte Arten hervor. Bei den Muscheln kommt es ebenfalls zu Riesenwuchs, einige Ammoniten werden mehr als zwei Meter groß. Die Seelilien entwickeln Arten mit 20 m langen Stielen.

Größe als Trumpf im Überlebenskampf

Über die Gründe für diesen allgemeinen Größenzuwachs ist noch immer wenig bekannt. Die grundsätzlichen Überlegungen zur Bedeutung der Größe in der Evolutionsgeschichte treffen nicht auf alle genannten Tiergruppen in gleichem Maße zu. Größenzuwachs bietet in evolutionärer Hinsicht sicherlich einige Vorteile. Besonders stattliche Exemplare können sich in der Auseinandersetzung mit gleichartigen Tieren und in der Konfrontation mit potenziellen Räubern besser durchsetzen, sind also bei Nahrungssuche, Paarungskämpfen und hinsichtlich ihrer Überlebenschancen begünstigt. Sie bringen größere Nachfahren hervor, die ihrerseits im Überlebenskampf nach dem Prinzip der natürlichen Auslese im Vorteil sind. Schließlich bietet Größe bessere Möglichkeiten, den Temperatur- und Energiehaushalt des Körpers zu regeln – ein Vorteil sowohl in besonders warmen Perioden wie im Erdmittelalter als auch in Kaltzeiten wie im späteren Quartär (1,81 Mio. bis heute).

Ein kennzeichnendes Merkmal der Giganten unter den Landwirbeltieren, der Sauropoden, ist der verlängerte Hals, dessen Ausbildung sich in evolutionstheoretischer Hinsicht relativ plausibel erklären lässt. Zwar zeigt sich die Vegetation des Juras und der Kreide üppig und formenreich, zugleich aber ist auch die Zahl der Nahrungskonkurrenten immens. Ein langer Hals bietet den Vorteil, den Kopf weiter recken zu können als andere Pflanzenfresser und dadurch Nahrungsquellen zu erschließen, die diesen unerreichbar sind. Mindestens ebenso wichtig ist die Tatsache, dass diese erheblich größere Reichweite den Energieeinsatz der massigen Sauropoden bei der Beschaffung der enormen Mengen geeigneten Futters auf ein Minimum reduziert.

Die Beobachtung, dass im Mesozoikum ein eindeutiger Trend von kleineren zu immer größeren Formen herrscht, während es für die umgekehrte Entwicklung kaum Beispiele gibt, hat zu

Wettbewerbsvorteil dank überdimensionalem Hals: Diplodocus erreicht Nahrungsquellen, die für Konkurrenten zu weit entfernt sind.

der – allerdings nicht unumstrittenen – Hypothese vom »Rüstungswettlauf« zwischen Jägern und Beute geführt. Größenzunahme ist eine relativ unkomplizierte genetische Modifikation, um sich gegenüber den potenziellen Angreifern einen Vorteil zu verschaffen. Sie hat jedoch den Nachteil, auch unter den Räubern eine natürliche Auslese der größeren, erfolgreicheren Beutegreifer auszulösen. Verbunden mit dieser Vorstellung ist die Annahme, ein einmal begonnener evolutionärer Trend setze sich so lange fort, bis er seine natürlichen, biologischen Grenzen erreicht.

Grenzen des natürlichen Wachstums

Diese Überlegungen haben zu der Frage geführt, wo die Grenzen des Wachstums im Tierreich liegen. Zu unterscheiden ist dabei grundsätzlich zwischen wasser- und landlebenden Tieren. Auch der größte Dinosaurier erreichte nicht einmal annähernd das Gewicht eines Blauwals, der mit seinen rund 160 t durch das Wasser gleitet.
Ein entscheidender Aspekt bei der Schätzung des theoretischen Maximalgewichts landlebender Tiere betrifft die Belastbarkeit der Beine, auf denen die gesamte Körpermasse ruht. So sind es auch geschätzte Richtwerte im Verhältnis zwischen Körpervolumen und Beinumfang, mittels derer die Wissenschaftler aus Skelettfragmenten, insbesondere der Arm- und Beinknochen, auf die reale Größe eines ausgewachsenen Tieres schließen. Sie stützen sich auf die empirische Erkenntnis, dass leichtgewichtige Tiere wie Gazellen sich mit erheblich leichter gebauten Beinen fortbewegen können und dass eine leichte Zunahme des Körperumfangs eine erhebliche Gewichtszunahme bedeutet. Aus diesen Überlegungen schließen die Forscher, dass das Maximalgewicht landlebender Tiere bei 120 bis 140 t liegt, da die Beine bei einer größeren Masse so dick gebaut sein müssten, dass sie sich berühren würden und nicht mehr bewegt werden könnten.

Auf Urzeit-Spuren: Fährte eines Sauropoden aus der Unterkreide im Dinosaurier-Park Münchehagen (Niedersachsen)

__Gigantismus__ ist als Phänomen nicht nur bei Pflanzen und Tieren, sondern auch bei Menschen belegt. Der nachweislich größte Mann in der Geschichte der Medizin war Robert Pershing Wadlow. Am 27. Juni 1940 wurde er im Alter von 22 Jahren von zwei Anatomieprofessoren vermessen. Zu diesem Zeitpunkt war Wadlow 272 cm groß. Seine Armspannweite betrug 288 cm. Seine Hände maßen vom Handgelenk bis zur Spitze seines Mittelfingers 32,4 cm. Die größte Frau in der Geschichte war Zeng Jin-Lian aus Yujiang (zentralchinesische Provinz Hunan). Bei ihrem Tod am 13. Februar 1982 maß sie – im Alter von 17 Jahren – 247 cm. Ihre Hände waren 25,5 cm, ihre Füße 35,5 cm lang. Der derzeit größte lebende Mann ist der 39-jährige Pakistani Mohammad Ali Channa mit 226 cm. Die größte lebende Frau der Welt, Sandy Allen, stammt aus den USA. Sie ist 231,7 cm groß.

Im Fokus

Größenwachstum und Geografie: Ein eindeutiger Zusammenhang

Biogeografisch betrachtet leben die Dinosaurier in einer Zeit des Umbruchs. Während sie bei ihrem Siegeszug über alle Kontinente noch von der Tatsache profitieren, dass die großen Festlandsgebiete der Erde durch breite Landwege miteinander verbunden sind, zeichnet sich bereits der Zerfall des Südkontinents Gondwana ab. Im Oberjura erfolgt u.a. die Abspaltung Madagaskars und damit die Herausbildung eines bedeutend kleineren, durch seinen Inselcharakter geprägten Ökosystems. Gerade Inseln bieten zahlreiche anschauliche Beispiele für das Wechselspiel von Größenwachstum und Lebensraum. Nahezu alle Inseln lieferten mindestens bis zum Zeitpunkt ihrer Erstbesiedlung durch den Menschen zahlreiche eindrucksvolle Beispiele für auffallende Modifikationen der Körpergröße. Im Vergleich zu ihren festländischen Verwandten zeichnen sich die Tiere auf Inseln durch augenfällige Veränderungen in beide Richtungen aus: Die meisten Beispiele für Zwergwuchs wie für Gigantismus stammen aus Ökosystemen, die sich – bedingt durch ihre geografische Lage – unter Isolationsbedingungen gebildet haben. Dabei lassen sich einige charakteristische Tendenzen erkennen.
Säugetiere neigen unter Isolationsbedingungen zu Zwergwuchs. Eine Ausnahme bilden die Nager, die zum Riesenwuchs tendieren. Für zahlreiche Reptilienvertreter wie Schildkröten, Geckos, Leguane und Warane ist ein Hang zum Größenwachstum nachgewiesen, während Schlangen – mit wenigen Ausnahmen – zum Zwergwuchs neigen. Vögel und Insekten tendieren ebenfalls zum Gigantismus, zeigen aber auch einige Modifikationen in das andere Extrem. Die Gründe für diese augenfällige Neigung zur Größenveränderung auf Inseln sind komplex. Eine wesentliche Ursache ist, dass auf nahezu allen Inseln große Raubtiere gänzlich fehlen. Selbst wenn die Größe der Insel eine Aufteilung in Dutzende Jagdreviere ermöglicht, wird der Genpool der betroffenen Art so minimiert, dass sich schon allein aus diesem Grund keine überlebensfähige Population etablieren kann. Für einige Pflanzenfresser ergeben sich aus dieser Konstellation neue Probleme.
Große Säuger wie Elefanten, Flusspferde und Rotwild laufen grundsätzlich Gefahr, ihre Nahrungsreserven zu stark zu beanspruchen. In evolutionärer Hinsicht sind die kleineren Exemplare dadurch im Vorteil. Anders ist die Lage bei den kleinen Säugern. Da sie nicht gejagt werden und auf Überbevölkerung mit einem Rückgang des Fortpflanzungstriebs reagieren, können sie es sich leisten, an Größe zuzunehmen, um Hungerzeiten besser zu überstehen und größere Junge zur Welt zu bringen.

Leguane bringen tendenziell große Arten hervor, wenn ihnen ausreichende Nahrungsreserven zur Verfügung stehen.

Um 159 Mio.

Kräftige Kiefer besitzt der Fleisch fressende Dinosaurier **Yangchuaonosaurus**. Mit ihnen ist das landlebende Reptil imstande, mittelgroße und große Saurier zu reißen. Fossilreste von Yangchuanosaurus, die Wissenschaftler in der chinesischen Provinz Sichuan fanden, weisen ihn als einen etwa zehn Meter langen und 2350 kg schweren Saurier aus. Mit seinen langen, muskulösen Hinterbeinen – die vorderen Extremitäten sind verkürzt – erreicht er hohe Geschwindigkeiten. Neben lebenden Beutetieren verschlingt Yangchuanosaurus möglicherweise auch Aas.

Im Unterholz der jurassischen Wälder lauert ein gefährlicher Jäger: **Allosaurus**. Die riesige Echse – ausgewachsene Exemplare erreichen eine Länge von elf Metern – ist eine Gefahr für viele Pflanzen fressende Saurier. Hat sich Allosaurus erst einmal mit seinen gebogenen Sägezähnen festgebissen, gibt es für seine Opfer kein Entrinnen. Obwohl Allosaurus fast zwei Tonnen wiegt, kann er sich mit seinen kräftigen Hinterbeinen schnell fortbewegen. Drei Zehen an den schuppenbedeckten Füßen tragen das ganze Gewicht. An den vorderen Extremitäten sitzen scharfe Klauen.

An Flussufern in der heutigen Provinz Sichuan im südlichen Zentralchina lebt der zu den Stegosauriern zählende Pflanzenfresser **Tuojiangosaurus**. Als Nahrung dienen dem Tier in der Nähe der Flüsse wachsende Farne und Baumfarne. Deren Blätter reißt Tuojiangosaurus mit seinem am Kiefer sitzenden Hornschnabel ab. Zerkaut werden die pflanzlichen Reste mit den stark gefurchten Backenzähnen. Auf dem Hals, dem Rücken und dem Schwanz des Tieres befinden sich die für die Stegosaurier typischen dreieckigen Rückenplatten. Eine gefährliche Waffe ist der Schwanz, an dessen Ende spitze Stacheln sitzen.

Selbst größte Baumriesen sind für den Pflanzen fressenden **Mamenchisaurus** nicht unerreichbar. Mit seinem 15 m langen Hals – der längste Hals, der jemals bei Tieren nachgewiesen werden konnte – erreicht der zu den Sauropoden zählende Mamenchisaurus auch die höchsten Baumwipfel. In der älteren Forschung ging man davon aus, dass der in China beheimatete Sauropode seinen Hals senkrecht hielt und in Seen nach Beute fischte. Heute gilt er als landbewohnender Pflanzenfresser. Obwohl der Hals extrem lang ist, sind die Wirbel grazil geformt. An manchen Stellen erreichen sie nur die Dicke eines Blatt Papiers.

Um 159 Mio.

Riesiger Meeressaurier

Vor der Küste Mexikos lebt das sog. Monster von Aramberri, nach heutigem Wissensstand das größte Raubtier aller Zeiten. Es gehört zur Gruppe der Pliosaurier. Da bislang einzig ein Jungtier der erst in allerjüngster Zeit entdeckten Art geborgen werden konnte, sind die Forscher hinsichtlich der Größe ausgewachsener Exemplare auf Schätzungen angewiesen, doch deutet alles darauf hin, dass der gewaltige Fleischfresser selbst den Pottwal um einige Meter übertrifft. Als im Jahr 1982 im Nordosten Mexikos erstmals fossilisierte Teile der Wirbelsäule des gigantischen Räubers geborgen wurden, missdeuteten ihre Entdecker diese zunächst als fragmentarische Überreste eines Dinosauriers. Erst 18 Jahre später konnten Forscher der Universität Karlsruhe das Fragment zweifelsfrei einem Meeresreptil zuordnen. Bei den unmittelbar anschließenden Grabungsarbeiten stießen sie auf ein nahezu vollständig erhaltenes Jungtier, das zu großen Teilen bereits geborgen werden konnte. Von einer weiteren Grabungsexpedition im Herbst 2003 erhoffen sich die Wissenschaftler Rückschlüsse auf Mageninhalt und Ernährungsgewohnheiten.

Wirbel eines Plesiosauriers

Der nach seinem Fundort als »Monster von Aramberri« bezeichnete Pliosaurier ist rund 18 m lang und hatte ein Lebendgewicht von rd. 50 t. Dass es sich um ein Jungtier handelt, schließen die Forscher daraus, dass seine Schädelknochen noch nicht fest verwachsen sind. Am Kopf weist das Tier schwere Bissverletzungen auf, die von einem erheblich größeren, vermutlich ausgewachsenen Artgenossen stammen. Die Beißmarken deuten darauf hin, dass der Angreifer rd. 25 m maß. Damit übertraf er den bislang größten Fleischfresser der Erde, den Pottwal, um volle fünf Meter.

Die taxonomische Einordnung des »Monsters von Aramberri« ist unklar, auch eine wissenschaftliche Bezeichnung hat das Tier noch nicht. Es zählt zweifellos zu der großen Gruppe der Plesiosaurier, die mit Liopleurodon, Kronosaurus und Elasmosaurus in Jura und Kreide eine Reihe großwüchsiger Formen hervorbrachte. Das gigantische Meeresreptil hat einen stromlinienförmigen, massigen Körper. Der 3,5 m lange Schädel ist mit zehn dolchartigen Fangzähnen bestückt, mit denen es andere große Meeresbewohner erbeutete.

Pliosaurier wie das »Monster von Aramberri« töten selbst Ichthyosaurier und Elasmosaurier.

Um 154–145 Mio.

Ein Dorado für die Sauropoden-Forschung: Morrison-Formation bewahrt unzählige Fossilien

In Nordamerika entsteht die Morrison-Formation, die größte und ergiebigste Fossillagerstätte der oberjurassischen Fauna. Unter der Vielzahl der überlieferten Arten stechen vor allem die Überreste riesiger Sauropoden hervor, darunter zum Teil hervorragend erhaltene Skelette oder Skelettfragmente von Brachiosauriden und Diplodociden. Die Morrison-Formation durchzieht im Westen der USA ein Areal von mehr als 1,5 Mio. km^2. Entlang der Rocky Mountains dehnt sie sich von der Südgrenze Kanadas über die US-Bundesstaaten Montana, Wyoming, Nebraska und Colorado bis nach New Mexico im Süden aus (Abb.: Dinosaur National Monument Nationalpark, US-Bundesstaaten Colorado und Utah). In ihrem äußersten Süden reicht die Morrison-Formation bis an die Grenzen des nördlichen Trockengürtels. In Arizona geht die Landschaft in eine Wüste über.

Ihren Namen verdankt die Stätte einem ersten Fund, der 1877 in der Nähe von Morrison (Colorado) von dem englischen Lehrer und Missionar Arthur Lakes gemacht wurde. Damit begann ein regelrechter Grabungswettstreit, in dessen Verlauf in den folgenden Jahrzehnten zahlreiche Fossilien verschiedener Dinosaurier in bemerkenswerter Vielfalt und von mitunter kolossaler Größe geborgen werden konnten. Aufgrund der Fundmenge war die Morrison-Formation für die frühe wissenschaftliche Erforschung des Erdmittelalters, insbesondere der Welt der Schreckensechsen, von herausragender Bedeutung.

Zur Zeit des Oberjuras liegt in dieser Region eine ausgedehnte Tiefebene, die sich nach dem Rückzug eines Binnen- oder Epikontinentalmeeres gebildet hatte. Ihre nördlichen Teile liegen, wie Kohleflöze gleichen Alters belegen, unter dem Einfluss eines feuchtwarmen Klimas, das Nahrungsangebot für Pflanzenfresser ist ausgesprochen üppig. Eine über weite Teile morastreiche Landschaft findet sich auch in Colorado, der später reichsten Fundregion. Jahreszeitlich bedingte Überflutungen führen in dieser durch Flüsse und Seen geprägten Landschaft dazu, dass zahlreiche Tiere in den weichen Schlamm gespült werden, in dem sie versinken und fossilisieren. Die berühmtesten Funde aus der Morrison-Formation stammen von großen Pflanzenfressern wie Brachiosaurus, Apatosaurus, Diplodocus und Stegosaurus sowie von Fleischfressern wie Allosaurus. Aber auch unzählige Säuger, Krokodile, Fische und kleinere Reptilien bleiben erhalten.

Um 159 Mio.

Fotografische Konservierung im Kalk: Solothurner Meeresfauna stirbt schlagartig aus

Der heutige schweizerische Kanton Solothurn (zwischen Bern und Basel) ist auf der Grenze zwischen Mittel- und Oberjura von einem tropischen Meer bedeckt. Unter ungewöhnlichen Umständen entstehen hier qualitativ hervorragende Fossilien von Lebewesen wie den See- und Schlangensternen, die ansonsten besonders schnell und stark der Zersetzung ausgeliefert sind.

Der Kanton liegt im Oberjura am südlichen Rand eines breiten Riffgürtels, der das mitteleuropäische Nordmeer von dem südlichen Tethys-Ozean trennt. Vermutlich ist es ein schwerer Orkan, der für die betroffenen Lebewesen katastrophale Folgen hat. Innerhalb kürzester Frist werden sie von teilweise meterhohem Kalksand überdeckt, der durch den Sturm aufgewirbelt worden ist, sich dann aber innerhalb einer extrem kurzen Zeitspanne wieder absetzt. Die Isolation gegen Sauerstoff und das weiche Sediment erzeugen ideale Bedingungen für die Fossilisation. Fundorte wie diese werden auch als Verschüttungs- oder Obrusionslagerstätten bezeichnet.

Zu den überlieferten Arten zählen u.a. verschiedene Ammoniten, Krebse sowie zahllose See- und Schlangensterne (Abb.: Schildkröten-Fossil aus Solothurn). Besonders interessant ist die sog. Seesternplatte von Weissenstein, die eine ganze Seesternkolonie enthält – außergewöhnlich insofern, als sie den Augenblick der Verschüttung nahezu fotografisch festhält. So ist z.B. noch genau zu erkennen, wie sich ein Seestern durch einen Sprung vor einem herannahenden Krebs zu retten versucht. Überhaupt gilt die hier erfolgte Konservierung empfindlicher Organismen, die nach ihrem Tod gewöhnlich rasch zerfallen, für die Paläontologen als ein Glücksfall.

Ideale Erhaltungsbedingungen wie in Solothurn liegen immer dann vor, wenn Organismen innerhalb kürzester Zeit in ein konservierendes Medium wie Bernstein, Asphalt, Torf oder eben Kalksand eingebunden werden – bzw. wenn, wie etwa im Holzmadener Liasmeer (siehe S. 216), durch die extreme Lebensfeindlichkeit des Bodenwassers keine Zersetzung erfolgt.

Um 150 Mio.

Südlich des heutigen Dollnstein in Mittelfranken entsteht ein so genanntes **Bioherm**, eine hügel- bis linsenförmige Gesteinsmasse, die fast ausschließlich aus Überbleibseln mariner Organismen besteht. In Dollnstein bilden sich aus den Skeletten eingeschlossener Korallen Kalksteinformationen. Wissenschaftliche Untersuchungen an den Korallenstöcken ergaben, dass insgesamt neun Korallenarten versteinerten. Neben den Riff bildenden Tieren fanden Paläontologen in den Kalkschichten auch zahlreiche andere versteinerte Organismen, darunter Ammoniten, Seeigel und Seesterne sowie Schnecken (Gastropoda). Das Korallenriff stellt eine Besonderheit in Franken dar, da hier bislang nur wenige oberjurassische Korallenstöcke nachgewiesen werden konnten.

Mit einer Länge von sechs Metern stellt der Raubsaurier **Ceratosaurus** eine Gefahr für alle kleineren Saurier dar. Fossile Reste der Fleisch fressenden Echse fanden Paläontologen in der Morrison-Formation im Nordwesten der USA sowie in Tansania im Osten Afrikas. Sie ermöglichten die Rekonstruktion der Tiere. Demnach bewegt Ceratosaurus seinen plumpen Körper auf zwei Beinen fort. Am kurzen Hals sitzt ein mächtiger, aber leicht gebauter Schädel. Als Lebensraum des mit messerscharfen Zähnen bewehrten Ceratosaurus werden Farnsteppen und Flussniederungen vermutet.

Gegen größere Fleisch fressende Raubsaurier setzt sich der ansonsten friedliebende **Kentrosaurus** mit seinen spitzen Schwanzstacheln zur Wehr. Der zu den Stegosauriern zählende Kentrosaurus lebt in der Nähe von Flüssen, wo er sich von Farnen, aber auch von Sumpfpflanzen ernährt. Das sich auf vier Beinen fortbewegende Reptil besitzt auf dem Rücken eine doppelte Reihe von Knochenplatten, das Kennzeichen aller Stegosaurier. Am kurzen Hals sitzt ein kleiner Kopf.

Um 150 Mio.

Landgang: Lungenschnecken strecken ihre Fühler ins Trockene

Die Lungenschnecken (Abb.: Rote Wegschnecke), die vereinzelt bereits im Jungpaläozoikum in Erscheinung getreten waren, erleben eine erste große Blüte. Nachdem die Schnecken oder Gastropoda sich vom Meer aus zunächst in Brack- und Süßwasser ausgebreitet hatten, erobern sie nun zunehmend das Land.
Grundsätzlich werden die Schnecken in die Formenkreise der Vorderkiemer (Streptoneura) und der Hinterkiemer (Opisthobranchiata) eingeteilt. Entscheidendes Kriterium für die Zuordnung ist die nachembryonale Entwicklung, in deren Verlauf sich die Lage der inneren Organe auf charakteristische Weise verändert (siehe S. 159). Die Lungenschnecken oder Pulmonata weisen einen mit den Hinterkiemern nahezu identischen Bauplan auf. An Stelle der Kiemen haben sie allerdings ein mit feinen Blutgefäßen durchzogenes Gewebe, das dem Gasaustausch dient. Lungenschnecken zählen zu den Landbewohnern, die kleinere Untergruppe der Wasserlungenschnecken ist jedoch dem Leben im Wasser treu geblieben. Während

die Augen bei den landlebenden Formen an der Spitze der Fühler sitzen, befinden sie sich bei den Wasserlungenschnecken an deren Basis.

Um 150 Mio.

Archaeopteryx – der Urahn aller Vögel ist Süddeutscher

In einer Lagunenlandschaft lebt im süddeutschen Raum das nach heutigem Kenntnisstand erste vogelartige Lebewesen der Erdgeschichte: Archaeopteryx. Da dieser Ur-Vogel eine bemerkenswerte Anzahl sowohl echsen- als auch vogelartiger Merkmale aufweist, wird er allgemein als der »missing link«, das fehlende Bindeglied zwischen den Dinosauriern und den Vögeln, betrachtet.

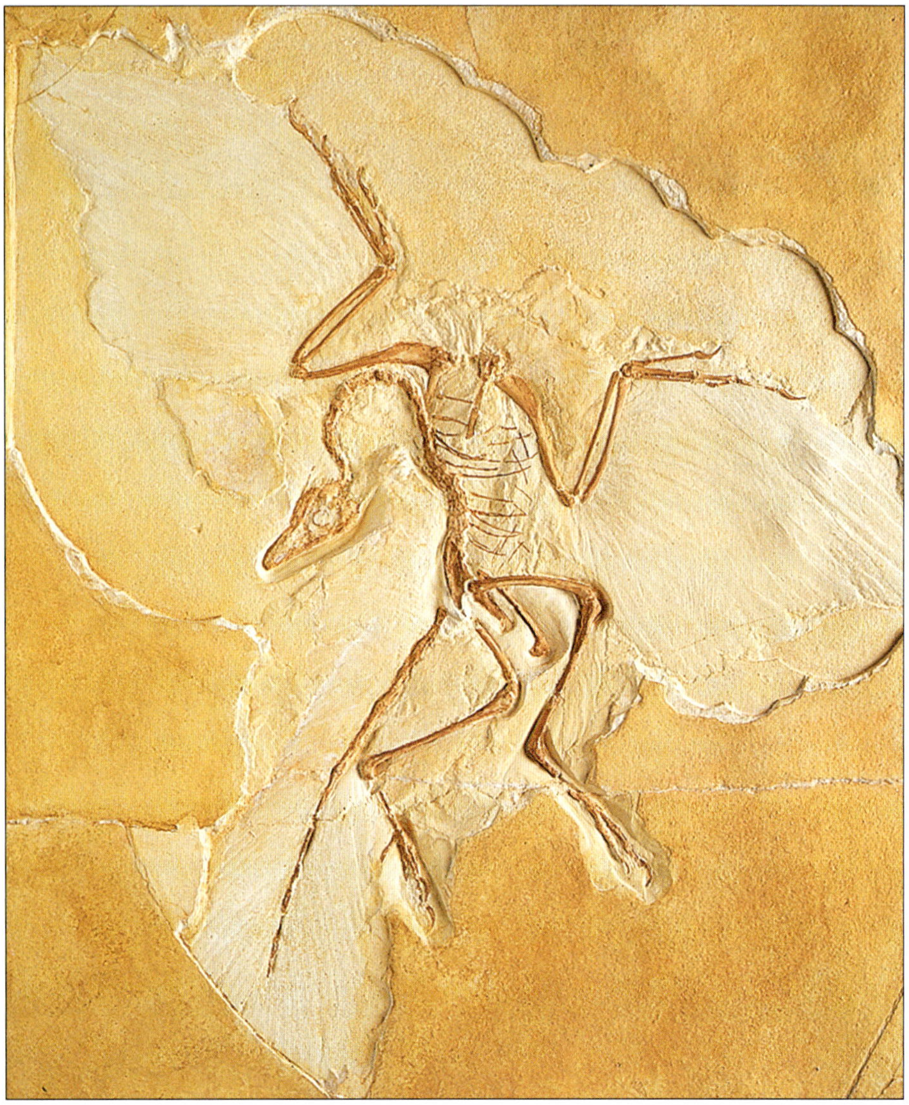

Der Archaeopteryx, der ausschließlich im Oberjura lebt, entspricht in seiner Größe etwa einer heutigen Elster oder Taube und erreicht ein Gewicht von maximal 500 g. Sein Skelett (s. Abb.) gleicht demjenigen des Compsognathus (siehe S. 227) und anderer kleinerer Fleisch fressender Dinosaurier. Statt des vogeltypischen Schnabels hat er einen schweren Schädel, der an Ober- und Unterkiefer Zähne aufweist, wie sie auch Dinosaurier besitzen. Ein weiteres typisches Echsenmerkmal ist der lange, knöcherne Schwanz. An die heutigen Vögel erinnern hingegen die dreizehigen Füße mit einem vierten, nach hinten gerichteten Zeh, die langen Arme, ein schwach entwickeltes, aber doch vogelartiges Brustbein, vor allem aber die Federn, die als ein zentrales Vogelmerkmal gelten und die bei Archaeopteryx bereits die sehr »moderne«, asymmetrische Form aufweisen, die sich plausibel nur mit ihrer aerodynamischen Funktion erklären lässt.
Die Funde, die in den letzten zehn Jahren in der chinesischen Provinz Liaoning gemacht wurden (siehe S. 241), haben die Diskussion neu entfacht, ob die Federn Archaeopteryx weniger zum Fliegen denn als Wärmeschutz gedient haben. Vieles deutet darauf hin, dass sie wohl tatsächlich letztere Funktion erfüllten. In den Vordergrund rückt deshalb die Frage, ob sich die Flugfähigkeit wohl beim Sprung vom Baum auf den Boden oder – etwa bei der Verfolgung von Insekten – vom Boden auf den Baum entwickelt habe. Ersteres ist wahrscheinlicher, denn Archaeopteryx weist an den Fingern seiner Flügelarme Klauen auf, wie sie gegenwärtig nur noch bei dem im südamerikanischen Regenwald vorkommenden Zigeunerhuhn Opisthocomus hoatzin zu beobachten sind. Die Jungtiere benutzen sie, um sich an Ästen und Zweigen hochzuhangeln. Ein ähnliches Verhalten lässt sich auch bei heute lebenden Flughunden beobachten. Wahrscheinlich ist Archaeopteryx ein noch vergleichsweise ungeschickter Flieger, der sich bevorzugt von Insekten ernährt.

Um 150 Mio.

Ein Eiland jenseits von Afrika

Im Zusammenhang mit den großräumigen Verschiebungen der Festlandsmassen und dem Auseinanderbrechen des vormaligen Südkontinents Gondwana spaltet sich Madagaskar von Afrika ab (Abb.: Blick auf die Küste bei St. Louis). Da dieser Prozess unterhalb des Wasserspiegels vonstatten geht, tritt die heutige viertgrößte Insel der Welt mehrere Millionen Jahre noch nicht als eine solche in Erscheinung. In dieser Zeit lagern sich auf dem Boden des zukünftigen Madagaskar die charakteristischen kalkigen Jurasedimente ab. Als sich das Eiland schließlich aus dem Meer erhebt, entstehen durch schwankende Meeresspiegel periodisch immer wieder Landbrücken mit dem afrikanischen Festland. Erst als der Meeresboden zwischen beiden Landmassen absinkt, beginnt die Zeit der eigentlichen Isolation, die Madagaskar zu einem Paradebeispiel für den evolutionären Sonderweg auf Inseln macht.
Etwa 90 Prozent der madagassischen Baumarten sind endemisch, d.h. ausschließlich hier anzutreffen. Gleiches gilt für die Tierwelt – so für alle Lemuren, die Borstenigel sowie für zahlreiche Vögel, Reptilien und Amphibien.

Um 150 Mio.

Fossilien-Wunderland Fränkische Alb

In einem erdgeschichtlich außerordentlich kurzen Zeitraum von etwa einer halben Million Jahren entsteht beim bayerischen Solnhofen in der Fränkischen Alb eine der außergewöhnlichsten Fossillagerstätten der Welt – sowohl was den Reichtum der überlieferten Arten angeht als auch den zum Teil fantastischen Erhaltungszustand. Zu den berühmtesten Funden zählen alle sieben bekannten Exemplare des Archaeopteryx. Insgesamt wurden bis heute annähernd 800 Pflanzen- und Tierarten geborgen, darunter Quallen, Ammoniten, Krebse, Fische, Meeres- und Landreptilien, Dinosaurier, Flugechsen sowie Insekten.
Uneinigkeit herrscht bezüglich der genauen Entstehung der Plattenkalke, die sich im Raum Solnhofen in einer Ausdehnung von mehr als 60 km Länge und rund 30 km Breite finden lassen. Als gesichert gilt, dass sich dieses Gebiet im Oberjura als ausgedehnte Lagunenlandschaft darstellt Sie liegt auf der Höhe jenes breiten Riffgürtels, der das europäische Binnenmeer vom Tethys-Ozean trennt. Die Versteinerungen zahlreicher Landbewohner belegen, dass es in unmittelbarer Nähe Festland gibt. Die Durchschnittstemperaturen liegen bei etwa 30 °C. Die Lagune wird durch Schwammriffe in Teilbecken unterteilt. In diesen Becken, die vom Wasseraustausch weitgehend abgeschnitten sind, ist das Wasser extrem übersalzen und sauerstoffarm. Die einzigen Organismen, die in diesem Milieu existieren können, sind bestimmte Algen, während Tiere, die in das Wasser geraten, verenden. Genau dies geschieht vermutlich während der wiederkehrenden Stürme, die zahlreiche Meeresbewohner über die Riffe in die Lagune spülen. Diese sterben ab und werden von dem aufgewirbelten Kalkschlamm begraben.

Krebs Eryma aus dem Solnhofener Plattenkalk

Gefragter Rohstoff für die Herstellung von Baumaterialien: Abbau des Plattenkalks im Altmühltal

Um 142 Mio. Eine letzte Gattung der Fischsaurier schwimmt in den Weltmeeren: **Platypterygius**. Sie ist die Ichthyosaurier-Gattung, die den längsten Zeitraum überdauert. 50 Mio. Jahre lang (bis um 90 Mio.) leben Formen von Platypterygius im Meer. Als jüngster Vertreter der Fischsaurier ist Platypterygius am weitesten entwickelt. Die räuberisch lebenden Tiere erreichen eine Größe von vier bis sieben Metern. Am Ende des spindelförmigen Körpers sitzt eine halbmondförmige Flosse, mit der sich Platypterygius im Wasser fortbewegt. Mit den zu ruderähnlichen Flossen umgeformten Extremitäten steuert der Meeressaurier seine Bewegungen.

Der Nordwesten Deutschlands, das heutige Niedersachsen und das Vorland des Harzes, besteht aus einem großen Senkungsgebiet, dem **Niedersächsischen Becken**. In dem Senkungsgebiet lagern sich Sedimente an, die überwiegend dem Festlandsgebiet Mitteldeutschlands entstammen. Zu Beginn der Unterkreide schieben sich an den Rändern des Beckens so genannte Deltakegel ein, die aus sandigen Sedimenten bestehen. Sie bilden den Untergrund für sumpfige Wälder. Im Verlauf der Kreide füllt sich das Innere der Senke mit tonigen Schichten, die eine Mächtigkeit von bis 1000 m erreichen.

Auf der Suche nach Beute macht der Raubsaurier **Afrovenator** die Weiten Afrikas unsicher. Ein fast vollständig erhaltenes Skelett des Fleisch fressenden Reptils fanden Forscher 1993 im Niger in der südlichen Sahara. Die Echse weist große Ähnlichkeiten zu dem Fleischfresser Allosaurus auf. Wie Allosaurus besitzt Afrovenator mit einer Länge von neun Metern beträchtliche Ausmaße. Die muskulösen Beine erlauben Afrovenator, sich auf den hinteren beiden Extremitäten mit hoher Geschwindigkeit fortzubewegen. Mit seinem langen spitzen Schwanz hält der gefräßige Saurier das Gleichgewicht.

Eine weite Verbreitung finden die Muschelkrebse (Ostrakoda) der Gattung **Cypridea**. Versteinerte Exemplare von Cypridea sind in großer Zahl vor allem in Ablagerungen ehemaliger Brackwasserseen zu finden. Sie stammen aus dem so genannten Wealden, dem Übergang vom Jura zur Kreidezeit. Wie alle Ostrakoden wird Cypridea von einem zweiklappigen Kalkgehäuse umgeben. Es besitzt eine annähernd quadratische Form. Aufgrund ihres häufigen Vorkommens stellt die nur etwa einen Millimeter große Ostrakodengattung Cypridea ein wichtiges Leitfossil zur zeitlichen Bestimmung von Sedimentfolgen dar.

Um 142–98 Mio.

Schnecken wie aus Porzellan

Bei den Schnecken oder Gastropoda entwickeln sich aus der älteren Gruppe der Vorderkiemer (siehe S. 159) vereinzelt die ersten Cypraeoidea oder Porzellanschnecken (Abb.: Birnenporzellanschnecke). Sie zeichnen sich durch ein zumeist eiförmiges, fast immer auffallend gefärbtes Gehäuse von ein bis zehn Zentimetern Länge aus. Bei lebenden Tieren wird die Schale fast vollständig von einem Hautlappen überdeckt. Kleine Zähnchen an der Öffnung dienen dem Schutz vor räuberischen Krebsen. Als Marco Polo im 13. Jh. aus China ein neuartiges kostbares Material nach Europa mitbringt, wird dieses wegen seines an die altbekannte Schnecke erinnernden Glanzes nach dieser »porcellana« benannt.

Um 142–98 Mio.

Mitteleuropa weithin geflutet

Nahezu weltweit kommt es im Verlauf der Unterkreide zu mehr oder minder großen Überflutungen. Häufige Wechsel zwischen Meeresvorstößen und Meeresrückzügen kennzeichnen diese Zeit. In Mitteleuropa zeigt sich zunächst ein gegenüber dem Mitteljura (siehe S. 225) deutlich verändertes Bild. Durch regionale Hebungen und Senkungen gibt es deutliche Verschiebungen in der Verteilung von Land und Wasser. Mitteleuropa ist in der Unterkreide quasi dreigeteilt: Im Norden und Süden befinden sich jeweils ausgedehnte Meeresgebiete, in der Mitte liegt ein breiter Festlandsgürtel, der aus den erweiterten Teilen der Mitteldeutschen Schwelle, des London-Brabanter Massivs und des Böhmischen Massivs besteht. Dieser Festlandsstreifen hat seine östliche Grenze im Raum des heutigen Krakau und erstreckt sich von dort bis weit nach Frankreich, wobei seine nördliche Grenze knapp unterhalb von Berlin und seine südliche etwa auf der Höhe von Linz verläuft.
Im Norden wird das Mitteldeutsche Land von West nach Ost durch das Niedersächsische, das Brandenburger und das Polnische Becken begrenzt. Die vormals riesige Pompeckjsche Schwelle ist zu großen Teilen in kleine Inseln zerfallen, die diese Flachmeere gegen das eigentliche Nordseebecken abgrenzen. Im Süden erstreckt sich der Tethys-Ozean bis nach München und Wien.

Um 142–98 Mio.

Langbeinig in Herden unterwegs – der Laufsaurier Iguanodon

Mit dem Iguanodon (Abb.: Skelett eines Jungtiers) lebt in der Unterkreide einer der größten und bekanntesten Vertreter der sog. Vogelbecken-Dinosaurier (Ornithischier). Sein Verbreitungsgebiet umfasst den gesamten europäischen Raum sowie einige Regionen Nordamerikas, Afrikas und Asiens. Er wird bis zu zehn Meter lang und annähernd fünf Tonnen schwer. In Herden durchstreift er die tropische Kreidelandschaft und ernährt sich von Farnen und Schachtelhalmen. Iguanodon bewegt sich auf vier Beinen, kann sich aber auf seine Hinterbeine stellen, um höhere Pflanzenteile abzuweiden.

Um 142–98 Mio.

Dinos erobern den Polar-Kontinent

Verschiedene Dinosaurier-Arten kommen in Australien vor, das zu dieser Zeit gemeinsam mit Antarktika einen riesigen Polar-Kontinent bildet. Das durchgehend warme Klima der Kreide mildert auch die Temperaturen am Polarkreis, dennoch müssen die Tiere in Australien mit extremen Bedingungen fertig werden. In den langen antarktischen Wintern wird es über Wochen kaum hell, in den Sommern kaum dunkel. Ungeachtet dessen passen sich einige enge Verwandte der in den gemäßigten Breiten vorkommenden Schreckensechsen dem Leben am Südpol an.
Leaellynasaura ist mit nur etwa zehn Kilogramm ein Leichtgewicht unter den Dinosauriern. Dieser zweibeinige, zierlich gebaute Pflanzenfresser ist für das Leben in den polaren Wäldern gut gerüstet. Sowohl die Augen als auch die für das Sehvermögen verantwortlichen Gehirnlappen sind so stark erweitert, dass sich Leaellynasaura auch im Dunkeln mit Hilfe seines Gesichtssinns orientieren kann. Sie lebt von Moosen, Farnen und Bärlappgewächsen, gelegentlich von Früchten und jungen Trieben. Ein erwachsenes Tier misst annähernd zwei Meter.
Ein weiterer Pflanzenfresser ist Muttaburrasaurus, der in seiner Gestalt und Biologie stark einem entfernten Verwandten, dem Iguanodon, gleicht. Muttaburrasaurus ist ein Sommergast, der während der arktischen Winter in die gemäßigteren Zonen wandert.

Das größte Raubtier der Region ist der Zwerg-Allosaurus, dessen Abstammung von dem furchterregenden jurassischen Allosaurus (siehe S. 230) umstritten ist. Das etwa sechs Meter lange und aufgerichtet gut zwei Meter hohe Tier ernährt sich sowohl von Beute als auch von Aas.

Ein Relikt vergangener Epochen ist Koolasuchus, ein gigantisches Amphibium, das in den Gewässern der Polarregion etwa die ökologische Nische ausfüllt, die in warmen Breiten das Krokodil besetzt. Das bis zu fünf Meter lange Tier ernährt sich von Fischen und anderen Beutetieren.

Wegen der seitlich am Kopf sitzenden Augen hat der Polar-Allosaurier einen guten Rundumblick.

Um 142–98 Mio.

Warmes Klima sorgt für Evolutionsschub – Entwicklung der Schwämme in voller Dynamik

In einem durchweg warmen, vielerorts feuchtwarmen Klima kommt es zu einer sprunghaften Entwicklung der Pilze, insbesondere derjenigen aus der Gruppe der Baumpilze oder Schwämme. Unter idealen Erhaltungsbedingungen fossilisieren sogar einige wenige »Hüte« dieser Organismen, die unter »normalen« Bedingungen relativ schnell dem Zerfall preisgegeben sind. Vereinzelt finden sie sich in kohlehaltigen Ablagerungen.

Die Pilze bilden im Pflanzenreich eine ebenso alte wie heterogene Gruppe, die sowohl kleinste Mikroorganismen als auch großwüchsige Formen umfasst. Letztere werden häufig auch als Schwämme bezeichnet. Ein gemeinsames Merkmal sämtlicher Pilze ist, dass sie im Unterschied zu allen anderen Pflanzen kein Blattgrün aufweisen und dass ihr Pflanzenkörper die typischen Pflanzenorgane Stängel, Wurzel und Blatt nicht erkennen lässt.
Da Pilze ihren Bedarf an Kohlenhydraten nicht durch Fotosynthese decken können, ernähren sie sich heterotroph, also von organischer Nahrung. Dabei lassen sich im Großen und Ganzen drei verschiedene Strategien unterscheiden. Einige Pilze leben parasitär von der lebenden Substanz eines Wirts. Zu dieser Gruppe zählen zahlreiche Krankheitserreger wie der Rost- und der Brandpilz. Eine zweite Gruppe, die der sog. Saprophyten, lebt als Fäulnisbewohner von abgestorbenen Pflanzenteilen wie Holz

und Laub, die enzymatisch aufgeschlossen werden (Abb. o.: Grubenlorchel). Die dritte Gruppe, zu der vor allem die Baumschwämme zählen, lebt in Symbiose mit höheren Pflanzen (Abb. l.: Darwin-Pilz). Von den annähernd 100 000 Arten heute lebender Pilze zählt der überwiegende Teil zu den niederen Pilzen, während die höheren Pilze eine Minderheit bilden.

Um 142 Mio.

Zu den frühesten flugunfähigen Vögeln, den Hesperonithiformes, zählt **Enialiornis**. Der Vogel ist durch Knochenreste belegt, die Paläontologen in Schichten der Unterkreide Englands fanden. Wie später in Erscheinung tretende Gattungen der Hesperonithiformes besitzt Enaliornis stark reduzierte vordere Gliedmaßen. An Land bewegt sich der Vogel mit seinen großen Füßen eher unbeholfen, im Wasser jedoch ist Enialornis ein ausgezeichneter Jäger. Hier taucht das an der Küste lebende Tier nach Fischen und anderen Meereslebewesen. Wie manche Vertreter der frühen Ornithurae weist Enialornis einen mit kleinen Zähnen besetzten Schnabel auf.

Die feuchten Uferlandschaften Afrikas sind die Heimat des zu den Iguanotontidae zählenden Sauriers **Ouranosaurus**. Als Nahrung dienen dem Pflanzen fressenden Reptil niedrig wachsende Farne und Blütenpflanzen. Zwar ist der Schädel des etwa sieben Meter langen Tieres relativ klein, dennoch ist Ouranosaurus im Besitz kräftiger Kiefer, mit denen er die Pflanzenreste zerkaut. Eine unverwechselbare Gestalt verleiht Ouranosaurus das so genannte Rückensegel. Auf seinem Rücken verlaufen aus den Wirbeln wachsende Dornfortsätze, zwischen denen Haut gespannt ist.

Ausgedehnte Meeresflächen, die während der Kreide weite Landstriche einnehmen, begünstigen die Formenvielfalt und Verbreitung zahlreicher mariner Kleinstlebewesen. So erreichen u.a. auch die **Foraminiferen** (Kammerlinge) ihre Blütezeit. Innerhalb der seit dem Kambrium auf der Erde lebenden Foraminiferen tauchen viele neue Gattungen auf, darunter die am Boden der Gewässer (benthisch) lebenden Lituolacea, Buliminacea und Textulariacea. Sie besitzen wie die meisten Foraminiferen ein in verschiedene Kammern unterteiltes Kalkgehäuse.

Im heutigen China lebt der zu den Stegosauriern zählende **Wuerhosaurus**. Auf dem Rücken der etwa acht Meter langen Echse verlaufen die für die Stegosaurier typischen senkrechten Knochenplatten. Zu einer gefährlichen Waffe ist der Schwanz des Pflanzenfressers umgeformt. Mit vier am Schwanzende sitzenden spitzen Stacheln setzt sich Wuerhosaurus gegen Raubsaurier zur Wehr. Fossile Reste des ansonsten friedlich lebenden Tieres bargen Wissenschaftler in der Provinz Sinkiang im Nordwesten Chinas.

Um 142–98 Mio.

Impuls für Ur-Pflanzen: Farne entwickeln ganz neue Formen

Die Farne, neben anderen die ersten Pflanzen, die im unteren Paläozoikum das Festland besiedelten, erleben in der Kreide eine neue Blütezeit (Abb.: Farn Phlebopteris in Sandstein aus der Unterkreide). Zu den bereits bekannten Untergruppen, die eine verstärkte Ausbreitung erleben, treten nun auch ganz neue Formen hinzu.

Ein Beispiel dafür sind die u.a. in der Harzregion weit verbreiteten Weichseliaceae. Von anderen Farnen unterscheiden sie sich einerseits durch den Lauf ihrer Leitgefäßbündel, vor allem aber durch den Lebensraum, denn sie gedeihen bevorzugt im Dünensand. Neu ist auch die Gattung Acrostichopteris, die sich im Verlaufe der Unterkreide über nahezu die gesamte Nordhalbkugel verbreitet. Eine Blüte erleben vor allem die Gleicheniaceae, eine der ältesten und primitivsten Gruppen der Farngewächse. Noch heute mit zwei Untergruppen und etwa 120 Arten vertreten, sind sie überwiegend in den Tropen, zum Teil aber auch in subtropischen Regionen beheimatet.
Gemeinsame Merkmale weisen nahezu alle Farngewächse dieser Gruppe auf – so die charakteristisch gebauten Blätter sowie die Eigenschaft, verzweigte, unterirdisch kriechende Wurzelstöcke auszubilden.

Um 142–90 Mio.

Vermeintliche Eidechse als

In der Unterkreide lebt in Israel ein an das Leben im Wasser angepasstes Reptil, das nach seiner Entdeckung in den 1980er-Jahren zunächst als Eidechse identifiziert wurde, heute aber als Vorfahre bzw. naher Verwandter der direkten Vorfahren moderner Schlangen gilt. Pachyrhachis problematicus, so die wissenschaftliche Bezeichnung dieses Reptils, ist etwa einen Meter lang und gleicht äußerlich mit seinem lang gestreckten Körper und dem schlangenähnlichen Schädel stark den heute lebenden Schlangen. Archaische Merkmale sind hingegen ein noch immer gut ausgebildetes Becken und in Ansätzen vorhandene Hinterextremitäten wie Oberschenkelknochen, Schienbein, Wadenbein und Fußwurzelknochen. Zweifellos bewegt sich Pachyrhachis bereits schlängelnd vorwärts.

Rekonstruktion von Pachyrhachis, dem mutmaßlichen Urahn aller modernen Schlangen

Um 142–98 Mio.

Eingedampft – Evaporite bezeugen trockenheißes Klima auch für die Westküste Afrikas

Nachdem es im Oberjura bereits an der Ostküste Afrikas, in der Region des heutigen Tansania, zur Ablagerung typischer Eindampfungs- oder Verdunstungsgesteine gekommen war, werden in der Unterkreide auch an der afrikanischen Westküste entsprechende Eindampfungssedimente (Evaporite) gebildet. Sie finden sich in einem Gebiet, das heute im Norden von Gabun und im Süden von Angola begrenzt wird.

Evaporite, die in verschiedenen Perioden der Erdgeschichte abgelagert werden, zeugen immer von einem trockenheißen Klima. Sie entstehen, wenn aus wässrigen Lösungen leichtlösliche Chloride und Sulfate ausgeschieden werden. Diese Salzmineralien, zu denen unter anderem Steinsalz (s. Abb. r.), Carnallit, Gips, Anhydrit, Sylvin und Kieserit zählen, bilden gelegentlich nur flache Krusten. Kommt es jedoch zu einer zyklischen Wiederholung des Eindampfungsprozesses, können sich durch die wiederholte Ausfällung dieser Mineralien mächtige Salzlager bilden.

Bei der Bildung der westafrikanischen Evaporite der Unterkreide spielen verschiedene klimatische und geografische Faktoren eine Rolle. Der Kontinent, der sich durch die Ausweitung des Südatlantiks kurz zuvor von Südamerika getrennt hat, liegt mit seiner Mitte etwa auf der Höhe des südlichen Trockengürtels der Erde. Hier herrscht ein wüstenartiges Klima (Abb. l.: Ténéré-Wüste im Niger). In Küstennähe gibt es flache Binnensenken, denen zyklisch Salzwasser zugeführt wird, welches jedoch schnell verdampft. Zurück bleiben vor allem Steinsalz und Carnallit.

Urmutter der Schlangen?

Einige Millionen Jahre nach Pachyrhachis, auf der Grenze zwischen Unter- und Oberkreide, tritt in derselben Region ein Reptil namens Haasiophis terrasanctus in Erscheinung, das aufgrund seiner modernen Merkmale allgemein als ein früher Vertreter der heutigen Schlangen betrachtet wird. Im Unterschied zu der Ur-Schlange verfügt Haasiophis über einen aushakbaren Kiefer, der es dem Tier ermöglicht, auch größere Beutetiere zu verschlingen. Diese Eigenart deutet auf eine Verwandtschaft mit den heute lebenden Boas und Pythons. Ein rätselhaftes Merkmal von Haasiophis sind nur die wenige Zentimeter langen, nahezu unbeweglichen Stummelfüße. Einige Forscher vermuten, dass es sich weniger um Relikte einer noch nicht abgeschlossenen Rückbildung als vielmehr um Neubildungen handeln könnte, die dem Balzritual dienen.

Was den Ursprung der Schlangen betrifft, so sind die Wissenschaftler noch immer auf Spekulationen angewiesen. Nach einer weit verbreiteten Auffassung ist diese Tiergruppe aus grabend lebenden Eidechsen hervorgegangen, während einige Untersuchungen eher auf eine verwandtschaftliche Beziehung mit den Mosasauriden (siehe S. 251), einer Gruppe wasserlebender Echsen, deuten.

Skelett einer Python. Riesenschlangen besitzen so viele Wirbel (rund 400) wie kein anderes Lebewesen.

Um 142–98 Mio.

Chinas gefiederte Dinos

In der Provinz Liaoning im Nordosten Chinas leben verschiedene Dinosaurier-Arten, die ein sonst nur bei Vögeln bekanntes Merkmal aufweisen: Federn. Eine entfernte verwandtschaftliche Beziehung zu Archaeopteryx, dem vermeintlichen Ur-Vogel (siehe S. 236), ist wahrscheinlich, aber nicht belegt. Da die erst kürzlich entdeckten Arten eindeutig jünger sind als Archaeopteryx, kommen sie als unmittelbare Vorfahren der Vögel nicht in Betracht. Eher repräsentieren sie einen evolutionären Seitenzweig. Verschiedene Merkmale deuten auf eine enge Verwandtschaft mit den Dromaeosauriden. Zu dieser Gruppe zählt u. a. der Velociraptor, ein vergleichsweise intelligenter und außerordentlich gefährlicher Beutegreifer.

Bereits in den 1990er-Jahren wurden in Liaoning mit Protarchaeopteryx und Caudipterix zwei verschiedene gefiederte Dinosaurier belegt, im Jahr 2001 kam mit Microraptor gui noch eine dritte Art hinzu. Protarchaeopteryx wurde zunächst für einen Vorfahren des Archaeopteryx gehalten, bis eine genauere Untersuchung belegte, dass es sich um einen nahen Verwandten jenes oberkreidezeitlichen Velociraptor handelt. Von ähnlicher Gestalt, mit etwa 70 cm jedoch etwas kleiner, ist Caudipterix, der überdies nur über vier Zähne verfügt. Die Federn beider Arten sind, wie diejenigen der heutigen flugunfähigen Vögel, symmetrisch gebaut, besitzen aber, wie echte Vogelfedern, einen Kiel und Federstrahlen.

Von besonders eigentümlicher Gestalt ist Microraptor gui, der offenbar über vier gefiederte Extremitäten verfügt. Dieses Merkmal der Vierflügligkeit ist zwar bei Insekten, aber bei keinem anderen flugfähigen Wirbeltier bekannt. Vom Kopf bis zum Ende seines Schwanzes misst Microraptor gui rund 80 cm, wobei der Rumpf etwa demjenigen einer Taube entspricht. Die Federn sind wie bei allen flugfähigen Vögeln asymmetrisch gebaut. Ob Microraptor gui seine Flügel aktiv einsetzt, ist fraglich, da die Koordination des vorderen und hinteren Flügelpaars problematisch ist. Möglicherweise beherrscht er als Baumbewohner einen einfachen Gleitflug.

Um 142 Mio. Bis zu zehn Meter lang wird der eher kleine Sauropode **Amargasaurus**. Um seinen Energiebedarf zu decken, nimmt der Pflanzen fressende Armagasaurus pro Tag riesige Mengen an pflanzlicher Nahrung auf. Bevorzugt frisst das Landreptil Koniferen, aber auch Ginkgo-Bäume verschmäht er nicht. Amargasaurus bewegt sich auf allen Vieren fort. Kurze Beine, an denen fünfzehige Füße sitzen, tragen das stattliche Gewicht von fünf Tonnen. Seinen Namen verdankt Armagasaurus dem Fundort seiner Fossilien: der Canyon »La Amarga« in Argentinien.

Eine der interessantesten Pflanzen der Unterkreide ist **Nathorstiana arborea**, ein Bärlappgewächs. Es bildet ein Zwischenglied zwischen den Sigillarien des Karbons und Perms, den Pleuromeien des triassischen Buntsandsteins und den heutigen Brachsenkräutern. Nathorstiana, deren Fossilreste u. a. in Quedlinburg gefunden wurden, erreicht nur eine Höhe von 20 cm. An dem mit ringförmigen Wülsten besetzten Spross wachsen oben eine Reihe schmaler lanzettförmiger Blätter. Ihren Namen verdankt das Gewächs dem schwedischen Paläontologen Alfred Gabriel Nathorst.

Erstmals treten auf der Erde die Pachycephalosaurier in Erscheinung. Als älteste Gattung dieser Gruppe gilt der Saurier **Stenopelix**. Fossilreste des Reptils fanden Forscher in Deutschland in Schichten der Unterkreide. Bei der Bergung kamen lediglich Teile des Skeletts an Tageslicht, ein Schädel wurde nicht gefunden. Wahrscheinlich war Stenopelix, wie spätere Vertreter der Gruppe vermuten lassen, ein kleiner, massig gebauter Saurier. Ob Stenopelix das für die meisten Pachycephalosaurier charakteristische verdickte Schädeldach besaß, lässt sich aufgrund des unvollständigen Skeletts nicht feststellen.

Während der Unterkreide entwickeln die kalkschaligen Ammoniten zahlreiche Formen. Wegen ihrer häufigen und weiten Verbreitung dienen sie als wichtige Leitfossilien zur zeitlichen Bestimmung von Sedimenten und Gesteinsschichten. Eine der größten Gattungen ist **Simbirskites**. Sie erreicht einen Durchmesser von 95 cm. Das spiralig eingerollte Gehäuse des Kopffüßers skulptieren mehrfach gegabelte Rippen. Der Nabel, um den sich die Spiralen nach außen winden, ist eng.

Um 142–65,5 Mio.

Raue Schale: Dinosaurier-Eier

In der Unter- und Oberkreide fossilisieren verstärkt einzelne Eier oder ganze Gelege von Dinosauriern (Abb.: Dinosaurier-Ei aus der Oberkreide). Die wichtigsten Fundorte befinden sich im US-Bundesstaat Montana, in Südfrankreich und in der Wüste Gobi. Alle Dinosaurier legen Eier, aber hinsichtlich ihrer Zahl, der Art des Geleges und den Brutgewohnheiten gibt es nach derzeitigem Kenntnisstand erhebliche Unterschiede. Die Erforschung dieses Themas wurde in den letzten Jahren intensiviert. Grundsätzlich tendieren Dinosaurier dazu, mangelnde Brutfürsorge durch große Gelege auszugleichen. Die landlebenden Arten legen teils längliche, teils muldenförmige Nester an. Die Eier selbst sind von unterschiedlicher Größe und Färbung, jedoch selten größer als ein Fußball. Die Tatsache, dass sie an der Außenschale meist nicht glatt sind, sondern kleine Furchen und Höcker aufweisen, interpretieren Forscher als einen Hinweis, dass die Gelege häufig mit Sand oder organischem Material abgedeckt werden. Die raue Schale gewährleistet, dass die Eier nicht zu dicht liegen und ausreichend Sauerstoff erhalten.

Um 142–65,5 Mio.

Einzeller verursachen Aufbau gigantischer Kreideschichten

Die berühmten Kalkfelsen von Rügen (Abb.: Küste bei Stubnitz) und Englands Südküste sowie die imposanten Felsformationen bei Etretat (Normandie) werden vor allem in der Kreidezeit aufgebaut. Zurück gehen sie auf Coccolithophoriden, mikroskopisch kleine Planktonorganismen aus der Gruppe der Kalkalgen, die im mesozoischen Meer leben. Coccolithophoriden sind Einzeller, die außerhalb ihres gallertartigen Pflanzenkörpers Calcit in Form der sog. Coccolithen abscheiden. Vor allem in der Oberkreide nehmen die Coccolithophoriden in einem solchen Maße zu, dass ihre nur 0,002 bis 0,01 mm großen Gehäuse ganze Kalkformationen aufbauen.

Um 142–65,5 Mio.

Ein Vogel zeigt die Zähne

In der Unterkreide setzt bei den Vögeln eine rasante Aufsplitterung der Stammeslinie ein. Ein ausschließlich in der Kreidezeit vorkommender Seitenzweig ist derjenige der Hesperornithiformes. Die bis zu zwei Meter langen Vögel besitzen einen zurückgebildeten Flugapparat. Einige ihrer Vertreter haben bezahnte Kiefer. Der nordamerikanische Hesperornis regalis zeigt sich als flugunfähig und an Land unbeholfen, dafür aber als ein ausgezeichneter Schwimmer, der unter Wasser auch schnellen Fischen und Tintenfischen nachzustellen vermag. Ein sehr guter Flieger aus der Gruppe Fisch fressender Meeresvögel ist Ichthyornis dispar, der in seiner äußeren Gestalt an eine große Seeschwalbe erinnert.

Um 142–65,5 Mio.

Fichten, Lärchen und Zedern: Erfolgreiche Kieferngewächse

In der Gruppe der Nadelgehölze bilden sich in der Kreide mit den Fichten sowie den eng verwandten Lärchen (Abb.: Europäische Lärche) und Zedern drei der bekanntesten heutigen Formengruppen heraus. Sie zählen zu der großen und bereits älteren Familie der Pinaceae oder Kieferngewächse.

Die Fichten sind immergrüne Gewächse der nördlichen gemäßigten Breiten. Ihre kennzeichnenden Merkmale sind die einzeln stehenden Nadeln, die spiralig und oft sehr dicht die einzelnen Zweige umgeben, sowie die hängenden Zapfen. Bei der im Volksmund auch als Tanne bezeichneten Rotfichte weisen diese Nadeln einen vierkantigen Querschnitt auf. Die gegenwärtig zwölf Arten der Lärchen und die vier Vertreter der Gattung Cedrus oder Zeder sind eng miteinander verwandt. Ihre ältesten Vertreter aus der Unterkreide zählen zur Gattung Chrysolarix, die heute nur noch mit der Chinesischen Goldlärche vertreten ist. Ein besonderes Merkmal der Lärchen ist, dass sich ihre Nadeln im Herbst gelb verfärben und anschließend im Winter abfallen (siehe S. 248).

Um 142–65,5 Mio.

Am Vorabend der Erdneuzeit

Für die Kreidezeit gibt es eine Fülle wichtiger Leitfossilien, die sowohl festländischen als auch ozeanischen Ursprungs sind. Während es im Übergang vom Jura zur Unterkreide vor allem bei den Fossilien landlebender Formen gelegentlich noch gewisse Grauzonen gibt, ist der Übergang von der Oberkreide zum Tertiär durch die sog. Iridium-Anomalie in der Grenzschicht (siehe S. 252) und durch das plötzliche Aussterben zahlloser Arten ohne jeden Zweifel zu bestimmen.

Abgesehen davon lassen die pflanzlichen und tierischen Fossilien dieser Periode einen ganz grundsätzlichen Unterschied erkennen. Die Kreide ist der letzte Abschnitt des Erdmittelalters und markiert somit die letzte Phase vor dem ganz einschneidenden Schritt zum Känozoikum, der erdgeschichtlichen Neuzeit. Dieser Schritt wird in der Pflanzenwelt bereits vollzogen. Während die kreidezeitliche Fauna, ungeachtet der für diese Periode charakteristischen Abweichungen und Sonderformen, in ihren groben Zügen noch stark derjenigen des Juras gleicht, beginnt für die Flora mit dem Siegeszug der Bedecktsamer (siehe S. 244) bereits im letzten Abschnitt des Mesozoikums die Erdneuzeit.

Die spektakulärsten Fossilien der Kreide stammen von Wirbeltieren des Festlands. Zu ihnen zählen die großen Vertreter der Ornithischier oder Vogelbeckensaurier wie Iguanodon (siehe S. 238) und Triceratops (siehe S. 255) sowie diejenigen der Saurischier oder Echsenbeckensaurier, deren prominentester Vertreter der Tyrannosaurus rex (siehe S. 254) ist. Unter den Flugechsen haben die kurzschwänzigen Formen ihre langschwänzigen Vorfahren verdrängt, zugleich bringen sie immer größere Formen hervor. Der Gigant unter ihnen ist der Quetzalcoatlus mit einer Flügelspannweite von mindestens zwölf, möglicherweise sogar 15 m. Ausschließlich auf die Kreidezeit beschränkt sind die Hesperornithiformes, neben ihnen tauchen aber auch bereits erste Vertreter der Neornithes – der »neuen Vögel« – auf, zu denen alle heute lebenden Vögel zählen. Die Säugetiere, die die folgenden Erdzeitalter dominieren, sind noch immer unbedeutend.

Die entscheidendere Rolle als Leitfossilien spielen aufgrund ihrer größeren Verbreitung einige kleinere Faunenvertreter. Wichtig unter den Mikrofossilien sind die planktonisch lebenden Foraminifernen, die ihre modernen Baupläne entwickeln. Die Schwämme sind in der Kreide vor allem durch Kieselschwämme vertreten. Eine nach wie vor zentrale Rolle als Leitfossilien nehmen die Ammoniten und die eng verwandten Belemniten ein, bei denen sich die evolutionäre Entwicklung in der Kreide gewissermaßen umkehrt, zurück zu den ursprünglicheren, entrollten Formen. Wichtig aufgrund ihres zeitlich begrenzten Vorkommens sind unter den Muscheln die Inoceramen, die in der Kreide eine rasante Entwicklung mit bis zu einem Meter langen Exemplaren nehmen, danach aber wieder aussterben.

Leitfossilien: Angiospermen Betula (1), Credneria (2), Ficus (3) und Sassafras (4); Cephalopoden Ancyloceras matheronianum (5), Belemnitella mucronata (6), Bostrychoceras polyplocum (7) und Acanthoceras rhotomagense (8); Gastropode Viviparus fluviorum (9); Bivalvier Aequipecten asper (10), Inoceramus lamarcki (11) und Vaccinites gosaviensis (12); Dinosaurier Echinocorys vulgaris (13), Iguanodon bernissartensis (14) und Triceratops prorsus (15); Flugsaurier Pteranodon ingens (16)

Um 120 Mio. Spitze, etwa 35 cm lange Krallen sitzen an den kurzen Armen des zu den Spinosauriern zählenden **Baronyx**. Mit ihnen fängt das etwa elf Meter große Landreptil Fische in seichten Gewässern. Darüber hinaus ernährt sich der Saurier aber auch von anderen Landreptilien sowie von Aas. Als Lebensraum von Baronyx gelten Wälder mit Farnen und Nadelbäumen sowie Sumpfgebiete. Wie die meisten Raubsaurier bewegt sich Baronyx auf den Hinterbeinen fort. Fossilreste des Reptils wurden im Niger und in England gefunden.

Zur Aufbewahrung seiner Nahrung nutzt der kleine Saurier **Hypsilophodon** Backentaschen. Mit seinem Hornschnabel, an dem scharfe Schneidezähne sitzen, reißt das etwa 2,3 m lange Reptil Blätter von Farnen und anderen niedrig wachsenden Pflanzen ab. Sie werden in den Backentaschen gehamstert, ehe Hypsilophodon sie mit seinen Backenzähnen zermalmt. Vermutlich lebte der kleine Saurier in Herden. Versteinerte Exemplare wurden u.a. in England und Spanien geborgen.

Eine abschreckende Wirkung besitzt die Fußkralle des Fleisch fressenden Sauriers **Deinonynchus**. Die auch als »Schreckenskralle« bezeichnete verlängerte Kralle sitzt am zweiten Zeh der Echse. Dank eines Gelenks kann Deinonynchus die Kralle weit nach oben klappen. Mit ihr fügt er seiner Beute oder anderen angreifenden Sauriern schwere Verletzungen zu. Das Gewicht des etwa drei Meter langen Tieres lastet dabei auf den beiden anderen Zehen. Aufgrund seines vogelähnlichen Skelettaufbaus ist Deinonynchus in der Lage, sich schnell und flink zu bewegen.

Auf der Suche nach bodennahen Pflanzen durchstreift der Ankylosaurier **Sauropelta** den Westen Nordamerikas. Das etwa acht Meter lange Landreptil umgibt ein Panzer aus beweglichen Knochenplatten. Zusätzlichen Schutz bieten die an den Flanken und am langen Schwanz entlang laufenden dreieckigen Knochenzapfen. Wird der Pflanzenfresser von Raubsauriern angegriffen, kauert er sich auf den Boden. Auf diese Weise bleibt der ungeschützte Bauch geschützt.

Um 125–65,5 Mio.

Bedecktsamer sorgen für

In einem erdgeschichtlich kurzen Zeitraum erleben die Bedecktsamer eine so explosive Entwicklung, dass die Flora bereits zum Ende der Kreide (um 65,5 Mio.) von den Vertretern dieser neuen Pflanzengruppe dominiert wird. Diese Dominanz bleibt bestehen: Heute stellen Bedecktsamer rund 95 Prozent aller bekannten Pflanzenarten.

Die Bezeichnung »Blütenpflanzen« ist für die kreidezeitlichen Bedecktsamer, die erste Blüten entwickeln, in doppelter Hinsicht irreführend. Zum einen sind diese Blüten zunächst so klein und unscheinbar, dass sie den landläufigen Vorstellungen einer Blüte kaum entsprechen. Manche von ihnen sind nur millimetergroß und ohne Mikroskop kaum zu erkennen. Zum anderen ist die Kennzeichnung dieser neuen Gewächse als Blütenpflanzen im wissenschaftlichen Sinne falsch, denn auch bei den Gymnospermen oder Nacktsamern handelt es sich – streng genommen – um Blütenpflanzen.

Von den erdgeschichtlich erheblich älteren Gymnospermen unterscheiden sich Bedecktsamer durch eine neue Fortpflanzungsstrategie: Während Nacktsamer ihren Samen in Zapfen produzieren, die sich zu bestimmten Zeiten öffnen, schließen die Bedecktsamer ihren Samen in ein oder mehrere Fruchtblätter ein. Die mehr oder minder großen, oft auffällig aussehenden oder stark duftenden Blüten sollen Insekten und andere Tiere als Bestäuber anlocken.

Die Blütenpflanze Pieris ist mit Rhododendron und Azalee verwandt.

Aufgrund der ungünstigen Erhaltungsbedingungen und der geringen Größe der ersten Blüten liegt die Frühgeschichte der Angiospermen noch in mancherlei Hinsicht im Dunkeln. Neuere Funde in der nordchinesischen Provinz Liaoning, die sich auf ein Alter von 125 Mio. Jahren datieren lassen, belegen jedoch, dass ihre Evolution viele Millionen Jahre vor der Ausbildung der ersten nennenswerten Blüte beginnt. Die meisten Paläobotaniker glaubten bis vor kurzem, die Ur-Angiospermen seien holzige Pflanzen gewesen, die möglicherweise den heutigen Magnolien glichen. Für diese Annahme sprachen zwei wichtige Indizien. Zunächst handelt es sich bei den Gymnospermen, den engen Verwandten und mutmaßlichen Vorfahren der Angiospermen, um holzige Gewächse. Außerdem gilt als die ursprünglichste aller heute lebenden Angiospermen ein kleiner, verholzter Busch namens Amborella trichopoda, der als lebendes Fossil ausschließlich auf Neukaledonien im südwestlichen Pazifik vorkommt.

Auf eine andere Abstammungslinie deutet der chinesische Fund zweier bislang unbekannter Arten, Archaefructus sinensis und A. liaoningensis. Es handelt sich um einfach gebaute, einige Dezimeter hohe Wasserpflanzen, die zwar noch keine Blüte im landläufigen Sinne haben, aber bereits das wichtigste Merkmal aufweisen, welches sie von den Nacktsamern trennt: Die Samen liegen nicht frei, sondern von Fruchtblättern umschlossen in einer Frucht. Die auch als Karpellen bezeichneten Fruchtblätter befinden sich an der Spitze einer Sprosse und darunter, paarweise angeordnet, eine Gruppe von Staubbeuteln, deren Anhängsel vermutlich dem Zweck dienen, Bestäuber anzulocken. Die Anordnung dieser

Türkenbund, eine Lilienart, ist in Europa weit verbreitet und in der Volksmedizin beliebt.

Blütenfülle

Lobivien sind bei Kakteensammlern wegen ihrer farbenprächtigen Blüten sehr begehrt.

Staubbeutel könnte sogar auf eine Abstammung der Ur-Angiospermen von den Samenfarnen deuten.
Der vor etwa 100 Mio. Jahren endgültig einsetzende Siegeszug der Bedecktsamer wird in seiner Bedeutung für die weitere Naturgeschichte durchaus mit der Eroberung des Festlandes verglichen, weil er nicht nur das Pflanzen-, sondern auch das Tierreich verändert. Wissenschaftler bezeichnen dieses Phänomen als Ko-Evolution. Von der rasanten Entwicklung der Blütenpflanzen profitierten die Insekten, die sich mit nährstoffreichem Nektar versorgen und im Gegenzug den Transport der Pollen übernehmen. Da diese Form der Bestäubung unvergleichlich effektiver ist als diejenige durch den Wind, können die Angiospermen die Anzahl der Pollen auf einen Bruchteil reduzieren und die überschüssige Energie in die Entwicklung lockender Düfte, Blüten und Früchte investieren. Auch die große Zahl Pflanzen fressender Dinosaurier trägt zum Siegeszug der Bedecktsamer bei, da diese unter dem Fraßdruck durch schnellere Reproduktion und besseres Anpassungsverhalten im Vorteil sind. Von den vielgestaltigen Früchten der Bedecktsamer – Körner etwa, Nüsse und Knollen – profitieren wiederum die Vögel und nicht zuletzt die Säuger.

nsekten sorgen – wie hier eim Wüstenmohn – für den estand der Bedecktsamer.

Um 98–65,5 Mio.

Allesfresser: Erste Beuteltiere bevölkern Nord- und Südamerika

In Amerika tritt mit dem Rattenbeutler Alphadon in der Oberkreide der erste Vertreter der Beuteltiere in Erscheinung. Das etwa 30 cm lange Tier ist der früheste Vorfahre des heute lebenden Rattenbeutlers, des Opossums (Abb.: Opossum mit Jungem in einer Baumhöhle). Alphadon ist ein Allesfresser, der sich bevorzugt auf Bäumen bewegt. Sein gutes Klettervermögen verdankt er der Stellung seiner langen Zehen sowie dem langen und kräftigen Greifschwanz, der ihm als zusätzliche Stütze dient. Wie alle frühen Säugetiere besetzt der Rattenbeutler in der Oberkreide eine ökologische Nische, die von den Dinosauriern freigelassen wird. Seine Hauptnahrung besteht aus Früchten, Insekten und kleinen Wirbeltieren.
Stammesgeschichtlich geht Alphadon auf die Gruppe der Prototheria (siehe S. 221), der frühesten und primitivsten Säuger, zurück. Von der Mehrzahl der Säugetiere unterscheidet er sich durch seine einzigartige Reproduktionsstrategie. Die Jungen werden bereits in einem späten Embryonalstadium geboren und wandern dann in einen an der Bauchseite des Muttertieres befindlichen Beutel, in dem sie geschützt heranreifen.
Die ersten Beuteltiere leben in Nord- und Südamerika und erreichen dann über Antarktika Australien. Einige ziehen von Nordamerika bis nach Europa und Afrika, doch erleben sie vor allem auf den isolierten Landmassen Südamerikas und Australiens eine große Blüte. Aus Europa werden sie bereits im Jungtertiär wieder verdrängt.

Um 98–65,5 Mio.

Insekten und Blütenpflanzen profitieren voneinander

Die rasante Ausbreitung der Bedecktsamer oder Angiospermen in der Oberkreide hat weitreichende Konsequenzen für die gesamte Tierwelt. Am schnellsten und unmittelbarsten zeigen sich die Folgen im Reich der Insekten oder Kerbtiere, in dem durch die Blüten der Bedecktsamer vollkommen neue Formen entstehen. Sie ernähren sich wesentlich von pflanzlichem Nektar.
Vermutlich sind es die kreidezeitlichen Käfer, die den Grundstein für die außerordentlich produktive Ko-Evolution von Angiospermen und Insekten legen. Sie nehmen die nahrhaften Pollen der frühesten Bedecktsamer in ihren Speiseplan auf und transportieren dabei ungewollt einige Pollenkörner von einer Blüte zur nächsten, womit sie entscheidend zur Ausbreitung der betreffenden Art beitragen. Wenig später gehen einige Angiospermen dazu über, den bestäubenden Insekten statt der kostbaren Pollen einfachen Nektar anzubieten. Schon zum Ende der Kreide treten die ersten Schmetterlinge in Erscheinung (Abb.: Herkulesspinner). Wenig später entsteht mit der Gruppe der Staaten gründenden Hautflügler oder Hymenoptera, zu denen alle Bienen, Wespen und Ameisen zählen, eine der größten und erfolgreichsten Insektengruppen überhaupt.

Um 98 Mio.

Durch die Lüfte segelt der riesige Flugsaurier **Pteranodon**. Fossilien belegen, dass Pteranodon eine Flügelspannweite von mehr als sieben Metern besaß. Ebenfalls groß ausgebildet war der Schädel des Tieres. An ihm saß ein langer, nach hinten verlaufender Knochenkamm, der Pteranodon eine charakteristische Silhouette verlieh. Das Gewicht des Flugsauriers wird auf mehr als 15 kg geschätzt. Man geht davon aus, dass Pteranodon sich nicht flügelschlagend fortbewegte, sondern gleitend die Thermik nutzte.

Die fortschreitende Transgression (Überspülung) des Meeres greift auch auf das Festland des sog. **Böhmischen Massivs** über. Sachsen, Schlesien und Böhmen werden nach und nach überspült. Anfangs bilden sich Flüsse, die sandige Sedimente mit sich führen und anlagern. Im weiteren Verlauf der Oberkreide breitet sich das Meer weiter aus und bildet eine zusammenhängende Fläche, die fast das gesamte Böhmische Massiv bedeckt. Nur einzelne hohe Festlandsgebiete, z.B. das Riesengebirge, ragen wie Inseln aus dem Meer.

Unterschiedliche Lebensräume besiedelt die Sauriergruppe **Hadrosauridae**. An Skelettresten der Entenschnabel-Saurier, die in Nordamerika und Eurasien gefunden wurden, stellten Forscher zwischen den Zehen Schwimmhäute fest. Sie deuten auf eine zumindest teilweise aquatische Lebensweise der auf zwei Beinen laufenden Saurier hin. Ihre Zähne weisen sie aber auch als landlebende, hoch spezialisierte Pflanzenfresser aus. In jedem Kiefer sitzen zwischen 40 und 60 Zähne. Sind sie abgenutzt oder kaputt, wachsen neue Kauwerkzeuge nach, die bereits in Wartestellung sind.

Zwei kleine Hörner zieren den bulligen Schädel des **Carnotsaurus**. Welchem Zweck die Hörner dienten, ist unklar. Vermutlich setzten die etwa acht Meter langen Raubsaurier sie im Kampf mit männlichen Rivalen ein. Neben den charakteristischen Hornfortsätzen besitzt Carnotsaurus noch eine weitere Auffälligkeit. Die vorderen Extremitäten sind stark verkürzt und zu Stummelarmen ausgebildet. Mit kleinen kugelförmigen Schuppen sind Rücken und Flanken des Tieres besetzt.

Um 98–65,5 Mio.

Die alpidische Faltung

Weltweit setzt in der Oberkreide eine neue Gebirgsbildungsära ein: die alpidische Faltung. Im ausgehenden Mesozoikum und im nachfolgenden Tertiär bringt sie jenen weltumspannenden Gebirgsgürtel hervor, der heute viele Landschaften prägt und dem auch die namengebenden Alpen angehören.

In der ersten Phase der alpidischen Faltung, die etwa mit dem Beginn der Oberkreide einsetzt, werden zunächst in Teilen der Alpenregion mächtige Gebirge aufgeworfen. In östlicher Richtung setzt sich der Faltengürtel einerseits in der Karpatenregion, weiter südlich davon über den Balkan bis in die Westtürkei fort. Das Schwarze Meer bildet eine Senke, doch erhebt sich unmittelbar dahinter der Kaukasus und – nach einer weiteren Senke, die heute das Kaspische Meer bildet – das Kopendag-Massiv. Es liegt heute auf der Grenze zwischen Turkmenistan und dem Iran.

Weitere europäische Gebirge aus der Phase der alpidischen Faltung sind außer den Alpen die Faltenkerne der Pyrenäen, die Gebirgszüge im Süden der Iberischen Halbinsel sowie die größten Teile der italienischen Apenninen. Im außereuropäischen Raum sind u.a. die südamerikanischen Anden, die nordamerikanischen Rocky Mountains, das sich von Marokko bis Algerien erstreckende Atlas-Gebirge sowie weitere Gebirgssysteme in Asien, Südchina und dem äußersten Südostasien zu nennen. Das größte Gebirgsmassiv ist der Himalaja, der beim Zusammenstoß des indischen Subkontinents mit der Eurasischen Platte aufgefaltet wird. Durch die umfangreichen Plattenverschiebungen, die diese Faltungsära auslösen, schrumpft der Tethys-Ozean etwa auf die Größe des heutigen Mittelmeeres.

Berge im Hohen Atlas, nördlich von Tizi-n-Tichka

Karsee in den Zentralpyrenäen, deren Kern während der alpidischen Faltungsära entstand

Um 98 Mio.

Markante Arten sterben aus

Bereits auf der Grenze von Unter- und Oberkreide kommt es bei Dinosauriern, Säugetieren und Meeresbewohnern zu einem kleineren Aussterbeereignis. Ihm fallen nicht annähernd so viele Arten zum Opfer wie dem großen Massenaussterben am Ende der Kreide, dennoch verschwinden einige der zu dieser Zeit auffälligsten Faunenvertreter für immer von der Erde. Zu ihnen zählen etwa das Pflanzen fressende Iguanodon (siehe S. 238) sowie die mächtigen Fleischfresser aus der Gruppe der Allosauroidea (siehe S. 230), zwei Dinosaurier-Arten, die sich einerseits durch ihre enorme Größe, andererseits durch ihre nahezu weltweite Verbreitung ausgezeichnet hatten. Mit dem Iguanodon gehen auch seine engsten Verwandten in allen Erdteilen zugrunde, so der europäische Vectisaurus, der afrikanische Ouranosaurus, der asiatische Probactrosaurus und der australische Muttaburrasaurus. Auch einige Meereslebewesen sterben aus. Unter den kleineren Arten erleiden die Ammoniten die schwersten Verluste, zugleich verschwindet mit dem Kronosaurus eines der größten und gefährlichsten Meeresreptilien. Die großen Gewinner sind die Hadrosaurier, die in der späten Oberkreide in Nordamerika eine weite Verbreitung erleben. Ursache für das Aussterben vieler Tierarten könnte eine generelle Abkühlung des Klimas gewesen sein.

Um 98 Mio.

Plattentektonik führt zur Bildung von Graniten und Basalten

Durch jene plattentektonischen Bewegungen, die in Oberkreide und Tertiär zur Auffaltung eines weltumspannenden Gebirgsgürtels führen, werden in nahezu allen Erdregionen mächtige Serien aus Granit (s. Abb.) und basaltischen Gesteinen aufgebaut. Granit, das häufigste Tiefengestein der Erde, wird durch einen Prozess gebildet, der als Granitisation bezeichnet wird (siehe S. 181). Sie ereignet sich in nahezu allen Erdperioden, vor allem aber in jenen Epochen, die – wie die Oberkreide – durch ausgeprägten Vulkanismus und eine verstärkte plattentektonische Unruhe gekennzeichnet sind.

Die schiere Fülle des weltweit vorhandenen Granits hat die Wissenschaftler zu dem Schluss geführt, dass das Gestein auf mehr als nur eine Art und Weise entstehen kann. So können Granite aus Schmelzgestein bestehen, das von unten in die Erdkruste eindringt, um dort abzukühlen und grob kristallin zu erstarren. Sie können aber auch durch eine Umwandlung vorhandener Gesteine gebildet werden, wobei die Transformation entweder durch extrem hohe Temperaturen oder hohen Druck ausgelöst wird. In der Oberkreide entstehen vor allem auf den Meeresböden auch gewaltige Massen basaltischer Gesteine. Diese weit überdurchschnittliche Bildung neuer Meereskruste ist vermutlich für den erneuten Anstieg des Meeresspiegels verantwortlich, wodurch viele flache Küstenzonen überflutet werden. Auch auf dem Festland finden sich große Mengen basaltischer Vulkanite.

Um 98 Mio.

Seerose und Lotosblume: Evolution der Wasser- und Sumpfgewächse kommt sprunghaft voran

Unter den Bedecktsamern oder Angiospermen entwickeln sich vor allem die Wasser- und Sumpfgewächse rasant. Zu den vermutlich auffälligsten Blütenpflanzen der Oberkreide zählen die Seerosenartigen (Nymphaeales), die u. a. durch die Seerosengewächse und die Lotosblumengewächse vertreten sind. Vor allem die Seerosengewächse (Abb.: Nymphaea alba) erleben im ausgehenden Mesozoikum eine große Verbreitung, während die Lotosblumen, die heute nur noch in zwei Arten vorkommen, im Tertiär ihre größte Formenvielfalt erreichen. Zu den gemeinsamen Kennzeichen aller Seerosenartigen zählen einige ursprüngliche Merkmale im Aufbau des Pflanzenkörpers sowie die Tatsache, dass sie ausschließlich in Süßwasser anzutreffen sind.

Unter den einkeimblättrigen Pflanzen bildet sich zur gleichen Zeit die Gruppe der Alismatidae oder Helobiae mit den beiden Untergruppen der Froschlöffelartigen (Alismatales) und der Nixkrautartigen (Najadales) heraus. Zu den frühesten Vertretern der Froschlöffelartigen zählen die Aponogetonaceen, die heute mit nur noch einer Gattung und rund 40 Arten fast auf der gesamten Südhalbkugel vertreten sind. Es handelt sich um langstielige, im Gewässerboden wurzelnde Pflanzen, die zahlreiche kleine Blüten mit jeweils nur einem Blütenblatt hervorbringen. Ebenfalls kreidezeitlichen Ursprungs sind die heute vorwiegend tropischen Schwanenblumengewächse. Diese sehr ausdauernden Sumpf- und Wasserpflanzen bringen auffällige, weiß, rosa oder gelb gefärbte Blütenblätter hervor.

Zu den ursprünglichsten Vertretern der Nixenkrautartigen zählen die Laichkrautgewächse, die sowohl im Süß- wie im Salzwasser anzutreffen sind. Ihre im Boden wurzelnde Grundachse dient ihnen als Speicherorgan für Stärke. Die kleinen Blüten haben statt einer Blütenhülle blattartige Anhängsel, die mit ihrer lebhaften Färbung bei einigen Arten eine echte Blütenkrone vortäuschen. Mit drei Untergruppen und annähernd 100 Arten sind die Laichkrautgewächse in vielen Erdregionen verbreitet. Gleiches gilt für die ebenso alten Najaceen oder Nixenkrautgewächse, die lediglich eine einzige Gattung bilden. Auch diese einjährigen krautigen Pflanzen kommen sowohl im Süß- wie im Salzwasser vor.

Dass sich eine so rasche Evolution der modernen Blütenpflanzen ausgerechnet in dem sehr spezialisierten Milieu der Sümpfe und Seen ereignet, ist nicht verwunderlich. Die Funde von Archaefructus sinensis und A. liaoningensis (siehe S. 244) in der nordchinesischen Provinz Liaoning belegen, dass bereits einige der Ur-Angiospermen, möglicherweise sogar die ursprünglichsten unter ihnen, zweifellos zu den Wasserpflanzen zählten.

Um 98 Mio.

In den Weiten Zentralasiens lebt der vogelähnliche Saurier **Avimimus**. Belegt ist das Reptil durch Fossilien, die in der Mongolei gefunden wurden. Sie weisen Avimimus als einen leichten, etwa 1,5 m langen Laufsaurier aus. Insbesondere der Schnabel, der an dem kurzen Schädel ansitzt, weist Ähnlichkeiten mit Vögeln auf. Ob Avimimus, wie einige Forscher aufgrund von Riffeln am Ellbogen annehmen, Federn besaß, ist umstritten. Als Nahrung dienten dem flinken Tier vermutlich kleine Tiere, denen er mit langen Schritten nachstellte. Als sicher gilt, dass sich der langschwänzige Avimimus auf zwei Beinen fortbewegte.

Vermutlich an seichten Gewässern lebt der Fleisch fressende **Spinosaurus**. Auffälligstes Merkmal des Sauriers ist das große Hautsegel, das zwischen den über 1,5 m langen Dornfortsätzen der Rückenwirbel gespannt ist. Wie alle Raubsaurier läuft auch Spinosaurus, dessen Arme stark verkürzt sind, auf zwei Beinen. Den Körper hält er dabei wahrscheinlich in einer waagerechten Position. Aufgrund der spärlichen Schädelreste, die man in Nordafrika fand, wird angenommen, das Spinosaurus einen flachen, krokodilähnlichen Kopf besaß.

Zu den mit Laubblättern besetzten Bedecktsamern (Angiospermen) zählt **Credneria**. Die ovalen Blätter des Gewächses erreichen eine Größe von etwa 20 cm und sitzen an einem kurzen Stiel. Ihre Form ähnelt den Blättern heute lebender Platanen, als deren Vorfahren sie gelten. Versteinerte Reste von Credneria wurden u.a. in Böhmen, in Grönland, in Alaska und im US-Bundesstaat New Mexico gefunden.

Mit ihrem breiten Nackenschild buhlen die Männchen der Ceratopsier-Gattung **Protoceratops** um ihre weiblichen Artgenossen. Das auffällige Merkmal sitzt am Ende des großen Schädels. Nicht nur der Nackenschild verleiht Protoceratops ein markantes Äußeres. Der Oberkiefer läuft in einem großen Schnabel aus. Mit ihm reißt der auf vier Beinen laufende Angehörige der Dinosaurier-Untergruppe Ceratopsier Pflanzen aus dem ausgetrockneten Boden seines Lebensraums, den heißen Sandwüsten Innerasiens. Neben Knochen der urtümlichen Tiere fanden Forscher in der Mongolei auch Reste von Jungtieren.

Um 98–65,5 Mio.

Sahara von Wald bedeckt

Auf dem Gebiet der heutigen Sahara gedeihen in der Oberkreide üppige Wälder. Ihre verkieselten Überreste haben sich, wie etwa in einigen Regionen Algeriens, bis in die Gegenwart erhalten (Abb.: versteinertes Holz aus der Sahara). Zu den häufigsten Baumgewächsen der Sahararegion zählen verschiedene Nadelgehölze sowie der zu den Myristicaceae gehörende Muskatnussbaum. Dieser tropische, in Ausnahmefällen bis zu 20 m hohe Baum war vor seiner künstlichen Verbreitung durch den Menschen sonst nur noch auf den Molukken, einer kleinen Inselgruppe zwischen Celebes und Neuguinea, verbreitet. Da die Drift der afrikanischen Platte noch nicht abgeschlossen ist, befindet sich Nordafrika in der Oberkreide in größerer Nähe zum Äquator.

Um 98–65,5 Mio.

Bäume werfen ihr Laub ab

Während Nadelgehölze meist zu den immergrünen Gewächsen zählen, entwickeln die Bäume der Kreide die Fähigkeit, ihr Laub im Herbst abzuwerfen (Abb.: Herbstlaub einer Eiche). Dies gilt nicht nur für nahezu alle typischen Laubbäume der Periode, sondern auch für die zeitgleich auftauchenden Lärchen (siehe S. 243).

Der Laubabwurf dient dazu, in den Wachstumspausen den Stoffwechsel auf ein Minimum zu reduzieren. Er erlaubt den Bäumen zugleich, in den Wachstumsphasen große Kronen auszubilden, deren Blätter sie in den Wintern ohne den Laubabwurf nicht versorgen könnten. Die charakteristische Verfärbung im Herbst erfolgt dadurch, dass den Blättern Nährstoffe entzogen werden, die größtenteils der Ausbildung der frischen Blattknospen für das folgende Jahr zugute kommen. Die je nach Art verschiedenen Farben werden durch den jeweils unterschiedlichen chemischen Aufbau der Blätter bestimmt. Mit dem Laub werden auch überschüssige Kurztriebe abgestoßen.

Um 98–65,5 Mio.

Weniger Arme, größere Beweglichkeit: Die ersten Kraken

Aus der Gruppe der zehnarmigen Tintenfische gehen im ausgehenden Erdmittelalter die achtarmigen Tintenfische oder Octopoden hervor. Nach ihrem vermutlich bekanntesten Vertreter, der Gemeinen Krake Octopus vulgaris, werden sie umgangssprachlich auch als Kraken bezeichnet. Von ihren älteren Verwandten unterscheiden sich die Octopoden grundsätzlich durch einen gedrungeneren Körperbau. Die beiden in kleinen Keulen mündenden Tentakelarme, ein kennzeichnendes Merkmal der zehnarmigen Tintenfische, sind bei ihnen verschwunden. Die verbliebenen acht Arme zeichnen sich durch eine größere Beweglichkeit aus. Mit ihren teilweise zweireihig angeordneten Saugnäpfen (s. Abb.), die bei allen Arten breit auf den Armen aufsitzen und niemals gestielt sind, können sie sich an allen glatten Flächen außerordentlich fest ansaugen.

Die gegenwärtig rund 200 Arten der Octopoden werden in zwei Untergruppen unterteilt. Die etwa 30 Arten der Cirrata sind insgesamt klein. Sie kommen ausschließlich in der Tiefsee vor, besitzen weder Leuchtorgan noch Tintenbeutel und sind teilweise völlig blind. Die Mehrzahl der Octopoden zählt zu den Incirrata. Die meisten von ihnen sind Flachwasserbewohner, einige wenige Arten dringen auch in die Tiefengewässer vor. Fast alle Incirrata verfügen über Tintenbeutel, einige über Leuchtorgane. Ihre größten Vertreter aus der Untergruppe der Octopodidae werden bis zu sechs Meter lang.

Zehn- und achtarmige Tintenfische bilden gemeinsam die Gruppe der Neu-Tintenfische. Eine Sonderstellung unter den Neu-Tintenfischen nimmt die kleine Gruppe der Vampyromorpha ein, die als morphologisches Bindeglied zwischen Cirrata und Incirrata gilt und die deshalb teils zu den Octopoden gerechnet, teils als eigenständige Gruppe betrachtet wird.

Um 98–65,5 Mio.

Vom Kieselschwamm zum Feuerstein: Ein begehrter Werkstoff der frühen Neuzeit entsteht

Im Zusammenhang mit der Ablagerung der für die Kreidezeit typischen Kalkformationen kommt es zur Bildung von Feuerstein, im Volksmund auch als Flint bekannt (Abb. u.: Feuerstein aus den Kreidefelsen der Insel Rügen). Der Name leitet sich von der Flinte ab, da der Feuerstein in der frühen Neuzeit zum Funkenschlag in den altertümlichen Steinschlossgewehren verwendet wurde.

Das Ausgangsmaterial für den kreidezeitlichen Feuerstein liefern einfach gebaute Vielzeller aus der Gruppe der Kieselschwämme. Diese Kieselschwämme verfügen über Stützgerüste, die in den mächtigen Serien aus Coccolithenkalken (siehe S. 242) eingelagert werden. Aus der darin enthaltenen Kieselsäure geht in einem vielschichtigen Transformationsprozess (Diagenese) der Feuerstein hervor. Dabei bildet die Kieselsäure zunächst einen unkristallisierten Opal, der anschließend zu Chalzedon, einer feinkristallinen Form des Quarzes, umgewandelt wird. Zur Chalzedon-Familie zählen neben dem Feuerstein unter anderem Achat, Onyx, Jaspis, Sarder, Chrysopras, Carneol und Heliotrop.

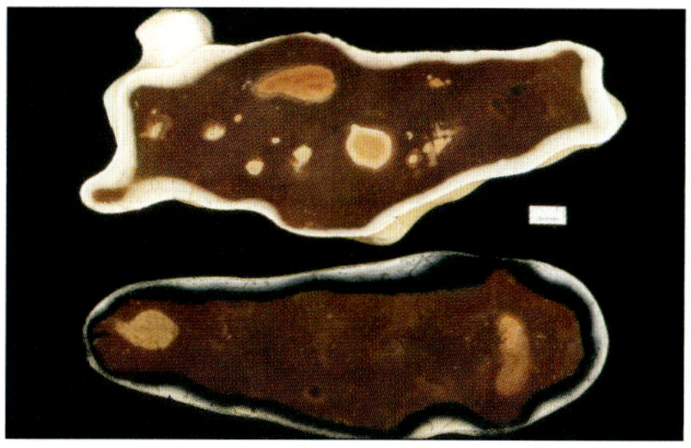

Feuerstein kommt in verschiedenen Farbvariationen vor (Abb. o.: roter Flint). Ein typisches Merkmal ist sein muschelähnlicher Bruch. Durch die großen eiszeitlichen Gletscher wird der Flint im Pleistozän aus dem Nord- und Ostseeraum bis nach Mitteleuropa transportiert. Seine Verbreitungsgrenze markiert den Südrand der Vereisung.

Um 98–65,5 Mio.

Fossilien-Dorado Münsterland

Im südwestlichen Münsterland fossilisiert unter außergewöhnlichen Umweltbedingungen eine vielfältige Meeresfauna, die u.a. durch zahlreiche moderne Knochenfische belegt ist. Der ausgezeichnete Konservierungszustand verhilft einigen Funden aus den Baumberge-Schichten und den Plattenkalken von Sendenhorst zu Weltruhm. Das Münsterland wird in dieser Phase von dem riesigen Nordmeer bedeckt, das sich über die größten Gebiete Nord- und Westeuropas erstreckt. Unmittelbar südlich der Region liegt die größte europäische Festlandsmasse, die sich als längliche Insel vom Pariser Raum bis kurz vor Wien erstreckt und die das Nordmeer gegen den südlich gelegenen Tethys-Ozean abgrenzt.

Eine Besonderheit der münsterländischen Fundstellen ist, dass sie die Fauna verschiedener Lebensräume umfassen. Erhalten bleiben sowohl Flachwasser- als auch Tiefseebewohner. Der Grund ist das Zusammenspiel verschiedener Faktoren. Zum einen erzeugen die nährstoffreichen Tiefenwasser, die aus dem Nordmeer in die südlichen Flachwasserbereiche strömen, einen äußerst fruchtbaren Lebensraum. Überdies treten immer wieder sog. Trübeströmungen auf. Es handelt sich hierbei um Sediment-Wasser-Gemische, die durch Bodenunruhen in den Flachwassern ausgelöst werden, sich lawinenartig in die tieferen Schichten ausbreiten und dabei zahlreiche Tiere ersticken. Ganz andere, der Fossilisation aber ebenfalls äußerst förderliche Bedingungen finden sich im nördlichen Münsterland in der Region von Lengerich. Hier bildet sich in größeren Tiefen aus einem tonreichen Material mit einem hohen Anteil an organischen Substanzen der so genannte Schwarzschiefer. Günstig auf die Konservierung wirkt der äußerst geringe Sauerstoffanteil in diesem Milieu.

Zu den erhaltenen Arten zählen neben Knorpelfischen wie Haien und Rochen vor allem zahlreiche frühe Vertreter der modernen Knochenfische. Viele Arten haben, wie Sardinus cordieri, die Gestalt und Größe heutiger Sardinen. Chirotrix guestfalicus ist von gleicher Größe, zeichnet sich jedoch durch überproportional ausgebildete Brustflossen aus. Rhinellus furactus ist nur etwa 20 cm lang, gleicht aber ansonsten mit der deutlich verlängerten Schnauze stark den modernen Hornhechten. Hervorstechendes Merkmal des etwa zandergroßen Raubfischs Enchodus gracilis ist das Furcht einflößende Gebiss mit den auffallend langen, dolchartigen Fangzähnen. Der größte Knochenfisch der Kreidezeit ist der von Nordamerika bis Europa verbreitete Xiphactinus, der zu der ausgestorbenen Gruppe der Ichthyodectiformes zählt. Die Lebensweise dieses gefährlichen Räubers, der eine Länge von bis zu fünf Metern erreicht, gleicht derjenigen heutiger Tarpune und Merline. Das im Münsterland geborgene Exemplar ist rund 6 Mio. Jahre älter als alle anderen bislang gemachten Funde.

Platycormus germanus zählt zu den berühmten Knochenfisch-Funden aus Sendenhorst.

Um 98 Mio. Mit ihren breiten, zu Paddeln ausgeformten Gliedmaßen gleitet die riesige Schildkröte **Archelon** durch die Meere. Ihre Bewegungen ähneln den Flügelschlägen der Pinguine unter Wasser. Im Gegensatz zu landlebenden Schildkröten besitzt die etwa 3,7 m große Gattung einen reduzierten Rückenpanzer. Er besteht aus einer Reihe von Querstreben, die aus den knöchernen Rippen wachsen. Über die Verstrebungen spannt sich eine dicke lederartige Haut. Ein ähnlicher Aufbau des Panzers findet sich bei den heute lebenden Meeresschildkröten.

Ein massiger bulliger Schädel kennzeichnet den Raubsaurier **Majungatholus**. Fossile Reste des etwa neun Meter langen Reptils fanden Wissenschaftler auf der Insel Madagaskar vor der Ostküste Afrikas. Wie bei dem in Südamerika gefundenen Carnotaurus wachsen aus dem Schädel von Majungatholus oberhalb der Augen kleine Hörner. Vermutlich setzten sie die Männchen beim Kampf mit Rivalen ein. Dabei stießen die Saurier mit ihren Köpfen aneinander. Majungatholus und Carnotaurus zählen zu den Abelisauriden, die ausschließlich auf dem Südkontinent Gondwana verbreitet sind.

Als eine der ersten gut bekannten Schlangen gilt **Dinilysia patagonica**. Ein fast vollständiges Skelett und einen Schädel fand man in Patagonien (Südamerika). Auffällig sind die Ähnlichkeiten zu heute lebenden Boas und Pythons. Dinilysia gehört einer fortgeschritteneren Entwicklungsstufe an als die erste bekannte Schlange, Pachyrhachis, aus der Unterkreide.

Um 98–65,5 Mio.

Lebensraum Laubwald

Mit der Entstehung zahlreicher neuer Entwicklungslinien unter den Holzgewächsen, die u.a. zu den Buchen, Eichen, Birken und verschiedenen Obstgehölzen führen, setzen die Bedecktsamer (siehe S. 244) ihren Siegeszug fort. Die meisten dieser neuen Holzpflanzen, die entwicklungsgeschichtlich ausnahmslos zur Florenneuzeit gerechnet werden, zählen zu den Laubbäumen. Sie bilden den Kern der Ökosysteme Laub- und Mischwald, die zahlreichen Faunenvertretern einen völlig neuartigen Lebensraum bieten.
Die meisten jener Baumarten, die für die nun entstehenden Mischwälder charakteristisch sind, zählen zu dem großen Verwandtschaftskreis der Hamamelididae (Zaubernussartige) oder Amentiferae, der seinerseits in mehrere große Untergruppen gegliedert wird. An seinem entwicklungsgeschichtlichen Ursprung stehen die einst weit verbreiteten Radbaumgewächse (Trochodendraceae), die heute nur noch mit der Art Trochodendron aralioides in Ostasien vertreten sind. Im Unterschied zu den meisten seiner späteren Verwandten ist dieser bis zu 20 m hohe Baum immergrün. Mit ihrer Mischung aus primitiven und fortschrittlichen Merkmalen stehen die Radbaumgewächse zwischen einer mutmaßlich sehr alten Form der Holzgewächse, der Magnolie, und den moderneren Zaubernussartigen.
Zu der Gruppe der Zaubernussartigen zählen u.a. die Platanen, die – mit Ausnahme von Afrika – vor allem auf der Nordhalbkugel verbreitet sind. Nachdem sie in der Oberkreide erscheinen, erreichen sie im nachfolgenden Tertiär (65,5–1,81 Mio.) weite Verbreitung. Die meisten ihrer heutigen Arten werden als Ziergehölze kultiviert, doch stellen sie mit der bis zu 50 m hohen Platanus occidentalis in Nordamerika einen echten Laubbaumriesen. Möglicherweise sind die außerordentlich ausdauernden und langlebigen Platanen mit den Rosengewächsen verwandt. Mit den Zaubernussgewächsen, die mit über 100 Arten in den subtropischen und gemäßigten Zonen Ostasiens verbreitet sind, bilden sie vermutlich ein wichtiges stammesgeschichtliches Bindeglied zu vielen weiteren Großgruppen der Hamamelididae. Hervorstechend unter diesen ist der weite Verwandtschaftskreis der Buchenartigen oder Fagales, der neben den eigentlichen Buchen vor allem die Eichen, Birken, Erlen, Haseln sowie Kastanien umfasst.
In der Oberkreide treten die Buchengewächse zunächst auf der Südhalbkugel mit einem Verbreitungsschwerpunkt im tropischen und subtropischen Raum in Erscheinung. Heute haben sie mit ihren etwa 900 Arten alle Kontinente erobert, wobei sie inzwischen eher zu typischen Bewohnern der gemäßigten Breiten geworden sind. Die Buchengewächse, zu denen noch immer zahlreiche immergrüne Formen gehören, bilden ein wichtiges Florenelement sowohl der sommergrünen Laubwälder wie der immergrünen Hartlaub- und Lorbeerwälder. Die eigentlichen Buchen zeichnen sich vor allem durch ihre enorme Ausdauerfähigkeit aus. Junge Buchen überdauern wie kaum ein anderes Holzgewächs die Dunkelheit im Schatten größerer Bäume. Während die Buchen der Untergruppe Fagoideae nur in den gemäßigten Zonen der Nordhalbkugel anzutreffen sind, dringen die auf der Südhalbkugel verbreiteten Südbuchen (Nothofagoideae) vereinzelt bis in tropische Regionen vor.
Die größte Untergruppe der Buchengewächse stellen die Eichen, die abgesehen von Australien nahezu weltweit verbreitet sind. Die zum Teil extrem langlebigen Bäume bilden ein zentrales Florenelement der klassischen Mischwälder, auch wenn sie sich in der jüngsten Zeit auf dem Rückzug befinden.

Laubbäume wie Hängebirken lieben es feucht.

Um 98–65,5 Mio.

Breite Paddel, lederner Panzer: Größte Meeresschildkröte aller Zeiten erreicht vier Meter Höhe

Mit Archelon tritt im ausgehenden Mesozoikum die größte Meeresschildkröte aller Zeiten in Erscheinung. Das riesenhafte Tier misst knapp vier Meter. Es zählt zur großen Gruppe der Cryptodira, der auch die meisten der heute lebenden Schildkröten angehören.
Auffällig sind an Archelon, die ausschließlich in der Oberkreide lebt, zwei charakteristische Merkmale. Zum einen sind ihre Vorder- und Hintergliedmaßen durch die Verlängerung der Finger und Zehen zu breiten Paddeln umgeformt, wie sie sich auch bei den heutigen Meeresschildkröten (Abb.: Suppenschildkröte) finden. Mit Hilfe dieser Paddel kann sie sich vergleichsweise schnell und elegant im Wasser bewegen. Zudem ist ihr Rückenpanzer in einer Anpassung an den allgemeinen Rückgang der großen meeresbewohnenden Räuber stark zurückgebildet. Er besteht nicht, wie bei den meisten landlebenden Formen, aus schweren Hornplatten, sondern aus einer dicken, ledrigen Haut. Im Verhältnis zu ihren gepanzerten Verwandten ist Archelon dadurch erheblich leichter und beweglicher. Die Reduktion des Panzers ist nicht das einzige Merkmal, das sie mit den heute lebenden Meeresschildkröten teilt. Wie diese ernährt sie sich mit ihrem schwachen Kiefer bevorzugt von Quallen.
Archelon zählt zu der Familie der Protostegiden, die mehrere großwüchsige Arten hervorbringt. Ein gemeinsames Merkmal der Protostegiden und aller heutigen Meeresschildkröten ist die Unfähigkeit, Kopf und Beine unter den Panzer zu ziehen.

Um 98–65,5 Mio.

Kräuter, Stauden, hohe Stängel: Doldenblütlerartige verbreiten sich in rasantem Tempo

Im Zuge der rasanten Evolution der Bedecktsamer erscheinen in der Oberkreide auch die ersten Doldenblütlerartigen. Zu ihren frühesten Vertretern zählen der Efeu sowie die unmittelbaren Vorfahren sowohl der Möhren als auch zahlreicher Gewürz- und Heilpflanzen.

Systematisch werden die Doldenblütlerartigen oder Apiales in die beiden großen Gruppen der Efeugewächse und der eigentlichen Doldenblütler unterteilt. Gemeinsames Merkmal nahezu aller Doldenblütlerartigen sind der hohe Stängel, die zerteilten Blätter und die große Blattscheide. Ihre zweigeschlechtlichen Blüten zeichnen sich durch umgekehrt herzförmige Blütenblätter aus, darunter reifen zweiteilige sog. Spaltfrüchte.
Die Doldenblütler, die sowohl Kräuter als auch Stauden umfassen, werden in die drei großen Gruppen der vornehmlich auf der Südhalbkugel verbreiteten Hydrocotyloideae, der weltweit vorkommenden Saniculoideae und der Apioideae gegliedert, wobei die letztgenannte Gruppe die mit Abstand formenreichste und kulturgeschichtlich bedeutsamste ist. Die annähernd 260 Gattungen der Apioideae kommen fast ausschließlich auf der Nordhalbkugel vor. Zu ihnen zählen die rund 60 Arten der Möhre, die ursprünglich im Mittelmeerraum und im Orient beheimatet ist. In ihrer Wildform ist die verdickte Wurzel der Möhre grundsätzlich kleiner als die der kultivierten Arten. Sie kommt in kugeligen bis länglichen Variationen vor. Zu den zahlreichen Apioideae, die heute als Gewürz- und Heilpflanzen dienen, zählen unter anderem die aus dem europäischen Mittelmeerraum stammende Petersilie, der Kümmel und der Kreuzkümmel, der weit verbreitete Dill (s. Abb.), der Liebstöckel, Kerbel und Koriander, der Fenchel sowie die Gattung Pimpinella, zu deren rund 150 Arten u.a. Anis (Pimpinella anisum) zählt.

Um 98–65,5 Mio.

Schuppige Räuber: Mosasauriden passen sich erfolgreich dem Lebensraum Wasser an

Aus den Varaniden, den oberkreidezeitlichen Vorfahren der heute lebenden Warane (Abb. r.: Kopf eines Warans), entwickelt sich mit den Mosasauriden ein zwar kurzlebiger, aber in der kurzen Zeit seines Bestehens außerordentlich erfolgreicher Seitenzweig.
Die Mosasauriden (Abb. u.: Schädel eines Mosasaurus hoffmanni) besetzen die ökologische Nische, die durch das Verschwinden der Ichthyosaurier am Beginn der Oberkreide entstanden war. Ihr bevorzugter Lebensraum ist das offene Meer, ihr Verbreitungsgebiet erstreckt sich weltweit. Die erfolgreiche Anpassung der hervorragenden Taucher an das Leben im Wasser zeigt sich an den Extremitäten, die wie breite Paddel erscheinen. Dabei sind die Vordergliedmaßen ähnlich wie bei den Meeresschildkröten stärker entwickelt als die Hintergliedmaßen. Eine weitere wichtige Anpassungsleistung zeigt sich an dem kräftig entwickelten Schwanz, der – seitlich abgeplattet und mit einem Flossensaum versehen – beim Schwimmen eine zentrale Rolle spielt. Die Schnauze der Mosasauriden ist insgesamt deutlich länger gestreckt als die ihrer landlebenden Verwandten.
Ein typischer Flachwasserbewohner ist der nordamerikanische Platecarpus, der eine Länge von mehr als vier Metern erreicht. Er lebt vor allem von der Jagd auf Fische und Tintenfische, wobei er, wie entsprechende Bissspuren belegen, auch hartschalige Ammoniten nicht verschmäht. Ihre Gehäuse knackt er mit Hilfe seiner zahlreichen scharfen Zähne. Ein deutlich größerer Vertreter der Mosasauriden ist der annähernd zehn Meter lange Plotosaurus. In seiner Erscheinung gleicht er im Wesentlichen seinem Verwandten, allerdings ist der Flossensaum bei dieser Riesenechse nur auf der Oberseite des Schwanzes entwickelt.

Der Untergang der Dinosaurier

Im Verlaufe der Erdgeschichte haben mindestens fünf globale Aussterbe-Ereignisse stattgefunden, doch keines von ihnen hat auch nur annähernd so stark die Gemüter erhitzt und zur Theoriebildung angeregt wie das große Massensterben an der Grenze zwischen Kreide und Tertiär (K/T-Grenze). Innerhalb eines erdgeschichtlich vergleichsweise kurzen Zeitraums endet die rund 140 Mio. Jahre umfassende Epoche der Dinosaurier, der größten Landwirbeltiere aller Zeiten. Es beginnt die Erdneuzeit und mit ihr das Zeitalter der Säugetiere.

Der Untergang der Dinosaurier; Illustration von Mario Kessler

Abenteuerliche Theorien

Das Rätselraten über die Gründe für den Untergang der Dinosaurier ist so alt wie die Dinosaurier-Forschung selbst. Fast alle Erklärungsversuche leiden am Mangel an empirischer Unterstützung. In kreidezeitlichen Fundschichten sind die Überreste von Dinosauriern vorhanden, in den (erdgeschichtlich jüngeren) tertiären nicht; dazwischen liegt eine Grauzone unbekannter Dauer. Der englische Paläontologe Richard Fortey vergleicht das Dilemma mit einem Kriminalfilm, aus dem eine Szene herausgeschnitten wurde: Erst lebt das Opfer, dann ist es tot, aber die entscheidende Sequenz mit Täter und Waffe fehlt.
Seit dem 19. Jh. gab es zahlreiche Erklärungsmodelle über das Verschwinden der Schreckensechsen. Als Ursachen wurden u.a. die Verfolgung durch Außerirdische, chronische Verstopfung, der Ausbruch einer Seuche, die explosive Zunahme Eier fressender Arten, die exorbitante Körpergröße sowie der Florenwandel im ausgehenden Mesozoikum diskutiert. Auch ein altes Thema wurde wieder aufgegriffen. Die Tiere mit dem größeren Gehirn hätten sich während der Sintflut auf die rettenden Berge geflüchtet, während die geistig minderbemittelten Arten ertrunken seien.
Das Problem dieser Theorien ist, dass sie allenfalls einen Teilaspekt eines komplexen Geschehens erklären. Das Massenaussterben an der K/T-Grenze dezimierte nicht nur die Tiere an Land, sondern auch im Wasser. Es fielen ihm keineswegs nur die Dinosaurier zum Opfer. Auch Ammoniten und andere kleine Meeresbewohner, die meisten Meeresschildkröten, einige Hai-, Vogel-, Eidechsen- und Beuteltierarten verschwanden. Ein fast ebenso großes Rätsel geben die Überlebenden auf. Aus unbekannten Gründen blieben die Knochenfische, Krebse, Frösche, Salamander, Krokodile und Säugetiere weitgehend verschont.

Neue Impulse erhielt die Diskussion 1980. Forscher hatten im italienischen Gubbio in den Ablagerungen der K/T-Grenze eine nur ein bis zwei Zentimeter dicke, inzwischen auch an zahlreichen anderen Orten nachgewiesene Tonschicht entdeckt, die keinerlei Anzeichen von Leben erkennen ließ. In dieser Lage fand sich dafür eine extrem hohe Anreicherung des auf der Erde sehr seltenen Elements Iridium (sog. Iridium-Anomalie), das in dieser Konzentration bislang nur in Meteoriten nachgewiesen werden konnte. Dies war die Geburtsstunde der Theorie vom Meteoriteneinschlag, der möglicherweise an der K/T-Grenze der mesozoischen Fauna den Garaus machte (siehe Kasten). Inzwischen wurde ein entsprechend großer, längst von jüngeren Sedimenten verfüllter Krater passenden Alters im Golf von Mexiko entdeckt.

Artentod durch Meteoriteneinschlag?

Dass es an der K/T-Grenze zum Einschlag eines mächtigen Meteoriten gekommen ist, gilt inzwischen als unumstritten. Ob das mit diesem Einschlag verbundene Katastrophenszenario den realen Vorgängen entspricht, darüber scheiden sich die Geister. Die Befürworter glauben, dass der Himmelskörper, der vor rund 65,5 Mio. Jahren die Erde erschütterte, einen Durchmesser von zehn Kilometern und ein Gewicht von 500 Mrd. Tonnen hatte. Durch die Gewalt der Detonation wurden so große Staubmassen aufgewirbelt, dass sich die Sonne verfinsterte. Meteoritentrümmer gingen weltweit als Feuerkugeln auf die Erde und setzten die Wälder in Brand. Wo die Vegetation nicht verbrannte, ging sie an der Dunkelheit zugrunde.

Dinosaurier als Filmhelden in Steven Spielbergs »Jurassic Park« (1993)

Einige der größten Meteoritenkrater der Erde:

- ***Vredefort (Südafrika)***
  Durchmesser: 300 km
  Alter: ca. 2000 Mio. Jahre
- ***Sudbury (Kanada)***
  Durchmesser: 250 km
  Alter: ca. 1850 Mio. Jahre
- ***Chicxulub (Mexiko)***
  Durchmesser: 170 km
  Alter: 64,98 Mio. Jahre
- ***Manicouagan (Kanada)***
  Durchmesser: ca. 100 km
  Alter: ca. 212 Mio. Jahre
- ***Kara-Kul (Tadschikistan)***
  Durchmesser: 45 km
  Alter: bis zu 10 Mio. Jahre
- ***Clearwater-Seen (Kanada)***
  Durchmesser:
  32 km (westlicher See)
  22 km (östlicher See)
  Alter: ca. 290 Mio. Jahre
- ***Mistastin Lake (Kanada)***
  Durchmesser: 28 km
  Alter: ca. 38 Mio. Jahre
- ***Nördlinger Ries (Deutschland)***
  Durchmesser: 24 km
  Alter: 15 Mio. Jahre
- ***Gosses Bluff (Australien)***
  Durchmesser: 22 km
  Alter: ca. 142,5 Mio. Jahre
- ***Aorounga (Tschad)***
  Durchmesser: 17 km
  Alter: 200 Mio. Jahre
- ***Deep Bay (Kanada)***
  Durchmesser: 13 km
  Alter: ca. 100 Mio. Jahre
- ***Bosumtwi (Ghana)***
  Durchmesser: 10,5 km
  Alter: ca. 1,3 Mio. Jahre

Computeranimationen vermitteln einen verblüffend realistischen Eindruck von der jurassischen Landschaft und Tierwelt.

Neben der Theorie, dass ein gewaltiger Meteorit das Ende der Dinosaurier besiegelte, gibt es noch weitere Ansichten über die Gründe für das Massensterben an der Grenze zwischen Kreide und Tertiär. Die populärste unter ihnen stützt sich auf die Vulkanausbrüche, die den indischen Subkontinent vor etwa 65 Mio. Jahren erschütterten. Die Eruptionen dauerten etwa 700 000 Jahre. Unmengen von Lava, Vulkanasche und Giftgas wurden freigesetzt – und das Massensterben nahm seinen Lauf. Aus dem riesigen Lavafluss entstand der ***Deccan-Trapp*** *– Plateaus aus Deckenbasalt, die mit 500 000 km² ein Sechstel der Landfläche Indiens bedecken. Die zeitliche Übereinstimmung von Vulkanausbrüchen (wie auch von Meteoriteneinschlägen) und Aussterbe-Ereignissen ist heute belegt. Dennoch führen manche Wissenschaftler den Tod der Riesenechsen nicht auf ein plötzliches Ereignis, sondern auf langfristige Klima- und Umweltveränderungen zurück.*

Zu Wasser und zu Land wurden die Nahrungsketten zerstört. Als die Brände erloschen waren, sanken die Temperaturen unter den Gefrierpunkt. Zuletzt könnten chemische Prozesse den Regen in Schwefelsäure verwandelt haben.
Ob sich eine Katastrophe solchen Ausmaßes wirklich ereignet hat und wie ihm bestimmte Tiergruppen hätten entgehen können, bleibt umstritten. Tatsache ist, dass es etwa an der K/T-Grenze durch Aktivitäten im Erdmantel weltweit zu Vulkanausbrüchen kaum bekannten Ausmaßes kommt, deren Laven etwa halb Indien bedecken. Eine ihrer Folgen ist ein extrem saurer Regen, der über einen längeren Zeitraum für die Biologie, vor allem für die Fortpflanzung und den Stoffwechsel der Dinosaurie, verheerende Folgen gehabt haben kann. Des Weiteren vollzieht sich ein deutliches Absinken des Meeresspiegels. Es ist deshalb durchaus möglich, dass das große Aussterben keineswegs durch ein punktuelles Katastrophenereignis, sondern durch ein ungünstiges Zusammentreffen unterschiedlicher Faktoren erklärt werden muss.

Im Fokus

Iridium als Indikator: Ein gewaltiger Meteorit traf die Erde

Als der US-Geologe Walter Alvarez 1980 mit seinem Vater, dem Physik-Nobelpreisträger Luis Alvarez, seine Forschungsergebnisse über die Iridium-Anomalie in der Grenzschicht des italienischen Gubbio veröffentlichte, wurde die Diskussion über das Aussterben der Dinosaurier neu entfacht. Und als in den folgenden Jahren immer mehr Beweise für den Einschlag eines riesenhaften Himmelskörpers an der K/T-Grenze gefunden wurden, entwickelte sich die Theorie vom Meteoriteneinschlag zu einer überzeugenden Erklärung.

Beendete ein Bombardement aus dem All das Leben der Dinosaurier? Meteoriten-Krater im US-Bundesstaat Arizona.

Einer dieser Beweise war die Entdeckung eines riesigen Einschlagkraters in Mexiko. Noch wichtiger war, dass jene extrem iridiumhaltige Tonschicht aus den K/T-Aufschlüssen, nach der nun gezielt gesucht wurde, in weit mehr als 100 anderen Orten nachgewiesen werden konnte. Die Fundorte liegen verstreut von der Arktis bis zur Antarktis, in Europa, Afrika und Amerika. Ganz offenkundig wurden im fraglichen Zeitraum weite Teile der Erde von iridiumhaltigen Ablagerungen überdeckt. Nach Schätzungen von Wissenschaftlern müsste es sich weltweit um eine Menge von rund 20 000 Tonnen handeln. Als dritter Beweis gelten die Funde von »geschocktem« (schock-metamorphem) Quarz in jenen Schichten, welche auch die Iridium-Anomalie aufwiesen. Quarz entwickelt charakteristische, sich kreuzende Lamellen, wenn er unter hohem Druck zusammengepresst wird.
Dennoch werden an der monokausalen Erklärung des Aussterbens durch einen Meteoriten immer häufiger Zweifel laut. So sind andere, sogar noch gewaltigere Meteoriteneinschläge bekannt, die offenkundig weder mit Iridiumspuren noch mit einem Massensterben in Verbindung stehen. Zudem häufen sich Hinweise, dass der Rückgang der Dinosaurier bereits vor der eigentlichen K/T-Grenze einsetzte. Der Meteorit wäre dann weniger eine eigentliche Ursache als vielmehr ein letzter unglücklicher Zufall in einem komplexen Zusammenspiel ungünstiger Faktoren.

Um 98 Mio. Sowohl auf zwei als auch vier Beinen läuft der Dinosaurier **Bactrosaurus**. Das Pflanzen fressende Reptil, dessen Fossilien in der Mongolei und in China gefunden wurden, weist Ähnlichkeiten zu dem in Nordamerika beheimateten Lambeosaurus auf. Beide Saurier gehören zu den Entenschnabelechsen (Hadrosaurier). Als typischer Vertreter dieser Gruppe besitzt die Schnauze des ca. sechs Meter langen Reptils die charakteristische entenschabelähnliche Form. Bactrosaurus ernährt sich vermutlich von Früchten, Samen und Blättern.

Das Vordringen des Meeres (Transgression) führt zur Überflutung des Nordrandes der Rheinischen Masse. Das Festlandsgebiet, das seit dem Perm nicht vom Meer bedeckt war, sinkt und wird in der Folgezeit von bis zu 1500 m mächtigen Kreideschichten bedeckt. Damit ist der Grundstein des **Westfälischen Beckens** gelegt. Es entspricht aber noch nicht seiner heutigen Form. Erst im Laufe der Oberkreide zeichnen sich mit dem Auftauchen der Nordwestfälisch-Lippischen Schwelle sowie des holländischen Festlands die gegenwärtigen Umrisse ab.

Vermutlich in Herden lebt **Pinacosaurus**. Darauf deuten Fossilreste der Reptilien hin. In der mongolischen Steppe bargen Forscher mehrere Skelette der Tiere an einem einzigen Fundort. Die entdeckten Knochen weisen Pinacosaurus als einen mittelgroßen, etwa 5,5 m langen Ankylosaurier aus. Knochenplatten verlaufen auf dem Rücken und dem Schwanz. Dieser besitzt am Ende eine keulenförmige Verdickung, mit der sich der Pflanzenfresser gegen Angreifer zur Wehr setzt. An den vorderen Extremitäten des auf vier Beinen laufenden Pinacosaurus sitzen vier, an den hinteren Beinen fünf Zehen.

Umstritten ist die Ernährungsweise des etwa sechs Meter langen Sauriers **Segnosaurus**. Während einige Forscher davon ausgehen, das Reptil habe schwimmend in Gewässern Fische gefangen, sehen andere Wissenschaftler in Segnosaurus einen Termiten fressenden Saurier. Einigen Dinosaurierforschern wiederum gilt Segnosaurus als Pflanzenfresser. Gesichert ist hingegen, dass Segnosaurus auf zwei Beinen lief, einen langen Schwanz und einen ebenfalls sehr langen Hals besaß.

Um 98–65,5 Mio.

Macropoma schlägt Brücke zu den heutigen Quastenflossern

Mit der Macropoma aus der mesozoischen Gruppe der sog. Hohlstachler lebt in der Oberkreide der mutmaßlich letzte Vertreter der Quastenflosser. Erst durch den spektakulären Fang einer Latimeria (s. Abb.) im Jahr 1938 stellte sich heraus, dass Macropoma keineswegs der letzte Vertreter seiner Art war, sondern vielmehr das Bindeglied zu den heute lebenden Quastenflossern.

Hohlstachler wie Macropoma und Latimeria zählen zu der sehr altertümlichen Gruppe der Muskelflosser. Von Macropoma, seinem letzten fossilen Vorfahren, unterscheidet sich Latimeria kaum. Sie lebt im Indischen Ozean in dem Raum zwischen den Komoren, Madagaskar und Südafrika sowie bei Indonesien, wird bis zu 1,8 m lang und etwa 80 kg schwer. Latimeria ist eine gemächliche Räuberin die sich in den relativ nahrungsarmen Tiefenregionen zwischen 180 und 300 m behaupten kann, weil sie sich mit der Strömung treiben lässt und so Energie spart. Sie bildet große, dotterreiche Eier aus. Ihr auffälligstes Merkmal aber ist der Bau der fleischigen Flossen, der die Wissenschaftler zu der Überzeugung gebracht hat, der Urahn aller landlebenden Wirbeltiere sei unter den Vorfahren der Latimeria (siehe S. 142) zu suchen.

Um 80–65,5 Mio.

Tyrannosaurus – der König

Bevor sich das Zeitalter der Dinosaurier seinem Ende zuneigt, tritt in der Oberkreide mit Tyrannosaurus rex, dem »König der Schreckensechsen«, der größte landlebende Fleischfresser aller Zeiten auf den Plan.

Junge Tyrannosaurier werden von einem Muttertier gefüttert.

Tyrannosaurus ist der wohl bekannteste aller Dinosaurier und gilt gleichsam als Ikone des gesamten Dinosaurier-Zeitalters. Obwohl es somit in der populären Vorstellung ein klar umrissenes Bild von »T-Rex« gibt, sind die wissenschaftlich gesicherten Erkenntnisse über dieses Tier beschränkt. Überspitzt lassen sich die vielen ungelösten Rätsel hinsichtlich des Tyrannosaurus zu der zentralen Frage zusammenfassen, ob er eher die Rolle der Löwen oder der Hyänen in der ausgehenden Kreidezeit einnimmt – ob er also dem populären Bild von dem unschlagbaren, erbarmungslosen Jäger entspricht oder ob es sich nicht vielmehr um einen zweifellos gefräßigen, aber doch langsam und unbeholfen durch die spätkreidezeitliche Landschaft wandelnden Aasfresser handelt. Tatsache ist, dass Tyrannosaurus, wie der Allosaurus aus Oberjura und Unterkreide, zu den Carnosauriern (siehe S. 230) zählt. Mit einer Länge von bis zu 15 m und einer Höhe von sechs Metern ist er der größte Vertreter dieser Gruppe. Das Hauptverbreitungsgebiet des Tyrannosaurus liegt im westlichen Nordamerika im Gebiet der Rocky Mountains. Fossilienfunde aus China und der Mongolei werden aufgrund ihrer Ähnlichkeit mit denjenigen aus Nordamerika von einigen For-

Um 85–65,5 Mio.

Dreifach gehörnter Triceratops

Zeitgleich zum Tyrannosaurus rex lebt in Nordamerika der größte und bekannteste aller Hornsaurier, der Triceratops (Abb.: Nachbildung). Triceratops ist ein gewaltiger Pflanzenfresser von neun Metern Länge, der in seiner Statur an ein heutiges Nashorn erinnert, mit seinem Gewicht von zehn Tonnen aber selbst einen ausgewachsenen Afrikanischen Elefantenbullen deutlich übertrifft. Kennzeichnende Merkmale des Triceratops sind zunächst die drei Hörner, von denen sich eines auf der Nase, die beiden anderen über den Augenbrauen befinden. Weitere Charakteristiken sind der Papageienschnabel und der ausladende, bis zu zwei Meter große Nackenschild, dessen Hauptaufgabe noch unbekannt ist. Möglicherweise dient er sowohl der Verteidigung vor Feinden als auch als Waffe bei Paarungskämpfen und zur Regulierung der Körpertemperatur. Die oft nachzuweisenden Verletzungsspuren an Schild und Hörnern deuten auf häufige Kämpfe.

Der Körper des Triceratops ruht auf säulenartigen Beinen, die in der Lage sind, das enorme Gewicht des Tieres zu tragen, sich aber nicht für schnelle Fluchtbewegungen eignen. Bei einem Angriff ist das in Herden lebende Tier deshalb auf die körpereigenen Verteidigungswaffen angewiesen.

der Echsen

schern ebenfalls dem Tyrannosaurus rex zugerechnet. In ihrer Mehrheit gehen die Forscher heute davon aus, dass es sich um die Überreste einer nahe verwandten asiatischen Art handelt. Charakteristisches Merkmal des Tyrannosaurus rex sowie seiner Verwandtschaft sind die extrem verkümmerten Arme. Nachdem lange über deren Funktion gerätselt wurde, hat sich die Überzeugung durchgesetzt, dass sie nahezu ausschließlich dem Aufrichten nach dem Schlaf dienen. Umstritten in ihrer Bedeutung sind andere Körpermerkmale, die einerseits die Theorie vom unbezwingbaren Beutegreifer beweisen sollen, gleichzeitig aber für die gegenläufige Theorie vom unbeholfenen Aasfresser herangezogen werden.

Die Körpermasse, der Bau des Beckens und der Beine gelten einigen Forschern als Beleg dafür, dass Tyrannosaurus unmöglich ein schneller Läufer sein kann. Sie vermuten vielmehr, dass er sich nur mit kleinen Schritten bewegt, allerdings von dem Umstand profitiert, dass er alle anderen Aasfresser mühelos in die Flucht schlagen kann. Computersimulationen scheinen diese Hypothese zu bekräftigen. Andere vergleichen die Anatomie von Bein und Becken mit derjenigen des Straußenvogels und gelangen zu dem Schluss, dass sich der Tyrannosaurus mühelos mit 30 bis 40, möglicherweise sogar mit bis zu 70 km/h fortbewegt. Das Furcht erregende Gebiss diente nicht dem Kauen, sondern einzig dem Zweck, große Brocken aus der Beute zu reißen. Wenn Tyrannosaurus wirklich ein Jäger ist, verfolgt er vermutlich eine den Haien ähnliche Strategie. Er stürzt sich auf sein Opfer, reißt ein großes Stück Fleisch heraus und zieht sich dann zurück, um zu sehen, wie sich die Verletzung auswirkt.

Um 89–65,5 Mio.

Fossil-Lagerstätten belegen das nahende Ende der Dinos

In verschiedenen Teilen Nordamerikas bilden sich die letzten großen Fossillagerstätten, die Zeugnis von der großen Epoche der Dinosaurier ablegen. Eine große Artenvielfalt bieten die Oldmann-Formation, die Judith-River-Formation und die St.-Mary-River-Formation – Ablagerungen aus der späten Oberkreide, die sich von Kanada bis hinunter nach Montana nachweisen lassen. Sie dokumentieren letztmals ein Massenvorkommen der Schreckensechsen sowie die Existenz zahlreicher anderer Wirbeltiere. Ebenfalls sehr wichtig ist die Hell-Creek-Formation, die sich über Montana, Wyoming sowie North und South Dakota erstreckt. Hier wurden nicht nur zahlreiche Exemplare des Triceratops, sondern auch die ersten Fossilien des Tyrannosaurus rex geborgen. Überdies ist es eine der wenigen Dinosaurier-Fundstellen, in der sich die sog. K/T-Grenze (siehe S. 252) nachweisen lässt. Obgleich die Hell-Creek-Formation nur eine vage Datierung erlaubt, ist die Verarmung der Artenvielfalt bereits vor dem endgültigen Aussterben der Dinosaurier deutlich zu erkennen.

Um 80–65,5 Mio.

Zwölf Meter Spannweite: Quetzalcoatlus ist ein Gigant der Lüfte

Während die Flugsaurier (Pterosaurier) hinsichtlich der Anzahl ihrer Arten und Individuen kontinuierlich zurückgehen, werden die verbliebenen Formen immer gigantischer. Mit Pteranodon (Abb.: Filmszene aus »Rückkehr in die Kreidezeit«) und Quetzalcoatlus treten die größten Flugtiere aller Zeiten hervor – fliegende Festungen der Urzeit sozusagen. Die Entwicklung von Riesenformen ist eine Reaktion auf die Evolution der Vögel. Um der wachsenden Konkurrenz zu entgehen, konzentrieren sich die Flugsaurier auf Beutetiere, die für Vögel zu groß sind. Da aufgrund veränderter Umweltbedingungen und sinkender Meeresspiegel gleichzeitig ihre bevorzugten Jagdreviere – die warmen und seichten Binnenmeere – verschwinden, sterben viele Arten aus.

Der in Nordamerika verbreitete Pteranodon hat eine Flügelspannweite von sieben Metern. Ein eigentümliches Merkmal ist ein langer Kamm am Hinterkopf, dessen Funktion unklar ist. Pteranodon ist ein wendiger Flieger, der seine aus Fischen bestehende Beute im Gleitflug mit dem langen Schnabel aus dem Wasser schöpft.

Der texanische Quetzalcoatlus ist mit 12 bis 15 m Spannweite das größte Flugtier aller Zeiten. Seine annähernd 100 kg Lebendgewicht lässt der Gigant – ähnlich wie ein Segelflugzeug – von günstigen Luftströmungen tragen.

Um 75 Mio. Ein markanter Knochenkamm kennzeichnet die Entenschnabelechse **Lambeosaurus**. Der innen hohle Kopfschmuck ragt als beilförmige Verdickung auf der Oberseite des kleinen Schädels empor. Mit seinem breiten Schnabel rupft der in Herden lebende Lambeosaurus seine pflanzliche Nahrung, bei deren Auswahl er nicht sehr wählerisch ist. Lambeosaurus kann beim Laufen entweder nur die hinteren oder auch alle vier Gliedmaßen einsetzen.

Durch die weiten Ebenen Nordamerikas ziehen riesige Herden der Entenschnabelsaurier-Gattung (Hadrosaurier) **Maiasaura**. Paläontologen schätzen die Größe der Herden auf mehrere Tausend Tiere. Im Laufe der Zeit entstehen in den Niederungen ausgetretene Pfade, denen die Herden immer wieder folgen. Als Nahrung von Maiasaura gelten Blätter von Palmen und Farnen. Die Schädel der sich zumeist auf vier Beinen fortbewegenden etwa neun Meter langen Saurier erinnern in ihrer Gestalt an Pferdeköpfe.

Ein markantes Äußeres besitzt **Styracosaurus** (Stachelechse). Dem Nackenschild des 5,5 m langen Sauriers entwachsen lange Knochenstacheln. Die Schnauze ist mit einem bedrohlich wirkenden Nasenhorn besetzt. Mit dem gestachelten Nackenschild und dem Horn setzt sich der ansonsten friedlich lebende Styracosaurus gegen angreifende Raubsaurier zur Wehr. Auch bei Rivalitäten um die Weibchen benutzt der Pflanzenfresser seine stacheligen Waffen. Fossile Reste des Tieres wurden in Kanada und in den USA gefunden.

Um 70 Mio. In Nordamerika leben frühe Vertreter der Säugetiere **Marsupialia**. Die frühen Säuger sind ausschließlich durch Funde von Zähnen und Kieferfragmenten belegt. Weitere Skelettreste fehlen. Zu den frühesten Marsupialia gehört die Familie Didelphidae. Sie ist auch noch heute mit dem Opossum (Didelphis virginiana) auf der Erde vertreten. Ob die Marsupialia bereits in der Unterkreide auftraten, wie einige Forscher annehmen, gilt als umstritten.

Im Kampf mit männlichen Rivalen setzt der Pflanzenfresser **Pachycephalosaurus** seinen dicken Schädel ein. Mit dem abgeflachten kuppelförmigen Schädel prallen die Männchen mit voller Wucht gegeneinander. Verletzungen ziehen sich die Tiere dabei nicht zu. Die Stöße werden von den in Gelenken gelagerten Wirbeln abgefangen. Pachycephalosaurus ist ein zweibeiniger Saurier mit kurzen Armen und einem langen Schwanz.

Um 75–65,5 Mio.

Ein Vorfahr der Primaten

Aus den Leptictida, einer Gruppe primitiver spitzmausähnlicher Insektenfresser aus der Oberkreide, entwickelt sich ein Spitzhörnchen (Abb.: heutiges Spitzhörnchen), aus dem im Paläozän die Primaten hervorgehen werden. Die Übergangsformen zwischen beiden Tiergruppen sind sich so ähnlich, dass die Zuordnung nur relativ willkürlich erfolgen kann. Die Entwicklung vom nachtaktiven Boden- zum tagaktiven Baumbewohner ist mit einer Reihe morphologischer Veränderungen verbunden. Die Extremitäten verwandeln sich stärker zu typischen Greifhänden und -füßen, des Weiteren zeigt sich eine Tendenz zum aufrechten Gang. Räumliches Sehen sowie Tastsinn werden besser ausgebildet, das Gehirn wird immer komplexer.

Um 75–65,5 Mio.

Gesicht der Erde ändert sich

Mit der Kreidezeit endet das Erdmittelalter. Der Epochenwechsel lässt sich aber nicht allein in dem sich abzeichnenden Wandel der Fauna erkennen. Auch in der Verteilung von Wasser und Land sowie der Lage der Kontinente präsentiert sich bereits in Grundzügen das Bild der Erdneuzeit.
Europa und Asien bilden den Doppelkontinent Eurasien, dessen geografische Lage bereits weitgehend der heutigen entspricht. Die Abtrennung von den anderen Kontinenten ist noch nicht vollständig vollzogen, lässt aber die gegenwärtige Situation schon erkennen. Im äußersten Norden gibt es noch eine schmale Landbrücke nach Nordamerika, im äußersten Süden, in der Region des heutigen China, eine nach Australien. Der fünfte Kontinent hatte sich zuvor von Antarktika losgerissen und war ostwärts bis vor die Küste Südostasiens gedriftet. Erst im Laufe des Tertiärs (65,5–1,81 Mio.) wird er seine heutige Position einnehmen. Afrika zeigt in Umriss und Lage am deutlichsten das moderne Bild. In seinem nördlichen Teil hat das Mittelmeer in etwa die heutige Ausdehnung erreicht, zugleich schiebt sich das Rote Meer zwischen Afrikas Nordostküste und die Arabische Halbinsel. Zwischen Nord- und Südamerika, seit der Trias (250–205 Mio.) getrennt, bildet sich erneut eine schmale Landbrücke. Grönland ist noch immer der nordamerikanischen Ostküste vorgelagert. Es wird erst im Quartär (1,81 Mio. bis heute) nach Norden driften.

Um 65,5 Mio.

Vulkanismus: Dünnflüssige Lava wirkt weltweit verheerend

Weltweit kommt es am Ende der Kreidezeit zu außergewöhnlich starken vulkanischen Eruptionen. Verursacht werden sie durch die verstärkten plattentektonischen Bewegungen und die Spreizung der Ozeanböden. In der überwiegenden Zahl der Fälle handelt es sich dabei nicht um einen explosiven, sondern einen effusiven Vulkanismus, bei dem eine vergleichsweise dünnflüssige Lava an die Erdoberfläche tritt.

Die Menge der geförderten Lava erreicht teilweise gigantische Dimensionen. So werden ausgedehnte Regionen des indischen Subkontinents von Deckenbasalten vulkanischen Ursprungs überzogen. Diese Basaltergüsse erstrecken sich über ein Gebiet von mehr als 500 000 km². Ein weiteres Zentrum des Vulkanismus befindet sich in der nordatlantischen Region. Das dabei entstehende nordatlantische Basaltplateau umfasst ein Gebiet von annähernd 600 000 km². Es reicht von Ostgrönland über die Shetland-Inseln und Irland bis nach Südengland, die Niederlande und Norddeutschland (Abb.: Basalte auf Island). Bedeutende vulkanische Tätigkeiten lassen sich auch in Nordamerika, Afrika, Australien und Neuguinea, Südostasien, in der Balkanregion sowie in Mitteleuropa nachweisen.

Um 65,5 Mio.

Grasgewächse als Ernährungsbasis: Neue Lebensräume entwickeln sich

Mit den ersten Grasgewächsen (Abb.: Gras) treten Vertreter einer Pflanzengruppe auf, die vor allem im Jungtertiär (25–1,8 Mio.) entscheidenden Anteil am Aufbau der Lebensräume Wiese, Steppe und Savanne hat. Die neuartigen Ökosysteme bilden bis heute eine wichtige Lebensgrundlage. Die Entwicklung der Grasgewächse beginnt in Sümpfen, Mooren sowie an Bächen und Seen. Schon früh lassen sich die beiden großen Gruppen der Grasartigen und der Riedgrasartigen nachweisen.

Die Riedgrasartigen, die mit den Binsenartigen die Gruppe der Juncanae bilden, haben heute mit 120 Gattungen und rund 3600 Arten nahezu alle Erdregionen erobert, mit Verbreitungsschwerpunkten in den gemäßigten Zonen. Kennzeichnendes Merkmal dieser zumeist mehrjährigen Gewächse, die bevorzugt an feuchten bis nassen Standorten leben, ist ein häufig dreikantiger Stängel, der nicht durch Knoten gegliedert ist. Die zumeist unscheinbaren Blütenstände sind eher an Fortpflanzung über den Wind als an die Bestäubung durch Insekten angepasst.

Die Grasartigen, die sich von den Riedgräsern u.a. durch den runden Stängel als Merkmal unterscheiden, stellen die in kulturgeschichtlicher Hinsicht mit Abstand wichtigste Familie aller Bedecktsamer. Zu ihren annähernd 10000 Arten zählen neben den wichtigsten Futtergräsern u. a. Gerste, Roggen, Weizen, Dinkel, Hirse, Reis, Mais und Zuckerrohr.

Um 65,5 Mio.

Viele Rätsel um globale Katastrophe

Mit dem Erreichen der sog. Kreide-Tertiär-Grenze (K/T-Grenze) endet die 140 Mio. Jahre umfassende Geschichte der Dinosaurier. Die Gründe für das nun einsetzende globale Massenaussterben, von dem neben den Dinosauriern auch zahlreiche andere Tiergruppen betroffen sind, liegen bis heute im Dunkeln. Als belegt gilt, dass die K/T-Grenze durch den Einschlag eines riesigen Meteoriten auf der mexikanischen Halbinsel Yucatán markiert wird (siehe S. 253).

Eine Chronologie des Aussterbens, die Aufschluss über die Frage geben könnte, welche Arten unmittelbar vor dem Meteoriteneinschlag noch verbreitet waren, lässt sich kaum erstellen. Weltweit sind bislang nur wenige fossilienführende Ablagerungen entdeckt worden, die sich mit dem entsprechenden Zeitraum decken. Die zur Verfügung stehenden Daten sind daher äußerst rar. Überdies weisen nur wenige Dinosaurier-Fundstellen, darunter die Hell-Creek-Formation (siehe S. 255), die K/T-Grenze in Form einer extrem iridiumhaltigen Grenzschicht auf.

Erschwert wird die Erkenntnis über das rätselhafte Massenaussterben überdies durch zwei grundsätzliche Probleme. Alle gegenwärtig vorhandenen Datierungsmethoden haben für den in Frage stehenden Zeitraum einen Abweichungsspielraum von 500000 Jahren. Sie erlauben deshalb keinerlei Rückschlüsse, ob es sich bei diesem Artensterben wirklich um ein punktuelles Ereignis oder einen schleichenden Prozess handelt, der sich über eine erdgeschichtlich kurze, in Jahren gerechnet allerdings relativ lange Periode erstreckt. Das zweite große Problem ergibt sich aus der Tatsache, dass die wenigen Funde nur über Prozesse in einer bestimmten Region, nicht aber über ein globales Ereignis Auskunft geben.

Zu den gesicherten Tatsachen zählt, dass etwa der mit schweren Knochenplatten bewehrte Ankylosaurus, der mit einer riesigen Schädelkuppel versehene Pachycephalosaurus, der Tyrannosaurus (siehe S. 254), das Triceratops (siehe S. 255), der mit seinen überdimensional langen Fingerkrallen grotesk aussehende Therizinosaurus sowie einige andere Arten der Schreckensechsen kurz vor der K/T-Grenze noch in unbekannten Populationsstärken vorhanden sind, sich aber in den jüngeren Ablagerungen nicht mehr nachweisen lassen. Wenn jedoch, wie etwa die Funde in der Hell-Creek-Formation vermuten lassen, die Anzahl der Arten bereits vor dem großen Meteoriteneinschlag deutlich zurückgeht, dann ist das Arten-Aussterben vermutlich weniger auf diesen Himmelskörper als vielmehr auf eine schleichende Veränderung der Ökosysteme von Meer und Festland zurückzuführen, die ihre Ursache z.B. in Klimawandel, Meeresrückzug oder verstärktem Vulkanismus haben könnte.

Ob der Einschlag eines riesigen Meteoriten in Mexiko das Massenaussterben an der Kreide/Tertiär-Grenze bewirkte, ist umstritten.

65,5 – 7 Millionen

1

2

3

4

1 – Die Entstehung offener Graslandschaften wie die der Savannen Ostafrikas löst bei den Säugetieren einen Evolutionsschub aus. 2 – Unpaarhufer der modernen Form: Tapire sind seit dem Eozän äußerlich weitgehend unverändert. 3 – Wahre Fundgrube: In der Grube Messel bei Darmstadt fossilisieren unzählige Tierarten, darunter der Insektenfresser Macrocranion tupaiodon. 4 – Blütenpracht der Bedecktsamer: Vielfältige Formen und Farben locken Insekten an.

5

6

7

8

9

10

5 – Transparente Falle: In Dominikanischem Bernstein eingeschlossener Laufkäfer. 6 – Die Gipfel des Mont Blanc in den französischen Savoyen erheben sich während der alpidischen Faltung. 7 – Wendiger Wasserräuber: Der Stellers Seelöwe. 8 – Die Vögel entwickeln im Eozän zahlreiche neue Arten (Fossil aus der Grube Messel). 9 – Noch kein Hominide: Neuweltaffe Branisella aus Bolivien. 10 – Warmes Klima fördert die Ausbreitung tropischer Regenwälder.

Gebirge, Gräser, kühle Zeiten – Säugetiere erobern die Erde

Mit dem großen Artensterben an der Kreide-Tertiär-Grenze endet vor etwa 65,5 Mio. Jahren das große Zeitalter der Reptilien und mit ihm das Erdmittelalter – es beginnt das Känozoikum und damit die Epoche der neuzeitlichen Tiere. Das Känozoikum wird in zwei zeitlich sehr ungleiche Abschnitte unterteilt. Der erste dieser beiden ist das mehr als 60 Mio. Jahre

Nestwärme: Beuteltiere wie das australische Känguru ziehen ihre Jungen in einer Hauttasche groß.

umfassende Tertiär, das erst vor rund 1,81 Mio. Jahren von dem erheblich kürzeren Quartär oder Eiszeitalter abgelöst wird. Die Bezeichnung Tertiär geht auf die frühesten Tage der Geologie zurück. Sie stammt von Giovanni Arduino, einem Professor der Mineralogie und Bergwerksdirektor in Padua, der im Jahr 1759 die fossilienreichen Ablagerungen in den oberitalienischen Alpen in Abgrenzung zu den »Montes primarii« und »Montes secundarii« als »Montes tertiarii« bestimmte. Das Tertiär wird heute in das Alt- und das Jungtertiär unterteilt, wobei Ersteres die Perioden Paläozän (65,5–55 Mio.), Eozän (55–33,7 Mio.) und Oligozän (33,7–22,8 Mio.), Letzteres das Miozän (23,8–5,32 Mio.) und Pliozän (5,32–1,81 Mio.) umfasst.

Kontinente driften in Position

Zu Beginn des Känozoikums sind Nord- und Südamerika nach wie vor durch eine schmale Landzunge verbunden, die allerdings noch im Paläozän geflutet wird. Damit beginnt für Südamerika eine annähend 60 Mio. Jahre umfassende Phase der biogeografischen Isolation. Australien reißt sich im Alttertiär von Antarktika los und strebt zusammen mit Neuseeland zunächst nordöstlich Südostasien zu, dann weiter in Richtung seiner heutigen Position. Der aus dem Zerfall Pangaeas hervorgegangene indische Subkontinent treibt als eine Insel im Ur-Ozean, die nordwärts in Richtung des eurasischen Festlands driftet. Im Verlaufe des Eozäns kommt es zur Kollision der beiden Festlandsmassen, bei der sich die Indische Platte unter die Eurasische schiebt und dabei das Himalaja-Gebirge auftürmt. Die Entstehung dieses Hochgebirges zählt zum großen Komplex der alpidischen Faltung, die im Verlaufe dieses Zeitalters einen weltumspannenden Gürtel von Hochgebirgen entstehen lässt. Er umfasst nicht nur die Rocky Mountains, Anden, Appalachen und Alpen, sondern auch eine Reihe anderer Gebirgszüge in Europa, Asien und Australien.

Die Kontinente und Weltmeere lassen in groben Zügen ihre heutigen Umrisse erkennen, obgleich der Nord- und vor allem der Südatlantik im Alttertiär noch deutlich schmaler sind. Da es noch keine Landverbindung zwischen Afrika und Europa gibt, ist der Tethys-Ozean zu beiden Seiten offen. Er bildet eine Wasserverbindung zwischen dem Atlantik und dem Indischen Ozean. Alle diese Meere sind Teil eines etwa auf Äquatorhöhe liegenden weltumspannenden Meeresgürtels, dessen milde Strömungen für das warme Klima des Alttertiärs eine bedeutende Rolle spielen.

Die Ablagerungen des Tertiärs sind durch stark akzentuierte Sedimentwechsel geprägt. Sie haben ihre Ursache in den häufigen Wechseln zwischen Meeresvorstößen und Meeresrückzügen. So werden weite Teile Europas vom Paläozän bis Oligozän von einem warmen und flachen Binnenmeer mit wechselnder Ausdehnung bedeckt. Im Oligozän entsteht entlang des plötzlich absinkenden Oberrheingrabens eine in nordsüdlicher Richtung quer durch Deutschland verlaufende Wasserverbindung zwischen dem Nord- und dem Ur-Mittelmeer. In dieser Phase tummeln sich in den Mangrovensümpfen des Mainzer Beckens Seekühe und Schildkröten, in den etwas tieferen Wassern lauern Haie und Rochen.

Zu Beginn des Tertiärs gleicht die Erde zunächst noch über Jahrmillionen einem einzigen großen, sich bis in die Polarregionen erstreckenden Dschungel. Bis in die nördlichsten Regionen gedeiht eine tropische bis subtropische Flora mit Magnolien, Zimtbäumen, Sumpfzypressen und Palmen. Die Säugetiere dieser Periode sind auffallend klein. Dies lässt sich einerseits auf den frühen Zeitpunkt ihrer Evolution, vor allem aber auf den Lebensraum zurückführen: Dichte Regenwälder begünstigen die Herausbildung kleiner Formen.

Große Zeit der kleinen Säuger

Eine beachtliche Größe unter den landlebenden Tieren erreicht einzig der flugunfähige Vogel Diatryma. In den Ästen der Bäume leben kleine, kletternde Insektenfresser, aus denen sich in einem fließenden Übergang die frühesten Primaten entwickeln. Auf dem Waldboden beginnt zugleich die Evolution der frühen Huftiere. Die größten Ur-Pferde des Eozäns erreichen eine Schulterhöhe von gerade einmal 50 cm. Sie teilen ihren Lebensraum mit frühen und ebenfalls kleinen Vertretern der Nagetiere, Urschweine, Tapire und Ameisenbären. Auch die Raubtiere dieser Periode sind kaum größer als heutige Wiesel. Grundsätzlich gilt für

Die Anden, das mannigfaltigste Gebirge der Welt, sind ein Ergebnis der alpidischen Faltung im Tertiär.

65,5 Mio.

Um 65,5–33,7 Mio.: Nach dem Artensterben an der Kreide-Tertiär-Grenze bringen die Insekten zahlreiche neue Formen hervor.

Um 65,5–15 Mio.: Die anhaltenden Kontinentalverschiebungen führen zu neuen Strömungsverhältnissen in den Weltmeeren, die das Erdklima maßgeblich verändern.

Um 65,5–1,81 Mio.: Im Zuge der alpidischen Faltung entstehen die Alpen. Gleichzeitig erhält das Mittelmeer seine heutige Gestalt.

Um 55–50 Mio.: Mit der Grube Messel entsteht nahe dem heutigen Darmstadt eine der bedeutendsten Fossil-Lagerstätten der Welt.

Um 55–33,7 Mio.: Bei den Vögeln bilden sich zahlreiche moderne Formen heraus, darunter Spechtartige, Ziegenmelkerartige und Mausvögel.

das gesamte Tertiär, dass auf der Nordhalbkugel die sog. plazentalen Säugetiere dominieren, die ihre Embryonen in der Gebärmutter mit Hilfe eines Mutterkuchens ernähren. Vor allem auf der Südhalbkugel entwickeln sich hingegen die Marsupialia oder Beuteltiere. Auch bei den Vögeln schreitet die Eroberung neuer Lebensräume zügig voran.

Im Tertiär führt ein weltweites Absinken der Durchschnittstemperaturen zu einem Florenwechsel, der sich vor allem in Europa in Form von Mischwäldern bemerkbar macht.

Mit den Tauben und Hühnervögeln, später auch mit flugunfähigen Formen, entwickeln sich zahlreiche Vorläufer heute lebender Arten.

Eine ganz eigentümliche und außerordentlich formenreiche Fauna entfaltet sich in Südamerika, das von allen anderen großen Landmassen abgeschnitten ist. Die Tatsache, dass es auf diesem Teilkontinent keine großen Fleisch fressenden Säuger gibt, drückt sich in einer einzigartigen Vielfalt unter den Pflanzenfressern aus. Diese Fauna bricht nahezu vollständig zusammen, als es zum Ende des Jungtertiärs erneut zu einer Landverbindung mit Nordamerika kommt. Die von dort einwandernden Arten, die sich im kontinuierlichen Austausch mit der eurasischen Tierwelt entwickeln und im Verlaufe dieses Prozesses die Kunst der Anpassung erlernen, erweisen sich als dominant.

Im Verlaufe des oberen Eozäns mäßigt sich das Weltklima, zugleich setzt sich verstärkt ein Wechsel aus trockenen und feuchten Jahreszeiten durch. Die Palmengrenze verschiebt sich zum Äquator hin, die subtropischen Regenwälder weichen ausgedehnten lichten Laubwäldern. Im Oligozän werden entscheidende Weichen für die Entwicklung der rezenten Fauna gelegt.

Weltweiter Temperatursturz

Insgesamt ist das Tertiär durch eine langfristige Abkühlung des Weltklimas bestimmt. Zu seinem Beginn setzt sich zunächst das feuchtwarme Klima des Erdmittelalters fort. Im unteren Eozän wird sogar noch einmal ein neuer Höhepunkt mit Jahresdurchschnittswerten von rund 27 °C erreicht. Doch setzt unmittelbar anschließend ein allgemeiner Abkühlungstrend ein, der die Werte im Laufe von rund 45 Mo. Jahren auf eiszeitliche Verhältnisse fallen lässt. Schon zum Ende des Eozäns liegen die Temperaturen bei »nur« noch 21 °C, ehe ein weiterer abrupter Klimasturz – wegen seiner gravierenden Folgen für die Pflanzen- und Tierwelt ist er innerhalb der Paläontologie als Grand Coupure, als »großer Einschnitt«, bekannt – die Werte innerhalb kürzester Frist auf 16 °C fallen lässt. In der Antarktis kommt es in dieser Phase erstmals zur Bildung von Binnengletschern. Es werden große Wassermassen gebunden, die Meeresspiegel sinken. Nachdem sich die Temperaturen im Oligozän und unteren Miozän noch einmal stabilisieren, sogar geringfügig steigen, fällt die Kurve im oberen Miozän weiter nach unten ab. Die Durchschnittswerte sinken auf der Grenze von Miozän und Pliozän etwa auf heutiges Niveau, später, im Eiszeitalter, sogar noch deutlich darunter. Zwar gibt es vermutlich schon erheblich eher die Pflanzengruppe der Gräser, doch erst mit der Durchsetzung eines zugleich kälteren und trockeneren Klimas kommt es zu einer signifikanten Verbreitung dieses Pflanzentyps. Weltweit setzen sich zunehmend offene Graslandschaften mit einem allenfalls noch lichten Baumbestand durch. Die Ökosysteme Savanne und Steppe haben entscheidenden Einfluss auf die Evolution der Säugetiere, denn die ausgedehnten Weideflächen bieten mit den Gräsern eine leicht zu erreichende, aber auch schwer zu verdauende Nahrung.

Die ersten Bartenwale – hier ein Zwergwal-Skelett – tauchen im Oligozän auf.

In einer Anpassung an die neuen Umweltbedingungen kommt es bei vielen Pflanzenfressern zu einer Spezialisierung des Gebisses sowie des gesamten Verdauungssystems. Sie entwickeln Mahlzähne und Wiederkäuermägen. Überdies zeigen sie eine deutlich bessere Anpassung an das Laufen, denn sie müssen einerseits auf der Suche nach neuen Weideflächen weite Wanderungen bewältigen und sich zugleich vor ihren Feinden durch Flucht retten können. Die Perfektionierung des Laufvermögens stellt auch die Jäger vor neue Anforderungen. Die frühen Fleisch fressenden Säuger, die schwerfälligen Creodonten, werden zunehmend von den modernen Carnivoren verdrängt, zu denen fast alle heutigen Raubtiere zählen. Ihr evolutionärer Vorteil liegt in ihrer größeren Schnelligkeit, einer höheren Beweglichkeit der Wirbelsäule, dem großen Gehirn und perfektionierten Gesichtssinn. Aus den Nimraviden, den frühesten Vertretern der Katzenartigen, gehen noch im Oligozän die ersten echten Feliden und die frühesten Säbelzahnkatzen hervor. Parallel entwickeln sich die Bärenhunde zu den gefährlichsten Jägern kleinerer Säugetiere.

Vorfahren der ersten Hominiden

Die Folgen dieses langfristigen Klimawandels auf die Evolution der Flora und Fauna sind gravierend. Während sich in den Weltmeeren die frühe Evolution der Wale vollzieht, entsteht auch auf dem Festland immer mehr Raum für größere Formen. Im Verlaufe des Oligozäns treten in nahezu allen Erdregionen großwüchsige Säugetiere wie das acht Meter lange zentralasiatische Indricotherium auf, im Vergleich zu denen heutige Elefanten und Nashörner fast schon kleinwüchsig erscheinen.

Ebenfalls im Oligozän treten mit dem Propliopithecus und dem Aegyptopithecus in Nordafrika die frühesten mutmaßlichen Vorfahren der späteren Hominoidae – also der Menschenaffen oder Pongidae bzw. Menschenartigen oder Hominidae – in Erscheinung. Während die systematische Stellung dieser beiden Arten umstritten ist, rechnet der schimpansenähnliche, im oberen Miozän in weiten Teilen Europas und Afrikas verbreitete Dryopithecus zweifellos zum gemeinsamen Stammbaum der Pongidae und Hominidae.

Zum Ende des Miozäns ist Südamerika noch immer isoliert, ansonsten haben die Kontinente und Meere ihre heutige Lage gefunden. Auch die Klimazonen der Erde weisen das moderne Muster auf. Während die Antarktis unter einer geschlossenen Eisdecke liegt, ist der tropische Regenwald des Alttertiärs nur noch auf Höhe des Äquators zu finden. Nördlich und südlich schließt sich eine Zone subtropischer Wälder und Savannen an, die erst in Grasland und schließlich in das Waldland der gemäßigten Zonen übergeht. In den subpolaren Breiten des Nordens und an der Südspitze Südamerikas breiten sich Nadelwälder aus. Zugleich wird die Tierwelt von Formen dominiert, die den heutigen sehr ähnlich sind. Dies gilt u.a. für Pferde, Rinder, Hirsche und Elefanten, nicht minder aber auch für die Katzen, Hunde, Wasserraubtiere und Nager.

Um 50 Mio.: Mit den Schweineartigen erscheinen erste Vertreter der Paarhufer, die heute die artenreichste Ordnung der Großsäuger stellen.

Um 33,7–23,8 Mio.: Die allgemeine Abkühlung des Weltklimas führt in Europa zu einem schleichenden Florenwandel, der die Ausbreitung von Mischwäldern fördert.

Um 30–23,8 Mio.: Das in Nordamerika verbreitete Mesohippus stellt die Übergangsform zu den modernen Pferden dar.

Um 23,8–5,32 Mio.: Weltweit breiten sich Steppenlandschaften aus. Sie sind durch lange Trockenperioden sowie erhebliche Temperaturschwankungen zwischen Tag und Nacht gekennzeichnet.

Um 23,8–5,32 Mio.: Im ostafrikanischen Kenia tritt der erste unbestrittene Vorfahr aller Menschenaffen und Menschen in Erscheinung: Proconsul.

7 Mio.

Um 65 Mio.

In Mitteleuropa setzt im Tertiär eine **Regression** des Meeres ein. Nachdem in den vorangegangenen Erdzeitaltern weite Festlandsgebiete überflutet waren, ziehen sich die Meeresgewässer allmählich in die auch heute noch von ihnen bedeckten Senkungsgebiete zurück. Während des Rückzugs kommt es jedoch immer wieder zu Ausdehnungen der Gewässer. Die Nordsee bildet zahlreiche Meeresstraßen. Im Paläozän, der untersten Stufe des Tertiärs, wird u.a. die Baltische Furche überspült. Sie reicht vom heutigen Ostseeraum bis in die baltischen Länder.

Einen erneuten Entwicklungshöhepunkt erleben die Kammerlinge (Foraminiferen). Sie bringen mit den **Nummuliten**, die u.a. die Warmwassergebiete der Tethys bewohnen, Riesenformen hervor. Fossilisierte Exemplare der Nummuliten, die nach der etwa zwölf Zentimeter großen Gattung Nummulites benannt sind, werden aufgrund ihrer Form auch als »versteinerte Linsen« bezeichnet. Nummulites, die größte Einzelzelle der Welt, lebt wie alle Nummuliten auf dem Meeresboden.

In den Sümpfen und Flüssen Nordamerikas und Europas lauert die Echse **Champsosaurus**. Das etwa 1,5 m lange Reptil ähnelt in seiner Gestalt den heute auf dem indischen Subkontinent beheimateten Gavialen. Champsosaurus, der bereits in der Oberkreide auftauchte, besitzt einen langen, dünnen schnabelartigen Kiefer, in dem Reihen kleiner Zähne sitzen. Dem krokodilähnlichen Körper entwachsen kurze Gliedmaßen, mit denen sich Champsosaurus an Land nur schwerfällig fortbewegt. Im Wasser schwimmt das Tier jedoch mit flinken seitlichen Schlängelbewegungen, wobei die Beine eng an den Körper gelegt werden.

Ein flinkes, etwa eichhörnchengroßes Säugetier ist **Cimolestes**. Fossilfunde aus den Rocky Mountains in Kanada und den USA belegen, dass der Säuger bereits in der späten Kreidezeit auftauchte. Wie bei den meisten frühen Säugern ist Cimolestes nur durch Zahn- und Kieferfragmente der Nachwelt überliefert. Dennoch erlauben sie Rückschlüsse auf die Gestalt des Tieres. So war Cimolestes vermutlich eine den heutigen Spitzhörnchen ähnelnde Spezies. Die seitlich abgeflachten Backenzähne dienten dem Auseinanderbeißen der Beute: Insekten und kleinere Wirbeltiere.

Um 65,5–55 Mio.

Gedeihliche Bedingungen – Palmen breiten sich weltweit aus

Im Paläozän, der ersten Periode der Erdneuzeit, erreichen die Palmen hinsichtlich ihrer Verbreitung den Höhepunkt ihrer Entwicklungsgeschichte. Auf der Süd- und Nordhalbkugel dringen sie bis in die heute subarktischen Klimazonen vor. Palmen, die sich erstmals in der Oberkreide (98–65,5 Mio.) nachweisen lassen, bilden zu diesem Zeitpunkt noch eine sehr junge Pflanzengruppe. Ihre Formen ähneln bereits stark den heutigen Arten (Abb.: Palmyrapalme). Fossilisiert erhalten bleiben in erster Linie das palmentypische, sehr faserige Holz und die hartschaligen Früchte, gelegentlich auch die charakteristischen Palmenwedel. Als typische Tropengewächse dienen Palmen heute als ein wichtiger Klimaindikator für das Paläozän.

Alle heutigen Palmenarten benötigen Durchschnittstemperaturen von in der Regel mehr als 18 °C sowie Frostfreiheit. In der kalten Jahreszeit dürfen die Werte kaum unter 8 °C fallen. Nur bei einem sehr ausgeglichenen Klima, wie es etwa auf Neuseeland herrscht, dringen Palmen auch in Regionen mit einem Jahresmittel von rund 12 °C vor. Außerdem benötigen sie ausreichend Wasser. Ist diese Voraussetzung gegeben, ertragen sie auch jene extrem geringe Luftfeuchtigkeit, wie sie etwa in Wüstenoasen anzutreffen ist. In dem weltweit warmen Klima des Paläozäns erobern Palmen u.a. Sibirien, Spitzbergen und Alaska sowie – auf der Südhalbkugel – die Antarktis, die zu diesem Zeitpunkt bereits über dem Südpol liegt.

Um 65,5–33,7 Mio.

Üppige Vegetation des Regenwaldes auf dem Vormarsch

In Paläozän und Eozän, den beiden ersten Abschnitten des Alttertiärs, gedeihen auf fast allen Kontinenten tropische Regenwälder (s. Abb.). Sie finden sich u.a. in weiten Teilen Europas, mit einem Schwerpunkt auf Russland und der Ukraine, sowie in den heutigen Wüsten- und Steppenregionen Nordamerikas sowie Innerasiens. Die wichtigste Voraussetzung für diese Ausbreitung der Vegetation ist ein unverändert feuchtwarmes, niederschlagsreiches Klima. Zwar sinken die Durchschnittswerte der Temperatur im Paläozän um einige Grade, doch erreichen sie im Eozän wieder das Niveau des Erdmittelalters. Bis zu der heute im Nordpolarmeer gelegenen Insel Spitzbergen gedeihen in dieser Periode Laubholzarten wie Eiche, Pappel und Walnuss.

Um 65,5–33,7 Mio.

Ameisen, Läuse, Wespen und Bienen

Nach dem großen Artensterben an der Grenze von der Kreide zum Tertiär, dem neben den Dinosauriern auch zahlreiche andere Tiergruppen zum Opfer fallen, bringen die Insekten relativ schnell zahlreiche neue Formen hervor. Ihre Entwicklung ist eng verknüpft mit der Ausbreitung der neuzeitlichen Flora, denn wie keine andere Tiergruppe des Alttertiärs profitieren die Insekten vom Siegeszug der Blütenpflanzen (siehe S. 244). Bereichert wird die Insektenfauna im Alttertiär u.a. durch Läuse und durch Staaten gründende Formen wie Ameisen, Wespen und Bienen. Die Ko-Evolution zwischen den Kerbtieren und den Bedecktsamern spielt sich auf zwei unterschiedlichen Ebenen ab. Sie ist einerseits ein »Rüstungswettlauf«, andererseits stellt sie sich als Prozess einer permanenten Perfektionierung der Reproduktionsstrategien im Pflanzenreich dar, der in der Ausbildung immer größerer Blüten augenfällig wird und von dem die bestäubenden Insekten in der Form eines verbesserten Nahrungsangebots profitieren.

Die Läuse (hier eine Schweinelaus) betreten im Tertiär die Bühne des Lebens.

Bienen spielen eine lebensnotwendige Rolle für Fortbestand und Vermehrung von Blütenpflanzen.

Vielfach kommt es in diesem Prozess zu einer symbiotischen Beziehung zwischen bestimmten Insekten und Pflanzen. Besonders komplizierte Strategien zur Bestäubung entwickeln etwa die Orchideen. Manche imitieren mit ihren Blüten Wespen oder Bienen. Die Befruchtung findet statt, wenn ein fortpflanzungswilliges Insekt den hoffnungslosen Versuch unternimmt, sich mit einer Orchideenblüte zu paaren. Einige Bedecktsamer passen sich mit der Form ihrer Blüte an ganz bestimmte Schmetterlingsarten an, andere wiederum verstecken den Nektar so, dass er einer ganz bestimmten Art bestäubender Insekten vorbehalten bleibt.

Während die Ausbildung von Blüten, Düften und zuckerhaltigem Nektar dem Zweck dienen, Insekten anzulocken, bilden die Pflanzen auch Abwehrstrategien heraus. Schon die Funde mesozoischer Pflanzenteile zeigen Bissspuren von Insekten. Um sich gegen solche Pflanzenfresser zu schützen, werden manche Pflanzen giftig. Einige Insekten reagieren darauf mit einer Doppelstrategie: Sie werden gegen diese Gifte resistent, reichern sie aber zugleich in ihrem Körper an, um sie ihrerseits zum Schutz gegen verschiedene Fressfeinde zu nutzen. Andere Pflanzen – wie etwa Lavendel, Basilikum und Fenchel – entwickeln zur Abwehr bestimmte Öle oder sie treiben fein behaarte Blätter aus, auf denen sich die Insektenbeine kaum halten können. Zu einem herausragenden Vermittlungsglied in der Entwicklung der Blüte zur Frucht werden die auch als Blumenwespen bezeichneten Bienen. Die zur Gruppe der Hautflügler zählenden Insekten ernähren sich ausschließlich von Pflanzen. Eine primitive, stachellose Ur-Biene ist zwar bereits für die Unterkreide nachgewiesen, doch entwickeln sich die echten Honigbienen erst im Verlauf des Tertiärs.

Raffinierte Lockstrategie: Manche Orchideen entwickeln insektenähnliche Blütenformen.

Um 65,5 Mio.

Wirbeltiere in Regenwurm-Gestalt: Blindwühlen schlängeln sich durch unterirdische Gänge

In Südamerika treten, wie ein einziger fossilisierter Wirbelknochen belegt, Vorfahren der heute lebenden Blindwühlen oder Schleichenlurche auf. Gemeinsam mit Schwanz- und Froschlurchen bilden Blindwühlen in unseren Tagen die Gruppe der Amphibien. Obgleich sie Verwandte der Frösche und Salamander sind, erinnern Blindwühlen äußerlich eher an Regenwürmer (Abb.: Dermophis mexicanus). Im Unterschied zu diesen zählen sie jedoch zu den Wirbeltieren. Sie werden 10 bis 150 cm lang und bewohnen ausschließlich tropische und subtropische Regionen von Mittel- und Südamerika über Afrika bis Asien. Die ersten Vorfahren der Blindwühlen sind bereits für den Unterjura (205,1–180,1 Mio.) der Kayenta-Formation im US-Bundesstaat Arizona nachgewiesen.

Blindwühlen werden in fünf Gruppen – nämlich die Fisch-, Grab-, Nasen- und Schwimmwühlen sowie die Wurmwühlenverwandten – unterteilt.

Sie haben unter der Kopfhaut winzige Augen, die bei den meisten Arten jedoch funktionslos geworden sind. Die Haut ist schleimig und von zumeist unscheinbarer Färbung. In ihrem Maul tragen sie oben und unten ein bis zwei Reihen kleiner, spitzer, nach hinten gekrümmter Zähne. Trotz ihres wurmartigen Aussehens besitzen sie einen verknöcherten Schädel. Das Rückgrat der Blindwühlen wird aus bis zu 275 Wirbeln gebildet. Sie haben keinerlei Gliedmaßen und sind hervorragend an eine Lebensweise im Boden angepasst. Die meisten Arten leben unterirdisch in Gängen, die sie nur bei starken Regenfällen verlassen, oder im feuchten Humus tropischer Wälder. Überwiegend ernähren sich Blindwühlen von Würmern und anderen Wirbellosen.

Um 65 Mio. Als Begleiterscheinung der tektonischen Bewegungen kommt es im Tertiär zu starkem Vulkanismus. Er erreicht seinen Höhepunkt im Eozän und Miozän. Bei den eruptiven Vorgängen brechen aus der Erdkruste gewaltige Mengen an Magma aus dem Erdinnern. Dabei bilden sich riesige basalthaltige Ströme, die sich über weite Flächen ergießen. Als eines der ersten Gebiete wird die **Deccan-Scholle** in Vorderindien von Magmamassen eingenommen. Sie erstrecken sich auf einer Fläche von etwa 500 000 km² und türmen sich bis zu 1000 m hoch auf.

Mit **Protungulatum** lebt ein primitiver Vertreter der Urhuftiere (Condylarthra) auf der Erde. Älteste Nachweise des Tieres stammen aus der späten Kreidezeit, in der sich Protungulatum den Lebensraum mit den letzten Dinosauriern teilte. Die in Nordamerika geborgenen Fossilreste weisen Protungulatum als einen etwa rattengroßen Säuger aus. An einem vollständig erhaltenen Unterkiefer der Gattung stellten Paläontologen Merkmale fest, die auch bei heute lebenden Pflanzen fressenden Säugetieren anzutreffen sind. So gilt als wahrscheinlich, dass sich Protungulatum von weichen Pflanzen und Früchten ernährte.

Um 60 Mio. Mit den **Plesiadapiformes** leben die ersten Vertreter der Primaten auf der Erde. Als älteste Gattung gilt Purgatorius aus dem unteren Paläozän. Er ist lediglich durch Zahnfunde der Nachwelt überliefert. Sie weisen das Tier als sehr kleinen Säuger aus, der vermutlich nur etwa 20 g wog. Im weiteren Verlauf des Paläozäns treten die Plesiadapiformes häufiger in Erscheinung. Weit verbreitet ist Plesiadapis, ein Primat des späteren Paläozäns. Das etwa eichhörnchengroße Tier lebt in Verbänden in den waldreichen Landschaften Nordamerikas. Als Baumbewohner besitzt es lange Krallen, mit denen es sich an Ästen festklammert.

Mehr als 300 kg wiegt der zu den Pantodontia zählende Säuger **Coryphodon**. Das Gewicht des großen Tieres – ausgewachsene Exemplare erreichen eine Länge von etwa drei Metern – lastet auf den im Verhältnis zum Körper kurzen plumpen Gliedmaßen. Die männlichen Exemplare des Pflanzenfressers besitzen große Zähne, die denen der heutigen Nilpferde ähneln. Vermutlich lebten die Tiere in oder am Wasser. Möglicherweise benutzte Coryphodon seine Stoßzähne, um unter Wasser wachsende Pflanzen herauszureißen. Fossilfunde von Coryphodon bargen Wissenschaftler in Nordamerika.

Um 65,5–55 Mio.

Drachenbaum, Yucca, Agave: Neue Formen der Spargelartigen

In der großen Pflanzengruppe der Spargelartigen treten mit dem Beginn des Tertiärs zwei neue Formenkreise in Erscheinung: die Drachenbaumgewächse und die Agavengewächse mit den beiden Untergruppen der Yuccas sowie der Agaven.

Während sich beide Formenkreise zunächst ausschließlich auf die Alte Welt beschränken, gelangen die Agavengewächse durch den Menschen später auch nach Südeuropa.

Die Drachenbaumgewächse umfassen einige kleinere strauch- oder heckenartige Gewächse, vor allem aber die rund 100 Arten der Drachenbaum-Gattung Dracaena (Abb.: Drachenbaum auf La Palma). Ein charakteristisches Merkmal dieser z. T. außerordentlich mächtigen, ausladenden Gewächse ist die gabelige Verzweigung des Stammes. Ihr bekanntester Vertreter ist der ursprünglich auf den Kanarischen Inseln heimische, heute akut vom Aussterben bedrohte Dracaena draco, der bis zu 20 m hoch wird. An seinen nahezu senkrecht nach oben wachsenden Zweigen trägt er etwa 60 cm lange, schwertförmige Laubblätter. Aus den fast ebenso langen Blütenrispen entwickeln sich orangefarbene Beeren. Die roten Gummiharze verschiedener Drachenbaumarten (»Drachenblut«) werden heute für die Herstellung von Lacken und Polituren verwendet.

Das Verbreitungsgebiet der Agaven und Yuccas reicht vom Südwesten der USA über Mexiko bis nach Mittelamerika. Die Yuccas sind zwar inzwischen auch in Südeuropa häufig, da die Bestäubung der meisten Arten aber durch ausschließlich in Amerika lebende Motten geschieht, vermehren sie sich außerhalb Amerikas selten.

Um 65,5–55 Mio.

Feucht und warm: Mit dem Tertiär kommt die Braunkohle

Die Periode der Braunkohlebildung, die dem Tertiär die Bezeichnung Braunkohle-Zeitalter eingetragen hat, bricht an (Abb.: Braunkohlentagebau Witznitz, Sachsen). Eine zentrale Voraussetzung für die Entstehung der Kohleflöze ist das feuchtwarme, niederschlagsreiche Klima, das von Europa bis Asien ausgedehnte Sümpfe und Moore mit einer reichhaltigen Vegetation entstehen lässt.

Um 65,5–1,81 Mio.

Raubbeutler und Opossum-Mäuse: Südamerikas Beuteltiere entwickeln neue Arten

Begünstigt durch die geografisch isolierte Lage bricht auf dem südamerikanischen Kontinent mit dem Tertiär die große Blütezeit der Beuteltiere an. Im Paläozän wird diese Tiergruppe, die sich in der Unterkreide herausgebildet hatte (siehe S. 245), durch die beiden neuen Entwicklungslinien der Opossum-Mäuse oder Caenolestoiden sowie der Raubbeutler oder Borhyaeniden bereichert. Die Opossum-Mäuse sind spitzmausähnliche Tiere, die sich bevorzugt von Insekten ernähren. Weniger unscheinbar als ihre kleineren Verwandten präsentieren sich die Borhyaeniden, die in den nachfolgenden Perioden den südamerikanischen Kontinent eindeutig dominieren.

Die ersten Vertreter der Borhyaeniden sind die Raubbeutler der Gattung Eobrasilea. Stammesgeschichtlich gehen sie aus der Gruppe der Didelphiden hervor, die heute vom Opossum repräsentiert ist. Die Evolution der Raubbeutler in Südamerika bietet anschauliche Beispiele für ein

Phänomen, das Biologen als Konvergenz bezeichnen: Die Borhyaeniden entwickeln in der Isolation ähnliche Körperformen wie sie auf anderen Kontinenten bei Raubtieren wie den Mardern, Bären und Katzen entstehen. Diese Konvergenz, die sich im Tierreich auch an vielen anderen Beispielen beobachten lässt, deuten die Biologen als »Anpassungsantwort« auf einen vergleichbaren Lebensraum und Selektionsdruck.

Auf der Grenze von Alt- und Jungtertär tritt mit dem Fleisch fressenden Cladosictis (s. Abb.) ein Raubbeutler in Erscheinung, der in Gestalt und Größe stark an einen Otter erinnert. Einer seiner Zeitgenossen ist Borhyaena, der seinerseits verblüffend heute lebenden Bären gleicht. Mit 1,5 m Länge ist er allerdings kleiner, überdies trägt er einen längeren Schwanz.

Um 65,5–1,81 Mio.

Klimawandel prägt Leitfossilien

Das Tertiär wird durch einen starken Wandel des Weltklimas geprägt, der sich auch in den Leitfossilien niederschlägt. Im Paläozän (65,5–55 Mio.) sinken die Temperaturen. Im Eozän (55–33,7 Mio.) erreichen sie wieder die Durchschnittswerte der Oberkreide, um zu Beginn des Oligozäns (33,7–23,8 Mio.) stark abzukühlen. Nach einer vorübergehenden Erwärmung im mittleren Miozän (16,4–11,2 Mio.) kühlt sich das Klima bis heute graduell ab.

Die wichtigsten Leitfossilien stellen zweifellos die Wirbeltiere, vor allem die plazentalen (Mutterkuchen entwickelnden) Säugetiere, die nun eine rasante Fortentwicklung erleben. Zu den evolutionsbiologisch bedeutendsten Funden zählen die gut fossilisierenden Zähne sowie die Knochen. Eine besondere Aussagekraft kommt bei den Huftieren den Fuß- und Handskeletten zu. Die Funde lassen überdies Rückschlüsse auf die Existenz ehemaliger Landverbindungen zu.

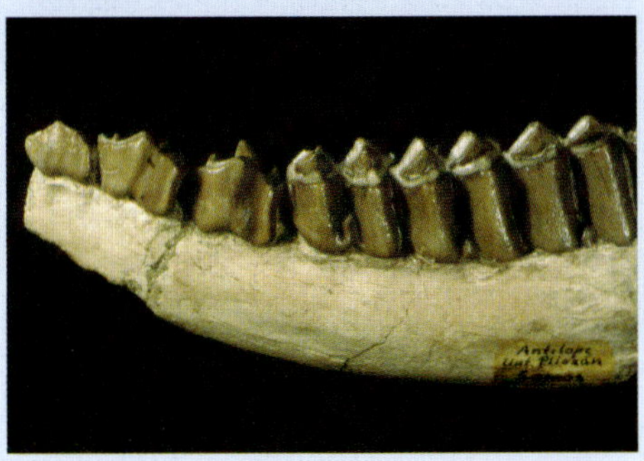

Unterkiefer der Antilope Tragopontax rugosifrons

Eine Art Modell für die Rekonstruktion evolutionsbiologischer Abstammungslinien ist die sog. Pferdereihe, anhand derer sich die Entwicklung der kleinwüchsigen, Laub fressenden Ur-Pferde zu den großwüchsigen, grasenden Arten verfolgen lässt. Parallel kommt es bei den Pferden zu einer Umformung der Zähne und einer Reduktion der Zehen. Die fünfzehigen werden zunächst von drei- und schließlich von einzehigen Formen abgelöst. Eine weitere prominente Abstammungsreihe ist die der Rüsseltiere, die sich ebenfalls an eine andere Nahrung anpassen und zugleich immer längere Stoßzähne entwickeln. Die anhand der Fossilfunde nachvollziehbaren Wanderungsbewegungen der Pferde und Rüsseltiere liefern wichtige Anhaltspunkte für die Existenz von Landbrücken im Tertiär.

Amphibien und Reptilien sind insgesamt selten, bleiben aber häufig gut erhalten, wobei die modernen Formen dominieren. Auch bei den Vögeln setzen sich die modernen Baupläne durch. Eine Ausnahme bilden die flugunfähigen, Fleisch fressenden Laufvögel des Tertiärs. Aus ihrer Mitte gehen – mit z.T. mehr als zwei Meter großen Formen – in Nord- und Südamerika sowie in Europa einige der gefährlichsten Räuber ihrer Epoche hervor. In den marinen Ablagerungen werden die Armfüßer im Vergleich zu früheren Perioden fast bedeutungslos. Die Stachelhäuter sind am stärksten durch die Seeigel vertreten. Eine mitunter massenhafte Verbreitung finden Muscheln und Schnecken. Nahezu alle Formen der Muscheln sind noch heute mit nahe verwandten Arten vertreten. Die Schnecken, bei denen sich die neuen Baupläne entwickeln, stellen unter den Weichtieren die bedeutendsten Leitfossilien.

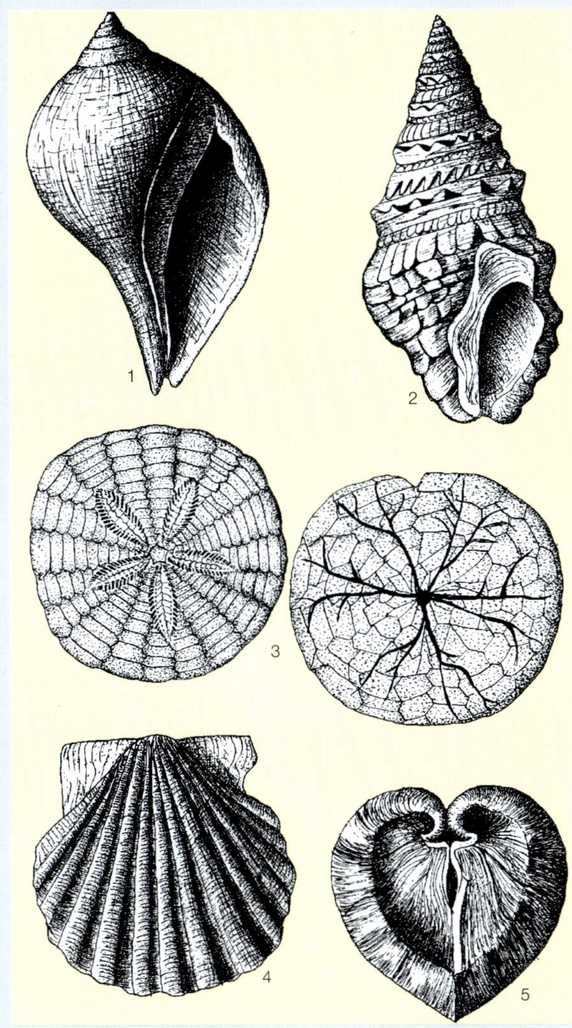

Leitfossilien: Gastropoden Fusus bilbiformis (1; Eozän) und Clavatula granulatocincta (2; Miozän); Echinoide Scutella subrotundata (3; Miozän); Bivalvier Chlamys solarium (4; Miozän) und Congeria subglobosa (5; Pliozän)

Um 60 Mio.

Nach dem Aussterben der Fleisch fressenden Saurier füllen vor dem Erscheinen der großen Raubtiere (Carnivora) andere Räuber die ökologische Nische. Zu ihnen zählt der Riesenlaufvogel **Diatryma**. Der in den Wäldern Nordamerikas und Europas beheimatete Vogel erreicht eine Größe von etwa 1,5 m. An dem mächtigen, bis zu 40 cm langen Kopf sitzt ein gewaltiger gebogener Schnabel, eine tödliche Waffe für seine Beute. Die Flügel des flugunfähigen Diatryma sind sehr kurz und dienen wahrscheinlich wie der Stummelschwanz der Balance.

Viele verschiedene Gattungen bringen die Säugetiere der Gruppe Pantodontia hervor. Zu den Arten von der Größe eines Schweins zählt der Pflanzenfresser **Titanoides**, der die Wälder im Westen Nordamerikas durchstreift. Aus dem Oberkiefer des etwa 150 kg schweren Säugers ragen zwei große Stoßzähne. Groß und mächtig ausgebildet sind neben dem massigen Kopf auch die Gliedmaßen. Vergleichbare Extremitäten finden sich bei keinem der heute lebenden Säugetiere. Die Füße von Titanoides sind mit langen Krallen besetzt.

In Nordamerika lebt der erste Vertreter der Nagetiere (Rodentia): **Paramys**. Das Gebiss des frühen Nagers weist bereits die für die Rodentia charakteristischen Merkmale auf. Im Ober- und Unterkiefer sitzt jeweils ein Paar wurzelloser Schneidezähne. Die Gestalt des etwa 60 cm großen Paramys ähnelt heute lebenden Eichhörnchen. Mit seinen scharfen Krallen, die an den Füßen und Händen der kurzen Gliedmaßen wachsen, hält sich Paramys beim Klettern an der Baumrinde fest. Der lange buschige Schwanz dient zum Balancieren.

Zu den ältesten Vertretern der Raubtiere (Carnivora) zählen die **Miacidae**. Die katzenartigen Tiere gelten als Vorfahren der späteren Katzen, den Felidae. Fossile Reste der räuberischen Säugetiere wurden in Eurasien und Nordamerika gefunden. Die überwiegend baumbewohnenden Miacidae bringen Gattungen unterschiedlicher Größe hervor. Als Raubtiere besitzen sie bereits das typische Raubtiergebiss. Ihr Kiefer weist große Eck- und scharfe Backenzähne auf.

Um 65,5–40 Mio.

Riesenhafte Einzeller im Meer

In den warmen Meeren treten massenhaft Nummuliten (s. Abb.) in Erscheinung, eine Gruppe von Großforaminiferen, die aufgrund ihres Erscheinungsbildes auch als Münzensteine bezeichnet werden. Es sind Einzeller, die eine beachtliche Größe von bis zu 15 cm erreichen. Ihr mehrkammeriges, kalkiges Skelett kann bei einem Massenvorkommen gesteinsbildend wirken.

Um 65,5–55 Mio.

Urahn heutiger Gleitflieger

Mit dem Planetetherium erscheint in Nordamerika der früheste Vorfahre der Riesengleiter, die heute mit nur noch zwei Arten in Südostasien vorkommen. Planetetherium hat den schmalen, gestreckten Körper und die Größe eines ausgewachsenen Mauswiesels, doch sind seine Arme und Beine, zwischen denen sich die Fluthaut spannt, deutlich länger gestreckt. Die Funktion seines eigentümlichen Merkmals, der kammartig ausgezackten Schneidezähne, ist bis heute nicht ganz klar, sie dienten aber vermutlich der Fellpflege. Das Tier zählt zu den Dermoptera oder Pelzflatterern, die nicht aktiv fliegen, sondern gleiten. Mit 25 cm Länge ist Planetetherium deutlich kleiner als seine fast katzengroßen heute lebenden Verwandten. Riesengleiter sind rein vegetarisch lebende Tiere, die im Gleitflug mühelos mehr als 100 m überbrücken können, ohne stark an Höhe zu verlieren. Bedroht werden sie durch die fortschreitende Abholzung der tropischen Wälder.

Um 65,5–15 Mio.

Meeresströmungen änder

Die starken Bewegungen der Kontinentalmassen, die bereits die vorausgehende Kreidezeit (142–65,5 Mio.) geprägt hatten, setzen sich zu Beginn der Erdneuzeit unvermindert fort. Sie beeinflussen die globalen Meeresströmungen, die für das Klima der Erde von entscheidender Bedeutung sind.

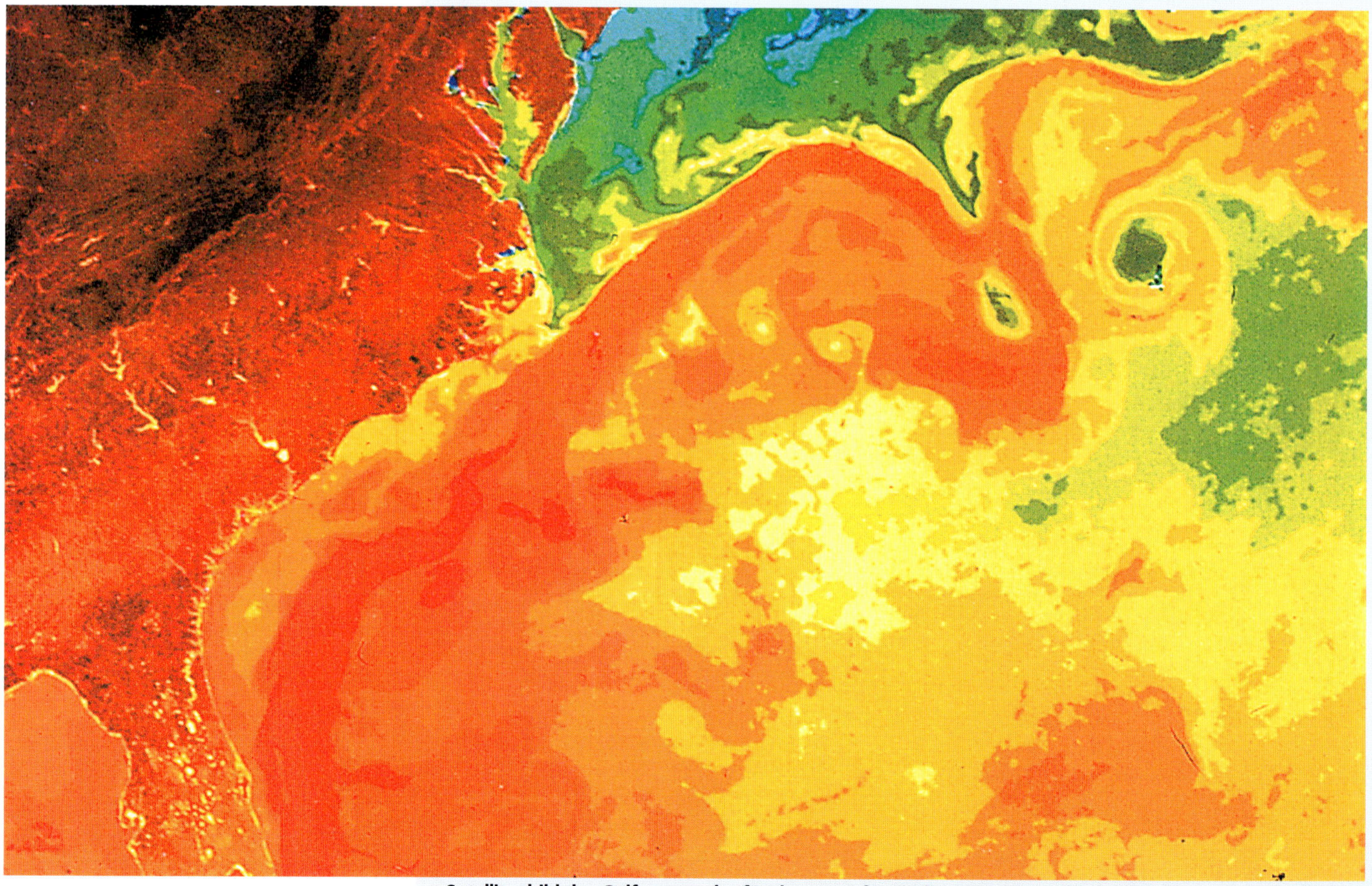

Satellitenbild des Golfstroms, der für das gemäßigte Klima Mittel- und Nordeuropas verantwortlich ist

Um 65,5–23,8 Mio.

Indische Platte kollidiert mit Eurasien: Die schwere Geburt des Himalaja-Gebirges

Nachdem sich etwa an der Grenze von Kreide und Paläozän die Seychellen vom indischen Subkontinent losgerissen haben, setzt dieser seine Drift in Richtung des europäisch-asiatischen Festlandes fort. Noch im Alttertiär kommt es zu einer gewaltigen, von zahlreichen Vulkanausbrüchen und Erdbeben begleiteten Kollision mit der Eurasischen Platte, in deren Verlauf das Himalaja-Gebirge (s. Abb.) aufgefaltet wird. Die Entstehung des höchsten Gebirgssystems der Erde ist Teil der alpidischen Faltung (siehe S. 246), einer der bedeutendsten Faltungsären der Erdgeschichte. In ihrem Verlauf wird ein weltumspannender Gebirgsgürtel aufgeworfen. Die Auffaltung ist allerdings kein punktuelles Ereignis, sondern ein langsamer, in einzelnen Etappen verlaufender und bis heute noch nicht vollständig abgeschlossener Prozess.

Zunächst wird durch die Norddrift der Indischen Platte das Meer zwischen den beiden Festlandsmassen auf einen schmalen Trog begrenzt. In einer zweiten Phase werden die weichen Sedimente, die sich auf dem Boden dieses Meerestroges abgelagert haben, immer stärker zusammengepresst und an die Erdoberfläche gehoben. Sie bilden zunächst Inseln, bis sie das Wasser zwischen Eurasien und Indien nach und nach vollkommen verdrängen. Im Eozän (55–33,7 Mio.) kommt es zu dem eigentlichen Zusammenstoß zwischen den Festlandsmassen, bei dem sich die Indische unter die Eurasische Platte schiebt. Auf einer Länge von rund 1000 km wird der Boden auf eine Höhe von bis zu 8000 m angehoben. Sedimente und Fossilien des Ozeans liefern das Gesteinsmaterial für das Himalaja-Gebirge.

hren Lauf

In der Unterkreide hatte es eine weltumgreifende Meeresströmung in ostwestlicher Richtung gegeben. Diese resultierte aus der Tatsache, dass sich in dieser Epoche etwa auf Äquatorhöhe ein Meeresgürtel um den gesamten Globus zog. Das spätere Mittelmeer zeichnete sich in Umriss und Größe zwar bereits deutlich ab, aber noch immer als Durchgangsmeer. Da die Afrikanische Platte noch nicht mit der Eurasischen kollidiert war, besaß es in seinem Süden eine offene Verbindung zum Indischen Ozean. Zugleich ging das Mittelmeer im Westen auf der Höhe der Iberischen Halbinsel in den Atlantik über. Da auch Nord- und Südamerika in der Trias (250–205 Mio.) auseinander gedriftet waren, hatte der Atlantik seinerseits eine offene Verbindung zum Pazifik.

Eine erste einschneidende Veränderung der globalen Strömungsverhältnisse wurde in der Oberkreide durch die Herausbildung einer neuen Landbrücke zwischen Nord- und Südamerika bewirkt. Zu Beginn der Erdneuzeit wird diese Landbrücke überflutet und es setzt vorübergehend erneut eine ostwestliche Strömung ein. Zugleich aber nähert sich die Afrikanische Platte immer stärker der Eurasischen an, sodass die Verbindung zwischen dem Indischen Ozean im Osten und dem Atlantik im Westen immer enger wird. Mit dem Zusammenstoß der beiden Landmassen im Miozän (23,8–5,32 Mio.) reißt sie endgültig ab. Dieses Ereignis hat zur Folge, dass es weltweit zu neuen Strömungsverhältnissen kommt. Die Auswirkungen auf das Klima und dadurch auf die Flora und Fauna sind enorm. Die Strömungsverhältnisse des ausgehenden Tertiärs werden als ein wesentlicher Faktor bei der Entstehung der Eiszeit diskutiert.

Um 65,5–23,8 Mio.

Bernstein – tödliche Tierfalle mit perfekter Konservierung

Obgleich sich der Stoff vereinzelt bis in das Mesozoikum nachweisen lässt, fällt seine Hauptphase zweifellos, mit einem Schwerpunkt im Eozän (55–33,7 Mio.), ins Alttertiär: In dieser Periode wird u. a. der aus dem Ostseeraum bekannte Baltische Bernstein gebildet. Zwar findet die Erzeugung von Bernstein in nahezu allen Erdregionen statt, doch sind weltweit nur ca. 20 größere Fundstellen bekannt. Die bedeutendsten liegen in Mittelamerika und im Baltikum.

Bernstein ist ein erhärtetes Harz, das aus pflanzlichen Naturstoffen, den sog. Terpenen, aus Alkohol und organischen Verbindungen aus der Gruppe Ester besteht. Ausgeschieden wird es von Bäumen, zu deren Schutz vor Krankheits- und Insektenbefall die zähflüssige Masse dient. Der Grund für den Ausfluss kann ein Angriff von Holzkäfern oder eine Verletzung der Borke oder anderer Teile der Pflanze sein. Das Harz, in frischem Zustand äußerst klebrig, stellt für Kleinstlebewesen, die damit in Berührung kommen, eine unentrinnbare Falle dar.

Der alttertiäre Bernstein Nordeuropas wird von einer Gruppe von Nadelgehölzen erzeugt, die man als Bernsteinkiefern (Pinites succinifer) bezeichnet. Die extrem starke Bernsteinproduktion dieser Periode geht einerseits auf den grundsätzlich starken Harzerguss dieser Nadelgehölze, andererseits auf Umweltfaktoren zurück. Das feuchtwarme Klima vor allem des Eozäns begünstigt die Ausbreitung zahlreicher Schädlinge, vor allem von Pilzen. Eine überdurchschnittlich große Zahl von Bäumen weist deshalb krankhafte Veränderungen des Holzes auf. Wird sehr viel Harz zur Abwehr von Krankheitsbefall produziert, so führen zugleich die organischen Veränderungen am Holz vielfach zur Ausbildung zusätzlicher abnormer Harzgänge, die die Harzproduktion noch um ein Vielfaches verstärken.

Zu den Organismen, die im Baltischen Bernstein eingeschlossen werden und anschließend unter Idealbedingungen fossilisieren, zählen Pilze, Moose, Blüten und Samen, aber auch zahlreiche Faunenvertreter. In den Einschlüssen finden sich Spinnen und Milben, zahlreiche Insekten wie Fliegen, Mücken, Bienen, Wespen, Ameisen (s. Abb.), Käfer, Läuse, Libellen oder Schmetterlinge und sehr selten sogar kleinere Wirbeltiere. Die außergewöhnlich gute Erhaltung dieser Fossilien wird durch die chemische Zusammensetzung des Harzes bewirkt. Es wirkt zugleich antibiotisch und austrocknend. Die Konservierung der Organismen geschieht so perfekt, dass sich nicht nur fragile Körperteile, sondern selbst die Zellstruktur erhalten.

Fast um ein Zehnfaches häufiger als im Baltischen Bernstein sind die Einschlüsse im so genannten Dominikanischen Bernstein Mittelamerikas. Dieser wird von einer tropischen, inzwischen ausgestorbenen Baumart aus der Gruppe der Hülsenfruchtbäume abgeschieden und ist vor allem für die seltenen Einschlüsse von Skorpionen, Eidechsen und Fröschen berühmt. Als eine zweite Besonderheit gilt seine Farbvarietät von Gelb bis Rot und von Grün bis Blau.

Um 60 Mio. Eine breite Meereszone trennt Asien und Europa: die **Westsibirische Straße**. Weite Teile Asiens, abgesehen vom Tarim- und Fergana-Becken in der heutigen chinesischen Provinz Sinkiang bzw. in Usbekistan, Tadschikistan und Kirgistan, ragen jedoch als Festland auf. In seinem Innern strömen vereinzelt Flüsse. Ihre Ablagerungen vermengen sich z. T. mit Sanden und roten Mergeln. Im Oligozän, der jüngsten Stufe des Alttertiärs (Paläogen), schließt sich die Westsibirische Straße.

Ähnliche Merkmale wie die Säugetiergruppe Pantodontia weisen die **Dinocerata** auf. Die in Nordamerika und Asien lebenden Säugetiere kennzeichnen massige große Körper mit kurzen plumpen Gliedmaßen. Wie die Pantodontia ernähren sich auch die Dinocerata ausschließlich von Pflanzen. Charakteristisch sind die aus dem Schädel wachsenden knöchernen Auswüchse. Das Verhältnis zu den Pantodontia ist in der Wissenschaft bislang nicht eindeutig geklärt. Vermutlich besaßen beide Gruppen einen gemeinsamen Vorfahren. Ein fossiler Beleg für diese These existiert bislang aber nicht.

Um 57 Mio. Ein markantes Äußeres besitzt der Paarhufer **Unitatherium**. Auf der Schnauze und dem Schädel des etwa nashorngroßen Säugetiers wachsen drei Paar Hornzapfen. Die markanten Auswüchse, die den Stirnzapfen heute lebender Giraffen ähneln, sind knöchern und mit Haut überwachsen. Aus dem Oberkiefer des in Nordamerika beheimateten Paarhufers ragen säbelförmige Zähne hervor. Da Unitatherium jedoch keine zu Mahlwerkzeugen ausgebildeten Backenzähne besitzt, wird angenommen, dass es weiche Pflanzen fraß, die es mit den Zähnen zerquetschte.

Hohe Temperaturen auf dem australischen Kontinent, der im jüngeren Paläozän noch mit der Antarktis verbunden ist, begünstigen das Gedeihen von **Regenwäldern**. Dies geht aus Pollen hervor, die Wissenschaftler in Schichten des Oberpaläozäns fanden. Auslöser des heißen und feuchten Klimas sind Luftströmungen, die vom Meer aus warme Luftmassen zum Festland transportieren. Im Laufe des Tertiärs entsteht ein Seeweg zwischen Australien und der Antarktis. In den südlichen Regionen des Kontinents sinken die Temperaturen und die Niederschlagsintensität nimmt ab.

Um 65,5–1,81 Mio.

Lebensraum Hochgebirge – Anpassung ist gefragt

Mit der Auffaltung zahlreicher Gebirgssysteme im Zuge der alpidischen Faltungsära entwickelt sich der neue Lebensraum Hochgebirge, der im Verlaufe des Tertiärs von zahlreichen Pflanzen, aber auch von verschiedenen Insekten und Wirbeltieren erobert wird. Das Leben im Hochgebirge erfordert spezielle Anpassungsleistungen. Zu ihnen zählen bei den Pflanzen Modifikationen im Erscheinungsbild, die einen gewissen Schutz vor den eisigen Winden gewähren. So gehen viele Arten zu einem Zwergwuchs über, andere bevorzugen eine bodennahe oder kriechende Wachstumsweise. Die Wurzelsysteme sind besser entwickelt und übernehmen verstärkt Speicherungsfunktionen, die Reproduktionszeiten sind aufgrund der kurzen Sommer stark verkürzt. Ausdauernde Arten dominieren.

In der Tierwelt fallen die spezifischen Anpassungen geringer aus. Nahezu alle Hochgebirgsarten kommen mit nahen Verwandten auch im Flachland vor. Hervorstechend ist wie bei den Bewohnern der Polarregionen ein Farbwechsel zwischen Sommer- und Winterkleid (Abb.: Hermelin im weißen Winterfell).

Um 65,5–1,81 Mio.

Für die Tethys wird es eng: Ein neues Meer entsteht

Durch die Verschiebung der Afrikanischen Platte in Richtung Eurasien wird der Tethys-Ozean immer stärker eingeengt. Zwischen dem Oligozän, der letzten Periode des Alttertiärs, und dem nachfolgenden Jungtertiär oder Neogen erhält das Mittelmeer durch Prozesse, die in unmittelbarem Zusammenhang mit der alpidischen Gebirgsfaltung stehen, seine heutige Gestalt.

Zu Beginn der Erdneuzeit lässt der im Norden Afrikas gelegene Tethys-Ozean bereits deutlich die Gestalt des späteren Mittelmeeres erkennen, doch hat er zu diesem Zeitpunkt noch immer den Charakter eines Durchgangsmeeres. In seinem Osten ist er mit dem Indischen Ozean und in seinem Westen mit dem Atlantik verbunden. Die offenen Wasserstraßen an seinen beiden Schmalseiten werden jedoch im Verlaufe des Paläozäns (65,5–55 Mio.) und des Eozäns (55–33,7 Mio.) durch die kontinuierliche Annäherung der beiden Kontinentalmassen immer schmaler. Mit dem Zusammenstoß Afrikas und Eurasiens ist im Oligozän (33,7–23,8 Mio.) zunächst die Wasserverbindung zum Indischen Ozean, im Jungtertiär (23,8–1,81 Mio.) schließlich auch die Verbindung zum Atlantik geschlossen. In Form einer schmalen Meeresstraße wird diese Verbindung später wieder hergestellt.

Geologisch betrachtet ist das Mittelmeer, dessen Entstehung eng mit der alpidischen Gebirgsfaltung zusammenhängt und aus dessen Sedimentpaketen sowohl die Pyrenäen als auch Alpen, Karpaten und afrikanisches Atlasgebirge aufgebaut werden, eines der komplexesten Gebiete der Erde. Gleichermaßen durch eine Reihe gebirgsbildender Vorgänge, durch Plattenverschiebungen und durch gewaltige Schwankungen des Meeresspiegels entsteht seine heutige Gestalt. Während sich die Afrikanische unter die Eurasische Platte schiebt, wird das Meer in mehrere große Becken geteilt. Heute lassen sich mit Balearen-Becken, Tyrrhenischem und Ägäischem Meer (Abb.: Satellitenaufnahme der Ägäis und der Peloponnes) sowie dem östlichen Mittelmeerbecken drei Bereiche unterscheiden. Der mit Abstand älteste unter ihnen ist der Letztgenannte, der die Reste des mesozoischen Tethys-Ozeans sowie seiner Kontinentalränder umfasst.

Im Verhältnis zu seiner Ausdehnung ist das Mittelmeer mit einer Durchschnittstiefe von 1450 m ein relativ flaches Meer. Seine tiefste Stelle misst 5152 m und liegt vor der Westküste des Peloponnes. Die tektonischen Unruhen, die seine Entstehung begleiten, schlagen sich bis heute in erhöhten vulkanischen Aktivitäten, vor allem entlang der Küsten des Tyrrhenischen Meeres, nieder.

Um 65,5–1,81 Mio.

Alpen – aufgebaut aus Sedimenten

Im Zuge der alpidischen Gebirgsbildung werden im Verlaufe des Tertiärs die Alpen aufgefaltet. Zusammen mit Rocky Mountains, Atlas, Pyrenäen, Karpaten, Himalaja und anderen Systemen bildet Europas zentrale Gipfelkette einen weltumspannenden Gürtel aus Hochgebirgen.

Die Auffaltung der Alpen ist ein außerordentlich komplexer, in vielen einzelnen Etappen verlaufender Prozess, auf den zahlreiche verschiedene Kräfte Einfluss nehmen – darunter die in der Kreidezeit (142–65,5 Mio.) begonnene Öffnung des Atlantiks. Als wichtigster Entstehungsfaktor gilt jedoch die Norddrift der Afrikanischen Platte, durch die der vormalige Tethys-Ozean Gestalt und Größe des heutigen Mittelmeers erhält. Im Verlaufe dieser Kontinentalverschiebung werden unvorstellbare Mengen mariner Sedimente sowie ozeanischer Kruste aufgeworfen und nach Norden transportiert.

Im Frühstadium der Alpenentstehung ist der Tethys-Ozean ein etwa 1000 km breites, in ostwestlicher Richtung verlaufendes Geosynklinalmeer. Es bildet einen riesigen Trog, der durch marine Sedimente angefüllt wird. Durch das Gewicht der in Jahrmillionen angesammelten Ablagerungen sinkt dieser kontinuierlich ab, um gleichzeitig ununterbrochen mit weiteren Sedimenten aufgefüllt zu werden. Auf diese Weise bilden sich mancherorts Sedimentationsschichten von mehreren tausend Metern Stärke. Im Zeitraum vom Paläozän (65,5–55 Mio.) bis zum Oligozän (33,7–23,8 Mio.) kommt es schließlich zu jenem Zusammenstoß, bei dem sich die Afrikanische unter die Eurasische Platte schiebt. Die Tethys, das vormals ausgedehnte Ur-Mittelmeer, wird auf eine Breite von kaum mehr als 100 km zusammengeschoben. Im Verlaufe dieser zunehmenden Einengung faltet sich die ozeanische Kruste; die Reste des ehemaligen Mittel-Tethys-Rückens aus ozeanischen Basalten werden mit anderen Gesteinsschichten gelöst, häufig übereinander geschichtet und abtransportiert. Die Sedimente kennzeichnet aber nicht nur Bewegung: Durch den Überlagerungsdruck und die in größeren Tiefen herrschenden Temperaturen werden sie auch in ihrem stofflichen Gefüge verändert. Diese Transformation erfolgt vor allem in tieferen Schichten. Bei der Auffaltung der Alpen bauen die Sedimente aus dem vormaligen Nordrand des Geosynklinalmeeres große Teile der Westalpen sowie den Nordrand der Ostalpen auf. In ihrem Süden schließt sich das Material aus den mittleren Meeresbereichen an, das die größten Anteile der Zentralalpen stellt. Die Sedimente aus dem Südrand des vormaligen Tethys-Ozeans liefern das Material für Teile der Ost- und vor allem der Südalpen. Die schroffen Formen jedoch, die das Bild der Alpen und anderer junger Hochgebirge prägen, sind nicht das Resultat der alpidischen Faltung selbst, sondern der anschließenden Erosion, die sich bis heute in Form von Bergstürzen und Muren beobachten lässt.

Blick vom Timmelsjoch zur Hohen Wilde in den Ötztaler Alpen Südtirols (Italien)

Um 65,5–1,81 Mio.

Säuger mit Rückenpanzer: Gürteltiere sind die ersten Vertreter der Zahnarmen

Im Paläozän treten mit den ersten Gürteltieren (Abb.: Weißborstengürteltier) die frühesten Repräsentanten der Zahnarmen in Erscheinung. Diese nur in Mittel- und Südamerika vorkommende Ordnung der Säugetiere wird ab dem Oligozän noch um die Faultiere und Ameisenbären bereichert. Aufgrund einer anatomischen Besonderheit im Bau der Wirbelsäule werden die Zahnarmen auch als Nebengelenktiere bezeichnet.

Das kennzeichnende Merkmal der Gürteltiere ist der gewölbte Rückenpanzer aus knöchernen Platten und Schuppen, der den gesamten Körper vom Kopf bis zur Schwanzwurzel überzieht. Seine flexible Struktur erlaubt es dem Gürteltier, sich bei Gefahr wie ein Igel zusammenzurollen. Die Gliedmaßen erweisen sich als kurz, kräftig und mit starken Grabklauen versehen. Alle Gürteltiere sind mehr oder minder ausgeprägte Wühler. Während die Augen klein und unterentwickelt wirken, ist der Geruchssinn außerordentlich fein. Die derzeit rund 20 Arten der Gürteltiere kommen in Regenwald, Steppe und Savanne vor und ernähren sich überwiegend von Insekten, zum Teil aber auch von Kleintieren, Aas und pflanzlicher Nahrung.

Um 57 Mio. In den nordamerikanischen Wäldern lebt das Säugetier **Onychodectes**. Fossile Reste des frühen Säugers wurden u. a. im US-Bundesstaat New Mexico gefunden. Demnach besaß Onychodectes die Größe einer Hauskatze. Der lange und schmale Schädel des Tieres weist große Ähnlichkeiten zu Insekten fressenden Säugern auf. Vermutlich bildeten Insekten deshalb die Hauptnahrung von Onychodectes. Aber auch Eier und kleinere Wirbeltiere standen auf seinem Speiseplan. Mit seinen langen Krallen, die an den beweglichen, drehbaren Füßen und Händen saßen, klammerte sich der gute Kletterer an die Baumrinde.

Mit **Probathyopsis** durchstreift ein massiger Vertreter der Säugetiergruppe Dinocerata die Wälder Nordamerikas. Die Dinocerata stellen die größten Säugetiere des Tertiärs. Auch Probathyopsis besitzt beträchtliche Ausmaße. Etwa 300 kg bringen ausgewachsene männliche Exemplare auf die Waage. Wie Fossilfunde nahelegen, fiel der Körperbau der Weibchen kleiner aus. Als typischer Vertreter der Dinocerata besitzt der Pflanzenfresser Probathyopsis flache Backenzähne und verlängerte obere Eckzähne. Sie wachsen aus dem Oberkiefer und ragen über den unteren Kiefer hinaus.

Unter den Urhuftieren bilden die Periptychidae die dominierende Gruppe. Als bekannteste Gattung gilt **Ectoconus**. Dank eines fast vollständig erhaltenen Skeletts – eine Seltenheit bei paläozänen Säugern – lässt sich die Gestalt des Urhuftieres gut rekonstruieren. Demnach war Ectoconus ein etwa zwei Meter langer Pflanzenfresser. Den massigen Körper tragen kurze, plumpe Gliedmaßen. Der Schwanz ist lang und durch 24 Wirbel gegliedert. Wie alle Urhuftiere tritt Ectoconus, dessen Hände und Füße fünfstrahlig ausgebildet sind, mit der gesamten Fußsohle auf.

Einen Höhepunkt hinsichtlich ihrer Entwicklung und Verbreitung erleben die irregulären Seeigel (Echinoidea). Eine der häufigsten Ordnungen der marinen Lebewesen, die im Gegensatz zu den regulären Seeigeln keinen Kieferapparat besitzen, stellen die **Spatangoida** dar. Charakteristisch für die bereits seit der Kreide in den Meeren lebenden Stachelhäuter sind die zumeist herzförmigen Gehäuse, die sich aus einer Vielzahl von Kalkplatten zusammensetzen. Neben der namengebenden Gattung Spatangus bringen die Spatangoiden noch viele andere Gattungen hervor. Die Spatangoiden sind auch heute noch in den Weltmeeren vertreten.

Um 65,5–5 Mio.

Landbrücke versunken –

Zu Beginn des Paläozäns wird die Landbrücke, die in der vorhergehenden Oberkreide kurzzeitig den nord- und den südamerikanischen Kontinent zu einer großen Landmasse vereinigt hatte, überflutet. Während Nordamerika zunächst durch die so genannte Thule-Landbrücke, eine Verbindung im äußersten Norden, und später über die infolge eines Absinkens der Meeresspiegel immer wieder trockenfallende Beringstraße mit Europa und Asien in einem kontinuierlichen Floren- und Faunenaustausch steht, beginnt für die südamerikanische Tier- und Pflanzenwelt eine rund 60 Mio. Jahre andauernde Periode der völligen Isolation.

Scarrittia, ein südamerikanisches Huftier, lebt im Oligozän.

Zu Beginn der Trennung sind in Südamerika mit den Beuteltieren, den primitiven Zahnarmen und archaischen Huftierformen drei große Säugergruppen vertreten. Da es ebenso wie in Australien keine Fleisch fressenden Säugetiere gibt, besetzen die Vertreter dieser Gruppen zahlreiche ökologische Nischen und nehmen deshalb eine außerordentlich fruchtbare und formenreiche Entwicklung. Im Verlauf des Tertiärs entwickelt sich in der Abgeschiedenheit Südamerikas eine einzigartige Tierwelt.

Unter den Beuteltieren treten zahlreiche Formen in Erscheinung, die äußerlich stark den Säugetieren anderer Kontinente gleichen, ohne aber mit ihnen verwandt zu sein. Dazu zählen etwa einige Raubbeutler wie der marderähnliche Cladosictis, der bärenförmige Borhyaena und der an eine Säbelzahnkatze erinnernde Thylacosmilus (siehe S. 265). Ein kleiner Insektenfresser unter den Beuteltieren ist der an eine Spitzmaus erinnernde Necrolestes, der Pflanzen fressende Argyrolagus gleicht hingegen stark den zu den Hörnchenartigen zählenden Taschenmäusen. Er ist von schlankerer Gestalt und mit ca. 40 cm Länge doppelt so groß wie die heute lebende australische Springbeutelmaus.

Die Zahnarmen (siehe S. 269), die in Südamerika zunächst durch die Gürteltiere, ab dem mittleren Ter-

Um 65,5 Mio.

Rätsel um Inseln aus Granit

An der Grenze von Erdmittelalter und Erdneuzeit bilden sich die Seychellen (s. Abb.) heraus. Diese Inselgruppe, weithin über eine Seefläche von annähernd 400 000 km^2 verstreut, liegt heute nur wenige hundert Kilometer nordöstlich von Madagaskar im Indischen Ozean.

Für die Wissenschaftler war der Ursprung dieses Archipels lange Zeit ein großes Rätsel, weil seine Inseln – im Gegensatz zu gewöhnlichen ozeanischen Eilanden – zu großen Teilen aus Granit bestehen, aus einem Gestein, für dessen Vorkommen inmitten des Ozeans es keine plausiblen Erklärungsmodelle gab. Heute ist bekannt, dass die einzelnen Landmassen Bruchstücke des heute annähernd 3500 km entfernten indischen Subkontinents sind. Das gesamte Erdaltertum hindurch war Indien Teil des Südkontinents Gondwana, der im Verlauf des Mesozoikums zerbrach. Keines seiner Kontinentalfragmente legt in den folgenden Perioden eine so lange Strecke zurück wie das indische Festland, das sich annähernd 7000 km Richtung Norden verschiebt und dabei einzelne Bruchstücke verliert. Dazu zählt allerdings nicht das nahe den Seychellen gelegene Madagaskar, eine typische kontinentale Insel, die Teil der Afrikanischen Platte war.

üdamerikas Naturraum ist isoliert

tiär auch durch die Ameisenbären und Faultiere vertreten sind, zeichnen sich gegenüber ihren Nachfahren nicht nur durch einen erheblich größeren Formenreichtum, sondern auch durch beachtlichere Körpermaße aus. Die Gürteltiere oder Dasypodidae und die eng verwandten, erst in historischen Zeiten ausgestorbenen Glyptodontidae, die sich in den Legenden der patagonischen Indianer erhalten haben, bringen verschiedene Vertreter hervor, denen gegenüber die heutigen Riesengürteltiere zwergenhaft wirken. Das Gürteltier Peltephilus, das in Oligozän (33,7–23,8 Mio.) und Miozän (23,8–5,32 Mio.) verbreitet ist und sich durch ein für Zahnarme ganz untypisches, auf fleischliche Nahrung deutendes Gebiss auszeichnet, erreicht die gewaltige Länge von ca. sechs Metern. Die ersten Ameisenbären sind ab dem Miozän nachweisbar.

Das an ein Warzenschwein erinnernde Thomashuxleya bevölkert im Eozän das heutige Argentinien.

Das bis zu 60 cm lange Gürteltier Peltephilus lebt in Patagonien.

Ähnlich wie die Beuteltiere liefern auch die primitiven südamerikanischen Huftiere verschiedene Beispiele für das Phänomen einer konvergenten Evolution nicht verwandter Formenkreise. So erinnert das gedrungene, etwa drei Meter lange Pyrotherium stark an Barytherium, den afrikanischen Urahnen der Elefanten, Theosodon an die späteren Lamas oder Guanakos und Diadiaphorus an heutige Ponys. Bei Letzterem lässt sich überdies die für echte Pferde typische Reduktion der Zehen erkennen. In der überaus artenreichen Gruppe der Notoungulata oder Südhuftiere treten u.a. hasen-, biber-, schaf- und warzenschweinähnliche Formen auf.
Diese südamerikanische Fauna bricht jedoch nahezu vollkommen zusammen, als es im Pliozän (5,32–1,81 Mio.) erneut zu einer Landverbindung zwischen Süd- und Nordamerika und damit zur Einwanderung vieler Säugetiere kommt. Einen vergleichbaren Einbruch erlebt die ebenfalls unter Isolationsbedingungen entstandene Fauna Australiens nicht. Forscher vermuten, dass dieser Umstand auf die stationäre geografische Lage Südamerikas zurückgeführt werden kann. Da Australien im Zuge der globalen Kontinentalverschiebungen des Tertiärs verschiedene Klimazonen durchwandert, wird die Tierwelt immer wieder zu Anpassungsleistungen gezwungen. Die südamerikanische Fauna ist hingegen gleichsam ökologisch naiv. Unter relativ konstanten Umweltbedingungen entwickelt sie sich zwar außerordentlich vielgestaltig, bleibt dabei aber genetisch schwach, sodass sie von den nordamerikanischen Eindringlingen relativ leicht verdrängt werden kann.

Um 65,5–55 Mio.

Mit flinker Zunge: Frühe Schuppentiere gehen in Tannenzapfen-Tarnung auf Insektenjagd

In Nordamerika treten die ersten frühen Schuppentiere in Erscheinung. Gemeinsam mit Ameisenbären, Gürtel- und Faultieren bilden sie die Gruppe der ansonsten ausschließlich in Südamerika vorkommenden Nebengelenktiere (siehe S. 269). Über die stammesgeschichtlichen Ursprünge der Schuppentiere ist wenig bekannt. Die Forschung vermutet, sie hätten sich wie andere Nebengelenktiere aus einem Seitenzweig der Insektenfresser entwickelt. Verschiedene Funde der Gattung Eomanis in den Ölschiefern der südhessischen Grube Messel belegen, dass Schuppentiere spätestens im Eozän (55–33,7 Mio.) auch in Mitteleuropa heimisch sind (Abb. u.: Schuppenschwanz aus der Grube Messel).

Eomanis ist ein etwa 50 cm langes Tier, das sich von seinen heute lebenden Verwandten noch in mancherlei Hinsicht unterscheidet, auch wenn es bereits zahlreiche Übereinstimmungen gibt. So erinnert die Anordnung der einander überlagernden Schuppen wie bei den heutigen Vertretern an Tannenzapfen. Auch ist Eomanis vermutlich bereits in der Lage, gegen Ameisenbisse besonders empfindliche Körperstellen wie Augen, Ohren und Nase zu verschließen. Anders als bei modernen Schuppentieren sind jedoch Kopf und Beine noch deutlich länger gestreckt, sodass das Tier in seinen Körperproportionen stärker etwa an einen Marder als an seine eigenen Nachfahren erinnert. Der Schwanz ist schmaler und im Querschnitt rund. Außerdem belegen die Funde, dass sich Eomanis in seiner Ernährung noch nicht auf Ameisen und Termiten spezialisiert hat, sondern gelegentlich auch pflanzliche Kost zu sich nimmt.
Moderne Schuppentiere (s. Abb. r.) kommen mit ihren sieben Arten nur noch in Afrika sowie in Süd- und Südostasien vor, wobei sie – wie die Gürteltiere – sehr unterschiedliche Lebensräume von der Steppe bis zum tropischen Regenwald bewohnen. Mit den Gürteltieren teilen sie auch die Eigenart, sich bei Gefahr und in Ruhestellung einzurollen. Der bei heutigen Arten vollständig mit Schuppen bedeckte Schwanz ist unterseits abgeplattet, der Kopf im Verhältnis zum Körper auffallend klein und fast eidechsenartig schmal. Ihre Beute fangen Schuppentiere mit Hilfe ihrer extrem langen, wurmförmigen Zunge. Manche Arten sind hervorragende Kletterer, die einen Großteil ihres Lebens auf Bäumen verbringen. Dies gilt etwa für das Langschwanzschuppentier, das gemeinsam mit dem mehr als 1,5 m langen Riesenschuppentier den westlichen Bereich des zentralafrikanischen Regenwaldes bewohnt.

Darwins provozierende Lehre

Charles Darwin in seinem Hauptwerk »Die Entstehung der Arten durch natürliche Zuchtwahl«:

»Ich bin vollkommen überzeugt, dass die Arten nicht unveränderlich sind; dass die zu einer so genannten Gattung zusammengehörigen Arten in direkter Linie von einer andern gewöhnlich erloschenen Art abstammen, in der nämlichen Weise, wie die anerkannten Varietäten irgendeiner Art Abkömmlinge dieser Art sind. Endlich bin ich überzeugt, dass die natürliche Zuchtwahl das wichtigste, wenn auch nicht das ausschließliche Mittel zur Abänderung der Lebensformen gewesen ist.«

Auf den Galápagosinseln beobachtete Darwin Finken – man nannte sie ihm zu Ehren später ***Darwin-Finken*** *–, die zwei hervorstechende Besonderheiten haben: Sie besitzen Ähnlichkeit mit Finken auf dem Festland und jede Insel hat nur Finkenarten, die genau an die Nahrungsbedingungen der jeweiligen Insel angepasst sind. Die 14 Arten leben auf ihren Inseln isoliert. Die Körner fressenden Arten haben sich in drei Arten aufgespalten: Geospiza difficilis, die am Boden lebt und Blätter frisst, sowie Geospiza scandens und Geospiza conirostris, die auf Fruchtfleisch von Kakteen und Nektar aus Blüten spezialisiert sind. Aus den Körner fressenden Finken sind auf Galápagos auch Insekten fressende Arten entstanden. Sie unterscheiden sich vor allem in der Größe und in der Schnabelform, was auf die Eigenarten ihrer Futterquellen zurückzuführen ist: Größe, Weichheit und Lebensformen der Insekten. Die Arten der Darwin-Finken auf den Galápagosinseln sind also nicht nur durch geografische Schranken gegeneinander isoliert, sondern auch durch ökologische, also unterschiedliche Nahrungsquellen. Die Finken besetzen somit die ökologischen Nischen, die ihnen geboten wurden.*

Charles Darwins bahnbrechendes Buch »Über die Entstehung der Arten durch natürliche Zuchtwahl«, am 24. November 1859 in einer Erstauflage von 1250 Exemplaren erschienen und noch am selben Tag ausverkauft, ist nicht nur das einflussreichste Dokument in der Geschichte der Biologie. Dieses Werk von kulturgeschichtlichem Rang prägt bis heute weit über den Kreis der Fachdisziplinen hinaus das Weltbild der

Die Meeresechsen der Galápagosinseln: Die wohl bemerkenswerteste Fauna der Erde inspirierte Darwin zu seinen Thesen.

Moderne. 15 Jahre nach Erscheinen war es bereits in fast alle europäischen Sprachen übersetzt.

Noahs Arche hat ausgedient

Schon vor Darwin waren einzelne Wissenschaftler – wie Jean-Baptiste Lamarck, Georges Buffon und Darwins eigener Großvater Erasmus Darwin – zu der Einsicht gelangt, dass sich die natürliche Mannigfaltigkeit des Lebens durch irgendeine Art von Evolution herausgebildet haben müsse; eine fast notwendige Antwort auf die zahlreichen Fragen, die seit dem Zeitalter der großen Entdeckungen auf der Tagesordnung standen. Schon ab dem 15. Jh. hatten Weltreisende eine Fülle niemals zuvor gesehener Lebewesen nach Europa gebracht. Aus Amerika gelangten Beutel-, Gürtel- und Schuppentiere, Wasserschweine, Tukane und »die langsamsten Tiere der Welt«, die Faultiere, in die Alte Welt. Es folgten die nicht minder kuriosen und ungläubiges Staunen erregenden Entdeckungen in Afrika und Südostasien.

Unter den Theologen entbrannte durch diese Berichte eine hitzige Diskussion, denn nach dem 1. Buch Mose hatten alle lebenden Tiere einst auf der Arche Noah Platz gefunden. Als die Zahl der mittlerweile entdeckten Tierarten die bisherigen Vorstellungen der Arche ad absurdum geführt hatten, wurden im 17. Jh. neue Konstruktionspläne gezeichnet, auf denen das von Noah erbaute Schiff als eine zwar kaum seetaugliche, aber dafür dreistöckige Stallung erscheint. Doch selbst nach diesen Plänen hätte sich nur eine radikal reduzierte Fauna vor der Sintflut retten lassen. Zwei Drittel der schon damals bekannten Vogelarten und mehr als 90 Prozent der bekannten Wirbeltiere fanden keinen Platz. Der Schwede Carl von Linné, Begründer der botanischen und zoologischen Fachsprache, schlug im 18. Jh. angesichts der Unmöglichkeit, die biblische Überlieferung mit der empirischen Vielfalt in Einklang zu bringen, die Theorie von den »speziellen Schöpfungsakten« vor. Seiner Sicht zufolge hatte Gott spezielle Bestimmungsorte für bestimmte Kreaturen geschaffen. Dies bedeutete zwar das Ende der wortgetreuen Bibelexegese, stellte aber im Prinzip den Glauben an einen Schöpfer nicht in Frage.

Die Evolution eroberte auch unwirtliche Lebensräume wie die Galápagosinsel San Bartolomé.

Gewagte Thesen für die Öffentlichkeit

Als Darwin seine Theorie entwickelt, herrscht das Dogma Linnés noch immer vor. Annähernd 20 Jahre hält der Brite deshalb seine Idee von einer evolutionären Entwicklung aller Arten aus einer sich fortlaufend verändernden Abstammungsreihe geheim. Darwin ist nicht der Erste, der einen Evolutionsprozess für zwingend hält, aber er entwickelt als Erster eine überzeugende Erklärung, wie und nach welchen Prinzipien ein solcher Prozess vor sich gegangen sein kann.
Unmittelbar nach der Rückkehr von seiner Weltreise geht Darwin an die wissenschaftliche Ausarbeitung seiner Beobachtungen. Er wertet nicht allein sein empirisches Material aus und studiert nicht nur die zur Verfügung stehende Fachliteratur – er informiert sich auch bei Tier- und Pflanzenzüchtern, bei Zooleitern und Gärtnern und verschickt gedruckte Fragebogen. Im Herbst 1838 liest er Robert Malthus' Streitschrift »An Essay of the Principle of Population« von 1798, der Darwin eine entscheidende Anregung entnimmt. Malthus, Sozialforscher und ebenfalls Brite, beschreibt die Tendenz aller Bevölkerungen zu einer Vermehrung, die das jeweilige Nahrungsangebot gesetzmäßig überschreite und deshalb selbstzerstörerisch wirke. Malthus' Überlegungen beziehen sich zwar nur auf den Menschen, doch Darwin überträgt dieses Prinzip auf Fauna und Flora. Den Konkurrenzkampf um knappe Ressourcen begreift er weniger als selbstzerstörerische Kraft denn als Motor der naturgeschichtlichen Entwicklung.
Den Anlass zur Veröffentlichung bildet ein Manuskript, das Darwin im Juni 1858 erhält und das seine Überzeugungen in vollem Umfang teilt. Dessen Autor, Alfred Russel Wallace, betreibt als Autodidakt naturwissenschaftliche Studien. Unter dem Eindruck der Lektüre beginnt Darwin seine Skizzen über die Entstehung der Arten in Buchform zu bringen.

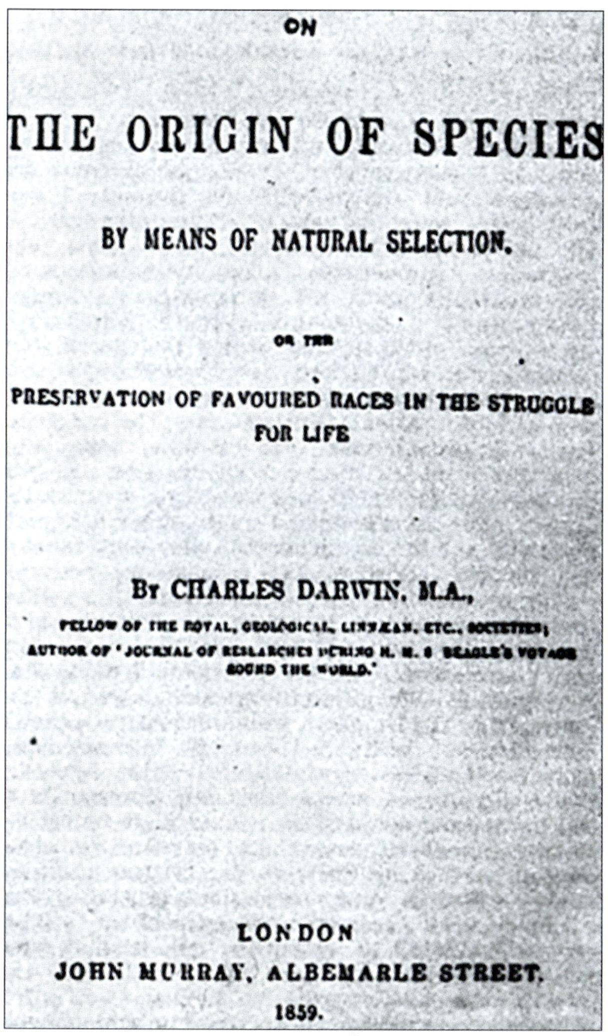
ON

THE ORIGIN OF SPECIES

BY MEANS OF NATURAL SELECTION,

OR THE

PRESERVATION OF FAVOURED RACES IN THE STRUGGLE FOR LIFE

BY CHARLES DARWIN, M.A.,

FELLOW OF THE ROYAL, GEOLOGICAL, LINNÆAN, ETC., SOCIETIES;
AUTHOR OF 'JOURNAL OF RESEARCHES DURING H. M. S. BEAGLE'S VOYAGE ROUND THE WORLD.'

LONDON
JOHN MURRAY, ALBEMARLE STREET.
1859.

Titelseite der Original-Ausgabe von »Über die Entstehung der Arten durch natürliche Zuchtwahl«

Im Fokus

Die Grundgesetze der Evolution

Das theoretische Hauptwerk von Charles Darwin, »Über die Entstehung der Arten durch natürliche Zuchtwahl«, führt zwei ganz zentrale, eng miteinander verbundene Einsichten aus. Dies ist zunächst die allgemeine Abstammungslehre oder Deszendenztheorie, derzufolge alles organische Leben auf der Erde das Resultat einer stammesgeschichtlichen, evolutionären Entwicklung aus primitiven Anfängen ist. Die zweite wesentliche Erkenntnis des Darwinismus handelt von den Gesetzmäßigkeiten dieser evolutionären Ausdifferenzierung des Lebens. Es ist die Entdeckung des Prinzips vom »survival of the fittest« (Überleben des Stärkeren), des Gesetzes der natürlichen Auslese oder auch Zuchtwahl nach Maßgabe vielschichtiger Umweltfaktoren.

Die Blaufuß-Tölpel der Galápagosinseln unterscheiden sich von ihren Artgenossen in anderen Erdteilen.

Zu diesen Überzeugungen gelangt Darwin auf seiner Forschungsfahrt mit dem Schiff »Beagle«, die ihn auf entlegene ozeanische Archipele wie die Galápagosinseln führte, auf denen sich der Prozess der Artbildung besonders leicht studieren lässt. Artbildung werde begünstigt, wenn die einzelnen Inseln eines Archipels so weit auseinander liegen, dass eine Neubesiedlung zwar möglich sei, zugleich aber ein seltener Ausnahmefall bleibe. Nach der Erstbesiedlung durch eine Tier- oder Pflanzenart und ihre anschließende Ausbreitung entstehen voneinander getrennte Populationen, die auf Dauer genetisch voneinander abweichen. So lassen die 14 Arten von Galápagos-Schildkröten charakteristische Merkmale im Bau des Panzers erkennen, die Folge einer Anpassung an das jeweilige Nahrungsangebot ist.
Der Fachbegriff für diesen Prozess der Artbildung lautet adaptive Radiation. Sie bezeichnet die Auseinanderentwicklung von Arten aus gemeinsamen Vorfahren entweder zum Zweck einer optimalen Ausnutzung vorhandener ökologischer Nischen oder zur Reduzierung der zwischenartlichen Konkurrenz. Mit der ökologischen Nische ist dabei weniger ein Ort als vielmehr eine Rolle im vorhandenen Ökosystem gemeint. Sie ist ein Ensemble von verhaltensspezifischen Möglichkeiten und vorgegebenen Umweltbedingungen. Der Motor der adaptiven Radiation ist das »survival of the fittest«: Die für die jeweiligen Umweltbedingungen am besten geeigneten Tiere pflanzen sich erfolgreicher fort (natürliche Selektion). Erschließen sie dabei auch neue ökologische Nischen, kann dies der Beginn einer Artbildung sein.
Darwins Lehre hat im ausgehenden 19. Jh. und beginnenden 20. Jh. als »Sozialdarwinismus« unrühmliche Karriere gemacht. Durch die Übertragung des Prinzips vom »survival of the fittest« auf die Gesellschaft sowie die Verherrlichung des vermeintlichen »Rechts des Stärkeren« legten Ideologen und Kulturpessimisten den Grundstein u.a. für die Weltanschauung des Nationalsozialismus.

Charles Robert Darwin

Von Kindheit an beschäftigte sich der am 12. Februar 1809 im englischen Shrewsbury geborene Sohn eines Arztes mit den Naturwissenschaften. Während seines Theologiestudiums in Cambridge intensivierte er seine naturwissenschaftlichen Studien. Auf Vermittlung seines Professors unternahm Darwin zwischen 1831 und 1836 eine Weltreise als naturwissenschaftlicher Beobachter auf dem Forschungs- und Vermessungsschiff »Beagle«. Nach der Rückkehr ließ er sich als Wissenschaftler in London nieder, wo er zwischen 1838 und 1841 als Sekretär der Geologischen Gesellschaft arbeitete. Seine im Verlaufe der Reise entstandenen Zweifel an der Lehre von der Unveränderlichkeit der Arten brachte der Forscher zunächst in London, ab 1842 im südlich davon gelegenen Down, Grafschaft Kent, zu Papier. Erst 1859 veröffentlichte Darwin sein Lebenswerk »Über die Entstehung der Arten durch natürliche Zuchtwahl«. Seine Selektionstheorie führte zu heftigen Kontroversen. Darwin, der sich nach 1859 vorwiegend mit botanischen Forschungen befasste, starb am 19. April 1882 in Down.

Um 55 Mio. Ein guter Läufer ist der Paarhufer (Artiodactyla) **Diacodexis**. Das in Europa, Asien und Nordamerika beheimatete Säugetier, das als älteste Gattung der Artiodactyla gilt, erreicht nur die Größe eines Kaninchens. Diacodexis besitzt lang gestreckte Gliedmaßen, von denen die hinteren beträchtlich länger als die vorderen sind. Wie gegenwärtig lebende Paarhufer stützt sich der kleine Säuger beim Laufen auf dem dritten und vierten Zeh ab. Im Gegensatz zu allen anderen bekannten Artiodactyla sind die Füße von Diacodexis jedoch noch fünfzehig ausgebildet.

Während des Eozäns kommt es in Mitteleuropa zu verstärkten tektonischen Vorgängen. Als Auslöser gilt der Auffaltungsprozess der Alpen. Die tektonische Unruhe löst im Gebiet der heutigen Grube Messel in Hessen an einer Schwächezone starken Vulkanismus aus, der schließlich zum Auswurf von Magma und zur Bildung eines Trichters führt. Der Krater füllt sich in der Folgezeit mit Süßwasser: Der **Messeler See** entsteht, eine der bedeutendsten Fossilienlagerstätten des Eozäns.

Zu den größeren Raubtieren im Paläozän und Eozän gehören die Säugetiere der Gruppe Mesonychia. Eine bekannte Gattung der zu den Huftieren (Ungulata) zählenden Säuger ist **Hapalodectes**. Der Kiefer des wahrscheinlich sowohl tierische als auch pflanzliche Nahrung fressenden Tieres weist eine Reihe stumpfer Backenzähne auf. Die Eckzähne des oberen und unteren Kiefers sind stark verlängert und zeigen raubtierartige Züge. Da der Schädel von Hapalodectes große Ähnlichkeiten mit den Schädeln eozäner Wale aufweist, vermuten einige Forscher eine Verwandtschaft zwischen beiden Säugetiergruppen.

Im unteren Eozän herrschen im heutigen Europa **subtropische Klimaverhältnisse**. In den Sommermonaten steigen die Temperaturen auf fast 40 °C an, im Winter sinken sie selten unter 20 °C. Auch andere Erdregionen werden vom feuchten Klima bestimmt. So dehnen sich die feuchtwarmen Klimagürtel bis zu den Polregionen aus. Die milden Temperaturen begünstigen die Ausbreitung Wärme liebender Pflanzen und Tiere. Dichte Wälder bedecken die Polregionen, in den Gewässern tummeln sich Krokodile.

Um 55–33,7 Mio.

Flugfähige Säugetiere: Erste Fledermäuse in Nordamerika

Im unteren Eozän tritt mit Icaronycteris die erste bekannte Fledermaus in Nordamerika in Erscheinung. Sie ist die früheste Vertreterin der Fledertiere, der einzigen Gruppe von Säugetieren, die den aktiven Flug erlernen. Bei einer Flügelspannweite von knapp 40 cm ist Icaronycteris etwa 14 cm lang. In ihrer äußeren Erscheinung gleicht sie den heute lebenden Fledermäusen. Zu den primitiven Merkmalen zählen das Gebiss, das stark demjenigen der Insektenfresser ähnelt, der lange Schwanz, die gedrungenen Flügel und eine zweite Kralle am ersten Finger, die in der weiteren Entwicklung zurückgebildet wird. Hinsichtlich ihrer Biologie entspricht Icaronycteris nahezu vollkommen den heutigen Formen. Sie fängt Insekten im Flug und ruht kopfüber in der für Fledermäuse charakteristischen Ruhestellung. Spätestens ab dem mittleren Eozän treten eng verwandte Formen auch in Mitteleuropa auf. Zu den besterhaltenen Exemplaren zählen jene aus der Grube Messel (s. Abb.), die sich zum Teil einschließlich ihrer Flughäute erhalten haben.

Die Fledertiere werden heute in die beiden großen Gruppen der Fledermäuse und der Flughunde unterteilt. Bei den mehrere 100 Arten umfassenden Fledermäusen handelt es sich überwiegend um nachtaktive Insektenfresser. Flughunde sind mit max. 1,4 m Spannweite zumeist größer, tagaktiv und reine Fruchtfresser.

Um 55–50 Mio.

Fundgrube des Eozäns

Mit der Grube Messel bildet sich nordöstlich von Darmstadt eine der weltweit bedeutendsten Fossilienlagerstätten des Eozäns. Neben den Hölzern, Blättern, Samen und Früchten diverser Florenvertreter fossilisieren über 100 Wirbeltierarten, darunter die berühmten Ur-Pferde und 40 weitere Arten von Säugern. Dank der außergewöhnlichen Vielfalt und Qualität der Funde bietet die Grube

Die Grabungstätigkeiten in der Grube Messel (hier im Ölschiefer des Eozäns) dauern bis heute an.

Um 55–33,7 Mio.

Meeressäuger auf dem Weg zur modernen Form: Stromlinienförmige Vertreter der Wale

Im Eozän vollzieht sich bei den Walen die Entwicklung von den frühen, viergliedrigen, entfernt an Seehunde erinnernden Urformen zu den vergleichsweise modernen, stromlinienförmigen Vertretern. Zu Ersteren zählt der etwa 1,8 m lange Pakicetus aus dem unteren Eozän (s. Abb. l.), zu den Letzteren der nordamerikanische Basilosaurus aus dem oberen Eozän (Abb. r.: Abguss eines Basilosaurus-Schädels).

Der Ursprung der Wale liegt nach derzeitigem Kenntnisstand bei den frühen Artiodactylen, einer Gruppe früher Huftiere. Aus diesem Kreis geht im unteren Eozän der etwa drei Meter lange »Laufwal« Ambulocetus hervor, der die Übergangszone zwischen Wasser und Land bewohnt. Der erste vollständig an das Leben im Wasser angepasste Wal ist Pakicetus, der noch deutlich sichtbare Hinterbeine und einen spitz auslaufenden Schwanz hat. Bei dem 2,5 m langen Protocetus, der im mittleren Eozän das Mittelmeer bewohnt, sind die Hinterbeine bereits extrem zurückgebildet und ohne Funktion, dafür hat er die waagerechte Fluke (Schwanzflosse) ausgebildet. Bei dem sechs

Meter langen Zygorhiza und dem annähernd 18 m großen Basilosaurus sind die Hinterbeine verschwunden.

Paläontologen einen einzigartigen Überblick über den mitteleuropäischen Floren- und Faunenreichtum im unteren Eozän.

Der Messeler Raum befindet sich in dieser Phase etwa auf der Höhe des heutigen Sardinien. Das Klima ist tropisch-subtropisch ohne merkliche jahreszeitliche Wechsel. Dichte Regenwälder werden von trägen Urwaldflüssen durchkreuzt. Zwei dieser Flussläufe münden in den Messeler See. Den heutigen Fossilienreichtum verdankt die Grube dem Umstand, dass dieser Süßwassersee im Eozän extrem lebensfeindlich ist: Das feuchtheiße Klima lässt immense Mengen von Algen gedeihen, die nach ihrem Absterben auf den Grund sinken und den Sauerstoff in tieferen Wasserschichten vollständig absorbieren. Tiere, die in dieses Milieu geraten, ersticken sofort. Häufig sind es Fische, die aus umgebenden Flüssen eingeschwommen sind. Aber auch Pflanzenteile und Tierkadaver, die in den See gelangen, werden nicht weiter abgebaut.

Die Fossilisation wird durch einen zweiten Umstand begünstigt. Die einmündenden Urwaldflüsse spülen jedes Jahr während der Regenzeit feine Tone in den See. Dadurch wird auf jede Schicht aus Algen und Kadavern immer wieder eine Tonlage eingebracht, die für die Erhaltung von entscheidender Bedeutung ist. Nur beiden Faktoren gemeinsam ist es zu verdanken, dass in dem sauerstoffarmen Faulschlamm das Federkleid von Vögeln, die feinsten Flughäute von Fledermäusen und selbst Säugetiere mit Fell und Mageninhalt erhalten bleiben.

Süßwasserbewohner: Flussbarsch Palaeoperca

Einer der berühmtesten Funde der Grube Messel: das Große Ur-Pferd Propalaeotherium hassiacum

Obgleich Fische im Messeler See nur zum Teil einem Massensterben zum Opfer fallen, zählen sie zu den häufigsten Funden. Vertreten sind Schlammfisch und Knochenhecht, Wolfs- und Flussbarsch. Als Süßwasserfische, die auch im Eozän Nordamerikas nachgewiesen sind, liefern sie ein wichtiges Indiz für die Existenz einer Landbrücke zwischen beiden Kontinenten. Äußerst vielfältig ist die Messeler Vogelfauna. Zu den mehr als 50 belegten Arten zählen frühe Verwandte der Strauße, Flamingos, Eulen, Spechte, Rallen, Segler sowie der Greif- und Hühnervögel. Der größte Landbewohner des Messeler Dschungels ist der flugunfähige Diatryma. Das etwa 1,5 m große Tier ernährt sich mit seinem kräftigen, gebogenen Raubvogelschnabel u.a. von kleineren Säugern. Reich vertreten sind die Krokodile, es kommen aber auch Land- und Wasserschildkröten, waran- und leguanartige Echsen, Schlangen, Blindschleichen und Lurche vor.

Von großer Bedeutung sind die verschiedenen Säugetierfossilien. Zu den berühmtesten Funden zählen die Messeler Ur-Pferdchen. Durch die Untersuchung des Mageninhalts konnte bewiesen werden, dass sie sich vor allem von Laub, Früchten und Beeren ernähren. Mit je vier bzw. drei Hufen an den Vorder- und Hinterbeinen sind sie hervorragend an das Leben in sumpfigem Gelände angepasst. Im Vergleich zu den heutigen Pferden sind es Zwerge. Das Kleine Messeler Ur-Pferd hat eine Schulterhöhe von 35 cm, das Große von 50 cm. Die am häufigsten vertretenen Säuger sind die Fledermäuse. Sie teilen ihren Lebensraum mit Beutelratten, frühen Insektenfressern, Nagetieren, Urschweinen, Tapiren, Halbaffen der Spezies Europolemur koenigswaldi und seltenen wieselgroßen Raubtieren. Zu den auffälligsten Insekten zählen verschiedene Prachtkäfer und geflügelte Ameisen mit bis zu 15 cm Länge.

Um 55 Mio. In den Meeresgewässern des indischen Subkontinents schwimmen die ersten Wale (Cetacea). Als ältester Beleg der Wassersäuger gilt ein 24 cm langes Zahnfragment, das Wissenschaftler in Meeresablagerungen des unteren Eozäns an den südlichen Ausläufern des Himalaja im indischen Bundesstaat Himachal Pradesh fanden. Die Gattung erhielt den Namen **Himalayacetus subathuensis**. Uneins ist sich die Forschung, welcher Gruppe – den Pakicetidae oder den Ambulocetidae – der frühe Wal zuzurechnen ist. Als sicher gilt mittlerweile, dass die Wale von urtümlichen Huftieren abstammen.

Kleine Formen entwickelt die in Nordamerika beheimatete Raubtier-Gruppe **Oxyanidae**. Die lang gestreckten Tiere, deren Körper von relativ kurzen Gliedmaßen getragen werden, ernähren sich von Insekten, vielleicht auch von anderen kleinen Säugetieren. Das Gebiss der katzen- oder marderähnlichen Säuger zeigt bereits raubtierähnliche Züge. So sitzen in den Kiefern verlängerte Eckzähne und zu Brechscheren umgewandelte Backenzähne, mit denen die Beute zerbissen wird. An den Zehen der langschwänzigen Oxyanidae sitzen klauenförmige Endglieder.

Im Südwesten Europas kommt es im Eozän kurzfristig zur Überflutung der **Pyrenäenstraße**. Sie hatte sich durch tektonische Prozesse und den Rückzug des Meeres an der Wende von der Kreide zum Tertiär geschlossen. Die Flutung des Gebietes ist aber nur von kurzer Dauer. Bereits im Oligozän unterbricht die Auffaltung der Gebirge den Meeresarm endgültig.

Zahlreiche Primatenarten bringt die Gruppe der **Omomyidae** hervor. Fossile Reste der kleinen Säuger fanden Wissenschaftler in Europa, Asien und Nordamerika. Dort sind allein 20 verschiedene Arten belegt. Kennzeichen aller Omomyidae ist das geringe Körpergewicht. Die baumbewohnenden Tiere wiegen nur maximal 500 g. Wie alle Primaten besitzen die Omomyidae verlängerte Zehenglieder, mit denen sie sich an Ästen entlanghangeln. Der lange Schwanz dient zur Balance. Als heutige Verwandte der Omomyidae gelten auf den Philippinen und den Sundainseln lebende Halbaffen, die Koboldmakis.

Um 55–50 Mio.

Verblüffende Verwandtschaft: Spitzmäuse sind Insektenfresser

Im oberen Eozän treten die ersten Spitzmäuse auf. Sie zählen verwandtschaftlich allerdings nicht zu den Mäusen, sondern zu den Insektenfressern, einer Gruppe überwiegend nachtaktiver und in mehrerlei Hinsicht primitiver Säugetiere, die sich vorwiegend von Wirbellosen wie Würmern, Spinnen und Insekten ernährt. Vertreten wird diese Gruppe heute außer von den Spitzmäusen (Abb.: Waldspitzmaus) durch die Maulwürfe und Igel sowie die selteneren Schlitzrüssler, Tanreks und Mulle.

Eine deutliche Ähnlichkeit mit heutigen Spitzmäusen lässt der nordamerikanische Insektenfresser Palaeoryctes erkennen. Das rund zwölf Zentimeter lange Tier ist allerdings etwas schlanker und länger gestreckt. Palaeoryctes ernährt sich überwiegend von Käfern und Raupen, verschmäht aber auch kleinere Wirbeltiere nicht. Die frühen Spitzmausverwandten sind im unteren Eozän so stark verbreitet, dass ihre Entstehung möglicherweise auf das obere Paläozän datiert. Von den Mäusen unterscheiden sich die Spitzmäuse u. a. durch die typische rüsselartige Schnauze und durch die spitzen kleinen Zähne, die nicht für das Nagen, sondern für das Öffnen von Chitinpanzern geeignet sind. Die Spitzmäuse bilden heute mit weit über 200 Arten die größte und erfolgreichste Gruppe der Insektenfresser. Als äußerst aggressive Jäger überfallen sie zum Teil auch Beutetiere, die sie selbst an Größe übertreffen.

Um 55–50 Mio.

Condylarthra – Vorläufer aller Paarhufer, Unpaarhufer und Wale

In verschiedenen Erdregionen, vor allem aber in Europa und Nordamerika stellen die Ur-Huftiere oder Condylarthra einen wesentlichen Anteil der Säugetierfauna (Abb.: Skelett eines Messelobunodon schäferi aus der Grube Messel). Evolutionsgeschichtlich gehen aus dieser Stammgruppe, deren Ursprünge sich mindestens bis in das Paläozän (65,5–55 Mio.) zurückverfolgen lassen, sowohl die Paarhufer und Unpaarhufer als auch die Wale hervor. Ein Gemeinschaftsmerkmal aller Condylarthra ist, dass sie mit ihrer gesamten Fußsohle auftreten und dass die jeweils fünf Finger ihrer Vorder- und Hinterbeine in Krallen oder Hufen münden. Ihr häufigster Vertreter in Nordamerika und Europa ist Phenacodus, der etwa die Größe eines Kleinbären erreicht.

Um 55–33,7 Mio.

Frühe Rüsseltiere bevölkern die Erde

Im unteren Eozän bildet sich unter den Säugetieren die neue Stammeslinie der Rüsseltiere heraus, die vermutlich aus den primitiven Ur-Huftieren hervorgehen. Ihr frühester Vertreter ist das von Südostasien bis Ägypten verbreitete Moeritherium. Mit seinen bekanntesten Nachfahren, den Mammuten und Elefanten, hat das Moeritherium noch wenig gemein. Von seiner Gestalt her erinnert es eher noch an einen gestreckten Tapir, wird aber nur maximal 60 cm hoch. Es trägt noch keinen echten Rüssel, eher eine breite und verdickte Oberlippe. Zwei Schneidezähne sind ansatzweise als Stoßzähne entwickelt, im Vergleich zu späteren Formen jedoch unscheinbar. Seine Lebensweise ähnelt der eines Wildschweins. Das Moeritherium bevorzugt feuchte Wälder und Sümpfe, hält sich aber auch gern in den Flachwasserzonen von Flüssen und Seen auf. Angepasst an diese Lebensweise liegen die Augen sehr hoch am Kopf. So kann es selbst dann noch seine Umgebung beobachten, wenn der Körper fast vollständig im Wasser liegt.

Moeritherium lyonsi zählt zwar zu den Rüsseltieren, besitzt aber einen eher lang gestreckten Körperbau.

Obgleich Moeritherium das älteste bekannte Rüsseltier ist, bildet es im Stammbaum der Elefanten nur einen Seitenzweig. Eine Ahnenrolle kommt eher der Phiomia zu, einem anderen Rüsseltier, das sich im oberen Eozän (41,3–33,7 Mio.) unabhängig von seinem fernen Verwandten entwickelt. Phiomia lebt ebenfalls in Ägypten. Sie ist eine Waldbewohnerin, die mit dem Moeritherium in keinerlei Nahrungskonkurrenz gerät. Das 2,5 m hohe Tier lässt schon deutlich die Gestalt späterer Elefanten erkennen. Zwar sind der Rüssel und die Stoßzähne noch erheblich kleiner, doch erinnern die Größe, die säulenhaften Beine und das Rückenprofil bereits an seine heute lebenden Verwandten.

Aus dieser Stammeslinie geht im Oligozän (33,7–23,8 Mio.) das Gomphotherium hervor, der bedeutendste Vertreter der Gomphotheriiden, die vor dem Auftreten der eigentlichen Elephantidae im frühen Pliozän (5,32–1,81 Mio.) die dominierenden Großsäuger stellen. Gomphotherium ist rund drei Meter hoch und außerordentlich weit verbreitet. Es kommt in Nordamerika, Europa, Afrika und Asien vor. Rüssel und Stoßzähne sind bereits elefantenartig.

Um 55–33,7 Mio.

Weltmeere dehnen sich aus

Durch die Spreizung der Ozeanböden (aus untermeerischen Spalten tritt Magma aus, das sich abkühlt und neue Erdkruste bildet) dehnen sich die Weltmeere weiter aus, sodass sie annähernd ihren heutigen Umfang erreichen. Es gibt jedoch noch keine direkte Verbindung zwischen dem Nordatlantik und dem Nordpolarmeer. Getrennt werden sie durch die Thule-Landbrücke, eine im hohen Norden gelegene Verbindung zwischen Nordamerika und Laurentia. Außerdem ist der Nordatlantik noch um einiges schmaler, da Grönland vor der nordamerikanischen Ostküste liegt.

Um 55–33,7 Mio.

Neue Einzeller bilden sich

Im Eozän treten mit den Discoasterineae und den Euglenineae zwei neue Gruppen der Einzeller in Erscheinung. Bei Ersteren handelt es sich um reine Meeresbewohner, die fast immer mit Coccolithophoriden (siehe S. 242) vergesellschaftet sind, d.h. eine Lebensgemeinschaft bilden. Die kalkigen Gehäuse dieser zum Ende des Tertiärs wieder aussterbenden Gruppe sind scheiben- bis sternförmig, wobei drei- bis neunstrahlige Variationen möglich sind. Die Euglenineae bilden unterschiedlich stark skulpturierte Kalkgehäuse aus. Es sind reine Süßwasserformen, die auch heute noch mit mehreren Arten vertreten sind.

Um 55–33,7 Mio.

Vorformen heutiger Pferde, Tapire und Nashörner

Die Unpaarhufer erleben zu Beginn des Eozäns eine beschleunigte Evolution, aus der sich die drei großen Stammeslinien der Hippomorpha, Ancylopoda (siehe S. 282) und Ceratomorpha entwickeln. Bis heute werden diese Stammformen durch die Pferde, Tapire und Nashörner vertreten. Zu den Hippomorpha zählen die Pferdeartigen und die relativ kurzlebigen Brontotheriiden. Letztere gehen aus dem Eotitanops, einem kleinen, gedrungenen Blattfresser des unteren Eozäns hervor, bilden aber im weiteren Eozän und vor allem im Oligozän (33,7–23,8 Mio.) eine Reihe mächtiger Formen aus. In ihrer Gestalt erinnern Brontotheriiden stark an Nashörner, im Unterschied zu diesen tragen sie teilweise grotesk aussehende, schaufel- bis knopfartige oder auch doppelte Hörner. Im ausgehenden Oligozän werden sie mit der Ausbreitung offener Graslandschaften von den Nashörnern verdrängt.

Die Entwicklung der Pferdeartigen beginnt im unteren Eozän mit dem Hyracotherium, das von Nordamerika über Europa bis nach Asien verbreitet ist. Der mutmaßliche Urahn der späteren Pferde, Zebras (s. Abb.) und Esel ist mit einer Länge von 60 cm und einer Schulterhöhe von 20 cm winzig. Die für spätere Pferde typische Reduktion der Zehen steht noch am Beginn. Hyracotherium hat an den Vorderbeinen vier, an den Hinterbeinen drei Zehen. Die an eine schnelle Fortbewegung angepasste Körperform lässt bereits die Gestalt späterer Pferde erkennen. Das Hyracotherium teilt seinen Lebensraum mit dem Hyrachyus, der auf der gesamten Nordhalbkugel verbreitet ist. Aus Variationen des Hyrachyus, dessen Körpergrößen zwischen der eines Fuchses und der eines modernen Tapirs schwanken, gehen sowohl die eigentlichen Nashörner wie die Ancylopoda hervor – ein ursprünglich größerer Formenkreis, der heute nur noch durch die Tapire vertreten ist.

Um 55 Mio. Erstmals schwimmen in den warmen Gewässern des Eozäns **Seekühe** (Sirenia). Als älteste Belege dieser Säugetiere gelten fossile Reste, die in Schichten des Untereozäns in Ungarn gefunden wurden. Die den Walen ähnelnden Tiere leben vor allem in küstennahen Regionen, wo sie sich ausschließlich von Pflanzen ernähren. Wie ihre heute lebenden Verwandten, von denen es auf der Erde nur noch vier Arten gibt, kennzeichnet die frühen Seekühe ein spindelförmiger Körper sowie zu Paddeln umgeformte vordere Extremitäten. Die hinteren Gliedmaßen sind vollständig zurückgebildet. Das Körperende bildet eine waagerechte Fluke (Schwanzflosse), die als »Ruder« benutzt wird.

Zu den weit verbreiteten Kammerlingen (Foraminiferen) gehört die zur Gruppe Soritidae zählende Gattung **Orbitolites**. Wie alle Foraminiferen schützt Orbitolites eine in viele Kammern unterteilte Kalkschale. Das Gehäuse des primitiven marinen Lebewesens ist spiralförmig aufgebaut. Wegen seiner Häufigkeit und weiten Verbreitung gilt Orbitolites als ein wichtiges Leitfossil des Alttertiärs.

Ein Vorläufer der Unpaarhufer (Perissodactyla) ist die zu den Phenacodontidae zählende Gattung **Phenacodus**. Erste Nachweise des Säugetiers stammen aus dem oberen Paläozän, doch auch im unteren Eozän ist Phenacodus verbreitet. Das Pflanzen fressende Urhuftier besitzt einen lang gestreckten Körper, der von relativ kurzen Gliedmaßen getragen wird. An den Füßen sitzen im Gegensatz zu heutigen vierzehigen Huftieren noch fünfgliedrige Zehen mit kleinen Hufen. Beim Laufen stützt Phenacodus das Körpergewicht auf den Zehen ab (Zehengang).

Um 55–33,7 Mio.

Gefiederte Exoten

Wie kaum eine andere Gruppe der Wirbeltiere erfahren die Vögel im Eozän eine schnelle Modifikation ihrer Biologie, aus der eine erstaunliche Vielfalt moderner Arten hervorgeht. Viele wichtige Erkenntnisse über die frühtertiäre Vogelwelt liefern die Funde in den Ölschiefern der Grube Messel (siehe S. 274) in Hessen, eine zweite wichtige Lagerstätte ist die Green-River-Formation im nordamerikanischen Wyoming.

Die Erforschung der Messeler Funde ist bis heute noch nicht abgeschlossen, doch lassen die rund 600 bislang geborgenen Fossilien von etwa 50 verschiedenen Vogelarten bereits einige bemerkenswerte Erkenntnisse zu. So zeigen die Funde etwa, dass im Eozän in Mitteleuropa einige exotische Vögel zu finden sind, darunter verschiedene Vertreter der Ziegenmelkerartigen. Diese Vögel, die auch als Caprimulgiformes oder Nachtschwalben bezeichnet werden, sind sowohl mit den heutigen Eulenschwalmen als auch mit einer zweiten, inzwischen ausgestorbenen Formengruppe vertreten, die den heutigen Tagschläfern nahe steht. Zum Kreis der Exoten zählen auch die im Tertiär sehr formenreichen Mausvögel oder Coliiformes. Diese sperlings- bis starengroßen Vögel sind gegenwärtig mit nur noch sechs Arten ausschließlich in Afrika, südlich der Sahara, heimisch. Schließlich sind in Messel primitive Papageien wie Psittacopes lepidus belegt, die sich von ihren Nachfahren u.a. durch die Form des Schnabels unterscheiden. Diese archaischen Psittaciformes kommen zur gleichen Zeit auch in England vor.

Fossilien von Spechtartigen sind in der Grube Messel zuhauf gefunden worden.

Zu den häufigsten Vögeln in Messel zählen die Piciformes oder Spechtartigen. Sie gehören der heute ausgestorbenen Gruppe der Primoscenidae an. Formenreich sind die Rackenvögel vertreten, zu denen recht unterschiedliche, meist äußerlich auffällige Vogelfamilien wie die Eis- und Nashornvögel zählen. Zu den häufigsten Rackenvögeln in Mitteleuropa gehören frühe Verwandte der heutigen Wiedehopfe, die allerdings nur etwa die Größe eines Kolibris erreichen.

Der zweifellos auffälligste Vertreter der Vogelwelt des Alttertiärs ist der flugunfähige Riesenvogel Diatryma, der in vielen Regionen Europas und Nordamerikas belegt ist und der eine Größe von rund 1,5 m erreicht. Er verfügt über kräftige Beine und mächtige Krallen an den Füßen sowie einen auffälligen, hakenförmigen Schnabel, der an seinem bis zu 40 cm langen Kopf sitzt. Trotz seiner Größe hat Diatryma ein eher niedriges Körpergewicht. Wie bei allen Vögeln ist sein Skelett durch Hohlknochen und ein ausgedehntes Luftsacksystem auf Gewichtsminimierung ausgelegt. Vermutlich besitzt der flinke Laufvogel daher einen Wettbewerbsvorteil gegenüber den zu dieser Zeit noch kleinwüchsigen Fleisch fressenden Säugetieren und besetzt die ökologische Nische, welche die Raubdinosaurier hinterlassen haben. Von seiner Gefährlichkeit zeugt der Name »Schreckenskranich«. Ob Diatryma allerdings tatsächlich zu den Raubvögeln zählt oder seinen kräftigen Schnabel eher zum Aufbrechen von Nüssen und Früchten einsetzt, ist ungeklärt.

Ein Gigant unter den Bodenläufern: Diatryma

Um 55–33,7 Mio.

Halbaffen als Herrentiere

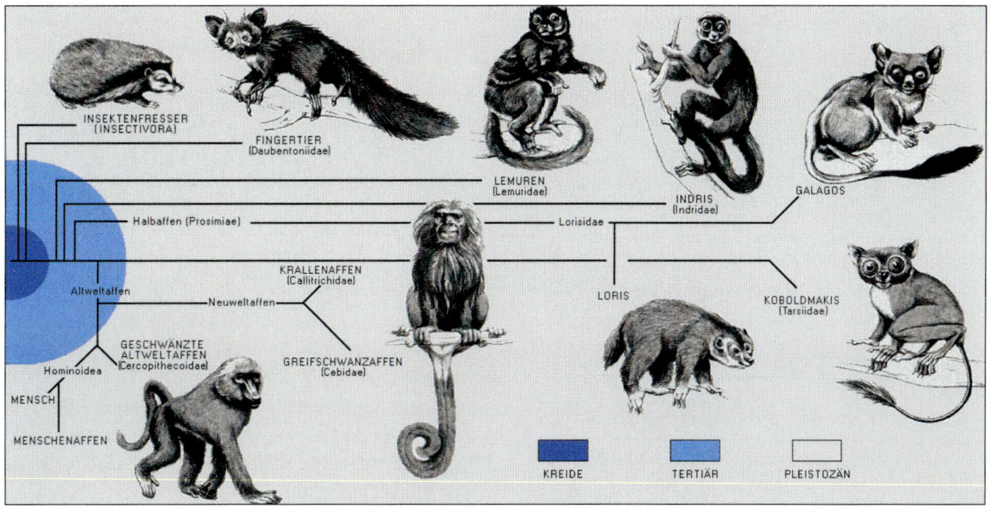

Sowohl in der Neuen wie in der Alten Welt entwickeln sich im Eozän neue Familien der Halbaffen oder Prosimii. Sie sind die frühesten Vertreter der Primaten oder Herrentiere und zugleich die ältesten Verwandten der heutigen Lemuren, Indris, Loris und Makis (Abb. o.: rekonstruierte Verwandtschaftsbeziehungen heutiger Primaten).
Die frühen Halbaffen entwickeln sich in bewaldeten Lebensräumen. Stammesgeschichtlich gehen sie vermutlich aus einer Gruppe spitzmausähnlicher Insektenfresser hervor (siehe S. 256), wobei die Grenzen zwischen beiden Gruppen fließend sind. Im Gegensatz zu ihren evolutionären Vorfahren zeigen die Prosimii jedoch einige typische Merkmale der Primaten. Dazu zählt vor allem eine deutliche Verfeinerung der Sinne, die von einer Vergrößerung der Gehirnkapazitäten begleitet wird. Betroffen sind vor allem der Gleichgewichts- und der Tast- sowie der Gesichtssinn, bei dem sich die Fähigkeit zum räumlichen und farblichen Sehen stärker herausbildet.
Zu den frühesten Vertretern der Halbaffen zählen die Plesiadapidae, die sich bereits seit dem oberen Paläozän von Nordamerika bis nach Europa nachweisen lassen. Ihre langen und beweglichen Gliedmaßen zeigen schon die für viele Primaten typischen Proportionen, der äußerst schlanke Rumpf erinnert hingegen noch stärker an Hörnchen (Abb. u.: fossilisierte Hinterbeine und Becken eines Halbaffen aus der Grube Messel). Auch die gestreckte Schnauze mit dem Nagergebiss weist die Plesiadapidae als Übergangsformen aus. Neu im Eozän sind die Adapidae, die in der Entwicklung zu den modernen Halbaffen eine wichtige Etappe markieren. Ihr Gehirn ist überproportional weiterentwickelt, die Schnauze kürzer, anatomische Ver-

änderungen sowohl im Rücken als auch in den Füßen und Händen deuten auf eine verbesserte Anpassung an das Leben auf Bäumen hin. Während sich ihr Vorkommen auf Nordamerika beschränkt, sind die im mittleren Eozän in Erscheinung tretenden Lemuridae nicht nur dort, sondern auch in Europa und Afrika belegt. Ihre heutigen Nachfahren wie z.B. die Lemuren kommen ausschließlich auf Madagaskar vor. Die Omomyidae sind die ersten Vertreter der Koboldmakis. Diese Tiere wurden früher eindeutig zu den Halbaffen gestellt, werden aber in neueren Systematiken gelegentlich auch den echten Affen zugeordnet, da sie Merkmale beider Gruppen zeigen. Ihre Nachkommen leben heute lediglich in einigen Wäldern Südostasiens.

Um 55–33,7 Mio.

Nager mit Biss: Die erfolgreichste Säugetiergruppe der Erdgeschichte formiert sich

Aus Insektenfressern entwickeln sich die ersten Nagetiere (Abb.: Microparamys parvus). Sie sind die frühesten Vertreter der heute mit Abstand erfolgreichsten Säugetiergruppe, der annähernd die Hälfte aller bekannten Säugerarten angehören.
Die Nager bilden eine außerordentlich formenreiche Gruppe, deren gemeinsames Merkmal es ist, dass ihre je zwei Schneidezähne in Ober- und Unterkiefer ein Leben lang nachwachsen. Die meisten Vertreter sind nachtaktiv und von geringer Körpergröße. Die Bandbreite reicht von der nur fünf Gramm wiegenden Zwergmaus bis zu dem 1,3 m langen Wasserschwein, dem mit Abstand größten Nagetier.

Noch im Eozän erleben die Nager eine rasante Evolution, in deren Verlauf sich einige der wichtigsten Formengruppen herausbilden, darunter die der Mäuse-, der Stachelschwein- und der Hörnchenartigen. Zu Letzteren zählt das bis zu 60 cm lange Ischyromys aus dem unteren Eozän. Die nordamerikanische Ischyromys weist in Körperbau und Gebiss bereits verschiedene typische Merkmale der Nager auf und ist, wie viele ihrer Nachfahren, an das Leben auf Bäumen angepasst. Ein in Asien lebender Zeitgenosse der Ischyromys ist Birbalomys. Dieses nur etwa 30 cm lange Nagetier ist vermutlich die Stammform aller Stachelschweinartigen, zu denen neben den Stachel- und Wasserschweinen u.a. die Meerschweinchen und Chinchillas zählen. Die größte Verbreitung erlebt diese Gruppe der Nagetiere in Südamerika.

Um 55–33,7 Mio.

Neuartige Meeresschnecken

Bei den Meeresschnecken aus der Gruppe der Hinterkiemer treten zahlreiche neue Formen in Erscheinung. Dies betrifft u.a. die Saccoglossa, die umgangssprachlich auch als Sack- oder Schlauchzüngler bezeichnet werden, da sie die verbrauchten Zähne ihrer primitiven Radula (Reibeplatte) in einem Sack aufnehmen, der mit zunehmenden Alter immer länger wird. Neue Formen treten auch bei den urtümlichen Notapsidea auf, einer Gruppe von Meeresschnecken mit einem extrem flachschaligen Gehäuse. Ihre schildförmigen Schalen liegen bei einigen Arten äußerlich auf und werden bei anderen von einem Mantel umhüllt.

Um 55–33,7 Mio.

Fossil-Lagerstätte höchsten Ranges: Green-River-Formation

Auf dem Gebiet des heutigen Wyoming entsteht mit dem Fossil Butte National Monument eine wichtige Fossil-Lagerstätte des Eozäns. Die Ablagerungen der so genannten Green-River-Formation (Abb.: Fischschwarm) bilden sich unter subtropischen Klimaverhältnissen in einer Region, die geografisch durch drei große Seen geprägt ist. Zu den Faunenvertretern, die als Fossilien erhalten bleiben, zählen sowohl Wirbellose als auch Wirbeltiere. Überliefert werden Fische, Amphibien, Überreste der frühesten echten Fledermaus Icaronycteris (siehe S. 274) sowie andere Säuger. Vögel sind u.a. durch frühe Verwandte der Pelikane vertreten.

Um 55 Mio. Lang gestreckte Schädel kennzeichnen die **Hyaenodontidae**. Sie jagen in Europa, Asien und Afrika. Die Säugetiere, deren Gestalt an heutige Hunde oder Hyänen erinnert, haben relativ kurze Gliedmaßen und einen langen Schwanz. Aus den Zehen wachsen klauenförmige Endglieder, die sich stark von denen gegenwärtiger Raubtiere unterscheiden. Große Ähnlichkeiten zu den räuberischen Säugetieren zeigt jedoch das Gebiss der Hyaenodontidae. Es ist zu dem für Raubtiere typischen Brechscherengebiss geformt. Die heute ausgestorbenen Hyaenodontidae werden mit den nahe verwandten Oxanidae zu den Hyaenodonta gerechnet.

An den alttertiären Stränden watet der zu den Wat- und Möwenvögeln (Charadriiformes) zählende **Presbyornis**. Der etwa 35 bis 40 cm lange Watvogel, dessen Körperbau durch fast vollständig erhaltene Skelette bekannt ist, stolziert auf langen Beinen, an denen großzehige Füße sitzen. Zwischen den drei vorderen Zehen waren vermutlich Schwimmhäute gespannt. An dem Rumpf des langhalsigen Vogels, der einen entenähnlichen Schädel besitzt, setzt ein kurzer Schwanz an. Da die Knochen von Presbyornis in dichten Mengen gefunden wurden, gilt der Vogel, ähnlich wie die heutigen Flamingos oder Tölpel, als koloniebildend.

In den trockenen Regionen Asiens leben die Nagetiere der Gruppe Ctenodactyloidea (Kammfinger). Zu den ersten Vertretern der Kammfinger gehört die Gattung **Cocomys**, deren fossile Reste Paläontologen in Schichten des Untereozäns in China fanden. Ihnen zufolge besaß Cocomys etwa die Größe eines Eichhörnchens. Die Gliedmaßen waren im Vergleich zum Körper relativ lang. Charakteristisch für die frühe Kammfingergattung sind die auch bei den heutigen Vertretern der Gruppe anzutreffenden kammartigen Borsten, die über den Krallen sitzen. Zu den Kammfingern zählen gegenwärtig vier in Afrika beheimatete Gattungen. Die bekannteste von ihnen ist der im Atlasgebirge beheimatete Gundi.

Der einzige bisher in der Antarktis nachgewiesene Vertreter der Beuteltiere (Marsupialia) ist die Gattung **Antarctodolops**. Knochen des spitzmausartigen Säugetieres wurden in dem Eozän zuzurechnenden Schichten des antarktischen Kontinentes gefunden. Antarctodolops gehört zur Gruppe der Polydolopoidea. Sie ist heute ausgestorben. Erste Nachweise der Polydolopoidea stammen aus dem Paläozän. Zahlreiche Gattungen der Polydolopoidea sind aus Südamerika bekannt. Über eine Landbrücke, die im Eozän den südamerikanischen Kontinent mit der Antarktis verband, gelangte Antarctodolops auf die am Südpol gelegenen Landmassen.

Um 55–33,7 Mio.

Neue Blütenformen vergrößern Vielfalt der Bedecktsamer

Nachdem die erdgeschichtlich jüngere Pflanzengruppe der Bedecktsamer seit ihrer Entstehung in der Oberkreide vor allem wasserlebende Blütenpflanzen (siehe S. 247), eine Vielzahl von Baumgewächsen (siehe S. 250) sowie von Doldenblütlern (siehe S. 251) hervorgebracht hat, beginnt im Eozän eine beschleunigte Entwicklung anderer Gruppen der Blütenpflanzen (Abb.: Übersicht über Einkeim- und Zweikeimblättrige).

Ein kennzeichnendes Merkmal der Evolution der Bedecktsamer in dieser Periode ist die Ausbildung unterschiedlichster Blütenformen. Zahlreiche Pflanzengruppen, die noch heute mit Arten vertreten sind, tauchen erstmals auf. Zu ihnen zählen etwa die Geraniales mit verschiedenen Geranienarten, mit Leingewächsen wie dem Flachs sowie Rautengewächsen wie der Weinraute. Eine weitere Gruppe sind die Papaveraceae oder Mohngewächse, die heute mit rund 250 Arten in den gemäßigten und subtropischen Breiten der Nordhalbkugel vertreten sind.

Einen sehr facettenreichen Formenkreis mit einem nicht minder mannigfaltigen Blütenbau bilden die Dilleniales. Zu ihnen gehören neben den verschiedenen baum-, strauch- und lianenförmigen Gewächsen der Untergruppe Dilleniaceae auch die ausschließlich in bestimmten Trockenregionen Nordamerikas vorkommenden Crossosomataceae sowie die oft prachtvoll blühenden Pfingstrosengewächse. Auch die Brennnesselartigen oder Urticales, die neben den Brennnesseln auch maulbeer-, hanf- und walnussartige Pflanzen umfassen, treten in Erscheinung. Erstmals im Eozän nachgewiesen sind auch die frühesten Vertreter der als Nachtschattengewächse bezeichneten Solanaceae. Zu den Pflanzen dieser Gruppe, die mit weit über 2000 Arten verbreitet ist, zählen Kartoffeln, Tomaten, Paprika und Tabak.

Um 55–33,7 Mio.

Termiten erobern die Tropen

Als eine der erdgeschichtlich jüngsten Insektengruppen treten im Eozän Termiten (s. Abb. u.) auf. Die Wohnbauten dieser in den Tropen und Subtropen lebenden Tiere zeigen oft gewaltige Dimensionen. Überwiegend liegen sie in der Erde, oberirdische Anlagen können eine Höhe von bis zu sechs Metern erreichen (s. Abb. l.). Als Baumaterial dient den Tieren in der Regel zerkautes Holz.

Termiten zeigen einen hohen Grad der arbeitsteiligen Organisation. Obgleich sie sowohl äußerlich als auch hinsichtlich ihrer Organisation Ameisen ähneln, sind sie mit diesen nicht verwandt. Ameisen bilden mit den Wespen und Bienen die Gruppe der Hautflügler, während die knapp 2000 Termitenarten mit Schaben und Gottesanbeterinnen zu den Schabenartigen zusammengefasst werden.

Um 55–33,7 Mio.

Kakteen und Bromelien – Anpassungskünstler für unwirtliche Lebensräume

Unter den Bedecktsamern spezialisieren sich verschiedene Gruppen auf die Besiedlung extremer Lebensräume. Besonders deutlich zeigen sich entsprechende Anpassungsleistungen bei zwei amerikanischen Pflanzenfamilien, den Cactaceae

oder Kaktusgewächsen und den Bromeliaceae oder Ananasgewächsen.

Die Kakteen bilden eine in ihrem Erscheinungsbild außerordentlich mannigfaltige Pflanzengruppe, die neben 15 m hohen Riesenformen wie der Kandelaberkaktee Carnegiea gigantea (s. Abb. r.) auch winzige Zwergformen umfasst. Gemeinsam ist allen Arten eine Anpassung an extrem trockene Lebensräume durch verminderte Transpiration und eine verringerte Oberfläche. Die Blätter sind meist zu Stacheln umgebildet. Der Pflanzenkörper ist so strukturiert, das ein maximaler Teil der Oberfläche im Schatten liegt. Die meisten Kakteen zählen zu den sog. Stammsukkulenten.

Anpassungskünstler sind auch die Bromeliaceae, die sowohl in einem feuchtwarmen Tropenklima als auch in extremen Trockenregionen leben (Abb. l.: Bromelie am Iguazu-Wasserfall Brasiliens). Viele ihrer Vertreter zählen zu den sog. Epiphyten, die als Hochpflanzen auf Urwaldbäumen oder – in heutigen Zeiten – auf Telefonmasten gedeihen. Bei Letzteren sind die Wurzeln stark reduziert und zu Haftorganen umgebildet. Bemerkenswert ist ihre Fähigkeit, mittels winziger, trichterförmiger Schuppen auf den lederartigen Blättern Feuchtigkeit unmittelbar aus der Luft zu schöpfen.

Um 55–33,7 Mio.

Vorfahren von Bär, Wolf und Wiesel

Im Schatten der Creodonten, der dominierenden Fleisch fressenden Räuber des Alttertiärs, entwickeln sich zunehmend die Vorfahren der echten Raubtiere, die sog. Carnivora. Von ihren archaischen Konkurrenten unterscheiden sie sich in verschiedenen anatomischen Merkmalen wie dem größeren Gehirn und einem anderen Bau von Fußknochen und Gebiss.

Die Creodonten bilden in dem rund 30 Mio. Jahre umfassenden Zeitraum vom unteren Paläozän (65,5–55 Mio.) bis zum unteren Oligozän (33,7–23,8 Mio.) eine nahezu weltweit verbreitete und außerordentlich erfolgreiche Gruppe landlebender Räuber. Sie fehlen lediglich in Südamerika und in Australien, wo ihre ökologische Rolle vor allem von den Raubbeutlern ausgefüllt wird. In der langen Zeit, in der die Creodonten das letzte Glied in der Nahrungskette bilden, bringen sie einen großen Formenreichtum hervor, der in gewisser Hinsicht das Artenspektrum der späteren echten Raubtiere vorwegnimmt.

Einer ihrer größten Vertreter in Asien, der bis zu drei Meter lange Sarkastodon aus dem oberen Eozän, gleicht verblüffend den späteren Bären. Die etwa zur selben Zeit auf der gesamten Nordhalbkugel sowie in Afrika weit verbreiteten Hyaenodontiden bringen wiesel- bis wolfsgroße Vertreter hervor. Die äußere Ähnlichkeit ist jedoch nicht auf stammesgeschichtliche Verwandtschaft zurückzuführen, sondern auf konvergente Evolution, d. h. eine Annäherung der charakteristischen Eigenschaften durch ähnliche Lebensweisen in Bezug auf Beute und Lebensraum.

Die Amphicyonidae, Carnivoren des Eozäns und Miozäns, werden auch als »Bärenhunde« bezeichnet.

Im Miozän (23,8–5,32 Mio.) sterben die Creodonten endgültig aus. Verdrängt werden sie von den frühen Carnivora, den Vorfahren der späteren Hunde, Katzen, Bären, Marder, Otter, Robben, etc. Der Ursprung all dieser verschiedenen Gruppen liegt bei den Miaciden, den ersten echten Raubtieren des Paläozäns. Mit den Creodonten sind sie insofern entfernt verwandt, als sie sich vermutlich aus ähnlichen Vorfahren entwickelt haben. Die Miaciden bringen wie die Hyaenodontiden wiesel- bis wolfsgroße Vertreter hervor, doch sind die verwandtschaftlichen Beziehungen unter diesen Arten ungewiss. Eine Einheit bilden die archaischen Raubtiere daher vor allem hinsichtlich ihres Alters.

Fossile Belege der Miaciden sind dagegen rar. So liegt etwa von Miacis aus dem Alttertiär bislang nur ein einziger Fossilfund vor. Das etwa 20 cm große Tier lebt im deutschen Raum und gleicht in seinem Aussehen und seiner Biologie heutigen Baummardern. Wie diese ernährt es sich vermutlich von Vögeln und ihren Eiern, kleinen Säugern und auch von Insekten. Ein primitives Merkmal ist das noch undifferenzierte, 44 Zähne umfassende Gebiss, in dem sich die für spätere Raubtiere typischen Reißzähne und schneidenden Backenzähne noch nicht herausgebildet haben.

Um 50 Mio. In den Wäldern Europas klettert das Säugetier **Kopidodon**. An die Lebensweise besonders angepasst sind die Krallen des zu den Proteutheria zählenden Kletterers. So sitzen an den Händen und Füßen des etwa 115 cm langen Tieres lange, gleichförmig ausgebildete Krallen. Einer behenden kletternden Fortbewegung dienen auch die gelenkigen Arme und Beine. Obwohl die Kiefer von Kopidodon große verlängerte Eckzähne tragen, ist der langschwänzige Säuger ein Pflanzenfresser. Mit seinen Backenzähnen zerquetscht Kopidodon weiche Gewächse und Früchte.

Große Formen entwickeln die **Riesenameisen**. Wie fossile Reste der Insekten zeigen, erreichen die geflügelten Weibchen einiger Gattungen eine Flügelspannweite von mehr als 15 cm. Neben den großen Flügeln besitzen die Riesenameisen noch andere Merkmale, die sie als eigenen Zweig innerhalb der Ameisen ausweisen. Besonders auffällig sind die großen schlitzförmigen Atemöffnungen und der zurückgebildete Stachel am Kopf. Zur Verteidigung wenden die Riesenameisen die gleiche Strategie an, wie die heute lebenden Waldameisen: Sie versprühen Gift.

Eine Länge von etwa zwei Metern erreicht das Schuppentier **Metacheiromys**. Charakteristisch für das Säugetier sind die den Körper bedeckenden, wie Dachziegel übereinander angeordneten Schuppen. Metacheiromys, dessen Fossilien in Nordamerika gefunden wurden, ernährt sich von Ameisen und Termiten, deren Bauten er mit seinen Krallen aufbricht. An seiner langen klebrigen Zunge bleiben die Insekten haften. Auffällig ist die Zurückbildung der Zähne. So besitzt Metacheiromys nur noch zwei Backenzähne. Spätere Schuppentiere sind zahnlos.

Mit seinen verlängerten Fingern stochert das Säugetier **Heterohyus** in Löchern nach Insekten. Es zählt zu den Apatemyidae. Ein vollständiges Skelett des Apatemyiden fanden Wissenschaftler in der Grube Messel in Hessen. Es weist Heterohyus als einen nur etwa 30 cm langen kleinen Säuger aus, dessen Nahrungsgewohnheiten denen der Spechte ähneln. Vermutlich bewirkte die Konkurrenz um die gleichen ökologischen Nischen das Verschwinden der Apatemyiden im Oligozän.

Um 50–40 Mio.

Insektenfang mit langer Zunge: Die Urahnen der Ameisenbären

Mit dem Eurotamandua lebt in Deutschland ein früher Vertreter der Ameisenbären oder Myrmecophagidae. Äußerlich erinnert er stark an den heute lebenden Tamandua, der die Wälder im Norden und Osten Südamerikas bewohnt.

Der Fund eines fossilisierten Ameisenbären in der Grube Messel (siehe S. 274) ist eine Sensation, als sowohl die ausgestorbenen wie auch die heutigen Ameisenbären in ihrem Vorkommen ansonsten auf Südamerika beschränkt sind. Ähnliches gilt für die beiden engsten Verwandten der Ameisenbären, die Gürtel- und Faultiere. Eine vierte Tiergruppe aus diesem Verwandtschaftskreis, die Schuppentiere (siehe S. 271), kommen im Eozän im benachbarten Nordamerika und heute in Südostasien und Afrika vor. In früheren Systematiken wurden die Ameisenbären mit den Gürtel- und Faultieren in der Ordnung der Zahnarmen zusammengefasst. Diese Bezeichnung ist jedoch irreführend, da unter diesen drei Tieren nur die Ameisenbären wirklich zahnlos sind. In jüngster Zeit hat sich deshalb die Bezeichnung »Nebengelenktiere« durchgesetzt, denen auch die Schuppentiere zugerechnet werden.

Schon der Eurotamandua ernährt sich, wie seine heute lebenden Verwandten, ausschließlich von Ameisen und Termiten. Seine bevorzugten Beutetiere sind in den Ölschiefern der Grube Messel zahlreich belegt. Mit rund 90 cm Länge ist er mehr als doppelt so groß wie der Tamandua, dem er ansonsten außerordentlich ähnlich sieht.

Heute gibt es nur noch drei Arten von Ameisenbären, den nur etwa eichhörnchengroßen Zwergameisenbär und den bis zu 1,8 m langen Großen Ameisenbären (s. Abb.). Der Große Ameisenbär erinnert mit seinem plumpen Gang entfernt an Bären. Er besitzt einen außerordentlich kleinen Kopf und eine lange, röhrenförmige Schnauze. Mit seinen starken Klauen reißt er Ameisen- und Termitennester auf, um seine Beute anschließend mit der 50 bis 60 cm langen Zunge aufzunehmen. Die Krallen dienen ihm zugleich als effektive Verteidigungswaffen.

Um 49 Mio.

Tapire erhalten heutige Form

Mit dem frühesten Vertreter der Tapiridae, dem Protapirus, finden die Tapire zu ihrer modernen Form. Das massige Tier, das alle wesentlichen Merkmale seiner heutigen Nachfahren erkennen lässt, tritt sowohl in Europa als auch in Nordamerika in Erscheinung. Die entwicklungsgeschichtlichen Ursprünge der Tapire liegen mithin, anders als ihr gegenwärtiges Verbreitungsmuster vermuten lässt, auf der Nordhalbkugel.

Die Tapiridae (Abb.: Hyrachyus minimus) gehen aus den Ancylopoda hervor, einem der drei großen Entwicklungsstränge der Unpaarhufer (siehe S. 277). Heute werden diese drei Linien durch die Pferde, Nashörner und Tapire vertreten, wobei die Letztgenannten im Stammbaum der Unpaarhufer den artenärmsten Zweig bilden. Protapirus besitzt einen massigen Körper, stämmige Beine, einen kurzen Schwanz und Hals sowie vor allem eine für Tapire typische, rüsselartig verlängerte Schnauze. Die Tapiridae sind heute noch durch vier Arten vertreten. Der Mittelamerikanische Tapir, der Flachland- und der Bergtapir kommen in Mittel- und Südamerika vor. Der Schabrackentapir mit dem charakteristischen weißen Sattel lebt in einigen Rückzugsgebieten Südostasiens. Alle vier Arten leben bevorzugt in dichten Wäldern in der unmittelbaren Nähe von Flüssen und Seen und gehen erst in der Dämmerung auf Nahrungssuche. Tapire sind inzwischen akut vom Aussterben bedroht.

Um 50 Mio.

Stammbaum der Schweineartigen

Entwicklungsgeschichtlich etwas jünger als die Unpaarhufer sind die Paarhufer, die sich erstmals im oberen Eozän belegen lassen. Vertreten werden sie zunächst durch die Schweineartigen. Heute bilden die Paarhufer oder Artiodactyla, denen u.a. die Hirsche, Nilpferde, Kamele, Schweine und die Rinderartigen mit Antilopen, Schafen und Ziegen angehören, die artenreichste Ordnung der Großsäuger.

Der Stammbaum der Schweineartigen beginnt mit den Dichobunidae – kleinen primitiven Säugern aus dem unteren Eozän, die mit ihren Nachfahren keine große Ähnlichkeit haben. Dennoch werden sie aufgrund verschiedener anatomischer Eigenheiten zu den Paarhufern gezählt. Der früheste Dichobunide ist Diacodexis, ein kaum katzengroßes Tier, das an den ostasiatischen Zwerghirsch (Reeves Muntjak) erinnert. Diacodexis lebt verborgen im Dickicht großer Wälder, wo es sich bevorzugt von Blättern ernährt. Seine schmalgliedrigen Beine sind vorzüglich an das Laufen angepasst. Diacodexis ist eine sehr erfolgreiche Spezies, die sich von Nordamerika über Europa bis nach Asien ausbreitet.

Aus dem Kreis der Dichobunidae geht im mittleren Eozän die Gruppe der Entelodontidae hervor. Im Gegensatz zu ihren Vorfahren nähern sich die Entelodontidae in ihrer äußerlichen Erscheinung bereits deutlich den heute lebenden afrikanischen Warzenschweinen an. Sie leben in einem ebenso ausgedehnten Verbreitungsgebiet wie der Diacodexis. Einzelne Vertreter dieser Gruppe, die ihre Blütezeit im nachfolgenden Oligozän (33,7–23,8 Mio.) erlebt, um im anschließenden Miozän (23,8–5,32 Mio.) wieder zu verschwinden, erreichen annähernd die Größe eines Flusspferdes.

Einen weiteren artenreichen Zweig der Paarhufer bilden ab dem oberen Eozän die Anthracotheriidae. Sie sind kleiner und leichter gebaut als die Flusspferde, besetzen aber eine sehr ähnliche ökologische Nische. Vermutlich entstammen beide Gruppen verwandten Vorfahren.

Kaum katzengroß ist Protylopus, ein erster Vertreter der Camelidae und ein Zeitgenosse der Anthracotheriidae. Aus dieser Linie gehen später u.a. die Lamas, Trampeltiere und Dromedare hervor. Die entwicklungsgeschichtlich jüngsten Gruppen der Paarhufer bilden die Bovidae oder Rinderartigen, die erstmals im Miozän in Erscheinung treten, sowie die Cervidae oder Hirsche, die sich erst ab dem oberen Miozän (um 10,4 Mio.) nachweisen lassen.

Die Paarhufer, zu denen einige der bedeutendsten Nutztiere zählen, bilden heute eine sehr formenreiche Ordnung von Säugetieren, deren gemeinsames Merkmal die Ausbildung der Füße ist. Bei allen Arten sind die ersten Zehen (Finger) verschwunden, die zweite und fünfte Zehe (Finger) unterschiedlich stark zurückgebildet. Das Körpergewicht ruht auf den kräftig entwickelten dritten und vierten Zehen (Fingern).

Paarhufer von ausgesprochen geringer Körpergröße: Das kaninchengroße Cainotherium kommt zur Zeit des Oligozäns im heutigen Spanien vor.

Um 48 Mio.

Kröten, Echsen, fußlose Schleichen: Geiseltal bei Halle birgt großartig erhaltene Lebensspuren

In einer tropischen Urwaldregion in der Nähe von Halle (Saale) bildet sich eine Fossilienlagerstätte, die in ihrer Bedeutung der Grube Messel bei Darmstadt (siehe S. 274) kaum nachsteht. Hinsichtlich der Ausbeute an Wirbeltieren werden die Vorkommen in den Messeler Ölschiefern sogar übertroffen. Ihr Erhaltungszustand ist aufgrund spezieller geochemischer Bedingungen für ein Braunkohlerevier nahezu einzigartig.

Insekten sind durch unzählige Funde belegt. Allein die Käfer kommen mit mehr als hundert Arten vor. Zu den häufigsten Vertretern der Wirbeltiere zählen die Fische, die mit mehr als 2000 Exemplaren belegt sind. Sie kommen sowohl mit räuberischen Schlammfischen als auch mit frühen Vertretern der modernen Knochenfische vor. Hervorstechend sind Thaumaturus spannuthi, ein nur wenige Zentimeter langer Verwandter der Lachse, Palaeoesox fritzschei, ein ähnlich kleiner, gestreifter Vertreter der Hechte, und der zu den Barschartigen zählende Anthracoperca.

Bemerkenswerte Fossilien liefern auch die Amphibien. Palaeoproteus klatti, ein 20 cm langer Olm, ist bislang ausschließlich im Geiseltal gefunden worden. Zahlreich treten frühe Verwandte der Knoblauchkröte auf. Wasserfrösche sind gut belegt, landlebende Salamander hingegen relativ selten. Schildkröten besetzen im Geiseltal alle erdenklichen Lebensräume. Es finden sich Land-, Erd-, Sumpf- und Wasserschildkröten. Ein großes Formenspektrum weisen auch die Schuppenkriechtiere mit Eidechsen, Leguanen und fußlosen Schleichen auf. Schlangen sind vergleichsweise häufig und mehrfach in vollständigen Exemplaren belegt. In ihrer Mehrzahl gehören sie zu den Boidae, den Riesenschlangen. Die Krokodile treten mit fünf Arten in Erscheinung.

Neben den Vögeln, vertreten u.a. durch Diatryma (siehe S. 278) und Palaeotis, einem frühen Straußverwandten, sind vor allem die Säugetiere von Bedeutung. Neben dem Ameisenbär kommen mindestens 15 Arten lemurenähnlicher Halbaffen vor. Die Beuteltiere sind mit zwei Arten, die Nager nur durch Ailuravus vertreten. Bei den Raubtieren überwiegen noch eindeutig die archaischen Creodonten (Abb.: Unterkiefer eines Prodissopsalis eocaenius), die modernen Carnivora (siehe S. 281) sind bislang nur mit einem Fund nachgewiesen. Das größte Tier im Geiseltaler Urwald ist der zu den Tapirartigen zählende Lophiodon. Weitere Vertreter der Unpaarhufer sind kleine, primitive Urpferde, die individuen- und artenreich belegt sind.

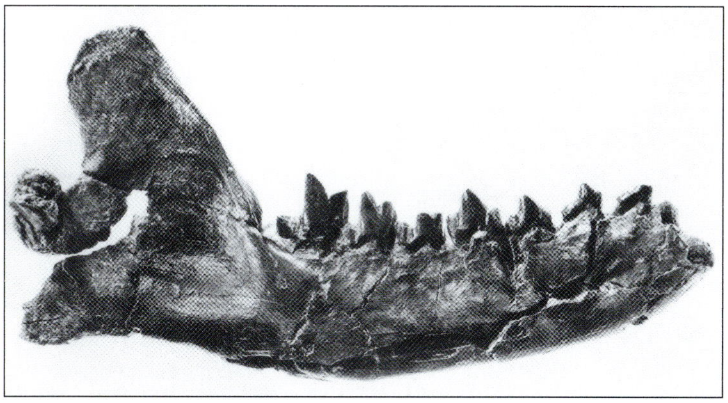

Um 45 Mio.

An den Ufern der Gewässer Europas und Asiens lauert ein gefährlicher Jäger: **Asiatosuchus**. Mit seinen Körpermaßen – ausgewachsene Exemplare erreichen eine Länge von etwa vier Metern – stellt das Krokodil eine Gefahr für alle sich am oder im Wasser aufhaltenden Lebewesen dar. Aus dem zähnestarrenden Maul gibt es meist kein Entrinnen. Wie heute lebende Krokodile besitzt Asiatosuchus mit Hautklappen verschließbare Nasenöffnungen. Sie ermöglichen es dem Räuber, auch unter Wasser auf Beute zu warten.

Eine urtümliche Gestalt kennzeichnet den Schlammfisch **Cyclurus**. Den Kopf des etwa 60 cm langen Räubers, der sich überwiegend von Fischen ernährt, bedeckt eine Reihe massiver Knochenplatten. Gut erhaltene fossile Exemplare des Schlammfisches wurden u. a. in der Grube Messel in Hessen gefunden. Einziger heute lebender Vertreter der Schlammfische ist die nordamerikanische Art Amia calva.

Mit der Gattung **Numidotherium** treten erstmals die Proboscidea in Erscheinung. Sie sind heute nur noch mit dem afrikanischen und asiatischen Elefanten vertreten. Fossile Reste von Numidotherium fanden Paläontologen in der südalgerischen Wüste. Der Schädel des frühen, nur etwa einen Meter hohen Elefanten weist Merkmale auf, die auch bei seinen heutigen Verwandten vorhanden sind. So erinnert das Schädelprofil mit dem hochgewölbten Hinterhaupt an die heutigen Proboscidea. Auch zeigen die Schädelknochen den Beginn einer Rüsselentwicklung.

Gut versteckt zwischen Wasserpflanzen lauert der Frosch **Messelobatrachus** auf seine Beute: kleinere Insekten. Der kleine Frosch – ausgewachsene Exemplare erreichen nur eine Größe von etwa fünf Zentimetern – verdankt seinen Namen dem Fossilfundort, dem Ölschiefer der Grube Messel in Hessen. Messelobatrachus, der von der Wissenschaft den Palaeobatrachiden, eine heute ausgestorbene Gruppe von Urfröschen, zugeordnet wird, besitzt sehr lange hintere Gliedmaßen. Mit ihnen kann er blitzschnell aus seinem Versteck hervorspringen. Seine Beute knackt der Urfrosch mit spitzen, im Oberkiefer sitzenden Zähnen.

Vor Feinden gut geschützt ist der zu den Amphilemuridae zählende Säuger **Macrocranion tupaiodon**. Den Weichkörper des frühen Igels umgibt wie bei den heutigen Vertretern ein Stachelkleid. Das nur etwa zehn Zentimeter große Tier, das einen langen Schwanz besitzt, kann sich mit Hilfe seiner verlängerten Hinterbeine schnell fortbewegen. Dabei läuft es nicht auf allen Vieren, sondern hüpft auf den hinteren Extremitäten. Als Hauptnahrung des Säugetieres gelten Ameisen.

Um 45–33,7 Mio.

Unterwasser-Vulkanismus erschafft Fossil-Lagerstätte

Am Monte Bolca, etwa 30 km nordöstlich des heutigen Verona, entsteht die reichhaltigste Lagerstätte fossiler Fische aus dem Eozän. Bei den mehr als 160 überlieferten Arten handelt es sich ausschließlich um typische Tropenfische, wie sie sich heute in vergleichbarer Vergesellschaftung in Teilen des Indischen Ozeans finden. Neben urtümlichen Knorpelfischen, die durch verschiedene Arten von Haien vertreten sind, kommen vor allem zahlreiche moderne Knochenfische vor. In der Lagune fossilisieren aber auch Krokodile, zahlreiche Insekten und eine formenreiche Küstenflora. Eine Besonderheit der Fossilien des Monta Bolca ist der ausgezeichnete Konservierungszustand. Bei vielen Fischen bleibt selbst das Farbmuster erhalten.

Die fossilienreichen Gesteinsschichten bilden sich in einer Phase, in der die Lagune durch Riffe vom offenen Meer abgeschnitten ist. Periodisch kommt es am ufernahen Meeresgrund zu Vulkanausbrüchen, deren Dämpfe das Wasser vergiften. Tote Tiere sinken in den weichen Bodenschlamm, wo sie von neuen Sedimenten schnell überdeckt und auf diese Weise konserviert werden.

Um 45–30 Mio.

Mokattam und Fayum – Schatzkammern der Paläontologie

Mit dem Mokattam, einem Bergrücken im Osten Kairos, und der Fayum, einer ausgedehnten Flussoase im Südwesten der ägyptischen Hauptstadt, entstehen zwei Schatzkammern der modernen Paläontologie. Während die Sedimente aus dem oberen Eozän u. a. Walfossilien von Weltrang enthalten, liefern die oligozänen Schichten neben Walen, Huftieren (Abb. r.: Schädel eines Arsinoitheriums aus dem Alttertiär der Fayum) und Fleisch fressenden Säugern auch fossilisierte Überreste frühester Primaten.

Der Beginn der Grabungsgeschichte im Mokattam-Gebirge und der Fayum-Senke datiert auf das ausgehende 19. Jh. Eine herausragende Rolle spielt darin Richard Markgraf, ein Fossiliensammler aus Nordböhmen. Markgraf war als Musikant durch die Welt gezogen und durch Krankheit unfreiwillig in Ägypten stecken geblieben. Durch Zufall begegnete er dort 1897 dem deutschen Paläontologen Eberhard Fraas, der ihn nicht nur finanziell unterstützte, sondern auch in der Kunst des Fossiliensammelns unterwies. 1903 entdeckte Markgraf in Schichten aus weißem und hellgelbem Kalkstein am Fuße des Mokattam das Skelett eines Protocetus (siehe S. 275), der als ein wichtiges Bindeglied zwischen den frühesten Ur-Walen und den rein wasserlebenden Formen wie Basilosaurus (siehe S. 275) gilt. Von diesem Tier wurde neben zahlreichen Rippen und Wirbeln auch der rund 60 cm lange Schädel (s. Abb. l.) ge-

borgen, der gut die zunehmende Ablösung der Gehörknochen von der Schädelbasis erkennen lässt. Es ist das Merkmal einer wichtigen Anpassung an das Leben im Meer, denn nur dadurch ist es Walen möglich, die Schallwellen unter Wasser in unterschiedlichen Zeiten wahrzunehmen und einer bestimmten Richtung zuzuordnen. Über eine Generation lang galt Markgrafs Protocetus als der älteste Wal der Welt. Mit einem Alter von 40 Mio. Jahren nur wenig jünger ist Eocetus schweinfurthi aus dem Mokattam. Sein etwa 90 cm langer Schädel lässt darauf schließen, dass er Protocetus an Größe erheblich überragt. Der Basilosaurus tritt in den darüber liegenden Schichten aus dem oberen Eozän in Erscheinung.

Zu den wichtigsten Funden in der Fayum-Senke, die einen See und angrenzende Wüstengebiete mit einem sehr salz- und muschelhaltigen Sand umfasst, zählen Überreste der Ur-Wale Saghacetus osiris, Dorudon atrox und Basilosaurus. Die vorläufig letzte neue Wal-Art aus dem Fayum, Ancalecetus simonsi, wurde 1996 beschrieben. Zu den spektakulärsten Funden landlebender Tiere zählt Propliopithecus aus dem mittleren Oligozän, ein früher Vertreter einer ausgestorbenen Linie der Menschenaffen.

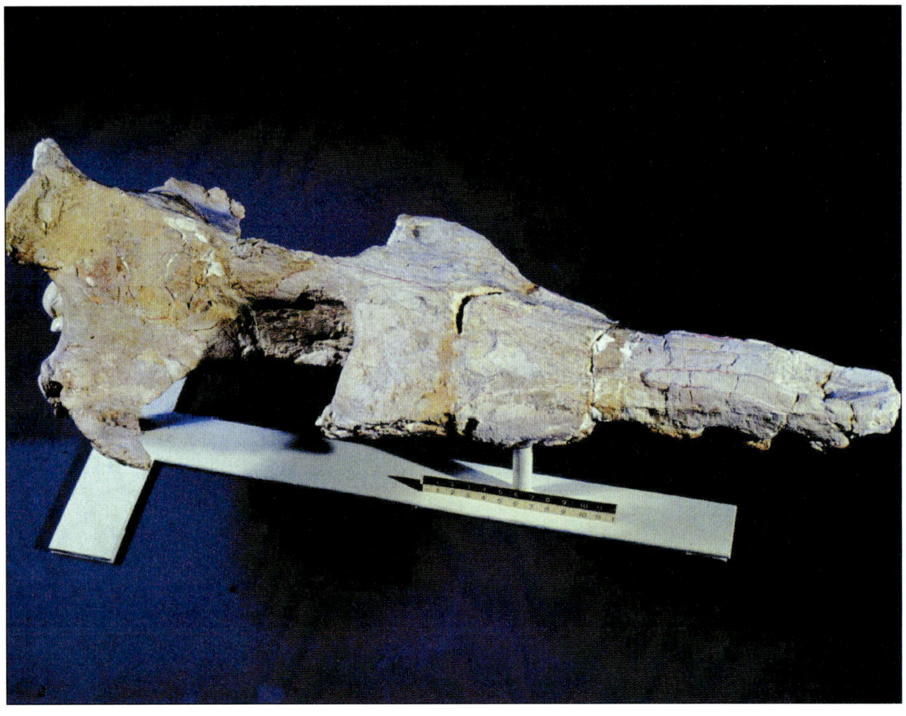

Um 40 Mio.

Die Funde von Egerkingen

Eine Karstspalte bei Egerkingen im schweizerischen Kanton Solothurn wird für Tausende von landlebenden Säugern zur letzten »Ruhestätte«. Die Überreste der verendeten Tiere, hauptsächlich Zähne und Knochen, werden durch Wind und Wasser in die Kluft transportiert. Diese seit dem Perm vorkommenden Fossilienlagerstätten werden als Spaltenfüllung bezeichnet.
Die Funde bei Egerkingen zeugen von einem bemerkenswerten Artenreichtum. Besonders auffällig ist die große Zahl der Huftiere, die mit mehr als zwei Dutzend Arten vertreten sind. Zu ihnen zählen verschiedene Ur-Pferde wie Propalaeotherium, Anchilophus, Palaeotherium und Plagiolophus, frühe Verwandte der Tapire sowie zahlreiche Arten von Paarhufern. Eines der größten Raubtiere von Egerkingen ist Propterodon. Es hat in etwa die Größe eines Wolfs und ist durchaus in der Lage, die kleinwüchsigen Ur-Pferde zu reißen. Des Weiteren sind die Halbaffen in Egerkingen mit zahlreichen Arten überliefert.

Um 45–40 Mio.

Kalkbildung im Pariser Becken

Das Pariser Becken wird während des Eozäns von einem flachen Warmwassermeer bedeckt. Das außerordentlich milde, subtropische Klima begünstigt die Entstehung kalkiger Sedimente (Abb.: Kalk mit Mollusken aus dem Pariser Becken). Dieser alttertiäre Kalkstein liefert in späteren Zeiten das Ausgangsmaterial für zahlreiche Bauwerke der französischen Hauptstadt, u.a. für die Kathedrale von Nôtre-Dame. Das Pariser Becken bildet den südlichen Rand eines ausgedehnten Nordmeeres, das sich über die Bretagne, den gesamten Norden Frankreichs, Belgien und die Niederlande bis hinauf nach Dänemark in das Gebiet der heutigen Nordsee erstreckt. Ein östlicher Arm ragt auf der Höhe von Osnabrück und Hannover weit über Berlin hinaus bis in die deutsch-polnischen Grenzgebiete.
Zu den wichtigsten Kalkbildnern zählen Vertreter der Großforaminiferen, insbesondere die Nummuliten (siehe S. 266). Diese bis zu 15 cm großen Einzeller bauen bei Massenvorkommen mit ihren

kalkigen Skeletten mächtige Gesteinsserien auf. Die sog. Nummulitenkalke liefern nicht nur Frankreich, sondern auch Ägypten einen wichtigen Rohstoff für den Bau repräsentativer Bauwerke wie die Sphinx und die Pyramiden. Beteiligt am Aufbau der Kalksedimente sind auch andere Vertreter der Großforaminiferen.

Um 43–5,32 Mio.

Paarhufer mit Hörnern

In der noch jungen Gruppe der Paarhufer treten mit den Protoceratiden erste Hornträger in Erscheinung. Obgleich sie äußerlich den späteren Hirschen gleichen, stehen sie anatomisch den Kamelartigen näher. Die Protoceratiden, wörtlich »erste Hörner«, umfassen zehn Gattungen und zahlreiche Arten. In ihrem nordamerikanischen Verbreitungsraum sind sie mehr als 35 Mio. Jahre lang vom mittleren Eozän bis zum unteren Pliozän belegt. Wie bei allen Huftieren beginnt ihr Stammbaum mit kleinwüchsigen Formen.
Ein eigentümliches Merkmal aller Protoceratiden sind ihre unterschiedlich gestalteten, manchmal seltsam anmutenden »Hörner«. Es handelt sich keineswegs um Geweihe, die – wie bei den entwicklungsgeschichtlich späteren Hirschen – jährlich abgeworfen werden. Aber auch die Bezeichnung Hörner ist unzutreffend, da die Protoceratiden im Unterschied zu den Rindern noch über keine Hornscheide verfügen und die knochigen Auswüchse – anders als echte Hörner – häufig Verzweigungen bilden. Am ehesten lassen sie sich mit den Knochenzapfen vergleichen, die sich bei den Giraffen und Okapis auf dem Scheitel- und Stirnbein zeigen. Wahrscheinlich sind sie ebenfalls mit einer Haut überzogen.
Evolutionsbiologisch geht die Herausbildung von Hörnern vermutlich auf sich verändernde Lebensbedingungen zurück, die durch verschiedene Umweltfaktoren beeinflusst werden. Viele Pflanzenfresser verlassen die Wälder. Ein wesentlicher Grund ist die zunehmende Versteppung der nordamerikanischen Landschaft, ein anderer die allgemeine Entwicklung hin zu größeren Formen, die sich sowohl bei den Pflanzenfressern wie auch bei ihren Jägern zeigt. Der Konkurrenzdruck wird stärker, zugleich müssen sich Pflanzenfresser in den Steppen an ein härteres Futter und an längere Wanderungen gewöhnen. Dieser Wechsel des Lebensraumes wirkt sich in mehrfacher Hinsicht aus. Zum einen entwickeln sich verschiedene Gruppen der Huftiere – so auch die Protoceratiden – zu Wiederkäuern. Des Weiteren bilden sich bei den Letztgenannten Hörner aus, die sowohl der Verteidigung der Herde als auch der Durchsetzung der dominanten Männchen im internen Konkurrenzkampf sowie der Revierverteidigung dienen. In diesem Zusammenhang prägen sich schließlich auch die starken physischen Unterschiede zwischen den Männchen und den Weibchen aus, die sich bei nahezu allen Huftieren deutlich zeigen. Biologen sprechen vom Geschlechtsdimorphismus.
Einer der frühesten Vertreter der Protoceratiden ist Protoceras, der von seiner Statur leicht an einen Elch erinnert, dabei aber kaum die Größe eines Schäferhunds erreicht. Seine Hörner, die bei den Männchen in drei Paaren über den Nasenlöchern, den Augen und oben auf dem Kopf angeordnet sind, bleiben klein, die Weibchen haben nur ein schwach entwickeltes oberes Hörnerpaar. Der etwas spätere Syndyoceras ist etwas größer und erinnert in seinem Körperbau stärker an einen Hirsch. Er trägt ein Paar deutlich längerer, gebogener Hörner auf seinem Kopf, zusätzlich befindet sich ein V-förmig gegabeltes Horn knapp oberhalb der Nasenlöcher. Einer der letzten Vertreter der Protoceratiden ist der etwa zwei Meter lange Synthetoceras, bei dem das hoch aufragende Nasenhorn nur an der Spitze gegabelt ist.

Der hirschähnliche Protoceras wird bis zu einen Meter groß und lebt in Nordamerika.

Um 33,7 Mio. Von ihrer ursprünglichen Heimat Asien breiten sich die zu den Paarhufern (Artiodactyla) gehörenden Anthracotheriidae auch nach Amerika und Afrika aus. Während die frühen Anthracotheriidae, deren Knochen man u.a. in Myanmar (früher Birma) fand, noch kleine Formen entwickelten, besitzen spätere Gattungen bereits beträchtliche Körpermaße. So erreicht der oligozäne **Ancodus** annähernd die Größe eines Flusspferdes. Wie alle Paarhufer stützt sich auch die gedrungene, Pflanzen fressende Gattung Ancodus beim Laufen auf der dritten und vierten Zehe ab. Die Zehen sind verstärkt und zu einem aus Hornmasse bestehenden Huf geformt.

Im Alpenvorland entsteht die sog. **Molasse-Vortiefe**. Sie bildet sich aus dem nach Norden abgedrängten Helvetischen Trog, in dem sich bis zu 4000 m mächtige Schichten anlagern. Sie wurden aus den Alpen abgetragen. Hauptbestandteile der Molasse-Vortiefe sind die Nagelfluh, stark verkittete Konglomerate, die ihren Namen den nagelkopfähnlichen Verwitterungsspuren verdanken, sowie sandige Mergel und Sandsteine mit hohem Feldspatanteil. Vereinzelt sind in die Sedimente Kohleflöze eingelagert.

Durch die Weiten Nordamerikas wandern die ersten Kamele (Camelidae). Zu den frühen Vertretern der Schwielensohler (Paarhufer mit nagelartigen Zehen) gehört die Gattung **Poebrotherium**. Sie ist durch fast vollständige Skelette der Nachwelt erhalten. Sie weisen Poebrotherium als ein kleines, nur etwa einen Meter hohes Tier aus. Durch den lang gestreckten Hals, die langen Extremitäten und den kurzen Schwanz ist das Säugetier aber bereits eindeutig als Kamel charakterisiert. Der Schädel des Pflanzenfressers weist große Ähnlichkeiten zu den heutigen Lamas auf.

An der Wende vom Eozän zum Oligozän kommt es zu einer deutlichen **Klimaveränderung**. Anstatt des subtropischen und tropischen Klimas, das in Europa und Nordamerika herrschte, setzen nun deutlich kühlere Temperaturen ein. Der Temperaturabfall führt bei einigen Tieren und Pflanzen zu einem Artensterben. So lässt sich u.a. bei den Halbaffen feststellen, dass viele der im Paläozän und Eozän lebenden Gattungen im Oligozän nicht mehr auftauchen.

Um 33,7 Mio.

Großes Artensterben

An der Grenze von Eozän und Oligozän kommt es weltweit zu einem Artensterben, das nicht die Ausmaße der großen Aussterbe-Ereignisse im Perm (292–250 Mio.) oder in der Kreide (162 bis 65,5 Mio.) erreicht, das aber dennoch weltweit die bestehenden Ökosysteme verändert. In die Paläontologie ist dieser das Tierreich betreffende Einschnitt nach einer französischen Bezeichnung von 1909 als Grand Coupure eingegangen. Über die Ursachen dieses Artensterbens wurde – wie bei allen erdgeschichtlichen Ereignissen dieser Art – viel spekuliert, u.a. hat man einen Meteoriteneinschlag diskutiert. Wahrscheinlicher ist der Faunenwechsel auf klimatische Veränderungen und ihre Folgen zurückzuführen, denn zum Ende des Eozäns verschlechtert sich das Klima erstmals seit Jahrmillionen weltweit rapide. Es ist noch lange nicht so kalt wie in der Gegenwart, aber kühl genug, dass es erstmals seit dem Erdaltertum wieder zu starken Vergletscherungen kommt. Da durch die Vereisungen große Wassermassen gebunden werden, sinken die Meeresspiegel.

Jüngste Untersuchungen der alttertiären Meeresfauna stärken die These von den klimatischen Ursachen des Faunenwechsels. An der Grenze von Eozän und Oligozän kommt es zu einem dramatischen Einbruch der Wärme liebenden Arten. Betroffen davon sind planktonische Mikroorganismen und Mollusken wie die Muscheln und Schnecken. Nur wenig später setzt bei den eng verwandten, aber Kälte liebenden Arten eine rasante Entwicklung ein, aus der zahlreiche neue Formen hervorgehen. Ein weiteres Indiz für eine deutliche Abkühlung sind auch die Sedimentationslücken (siehe S. 287), die in den marinen Ablagerungen dieser Epoche außerordentlich häufig anzutreffen sind.

Um 33,7 Mio.

Nashorn hornlos: Trigonias lebt in Nordamerika und Europa

Mit dem Trigonias tritt im unteren Oligozän das erste echte Nashorn in Erscheinung. Es ist ungefähr 2,5 m lang und gleicht in seiner Statur stark den heute lebenden Formen (Abb.: Breitmaulnashorn). Im Unterschied zu diesen fehlt jedoch das für diese Tiergruppe charakteristische Horn. Das Verbreitungsgebiet des Trigonias reicht von Nordamerika bis nach Europa. Die Nashörner erleben in den folgenden Perioden mit annähernd 50 Gattungen eine Blüte, die sich ab dem Pliozän (5,32–1,81 Mio.) ihrem Ende neigt. Nur wenige Arten passen sich dem eiszeitlichen Klima an.

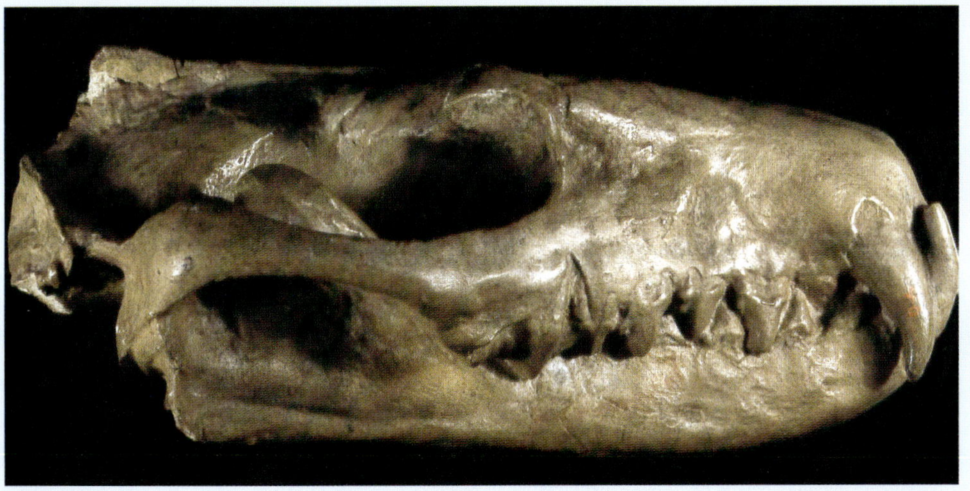

Schädel eines Hyaenodon, das im Oligozän ausstirbt, aus den White-River-Schichten Nordamerikas

Stärker als anderswo wirkt sich der klimatisch bedingte Rückzug des Meeres auf die europäische Fauna aus. Die auf der Höhe des Ural verlaufende Wasserstraße zwischen Europa und Asien fällt trocken, zahlreiche Arten aus den östlichen Teilen Eurasiens wandern wie in den späteren Eiszeiten nach Westen. Die Folgen der verschärften Konkurrenz zeigen sich bei den Säugern, insbesondere bei den Creodonten (siehe S. 281), den Unpaarhufern (siehe S. 276) und Halbaffen (siehe S. 279). Annähernd zwei Drittel der europäischen Säuger gehen verloren und werden durch neue Formen ersetzt.

Um 33,7 Mio.

Sedimentationslücken im Meer

In den Tiefsee-Sedimenten treten an der Grenze zwischen Eozän und Oligozän weltweit verbreitet Schichtlücken auf. In den betroffenen Gebieten sind die Ablagerungen erheblicher Zeiträume vollkommen verschwunden. Die Ursachen dieses Phänomens wurden lange Zeit kontrovers diskutiert und u.a. mit Hebungen und Senkungen der Erdkruste in Zusammenhang gebracht. Nach jüngeren Untersuchungen herrscht mittlerweile die Meinung vor, dass solche Schichtlücken in der Erdneuzeit häufig mit einer weltweiten Abkühlung des Klimas einhergehen.
Erklären lässt sich das Phänomen durch die Strömungsbewegungen auf den Meeresböden. Kaltes Wasser hat die Tendenz, auf den Meeresboden abzusinken, sich dort seitlich auszubreiten und somit Strömungen zu bilden. Deren Stärke richtet sich nach dem Maß der Abkühlung und der Menge des absinkenden Kaltwassers. Handelt es sich um einen starken und auch plötzlichen Klimasturz wie zum Ende des Eozäns, wird der Meeresboden vielerorts regelrecht ausgewaschen, statt dass sich wie in klimatisch konstanten Perioden feinkörnige Sedimente absetzen.

Um 33,7–30 Mio.

Eigenwillige Rüsselspringer

Mit dem Auftreten der ersten Rüsselspringer oder Macroscelidae in Afrika bildet sich unter den Insektenfressern eine neue und ganz eigene Gruppe heraus, die sich von allen anderen Formen deutlich unterscheidet. Bis heute sind die Macroscelidae in ihrer Verbreitung auf den afrikanischen Kontinent beschränkt (Abb.: Elefantenspitzmaus). Die frühesten Rüsselspringer sind ähnlich wie ihre heutigen Verwandten rund 10 bis 30 cm lang, wobei ein Großteil der Gesamtlänge auf den langen Schwanz dieser mausähnlichen Tiere entfällt. Die Schnauze ist bei allen Macroscelidae zu einem langen, biegsamen und äußerst sensiblen Rüssel entwickelt. Ein weiteres Charakteristikum dieser Tiergruppe sind die verlängerten, gleichermaßen dünnen und sehnigen Hinterbeine, mit deren Hilfe sie weite Sprünge ausführen können. Im Unterschied zu den meisten anderen Insektenfressern sind die Rüsselspringer tagaktiv. Ihre Augen und Ohren sind überdurchschnittlich groß wie sonst nur bei nachtaktiven Tieren und vorzüglich entwickelt. Die 15 heute lebenden Arten kommen sowohl in den Trockensteppen wie im Unterholz tropischer Wälder vor. Ihre Ernährung bestreiten sie durch die Jagd auf Wirbellose.

Um 33,7–23,8 Mio.

Lianen und Knöterich: Neue Pflanzen winden sich und klettern

Hervorgerufen durch den Klimawandel im Übergang vom Eozän zum Oligozän kommt es auch in der Pflanzenwelt zu einschneidenden Veränderungen. In den subpolaren Erdregionen werden die Wärme liebenden Arten von den typischen

Florenvertretern mittlerer Breiten verdrängt. Doch auch in den tropischen und subtropischen Wäldern schreitet die Entwicklung neuer Formen voran. Im ausgehenden Oligozän tauchen die ersten typischen Steppen- und Savannengewächse auf (Abb. o.: afrikanischer Affenbrotbaum).
In Europa machen sich die Veränderungen u.a. in einer deutlichen Verlagerung der Palmengrenze bemerkbar. Liegt sie zum Ende des Eozäns noch im Bereich des Nordkaps und der Barentssee, so verschiebt sie sich im Verlaufe des Oligozäns in südliche Richtung bis auf die Höhe des Skagerraks sowie der mittleren Ostsee. Mit dem Verschwinden der Palmen weichen die subtropischen Wälder in diesen Regionen zunehmend den für das spätere Mitteleuropa typischen Nadel-Laub-Mischwäldern, auch wenn es vielerorts zu einer Vermischung der ausdauernden subtropischen und der neuen Florenvertreter kommt. Die Existenz von Sumpfzypressen-Mooren und verschiedenen subtropischen Pflanzenvertretern ist in manchen Regionen Nordeuropas auch noch im oberen Oligozän belegt.

Die Entstehung lichterer Wälder begünstigt die Evolution neuer Sträucher und großwüchsiger Kräuter. Eine weitere Tendenz in der Florenentwicklung des Oligozäns ist die Ausbildung kletternder und sich windender Formen, die sich bei verschiedenen Pflanzengruppen beobachten lässt. Dies gilt u.a. für die Lardizabalaceae oder Fingerfruchtgewächse, die nahezu ausschließlich Lianen umfassen, sowie für die zur Untergruppe der Ranunculoideae zählenden Clematis-Arten, die in dieser Phase Waldpflanzen hervorbringen, die in Windungen emporwachsen. Auch die kleine, aber sehr formenreiche Gruppe der Pittosporaceae oder Klebsamengewächse bildet im Verlaufe des Oligozäns kletternde Vertreter aus. Ähnliches gilt für die Knöterichgewächse (Abb. u.: Wiesenschlangen-Knöterich). Diese kosmopolitische Pflanzenfamilie ist heute von den Tropen bis zu den arktischen Zonen verbreitet.

Rekonstruktion des Lebens

*Die **Paläontologie** befasst sich mit der Evolution und Systematik ausgestorbener Lebewesen. Mit den pflanzlichen Resten beschäftigt sich die Paläobotanik, mit den tierischen die Paläozoologie, mit den menschlichen die Paläoanthropologie. Als geologische Wissenschaft erforscht die Paläontologie die Beziehungen zwischen Fossil und anorganischer Umwelt (Paläoökologie, Biostratinomie). Mit den Leitfossilien liefert die Paläontologie der historischen Geologie das wichtigste Hilfsmittel für die Gliederung der Erdgeschichte (Biostratigrafie). Die Paläontologie der Kleinlebewesen (Mikropaläontologie) ist besonders bei der Erforschung nutzbarer Lagerstätten (z. B. Erdölvorkommen) von Bedeutung.*

Die Paläontologie, die Wissenschaft von den Lebewesen vergangener Erdperioden, ist eine vergleichsweise junge akademische Disziplin. Noch im Zeitalter der Dampfmaschine wurden die fossilisierten Überreste von Dinosauriern und archaischen Säugern in einen Zusammenhang mit sagenhaften Fabelwesen oder der biblischen Erzählung von der Sintflut gebracht. Die Ursachen für diesen Mystizismus waren ideologischer Natur: Die Annahme, ein Lebewesen könne ausgestorben sein, hätte unweigerlich zu dem Schluss geführt, Gottes ursprüngliche Schöpfung sei unvollkommen gewesen und dieser Gedanke war für zahlreiche Christen noch bis weit in das 19. Jh. inakzeptabel. Die historische »Verspätung« der Paläontologie liegt in diesem geistigen Klima begründet.

Fossile werden zu Fabelwesen

Die ältesten Fossilfunde stammen aus vorchristlicher Zeit. Schon um 600 v. Chr. kursierten bei zentralasiatischen Völkern die Geschichten von sagenhaften Greifen, die in der Wüste Gobi goldene Schätze bewachten. Ihren Ursprung hat diese Erzählung vermutlich in den Funden von Überresten des Horndinosauriers Protoceratops, die in Teilen der Wüste Gobi relativ häufig sind. Die sog. Greife, die sich häufig aus den Köpfen, Körpern, Flügeln und Schwänzen verschiedener Tiere zusammensetzen, tauchen auch in den Überlieferungen anderer Kulturen auf. Auf ähnliche Ursprünge dürfte der Drache in der chinesischen Tradition zurückzuführen sein. Berichte über

Oft regten Fossilfunde dazu an, antike Fabelwesen entstehen zu lassen: Statue eines Doppelgreifs aus Persepolis im Iran.

Im Fokus

Klonversuche mit ausgestorbenen Arten: Erfolgschancen äußerst gering

In seinem Film »Jurassic Park« lässt US-Regisseur Steven Spielberg die spektakuläre Welt der Dinosaurier aus fossilisiertem Genmaterial wieder auferstehen. So irreal dieser Vorgang im Einzelnen auch erscheint: Das Prinzip ist von der Wirklichkeit nicht weit entfernt. Weltweit arbeiten Wissenschaftler daran, bedrohten und ausgestorbenen Arten wie dem asiatischen Gaur, dem Tasmanischen Beutelwolf oder der spanischen Bergziege in Laboren zu einer künstlichen Renaissance zu verhelfen. Auf der Liste der potenziellen Profiteure solcher Projekte stehen neben dem afrikanischen Bongo auch der Riesenpanda und der Ozelot.

Umstrittene »Rückholaktion«: Den als ausgestorben geltenden tasmanischen Beutelwolf wollen Genforscher klonen.

Das letzte nachgewiesene Exemplar des Tasmanischen Beutelwolfes Thylacinus cynocephalus starb 1936 in einem Zoo. Erhalten von dem einstmals größten Raubbeutler blieb neben einigen Filmaufnahmen in Schwarzweiß ein vier Monate altes weibliches Jungtier, das 1866 in Alkohol eingelagert wurde. Aus diesem Präparat werden derzeit winzige Bruchstücke der DNS gewonnen. Die beteiligten Forscher hoffen, diese Bruchstücke durch Vergleiche mit verwandten Tieren richtig zusammenbauen und anschließend als künstliche Chromosomen mit denen des nächstverwandten Tiers, des Tasmanischen Teufels, verschmelzen zu können. Gelungen ist ein vergleichbares Experiment mit dem Gaur, einem vom Aussterben bedrohten Wildrind. Um das Kalb »Noah« zu erzeugen, wurde der Zellkern einer Gaur-Körperzelle mit einer Eizelle verschmolzen, die Forscher einem Hausrind entnommen und aus der sie den Kern entfernt hatten. Von einem Hausrind wurde das Tier auch ausgetragen. Auf gleiche Art und Weise sollte auch der spanische Pyrenäensteinbock, dessen letztes Exemplar am Neujahrstag 2000 von einem umstürzenden Baum erschlagen worden war, noch einmal zum Leben erweckt werden. Das von einer Hausziege geborene Jungtier verstarb allerdings kurz nach der Geburt. Dennoch spekulieren einige Forscher, ob sich nicht auch ausgestorbene Arten wie das Mammut mithilfe der Klon-Technik neu erschaffen ließen.

Kritiker wenden u.a. ein, dass die Möglichkeiten der Klon-Technik deutlich überschätzt würden und dass beim Klonen ausgestorbener Arten ohnehin allenfalls eine genetische Chimäre aus einer vergangenen und einer heutigen Form erzeugt werden könne. Es ist definitiv unmöglich, auch nur annähernd den Genpool zu gewinnen, der für das längerfristige »natürliche« Bestehen einer Spezies unerlässlich ist. Die Genstruktur jedes einzelnen Lebewesens ist und bleibt singulär und nur ein kleiner Ausschnitt aus dem Spektrum der jeweiligen Art. Überdies ist das Aussterben in nahezu allen Fällen Resultat eines nicht mehr rückgängig zu machenden Verlustes an Lebensraum. Nicht zuletzt bezieht sich die Kritik auf Dauer und Kosten solcher Experimente. Allein für die Reproduktion des Tasmanischen Beutelwolfs werden 20 Jahre und mindestens 35 Mio. Euro kalkuliert: Forschungsmittel und Gelder, die nach Meinung vieler für den Erhalt zahlreicher noch nicht ausgestorbener Arten sehr viel effektiver zum Einsatz gebracht werden könnten.

Der US-amerikanische Biochemiker Erwin Chargaff (1905–2002), der die Basenkomplementarität erkannte und damit eine wesentliche Voraussetzung zur Aufstellung des Doppelhelix-Modells durch Watson und Crick (siehe S. 82) schuf, warnte vor den Gefahren der Gentechnik:

»Die Gentechnik hat das Denken brutalisiert. Wir haben uns an unvorstellbare Gräuel gewöhnt. Was wird denn ein Klon sein? Ein Sklave? Ein Konstrukt? Wie viele exekutionswürdige Wesen wird es geben, bevor ein lebensfähiges Etwas entsteht? Wird es gehunfähig sein? Denkunfähig? Wird man die verkrüppelten Klone in Klon-Heime stecken? Sie ermorden, sie hinrichten? ... Kein Wissenschaftler, niemand weiß, was das Leben ist, und niemand wird es je erklären können. Es ist ein ewiges Mysterium. Ist es Gas? Ist es Flüssigkeit? Was passiert kurz nach der Befruchtung? Aber die Naturwissenschaftler führen ja nun einen Krieg gegen die Natur, die Zukunft wird uns deshalb verfluchen.«

die Funde von »Drachenknochen« erschienen erstmals in chinesischen Schriften aus dem 3. Jh. n. Chr. Das Verdienst, die chronologische Abfolge von Schichten erstmals beschrieben zu haben, gebührt dem dänischen Biologen Niels Stensen, der im Jahr 1667 die sog. Zungensteine erstmals als prähistorische, über lange Zeit in Gestein eingeschlossene Haizähne entschlüsselte. Zu der frühen naturwissenschaftlichen Annäherung an das Thema zählt auch die Zeichnung eines Oberschenkelknochens von einem Fleisch fressenden Dinosaurier, die im Jahr 1677 in einem Buch über die Naturgeschichte veröffentlicht wurde. Der Knochen wurde nicht mehr irgendeinem Fabelwesen, sondern einem Elefanten zugeordnet.

Meilensteine der Paläontologie

Einen weiteren Meilenstein setzte 1796 der französische Naturforscher Georges Cuvier, als er auf das Phänomen des Artensterbens stieß. Bei Grabungen in der Nähe von Paris machte er die wichtige Entdeckung, dass verschiedene Sedimentationsschichten je eine unterschiedliche Fauna enthalten. Mithilfe der vergleichenden Anatomie stellte er überdies fest, dass das Skelett des ausgestorbenen Riesenfaultiers Megatherium demjenigen lebender Arten so stark ähnelt, dass zwischen der ausgestorbenen und den heute lebenden Arten eine Verwandtschaft bestehen muss.

Der große Durchbruch der Paläontologie wird durch drei wichtige Daten markiert. Nach bedeutenden Funden zu Beginn des 19. Jh. prägte der englische Naturforscher Richard Owen im Jahr 1842 den Namen »Dinosaurier« für eine Gruppe ausgestorbener Tiere, die mit den neuzeitlichen Reptilien verwandt, aber durch einige wichtige Merkmale von diesen auch verschieden sind. Mit der Entdeckung fossiler Überreste eines Homo neanderthalensis in der Feldhofer Grotte im Neandertal bei Düsseldorf (1856) begann wenig später – trotz mancher Anfeindungen – die Geschichte der modernen Paläoanthropologie. Nur drei Jahre später veröffentlichte Darwin seine bahnbrechende Abhandlung »Über die Entstehung der Arten«, mit der er die theoretischen Grundlagen für das Verständnis von naturgeschichtlichen Aussterbeprozessen legte. Die Entdeckung einer Vielzahl ausgestorbener Arten geht auf den von 1877 bis 1895 andauernden »Knochenkrieg« zurück, in dem zwei ehemalige Freunde, Othniel Charles Marsh und Edward Drinker Cope, durch ihre Rivalität im Kampf um wissenschaftliche Lorbeeren zu erbitterten Feinden wurden. Ihr Grabungswettkampf, der gelegentlich auch durch Faustkämpfe zwischen den Teams ausgetragen wurde, führte zur Entdeckung zahlreicher Dinosaurierarten im amerikanischen Westen, darunter Allosaurus, Diplodocus und Camarasaurus.

Die verschiedenen Schichten einer Grabungsstätte (so genannte Stratigrafie) werden mit Kärtchen markiert.

Die Arbeit der Paläontologen (siehe S. 100) wird bis heute durch die Natur ihres Gegenstands erschwert. Fossilisierte Überreste ausgestorbener Tiere sind grundsätzlich selten. Dies betrifft erst recht die Funde vollständiger Skelette. Bei der Rekonstruktion der Erscheinung, der Lebensweise und des Verhaltens ausgestorbener Tiere sind die Wissenschaftler sehr häufig auf Fragmente und Vergleiche angewiesen. Dennoch können die präparierten Knochen wichtige Hinweise auf die Biologie eines Lebewesens geben.

Puzzlespiele aus Knochen und Zähnen

Beachtung verdienen Bau und Länge gefundener Knochen. Flugtiere, Läufer, Kletterer und Wühler zeigen einen je charakteristischen Knochenbau. Weitere Rückschlüsse erlauben die an den Knochen erkennbaren Ansatzstellen der Muskeln. Durch Vergleiche mit bereits bekannten ausgestorbenen oder mit heute lebenden Arten geben sie Hinweise auf die äußeren Konturen und die Verteilung von Fleisch und Fell. Nur in sehr seltenen Fällen lässt der Fossilbericht jedoch Rückschlüsse auf die jeweilige Färbung zu. In diesem Fall sind Paläontologen zumeist auf Spekulationen über eine mögliche Tarnung angewiesen.

Der US-Paläontologe Larry Agenbroad präsentiert einen fossilen Mammutknochen.

Wertvolle Dokumente können überlieferte Fährten sein, da sie Hinweise auf Länge, Gewicht und Laufgeschwindigkeit eines Tieres geben. Vor allem Letztere trägt zum Verständnis der Biologie der jeweiligen Art entscheidend bei. Besonders wichtige Informationen liefern schließlich fossilisierte Zähne. Sie geben nicht nur darüber Auskunft, ob es die Paläontologen mit einem Pflanzen-, Insekten-, Fleisch- oder Allesfresser zu tun haben, sie erlauben auch Rückschlüsse auf die bevorzugten Pflanzenarten oder Beutetiere. So haben etwa Fleisch fressende Reptilien wie die Warane klingenartige Zähne mit winzigen Zacken, die sich hervorragend dazu eignen, das Fleisch aus den Beutetieren regelrecht herauszutrennen. Die glatten, kegelförmigen Zähne der Krokodile eignen sich hingegen eher dazu, eine glitschige Beute mit weichem Fleisch, wie etwa Fische, zu packen.

Georges Cuvier

Georges Baron de Cuvier gilt als einer der Begründer der wissenschaftlichen Paläontologie. Der am 23. August 1769 in Montbéliard geborene französische Naturforscher studierte von 1784 bis 1788 Medizin und Zoologie in Stuttgart. 1795 folgte Cuvier einem Ruf nach Paris. Als Professor am neu gegründeten »Musée National d'Histoire Naturelle« widmete er sich der vergleichenden Anatomie und untersuchte die prähistorischen Knochenfunde in den Kalkablagerungen des Pariser Beckens. Die Ergebnisse seiner Forschungen veröffentlichte Cuvier zwischen 1817 und 1849. In dem 15-bändigen Werk »Das Tierreich«, Dokumentation der damals umfassendsten anatomischen Sammlung Europas, teilte der Wissenschaftler die Tierwelt erstmals in vier Gruppen ein: Wirbel-, Weich-, Glieder- und Strahltiere. Cuviers »Katastrophentheorie«, nach der die ganze Schöpfung mehrmals vernichtet und wieder neu geschaffen worden sei, wurde erst von Darwins Evolutionstheorie widerlegt. Georges Cuvier starb am 13. Mai 1832 in Paris.

Um 33,7 Mio. Kleinere Säugetiere und Aas sind die bevorzugte Nahrungsquelle des räuberischen Laufvogels **Phorusrhacos**. Fossile Reste des zu den Phorusrhacidae zählenden Vogels wurden in Argentinien sowie in den US-Bundesstaaten Texas und Florida geborgen. Obwohl an den Fundorten jeweils nur Teile des Skeletts ans Tageslicht gefördert wurden, lässt sich die Gestalt von Phorusrhacos rekonstruieren. Der etwa 2,5 m große Vogel besitzt lange kräftige Beine. Sie ermöglichen es dem flugunfähigen Räuber, mit schnellen Schritten seiner Beute hinterherzujagen. Tödliche Verletzungen fügt Phorusrhacos seinen Opfern mit dem großen scharfen Schnabel zu.

Ungefähr die Größe einer Ratte erreicht die zu den Nagetieren (Rodentia) zählende Gattung **Pseudosciurus**. Das kleine Säugetier wird von der Forschung zu der nach ihm benannten Gruppe der Pseudosciuridae gerechnet. Sie repräsentieren in der Entwicklung bereits fortgeschrittenere Nager. Vor allem an den Zähnen der in Europa gefundenen Kiefer lassen sich Spezialisierungen gegenüber Gebissen älterer Nager feststellen. So sind die Zahnkronen im Ober- und Unterkiefer von Pseudosciurus zu spitzen Höckern umgeformt, die durch Grate miteinander verbunden sind. Als Lebensraum des Säugers gelten die trockenen Regionen Europas.

Mit **Astrapotherium** lebt in Südamerika eine späte Form der Säugergruppe Astrapotheria. Erstmals tauchten die zu den Huftieren (Ungulata) gehörenden Säuger im oberen Paläozän auf. Wie fast alle späten Gattungen der Astrapotheria ist Astrapotherium relativ groß. Ausgewachsene Exemplare der Pflanzen fressenden Tiere erreichen eine Länge von bis zu drei Metern. Neben den kurzen Gliedmaßen, von denen die vorderen kräftiger ausgebildet sind als die hinteren, fallen an Astrapotherium vor allem die Besonderheiten der Kiefer auf. Aus dem kürzeren Oberkiefer wachsen verlängerte Eckzähne, die über den Unterkiefer hinausragen.

Die Gebiete um die Gewässer Nordafrikas sucht das Pflanzen fressende Säugetier **Moeritherium** nach Nahrung ab. Bevorzugt frisst das amphibisch lebende Tier Seegräser und andere im Wasser wuchernde Pflanzen. Die am Mörissee (Karun-See) in der ägyptischen Fayum-Senke gefundenen Reste von Moeritherium lassen die Rekonstruktion eines etwa schweinegroßen Tieres zu. Besondere Merkmale sind die verlängerten Schneidezähne und der Ansatz eines Rüssels. Wegen Letzterem wurde Moeritherium lange Zeit als Stammform der Rüsseltiere (Proboscidea) angesehen. Heute gilt die Gattung als ein nahe verwandter Seitenzweig der Rüsseltiere.

Um 33,7–23,8 Mio.

Keine Feinde in Sicht: Nischenentwicklung im Teilkontinent

Da es in Südamerika keine Fleisch fressenden Säugetiere gibt, erleben die Huftiere eine rasante Entwicklung, aus der die drei Stammeslinien der Notoungulata, Astrapotheria und Litopterna hervorgehen. Letztere sind im Oligozän durch die beiden Gruppen der Didolodontidae und Macraucheniidae vertreten.

Didolodus, einer der frühesten Didolodontidae, ist noch ein vergleichsweise gedrungenes Tier von rund 60 cm Länge, das sich im Unterholz der Wälder von Blättern ernährt. Die weitere Entwicklung der Didolodontidae zu immer leichteren Formen spiegelt die Verdrängung der dichten Wälder durch offene Graslandschaften wider. Das Toatherium ist kaum größer als ein Hund, ähnelt aber im Körperbau einer kleinen Gazelle. Diadiaphorus erinnert stark an ein Zebra und nimmt einige anatomische Entwicklungen vorweg, die erst deutlich später bei den Pferden in Erscheinung treten.

Bei den Macraucheniidae treten neben vertrauten auch ganz eigentümliche Formen auf. Während Theosodon späteren Lamas ähnelt, hat das bis zu drei Meter lange Macrauchenia einen stämmigen Körper, säulenartige Beine, einen überproportional langen Hals und einen Rüssel (s. Abb.).

Um 33,7–23,8 Mio.

Tiere erobern neuartigen Lebensraum der Baumsavanne

Mit der Entstehung ausgedehnter Baumsavannen breitet sich von Nord- bis Südamerika sowie in Afrika eine vollkommen neue Art Lebensraum aus, die die evolutionäre Entwicklung der Tierwelt nachhaltig prägt (Abb.: Savanne im Amboseli-Nationalpark, Kenia). In Europa erscheint dieser Landschaftstyp nicht.

Baumsavannen ähneln hinsichtlich ihres Baumbestandes riesigen Parklandschaften. Die Bäume und Büsche bilden Gruppen, aber keine echten Wälder. Die vertretenen Pflanzenarten zeigen in Form und Wuchs charakteristische Anpassungsformen. Typisch sind etwa die schirmförmigen Kronen und besonders langen Wurzeln, die bis in Grundwasserregionen hinunterreichen. Ein weiteres Charakteristikum sind überdurchschnittlich kleine Blätter, die häufig nur in kurzen Perioden während und unmittelbar nach der Regenzeit erscheinen. Nicht wenige Arten sowohl der Büsche wie der Bäume bilden Stacheln aus, die dem Schutz vor übermäßiger Abweidung dienen.

Einige Pflanzen sind in der Lage, in ihrem weichen Gewebe große Mengen Wasser zu speichern. Vorherrschend sind jedoch verschiedene Zypressen- und Akazienarten, die eine besondere Widerstandskraft gegen Trockenheit und Hitze entwickelt haben. Da das Wachstum dieser Bäume durch die anhaltende Dürre nur sehr langsam geschieht, ist das Holz der Savannenbäume außerordentlich zäh und hart. Nur an den Orten, an denen der Grundwasserspiegel besonders hoch liegt oder große, auch in Trockenzeiten Wasser führende Flüsse für ausreichend Feuchtigkeit sorgen, gedeihen Palmen.

Mannigfache Anpassungsleistungen lassen sich auch in der Tierwelt beobachten. Es kommt zu einer beschleunigten Evolution leicht gebauter Tiere, die hervorragend an das Laufen angepasst sind. Auch einzelne Insektenarten spezialisieren sich auf das Leben in den vereinzelt stehenden Bäumen. Nicht zuletzt wird die Entwicklung des Homo sapiens – gestützt auf paläoanthropologische Untersuchungen – mit der Herausbildung der Savannenlandschaft in Verbindung gebracht.

Um 33,7–23,8 Mio.

Aus Pflanzen werden Fleischfresser

Im Oligozän treten erstmals Pflanzen in Erscheinung, die ihre Ernährung durch den Fang und die Verdauung von Insekten ergänzen und die deshalb als Insektivoren, als Insekten- oder Fleischfresser, bezeichnet werden. Da in mehreren verschiedenen Stammeslinien des Pflanzenreichs Einrichtungen zum Beutefang entwickelt werden, bietet die sehr heterogene Gruppe der Fleisch fressenden Pflanzen ein eindrucksvolles Beispiel für eine sog. konvergente Evolution.

Eine formenreiche Gruppe der Insektivoren bilden die Sarracenienartigen, die den Insektenfang sowohl mithilfe von Leim- als auch von Klapp- und Kesselfallen praktizieren. Die botanische Gliederung und Einordnung dieses Formenkreises ist nicht unumstritten, da den verschiedenen Untergruppen im Laufe der Zeit verschiedene Plätze im Pflanzensystem zugeordnet wurden. Heute werden zu den Sarracenienartigen zumeist die Sarraceniengewächse mit ihren 15 Arten, die Kannenpflanzengewächse mit etwa 70 Arten und die Sonnentaugewächse gezählt. Letztere stellen mit etwa 100 Arten die größte der genannten Gruppen und sind im Oligozän u.a. durch zwei bekannte Insektivoren, die Venusfliegenfalle und den Sonnentau, vertreten. Die Sonnentaugewächse werden in vier Untergruppen unterteilt, wobei drei dieser Gruppen nur jeweils eine einzige Art umfassen, während der vierten, Drosera oder Sonnentau, die mit Abstand meisten Formen zugerechnet werden. Mit Ausnahme der Venusfliegenfalle der Gattungen Dionaea und der Wasserfalle der Gattungen Aldrovanda, die ihre Opfer nach dem Schlagfallenprinzip (plötzliches Zuklappen) erbeuten, fangen alle Sonnentaugewächse ihre Beutetiere mit Klebefallen.

In Mitteleuropa kommt der Sonnentau gegenwärtig noch mit drei ausschließlich in Torfmooren zu findenden Arten vor. Am häufigsten unter diesen insgesamt seltenen Pflanzen ist der Rundblättrige Sonnentau (Drosera rotundifolia). Seine Blattfläche ist im Verhältnis zu den extrem langen Blattstielen winzig. Letztere sind von grüner Farbe und werden von einer großen Zahl roter, gestielter Drüsen bedeckt, die ein glänzendes Sekret absondern, das potenzielle Beutetiere durch den Duft von Honig anlockt. Die Substanz ist so klebrig, dass Insekten bis zur Größe einer Stubenfliege keine Chance haben, sich von der Masse zu befreien. Überdies krümmen sich durch den Fangreiz auch alle anderen Drüsenhaare eines Blattes über das erbeutete Tier. Sie scheiden ein eiweißlösliches Ferment ab, das die Weichteile der Beute innerhalb eines oder einiger weniger Tage zersetzt, sodass nur noch – je nach Art – Panzer, Flügel und Beine übrig bleiben. Dann kehren Drüsen und Blatt wieder in ihre Fangposition zurück.

Mit einem klebrigen Sekret an den Blattstielen lockt der Sonnentau Insekten in seine tödliche Falle.

Ein typisches Moorgewächs ist auch die Venusfliegenfalle, die heute im Nordosten der USA heimisch ist. Ihre Blätter stehen in einer Rosette und haben einen weniger langen, oben abgeflachten Stiel. Die fast kreisrunden Blattspreiten sind als ideale Klappfalle ausgebildet. Berührt ein Insekt eine der drei Fühlborsten im Inneren, schlagen die beiden Blatthälften augenblicklich zu, wobei die Dornen an den Rändern ineinander greifen. Anschließend wird auch hier ein eiweißlösliches Ferment abgeschieden. Nach dem Verdauungsvorgang öffnet sich das Blatt erneut. Eine weitere Großgruppe der Insektivoren bilden die Wasserschlauchgewächse mit vier Untergruppen und annähernd 300 Arten. Isoliert stehen hingegen die Cephalotaceae, die nur eine einzige Gattung und Art umfassen.

Aus dem Innern der nordamerikanischen Venusfliegenfalle gibt es kein Entkommen.

Um 33,7–23,8 Mio.

Leben in der Übergangszone: Flusspferdähnliche Desmotylia breiten sich aus

Mit den Desmostylia taucht im Oligozän eine Gruppe seltsam anmutender Huftiere auf, die entfernt an Nilpferde mit bizarr geformten Köpfen erinnern. Die etwa ponygroßen, plump gebauten Tiere bewohnen die Übergangszone zwischen Wasser und Land. Bevor sie im ausgehenden Miozän (23,8–5,32 Mio.) wieder von der Erde verschwinden, erlangen sie eine weite Verbreitung, die sich von der Ostküste Nordamerikas bis an die Nordspitze Südamerikas und in einige Regionen Asiens erstreckt. Die stammesgeschichtliche Herkunft der Desmostylia ist ungeklärt. Auf eine entfernte Verwandtschaft mit frühen Rüsseltieren deutet der Kopf hin, der eine gewisse Ähnlichkeit mit den Schädeln urtümlicher Elefanten aufweist. Deutlich zu erkennen ist diese Konvergenz bei dem bulligen Desmostylus. Ober- und Unterkiefer sind deutlich verlängert und mit zwei Paaren nach vorn gerichteter, deutlich hervorragender Schneide- bzw. Eckzähnen versehen. Wahrscheinlich dienen sie dem Zweck, in den flachen Küstengewässern, die den Lebensraum von Desmostylus bilden, Muscheln von den Klippen zu lösen. Möglich ist aber auch, dass sich das Tier zur Nahrungssuche auf den Grund des Gewässers absinken lässt. Die genauen Ernährungsgewohnheiten der Desmostylia sind bis heute ungeklärt.

Um 33,7 Mio. Nach einer Ruhepause dehnt sich die **Nordsee** wieder aus. Während der dem Oligozän vorausgehenden Periode, dem Eozän, war das Nordseebecken von dem weltweiten Vordringen (Transgression) der Meere weitgehend unberührt geblieben. Erst zu Beginn des Oligozäns setzt eine erneute Transgression der Nordsee ein. Zu Beginn ist ihre Ausdehnung weit nach Osten verlagert. Die Meeresfluten überspülen die baltischen Länder und Teile des heutigen Polen. Im weiteren Verlauf des Oligozäns dringt die Nordsee für kurze Zeit bis zum Oberrhein vor und verbindet sich mit dem alpinen Meer.

Im Norden Afrikas leben die ersten Vertreter der Menschenaffen. Zu den frühesten Gattungen zählt **Propliopithecus**, dessen Unterkieferreste zu Beginn des 20. Jh. in Schichten des Unteroligozäns in der Fayum-Senke in Ägypten gefunden wurden. In der älteren Forschung wurde Propliopithecus als ein Vorläufer der Gibbons angesehen. Diese These gilt mittlerweile als überholt. Einhelligkeit besteht darin, dass Propliopithecus bereits menschenaffenartige Züge aufweist. Welche Stellung er innerhalb der Primaten einnimmt und ob er als ein Vorfahr des Menschen angesehen werden kann, ist dagegen umstritten.

Das Nahrungsspektrum einiger Säugetiere erweitert sich um eine Frucht: die hartschaligen Nüsse des Caryabaumes. Er ist heute unter dem englischen Namen **Hickorybaum** bekannt. Die ersten Hickorybäume, die zu den Walnussgewächsen (Juglandaceae) zählen, gedeihen in den oligozänen Wäldern Mitteleuropas. Sie sind vor allem durch die versteinerten Früchte der Nachwelt überliefert. Die von einer meist gerunzelten, z. T. aber auch glatten Schale umgebenen, etwa vier Zentimeter langen Nüsse besitzen eine ovale Form mit abgerundeten Spitzen. Hickorybäume wachsen heute in Nordamerika und China.

In Herden leben die weltweit verbreiteten Merycoidodontoidae. Die bereits aus dem mittleren Eozän bekannten Säugetiere sind ab dem Oligozän mit verschiedenen Unterfamilien zahlreich vertreten. Zu ihnen gehört u. a. die namengebende Gattung **Merycoidodon**. Wie seine Verwandten entwickelt das Pflanzen fressende Tier etwa die Größe eines Schweines. Der Körper wird von relativ kurzen Gliedmaßen getragen.

Nachdem bereits im Eozän mit dem Protapirus ein erster Vertreter der Tapire auftauchte, erscheint im Oligozän nun mit **Tapirus** eine fortgeschrittenere Gattung der Unpaarhufer. Als typischen Angehörigen der Tapiridae kennzeichnet ihn die rüsselartig verlängerte Schnauze. Die Nahrung des Pflanzenfressers bilden Buschtriebe, Gräser und Blätter, die Tapirus in den Sumpfwäldern Europas abzupft. Die Tapire sind heute nur noch mit vier in Südostasien, Mittel- und Südamerika beheimateten Arten vertreten.

Um 33,7–23,8 Mio.

Wurzeln im Schlick – Lebensraum Mangrovenwald

In weiten Teilen Europas und in Nordafrika breiten sich Mangrovensümpfe aus (Abb.: Querschnitt durch einen Mangrovensumpf). Einen Verbreitungsschwerpunkt haben sie im Mittelmeerraum. Sie finden sich sowohl an der Nordküste Ägyptens wie an den Südküsten Europas und dringen sogar bis in den Raum des heutigen Kassel vor. Die Festlandsgebiete liegen zu dieser Zeit an den Rändern eines ausgedehnten Nordmeeres (siehe S. 285), das im Oligozän durch eine Meeresstraße auf Höhe des Oberrheingrabens mit dem Mittelmeer verbunden ist.

Vereinzelte Pollenfunde deuten darauf hin, dass die Mangroven bereits im Kreidemeer des ausgehenden Mesozoikums, mindestens aber im Eozän (55–33,7 Mio.) entstanden sind, doch sicher belegt sind sie erst für das Oligozän. Es handelt sich um strauch- bis baumförmige Gehölze, die im Schlick seichter Brack- und Salzwasser wurzeln, wobei sie die Brandungszonen meiden. Häufig werden ihre Standorte periodisch überflutet. Bei solchen Hochwassern ragen dann allenfalls noch die Kronen aus dem Wasser. Die mitunter nur wenige Dezimeter, manchmal mehrere Meter hohen Mangroven sind immergrüne Myrtenpflanzen, die in ihren angestammten Flachgewässern kleine Inseln bilden. Diese Inseln bestehen gelegentlich nur aus einer einzigen Pflanze, sehr häufig jedoch werden sie von einer Gruppe von Pflanzen gebildet. Alle Mangrovengewächse sind äußerst wärmeliebend. Als sich im Verlauf des Miozäns (23,8–5,32 Mio.) das Klima weiter abkühlt, ziehen sie sich aus Europa und Nordafrika in tropische Breiten zurück.

Die Mangrovensümpfe bilden den Lebensraum einer ganz eigentümlichen Fauna. Durch die geringe Größe der vielen einzelnen Inseln sind größere Landtiere kaum vertreten. Dies gilt für Säuger und zumeist auch für Reptilien. Davon profitieren die Vögel, die in den Mangrovensümpfen häufig ideale Brutplätze finden. Vergleichsweise reich vertreten sind darüber hinaus auf Bäumen lebende Kleinstlebewesen, doch handelt es sich insgesamt um ein gestresstes und deshalb eher artenarmes Ökosystem. Zu den häufigsten Bewohnern zählen Insekten und Spinnen, des Weiteren kommen Skorpione, Hundert- und Tausendfüßer, Asseln und Milben vor. Der Bestand der noch verbliebenen Mangrovenwälder ist heute u. a. durch die Ausweitung der kommerziellen Garnelenzucht bedroht.

Um 33,7–23,8 Mio.

Neue Form der Nagetiere: Frühe Biber zeigen Zähne

Bei den Hörnchenverwandten, einer Untergruppe der Nagetiere, treten die ersten Biber auf. Mit einer Kopf-Rumpf-Länge von bis zu einem Meter und einer Schwanzlänge von 30 cm stellen sie heute (s. Abb. l.) die mit Abstand größten europäischen Nager. Ihre Vorfahren aus dem Oligozän sind erheblicher kleiner und unterscheiden sich auch hinsichtlich ihrer Biologie. Zwar leben sie gleichfalls in unmittelbarer Nähe größerer Süßgewässer, doch sind sie nicht in der Lage, große Bäume zu fällen. Auch dass sie wie die heutigen Biber Wohnburgen und Dämme anlegen, ist äußerst unwahrscheinlich. Sie leben vielmehr, wie der taschenrattenähnliche Biber Palaeocastor, in Wohnröhren, die sie in den Boden graben. Aufgrund ihres eigentümlichen spiralförmigen Aussehens wurden diese Wohnröhren auf den Namen Daimonelix (Geisterschrauben) getauft.

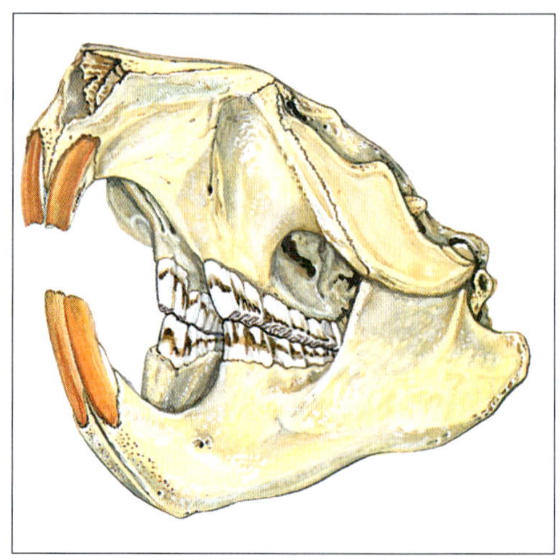

Zu den charakteristischen Merkmalen des Bibers zählen der ovale, kellenförmig abgeflachte Schwanz sowie die extrem kräftigen Nagezähne (Abb. r.: Biberschädel). Wie bei allen Nagetieren besitzt nur die Vorderseite dieser Zähne Zahnschmelz, während die Rückseite aus weichem Dentin besteht. Dieses Material nutzt sich schneller ab, dadurch bleiben die Zähne scharf. Zur Anpassung an das Wasser haben Biber ein drittes, durchsichtiges Augenlid, um unter Wasser sehen zu können. Die Lippen schließen hinter den Nagezähnen, sodass der Biber auch mit geschlossenem Mund nagen kann.

Ebenfalls im Oligozän spalten sich die erstmals im Paläozän (65,5–55 Mio.) nachgewiesenen Lagomorpha in die kleinere Gruppe der Pfeifhasen und die erheblich größere der echten Hasen und Kaninchen. Hasentiere wurden früher auch zu den Nagern gestellt, bilden heute aber wegen einiger anatomischer Eigenheiten eine eigene Gruppe.

Um 33,7–12 Mio.

Fossilienschichten geben Rätsel auf

In den Badlands, einer bizarren Landschaft in South Dakota (USA) zwischen den Rocky Mountains und den Großen Seen, fossilisieren zahlreiche große Säugetiere aus verschiedenen Phasen des Oligozäns und Miozäns.
Die Fossilienlagerstätte, die sich über ein Gebiet von Tausenden Quadratkilometern erstreckt, ist durch das Fehlen einer Pflanzendecke gut erschlossen. Diese Kargheit hat der Region ihren Namen gegeben: Badlands (»schlechtes Land«).
Im Vergleich zu anderen Fundstellen zeichnen sich die Badlands durch eine Reihe eigentümlicher Merkmale aus: Zunächst fehlen in den Sedimenten alle Anhaltspunkte für ehemalige Landoberflächen und auch der Nachweis einer alttertiären Vegetation beschränkt sich auf vereinzelte Funde von Pflanzensamen. Zahlreiche Schichten sind nahezu fossilienleer, während die Tierfunde an anderen Stellen im Überfluss auftreten. Schließlich weisen die Fossilfunde eine extrem starke vertikale Schichtung der verschiedenen Faunen auf. Eine Fundlage enthält häufig fossile Überreste des Nashorns Metamynodon, eine andere solche der Landschildkröte Stylemys, des Wiederkäuers Protoceras, der schafähnlichen Leptauchenia oder diverser anderer Säugetiere.
Paläontologen erklären diese Eigentümlichkeiten mit der Entstehungszeit der Lagerstätte, die sich über rund 20 Mio. Jahre erstreckt. Vermutlich leben die meisten der eingelagerten Tiere ursprünglich nicht in den Badlands. Sie sterben nicht durch Krankheiten oder hohes Alter, sondern sind das Opfer mehrerer aufeinander folgender Katastrophen. Erst nach ihrem Tod werden sie in ganzen Herden in die Badlands geschwemmt, wo sie rasch unter nachfolgenden Sedimenten begraben werden. Das Schüttungsgefüge im Gestein deutet darauf hin, dass der Transport von West nach Ost und nur über eine relativ kurze Entfernung erfolgte.

Fundgrube für Paläontologen: die unwirtlichen Badlands in South Dakota

Um 33,7–23,8 Mio.

Anpassung an das Leben im Wasser: Pflanzenfresser taucht ab

Bei den Seekühen oder Sirenia vollzieht sich im Oligozän die Entwicklung von den primitiven, noch vierbeinigen Vorfahren zu den modernen Formen (Abb.: Seekuh Dugong dugong). Die Seekühe, die heute noch mit zwei Gattungen und insgesamt vier Arten vertreten sind, haben sich als einzige Pflanzen fressende Säugetiere vollkommen an das Leben im Wasser angepasst. Ihre Ursprünge liegen im Dunkeln. Manche Wissenschaftler vermuten, dass sie einen frühen gemeinsamen Vorfahren mit den Elefanten besitzen. Der Stammbaum der heute lebenden Seekühe beginnt mit Prorastomus, einem plumpen Tier von der Größe eines Hausschweins, von dem bislang nur ein Schädel und Teile der Wirbelsäule geborgen werden konnten. Diese Skelettfragmente lassen erkennen, dass sein Kopf bereits annähernd demjenigen seiner heutigen Nachfahren ähnelte, er aber mit Sicherheit noch über vier Beine verfügte und mindestens teilweise, vielleicht sogar überwiegend auf dem Land lebte. Der europäische Rytiodus hingegen weist bereits alle typischen Merkmale der Seekühe auf. Die Vordergliedmaßen sind zu paddelförmigen Flossen umgeformt, die Hintergliedmaßen verschwunden. Der Schwanz trägt eine Querflosse. Ganz ähnlich wie seine Nachfahren bevorzugt Rytiodus die warmen Küstengewässer, in denen er sich von riesigen schwimmenden Pflanzenteppichen ernährt.

Um 33,7–23,8 Mio.

Ein Verwandter unserer Igel?

In der Gruppe der Insektenfresser, die u.a. Igel, Maulwürfe, Spitzmäuse, Schlitzrüssler und Tanreks umfasst, treten die Dimylidae in Erscheinung. Es handelt sich um eine artenarme Familie kleiner Tiere, die stammesgeschichtlich vermutlich den Igeln nahe stehen.
Die Dimylidae bevorzugen feuchte Biotope in Wassernähe, in denen sie sich von Würmern, Schnecken und anderen Weichtieren ernähren. Ihre Verbreitung beschränkt sich auf Europa, wo sie im Oligozän (33,7–23,8 Mio.) und Miozän (23,8–5,32 Mio.) mit mindestens sechs Arten belegt sind. Ihr letzter Vertreter ist Plesiodimylus, der im Miozän erscheint, im nachfolgenden Pliozän (5,32–1,81 Mio.) jedoch wieder ausstirbt. Über die Ursprünge der Dimylidae ist vergleichsweise wenig bekannt, weil sie im Fossilbericht äußerst selten erscheinen.
Die echten Igel kommen heute in Europa, Asien und Afrika vor. Zu ihnen zählen nicht nur die bekannteren Stacheligel, sondern auch die stachellosen Haar- oder Rattenigel, die vor allem in Asien verbreitet sind und die in ihrer Erscheinung eher großen Mäusen als dem bekannten Europäischen Igel gleichen. Von Letzterem unterscheiden sie sich auch durch ihre längeren Schnauzen und Schwänze. Alle Igel werden den altertümlichen Säugetierformen zugeordnet.

Um 33,7 Mio.

Zu den bis zu 70 m hohen Laubhölzern aus der Gruppe der Mastixiaceae zählt die Gattung **Eomastixia**. Ihre fossilen Reste fanden Wissenschaftler erstmals in oligozänen Schichten Mitteleuropas. Eomastixia, deren Vorkommen bis ins Pliozän nachweisbar ist, stellt eine der sieben bekannten Gattungen der Mastixiaceae dar. Diese unterscheiden sich vor allem durch ihre Früchte (karpologische Merkmale). Walnussartige Formen kennzeichnen die Früchte von Eomastixia. Sie sind von einer etwa fünf Zentimeter langen, stark geriffelten braungrauen Schale umhüllt.

Große Schuppen bedecken den Körper des zu den Knochenfischen (Teleostei) zählenden Karpfenfischs **Leuciscus**. Die länglichen Fische entwickeln kleine, zwischen 10 und 30 cm große Formen. Annähernd gleich gestaltet sind die Rücken- und die Afterflosse. In Stein erhaltene Abdrücke von Leuciscus wurden in Europa, Asien und Nordamerika entdeckt.

Von Früchten ernährt sich der kleine Primat **Aegyptopithecus**. Sich vierbeinig fortbewegend, klettert der Affe in den Ästen und Wipfeln der Bäume. Fossile Reste des Säugetiers entdeckten Paläontologen in dem an Fossilien reichen Fayum-Gebiet in Ägypten. Der im Jahr 1967 der Fachwelt bekannt gewordene Aegyptopithecus, von dem ein fast vollständig erhaltener Schädel gefunden wurde, vereint Merkmale, die bei Halbaffen und Menschenaffen anzutreffen sind. Aufgrund der menschenaffenähnlichen Charakteristika wurde er zunächst als ein Vorläufer der Menschenaffen angesehen.

Große Formen entwickeln die zu den Huftieren (Ungulata) gehörenden **Pyrotheria**. Die Pflanzen fressenden Säugetiere tauchen erstmals in Südamerika auf und sind vor allem durch die mitteloligozäne Gattung Pyrotherium bekannt. Als Einzige liefert sie durch einen erhaltenen Schädel nähere Hinweise auf die Gestalt der Tiere. Demnach handelt es sich bei den Pyrotheria um Großsäuger, deren lang gestreckte Körper auf säulenartigen Gliedmaßen ruhen. Die aus dem Oberkiefer wachsenden, zu Stoßzähnen umgewandelten Schneidezähne verleihen den Pyrotheria elefantenähnliche Züge.

Um 33,7–23,8 Mio.

Nördliches Alpenvorland besteht aus Abtragungsschutt

Im alpinen Raum (Abb.: Blick auf den Riessersee mit Alp- und Zugspitze) erreicht die Gebirgsbildung im Oligozän einen Höhepunkt. Die Alpen werden weit über ihre heutige Höhe hinaus emporgehoben. Die Faltungsvorgänge werden von einem heftigen Vulkanismus begleitet, der sich bis in den Schwarz- und Westerwald sowie das Siebengebirge auswirkt. Gleichzeitig schreitet der Prozess der Erosion voran.
Das in den Alpen abgetragene Material liefert die Sedimente für die sog. Molasse, einen ausgedehnten Meerestrog, der sich nördlich des Gebirges bis an die Donau bzw. den Schweizer Jura erstreckt. Die Ablagerungen zeigen einen mehrfachen Wechsel zwischen einer marinen und einer nichtmarinen Entwicklung, die sich in der Schichtung von Meeres- und Süsswasser-Molassen dokumentiert. In dem gleichen Maße, in dem sich der Molassetrog mit Abtragungsschutt füllt, sinkt der Trog weiter ab und dehnt sich zugleich unter kontinuierlicher Verflachung über das gesamte nördliche Alpenvorland aus. Trotz der starken Abtragungen werden die Alpen erst in dieser Phase zu einem eigentlichen Hochgebirge. Der bis heute nicht abgeschlossene Erosionsprozess verleiht den Alpen ihr charakteristisches scharfkantiges Profil.

Um 33,7–23,8 Mio.

Riesensäuger weltweit

30 Mio. Jahre nach dem Aussterben der Dinosaurier existiert in allen Erdregionen wieder eine beeindruckende Großtierfauna. Zwar erreicht keines der Tiere die Größe der Schreckensechsen, doch übertreffen sie die Ausmaße heute lebender Großwildvertreter zum Teil erheblich. Gemeinsames Merkmal aller dieser Riesenformen ist, dass sie ausnahmslos zu den Säugetieren zählen und entwicklungsgeschichtlich fast alle ohne direkte Nachkommen sind. Dies gilt nicht für Phiomia (siehe S. 277), die nordafrikanische Urform der Elephantoideae, wohl aber für sein südamerikanisches Pendant, das stämmig gebaute und bis zu drei Meter lange Pyrotherium (siehe S. 271). Das nordafrikanische Arsinoitherium, das eine Länge von 3,5 m erreicht, dessen systematische Zuordnung aber vollkommen unklar ist, ähnelt äußerlich einem Nashorn. Ähnliches gilt für Brontotherium. Mit einer Schulterhöhe von 2,5 m lässt es die heute lebenden Nashörner fast wie Zwerge erscheinen.
Eine ganz eigentümliche Großtierfauna bildet sich in Zentralasien aus. Hier lebt mit dem Indricotherium das größte landlebende Säugetier aller Zeiten. Dieses riesenhafte Tier erreicht eine Schulterhöhe von 4,5 m und eine Länge von bis zu acht Metern. Mit einem Gewicht von ca. fünf Tonen wiegt es so viel wie drei ausgewachsene Afrikanische Elefanten. Mit seinen vergleichsweise hohen Beinen und dem fast tapirähnlichen Kopf ähnelt es zwar den Nashörnern viel weniger als alle vorgenannten Formen, dennoch wird es zu ihrer Verwandtschaft gezählt. Eine Schulterhöhe von immerhin zwei Metern erreichen manche Entelodonten, entfernt an Wildscheine erinnernde und zu den Schweineartigen zählende Allesfresser. Eine kuriose Erscheinung ist das Chalicotherium, ein träger, bis zu 2,5 m langer Pflanzenfresser, dessen Rückenprofil stark nach hinten abfällt und der, ähnlich den Affen, seine Vorderbeine auf den Fingerknöcheln aufsetzt.

Das in Asien beheimatete Riesennashorn Indricotherium misst bis zu acht Metern.

Um 33,7–23,8 Mio.

Aegyptopithecus – Vorfahr der Primaten und Menschen?

Mit Aegyptopithecus (s. Abb.) tritt in Nordafrika der mutmaßliche Vorfahre der späteren Hominoidea, also der Menschenaffen (Pongidae) und Menschenartigen (Hominidae) in Erscheinung. Gemeinsam mit Propliopithecus, vermutlich auch mit Proteopithecus, Oligopithecus und Catopithecus bildet er die Gruppe der Propliopithecidae.

Dank eines nahezu vollständig fossilisierten Schädels und weiterer Funde ist Aegyptopithecus von allen genannten Arten die am besten bekannte. Sein Extremitätenskelett deutet auf einen relativ schwerfälligen, sich vierbeinig fortbewegenden Baumbewohner hin. In Größe und Gestalt ähnelt er am ehesten den heutigen südamerikanischen Brüllaffen, die stammesgeschichtlich allerdings einem anderen Formenkreis angehören. Seine Kopf-Rumpf-Länge beträgt rund 60 cm. Anders als die meisten modernen Nachfahren, verfügt er noch über einen langen Schwanz. Das Gebiss, das eindeutig hominoide Charakteristika erkennen lässt, deutet darauf hin, dass sich Aegyptopithecus bevorzugt von Blättern und Früchten ernährt. Sein Schädel ist lang und gestreckt, ältere Exemplare weisen einen Scheitelkamm auf. Ein knöcherner äußerer Gehörgang ist noch nicht entwickelt. Die Augenhöhlen sind vergleichsweise klein, was auf eine tagaktive Lebensweise schließen lässt. Das Gehirn des Aegyptopithecus ist im Vergleich zu demjenigen späterer Anthropoiden, der eigentlichen Affen, noch relativ klein, im Vergleich zu dem Gehirn seiner eozänen Vorfahren allerdings schon sehr gut entwickelt.

Die stammesgeschichtliche Stellung des Aegyptopithecus ist umstritten. Einige Forscher vertreten die Hypothese, dass bereits der Propliopithecus als eine Frühform der Hominoidea anzusehen sei. Propliopithecus ist deutlich kleiner als Aegyptopithecus und tritt bereits etwas früher in Erscheinung. Wie Aegyptopithecus lebt auch er in Ägypten. Gegen diese Hypothese spricht der Umstand, dass sein Gebiss von dem der späteren Hominoidea erheblich abweicht. Überdies lässt Aegyptopithecus im Unterschied zu Propliopithecus in seinem Skelett zahlreiche Übereinstimmungen mit den miozänen Arten Proconsul und Dryopithecus erkennen, die zweifellos zum Stammbaum der Hominoidea zählen. Denkbar ist aber, dass Aegyptopithecus von Propliopithecus abstammt.

In jedem Fall vollzieht sich die Entwicklung zu den Pongidae und Hominidae ausschließlich bei den Altweltaffen in Afrika und Asien, während die Neuweltaffen in Südamerika eine eigene, isolierte Entwicklung durchlaufen, die sich in einigen charakteristischen anatomischen Merkmalen widerspiegelt. So haben etwa alle Altweltaffen eine vergleichsweise schmale Nasenscheidewand, ihre Nasenlöcher weisen nach vorn und unten. Bei den Neuweltaffen ist die Nasenscheidewand breiter, die Nasenlöcher öffnen sich zur Seite. Ein zweites wichtiges Merkmal ist der Schwanz, der bei allen Neuweltaffen zum Klettern dient, bei den Altweltaffen diese Funktion aber nicht übernimmt, zum Teil sogar völlig verschwindet.

Um 33,7–23,8 Mio.

Lake Florissant: Einzigartige Fossilien im Sumpfgebiet

Auf dem Gebiet des US-amerikanischen Bundesstaates Colorado erstreckt sich im Oligozän ein ausgedehntes Sumpfgebiet. In seinem Zentrum liegt ein Binnensee, in dessen feinkörnigen Sedimenten die nordamerikanische Flora und Fauna des ausgehenden Alttertiärs in einem sehr gut erhaltenen Zustand fossilisiert. Nach dem nahe gelegenen Ort Florissant wird die Fossilienlagerstätte heute als Florissant Fossil Beds National Monument bezeichnet.

In den Sedimenten des Lake Florissant werden die Überreste von Fischen, Vögeln und zahlreichen Säugern überliefert. Zu den Letzteren zählt u.a. das urtümliche Merycoidodon, das entfernt den heutigen Pekaris gleicht. Belegt sind auch das Ur-Pferd Mesohippus (siehe S. 299) sowie der frühe Hornträger Protoceras (siehe S. 285), ein elchähnliches, dabei aber nur etwa ein Meter großes Tier, das auf seinem Kopf sechs hornähnliche, knöcherne Auswüchse trägt.

Seine große Berühmtheit verdankt der Lake Florissant vor allem den versteinerten Insekten, die individuen- und formenreich vertreten sind. Zu den fossilisierten Arten zählen alle bekannten alttertiären Schmetterlinge der Neuen Welt, aber auch Netzflügler, Köcherfliegen und Käfer. Die Geradflügler sind u.a. durch Heuschrecken, die Zweiflügler durch Fliegen und Mücken, die Hautflügler durch Bienen, Wespen sowie Ameisen und die Schnabelkerfen durch Wanzen vertreten. Auch die Flora des ehemaligen Sumpfgebietes blieb mit weit über 120 verschiedenen Arten erhalten.

Um 33,7–23,8 Mio.

Spezialisierte Wasserpflanzen

Bei den Wasserpflanzen schreitet die Eroberung neuer Lebensräume in Form einer Spezialisierung und kontinuierlichen Ausdifferenzierung der vorhandenen Formen voran. Ähnlich wie bei den Fleisch fressenden Pflanzen (siehe S. 291) des Oligozäns kommt es auch hier zu zahlreichen Beispielen einer konvergenten Evolution.

Ähnliche Strategien in der Anpassung an das Wasserleben zeigen etwa der Wasserhahnenfuß (s. Abb. ganz unten), der Tannenwedel, viele Tausendblattgewächse sowie die Wasserpest. Sie alle bilden äußerst feine, oft mehrere Meter lange Triebe aus, die sich durch eine hohe Elastizität auszeichnen. An ihnen setzt das Unterwasserlaub an, das teils aus fadenförmig geteilten, teils aus gegabelten Blättchen besteht, die entweder ruhig im Wasser schweben oder auch in der Strömung treiben. Einige der genannten Pflanzen leben ausschließlich untergetaucht, andere wachsen über die Wasseroberfläche hinaus, wie etwa der Wasserhahnenfuß. Bei ihm unterscheiden sich die Unterwasserblätter deutlich von den flächig verbreiterten Schwimmblättern.

Vor allem den Tausendblattgewächsen verhilft ihre ausgeprägte Anpassungsfähigkeit zu einer nahezu kosmopolitischen Verbreitung.

Auch bei ihnen unterscheiden sich die gefiederten Unterwasserblätter gelegentlich stark von den ungeteilten Luftblättern. Sie leben bevorzugt in stehenden oder langsam fließenden Gewässern, wobei die meisten Formen vollkommen untergetaucht existieren. Eine Besonderheit einiger Arten ist, dass sie in der Lage sind, in versumpfenden oder sogar trockenfallenden Gewässern Landformen auszubilden. Diese Fähigkeit besitzt auch der Wasserknöterich (s. Abb. o.). Ungewöhnliche Eigenschaften zeichnen auch die Krebsschere aus, die ihr spezifisches Gewicht saisonal verändert. Während ihrer Blütezeit ragt sie mit zwei Dritteln ihres Pflanzenkörpers aus dem Wasser, um später wieder bis zu den Blattspitzen abzutauchen. In der kalten Jahreszeit lässt sie sich bis auf den Gewässergrund sinken.

Um 33,7 Mio. Mithilfe der sog. Byssusfäden verhaftet sich die zu den Arcoida zählende, weltweit verbreitete Muschel **Anadara** am Untergrund. Die zunächst klebrigen Fäden werden aus der Byssusdrüse abgesondert, die sich an der Unterseite der Muschel befindet. Nach einiger Zeit erstarren die Fäden und sorgen so für einen festen Halt. Die etwa drei Zentimeter lange Anadara wird wie alle Muscheln von einem zweiklappigen Gehäuse geschützt. Die Schalen sind meist gerundet oder trapezförmig und mit breiten Rippen skulptiert. Die Platte, an der das die Schalen verbindende Schloss ansitzt, markieren schief gestellte Zähne.

Zu den weit verbreiteten Lorbeergewächsen (Lauraceae) zählt die Gattung **Daphnogene**. Fossilisierte Blattabdrücke verschiedener Arten wurden weltweit in Schichten des Oligozäns entdeckt. Demnach war Daphnogene ein strauchgroßes Gewächs mit etwa zehn Zentimeter langen Blättern. Sie besitzen die für die Lauraceae typische spitzovale Form. Von den drei Hauptnerven zweigen in Bogen verlaufende Basalnerven ab. Die weltweite Verbreitung der Lauraceae begünstigen die subtropischen und tropischen Klimaverhältnisse gegen Ende des Alttertiärs.

Ein recht markantes Äußeres besitzt das Huftier **Arsinoitherium**. Aus dem Nasenbein des vorderen Schädeldaches wachsen nebeneinander zwei große Nasenhörner. Elefantenähnliche Merkmale weist der Körper des 3,5 m langen und 1,75 m hohen Säugetieres auf. Insbesondere die fünf weit gespreizten Zehen erinnern an die Fußglieder von Elefanten. Als spezialisierter Pflanzenfresser verfügt Arsinoitherium über hochkronige, nachwachsende Zähne, mit denen das zu den Embrithopoda gehörende Säugetier auch hartfaserige Pflanzen mühelos zermahlen kann.

Im Rupelium, der untersten Stufe des Oligozäns, überflutet das Meer während der so genannten **Rupeltransgression** Teile der Eifel und des Hunsrück. Bis zu 250 m steigt dabei der Meeresspiegel an. Der anschließende Rückzug der Fluten leitet tektonische Prozesse ein, die u.a. zur Entstehung der Kölner Bucht führen.

Spitzhörnchenähnliche Formen entwickeln die in Ostasien beheimateten Anagalida. Als eine der bekanntesten Gattungen gilt **Anagale**, deren Schädel und Knochen Paläontologen in oligozänen Schichten der Mongolei fanden. Das kleine Säugetier lebt von Insekten, nach denen es teilweise im Boden scharrt. Zu diesem Zweck sitzen an den Vorderfüßen große Klauen. Wegen ihrer großen Ähnlichkeit wurden die Anagalida lange Zeit als Verwandte der heutigen Spitzhörnchen angesehen. Tatsächlich repräsentieren sie aber eine eigenständige Linie.

Um 33,7–1,81 Mio.

Die ersten echten Katzen:

Nachdem im unteren Oligozän die ersten Vertreter der Nimraviden, der frühesten Katzen, in Erscheinung treten, tauchen wenig später auch die ersten echten Feliden oder Katzenartigen auf. Noch im Verlauf des Oligozäns gehen aus dieser Linie die frühesten Säbelzahlkatzen hervor.

Die Nimraviden, die systematisch zumeist als ein urtümlicher Seitenzweig der Katzenartigen behandelt werden, leben vom unteren Oligozän bis zum ausgehenden Miozän (23,8–5,32 Mio.). In diesen rund 25 Mio. Jahren breiten sie sich über ganz Nordamerika und Europa aus. Sie teilen den Lebensraum der echten Feliden. Während die Füße der Nimraviden eher hundeähnlich ausgebildet sind, ist ihre übrige Gestalt eindeutig katzenartig. Die oberen Eckzähne sind etwas länger als bei heutigen Raubkatzen, aber deutlich kürzer als bei den Säbelzahnkatzen. Einer ihrer frühesten Vertreter ist der etwa 1,2 m lange Nimravus, ein luchsähnlicher Beutegreifer, der Kleinsäugern und Vögeln nachstellt. Nimravus verfügt über ausgezeichnete Augen und ist in der Lage, seine Krallen beim Laufen bis zu einem gewissen Grad einzuziehen.

Der fast zeitgleich ebenfalls von Nordamerika bis Europa verbreitete Eusmilus ist eine sehr frühe Säbelzahnkatze, die viele typische Merkmale späterer Säbelzahnkatzen besitzt, auch wenn sie stammesgeschichtlich einen aussterbenden Seitenzweig repräsentiert. Eusmilus weist bereits die für alle Katzen typische Reduktion des Gebisses auf. Seine oberen Eckzähne sind zu gewaltigen Hauern umgestaltet. In einer Anpassung an diese tödlichen Waffen hat sich sein Kiefergelenk so weit verändert, dass er sein Maul sehr weit aufreißen kann.

Eusmilus besitzt im Vergleich zu modernen Großkatzen kurze Beine.

Im oberen Miozän verschwindet Eusmilus und dafür taucht Megantereon auf. Diese etwa 1,2 m lange Raubkatze, die in ihrer Statur einem Puma gleicht, ist vermutlich die Urform aller späteren Säbelzahnkatzen. Bis zum Ende des Pliozäns (5,32–1,81 Mio.) erreicht

Um 33,7 Mio.

Langsamkeit als Lebensprinzip: Urtümliche Faultiere

In Südamerika treten die ersten urtümlichen Faultiere oder Mylodontidae in Erscheinung. Sie bilden die vierte große Untergruppe der so genannten Nebengelenktiere, die außerdem die Gürteltiere (siehe S. 269), Schuppentiere (siehe S. 271) und Ameisenbären (siehe S. 282) umfassen. Die Bezeichnung Nebengelenktiere verweist auf eine anatomische Eigenart im Bau der Wirbelsäule.

Die urtümlichen Faultiere, die sich erstmals an der Grenze von Eozän und Oligozän nachweisen lassen, unterscheiden sich von ihren Nachfahren in Gestalt und Biologie erheblich. Sie erreichen etwa die Größe eines heute lebenden Schwarzbären und übertreffen damit die modernen Faultiere an Gewicht und Masse deutlich. Außerdem leben sie als reine Bodenbewohner in den Wäldern. Gewöhnlich bewegen sich diese reinen Pflanzenfresser auf ihren vier Beinen fort, zum Fressen können sie sich aber auch auf ihre Hinterbeine stellen.

Die heute lebenden Faultiere Süd- und Mittelamerikas (Abb.: Unau) lassen kaum noch erahnen, dass eines der größten landlebenden Säugetiere aller Zeiten zu ihrem Stammbaum gehört. Das Riesenfaultier Megatherium, das an der Grenze von Pliozän und Pleistozän (um 1,81 Mio.) zunächst den Süden und Westen Südamerikas, später auch Nordamerika bewohnt, ist bis zu sechs Meter lang und mehr als drei Tonnen schwer. Auch dieses gigantische Lebewesen lebt ausschließlich am Boden. Seine muskulösen Kiefer sind darauf ausgerichtet, große Mengen pflanzlichen Materials zu zerkleinern. Zur Nahrungssuche und zur Verteidigung vor Beutegreifern wie dem Säbelzahntiger kann sich das Megatherium auf seine Hinterbeine stellen. Vor dem Erscheinen des modernen Menschen hat dieses gigantische Tier, das an seinen Händen und Füßen mächtige Krallen trägt, keinen Feind ernsthaft zu fürchten. Erst die Ausbreitung des Homo sapiens und die damit einhergehende intensive Bejagung von Megatherium vor wenigen Tausend Jahren führt nach Ansicht einiger Forscher zu dessen Untergang.

Säbelzahn und leise Pfoten

Das Skelett von Smilodon lässt die Stellung der Pfoten und die gewaltigen Eckzähne erkennen.

Megantereon vom Mittelmeerraum aus eine weite Verbreitung, die Afrika, Asien, Europa und Nordamerika umfasst. Erst im unteren Pleistozän (1,81 Mio.–10 000) geht aus Megantereon die klassische Säbelzahnkatze Smilodon hervor. Ihre nordamerikanische Form, Smilodon fatalis, ist etwa kleiner als die südamerikanische, Smilodon populator. Beide sind ungemein kräftig. Zu ihrer Beute zählen Mammute, Bisons und andere Großsäuger. Ihre dolchartigen Eckzähne sind gefährliche, aber auch empfindliche Waffen, die sie vor Kontakt mit Knochen bewahren müssen.

Um 33,7 Mio.

Bartenwale profitieren von wachsendem Krill-Angebot

In den Küstengewässern um Neuseeland bilden sich die ersten Bartenwale heraus (Abb. l.: Grauwal). Ihre Evolution steht vermutlich in direktem Zusammenhang mit der allgemeinen Abkühlung des Weltklimas in dieser Phase, denn in den kalten Gewässern der subpolaren Breiten entwickelt sich nun mit dem Massenvorkommen von marinen Kleinlebewesen (Krill) ein Nahrungsangebot, auf das sich die Bartenwale spezialisieren. Ihren Namen verdankt diese Gruppe den Barten, vom Gaumen herabhängenden Hornplatten, die die Funktion eines natürlichen Siebs übernehmen. Diese Barten, die bei den alttertiären Walen noch um einiges kürzer sind als bei den modernen Formen, hängen an beiden Seiten der Mundhöhle quer zur Längsachse des Tieres herunter und sind innen mit Härchen besetzt. Die Bartenwale nehmen Wasser in ihr Maul auf und drücken dann die Zunge an den Gaumen. Dabei wird das Wasser seitlich wieder herausgepresst, während die im Wasser lebenden Organismen herausgefiltert werden. Die Nahrungsgrundlage bildet das Plankton, das seinerseits überwiegend aus Krill besteht.

Die frühen Bartenwale sind noch deutlich kleiner als ihre modernen Verwandten, die mit dem bis zu 30 m langen und 160 t schweren Blauwal das größte Säugetier aller Zeiten stellen. Selbst der kleinste der heutigen Bartenwale, der Zwergglattwal, ist mit sechs Metern immer noch um ein gutes Drittel größer als seine archaischen Vorfahren (Abb. u.: fossiler Bartenwal von Groß Pampau aus dem Miozän). Ein Großteil der Bartenwale, die heute etwa zehn Prozent aller Wale stellen, ist vom Aussterben bedroht.

Um 33,7–23,8 Mio.

Vielfalt der Hundeartigen

Mit dem Oligozän setzt in der Gruppe der Hunde oder Canidae eine beschleunigte Artdifferenzierung ein. Gibt es zu Beginn dieser Periode fünf Gattungen, so umfassen die Hundeartigen an der Grenze zum Miozän (um 23,8 Mio.) bereits 20 solcher Untergruppen. Ihr Verbreitungsgebiet ist breit, ihr Erscheinungsbild überwiegend groß. Einige lassen die Gestalt ihrer modernen Nachfahren erkennen, andere erinnern eher an Waschbären, Marder oder Ginsterkatzen. Ihren Erfolg verdankt diese Gruppe dem kräftig entwickelten Gebiss sowie der Schnelligkeit und Ausdauer bei der Jagd. Anders als Katzen jagen viele Angehörige dieser Gruppe in Rudeln. Die Hundeartigen erleben im nachfolgenden Miozän den Höhepunkt ihrer Entwicklung, danach setzt ihr Niedergang ein. Heute sind sie durch die Hunde, Wölfe, Schakale, Kojoten und Füchse vertreten.

Um 33,7–23,8 Mio.

Mischwald erobert Kontinent

Die allgemeine Abkühlung des Weltklimas führt in Europa zu einem schleichenden Florenwandel. Die Pflanzengemeinschaften, die im vorausgehenden, von einer feuchtwarmen Witterung geprägten Eozän (55–33,7 Mio.) in weiten Gebieten des Kontinents tropische Sumpfwälder gebildet hatten, werden zunehmend von Mischwäldern

verdrängt. An trockenen Standorten machen sich verstärkt Nadelbäume breit, doch überwiegen bei den Bäumen die Bedecktsamer (Abb.: fossiles Blatt aus dem oberen Oligozän). Sie zählen zum Teil zu Formenkreisen, die heute nur noch in tropischen und subtropischen Breiten anzutreffen sind, doch finden sich auch – trotz des vergleichsweise deutlich wärmeren Klimas – nahezu alle typischen Vertreter heutiger Mischwälder.

Um 33,7–23,8 Mio.

Fledertiere erhalten Zuwachs

In der Gruppe der Fledertiere, die bereits seit dem unteren Eozän durch die Fledermäuse (siehe S. 274) vertreten ist, erscheinen die ersten Flughunde. Von ihren älteren Verwandten unterscheiden sie sich u.a. durch die deutlich größere Flügelspannweite (bis zu 1,5 m) sowie eine tagaktive Lebensweise. Deshalb sind die bei Fledermäusen vorhandenen Ultraschallorgane bei ihnen überflüssig. Flughunde sind reine Pflanzenfresser, die sich von Früchten, Blüten und Nektar ernähren.

Um 33,7 Mio. In den tropischen Wäldern Nordafrikas leben die Primaten der Gattung **Apidium**. Auf der Suche nach Nahrung hangeln sich die tagaktiven Affen von Ast zu Ast. Vermutlich lebten die Tiere wie die meisten heutigen Affen in Verbänden, bei denen die stärksten Männchen die Führungsrolle übernahmen. Die Skelette von Apidium, die Paläontologen im Fayum-Becken in Ägypten bargen, belegen, dass die männlichen Exemplare deutlich größer als die Weibchen waren. Sie erreichten eine Körperlänge von etwa 30 cm. Bei ihrer Entdeckung hielt man die Knochen zunächst für Überreste eines Schweines oder einer Kuh.

Im heutigen Deutschland erfasst die im Unteroligozän einsetzende Transgression neben Teilen des Rheinischen Schiefergebirges auch das Oberrheingebiet mit dem **Mainzer Becken**. Die Überflutung der Senke führt zur Anlagerung tonhaltiger Schichten, dem sog. Rupelton (Rupelium), sowie Sanden, die reich an Fossilien sind. Im Verlauf des Oligozäns erfolgen weitere Meeresvorstöße. Nachdem das Wasser bereits zu Beginn brackigen Charakter besaß, kommt es an der Wende zum Miozän zu einer weiteren Reduzierung des Salzgehalts und zur Verlandung.

Eine enorme Größe entwickelt das Landsäugetier **Indricotherium**. Ausgewachsene männliche Exemplare des Unpaarhufers (Perissodactyla) erreichen eine Schulterhöhe von bis zu 4,5 m. Auf den säulenartigen Gliedmaßen ruht das Gewicht der Tiere: Bis zu 15 t kann ein Indricotherium-Männchen wiegen. Trotz seiner imposanten Erscheinung ist Indricotherium ein friedlich lebendes Säugetier, das sich ausschließlich von Pflanzen ernährt. Mit seinem langen Hals, an dem ein relativ kleiner Kopf ansitzt, erreicht es auch hohe Baumkronen. Fossilreste von Indricotherium wurden in Zentralasien gefunden.

In Europa, Asien und Nordamerika gehen die letzten Exemplare eines riesigen Raubtiers auf die Jagd – des **Andrewsarchus**. Mit fünf Metern Länge und 1,8 m Höhe stellt die zu den Mesonychiden zählende Gattung den größten bisher bekannten Fleisch fressenden Landsäuger dar. Allein der Schädel, vor allem durch Fossilfunde aus der Mongolei bekannt, erreicht eine Länge von 85 cm. Als gefährlicher Jäger besitzt Andrewsarchus lange kräftige Krallen und einen mit scharfen Reißzähnen bewehrten Kiefer. Erste Verteter der Gattung lebten bereits im Eozän, gegen Ende des Oligozäns verschwinden die Tiere.

Um 25 Mio.

Fossilienlagerstätte Rott – Einblicke in das obere Oligozän

In einem von Sumpfzypressengewächsen umwachsenen See nahe der heutigen Stadt Hennef bildet sich die Fossilienlagerstätte Rott, in der Flora und Fauna des oberen Oligozäns in ausgezeichnetem Zustand erhalten bleiben (Abb.: Libellenlarve aus Rott). Der Artenreichtum und die Qualität der Fossilien lassen Rückschlüsse auf die damaligen Verhältnisse im See zu: Die oberen Wasserschichten sind sauerstoffreich und bieten Fischen, Amphibien und Reptilien ausgezeichnete Lebensbedingungen. In den Bodenregionen absorbiert hingegen eine dicke Schicht aus Faulschlamm den Sauerstoff des Tiefenwassers, sodass das natürliche »Recycling« der abgestorbenen Organismen nicht möglich ist. Ganze Fische und selbst Säugetiere bleiben auf diese Weise vollständig erhalten. Zur Artenvielfalt tragen auch Bäche und Flüsse bei, die Bewohner kalter Fließgewässer und angrenzender Uferbereiche in den See bringen.

Die Säugetiere sind u.a. durch den primitiven Paarhufer Microbunodon, durch Pfeifhasen, Bärenhunde, Marder und fliegende Hunde vertreten. Die große Zahl Blut saugender und Kot fressender Insekten lässt darauf schließen, dass es um den See eine individuenreiche Säugetierfauna gibt. Zu den überlieferten Reptilien zählen Krokodile, Schildkröten, Eidechsen und Schlangen, die Amphibien sind u.a. durch den Frosch Palaeobatrachus sowie den Riesensalamander Andrias scheuchzeri belegt.
Die fossile Flora der Lagerstätte Rott dokumentiert hingegen die schleichende Abkühlung des Klimas, obgleich Fröste in dieser Region zu dieser Zeit nach wie vor selten sind. Noch immer gedeihen wärmeliebende Palmen, Magnolien und tropische Walnussgewächse, doch daneben haben sich bereits typische Mischwaldgewächse wie Buchen, Birken, Eichen und Ahornbäume etabliert.

Um 30–27 Mio.

Haie bei Mainz – Meeresstraße teilt das heutige Deutschland

Durch zwei voneinander unabhängige Bewegungen – einen Vorstoß des Nordmeeres Richtung Süden im unteren Oligozän sowie das weitere Absinken des Oberrheingrabens zwischen Mainz und Basel im mittleren Oligozän – bildet sich für eine erdgeschichtlich kurze Phase eine schmale Meeresstraße, die Deutschland in Nord-Süd-Richtung durchquert und das nordeuropäische Meer mit dem südlich gelegenen Tethys-Ozean verbindet. Der nördliche Mündungsbereich dieses Meeresarms liegt im Kasseler Raum, der südliche in der Region von Basel. In diesem flachen Binnenmeer, das nur im Gebiet des Mainzer Beckens eine größere Ausbuchtung zeigt, leben Haie, Rochen und Seekühe, in einigen Regionen breiten sich Mangrovensümpfe (siehe S. 292) aus.
Ein wesentlicher Faktor bei der Entstehung dieses Binnenmeeres ist das vergleichsweise plötzliche Absinken des Oberrheingrabens im Kontext der alpidischen Faltung (siehe S. 294), die in ganz Mitteleuropa eine Phase der tektonischen Unruhen und eines intensiven Vulkanismus hervorruft. Besonders prägend wirken sich diese Zerrüttungen auf den Oberrheingraben aus, weil er Teil einer Schwächezone der Erdkruste ist, die sich vom Süden Frankreichs bis an die Nordseeküste erstreckt. Noch im vorausgehenden Eozän (55–33,7 Mio.) war dieses Gebiet, wie entsprechende Sedimente aus einer flachen Seenlandschaft zwischen Basel und dem Darmstädter Raum erkennen lassen, kaum mehr als eine flache Delle in einer geschlossenen Landschaftsdecke. Erst im unteren Oligozän beschleunigt sich die Absenkung rasant, im mittleren Oliozän bricht das Mainzer Becken ein und schafft damit die Meeresverbindung. Die Ursache dafür liegt in dem Auseinanderdriften der Flanken auf beiden Seiten der Erdnaht. Der Senkungsbereich wird im weiteren Verlauf durch Abtragungsprodukte der angrenzenden Randgebirge gefüllt, wodurch er noch weiter absinkt, um noch stärker angefüllt zu werden. Das erodierte Gesteinsmaterial erreicht bisweilen eine Schichtstärke von annähernd 4000 m (Abb.: Gerölle in der Sandgrube Steigerberg im Mainzer Becken).

Um 25 Mio.

Seehunde jagen gesellig: Frühe Formen der Wasserraubtiere tauchen auf

Mit den frühesten Seehunden aus dem oberen Oligozän beginnt die Geschichte der Wasserraubtiere oder Pinnipedia, die heute die drei großen Gruppen der Ohrenrobben, Seehunde und Walrosse mit ihren insgesamt 34 Arten umfassen. Die Abstammung und die systematische Zuordnung der Pinnipedia ist umstritten. Früher wurden sie aufgrund ihrer zahlreichen Sondermerkmale als eine von den Fleisch fressenden Raubtieren (Carnivoren) verschiedene Gruppe behandelt, in jüngster Zeit werden sie diesen jedoch häufiger untergeordnet. Die ersten Seehunde gehen vermutlich auf ein otterartiges Tier aus der Marderverwandtschaft zurück. Ob sich jedoch alle Pinnipedia aus diesem Zweig entwickelt haben, ist umstritten. Einige Forscher vermuten, dass sich die Ohrenrobben und Walrosse aus bärenähnlichen Vorfahren entwickelt haben.

Nach den Anfängen im Oligozän beginnt die eigentliche Blüte der Wasserraubtiere im Miozän (Abb. r.: Beckenknochen einer Robbe aus dem Miozän). Zu Beginn dieser Periode tritt die heute ausgestorbene Gruppe der Enaliarctidae in Erscheinung, die Eigenschaften der Otter mit solchen der Seelöwen vereint und die vermutlich die Stammformen der Seelöwen, Seebären und Walrosse umfasst. Bereits im mittleren Miozän treten mit den Desmatophocidae die ersten eigentlichen Seelöwen (s. Abb. l.) auf, im oberen Miozän folgen ihnen die ersten Walrosse aus der Gruppe der Odobenidae. Alle Pinnipedia sind in hervorragender Weise an das Leben im Wasser angepasst, einige können sich sogar monatelang frei in der Hochsee bewegen. Sie sind zumeist gesellig und verfügen ausnahmslos über ein typisches Raubtiergebiss. Die Pinnipedia machen Jagd auf verschiedene Meerestiere, wobei Fische die Hauptnahrung stellen.

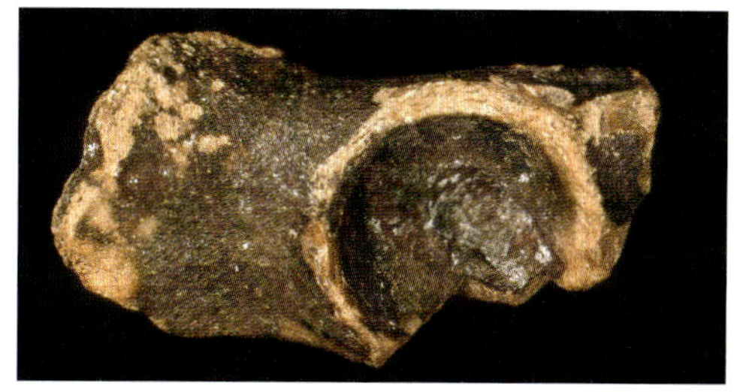

Um 30–23,8 Mio.

Mesohippus – Vorläufer der Pferde

In Nordamerika erlangt das Ur-Pferd Mesohippus weite Verbreitung. Es zeigt in seiner Anatomie zwar noch immer eine Reihe primitiver Merkmale, überragt seine stammesgeschichtlichen Vorläufer aus dem unteren Eozän aber bereits erheblich an Größe und nähert sich zugleich deutlich der Gestalt moderner Pferdeformen an. Der Gattungsname Mesohippus bedeutet so viel wie »mittleres Pferd« und verweist auf die evolutionäre Zwischenstellung dieses Tieres, das anatomisch zwischen den frühesten und den modernen Formen vermittelt. So befindet sich die für Pferde charakteristische Reduktion der Zehen auf einer wichtigen Zwischenstufe. Mesohippus hat zwar noch keine Hufen, sondern Zehen, doch ist deren Anzahl auf drei reduziert und die mittlere Zehe deutlich überentwickelt. Die Zwischenstellung zeigt sich auch am Gebiss. Die Vorbackenzähne beginnen sich in ihrer Form an die Backenzähne anzugleichen, wodurch sich die Kaufläche insgesamt vergrößert. Mesohippus ernährt sich allerdings noch von Blättern, ist also noch kein Grasfresser bzw. Steppentier wie seine Nachfahren. Seine Backenzähne bleiben niedrigkronig. Der Kopf ist lang und gestreckt, die Kiefer sind flach. Mit einer Schulterhöhe von 60 cm und einer Länge von rund 1,2 m hat das Tier in etwa die Größe eines Schafs.

Wie bedeutend die Stellung von Mesohippus – ungeachtet aller primitiven Merkmale – in der Evolution der modernen Pferde ist, lässt der Vergleich mit seinem frühesten Vorfahren, dem Hyracotherium, erkennen. Diese älteste Stammform aus dem unteren Eozän, die von Nordamerika bis Europa weit verbreitet ist, erinnert nur wenig an die späteren Pferde. Hyracotherium ist kaum fuchsgroß. Seine Pfoten, die vorne vier und hinten drei Zehen tragen, sind an die Bewegung auf sumpfigen Böden angepasst. Das Gehirn ist noch deutlich kleiner als bei Mesohippus, die Augen liegen noch erheblich weiter in der Schädelmitte. Aus dem Hyracotherium, das im Verlauf des unteren Eozäns wieder ausstirbt, gehen die in der Grube Messel gefundenen Ur-Pferdchen hervor. Sie gehören zur Gruppe der Palaeotherien, aus denen sich das Mesohippus entwickelt. Noch im oberen Oligozän tritt zunächst in Nordamerika, später auch in Asien und Europa das Anchitherium in Erscheinung. In seiner Gestalt und Biologie ist es dem Mesohippus sehr ähnlich. In seiner Anatomie zeigt es keine entscheidende Weiterentwicklung, auch ernährt es sich noch immer von Blättern. Es erlangt eine außerordentlich weite Verbreitung, vor allem in Asien und Europa, wo es sich noch an der Grenze von Miozän und Pliozän (um 5,32 Mio.) nachweisen lässt. In Nordamerika, seiner ursprünglichen Heimat, gerät es allerdings schon Jahrmillionen früher in Konkurrenz mit dem sich bereits teilweise von Gras ernährenden Parahippus, um schließlich bereits im mittleren Miozän von dem sich ausschließlich von Gras ernährenden Merychippus verdrängt zu werden.

Von den verschiedenen Arten Gras fressender Pferde, die sich in dieser Periode entwickeln, erlangt das Hipparion (siehe S. 315) die weiteste Verbreitung. Es lässt sich von Nordamerika über Asien und Europa bis nach Afrika nachweisen. Hipparion hat eine Schulterhöhe von rund 1,4 m und noch immer drei Zehen, von denen allerdings zwei so stark zurückgebildet sind, dass sie den Boden nicht mehr berühren. Die moderne Gattung Equus, der alle heute lebenden Pferde, Esel und Zebras angehören, erscheint erstmals im oberen Pliozän (2,58–1,81 Mio.).

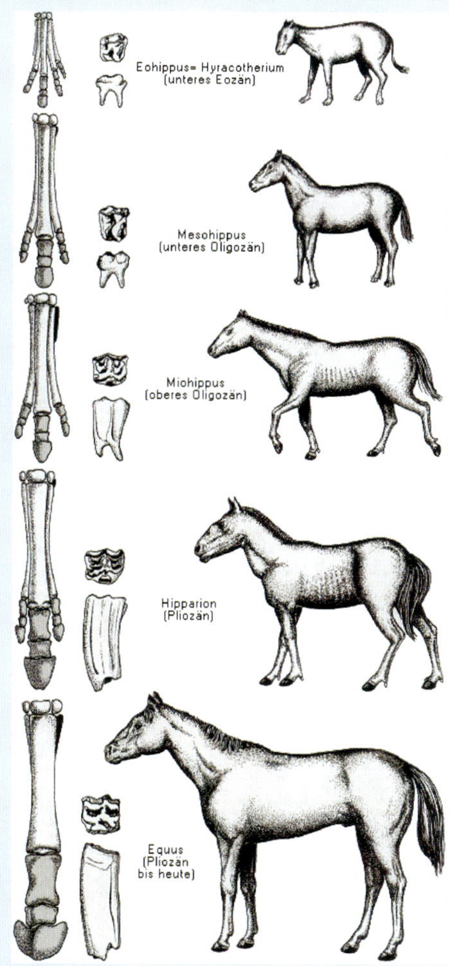

Entwicklung des Pferdes im Tertiär anhand der Gliedmaßen, Mahlzähne und Körperformen

Um 23,8 Mio. Mit schrillen Pfeiftönen verständigen sich die Artgenossen des **Prolagus**. Das etwa rattengroße Nagetier besiedelt die trockenen Regionen Europas. Wie seine heutigen Verwandten, die in Asien und Nordamerika lebenden Pfeifhasen, bewohnt Prolagus Erdhöhlen, die er mit seinen Pfoten aushebt. Auf eine pflanzliche Ernährungsweise deuten die Gebisse des stummelschwänzigen Nagers hin. Neben den für die Nagetiere (Rodentia) charakteristischen zwei Nagezähnen im Ober- und Unterkiefer besitzt Prolagus hochkronige Zähne, mit denen er auch härtere Pflanzen zerkauen kann.

Der starke Vulkanismus, der bereits im Eozän in vielen Erdregionen herrschte, setzt sich auch im Miozän fort. Die eruptiven Vorgänge fördern teilweise gewaltige Mengen an Magma aus dem Innern der Erde an die Oberfläche. So ergießen sich z.B. im Bereich des heutigen **Columbiaplateaus** im Nordwesten der USA riesige basaltische Ströme. Sie türmen sich bis zu mehreren Tausend Metern hoch und bedecken eine Fläche von mehr als 100 000 km². Die basaltischen Lavaschichten bilden den Hauptbestandteil des heute überwiegend mit Steppe bedeckten Columbiaplateaus.

Die geologischen Prozesse, die zur Entstehung der **Rhön** führen, setzen ein. Diese Landschaft ist heute das größte zusammenhängende Vulkangebiet Mitteleuropas. Sie umfasst 2500 km² und setzt sich aus einer Vielzahl von Vulkanen zusammen. Die aus den Vulkanen ausgetretenen Lavaströme haben sich in einer komplexen Schichtenfolge überlappt und widerstehen mit ihrer außerordentlichen Härte allen Witterungseinflüssen. Die Ergussgesteine der Rhön sind jedoch nicht mehr rötlich gefärbt, wie es für Ergussgesteine des Perms typisch ist, sondern blaugrau.

In Tiefseeregionen schwimmt der zu den Lampriformes zählende Fisch **Lampris** (Glanzfisch). Er wurde in miozänen Schichten nachgewiesen. Die Gattung ist auch heute noch mit Lampris guttatus in den Weltmeeren vertreten. Die modernen Vertreter des Lampris besitzen ein auffällig bunt schillerndes Schuppenkleid. Es bedeckt den ovalen, seitlich platt gedrückten Körper.

Von Pflanzen ernährt sich das in Südamerika lebende **Homalodotherium**. Fossile Reste des etwa 1,5 m langen, zu den Toxodonta zählenden Landsäugers fanden Paläontologen in Schichten des Untermiozäns in der Provinz Santa Cruz im südlichen Argentinien. Sie weisen Homalodotherium als ein eher plumpes Säugetier aus, dessen vordere Gliedmaßen länger als die hinteren ausgebildet sind. Seine langen Klauen benutzte Homalodotherium wahrscheinlich dazu, Zweige von Bäumen und Sträuchern zu sich heranzuziehen.

Um 23,8–5,32 Mio.

Leben in der Dürre

Mit der Entstehung von Klimazonen, die annähernd den heutigen entsprechen – allerdings auf einem durchschnittlich noch höheren Temperaturniveau –, breiten sich ab dem Beginn des Miozäns weltweit Steppenlandschaften aus, die von Grasgewächsen dominiert werden. Diese Entwicklung, die sich vor allem in den Inlandsgebieten der Kontinente vollzieht, beginnt in Nordamerika in den weiten Gebieten östlich der Rocky Mountains, greift anschließend zunächst auf Mittel-, dann auch auf Süd- und Osteuropa, den Norden und Süden Afrikas sowie auf weite Regionen Asiens und Südamerikas über.
Steppenlandschaften entwickeln sich bevorzugt in warmen Regionen, die durch lange Trockenperioden, erhebliche Temperaturschwankungen zwischen Tag und Nacht sowie jahreszeitliche Wechsel geprägt sind. Solche Bedingungen finden sich im ausgehenden Oligozän und im nachfolgenden Miozän in den semiariden (halbtrockenen) Zonen ober- und unterhalb des Tropengürtels. Verstärkt kommen Steppenlandschaften in Regionen vor, die im Windschatten der sich auffaltenden Hochgebirge aus der Phase der alpidischen Faltung (siehe S. 269) liegen. Die besonderen klimatischen Bedingungen dieser Gegenden führen zu einer einschneidenden Veränderung der Flora, die für die Entwicklung der Fauna weit reichende Konsequenzen hat. Die für das Oligozän typischen ausgedehnten Wälder ziehen sich zurück. In Steppen dominieren stattdessen die Grasgewächse, daneben kommen Zwergwuchsformen, niedrige Dornbüsche und Sukkulenten vor. Durch das Verschwinden der Wälder sind Landschaft und Pflanzen starken Winden ausgesetzt. Nur zähe und widerstandsfähige Formen setzen sich durch. Die wenigen Hartlaubgewächse entwickeln eine zusätzliche Oberhaut, die die Blätter vor dem Austrocknen schützt. Dass die Landschaft durch die Winde nicht weitflächig abgetragen wird, ist auf eine Eigentümlichkeit der Graspflanzen zurückzuführen, die im Unterschied zu den meisten anderen Pflanzen mehr Energie in das Wachstum der Wurzeln als in das der Blätter stecken. Ihre Wurzeln bilden eine dichte Matte, welche die Oberfläche vor der Erosion durch Wind weitgehend schützt.
Die Waldtiere, die die Fauna fast des gesamten Alttertiärs dominieren, sind durch den sich verändernden Lebensraum und die neuen klimatischen Bedingungen zu einer Reihe von Anpassungsleistungen gezwungen. Dazu zählt die Fähigkeit, hartes Gras zu zerkleinern und zu verdauen. Eine zweite wichtige Anpassung ist diejenige an das schnelle und auch ausdauernde Laufen durch einen veränderten Bau der Extremitäten. Die Perfektionierung des Laufvermögens unter den dominierenden Steppenbewohnern, den Huftieren, beeinflusst auch die Evolution der Fleisch fressenden Säuger. So endet im obersten Oligozän die mehr als 30 Mio. Jahre umfassende Epoche der Creodonten (siehe S. 281). Die archaischen Fleischfresser sterben aus, weil langsame Beutetiere seltener werden.

Weißbartgnus in der Serengeti: Tierherden sind in der Kurzgrassavanne auf steter Wanderschaft.

In den fruchtbaren Regionen der Mongolei breiten sich Steppenlandschaften aus.

Um 23,8–5,32 Mio.

Hominoidea auf dem Sprung: Vorfahren der Menschenaffen und Menschen breiten sich aus

Mit dem Beginn des Jungtertiärs setzt bei den Hominoidea, den Vorfahren der Menschenaffen und Menschen, eine Phase intensiver Artenbildung ein. Neue Formen und Gruppen entwickeln sich in verschiedenen Teilen Europas, in Afrika sowie in Pakistan, Indien und China.

Bei den Propliopithecidae (siehe S. 295), den frühesten Vertretern der Hominoidea, tritt im untersten Miozän der Dendropithecus in Erscheinung. Dieses schlanke, in Ostafrika heimische Tier bildet vermutlich die Stammform der späteren Gibbons, denen es auch in seiner Erscheinung und Biologie außerordentlich stark ähnelt. Dendropithecus lebt in dichten Wäldern, in denen er sich von Blättern und Früchten ernährt. Deutlich lässt er bereits die für die Pongidae (Menschenaffen) typische Reduktion des Schwanzes erkennen. Ähnliches gilt für seinen europäischen Verwandten, den Pliopithecus, der annähernd doppelt so groß ist wie die afrikanische Form. Dieser von Frankreich bis Tschechien verbreitete Propliopithecide galt früheren Paläontologen als der Urahn der Gibbons, bis neuere Erkenntnisse diese Ansicht widerlegten.

Neben den Propliopithecidae tauchen im unteren Miozän auch erste Vertreter der eigentlichen Pongidae auf. Eine ihrer frühesten Formen ist der schimpansenähnliche Dryopithecus (siehe S. 307), der sich von Ostafrika über ganz Südeuropa und Teile Asiens ausbreitet. Ein ganz ähnliches Verbreitungsgebiet hat der Sivapithecus aus dem mittleren und oberen Miozän. Dieser etwa 1,5 m große Primat vereinigt Merkmale heutiger Orang-Utans mit solchen der Schimpansen. Die dicke Schmelzschicht an seinen Zähnen zeugt von der Gewöhnung an harte Kost, wie sie in Steppen gedeiht, und ist deshalb ein Indiz dafür, dass er einen Großteil seines Lebens am Boden verbringt. Dafür sprechen auch anatomische Veränderungen an den Handgelenken.

Der in weiten teilen Asiens verbreitete Gigantopithecus ist, wie der Name bereits andeutet, ein Riese. Abgesehen von geringfügigen Unterschieden gleicht das Tier, das aufgerichtet etwa drei Meter misst, heute lebenden Gorillas (Abb.: ausgewachsenes Gorillamännchen). Giganthopithecus tritt erstmals im oberen Miozän in Erscheinung und ist mindestens bis zur Mitte des Pleistozäns (1,81 Mio.–10 000) belegt.

Um 23,8 Mio.

Eigentümliche Huftiere

In Südamerika entwickelt sich die eigentümliche Huftierordnung der Astrapotheria, die durch eine Reihe vollständig erhaltener Fossilfunde gut belegt ist. Trotzdem sind die verwandtschaftlichen Beziehungen zwischen den Astrapotheria und den anderen südamerikanischen Huftieren (siehe S. 290) noch immer vollkommen ungeklärt. Die Astrapotheria umfassen die Gruppen der Astrapotheriidae und vermutlich auch der Trigonostylopidae. Es handelt sich um zumeist große, massiv gebaute Pflanzenfresser, die in ihrer Erscheinung teils an heute lebende Tapire, teils an panzerlose Nashörner erinnern.

Eine besonders merkwürdige Erscheinung ist das in Argentinien heimische Astrapotherium, ein etwa 2,5 m langes und bullig gebautes Tier. Dass die Beine des Astrapotheriums im Verhältnis zu dem tonnenförmigen Rumpf verhältnismäßig schwach sind, lässt darauf schließen, dass es einen Großteil seines Lebens im flachen Wasser von Seen, Flüssen und Tümpeln verbringt. Es trägt einen tapirähnlichen Rüssel, die Eckzähne sind zu deutlich hervorstehenden Hauern umgeformt. Kürzer, aber noch immer gut erkennbar sind diese Hauer bei dem etwa 1,5 m langen Trigonostylops aus der Gruppe der Trigonostylopidae.

Um 23,8–5,32 Mio.

Ameisenbären in Amerika

Während sich die Ameisenbären im Miozän in Europa nicht mehr nachweisen lassen, breiten sie sich nun in Nordamerika aus. Belegt ist die Art Protomandua, die sich bereits ausschließlich von Ameisen und Termiten ernährt und die in ihrer Erscheinung den heutigen Tamanduas ähnelt. Über die Entwicklungsgeschichte der Ameisenbären (Abb.: Großer Ameisenbär), deren Ursprünge trotz überraschender Funde in der Grube Messel in Amerika vermutet werden, ist wenig bekannt. Anscheinend sind die Ameisenbären des Miozäns zunächst von Europa nach Asien gewandert und später über die Beringstraße nach Amerika.

Um 23,8 Mio.

Primitive Säuger sterben aus

In Südamerika sterben die Pyrotheria aus. Es handelt sich um eine Gruppe mächtiger Huftiere, die in dem sich vollkommen isoliert entwickelnden südamerikanischen Ökosystem in etwa diejenigen Nischen besetzen, die in anderen Erdregionen die archaischen Elefanten ausfüllen. Nahezu zeitgleich gehen auch in Nordamerika, Afrika und Eurasien ganze Gruppen primitiver Säugetiere zugrunde. Zu ihnen zählen die Moeritheriidae (siehe S. 277), die frühesten Rüsseltiere.

Um 23,8–5,32 Mio.

Temperaturen sinken deutlich

Im Miozän kommt es weltweit zu einem starken Klimawandel. Auf der Höhe von Sardinien und den Balearen liegen die Jahresdurchschnittswerte zu Beginn dieser Periode noch leicht über 20 °C, bis zum Ende sinken sie unter 15 °C ab. Zugleich wird es immer trockener, was die Ausdehnung weiter Graslandschaften fördert. Am stärksten betroffen von dem Temperatursturz sind die nördlichen und südlichen Polarregionen. In der Antarktis bildet sich wieder eine Eiskappe, deren Ausdehnung zum Ende des Miozäns selbst die heutigen Ausmaße bei weitem übertrifft.

Langer Atem: Lebende Fossilien

Die Entdeckung eines lebenden ***Quastenflossers*** *war eine der zoologischen Sensationen des 20. Jh. Am 22. Dezember 1938 spürte Marjorie Courtenay-Latimer den Urfisch auf. Die Kuratorin des Städtischen Museums der südafrikanischen Hafenstadt East London entdeckte den stahlblauen Fisch inmitten einiger frisch gefangener Haie. Da der merkwürdige Meeresbewohner keiner der ihr bekannten Arten entsprach, transportierte sie ihn ins Museum, konservierte ihn und versuchte seine Zugehörigkeit festzustellen. Dies gelang James L. B. Smith, Ichthyologe an der Rhodes-Universität in Grahamstown, Südafrika: Auf einer Skizze des Fisches erkannte der Wissenschaftler den Quastenflosser aufgrund seiner vom Körper weggestreckten Flossen, die den Extremitäten von Vierbeinern stark ähneln. Professor Smith, der seine Entdeckung seitdem liebevoll »Old Fourlegs« (alter Vierfuß) nannte, gab dem seltenen Exemplar zu Ehren von Marjorie Courtenay-Latimer den Namen »Latimeria«.*

Der Ausdruck »lebende Fossilien« ist an sich widersprüchlich, denn als Fossilien werden üblicherweise die versteinerten Überreste ausgestorbener Lebewesen bezeichnet, während »lebende Fossilien« in unserer heutigen Fauna und Flora gegenwärtig sind. Diese begriffliche Ambivalenz hatte der Schöpfer dieses Ausdrucks, Charles Darwin, vermutlich durchaus beabsichtigt. In seinem 1859 erschienenen Werk »Über die Entstehung der Arten durch natürliche Zuchtwahl« notiert er über das australische Schnabeltier und den südamerikanischen Lungenfisch: »These anomalous forms may almost be called living fossils«; zu Deutsch: »Man könnte diese ungewöhnlichen Formen fast als lebende Fossilien bezeichnen.« Und er führt aus, es handele sich um Formen, die in einem begrenzten Areal bis in die Gegenwart überlebt hätten und die jeweils höhere zoologische Einheiten miteinander verbänden.

Aufgesägtes Gehäuse eines modernen Nautilus pompilius. Der Tiefseebewohner zählt zu den »lebenden Fossilien«.

»Oldtimer« der Entstehungsgeschichte

Dass ausgerechnet der Schöpfer der Evolutionstheorie den Begriff lebendes Fossil geprägt hat, ist kein Zufall. Als ein solches ist eine Art nur im evolutionären Vergleich zu anderen erkennbar. In der Vorstellung von der göttlichen Erschaffung aller Pflanzen und Tiere, wie sie die Bibel erzählt, konnte es keine lebenden Fossilien geben. Erst mit der bahnbrechenden Erkenntnis der Evolutionstheorie, dass sich die modernen Formen in einem Jahrmillionen dauernden, außerordentlich komplexen Prozess durch die Aufspaltung der Stammeslinien in immer feinere Äste und Zweige auseinander entwickelt und immer perfekter an ihre Umwelt angepasst haben, konnten die archaischen Merkmale einzelner Arten erkannt und bestimmt werden.

Lebende Fossilien gibt es sowohl bei Pflanzen als auch bei Tieren. Prominente Beispiele in der Pflanzenwelt sind die Mammutbäume und der ostasiatische Ginkgo-Baum, andere Beispiele finden sich bei den Moosen, Farnen, Palmfarnen und bei einigen altertümlichen Koniferen. Auch im Tierreich haben sich viele Überlebende längst vergangener Erdperioden in mehreren Stammgruppen erhalten. Lebende Fossilien gibt es u. a. bei den Schwämmen, den primitiven Nesseltieren, bei Weichtieren, Glieder- und Armfüßern, bei Stachelhäutern, Fischen, Amphibien, Reptilien, Vögeln und sogar bei den Säugetieren.

Eine allgemein anerkannte und wissenschaftlich begründete Definition, vermittels derer sich bestimmte Pflanzen- oder Tierarten als »Oldtimer der Evolution«, als letzte Überlebende längst vergangener Epochen identifizieren lassen, gibt es nicht. Die Grenzen zwischen urtümlichen Formen und lebenden Fossilien im engeren Sinne sind fließend. Es existieren allerdings eine Reihe von Kriterien, die der Unterscheidung dieser beiden Gruppen dienen.

Zwei zentrale Merkmale aller echten lebenden Fossilien sind, dass die betreffenden Formen zumeist mit nur einer oder allenfalls mit einigen wenigen Arten vertreten sind und dass sie im botanischen bzw. zoologischen System eine relativ isolierte Stellung einnehmen. Des Weiteren haben sich alle lebenden Fossilien archaische Merkmale bewahrt. Schließlich ist es lebenden Fossilien gemeinsam, dass sie einst eine weite Verbreitung hatten, im Laufe der Erdgeschichte aber auf vereinzelte Standorte zurückgedrängt worden sind. Ein letztes Merkmal – dass ihnen im Vergleich zu ferner verwandten Formen eine extrem langsame Evolutionsgeschwindigkeit eigentümlich ist – ergibt sich aus der Logik der Sache.

Quastenflosser und Lungenfisch

Zu den prominentesten Beispielen für lebende Fossilien zählen der Quastenflosser und der bereits von Darwin erwähnte Lungenfisch. Diese beiden eng verwandten Formen haben nicht nur ein vergleichbares Alter von mehr als 400 Mio. Jahren, sondern auch eine vergleichbare Fossilgeschichte. Sowohl der Lungenfisch als auch der Quastenflosser waren längst fossil bekannt und galten als ausgestorben, ehe erstmals lebende Exemplare entdeckt wurden. Beim Quastenflosser datiert der erste Fossilnachweis (aus Nordengland) auf das Jahr 1836. Mehr als 100 Jahre später, im Dezember 1938, wurde erstmals der Fang eines lebenden Exemplars in Südafrika bekannt. Die wissenschaftliche Beschreibung dieser Sensation erschien im darauf folgenden Jahr.

Die Lungenfische, die heute noch mit sechs Arten in Südamerika, Afrika und Australien vorkommen, sind die letzten Überlebenden eines ehemals formen- und individuenreichen Stammes. Sie sind ausnahmslos aus devonischen Vorfahren hervorgegangen und doch ist nur der auch als Lurchsfisch bezeichnete australische Lungenfisch, Neoceratodus forsteri, ein lebendes Fossil im engeren Sinne, das wesentli-

James L. B. Smith über seine Reaktion auf den im Dezember 1938 von Marjorie Courtenay-Latimer entdeckten Quastenflosser:

»Ich wäre kaum erstaunter gewesen, wenn mir auf der Straße ein Dinosaurier begegnet wäre.«

Das heute in Australien und Tasmanien lebende Schnabeltier repräsentiert eine Entwicklungsstufe, wie sie die Vorformen der frühen Säuger auszeichnete.

che morphologische Übereinstimmungen mit den archaischen Formen aufweist und im zoologischen System eine eigene Familie bildet. Bei den südamerikanischen und den afrikanischen Formen der Lungenfische handelt es sich hingegen um hoch spezialisierte Arten, die im Verlauf ihrer Evolution viele altertümliche Merkmale abgelegt haben und sich deshalb in ihrer Anatomie und Biologie deutlich sowohl vom Neoceratodus als auch von ihren fossilen Verwandten unterscheiden. Kennzeichnende Merkmale der »modernen« Lungenfische sind der aalförmige Körper, die Rückbildung sowohl der paarigen Flossen als auch des Schuppenkleids sowie die Fähigkeit, Trockenzeiten in Schlammhöhlen zu überdauern. Der Neoceratodus kann zwar in kleinen Wasserlöchern mit schlechter Sauerstoffversorgung überleben, weil er atmosphärische Luft atmen kann, ist aber dennoch auf Wasser angewiesen (Abb. siehe S. 143).

Anders liegen die Dinge bei einer anderen prominenten Gruppe lebender Fossilien, nämlich bei den Kloakentieren oder Monotremata. Es handelt sich um Eier legende Säugetiere, die gegenwärtig noch mit fünf Arten vertreten sind, darunter dem berühmten Schnabeltier und dem Schnabeligel. Bei den Monotremata ist die Fossilgeschichte nahezu unbekannt. Dennoch werden sie zu den lebenden Fossilien gezählt, da sie mit einigen ursprünglichen Merkmalen wie der Eiablage, dem Fehlen von Zitzen, der Form ihres Schultergürtels und ihrer Geschlechtsorgane ein evolutionäres Entwicklungsniveau repräsentieren, das auch den Beginn der Entwicklung der frühen Säugetiere charakterisiert.

Urzeit-Riesen: Die Mammutbäume (Giant Sequoias) im kalifornischen Sequoia National Park werden bis zu 4000 Jahre alt und wachsen bis zu einer Höhe von rund 100 m empor.

*Der **Pfeilschwanzkrebs**, ein Verwandter der Spinnen, dessen heute noch lebende Formen die atlantischen Küsten zwischen Maine und Yucatán sowie die südostasiatischen Küstengebiete bevölkern, ist vor dem Zugriff des Menschen relativ sicher: Er besitzt weder genießbares Fleisch noch eine besonders schöne Schale. Dennoch ist es wichtig, das »lebende Fossil« zu erhalten. Vor allem in der medizinischen Forschung misst man dem Pfeilschwanzkrebs eine große Bedeutung zu. So dient das Blut des Tieres, das bei Zugabe von bestimmten Giften sofort gerinnt, als Testsubstanz für menschliche Arzneien. Untersuchungen über das Sehvermögen des Pfeilschwanzkrebses anhand von elektrischen Impulsen waren hilfreich bei der Erforschung menschlicher Augenkrankheiten. Mit seinen Forschungen in diesem Bereich konnte der US-amerikanische Wissenschaftler Haldan Keffer Hartline wichtige Aspekte der generellen Sehfunktion beim Menschen erklären.*

Im Fokus

Haben die Zeitzeugen der Evolution eine Zukunft?

Generell leiden alle lebenden Fossilien unter der gleichen Bedrohung, der auch alle entwicklungsgeschichtlich jüngeren Pflanzen und Tiere ausgesetzt sind: die fortschreitende Zerstörung von Lebensraum, die gegenwärtig weltweit unzählige Arten an den Rand des Kollapses führt oder gar vollkommen auslöscht. Dennoch lassen sich bei den lebenden Fossilien einige Besonderheiten feststellen.

Ein vielen von ihnen gemeinsames Merkmal ist, dass sie in Regionen leben, die für Menschen nur schwer zugänglich sind und die deshalb von den negativen Folgen der Zivilisation noch vergleichsweise verschont geblieben sind. Dies gilt für einige festländische Rückzugsgebiete, mehr noch aber für die bis heute noch wenig erforschten Tiefseeregionen, die sowohl im Verlauf der gesamten Erdgeschichte als auch in ihrer jüngsten historischen Epoche den geringsten Biotopveränderungen unterworfen waren.

Diese Konstanz ist für lebende Fossilien von besonderer Bedeutung, da sie sich generell durch eine extrem verlangsamte Evolutionsgeschwindigkeit auszeichnen. Dies bedeutet, dass sie in der Regel deutlich größere Mühe haben, sich auf veränderte Umweltbedingungen einzustellen als verwandte Formen und dass sie deshalb auf menschliche Eingriffe in den Lebensraum generell empfindlicher reagieren. Andererseits kann der menschliche Eingriff einige Arten auch vor dem Aussterben bewahren: Dies gilt für die Araukarien und Ginkgos, beides heute typische Gewächse in Landschaftsparks, dies gilt begrenzt auch für den Stör, dessen Populationen neuerdings – wenn auch aus wirtschaftlichen Gründen (Kaviar) – gezielt gefördert werden.

Ein Urahn und einer seiner Nachfahren: Fossiles Blatt eines Ginkgo-Baums aus dem englischen Yorkshire (rechts) und Blatt eines heutigen Ginkgos

Um 23,8 Mio. Mit den Gattungen Hyrotherium und Xenochoerus sind in Europa, Asien und Afrika zwei erste Vertreter der **Schweine** (Suidae) verbreitet. Wie die modernen, altweltlichen Schweine besitzen die miozänen Suidae eine rüsselartige Schnauze, die an der Vorderseite in der Rüsselscheibe endet. Mit ihr wühlen die allesfressenden Paarhufer im Erdreich nach Nahrung: Wurzeln, Knollen und wirbellose Tiere. Als Lebensraum der Gattung Hyrotherium gelten feuchte Sumpfwälder.

Eine außergewöhnliche Körperhaltung nimmt das Huftier (Perissodactyla) **Chalicotherium** ein. Ähnlich den heutigen Gorillas stützt sich das urtümlich wirkende Tier beim Laufen fast ausschließlich auf den kurzen, aber kräftigen hinteren Extremitäten ab. Die vorderen, wesentlich längeren Gliedmaßen dienen lediglich zur Balance. Als Nahrung des etwa 2,6 m hohen Säugers gelten weiche saftige Blätter, die Chalicotherium mit seinen langen gebogenen Klauen von hohen Bäumen reißt. Neben der halbaufrechten Haltung ist Chalicotherium durch einen langen Hals und einen verhältnismäßig kleinen Schädel charakterisiert.

Erdbauten bewohnt das in Afrika lebende Erdferkel **Myorycteropus**. Es gilt als eine der ersten fossil nachgewiesenen Gattungen der zu den Tubulidentata zählenden Säugetiere. Wie die einzige heute lebende Gattung Orycteropus afer kennzeichnet auch Myorycteropus ein schweineähnlicher Körper und ein schmaler Kopf mit einer rüsselartigen Schnauze. Seine bevorzugte Beute, Termiten, fängt Myorycteropus mit seiner langen klebrigen Zunge. Zum Aufbrechen der Bauten benutzt das Erdferkel die Grabkrallen der Füße. Sie unterscheiden sich im Aufbau von denen späterer, erst im oberen Miozän auftauchender Gattungen.

Große Formen bringen die zu den Huftieren gehörenden **Schliefer** (Hyracoidea) hervor. Erste fossile Nachweise der Pflanzen fressenden Säugetiere stammen aus Schichten des oberen Eozäns in Afrika. Während die frühen Vertreter der Gruppe noch kaninchengroß sind, erreichen die Gattungen des Miozäns, z.B. Megalohyrax, teilweise die Größe eines Ochsen. Von Afrika aus gelingt es einigen Schliefergattungen bis nach China vorzudringen. Heute sind die Schliefer lediglich durch drei in Kleinasien und Afrika beheimatete kleinwüchsige Gattungen vertreten.

Um 23,8–5,32 Mio.

Riesige Rüsseltiere

Im Miozän treten in Nordamerika, Europa, Afrika und Asien große Vertreter der Rüsseltiere in Erscheinung. Von ihren Vorfahren aus dem Eozän (55–33,7 Mio.) und Oligozän (33,7–23,8 Mio.), die allenfalls einen rudimentären Rüssel und zumeist nur die Größe von Schweinen aufweisen, unterscheiden sie sich durch die Ausbildung einer den heutigen Elefanten ähnlichen Gestalt.
Die größten Rüsseltiere des Miozäns zählen zu den Deinotheroidea. Das charakteristische Merkmal dieser Gruppe sind die eigentümlichen Stoßzähne, die sich im Unterkiefer befinden, aber nicht, wie bei den meisten Elefantenartigen, nach vorn ragen, sondern vielmehr wie Hauer abwärts gebogen sind. Über ihre Funktion lässt sich nur spekulieren. Möglicherweise dienen sie dem Zweck, Rinde von Bäumen zu schälen oder Knollen auszugraben. Die Deinotherioidea entwickeln sich in Afrika, besiedeln aber auch Süd- und Mitteleuropa und dringen auf dem asiatischen Kontinent bis nach Indien vor. Mit der zunehmenden Abkühlung des Weltklimas ziehen sich die Deinotherioidea im Pliozän (5,32–1,81 Mio.) wieder nach Afrika zurück, wo sie mit dem Beginn der ersten Eiszeit vor gut 2 Mio. Jahren aussterben. Ihr bekanntester Vertreter ist das vier Meter hohe Deinotherium.

Erfolgreich unter den Rüsseltieren: Bis zu drei Meter groß wird Gomphotherium.

Die zweite große Rüsseltiergruppe des Miozäns ist die der Elephantodae. Zu ihr zählen die Gomphoteriidae, die sich in dieser Periode besonders artenreich entwickeln, die Mammutidae und die Elephantidae, die erst ab dem Pleistozän in Erscheinung treten und denen auch die drei heute noch existierenden Elefantenarten angehören. Der erfolgreichste Vertreter der Gomphoteriidae ist das drei Meter hohe Gomphotherium, das sich vom unteren Miozän bis zum oberen Pliozän nachweisen lässt und in dieser Zeit eine Verbreitung von Nordamerika über Europa und Afrika bis nach Asien erlangt. Der Rüssel dieses teils von Blättern, teils von Wasserpflanzen lebenden Tiers ist im Vergleich zu modernen Elefanten kürzer, dafür ist der Unterkiefer stark verlängert. Ein besonderes Merkmal des Gomphotheriums sind die zwei Paar Stoßzähne in Ober- und Unterkiefer.
Eng verwandt und ähnlich groß sind zwei sog. Schaufelzähner: das in Nordamerika heimische Amebelodon und das in Europa, Afrika und Asien vorkommende Platybelodon. Beide tragen im Oberkiefer kurze Hauer, während ihre unteren Schneidezähne zu überdimensionalen Schaufeln entwickelt sind. Mit ihrer Hilfe weiden sie Wasserpflanzen in den Flachwasserbereichen ab. Durch den hohen Grad der Spezialisierung ihrer Mundwerkzeuge sind sie stark auf spezielle Umweltbedingungen angewiesen. Sie sterben bereits im mittleren Miozän wieder aus. Ein weiterer Verwandter aus dieser Gruppe ist Anancus aus dem oberen Miozän. Diese in Europa und Asien weit verbreitete Form gleicht äußerlich stark den heutigen Elefanten, allerdings ragen die mit bis zu vier Meter Länge im Verhältnis zum Körper extrem stark entwickelten Stoßzähne fast horizontal nach vorn.
Zur Familie Mammutidae gehört das Mammut americanum aus dem oberen Miozän, das trotz des lateinischen Namens nicht zu den Mammuts aus der Gruppe der Elephantidae, sondern zu den Mastodons zählt. Ähnlich seinen Namensvettern ist es allerdings mit seinem dichten Fell an das Leben in kalten Klimazonen angepasst. In Nordamerika lebt es bis zum Ende des Pleistozäns (1,81 Mio.–10 000).

Der Rüssel als Sinnesorgan: Ein Elefantenjunges aus Afrika sucht die Zitzen seiner Mutter.

Um 23,8–5,32 Mio.

Leben im Wasser: Frühe Seelöwen und Walrosse passen sich an

In der noch jungen Gruppe der Wasserraubtiere oder Pinnipedia (siehe S. 299) treten zunächst die Enaliarctidae, wenig später auch Seelöwen und schließlich die ersten Walrosse in Erscheinung. Ob die beiden letztgenannten Formen stammesgeschichtlich auf die Enaliarctidae zurückzuführen sind oder ob sie nicht vielmehr aus einem eigenen Entwicklungszweig hervorgehen, ist nicht geklärt. Einige Forscher vertreten die Ansicht, dass sich die Ohrenrobben, die alle Seelöwen und Pelzrobben umfassen, gemeinsam mit den Walrossen aus bärenartigen Vorfahren entwickelt haben.
Zu den ersten Seelöwen aus dem mittleren Miozän zählt mit Desmatophoca (s. Abb.) ein Tier aus der Gruppe der Desmatophocidae, das typische Merkmale moderner Seelöwen mit einigen wenigen archaischen vereint. Das auffälligste urtümliche Merkmal ist der noch immer vorhandene, allerdings bereits stark reduzierte Schwanz. Auch das Gehör ist noch nicht vollkommen an das Leben im Wasser angepasst. Die Vorder- und Hintergliedmaßen hingegen sind bereits zu echten Paddeln umgewandelt und auch die Schwimmhäute zwischen den Fingern und Zehen sind vollständig entwickelt. Die großen Augen des auf beiden Seiten des Pazifiks verbreiteten Tieres deuten darauf hin, dass der Gesichtssinn bei der Jagd auf Fische eine herausragende Rolle spielt.
Auch Imagotaria, ein frühes Walross aus dem oberen Miozän, lebt an der nordamerikanischen Pazifikküste. Imagotaria ist evolutionsgeschichtlich eine Übergangsform. Seine Gestalt erinnert noch immer stark an Seelöwen, Kopf und Hauer lassen hingegen bereits die Form heutiger Walrosse erkennen. Im Unterschied zu anderen Pinnipedia spezialisieren sich die Odobeniden oder Walrosse stärker auf die Ernährung durch Muscheln.

Um 23,8–5,32 Mio.

Primaten auch in Italien

Nicht nur bei den Menschenaffen (siehe S. 301), sondern auch bei anderen Primaten treten im Miozän neue Formen auf. Eine besondere Stellung unter ihnen nimmt Oreopithecus ein, der vor etwa 14 Mio. Jahren im heutigen Italien in einer Landschaft lebt, die von Sumpf- und Auenwäldern dominiert wird. Er wird in mehreren vollständig erhaltenen Skeletten in Braunkohle führenden Schichten überliefert. Das etwa 1,2 m hohe Tier vereinigt anatomische Merkmale der Affen mit solchen der Schwingkletterer aus der Gruppe der Menschenaffen. Letztere lassen darauf schließen, dass sich Oreopithecus auf der Suche nach seiner vornehmlich aus Blättern und Früchten bestehenden Nahrung ähnlich den Gibbons von Ast zu Ast hangelt. Auch im Bau seiner Überaugenwülste erinnert Oreopithecus an Menschenaffen, während hingegen die konischen Eckzähne und die Backenzähne Merkmale der Hominiden aufweisen (Abb.: Unterkiefer eines Oreopithecus vom Monte Bamboli). Vermutlich bildet er einen ausgestorbenen Seitenzweig der Evolution.

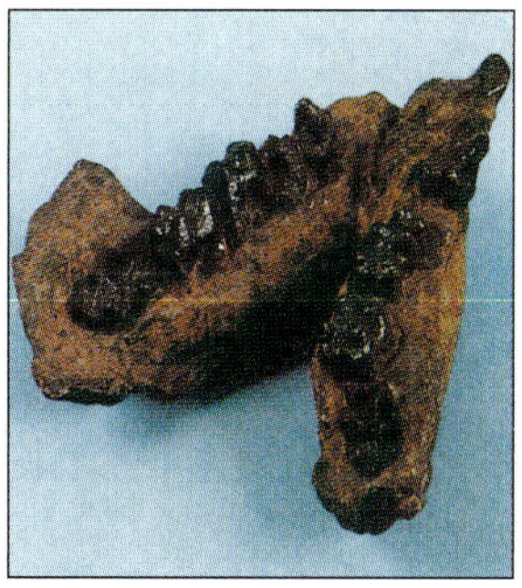

Um 23,8–5,32 Mio.

Proconsul – eine Frühform in der Entwicklung des Hominidae

Mit dem Proconsul tritt im unteren Miozän im ostafrikanischen Kenia der erste unbestrittene Vorfahre aller Hominoidea in Erscheinung. Aus dieser Linie gehen im Verlauf der weiteren Evolution einerseits die asiatischen Ponginae oder Orang-Utans und andererseits die Hominidae hervor, die neben den afrikanischen Menschenaffen auch die Menschen umfassen.
Der Proconsul ist ein sich überwiegend von Früchten ernährender Baumbewohner, der in seiner Größe etwa einem Pavian entspricht. Ähnlich dem in Italien lebenden Oreopithecus weist auch er eine eigentümliche Mischung affen- und menschenaffenähnlicher Merkmale auf. So erinnern Arme, Handknochen und Hüfte an die Anatomie der Affen, während hingegen die Schultern, Ellbogen und Fußknochen eindeutig denjenigen der Menschenaffen entsprechen. Dieser Körperbau spiegelt die Lebensweise des teils auf allen Vieren laufenden, teils in den Bäumen kletternden Proconsuls wider. Die Tatsache, dass es zwischen den Geschlechtern auffallende Größenunterschiede gibt, lässt bereits Rückschlüsse auf die soziale Organisation der Gruppe zu.
Eine Mischung primitiver und fortschrittlicher Merkmale weist auch der Bau des Schädels auf (Abb.: fossiler Schädel eines Proconsuls). Zu den primitiven Eigenschaften zählen die Gesichtsform, das Fehlen von Augenbrauen sowie der dünne Zahnschmelz. Auch das Gebiss ist im Wesentlichen noch primitiv, doch lässt die Ausbildung breiterer Schneidezähne sowie auch die Vergrößerung der Backenzähne auf eine Spezialisierung und auf die Ernährung durch Früchte schließen, die ihrerseits wiederum mit dem deutlich vergrößerten Gehirn des Proconsuls korrespondiert: Wenn sich die Zähne an Früchte gewöhnen, ist zugleich das Gehirn gezwungen, reife und unreife Früchte anhand ihrer Farben voneinander zu unterscheiden und sich an die im Wald verstreuten Nahrungsquellen wieder zu erinnern.

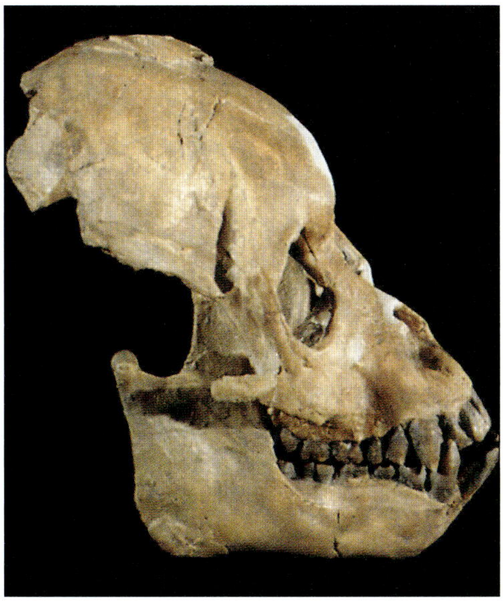

Um 23,8–5,32 Mio.

Goldmulle – blind und pelzig

In der Gruppe der Insektenfresser entwickeln sich die Goldmulle. Diese Tiere, die heute mit noch 15 Arten ausschließlich in Afrika südlich der Sahara zu finden sind, ähneln in ihrer Gestalt und Biologie stark den europäischen Maulwürfen, obwohl sie mit diesen nicht näher verwandt sind. Die Übereinstimmung zwischen beiden Gruppen beruht einzig auf der Anpassung an einen ähnlichen Lebensraum. Stammesgeschichtlich stehen die Goldmulle in engem Zusammenhang mit den etwa zeitgleich in Erscheinung tretenden Tanreks oder Borstenigeln.
Die Goldmulle oder Chrysochloridae bilden die farbenprächtigste Untergruppe der Insektenfresser. Ihr Fell ist grünlich, golden oder braun und von metallischem Glanz. Ihre Färbung weicht damit stark von derjenigen der Maulwürfe ab, doch leben auch die Goldmulle unterirdisch. Weitere Unterscheidungsmerkmale sind der bei Goldmulle fehlende Schwanz und der Umstand, dass sie statt der typischen »Maulwurfshände« enorme Fingerklauen zum Graben benutzen. Goldmulle zählen zu den wenigen Säugetieren, die vollkommen blind sind. Die Augen sind mit behaarter Haut überwachsen. Sie verfügen über keine äußere Gehörmuschel, aber dennoch über ein sehr feines Gehör. Ihre Grabungsgänge legen sie dicht unter der Erdoberfläche an. Ihre Nahrung besteht überwiegend aus Würmern und Insektenlarven. Eine in den Küstendünen Südwestafrikas heimische Art ernährt sich fast ausschließlich von fußlosen, wühlenden Echsen.

Um 20 Mio. In Südamerika weidet die zu den heute ausgestorbenen Litopterna gehörende Gattung **Macrauchenia**. Charles Darwin hat das Tier der Fachwelt erstmals beschrieben. Weitere in Argentinien gefundene Fossilreste vervollständigen das Bild eines etwa 1,5 m großen, lamaähnlichen Huftiers. Eine markante Form weist der Schädel des langhalsigen Säugers auf. Er läuft im vorderen Bereich zu einer rüsselartigen Verlängerung aus, die über den Unterkiefer hinausragt. Macrauchenia ernährt sich vorwiegend von Blättern, die es von den Bäumen abzupft.

Um 19 Mio. Vor der Pazifikküste Amerikas schwimmen die Seekühe der Gattung **Dusisiren**. Der etwa vier Meter lange Meeressäuger gilt als erster Vertreter der Hydrodamalinen. Zur Fortbewegung nutzt die miozäne Seekuh, die wie alle fortgeschritteneren Seekühe einen spindelförmigen Körper besitzt, die waagerechte Schwanzflosse. Die vorderen Extremitäten sind zu Paddeln geformt, die hinteren sind vollständig reduziert. Dusisiren ernährt sich ausschließlich von Wasserpflanzen.

Um 14 Mio. Im Gebiet des heutigen Bad Urach (Baden-Württemberg) dringt aus über 350 Vulkanschloten Magma und Gas. Sie gehören zu dem so genannten **Uracher Vulkan**, der sich auf einer Fläche von 42 x 47 km erstreckt. Die Ausdehnung des kegellosen Vulkans entspricht etwa der des sizilianischen Ätna. Obwohl der Uracher Vulkan bei zahlreichen Eruptionen Magma aus dem Erdinnern transportiert, erfolgen keine Lavaergüsse.

Mit der Gattung Neotherium treten erstmals die Walrosse (Odobenidae) in Erscheinung. Im weiteren Verlauf des Miozäns bildet sich die im Nordpazifik beheimatete Gattung **Imagotaria** heraus, die als Vorform des einzigen heute lebenden Walrosses, Odobenus rosmarus, gilt. Wie sein Verwandter besitzt Imagotaria einen massigen Körper und den charakteristischen Schnauzbart.

Um 10 Mio. In Kleinasien lebt die auch heute noch vertretene Straußengattung **Struthio**. Ihre fossilen Knochen fanden Paläontologen in Schichten des oberen Miozäns. Als besonderes Charakteristikum weisen die Füße des großen flugunfähigen Vogels lediglich zwei Zehen auf. Da dieses Merkmal auch bei anderen, bereits dem Eozän zuzurechnenden Fossilien auftaucht, stellt man diese Vögel ebenfalls zu den Straußenvögeln. Die genauen Verwandtschaftsverhältnisse sind jedoch noch nicht geklärt. Wie die heutigen Strauße ernährt sich Struthio hauptsächlich von Insekten und Pflanzen.

Um 22–19 Mio.

Stelzen, waten, selten fliegen: Vögel haben lange Beine

Im Miozän treten durch die Anpassung an zwei ganz verschiedene Landschaftsformen vermehrt langbeinige Vögel (Abb.: Ralle aus der Grube Messel) in Erscheinung. In den subtropischen Sümpfen und an den Uferzonen flacher Binnengewässer sind es Watvögel. Sie teilen ihren Lebensraum mit Schaufelzähnern (siehe S. 304), die ähnliche Biotope besetzen. Zeitgleich passt sich eine andere Gruppe an das Leben in den ausgedehnten Graslandschaften an. Bei den sog. Laufvögeln ist das Flugvermögen stark, teilweise bis zum Verlust reduziert, dafür entwickeln sie sich zu schnellen und ausdauernden Läufern.

Ein in Europa heimischer Watvogel ist der Palaeolodus ambiguus. Das rund 60 cm hohe Tier erinnert mit der Form seines Körpers und dem langen Hals an einen Flamingo oder Storch, doch ist er kleiner und graziler gebaut. Ein weiteres Unterscheidungsmerkmal ist der kräftige, kegelfömige Schnabel. Mit einer Länge von rund zehn Zentimetern ist er deutlich kürzer als der Storchenschnabel und zudem nicht gebogen, sondern gerade gestreckt. Das geringe Maß seiner Spezialisierung lässt auf eine abwechslungsreiche Kost schließen. Vermutlich ernährt sich Palaeolodus ähnlich wie heutige Störche von großen Insekten und kleinen Wirbeltieren wie Mäusen, Kröten und Fischen. Bevorzugt lebt er in flachen Lagunen, an seichten Flussläufen und an den Rändern von Tümpeln und Seen. Palaeolodus galt lange als eine Frühform der Flamingos, doch wird er heute eher in eine verwandtschaftliche Beziehung mit den Störchen gestellt.

Die spektakulärsten flugunfähigen Laufvögel des Miozäns leben in Südamerika. Die wegen ihrer Jagdeigenschaften auch als »Terrorvögel« bezeichneten Phorusrhaciden, die – je nach Art – eine Größe von 1,5 bis drei Meter erreichen, profitieren auf dem isolierten Kontinent von der Abwesenheit großer räuberischer Säugetiere und nehmen deren Position im Tierreich ein. Als schnelle, mit einem äußerst kräftigen Schnabel versehene Jäger stellen sie Pflanzenfressern nach.

Um 22–5,32 Mio.

Kältewelle: Vereisung der Antarktis schreitet voran

Durch einen weiteren Temperaturrückgang, der den seit Jahrmillionen anhaltenden Abkühlungstrend fortsetzt, fällt das Weltklima im unteren Miozän erstmals annähernd auf heutige Durchschnittswerte. Damit nehmen die Vereisungen, die sich in der Antarktis im vorhergehenden Oligozän (33,7–23,8 Mio.) nur lokal nachweisen lassen, in einem größeren Umfang zu (Abb.: Inlandeis in der Antarktis).

Die Vergletscherung großer Landmassen setzt in der Antarktis erheblich früher und schneller ein als in der Arktis. Schon im unteren Miozän bedecken die Eiskappen einen Großteil des antarktischen Festlands, bis zur Grenze von Miozän und Pliozän (um 5,32 Mio.) dehnen sie sich, wie entsprechende Ablagerungen im Antarktischen Ozean erkennen lassen, weit über ihren heutigen Umfang aus. In den nördlichen Polarregionen kommt es ebenfalls zu einer empfindlichen Abkühlung, aber nicht zu echten Vereisungen. In Sibirien, Spitzbergen, Island und Grönland wird die Flora und Fauna zunehmend durch besonders robuste Formen dominiert. Nur ausdauernde und an Kälte angepasste Insekten, Vögel und Säuger überleben in den polaren Nadelwäldern. Gletscher bilden sich in den höheren Breiten der Nordhalbkugel nur in höheren Gebirgslagen.

Die antarktischen Vereisungen sind der sichtbare Ausdruck einer langfristigen Entwicklung. Seit dem Paläozän (65,5–55 Mio.) waren die Durchschnittstemperaturen trotz einiger Schwankungen kontinuierlich gesunken, von bis zu 27 °C zu Beginn der Erdneuzeit bis auf rund 15 °C im unteren Miozän. Durch die Bindung großer Wassermassen sinken die Meeresspiegel. Über die entstehenden Landbrücken kommt es zu einem Floren- und Faunenaustausch zwischen Nordamerika, Asien, Europa und Afrika, im Pliozän auch zwischen Nord- und Südamerika.

Um 14,9 und 14,7 Mio.

Meteoriten stürzen auf Deutschland

Innerhalb von nur 200000 Jahren schlagen in Süddeutschland zwei gewaltige Himmelskörper ein. Die keine 50 km auseinander liegenden Meteoritenkrater, die sie hinterlassen, sind heute als Steinheimer Becken und Nördlinger Ries bekannt. Der kleinere Krater von Steinheim hat einen Durchmesser von 3,5 km, der größere Krater bei Nördlingen einen von rund 24 km.

Die Entstehung beider Krater ist mit gewaltigen Detonationen verbunden, die im weiten Umkreis alles Leben vernichten, obgleich sie nur Sekunden dauern. Nach dieser kurzen Frist liegt der Kraterboden im Steinheimer Becken rund 250 m unter dem Niveau der umgebenden Landoberfläche. Die Aussprengung derart mächtiger Gesteinsmassen lässt Rückschlüsse auf die Wucht des Einschlags zu. Nach heutigen Berechnungen hat der Meteorit von Steinheim einen Durchmesser von 80 bis 100 m, der vom Nördlinger Ries von 800 bis 1000 m. Beide rasen mit einer Geschwindigkeit von etwa 25 km pro Sekunde auf die Erde zu. Beim Aufprall verdampft ein Teil des kosmischen und des terrestrischen Gesteins, das umgebende Material wird pulverisiert und aus dem Krater geschleudert.

Nördlinger Ries: Der gewaltige Krater ist das Ergebnis eines Einschlags, dessen Wucht der Sprengkraft mehrerer Millionen Hiroschima-Bomben glich.

Um 22 Mio.

Himalaja wächst in die Höhe

Nachdem bereits im vorausgehenden Oligozän (33,7–23,8 Mio.) die Norddrift des indischen Subkontinents zur Kollision mit der Eurasischen Platte geführt hatte (siehe S. 267), setzt im unteren Miozän die Hauptfaltungsphase des Himalaja-Gebirges ein. Unvorstellbare Mengen ursprünglich mariner Sedimente, die Jahrmillionen zuvor in dem immer schmaler werdenden Meeresarm zwischen dem indischen und asiatischen Festland abgelagert worden waren und die der indische Subkontinent vor sich hergeschoben hatte, werden Tausende von Metern in die Höhe gehoben und zum höchsten Gebirge der Welt mit 14 Gipfeln über 7500 m aufgetürmt. Bis heute lassen sich in Höhen von über 3000 m die Überreste von kreidezeitlichen Seeigeln, Seesternen, Ammoniten, Belemniten und Korallen nachweisen, die bei ihrer Entdeckung im 19. Jh. als historische Belege für die Sintflut gewertet wurden. Selbst der Gipfel des Mount Everest (8846 m) besteht aus Kalkgestein, das von marinen Organismen aufgebaut wurde.

Um 12–5,32 Mio.

Dryopithecus: Auftakt zur Hominiden-Entwicklung

Mit dem schimpansenähnlichen Dryopithecus (s. Abb.), der im oberen Miozän in weiten Teilen Europas und Afrikas lebt, beginnt die Stammesgeschichte der eigentlichen Hominidae, der modernen Menschenaffen und Menschen. Dryopithecus ist, wie die Schmelzschicht seiner Zähne beweist, ein Früchtefresser, der allerdings kaum die Größe heutiger Zwergschimpansen oder Bonobos erreicht. Das gesellige Tier bewegt sich auf dem Boden überwiegend vierbeinig, in den Bäumen ist er ein geschickter Kletterer. Seine Ursprünge liegen vermutlich bei Formen wie dem Proconsul (siehe S. 305). Als sich im mittleren Miozän zwischen Afrika und Asien eine bewaldete Landbrücke bildet, breiten sich die frühesten Hominidae über weite Regionen Eurasiens aus, um sich anschließend in zwei Linien aufzuteilen. Aus der asiatischen Gruppierung um Ramapithecus gehen die Ponginae oder Orang-Utans hervor, aus der europäisch-afrikanischen um Dryopithecus die Hominidae.

7 Millionen – 40 000

1

2

3

1 – Urahn aus Afrika: Rekonstruktion eines Australopithecus boisei im Hessischen Landesmuseum Darmstadt. Der frühe Hominide lebt in der Olduwai-Schlucht in Tansania. 2 – Lebensraum für Mensch und Tier: Höhlensysteme wie Carlsbad Caverns im US-Bundesstaat New Mexico sind ein perfekter Unterschlupf. 3 – Als Kälteform durch sein Wollkleid bestens angepasst: Das Eiszeitnashorn Elasmotherium trotzt dem Klima Südrusslands und Sibiriens.

4

5

6

7

8

9

10

4 – Wucherpflanze: Korbblütler Chrysanthemum vulgare. 5 – Ende der Jagd: Frühmenschen erlegen ein Mammut. 6 – Rekonstruktion einer Säbelzahnkatze der Cromer-Warmzeit. 7 – An die Steppe angepasste Fluchttiere: Erste Wildpferde leben im frühen Quartär. 8 – Archaisches Werkzeug: Faustkeil aus Feuerstein, gefunden bei St. Acheul (Frankreich). 9 – Schädel eines Neandertalers aus dem Moustérien. 10 – Die vorerst letzte Eiszeit der Erdgeschichte beginnt.

Faustkeil, Feuer, frühe Kulte – Die Urahnen des Menschen

In den vergangenen sieben Millionen Jahren der Erdgeschichte vollzieht sich die Entwicklung des Menschen. Erst damit wird aus dem von zahllosen Organismen besiedelten blauen Planeten eine wirkliche Welt, die Sprache, Erinnerung und menschliches Handeln kennt.
Alles beginnt, so wird vermutet, mit der Zweibeinigkeit. Aus der Evolution heraus entwickelt sich ein Wesen, das lernt, Werkzeuge zu fertigen, das Feuer zu bezwingen und mit seinesgleichen in komplexen Systemen zu kommunizieren. Vom Erlernen des aufrechten Gangs bis zu den ersten Kulthandlungen und Artefakten, was beides vom Anbruch einer menschlichen Frühkultur zeugt, ist es aber ein weiter Weg.

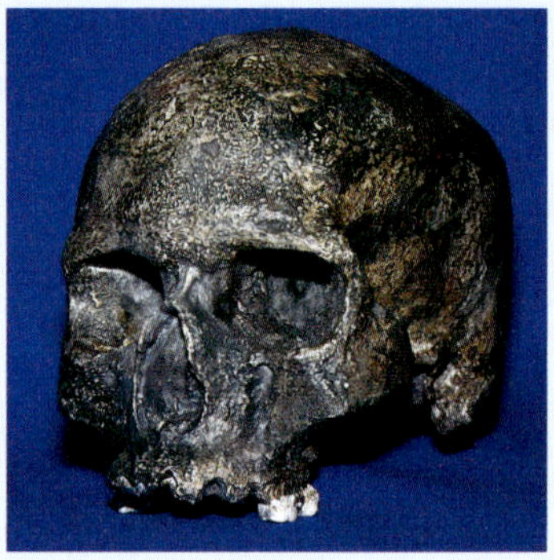
Schädel eines Homo sapiens sapiens

Was ist der Mensch?

Auf die Frage, was den Mensch zum Menschen mache, wann also die Geschichte der Gattung Homo beginne, gibt es keine eindeutigen Antworten. Je weiter die Forschung voranschreitet, desto deutlicher stellt sich die Erkenntnis ein, dass alle mutmaßlich spezifisch menschlichen Verhaltensweisen – wie etwa Verstandes- und Werkzeuggebrauch, Sprache und soziales Verhalten – ihre Wurzeln im Primatenreich haben. Entsprechend fördern die großartigen Entdeckungen, die in jüngster Zeit in Europa, Afrika, Asien und Australien gemacht wurden, vor allem die zentrale Einsicht, dass die Evolutionsgeschichte des Menschen erheblich vielschichtiger ist, als man bis dahin angenommen hatte.
Genetische Untersuchungen zeigen, dass der moderne Mensch keinen näheren Verwandten hat als den Schimpansen. Vielleicht noch erstaunlicher ist der umgekehrte Befund: Auch der Schimpanse hat keinen näheren Verwandten als den Menschen. Daraus ergibt sich die Frage, warum wir zwischen den einzelnen Arten von Menschenaffen nur graduelle Unterschiede erkennen, zwischen den beiden engsten Verwandten in der Ordnung der Primaten aber buchstäblich Welten liegen. Die wahrscheinlichste Antwort lautet: die Bipedie, die Zweibeinigkeit, ist dafür verantwortlich.
Mit gutem Grund wird das Beherrschen des aufrechten Gangs als Initialzündung in der gesamten menschlichen Evolution bezeichnet. Er verändert die Menschen im Laufe von Jahrmillionen nicht nur physisch, sondern schafft auch eine zentrale Voraussetzung für die Entwicklung der Sprache und des Bewusstseins. Zu den körperlichen Anpassungsleistungen zählen die Veränderung der Wirbelsäule, der Füße und fast des gesamten Skeletts. Weil der aufrechte Gang eine zwar sehr ökonomische, aber auch extrem energieaufwändige Form der Fortbewegung ist, führt er leicht zu Überhitzung. Die Menschen beginnen zu schwitzen; heute besitzen sie mehr Schweißdrüsen als jedes andere Lebewesen – eine unmittelbare Folge des aufrechten Gangs.

Die Manipulation der Umwelt

Der Mensch ist das klügste Wesen, so der griechische Philosoph Anaxagoras, weil er Hände hat. Tatsächlich setzt das Freiwerden der Hände durch die Bipedie erst das evolutionäre Potenzial frei, welches dem Menschen die Herstellung von Werkzeugen und die Manipulation seiner Umwelt gestattet. Es lässt nicht nur zu, einen Stock stehend zu gebrauchen – vor allem schafft es die Möglichkeit, ihn über längere Strecken mühelos mitzuführen, um nicht wieder einen neuen suchen und bearbeiten zu müssen. Diese primitive Form des vorausschauenden Handelns deutet auf die enge Verbindung von Bewusstsein und Hand hin.
Bevor der Mensch das Sprechen erlernen kann, muss sich sein Gehirn vergrößern und der Kehlkopf nach unten wandern. Auch hier spielt der aufrechte Gang eine entscheidende Rolle. Über den Ursprung der menschlichen Sprache gibt es in der Wissenschaft zwei Hypothesen: Die eine, die die Bedeutung einer komplexen Syntax betont, geht davon aus, dass das Gehirn erst eine bestimmte Kapazitätsgrenze erreichen muss, die Entwicklung dann aber sehr rasch vor sich geht. Die andere betrachtet die Sprache als eine durch die natürliche Selektion begünstigte Eigenschaft, die sich schon sehr früh – parallel zur physischen Menschwerdung – in rudimentären Formen entwickelt. Der immense Vorteil selbst einer noch so primitiven Sprache für den Menschen gegenüber anderen Lebewesen liegt auf der Hand. Vermutlich entsteht sie im Kontext eines frühen kooperativen und sozialen Verhaltens.

Aller Ursprung liegt in Afrika

Im Stammbaum des Menschen sind mindestens zwei große Abspaltungen zu erkennen, die sich beide in Afrika ereignet haben. Die erste und entscheidende ist die der Trennung der Hominoidae (Menschenartigen) von den Pongidae (Menschenaffen). Viele Jahre lang galt es als gewiss, dass diese Trennung vor etwa 5 Mio. Jahren in Ostafrika geschah, wo die Forscher bis dahin alle Fossilien der frühesten Vormenschen bergen konnten. Seit man im Jahr 2000 in Kenia den 6 Mio. Jahre alten Orrorin tugenensis entdeckte, muss diese Annahme allerdings korrigiert werden. Eine noch weit größere Sensation war im Sommer 2001 die Ausgrabung des Sahelanthropus Tchadensis im zentralafrikanischen Tschad. Das Fossil »Toumai« ist nicht nur wegen seines enorm hohen Alters von annähernd 7 Mio. Jahren von größter Bedeutung, sondern auch, weil es die alte Lehrmeinung von einer exklusiven Entstehung des Menschen in Ostafrika einschließlich der damit zusammenhängenden biogeografischen Evolutionsmodelle offenkundig widerlegt. Möglicherweise, so lässt sich aus dem Fund schließen, gibt es bereits zu diesem frühen Zeitpunkt auf dem afrikanischen Kontinent an verschiedenen Orten eine parallele Entwicklung der Hominoidae. Diese bis heute unbewiesene These ist von größter Brisanz, weil sie die grundsätzlichen wissenschaftlichen Annahmen von der zentralen bzw. multiregionalen Entwicklung des Homo sapiens berührt, welche die Paläoanthropologie in zwei Lager teilt.
Vor rund 4,4 Mio. Jahren taucht in Afrika der in geschlossenen Waldsystemen lebende, zweibeinige

In der Nähe des Turkana-Sees in Kenia wurden die ältesten Fossilien menschlicher Urahnen gefunden.

7 Mio.

Um 7 Mio.: In Zentralafrika lebt mit dem Sahelanthropus Tchadensis das älteste bis heute bekannte Mitglied der Menschenfamilie.

Ab 5,3 Mio.: Der Isthmus von Panama, die Landbrücke zwischen Nord- und Südamerika, fällt trocken. Die Fauna Südamerikas verändert sich grundlegend.

Ab 3 Mio.: Die Arktis ist beinahe vollständig mit Eis bedeckt. Die Durchschnittstemperaturen auf der Erde sinken, kälteliebende Formen breiten sich aus.

Ab 2,5 Mio.: In Südostafrika tauchen mit dem Homo habilis und dem Homo rudolfensis die ersten Vertreter der Gattung Homo auf.

Die Ausbreitung des modernen Menschen

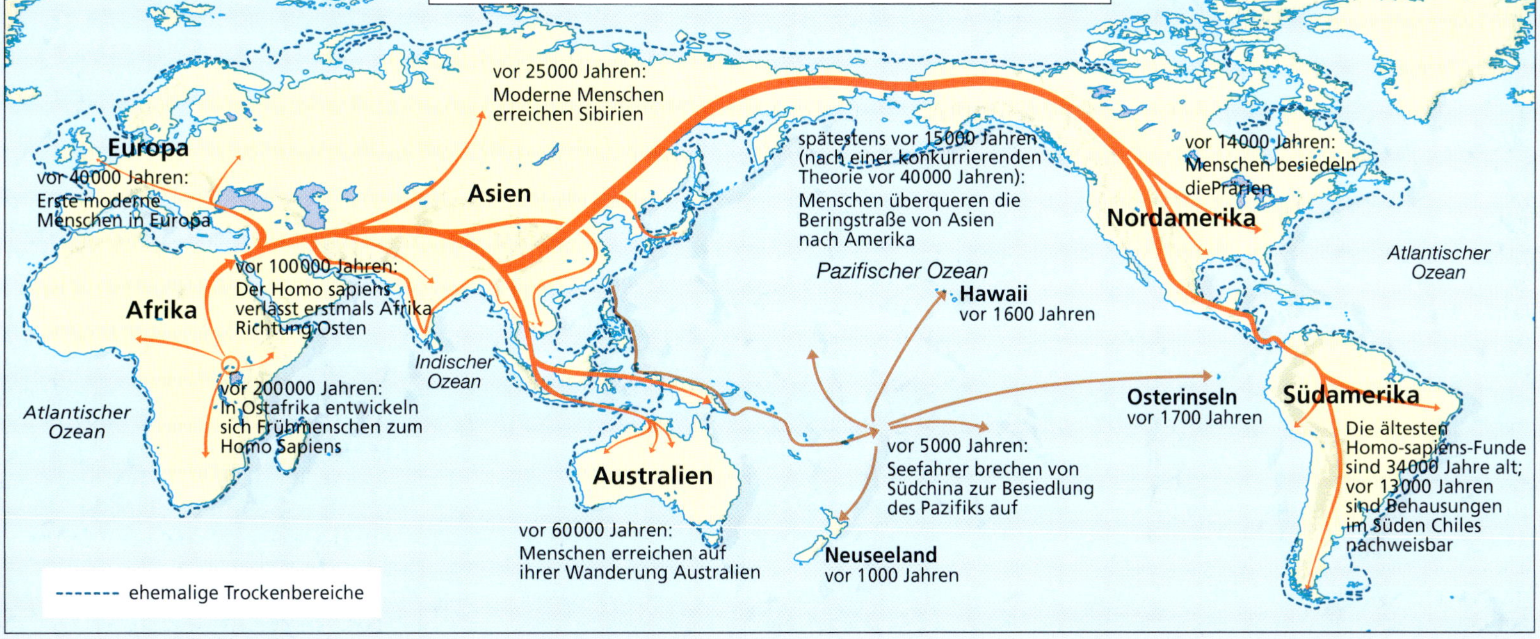

Ardipithecus ramidus auf, wenig später beginnt die Zeit der Australopithecinen, der »Südaffen«, wie man sie nach ihrem ersten Fundort benennt. Es sind Vormenschen – zwar »moderner« als Menschenaffen, aber noch zu primitiv, um etwa Werkzeuge herzustellen. Sie werden etwa 1 bis 1,3 m groß, haben lange Arme und kurze Beine. Sie beherrschen bereits den aufrechten Gang, ihre Gehirnkapazität übertrifft die der Menschenaffen aber nur wenig. Vor etwa 2,5 Mio. Jahren beherbergt der afrikanische Kontinent bereits eine erstaunliche Vielfalt unterschiedlicher Arten von Frühmenschen. In ihrem Körperbau lassen sie sich grob in zwei Abstammungslinien unterteilen: Die Australopithecinen der Arten afarensis und africanus, die in der Zeit bis vor rund 2,5 Mio. Jahren dominieren, sind relativ grazil, die späteren Australopithecinen der Arten robustus und boisei hingegen ausgesprochen kräftig.

Vor etwa 2,5 Mio. Jahren treten in Süd- und Ostafrika mit dem Homo habilis und dem Homo rudolfensis die ersten Werkzeugmacher in Erscheinung, wenig später sind die Geröllwerkzeuge der Oldowan-Industrie fossil belegt. Die Entstehung der so genannten Habilinen liegt im Ungewissen, doch scheint die Forschung die zweite große Abspaltung im menschlichen Stammbaum auf äußere Einflüsse zurückführen zu können.

Mit der Prätegelen-Kaltzeit, der ersten großen Eiszeit des Pleistozäns, gehen die Temperaturen auch in Afrika spürbar zurück, die Vegetation verändert sich. Unter erschwerten Nahrungsbedingungen entwickeln die beiden Gattungen der Hominoidae zwei ganz unterschiedliche Strategien. Die Australopithecinen werden immer robuster, passen sich also biologisch an. Die Hominiden wählen eine technische Lösung. Sie bereiten ihre Nahrung mit einem Werkzeug vor, mit der Zeit entwickelt sich ein kleineres Gebiss und ein größeres Gehirn. So entsteht eine neue Abstammungslinie, während die Australopithecinen – vor etwa einer Million Jahren – von der Erde verschwinden.

Hin zum Homo sapiens

Eine der erfolgreichsten Spielformen der menschlichen Evolution ist der Homo erectus. Dass er sich vor ungefähr 1,8 Mio. Jahren zunächst in Afrika entwickelt, dann aber über die ganze Welt ausbreitet, gilt lange Zeit als gesichert. Neue Funde in Asien zeigen, dass mindestens die Datierung der Auswanderung korrigiert werden muss. Unbestritten ist, dass dieser Typus sehr bald auf der Arabischen Halbinsel, in China und Java zu finden ist und vor mindestens 900 000 Jahren zunächst Italien und wenig später auch Spanien besiedelt.

Der Homo erectus zeichnet sich durch eine stattliche Körpergröße von bis zu 1,80 m und ein gegenüber den frühen Habilinen deutlich vergrößertes Gehirnvolumen aus. Unmittelbar nach seinem ersten Erscheinen vollzieht sich eine Revolution in der Werkzeugherstellung. Der erectus bezwingt im Laufe seiner Entwicklung das Feuer und es ist ihm möglich, einfache Worte zu sprechen. Aus ihm geht der erstmals in Deutschland nachgewiesene Homo heidelbergensis hervor, der Europa, den Nahen Osten und Afrika besiedelt. Er ist der Stammvater des ersten echten Europäers, des Neandertalers, der in seiner klassischen Zeit vor 100 000 bis 40 000 Jahren eine neue Stufe der menschlichen Kultur erklimmt. Der Neandertaler stellt vielfältige, spezialisierte Werkzeuge und vermutlich auch Kleidungsstücke her, bestattet seine Toten, pflegt verletzte Artgenossen, entwickelt Riten und Bräuche und ist in der Lage, ohne fremde Quellen ein Feuer zu entzünden. Überdies ist er ein geschickter Jäger, der mit seiner verfeinerten Waffentechnik auch großen und gefährlichen Säugern nachstellt.

Während in Europa die klassische Zeit der Neandertaler beginnt, vollendet sich in Afrika die Entwicklung des anatomisch modernen Menschen. Paläoanthropologen vertreten viele Jahre lang mehrheitlich die »Out-of-Africa«-Hypothese, die besagt, dass der Homo sapiens sapiens vor ca. 100 000 Jahren seinen Kontinent verlässt, um einen unaufhaltsamen Siegeszug über die Erde anzutreten. Durch die Überlegenheit seiner Kulturtechniken sei es ihm gelungen, alle vorherigen Arten, etwa die Neandertaler, zu verdrängen.

Archäologische Funde und genetische Untersuchungen der letzten Jahre deuten jedoch darauf hin, dass die »Out-of-Africa«-Hypothese in ihrer bisherigen Form nicht zu halten ist. Seitdem befinden sich die Vertreter der Multiregionalhypothese im Aufwind, die glauben, dass es – wie möglicherweise auch schon in den Anfängen der Menschheitsgeschichte – in verschiedenen Erdregionen eine parallele Entwicklung zum modernen Menschen gegeben hat. Tatsache ist, dass die Neandertaler vor 30 000 Jahren, rund 10 000 Jahre nach der Ankunft des Homo sapiens in Europa, die Weltbühne verlassen, die nun ganz dem anatomisch modernen Menschen gehört.

Evolutionsfaktor Klima

Ähnlich wie beim Menschen vollzieht sich auch bei Pflanzen und Tieren eine grundsätzliche Anpassung an das Klima. Kälteliebende Formen wie Mammute, Wollnashörner und Rentiere (auf der Nordhalbkugel) verdrängen in den verschiedenen Glazialen die bestehende Fauna. Typische Vertreter der Warmzeiten-Fauna wie Flusspferde, Waldelefanten und Makaken-Äffchen verschwinden ganz aus Europa. Die bislang letzte große Eiszeit der Erdgeschichte, die Weichsel- bzw. Würm-Eiszeit, überleben aber auch zahlreiche kälteliebende Arten nicht. Es findet eine Zäsur statt, in deren Folge sich Fauna und Flora zu ihrer heutigen Form entwickeln. Zentrale Ursache für die Verbreitung zunehmend kühlerer und trockenerer Klimate ist die Trockenlegung des Isthmus von Panama. Warme Meeresströme aus der Karibik gelangen nicht mehr bis in das arktische Meer, die dadurch sinkenden Temperaturen auf der Nordhalbkugel lassen die Niederschläge über dem Festland zu Eis werden – es kommt zur Vergletscherung.

Ab 1,81 Mio.: Mit dem Homo erectus tritt eine der erfolgreichsten Hominidenarten ihren Siegeszug über die Welt an.

Ab 800 000: In Europa herrschen während der Cromer-Warmzeit zeitweilig klimatische Verhältnisse wie in den heutigen Tropen.

Ab 500 000: Mit der Kulturepoche des Abbevillien werden auch in Europa Steinwerkzeuge üblich. In Afrika tauchten vergleichbare Artefakte bereits um 2,4 Mio. auf.

Um 100 000: Der moderne Mensch – Homo sapiens – tritt von Afrika aus seinen Siegeszug um die Erde an und breitet sich zunächst über Asien und Europa aus.

Um 60 000: Die ersten Frühmenschen besiedeln den australischen Kontinent.

40 000

Um 7 Mio. Das Vorland der Alpen beginnt sich im Westen langsam zu heben. Dadurch kehrt sich die Fließrichtung der Flüsse im heutigen Süddeutschland von West nach Ost um. Gleichzeitig entsteht die **Urdonau**. Sie fließt zunächst auf der Alb-Hochfläche. In den folgenden Jahrhunderttausenden sorgen immer mehr Zuflüsse von Süden und Norden dafür, dass die Urdonau zum größten Fluss Süddeutschlands wird.

Um 6,5 Mio. Das **Mittelmeer** trocknet in den kommenden 1,5 Mio. Jahren mehrfach, vielleicht bis zu fünfmal, aus. An seiner Stelle entsteht ein Wüstenbecken von bis zu 5000 m Tiefe. Zwischen Europa und Afrika entstehen Landverbindungen. Das Becken, das teils von Salzsümpfen durchzogen ist, füllt sich jeweils wieder durch einen gewaltigen Wasserfall, der sich vom Atlantik aus in die Straße von Gibraltar ergießt.

Um 6 Mio. Über die Beringstraße gelangen die Vorfahren der Kamele von Nordamerika nach Asien. Die in Nordamerika beheimateten **Urkamele** sind wesentlich kleiner als ihre heute bekannten Artgenossen. Den fossilen Resten nach zu urteilen erreichen sie nur die Größe eines Hasen. Vor etwa 1 Mio. Jahren zogen die kleineren, lamaartigen Verwandten der Kamele über die mittelamerikanische Landbrücke nach Südamerika.

Um 5,8 Mio. Im Gebiet des heutigen Äthiopien lebt ein früher Verwandter des Menschen. Die Überreste eines zur Familie der Hominiden (Menschenartige) gehörenden Exemplars des sog. **Ardipithecus ramidus kadabba** werden in der Afar-Senke entdeckt. Da er viele Merkmale mit dem 1992 entdeckten Ardipithecus ramidus teilt, erhält er die Bezeichnung »kadabba«, was in der Afar-Sprache »grundlegender Vorfahr der Familie« bedeutet.

Im Sonnensystem der Erde kommt es zum Zusammenstoß zweier **Asteroiden**. Der größere der beiden Himmelskörper zerfällt in eine Vielzahl von Bruchstücken, die heute eine Asteroidenfamilie aus etwa 39 Mitgliedern (»Karin-Cluster«) bilden. Zu diesem Ergebnis gelangten US-Forscher im Jahr 2002. Bis dahin konnte keine Kollision im Asteroidengürtel so genau datiert werden.

Um 5,5 Mio. Mit der Aare als Quellfluss erreicht die **Donau** ihre vorübergehend größte Länge. Im mittleren Pliozän, vor etwa 3 bis 4 Mio. Jahren, verliert die Donau die Aare als Oberlauf. Durch die Burgundische Pforte, eine 30 km breite Senke zwischen den Vogesen und dem Jura, fließt die Aare zur Saône ab. Heute entspringt die Donau im südlichen Schwarzwald. Sie wird aus den Quellflüssen Breg und Brigach gespeist, die sich bei Donaueschingen vereinigen.

Um 5,4 Mio.

Viele eigentümliche Arten der Erdfrühzeit sterben aus

In der Evolutionsgeschichte der Säugetiere markiert das Miozän eine Scheidegrenze. Zahlreiche eigentümliche Arten sowie ganze Ordnungen von Säugern gehen verloren. Jene Arten, die von nun an die Klasse der Mammalia prägen, sind weit weniger exotisch. Viele gehören noch der heutigen Fauna an oder sind doch eindeutig nahe mit ihr verwandt.

Zu dem Artensterben tragen mehrere Faktoren bei. Die kontinuierliche Verschlechterung des Klimas erzeugt einen zunehmenden Selektionsdruck. Verstärkt wird dieser durch die Entstehung neuer Arten, die an die veränderten klimatischen Bedingungen besser angepasst sind. Vor allem aber werden die Ökosysteme, die über Jahrmillionen isoliert voneinander entstanden sind, durch Landverbindungen erschüttert, die sich zwischen Nordamerika und Asien, zwischen Nord- und Südamerika sowie zwischen Afrika und Eurasien bilden.

In Südamerika gibt es zu diesem Zeitpunkt drei große Säugetiergruppen: Beuteltiere, Zahnarme (Faultiere und Gürteltiere) sowie Huftiere. Da fleischfressende Säugetiere fehlen, ist die Fauna auf das Eindringen von Raubtieren wie den Bär nicht vorbereitet. Die Ordnung der Astrapotheriae, einer Gruppe von Huftieren mit bis zu 2,5 m Länge und massiven Hauerzähnen, stirbt aus. Dieses Schicksal teilt eine Ordnung der Huftiere des nördlichen Pazifiks, die amphibisch lebenden Desmostylia (s. Abb.). In Europa fallen die Cainotherioidea, an kleine Hasen erinnernde Paarhufer, den veränderten Bedingungen zum Opfer. Das Aussterben der ursprünglich auf der Nordhalbkugel beheimateten Urwale Archaeoceti deutet darauf hin, dass es auch innerhalb der Meeresfauna zu drastischen Veränderungen kommt.

Um 5,4–3 Mio.

Amerika wächst zusammen

Die Zunahme der polaren Eismassen bewirkt eine so starke Senkung des Meeresspiegels, dass der Isthmus von Panama (Abb.: Satellitenbild), die Landbrücke zwischen Nord- und Südamerika, trockenfällt. Damit endet für den südamerikanischen Kontinent das Inseldasein, das zwischen Jura und Kreide mit dem Auseinanderbrechen des Südkontinents Gondwana und der Loslösung von Afrika begonnen hatte. Die Folgen für die Fauna Südamerikas sind gravierend: Viele Arten fallen Raubtieren zum Opfer oder verlieren durch Futterkonkurrenten ihre Lebensgrundlage.

Um 6,5–5 Mio.

Das Mittelmeer versumpft

Durch kontinentale Verschiebungen von den Weltmeeren vorübergehend abgeschlossen, trocknet das Mittelmeer mehrfach aus. Auf der Höhe von Gibraltar und in der Region von Sizilien entstehen Landverbindungen zwischen Europa und Afrika, über weite Meeresflächen breiten sich Salzsümpfe aus.

Vor ca. 15 Mio. Jahren war es zu einer ersten Verbindung zwischen den Kontinentalmassen gekommen: Die Arabisch-Afrikanische Platte erreichte den Südosten Europas. In den folgenden 3 Mio. Jahren fiel die Meerenge von Gibraltar durch Meeresspiegelsenkungen und tektonische Hebungen mehrfach trocken, das Mittelmeer blieb aber durch die marokkanischen Riffgebiete und wohl auch über Südwestspanien mit dem Atlantik verbunden. Vor etwa 10 bis 5 Mio. Jahren wurde diese Verbindung abgeschnitten.

Die Verdunstung von rund 3 700 000 km^3 Wasser verwandelt das Mittelmeer in eine Sumpfregion mit mächtigen Salzablagerungen (Abb.: in Salzsedimenten entstandener Gips). Die Wassermassen entladen sich in erhöhten Niederschlägen, durch die der Meeresspiegel vorübergehend weltweit um zehn Meter steigt. Da diesem Wasser jedoch Salz entzogen ist, sinkt der Gefrierpunkt des Ozeanwassers und die polare Vereisung wird begünstigt, wodurch der Wasserspiegel wieder fällt.

Um 7 Mio.

Toumai – eine fossile Sensation

Mit dem Sahelanthropus Tchadensis lebt in Zentralafrika das älteste bislang bekannte Mitglied der Menschenfamilie. Im Juli 2001 gelingt es einem Forscherteam aus Frankreich und dem Tschad, in der Djurab-Wüste sechs fossile Überreste – einen Schädel (s. Abb.), zwei Unterkiefer-Fragmente sowie drei Zähne – dieser Frühmenschen zu bergen. Da der Fund eine erstaunliche Mischung primitiv affenartiger und hoch entwickelt menschlicher Züge aufweist, wird ihm sowohl ein neuer Gattungs- als auch Artname zugesprochen. Für die noch junge Wissenschaft der Paläoanthropologie bedeutet der Fund eine Sensation. Einige Forscher sprechen gar vom wichtigsten Fossilfund seit Menschengedenken.

»Toumai«, wie man den Sahelanthropus Tchadensis mittlerweile in der Forschung nennt, ist ungefähr eine Million Jahre älter als die bisher ältesten bekannten Vertreter der Hominiden. Damit erlaubt er Aufschlüsse über jene frühgeschichtliche Epoche unmittelbar nach der Auseinanderentwicklung von Affe und Mensch. Aber nicht allein das Alter macht diesen Fund so aufregend. Fast ebenso bedeutsam ist der Fundort, der eine Revision der bisherigen Vorstellungen von der Menschheitsentwicklung nahe legt.

Bisher wähnte man deren Wiege in Ostafrika, jenseits der plattentektonischen Bruchstelle, die seit etwa 5 Mio. Jahren den Kontinent von Äthiopien über Kenia bis nach Tansania durchzieht. Da alle bedeutenden Hominiden-Funde zuvor östlich dieses Grabens gemacht wurden, waren die Paläoanthropologen davon ausgegangen, dass das ostafrikanische Hochland für die frühen Vorläufer des Menschen eine unüberwindliche Barriere gebildet habe. Nach dieser Hypothese war eine Gruppe von Affen abgetrennt worden, aus denen sich unsere Vorläufer entwickelt hatten, während die Evolution der Schimpansen im Westen vor sich gegangen sei. Da die Fundstelle von Toumai 2500 km westlich des Ostafrikanischen Grabens im Norden des Tschad liegt, ist diese Vorstellung nun offenbar nicht mehr haltbar. Bei dem Sahelanthropus Tchadensis könnte es sich um eine Parallelentwicklung handeln – und das würde bedeuten, dass die Entwicklungsgeschichte des Menschen erheblich komplexer ist als bislang vermutet.

Was man von Toumai zu wissen glaubt, lässt sich nur den wenigen fossilen Überresten entnehmen. Nach wissenschaftlichen Berechnungen verfügte er über ein Gehirnvolumen von 320 bis 380 cm^3, also nur ein Viertel desjenigen moderner Menschen. In deutlichem Kontrast dazu stehen die deutlich anthropoiden Gesichtszüge. Die für den Affen typische Schnauze fehlt, die ausgeprägten Augenbrauenwulste ähneln denen der Frühmenschen. Ob Toumai bereits überwiegend auf zwei Beinen lief, lässt sich nicht mit Gewissheit sagen. Aufgrund der Übereinstimmungen mit späteren Hominiden halten es die Forscher zumindest nicht für unwahrscheinlich.

Von den Lebensumständen des Sahelanthropus Tchadensis kann man sich immerhin eine relativ genaue Vorstellung machen. Seit 1994 hatte eine französisch-tschadische Expedition das nördliche Tschad-Becken untersucht und im Verlauf ihrer Grabungsarbeiten zahlreiche Wirbeltierfossilien aus dem oberen Miozän und dem Pliozän geborgen. Zu Lebzeiten des Sahelanthropus hatte sich der prähistorische Tschadsee noch nicht zurückgezogen, die heutige Djurab-Wüste bildete den Mittelpunkt eines außerordentlich abwechslungsreichen Ökosystems. Neben dem Seeufer gab es Sümpfe, gesäumt von Urwald, Savannen und Wüstenregionen.

Da für eine absolute Altersdatierung Toumais durch die Isotopen-Methode das entsprechende Material fehlt, erweist sich der Fossilienreichtum als große Hilfe. Die Forscher fanden Überreste von zahlreichen Süßwasserfischen, von Schildkröten, Schlangen und Krokodilen. Neben vielen Raubtieren, vor allem Hyänen, wurden auch Überreste des gigantischen Säbelzahntigers Machairodus giganteus geborgen. Des Weiteren existieren fossile Zeugnisse von Vorläufern der heutigen Pferde, Elefanten, Rinder, Giraffen und Schweine. Der Vergleich mit anderen Funden, deren Alter sich absolut bestimmen ließ, führt zu dem Schluss, dass Toumai vor sechs bis sieben Millionen Jahren gelebt haben muss.

Wie so oft in der Geschichte der Paläoanthropologie werden Zweifel laut, ob der Fund von einem Urmenschen oder nicht vielmehr von einem Menschenaffen stamme, wie etwa der US-Paläoanthropologe Milford H. Wolpoff im Fachjournal »Nature« behauptet. Die Forschergemeinde allerdings schließt sich überwiegend der Interpretation des Expeditionsleiters Michel Brunet an. Wenn Toumai allerdings wirklich ein Hominide war, dann kann die Evolution kaum einen geraden Weg zum Homo sapiens genommen haben und außerdem wäre die Trennung von Affe und Mensch deutlich weiter nach hinten zu verlegen.

Um 6 Mio.

»Jahrtausendmensch« Orrorin tugenensis – eine weitere Variante des Vormenschen

In Afrika leben Angehörige der Frühmenschen-Gattung Orrorin tugenensis. Fossile Überreste von mindestens fünf dieser Urmenschen werden im Jahr 2000 von französischen und kenianischen Forschern im kenianischen Rift Valley entdeckt. Der Orrorin tugenensis ist damit 1,5 Mio. Jahre älter als Ardipithecus ramidus, der zu diesem Zeitpunkt älteste bekannte Frühmensch. Die Wissenschaftler geben Orrorin tugenensis den Spitznamen »Millennium-Man«.

Die Fundgeschichte beginnt am 25. Oktober 2000 mit der Entdeckung eines Kieferknochens. In den folgenden vier Wochen stoßen Brigitte Senut, die Ausgrabungsleiterin vom Musée National Histoire Naturelle in Paris, und ihr Grabungsteam auf 13 weitere Bruchstücke, darunter Arm-, Bein- und Fingerknochen sowie mehrere Zähne. Vermutlich gehörten sie einst einer Greisin, drei jüngeren Erwachsenen und einem Kind.

Das besondere an diesen Fundstücken ist, dass sie nicht nur wesentlich älter sind als alle früheren, sondern auch ein deutlich fortgeschritteneres Stadium der Evolution anzeigen. Orrorin tugenensis ist größer und seine Oberschenkelknochen sind menschenähnlicher als bei dem etwa 3,2 Mio. Jahre alten, unter dem Namen »Lucy« populär gewordenen Australopithecus afarensis. Er beherrschte den aufrechten Gang wahrscheinlich besser als viele spätere Hominiden. In seinem Gebiss sind die Schneidezähne schon klein, die Backenzähne weisen den für Menschenzähne typischen Zahnschmelz auf.

Orrorin tugenensis scheint die Annahme zu belegen, dass die Entwicklung zum Homo sapiens nicht linear in einer Richtung erfolgte, sondern dass sich vielmehr parallel mehrere »experimentelle« Spielformen des primitiven Vormenschen entwickelten, von denen eine zum modernen Menschen führte.

Um 5,3 Mio. In den nordamerikanischen Gewässern lebt eine riesige Biberart. Der als **Casteroides** benannte Biber misst vom Kopf bis zum Schwanz drei Meter. Mit seinen gewaltigen Ausmaßen ist er imstande, höchste Baumriesen zu fällen. Die heute lebenden Biber erreichen vom Kopf bis zum Rumpf nur noch eine Länge von etwa 90 cm.

Durch die weltweite Abkühlung des Klimas beginnt in Europa das Aussterben der **Krokodile**. Bis zum Ende des Tertiärs sinken die Temperaturen um etwa 10 °C. Seit der mittleren Triaszeit vor mehr als 220 Mio. Jahren leben Krokodile auch im Gebiet des heutigen Deutschland.

Um 5 Mio. In China jagen löwengroße **Hyänen**. Sie gehören der Gattung Percrocuta an, die auch in Afrika und Asien beheimatet ist. Die ältesten Fossilreste von Hyänen stammen aus dem Untermiozän vor rund 25 Mio. Jahren. Die größte heute lebende Hyänenart sind die Tüpfelhyänen, die eine Körperlänge von 1,6 m erreichen.

Das Rheinische Schiefergebirge beginnt sich zu heben. Um einen riesigen Rückstau zu vermeiden, ist der **Rhein**, der in einem breiten Tal zwischen Bingen und Bonn verläuft, gezwungen, sein Bett zu vertiefen. Dadurch entsteht entlang des Stroms ein System ineinander geschachtelter Talböden: die so genannte Terrassentreppe.

Um 4,5 Mio. Mit der Ausdehnung der afrikanischen Regenwälder entwickelt sich das den Giraffen nahe verwandte **Okapi** zum Waldbewohner. Erst 1901 wurde das Okapi in den Wäldern des oberen Kongobeckens entdeckt. Da sein Körperbau stark einer Form ähnelt, die durch Knochenfunde aus dem Obermiozän bekannt war, hielt man es lange Zeit für ein lebendes Fossil, einen im Urwald erhalten gebliebenen Vorfahr der heutigen Giraffen.

Um 4,4 Mio. Ein früher Hominide, der **Ardipithecus ramidus**, lebt in Ostafrika am Rand des äthiopischen Hochlands. Rein äußerlich gleicht der rd. 1,20 m große Bewohner einer geschlossenen Waldlandschaft den heute lebenden Schimpansen.

Um 5,32–1,81 Mio.

Im Bann der Eiszeit

Weltweit machen sich die Auswirkungen eines anbrechenden Eiszeitalters bemerkbar. Es ist der Höhepunkt einer langfristigen Abkühlung des Weltklimas, die 50 Mio. Jahre zuvor, im Eozän, begonnen hatte. Während die Temperaturen im Oligozän noch einmal stagnierten, machte sich in der zweiten Hälfte des Miozäns, vor allem aber ab dem Beginn des Pliozäns ein kontinuierlicher Trend zur Abkühlung bemerkbar, der sich in den folgenden 3,2 Jahrmillionen ungebrochen fortsetzt – wenn auch in gemäßigtem Tempo und mit lokalen Abweichungen.

Vor rund 5 Mio. Jahren ist der größte Teil der Antarktis vereist. Es bilden sich erste Gletscher in Alaska, auf Grönland, Island und in der Arktis, die 2 Mio. Jahre später nahezu vollständig mit Eis bedeckt ist. Parallel fallen auch die Temperaturen in Südamerika. Die Vergletscherung beschränkt sich hier jedoch auf die Hochgebirge, während die Regionen außerhalb des Andenraums bis hinunter nach Patagonien gemäßigt bleiben. Der Großraum Neuseeland wird erst vor 2,5 Mio. Jahren von einer deutlichen Abkühlung erfasst. Nahezu zeitgleich ist auch Zentraleuropa, aus dem sich das Meer inzwischen zurückgezogen hat, weitgreifenden klimatischen Veränderungen unterworfen. Drastisch zeigen sich deren Folgen im Alpenraum, von dem aus sich Gletschermoränen bis in die Gegend des heutigen Augsburg erstrecken. Die einbrechende Kälte verändert die einheimische Flora und Fauna.

Von den Niederlanden bis zum Rhein-Main-Flussgebiet existieren noch bis etwa vor 2,4 Mio. Jahren viele der für das subtropische Klima der Reuver-Warmzeit charakteristischen Pflanzen. Es finden sich Sumpfzypressen, Magnolien, Amber- und Tulpenbäume, Walnuss, Hickory, Schirm- und Helmlocktannen, subtropische Seerosen und wilder Wein. Die in nordsüdlicher Richtung vordringende Kälte führt entlang einer gut zu verfolgenden Grenze zum Rückzug der wärmebedürftigen Pflanzen. Sie verschwinden zunächst aus Dänemark, wenig später aus Norddeutschland und Südengland, aus dem Mainzer und schließlich auch aus dem Rhône-Becken, zuletzt aus dem Golf von Lyon. Da die abwandernden oder aussterbenden Spezies nicht schnell genug von kälteresistenten Arten ersetzt werden, breitet sich in weiten Teilen Europas eine typische Kältesteppe aus.

Noch innerhalb dieses Eiszeitalters kommt es zu einem etwa 300 000 Jahre andauernden Interglazial, der so genannten Tegelen-Warmzeit, die vor rund 2,1 Mio. Jahren beginnt. Der deutliche Anstieg des Klimas führt zu einem erneuten Floren- und Faunenwechsel: Die Kältesteppe weicht ausgedehnten Wäldern, wärmeliebende Säuger wie der zur Ordnung der Rüsseltiere zählende Mastodon arvernensis breiten sich wieder bis in die heutigen Niederlande aus. Auf die Tegelen-Warmzeit folgt jedoch wieder eine weitere Kälteepoche.

Die von der Eiszeit geformte Landschaft von Tatshenshini im Nationalpark Kulane, Kanada

Um 5,32–3,4 Mio.

Frühform moderner Pferde: Hipparions erobern europäische und asiatische Steppen

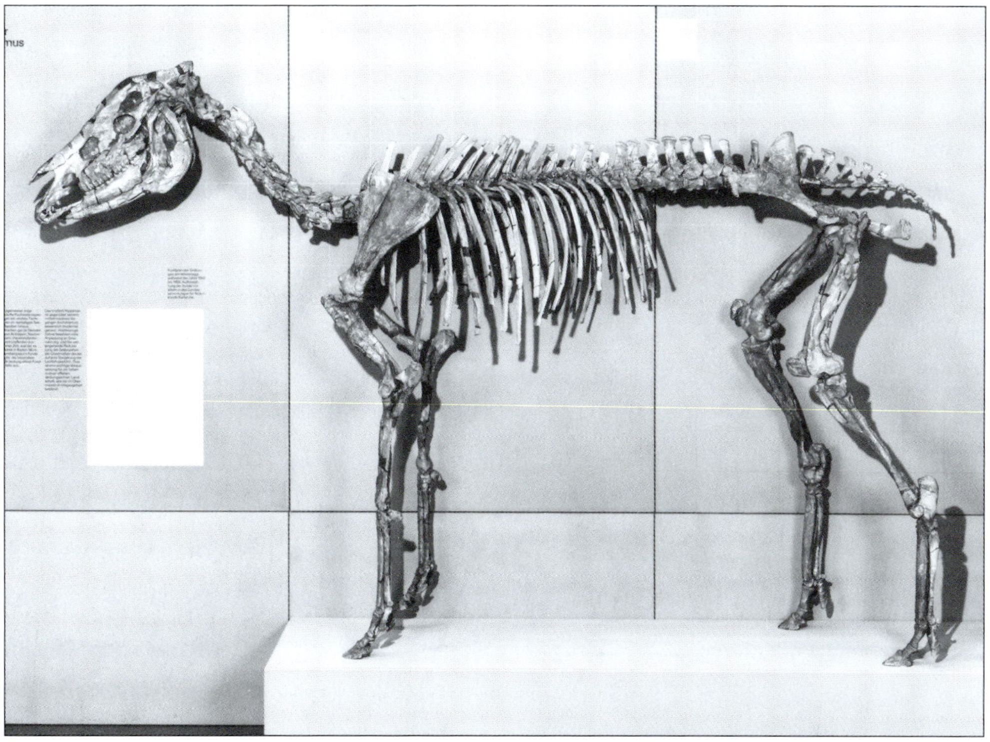

Eine aus Amerika eingewanderte Frühform des Pferdes, das Hipparion, breitet sich so stark aus, dass es zum Leittier der Steppengebiete Europas und Asiens avanciert. Wie man später im Jungpleistozän von der Waldelefanten- oder Mammut-Fauna spricht, so entwickelt sich im Pliozän eine Hipparion-Fauna.
Anhand zahlreicher Fossilfunde (Abb. o.: Skelett eines Hipparions aus Höwenegg im Hegau) lassen sich die biogeografisch bedeutsamen Wanderbewegungen dieses Urpferdes relativ exakt rekonstruieren. Im Miozän ist das Hipparion in Amerika bereits weit verbreitet. Hervorgegangen ist es aus dem Merychippus, einem etwa einen Meter hohen Mitglied der Familie der Equidae, das die Prärien Nebraskas in Herden durchstreifte. Das Merychippus war das erste Pferd, das sich mit Hilfe eines verlängerten Halses ausschließlich von Gras ernährte. Da es für seine hochkronigen Zähne im Kiefer viel Platz benötigte, zeigte es bereits die charakteristische Kopfform moderner Pferde.
Diese Anpassungsmerkmale an das Gras finden sich auch beim Hipparion. Seine Extremitäten sind noch dreizehig, wobei das ganze Gewicht des Körpers ausschließlich von der mittleren Zehe getragen wird; die beiden anderen Zehen sind zurückgebildet und berühren die Erde nicht. Auf diese Weise kann das Hipparion einen den vier- oder fünfzehigen Tieren überlegenen Abstoßmechanismus entwickeln, der eine größere Laufgeschwindigkeit erlaubt.
Im Vergleich mit modernen Pferden erweist sich sein Körperbau allerdings als unterlegen: Das Aufkommen der Gattung Equus vor etwa 1,7 Mio. Jahren verdrängt das Hipparion. Für die Ausbreitung des Hipparions gibt es verschiedene Gründe. Entscheidend ist zweifellos das kontinuierliche Wachstum der amerikanischen Population. Die Lebensweise der Hipparions entspricht in etwa derjenigen der späteren Zebras (s. Abb. u.): Die wandernden Herden folgen dem Nahrungsangebot.

Der weltweit einsetzende Klimawechsel, eine anhaltende Trockenzeit oder die zunehmende Populationsdichte mögen den Ausschlag für die Wanderung gegeben haben. Eine zweite wesentliche Bedingung ist durch die Landbrücken gegeben. Zunächst wandern die Hipparions über die Beringstraße nach Asien, Europa und Afrika, später über den Isthmus von Panama auch nach Südamerika.
Zu einem bevorzugten Verbreitungsgebiet des Hipparions entwickelt sich Südeuropa mit seinen grasreichen Steppenlandschaften. Da kaum andere Pflanzenfresser in größeren Herden hier leben, breitet sich die Gattung explosionsartig aus.

Um 4,4 Mio.

Ardipithecus ramidus streift durch das äthiopische Hochland

Östlich des äthiopischen Hochlands, an den Ufern des Flusses Awash, lebt der Ardipithecus ramidus, der nach seiner Entdeckung durch Tim White von der Berkeley University von Kalifornien im Jahr 1992 mehrere Jahre lang sowohl als der älteste wie auch als der ursprünglichste aller bekannten Hominiden galt.
Der Ardipithecus ramidus ist wahrscheinlich bis zu 1,22 m groß. Oberarm und Gebiss deuten darauf hin, dass er zwischen den früheren Affen und dem späteren Australopithecus afarensis steht. Die Kronen der Backenzähne sind noch klein, auch die Vorbacken-Zähne ähneln stark denen der Menschenaffen (Abb.: Unterkiefer-Fragment eines Ardipithecus ramidus). Aber obwohl er in Größe und Ernährungsweise den heutigen Schimpansen deutlich gleicht, scheinen Körperhaltung und Fortbewegungsart bereits menschliche Züge angenommen zu haben – eindeutige Beweise für den aufrechten Gang findet man vorläufig jedoch nicht.

Die ersten Ardipithecus-Funde waren nur 30 bis 40 km von der Stelle entfernt, an der Donald Johanson 1974 Überreste des Frühmenschen »Lucy« entdeckt hatte. Zu den ersten Fossilien zählten Schädelfragmente, ein rechter Oberarmknochen, Langknochen eines linken Arms, Kieferfragment, Gebisse und Zähne. Zwei Jahre später stieß man auf ein nicht sehr gut erhaltenes halbes Skelett.
Das Alter des Ardipithecus ramidus ist unumstritten. Da sich in der Fundschicht Spuren von Holz und Samen befinden, ist davon auszugehen, dass er in einem geschlossenen Waldland lebte.

Um 5–1,7 Mio.

Gürteltiere rüsten auf

In der zu den Gürteltieren zählenden Familie der Glyptodontidae kommt es im Pliozän zu Riesenwuchs. Einige Arten der Gattung Doedicurus (s. Abb.) werden bis zu vier Meter lang. Die Panzer dieser schwerfälligen Pflanzenfresser, die sich durch eine knöcherne, morgensternähnliche Verteidigungskeule am Ende des Schwanzes auszeichnen, erreichen ein immenses Gewicht. Im Pleistozän erobern sie Südamerika, wo sie sich noch bis in die Mittelsteinzeit erhalten. Nur kleinere Arten leben bis in die Gegenwart.

Um 4 Mio. In Südkalifornien bildet sich das **Death Valley**. Begleitet von starkem Vulkanismus entsteht das Tal durch die Absenkung des Bodens auf einer Länge von 160 km. Gleichzeitig steigt das angrenzende Hügelland zu Gebirgen auf. In der Folgezeit formen Verwitterung und Erosion das spektakuläre Landschaftsbild. Das 750 km² große so genannte Tal des Todes ist mit Temperaturen bis 57 °C heute die heißeste Region des nordamerikanischen Kontinents.

Der im mittleren Burgenland im heutigen Österreich gelegene **Pauliberg** speit Feuer. Die 755 m hohe Erhebung zählt zu den jüngsten Vulkanen der Region.

Der Saturnmond **Mimas** kollidiert mit einem riesigen Gesteinsbrocken. Bei dem größten im Planetensystem bekannten Aufeinanderprallen zweier Himmelskörper entsteht ein gewaltiger Krater. Er misst 135 km im Durchmesser und ist von 10 km hohen Wällen umgeben.

Durch das Wachsen der Alpen und die Auffaltung des **Juragebirges** werden der Aare und der Rhône die Zuflüsse zur Donau versperrt. Die Flüsse ändern ihre Richtung, wenden sich nach Westen und fließen in Richtung Mittelmeer.

Um 4 Mio.

Rüsseltiere finden weltweit ideale Lebensbedingungen vor

Zahlreiche neue Formen aus der Ordnung der Rüsseltiere, die seit dem Miozän entstanden sind, sind auf der ganzen Erde – mit Ausnahme von Australien und der Antarktis – verbreitet.
Es existieren zwei Unterordnungen, die Mastodonten und die Dinotherien. Letztere können eine Größe von bis zu vier Metern erreichen. Ihre auffälligsten Merkmale sind der fast rechtwinklig heruntergeklappte Vorderteil des Unterkiefers sowie nach unten und hinten weisende, relativ kleine Stoßzähne. Die größte Art dieser laubfressenden Waldbewohner, Dinotherium gigantissimum, ist im Miozän im Balkanraum und

Persien weit verbreitet, kleinere Arten besiedeln den Ur-Rhein. In Afrika überleben Dinotherien bis in die Weichsel- bzw. Würm-Eiszeit.
Die Mastodonten, z.B. die früheren Gomphoterien (Abb.: ein Vertreter der Gattung Anancus) und nachfolgenden Tetralophoden, hat man nach ihren Backenzähnen benannt (Mastodon = Zitzenzahn-Elefant). Ihre geraden oder gebogenen, nach vorn weisenden Stoßzähne sind länger als die der Dinotherien, manche Arten verfügen über zusätzliche Stoßzähne im Unterkiefer. Die zwischen drei und vier Meter langen Stoßzähne des im Pliozän in Europa und in Asien beheimateten Mastodon arvernensis sind beinahe horizontal nach vorn ausgerichtet.

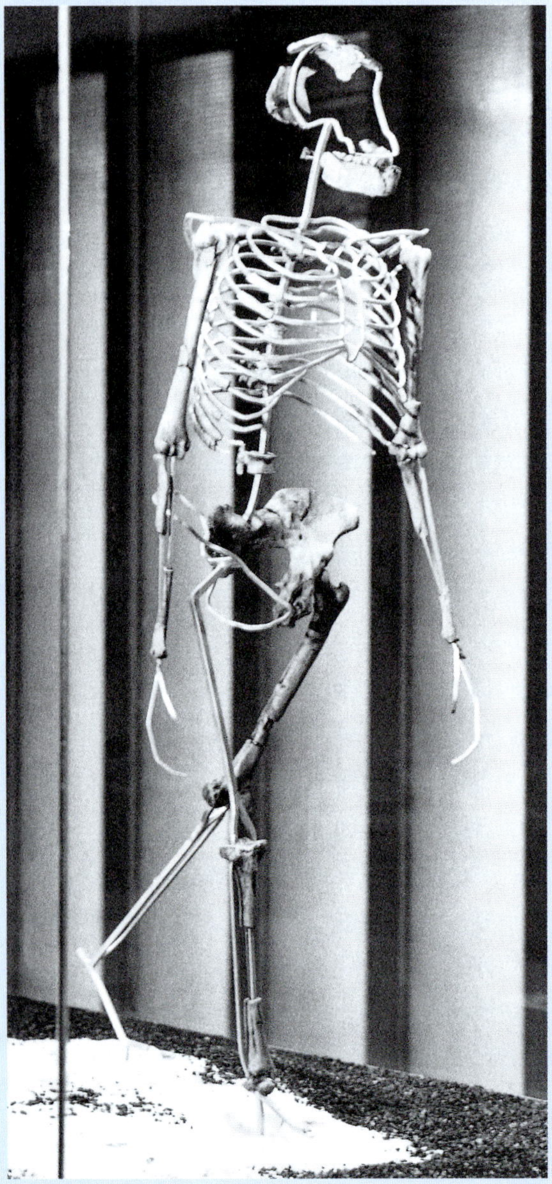

Das 1974 gefundene Skelett von »Lucy«

Um 3,9–3 Mio.

Lucy: Noch eine Ahnin der

Auf dem Gebiet, wo heute Tansania, Kenia und Äthiopien liegen, lebt ein Hominide, der nach seiner spektakulären Entdeckung im Jahr 1974 unter dem Namen »Lucy« weltweit für Aufsehen sorgte. Mehr als ein halbes Jahrhundert lang hatte man den grazilen Australopithecus africanus aus Südafrika für den ursprünglichsten aller Frühmenschen gehalten. Dies ändert sich nun: Mit dem Australopithecus afarensis wird eine neue, noch frühere Hominidenart beschrieben.
Die Größe und Erscheinung des Australopithecus afarensis ist durch zahlreiche Fossilfunde gut belegt. Die Gliedmaßen lassen vermuten, dass er ein Gewicht von 25 bis 50 kg erreicht. Die große Variabilität ergibt sich durch einen vermutlich ausgeprägten Sexualdimorphismus zwischen Männchen und Weibchen, d.h. die männlichen Hominiden sind grundsätzlich deutlich größer als die weiblichen. Das Gehirnvolumen von rund 400 cm³ entspricht in Relation zur Größe dem des Schimpansen. Das Gebiss ist unauffällig, einzig die Backenzähne sind leicht vergrößert. Die ausgesprochen niedrige, fliehende Stirn und der ausgeprägte Augenbrauenwulst bilden zwei charakteristische Eigenheiten der Spezies. Das Gesicht mit den fast viereckigen Augenhöhlen erinnert eher an einen Gorilla.

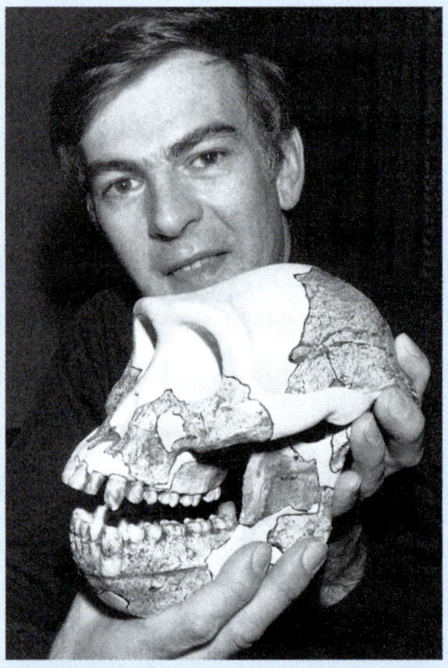

Donald Johanson, Entdecker von Lucy

Als zentrales Merkmal der spezifisch menschlichen Evolution gilt der aufrechte Gang, der deshalb für die Paläoanthropologen von besonderer Bedeutung ist. Insgesamt weist das Skelett deutlich andere Proportionen auf als dasjenige des Homo sapiens. Die Beine sind verkürzt – ein Hinweis darauf, dass die zweibeinige Fortbewegung noch einen relativ hohen Kraftaufwand erfordert. Schulterblätter und Arme, Brustkorb und Hände sind noch gut an das Klettern angepasst. Manche Wissenschaftler vertreten die Ansicht, dass diese Merkmale nur der Evolutionsballast eines kletternden Vorfahren seien. Unbestritten finden sich an Becken, Oberschenkelknochen und Schienbein anatomische Merkmale, die für ein aufrecht gehendes Wesen typisch sind. Letzte Zweifel an »Lucys« aufrechtem Gang beseitigten 1978 die im tansanischen Laetoli gefundenen Fußspuren. Hinweise auf einen gewohnheitsmäßigen Werkzeuggebrauch hingegen fehlen. Der Daumen ist leicht verlängert, ansonsten ähnelt die Hand derjenigen des Schimpansen.
Die Fundgeschichte des Australopithecus afarensis begann in den 1930er-Jahren, als man in Laetoli den Teil eines Oberkiefers entdeckte. Zugeordnet werden konnte dieser Fund erst 1974, als eine französisch-amerikanische Expedition unter Yves Coppens und Don Johanson bei Hadar am Awash-Fluss in

Um 4 Mio.

Durchschnittstemperaturen auf der Erde sinken weiter

Ein Vulkanausbruch in der Olduwai-Schlucht im heutigen Tansania (s. Abb.) schleudert ungeheure Mengen Asche in die Atmosphäre. Es kommt zu einem regionalen Temperatursturz, weil die Staubpartikel die Erwärmung der Erdatmosphäre durch die Sonne beeinträchtigen. In anderen Erdregionen setzt sich der Trend einer kontinuierlichen Abkühlung des Klimas fort.

Weltweit fallen die Temperaturen durchschnittlich um etwa 4 °C unter die heutigen Werte. Zwar sind einige Regionen von der Abkühlung des Klimas kaum betroffen, andernorts fällt das Thermometer im Vergleich zu heute aber um bis zu 12 °C.
In den äquatorialen Breiten herrscht das gesamte Pleistozän hindurch weiterhin ein tropisches bzw. subtropisches Klima. Südasien, das südliche Nordamerika sowie die überwiegenden Teile Südamerikas und Afrikas bleiben mild. Auch in China sinken die Temperaturen nur geringfügig.
Umso stärker erfasst der Temperatursturz die nördlichen und südpolaren Breiten. Die skandinavischen Länder liegen unter einem Gletscher, der sich ostwärts über ganz Sibirien erstreckt. Am stärksten ist die Eisdecke in Alaska, Grönland und in Nordeuropa, nach Osten hin nimmt sie wegen der geringeren Niederschläge ab. In den asiatischen Gebirgen breiten sich typische Hochgebirgsgletscher aus. Im Oberen Pliozän erfasst die Kälte auch Neuseeland.

Um 4,2–3,8 Mio.

Vormensch aus Kenia

In der Region des Turkana-Sees in Nordkenia lebt der Australopithecus anamensis, die älteste bekannte Art der Gattung Australopithecus. Viele seiner anatomischen Merkmale sind urtümlicher als beim Australopithecus afarensis, dennoch steht er ihm näher als dem noch früheren Ardipithecus ramidus. Seine Kombination aus affen- und menschenähnlichen Eigenschaften gilt als ungewöhnlich.
Auf ein erstes Fossil dieser Art stieß man im Jahr 1965 im Verlauf einer Expedition des Museums für Vergleichende Zoologie der Harvard University. Die Entdeckung dieses einzelnen Oberarmknochens erregte zwar wegen des offenkundig hohen Alters einiges Aufsehen, doch ließ er sich systematisch nicht einordnen. Dies änderte sich, als die Zoologin Meave Leakey vom kenianischen Nationalmuseum 1994 ein Wissenschaftlerteam für neue Grabungsarbeiten zusammenstellte. Fast 30 Jahre nach dem ersten Fund entdeckte man in Kanapoi neun Hominidenfragmente, darunter Stücke von Zähnen, Schädeln und Knochen. Weitere Fossilien wurden wenig später bei Allia Bay, östlich des Turkana-Sees, gefunden.
Der Unterkiefer, die Zähne und andere Schädelteile erinnern stärker an Menschenaffen als an die späteren Australopithecinen. Besonders auffällig zeigt sich dies an Fragmenten aus der Ohrregion, die eindeutig belegen, dass die Ohröffnung so klein war wie bei einem Schimpansen. Spätere Hominiden haben ein deutlich größeres Innenohr. Im Gegensatz zu dem menschenaffenähnlichen Kopf stehen die menschenähnlichen Beine. Die anatomischen Eigenschaften des Schienbeins, das eindeutig demjenigen moderner Hominiden ähnelt, liefern verschiedene, relativ eindeutige Hinweise auf den aufrechten Gang.
Der Artname Anamensis kommt von »Anam«, dem Turkana-Wort für »See«. In der niederschlagsarmen Region existierte zu Lebzeiten des Australopithecus anamensis eine trockene, offene Landschaft.

Um 3,6 Mio.

Hominiden wandern aufrecht

Im tansanischen Laetoli, am Fuße des Vulkans Sadiman, wandern zwei frühe Hominiden der Spezies Australopithecus afarensis Richtung Norden. Alles deutet darauf hin, dass es sich um ein Männchen und ein Weibchen handelt.
Folgendes Szenario könnte man sich vorstellen: Der Vulkan spuckt Asche aus, die im weiten Kreis die Erde bedeckt. Regen hat sie in Schlamm ver-

wandelt, in dem die beiden Wanderer ihre Fußspuren hinterlassen. Nach einiger Zeit bleiben sie stehen und wenden sich nach Westen, dann ziehen sie weiter Richtung Norden. Die Sonne lässt die Spuren trocknen und weil der Schlamm viele Carbonate enthält, wird er hart wie Beton.
Als man 1978 die Spuren (s. Abb.) entdeckte, galten sie als Sensation. Zu diesem Zeitpunkt hatte man durch zahlreiche fossile Funde des Australopithecus afarensis verschiedene Indizien für seinen aufrechten Gang, aber noch keinen eindeutigen Beweis gefunden. Dass die insgesamt 69 Abdrücke Hominiden zugeordnet werden können, unterlag nach einigen Untersuchungen keinem Zweifel. Die Vertiefungen zeigen eine stark eingedrückte Ferse und den kräftigen Abdruck eines großen Zehs. Entscheidend ist, dass der große Zeh nicht – wie bei Affen – abgespreizt ist, sondern mit den anderen Zehen in einer Reihe steht.

Menschheit

Äthiopien auf ähnliche Fossilien stieß. Ihr wichtigster Fund war das 47 Knochen umfassende Teilskelett AL 288-1, besser bekannt als »Lucy«, das zu diesem Zeitpunkt älteste Skelett eines frühen Hominiden. 1975 wurden in unmittelbarer Nähe weitere Skelettfragmente von mindestens 13

Rekonstruktion eines männlichen A. afarensis

Individuen entdeckt, die vermutlich vor 3,2 Mio. Jahren von einer Katastrophe überrascht wurden. Der Toumai-Fund im Jahr 2001 (siehe S. 313) zeigte , dass Lucy noch viel ältere Vorfahren hatte.

Um 3,5 Mio.

In Afrika leben **Höhlenlöwen**. Anders als die uns heute bekannten Löwen haben sie generell keine Mähne und weisen auch keine Quaste am Schwanzende auf. Erst für die Zeit um 900 000 sind Höhlenlöwen auch in Europa nachgewiesen. Der europäische Höhlenlöwe ist mit einer Schulterhöhe von 1,50 m noch größer als sein afrikanischer Verwandter. Auf seinem Speiseplan stehen Hirsche, Pferde und Bisons.

Um 3 Mio.

Bei einem heftigen Vulkanausbruch im Pazifik entsteht die **Osterinsel**. 500 km östlich des Pazifikgrabens durchbricht flüssige Magma den 3000 m tiefen Meeresboden. Die gewaltigen Lavamassen formen ein 12 km^2 großes Eiland, das sich bis zu 370 m über dem Meeresspiegel des Stillen Ozeans erhebt. In den folgenden Jahrmillionen vergrößert sich die Fläche der späteren Osterinsel durch weitere Vulkanausbrüche auf insgesamt 163 km^2.

Erstmals taucht in Eurasien und Afrika der Säbelzahntiger auf. Das als **Megantereon** bezeichnete Tier ist etwas größer als ein Leopard. Mit seinen langen Säbelzähnen durchtrennt das Raubtier die Luftröhre seiner Beutetiere oder schlägt so tiefe Wunden, dass sein Opfer verblutet. Die Vorderbeine, die etwas länger als die Hinterläufe sind, und der lange Hals erlauben es dem Säbelzahntiger, seine Beute auch über längere Strecken hinweg zu transportieren.

Gewaltige Eruptionen der Vulkane **Erciyas und Hasan** bedecken die heutige Zentraltürkei mit Asche, Schlamm und Lava. Wind und Regen formen in der Folgezeit eine bizarr anmutende Tuffkegellandschaft. In den nachchristlichen Jahrhunderten werden in dem weichen Tuffgestein Eremitenklausen, Kirchen und Klöster angelegt. Eine der berühmtesten Felsenkirchenanlagen ist das Tal von Göreme, das heute zum UNESCO-Weltkulturerbe gehört.

In der **Galaxie NGC 4636**, die innerhalb eines großen Galaxienhaufens im Sternbild Jungfrau liegt, ereignet sich eine gigantische Explosion. Dabei entsteht eine 7 Mio. °C heiße Wolke aus Gas, die im Inneren zwei 10 Mio. °C heiße Spiralarme aufweist. Vermutlich ist ein Schwarzes Loch im Zentrum der Galaxie für die bei der Explosion entstandenen Gase verantwortlich. Die Galaxie NGC 4636 wurde erst im Jahr 2001 von der Weltraumsonde Chandra entdeckt.

Die letzten Exemplare der in Südamerika lebenden **Süßwasserschildkröte** der Gattung Stupendemys sterben aus. Das Tier erreicht eine Körperlänge von 1,80 m und ist die größte bekannte Süßwasserschildkröte. Im Größenvergleich nehmen sich heute lebende Artgenossen eher bescheiden aus. Die größten von ihnen werden lediglich 80 cm groß.

Zwei riesige Inseln im Pazifik wachsen zur Insel **Celebes** zusammen. Das Eiland ist über 189 216 km^2 groß und erhebt sich bis zu 3458 m über dem Meeresspiegel. 17 aktive Vulkane prägen das zerklüftete Bergland im Innern der zu Indonesien gehörenden Insel, deren offizieller indonesischer Name heute Sulawesi lautet.

Begleitet von heftigen Eruptionen erhebt sich im Ostpazifik ein untermeerisches Vulkanmassiv. Die Spitzen dieser Vulkane bilden die **Galápagosinseln** vor der Westküste Südamerikas. Einige der Vulkane sind noch heute aktiv. Der heute zu Ecuador gehörende Archipel besteht aus 13 größeren und 17 kleineren Inseln. Wegen ihrer einzigartigen Tier- und Pflanzenwelt, die den Naturforscher Charles Darwin zu seiner Evolutionstheorie inspirierte, stehen die Galápagosinseln unter Naturschutz und zählen seit 1978 zum UNESCO-Weltnaturerbe.

Um 2,4 Mio.

Werkzeuggebrauch leitet neue Kulturstufe ein

Unmittelbar nach dem Erscheinen der ersten Urmenschen vom Typ Homo werden in der Olduwai-Schlucht in Tansania erste primitive Steinwerkzeuge in Gebrauch genommen. Es handelt sich um einfache Klingen oder Schaber, die durch das Abschlagen von Splittern entstanden sind, aber immerhin eine effizientere Nahrungssuche und -bearbeitung gestatten. Als ihr Erfinder gilt der so genannte Homo habilis.

Zwar sind diese Hilfsmittel nicht die ersten Werkzeuge: Von Schimpansen ist bekannt, dass sie sich Steine suchen, um Nüsse zu knacken, und dass sie Zweige benutzen, um Termiten zu fangen. Dennoch markieren diese ersten Steinwerkzeuge, die nach ihrem Fundort als Oldowan-Werkzeuge bezeichnet werden, vermutlich einen Meilenstein in der Frühgeschichte des Menschen, auch wenn sie nur wenig vollkommener als die Werkzeuge der Schimpansen sind.

Dieser frühe Werkzeuggebrauch lässt sich auf dem derzeitigen Wissensstand relativ plausibel als Weichenstellung interpretieren. Genau zu jener Zeit, in der in Tansania eine rudimentäre Werkzeugkultur entsteht, machen sich auch auf dem afrikanischen Kontinent die Folgen des weltweiten Klimawechsels bemerkbar. Die Vegetation wird trockener, die teils von Fleisch und Aas, überwiegend aber von pflanzlicher Kost lebenden Hominiden müssen mit einer sehr viel härteren Nahrung fertig werden.

In dieser Situation entwickeln die beiden in Afrika lebenden Gattungen der Hominiden zwei entgegengesetzte Strategien. Die fast zeitgleich mit den ersten Urmenschen entstandenen Australopithecinen werden immer robuster. Sie entwickeln enorm ausgeprägte Kaumuskeln, zugleich werden die Zähne immer kräftiger, bis sie etwa den dreifachen Umfang heutiger Zähne erreichen. Überdies entwickeln sie auf der Stirn, an der Stelle, wo die Muskulatur beider Gesichtshälften zusammenstößt, einen Knochenkamm. Die morphologischen Merkmale belegen somit eine biologische Anpassung an die Umwelt.

Den entgegengesetzten Weg schlägt die parallel zu den Australopithecinen entstandene Gattung Homo ein. Mit der Erschaffung und dem Gebrauch von Werkzeugen (Abb.: Steinwerkzeug von der Grabungsstelle Omo) unternimmt sie den Versuch einer differenzierten, sozusagen kulturellen Lösung des Ernährungsproblems, und das bedeutet, dass sie sich, wenn auch erst ansatzweise, von den natürlichen Zwängen etwas frei macht.

Welche dieser beiden Strategien die bessere ist, bleibt in evolutionärer Hinsicht lange Zeit unentschieden. Über 1 Mio. Jahre leben beide Gattungen in Koexistenz, erst dann wird der Vormensch vom Urmensch verdrängt. In dem größten Teil dieser Zeit stagniert die Werkzeugkultur. Erst vor etwa 1,5 Mio. Jahren erreichen die Geräte in ihrer Fertigung und Bandbreite eine neue Qualität.

Um 2,5–1,81 Mio.

Hominiden in Afrika

In Süd- und Ostafrika treten mit dem Homo habilis und dem Homo rudolfensis erste Arten der Gattung Homo in Erscheinung. Der in Äthiopien, Kenia und Tansania weit verbreitete Homo habilis erinnert in vielen anatomischen Merkmalen noch stark an seinen mutmaßlichen Vorfahren, den Australopithecus afarensis, doch sind Kiefer und Gesicht bereits weniger grob geformt, das Gehirnvolumen vergrößert. Der in Ostafrika und möglicherweise auch schon in Südafrika beheimatete Homo rudolfensis bewahrt die australopithecinenartige Gesichts- und Kieferform, entwickelt jedoch ebenfalls ein größeres Gehirn.

Rekonstruktion eines Homo-habilis-Kopfes

Die ersten Funde von Hominiden, die höher entwickelt erscheinen als die Australopithecinen, wurden 1960 von Louis und Mary Leakey in der Olduwai-Schlucht in Tansania gemacht. Sie entdeckten zunächst einen Unterkiefer mit zugehörigen Teilen der Schädeldecke, später Fragmente eines Hand- und Fußskeletts. Die Veröffentlichung der gemachten Funde war nicht zuletzt deshalb von großer Wirkung, weil sie zu einer angeregten Diskussion um die Frage der Klassifizierung des Urmenschen führte.

Zunächst wiesen die Leakeys auf die schmalen Backenzähne und den menschenähnlichen Fuß hin. Ausschlaggebend für die Bezeichnung »Homo« war für sie jedoch die Größe des Gehirns. Als Untergrenze für die menschliche Gattung galt bis zu diesem Zeitpunkt ein Schwellenwert von rund 700 bis 800 cm^3. Um den Fund mit seinem Gehirnvolumen von etwa 680 cm^3 nicht als Vor-, sondern als Frühmenschen klassifizieren zu können, senkten die Leakeys diese Grenze auf 600 cm^3. Ihre Zuordnung untermauerten sie durch ein nichtanatomisches Kriterium: Da in der unmittelbaren Nähe des Fundes auch Steinwerkzeuge entdeckt wurden, lag es nahe, dass die entdeckten Überreste von einem Werkzeug gebrauchenden Hominiden stammten. Raymond Dart, der bereits die Bezeichnung Australopithecus geprägt hatte, schlug daraufhin den Namen Homo habilis vor: »fähiger, geschickter Mensch«.

Die Einführung eines kulturellen Kriteriums stieß bei vielen Wissenschaftlern auf Ablehnung. Ein zentrales Gegenargument war, dass man in der gleichen Fundschicht Überreste eines anderen Hominiden, des Australopithecus boisei, gefunden hatte und sich unmöglich mit Gewissheit feststellen ließ, welchem dieser beiden Hominiden die Werkzeugfunde zuzuordnen seien. Da das von den Leakeys beschriebene Typusexemplar Gattungsmerkmale sowohl des Vormenschen Australopithecus wie des Frühmenschen Homo aufwies, entfachte die Frage der Zuordnung eine erbitterte Kontroverse.

Die Position der Leakeys schien bestätigt, als man 1972 in Koobi Fora, östlich des Turkana-Sees, den 1,9 Mio. Jahre alten, fast vollständigen Schädel eines Homo habilis mit einem geschätzten Gehirnvolumen von 750 cm^3 entdeckte. Ergänzt wurde der Fund durch die Ausgrabung eines zart gebauten Kiefers und eines kleineren Schädels. Die Frage der Klassifizierung schien geklärt, als ein Fossilfund aus dem Jahr 1986 dem Fall eine neue, überraschende Wendung gab.

Das unvollständig erhaltene, aber dennoch aufschlussreiche Skelett bewies, dass der Homo habilis in Körperbau und Proportionen dem Australopithecus afarensis deutlich ähnlicher war, als bislang vermutet. Zu einem ähnlichen Befund führte der Vergleich von Kiefer und Zähnen. Rein äußerlich scheint sich der Urmensch nur wenig von den Vormenschen unterschieden zu haben. Von der 1986 als Homo rudolfensis beschriebenen Art kennt man das Körperskelett zum größten Teil nicht. Die wenigen Fossilfunde lassen darauf schließen, dass er – wie der Homo habilis – in vielfacher Hinsicht den Australopithecinen entsprach. Das Gehirn einiger Individuen scheint 800 cm^3 erreicht zu haben. Da diese aber sehr groß waren, unterscheidet sich die relative Gehirngröße noch wenig von derjenigen des Australopithecus.

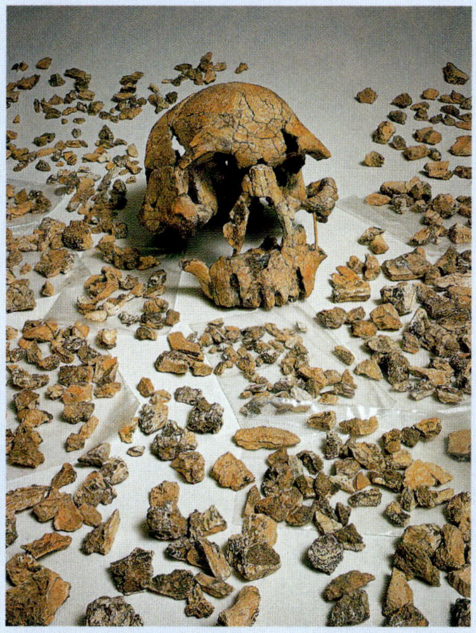

Schädel und Knochenreste eines Homo habilis

Um 3–2,3 Mio.

Nordsee reicht bis Köln

Im Verlauf des Pliozäns kommt es im Nordseeraum zu einem letzten Vorstoß des Meeres, das sich vor etwa 3 Mio. Jahren noch einmal bis auf die Höhe des heutigen Köln ausdehnt. Die Alpenregion bleibt von diesem erneuten maritimen Vorstoß verschont.

Während der pliozäne Ur-Rhein auf der Höhe des heutigen Niederrheins in das Meer mündet, sinkt der Oberrheingraben immer stärker ein. Dank seiner starken Erosionskraft dehnt sich der Rhein im Verlauf des Pliozäns auf Kosten von Donau und Doubs immer stärker aus. Die Mosel, zuvor eigentlich der Hauptfluss, entwickelt sich immer mehr zu einem Nebenfluss.

Die einbrechende Kaltzeit, in deren Verlauf große Wassermengen in riesigen Gletschermassen des Nordens eingebunden werden, lässt den Meeresspiegel kontinuierlich fallen. 700 000 Jahre später, zu Beginn des Pleistozäns, zeigt die Karte ein vollkommen verändertes Bild: Der größte Teil des heutigen Deutschland liegt trocken, die Nordsee hat sich bis weit vor die heutige Küstenlinie zurückgezogen, auch das Ostseebecken zählt zum Festland.

Um 3,5–3,2 Mio.

Skelett vom Turkana-See

Auf der westlichen Seite des Turkana-Sees im Nordosten Kenias lebt neben dem Australopithecus afarensis ein weiterer Vormensch. Auch dieser Hominide geht aufrecht. Sein kleiner Schädel zeugt von einem kleinen Gehirn. Das auffallend flache Gesicht verleiht ihm jedoch ein sehr menschenähnliches Aussehen. Im Vergleich zum Australopithecus sind seine Zähne sehr klein, was auf eine andere Ernährung mit mehr Fleischanteilen hindeutet.

Als Meave G. Leakey vom National Museum of Kenya und ihr Team zwischen 1998 und 1999 auf mehr als 30 Schädel- und Zahnfragmente dieses frühen Hominiden stießen, nannten sie ihn Kenyanthropus platyops, den »flachgesichtigen Mensch aus Kenia«. Sollte sich bestätigen, dass es sich tatsächlich um eine ganz neue Gattung handelt, müsste die klassische Einteilung der Hominiden revidiert werden.

Um 2,6–2,3 Mio.

Kaumuskulatur schwillt an

In der Region des kenianischen Turkana-Sees lebt der Australopithecus aethiopicus, der mutmaßliche Urahn des Australopithecus robustus und des Australopithecus boisei.

Der Australopithecus aethiopicus zeigt eine Mischung primitiver und fortschrittlicher Züge. Das Gehirn mit einem geschätzten Volumen von 410 cm^3 ist auffallend klein. Auch der Schädel ähnelt, besonders an seinem hinteren Bereich, dem des noch früheren Australopithecus afarensis. Das massive Gesicht, der Kiefer, die Zähne und die ausgeprägte Kaumuskulatur zeugen von einer biologischen Anpassung an die durch klimatische Umstände immer härter werdende Nahrung. Noch deutlicher ist diese später beim »Nussknackermenschen« Australopithecus boisei.

Um 2,3 Mio. Die in Europa seit dem Miozän sinkenden Temperaturen zwingen viele wärmeliebende Pflanzen, sich in südlichere Breiten zurückzuziehen. Zu ihnen gehören auch die **Lorbeergewächse**. Sie trotzen dem Temperaturabfall bis vor 2,3 Mio. Jahren. Heute wachsen Lorbeergewächse – zu ihnen zählen u. a. Lorbeerbaum und Avocado – in subtropischen und tropischen Gefilden.

Um 2,1 Mio. Das milde Klima der nach der niederländischen Gemeinde Tegelen benannten Tegelen-Warmzeit begünstigt in Deutschland das Wachstum der **Pfingstrose**. Erstmals wächst die zur Gattung Paeonia gehörende Pflanze im Mainzer Becken, dem nördlichen Teil des Oberrheinischen Tieflandes.

Um 2 Mio. Auf der heutigen Kykladeninsel **Santorin** bricht ein Vulkan aus. Es entstehen neue Landflächen in der Nähe der alten Insel. Dazu zählen u. a. die Halbinsel Akrotiri auf Santorin und die 20 km entfernten Christiana-Inseln. Ihre heutige ringähnliche Form hat die Mittelmeerinsel bei einem gewaltigen Ausbruch des Vulkans im Jahr 1628 v. Chr. erlangt.

Aus dem einhufigen, annähernd eselsgroßen Pferd **Pliohippus** entwickelt sich die Stammform des heutigen Pferdes (Equus). Von diesem hat mit dem in der Mongolei vorkommenden Östlichen Steppenwildpferd (Equus prezewalskii prezewalskii) eine Wildform bis in die Gegenwart überlebt.

Auf dem Gebiet der Tschechischen Republik entspringt ein Vorläufer der **Oder**. In der Saale-Eiszeit vor etwa 200 000 Jahren bildet sich im Oderbruch eine Senke, der die untere Oder folgt. Bis in die Gegenwart ist ihr Verlauf weitgehend unverändert geblieben.

In der Südoststeiermark (Österreich) entsteht der Vulkan **Kapfensteiner Kogel**. Gewaltige Eruptionen fördern glühendheiße Lava an die Erdoberfläche. Als das Magma mit dem Grundwasser in Kontakt kommt, explodiert der blitzartig entstandene Wasserdampf. Ein riesiger Krater wird in die Erde gerissen. Kilometerhoch fliegt das Magma in die Luft. Rings um den Krater bildet sich ein Wall aus dem herausgeschleuderten Gestein.

Mit dem **Kilimandscharo** formen die tektonischen Prozesse der Erde einen der markantesten Berge der Welt. In Ostafrika gelangt durch die Verschiebungen der Erdplatten geschmolzenes Gestein aus dem Erdinnern an die Oberfläche. Das Magma türmt sich auf und bildet drei Vulkane. Diese wachsen in den folgenden Jahrhunderttausenden zu einem Gebirgsmassiv zusammen: dem Kilimandscharo. Er ist mit 5895 m der höchste Berg des afrikanischen Kontinents.

Im heutigen Kärnten (Österreich) bricht an einigen Schwächezonen die Erdkruste ein. Es bildet sich die größte Senke der Ostalpen: das **Klagenfurter Becken**. Gleichzeitig erheben sich die Karawanken, ein Gebirgsmassiv der südlichen Kalkalpen. Sie liefern gewaltige Schuttmengen, die das Einbruchsbecken wieder auffüllen. Aus den dadurch verschütteten Bäumen und Hölzern entstehen durch Luftabschluss die Rosenbacher Braunkohleschichten.

Um 1,9 Mio. Auf dem amerikanischen Kontinent taucht das **Riesenfaultier** (Megatherium) auf, das bis zu sechs Meter lang und fast vier Tonnen schwer ist. Fossile Fährtenfunde legen den Schluss nahe, dass Megatherium fast ausschließlich aufrecht ging. Aufgrund seiner Mächtigkeit hat der überwiegend von pflanzlicher Nahrung lebende Koloss wohl keine natürlichen Feinde. Vermutet wird darüber hinaus, dass das Riesenfaultier sich gelegentlich auch von Aas ernährt. Megatherium stirbt erst ca. 8000 Jahre vor unserer Zeitrechnung aus – womöglich unter menschlicher Einwirkung.

Um 2 Mio.

Wohnen in Felsnischen

Im südafrikanischen Transvaal suchen die frühen Hominiden erste primitive Wohnstätten auf. In der Regel handelt es sich bei diesen sehr einfachen Siedlungsplätzen um Naturhöhlen, Grotten oder so genannte Abris – altsteinzeitliche Wohnstätten unter Felsvorsprüngen oder in Felsnischen. Die Bezeichnung Abri leitet sich von dem französischen Wort für »Obdach« ab.

Eigene Bauwerke werden sehr lange Zeit nicht errichtet. Mehrere Schichten aus dicht gepackten Steinen, wie man sie in Kenia und Tansania gefunden hat, lassen vermuten, dass die frühen Menschen nach und nach geometrische Eingänge zu ihren Wohnstätten fertigen und sich vermutlich auch mit Tierfellen vor Wind und Regen schützen. Denkbar ist auch, dass die Steine einen Unterstand getragen haben. Da die mutmaßlich zum Einsatz gekommenen Materialien – vor allem Holz und Tierhäute – schnell verfallen, zeugen nur wenige archäologische Funde von der altsteinzeitlichen Wohnkultur.

Bis in das mittlere Paläolithikum bleiben die archäologischen Belege für menschliche Bauten fragmentarisch und selten. Man weiß, dass schützende Behausungen bei der zunehmenden Abkühlung des Klimas eine überlebenswichtige Bedeutung bekamen und dass die Stoßzähne von Mammuts offenbar als wichtiges Baumaterial dienten.

Einfach wohnen: Höhle im südafrikanischen Sterkfontein

Um 2–1,6 Mio.

Klima-Aufschwung zieht wärmeliebende Pflanzen an

Am Ende jener Eiszeit, die in den Niederlanden und Norddeutschland als Prä-Tegelen-, in Süddeutschland als Biber-Kaltzeit bezeichnet wird, kommt es mit der Tegelen-Warmzeit zu einer deutlichen Verbesserung des Klimas. Die Bezeichnung dieser etwa 350 000 Jahre andauernden Wärmeperiode geht auf den niederländischen Ort Tegelen zurück, an dem sich die archäologischen Überreste zahlreicher wärmeliebender Pflanzen und Tiere erhalten haben.

In der Tegelen-Warmzeit wird die west- und mitteleuropäische Kältesteppe wieder durch Wälder verdrängt. Ein typisches Gewächs dieser Klimaperiode ist der Wasserfarn Azolla tegeliensis. Eine ganz ähnliche Flora wie im niederländischen Tegelen entfaltet sich aber auch in dem milden Mainzer Becken. Hier breiten sich Pfingstrosen, die mit ihren ananasähnlichen Blütenköpfen exotisch wirkenden Eucomis und sommergrüne Bäume und Sträucher wie der feuchtwarmes Klima liebende Eisenholzbaum aus. Es entsteht eine Flora, die in etwa derjenigen entspricht, die man heute am Südufer des Kaspischen Meeres findet.

Parallel kommt es auch zu einem Faunenwechsel. Zu den Arten, die sich jetzt wieder bis hinauf in die Niederlande ausbreiten, gehören Nashörner und Hirsche, der Tapir Tapirus avernensis, der zur Ordnung der Rüsselartigen zählende Mastodon arvernensis, der Südelefant Archidiskodon meridionalis und der frühe Biber Trogontherium.

Um 2 Mio.

Vom Sammler zum Aasfresser und Jäger: Der Mensch ändert seine Ernährungsgewohnheiten

Die Erfindung erster primitiver Werkzeuge führt zu einem einschneidenden Wandel in den Ernährungsgewohnheiten des Frühmenschen. Zerbrochene Knochen werden zum Ausgraben

nahrhafter Knollen und Wurzeln verwendet, der Gebrauch von Steinen ermöglicht das Knacken von Nüssen und das Aufspalten von Tierknochen, um an das Knochenmark zu gelangen. Kadaver und faserhaltige Pflanzen lassen sich mit scharfen Steinsplittern leichter zerkleinern.
Die frühen Hominiden waren bei der Beschaffung (s. Abb. l.) und Verarbeitung der Nahrung auf ihre Hände und Zähne angewiesen. Der Ardipithecus ramidus, der vor etwa 4,4 Mio. Jahren lebte, war ein Allesfresser, der sich vor allem von saftigen Früchten ernährte. Der etwas spätere Australopithecus anamensis hingegen zeigte bereits den für die Australopithecinen typischen verstärkten Zahnschmelz, der die Aufnahme sehr viel gröberer Nahrung ermöglicht. Am deutlichsten ausgeprägt ist die Anpassung des Kiefers und der ganzen Kaumuskulatur an trockene und zähe Kost beim Australopithecus robustus und beim Australopithecus boisei.
Während die Australopithecinen diesen evolutionären Weg beschreiten, zeugen die veränderten Ernährungsgewohnheiten der Gattung Homo vom Einfluss des Werkzeugs. Archäologische Funde in Ostafrika beweisen, dass sie die Kadaver toter Tiere ausschlachten, um Nahrung und Rohstoffe zu gewinnen. Dass sie zu diesem frühen Zeitpunkt selbst schon jagen, wie frühere Anthropologen glaubten, darf bezweifelt werden. Eine genauere Untersuchung der gemachten Knochenfunde, die zu einem Großteil die Zahnspuren von Raubtieren tragen, kommt zu dem Ergebnis, dass Homo habilis vor allem jene Fleisch- und Knochenreste einsammelt, die andere Jäger, nämlich Löwen, Leoparden und Säbelzahntiger, übrig lassen. Experimentelle Versuche scheinen diese Hypothese zu bestätigen, da sich unter den Fossilien auch Trümmer dickwandiger Extremitätenknochen finden, die selbst für das starke Gebiss der Hyänen zu hart sind – während sie sich mit Steinwerkzeugen relativ leicht öffnen lassen.
Die Paläoanthropologie hat lange auf die kulturbildende Wirkung des Jagens verwiesen. Die Jagd (Abb. r.: Steinzeitmenschen jagen einen Höhlenbären) erfordert Kooperation, Planung und zumindest rudimentäre Formen der Kommunikation. Auch die Entstehung sozialer Bindungen und einer frühen arbeitsteiligen Vergesellschaftung wurde mit ihr in Verbindung gebracht. Der Archäologe Rob Blumenshine hat hingegen darauf aufmerksam gemacht, dass die gewohnheitsmäßige Aasverwertung jene vergesellschaftenden Aspekte keineswegs ausschließt und in vergleichbarem Maße Intelligenz erfordert, da sie eine genaue Beobachtung der Umwelt und des Raubtierverhaltens voraussetzt.
Wann die Jagd tatsächlich zu einer Ernährungsgrundlage des frühen Menschen wurde, ist noch immer umstritten. Manche Forscher glauben, dies sei vor 2 Mio. Jahren geschehen, andere wiederum sind der Meinung, erst mit der Erfindung von Speeren und Pfeilen vor etwa 40 000 Jahren habe sie zu einem wirklich bedeutenden Faktor für die Nahrungsbeschaffung werden können.

Um 2 Mio.

Frühmenschen in China

Im Nihewan-Becken in China leben Frühmenschen, die wie ihre fernen Verwandten in Afrika Werkzeuge nutzen und bereits zu einer stärker fleischhaltigen Ernährungsweise übergegangen sind. Im Herbst 2001 stieß ein archäologisches Forschungsteam in Majuangou, etwa 100 km nördlich von Peking, auf ihre fossilen Überreste. Durch die Anordnung des Gesteins und eine Magnetfeldanalyse konnten die Forscher belegen, dass es sich um den ältesten bislang bekannten steinzeitlichen Fundplatz außerhalb Afrikas handelte. Zu den fossilen Funden zählten mehr als 800 Steinwerkzeuge und zahlreiche Tierknochen. Eines dieser Werkzeuge, ein Schaber, steckte noch in den Rippen eines der Tiere. Die Fundumstände ließen vermuten, dass es sich um einen früheren Lagerplatz der Urzeitmenschen handelte.
Die Entdeckung galt als Sensation, widerlegte sie doch alle bisherigen Theorien über die Entwicklungsgeschichte des Menschen. Bislang ging man davon aus, dass sich der moderne Mensch in Afrika entwickelt und dann vor etwa 2 Mio. Jahren Asien und Europa besiedelt hat. Die Funde in Majuangou ließen hingegen nur zwei Schlüsse zu: Es hat eine eigenständige Entwicklung außerhalb Afrikas gegeben oder aber die Auswanderung muss erheblich früher geschehen sein.

Um 2–1,5 Mio.

»Robustus« ist Allesfresser

In Südafrika lebt der »robuste Affenmensch«, Australopithecus robustus (Abb.: rekonstruierte Schädel). Sein breites Gesicht liegt unter einer fliehenden Stirn. Die Vorderzähne sind klein, die Mahlzähne hingegen sehr massiv. Dank seiner außergewöhnlich ausgeprägten Kaumuskulatur kann er auch grobe und faserreiche Nahrung wie etwa Knollen verzehren. Funde deuten darauf hin,

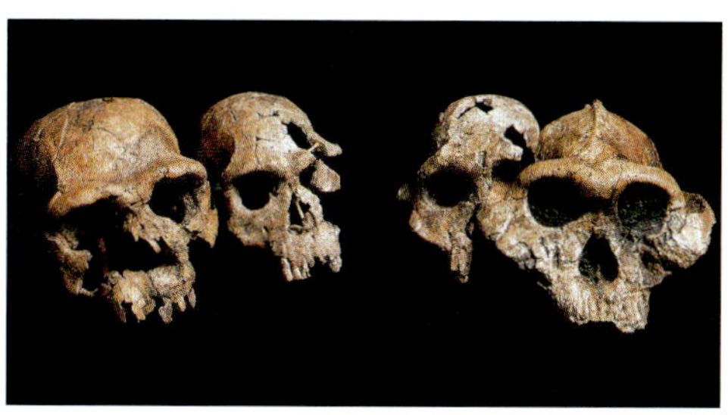

dass er zur Nahrungsbeschaffung Knochen als Grabstöcke verwendet. Dennoch ist sein Gehirn mit einem Volumen von etwa 530 cm^3 noch nicht sehr ausgebildet. Australopithecus robustus ist ein Allesfresser, der pflanzliche Kost bevorzugt, sie aber durch tierische Proteine anreichert, wenn er Aas findet. In Acht nehmen muss er sich vor Leoparden, für die er Beutetier ist.

Um 2–1,5 Mio.

Aus Herden werden Familien

Der Homo habilis lebt in den offenen Baumgraslandschaften der Savanne in Familienverbänden von rund 30 Mitgliedern. Seine veränderten Ernährungsgewohnheiten mit einem größeren Anteil fleischlicher Kost begünstigen erste Formen einer Arbeitsteilung.
Da archäologische Funde nur selten direkte Zeugnisse für das Sozial- und Gruppenverhalten liefern, sind die Paläoanthropologen überwiegend auf Hypothesen und die Vergleiche mit anderen Primaten angewiesen. Wahrscheinlich herrschte, wie bei den meisten Affen, Exogamie, d.h. die Weibchen wurden gezwungen, sich anderen Gruppen anzuschließen. Innerhalb dieser einzelnen Gruppen, die aus fünf bis zehn Männchen, 10 bis 15 Weibchen und einigen Jungen verschiedenen Alters bestanden, gab es einen engen sozialen Zusammenhalt. Anderen Gruppenverbänden standen sie jedoch feindlich gegenüber.
Unter den männlichen Gruppenmitgliedern, die für die Herstellung der Werkzeuge, die Verteidigung des Reviers sowie der Weibchen und Jungen zuständig waren, bildete sich das kooperative Verhalten schon stärker aus. Auch in Trockenzeiten, in denen der Homo habilis auf der Suche nach Nahrung und Wasser weite Entfernungen überwinden musste, hielten die Gruppen zusammen.

Sprache und aufrechter Gang

Seinen Siegeszug über den ganzen Planeten verdankt der Mensch seiner Sprache. Allein die Fähigkeit zur Kommunikation versetzte ihn in die Lage, jene Jagd-, Arbeits- und Sozialtechniken auszubilden, die einer an sich eher schwachen Spezies in einer feindseligen Umwelt einen evolutionären Vorteil vor den natürlichen Rivalen und Nahrungskonkurrenten verschaffte.

Was die Frage nach dem Ursprung der menschlichen Sprache betrifft, gibt es nur eine begrenzte Zahl gesicherter Erkenntnisse. Dass Sprache eine Folge des familiären bzw. herdenhaften Umfelds des Menschen ist, ist unstrittig. Wäre der Mensch ein Einzelgänger gewesen, hätte er sie nicht entwickeln können. Sprache entstand im sozialen Miteinander, sei es bei der Jagd oder am Lagerfeuer.

Die Fähigkeit des Sprechens verdankt der Mensch ganz wesentlich den Sprachzentren, die sich im Großhirn befinden:

*Das **Broca-Zentrum** steuert und kontrolliert die Sprechbewegungen, das **Wernicke-Zentrum** ist zuständig für das Verstehen der gesprochenen Sprache, das **optische Sprachzentrum** für das Lesen. Bei einem Ausfall des Broca- und/oder des Wernicke-Zentrums kommt es zu Sprachstörungen (Aphasie).*

Vermutlich ging das Sprechen aus einer überlebensnotwendigen kooperativen Verständigung hervor. Innenausgüsse von Schädelknochen erlauben den Schluss, dass der Homo habilis vor rund 2 Mio. Jahren bereits über die beiden für die Sprache wichtigsten Gehirnzentren, das Wernicke- und das Broca-Zentrum, ansatzweise verfügte. Manche Forscher gehen deshalb davon aus, dass er zum Zweck der Verständigung schon primitive Lall-Laute modulierte. Andere wenden ein, dass das Wernicke-Zentrum nur unsicher zu identifizieren und die Sprachsteuerung – neueren Befunden zufolge – durch die Existenz des Broca-Zentrums keineswegs garantiert sei.

Zu den gesicherten Erkenntnissen zählt, dass sich der Körperbau der menschlichen Vorfahren zunächst anatomisch an das Sprechen anpassen musste. So liegt etwa der Kehlkopf des Menschen deutlich tiefer als beim Affen. Ohne die Möglichkeit, den Rachenraum als Resonanzkörper zu nutzen, wäre es ihm nicht möglich, ein breites Spektrum komplizierter Laute von sich zu geben. Auch ist die Sprachentwicklung ganz zweifellos an die Evolution des Gehirns und an die Ausbildung kultureller Techniken gekoppelt. Ein fruchtbares Feld für wissenschaftliche Spekulationen ist hier allerdings die Frage, was Ursache und was Wirkung ist.

Nach einer weit verbreiteten These standen am Anfang der Entwicklung zum modernen Menschen das Bewusstsein und die Sprache. Erst die Ausbildung geistiger und kommunikativer Fähigkeiten habe nach dieser Lesart dem Menschen das notwendige Rüstzeug verschafft, um Werkzeuge und Waffen zu bauen, Jagdtechniken zu erlernen, Wohnstätten zu errichten, das Feuer zu bezwingen – kurz: sich auf breiter Basis evolutionäre Vorteile zu verschaffen.

Streit der Gelehrten

Aber auch die gegenteilige Überzeugung wird von Fachleuten vertreten, die sich dabei auf Erkenntnisse der modernen Hirnforschung berufen. Die Gehirnbereiche, die die Sprache steuern, könnten demzufolge aus den benachbarten Arealen hervorgegangen sein, die für die Feinmotorik verantwortlich sind. Den Anfang hätten demnach die Gebärde und das handwerkliche Geschick gemacht.

Unumstritten ist, dass bei der Herausbildung des Sprechvermögens der aufrechte Gang eine zentrale Rolle spielt. Der Grund liegt in der veränderten Atmungstechnik und in der umfassenden Umbildung des ganzen Sprechapparats. Vierbeiner wie Hunde und Katzen atmen bei jedem Schritt einmal ein. Affen können nicht zusammenhängend lachen, da sie nach jedem Lachlaut einmal Luft holen müssen. Der aufrechte Gang ermöglicht hingegen dem Menschen, mehrere Schritte zu tun oder ganze Sätze zu bilden, ohne zwischendurch Luft einsaugen zu müssen. Ein Großteil der Forscher hält ihn deshalb für das Schlüsselereignis in der Entwicklung des Sprechvermögens.

Als die Vormenschen vor über 2 Mio. Jahren die Vorteile des Werkzeuggebrauchs entdeckten, war dies in der Entwicklung des menschlichen Bewusstseins ein großer Schritt. Wenig später traten Anzeichen einer anatomischen Sprachausstattung in Erscheinung, auch die veränderten Lebensgewohnheiten lassen den Schluss auf ein primitives Kommunikationssystem zu.

Die Entwicklung vom Menschenaffen (links) zum modernen Homo sapiens (rechts) und damit zum aufrechten Gang vollzieht sich in mehreren Stufen.

Manche Forscher glauben sogar, die veränderte Ökologie – eine offene Savannenlandschaft mit acht verschiedenen Gattungen von Raubtieren und ein zugleich relativ eingeschränktes Futterangebot – habe eine zumindest symbolische Kommunikation zu einer evolutionären Notwendigkeit gemacht.

Langer Weg zum kurzen Satz

Dann jedoch folgte eine Hunderttausende von Jahren dauernde Phase der Stagnation. An den Steinwerkzeugen lässt sich keinerlei Modifikation erkennen, auch fehlen alle Hinweise für eine weitere Entfaltung des Kommunikationsvermögens. Es verging offenbar eine lange Zeitspanne, bis das menschliche Bewusstsein die Hürde von der frühen Protosprache zu der eigentlichen, den Bau von ganzen Sätzen umfassenden Sprache nehmen konnte.

Als den entscheidenden Schritt zur modernen Sprache betrachtet daher die Forschung die Syntax. Von Affen weiß man, dass sie begrenzt Begriffe erlernen und entsprechenden Objekten zuordnen können, aber sie können keine Sätze bilden. Fossile Funde belegen, dass der Neandertaler anatomisch bereits sehr gut auf das Sprechen eingerichtet war. Man weiß auch, dass zu seiner Zeit, spätestens aber mit dem Homo sapiens, raffinierte Waffen, Schmuckstücke, Wohnbauten und sogar Zeichnungen entstanden – Dinge, die nach Meinung der Forscher unbedingt ein Begriffs- und Abstraktionsvermögen voraussetzen. Vermutlich aber haben die Neandertaler sich per Körpersprache untereinander verständigt, sodass es dem Cro-Magnon-Menschen vorbehalten blieb, eine »richtige« Sprache zu entwickeln. Mit ihrer Hilfe konnten spätere Generationen auf die Erfahrungen und Kenntnisse ihrer Ahnen zurückgreifen und so ihr Überleben sichern. Der Zwang zur biologischen Anpassung an die Umwelt entfiel.

Der Affe Oreopithecus ging schon vor 8 Mio. Jahren aufrecht, starb aber ohne Einfluss auf die Evolution des Menschen aus.

Über den Ursprung der Sprache gibt es allerlei Erklärungsansätze, so z. B.:

Kling-Klang-Theorie: *Die Laute der Menschen spiegeln die Umwelt wieder (»Mama« beruht auf der Lippenbewegung des Säuglings beim Stillen).*
Wau-Wau-Theorie: *Die Menschen ahmen Laute der Natur, vor allem Tierlaute, nach (»Kuckuck«, »miau«).*
Puh-Puh-Theorie: *Die Sprache entsteht aus instinktiven Lautäußerungen (z. B. Interjektionen wie »Aua«, »He«).*
Jo-he-ho-Theorie: *Als sprachliche Vorstufe bilden sich rhythmische Laute bei der gemeinsamen Arbeit (Ächzen, Stöhnen) heraus.*

Im Fokus

Wann ist der Mensch ein Mensch?

Im Jahr 1699, lange bevor Charles Darwin sein bahnbrechendes Werk »Die Entstehung der Arten« veröffentlichte, sezierte der englische Anatom Edward Tyson einen Schimpansen. Man hatte das Tier in Afrika gefangen und nach England verschifft, wo es nach einigen Wochen starb. Unbeeindruckt von den vielen Gerüchten, die über die fernen Affentiere kursierten, erstellte Tyson einen exakten Aufriss der anatomischen Besonderheiten. Das Wesen, das nach seiner Meinung irgendwo zwischen Affe und Mensch anzusiedeln war, zeigte 34 Merkmale des Affen, aber 48 Merkmale des Menschen. Tyson klassifizierte es als Waldmensch, als Homo sylvestris.

Was das eigentlich Humane am Menschen sei, ist unter Philosophen und Paläoanthropologen eine bis heute umstrittene Frage. Ist es der aufrechte Gang, der Gebrauch von Werkzeugen, die Herstellung von Werkzeugen, das soziale Verhalten oder die Sprache? Je genauer die Forschung jeden einzelnen dieser Faktoren untersucht, umso stärker stellt sich die ernüchternde Erkenntnis ein, dass die Wurzeln jeder dieser Fähigkeiten im Primatenreich liegen. Der Schimpanse wird heute nicht mehr als Waldmensch bezeichnet. Unter dem Namen Pan troglodytes zählt er zur Familie der Pongiden. Und dennoch scheint ausgerechnet die moderne Molekularbiologie zentrale Einsichten von Tysons vergleichender Anatomie und der späteren Verhaltensforschung zu bestätigen.

Folgt man den Befunden, die eine Analyse der DNS ergeben, dann haben die Menschen keinen näheren lebenden Verwandten auf Erden als den Schimpansen. Noch überraschender: Die Schimpansen haben ebenfalls keinen näheren Verwandten als uns Menschen. Ihre DNS weicht von der des Orang-Utans um 3,6 Prozent, von der des Gorillas um 2,3 Prozent, von der des Menschen aber nur um 1,6 Prozent ab. Nach der molekularen Arithmetik haben sich die Entwicklungslinien von Mensch und Schimpanse vor 7 Mio. Jahren getrennt.

Stammbaum des Homo sapiens sapiens (u. l.)

Die am meisten verbreiteten Sprachen der Welt (Muttersprache) sind (Stand 2001):

Chinesisch	*1138,61 Mio.*
Englisch	*337,50 Mio.*
Spanisch	*266,11 Mio.*
Arabisch	*201,89 Mio.*
Bengali	*188,94 Mio.*
Hindi	*181,83 Mio.*
Portugiesisch	*169,99 Mio.*
Russisch	*169,88 Mio.*
Deutsch	*96,56 Mio.*

Um 1,8 Mio. Die Vorfahren der heutigen Menschen benutzen **Zahnstocher**. Darauf deuten 1,8 Mio. Jahre alte Zähne von Hominiden, die in der Olduwai-Schlucht in Tansania gefunden werden. Mikroskopische Untersuchungen zeigen zahlreiche schmale Rillen an den Zähnen. Sie stammen von scharfen Gegenständen – vermutlich Knochen oder Holzsplittern –, mit denen die frühen Menschen Fleischreste aus dem Gebiss entfernten.

Der **Bonobo**, ein Zwergschimpanse (Pan Paniscus), trennt sich evolutionär von seinem Artgenossen, dem Schimpansen (Pan troglodytes). Beide Arten stehen in ihrem Verhalten dem Menschen am nächsten. Sie leben in kleinen Horden und fressen pflanzliche und tierische Nahrung. Zudem können sie einfache Werkzeuge herstellen.

Das in Südamerika beheimatete **Riesenpanzertier** Glyptodon erreicht eine Größe von bis zu vier Metern. Sein Panzer besteht aus starren, vieleckigen Knochenplatten. Massive Backenzähne dienen dem Zermalmen von Gräsern, die das Riesenpanzertier in seinem Lebensraum, den Savannen- und Steppenlandschaften, vorfindet. Riesenpanzertiere und die ihnen verwandten Gürteltiere gehören als gepanzerte Nebengelenktiere (Cingulata) zur Ordnung der Zahnarmen.

Im Westen der heutigen USA sammeln sich unter der Erdoberfläche riesige **Magmaherde**. Der dabei entstehende Druck entlädt sich in einer gewaltigen Explosion. Mehrere 1000 km^3 Gestein werden in den Himmel geschleudert. Dieser Vorgang wiederholt sich noch zweimal in der Geschichte: vor 1,2 Mio. und vor 600 000 Jahren. Bei der letzten Explosion wird ein 70 x 50 km großer Kessel in die Erde gerissen. Er bildet heute den Yellowstone Nationalpark.

Auf der Nordhalbkugel der Erde lebt der Säbelzahntiger der Gattung **Smilodon**. Er hat sich aus dem Megantereon des ältesten Pleistozäns entwickelt. Wie sein Vorfahre besitzt Smilodon lange Säbelzähne. Sein löwengroßer Körper wird von plumpen Beinen getragen. Aufgrund von Knochenerkrankungen hielt man die Säbelzahnkatzen lange für Aasfresser. Nach neuen Erkenntnissen waren die Tiere aber Beutejäger.

Um 1,7 Mio. Durch klimatische und tektonische Prozesse erhält der südliche **Apennin** seine heutige Gestalt. Die Gebirgsketten des Apennin durchziehen Italien von Turin bis Kalabrien auf einer Länge von 1500 km. Ihre Fortsetzung finden sie in den Bergen des nördlichen Siziliens. Die größte Höhe erreicht das im Tertiär entstandene Gebirge in den Abruzzen. Dort ragt der Apennin bis zu 2912 m über den Meeresspiegel.

Ein Kälteeinbruch in Nordamerika, die **Blancan-Kaltzeit**, verändert die Fauna grundlegend. Mehrere Säugetiergattungen sterben aus. Dabei handelt es sich größtenteils um Steppentiere.

Die Bedecktsamerfamilie der **Ölweidengewächse** (Elaeagnaceen) ist anhand von Fossilien zum ersten Mal für diesen Zeitraum nachweisbar. Sie bringt Bäume und Sträucher hervor, deren Äste zum Teil mit Dornen besetzt sind. Einer der bekanntesten Vertreter der Ölweidengewächse ist der Sanddorn.

Um 1,6 Mio. Das große **Kurzschnauzen-Känguru** (Procoptodon goliah) lebt in den australischen Weiten. Mit einer Größe von bis zu drei Metern und einem Gewicht von mehr als 200 kg ist es die größte bis heute bekannte Känguruart. Seinen Namen verdankt das Tier seiner kurzen flachen Schnauze. Zudem ist es durch vorstehende Augen und lange Füße mit einem einzigen krallenartigen Zeh charakterisiert. Vor rund 40 000 Jahren stirbt das Kurzschnauzen-Känguru aus.

Um 1,81–0,72 Mio.

Intensives Wachstum: Warmzeit heizt Überlebenskampf an

Im Zeitalter des Pleistozäns wechseln sich Kalt- und Warmzeiten in – nach erdgeschichtlichen Maßstäben – schneller Folge ab. So wird die Tegelen-Warmzeit um 1,6 Mio. Jahre von der Donau-Kaltzeit abgelöst, jene wiederum für 400 000 Jahre von der Waal-Warmzeit (sog. Donau-Günz-Interglazial: 1,3–0,9 Mio. Jahre) unterbrochen.

Dies führt jeweils zu einem grundlegenden Wechsel nicht nur der Tier-, sondern auch der Pflanzenwelt. Für die betroffenen Regionen in aller Welt bedeutet der einschneidende Klima-Umschwung u.a. einen Wechsel zwischen Trockenphasen (in Kaltzeiten) mit Perioden hoher Niederschlagsmengen (in Wärmephasen). In Phasen zahlreicher Niederschläge entwickeln sich schnell und intensiv wachsende Vegetationen, etwa Regenwälder. Hier wachsen die Pflanzen sehr dicht und treten in einen gnadenlosen Konkurrenzkampf um Lebensraum und Licht. Verschiedene Strategien zu diesem Zweck sind schnelles Wachstum zur Überwucherung der Konkurrenten oder »Lichtraub« durch ein dichtes Laubdach. Neben den Schnellwachsenden gibt es auch Spezialisten wie Schlingpflanzen (Abb.: Würgefeige im brasilianischen Pantanal), die ihre Rivalen regelrecht erdrosseln.

Andere Florengemeinschaften in Kälteperioden und relativer Trockenheit bevölkern lichte Biotope wie Steppen, Halbwüsten oder Wüsten. Hier richtet sich die Überlebensstrategie der Pflanzenwelt danach, ein möglichst großes Einzugsgebiet zur Aufnahme von Wasser zu kontrollieren. Dazu entwickeln die Pflanzen ein ausgedehntes Wurzelwerk, das meist dicht unter der Erdoberfläche verläuft. Speicherorgane wie Zwiebeln, üppige Sproßteile oder Knollen dienen der Vorratshaltung von Wasser und Nährstoffen. Diese Pflanzen sind in erster Linie darauf angewiesen, Nahrungs- und Wasserkonkurrenten auf Distanz zu halten. So gibt es einzelne Arten, deren Wurzeln chemische Stoffe absondern. Dadurch werden sämtliche andere Pflanzen, die sich in nächster Reichweite befinden, vergiftet.

Um 1,7 Mio.

Vormenschliche Architektur

In der Olduwai-Schlucht in Tansania (s. Abb. u.), in der einige hunderttausend Jahre zuvor die ersten primitiven Steinwerkzeuge erfunden wurden, bauen Hominiden eine Art halbkreisförmiger Windschutz. Von der Errichtung eigener Wohnstätten sind die Urheber der kleinen Anlage allerdings noch weit entfernt. Das Vorhandensein des Windschutzes belegt aber, dass sie, wenn auch in geringem Maße, ihre Umwelt verändern.

Um 1,81–0,72 Mio.

Pflanzenaustausch in Europa

In den verschiedenen Eiszeiten des Alt- und Mittelpleistozäns kommt es in Mittel- und Westeuropa wiederholt zu einem regen Pflanzenaustausch. In dem kalten Boden können sich immer weniger großwüchsige Bäume halten. Verdrängt werden sie von kleinwüchsigen Formen wie der Zwergbirke, der Polarweide Salix polaris und anderen Weidenarten, die eine Höhe von wenigen Zentimetern bis maximal einem Meter erreichen. Andere zwergwüchsige Pflanzen, wie man sie heute aus den oberen Alpenregionen kennt, treten hinzu. Nur an günstigen Standorten gedeihen noch große Bäume wie Kiefern und Fichten.

Erstmals breitet sich im Verlauf der Eburon-Kaltzeit bzw. der Donau-Kaltzeit (1,6–1,3 Mio.) eine subarktische Steppenflora aus. Man spricht von der Dryas-Flora, benannt nach dem Leitfossil Dryas octopetala, dem Silberwurz (s. Abb.).

Um 1,81–0,25 Mio.

Neuer Hominide betritt die Bühne

In Afrika entsteht mit dem Homo erectus eine der erfolgreichsten Formen in der Geschichte der menschlichen Evolution. Dies bezeugt vor allem seine geografische Verbreitung, zieht er Spur doch nicht nur im Herkunftsgebiet, sondern über die Arabische Halbinsel bis ins heutige Deutschland so wie u.a. nach China und Java.

Seine äußere Erscheinung unterscheidet den Homo erectus von allen vorherigen Hominiden. Auffallend ist vor allem seine außergewöhnliche Körpergröße. Das 1,5 Mio. Jahre alte, fast vollständige Skelett eines etwa elfjährigen Jungen, das man zwischen 1984 und 1988 im Norden Kenias fand, hat eine Größe von 1,60 m. Das daraus errechnete Körpergewicht des Jungen beträgt 48 kg. Wäre er erwachsen geworden, hätte er eine Länge von 1,85 m erreicht. Zum Vergleich: Der weibliche Australopithecus afarensis namens »Lucy« misst vom Scheitel bis zur Fußsohle 1,07 m. Homo erectus zählt damit zu den größten Menschenarten. Auch seine Knochen sind kräftiger als die der späteren Hominiden. Alles deutet darauf hin, dass er über ausgeprägte Körperkraft verfügt.

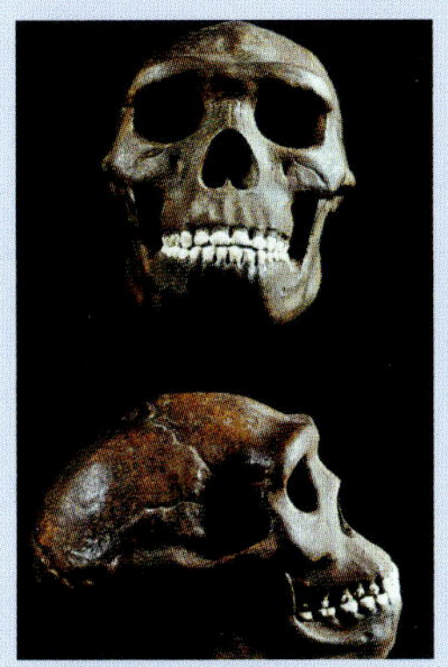

Schädel eines Homo erectus aus Trinil (Java)

Das Gehirnvolumen der älteren Funde liegt bei etwa 800 cm^3, das der jüngeren bei bis zu 1100 cm^3. Im Vergleich mit den modernen Menschen (1400 cm^3) ist es noch klein, verglichen aber mit den früheren Australopithecinen hat es sich nahezu verdoppelt. Der Homo erectus hat einen langen, flachen Schädel. Sein Gesicht wird dominiert von einem vorstehenden Kiefer und den ausgeprägten Augenbrauenwülsten. Mit einem hohen und schlanken Körper, der die gespeicherte Wärme leichter abstrahlt, ist er ideal an das Leben in äquatorialen Breiten angepasst. Wahrscheinlich verfügt er über zahlreiche Schweißdrüsen, geringe Körperbehaarung und schwarz pigmentierte Haut.

Die für eine erfolgreiche Fortpflanzung sprechende große geografische Verbreitung und der stattliche Wuchs gehen auf veränderte Kulturtechniken zurück. Vor etwa 1,5 Mio. Jahren ereignet sich in der Herstellung der Steinwerkzeuge ein qualitativer Sprung, der auf den Homo erectus zurückgeführt wird. An den nun entstehenden Acheuléen-Werkzeugen lassen sich Merkmale von Voraussicht und Planung erkennen. Die Faustkeile und Schaber entstehen nicht mehr gleichsam zufällig, sondern sie werden präzise gefertigt und dienen offenkundig einem längerfristigen Gebrauch.

Bei fossilen Funden des Homo erectus entdeckt man oft Tierknochen, die Spuren der Bearbeitung aufweisen. Manche Wissenschaftler ziehen daraus den Schluss, er habe bereits regelmäßig größere Jagdbeute gemacht. Eine andere Hypothese lautet, er habe als Aasfresser systematisch die Kadaver von Tieren verwertet, die andere Räuber erlegt hatten. Für die Jagdtheorie spricht die Tatsache seiner enormen Ausbreitung. Da Räuber grundsätzlich seltener sind als ihre Beutetiere, könnte es zu der großen Auswanderung des Homo erectus durch die Umstellung der Ernährung vom Pflanzenfresser zum Fleischfresser gekommen sein. Unklar ist jedoch, wie er mit seinen primitiven Werkzeugen hätte Beute machen können.

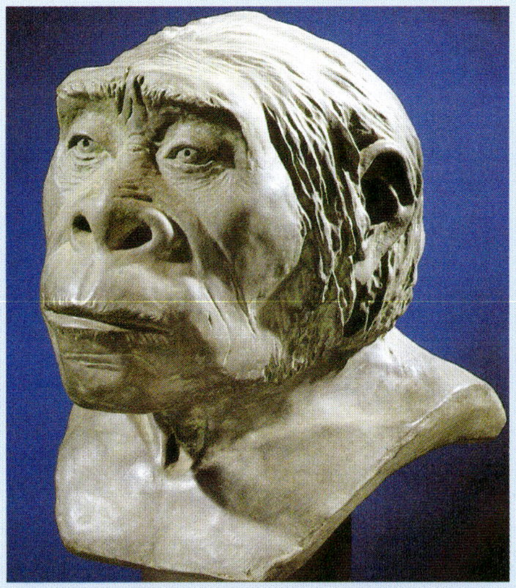

Charakteristische Augenwülste: die Gesichtsrekonstruktion eines Homo erectus

Zweifellos aber geht der Homo erectus von der vegetarischen zu einer stark fleischhaltigen Ernährung über. Körperbau, verkleinerte Kiefer und Zähne, hohe Lebenserwartung und geringe Säuglingssterblichkeit deuten auf eine hochwertige, proteinreiche Kost. Seine Stellung im Stammbaum des Menschen ist umstritten. Die meisten Forscher glauben jedoch, dass er eine ausgestorbene Seitenlinie bildet, die zu spezialisiert war, um die Rolle eines Urahnen zu spielen.

Um 1,81–0,72 Mio.

Donau-Kaltzeiten und Eburon-Kaltzeit: Gletscher prägen ein neues Landschaftsbild in Europa

Mit den Donau-Kaltzeiten setzt sich die bis heute anhaltende Phase wechselnder Warm- und Kaltzeiten fort. Von den Alpen dringen Gletscher weit über den Bodensee hinaus bis in das nördliche Vorland nach Kaufbeuren und Memmingen vor.

Zeitgleich ereignet sich in den Niederlanden und dem Norden Deutschlands die Eburon-Kaltzeit. Die Gletscher des vollständig vereisten Skandinavien reichen jedoch nur bis auf die Höhe der südlichen Ostsee (Abb.: Gletscherlandschaft auf Island). Anders als in späteren Eiszeiten bleibt der Norden Deutschlands eisfrei. Den Kälteeinbruch begleitet ein Faunenwechsel. Zu den einwandernden Arten zählen Halsbandlemming und Elch. In der Pfalz leben Säbelzahnkatzen.

Die langfristigen tektonischen Veränderungen, die die heutige Flusslandschaft in Europa prägen, kommen im Pleistozän zur Ruhe. Das Absinken des Rheingrabens bewirkt, dass der Rhein als einziger großer Alpenfluss Richtung Nordsee fließt, während die anderen in das Schwarze Meer oder Mittelmeer münden.

Um 1,6 Mio. Weil höhere Säugetiere in Australien fehlen, besetzen **Beuteltiere** die von der Evolution freigelassenen Umweltnischen und entwickeln zum Teil Riesenformen. Eine von ihnen ist der Riesenbeutler Driptodon. Bei seinen Wanderungen durch die offenen Wald- und Graslandschaften ernährt sich das etwa nashorngroße Tier von Baumblättern und Gräsern. Die dem Driptodon nächststehenden heute lebenden Tiere sind Wombats und Koalabären.

Der in Australien beheimatete **Beutellöwe** Thylacoleo carnifex erreicht beträchtliche Ausmaße. Bis zur Schulter misst das Tier etwa 1,5 m. Wegen seiner scharfen Backenzähne hielt man den Beutellöwen lange für ein fleischfressendes Raubtier. Das ausgeprägte Gebiß diente aber dem Zermahlen von Pflanzennahrung. Heute wird Thylacoleo Carnifex zur Familie der Kletterbeutler (Phalangeridae) gezählt.

Anders als seine heutigen Verwandten, die Krokodile, zieht es das australische **Quinkana** vor, an Land zu leben. Das mit rund drei Metern Länge riesige Landkrokodil ist mit seinen lange Beinen ideal an seine Umwelt angepasst. Sie ermöglichen es dem Tier, schnell zu rennen, und lassen das Quinkana zum gefährlichen Jäger werden. Durch ausdauernde Sprints ermüdet das Landkrokodil seine bevorzugte Beute: Säugetiere, Laufvögel und Reptilien.

Ein gewaltiges Landraubtier durchstreift den australischen Kontinent: **Megalania prisca**. Die riesige Echse ist etwa sieben Meter lang und wiegt bis zu 600 kg. Ihr bevorzugtes Jagdrevier sind die offenen Wald- und Steppenlandschaften des fünften Kontinents. Megalania prisca stirbt vor ca. 40000 Jahren aus, nahe Verwandte der Gattung leben jedoch noch heute – so ist z.B. der in Indonesien beheimatete Komodo-Waran mit etwa drei Metern Länge eine kleinere Version der Riesenechse.

Um 1,5 Mio. Ein frühes Beispiel für die Folgen einseitiger Ernährung liefert ein in **Koobi Fora** in Kenia gefundener Hominide. Der Frühmensch erkrankt durch maßlosen Verzehr rohen Fleisches. An den Knochen des Homo erectus fallen Anthropologen Veränderungen auf, die dem Krankheitsbild der Hypervitaminose entsprechen. Sie wird durch die ständige Einnahme überhöhter Vitaminmengen ausgelöst.

Die geologischen Voraussetzungen für die Entstehung des **Toten Meeres** werden gelegt. Ein schweres Erdbeben erschüttert die von einem Ozean bedeckte Region im heutigen Israel und Jordanien. Dabei werden große Meeresgebiete emporgehoben. In den Senken des neuen Festlandes bilden Regen- und Flutwasser in den folgenden Jahrhunderttausenden zahlreiche Seen. Durch Verlandung des letzten dieser Gewässer, dem Lake Lisan, entsteht ein kleineres Gewässer, das Tote Meer.

Vulkanische Prozesse lassen in der Nähe des heutigen Dorog, 35 km westlich von Budapest, die **Sátorkopuszta-Höhle** entstehen. Die 226 m lange und bis zu 45 m breite Grotte ist reich an Mineralien. Aragonit- und Gipsformationen bedecken die Höhle vom Boden bis zur Decke. Die längste Nadel aus Gipskristallen ist 70 cm lang. Seit ihrer Entdeckung 1944 ist die Sátorkopuszta-Höhle Gegenstand zahlreicher geologischer Untersuchungen.

In der Auvergne leben frühe Menschen. Im heutigen **Chilhac** in Frankreich finden Archäologen eine Reihe von Geröllwerkzeugen, die auf die Anwesenheit von Hominiden schließen lassen. Im Gegensatz zu den behauenen Steinwerkzeugen sind Geröllwerkzeuge nicht von Menschenhand bearbeitet. Nur anhand von Gebrauchsspuren kann man sie als Geräte des Menschen identifizieren.

Um 1,7–0,72 Mio.

Wasser wird zu Gletschereis: Meeresspiegel sinken weiter

Im Pleistozän setzt sich der allgemeine Trend sinkender Meeresspiegel, in dessen Verlauf sich das Wasser zuvor bereits aus den Niederlanden und Norddeutschland zurückgezogen hat, kontinuierlich fort. Die Ursachen dafür sind bislang noch nicht erforscht, doch dürften sie topologischer Natur sein. Eine mögliche Erklärung wäre, dass sich die Meeresbecken weiter ausdehnen oder die Meeresböden absinken.
Abrupt verstärkt wird diese allgemeine Tendenz in den verschiedenen Kaltzeiten, in denen jeweils große Wassermassen von den Polarregionen bis in die mittleren Breiten als Gletschereis gebunden werden. In der Donau-Eiszeit, vor allem aber in der Günz-, Mindel-, Riss- und Würm-Kaltzeit, fallen die Pegelstände innerhalb kürzester Frist um 80 bis 120 m. Weite Schelfgebiete fallen trocken, auch das gesamte Ostseebecken verwandelt sich vorübergehend in Festlandgebiet.
Nach jedem dieser Glaziale steigen die Meerespegel ebenso plötzlich wieder an, erreichen aber nie mehr den vorherigen Stand. Nach dem Ende der vorerst letzten Eiszeit (um 14000) steigt der Meeresspiegel z.B. nur um rund 20 m.

Um 1,81–0,72 Mio.

Homo erectus erobert Asien und Europa

Der erst kurz zuvor in Ostafrika entstandene Homo erectus breitet sich nahezu weltweit aus. Den Ausschlag für seine ausgedehnte Wanderungsbewegung geben wahrscheinlich eine Reihe verschiedener Faktoren.
Einer der Gründe für die Auswanderung ist die zunehmende Bevölkerungsdichte. Seine stärker auf Fleischkonsum basierende proteinreiche Ernährung gewährt dem Homo erectus einerseits eine höhere durchschnittliche Lebenserwartung, zugleich bewirkt sie aber auch eine qualitative Verbesserung der Muttermilch, was wiederum zu einer deutlich verringerten Säuglingssterblichkeit führt. Die Population des Homo erectus wächst vermutlich um einiges schneller als die Populationen aller anderen Hominiden. Auch in anderer Hinsicht führen die veränderten Ernährungsgewohnheiten zu größerem Raumbedarf: Wie alle Fleischfresser, ganz gleich ob Jäger oder Aasverwerter, benötigt er ein größeres Revier als ein Pflanzenfresser.

Rekonstruktionen des Homo erectus auf Java; Gemälde von Zdenek Burian

	Fundorte (Auswahl)	geschätztes Alter
1	Koobi Fora, Kenia	1,8 Mio. Jahre
2	Dmanisi, Georgien	1,75 Mio. Jahre
3	Narikotome, Kenia	1,6 Mio. Jahre
4	Ubeidija, Israel	1,4 Mio. Jahre
5	Sangiran, Java	1,3 Mio. Jahre*
6	Lantian, China	1 Mio. Jahre
7	Prezletice, Tschechien	900 000 Jahre
8	Gran Dolina, Spanien	780 000 Jahre
9	Mauer, Heidelberg	500 000 Jahre**

*nach neuen Erkenntnissen möglicherweise bereits 1,7 Mio. Jahre
**nach neuen Erkenntnissen möglicherweise bereits 700 000 Jahre

Der Weg von Ostafrika bis in den Osten Chinas erscheint für einen Frühmenschen nahezu unüberwindlich. Der Darmstädter Paläoanthropologe Friedemann Schrenk macht jedoch folgende Rechnung auf: Wenn jede Generation sich nur um fünf Kilometer von den eigenen Eltern entfernte, wäre die Strecke von Nairobi bis Peking in nur 50000 Jahren überwunden – in prähistorischen Dimensionen ist das kaum mehr als ein Augenblick.
Belegt ist, dass der Homo erectus seinen Heimatkontinent verlässt; zunächst in Richtung Süd- und Südostasien, später auch in Richtung Europa. Begünstigt wird seine Auswanderung durch den Umstand, dass er, anders als bei der zweiten großen »Out-of-Africa«-Bewegung vor 100000 Jahren, in menschenleere Räume vorstößt. Umstritten ist der genaue Zeitpunkt dieser ersten Auswanderungswelle. Neue Funde in China deuten darauf hin, dass sie sich bereits vor 2 Mio. Jahren vollzogen haben könnte.
Nachdem er die anderen Kontinente besiedelt hat, teilt sich die Entwicklung der Gattung Homo. In China und auf Java entwickelt der Homo erectus eine gedrungene und kräftige Gestalt, in Europa geht aus ihm der sog. Homo (erectus) heidelbergensis hervor, in Afrika entsteht der groß und grazil gebaute Homo ergaster.

Um 1,7–0,72 Mio.

Magnetische Polung wechselt

Im Verlaufe von einer Million Jahre kommt es viermal zu einem Wechsel der geomagnetischen Polung der Erde. Radiometrische Messungen in der Neuzeit beweisen, dass sich auch schon zuvor, in Größenordnungen von mehreren Zehntausenden bis zu einigen Millionen Jahren, verschiedene solcher Wechsel ereignet haben, die für die plattentektonischen Veränderungen auf der Erde von entscheidender Bedeutung waren.

Bis vor 1,67 Mio. Jahren entspricht die Polung der heute noch bestehenden. Dann wechselt sie – möglicherweise innerhalb von Tagen, höchstens im Laufe einiger Monate – plötzlich in die umgekehrte Richtung. Vor 900 000 Jahren kommt es erneut zu einer reversen Polung, die jedoch nur von kurzer Dauer ist. Ein erneuter Richtungswechsel vor 910 000 Jahren dauert bis vor 720 000 Jahren an.

Nach diesem vorläufig letzten geomagnetischen Umschlag kommt es zu der bis heute herrschenden »normalen« Polung: In der Nähe des geografischen Nordpols befindet sich der magnetische Südpol, in der Nähe des Südpols wiederum ein magnetischer Nordpol (Abb.: Polarlicht entsteht durch Ströme elektrisch geladener Teilchen, die von der Sonne ausgehen und im Magnetfeld der Erde abgelenkt werden).

Um 1,81–0,72 Mio.

Steppenflora in Deutschland

Das Altpleistozän bringt mit der Donau- und der Günz-Eiszeit zwei Kälteperioden, die von der auch als Donau-Günz-Interglazial bezeichneten Waal-Warmzeit (vor 1,3 bis 0,9 Mio. Jahren) unterbrochen werden. Die damit verbundenen Klimawechsel haben erhebliche Auswirkungen auf die Pflanzenwelt.

Die Donau-Eiszeit löst vor etwa 1,6 Mio. Jahren die Tegelen-Warmzeit ab. Auch während der Donau-Eiszeit gibt es in Deutschland vom nördlichen Allgäu bis an die Ostseeküste einen Streifen, der vom Eis verschont bleibt. Auch in andere Regionen Mitteleuropas, die sich von England über die Niederlande bis nach Polen und Russland erstrecken, gibt es eisfreie Gebiete. Hier breitet sich die sog. Dryas-Flora aus. Gekennzeichnet ist diese arktische Steppenflora durch zahlreiche Moose, kriechende Weiden und kleinere, nur dezimetergroße Polarbirken. In den wärmsten Regionen Mitteleuropas entsteht eine subarktische Steppenlandschaft mit vereinzelten Nadelbäumen, Zitterpappeln und Birken.

In den äquatorialen Breiten der Erde machen sich die Folgen der allgemeinen Abkühlung des Weltklimas nicht so stark bemerkbar. Da die Temperaturen in den Tieflagen im Durchschnitt nur um etwa 4 °C fallen, kommt es hier zu keinem einschneidenden Floren- und Faunenwechsel. Die Schneegrenze in den Gebirgen sinkt jedoch weltweit: am Kilimandscharo auf 1300 m, in den südamerikanischen Anden auf 1400 m. Allerdings ändert sich die Zusammensetzung der Wälder unterhalb der Schneegrenze: Statt der warmzeitlich-tropischen Wälder wachsen unter den Bedingungen der klimatischen Abkühlung vor allem Eichenwälder.

Um 1,81–0,72 Mio.

Riesenwüchsige Laufvögel bevölkern die Südhalbkugel

Bei den Ratiten, einer Familie langbeiniger, flugunfähiger Laufvögel, deren Vorfahren bereits in der Kreide (142–65,5 Mio.) und im Tertiär (65,5–1,81 Mio.) nachgewiesen sind, entwickeln sich Gattungen von gewaltiger Körpergröße. Da die europäischen Vertreter der Laufvögel bereits im Alttertiär durch räuberische Säugetiere verdrängt worden sind, beschränkt sich ihr Verbreitungsgebiet auf die Südhalbkugel.

Die Entwicklung der Gattung Aepyornis auf Madagaskar ist ein typisches Beispiel für evolutionäre Sonderwege auf den Inseln. In der Regel fehlen dort große Raubtiere. Während die Strauße auf dem afrikanischen Festland zwar auch flugunfähig sind, durch den Bau ihrer Beinknochen aber außerordentlich schnell laufen und Tritte austeilen können, zeigt die Gattung Aepyornis alle Merkmale ökologischer Naivität. Die Beine erlauben keine schnellen Fluchtbewegungen, auch der Schnabel und die Klauen sind nicht für die Verteidigung gegen Feinde gerüstet. Der größte Vertreter ist der Aepyornis titan, der »Elefantenvogel«. Er wird drei Meter groß und erreicht ein Gewicht von 500 kg. Seine Eier haben bei einer Länge von 30 cm ein Volumen von neun Litern und wiegen mehr als zehn Kilogramm. An seinem Brustbein hat sich der Knochenkamm, an dem bei anderen Vögeln die Flugmuskulatur ansetzt, zurückgebildet.

Der Name »Elefantenvogel« geht auf eine arabische Legende von einem Vogel zurück, der Elefanten in die Luft heben konnte. Die Legende hat einen historischen Kern, denn als Madagaskar vor weniger als 1500 Jahren besiedelt wird, begegnen sich Mensch und Aepyornis titan noch. Wahrscheinlich wird er erst im 16. Jh. unserer Zeitrechnung ausgerottet.

Auf Neuseeland entwickelt sich mit dem Dinornis maximus ein noch größerer Laufvogel, der eine Höhe von 3,5 m erreicht (s. Abb.). Wie die meisten der insgesamt zehn bis zwölf Moa-Arten fällt auch er erst den Menschen zum Opfer. Zu den überlebenden Moas zählt der Kiwi, der Wappenvogel Neuseelands – entwicklungsgeschichtlich die Zwergform eines flugunfähigen Riesenvogels. Zu den überlebenden Ratiten zählen die südamerikanischen Nandus, die afrikanischen Strauße sowie die Emus und Kasuare Australiens.

Um 1,5 Mio. Im heutigen Kenia leidet ein Hominide an einem **Krebsgeschwür**. Dies stellen Paläoanthropologen bei Untersuchungen fest. Sie werden an einem in Kanam gefundenen Unterkiefer eines Hominiden vorgenommen, der den Frühmenschen-Arten Australophitecus oder Homo erectus angehört haben könnte.

In Ungarn formen tektonische Prozesse das Bett der **Theiß**. Durch die Absenkung des Pannonischen Beckens in der Mitte des Tertiärs sammeln sich Wassermassen aus den umliegenden Gebirgen in dem Senkungsgebiet. Sie bahnen sich schließlich als »Urtheiß« ihren Weg durch das Ungarische Tiefland. In den folgenden Jahrhunderttausenden verändert sich das Bett des Flusses noch mehrmals. Die Theiß ist heute mit 977 km der längste Nebenfluss der Donau und Heimat eines Nationalparks.

Das heutige Costa Rica wird von dem heftigen Ausbruch eines Vulkans erschüttert. Aus dem Erdinnern dringen große Mengen glühenden Magmas an die Oberfläche. Heiße Lavafontänen ergießen sich in die mittelamerikanische Landschaft. Der **Vulkan Congo** entsteht. Er erhebt sich 2014 m über den Meeresspiegel und gehört mit anderen Vulkanen zum 1993 geschaffenen Poas Volcano National Park. Das Zentrum des insgesamt 6500 ha großen Areals bildet der 2704 m hohe Vulkan Poas.

Die **Deinotherien**, Verwandte der Elefanten, sterben aus. Sie erreichen eine Größe von vier Metern und werden bis zu sechs Tonnen schwer. Ihr Rüssel ist kurz und kräftig. Anders als bei Elefanten wachsen die Stoßzähne wie Hauer aus dem Unterkiefer. Sie sind kurz und scharf und dienen womöglich der Ablösung von Borke, die den Dickhäutern neben Blättern als Hauptnahrungsmittel dienen. Überreste des Deinotheriums finden sich in der Nähe fast aller Hominiden-Fundstätten Ostafrikas, etwa in der Olduwai-Schlucht oder am Turkana-See.

Um 1,81–0,72 Mio.

Erste Korbblütler im Quartär durch Fossilien belegt

Korbblütler (Abb. l.: Große Klette, Abb. r.: Löwenzahn) sind im Quartär erstmals sicher verbreitet. Das belegen Fossilien, die in Vulkanablagerungen dieses erdgeschichtlichen Zeitraums entdeckt wurden. Dabei handelt es sich ausschließlich um solche Arten, die auch heute noch existieren.
Die Familie der Compositae, so der wissenschaftliche Name, zählt sozusagen zu den großen Gewinnern der baumarmen Ökosysteme von Donau- und Günz-Eiszeit. Da die meisten Mitglieder dieser Familie über Flugsamen, sog. Achänen, verfügen, die so leicht sind, dass mitunter thermische Luftströmungen für die Verbreitung ausreichen, finden sie in den windreichen Steppen des Pleistozäns ideale Ausbreitungsbedingungen vor.
Obgleich die Korbblütler in früheren Systemen nicht nachgewiesen sind, gilt es als unwahrscheinlich, dass sie sich erst im Quartär entwickelt haben. Der Mangel an früheren fossilen Belegen ist wohl darauf zurückzuführen, dass die Compositae kaum verholzende Arten hervorbringt. In Frankreich sind pflanzliche Fossilien aus dem Alttertiär belegt, deren Blätter denen der Korbblütler immerhin sehr ähnlich sehen.

Um 1,81–0,11 Mio.

Wollnashorn: Für die Kälte

In Asien entwickelt sich das bis zu 3,5 m lange Wollnashorn, das in der Mitte des Pleistozäns erstmals nach Europa einwandert und fortan in allen kaltzeitlichen Faunen regelmäßig in Erscheinung tritt. In den Warmzeiten wird der Dickhäuter ebenso regelmäßig durch das Wald- und das Steppennashorn verdrängt.
Der Ursprung des zu der Gattung Coelodonta zählenden Wollnashorns liegt vermutlich in China. Seine Vorläufer, die asiatischen Nihowan-Nashörner,

An Eiszeitbedingungen angepasst: Rekonstruktion einer Wollnashornkuh mit Jungtier

Um 1,81–0,72 Mio.

Eruptionen im Gebirge

Der Vulkanismus des Tertiärs setzt sich im eurasischen Gebirgsgürtel und in den Randzonen des Pazifiks fort.

Im Rheinischen Schiefergebirge, im Egergraben, in den Ostsudeten und der Auvergne gewinnen die Eruptionen im Oberen Pleistozän noch ein letztes Mal an Heftigkeit. Die Ursachen sind tektonischer Natur. Erst im Verlaufe des Pleistozäns wird die alpinische Gebirgsbildung endgültig abgeschlossen. Das Alpenvorland (Molassebecken) fällt gegen Ende des Tertiärs trocken und wird zum Ablagerungsraum der Erosionsprodukte der Gebirgsbildung. Die Vertikalverschiebungen am Niederrhein führen parallel an einzelnen Bruchstellen zu Gebietsabsenkungen von bis zu 175 m, in den Niederlanden sogar bis zu 600 m. Die deutschen Mittelgebirge wie der Harz und das Rheinische Schiefergebirge werden angehoben.

gut gerüstet

drangen im Pliozän in den sibirischen Norden vor und passten sich an das Klima an, indem sie ein Fellkleid entwickelten, das an Nacken und Hals besonders ausgeprägt war. Bei fossilen Funden ist es, wie bei den Mammuts, von einer rötlichen Farbe, die allerdings durch den Zerfall der Farbpigmente entstanden sein kann.

Das Kernverbreitungsgebiet des Wollnashorns ist Sibirien und das östliche Mitteleuropa, doch breitet es sich mit jedem Kältevorstoß westwärts bis nach Frankreich und England aus. Seine Schädelform erlaubt Rückschlüsse auf die Äsungsgewohnheiten. Das kurze, rechteckige Hinterhaupt des Waldnashorns zeigt, dass es den Kopf meist horizontal oder leicht nach oben gerichtet trägt, sich also bevorzugt von dem Laub von Büschen und niedrigen Bäumen ernährt. Das Wollnashorn hingegen mit seiner lang nach hinten gestreckten Schädeloberseite trägt den Kopf überwiegend unten. Als Grasfresser der Mammutsteppe findet es seine Nahrung am Boden.

Eine Besonderheit stellen die Hörner des Wollnashorns dar, die nicht wie bei anderen Nashörnern rund, sondern – fast wie Bretter – seitlich abgeflacht sind. Um nicht abzuknicken, müssen sie – wie genau, ist noch nicht bekannt – am Kopf hinreichend verankert sein. Ihre Form sowie eine Abriebkante an der Unterseite zeigen, dass die Hörner bei der Nahrungssuche im Schnee als Räumwerkzeug eingesetzt werden.

Während es den Wollnashörnern gelingt, sich an die veränderten klimatischen Bedingungen anzupassen, muss die bis zum Ende des Tertiärs noch außerordentlich vielfältige und artenreiche Spezies der Nashörner viele Verluste hinnehmen. Vom einstigen Facettenreichtum der Nashornfamilie zeugt die Tatsache, dass die fünf bis heute überlebenden Arten vier verschiedenen Gattungen angehören.

Um 1,81–0,72 Mio.

Wucht des mobilen Eises häuft Lockergesteine an

In den pleistozänen Eiszeiten bilden sich durch das Vorrücken der Gletscher große Anhäufungen von Lockergestein. Sie bestehen aus Kiesen, Tonen, Lehmen, Sanden und Löss. werden kleinere Körnungen als Kies oder Sand geschichtet in näherer Entfernung abgesetzt (Abb.: Sande und Kiese aus der Saale-Eiszeit unter zwei Grundmoränen bei Leipzig).

Verschiedene Faktoren wirken bei der Bildung dieser Lagerstätten zusammen. Zunächst ist dies die Wucht des mobilen Eises. Während das Blockwerk und Geröll aus den Gebirgen, welches sich im Grundmoränenbereich befindet, zu mehr oder weniger feinem Schutt zerrieben wird, gelangt der Erosionsabraum, der sich in der Mitte oder auf der Oberfläche der Gletscher bewegt, bis zu deren Zunge, wo er in sog. Satzendmoränen abgelagert wird. Hier beginnt mit der Schmelze die Arbeit des Wassers, das den Moränenschutt entsprechend seiner Korngröße umlagert und verschwemmt. Während große Trümmer unweit der ursprünglichen Satzendmoräne verbleiben,

Wird der grobe Gesteinsschutt durch Ausdehnungsschwankungen des Eisrandes zusammengeschoben, spricht man von einer Stauchendmoräne, die häufig die Form einer periodisch angehäuften Hügelkette hat. Werden die Endmoränen durch spätere Gletschervorstöße überrollt und zerrieben, bilden sich Schotterfelder.

Begünstigt wird die Entstehung solcher Lager durch den Permafrostboden. Das Schmelzwasser, das nicht versickern kann, bildet Sturzbäche von reißender Geschwindigkeit. Auch das Eiszeitklima trägt zum Gesteinsverfall bei. Gefrierendes Wasser spaltet nicht nur einzelne Geröllbrocken, sondern auch das Untergrundgestein.

Um 1,81–0,72 Mio.

Staubfeine Sedimente: Lössablagerungen in China

Im Pleistozän werden in China die geologischen Grundlagen für eine später sehr erfolgreiche Landwirtschaft gelegt. Die feinen, aus Quarz, Tonerde-Silikaten und Kalk bestehenden Löss-Sande, die sich in den folgenden Hunderttausenden von Jahren ablagern, bieten der späteren Flora eine fruchtbare Grundlage (Abb.: Weizenernte in den Lössregionen der chinesischen Provinz Shaanxi).

Vor allem in jenen Regionen, in denen Fallwinde aus Hochdruckgebieten in die Kältesteppe eindringen, entstehen geologische Formationen, die sich auf Windeinwirkung zurückführen lassen.

Der einfallende Löss hat seinen Ursprung in asiatischen Wüstengebieten. Das staubfeine Sediment wird in Grasflächen festgehalten. Während sich im eiszeitlichen Mitteleuropa in den vereisungsfreien Gebieten nur ein schmaler, allenfalls wenige Meter mächtiger Lössgürtel absetzt, erreichen die entsprechenden Lössflächen in China im Verlaufe des Pleistozäns eine Ausdehnung von bis zu 1 Mio. km^2. An Stellen, an denen das Sediment nachträglich zusammengeschwemmt wurde, ist die Löss-Schicht mehr als 400 m dick.

Um 1,4 Mio. Im Jordantal lebt ein aus Afrika ausgewanderter Homo erectus, ein Vorläufer des modernen Menschen. In **Ubeidija**, vier Kilometer südlich des Sees Genezareth, fanden Paläontologen in den 1980er-Jahren fossile Überreste und mehrere Steinwerkzeuge von Frühmenschen. Bis zu den im Jahr 1991 in Dmanisi in Georgien (Kaukasus) gemachten Funden von Hominidenresten galt »Ubeidija« als ältester wissenschaftlicher Beleg für die Anwesenheit des Homo erectus im eurasischen Raum.

In Afrika errichten Hominiden die ersten nachgewiesenen Heiligtümer und entwickeln Vorformen spiritueller **Rituale**. U. a. überformen sie menschliche Schädel mit Ton, um so ein vermeintliches Weiterleben nach dem Tod zu gewährleisten.

Frühe Menschen in Kenia nutzen das **Feuer**, um sich zu wärmen und Fleisch zu braten. Sie sind darüber hinaus in der Lage, durch Blitzschlag oder Waldbrände entfachte Flammen und Glut zu hüten. Dies belegen 40 gebrannte Lehmziegel, die von einer Feuerstelle bei Chesowanja stammen.

In Nordtansania bricht der Vulkan **Meru** aus. Heißes Magma wird in die Atmosphäre geschleudert. Am Ost- und Südhang des Vulkans ergießen sich Lavaströme in die Umgebung. Sie erkalten und stauen Wasser auf. Die Momella-Seen entstehen. Der bis zu 4567 m hohe Vulkan Meru ist noch heute aktiv. Zuletzt spie der westlich des Kilimandscharo gelegene Vulkanstock im Jahr 1910 Feuer.

Gefährlichstes Raubtier der südamerikanischen Pampa ist der **Phorusrhacus** aus der Gruppe der sog. Terrorvögel. Der flügellose Beutejäger, der eine Größe von bis zu drei Metern erreicht, verzehrt kleine Säugetiere und Aas.

Die Säbelzahnkatze **Dinofelis** stirbt aus. Ihre Schulterhöhe beträgt ca. einen Meter, ihr Körperbau ähnelt dem des heute lebenden Jaguar. Zu den Beutetieren von Dinofelis zählen Antilopen und Affen, aber auch Australopithecinen. Zu den Verbreitungsgebieten der verschiedenen Arten von Säbelzahnkatzen zählen Nordamerika, Asien, Europa und Afrika.

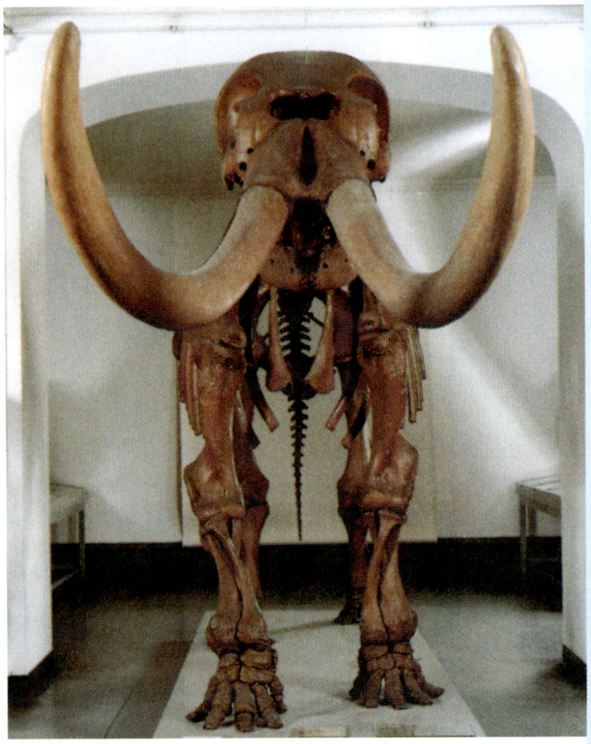

Monströs: Das Verbreitungsgebiet des Mammut americanum reichte von Alaska bis nach Missouri.

Eiszeitliche Mammutherde; Druck nach einem Gemälde von Wilhelm Kuhnert

Um 1,81 Mio.–11 500

Mammut als Leittier

Im Verlauf der pleistozänen Eiszeiten kommt es in der Ordnung der Rüsselartigen zu bedeutenden Veränderungen. Während die älteren Arten der Deinotherien, Gomphoterien und Stegodonten aussterben, bringt die Familie der Elefanten neue Formen hervor. Im südlichen Europa entwickelt sich der Zwergelefant Palaeoloxodon zu einem charakteristischen Vertreter der mediterranen Fauna, im sibirischen Norden geht aus dem Warmsteppenelefanten des Pliozäns durch Kälteanpassung das Mammut hervor, das dank seiner Verbreitung zum Leittier der kaltzeitlichen Steppe wird.

Binnen kurzer Frist verbreitet sich das Mammut in Nordamerika, Europa und Teilen Asiens. Der Umstand, dass die Beringstraße während der Glaziale immer wieder trockenfällt, ermöglicht einen regen Faunenaustausch zwischen den Kontinenten. Bereits im Ältestpleistozän ziehen frühe Verwandte des Mammuts über diese Landbrücke und besiedeln als Mammuthus columbi Nordamerika bis nach Mexiko. Im späten Mittelpleistozän wandert auf der gleichen Route das eigentliche Mammut, Mammuthus primigenius, in Nordamerika ein. Vor allem für Alaska ist dies durch eine große Zahl von Funden belegt. Fast zeitgleich dehnt diese Art ihr Verbreitungsgebiet westwärts bis nach Deutschland und Frankreich aus.

Wie der Waldelefant, so ist auch das Mammut stärker mit dem Indischen als mit dem Afrikanischen Elefanten verwandt. Dies zeigt sich an der Rückenlinie, die durch Skelettfunde und durch die Höhlenmalereien, Gravierungen und Kleinplastiken der eiszeitlichen Jäger überliefert ist. Den höchsten Punkt bildet der domförmige Schädel. Auf einen kleinen Sattel im Nackenbereich folgt ein Buckel über der Schulter, danach fällt die Rückenlinie ab. Auch der Rüssel ähnelt dem des Indischen Elefanten, der ebenfalls an der Spitze nur einen fingerähnlichen Fortsatz trägt – während der Afrikanische Elefant über zwei solcher Greifwerkzeuge verfügt. Die kleinen Ohren sind vor der Kälte geschützt im Fell verborgen.

Grannenhaare eines Mammuts aus dem Dauerfrostboden Sibiriens

Die Größe des Mammuts wird häufig überschätzt – möglicherweise auch deshalb, weil auf den Darstellungen der eiszeitlichen Steppe die Vergleiche fehlen. Das bislang größte nachgewiesene Exemplar hat eine Schulterhöhe von 3,75 m. Das Mammut ist damit deutlich kleiner als sein Vorläufer, der mittelpleistozäne Steppenelefant, der eine Höhe von bis zu 4,3 m erreicht. Auch der rezente (in der Gegenwart lebende) Afrikanische Elefant ist mit einer Schulterhöhe von bis zu vier Metern größer. Das Mammut verfügt allerdings über imposante Stoßzähne von über drei Meter Länge, die auch dem Zweck dienen, Nahrung vom Schnee zu befreien. Die Funde von Mammutkadavern im Permafrostboden Sibiriens und Alaskas zeigen ein durch die Alterung rötlich gewordenes Fell. Wahrscheinlich entspricht die ursprüngliche Farbe dem dunklen Ton der Moschusochsen.

Während die meisten Mammuts zum Ende des Pleistozäns aussterben, überlebt eine verkleinerte Art mit 1,8 m Schulterhöhe auf der Wrangel-Insel bis in die Zeit vor etwa 5700 Jahren.

Um 1,75 Mio.

Hominiden-Funde aus Dmanisi werfen spannende Fragen auf

In Dmanisi, auf dem Gebiet der heutigen Republik Georgien, leben frühe Hominiden. Es handelt es sich um Vertreter der Spezies Homo erectus, wie sich aus Funden ergibt, die ab 1991 gemacht wurden. Sie stellen die bislang verbreiteten Thesen über die Auswanderung der Frühmenschen aus Afrika in Frage.

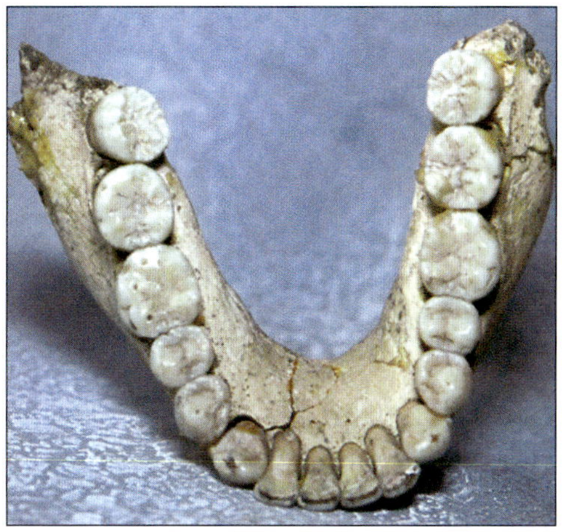

1991 begann ein deutsch-georgisches Team von Archäologen in der mittelalterlichen Ruinenstadt Dmanisi mit Ausgrabungsarbeiten. Die Forscher stießen dabei auf einen sehr gut erhaltenen menschlichen Unterkiefer (s. Abb.), der nur wenig oberhalb einer Basaltlava lag, für die ein Alter von 1,9 Mio. Jahren ermittelt wurde. Anhand von fossilen Tierresten, die bei dem Unterkiefer gefunden wurden, wurde sein Alter auf 1,7 bis 1,8 Mio. Jahre datiert. Im Sommer 1999 tauchten in unmittelbarer Nähe zwei weitere, beinahe komplett erhaltene Schädel auf, die ebenfalls rund 1,75 Mio. Jahre alt sind.

Aus verschiedenen Gründen kommt den Funden eine besondere Bedeutung zu. Zunächst ist ihr Erhaltungszustand dank einer schützenden Kalksteinschicht im Boden hervorragend. Der Umstand, dass sie drei verschiedenen Individuen zugeordnet werden können, erlaubt darüber hinaus eine genauere Untersuchung der bislang kaum erforschten individuellen Unterschiede innerhalb einer einzelnen Hominiden-Spezies.

Der Vergleich des im Jahr 1991 entdeckten Unterkiefers mit anderen Funden aber bringt die aus paläoanthropologischer Sicht größte Überraschung. Experten der Universität Hamburg ziehen für ihre Untersuchungen 40 Unterkiefer aus Afrika, China und Indonesien aus dem Zeitraum zwischen 1,9 und 0,25 Mio. Jahren heran, die zu den Formen Homo habilis, Homo rudolfensis und Homo erectus gehören. Der Unterkiefer aus Dmanisi weist Merkmale wie ein stärker entwickeltes Kinn und abnehmende Kronengrößen der hinteren Backenzähne auf und besitzt damit Ähnlichkeit zu Fossilien, die jünger als 1 Mio. Jahre sind und vom späteren Homo erectus stammen.

Die sensationellen Funde von Dmanisi belegen die Anwesenheit des Homo erectus in Eurasien, kurz nachdem er in Afrika entstanden war. Hat die Auswanderung der Hominiden aus Afrika – bislang dem erectus zugeschrieben – früher als lange vermutet eingesetzt? Ein jüngster Schädelfund in Dmanisi aus dem Jahr 2001 unterstrich diese Annahme. Sein Gehirnvolumen von etwa 600 cm^3 ist deutlich geringer als das von einem Homo erectus, außerdem erinnern seine großen Eckzähne und der schmale Brauenwulst eher an Affen als an frühe Menschen.

Um 1,6 Mio.

Der Junge von Narikotome

In Narikotome, an den Ufern des Turkana-Sees im Norden Kenias, lebt die afrikanische Spielart des Homo erectus, der Homo ergaster. Ein aufschlussreiches Zeugnis über Erscheinung und Lebensgewohnheiten dieses Frühmenschen bieten die zwischen 1984 und 1988 gefundenen fossilen Überreste eines etwa elfjährigen Jungen, der in Fachkreisen als Junge von Narikotome bzw. als Turkana-Boy bekannt wurde.

Fast 40 Prozent des Skeletts sind erhalten, darunter auch der fast vollständige Schädel und sämtliche Zähne. Warum der Junge so früh sterben musste, weiß man nicht. Vielleicht war er das Opfer eines Jagdunfalls, das von der Gruppe zurückgelassen wurde. Möglicherweise ist er aber auch an einer Blutvergiftung gestorben: Sein Kiefer lässt einen Abszess erkennen.

In jedem Fall bietet das Skelett eine Reihe überraschender Einsichten. Die Knochen und Zähne lassen auf ein Alter von höchstens elf Jahren schließen. Dennoch war er bereits etwa 1,60 m groß – eine Länge, die junge Menschen heute durchschnittlich erst im Alter von etwa 15 Jahren erreichen. Außerdem war er sehr schlank. Eine ähnliche Statur findet man heute bei Völkern, die in sehr heißen Regionen leben. Wahrscheinlich hatte der Junge viele Schweißdrüsen und eine dunkle, unbehaarte Haut.

Das Gehirn des Homo ergaster ist nur unwesentlich größer als das seines direkten Vorfahren, des Homo habilis. Allerdings ist es wesentlich größer als das irgendeines Australopithecinen. Vieles spricht dafür, dass es der Schlüssel für seine enorme Durchsetzungsfähigkeit war, da es bescheidene Formen des sozialen, handwerklichen und kommunikativen Verhaltens ermöglichte.

Um 1,7–0,72 Mio.

Giganten: Eindrucksvollste Vertreter der Elefantenfamilie breiten sich im südlichen Europa aus

Mit dem Südelefanten lebt in Spanien, Frankreich und Italien ein erster Vertreter der Familie der Elephantidae, deren Vorfahren vermutlich aus Afrika eingewandert sind. Mit einer Gesamthöhe von fünf Metern ist der Südelefant einen ganzen Meter größer als der heute noch lebende Afrikanische Elefant und damit zugleich das größte Landsäugetier aller Zeiten.

Der ursprüngliche Lebensraum dieses Giganten sind die Wälder Südwesteuropas. Während er hier überwiegend vom Laub der Bäume lebt, passt sich seine Ernährung während seiner Ausbreitung über Europa, Asien und schließlich auch über die nordamerikanischen Steppen immer stärker an die ökologischen Rahmenbedingungen und damit an das Steppengras an. Die Stoßzähne des Südelefanten sind etwa 3,3 m lang und – ähnlich wie die des Mammuts – leicht nach innen gebogen. Sein Vorfahre ist der in Afrika heimische Primelephas, der »erste Elefant«.

Dieser erste Elefant verfügte – wie sein Vorgänger, das Gomphoterium – über ein Paar zusätzlicher Stoßzähne im Unterkiefer. Der Primelephas ist der gemeinsame Urahn der neueren Linie, aus der neben Südelefant und Mammut auch noch eine Reihe anderer Arten hervorgeht. Von älteren Vertretern der Ordnung der Rüsseltiere unterscheiden sich die Elefantenartigen durch eine andere Kautechnik: Sie zerreiben ihre Nahrung nicht, sondern zerschneiden sie.

Parallel zur Entwicklung des Südelefanten läuft die des Waldelefanten (Abb.: Rekonstruktion). Im südlichen Europa treten erste Vertreter dieser Art vor rund 0,9 Mio. Jahren in Erscheinung, später tauchen sie auch in Deutschland und England auf. Mit einer Höhe von 4,5 m sind sie nicht ganz so groß wie der Südelefant, aber erheblich größer als heutige Arten. Männliche Tiere verfügen über ebenfalls leicht nach innen gebogene Stoßzähne von etwa drei Metern Länge. Da die Wälder in West- und Mitteleuropa bei jedem eiszeitlichen Kältevorstoß verschwinden, werden die Waldelefanten in den Glazialen immer wieder von den kälteliebenden Mammuts verdrängt, kehren aber mit jedem Interglazial zurück.

Direkte Nachfahren der riesigen Waldelefanten sind die sizilianischen Zwergelefanten. Mit einer Höhe von 90 cm sind sie kaum größer als ein kräftiger Hund. Ihr Zwergenwuchs hat inselspezifische Gründe: Da es auf Sizilien keine großen Raubtiere gibt, wird die Größe als Verteidigungswaffe unbrauchbar. Weil der Nahrungsvorrat auf Inseln überdies begrenzt ist, bevorzugt die Evolution kleinwüchsige Arten.

Um 1,3 Mio. In der Nähe der heutigen Stadt Kumasi in Ghana schlägt ein **Meteorit** auf den Erdboden und reißt einen 10,5 km großen und 90 m tiefen Krater in die Erdoberfläche. Durch Quellen auf dem Grund des Einschlaglochs und zwei Flüsse bildet sich ein See: der Lake Bosomtwe. Sein Alter wird 1965 bei Gesteinsuntersuchungen auf 1,3 Mio. Jahre bestimmt.

Um 1 Mio. Die **Arktis** beginnt zu vereisen: Auf dem 5500 m tiefen Nordpolarmeer bildet sich eine mehrere Meter dicke Eisschicht. Im Winter bedeckt der Eispanzer fast die gesamte Wasserfläche. Dabei fallen die Temperaturen auf bis zu −40 °C. In den wärmeren Sommermonaten schmilzt das Eis an den Rändern.

Im Zuge der Eiszeit sterben in Europa zahlreiche **Rebpflanzen** aus. Nur einige frostempfindliche Wildreben überleben die Kälteperiode. Bis der erste Wein in Europa gekeltert wird, vergehen aber noch Jahrhunderttausende. Erst im 2. Jt. v. Chr. erlernen die Griechen von den Phönikern die Kunst des Weinbaus.

Stetiger Regenfall lässt im heutigen Thüringen die Flüsse anschwellen. Die **Werra** verwandelt sich in einen zwei Kilometer breiten reißenden Strom. Hunderte am Fluss lebende Tiere finden den Tod. Ihre Überreste werden seit 1978 bei Untermaßfeld in einer groß angelegten Grabungskampagne geborgen. Unter den 12 500 bisher gefundenen Tierresten befinden sich u. a. Knochen von Nashörnern, Flusspferden, Geparden, Säbelzahntigern und Hyänen.

Die **Alpen** nehmen ihre heutige Gestalt an. Große Gletscher schaffen Trogtäler in Form eines »U«. Im Alpenvorland bilden sich Moränen. Der abgelagerte Schutt verändert den Verlauf der Flüsse und staut Seen auf. Durch die Reibung zwischen Eis und Gestein werden so genannte Zungenbecken eingetieft, in denen sich Wasser sammelt. Auf diese Weise bilden sich u. a. der Bodensee und der Genfer See.

Ein in Südafrika lebender früher Mensch der Art Australophitecus robustus leidet an einer Hüftgelenkausrenkung. Die Abnormalie stellen Forscher an den etwa 1 Mio. Jahre alten Resten des Hominiden fest. Sie werden in der Höhle **Swartkrans** entdeckt. Der Fundort in der Republik Südafrika ist durch zahlreiche Fossilienfunde von Hominiden des Typs Australophitecus bzw. des Homo erectus und des Homo habilis bekannt geworden.

Die **Grotte du Vallonet** bei Roquebrunne in Südfrankreich und die Höhle Fandalja I bei Pula in Istrien (Kroatien) werden von Menschen bewohnt. Darauf deuten etwa 1 Mio. Jahre alte Steinwerkzeuge hin, die bei archäologischen Untersuchungen gefunden werden. Die beiden Grotten stellen wahrscheinlich die ersten von frühen Menschen bewohnten Höhlen in Europa dar.

In Nordamerika lebt mit dem **Dire-Wolf** (Canis dirus) ein großer Verwandter des modernen Wolfes (Canis lupus). Canis dirus erreicht eine Höhe bis zu 1,5 m. Heute lebende Wölfe messen bis zur Schulter lediglich 50–100 cm.

Flusspferde bevölkern die nord- und mitteleuropäischen Flüsse. Die Dickhäuter, die um einiges größer sind als heutige Artverwandte, leben bevorzugt an großen Strömen wie Themse, Rhein, Tiber oder Loire.

Auf der Inselgruppe des heutigen Hawaii (Pazifik) kommt es zu ersten Eruptionen des Vulkans **Mauna Loa** (hawaiianisch für »Langer Berg«). Er ist mit einer Höhe von 4000 m der größte Vulkan der Erde.

Um 1 Mio.

Das erste Lagerfeuer

Frühe Hominiden haben gelernt, das Feuer zu nutzen. Dies belegen die Funde von 200 verbrannten Knochen im südafrikanischen Swartkrans. Daneben finden sich Stein- und Knochenwerkzeuge, die wahrscheinlich dem Abschaben von Tierhäuten und dem Graben nach Knollen dienten. Es ist anzunehmen, dass die Hominiden in den Besitz des Feuers gelangten, nachdem ein Blitzeinschlag das Grasland in Brand gesetzt hatte. Nachweislich ist es ihnen aber gelungen, es in der Form eines Lagerfeuers zu kultivieren, denn die chemische Analyse der verbrannten Knochen belegt, dass diese sehr viel höheren Temperaturen ausgesetzt waren als solchen, wie sie etwa durch einen Steppenbrand entstehen.

In Swartkrans leben zu dieser Zeit frühe Vertreter der Gattung Homo neben Vertretern des Australopithecus robustus. Wer von ihnen das Feuer beherrschte, ist nicht mit Sicherheit auszumachen. Die meisten Paläoanthropologen gehen davon aus, dass der Homo aufgrund seines größeren Gehirns über die fortgeschrittenere Kultur der Werkzeugherstellung und des Feuergebrauchs verfügt. Sicher ist, dass der Australopithecus robustus kurze Zeit später ausstirbt.

In der Entwicklungsgeschichte des modernen Menschen spielt die Bändigung des Feuers eine zentrale Rolle. Flammen vertreiben die wilden Tiere, machen die Fleischspeisen bekömmlicher und härten die Werkzeuge. Auch fördert der flackernde Feuerschein den Zusammenhalt der Gruppe. Die verantwortungsvolle Aufgabe der Erhaltung des Feuers wird vermutlich den zuverlässigsten Gruppenmitgliedern übertragen.

Wie kaum eine zweite frühe Kulturtechnik erzwingt die Beherrschung des Feuers geradezu die Kommunikation. Der Komplex des Entfachens oder Einfangens, des Transports, der Kontrolle und Erhaltung wäre ohne zumindest schlichte Formen des Informationsaustausches, ohne die Fähigkeit zur Abstraktion und Antizipation kaum zu bewältigen. Nicht zufällig ist in allen frühen Kulturen das Lagerfeuer der zentrale Ort sozialer Kommunikation. Darüber hinaus scheint sich die Nutzung des Feuers auf die menschliche Physiognomie ausgewirkt zu haben. Das Garen der fleischlichen Speise entlastet den Kauapparat. Die Zähne können kleiner, die Kaumuskulatur schwächer werden. Da sich der Unterkiefer nicht so schnell zurückbildet wie die Zähne, entwickelt sich das Kinn.

Der archäologische Nachweis der Feuernutzung ist schwierig. Nur wenn sich der Fundplatz für magnetometrische Untersuchungen eignet, kann man die Spuren eines Lagerfeuers relativ gut von denjenigen eines Wald- oder Steppenbrands unterscheiden. Die im umgebenden Sediment erzeugten Temperaturen liefern die wichtigsten Anhaltspunkte. Ein Lagerfeuer erzeugt eine mittlere Oberflächentemperatur von fast 600 °C und unterhält dann eine bis mehrere Stunden lang Temperaturen von über 400 °C. Steppenbrände hingegen erzeugen maximale Oberflächentemperaturen von nur 225 °C und unterhalten Temperaturen von über 100 °C für höchstens zwei Minuten. Auch brennende Baumstümpfe erzeugen relativ niedrige Temperaturen, sodass das umgebende Sediment selten oxidiert.

Die dunkle Färbung der Sedimente verrät die Spuren einer Feuerstelle (hier bei Abri in Frankreich).

Um 1–0,3 Mio.

Lantian- und Pekingmensch – Spuren des Homo erectus in mehreren Gegenden Chinas

Am Oberlauf des Gelben Flusses (Hwangho) bei Xi'an im Herzen Chinas lebt vor etwa 1 Mio. Jahren der Mensch von Lantian. Schädel und Unterkiefer beweisen, dass er, obwohl aufgrund einiger Variationen in bestimmten Körpermerkmalen zunächst als Sinanthropus lantianensis beschrieben, eindeutig zum Homo erectus zählt. Die Waldlandschaft, die der Mensch von Lantian besiedelt (Abb. l.: Höhle von Lantian), teilt er mit verschiedenen großen Säugern wie Löwen, Säbelzahnkatzen, Tigern, Geparden, Tapiren und der großen Makakenart Macacus robustus.

Einen weiteren Vertreter der Gattung Homo erectus entdeckte man im Jahr 1929. In der so genannten Unteren Höhle bei Zhoukoudian, in der Nähe von Peking, wurden die fossilen Überreste mehrerer Frühmenschen gefunden. Bis zum Jahr 1937 barg man Stücke von 14 Schädeln, elf Unterkiefer, Zähne, Skelettknochen und einige Steinwerkzeuge.

Der kanadische Anatom Davidson Black, der die Ausgrabungen leitete, hatte bereits 1927, nachdem in Zhoukoudian einige Zähne gefunden worden waren, eine neue Spezies und eine neue Gattung benannt: Sinanthropus pekinensis. Später wurde klar, dass es sich auch bei dem Pekingmenschen um einen Homo erectus handelt. Die gefundenen Schädelfragmente, deren Gehirnvolumina von 915 bis 1225 cm^3 reichen, ließen sich sechs Frühmenschen aus der Zeit zwischen 500 000 und 300 000 Jahren zuordnen (Abb. r.: Schädel eines Pekingmenschen).

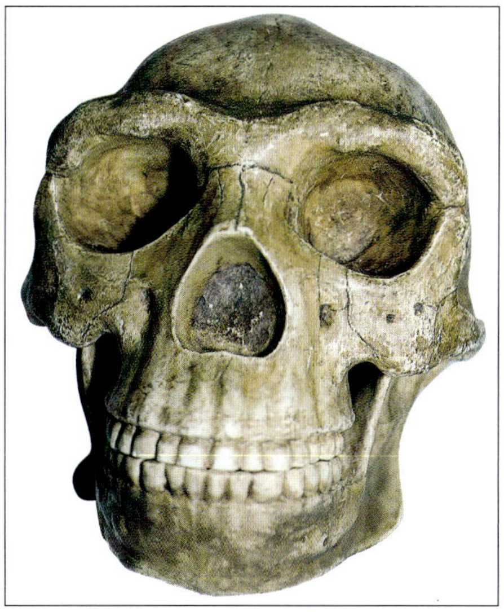

Aus deutlich früherer Zeit stammt ein etwa 1,8 Mio. Jahre altes Kieferfragment, das in den 1980er-Jahren im chinesischen Longgupo bei Washam gefunden wurde. Da es in einigen Merkmalen den ostafrikanischen Funden des frühen Homo ähnelt, wurde es zunächst einem Menschen zugeordnet. Neuere Untersuchungen legen nahe, dass es vermutlich von einem Affen stammt.

Um 1,3–0,7 Mio.

Der Java-Mensch: Frühe Hominiden auch in der Südsee

Wie in China, so leben auch auf der indonesischen Insel Java frühe Hominiden. Der Java-Mensch hat, wie die Schädelfunde von Trinil und Sangiran zeigen, ein Gehirnvolumen von 775 cm^3. Er weist stark ausgeprägte Überaugenwülste auf und sein ganzer Schädelknochen ist außergewöhnlich dick. In einem von zahlreichen Flüssen und Seen geprägten Ökosystem lebt er in einer Gemeinschaft mit vielen Hirschen und Antilopen.

Verschiedene aufeinander folgende Grabungskampagnen brachten seit dem 19. Jh. eine große Zahl von Skelettfragmenten fossiler Hominiden zu Tage, die zusammen ein recht gutes Bild des Homo erectus auf Java vermitteln. Zu den wichtigsten Grabungsplätzen für die Epoche von vor 1 Mio. Jahren zählten Sangiran und Trinil, weitere wichtige Fundorte waren Ngandong, Sambungmachan und Modjokerto. Die wissenschaftlichen Bezeichnungen für die frühen Hominiden auf Java sind zahlreich: Anthropopitecus erectus, Pithecanthropus erectus, Homo erectus javensis, Pithecanthropus modjokertensis, Homo soloensis und Homo palaeojavanicus. Seit den 1960er-Jahren überwiegt allerdings die Ansicht, dass alle diese frühen Hominiden Unterarten des Homo erectus (s. Abb.) seien.

Die Fundgeschichte auf Java begann im späten 19. Jh. 1877 ließ sich ein junger niederländischer Mediziner namens Eugène Dubois als Militärarzt im Kolonialdienst nach Sumatra versetzen, um dort im Anschluss an Darwin und Haeckel das fehlende Bindeglied zwischen Affe und Mensch aufzuspüren. Er dehnte seine Forschungen bis nach Java aus und entdeckte 1891 ein menschenähnliches Schädeldach, wenig später auch einen Oberschenkelknochen, die er beide dem Pithecanthropus erectus, einem aufrecht gehenden Affenmenschen, zuordnete. 1937 gelang dem deutschen Paläontologen Ralph von Koenigswald ein noch vollständigerer Fund in Sangiran.

Unklar hingegen ist die Interpretation auffällig robuster Schädel- und Kieferfragmente, die man in den 1950er-Jahren einem Meganthropus palaeojavanicus zuordnete. Ob es auf Java tatsächlich den damals beschriebenen Riesenmenschen gegeben hat, wird heute bezweifelt.

Um 900 000

Argil – der erste Europäer

Im italienischen Ceprano, südlich von Rom, lebt der erste bis heute nachgewiesene Europäer. Als man in den 1990er-Jahren auf seine fossilen Überreste stieß, taufte man ihn auf den Namen Argil. Obgleich die Fragmente viele Fragen offen lassen, gibt es Hinweise darauf, dass er nicht nur chronologisch, sondern auch evolutionsbiologisch der »Großvater aller Europäer« ist.

Im März 1994 entdeckte Italo Biddittu, ein italienischer Paläontologe, bei einem Spaziergang auf einem Baugelände zufällig ein flaches Knochenfragment. Nachdem erste Untersuchungen auf ein außerordentlich hohes Alter schließen ließen, wurde das Gelände genauer erforscht. Mehr als 50 Bruchstücke eines einzigen Schädels wurden geborgen und in mühevoller Kleinarbeit zusammengesetzt. Der Schädel und die Augenhöhlen wiesen Merkmale auf, wie man sie zuvor noch nicht gesehen hatte. Sie ließen es zumindest möglich erscheinen, dass Argil am Ursprung einer Entwicklung stand, die einerseits zum Neandertaler und andererseits zum Homo sapiens führte.

Für die Frage, wie der moderne Mensch mit seinen afrikanischen Vorfahren zusammenhängt, ist der Fund von Ceprano sehr wichtig. Nach der »Out-of-Africa«-Hypothese trat der Homo sapiens von Afrika aus vor etwa 120 000 Jahren seinen Siegeszug um die Welt an. Nach der Multiregionalhypothese, die durch Biddittus Fund bestätigt scheint, breiteten sich Verteter des Homo erectus hingegen schon vor etwa 1,8 Mio. Jahren über die Erde aus und entwickelten sich dann unabhängig voneinander zum modernen Menschen.

Um 900 000 Erstmals taucht auf der Erde die **Wildkatze** (Felis silvestris) auf. Sehr schnell verbreitet sich der Vorfahr der heutigen kleinen Wildkatzen in Europa, Asien und Afrika. Aus Felis silvestris entwickeln sich drei moderne Hauptgattungen: die Waldwildkatze, die nordafrikanische Falbkatze und die indische Steppenkatze.

Um 800 000 Die heutige Provinz Bayankhongor-Aimak in der **Mongolei** wird von frühen Menschen besiedelt. Eine russisch-amerikanisch-mongolische Expedition mit dem Namen »Steinzeit in der Mongolei« stößt bei ihren Forschungen auf die Fossilreste dieser Hominiden. Bisher war angenommen worden, dass die Mongolei erst seit ungefähr 500 000 Jahren bewohnt sei.

Unter den ersten Hominiden, die Europa besiedeln, ist **Kannibalismus** verbreitet. Der Kopf eines ca. zehn Jahre alten Jungen, der 1994 in der spanischen Gran-Dolina-Höhle gefunden wurde, weist Bearbeitungsspuren auf, wie sie bei Tierknochen aus dem gleichen Zeitraum üblich sind.

Um 750 000 Hominiden in Kenia wenden ein kompliziertes Verfahren zur Herstellung von **Steinwerkzeugen** an. Tausende am Fundort Kilombe ausgegrabene Werkzeuge belegen, dass die frühen Menschen ein ausgeprägteres geometrisches Verständnis als ihre Vorfahren entwickelt haben. Während diese noch zwei bis drei Schläge anwandten, um einen Faustkeil zu erstellen, benötigen die Menschen in Kilombe zwischen 25 und 65 Schlägen.

Beim Ausbruch eines Vulkans im Osten des heutigen US-Bundesstaates Kalifornien entsteht die **Long Valley Caldera**, ein 30 x 17 km großer Kessel. Er ist einer der größten tertiären Calderen der Erde. Das spanische Wort Caldera bezeichnet eine kesselförmige Hohlform, die sich beim Einsturz der Magmakammer eines Vulkans bildet.

Um 900 000–800 000

Rentiere perfekt angepasst

In der Günz-Eiszeit wandert mit dem Rentier (s. Abb. u.) in Mittel- und Westeuropa eine Unterfamilie der Hirsche ein, die sich vorzüglich an das arktische Leben angepasst hat. Da die Rentiere ihr Areal auch in den folgenden pleistozänen Eiszeiten teilweise bis zu den Pyrenäen ausdehnen, geben ihre Fossilien wichtige Hinweise auf die damaligen Klimaverhältnisse.

Rentiere sind die einzigen Vertreter der Hirsche, bei denen beide Geschlechter Geweihe tragen. Ihre langen Beine ermöglichen es, sich in tieferem Schnee bewegen zu können. Mit genügsamen Nahrungsansprüchen und dichtem Fell sind sie gut an eiszeitliche Bedingungen angepasst. Ob sie bereits im Pleistozän jahreszeitliche Wanderungen unternehmen wie die heutigen Karibus Kanadas, ist ungewiss. Vielleicht erfolgten solche Wanderungen wegen des veränderten Nahrungsangebots in den Kaltzeiten nicht instinktiv, sondern nur unter bestimmten Bedingungen.

Fossile Rentierreste sind an dem Gebiss zweifelsfrei zu identifizieren. Unverwechselbar ist auch das Trittsiegel, wie es sich etwa in der Fährtenplatte von Bottrop (Westfalen) erhalten hat. Die Funde in kaltzeitlichen Flussablagerungen, in Hyänenhorsten und auch in den frühen Jagdarealen des Menschen sind so zahlreich, dass man auf eine weite Verbreitung schließen kann. Die Körpergröße der Rentiere zeigt regionale Unterschiede. Die kleinsten Tiere leben in der südfranzösischen Pyrenäenregion, in nordöstlicher Richtung steigt die Größe kontinuierlich an.

Um 780 000

Frühe Europäer in Spanien

In der Sierra de Atapuerca, unweit der nordspanischen Stadt Burgos, leben frühe Hominiden, die man später als Homo antecessor beschreiben wird. Gemeinsam mit den noch etwas älteren Bewohnern des italienischen Ceprano zählen sie zu den mit Abstand frühesten nachgewiesenen Menschen in Europa.

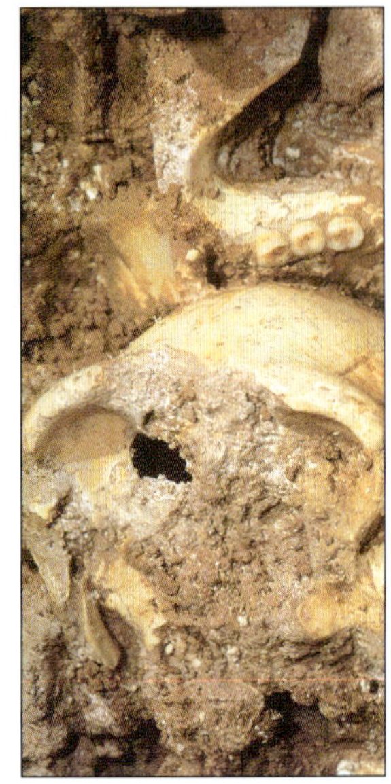

Von den Frühmenschen der Sierra de Atapuerca geben wertvolle Fossilienfunde (s. Abb.) ein relativ anschauliches Bild. Unter ihnen befindet sich auch der Schädel eines wegen seines Fundorts als »Kind von La Dolina« bezeichneten Knaben, der zu den besterhaltenen Fossilien in der Geschichte der Paläoanthropologie gilt. Mit großer Wahrscheinlichkeit ist der Junge ein Opfer des Kannibalismus. Darauf deutet die Tatsache, dass sein Schädel Bearbeitungsspuren trägt, wie man sie auch an Tierknochen derselben Fundschicht findet.

Wegen der ungewöhnlichen Kombination von Kiefer-, Zahn- und Schädelmerkmalen wird der Homo antecessor als eine neue Art beschrieben. Eindeutig unterscheidet er sich vom asiatischen Homo erectus seiner Zeit, denn seine Überaugenknochen verlaufen nicht gerade, sondern in doppeltem Bogen. Stirn und Zähne weisen archaische Merkmale auf, die man an späteren Funden nicht mehr findet. Im Gegensatz dazu zeigen Unterkiefer und Gesichtsschädel Merkmale, die für den Menschen des mittleren Pleistozäns charakteristisch sind. In dieser Hinsicht ähnelt dieser bereits dem modernen Menschen. Einige Wissenschaftler glauben, mit dem Homo acessor einen unmittelbaren Vorfahren des späteren Homo heidelbergensis entdeckt zu haben. Aus dieser Entwicklungslinie könnten sowohl der Neandertaler als auch über verschiedene Seitenlinien der moderne Homo sapiens hervorgegangen sein.

Die Sierra de Atapuerca, in der man seit 1994 annähernd 100 menschliche Überreste ausgegraben hat, gilt als eine der ergiebigsten Fundstellen in Europa. Die ältesten Fossilien entstammen der Gran Dolina, einer etwa 18 m tiefen Höhle, die zu Beginn des 20. Jh. beim Bau einer Eisenbahnstrecke entdeckt wurde. Die Ablagerungen bestehen aus insgesamt elf Schichten, die neben den Überresten von Hominiden auch Tierknochen und Werkzeuge enthalten. Von der sechsten Schicht weiß man durch verschiedene Messungen, dass sie mit Sicherheit älter als 780 000 Jahre alt ist. Fünf undatierte Steinwerkzeuge einer noch tieferen Fundschicht deuten darauf hin, dass es möglicherweise bereits noch frühere Bewohner der Sierra de Atapuerca gegeben hat.

Um 800 000–480 000

Cromer: Flusspferde baden im Main

Mit dem Beginn der Cromer-Warmzeit kommt es in Mitteleuropa erneut zu einem Floren- und Faunenwechsel. Die an ein arktisches Leben auf der Nordhalbkugel angepassten Tiere und Pflanzen der Günz-Eiszeit werden von wärmeliebenden Arten verdrängt.

Dass das Klima der Cromer-Warmzeit zumindest zeitweise dem der heutigen Serengeti gleicht, beweisen die Funde von Flusspferden, die im Maingebiet heimisch werden und in Ostdeutschland vertreten sind. Dennoch ist das Klima im Verlauf der folgenden 320 000 Jahre keineswegs konstant. Fossile Funde belegen, dass in den kühleren Abschnitten dieser Warmzeit immer wieder kälteliebende Arten wie die Rentiere bis Mitteleuropa vordringen.

In den wärmeren Abschnitten der Cromer-Warmzeit breiten sich in Mittel- und Westeuropa ausgedehnte Eichenmischwälder mit starken Eiben- und Erlenbeständen aus, in den kälteren Phasen dominieren Nadel-, vor allem Kiefernwälder. Für manche der früher vorkommenden Tierarten wie die zu den Rüsseltieren zählenden Mastodonten und Tapire ist das Klima nicht mehr warm genug. Zu den wärmeliebenden Einwanderern zählen der Süd- und der Waldelefant, das Waldnashorn sowie das Flusspferd.

Mit zahlreichen Einzelfunden von mehr als 65 Säugetierarten gelten die Mosbacher Sande im Stadtkreis von Wiesbaden zu den bedeutendsten Fundorten der Cromer-Fauna. Sie belegen das Vorkommen von Makaken, zur Gattung der Meerkatzen zählende Affen, die vereinzelt auch in Grabungsstellen bei Worms, Würzburg und im thüringischen Meiningen nachgewiesen sind.

Fast ein Drittel der gefundenen Säugetiere zählen zu den Geweihträgern. Unter den acht nachgewiesenen Hirscharten befinden sich das Reh, der Alt-Riesenhirsch, der Alt-Damhirsch und ein kleiner Elch. Der auffallend hohe Anteil der Wildpferde deutet darauf hin, dass diese Herdentiere im Cromer weite Teile Deutschlands in großer Zahl bevölkern. Auch Wisente und Bisons sind relativ zahlreich. Zu den kleineren Säugern zählen heute lebende Arten wie Maus, Hamster, Hase, Eichhörnchen und Maulwurf. Der Biber ist mit einer großen und einer kleineren Art vertreten.

Die häufigsten Räuber in den Mosbacher Sanden sind Wölfe, unter ihnen mit dem Xenocyon eine der größten Wolfsarten aller Zeiten. Andere hier nachgewiesene Raubtiere sterben aus oder werden aus Europa verdrängt, so die Säbelzahnkatze, der Europäische Jaguar, der Gepard, die Streifen- und die Tüpfelhyäne sowie der Mosbacher Löwe, die größte Raubkatze an Rhein und Main.

Flusspferde finden während der Cromer-Warmzeit in Mitteleuropa ideale Lebensbedingungen vor.

Um 800 000

Faustkeile »made in China« belegen handwerkliche Fähigkeiten

Im südchinesischen Bose-Bassin werden Faustkeile gefertigt, die denen in Afrika, Europa und im Vorderen Orient sehr ähnlich sehen. Es sind die ältesten bekannten Steinwerkzeuge Ostasiens.

In ihrer Gestaltung unterscheiden sie sich nicht von den Faustkeilen anderer Erdregionen. Auch hier werden von einem größeren Gesteinsbrocken so lange kleinere Stücke abgeschlagen, bis die typische Form des Faustkeils mit einer gut zu fassenden Griffseite und einer schlankeren Spitze erreicht ist. Die Steinwerkzeuge beweisen, dass der ost- und südostasiatische Homo erectus über ähnliche technische Fähigkeiten verfügt wie seine weiter westlich siedelnden Verwandten.

Dass man in Ostasien lange Zeit keine Steinwerkzeuge entdecken kann, verleitet manche Wissenschaftler zu dem Schluss, der asiatische Homo erectus sei weniger geschickt oder intelligent gewesen als die Frühmenschen anderer Erdregionen. Nach dem Fund im Bose-Bassin treten andere Erklärungsmodelle in den Vordergrund.

Eine plausible Begründung ist der Umstand, dass in vielen ostasiatischen Landstrichen Holz und vor allem Bambus viel leichter zu finden sind als geeignete Steine und dass sie aus diesem Grund bevorzugt zu Werkzeugen verarbeitet werden. Die Fundumstände im Bose-Bassin könnten diese These bekräftigen. In der unmittelbaren Umgebung der Werkzeuge entdecken Wissenschaftler große Mengen verkieselter Holzstücke und Holzkohlepartikel, die auf einen verheerenden Waldbrand schließen lassen. Denkbar ist, dass die Frühmenschen das durch den Brand freigelegte Gestein mangels Holz vorübergehend zu Werkzeugen verarbeiten, später jedoch wieder auf ihre gewohnten Werkstoffe zurückgreifen.

Um 800 000

Wallace-Linie überwunden

Auf der indonesischen Insel Flores lebt ein Homo erectus, der Steinwerkzeuge herstellt. Spätere Werkzeuge finden sich auch auf den Inseln Timor, Celebes und Ceram – eine Sensation, beweist dies doch, dass Frühmenschen in der Lage waren, den als Wallace-Linie bezeichneten Kontinentalbruch, der Indonesien in Nord-Süd-Richtung durchzieht, zu überqueren. Das Besondere an der Wallace-Line ist ihre große Wassertiefe. Bali, Java und die Malaiische Halbinsel werden hingegen durch ein Flachmeer getrennt und waren während der Vereisungsperioden Teil einer Landmasse; Fauna und Flora sind nahezu identisch. Die Inseln östlich der Wallace-Linie stellen biogeografisch eine völlig andere Region dar. Obgleich nur 19 km breit, gilt die Linie als unüberwindliche Barriere. Unklar ist, wie der Homo erectus sie überwinden konnte.

Steinzeit – Kindheit der Kultur

Vor etwa 2,4 Mio. Jahren nehmen in der tansanischen Olduwai-Schlucht, aber auch im äthiopischen Gona und im Omo-Becken frühe Hominiden die ersten Steinwerkzeuge in Gebrauch. In der geologischen Zeitrechnung beginnt die erste Epoche des quartären Eiszeitalters, des Pleistozäns. Kulturgeschichtlich steht die Menschheit am Beginn der ältesten Stufe der Steinzeit.

Wer diese ersten Handwerker sind, lässt sich mit letzter Sicherheit nicht bestimmen. Die meisten Paläoanthropologen schreiben die ersten Geröllwerkzeuge entweder dem Homo habilis oder dem Homo rudolfensis zu. Zwar leben in dieser Zeit in den fraglichen Regionen auch Australopithecinen, doch sprechen manche Indizien dafür, dass die ältesten Zeugnisse der Steintechnologie einem Homo zuzuordnen sind.

Zunächst verfügt dieser über ein größeres Gehirn. Sodann deuten alle bisher gemachten Funde darauf hin, dass die ersten Werkzeuge und die Gattung Homo nahezu zeitgleich in Erscheinung treten. Ein vergleichbares Phänomen ereignet sich 900 000 Jahre später, als kurz nach der Entstehung des Homo erectus eine völlig neue Kulturepoche beginnt, das Acheuléen, die längste ist. Sie umfasst insgesamt rund 2,2 Mio. Jahre. Nach den Fundorten charakteristischer Werkzeuge wird das Altpaläolithikum in die frühere Oldowan- und die spätere Acheuléen-Kultur unterteilt. Letztere hat ihren Namen von der Grabungsstelle Saint-Acheul in Frankreich.

Die Oldowan-Industrie wurde in den 1960er-Jahren nach umfangreichen Ausgrabungen in der Olduwai-Schlucht von der englischen Paläoanthropologin Mary Leakey benannt und definiert. Die auffälligsten Artefakte des Oldowan sind einfache, abgeschlagene Steine, die aus Kieseln oder Geröllbrocken hergestellt wurden. Als Ausgangsmaterial fast aller Steingeräte, auch späterer Epochen, dienen harte, homogene Gesteinsarten. Während die frühen Hominiden in Europa später bevorzugt den Feuerstein verarbeiten, bestehen die afrikanischen Funde überwiegend aus Quarz und Basalt.

Die Geröllgeräte lassen sich nach Form und Funktion verschiedenen Typen zuordnen. Zu ihnen zählen zunächst der Amboss und der Schlagstein. Bei Letzterem handelt es sich oft um einen wenig bearbeiteten Brocken, der dazu dient, Knochen zu zertrümmern (um an das begehrte Mark zu gelangen) oder Splitter von anderen Steinen abzuschlagen. Weitere typische Werkzeuge sind Schaber verschiedener Größen und Gewichte, ein- und beidseitig bearbeitete Haumesser, so genannte Chopper, sowie rundliche Sphäroide. Die eigentlichen Faustkeile fehlen noch. Etwa 900 000 Jahre lang bleiben diese Geröllwerkzeuge nahezu unverändert. Erst mit dem Auftauchen des Homo erectus vollzieht sich ein qualitativer Sprung in den Techniken der Werkzeugherstellung.

Menschliche Artefakte lassen sich relativ zweifelsfrei identifizieren. Die Stoßwellen eines Schlags bringen an dem Stein eine charakteristische Oberfläche hervor, die sich an natürlich gebrochenen Steinen selten findet; auch die Bruchlinien haben einen spezifischen Verlauf. Gerade deshalb aber ist der Zweck

Die Leakeys – drei Generationen einer Familie können höchstes Verdienst um die wissenschaftliche Suche nach den Ursprüngen des Menschen beanspruchen:

Die Erfolgsgeschichte des britisch-kenianischen Archäologen-Clans beginnt mit dem Wirken von ***Louis S. B. Leakey*** *(1903–1972). Als Verfechter von Darwins Abstammungstheorie beweist er mit sensationellen Hominiden-Funden, dass die Wiege der Menschheit in Afrika liegt. Seine Frau* ***Mary Leakey*** *(1913–1996) legt einige Aufsehen erregende menschliche Fossilien frei und beginnt 1976 mit den Untersuchungen der bekannten Fußspuren von Laetoli. Ihr gemeinsamer Sohn* ***Richard Leakey*** *(*1944) gräbt im Turkana-Becken in Kenia mehr als 200 Fossilien aus, darunter den 1,6 Mio. Jahre alten »Turkana-Jungen«. Eine entscheidende Rolle bei diesen erfolgreichen Grabungen spielt seine Frau* ***Maeve Leakey*** *(*1942), die 1999 die Fachwelt mit dem Fund eines 3,5 Mio. Jahre alten Hominiden-Schädels begeistert. Dieser gelingt ihr in enger Zusammenarbeit mit ihrer Tochter* ***Louise Leakey*** *(*1972).*

Schnittspuren von Feuersteinklingen auf einem Auerochsenknochen, den man bei Bedburg-Königshoven (Nordrhein-Westfalen) fand. Derartige Marken, die von Kratzern und Biss-Spuren unterschieden werden können, belegen die Aktivitäten früher Menschen.

Drittens legt die evolutionäre Weiterentwicklung der Australopithecinen die Vermutung nahe, dass sie die immer härter werdenden Umweltbedingungen nicht durch technische Erfindungen, sondern durch biologische Anpassung meistern.

In absoluten Zahlen ist die Steinzeit die mit großem Abstand längste Kulturepoche der Menschheit. Sie beginnt vor 2,4 Mio. Jahren und endet erst im dritten vorchristlichen Jahrtausend mit dem Beginn der Bronzezeit. Schon vor dieser Epochenwende haben sich längst fortgeschrittene Kulturtechniken wie Ackerbau, Viehzucht und Töpferhandwerk etabliert. In der archäologischen Zeitrechnung wird die Steinzeit in drei große Abschnitte untergliedert: in die Alt-, die Mittel- und die Jungsteinzeit, von denen wiederum Erstere, das Altpaläolithikum,

Diese Feuerstein-Faustkeile aus dem Altpaläolithikum wurden im Gebiet von Manzanares (nordwestlich von Madrid) entdeckt.

mancher der gefunden Artefakte für die Forscher lange ein Rätsel. Dies gilt insbesondere für die mancherorts in großer Zahl vorhandenen Sphäroide.

Licht in dieses Dunkel bringt der Archäologe Nicholas Toth dadurch, dass er die Herstellung und den Gebrauch von Steinwerkzeugen im Selbstversuch ausprobiert. Manche der Artefakte des Oldowan könnten seinen Experimenten zufolge gar nicht das gewollte Endprodukt, sondern einzig ein Mittel zum Zweck gewesen sein. Harte und homogene Steine brechen, wenn man sie richtig behaut, konchoidal, also muschelförmig. Die scharfkantigen Abschläge, die dabei entstehen, sind hart und scharf genug, die Haut und auch die Sehnen toter Tiere zu durchtrennen. Des Weiteren zeigen die Versuche, dass Quarzbrocken, die über eine längere Zeit als Schlagstein dienen, nach einigen Stunden Sphäroiden ähneln. Die Forscher ziehen daraus heute den Schluss, dass viele der gefundenen Geröllwerkzeuge unbeabsichtigte Nebenprodukte der Steinbearbeitung waren.

Mit dem Auftauchen des Homo erectus und dem Beginn des Acheuléen vor etwa 1,5 Mio. Jahren werden die Werkzeuge plötzlich sehr viel aufwändiger und differenzierter. An die Stelle einfacher Hauwerkzeuge und scharfer Splitter treten nun spezialisierte Instrumente. Die wichtigsten unter ihnen sind der Faustkeil, der spitze Pickel und der Cleaver, ein beidseitig behauener Spaltkeil. Die Herstellung solcher Werkzeuge erfordert einen komplizierten Ablauf einzelner Arbeitsgänge. Sie entstehen nicht durch Versuch und Irrtum und lassen deshalb den Schluss zu, dass der Homo erectus eine gedankliche Vorstellung von Aussehen und Zweck des Endproduktes hat. Er muss einen geeigneten Gesteinsbrocken finden und dann durch gezieltes Abschlagen und Ausdünnen entweder eine breite Schneide oder eine scharfe Spitze erzeugen.

Im Laufe der Zeit werden die tropfen- oder lanzettförmigen Faustkeile in Afrika immer schlanker und symmetrischer. Erst vor etwa 500 000 Jahren setzt sich die Acheuléen-Kultur auch in Europa durch, wo sie in den folgenden rund 300 000 Jahren erhalten bleibt.

Die Kulturstufen der Altsteinzeit sind in – oft nach Fundorten benannte – Einheiten untergliedert. Deren Anfänge unterscheiden sich von Region zu Region sehr stark, weshalb die hier genannten Datierungen nur einen Richtwert für das erste Auftreten darstellen.

Altpaläolithikum
- *Abbevillien (um 2,4 Mio.) Roh behauene, meist dicke Faustkeile*
- *Acheuléen (um 1,5 Mio.) Regelmäßig geformte Faustkeile, feinere Bearbeitung durch Verwendung eines Schlagholzes*

Mittelpaläolithikum
- *Moustérien (um 200 000) Vergrößertes Formen- und Gebrauchsspektrum, Speerspitze als typisches Werkzeug*
- *Micoquien (um 125 000) Kleine rundliche und lange, spitz ausgearbeitete Faustkeile; beidseitige Bearbeitung der Steinwerkzeuge*

Jungpaläolithikum
- *Aurignacien (um 35 000) Steinklingen, Knochen und Horngeräte; erste Kunstwerke entstehen (Malerei, Gravierungen, Skulpturen)*
- *Gravettien (um 28 000) schmale Klingen und Geschossspitzen aus Silex (Feuerstein) mit einem abgestumpften Rücken; Handabdrücke, Steinbauwerke*
- *Solutréen (um 22 000) meisterhaft gearbeitete Blatt- und Kerbspitzen, Herstellung von Schmuckgegenständen (Broschen, Perlenketten etc.)*
- *Magdalénien (um 18 000) Speerschleuder, Harpune, Pfeilspitzen aus Rehgeweih; Höhlenmalereien, reich ausgestattete Gräber*

Im Fokus

Ein Werkzeug nach Maß: Die menschliche Hand

Der Siegeszug der Gattung Homo verdankt sich wesentlich der Fähigkeit ihrer Vertreter, in die natürlichen Umweltbedingungen verändernd einzugreifen. Wichtigstes Greifwerkzeug ist die Hand. Alle frühen menschlichen Kulturleistungen, vom einfachsten Werkzeuggebrauch bis zu den großartigen Höhlenmalereien der eiszeitlichen Jäger, beruhen auf dem erfolgreichen Zusammenspiel der Hände mit dem Gehirn.

Bei den Primaten dienen die Hände sowohl der einfachen Manipulation von Gegenständen als auch der Fortbewegung. Sie müssen sehr kräftig sein, da sie beim Klettern und Hangeln das ganze Gewicht des Körpers tragen. Gleiches gilt für die menschenaffenartigen Urahnen der Hominiden. Erst im Zuge der Entwicklung des modernen Menschen weicht die Kraft einer größeren Beweglichkeit. Feinmotorische Präzisionsarbeiten werden nicht zuletzt dadurch ermöglicht, dass die Anzahl der Nerven in den Händen erheblich steigt.

Etwa 4 Mio. Jahre alte Handknochen früher Hominiden ähneln noch sehr denjenigen fossiler Menschenaffen. Zwar lassen die wenigen Funde keine exakten Rückschlüsse auf die Länge der einzelnen Finger oder auf gewohnheitsmäßiges Klettern zu, doch sind sie zweifellos von kräftigem Bau. Die Hände der späteren Australopithecinen weisen schon vergleichsweise moderne Proportionen auf. Die starken Handgelenke und die kräftigen, aber wenig beweglichen Daumen erinnern hingegen noch stark an Schimpansen.

Aus der ehemaligen Ölschiefergrube Messel bei Darmstadt stammen diese versteinerten menschlichen Handknochen.

Bei dem mutmaßlichen ersten Werkzeugmacher, dem Homo habilis, verstärken sich Merkmale moderner Menschenhände. Die verlängerten Fingerspitzen und der beweglichere Daumen sind bereits besser an das Greifen angepasst. Auch seine Hände sind, wie die Ansatzstellen der Muskeln erkennen lassen, nicht mehr so wie bei einem Affen, sondern eher wie bei einem unmäßig starken Homo sapiens.

In welchem Maße sich die Nerven in der Hand vermehren, ist schwer nachzuweisen. Einen Anhaltspunkt liefert die Vergrößerung des Rückenmarks in der Halsregion, wo die Nerven von Arm und Hand abgehen. Beim frühen Homo erectus ist dieser Teil kaum größer als bei Menschenaffen, vor 100 000 Jahren hingegen ebenso groß wie bei modernen Menschen.

Um 700 000

Im Pazifischen Ozean bildet sich ein so genannter **Hot Spot**: Zwischen dem Erdkern und dem Erdmantel – in etwa 3000 km Tiefe – entsteht eine riesige Magmaströmung, die über die ozeanische Kruste hinwegdriftet. Sie bahnt sich als mehrere Kilometer mächtiger Strahl den Weg zur Erdoberfläche und durchbricht schließlich die Erdkruste. Dabei entsteht der Vulkan Kohala, der heute im Nordwesten Hawaiis liegt. Er ist der erste der insgesamt fünf Vulkane, die der Hot Spot in den folgenden Jahrtausenden auf der Insel auftürmt.

In **Algerien** lebt mit dem Homo erectus mauritanicus ein früher Hominide. 1955 wurden bei Ausgrabungen in Ternifine im Nordwesten des Landes drei Unterkiefer und das Scheitelbeinfragment des Frühmenschen gefunden. Aufgrund der fossilen Reste wird vermutet, dass Homo erectus mauritanicus eine einfache Sprache mit etwa 30 Phonemen sprach.

Um 640 000

Im heutigen Miesenheim in Rheinland-Pfalz siedelt eine Gruppe von Frühmenschen des Typs **Homo erectus**. Von ihrem Aufenthalt zeugen Steinwerkzeuge und Knochenfragmente eines Rothirsches. An den Knochen des Tieres stellten Archäologen Brüche fest, die durch das Zerteilen und Ausweiden der Jagdbeute verursacht worden sein dürften.

Um 600 000

An einem durch Felsen geschützten Platz im heutigen **Přezletice** in der Tschechischen Republik errichten Frühmenschen der Art Homo erectus eine einfache Behausung. Ausgrabungen an dem in der Nähe von Prag gelegenen Siedlungsplatz fördern einen aus Steinen und Lehm gebauten Wall zu Tage, der als Begrenzung einer ovalen Hütte gedeutet wird. Die Behausung misst etwa 3 x 2 m und ist über einen Eingang im Nordwesten zu betreten.

Eine Reihe gewaltiger Vulkanausbrüche erschüttert die im Atlantik gelegene, heute zu Spanien gehörende Insel Teneriffa. Die Eruptionen schleudern riesige Massen an Lava aus dem Erdinnern in die Luft. Das flüssige Gestein türmt sich zum **Vulkan Teide** auf und bedeckt zudem fast die gesamte Inseloberfläche. Von der ursprünglichen, vor etwa 7 Mio. Jahren gebildeten Insel bleiben nach dem Ausbruch lediglich das Teno- und das Anaga-Massiv im Norden des Eilandes übrig. Der letzte Ausbruch des Teide datiert aus dem Jahr 1908. Er ist mit 3718 m der höchste Berg Spaniens.

In der **Eifel** kommt es zu ersten Vulkanausbrüchen. Dies ergeben radiometrische Untersuchungen an Basaltgesteinen, die sich bei den Eruptionen gebildet haben. Verantwortlich für den starken Vulkanismus der Eifel ist eine 70 bis 400 km unter der Erdoberfläche liegende Magmazone. In dem schlauchförmigen Gürtel, der sich vom heutigen Koblenz bis nach Trier erstreckt, herrschen bis zu 1400 °C heiße Temperaturen.

Um 720 000–10 000

Viele Säugetiere sterben aus

Durch ein bedeutsames Artensterben unter den Säugetieren gleicht sich die Fauna im Verlauf des oberen Pleistozäns immer stärker der heutigen an. Als wahrscheinlichste Ursache gelten die starken Klimaschwankungen und die damit einhergehenden Veränderungen der Vegetation.
Zu den aussterbenden Arten zählen verschiedene Rüsseltiere – wie die Waldelefanten – und Pferdeartige wie die Hipparions. Auch die im ausgehenden Tertiär noch außerordentlich artenreiche Familie der Nashörner verliert weitere Vertreter. Unter den aussterbenden Raubtieren befinden sich die Säbelzahnkatzen, die Gepardhyänen und die Urbären. Bei den Nagern bleiben vor allem die spezialisierten Arten auf der Strecke, u. a. die Spitzmäuse Beremendia fissidens und Petenyia hungarica, verschiedene Wühlmäuse sowie der Riesenbiber Trogontherium.

Um 720 000–10 000

Wühler bilden neue Formen

Zwar gibt es unter Säugetieren generell ein Artensterben, für einige wenige Säugerfamilien ist der Trend jedoch genau umgekehrt. So erreicht etwa die erdgeschichtlich jüngste Gruppe der Nagetiere, die Familie der Wühler, erst jetzt ihre größte Formenvielfalt. Wühlern gemeinsam ist ein hochkroniges, zeitlebens nachwachsendes Gebiss, das sich hervorragend zum Zerreiben auch härtester pflanzlicher Nahrung eignet (Abb.: Unterkiefer, Schneidezähne und Backenzähne von Wühlmäusen aus der Eiszeit).
In der Unterfamilie der Wühlmäuse lassen sich die nordischen und alpinen Formen (u. a. Zwiebel- und Schneemäuse sowie Lemminge) von den ausgeprägten Steppenbewohnern (u. a. Ziesel, Steppenmurmeltier, Zwerghamster und Pferdespringer) unterscheiden. Vor allem der Pferdespringer ist an das Leben in der Steppe gut angepasst. Ursprünglich in Südrussland heimisch, wandert er gemeinsam mit dem Graulemming in den Kaltzeiten immer wieder in Westeuropa ein. Mit der Bisamratte bringen die Wühlmäuse im Pleistozän auch eine wasserlebende Art hervor.

Um 720 000–10 000

Tödliche Asphaltsümpfe

In der Nähe des heutigen Los Angeles in Kalifornien erstrecken sich die Asphaltsümpfe von Rancho La Brea. Für zahlreiche Tiere werden sie zur tödlichen Falle. Opfer sind vor allem Pflanzenfresser, die auf der Flucht vor Raubtieren die Gefahr

übersehen, in der zähflüssigen Masse stecken bleiben und einsinken. Sie werden in großer Zahl als Fossilien konserviert.
Natürlicher Asphalt ist ein Produkt von verschiedenen chemischen Reaktionen des Erdöls, die sich gewöhnlich in unterirdischen Gesteinsgängen und -höhlen vollziehen. In Rancho La Brea sind die harten Asphaltene (feinste, nicht sichtbare Stoffe) in dem dickflüssigen Öl sehr fein verteilt. Tiere, die in dieses zähe Gemenge geraten, haben kaum eine Chance zu entkommen. Am stärksten betrifft dies die verschiedenen Weidetiere. Unter den Fossilien befinden sich zahlreiche Pferde und Kamele, daneben Bisons, Mammute (s. Abb.) und die Urelefantenart Gomphoterium. Auch räuberische Säuger wie die Säbelzahnkatze Smilodon californicus, eine Reihe verschiedener Großkatzen sowie Hundeartige wie Canis dirus bleiben von den Sümpfen nicht verschont. Die fossilierten Skelettreste eines Löwen der Unterart Panthera leo atrox beweisen, dass dieses Tier noch ein wenig größer war als die größte aller heute lebenden Raubkatzen, der Sibirische Tiger. Die Fossilfunde belegen aber auch den Reichtum der kalifornischen Vogelwelt, die von dem majestätischen Kondor Teratornis merriami angeführt wird.

Um 700 000

Die ersten Engländer

An der heutigen englischen Ostküste leben frühe Hominiden, die in der Lage sind, Steinäxte aus Feuersteinen herzustellen. Diese Werkzeuge sind der bislang einzige Hinweis auf ihre Existenz. Schnittspuren an den Knochen einer inzwischen ausgestorbenen Rinderart erlauben den Schluss, dass sich die – sozusagen – ersten Engländer von Fleisch ernähren. Welcher Spezies der Ostküsten-Hominide angehört, lässt sich mangels fossiler Überreste nicht bestimmen. Sein Alter hingegen ist relativ genau belegt: In der gleichen Fundschicht stieß man auf Überreste einer kleinen Wühlmaus, deren Zähne Abnutzungsspuren zeigen. Dieses Tier bildet in späteren Zeiten Zähne heraus, die sich permanent erneuern. Ein etwa 500 000 Jahre alter Homo heidelbergensis, von dem 1993 in Boxgrove, West Sussex, einige Zähne und Knochenteile geborgen wurden, gilt damit nicht mehr als erster englischer Siedler.

Um 720 000–10 000

Riesenhafte Wirbeltiere

Weltweit kommt es im Pleistozän bei den Wirbeltieren zu Formen von Riesenwuchs. Welche Ursache hinter diesem Phänomen steht und ob es überhaupt eine gemeinsame Ursache gibt, ist bis heute unter Forschern umstritten.
Zweifellos kommt es in diesem Zeitraum weltweit zu einer Abkühlung des Klimas, in deren Verlauf die Lebensbedingungen für viele Arten immer härter werden. Größe bietet in evolutionärer Hinsicht einige Vorzüge. In Auseinandersetzungen mit Tieren der eigenen Art können sich große Exemplare besser behaupten. Im Sinne der Selektion befinden sie sich im Vorteil und pflanzen sich erfolgreicher fort. Generell können beleibte Tiere größere Mengen Fett und Wasser ansammeln und dadurch Hungerzeiten leichter überstehen. Sie genießen überdies den in Eiszeiten eminent wichtigen Vorteil, dass ihr Körper leichter Wärme speichert. Schließlich werfen sie größere Junge, die in einer rauen Umwelt die besseren Überlebenschancen haben.
In Europa bleibt der Gigantismus, verglichen etwa mit Entwicklungen in Australien, Amerika oder auf einigen Inseln, eine Randerscheinung. Das bekannteste Beispiel ist hier der weder zu den Hirschen noch zu den Elchen zählende Riesenhirsch Megaloceros giganteus. Sein Schaufelgeweih erreicht bei einem Gewicht von 40, möglicherweise sogar 45 kg eine Spannweite von bis zu vier Metern. Dies zwingt ihn, die Wälder zu verlassen und in die Steppen zu ziehen. Die Kopf-Rumpf-Länge des Megaloceros beträgt etwa 3,20 m. Der Riesenhirsch ist im Mittel- und Jungpleistozän in West- und Mitteleuropa weit verbreitet.
Besonders reiche fossile Funde des Megaloceros werden ab dem 17. Jh. in Irland gemacht. Für sein Aussterben wird lange Zeit die übertriebene Größe seines Geweihs verantwortlich gemacht. Heute weiß man, dass er sich mit diesem Geweih 200 000 Jahre lang sehr erfolgreich behauptet und erst mit dem großen Artensterben verschwindet.
Reich an riesenwüchsigen Arten sind Australien, Tasmanien und Neuguinea. Hier leben die etwa nashorngroßen Diprotodonten, die größten Beuteltiere aller Zeiten. Zu den Beuteltieren zählen auch vier verschiedene Arten von Riesenwombats, Beuteltapire und großwüchsige Känguruarten wie das Riesen-Moschusrattenkänguru. Des Weiteren finden sich hier Riesenkoalas, verschiedene Arten gigantischer Laufvögel, Riesenwarane, Riesengänse und Riesenschildkröten.

Rekonstruktion eines Riesenhirschs in einer nachgestellten Jagdszene

Zu den Kuriositäten Südamerikas zählt das sechs Meter lange und drei Tonnen schwere Riesenfaultier Megatherium. Ob es Indianern oder veränderten Umweltbedingungen zum Opfer fällt, ist ungewiss. Die nordamerikanischen Riesenfaultiere Eremotherium und Nothrotherioops haben etwa Elefantengröße. Ausmaße eines Nashorns weisen die Riesengürteltiere Glyptotherium und Doedicurus auf. Das Riesenwasserschwein Neochoerus wird so groß wie ein Kalb. Der Kondor Teratornis merriami in Kalifornien gilt mit fünf Metern Flügelspannweite als der größte aller bis heute bekannten Vögel.
Fast alle diese Tiere fallen dem großen Artensterben zum Opfer, das sich – zeitlich versetzt – am Ende der letzten großen Eiszeit vollzieht. Es beginnt in Australien und Europa (25 000–15 000), erreicht Nordasien sowie Nord- und Südamerika (15 000–12 000) und schließlich den Mittelmeerraum (10 000–5000). Auf den Antillen, Madagaskar und Neuseeland sowie in Polynesien existieren Megafaunen bis zur Ankunft des Menschen.

Um 720 000–10 000

Höhlen als Lebensraum

Im Ökosystem des Pleistozäns spielen die erdgeschichtlich überwiegend noch relativ jungen Höhlen eine ganz zentrale Rolle. Sie bieten zahlreichen Tieren sowohl Schutz vor Witterungseinflüssen wie vor Feinden, dienen als geeigneter Ruheplatz oder als Quartier für den Winterschlaf. Auch die frühen Hominiden schlagen ihren Lagerplatz bevorzugt in Höhlen auf. Wegen der zahllosen fossilen Knochen, die sich in manchen Höhlen über Zehntausende von Jahren ansammeln, sind diese bei der Erforschung der eiszeitlichen Fauna von unschätzbarem Wert.

Höhlentiere lassen sich in drei große Gruppen unterteilen. Die echten Höhlenbewohner (Abb. o.: Bechstein-Fledermaus) bezeichnet man als Troglobionten. Sie sind ganz an ein Leben in unterirdischen Lebensräumen angepasst und in ihrem Vorkommen auf Höhlen beschränkt. Die zweite Gruppe, zu der viele Großsäuger des Pleistozäns zählen, ist die der Troglophilen, der höhlenliebenden Tiere. Als Lebensraum bevorzugen sie den vorderen Höhlenteil. Die letzte Gruppe ist die der Höhlengäste (Troloxenen), die nur durch Zufall in die unterirdische Hohlräume gelangen.
Echte Höhlentiere sind aufgrund ihres ökologischen Nischendaseins vergleichsweise selten. Fast alle Arten zeigen bestimmte Anpassungsmerkmale, die anderen Tieren fehlen. Der Lichtsinn ist nur schwach oder überhaupt nicht entwickelt, dafür sind der Tast- und Geruchssinn sowie das Gehör häufig überdurchschnittlich gut. Ein weiteres Anpassungsmerkmal ist die Pigmentarmut. Ausgeprägt zeigt sie sich bei einer auf das Höhlenleben spezialisierten Fischart, dem Höhlensalmler, der nicht nur blind, sondern auch nahezu durchsichtig ist.

Troglobionten gibt es in unterschiedlichen Tierstämmen, vor allem aber bei den Insekten. Zu den Troglophilen des Pleistozäns zählen u. a. Höhlenbären, Höhlenlöwen (s. Abb. u.), Höhlenhyänen und Höhlenwölfe.

Um 500 000 In der Gegend des heutigen Ortes Boxgrove in der südenglischen Grafschaft **Sussex** leben Frühmenschen. Im Jahr 1993 entdeckten Archäologen in einer Kalkgrube den Zahn eines Homo heidelbergensis, einer Unterart des Homo erectus. Untersuchungen ergeben, dass der Frühmensch unter großen Schmerzen gelitten haben muss: Der Zahn ist durch eine Wurzelhautentzündung schwer geschädigt.

Besonders große, als Panthera leo fossilis bezeichnete **Löwen** jagen in der Gegend des heutigen Wiesbaden und bei Heidelberg. Den Raubkatzen bieten die milden Temperaturen der Cromer-Warmzeit ideale Bedingungen. Die riesigen Tiere erreichen eine Länge von bis zu 3,5 m. Heute lebende Löwen haben lediglich eine Körperlänge von maximal 1,9 m. Erstmals wurden die Riesenlöwen im Jahr 1906 von dem Paläontologen Wilhelm von Reichenau beschrieben.

Der auf Sizilien liegende **Ätna** weist die typischen Merkmale eines so genannten Hot-Spot-Vulkans auf. Bei den Eruptionen werden nur geringe Mengen an Gasen und Asche ausgeworfen. Das aus dem Erdinnern strömende Magma fließt ruhig die Flanken des Vulkans hinunter. Im Verlauf der folgenden Jahrhunderttausende verändert sich jedoch der Charakter des Ätna. Er weist immer mehr Merkmale eines Inselbogen-Vulkans auf. Typisch für diese Vulkanart sind explosive Ausbrüche. Heute vereint der 3350 m hohe Ätna die Merkmale beider Vulkantypen.

Mit Homotherium crenatidens lebt in Europa ein großer **Säbelzahntiger**. Die kurzschwänzige Großkatze erreicht eine Länge von 1,9 m und eine Größe von etwa einem Meter. Besonderes Merkmal des Fleischfressers und erfolgreichen Beutejägers sind die dolchförmig verlängerten Eckzähne des Oberkiefers, denen der Säbelzahntiger seinen Namen verdankt.

Um 500 000

Neuer Hominide lebt nahe

In Mauer bei Heidelberg lebt ein Hominide, den man später nach seinem Fundort als Homo erectus heidelbergensis bezeichnet. Nach seiner Entdeckung 1907 galt er fast das ganze 20. Jh. hindurch als der erste Mensch auf europäischem Boden. Erst die spektakulären Knochenfunde noch früherer Hominiden, die in den 1990er-Jahren in der spanischen Sierra de Atapuerca und im italienischen Ceprano gemacht wurden, machten ihm diesen Titel streitig. Doch der Heidelbergmensch bleibt der älteste nachgewiesene Hominide in Deutschland.

Der deutsche Name des Homo heidelbergensis ging in die wissenschaftliche Nomenklatur ein, weil der erste fossile Fund dieser Spezies, ein Unterkiefer mit Zähnen, in einer Kiesgrube bei Heidelberg entdeckt wurde. Dies bedeutet aber weder, dass sich sein Verbreitungsgebiet auf Deutschland oder Mitteleuropa beschränkt hätte, noch dass der Heidelbergmensch der erste seiner Art gewesen ist. Vielmehr liegt inzwischen eine große Menge auch älterer fossiler Funde vor, die ein weites Verbreitungsgebiet erkennen lassen. Es erstreckt sich nördlich des Mittelmeeres von Spanien und Frankreich bis nach Griechenland und weiter nach Israel. In Afrika liegen Funde aus Marokko, Äthiopien, Kenia, Tansania, Sambia, Simbabwe und Südafrika vor. Ein Schädelfund aus Kabwe in Simbabwe von 1921 war das erste Hominiden-Fossil, das in Afrika entdeckt wurde. Zunächst als Homo rhodesiensis, als Rhodesienmensch, beschrieben, ordnet man es inzwischen aber dem Heidelbergmenschen zu.

Die bisher gefundenen Fossilien des Heidelbergmenschen weisen Merkmale sowohl des Homo erectus als auch des Homo sapiens auf, weshalb sich auch die Bezeichnung »archaischer Homo sapiens« eingebürgert hat. Das durchschnittliche Gehirnvolumen ist bereits größer als bei seinem Vorgänger, dem Homo erectus, aber kleiner als bei den meisten modernen Menschen. Zumeist liegt es zwischen 1200 und 1350 cm^3. Auf ein Übergangsstadium in der Geschichte der menschlichen Evolution weisen auch das Skelett und die Zähne hin, die gewöhnlich weniger robust sind als beim Homo erectus, jedoch immer noch deutlich kräftiger als bei modernen Menschen. An zahlreichen Funden hat man noch große Augenbrauenwülste und eine fliehende Stirn

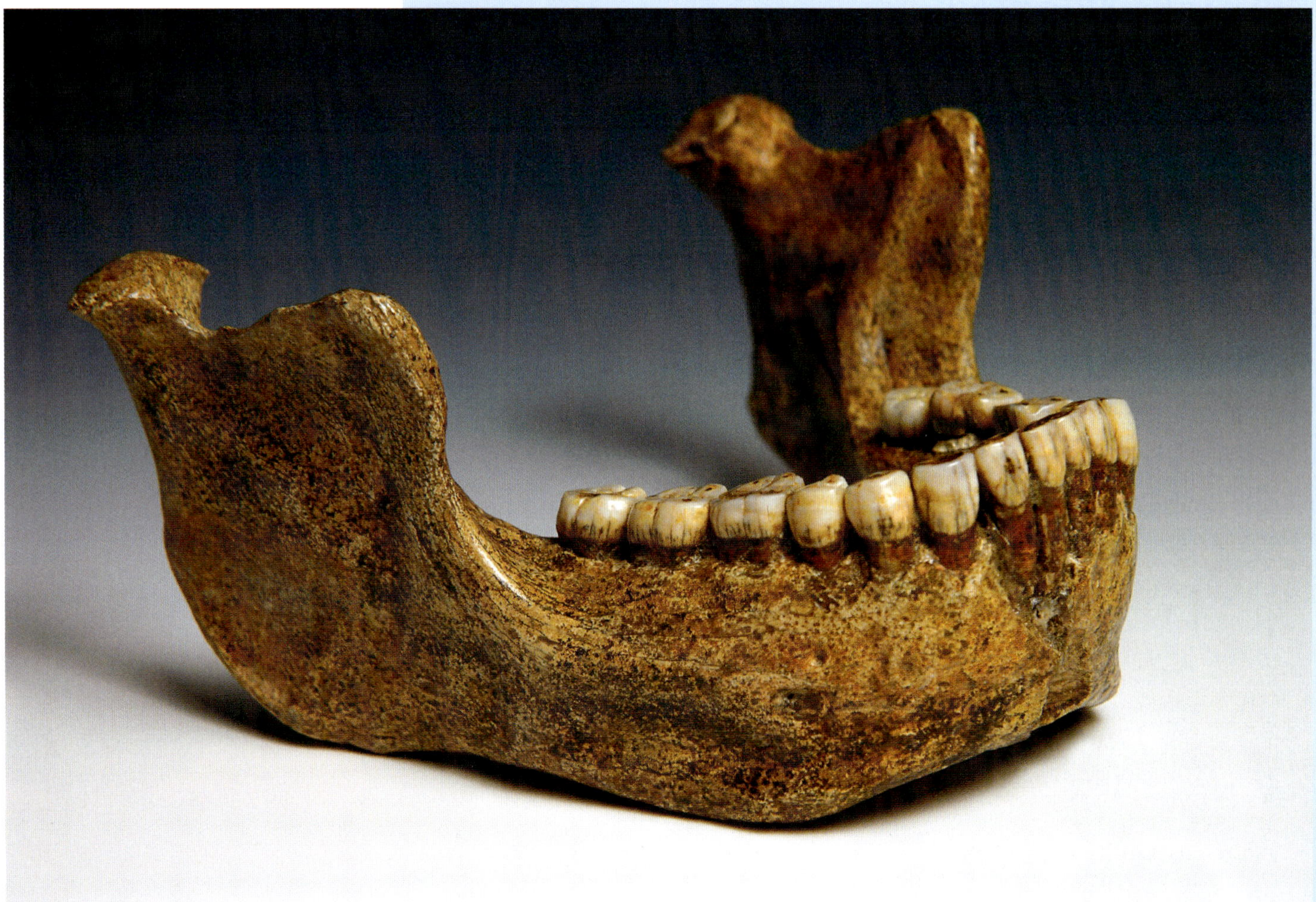

Die Zähne des menschlichen Unterkiefers von Mauer besitzen Homo-sapiens-Merkmale.

Heidelberg

entdeckt. Auch das Kinn, das später durch die Rückbildung der Zähne und des gesamten Kauapparats entsteht, ist längst nicht so ausgeprägt wie bei modernen Menschen. Bei dem berühmten Erstlingsfund in der Kiesgrube von Mauer fehlt es noch ganz. Da zwischen dem Homo erectus und dem archaischen Homo sapiens keine klare Trennungslinie existiert, sind viele Fossilien, die aus Fundschichten von vor 500 000 bis 200 000 Jahren stammen, nur selten zweifelsfrei der einen oder anderen Spezies zuzuordnen. In der menschlichen Abstammungslinie steht der Homo erectus heidelbergensis möglicherweise ganz am Anfang einer Entwicklung, die zum Neandertaler führt und bei ihm endet.

Der Fund von Heidelberg war nur durch die mehr als 20-jährige Geduld und Hartnäckigkeit des deutschen Paläontologen Otto Schoetensack von der Universität Heidelberg möglich. Über einen langen Zeitraum wurden bei Förderarbeiten in den Sanden südöstlich von Heidelberg ausschließlich die Fossilien großer Säuger gefunden. Ebenso lange vertrat Schoetensack die Überzeugung, dass sich darunter auch diejenigen früherer Menschen befinden könnten. Regelmäßig fuhr er von Heidelberg nach Mauer, um die geborgenen Knochen von Elefanten, Nashörnern, Säbelzahnkatzen, Riesenhirschen, Bisons und Pferden zu bestimmen. Bei diesen Gelegenheiten appellierte der Wissenschaftler immer wieder eindringlich an die Arbeiter, auf außergewöhnliche Funde zu achten.

Als am 21. Oktober 1907 der Kiefer in einer 24 m tiefen Sedimentschicht entdeckt wurde, war die Sensation perfekt. Die Fachwelt versetzte der zu diesem Zeitpunkt älteste europäische Fund vor allem dadurch in Verblüffung, dass er auf eine wilde, fast übermenschliche Kraft des Kiefers schließen ließ. In seiner Veröffentlichung von 1908 notierte Schoetensack, man könne niemandem einen Vorwurf machen, wenn er zögere, den Fund als menschlich zu beschreiben. Das Typusexemplar »Mauer 1« wurde lange Zeit auf ein Alter von 500 000 Jahren datiert. Jüngste Analysen an der Fundstelle von Mauer zeigen, dass der Unterkiefer bereits 700 000 Jahre alt sein könnte.

Auf etwa 600 000 Jahre schätzt man seit den letzten Untersuchungen im Jahr 1994 einen Schädel, der 1976 in Äthiopien ausgegraben wurde. Nach seinem Fundort Bodo d'Ar wurde er als Bodo bezeichnet und dem Homo erectus heidelbergensis zugeordnet. Von allen bislang bekannten menschlichen Fossilien hat Bodo das größte Gesicht. Dennoch ähnelt er verblüffend dem 300 000 Jahre jüngeren Homo rhodesiensis. Als ein wichtiger Fund gilt auch der etwa 350 000 Jahre alte, sehr gut erhaltene Schädel »Petralona 1« aus Griechenland – wie Bodo eine Übergangsform. Das Gesicht ähnelt schon sehr dem Neandertaler, Gehirnschädel und Schädelrückseite weisen noch archaische Merkmale auf.

Um 500 000

Höhlenhyänen mit Biss

Aus der Tüpfelhyäne, die in der altpleistozänen Steppenlandschaft ihren Beutetieren nachstellt, entwickelt sich die Höhlenhyäne, die mit dem Beginn des Mittelpleistozäns in Mitteleuropa heimisch wird (Abb.: Schädel einer Höhlenhyäne). Sie tritt von nun an regelmäßig in den Mammutfaunen in Erscheinung. In den Warmzeiten wandert sie in kühlere Regionen.

Die Weibchen der Höhlenhyänen sind, anders als bei den meisten anderen Säugetieren, um bis zu 20 Prozent größer als die Männchen. Insgesamt sind Höhlenhyänen größer als alle heute lebenden Hyänenarten. Wie diese gehen sie im Passgang. Mit ihrem starken Gebiss und der kraftvollen Kaumuskulatur sind sie in der Lage, Knochen zu zerbeißen und die gemachte Beute nahezu vollständig zu verzehren.

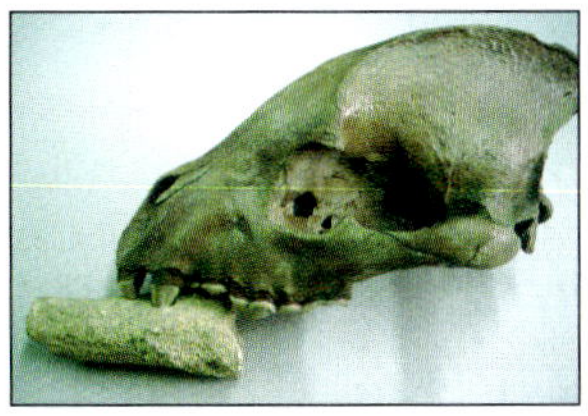

Beim Aufbrechen der Knochen gehen sie äußerst geschickt vor. Sie beginnen an den weichsten Stellen, den Gelenken und Wachstumsfugen. Da sie immer die gleiche Fresstechnik verwenden, weisen die von ihnen angefressenen Knochen verblüffende Ähnlichkeiten auf. Ihre Wohnhöhlen, die Hyänenhorste, sind für Paläontologen eine Goldgrube, da die Beutereste der Tiere einen Überblick über die gesamte Großtierfauna bieten.

Um 500 000

Pekingmensch hütet Feuer

Der Homo erectus pekinensis, der sog. Pekingmensch (Abb.: Knochenfragmente in einem Stein), nutzt nachweislich – wie schon eine halbe Million Jahre vor ihm der Mensch von Swartkrans, Südafrika (siehe S. 332) – das Feuer. In einer Höhle in Zhoukoudian, südwestlich von Peking, unterhält er über längere Zeit eine Brandstelle.

Aus der enorm hohen Ascheschicht lässt sich schließen, dass der Pekingmensch noch nicht in der Lage ist, das Feuer selbst zu entzünden, denn

um die meterdicke Aschelage zu entfernen, müsste er zunächst das Feuer ausgehen lassen. Vielmehr ist er auf eine Brandquelle angewiesen und trägt das Feuer dann in seinen Unterschlupf, wo er es durch Brennmaterial erhält. Wahrscheinlich dient es dazu, große Raubtiere zu vertreiben und vor der Kälte zu schützen. Hinweise darauf, dass es auch schon zum Garen von Speisen verwendet wird, fehlen.

Um 500 000–400 000

Löwen auf deutschem Boden

Im Süden des heutigen Hessen, aber auch im Raum Heidelberg lebt ein Löwe, der alle anderen afrikanischen und europäischen Artgenossen an Größe übertrifft. Nach seinem frühesten Fundort, den Mosbacher Sanden bei Wiesbaden, wird er als Mosbacher Löwe bezeichnet. In den Maurer Sanden bei Heidelberg entdeckt man einen fast kompletten Schädel. Er zeigt verblüffende Ähnlichkeit mit dem rund 1,75 Mio. Jahre alten Unterkiefer eines Löwen, der in der tansanischen Olduwai-Schlucht geborgen werden kann.

Afrika ist aller Wahrscheinlichkeit nach die Urheimat des Löwen. Von hier aus verbreitete er sich über Europa, Asien und Amerika. An den Ufern von Neckar, Rhein und Main ist er erstmals vor rund 600 000 Jahren nachgewiesen. Panthera leo fossilis, so der wissenschaftliche Name des Mosbacher Löwen, hat etwa die Größe eines Sibirischen Tigers, der größten aller lebenden Raubkatzen. Er ist damit etwa um einen halben Meter länger als der afrikanische Löwe von heute.

Aus dem Mosbacher Löwen geht im Jungpleistozän der Höhlenlöwe Panthera leo spelaes hervor, der sich in ganz Deutschland, aber auch in anderen europäischen Ländern verbreitet. Sein Aussterben in der Weichsel-Eiszeit dürfte auf verschärfte Klimabedingungen und den Verlust von Beutetieren zurückzuführen sein (Abb.: jagendes Löwenrudel, eingeritzt auf einem Tierknochen).

Um 500 000–350 000

Kulturepoche des Abbevillien

Mit dem Abbevillien beginnt das europäische Altpaläolithikum. Der Name dieser ersten kulturgeschichtlich klassifizierten Epoche der europäischen Vorzeit leitet sich von der im Nordwesten Frankreichs gelegenen Stadt Abbeville ab, dem Fundort zahlreicher Werkzeuge dieser Epoche.

In Afrika waren Steinwerkzeuge schon viele Jahrtausende früher bekannt. Die früheste Stufe des dortigen Werkzeuggebrauchs vor ca. 2,4 Mio. Jahren brachte ähnliche Geröllwerkzeuge hervor wie das Abbevillien und wird als Oldowan-Industrie bezeichnet. Bereits vor rund 1,5 Mio. Jahren wurde diese von der Acheuléen-Industrie verdrängt, die in Europa erst vor 350 000 Jahren beginnt.

Das Abbevillien ist der afrikanischen Oldowan-Industrie allerdings insofern überlegen, als es bereits den Faustkeil kennt, der zum Leitfossil des europäischen Altpaläolithikums wird. Er ist meist handgroß und aus einem Kernstück gefertigt. Häufig wird erkennbar eine Mandelform angestrebt, es gibt aber auch Werkzeuge, die besonders flach auslaufen, und solche mit lanzettförmiger Spitze. Im Vergleich mit späteren Artefakten sind sie allerdings auffallend grob.

Um 480 000 In der Kölner Bucht hat sich der **Ur-Rhein** ein breites Bett geschaffen. Unzählige Nebenarme des Flusses durchströmen das Senkungsgebiet. Grabungen in dem Braunkohletagebaugebiet Garzweiler I lassen den Schluss zu, dass der Rhein gegen Ende der Cromer-Warmzeit wesentlich breiter war als heute: Über den tiefsten kohlehaltigen Schichten werden Schotterablagerungen des Ur-Rheins entdeckt.

Mit dem Beginn der **Elster-Eiszeit** dringen die skandinavischen Gletscher weit nach Süden vor. Die Eisschichten bedecken auch den gesamten Bereich des heutigen Nordfriesland. Die von den Gletschern mitgeführten Lehm- und Sandmassen bleiben gegen Ende der Eiszeit vor 385 000 Jahren als Grundmoränenlandschaft zurück. Im Nordseebecken wachsen die Inseln Amrum, Föhr und Sylt zusammen und bilden das so genannte Westland. Erst durch die große Sturmflut des Jahres 1362 werden die heutigen Nordfriesischen Inseln voneinander getrennt.

Um 450 000 Auf den Britischen Inseln erreichen die eiszeitlichen Gletscher ihre maximale Ausdehnung. Sie erstrecken sich bis weit in den Süden des Landes. Ausläufer der Eismassen reichen bis zum Tal der **Themse** im Norden des heutigen London. Die nicht von den Gletschern bedeckten flussnahen Gebiete werden von einer offenen Tundra-Landschaft geprägt. In der Kältesteppe wachsen kleinblättrige Sträucher, Gräser sowie zahlreiche Moose und Flechten.

An der **Quelle Nadaouiyeh Aïn Askar** im heutigen Syrien lagern Frühmenschen. Das kleine Gewässer in der nur von wenigen Sträuchern bewachsenen Landschaft wird von zahlreichen Tieren aufgesucht. Diese werden eine leichte Beute der Jäger und Sammler. Von der steten Nutzung des Wasserlochs als Siedlungsplatz zeugen unzählige Funde. Bis heute wurden in der syrischen Wüste mehr als 10 000 Faustkeile ausgegraben. Prominentester Fund ist das Scheitelbein eines Menschen, dass Merkmale eines Homo erectus aufweist.

Aus der riesigen Magmakammer unterhalb des heutigen **Yellowstone National Parks** in den USA (Bundesstaaten Idaho, Montana und Wyoming) fließen an verschiedenen Stellen Lavaströme heraus. Derartige Eruptionen erfolgen in wellenartigen Schüben im Laufe der nächsten Jahrhunderttausende noch mehrfach: um 200 000, um 160 000, um 110 000 und um 70 000. Die aus Rhyolith (auch Liparit) und Obsidian bestehende Lava häuft sich auf und bildet die heute noch zu erkennende hügelige Landschaft des Yellowstone-Plateaus.

Der **Kilimandscharo**-Gebirgsstock in Ostafrika beendet sein Höhenwachstum. Nur vereinzelt ereignen sich noch Eruptionen. In den Ruhepausen der vulkanischen Tätigkeit formen Wind und Wasser die drei Gipfel des Berges. Der 5892 m hohe Kibo verwandelt sich durch die Erosion in einen Kegel aus konzentrischen Terrassen. Zugleich bilden sich die Spitzen des 5270 m hohen Mawensi und das sanfte Plateau des Schira.

Um 480 000

Cromer-Warmzeit endet

Die Cromer-Warmzeit (siehe S. 335) endet mit einem erneuten Kältevorstoß, der nicht nur die Flora und Fauna, sondern auch die Landschaft verändert. Da er im mittleren Deutschland besonders gut im Bereich des Saale-Nebenflusses Elster dokumentiert ist, spricht man hier von der Elster-Eiszeit. Etwa zur selben Zeit wird auch die Alpenregion von einer deutlichen Abkühlung des Klimas erfasst, für die sich die Bezeichnung Mindel-Eiszeit einbürgert. Bis heute ist es allerdings noch nicht gelungen, beide Eiszeiten exakt im Zusammenhang zu deuten.

In der Elster-Eiszeit dehnen sich die skandinavischen Gletscher bis weit nach Süden aus. In Westdeutschland dringen sie vor bis in Höhe der heutigen Städte Recklinghausen und Dortmund, in Ostdeutschland

Eine flache Hügellandschaft wie hier in Schleswig-Holstein ist typisch für ehemalige Gletscher-Endmoränen.

Um 440 000

Kalt oder warm: Wildpferde passen sich dem Klima an

Das Wildpferd ist während des Elster-Glazials stark verbreitet und eine bevorzugte Beute der mitteleuropäischen Frühmenschen. Darauf deuten fossile Pferdeknochen hin, die in Kärlich, der frühesten nachgewiesenen menschlichen Siedlung im heutigen Deutschland, gefunden werden.

Die evolutionäre Entwicklung des Wildpferdes fand hauptsächlich in Nordamerika statt. Bereits im Alttertiär waren erste Urpferde mit einer Schulterhöhe von etwa 35 cm nach Europa eingewandert. Doch starben sie hier wieder aus. Das gleiche Schicksal ereilte auch alle nachfolgenden Pferdeverwandten, die über die Beringstraße nach Asien und Europa gelangten. Allein das einzehige Pferd der Gattung Equus, das zu Beginn des Pleistozäns, also vor etwa 2 Mio. Jahren, Europa und schließlich auch Afrika erreichte, konnte sich durchsetzen. Zur Gattung Equus zählen sowohl die Gruppe der echten Pferde als auch diejenigen der Esel und Zebras.

Seine Durchsetzungsfähigkeit verdankt das Wildpferd seiner Anpassungsfähigkeit. Obgleich es das Gebiss eines reinen Grasfressers hat und deshalb lange Zeit als typischer Steppenbewohner angesehen wird, zählt es zu den wenigen Säugetieren, die Europa sowohl in den Kalt- als auch in den Warmzeiten besiedeln (Abb.: eine Herde Przewalski-Pferde, die als einzige echte Nachfahren der europäischen Urwildpferde in der Mongolei überlebt haben).

bis Dresden und Erfurt. Mit der zunehmenden Kälte wandern viele Vertreter der Fauna auf der Nordhalbkugel aus den sibirischen Steppen in Mitteleuropa ein. Vorübergehend leben sie noch in Koexistenz mit den wärmeliebenden Tieren der Cromer-Fauna, doch werden die Waldelefanten und Waldnashörner bald von kälteresistenten Arten verdrängt.
Typische Vertreter der Großwildfauna der Elster-Eiszeit sind Löwen, Wölfe und Bären, die Steppenelefanten Mammuthus trogontherii, ferner Fellnashörner, Rentiere und Moschusochsen. Vor allem Letztere sind vorzüglich für das Leben unter arktischen Bedingungen ausgerüstet. Von Säugetieren haben sie das dichteste und längste Fell. Mit seiner besonders feinen Unterwolle gewährt es einen idealen Kälteschutz. Anders als ihr Name vermuten lässt, sind die Moschusochsen keine Rinder, sondern besonders große Wildschafe, bei denen beide Geschlechter spitze, elegant geschwungene Hörner tragen. Ihre Größe wird allerdings meist überschätzt. Die massive Körperform und die karge und kleinwüchsige Tundren-Steppe lassen vermuten, dass die Schulterhöhe der Moschusochsen kaum mehr als 1,10 m betragen haben kann. Sie gehören zur selben Art wie die heutigen Moschusochsen Nordamerikas.
Auch in der Landschaft hinterlässt die Eiszeit ihre Spuren. Die Eismassen stoßen von Norden bis zum Thüringer Becken und zum Erzgebirge vor. Sie hinterlassen große Endmoränenwälle. Die von Süden kommenden Flüsse werden durch den Eisrand nach Westen gelenkt. In den weiten Seen der Täler lagern sie Schotterterrassen und Bändertone ab. Die Schmelzwassererosion am Ende der Eiszeit fräst im norddeutschen Raum bis zu 100 m tiefe Rinnen und Wannen in den Untergrund, wobei in erster Linie Lockergesteine ausgeräumt werden. Betroffen sind unter anderem die Regionen der mittleren Elbe und der Altmark. Die Reeßelner Rinne in der Lüneburger Heide reicht etwa 400 m in den Untergrund hinein, womit sie etwa 430 m unter dem heutigen Meeresspiegel liegt. Die freigelegten Rinnen füllen sich mit späteiszeitlichen Flussschottern auf und zerstören teilweise auch die schützenden Sedimentdecken über mächtigen alten Salzlagern. Diese werden dadurch an verschiedenen Stellen unterirdischen Lösungen und Auswaschungen zugänglich. Mit Beginn der Holstein-Warmzeit zeigt sich das mittel- und norddeutsche Flusssystem stark verändert.
Während die skandinavischen Gletscher weite Teile des Nordens bedecken, erreichen in der Mindel-Eiszeit auch viele alpine Gletscher ihre größte Ausdehnung. Rheingletscher, Illergletscher, Wertachgletscher und Inn-Chiemsee-Gletscher stoßen tiefer ins Alpenland vor als jemals zuvor. Von ihnen abgelagerter Gletscherschutt findet sich in Sigmaringen und Biberach, weiter östlich reicht er bis über München hinaus.

Findling bei Lindau, der mit dem Eis »gewandert« war

Um 450 000

Die Menschen von Tautavel

Bei Tautavel in den französischen Pyrenäen leben Frühmenschen der Art Homo heidelbergensis. Davon zeugt der vollständige Kieferknochen einer jungen Frau, der im Jahr 1971 zusammen mit neun gut erhaltenen Zähnen in der für ihren Fossilienreichtum bekannten Grotte von Arago geborgen werden konnte. In der Nähe entdeckte man eine Ansammlung von Tierknochen und prähistorischen Werkzeugen gleichen Alters.
Bislang hatte man die ältesten Fossilien aus der Arago-Grotte auf ein Alter von etwa 400 000 Jahren datiert. Der berühmteste unter ihnen ist der auch als Tautavel-Mensch bekannt gewordene Schädelfund »Arago XXI« (s. Abb.), der aus einem fast vollständigen Gesicht, fünf Backenzähnen und einem Teil des Gehirnschädels besteht. Die besondere Bedeutung dieses Fundes besteht darin, dass er den »robusten« Randbereich des anatomischen Formenspektrums bei den europäischen Frühmenschen belegt.
Das vorspringende Gesicht wird von wuchtigen Brauenwülsten dominiert. Hinter ihnen befindet sich eine tiefe Furche, gefolgt von der langen, abgeflachten Stirn. Einige Schädelmerkmale, Hüftknochen und Unterkiefer erinnern stark an den Homo erectus, andere unterscheiden ihn von dieser Spezies. Man ordnet den Menschen von Arago deshalb dem so genannten archaischen Homo sapiens zu, der dem Neandertaler vorausgeht.

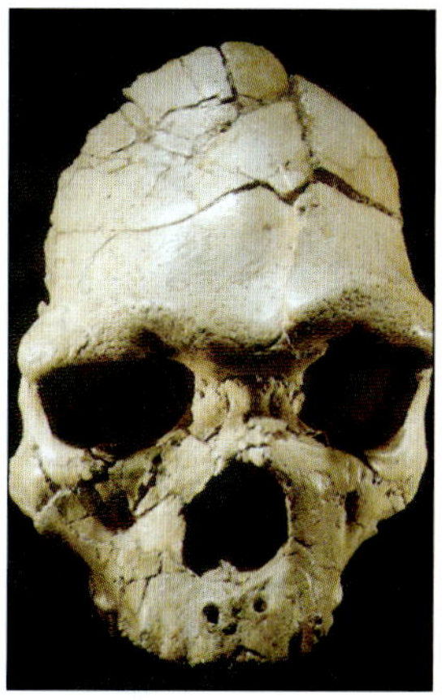

Um 400 000

Wurfspeere von Schöningen werfen neues Licht auf die Jagdtechniken der Frühmenschen

In Mitteleuropa existieren nachweislich geschickte Jäger, die in einer Wiesen- und Waldsteppe mit hölzernen Speeren vor allem Wildpferden, aber auch Wildeseln, Hirschen und Wisenten nachstellen. Ihre bis zu 2,30 m langen Jagdwaffen fertigen sie aus den Stämmen junger Bäume, bevorzugt aus Fichten. Die Spitzen sind bis zu einer Länge von 60 cm ausgearbeitet, Seitenäste werden sorgfältig entfernt. Der Schwerpunkt lässt erkennen, dass es sich eindeutig um Wurfspeere und nicht um Stoßlanzen handelt.
Als im Jahr 1995 auf einem altsteinzeitlichen Jagdplatz des Urmenschen am Rande des ostniedersächsischen Braunkohletagebaus Schöningen (s. Abb.) acht gut erhaltene Exemplare dieser Wurfspeere entdeckt wurden, galt dies aus mehreren Gründen als Sensation. Zunächst einmal handelt es sich um die ältesten erhaltenen hölzernen Jagdspeere der Welt. Während Geröllwerkzeuge des Altpaläolithikums in großer Zahl erhalten sind, werden Holzgeräte aufgrund der kritischen Erhaltungsbedingungen nur überaus selten geborgen. Darüber hinaus lieferten die Speere den Nachweis, dass die europäischen Frühmenschen keineswegs – wie lange Zeit vermutet – primitive Aasverwerter waren, sondern vielmehr geschickt Hilfsmittel herstellten und auf die Jagd gingen. Schließlich warfen die Speerfunde ein neues Licht auf die altpaläolithische Alltagskultur, da die organisierte Jagd mit dem Speer auf entwickelte kommunikative und kooperative Fähigkeiten der Frühmenschen schließen ließ.

Um 400 000 Bei **Vértesszöllös** westlich des heutigen Budapest lagern Frühmenschen. An dem Siedlungsplatz werden Knochen von Pferden und Rindern, Steinwerkzeuge und Feuerstellen entdeckt. Dagegen fehlen Pfostenlöcher, die die Errichtung einer Zeltkonstruktion nachweisen würden. Prominentester Fund an dem ungarischen Lagerplatz sind einige Fußabdrücke, die sich im erhärteten Kalkschlamm erhalten haben. Die Ausgrabungen zählen zu den ältesten Homo-erectus-Funden in Europa.

Nach neuen Erkenntnissen pflegen Frühmenschen bereits **Begräbnisrituale**. Bei Ausgrabungen am Höhlenfundplatz Atapuerca im Norden Spaniens entdeckten Paläontologen im Jahr 1998 neben menschlichen Knochenresten eine 16 cm lange Steinaxt. Das Werkzeug besteht aus geschliffenem rötlichem Quarzit-Gestein. Da in der Höhle keine weiteren Gerätschaften gefunden wurden, sie aber zahlreiche Menschenknochen beherbergt, scheint es sich bei der aufwändig gestalteten Axt um eine Grabbeigabe für einen Verstorbenen zu handeln.

An der Côte d'Azur siedelt in der Nähe der heutigen französischen Stadt Nizza eine Gruppe von Frühmenschen in **Rundhütten**. Die auf dem Hügel Terra Amata errichteten Behausungen liegen direkt an der Meeresküste und verfügen über einen ovalen Grundriss. Die kleineren Hütten haben eine Größe von 6 x 4 m. Daneben finden sich mehr als doppelt so große Behausungen, die 15 x 8 m messen. Einige der Hütten sind zum Schutz vor Nässe und Kälte mit einem gepflasterten Boden versehen.

Auf der japanischen Insel Honshu vergrößert sich der vor etwa 1 Mio. Jahren entstandene Katata-See. Zuflüsse aus den umliegenden Gebirgen lassen das ursprünglich kleine Gewässer anschwellen, bis seine Größe dem südlichen Becken des heutigen Biwa-Sees entspricht. In den folgenden Jahrhunderttausenden bildet sich der große **Biwa-See**. Er hat heute eine Fläche von 162 km^2 und wird von mehr als 500 Flüssen gespeist.

Der **Vulkan Haleakala** auf der Hawaii-Insel Maui legt eine Ruhepause ein. Seit seiner Entstehung vor etwa 900 000 Jahren haben unzählige Eruptionen einen riesigen Berg geschaffen, der die Höhe des jetzigen Vulkans um mehr als 1000 m übertrifft. Der Haleakala ragt heute 3055 m über den Meeresspiegel. Sein Krater misst 34 km im Umfang und ist einer der größten der Erde.

Im Kaskadengebirge im Südwesten des heutigen US-Bundesstaates Oregon beginnen vulkanische Eruptionen den Erdboden zu erschüttern. Aus dem Erdinnern quellen an verschiedenen Stellen Lavamassen hervor, die bis zu 10 m mächtig sind. Sie türmen sich zu einem unregelmäßig geformten Schildvulkan, dem **Mount Mazama**, auf.

Ab 400 000

Homo heidelbergensis – doch der Urahn des Neandertalers?

Vertreter des Homo heidelbergensis (siehe S. 340) sind in mehreren Regionen Europas beheimatet (Abb.: Suche in der von Heidelbergmenschen bewohnten Arago-Höhle in den Pyrenäen). Ihre verwandtschaftlichen Beziehungen untereinander und ihre systematische Einordnung in die Evolutionsgeschichte der europäischen Frühmenschen werfen viele Fragen auf, darunter vor allem diejenige, ob und inwiefern sie als Urahnen des Neandertalers gelten können.

Die frühesten Funde des Homo heidelbergensis sind etwa 700 000 Jahre alt, die jüngsten datiert man auf rund 200 000 Jahre. Gemeinsam ist den Vertretern dieser Hominidengattung eine unterschiedlich stark ausgeprägte Mischung verschiedener anatomischer Merkmale, die man beim Homo erectus und beim klassischen Neandertaler, zum Teil auch beim modernen Menschen findet. Die Aussichtslosigkeit einer exakten und einheitlichen Bestimmung des Homo heidelbergensis hat zu einer Vielzahl evolutionstheoretischer Modelle geführt.

Nach einer verbreiteten Hypothese spalten sich die Entwicklungslinien des Menschen bereits bei den frühen Hominiden, beim Homo erectus oder sogar schon bei dem noch älteren Homo ergaster. Danach findet die europäische Entwicklung beim Neandertaler ihr Ziel und Ende, während die zweite Linie, aus Afrika oder auch Asien kommend, zum modernen Menschen führt.

Einige Funde des Homo heidelbergensis, wie etwa der aus dem englischen Swanscombe und mehr noch jener aus einer Kiesgrube in Steinheim an der Murr, sprechen jedoch für eine andere Deutung. Der Schädel von Steinheim, der auf ein Alter von 250 000 Jahre datiert wird, ist einer der rätselhaftesten Funde des Mittelpleistozäns. Er zeigt eindeutig Merkmale des Neandertalers, zugleich lässt er – vor allem im Gesicht – nicht minder eindeutige Eigenschaften des Homo sapiens erkennen. Dies hat zu der »Prä-Neandertaler-Hypothese« geführt, derzufolge die Entwicklung des modernen Menschen von einem anatomisch generalisierten »Prä-Neandertaler« ausgeht, aus dem sich zunächst der Neandertaler und später der Homo sapiens entwickeln.

Um 440 000

Die Siedler von Kärlich sind erfolgreiche Jäger und Sammler

In einer frühen Phase der Elster-Eiszeit gründen Frühmenschen dort, wo heute das rheinland-pfälzische Kärlich liegt, eine der ältesten bekannten Siedlungen auf deutschem Boden (Abb.: Blick auf den Fundort in der Tongrube Kärlich). Zahlreiche zerschlagene Knochen aus der Siedlungsschicht deuten darauf hin, dass sie bereits einen großen Teil ihrer Nahrung durch die Jagd auf Wildpferde, Wildrinder und Wildschweine gewinnen. Lebten sie nicht als Jäger, sondern – wie man es von den noch früheren Hominiden vermutet – vor allem als Aasverwerter, müssten die fossilen Knochen eine größere Artenvielfalt widerspiegeln. Der Stoßzahn eines Waldelefanten zählt aber vermutlich nicht zur Jagdbeute.

Die vulkanischen Ablagerungen unter der Fundschicht erlauben eine relativ gesicherte Datierung der Kärlicher Siedlung, die der ältesten europäischen Steinzeit, dem Altacheuléen, angehört. Sie befindet sich inmitten eines nicht mehr aktiven Vulkans an den Ufern eines kleineren Sees, der später austrocknet. Neben verschiedenen Holzbruchstücken, die möglicherweise als Teil einer größeren Behausung dienten, finden sich einfache Geröllwerkzeuge wie Schaber, Faust- und Spaltkeil. Ihr Ausgangsmaterial ist Quarz und Quarzit, das in den Schottern des nahe gelegenen Rheins leicht zu finden ist. Alle größeren Steine innerhalb der Siedlungsfläche werden vermutlich von Menschen an diesen Ort gebracht. Bei einem etwa 15 kg schweren Geröllbrocken aus Quarzit lassen die gefundenen Abnutzungsspuren vermuten, dass man ihn als Amboss benutzt. Unzählige Haselnussschalen belegen, dass die Menschen von Kärlich nicht nur Jäger, sondern auch Sammler sind.

Um 400 000–350 000

Steinzeit-Metropole in Thüringen

Im Thüringer Becken, beim heutigen Bilzingsleben, gründet der Homo erectus bilzingslebenensis eine in verschiedene Funktionsbereiche untergliederte Siedlung, die heute als eines der wichtigsten Zeugnisse des Lebens und der Alltagskultur des späten Homo erectus in Europa gilt. Nach ihrer Entdeckung im Jahr 1969 wurden hier mehr als 5,5 t Fundmaterial geborgen. Unter den rund 500 000 Objekten finden sich neben zahllosen Artefakten aus Stein, Knochen, Geweih und Holz auch reiche Überreste der Fauna und Flora sowie menschliche Fossilien.

Im Mittelpleistozän liegt die Siedlung an den Ufern eines größeren Sees, in den ein Bach mündet. Die Sandbänke im Schwämmfächer dieses Baches dienen den Siedlern als bevorzugter Arbeitsplatz. In der Siedlung gibt es drei einfache Wohnbauten. Es handelt sich vermutlich um zeltartige Stangenkonstruktionen, bei denen mit Steinen und großen Knochen fixierte Tierfelle als Zeltplanen dienen. Der Grundriss dieser Zelte ist rund bis oval und weist einen Durchmesser von vier bis fünf Metern auf. Vor jeder Behausung befinden sich eine Feuerstelle und ein Arbeitsplatz mit einem Amboss. Es handelt sich um die ältesten nachgewiesenen Feuerspuren in Deutschland.

Im Zentrum des Lagerplatzes liegt ein fast kreisrunder, mit Knochen und ortsfremden Steinen gepflasterter Platz mit neun Metern Durchmesser. An diesem Ort finden sich kaum Artefakte, er ist auffallend »aufgeräumt«. Alles deutet darauf hin, dass es sich um einen Ritualplatz handelt. An seiner Nordwestseite befinden sich eine Feuerstelle und ein Auerochsenschädel, ein Amboss aus einem Travertinblock und zahlreiche Fragmente menschlicher Schädel. Die Splitter in den Fugen des Travertinblocks belegen, dass er der Zertrümmerung von Knochen diente. Zu Beginn des Acheuléen ist die Bestattung der Toten noch nicht bekannt. Die Fundsituation legt die Vermutung nahe, dass die Köpfe der Verstorbenen vom Körper getrennt und auf dem Gemeinschaftsplatz rituell zertrümmert wurden – möglicherweise, um das Gehirn zu verzehren.

Weit mehr als 20 000 geborgene Artefakte belegen, dass die Werkzeuge des Homo erectus bilzingslebenensis nach Rohstoffeigenschaft, Funktion, Form und Größe bereits einen hohen Grad der Differenzierung aufweisen. Zu den Steinwerkzeugen zählen verschieden geformte Faustkeile, ein- und zweiflächige Hackgeräte, Steinwerkzeuge mit sägeartigen Schneiden, Schaber und Amboss. Die Geweihstangen des Rothirsches werden zu Hackgeräten verarbeitet, die großen Schulterblätter von Nashörnern, Wildpferden und Wildrindern dienen als Schneideunterlage beim Zerlegen von Fleisch. Bei besonders kraftaufwändigen Verrichtungen wie dem Zuschnitt von Fellen werden die noch größeren Beckenschaufeln des Elefanten als Schneideunterlage eingesetzt. Der Bau von Behausungen belegt, dass sich die Siedler von Bilzingsleben auf die Verarbeitung von Holz verstehen und vermutlich wie ihre Zeitgenossen in Schöningen (siehe S. 343) Holzspeere fertigen.

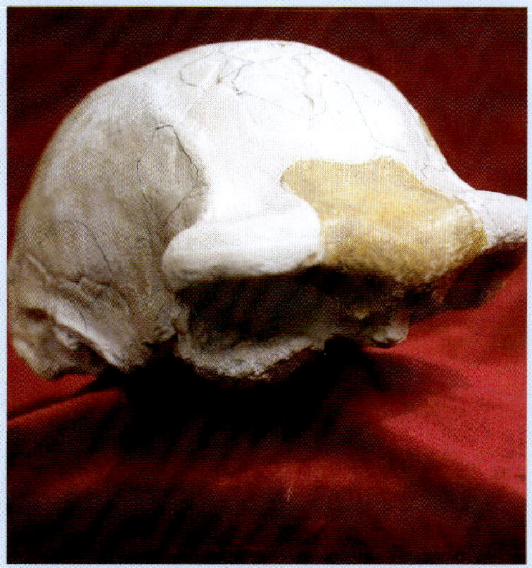
Homo-erectus-Schädelfragment aus Bilzingsleben

Dass sie versierte Jäger sind, davon zeugen mehr als 2,5 t fossiler Speiseabfälle. Die zerschlagenen Tierknochen und gefundenen Gebissreste stammen von Wald- und Steppenelefanten, Wald- und Steppennashörnern, Wildpferden, Auerochsen, Bisons, verschiedenen Hirscharten, Rehen, Höhlenlöwen, Wildkatzen, Füchsen, Wölfen, Bären und Wildschweinen. Besonders interessant sind fossile Reste des Makaken und des Altbibers, der wenig später in Europa ausstirbt. Die große Zahl der Funde sowie die prozentuale Verteilung der Arten, die nicht dem natürlichen Verbreitungsmuster entspricht, lassen den Schluss zu, dass es sich bei vielen Funden um Jagdbeute handelt.

Fauna und Flora in Bilzingsleben zeugen von einem wärmeren Klima mit stärkeren Niederschlagsmengen. So finden sich in den Kleinbiotopen des Sees Mollusken und Muschelkrebse, die man heute überwiegend mediterran oder äquatorial verbreitet findet. Unter den Großsäugern dominieren die Arten, die in Wäldern heimisch sind. Steppenbewohner wie Wildpferde, Bisons, Steppennashörner und Steppenelefanten zeigen zugleich, dass der Waldwuchs nicht geschlossen, sondern eher inselartig ist. Durch das Fressverhalten der Tiere wird die Landschaft offen gehalten. Unter den 14 nachgewiesenen Baumarten überwiegen breitblättrige Laubholzarten wie Stieleiche, Feld- und Bergahorn, Sommerlinde, Esche und Haselnuss. Immergrüne Nadelgehölze sind hingegen selten.

Um 400 000

Vulkan zerstört Lagerplatz

Durch einen Vulkanausbruch wird eine der ältesten menschlichen Siedlungen auf deutschem Boden zerstört. Es handelt sich um einen altsteinzeitlichen Lagerplatz, der sich in der Nähe des rheinland-pfälzischen Ortes Miesenheim am Ostufer der Nette, einem Nebenfluss des Rheins, befindet.

Die Menschen von Miesenheim verfügen über einfache Geröllwerkzeuge aus Quarz, Quarzit und Kieselschiefer. Hinweise auf eine Behausung oder auf die Fertigung von Jagdwaffen gibt es jedoch nicht. Das Alter der Siedlung bei Miesenheim ist umstritten. Die vulkanischen Ablagerungen über der Fundschicht werden auf ein Alter von bis zu 680 000 Jahren datiert. Unzweifelhaft befindet sich die Kunst der Werkzeugfertigung noch in einem sehr frühen Stadium, die allenfalls den Anfängen der Abbevillien-Ära entspricht.

Um 400 000

Frühmenschliche Vorratswirtschaft: Homo erectus knackt Nüsse

In Israel lebende Frühmenschen der Gattung Homo erectus legen sich Vorratslager an, in denen sie verschiedene Nüsse (Abb.: fossile Reste von Hickory-Nüssen), wilde Mandeln, zwei Sorten Pistazien, Kastanien und Eicheln horten. Der nahezu luftdichte Verschluss dieser Lager gewährt einen hervorragenden Konservierungszustand der Vorräte. Wahrscheinlich liefern die Früchte einen wichtigen Beitrag zur Ernährung. Öffnen lassen sie sich aufgrund ihrer Härte nur mit einem hammerähnlichen Werkzeug.

Die Altersbestimmung verschiedener Steine, die deutliche Spuren des Nüsseknackens aufweisen, aus dem Umfeld der Lager deutet darauf hin, dass bereits die frühen Hominiden in der Region des Jordan diese Technik kennen. Entwicklungsgeschichtlich ist der einfache Werkzeuggebrauch nicht neu: Schimpansen bedienen sich eines ähnlichen Verfahrens, um an den essbaren Teil verschiedener Nüsse zu kommen. Als Schlagwerkzeug dienen unbearbeitete Steine. Große Brocken in der Nähe der Vorratslager haben die Funktion eines Ambosses.

Um 380 000 An den Hängen des **Mont Boron** nahe der heutigen südfranzösischen Stadt Nizza entstehen Hütten, in deren Inneren sich Feuerstellen befinden, die von Steinmauern eingerahmt werden.

Um 350 000 Durch die heute trockene Hügellandschaft bei **Ceccanibbio**, etwa 20 km nördlich von Rom, windet sich ein Fluss. Das Gewässer dient Elefanten, Rindern, Nashörnern und anderen Tieren als Tränke. Die Knochen der am Fluss gestorbenen Tiere sammeln sich im Flussbett, das sich im Laufe der Zeit mit Lavagestein füllt. Seit den 1980er-Jahren sind mehr als 10 000 versteinerte Knochen entdeckt worden.

Im Norden des heutigen Taipeh, der Hauptstadt Taiwans, bricht der **Vulkan Ch'ising Shan** aus. Die bei der Eruption herausgequollenen Lavamassen stauen in der Folgezeit Regenwasser auf: Es bildet sich der auf 600 m Höhe gelegene Jutzu-See. Der 1120 m hohe Ch'ising Shan ist heute erloschen.

Um 300 000 Milde Temperaturen begünstigen in einigen Gebieten Deutschlands das Wachstum von **Flieder**. So sind in der Gegend des heutigen Ortes Bilzingsleben in Thüringen fossile Reste des thüringischen Flieders (syringa thuringiaca) gefunden worden. Heute existieren von dem zur Gattung der Ölbaumgewächse gehörenden Fliederstrauch etwa 30 Arten. Sie sind überwiegend in Asien angesiedelt.

In der im südlichen China gelegenen **Panxian-Dadong-Höhle** leben Frühmenschen. Von ihrem Aufenthalt zeugen Beutereste von Nashörnern und Stegodonen, eine heute ausgestorbene Rüsseltierart. Untersuchungen an den Knochen der erlegten Tiere zeigen, dass bevorzugt junge Exemplare gejagt wurden. Die Forscher werten dies als Ausdruck eines selektiveren Jagdverhaltens der Menschen, da sie sich gezielt leicht jagdbare bzw. transportierbare Beute aussuchten.

Bei der Jagd verwenden Frühmenschen **Lanzen**, die aus Holz gefertigt sind. Die neuen Waffen ermöglichen es, auch größere Beutetiere zu jagen. Beim heutigen Torralba in Spanien werden Bruchstücke von feuergehärteten Lanzenspitzen entdeckt. Sie dienen zum Töten von Waldelefanten. Aus Clacton on Sea in England ist ein 38,8 cm langes Fragment einer aus Eibenholz gefertigten Lanze bekannt.

Um 300 000–120 000

Thesen über den moderner

Vor dem Erscheinen des Homo sapiens sapiens, des anatomisch modernen Menschen, lebt in Europa mit dem Homo erectus heidelbergensis der mutmaßliche Vorfahre des Neandertalers. Auch in Afrika und Asien existieren jeweils charakteristische Vertreter des Typus Homo erectus. Die Frage, wie sich aus diesen regional unterschiedlichen Ausformungen unsere direkten Vorfahren entwickelt haben, wirft ähnliche evolutionstheoretische Probleme auf wie die Frage nach der Entstehung des Neandertalers.

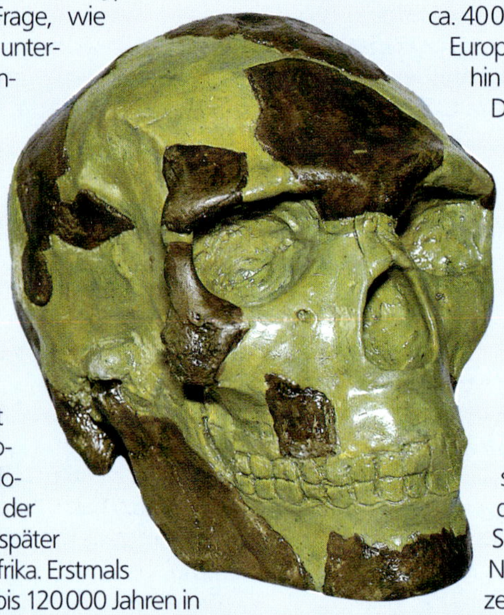

Nach der weit verbreiteten »Out-of-Africa«-Hypothese entwickelt sich der anatomisch moderne Mensch, wie Millionen Jahre zuvor bereits der Australopithecine und später der Homo erectus, in Afrika. Erstmals tritt er hier vor 130 000 bis 120 000 Jahren in Erscheinung (Abb.: Schädel des ältesten Homo-sapiens-Fundes in Afrika). Jahrtausende später erobert dieser Homo sapiens vom Schwarzen Kontinent aus die anderen Erdregionen, weil es ihm gelingt, in einem Verdrängungswettbewerb allmählich die späten Neandertaler in Europa und die archaischen Frühmenschen im Fernen Osten abzulösen. Seine Überlegenheit verdankt der Homo sapiens seinem deutlich größeren Gehirn. Zunächst erreicht er vor etwa 80 000 Jahren den Nahen Osten, danach China und Borneo. Vor etwa 30 000 Jahren besiedelt er Australien und – über die Beringstraße – den amerikanischen Kontinent. Kurz zuvor, vor ca. 40 000 Jahren, lässt er sich auch in Europa nieder, von dem ihn bis dahin das eiszeitliche Klima fernhielt.

Die Out-of-Africa-Hypothese stützt sich unter anderem auf die Befunde der Sprachforscher sowie auf genetische Untersuchungen, vor allem aber auf die Fundsituation fossiler Zeugnisse des Homo sapiens. Gerade in diesem Bereich machen Wissenschaftler in den letzten Jahren weitere Entdeckungen, die offenbar eine Revision des gängigen Auswanderungsmodells erzwingen. So entdeckte man 1996 im Nordwesten Australiens Felszeichnungen und Steinwerkzeuge, die zweifelsfrei dem Homo sapiens zugeordnet werden. Sie sind jedoch über 60 000 Jahre alt und datieren damit aus einer Zeit deutlich vor der mutmaßlichen Besiedlung durch den modernen Menschen. Sollte sich die Analyse hinsichtlich des Alters und der Urheber dieser Artefakte bestätigen, ließe dies zwei Schlüsse zu: Entweder gibt es auch außerhalb Afrikas eine eigenständige Entwicklung zum Homo sapiens – die sich jedoch keineswegs auf Australien beschränken muss – oder aber die Auswanderung von dort erfolgte erheblich früher. In diesem Fall würde die bislang in sich stimmige Fundsituation ihre scheinbare Beweiskraft verlieren.

Wie kompliziert die Rekonstruktion der Evolutionsgeschichte der Gattung Homo ist, lässt der fast schon paradoxe Umstand erahnen, dass Homo sapiens bezeichnenderweise die einzige Hominidenart ist, für die bis heute kein einziges Typusexemplar existiert. Die Übergänge vom späten archaischen Homo zum frühen modernen Homo sapiens verlaufen fließend. Das Problem der Klassifizierung zeigt sich auch in der großen Variationsbreite der anatomischen Merkmale des Menschen. Oft ist es deshalb geradezu unmöglich, mit Gewissheit zu entscheiden, ob bestimmte moderne oder archaische Eigenschaften eines Fundes als repräsentativ gelten können oder ob sie nicht vielmehr in das Spektrum individueller Besonderheiten fallen. Auch bei den heutigen Menschen existieren große Unterschiede hinsichtlich des Körperbaus, u.a. bei der Ausprägung des Kinns und der Körperkraft.

Aber auch die Anhänger der Hypothese von der multiregionalen Entwicklung des Homo sapiens können sich auf eine Reihe fossiler Funde stützen.

Fundstätte früher Menschen: Die Höhlen von Klasies River Mouth an der Südküste Afrikas

omo sapiens

Dazu zählt etwa der bereits im Jahr 1933 geborgene weibliche Schädel aus Steinheim an der Murr. Dieser lässt unzweifelhaft Gesichtsmerkmale des Homo sapiens erkennen und wird auf ein Alter von 250000 Jahren datiert – also 120000 Jahre, bevor dieser Typus nach der Out-of-Africa-Hypothese entsteht. Der Homo erectus heidelbergensis aus Steinheim zeigt an der Schädelrückseite typische Eigenschaften des Neandertalers. Das flache Gesicht mit den eingedrückten Wangenknochen und die dritten Backenzähne weisen dagegen eindeutig auf unsere heutige Spezies voraus.
Eine Schlüsselrolle spielt für die Anhänger der multiregionalen Theorie vor allem ein männliches Schädelfossil, das 1978 in der chinesischen Provinz Shaanxi gefunden wurde und nach seinem Fundort als »Dali« bezeichnet wird. Nach der Uranreihendatierung ist »Dali« mit seinen etwa 210000 Jahren erheblich älter als der afrikanische

Stirnbein eines modernen Homo sapiens mit horizontalen Einschnitten

Homo sapiens. Wie ein noch etwas älterer Fund aus dem mittleren Pleistozän – ein Schädel mit Skelett, die in der chinesischen Provinz Liaoning geborgen wurden – gilt auch »Dali« den Multiregionalisten als ein Bindeglied zwischen dem älteren Homo erectus und den heutigen Chinesen. An den archaischen Homo erinnern der dickwandige Gehirnschädel und die ausgeprägten Brauenwülste. Des Weiteren erkennt man in der Seitenansicht eine niedrige Schädeldecke und einen für den Homo erectus typischen Wulst auf der Rückseite des Kopfes. Zugleich aber ist das Gehirnvolumen größer als beim Pekingmenschen. Der Schädelknochen lässt das kleine, flache Gesicht und die vorstehenden Wangenknochen heutiger Chinesen bereits erahnen. In jedem Fall ist es wesentlich flacher als die Gesichter der archaischen Menschen in Europa und Afrika.
Sowohl der Homo erectus heidelbergensis aus Steinheim als auch der Homo sapiens »Dali« aus der Provinz Shaanxi zeigen unzweifelhaft moderne Merkmale. Ob sie deshalb aber auch wirklich die Urahnen des Homo sapiens sapiens sind, bleibt weiterhin unentschieden.

Um 260 000–125 000

Gletscher überziehen Norddeutschland mit einem Eispanzer

In der vorletzten großen Kälteperiode, der Saale-Eiszeit, werden die Festlandsgebiete der Nordhalbkugel erneut von einer massiven Eisschicht überzogen. Die skandinavischen Gletscher erreichen fast die Rekordausdehnung der Elster-Eiszeit im frühen Mittelpleistozän. Aufgrund der extremen Minusgrade bildet sich in manchen Regionen Norddeutschlands eine Eisschicht von annähernd 1000 m Stärke.
Doch auch innerhalb der Saale-Eiszeit schwanken die Temperaturen zwischen kälteren und milderen Phasen. Der maximale Vorstoß der Gletscher lässt im Ruhrtal bis südlich von Dortmund Endmoränen zurück. Ein Ausläufer des Eises erstreckt sich bis kurz vor Geldern, Krefeld und Düsseldorf. Der Rückzug des Eises geschieht in Etappen. Vom Rehburger Stadium zeugen Endmoränen auf der Höhe von Hannover. Bei einem erneuten Vorstoß erstrecken sich die Gletscher dann wieder bis zur Warthe. Die Eismassen transportieren gewaltige Gesteinsblöcke (Abb.: Findling aus dem brandenburgischen Kobbeln) aus den skandinavischen Ländern und dem Ostseeraum bis nach Norddeutschland. Der größte Findling liegt bei Rahden (nahe Minden) und hat mit Maßen von 10 x 7 x 5 m den Umfang eines Einfamilienhauses. Sein geschätztes Gewicht liegt bei etwa 350 t.
Das süddeutsche Pendant zur Saale-Eiszeit ist in der Alpenregion die Riss-Eiszeit. Benannt ist sie nach der Riss, einem Nebenfluss der Donau. Die alpinen Gletscher reichen fast bis nach Augsburg und München heran. Bei Sigmaringen staut der Rheingletscher die Donau und lässt dadurch einen großen See entstehen.
Die Abkühlung des Klimas, die Verkürzung der Vegetationsperioden und der Dauerfrost in den Gletschergebieten verursachen in den meisten Regionen Mitteleuropas die Entstehung einer weitgehend baumlosen Tundren- und Steppenlandschaft. Erstmals tritt nun das aus Skandinavien kommende Mammut in Erscheinung. Bei Steinheim an der Murr lebt das größte Exemplar, das bis heute geborgen werden konnte: ein Bulle von 3,75 m Schulterhöhe. Weitere Großsäuger dieser ausgedehnten Kaltzeit sind Wollnashörner, Steppenelefanten, Löwen, Höhlenbären, Riesenhirsche, Steinböcke, Wildpferde und Wisente.
Die vier klassischen Eiszeiten im Alpenraum, also das Günz-, Mindel-, Riss- und Würm-Glazial, haben alle ein nordamerikanisches Pendant; im Falle der Saale- und Riss-Eiszeit sprechen die Forscher vom sog. Illinoian. Die Gebiete, nach denen die amerikanischen Eiszeiten benannt worden sind, liegen allesamt südlich der Großen Seen, die ihrerseits eiszeitlichen Ursprungs sind.

Um 350 000–150 000

Schweizer Universalwerkzeug

Im Altpaläolithikum treten auf dem Gebiet der heutigen Schweiz erstmals archäologisch nachweisbar Menschen in Erscheinung. Als Beleg dafür existiert bislang nur ein einziger Fund, nämlich der auf ein Alter von etwa 300 000 Jahre datierte Faustkeil von Pratteln aus dem Kanton Basel-Landschaft. Zwar wird bei einigen gefundenen Steinwerkzeugen aus dem Kanton Bern und bei einem primitiven Hackgerät aus dem französisch-schweizerischen Grenzgebiet ein noch höheres Alter diskutiert, doch ist die Datierung in beiden Fällen sehr umstritten.
Der Faustkeil von Pratteln, von einem zwölfjährigen Jungen 1974 beim Fossiliensammeln entdeckt, wurde mit Hilfe eines Schlagsteins aus Feuerstein gefertigt. Da er sich zum Schlagen, Spalten, Schaben und Schneiden eignet, handelt es sich vermutlich um ein Universalwerkzeug. Die Tatsache, dass sein Ausgangsmaterial, ein gelblichbrauner Feuerstein, in der Nähe des Fundortes nicht nachweisbar ist, lässt auf die Mobilität seines Besitzers schließen. Seine Altersschätzung beruht auf dem Vergleich mit Artefakten des deutschen und französischen Jung-Acheuléen.

Um 385 000

Holstein-Warmzeit bricht an

Erneut kommt es in Mitteleuropa zu einem Klimawechsel: Die Elster-Eiszeit wird von der Holstein-Warmzeit abgelöst. Einmal mehr erobert eine wärmeliebende Flora und Fauna die Mitte und den Westen Europas zurück.
Zu den einwandernden Exoten zählt der asiatische Wasserbüffel, der nach dem Erstlingsfund von 1927 in vielen Regionen Deutschlands sowohl in der Holstein-Warmzeit als auch in der späteren Eem-Warmzeit nachgewiesen ist. Auch der aus dem Süden Asiens stammende Auerochse findet den Weg in unsere Breiten. Ein letztes Mal werden Affen in Mitteleuropa heimisch. Der Macaca sylvana gehört wie die heute noch lebenden Affen Gibraltars zu den Makaken. Zur Säugetierfauna dieser Warmzeit zählen außerdem Waldelefant und Waldnashorn, Löwe und Säbelzahnkatze, Braun- und Höhlenbär, Wildpferd, Wildschwein, Rot-, Damm- und Riesenhirsch. Unter den Gehölzen dominieren in erster Linie Erlen und Kiefern, aber auch Eiben und Eschen. Buchs, Wein und Wasserfarn, typische Gewächse milder Klimazonen, breiten sich von den Niederlanden über Deutschland bis in den Süden Russlands aus.

Um 250 000 Die **Hunas-Höhle** in der heutigen Gemeinde Pommelsbrunn bei Nürnberg dient Neandertalern als Unterschlupf. In der am Osthang eines 553 m hohen Berges gelegenen Grotte entdeckten Paläontologen im Jahr 1976 neben Knochen von Kleinsäugern, Höhlenlöwen und Höhlenbären auch den Weisheitszahn eines Neandertalers.

Nahe der **Lazaret-Höhle** bei Nizza (Südfrankreich) errichten Neandertaler eine an eine Felswand angelehnte Hütte. Als Begrenzung legen sie einen Kreis aus Steinen an. Er dient vermutlich zum Beschweren der Tierhäute, mit denen die Behausung bedeckt ist. Ein 80 cm breiter Durchlass dient als Eingang in die 3,5 x 11 m große Hütte. Diese ist in einen Vorraum und einen größeren Wohnraum unterteilt, in dem sich zwei Feuerstellen befinden. Um den Seewind abzuhalten, wurde vor der Hütte eine Steinmauer errichtet.

Um 220 000 Schwere Schmerzen plagen einen in Thüringen lebenden Neandertaler. Anthropologen stellen an den bei **Ehringsdorf** in der Nähe von Weimar gefundenen fossilen Resten fest, dass der Frühmensch an einer Knochenmarkeiterung und einer eitrigen Zahnbetterkrankung litt.

Um 200 000 Während der in Nordmitteleuropa vorherrschenden Saale-Eiszeit bildet sich in Deutschland durch die Gletscherwasser eine riesige Vertiefung: das **Breslau-Bremer-Urstromtal**. Es verläuft im Norddeutschen Tiefland vom Odertal beim heutigen Breslau bis zur unteren Weser. In westausgerichtete Senke fließen zahlreiche, von dem schmelzenden Eis der Gletscher gespeiste Flüsse.

Frühmenschen in der libyschen Sahara tragen **Schmuck**. Im Jahr 1995 entdeckten Archäologen in der Wüstenregion Straußeneiperlen und winzige Reste von aus Straußeneierschalen gefertigten Schmuckstücken. Darüber hinaus fanden sich einige Steinwerkzeuge. Die Funde belegen, dass der Ur-Mensch schon sehr früh Ausdrucksformen entwickelt hat, die seine Individualität betonen.

Um 200 000–40 000

Neue Ära: Moustérien

Mit dem Moustérien setzt eine neue Kulturstufe in der Fertigung der Steinwerkzeuge ein. Sie erfasst nahezu zeitgleich all jene Regionen Afrikas, Europas und des Nahen Ostens, in denen zuvor die Acheuléen-Kulturstufe vorherrschte. In Europa finden sich Geräte des Moustérien meist in Verbindung mit dem Homo neanderthalensis, in anderen Erdregionen werden sie sowohl von Vertretern dieses Typs als auch von solchen des archaischen Homo sapiens geschaffen.
Wie das Abbevillien und das Acheuléen ist auch das Moustérien nach einer französischen Fundstelle benannt, dem Ort Le Moustier in der Dordogne. Von den Neandertalern sind rund 20 verschiedene Steinwerkzeuge bekannt.
Ein charakteristisches Merkmal des Moustérien ist, dass sich der Umfang der einzelnen Werkzeuge verkleinert, das Formen- und Gebrauchsspektrum aber vergrößert. Schon beim Entwurf des jeweiligen Objekts achtet man darauf, dass die Schneideflächen besonders groß ausfallen. Der Prozess der Herstellung wird vielschichtiger. Er umfasst eine genaue Auswahl des Ausgangsmaterials und eine Bearbeitung in verschiedenen Schritten mit je unterschiedlichen Techniken. Die Intensivierung des Produktionsprozesses macht die einzelnen Gerätschaften wertvoller. Werkzeuge mit stumpfen Klingen werden nun nicht mehr einfach weggeworfen oder liegen gelassen, sondern erneut geschärft.
Die Speerspitze für Wurfgeschosse ist ein typisches Werkzeug des Moustérien. Erzeugt wird sie durch das Abschlagen von einem sorgfältig vorbereiteten Kernstein. Eine besondere Verfeinerung dieser Spitzen geschieht in der nordafrikanischen Atérien-Kultur vor etwa 100 000 Jahren. Hier werden die Speerspitzen mit einem viereckigen Zapfen versehen, der der Befestigung an einem Pfeil oder Speer dient.

Handspitzen aus Le Moustier (Frankreich)

Fundschichtenprofil von Le Moustier, wo u.a. die Reste von drei Neandertalern gefunden wurden

Um 250 000

Kannibalismus in Schwaben? Rätsel um Steinheim-Mensch

Im württembergischen Steinheim an der Murr wird eine Frau erschlagen. Die schweren Verletzungen an der linken Schläfenseite weisen auf die Einwirkung eines stumpfen Gegenstandes hin. Vermutlich stammen sie von einem schweren Faustkeil oder Kieselstein. Nach dem Tod der Frau wird ihr Kopf vom Rumpf getrennt. Da man gewaltsame Schädelöffnungen von zahlreichen Vor- und Frühmenschen aus allen Erdregionen kennt, deuten auch hier alle Anzeichen auf Kannibalismus. Vermutlich diente das Gehirn dem gemeinschaftlichen Verzehr. Ob dabei kultische Handlungen und magische Vorstellungen eine

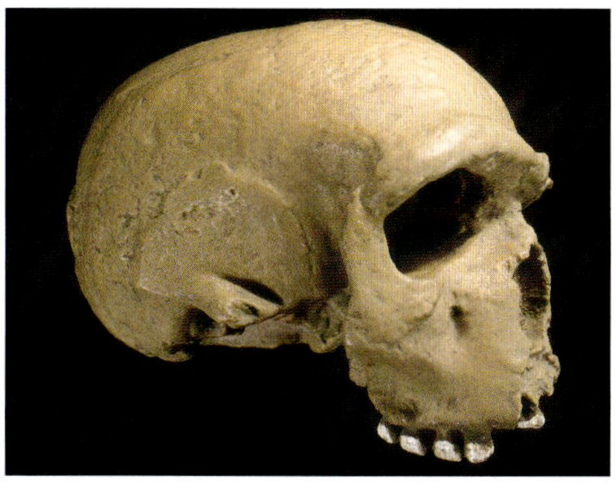

entscheidende Rolle spielten oder ob nicht vielmehr das Gehirn einfach als eine besondere Delikatesse geschätzt wurde, lässt sich anhand des Fundes nicht mehr entscheiden.

Durch die Abnutzungsspuren der Zähne kann das Alter der Frau auf 30 bis 40 Jahre geschätzt werden. Verschiebungen und Stauchungen haben den Schädel im Laufe der Jahrhunderte verändert und leicht entstellt. Dennoch gilt er heute als eines der bemerkenswertesten Zeugnisse der Evolutionsgeschichte der europäischen Hominiden, weil er eine ganz erstaunliche Mischung archaischer und moderner Merkmale aufweist. Die Schwierigkeiten seiner exakten Zuordnung spiegeln sich in der wissenschaftlichen Benennung wider. Im Jahr 1934 wurde er vom ersten Gutachter zunächst als Homo steinheimensis beschrieben, später ordnete man ihn dem sog. Anteneandertaler, dem Homo sapiens anteneanderthalensis zu. Heute wird der Mensch von Steinheim überwiegend als Vertreter des Homo erectus heidelbergensis betrachtet. Große Ähnlichkeiten zeigt er mit dem in der englischen Grafschaft Kent geborgenen Menschen von Swanscombe, den man auf ein sehr ähnliches Alter datiert.

Zu den archaischen Merkmalen des Steinheim-Menschen zählt das geringe Gehirnvolumen von rund 1100 cm^3. Die späteren Neandertaler haben in der Regel ein größeres Gehirn, auch dasjenige des Menschen in Swanscombe ist bereits besser entwickelt. Ausgesprochen archaisch sind auch die ausgeprägten Augenbrauenwülste (s. Abb.). In der Abwinkelung der Schädelbasis ähnelt der Steinheim-Mensch dem Homo erectus. Auf der Rückseite des Schädels ist eine Fossa suprainiaca, eine Vertiefung des Hinterhauptbeines, zu erkennen, die für den Neandertaler typisch ist. Das Gesicht des Steinheim-Menschen verfügt hingegen über moderne Merkmale und weist damit bereits weit über den Neandertaler hinaus. So zeigt es eine geringfügige Vertiefung neben den Nasenhöhlen, eine große Stirnhöhle, gerade, umfangreiche Scheitelbeine und verkleinerte dritte Backenzähne. Auch fehlen die ausgeprägten Knochenleisten unter den Gehörgängen, die den Neandertalern ihre enormen Beißkräfte ermöglichen.

Um 250 000

Mann hinter Stalaktiten

Der Südosten Italiens wird von Frühmenschen besiedelt. Im Herbst 1993 entdeckten Forscher in der Lamalunga-Höhle nahe der Stadt Altamura in Apulien das fast vollständig erhaltene Skelett eines archaischen Hominiden. In einem Hohlraum zwischen dem Boden und der Höhlenwand gelegen, wird es von Stalaktiten, die im Laufe der Jahrtausende von der Höhlendecke abwärts gewachsen sind, geradezu umhüllt.

Kopfüber ruht der Schädel auf der Schädeldecke, ein wenig ist er zur linken Seite geneigt. Auf der linken Schädelseite bedeckt die Stalaktitenformation die Stirnregion, das Joch- und Wangenbein sowie den Kiefer. Die hinteren Schädelregionen sind verborgen. Auf der rechten Seite ist die Stirn ebenfalls von Stalaktiten überwachsen, doch sind hier Joch- und Wangenbein frei. Deutlich erkennen kann man den größten Teil der Schädeldecke, die Augenhöhlen und mehr als die Hälfte der Seitenregionen auf der rechten Gesichtshälfte. Der Kopf ist verhältnismäßig klein, die Stirn erinnert an die eines Neandertalers.

Vor dem Schädel lagert, ebenfalls stark von Stalaktiten überwuchert, ein Großteil des Skeletts. Parallel zueinander liegen die beiden Unterarmknochen, dazwischen ein Oberschenkelknochen und der umgedrehte Unterkiefer. Des Weiteren sind unter anderem das Becken, ein Schulterblatt und Wirbelknochen zu erkennen. Wahrscheinlich handelt es sich bei dem Fund um einen männlichen Erwachsenen.

Da alle bisherigen Untersuchungen ausschließlich auf Beobachtungen beruhen, tragen die Ergebnisse noch hypothetischen Charakter. In jedem Fall aber zählt das Skelett aufgrund seiner Vollständigkeit zu den wichtigsten frühmenschlichen Funden, die jemals in Europa gemacht wurden.

Um 250 000

Die ersten Österreicher

In der Repolust-Höhle bei Peggau in der Steiermark leben die ersten Menschen, die bislang auf österreichischem Boden nachgewiesen wurden: so genannte Anteneandertaler, wissenschaftlich als Homo sapiens anteneanderthalensis bezeichnet. Die Feuerstellen, die sie hinterlassen, sind die bislang ältesten archäologischen Zeugnisse für eine kontrollierte Nutzung des Feuers in Österreich. Kulturgeschichtlich zählen diese Frühmenschen zum Jung-Acheuléen. Ihre Geröllgeräte fertigen sie aus Quarzit und Hornstein. Unter den Steinwerkzeugen aus der Repolust-Höhle befinden sich beidseitig behauene breite Klingenabschläge, Faustkeile und Schaber. Die Tatsache, dass sich eines der beiden Ausgangsmaterialien, nämlich Hornstein, nicht in der unmittelbaren Umgebung der Höhle findet, sondern gesucht und herangeschafft werden muss, deutet auf planvolles, vorausschauendes Handeln. Die gefundenen Knochen legen nahe, dass sich die Bewohner der Repolust-Höhle bevorzugt von Steinböcken, Wildschweinen und Bären ernähren. Für die Altersbestimmung der Funde spielen die Bärenknochen eine besondere Rolle, da sie zeigen, dass die Entwicklung vom archaischen Deninger-Bären zum Höhlenbären noch nicht abgeschlossen ist.

Um 220 000

Erfolgreiche Jäger – die Urmenschen von Ehringsdorf

Beim heutigen thüringischen Ehringsdorf nahe Weimar leben Frühmenschen der Art Homo sapiens anteneanderthalensis, die besonders geschickte Jäger sind. Zu ihrem bevorzugten Jagdrevier zählen die zu dieser Zeit hier sehr zahlreichen Quellwässer und Tümpel. Für die Jäger von Ehringsdorf sind diese Teiche und Pfuhle von besonderem Interesse, weil Großsäuger sie als Tränken benutzen. In später entstandenen, bis zu 20 m mächtigen und aus Süßwasserkalken bestehenden Travertinschichten haben sich die fossilen Überreste sowohl der Jäger wie auch ihrer Beutetiere für die Nachwelt erhalten. In den unteren Fundschichten sind Waldelefanten, Waldnashörner, Sumpfschildkröten und Wildschweine belegt, in den oberen nahezu alle Vertreter der eiszeitlichen Mammutfauna, darunter Mammut, Wollnashorn, Rentier, Elch, Braun- und Höhlenbär, Wolf, Löwe und Niederwild. Da Sumpfschildkröten und Wildschweine die bevorzugten Beutetiere sind, scheinen sich die Menschen von Ehringsdorf in ihrem Jagdverhalten an die ausklingende Holstein-Warmzeit angepasst zu haben, während sich bereits die Vorboten der Saale-Eiszeit zeigen.

Die Fundgeschichte begann 1907, als man in einem Steinbruch in 15 m Tiefe auf eine Feuerstelle, zerschlagene Tierknochen und Geröllwerkzeuge stieß. In den folgenden sechs Jahren wurden Knochenfragmente von fünf Erwachsenen und einem Kind geborgen. Der bedeutendste Fund, die vollständige Schädeldecke einer 20 bis 30 Jahre alten Frau (Abb.: Rekonstruktion der Gesichtszüge), wurde 1925 nach einer Sprengung in 18 m Tiefe gemacht. Das geologische Alter dieser Frühmenschen schätzt man aufgrund paläontologischer und archäologischer Begleitfunde sowie radiometrischer Datierung auf 160 000 bis 240 000 Jahre.

Um 160 000 In Äthiopien leben Frühmenschen, deren anatomische Merkmale bereits denen des Homo sapiens sapiens ähneln. Forscher fanden 1997 drei Schädel von zwei Erwachsenen und einem Kind, die als die ältesten entdeckten Überreste des modernen Menschen gelten. Zur Unterscheidung von seinen modernen Nachfahren erhielt die entdeckte Spezies die Bezeichnung **Homo sapiens idaltu** (idaltu = »der Ältere«).

Um 130 000 In Australien wüten in verstärktem Maß **Waldbrände**. Darauf deuten Holzkohlereste, die in den Ablagerungen des Lake George im heutigen Bundesstaat New South Wales gefunden werden. Darüber hinaus entdecken Forscher bei Bohrungen im Meeresboden zwischen Australien und Indonesien zunehmend Pollenschichten feuerresistenter Pflanzen, die sich über kohlehaltigen Lagen befinden. Dies wird als Hinweis darauf gedeutet, dass sich die Vegetation vor 130 000 Jahren den neuen Umweltbedingungen angepasst hat.

In Zentralafrika bedecken die Wassermassen des **Tschadsees** ein riesiges Gebiet. Die Fläche des Süßwassersees ist mit etwa 380 000 km² 16-mal größer als heute. Sein Wasserspiegel liegt 50 m tiefer als das jetzige Niveau.

Um 120 000 Während des Eem-Interglazials, der letzten Warmzeit des Eiszeitalters, bildet sich in verschiedenen Gebieten Europas in großen Mengen so genannter **Süßwasser-Kalktuff**. Der poröse Kalkstein, an dessen Entstehung pflanzliche Organismen beteiligt sind, wird durch das Entweichen von Kohlensäure aus kalkhaltigen fließenden Gewässern gebildet.

Beim heutigen **Lehringen** in Schleswig-Holstein treiben Neandertaler einen Waldelefanten in den Uferbereich eines Sees und erlegen ihn mit einer Lanze. Die Waffe bleibt im Körper des Tieres stecken. Im Jahr 1946 wird die in elf Einzelteile zerbrochene Lanze zwischen den Rippen des Elefantenskelettes in der Mergelgrube entdeckt.

Auf der Nordinsel Neuseelands erschüttern vulkanische Eruptionen den Erdboden. Große Massen an Lava dringen aus dem Erdinnern und formen einen vollkommen symmetrischen Berg: den **Mount Egmont**. Der von den Maori Taranaki genannte Vulkan erhebt sich in einer heute dicht besiedelten Ebene 2518 m über den Meeresspiegel.

In der Nähe der heutigen finnischen Stadt Kristiinankaupunki am Bottnischen Meerbusen bewohnen Frühmenschen eine Felsspalte am Hang des Berges Susivuori. In der **Wolfshöhle** entdecken Archäologen in einer Erdschicht Spuren von Feuerstellen und Steinwerkzeuge. Auffällig ist die hohe Zahl an Geröllwerkzeugen. Sie sind nur anhand von Gebrauchsspuren als vom Menschen benutzte Geräte identifizierbar.

Um 130 000

Beringstraße vereist – Moschusochsen wandern nach Amerika

In der letzten Phase der Saale-Eiszeit fällt das Klima so stark ab, dass die Beringstraße vereist und eine natürliche Brücke zwischen dem äußersten Osten Asiens und dem amerikanischen Kontinent bildet. Zu den Großsäugern, die diese Landverbindung nutzen, zählen die Moschusochsen (s. Abb.), die – aus dem nördlichen Asien kommend – ihr späteres Hauptverbreitungsgebiet in den nordamerikanischen Tundren besiedeln. Anders als ihr Name vermuten lässt, zählen Moschusochsen nicht zu den Rindern, sondern zu den Wildschafen. Ihr dickes Fell ist an das Leben in eisiger Kälte gut angepasst, mit Schnee kommen sie hingegen schlecht zurecht. Weder können sie – wie etwa Rentiere – unter einer dichten Schneedecke nach Nahrung suchen, noch sind ihre kurzen Beine für hohe Schneelagen geeignet.

Moschusochsen sind ausgeprägte Herdentiere. Zur Verteidigung gegen ihren Hauptfeind, den Wolf, haben sie eine besondere Strategie entwickelt. Sobald die Herde einen Wolf wittert, weicht sie bis zur nächsten Hügelkuppe aus, um dort einen Ring zu bilden, in dessen Mitte die Kälber und Muttertiere stehen, während die anderen Tiere ihre spitzen Hörner gegen die Angreifer richten.

Eine besondere Rolle spielen die breiten Basen dieser Hörner in den Kämpfen der männlichen Moschusochsen um die Vorrangstellung innerhalb der Herde. Bei diesem Kräftemessen rennen die beiden konkurrierenden Stiere mit weitem Anlauf und großer Geschwindigkeit aufeinander zu, um ihre Köpfe zusammenprallen zu lassen. Schädel und Halswirbel sind so verstärkt, dass sie diese schweren Erschütterungen überstehen. Verlierer ist, wer erschöpft, aber gleichwohl unverletzt den Zweikampf aufgibt.

Um 125 000–40 000

Micoquien-Kultur: Verfeinerung der Steinwerkzeuge

Parallel zum Moustérien entwickelt sich in West-, Mittel- und Osteuropa das Micoquien, das seinen Namen der Höhle von La Micoque (s. Abb. u.) im französischen Departement Dordogne verdankt. Man kennt Funde dieser Kulturstufe aus fast allen Teilen Deutschlands, so aus Niedersachsen, Nordrhein-Westfalen, Rheinland-Pfalz, Sachsen-Anhalt, Thüringen, Bayern und Baden-Württemberg; nur im äußersten Norden fehlen sie ganz.

Die Anfänge des Micoquien fallen mit dem Beginn des Eem, der letzten großen Warmzeit, zusammen, seinen Höhepunkt erreicht es dann in der Weichsel-Eiszeit.

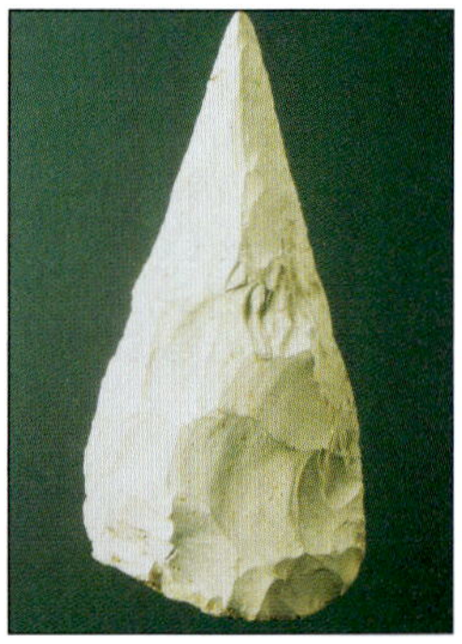

Menschliche Fossilien konnten bis dato noch nicht gemeinsam mit den Artefakten dieser Kulturstufe entdeckt werden. Die Eckdaten legen jedoch nahe, das Micoquien dem Neandertaler zuzuordnen. Eine bestimmte Bearbeitungstechnik unterscheidet die Artefakte des Micoquien sowohl von denen der noch immer existierenden Moustérien-Kultur wie auch von allen früheren und späteren Steinwerkzeugen. Ein charakteristisches Merkmal ist die beidseitige Bearbeitung, wobei der Abschlag immer in die gleiche Richtung geschieht. Typische Werkzeuge sind lang gestreckte Halbkeile, spitze Fäustel, Keilmesser, Faustkeilblätter (Abb. o.: typischer Faustkeil) und beidseitig beschlagene Schaber. Ein Harzrest mit dem Negativabdruck eines Steinwerkzeugs aus Sachsen-Anhalt deutet darauf hin, dass bestimmte Werkzeuge bereits mit Griffen versehen werden, wobei der Harz als Klebemasse dient.

Die Menschen des Micoquien sind erfolgreiche Jäger, die sich bei ihrer Beuteauswahl den natürlichen Bedingungen anpassen. In Rheinland-Pfalz stellen sie bevorzugt Wisenten nach, in Sachsen-Anhalt und Niedersachsen werden vor allem Rentiere und Mammute, aber auch Wildpferde, Wildesel und Wollnashörner gejagt.

Um 125 000–20 000

Der Höhlenbär durchstreift Europa

Moderne Rekonstruktion eines Höhlenbären in gebirgiger Landschaft

Mit dem Beginn des Jungpleistozäns tritt der Höhlenbär in Erscheinung. Dieses wuchtige Tier, das selbst die heute lebenden Grizzly-Bären Alaskas an Größe übertrifft, ist ein Nachfahre des mittelpleistozänen Deninger-Bären (»Ursus deningeri«). Als eines der wenigen Säugetiere, die sowohl in der Waldelefanten- wie in der Mammut-Fauna heimisch sind, breitet er sich mit dem Beginn der Eem-Warmzeit in ganz Europa aus, um dann auch zu einem typischen Vertreter der nachfolgenden Weichsel-Eiszeit zu werden. Sein dichtes Fell und der massive Körperbau erleichtern es ihm, auch bei kalten Temperaturen die Körperwärme aufrechtzuerhalten.

Seinen Namen verdankt der Höhlenbär den zahllosen fossilen Skeletten, die zu einem überwiegenden Teil in Höhlen gefunden werden. Er bevorzugt jedoch keineswegs das Leben in unterirdischen Verstecken. Wie die heute lebenden Bären geht er im Tageslicht auf die Suche nach Früchten, Beeren, Kräutern und wildem Honig. Gelegentlich fällt er auch über kleinere Säugetiere her, obwohl er vorwiegend vegetarisch lebt. Obgleich ihn seine großen Eckzähne eindeutig als Raubtier ausweisen, zeigen die Merkmale seiner Backenzähne, dass er sich zu großen Teilen von pflanzlicher Kost ernährt.

Während die meisten Großsäuger der Mammut-Steppe auf der gesamten Nordhalbkugel verbreitet sind, ist der Höhlenbär eine rein europäische Form. Sein Verbreitungsgebiet reicht von Südengland bis zu den Pyrenäen, nach Griechenland und zum Kaukasus. Die meisten fossilen Funde werden in Gegenden gemacht, wo es Gebirgszüge und Höhlen gibt. In der europäischen Tiefebene, die sich vom Norden Hollands über Deutschland und Polen bis zum Ural erstreckt, sind Funde hingegen außerordentlich rar. Ob allerdings die Fundsituation auch die tatsächliche Verbreitung widerspiegelt, kann bezweifelt werden. Möglicherweise ist das Fossilisationspotenzial in den Höhlen der Mittel- und Hochgebirge einfach unverhältnismäßig größer.

Es gibt nicht wenige Höhlen, in denen sich die fossilen Überreste von Hunderten, wenn nicht von Tausenden Höhlenbären finden. In der Drachenhöhle in Mixnitz in der Steiermark wurden rund 250 000 Knochen geborgen, die von geschätzten 30 000 Tieren stammen. Noch 1860, ein Jahr nach dem Erscheinen von Darwins Schrift »Über die Entstehung der Arten«, wurde zur Erklärung solcher gigantischer Knochenberge die biblische Sintflut herangezogen. Der wirkliche Grund dürfte sein, dass in jeder Generation immer wieder zahllose Bären den Winterschlaf nicht überleben, weil sie entweder alt oder krank sind oder weil ihre Fettreserven für einen strengen Winter nicht ausreichen. Über die Jahrtausende häufen sich die Skelette solcher Tiere in den Höhlen an.

Um 125 000–110 000

Eem-Warmzeit: Zum letzten Mal siedeln sich exotische Tierarten in Mitteleuropa an

Mit dem Eem beginnt die letzte große Warmzeit innerhalb des quartären Eiszeitalters. Die steigenden Temperaturen heben den Meeresspiegel an, das Nordsee- und das Ostseebecken werden überflutet. Zum letzten Mal wandern etliche exotische Tierarten in Mitteleuropa ein. Das Flusspferd breitet sich bis nach England aus und auch in den jetzt zahlreichen Rheinarmen ist es stark vertreten. Zur charakteristischen Waldelefanten-Fauna des Eem zählen neben dem namensgebenden Tier das Waldnashorn und vereinzelt auch das Steppennashorn, des Weiteren Bison, Wisent und Wasserbüffel, Löwe und Leopard, Breitstirnelch sowie die Sumpfschildkröte, die für Paläontologen ein wichtiger Klimaindikator ist. Von den noch heute vorkommenden Arten sind unter anderem Damhirsch, Reh und Wildschwein vertreten.

Die Fauna des Eem lässt stärker an die afrikanische Savanne als an europäische Wälder denken. Der für die heutige Savanne typische jahreszeitliche Wechsel zwischen Trocken- und Regenzeiten findet in Mitteleuropa allerdings nicht statt. Auch die Flora hat mit derjenigen der Savanne nichts gemein. Vielmehr werden während dieser Warmzeit weite Gebiete Mitteleuropas von geschlossenen Eichenmischwäldern mit Ulmen, Haselnuss und Linden bedeckt. Pollenanalytische Befunde, die als sehr zuverlässig gelten, zeigen, dass die Offenlandarten im Baumbestand dieser Epoche eine Ausnahme sind (Abb.: Mischwald).

Während des Eems ist es auch keineswegs so tropisch warm, wie die Verbreitung von Flusspferd und Wasserbüffel vermuten lässt. Die Jahresdurchschnittstemperaturen ähneln vielmehr den heutigen Werten. Da die exotischen Tiere kaum lange Frostperioden überdauern können, ist davon auszugehen, dass sich das Klima unter atlantischem Einfluss durch weniger heiße Sommer, aber wesentlich mildere Winter auszeichnet.

Um 110 000 Die Höhlen der **Schwäbischen Alb** werden von Frühmenschen als Wohnstätten genutzt. So ist die Höhle Hohlenstein-Stadel im heutigen Alb-Donau-Kreis das Rückzugsgebiet von Neandertalern. In der durch den Fund einer Elfenbeinstatuette aus dem Jungpaläolithikum, dem so genannten Löwenmenschen, berühmt gewordenen Grotte entdecken Archäologen in tieferen Schichten den Oberschenkelknochen eines Neandertalers.

Bei einem gewaltigen **Vulkanausbruch** im Mittelmeergebiet werden riesige Mengen an Asche in die Atmosphäre geschleudert. Die feinen Aschepartikel sinken auf den Meeresboden und werden im Laufe der Zeit von Tiefseesedimenten überlagert. Bei Untersuchungen des Meeresbodens werden die in die letzte Warmzeit datierenden Ablagerungen entdeckt. Trotz genauer mineralogischer und geochemischer Analysen ist bis heute unklar, von welchem Vulkan die Ascheschichten stammen.

Die aus Muschelkalk gebildeten Höhenzüge des **Tafeljura** in der heutigen Schweiz dienen Frühmenschen als Lebensraum. Davon zeugt ein bei Magden im unteren Fricktal (heute Kanton Aargau) gefundener Faustkeil. Er ist aus Chalcedon-Hornstein gefertigt. Das feinfaserige Gestein findet auch im späteren Jungpaläolithikum vielfach Verwendung. Der Faustkeil von Magden zählt zu den ältesten Artefakten, die bislang in der Schweiz entdeckt wurden.

Im Gebiet des **Garibaldi Lake,** etwa 65 km nördlich von Vancouver (Kanada), kommt es zu letzten vulkanischen Aktivitäten. Die zerklüftete Berggegend im heutigen 194 650 ha großen Garibaldi Provincial Park ist durch zahlreiche Eruptionen geformt worden. Sie wurden durch den Zusammenprall der Juan-de-Luca Platte und der nordamerikanischen Kontinentalplatte ausgelöst.

Um 105 000 Neandertaler durchstreifen die hügelige Landschaft der **Vulkaneifel**. Im Jahr 1997 wurden im Bereich des Vulkans Wannenköpfe in der Nähe von Ochtendung die Fragmente eines frühmenschlichen Schädels entdeckt. Anthropologische Untersuchungen ergaben, dass es sich bei den fossilen Resten um das Schädeldach eines etwa 30 bis 45 Jahre alten männlichen Neandertalers handelt. Auffällig sind die Bearbeitungsspuren, die der Fund aufweist: Man vermutet, dass die Schädelkalotte als eine Art Gefäß benutzt wurde.

In den **Klasies River Mouth Höhlen** im heutigen Südafrika leben Vertreter des archaischen Homo sapiens. Ihr Körperbau entspricht bereits dem moderner Menschen, wie die Augen- und Stirnpartien späterer Schädelfunde belegen.

Um 100 000

Qafzeh-Höhle: Cro-Magnon-Vorfahren bestatten ihre Toten

Im heutigen Israel leben archaische moderne Menschen, die dem Homo sapiens anatomisch in vielerlei Hinsicht näher stehen als dem Neandertaler. Sie bestatten nachweislich ihre Toten und geben ihnen Grabbeigaben mit. So finden sich in der Qafzeh-Höhle die Gräber von insgesamt 21 Säuglingen, Kindern, Jugendlichen und Erwachsenen, darunter ein Doppelgrab, in dem eine etwa 20-jährige Frau mit einem Kleinkind beigesetzt ist. Die ältesten bislang bekannten Belege für Grabbeigaben liefert das Grab eines Kindes, in dessen Armen sich der Teil eines Hirschkopfes befindet, den man ihm vermutlich ursprünglich auf den Körper gelegt hatte. Die ersten Funde in der Qafzeh-Höhle – Überreste von sieben Individuen – wurden in den 1930er-Jahren gemacht. Bei Grabungsarbeiten zwischen 1965 und 1980 fand man Teilskelette und Fragmente (Abb.: Schädel eines Homo sapiens) von mindestens 14 weiteren Personen. Zunächst wurde ihr Alter auf etwa 40 000 bis 50 000 Jahre taxiert. Durch neue Techniken wie das Thermolumineszenzverfahren und die Elektronenspinresonanzmethode korrigierte man die Altersschätzung auf mindestens 92 000, wahrscheinlicher sogar 100 000 Jahre. Auch die anfängliche Zuordnung zu den Neandertalern wurde nach genaueren Untersuchungen revidiert. Heute betrachtet man die Menschen von Qafzeh als unmittelbare Vorfahren des Cro-Magnon.

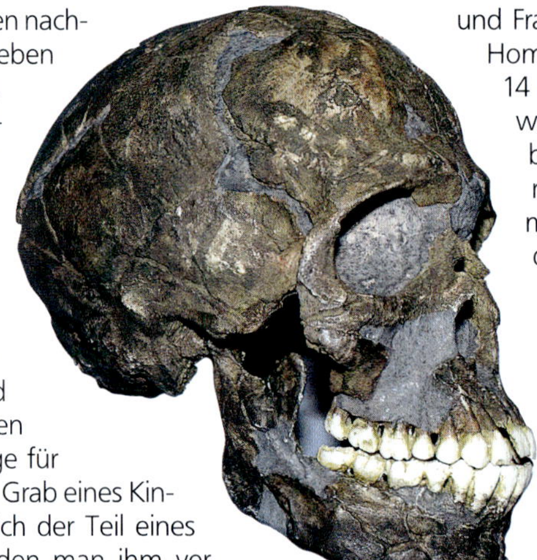

Um 110 000–11 500

Im Griff der Kälte – Riesiger Eispanzer bedeckt Skandinavien

In der bislang letzten großen Kälteperiode, die im Norden Europas als Weichsel-Glazial und in den Alpen als Würm-Eiszeit bezeichnet wird, kommt es erneut zu einem starken Abfall der Temperaturen. Die Vergletscherungen erreichen auf dem Festland nicht ganz die Ausmaße früherer Eiszeiten, doch ist dies nicht auf ein milderes Klima, sondern auf geringere Niederschlagsmengen zurückzuführen. Gelegentlich wird die anhaltende Kälteperiode durch kürzere wärmere Abschnitte, die so genannten Interstadiale, unterbrochen.

Der dicke Eispanzer über Skandinavien wächst im Laufe der Weichsel-Eiszeit auf eine Stärke von etwa drei Kilometern an. Zeitweise vereinigen sich die skandinavischen Eismassen mit den kleineren Eiskuppen über den Britischen Inseln. Da in den Gletschern große Wassermengen gebunden werden, sinkt der Meeresspiegel um 100 bis 120 m. Weite Schelfgebiete im Bereich der Nordsee fallen dadurch trocken. Auf dem Höhepunkt der Eiszeit, dem Brandenburger Stadium vor etwa 20 000 Jahren, reichen die Festlandgletscher bis nach Berlin, Schwerin und Kiel, wo sie bis heute gut erkennbare Endmoränen (Abb.: Toteisloch in der Endmoräne des Weichsel-Glazials bei Prenzlau) hinterlassen. Auch in der Alpenregion vereisen die Täler.

Die Flora und Fauna der Eem-Warmzeit wird bis auf wenige Ausnahmen verdrängt. Durch den Permafrostboden ist Mitteleuropa fast baumlos. In den Interstadialen bildet sich mancherorts ein lichter Birken-Kiefern-Mischwald. Mit dem Mammut wandern u. a. Rentiere, Wollnashörner, Moschusochsen, Saiga-Antilopen und Eisfüchse ein.

Um 110 000–70 000

Zwei Blätter in 100 Jahren

Mit der Weichsel-Würm-Eiszeit treten erstmals nachweislich Vertreter der Pflanzenordnung Gnetales in Erscheinung. Ihre fossilen Überreste finden sich in spätglazialen Bodenschichten. Da diese Ordnung entwicklungsgeschichtlich zwischen Nackt- und Bedecktsamern steht, vermuten Forscher, dass sie sich bereits deutlich früher entwickelt hat, doch sind die Funde von Pollen und Sprossresten aus tertiären Schichten umstritten.
Die Gnetales umfassen ein Spektrum äußerst unterschiedlicher Pflanzentypen, deren Gemeinsamkeit darin besteht, dass sie zwar nacktsamig sind, ihr Holz aber, wie bei den Laubbäumen, Gefäße besitzt. Bekannt sind die drei Gattungen Gnetum, Ephedra und Welwitschia.
Zur Gattung Gnetum zählen etwa 30 bekannte Arten. Es sind tropische Sträucher oder Lianen mit ledrigen Laubblättern, die heute vor allem in Afrika, auf einigen pazifischen Inseln und im äquatorialen Südamerika beheimatet sind. Die Blätter sind gegenständig und netzadrig, die kleinen Blüten stehen in ährenförmigen Blütenständen.
Die Gattung Ephedra, die während des Jungpleistozäns in Mittel- und Nordeuropa verbreitet ist, umfasst etwa 40 noch heute lebende Arten. Zu ihren bekanntesten Vertretern zählt das Meerträubel, ein 50 bis 100 cm hoher Strauch, der im Mittelmeerraum und in Asien an steinigen Hängen und auf trockenen Sandböden wächst und in seiner Erscheinung an den Besenginster erinnert. Alle Vertreter der Gattung Ephedra bevorzugen ein warmes und trockenes Klima.
Während die ersten beiden sehr artenreich vorkommen, ist die Gattung Welwitschia nur mit einer einzigen Art vertreten, die heute an einigen Standorten in Namibia gedeiht. Die Welwitschia mirabilis (s. Abb.) der Namib-Wüste ist ein Kuriosum in der Pflanzenwelt: In ihrem 100 Jahre dauernden Leben entwickelt sie nur zwei, allerdings lebenslang nachwachsende, bandförmige Laubblätter, die sich zu einem Knäuel von bis zu 1 m Durchmesser verschlingen.

Um 100 000

Kannibalismus unter Neandertalern

In der Höhle von Moula-Guercy unweit der Stadt Valence im französischen Rhône-Tal werden zwei jugendliche und mehrere erwachsene Neandertaler Opfer eines kannibalischen Festmahls. Untersuchungen der Schnittstellen, Brüche und Schlageinwirkungen an den Knochen ergeben, dass sie auf dieselbe Art zerlegt werden wie Wildpferde oder Hirsche. Auch das fettreiche Knochenmark wird nicht verschmäht. Ob es sich hier um einen Fall von kulinarischem Kannibalismus oder aber einen ritualisierten Verzehr von Stammesgenossen handelt, ist ebenso ungewiss wie die Frage, ob die Opfer gezielt getötet wurden oder ob sie ungünstigen Umwelteinflüssen erlegen sind.

Fragment eines Oberschenkelknochens aus der Höhle von Moula-Guercy (Frankreich). Der Knochen wurde mit einem Steinhammer aufgebrochen, um an das Mark zu gelangen.

Dass es in der Entwicklungsgeschichte der Menschen von ihren frühesten Anfängen bis in das 20. Jh. vielerorts immer wieder Fälle von Kannibalismus oder – wie die Paläoanthropologen sagen – von Anthropophagie gegeben hat, steht außer Zweifel. Ebenso unumstritten ist inzwischen aber auch, dass die frühe Paläoanthropologie durch die Fehlinterpretation mancher Funde übertriebene Vorstellungen vom Umfang und Ausmaß kannibalischen Verhaltens erweckt hat – ähnlich wie spätere Eroberer und Missionare bestimmte Bestattungsriten in Mittelamerika, Afrika und Ozeanien auch fälschlicherweise als Zeichen von Kannibalismus interpretiert haben. Zahlreiche Verletzungen an fossilen Schädeln und Knochen, die viele Jahre lang auf menschliche Einwirkung zurückgeführt werden, können durch neuere Analysen zweifelsfrei als Fraßspuren etwa von Leoparden, Löwen und Hyänen identifiziert werden.
Menschliche Beteiligung ist dann unumstritten, wenn sich an den Knochen Spuren von Werkzeugeinwirkung finden. Ob die Leichen aber auch getötet und gegessen werden, lässt sich rückblickend kaum beweisen.

Um 100 000 Entlang des Flusses **Dnjestr** in der heutige Ukraine durchstreifen Neandertaler die Steppe. Als Basis für ihre Jagdzüge nutzen die Frühmenschen eine einfache Behausung. Sie weist einen ovalen Grundriss von 5 x 8 m auf und wird von Mammutknochen begrenzt. Bei den Ausgrabungen in der Nähe von Molodowa entdeckten Archäologen zahlreiche Schädel, Stoßzähne, Becken- und Schulterblattknochen, dazu Unterkiefer sowie Röhrenknochen der Elefanten.

Neandertaler stellen nicht nur aus Steinen Werkzeuge her. Auch aus Knochen fertigen die Frühmenschen Geräte. Als ältestes Beispiel eines **knöchernen Faustkeils** in Deutschland gilt ein bei Rhede in Nordrhein-Westfalen gefundenes Exemplar. Der aus einem Oberschenkelknochen geschnitzte Faustkeil wird bei Arbeiten in einer Sandgrube entdeckt. Zusammen mit eiszeitlichen Tierresten und Flusskieseln wird das Werkzeug von einem Bagger ans Tageslicht gefördert.

Um 80 000 Im heutigen Grootfoontein in Namibia schlägt der so genannte **Hoba-Meteorit** auf den Erdboden. Der Himmelskörper wiegt etwa 54,4 t und besteht zu 82 Prozent aus Eisen. Damit ist er der größte bisher auf der Erde entdeckte Eisenmeteorit.

Um 70 000 Durch Verschwelung von Birkenrinde stellen Neandertaler **Birkenpech** her. Der Klebstoff dient zur Schäftung von Werkzeugen und zur Abdichtung von Gefäßen. Darauf deuten zwei Harzklumpen, die an einem mittelpaläolithischen Fundplatz im Braunkohletagegebiet Königsaue gefunden werden. Untersuchungen an den Harzresten ergeben, dass die Klumpen durch Kneten in eine längliche Form gebracht wurden. Sie enthalten eine hohe Konzentration der Substanz Betulin, die bei der Herstellung von Birkenpech entsteht.

Reiche Beute machen Neandertaler im heutigen Rheinland-Pfalz. Davon zeugen unzählige Knochen erlegter Wildesel. Sie werden im Krater des erloschenen Vulkans **Plaidter Hummerich** im Kreis Mayen-Koblenz und im heute trockenen Sumpfgebiet bei Wallertheim entdeckt. Hier werden auch zahllose Beutereste von Wisenten gefunden.

Um 100 000–30 000

Neandertaler entwickeln

In Europa lebt mit dem Neandertaler ein vermutlicher Gegenentwurf und Rivale zu unserer eigenen Spezies, dem Homo sapiens sapiens. Seiner Statur nach ist er starkknochig und von leicht gedrungener Gestalt. Aber er verfügt nicht nur über eine kräftige Physis, auch als Jäger, Handwerker und Erfinder ist er zu erstaunlichen Leistungen fähig.

Der klassische Homo neanderthalensis, ein Nachfahre des Homo heidelbergensis, ist in seiner Verbreitung auf Europa und den Nahen Osten beschränkt. Zu seinen besonders herausstechenden Merkmalen zählen ein relativ großes Gehirn, eine flache Stirn, ausgeprägte Überaugenwülste, eine vorspringende Nase, das fliehende Kinn, ein kegelförmiges Hinterhaupt und eine leichte Biegung des Oberschenkelbeins und anderer Gliedmaßenknochen. Der größte bis heute gefundene Neandertaler, ein etwa 25-jähriger Mann aus der Amud-Höhle in Israel, war mit 1,80 m für diesen Typus fast schon ein Riese.

Ob der Homo neanderthalensis als eine eigene Spezies oder aber als Unterart des Homo sapiens zu betrachten sei, ist unter Wissenschaftlern bis heute umstritten. Die jüngsten paläogenetischen Untersuchungen an der Universität von Pennsylvania deuten darauf hin, dass sich die letzten beiden großen Linien im menschlichen Stammbaum bereits vor etwa 600 000 Jahren voneinander getrennt haben und der Neandertaler deshalb als eigene Spezies anzusehen ist.

Wegen seiner gedrungenen Statur und der starken Augenwülste pflegt man in der Wissenschaft wie in der Öffentlichkeit lange Zeit das Klischee vom Neandertaler als einem primitiven Muskelprotz. Nach neueren Untersuchungen der insgesamt rund 340 Funde in Europa und Israel bedarf diese Darstellung jedoch einer Korrektur. Nicht anders als der anatomisch moderne Mensch fertigt auch der Neandertaler Werkzeuge (Abb.: Keilmesser aus der Balver Höhle), Waffen und sogar Schmuckgegenstände an, er pflegt Verwundete und bestattet seine Toten.

Kulturgeschichtlich gehört der klassische Neandertaler überwiegend zum Moustérien, einer

Szene aus dem steinzeitlichen Leben: Rekonstruktion einer Neandertalerfamilie

moderne Form der Kultur

Kulturstufe, die bereits sehr viel differenzierter und technisch ausgereifter ist als das vorhergehende Acheuléen. Etwa um 40 000 geht das Moustérien in das Châtelperronien über, benannt nach der französischen Höhle Châtelperron, dem Fundort der frühesten Artefakte dieses Abschnitts. In der Châtelperronien-Kultur vereinigen sich Elemente eines weiterentwickelten Moustérien mit der Benutzung von Knochenwerkzeugen und von verfeinerten Klingen, bei denen die Schneide mindestens doppelt so lang wie breit ist. Die Zuordnung dieser Kultur zu den Neandertalern ist unumstritten, da sowohl im französischen Saint-Césaire wie auch in Arcy-sur-Cure die Überreste von Neandertalern gemeinsam mit Châtelperronien-Werkzeugen gefunden werden. Nach etwa 10 000 Jahren verschwindet diese Kultur mit dem Neandertaler.

Der Homo neanderthalensis gilt als der erste Mensch, der vermutlich Kleidung getragen hat. Unmittelbare archäologische Beweise gibt es bislang noch nicht, doch zeigen die Schneidezähne der Neandertaler charakteristische Abnutzungserscheinungen, die auf die Gewohnheit deuten, Säugetierfelle und Sehnen zum Zweck der Bearbeitung mit dem Gebiss zu halten. Auch die Tatsache, dass sie jahrtausendelang im kalten Klima der Weichsel- und Würm-Eiszeit überleben können – erheblich früher als Homo sapiens sapiens –, lässt darauf schließen, dass ihnen Kleidung Schutz vor der eisigen Kälte bietet. Funde in Nordspanien und Frankreich beweisen auf jeden Fall, dass sie durchbohrte Muscheln, Zähne und Knochen als Körperschmuck tragen.

Der Homo neanderthalensis lebt als Jäger und Sammler. Welche Pflanzen auf seinem Speiseplan stehen, ist fossil allerdings nicht überliefert. Doch in den wärmeren Abschnitten des Weichsel-Glazials ist der Haselstrauch mit seinen Nüssen weit verbreitet. Außerdem gibt es essbare Eicheln, wilde Beeren und Schlehen. Eine Ergänzung auf dem stark fleischlastigen Speiseplan des Neandertalers könnten auch die genießbaren Knollen und Zwiebeln verschiedener Blumenpflanzen darstellen.

Bei der Jagd beschränkt sich der Neandertaler nicht nur auf kleine Beutetiere. Vielmehr stellt er Mammuten, Wildpferden, Rentieren, Bisons und selbst Bären nach. Da er noch keine Schleuder kennt, wirft er seine Geschosse mit der bloßen Hand. Als Waffen dienen ihm mit steinernen Spitzen versehene Speere und große Kieselsteine. Die Neandertaler gehen in Gruppen auf die Jagd. Junge, kranke oder verletzte Tiere werden so lange gehetzt, bis sie erschöpft zusammenbrechen und erlegt werden können. Eine andere Methode ist die Treibjagd, bei der die Beutetiere entweder über eine Klippe oder in eine Schlucht getrieben werden. Es ist außerdem sehr wahrscheinlich, aber noch nicht endgültig bewiesen, dass der Neandertaler großen Beutetieren auch mit Fallgruben und Niederwild mit der Schlingenjagd nachstellt.

Alltags- und Jagdkluft: Lendenschurz aus Fell

Mit Sicherheit macht er sich bei der Jagd auch seine Kenntnis des Feuers zunutze. Er ist nicht mehr auf einen zufälligen Blitzschlag angewiesen, sondern kann mit Hilfe zweier Steine einen Brand selbst entfachen. Weil durch das Schlagen von zwei Feuersteinen aber nur kalte Funken entstehen, benutzt er dafür einen Feuerstein und eine Schwefelkiesknolle. Die tiefen Furchen mancher Fundstücke weisen darauf hin, dass solche Steine über einen langen Zeitraum immer wieder verwendet werden.

Das Leben der Neandertaler ist gefährlich. Sowohl durch die riskante Jagd als auch durch Auseinandersetzungen zwischen einzelnen Gruppen kommt es häufig zu schweren Verletzungen. Skelettfunde aus verschiedenen Regionen zeigen aber auch, dass selbst bei schwersten Blessuren Heilungsspuren zu erkennen sind und dass sogar Individuen, die einen ganzen Arm verlieren oder schwere Kopfverletzungen erleiden, nicht notwendigerweise daran zugrunde gehen. Die Neandertaler kennen bereits ein Pflegeverhalten und vermutlich auch verschiedene Heilmethoden. Andererseits gibt es offensichtlich einen relativ weit verbreiteten Kannibalismus (siehe S. 353). Allein in der Höhle von Kaprina in Kroatien werden etwa 800 menschliche Knochen mit eindeutigen Schnittspuren geborgen.

Um 77 000

Gravuren in Ockersteinen

In der südafrikanischen Blombos-Höhle werden wenige Zentimeter große Kiesel aus Ockerstein zunächst an den Seiten glatt geschliffen und anschließend mit Gravuren verziert. Es handelt sich um schlichte geometrische Muster, die weder Gegenstände noch Beutetiere erkennen lassen. Als ihr Urheber gilt der Homo sapiens, der erste anatomisch moderne Mensch.

Mit einem Alter von 77 000 Jahren sind die Gravuren mehr als doppelt so alt wie die bis dahin ältesten entdeckten menschlichen Kunstwerke, die etwa 35 000 Jahre alten Malereien in der französischen Chauvet-Höhle. Zu welchem Zweck der Künstler die beiden Ockersteine verziert hat, liegt bislang noch im Dunkeln. Manche Wissenschaftler glauben, die Gravuren könnten einen symbolischen Charakter besitzen. Doch selbst wenn sie, wie ein französischer Experte für Höhlenmalerei vermutet, »bloße Kritzeleien« sind, so lassen sowohl die vorbereitenden Arbeiten wie die streng geometrische Ausführung auf entwickelte kognitive Fähigkeiten schließen. In der Blombos-Höhle werden darüber hinaus auch bearbeitete Knochenspitzen geborgen.

Um 100 000–30 000

Frühe Formen der Bestattung

Etwa drei Dutzend bislang nachgewiesene Gräber belegen, dass die Neandertaler Tote planmäßig bestatten. Gelegentlich werden bei den Verstorbenen Grabbeigaben gefunden, vor allem Nahrungsmittel und Steinwerkzeuge, aber auch Muscheln und Schmuck. Diese Ausstattung deutet darauf hin, dass die Neandertaler mit dem Tod religiöse oder spirituelle Überzeugungen verbinden. Möglicherweise ist sie aber auch der Ausdruck einer starken emotionalen Beziehung zwischen Verstorbenen und Hinterbliebenen.

Selten werden die Toten in eine Mulde gebettet, häufiger sind sie in Kauerstellung in Einzel-, Doppel- oder Familiengräbern beigesetzt. Eine Besonderheit ist die Neandertaler-Grabstätte »Shanidar 4« im Irak: Das Grab eines blinden und verkrüppelten Mannes weist eine außerordentlich hohe Konzentration von Pollen verschiedener Wild- und Heilpflanzen auf. Offensichtlich wurde der Mann bis kurz vor seinem Tod gepflegt und sein Leichnam dann mit Blumen und Heilpflanzen geschmückt. Die meisten archäologischen Zeugnisse für Bestattungen in Europa finden sich in Frankreich (Abb.: Rekonstruktion des Neandertaler-Grabes von La Chapelle-aux-Saints).

Ab 60 000

Um 60 000 Frühmenschen beherrschen die Kunst, **Schnüre** zu flechten und Knoten zu knüpfen. In der Blombos-Höhle in Südafrika wird eine Knochenspitze entdeckt, die ein regelmäßiges Rillenmuster aufweist. Es stammt vermutlich von einer Schnurumwicklung. Einen indirekten Nachweis der Technik liefert die Tatsache, dass die Frühmenschen in der Lage sind, Flöße und Wasserfahrzeuge herzustellen. Ohne verknotete Schnüre sind solche Konstruktionen nicht möglich.

Um 53 000 In der Nähe des heutigen **Lichtenberg** im Landkreis Lüchow-Dannenberg (Niedersachsen) lagert eine Gruppe von Neandertalern. Vermutlich hat die Aussicht auf reiche Jagdbeute die Jäger dazu bewegt, hier ihren Jagdplatz aufzuschlagen. Die erlegten Tiere werden mit Messern aus Feuerstein an Ort und Stelle für den Weitertransport zerlegt. Lichtenberg zählt zu den wenigen aussagekräftigen mittelpaläolithischen Fundstellen in der Norddeutschen Tiefebene.

Um 50 000 In Australien stirbt der **Riesenvogel** Genyornis newtoni aus. Zu diesem Ergebnis gelangen Forscher im 20. Jh. nach der Untersuchung von versteinerten Eierschalen aus über 200 Legeplätzen. Vermutlich haben die von den Ureinwohnern angefachten Waldbrände das Aussterben der Tierart entscheidend mitverschuldet. Dem straußenähnlichen Vogel wurde dadurch die Lebensgrundlage geraubt. Der zu den Dromornithiden zählende Genyornis newtoni war über zwei Meter groß und ernährte sich ausschließlich von Pflanzen.

Der **Bodenseegletscher** und der Linth-Rheingletscher dringen in die Gegend des heutigen Kantons Thurgau in der Schweiz vor. Die in den Voralpentälern liegenden Gletscherzungen formen die Landschaft zu einer Kältesteppe um. Die Region wird zur Heimat des Mammut. Dies belegen fossile Reste des Eiszeitelefanten, die in dem hügeligen Bergland gefunden werden.

Um 40 000 Auf der südlich von Australien gelegenen Insel Tasmanien wächst die Pflanze **Kings Lomatia** (Lomatia tasmanica). Der zur Familie der Silberbaumgewächse (Proteaceae) gehörende Strauch gedeiht in den niederschlagsreichen Regenwäldern und trägt eine auffällige rote Blüte. Die widerstandsfähige Pflanze überlebt die letzte Eiszeit sowie die Abtrennung Tasmaniens vom australischen Kontinent und existiert bis in die Gegenwart. Sie gilt heute als der älteste noch lebende Organismus.

Um 60 000

Starker Vulkanismus im französischen Zentralmassiv

Ein heftiger Vulkanausbruch im französischen Zentralmassiv bringt den Puy de Lemptéguy hervor. Eruptionen in rascher Folge lassen in einem Zeitraum von vor etwa 80 000 bis 8000 Jahren mit jedem Schub neuer Lavamasse einen neuen Vulkan entstehen. Die einzelnen Eruptionen dauern manchmal nur einige Tage, zuweilen aber auch mehrere Jahre. Auf einer Länge von 38 km bildet sich auf diese Weise die Chaîne des Puys mit rund 70 Vulkanen (s. Abb).

Das Zentralmassiv liegt zwischen dem Garonne-Becken, dem Pariser Becken sowie der Rhône-Saône-Senke und umfasst etwa ein Sechstel der Fläche Frankreichs. Im Jungpleistozän ist es noch reich bewaldet. Im Norden und Westen steigt es sanft an, in seinem Südosten ist es hingegen steil und scharf zerschnitten. Es besteht vor allem aus Graniten, Gneisen und Schiefern. Im zentralen Teil dieses Plateaugebirges erheben sich eine Reihe von Massiven, die ihren Ursprung in tertiärem und quartärem Vulkanismus haben und die zum Teil noch Spuren eiszeitlicher Vergletscherung zeigen. Den höchsten Gipfel bildet der 1886 m hohe Puy de Sancy. Das Plateau wird nach allen Seiten entwässert. Die Flussläufe des Nordens und Westens münden in den Atlantik, die des Südens und Ostens fließen ins Mittelmeer.

Um 60 000

Frühmenschen erreichen

In Südostasien bricht der Homo sapiens zu einem Unternehmen auf, das man in späteren Zeiten als »das größte Abenteuer der Menschheit« bezeichnen wird: Ohne ein sichtbares Ziel vor Augen und ohne zu wissen, wohin die Reise geht, wagt er sich auf den Ozean hinaus. Vom Malaiischen Archipel kommend, nimmt er Kurs auf Südost. Als Transportmittel dient ihm ein Floß

Beeindruckende Gesteinsformationen prägen den Mungo-Nationalpark im Südosten Australiens.

Um 50 000–30 000

Meteorit stürzt auf Arizona

Ein gewaltiger Meteorit mit einem Durchmesser von rund 45 m prallt im Südwesten Nordamerikas auf die Erde. Durch die Wucht des Zusammenstoßes wird in der Nähe von Flagstaff im heutigen Arizona der so genannte Canon Diabolo geschaffen, ein mächtiger Krater mit 1295 m Ausdehnung und 174 m Tiefe (s. Abb.).
Der Himmelskörper mit einer Masse von rund 300 000 t prallt mit einer geschätzten Geschwindigkeit von 190 km/s auf. Welche Energien durch diese Kollision freigesetzt werden, lässt die Tatsache erahnen, dass dabei 200 bis 300 Mio. t Gesteinsmassen aufgeworfen und aufgeschmolzen werden. Das Ungewöhnliche an diesem Meteoriten ist, dass er, anders als im Falle des Ries-Kraters oder des Steinheimer Beckens, nicht verdampft. Bei seinem Eintritt in die Atmosphäre erhitzt er sich so stark, dass die äußere Hülle abgeschmolzen wird. Die Aufschlagsenergie beim Aufprall auf die Erde reicht jedoch nur, um einen Teil des Himmelskörpers aufzulösen. Der Kern wird durch die Detonation zertrümmert, die Bruchstücke werden weit über den Umkreis des Kraters hinausgeschleudert. In einer Entfernung von bis zu zehn Kilometern hageln zum Teil tonnenschwere Brocken aus Nickeleisen herab.
Extraterrestrische Festkörper dieser Größe kommen extrem selten bis auf die Erde, da Meteoriten beim Eindringen in die Atmosphäre in der Regel ganz oder zumindest überwiegend verdampfen, wobei sie die typischen Leuchterscheinungen verursachen. Den Großteil der auf die Erde niedergehenden kosmischen Materie bilden daher kleinere Meteoriten mit einem Gewicht von wenigen Gramm bis zu höchstens einer Tonne.

den fünften Kontinent

oder Kanu. Auf einer Strecke von mehr als 100 km ist keine einzige Insel zu sehen. Erst nach Tagen auf See erreicht er rettendes Land: die Küste Australiens und Neuguineas.
Es ist ein gewagtes Unternehmen, das ohne die begünstigenden klimatischen Faktoren vermutlich zum Scheitern verurteilt wäre. Auf dem Scheitelpunkt der letzten großen Eiszeit sind große Wassermengen in den polaren Gletschern gebunden, der Meeresspiegel liegt etwa 100 m unter dem heutigen Niveau. Der Malaiische Archipel, der heute von Flachmeeren durchzogen ist, bildet noch eine große Landmasse, vor der einige kleinere Inseln liegen. Australien ist im Norden mit Neuguinea und im Süden mit Tasmanien fest verbunden.
Wie die Besiedelung des fünften Kontinents genau vor sich geht, lässt sich im Einzelnen nicht mehr rekonstruieren. Möglicherweise sind dem unbekannten »Kolumbus des Pleistozäns« andere Stammesmitglieder gefolgt. Denkbar ist auch, dass er zurückgekehrt ist, um weitere Siedler zu holen. In kürzester Zeit dringt der Frühmensch in das Landesinnere vor und erreicht schon sehr bald den mittleren Südosten. Obwohl er ein außerordentlich erfolgreicher Seefahrer ist, wendet er sich von der Küste ab und lebt als Sammler und Jäger im Binnenland. In Australien wird er zum Stammvater der Aborigines, und in Neuguinea, wo sich der Frühmensch erst vor rund 35 000 Jahren dauerhaft niederlässt, gehen aus ihm die Papua hervor.

Unter dem Einfluss der »Out-of-Africa«-Hypothese, nach der die weltweite Ausbreitung des Homo sapiens von seinem Ursprung in Afrika aus erfolgt, glaubt man noch bis vor relativ kurzer Zeit, Australien sei erst vor etwa 30 000 Jahren besiedelt worden. Die Funde von rund 60 000 Jahre alten Artefakten in Arnhemland, der mutmaßlichen Anlaufstelle der ersten Siedler im Norden Australiens, sowie genauere Untersuchungen der Funde am Lake Mungo widerlegen jedoch diese Ansicht – mit weitreichenden Folgen für die Paläoanthropologie: Nun gerät die »Out-of-Africa«-Hypothese als solche auf den Prüfstand.

Aborigines – australische Ureinwohner

Um 60 000

Bestattungen am Lake Mungo

Am Lake Mungo im südöstlichen Australien werden Menschen in ritualisierten Bestattungszeremonien beigesetzt. Die Toten werden mit rotem Ocker bestreut und nicht, wie es in Europa üblich ist, in Kauerstellung bestattet, sondern in flache Mulden gelegt.
Der bislang wichtigste Fund am Mungo-See ist »Mungo 3«, das Skelett eines männlichen Homo sapiens. Wie auch andere Funde wird es lange Zeit auf ein Alter von etwa 30 000 Jahren geschätzt. Zweifel an dieser Datierung erwachten in den 1990er-Jahren, als die Luminiszenzanalyse der archäologischen Zeugnisse auf ein sehr viel höheres Alter wies. Im Jahr 2000 wurde schließlich mittels Elektronenspinresonanz, einem als zuverlässig geltenden Verfahren, der Zahnschmelz von »Mungo 3« analysiert. Die Untersuchung ergab, dass dieser Homo sapiens vor 57 000 bis 69 000 Jahren gelebt haben muss.
Dieser Befund ist deshalb überraschend, weil er eine weit verbreitete Vorstellung von der Ausbreitung des anatomisch modernen Menschen, die so genannte »Out-of-Africa«-Hypothese, in der aktuellen Form eindeutig widerlegt. Das veranlasste zwei australische Paläogenetiker, zehn der in Australien geborgenen Fossilien des anatomisch modernen Menschen einer genetischen Untersuchung zu unterziehen. Die im Januar 2001 veröffentlichte Analyse kommt zu dem Resultat, dass die DNA der meisten Fossilien im Wesentlichen der DNA moderner Menschen entspreche. In zwei Fällen, unter ihnen das älteste Skelett »Mungo 3«, zeige sich allerdings eine ganz erhebliche Abweichung von der üblichen Variationsbreite. Die Ergebnisse gelten als wichtige Belege für die Hypothese von einer multiregionalen, parallelen Evolution des modernen Menschen in verschiedenen Weltregionen.

Das Ende der Neandertaler

Die Geburtsstunde der frühen Neandertaler schlägt vor rund 220 000 Jahren. 120 000 Jahre später beginnt ihre so genannte klassische Zeit. Sie fertigen Werkzeuge, Waffen und Schmuck, pflegen Kranke oder Verletzte und bestatten ihre Toten mit Grabbeigaben. Nicht zuletzt dank ihres großen Gehirns sind sie in der Lage, sich den zahlreichen Klimaumschwüngen des Eiszeitalters anzupassen. In den Kälteperioden ziehen sie sich aus dem europäischen Norden zurück, um ihn dann mit Beginn der nächsten Warmzeit erneut zu besiedeln. Doch vor rund 30 000 Jahren verlieren sich relativ plötzlich ihre Spuren. Bis heute ist ihr Verschwinden nicht schlüssig zu erklären.

Rivale Homo sapiens

Als gesichert gilt, dass es einen Zusammenhang zwischen dem Verschwinden des Homo neanderthalensis und dem Auftauchen des Homo sapiens gibt. Nach einer verbreiteten und durch zahlreiche archäologische Funde belegten Hypothese erscheint der anatomisch moderne Mensch vor rund 40 000 Jahren von Afrika kommend in Europa. Er besiedelt den Schwarzmeerraum, dringt entlang der Donau nach Mitteleuropa vor und erreicht spätestens vor 32 000 Jahren Frankreich. Jüngste Funde aus Kroatien beweisen jedoch, dass der alte und der neue Europäer mindestens 10 000 Jahre in Koexistenz leben, im sehr viel früher besiedelten Nahen Osten sogar 60 000 Jahre. Erst dann wird der Homo neanderthalensis vom Homo sapiens offenbar verdrängt.

Rekonstruktion eines Neandertalers nach einem Schädelfund bei La Chapelle-aux-Saints (Frankreich)

Über diesen Prozess des Verschwindens gibt es im Großen und Ganzen zwei Hypothesen: die Verdrängungstheorie und die Hybridisierungstheorie. Nach der Letzteren vermischt sich die Population der alten Europäer im Laufe von Jahrtausenden mit den Einwanderern. Die Neandertaler wären damit im modernen Menschen gleichsam aufgegangen. Vertreter der Verdrängungstheorie hingegen widersprechen vehement dieser Vorstellung. Tatsache ist jedoch, dass sich sowohl die Verfechter der einen wie auch der anderen Theorie in ihrer Argumentation auf Fossilfunde und neueste wissenschaftliche Untersuchungen stützen.

Die bislang erfolgten gentechnischen Untersuchungen liefern keine eindeutigen Befunde. Eine der ersten Studien, die im Jahr 1997 von den Paläogenetikern Svante Pääbo und Matthias Krings durch-

Im Fokus

Peinliche Vorfahrenschaft – ein Urahn, den kaum einer wollte

Es existiert kaum ein eindringlicheres Zeugnis über die Ideologieanfälligkeit vermeintlich wissenschaftlicher Erkenntnis als die verzerrten Darstellungen des Neandertalers unmittelbar nach dessen Entdeckung 1856. Zu diesem Zeitpunkt hatte Charles Darwin im viktorianischen England seine Theorie über die Entstehung der Arten bereits entwickelt, aber aus Furcht vor der öffentlichen Meinung noch zurückgehalten. Die Reaktion seiner Kollegen auf den Fund in Deutschland sollte zeigen, wie berechtigt seine Bedenken waren.

Die Entdeckung eines Bindegliedes zwischen Affe und Mensch stellte, genau wie Darwins drei Jahre später veröffentlichte Abstammungslehre, einen einzigen Angriff auf die christliche Vorstellung vom Schöpfergott dar. In dem Bemühen, das christliche Weltgebäude zu retten, wurde der Neandertaler zu einem krankhaft veranlagten Vertreter der Jetztzeit umgedeutet. Unter denen, die sich irrten, waren auch große Gelehrte wie der Berliner Pathologe Rudolf Virchow.

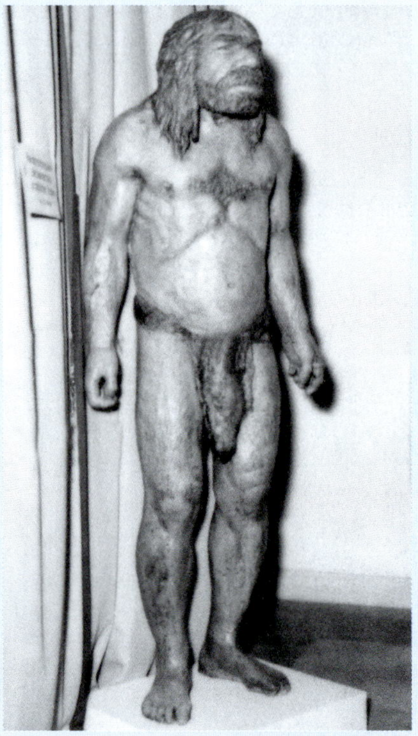

Klischeebehaftete Darstellung: Rekonstruktion eines Neandertalers aus dem 19. Jh.

Die gebogenen Oberschenkelknochen des Neandertalers führte er auf Rachitis zurück. Andere schlossen auf häufiges Reiten und folgerten daraus, dass es sich bei dem Fund um einen mongolischen Kosaken handeln müsse. Die ausgeprägten Überaugenwülste erklärte man zu Folgen eines chronischen Stirnrunzelns, das seinerseits auf einen schlecht verheilten Bruch der linken Elle zurückzuführen sei.

In dem Bemühen, Distanz zu der »peinlichen Vorfahrenschaft« aufzubauen, wurde der Neandertaler pathologisiert. Beschreibungen aus der Feder von Gelehrten des 19. Jh. nennen ihn idiotisch oder »sittlich umnachtet«. Dabei bedienen sie sich des Klischees eines sozialen Außenseiters oder eines Geisteskranken. Auf den frühen Darstellungen erscheint er als schwachsinnige Jammergestalt. Nur wenige – wie der Gymnasialprofessor Johann Carl Fuhlrott im Jahr 1857 – hatten den Mut, dem Fund zugleich ein »vorsintflutliches Alter« und »eine urtypische Form unserer Gattung« zu bescheinigen.

In der Sichtweise des britischen Anthropologen Elliot Smith aus dem Jahr 1924 spiegelt sich das bis in die Mitte des 20. Jh. vorherrschende Bild des Neandertalers. Der Eiszeitbewohner wurde als rückständiger Hominide gesehen, den man eher zu den Menschenaffen zählte:

»Sein kurzer, dicklicher und klobig gebauter Körper wurde in einem halb gebeugten Watschelgang auf kurzen, kräftigen, halb gebeugten Beinen von eigenartig anmutsloser Form dahingeschleppt. Die schweren, vorspringenden Überaugenwülste und die fliehende Stirn, das große, grobe Gesicht mit seinen großen Augenhöhlen, breiter Nase und zurückweichendem Kinn vereinigen sich zu einem abstoßenden Bild, das höchstwahrscheinlich durch eine zottelige Haarbedeckung eines Großteils des Körpers noch weiter verunstaltet wurde.«

Der Homo sapiens setzt sich durch: Beerdigung eines Mammutjägers (Gemälde nach einer Rekonstruktion; Zdenek Burian, 1891)

Der Neandertaler breitet sich in Europa und Asien von der Iberischen Halbinsel bis nach Usbekistan aus. Im Norden wird sein Siedlungsgebiet vom Eisschild der Glaziale begrenzt. Die meisten Funde stammen aus der ***Dordogne*** *im Südwesten Frankreichs. Zu den bekanntesten Fundstellen dieser Region zählen Le Moustier, La Chapelle-aux-Saints und La Ferrassie. Weitere bedeutende Fundorte liegen in Mittel- und Osteuropa. Überreste aus Israel und aus dem Irak belegen, wie weit der Neandertaler nach Südwestasien vorgestoßen ist.*

geführt wurde, gelangte zu dem Ergebnis, dass Homo sapiens sapiens und Homo neanderthalensis keinerlei Übereinstimmungen in ihrem Erbgut aufweisen, es somit auch keine Hinweise auf eine Vermischung gäbe. Drei Jahre später wurden an der Universität Glasgow die 29000 Jahre alten Knochen eines Neandertaler-Kindes aus dem Kaukasus einer vergleichbaren Analyse unterzogen, die zu übereinstimmenden Resultaten gelangte. Das Erbgut des Kindes zeigte viele Ähnlichkeiten mit den 1997 untersuchten Proben, während Merkmale des modernen Menschen überwiegend fehlten. Der Neandertaler hätte demnach keine genetischen Spuren im Erbgut des modernen Menschen hinterlassen.

Wie viel Neandertaler steckt in uns?

Die Befunde wären unmissverständlich, würden sie nicht durch genau entgegengesetzte Ergebnisse in Frage gestellt. So wird inzwischen an der Untersuchung von 1997 eine falsche Interpretation gerügt. Tatsächlich beweise die Untersuchung der DNS des Neandertalers und des modernen Menschen, dass sich die DNS-Sequenz in nur 22 Positionen unterscheide. Da die DNS heutiger Menschen in bis zu 24 Positionen des untersuchten Genabschnittes differiert, könnten uns manche Neandertaler genetisch näher stehen als einige Zeitgenossen.

Milchzahn eines Neandertaler-Kindes

Rückendeckung erhielten die Kritiker der Verdrängungstheorie im Jahr 2001 durch die Entdeckung eines steinzeitlichen Grabes in Portugal. Vor 25000 Jahren war dort ein etwa vierjähriges Kind beigesetzt worden. Die Radiokarbon-Datierung belegt, dass die Bestattung mehrere Tausend Jahre nach dem mutmaßlichen Aussterben der Neandertaler stattfand. Bemerkenswert an dem Kinderskelett ist, dass es Knochenmerkmale sowohl des Neandertalers als auch des modernen Menschen aufweist und weder dem einen noch dem anderen eindeutig zugeordnet werden kann. Viele Forscher sehen das als einen Beleg dafür, dass sich die beiden Menschenarten wohl doch miteinander vermischten. Auch zeigen andere jüngere Funde, dass die Neandertaler keineswegs ganz so abrupt verschwanden, wie vor wenigen Jahren noch vermutet wurde.

Hinweise auf Verdrängung

Unbestreitbar werden Neandertaler-Funde bereits vor 30 000 Jahren selten, wenig später hören sie auf. Der Homo sapiens ist eindeutig, aus welchen Gründen auch immer, seinem Vorgänger überlegen. Zur Erklärung dieses Phänomens werden mittlerweile verschiedene Thesen diskutiert.

Die ältere, monokausale Vorstellung von einer kriegerischen Verdrängung gilt heute gemeinhin als überholt. Wahrscheinlicher ist, dass eine Vielzahl kleinerer Faktoren dem Homo sapiens einen evolutionären Vorteil bescheren. Möglicherweise sind die Neandertaler mit einer höheren Krankheitsanfälligkeit, einer größeren Säuglingssterblichkeit und einer geringeren Lebenserwartung im Überlebenskampf benachteiligt. Auf jeden Fall weisen ihre Hände im feinmotorischen Bereich im Vergleich zum Homo sapiens anatomisch leichte Schwächen auf. Es ist denkbar, dass ihnen im Laufe der Zeit daraus eine geringfügige technische Unterlegenheit erwächst.

Anhand demografischer Computermodelle hat man errechnet, dass bei der damaligen Besiedlungsdichte eine bessere Überlebensrate des Homo sapiens von nur zwei Prozent ausgereicht hätte, um die Population der Neandertaler innerhalb von 5000 Jahren an den Rand des Kollapses zu bringen.

Die Anatomie seines Körpers zeigt, wie gut der Neandertaler an die harten Klimabedingungen der Eiszeit angepasst war:

– ***große Nase:*** *bessere Anfeuchtung und Erwärmung der Atemluft*
– ***gedrungener Körperbau:*** *optimale Regulierung des Wärmehaushalts durch die im Verhältnis zum Körpervolumen kleine Körperoberfläche*
– ***robustes Skelett:*** *kräftige Beine (dickwandige Oberschenkelknochen, verstärkte Hüft- und Sprunggelenke) und stark entwickelte Muskel- und Sehnenansatzstellen zeugen von einer hohen Ausdauer und Belastungsfähigkeit*
– ***beachtliche Muskelkraft:*** *z. B. stark ausgeprägter Schultermuskel und markante Muskelansätze an den Fingern für das kräftige Schleudern eines Speers*

Zum besseren Verständnis der in diesem Band dargestellten Sachverhalte wird hier eine Auswahl gebräuchlicher Fachbegriffe erläutert.

Abbevillien
Kulturstufe der europäischen Altsteinzeit, etwa 500 000–350 000. Namensgebende Fundstätte ist Abbeville unweit der Sommemündung (Nordfrankreich). Häufige Bezeichnung für Assemblagen grob gearbeiteter Faustkeile. In Afrika wurden ähnliche Geröllwerkzeuge bereits vor ca. 2,4 Mio. Jahren hergestellt.

Acheuléen
Kulturstufe der europäischen Altsteinzeit (etwa 350 000–200 000), deren Name von dem französischen Fundort St. Acheul (bei Amiens) abgeleitet ist. Dort kamen in der mittleren Somme-Uferterrasse große Mengen formschöner Faustkeile zum Vorschein, die im Vergleich zum Abbevillien viel sorgfältiger bearbeitet waren. In Afrika wurden regelmäßig geformte Werkzeuge dieser Art bereits vor 1,5 Mio. Jahren hergestellt.

Agnatha
ursprüngliche Wirbeltiere ohne Kiefer und mit primitiver Gehirnkapsel; Blütezeit war das Oberdevon (vor ca. 370 Mio. Jahren), wo viele Kieferlose als Filtrierer am Boden von Süßgewässern lebten. Die Entwicklung heutiger Kieferloser (Neunaugen) zeigt noch den Übergang von der filtrierenden Larve zum parasitischen Räuber. Es lassen sich zwei Klassen unterscheiden: Schalenhäuter (Ostracodermata; ausgestorben) und Rundmäuler (Cyclostomata).

Alpidische Faltung
tektonische Bewegungen vom Jura bis zum Pleistozän; durch die alpidische Gebirgsbildung entstanden etwa die Alpen als Teil der jungen Kettengebirge der Erde.

Alpidische Faltung: Großglockner

Ammoniten
(auch: Ammonshörner); am Ende des Erdmittelalters ausgestorbene Gruppe der marinen Kopffüßer. Sie zeigen meist spiralig aufgerollte und gekammerte Kalkgehäuse von wenigen Zentimetern bis zwei Meter Durchmesser. Verbreitung: Unterdevon–Oberkreide; wichtige Funktion als Leitfossilien.

Amphibien
(Lurche); Klasse wechselwarmer Wirbeltiere, die nahezu weltweit verbreitet sind und lediglich in Gebieten mit ewigem Schnee fehlen. Man unterscheidet drei Ordnungen: Blindwühlen, Schwanzlurche und Froschlurche. Etwa 4500 Arten sind auf der Welt bekannt. Die größte Formenfülle existiert in den Tropen. Die nackte, feuchte, drüsenreiche Haut der Tiere übernimmt oft einen Teil ihrer Atemfunktion. Die meisten Arten haben vier Gliedmaßen, meist ohne Krallen. Bei Blindwühlen sind die Gliedmaßen zurückgebildet. Farbpigmente in der Unterhaut gestatten vielfach Farbwechsel. Lurche atmen als erwachsene Landtiere durch die Lungen, als im Wasser lebende Larven (z. B. Kaulquappen) durch Kiemen und zeigen so eine Metamorphose vom Wasser- zum Landleben. Ausgewachsene Tiere sind durchweg Räuber, die ihre Beute ganz verschlingen, junge Larven fressen auch Plankton. Meist sind Lurche eierlegend, verbreitet ist Brutpflege. Amphibien stammen von den riesigen, beschuppten Stegocephalen des Oberdevons ab, die unmittelbar zu den Fischen (Quastenflossern) überleiten.

Archaeopteryx
(Urvogel); taubengroßes Verbindungsglied zwischen Vögeln und Reptilien aus dem Oberjura. Zu den Vogelmerkmalen zählen das Federkleid, Flügelbildung und große Augenhöhlen. Reptilmerkmale sind bezahnte Kiefer, Gehirnbau, freie und bekrallte Finger, lange Schwanzwirbelsäule. Es wurden bisher mehrere relativ vollständige Exemplare und eine Feder im Malm der Solnhofener Plattenkalke gefunden.

Archaikum
ältestes geologisches Erdzeitalter (4000–2500 Mio.); Bildung der festen Erdkruste und des Meeres; Beginn der Erosion; Vorkommen archaischer Gesteine in Fennoskandia, Böhmen, Teilen Frankreichs, Kanada, Brasilien, Nordsibirien, Zentralafrika und Westaustralien; vorherrschend sind Gneise, Glimmerschiefer, Phyllite; überall stark gestört und gefaltet. Aus dem Archaikum sind fast keine Fossilien bekannt.

Armfüßer
(Brachiopoda); zu den Tentakeltieren zählende Klasse festsitzender Meerestiere. Sie besitzen einen hufeisenförmigen Tentakelträger, dessen Arme eingerollt werden können und eine zweiklappige Schale, die das Tier von der Rücken- und der Bauchseite her umhüllt. Hauptentwicklung der Armfüßer in früheren Erdepochen, Schalen von Armfüßern sind wichtige Leitfossilien; heute nur noch wenige Arten, z. B. in der Gattung Lingula.

Art (siehe Klassifikation)

Asteroid (siehe Sonderglossar S. 32)

Atom
(griech.: unteilbar); von dem griechischen Philosophen Demokrit stammende Bezeichnung für ein nicht weiter zerlegbares Materieteilchen.

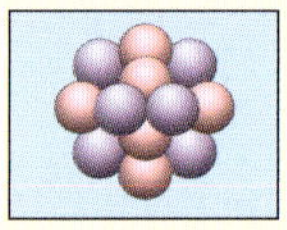

Heute steht der Begriff für das kleinste mit chemischen Mitteln nicht weiter spaltbare Teilchen eines chemischen Elements. Das Atom besteht aus einem Kern (s. Abb., Protonen und Neutronen), der 99,9 Prozent der Masse enthält, und einer Hülle (Elektronen). Protonen sind positiv geladen, Neutronen elektrisch neutral, Elektronen negativ. Das Atom als Ganzes ist elektrisch neutral. Die Kernbausteine heißen Nukleonen.

Aufschmelzung
Schmelzen von Gestein bei tiefer Versenkung (Ultrametamorphose) oder in der Nachbarschaft magnetischer Körper unter großer Hitze.

Australopithecinen
Vormenschen, Gruppe der Hominiden, bekannt durch viele hundert fossile Überreste von zahlreichen Fundstellen aus Süd- und Ostafrika. Die ältesten Australopithecus-Funde (Turkanasee) reichen 4–5 Mio. Jahre zurück und damit wahrscheinlich bis nahe an die Aufspaltung in Hominiden und afrikanischen Menschenaffen. Wesentliche hominide Kennzeichen des Australopithecus sind der aufrechte Gang (Bipedie) sowie die Verkleinerung des Vorderkiefers und die Vergrößerung der Mahlfläche von Prämolaren und Molaren. Das Gehirn ist noch weitgehend menschenaffenähnlich.

autotroph
(griech.: sich selbst ernährend); Organismen (die Mehrzahl der Pflanzen), die mit Hilfe des Blattgrüns die Sonnenenergie in der Photosynthese zu chemischer Energie umwandeln. Einige niedere Organismen nutzen die frei werdende Energie bei der Oxidation anorganischer Verbindungen (Chemosynthese). Gegensatz: heterotroph (Abb.: Moos und Ahornblätter).

Bändereisenerze
blättrig-schuppiger Eisenglanz (vor allem Hämatit) mit beigemengtem Magnetit, wirtschaftlich wichtiges Eisenerz (ca. 50 Prozent der Weltförderung an Eisen). Lagen von Bändereisenerz wechseln mit Schichten von Kieselsäure als riesenhafte Vorkommen in präkambrischen Schichten der alten kristallinen Schilde. Große Lagerstätten in Labrador, den afrikanischen Westküstenstaaten um Liberia, in Minas Gerais (Brasilien) und in Westaustralien

Bedecktsamer
(Angiospermae); eine Gruppe der Blütenpflanzen, deren Samenanlagen in einem aus den verwachsenen Fruchtblättern gebildeten Fruchtknoten eingeschlossen sind. Nach der Befruchtung entwickelt sich der Fruchtknoten zu einer die Samen enthaltenden Frucht. Die meist zwittrigen Blüten besitzen in der Regel eine auffällige Blütenhülle. Die Angiospermae gliedern sich weiter in die Monokotyledonen und die Dikotyledonen. Die Blütenpflanzen werden auch Samenpflanzen, Spermatophyta, genannt. In Abgrenzung zu den Sporenpflanzen, Kryptogamae, bezeichnet man sie auch als Phanerogamae.

Belemniten
ausgestorbene Gruppe der Kopffüßer; mit innerem, kalkigem, aus mehreren Anteilen bestehendem Gehäuse. Fossil erhalten ist zumeist nur der hintere Teil, das Rostrum (Donnerkeil). Verbreitung: Oberkarbon bis Eozän.

Biosphäre
der von Lebewesen bewohnte Raum. Hierzu gehören die obere Bodenschicht (Pedosphäre), die Binnengewässer und die belebten Teile der Ozeane (Hydrosphäre) sowie der Atmosphäre.

Black Smoker
(engl.: »schwarze Raucher«); bis zu 50 m hohe untermeerische Geysire, aus denen heißes, schwefelwasserstoffhaltiges Wasser aufsteigt. Der Niederschlag nach der Abkühlung bildet Ablagerungen und schorn-

steinartige Schlote. Häufiges Auftreten an den Mittelozeanischen Rücken, wo zwei Kontinentalplatten aneinander stoßen.

Brachiopoden (siehe Armfüßer)

Bryozoen
(Moostierchen); artenreichste Klasse der Tentakeltiere; mikroskopisch kleine, festsitzende Wasserbewohner mit einem einziehbaren Tentakelapparat rings um die Mundöffnung und einem U-förmigen Darm. Sie bilden Kolonien, die Steine, Stängel u.ä. im Wasser moosartig überziehen. Die Einzeltiere stecken in festen Körperhüllen, aus denen sie den Vorderkörper mit den Tentakeln herausstrecken können und die durch Deckel verschließbar sind. Bei den Bryozoen unterscheidet man zwei Gruppen: Süßwasser bewohnende Moostierchen – gleichförmige Einzeltiere mit hufeisenförmigem Tentakelträger – und meeresbewohnende Moostierchen mit ringförmigem Tentakelträger. Süßwasser-Moostierchen besitzen besondere Dauerstadien (Statoblasten), in denen ungünstige Bedingungen überstanden werden. Moostierchen mit verkalkten Hüllen sind Riffbildner, die z. B. im Frühtertiär ausgedehnte Kalksteinlager aufgebaut haben.

Helgoländer Buntsandsteinfelsen

Buntsandstein
ältester Abschnitt der Triasformation: buntfarbige, meist rote Sandsteine, Schiefertone, Gips und Steinsalz, in festländisch trockenem Wüstenklima entstanden; Vorkommen u. a.: Weserbergland, Harz, Schwarzwald und Odenwald; Buntsandstein wird als Packlage im Straßenbau oder als Werkstein und für Platten im Hochbau verwendet.

Burgess-Schiefer
bedeutende Fossilien-Lagerstätte des Kambriums in Kanada. Sie dokumentiert eine entscheidende Phase in der Frühzeit der Entstehung des Lebens (520–495 Mio.). Die Fauna des Burgess-Schiefers besteht u. a. aus Geschöpfen, die keiner der neuzeitlichen Gruppen zugeordnet werden können. Entscheidende Besonderheit ist der hervorragende Erhaltungszustand der Fossilien.

Caldera
vulkanischer Einsturzkrater, durch Explosion entstanden, oft erosiv erweitert oder zu Seen aufgefüllt.

Carnivoren
(Raubtiere); vorwiegend Fleisch fressende Säugetiere. Das Gebiss der Raubtiere hat kleine Schneidezähne, große Eckzähne zum Festhalten der Beute und zum Schneiden umgebildete Backenzähne (Reißzähne). Man unterscheidet zwei Unterordnungen: die Landraubtiere und die Wasserraubtiere.

Chemosynthese
Der Aufbau organischer Verbindungen (Zucker) aus anorganischen Stoffen (Wasser, Kohlendioxid) mit Hilfe von chemischer Energie, die durch Oxidation verschiedener anorganischer Substanzen gewonnen wird. Zur Chemosynthese sind verschiedene Bakterienarten befähigt.

Chordatiere
Tierstamm mit etwa 70 000 lebenden Arten. Wesentliches Kennzeichen ist ein Achsenskelett, dem die Chorda dorsalis, ein über dem Darm gelegener elastischer Stab, zugrunde liegt. Diese bleibt – wie bei den Schädellosen – entweder zeitlebens erhalten oder sie wird – wie bei den Manteltieren und den Wirbeltieren – nur noch embryonal angelegt und später wieder zurückgebildet. Charakteristisch sind das auf der Rückenseite (dorsal) gelegene Zentralnervensystem (Neuralrohr) sowie ein von Kiemenspalten durchbrochener Vorderdarm, der allerdings bei vielen Wirbeltieren nur noch embryonal angelegt ist. Im Kiemenbau der Fische ist die ursprüngliche Bauweise noch zu erkennen.

Conodonten
kleine (0,15–4 mm), zahnartig gestaltete Fossilien; systematische Stellung unbekannt. Verbreitung: Oberkambrium–Obertrias. Wichtige Leitfossilien der Mikropaläontologie.

Cyanobakterien
(Blaualgen); einzellige, oft fadenförmige, Kolonien bildende Algen von einfacher Organisation, denen ein echter Zellkern fehlt (Abb.: Cyanobakterien bilden Stromatolithen). Sie gehören zu den phototrophen Prokaryonten (Organismen ohne echten Zellkern). Blaualgen enthalten neben Chlorophyll a, Xanthophyll und Carotin noch einen blauen (Phycocyan) und einen roten (Phycoerythrin) Farbstoff. Sie vermehren sich vegetativ durch Teilung. Die Blaualgen sind in insgesamt rd. 1400 Arten über die gesamte Erde verbreitet, wo sie auch ganz extreme Biotope (z. B. Thermalquellen) besiedeln können.

Dendriten: Versteinerter Fisch mit Dendriten aus dem Solnhofener Plattenkalk

Darwinismus
Von dem britischen Naturforscher Charles R. Darwin (1809–1882) begründete Lehre über die Entstehung der Arten (Abstammungslehre). Der Darwinismus nimmt an, dass die zu große Nachkommenzahl der Lebewesen zu einem Konkurrenzkampf (»Kampf ums Dasein«) führt, bei dem nur die jeweils am besten angepassten Individuen überleben. Nur diese vermehren sich, woraus eine Umbildung der früher für konstant gehaltenen Arten und eine Höherentwicklung folgt.

Decke
tektonisch aufgeschobene Gesteinsmasse von großer Längen- und Breitenausdehnung; auch flächenhafter vulkanischer Lavaerguss.

Dendriten
moosförmige, dünne, dunkle, aus Eisen- und Manganoxiden bestehende Absätze der auf Schicht- und Kluftflächen zirkulierenden Lösungen; z. B. im Solnhofener Schiefer.

Devon
Erdzeitalter (417–354 Mio.). Geologische Formation des Paläozoikums zwischen Silur und Karbon. Leitfossilien: Spiriferen (Unter-, Mitteldevon), Goniatiten und Clymenien (Oberdevon), Conodonten und Ostracoden.

Diskordanz
Lagerungsform: die ungleiche Lagerung von übereinander liegenden Gesteinsschichten, etwa durch Abtragung und Transgression des Meeres entstanden.

DNS
Desoxyribonucleinsäure (Abkürzung DNS, engl. DNA). Eine polymere Verbindung, die aus Desoxyribonucleotiden aufgebaut ist. Ein DNS-Molekül besteht in der Regel aus zwei Polynucleotidsträngen, die verschraubt umeinander gewunden sind. Die Sequenz aus vier verschiedenen Basen verschlüsselt die genetische Information der Lebewesen und einiger Viren (DNA-Viren).

Dogger
(Brauner Jura); mittlere Abteilung (180,1–159,4 Mio.) der Juraformation, z. B. im süddeutschen Schichtstufenland.

Dolomit
farbloses, weißes, graues oder gelbliches glasglänzendes Mineral; trigonal; mit Bleiglanz, Zinkblende, Pyrit und Kalkspat; gebirgsbildend in den Südostalpen.

Ediacara
Fundort präkambrischer Fossilien, der sog. Vendobionten, in Südaustralien (um 600 Mio.), namensgebend für die sog. Ediacara-Fauna.

Ediacara: Medusinites asteroides

Eiszeit
erdgeschichtliche Periode starker Vergletscherung weiter Landgebiete; Begriff vor allem angewandt in Bezug auf das Quartär (Pleistozän). Niederschläge traten vorwiegend als Schnee auf, der schließlich zu Firn erhärtete. In Norddeutschland sind drei Eiszeitperioden sicher erkannt: Elster-, Saale- und Weichsel-Eiszeit; im Alpenraum vier Perioden: Günz-, Mindel-, Riß- und Würm-Eiszeit.

Eozän
untere Abteilung (55–33,7 Mio.) des Tertiärs.

Ergussgestein
(Vulkanite); das durch vulkanische Eruption und/oder Effusion an die Erdoberfläche als Schmelzfluss (Lava) ausgetretene, relativ schnell abgekühlte und erstarrte Magma.

Erosion
linienhafte Abtragung der Erdoberfläche durch fließendes Wasser und Eis. Unterschieden werden Seitenerosion – die auf das Unterschneiden der Talhänge gerichtet ist – und Tiefenerosion. Starke Erosion führt zu Störungen des Wasserhaushalts und zur Bodenerosion.

Eruption
Sammelbezeichnung für alle Arten von vulkanischer Ausbruchstätigkeit. Durch Druck aus dem Erdinnern fließt das Magma aus, Gesteinsbrocken der Oberfläche werden z. T. mitgerissen.

Erz
in der Natur vorkommende metallhaltige Mineralien und Mineralgemische (Gesteine); gediegene Erze enthalten Metall in nahezu reiner Form. Sie werden nach Art ihrer Schmelzbarkeit eingeteilt in leicht- und schwerflüssige Erze.

Erosion: Bis zu 1800 m tiefe Einschnitte zeigt das Colorado-Plateau.

Eukaryonten
Organismen, deren Zellen einen echten, von einer Membran umgebenen Zellkern aufweisen und durch Membranen stark in Kompartimente gegliedert sind. Zu den Eukaryonten zählen die Einzeller (Protisten), die Pflanzen, Tiere und Pilze.

Familie (siehe Klassifikation)

Farnpflanzen
Abteilung des Pflanzenreichs, umfasst die Klassen der Urfarne, Bärlappgewächse, Schachtelhalmgewächse und Farne. Charakteristisches Merkmal ist der Generationswechsel: Der aus einer Spore entstehende Gametophyt, die geschlechtliche Generation, ist eine kleine, lebermoosähnliche Pflanze (Prothallium); sie trägt männliche und weiblichen Geschlechtsorgane (Antheridien und Archegonien). Nach der Befruchtung der Eizelle durch begeißelte Spermatozoiden, die nur bei Benetzung des Prothalliums mit Wasser möglich ist, entwickelt sich die ungeschlechtliche Generation, der Sporophyt. Diese, die eigentliche Farnpflanze, bildet Sporenbehälter (Sporangien) mit einzelligen Sporen aus, die bei der Reife entlassen oder ausgestoßen werden. Die Blütezeit der Farnpflanzen, aus denen sich die Samenpflanzen entwickelt haben, lag im Karbon und im Perm.

Farnartige: Querschnitt von Baumfarn

Faulschlamm
Bodenschlamm stehender Gewässer, auch flacher Meeresteile; besteht aus Resten abgestorbener Tiere und Pflanzen, die in Fäulnis übergegangen sind (Unterwasserhumus). Man unterscheidet Dy, den Faulschlamm nährstoffarmer, stehender Gewässer, der aus stark sauren, lebensfeindlichen Humusflocken besteht, und Gyttja, den Faulschlamm belüfteter Gewässerböden, in dem sich eine reiche Bodentierwelt entfaltet.

Fazies
die verschiedenartige Ausbildung von gleichaltrigen Gesteinsschichten; bezieht sich auf Gesteinsart, Fossilinhalt oder beides.

Feldspat
Sammelname für eine Mineralgruppe, die an der Zusammensetzung der Erdkruste zu rd. 60 Prozent beteiligt ist.

Feuerstein
(Flint); Gestein aus der feinkristallinen Quarzart Chalzedon; entstammt Kieselsäure speichernden Meereslebewesen (Diatomeen, Radiolarien); sehr hart, zu Klingen spaltbar; viel gebrauchter Werkstoff des vorgeschichtlichen Menschen.

Foraminiferen
Gruppe der Wurzelfüßer. Einzeller mit Gehäuse aus Kalk oder organischer Substanz; Meerestiere. Die leeren Schalen bilden oft meterhohe Schichten am Meeresboden (z. B. Globigerinenschlamm).

Fossilien
im weiteren Sinne alle mehr oder weniger veränderten Überreste (Versteinerungen) und Tätigkeitsspuren ausgestorbener Organismen. Man unterscheidet nach Art der Erhaltung:
1. den Abdruck, z. B. von Schalen, wo infolge chemischer Auflösung das ursprüngliche Objekt verschwunden ist;
2. den Steinkern, der durch Auffüllung mit später versteinertem Sediment die Stelle des ursprünglichen Körpers einnimmt;
3. das Fossil im engeren Sinne, die Versteinerung eines Lebewesens, dessen Entstehung auf mineralische Stoffe wie z. B. Kieselsäure, Kalk und Dolomit zurückzuführen ist, die anstelle der organischen Körperteile auskristallisieren. Charakteristische Fossilien einer Schicht werden Leitfossilien genannt. Sie sind für die altersmäßige Einordnung einer Gesteinsschicht von Bedeutung.

Fossilien: Seelilie aus der Trias

Galaxie (siehe Sonderglossar S. 22)

Gattung (siehe Klassifikation)

Gefüge
die beim Erstarren eines Metalls zusammengewachsenen Körner (Kristallite). Deren Form, ihre Größe und Anordnung bestimmen die Eigenschaften eines Metalls. Das Gefüge kann durch Schleifen, Polieren und anschließendes Ätzen sichtbar gemacht werden. Durch Röntgenfeinstruktur-Untersuchungen können Kristallaufbau und der Zustand des Metalls ermittelt werden. Auch sinngemäß bei Gesteinen.

Geosynklinale
lang gestreckter, großräumiger, über lange Zeit absinkender Sedimentationstrog, in der sich der Abtragungsschutt häuft. Bei seitlicher Einengung gehen aus den Geosynklinalen die Faltengebirge hervor.

Geschiebe
vom Eis transportierte, kantengerundete Gesteinsbruchstücke.

Gletscher
Eisströme, die sich langsam in Tälern abwärts bewegen; sie entstehen oberhalb der Schneegrenze im Nährgebiet von Hochgebirgen und polaren Gebieten durch Umschmelzung unter Druck aus schneeartigen

Niederschlägen. Je nach Temperaturverhältnissen und Nachschub reichen sie mit einer oder mehreren Zungen verschieden weit in schneefreie (z. T. sogar bewaldete) Gebiete, wo sie allmählich abschmelzen. Ihr Anteil an der Ausformung der Erdoberfläche ist beträchtlich.

Gliederfüßer
(Arthropoda); der artenreichste Tierstamm, umfasst über 1 Mio. Arten. Dazu zählen Trilobiten, Spinnentiere, Pfeilschwänze (s. Abb.), Asselspinnen, Krebse, Tausendfüßer und Insekten. Der Körper der Tiere besteht aus einer größeren Zahl gleichartiger Segmente. Jedes Rumpfsegment hat in der Grundanlage jeweils ein Paar Extremitäten, Exkretionsorgane und Nervenknoten (Ganglien). Körperdecke ist ein Außenskelett aus Chitin oder chitinähnlichen Substanzen. Gliederfüßer haben ein Strickleiter-Nervensystem. Die Ganglien jedes Segments sind untereinander und mit den Ganglien der vorausgehenden und der folgenden Segmente durch zwei Längsnerven (Konnektive) verbunden. Das Gefäßsystem ist rückgebildet.

Gluonen (siehe Sonderglossar S. 16)

Gneis
granitähnliches, stark metamorphes Urgestein, besonders mit Feldspat, Glimmer und Quarz in schiefrigschichtiger Anordnung. Man unterscheidet Orthogneis (entstanden aus Eruptivgesteinen) und Paragneis (aus Sedimentgesteinen) sowie viele Abarten nach der Art des Glimmers (Biotitgneis, Muskowitgneis, Serizitgneis u. a.) und nach der Struktur (z. B. Augengneis).

Gondwana
Superkontinent, der Südamerika, Afrika, Vorderindien, Australien und die Antarktis umfasste. Nach verschiedenen Teilungen zerfiel Gondwana im Mesozoikum in die heutigen Landmassen der Südhalbkugel. Gondwana bildete mit Laurentia in Perm und Trias den Erdteil Pangaea.

Graben
(auch Grabenbruch); von Verwerfungen begrenzte, lang gestreckte Senke, z. B. die Oberrheinische Tiefebene. Meereskundlich spricht man vom Tiefseegraben – einer schmalen, lang gestreckten Vertiefung des Tiefseebodens, meist unterhalb 5500 m; bogenförmig, besonders an Festlandsküsten oder Inselketten.

Graptolithen
ausgestorbene, ehemals in Meeren Kolonien bildende Tiere mit chitinartigem Außenskelett; Hauptverbreitung in Ordovizium und Silur; hier die wichtigsten Leitfossilien.

Gruppe (siehe Klassifikation)

heterotroph
(griech.: sich durch andere(s) ernährend); Begriff charakterisiert Organismen, die sich durch Aufnahme von energiereichen organischen Verbindungen ernähren; z. B. die Ernährungsweise aller Tiere und des Menschen. Gegensatz: autotroph.

Holozän
früher Alluvium. Abteilung des Quartärs, welche die Gegenwart mit einschließt; begann vor rund 10 000 Jahren.

Hominiden
Familie der Primaten, deren einziger lebender Vertreter der heutige Mensch (Homo sapiens sapiens) ist. Nach genetischen Vergleichen dürfte sich die Entwicklungslinie der Hominiden von der zum Schimpansen bzw. zu den afrikanischen Menschenaffen vor 5-7 Mio. Jahren abgespalten haben. Die frühen Hominiden sind durch zahlreiche Arten von Australopithecus dokumentiert. Zu den früh entstandenen Merkmalen der Hominiden gehören der aufrechte Gang sowie Veränderungen des Kiefers (z. B. verkleinerte Eckzähne), während die zunehmende Gehirngröße eine spätere Entwicklung ist. Letztere betrifft besonders die verschiedenen fossil bekannten Arten der Gattung Homo. Aus dem bereits aufrecht gehenden Australopithecus ist die früheste Homo-Art, Homo habilis, hervorgegangen. Die weitere Entwicklung führte zum Homo erectus, der sich erstmals von Afrika bis nach Asien und Europa ausbreitete, dann zum archaischen Homo sapiens und schließlich (mit großer Wahrscheinlichkeit in Afrika) zum modernen Homo sapiens (Homo sapiens sapiens). Dieser verbreitete sich dann in mehreren Wellen über die ganze Erde.

Hot Spot
(heiße Stelle); Wärmezentren mit vulkanischer Aktivität in tieferen Zonen des Erdmantels, die über die ozeanische Kruste hinwegdriften; z. B. im Pazifik der Hawaiirücken.

Hydrogeologie
Zweig der angewandten Geologie, der sich mit der Wasserführung und ihrer Wirkung auf Erdschichten sowie mit der Erschließung von Wasservorräten befasst.

Inlandeis
große, bis über 4000 m mächtige Eismassen, die weite Landflächen bedecken und am Rand Gletscherzungen bilden oder mit senkrechten Wänden zum Meer hin abbrechen (»auskalben«), wodurch Eisberge entstehen; in der Gegenwart nur noch in Grönland und der Antarktis.

Inlandeis: Vereisung von Landstrichen

Interglazial (siehe Warmzeit)

Jura
Erdzeitalter (205,1–142 Mio.), stratigraphisch die mittlere Formation des Mesozoikums (zwischen Trias und Kreide), während der es zur Ausbildung einer teilweise 1000 m mächtigen Schichtenfolge aus Tonen, Mergeln und Kalken kam. Die Pflanzenwelt bestand aus Farnen und Nadelhölzern; die Tierwelt bildeten Meeresechsen (Ichthyo- und Plesiosaurier), Dino- und Flugsaurier des Festlands, der Urvogel Archaeopteryx, Ammoniten. Die Juraformation ist in Deutschland besonders in der Schwäbischen und der Fränkischen Alb entwickelt.

Kaledonische Faltung
Vor ca. 545–417 Mio. Jahren; benannt nach dem lateinischen Namen für Schottland. Neben der Auffaltung des Schottischen Hochlandes war sie u. a. verantwortlich für die Gebirgsbildungen in Skandinavien, aber auch in Grönland und den nordamerikanischen Appalachen.

Kambrische Explosion
Bezeichung für die Entstehung vieler evolutionär wichtiger Lebensformen im Kambrium. An der Wende zu diesem entwickeln sich im Wasser fast alle heute existierenden Stämme des Tierreichs.

Kambrium
älteste Formation (545–495 Mio.) des Erdaltertums mit bereits arten- und zahlreichem Fossilinhalt der nur aus Meeresbewohnern bestehenden Flora und Fauna (bereits alle Stämme der Wirbellosen, besonders Trilobiten und Armfüßer, Abb.: Gogia spiralis). An Gesteinen finden sich besonders Meeresablagerungen (Kalke, Schiefer) und auch Sandsteine der wüstenhaften Festländer.

Känozoikum
(Neozoikum, 65,5 Mio bis heute). Die in Quartär und Tertiär zerfallende »Erdneuzeit« der Erdgeschichte.

Karbon
Erdzeitalter (354–292 Mio.) Die zwischen Devon und Perm liegende Formation des Paläozoikums. Die für sie typischen üppigen Sumpfwälder waren die Grundlage für die Bildung von Steinkohle.

Karst
Gesamtheit der Formen von durchlässigen, wasserlöslichen Gesteinen (z. B. Kalk, Gips), die durch Oberflächen- und Grundwasser ausgelaugt werden (Korrosion). Durch Lösungsvorgänge kommt es zu charakteristischen Karsterscheinungen an der Oberfläche, z. B. Karren, Dolinen, Uvalas, Poljen, Schlotten, Erdorgeln. Zu den unterirdischen Karsterscheinungen gehören oft weit verzweigte Höhlen.

Keuper
aus Mergel, Sandsteinen, Gips und Letten aufgebaute, bis 650 m mächtige oberste Stufe (227,4–205,1 Mio.) der geologischen Formation der germanischen Trias.

Kieselsäure
schwache Säure, die unter Wasserabspaltung entweder in Metakieselsäure (in ketten-, blatt-, bandförmige oder dreidimensionale Gebilde) oder in das Anhydrid Siliciumdioxid übergeht. Dieses kommt kristallinisch als Quarz, Tridymit, Christobalit und in amorpher Form wie z. B. als Opal vor. Getrocknete Gallerten von Kieselsäure besitzen ein hohes Adsorptionsvermögen und dienen als Silicagel zur Adsorption von Gasen oder gelösten Stoffen. Die Salze der Kieselsäure sind die Silicate. Das Natrium- oder Kaliumsalz der Kieselsäure ist das Wasserglas.

Klasse (siehe Klassifikation)

Klassifikation
Verfahren der systematischen Einteilung aller Organismen. Die traditionelle Klassifikation verwendet streng hierarchische Einheiten (Reich, Klasse, Ordnung, Familie, Gattung, Art). Die Art als kleinste Einheit besteht aus untereinander fortpflanzungsfähigen Organismen und wird vielfach als einzige natürliche Einheit anerkannt. In der neueren, sog. phylogenetischen Systematik werden Merkmale und Merkmalsüber-

einstimmungen kritisch darauf überprüft, ob sie ursprünglich (plesiomorph) oder abgeleitet (apomorph) sind. Höhere systematische Einheiten oberhalb der Art werden hier streng auf Übereinstimmung in abgeleiteten Merkmalen begründet; ihre Bezeichnung mit den Begriffen der traditionellen Klassifikation (Familie, Ordnung) wird abgelehnt und meist neutraler als Gruppe bezeichnet.

Kluft
feiner Riss im Gestein, der durch endogene (erdinnere) Vorgänge entstanden ist und durch Verwitterung erweitert wird. Bei sich kreuzenden Klüften spricht man von einem Kluftsystem; parallel verlaufende Klüfte bilden eine Kluftschar.

Komet (siehe Sonderglossar S. 32)

Konglomerat
klastisches (aus zerbrochenen Mineralien bestehendes) Sedimentgestein mit abgerundeten Gesteinsbrocken, verkittet durch ein kalkiges, kieseliges oder toniges Bindemittel (Kittkies).

Konkordanz
die gleichgerichtete Lagerung und das Fallen übereinander liegender geologischer Schichten. Gegensatz: Diskordanz.

Kopffüßer
(Tintenfische, Cephalopoda); Klasse von hoch entwickelten Weichtieren. Der Kopf, der den Mund und das Zentralnervensystem trägt, ist mit vier oder fünf Paaren von meist saugnapftragenden Armen (Tentakeln) besetzt, die zum Ergreifen der Beute und zur Fortbewegung dienen (Abb.: ein Zehnfüßer auf Krebsfang).

Auf der Rückenseite befindet sich eine Schale, die bei manchen Formen gekammert und spiralig aufgerollt sein kann. Das Tier sitzt in der äußersten, größten Kammer, ist aber mit der innersten und kleinsten, der Embryonalkammer, durch einen die Wände der übrigen Kammern durchbrechenden Fortsatz (Sipho) verbunden.

Korallen
Kalk abscheidende Polypenstöcke, die einzeln oder Riffe bildend im Meer leben. Korallen gehören zu verschiedenen Gruppen der Nesseltiere, zu den Blumentieren ebenso wie zu den Hydrozoen (z. B. die Feuerkorallen). Am artenreichsten sind die Steinkorallen, die auch die wichtigste Rolle bei der Riffbildung spielen. Die Korallenpolypen bilden an der Oberfläche des Riffs nur eine dünne lebende Schicht auf dem von ihnen abgeschiedenen Kalk.

Koralle: Sarcophyton-Koralle

Krater
Trichter eines vulkanischen Ausbruchsschlots an der Erdoberfläche.

Kraton
konsolidierter, nicht mehr faltbarer, seit Urzeiten versteifter Festlandssockel.

Kreide
Erdzeitalter (142–65,5 Mio.); der nach dem Auftreten der weißen Schreibkreide benannte, durch weltweite Meerestransgressionen gekennzeichnete und auf der ganzen Erde nachgewiesene jüngste Abschnitt des Mesozoikums.

Kristall
aus ein und derselben Substanz aufgebauter Körper, dessen einzelne Bestandteile eine geometrisch-regelmäßige Raumverteilung aufweisen. Bis auf seltene Ausnahmen bilden alle Minerale Kristalle.

Lagerstätte
natürliche, in der Erdkruste (in Gängen, Lagern, Flözen, Seifen) angereicherte Mineralvorkommen, aus denen sich wirtschaftlich nutzbare Metalle gewinnen lassen. Nach der Entstehung unterscheidet man wie bei den Gesteinen magmatische, sedimentäre und metamorphe Lagerstätten. Die Art der Erzlagerstätten (z.B. Tiefe und Mächtigkeit der Flöze) sowie der wirtschaftliche Wert und die Konzentration der Erze entscheiden dabei über die Abbauwürdigkeit.

Laurasia
große Festlandsmasse auf der nördlichen Halbkugel im Erdaltertum; war durch einen breiten Ozeanstreifen von der noch gewaltigeren Festlandsmasse der Südhalbkugel (Superkontinent Gondwana) getrennt.

Lava
der bei Vulkanausbrüchen an die Oberfläche der Erde tretende, feurigflüssige Gesteinsschmelzfluss, auch das erstarrte Gestein selbst. Unterschieden werden saure und basische Lava. Nach der Erstarrungsform unterscheidet man Block-, Brocken-, Schollen-, Fladen-, Gekröse-, Kissen-, Seil- und Stricklava als Zerberstungs- oder Fließformen kurz vor der Erstarrung. Quarzreiche saure Lava ist zähflüssig, basische Lava mehr oder weniger leichtflüssig.

Leitfossil
die einer bestimmten geologischen Schicht angehörenden, versteinerten Lebewesen (Fossilien) mit möglichst geringer vertikaler, aber weit ausgedehnter horizontaler Verbreitung (häufig hartschalige Mollusken, auch Pflanzen); dienen zur Altersbestimmung der betreffenden Schicht.

Leptonen (siehe Sonderglossar S. 20)

Lias
der untere Jura (205,1–180,1 Mio.); in Süddeutschland auch Schwarzer Jura genannt.

Lichtjahr (siehe Sonderglossar S. 22)

Mäander
Schlingen, in denen ein Fluss abschnittsweise entgegen seiner Hauptrichtung fließt. Mäander entstehen durch das Pendeln des Stromstrichs, wodurch sich auch Gleit- und Prallhänge entwickeln. Beim Einschneiden eines Flusses infolge tektonischer Hebung erfolgt die Ausbildung von Talmäandern oder eingesenkten Mäandern. Sowohl bei freien Mäandern als auch bei Talmäandern können sich zwei Schlingen an ihren Prallhängen verschneiden, es entstehen Altwasserarme (bei freien Mäandern) und Umlaufberge (bei Talmäandern).

Magma
glutheiße, flüssige, vorwiegend silikathaltige Gesteinsschmelze in den tieferen Bereichen der Erdkruste; bildet in erstarrtem Zustand die magmatischen Gesteine. Das aus Vulkanen austretende Magma heißt Lava.

Malm
der obere (weiße) Jura (159,4–142 Mio.); neue Meeresgebiete öffnen sich auf der Südhemisphäre. Ein Meerestrog erfasst auch den Golf von Mexiko. In Süddeutschland und im Alpenraum, in Westeuropa (Südfrankreich bis Portugal) und auf den Britischen Inseln bilden sich mächtige Kalksedimente.

Mesozoikum
das in Trias, Jura und Kreide zerfallende »Mittelalter« der Erdgeschichte (250–65,5 Mio). In der Fauna treten die ersten Säugetiere, Vögel und Knochenfische auf, unter den Pflanzen seit der Kreidezeit neben den reich entwickelten Gymnospermen die Laubhölzer u. a. bedecktsamige Blütenpflanzen. Gegen Ende des Mesozoikums endet die Ära der Dinosaurier.

Metamorphose
in der Geologie die Vorgänge (Druck, hohe Temperaturen u. a.), durch die ein Mineralbestand, die Struktur oder die Textur eines Gesteins, einzeln oder in Kombination miteinander grundlegend umgestaltet werden. Dabei kommt es nicht zum Schmelzen des Gesteins. In der Zoologie bezeichnet der Begriff einen Gestaltwandel während der Entwicklung vieler Organismen. Läuft der Vorgang während der Embryonalentwicklung ab, spricht man von embryonaler Metamorphose; bei larvaler Metamorphose finden die Umwandlungen während oder am Ende der Larvenperiode statt, z. B. Raupe–Schmetterling, Kaulquappe–Frosch.

Metazoen
im weiteren Sinne alle Gewebetiere (Histozoa) im Unterschied zu den

Lagerstätte: Abbau von Eisenerz in Österreich

Moustérien: Werkzeugherstellung und -gebrauch sind weit fortgeschritten.

nicht geweblich differenzierten Zellverbänden und den einzelligen Protozoen; im engeren Sinne nur die Keimblatttiere, also die Gewebetiere mit Ausnahme der Mesozoen und Schwämme.

Meteorit (siehe Sonderglossar S. 32)

Micoquien
Kulturstufe der mittleren Altsteinzeit in Europa, verläuft teilweise parallel zum Mousterién. Benannt hat man sie nach der Höhle La Micoque im französischen Département Dordogne. Charakteristisches Merkmal des Micoquiens ist eine neuartige Bearbeitungstechnik, insbesondere die beidseitige Bearbeitung der Steinwerkzeuge. Typisch sind u. a. lang gestreckte Halbkeile und Faustkeilblätter.

Minerale
alle natürlich gebildeten chemischen Substanzen der Erdkruste, die eine bestimmte, mehr oder weniger homogene chemische Zusammensetzung und eine charakteristische Kristallstruktur aufweisen, sowie bestimmte organische Verbindungen, die keine Kristallstruktur haben und in ihrer stofflichen Zusammensetzung schwanken. Sie entstehen vorwiegend aus übersättigten, wässrigen oder Schmelz-Lösungen, wobei sich Kristalle bilden.

Miozän
Zeitabschnitt des Jungtertiärs (23,8–5,32 Mio.). Das Klima wird weltweit weiterhin kühler. In der Antarktis kommt es zu ausgedehnten Vereisungen. Hand in Hand mit dem klimatischen Geschehen, aber auch mit Gebirgsauffaltungen gehen Schwankungen des Meeresspiegels. Zeugen für die generelle Abkühlung auch der Meere sind zurückweichende Korallen und zahlreiche andere Meerestiere.

Molasse
tertiäre Schichtenfolge (Konglomerate, Mergel, Sandsteine), die vor den Alpen (besonders im Norden) abgelagert wurde. Eine gröbere Form ist die Nagelfluh.

Molekül
aus mindestens zwei artgleichen oder artverschiedenen Atomen aufgebautes kleinstes, frei bewegliches und elektrisch neutrales Teilchen. Diese Definition trifft jedoch streng nur auf die Moleküle der Gase zu.

Mollusken
(Weichtiere); Tierstamm mit etwa 130 000 Arten. Mollusken haben eine weiche, ungeschützte Haut, die oft durch die Ausscheidung der Mantelfalte, die Schale, bedeckt wird. Weichtiere besitzen eine besondere Ausbildung der Körperunterseite, den Fuß, der sie befähigt, sich kriechend fortzubewegen. Im Mund haben die Mollusken – mit Ausnahme der Muscheln – eine Radula (Reibezunge).

Moräne
von Gletschern mitgeführter (Wandermoräne) oder nach Abschmelzen des Eises abgelagerter (Stapelmoräne) Gesteinsschutt, der in ungeschichteter wirrer Anordnung feinstes wie auch gröbstes Material nebeneinander enthält. Man unterscheidet: Grundmoräne – unter dem Gletscher mitgeführtes, zerriebenes Gesteinsmaterial; Seitenmoräne (Randmoräne) – an den Gletscherseiten mitgeführter Schutt, der sich beim Zusammenfließen zweier Gletscher in der Mitte des neuen zur Mittelmoräne vereinigt und dort mitgeführt wird; Endmoräne –, von Gletschern an der Stirnseite mitgeführte Gesteinstrümmer, die nach dem Abschmelzen des Eises zu einem meist bogenförmigen Wall aufgetürmt liegen bleiben.

Moustérien
Kulturstufe der mittleren Altsteinzeit in Europa, benannt nach dem Fundort Le Moustier im Vézèretal, Département Dordogne (Frankreich); gekennzeichnet durch Abschlaggeräte wie Handspitzen und Schaber. Kennzeichnend für die Kulturstufe ist, dass sich der Umfang der Werkzeuge verkleinert, der Gebrauchsnutzen über den größeren Formenreichtum aber vergrößert. Träger des Moustérien in Europa war der Neandertaler.

Muschelkalk
kalkige, mittlere Schichtenfolge der Germanischen Trias (241,7–227,4 Mio.); in drei Abteilungen gegliedert (von unten nach oben): 1. Wellenkalk, 2. Mittlerer Muschelkalk (Anhydritgruppe), 3. Hauptmuschelkalk.

Mutation
eine Abänderung der Eigenschaften eines Lebewesens, die im Unterschied zur Modifikation erblich ist. Mutationen treten spontan (Spontanmutation) auf oder unter dem Einfluss von mutationsfördernden Stoffen (induzierte Mutation).

Nacktsamer: Fichten

Nacktsamer
Abteilung der Blütenpflanzen, die ihrem Fortpflanzungsschema nach zwischen den Farnpflanzen und den bedecktsamigen Pflanzen vermitteln, ohne aber entwicklungsgeschichtlich ein direktes Bindeglied zu sein.

Neandertaler (siehe Hominiden)

Nukleosynthese (siehe Sonderglossar S. 24)

Oligozän
mittlere Serie (33,7–23,8 Mio.) des Tertiärs, mit weitläufigen Meeresüberflutungen.

Ordnung (siehe Klassifikation)

Ordovizium
Erdzeitalter (495–440 Mio.); geologische Formation des Paläozoikums zwischen Kambrium und Silur.

Orogenese
im geologisch-tektonischen Bezug Bezeichnung für Gebirgsbildung, die episodisch auftretenden gebirgsbildenden Bewegungen (Faltung, Bruchbildung) der Erdkruste.

Paläanthropologie
prähistorische Anthropologie; wesentliches Gebiet der Anthropologie, das sich mit der Evolution des Menschen befasst; die Wissenschaft von den fossilen Hominiden; zunehmend interdisziplinäres Forschungsgebiet unter Beteiligung von Paläontologie, Geologie, Archäologie, Genetik und anderen Fächern.

Paläontologie
die Wissenschaft vom Leben der Vorzeit; ihre Untersuchungsobjekte sind die Fossilien. Als biologische Wissenschaft (Paläozoologie, Paläobotanik) befasst sie sich mit der Evolution und Systematik der ausgestorbenen Lebewesen; als geologische Wissenschaft erforscht sie die Beziehungen zwischen Fossil und anorganischer Umwelt (Palökologie, Biostratinomie). Der historischen Geologie liefert sie in den Leitfossilien das wichtigste Hilfsmittel für die Gliederung der Erdgeschichte.

Paläozän
unterste (älteste) Serie (65,5–55 Mio.) des Tertiärs.

Paläozoikum
das erdgeschichtliche Altertum (545–250 Mio.); umfasst die Formationen Kambrium, Ordovizium, Silur, Devon, Karbon und Perm.

Pangaea
zusammenhängender Urkontinent laut der Kontinentalverschiebungstheorie von Alfred Wegener; zerbrach später wieder in Teilkontinente.

Perm
Erdzeitalter (292–250 Mio.); früher auch Dyas, die jüngste Formation des Paläozoikums, in Deutschland in die Abteilungen Rotliegendes (bis 270 Mio.) und Zechstein (ab 270 Mio. unterteilt.

Perm: Sclerocephalus häuseri

Photonen (siehe Sonderglossar S. 16)

Photosynthese
grundlegende Stoffwechselreaktion; die durch Chlorophyll, Enzyme und Cofaktoren vermittelte Umwandlung von Lichtenergie in chemisch gebundene Energie.

Placodontier
Reptilien mit schildkrötenähnlich gepanzerten Formen und Pflastergebiss. Sie sind auf die marinen Sedimente des Trias beschränkt.

Plazenta-Tiere
Säugetiere mit einer Gebärmutter (Plazenta); alle Säugetiere mit Ausnahme von Kloakentieren (Monotremata) und Beuteltieren (Marsupialia), die daher Aplazentalier heißen.

Plasma (siehe Sonderglossar S. 16)

Plattentektonik
geotektonische Theorie, die dynamische Vorgänge in der Lithosphäre (oberster Bereich der festen Erde) wie die Entstehung von Gebirgen, die Bewegungen der Ozeanböden, die Erdbeben- und Vulkanzonen sowie die Kontinentalverschiebung zu erklären versucht. Danach ist die Lithosphäre in mehrere 100–150 km dicke, verschieden starre Platten (Tafeln, Großschollen) zerlegt, die sich auf dem zähflüssigen Erdmantel entweder gegeneinander bewegen oder auseinander driften.

Funktionsweise der Plattentektonik mit Gebirgsauffaltung und Vulkantätigkeit

Pleistozän
untere Abteilung (1,81 Mio.–10 000) des Quartärs; mit starker, viermaliger Vereisung der Nordhalbkugel durch geschlossenes Inlandeis; erstes Auftreten des modernen Menschen.

Pliozän
oberste (jüngste) Stufe (5,32–1,81 Mio.) des Tertiärs. Die gundsätzliche Entwicklung der Pflanzen ist – gemessen am heutigen Stand der Evolution – im Großen und Ganzen abgeschlossen. Vor- und Frühmenschen stellen Werkzeuge her.

Präkambrium
geologischer Zeitraum (4000–545 Mio.) seit Entstehung der Erdkruste vor dem Kambrium, mit weltweiten Gebirgsbildungen.

Prokaryonten
Mikroorganismen, die im Gegensatz zu den Eukaryonten keinen echten, von einer Kernmembran umgebenen Zellkern besitzen. Die DNS liegt als geschlossener Ring frei im Cytoplasma. Zu den Prokaryonten gehören die Bakterien, die man in Eubakterien (einschließlich Cyanobakterien) und Archaebakterien unterteilt.

Proterozoikum
Erdzeitalter (2500–545 Mio.) der Erdfrühzeit zwischen Archaikum und Kambrium.

Protista
zusammenfassende Bezeichnung für autotrophe und heterotrophe Einzeller.

Protozoen
mikroskopisch kleine, einzellige Organismen, die organartige Bildungen aufweisen können, welche als Organellen bezeichnet werden.

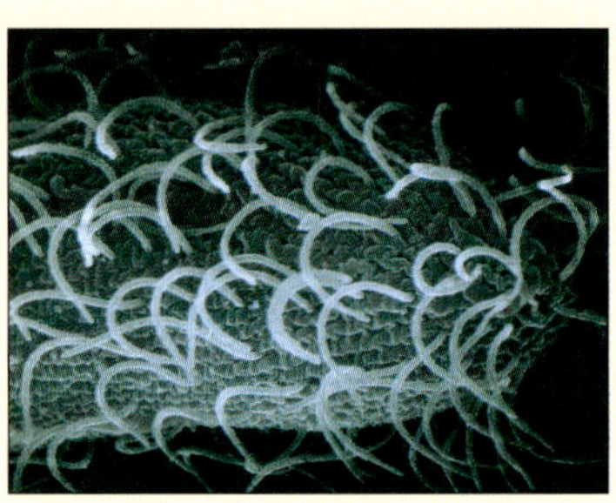
Protozoen: Pantoffeltierchen

Quarks (siehe Sonderglossar S. 16)

Quartär
Erdzeitalter (1,81 Mio.–heute); jüngere Formation der Erdneuzeit; gegliedert in Pleistozän (bis 10 000) und Holozän (ab 10 000).

Quarz
in zahlreichen Gesteinsarten als Hauptgemengeteil vorkommendes Mineral aus kristallisiertem wasserfreiem Siliciumdioxid, besteht bei freiem Wachstum aus 6-seitigen regelmäßigen Prismen mit aufgesetzten, gleichmäßigen Pyramiden, der trigonalen Klasse zugehörig, farblos bis graubräunlich, mit muscheligem Bruch; von Salzsäure nicht angreifbar.

Quasar (siehe Sonderglossar S. 24)

Regression
Zurückweichen des Meeres infolge Hebung des Festlands oder Absinken des Meeresspiegels. Gegensatz: Transgression.

Reptilien
Klasse wechselwarmer Wirbeltiere mit drüsenarmer, beschuppter oder beschilderter Haut und meist vier Gliedmaßen, die den Körper bei der schlängelnd-kriechenden Bewegung nur unvollkommen vom Boden abheben. Die Herzkammern sind nicht völlig voneinander getrennt. Die Atmung erfolgt durch Lungen. Eier legend oder lebend gebärend, zeigen Reptilien keine Metamorphose. Sie bilden eine sehr alte Wirbeltiergruppe, die erstmalig im Karbon auftrat. Höhepunkt der Entwicklung: Trias und Jura (Saurier). Die Hauptmasse der Reptilien starb in der Kreidezeit aus. Heute sind noch etwa 6400 vorwiegend landbewohnende Arten bekannt.

Riff
eine bis dicht unter dem Wasserspiegel vom Meeresboden aufragende, kammartige und felsige Erhebung, in tropischen Meeren besonders häufig die aus Ablagerungen der riffbildenden Korallen errichteten Riffinseln.

Riftsysteme
Große Bruch- und Grabensysteme (z. B. Mittelmeer-Mjösen-Zone), deren ehemalig zusammengehörige Erdkrustenteile getrennt und auseinander gerückt sind.

Rodinia
Superkontinent, der gegen Ende des Präkambriums aus nahezu allen Kontinenten und Festlandskernen gebildet wird.

Rotliegendes
Unterperm (292–270 Mio.); ältere Abteilung des Perms, besteht aus einer mehrfachen Folge von rötlichen Konglomeraten, Sandsteinen und Schiefertonen.

Saurier
Sammelbegriff für verschiedene Gruppen zumeist großer ausgestorbener Reptilien. Aus altertümlichen Amphibien, den Labyrinthodontiern, entwickelten sich die Cotylosaurier als Stammgruppe der Reptilien (»Stammreptilien«). Von ihnen abstammende, wasserbewohnende Saurier des Perms waren die Mesosaurier, solche des Mesozoikums die Ichthyosaurier (»Fischechsen«) und Plesiosaurier (»Paddelechsen«), mit den ihnen nahe verwandten Nothosauriern und Placodontiern. Im Mesozoikum erlangten die Archosaurier (»Altsaurier«) die Vorherrschaft. Von ihnen stammten sowohl die Dinosaurier als Landtiere wie auch die Pterosaurier, die Flugechsen, ab. Weitere Linien führten zu den Krokodilen und zur Klasse der Vögel.

Reptilien: Thadeosaurus

Schild
tektonisch ruhige (stabile) Großscholle der Erdkruste aus altgefalteten, metamorphen und magmatischen Gesteinen, nicht selten durch Abtragung freigelegt. Zu den Schilden gehören die alten Massive (Urkontinente): der Kanadische Schild, Fennosarmatia, Angaria, Brasilia, Afrika, Australia, Antarktia.

Sediment
Bodensatz, Ablagerung; setzt sich – meist in Flüssigkeiten – unter Einfluss von Schwerkraft ab.

Sedimentgesteine
durch Verfestigung (Diagenese) von Ablagerungen (Sedimenten) entstandene Gesteine.

Selektion
Begriff der Evolution, der das Aussterben unangepasster Lebewesen als wichtigen Faktor der Artbildung und der Entwicklung der Lebensvielfalt betrachtet. Diesen äußeren Faktoren der Selektion (extraspezifische Selektion) steht die Selektion innerhalb einer Art (intraspezifische Selektion) gegenüber, die sich aus der Konkurrenz der einzelnen Tiere einer Art, z. B. bei Revier- und Paarungskämpfen, ergibt. Die intraspezifische Selektion ist umso bedeutender, je geringer die extraspezifische durch harten Daseinskampf eingreift.

Silur
Erdzeitalter (440–417 Mio.); geologische Formation des Paläozoikums zwischen Ordovizium und Devon.

Stamm (siehe Klassifikation)

Stratigraphie
Methode zur Erkennung älterer und jüngerer Schichten (Straten) sowie deren Gehalt in der Geologie und Archäologie. Sie geht davon aus, dass bei ursprünglicher, durch keinen nachträglichen Eingriff gestörter Lagerung die unteren Schichten älter als die oberen sind, sodass die relative Zeitfolge (relative Chronologie) abgelesen werden kann.

Stromatolithen
(Algenkalke); riffartige Kalkablagerungen, die aus feinen lamellenförmigen Schichten aufgebaut sind

Subduktionszone
Gebiete, in denen eine Platte der Litosphäre (oberster Bereich der festen Erde) unter eine andere absinkt. Auf diese Weise wird Lithosphären-Material in die Tiefe transportiert.

Taxonomie
Wissenschaft von der Gliederung und den Verwandtschaftsverhältnissen der Organismen.

Tertiär
Erdzeitalter (65,5–1,81 Mio.); älteste Formation des Känozoikums (Erdneuzeit), tektonisch gekennzeichnet durch die von starkem Vulkanismus begleitete Entstehung der großen Faltengebirge (Alpen, Apennin, Pyrenäen, Karpaten, Kaukasus, Himalaja, Atlas) und den damit zusammenhängenden Einbruch des Mittelmeerbeckens.

Tethys
erdumfassendes, vom Paläozoikum bis zum Alttertiär bestehendes »Mittelmeer«, aus dessen gefalteten und emporgehobenen Ablagerungen Alpen und Himalaja aufgebaut sind.

Transgression
Vordringen des Meeres gegen das Land durch Anhebung des Meeresspiegels oder Absinken des Festlands. Gegensatz: Regression.

Trias
Erdzeitalter (250–205,1 Mio.); älteste Formation des Mesozoikums, umfasst die Abteilungen Buntsandstein, Muschelkalk und Keuper.

Trilobit: Ogyopsis klotzi

Trilobiten
(Dreilapper); ausgestorbene Gruppe der Gliederfüßer, trotz der äußeren Ähnlichkeit weder mit den Spinnentieren noch den Krebsen näher verwandt. Chitinpanzer in der Längsrichtung in drei Regionen gegliedert (Cephalon, Thorax, Pygidium), in der Querrichtung durch zwei Längsfurchen dreigeteilt. Verbreitung: Unterkambrium bis Oberperm. Wichtige Leitfossilien.

Riff: Great Barrier Reef (Australien)

Saurier: Pflanzen fressender Apatosaurier

Urknall
Das Universum entsteht vor etwa 13,7 Mrd. Jahren explosionsartig aus einem extrem heißen und dichten Anfangszustand, der weder räumliche noch zeitliche Dimensionen hat. Die damaligen Zustände können physikalisch heute noch nicht bis ins letzte Detail beschrieben werden; jedoch haben im Urknall nicht nur alle Materie und Energie, sondern auch Raum und Zeit sowie die gesamte Entwicklung des Universums ihren Ursprung. Mit ihm beginnt die bis heute andauernde Expansion und Abkühlung des Universums.

Ursuppe
Substanz unbekannter Zusammensetzung aus organischen Molekülen, womöglich nahe heißen, präkambrischen Schwefelquellen, in der sich das Leben auf der Erde entwickelt haben könnte. Erste zellkernlose Bakterien nutzen eine große Bandbreite an Formen des Stoffwechsels, von der Gärung, über die Chemo bis hin zur Photosynthese.

Variskische Faltung
Gebirgsbildung im Jungpaläozoikum (besonders Karbon), die Teile Eurasiens und Nordamerikas in mehreren Faltungsphasen erfasste.

Verlandung
durch das Wachstum von Wasser- und Sumpfpflanzen (Röhrichtpflanzen) in längeren Zeiträumen erfolgende Verringerung der freien Wasserfläche von Gewässern; gefördert durch Anschwemmung von Sand und Schlick; vollzieht sich in der Regel über das Zwischenstadium einer Flachmoorbildung. Die Verlandung wird an flachen Meeresküsten durch Wasserbaumaßnahmen (Deichbau, Lahnung u. a.) unterstützt.

Verwitterung
zersetzende Veränderung der oberflächennahen Gesteine.

Vulkanismus
Gesamtheit der Vorgänge und Erscheinungen, die mit dem Emporsteigen von glühend-flüssigen Gesteinsmassen (Magma) oder Gasen aus dem Inneren der Erde an die Erdoberfläche verbunden sind.

Warmzeit
Zeitabschnitt mit deutlich höheren Jahresmitteltemperaturen als der vorhergehende und folgende Zeitraum; die zwischen quartären Eiszeiten liegende warme Periode (Interglazial).

Zechstein
Oberperm (270–250 Mio.), jüngere Abteilung des Perms; im unteren Zechstein Deutschlands bituminöse Kupferschiefer (Mansfeld), im oberen Zechstein ausgedehnte Stein- und Kalisalzlager (Staßfurt).

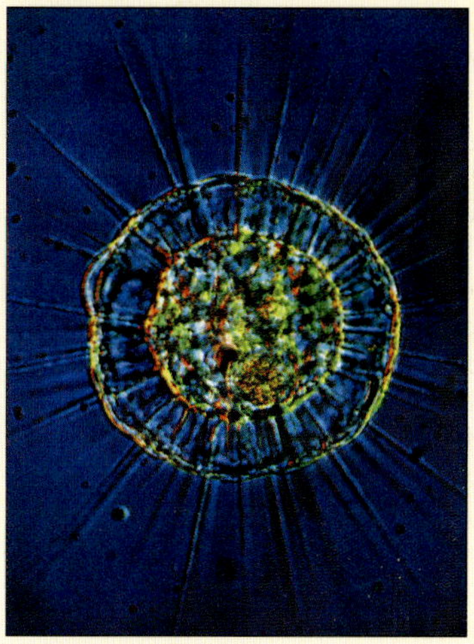
Zelle: Sonnentierchen

Zelle
die kleinste lebende Einheit und Grundbaustein aller Lebewesen. Bei Einzellern (Protozoen) führt eine Zelle sämtliche Lebensfunktionen aus, während bei Vielzellern Zellen verschiedener Gestalt und Funktion zum Zweck der Arbeitsteilung zu Geweben vereinigt sind.

Register

Erfasst sind die wichtigsten Ereignisse, Themenkomplexe und Begriffe (auch Abkürzungen) sämtlicher Artikel. Ebenso verzeichnet sind die in den Artikeln und Jahreseinträgen behandelten Personen. *Kursive* Seitenzahlen verweisen auf eine Abbildung.

A

B

C

D

E

F

G

H

I

J

K

L

M

T

U

V

W

X

Y

Z

Bildnachweis

Agence photographique Réunion des Musées Nationaux, Paris: 341 o.r.; **aisa, Barcelona:** 40 u., 41 o., 46 u., 52 u., 53 o., 63 u., 64 u., 66 u.r., 95 M.r., 104 u., 113 u.r., 114 o., 122 u., 125 u., 126 u., 134 o., 138 u., 148 u., 151 M.l., 153 o., 170 o., 174 u., 177 o., 185 u., 188 u., 205 u.l., 208 u., 212 u., 218 o., 237 o., 248 u., 251 o.r., u.r., 259 M.l., 267 o., 272 o., u., 273 o.r., 274 o., 290 u., 291 o., 292 u.l., 304 u., 314, 315 M., 324 u.l., 328 o.r., 333 o.l., 335, 337 o., 356 u., 362 u.l., 367 u.l.; **American Museum of Natural History, New York**/D. Finnin: 147 u.; **Toni Angermayer, Holzkirchen:** 167 o.; **Archiv für Kunst und Geschichte, Berlin:** 56 l., 207 o., 309 u.l., 316 u.l., 322, 325 o.l., 365 o., /Johann Brandstetter: 232 u., 323 u.r., /Isabelle Picarel: 242 o.; © **Steve Arnett:** 32 u.; **Associated Press GmbH, Frankfurt**/Peter Scanlon: 289 u., /The U.S. Geological Survey: 125 o.; **Bayer AG, Leverkusen**/Peter Ginter: 83 o.; **Bayerische Staatssammlung für Paläontologie und Geologie, München:** 304 o.; © **BBC/Cinetext Bildarchiv, Frankfurt:** 234 u., 239 o.; **Dr. Gisela Benecke, Gütersloh:** 46 o., 208 o., 251 o.l., 287 u.r., 309 o.l., 328 o.l.; © **Corel Corporation, Ottawa, Ontario:** 163 u.r.; © **DIAMAR Interactiv Corp., Seattle:** 244 o.; **Bildagentur Schapowalow, Hamburg:** 86; **Bildarchiv Michler, Balzheim:** 231 u.r.; **Bildarchiv Paturi, Rodenbach:** 17 M., 35 u.r., 36 u., 40 o., 43 u., 45 u., 55 r., 67 o.r., u.l., u.r., 70 o., u., 72 u., 76 o.l., 77 o.l., 84 o., u., 89 u.r., 90 u.r., 94 u., 96 u., 108, 109 l., 111 o., 116 u., 120 u., 124 u., 128 o., u., 134 u., 136 o., u., 146, 148 o., 181 o., 184 u., 191 l., 192 o., 198 u., 205 o.l., 227 o.l., 231 u.l., 238 u., 244 u., 245 o.l., u.l., 248 o.l., 283 u., 284 r., 299 o.l., 325 u., 357 o., 363 o.r., 365 M., 366 u., /Manchester-Museum: 145 l.; /Museum Nierstein: 113 M.l., /NASA: 140 u., /Natur-Museum Coburg: 52 o.; /Naturmuseum Solothurn: 235 u., /Réserve Geologique AHP: 57 u., /Staatliches Museum für Naturkunde in Stuttgart: 119 o.l., /Tyrell Museum of Palaeontology, Alberta: 204 u.l., /University of Queensland: 34 u.r. /Utah Field House: 204 o.; **Biofotos Heather Angel, Farnham:** 87 u.l., /Gerth Hansen: 203 u.r.; **Wolfgang Bittmann, Heidelberg:** 281 o.l.; **Botschaft der Republik Argentinien, Bonn:** 260 u.; **Prof. Dr. Günter Bräuer, Hamburg:** 310 o., u., 317 o.l., 331 o.l., 333 o.r., 346 o., u., 347 l., 348 o., 352 o.; **F. Bruemmer-Panda Photo:** 233 u.; **CERN, Genf:** 20 u., /Henning Weber: 17 u.; **Cinetext Bild- und Textarchiv, Frankfurt:** 253 o., 255 u.; **Jörg Colberg/Max-Planck-Institut für Astrophysik/Virgo Cosmological Supercomputing Consortium, Garching:** 22 o.; **Bruce Coleman Coll., Uxbridge**/George McCarthy: 239 u.r., /Jan Taylor: 47 u.; **Corbis UK Ltd., London**/Tom Bean: 56 u.; **Corbis-Bettmann, New York:** 13 o., 135 u., /UPI: 27 u., 44 o., 82 u., 316 u.r.; **G. Cubitt:** 192 u.; **De Beers Consolidated Miners Ltd., London:** 48 u.l.; **DESY, Hamburg:** 13 M.l., 18 u.; **Deutsche Presse Agentur, Frankfurt**: 12 u.l., 24 u., 337 u., 358 u., /Udo Bernhart: 350 o., /Ehlers: 59 o.r., /epa afp: 62 u., 313, /epa afp/NASA: 21 o., /Ganzhübner: 49 u., /Hans Glader: 112 o., /Jens Kalaene: 352 u., /Peer Körner: 235 o., /Katja Lenz: 308 o., 319 o.l., /Patrick Pleul: 347 r., /Polfoto Carl Obling: 42 u., /Kurt Scholz: 157 l., /Volkmar Thie: 361 l., /Bernd Thissen: 359 u., /Fred van Wijk: 34 o., /Xinhua: 329 u.; **Deutsches Museum, München:** 19 o.; **Document Vortragsring e.V., München**/Uwe Belz 48 o., /Detlef Fiebrandt: 259 o.r., 269 o., 324 u.r., 360 o., u., /Hermann-S. Göhler: 162 o., 225 o., 263 o., /Walter Kremnitz: 73 M.r., 172, 213 o., 218 u., 221 u.l., 250, 258 u.r., 263 r., 281 o.r., 287 M., /Hildegard Matthäi-Latocha: 53 u., 95 o.l., 106 u., 111 u., 219, 239 u.l., 273 M., 280 u.l., 288 o., 293 o., /Ernst Rieber: 35 u.M., 48 u.r., 51 u.r., 99 o.l., 103 u.r., 145 o.r., 151 r. 2.v.o., r.3.v.o., 154 o.r., 247 u., 259 o.l., 345 u., /Karl-Heinz Trippmacher: 188 o., /Jörg Trobitzsch: 94 o.; **Dorling Kindersley Ltd., London:** 38 u., 39 o., u., 43 o., 51 u.l., 55 l., 112 u.l., 116 o.r., 124 o., 141 o., 179 o., 222 o., 224 o., 227 o.r., 229 l., 236 u., 241 o.r., 262 o., 280 o., 282 o., 292 o., 295 o.l., 366 l.; **Du Lamont-Doherty Geological Observation, University of Columbia:** 49 o.; **ESA, Paris:** 13 u.r., u.l., 27 o., 51 o., 220 u.; /CCLRC/RAL/NERC: 54 u., /ESO: 22 u., /ISOGAL Team: 31 u., /NASA: 13 M.r., /NASA/EIT: 8, 29 o., /NASA/STScI: 25 o.r., /NASA/STScI/AURA: 14 u; ESO: 23 o.r., 31 o.l., o.r.; **Wim van Egmond/Microscopy UK:** 62 o.; **L. Eißmann/W. B. Geophysik der Karl-Marx-Universität, Leipzig:** 329 o.; **Explorer, Vanves**/Dupont: 356 o.; © **Linda Finnie, München:** 255 o.; **Focus, Hamburg:** 61 o.l., 156 u., 317 r., 319 u., 321 u., /SPL/Lawrence Livrmore Laboratory: 83 u.; **Forschungsinstitut und Naturmuseum Senckenberg, Frankfurt:** 67 o.l., 116 o.l., 151 u., 362 r., /E. Haupt: 365 u., /Franzen: 325 o.r.; **Fotoagentur Helga Lade, Frankfurt:** 87 o.l., 169 o.; **GBRMPA/M. Cuthill:** 364 o.; **Geologisch-Paläontologisches Institut der Universität Bonn:** 338 u., /Dr. Andreas Braun: 59 l., u.r., 88 o., 103 u.l., 121 u., /Georg Oleschinski: 80 u., 91 l., 93 o., 149 o., u., 182 o., 191 u., 203 o., /Dr. Martin Sander: 88 u., 190 o.; **Geologisch-Paläontologisches Institut und Museum der Universität Münster:** 249 u.; **Dr. Georg Gerster, Zumikon-Zürich:** 289 o.l., 300 u.; **Prof. Gösta Gustafson, Lund/Schweden:** 18 o.r.; **Michael Herholz, Münster:** 173 o.; **Prof. Dr. Peter M. Herzig, Bäunsdorf:** 123 u.; **Hessisches Landesmuseum, Darmstadt**/Kumpf: 305 o.r., 327 u.r., 330 u.l.; **Barbara Hickel, Plön:** 37 u.; **K. Honkanen:** 241 o.l.; **Hubble-Newscenter-Archive:** 24 o.; **Gerhard Huber, Graz:** 72 o.; **IFA-Bilderteam Düsseldorf, Düsseldorf**/JETTER: 222 u., /BCI: 245 o.r.; © **Il mondo degli animali, RCS Libri & Grandi Opere SpA Milano:** 44 u., 63 r., 67 M., 71 r., 77 o.r., 78 u., 79 o., 81 o., 81 u.r., 85 u., 87 o.r., 89 r.o., 99 u.r., 143 u., 151 o.r., 159 r., u., 161 r., u., 166 u., 167 u., 179 u.l., 189 u.l., 201 l., 209 u.r., 211 u., 236 o., 238 o., 245 u.r., 254 o., 256 o., 260 o., 263 l., 269 u., 271 u.r., 276 o., 277 u., 287 u.l., 296 u., 297 u.l., 302 u., 334 u.l., 339 o.r., 364 l., 367 u.r.; **Image Select, Clifton:** 309 M.r.; **Interfoto, München:** 137 u., 142, 177 u., 193 u., 214 u., 215 u., 308 u.l., u.r., 309 o.M., 321 o.r., 326, 330 o., 333 u., 359 o., /Anthony: 303 o., /Bridgeman Art Library: 355 o. /K.H. Jacobi: 295 u.r.; **Jet Propulsion Library, Whichester:** 28 u.; **Jura-Museum, Eichstätt:** 160 M.l.; **Kali und Salz GmbH, Kassel:** 90 u.l., 194 u.; **Florian Karly, München:** 35 o.r., 51 u.l., 92 o., /Dr. Scherreiks: 95 u.l., 109 o.r., /Prof. G. Wanner: 45 o., 212 o., 229 u.r., /Paläontologische Staatssammlung und Historische Geologie/Mayr: 165 r.; © **Mario Kessler/Bildarchiv Kleinert, München:** 252 o., 254 u.; **Klaus zu Klampen, Dülmen:** 332; **Dr. Rudolf König, Kiel:** 96 o.; **Jürgen Kraak, Gütersloh:** 34 u.l.; **Reinhard Kraatz, Dossenheim**/K. Schacherl: 340, 344 o.; **Laux, Biberach**/H.E.Laux: 159 o.; **Volker Liebig, Eppelheim:** 61 o.r.; **Hans-Jürgen Lierl, Linau:** 35 o.l., 36 o., 37 o., 54 o., 58 u., 66 u.l., 67 M.l., r.2.v.o., r.3.v.o., 68 l., r., 69 r., 71 u., 73 o.l., o.r., u., 76 o.r., u., 77 u., 78 r., 80 o., 81 u.l., 85 l., o., 90 o., 93 u.l., u.r., 95 u.r., 97 o.r., u., 98 o., u., 99 o.r., u.l., 100 o., u., 101 o., u., 102 o., u., 103 o., 104 o., 105 M.r., o., 106 o., 107 l., o.r., u., 109 u.r., 110, 111 M., 113 o.l., o.r., 114 u., 115 o., 117 u., 118, 122 o., 123 o., 129 o., u.l., u.r., 130 M.r., o., 131 o., M., 133 o., r., u., 137 l., M., o., 138 o., 139 u.l., u.r., 141 u.l., u.r., 147 o., 150 M.l., o., u.l., u.r., 151 o.l., 152 o., 154 o.l., 155 u., 157 o., r., 158 u., 160 o., u.l., 163 u.l., 165 u., 166 o., 168 o., 169 u., 171 o., u., 173 u., 174 o., 175 u.l., u.r., 178 o., u., 179 u.r., 180 o., 181 u., 183 l., o., 185 o.l., o.r., 186 M., o., 187 M., u.l., u.r., 189 o.l., r., 193 o., 194 o., 195 u.l., 196 u., 197 M., o.l., o.r., 198 o., 201 o.r., u., 203 M.r., 204 u.r., 205 r.2.v.o., 206 u., 209 o., 211 o.l., o.r., 215 o.r., 216 o., 217 u., 221 u.r., 223 u., 228 o., u., 229 o.r., 232 o., 233 o., 234 o., 237 u.l., 240 o., 242 u., 246 o., 248 o.r., 249 o.r., 251 u.l., 256 u., 258 M.r., 259 M.r., 261 u., 264 u., 265 u.l., 266 o., 267 u., 271 u.l., 274 u., 275 M.r., o.r., u.l., 278 o., 279 M., u.l., u.r., 282 u., 285 l., 287 o., 297 u.M., u.r., 298 o., u., 299 o.r., 302 o., 303 u., 306 o., 342 o., 343 o., 349 o., 361 o.r., 361 u.r., 362 o., 363 l., u., 367 M.; **Lunar and Planetary Institute, Houston/Texas**/Don Davis: 32 o.; **Aldo Margiocco, Isoverde Campomorone:** 35 u.l., 121 o., 161 l., 288 u.; **Mauritius, Mittenwald:** 264 o., /De Foy: 127 o., /Ligges: 164; **Max-Planck-Gesellschaft, München:** 16; **Dr. Guiseppe Mazza, Monte Carlo:** 224 u., 263 u.; **Ulrike Medenbach, Witten:** 58 o.; **mediacolor's, Zürich:** 309 M.l., /GP: 364 u.r., /Rose: 199 u.; **Max Meier, Bauen/Schwäntlen:** 241 u.; **mev Verlag, Augsburg:** 66 o., 294 o., 309 u.r., 351 u.; **Prof. Dr. Franz-Dieter Miotke, Garbsen:** 38 o., 61 u., 195 o., 247 o., 306 u.; **Max Planck Institut für Züchtungsforschung, Köln**/Kurt Stüber: 175 o.; **Müller-Hohenstein, Bayreuth:** 50; **Musée de l'homme, Paris:** 343 r.; **Museum für Naturkunde, Dortmund**/Karde Frieg: 131 u.l., u.r.; **Museum Hauff, Holzmaden:** 210, 216 u., 217 l., 227 u.r., /Dipl. Geol. Hauff: 191 o.; **Museum Monrepos, Neuwied:** 336; **Muséum National d'Histoire Naturelle, Paris/Philippe Janvier:** 120 o.; **NASA, Washington DC**: 30 u., /JPL/USGS: 33 u., /JSC: 25 u.r., /Yuugi Kitahara: 25 o.l., /ESA-ACS Science Target: 12 o.; **Neandertal-Museum, Mettmann:** 358 o.; **Roman Necki, Iserlohn:** 139 o., 240 u.; **NHPA, Ardingley**/Laurie Campbell: 112 u.r.; **Okapia KG, Frankfurt:** 130 u., /Dr. H. Bäsemann: 327 o., /Bavendam: 226 o., /Benedetti/CNRI: 41 u., /Biophoto Ass./Science Source: 63 o., /Densey Clyne/OSF: 152 u., /Fritz Hanneforth: 206 o.,/Frank Hecker: 243 o., /Y. Lefevre/BIOS: 71 l., /Dan McCoy/Rainbow: 225 u., /NASA/T. McCugh: 144 o., 145 u.r., /Fritz Pölking: 280 u.r., 324 o.l., /Photri Inc.: 297 o., Walker/Science Source: 92 u.; **P. Oxford-Natural Science Photo:** 153 u.; **Paläontologisches Museum der Universität Oslo:** 126 o.; **J. M. Pearson-Biofotos:** 300 o.; **Photo Schreyer-Löbl, Bad Tölz:** 237 u.r.; **picture-alliance, Frankfurt/Okapia KG:** 6; **Pittsburgh Supercomputing Centre, Pittsburgh:** 140 o.; **Plaza & Janes Editores, S.A. Barcelona:** 95 o.r., 341 u.; **Brad Powell:** 357 u.; **Hans Reinhard, Heiligkreuzsteinach-Eiterbach:** 268 o.; **Roebild Kurt Röhrig, Braunfels/Lahn:** 157 u., 173 M.; **Wilfried Rosendahl, Darmstadt:** 309 o.r., 317 u.l., 323 o., 328 u., 330 u.r., 331 u., 339 l., u.r., 341 o.l., 344 u., 348 u., 350 u.l., u.r., 351 o., 354 u., 355 u.; **Dr. Frieder Sauer, Karlsfeld:** 9, 78 o.; **Peter Schäfer, Gütersloh:** 199 o.; **Scottish Tourist Board, Edinburgh:** 154 u.; **Silvestris Fotoservice, Kastl:** 44 o., 226 u., /Aitken: 176 u., 293 u., /Dennis: 286, /FLPA: 342 u., /W. Geiersperger: 119 u., /Hecker: 158 o., /Heiner Heine: 353 o., /Karl-Heinz Jacobi: 205 o.r., /Gerhard Lacz: 200 o., 258 u.l., /Frank Lane: 143 o., /Fritz Penzel: 183 r., /Rausch: 97 l., /Dr. Sauer: 155 o., /Schulte: 301 o., /Dietrich Sepp: 261 o., /Stadler: 205 u.r., /Andreas Teegeber: 249 o.l., /Dr. Gerd Wagner: 168 u., /Winfried Wisniewski: 258 o.; **Silvestris online, Dießen**/Hanneforth: 295 o.r., /K.H. Jacobi: 291 u., /Werner Layer: 227 u.l.; **sipa-press, Paris**/Chauvel: 74 o., /Mourlhion: 246 u.; **SNC-Messel Research:** 276 u.; **SOHO/EIT consortium:** 47 o.; **Space Telescope Science Institute, Baltimore:** 28 o.; **Staatliches Museum für Naturkunde Stuttgart:** 284 u., /Haehl: 315 o.; **Stadt Cuxhaven:** 135 o.; **Stadt Schöningen/Stefan Luetgert:** 343 u.; **Friedrich Strauch, Havixbeck:** 312 u.r.; **Dr. Francis Thackeray/Transvaal Museum, Südafrika:** 320; **The Ronald Grant Archive c/o Marshall Editions:** 252 u.; **Thüringisches Landesamt für Archäologische Denkmalspflege, Weimar:** 349 u.; **Tony Stone Images, London**/Franz Lanting: 262 u.; **J. Trueb:** 334 o.r.; **Universität Jena/Dieter Mania:** 345 o.; **USIS:** 312 u.l.; **W. Veit:** 35 M.l., 361 u.; **Verkehrsamt Nördlingen:** 307 o.; **Westfälisches Museum für Archäologie, Münster:** 354 o.; **Tim White, Universität Kalifornien, Berkeley/USA:** 315 u.l., 353 u.; © **Prof G. Wanner/Florian Karly:** 65 o.l.; **Wissen Media Verlag GmbH, Gütersloh:** 12 u.r., 14 o., 17 o., 18 o.l., 19 u., 20 o., 23 u., 26 o., u., 29 u., 42 o., 57 o., 63 l., 74 u., 79 o.l., 82 o., 91 o.r., 119 o.r., 156 o., 162 u.l., 163 o., 180 u., 195 u.r., 205 r.M., 209 u.l., 215 o.l., 220 o., 223 o., 231 o., 243 u., 257 o., 265 u.r., 273 l., 279 o., 289 o.r., 292 u.r., 299 u.r., 360 M., 367 o., /Esso, Paris: 75 o., /Werner Gartung: 60 u., /NASA: 15 u., 30 o., 33 o., 268 u., /Roman Necki: 91 u., 112 M.l., 113 u.l., 115 u., 117 M., 117 o., 127 u., 144 u., 165 o., 170 u., 182 u., 186 u., 190 u., 197 u., 200 u., 202 u., 221 o., 230 o., u., 257 u., 259 u.l., 265 o., 270 o., 271 l., o.r., 275 o.l., 277 o., 278 u., 281 u., 283 o., 285 r., 290 o., 294 u., 296 o., 305 o.l., 307 u., 312 o., 315 u.r., 316 o., 321 o.l., 338 o., 366 o., /Tourismusministerium Costa Rica: 259 u.r.; **ZEFA, Düsseldorf:** 217 o., 253 u., 266 u.; © **The Zoological Society of San Francisco:** 301 u.

Wissenschaftliche Rekonstruktionen durch W. Schnaubelt & N. Kieser (Wildlife Art), Breitenau: 308 o., 317 u.l., 319 o.l., 331 u., 354 u.
© für die Karten: Wissen Media Verlag GmbH, Gütersloh: S. 65, 75, 132, 213, 311
Trotz größter Sorgfalt konnten die Urheber des Bildmaterials nicht in allen Fällen ermittelt werden. Es wird gegebenenfalls um Mitteilung gebeten.

Die Erdzeitalter

Präkambrium (4000 – 545 Mio.)	Archaikum	Eoarchaikum	4000 – 3600 Mio.
		Altarchaikum	3600 – 3200 Mio.
		Mittelarchaikum	3200 – 2800 Mio.
		Jungarchaikum	2800 – 2500 Mio.
	Proterozoikum	Altproterozoikum	2500 – 1600 Mio.
		Mittelproterozoikum	1600 – 1000 Mio.
		Jungproterozoikum	1000 – 545 Mio.
Paläozoikum (545 – 250 Mio.)	Kambrium	Unterkambrium	545 – 520 Mio.
		Mittelkambrium	520 – 500 Mio.
		Oberkambrium	500 – 495 Mio.
	Ordovizium	Unteres Ordovizium	495 – 480 Mio.
		Mittleres Ordovizium	480 – 460 Mio.
		Oberes Ordovizium	460 – 440 Mio.
	Silur	Untersilur	440 – 428 Mio.
		Mittelsilur	428 – 423 Mio.
		Obersilur	423 – 417 Mio.
	Devon	Unterdevon	417 – 391 Mio.
		Mitteldevon	391 – 370 Mio.
		Oberdevon	370 – 354 Mio.
	Karbon	Unterkarbon	354 – 320 Mio.
		Oberkarbon	320 – 292 Mio.
	Perm	Unterperm (Rotliegendes)	292 – 270 Mio.
		Oberperm (Zechstein)	270 – 250 Mio.
Mesozoikum (250 – 65,5 Mio.)	Trias	Untertrias (Buntsandstein)	250 – 241,7 Mio.
		Mitteltrias (Muschelkalk)	241,7 – 227,4 Mio.
		Obertrias (Keuper)	227,4 – 205,1 Mio.
	Jura	Unterjura (Lias)	205,1 – 180,1 Mio.
		Mitteljura (Dogger)	180,1 – 159,4 Mio.
		Oberjura (Malm)	159,4 – 142 Mio.
	Kreide	Unterkreide	142 – 98,9 Mio.
		Oberkreide	98,9 – 65,5 Mio.
Känozoikum (65,5 Mio. – heute)	Tertiär	Paläozän	65,5 – 55 Mio.
		Eozän	55 – 33,7 Mio.
		Oligozän	33,7 – 23,8 Mio.
		Miozän	23,8 – 5,32 Mio.
		Pliozän	5,32 – 1,81 Mio.
	Quartär	Pleistozän	1,81 Mio. – 10 000
		Holozän	10 000 – heute

Die Entstehung der Erde beginnt vor etwa 4600 Millionen Jahren. Die Zeit bis zum Beginn des Eoarchaikums bezeichnet man als vorgeologische Ära.

URKNALL ANTIMATERIE UNIVERSUM
ATOME QUARKS GASWOLKEN KELVIN
GALAXIEN SCHWARZE LÖCHER QUASARE
MILCHSTRASSE SUPERNOVA LICHTJAHR
PLANETEN KOMETEN SONNENSYSTEM
METEORITEN NEUTRONEN ERDKRUSTE
WASSERSTOFF KONTINENTE ATMOSPHÄRE
AMINOSÄUREN PRÄKAMBRIUM URSUPPE
SEDIMENTGESTEIN RODINIA BAKTERIEN
PHOTOSYNTHESE GOLDLAGERSTÄTTEN
FESTLANDSKERNE GEBIRGSBILDUNG
ALGEN BÄNDEREISENERZE GLETSCHER
PLATTENTEKTONIK DOLOMITGESTEIN
OZONSCHICHT DNS CHLOROPLASTEN
LEBENSRÄUME FOSSILIEN KLIMAZONEN
MEHRZELLER RIFFBILDUNG NESSELTIERE
ERDMAGNETISMUS GLIEDERFÜSSER
GRENVILLE SALZLAGER CHROMOSOMEN
SCHWÄMME KALEDONISCHE GEBIRGE
FLACHMEERE WIRBELTIERE MINERALIEN

ROMULUS ILIAS AGAMEMNON OLYMP
DELPHI SKYTHEN NEBUKADNEZAR
ZARATHUSTRA DRAKON ETRUSKER
KONFUZIUS PEISISTRATOS MAGADHA
PYTHAGORAS ROM BUDDHA MARATHON
SALAMIS THERMOPYLEN NOK-KULTUR
LEONIDAS PERIKLES HIPPOKRATES
PELOPONNES SOKRATES BRENNUS
HALLSTATTZEIT HERODOT THRAKER
HALIKARNASS PLATON THUKYDIDES
KELTEN ARISTOTELES ALEXANDRIA
DIADOCHEN HELLENISMUS MEROË
PERGAMON SELEUKIDEN PYRRHOS
KARTHAGO HAN-DYNASTIE CANNAE
TEOTIHUACÁN HANNIBAL PTOLEMÄER
CATO ROSETTE GRACCHEN TEUTONEN
MARIUS OPTIMATEN SEIDENSTRASSE
SPARTACUS TRIUMVIRAT CATILINA
RUBIKON CÄSAR HERODES KLEOPATRA
AUGUSTUS PRINZIPAT CHRISTUS

DAS JAHR MILLIONEN BUCH

DAS JAHR MILLIONEN BUCH

Vom Homo sapiens bis Christi Geburt

EIN
ADAC
BUCH

Impressum

Dieses Buch entstand in Zusammenarbeit
zwischen dem ADAC Verlag, München,
und dem Wissen Media Verlag, Gütersloh/München

© 2003 ADAC Verlag GmbH, München
© 2003 Wissen Media Verlag GmbH, Gütersloh/München

Projektleitung: Dr. Hans-Joachim Völse, Detlef Wienecke-Janz

Projektmanagement: Johannes Ebert, Annette Grunwald

Autoren: Dirk Husemann, Herwig Kenzler, Dr. Kai Lückemeier

Redaktionsleitung: Andreas Schimkus
Redaktion: Christian Jahnel, Claudia Stutzmann, Walter Liedke

Bildredaktion: Traute Schürmann-Baetzel, txt redaktion & agentur
Bildnachweis: Seite 375
Karten: Wissen Media Verlag, Andromeda Oxford Limited

Wissenschaftliche Beratung: Dr. Rainer Vollkommer (Landesmuseum für Vorgeschichte, Dresden)

Projektabwicklung, Layout, Satz: txt redaktion & agentur, Lünen, Bonn, München

Titelgestaltung: Kühne Werbeagentur, München

Herstellung: John C. Bergener
Repro: Thomas Semmler

Gesamtherstellung: MOHN MEDIA • Mohndruck GmbH, Gütersloh

Das Werk einschließlich aller seiner Teile ist urheberrechtlich geschützt. Jede Verwendung außerhalb der engen Grenzen des Urheberrechtsgesetzes ist ohne Zustimmung der Verlage unzulässig und strafbar. Das gilt insbesondere für Vervielfältigungen, Übersetzungen, Mikroverfilmungen und die Verarbeitung in elektronischen Systemen.

Die Daten und Fakten dieses Buches wurden mit äußerster Sorgfalt recherchiert und geprüft. Dennoch kann keine Gewähr für die Richtigkeit der Angaben übernommen werden.

Printed in Germany

ISBN 3-89905-140-8

Vorwort

»Soldaten! Vierzig Jahrhunderte blicken auf euch herab!« – Mit diesen Worten soll Napoleon am 21. Juli 1798 seine Offiziere auf die Schlacht gegen die Mamelucken eingeschworen haben. Die Truppen des künftigen Kaisers der Franzosen standen vor den Pyramiden von Gizeh. Deren wirkliches Alter war damals noch unbekannt. Napoleon siegte, Ägypten lag ihm zu Füßen. Doch das Glück dauerte nicht lange an. Am 1. August 1798 vernichtete der britische Admiral Nelson in der Seeschlacht von Abukir die französische Flotte. Militärisch gesehen war die Expedition ein Desaster, für die Geistesgeschichte war sie ein überwältigender Erfolg. Napoleon führte nämlich nicht nur Soldaten nach Ägypten, sondern auch einen Tross von 150 Gelehrten. Sie erforschten und dokumentierten das Land, vor allem die kaum bekannten Ruinen und Stätten des alten Ägypten. Zurückgekehrt, ließ Napoleon ihre Aufzeichnungen luxuriös publizieren. In Europa brach buchstäblich eine »Ägyptomanie« aus. Schon rund 50 Jahre vorher, als man am Vesuv die Städte Herculaneum und Pompeji ausgrub und in anderen Teilen Italiens Gräber mit griechischen und etruskischen Gefäßen freilegte, hatte eine Welle der Antikenbegeisterung den Kontinent erfasst. Das 19. und 20. Jahrhundert sollte noch viele wunderbare Entdeckungen bringen. Nicht nur Schätze wie die des Pharaos Tutanchamun oder wie in Troja kamen ans Licht der Sonne, vielmehr ganze Kulturen, die in Vergessenheit geraten waren – wie die der Minoer und der Maya.

Die letzten 200 Jahre brachten eine derartige Informationsfülle, dass die Altertumsforscher dazu übergingen, sich immer mehr zu spezialisieren und in Büchern meist jeweils nur eine einzige Kultur vorstellten. Vieles wurde durch die Brille des Nationalismus gesehen. Sehr viel ging verloren, vor allem der Blick über den Tellerrand. Die Sicht auf die Vielfalt und Schönheit des opulent gedeckten Tisches der Vergangenheit war getrübt. Dieses Buch wirft einen neuen Blick auf das Ganze. Der Leser durchstreift die Geschichte unseres direkten Ahnen, des Homo sapiens sapiens, von seinem Auftreten vor etwa 40 000 Jahren bis zur Geburt Christi, die in Wahrheit um das Jahr 4 v. Chr. zu datieren ist. Der Rechenfehler eines Mönchs im 5. Jahrhundert n. Chr. erklärt den Widerspruch.

Der präsentierte Reichtum an Informationen überwältigt. Dieses Buch bietet nicht nur historische Fakten und die Vorstellung von Größen der Vergangenheit – es bettet alles in das historische Umfeld ein. Die Zusammenstellung gleichzeitiger Ereignisse an verschiedenen Orten, die oft in Kontakt miteinander standen, hält vieles im Gedächtnis, was oft vergessen wird. Beim Durchblättern dieses Buches entdeckt der Leser, welche fundamentalen Veränderungen immer wieder, z. B. zwischen 3500 und 2500 v. Chr., stattfanden. Die ersten Hochkulturen mit Städten, weiträumigen Wirtschaftskontakten und Schriftsystemen entstehen in Ägypten, in Mesopotamien, am Indus und in China. Im Zweistromland werden um 3200 v. Chr. das Rad und der Pflug erfunden und um 3000 v. Chr. die frühesten Bronzen hergestellt. Erste gigantische Steinbauten entstehen mit den Pyramiden in Ägypten und den Bauten der Megalith-Kultur in Europa, von Malta bis nach Stonehenge. Was für eine Willenskraft muss die damaligen Menschen angetrieben haben, derart Monumentales mit einfachsten Mitteln zu errichten!

Diese unglaublichen Schübe an Energie und Kreativität begeistern und erstaunen. Was für enorme Kräfte wirkten zwischen 600 v. Chr. und der Zeitenwende! Griechen, Phöniker, Etrusker, Römer, Kelten und Germanen bevölkern das Mittelmeergebiet und Europa, Perser, Griechen und Parther den Mittleren Osten, Skythen und Sarmaten die Steppen zwischen Osteuropa und China. Dort, im Reich der Mitte, entstehen ebenso wie in Indien und Amerika große Reiche. Die Griechen und Römer legen die Grundlagen für die Kultur des Abendlandes. Politische Modelle wie Demokratie, Oligarchie, Tyrannis, Diktatur, König- und Kaisertum werden durchlebt und durchlitten, konkurrieren miteinander. In all diesen Organisationsformen tun sich Grenzen auf, die zum Scheitern führen. Stets sind es einzelne Persönlichkeiten, die entscheidend zum Gelingen oder Scheitern beitragen. Machtgier zerstört immer wieder alles. Die Literatur entfaltet sich erstmals in all ihren Zweigen. Homer, Sappho, Äsop, Pindar, Herodot, Thukydides, Vergil, Horaz und viele andere tragen dazu bei. Das griechische Theater erblüht. Tragödien von Aischylos, Euripides und Sophokles und Komödien von Aristophanes und Menander gehören noch heute zum Repertoire unserer Bühnen. Die Bildhauer Phidias, Polyklet, Praxiteles und Lysipp beschreiben in ihren Statuen den schönen Menschen. Hippodamos, Hermogenes und Vitruv formen eine Architektur, die zeitlos ist. Hippokrates und Herophilos begründen die europäische Medizin. Thales, Anaximander, Pythagoras, Euklid und Archimedes erstellen Grundlagen der Mathematik und Geometrie. Philosophen und Religionsstifter wie Sokrates, Plato, Aristoteles, Epikur, Buddha, Zarathustra, Konfuzius, Laotse und nicht zuletzt Jesus Christus prägen unsere spirituelle Welt.

All dieses und vieles mehr finden Sie. Mögen Sie Freude an diesem Buch haben. Tauchen Sie in unsere Vergangenheit ein, die zeigt, dass wir nur das sind, was wir unseren Ahnen in ihrem unendlichen Schaffensdrang verdanken, aber auch schulden.

Dr. Rainer Vollkommer

Leiter des Landesmuseums für
Vorgeschichte, Dresden

1750–800 v. Chr.

800–450 v. Chr.

450–264 v. Chr.

264–1 v. Chr.

40 000–10 000 v. Chr.

1

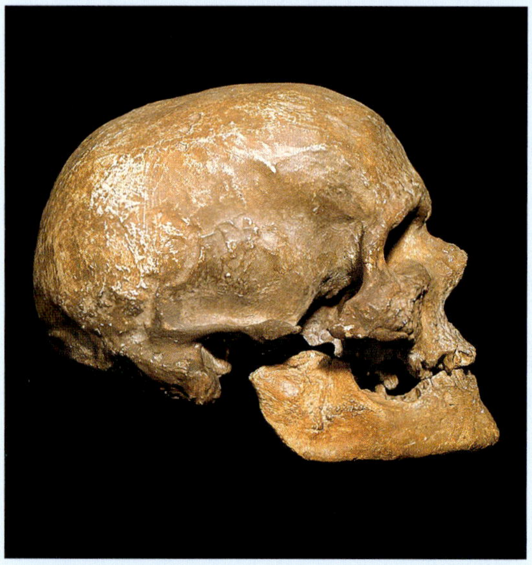

2

3

4

1 – Die »Explosion der Kunst«: Felsmalereien im Tal der Vézère (Frankreich). 2 – Ein neuer Mensch: Der Cro-Magnon, ein Vorfahr des modernen Homo sapiens sapiens, lebte vor rund 30 000 Jahren in Frankreich. 3 – Die Jagd sichert das Überleben: Frühmenschen mit Steinbeilen erlegen Rentiere in den Moränengebieten des heutigen Oberschwaben (Holzstich, um 1880). 4 – Kunst des Gravettien: Anhänger in Kopfform, gefunden bei Brünn in Tschechien.

5

6

7

8

9

10

5 – Ergebnis vulkanischer Vergangenheit sind die kreisrunden Maare der Eifel (hier: Schalkenmehrer Maar). 6 – Spielzeug aus der Jungsteinzeit: Kinderrasseln in Vogelform aus Ziebingen in Brandenburg. 7 – Hohe Schnitzkunst des Magdalénien: Pferderippen mit eingravierten Darstellungen. 8 – Ausgestorbenes Urvieh: der Auerochse. 9 – Die Spur des Menschen: Fußabdruck in der Höhle von Aldône (Frankreich). 10 – Mammute trotzen der Eiszeit (Ölgemälde).

Das Jungpaläolithikum – Der Mensch entdeckt sich selbst

Der Homo sapiens sapiens, der »Jetztmensch«, ersteht in seiner heutigen Form vor etwa 40 000 Jahren. Das pleistozäne Erdzeitalter neigt sich gerade seinem Ende entgegen. Noch einmal schwellen die Gletscher der Weichsel- und Würmeiszeiten zu gewaltiger Größe an, bevor sie sich endgültig zurückziehen. Auch die menschliche Kulturstufe der Altsteinzeit, die mit dem Auftauchen der ersten Hominiden vor Jahrmillionen begann, tritt in ihre letzte Phase ein. Mit dem Jungpaläolithikum beginnt die jüngere Altsteinzeit, die mit dem zwischen 10 000 und 8000 beginnenden Neolithikum, der Jungsteinzeit, nicht zu verwechseln ist.

Das Jungpaläolithikum zerfällt in so viele Kulturstufen wie keine Ära zuvor. Aurignacien, Gravettien, Solutréen, Magdalénien – jeder Abschnitt hat ganz eigene charakteristische Ausprägungen. Und zum ersten Mal unterscheiden sich die Hinterlassenschaften der Menschen von Region zu Region: Die Felsbilder im heutigen Südwesteuropa sind einzigartig in ihrer Pracht und Zahl; die eigenwilligen Feuersteinklingen Nordeuropas tauchen nur hier, an den Gletscherrändern, auf; die beeindruckenden Speerspitzen der Cloviskultur gibt es nur in Nordamerika. Mit der Entwicklung zum Homo sapiens sapiens scheint auch die des Individuums begonnen zu haben. Seinen letzten lebenden Verwandten, den Neandertaler, verdrängt der Mensch in kurzer Zeit, obwohl die Vertreter dieser menschlichen Frühform von ihrer Anatomie her hervorragend an das eiszeitliche Klima angepasst sind. Die moderne Version des Homo sapiens ist vor allem handwerklich viel versierter, verfügt über ein ausgeprägteres Sprechvermögen und scheint sich auch an die Umwelt variabler anpassen zu können. Während nur wenige Neandertaler 40 Jahre alt werden, erreichen viele Menschen des Jungpaläolithikums die Fünfzig. Noch heute liegt in einigen Weltregionen die Lebenserwartung auf dem steinzeitlichen Mittelwert.

Frühe Zeugnisse des Menschen und eine Bewusstwerdung der eigenen Individualität: Abdrücke von Händen in der »Höhle der Hände« (Cueva de las manos) in Patagonien/Argentinien.

Nomaden am Gletscherrand

Überlegene handwerkliche und geistige Fähigkeiten sichern dem modernen Menschen während der noch 30 000 Jahre dauernden Eiszeit das Überleben. Besonders auf der Nordhalbkugel brechen harte Zeiten an. Kilometerhohe Gletscher schieben sich über Europa und Nordamerika und begraben ein Drittel des vorhandenen Landes unter sich. Immer wieder zieht sich das Eis zurück, nur um nach einigen tausend Jahren wieder vorzustoßen, bis sich schließlich das Land so geformt hat, wie wir es heute kennen. Diese Eis-Gezeiten verändern Flora und Fauna so stark, dass die Anpassung nur Überlebenskünstlern wie dem Homo sapiens sapiens gelingt. Trotz widriger Lebensumstände sind die Jägersippen der letzten Eiszeit überaus gesund. Von allen archäologischen Knochenfunden weisen erstaunlich wenige Arm- oder Beinfrakturen oder Zeichen schwerer Krankheit auf. Häufiger sind Knochendeformationen als Folge mangelhafter Ernährung.

Der Athabasca-Gletscher im Jasper Nationalpark (Kanada) ist ein Überrest der letzten Eiszeit.

Während sich der Mensch in ein neues Erdzeitalter, das Holozän, hinüberrettet, bleiben viele Pflanzen und Tiere auf der Strecke. Die veränderten Klimate und die Bestandsdezimierung durch die Eiszeitjäger vernichten viele der charakteristischen Großsäugetiere der nördlichen Halbkugel, etwa die Mammute und Wollnashörner. Insgesamt sterben fast 1000 Arten gegen Ende des Pleistozäns aus, so viele wie nie zuvor in der Ergeschichte.

Entgegen landläufiger Meinung sind die Eiszeitjäger keine Höhlenbewohner. Die Lebensbedingungen in einer Höhle sind für längere Aufenthalte denkbar ungeeignet. In den Grotten ist es dunkel und feucht. Herumliegendes Geröll und einstürzende Felsen sorgen für erhebliche Verletzungsgefahr. Die umherziehenden Familien suchen zwar Schutz unter Felsdächern und lassen sich für kurze Zeit in Höhleneingängen nieder. Ihr bevorzugter Lebensraum ist jedoch das freie Land. In den Steppen der Eiszeittundra errichten die Halbnomaden einfache Zelte aus Holz, Knochen und Leder. In ihnen leben sie einen Sommer oder Winter lang, um in der nächsten Saison das Lager wieder abzubrechen und den Tierherden hinterherzuziehen. Die Beute wird mit Speeren gejagt, deren Spitzen mit Widerhaken versehen sind, in Fallen gefangen oder aber mit Pfeil und Bogen zur Strecke gebracht.

Wie keiner seiner Vorgänger legt der Homo sapiens sapiens großen Erfindungsreichtum an den

40 000 v. Chr.

Um 40 000: In Südfrankreich leben Frühmenschen, die bereits Merkmale des modernen Menschen aufweisen. Nach ihnen wird die Gattung des Cro-Magnon benannt.

Um 32 400: Die frühesten Felsmalereien der Welt entstehen in der französischen Grotte Chauvet.

Um 28 000: Steinzeitkünstler fertigen Venusstatuetten, deren Bedeutung der Forschung bis in die Neuzeit Rätsel aufgibt.

Um 25 000: Mit der Wisconsin-Eiszeit setzt die Vereisung des nordamerikanischen Kontinents ein.

Ab 20 000: Nach Süden strebende Gle schermassen formen das bis heute gülti Gesicht des europäischen Kontinents.

Tag. Die Steinbearbeitungstechnik erreicht ein hohes Niveau. Bei der sog. Schmalklingentechnik werden als Grundelement für die weitere Verarbeitung klingenartige Teile abgeschlagen. Diese Technik bringt lange, auf beiden Seiten scharfe Klingen hervor. Zusammen mit Hilfsmitteln wie der Speerschleuder aus Horn oder Pfeil und Bogen aus feuergehärtetem Holz, die ab dem Gravettien nachgewiesen sind, hält der Mensch nun mächtige Waffen in Händen. Selbst die lebensgefährliche Jagd auf wehrhaftes Großwild wie Höhlenbär und Mammut verliert dadurch einen Teil ihres Schreckens.

Bewaffnung ist lebenswichtig. Deshalb ist auch der harte Silex (Feuerstein), aus dem die besten Klingen geschlagen werden können, überall begehrt. Der besonders hoch qualitative Feuerstein aus dem Maasgebiet findet sich in ganz West- und Mitteleuropa wieder. Vermutlich ist dieser Silex die erste Handelsware der Welt.

Knochen mit Einritzungen aus dem Aurignacien, ca. 40000–30000

Die Kunst der Chiffren

Die Leistungen, die der Mensch während des Jungpaläolithikums erbringt, sichern nicht nur den Fortbestand der Art, sie bringen auch die ersten Kunstzeugnisse der Weltgeschichte hervor.

Stets geht Kunst aus einer Form von Spiritualität hervor. So stammen die frühesten Belege für das ästhetische Empfinden des Menschen aus den Gräbern des Mittelpaläolithikums. Schon die Neandertaler färbten ihre Toten mit rötlichem Hämatit. Viele Leichen wurden in reich ornamentierter Kleidung bestattet, Gräber mit Blumen verziert. Im Jungpaläolithikum geht der moderne Mensch in seinem künstlerischen Gestaltungswillen einen Schritt weiter und verschafft seiner Gefühls- und Gedankenwelt Ausdruck in gewaltigen Felsbildern, Hornschnitzereien und Steingravierungen. In Kulthöhlen werden ganze Felssäle bemalt. Stiere, Pferde, Mammute – die Tiere der Eiszeit erscheinen lebensecht und in manchmal überdimensional großer Darstellung.

Das Repertoire der frühen Künstler ist nicht auf die reale Welt außerhalb der Höhle beschränkt. Rätselhafte Chimären mit Menschenköpfen und Tierbeinen blicken den Betrachter von den Höhlenwänden an, Punktmuster und Symbole bedecken große Flächen wie ein Mosaik. Ihre Bedeutung zu verstehen ist fast unmöglich, ohne die Chiffren zu kennen, die den Menschen jener Zeit geläufig sind. Wer könnte die Meisterwerke der abendländischen Kunst begreifen, ohne um die Geschichten der Bibel zu wissen?

Auch auf Haut und Kleidung tragen die Menschen nun Kunst. Sie durchbohren Tierzähne, Schnecken und Muscheln und nähen sie auf Fellumhänge. Der Schmuck verziert Ärmel, Stiefel und Kapuzen oder wird mit Fäden aus Pflanzenfasern zu Ketten aufgezogen, die sich die Träger um den Hals hängen. Möglicherweise haben auch diese Anhänger die Funktion von Amuletten und Talismanen. Obwohl nicht überliefert, ist anzunehmen, dass auch die Kunst der Tatowierung bereits in Gebrauch ist und mehr als nur Zierfunktion hat.

Auf dem Weg in ein neues Zeitalter

Einer der wichtigsten Kulturträger ist der Ton. Schon im Jungpaläolithikum lernen die Eiszeitjäger die hervorragenden Eigenschaften von Tonerde zu schätzen. Das Material – relativ leicht zu gewinnen, elastisch und einfach zu formen – wird gleichwohl unter dem Einfluss großer Hitze sehr hart. Zu den ältesten Nachweisen der Nutzung von Ton zählen die kleinen Tierstatuetten von Dolni Vestonice in Mähren, die etwa 27 000 Jahre alt sind.

Die Geheimnisse der Tonverarbeitung sind mindestens seit diesem Datum bekannt, dennoch stellt der Mensch erst um 10 000 erste Schalen, Schüsseln und Krüge aus Keramik her. Warum töpfern die Eiszeitjäger noch keine Gefäße, obwohl die technischen Voraussetzungen zu deren Herstellung vorhanden sind? Völkerkundliche Befunde lehren, dass Menschen, die sich ausschließlich von der Jagd und dem Sammeln von Früchten ernähren, keine Verwendung für Tongefäße haben. Hohlkeramik ist zu zerbrechlich für die Lebensweise der umherziehenden Steppennomaden. Auch ist die Vorratswirtschaft noch weitgehend unbekannt. Die große Zeit der Keramik beginnt erst mit der aufkommenden Sesshaftigkeit des Menschen vor etwa 10000 Jahren. Die Voraussetzungen werden jedoch schon in der ausgehenden Altsteinzeit geschaffen. Typisch für die späte Altsteinzeit sind üppige Frauenfiguren aus Stein, Elfenbein oder Knochen. Diese frühesten bekannten Plastiken der Kunstgeschichte zeigen fast immer Frauen mit ausgeprägten Geschlechtsmerkmalen. Die weite Verbreitung dieser »Venusstatuetten« vom Atlantik bis zum Ural lässt auf regen Gedankenaustausch zwischen den Jägersippen schließen. Das scheint angesichts der geringen Besiedlungsdichte erstaunlich.

Übergang zur Sesshaftigkeit

Die Welt des Jungpaläolithikums gleicht einer menschenleeren Ödnis. In ganz Mitteleuropa leben gegen Ende der letzten Eiszeit kaum mehr als 300000 Menschen. Dennoch überbrücken die Familien weite Entfernungen und kommen miteinander in Kontakt. Dies ist zum einen der halbnomadischen Lebensweise zuzuschreiben. Eine Jägersippe, die Tierherden hinterherzieht, beansprucht einen viel größeren Lebensraum als sesshafte Bauern. Auf den Wanderungen kreuzen sich die Wege der Familien vermutlich häufig. Begegnungen sind nicht nur zufällig – sie werden gezielt gesucht. Der Austausch von Ideen ist nur ein Aspekt solcher Treffen. Wichtiger erscheint die Belebung der Sippe durch fremdes Blut. Wie ethnografische Parallelen zeigen, ist nicht nur der Tausch geschlechtsreifer Männer und Frauen zwischen Familien gängige Praxis. Wenn es um die Sicherung der Nachkommenschaft geht, kommt es bei den Zusammenkünften der Steinzeitjäger vermutlich zu direktem sexuellem Kontakt, um das Familienblut aufzufrischen, ohne ein Mitglied für immer an eine andere Gruppe zu verlieren. Erst in den letzten Phasen der Altsteinzeit ändert sich das Leben der Jäger. Neue Beutetiere wie Rot- und Schwarzwild nutzen nur noch kleine Reviere. Damit werden auch die Wanderungszüge der Menschen immer kürzer, ihr Leben beschränkt sich auf immer engere Räume, die über längere Phasen genutzt werden, wie es das Lager von Gönnersdorf im Neuwieder Becken eindrucksvoll zeigt. Der Nomade Mensch hat am Ende des Jungpaläolithikums den Weg in die Sesshaftigkeit gefunden.

Beleg früher Kunstfertigkeit: geschnitzter Kopf eines wiehernden Pferdes aus dem Magdalénien.

Ab 15000: Mit dem einsetzenden Magdalénien bricht die kulturell bedeutendste Epoche der Altsteinzeit an.

Um 15000: Gewaltige Erosionen führen zur Bildung großer Seen in Afrika.

Um 13000: Der Hund entwickelt sich aus seiner Wildform, dem Wolf, zum ersten Haustier des Menschen.

Ab 11000: Im heutigen Japan breitet sich mit der Jomon-Kultur die am längsten dauernde Kulturstufe aus. Sie umfasst mehr als 10000 Jahre.

10500: Bei Gönnersdorf lassen sich erste Jäger in der Nähe des Rheins nieder.

10000 v. Chr.

Um 38 000 Auf der Erde tritt die von Populationsgenetikern als **Flaschenhalseffekt** bezeichnete Situation ein: Die Bevölkerungszahl nimmt drastisch ab und erholt sich dann wieder. Zu diesem Ergebnis kommen Forscher des Human-Genom-Projektes nach der Auswertung von 500 000 Geninformationsträgern. Seit den 1980er-Jahren vereint das Projekt weltweit mehr als 1000 Wissenschaftler. Ihr Ziel ist die vollständige Entschlüsselung der menschlichen Erbanlagen.

Aus dem Tyrrhenischen Meer erhebt sich die Vulkaninsel **Stromboli**. Das 12,6 km2 große Eiland zählt zu den zu Italien gehörenden Liparischen Inseln. Der 926 m hohe Stromboli ist heute der einzige ständig aktive Vulkan in Europa. In kurzen Zeitabständen – fast alle zehn Minuten – erfolgen von Dampfwolken begleitete Eruptionen, die Schlacke und kleine Steine auswerfen.

Im Magnetfeld der Erde ereignet sich eine so genannte **Feldkrise**. Die magnetische Stärke fällt auf etwa ein Zehntel des heutigen Werts. Für die magnetische Wirkung der Erde sind glühende Eisenströme verantwortlich, die 3500 km unter der Erdoberfläche wirbeln. Nach neuen Erkenntnissen hat das Magnetfeld in den letzten 2000 Jahren ca. 30 Prozent seiner Stärke verloren und schwächt sich weiter ab.

Am nördlichen Rand des Urals trotzt eine Gruppe von frühen Menschen den bis zu –50 °C kalten Temperaturen. Sie hinterlassen Steinwerkzeuge und einen mit Einkerbungen versehenen Mammutstoßzahn, die von einer russisch-schwedischen Expedition entdeckt werden. Bis dahin waren Forscher davon ausgegangen, dass die **europäische Arktisregion** erst seit etwa 14 000 Jahren besiedelt ist.

Um 35 000 Um eine bessere Kontrolle über den Tauschhandel zu haben, verwenden die Menschen einfache technische Hilfsmittel. In Holz oder Stein werden in regelmäßigen Abständen Einkerbungen geritzt, die als **Zählsystem** dienen. Die Kerbhölzer und Steine markieren den Anfang des Zählens und Rechnens durch den modernen Menschen. Darüber hinaus sind sie ein Beleg für abstraktes und strukturiertes Denken.

Um 33 000 In der Höhle **Potoäka Zijalka** in den Karawanken Sloweniens lebt eine Gruppe Jäger. Darauf deuten Steinwerkzeuge und Knochenfunde von 40 verschiedenen erlegten Tierarten. Seit 1928 werden in der 110 m langen und 40 m breiten Grotte Ausgrabungen durchgeführt.

Um 40 000

Ein neuer Mensch

Unter einem Felsüberhang (Abri) in Südfrankreich lebt eine Gruppe Frühmenschen. Einige von ihnen weisen Merkmale auf, die neu sind und sie von ihren Artgenossen unterscheiden. Der Mensch steht in seiner Entwicklung an der Schwelle zu seiner heutigen Form. Eisenbahnarbeiter entdecken 1868 unter dem Abri die Überreste der Siedlung mit fünf jungpaläolithischen Skeletten. Drei Männer, eine Frau und ein Fötus können unterschieden werden. Was den Fund zur Sensation werden lässt: Das Skelett eines alten Mannes trägt Kennzeichen einer neuen Gattung. Der »Alte« von Cro-Magnon wird zum Prototypen seiner Art, des Cro-Magnon-Menschen. Auffallend an dem Fossil ist der langförmige, breite Schädel mit den starken Überaugenbogen und rechteckigen Augenhöhlen. Die Jochbogen sind ausladend, die Stirn ist steil. Mit etwa 170 cm ist der Körper mittelgroß. Damit unterscheiden sich die Cro-Magnon-Menschen von den älteren Repräsentanten des Homo sapiens, deren Schädel lang und schmal sind. Zunächst gilt der Cro-Magnon-Mensch als frühe Form des Homo sapiens sapiens. Heute sehen Anthropologen in ihm den Extremtypus des vorangegangenen Homo sapiens.

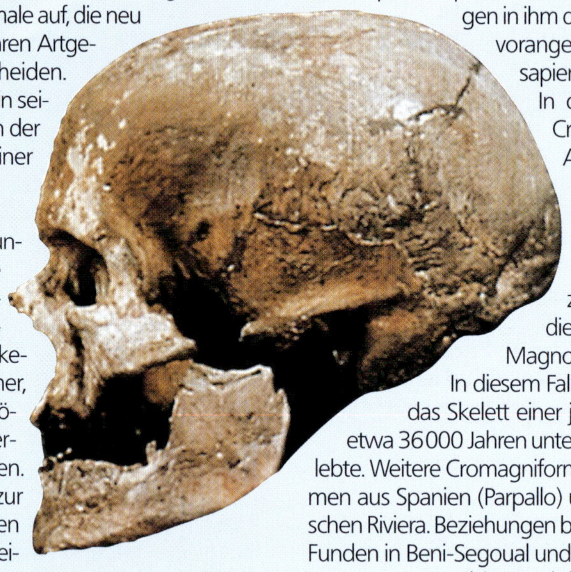

Der Schädel des »Alten« von Cro- Magnon

In der Nähe des Abri Cro-Magnon liegt der Abri Pataud (beide bei Les Eyzies-de Tayac, Dordogne). Auch hier kommen Menschenknochen zum Vorschein, die die Merkmale der Cro-Magnon-Leute aufweisen. In diesem Fall handelt es sich um das Skelett einer jungen Frau, die vor etwa 36 000 Jahren unter dem Felsüberhang lebte. Weitere Cromagniformen in Europa stammen aus Spanien (Parpallo) und von der italienischen Riviera. Beziehungen bestehen zu anderen Funden in Beni-Segoual und Afalou-bou-Rhummel in Nordafrika sowie auf den Kanarischen Inseln.

Der Homo sapiens oder Neumensch tauchte zuerst vor etwa 90 000 Jahren im Bereich des heutigen Israel auf. Sein Nachfolger, der Homo sapiens sapiens, stammt vermutlich aus dem Mittleren Osten und wanderte während einer Warmphase der Würm-Eiszeit in Mitteleuropa ein. Funde in aller Welt belegen die erfolgreiche Verbreitung der neuen Art: Bis zum Ende der letzten Eiszeit um 10 000 erreicht der moderne Mensch alle Kontinente mit Ausnahme der Antarktis.

Der unscheinbare Felsüberhang von Cro-Magnon gibt einem Menschentypus den Namen.

Um 40 000

Mit Blattspitzen gegen Bären

In der Ilsenhöhle im heutigen Thüringen vertreiben Jäger die in der Grotte hausenden Höhlenbären. Fortan wird sie dem Menschen als Wohnstätte dienen. Erfolg im Kampf gegen große Raubtiere wie Bären verdanken die Menschen Mitteleuropas einer neuen steinernen Waffe, die gleichzeitig Werkzeug ist: der Blattspitze.

Aus Deutschland, Ungarn und der ehemaligen Tschechoslowakei sind die symmetrisch geformten Steinwerkzeuge bekannt, die an übergroße Lorbeerblätter erinnern. Die Funde werden zunächst nicht in einen überregionalen Zusammenhang gebracht, man vermutet lokale Gruppen. So spricht der holländische Forscher Assien Bohmers 1954 von einer Altmühl-Gruppe, weil Blattspitzen im bayerischen Altmühltal aufgetaucht sind, z. B. in den Weinberghöhlen (Abb.: Blick aus einem Höhleneingang auf das Altmühltal). Andere Frühgeschichtler ordnen Blattspitzen-Funde in Osteuropa einer Gruppe namens Szeletien zu. Erst heute werden all diese Namen und regionalen Erscheinungsformen unter der Bezeichnung Blattspitzengruppen zusammengefasst.

Während die Waffen und Geräte der Blattspitzengruppen gut bekannt sind, fehlen Kenntnisse über die Menschen dieser Kulturstufe völlig. Keine Skelettreste sind gefunden worden und selbst die Frage, ob der Neandertaler oder der Homo sapiens die eleganten Werkzeuge geformt hat, muss unbeantwortet bleiben. Fest steht, dass die Menschen jener Zeit talentierte Handwerker gewesen sind, denn die Steingeräte zeugen von hohem Geschick, technischem Verstand und ästhetischem Begreifen.

Die Fundumstände erlauben Schlüsse auf die Lebensweise zur Zeit der Blattspitzenindustrie. Viele Blattspitzen tauchen in Höhlen auf. Freilandfunde sind zwar bekannt, aber selten. Der bevorzugte Lebensraum war also die Höhle. Wie in der Ilsenhöhle mussten die Menschen ihren Unterschlupf gegen wilde Tiere, vornehmlich Höhlenbären, verteidigen. Dazu befestigten sie die Blattspitzen vermutlich auf langen Holzschäften, die nicht erhalten sind. Das Fell der erlegten Bären, Mammute und anderer Fleischlieferanten diente als Kleidung. Daneben halfen die Tierhäute, die zugigen Höhleneingänge zu verschließen.

Die Zeit der Blattspitzen endet um 35 000 mit dem Auftauchen des Homo sapiens sapiens in Mitteleuropa. Die in dieser Periode gewonnenen Errungenschaften dienen den nachfolgenden Gruppen und Kulturen beim Kampf ums Überleben. So wird die Ilsenhöhle auch nach dem Untergang der Blattspitzenleute von Menschen genutzt.

Um 35 000

Bernsteinketten und Muschelschmuck: Man ziert sich

Die Menschen der steinzeitlichen Epoche des Aurignacien schmücken sich mit Bernstein und Muscheln: Das ästhetische Empfinden unserer Vorfahren scheint bereits voll entwickelt zu sein. Die Schmuck-(oder Kult?-)Objekte werden durchbohrt, um sie an Ketten aneinander reihen zu können. Auf diese Weise entstehen Anhänger, die im mitteleuropäischen Aurignacien bevorzugt aus Eisfuchszähnen gefertigt werden. Kleine Stücke werden auch direkt auf die Kleidung aufgenäht. Die wichtigsten Schmuckmaterialien in Mitteleuropa sind Bernstein (s. Abb.), Muscheln und Schnecken. Aber auch aus den Röhrenknochen des Schneehasen und aus Steinbockzähnen stellen die Menschen Zierstücke her. Männer wie Frauen gleichermaßen tragen Schmuck.

Das Verwenden von Zierrat ist im Jungpaläolithikum erstmals nachweisbar. Dass Schmuck bereits im Mittelpaläolithikum (200 000–40 000) existierte, lässt sich nur vermuten. Reste von schwarzen und roten Farbsplittern deuten darauf hin, dass schon in dieser Periode Körperschmuck hergestellt wurde. Die Farbsplitter, meist Mangan und Hämatit, weisen Bearbeitungsspuren auf. Die mit der Farbe verzierten Materialien sind jedoch nicht überliefert, da sie vermutlich aus Holz bestanden.

Um 35 000

Das Aurignacien – der moderne Mensch breitet sich aus

Der Fund eines menschlichen Siedlungsplatzes in der Höhle von Aurignac (Frankreich) verleiht einer altsteinzeitlichen Kulturstufe den Namen. Das Aurignacien ist die Zeit der ersten Jetztmenschen. Der Homo sapiens sapiens hat seine Entwicklung abgeschlossen und verbreitet sich in seiner heutigen Form über die Erde.

Das Aurignacien geht aus dem Moustérien, der Zeit der Neandertaler, hervor. Bereits 5000 Jahre früher als in Mitteleuropa sind im Nahen Osten die typischen Merkmale der neuen Kulturstufe feststellbar. Darunter fallen die ältesten Klingenindustrien des Jungpaläolithikums: Steinklingen, deren Kanten nicht nur scharf abgeschlagen, vielmehr durch feinste Nachbearbeitung zu Sticheln, Kratzern oder Spitzklingen retuschiert werden. Typisch sind auch große Knochenspitzen mit gespaltener Basis – Speer-Enden, die mit Holz geschäftet werden, das sich jedoch nicht erhalten hat. Durch Tauschhandel und Wanderungen verbreiten sich die neuen Errungenschaften vom Don bis zum Atlantik.

Das Leben der Aurignacien-Menschen unterscheidet sich nicht sehr von dem ihrer Vorfahren. Die Sippen leben meist im Freiland, wo sie aus Holz, Häuten und Knochen Zelte oder Hütten errichten. Auch Höhlen oder Felsüberhänge suchen die Nomaden noch immer gern auf, um sich dort eine Zeit lang niederzulassen. Die Lebenserwartung liegt bei etwa 20 Jahren. Wichtigste Jagdtiere sind Wildpferd, Mammut, Rentier und der gefährliche Höhlenbär. Die Besiedlungsdichte ist im Zeitalter des Aurignacien noch sehr gering: Schätzungen zufolge lebt im Durchschnitt ein Mensch auf einem Hektar Land.

Mit dem Aurignacien beginnt der Mensch, seiner Gedankenwelt Form zu verleihen. Erstmals in der Geschichte entstehen Kunstwerke: Malereien an Höhlenwänden, Gravierungen in Fels oder auf Knochen und Skulpturen von der Größe eines Handtellers. Durch die Langlebigkeit des Materials sind bis heute Tausende von Bildern erhalten. Sie gewähren Einblicke in das Leben der frühen Menschen, geben aber ebenso viele Rätsel auf.

Um 31 000 Die Höhle **Hohlenstein-Stadel** im heutigen Alb-Donau-Kreis wird von Menschen bewohnt. Sie hinterlassen neben Knochen erlegter Tiere auch Geweih- und Knochenwerkzeuge. Erste Belege über die Nutzung der Grotte als Wohnstätte gibt es bereits aus der Zeit vor etwa 100 000 Jahren: Der älteste Fund aus dem Hohlenstein-Stadel ist der Oberschenkelknochen eines Neandertalers.

Um 30 000 In Niederösterreich meißeln altsteinzeitliche Menschen die »Tanzende Venus«, eine 7,2 cm hohe steinerne Frauenstatuette mit tänzerischen Bewegungen. Die auch als **»Fanny«** – nach der Wiener Sängerin Fanny Elßler – bezeichnete Figur wird 1985 bei Erdarbeiten entdeckt. Sie gilt derzeit als älteste Frauenplastik der Welt. Die Anwesenheit von Menschen am Galgenberg belegen auch zahlreiche Knochenfunde von erlegten Pferden, Mammuten und Wollnashörnern.

Das **Schweizer Mittelland** – das zur Schweiz gehörende nördliche Alpenvorland – wird von einer spärlichen Steppenvegetation bedeckt. Bis zu einer Höhe von 700 bis 800 m gedeihen Bäume. Die Schneegrenze liegt bei 1800 m. Sie sinkt während der maximalen Gletscherausdehnung 28 000–18 000) auf unter 1000 m ab.

In der Höhle **Arcy-sur-Cure** im heutigen Frankreich errichten Rentierjäger eine zeltähnliche Behausung. Als Baumaterial verwenden sie Holzstangen und Tierhäute. Im Boden der Grotte entdecken Archäologen Spuren von Löchern, die auf fest eingegrabene Pfosten deuten.

Die **Geißenklösterle-Höhle** im Alb-Donau-Kreis wird von frühen Menschen bewohnt. Neben anderen Kunstwerken fertigen sie auch ein Elfenbeinplättchen mit der Darstellung eines Menschen an. Das Relief zeigt einen langen Fortsatz zwischen den Beinen, der als Lendenschurz gedeutet wird. Es handelt sich vermutlich um die älteste bekannte Abbildung dieses Kleidungsstücks.

Um 32 400

Grotte Chauvet gibt die ältesten Felsmalereien der Welt preis

Eine Grotte im Tal der Ardèche (Frankreich) wird von Menschen des Aurignacien mit Malereien verziert. Immer wieder kehren die Künstler an diesen Ort zurück und bemalen im Licht ihrer Fackeln die Wände. Sie schaffen die ältesten und zugleich prächtigsten Felsbilder der Welt.

34 000 Jahre später: Am 18. Dezember 1994 klettern die französischen Höhlenforscher Jean-Marie Chauvet, Éliette Brunel und Christian Hillaire in den Klippen des Cirque d'Estre. In einer Felsspalte bemerken sie einen Luftzug, der auf einen dahinter liegenden Hohlraum schließen lässt.

Das Trio räumt Felsbrocken beiseite und stößt auf einen Schacht, in den sich einer nach dem anderen abseilt. Im Licht der Taschenlampen entdecken die Forscher, was kurz darauf eine Weltsensation sein wird: Hunderte vorgeschichtlicher Bilder bedecken die Wände der gewaltigen Kavernen.

Die Höhle reicht 150 m tief in den Fels und entpuppt sich als Steinzeit-Galerie mit 420 Felsmalereien, die das Höhlenklima in hervorragendem Zustand konserviert hat. Das Alter der Bilder kann dank der organischen Stoffe, mit denen sie aufgetragen sind, auf rund 34 400 Jahre datiert werden. Damit sind die Malereien in der nach ihrem Entdecker benannten Grotte Chauvet 10 000 bis 15 000 Jahre älter als die vergleichbaren Bilder in den berühmten Höhlen von Lascaux (Frankreich) und Altamira (Spanien).

Tierdarstellungen, überwiegend in Ocker- und Schwarztönen gehalten, überziehen die Höhlenwände. Oft sind die Tiere nicht vereinzelt, sondern in Gruppen abgebildet (Abb.: »Der Turm der schwarzen Pferde«). Die Künstler malten Bisons, Hyänen, Eulen, Bären, Raubkatzen, Nashörner, Mammute, Hirsche, Steinböcke und Wildpferde. Ob es sich dabei um Jagdtiere oder Tiergötter handelte oder ob der Zweck der Malerei unserer heutigen Vorstellungswelt vollends verschlossen bleibt, ist im Fall Chauvet ebenso rätselhaft wie bei allen anderen bekannten Felsbildern jener Zeit. Es fällt auf, dass 60 Prozent der Bilder in der Ardèche-Höhle gefährliche Tiere darstellen – eine Besonderheit, die bei anderen Höhlenmalereien nicht auftritt. Die qualitätvollen Darstellungen zeigen, dass die Künstler um die Schwierigkeiten der Perspektive wussten. Auch schattierten sie die Motive so geschickt, dass diese dreidimensional wirken. Alle diese Techniken setzen einen fortgeschrittenen Kunstsinn voraus.

Knochenfunde, Schlafkuhlen und Fußspuren verraten, dass die Höhle lange Zeit als Bärenhorst diente. Den Menschen haben die Höhlenbären nicht nur als Beute-, sondern auch als Opfertiere gedient: Auf einem Steinblock hinter dem heute so genannten Saal Hillaire platzierten Höhlenmenschen absichtlich einen Bärenschädel. Ähnliche Tieraltäre sind aus anderen Grotten bekannt und deuten auf einen Bärenkult hin.

Um 30000

»Mondgestein« auf Nordafrika

Auf dem Gebiet des heutigen Libyen schlägt ein Meteorit ein. Durch ein geophysikalisches Phänomen hinterlässt der Einschlag Glasperlen von etwa 60 cm Durchmesser und 80 g Gewicht. Die Entstehung des Wüstenglases gibt der Wissenschaft jahrzehntelang Rätsel auf. Noch bis in unsere Zeit hinein hat man vermutet, der Schmelz sei aus Mondgestein entstanden, das auf die Erde geschleudert worden ist. Heute gilt als erwiesen, dass es sich um Gesteinsmaterial der Erde handelt, das beim Aufschlag eines Meteoriten aufgeschleudert und geschmolzen wurde.
Ähnliche Stücke wie die Exemplare aus Libyen sind auch aus anderen Teilen der Welt bekannt und können bis zu 34,2 Mio. Jahren zurückdatiert werden. Die Tektite oder Glasmeteorite genannten Stücke sind meist flaschengrün, seltener auch braun. Sie wurden in tertiären oder quartären Sedimentschichten nachgewiesen. Ihr Gewicht reicht von fünf Gramm bis zu drei Kilogramm.

Um 32000

Die ersten Südamerikaner

Im Nordosten Brasiliens finden Vertreter der Gattung Homo sapiens sapiens unter einem Felsvorsprung (Abri) eine neue Wohnstätte. Die Einwanderer zählen zu den frühesten Menschen, die auf dem südamerikanischen Kontinent leben.
Unter dem Abri von Pedra Furada hinterlassen die Siedler eine Feuerstelle, Werkzeuge, Steinbrocken und Felsmalereien, die heute als älteste Kunstzeugnisse auf beiden amerikanischen Erdteilen gelten. Mit Hilfe der Radiokarbondatierung gelingt es, das Alter der Holzkohlereste in der Herdstelle auf etwa 32000 Jahre zu bestimmen. Aktuelle Korrekturen dehnen das Messergebnis sogar auf 50000 Jahre aus. Damit sind die frühmenschlichen Siedler in Nordostbrasilien die ersten Südamerikaner.
Noch immer ist ungeklärt, wie die Besiedlung der amerikanischen Kontinente vor sich ging. Vermutlich kam der Mensch von Sibirien aus über die zugefrorene Beringstraße nach Nordamerika und durchquerte in den folgenden Jahrtausenden den Kontinent. Über die mittelamerikanische Landbrücke erreichte er Südamerika und drang über die Anden ins Innere des Kontinents vor. Die ältesten Beweise menschlicher Existenz auf nordamerikanischem Boden sind jedoch nicht älter als 20000 Jahre. Entsprechend brisant ist der Fund von Pedra Furada: Wenn der Mensch tatsächlich von Nord- nach Südamerika eingewandert ist, so beweisen die Überreste in Brasilien, dass bereits vor 40000 Jahren Menschen auf dem nördlichen Kontinent gelebt haben müssen. Spuren menschlicher Existenz aus dieser Zeit sind in Nordamerika bislang aber noch nicht entdeckt worden.
Für die Besiedlung Amerikas sind zwei Kolonisationsphasen denkbar: eine ältere vor rund 40000 Jahren nach der mittleren Wisconsin-Zwischeneiszeit und eine jüngere nach der späten Wisconsin-Eiszeit (um 18000). Für eine frühe Besiedlung spricht ein weiterer Fund aus Südamerika: Menschliche Fußabdrücke und hölzerne Hausfundamente in Monte Verde (Südchile) sind zwischen 12000 und 33000 Jahre alt.

Um 32000

Frühe plastische Kunst

In den Höhlen des Lone- und des Achtals im heutigen Baden-Württemberg formen Menschen des Aurignacien winzige Statuetten. Die Figuren aus der Vogelherdhöhle, dem Geißenklösterle und dem Hohlenstein gelten heute als Höchstleistungen früher plastischer Kunst.
Sämtliche Kunstäußerungen des Menschen aus der Zeit des Aurignacien in Deutschland stammen aus diesen beiden Flusstälern der Schwäbischen Alb. Wieso ausgerechnet diese Region zur Gestaltung von Statuetten inspirierte, ist ungewiss. Auf jeden Fall waren die Lebensbedingungen im Lonetal vor über 30000 Jahren ideal. An seinen Hängen finden sich zahlreiche Höhlen, die heute verschüttet sind, vor der letzten Eiszeit aber noch frei zugänglich waren. Die nahen Flüsse sind reiche Nahrungsquellen. Schon die Neandertaler wissen die Grotten des Lonetals als Behausungen zu schätzen. Sie hinterlassen Spuren, wie z.B. Überreste der mittelsteinzeitlichen Kopfbestattungen im Hohlenstein. Die sensationellsten Funde stammen jedoch aus dem Aurignacien. In der Vogelherdhöhle nahe des heutigen Stetten ob Lonetal schnitzen Menschen Tierfiguren aus den Stoßzähnen eines Mammuts. Meisterhaft formen sie Mammute, Raubkatzen, ein Wisent und ein Wildpferd (s. Abb.) aus dem Elfenbein. Die Statuetten sind nur wenige Zentimeter groß, werden mit Ösen versehen und als Amulett um den Hals oder an der Kleidung getragen. Später hat man die Figurinen offenkundig absichtlich in der Höhle deponiert.
Die Aurignacien-Künstler ritzen Linien in die Oberflächen ihrer Plastiken, einige parallel, andere in Form eines Andreaskreuzes. In einige Stücke bohren sie Grübchen. Da die Symbole kein Körpermerkmal der Tiere wiedergeben, sind sie vermutlich Träger einer Botschaft, deren Inhalt heute für immer verloren scheint. Ähnliche Zeichen kann man auf jungpaläolithischen Kleinplastiken in Sungir (Russland) erkennen. Eine Verbindung beider Fundstellen ist nicht auszuschließen.
Den meisterhaften Tierdarstellungen stehen Abbilder von Menschen gegenüber, die wesentlich plumper geraten sind. Neben einem Stück aus der Vogelherdhöhle ist ein Fund aus dem Geißenklösterle im Achtal in der Nähe des heutigen Ulm von Bedeutung. Auf einem Elfenbeinplättchen ist im Halbrelief eine grobe Menschenfigur herausgeschnitzt. Die Arme der Figur sind hoch erhoben, eine Körperhaltung, die noch in der Kunst der Antike Verwendung findet und als Adorant oder Betender bezeichnet wird. Die Rückseite des 3,8 cm hohen Plättchens ist mit Stichmustern verziert, die einen Kalender darstellen könnten.
Die wohl Aufsehen erregendste Menschenplastik des Aurignacien stammt aus dem Hohlenstein im Lonetal. Der so genannte Löwenmensch ist eine der schönsten, größten und geheimnisvollsten Kunstwerke des Jungpaläolithikums. Die etwa 30 cm hohe Figur steht auf zwei Beinen. Der Körper trägt weibliche Merkmale und einen Löwenkopf. Unzählige Deutungsversuche sind an dem Löwenmenschen von Hohlenstein-Stadel vorgenommen worden. Stellt die Figur eine Schamanin mit Löwenmaske dar? Oder ist sie eine Tier-Mensch-Gottheit, die in der Höhle verehrt wurde? Selbst das Geschlecht des Löwenmenschen ist nicht genau zu bestimmen. Der Fortsatz zwischen den Schenkeln der Figur scheint den einen ein Phallus, den anderen ein Lendenschurz, die Wölbung der Brust mag absichtlich herausgearbeitet sein, kann jedoch ebenso gut von einer natürlichen Unebenheit im Bearbeitungsmaterial herrühren. Eine genauere Betrachtung der Fundgeschichte lässt Zweifel an diesen Interpretationen aufkommen.

Die Statuette wurde nicht etwa vollständig in der Höhle entdeckt, sondern in Einzelteilen und unerkannt mit anderem Fundgut geborgen. Erst bei der Inventarisierung fielen Stuttgarter Archäologen die über 100 Elfenbeinbruchstücke auf. In mühsamer Detailarbeit setzten sie die Teilchen zu dem heute bekannten Löwenmenschen zusammen. Die Form der Figur bleibt jedoch spekulativ. Selbst die Frage, ob der Löwenkopf tatsächlich zum Körper gehört oder von einer anderen, vielleicht rein tiergestaltigen Plastik stammt, ist nicht gelöst. Zweck und Form des Löwenmenschen von Hohenstein-Stadel bleiben somit unklar.

Das Klima formt den Menschen

Die Illustrierte »Stern« fasst im November 2002 den neuesten Forschungsstand über die genetische Herkunft der Europäer zusammen:

»Wir Europäer, spanische Granden und französische Models, englische Oxford-Professoren und deutsche Bundeskanzler, schwedische ›Pippi Langstrumpf‹-Leser und italienische Pinocchio-Fans, sind nichts anderes als weiße Neger – unserem Ursprung in Afrika so nah, dass der genetische Abstand zwischen uns und den heutigen Bewohnern Nordostafrikas geringer ist als der zwischen ihnen und Westafrikanern.«

Sechs Millionen Jahre hat es gedauert, bis der Mensch zu seiner modernen Form gefunden hat. Mit der Ausbildung des Homo sapiens sapiens vor 40 000 Jahren ist zwar das vorläufige Ende der Evolution erreicht, doch bleibt es nicht bei einer uniformen Art Mensch. Die so genannten Großrassen entstehen. Über ihre Herkunft und Bedeutung ist das letzte Wort der Wissenschaft auch heute noch nicht gesprochen.

Menschenarten lassen sich an vielerlei Merkmalen unterscheiden. Die auffälligsten sind Haar-, Haut- und Augenfarbe sowie Körper-, Kopf- und Gesichtsformen. Unsichtbar, aber von großer Bedeutung sind körperinnere Prozesse wie Wärmeregulation oder Blutmerkmale. Anhand derartiger Eigenschaften entsteht im 18. Jahrhundert der Rassenbegriff – zur Blütezeit des Imperialismus und des intensiven Kontakts mit fremden Völkern. Heute gilt die Kategorisierung von Menschen in großen Verbreitungsgebieten als überholt, sie wird jedoch noch immer zur Beschreibung der auffälligsten Merkmale herangezogen.

Die Europiden leben ursprünglich in Europa, Nordafrika und dem Westteil Asiens. Wegen Pigmentarmut erscheint ihre Haut hell, auch Haar und Augen können heller sein als bei anderen Arten. Versuche, die Europiden in Unterklassen aufzuteilen, werden 1899 vorgenommen, müssen wegen zu großer Fluktuation zwischen den geografischen Räumen jedoch wieder aufgegeben werden.

Die Negriden gehen aus dem mittleren und südlichen Teil des afrikanischen Kontinents hervor. Ihre Haut ist im Vergleich mit der aller anderen Menschen am stärksten pigmentiert und dunkel. An Negriden fallen das krause Kopfhaar auf sowie die breite Nase mit flacher Wurzel und die großen Lippen.

Die Mongoliden stammen aus Zentral-, Ost- und Südasien. Sie sind gekennzeichnet durch straffes, glattes Kopfhaar, geringe Körperbehaarung und wenig Bartwuchs bei den Männern. Die Haut ist wenig durchblutet, aber pigmentiert, so dass ein gelblicher Farbton entsteht. In dem flächigen Gesicht fallen besonders die breiten Jochbeine auf.

Die Indianiden gehen aus den Mongoliden hervor und entwickeln sich auf den amerikanischen Kontinenten zu den verwandten Formen Nordindianide und Südindianide.

Kleinere Gruppen stellen die Australiden sowie die Khoisan Südafrikas dar. Auch die Pygmiden sind eine eigene Menschenart, die in einen afrikanischen und asiatischen Zweig gegliedert wird.

Die verschiedenen äußeren Merkmale des Menschen lösen hauptsächlich in der Forschung Debatten über Rassenzugehörigkeiten aus, deren Auswüchse vor allem im 20. Jahrhundert zu grauenvollen Konsequenzen führen: Das Gutheißen von Sklaverei, Apartheid oder z. B. der Ideologie des Nationalsozialismus leiten sich aus rassistischen Einstellungen ab. Heute weiß man, dass die morphologischen Merkmale der Menschheit biologisch nicht so bedeutend sind, wie es über viele Jahrzehnte immer wieder behauptet wurde.

Viele physiologische Eigenschaften sind mit pauschalen Begriffen wie Genkombination nur unzureichend erklärbar. Mindestens 75 Prozent der menschlichen Gene variieren nicht, sondern sind bei allen Menschen gleich. Die genetischen Unterschiede sagen zudem nichts über die Abweichungen im Erscheinungsbild aus. Untersuchungen zeigen, dass zwischen west- und zentralafrikanischen Unterarten des Schimpansen die genetischen Unterschiede etwa zehnmal so groß sind wie zwischen negriden und europiden Menschen.

Die Welt des Westens ist multikulturell: Jugendliche verschiedener Herkunft und Hautfarbe verfolgen ein Popkonzert in Stockholm.

Im Fokus

Überlebenskünstler im Eis: Die Inuit trotzen den Widrigkeiten der Arktis

Wie langsam die genetische Mutation vor sich geht, wenn sich die Lebensumstände ändern, zeigt sich am Beispiel der Inuit (Eigenbezeichnung der Eskimos), der Bewohner des ewigen Eises.
Um 50 000 kommen die Vorfahren der Inuit aus Mittelasien in den Kältetundren des nördlichen Polarkreises an. Noch heute weisen ihre Nachfahren dieselben körperlichen Merkmale auf, die sie in ihrem jetzigen Lebensraum eher benachteiligen: Mit dem kleinen Körperwuchs ist der Temperaturhaushalt an wärmere Klimate angepasst; die dunkle Haut ist bei großer Sonneneinstrahlung als UV-Schutz dienlich, aber in der arktischen Nacht lässt sie die Produktion der erforderlichen Mengen Vitamin D nicht zu, das der menschliche Körper für die Skelettentwicklung benötigt.
Extremen Umweltbedingungen ausgesetzt, bleibt den Inuit nichts anderes übrig, als der Evolution auf die Sprünge zu helfen und sich der menschenfeindlichen Wildnis aus eigener Kraft anzupassen. Dem Mangel an Vitamin D begegnen sie mit Vitamin-D-reicher Nahrung wie Leber oder Lebertran. Der Kälte trotzen sie mit einem ausgeklügelten Kleidungssystem, das die Erkenntnisse der modernen Wärmelehre vorwegnimmt. Schließlich holt die Evolution auf: Heute ist bei Inuit und Lappen häufig eine dicke Fettschicht unter der Haut feststellbar, die den Körper vor Kälte schützt. Auch die Flexibilität des Immunsystems hilft dem Menschen, sich an die Großregionen der Welt anzupassen. In den Tropen gehören Krankheiten wie Malaria zu den größten Bedrohungen für die dort lebenden Menschen. Doch selbst gegen das tödliche Fieber weiß die Evolution Rat. Die Sichelzellen-Anämie, eine Erbkrankheit, die durch die Verstopfung der Kapillargefäße sehr gefährlich werden kann, schützt vor Malaria. Heute ist der Anteil der Menschen mit Sichelzellen-Anämie in den malariaverseuchten Gebieten der Tropen extrem hoch.

Inuit zerlegen ein Walross nahe Siorapaluk (Grönland).

*Neben der natürlichen Selektion spielt der **Genfluss** bei der Evolution die wichtigste Rolle: Durch die Verbreitung und den Austausch von Genen zwischen verschiedenen Rassen bzw. Populationen werden Unterschiede vermindert, die sich in einzelnen Regionen zunächst herausgebildet haben. Zudem vergrößert der Genfluss, der u. a. durch Wanderungen oder Invasionen zustande kommt, das Variationsspektrum innerhalb der einzelnen Populationen. Durch die ständig wachsende Mobilität und den verstärkten Abbau kultureller Schranken entwickelt sich der Genfluss in menschlichen Populationen zu einem bedeutenden Faktor der Mikroevolution, d. h. beim Entstehen einer neuen Art.*

Selbst über die Zahl der menschlichen Arten herrscht Uneinigkeit. Gibt es sechs oder 40? Mit Gewissheit kann nur ein Zusammenhang hergestellt werden: der zwischen der Erscheinungsform des Menschen und der Anpassung an die Klimate der Welt. Besonders Unterschiede im Körperbau lassen sich bei allen Menschen – wie auch bei zahlreichen Säugetieren – anhand von Klimaveränderungen beobachten. Der deutsche Anatom Carl Bergmann beobachtet 1847, dass ein großer Körper im Verhältnis weniger Oberfläche hat als ein kleiner Körper und damit auch weniger Wärme nach außen abgibt. Die Bergmannregel besagt, dass die Bewohner wärmerer Zonen von kleinerem Wuchs sind als die Bewohner kälterer Zonen. Nach Bergmann ist auch das Körpergewicht von der mittleren Jahrestemperatur abhängig. Aber diese Regel kennt Ausnahmen: Inuit sind meist von kleiner Gestalt, obwohl sie in kälteren Klimazonen leben.
Am auffälligsten unterscheiden sich die Menschenarten durch ihre Hautfarbe. Helle Haut ist Bewohnern lichtarmer Regionen eigen. Geringe Pigmentierung lässt eine ausreichende Bildung von Vitamin D zu, das mit dem Sonnenlicht in den Körper gelangt. Dunkle Haut findet sich überall dort, wo die Sonneneinstrahlung intensiv ist und der Körper gegen zu viel ultraviolettes Licht geschützt werden muss.
Ein wichtiges Unterscheidungsmerkmal der Menschenarten ist die Form der Nase. Bei Negriden ist sie breit, bei Europiden schmal. Nach der Thomson-Buxton-Regel ist eine schmale Nase immer dann von Vorteil, wenn die Atemluft trocken ist. In den engen Nasengängen kann die Luft effektiver angefeuchtet werden, bevor sie in die Lungen gelangt.
Die Verbreitung des Menschen über die Klimazonen der Welt ist demnach die Hauptursache für sein unterschiedliches Aussehen. Vor 100 000 Jahren brach der moderne Mensch in Afrika auf und schaffte es, sich in den folgenden 40 000 Jahren über Asien zu verbreiten. Bei der Überquerung der Beringstraße (vor 20 000 oder nach 12 000) hat sich die mongolide Menschenart bereits herausgebildet. Wenigstens 80 000 Jahre hat diese Veränderung gedauert – in den Dimensionen der Evolution nur ein Sekundenbruchteil.

Eines von vielen Gesichtern Afrikas: Zulu-Mädchen

Die ersten Aborigines, die Ureinwohner des fünften Kontinents, wandern um 30 000 von Asien kommend nach Australien ein.

In seinen »Ideen zur Philosophie der Geschichte der Menschheit« sinniert der deutsche Philosoph und Dichter Johann Gottfried Herder über das Klima:

»Wie auch das Klima wirke, jeder Mensch, jedes Tier, jede Pflanze hat ihr eigenes Klima: Denn alle äußern Einwirkungen nimmt jedes nach seiner Weise auf und verarbeitet sie organisch.«

Um 28 000 Die Gegend um das heutige **Amrosievka** in der Ukraine ist ein bevorzugtes Revier von Steinzeitjägern. Mit Speeren erlegen die Männer innerhalb vieler Jahrzehnte etwa 1000 Wisente. Ausgrabungen fördern neben den Resten der Wildrinder auch zahlreiche Speerspitzen zu Tage. Sie wurden aus Knochen geschnitzt.

Steinzeitliche Jäger besiedeln das Tote Gebirge, einen Gebirgsstock der Nördlichen Kalkalpen in Oberösterreich. Die alpinen Jäger nutzen zeitweilig die bei Bad Aussee auf 2000 m Höhe gelegene **Salzofenhöhle** als Wohnstätte. Von ihren erfolgreichen Jagdzügen zeugen zahlreiche Knochenfunde erlegter Höhlenbären und anderer Wildtiere.

Nur unter Schmerzen kann ein in der **Vogelherd-Höhle** im heutigen Baden-Württemberg lebender Homo sapiens sapiens kauen. An dem Kiefergelenk eines etwa 40 bis 50 Jahre alten Mannes stellen Anthropologen der Gegenwart eine Anomalie fest – die früheste bei einem modernen Menschen festgestellte Kiefer-Erkrankung.

Zahlreiche Höhlen der Schwäbischen Alb werden vom Homo sapiens sapiens bewohnt. Zu ihnen gehört auch die **Geißenklösterle-Höhle** beim heutigen Blaubeuren-Weiler. Bei den Ausgrabungen in der Grotte werden nicht nur einige aus Elfenbein geschnitzte Kunstwerke gefunden, sondern auch eine Feuerstelle. Sie ist in Deutschland der älteste Beleg für die Verwendung des Feuers durch den Jetztmenschen.

Um 27 000 Auf der Azoreninsel São Miguel bricht der Vulkan **Sete-Citades** aus. Die gewaltige Eruption schleudert riesige Mengen heißes Magma in die Luft. Durch den Einsturz der entleerten Magmakammer vergrößert sich der beim ersten Ausbruch vor 36 000 Jahren entstandene Krater. Etwa 8000 Jahre später kommt es erneut zu einer größeren Aktivität des Vulkans, bei der der Einsturzkessel nochmals erweitert wird.

In Europa ziehen sich die in der Eiszeit gebildeten Gletscher zurück. Bei dem **Interstadial** genannten Rückgang des Eises kommt es zu einer Erwärmung des Klimas. Die sich jetzt langsam durchsetzenden milden Temperaturen führen in einigen Gebieten zu Landschaftsveränderungen. So wird im Burgund, im heutigen Frankreich, die baumlose Steppenlandschaft zu einem dicht bewachsenen Grasland umgeformt.

Im **Périgord**, am Westrand des französischen Zentralmassivs, stellen altsteinzeitliche Menschen Tausende von Steinwerkzeugen her. Die geschickten Handwerker schaffen ein variantenreiches Formenspektrum. Es reicht von Klingen zum Schaben von Fellen – so genannte Endschaber – über speziell für die Bearbeitung von Knochen und Geweih gefertigte Klingen bis hin zu einer Vielzahl unterschiedlicher Messertypen.

Um 26 000 Die mutmaßlich letzten Neandertaler Europas leben in den Gebirgen des Balkan und in Nordspanien. Dies belegen fossile Reste aus der **Vindija-Grotte** im heutigen Kroatien und Zafarraya bei Málaga. Nur in solch schwer zugänglichen Rückzugsgebieten können sie sich noch gegen den überlegenen Jetztmenschen, den Homo sapiens sapiens, behaupten.

Im Süden Islands bricht der Vulkan **Hekla** aus. Bei der gewaltigen Eruption werden 3 km³ Asche ausgeworfen, die die Umgebung des Vulkans mit einer mehrere Meter dicken Schicht bedecken. Der 1491 m hohe Hekla gehört zu einer Reihe von heute noch auf Island aktiven Vulkanen. Sein letzter Ausbruch datiert ins Jahr 2000.

Die Höhle **Cussac**, an der Dordogne in der Nähe des heutigen Bergerac gelegen, wird von jungpaläolithischen Jägern und Sammlern als Wohnort genutzt. Sie verzieren die Wände der Grotte mit über hundert eingeritzten Tierfiguren. Die dargestellten Mammute, Nashörner, Bisons, Pferde und Hirsche spiegeln die Tierwelt des Paläolithikums wider.

Um 28 000

Frühe Kunst im Fernen Osten

Aus der chinesischen Altsteinzeit sind nur wenige Zeugnisse früher Kunst bekannt. Neben seltenen Ritzungen auf kleinen Steinen haben vor allem die Tierknochen von Shiyu in der Provinz Shanxi das Interesse der Forschung geweckt.

Mehrere hundert Knochen aus Shiyu weisen die Spuren von Bearbeitungen durch Menschen auf. Bei fast allen handelt es sich um Schnittspuren, die beim Zerlegen von Beutetieren angebracht wurden. Eines der Fundstücke zeigt jedoch ein Muster, das offensichtlich absichtlich in den Knochen geritzt worden ist. Auf dem 30 000 Jahre alten Pferdeknochen ist eine Szene erkennbar, in der sich zwei Jäger einem nicht näher identifizierbaren Tier nähern. Ein weiterer Jäger verfolgt einen großen Vogel.

Obwohl die Ausarbeitung nicht von hohen künstlerischen Fertigkeiten zeugt, sind die Jagdszenen von Shiyu von besonderem Wert, denn sie stellen die ältesten Kunstäußerungen nicht nur in China, sondern in ganz Fernost dar. Die zeitnächsten Bildnisse aus dem Jungpaläolithikum Ostasiens stammen aus der Höhle von Kamikuroiwa in Japan. Die dort gefundenen gravierten Steinplättchen sind etwa 12 160 Jahre alt und somit rund 16 000 Jahre jünger als der bearbeitete Pferdeknochen von Shiyu.

Um 28 000–21 000

Die Baumeister des Gravettien

In der Brillenhöhle nahe des heutigen Blaubeuren errichten Menschen des Gravettien steinerne Bauten zum Schutz vor Kälte und Regen, der durch eine Öffnung im Höhlendach hereinfällt. Die einfachen Konstruktionen zählen zu den frühesten Steinbauwerken der Welt. Die Kulturstufe des Gravettien ist benannt nach dem Fundort La Gravette in der Dordogne (Frankreich). Das Gravettien zählt zum mittleren Abschnitt des Jungpaläolithikums, einer Zeit, in welcher der moderne Mensch bereits zu seiner heutigen Form herangewachsen ist. Die Männer des Gravettien erreichen beachtliche Körpergrößen von bis zu 1,85 m, die Frauen sind mit durchschnittlich 1,60 m erheblich kleiner. Dieses Wissen ist u. a. dem Fund von Předmost in Mähren zu verdanken. Dort stießen Archäologen auf 20 vollständig erhaltene Körperbestattungen. Die Gravettien-Leute in Mittel- und Osteuropa leben in Höhlen oder Freilandsiedlungen auf weiten Steppenlandschaften. Sie benutzen die für diese Zeit typischen Gravettespitzen als Waffen und Werkzeuge: schmale Klingen und Geschossspitzen aus Silex (Feuerstein) mit einem abgestumpften Rücken. Die sich von Skandinavien heranschiebenden Gletscher der Weichsel-Eiszeit löschen um 20 000 die letzten Spuren des Gravettien in Mitteleuropa aus.

Um 28 000–21 000

Hände verzieren Wände: Der Mensch gewinnt Persönlichkeit

In der Höhle von Gargas im Pyrenäenvorland stempeln Gravettien-Menschen mehr als 150 Abdrücke ihrer Hände auf die Felswände. Die Bilder gelten heute als die ältesten Zeugnisse von Individualität. Die Handabdrücke werden stets im Umfeld anderer Felsmalereien angebracht. Ihre Herstellung ist jedoch wesentlich einfacher als die Darstellung von Tieren oder Jagdszenen. Meist sind die Hände in Negativtechnik gemalt, bei der rund um die Hand Farbe aufgetragen wird, sodass ein freies Mittelfeld die Kontur wiedergibt. Auch Positive kommen vor, die durch einfaches Einfärben und Abdruck der Handfläche entstehen. Die Bilder sind in Schwarz, Rot oder einem dunklen Ockerton gehalten. Sie tauchen einzeln auf oder in Gruppen. Die Abbildungen erzählen Geschichten vom Alltag in der Altsteinzeit. Viele Hände scheinen verstümmelt zu sein, es fehlen ganze Finger oder Fingerglieder. Sind dies Hinweise auf einen Initiationsritus oder die Folgen eines harten Lebens, in dem Erfrierungen und schwere Verletzungen bei der Jagd an der Tagesordnung sind? Möglicherweise waren die Hände der Künstler gesund, aber einzelne Finger wurden beim Auftragen der Bilder umgeknickt, um eine Art Zeichensprache auf den Fels zu schreiben. Die modernen Interpretationen sind so zahlreich wie die Abdrücke selbst.

Einer Theorie zufolge sind die Male »Signaturen« von Höhlenkünstlern. Andere sehen in ihnen die Zeichen von Schamanen, die aus Anlass ritueller Zeremonien angebracht wurden. Doch auch Kinderhände wurden verewigt. Selbst die Frage, ob es sich um linke oder rechte Hände handelt, ist nicht eindeutig geklärt. Der französische Prähistoriker Henri Breuil (1877–1961) erkannte fast ausschließ-

lich linke Hände in Gargas, doch wurde ihm von seinem Fachkollegen André Leroi-Gourhan (1911–1985) widersprochen. Leroi-Gourhan wollte in den Bildern die Abdrücke von Handrücken und somit von rechten Händen erkennen.

Neben Gargas sind die Höhlen von Cosquer nahe des heutigen Marseille, Bara-Bahu bei Bordeaux (s. Abb.) und Paglicci in Italien Fundstellen von Handbildern. 1999 entdeckten Forscher in drei Höhlen auf Borneo Handabdrücke in Negativtechnik, die ebenfalls etwa 20 000 Jahre alt sind.

Um 28 000

Die Rätsel der Venus von Willendorf

Die Venus von Willendorf, geschaffen von einem unbekannten Steinzeit-Künstler im heutigen Niederösterreich, hat auch nach 30 000 Jahren nichts von ihrer Anziehungskraft eingebüßt. Erotisches Spielzeug oder Fruchtbarkeitsgöttin? Die kleine Kalksteinstatuette und ihre über ganz Europa verteilten Schwestern geben der Wissenschaft noch immer Rätsel auf.

Die weltberühmte Figur (s. Abb. l.) ist 10,3 cm hoch und stellt eine nackte, aufrecht stehende Frau dar. Farbreste deuten darauf hin, dass die Venus einmal rot bemalt gewesen ist. Sie wird der Kulturstufe des Gravettien zugeordnet. Doch bei der Ausgrabung im Jahr 1908 wurde die Fundschicht nicht genau dokumentiert, so dass die Datierung von den beiden Ausgräbern Josef Szombathy und Josef Bayer geschätzt werden musste. Diese Einteilung ist bis heute gültig.

Rund 150 Venusfiguren sind heute aus Österreich, Tschechien, Italien (Abb. u.: die Venus von Savignano), Frankreich und Russland bekannt. Sie wurden entweder aus Stein, Knochen oder Elfenbein gefertigt. Typische Merkmale der Figuren sind gewaltige Beckenpartien, große, hängende Brüste sowie eine Überbetonung der mittleren Körperpartie im Verhältnis zum Kopf und zu den Extremitäten. Der vorgewölbte Leib einiger Exemplare erinnert an Schwangere. Kleidung ist nicht erkennbar, einige Statuetten zieren Halsketten und Gürtel. Sämtliche Extremitäten sind entweder stark vernachlässigt oder gar nicht vorhanden. Der Kopf der Willendorfer Venus weist Bearbeitungsspuren auf, die in diesem Fall eine Frisur oder einen Kopfschmuck darstellen.

Eine zweite, wesentlich schlechter erhaltene Venus wurde ebenfalls in Willendorf gefunden. Dieses Stück ist 23,2 cm hoch. Kopf und Füße der Figur sind abgebrochen. Eine weitere Kleinplastik, die Rote von Mauern, stammt aus dem heutigen Bayern. Vor etwa 30 000 Jahren aus Kalkstein geschaffen, wurde sie in den Weinberghöhlen gefunden. Ob der rote Überzug von Mineralien herrührt oder von Menschenhand stammt, ist ungewiss. Er erinnert an die Farbreste, die auf der Willendorfer Venus zu erkennen sind. Weniger deutlich konturiert wirkt die Venus vom Linsenberg, von der nur der untere Teil erhalten ist. Auch in diesem Fall sind die charakteristischen Merkmale – keine Füße, dicke Oberschenkel – vorhanden.

Mit den Venusfiguren des Jungpaläolithikums beginnt die Geschichte der Rundplastik. Die kleinen Figuren sind die frühesten dreidimensionalen Abbilder des Menschen. Abgesehen von einigen wenigen Figuren, die eindeutig als Männer angesprochen werden können (Brünn, Hohlenstein-Stadel), tragen die Statuetten der Steinzeit stets weibliche Züge. Im Neolithikum (ab 10 000) findet diese Art der Darstellung noch weitere Verbreitung durch den neuen und besser handhabbaren Werkstoff Keramik.

Waren alle Frauen des Gravettien so üppig? Die Körpermaße sind nur auf den ersten Blick abnorm, bei einer alten Frau, die viele Kinder geboren hat, jedoch durchaus vorstellbar. Eine Untersuchung an 132 altsteinzeitlichen Venusfiguren hat Erstaunliches ergeben: Anhand der Körpermerkmale ließen sich Schlüsse auf das Alter der Frauen ziehen. Demnach sind junge Frauen mit 22,7 Prozent vertreten, mittelalte Schwangere mit 17,4 Prozent, mittelalte Nicht-Schwangere mit 37,9 Prozent und alte Frauen mit 22 Prozent. Dieses Ergebnis macht deutlich, dass die Venusfiguren Frauen in allen Phasen des Erwachsenenalters darstellen.

Das herausgestellte Gesäß der Venusfiguren sorgte unter Forschern für Aufsehen erregende Spekulationen. Einige zogen einen Vergleich mit dem Fettsteiß (Steatopygie) der Hottentottenfrauen im südlichen Afrika. Dabei handelt es sich um ein Fettpolster am Gesäß, das es den Frauen des heute lebenden Buschvolkes erlaubt, Nahrungsreserven für magere Zeiten anzulegen. Der Vergleich mit den Südafrikanern galt lange Zeit als Beweis dafür, dass die Venusstatuetten bereits rassische Merkmale aufwiesen. Diese Ansicht gilt heute jedoch für überholt. Die hervorgehobenen Körperpartien deuten stattdessen auf eine Sexualsymbolik bzw. einen Fruchtbarkeitskult hin. Auch eine Verwendung als Kinderspielzeug ist nicht auszuschließen, da die kleinen Statuetten mühelos bewegt werden können. Die spitz zulaufende Unterpartie macht es leicht, die Figuren in weichen Boden oder zwischen Geröll zu stecken und somit in aufrechte Haltung zu bringen. Keine Venusfigur wurde an einem altarähnlichen Ort entdeckt, an dem sie eine herausragende Position eingenommen hätte, wie es später bei vielen Frauenstatuetten des Neolithikums der Fall ist. Einige Exemplare scheinen sogar sorgfältig unter Felsen oder in Felsspalten versteckt worden zu sein.

Außergewöhnlich ist die Fundsituation in Osteuropa. Im russischen Kostenki entdeckten Archäologen 23 000 Jahre alte Figurinen, die in eigens dafür ausgehobenen Gruben unter dem Hüttenboden niedergelegt waren. Die Statuetten standen aufrecht in der Grube und war dem Zentrum der Hütte zugewandt. Die Eintiefung war mit Rötel verfüllt und mit Mammutknochen abgedeckt. Diese Funde werfen ein neues Licht auf die Venusfiguren. Waren sie Mutter- oder Ahnengottheiten, die in den Wohnstätten verborgen waren und als Erdgeister über die Sippe wachten? Möglich ist auch, dass die üppigen Venusfiguren einem prähistorischen Schönheitsideal entsprechen. Die Lebensweise der nomadischen Jäger- und Sammlerkulturen liefert Beweise für diese These: Da eine Vorratswirtschaft nur sehr begrenzt möglich und das Konservieren von Lebensmitteln kaum bekannt war, stand vor allem in den kalten Jahreszeiten Hunger auf der Tagesordnung. Eine massige Körperfülle kann somit das Vorrecht einer kleinen Elite gewesen sein – oder aber auch eine reine Wunschvorstellung widerspiegeln.

Füllhorn oder Phallussymbol? Die Venus von Laussel präsentiert ein rätselhaftes Wisenthorn.

Frauendarstellungen des Jungpaläolithikums sind nicht immer als Statuetten gearbeitet. Die Venus von Laussel, 18 000 Jahre alt, wurde von Künstlern der Dordogne im Flachrelief in einen Felsblock gemeißelt. Sie hält ein Wisenthorn in der Hand. Aus dem Tal der Vézère stammen noch vier weitere Frauenfiguren.

Der Begriff Venus scheint angesichts der heute als unmodisch geltenden Proportionen verfehlt. Er stammt vom Marquis de Vibraye, der um 1860 eines der ersten Fundstücke, die Venus von Laugerie-Basse, so bezeichnete. Bei diesem Stück handelt es sich jedoch um eine schlanke Frauenfigur. Ungeachtet der voluminösen Formen der später entdeckten Figuren wurde die Bezeichnung übernommen und ging in die archäologische Forschung ein.

Ab 25 000 v. Chr.

Um 25 000 Altsteinzeitliche Menschen beherrschen die Kunst des **Webens**. Aus pflanzlichen Fasern, die von Eiben oder Erlen stammen, weben sie Stoffe, Körbe und Matten. Dies belegen Lehmabdrücke von Webmustern, die bei dem jungpaläolithischen Lagerplatz Pavlov in Tschechien entdeckt werden. Erhalten blieben die Muster, weil der Lehm durch eine Feuerstelle auf etwa 300 bis 400 °C erhitzt worden war. Ob die gewebten Materialien absichtlich oder zufällig in den Lehm gedrückt wurden, ist nicht geklärt.

Die 120 km nordwestlich der australischen Küste gelegenen **Monte-Bello-Inseln** werden besiedelt. Darauf deuten auf den Eilanden gefundene Steinwerkzeuge hin. Um lange Meeresdistanzen überqueren zu können, müssen die Menschen in der Lage gewesen sein, einfache Wasserfahrzeuge herzustellen. Zudem scheinen sie auch nautische Grundkenntnisse besessen zu haben. Die Eilande des Südpazifiks werden nach dem Prinzip des »Inselhüpfens« besiedelt.

Um 24 000 Ein altsteinzeitlicher Mann hinterlässt in der Grotte **Chauvet** im heutigen Frankreich Fußspuren. Die vier Fußabdrücke werden 1999 bei neuen archäologischen Untersuchungen der durch ihre Malereien weltbekannten Höhle entdeckt. Die französischen Ausgräber halten die Spuren für die ältesten bekannten Fußabdrücke des Jetztmenschen in Europa.

Um 23 000 In den Boden Arizonas (USA) reißt ein aufprallender **Meteorit** einen 1300 m breiten und 180 m tiefen Krater. Das umliegende Erdreich wird bei dem Einschlag zu 30 bis 45 m hohen Wällen aufgetürmt. Untersuchungen an dem im heutigen Cocomo County gelegenen Trichter ergeben, dass der Meteorit über 1 Mio. kg wog und einen Durchmesser von etwa 45 m besaß.

Mit reichen Beigaben wird das Grab eines Mannes in der Höhle von **Arena Candide** in Norditalien ausgestattet. Der Körper des Verstorbenen ist mit unzähligen kleinen Meeresmuscheln geschmückt. Auf und neben den Schultern liegen mehrere durchbohrte Geweihgeräte. Vermutlich spiegelt die wertvolle Ausstattung den höheren sozialen Status wider, den der Bestattete innerhalb der jungpaläolithischen Gesellschaft einnahm.

Um 21 000 Reiche Beute machen eiszeitliche Jäger unterhalb des Kalksteinfelsens **Solutré** im heutigen französischen Departement Saône-et-Loire. Im Laufe einiger Jahrhunderte töten sie unzählige Wildpferde. Die Jäger machen sich den Umstand zu Nutze, dass die Pferde bei ihren jahreszeitlichen Wanderungen den Engpaß bei dem Felsen passieren müssen. Nach den aufgefundenen Kochenresten zu urteilen, kommen an dieser Stelle mehr als 25 000 Tiere zu Tode.

Um 25 000

Frühe Kunst aus Mähren

Im südmährischen Lössland siedelt eine Gruppe steinzeitlicher Mammutjäger. Zu ihren Besitztümern gehören einige der ältesten bekannten Figuren von Menschen und Tieren aus gebranntem Ton sowie Schnitzereien aus Mammut-Elfenbein – unter ihnen die »Venus von Dolni Vestonice«, eine Statuette aus Knochenmehl und Lehm. Figurinen mit Porträtcharakter zählen zu den Meisterstücken der altsteinzeitlichen Kunst von Dolni Vestonice. Auch die gestalterisch reduzierten Elfenbeinstatuetten von Tieren und Frauen sind eindrucksvolle Kunstzeugnisse der Mammutjäger. Beim Erschaffen der Plastiken hinterlassen die Künstler zahlreiche Werkzeuge und Herstellungsreste aus Stein, Geweih und Elfenbein. Durchbohrte Tierzähne und Schneckenhäuser, die als Schmuck getragen werden, gehören ebenfalls zum Kunsthandwerk der frühen Mährer. Der Großteil der Kunstgegenstände wird bei umfangreichen Ausgrabungen zwischen 1922 und 1952 entdeckt.

Die Siedlung bei Dolni Vestonice besteht aus zwei rund angelegten Behausungen und Gruben. Jede Hütte wird durch eine bzw. fünf Herdstellen erwärmt. In der einzelnen Feuerstelle härten die Jäger die aus Ton gefertigen Statuetten – ein steinzeitlicher Brennofen. Durch die Nähe zu einer Quelle ist die Versorgung mit Wasser gesichert und damit die Voraussetzung für eine lange Siedlungskontinuität. Die Überreste des Jagdwilds werden in Knochenlagern gesammelt, sofern sie nicht bei der Herstellung von Schmuck oder Werkzeug Verwendung finden.

Die Jäger von Dolni Vestonice leben mit ihren Toten. Verstorbene werden in Hockstellung unter den Hütten begraben. Sie finden ihre letzte Ruhestätte unmittelbar unter dem Wohn- und Arbeitsbereich der Lebenden und bleiben so Teil der Gemeinschaft.

Ein 8,6 cm langes Knochenamulett aus Dolni Vestonice, das als Talisman gedient haben könnte

Die Venus von Dolni Vestonice

Um 25 000

Gewaltige Grabstätten für die Eiszeitriesen

In einem System von vier untereinander verbundenen Höhlen bei Mauern (in der Nähe von Heidelberg) und einer weiteren Höhle im Wellheimer Trockental erweisen Steinzeitjäger erlegten Mammuten die letzte Ehre. Die heutigen Weinberghöhlen dienen als Grabstätten für die erlegten Riesen und als Kultstätten ihrer Jäger. Die toten Tiere werden auf eine zentimeterdicke Schicht roter Erde gebettet und als Zeichen der letzten Ehre mit Schmuck überhäuft. Dazu zählen gefärbte Elfenbeinperlen und Anhänger sowie Werkzeuge aus Feuerstein.

Um 23 000

Die »Dame mit Kapuze«: Das älteste Gesicht der Menschheit

In einer Höhle bei Brassempouy (Frankreich), der Grotte du Pape, wird eine der ersten voll ausgebildeten Frauenstatuetten gefertigt, die »Tête à la

capuche« oder »Dame mit Kapuze«. Sie trägt eines der ältesten Gesichter der Welt.
Der ca. 3,6 cm hohe, detailliert ausgearbeitete Frauenkopf (s. Abb.) wird aus dem Stoßzahn eines Mammuts geschnitzt. Das überaus harte und mit Steinwerkzeugen sehr schwer zu bearbeitende Material setzt besonderes Geschick und Talent des steinzeitlichen Künstlers voraus. Mit klar erkennbaren Gesichtszügen stellt er eine steinzeitliche Schönheit mit langen, bis an die Schulter reichenden Haaren her. Dank der überaus genauen Arbeit bekommt der Betrachter eine klare Vorstellung davon, wie die junge Frau ausgesehen haben mag: schmales Kinn, mittelgroße, gerade Nase, langer, schmaler Hals, hohe Wangenknochen und eine ausgeprägte Augenbogen-Partie. Theorien, dass die realistische Darstellung menschlicher Gesichtszüge tabu sei, da die meisten steinzeitlichen Frauendarstellungen häufig künstlerisch verzerrt sind, werden mit diesem außergewöhnlichen Kunstwerk widerlegt.
Über das Haar der Miniaturbüste ist ein schachbrettartiges Muster gelegt, das je nach Deutung als Haarschmuck, Frisur oder Kapuze gedeutet wird. Die kleine Porträtdarstellung ist möglicherweise Teil einer kleinplastischen Idolfigur, die bei den von 1894 bis 1897 unter Leitung des französischen Historikers Edouard Piette erfolgten Ausgrabungen nicht gefunden wurde. War der Körper der Figur nicht aus dem selben nahezu unvergänglichen Material wie der Kopf? Oder ist der untere Teil der Dame mit Kapuze verloren gegangen? Möglicherweise handelt es sich auch um eine reine Porträtplastik, die jedoch keine Entsprechung in der frühgeschichtlichen Kunst kennt. Die im Jahr 1883 entdeckte »Dame mit Kapuze« befindet sich heute im Museum St. Germain en Laye bei Paris.

Um 25 000

Prachtvoll gewandet ins Grab

In Sungir nahe dem heutigen Moskau werden Steppenbewohner in prachtvollem Ornat beigesetzt (s. Abb.). Ihre Kleidung besteht aus aufwändig geschmücktem Leder und Pelz, die die Menschen nicht nur vor den Widrigkeiten des Wetters schützt, sondern auch ihre soziale Stellung innerhalb der Gruppe repräsentiert.
Die Oberbekleidung hat keinen Vorderausschnitt und ist mit aufgenähten Tierzähnen, Perlen aus Mammutelfenbein und durchbohrten Muscheln verziert. Lange Nadeln aus Elfenbein schließen die Kleidung mit einem Ösensystem. Zum Schutz gegen Kälte und Wind besteht auch die Unterbekleidung aus Pelz oder Wildleder. Die Hosen sind mit den leichten, mokassinähnlichen Schuhen vernäht. Zusammengehalten werden die Beinkleider durch breite, mit Elfenbeinperlen besetzte Schärpen an Knöcheln und Knien. Um Kopf und Füße vor der Kälte zu schützen, tragen die Jäger Pelzstiefel und Pelzmützen mit aufgesetztem Perlenschmuck. Um eine einzige dieser Schmuckperlen herzustellen, wird ein Arbeitsaufwand von etwa 45 Minuten benötigt.

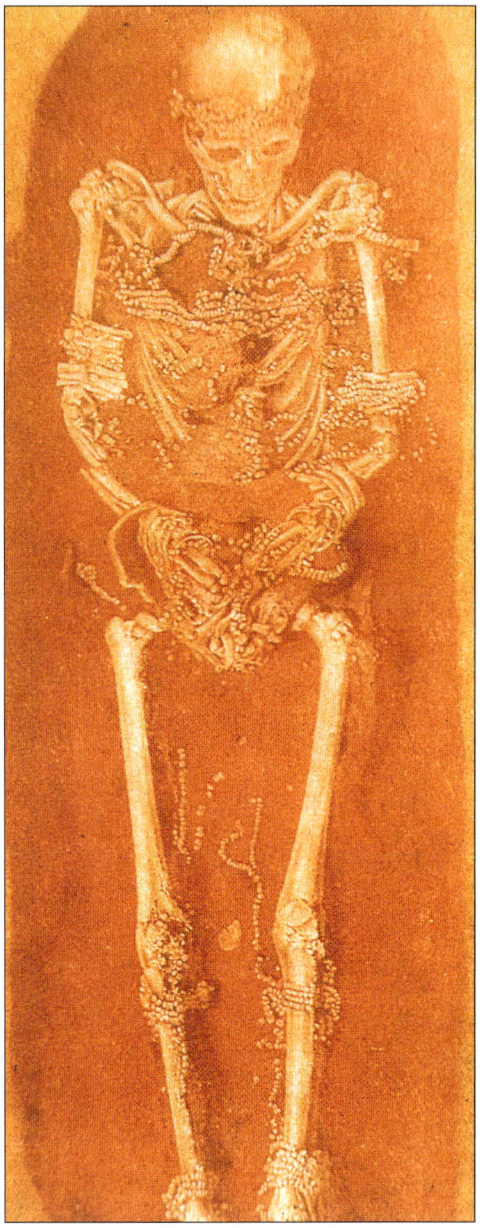

Um 25 000

Eis stoppt erste Amerikaner

Mit der Verschmelzung zweier großer Eisschilde setzt die Vereisung des nordamerikanischen Kontinents ein. Die letzte Eiszeit, die Wisconsin-Eiszeit, beginnt.
Der Cordilleren-Eisschild an der Westküste sowie der Laurentische Schild über Kanada und der späteren Region der fünf Großen Seen verbinden sich zu einer gewaltigen unpassierbaren Landmasse, die den größten Teil Nordamerikas bedeckt. Das Vorrücken der Gletscher verhindert etwa 8000 Jahre lang die Besiedlung Nordamerikas: Die ersten Amerikaner waren über eine heute nicht mehr existierende Landbrücke über die Beringstraße nach Nordamerika gelangt und hatten Alaska und Kananda besiedelt. Da der Korridor zwischen den großen Eisschilden im Zeitraum zwischen 20 000 und 12 000 unpassierbar ist, können die frühen Kolonisten aus Alaska nur vor oder nach der Wisconsin-Eiszeit ins Innere des Kontinents vorstoßen.

Um 25 000

Mischling irritiert Forscher

Bei Lagar Velho in der Mitte Portugals findet die feierliche Bestattung eines vierjährigen Kindes statt – eines Mischlings aus Neandertaler und modernem Menschen.
Die Grabstätte wird mit Rötel, durchbohrten Zähnen und Muscheln geschmückt. Die Angehörigen verbreiten den Geruch von brennenden Pinien-Zweigen, die sie anschließend ins Grab werfen. Die größte Besonderheit der Bestattung ist der Tote selbst. Das Kind weist Merkmale zweier Frühmenschen auf: des Homo sapiens sapiens und des Neandertalers, der für diesen Zeitpunkt bereits als ausgestorben gilt.
Der Tote von Lagar Velho wird als einer der wenigen sicheren Belege für den geschlechtlichen Kontakt von Neandertalern mit modernen Menschen gesehen. Der Fund entfacht die Debatte um die Entstehung des Homo sapiens sapiens neu und führt dazu, dass bislang als gesichert geltende Modelle überdacht werden müssen.

Um 22 000–17 000

Lust auf Schmuck: Das Solutréen prägt den Süden Europas

In West- und Südeuropa beginnt das Solutréen. Ihren Namen verdankt diese neue, regional begrenzte Kulturstufe der Altsteinzeit einem Fund aus der Nähe des heutigen französischen Dorfes Solutré bei Macon. Nur in Frankreich und Spanien treten die typischen Geräteformen des Solutréen auf. Prägnant sind die meisterhaft gearbeiteten Blatt- und Kerbspitzen, die an die Werkzeuge und Waffen der Blattspitzengruppen erinnern. Knochennadeln mit Augenverzierungen, Broschen und Perlenketten zeugen von der Schmuckbegeisterung der Menschen im Solutréen.

Um 20 000 In der Gegend des heutigen Rheinsberg (Brandenburg) schürfen bis zu zwei Kilometer dicke Eismassen eine riesige Senke in die Erde, ein so genanntes Zungenbecken. Durch das langsame Abtauen der Gletscher füllen sich die Rinnen der Niederung mit Wasser: Die **Rheinsberger Seenplatte** entsteht. Der bekannteste dieser Seen ist der Stechlin.

Beim heutigen **Mainz-Linsenberg** lagert eine Gruppe eiszeitlicher Jäger und Sammler. Sie hinterlässt eine wannenförmige Vertiefung im Boden, die etwa 1,80 m lang und 60 cm breit ist. Vermutlich war sie Teil einer Behausung. Darüber hinaus finden Archäologen zwei Feuerstellen mit Asche und Knochenresten.

Um 19 000 Steigende Temperaturen gegen Ende der Eiszeit lassen die Eismassen auf den Kontinenten schmelzen. Als Folge werden bislang trockene Gebiete wie das **Sunda-Schelf** in Südostasien überflutet. Geologische Bohrungen im Schelfmeer belegen, dass der Meeresspiegel der Ozeane bis 17 000 um jeweils 10 cm in 100 Jahren ansteigt.

Der Homo sapiens sapiens wird im Eiszeitalter bis zu 1,85 m groß. Dies belegen fossile Reste eines Menschen, die in Pavlov in der heutigen Tschechischen Republik gefunden werden. Wegen zahlreicher steinzeitlicher Funde ist der Ort namensgebend für eine Kulturstufe: das **Pavlovien**.

Um 18 000 Für die Herstellung warmer Unterbekleidung aus Hasen- oder Fuchsfellen benutzen jungpaläolithische Menschen **Nähnadeln** mit Öhr. Sie bestehen aus dünnen Knochenspänen von Rentieren oder Wildpferden, in die ein oftmals nur einen halben Millimeter weites Loch gebohrt wird. Als Nähmaterial dienen aus Sehnen- oder Darmfasern gedrehte Fäden. Zum Nähen der derben Oberbekleidung verwenden die Jäger und Sammler Lederriemen. Sie werden mit Hilfe von Pfriemen durch die Tierhäute gezogen.

Der **Bodensee** ist mit einer Fläche von etwa 1100 km² doppelt so groß wie heute. Durch den Zufluss des Rheins kommt es in den folgenden Jahrtausenden zu einer stetigen Verkleinerung des Gewässers. Jährlich spült der Rhein über 3 Mio. m³ erodiertes Geröll in den Bodensee, das sich dort ablagert.

Um 17 000–15 000

Die Bilder von Lascaux

Die farbenprächtigsten Malereien der Altsteinzeit entstehen in der Höhle von Lascaux im heutigen Frankreich (Departement Dordogne). Ihre Schöpfer hinterlassen in der Grotte mehr als 600 Felsbilder und 1500 Gravierungen. Heute zählen die Bilder von Lascaux zu den berühmtesten Kunstmonumenten der Menschheit.
In der Region um den heutigen Ort Montignac ist Steinzeitkunst so konzentriert wie nirgends sonst. Mehr als 130 Heiligtümer aus der Kultur-Ära des Magdalénien sind hier konzentriert. Warum sich ausgerechnet in dieser Gegend so viele Beispiele frühmenschlicher Kunstäußerungen angesammelt und erhalten haben, ist ungeklärt.
In der Höhle von Lascaux färben die Magdalénien-Menschen die Wände mit Naturfarben. Mit Manganerde und Holzkohle malen sie Grautöne und tiefes Schwarz, aus Eisenoxiden gewinnen sie Gelb, Rot und Braun. Die Farbpigmente werden mit Wasser versetzt. Tierische oder pflanzliche Fette sind zum Binden nicht notwendig. Streng genommen handelt es sich bei den Bildern um Aquarelle. Dass sich die Wasserfarben über einen so langen Zeitraum erhalten, ist den Kalkablagerungen zu verdanken, welche die Malereien im Laufe der Jahrtausende überziehen, sie vor dem Verblassen schützen, aber nicht verdecken – ein seltener Glücksfall.
Über 2000 Jahre lang kehren die Menschen immer wieder in die Höhle zurück, um ihr Werk fortzuführen. Sie schaffen Grotten wie »Saal der Stiere«, »Gang«, »Schiff«, »Schacht« und »Apsis«. An die Wände dieser Räume und Spalten sind Stiere, Rotwild, Pferde, Steinböcke, Raubkatzen und Wisente gemalt – zum Teil in überdimensionaler Größe.
Ein Erdrutsch verschüttet den Höhleneingang vermutlich noch in der Altsteinzeit. Erst 1940 wird Lascaux wieder entdeckt. Die Jugendlichen Marcel Ravidat, Jacques Marsal, Georges Agnel und Simon Coencas verfolgen beim Spielen einen Hund, der in einen Felsspalt schlüpft. Als sie sich in die Öffnung zwängen, machen die Jungen eine der größten archäologischen Entdeckungen des 20. Jahrhunderts. Gelbe Pferde und schwarze Rinder tauchen vor ihren Augen aus 15 000 Jahre währender Versenkung auf.
Lascaux erlangt Weltruhm. Schon in den 50er-Jahren strömen täglich um die 1200 Touristen durch die Höhle. Doch mit dem Atem der Besucher gelangt schädliches Karbongas in die Höhle: Die Kunstwerke beginnen zu verblassen. Kurz darauf befällt auch noch die Alge Palmellococcus die Malereien. 1963 wird die Höhle von Lascaux für den Publikumsverkehr geschlossen, die Felsbilder können gerettet werden.
Im Jahr 1979 nimmt die UNESCO Lascaux in die Liste des Weltkulturerbes auf. In der Nähe entsteht eine originalgetreue Nachbildung der Grotte und ihrer Schätze – für die Öffentlichkeit.

Um 20 000

Mal´ta: Sibirische Steinzeitjäger siedeln am Baikalsee

Die Steppen Nord- und Zentralasiens zählen zu den am dünnsten besiedelten Regionen der Erde. Die ersten Jägersippen zogen vermutlich bereits vor 40 000 Jahren durch die Steppen, doch sind früheste Hinterlassenschaften 20 000 Jahre alt.
Der Fundort Mal'ta am Baikalsee gibt einer sibirischen Steinzeitkultur den Namen (Abb. r.: Die Landschaft am Baikalsee in ihrer heutigen Form).
Die Funde vom Belaiafluss stammen aus dem Jungpaläolithikum und gehören in eine Kulturstufe, die dem Vergleich mit dem hoch entwickelten Aurignacien Mitteleuropas standhält. Die Jäger vom Baikalsee leben in Hütten, die in den Boden eingetieft sind. Das Gerüst besteht aus Holz und den Knochen der wichtigsten Jagdtiere: Rhinozeros und Stier. Um sich gegen den scharfen Nordwind zu schützen, werden die Behausungen mit mehreren Lagen Tierfell behängt.
Zum Geräteinventar der Menschen von Mal'ta zählen Kleinkunstobjekte wie aus Elfenbein geschnitzte Vögel und ein Mammut. Auch Venusfiguren stellen die Menschen von Mal'ta her (s. Abb. l.).
Mehrere Steinplättchen mit Ornamenten werden vermutlich als Kalendersteine genutzt und sagen saisonale Klimaveränderungen voraus. Vergleichbare Stücke stammen aus der Fausi-Höhle in Frankreich.

In den Höhlenbildern von Lascaux bleiben auch die längst ausgestorbenen Wildpferde und Rinder der Steinzeit auf großartige Weise für immer lebendig.

Um 17 000

Dinkelernte in Ägypten

In Oberägypten werden Gerste und Dinkel geerntet. Aus dem Dinkel entwickelt sich der heutige Weizen. Die Geschichte der Landwirtschaft beginnt zwar erst um 10 000 im Gebiet des Fruchtbaren Halbmonds (Vorderer Orient). Die ersten Wildgetreide werden jedoch schon 7000 Jahre früher geerntet und verarbeitet. Funde aus Oberägypten belegen, dass der Mensch schon zu dieser Zeit den Wert des Getreides zu schätzen weiß.

Das Leben der Jäger und Sammler ist während des Jungpaläolithikums besonders im Gebiet des heutigen Ägypten großen Veränderungen unterworfen. Seit 30 000 verwandelt das Klima die Region nach und nach in eine Wüste. Jagdtiere werden immer seltener. Um nicht verhungern zu müssen, ernähren sich die Menschen von dem, was der karge Boden an Vegetation hergibt.

Dabei stoßen die Sammler auf Getreidepflanzen wie Dinkel und Gerste, die wild an den Ufern des Nils gedeihen. Von der Dinkelernte zeugen noch heute Funde von kleinen Feuersteinklingen, die zur Ernte nebeneinander in einen gekrümmten Holzschaft gesteckt wurden und als Sichel benutzt wurden. Von der ersten Getreideernte bis zu den Anfängen der Landwirtschaft ist es jedoch noch ein großer Schritt.

Um 20 000–18 000

Gletscher auf dem Vormarsch

Von Skandinavien aus walzen Eismassen nach Süden und überrollen die in ihrer Blüte stehende Kultur des Gravettien. Eine lebensfeindliche Periode bricht an, in der das Eis die Oberfläche Nordeuropas zu ihrer heutigen Gestalt formt. Gleichzeitig schieben sich aus dem Alpenraum die Eiszungen der Würm-Eiszeit nach Norden. Die Gletscher lassen einen nur 600 km breiten Korridor eisfrei, in dem der Boden im Permafrost liegt. Erst mit dem Magdalénien (ab 15 000) sind nördlich der Alpen wieder Lebenszeichen von Menschen zu entdecken (Abb.: lebensfeindliche Eiswüste am Bering-Gletscher in Nordamerika).

Um 19 000

Die ersten Nordamerikaner

Unter einem Felsüberhang im Ohio-Tal lassen sich Menschen nieder. Ihre Hinterlassenschaften gehören zu den ältesten Zeugnissen der Besiedlung des nordamerikanischen Kontinents.

Die Entdeckung des Überhangs ist einem Zufall zu verdanken. Im Juni 1973 sollen Studenten der Universität Pittsburgh in dem dafür gut geeigneten Gelände bei Meadowcroft Ausgrabungstechniken erlernen. Dabei machen sie unerwartet einen Jahrhundertfund und treten eine Debatte über den ersten Nordamerikaner los.

Erwiesenermaßen betrat der Mensch Nordamerika über die zugefrorene Beringstraße. Unklarheit herrscht jedoch, wenn es um Fragen der Datierung geht. Die frühesten Beweise menschlicher Präsenz stammen aus Meadowcroft. 20 000 Artefakte sind bisher unter dem Felsvorsprung ausgegraben worden. Aber waren die Leute von Meadowcroft wirklich die ersten Amerikaner? Anderen Theorien zufolge kamen die Uramerikaner schon um 40 000 in Alaska an. Darauf deuten Funde von frühen Siedlern (um 32 000) in Südamerika hin. Wenn diese Siedler vom nördlichen Teil des Doppelkontinents eingewandert waren, mussten sich ihre Vorfahren dort bereits früher aufgehalten haben. Zeugnisse dafür fehlen bis heute jedoch völlig.

Explosion künstlerischer Kraft

Der französische Prähistoriker Jean Clottes betrachtet die altsteinzeitlichen Höhlenmalereien als Ausdruck spiritueller Bedürfnisse der damaligen Menschen:

»Man muss sich vergegenwärtigen, dass die Zahl der Menschen im Magdalénien noch immer sehr klein war. Die Menschen gingen geradezu unter in einer Flut wilder Tiere. Und diese Tiere waren stark. Die Menschen, die in diese Höhlen hinabstiegen, dachten, sie könnten an der Kraft dieser Tiere teilhaben, wenn sie sie malten.«

Gemälde, Gravierungen, Skulpturen – die Kunst des Eiszeitalters ist so formenreich wie farbenprächtig. Die Bilder und Plastiken der altsteinzeitlichen Menschen sind heute Fenster in eine längst vergangene Zeit. Sie erzählen vom Tod auf der Jagd, von Schamanentänzen und Muttergottheiten. Mit einer Dauer von mehr als 25000 Jahren macht der Abschnitt seit Beginn der jüngeren Altsteinzeit als Kulturepoche zwei Drittel der menschlichen Kunstgeschichte aus. Unser Wissen über die Bedeutung ihrer Kunstzeugnisse bleibt jedoch skizzenhaft.

Warum beginnt der Mensch so plötzlich, seinen Gedanken und Gefühlen gestalterisch Ausdruck zu verleihen? Das Jungpaläolithikum, die große Ära der Steinzeitkunst, kommt als eine Zeit monumentaler Umwälzungen daher. Der Neandertaler ist ausgestorben. Die Gattung Mensch als alleiniger Erbe der Erde hat den Endpunkt ihrer Entwicklung erreicht. Alle besiedelten Großräume liegen in weiten Steppenlandschaften. Hütten, Felsüberhänge und Höhleneingänge dienen den Jägersippen als Behausungen. Nun setzt ein Kunstschaffen ein, das vom Ural bis zum Atlantik nachweisbar ist. Kleinkunstobjekte wie Statuetten oder verziertes Gebrauchsgerät wie Speerschleudern werden in fast allen Regionen geschaffen, in denen Menschen siedeln. Besonders die naturgetreue Darstellung von Tieren auf Werkzeugen lässt oft Meisterschaft erkennen, die jahrelanges Üben voraussetzt.

Die Darstellung von Menschen spielt nur in der Plastik eine Rolle. Im Falle der Venusfiguren offenbart sich sogar ein allgemein gültiger Stil, der über das gesamte europäische Verbreitungsgebiet der Statuetten einheitlich ist: Brüste, Gesäß und Becken sind hervorgehoben, die übrigen Körperteile nur verkümmert dargestellt.

Seltener sind die prächtigen Höhlenmalereien. Sie konzentrieren sich auf rund 150 Orte, die vor allem in Südfrankreich, Spanien, Italien und dem südlichen Ural zu finden sind. Mit Farbpigmenten, Öl und Wasser oder mit dem Ruß von Fackeln malen die Künstler in erster Linie Tiere an die Höhlenwände, oft in die finstersten Kammern, wo das Tageslicht sie nicht erreicht. Dabei entstehen teilweise obskure Kompositionen wie der Leopard in der Grotte Chauvet, dessen Abbild sich aus Dutzenden Einzelpunkten zusammensetzt. Unter dem Bild ist der Abdruck einer Bärentatze erkennbar – ob sie von einem später in der Grotte lebenden Höhlenbären stammt oder von dem Künstler selbst mithilfe einer Jagdtrophäe angebracht wird, bleibt für immer ungeklärt.

Möglicherweise haben die Künstler ihre Vorbilder nicht nur in Jagdtieren gesehen, sondern auch in Felsformationen wiedererkannt. Im Tal der Ardèche in Südfrankreich hat das Klima den Kalkstein zu bizarren Figuren geformt. Haben die Schöpfer der Bilder aus der hier liegenden Grotte Chauvet diese Signaturen der Natur als Inspiration genutzt?

Im Fokus

Höhlentapeten oder Kultbilder? Interpretationen steinzeitlicher Malereien

Welche Motivation trieb die steinzeitlichen Künstler an? Malten sie um des Malens willen? Die Frage nach den Hintergründen der Höhlenmalerei ist lange umstritten. Im 19. Jh. entspricht das Bild eines Steinzeitmenschen noch dem des geistlosen Wilden. Dass unsere Vorfahren einen freien Willen oder gar Glauben und Religion besaßen, gilt als absurd. Dementsprechend werden die meisten Felsbilder zu Fälschungen erklärt oder – als ihre Echtheit nicht länger anzuzweifeln ist – als sinnlose Kunst eingestuft. Nach Meinung der Historiker Edouard Lartet und Edouard Piette sind die Malereien bloße Dekorationen, Höhlentapeten sozusagen. Die Kunst habe den Menschen jener Epoche zum Zeitvertreib gedient, ihr Leben sei angenehm und ruhig verlaufen und man lebte stets in derselben Höhle, postuliert Piette noch im wissenschaftsgläubigen 19. Jh.

Die Symbole an der Höhlenwand von Tito Bustillo (Asturien, Spanien) werden als weibliche Geschlechtsorgane gedeutet.

Heute weiß man es besser, doch eine allgemeingültige Erklärung ist noch lange nicht gefunden. Fruchtbarkeitsriten oder Jagdzauber werden zuerst genannt, wenn es um die Deutung frühgeschichtlicher Kunst geht. Tatsächlich weisen die allerorts auftauchenden Venusstatuetten eindeutige Schwangerschaftsmerkmale auf. Auch sind die in die Höhlen gemalten Tiere zu rund 15 Prozent mit lebensgefährlichen Verwundungen dargestellt und damit als Jagdbeute identifizierbar. Einem Stier in der Höhle von Lascaux etwa hängen die Eingeweide aus dem aufgeschlitzten Bauch, andere Beutetiere sind mit Pfeilen gespickt dargestellt.

Die Interpretation eines Höhlenbildes bleibt eine subjektive Angelegenheit. Auf Kopien, wie sie auf diesen Seiten zu sehen sind, erscheinen die Malereien zweidimensional. Tatsächlich werden sie jedoch meist so auf dem Fels angebracht, dass die natürliche Form des Gesteins dem Aussehen eine dritte Dimension verleiht. Besonders bei den Gravierungen ist es oft schwer, die Linien zu erkennen, die der Künstler gezogen hat. Meist ziehen sich natürliche Felsunebenheiten durch die Bilder oder das Werk wird von Rillen überlagert, die früher oder später hinzugekommen sind und etwas völlig anderes darstellen sollen. Wie schwierig die Deutung eines frühzeitlichen Bildes ist, zeigt sich am Fall des Menschenkopfes in der Grotte du Placard. Von den Gravierungen existieren 18 Kopien, die jeweils ein anderes Gesicht darstellen. Das berühmte Mammut von La Madelaine gibt es in 50 Varianten.

*Die satte **Farbgebung der Höhlenmalereien** überrascht die Betrachter immer wieder. Sämtliche Farben waren aus der Natur gewonnen. Zur Kolorierung der steinzeitlichen Wandmalereien werden neben Blut und Pflanzensäften vor allem Farberden wie Ocker (Gelb, Rot, Braun) und Manganoxid (Dunkelbraun bis Schwarz), aber auch Mineralien wie Feldspat, Hämatit und Limonit (Orange, Rot und Braun) sowie Holzkohle verwendet. Selten werden Farbbehälter wie Muscheln (in Altamira) oder Knochen (Les Côttés) als Fund geborgen.*

Die Darstellung von Menschen ist in der Höhlenkunst der paläolithischen Maler selten. Diese tanzenden Frauen in Schwarz und Rot bilden eine Ausnahme. Sie stammen aus der Mittelsteinzeit und wurden im Jahr 1907 in der Nähe von El Cogul (Spanien) entdeckt.

Auch in anderen Erdteilen wird Kunst geschaffen. Gravierte Knochenstücke aus Kwazulu (Südafrika) sind 35 000 Jahre alt, verzierte Steine aus Simbabwe mindestens 13 000. Aus Indien und dem Mittleren Osten sind Kunstzeugnisse bekannt, die älter als 25 000 Jahre sein dürften. Die ältesten Verzierungen im Norden Australiens werden auf ein Alter von 30 000 Jahren geschätzt. Wahrscheinlich gehören auch Musik und Tanz zu den neuen Ausdrucksformen des Menschen. Von ihnen zeugen jedoch nur hin und wieder Darstellungs-Fragmente, die in Felsbildern selten überliefert sind.

Die Geburt der Kunst ist ein weltweites Phänomen, dessen Ursache unbekannt bleibt. Zu welchen Anlässen Kunst geschaffen wird, ist ungewiss. Fest steht, dass es sich nicht um die Dekoration eines Wohnraums handelt. In keiner Felsbilder tragenden Höhle werden Spuren gefunden, die darauf schließen lassen, dass sich Menschen über einen längeren Zeitraum dort aufgehalten haben. Vermutlich waren die Höhlen heilige Stätten.

Die Priester-Künstler können ihr Werk kaum allein geschaffen haben. Oft finden sich Malereien und Gravierungen an den Höhlendecken. Um in diese Höhen zu gelangen, sind Leitern oder Gerüste notwendig, die von mehreren Menschen gehandhabt werden müssen. Auch kann der Künstler in der Dunkelheit der Höhle nicht gleichzeitig am Bild arbeiten und mit Fackeln für ausreichende Beleuchtung sorgen. Möglicherweise arbeiten ganze Gruppen an den Kunstwerken.

Vergleiche mit heutigen Völkern auf steinzeitähnlichem Kulturstand zeigen, dass der künstlerische Ausdruck stets mit einer religiösen Handlung verknüpft ist. Ähnlich verhält es sich mit Tätowierungen, die möglicherweise schon in der Jungsteinzeit zum Körperschmuck zählen und noch heute in völkerkundlichen Parallelen auftauchen. Glaube und Kunst – diese Paarung bringt bis in die Neuzeit unsterbliche Werke großer Komponisten, Baumeister oder Maler hervor.

Die Annahme, die Steinzeitkunst habe sich nur langsam entwickelt und finde in den Höhlen von Lascaux und Altamira (17 000 Jahre) ihren Höhepunkt, muss revidiert werden, als 1994 die Grotte Chauvet entdeckt wird. Die hier gefundenen Bilder stammen nicht nur von Künstlern, die auf dem Höhepunkt einer langen Entwicklung angelangt sind, sie sind auch älter als alle bislang bekannten Felsbilder. Ihr Alter beträgt rund 32 400 Jahre. Es muss also noch viel ältere Felsmalereien und -gravierungen geben, die z. T. noch auf Entdeckung warten.

Dieser Höhlenbär aus Mammut-Elfenbein stammt aus dem Geißenklösterle bei Blaubeuren und ist etwa 30 000 Jahre alt.

Zu den bedeutendsten Fundorten mit Kunstwerken des Cro-Magnon-Menschen gehören folgende Höhlen:

- *Escoural bei Lissabon, Portugal*
- *Altamira bei Santillana del Mar, Spanien*
- *El Castillo und La Pasiega bei Puente Viesgo, Spanien*
- *La Pileta bei Banaojan im Gebiet von Ronda, Spanien*
- *Peña de Candamo bei San Román de Candamo (nahe Oviedo), Spanien*
- *Pindal bei Unquera im Gebiet von Llanes, Spanien*
- *Santimamiñe (auch Basondo genannt) im Gebiet von Bilbao, Spanien*
- *Bara-Bahau (auch Barabao) bei Les Eyzies de Tayac, Frankreich*
- *Cap Blanc bei Laussel, Frankreich*
- *Chauvet im Tal der Ardèche, Frankreich*
- *Cougnac bei Gourdon, Frankreich*
- *Gargas bei Aventignan, Frankreich*
- *Lascaux bei Montignac, Frankreich*
- *Laugerie Basse bei Les Eyzies de Tayac, Frankreich*
- *Les Combarelles bei Les Eyzies de Tayac, Frankreich*
- *Mas d'Azil zwischen Pamiers und St. Girons, Frankreich*
- *Niaux bei Tarascon-en-Arriége, Frankreich*
- *Pair-non-pair bei Marcamps im Gebiet von Bordeaux, Frankreich*
- *Peche Merle (auch Cabrerets genannt) bei Cabrerets, Frankreich*
- *Rouffignac, nördlich von Les Eyzies de Tayac, Frankreich*
- *Addaura auf dem Monte Pellegrino bei Palermo auf Sizilien, Italien.*
- *Levanzo auf der Insel Levanzo westlich von Sizilien, Italien*

Um 15 000 In der Nähe der heutigen Orte Buret und Mal'ta in **Sibirien** fertigen handwerklich außerordentlich geschickte Eiszeitjäger aus Knochen schlanke Menschenfiguren an. Die geschnitzten Frauen tragen lange Gewänder, an die eine Kapuze genäht ist. Sie bedeckt den Kopf der Gestalten. Die in der russischen Steppe gefundenen Figuren gelten als älteste Darstellungen, die den ganzen Körper bekleidende Gewandstücke zeigen.

In Nordeuropa nehmen klimatische Prozesse ihren Anfang, die später zur Entstehung der **Ostsee** führen. Im Laufe der folgenden vier Jahrtausende schmilzt das nordische Inlandeis. Die gewaltigen Schmelzwassermassen lassen in der Baltischen Senke einen großen Binnensee entstehen: den Baltischen Eisstausee. Er markiert das erste Stadium der Ostseeentwicklung. Aus dem Eisstausee entsteht durch Verbindung mit Nordsee und Weißem Meer das salzhaltige Yoldiameer.

Der Rückzug der Gletscher führt zu geologischen Turbulenzen in den Alpen. So kommt es im schweizerischen »Val Lumnezia«, dem großen Seitental des Vorderrheins, zu einem gewaltigen Bergsturz. An der Stelle des heutigen Flims brechen etwa 15 Mrd. m^3 Gestein ab und verschütten das Vorderrheintal. Im Laufe der Zeit gräbt der **Rhein** eine 15 km lange Schlucht durch die Sturzmassen, die so genannte Ruinaulta.

Die Ureinwohner von Melanesien, eine im Pazifischen Ozean nordöstlich von Australien gelegene Inselgruppe, entdecken die stärkende Wirkung des **Zuckers**. Auf ihren gefährlichen und mühsamen Bootsfahrten von Insel zu Insel zerkauen sie die Stiele des Zuckerrohrs, um so an diesen Energiespender zu gelangen. Die Halme der Süßgrasart enthalten etwa 20 Prozent Zucker. Erste Belege für den Anbau von Zuckerrohr existieren seit etwa 8000 und stammen von der zu Melanesien gehörenden Insel Neukaledonien.

Der heutige Bundesstaat Illinois im mittleren Westen der Vereinigten Staaten von Amerika wird von einer **Tundra-**artigen Landschaft geprägt. Pollenablagerungen, die am Nelsonsee gefunden werden, liefern ein genaues Bild der Vegetation: In dem feuchten Gebiet wächst spärlicher Fichtenwald. Der Boden ist von einem dichten Geflecht aus Riedgräsern bedeckt. Vereinzelt kommen Birken und Eichen vor. Ähnliche Landschaften finden sich heute noch an der nördlichen Grenze der kanadischen Waldgebiete.

Um 15 000–14 000

Rentierjäger bei Hamburg

Gegen Ende der Weichsel-Eiszeit ziehen sich die Gletscher wieder nach Norden zurück. Die Menschen folgen dem Eis und leben im Gebiet der Endmoränen. Hier entsteht die Hamburger Kultur. Die nach einem Fundort im Norden des heutigen Hamburg benannte Gruppe besteht aus Rentierjägern. Die Tiere liefern den Menschen fast alle zum Überleben notwendigen Rohstoffe: Felle, Nahrung, Fett, Knochen und Horn. Im Laufe der Jahrhunderte ziehen die Jäger den Herden hinterher und besiedeln nach und nach einen Großraum, der das heutige Schleswig-Holstein, das nördliche Niedersachsen, Teile der Niederlande und Polens sowie Dänemarks umfasst. Als die Hinterlassenschaften der Hamburger Kultur zu Beginn des 20. Jahrhunderts ausgegraben werden, entdecken Archäologen zum ersten Mal die Reste steinzeitlicher Zeltanlagen. Viele Funde sind heute von Nord- oder Ostsee überschwemmt.

Um 15 000

Große Seen in Afrika

In Afrika kommt es zu gewaltigen Erosionen (Abb.: Erosionslandschaft von Dosso, Niger). Große Flüsse und Seen entstehen. Vor allem in den tiefen Gräben des Ostafrikanischen Grabensystems bildet sich durch Rinnen- und Flächenerosion eine ganze Reihe von stehenden und fließenden Gewässern. Dazu zählen im Bereich des Äquators der Turkanasee, der Tanganjikasee und der Malawisee. Der Victoriasee, mit einer Fläche von rd. 70 000 km^2 größter See Afrikas und der drittgrößte der Welt, entsteht in einer flachen Depression im Bergland Ostafrikas. Um 13 500 trocknet der Victoriasee aus. Nun bilden sich mehrere kleine Seen, die sich erst nach und nach wieder zu dem gewaltigen Gewässer verbinden.

Um 15 000–11 500

Neue Waffen für die Jagd

Mit Speerschleuder und Harpune erfindet der Mensch zwei Jagdwerkzeuge, die in ihren Urformen noch heute benutzt werden. Als wichtigste Waffe des Magdalénien findet die Speerschleuder weite Verbreitung, mit deren Hilfe sich Geschosse mit großer Durchschlagskraft schleudern lassen. Eine Speerschleuder ist etwa 30 cm lang und aus dem Horn von Rentieren geschnitzt. Die Waffe weist einen Schaft auf, in den der Speer eingelegt wird. Der Jäger hält nur die Speerschleuder, nicht aber den Speer selbst. Beim Wurf hebelt ein Haken am Ende des Schaftes den Speer nach vorn. Die Hebelwirkung des Armes wird somit als Vielfaches auf den Wurfspeer übertragen. Damit können Weiten bis zu 150 m erzielt werden. In Altamerika verwendet man Speerschleudern bis in die historische Zeit. Bei den Inka wird die Hebelschleuder Atlatl genannt. Noch heute benutzen Völker in Australien sowie die Inuit die Speerschleuder.

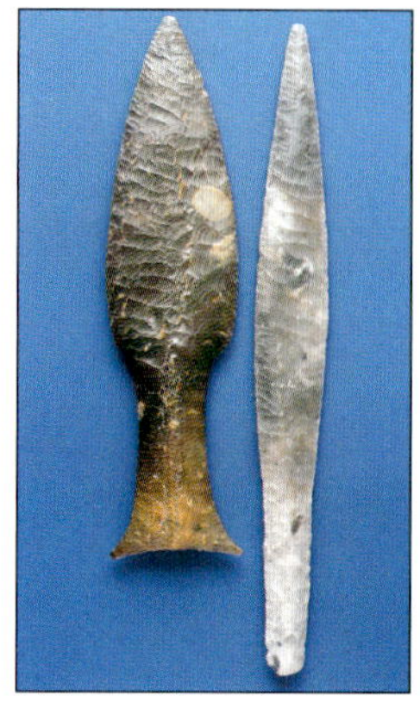

Jagd und Kunst sind auch hier eng miteinander verbunden. Speerschleudern zählen zu den am meisten verzierten Kleingegenständen des Jungpaläolithikums. Da auf ihnen ausschließlich Tiere dargestellt sind, handelt es sich bei den Dekorationen vermutlich um Jagdzauber. Die Figuren befinden sich stets am Hakenende der Wurfbretter, wo sie in die äußere harte Geweihschicht geschnitzt sind. Wie prächtig die Speerschleudern verziert werden, macht das Beispiel der miteinander ringenden Hirsche deutlich, die bei der französischen Höhle Trois-Frères gefunden wird. Die Gliedmaßen der lebensecht gestalteten Tiere sind ineinander verkeilt, ihre Leiber verziert. Am auffälligsten ist das Fehlen der Köpfe. Die Häupter und Geweihe der Tiere waren aus einem anderen, vergänglichen Material wie Holz gefertigt und gingen verloren. Diese filigrane Arbeit zeigt, wie viel Wert die Jäger des Magdalénien auf ihre Waffen legen.

Neben dem Speer gibt es noch eine Reihe weiterer Waffen (Abb. o.: Fischschwanzdolch). Die Harpune zählt dabei zu den wichtigsten Jagdwerkzeugen des Magdalenien. Die Spitzen werden meist aus Horn oder Knochen geschnitzt und können ein- oder zweireihig mit Widerhaken gezahnt sein. Der untere Teil der Harpunen ist meist breiter und dient zur Befestigung eines Schaftes. Nach dem Treffer löst sich die Spitze vom Schaft, doch bleiben die Teile durch ein Seil miteinander verbunden (Abb. u.: Eskimoharpune).

Um 15 000–9000

Kulturelle Blütezeit

Schon zu Zeiten des Magdalénien schätzen die Menschen Rentiere wegen ihres Fleisches und Fells.

Die Kultur der jüngeren Altsteinzeit, die mit dem Aurignacien einsetzte, erreicht mit dem Magdalénien ihren Höhepunkt. Gleichzeitig findet das Jungpaläolithikum in West- und Mitteleuropa seinen Abschluss.

Der Süden Europas ist von den Eiszeitgletschern unberührt. In Frankreich, Spanien und Italien setzt die neue Kulturstufe deshalb bereits 3000 Jahre früher ein. Nordeuropa liegt in den kältesten Phasen der Würm- und Weichsel-Eiszeit (ab 20 000) unter kilometerhohen Gletschern begraben. Von Skandinavien bis zu den Alpen erstreckt sich eine weitgehend menschenleere Ödnis. Hier beginnt das Magdalénien erst mit dem Rückzug des Eises um 15 000. Gleichzeitig tauchen Magdalénien-Menschen auch in Belgien und Südengland auf. Sie wandern über den Ärmelkanal ein, der zu dieser Zeit noch nicht überflutet ist. Dort entwickelt sich die Sonderform des Creswellien. Auch im heutigen Ungarn und Polen entsteht mit dem Swiderien eine eigene Ausprägung. Allen Regionen gemeinsam sind reich ausgestattete Gräber. In ihnen finden sich Gegenstände wie Speerschleudern, Harpunenspitzen und Schmuck. Aus Rengeweih hergestellte Pfeilspitzen sind die charakteristischsten Merkmale der Kulturstufe. Ihre Formen sind nicht nur regional verschieden, sondern erlauben auch die zeitliche Einteilung in die Stufen Magdalénien I–V. Die bislang herrschende Sitte, mehrere Menschen in ein Grab zu legen, verschwindet.

Die Menschen leben überwiegend von der Jagd auf Rentiere und Wildpferde. Vor allem die Sippen, die im Permafrost des Nordens überleben müssen, sind von kleinerer Statur als ihre Vorfahren und werden kaum größer als 1,60 m. Auf Kunstwerken aus La Madeleine tragen viele Männer Bart. Das Siedlungsmuster entspricht dem des gesamten Jungpaläolithikums: Dorfartige Jägerlager sind an den Hängen großer Flüsse aufgeschlagen. Die Ströme liefern Trinkwasser und Fische. Neben diesen Basisstationen entstehen kleinere Freilandstationen in der Entfernung eines Tagesmarsches. Transportable Stangenzelte erlauben den Menschen, den Rentier- und Wildpferdherden längere Zeit hinterherziehen zu können, ohne in die Basisstation zurückkehren zu müssen. Bei erfolgreicher Jagd wird die Beute ins Basislager getragen und dort zerlegt. Die wichtigste Jagdsaison sind Herbst und Winter, denn in diesen Jahreszeiten ziehen die Herden von den Mittelgebirgsregionen in die Flussniederungen, wo sie ein reicheres Nahrungsangebot finden. Kehren die Tiere im Frühjahr den Gewässern wieder den Rücken, ziehen die Jäger ihnen hinterher.

Namensgebender Fundort des Magdalénien ist der Abri (Felsüberhang) La Madeleine in Frankreich. Neben dem typischen Geräteinventar stoßen Archäologen bei Ausgrabungen 1863 hier erstmals auf das Bild eines Mammuts. Die Entdeckung ist der erste Beweis für die gleichzeitige Existenz von Mensch und Mammut. Beim heutigen Gönnersdorf (Neuwied) wird ebenfalls ein Jägerlager des Magdaléniens entdeckt, dessen Fundreichtum Schlüsse auf die Lebensweise der Menschen jener Zeit zulässt.

Um 15 000

Das erste Geld: Tauschhandel mit Schnecken und Muscheln

Umherziehende Jägerfamilien tauschen im Magdalénien mit anderen Sippen Wissen, Rohstoffe und geschlechtsreife Familienmitglieder aus. Es werden auch besonders schöne Feuersteinarten oder Schmuckschnecken gehandelt. Der Mensch zahlt mit dem ersten Geld der Weltgeschichte.

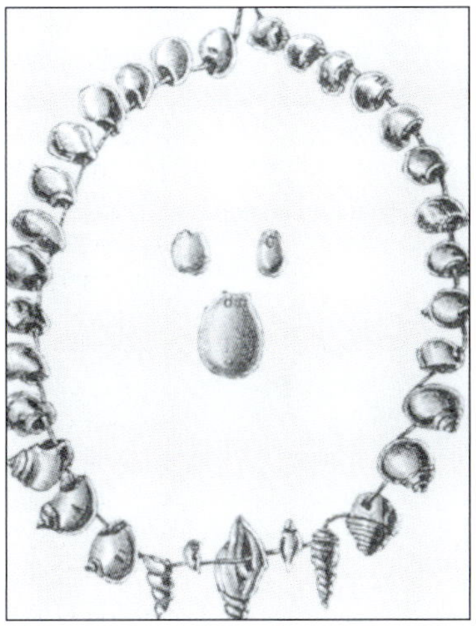

Die Schnecken und Muscheln stammen aus Südfrankreich, dem Pariser Becken, dem Mainzer Becken oder aus dem mittleren Donaugebiet (Abb.: Muschelkette und Anhänger aus Frankreich). Vom Atlantik aus gelangen sie über 600 km tief ins Landesinnere hinein, 400 km weiter als Feuersteinknollen, die immerhin eine Reise von 200 km zurücklegen. Dabei handelt es sich vermutlich nicht um Fernhandel, sondern um die schrittweise Verteilung über mehrere Zwischenstationen. Dass sich die Stücke großer Beliebtheit erfreuen und hohen Wert haben, zeigt sich an Funden wie dem des altsteinzeitlichen Lagers bei Gönnersdorf (Neuwied). Hier werden die Schnecken vorsichtig durchbohrt, aufgefädelt und als Schmuckanhänger getragen oder auf die Kleidung genäht. Ähnliches lässt sich u.a. für eine Bestattung in den Grimaldigrotten beim heutigen Ventimiglia (Italien) rekonstruieren. Schmuckgeld ist in der Völkerkunde aus Amerika, Afrika, Melanesien, Mikronesien sowie Süd- und Südostasien bekannt. Kaurischnecken dienten noch bis ins 19. Jahrhundert als Zahlungsmittel beim Handel mit den Kolonialmächten.

Um 15 000

Die Pracht von Altamira

In einer Höhle beim heutigen Altamira (Kantabrien, Spanien) zeichnen Menschen des Magdalénien Bilder an den Fels. Sie beenden die Ausschmückung der Höhle, die bereits 8000 Jahre zuvor begonnen worden ist. Neben den Höhlen von Lascaux und Chauvet wird die Lebenswelt der eiszeitlichen Jäger nirgends so eindrucksvoll überliefert wie in den Bildern von Altamira.

1879 beginnt der spanische Hobby-Archäologe Don Marcellino de Sautuola die Höhle zu erforschen und macht eine sensationelle Entdeckung. Die Bilder an den Höhlenwänden sind so spektakulär, dass ihre Echtheit lange angezweifelt wird. Die Farben wirken wie frisch aufgetragen, auch fehlt es noch an Vergleichsmöglichkeiten. Erst als in Südfrankreich 1902 Höhlenmalereien von derselben Qualität entdeckt werden, rückt Altamira wieder in den Mittelpunkt des Forschungsinteresses. Nach Jahrzehnte währenden Untersuchungen wird die Grotte 1979 für Besucher geschlossen. Eine Nachbildung ist heute im Deutschen Museum in München zu besichtigen.

Um 15 000 Bei einem von Erdbeben begleiteten Ausbruch des **Vesuv** bricht eine Flanke des Vulkans ab. Die ins Meer stürzenden Bergmassen lösen Flutwellen aus, die die Küsten Süditaliens überschwemmen. Gleichzeitig entsteht an der Seite des Vulkans durch das Zusammenfallen der entleerten Magmakammer ein Kessel (Caldera) mit hohen Wällen, der heute als Monte Somma bezeichnet wird. Er umschließt sichelförmig den eigentlichen Vulkankegel. Der letzte große Ausbruch des 1281 m hohen Vesuv findet im Jahr 1944 n. Chr. statt.

In der Black-Rock-Wüste im heutigen US-Bundesstaat Nevada lebt ein riesiges **Mammut**. Seine fossilen Reste wurden in einem Tal des Flusses Quinn gefunden. Untersuchungen ergaben, dass der Koloss bis zur Schulter etwa vier Meter maß und 7500 kg wog. Damit ist es das größte Mammut, das bisher auf dem nordamerikanischen Kontinent gefunden wurde.

Das Gebiet zwischen Havel und Oder wird durch das so genannte Pommersche Stadium der **Weichsel-Eiszeit** geprägt. Im Verlauf der Eiszeit schaffen die Schmelzwassermassen das Thorn-Eberswalder-Urstromtal. Es erstreckt sich im östlichen Norddeutschen Tiefland und im Norden Polens. Heute durchfließen die Flüsse Brahe, Warthe und Netze die große Talsenke.

Am Kap Morgiou an der südfranzösischen Küste in der Nähe des heutigen Ortes Cassis bewohnen jungpaläolithische Jäger die **Cosquer-Höhle**. Die Wände verzieren sie mit Zeichnungen und Gravierungen von Pferden, Rindern, Steinböcken, Hirschen und Vögeln. Bereits vor 20 000 Jahren wurde die Grotte schon einmal als Wohnstätte genutzt. Auch aus dieser Zeit stammen Felszeichnungen. Der heute unter dem Meeresspiegel liegende Höhleneingang wurde im Jahr 1985 von dem französischen Taucher Henri Cosquer entdeckt. Die steinzeitlichen Kunstwerke fand man erst sechs Jahre später.

Um 14 500 In der Höhle La Araña in Bicorp in der spanischen Provinz Valencia hinterlassen Menschen des Cro-Magnon-Typs eine Felsenzeichnung mit der ersten Darstellung von **Bienen**. Die flüchtig ausgeführte Malerei zeigt eine Frau, die an einer Felswand hinaufklettert und aus einem Loch eine Honigwabe holt. Bei ihrem Versuch, den Insekten den süßen Stoff zu entführen, wird sie von einigen aufgeregten Bienen umschwärmt.

Erneut bricht auf der Azoreninsel São Miguel der Vulkan **Sete-Citades** aus. Bei der gewaltigen Eruption werden große Lavamassen ausgeworfen. Durch die Entleerung der Magmakammer kommt es im Norden des Vulkans zu einer Vergrößerung des Einsturzkessels. Dieser hatte sich beim ersten Ausbruch des Sete-Citades vor 36 000 Jahren gebildet. Das Innere der 759 km² großen Hauptinsel der Azoren prägen zahlreiche Vulkanseen und Krater.

Die jungpaläolithischen Bewohner der beim heutigen Montignac gelegenen Höhle von Lascaux beschränken sich bei der Ausschmückung der Grotte nicht allein auf die Darstellung von Wildtieren. In die Malereien lassen sie auch ihr Wissen über den **Sternenhimmel** mit einfließen. Nach neuen Erkenntnissen spiegeln die nebeneinander angeordneten Bildnisse eines Bullen, eines »Vogelmenschen« und eines Vogels die Sterne Wega, Deneb und Atair wider. Zusammen bilden sie das so genannte Sommerdreieck, das in Mitteleuropa während der Sommermonate am Abendhimmel zu beobachten ist.

Gegen Ende der Eiszeit entwickelt die in den neuseeländischen Meeresgewässern lebende Einzellerart Globorotalia inflata hohe Aktivität. Dabei kommt es zu einer vermehrten Anlagerung von Kalk in dem Gehäuse der Kleinstlebewesen. Fossile Reste der zur Gattung der **Foraminiferen** gehörenden Tiere finden sich in marinen Ablagerungen in großer Zahl. Sie ermöglichen teilweise die Rekonstruktion der Erdgeschichte, da die Gehäuse der stark temperaturabhängigen Globorotalia aufgrund des angelagerten Kalks wissenschaftlich verwertbare Aufschlüsse über Klimabedingungen zulassen.

Um 15 000–11 500

Schamanen am Werk? Rätsel um Mischwesen

Die Menschen im Magdalénien nutzen die Malerei zu kultischen Zwecken. Einige Höhlenbilder zeigen seltsame Mischwesen, die sowohl tierische als auch menschliche Attribute aufweisen. Sind es Zauberer oder Gottheiten?

Eine Figur an der Wand der Höhle von Trois Frères (Frankreich) steht auf zwei Menschenbeinen. Auch die Hände sind menschlich. Der Rest des Körpers ist eine Mixtur aus verschiedenen Tieren. Rücken und Ohren stammen von einem nicht näher identifizierbaren Pflanzenfresser, das Geweih ist das eines Rentiers, der Schwanz der eines Pferdes und der Phallus gehört der anatomischen Position nach zu einer Raubkatze.

Neben dem beschriebenen Zauberer von Trois Frères hat nur noch der so genannte Mann aus der Gallibou-Höhle (Frankreich) ein Geweih auf dem Kopf. Auch sonst sind die Mischwesen seltene Motive der Höhlenkunst. Nur 15 Fundorte – mit jeweils bis zu sechs Exemplaren – sind bekannt, einige so schlecht erhalten, dass ihre Zuordnung zu den Mischwesen anzuzweifeln ist. Bisweilen tauchen Mensch-Tier-Gestalten auch auf Objekten der Kleinkunst auf. Ein Lochstab aus der Höhle von Teyat (Frankreich) trägt die Gravierung von drei Figuren mit Ziegenköpfen und Menschenbeinen.

Die gängige Deutung dieser Wesen steht in engem Zusammenhang mit den Interpretationen der übrigen Kunstwerke als Jagdzauber. In der Forschung werden die Mischwesen als Schamanen angesprochen, die sich bei der Ausübung eines Rituals in Tierfelle gehüllt haben. Als Beleg für diese These dienen

Der geheimnisvolle Schamane aus der Höhle von Trois Frères

Schamane (r.), als Ziegenbock verkleidet

Bilder aus dem 19. Jh., die Ureinwohner Nordamerikas und Sibiriens mit ähnlicher Maskierung zeigen. Auch weisen seltene Funde von Hirschschädelmasken auf eine Kostümierung hin.
Wie ernst sind diese ethnografischen Parallelen zu nehmen?
Der Schamane spielt bei vielen Völkern eine bedeutende Rolle. Er ist eine Person mit großer spiritueller Kraft und vereinigt die Rollen eines Heilers, Priesters, Magiers und Künstlers in sich. Gleichzeitig übernimmt er in der Gemeinschaft die Funktion des Dichters, des Schauspielers und des Therapeuten. Seine wichtigste Aufgabe ist es jedoch, eine Verbindung zwischen der Welt der Menschen und der der Geister herzustellen. Dies wird meist durch die Einnahme halluzinogener Stoffe erreicht, die den Schamanen in eine Art Trancezustand fallen lassen. Wir wissen von vielen Kulturen aus historischer Zeit, dass Schamanen sich häufig mit Tierwesen identifizieren oder als in solche verwandelt fühlen. Aus diesen Überlegungen ergibt sich, dass die Mischwesen der Höhlenmaler nicht unbedingt kostümierte Tänzer darstellen müssen. Ebensogut können sie den in Trance verwandelten Schamanen abbilden. Im Fall des Zauberers von Trois Frères ist diese Deutung klar nachvollziehbar: Der Tänzer hat nicht nur die wichtigsten physiognomischen Merkmale, sondern die ganze Anatomie von vier Tieren zugleich angenommen.
Ähnlich verhält es sich bei der Interpretation eines zweiten Maskentänzers aus der Höhle von Trois Frères. Der gehörnte Zweibeiner hält sich scheinbar eine Art Fiedelbogen vor das Gesicht. Noch heute kursieren Deutungen, die in diesem Objekt eine frühe Maultrommel oder den ersten Violinbogen ausmachen. Doch das vermeintliche Musikinstrument taucht auch auf Höhlenbildern auf, die eindeutig Tiere darstellen, und zwar immer in der Nähe der Nase. Waren die Tiere des Jungpaläolithikums etwa musikalisch? Wahrscheinlich handelt es sich um die Abbildung des Lebensgeistes oder eines Blutschwalls, der im Moment des Todes (bei Jagdtieren) oder der Trance (bei tanzenden Schamanen) aus den Gesichtsöffnungen austritt.
Die Höhlenbilder der rätselhaften Mischwesen rufen noch heute Befremden hervor. Anders wird es auch zur Zeit ihrer Entstehung nicht gewesen sein. Wer sich im Licht einer Fackel in die Kulthöhlen hineinwagte, wurde mit den Bildern der grotesken Monstrositäten konfrontiert und suchte sein Heil womöglich in der Flucht – vielleicht eine Erklärung dafür, dass so viele Höhlenmalereien unangetastet blieben.

Um 15 000–11 500

Höhlenmenschen legen Terrasse aus Steinplatten an

Die Kniegrotte beim heutigen Döbritz (Thüringen) ist den Jägern des Magdalénien eine beliebte Behausung. Die Höhle unterscheidet sich von ähnlichen Unterschlupfen durch ein gewaltiges Pflaster, das gleich einem Platz samt Straßen vor dem Eingang verlegt wird.
Im Winter halten sich die Jäger innerhalb der Höhle auf, im Sommer jedoch verlassen sie das Felsloch, um sich vor dem Eingang aufzuhalten. Dazu sichern sie den Boden mit Steinplatten ab und verlegen nach und nach ein Pflaster von 21 x 6 m, das vom Höhleneingang den sanft abfallenden Hang hinabführt. An warmen Tagen findet das Leben der etwa 25 hier lebenden Menschen vor der Höhle statt. Als Sonnen- und Regenschutz dienen Zelte, die auf Stangen befestigt sind und sich an die Felswand schmiegen.
1930 wird der Siedlungsplatz von Archäologen entdeckt. Das Pflaster gibt zunächst Rätsel auf, als jedoch Reste von Nahrung, Feuerstellen und Werkzeugen gefunden werden, ist die Funktion des Pflasters als Lagerplatz geklärt. Doch die Steine liegen in mehreren Schichten bis 1,10 m hoch. Unter jeder Schicht treten neue Siedlungsreste zutage. Die Erklärung für dieses Phänomen: Nachfolgende Höhlenbewohner haben den Unrat ihrer Vorgänger mit einer weiteren Lager Pflaster bedeckt und den Platz anschließend selbst genutzt.

Um 15 000–11 500

Kunst mit Nutzwert: Das weidende Ren aus dem Kesslerloch

Zu den schönsten Kunstwerken des Magdalénien zählt das »Weidende Ren« aus dem Kesslerloch im heutigen Schweizer Kanton Schaffhausen.
Bei Ausgrabungen in der Halbhöhle wird 1873/74 ein Lochstab (s. Abb.) entdeckt, auf dem eine Gravierung angebracht ist: ein Ren mit tief gesenktem Kopf. Kinnlade, Auge und Braue sind detailliert gestaltet, ebenso das prächtige Geweih, welches das Tier als Männchen charakterisiert. Die Beinhaltung des weidenden Rens zeugt von guter Beobachtungsgabe des Künstlers. Auch die Darstellung des Mittelleibs ist sehr naturgetreu geraten. Die Bauchpartie ist eingezogen – eine Physiognomie, wie sie nur bei brünftigen Rentierhirschen beobachtet werden kann.
Träger dieses außergewöhnlichen Kunstwerks ist ein so genannter Lochstab: ein Stück Horn oder Knochen mit einer durchlochten Verdickung an einem Ende, ähnlich einem modernen Kochlöffel.

Vergleiche mit Werkzeugen der Inuit zeigen, dass derartige Geräte dazu dienen, krumme Hölzer zu begradigen. Dazu wird das Holz in Wasser geweicht und so lange durch das Loch gezogen, bis es gerade ist. Auf diese Weise stellen die Menschen der Altsteinzeit Schäfte von Pfeilen und Speeren her, die sich in eine perfekte Wurf- bzw. Schussbahn bringen lassen.

Um 15 000–11 500

Magdalénien-Menschen als Meister der Schnitzkunst

Neben einem Zeitalter den gewaltigen Malereien der Bilderhöhlen ist das Magdalénien eine Periode der Kleinkunst. Eine Welle von Elfenbeinarbeiten, Knochenschnitzereien und -gravierungen, verzierten Geräten, Waffen und Schmuck schwappt über die besiedelten Regionen der Welt.
Die Kunst, Knochen zu gravieren, setzt langes Üben voraus. Frischer Knochen ist nur schwer zu bearbeiten und erfordert extrem scharfes Werkzeug. Doch auch dann erfordert die Arbeit immensen Kraftaufwand und Geduld. Die Feuersteinspitzen müssen filigran sein und brechen entsprechend leicht. Die Linien werden nicht geschnitten, sondern mit viel Muskelkraft in die Oberfläche hineingedrückt. Um die Schnitzmarken beim Arbeiten sichtbar werden zu lassen, färben die Künstler den Knochen zuvor mit Rötel ein. Die Gravierung von Knochen ist bereits aus dem Aucheuléen bekannt und in ihrer ältesten Form über 300 000 Jahre alt. 40 000 Jahre alt ist das Schulterblatt eines Mammuts aus Molodova (Russland), das mit kleinen Grübchen verziert wurde. Ab dem Jungpaläolithikum werden Abbilder von Tieren und Menschen in Knochen hergestellt. Von allen Figurenschnitzereien sind die Beispiele des Magdalénien die eindrucksvollsten. In dieser Zeit wird die heute »Champlevé« genannte Technik erfunden, bei welcher man den Knochen um das Motiv herum wegschneidet. Auf diese Weise wirkt die Figur fast rundplastisch und lebensecht (Abb.: Bisonskulptur aus der Höhle La Madeleine).

Um 14 000 In der **Atacama-Wüste** im nördlichen Chile beginnt das Klima feuchter zu werden. Die milden Temperaturen begünstigen den Pflanzenwuchs in der trockenen Region. Tiere und Pflanzen schaffen ein für das Überleben des Menschen günstiges Umfeld. Es kommt zu einer verstärkten Besiedlung des Gebietes. Heute ist die Atacama die trockenste Wüste der Erde.

Um 13 000 Die **Heliang-Kultur** ist in Westchina nahe der heutigen Stadt Tschungking (Chongqing) verbreitet. In der aus Karststein bestehenden Heliang-Höhle entdecken Archäologen fossile Reste von Menschen sowie Steinwerkzeuge. Zahlreiche Knochen von erlegten Tieren und Feuerspuren belegen eine stetige Nutzung der Grotte als Wohnstätte.

Die Menschheit erlebt den Höhepunkt sprachlicher Vielfalt. Nach Schätzungen von Sprachwissenschaftlern werden etwa 10 000 bis 15 000 verschiedene **Sprachen** von Bevölkerungsgruppen zu je 600 Personen gesprochen. Ab 10 000 nimmt die Anzahl der Sprachen stetig ab.

Im heutigen Kanton Aargau in der Schweiz zieht sich der **Reussgletscher** zurück. Die durch Eismassen in den Boden geschürften Senken füllen sich in der Folgezeit mit Wasser: Der Hallwiler See und der Baldegger See entstehen.

Auf einem steil aufragenden Felsen am Nordrand des Odertals im Harz lagert eine Gruppe von Rentierjägern. Der bei der sog. **Steinkirche** bei Scharzfeld gelegene Lagerplatz bietet ideale Bedingungen, um die in der späteiszeitlichen Tundra vorbeiziehenden Rentiere zu beobachten.

Durch das von der Tiroler Ache mitgebrachte Geröll verlandet der **Chiemsee**. Auf den neuen Landflächen entstehen durch Verschilfung und Vermoosung die Chiemseemoore. Sie breiten sich auf einer Fläche von etwa 2500 ha aus.

Um 12 600 Auf der Nordhalbkugel der Erde kommt es zu einer klimatischen **Erwärmung**. Die schmelzenden Eisschilde Nordamerikas heben den Meeresspiegel rasch an. Riesige Wassermassen lassen das Niveau des Meeres innerhalb von 300 Jahren um 16 m ansteigen.

Um 13 000–9000

Qadan-Kultur in Ägypten

Zum Ende des Jungpaläolithikums erlebt Nordafrika große klimatische Veränderungen. Die Wüste wächst, Dürre vertreibt das Jagdwild, die Vegetation verkümmert. Aus dieser Not heraus entsteht die erste Kultur Ägyptens, das Qadan.
Die Nordafrikaner fliehen vor der Wüste an die Ufer des Nils, der noch ein kleiner Fluss ist. Dort lernten sie bereits um 17 000 die Vorzüge von Getreide kennen, können dieses aber erst jetzt richtig nutzen.
Die Kulturstufe des Qadan verbreitet sich vom zweiten Nilkatarakt bis zum heutigen Tushka. Die Menschen in diesem Raum kennen das rituelle Begräbnis und legen Friedhöfe an. Zu den großen Besonderheiten dieser Kultur zählen die ersten Experimente im Getreideanbau. Zwar entwickelt sich noch keine Bauernkultur, die mit denen der Jungsteinzeit vergleichbar wäre, doch kennen die frühen Ägypter bereits eine systematische Feldbewässerung und Erntetechniken, wie Ausgrabungsfunde belegen.

Um 14 000

Jäger legen Depot an

In einem alten Flussbett im heutigen US-Bundesstaat Wyoming zerlegen Steinzeitjäger ihre Beute. Als der Ort 1973 entdeckt wird, kommen 463 Tierknochen zutage. Der Speiseplan der frühen Nordamerikaner wird transparent. Unter den Knochen befinden sich die Überreste von Hasen, Pferden, Kamelen, Büffeln und Rindern. Auffallend ist die große Menge an Mammutknochen. In der nach ihrem Entdecker benannten Colby-Site liegen die Kadaver von sieben Columbia-Mammuts, die größer als das Wollmammut sind und kein Fell tragen. Vermutlich haben die Jäger nicht auf die Kolosse Jagd gemacht, sondern versucht, die Jungtiere von der Gruppe zu trennen und dann zu töten. So stammen die gefundenen Knochen ausschließlich von jungen Tieren, in einem Fall sogar von einem Fötus. Nach der Lage der Knochen zu urteilen, war der Fundort ein Fleischdepot mit mehreren Vorratslagern. Auf einer dieser Gruben liegt ein Mammutschädel, der möglicherweise Tiere abschrecken sollte.

Um 13 000

Hund wird zum Haustier

Im Magdalénien halten Menschen domestizierte Hunde als erste Haustiere. Bei der Suche nach dem Stammvater des Hundes gibt es lange Zeit drei Anwärter. Neben Wolf und Kojote gilt auch der Schakal als möglicher Urahn. Studien über Gestalt und Verhalten sowie moderne Vergleiche der DNS-Struktur belegen jedoch einwandfrei, dass nur der Grauwolf als Vorfahre des Hundes in Frage kommt.
Der Domestikationsprozess vom Wolf zum Hund begann vor 400 000 Jahren. Im mittleren Pleistozän lebten Wölfe bereits so nahe bei den Menschen,

Der Grauwolf gilt heute eindeutig als Stammform des Haushundes.

Um 13 000

Frühes Winterquartier

In den südwestlichen Steppengebieten des heutigen Russland errichten Jägersippen einzigartige Behausungen. In der Nähe der ukrainischen Stadt Meshiritsch entstehen fünf Hütten aus Mammutknochen, die als Winterquartier dienen. Sie zeugen von den Anfängen der Sesshaftigkeit in den Kältesteppen. Die frühen Architekten wissen die Formen der Knochen gut zu nutzen. Schädel, Unterkiefer und Schulterblätter bilden das Fundament der Hütten. Aus einem Holzgerüst und den Stoßzähnen der Eiszeitelefanten wird der Überbau errichtet. Um das Innere gegen Wind und Wetter zu schützen, behängt man das Gerüst mit Fellen. Feuerstellen im Innern wärmen die Sippe und dienen zur Zubereitung der Nahrung (Abb.: Rekonstruktion einer vergleichbaren Mammutjägerstation aus Mähren).
1871 entdecken Amateurarchäologen die Überreste der paläolithischen Siedlung. Sie legen ungewöhnlich große Knochen frei, die sie einer Herde Mammute zuordnen. Erst nach und nach wird klar, welch ungewöhnlicher Fund sich unter den Spaten offenbart. Untersuchungen ergeben, dass die Menschen von Meshiritsch auf dem Weg in die Sesshaftigkeit waren. Die Siedlung diente den Halbnomaden als Winterlager und wurde immer wieder aufgesucht und neu aufgebaut. Dabei blieb die Pflasterung der Hütten mit Knochenschutt dieselbe, sodass sich zwischen den Gebeinschichten die Überreste einer jahrelangen Nutzung als Wohnstatt erhalten konnten.

Drohhaltung: Bei vielen Jagdhunderassen ist das Erbe des Wolfs noch gut erkennbar.

dass Wolfsknochen inmitten von menschlichen Knochenfunden entdeckt wurden. Wölfe und Menschen haben in der Steinzeit viele Gemeinsamkeiten: Sie bilden Rudel bzw. Großfamilien und leben von der Jagd. Ihr Beutespektrum wird immer ähnlicher, sie entwickeln sich zu Konkurrenten, die die gleiche ökologische Nische nutzen. Wahrscheinlich haben sich die Wölfe zuerst den menschlichen Jägern angeschlossen und die Reste der Beute verwertet.
Die ersten Hauswölfe entwickeln sich wohl aus verwaisten oder zugelaufenen Wolfswelpen, die von Frauen an die Brust genommen werden und somit eine dauerhafte soziale Bindung zu den Menschen aufbauen. Die Tiere sind als Spielgefährten willkommen und halten die Wohnstätten sauber, indem sie u.a. Abfälle und den Kot der Menschen fressen. Hauptaufgabe des Hauswolfs und des sich daraus entwickelnden domestizierten Hundes ist aber sicherlich die Hilfe bei der Jagd. Zunächst unterstützen die Tiere den Menschen vermutlich beim Aufspüren von verletztem Wild. Seitdem der Mensch Pfeil und Bogen als Jagdwaffen benutzt, können Beutetiere zwar aus größerer Distanz getroffen werden – die zugefügten Verletzungen sind jedoch, anders als bei der Verwendung des Speers, viel geringfügiger und oft nicht lebensgefährlich. Hauswölfe und Hunde jagen nun dem flüchtenden, blutenden Beutetier nach, hetzen es müde und stellen es schließlich. Somit bringt die Annäherung von Mensch und Wolf beiden Seiten Vorteile.

Wann die Domestikation des Wolfes abgeschlossen ist, lässt sich nicht mehr genau feststellen. Der älteste Pfotenabdruck eines Hundes ist rund 25 000 Jahre alt und stammt aus einer Höhle in Südfrankreich, als ebenso alt gilt ein Fund aus Mähren. Vor 15 000 Jahren sind Hunde auf jeden Fall fester Teil der menschlichen Gesellschaft. Der älteste Knochenfund eines domestizierten Hundes ist um die 14 000 Jahre alt. Als beim heutigen Oberkassel bei Bonn zwei Menschen bestattet werden, wird ihnen ein Hund mit ins Grab gelegt. Zwar ist die genaue Form dieser ersten bekannten Hundebestattung nicht rekonstruierbar, doch stammt der erhaltene Unterkiefer mit Sicherheit nicht von einem Wolf. Ähnliche Funde wie der aus Oberkassel kommen aus der Kniegrotte bei Döbritz, aus der Gnirshöhle bei Engen-Bittelbrunn, aus Mallaha im heutigen Palästina, aus der Ukraine und dem Irak. Ab 9000 gibt es bereits zahlreiche Knochenfunde von Hunden aus verschiedenen Erdteilen. Die Domestikation von Hunden gelingt demnach in verschiedenen Gebieten zu unterschiedlichen Zeiten.
Die Tierart Hund hat sich in der Zeit des Magdalénien bereits stark von seinem Urahnen, dem Wolf, fortentwickelt. Folge der Domestikation durch den Menschen ist eine Verkleinerung des Schädels. Die Backenzähne bleiben dabei gleich groß, was zunächst zu einer Unordnung in den Zahnreihen führt. Genanalysen zeigen heute, dass sich Wolf und Hund nur in 0,2 Prozent ihrer DNS-Struktur voneinander unterscheiden. Der Unterschied zum Kojoten oder Schakal beträgt hingegen fünf bzw. vier Prozent.
Die Urhunde werden in erster Linie für die Hilfe bei der Jagd gezähmt. Erst mit der Sesshaftwerdung der Menschen und dem damit einhergehenden Beginn von Ackerbau und Viehzucht werden die Tiere auf bestimmte Aufgaben dressiert. Es kommt zur Aufspaltung in die verschiedenen Hundetypen (Hüte-, Wach-, Jagd-, Schoßhund). Heute gibt es weltweit über 500 verschiedene Hunderassen.

Um 13 000

Australien entdeckt die Kunst

In Australien befinden sich die meisten altsteinzeitlichen Kunstschätze außerhalb Europas. Die frühesten Zeugnisse der Felskunst stammen aus dem Early Man Abri (Felsüberhang) in Queensland. Die in den Fels geritzten Gravierungen sind stark verwittert und mit Patina überzogen. Es handelt sich dabei um abstrakte Formen wie Kreise, Gitter und miteinander verwobene Linien. Eindrucksvoller und gegenständlicher sind die Malereien aus Arnhemland im Norden Australiens (s. Abb.). Die hier gefundenen Reste von Naturfarben und Werkzeugen gehörten vermutlich zur Ausrüstung früher Künstler und lassen sich auf 19 000 Jahre zurückdatieren.

Eine große Zahl an Felsmalereien stammt aus den Höhlen bei Mount Gambier in Südaustralien. Das Gebiet ist von mehreren hundert Höhlen durchzogen, mehr als 140 von ihnen wurden bislang untersucht. Fast alle enthalten Tierspuren, in 22 Grotten fand man Gravierungen, die eindeutig von Menschenhand stammen. Nirgendwo sonst gibt es eine derart hohe Konzentration abstrakter Symbole an Höhlenwänden.
Das Alter der australischen Höhlenkunst wurde lange angezweifelt. Völkerkundliche Erkenntnisse wischen jedoch alle Zweifel beiseite. Die heute lebenden Erben der australischen Steinzeit nutzen die Höhlen nicht mehr – sie meiden sogar die Gegenden, in denen Höhlenkunst angebracht worden ist. Heute hinterlassen Aborigines ihre Bilder und Gravierungen ausschließlich an freiem Fels.

Um 12 000 Der **Rückgang der Gletscher** auf der Nordhalbkugel der Erde begünstigt das Wachstum von Pflanzen, die sich in mildere Zonen zurückgezogen hatten. So wachsen im Gebiet um den Bärensee (zwischen den heutigen US-Staaten Idaho und Utah) Kiefern (Pinus) und Beifußgewächse (Artemisia). Pollenanalysen zeigen, dass beide zu den dominierenden Pflanzenarten werden. Linden, deren Rückzugsgebiet der Balkan gewesen war, finden sich mit der Zeit auch in Mitteleuropa.

In der Nähe des heutigen französischen Ortes Sergeac im Tal Castel-Merle nutzen Menschen des Magdalénien einen Felsüberhang (Abri) als Wohnstätte. In die Wände ihrer Behausung meißeln die Jäger und Sammler Tierreliefs. Darunter befindet sich auch das Abbild eines großen Bisons. Bei den 1980 erfolgten Ausgrabungen entdecken Archäologen in der **Abri Reverdit** genannten Grotte zahlreiche Steinwerkzeuge, Waffen aus Knochen und eine Feuerstelle.

Der neuseeländische Vulkan Ruapehu speit Feuer. An sechs Stellen bricht glühendheiße Lava und geschmolzenes Gestein aus dem Berg. Die bei den Eruptionen herausgeschleuderten Materialien formen die so genannte **Whakapapa-Formation**. Sie besteht aus Lavaschlacke und grobkörnigem Sedimentgestein (Breccie). Der heute noch aktive Ruapehu ist mit 2797 m die höchste Erhebung im Norden Neuseelands.

Am **Bodensee** ziehen sich die während der Eiszeit gebildeten Gletscher nur langsam zurück. Das Gebiet südlich des heutigen Meersburg ist von mächtigen Eismassen bedeckt. Im Westen reicht eine Gletscherzunge bis nach Überlingen. Auch die Ostseite des Meersburger Berges bedeckt ein Eispanzer. Er reicht bis nach Mühlhofen.

In der Höhle Tuc d'Audoubert bei **Montesquieu-Avantès** formen altsteinzeitliche Menschen aus Lehm die Plastiken eines männlichen und weiblichen Wisents sowie eines kleineren Wisentkalbs. Die Wände verzieren sie mit zahlreichen Tiergravierungen. Die berühmte französische Höhle wurde im Jahr 1912 von dem Archäologen Henri Bégouën entdeckt.

Um 12 000

Die Jäger von Clovis

Im heutigen New Mexico entsteht die älteste historisch fassbare Kultur Nordamerikas. Merkmale der Clovis-Kultur sind fein bearbeitete Geschossspitzen aus Feuerstein, die beeindruckende Längen bis zu 16 cm aufweisen können. Sie haben eine konkave Basis, sind bis in etwa halbe Höhe gerieft und bis vier Zentimeter breit. Mit Hilfe dieser Waffe ist es möglich, effektiv Großwild zu jagen, ohne sich der Beute zu stark nähern zu müssen. Die Jäger der Clovis-Kultur sind so erfolgreich, dass sie sich über weite Teile Nordamerikas ausbreiten. Ihre Jagdgründe reichen vom Gebiet des heutigen Staates Washington im Nordwesten der USA bis zur nördlichen Atlantikküste im Osten des Kontinents, nach Süden erstrecken sie sich bis Panama.

So rasch wie sie gekommen sind, verschwinden die Clovis-Leute wieder. Vor etwa 10 000 Jahren sind die letzten Auswirkungen der Eiszeit vorüber, viele Tiere sterben aus, darunter das für die Jäger wichtige Mammut sowie der Ur-Bison. Um 9000 ist die Zeit der Clovis-Kultur vorbei. Zwar jagen auch ihre Nachfolger noch Großwild, doch die Hauptnahrungsquellen sind nun das Sammeln von Pflanzen und die Jagd auf kleine Tiere.

Im Jahr 1929 findet James Ridgley Whiteman in der Nähe von Clovis neben Mammutknochen seltsame Feuersteinklingen. Die Entdeckung ist eine Sensation, da endlich die Ur-Amerikaner, die Enkel der ersten Einwanderer, die von Sibirien aus über die Beringstraße gekommen waren, gefunden scheinen. Weitere Entdeckungen haben diese Theorie in den Folgejahren allerdings geschwächt. So ähneln die Clovis-Feuersteinspitzen frappierend den Klingen des westeuropäischen Solutréen, während sie wenig mit jenen Werkzeugen gemein haben, die aus Alaska bekannt sind. Neuen archäologischen Theorien zufolge könnte die Besiedlung Nordamerikas daher von Europa aus erfolgt sein. Möglicherweise haben Menschen des Solutréen in Frankreich Boote bestiegen, wie sie noch heute die Inuit benutzen, und sind damit bis nach Amerika gefahren. Ihr Weg könnte sie entlang des nördlichen Eisschilds, unter dem damals Grönland verborgen lag, bis an die Ostküste der heutigen USA geführt haben. Zwar fehlen bislang Beweise für diese These, doch stützen auch sprachwissenschaftliche Untersuchungen eine solche Möglichkeit. Sprachforscher aus Berkeley (US-Bundesstaat Kalifornien) haben herausgefunden, dass sich die Sprachenvielfalt der amerikanischen Ureinwohner nicht innerhalb von nur 11 000 Jahren entwickelt haben kann. Die ersten Einwanderer müssen somit früher angekommen sein. Da aber zu jener Zeit die Gletscher der Wisconsin-Eiszeit den Weg über Alaska versperrten, kann die Einwanderung nur über den Seeweg erfolgt sein.

Die Pfeilspitzen der Clovis-Kultur sind von beiden Seiten bearbeitet.

Um 12 000

Der Nil gräbt sich sein Bett

Am Ende der letzten Eiszeit steigt der Wasserspiegel im afrikanischen Victoriasee durch Schmelzwasser auf 125 m über dem heutigen Niveau. Der Blaue Nil gräbt sich sein Bett durch Nordafrika.
Die Namen Blauer und Weißer Nil haben ihren Ursprung in der Wasserfärbung. Der Blaue Nil ist der größere der beiden Quellflüsse des Nils. Er entspringt im Hochland des heutigen Äthiopien, 2150 m über dem Meeresspiegel, und vereinigt sich bei Khartum im Sudan mit dem Weißen Nil zu dem großen Strom, der an der nordafrikanischen Küste ein gewaltiges Delta von 190 km Breite bildet (Abb. r.: Blick auf den Nil, das Rote Meer und Arabien). Auf dem Weg nach Khartum wird der Blaue Nil von zahlreichen Quellflüssen gespeist und schwillt zu beachtlicher Größe an. 320 km hinter Khartum ergießt sich ein weiterer wichtiger Zufluss in den Strom, der Atbarah-Fluss. Er führt den fruchtbaren dunklen Quellschlamm mit sich, der die Basis für die Herausbildung der ägyptischen Hochkultur bildet. Bis zur seiner Mündung erreicht der Nil eine Gesamtlänge von 6671 km. Damit gilt er nach dem Amazonas, dessen Länge mit bis zu 7025 km angegeben wird, als der zweitlängste Fluss der Erde.

Um 12 000–10 700

Federmesser aus Feuerstein

Als Nachfolger der Hamburger Kultur treten in Nordeuropa die so genannten Federmesser-Gruppen auf. Auf dem Gebiet des heutigen Deutschland, Belgien und der Niederlande leben Jägerfamilien, die eine eigentümliche Waffe benutzen. Das Federmesser besitzt eine aus Feuerstein hergestellte Klinge mit einseitiger Rundung. Ihren Namen erhielt es 1912 von dem Tübinger Forscher Richard Schmidt, den die Form an die Messer erinnerte, mit denen man Schreibfedern spitzte. Aus der Zeit der Federmesser-Gruppen sind Freilandsiedlungen mit Hütten, Windschirmen und Zelten bekannt. Wie andere Gruppen vor ihnen, legen auch sie eine Unterlage aus Knochen oder Schieferplatten unter ihre Wohnstätten, die sie in der eiszeitlichen Tundra errichten (Abb. o.: Messer aus Weitsche, Niedersachsen).

Um 11 900

Verheerender Vulkanausbruch verwüstet die Eifel

In der Eifel bricht ein Vulkan aus. Die Katastrophe hat ein gewaltiges Ausmaß und verwüstet Hunderte von Quadratkilometern. Eine mehrere hundert Meter hohe Eruptionssäule schleudert Gesteinsbrocken in die Luft. Als sich der Ascheregen legt, ist im Gebiet um den heutigen Laacher See alles Leben erloschen. Unter einer 12 m dicken Schicht aus Schlamm, Trass und Bimsstein bleibt jedoch eine unvergleichliche Momentaufnahme der Pflanzenwelt der älteren Dryaszeit konserviert. Wie durch ein Wunder schließt das flüssige Gestein die Bäume ein, ohne sie zu verbrennen oder umzudrücken. Durch Untersuchungen der verschütteten Schichten lässt sich ein genaues Bild der mitteleuropäischen Vegetation gegen Ende der letzten Eiszeit nachzeichnen: In der Eifel wachsen Kiefern, Birken, Weiden und Pappeln mit bis zu 70 cm starken Stämmen. Ein Birkenstamm aus der Nähe des heutigen Mayen weist sogar Kerben auf, die von Menschenhand in das Holz geschlagen wurden. Viele der identifizierten Gräser, Kräuter und Blumen sind noch heute im Neuwieder Becken vorzufinden. Es dauert nur wenige Jahrzehnte, bis das Leben wieder in die Vulkaneifel zurückkehrt. Die Besiedlungsdichte Mitteleuropas ist zur Zeit der Katastrophe gering. Dennoch kommen auch Menschen durch den Vulkanausbruch ums Leben. Zwar ist ihre Zahl nicht mehr zu ermitteln, doch stoßen Bergarbeiter bei Koblenz 1922 auf Skelettreste, die unter der 12 m starken Bimssteinschicht begraben lagen. Die Zähne des etwa 50-jährigen Toten weisen eindeutige Brandspuren auf.
Erst um 9000 findet der Vulkanismus in der Eifel seinen vorläufigen Abschluss. Von dem großen Ausbruch zeugt heute vor allem der Laacher See, der nach dem Einsturz des Restkegels entsteht. Noch immer recken tertiäre Vulkane ihre Basaltkuppen in den Himmel, Tuff- und Schlackenkegel erheben sich als Zeichen des quartären Vulkanismus über die Region. Der höchste Gipfel, die Hohe Acht, ragt 747 m über den Meeresspiegel auf. Neben den Ablagerungen und Vulkankegeln erinnern acht mit Wasser gefüllte Maare (Vulkanseen) an die Zeit, als die Erde hier Feuer spie (Abb. u.: Weinfelder Maar bei Daun).

Bilanz der Eiszeit: Artensterben

Keine Eiszeit hat so drastische Auswirkungen auf das Leben gehabt wie die europäische Weichsel-Eiszeit und ihr transatlantisches Pendant, die nordamerikanische Wisconsin-Eiszeit. Mit Wollnashorn, Mammut, Riesenhirsch und Steppenbison stirbt fast der gesamte Großwildbestand innerhalb von 30 000 Jahren aus. Insgesamt gehen mehr als 1000 Tier- und Pflanzenarten zugrunde. Nie zuvor hat eine Eiszeit so große Lücken in Fauna und Flora gerissen. Eine Teilschuld am Verschwinden mancher Arten trägt vermutlich auch der Mensch.

Vor 40 000 Jahren schoben sich die Gletscher von Norden unaufhaltsam über die Kontinente. Unterbrochen von mehreren Warmphasen bestimmte das Eis bis vor 10 000 Jahren das Leben auf der nördlichen Halbkugel der Erde. In der Eiszeittundra lebten die Clovis-Leute in Nordamerika. Dank ihrer Jagd- und Waffentechnik waren sie äußerst erfolgreiche Großwildjäger. Hat die über weite Teile Nordamerikas verbreitete Clovis-Kultur Raubbau an der Natur betrieben und so viele Tiere erlegt, dass das Überleben der Arten nicht mehr gesichert war? Wenn dem so war, hätten die Clovis-Leute ihren eigenen Untergang besiegelt: Denn bald nach Aussterben des Großwilds geht auch die Clovis-Kultur zugrunde.

Vergleiche mit anderen Kontinenten zeigen ähnliche Befunde. In Afrika fiel die erste Welle des Aussterbens großer Tiere mit der Erfindung von Faustkeil und Speer in der Altsteinzeit zusammen. Auf Madagaskar wurden nach Ankunft des Menschen vor etwa 1000 Jahren die größeren Lemuren, viele Vögel und das Nilpferd ausgerottet. Ähnliche Ereignisse sind in Hunderten weiteren Fällen belegt. Die Geschwindigkeit dieses Artensterbens war 100- bis 1000-mal schneller als das Tempo der natürlichen Aussterberate. Eine Kompensation durch die Entstehung neuer Arten war dadurch nicht mehr möglich. Als Ergebnis nahm die Artenvielfalt ab.

Rekonstruktion eines Mammutjungtieres

Zur Entstehung von Eiszeiten gibt es in der Forschung unterschiedliche Theorien. Heute geht man allgemein von einem Zusammenwirken mehrerer Umstände aus. Erklärungsansätze sind:

Plattentektonische Vorgänge: *Durch die Drift großer Landmassen mit hohen Gebirgen verändert sich der Verlauf von Meeresströmungen und Luftbewegungen. Kontinentwanderungen führen immer zu erheblichen Klimaveränderungen.*
Kosmische Katastrophen: *Meteoriteneinschläge wirbeln gewaltige Mengen von Staub- und anderen Partikelteilchen in die Erdatmosphäre. Diese Wolken verdunkeln für lange Zeit den Himmel und blockieren die Sonneneinstrahlung – ein vorübergehender Abfall der Temperaturen ist die Folge.*
Schwankungen in der Gaszusammensetzung der Atmosphäre: *Es besteht ein Zusammenhang zwischen dem Kohlendioxid-Gehalt der Erdatmosphäre und Klimaveränderungen. So kommt es während der letzten Eiszeit zu einem starken Abfall des Kohlendioxid-Anteils der Luft, zu Beginn der folgenden Warmzeit steigt dieser wieder fast explosionsartig.*

Im Fokus

Mammutjäger der Neuzeit: Trophäen aus dem Permafrost

Der Sprung ins Holozän war selbst für das riesige Mammut ein zu großer Schritt. Wie viele seiner Zeitgenossen starb auch der 4 m hohe Eiszeitriese aus. Doch lebt das Mammut nicht nur in den Höhlenmalereien der Altsteinzeit weiter. Wie von keinem anderen Tier sind seine Zähne und Knochen über ganz Europa und Nordamerika verbreitet. Und noch immer sind seine Knochen begehrte Trophäen.

Ein sibirischer Mammutfund wird von einem Forscher untersucht.

Mammut-Elfenbein ist meist so hervorragend erhalten, dass die Jagd nach und der Handel mit Fundstücken heute ein wichtiger Wirtschaftszweig in Sibirien ist. Im Gegensatz zum Elefanten-Elfenbein ist sein Verkauf legal. Schätzungen zufolge liegen noch rund 600 000 t des »weißen Goldes« in Sibirien vergraben. Fossiles Mammut-Elfenbein findet sich in Kunstobjekten überall auf der Welt.

Im 18. Jh. regten die riesigen Knochen die Fantasie an. Rekonstruktionszeichnungen aus jener Zeit zeigen Kreaturen, die eher einem Einhorn als einem lebensfähigen Rüsseltier ähneln. Zar Peter der Große war so fasziniert von den seltsamen Wesen mit den gedrehten Stoßzähnen, dass er gezielt nach ihnen suchen ließ. Ein gut erhaltenes Mammut taute 1799 in Sibirien auf, wurde jedoch nicht konserviert und fiel Aasfressern zum Opfer. Nur Reste der Weichteile konnten konserviert werden. An dem heute in St. Petersburg ausgestellten Exemplar sind u. a. noch Ohren und Fellreste erkennbar. Die heute rötliche Behaarung war ursprünglich dunkelbraun und verfärbte sich im Alterungsprozess.

In den vergangenen 100 Jahren sind fünf vollständig erhaltene Skelette der behaarten Riesen aufgetaucht. Das am besten erhaltene Gerippe ist heute im Paläontologischen Museum von Münster in Westfalen zu bewundern. Aufsehen erregte in den 1970er-Jahren die komplett erhaltene Mumie des Mammutbabys »Dima«, die in einer Goldmine im Bezirk Magadan nahe der Kamtschatka-Halbinsel gefunden wurde. Ein anderes Jungtier, »Mascha«, kam 1988 in der Bucht des Ob zum Vorschein. An beiden konnten aufschlussreiche Untersuchungen vorgenommen werden. Vom Voranschreiten der Gentechnik versprachen sich Forscher in den vergangenen Jahren, das Mammut wieder auferstehen lassen zu können. Erbinformation aus den eingefrorenen Kadavern sollte isoliert und mit Hilfe von Elefanten rekonstruiert werden. Doch die Gene sind nur noch als Fragmente erhalten und nicht brauchbar. Mensch und Mammut werden sich vorerst wohl nicht wieder begegnen.

Aber reichte die Größe der menschlichen Population in Nordamerika und Europa während der Altsteinzeit überhaupt aus, um ganze Arten auszurotten? Einer Studie zufolge hat zur Zeit des späten Magdalénien nur ein Mensch pro 10 km^2 Fläche gelebt. Demnach bewohnten 40 000 Menschen ein Gebiet von der Größe Deutschlands, so viele wie heute in Memmingen (Bayern) leben. Zwar ist die Größe der Tierpopulationen jener Zeit nicht rekonstruierbar, doch scheint es kaum plausibel, dass eine Handvoll Menschen sämtliche Wollnashörner und Mammute eines Territoriums zur Strecke brachte. Die Theorie, der Mensch habe alles Großwild ausgerottet, wird noch unwahrscheinlicher, wenn man die Eistundren Osteuropas oder gar Sibiriens betrachtet. Zwar zogen Mammutherden auch durch diese unwirtlichen Regionen, der Mensch jedoch verirrte sich nur selten dorthin.
Auch die Abfallplätze aus jener Zeit widersprechen dieser Theorie. Nach Analysen von Knochenhaufen waren die wichtigsten Beutetiere der Eiszeitjäger Wildpferde und Rentiere, gute Fleisch- und Felllieferanten, die relativ gefahrlos zu erlegen und in großen Herden vorhanden waren. Beide Arten haben alle Zeiten überlebt, in denen der Mensch ausgiebig Jagd auf sie machte.

Blick in den Sognefjord bei Dragsvk. Der längste Fjord Westnorwegens verdankt seine Entstehung – wie das gesamte Trogtal – eiszeitlichen Gletschern.

War das Klima schuld?

Das Klima wechselte in der Altsteinzeit häufig seinen Charakter. In den Kältephasen fiel die Temperatur in Bereiche, die heute noch an den Polen herrschen, in den wärmeren Phasen war es angenehm mild. Vielen Tierarten gelang es, sich mit Kälteformen gegen den Frost zu schützen. Wollnashorn und Wollmammut trugen den Kälteschutz sichtbar auf der Haut, andere Arten entwickelten Formen, die weniger Wärme abgaben und zum Überleben im Eis besser geeignet waren.
Aber Anpassung allein genügte nicht. Die Klimawechsel in der Mammutsteppe des eiszeitlichen Europa waren so hart, dass vor 10 000 Jahren ganze Ökosysteme zusammenbrachen. Der Temperaturabfall im Hochglazial der Weichsel-Eiszeit muss so drastisch gewesen sein wie nie zuvor. Konnte das Großwild während der meisten Eiszeiten noch am Rand der Gletscher existieren, so trieb die Kälte dieses Mal einen Großteil des Tierbestandes weit nach Süden. Aus keiner anderen Zeit sind Funde von Mammut und Wollnashorn in Südspanien und Italien bekannt.
Vergleiche mit der letzten Warmphase der Weichsel-Eiszeit vor 30 000 Jahren zeigen, dass sich nur wenige Arten ins heutige Holozän hinüberretten konnten. Tiere wie Pflanzen lebten in der Zwischeneiszeit in einem viel trockeneren Klima. Die Arten, die beim Vorrücken der Gletscher nicht ausstarben, mussten sich anschließend einem feuchteren Klima anpassen. Doch die meisten Arten gingen unter. Wenige schafften den Sprung in die neue Erdepoche, nur um schließlich doch zu verkümmern. Das letzte Mammut starb in kleiner Gestalt vor etwa 4000 Jahren auf der Wrangel-Insel im Eismeer. Es gibt aber auch Gegenbeispiele: So überlebte in Nordamerika der Moschusochse alle Klimaschwankungen bis in die Neuzeit.

Klimaveränderungen und Bestandsdezimierung durch den Menschen – beide Ursachen haben sich am Ende der letzten Eiszeit zu einer unglücklichen Kombination verbunden. Möglicherweise hat das Klima die Arten zunächst stark dezimiert und die Restbestände gingen dann unter den Speeren der Eiszeitjäger zugrunde. Was nach der letzten Eiszeit noch von Mammut, Bison und Wollnashorn übrig war, fand ein verändertes Ökosystem vor, das nicht genug Ressourcen bot, um die Steppen wieder mit neuen Beständen zu füllen.

Schädel eines Wollnashorns, das kurz vor der Elster-Eiszeit nach Europa einwanderte.

Zeitliche Abfolge der Kalt- und Warmzeiten vom Alt- bis zum Jungpleistozän:

Alpen:
- *Günz-Eiszeit um 1,2 Mio.–820 000*
- *Günz-Mindel-Interglazial um 1,2 Mio.–440 000*
- *Mindel-Eiszeit um 440 000–320 000*
- *Mindel-Riss-Interglazial um 320 000–180 000*
- *Riss-Eiszeit um 180 000–120 000*
- *Riss-Würm-Interglazial um 120 000–70 000*
- *Würm-Eiszeit um 70 000–10 000*

nördliches Mitteleuropa:
- *Elster-Eiszeit um 440 000–320 000*
- *Holstein-Warmzeit um 320 000–180 000*
- *Saale-Eiszeit um 180 000–120 000*
- *Eem-Warmzeit um 120 000–70 000*
- *Weichsel-Eiszeit um 70 000–10 000*

Um 11 000 Am Stingenberg (in Oberkassel bei Bonn) legen altsteinzeitliche Menschen ein Doppelgrab an. In der flachen Grube werden zwei Verstorbene, ein etwa 50 bis 60 Jahre alter Mann und eine junge Frau, nebeneinander liegend bestattet. Anthropologische Untersuchungen ergeben, dass der etwa 1,60 m große Mann dem **Cro-Magnon-Typ** des Jetztmenschen entspricht. Den Schädel der Frau kennzeichnen eine sehr schmale Hirnschädelbreite und eine niedrige Nase. Der Cro-Magnon-Typus gilt heute als Extremtypus des frühen Homo sapiens sapiens, nicht als eigene Rasse.

Am Ufer des Neuenburger Sees im heutigen Schweizer Kanton Neuenburg lagert eine Gruppe altsteinzeitlicher Jäger. Die nur mit Zwergsträuchern durchsetzte Steppentundra bietet den Menschen reiche Jagdbeute: Zehn Säugetier-, fünf Vogel- und vier Fischarten können bei den Ausgrabungen der Freilandstation **Champréveyres** nachgewiesen werden. Die erlegten Tiere werden an Ort und Stelle mit Silexmessern zerlegt und an Feuerstellen verarbeitet.

In der heutigen Schweiz bilden sich zwei Kulturgruppen des Magdalénien. Dabei kommt es zur Ausformung unterschiedlicher **Steinwerkzeuge**. Die Menschen der so genannten Moosbühl-Gruppe, benannt nach dem Freilandlagerplatz Moosbühl, benutzen Langbohrer und eine Vielzahl von Kantenmessern. Für die Thayngener Werkzeugproduktion, die in der Gegend von Thayngen angesiedelt ist, sind Dreieck- und Segmentmesser charakteristisch.

Der Rückzug der Gletscher im Alpenraum führt auch im heutigen Schweizer Kanton Graubünden zur Besiedlung durch altsteinzeitliche Menschen. In der Gegend des heutigen **Chur** richten Jäger und Sammler einen Lagerplatz ein. Zwar werden bei den Ausgrabungen keine Zeltstellen gefunden, die Archäologen entdecken jedoch in 1,2 m Tiefe einen Werkplatz zur Herstellung von Steinwerkzeugen.

Im Südwesten des heutigen Bolivien trocknet der **Lago Tauca** aus, dessen Wasserfläche ursprünglich weite Teile des südamerikanischen Landes bedeckte. Übrig bleiben die beiden Seen Lago Poopó und Lago Uru Uru sowie der Salar de Uyuni: eine sich über mehr als 12 000 km² erstreckende Salztonebene mit bis zu meterdicken Salzschichten. Sie ist die größte Salzwüste Südamerikas.

Die **Schussenquelle** bei Bad Schussenried in Oberschwaben dient einer Gruppe von Rentierjägern als Lagerplatz. Die umherziehenden Rentierherden müssen auf ihren Wanderungen zu den Winterstandsgebieten eine nahe gelegene Landbrücke über die versumpften Gebiete passieren. So werden sie zu einer leichten Beute. Von dem erfolgreichen Jagdausgang zeugen zahlreiche Knochenfunde der erlegten Rentiere, die 1866 gefunden wurden.

Um 11 000–500 v. Chr.

Die kleinen Maskenträger

Die Jomon-Kultur in Japan ist die am längsten dauernde zivilisatorische Epoche der Geschichte. Nach ihren typischen, mit Schnurmustern (japanisch: jomon) dekorierten Keramiken benannt, umfasst sie über 10 000 Jahre Kulturgeschichte der ostasiatischen Inselwelt. Die Jomon-Gesellschaft lebt für lange Zeit in relativer Abgeschiedenheit und Isolation von ihren Nachbarn. Insbesondere schottet sie sich gegen China ab. Kulturelle Verbindungen knüpfen die Vertreter der halbsesshaften Wildbeuter-Kultur allenfalls in Richtung Pazifik.
In der Ära der Jäger und Sammler breitet sich der Mensch nahezu über das gesamte Gebiet des heutigen Japan aus. Nahrung ist auf den Inseln in Fülle vorhanden. Sie wird mit Pfeil und Bogen erbeutet, mit Angelhaken, Leinen, Netzen und Speeren gefischt oder in den Wäldern gesammelt. Auf dem Speiseplan stehen Wildtiere, Schweine, Seebrassen, Barsche, Klaffmuscheln, und Austern, in einigen Regionen auch Thunfische und Meeressäuger sowie Kastanien, Walnüsse und Ahorn. Erste Hinweise auf den begrenzten Anbau von Feldfrüchten stammen aus dem fünften vorchristlichen Jahrtausend.
An der Ostküste ernähren sich die Jomon-Leute vornehmlich von Muscheln. In den Schalenhaufen stellen sie kleine Tonfiguren auf, die sich erheblich von denen anderer Kulturen der mittleren Steinzeit unterscheiden. Die meist weiblichen Statuetten weisen stark stilisierte Augen

Eine weibliche Statuette der Jomon-Kultur mit der typischen, rätselhaften »Schneebrille«

Um 11 000

Frühe Südamerikaner bauen Hütten am Monte Verde

In den südchilenischen Wäldern siedelt eine Gruppe von Wildbeutern und Sammlern. Ihre Behausungen an den Ufern des Chinchihuapi-Baches sind die bislang ältesten Gebäude auf dem amerikanischen Kontinent. Die Hütten stehen auf Fundamenten aus grob behauenen Hartholzbohlen (s. Abb.), auf denen ein Gerüst aus dünnen Baumstämmen errichtet wird. Alle Unterkünfte weisen denselben rechteckigen Grundriss auf und sind 9–18 m² groß. Als Wände und Dächer dienen an den Baumstämmen befestigte Felle. Bemerkenswert ist, dass die Bauten Wand an Wand miteinander verbunden sind und die Rückwand mit der Nachbarhütte geteilt wird.
Jede Behausung verfügt über eine Herdstelle, die zum Kochen oder Heizen genutzt wird. Hier hinterlassen die Bewohner ein reiches Inventar an Pflanzenresten und Holzartefakten – ein Hinweis auf die abwechslungsreiche und vorwiegend pflanzliche Kost der pleistozänen Gemeinschaft. Das ganze Jahr über wachsen essbare Knollenpflanzen, Nüsse, Beeren und andere Früchte in unmittelbarer Nachbarschaft. Der in der Nähe gelegene Bach gewährleistet die Wasserversorgung und macht den Ort zusammen mit dem reichhaltigen Angebot an Nahrung zu einem idealen Siedlungsplatz.
Die Entdeckung der Siedlung im Jahr 1976 liefert Hinweise auf die außerordentlich rasche Verbreitung des Menschen bis Südamerika nach der Besiedlung des nordamerikanischen Kontinents.

des Jomon

auf, die auch »Schneebrillen« genannt werden. Deren Funktion ist ungeklärt, vermutlich stellen sie Masken oder Tätowierungen dar und werden bei Heilungsritualen oder als Fruchtbarkeitsidole genutzt. Neben den Tonfiguren werden senkrecht aufgestellte Steine und phallische Symbole verehrt.
Die Tonkunst, für die diese Epoche bekannt ist, reicht bis in die Zeit von 11 000 zurück. Funde aus der Fukin-Höhle, die lange als die ältesten Kulturzeugnisse Japans gelten, werden durch zahlreiche, noch ältere Funde in Aomori, Ibaragi, Tokyo und anderen Stätten ergänzt. Allgemein gebräuchlich werden die tönernen Waren allerdings erst um 7500. Die Gefäße werden mit den Abdrücken eines Daumennagels dekoriert.
Die Keramiken, die der Epoche ihren Namen geben, tauchen erstmals im Früh-Jomon auf und werden durch das Eindrücken einer gedrehten oder geknoteten Schnur verziert. Zwei Gefäßtypen können unterschieden werden: einer mit flachem und einer mit spitz zulaufendem Boden. Sie dienen als Koch- und Essgeschirr sowie als Vorratsbehälter. Neben Keramiken stellen die Menschen der Jomon-Kultur Schmuck aus Horn, Tierzähnen, Muscheln, Ton und Stein her.
Die letzten Ruhestätten befinden sich stets inmitten der Siedlungen. Die Toten sollen durch die unmittelbare Nähe zu den Lebenden Teil der Gemeinschaft bleiben. Die Verstorbenen werden in Hockstellung bestattet.

Um 11 000

Der älteste Baum der Welt wächst auf Tasmanien

Auf der Insel Tasmanien beginnt die Huon-Pinie zu sprießen, die heute als der älteste noch existierende Baum der Welt gilt. Sie gehört zu den am langsamsten wachsenden und am längsten lebenden Hölzern überhaupt und hat ihren Ursprung in den vor 135 Mio. Jahren vorkommenden Pollen aus Gondwana.
Bis ins Mesozoikum verband der südliche Großkontinent des Erdaltertums die alten Festlandkerne Südamerikas, Afrikas, Vorderindiens, Australiens und der Antarktis miteinander. Dank eines im Holz enthaltenen Öls, welches das Wachstum von Pilzen hemmt und das Holz vor eindringendem Wasser und der Zersetzung durch Insekten schützt, haben sich viele Teile der Pflanze bis heute erhalten. Diese Eigenschaften machen das Holz der Huon-Pinie extrem haltbar und damit auch für die auf Tasmanien siedelnden Menschen als Baumaterial interessant. Im 19. Jahrhundert nutzt die britische Krone den Baumbestand u.a. für den Bau von Schiffen.
Heute erinnern die zahlreichen Stämme der berühmten Huon-Pinie, die alle einem einzigen Wurzelgeflecht entwachsen, an einen kleinen Wald (Abb.: lebende Zweige eines Huon-Gewächses auf Mount Reid in Tasmanien). Allesamt männlich, teilen sie dasselbe genetische Material und sind – ähnlich den Fruchtkörpern von Pilzen – Stämme derselben Pflanze. Die noch lebenden Baumstämme sind zwar erst 2000 Jahre alt, aber mit Hilfe der Radionkarbonmethode kann das Alter der abgestorbenen Pflanzenteile auf 13 000 Jahre vor unserer Zeit datiert werden. Alle Huon-Pinien stehen heute unter Schutz.

Um 10 700–10 000

Geschickte Bootsbauer in Norddeutschland

Zu Beginn der letzten Kaltphase in der Weichsel-Eiszeit, der so genannten jüngeren Dryaszeit, breiten sich die Angehörigen der Ahrensburger Kultur im heutigen Norddeutschland aus. In kleinen Gruppen von jeweils 10 bis 15 Menschen hinterlassen sie im heutigen Schleswig-Holstein wie auch in Niedersachsen zahlreiche Spuren von Lager- und Kultstätten.
Die Menschen der Ahrensburger Kultur wohnen in Lagern aus Zelten oder Hütten. Auch Höhlen werden genutzt. Die Hauptnahrungsquelle der steinzeitlichen Jäger bilden vor allem Rentiere, die mit Pfeil und Bogen erbeutet werden. Allein beim heutigen Stellmoor erlegen die Jäger mehr als 1000 Rentiere. Für Abwechslung auf dem Speiseplan sorgen große Vögel, Auerochsen und essbare Pflanzen. Rentiere sind nicht nur Nahrungs- und Rohstofflieferanten, sie werden nach erfolgreicher Jagd auch als Opfer dargebracht. Weibliche Tiere werden in der Nähe des heutigen Stellmoors mit Steinen beschwert und in einem See versenkt. Der Ort ist mit einem langen, aufgerichteten Holzpfahl markiert, der mit dem Schädel eines Rentiers geschmückt ist. Der Kultpfahl kennzeichnet die heilige Stätte sowie das Revier der Ahrensburger und schreckt zudem Eindringlinge ab.
Ein spektakulärer Fund aus der Nähe von Husum weist die Ahrensburger als findige Bootsbauer aus. Das seltsam geformte Gerät, das aus dem Geweih eines Rentiers angefertigt wurde, wird als Teil eines Spantensystems gedeutet, wie es noch heute in den Fellbooten der Inuit vorkommt. Damit wäre das Ahrensburger Boot der älteste Beleg für ein Wasserfahrzeug aus der Steinzeit (Abb.: Präsentation eines originalgetreuen Nachbaus des bei Husum gefundenen Bootes).

Weitere Funde der Ahrensburger Kultur stammen aus dem heutigen Luxemburg, Rheinland-Pfalz und der Vorderpfalz. Sie belegen u.a. den weiten Vorstoß der Steinzeit-Jäger nach Süden.

Um 11 000

Rätsel um zwei Getötete

Auf Sizilien kommen zwei Menschen gewaltsam ums Leben: In der San-Teoredo-Höhle liegen die Überreste einer Frau mit einer Pfeil- bzw. Speerspitze im Beckenbereich und in einem Kinderskelett in der Grotta dei Fanciulli steckt eine Feuersteinklinge im Rückgrat. Beide Funde gehören zu den ältesten, die jemals von durch Gewalt zu Tode gekommenen Menschen gemacht wurden.
Rituelle Handlungen sind als Todesursache auszuschließen. Kultopfer, die an anderen alt- und mittelsteinzeitlichen Orten, wie der Ofnet-Höhle in Bayern, vollzogen werden, sind schon durch die sorgfältige Behandlung der Leichen erkennbar. Die südeuropäischen Opfer deuten eher auf einen Kampf um Besitz und Territorien hin.
Vor diesen Funden waren erste Zeichen kriegerischer Auseinandersetzungen nur aus dem ausgehenden Mesolithikum und dem einsetzenden Neolithikum bekannt. Vor allem in der Jungsteinzeit entbrennt der Kampf um Besitztümer. Der Mensch baut Häuser, züchtet Vieh und hortet Güter. Im heutigen Talheim (Kreis Heilbronn) fallen im 5. Jahrtausend 34 Menschen einem Massaker zum Opfer und werden in einem Massengrab verscharrt. Zu dieser Zeit hat der Krieg bereits Einzug in die menschliche Gesellschaft gehalten.

Um 10 500 Eine Seitenzunge des Rheingletschers hinterlässt bei Ostrach und Wilhelmsdorf in Oberschwaben zwei Endmoränen. Zwischen den vom Eis mitgeführten Schuttmassen bildet sich ein See, aus dem durch Ablagerung abgestorbener organischer Teilchen das **Burgweiler-Pfunger Ried** entsteht. Mit einer Ausdehnung von 2500 ha ist es das zweitgrößte Moorgebiet Oberschwabens.

Auf La Réunion erlischt der **Piton des Neiges**. Vor etwa 2 bis 3 Mio. Jahren hatte sich dieser Vulkan durch vom Meeresboden ausströmende Lava gebildet und so die im Indischen Ozean liegende Insel La Réunion geschaffen. Dagegen entwickelt sein etwa vor 380 000 Jahren entstandener »jüngerer Bruder«, der Piton de la Fournaise, bis heute vulkanische Aktivitäten.

Steinzeitliche Bewohner der **Fukui-Höhle** im Norden Kyushus, der südwestlichsten der vier Hauptinseln Japans, stellen Tongefäße her. Sie werden mit einfachen Mustern aus Finger- und Nagelabdrücken verziert. Die in der Höhle aufgefundenen Gefäße sind durch Radiokarbonuntersuchungen datiert und gelten als älteste Keramik der Welt.

Der im heutigen US-Bundestaat Washington liegende Vulkan **Glacier Peak** bricht aus. Bei der gewaltigen Eruption werden große Massen an Magma herausgepresst. Der Druck vieler Millionen Gasblasen lässt die Magma in kleine Fragmente zerbersten, die als Ascheregen auf die Region niedergehen. Der Glacier Peak und der Mount St. Helens sind die einzigen Vulkane in Washington, die große Ascheausbrüche produzierten.

Um 10 500

Eiszeitjäger lassen sich am Rheinufer nieder

Am Ausgang des Neuwieder Beckens zum unteren Mittelrheintal siedelt eine Gruppe von Eiszeitjägern. Gut 1000 Jahre später bricht ein Vulkan in der Eifel aus und verschüttet den Siedlungsplatz unter einer zwölf Meter hohen Bimsschicht – ein Glücksfall für die Archäologen. 1968 entdecken die Forscher in Gönnersdorf bei Neuwied einen der besterhaltenen Siedlungsplätze des Jungpaläolithikums.

Mit Bedacht haben die Steinzeitmenschen diesen Platz für ihr Lager ausgewählt. Er liegt an einem Bach, etwa 50 m oberhalb des Rheins. Im Nordwesten bietet ein Hang zur Hochterrasse des Flusses Schutz. An den Ufern des Rheins gedeihen Erlen, deren geradwüchsige Stämme hervorragendes Baumaterial abgeben. Brennholz liefert ein schütterer Kiefernwald, der die Hänge des Rheintals bedeckt.

Den Jagdtieren der frühen Menschen bietet das Plateau oberhalb des Rheins ideale Bedingungen. In der Graslandschaft, die nur von vereinzelten Bäumen und Sträuchern durchsetzt ist, leben Pferde und Rentierherden. Auch Wisente und Saiga-Antilopen sind auf der Ebene anzutreffen. Die Jäger finden dort ein ergiebiges Jagdrevier, zumal sich die Herden lange genug in der Nähe aufhalten, um zu weiden. So müssen die Menschen dem Wild nicht mehr ständig hinterherziehen und können das Lager in einer halbsesshaften Weise nutzen.

Wichtigstes Beutetier ist das Pferd. Es liefert nicht nur schmackhafte Nahrung, sondern auch ein wertvolles Fell, das auf vielfältige Art genutzt wird. Aus dem wärmenden Material werden Abdeckungen für die Behausungen und auch Teile der Kleidung genäht. Im Winter jagen die Menschen des Gönnersdorfer Lagers Eisfüchse und Schneehasen, die Pelze werden ebenfalls zur Herstellung von Kleidung verwendet. Die bis 1976 dauernden Ausgrabungen fördern neben zahlreichen Knochen von Jagdtieren auch Reste von Fischen zu Tage – ein Beleg dafür, dass die Gewässer des Rheins ebenfalls als Nahrungsquelle genutzt werden. In dem breiten, flachen Strom leben Lachs, Forelle und Aalquappe.

Der Gönnersdorfer Lagerplatz besteht aus einer Reihe von runden Behausungen. Die größeren mit einem Durchmesser von etwa sieben Metern haben senkrechte Wände, die von einem Holzgerüst gestützt werden. Ein Mittelpfosten trägt das kegelförmige Dach. Für die Wände und das Dach verwenden die frühen Gönnersdorfer das Fell von Pferden. Etwa 40 Tiere müssen erlegt werden, damit ein zeltförmiger Bau eingedeckt werden kann. Mehr als 240 kg wiegt eine derartige Konstruktion – zu viel, um sie über weite Strecken zu transportieren. Neben dem reichhaltig vorhandenen Jagdwild ist dies ein weiterer Grund für die Eiszeitjäger, sesshaft zu werden. Die Siedlung wird kontinuierlich im Sommer und im Winter genutzt.

Als Schutz vor dem nassen und kalten Untergrund erhält der Innenraum der Behausungen einen Pflasterboden aus Schiefer und Quarzit. Dabei dient die Pflasterung nicht nur als Fußboden, sondern wird auch für Gravierungen genutzt. In die grauschwarzen Steinplatten ritzen die Bewohner vor allem Darstellungen von Frauen und Tieren. Etwa 200 eingravierte Tiere und ca. 400 Menschenfiguren zieren die von den Archäologen freigelegten Schieferplatten. Seiner Bedeutung entsprechend ist das Pferd – als wichtigstes Beutetier – am häufigsten dargestellt. 74 eingeritzte Pferde sind überliefert. Daneben gibt es Darstellungen von Mammuts, Wollnashörnern, Hirschen und anderen Tierarten.

Rekonstruktion einer Gönnersdorfer Behausung

Auffällig ist die ungewöhnlich große Zahl von weiblichen Figuren. Zwar ist das Geschlecht nicht bei allen Menschendarstellungen eindeutig zu erkennen, mehr als ein Drittel lässt sich aber als weiblich identifizieren. Alle Frauen sind einheitlich gestaltet. Bei keiner der in Profilansicht wiedergegebenen Figuren ist der Kopf zu sehen. Dagegen ist das Becken mit üppig ausladenden Formen besonders betont. Vereinzelt finden sich auch Gruppen von drei oder mehr Frauen – Momentaufnahmen eines Steinzeittanzes? Ungelöst ist die Frage, weshalb so viele Dargestellte weiblich und so wenige klar als männlich zu identifizieren sind. Gravierungen, die eindeutig Männer zeigen, bilden stets den Geschlechtsakt ab. Allerlei Kreise, Ovale und Dreiecke, die mit einem Strich versehen sind, stellen wohl ebenfalls – in abstrakter Form – den Geschlechtsakt dar.

Frauenfiguren aus Gönnersdorf

Im Inneren der Behausungen dienen Feuerstellen zur Zubereitung der Speisen. Knochen werden als eine Art Grillvorrichtung benutzt. So findet man in einer der Hütten den Oberschenkel eines Mammuts, der urspünglich als Auflage für hölzerne Gabeln diente. In unmittelbarer Nähe steckt ein gegabeltes Rentiergeweih im Boden, auf dessen Zacken das Fleisch über dem Feuer erhitzt wurde. Daneben verwenden die Gönnersdorfer noch eine andere Kochtechnik: In kleinen Gruben, die mit Leder ausgekleidet sind, bringen sie mit erhitzten Steinen Wasser zum Sieden. So kann pflanzliche Nahrung ohne ein Gefäß erhitzt werden, denn Keramik oder vergleichbare Materialien kennen die eiszeitlichen Jäger und Sammler von Gönnersdorf nicht.
Neben den Feuerstellen sorgen kerzenähnliche Konstruktionen für ausreichende Beleuchtung in den Zelthütten. Dafür werden ovale Vertiefungen in dicke Schieferplatten geschlagen, die mit Talg gefüllt werden. Die Fettmasse wird mit Hilfe eines Dochtes aus Wacholder abgebrannt.
Für die Ausweidung der Jagdtiere und die Zubereitung des Fleisches benutzen die eiszeitlichen Jäger steinerne Werkzeuge und Klingen. Wie an zahlreichen anderen Fundorten werden auch im Gönnersdorfer Lager Hunderte von Steinwerkzeugen aus dem Magdalénien geborgen. Die Bohrer, Kratzer, Klingen und Stichel sind in typischer Weise gefertigt und zeigen keine spezifischen Eigenarten. Auffällig ist jedoch, dass der Feuerstein, aus dem sie geschlagen wurden, teilweise aus mehr als 120 km entfernten Bergregionen stammt.

Um 10 000

In Afrika entwickelt sich eine eigene Form der Felsmalerei

Mit dem Beginn des Holozäns geht die große Zeit der Felskunst in Mitteleuropa zu Ende. Gleichzeitig entwickelt sich in Afrika eine Kunsttradition, die bis in die historische Zeit hineinreicht. Anhand der Felsbilder Nordafrikas lassen sich die epochalen Umwälzungen der vergangenen 10 000 Jahre in diesem Gebiet nachvollziehen.
In den Gebirgen und Bergtälern der Sahara ist die Felskunst Afrikas konzentriert wie nirgends sonst auf dem Kontinent. Die ersten afrikanischen Künstler gravieren Jagdwild in naturalistischer Form in den Fels. In dieser – »Wildtier-Periode« genannten – Zeit werden Nashörner, Flusspferde, Giraffen, Antilopen, Wildrinder und Elefanten abgebildet. Sie werden in einigen Fällen überlebensgroß in den Fels geschnitten. Menschen werden in den Felsmalereien häufig beim Geschlechtsverkehr gezeigt. Meist tragen die Figuren rätselhafte Masken (Abb.: Mensch mit Maske und übergroßem Phallus aus Tassili N'Ajjer, algerische Sahara).
Aus viel älteren Schichten stammen Funde von Eisenoxyd, das mit einfachen Bergbautechniken gewonnen wurde. Eisenoxyd ist einer der wichtigsten natürlichen Farbstoffe der altsteinzeitlichen Felskunst. Möglicherweise deuten die Entdeckungen großer Mengen dieses Stoffes in Südafrika und Simbabwe darauf hin, dass dort bereits vor 45 000 bzw. vor 125 000 Jahren afrikanische Felskunst geschaffen wurde.

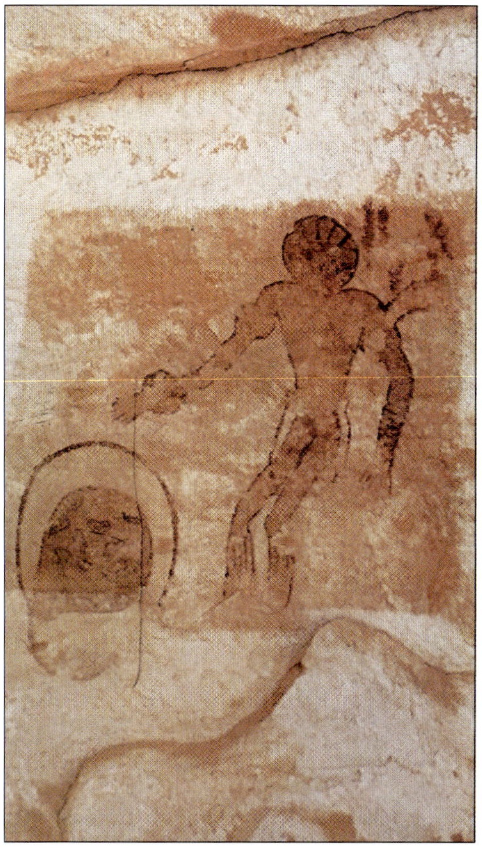

Um 10 560

Der gehörnte Riese von Potsdam

Eine Gruppe Jäger verfolgt einen Auerochsen durch die lichten Birkenwälder am Südrand des Havellandes. Nach einiger Zeit gelingt es ihnen, das gewaltige Tier zu erlegen. Da sie nicht alles Fleisch in ihr Lager tragen können, trennen sie die Extremitäten ab und schleppen sie fort. Die Überreste des Tieres werden erst bei Ausgrabungen im 20. Jh. entdeckt.
Der Ur von Potsdam (s. Abb.) belegt eindrucksvoll, wie mächtig das Wildrind des Präboreals – der Vorfahr des Hausrinds – ist. Das Wildrind oder der Ur (Auerochse) ist zur Zeit des beginnenden Holozäns über Nordafrika, Europa und Vorderasien bis nach Indien verbreitet. Mit weit ausladenden Hörnern und einer Widerristhöhe (Schulterhöhe bei Huftieren) von 180 cm ist er eine der imposantesten Erscheinungen seiner Zeit.
Der älteste bekannte Auerochse Europas stammt aus dem mittleren Pleistozän (um 400 000 Jahre) und wird in Steinheim an der Murr entdeckt. Obwohl aus dem Magdalénien keine Knochenfunde vorliegen, ist das Vorkommen von Auerochsen in den Höhlenmalereien von Lascaux belegt. Vor etwa 6500 Jahren kommen die ersten Hausrinder nach Mitteleuropa und verdrängen allmählich die Wildform. Die Zerstörung der Wälder nimmt den mächtigen Tieren schließlich den Lebensraum. Der letzte Auerochse wird 1627 n. Chr. erlegt.

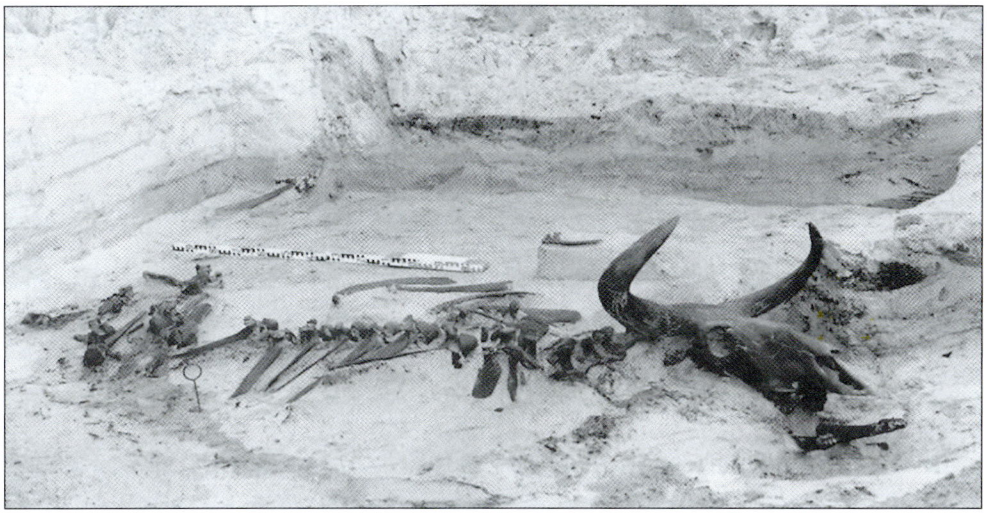

10 000–3500 v. Chr.

1

2

3

1 – Häuser auf Stelzen: Primitive Pfahlbauten ermöglichen den Neolithikern, sich in geschützten Uferregionen niederzulassen (Rekonstruktion einer Pfahlbausiedlung am Bodensee). 2 – Steinerne Kultplätze: In ganz Europa entstehen erste Megalith-Stätten (hier das sog. Haus der Viviane in der Bretagne). 3 – Der Mensch wird sesshaft: Jungsteinzeitliche Familie in heimischer Hütte beim schweizerischen Twann (Rekonstruktionszeichnung).

4

5

6

7

8

9

10

4 – Tönerne Bauernkultur: Terrakotta-Skulptur der Vinča-Leute (heutiges Serbien). 5 – Unterschlupf seit Menschengedenken: das St. Kanzianer Höhlensystem in Slowenien. 6 – Neuer Werkstoff: Keramikbecher. 7 – Relikt aus der ältesten Stadt der Welt: Schädel aus Jericho. 8– Handwerkerkunst im Zweistromland: Tonschale der Samarra-Zeit. 9 – Das weibliche Prinzip: Idol der Karanovo-Kultur (Bulgarien). 10 – Geformt in der Eiszeit: die Uckermark (Brandenburg).

Landbau, Viehzucht, erste Städte – Lehrjahre der Zivilisation

Europa zum Ende der Altsteinzeit: Das Klima erwärmt sich, die Gletscher ziehen sich zurück, das Land ist vom Jahrtausende währenden Klammergriff der Eismassen befreit. Im Vergleich zur heutigen Topografie zeigt sich die Landfläche größer, denn zunächst sind gewaltige Wassermassen noch im Gletschereis gebunden. Doch in den folgenden 2000 Jahren steigt der Meeresspiegel durch das Schmelzwasser kontinuierlich an und überflutet weltweit die Küstenlinien. Der Ärmelkanal entsteht und unterbricht die Landverbindung zwischen den Britischen Inseln und dem europäischen Festland. Die großen Weltmeere nehmen an Ausdehnung erheblich zu.

Dolmen wie der Poulnabrone in Irland (um 4000) zählen zu den typischen Grabformen der Jungsteinzeit.

Abschied der Eiszeitnomaden

Die mit Speeren bewaffneten Jäger der Mammutsteppen durchstreifen nun lichte Birkenwälder. Ihre kälteresistenten Beutetiere – Mammut, Wollnashorn und Rentier – sind mit den Gletschern verschwunden. Standwild bevölkert jetzt die Wälder, die ein nomadisierendes Jagdverhalten unnötig machen. Zunächst führen die neuen Umweltbedingungen zu einem kulturellen Umschwung in Mitteleuropa. Die noch im Magdalénien hoch entwickelte Kunst der altsteinzeitlichen Menschen erfährt im nun einsetzenden Mesolithikum (Mittelsteinzeit) keine Fortsetzung. Auch die Fertigkeiten in der Steinbearbeitung nehmen ab. Klingen aus Feuerstein werden mit geringerer Sorgfalt hergestellt als zuvor. Werkzeuge sind kaum noch in standardisierten Formen vorhanden. Die europäische Jäger- und Sammlerkultur tritt in ihre Endphase ein.
Während die Mitteleuropäer dieser Zeit den Schock der neuen Klimaperioden erst noch überwinden müssen, bricht im östlichen Mittelmeergebiet eine neue Ära der Menschheitsgeschichte an. Hier schaffen die veränderten Umweltbedingungen eine Grundlage für kulturelle Höchstleistungen. In Palästina beginnt mit dem Natufien die erste Kulturgemeinschaft damit, Getreide zu ernten und einfache Häuser zu errichten. In Ägypten zwingt fortschreitende Trockenheit die Menschen, sich im Niltal anzusiedeln, wo wilder Dinkel zur wichtigsten Nahrungsquelle wird. Der Mensch steht am Scheideweg zwischen Jäger- und Bauerntum.

Afrikanische Frauen zerstampfen Hirse im Mörser – eine Arbeitsmethode, wie man sie wohl schon im Neolithikum anwandte.

Erfolgsmodell Ackerbau

Das Neolithikum – die Jungsteinzeit – und mit ihm die so genannte neolithische Revolution setzen in Asien um das Jahr 10 000 ein. Durch die Domestikation von Schafen und Ziegen entfernen sich die frühen Siedler endgültig von der Welt der Jäger und Sammler. Später kommen noch Rinder, Schweine und Pferde hinzu. Die Tiere liefern nicht nur Fleisch: Wolle und Milch sind Rohstoffe, die immer wieder gewonnen werden können, ohne dass der Viehbestand durch Schlachtung dezimiert werden muss. Die Jagd wird überflüssig. Die neue Wirtschaftsweise ist nicht länger auf Beutegewinn, sondern auf Produktion von Nahrungsmitteln ausgelegt und kann viel mehr Menschen ernähren als ältere Formen. Schon schießen größere Siedlungen aus dem Boden, die Tausende Einwohner beherbergen: Jericho, Çatal Hüyük oder Hacilar. Bevölkerungsdruck und Handel machen Ackerbau, Viehzucht und Sesshaftigkeit sozusagen lukrativ. Die Ausbreitung der neolithischen Wirtschaftsweise bewegt sich jedoch nur langsam von Ost nach West. Vom Kerngebiet des sog. Fruchtbaren Halbmondes (Teile Israels, Syriens, der Türkei und des Irak) dringt das sog. akeramische Neolithikum – jene Ära, welche die Technik der gebrannten Keramik noch nicht kennt – bis nach Anatolien vor.
Mit der neuen Lebensweise kann der Mensch planen und sein Leben steuern. Nicht länger von der Natur abhängig, weiß er sich dank neuer Anbautechniken die jahreszeitlichen Zyklen zunutze zu machen. Die in großen Mengen anfallenden Vorräte werden in erstmals hergestellter Hohlkeramik aufbewahrt. Der Pflanzenbau bringt eine ganze Reihe neuer Werkzeuge hervor und mit der sesshaften Lebensweise entwickeln sich auch auf dem Gebiet des Hausbaus neue Technologien.
In den verschiedenen Teilen der Welt entstehen in unterschiedlicher Bauweise Bauerndörfer. In Mitteleuropa finden die Bauleute riesige Eichenwälder vor, die den Rohstoff Holz zum bevorzugten Baumaterial werden lassen. Die trockenen Regionen der Levante und des Fruchtbaren Halbmonds sind hingegen nur dünn bewaldet. Hier formt man Ziegel aus Lehm und lässt sie in der Sonne trocknen – eine Technik, die noch heute in einigen Regionen des östlichen Mittelmeerraums verbreitet ist. So unterschiedlich das Baumaterial, so verschieden

10 000 v. Chr.

Ab 10 000: Mit dem Beginn der bis heute andauernden Nacheiszeit verändert die Erde noch einmal ihr Gesicht.

Um 8000: Im Westjordanland entsteht mit Jericho die wohl älteste Stadt der Welt.

Um 6500: Die Verwendung kultivierter Faserpflanzen ermöglicht in der anatolischen Metropole Çatal Hüyük die Herstellung der ersten gewobenen Textilien.

Um 6000–4800: In Europa geben die Menschen ihr Dasein als Jäger und Sammler auf und werden sesshaft. Die ersten Häuser entstehen.

Um 5800–4900: Die Linearbandkeramische Kultur markiert den Beginn der Jungsteinzeit in Mitteleuropa.

die Formen der Gebäude. Rundhütten erinnern an Bienenkörbe, Langhäuser beheimaten Mensch und Tier gleichermaßen, Pfahlbauten stehen am Rand von Gewässern und sind in manchen Fällen nur mit dem Boot erreichbar.

Gnadenloser Krieg um Land

Der Besitz von Boden bringt die ersten gewaltsamen Konflikte zwischen größeren Gruppen hervor. Sind die Toten der Alt- und Mittelsteinzeit bloß rituell verstümmelt, weisen viele Skelette der Jungsteinzeit tödliche Hiebverletzungen auf, die nur von Kämpfen herrühren können. Steinbeile, die zur Bearbeitung von Holz und zum Bestellen der Felder erfunden wurden, bekommen als Waffen plötzlich eine neue Funktion. Auch Pfeil und Bogen sind gefürchtete Tötungsinstrumente. Bei der Verteidigung des eigenen Grund und Bodens hilft die sesshafte Lebensweise: Viele Siedlungen werden zum Schutz vor Überfällen mit Mauern aus Lehmziegeln umgürtet. Andernorts errichten die Neolithiker Ringwälle, die ihnen vermutlich als Fluchtburgen dienen.
Zu Kämpfen kommt es auch zwischen Ackerbauern und den traditionellen Jägersippen, die die neue Lebensweise für sich nicht annehmen wollen. Denn die jungsteinzeitliche Lebensweise birgt gegenüber dem Nomadentum auch Nachteile. Ackerbauern sind abhängiger von Klimaeinflüssen. Im Fall einer Naturkatastrophe müssen sie einen mühsam errichteten Siedlungsplatz aufgeben, während ihre halbnomadischen Konkurrenten viel mobiler sind. Auch muss ein Jäger weniger Zeit für die Nahrungsbeschaffung aufbringen als ein Ackerbauer, der einen Großteil des Jahres mit der Pflege der Saat beschäftigt ist. Die alte Bevölkerung Europas heißt die Zivilisation also keineswegs mit offenen Armen willkommen.

Stilprägende Bandkeramik

Von Anatolien aus erreicht die voll entwickelte bäuerliche Kultur Griechenland und Südosteuropa. Hier zeigen sich erstmals regionale Stile. Auf dem Gebiet des heutigen Serbien entsteht die Vinča-Kultur, im griechischen Raum bildet sich die Sesklo-Kultur heraus. Die größte dieser Gruppen ist die Linearbandkeramische Kultur, die ab der Mitte des 6. Jt. ganz Mittel- und einen Teil Osteuropas prägt. Vom Donaubecken bis zum Pariser Becken erstreckt sich das Siedlungsgebiet der Bandkeramiker, die ihre gewaltigen Häuser von 40 m Länge nur auf fruchtbaren Lössböden errichten. Große Expansionsenergie kennzeichnet somit diese Kultur, in kurzer Zeit überrollt sie gleichsam die letzten Jägerkulturen, die noch in mittelsteinzeitlicher Lebensweise haften geblieben sind.
Stets ist das Inventar der mitteleuropäischen Bauern einheitlich. An Donau, Saale, Rhein, Seine, Elbe oder Weichsel haben alle Keramikgefäße die gleiche Form und Ornamentik, haben die Wohn-Stallhäuser die gleichen Maße und Innenaufteilungen, werden dieselben Getreidesorten angebaut. Die Uniformität der Bandkeramik wird mit Beginn des Mittelneolithikums aufgebrochen. Aus der großen Kultur Mitteleuropas gehen immer mehr regionale Gruppen hervor. Es entstehen Formenvielfalt und kulturelle Einzelleistungen, ganz neue Siedlungssysteme werden entwickelt, durch Fernhandel verbreiten sich Waren, Nachrichten und handwerkliche Techniken.

Das Metallwunder

Einen maßgeblichen Impuls erzeugt die Technik der Metallverarbeitung. Mit dem Beginn der Kupferzeit setzt eine sich explosionsartig entwickelnde Epoche ein. Der neue Werkstoff bringt soziale und ökonomische Veränderungen mit sich, die dem Menschen den Weg in die Bronzezeit weisen. Sind die sozialen Verhältnisse in der Altsteinzeit eher egalitär, geht im Neolithikum eine drastische Veränderung vor sich. Das Zusammenleben der Menschen organisiert sich arbeitsteilig und hierarchisch. Dies gilt für die Siedler in den großen »Städten« der Levante genauso wie für die kleinen Clans der dichten Wälder Mitteleuropas. Eindrucksvolle Zeugnisse von Spezialistentum und Herrschaft sind die Megalith(Großstein-)gräber, die man noch heute hier und da an den Küsten Westeuropas und Nordafrikas finden kann. Die Errichtung derartiger Monumente erfordert Organisation, Arbeitsteilung und Autorität. Nur eine sozial herausragende Klasse oder ein Häuptling kann eine derartig differenzierte Gesellschaft führen.

Diese Göttin aus Marmor fand man in Çatal Hüyük.

In keiner Ära zuvor zeugen so viele Kunstzeugnisse vom Gedankengut der Menschen wie in der Jungsteinzeit. Die Großsteingräber sind mit mehreren Metern Höhe sozusagen die größten Leinwände der steinzeitlichen Künstler. Tausende von Skulpturen und Ritzzeichnungen vermitteln Botschaften, über deren Bedeutung heute nur gemutmaßt werden kann. Auch die Gestalt und Bemalung kleinformatiger Gefäße und Statuetten eröffnen Einblicke in die religiösen Vorstellungen der Menschen. Zogen die Künstler der Altsteinzeit noch in Höhlen, um ihre kultischen Kunstwerke an Felswänden anzubringen, so bringt die Erfindung der Töpferkunst ein neues Trägermaterial für den künstlerischen Ausdruck hervor. Die Vorteile: Keramik kann sowohl bemalt als auch plastisch gestaltet werden. Die irdenen Kultobjekte werden auch nicht mehr an heiligen Plätzen in der Natur aufgestellt und aufgesucht. In vielen Siedlungen errichtet man Gebäude eigens zu Glaubenszwecken – die ersten Tempel, eindrucksvoll belegt durch die Funde im anatolischen Çatal Hüyük. Andernorts sind Teile der Wohnhäuser für den Kult reserviert, wie es die jungsteinzeitliche Siedlung Lepenski Vir am Donauufer zeigt.

Gleichartige, linear aufgebaute Muster kennzeichnen die strenge Formensprache der Bandkeramiker.

Sonderfälle Mexiko und China

Eine eigenständige Entwicklung vollzieht sich in Mittel- und Südamerika. Mexiko besitzt äußerst günstige Voraussetzungen für den Ackerbau, weil das Land unterschiedliche Wachstumsbedingungen aufweist. Der unterschiedlich beschaffene Boden bringt eine entsprechende Vielfalt genießbarer Wildpflanzen hervor. Während die neolithischen Europäer Emmer, Einkorn und Wildweizen anbauen, ist die wichtigste Kulturpflanze Amerikas der Mais. Dank seiner Widerstandsfähigkeit und Anspruchslosigkeit verbreitet sich Mais in wenigen Jahrhunderten über weite Teile des amerikanischen Kontinents und befruchtet in historischer Zeit die Entstehung der altamerikanischen Hochkulturen. In China ist es die Hirse, die um 4000 v. Chr. das Leben in Fernost grundlegend verändert. Ihre Wildform wächst am Mittellauf des Gelben Flusses. Hier entstehen die ersten neolithischen Kulturen, die sich rasch bis an den Unterlauf des Flusses ausdehnen. Reis, die heute wichtigste Kulturpflanze Chinas, wird um 3000 v. Chr. kultiviert.

Um 5500: Die Tontafeln von Tartaria in Transsilvanien weisen Symbole auf, die möglicherweise als älteste Schrift der Welt zu deuten sind.

Um 5000: Die Menschen der Lengyel-Kultur im heutigen Ungarn kennen den Werkstoff Kupfer. Die Zeit der Metallverarbeitung bricht an.

Um 4800: Erste Megalithgräber in Europa (Bretagne und heutiges Spanien).

Um 4500–3800: Die Tell-Halaf-Kultur im Zweistromland legt den Grundstein für die späteren Hochkulturen Mesopotamiens.

Um 4200: Im Alpenraum markieren Pfahlbauten den Beginn menschlicher Siedlungen in Feuchtgebieten und an Seeufern.

3500 v. Chr.

Um 10 000 Rentierjäger nutzen die **Höhle Petersfels** im Brudertal beim heutigen Engen-Bittelbrunn (Baden-Württemberg) als Wohnstätte. Das im Kreis Konstanz gelegene Tal bietet den Menschen ideale Bedingungen für eine erfolgreiche Jagd: Rentiere müssen bei ihren Wanderungen vom Bodenseegebiet zu den Hochflächen der Schwäbischen Alb den Weg durch das steilwandige Brudertal nehmen. Hier werden sie zu einer leichten Beute für die Jäger. Über 1300 Skelettreste von Rentieren wurden bei Ausgrabungen im Talgrund freigelegt.

In Talforalt im heutigen Marokko nehmen Menschen eine **Schädeloperation** (Trepanation) vor. Bei dem Eingriff benutzen sie einen scharfen Steinbohrer, mit dem sie die Hirnschale öffnen. Nach erfolgreicher Operation verschließen sie das Loch mit einem Steinsplitter. Dies ergeben Untersuchungen an den fossilen Schädelresten. Vermutlich erfolgte die Trepanation nicht nur aus medizinischen Gründen. Auch kultische Motive können eine Rolle gespielt haben.

Durch das Abschmelzen der Gletscher gegen Ende der Eiszeit entsteht im Pazifischen Ozean die etwa 210 km breite und 340 km lange **Bass-Straße**. Die riesigen Schmelzwassermassen lassen den Meerespiegel ansteigen und überfluten auch den Süden des australischen Kontinents. Dabei wird die 64 880 km² große Insel Tasmanien vom Festland abgetrennt. Auch das heute nördlich von Australien gelegene Neuguinea wird durch den steigenden Meerespiegel vom Kontinent abgespalten.

Im **Alpsteingebirge**, dem nördlichsten Teil der Schweizer Kalkalpen, jagen altsteinzeitliche Menschen. In der im heutigen Kanton Appenzell zwischen Sämtiser- und Fählensee gelegenen Höhle Altwasser I entdecken Archäologen Steinwerkzeuge und bearbeitete Knochen von Steinböcken und Gemsen.

Um 9500 Im **Vorderen Orient** verwenden Menschen Ackerbaugeräte bei der Bestellung ihrer Felder. In der israelischen Siedlung Ain Mallaha und in Zawi Chami im Nordirak werden bei Ausgrabungen der Freilandsiedlungen Teile von verzierten Erntesicheln sowie Mörser zum Zermahlen der Getreidekörner geborgen.

Ab 10 000

Vulkanismus – der heiße Kern kommt nicht zur Ruhe

Obwohl die große Zeit des Vulkanismus seit dem Tertiär (65,5–1,8 Mio.) vorüber ist, spuckt die Erde auch nach Ablauf der vorläufig letzten Eiszeit noch immer Feuer. Besonders häufig sind Vulkane in den insgesamt über 70 000 km langen tektonisch instabilen Riftzonen, dem so genannten Feuergürtel, zu beobachten. Hier bewegen sich die Kontinentalschollen gegeneinander. Die dabei entstehenden Schwachstellen ermöglichen es dem in 10 bis 20 km Tiefe gelegenen Magma, durch die Erdkruste an die Oberfläche zu dringen (Abb.: Lavabrocken auf Hawaii).

Zu den tektonisch aktiven Zonen der Erde zählen die Faltengebirge entlang der Kontinentalränder (Japan, Anden) sowie die Bruchlinien an der Ostafrikanischen Grabenzone (untermeerische Schwellen). Sichtbar werden die Auswirkungen des Vulkanismus vor allem auf dem Festland und auf verschiedenen Inselbogen. Ausbrüche in der Tiefsee bleiben meist verborgen, wenn die dadurch neu entstandenen Kegel nicht an die Meeresoberfläche reichen – anders etwa als im Fall von Hawaii, wo sie weit darüber hinausragen. Heute sind rund 565 noch tätige Vulkane bekannt, von denen 80 unter dem Meeresspiegel liegen. Etwa 100 gelten als gefährlich.

Ab 10 000

Ende der Eiszeit – Erde unc

Die klimatischen Verhältnisse verändern sich im Holozän gravierend. Die bis heute andauernde Nacheiszeit mit ihrer Gliederung in verschiedenen Klimazonen beginnt.
Der im Pleistozän durch die Bindung von Wasser in den großen Eismassen erheblich gesunkene Meeresspiegel steigt wieder um etwa 100 m an. Dabei werden viele Schelfgebiete und Flachmeere überflutet, die bis dahin große Teile der Landschaft geprägt haben. Unter anderem versinkt die Landbrücke zwischen Sibirien und Alaska, später lassen die Fluten den Ärmelkanal entstehen. Die Küstenlinien werden neu geformt und prägen das Antlitz der Erde so, wie wir es heute kennen.

Glatt geschliffene Felskuppeln wie hier in Neufundland (Kanada) zeugen von der Kraft eiszeitlicher Gletscher.

Um 10 000

Die ersten Skandinavier

Auf einer sandigen Terrasse in der Nähe der heutigen Orte Bromme (Dänemark) und Segebro (Schweden) hinterlassen Rentierjäger die ersten menschlichen Spuren in Skandinavien.
Die Eiszeit ist in Nordeuropa noch deutlich spürbar. Selbst im Sommer erreichen die Temperaturen nur 13 bis 14 °C. Nachdem sich die Eisschicht aus Südskandinavien zurückgezogen hat und eine baumlose Tundralandschaft zurückblieb, wachsen hier jetzt Büsche und kleine Bäume (Sanddorn, Birke und Kiefer).
Die Fangstation der Jäger bei Bromme besteht aus einer einfachen Hütte und einem Windfang zum Schutz vor der Kälte. Von den an einem See gelegenen Fangstationen aus beginnt die Jagd auf Tiere, die Nahrung und Rohstoffe liefern. Mit Waffen aus Feuerstein können die steinzeitlichen Jäger unter anderem Rentiere, Wildpferde und Elche erlegen. Auch das Grät zur Bearbeitung der Rohstoffe besteht aus Feuerstein.

Ab 10 000

Und täglich wächst der Ozean: Neubildung von Meeresboden

An den Riftsystemen in den Weltmeeren dringt fortwährend Magma (glutheiße, gashaltige Gesteinsschmelze) an die Erdoberfläche. Dadurch bildet sich neuer Meeresboden. Die Ozeane (Abb.: Indischer Ozean) wachsen.
An den Dehnungsfugen der auseinander driftenden Erdplatten steigen vulkanische Schmelzen an die Erdoberfläche und bilden entlang der Zentralgräben 1200 bis 1500 km breite Schwellen. Auf diese Weise wächst der Ozeanboden kontinuierlich um bis zu 18 cm im Jahr.
Die ozeanische Kruste dehnt sich nach zwei Seiten aus und wird an ihren Rändern unter die kontinentalen Krustenschollen gedrückt (Subduktion). In den Subduktionszonen bilden sich durch die Stauchung der Sedimente oft Kettengebirge (Anden) oder Inselbogen. Die versenkte Kruste wird zu Magma aufgeschmolzen, das später wieder neue Schwellen bilden kann.

Klimabedingungen formieren sich neu

Von den 510,1 Mio. km² Erdoberfläche liegen heute über 70 Prozent unter Wasser. 360,8 Mio. km² Meeresfläche bedecken den Globus. Mit 179,68 Mio. km² nimmt der Pazifische Ozean den größten Teil davon ein. Der Rest entfällt auf die zwei anderen großen Weltmeere – den Atlantik und den Indischen Ozean – sowie ihre Nebenmeere.
Elf Prozent des Festlandes, also etwas mehr als 16 Mio. km², bleiben nach der Eiszeit weiterhin von Gletschereis bedeckt. Zählt man die Dauerfrostgebiete in Nordasien und Nordamerika (Sibirische Tafel bzw. Alaska) dazu, die anhaltend bis zu einer Tiefe von über 1000 m gefroren sind, beherrscht das Eis auch heute noch ein Viertel des gesamten Festlandes. Die von Eis bedeckte Meeresoberfläche beträgt ca. 26 Mio. km². Wo sich das Eis zurückzieht, rückt das Leben nach. In den nichtarktischen Florenprovinzen der nacheiszeitlichen Erde entstehen neue Ausbreitungsgebiete für Flora und Fauna.
Im kontinentalen Bereich nördlich des Polarkreises breitet sich die Kältesteppe mit ihrer aus Flechten, Farnen, Moosen und Gräsern bestehenden Vegetation aus. Bäume und Sträucher wachsen hier selten – und wenn doch, sind sie meist zwergwüchsig. Das Klima eignet sich jedoch hervorragend für Blütenpflanzenarten und Heidekrautgewächse, die hier zu Hunderten gedeihen.
Zwischen dem nördlichen Polarkreis und dem nördlichen Wendekreis erstreckt sich das rund 5000 km breite Gebiet der nördlichen gemäßigten Zone, die heute Heimat für knapp 70 Prozent der Weltbevölkerung ist. Mit ihren rund 60 Mio. km² ist diese Klimazone die zweitgrößte Florenprovinz nach den Tropen. Ein bis zu 2000 km breiter Nadelwaldgürtel zieht sich durch die gemäßigten Zonen Nordamerikas und Eurasiens – der so genannte boreale Nadelwald (griech.: boreas = Nordwind). Südlich davon schließen sich eine Zone sommergrüner Laubwälder oder – in trockeneren kontinentalen Gebieten – Steppen und Waldsteppen an.
Die Tropen, die sich zwischen dem nördlichen und dem südlichen Wendekreis ausdehnen, bilden die größte Klimazone der Erde. Sie kennen keine jahreszeitlichen Klimaschwankungen und umfassen etwa 65 Mio. km² Erdoberfläche. Oft wirkt ihr Klima in den als Subtropen bezeichneten Bereich hinein – eine Region des Übergangs von den gemäßigten Zonen zur tropischen Landschaft.

Vegetationsgürtel wie im Norden fehlen auf der südlichen Hemisphäre, da die relativ kleine Kontinentalfläche nicht die dafür nötigen Reliefverhältnisse bietet. In Australien und Südafrika hat sich eine wüsten- und steppenartige Vegetation ausgebreitet, in Südamerika herrscht Gebirgsflora vor, wie sie heute für die Anden typisch ist.
Die Klimate sind immer wieder Schwankungen unterworfen. Natürliche Klimaschwankungen, zum Beispiel durch astronomische Faktoren, lassen sich innerhalb der Nacheiszeit in verschiedenen Ausprägungen beobachten. Die Erde ändert mehrfach in geringem Maße ihre Umlaufbahn um die Sonne. Dadurch wechselt die Sonneneinstrahlung, was sich wiederum auf das Erdklima auswirkt. Anzeichen solcher Klima-Änderungen sind unter anderem in dem Vordringen und Zurückweichen der Gletscher zu beobachten. Diese schrumpfen nicht nur durch Klimaphänomene wie den vom Menschen hervorgerufenen Treibhauseffekt, sondern auch durch natürlich bedingte Veränderungen der Erdtemperatur.
Auch die Antarktis war nicht immer von dem mächtigen Eisschild bedeckt, dem sie ihr heutiges Aussehen verdankt. Vor etwa zwei bis vier Millionen Jahren beheimatete die transantarktische Bergkette dank des viel wärmeren Klimas zu großen Teilen Bäume und andere Grünpflanzen. In der Forschung herrscht Unsicherheit darüber, ob der mittlerweile wieder zu beobachtende Eisschwund an den Rändern der Antarktis durch neue Eisbildung im Landesinneren ausgeglichen werden kann. Das Schmelzen der Eiskappe könnte innerhalb kurzer Zeit – zwischen ein und zwei Jahrhunderten – den Meeresspiegel weltweit um vier bis sechs Meter ansteigen lassen und für eine ähnlich dramatische Veränderung der Umwelt sorgen wie die Eisschmelze vor rund 10 000 Jahren (Abb.: Blick auf die Antarktis und Afrika).

Um 9000 Angehörige der altsteinzeitlichen **Natuf-Kultur** wohnen in massiven Häusern. Beim heutigen Eyan in Israel entdecken Archäologen ein aus 50 Rundhäusern bestehendes Dorf. Die Behausungen, die einen Durchmesser bis zu zwölf Metern aufweisen, sind aus Bruchsteinen errichtet und haben einen gepflasterten Boden. Vermutlich dienten sie mehreren Generationen als Wohnstätte. Vorratsgruben, die in den zentralen Platz des Dorfes eingelassen wurden, waren für die Aufbewahrung von Getreide bestimmt.

Das heutige Stadtgebiet von **Wien** ist bereits besiedelt. Bei Grabungen im Gemeindebezirk Döbling am Hungerberg entdecken Archäologen Steinwerkzeuge aus der Jungsteinzeit. Auch im Großraum Wien gefundene, bearbeitete Mammutknochen belegen die Anwesenheit von steinzeitlichen Jägern.

Auch im heutigen Irak beginnen spätsteinzeitliche Menschen ein bäuerlich sesshaftes Leben zu führen. Siedlungen mit festen Häusern entstehen. Neben Steinen werden auch Lehmziegel als Baumaterial verwendet. Sie werden aus feuchtem Lehm geformt und an der Luft getrocknet. Als erste Belege einer derartigen Bauweise gelten Lehmziegelhäuser, die bei der Freilandsiedlung **Mlaffa'at** gefunden werden. Sie sind damit rund 2000 Jahre älter als diejenigen von Jericho.

Im heutigen Polen, in Teilen Weißrusslands, der Ukraine und Litauens leben Rentierjäger, die zur **Swiderién-Kultur** gezählt werden. Typisch für das nach dem heutigen polnischen Ort Swidry Wielkie in der Nähe von Warschau benannte Swiderién sind so genannte Stielspitzen: Pfeilspitzen, die mit einem bearbeiteten Stiel oder Dorn geschäftet werden.

Um 8500 In der **Höhle Shanidar** im Zagrosgebirge im heutigen Irak formen Menschen das älteste bis heute bekannte Schmuckstück aus Kupfererz. Es handelt sich um einen 2,5 cm langen Anhänger aus Malachit. Der schwärzlich-grüne Kristall entsteht bei der Oxidation von Kupfer. Da der Anhänger heute verloren ist, kann nicht mehr festgestellt werden, ob das Schmuckstück ursprünglich aus Malachit gefertigt wurde oder ob bereits Kupfer verwendet wurde, das im Laufe der Jahrtausende oxidiert ist.

Neben Getreidearten wie Gerste, Emmer und Weizen bauen Menschen im so genannten Fruchtbaren Halbmond auch **Hülsenfrüchte** an. Dies belegen fossile Reste von Erbsen, Linsen und Kichererbsen, die in einigen Siedlungen im Nahen Osten gefunden werden. Den Anbau der Pflanzen begünstigen Regenfälle, die im Winter auf die Steppenlandschaft niedergehen.

Um 9000

Anrufung der Geister: Der Schamane trägt Geweih

Eine Jägersippe im Rheinland versammelt sich auf dem zentralen Platz ihres Zeltdorfes. Der Schamane, der die bösen Geister bannen und die guten um Beistand anrufen soll, tritt in ihren Kreis. Wie immer, wenn es um die Anrufung der Geister geht, ist er fast nackt, lediglich Tierzähne und Vogelfedern dienen als Schmuck. Eindrucksvoll und erschreckend zugleich wirkt sein Kopfschmuck – das vollständige Geweih eines Rothirsches mitsamt Fell und Ohren. Es symbolisiert das Selbstverständnis des Zauberers als Tierwesen.

Eine derartige Szene spielt sich häufig in der Alt- und Mittelsteinzeit ab. Hinweise auf Schamanismus sind in einigen Felsmalereien erhalten geblieben, wie in der Höhle von Trois Frères (siehe S. 30). Archäologische Zeugnisse fehlen jedoch lange Zeit – bis 1986 westlich von Köln ein spektakulärer Fund gemacht wird: Beim Braunkohletagebau im Erfttal entdecken Archäologen in einem ehemaligen See menschliche Hinterlassenschaften. Abfälle, Essenreste und zerbrochenes Gerät kommen zum Vorschein. Neben Tierknochen tauchen zwei seltsame Hirschschädel auf: An den beiden Rothirschgeweihen, an denen noch Reste der Schädelkalotte hängen, sind sorgfältige Durchbohrungen angebracht. Zieht man einen Riemen hindurch, lässt sich das Geweih wie eine Maske am Kopf befestigen. Ähnliche Stücke sind aus Hohenviecheln in Mecklenburg-Vorpommern, Berlin-Biesdorf (s. Abb.) und Star Carr in Yorkshire (England) bekannt. Auch in den Gräbern von Vedbæk (Dänemark) und Skateholm in Südschweden liegen Hirschgeweihe im Kopfbereich der Toten, die auf eine Verwendung als Masken hindeuten.

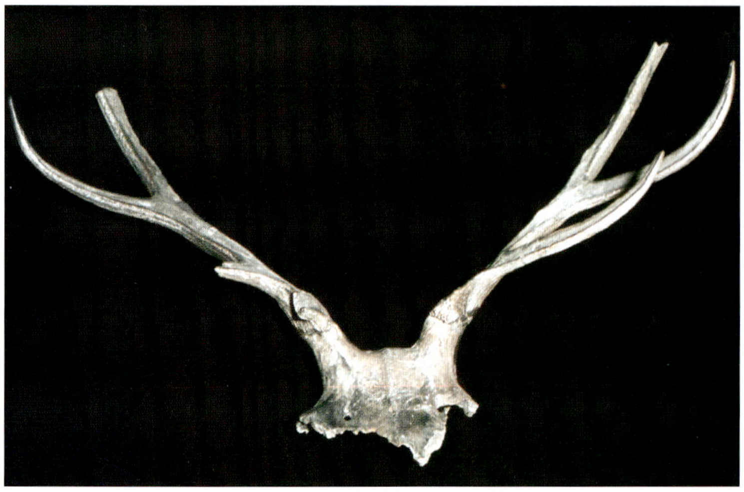

Um 9000

Drachen und Phalluskult: Das älteste Bergheiligtum der Welt

Mit gewaltigem Kraft- und Zeitaufwand errichten Menschen in Ostanatolien (Türkei) ein Bergheiligtum. Der jungsteinzeitliche Tempel von Göbekli Tepe ist nicht nur die älteste Kultanlage, die bis heute außerhalb einer Siedlung gefunden wird. In ihr werden auch die ersten bekannten Großplastiken aufgestellt. Allein die Vorbereitung der Bauelemente dauert Monate und nimmt so viele Menschen in Anspruch, wie zu dieser Zeit in einem etwa 200 km weiten Radius leben. Die Bauleute schlagen ein 100 m^2 großes Oval aus dem Stein, auf dem sie tonnenschwere Stelen errichten. Steinerne Drachen und Löwen (Abb.: Pfeiler mit Löwenrelief) fletschen ihre Zähne zwischen den Säulen. Echsenfiguren tauchen in kleinerer Form auf. Eine Figur mit betontem Phallus stellt einen Menschen dar.

Im 20. Jh. ist der Ruinenhügel von Göbekli der Forschung schon lange als Fundort bekannt, bevor man seine Bedeutung erkennt. Noch in den 1960er-Jahren wird das Gelände als Fundort von Feuersteingerät und neuzeitlichen Gräbern erwähnt und für relativ unbedeutend gehalten. Der Heidelberger Ur- und Frühgeschichtler Klaus Schmidt, der 1993 in einem Forschungsbericht auf den Hügel stößt, vermutet jedoch mehr und regt Ausgrabungen an, die ab 1995 stattfinden. Bald zeigt sich, dass die angeblich neuzeitlichen Grabsteine halb vergrabene Stelen und Pfeiler aus der Jungsteinzeit sind. Eine ganze Tempelanlage kommt zum Vorschein. Göbekli Tepe ist somit die älteste von Menschen errichtete Tempelanlage der Welt. Unklar ist bis heute allerdings, welcher Art die Rituale waren, die hier abgehalten wurden.

Um 9000

Flötentöne am Gelben Fluss

In China stellt ein geschickter Handwerker eines der ältesten Musikinstrumente der Welt her: Aus dem Flügelknochen eines Kranichs bastelt er eine Flöte. Das Material eignet sich dafür hervorragend, denn es ist hohl. In exakt abgemessenen Abständen bohrt der Urahn heutiger Instrumentenbauer Löcher in den Knochen. Das Überraschende: Die Steinzeittöne entsprechen den noch heute gebräuchlichen ganzen und halben Tönen der diatonischen oder Do-Re-Mi-Skala.
Welch hohe Qualität die Knochenflöte hat, zeigt sich nach ihrer Entdeckung im Jahr 1995. Das Instrument ist noch immer so gut erhalten, dass darauf gespielt werden kann. Die Töne sind sehr hoch und ähneln dem Pfeifen eines Menschen.
Die Fundstelle der Flöte im heutigen Tal von Jiahu zählt zu den reichsten Fundorten des chinesischen Neolithikums. Zu den Hinterlassenschaften der frühen Chinesen zählen Artefakte von hohem gestalterischem Wert: kunstvolle Keramik und Schildkrötenpanzer mit Gravierungen, die für die frühesten Vorläufer der chinesischen Schriftzeichen gehalten werden. Die Menschen von Jiahu leben vermutlich in einer differenzierten Gesellschaft, in der jedem Gemeinschaftsmitglied eine Funktion zukommt. Musizieren mag eine dieser Funktionen sein. Das zeigen Funde in den etwa 400 Gräbern der Siedlung. Daraus können neben der vollständig erhaltenen Kranichflöte Bruchstücke von weiteren 30 Flöten geborgen werden. Diese, sämtlich aus dem gleichen Material geschnitzt, sind etwa 20 cm lang, einen halben Zentimeter breit sowie mit – maximal sieben – Löchern versehen.
Archäologische Belege für die Musikalität des Menschen gehen möglicherweise bis in die Zeit der Neandertaler zurück. Die Verwandten des Homo sapiens sapiens spielten schon vor etwa 43 000 Jahren auf Knochenflöten, wie ein Fund aus Slowenien belegt. 1995, im Entdeckungsjahr der chinesischen Flöte, stoßen Archäologen aus Ljubljana in einem Neandertalerlager auf Reste eines hohlen Knochenstücks, das vier sorgfältig gebohrte Löcher aufweist. Ins Auge sticht das Verhältnis der Bohrungen zueinander: Der Abstand zwischen den Löchern zwei und drei ist genau doppelt so groß wie der zwischen den Löchern drei und vier. Die Rekonstruktion der Flöte beweist, dass man auf ihr ganze und halbe Töne spielen konnte. Trotzdem gilt die Deutung des Fundes als umstritten. Gegner der Instrumententheorie behaupten, bei den Löchern handle es sich um Bissspuren eines Tieres, das in den Lagerabfällen an einem Knochen gekaut hat. Die Zähne des Tieres hätten zufällig denselben Abstand wie die Löcher einer spielbaren Flöte in dem Knochen hinterlassen.
Ob Flöten die ältesten Musikinstrumente der Welt sind, lässt sich nicht feststellen. Vermutlich entdeckte der Mensch noch vor der Melodie den Rhythmus. Perkussive Laute lassen sich leichter erzeugen, z. B. mit Hilfe von so genannten Klangsteinen oder flachen Steinplatten unterschiedlicher Größe und Stärke, auf denen verschiedene Noten geschlagen werden können.

Im europäischen Neolithikum sind Panflöten bekannt, wie diese Statuette aus Rumänien zeigt (um 4500).

Knochenflöte aus Slowenien, ca. 43000 Jahre alt

Um 9000

Langsam wird es milder

Der erste Abschnitt der Nacheiszeit, Präboreal oder auch Vorwärmezeit genannt, beginnt. Zwar herrscht in Mitteleuropa noch immer ein kühles Klima, doch sind die Temperaturen im Unterschied zu jenen der vorhergehenden Eiszeit schon deutlich milder. Mit acht bis zwölf Grad Celsius liegt die Durchschnittstemperatur des Präboreal etwa fünf Grad unter dem heutigen Mittelwert.
Die Nordhalbkugel der Erde ist im Präboreal von dichten Kiefern- und Birkenwäldern bewachsen. In den Laubwäldern kann sich besonders das Rotwild verbreiten, dessen Vertreter zum wichtigsten Jagdtier des Mesolithikums werden. Daneben leben Auerochsen, Wildkatzen, Füchse, Hasen und Braunbären in den Wäldern. Damit ähnelt die Fauna bereits dem neuzeitlichen Bestand.

Um 9000

Cova Fosca: Der Sprung in die Jungsteinzeit steht kurz bevor

In der Höhle Cova Fosca nahe dem heutigen Castellon in Spanien leben mittelsteinzeitliche Menschen, bei denen sich langsam erste Merkmale der jungsteinzeitlichen Kulturstufe herausbilden. Hier, an der Ostküste der Iberischen Halbinsel, haben sich Knochen und Artefakte erhalten, welche die allmähliche Vermischung der beiden Kulturstufen des Mesolithikums (Mittelsteinzeit) und des Neolithikums (Jungsteinzeit) belegen.
Die Steingeräte aus Cova Fosca gelten als mesolithisch. Sie ähneln in ihrer Form stark den Werkzeugen und Klingen der Altsteinzeit und sind noch nicht geschliffen, wie es in der Jungsteinzeit üblich wird. Auch Keramik, ein weiteres Merkmal des Neolithikums, ist in den unteren Schichten der Höhle nicht zu finden. Aber es gibt bereits Schafe, die Merkmale von Domestikation aufweisen.
Etwa 2500 Jahre später leben noch immer Menschen unter dem Felsdach der Höhle. Jetzt ist das Neolithikum voll ausgeprägt. Es gibt eine Vielzahl von domestizierten Tieren. Neben Schafen werden auch Schweine und Ziegen gezüchtet. Die Bewohner stellen einfache Keramiken her und verzieren diese mit Muschelabdrücken. Außerdem wird Getreide kultiviert.
Die Entdeckung von Cova Fosca dokumentiert auf einmalige Weise den langsamen Übergang der steinzeitlichen Jäger- und Sammlergesellschaft zu Sesshaftigkeit und Landwirtschaft. Wie an der spanischen Küste hat sich die Entwicklung der Zivilisation vermutlich auch andernorts genauso schrittweise vollzogen.

Die Neolithische Revolution

Im Vorderen Orient baut der Mensch um 10 000 v. Chr. zum ersten Mal Getreide an – eine Entdeckung, die das Leben auf unserem Planeten für immer verändert. Nach sechs Millionen Jahren Evolution stoßen unsere Ahnen mit dem Beginn der Neolithischen Revolution das Tor zur Zivilisation auf.

Im steinzeitlichen Ökosystem ist der Mensch besonders stark von den Tieren abhängig. Das Jagdwild sichert das Überleben der Steppen- und Waldnomaden. Die Eiszeitjäger der Altsteinzeit begleiteten die großen Rentier- und Wildpferdherden auf ihren Wanderungen. In der Nacheiszeit ab 10 000 v. Chr. entstehen unter den geänderten Umweltbedingungen neue Pflanzen- und Tierarten. Mit Hirsch, Reh und Wildschwein lebt zum großen Teil Standwild in den Wäldern. Damit werden auch die Reviere der Jägersippen immer kleiner. Diese Übergangsphase zur Sesshaftigkeit wird als Mesolithikum (Mittelsteinzeit) bezeichnet. Die Dauer dieser Kulturstufe ist von Region zu Region verschieden. Sie beginnt mit dem Ende der altsteinzeitlichen Lebensweise und geht in die Jungsteinzeit über.

Das große Können neolithischer Keramiker spiegelt sich in dieser bemalten Hirsch-Skulptur aus Bulgarien wider.

Fünf bahnbrechende Elemente sind die Kennzeichen der neuen Kulturstufe: Sesshaftigkeit, Getreidewirtschaft, Domestikation von Tieren, Keramikherstellung und das Schleifen von Steinwerkzeugen. Mit diesen Kulturleistungen hält der Mensch mächtige Instrumente in Händen, die ihn von der Natur unabhängig werden lassen. Er lernt, die Umwelt, die bislang sein Leben bestimmte, nach eigenen Vorstellungen zu verändern. Langsam weicht die aneignende Wirtschaftsweise der Jäger und Sammler der Produktionswirtschaft früher Bauern.

Aus den Hütten der Eiszeitjäger werden erste feste Häuser. Statt Knochen verwenden die neolithischen Architekten nun ausschließlich Holz als Baumaterial. Während in Europa die Bauernhäuser noch bis in die Bronzezeit hinein einsam im endlosen Waldland stehen, schließen sich die Menschen im Vorderen Orient bereits früh zu stadtähnlichen Gemeinschaften zusammen. Siedlungen wie Jericho, Tell Halaf oder Çatal Hüyük wachsen rasch und entwickeln sich zu den ersten Wirtschafts-, Verwaltungs-, Kult- und Kulturzentren.

Landwirtschaft und Vorratshaltung

Die Sesshaftigkeit ist eine Folge der Landwirtschaft. Das Bestellen, Pflegen und Abernten der Felder erfordert die Anwesenheit der Menschen über weite Teile des Jahres. Im Hack-

Die unendlich lange Kulturepoche der Steinzeit wird von der Forschung für den Bereich Mitteleuropa wie folgt datiert und untergliedert (mit Überschneidungs-Zeiträumen):

Paläolithikum (Altsteinzeit) 750 000–8000 v. Chr.
Auftauchen der ersten Hominiden, Steinwerkzeuge (grobe Faustkeile, Abschläge, retuschierte Geräte)
Altpaläolithikum: 750 000–100 000 v. Chr.
Mittelpaläolithikum: 100 000–33 000 v. Chr.
Jungpaläolithikum: 33 000–8000 v. Chr.

Mesolithikum (Mittelsteinzeit) 8500–5500/5000 v. Chr.
nacheiszeitliche, nichtsesshafte Wildbeuter, Mikrolithe (kleinste Steingeräte), erste Keramiken
Altmesolithikum: 8500–6000 v. Chr.
Jungmesolithikum: 6000–5500/5000 v. Chr.

Neolithikum (Jungsteinzeit) 5600–2100 v. Chr.
Domestikation bestimmter Tier- und Pflanzenarten, Keramikgebrauch, geschliffene Steinwerkzeuge, Bau von festen Häusern
Altneolithikum: 5600–5000 v. Chr.
Mittelneolithikum: 5000–4300 v. Chr.
Jungneolithikum: 4300–2800 v. Chr.
Endneolithikum: 2800–2100 v. Chr.

Da die einzelnen Kulturstufen der Menschheit nicht überall auf der Erde gleichzeitig beginnen und enden, ergeben sich für andere geografische Regionen teilweise abweichende Periodisierungen.

Im Fokus

Die Domestikation – der Mensch zähmt das Tier

Die veränderte Lebensweise im Neolithikum bindet den Menschen an das Tier. Es dient als Fleisch-, Milch-, Fell- und Wolllieferant und kann als Zug-, Reit- und Lasttier genutzt werden. Der Jahrtausende währende Prozess der Domestikation setzt ein.

Das erste gezähmte Tier ist der Hund, der den Menschen schon während der Altsteinzeit auf der Jagd begleitet und hilft, das Lager zu bewachen. Erste domestizierte Nutztiere tauchen im Fruchtbaren Halbmond auf, dem Ursprungsland des Neolithikums. Hier versuchen Menschen ab 10 000 v. Chr. die wichtigsten Jagdtiere in Herden zu halten: Antilopen und Gazellen. Die bald darauf folgende Verbreitung des Ackerbaus macht die Haltung solcher Fleischlieferanten unattraktiv, denn sie erfordert ein hohes Maß an Hege. Fortan sind Schafe und Ziegen als unkomplizierte Rohstofflieferanten beliebt. Sie geben nicht nur Milch, Fell und Wolle, sondern helfen auch, Flächen abzugrasen und brauchen wenig Futter. Die kleinen Tiere sind nur bedingt an eine sesshafte Lebensweise gebunden. Mit ihnen bewahrt sich der Mensch einen Rest Mobilität.

Erst die vollständige Sesshaftigkeit ermöglicht die Domestikation des Rindes. Die ältesten Belege für seine Haltung stammen aus Argissa-Magula in Griechenland und sind etwa 9000 Jahre alt. Das älteste Hausschwein stammt aus derselben Zeit. Erst um 5000 v. Chr. zähmt der Mensch das Pferd. Bis dahin dient dieses in seiner Wildform ausschließlich als Beutetier. Später löst es den Ochsen vor dem Pflug ab und wird als Reittier zum bis dahin schnellsten bekannten Fortbewegungsmittel.

Die Zähmung der Wildarten bringt viele neue Tierformen hervor. Im Laufe der Jahrtausende weisen Rind, Schwein, Ziege, Schaf, Pferd und Hund immer mehr Domestikationsmerkmale auf: Proportionen verändern sich, Riesen- oder Zwergwuchs tritt auf, auch die Fruchtbarkeit wird größer. Wie beim Schwein zu beobachten, haben domestizierte Formen von Haustieren häufig Hängeohren. Ihre Sinnesorgane sind weniger leistungsfähig und das Gehirnvolumen kann bis zu 30 Prozent kleiner sein als bei der Wildform.

Ziegen sind genügsam und ernähren sich von dem, was sie in der Natur finden.

Jungsteinzeitlicher Wohnkomfort im östlichen Mittelmeer: Die Siedler von Chirokitia auf der Insel Zypern errichteten bereits solide Gebäude aus Lehmziegeln und Stein.

bau werden die ersten Kulturpflanzen gezogen: Emmer, Einkorn, Gerste, Lein, Mohn und Hülsenfrüchte. Fast immer sind die Ernten so ertragreich, dass Vorräte angelegt werden können. Noch zur Zeit der Wildbeuter war Vorratswirtschaft nahezu unmöglich. Auf den ständigen Wanderungen konnten keine großen Nahrungskontingente transportiert werden. Zudem war die Konservierung der Lebensmittel nur in den Kältezonen der Eiszeit möglich. Mit dem Getreideanbau ändert sich die Situation grundlegend. Die Pflanzen verderben nicht so rasch wie Fleisch. So lassen sich Vorräte für den Winter einlagern.

Schüsseln aus Ton, Häuser aus Holz

Es ist die Vorratswirtschaft, die eine weitere Erfindung des Neolithikums vorantreibt: die Keramik. Schon die Jäger der Altsteinzeit schätzten die Eigenschaft von Ton, unter Hitzeeinwirkung zu verhärten, nachdem man ihn in elastischem Zustand in jede gewünschte Form bringen konnte. Im Jungpaläolithikum wurden noch ausschließlich Statuetten aus Ton hergestellt. Gefäße waren zu zerbrechlich, um die langen Wanderungen zu überstehen. Erst die Sesshaftigkeit erlaubt die Nutzung von Hohlkeramik. Die Neolithiker essen aus tönernen Schüsseln und füllen meterhohe Gefäße bis zum Rand mit Korn. Die Kunst ihrer Vorfahren lebt in den Tonfiguren fort, die Europa zu Hunderttausenden überschwemmen.
Wichtigster Werkstoff der Jungsteinzeit ist Holz. Zu Beginn der Epoche steht dieses noch in üppigen Mengen zur Verfügung. Weite Teile der nacheiszeitlichen Welt sind von dichten Wäldern überzogen, gegen die der Mensch sich behaupten muss. Allein der Bau eines Hauses erfordert wochenlange Rodungsarbeiten. Das geschlagene Holz wird als Brennmaterial und Bausubstanz verwendet. Zur Bearbeitung verfügt man über neue Werkzeuge – geschliffene Steingeräte, die im Unterschied zu ihren groben Vorläufern perfekt für das Behauen von Holz wie auch die Bearbeitung des Bodens geeignet sind. Die hohe Funktionalität der Beile und Hacken macht die bäuerliche Lebensweise erst möglich, denn sie senkt den Arbeitsaufwand in allen Tätigkeitsbereichen erheblich.

Ein langwieriger Prozess

Wie kommt es zu diesen bahnbrechenden Veränderungen? Die so genannte Neolithische Revolution ist der am längsten dauernde und nachhaltigste Kulturwandel der Weltgeschichte. Erste Zeichen von Tier-Domestikationen und Getreidenutzung sind ab 10 000 v. Chr. zu finden. Bis sich die Jungsteinzeit vollständig herausgebildet hat, vergehen noch mehr als 4000 Jahre. Die Entwicklung geht dabei nicht etwa von einem einzelnen Punkt aus, sondern findet fast gleichzeitig an vielen Orten der Welt statt. Zunächst tauchen domestizierte Getreidesorten in Kleinasien, im nördlichen Mesopotamien und in der Levante auf.
Vor allem das Gebiet des Fruchtbaren Halbmonds gilt als Wiege der Zivilisation. Es handelt sich dabei um die hügeligen Ausläufer des Sagros- und Taurus-Gebirges, die im Halbkreis das Zweistromland der Euphrat- und Tigris-Ebene umfassen. Später kommen als Kerngebiete des Neolithikums Ostafrika, Nordchina, Südostasien, Ozeanien sowie Mittel- und Südamerika hinzu. Von hier aus erfährt die neue Lebensweise eine unterschiedlich schnelle und verschieden weite Verbreitung, abhängig von der Besiedlungsdichte der Kontinente.
Wie die neolithische Lebensweise sich über die Welt verbreitet, ist ungewiss. Die Geschwindigkeit ihres Siegeszugs lässt auf Wanderbewegungen, vielleicht sogar auf Kolonisation unbesiedelter Landstriche schließen. Während die Bauern ihre Häuser bauen, streifen noch immer mesolithische Jäger durch die Wälder. Zwischen beiden Gruppen kommt es vermutlich häufig zu Kontakten, die nicht immer friedlicher Natur sind. Davon zeugen Befestigungen und Palisadenreihen oder die geheimnisvollen Erdwerke, die man gefunden hat. Skelette mit Hiebverletzungen sind aus neolithischer Zeit häufiger bekannt als aus jeder Kulturstufe zuvor. Friedliche Kontakte kann man indessen ebenso wenig ausschließen wie gegenseitigen Respekt oder das Ausweichen Unterlegener in andere Reviere. Letztlich werden die mittelsteinzeitlichen Jäger allerorten verdrängt oder neolithisiert. Im 6. Jt. erreichen die Errungenschaften der Neolithiker Mitteleuropa. Erst rund 2000 Jahre später ist die jungsteinzeitliche Lebensweise auch in der nordeuropäischen Tiefebene nachweisbar. Zu dieser Zeit befindet sich Vorderasien mit der Metallzeit schon am Beginn einer neuen Ära.

In diesen geschliffenen Steinbeilen aus dem Donauraum sind noch die Löcher erkennbar, in denen die Holzschäfte steckten.

Durch Kultivierung wird aus dem schon von den Steinzeitmenschen des Vorderen Orienst geernteten Wildweizen eine der wichtigsten Nutzpflanzen der Menschheit:

Der Kulturweizen ist eine Kombination aus drei verschiedenen Wildweizenformen. Forscher gehen davon aus, dass sich zunächst der wilde Emmer aus dem wilden Einkorn und dem wilden Spelzweizen gebildet hat. Durch die Vermischung mit einer weiteren Wildweizenart (Triticum tauschii) entstanden sowohl Dinkel als auch der Kulturweizen. Untersuchungen des US-amerikanischen Agronomie-Wissenschaftlers Jack R. Harlan (1917–1998) belegen, dass der Wildweizen im Gebiet des Fruchtbaren Halbmonds so dicht wuchs, dass eine Familie mit bloßen Händen bzw. mit den steinzeitlichen Werkzeugen innerhalb der dreiwöchigen Reifezeit mehr ernten konnte, als sie in einem Jahr verbrauchte.

Um 8000 In Mitteleuropa benutzen steinzeitliche Menschen **Einbäume** als Fortbewegungsmittel. Zum Rudern werden Holzpaddel verwendet. Dies belegt ein hölzernes Paddel, das im englischen Starr Carr in der Nähe von Scarborough entdeckt wird.

Um 7500 Durch den Anstieg des Meeresspiegels nach der letzten Eiszeit werden im **Golf von Cambay** an der Küste des heutigen Bundesstaates Gujarat in Nordwestindien zwei Städte überflutet. 2001 entdecken Meeresforscher die in 40 m Tiefe liegenden Ruinen. Erste Untersuchungen ergeben, dass eine der Stadtanlagen mindestens 18 km^2 groß war. Bisher wurden etwa 2000 Fundgegenstände geborgen, darunter Tongefäße, Scherben, ein Kieferknochen und menschliche Zähne.

Nach dem Rückzug der Gletscher bleiben im Osten Nordamerikas riesige tektonische Senken zurück. Sie füllen sich in der Folgezeit mit Wasser. Es entstehen die fünf **Großen Seen**: der Obere See, der Huronsee, der Eriesee, der Ontariosee und der Michigansee. Sie sind miteinander verbunden und bilden mit 246 000 km^2 die größte zusammenhängende Süßwasserfläche der Erde.

Aus ihren Rückzugsgebieten auf dem Balkan und dem Apennin dringt die **Weißtanne** allmählich wieder in den mitteleuropäischen Raum vor. Entlang der piemontesischen Alpenrandketten gelangt sie in die Täler der Südschweiz. Von dort aus breitet sie sich bis etwa 5000 v. Chr. in das Vorderrheintal und den Bodenseeraum aus.

Um 7460 In Kennewick im heutigen US-Bundesstaat Washington stirbt der so genannte **Kennewick Man**. Sein Skelett wird 1996 an einem Flussufer entdeckt. Anthropologen stellen fest, dass sein Schädel Merkmale aufweist, die auch bei den seefahrenden Ainu in Japan und bei polynesischen Völkern im Südpazifik nachweisbar sind.

Um 8000

Mutter aller Städte

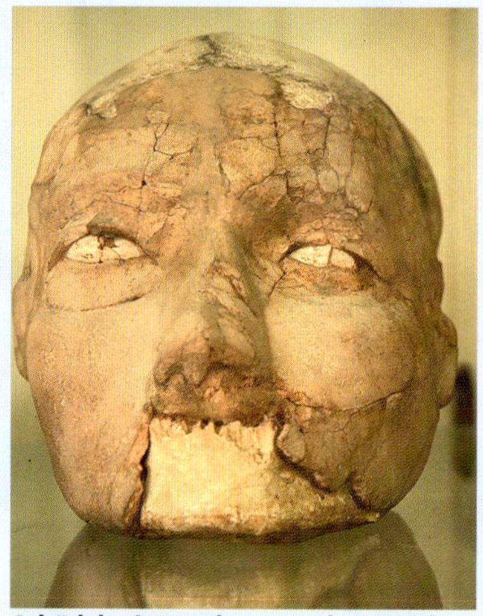

Schädel mit Tonüberzug: das Gesicht eines Bewohners der Stadt.

In einer fruchtbaren Oase im heutigen Westjordanland entsteht mit Jericho die wohl älteste Stadt der Welt. Früheste menschliche Spuren in dem Gebiet stammen aus der Mittelsteinzeit und sind 12 000 Jahre alt. Die Oase lockt viele Menschen an: Wasser, fruchtbarer Boden und die Sicherheit der Gemeinschaft bringen ganze Familien dazu, sich hier niederzulassen. Um 8000 v. Chr. leben 2000 bis 3000 Menschen in Jericho.
Die Bevölkerung wohnt in bienenkorbartigen Rundhäusern von vier bis sechs Metern Durchmesser, erbaut aus luftgetrockneten Lehmziegeln, die ohne Bindemittel (Trockenmauerwerk) aufeinandergeschichtet werden. Die Eingänge liegen erhöht, Stufen führen ins Hausinnere. Ebenso einmalig wie die Wohnungen sind die Wehranlagen der Stadt. Schon zur Zeit der ersten Besiedlung wird Jericho befestigt. Davon zeugt noch heute ein Rundturm imposanten Ausmaßes. Die Wehranlage hat einen Durchmesser von 9,5 m und ist in einer Höhe von neun Metern erhalten. Um die Siedlung läuft eine zwei Meter hohe und sechs Meter mächtige Mauer. Davor schreckt ein acht Meter breiter und einen Meter tiefer Graben Angreifer ab.
Bis 5500 v. Chr. hat Jericho den Schritt zum Neolithikum noch nicht vollends vollzogen, denn erst ab diesem Zeitpunkt treten die ersten Gebrauchskeramiken auf. Jetzt erhalten auch die Häuser eine andere Form – sie werden in Rechteckbauweise errichtet. Die Wohnbauten gruppieren sich nun um einen gemeinsamen Innenhof. Weitere Befestigungen und Gräber kommen in der Bronzezeit bis etwa 1550 v. Chr. hinzu. Um 70 v. Chr., während des Jüdischen Krieges, zerstören die Römer Jericho, das in seiner letzten Form bis ins frühe Mittelalter besteht. Die heutige Stadt liegt 1,5 km südöstlich der steinzeitlichen und geht auf die Kreuzfahrerzeit zurück.

Mächtiger Wehrturm des alten Jericho

Die Suche nach dem biblischen Jericho beschäftigt die Archäologen schon seit 1867. Die britische Archäologin Kathleen Kanyon gräbt die Siedlung zwischen 1952 und 1961 zu einem Achtel aus und stößt auf deren älteste Schichten. Dabei macht sie einen grausigen Fund: Die Bewohner Jerichos praktizierten offensichtlich einen Schädelkult, wie er auch für andere Stätten der Mittel- und frühen Jungsteinzeit belegt ist. Kanyons Team findet abgetrennte Köpfe, die in einem Raum so aufgestellt sind, dass sie einen Kreis bilden und den Blick in die Raummitte richten. Bei einer Gruppe von Kinderschädeln fällt auf, dass die Halswirbel noch vorhanden sind. Andere Schädel aus der neolithischen Phase der Stadt zeigen Gesichter: Auf den Knochen ist eine rötliche Gipsschicht mit den Zügen des Toten aufgetragen, in die Augenhöhlen wurden Muscheln eingesetzt. Möglicherweise sind hier die Anfänge der Porträtkunst zu finden. Insgesamt finden die Archäologen in Jericho 85 Schädel.
Untersuchungen von 1992 ergaben, dass die Bibelgeschichte um Jericho einen interessanten Hintergrund hat. Laut Josua stürzen die Mauern der Stadt ein, als die Priester des Propheten ihre Trompeten blasen. Heute ist bekannt, dass Jericho auf einer tektonischen Spalte steht. Die im Laufe ihrer Geschichte häufig zerstörte Stadt war wohl schon in biblischer Zeit Opfer schwerer Erdbeben.

Um 8000

Wurfholz wird zur Waffe

In Australien taucht mit dem Bumerang eine neue Waffe auf, die bis heute von den Ureinwohnern benutzt wird (s. Abb. l.). Wumera, der eigentliche Name des Wurfholzes, bedeutet in der Sprache der Aborigines »das Geräusch des Windes«. Bei geschicktem Wurf kehrt die Waffe zum Jäger zurück, wenn das Ziel verfehlt wurde.
Schon vor 12000 Jahren waren bumerangähnliche Wurfhölzer im heutigen Florida bekannt. In Nordeuropa tauchen sie um 7000 v. Chr. auf. Im Gegensatz zu den Australiern benutzen die europäischen Steinzeitjäger Modelle, die nicht zurückkehren, sich dafür aber weiter werfen lassen. Im waldreichen Nordeuropa würden die raumgreifenden Waffen an den Bäumen abprallen.

Um 8000–5500

Vögel als Bestattungshelfer

In Teilen Europas und in Anatolien bestatten neolithische Bauern ihre Toten in zwei Phasen. Stirbt ein Mitglied einer Gemeinschaft, wird zunächst der Schädel vom Rumpf abgetrennt und separat bestattet. Dann bahrt man den kopflosen Leichnam an einer Stelle auf, wo er von Vögeln gut erreicht werden kann – mit dem Ziel, all sein Fleich vom Gebein entfernen zu lassen. Andere Tiere sind für diese Aufgabe nicht geeignet, da sie auch die Knochen davontragen würden. Schließlich wird das Skelett in der Erde vergraben.
Die Praxis der zweiphasigen Bestattung ist zu Beginn des Neolithikums über weite Teile Europas verbreitet. Belegen lässt sie sich immer dort, wo Knochen vergraben wurden, die aus ihrem anatomischen Verband gerissen sind. Der differenzierte Knochenkult erlaubt Einblicke in die Vorstellungswert der frühen Bauern. Vermutlich hat das Skelett für den neolithischen Menschen hohen Symbolcharakter: Erst der Knochen zeigt den Tod an, erst mit Verlust der fleischlichen Hülle ist auch der Verstorbene wirklich verschwunden.

Um 8000–7000

Die Fischer aus dem Sumpf

Mit der Maglemose-Kultur beginnt sich die früheste mesolithische Kultur Nordeuropas herauszubilden. Die Altsteinzeit ist damit in Europa endgültig vorüber. Die nach dem Fund in einem dänischen Sumpf benannte Kultur verbreitet sich von der Ostküste des heutigen England über Schleswig-Holstein, Dänemark und Schweden bis nach Russland. Die weite Ausdehnung ist durch die dänische Festlandperiode des 7. und 6. Jt. begründet. Zu dieser Zeit liegt der Meeresspiegel rund 100 m tiefer als heute, sodass Dänemark noch mit Schweden und England zusammenhängt.
Das nacheiszeitliche Nordeuropa ist von vielen Fließgewässern, Seen und Mooren durchzogen. Hier leben die Menschen der Maglemose-Kultur vom Fischfang. Die Gewässer sind auch Lebensraum vieler Wasservögel, Biber und Fischotter, deren Fleisch, Federn und Fell die Mesolithiker nutzen. In den Feuchtgebieten haben sich viele Hinterlassenschaften der Maglemose-Kultur erhalten, darunter seltene Holzgegenstände wie Einbäume, Paddel, Wühlstöcke und Netzschwimmer.

Um 7800

Schädelkult und Kleinstwerkzeuge im Mesolithikum

In der Höhle von Hohlenstein-Stadel findet eine junge Familie ihre letzte Ruhestätte. Die Köpfe eines etwa vierjährigen Kindes und zweier Erwachsener, beide zwischen 20 und 30 Jahre alt, werden in der Grotte bestattet. Der Schädelkult ist das typische Merkmal einer neuen Kulturstufe: Die Mittelsteinzeit beginnt in Deutschland.
Der heutige Ort Beuron bei Tuttlingen in Baden-Württemberg gibt der ersten mesolithischen Gruppe in Deutschland den Namen. Das Beuronien beginnt um 7800 mit dem Frühestmesolithikum. Die Tierwelt dieser Zeit ist ausgesprochen artenreich. Leben die Menschen in anderen Teilen Europas fast ausschließlich von der Jagd auf Rot- und Schwarzwild, breitet die Fauna hier eine reich gedeckte Tafel aus: Fischreiher, Wildgänse, Biber, Fischotter, Auerochsen, Füchse, Wildkatzen, Dachse und Marder leben in den Wäldern. In Seen, Bächen und Flüssen tummeln sich Äschen, Hechte, Forellen und Weißfische. Auch Muscheln und Krebse reichern den Speisezettel der Beuroniener an.
Zu den markanten Neuerungen des mittelsteinzeitlichen Alltags zählt die Herstellung von kleinen Steinwerkzeugen, so genannten Mikrolithen. Diese oft nur einen Zentimeter breiten Klingen dienen als Pfeilspitzen oder Feinwerkzeuge. Ihre Herstellung erfordert hohes Geschick und sehr gutes Augenlicht. Vermutlich werden Mikrolithen ausschließlich von Kindern und Jugendlichen hergestellt, deren Sehvermögen noch besonders gut ist.

Um 8000

Immer weiter weg vom Wolf: Hunderassen bilden sich heraus

Im mitteleuropäischen Mesolithikum sind Haushunde weit verbreitet – sogar einzelne Rassen können bereits unterschieden werden. Einen der bedeutendsten archäologischen Funde in diesem Zusammenhang stellt der so genannte Senckenberg-Hund dar. Seine Überreste werden in einem Moor im heutigen Hessen gefunden, gleich neben denen eines Auerochsen. Was spielte sich hier vor 10000 Jahren ab?
Möglicherweise begleitet der Hund eine Gruppe Jäger und kommt auf der Hatz nach dem Ur ums Leben. Er kann aber auch mitsamt dem Auerochsen im Moor versunken sein, als er versucht, sich von dem Kadaver zu ernähren. Aus der Mittel- und Jungsteinzeit sind zudem viele Fälle von Hundeopfern bekannt, bei denen Tierkadaver in Gräber gelegt oder in Mooren versenkt werden, so bei der Hundebestattung beim heutigen Skateholm in Schweden. Vielleicht ist auch der Hund von Senckenberg mitsamt dem Auerochsen als Mooropfer zu deuten. Die Verwendung des Hundes bei heiligen Zeremonien belegt, welcher Bedeutung dem Tier in der Mittelsteinzeit beigemessen wurde. Die anatomischen Merkmale des Hundeschädels von Senckenberg (s. Abb.) weisen die Spuren von weit fortgeschrittener Domestikation auf. Der Schädel erscheint mit 19 cm Länge sehr klein. Die Schnauze ist verkürzt, die Zähne stehen auffallend schräg. Der Hund erreicht etwa die Größe von einem heutigen Spitz.

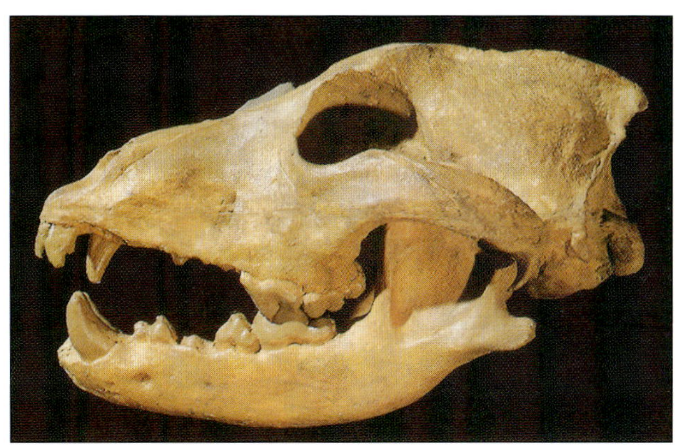

Die Unterschiede zum Urhund, dem Wolf, sind beim Senckenberg-Hund schon deutlich ausgeprägt. Etwa gleichalte Hundefossilien aus Dänemark lassen bereits verschiedene Größen erkennen. Es haben sich zu dieser Zeit schon mehrere Rassen herausgebildet. Wie viele es im Mesolithikum sind, lässt sich nicht mehr feststellen. Heute können etwa 500 Rassen unterschieden werden.

Um 7000 In **Çayönü** in der Nähe des heutigen Diyarbakir in Südostanatolien haben steinzeitliche Menschen eine Siedlung aufgebaut. Sie besteht aus runden Behausungen und größeren rechteckigen Häusern. Für die Mauern werden an der Luft getrocknete Lehmziegel verwendet. Sie ruhen auf einem festen Steinfundament. Knochenreste belegen erstmals die Domestikation des Schweines. Bei den Ausgrabungen der vorgeschichtlichen Siedlung werden auch Spuren von Weizen und Gerste nachgewiesen.

Im Schutz einer schwer zugänglichen Bergregion im Süden des heutigen Jordanien liegt die Siedlung **Ba'ja**. Auf der etwa 80 x 300 m großen Fläche des Dorfes leben bis zu 600 Menschen in Großfamilien zusammen. Archäologische Untersuchungen legen nahe, dass sich der Alltag der steinzeitlichen Menschen auf den Dächern der teilweise zweistöckigen Steinhäuser abgespielt hat. Gassen und Wege konnten in der Siedlung bis heute nicht nachgewiesen werden. Als prominenteste Funde aus Ba'ja gelten armreifgroße Steinringe.

Die steinzeitlichen Menschen in der ursprünglich in einem Seitental des Euphrat gelegenen Siedlung **Nevali Çori** in Südostanatolien feiern ihre Kulte in einem Tempel. Zu den Feierlichkeiten nehmen sie auf Sitzbänken Platz, die sich im quadratischen Innenhof des Sakralbaus befinden. In einer Nische steht das angebetete Kultbild: eine aus Kalkstein gehauene, überlebensgroße Gottheit mit kahlem Schädel und abstehenden Ohren. Der mit Terrazzoboden – einem harten Zement-Estrich – bedeckte Innenhof ist über eine Treppe zu betreten. Die Ruinenstätten werden von 1983 bis 1991 unter Leitung des deutschen Archäologen Harald Hauptmann freigelegt. Insgesamt stößt man auf fünf Siedlungsschichten, die aus der Jungsteinzeit stammen. 1992 werden die Siedlung und der Tempel vom Atatürk-Stausee überflutet.

Die seit längerer Zeit andauernde Austrocknung der nordafrikanischen Gebiete wird von einer Feuchtphase unterbrochen. In der bis etwa 4000 v. Chr. dauernden Klimaveränderung gehen größere Niederschlagsmengen auf die Region nieder. Dadurch steigt der Grundwasserspiegel deutlich an. Archäologen vermuten, dass während dieser Feuchtphase das ägyptische **Niltal** versumpft, da alle vorgeschichtlichen Siedlungen an den Rändern des Tales liegen.

Angehörige der so genannten **Desert Culture** in Nordamerika flechten aus Binsen und Gras Netze, Körbe und Sandalen. Reste des Flechtwerks werden in den Höhlen Danger Cave und Hogup Cave in Utah sowie in der Ventana Cave in Arizona gefunden. Seit etwa 8000 v. Chr. hat sich die Desert Culture im Westen Nordamerikas ausgebreitet. Charakteristisch für die Steppenkultur sind Mahlsteine zur Verarbeitung von gesammelten Grassamen und Nüssen.

Um 7000

Leben in der Arktis

Vorfahren der modernen Arktisbewohner lassen sich auf der Insel Anangula auf der Aleuten-Inselkette zwischen Alaska und Kamtschatka nieder. Sie frönen als erste Menschen jener Lebensweise, die noch heute in weiten Teilen für die Kultur der Inuit typisch ist. Die Wahl des Siedlungsplatzes ist wichtigster Aspekt des Überlebens. Anangula liegt südlich des Polarkreises in einem klimatisch relativ gemäßigten Bereich. Die Küste ist regnerisch und sogar im Winter eisfrei. Das Meer liefert alle nötigen Rohstoffe. Von Anangula aus besiedeln die Pioniere die gesamte Aleuten-Inselkette und einen Teil der sich anschließenden Alaska-Halbinsel.

Stielkamm der Dorset-Kultur mit Jagdszenen aus dem Leben der Arktisbewohner

Die Insulaner errichten kleine Hütten, in denen jeweils eine Familie lebt. Dazu heben sie Gruben aus und errichten ein Gerüst aus Treibholz, das mit Flechtwerk ausgekleidet und mit Rasenziegeln gedeckt wird. Eine Öffnung im Dach dient als Eingang. Das Dach selbst ist flach und ein beliebter Aufenthaltsort, auf dem die Männer der Gemeinschaft Werkzeuge für die Jagd herstellen. Die erhöhte Position erlaubt es ihnen, das Meer nach Beutetieren wie Hundsrobben und Seelöwen abzusuchen. Diese stellen die Hauptnahrungsquelle dar, essbare Pflanzen wachsen in diesen Breiten kaum. Nur einige Beeren reichern den Speiseplan an. Das Innere der Hütten ist von Steinlampen spärlich erleuchtet, die mit Robbenöl gefüllt sind. In den Behausungen werden Kleidungsstücke aus Fell und Leder angefertigt und mit Farbstoffen behandelt. Das robuste Gras, das auf der Insel wächst, dient zur Herstellung von Gegenständen wie Babywiegen oder auch Strümpfen.

Insgesamt leben etwa 75 Menschen auf Anangula. Die Gemeinschaft ist nicht hierarchisch gegliedert. Alle Familien haben ähnlichen sozialen Rang. Es gibt keine knappen Güter, deren Besitz eine Sippe über eine andere stellen könnte. Vielmehr erfordert das Leben mit der Natur die Zusammenarbeit aller. Dies wird besonders bei der Jagd deutlich. Stets gehen nur zwei oder drei Jäger gemeinsam auf die Pirsch. Eine größere Gruppe würde zu viel Organisation erfordern und die Reaktionszeit der Jäger hemmen. Die Sippen schließen sich zu großen Jagdgemeinschaften zusammen. Verunglückt der Jäger und Ernährer einer Familie,

Um 7000

Kleider machen Menschen: Textilien anstelle von Tierfellen

Çatal Hüyük: Dank der Verwendung kultivierter Faserpflanzen wird in Anatolien eine neue Art Kleidung hergestellt, die genau an Träger und Klima anpassbar ist. Der Mensch tauscht den Fellumhang gegen die ersten Textilien.

Das älteste gewobene Stück Stoff – ein Textil aus gesponnenem Flachs, das sich in ursprünglicher Form nicht mehr rekonstruieren lässt – ist also mindestens 9000 Jahre alt und wurde, so viel steht fest, mittels eines einfachen Webstuhls gefertigt. Neueste Untersuchungen von Lehmabdrücken aus Tschechien datieren die ersten Webarbeiten sogar auf ein Alter von 25 000 bis 27 000 Jahren.

Bevor die ersten Textilien gewoben werden, verarbeitet der Mensch der Jungsteinzeit Pflanzenfasern zu Geweben. Er dreht Seile, flicht Körbe und knüpft Netze. Bisweilen dient auch Menschenhaar zur Herstellung von Stoffen. Pflanzenfasern sind zwar in größeren Mengen vorhanden, aber aufwändiger zu verarbeiten. Man gewinnt sie zunächst aus Stamm und Rinde der Pflanze. Durch kräftiges Klopfen bleiben nur mehr die Faserbündel übrig. Die anschließende Verarbeitung der Rohfasern zu Garn erfolgt mit Hilfe einer Handspindel. Das Material wird auf ein Stück Holz aufgewickelt, während die herunterhängenden Fasern mit Daumen und Zeigefinger zu Garn zusammengedreht werden.

Die älteste Faser, die zum Weben geeignet ist, ist kultivierter Flachs, der aus einer Wildform entsteht. Die Pflanze taucht um etwa 7000 v. Chr. in Mesopotamien auf und verbreitet sich von dort in den kommenden Jahrtausenden bis nach Europa und Indien. Schafe sind zwar seit dem 9. Jt. domestiziert, doch tragen die frühen Arten noch keine Wolle. Erst mit dem Beginn der Bronzezeit, ab etwa 3000 v. Chr., wird Schafwolle zu Garn versponnen und zu Kleidung verarbeitet (Abb: Frau mit Handwebstuhl aus dem 3. Jt.).

Inuit-Grabstätte der Thule-Kultur in der ehemaligen Siedlung Sermermiut auf Grönland

werden die Hinterbliebenen von den anderen Gemeinschaftsmitgliedern versorgt.
Um 4500 v.Chr. wandern die Menschen der so genannten Prä-Dorset-Kultur in die östliche Arktis ein und besiedeln die Region als erste Menschen. Aus ihnen entwickelt sich die vielschichtige Inuitkultur. Ob die Dorset-Leute von den Aleuten abstammen, lässt sich nicht mit Gewissheit feststellen. Die Ähnlichkeit der Lebensweise macht eine Verbindung jedoch wahrscheinlich.

Um 7000

Höhlenleben in der Pfalz

Eine Familie von fünf Erwachsenen und vier Kindern lässt sich in der Weidentalhöhle beim heutigen Wilgartswiesen im Pfälzerwald nieder. Ihre Hinterlassenschaften erlauben einen Blick in den Alltag der Mittelsteinzeit. Die Familie gehört noch nicht dem allmählich aufkommenden Bauerntum der Jungsteinzeit an. Sie ernährt sich von Jagd und Fischfang.
Die Weidentalhöhle liegt in 247 m Höhe auf einem Berghang. Der Eingang weist eine imposante Länge von 20 m auf. Die Höhle selbst ist nur drei Meter tief. Eine in der Nähe sprudelnde Quelle versorgt die Bewohner mit Wasser. Mittelpunkt des Höhlenlebens ist eine kleine Feuerstelle vor dem Eingang. Hier weidet man die Tiere aus, kocht das Fleisch und bearbeitet die Felle.
Zu den wichtigsten Arbeiten des Tages gehört die Herstellung von Pfeilen. Einfache Holzpfeile lassen sich herstellen, indem man das zugespitzte Ende des Schaftes durch Feuereinwirkung härtet. Sind genügend Feuersteine vorhanden, werden winzige Steinspitzen in die Holzschäfte eingesetzt. Um die Werkstücke haltbar zu machen, verschmieren die Weidental-Leute sie mit Birkenpech. Das klebrige Harz der Bäume ist einer der wichtigsten Werkstoffe des Mesolithikums.

Um 7000

Härte und Schönheit vereint sich im Werkstoff Achat

Neben den üblichen Materialien Feuerstein und Muschelkalkhornstein nutzen Jäger der Mittelsteinzeit im Saarland den ungewöhnlichen Werkstoff Achat. Das Quarzmineral ist ein Halbedelstein (Abb: Feuersteinknolle mit blauem Achat) mit einer ungewöhnlich hohen Härte, der sowohl Glas als auch Stahl ritzen kann.
Seine Bänderung gibt dem Stein ein charakteristisches Aussehen. Anhand des Schichtverlaufs lassen sich Stern-, Ruinen-, Festungs- und Bandachate unterscheiden. Zu den Achaten zählt auch der Onyx. Karneol, eine gelbliche bis blutrote Variante des Achats, wird ebenfalls von den frühen Saarländern als Werkstoff geschätzt. Beide Mineralien sind auch aus anderen Gebieten Mitteleuropas bekannt. Oft werden sie abseits der natürlichen Vorkommen benutzt – ein Zeichen für die enorme Mobilität der Mesolithiker oder Hinweis auf Handelsbeziehungen mit anderen Gruppen.

Achat und Karneol dienen nicht nur zur Herstellung widerstandsfähiger Werkzeuge. Vielerorts werden daraus auch Schmuckperlen gefertigt, die zu den frühesten ihrer Art zählen. Gedrehte Schmuckperlen sind überall dort bekannt, wo der Mensch die Schwelle zum frühen Neolithikum überschritten hat und neue technische Kenntnisse erwirbt. Aus der Fähigkeit, Stein zu schleifen, geht rasch die Kunst des Perlendrehens hervor. Neben der am häufigsten vorkommenden Form, den runden Perlen, gibt es Röhren- und Scheibenperlen. Auch Bernstein wird bereits im Neolithikum zu Perlen verarbeitet.
Eines der ältesten Artefakte aus Achat stammt noch aus der Altsteinzeit. Zwischen 15 000 und 11 000 v.Chr. fertigten frühe Künstler im heutigen Rheinland-Pfalz mit Hilfe von Feuersteinsticheln eine grobe Frauenstatuette an.

Um 7000

Kopfjäger in Bayern: Schädelnester aus der Ofnethöhle

Die abgetrennten Köpfe von 33 Leichen werden in der Großen Ofnethöhle (Abb.: Eingang der Höhle) beim heutigen Nördlingen (Bayern) rituell beigesetzt. Die Schädelnester zählen zu den eindrucksvollsten Bestattungen der Mittelsteinzeit.
Die Schädel der Toten werden sorgfältig vom Rumpf getrennt und in zwei Mulden gelegt. Alle Gesichter sind so platziert, dass die Augen zum Höhleneingang im Westen gerichtet sind. Von dort fällt das Licht der Abendsonne in die Grotte. Die Körper der Toten werden in der Höhle auf einen Scheiterhaufen gelegt und verbrannt. Insgesamt finden vier Männer, neun Frauen und 20 Kinder hier ihre letzte Ruhestätte. Ob sie eines natürlichen Todes starben oder gewaltsam umkommen sind, ist bis heute ungeklärt.

Fast alle gefundenen Köpfe weisen die Spuren schwerer Schläge auf, die die Schädeldecke zertrümmert haben. Die Wucht, mit der die Schläge geführt werden, legt die Vermutung nahe, dass die Toten der Großen Ofnethöhle die Opfer von Kopfjägern geworden sind. Möglich ist auch, dass den Leichen aus zeremoniellen Gründen der Schädel geöffnet wird.
Schädelkulte sind schon seit der Altsteinzeit bekannt. Absichtlich deponierte Totenköpfe wurden in China, Mitteleuropa und dem Vorderen Orient gefunden. In Spanien nutzten Jäger schon im Jungpaläolithikum Schädelkalotten als Trinkgefäße. Besonders häufig sind Kopfbestattungen, die meist im Mesolithikum vorkamen und auf die Verehrung des Schädels als Wohnort des Lebensgeistes deuten. Die Verbreitung dieses Kultes reicht von Westeuropa bis ins östliche Mittelmeergebiet: Aus Jericho in Palästina sind über 30 Schädelbestattungen bekannt.
Religionsgeschichtliche Parallelen zeigen, dass die Verehrung des Kopfes oft mit dem Brauch verbunden ist, das Hirn der Toten rituell zu verspeisen, um sich der Kräfte der Verstorbenen zu bemächtigen und sie zu bewahren. Ob diese Praxis mit den geöffneten Köpfen der Großen Ofnethöhle in Verbindung gebracht werden kann, bleibt Spekulation.

Um 6500 Im heutigen Schleswig-Holstein perfektionieren Menschen der sog. **Duvensee-Gruppe** die Techniken des Fischfangs. Dafür verwenden sie Angelhaken und Fischreusen. Die Angelhaken werden aus großen Röhrenknochen von Säugetieren gefertigt. Mit einer Länge bis zu 15 cm dienen sie zum Fang von Hechten oder Welsen. Aus langen Gerten und dünnen Zweigen flechten die jungsteinzeitlichen Menschen ferner Reusen. Reste dieser Fischfallen wurden im Priestermoor bei Duvensee und bei Schlüsbeck in der Nähe von Kiel gefunden.

In der jungsteinzeitlichen Siedlung **Çatal Hüyük** in der Nähe von Konya in Anatolien modellieren die Einwohner aus Ton eine weibliche Plastik: die so genannte Große Mutter. Die Frauenfigur ist als Gebärende mit übergroßen Brüsten gestaltet. Sie thront auf einem Sessel und stützt die Arme auf katzenartige Tiere, die die Lehnen des Thrones bilden. Ob es sich bei der Frauenplastik um eine Muttergottheit oder um ein Fruchtbarkeitssymbol handelt, ist nicht geklärt.

Im so genannten Fruchtbaren Halbmond im Nahen Osten gelingt es den Menschen, **Ziegen** zu domestizieren. Davon zeugen fossile Reste der Tiere, die Archäologen in einigen Siedlungen des Vorderen Orients freilegen. So finden sich z.B. Knochen von Hausziegen in Schichten des Stadthügels von Jericho im Westjordanland. In der Siedlung Ganj-Dareh im Irak werden Hufabdrücke der Wiederkäuer in Lehmziegeln entdeckt. Vermutlich löst die Ziege die Gazelle als Fleischlieferant ab.

Vermehrt entdecken steinzeitliche Menschen **Kupfer** als Werkstoff für Schmuckgegenstände. In der vorgeschichtlichen Siedlung von Çatal Hüyük in Anatolien werden bei systematischen Grabungen einige Kupferperlen geborgen. Vergleichbare Funde sind auch aus dem um 7000 v. Chr. entstandenen Dorf Çayönü Tepesi in Südostanatolien bekannt. Das an der Erdoberfläche gewonnene Metall wird nicht erhitzt, sondern durch Hämmern geformt.

In Höhlen in der Nähe der heutigen Orte Kanchanaburi und Mae Hong Son im Westen von **Thailand** leben steinzeitliche Menschen, die bereits Ackerbau betreiben. Neben einem polierten Steinbeil finden Archäologen auch Reste von getöpferten Gefäßen sowie Samen von Betelnüssen, Gurken und Flaschenkürbissen.

Nördlich von Petra, der späteren Hauptstadt der Nabatäer im südlichen Jordanien, errichten Menschen eine steinzeitliche Siedlung. Dicht nebeneinander legen sie die aus Lehmziegeln erbauten Häuser an. Im Innern der auf Steinfundamenten stehenden Unterkünfte schützen gepflasterte Böden vor Nässe und Kälte. Das heute als **Beidha** bekannte steinzeitliche Dorf wird von dem gleichnamigen Bach mit Wasser versorgt. Dadurch wird sowohl die Zucht von Haustieren als auch der Anbau von Getreide ermöglicht.

Um 6500

Jäger fassen Fuß – Sesshaftigkeit zwischen Dnjestr und Bug

In den fruchtbaren Breiten nordwestlich des Schwarzen Meeres lassen sich Bauern nieder. Sie beginnen mit der intensiven Kultivierung des Landes: Die Dnjestr-Bug-Kultur entsteht. Ihre geografische Ausdehnung belegt, dass die Jungsteinzeit Osteuropa über den Balkan erreicht hat.

Schon während der Mittelsteinzeit durchstreiften Jäger und Sammler das Gebiet zwischen den Strömen Dnjestr und Bug. Es ist ungewiss, ob sie schon früh die Errungenschaften des Neolithikums annehmen und sesshaft werden oder ob Neuankömmlinge sie zunächst verdrängen. Fest steht, dass der Fischreichtum des Gebietes den Anstoß zum Sesshaftwerden gibt. Erst ab 5800 v. Chr. kennen die Menschen der Dnjestr-Bug-Kultur die Töpferei (Abb.: Gesichtsvase aus Hotnica). Sie bauen Einkornweizen an und kultivieren Emmer und Dinkel, wie Abdrücke von Ähren und Körnern dieser Getreidesorten im Ton belegen.

Die Osteuropäer der Jungsteinzeit leben in Rechteckhäusern, die auf Steinfundamenten stehen. Die Festigung der Hausbasis wird notwendig, als die Feuchtigkeit in dem Gebiet zunimmt und die in die Erde vertieften Hauspfosten zu schnell verfaulen lässt. In den Jahreszeiten, in denen Flüsse und Seen Niedrigwasser führen, leben die Fischer der Dnjestr-Bug-Kultur auch auf Inseln und Flussauen. Die Dnjestr-Bug-Kultur wird um 4800 v. Chr. von der Cucuteni-Tripolje-Kultur abgelöst, der markantesten neolithischen Kultur Osteuropas.

Um 6500

Lepenski Vir: In Serbien spiegeln sich drei Epochen der Steinzeit

Zu Beginn des Spätmesolithikums ändern sich die Umweltbedingungen in Europa so drastisch, dass auch die letzten Jäger-Sammler-Familien den Wechsel zur Sesshaftigkeit vollziehen. In der Siedlung von Lepenski Vir im heutigen Serbien vereinigen sich die Merkmale dreier steinzeitlicher Kulturstufen auf engem Raum.

Beim »Eisernen Tor«, dem Donaudurchbruch zwischen den Südkarpaten und dem serbischen Erzgebirge (s. Abb. u.), errichten die Menschen von Lepenski Vir acht Hütten. Trotz unterschiedlicher Größenverhältnisse sind alle Wohnstätten trapezförmig und in ihren Proportionen genormt. Sie belegen eindrucksvoll die Ausführung von Messungen mit Hilfsmitteln wie Schnur und Stab.

Die Hütten sind bis zu 30 m lang. Im Inneren gleicht ein Fußboden aus gestampftem rotem Kalkstein die Unebenheiten des Bodens aus. Eintiefungen sind mit Steinen ausgelegt und dienen als Feuer- sowie Kultstellen. Darauf weisen die Steinskulpturen hin, die in jeder Behausung in der Nähe der Feuertröge aufgestellt werden. Insgesamt ist ein Viertel jeder Hausfläche dem Kult geweiht. Diese Aufteilung belegt, dass das religiöse Leben in Lepenski Vir Teil des Alltags ist und nicht in eigens dafür errichteten Tempeln stattfindet.

Die Siedlung der Steinzeitfischer wird 1965 entdeckt und ausgegraben. Berühmtheit erlangt die Fundstelle wegen ihrer Steinskulpturen. Diese ältesten Großplastiken in Europa wirken monströs. Es sind eigentümliche Fischmenschen, bis zu 50 cm groß und aus Flussgeröll hergestellt. Die überwiegend körperlosen Köpfe haben Froschaugen und Fischlippen (s. Abb. o.). Vermutlich handelt es sich um Bildnisse verehrter Flussgötter.

Lepenski Vir vereinigt die Merkmale von drei Kulturstufen in sich. Kunst und Glauben tragen noch die Züge des Jungpaläolithikums. Fischfang und Jagd sind mesolithische Charakteristika, sesshafte Lebensweise und ortsfeste Wohnstätten hingegen Eigenarten der Jungsteinzeit.

Um 6500

Erste Bauern in Griechenland

Im feuchten und für die Landwirtschaft günstigen Mittelmeerklima blüht der neolithische Ackerbau in Griechenland auf. Von hier breiten sich die Anbautechniken der frühen Landmänner bis nach Mitteleuropa aus. Zu den landwirtschaftlichen Geräten gehören Hacken aus Stein und Horn sowie Sicheln aus Holz oder Knochen, in die Klingen aus Feuerstein, Mondstein oder Obsidian eingearbeitet werden. Mit Hilfe dieser Werkzeuge werden Linsen, Flachs, Erbsen, Weizen und Gerste angebaut und geerntet. Die beliebtesten Haustiere sind schon jetzt Schweine, Schafe, Rinder, Ziegen und Hunde – erst 500 Jahre später tauchen sie in Südwestasien auf.

Um 6500

Thessaliens kunstfertige Siedler frönen dem Brettspiel

Im Thessalischen Becken, der Kornkammer des heutigen Griechenland, siedeln sich die Angehörigen der Sesklo-Kultur an. Neben prachtvollen Statuetten hinterlassen sie der Nachwelt die ersten bekannten Spielbretter der Geschichte. Die jungsteinzeitlichen Siedler errichten ihre Wohnstätten auf natürlichen Erhebungen in der Nähe von Gewässern. Damit ist die Wasserversorgung und der Überblick über das Umland gewährleistet. Im Unterschied zu vielen anderen Kulturen dieser Zeit bilden die Sesklo-Leute ihre Dörfer aus Häusern, die zwei Stockwerke hoch sein können. Für den Hüttenbau schichten sie Lehm aufeinander und stampfen ihn fest. Später ersetzt Lehmziegel-Verwendung diese Stampfbautechnik. Auf der dem Land zugewandten Seite tiefen die Siedler Gräben ein, um die Hütten vor wilden Tieren zu schützen.
Außerhalb der Häuser befinden sich Kuppelöfen aus Lehm sowie Feuerstellen. Hier findet ein Großteil des dörflichen Lebens statt. Man gart Speisen aus Weizen, Gerste, Linsen und Erbsen und brennt die für diese Kultur typische, mit geometrischen Mustern bemalte Keramik. Unter den Erzeugnissen der frühsteinzeitlichen Künstler finden sich Statuetten, Perlen und nicht zuletzt ein Spielbrett aus fein bearbeitetem Marmor, Alabaster, Granat und Grünstein.

Um 6500

Çatal Hüyük – die frühe Metropole

Auf dem Hochplateau der Ebene von Konya in Anatolien (Türkei) entsteht auf einem Siedlungshügel eine der größten Städte der frühen Jungsteinzeit: Çatal Hüyük. Bis zu 7000 Menschen finden in ihren dicht beisammenstehenden Bauten ein Zuhause. Die Unterkünfte sind etwa 25 m^2 groß und bieten jeweils bis zu acht Menschen Wohn- und Schlafgelegenheit. Da neue Häuser unmittelbar an die Mauern der benachbarten gebaut werden, entsteht der Eindruck einer ineinander geschachtelt angelegten Stadt, die an Bienenwaben erinnert.
Die einstöckigen Häuser aus Holzfachwerk mit Lehmziegeln können nur über eine Öffnung im flachen Dach betreten werden. Diese ist sowohl Ein- bzw. Ausgang als auch Rauchabzug für die in den Wohnungen vorhandenen Öfen, in denen die reichhaltigen Erzeugnisse der umliegenden Landwirtschaft verarbeitet werden. Kleine Türöffnungen von maximal 77 cm Höhe verbinden die verschiedenen Zimmer – Wohnräume, Lagerräume und Küche. Zum Sitzen und Schlafen dienen erhöhte Plattformen aus Lehm, die mit Matten aus Sumpfgras oder mit Rohr- bzw. Binsenmatten ausgelegt werden.
Die Wände der Räume sind mit einer weißen Putzschicht überzogen, die im Laufe der Zeit mehr als hundertmal erneuert wird. Auf weißem Putz hinterlassen die Bewohner farbenprächtige Wandmalereien in Abstufungen von Rot, Gelb, Blau, Orange und Schwarz. Auch modellieren sie aus Ton plastische Figuren, Frauenbrüste oder Tierköpfe und verzieren auch damit die Wände.
Die Plastiken und Malereien liefern Hinweise auf Fruchtbarkeitsrituale und Totenkult in Çatal Hüyük. Ein Hauptmotiv der Verzierungen stellen Frauengestalten dar. Die aussagekräftigsten Belege für den Totenkult findet man in den mit reichen Beigaben ausgestatteten Gräbern, direkt unter den Schlafstätten der Lebenden. Zu den Grabbeigaben zählen neben Schmuck aus Stein, Kupfer und Blei auch Muscheln und Schnecken, steinerne Dolche und Pfeilspitzen sowie Spiegel aus Obsidian – einem Gestein aus rasch erstarrter Lava. Der glasähnliche schwarze Stein wird poliert und gibt ein verschwommenes Abbild des Hineinblickenden wieder.

Wandbild eines Jägers mit Bogen

Stadtansicht von Çatal Hüyük nach einer originalen Wandmalerei. Im Hintergrund ist ein ausbrechender Vulkan dargestellt.

Um 6000 In Mesopotamien ist die Kunst des **Bierbrauens** bekannt. Bei der Herstellung des Gerstensaftes verwenden die steinzeitlichen Menschen jedoch eine andere Braumethode als heute. In die Erde eingelassene Tongefäße werden mit Gerste gefüllt, die zum Keimen gebracht wird. Anschließend trocknet man das Getreide an der Sonne, damit sich die Stärke in Zucker umwandelt. Den Vergärungsprozess bringen die frühen Bierbrauer durch Befeuchten des Kornes in Gang. Aus der Luft setzen sich Hefepilze auf der feuchten Gerste ab und wandeln den Zucker in Alkohol um.

Steinzeitliche Jäger und Sammler benutzen die **Jägerhaushöhle** beim heutigen Fridingen-Bronnen in Baden-Württemberg als Quartier. In der Umgebung sammeln sie zahlreiche Pflanzen, mit denen sie ihren Speiseplan erweitern. Bei Untersuchungen der Grotte wurden unzählige Reste von Wildgemüse und Haselnüssen sowie Muschelgehäuse und Vogeleier entdeckt. Dies bezeugt eine rege Sammeltätigkeit der einstigen Bewohner.

In der Siedlung **Neo Nikomedia** im heutigen Griechenland werden Tonkrüge hergestellt. Die bislang ältesten Reste von getöpferten Gefäßen in Europa konnte man bei Ausgrabungen der steinzeitlichen Siedlung bergen. In dem Ton lassen sich Abdrücke von Getreidekörnern erkennen, die in den Behältnissen aufbewahrt wurden. Darüber hinaus entdeckten Archäologen in dem aus rechteckigen Lehmhäusern bestehenden Dorf steinerne Klingen und einige weibliche Statuetten.

Im heutigen England, in Schweden und Dänemark sind Jäger- und Fischergruppen der so genannten **Maglemose-Kultur** beheimatet. Kennzeichen der nach dem Moor Maglemose bei Mullerup an der Westküste von Seeland in Dänemark benannten Kultur sind u. a. Kern- und Scheibenbeile aus Feuerstein sowie Harpunen und Angelhaken aus Knochen und Geweih. Ein Fund aus Friesack im heutigen Brandenburg belegt zudem das Tragen von aus Menschenzähnen gefertigtem Schmuck.

Im **Tal von Tehuacán** im heutigen Mexiko vollziehen Menschen den Übergang von einer Sammlerkultur zu einer bäuerlich sesshaften Lebensweise. In dem heute trockenen Tal werden Avocados, Cayennepfeffer und Kürbis angebaut.

Im Norden des heutigen Amman in Jordanien dehnt sich auf einer Fläche von etwa 10 ha die Siedlung **Ain Ghazal** aus. Die aus Lehmziegeln erbauten Häuser ruhen auf Steinfundamenten und sind zwischen 35 und 50 m^2 groß. Überdacht werden die Behausungen von einem Ast- und Schilfrohrgeflecht, das mit Lehm bestrichen ist. Nach 6000 v. Chr. nimmt die etwa 2500 Einwohner umfassende Bevölkerung rapide ab. Um die Baugerüste für die Häuser zu errichten, haben die Menschen zuvor riesige Waldflächen abgeholzt. Die knappen natürlichen Ressourcen führen jetzt zum Bevölkerungsrückgang.

Um 5800–4900

Bandkeramik beginnt ihren

Sesshafte Ackerbauern und Tierzüchter lösen auch in unseren mitteleuropäischen Breiten die letzten Jägerkulturen ab. Sichtbares Zeugnis der neuen Ära ist die so genannte Linearbandkeramische Kultur (auch: Bandkeramik), kenntlich durch die markante Dekoration ihrer Tongefäße. Gekurvte Linien, in Wellen- oder Spiralform in den Ton geritzt, sind die Charakteristika der ersten zweifelsfreien Bauernkultur des alten Europa.
Die Bandkeramiker siedeln ausschließlich in Gegenden mit fruchtbaren Lössböden. Der Löss, während der letzten Eiszeit angeweht, ist ein mit zahlreichen Pflanzenresten durchsetzter Lockerboden. Hohe Porösität und Wasseraufnahmefähigkeit prädestinieren ihn für den Getreideanbau. Zum Ende ihrer Ausbreitung lebten Bandkeramiker vom Schwarzen Meer bis Nordfrankreich. Allein in den Lössgebieten zwischen Bonn, Aachen, Mönchengladbach und Köln sind derzeit ca. 200 bandkeramische Siedlungsplätze nachgewiesen. Die Bandkeramiker errichten ihre Siedlungen bevorzugt an Flüssen. Hier können sie den Ertrag der Landwirtschaft durch Fischerei anreichern und die Wasserwege für Handelskontakte mit anderen Gruppen nutzen.
Das zu dieser Zeit herrschende Klima ist um rund zwei bis drei Grad wärmer als heute und begünstigt den Wuchs von Laubwäldern. Ganz Mitteleuropa ist eine fast geschlossene Waldfläche. Um ein Haus bauen zu können, müssen die Bandkeramiker mühsam das Waldland roden. Erstaunlicherweise erreichen ihre Häuser trotzdem eine

Liniendekor und Stichverzierungen: Dieser Bandkeramik-Becher wurde in Niederbayern gefunden.

Länge von bis zu 40 m und eine Breite von sechs Metern. Zu ihrem Bau wurden massive Pfosten in den Löss eingetrieben, das Dach war als Satteldach konstruiert. Die Häuser, deren Wände mit Flechtwerk und Lehmputz verschlossen sind, stehen entweder allein oder sie sind zu kleinen Gruppen von zehn und mehr Gebäuden zusammengefasst. Zwischen den Häusern und dem Wald liegen vermutlich die Felder. Die Gebäude werden multifunktional genutzt: Sie dienen gleichzeitig als Lager, Wohnstätte und Stall.

Um 6000

Aus primitiven Anfängen entstanden: Töpfereikunst in Europa

Die Kunst der Töpferei erreicht Europa. Aus dem elastischen Ton formen die Menschen Schalen, Schüsseln, Töpfe und Becher. Dazu rollen sie die Rohmasse zu Wülsten und legen sie übereinander (Wulsttechnik). Das so aufgeschichtete Gefäß wird mit einer letzten Schicht Ton bestrichen, in die Verzierungen eingedrückt werden (Abb.: Becher mit Abdrücken von Schnüren; Grabbeigaben aus Dänemark).
Zunächst werden die Keramiken nicht in Töpferöfen gebrannt, sondern in offenen Feuerstellen. Diese Brennmulden haben den Nachteil, dass sie nicht abgedeckt werden können. Somit ist die zum Brand wichtige Kontrolle der Sauerstoffzufuhr nicht gewährleistet. Erst mit abgedeckten Brennmulden gelingt es in der Mitte der Jungsteinzeit (5.–4. Jt.), das Klima einer Brennkammer annähernd herzustellen. Je nach Temperatur und Sauerstoffmenge haben die gebrannten Erzeugnisse andere Eigenschaften. Im Neolithikum liegt die höchste erreichbare Brenntemperatur bei nur etwa 700 °C. Die frühesten Keramiken stammen aus dem Jungpaläolithikum und sind rd. 25 000 Jahre alt, erste Hohlkeramik taucht im 7. Jt. in Vorderasien auf. Erst mit Hilfe der Töpferscheibe, die um 4000 v. Chr. im Vorderen Orient erfunden wird, lassen sich Gefäße doppelt so schnell und in immer derselben Form herstellen – die Voraussetzungen für eine Massenproduktion sind geschaffen.

Siegeszug

Die ersten europäischen Dorfgemeinschaften der Bandkeramiker können mehrere Familien umfassen und bis zu 80 Personen zählen.
Auch was die landwirtschaftlichen Praktiken angeht, ergibt sich über das weite Verbreitungsgebiet der Bandkeramiker ein einheitliches Bild: Angebaut werden Getreide, Linsen, Erbsen, Bohnen und Flachs. Als einziges Düngemittel dient die Asche, die durch ausgiebige Brandrodung in großen Mengen anfällt. Aus dem geernteten Getreide stellen die Bandkeramiker nicht nur Breispeisen her – sie verstehen sich bereits auf die Kunst des Brotbackens. Die mit Feuersteinklingen geschnittenen Ähren werden dazu in Körben gesammelt. Weil sich bei den frühen Getreidearten Spelz und Korn nur schwer voneinander trennen lassen, muss die Ernte mühsam in Mörsern gedroschen werden. Das so gewonnene Korn wird zwischen Steinen zu Schrot und Mehl zerrieben und in kleinen Öfen zu Brot gebacken.
Erstaunlich weit reichen die Handelsverbindungen der Bandkeramiker. Beim heutigen Flomborn in Rheinland-Pfalz wird einem Verstorbenen ein Pflock aus Elfenbein ins Grab gelegt, der vermutlich aus Afrika stammt. Aus Südosteuropa kommen die als Schmuckobjekt in der gesamten Linearbandkeramischen Kultur geschätzten Spondylusmuscheln.
Im 5. Jt. zerfällt die Linearbandkeramische Kultur in viele regionale Einheiten wie z.B. die Hinkelstein- oder die Großgartacher Gruppe, die jeweils eigene kulturelle Identitäten entwickeln.

Um 6000

Das Massaker von Talheim

Unbekannte überraschen in der Nacht eine offensichtlich schlafende Großfamilie im heutigen Baden-Württemberg. Die Eindringlinge erschlagen alle Bewohner der Siedlung und verscharren die Leichen. Das Massengrab von Talheim belegt auf eindringliche Art, dass Lebensraum und Eigentum schon in der Jungsteinzeit hart umkämpfte Güter sind.
Archäologen entdeckten die Grabstätte im Jahr 1983. In der Grube liegen die Knochen von 34 Menschen – Männer, Frauen und Kinder. Die Körper sind in das Erdloch hineingeworfen worden, sie liegen übereinander oder ineinander verschlungen. Alle Zeichen deuten auf eine hastige und pietätlose Bestattung hin. Die Vermutung, dass es sich bei den Talheimern um Opfer eines Überfalls handelt, bestätigen die pathologischen Untersuchungen der Knochen. Fast alle Skelette weisen Verletzungen auf, die den Opfern noch vor ihrem Tod zugefügt werden. Meist handelt es sich dabei um Hiebspuren. Die Größe der Wunden entspricht der Schneide einer Flachhacke, einem markanten Steingerät, das zum Holzfällen und zur Feldarbeit eingesetzt wird. Die häufigsten Todesursachen sind vermutlich Verletzungen von Körperweichteilen, die nicht mehr rekonstruierbar sind. In einem Schädel steckt eine Pfeilspitze aus Feuerstein. Aus dem Eintrittswinkel der Waffe lässt sich erkennen, dass das Opfer liegend beschossen wurde – das bislang stichhaltigste Indiz dafür, dass die Talheimer im Schlaf überrascht worden sind.
Der Fund von Talheim regt zu vielerlei Spekulationen an. Sind hier nomadische Jäger und Sammler, die womöglich ihren Lebensraum bedroht sahen, gewaltsam gegen die neuzeitlichen Vertreter einer sesshaften Lebensweise vorgegangen? Der Fall Talheim bleibt ungeklärt.

Um 6000

Pioniere europäischer Kultur

In der makedonischen Ebene Nordgriechenlands markiert das Dorf Neo Nikomedia eine der ältesten neolithischen Stätten in Europa. Die Bewohner profitieren von einem enormen Kulturtransfer. Handwerkstechniken und Entdeckungen, die in Vorderasien erst über mehrere Jahrhunderte entwickelt werden mussten, finden mit einem Mal den Weg über den Bosporus und befruchten die erwachende Kultur Europas. Die Funde in Neo Nikomedia (Abb.: Frauenstatuette) legen die Vermutung nahe, dass das Neolithikum über Griechenland den Weg nach Mitteleuropa gefunden hat.

Die Züge der dörflichen Lebensgemeinschaft in Neo Nikomedia entsprechen ähnlichen Siedlungen im heutigen Iran, Irak und in der Türkei. Dort stellen die Bewohner der Siedlung vom Tepe Siyak die gleichen Knöpfe und Nägel her wie die frühen Griechen. Aus Matarrah sind modellierte Tongesichter bekannt, wie sie auch in Neo Nikomedia vorkommen. Weiter westlich liegt die Stadt Çatal Hüyük (siehe S. 57), wo Tonstempel und Gürtelverschlüsse gefertigt werden, die denen aus Neo Nikomedia entsprechen.

Um 6000

Mehrgarh – eindrucksvoller Vorbote der Induskultur

Am Fuß des Bolanpasses im heutigen Pakistan lassen sich erstmals Neolithiker nieder. In dem Gebiet verläuft eine der wichtigsten Verkehrswege zwischen dem Industal und dem iranischen Hochland, möglicherweise dringen die ersten Siedler von Westen auf diesem Weg in den indischen Subkontinent ein.
Die Keimzelle der südasiatischen Zivilisation ist Mehrgarh. Hier entstehen auf einem Areal von 200 ha mehrere Dörfer mit Gebäuden aus gebrannten Lehmziegeln. Die Häuser sind rechteckig und im Innern in kleine quadratische Zellen unterteilt, die als Speicherräume dienen. Einen Friedhof gibt es nicht, die Toten finden ihre letzte Ruhestätte in den Freiräumen zwischen den Gebäuden. Ähnlich wie bei europäischen Bestattungsbräuchen werden die Verstorbenen mit angewinkelten Knien in Hockstellung oder aber ausgestreckt auf dem Rücken liegend bestattet. Die Grabbeigaben bestehen aus Perlenhalsketten, Fußspangen und Gürteln. Die Hinterbliebenen geben ihren Angehörigen auch Körbe voller Lebensmittel mit auf die Reise ins Totenreich.
Dass die Mehrgarher schon den Getreideanbau praktizieren, belegen Feuersteinklingen mit so genanntem Sichelglanz, einer Patina, die sich beim Getreideschneiden bildet. Zwar ist die Kunst der Keramikherstellung zu Beginn der Siedlungsgeschichte in dieser Region noch nicht bekannt, doch stellen die Bewohner bereits Statuetten aus ungebranntem Ton her. Anders als die anonymen Plastiken der europäischen Steinzeit tragen die frühindischen Statuetten in späteren Phasen individuelle Züge: Frauen sind teils mit schwarzer Farbe prächtig verziert und haben naturgetreue, kunstvolle Frisuren (Abb.: Terrakottafigur). Männer tragen einen krawattenähnlichen Hängeschmuck und Turbane auf dem Kopf.
Französische Archäologen stoßen gegen Ende des 20. Jh. auf die Überreste Mehrgarhs. Nach eingehenden Untersuchungen wird dessen Verbindung mit den späteren großen Zentren der Induskultur sichtbar. Diese bedeutende Hochkultur der Zeit ab etwa 2500 v. Chr., mit der sich die Namen der Städte Mohenjo-Daro und Harappa verbinden, spielt in der Geschichte Indiens wie der Menschheit überhaupt eine bedeutende Rolle. Mit den Ausgrabungen bei Mehrgarh können die Ursprünge und Vorläufer dieser Kultur eindrucksvoll belegt werden.

Um 6000 Im heutigen **Ägypten** wird durch die ständigen Überflutungen des Nils das angrenzende Land von nährstoffhaltigem Schlamm bedeckt. Dieser ermöglicht es den Menschen, Felder zu bestellen und sesshaft zu werden. Trotzdem gehen die Siedler weiterhin auf die Jagd und betreiben darüber hinaus Fischfang. In Unterägypten entstehen entlang des Stromes zahlreiche jungsteinzeitliche Siedlungen. Von der bäuerlichen Lebensweise zeugen Funde, die in einigen der Siedlungen gefunden werden, darunter geschliffene Steinbeile und Reste von Keramik.

Zahlreiche Gravierungen und Felsbilder im **Hochland Tassili** im heutigen Zentralalgerien dokumentieren die Großwildfauna der letzten Feuchtphase der Sahara. So finden sich in einigen Felsüberhängen des Tales Oued Djerat Darstellungen von Giraffen. Die großen Paarhufer bevölkern um 6000 v. Chr. weite Teile Nordafrikas. Heute sind die Säugetiere nur noch südlich der Sahara beheimatet. Die schluchtenreiche Bergregion Tassili nordöstlich des Gebirgszuges Hoggar ist seit der Altsteinzeit besiedelt.

Am Südostufer des **Neuenburger Sees** im heutigen Kanton Freiburg in der Schweiz beginnen jungsteinzeitliche Menschen mit der Herstellung eines Einbaums. Dazu höhlen sie einen etwa 6,5 m langen Eichenstamm aus. Das noch nicht ganz fertig gestellte Boot wird in Ablagerungen des Neuenburger Sees im alten Hafen von Estavayer-le-Lac gefunden.

Auf Wandbildern in der Stadt Çatal Hüyük taucht das so genannte **Kelim-Muster** auf, das zu den typischen Teppichmustern Anatoliens zählt.

Um 6000–4800

Vier Wände und ein Dach

Die Menschen der Jungsteinzeit geben das Leben unter Felsvorsprüngen auf und verlassen die Zelte der Jäger und Sammler, um feste Gebäude zu errichten. Auf keinem Gebiet manifestiert sich der neue Abschnitt der Kulturgeschichte so deutlich wie im Hausbau.

Die ersten festen Häuser sind Rundbauten aus Holzgerüsten. Sie erinnern in ihrer Form noch an die Zelte der Steinzeitjäger, die aus Mammutknochen, Fellen und Holzstangen errichtet wurden. Im Vorderen Orient geht um 6000 v. Chr. mit dem Hausbau die Erfindung des Lehmziegels einher. In dem heißen Klima können die feuchten Ziegel in der Sonne trocknen. Sie geben ein stabiles und isolierendes Baumaterial ab. Die ersten großen Häuser bauen die Bandkeramiker in Mitteleuropa ab 5800 v. Chr. Anders als ihre Zeitgenossen in Vorderasien verfügen sie über schier unerschöpfliche Vorräte des äußerst stabilen Baumaterials Holz. Damit errichten die Bandkeramiker gewaltige Wohn-Stallhäuser von 40 m Länge und sechs Metern Breite. Im Innern sind die Gebäude in mehrere Bereiche, jeweils nach verschiedenen Funktionen unterteilt. Archäologen vermuten, dass jedes Haus von nur einer Familie mit fünf bis sieben Mitgliedern bewohnt worden ist. Eine zentrale Feuerstelle im Wohnbereich dient als Herd.

Selten überdauern die Bauten mehr als zwei Generationen. Nach 30 bis 50 Jahren beginnen die Stämme in der Erde zu faulen und müssen ersetzt werden. Da genug Holz vorhanden ist, reißen die Bandkeramiker das ganze Gebäude ein und errichten in der Nähe ein neues. Sie schlagen möglichst gerade gewachsene Bäume, befreien sie von Rinde und Geäst und tiefen die Stämme in den Boden ein. So entsteht ein Gerüst, dessen Zwischenräume mit lehmverschmiertem Flechtwerk gefüllt werden. Diese Bauweise ist noch den Wikingern des ausgehenden 1. Jt. n. Chr. bekannt und heute in der Fachwerkbauweise wiederzuentdecken.

Rekonstruktionszeichnung eines dreischiffigen Hallenhauses aus der europäischen Jungsteinzeit

Um 6000

Die Kunst des Steinschliffs

Mit der Erfindung des Steinschliffs kann das wichtigste Werkmaterial der Steinzeit optimal an neue Aufgaben angepasst werden. Das Blankschleifen eines Steins ist mühsam und kann je nach Gesteinsart mehrere Tage dauern. Die Bearbeitung erfolgt mit Hilfe von Quarzsand, der über die Oberfläche gerieben wird, sodass ein Sandpapiereffekt entsteht. Auf diese Weise entstehen die für das europäische Neolithikum typischen Werkzeuge, die heute nach ihren Formen Schuhleistenkeile und Flachhacken genannt werden. Bei beiden handelt es sich um Beile, die an einen Holzschaft gebunden werden. Im Verlauf der Jungsteinzeit wird der Schaft durch ein Loch im Stein geschoben, das ebenfalls eingeschliffen wird (Abb.: Stielaxt aus geschliffenem Stein in Hirschgeweih). Dabei dient ein Holzstab als Bohrer. Auf die Reibungsfläche wird neben Quarzsand auch Wasser gegeben, das die Reibungshitze dämmt und das Zerspringen des Steins verhindert.

Um 6000

Mehrstöckige Mini-Tempel

In Makedonien brennen Töpfer kleine Häuser aus Ton. Die hohlen Keramikgebäude sind etwa 25 bis 50 cm lang und tragen als Kamin einen aus Ton geformten menschlichen Kopf. In Tempeln vergraben oder in der Nähe von Altären aufgestellt, wurden sie 1952 bei Bitola (heute zu Serbien und Montenegro) entdeckt. Mit den Sensationsfunden ließ sich zum ersten Mal die Bauweise neolithischer Häuser rekonstruieren. Bislang hatte man bei Ausgrabungen nur Fundamente oder Bodenverfärbungen entdeckt, die zwar über den Grundriss eines Hauses Aufschluss geben, über Wände und Dächer jedoch nichts aussagen. Neben dem Fund von Bitola ist vor allem das Modell von Căscioarele in Südrumänien von großer Bedeutung, das eine komplette Kultanlage aus vier Schreinen darstellt. Das mehrstöckige Gebäude belegt, dass grundlegendes Wissen um Baustatik schon in der Jungsteinzeit vorhanden war.

Um 5900

Gefäße aus Holz: Weit verbreitet, doch höchst vergänglich

Holz ist einer der wichtigsten Rohstoffe der Jungsteinzeit. Die schlechten Erhaltungsbedingungen des Materials machen Belege für seine Verarbeitung jedoch rar. Einige imposante Beispiele von Holzgeräten stammen aus dem Vorderen Orient. In neolithischen Zentren wie Jericho und Çatal Hüyük blieben Holzreste in einigen Gräbern und ausgebrannten Wohn- und Kultbauten erhalten. Meist finden sich Gefäße, die aus weichem Tannenholz geschnitzt wurden, u. a. flache Teller, runde Schüsseln und ovale Schalen. Sie sind so hergestellt, dass Maserung und Farbabstufung gut zur Geltung kommen. Andere Behältnisse weisen Deckel auf und dienen zur Aufbewahrung von wertvollen Gegenständen, falls sie nicht leicht Verderbliches wie Getreidesamen vor Witterungseinflüssen schützen. An den Behältnissen lassen sich noch Knöpfe, Henkel und Haltegriffe erkennen (Abb.: Kästchen mit Deckel aus Çatal Hüyük). Meist sind alle Holzgegenstände aus einem Stück hergestellt. Angesetzte Teile finden sich selten. Funde in Vorderasien zeigen, dass zusammenge-

setzte Holzstücke passgenau geschnitzt wurden und fugenlos ineinander gesteckt werden können. In Mitteleuropa halten natürliche Klebstoffe wie Birkenpech Holzgegenstände zusammen.

Ab 6000

Auf den Zahn gefühlt – Menschen des Neolithikums kauen bis zur Schmelzgrenze

Zähne sind im Neolithikum einer starken Beanspruchung ausgesetzt. Durch harte Nahrung wie schlecht gemahlenes Korn nutzen die Menschen ihre Zähne meist rasch ab, zuweilen bis zur Schmelzgrenze. Davon sind, wie Funde zeigen, nicht nur Erwachsene betroffen. Ein Kind aus dem heutigen Thüringen kaut seine Milchzähne so weit herunter, dass sie kaum noch verwendbar sind. Einem Mann bleiben nicht einmal Stumpen zur Nahrungszerkleinerung. Seine Zähne sind so weit abgetragen, dass Wurzel und Nervengeflecht frei liegen. Die Abnutzung der Zähne in so hohem Maße ist schmerzhaft, doch bringt sie einen unvermuteten Vorteil mit sich. Kariesherde können sich nicht ausbreiten, weil sie mit dem Zahnschmelz abgeschliffen werden. Dementsprechend ist Zahnfäule in Mitteleuropa eine weitgehend unbekannte Krankheit. Anhand von Funden wird errechnet, dass nur etwa 3 Prozent der Menschen daran leiden (Abb.: Karies bei einem fünf- bis siebenjährigen Kind aus der Bronzezeit). Wesentlich häufiger taucht die entzündliche Rachenfleischerkrankung auf. Ursache dieser bei 75 Prozent der Bevölkerung verbreiteten Krankheit ist unzureichende Mundhygiene. Darauf lässt auch ein weiterer Befund schließen: Etwa 88 Prozent der Erwachsenen sind von Zahnstein befallen. Nur ein Fall von Zahnbehandlung ist für das Neolithikum belegt: In Dänemark fand man an den Zahnaußenflächen eines Patienten, die vermutlich von Karies befallen waren, Bohrerspuren.

Um 6000

In Nordmesopotamien wird die **Halaf-Kultur** bedeutend. Sie entwickelt sich in der gleichen Region wie die Hassuna-Kultur und löst diese allmählich ab. Die Menschen der Halaf-Periode geben den rechteckigen Haustyp auf und verwenden zumeist die ältere Bauform der Rundhütten (Tholoi). Die Tholoi weisen einen Durchmesser von drei bis sieben Metern auf und werden jeweils von einer Familie bewohnt. Reste der runden Hütten finden sich im gesamten Bereich der Halaf-Kultur, die sich vom oberen Euphrat bis an die irakisch-iranische Grenze erstreckt.

Etwa zehn Kilometer von der Südküste Zyperns entfernt entsteht auf einem Hügel die neolithische Siedlung **Chirokitia**. Die Häuser bestehen aus einem Mauerring aus Flusssteinen, auf den an der Luft getrocknete Lehmziegel zu einer Kuppel aufgetürmt wurden. Die Innenräume der Behausungen, die einen Durchmesser von bis zu zehn Metern aufweisen, sind teilweise mit roter Farbe getüncht. Unter den Steinfußböden zahlreicher Rundbauten entdecken Archäologen Gräber mit Grabbeigaben, darunter Schmuck, Vorratsgefäße, Werkzeuge und kleine religiöse Idole.

Im Karpatenbecken auf dem Balkan stellen jungsteinzeitliche Menschen in großen Mengen Schmuck aus der Schale der essbaren Meeresmuschel Spondylus gaederopus her. Dabei handelt es sich zumeist um Perlen, aber auch Armbänder, Armreife und Gürtelschnallen werden aus Muschelkalk gefertigt. Untersuchungen ergeben, dass die **Spondylus**-Schalen aus zwei verschiedenen Regionen in den Balkan gelangen: aus dem ostadriatischen Raum und von den ägäischen Küsten. Die weite Verbreitung des Spondylus-Schmuckes in Mitteleuropa gilt als Beleg für einen regen neolithischen Handelsverkehr.

Mit der Jungsteinzeit beginnt sich der Zustand der menschlichen **Zähne** zu verschlechtern. Bedingt durch den Getreideanbau nehmen die Menschen vermehrt Kohlehydrate auf. Da weniger harte Pflanzennahrung und mehr weich gekochter Brei konsumiert wird, werden die Zähne beim Kauen nur unzureichend vom schädlichen Zahnbelag gereinigt: Die Menschen leiden zunehmend an Karies. Ab etwa 4500 v. Chr. kommt es zu einem drastischen Anstieg dieser Zahnkrankheit.

Um 6000–3000

Schwarzes Gold vom Monte Arci – das Vulkangestein Obsidian

Am Monte Arci auf Sardinien bauen Neolithiker in vier Steinbrüchen Obsidian (s. Abb.) ab. Der schwarze Vulkanstein ist ein charakteristischer Werkstoff der Jungsteinzeit und findet weltweit Verbreitung. Obsidian besitzt vergleichbare physikalische Eigenschaften wie Feuerstein. Er ist hart und springt schnell, wenn er beschlagen wird. Aus dem Stein lassen sich ohne großen Aufwand scharfe Klingen herstellen. Sardinien ist eines der Zentren des Obsidianhandels. Am Monte Arci errichten die Neolithiker zehn Lagerstätten, in denen sie den abgebauten Stein sammeln. In der Nähe entsteht ein Dorf mit 162 Wohnplätzen, in denen das Rohmaterial weiterverarbeitet wird. Die fertigen Werkzeuge gelangen u. a. nach Südfrankreich, Ligurien und in die Alpenregion.

Weitere Obsidian-Abbaugebiete sind das Karpatenbecken, die Kykladen und Korsika. Aus Armenien und Anatolien gelangt das Gesteinsglas noch in der Jungsteinzeit auch nach Ägypten. Die erwachende Hochkultur am Nil lernt bald, die Eigenschaften des Steins für neue Gebrauchsgegenstände zu nutzen. Dort entstehen Prachtgefäße, die durch den Handel auch zu den europäischen Lieferanten des Rohmaterials gelangen.

Um 6000–3500

Erste Siedler Maltas leben

Bauern aus Sizilien lassen sich auf der Maltesischen Inselgruppe nieder und gründen eine der beeindruckendsten Kulturen des Neolithikums. Die Maltesischen Inseln liegen etwa 80 km südlich von Sizilien – für die frühen Seefahrer eine relativ einfach zu bewältigende Strecke. Auf den Inseln finden die Menschen hervorragende Siedlungsbedingungen vor. Sie leben zunächst unter Felsvorsprüngen und in Höhlen, später in Dörfern. Die Siedler züchten Schafe, Ziegen, Schweine sowie Rinder und bauen Weizen, Gerste und Linsen an. Die Verbindung zur Mutterinsel ist offensichtlich nicht mehr abgerissen wie der Import von Obsidian und Feuerstein aus Sizilien belegt.

Die sizilianischen Einwanderer bringen auch eine typische Keramik mit, die so genannte Ritzkeramik. An ihrer Oberfläche wurden geometrische Muster eingedrückt oder eingeritzt. Manche Verzierungen stammen offensichtlich vom in den Ton eingedrückten Rand gerippter Muscheln. Die Ritzkeramik ist typisch für die so genannte Ghar-Dalam-Phase (bis 4500 v. Chr.), eine der drei Kulturphasen des neolithischen Maltas, die sich unmittelbar aneinander reihen. Auf die Ghar-Dalam-Phase folgen die Graue und die Rote Skorba-Phase (bis 4100 v. Chr.). In diesen Perioden wird die Ritzkeramik durch eine plumpe ungeschmückte Tonware mit zunächst grauem Äußeren verdrängt, die später mit einem roten Anstrich versehen wird.

Steinzeitlicher Unterschlupf: Ghar Dalam

Ghar Dalam – Stalagmit im Höhleninnern

Dass Maltas Höhlen, wie manche Forscher es als Tatsache voraussetzen, zu dieser frühen Zeit gemäß einer vom Festland übernommenen Tradition auch als Kultstätten gedient hätten, ist nicht zu beweisen. Ghar Dalam (maltes. Ghar = Höhle) – Namensgeberin der Ghar-Dalam-Phase – wurde in dieser Ära jedenfalls nicht als Tempel benutzt. In ihrem Innern fanden die Archäologen Schüsseln mit rundem Boden und Krüge in Kugelform. Viele Töpfe waren mit weißem Gips versehen. Aus den Höhlenwohnstätten entwickeln sich in den folgenden zwei Jahrtau-

Um 5800–4800

Bandkeramiker bei Jülich

Der Raum zwischen Köln und Aachen ist eines der wichtigsten Verbreitungsgebiete der linearbandkeramischen Kultur. Durch großräumigen Braunkohletagebau konnte hier zwischen 1971 und 1973 das Siedlungsgebiet der Bandkeramiker in der Fläche freigelegt und untersucht werden.
Es zeigt sich, dass die Aldenhovener Platte bei Jülich wegen des fruchtbaren Lössbodens für die Neolithiker anziehend war. Die Häuser (Abb.: Rekonstruktion eines linearbandkeramischen Hauses in Langweiler) standen an kleinen Bächen im Hinterland der großen Flussauen, die Flüsse dienten als Verkehrswege und verbanden die Siedlungen miteinander. Bei der Grabungskampagne arbeiteten die Archäologen direkt vor den Schaufeln riesiger Braunkohlebagger. Da die Bagger das Tempo vorgaben, musste auf Feinuntersuchungen verzichtet werden. Stattdessen wurde eine so große Fläche begutachtet wie nie zuvor. Dadurch entdeckten die Forscher ganze Siedlungsmuster.

n Höhlen

senden auch Felsengräber wie die von Zebbug und Xemxija. Sie sind bis zu 3,5 m tief in den Fels gehauen worden und ähneln Vorbildern auf Sardinien und in Süditalien. Die Grabstätten wurden als Ovale gestaltet. Diese Form findet sich etwa ab dem Jahr 3500 v. Chr. als Grundriss der monumentalen Tempelanlagen Maltas wieder.
In einem der kleinen Dörfer, die aus Lehmziegelhütten auf niederen Steinfundamenten bestanden, entdeckten Forscher Fragmente weiblicher Figuren mit ausgeprägten Geschlechtsmerkmalen. Hierbei handelt es sich offenbar um Mutter- oder Fruchtbarkeitsgöttinnen (siehe auch S. 94), die zur Sicherstellung einer ertragreichen Landwirtschaft angebetet wurden.

Die Frauenstatuetten Maltas erinnern in ihrer Üppigkeit an die Venusfiguren der Altsteinzeit.

Um 6000

Vom Süßwassersee zum Salzwassermeer: Die Geburt der Ostsee

Mit dem Ancylussee entsteht ein gewaltiges Binnengewässer in Nordeuropa. Aus ihm geht später die heutige Ostsee hervor.
Der See erhält seinen Namen nach der Muschel Ancylus fluviatilis, die ausschließlich im Süßwasser vorkommt. Das Süßwasser des Ancylussees, der seine Entstehung einer Hebung der Landmasse verdankt, speist sich aus zahlreichen Flüssen des Baltikums. Zuvor hatte das Schmelzwasser der Nacheiszeit das Ostseebecken gefüllt und das mit der Nordsee und dem Weißen Meer verbundene Yoldiameer geschaffen. Die Wassermassen konnten sich erstmals ungehindert ausdehnen, denn die letzten Gletscher der Weichsel-Eiszeit hatten sich fast vollständig zurückgezogen.
Im Laufe der folgenden Jahrhunderte senkt sich das Land in dieser Region wieder ab. Durch Überflutung entstehen Skagerrak, Kattegat und das Litorinameer – der Vorläufer der heutigen Ostsee. Die nordeuropäischen Meere haben damit fast den derzeitigen Pegel erreicht. Die Nordsee hat sich schon zuvor nach Süden ausgedehnt und den Ärmelkanal überflutet. Nun verbinden sich Nordsee und Litorinameer und kappen die Landverbindungen zwischen Jütland, Südschweden und den dänischen Inseln.
Um 5800 v. Chr. beginnt die große Klimaperiode des Atlantikums. In Mitteleuropa fällt sie in den letzten Abschnitt der Mittelsteinzeit. Die mittlere Durchschnittstemperatur des Atlantikums liegt im Juli bei etwa 18 °C und entspricht damit heutigen Verhältnissen. Eichenmischwälder sind weit verbreitet, die Baumgrenze liegt etwa 200 m höher als heute. Bislang hatten Großtiere die Landschaft relativ offen gehalten. Ihr Aussterben macht sich jetzt stark bemerkbar: Urwald breitet sich aus. Konnte zuvor der Mensch die lichten Wälder in der Klimaperiode des Boreal durchstreifen, steht er nun vor einer beinahe undurchdringlichen Wand aus Bäumen und Unterholz.

Um 5800–4800

Rätselhafte Erdwerke – Fluchtburgen aus der Steinzeit?

Die Bandkeramiker Mitteleuropas errichten in ihren Siedlungen so genannte Erdwerke. Diese Befestigungsanlagen gelten als die ältesten Wehrkonstruktionen Europas.
Erdwerke werden stets kreisförmig angelegt. Die Bauern der Jungsteinzeit heben tiefe Gräben aus und schütten den Abraum zu Wällen auf. So entstehen großräumige Anlagen mit durchschnittlich 150 m Durchmesser, die gut gegen Feinde zu verteidigen sind. Die Funktion der Erdwerke ist unterschiedlich und meist an ihrer Lage erkennbar. Beim heutigen Darion in Belgien schließt eine Wall-Grabenanlage eine ganze Siedlung ein. Ihr Festungscharakter ist eindeutig. Im Raum zwischen Köln und Aachen dagegen werden Häuser zum Teil innerhalb, zum Teil außerhalb des Walls errichtet. An anderen Orten wird das Innere der Erdwerke gar nicht bebaut. Sie werden auch als Kult- oder Versammlungsstätten interpretiert.
Was steckt hinter den seltsamen Rundgräben und Wällen? Zwei Aussagen lassen sich mit Sicherheit treffen: Die Funktion der Anlagen ist den Bedürfnissen der Siedler angepasst und regional unterschiedlich, ihr Zweck ändert sich mit der Zeit. Vielleicht haben die ersten Erbauer von Erdwerken nur einen Viehpferch im Sinn. Diese ursprüngliche Verwendung wandelt sich wohl, als es im fortschreitenden Neolithikum zu Kämpfen zwischen rivalisierenden Gruppen kommt. Zeichen von Gewalt sind zwar selten, doch markant – wie im Fall des Massengrabes von Talheim (siehe S. 59). Unter dem Eindruck von Überfällen und kriegerischen Auseinandersetzungen ziehen sich die Bauern bei Gefahr in die Erdwerke zurück, die sie zu kleinen Fluchtburgen ausbauen. Noch gegen Ende des 1. Jt. n. Chr. errichten Wikinger und Slawen ähnliche Anlagen, allerdings in viel größeren Dimensionen.

Als Gott noch eine Frau war

In den religiösen Vorstellungen der Sumerer spielt der Kult um die Göttin Inanna eine zentrale Rolle. Der Ritus verdeutlicht beispielhaft die ranghohe Stellung einer weiblichen Obergottheit:

Der Name Inanna bedeutet »Herrin des Himmels«. Als Liebes- und Fruchtbarkeitsgöttin sorgt sie für ertragreiche Felder und Nachwuchs bei Menschen und Tieren. Zudem beschützt sie die Herden und ist die mächtigste Stadtgöttin von Uruk. In ihrer späteren assyrischen Erscheinungsform tritt sie auch als Kriegsgöttin auf. Von den Babyloniern erhält die Göttin den Namen Ischtar.
Einer der vielen Mythen, die sich um die Göttin ranken, beschreibt ihren Abstieg in die Unterwelt, die von ihrer Schwester Erschkigal beherrscht wird. Inanna kommt zwar mit Hilfe der anderen Götter wieder ins Leben zurück, schickt als Ersatz aber ihren untreuen Mann Dumuzi ins Totenreich. Als das Land daraufhin verdorrt, wechselt sich Dumuzi mit seiner Schwester Geschtinanna halbjährlich ab. Der Vegetationsrhythmus ist damit wieder hergestellt, denn jedes Mal, wenn Geschtinanna in die Unterwelt geht, fängt erneut alles zu blühen an.

Die allgegenwärtige Göttin der Steinzeit ist die Erdmutter. Die Verehrung der Magna Mater, der Großen Mutter, überdauert die Perioden der Alt-, Mittel- und Jungsteinzeit und wird noch in der Bronzezeit des dritten Jahrtausends praktiziert. Keine Religion der Geschichte kann auf eine so lange Tradition zurückblicken.
In der Altsteinzeit sind Zeugnisse eines Frauenkultes noch selten, doch an den Venusstatuetten jener Zeit ablesbar. Erst in der Jungsteinzeit gelangt die Religion durch die Kunst zu neuer Blüte. Mit der Erfindung der Keramik wird die Grundlage für die Entstehung Tausender von Statuetten und Gefäßen, Wandmalereien, Reliefs und Kultgegenständen aller Art geschaffen. Die Zahl der religiösen Symbole vervielfältigt sich. Die Glaubenssymbole dieser Zeit sind nicht nur der Schlüssel für das heutige Verständnis der damaligen Religion. Viele Bilder, wie die jungfräulich Gebärende, sind zudem über mehrere Jahrtausende gültige Chiffren und noch in den heutigen Weltreligionen erkennbar.

Bei den Frauenidolen ist stets die Körpermitte betont.

Vaterfiguren sind in der steinzeitlichen Kunst kaum bekannt. Nur fünf Prozent aller erhaltenen Plastiken und Malereien stellen Männer oder männliche Wesen dar. Geburt, Ernährung und Schutz der Nachkommenschaft sind Aufgabe der Frau – sie ist der Quell des Lebens, das zu bewahren eine der schwierigsten Obliegenheiten des Alltags ist.
Individuelle Merkmale einer Person gibt es in der Kunst der Steinzeit nicht. Die Darstellung der Frau ist häufig auf die charakteristischen Geschlechtsmerkmale beschränkt. Gesäß, Brüste, Vulva, Hüfte und Oberschenkel sind entweder hervorgehoben oder gar die einzigen erkennbaren Körperteile. Sie repräsentieren den Ursprung des Lebens. Abbildungen von Koitusszenen sind Ausnahmeerscheinungen. Dennoch ist die Frau oft als Schwangere oder Gebärende dargestellt. Sie ist eine selbstbefruchtende Göttin, die nicht von Männern abhängig ist. Das göttliche Leben entspringt aus der Mitte der Frau. Dieses religiöse Motiv der jungfräulichen Mutter hat sich bis heute erhalten.

Ursprung des Lebens

In der Forschung des 20. Jh. tauchen Theorien auf, nach denen die Frauenbilder und -statuetten sexuellen Ursprungs seien. Nach einer mittlerweile veralteten Lehrmeinung sollen die Darstellungen großer weiblicher

Im Fokus

Umkehrung eines Prinzips: Der Mann besteigt den Gottesthron

Während der Jungsteinzeit beginnt sich das Gewicht der geschlechtsspezifischen Gottesanbetung zu verschieben. Neben die Muttergöttinnen treten erste männliche Gottheiten. Männerstatuetten tauchen im Verbreitungsgebiet des europäischen Neolithikums in drei Erscheinungsformen immer wieder auf:
Sie sitzen entweder auf einem Stuhl oder Thron und stellen wohl einen weltlichen Herrscher dar – ein Hinweis darauf, dass es schon in der Jungsteinzeit eine Gesellschaftshierarchie gegeben hat. Anders als bei den sitzenden Frauenstatuetten ist das Geschlecht der Männerfiguren nicht betont.
In Südosteuropa ist zweitens der »sorgenvollen Alte« verbreitet, eine hockende Figur, die den Kopf in die Arme gestützt hat. Aus derselben Region stammen Männerdarstellungen mit aufgerichtetem Phallus. Sie stehen mit dem Fruchtbarkeitsglauben in Verbindung. Möglicherweise handelt es sich um Gefährten der Göttinnen.
In der Jungsteinzeit ist zudem bereits der Kentaur bekannt. Die Fabelwesen mit dem Körper eines Stieres oder Pferdes und dem Kopf eines Menschen sind unter anderem in der Vinča-Kultur in Südosteuropa verbreitet. Die Plastiken werden aus Terrakotta gefertigt und stellen beliebte Grabbeigaben dar. Sie stehen in Zusammenhang mit Lebenskraft und Wiedergeburt – Bedeutungen, die den Kentauren auch noch in der Antike zugesprochen werden.
Männliche Idole werden nicht in Tempeln oder auf Hausaltären aufgestellt, sondern in der Natur. Ihre Funktion muss vermutlich in Verbindung mit den Feld- und Jagdtätigkeiten des Mannes gesehen werden: Sie sind Naturwächter, steinzeitliche Schutzpatrone der Wälder und der Tiere. Nach und nach können die männlichen Götterwesen in die Domänen der Muttergottheiten vordringen. In Babylonien steigt der Sonnengott Marduk im 3. Jt. zum obersten Staatsgott auf, in Ägypten übernimmt der Sonnengott Re die Führung der spirituellen Sphäre. Göttinnen wie Isis oder Ischtar werden zu Töchtern des Hauptgottes herabgestuft. Schließlich etabliert sich im 3. Jt. der Glaube an einen Vatergott, auf den die Entstehung der Erde und allen Lebens zurückzuführen ist.
Mit der Zeit manifestieren sich immer mehr dieser göttlichen Heroen, denen die Menschen für Errungenschaften wie das Feuer, die Schmiedekunst und die Ernte danken. Die Frau und Muttergöttin spielt fortan nur noch eine Nebenrolle.

Marduk, Illustration aus der Enuma Elish

Geschlechtsteile zur sexuellen Stimulans der Männer gedient haben. Dass sich hinter den Frauenbildern mehr verbirgt, zeigt eine genaue Betrachtung der Bilder und Plastiken.
Stets ist die Vulva als Ort von Geburt und Lebenskraft dargestellt. Dies zeigt sich sehr plastisch an eindeutig erkennbaren Geburtsprozessen, bei denen kleine und große Menschen aus den Schößen voluminöser Frauen hervorkommen. Eines der prominentesten Beispiele hierfür ist die so genannte Gebärende Göttin von Malta. Diese sieben Zentimeter hohe Plastik ist in Geburtsstellung ausgeführt. Auf ihrem Rücken befinden sich neun Linien, deren Bedeutung noch nicht letztgültig geklärt ist. Eine vergleichbare Figur stammt aus Çatal Hüyük in Anatolien. Die Vulva wird auch durch die Verwendung von Chiffren als Fruchtbarkeitszentrum gekennzeichnet: Auf manchen Figuren wird sie durch einen Pflanzenzweig oder einen knospenden Baum ersetzt.

Die Göttin der Karanovo-Kultur (Bulgarien) hält die Hände schützend über den lebensspendenden Bauch. Die Vulva ist in der Darstellung deutlich betont.

Die matriarchalen Sozialordnungen der entstehenden Ackerbaugemeinschaften sind unter anderem durch folgende Prinzipien geprägt:

Matrilinearität: *Die familiäre Zusammengehörigkeit wird allein von der Mutter hergeleitet, da den Menschen der Zusammenhang zwischen Zeugung und Geburt noch nicht bewusst ist und somit keine Verwandtschaft zwischen Vätern und Kindern gesehen wird.*

Matrilokalität: *Das Haus der Mutter ist der feste Wohnort einer Sippe. Die Frauen leben hier mit ihren Kindern und ihren Brüdern. Die »Gatten« haben nur ein begrenztes Wohnrecht in den Sippenhäusern der Frauen und sind zur Arbeit in der Gastsippe verpflichtet.*

Muttergöttin auch in Tiergestalt

Die Muttergottheit hat nicht immer menschliche Form, sondern nimmt oft auch die Gestalt von Tieren an. Zu den häufigsten Inkarnationen zählen Hirschkuh, Elchkuh und Bärin. Die Tiere sind meist aus Keramik gefertigt und weisen Merkmale von Trächtigkeit auf. Vor allem Bärinnen finden sich oft zusammen mit Jungtieren. Die Bärin als Sinnbild der Mutter ist in der Kulturgeschichte Europas häufig präsent. Noch heute heißt eine gebärende Frau in der litauischen Sprache »Bärin«.
Mischformen von Mensch- und Tiergottheiten sind unter anderem aus Hacilar in Anatolien bekannt. Die 13,5 cm hohe »Herrin der Tiere« ist eine Frauenskulptur mit breitem Becken, die auf einem Leoparden sitzt und ein Leopardenjunges in den Armen hält. Als Mensch-Tier-Mischwesen sind Vogel- und Schlangengöttinnen bekannt. Die Figuren besitzen weibliche Brüste und häufig einen menschlichen Kopf, aber den Körper von Tieren. Vogelfiguren mit Frauengesichtern sind aus fast allen Religionen der Welt bekannt. Sie finden sich in den Harpyien und den geflügelten Siegesgöttinnen der Antike ebenso wie in den Engeln des Christentums.
Ein weiterer Hinweis auf die Anbetung einer Frauengottheit ist die Verehrung der Erdmutter. Konzentrierte sich der Glaube der altsteinzeitlichen Jäger noch auf die Beutetiere, so ändert sich der Kultgegenstand mit dem Beginn des Ackerbaus. Nicht länger ist es nötig, Tiergeister zu beschwören und an Höhlenwände zu malen. Statt dessen werden Keramikstatuetten mit weiblichen Merkmalen geformt und auf Altäre in der Nähe von Backöfen gestellt – dem Ort, in dem man Brot backt und Keramik brennt. Auch die Anbetung der Mutter Erde zieht sich wie ein roter Faden durch die Kulturgeschichte und findet ihre stärkste Ausprägung in den Demeter- und Persephone-Kulten der Antike.

Herrin über Leben und Tod

Die Muttergottheit ist nicht nur Spenderin des Lebens, sondern auch Herrin über den Tod. Eine thronende Göttin aus Çatal Hüyük vereint beide Aspekte in sich. Sie ist als Gebärende dargestellt und hat einen Fuß auf einem menschlichen Schädel aufgestützt. In der gesamten jungsteinzeitlichen Kunst gibt es mindestens 20 weibliche Idoltypen, die sich in Haltung, Gesichtsmerkmalen, Masken und Kopfschmuck unterscheiden. Stets ist die weibliche Form der Figuren hervorgehoben, sei es durch Überbetonung der Geschlechtsmerkmale, durch voluminösen Schmuck oder einfach nur durch die Einschnürung der Taille und Betonung des Beckens. Diese Tradition setzt sich in West- und Mitteleuropa noch bis in die ausgehende Jungsteinzeit des 3. Jt. v. Chr. fort.

Megalith-Ritzungen (Bretagne), gedeutet als Muttergottheit eines Mondkultes

In der Kunst der Megalithkulturen werden weibliche Gottheiten in mannshohe Steine, so genannte Menhire, geschlagen. An ihnen lässt sich exemplarisch der Niedergang des religiösen Matriarchats ablesen: Auf dem Gebiet des heutigen Frankreich werden die meisten Großsteine zunächst noch mit detaillierten menschlichen Zügen versehen. Die Bildhauer arbeiten Köpfe, Brüste, Halsketten, Gürtel und Arme aus dem Stein. Doch im Laufe der Jahrhunderte verlieren die Menhire immer mehr Details, bis grobe geometrische Formen Körpermerkmale stilisiert wiedergeben und die ursprüngliche Bedeutung nur noch erahnen lassen. Mit dem Aufkommen der Hochkulturen ist die Zeit des religiösen Matriarchats endgültig vorüber. Jetzt nehmen männliche Gottheiten die Führungsposition am Götterhimmel ein. In Ägypten und Mesopotamien sind die ersten personalisierten Götter Männer, die den Himmel und das Licht beherrschen.

Die französische Schriftstellerin Simone de Beauvoir äußert sich in »Das andere Geschlecht« (1949) zum Thema weibliche Gottheit:

»Die Völker, die unter dem Einfluss der Muttergottheit geblieben sind, bei denen das matrilineare System weiterbestanden hat, sind auch auf einer primitiven Zivilisationsstufe stehen geblieben. Das liegt daran, dass die Frau nur so lange verehrt wurde, wie der Mann sich zum Sklaven seiner eigenen Ängste, zum Komplizen seiner eigenen Ohnmacht machte.«

Um 5500 In der heutigen **Schweiz** beginnt sich die neolithische Lebensweise durchzusetzen. Die Jäger- und Sammlergesellschaften werden allmählich sesshaft und betreiben Landwirtschaft. Aus der Gegend von Basel und Zürich sind Waldrodungen bekannt, auf denen Emmer und Einkorn sowie Lein und Mohn angebaut wurden. Wenig später entwickelt sich in einigen Gebieten auch eine intensive Viehwirtschaft. Die ältesten Funde von Haustieren stammen von einigen jungsteinzeitlichen Fundplätzen im Wallis.

Bei einer gewaltigen Naturkatastrophe entsteht das **Schwarze Meer**. Nach neuesten Erkenntnissen bringen die riesigen Schmelzwassermassen der letzten Eiszeit die Landverbindung zwischen Asien und Europa in der heutigen Türkei zum Einsturz. Daraufhin laufen etwa 50 Mrd. km^3 Meerwasser vom Mittelmeer in die Schwarzmeersenke. Binnen zwei Jahren werden etwa 100 000 km^2 Landfläche überflutet. Im Jahr 2000 wurden 100 m unter dem Meeresspiegel Reste einer etwa 5500 Jahre alten Siedlung entdeckt.

Während der Jungsteinzeit greifen die Menschen in Europa erstmals gravierend in ihre Umwelt ein. Um Siedlungsraum zu gewinnen, beginnen sesshaft gewordene Bauern und Viehzüchter der Linearbandkeramischen Kultur mit der **Rodung** der Eichenmischwälder. Zusätzlich wird der Wald durch Abweiden des Jungholzes gelichtet.

Erstmals verwenden Menschen in Mitteleuropa **Mahlsteine** zum Zerreiben von Getreide. Auf eine größere Steinplatte schütten sie Getreidekörner und zermahlen diese mit einem länglichen Stein zu Mehl. Für etwa drei Kilogramm benötigen sie Schätzungen zufolge etwa drei Stunden. Reste der steinzeitlichen Mahlwerkzeuge entdecken Archäologen in Siedlungen der Linearbandkeramischen Kultur in Deutschland, Österreich und Tschechien.

Um 5500

Linien, Striche, Punkte – die ersten Schriftzeichen der Welt?

Die Entdeckung der Schrift gilt als Wendepunkt der Geschichte. Die Sumerer erfinden die Schriftsprache mit Keilsymbolen um 3500 v. Chr (siehe S. 90). Doch möglicherweise entstehen die ersten Schriftzeichen bereits 2000 Jahre früher – in Osteuropa. Archäologen entdecken 1961 in Transsilvanien die so genannten Tontafeln von Tartaria. Die Tafeln liegen in einer Opfergrube und tragen Symbole, die an die Keilschrift der Sumerer erinnern. Erste Interpretationen stellen eine Verbindung zum Zweistromland her und deuten die Zeichen als sinnfreie Nachahmung der Keilschrift.

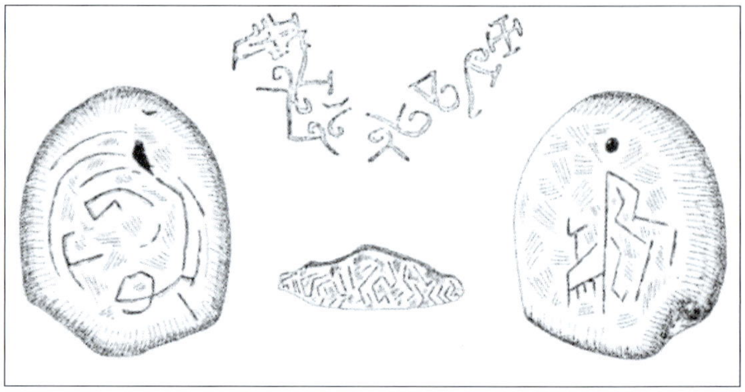

Nach weiteren Untersuchungen mit der Radiokarbonmethode können die Tafeln schließlich auf die frühe Vinča-Periode (ab etwa 5500 v. Chr) datiert werden. Damit sind die Symbole rd. 2000 Jahre älter als die Keilschriftzeichen der Sumerer. Eine Verbindung nach Mesopotamien ist demnach unmöglich. Es handelt sich offensichtlich um eine eigenständige Kulturleistung der jungsteinzeitlichen Vinča-Kultur.

Bisher sind Objekte mit Vinča-Schriftzeichen an über 100 Fundorten aufgetaucht. Insgesamt sind 210 Vinča-Zeichen bekannt, die sich aus fünf Kernelementen herleiten: gerade Linie, zwei sich in der Mitte kreuzende Linien, zwei an einem Ende zusammenlaufende Linien, Punkt sowie gekrümmte Linie (Abb.: Schriftzeichen auf Tongefäßen der Vinča-Kultur). Bis heute sind die Zeichen nicht entschlüsselt. Sie stehen vermutlich in einem kultischen Zusammenhang, da sie ausschließlich auf religiösen Objekten zu finden sind. Wahrscheinlich entwickelten sich die Schriftzeichen aus schmückenden Elementen.

Um 5500

Bandkeramiker am Rhein

Auf einer 3 ha großen Fläche entsteht die älteste Siedlung auf dem Gebiet des heutigen Köln. Das Dorf in der Nähe des Stadtteils Lindenthal auf der linken Rheinseite zählt zu den berühmtesten Siedlungen der bandkeramischen Kultur.

Durch Brandrodung schaffen die Neolithiker Raum für 30 Langhäuser sowie die dazugehörigen Felder (Abb.: Modell der Lindenthaler Siedlung, das den Übergang von einer Natur- zur Kulturlandschaft verdeutlicht). Neben den Häusern heben die Siedler Gruben aus, aus denen sie sich mit Lehm für den Hausbau und für die Herstellung von Keramikgegenständen versorgen. Die Häuser weisen an allen vier Seiten geschlossene Wände aus Flechtwerk auf. Nach der Fertigstellung wird jedes Haus mit Pfosten eingezäunt. Innerhalb des Zauns werden Schweine gehalten, die sich von Essensresten ernähren. Das relativ warme Klima macht weitere Stallungen überflüssig. Um die Siedlung läuft ein 1,40 m breiter Graben mit dahinter liegendem Wall, der mehrere Eingänge aufweist. Es handelt sich um ein Erdwerk, eine jener rätselhaften Ringanlagen, deren Zweck nicht eindeutig zu bestimmen ist (siehe S. 63). In unmittelbarer Nähe der Siedlung fließt der Rhein vorbei, so dass sich die Bewohner mit Frischwasser und Fisch versorgen können.

Die Entdeckung der bandkeramischen Siedlung sorgt 1928 für eine Sensation, die Grundrisse der Bauten dagegen für Rätselraten. Erste Rekonstruktionen der Häuser beinhalten einen Keller, eine Art Souterrain, in der die Neolithiker gelebt haben. Erst später erkennt man, dass es sich dabei nicht um Schlaflöcher, sondern um Abfallgruben handelt, die außerhalb der Gebäude lagen.

Um 5500–5000

Erste größere Dorfsiedlungen auf dem Balkan – Leute von Karanovo bauen schon zweistöckig

In Südosteuropa entsteht die Karanovo-Kultur, die fast 2000 Jahre Bestand hat. Wie keine andere jungsteinzeitliche Kultur prägt sie über diesen langen Zeitraum die mittlere Balkanhalbinsel und Nordostgriechenland.
Das Kerngebiet der Karanovo-Kultur liegt im Küstengürtel des Schwarzen Meeres und reicht im Westen bis zum heutigen Sofia und im Norden bis zur Donaumündung. In diesem Gebiet entstehen zahlreiche Dörfer, die alle nach demselben Grundriss errichtet werden: Haus reiht sich an Haus, nur schmale Pfade trennen die Bauten voneinander. In jeder Siedlung gibt es ein zentrales Gebäude mit zwei Geschossen. Es dient vermutlich als Gemeinschaftshaus, in dem sich die Bewohner zu Versammlungen und Festen treffen. Das Zentrum einer Region bilden große Siedlungen, in denen bis zu 5000 Menschen leben. Heute sind aus Bulgarien und Rumänien mehr als 1000 Dörfer der Karanovo-Kultur bekannt.
Prächtige Keramik ist ein Hauptmerkmal dieser Kultur. Gefäße und Statuetten entstehen in allen Siedlungen zu Tausenden. Vor allem Tonwaren mit weißer Bemalung (Abb.: Gefäß in Form eines geflügelten Stieres) sind typische Erzeugnisse der Menschen am Schwarzen Meer.

Um 5500

Grabendörfer in Italien

In Italien entstehen im Neolithikum von Gräben umzogene Dörfer, die den Erdwerken der mitteleuropäischen Bandkeramiker ähnlich sind. Das größte dieser Dörfer liegt beim heutigen Passo di Corvo über dem Celonetal. Hier leben bis zu 200 Menschen in etwa 100 Hüttenkomplexen. Besonders auffällig sind Gräben, die das Dorf durchziehen und es umgeben. Der äußere Ring besteht aus drei Gräben, die zusammen eine Länge von 5 km aufweisen. Sie sind 5 m breit und 4 m tief. Das Ausheben von Erdmassen solcher Dimension stellt eine enorme Arbeitsleistung dar, die vermutlich mehrere Jahre in Anspruch nimmt.
Bauleistungen wie diese lassen Schlüsse auf eine arbeitsteilige Gesellschaft zu. Die neolithischen Siedler müssen Spezialisten abstellen, die ausschließlich mit dem Ausheben der Gräben beschäftigt sind. Die übrigen Bewohner des Dorfes verrichten derweil ihre gewohnten Tätigkeiten wie Hausbau, Keramikherstellung, Rodung, Ernte und Saat. Sie müssen dazu noch die Spezialisten ernähren, die ihre Zeit dem Grabenbau opfern.

Um 5500

Schauriger Kult an der Quelle

In einer Höhle in Südostitalien verehren Menschen der Jungsteinzeit ein Quellheiligtum. Bei ihrer späten Entdeckung im 20. Jh. gibt die Grotta Scaloria ein schreckliches Geheimnis preis.
Am Eingang zur Höhle sind 136 Tote verscharrt worden. Dabei handelt es sich um Kinder sowie um junge Frauen zwischen 20 und 22 Jahren, die hier vermutlich bei der Niederkunft gestorben sind. Obwohl die Skelette einfach übereinander geschichtet wurden, lassen sich Hinweise auf Bestattungsriten erkennen. So trennte man den Toten vor der Beisetzung in einigen Fällen den Schädel vom Körper und manipulierte den Knochen mit Schneidewerkzeug. Der Fund zeigt, dass der Schädelkult der Mittelsteinzeit im 6. Jt. noch lebendig war. Mehr als 1500 Keramikscherben zeugen von dem Kult, der hier etwa 300 Jahre lang abgehalten wurde. Auf dem Ton sind die typischen Zeichen der neolithischen Opfergefäße erkennbar: Schlange, Ei, Frau sowie Pflanzen- und Sonnenmuster. Diese Chiffren und die Symbolkraft der Quelle selbst lassen vermuten, dass der Kult in der Grotta Scaloria vermutlich der Lebenserneuerung diente.

Um 5500

Hacilar: Buntes aus Ton

Die Siedlung Hacilar in Südanatolien gehört zu den bedeutendsten Zentren des vorderasiatischen Neolithikums. Sie bringt die frühesten und eindrucksvollsten Beispiele von Buntkeramik hervor.
Die Geschichte Hacilars begann bereits im 8. Jt. Schon in dieser frühen Phase wurden Häuser errichtet, bei denen kleine Räume mit Lehm verputzt waren, während größere Böden aus rotem, geglättetem Stampflehm besaßen. In den Höfen standen Herde und Backöfen. Obwohl mit Sesshaftigkeit und Ackerbau die Jungsteinzeit in Hacilar bereits begonnen hatte, war Keramik in den frühen Phasen noch nicht bekannt. Man spricht daher auch vom »akeramischen« Neolithikum.
Die ummauerte Siedlung wird in der Mitte des 6. Jt. durch einen Brand zerstört, kann jedoch kurze Zeit später wieder aufgebaut werden und erlebt eine zweite Blütephase. Diese Periode beginnt etwa zeitgleich mit dem Niedergang der Metropole Çatal Hüyük, die rund 220 km weiter westlich liegt (siehe S. 57).
Die neuen Häuser werden auf Steinfundamenten errichtet, die die Lehmziegel vor Feuchtigkeit schützen. Eine weitere Vorsorge gegen feuchte und instabile Mauern ist die Stärke der Wände von teilweise mehr als einem Meter. Wie in Çatal Hüyük sind die Häuser unmittelbar aneinander gebaut und teilen sich jeweils eine gemeinsame Wand. Neben der Ersparnis von Baumaterial ist die Siedlung durch diese Bauweise auch einfacher zu verteidigen.
Die aus dieser Zeit stammende Keramik ist poliert und trägt rote Symbole auf weißem Grund. Es handelt sich um die ersten mehrfarbigen Töpferwaren überhaupt. Aus der Zweifarbigkeit entstehen doppeldeutige Zeichen, die sich als Positiv oder als Negativ betrachten lassen. Um diesen Effekt zu fördern, werden figürliche Motive vermieden. Stattdessen bemalen die Töpfer die Keramik mit stilisierten Symbolen wie Schlangenlinien oder Punkten. Viele Statuetten aus Hacilar sind Frauenfiguren. Sie werden häufig mit einem Kind oder einer Raubkatze dargestellt. Ein herausragendes Beispiel ist ein als Frauenkopf modellierter Becher.

Weibliche Tonfigur der Hacilar-Buntkeramik mit den für diesen Stil typischen Verzierungen

Eine kleinere Siedlung liegt etwa zwei Kilometer westlich von Hacilar. Sie besteht zur selben Zeit und weist auch dieselben Kulturleistungen auf. Möglicherweise lassen sich hier Zugewanderte nieder, die in Hacilar selbst keine Aufnahme gefunden haben.
Die Stadt wird gegen Ende des 5. Jt. endgültig zerstört. Heute gilt Hacilar-Keramik als die am häufigsten gefälschte Tonware der Alten Welt. Sie ist mit einfachen Mitteln herzustellen und wird auf den Märkten des Vorderen Orients oft als Originalware angepriesen.

Um 5500 Mit dem **Atlantikum** beginnt auf der Erde eine nacheiszeitliche Wärmezeit. Fossile Pollenreste wärmeliebender Pflanzen belegen, dass in diesem Klimaabschnitt die mittleren Jahrestemperaturen in Europa und Nordamerika etwa 2 bis 3 °C höher liegen als heute. So gedeiht in den bergigen Gebieten Neuenglands die Hemlocktanne (Tsuga canadensis). Sie ist mittlerweile wegen der zu niedrigen Temperaturen dort nicht mehr anzutreffen. In Europa wird die Kiefer von Eichenmischwäldern verdrängt, in denen überwiegend Eichen und Linden sowie Haselsträuche aus der Gattung der Birkengewächse gedeihen.

In Südmesopotamien erbauen steinzeitliche Menschen in der Stadt Eridu, dem heutigen Ruinenhügel **Tell Abu-Schahrein**, ein kleines quadratisches Heiligtum. Vor einer Nische, in der einst wahrscheinlich eine Kultstatue stand, errichten sie ein kleines Podest, das als Opferaltar gedeutet wird. Altäre und Opfertische sind charakteristisch für mesopotamische Tempelanlagen. Das seit etwa 6000 v. Chr. bestehende Eridu ist ein bedeutendes Kultzentrum für die Verehrung des sumerischen Wassergottes Enki.

Um 5400 Im Norden Mesopotamiens löst die späte **Ubaid-Kultur** die Halaf-Kultur ab. Sie ist eine Weiterentwicklung der frühen Ubaid-Kultur Südmesopotamiens und existiert etwa 1000 Jahre. Charakteristisch für die Ubaid-Phase sind helle Keramiken, die mit dunkelbraunen geometrischen Mustern verziert sind. Auch angrenzende Gebiete werden von der nach dem Siedlungshügel Tell al-Ubaid im Südirak benannten Kultur beeinflusst. Entsprechende Keramikfunde machte man entlang des Persischen Golfs in Saudi-Arabien, Bahrain und den Vereinigten Arabischen Emiraten.

Im südlichen peruanischen Hochland in der Gegend des heutigen Ayacucho ist es den Andenbewohnern gelungen, **Lamas** und **Alpakas** zu domestizieren. Die in Herden lebenden Tiere dienen als Wolllieferanten, werden aber auch als Lastenträger genutzt.

Um 5400–5100

Erteбölle-Kultur: Versunkene Siedlung auf dem Meeresgrund

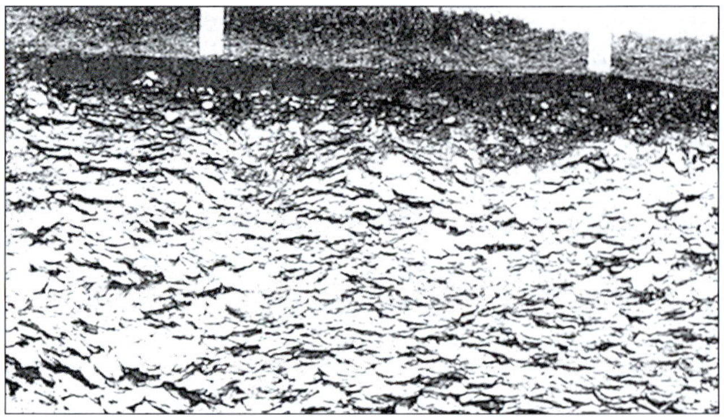

Vor der heutigen mecklenburgischen Küste existiert lange Zeit eine Siedlung der Ertebölle-Kultur, bevor sie unter dem steigenden Ostseepegel versinkt.
Ab 1998 suchen Forscher den Grund der Ostsee nach den Spuren steinzeitlicher Menschen ab. Dabei stoßen sie etwa vier Kilometer vor der Insel Poel bei der Untiefe Jäckelberg auf die Siedlung.
In aufwändigen Tauchgängen werden bei den Unterwasserausgrabungen die Befunde durch Zeichnungen, Film- und Fotoaufnahmen dokumentiert und Fundgegenstände geborgen. Neben Klingen aus Feuerstein sind dies vor allem Werkzeuge aus Tierknochen oder Geweihstücken und Abfallreste (Abb.: Von den Erteböllern zurückgelassene Austernschalen). So können die Wissenschaftler nun die Besiedlungsgeschichte des Ostseeraumes rekonstruieren.

Um 5300–4200

Zeichen der Ewigkeit – die Spiralen und Schnecken von Butmir

In Südosteuropa fertigen neolithische Töpfer Keramikgefäße mit eigentümlicher Form und Dekoration an: Elegant geschwungene Spiralmuster, entweder aufgemalt oder plastisch aus dem Ton herausgearbeitet, sind die Charakteristika der Butmir-Kultur im heutigen Bosnien.
Ausgrabungen bei Sarajevo fördern zwischen 1893 und 1896 den Siedlungsplatz Butmir zutage, dessen Artefakte bald großes Aufsehen und Begeisterung in der wissenschaftlichen Welt erregen. Schnell gilt Butmir als Wiege der so genannten Spiralkunst. Spiral- und Schneckenornamente, die vor allem als Ewigkeitssymbole gedeutet werden, gehören in den folgenden Jahrhunderten zum festen Formenkanon des künstlerischen Ausdrucks, u. a. im mediterranen Raum (Abb.: Tarxien-Tempel auf Malta aus dem 4. Jt., dessen Quaderblöcke mit Spiralmotiven verziert sind).

Um 5500–4100

Vinča-Kultur: Masken mit fünf Ecken

Die Menschen der Vinča-Kultur in Südosteuropa lassen sich auf fruchtbaren Böden in der Nähe von Flussläufen nieder, um dort Äcker und Siedlungen anzulegen. Neben Viehzucht und Ackerbau verstehen sie sich wohl ab dem 5. Jt. auch auf den Abbau des wichtigen Kupfers, aus dem Werkzeuge und Schmuck hergestellt werden. Die wirtschaftliche Blüte ihrer Kultur ermöglicht es den Vinča-Leuten, andere begehrte und vor Ort nicht vorhandene Güter durch Tauschhandel zu erwerben. Handelsgüter sind der für die Herstellung von Sicheln benötigte Obsidian sowie Alabaster und Marmor. Die als Schmuck beliebten Spondylusmuscheln werden von der Ägäis und der Adria bis auf den Balkan transportiert.

Gesicht aus der Jungsteinzeit: Diese Maske der Vinča-Kultur fand man bei Priština im Kosovo.

In den größten Siedlungen dieser im heutigen Serbien, Bulgarien und Rumänien verbreiteten Kultur leben bis zu 2500 Menschen in planvoll nebeneinander angelegten Häusern, zu deren Bau man auch Berghänge aufwändig terrassiert. Die Häuser umfassen einen mit Steinmauern abgegrenzten Hof und besitzen einen aus Gips, Holz und teilweise auch Steinplatten gefertigten Fußboden. Die Wände bestehen aus Lehmflechtwerk.

Im namensgebenden Vinča östlich von Belgrad entdecken Archäologen zwischen 1908 und 1934 eine bis zu 7 m dicke Kulturschicht aufeinander folgender Hausbauten. In einigen Fällen können auch Tempelbauten nachgewiesen werden, an deren Wänden bemalte Rinderschädel angebracht waren. In ihrer religiösen Welt huldigen die Vinča-Menschen auf diese Weise der Viehzucht, die eine der wichtigsten Grundlagen für den allgemeinen Wohlstand bildet.

Vinča-Altar in Form eines Dreifußes mit drei Kentauren (Terrakotta)

Die Leute der Vinča-Kultur sind geschickte Kunsthandwerker. Insbesondere ihre Keramikgefäße und Skulpturen zeigen einen bemerkenswerten Wandel in der künstlerischen Gestaltung. Typische Vinča-Gefäße bestehen aus poliertem schwarzen Ton und sind häufig durch eingeritzte Winkel oder eine mit der Fingerkuppe in den ungebrannten Ton gedrückte Spirale verziert. Eine besondere Bedeutung nimmt die Darstellung der sog. Vogelgöttin ein: Gefäße zeigen ihr mittels stilisierter Augen und einer schnabelähnlichen Nase angedeutetes Vogelgesicht. Tonfiguren geben den menschlichen Körper mit Details der Kleidung wieder. Häufig werden auch fünfeckige Masken aus Ton gefunden, die sowohl die Vogelgöttin als auch andere Gottheiten darstellen. Linien und Punkte umreißen die halbrunden oder mandelförmigen Augen. Brauen, Kopfhaare und göttliche Symbole zieren die zum Teil lebensgroßen Gesichter. Bis heute sind über 650 Fundorte der Vinča-Kultur bekannt.

Um 5300

Halbnomaden in Polen

Über die jungsteinzeitlichen Zivilisationen des Mittelmeeres verbreiten sich kulturelle Kenntnisse auf dem Gebiet des Hausbaus, der Keramikherstellung und der Landwirtschaft nach Zentral- und Osteuropa. Im heutigen Brześć Kujawski, etwa 150 km nordwestlich von Warschau, werden zahlreiche Funde gemacht, die ein Schlaglicht auf das Geschehen in Polen zu dieser Zeit werfen. Auf einer Halbinsel, die weit in einen See hineinreicht, errichten frühe Bauern kleine Häuser. Es gibt keine Hinweise darauf, dass diese Siedlungen auch im Winter bewohnt werden. Vieles deutet auf eine von Siedlungsplatz zu Siedlungsplatz wandernde Bevölkerung hin. Die hausbauenden Nomaden kehren bis 3900 v.Chr. wohl immer wieder an diesen Ort zurück und geben ihn erst auf, als vorhandene Ressourcen erschöpft sind.

Um 5400–4800

Bewohner Sardiniens legen unterirdische Grabstätten an

Die Inseln Korsika und Sardinien sind Vermittler zwischen den steinzeitlichen Kulturen der Mittelmeerregion. Ihre Bewohner profitieren von den Handels- und Verkehrsbeziehungen zwischen Italien, Südfrankreich und dem Alpenraum. Warenhandel und damit auch kulturelle Impulse verbinden die Menschen des neolithischen Sardinien mit anderen Zivilisationen. Zahlreiche Fundstätten belegen ein auffälliges Bevölkerungswachstum auf der Insel sowie die Entstehung großer Dorfsiedlungen.

Eine Eigenheit der Ozieri-Kultur auf Sardinien ist die Errichtung von unterirdischen Grabanlagen, in denen die Bedeutung der Bestattung und Sorge um die Verstorbenen eindrucksvoll sichtbar wird. Hunderte von Grabkammern – sowohl einzelne Räume als auch komplizierte Kammersysteme – sind bisher bekannt. Von den Einheimischen werden diese Totenstädte heute als »Feenhäuser« (domos de janas) bezeichnet. Das Wort »jana« leitet sich vom Namen der römischen Göttin Diana ab. Reliefs mit Stierköpfen und -hörnern, insbesondere aber die Bemalung der Grabstätten mit Motiven wie Vulven, Tierhörnern und Augen weisen auf die Jenseitsvorstellungen der Menschen der Ozieri-Kultur hin. Berühmt sind vor allem die in den Gräbern gefundenen Todesgöttinnen, bis zu einen halben Meter große Figuren aus Alabaster und Marmor. Diese Statuetten zeigen in stark abstrahierter Weise die nackte Gestalt einer Göttin mit verschränkten Armen. Sie wurden den Verstorbenen als Begleitung mit in das Grab gegeben. Vermutlich symbolisieren sie den ewigen Kreislauf von Geburt und Tod.

Um 5000 Die Menschen der linearbandkeramischen Kultur befestigen ihre Kleidung mit **Gürteln**. Die Gürtel der jungsteinzeitlichen Mitteleuropäer sind aus Leder oder Pflanzenfasern hergestellt. Sie halten die Leinenkleidung der Ackerbauern zusammen. Der Verschluss besteht aus Hirschhorn oder dem Kalk der in der gesamten Bandkeramik beliebten Spondylusmuschel. Funde aus der Nähe des heutigen Straubing zeigen, dass die Gürtelverschlüsse mittels Kerben und Haken ineinander gehängt wurden. Von den Gürtelmaterialien selbst hat sich nichts erhalten.

In Südamerika bauen Ackerbauern **Kürbisse** an. Die nahrhafte Pflanze wandelt sich von einem Wild- zu einem Kulturgewächs. Kürbisse sind widerstandsfähig gegen Umwelteinflüsse und verbreiten sich deshalb über einen großen Teil des südamerikanischen Kontinents. Auch die Kartoffel ist bei den Neolithikern Südamerikas bereits bekannt. Den Ackerbauern ist schon zu jener Zeit eine Methode geläufig, die Erdknolle durch die Einwirkung von Frost und Sonne dauerhaft haltbar zu machen.

Für Opferrituale errichten Menschen der linearbandkeramischen Kultur einen Altar in der Nähe des heutigen **Herrnbaumgarten** in Niederösterreich. Der Altar ist etwa 1,5 m lang, 0,5 m breit und aus Ton geformt. Auf ihm opfern die Bandkeramiker Fleisch und Pflanzen, die sie in eigens dafür hergestellten Opfergefäßen herbeitragen. Die Ware wird nach der Zeremonie zerschlagen. Der Opferaltar von Herrnbaumgarten wurde 1954 n. Chr. bei archäologischen Ausgrabungen entdeckt. Ob der Altar unter freiem Himmel oder in einer Hütte stand, lässt sich nicht klären.

Die Linearbandkeramiker benutzen **Kämme**. Das belegen Grabfunde aus Bayern, die aus der Zeit der ersten neolithischen Kultur Mitteleuropas stammen. In den Gräbern von Aiterhofen-Ödmühle und Sengkofen lagern Reste von Knochen mit Kammzinken. Anhand der Fundlage lässt sich rekonstruieren, dass die Verstorbenen die Kämme zum Zusammenstecken der Haare auf dem Hinterkopf trugen. Kämme wurden in der linearbandkeramischen Kultur von Frauen und Männern gleichermaßen genutzt.

Schminken ist dem Menschen vermutlich seit der Altsteinzeit ein Bedürfnis. Die ersten **Schminkutensilien** in Mitteleuropa stammen aus dem Kulturkreis der Linearbandkeramik. Schminkfarben werden aus Hämatit (Rötel), Mangan und Pflanzenextrakten hergestellt und auf steinernen Schminkplatten vermischt. Zum Fund einer solchen Platte gehören auch ein Knochenspachtel und ein Gerät aus Feuerstein.

Um 5000

Beginn der Metallurgie

Als erste Europäer lernen die Menschen der Lengyel-Kultur die Vorzüge des Kupfers kennen. Im ungarischen Tiefland wird der Grundstein für den Beginn der Metallzeit gelegt.
Metall ist zwar nicht so widerstandsfähig wie die bislang gebräuchlichen Steinwerkeuge, lässt sich aber im erhitzten Zustand in nahezu jede erdenkliche Form bringen. Daher ist es für die Herstellung von Schmuckgegenständen besonders geeignet. Zwar werden auch Werkzeuge wie Schaftloch- und Hammeräxte aus Kupfer gegossen, doch besonders Perlen aus gehämmertem Kupfer oder Ahlen finden weite Verbreitung. Auch Idole, Anhänger, Ketten, Ohrringe, Armreifen und sogar Diademe aus dem neuen Metall sind beliebt. Der Schmuck dient als eindrucksvolles Statussymbol und spiegelt die Stellung des Eigentümers innerhalb der hierarchisch geordneten Gesellschaft wider. Diese Insignien der Macht begleiten die Menschen bis in den Tod. Den Gräbern der Lengyel-Kultur werden – je nach Reichtum und Stand der Bestatteten – Gegenstände aus Kupfer, Gold und Ton beigelegt.
Die Gewinnung und Verarbeitung des neuen Werkstoffes ist ein arbeitsaufwändiger Prozess. Zunächst müssen kupferreiche Erze wie Malachit und Azurit in bis zu 20 m tiefen und 100 m langen Stollen abgebaut werden. Diese Erze enthalten bis zu 60 Prozent des gesuchten Rohstoffes. Anschließend muss das Metall entweder mit Schlagwerkzeugen oder durch Einschmelzen aus dem Gestein gewonnen werden.
Kupfer lässt sich zwar selbst in kaltem Zustand noch gut bearbeiten. Aber die Herstellung großer und komplexer Gegenstände wird erst mit geschmolzenem Kupfer möglich. Bei der Schmelze sind Tempe-

Schmuckscheibe und Flachbeil – Frühformen der Kupfermetallurgie

Um 5000

Mexiko: Mais wird zum Hauptnahrungsmittel

Sesshaftigkeit und Ackerbau sind auch in Süd- und Mittelamerika entwickelt. Im Tehuacán-Tal Mexikos machen Neolithiker einen bahnbrechenden Schritt: Sie bauen erstmals Mais an. Die Pflanze wird zum Katalysator des Aufstiegs aller altamerikanischen Kulturen.
Schon seit 6000 v. Chr. bauen die Menschen Mittelamerikas Feldfrüchte an. Bohnen und Kürbisse sind leicht ziehbare Pflanzen, die zudem hohen Nährwert haben. Die amerikanischen Wälder ermöglichen außerdem die Jagd auf Truthähne und Wild. Für seinen Aufstieg zum Hauptnahrungsmittel besitzt der Mais wichtige Vorteile. Die Pflanze (s. Abb.) benötigt mit 500 bis 700 mm Wasser während der Aufzucht relativ wenig Niederschlag. Ihr schnellstes Wachstum erreicht sie bei einer Durchschnittstemperatur von 30 °C. Beide klimatischen Voraussetzungen sind im Tehuacán-Tal optimal erfüllt. Hinzu kommt, dass Mais nur ein schwaches Wurzelwerk ausbildet und damit auch für Böden mit dünner Humusschicht geeignet ist. Mais kann gekocht oder roh verzehrt werden. Außerdem lassen sich aus der Pflanze Öl und Mehl gewinnen. Aufgrund dieser Eigenschaften entwickelt sich der Mais in Mexiko binnen 200 Jahren zum wichtigsten Nahrungsmittel. Die ersten Anbautechniken nutzen das Potenzial der Pflanze noch nicht aus. Auf kleinen Beeten wird der Mais planlos ausgesät und nach der Reifung geerntet. Eine Verbesserung stellt der Hydrogartenbau dar, bei dem die Neolithiker Wasser aus den nahen Flüssen auf die Felder leiten. Mit systematischer Bewässerung gelingt es schließlich, mehrere Ernten im Jahr einzubringen.
Die Herkunft der Pflanze, die zur Nahrungsgrundlage aller altamerikanischen Kulturen wird, ist bis heute ungeklärt. Alle bekannten Maisformen sind Kulturpflanzen, eine Wildform ist nicht bekannt, doch muss es sie in der Altsteinzeit gegeben haben. 80 000 Jahre alt sind 19 fossile Maispollen, die in Mexiko entdeckt werden und direkt von einer wilden Sorte abstammen. Die ersten paläobotanischen Funde von Kulturmais stammen aus dem Tehuacán-Tal.

raturen von über 800 °C erforderlich, um das Metall aus dem Gestein zu lösen. Diese Temperaturen sind mit den Brennöfen, die bis dahin zum Brennen von Keramik genutzt wurden, durchaus erreichbar und können durch hohe Sauerstoffzufuhr sogar übertroffen werden. Bruchstücke des so gewonnenen Metalls werden in Tiegeln erhitzt und verflüssigt. Das geschmolzene Kupfer kann nun mit Gussformen aus Ton oder Stein in die gewünschte Form gebracht werden. Auch bereits vorhandene Gegenstände aus Kupfer können jederzeit wieder eingeschmolzen und in eine neue Form gegossen werden, wenn sie unbrauchbar oder unansehnlich geworden sind. Zwar bietet das Statussymbol Kupfer zahlreiche Vorteile gegenüber dem schwerer zu bearbeitenden Werkstoff Stein, doch ein Großteil der Werkzeuge wird dennoch weiterhin aus Stein gefertigt. Denn reines Kupfer ist nicht allzu hart und Werkzeuge aus diesem Metall können schon nach kurzer Zeit unbrauchbar werden.

Ein Tonidol der Lengyel-Kultur mit dreieckigem Gesicht

Bei dem anstrengenden Einsatz bleibt den Bergleuten und Schmelzern kaum Zeit für die tägliche Nahrungsbeschaffung. Die Verarbeitung des wertvollen Metalls erfordert einen erheblichen Aufwand an harter körperlicher Arbeit und an Zeit. Ein Teil der Gemeinschaft muss deshalb mehr Lebensmittel produzieren, damit die Metallarbeiter ernährt werden können. Um dies gewährleisten zu können, muss die Landwirtschaft der Lengyel-Kultur entsprechend hoch entwickelt sein. Die Entstehung einer arbeitsteiligen Gesellschaft zeichnet sich ab.

Als Prestigeobjekt wird Kupfer nach wenigen Jahrhunderten auch in anderen Kulturen geschätzt. Gegenstände aus Kupfer werden bis nach Dänemark exportiert. Von Osteuropa aus verbreitet sich der Gebrauch von Kupfer in nahezu alle Himmelsrichtungen und etabliert sich in kurzer Zeit zwischen Rhein und Vorderem Orient in fast ganz Europa. Sogar Kulturen, die über keine eigenen Kupfererzvorkommen verfügen, nutzen Gegenstände aus dem begehrten Metall. Es entsteht ein regelrechter Fernhandel mit Kupfer, der Hunderte von Kilometern umfasst. Als erste neolithische Gesellschaft hat die Lengyel-Kultur die Möglichkeit, die seltenen Kupfervorkommen auszuschöpfen. Sie beliefert große Teile Europas über ein weit verzweigtes Handelsnetz.

Die noch bestehenden Kulturen der Jäger und Sammler sind von dieser Entwicklung jedoch ausgeschlossen. Die Metallobjekte sind in der egalitären Gesellschaft der mittelsteinzeitlichen Menschen ohne Wert, da die Position eines Einzelnen nicht durch Statussymbole angezeigt werden muss. Da für sie auch der Gebrauchswert von Kupfer nur gering ist und in keinem Verhältnis zu dem Aufwand steht, der nötig ist, Kupferartikel zu beschaffen, blüht der Kupferhandel nur zwischen den hierarchisch strukturierten Kulturen des Neolithikums. Der Werkstoff Kupfer und die daraus gefertigten Erzeugnisse liefern der Archäologie heute Hinweise über die soziale Schichtung jungsteinzeitlicher Gruppen in Europa.

Um 5000

Ton und Kupfer aus Sialk

Bei Sialk im Iran formen Schmiede der Jungsteinzeit ein Stück natürliches Kupfer. Es handelt sich um das älteste unkorrodierte Kupfer-Artefakt der Welt. Die kalte Verarbeitung des Metalls ist eine weit verbreitete Methode, natürliches Kupfer in die gewünschte Form zu bringen. Dabei wird der Rohstoff mit Hämmern von dem umgebenden Erz gelöst und anschließend in Form getrieben. Das in dieser Region verarbeitete Kupfer unterscheidet sich durch seinen hohen Arsengehalt (zwei bis sechs Prozent) von dem der angrenzenden Gebiete. Dadurch ist es spröder und härter – vielleicht ein Grund dafür, dass sich das Objekt aus Sialk so gut erhalten hat.

Neben Kupfer bleibt Ton ein beliebter Werkstoff. Im Iran werden unter anderem Vorratsgefäße und weibliche Figurinen gebrannt. Die Keramiken werden auf rötlichem oder beigem Grund mit Flechtmustern und stilisierten Menschen verziert. Aber auch Tiere wie Schlangen, Ziegen, Stiere und Pferde (s. Abb.) sind auf den Töpferwaren zu sehen. Bei den einfachen geometrischen Mustern finden sich Rauten- und Zickzackornamente ebenso wie dicht gewebte Strukturen und Muster, die aus Aussparungen auf hellem Grund bestehen. Die Motive werden oft spiralförmig um die Keramik herumgeführt oder kreuzförmig angeordnet. Diese Art der Malerei kommt auch auf einigen Wänden zum Vorschein.

Um 4000

Das Pferd als Nutztier

In der östlichen Ukraine und in Nordkasachstan werden die ersten Reitpferde domestiziert. Die robusten Tarpane revolutionieren die Beweglichkeit des Menschen. Die mittelgroßen Pferde haben einen gedrungenen Kopf und einen kurzen Schweif. Gelenkt werden sie mit Zaumzeug aus Geweih und Leder. Reiter können die fünffache Entfernung bewältigen, die ein Mensch in der gleichen Zeit zu Fuß zurücklegen kann. Dementsprechend dehnen sich auch die territorialen Grenzen der Reitervölker aus. Die Nutzung des Pferdes eröffnet bis dahin ungekannte Möglichkeiten: Das Reittier vereinfacht die Jagd, erleichtert Überfälle auf benachbarte Gesellschaften und wird zum Ausgangspunkt ausgedehnter Wanderbewegungen. Doch die Menschen wissen das Pferd nicht nur als Transportmittel zu schätzen – Stutenmilch und Pferdefleisch bereichern zudem ihren Speiseplan. Wegen ihrer vielseitigen Nutzbarkeit werden die Tiere auch kultisch verehrt: Davon zeugen Pferdefigurinen aus Ton, die Toten mit ins Grab gegeben werden.

Um 5000

Menschenopfer in der Jungfernhöhle von Tiefenellern

Die Bewohner eines neolithischen Dorfes im heutigen Franken opfern zu festlichen Anlässen Tiere und Menschen und verspeisen sie. Nirgendwo sonst sind Zeugnisse von Menschenopfern so deutlich sichtbar wie in der Jungfernhöhle von Tiefenellern bei Bamberg.

Ein kleines Plateau neben der durch einen Erdrutsch freigelegten Höhle dient als Ritualstätte. Der heilige Ort wird mit der Opferung eines Schweines eingeweiht, doch neben Tieren werden hier auch Menschen getötet. Nachdem die menschlichen Opfer mit Steinwerkzeugen erschlagen worden sind, werden den Toten die Vorderzähne entfernt. Die Zähne werden später zu Schmuck weiterverarbeitet, dem – ebenso wie den Ketten aus Tierzähnen – magische Funktion zugesprochen wird. Bei den Ritualhandlungen schmücken die Neolithiker ihre Körper mit Rötel und Kohle. Mit Werkzeugen aus Stein, Knochen und Horn öffnen sie die Schädel der Opfer. Auch Röhrenknochen werden aufgeschnitten, um das nahrhafte Knochenmark freizulegen. Teilweise werden Stücke von Menschen- oder Tierfleisch über einem Feuer geröstet und anschließend gegessen. Bei den Ritualen werden vor allem Kinder und Jugendliche, überwiegend Mädchen, geopfert. Insgesamt kommen 38 Menschen bei der Jungfernhöhle von Tiefenellern gewaltsam zu Tode. Die Überreste der Zeremonien werden achtlos in die Felsgrotte geworfen. So entsteht im Höhleninnern ein Durcheinander von Knochen, Tonscherben (Abb: Tonflasche der Bandkeramik aus Tiefenellern), Steingeräten, Rötelstücken und Holzkohleresten.

Um 5000 Ein ungewöhnliches Schmuckstück trägt ein Bandkeramiker, der in der Nähe des heutigen **Werneck-Zeuzleben** (Unterfranken) gefunden wurde. Eine Kette mit insgesamt 29 aufgefädelten Menschenzähnen hängt ihm um den Hals. Wie lang die Kette war, lässt sich heute nicht mehr bestimmen, da der Faden verrottet ist. Vermutlich stand das Tragen der Menschenzähne mit schamanistischen Praktiken im Zusammenhang, die in der Jungsteinzeit weit verbreitet waren. Denkbar ist auch, dass es sich bei der Kette um Trophäen von Kämpfen handelt. Ob die Zähne Lebenden oder Toten ausgerissen wurden, lässt sich heute nicht mehr bestimmen.

Der Ritus des **Menschenopfers** ist in der linearbandkeramischen Kultur weit verbreitet. Allein auf dem Gebiet des heutigen Deutschland existieren zur gleichen Zeit drei Opferstätten, an denen Menschen rituell getötet werden. Neben der berühmten Jungfernhöhle beim heutigen Tiefenellern (Fränkische Schweiz) und dem Opferfund bei Eilsleben (Sachsen-Anhalt) gehört auch die Höhle Henseles Hohl im Alb-Donau-Kreis dazu. Ob die hier Getöteten Angehörige derselben Gemeinschaft wie die Opferpriester waren oder von anderen Sippen stammten, ist ungeklärt.

Im heutigen Österreich schnitzen Neolithiker **Schmuckstücke aus Menschenschädeln**. Die Knochenscheiben haben einen Durchmesser von rund drei Zentimetern. Einige sind durchbohrt. Möglicherweise wurden sie auf die Kleidung genäht. Vermutlich hatten die Schädelscheiben nicht ausschließlich schmückenden Charakter, sondern wurden auch zu kultischen Zwecken getragen.

In Mitteleuropa tauchen neue Steingeräte zur Holzbearbeitung auf. Prominentester Vertreter der neuartigen Werkzeuge ist der heute so genannte **Schuhleistenkeil**, ein geschliffenes spitzes Steinbeil, dessen Form an einen Schuhleisten erinnert. Die Menschen der linearbandkeramischen Kultur schäften die Schuhleistenkeile und können sie somit gleichsam als Äxte und Deichsel zum Einsatz bringen. Eine andere Art Steinwerkzeug ist die so genannte Flachhacke, die unseren heutigen Gartenhacken ähnelt. Sie wurde vermutlich ebenfalls für die Holzverarbeitung verwendet.

Um 5000–3000

Mode der Jungsteinzeit

Die Gestaltung von Kleidern und Frisuren spielt schon bei den Menschen der Jungsteinzeit eine große Rolle. Bei Frauen sind Schmuckanhänger und Halsketten aus Muscheln, Perlen und Steinen beliebt. Es werden aufwändige Kombinationen von Röcken, Schürzen und Miedern getragen, auch Gürtel sind als modisches Accessoire sehr geschätzt.

Einen aufschlussreichen Einblick in die »Modewelt« des Neolithikums bieten besonders die zahlreichen kleinen Statuetten von Frauen. Häufig sind sie von der Taille an unbekleidet und mit einer liebevoll ausgearbeiteten Frisur und verschiedenen Schmuckgegenständen ausgestattet. Dabei handelt es sich wohl um Darstellungen von Göttinnen und Priesterinnen in einer Art von Zeremonialtracht, denn angesichts der kühlen Witterung in Europa kann dies nicht die Alltagsmode sein. Andere Figuren, vor allem solche aus Ton, zeigen dagegen aufgemalte, eingeritzte oder plastisch ausgearbeitete Details der Kleidung. Frauen der Vinča-Kultur bevorzugen danach eng anliegende, knöchellange Röcke, die mit einem Rechteckmuster versehen sind. Diese können zum Beispiel mit einer ärmelfreien Bluse mit V-Ausschnitt kombiniert werden. Reich geschmückte Gürtel und Fransen, aber auch zusätzlich zum Rock getragene, durch aufwändige Muster dekorierte Schürzen und im Original aus Leder gefertigte Stiefel vervollständigen die Damengarderobe.

Kleidung und Frisur sind bei diesem weiblichen Idol der Vinča-Kultur (5. Jt.) besonders betont.

Auf die Darstellung der Haartracht wird ebenfalls großen Wert gelegt. Die Frisuren können praktischer Natur sein, indem das Haar gescheitelt und im Nacken zu einem Knoten gebunden wird. Aber auch aufwändige, mit besonderen Anlässen verbundene Frisuren sind beliebt: Dabei tragen die Frauen ihr Haar zu Schneckenmustern aufgedreht oder streng frisiert und im Nacken mithilfe eines Haarnetzes zusammengefasst. Möglicherweise werden Öle, Schnüre und Tücher verwendet, um die gewünschte Frisur herzustellen. Andere Frauen bevorzugen dagegen langes, frei herabfallendes Haar, das auf dem Rücken in einem Knoten endet.

Daneben finden sich besonders bei Götterdarstellungen und religiösen Szenen häufig turbanähnliche Kopfbedeckungen und konische Filzkappen. Aus Gräbern sind zudem Diademe aus Spondylusmuscheln bekannt, während Felszeichnungen unter anderem Tänzer mit einem fransenartigen Kopfputz zeigen. So entsteht ein buntes und vielfältiges Bild von der Kleidung und der äußeren Erscheinung des jungsteinzeitlichen Menschen. Nicht nur im alltäglichen Leben ist die Kleidung mehr als nur ein Schutz vor Witterung und Kälte. Schmuck, Haartrachten, Gürtel und andere Accessoires geben Hinweise auf religiöse Zeremonien, soziale Unterschiede und das Aussehen der neolithischen Gottheiten. Geänderte Vorlieben, zum Beispiel neue Dekorationsmuster von Röcken oder immer wieder wechselnde Haartrachten, präsentieren sich in einem fortwährenden Wandel von Formen und Gestaltungen – den frühesten Zeugnissen von Modebewusstsein.

Eine Felszeichnung aus dem Val Camonica in der Lombardei zeigt einen Tänzer mit Kopfputz.

Um 5000

Mineralabbau unter Tage

Bandkeramiker bauen Hämatit (s. Abb.) im Schwarzwald ab. Die von ihnen hinterlassenen Spuren sind die ältesten Zeugnisse von Untertagebau in Deutschland. In der Nähe des heutigen Bad Sulzburg tragen die Neolithiker das Mineral zunächst im Übertagebau ab. Als sich die freigelegten Schichten erschöpfen, dringen die Arbeiter in das Gestein vor. Dazu benutzen sie Steinhämmer, die mit einem Holzschaft versehen sind. Nach und nach entsteht eine Abbaugrube von 4 m Länge und 3 m Tiefe. Die Beschaffenheit des Schachtes zeigt, dass er von Spezialisten angelegt wird, die sich bereits mit der Bergbautechnik auskennen und vermutlich aus einem anderen mitteleuropäischen Gebiet eingewandert sind.
Hämatit ist ein Mineral aus Eisenoxid, das wegen seiner charakteristischen Farbe auch Rötel oder roter Ocker genannt wird. Bereits in der Altsteinzeit schmückten Menschen bei Bestattungsritualen die Gräber mit dem Mineralstoff aus.

Um 5000–4300

Mesolithiker hinterlassen riesige Muschelhaufen

Mit der Ertebölle-Ellerbek-Kultur endet die Mittelsteinzeit in Nordeuropa. Die Siedlungen der Ertebölle-Kultur liegen an Seeufern und an der Küste der Ostsee. Muscheln sind die Hauptnahrung der letzten Mesolithiker Dänemarks. Austern, Herz- und Miesmuscheln sind an den Küsten im Überfluss vorhanden und müssen nur eingesammelt werden. Die Menschen werfen die Schalen der Weichtiere stets auf dieselben Abfallstellen. So wachsen im Lauf der Zeit gewaltige Muschelhaufen heran, die heute »Kjökkemmöddinger« genannt werden und als typisches Merkmal der nordeuropäischen Mittelsteinzeit gelten. Beim heutigen Erteбölle (Dänemark) erreicht ein solches Abfalllager 140 m Länge, 40 m Breite und 1,50 m Höhe. Ein weiterer namengebender Fundort der letzten mittelsteinzeitlichen Kultur Nordeuropas liegt in Ellerbek in der Nähe von Kiel.
Um den Rohstoffreichtum der Gewässer optimal nutzen zu können, benutzt man Einbäume. Die Wasserfahrzeuge sind mit etwa 6 m so lang, dass drei bis vier Menschen darin Platz finden. Die nur 60 cm schmalen Boote sind wendig und können leicht manövriert werden – ein entscheidendes Kriterium beim Fischfang und bei der Robbenjagd. Ein weiterer Vorteil des Einbaums ist sein Gewicht. Eine Besatzung von vier Mann ist in der Lage, das Boot über Land zu ziehen. Auf diese Weise können die Menschen die Binnengewässer Jütlands wie ein Verkehrswegenetz nutzen. Die Herstellung eines Einbaums ist allerdings eine mühsame Angelegenheit. Zunächst muss ein möglichst gerade gewachsener Baum gefällt werden (Abb.: Bau eines Einbaums im afrikanischen Botsina). Mit Hilfe von Steinbeilen höhlen die Bootsbauer den

Stamm aus. Drei Erwachsene arbeiten etwa zwei Wochen, bis der Einbaum zu Wasser gelassen werden kann. Zur Fortbewegung der Boote dienen Stechpaddel aus Eschenholz. Sie sind aus einem Stück geschnitzt und besitzen ein herzförmiges Ruderblatt.

Um 5000

Angst vor Wiedergängern

Die Jenseitsvorstellung der Bandkeramiker umfasst auch den Glauben an so genannte Wiedergänger – Tote, die die Lebenden heimsuchen.
Beim heutigen Berlin-Schmöckwitz werden drei Männer einer Jägersippe bestattet. Ihre Leichen werden mit scharfkantigem Feuersteinwerkzeug zerstückelt, bevor sie in die Erde gelegt werden. Trotz dieser groben Behandlung werden die Körper nicht unachtsam verscharrt, sondern mit den üblichen Zeremonien beigesetzt. Davon zeugt u. a. das Rötelpulver, mit dem die Bestatter die Leichen rituell überschütten. Das Zerlegen der Leichname ist vermutlich auf die Furcht vor Wiedergängern zurückzuführen. Funde von vermeintlichen Wiedergängern sind keine Seltenheit in der europäischen Jungsteinzeit. Vermuten die Hinterbliebenen, dass der Tote keine Ruhe im Grab finden wird, versuchen sie, den Leichnam unbeweglich zu machen. Dazu dient das Abtrennen von Gliedmaßen wie in Berlin-Schmöckwitz oder das Beschweren des Körpers mit einem großen Stein. Auch Gräber mit gefesselten Toten sind bekannt. Was die Neolithiker dazu veranlasst, in manchen Verstorbenen Wiedergänger zu vermuten, ist nicht überliefert. Der Volksglaube kennt die Mär von den unerlösten Seelen der Toten auch noch heute – in ihren modernen Ausprägungen als Vampire oder Zombies.

Um 5000–2900

Begehrter Bernsteinschmuck aus dem Baltikum

Ein Paradies für Fischer ist das Baltikum von der Danziger Bucht bis zum Finnischen Meerbusen. Die hier lebenden Menschen der Narva-Kultur lernen Sesshaftigkeit und Viehzucht durch den Fernhandel mit den Neolithikern Westrusslands kennen, denn sie stellen ein begehrtes Tauschobjekt her: Schmuck und Geräte aus Bernstein.

Die Menschen der Narva-Kultur sammeln Bernstein und verarbeiten ihn zu Schmuck- und Gebrauchsgegenständen. Werkstätten entstehen sowohl direkt an der Ostseeküste als auch einige hundert Kilometer entfernt im Landesinneren. Aus ihnen entwickeln sich später die ersten Handelszentren der Region. Aus dem weichen Bernstein werden plastische Figuren geschnitzt: Tiere (Abb.: Bernsteinpferd aus Pommern) und stark stilisierte Menschenstatuetten. Gebrauchsgegenstände wie Knöpfe oder Anhänger aus Bernstein sind bei den Handelspartnern in Westrussland beliebt und können gegen den dort häufig vorkommenden grünen Schiefer getauscht werden. Über weitläufige Handelsverbindungen erreicht der baltische Bernstein sogar Schweden und Finnland.
Handel und Fischfang – dank dieser Ressourcen gelingt es den Menschen im Baltikum, ihre Kultur über einen langen Zeitraum gegen fremde Einflüsse zu behaupten. Ein Gräberfeld am Ufer des Burtnieki-Sees ist für die Zeit vom 7. bis ins 3. Jt. belegt. Mit 317 mesolithischen und neolithischen Bestattungen ist es das größte Gräberfeld dieser Zeit in Nordeuropa. Die Siedlungskontinuität der Narva-Leute ist auch andernorts enorm hoch. Auf dem Gebiet des heutigen Litauen und Lettland leben die Neolithiker über Jahrhunderte in Torfmoorsiedlungen. Der feuchte, mineralhaltige Boden konserviert viele Gegenstände, die sonst verrottet wären, so aber viele Hinweise auf das jungsteinzeitliche Leben im Baltikum liefern: Netze, Senkgewichte, Reusen, Dreizacke und sogar die Gräten von Hechten und Stören.

Um 4900 Zu Beginn des Mittelneolithikums erreicht der Mensch beträchtliche Körpergrößen. Ein Mann der Hinkelsteingruppe war 1,75 m groß, wie sich beim Fund seines Grabes in der Nähe des heutigen **Kleinhadersdorf** (Niederösterreich) herausstellt. Die Hinkelsteingruppe leitet sich – wie die parallel bestehenden Rössener oder Großgartacher Gruppen – aus der linearbandkeramischen Kultur ab. Der Name stammt nicht von den erst 1500 Jahre später auftauchenden Hinkelsteinen, sondern von einem Gräberfeld bei Monsheim (Rheinland-Pfalz).

Die Menschen der **Hinkelsteingruppe** leiden häufig unter Vitaminmangel und den sich daraus ableitenden Erkrankungen. Das lässt sich an archäologischen Funden aus Rheinland-Pfalz nachweisen. In zwei Gräberfeldern bei Worms wurden Skelettreste entdeckt, an denen Spuren von Vitaminmangelkrankheiten feststellbar waren. Die auffälligsten Anzeichen von unausgewogener Ernährung sind Wachstumsstörungen, die sich wie Baumringe an den Knochen ablesen lassen. Unterernährte Menschen neigen auch meist zu Knochendeformationen.

In der Vulkankette der Cascade Range im heutigen US-Bundesstaat Oregon explodiert der Vulkan **Mazana** und zerbirst. Noch heute zeugt ein gewaltiger Kratersee von dem Ereignis. Mit 589 m Tiefe ist der Crater Lake der tiefste See der USA.

Um 4800 Die **Großgartacher Gruppe**, eine mittelneolithische Regionalkultur, entsteht. Die für diese Kultur markanten Keramiken sind Bauchknickgefäße, steilwandige Becher und Vierzipfelschalen. Typisch ist auch die Verzierung der Gefäße mit Ösen. Die Keramikoberfläche ist meist mit Winkelbändern, Fischgrätenmustern und Strichen geschmückt. Die Großgartacher breiten sich über das Rheinland, Südwestdeutschland, das Elsass und den Neckarraum aus und greifen von dort auf weitere Gebiete über.

In Norditalien wird eine der ersten Seeufersiedlungen angelegt. Die Menschen der so genannten **Bocca-quadrata-Kultur** bauen ihre Häuser auf Pfählen, um sie vor Überschwemmungen zu schützen, die im Gebiet der Alpenseen häufig auftreten. Die Bocca-quadrata-Kultur erhält ihren Namen (eckiger Mund) von der eigentümlichen Form ihrer Irdenware. Die neolithische Keramik Norditaliens hat eine quadratische Öffnung.

Um 4900

Tötung mit Mahlsteinen

Im Gebiet des heutigen Deutschland, der Tschechischen Republik und Niederösterreichs blüht die Stichbandkeramische Kultur. Diese moderne Bezeichnung leitet sich von den charakteristischen, aus einzelnen Stichen bestehenden Winkel- und Linienmustern auf den Tongefäßen dieser Zeit ab. Als Ackerbauern und Viehzüchter – die Jagd auf Wild dient lediglich zu Bereicherung des Speiseplans – sind die Stichbandkeramiker in besonderen Maße auf die Fruchtbarkeit der Erde und das Gedeihen ihrer Ernten und Viehherden angewiesen.

Offenbar werden Menschen in der Stichbandkeramischen Kultur auch geopfert oder hingerichtet. Darauf deuten Funde von Gräbern beim heutigen Zauschwitz (Sachsen) hin. Dort findet man u. a. einen etwa 18 Jahre alten Mann mit zertrümmertem Schädel auf einem Mahlstein. Die unnatürliche Beinhaltung eines weiteren Toten lässt darauf schließen, dass seine Füße miteinander verschnürt waren, als er starb. Im Schädel eines dritten Leichnams stecken noch Reste eines Mahlsteins, mit dem der Mann offenbar erschlagen worden war.

Um 4800

Langlebige Cucuteni-Kultur

Über eine Dauer von mehr als 1000 Jahren erstreckt sich die nach einem Fundort im heutigen Rumänien benannte Cucuteni-Kultur, deren Angehörige in Moldawien und der Ukraine siedeln. Ihre Dörfer und Siedlungen sind durch Ausgrabungen heute gut erschlossen und zeigen ein beeindruckendes Bild dieser auch für ihre Keramikgefäße (s. Abb.) und Statuetten bekannten Zivilisation. Anfangs bestehen die Dörfer aus nur etwa 20 Häusern. In der Spätphase der Kultur gibt es dagegen stadtähnliche Siedlungen mit bis zu 400 ha Grundfläche und über 2000 in konzentrischen Reihen angelegten Häusern. Die Vielzahl solcher Siedlungen zeigt, dass ein großes Gebiet intensiv und in enormer Dichte bewohnt wird.

Um 4900–4400

Entwicklung der Ackerbauer-Kulturen schreitet voran

Eine Reihe von Ackerbauer-Kulturen existiert in Europa nebeneinander und nacheinander. Jede für sich zeugt von stetigen Fortschritten auf dem Gebiet der Werkzeugbearbeitung, der Landwirtschaft, der Keramikherstellung und des Hausbaus. Die Häuser werden größer und in der Struktur der nun geplant angelegten Siedlungen sind bereits Gebäude unterschiedlicher Funktion zu erkennen. Bei der rituellen Bestattung der Toten bilden sich in den einzelnen Kulturen Besonderheiten wie Megalithgräber heraus. Aus Findlingen werden auch Kultstätten errichtet, die vermutlich astronomischen Beobachtungen dienen (Abb.: Steinkreis von Almendres in Portugal).

Besonders typisch für die mittelneolithische Periode ist die Durchbohrung von steinernem Gerät, die in der älteren Jungsteinzeit noch nicht bekannt war. Äxte können auf diese Weise besser auf ihrem Stiel befestigt werden und sind damit weitaus effektiver zu verwenden.

Um 4800

Die stummen Zeugen der Steinzeit

In der Bretagne bauen Neolithiker ein Grab aus großen Findlingen. Die Megalith-Architektur, die in Europa in Form von Dolmen bereits bekannt ist, breitet sich aus. 1000 Jahre nachdem die ältesten Megalithgräber in Frankreich errichtet worden sind, taucht die Architektur der großen Steine auf den Britischen Inseln auf. Um 3400 stehen Megalithbauten entlang der europäischen Westküste von Skandinavien bis Portugal.

Der Grabhügel beim heutigen Kercado in Nordfrankreich hat mit 30 m Länge und drei Metern Breite gewaltige Ausmaße. Ein Gang aus senkrecht stehenden Steinen führt in eine Kammer, die als Gruft genutzt wird. Hier bestatten die Neolithiker ihre Toten. Sie legen die Leichname auf den Boden und stellen daneben Gefäße, Werkzeuge und Schmuck als Grabbeigaben ab: Diorit- und Jadeit-Beile, Callaisperlen, Serpentinanhänger, Keramik und sogar Goldplättchen, die den Umgang mit dem kostbaren Metall bereits für diese Zeit belegen. Bei weiteren Bestattungen werden die neu Verstorbenen neben die bereits vorhandenen Toten gelegt. Wenn nach einigen Jahren kein Platz mehr in der Kammer ist, werden die Gebeine zusammengeschoben und in einer Ecke aufeinander gehäuft.

Der Bau eines Großsteingrabes dauert etwa 100 000 Stunden – mehr als 30 Jahre für einen einzelnen Menschen. Eine solch gewaltige Leistung kann nur von einer Gemeinschaft erbracht werden. Entweder arbeiten ganze Dorfbevölkerungen an den Gräbern oder es werden Spezialisten abgestellt, die ausschließlich mit dem Grabbau beschäftigt sind und von den anderen Gemeinschaftsmitgliedern ernährt werden.

Wie gelingt es den Megalithikern, die tonnenschweren Steine herbeizuschaffen und sie zu einer stabilen Konstruktion zusammenzufügen? Das Prinzip des Megalithbaus nutzt einfache physikalische Kräfte. Zunächst schütten die Arbeiter einen Hügel auf, dessen Seiten flach auslaufen. In den Hügelflanken werden Gruben ausgehoben, die zusammen den Grundriss des späteren Grabes ergeben. Dann werden die Steine auf Baumstämme gelegt und herangeschoben. Wenn der Stein den Hügel erreicht hat, wird er liegend so weit hinaufgeschoben, bis er mit der Spitze in das dafür vorgesehene Loch kippt und senkrecht steht. Anschließend erfolgt die genaue Ausrichtung und feste Verankerung durch Erde.

Mithilfe dieser Bautechnik entstehen sechs Formen der Megalith-Architektur. Dolmen sind die einfachsten und ältesten Konstruktionen. Sie bestehen aus vier bis sechs aufrechten Steinen, die Deckplatten tragen und als Grabkammer dienen. Ganggräber wie das von Kercado besitzen einen mit Steinplatten bedeckten Gang, der in die Grabkammer führt. Galeriegräber sind in den Boden eingetieft und haben einen Vorraum vor der Grabkammer. Cromlechs wie z.B. Stonehenge sind kreis- oder halbkreisförmig angelegte Steinringe, die nicht unbedingt zu Grabanlagen gehören, aber kultischen Charakter tragen. Menhire sind aufrecht stehende einzelne Steine, Alignements hingegen aus zahlreichen Menhiren gebildete Steinreihen, wie z.B. die Megalith-Anlage von Carnac. Die Erdhügel, die die Steine ummanteln, werden im Laufe der Jahrhunderte abgetragen, sodass die steinernen Kerne übrig bleiben.

In der Neuzeit fallen viele der imposanten Denkmäler dem Fortschritt zum Opfer: In Nordeuropa werden im 19. Jh. rund 90 Prozent aller Großsteingräber abgetragen und im Straßenbau verarbeitet, in Frankreich werden Menhire oft aus dem Boden gerissen und in Bauernhäusern verbaut. Dennoch sind die Bauten des Megalith-Zeitalters noch vielerorts sicht- und begehbar.

Megalith-Grab bei Saint-Cernin-de-Larches (Département Corrèze, Frankreich)

Handel in der Jungsteinzeit

Die bedeutenden Errungenschaften des Neolithikums – Sesshaftigkeit, Ackerbau, Viehzucht, Keramik- und Werkzeugherstellung – ermöglichen eine Überproduktion von Nahrungsmitteln und Waren. Zusammen mit dem Verlangen nach besseren als den vor Ort vorhandenen Rohstoffen entwickelt sich daraus ein umfangreicher Handel. Zunächst sind dies Tauschgeschäfte zwischen Handwerkern einerseits und Jägern, Fischern und Bauern andererseits. Letztere erhalten die für sie überlebenswichtigen Geräte und Werkzeuge gegen Naturalien. Werden Waren am Anfang nur mit den nächsten Nachbarn getauscht, so entsteht im weiteren Verlauf des Neolithikums ein ganz Europa umspannendes System von Handelsbeziehungen. Die anwachsende Handelstätigkeit umfasst in erster Linie fertige oder halbfertige Produkte. Der Bearbeitungsgrad der für den Handel bestimmten Gegenstände variiert von Gebiet zu Gebiet – teilweise sind sie kaum bearbeitet, zum Teil sind sie aber auch schon so gut wie fertig gestellt und können sofort verwendet werden. So werden im späteren Neolithikum Äxte oft kaum mehr in Eigenproduktion angefertigt. Vermutlich ist es viel einfacher und rentabler, die Arbeit von spezialisierten Steinklopfern ausführen zu lassen. Äxte sind vor allem für die Rodung neuen Kulturlandes unentbehrlich.

Hilfsmittel zur Bestimmung von Gewicht und Größe sind bereits in den Anfangstagen des Handels gefragt: Bruchstück eines ägyptischen Eichmaßstabes (oben) und steinerne Gewichtsstücke; um 7000.

Der Feuerstein, auch »Stahl der Steinzeit« genannt, entwickelt sich in der Jungsteinzeit zu einem überaus wichtigen Rohstoff.

Die Entstehung des Feuersteins beginnt bereits im Jura (205–142 Mio.). Zu dieser Zeit bedeckt ein tropisches Meer weite Teile des heutigen Südens von Deutschland, in dem Schwämme und Einzeller, so genannte Diatomeen oder Radiolarien, Kieselsäure speichern. Nach dem Absterben sinken diese Lebewesen auf den Meeresgrund und zerfallen im kalkhaltigen Schlamm. Die Kieselsäure bleibt bei diesem Zersetzungsprozess erhalten. Sie wird von weiterem absinkendem Material bedeckt und im Laufe der Zeit zu Kieselsäureplatten zusammengepresst. Diese bilden das Rohmaterial für die sehr harten Feuersteine, die zu 99 Prozent aus kristalliner Kieselsäure bestehen. Seinen Namen erhält das auch Flint oder Silex genannte Gestein, weil sich damit durch Schlagen Funken erzeugen lassen.

Feuerstein als begehrtes Handelsgut

Im Wissen um eine Nachfrage an anderen Orten spezialisieren sich Handwerker auf bestimmte Produkte. So steigt durch die Ausbreitung der Ackerwirtschaft der Bedarf an Sicheln für die Ernte des Getreides. Solche und andere Werkzeuge lassen sich gut aus Feuerstein (Silex) herstellen. Besonders reiche Silexvorkommen gibt es in der Nähe des heutigen Arnhofen in Niederbayern. Um 8000 v. Chr. beginnen Menschen, die dortigen Lagerstätten auszubeuten. Sie bauen nach und nach eine steinzeitliche Industrie auf, die sich ganz auf die Gewinnung und Verarbeitung von Feuerstein spezialisiert. Entlang der Flüsse ziehen bald kleine Händlergruppen bis nach Böhmen, wo es an diesem Rohstoff mangelt. Im Tausch erhalten sie lebende Tiere und Felle. Für acht oder zehn Klingen wechselt ein Rind den Besitzer. Diese ersten Verkehrswege lassen sich noch heute nachweisen, weil die Feuersteinhändler aus Arnhofen an den Flussufern aus den mitgebrachten Silexplatten Werkzeuge schlagen: Fertigprodukte lassen sich anscheinend besser absetzen als das Rohmaterial und die Arnshofener haben zudem große Erfahrungen in der Bearbeitung des Steins.

Auch die Alpen stellen bald keine unüberwindliche Grenze für einen schwunghaften Fernhandel mehr dar. Dies zeigt u.a. der berühmte Fund des Steinzeitmenschen »Ötzi« am Similaungletscher: Der Feuerstein für seinen Dolch stammt vom Monte Lessini am Gardasee. Das beweisen kleine, im Stein eingeschlossene Mikrofossilien. Ähnliche Dolche sind auch aus Süddeutschland bekannt, wo diese Werkzeuge mit denen aus Arnhofen konkurrieren.

Von der Ägäis bis zum Rhein

Zu den begehrtesten Handelswaren zählen Metalle. Verschiedene Gesellschaften in Südosteuropa, u. a. die Vinča-Kultur des 6. und 5. Jt., exportieren den lukrativen Rohstoff Kupfer. Im Austausch erhalten sie Gold und die zu Schmuckzwecken verwendeten Spondylusmuscheln aus der Ägäis. Mit der Entstehung von Bergwerken verbessern sich die Gewinnungs- und Verarbeitungstechniken. Darüber hinaus kommt es durch die Verwendung von Kupfer auch zu einer gesellschaftlichen Differenzierung: Produkte aus dem Metall sind sehr begehrt und stellen Statussymbole dar, denn aus Kupfer werden vorwiegend Luxuswaren und Schmuckgegenstände gefertigt.

Je nach Vorkommen und Region lassen sich weitere Exportschlager nachweisen. So wird Bernstein entlang der Donau

Im Fokus

Beginn des Schiffsbaus – der Mensch erobert Flüsse, Seen und Meere

Handel und Transport bringen auch eine intensivere Nutzung der Wasserwege mit sich. Auf Flüssen und entlang der Küsten können mit Booten Menschen und Waren in kurzer Zeit auch große Entfernungen überwinden. Während am Anfang wohl einfach Treibholzstämme benutzt werden, sind eigene Konstruktionen wie Einbäume und Flöße schon bald nachweisbar. Auch mit Baumrinde oder Fellen bespannte Bootskörper sind rasch in Gebrauch. Im Orient werden aus Binsenbündeln gefertigte Boote und Flöße hergestellt. Dort finden sich zahllose Darstellungen von Wasserfahrzeugen auf Siegeln, Reliefs und Malereien. Komplette Schiffe wie das 43 m lange, in einer Grube neben der Cheops-Pyramide in Gizeh gefundene Totenschiff von etwa 2450 v. Chr. zeugen noch heute von den Fertigkeiten der frühen Schiffsbauer.

Etwa um 4000 v. Chr. wird in Mesopotamien das Segel erfunden – nun kann die Kraft des Windes als Antrieb genutzt werden. Die Ägypter fahren den Nil mit gesetzten Segeln stromaufwärts, zurück lassen sie sich mit der Strömung des Flusses treiben. Ihre Schiffe haben mehrere Ruder und werden über ein Steuerruder am Heck gelenkt. Um 3000 v. Chr. befahren die Ägypter bereits das Mittelmeer und gelangen so bis nach Kreta, Ostafrika und Phönikien. Diese neue Mobilität ermöglicht es auch, bis dahin unzugängliche und weit von den Küsten entfernte Inseln zu besiedeln, wie zum Beispiel die Hebriden im Nordatlantik. Die dafür benutzten Schiffe müssen besonders solide und fahrtüchtig gewesen sein. Für gewöhnlich wurde allerdings darauf geachtet, immer in Sichtweite der Küsten zu bleiben. Aber nicht nur Handel und Besiedlung sind wichtige Motive für die Eroberung des Wassers.

Auch zum Fischfang werden Boote benutzt. Aus Siedlungen in Westschweden sind Funde von Lengfisch bekannt, einer Tiefseeart, die auf dem Meeresboden lebt. Nur mit

Im ägyptischen Reich zählt der Transport per Schiff zum Alltag; Flachrelief aus dem Grab des Mereruka, um 2300

hochseetüchtigen Booten kann dieser Fisch gefangen werden. Auch die Bewohner der jungsteinzeitlichen Pfahlsiedlungen im Voralpenraum leben von den Seen, die mit ihrem Fischreichtum genügend Nahrung bieten. In der Siedlung von Sipplingen-Osthafen im Bodenseekreis wurde das 33 cm lange Modell eines Einbaumes aus Eschenholz aus dem 3. Jt. v. Chr. gefunden – möglicherweise das Spielzeug eines späteren Seefahrers und Fischers.

Um den Wert einer Ware zu bemessen, entwickelten die Menschen in der Jungsteinzeit ***Naturalienwährungen****. Ein Geldsystem, das man als »Getreidestandard« bezeichnen könnte, gab es in Mesopotamien: Der Schekel – heute Bezeichnung der offiziellen Währung Israels – setzt sich zusammen aus »Sche« (Weizen) und »Kel« (Maßeinheit). Ein Schekel entsprach ca. 180 Getreidekörnern (= 8,4 g). 60 Schekel wiederum waren eine »Mine« (= 0,505 kg), 60 Minen ein »Talent« (= 30,3 kg). Die Gewichtsangaben waren jedoch nicht einheitlich. In Syrien z. B. wurden die Minen in 50 Schekel á 9,4 g unterteilt. Von der »Getreidewährung«, die zwischen 3000 und 2000 v. Chr. entstand, leitete sich im 2. Jh. v. Chr. die kleinste mesopotamische Gewichtseinheit ab: Ein »Uttetu« (bzw. »se«) wog 46,75 mg – das Gewicht eines einzelnen Getreidekorns. Da Naturalien als Basiswert eines Geldhandelssystems nicht geeignet sind (unterschiedlich ausfallende Ernten, problematische Lagerhaltung, Verrottungsgefahr), bedeutete das Münzwesen der Antike einen entscheidenden Fortschritt.*

nach Südosteuropa, entlang des Rheins in den Süden Deutschlands und weiter bis in die westliche Mittelmeerregion gehandelt. Lebenswichtiges Steinsalz wird u. a.. im österreichischen Hallein unter Tage abgebaut. Die wichtigsten Quellen für Obsidian, ein dunkles vulkanisches Gesteinsglas, das zu diversen Werkzeugen (Messer, Pfeilspitzen u. a.) verarbeitet wird, sind neben den Kykladen, Korsika und Sardinien auch Mittel- und Südosteuropa. Der anwachsende Tauschhandel mit den unterschiedlichsten Produkten sorgt schnell für weiträumig anerkannte Vergleichsmaßstäbe, nach denen der Wert einer Ware bemessen und bestimmt wird. Naturalienwährungen werden entwickelt, bestimmte Mengen von Muscheln, Rindern oder Goldklumpen drücken den aktuellen Preis eines Gegenstandes aus und erlauben damit die Planung von langfristigen und weitreichenden Handelsunternehmungen. Zum Transport der Waren bieten sich im Landesinnern in erster Linie die Flüsse als natürliche Verkehrswege an. Auf dem Wasser lassen sich sämtliche Güter in Einbäumen, auf Booten und Flößen gut transportieren. In meeresnahen Gebieten wird auch die Küstenschifffahrt genutzt.

Diese Schrifttafel aus Mesopotamien enthält Berechnungen zur Herstellung verschiedener Getreideprodukte.

Handel trägt zum Kulturaustausch bei

Der Kontakt zwischen zuvor getrennten Regionen verbindet auch fremde Kulturen miteinander. Der rege Austausch fördert die Auseinandersetzung mit anderen Vorstellungen, Bräuchen und Kenntnissen. Auf diese Weise kann u. a. die Ausbreitung der so genannten Megalithkultur vor etwa 6000 Jahren erklärt werden. In den Küstenregionen Nordafrikas, Spaniens und Frankreichs, aber auch in Großbritannien und im Norden Europas entstehen im Verlauf eines Jahrtausends zahlreiche aufwändige Bauten aus großen Findlingen. In gewaltigen Grabanlagen werden ganze Sippen oder möglicherweise auch Generationen bestattet. Diese Verbreitung zeigt deutlich, dass hier entlang der Küsten nicht nur Waren transportiert, sondern auch kulturelle und religiöse Vorstellungen weitergegeben werden – etwa aus dem östlichen Mittelmeerraum, wo solche Großsteinkulturen schon früher existieren. Die Gesellschaften der Jungsteinzeit in Europa nehmen auf diesem Wege kulturelle Anstöße auf, die ihre soziale Ordnung und religiöse Vorstellungswelt beeinflussen.

Der französische Philosoph Théodore Jouffroy (1796–1842) empfiehlt in seinem »grünen Heft« allen Regierungen, sich mit Handel zu begnügen, statt Ländereien zu erobern:

»Jede Handelsmacht geht durch Landerwerbungen zugrunde. So nahm es ein Ende mit Karthago, so vernichteten sich Venedig und Genua. So sah man, wie England erschüttert wurde durch seine kontinentalen Interessen. Eine Handelsmacht soll überall Kontore haben, nirgends Land.«

Um 4700 In Mähren (in der heutigen Slowakei), im östlichen Österreich und im nördlichen Ungarn ist die **Lengyel-Kultur** verbreitet. Die früher als bemaltkeramische Kultur bezeichnete Kulturstufe hat in diesen Gebieten die Bandkeramik-Kultur abgelöst. Während der Lengyel-Kultur verstärken sich rituelle Praktiken. In den jungsteinzeitlichen Siedlungen werden zahlreiche Anlagen entdeckt, die wahrscheinlich kultischen Zwecken dienten.

Bei der heutigen Gemeinde Trebur im Kreis Groß-Gerau in Hessen erweitern Menschen der so genannten **Großgartacher Kultur** einen Friedhof, der bereits um 5000 v. Chr. von Angehörigen der Hinkelsteingruppe angelegt worden war. Dies belegen Keramikfunde, die in zahlreichen Gräbern des Bestattungsplatzes gefunden wurden. Das 90 x 50 m große Gräberfeld ist einer der am besten dokumentierten Friedhöfe des Neolithikums.

Ein riesiges steinernes Gräberfeld legen neolithische Ackerbauern in der Nähe des heutigen **Sligo** im Nordwesten Irlands an. Bei Carrowmore erbauen die Megalithiker etwa 40 Großsteingräber für ihre Verstorbenen. Mit riesigen Steinblöcken errichten sie Dolmen und größere Ganggräber. Sie werden von einem aufgeschütteten Hügel bedeckt und dienen mehreren Generationen einer Familie als letzte Ruhestätte.

Um 4600 Im **Campemoor** in der Nähe des heutigen Neuenkirchen am Dümmersee legen jungsteinzeitliche Menschen einen Pfahlweg an. Für die Lauffläche reihen sie Kiefernstämme aneinander, die in Längsrichtung mit einem halbierten Baumstamm stabilisiert werden. Um ein Absinken in dem Niedermoor zu verhindern, wird der Weg mit einem Unterbau aus kleinen Birkenstämmen und starken Holzästen versehen. Das 1992 und 1996 ausgegrabene Teilstück des Steges gilt als der älteste Moorweg der Welt.

Während der Stichbandkeramischen Kultur erlebt das Feuersteinbergwerk beim heutigen **Arnhofen** in Niederbayern seine Blüte. Um an das harte Kieselgestein zu gelangen, treiben die frühen Bergmänner unzählige Schächte senkrecht in den Boden. Feuerstein ist im Neolithikum das wichtigste Material für die Herstellung von Werkzeugen.

Um 4600

Kopfüber zur Ruhe gebettet

Auf ungewöhnliche Art wird ein Toter in der Nähe des heutigen Würzburg bestattet. Der Leichnam wird in der Mitte von drei Kreisgräben kopfüber vergraben. Die Forschung kennt dazu keine Parallelen. Die Kreisgrabenanlage von Ippesheim (Abb.: Luftbild, das unterirdische archäologische Strukturen sichtbar macht, sog. Magnetogramm) ähnelt den im Neolithikum angelegten Erdwerken. Sie hat einen Durchmesser von 64 m und besteht aus drei konzentrischen runden Gräben, die im Norden, Süden, Westen und Osten von Erdbrücken überspannt werden. Unklar ist, ob es sich um eine Kult- oder eine Verteidigungsanlage handelt. Der Tote ist im Zentrum der Kreisgräben

vergraben. Die Wahl des Ortes, die seltsame Körperstellung sowie die Tatsache, dass es sich um den einzigen Leichnam in der Kreisgrabenanlage handelt, deuten auf ein kultisches Begräbnis hin.

Um 4600–3900

Zypern vollständig besiedelt

Auf Zypern ist die Phase der neolithischen Landnahme so gut wie abgeschlossen. Bauern errichten eine Siedlung, die strategisch günstig auf einem Felsen und zugleich auch in der Nähe einer kleinen Meeresbucht liegt, sodass die Nahrungsversorgung gewährleistet ist. Die Häuser sind einfach und wesentlich kleiner als die ausladenden Gebäude der Neolithiker in Mitteleuropa. Als Schmuck tragen die Insulaner Amulette in Form eines Phallus oder eines Menschenkopfes. Die Besiedlung Zyperns lässt sich bis in das 11. Jt. zurückverfolgen. In der beginnenden Jungsteinzeit entwickelten sich dann ab 6000 v. Chr. allmählich eigenständige Kulturgruppen auf der Insel.

Um 4600

Bevölkerungsdichte steigt

Wie erfolgreich die Lebensweise der Jungsteinzeit ist, zeigt sich im heutigen Braunkohlerevier Zwenkau bei Leipzig. Dort entdecken Archäologen 200 Hausgrundrisse auf einer Fläche von 25 ha. Auch wenn nicht alle Häuser zur selben Zeit gestanden haben, hat sich die Bevölkerungsdichte in den mehr als 1000 Jahren seit Beginn der Bandkeramik doch vervielfacht. Drei Brunnen in Zwenkau führen bis in den Grundwasserbereich hinab. Auf ihrem feuchten Boden haben sich organische Materialien erstaunlich gut erhalten. Zu den Funden zählen Schöpfgeräte aus Bast, geflochtene Schnüre, Holzhenkel und Werkzeug.

Um 4600–4300

Rössener Kultur entwickelt Vorform dörflicher Strukturen

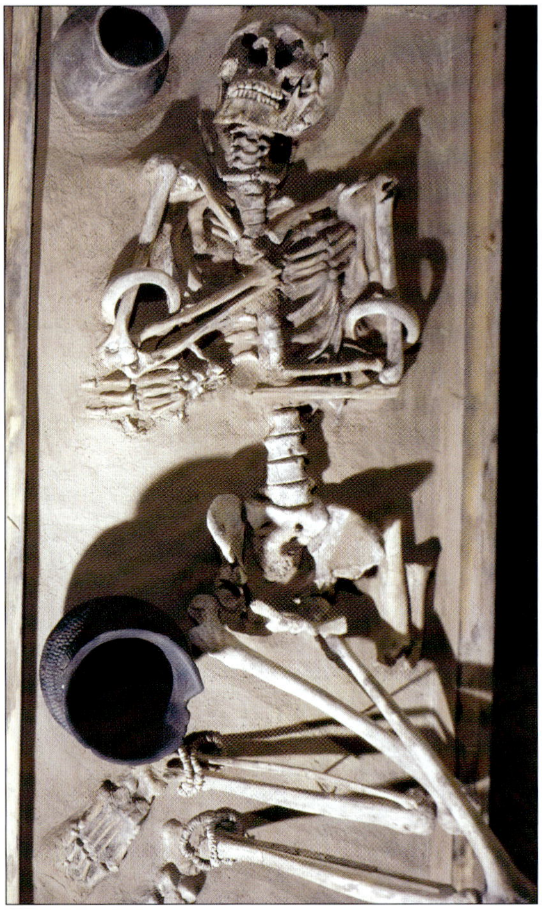

Als Erben der großen linearbandkeramischen Kultur treten im Mittelneolithikum viele kleine Regionalgruppen auf. Zu den erfolgreichsten zählt die Rössener Kultur.

Der namensgebende Fundort Rössen liegt im heutigen Kreis Merseburg. Dort lassen sich die neolithischen Siedler in wasserarmen Gebieten und in Höhenlagen nieder – ein Phänomen, das hier zum ersten Mal auftritt. Sie bauen ihre Häuser dichter zusammen als je zuvor und umgeben sie mit Zäunen. Einige Gebäude sind durch ihre Bauweise und Position innerhalb der Siedlung herausgehoben. Die ersten dörflichen Strukturen Mitteleuropas werden erkennbar. Auch die Architektur bekommt neue Impulse. Zwar ähneln die Häuser der Rössener noch immer denen der Linearbandkeramiker (Abb. rechts: eine Grabung nahe dem niedersächsischen Großenrode fördert die Überreste einer Siedlung zutage), doch tauchen nun erstmals Gebäude mit gewölbten Langseiten auf.

Die Keramik ist auch bei den Rössenern das Haupterkennungsmerkmal. Sie verzieren ihre Töpfereien großflächig mit M-Motiven. Im Laufe der Zeit verschwindet das Dekor jedoch immer mehr, bis die Gefäße gegen Ende der Rössener Kultur ganz ohne Verzierung sind. Ihre Toten bestatten die Rössener stets auf dieselbe Art: Sie legen die Leichen auf dem Rücken und mit angewinkelten Beinen ins Grab (s. Abb. links). Diese sog. Hockerbestattungen sind in der Rössener

Kultur stets in Nord-Süd-Richtung angeordnet. Gegen Ende der Rössner Kultur wird diese Begräbnistradition immer mehr von sog. Streckerbestattungen abgelöst, bei denen die Toten ausgestreckt liegen. Diese typischen Merkmale belegen die Verbreitung der Rössener Kultur vom Mittelrhein, dem Kerngebiet, bis in die Elbe-Saale-Region. Nach Norden ist ihre Ausdehnung bis Osnabrück durch Funde am Dümmer See begrenzt.

Ein in vier Teile zerbrochener Koloss: Der Gran Menhir Brisé in der Bretagne war einst über 20 m lang und 350 t schwer.

Um 4700

Menhire – Zeichen des Neolithikums

Eine Rekordleistung vollbringen Steinzeitmenschen in der Bretagne: Sie transportieren einen 350 t schweren Block aus Orthogneis über eine Strecke von 4 km Länge. Der Grand Menhir Brisé ist der größte Menhir (Hünenstein) der Welt.
Entlang der bretonischen Küste errichten die Menschen in der »Zeit der großen Steine« Kult- und Grabstätten aus gewaltigen Findlingen. In der Nähe des heutigen Locmariaquer bei Vannes stößt eine neolithische Gemeinschaft auf einen Stein von gewaltigen Ausmaßen. Über 20 m ist der Koloss lang. Aufrecht stehend müsste er etwa drei Meter tief im Boden verankert werden und wäre dann mit 17 m oberirdischer Höhe rund 15 km weit zu sehen – eine Landmarke des Neolithikums. Die Menschen behauen zunächst den Stein wochenlang mit Hämmern und Äxten, bis seine Oberfläche gleichmäßig geschliffen wirkt. Dann benutzen sie vermutlich Baumstämme und Seile, um den Koloss über Land zu bewegen. Berechnungen zufolge müssen für den Transport des Menhirs 1200 Menschen oder 125 Ochsenpaare erforderlich gewesen sein.
Welche Technik für diese Transportleistung benutzt wurde, ist unbekannt. Noch zu Beginn des 20. Jh. war der Glaube verbreitet, Riesen hätten den Neolithikern beim Tragen des Steins geholfen. Von dieser Legende zeugt noch heute die Bezeichnung »Hünengrab« für eine Megalith-Anlage. Doch die Steinzeitmenschen konnten sich selbst helfen. Vermutlich legten sie Baumstämme unter den Findling und rollten ihn mühsam zu seinem Bestimmungsort.
Heute liegt der Grand Menhir Brisé in vier Teile zerbrochen. War das Unternehmen der Neolithiker nicht von Erfolg gekrönt? Lange glaubten Prähistoriker an einen Unfall beim Transport des Riesensteins. Anderen Theorien zufolge wurde der Menhir zwar wie geplant aufgestellt, doch dann vom Blitz getroffen und zersprengt. Nach neuesten Erkenntnissen haben die Neolithiker den Stein jedoch selbst zerlegt, um die Teile als Abdeckungen für Ganggräber und Dolmen zu verwenden. Gerade die Decksteine der Megalith-Anlagen sind stets von beträchtlichem Ausmaß.

Menhire, wie hier bei Cagliari auf Sardinien, sind meist in Küstenregionen zu finden.

Der zerbrochene Grand Menhir Brisé ist auch den Römern bekannt, die im 1. Jh. v. Chr. die Bretagne besetzen und die Provinz Gallien gründen. Sie nennen ihn »Die Säule des Nordens« und vermerken ihn als Orientierungspunkt am Eingang zum Golf von Morbihan. Der bretonische Name des zerfallenen Riesen ist Mané er Broëc'h, der »Stein der Hexe«.
Menhire (bretonisch: »Lange Steine«) sind meist nicht Bestandteile von Megalithbauten, können jedoch zu Grabanlagen gehören. Vor einigen Ganggräbern, wie dem von Les Pierres Plates in der Bretagne, stehen ein oder zwei Menhire wie Wächter vor den Eingängen. Auch der Grand Menhir Brisé steht vermutlich im Zusammenhang mit dem nur wenige Meter entfernten Ganggrab »Le Table de Marchand«, das zu den am reichsten verzierten Megalithgräbern der Bretagne zählt.
Die Steine haben entfernt an Menschen erinnernde Formen, nach denen sie vermutlich auch ausgewählt werden. Oft sind sie mit weiblichen Attributen wie Brüsten oder Halsketten versehen. Besonders in Südfrankreich und im Pariser Becken sind Brüste, Halsketten, Gürtel, Dolche und sogar Gesichter plastisch aus dem Stein herausgearbeitet. Die Figuren der Bretagne hingegen sind meist nur stilisiert. An einigen Exemplaren lassen nur zwei warzenartige Eintiefungen erahnen, dass der Bildhauer vermutlich eine Frau abbilden wollte. In der heutigen Forschung gelten verzierte Menhire als Dolmengöttinnen.
Anderen Theorien zufolge sind die Menhire gigantische Landzeichen, die astronomischen Betrachtungen und Berechnungen dienten. Sie könnten aber auch Grenzsteine sein, denn meist stehen sie auf Hügeln und sind schon von weitem sichtbar. Mehr als 1200 Menhire sind heute an der französischen Atlantikküste bekannt.

Um 4500 Im mitteleuropäischen Raum feiern Angehörige der stichbandkeramischen Kultur sowie der **Oberlauterbacher Gruppe** ihre Kulte in nicht überdachten Tempelanlagen. Dazu legen sie einen runden Graben an, der von vier aus aufgeschütteter Erde bestehenden Brücken überspannt wird. Über die Stege gelangt man in das Innere des Heiligtums. Ausgrabungen ergaben, dass die Tempel der jungsteinzeitlichen Menschen im Durchmesser bis zu 150 m groß waren.

Erst spät geben die jungsteinzeitlichen Menschen im heutigen Schweizer Kanton **Aargau** ihre Lebensweise als Jäger und Sammler auf und werden sesshaft. Erste Belege einer bäuerlichen Kultur existieren ab etwa 4500 v. Chr. So entdeckten Archäologen in Würenlos und Wettingen-Klosterscheuer geschliffene Steinbeile. Sie wurden zum Hausbau und für die Feldarbeit verwendet.

Am Ufer eines Sees, etwa 150 km südlich von Abu Simbel in Ägypten, errichten Menschen der so genannten **Nabta-Kultur** eine steinerne Anlage aus bis zu 2,70 m hohen Megalithen. Die Neolithiker ordnen die gewaltigen Steine in fünf Reihen an, die in Ost-West-Richtung verlaufen. Die 1997 entdeckten Steinreihen gelten als älteste astronomische Megalithen-Anordnung der Welt.

Auf dem so genannten Schanzboden in der Nähe von **Falkenstein** in Niederösterreich entsteht eine Siedlung der Lengyel-Kultur. Innerhalb einer Wallanlage mit einem Durchmesser von etwa 400 m erbauen die jungsteinzeitlichen Menschen ihre Häuser. Die Wallburg wird nach etwa 200 Jahren aufgegeben und durch eine neue, 165 x 120 m große Wallanlage ersetzt. Als prominentester Fund aus der neolithischen Siedlung gilt eine vollständig bemalte weibliche Tonfigur.

Am Fuß des heute als heilig geltenden Berges Taishan in der Provinz Shandong an der Nordostküste Chinas ist die **Dawenkou-Kultur** ansässig. Die in Sippen organisierten Menschen leben vom Ackerbau und der Jagd. In den Siedlungen der Kulturstufe, aus der später die Longshan-Kultur hervorgeht, fanden Archäologen Knochen- und Elfenbeinschnitzereien sowie Keramikgegenstände, die auf den Gebrauch der Töpferscheibe hindeuten. Dabei handelt es sich um rotgebrannte Irdenware mit schwarzer Dekoration.

Beim heutigen **Ippesheim** in Mainfranken bewohnen jungsteinzeitliche Menschen eine auf einem Plateau liegende Kreisgrabenanlage. Das Siedlungsareal wird von einem etwa 1,5 m breiten Graben eingefasst, an dessen Innenseite eine Holzpalisade entlangläuft. Vier breite Eingänge führen in die Siedlung. 1998 durchgeführte Ausgrabungen ergaben, dass es sich bei der Siedlung um ein Dorf der Großgartacher Kultur handelt. Dies belegen zahlreiche Keramikscherben.

Um 4500

Elf Gräber in einem Hügel

Die Megalith-Architektur in der Bretagne bringt besonders in ihrer frühen Phase eindrucksvolle Monumente hervor. Der Steinhügel von Barnenez (s. Abb. o.) hat eine Länge von 90 m und umfasst elf Ganggräber. Der Friedhof entsteht innerhalb von nur 300 Jahren. Die Wandsteine der Kammern sind mit zahlreichen Gravierungen geschmückt, die Wellenlinien, Dreiecke, Äxte, Schiffe und Kreuze zeigen.

Um 4500

Neolithische Bauten in Irland

Das Neolithikum erreicht die Britischen Inseln. Bei der heutigen Ortschaft Ballynagilly (bei Cookstown) in Irland errichten Bauern erste Häuser auf einem rund 200 m hohen Hügel. Statt ganze Baumstämme in die Erde zu treiben, spalten die Bauern das Holz und stellen auf diese Art grobe Bretter her. Ähnliche Gebäude sind aus späteren Jahrhunderten von vielen Fundorten auf den Britischen Inseln bekannt.

Um 4500

Henkelkunst aus Italien

Töpfer im italienischen Serra d'Alto stellen keramische Plastiken her, die zu begehrten Handelsgütern in Mittel- und Südeuropa werden.
Der bauchige Teil der Gefäße wird mit geometrischen Mustern verziert. Am auffälligsten sind die Henkel der Töpfe und Tassen, auf die ausgeformte Figuren gesetzt werden. Sie zeigen Köpfe von Stieren, Widdern und Fantasiegeschöpfen oder sind mit schneckenhausartigen Spiralen besetzt. Durch die feinen Tonplastiken sind die Gefäßhenkel jedoch zum Teil nicht benutzbar. Demnach handelt es sich bei den Keramiken wohl nicht um Gebrauchsgegenstände, sondern um reich dekorierte Schmuck- oder Kultbehältnisse. Die meist engen Öffnungen deuten darauf hin, dass die Gefäße verschlossen werden können. Die Keramik der Serra-d'Alto-Kultur wird von Süditalien bis nach Ligurien und in die Po-Ebene, nach Bosnien und Malta verbreitet. Heute ist die Verbindung der süditalienischen Keramikkunst dieser Zeit mit der früheren Dimini-Kultur in Thessalien (Griechenland) nachgewiesen.

Um 4500

Longshan-Kultur: Begabte Zimmerleute und Keramiker

Die Longshan-Kultur entsteht am Unterlauf des Gelben Flusses (Hwangho) und breitet sich in den folgenden Jahrzehnten über weite Teile Nord- und Ostchinas aus.
Die Longshan-Menschen leben in befestigten Siedlungen und betreiben Ackerbau und Viehzucht. Ihre Gebäude weisen bereits in der frühen Phase den hohen Stand der Zimmermannstechnik auf, für den die Kultur berühmt wird. Die frühen Chinesen kennen Verzapfung und Überblattung, eine hakenförmige Holzverbindung. Wie die Entdeckung des Dorfes Hemudu belegt, werden die Siedlungen der Longshan-Kultur lange bewohnt. Dazu trägt auch der Reisanbau bei, der ebenfalls für diese Zeit nachgewiesen werden kann. Die Chinesen der Jungsteinzeit sind die ersten Bauern, die die Reissorte Oryza sativa anpflanzen, die heute wichtigste und bekannteste Art des Süßgrases.
Die typische Keramik der Longshan-Kultur ist poliert, grau bzw. schwarz und wird schon ab 2000 v. Chr auf der Töpferscheibe hergestellt (Abb.: dreibeiniges Gefäß). Bereits zu Beginn der Longshan-Zeit ist mit der Verwendung von Lacken auf Gefäßen eine Kunst dokumentiert, die sich in China über mehrere Jahrtausende behaupten wird. Der auf die Keramik aufgetragene Lack schützt die Gefäße vor Hitze (bis 100 °C) und Feuchtigkeit. Aus späteren Siedlungsphasen sind Schmucksteine wie Jade belegt, die vermutlich vom Baikalsee stammen und über Fernhandelswege bis an den Unterlauf des Hwangho gelangt sind.
Bereits die vorangegangene Yangshao-Kultur, aus der sich die Longshan-Kultur ableiten lässt, war am Unterlauf des Gelben Flusses ansässig. Im China der Neuzeit galt diese Region, die sich ungefähr von Xi'an aus in nordöstlicher Richtung bis zum Gelben Meer erstreckt, deshalb lange als Wiege der chinesischen Zivilisation. Umfangreiche Grabungskampagnen haben jedoch gezeigt, dass sich Sesshaftigkeit und Ackerbau an vielen Stellen Chinas zugleich entwickelt haben und in verschiedenen Formen aufgetreten sind. Anders als im europäischen Neolithikum liegen die Regionalgruppen der chinesischen Jungsteinzeit relativ dicht beisammen. Es kommt zu einem regen Kulturaustausch, der letztlich zur Verschmelzung zu einer Ethnie führt.

Um 4500–3800

Tell-Halaf-Kultur in Mesopotamien: Raffiniertes Farb- und Formenspiel in Ton

Mit der Tell-Halaf-Kultur beginnt im Zweistromland eine neue Stufe zivilisatorischer Entwicklung, aus der die spätere Obeid-Zeit (ab ca. 3000 v. Chr.) und die mit ihr verbundenen Hochkulturen Mesopotamiens hervorgehen.
Der Tell (Hügel) Halaf liegt im heutigen Syrien am Oberlauf des Khabur. In der Mitte des 5. Jt. entwickelt sich hier ein neuer Kunststil, der vor allem in der Tonware erkennbar ist. Zu Beginn des Halafiums ist die Töpferscheibe noch nicht bekannt. Dennoch verfügen die Töpfer über ein so hohes handwerkliches Können und künstlerisches Niveau, dass sie eigenwillige Statuetten (s. Abb.) und äußerst dünnwandige Gefäße herstellen. Die Oberflächen der Keramiken zeigen raffinierte Muster und ein schillerndes Farbenspiel, das durch unterschiedlich starken Farbauftrag hervorgerufen wird. Das Halafium kennt den regulierbaren Brennofen. Durch die Kontrolle der Temperatur und der Luftverhältnisse ist es zum ersten Mal möglich, dem Ton Farbe im Spektrum zwischen Rot und Schwarz zu verleihen.

Revolutionär ist die Entdeckung der Töpferscheibe (um 4000). Zwar benutzen die Halaf-Leute noch ein einfaches Modell, bei dem die Platte nur langsam von Hand gedreht wird, doch ist bereits mit dieser Erfindung die Herstellung von Massenware möglich. Der Überschuss an Keramik lässt den Fernhandel blühen. Innerhalb von 700 Jahren wird das Halafium so erfolgreich, dass seine Artefakte noch in Zentral- und Ostasien zu finden sind. Halaf-Siedlungen wachsen zu stadtähnlichen Gebilden an, die meist in Flusstälern liegen. Oft sind sie von wehrhaften Mauern umgeben. Im Hausbau taucht die Zellenbauweise auf, bei der rechteckige Raumelemente zu einem großen Gebäudekomplex zusammengefügt werden. Diese Form der Architektur findet sich dann in den monumentalen Bauten des späteren Südmesopotamiens wieder.

Um 4500

Kurganvölker bestürmen Europa

Aus Südrussland fallen Reitervölker in das Gebiet am Schwarzen Meer ein. Mit ihnen beginnt der Niedergang des alten Europa.
Die Reiter aus den eurasischen Steppen sind die Vorfahren der Indoeuropäer. Mitte des 5. Jt. gelangen sie auf ihren Feldzügen bis an die Westküste des Schwarzen Meeres und den Unterlauf des Dnjepr. Von hier aus drängen die so genannten Kurganvölker in den folgenden zwei Jahrtausenden beständig nach Ostmitteleuropa vor und verändern die kulturelle Struktur dort völlig. Auf ihren ersten Streifzügen erreichen sie die Marica-Ebene in Bulgarien und breiten sich bis nach Makedonien aus. Entlang der Donau gelangen Kurganleute bis in die ungarische Puszta. Ein zweiter Zug beginnt um 3500 v. Chr., ein dritter nach 3000 v. Chr.
Die neolithischen Gruppen vermischen sich mit den indoeuropäischen Eindringlingen oder werden von diesen hinweggefegt. Die Menschen der Vinča-Kultur werden nach Westen vertrieben, die Varna-, Karanovo- und Lengyel-Kulturen geraten aus den Fugen. Die Invasoren sind den jungsteinzeitlichen Bauern weit überlegen, denn sie sind mit Stich- und Hiebwaffen wie langen Dolchmessern, Speeren, Lanzen, Pfeilen und Bogen bewaffnet. Dem können die Verteidiger nur Hacken und Steinäxte entgegensetzen.
Wer sind die Reiterkrieger, die so plötzlich an den Grenzen Europas auftauchen und Kulturen überrennen, die über Jahrtausende herangewachsen sind? Die Kurganvölker sind heute nach der russischen Bezeichnung für einen Grabhügel benannt. Aufgeschüttete Hügel, in denen sie ihre Toten bestatten, sind ein Kennzeichen dieser Halbnomaden. Im Gegensatz zu den gewaltigen Grabmonumenten der Skythen, die ab dem 7. Jh. v. Chr. entstehen, sind die Grabhügel der Proto-Indoeuropäer jedoch eher klein. Viele Grabfunde belegen, dass die Witwentötung bei den Kurganleuten verbreitet ist: Stirbt das Oberhaupt einer Familie, muss ihm seine Frau ins Grab folgen.
Mobilität und Kampferfolg der Kurganvölker basieren auf der Domestizierung des Pferdes. Zur Zeit der ersten Kurganwelle bevölkern riesige Pferdeherden das Kernland der Proto-Indoeuropäer: die Wälder und Steppen des Wolgagebietes – eine unerschöpfliche Ressource. Selbst im Totenkult wird das Pferd verehrt, wie Grabbeigaben von Pferdestatuetten oder ganzen Pferdeköpfen belegen. Als Reittier verändert das Pferd während der ersten Kurganwelle zum ersten Mal den Lauf der Geschichte Europas. Hoch auf den Pferderücken sind die Krieger aus dem Osten eine tödliche Bedrohung für die Viehzüchter des Neolithikums. Heute lässt sich archäologisch nicht mehr rekonstruieren, welche Schrecken die erste Kurganwelle über die Neolithiker gebracht hat, doch zeigen die Züge späterer Reitervölker wie der Skythen (7. Jh. v. Chr.), der Hunnen (4. Jh. n. Chr.) oder der Mongolen (12. Jh. n. Chr.) die Überlegenheit und Effizienz der Kriegsführung hoch zu Ross.

Skythischer Reiter (Ausschnitt aus einem Reiterzug), Bildteppich aus dem Gräberfeld von Pasaryk

Um 4300 Die Männer der **Trichterbecher-Kultur** erreichen eine Größe von bis zu 1,73 m, die Frauen etwas weniger: Sie werden nur bis zu 1,65 m groß. Dies belegen Skelettreste, die in einigen Grabanlagen der neolithischen Kultur gefunden wurden.

Ein Beleg für die im Neolithikum zunehmenden Zahnerkrankungen liefern einige Ober- und Unterkiefer von Angehörigen der Trichterbecher-Kultur. Sie wurden bei Ausgrabungen in **Alt Reddewitz** auf der Ostseeinsel Rügen gefunden. An den Knochenresten stellten Anthropologen eitrige Wurzelhautentzündungen fest.

Neben Siedlungen im Flachland legen die Menschen der Michelsberger Kultur auch befestigte **Bergsiedlungen** an. Eine der bekanntesten dieser burgähnlichen Anlagen ist die Siedlung auf dem Michelsberg in der Nähe von Bruchsal, von deren Fundort sich auch der Name Michelsberger Kultur ableitet.

Im Neolithikum dienen Tongefäße nicht nur zur Aufbewahrung von Speisen und Getränken, sondern auch zum Lagern von **Medizin**. Dies belegen Keramikgefäße der Trichterbecher-Kultur. So wurden bei Ausgrabungen in Norddeutschland in Siedlungen der mittelneolithischen Kulturstufe Reste von medizinischen Substanzen in Keramikgegenständen entdeckt. In Gellerndeich in der Nähe von Oldenburg fanden Archäologen ein kleines kugeliges Gefäß, das Schwefel enthielt. Dieser wurde zur Behandlung von Krankheiten verwendet.

Um 4200 Am Ufer des **Federsees** beim heutigen Bad Schussenried in Baden-Württemberg legen mittelneolithische Menschen eine aus 23 Häusern bestehende Siedlung an. Die mit Holzfußböden ausgekleideten Behausungen werden um einen zentralen Platz angeordnet. Jedes der etwa acht Meter langen und fünf Meter breiten Häuser besteht aus zwei Räumen. Einige der Wohnstätten sind mit einem Lehmofen ausgestattet.

Um 4200

Häuser auf Pfählen

Rund um die Alpen schießen Pfahlbausiedlungen aus dem Boden, die stets an Seen oder in Mooren errichtet werden. Der Mensch entdeckt Feuchtgebiete als neuen Lebensraum.

Die Gebäude der Pfahlbaudörfer stehen meist auf Pfosten, die in den weichen Grund getrieben werden. Andere sind auf Schwellhölzern errichtet, die das Hausinnere vor dem Eindringen von Wasser schützen. Etwa 100 Menschen leben in einer Siedlung. Das nächste Dorf ist oft nur zwei bis fünf Kilometer entfernt, eine überraschend kurze Distanz im dünn besiedelten Mitteleuropa der Jungsteinzeit.

Die Frage nach dem Aussehen der Pfahlbauten ist bis heute nicht geklärt. Das größte Problem der Rekonstruktion ist der inzwischen veränderte Wasserpegel der Feuchtgebiete. Möglicherweise standen die Häuser an den Ufern großer Gewässer und waren zum Schutz vor Hochwasser auf Pfählen errichtet. Dass die Gebäude mitten in einem See standen und nur mit Booten zu erreichen waren, gilt heute als romantisch verklärte Vorstellung, die archäologisch nicht haltbar ist. Vermutlich gab es kein einheitliches Bauschema der Pfahlbaudörfer, sondern die Siedler passten sich der Topografie an und platzierten die Häuser so, wie es das Gelände erforderte: mal in Ufernähe im Wasser, mal auf dem Land.

Der See mag den Neolithikern nicht nur Nahrungslieferant, sondern auch Zufluchtsort gewesen sein. Häuser im Wasser oder an der Spitze von Halbinseln lassen sich gut gegen Angreifer verteidigen. Außerdem sind die Bauten in Schlick und Torf wesentlich leichter zu errichten als in festem Untergrund. Schwere Pfosten können ohne zuvor ausgehobene Löcher bis zu vier Meter tief in den Boden getrieben werden. Die leichten Häuser der Feuchtbodensiedlungen stehen zudem nicht mehr in der Tradition der frühneolithischen Langhäuser. Der neue Gebäudetyp ist klein und ohne sehr viel Aufwand zu errichten.

Nach Entdeckung der ersten Pfahlbausiedlungen bricht um die Mitte des 19. Jh. in der archäologischen Forschung ein regelrechtes Pfahlbaufieber aus. Von Norditalien bis nach Skandinavien und Schottland graben Altertumsforscher in verlandeten Seen. Vielerorts ragen Felder mit Tausenden Holzpfählen aus dem Schlick. Heute gilt das Gebiet um die Alpen, z. B. der Bodensee, als Kernland der Pfahlbaudörfer in der Jungsteinzeit.

Gilt heute als romantisch verklärt: Vorstellung eines Pfahlbaudorfes in einem Holzstich von 1880

Um 4200

Abbau von Feuerstein

Bei der Suche nach Feuerstein dringt der Mensch immer tiefer in die Erde ein und entwickelt neue Bergbautechniken (Abb.: Flintmine von Hou in Dänemark). Auf den Britischen Inseln zeugen die Schächte von Church Hill und Harrow Hill in der Grafschaft Sussex sowie von Grimes Grave bei Norfolk von fortgeschrittenen Kenntnissen des Untertagebergbaus. Bis zu 15 m tiefe Schächte

werden in den Boden gegraben, die über Stufen in den Wänden oder hölzerne Leitern zugänglich sind. In den ausgebeuteten Schächten hinterlassen die Bergleute Kultgegenstände, in Grimes Grave z. B. ein weibliches Idol neben einem Phallus aus Kalkstein. Vermutlich werden sie als Dankopfer für den Abbau des Feuersteins gespendet.

Um 4300–2700

Trichterbecher in Nordeuropa

Mit der Trichterbecher-Kultur beginnt einer der dauerhaftesten Abschnitte des mitteleuropäischen Neolithikums. Der Kult der Großsteingräber und die Kunst der Metallverarbeitung erreichen nun auch den Norden des Kontinents.

Die Trichterbecher-Kultur erhält ihren Namen nach ihren charakteristischen Keramikgefäßen (s. Abb.), die 90 Prozent des gesamten Formenbestandes ausmachen. Sie erstreckt sich von Norddeutschland bis Südskandinavien, in ihren jüngeren Ausprägungen reicht sie bis nach Ostholland und ins Münsterland hinein. In der Nähe der Elbmündung errichten die Menschen der Trichterbecher-Kultur die ersten Großsteingräber Nordeuropas. In der älteren Phase sind es noch einfache Dolmen, ab

etwa 3500 v. Chr. entstehen komplexere Anlagen wie Ganggräber. Große Funde von Metallgegenständen weisen auf eine eigenständig entwickelte Metallkunde in Nordeuropa hin. Auch Bernstein ist ein beliebter Werkstoff und wird zu Schmuck und Beilen verarbeitet.

Um 4400–3800

Erste Steinhäuser Europas entstehen auf den Orkneyinseln

Das raue Klima auf den Orkneyinseln nördlich von Schottland veranlasst Neolithiker zu einer völlig neuen Art des Hausbaus: Zum ersten Mal entstehen in Europa Gebäude aus Stein.

Die Häuser des heute Skara Brae genannten Steinzeitdorfes (s. Abb.) sind in Abfallgruben erbaut, die noch von älteren Siedlungen stammen. In den Gruben verstärken die Siedler die Wände mit aufeinander geschichteten Steinen (Trockenmauerwerk). Auf diese Weise entstehen sieben Gebäude, die durch Gänge miteinander verbunden sind. Aus Stein sind auch Betten und Truhen, mit denen die Wohnräume ausgestattet sind. Die Schlafstätten werden mit Stroh gepolstert. Nur ein Haus steht allein. Aus den vielen dort gefundenen Horn- und Feuersteinresten lässt sich schließen, dass es sich um eine Werkstatt handelt. In der Umgebung des Dorfes züchten die Insulaner Rinder und Schafe und bauen Roggen an. Der Speisezettel wird durch Fisch aus dem Meer ergänzt. Vermutlich sind die Bewohner des Dorfes auch in der Lage, einfache Boote zu bauen.

Ausgrabungen in Skara Brae haben interessante Einblicke in die Welt der nördlichen Neolithiker ergeben. Kein Haus ist größer als die anderen oder hebt sich durch seine Einrichtung von ihnen ab. Die Uniformität der Wohngebäude gilt als Zeichen einer egalitären Gemeinschaft. Der hervorragende Erhaltungszustand der Siedlung ist vermutlich einer Katastrophe unbekannter Art zu verdanken, die über die Siedlung hereingebrochen ist. Denn nach 600 Jahren verschwanden die Menschen von Skara Brae so plötzlich, dass sie sogar ihre Alltagsgegenstände fast vollständig zurückließen – ein neolithisches Pompeji.

Um 4300–2800

Langhügelgräber verbreiten sich über die Britischen Inseln

In den Long-Barrow-Hügeln findet die Megalith-Kultur des europäischen Festlandes eine Entsprechung auf den Britischen Inseln. Die Langhügelgräber haben monumentale Ausmaße von etwa 50 m Länge und sind aus Holz, Erde und Stein errichtet. Ein Eingang führt ins Innere der Hügel, in denen bis zu 20 Bestattete liegen können. In einigen Fällen, wie beim heutigen Fussell's Lodge, ist auch nur ein Toter unter einem Hügel bestattet. Vermutlich handelt es sich bei diesen Verstorbenen um herausragende Persönlichkeiten wie Häuptlinge oder Priester einer Dorfgemeinschaft. Long Barrows sind von der Südostküste des heutigen England bis in den Süden Schottlands verbreitet. Möglicherweise bestanden Kontakte zwischen Inselbewohnern und Kontinentaleuropäern, die zur Verbreitung der Großgrabanlagen auf den Britischen Inseln geführt haben.

Um 4300–3500

Neuheit Wackelboden: Die Michelsberger Kultur

Nach dem Zerfall der Bandkeramik in viele regionale Gruppen entsteht mit dem Michelsberger Formenkreis wieder eine Kultur, die sich über weite Gebiete ausbreiten kann.

Das Kerngebiet der Michelsberger Kultur liegt im heutigen Südwest- und Westdeutschland, vor allem im Rheintal. Von dort breitet sich die Kultur ostwärts bis Böhmen und Österreich aus. Die Trichterbecherleute sind die nördlichen Nachbarn der Michelsberger, deren Name sich von einem Fundort bei Bruchsal ableitet.

Die handwerkliche Produktion der Michelsberger Kultur besticht durch ungewöhnlichen Formenreichtum. Tpyisch sind Gefäße mit runden Böden (s. Abb.). Diese so genannten Wackelböden sind nicht zum Stehen geeignet. Sie werden entweder an Seilen aufgehängt – und ihr Inhalt damit vor Nagern geschützt – oder in Sandhaufen gedrückt.

Obwohl die Michelsberger indirekte Nachfahren der Bandkeramiker sind, konnten bis heute kaum Reste von Siedlungen oder Häusern gefunden werden. Nur ein einziger Fund eines 45 m langen Hauses in Frankreich brachte Michelsberger Kulturzeugnisse zutage. Möglicherweise lebten die Michelsberger in Blockhütten, die nicht in den Boden eingetieft waren und keine archäologisch verwertbaren Spuren hinterließen.

Um 4000 In der heutigen Schweiz stirbt eine Frau der Cortaillod-Kultur an den Folgen einer **Schädeloperation** (Trepanation). Bei dem operativen Eingriff wird die Schädeldecke der Frau in Höhe der Augenhöhle mit einem Steinbohrer geöffnet. Untersuchungen an dem im Gräberfeld Barmaz II im Kanton Wallis gefundenen Schädel ergaben, dass die Trepanation erfolglos blieb: An den Rändern des in den Schädel gebohrten Loches stellten Anthropologen keine Heilungsspuren fest.

Neolithische Menschen der heute als **Hornstaad-Hörnle I** bezeichneten Seeufersiedlung am Bodensee bedecken ihre Köpfe mit Hüten. Dies ergaben Ausgrabungen der neolithischen Siedlung. Bei Forschungsarbeiten entdeckten Archäologen kegelförmige geflochtene Wollreste. Sie wurden als Spitzhüte interpretiert.

In Mesopotamien und in Ägypten beherrschen Menschen die Kunst der **Weinherstellung**. In steinernen Wannen zerstampfen sie Trauben mit den Füßen, um den Fruchtsaft zu gewinnen. Anschließend wird die Flüssigkeit in tönerne Krüge gefüllt. Die an den Beeren haftenden Hefekulturen setzen den Gärungsprozess in Gang und verwandeln den Zucker in Alkohol. Auch am Schwarzen Meer wird Wein gekeltert: In der Schwarzmeer-Region fanden Archäologen Trinkgefäße, die Reste von Traubenkernen enthielten.

Südöstlich des heutigen **Miskolc** in Nord-Ungarn entsteht im Laufe der Jahre ein großer Friedhof. Die etwa 150 Gräber, die zwischen 1950 und 1954 am Fundplatz Tiszapolgár geborgen wurden, lieferten die ältesten Belege für die Verwendung von Kupfer in Ungarn. Bei Untersuchungen fanden Archäologen neben zahlreichen Skeletten Kupfergegenstände als Grabbeigaben. Die hier ansässige Kultur wurde nach dem Fundort Tiszapolgár-Kultur getauft.

Um 3700 In der heutigen Schweiz haben Angehörige der **Cortaillod-Kultur** ein Verfahren zur Konservierung von Lebensmitteln entwickelt. Auf erhitzten Kieselsteinen trocknen die Neolithiker Getreidebrei und lagern die konservierte Nahrung. Bei Bedarf werden die Getreidefladen in kochendem Wasser verflüssigt. Reste der vorgeschichtlichen Konserven wurden in der Seeufersiedlung Twann im Kanton Bern gefunden. Hier entdeckten Archäologen auch vollständig erhaltene Gerstebrote.

Um 3600

Monumentale Wehranlage im Südwesten Englands

Auf dem Kreidehügel Hambledon Hill (Abb.: Luftaufnahme) nahe der Kanalküste entsteht eine imposante Wehranlage. Von dort lässt sich das fruchtbare Weideland nach Westen bis zum Stour River kilometerweit überblicken.

Der Komplex ersteckt sich über ein 60 km^2 großes Areal. Die Anlage schützt den gesamten Gipfel. Drei konzentrisch angelegte Ringwälle, die im Süden und Westen besonders stark ausgebaut werden, stellen für Eindringlinge ein nahezu unüberwindliches Hindernis dar. Zum besonderen Schutz wird der innere Ringwall mit 10 000 Eichenbalken verstärkt. Doch bevor potenzielle Angreifer so weit vordringen können, müssen sie Gräben entlang der Wälle überwinden, die mit den Schädeln getöteter Feinde gefüllt sind. Im Schutz dieser Verteidigungsanlagen dient Hambledon Hill als ritueller Bestattungsplatz. Die Toten werden so lange im Freien aufgebahrt, bis das Fleisch vollständig verwest ist und nur die Knochen übrig bleiben. Die Skelette besonders verdienter Persönlichkeiten werden in einem der beiden Langhügel bestattet, die außerhalb der zentralen Ringanlage liegen.

Trotz der ausgeklügelten Verteidungsmaßnahmen gelingt es Angreifern jedoch, Hambledon Hill einzunehmen. Durch eine Bresche im Wall dringen sie in das Bollwerk ein und machen die Anlage dem Erdboden gleich.

Um 3600–2900

Erste Ochsenkarren

Als eine der ersten Gruppen der Jungsteinzeit lernen die Menschen der Badener Kultur die Vorteile des Ochsenwagens kennen. Der Siegeszug des neuen Transportmittels beginnt.

Als Räder des Karrens dienen vier Holzscheiben, an denen eine Ladefläche angebracht ist. Die Deichsel ist starr nach vorn gerichtet und nicht wie bei heutigen Wagen nach rechts und links drehbar. Dadurch sind diese Karren schwer zu lenken – besonders kurvige Strecken sind sehr schwierig –, aber sie ermöglichen auch erstmals den Transport großer Lasten über weite Strecken. Selbst in Gegenden mit ausgedehnten Wäldern, die oft umfahren werden müssen, schmälert das Handicap der weiteren Wege die Vorteile des Karrens kaum. Zugtiere können sowohl Ochsen als auch Kühe sein. Pferde sind dagegen ungeeignet, da ihnen das Joch, mit dem die Tiere vor den Wagen geschirrt werden, auf die Halsschlagader bzw. Luftröhre drücken würde.

In den Fels geritzte Zeichnung eines Ochsengespanns vom Mont Bego (französische Seealpen)

Doch werden die Wagen nicht nur als Transportmittel geschätzt, sie spielen auch bei kultischen Handlungen eine Rolle. Darstellungen und Modelle von Kultwagen werden bei Bestattungszeremonien verwendet und sind außerdem beliebte Objekte in Wohnhäusern, wie Funde aus Ungarn und dem Burgenland belegen. Die Wagendarstellungen sind Ausdruck für die Verehrung der Gestirne, insbesondere der Sonne, die – wie der Wagen über die Erde – über das Firmament fährt. Tönerne Ochsenkarrenmodelle werden in einigen Gräbern als Beigaben dazugelegt. Es gibt sogar Gräber, die ausschließlich Grabbeigaben enthalten. In diesen symbolischen Grabstätten finden sich ebenfalls kleine Kultwagen.

Auch auf anderen Gebieten ist die Badener Kultur, deren Verbreitungsgebiet vom heutigen Österreich bis nach Mähren, Slowakei, Ungarn, Polen und Nordjugoslawien reicht, fortschrittlich. So steht die Herstellung von Wollstoffen auf der Liste der Errungenschaften dieser steinzeitlichen Gesellschaft. Auch wird bereits Kupfer zur Produktion von Halsringen als besondere Statussymbole benutzt. Dies belegen Funde aus der westlich von Baden bei Wien gelegenen Königshöhle, die der Kultur 1892 ihren Namen verleihen.

Um 3700–3600

Werkzeug hilft beim Ackerbau

Am Burgäschisee Süd in der heutigen Schweiz siedeln sich kleine Gemeinschaften aus zwei bis drei Familien von Ackerbauern und Jägern an. Sie hinterlassen einen reichhaltigen Schatz an Werkzeugen, die Rückschlüsse auf die Lebensweise dieser neolithischen Siedler zulassen.
Die Gruppen von 20 bis 40 Personen verfügen über großes handwerkliches Geschick und technisches Wissen, mit deren Hilfe sie mehr als 26 verschiedene Werkzeugarten herstellen, die ihnen die Arbeit auf dem Feld und in der Siedlung erleichtern. Unter den Gerätschaften finden sich Hacken, Spaten, pflugähnliche Hilfsmittel ebenso wie Messergriffe. Die Werkzeuge werden aus Holz aus den umliegenden Wäldern hergestellt. Zum Teil sind die Holzgeräte mit Klingen aus Feuerstein versehen und stellen damit z. B. Erntemesser dar, die frühen Vorläufer der Sichel. Die meisten Werkzeuge, die sich durch besonders stabile Konstruktionen auszeichnen, werden auch bei der Feldarbeit eingesetzt. Ackerbau ist ein wichtiges Element im Leben dieser steinzeitlichen Gemeinschaft.
Aber die Landwirtschaft ist nicht die einzige Nahrungsquelle der Menschen. Ihren Fleischbedarf decken die Siedler mit der Jagd auf Wildtiere. Dabei werden Wurfstöcke, Pfeil und Bogen sowie Speere und Wurfspieße benutzt. Rothirsche, Schweine, Rehe, Füchse und Dachse zählen zu den häufigsten Beutetieren dieser frühen Bewohner der Schweiz.

Um 4000

Nahrungsvielfalt nimmt zu

Die Anbautechniken des Ackerbaus werden differenzierter. Nach und nach werden neue Speise- und Nutzpflanzen entdeckt. Nicht nur Feldfrüchte, sondern auch viele bis dahin unbekannte Wildfrüchte finden ihren Weg auf den neolithischen Speiseplan. Im Gebiet des Nahen Ostens bereichern Feigen (s. Abb.), Aprikosen, Mandeln, Datteln und Weintrauben das bislang eher eintönige Menü. Viele der neuen Pflanzen können direkt nach der Ernte gegessen oder für den späteren Verzehr auch getrocknet und eingelagert werden und müssen nicht, wie z. B. Weizen, nach dem Ernten gedroschen und gemahlen werden.

Um 3900–3500

Pfyner Kultur im Alpenvorland

An den Ufern von Bodensee und Zürichsee lassen sich die Menschen der Pfyner Kultur nieder. Die Gemeinschaft aus vermutlich 200 bis 300 Personen beherrscht die Technik des Kupfergießens und treibt Handel mit anderen Kulturen.
Ihre Häuser errichten die Pfyner Leute auf Pfählen aus Eschen- oder Haselnussholz, damit sie nicht im Morast versinken. Die Böden der Innenräume erhalten einen Belag aus Lehm. In großen Gebäuden müssen dafür gut 40 m^2 Untergrund bedeckt werden. Dadurch bleiben die Räume verhältnismäßig trocken. Stege aus Holzbohlen zwischen den einzelnen Gebäuden ermöglichen es, trockenen Fußes von Haus zu Haus zu gelangen. Dennoch halten die Bauten dem feuchten Klima wohl nur 15 bis 25 Jahre stand.
Für den Anbau von Feldfrüchten eignet sich der schlammige Untergrund an den schmalen Uferstreifen nicht. Anbauflächen für Nutzpflanzen müssen deshalb in einiger Entfernung zum Dorf erschlossen werden. Doch ermöglicht die Nähe zum See intensiven Fischfang, wofür Haken aus Knochen, Zahn und Horn verwendet werden. Das stellt wohl einen großen Teil der Grundversorgung sicher. Verschiedene Güter, vor allem Tongefäße, tauschen die Pfyner Leute im Handel mit anderen Kulturen. Wichtige Handelswaren sind Produkte aus gegossenem Kupfer. Die Dorfbewohner der Pfyner Kultur beherrschen schon früh die Technik, Dolche oder Schmuckgegenstände aus Kupfer herzustellen.

Um 4000

Kupferschmiede von Ai-Bunar

Die Minen von Ai-Bunar im heutigen Bulgarien entwickeln sich zu einer der wichtigsten Kupferquellen für das östliche Mitteleuropa. Das hier gewonnene und verarbeitete Metall ist eine begehrte Handelsware und wird bis nach Moldawien und Bayern geliefert.
Lange Zeit war es den steinzeitlichen Schmieden nur möglich, die Kupferprodukte aus einzelnen, mit Hämmern zusammengefügten Stücken anzufertigen. Die Schmiede von Ai-Bunar hingegen verfügen bereits über spezialisierte Schmelzwerkstätten. Hier können große wie kleine Kupferobjekte in fast beliebiger Zahl hergestellt werden. Pfrieme und Ahlen oder Schmuckstücke wie Perlen und Ringe werden ebenso aus Kupfer gegossen wie Beile, Äxte und Meißel. Mit der Verwendung von Tonmodellen als Gussformen für das flüssige Metall gehen die Schmiede einen großen Schritt in Richtung Serienproduktion. Denn dasselbe Kupferobjekt kann nun in einer einzigen Form viele Male gegossen werden. Ob das Kupfer mehr in bearbeiteter Form oder nur als Rohstoff aus den Bergwerken von Ai-Bunar bis in die entlegensten Winkel Mitteleuropas gelangte, bleibt offen. Die zahlreichen Werkstätten, Tiegel und Gussformen von Ai-Bunar lassen jedoch die Vermutung zu, dass hier nicht primär mit Kupfer, sondern vor allem mit Kunstgegenständen reger Handel betrieben wurde. Nur wenige andere Kulturen der Jungsteinzeit sind so gut mit den Geheimnissen der Metallverarbeitung vertraut wie die Kupferschmiede von Ai-Bunar.

Um 4000

Hirse wird Nahrungsgrundlage im Reich der Mitte

Am fruchtbaren Mittellauf des Gelben Flusses wird erstmals Hirse (s. Abb.) angebaut. Die lössreichen Hänge des Stroms eignen sich ganz besonders zur Kultivierung von Nutzpflanzen.
Der weiche Boden lässt sich selbst mit einfachen Werkzeugen gut bearbeiten. Der hohe Lössanteil gewährleistet die Versorgung der Pflanzen mit den lebensnotwenigen Mineralien. Der Löss wurde über viele Jahre von den fruchtbaren Ebenen im Inland bis an die Berghänge des Gelben Flusses (Hwangho) geweht und lagerte sich hier in lockeren Schichten ab. Noch heute spült der Strom große Mengen Löss aus dem Boden, sodass sein Wasser durch die vielen Schwebteilchen gelb schimmert.
Durch den erfolgreichen Anbau von Hirse ist es im steinzeitlichen China erstmals möglich, eine große Zahl von Menschen zu ernähren. Das heute Panp'o genannte Dorf liegt in der Nähe des Flusses und wird von bis zu 600 Siedlern bewohnt. Hier wird der Grundstein für die Entstehung der ersten chinesischen Großkultur gelegt.

3500–2700 v. Chr.

1

2

3

4

5

1 – Kalender und Kultstätte: Die Steinreihen von Carnac (Bretagne), nach astronomischen Gesichtspunkten angeordnet., dienen als Begräbnisort.

2 – Eine Pflanze mit Zukunft: Papyrus löst die frühen Tontafeln als Schreibmaterial ab. 3 – Kulturgeschichtlicher Durchbruch: mesopotamische Keilschrifttafel. 4 – Bronzezeitliche Göttin (heutiges Dänemark). 5 – Die Sumerer prägen das Zweistromland: Abformung eines frühdynastischen Rollsiegels.

6

7

8

9

10

11

6 – Kultvase aus Uruk im Süden Mesopotamiens. 7 – Wiege der Zivilisation: An Strömen wie dem Nil entstehen die ersten Hochkulturen. 8 – Der gigantische Tempelkomplex Mnajdra auf Malta. 9 – Ewiger Zauber des alten Ägypten: Statue des Pharao Chasechem aus der zweiten Dynastie. 10 – Funktionales Werkzeug der neolithischen Revolution: Reibstein zum Mahlen von Korn. 11 – Zeugnis des Krieges der Stadtstaaten: sumerische Plastik mit Streitwagen.

Gilgamesch und Hieroglyphen – Der Mensch lernt schreiben

Der Zeitraum zwischen 3500 und 2700 v. Chr. markiert in den verschiedenen Kulturkreisen der Welt eine Epochenwende, die allerdings in den einzelnen Erdregionen eine jeweils andere Ausprägung erfährt. In Europa geht die Jungsteinzeit ihrem Ende entgegen. Die matriarchalischen Kulturen des alten Europa verschwinden, um einer radikal anderen, patriarchalisch organisierten Gesellschaft Platz zu machen. Zur selben Zeit entstehen in der Region des fruchtbaren Halbmonds bereits die ersten frühen Hochkulturen. In den nächsten Jahrhunderten werden sie unangefochten die Spitze des zivilisatorischen Fortschritts bilden. Als fruchtbaren Halbmond bezeichnet man jene klimatisch begünstigte Region, die sich in einem weiten Bogen über die heutigen Staaten Israel, Jordanien, Syrien, Libanon und das irakische Zweistromland bis zum Persischen Golf erstreckt.

Region des Fruchtbaren Halbmonds

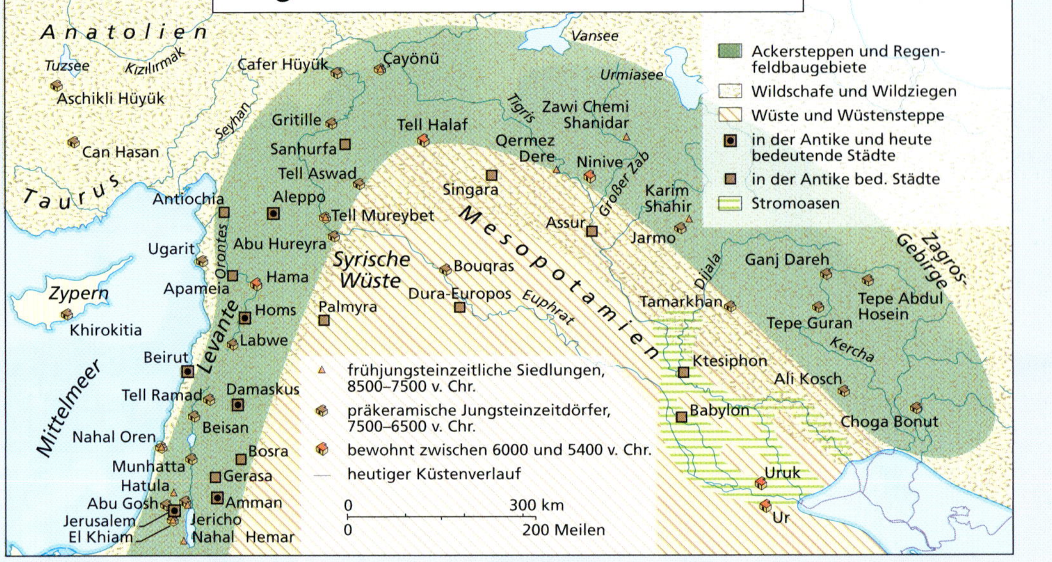

Stadt und Schrift

Seit es Menschen gibt, lassen sich in allen Erdregionen bis in vorgeschichtliche Zeiten kulturelle Fortschritte nachweisen. Bemerkenswert und erstaunlich an der hier behandelten Epoche unmittelbar vor der Bronzezeit aber ist die rasante Beschleunigung des Entwicklungstempos, jene sagenhafte Dynamik, die dieser Prozess gewinnt. In vergleichsweise kurzer Zeit entstehen im östlichen Mittelmeerraum und auf der Arabischen Halbinsel Städte und Staaten, werden Keil- und Hieroglyphenschrift sowie Pflug und Rad erfunden und somit elementare Grundlagen geschaffen, die das moderne Leben bis in die heutige Zeit prägen.

Dieser äußerst vielschichtige Entwicklungsprozess bietet ein anschauliches Beispiel, in welchem Maße kulturelle und technische Fortschritte einander sowohl bedingen als auch verstärken. Die Erfindung der Schrift, eine der herausragenden Leistungen der menschlichen Zivilisation, entsteht durch die Bedürfnisse des Marktes. Der Handel dehnt sich aus, weil es immer mehr Städte gibt, zwischen denen er getrieben werden kann. Die Städte wiederum profitieren von der von ihren Bewohnern praktizierten Arbeitsteilung, die ihrerseits das Resultat einer deutlich verbesserten Landwirtschaft ist. Weil der Agrarsektor mehr Menschen zu ernähren vermag, als darin tätig sind, werden zuvor gebündelte Kräfte und Energien freigesetzt.

Mesopotamisches Keramiktäfelchen aus Terrakotta mit der Keilschrift, die um 3500 entwickelt wurde

Die Schrift, einmal erfunden, erleichtert sowohl den Handel als auch Organisation und Verwaltung und begünstigt so eine weitere Ausdifferenzierung von Arbeitsprozess und Gesellschaft.

Der Schlüssel zu dieser Entwicklung ist die Kooperation. Alle frühen Hochkulturen entstehen an den Ufern großer Ströme, die in einem jahreszeitlichen Zyklus das Land überschwemmen. Die Hochwasser sind Segen und Fluch, Bedingung einer fruchtbaren Landwirtschaft und existenzielle Bedrohung zugleich. Durch Gemeinschaftsprojekte wie Dammbauten wenden die Bewohner der Uferregionen das Blatt zu ihren Gunsten. Sie erzielen dadurch bei der Ernte Ertragsüberschüsse, die zunächst nur einen bescheidenen Wohlstand ermöglichen, letztlich aber die entscheidende Bedingung sind, um größere Siedlungen zu gründen, handwerkliches Spezialistentum zu fördern und schließlich ein Beamtentum und eine Verwaltung zu unterhalten. Rund 500 Jahre, nachdem sich die Urägypter an den Ufern des Nils niedergelassen haben, wird das Land zu dem ersten Staatsgebilde der Geschichte vereinigt. An den Ufern von Euphrat und Tigris bilden sich zeitgleich große Stadtstaaten mit mehreren Zehntausend Einwohnern heraus. Bald regieren Herrschergestalten wie der legendäre König Gilgamesch von Uruk höchst differenzierte Gemeinwesen. In ihnen gibt es Wasserwirtschaft, Straßenbau, Märkte und Handelsbeziehungen sowie eine Vielzahl von Handwerksberufen.

Untergang des alten Europa

Eine vollkommen andere Konstellation zeigt sich im vergleichsweise rückständigen Europa, wo zu diesem Zeitpunkt zwei diametral entgegengesetzte Weltsichten aufeinander prallen: die des alten Europa und die der einfallenden indoeuropäischen Kurganvölker. Eine erste Einwanderungswelle aus Russland hatte 4500 v. Chr. vor allem im osteuropäischen Raum zu einschneidenden Veränderungen geführt, während im Mittelmeerraum sowie in Nordwest- und Mitteleuropa die alten Traditionen bestehen blieben. Um 3500 v. Chr. machen sich jedoch erstmals auch in Westeuropa, namentlich in England und Irland, Einflüsse der Kurgankultur bemerkbar.

Die Gesellschaft des alten Europa ist matriarchalisch, kaum hierarchisiert und wenig kriegerisch. Die großartigen Tempelanlagen, die zu diesem Zeitpunkt noch auf Malta errichtet werden, stehen – wie die Megalith-Gräber in Nord-, West- und Mitteleuropa – im Zusammenhang mit dem Kult der »großen« oder auch »dicken« Göttin. Die gesamte religiöse Vorstellungswelt des alten Europa dreht sich um den Zyklus von Geburt, Tod und Erneuerung allen Lebens. Die Göttin ist der Ursprung und ihre Kraft offenbart sich in Quellen und Bächen, im Mond, der Sonne und der Erde, in Pflanzen und Tieren. Die männlichen Götter treten dort, wo man sie kennt, nicht als Schöpfer, sondern allenfalls als Hüter und Beschützer der Natur in Erscheinung.

3500 v. Chr.

Um 3500: Die Sumerer entwickeln im südlichen Mesopotamien mit der Keilschrift die erste Schriftkultur der Menschheit. Wenig später entsteht in Ägypten die Hieroglyphenschrift.

Um 3500: Mit dem Bau des Doppeltempels von Ggantija auf der maltesischen Insel Gozo erreicht der dortige Göttinnenkult seinen Höhepunkt.

Um 3350: In den Ötztaler Alpen wird die Leiche eines bronzezeitlichen Jägers im Eis konserviert.

Um 3200: Zwei revolutionäre Erfindungen in der Geschichte der Menschheit werden in Sumer gemacht: das Rad und der Pflug.

Diese religiösen Vorstellungen manifestieren sich in den Bestattungsritualen und der Gräberarchitektur. Die oft ei- oder uterusförmigen Bestattungsräume symbolisieren den Körper der Göttin, die Gravuren auf den Steinen zeigen Sinnbilder der Lebenserneuerung und der Lebensenergie. Allgemein üblich ist die Praxis der Gruppenbestattung, bei der die zuvor entfleischten Knochen der Toten den Hinterbliebenen wie Samen erscheinen, aus dem neues Leben hervorgeht.

Das maskuline Prinzip

Vollkommen anders sind die Glaubensvorstellungen der einfallenden Kurganvölker, die die ersten kupfernen Waffen nach Europa bringen. Es handelt sich um eine kriegerische, patriarchalische Gesellschaft, die durch Klanbildung und eine ausgeprägte Hierarchie gekennzeichnet ist. Im Unterschied zu Europas Ureinwohnern verehren diese Indoeuropäer die Sonne und einen Gott des strahlenden Himmels. Der Bau von Tempeln, eine in Europa lange ausgeübte Tradition, kommt bei ihnen zum Erliegen. Das Leben dieser Hirtenvölker ist gerade durch das Fehlen von Tempeln, sogar von stabilen Altarbauten gekennzeichnet. Dafür nehmen die Einzelbestattungen zu.
Die Grabbeigaben der Indoeuropäer zeugen von dem Glauben an einen Übergang in ein anderes, auf den Einzelnen zugeschnittenes Leben. Werkzeuge, Waffen und Schmuckbeigaben dokumentieren eindrucksvoll den gesellschaftlichen Rang des Bestatteten. Häuptlinge wird nicht selten ihr gesamter Besitzstand mit in das Grab gegeben, einschließlich der Frauen und Tiere. Die weiblichen Gottheiten sind nun keine Schöpferinnen mehr, sondern lediglich die Bräute und Gemahlinnen männlicher Götter. Die erhaltenen Kurgan-Stelen

Drei große und zahlreiche kleinere Grabhügel bilden das Ensemble der Megalith-Begräbnisstätte in Boyne Valley (Irland).

betonen das maskuline Prinzip durch das Sonnensymbol und durch eingeritzte Dolche, Äxte, Bogen und Hellebarden.
Der Ablösungsprozess vom alten zum neuen Europa ereignet sich zu großen Teilen in dem Zeitraum von 3500 bis 3000 v. Chr. während der zweiten und dritten Kurganwelle. Die Ausbreitung der schnurkeramischen Kultur nach 3000 v. Chr. wird durch die Wanderungsbewegungen der zu diesem Zeitpunkt bereits mit indoeuropäischen Gepflogenheiten vertrauten Völker Mitteleuropas begünstigt. Um 2800 v. Chr. verbreitet sich die nach einem charakteristischen Trinkgefäß benannte Glockenbecher-Kultur in einem enormen Tempo über fast den ganzen Kontinent. Ihre Protagonisten nehmen das Erbe der kriegerischen Reitervölker auf, die nicht nur den Umgang mit dem Pferd, sondern auch den Alkohol nach Europa engeführt hatten. Die rasche und gleichsam flächendeckende Durchsetzung der Glockenbecher-Kultur zeigt, wie schwach das alte Europa kulturell bereits geworden ist. Zugleich markiert sie den Beginn einer sowohl aggressiveren als auch deutlich stärker individualisierten Lebensweise.

Dieser Krug mit eingeprägtem geometrischem Muster ist charakteristisch für die Glockenbecher-Kultur.

Anfänge der Indus-Kultur

Auf dem indischen Subkontinent entstehen unterdessen im sog. Chalkolithikum, der asiatischen Jungstein- oder Kupferzeit, die entscheidenden Grundlagen für die nachfolgende Indus- bzw. Harappa-Kultur. Rinder, Ziegen, Schafe und zuletzt auch der Wasserbüffel sind um 3500 v. Chr. bereits domestiziert. An den Ufern des Indus entstehen Siedlungen, deren Basis auch hier eine verbesserte Versorgung der Bevölkerung mit Nahrungsmitteln ist – was durch agrartechnische Innovationen wie die Erfindung des Pfluges ermöglicht wird.
Wie in Ägypten und Mesopotamien, so kommt es auch hier zu einer Spezialisierung des Handwerks und damit zu einer kontinuierlichen Vervollkommnung der Artefakte. Die Funde von Ringen und kupfernen Perlen belegen, dass im Industal Metall verarbeitet wird. In den Werkstätten der Schmuckhandwerker werden Schmuckstücke aus Muscheln und Speckstein gefertigt, wenig später kommen kostbare Materialien wie Türkis, Lapislazuli und Karneol hinzu. Später setzt sich die Töpferscheibe durch, die möglicherweise durch die ausgedehnten Handelsbeziehungen an den Indus gelangt. Um 3000 v. Chr. gibt es bereits ausgedehnte Dorfsiedlungen, die von mit Türmen bewehrten Mauern umschlossen werden. Die viereckigen Häuser werden aus Lehmziegeln und Steinen erbaut. Zu Beginn der Bronzezeit zeigen die Prä-Harappa-Siedlungen noch starke regionale Unterschiede, die im Laufe der Zeit, vermutlich infolge kriegerischer Auseinandersetzungen, immer stärker verschwinden.

Die Indianerkulturen Amerikas

Verglichen mit den rasanten Kulturfortschritten im Vorderen Orient, in Indien und Europa, herrscht auf dem amerikanischen Kontinent weitgehend Kontinuität. Wohl um 28 000 v. Chr., spätestens aber um 15 000 v. Chr. waren die Vorfahren der Indianer über die Beringstraße nach Amerika gelangt und hatten nach und nach den Doppelkontinent erobert. In ihrer Anpassung an vollkommen unterschiedliche Umweltbedingungen konnten sie überall auf dem Kontinent chakteristische Lebensweisen und Traditionen entwickeln. Die später für die nordamerikanische Arktis typische Kultur der Eskimos bzw. Inuit (»Mensch«) gibt es zu diesem Zeitpunkt noch nicht; sie bildet sich erst im 2. Jt. v. Chr. heraus.
Um 3500 v. Chr. leben die Indianer der nordamerikanischen Prärien wie ihre ältesten Vorfahren von der Bisonjagd. Die Beute liefert ihnen nicht nur Fleisch, sondern auch Felle und Häute für Kleidung und Zelte, Sehnen zum Nähen sowie Knochen und Horn für die Anfertigung von Werkzeug. Von den Paläoindianern – der einzigen indianischen Gruppe, die sich über beide Hälften des Kontinents ausgebreitet hat und deren kennzeichnendes Merkmal die »Geschossspitzen-Kultur« mit steinernen Blattspitzen ist – sind Felszeichnungen überliefert, häufig an Stellen, die als Lagerstätte dienen.
An der peruanischen Küste tauchen um 3200 v. Chr. die ersten domestizierten Lamas auf, fast zeitgleich entstehen in diesem Teil des Kontinents Handelsbeziehungen zwischen der Küsten- und der Andenregion. Etwa um 3000 v. Chr. werden an den Rändern der Gebirgs- und Regenwaldzonen Südamerikas erstmals Knollenfrüchte wie Kartoffeln und Maniok angebaut. Schon lange zuvor hatten Indianervölker Mittel- und Südamerikas neben ihrer Jagd- und Sammeltätigkeit verschiedene Bohnen- und Kürbisarten kultiviert. Etwa zur gleichen Zeit entstehen im Gebiet der heutigen Staaten Kolumbien und Ecuador sowie im Südosten Nordamerikas die ersten keramischen Erzeugnisse. Da Form und Dekor eine auffällige Übereinstimmung mit der prähistorischen Jomon-Keramik Japans aufweisen, wurde die – allerdings umstrittene – Hypothese aufgestellt, japanische Fischer habe es einst an die amerikanische Küste verschlagen.

Um 3000: Handwerker in Mesopotamien stellen durch die Legierung von Kupfer und Zinn erstmals Bronze her, das einer ganzen Epoche den Namen gibt.

Um 3000: Der Papyrus tritt von Ägypten aus seinen weltweiten Siegeszug als moderne Schreibunterlage an.

Um 2965: König Menes begründet die erste von 31 Dynastien des ägyptischen Großreichs.

Um 2800: Die Glockenbecher-Kultur ist die am weitesten verbreitete Kultur des europäischen Neolithikums.

Um 2750: Unter König Gilgamesch wird Uruk zum bedeutendsten Stadtstaat Mesopotamiens.

2700 v. Chr.

Um 3500 Durch die Verwendung von Pfeil und Bogen ziehen sich neolithische Menschen zunehmend **Schussverletzungen** zu. Dabei kann es sich um Jagdunfälle oder gewaltsame Auseinandersetzungen handeln. So wurde in einem in der Nähe von Regensburg gefundenen männlichen Schädel ein ovales Loch entdeckt. Die 1,2 x 0,8 cm große Öffnung im Scheitelbein des zur Chamer Gruppe gehörenden Mannes wurde durch einen Pfeil verursacht.

Bei der Bestellung ihrer Felder bedienen sich jungsteinzeitliche Menschen in Nord- und Mitteleuropa eines neuen Hilfsmittels: des einfachen **Hakenpflugs**. Das Ackergerät ergänzt die zur Feldarbeit verwendeten Steinbeile und Hacken. Als archäologischer Nachweis des Pfluges gelten Spuren, die Angehörige der Trichterbecher-Kultur unter Gräbern hinterlassen haben. Sie wurden u.a. in Dänemark, in Polen und in den Niederlanden gefunden. Erste Darstellungen des Pfluges stammen aus der Zeit um 3000 v. Chr. aus der sumerischen Stadt Uruk im heutigen Irak.

In Ägypten spielen Kinder mit **Murmeln**. Davon zeugen Reste des Spielzeugs, die in einem Kindergrab im Niltal gefunden wurden. Zusammen mit anderen Grabbeigaben entdeckten Archäologen neben dem Kinderskelett eine Handvoll Steinmurmeln. Der Alltagsfund ist dem Umstand zu verdanken, dass die Ägypter ihren Verstorbenen Gebrauchsgegenstände des täglichen Lebens für die Reise ins Totenreich mitgeben. Sie sollen es den Toten ermöglichen, auch im Jenseits ein dem irdischen Dasein ähnliches Leben zu führen.

In den mesopotamischen Städten kennzeichnen die Bewohner ihren Besitz mit zylinderförmigen Siegeln. Die **Rollsiegel** werden in feuchten Ton eingedrückt, der anschließend gebrannt wird. Da die Muster der Siegel sich unterscheiden, können die signierten Gegenstände eindeutig einem Besitzer zugewiesen werden. Auf diese Weise wird es möglich, wirtschaftliche Vorgänge zu kontrollieren. Gegenüber einfachen Siegeln bieten die Rollsiegel einen großen Vorteil: Durch die vergrößerte Fläche lassen sich mehr unverwechselbare Siegelmuster herstellen.

Nicht nur Ton nutzen jungsteinzeitliche Menschen als Werkstoff für **Gefäße**. Auch Holz wird zur Herstellung von Behältnissen verwendet. Als Ausgangsmaterial dienen u.a. besonders dicke Äste. Sie werden mit Steinmeißeln ausgehöhlt und geglättet. Reste der prähistorischen Holzgefäße fanden Archäologen in Süddeutschland in Siedlungen und Gräbern der Pfyner Kultur, die ab etwa 3900 v. Chr. an den Ufern des Bodensees und des Zürichsees beheimatet war.

Um 3500–3000

Sumerer und Ägypter schreiben Geschichte

Ein Durchbruch für die Kultur: Im südlichen Mesopotamien wird von den Sumerern die Keilschrift entwickelt, nur wenig später entsteht 1600 km weiter westlich, in Ägypten, die Bilderschrift der Hieroglyphen. Unzweifelhaft handelt es sich um zwei vollkommen verschiedene Schriftsysteme. Allerdings könnte die Idee der Schrift aus dem Zweistromland nach Ägypten exportiert worden sein, denn zwischen beiden Kulturen gab es nachweislich Kontakte.

Schriftzeichen entwickeln sich gewöhnlich in Zusammenhang mit dem verfügbaren Schreibmaterial. In Mesopotamien findet sich reichlich Tonerde, eine weiche Substanz, deren Konsistenz das saubere Ziehen feiner Linien nicht eben begünstigt. Kerben hingegen lassen sich mit einem Rohrgriffel mühelos eindrücken. In einem bestimmten Muster angeordnet, ergibt das eine Vielzahl von Zeichen: die Keilschrift der Sumerer.

Die Ägypter indessen meißeln ihre Bildzeichen anfangs in Steinblöcke, gehen aber bald dazu über, sie auf ein papierähnliches Material zu zeichnen. Nachweislich stellen sie schon vor dem Jahr 3000 aus den gepressten Fasern der Papyrusstaude Schreibrollen her.

Die Erfindung der Schrift ist kein Zufall, sondern sozusagen logische Folge der neolithischen Revolution und der damit einhergehenden Umstrukturierung ökonomischer und sozialer Lebensbedingungen. Schon die unmittelbaren Vorläufer der Schrift, die Tokens, waren im Kontext immer komplizierter und enger werdender Handelsbeziehungen zwischen den

Fundamentsteine mit sumerischer Keilschrift

Um 3500

Die Siedler der Negade-Kultur bewirtschaften das Niltal

In der letzten Phase der prädynastischen Epoche entfaltet sich am Westufer des Nil eine Kultur, die von späteren Archäologen nach den Fundorten El-Amra und Naqâda (Negade) als Amra-Kultur oder verbreiteter als Negade-Kultur bezeichnet wird. Sie tritt die Nachfolge der Badari-Kultur an und ist in die Phasen Negade I, Negade II und Negade III untergliedert.

Während die Dorfbewohner der Badari-Kultur bevorzugt an den Hängen über dem Niltal siedelten, ziehen die Leute der Negade-I-Kultur in die Täler. Die ehemaligen Jäger und Fischer wenden sich immer stärker der Landwirtschaft zu. Sie gründen befestigte Dörfer und Städte, in denen runde Lehm- und Schilfhütten entstehen. Ihren Lebensunterhalt bestreiten die Negade-Leute durch Viehzucht, Ackerbau und – noch immer – die Jagd. Überdies haben sie bereits die Kunst des Bierbrauens entdeckt. Die Toten bestatten sie ähnlich wie in der Badari-Kultur auf Friedhöfen. Die Leichen von Männern wie Frauen werden mit grünem Schminkpulver kosmetisch behandelt und tragen Schmuckstücke, die häufig denen der Badari-Leute ähneln, wobei Tierzeichnungen die einfachen geometrischen Muster ablösen. Manche Amulette zeigen filigran ausgearbeitete Schildkröten, Nilpferde, Antilopen und Vögel. Stierkopfamulette mit stilisierten Hörnerpaaren sind offensichtlich einem machtvollen Gott gewidmet. Es finden sich auch Elfenbeinkämme mit Tierkopfschnitzereien.

Die Negade-Leute hinterlassen eine Vielfalt von Gebrauchs- und Schmuckkeramik, darunter elegante Steingefäße aus Alabaster und Basalt. Zum Teil handelt es sich möglicherweise um Importe aus Mesopotamien. Manche dieser überwiegend roten Gefäße sind mit einer gelbweißen Farbe bemalt. Das Dekor besteht überwiegend aus geometrischen Mustern, doch finden sich auch Darstellungen von Menschen und Tieren sowie Jagdszenen (Abb. l.: weibliche Figur, Abb. r.: männliche Figur).

kulturellen Zentren Mesopotamiens entstanden. Auf Schnüre gezogen oder in größere Tonkugeln eingeschlossen, dienten die kleinen Tonobjekte dazu, Handelswaren und -mengen zu dokumentieren.
Auch die frühe Keilschrift dient zunächst einfachen Wirtschafts- und Handelszwecken in den städtischen Zentren Mesopotamiens. Wie die ägyptische Hieroglyphenschrift ist sie zunächst eine Symbolschrift, bei der einzelne Zeichen einen bestimmten Gegenstand repräsentieren. Bei den Ägyptern werden diese Zeichen schon bald für Worte mit ähnlicher Lautmalerei verwendet. Die Sumerer kennen etwa 2000 Symbole, die zunächst von oben nach unten, später einheitlich von links nach rechts geschrieben werden. Der entscheidende Schritt zur Entwicklung einer wirklichen Schrift setzt ein, als sowohl die Sumerer als auch die Ägypter beginnen, Wörter in einzelne Laute zu zerlegen, die sich wieder zu neuen und anderen Wörtern zusammenfügen lassen. An die Stelle der ursprünglichen Bildzeichen treten phonetische Zeichen, die jeweils in den verschiedenen Kontexten unterschiedliche Bedeutungen haben. Die Ägypter fangen an, Wörter, für die es kein zeichenbares, ähnlich klingendes Symbol gibt, zu »buchstabieren«. Wegen der größeren Variationsbreite dieser Lautschrift reduziert sich z.B. die sumerische Keilschrift bis 2500 v.Chr. auf ein Viertel ihrer ursprünglichen Zeichen.
Die Erfindung und Vereinfachung der Schrift wird sowohl durch die administrativen Erfordernisse größerer Gemeinwesen wie auch durch die Interessen der Priester und Händler vorangetrieben. In Mesopotamien geht ihre Entwicklung und Verbreitung einher mit dem Entstehen von Stadtstaaten und Königreichen; in Ägypten wird ihre Ausbildung durch die Einigung des Landes zu einem Reich beschleunigt, das sich über Hunderte von Kilometern erstreckt. Nicht zuletzt markiert die Schrift den Beginn der überlieferten Geschichte und damit der Geschichtlichkeit.

Zeugenliste inklusive: sumerische Schenkungsurkunde über ein Haus und einen Sklaven

Um 3500

Am Euphrat entsteht die erste Großstadt der Menschheit

Der an den Ufern des antiken Euphrat gelegene Stadtstaat Uruk entwickelt sich zu der ersten Großstadt der Menschheit und zum Zentrum der sumerischen Kultur. Seit etwa 4500 v.Chr. bewohnt, zählt die Metropole um 3500 rund 25 000 und 200 Jahre später bereits 40 000 Einwohner.
Uruk, das biblische Erech, ist der Schauplatz des Gilgamesch-Epos, des ältesten Zeugnisses der Weltliteratur. Da das Werk auf Fiktion beruht, galt das darin geschilderte Uruk bis vor kurzer Zeit noch als Fantasiekulisse. Erst als man im Jahr 2002 die Ruinenstätte Warka im Irak mit dem exaktesten Magnetometer der Welt untersucht, kommen die Forscher zu dem erstaunlichen Befund, dass die Stadt am Euphrat der schillernden Bühne jenes berühmten Schriftwerks offenbar verblüffend ähnlich sah. U.a. kann bewiesen werden, dass die Metropole von einem dichten Netz künstlicher Wasserwege durchzogen war, die dem Personen- und Warenverkehr dienten.
Uruk ist, wie viele andere Städte, das Resultat einer allgemeinen Konzentration der Bevölkerung, des Handels und der politischen Gewalt, die sich in der prä- und frühdynastischen Zeit in Mesopotamien vollzieht. Schon vor der Errichtung einer 11,5 km langen Stadtmauer durch den legendären König Gilgamesch gibt es zwei heilige Bezirke: das kleinere Anu-Heiligtum im Inneren der Stadt und das imposante, etwa 500 m entfernte Inanna-Heiligtum (Abb.: Opferzug für die Göttin Inanna). Das Kultzentrum der sumerischen Göttin des Krieges und der Fruchtbarkeit ist auf einer Fläche von etwa 400 x 200 m errichtet und besteht aus mehreren großen Tempelgebäuden, die überwiegend auf dreigeteilten Terrassen stehen. Beide Tempel zeugen von dem enormen Aufschwung, den die Sakralarchitektur hinsichtlich ihrer Dimensionen und ihrer künstlerisch-handwerklichen Ausführung im Laufe der Zeit erlebt. Dieser kulturelle Aufschwung wirkt sich auch in anderer Hinsicht aus. Bei der Entwicklung der Keilschrift spielt die Metropole eine bedeutende Rolle. Uruk ist es auch, wo erstmals Keramik auf langsam rotierenden Töpferscheiben hergestellt wird – was die Ausbildung eines gewerbsmäßigen Töpferhandwerks im Rahmen eines allgemeinen Fortschritts der urbanen Arbeitsteilung stark begünstigt. In der Stadt gibt es Brennöfen für die Produktion von Ziegeln, aber auch weiträumige Villen mit Privathäfen als Adelswohnsitze.

Städte als neue Siedlungsform

Eine Reihe epochaler technischer, ökonomischer und kultureller Fortschritte, die als Meilensteine in der Geschichte der Menschheit gelten, sind untrennbar mit der Geburt der Städte verknüpft. Dazu zählen die Erfindung der Schrift, die Entwicklung von Wagenrad, Töpferscheibe und Metallurgie, die Festlegung von Maßen und Gewichten, die Errichtung der ersten großen und aufwändigen Sakralbauten, die Anlegung künstlicher Kanal- und Bewässerungssysteme sowie die Einführung der Geldmünze als allgemeines Zahlungsmittel. Das urbane Leben geht Hand in Hand mit einer wegweisenden Veränderung des gesamten sozialen und kulturellen Lebens.

Entstehungsgeschichte der Städte

Über den Ursprung der Städte ist wenig bekannt. Einige der ersten nachgewiesenen stadtartigen Siedlungen – wie Ur und Uruk – entstehen zwischen 5000 und 4000 in Mesopotamien. Ob sie sich in unmittelbarem Umfeld früher Kultstätten bzw. aufgrund der engen Verbindung von Religions- und Handelszentren entwickeln oder ihre Gründung einer Reihe verschiedener Faktoren verdanken, wird kontrovers diskutiert. Unzweifelhaft ist die Entdeckung des Ackerbaus durch die nomadenhaften Jäger und Sammler entscheidende Voraussetzung zur Herausbildung menschlicher Sesshaftigkeit.
Um 4000 zählt eine durchschnittliche Stadt wenige Tausend Einwohner. Trotz der bescheidenen Größe ist sie in religiöser und wirtschaftlicher Hinsicht der Mittelpunkt einer Anzahl kleinerer Dörfer und Siedlungen, die sich im Umkreis von einigen Kilometern an den Ufern desselben Stroms oder seiner Nebenflüsse bilden. Ähnliche Siedlungsansammlungen mit eigenen Markstädten finden sich einen knappen Tagesmarsch entfernt stromauf- und stromabwärts.
Vermutlich entwickeln sich die ersten Städte nicht zufällig an den Ufern großer Flüsse. Jedes Jahr treten Ströme wie der Euphrat, der Tigris und der Nil über ihre Ufer. Mächtige Dämme und Entwässerungskanäle braucht es, um die Fluten von den Wohngebäuden fern zu halten. Zugleich ist in Regionen mit stark saisonalen Niederschlägen eine gute Ernte nur dann zu erzielen, wenn für die Trockenzeiten Bewässerungskanäle angelegt werden, die Wasser auf die Felder leiten. Projekte dieser Größenordnung lassen sich allerdings nur durch die Kooperation einer Vielzahl von Bauern oder eben ganzer Dörfer realisieren. Dort, wo solche künstlichen Bewässerungssysteme in gemeinschaftlicher Arbeit entstehen, können durch hohe

Folgende Charakteristika zeichnen eine Ansiedlung als Stadt aus (Quelle: »Diercke-Wörterbuch Allgemeine Geographie«; 1997):

- *größere Einwohnerzahl als ländliche Siedlungen*
- *Differenzierung der Bevölkerung in viele unterschiedliche Gruppen und Schichten*
- *Konzentration von Erwerbszweigen außerhalb landwirtschaftlicher Tätigkeiten (Gewerbe, Handwerk und Dienstleistungsberufe)*
- *Multifunktionalität (religiöses, politisches, wirtschaftliches Zentrum)*
- *relativ geschlossene Form (oftmals Einmauerung der Stadtkerne)*
- *dichte Bebauung*
- *Gliederung in Stadtviertel oder Bezirke mit eigenen Zuständigkeiten und Verwaltungsstrukturen*

Die wieder freigelegten Grundmauern von Susa im heutigen Iran zeugen von einer der ältesten Ansiedlungen der Menschheit.

Erträge erhebliche Nahrungsüberschüsse produziert werden. Dank der Kooperation kann die Landwirtschaft wesentlich mehr Menschen ernähren, als in ihr tätig sind. Eine unmittelbare Folge ist ein allgemeines Bevölkerungswachstum. Zugleich gibt es immer mehr Menschen, die von der agrarischen Arbeit freigestellt sind. Dies ist die Voraussetzung für eine Ausdifferenzierung der menschlichen Arbeit. In den städtischen Zentren lassen sich spezialisierte Handwerker nieder, die nun als Töpfer, Bäcker, Brauer, Bronzegießer, Steinmetz, Gerber und Weber eine Vielzahl neuartiger Gerätschaften und Gebrauchsgegenstände für den Markt produzieren. Verlierer dieser urbanen Spezialisierung sind die Frauen, die im vorherigen agrarischen Leben in stärkerem Maße gleichberechtigt waren, nun aber die beginnende Arbeitsteilung in Form einer zunehmenden Beschränkung auf Heim und Herd erleben.

Aufblühen des Handels

Die Produktion von Überschüssen und die Ausdifferenzierung des Handwerks sind die beiden entscheidenden Voraussetzungen für ein Erblühen des Handels. Zu den Markttagen kommen die Dörfler in die Städte und bringen Getreide, Linsen und Wolle mit. Von den städtischen Handwerkern erhalten sie im Tausch buntes Tuch für festliche Kleidung, bemalte Krüge, Schalen und Teller, Feuersteinklingen und scharfe Sichelblätter aus Ton. Bereichert wird das Angebot durch eine Reihe exotischer Waren. Mehrmals pro Jahr schließen sich Kaufleute zu einer Karawane zusammen, um die Bergstämme im Norden aufzusuchen. Sie tauschen Weizen und Gerste gegen wertvolle Schmuckstücke oder Rohstoffe für die heimische Produktion. Andere Kaufleute ziehen an den Persischen Golf, um getrockneten Fisch, Salz und Muscheln zu erhandeln. Es gibt in den Städten immer mehr Handwerker, die für den Export produzieren oder deren Arbeit von Rohstoffimporten

Viele Bauten in den ersten Städten wurden aufwändig verziert: Stiftmosaik aus Uruk (4. Jt. v. Chr.; Pergamonmuseum Berlin).

abhängig ist. Die Handelsbeziehungen werden bis nach Indien, Afghanistan und Ägypten ausgeweitet. Die Tatsache, dass sie sich immer umfangreicher und vielseitiger gestalten, spielt eine zentrale Rolle bei der Entwicklung der Schrift, die zunächst vor allem dem Zweck dient, Aus- und Eingänge, Lieferungen und Bestellungen zu protokollieren.
Eine zentrale Rolle im frühen städtischen Handelsverkehr spielt der Tempel. Die Kaufleute überlassen ihre wertvollsten Waren während ihrer Abwesenheit der Obhut des Priesters. Die Besitztümer lagern in Vorratsgefäßen, die mit einem Klumpen Ton und dem persönlichen Siegel verschlossen werden. Die Tempel dienen auch als Lager für Saatgut. Wenn einem Bauern die Ernte durch Brand, Wasser oder Sturm vernichtet wird, streckt ihm der Priester aus den Opferkrügen das Saatgut für eine zweite Aussaat vor. Die Menge wird auf einem Kerbstab vermerkt und dieser dann der Länge nach gespalten. Die eine Hälfte erhält der Schuldner ausgehändigt, die andere verbleibt im Tempel. Am Ende der Erntezeit erstattet der Bauer das Geborgte zusammen mit der Kerbholzhälfte zurück.

*Die südmesopotamische Stadt **Ur** zog eine bunte Mischung von Siedlern und Völkern an, deren Begabungen und Kenntnisse verantwortlich für den Aufschwung der Metropole waren. So verfügten die Dschemdet-Nasr über meisterhafte Fähigkeiten in der Schreibkunst und im Ackerbau, während die Uruk als Metall-Spezialisten glänzten. Die Sozialstruktur der Stadt war stark differenziert. Als sich die ersten Landbewohner in Ur niederließen, spielten verwandtschaftliche Beziehungen noch die größte Rolle. Bald schon wurden diese jedoch von neuen sozialen Banden, die sich aufgrund von Beruf, Herkunft und Ethnizität bildeten, abgelöst. Vor allem Berufe stifteten neue Identifikationsmöglichkeiten. Eine deutliche Gruppenbildung lässt sich u. a. bei Priestern, Soldaten, Händlern und Handwerkern beobachten.*

Im Fokus

Die großen Ströme – Wiege der Zivilisationen

Alle frühen Zentren der Zivilisation entstehen in geografisch begünstigten Regionen der Erde – d.h. an den Ufern großer Flüsse. Zu ihnen zählen die mesopotamischen Reiche an Euphrat und Tigris, das ägyptische Reich am Nil, die Harappa-Kultur am pakistanischen Indus und die chinesischen Reiche am Gelben Fluss, dem Hwangho.

Der Nil ist die Lebensader der ägyptischen Hochkultur.

In jedem dieser Gebiete lassen sich schon früh dauerhaft Bauern nieder, die das nomadische Leben aufgeben, um auf dem fruchtbaren Boden aus wilden Gräsern Getreide und aus wilden Tieren Haustiere zu züchten. Aus diesen bäuerlichen Ansiedlungen entwickeln sich Dörfer, dann Städte, schließlich Stadtstaaten und Reiche mit einer ausgeprägten Arbeitsteilung und einer komplexen Verwaltung, mit geschriebenen Gesetzen und hierarchischen Strukturen. Bei dieser umwälzenden Veränderung des gesamten sozialen und kulturellen Lebens, der sog. neolithischen oder städtischen Revolution, spielen die Flüsse eine zentrale Rolle, denn sie sind für ihre Anwohner zugleich Segen und Fluch. Im jahreszeitlichen Rhythmus werden die trockenen Uferregionen durch die Hochwasser von einem fruchtbaren Schlamm bedeckt, der sich vorzüglich für die Landwirtschaft nutzen lässt. Auf der anderen Seite aber kann ein einziges dieser Hochwasser in kürzester Frist die Arbeit eines ganzen Jahres vernichten und jeden Bauern um seine Existenzgrundlage bringen. Es ist dieser ambivalente Charakter der großen Ströme, der auf einen kooperativen Zusammenschluss der einzelnen Familien drängt. Wenn man in größeren Gruppen zusammenarbeitet, lassen sich Staudämme und Bewässerungsgräben errichten, die nicht nur die Ernte sichern, sondern die Erträge bedeutend erhöhen. Mit diesen aus der Not geborenen Überschüssen vollzieht sich an den Ufern der Flüsse erstmals der Übergang von der archaischen Subsistenzwirtschaft zu einer komplex organisierten Tauschwirtschaft. In Mesopotamien, Ägypten und Pakistan errichtet man für die überschüssigen Ernteerträge Vorratsspeicher. Um von der Flut nicht überrascht zu werden, entwickeln die Ägypter schon früh einen zuverlässigen Kalender, der auf der Beobachtung des Sterns Sirius beruht und exakt die 365 Tage des Jahres einschließlich des vierjährigen Schaltjahres misst. Die Bedeutung der Flüsse für die Organisation des gesamten Lebens spiegelt sich auch in religiösen Vorstellungen wider: Sie werden als Wohnstätten der Götter verehrt.

Im »Gilgamesch-Epos«, einer Ansammlung von Epen, in denen der sumerische König Gilgamesch verherrlicht wird, findet sich eine Beschreibung der mesopotamischen Stadt Uruk:

»Sieh an seine Mauer, deren Friese wie Bronzeschalen scheinen!
Ihren Sockel beschau, dem niemands Werk gleicht!
Auch den Blendstein fass an – der seit Urzeiten da ist! -
Nahe dich Eanna, dem Wohnsitz Ischtars -
Das kein späterer König, kein Mensch ebenso machen kann!
Auch steig auf die Mauer von Uruk, geh fürbass,
Prüfe die Gründung, besieh das Ziegelwerk!
Ob ihr Ziegelwerk nicht aus Backsteinen ist,
Ihren Grund nicht legten die sieben Weisen!
Ein Sar die Stadt, ein Sar die Palmgärten,
ein Sar die Flussniederung, dazu der (heilige) Bereich des Ischtartempels:
Drei Sar und den (heiligen) Bereich von Uruk umschließt sie.«

Um 3500

Mit der zunehmenden Verarbeitung von Kupfer werden im Neolithikum viele Geräte aus Knochen durch solche aus Kupfer ersetzt. So verwenden Angehörige der im heutigen Bayern, in Teilen Österreichs und Tschechien beheimateten sog. **Chamer Kultur** Angelhaken aus Kupfer. Bislang wurden sie aus Röhrenknochen geschnitzt. Als ältester Beleg für einen kupfernen Angelhaken gilt ein im Kreis Regensburg gefundenes Exemplar.

Von der Besiedlung des nordwestlich von Freiburg gelegenen **Kaiserstuhls** durch Ackerbauern zeugt ein Gräberfeld in der Nähe von Jechtingen. Auf dem Berg Jechtinger Gewann Humberg bargen Archäologen mehr als 100 Gräber. Neben den Skeletten enthielten die Ruhestätten zahlreiche Grabbeigaben. So fanden die Forscher verzierte Tongefäße, Waffen, Feuersteingeräte und aufwändige, aus Kalksteinperlen, Muscheln und Tierzähnen gearbeitete Halsketten.

Pilze sind im südlichen Mesopotamien ein beliebtes Nahrungsmittel. Davon zeugen Keilschrifttexte, die in den sumerischen Siedlungen ausgegraben wurden. Die Tontafeln liefern ein exaktes Bild von den Nahrungsgewohnheiten der Bewohner: Auf den Keilschrifttafeln ist u. a. der Lebensmittelverbrauch großer Familien verzeichnet. Demnach konsumierten die Sumerer verschiedene Pilzarten: die zu den Schwämmen zählenden Mashari, den Ständerpilz Agan und phallusförmige Rutenpilze.

In der Nähe des heutigen Tabqa am mittleren Euphrat in Syrien erbauen Mesopotamier die Stadt **Habuba Kabira**. Innerhalb einer etwa drei Meter breiten Stadtmauer entsteht ein Siedlungsareal mit eng nebeneinander stehenden Häusern. Charakteristisch ist ein im Zentrum des Hauses gelegener Mittelsaal. Ein ausgeklügeltes Rohrsystem dient der Wasserversorgung. Zahlreiche bei den Grabungen der Ruinenstätte freigelegte Rollsiegel und Tontafeln belegen einen regen Handelsverkehr der Stadt. Heute ist Habuba Kabira vom Wasser des Assadstausees überflutet.

Die zunehmende Rodungs- und Siedlungstätigkeit führt zu einer Ausbreitung der **Schilfgürtel** an den Seen der heutigen Schweiz. Durch Abschwemmen der obersten Bodenschichten der freigelegten Flächen gelangen vermehrt Nährstoffe in die Gewässer. Die Nährstoffanreicherung (Eutrophierung) begünstigt das Schilfwachstum. Vogelarten wie Pfeifente, Kolbenente, Knäkente und Reiherente sowie der Raubfisch Hecht nehmen das Schilf in Beschlag.

Um 3500

Gaura-Kultur: Siegelschneidekunst und Tempelbau in Assyrien

Während der Süden Mesopotamiens unter dem Einfluss der Uruk-Kultur steht, entwickelt sich gleichzeitig im nördlich gelegenen Assyrien die Gaura-Kultur. Benannt ist sie nach dem bislang wichtigsten Fundort, der Stadt Tepe Gaura im Norden des heutigen Irak (Abb.: freigelegte Mauern von Wohnhäusern).

Neben einer weit entwickelten Siegelschneidekunst sind Rechtecktempel mit fein gegliederten Fronten charakteristisch für die Gaura-Kultur. Die dreigliedrige Tempelanlage von Tepe Gaura weist ein überhängendes Vordach auf. In unmittelbarer Umgebung finden sich zahlreiche Grabstätten, darunter 80 Lehmziegelgräber. Ihre Besonderheit verdanken diese dem reichhaltigen Schmuck, den sie als Grabbeigaben enthalten. So werden in einem einzigen Grab etwa 25000 Perlen geborgen. Gefertigt werden die Kleinode u. a. aus Elektrum, einer natürlichen Gold-Silber-Legierung, aus Türkis, Jade und Lapislazuli. Letzterer deutet auf ausgedehnte Handelsbeziehungen hin, da sich der nächste Fundort für diesen Schmuckstein im 2000 km entfernten Norden Afghanistans befindet.

Um 3500

Ggantija: Kult-Monumente

Als wichtigstes Zeugnis der sog. maltesischen Doppeltempel-Architektur entsteht auf der Mittelmeer-Insel Gozo die Ggantija-Anlage. Die Tempel der sog. Ggantija-Phase sind paarweise angelegt, wobei einer deutlich größer ist als der andere. Die Symbolik dieser Architektur ist noch nicht geklärt. Vermutlich ist der größere Komplex der maltesischen »Großen Göttin« gewidmet, die sich auf verschiedenen Skulpturen findet. Der kleinere Tempel könnte der Verehrung der Tochter der göttlichen Familie dienen. Denkbar ist auch, dass die beiden Bauten ein göttliches Schwesternpaar vorstellen, wie es aus archaischen Kulten überliefert ist, oder dass sie zwei Aspekte derselben Göttin repräsentieren.

Der Megalith-Tempel von Ggantija auf Gozo nahe Malta gehört heute zum UNESCO-Weltkulturerbe.

Um 3500

Die Kriegergötter der Kurgan

Ab der zweiten Hälfte des 4. Jt. tauchen in Europa neue mythologische Bilder und Symbole auf, die vor allem männliche Attribute zeigen. Ihr Ursprung liegt zweifellos nicht in den matrilinearen Gesellschaften des alten Europa, die noch immer die Religion der Göttin praktizieren, sondern in der Invasion der patriarchalisch organisierten und kriegerischen indogermanischen Kurganvölker.
Das neue Symbolsystem zeigt sich eindrucksvoll an dekorierten Stelen, die ab der Mitte des Jahrtausends vor allem im Osten und Südosten Europas entstehen. Verziert sind diese Bildwerke mit Darstellungen von Dolchen, Hellebarden und Äxten, von Bogen, Pfeilen, Köchern und Brustplatten, Wagen und Ochsengespannen, Hengsten, Hirschen und Ziegenböcken. Die Kurgan-Stelen dienen in der Mehrzahl einem Kult um den Gott des strahlenden Himmels, der reiche Nachkommenschaft und üppiges Pflanzenwachstum schenkt. Vermutlich werden sie anlässlich des Todes einer wichtigen Persönlichkeit, etwa eines Häuptlings oder eines im Kampf getöteten Helden, errichtet.

uf Gozo

Die meisten Tempel weisen vier bis fünf, manchmal auch noch mehr Apsiden auf, der größere Tempel liegt jeweils im Westen. In der Religion der maltesischen Inseln repräsentiert der Osten die Jugend und den Beginn des Lebens, der Westen den Tod und die Lebenserneuerung. Da sich in den größeren westlichen Tempeln deutlich mehr Ausstattungsgegenstände und kultische Geräte fanden als in den kleineren östlichen, ist zu vermuten, dass die Zeremonien, die mit dem Tod und der Lebenserneuerung zusammenhängen, in den religiösen Vorstellungen der frühen Malteser einen besonderen Platz einnahmen.
Die beiden Ggantija-Tempel werden von einer bis zu sechs Meter hohen Außenmauer aus unbehauenen Korallenkalksteinblöcken umschlossen. Manche dieser Brocken weisen ein Gewicht von bis zu 50 t auf. Die Innenwände und Eingänge der Tempel wurden aus unbehauenem Globigerinenkalkstein, einem anderen typisch maltesischen Baumaterial, gefertigt. Namentlich der Südtempel zeigt eine kunstvolle Ausstattung. Der Hauptaltar besteht aus großen, mit Grübchen dekorierten Kalksteinplatten. Die angrenzende Apsis enthält drei Altartische und eine trapezförmige Steinplatte, die wie ein Pfeiler aufgestellt ist. Daneben befindet sich eine rituelle Feuerstätte, ein flaches Steinbecken von etwa einem Meter Durchmesser. Auf einer Säule in diesem Raum ist eine Schlange als Flachrelief in den Stein gemeißelt. Flachreliefs finden sich auch in der nahe des Eingangs gelegenen Apsis. Die rot ausgemalte Nische in diesem Bereich hatte entweder rituelle Bedeutung oder sie diente der Aufbewahrung kultischer Gegenstände.

Um 3500

Susa – blühende Metropole im Osten des Zweistromlands

In der anbrechenden Uruk-Zeit ist Susa ein weithin bekannter Pilgerort und das kultische Zentrum der umliegenden Region. Die mesopotamische Stadt liegt rund 250 km nördlich des Persischen Golfs vor den Ausläufern des iranischen Zagrosgebirges. Susa zählt vermutlich zu jenen Städten, die als Kultzentrum gegründet wurden. Ausgrabungen bringen die Überreste einer mindestens 80 x 65 m großen und über 10 m hohen Plattform aus Lehmziegeln zu Tage, die in dieser Zeit einen eindrucksvollen, weithin sichtbaren Tempel trägt. Die Außenfassade ist mit zylinderförmigen Keramikstiften verziert (Abb.: Maurer auf einer Leiter). Archäologische Funde von Tonkrügen und Getreidekörnern zeigen, dass der Tempel auch als Vorratslager für Saatgut dient, das in Form von Steuern und Spenden in das Heiligtum gelangt. Neben dem Hauptbau finden sich eine Reihe kleinerer Häuser. Am Fuß der Plattform liegt ein großer Friedhof mit insgesamt mehr als 1000 Gräbern. Die Einwohner von Susa bestatten ihre Angehörigen häufig unmittelbar nach ihrem Tod, manchmal aber werden sie auch unter freiem Himmel aufgebahrt. In diesem Fall werden die übrig gebliebenen Knochen in reich verzierten Tonkrügen verwahrt. Nahezu alle Ruhestätten enthalten Grabbeigaben. Sie sind ein Hinweise für den Glauben an ein jenseitiges Leben. Oft handelt es sich dabei um zum Teil äußerst wertvolle Keramikarbeiten, um kupferne Äxte und Meißel oder um einfache Gebrauchsgegenstände wie z. B. Nadeln.

Um 3500

Steinbilder von Gavr'inis geben bis heute Rätsel auf

Auf einer Insel vor der bretonischen Küste entsteht mit dem Tumulus (Hügelgrab) von Gavr'inis eines der spektakulärsten und rätselhaftesten Zeugnisse der europäischen Megalith-Kultur. Sechs wuchtige Steinplatten tragen einen gewaltigen Monolithen von mehreren Tonnen Gewicht. Ein etwa 14 m langer Gang führt in den Hügel und mündet dort in einer Kammer. Von den 29 Findlingen, die als Wandsteine dienen, sind 23 ganzflächig mit Rillenmuster verziert (s. Abb.). Konzentrische Halbkreise, die zum Teil durch die Darstellungen von Äxten, Bogen und Schilden ergänzt werden, bilden das vorherrschende Muster. Dieses eigentümliche Baudenkmal wird lange Zeit als Tumulus interpretiert. Da jedoch jeder Hinweis auf Grabbeigaben fehlt, ist durchaus denkbar, dass es sich um ein Kultzentrum handelt.
Die eigentümliche und aufwändige Ausstattung des megalithischen Denkmals hat zu den verschiedensten Spekulationen geführt. Im 19. Jh. wird von einem Geistlichen die These vertreten, die Steinritzungen von Gavr'inis stellten einen stilisierten Christus mit den zwölf Aposteln dar. Nach einer anderen Hypothese bilden sie die Rundungen der Bäuche schwangerer Frauen ab. Der Tumulus wäre demzufolge die Stätte eines archaischen Fruchtbarkeitskultes. Eine weitere Theorie interpretiert das Rillenmuster als die früheste europäische Schrift. Nach dieser Hypothese lässt sich eine Leserichtung von links nach rechts erkennen. Sicher ist, dass sich Verzierungen ganz ähnlicher Art auch auf den Steinen eines Megalith-Grabes in Irland finden.

Um 3500 In der Nähe der heutigen Gemeinde Aufhausen im Vilstal in Niederbayern entsteht eine Siedlung der **Badener Kultur**. Um Freiflächen für die Siedlung zu gewinnen, roden die jungsteinzeitlichen Ackerbauern den dichten Urwald aus Eichen und Buchen. Aus den gefällten Eichenstämmen errichten sie bis zu 25 m lange Häuser. Auf dem fruchtbaren Waldboden bauen die Neolithiker Emmer, Einkorn und Dinkel an. Untersuchungen ergaben, dass das Areal drei bis vier Generationen lang besiedelt war und dann 500 Jahre nicht genutzt wurde.

Im Gebiet von Fenan im heutigen Jordanien wird in großen Mengen **Kupfer** abgebaut. Dabei profitieren die steinzeitlichen Bergleute von der besonderen Zusammensetzung des Kupfererzes. Da das in Flözen eingebettete Kupfererz mit Manganoxiden verwachsen ist, benötigen die Hüttenleute keine zusätzlichen Flussmittel, um die Schlacke zu gewinnen. Archäologische Befunde belegen, dass um 3500 v. Chr. reichhaltigste Erze zur Verfügung standen. Sie hatten einen Kupferanteil von 40 bis 50 Prozent. Heute liegt die Ausbeute von Kupferlagerstätten bei lediglich drei Prozent.

Menschen, die nicht essen wollen oder können, wird in Mesopotamien die Nahrung über einen **Darmeinlauf** (Nährklistier) in den Enddarm verabreicht. In mesopotamischen Siedlungen gefundene Keilschrifttafeln bezeugen, dass die sumerischen Mediziner Schafsmilch, Honig, Schmalz, Muttermilch und Wein verwendet haben, um die unterernährten Patienten mit Nährstoffen zu versorgen. Dabei verbleibt die Nahrung über mehrere Stunden im Darmtrakt.

Um 3300 In der Umgebung von Seeufersiedlungen in der heutigen Schweiz nimmt die Populationsdichte von **Auerochsen** ab. Regelmäßig nutzen die Siedler der Dörfer die natürlichen Graslandschaften und die unterwuchsreichen Laub- und Auenwälder als Viehweide. Da diese Gebiete auch den Wildrindern als bevorzugtes Nahrungsreservat dienen, werden die Auerochsen durch die stetige Nutzung der Biotope allmählich verdrängt. Untersuchungen zeigen, dass die Jagd bei dem Prozess einer untergeordnete Rolle spielte.

In den heutigen Provinzen Zhejian und Jiangsu an der Ostküste Chinas beginnt sich die **Lianghzu-Kultur** zu entwickeln. Charakteristisch für die neolithische Kulturgruppe sind aufwändig gestaltete Arbeiten aus Jade. Aus dem gelben oder dunkelgrünen Edelstein schleifen die vorgeschichtlichen Bewohner Chinas kleine Plastiken sowie Schmuck. Die edlen Jadearbeiten gelten als Insignien der herrschenden Schichten. Die Gräber dieser Elite bestücken die Lianghzu-Menschen mit wertvollen Grabbeigaben.

Um 3500–3000

Sieg des Patriarchats

Unter dem zweiten Ansturm der indoeuropäischen Kurganvölker verändert sich das Gesicht Europas. Die Religion der Muttergöttin, die bereits im Verlauf der ersten Kurganwelle an Bedeutung verloren hatte, geht nun endgültig unter. Mit ihr verschwinden die archaischen, mutterzentrierten Gesellschaften zugunsten einer unumschränkt patriarchalischen Ordnung. Die wichtigsten Gottheiten sind nun männlich, in ihren Attributen spiegelt sich die Verherrlichung des Kampfes. Die Indoeuropäer benutzen Waffen aus harten Metallen. Ihre Gesellschaft ist durch Clanbildung und eine schroffe soziale Hierarchie geprägt, an deren Spitze die Klasse der Krieger steht.

Um 3400–2600

Mauer umschließt Malyan

In der Benesch-Periode dehnt sich die Stadt Malyan auf eine Fläche von 45 ha aus und wird zugleich mit einer gewaltigen Verteidigungsmauer umgeben. Die Siedlung in der heute iranischen Region Fars, 450 km südöstlich von Susa gelegen, gilt heute als bekannteste Fundstätte der sog. protoelamischen Kultur, von der unter anderem Schreibtafeln mit Aufzeichnungen der Lokalverwaltung zeugen. In Malyan gibt es Gebäude mit mehr als 17 Räumen, die z. T. mit bunten Wandmalereien versehen sind. Es finden sich Werkstätten mit einheimischen und importierten Erzeugnissen sowie Rohmaterial für Schmuck, was auf ausgedehnte Handelsverbindungen schließen lässt.

Um 3500–3200

Hohes Niveau in Südägypten

Mit der Negade-II-Kultur beginnt der kulturelle Aufstieg Ägyptens. Gegenüber der älteren Negade-I-Kultur zeigen sich nun gravierende Veränderungen, die auf Einflüsse von außerhalb des Niltals zurückzuführen sind. Die Stadtanlagen werden größer, künstliche Bewässerungsanlagen entstehen. Die Keramik prägen neue Töpfer- und Maltechniken. Neu sind Wellenhenkelgefäße, deren Formen ständig optimiert werden. Bei den bemalten Keramiken gibt es noch traditionelle Motive, doch zeigen die Menschendarstellungen mit ihren frontal und großflächig abgebildeten Körpern sowie den zur Seite gewandten Köpfen bereits die stilistischen Eigenheiten späterer pharaonischer Zeit (Abb.: prädynastische Statue). Am deutlichsten zeigen sich die Veränderungen bei den Grabanlagen. An die Stelle der einfachen Sandgruben treten nun rechteckige, mit getrockneten Nilschlamm-Ziegeln ausgemauerte Grabtypen, die Raum für größere Grabbeigaben zur Versorgung der Toten bieten.

Um 3500–2500

Heiligtum Hal Saflieni: Auf Malta ehrt man die Große Göttin

Über mehrere Jahrhunderte erstreckt sich die Bauzeit des Hypogäums von Hal Saflieni, eines unterirdischen Kultheiligtums im Südosten der Mittelmeerinsel Malta. Es zählt zu den eindrucksvollsten Baudenkmälern des alten Europa.

Die Bauarbeiten beginnen in der ausgehenden Mgarr-Phase und reichen bis in die Tarxien-Kultur hinein. Der gesamte Komplex, der etwa 480 m^2 umfasst, ist in das Felsengestein hineingearbeitet. Bis heute wurden drei Etagen freigelegt (s. Abb.), unter denen sich noch weitere unausgegrabene befinden. Die acht Räume der oberen Etage sind – wie die unterirdischen Gräber der maltesischen Mgarr-Phase – grob eiförmig. Das Oval wird als Symbol für den Schoß der »Großen Göttin« gedeutet. Die mittlere Ebene, die über 19 Räume und 14 Nischen verfügt, ist deutlich feiner ausgestaltet. Die Räume sind größer, die Wände mit Reliefs und die Decken mit Malereien verziert. In der untersten Etage, die mit rotem Ocker, dem Symbol für das Leben, ausgemalt ist, finden sich sechs große Räume und sechs hohe schmale Nischen. In der Haupthalle und dem Orakelraum fallen Bäume, Ranken, Schlangen und Spiralen ins Auge, die allesamt als Symbole eines zyklischen Lebens gedeutet werden. Von dem Glauben an eine zyklische Wiederkehr zeugen auch die Funde im Inneren des Hypogäums. Dazu zählen zwei Statuetten, die ausgestreckt schlafende Frauen darstellen. Andere figürliche Darstellungen sowie geritzte Zeichnungen in Schalen, die vermutlich einem kultischen Zweck dienen, zeigen Fische, Stiere, Eier und Ochsenschädel – charakteristische Symbole der Erneuerung und Wiedergeburt, die in analoger Bedeutung auch in anderen archaischen Kulturen nachgewiesen sind.

Um 3350

»Ötzi« – stummer Zeuge aus dem Eis

Ein bronzezeitlicher Jäger durchwandert die Ötztaler Alpen auf dem Territorium der Provinz Bozen im heutigen Südtirol. Er kommt aus der Etschtaler Region im Norden Italiens. Auf dem Similaungletscher stirbt er in 3200 m Höhe eines rätselhaften Todes. Nicht ausgeschlossen ist, dass er einem Mordanschlag zum Opfer fiel, denn in seiner Schulter steckt eine Pfeilspitze aus Feuerstein und seine Hand weist Schnittverletzungen auf.

Von der zufälligen Entdeckung seiner mumifizierten Überreste (s. Abb.) bis zu der Erkenntnis, dass es sich um einen der bedeutendsten archäologischen Funde des 20. Jh. handelt, vergeht eine gewisse Zeit. Die beiden deutschen Bergsteiger, welche an jenem 19. September 1991 in einer mit Eis und Schmelzwasser gefüllten Felsrinne den Kopf und die Schultern eines offensichtlich mumifizierten Toten entdecken, alarmieren zunächst Bergrettung und Gendarmerie. Obgleich in unmittelbarer Nähe verschiedene Holzgeräte, Schnur- und Fellreste sowie ein Metallbeil geborgen werden, denkt zunächst niemand an einen archäologischen Fund. Erst als man in Innsbruck zum Zweck der Alterstaxierung des vermeintlich verunglückten Bergsteigers einen Fachmann konsultiert, wird das prähistorische Alter der Mumie bestätigt.

Sobald die wissenschaftliche Bedeutung des Fundes erkannt ist, beginnen die Vorbereitungen für ein langfristiges interdisziplinäres Forschungsprogramm. Um den kostbaren Leichnam auch weiterhin zu konservieren, imitiert man im anatomischen Institut der Universität Innsbruck in einer speziellen Kühlzelle mit –6 °C und 100 Prozent Luftfeuchtigkeit die klimatischen Bedingungen im Gletschereis. Mit Hilfe der C-14-Methode werden die Proben von Knochen, Gewebe und Pflanzen von Wissenschaftlern aus Schweden, Frankreich, Großbritannien, der Schweiz und den USA übereinstimmend auf die Zeit zwischen 3350 und 3100 datiert.

»Ötzi«, wie man den 1,60 m großen und 13,5 kg schweren Bronzezeit-Menschen nach seinem Fundort nennt, ist die älteste und am besten erhaltene Feuchtmumie weltweit. Neben den genannten Verletzungen weist er eine Fraktur im Hüftbereich auf, ansonsten ist sein Körper nahezu unversehrt. Leichte Verformungen des Gesichts lassen sich auf den Eisdruck und die Bauchlage im Gletschereis zurückführen. Durch Computertomographie und Röntgenbilder können die Forscher allerdings einige anatomische Besonderheiten erkennen. Die Gelenke weisen arthritische Abnutzungserscheinungen auf, es fehlen die Weisheitszähne und das zwölfte Rippenpaar. Diagnostiziert werden überdies zystenartige Veränderungen an der kleinen Zehe. Am auffälligsten aber sind lineare Tätowierungszeichen an Wade und Lende sowie an Knie- und Fußgelenk – die ältesten nachweisbaren Merkmale dieser Art. Vielleicht haben sie als medizinische Markierungen für eine Therapie rheumatischer Erkrankungen gedient.

»Ötzi« ist für den Aufenthalt im Hochgebirge bestmöglich gewappnet und vermittelt deshalb den Wissenschaftlern wichtige Erkenntnisse über die Ausrüstung und Tracht der spätneolithischen Alpenbewohner. An seinem Leib trägt er außer Schuhen einen Lendenschurz, dazu Beinkleider, Mütze und Mantel. Die Felle und Häute seiner Kleidung stammen von bemerkenswert unterschiedlichen Tieren, nämlich von Bär, Gämse, Rothirsch, Ziege und Rind. Auch hinsichtlich seiner Ausrüstung zeigt er sich für eine lange und hindernisvolle Reise gerüstet. Auffallend ist ein wertvolles Kupferbeil, dessen Besitz zu dieser Zeit keineswegs selbstverständlich ist und deshalb möglicherweise auf einen privilegierten sozialen Status deutet. Es dient sowohl als Werkzeug wie als Waffe. Auch verschiedene Feuersteingeräte wie Messer, Bohrer und Lamelle, ein Dorn aus Geweih und eine Knochennadel hat der Gletschermann dabei. Als Waffen führt er einen 1,80 m langer Bogen aus Eibenholz, 14 Pfeilschäfte, zwei steinerne Spitzen, vier vermutlich zu einem Wurfholz gehörende Geweihspitzen und einen Köcher mit sich. Komplettiert wird die Ausstattung durch Glutstücke und Zundermasse zum Feuerentfachen und einen Baumschwamm mit medizinischen Substanzen, die vermutlich als Reiseapotheke dienen.

Was diesen Mann in das unwirtliche Hochgebirge treibt, wird sich vermutlich nicht mehr rekonstruieren lassen. Gegen die Hypothese, dass er ein Hirte ist, der seine Ziegen und Schafe auf die Sommerweide treibt, sprechen das kostbare Beil und der Umstand, dass sich auf seinen Gewändern keinerlei Tierhaare befinden. Möglicherweise ist er ein Jäger, Händler oder Schamane, der sich aufgrund eines Überfalls oder einer allgemeinen körperlichen Erschöpfung in eine geschützte Felsmulde zurückzieht, in der er einschläft und erfriert.

Rekonstruktion des »Ötzi« aus dem Jahr 1996

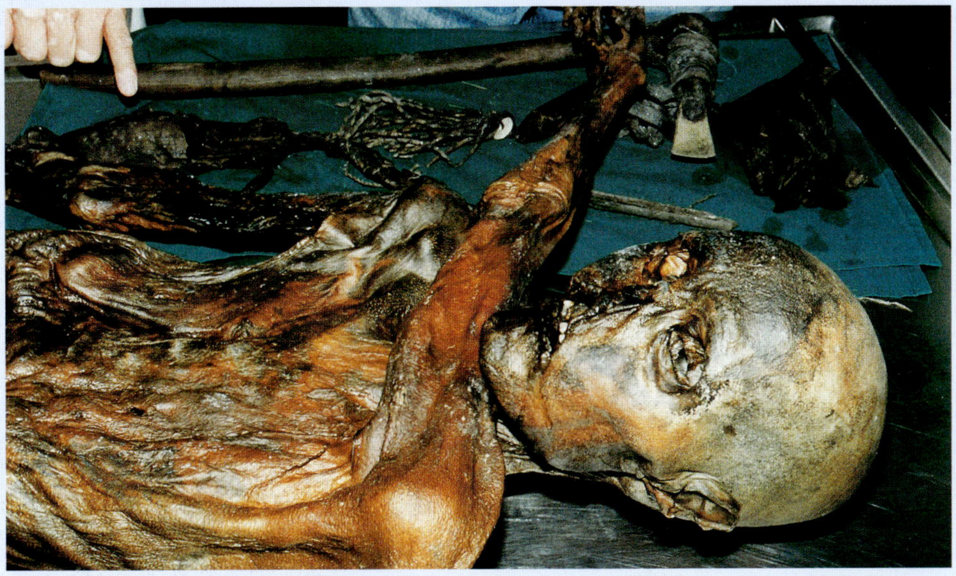

Dank des guten Erhaltungszustands ist erstmals ein Bronzezeit-Individuum wissenschaftlich fassbar.

Um 3200

In Ägypten ist die Architekur einem Veränderungsprozess unterworfen. Ein neuer Baustil löst die prähistorische Bauweise ab, die Bauten aus Holzpfosten hervorbrachte. An zentralen Plätzen errichten die ägyptischen Baumeister massive **Bauwerke aus Lehm**. Auf diese Weise entstehen die frühen Herrschaftszentren. Auslöser des Wandels sind politische und gesellschaftliche Veränderungen. Sie führen um etwa 3000 v. Chr. zum von Pharaonen regierten äygyptischen Staat.

Schon früh beginnen Menschen mit der Errichtung von **Staudämmen**. Als erstes Bauwerk dieser Art gilt ein in Jawa in Jordanien aufgefundener Erdwall. Er wurde von Bewohnern der Siedlung aus Trockenmauerwerk erbaut. Die fünf Meter hohen Erdwälle stauten den heute ausgetrockneten Fluss Juva auf. So war gewährleistet, dass der Siedlung auch in der Trockenzeit genügend Wasser zum Trinken und zur Bewässerung der angrenzenden Felder zur Verfügung stand.

Im Jungneolithikum beginnt sich das durch Rodung und Ackerbau gewonnene **Kulturland** auszudehnen. Mit einer durch verbesserte Lebensumstände bedingten Bevölkerungszunahme wächst die Größe der Bodenflächen in der Umgebung von Siedlungen. Die Intensivierung der Landwirtschaft führt auch zur Verkürzung der Brache: Den Böden wird weniger Zeit gelassen, um sich zu regenerieren.

Während des Subatlantikums führen die häufigen Niederschläge zu einer Massenausbreitung der **Torfmoose** in den Moorgebieten Mitteleuropas. Die üppig gedeihenden Sporenpflanzen ersticken das Wurzelgeflecht der Bäume und führen schließlich zum Absterben der Bruchwälder. Die Torfmoose sind in der Lage, riesige Wassermengen zu speichern. Im Laufe der Zeit bilden die Pflanzen große geschlossene Polster. Die unteren Pflanzenteile sterben allmählich ab und werden zu Torf. Es entstehen Hochmoore.

In der oberägyptischen Stadt **Abydos** am westlichen Nilufer wird der prädynastische König Skorpion in einem heute von Archäologen als Uj bezeichneten Grab bestattet. Das etwa 1,5 km vom später erbauten Tempel Sethos' I. entfernt liegende Grabmal enthielt nach neuen Erkenntnissen die bisher ältesten bekannten lesbaren Zeugnisse der Hieroglyphenschrift – eingraviert in Siegel, Tongefäße und kleine Anhänger, die dem König als Grabbeigaben mitgegeben wurden.

In der Saalegegend und in Mittelböhmen leben die letzten Angehörigen der **Salzmünder Kultur**. Charakteristisch für die nach einer Höhensiedlung bei Salzmünde in der Nähe von Halle (Saale) benannte Kulturgruppe sind oftmals in den Siedlungen liegende Hockergräber. In ihnen werden die Toten mit angezogenen Beinen bestattet. Unter den Grabbeigaben fanden sich teilweise Trommeln aus Ton.

Um 3200

17 Minuten Licht im Grab – Rätsel um irische Megalith-Bauten

Im Boyne-Tal nahe Dublin entsteht mit dem Tumulus von Newgrange (s. Abb.), einem monumentalen Ganggrab, ein Glanzstück der irischen Megalith-Architektur. Die gesamte Anlage hat einen Durchmesser von etwa 82 m. Das eigentliche Grab ist relativ klein, wird aber von einem gewaltigen, etwa elf Meter hohen Steinhügel umschlossen. Ins Innere des Grabes, das aus einer Haupt- und drei Seitenkammern besteht, führt ein 19 m langer Gang. Die Grabbeigaben in den Kammern, u.a. Schmuck und Opferbecken, sind genau wie die vorhandenen Seitensteine mit Schlangenspiralen und den für irische Ganggräber typischen Augenmotiven verziert.

Welchem kultischen Zweck die Anlage gedient hat, ist unklar. In vorkeltischer Zeit wurde sie wohl mit der Gottheit Danu in Verbindung gebracht. Die Kelten betrachteten Newgrange als letzten Ruheort der Könige von Tara sowie als Geburtsort des Gottes Cuchulain. Offenbar diente die Konstruktion des Grabs kalendarischen Zwecken: Durch einen Schacht in Eingangsnähe fällt nur einmal im Jahr – bei Sonnenaufgang zur Wintersonnenwende am 21. Dezember – für 17 Minuten Licht in das Grab.

Um 3200

Durchbruch: Rad und Pflug

Die Sumerer entwickeln das Rad und den Pflug – zwei Erfindungen, die weit stärker noch als fast alle anderen Leistungen des zivilisatorischen Fortschritts Meilensteine der menschlichen Kulturgeschichte sind. Dass beide Neuerungen nahezu zeitgleich in Mesopotamien gelingen, ist kaum ein Zufall. Wie andere Innovationen ihrer Epoche, treten sie in einem bestimmten historischen Kontext auf.

Zivilisatorisch und kulturell ist das Zweistromland zu diesem Zeitpunkt die am weitesten fortgeschrittene Region der Welt. Eine moderne, auf Kooperation basierende Agrarkultur, welche die natürlichen Umweltbedingungen hervorragend ausnutzt und sich zugleich vor natürlichen Bedrohungen besser zu schützen weiß als frühere Kulturen, hat die Produktion landwirtschaftlicher Überschüsse ermöglicht. Anders als in den archaischen Subsistenzwirtschaften können sich nun deutlich mehr Menschen vom Landbau ernähren, als darin tätig sind. Die Folgen dieses Fortschritts erstrecken sich auf alle Lebensbereiche, unter anderem eröffnen sie den Raum für eine Ausdifferenzierung des handwerklichen Könnens und für technische Innovationen (siehe S. 92).

Bereits um 3500 v. Chr. war von mesopotamischen Töpfern die Töpferscheibe erfunden, die das Rad in gewisser Hinsicht vorwegnimmt. Wenig später ent-

Feldbestellung in Ägypten: Wie in Mesopotamien wird mit dem Holzpflug der Boden umgewälzt.

Um 3200

Südamerikanische Hochkultur

Auf dem Gebiet des heutigen Ecuador entwickelt sich die älteste Hochkultur Amerikas. Die Valdivia-Leute sind sesshafte Bauern, die Siedlungen gründen. Eine große Stadt wie Real Alto besteht aus 120 bis 150 Hütten, in denen jeweils an die 30 Menschen leben. Die Lebensbedingungen an den Ufern der Andenflüsse gleichen denjenigen am Nil. Die Gebirgsschwelle der Anden sorgt für ein gemäßigtes Klima, regelmäßige Hochwasser bescheren dem Land eine hohe Fruchtbarkeit. Sie spiegelt sich wider in den Valdivia-Plastiken, die offenbar in einem engen Zusammenhang mit einem Fruchtbarkeitskult stehen (Abb.: Steinfigur). Die Gebrauchskeramik ist mit geometrischen Mustern verziert.

Um 3200

Pioniere der Mathematik – das Rechensystem der Sumerer

Die Sumerer entwickeln ein mathematisches Stellenwertsystem, das auf der Zahl 60 beruht. Bis heute leitet sich aus diesem Zahlensystem die Einteilung der Stunden in 60 Minuten und die der Minuten in 60 Sekunden ab. Die Sumerer kennen einerseits die Ziffernsymbole von eins bis zehn und andererseits vier Zeichen für die Zahlenwerte ihres Stellenwertsystems, nämlich 60, 600, 3600 und 36 000. Wie alle anderen frühen Kulturvölker haben sie Schwierigkeiten, wenn es um die Darstellung und das Rechnen mit großen Zahlenwerten geht, denn ebenso wie die Ägypter können sie große Summen nur durch die Aneinanderreihung der entsprechenden Anzahl ihrer gebräuchlichen Ziffern ausdrücken. Die Zahl 8555 z.B. schreiben sie als 2 x 3600 + 2 x 600 + 2 x 60 + 2 x 10 + 5 x 5. Die Sumerer beherrschen die vier Grundrechenarten, können die zweite und dritte Potenz bilden und Wurzeln ziehen (Abb.: sumerisches Gewicht mit Inschrift). Grundsätzlich kann jede beliebige Zahl als Grundlage eines Zahlensystems dienen. Bei den Inkas ist dies später beispielsweise die 20. Bis 2800 v.Chr. gibt es neben dem babylonischen noch zwei andere Rechensysteme. Im indischen Raum, wo Gelehrte erstmals die Null benutzen und damit ein Zahlensymbol für das »Nichts« definieren, kennt man die Ziffern eins bis neun. Die Ägypter verfügen über ein dekadisches System, sie rechnen mit den Zahlen eins bis zehn sowie mit 100, 1000 und 10 000.

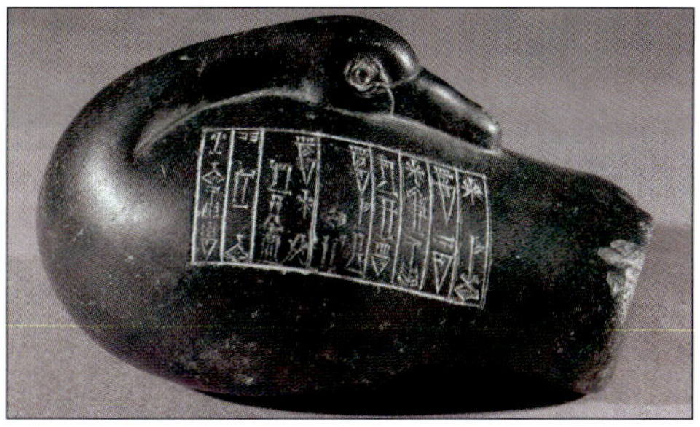

erleichtern die alltägliche Arbeit

steht das eigentliche Rad, zunächst allerdings in einer noch recht unvollkommenen Form. Bei den ersten Stücken handelt es sich um so genannte Vollräder, die dadurch entstehen, dass man einen mächtigen Baumstamm in Scheiben schneidet. Ihr Nachteil ist, dass sie sich unregelmäßig abnutzen und sehr leicht spalten. Eine wichtige Weiterentwicklung ist das immer noch massive, aber mehrteilige Vollrad. Es besteht aus einem spindelförmigen Mittelteil und zwei sichelförmigen Außenteilen aus relativ hartem Langholz. Sauber zusammengefügt, ergeben sie ein kreisrundes Rad. Verbunden werden die Einzelteile mit Weidengeflecht, das durch Bohrlöcher im Innenkreis der Scheibe geführt und verknüpft wird. Ein ähnliches Vollrad kann man noch heute in ländlichen Regionen Kleinasiens finden, wobei die Verbindung der einzelnen Teile inzwischen durch vernagelte Querbalken erfolgt. Um 3200 v.Chr. tauchen die ersten Speichenräder auf. Sie sind leichter und zugleich haltbarer als ihre Vorläufer und bestehen aus den namengebenden hölzernen Verbindungsstreben, einer Nabe und einem viergeteilten Radkranz. Stabilität erhalten sie durch die besagten Speichen im Inneren, die zu einem Doppelkreuz verblattet sind, in dessen Zentrum wiederum sich die Nabe befindet. Jedes Viertelstück des Radkranzes ist an zwei Stellen mit dem Doppelkreuz verzapft. Mittels des Rades lassen sich Rohstoffe und Waren leichter in großen Mengen auf die Märkte transportieren. In Mesopotamien kommen sowohl zwei- als auch vierrädrige Wagen in Gebrauch, die zunächst von Menschen, bald aber auch von Rindern gezogen werden.

Ein epochaler Fortschritt in der Landwirtschaft ist die Entwicklung des Pfluges, die sich parallel zu der des Rades vollzieht. Da der Pflug die Bearbeitung des Bodens erleichtert, lassen sich immer schneller neue Landflächen für den Ackerbau urbar machen. Diesem Zweck dienen vor allem schwere Pflüge, die wie die Wagen von Rindern gezogen werden. Die Geräte bestehen aus einer Zugstange, die an ihrem vorderen Ende mit Riemen an dem Gehörn von zwei Zugtieren befestigt ist. An ihrem hinteren Ende befindet sich der eigentliche Pflugstab, der sog. Hinterbaum. Zum Ausbringen der Aussaat bedienen sich die Sumerer des leichteren Hakenpflugs. Die Erfindung des Rades wie auch des Pfluges zeigt, mit welcher Dynamik sich die Entwicklung der ersten Hochkulturen vollzieht.

Erste plastische Darstellung eines Wagens in Europa: Tongefäß aus Budakalasz (Ungarn), Ende 4. Jt.

Um 3200 Auf der heute zu Ägypten gehörenden Halbinsel Sinai im Norden des Roten Meeres wird **Türkis** abgebaut. Jährlich schürfen mehrere Tausend Arbeiter in den Minen von Maghara Wadi nach dem blau oder grün schimmernden Mineral. Aus dem feinkörnigen Türkis werden Schmucksteine und Einlegearbeiten hergestellt. Bis etwa 1200 v. Chr. sind die Minen in Betrieb.

Menschen der neolithischen **Wartberg-Kultur** begraben ihre Angehörigen in der Nähe des heutigen Warburg (Hessen) in Galeriegräbern aus großen Steinplatten. Dabei verzieren sie die Wandsteine mit symbolischen Zeichen. Vier Motive lassen sich erkennen: Gabel, Zickzacklinie, Kamm und kleine Kreise. In den 1980er Jahren wurden die Gräber entdeckt und sorgten für eine archäologische Sensation. Die Bildzeichen geben Einblick in das Kunstverständnis der frühen Bauernkultur und lassen vermuten, dass die Wartberg-Leute eine einfache Zeichenschrift entwickelt haben könnten.

Die **Horgener Gruppe** bildet sich im Schweizer Mittelland heraus. Die Menschen dieser Kultur leben zum Teil in Pfahlbauten. In ehemaligen Feuchtbodensiedlungen ist zahlreiches Fundmaterial konserviert worden – markant vor allem die Schäftung von Beilen mit einem Zwischenfutter aus Horn. Diese Technik erlaubte den Horgenern das Auswechseln der schadhaften Klinge und schonte den Schaft. Die Horgener Gruppe führt Doppeläxte sowie dreieckige Pfeilspitzen und errichtet Megalith-Gräber wie den Dolmen von Aesch.

Ein verstorbener Vertreter der **Walternienburg-Bernburger Kultur** weist eine Verbiegung des Brustbeins auf. Es ist die älteste heute bekannte Deformation dieser Art. Die Walternienburg-Bernburger Kultur entwickelte sich in Thüringen und griff dann auf bayerisches und fränkisches Gebiet über. Bezeichnend für diese neolithische Kulturstufe sind die so genannten Bernburger Tassen mit breitem Henkel und Tiefstichverzierungen, ferner Bernburger Trommeln: frühe Musikinstrumente aus Tierfell und Keramik.

Menschen der Wartberg-Kultur bauen ein Erdwerk in der Nähe des heutigen Ortes **Calden** in Hessen aus. Die Wartberg-Kultur entsteht im östlichen Westfalen, Hessen und im Rhein-Main-Gebiet. Sie ist von der Trichterbecher-Kultur beeinflusst und entwickelt Mischformen. Ein Grab beim heutigen Isendorf in Westfalen enthielt den ältesten Goldring Mitteleuropas. Grüne Verfärbungen an Skelettresten der Wartberg-Kultur deuten auf die Verwendung von Kupfer hin.

In Sumer, dem südlichen Mesopotamien, ist eine frühe Form des Geldes in Umlauf: der **Schekel**. Archäologen fanden eine bronzene Münze, die auf der einen Seite eine Weizengarbe darstellt, auf der anderen Seite Inanna abbildet, die Göttin der Liebe und Fruchtbarkeit. Vermutlich erhielten Bauern die als heilig geltenden Münzen, wenn sie ihre Überschüsse an Weizen in den Tempeln abgaben. Dort wurde das Getreide gelagert und in Mangelzeiten wieder verteilt.

Um 3100–2900

Die Erben Uruks

Im Süden Mesopotamiens folgt auf die späte Uruk-Periode die Dschemdet-Nasr-Zeit, die für den gesamten babylonischen Raum einschneidende Veränderungen mit sich bringt. Es ist nicht ausgeschlossen, dass der Wandel durch eine vorübergehende Reichsbildung im nördlichen Zweistromland hervorgerufen wird. Benannt ist die bedeutungsvolle Epoche nach dem an den Ufern des Tigris gelegenen Fundort Dschemdet Nasr im Zentrum des heutigen Irak.

Die Sumerer büßen während dieser Periode ihre kulturelle Vormachtstellung im südlichen Mesopotamien ein. In gleichem Maße erweitert sich der Einfluss einer sog. proto-elamischen Kultur, deren Zentrum Susa (im heutigen Iran) bildet. Die Metropole, eine der größten Städte dieser Zeit, liegt nordöstlich der Einmündung von Euphrat und Tigris vor den Hängen des Zagrosgebirges. Ihr zunehmender kultureller Einfluss wird durch den Umstand begünstigt, dass eine andere, ebenfalls elamische Stadt, ein rasantes Wachstum erfährt: Anschan, das heutige Tell Malyan, weist schon bald eine Siedlungsfläche von 45 ha auf. Der Bund zwischen diesen beiden großen Städten bildet später die Grundlage für die elamische Staatsbildung. Die neuen Machtverhältnisse wirken in kultureller Hinsicht auf die gesamte Region vom Norden des Irak über das Zagrosgebirge bis an die Ostgrenzen des heutigen Iran und befruchten auch das proto-dynastische Ägypten.

Frauenkopf aus Uruk, 3. Jt. v. Chr.

Lähmend wrkt sich der Niedergang der Uruk-Kultur auf das urbane Leben im Norden Mesopotamiens aus. Eine Reihe früher Siedlungen, die unter der kulturellen Hegemonie des Südens entstanden waren, werden nun aufgegeben; in anderen bilden sich eigene, unabhängige Kulturen heraus, die zum Teil Traditionslinien der Uruk-Periode weiterentwickeln. Alle bisherigen Ausgrabungsergebnisse deuten jedoch darauf hin, dass das städtische Leben im nördlichen Mesopotamien insgesamt eine Phase des Untergangs, mindestens aber der Stagnation erlebt. Erst in der Mitte des 3. Jt. v. Chr. gewinnt es erneut an Bedeutung – und auch diese zweite Blütezeit ist mit

Um 3150

Megalithische Grabanlagen auf den Orkney-Inseln

In Isbister, auf einer der Orkney-Inseln vor der Nordostküste Schottlands, wird ein Megalith-Grab errichtet, das die folgenden 800 Jahre sowohl als letzte Ruhestätte wie auch als Kultstätte genutzt wird. Der aus heimischen Steinen errichtete Grabhügel von etwa 10 x 8 m Fläche ist 3 bis 3,5 m hoch. In seinem Inneren befindet sich eine Hauptkammer mit seitlichen Nebenkammern. Jährlich werden durchschnittlich zwei Verstorbene zur Exkarnation vor die Höhle gelegt. Was die Seeadler, Möwen und Raben übrig lassen, wird zu bestimmten kultischen Anlässen in das Grabinnere gebracht (Abb.: Grabanlage Maes Howe in Stenness auf einer Orkney-Insel).

großer Wahrscheinlichkeit auf Einflüsse aus dem südlichen Zweistromland zurückzuführen.
Die Ausbreitung der Dschemdet-Nasr-Kultur wird möglicherweise durch politische Macht- und Konsolidierungskämpfe begünstigt. Bei der Fundstätte Dschemdet Nasr wurden Täfelchen geborgen, die die Symbole verschiedener Stadtgottheiten tragen, darunter die der Götter von Ur, Uruk, Zabalam, Akschak, Umma und Larsa. Vergleichbare archäologische Funde aus Ur, die der nur wenig jüngeren frühdynastischen Periode angehören, zeigen ein ähnliches Ensemble von Städtenamen. Von manchen Forschern wird deshalb die Hypothese vertreten, es habe einen frühen Bund dieser Städte oder Stadtstaaten gegeben, wobei unklar bleibt, ob es sich um einen politischen oder um einen wirtschaftlichen Zusammenschluss handelte.
In kultureller Hinsicht ist die Dschemdet-Nasr-Periode durch eine Mischung verschiedener Stilrichtungen geprägt. Großen Einfluss übt noch immer die sumerische Kunsttradition aus, die sich allerdings bereits in Susa mit elamischen Einflüssen gemischt hat. Die Keramik ist durch archaische, vorsumerische Merkmale gekennzeichnet. Es kommt erneut zu einer Blüte der zwischenzeitlich verkümmerten Gefäßmalerei, die einerseits archaisch geometrischen Formen folgt, zugleich aber bereits mit stilisiert-figürlichen Darstellungen arbeitet. Neu ist auch das Aufbringen einer Farbgrundierung, deren rötliche Färbung an die Uruk-Keramik erinnert. Die Tempel haben im Vergleich mit den älteren Uruk-Tempeln bescheidene Ausmaße. In Dschemdet Nasr wird allerdings ein gewaltiges, fast 90 m langes Gebäude aus Ziegeln errichtet, das vermutlich als Verwaltungsbau dient.

Um 3200

Die ersten Saiteninstrumente

In einem der ältesten schriftlichen Zeugnisse der Welt, einem Text aus der sumerischen Stadt Ur, ist ein Schriftsymbol zu erkennen, das an eine einfache Harfe erinnert. Die Weiterentwicklung dieses Zeichens macht die Vervollkommnung des Instruments in den folgenden Jahrhunderten deutlich. Aus dem einfachen Bogen, der zunächst nur mit einer einzigen Saite bespannt ist, entwickelt sich die mehrsaitige Harfe, aus der wenig später die Lyra hervorgeht. Die lange für die ältesten gehaltenen Funde – Lyren aus den Königsgräbern von Ur, etwa um 2500 v. Chr. entstanden – zeigen, welch gewaltige Fortschritte der Bau von Saiteninstrumenten in diesen Jahrhunderten macht. Die Lyren werden nun aus Holz, Gold und Silber gefertigt und mit Perlmuttintarsien verziert. An den Seiten sind sie mit filigran gearbeiteten Tierköpfen versehen, die die unterschiedlichen Tonhöhen symbolisieren. Der Kopf eines Stiers steht für die Bassstimme, der einer Jungkuh für den Tenor, der Hirschkopf für die Altstimme.
In Mesopotamien bleiben Harfe und Lyra jahrtausendelang die bevorzugten Musikinstrumente. Ebenfalls im Zweistromland entwickelt sich um 2300 v. Chr. aus der Lyra die Laute, aus der später eine große Zahl von Instrumenten entsteht, darunter die Violine.

Um 3200–3000

Vorboten der Reichseinigung: Am Nil kündigt sich Neues an

Mit der Negade-III-Kultur beginnt in Ägypten die letzte Phase der proto-dynastischen Zeit. Die Übergänge zu der vorhergehenden Negade-II-Kultur sind fließend. Bereits gegen 3300 v. Chr. hatte sich Letztere bis Unterägypten ausgebreitet und die ältere Maadi-Kultur verdrängt (Abb.: Schlachtfeldpalette). Spätestens mit dem Beginn der dritten und letzten Negade-Periode verfügt Ägypten in kultureller Hinsicht über ein weitgehend einheitliches Erscheinungsbild. Ob und inwieweit man auch in politischer Hinsicht bereits von einer Einigung der beiden Länder Ober- und Unterägypten sprechen kann, ist umstritten. In der historischen Erinnerung der Ägypter wird die Reichseinigung dem legendären König Menes zugeschrieben, der um 2900 v. Chr. gelebt haben soll. Welche Bedeutung diese Einigung für das kollektive Gedächtnis spielt, lässt der Umstand erahnen, dass sie beim Regierungsantritt eines jeden Königs symbolisch wiederholt wird. Neuere Erkenntnisse deuten immer stärker darauf hin, dass die Einigung weniger das Werk eines herausragenden Mannes als vielmehr ein Prozess ist, der sich über viele Generationen erstreckt und sich mindestens zu großen Teilen während der Negade-III-Periode vollzieht. Wann genau erstmals von einem gesamtägyptischen Herrscher gesprochen werden kann, ist allerdings ungewiss. In kultureller Hinsicht führt die Negade-III-Kultur die Errungenschaften von Negade II fort. Bei den Kunstobjekten wird die Reduktion auf eine vereinfachte Grundform erkennbar, die Gefäße wirken insgesamt schlanker und eleganter. Gold, Silber und Edel- bzw. Schmucksteine wie der aus Afghanistan kommende Lapislazuli werden zur Fertigung kostbaren Geschmeides verwendet. Die Gräber sind weiterhin aufwändig gestaltet, in den Grabstätten der Privilegierten finden sich nun auch spezielle Nischen für die Grabbeigaben.

Charakteristisch für die späte proto-dynastische Zeit ist der zunehmende Einfluss anderer Kulturen. Auf geschnitzten Messergriffen finden sich Motive, die aus Mesopotamien bekannt sind, gleiches gilt für Keramik-Erzeugnisse, die etwa Einflüsse aus dem palästinensischen Raum widerspiegeln. Eine Tafel mit dem Verzeichnis von Warenlieferungen zeigt, dass die Ägypter zu dieser Zeit zweifellos die Hieroglyphenschrift beherrschen.

Um 3200–3100

Beiläufig erfunden: Glasherstellung nach ägyptischem Rezept

Ägyptische Metallschmelzer beobachten in ihren Öfen mehr oder minder zufällig die Entstehung eines neuen Materials: Glas. In gezielten Experimenten wiederholen sie bestimmte Arbeitsschritte, bis sie über eine geeignete Rezeptur verfügen. Bald ist ihre Kunst der Glasherstellung so weit gediehen, dass sie gezielt bunte Perlen und Stäbchen herstellen können. Als Ausgangsmaterial für dieses so genannte Kalknatronglas dient ihnen Kieselsäure (Quarz), Kalzium und Natrium.

Glas wird sehr viel später entwickelt als Keramik. Der Grund liegt in den hohen Temperaturen, die nur mit speziellen Öfen erreicht werden können. Reiner Quarzsand verflüssigt sich erst bei einer Temperatur von 1700 °C, durch den Zusatz von Soda, Glaubersalz oder Pottasche bei ca. 1200 °C. Die ägyptischen Glasmacher erzeugen diese Temperatur in Öfen mit Blasebalg-Belüftung. Nicht minder wichtig ist das Wissen um die Zusammensetzung des Schmelzflusses. Die Glasmacher vermischen die Ausgangsmaterialien in einem Tontiegel. Nach der Schmelze lassen sie zunächst das gewonnene Rohmaterial erkalten, dann wird der Tontiegel abgesprengt. Um das Glas anschließend in die gewünschte Form zu bringen, wird es in einem nachfolgenden Arbeitsschritt erneut erhitzt. Trinkgläser aus der Zeit um 1500 v. Chr. sind bereits so vollkommen, dass sie auf eine lange tradierte Kunst schließen lassen. Das ägyptische Glas ist meist undurchsichtig und in einem tiefen Blau eingefärbt (Abb.: ein Oxyrynchus, ein heiliger ägyptischer Fisch).

Um 3000 Weit entwickelt ist die Stadt **Hierakonpolis** in Oberägypten, die heutige Ruinenstätte Kom el-Ahmar. Hauptgott der Siedlung ist der falkenköpfige Horus. Im Horustempel fanden Archäologen Weihgaben von Königen der 1. und 2. Dynastie sowie eine Schminkpalette aus Schiefer. Als prominentester Fund gilt ein 4,5 x 2 x 1,5 m großes unterirdisches Grab mit Wandmalereien. Die heute nicht mehr erhaltenen Darstellungen zeigten Schiffe sowie Jagd- und Kampfszenen.

In **Sandalen** laufen neolithische Menschen einer Seeufersiedlung bei Allensbach am Bodensee. Bei Ausgrabungen des in der Nähe von Konstanz gelegenen jungsteinzeitlichen Dorfes wurden Reste des aus Bast geflochtenen Schuhwerks gefunden. Ähnliche Schuhe wurden auch in einer Siedlung der Horgener Kultur in der Schweiz entdeckt.

In Mexiko entstehen im **Tehuacán-Tal** feste Siedlungen mit fünf bis zehn Häusern. In den kommenden 500 Jahren wächst die Bevölkerung Mittelamerikas auf das ca. 25fache, wodurch sich ein grundlegender gesellschaftlicher Wandel ergibt. So entstehen feste Siedlungen mit bis zu 4000 Einwohnern.

In der altorientalischen Stadt Uruk, der Ruinenstätte Warka im heutigen Irak, stellen Mesopotamier eine Stele mit der Darstellung einer **Löwenjagd** her. Die nur teilweise erhaltene Steintafel bildet zwei bärtige Männer ab. Während einer der Männer versucht, das Raubtier mit Pfeilen zu erlegen, sticht die andere Person mit einer Lanze in die Flanke des Löwen.

Um 3000

Ein Großreich am Nil

In Ägypten beginnt die Zeit der Dynastie Null, in der die Reiche Unterägypten und Oberägypten zu einem einzigen zusammenhängenden Herrschaftsgebiet vereinigt werden. Wie diese Einigung im Einzelnen vor sich geht, liegt bis heute im geschichtlichen Dunkel. Die ägyptische Überlieferung nennt den Namen eines legendären Herrschers namens Menes, der das Land zu einem Großreich zusammengeschlossen habe. Ob es sich bei diesem König jedoch um eine historische Persönlichkeit handelt oder ob er nicht vielmehr als geschichtliche Sagengestalt einen mehrere Generationen umfassenden Prozess symbolisiert, ist bis heute umstritten.

Der Turiner Königspapyrus, eine private Abschrift vermutlich von Hand eines Priesters oder Beamten aus der Zeit Ramses' II., führt als ersten ägyptischen König eben jenen Menes an, mit dem die historische Zeit begonnen habe. Als gesichert gilt, dass die letzten vier bekannten Könige der Dynastie Null, unter ihnen die Herrscher Skorpion und Narmer, bereits über ein geeintes Ägypten regieren. Hiervon ausgehend entstand die Hypothese, die ägyptische Überlieferung habe eine ganze Reihe oberägyptischer Herrscher in der legendären Gestalt des Reichseinigers Menes zusammengefasst. Andere Positionen oder Vermutungen besagen, Menes sei mit König Narmer oder auch mit König Aha identisch. Wie unklar die historischen Fakten bis heute sind, verdeutlicht der Umstand, dass die beiden Letztgenannten häufig gar nicht der Dynastie Null, sondern bereits der ersten Dynastie zugeordnet werden.

Man kann davon ausgehen, dass die Dynastie Null eine Zeit der wiederholten Kämpfe um die Macht in Gesamtägypten ist.

Dafür, dass diese Kämpfe bereits um 3000 v. Chr. abgeschlossen sind, mithin zu weiten Teilen noch in die Negade-III-Periode fallen und von Herrschern wie König Narmer in der Dynastie Null letztendlich nur noch entschieden werden, spricht die berühmte Prunkpalette des Narmer, die im Tempel von Hierakonpolis geborgen wurde.

Diese 64 cm hohe Bildtafel, ursprünglich wohl als Weihegeschenk für die Götter gefertigt, dokumentiert anschaulich die Ereignisse aus der Periode der Reichseinigung. Auf der einen Seite sieht man König Narmer mit der oberägyptischen Krone auf dem Kopf, wie er einen Feind erschlägt. Über dem Herrscher erkennt man als den Gott der Dynastie den Horusfalken, der einen Gefangenen an der Leine führt. Symbolisiertes Papyrusdickicht weist diesen Gefangenen als einen Mann aus dem unterägyptischen Nildelta aus. Von der Herrschaft Oberägyptens zeugt auch die andere Seite dieser Votivgabe: Vor seinen erschlagenen Feinden stehend, trägt König Narmer hier die Krone Unterägyptens. Zwei Tiere, die vermutlich als Panther zu deuten sind, symbolisieren die ehemalige Rivalität beider Landesteile, die nun versöhnt und befriedet sind.

Dem legendären König Menes wird auch die Gründung der Residenz Memphis (»Mauer der weißen Krone«) am Südrand des Nildeltas, der Nahtstelle zwischen Ober- und Unterägypten, zugeschrieben. Trotzdem bleibt die alte Residenz Hierakonpolis in Oberägypten wohl noch für mehrere Jahre Königsstadt. Wie immer die ägyptische Staatsgründung im Einzelnen vor sich geht: In jedem Fall gehört das ägyptische Reich zu jenen Staatsgebilden, die ohne einen Anstoß von außen aus sich selbst heraus entstehen. Während die Menschen in weiten Teilen der Welt noch in egalitären, vorgeschichtlichen Strukturen leben, haben sich am Ufer des Nil bereits hierarchische Machtverhältnisse entwickelt.

Die Stele des Königs Djet aus seinem Grab in Abydos zeigt den Horusfalken über einer Schlange.

Um 3000

Kupfer plus Zinn ergibt Bronze

Handwerker in Mesopotamien entdecken die Kunst, durch die Legierung von Kupfer und Zinn Bronze herzustellen. Dieser nicht zu den Grundmetallen zählende Werkstoff zeichnet sich durch gute Bearbeitbarkeit, hohe Verschleißfestigkeit und eine starke Korrosionsbeständigkeit aus. Vor allem in dem kulturell noch sehr rückständigen Mitteleuropa markiert die Einführung der Bronze eine neue Kulturepoche.

Die mesopotamische Bronze besteht aus 75 bis 95 Prozent Kupfer und einem Zusatz von 5 bis 25 Prozent Zinn. Je nach Dosierung des Zinnanteils gibt es Bronzen für unterschiedliche Zwecke. Bei geringem Zinngehalt bleibt das Material so weich, dass es sich auch noch kalt bearbeiten lässt. Bronze mit etwa zehn Prozent Zinn eignet sich besonders für die Herstellung von Waffen. Für Plastiken werden häufig noch härtere Legierungen verwendet. Bei der Bronzeherstellung profitieren die Sumerer von ihren Kenntnissen im Metallguss. Seit langem verwenden sie für die Schmelze eigens entwickelte Öfen mit einer Grundfläche von zwei mal zwei und einer Höhe von vier Metern. Gegenüber reinem Kupfer ist Bronze nicht nur wesentlich belastbarer und vielseitiger, sie verfügt auch über die besseren Fließeigenschaften, wodurch sie die Ecken und Kanten der Gussformen besser füllt und zugleich eine glattere Oberfläche bildet.

Die zu gießenden Gegenstände werden zunächst aus Wachs geformt und anschließend mit Ton ummantelt. Die Tonform wird im Herdfeuer gebrannt, wodurch das Wachs schmilzt. Zurück bleibt eine Hohlform, die mit Bronze ausgegossen werden kann. Grabfunde belegen die schon bald entstehende Vielfalt von Waffen, Werkzeugen und Schmuck aus Bronze.

Um 3000

Nubien – Goldader im Süden des vereinten ägyptischen Reiches

In Ägypten werden Gold (Abb.: Goldhelm aus dem Grab des Meskalamdug), Silber, Kupfer und Blei verarbeitet. Da das Land am Nil jedoch über keine eigenen Vorkommen dieser Metalle verfügt, ist man auf Importe angewiesen. Gold, in der ägyptischen Sprache »Nub« genannte, beziehen die Ägypter vorwiegend aus dem Land des Goldes: aus Nubien. Dort, auf dem Gebiet des heutigen Sudan, hatte der Überlieferung nach einst der Gott Osiris das kostbare Metall entdeckt.

Um an das Gold zu gelangen, das meist in Quarzadern eingeschlossen ist, treiben nubische Sklaven mit einfachsten Werkzeugen wie Hammer und Meißel Gänge in die Adern, die den Goldvorkommen folgen. Die schweren Ausräumarbeiten, bei denen der Gesteinsabschlag an die Erdoberfläche gebracht werden muss, werden von jungen Männern ausgeführt. In einem nächsten Arbeitsschritt wird das geförderte Geröll in speziellen Steinmörsern mit Hilfe von schweren Stempeln zu erbsenkleinem Bruch zerstoßen, den die Arbeiter anschließend zu Pulver zermahlen. Dieses Pulver wird auf hölzernen Tischen mit Wasser angeschwemmt, das den leichten Sand fortspült; der schwerere, goldhaltige hingegen bleibt zurück. Ihn verschmilzt man anschließend mit Blei, wobei sich das Gold vom Ganggestein trennt. In einem zweiten, fünf Tage dauernden Schmelzgang verdampfen die Verunreinigungen unter dem Zusatz von weiterem Blei und Kochsalz oder werden zu Schlacken. Zurück bleibt reines Gold.

Rund 1000 Jahre vor der Gründung des Reiches Kusch verfügen Nubien und Ägypten noch über eine weitgehend einheitliche vorgeschichtliche Kultur. Die meisten der frühen Goldfundstätten liegen in der Nubischen Wüste, rund 200 km südlich von Assuan. Weitere Vorkommen werden später auch in der zum ägyptischen Reich gehörenden Arabischen Wüste an der Küste des Roten Meeres entdeckt.

Um 3000

Monströse Statuen auf Malta

In der Epoche der Tarxien-Kultur entstehen auf Malta außergewöhnliche Statuen, die das Thema Erneuerung und Wiedergeburt variieren (Abb.: Darstellung der Muttergottheit aus dem Tempel Hagar Qim). Ein wiederkehrendes Motiv ist das aus großen Steinblöcken gemeißelte Schamdrei-

eck der »Großen Göttin«, das sich in den Nischen und Apsiden verschiedener Kultheiligtümer findet. Ebenfalls aus dieser Epoche stammen mehr als 30 Steinfiguren, die in der Mehrzahl unbekleidete Frauen darstellen.

Um 3000

Kulttempel in Südschweden

Als außergewöhnliches Zeugnis der in Dänemark und Schweden verbreiteten Trichterbecher-Kultur entsteht am Fuße des Omberg im südschwedischen Alvasta ein einzigartiger Tempel.

Anders als die meisten anderen Kultheiligtümer dieser Epoche besteht die Anlage von Alvasta aus Holz. Mit rund 1000 m^2 Grundfläche hat das auf Stützpfosten ruhende Heiligtum eine beachtliche Größe. Verarbeitet werden verschiedene Laubbaumsorten wie Eiche, Ulme, Linde, Haselnuss und Apfelbaum. Wände gibt es nicht, der Fußboden besteht aus einer Unterlage aus Baumstämmen, die mit Kalksteinplatten belegt ist. Auf dem Boden finden sich über 100 Feuerstellen. Um sie herum sind, als Überreste hier zelebrierter Brandopfer-Rituale, die Knochen verschiedener Wild- und Haustiere sowie Reste von Fischen aufgehäuft – im alten Europa Symbole der Fruchtbarkeit. Zu den Opfergaben zählen Doppeläxte – Symbol der Lebenserneuerung –, Miniaturäxte aus Bernstein und Knochenmaterial sowie Utensilien zum Feuermachen. Da die erhaltenen Menschenknochen nicht in ihrer anatomischen Anordnung liegen, ist anzunehmen, dass die Toten wie auch in anderen Kulturen dieser Epoche zum Zweck der Ausweidung aufgebahrt wurden.

Um 3000

Die ersten Drechselwerkzeuge

Handwerker des Mittleren Orients nutzen das Prinzip der Drechselbank, um mit Hilfe eines Fidelbogens Drehkörper aus Holz herzustellen. Als Rohling bevorzugen sie einen möglichst gleichmäßig gewachsenen Ast oder jungen Baum. Das Werkstück wird an beiden Seiten in Zapfen eingespannt. Kurz vor dem linken Ende umwickelt man es mit einer kurzen, straff gespannten Schnur, die an einem Bogen aus Holz befestigt ist. Indem der Drechsler diesen Bogen mit seiner linken Hand wie eine Säge quer zum Werkstück hin und her bewegt, versetzt er den Rohling in Rotation. Mit der Rechten führt er den metallenen Stechbeitel. Da es die erst im europäischen Mittelalter entwickelten und von Leonardo da Vinci perfektionierten Drehbänke noch nicht gibt, dient das Knie als Auflagefläche. Trotz des primitiven Verfahrens ist es erfahrenen Drechslern möglich, bereits innerhalb eines einzigen Tages eine große Zahl von Drehkörpern herzustellen. Mit einem sehr ähnlichen Prinzip gelingt es ägyptischen Handwerkern, hölzerne Werkstücke mit Bohrungen zu versehen. Ihre so genannten Bogenbohrer, bestehend aus einer Metallspindel mit handtellergroßem Holzgriff und einem Bogen, sind auf zahlreichen Grabreliefs abgebildet.

Bronze verändert die Welt

Die Bezeichnung Bronze geht auf ***Brundisium*** *zurück. Da sich viele Handelswege der Bronzezeit in der italienischen Stadt kreuzten, wurde der Ort in der Mitte des 2. Jt. v. Chr. zum bedeutendsten Bronze-Umschlagplatz des Altertums. Der Name Brundisium, wie die Römer die 267 v. Chr. eroberte Handelsmetropole tauften, leitet sich wiederum von »Brunda« (Hirschkopf) ab – eine Anspielung auf die natürliche Form der Hafenanlage. Aus Brunda und Brundisium wurde schließlich »Brindisi«. Die Stadt an der Adria erlebte im 12./13. Jh. als Flottenstation der Kreuzfahrer ihre Blütezeit.*

Legierungen entstehen durch das Zusammenschmelzen zweier oder mehrerer Metalle. Die neuen Stoffe zeichnet eine verbesserte Anpassungsfähigkeit an die jeweiligen Erfordernisse (z. B. mechanische Widerstandsfähigkeit oder Korrosionsbeständigkeit) aus. Einige der heute verwendeten Legierungen setzen sich so zusammen:

Aluminiumbronze: *Kupfer (80–98 %) und Aluminium (bis zu 14 %)*

Britanniametall: *Zinn (90–95 %), Antimon (4,5 bis 9 %) und Kupfer (1 %)*

Goldamalgam: *Gold (bis zu 40 %) und Quecksilber*

Letternmetall: *Blei (62 bis 96 %), Antimon (2–24 %) und Zinn (2–14 %)*

Magnalium: *Magnesium (rund 10 %) und Aluminium*

Messing: *Kupfer (über 55 %) und Zink*

Tombak: *Kupfer (72–95 %) und Zink*

Weißmetall: *Antimon (5 bis 15 %), Blei (73,5–78,5 %), Zinn (5–10 %) und Kupfer (1 %)*

Die Untergliederung der menschlichen Frühgeschichte in die Stein-, die Bronze- und die Eisenzeit ist, wenn auch mit gewissen, nie ganz verstummenden Vorbehalten, die seit rund 250 Jahren bis heute übliche Praxis. Eingeführt von dem französischen Gelehrten Antoine Ives Goguet (1716–1758), wurde dieses Ordnungsprinzip in der zweiten Hälfte des 18. Jh. von anderen Wissenschaftlern aufgegriffen. Zu Beginn des 19. Jh. schließlich ließ der dänische Archäologe Christian Jürgensen-Thomsen (1788–1865) als Erster die Ausstellungsstücke des Dänischen Nationalmuseums in Kopenhagen nach den Materialien Stein, Bronze und Eisen anordnen. Die Datierung der Bronzezeit wird allerdings wie die der Steinzeit von Kulturkreis zu Kulturkreis recht unterschiedlich vorgenommen. In der Region des fruchtbaren Halbmonds, vor allem in Mesopotamien, beginnt die ältere Bronzezeit bereits etwa um 3000 v. Chr., wenig später ist sie auch in Ägypten und in einigen Regionen des Mittelmeerraumes nachweisbar. Die Gebiete nördlich der Alpen treten hingegen erst um ungefähr 2000 v. Chr. in die Bronzezeit ein.

Dieser Kultwagen aus Siebenbürgen (Rumänien), dessen Speichenräder einen mit bizarren Vogelfiguren verzierten Kessel tragen, stammt aus der späten Bronzezeit.

So unterschiedlich man die Bronzezeit in den einzelnen Regionen auch datiert, so deutlich lassen sich die Auswirkungen unterscheiden, die der Gebrauch dieses neuen Metalls in den verschiedenen kulturellen Kontexten hervorruft. In China etwa bleibt Bronze jahrhundertelang ein Statussymbol. Die Masse der Bevölkerung nimmt an dem damit verbundenen Fortschritt kaum Teil und verharrt in kultureller Hinsicht eigentlich noch in der Steinzeit. Anders ist es in Ägypten und Mesopotamien, wo um 3000 v. Chr. die am weitesten fortgeschrittenen Zivilisationen der Welt existieren. Es gibt Städte, eine Schriftkultur, monumentale Tempelbauten, Pflug und Rad, eine hoch entwickelte Landwirtschaft, ausdifferenzierte Handwerksberufe, Handel, kulturellen Austausch etc. Die Bronze als das zu dieser Zeit beste, haltbarste und vielseitigste Metall hält hier – im Sinne einer weiteren bedeutenden Verbesserung – stärker Einzug in Kunst und Alltagskultur als anderswo, ohne jedoch in dem großen Ensemble handwerklicher Fähigkeiten und Techniken eine im strengen Sinne Epoche machende Bedeutung zu gewinnen.

Klingen – wie diese Sicheln aus dem Naturhistorischen Museum in Wien – zählen zu den wichtigsten Artefakten der Bronzezeit.

Fortschritt durch Werkzeuge

In Mesopotamien wird aus Bronze anfangs bevorzugt Schmuck hergestellt. Aber auch vielseitige Bronzegefäße und verbesserte Werkzeuge entstehen, die in der Goldschmiedekunst sowie bei verschiedenen Handwerken wie dem Tischler- oder Steinschneidergewerbe die Einführung neuer Arbeitstechniken ermöglichen. Zu den wichtigsten Errungenschaften zählen verbesserte Handbeile und Flachäxte, ferner nicht zuletzt der in Ägypten entwickelte Bogenbohrer mit metallener Spindel. Im Land der Pharaonen erfährt das Verhüttungsverfahren deutliche Verbesserungen. Die beiden Ausgangsmaterialien Kupfer und Zinn werden in einem Tiegel über dem Holzfeuer legiert, das die Arbeiter mit Hilfe eines Blasebalgs immer neu entfachen. Ist die Legierung erfolgt, wird die flüssige Bronze durch mehrere Trichter in eine Form gegossen, wo man sie erkalten lässt. Dieses Gussverfahren kommt selbst bei so großen Projekten wie Türflügeln zum Einsatz. Eine zweite Bearbeitungsform für Bronze ist die Treibarbeit.

In den frühen Hochkulturen des alten Orients markiert die Bronzelegierung zweifellos einen großen technischen Fortschritt. Dennoch wäre es unangemessen, in diesem Zusammenhang von einer Epochenwende zu sprechen. Zu breit ist der zivilisatorische Aufstieg in diesen Regionen angelegt, als dass einem spezifischen Material eine solch zentrale Bedeutung zukommen könnte. Ganz anders liegen die Dinge im Europa nördlich der Alpen. Die Einführung der Bronzelegierung markiert hier tatsächlich den Beginn eines neuen Zeitalters, in dem sich die Lebensbedingungen nahezu aller Menschen innerhalb relativ kurzer Frist grundlegend ändern.

Europa auf dem kulturellen Sprung

Von entscheidender Bedeutung ist die vollkommen verschiedene Ausgangslage der Regionen. Von den zahlreichen Zivilisationsleistungen, die das alltägliche Leben im Zweistromland und an den Nilufern prägen, ist die Bronze die erste, die bis nach Europa gelangt. In kultureller Hinsicht gleicht der Raum nördlich der Alpen einem Niemandsland. Die größten Bauwerke, die das nördliche Europa kennt, sind Megalith-Gräber, die noch im Kontext längst vergessener Kulte und Riten entstanden. Durch die verschiedenen Einfälle der aus Südosteuropa stammenden Kurganvölker sind die archaischen, überwiegend matriarchalisch organisierten Gesellschaften des alten Europa jedoch längst zugrunde gegangen. Ihren Platz haben kriegerischere Völker und Stämme eingenommen, de-

Im Fokus

Steinzeitliche Urvölker in der Jetztzeit – Absprung verpasst?

Bis weit in die anbrechende Neuzeit hinein gab es auf jedem Kontinent – mit Ausnahme des europäischen – eine große Zahl verschiedener Naturvölker, die in kultureller Hinsicht immer noch in der Steinzeit lebten, an denen also die Bronze- und die nachfolgende Eisenzeit gleichsam spurlos vorübergegangen war. Auch heute noch existieren in den unzugänglichen Regionen dieser Erde einige wenige Völker, die fern der Zivilisation ihre traditionellen Stammesriten pflegen, doch scheint ihr Untergang angesichts des zunehmenden Zivilisationsdrucks nur eine Frage der Zeit zu sein.

Nach der geläufigen Einteilung der Vorgeschichte in die Stein-, Bronze- und Eisenzeit sind diese Urvölker auf dem kulturellen Stand der Steinzeit stehen geblieben. Diese europäisch geprägte Sichtweise ist jedoch, wie viele andere Überzeugungen aus dem 18. Jh., von dem unerschütterlichen Glauben an einen linearen Fortschritt der Menschheit geprägt. Aus diesem Grund ist sie aber auch schon längst nicht mehr unumstritten. Kritiker wenden ein, dass es keinerlei Beweise dafür gibt, dass diese so genannten Naturvölker wirklich seit vorgeschichtlicher Zeit auf ihrer jetzigen Kulturstufe verharren, dass sie also einer jahrtausendelangen Stagnation erlegen sind. Ebenso könnten ihre Lebensgewohnheiten als Ergebnis eines kontinuierlichen, nur eben völlig anders akzentuierten Fortschritts betrachtet werden – eines Fortschritts nicht der Naturbeherrschung, sondern der Anpassung an diese Natur.

Frauen und Kinder des in Brasilien beheimateten Stammes der Yanomami beim Fischen

Dies zeigt sich etwa bei den rund 150000 Pygmäen, die bis heute in den äquatorialen Regenwäldern Afrikas in flexiblen Waldlagern leben. Hochgradig angepasst an die umgebende Natur durchstreifen sie im Rhythmus des jahreszeitlichen Nahrungsangebots weite Waldregionen. Unter völlig anderen natürlichen Bedingungen leben die Buschleute der afrikanischen Kalahari-Region, die mit Grabstöcken Wurzeln und Knollen sammeln und die Jagd mit Pfeil und Bogen betreiben. Zu den überlebenden Stammesvölkern der Wildbeuter-Kulturen zählen auch die Papuas auf Neuguinea, die Aborigines Australiens, die Yanomami im Grenzgebiet Brasiliens und Venezuelas sowie einige wenige Waldvölker, die an der Quelle des Rio Xingú im Herzen Brasiliens leben.

*Die **Buschleute** im Süden Afrikas gehören zu den ursprünglichsten Naturvölkern, die heute noch leben. Sie orientieren sich anhand von Zeichen, die Tiere hinterlassen. So können sie aus der Anzahl der Fasern in Tierkot Rückschlüsse auf das Alter eines Tieres ziehen. Um zu bestimmen, wie alt eine Tierfährte ist, orientieren sich Buschleute an der Zeit, die Termiten für die Rekonstruktion eines zertrampelten Baus oder Spinnen für die Reparatur ihres Netzes benötigen. »Der Busch ist unser Buch«, erklärte ein Buschmann dem US-amerikanischen Journalisten Peter Godwin.*

nen es freilich nicht gelungen ist, in ihren jeweiligen Territorien dauerhafte Herrschaftsstrukturen zu etablieren. Europa befindet sich in einer gesellschaftlichen Umbruchphase.

In dieser Situation wirkt die Einführung der Bronze wie eine Initialzündung auf die nordalpinen Gesellschaften. Selbst jene Regionen des Kontinents, die – wie beispielsweise die Ostseegebiete – von natürlichen Metallvorkommen weit entfernt liegen, werden binnen kürzester Frist in die gemeinsame Bronzekultur mit einbezogen. Deren soziokulturelles Merkmal ist eine stärkere Hierarchisierung der Gesellschaft. Macht, Reichtum und Status erhalten mit der Bronze ein neues Symbol.

Prunkvolle Grabbeigaben

Bereits in dem vorhergehenden Jahrtausend hatte das Verhältnis von Individuum und Gemeinschaft einen Wandel erfahren, der sich – nicht anders als in den frühen Hochkulturen – an veränderten Bestattungsritualen ablesen lässt. Zeugen die Grabkulte der Steinzeit noch von einem ausgeprägten Kollektivbewusstsein, so mehren sich mit dem Beginn der Bronzezeit die Einzelbestattungen, bei denen zum Teil kostbare Grabbeigaben den sozialen Status des Verstorbenen spiegeln.

Aus Palästina stammt diese bronzezeitliche Fayenceflasche für Parfüm.

Mit dem Beginn der Bronzezeit bilden sich in Mittel- und Nordeuropa vier große Zentren heraus. Ein südöstliches liegt in der Karpatenregion, ein zentraleuropäisches bildet sich in Deutschland mit der Aunjetitzer Kultur, im Westen schließlich übernehmen die Bretagne und Wessex eine kulturelle Vormachtstellung. Zugleich entwickelt sich zwischen diesen Regionen ein sowohl kultureller als auch wirtschaftlicher Austausch. Die Intensität dieses Transfers wird dadurch belegt, dass hier wie dort die Machtsymbole einander auffallend ähneln, obgleich jeweils die Basis des Reichtums sehr unterschiedlich ist.

Bevorzugte Symbole eines gesellschaftlichen Rangs sind vor allem Dolche, Stabdolche und Äxte. Von der Ausbreitung des Stabdolchs in der frühen Bronzezeit zeugen Funde von der Iberischen Halbinsel bis nach Skandinavien, von Irland bis zum Balkan. In all diesen Regionen sind diese wertvollen Waffen mit ähnlichen Zeremonien verbunden. Den größten Einfluss auf den nordalpinen Raum übt die Aunjetitzer Kultur aus, die über ein hervorragendes Metallhandwerk verfügt. Ihre Einflüsse machen sich bis in die west- und nordeuropäischen Küstenregionen bemerkbar.

*Die Ureinwohner der verschiedenen Kontinente werden im modernen Sprachgebrauch übereinstimmend als sog. **Indigene Völker** bezeichnet. In 76 Ländern leben heute noch rund 300 Mio. Angehörige dieser Volksgruppen. Globalisierung, Landnahme, militärische Besatzung und Umweltverschmutzung zählen zu den größten Bedrohungen der Indigenen. Die Vereinten Nationen riefen 1994 die »Dekade der Indigenen Völker« aus, bis zu deren Abschluss eine UN-Charta zu den Rechten Indigener Völker ausgearbeitet sein soll.*

Um 3000 In Mesopotamien sind Feld- und Machtzeichen **(Vexilloide)** in Gebrauch. Die meist aus Leder oder Metall gefertigten Vexilloide bestehen aus einer Stange, an deren Spitze Tier- oder Pflanzensymbole befestigt sind. 1972 bargen Archäologen bei Khabis im Iran Reste eines Vexilloids. Sie gelten als ältester Beleg für die Verwendung von Feldzeichen. Das aus Metall gearbeitete Exemplar ist an der Stangenspitze mit einer Sonne, einem Löwen und einem Adler verziert.

Im Süden des heutigen Afghanistan, etwa 60 km nordwestlich von Kandahar, entsteht die Siedlung **Mundigak**. Die Bewohner des auf einer Hügelgruppe angelegten Dorfes leben vom Weizenanbau und der Zucht von Schafen und Ziegen. Im Laufe des 3. Jt. entwickelt sich die dörfliche Siedlung zu einem städtischen Zentrum mit monumentalen Lehmbauten. Die nach dem Fundort als Mundigak-Kultur bezeichnete Kulturstufe vereint Einflüsse aus Mesopotamien und den frühen Kulturen Indiens.

Aus dem Altaigebirge in Mittelasien wandern neolithische Stämme auf die Koreanische Halbinsel ein. Sie führen einen neuen Keramiktyp ein: die **Kammkeramik**. Charakteristisch für die aus ringförmigen Tonstreifen getöpferten Gefäße sind die namengebenden Kammmuster. Die horizontal eingeritzten Verzierungen schmücken den Hals der Gefäße. Die hohe Zahl an Kammkeramikfunden von der Westküste Koreas legt nahe, dass die Einwanderer zunächst diese Gebiete besiedelten und dann ins Landesinnere wanderten.

Mit der Vereinigung Unter- und Oberägyptens zu einem einzigen Herrschaftsgebiet entstehen im **Nildelta** und entlang des Nil neue Siedlungen und Städte. Sie liegen zumeist auf flachen Hügelkuppen innerhalb der von dem Fluss überschwemmten fruchtbaren Landstriche. Neuere Funde aus der altägyptischen Stadt Buto im nordwestlichen Nildelta belegen, dass die frühen Ägypter bei ihren Stadtplanungen teilweise von der mesopotamischen Architektur beeinflusst wurden. So fanden sich in Buto an Gebäuden Dekorationselemente, die auch in frühen Städten Mesopotamiens nachweisbar sind.

Im südlichen und karibischen Teil **Costa Ricas** unterliegen die frühen Ackerbauern zunehmend dem Einfluss südamerikanischer Kulturen. Dagegen wird der Westen und der Norden des Landes von Mesoamerika geprägt. Auf der engen zentralamerikanischen Landenge vermischen sich teilweise beide kulturellen Einflüsse.

Um 3000

Kamele dienen den Menschen als genügsame »Wüstenschiffe«

Die Menschen des Vorderen Orients entdecken die vielseitigen Vorzüge der Kamele und beginnen verschiedene Wildformen zu zähmen und zu züchten. Wann und wo die Domestikation des Kamels genau erfolgt und welche Art als erste zu einem Haustier wird, lässt sich jedoch im Einzelnen nicht mehr rekonstruieren.

Bereits vor den Kamelen nutzen die Menschen Ochsen, Rinder und Esel, um Lasten zu tragen oder Karren zu ziehen. Mit Hilfe dieser Tiere lassen sich zwar die lokalen Märkte gut beliefern, doch eignen sie sich kaum für größere Wüstenexpeditionen, denn keine dieser Arten kann über einen längeren Zeitraum hohe Tagestemperaturen oder eine schwankende Wasserversorgung überstehen. Die genügsamen Kamele dagegen sind ideal für längere Handelskarawanen gerüstet. Ihre große Widerstandsfähigkeit verdanken sie verschiedenen physiologischen Eigenheiten. Vor allem können sie Wassermangel sehr viel besser ertragen als jedes andere Säugetier. Kamele können bis zu 30 Prozent ihres Körpergewichts durch Flüssigkeitsverlust einbüßen, ohne deshalb zu sterben, weil ihr Blut flüssig bleibt und eine Überhitzung des Körpers vermieden wird. Auch sind die Flüssigkeitsverluste geringer, weil ihr Körper erst ab einer Temperatur von 40 °C zu schwitzen beginnt. In kalten Nächten sinkt die Körpertemperatur auf 34 °C ab, sodass es am folgenden Tag sehr viel länger dauert, bis sich ihr Körper erneut erhitzt. Zudem ist es ihnen möglich, in zehn Minuten bis zu 100 l Wasser zu trinken, um neue Reserven zu schöpfen.

Das eigentliche Hauskamel wird aus dem zweihöckrigen Wildkamel, dem Trampeltier, gezüchtet. Die domestizierte Form nimmt deutlich an Größe zu, insbesondere die Höcker sind viel stärker ausgeprägt. Aus dem einhöckrigen Dromedar, heute nur noch als Zuchtform bekannt (s. Abb.), gehen das robuste, etwas langsame Lastdromedar und das schlankere, schnellere Reitdromedar hervor. Dem Menschen dienen Kamele nicht nur als Reit- und Lasttiere. Sie liefern Milch und Wolle, auch ihr Fleisch wird geschätzt. Der getrocknete Mist ist in den baumarmen Wüstenregionen ein wertvolles Brennmaterial.

Um 3000

Das Ende der Steintafeln

Die Ägypter, die ihre Hieroglyphen bislang noch in Steintafeln meißeln, entdecken eine Methode, Schreibmaterial aus Papyrus herzustellen. Für die Ausbreitung der Schriftkultur ist diese Innovation von entscheidender Bedeutung, da sich geschriebene Texte und Dokumente damit erheblich schneller anfertigen und zudem leichter transportieren lassen.

Gewonnen wird Papyrus aus der Papyrusstaude (s. Abb.), einer an den Ufern des Nil in großen Mengen wachsenden, drei bis vier Meter hohen Pflanze aus der Gattung der Riedgräser. Die Ägypter schneiden das Mark der Stängel in dünne Streifen von etwa 40 cm Länge. Diese Streifen werden aneinander gelegt und anschließend mit einer Querlage überdeckt. Mit einem Schlegel werden sie so lange geklopft, bis sich die Streifen miteinander verbinden. Die Verwendung von Leim erübrigt sich, da Papyrus grün geerntet wird und der Pflanzensaft wie ein Klebstoff wirkt. Abschließend werden die Doppelschichten geglättet, getrocknet und poliert. Zum Schreiben werden entweder einzelne Blätter oder aus vielen solcher Einzelblätter zusammengeleimte Rollen verwendet.

Um 3000

Augengott der Almería-Kultur

An der südlichen Mittelmeerküste Spaniens bildet sich die spätneolithisch-kupferzeitliche Almería-Kultur heraus. Zu ihren kennzeichnenden Merkmalen zählen die Errichtung von Megalith-Gräbern sowie die Verwendung von Feuersteingeräten und kupfernen Flachbeilen, vor allem aber die Ausübung eines eigentümlichen Kultes, in dessen Zentrum eine Gottheit steht, die stets mit überdimensional großen Augen dargestellt wird.

In vielen Regionen der Welt ist das Auge ein bevorzugtes künstlerisches Motiv. Es findet sich sowohl in den Ländern des fruchtbaren Halbmonds (siehe S. 88) als auch in fast allen Regionen Europas, wo es in der Regel an frühen Megalith-Gräbern zu sehen ist. Die Menhire entlang der Atlantikküste sind mit sog. Oculi (spiralförmige Doppelwindungen, die an Augen erinnern) verziert, die sich auch auf Brettidolen in Zypern und im antiken Griechenland finden. Die Künstler von Almería ritzen oft nur Augen in den Stein. Deren Bedeutung ist noch ungewiss, doch stellen sie vermutlich eine alles sehende Gottheit dar. Mit der Almería-Kultur breitet sich der Kult der Augengöttin auf der ganzen Iberischen Halbinsel aus.

Um 3000

Wasser in Vorratsbassins

In Ägypten und Mesopotamien werden Wasservorratssysteme angelegt, die sich durch die großen Flüsse Nil, Euphrat und Tigris speisen und die in der Trockenzeit eine kontinuierliche Bewässerung der Feldkulturen ermöglichen (Abb.: Grüngürtel am Nil). Als Sammelbassins dienen große Teichbecken, die beiderseits der Ufer errichtet und von diesen durch breite Deichanlagen abgesperrt werden. Von dort aus erstreckt sich ein weit reichendes Kanalsystem bis an den Rand der Wüste. Steigen die großen Ströme während des Hochwassers, werden Schleusen geöffnet, um die Teiche zu füllen. Noch bevor der Wasserspiegel fällt, werden die Zuläufe wieder abgedichtet. Die Vorräte reichen aus, um Getreide, Gemüse, Kräuter und sogar Blumen monatelang zu bewässern.

Um 3000

Meilensteine der Megalith-Kultur

An der Bucht von Quiberon im Süden der Bretagne werden fast 3000 gewaltige Findlinge zu parallel verlaufenden Reihen von bis zu einem Kilometer Länge angeordnet. Erbauer der so genannten Alignements von Carnac sind keineswegs – wie die Legende erzählt – Riesen aus der Sagenwelt, sondern Menschen der Jungsteinzeit. Obgleich die kultische Bedeutung dieser einzigartigen Anlage bis heute ein Rätsel ist, zählt sie zu den beeindruckendsten und berühmtesten Zeugnissen der europäischen Megalith-Kultur. Der gesamte Komplex von Carnac besteht aus den drei dicht nebeneinander gelegenen Fundorten Kermario, Kerlescan und Le Menec. Die insgesamt 1029 Menhire von Kermario sind in zehn Reihen angeordnet. An ihrem Ende erhebt sich ein einzelner Menhir, der einen Grabhügel markiert und mit ausladenden, schlangenförmigen Gravuren verziert ist. Eine ganz eigentümliche Anordnung weisen die 555 Steine in der Nähe des Dorfes Kerlescan auf. Die meisten Findlinge dort sind in 13 Reihen von 280 m Länge gruppiert, doch werden diese Reihen im Westen durch eine halbkreisförmige Einfassung aus 39 Steinen begrenzt. Davor bilden einige eng beieinander stehende Findlinge das so genannte Viereck von Manio. Unweit davon erhebt sich der »Riese von Manio«: Mit seinen 6,5 m Höhe ist er der größte aller noch aufrecht stehenden Menhire von Carnac. Die Alignements von Le Menec bilden das westlichste dieser Steinreihenfelder. Hier sind die insgesamt 1099 Steine in elf Reihen angeordnet. Zusammen besitzen die Steinreihen von Carnac eine Länge von etwa vier Kilometern. Aufgrund des monumentalen Charakters der gesamten Anlage wird Carnac gelegentlich als »vorgeschichtliche Hauptstadt« der Bretagne bezeichnet. Tatsächlich zeugt die Größe dieser Megalith-Stätte von einer Tendenz zur kultischen Zentralisierung. Der Zweck der Alignements ist wahrscheinlich ritueller Art. In Carnac wird zum einen wohl den Göttern gehuldigt, zum anderen dienen Teile der Anlage als Grabstätten für die Toten. Welche religiösen Vorstellungen aber der Errichtung der Steinreihenfelder zugrunde liegen, ist bis heute unbekannt. Als gesicherte Tatsache gilt nur, dass die jungsteinzeitlichen Konstrukteure bei der Aufstellung der Menhire astronomische Aspekte berücksichtigen, da sich die meisten Reihen an der Bahn der Sonne orientieren.

Die imposanten Steinalleen (Alignements) bei Carnac in der Bretagne geben bis heute Rätsel auf.

Um 3000 In Mesopotamien ist **Käse** ein fester Bestandteil der Ernährung. Auf dem Ruinenhügel Tell Mukajir im Irak, der früheren sumerischen Stadt Ur, fanden Archäologen Tontafeln, auf denen sich Beschreibungen des Milchproduktes erhalten haben. Sie belegen, dass die Sumerer Milchkühe hielten und sich mit der Milchgewinnung und der Verarbeitung zu Käse beschäftigten.

Um für längere Zeiträume mit ausreichend Nahrung versorgt zu sein, legen die Ägypter umfangreiche **Lebensmittelvorräte** an. Durch Salzen und Trocknen in der Sonne werden Fleisch und Fisch konserviert. Getreide lagert in Speichern.

Nur kurze Zeit nach der Erfindung des Rades im Vorderen Orient werden Räder auch in Mitteleuropa benutzt. Dies belegen neuere Funde, die im **Federseemoor** bei Bad Buchau in Baden-Württemberg entdeckt wurden. In Torfschichten bargen Archäologen hölzerne Radscheiben. Als sicher gilt, dass schon gegen Ende der Jungsteinzeit in Mitteleuropa von Rindern gezogene Transportwagen eingesetzt wurden. Nahe der slowenischen Hauptstadt Ljubljana wurde im April 2002 ein Holzrad gefunden, das 5100 bis 5350 Jahre alt sein soll – und damit zu den ältesten erhaltenen Rädern der Welt zählen würde.

Die Ägypter kennen alle wichtigen **Schreinereitechniken**. Mit Nuten, Zapfen und Schwalbenschwänzen, einem trapezförmigen Zinken, fügen die Baumeister Hölzer zusammen. Darüber hinaus beherrschen sie das Furnieren und Kleben.

Auf der Halbinsel **Paracas** im Süden Perus siedeln Menschen, denen die Herstellung von Keramik – im Gegensatz zu den meisten überlieferten altamerikanischen Kulturen – unbekannt ist. Die frühen Siedler ernähren sich vor allem von Fischen und Muscheln. Archäologen entdeckten riesige Haufen von Muschelresten, die bis zu 100 m lang und zehn Meter hoch sind. Ihre Toten bestatten die frühen Peruaner in einfachen Schilfmatten, seltener in Lamafellen.

Um 2950 In Ägypten ändert sich die **Bestattungsweise**. Statt die Toten in einfachen, nur wenige Zentimeter tiefen Gruben zu bestatten, heben die Ägypter tiefe Gräber aus, die mit einem Steinhügel bedeckt werden. Aufwändig gestaltet sind die Königsgräber (Mastabas), die mit einer Lehmziegelmauer umgeben werden. Über dem Grabhügel errichtet man Kammern, die u. a. als Aufenthaltsräume für den toten König dienen.

Um 2950

Bescheidene Anfänge: Die Siedlung Troja entsteht

An der Westküste der heutigen Türkei, nur wenige Kilometer südlich der Dardanellen, wird Troja gegründet. Diese Niederlassung aus der frühen Bronzezeit bildet die erste und ursprünglichste von insgesamt neun Siedlungsstufen, die Archäologen inzwischen an diesem Ort unterscheiden (Abb.: Rekonstruktion der 6. Periode).

Troja I ist ein kleines, aus einer Ansammlung von Langhäusern bestehendes Dorf, das von einer Umfassungsmauer aus Bruchstein umgeben ist. Diese Mauer wird im Laufe der ersten Besiedlungsstufe mehrfach erneuert und verstärkt. Sie weist vier rechteckige Bastionen und ein Haupttor auf, das zu den frühesten Toranlagen Kleinasiens zählt. Die ersten Trojaner leben sowohl von Ackerbau und Viehzucht als auch von den Früchten des Meeres. Ihre Kultur findet sich in vielen Küstenregionen der nördlichen Ägäis sowie im nahe gelegenen Marmarameer. Über diesen engen Umkreis hinaus unterhalten die Trojaner später auch ausgedehnte Kultur- und Handelsbeziehungen weit hinein in den Mittelmeerraum.

3000–2700

Langsame Konsolidierung des ägyptischen Reiches

Am Nil beginnt die Thinitenzeit, die in der Chronik Ägyptens als 1. und 2. Dynastie erscheint. Diese Chronik, unter Ptolemaios II. von dem ägyptischen Priester Manetho verfasst, nennt König Menes (Abb. l.: Schild des Menes) als Begründer und ersten Herrscher des geeinigten Reiches. Heute überwiegt die Annahme, dass sich hinter dem sagenhaften Menes verschiedene Herrscher verbergen, die im Laufe von Generationen zur Einigung des Landes beigetragen haben (siehe S. 102). Doch wie immer diese Frage zu entscheiden ist, zweifellos herrschen die acht Könige der 1. Dynastie und die nachfolgenden Pharaonen der etwas kürzeren 2. Dynastie über ein geeinigtes ägyptisches Reich. Da die Herrscher nach den Angaben Manethos ausnahmslos der oberägyptischen Stadt This entstammen, erhält diese Periode die Bezeichnung Thinitenzeit.

Von den historischen Ereignissen dieser drei Jahrhunderte existiert nur eine bruchstückhafte Überlieferung. Die oft aufschlussreichen Königsgräber dieser Epoche sind zum Teil nicht bekannt, auch die Reihenfolge der Pharaonen ist nicht gesichert. Die schriftliche Überlieferung beschränkt sich weitgehend auf Handelsaufzeichnungen und Verwaltungsfragen. Zu den gesicherten Fakten zählt, dass die Könige zu Beginn der Thinitenzeit, vor der Gründung der Hauptstadt Memphis, über keine feste Residenz verfügen. Sie reisen zusammen mit ihrem Hofstab auf Schiffen den Nil entlang, um ihre Territorien zu besuchen. Die Könige bekleiden ein doppeltes Herrscheramt, da sie als Inkarnationen des Gottes Horus gelten, der durch den jeweiligen Pharao die Welt regiert. Als Verwaltungszentren dienen zunächst die Tempel.

Die Konsolidierung des Reiches ist zu diesem Zeitpunkt noch nicht abgeschlossen. Von dem zweiten Herrscher der 1. Dynastie, König Djer, ist ein Relief erhalten, das auf einen Kriegszug gegen Nubien deutet. Jahrestäfelchen aus Elfenbein berichten von weiteren Feldzügen gegen die Phönikier im heutigen Libanon und Libyen. Vermutlich geht es bei allen Eroberungszügen primär um die Sicherung begehrter Rohstoffquellen. Der letzte König der Thinitenzeit, Chasechem (Abb. o.), symbolisiert den Übergang zur 3. Dynastie.

Um 2950

Die Sintflut als Strafe der Götter

Nach der sumerischen Königsliste, der bedeutendsten schriftlichen Originalquelle aus der frühdynastischen Zeit, beginnt die zweite große Epoche in der Geschichte Mesopotamiens, die Zeit nach der Sintflut.
Unter den in vielen Kulturkreisen vorkommenden Erzählungen von Sintfluten bzw. Flutwellen sind die bekanntesten die biblische Überlieferung aus der Genesis und der Bericht des Utnapischtim aus dem Gilgamesch-Epos. Von den verschiedenen Flutsagen der Mesopotamier hat sich vor allem Letztere erhalten. Sie ist gewissermaßen die Urform aller Sintflutberichte. Nach dieser Überlieferung sucht der Titelheld seinen Ahnherrn Utnapischtim auf, um von ihm zu erfahren, wie man unsterblich wird. Daraufhin erzählt Utnapischtim von seiner Rettung aus der Sintflut. Enlil, Ana und andere sumerische Götter hatten beschlossen, die Stadt Schurippak und alle ihre Einwohner durch eine Sturmflut zu vernichten. Der Gott Ea weihte seinen Liebling Utnapischtim in dieses Vorhaben ein und gab ihm den Rat, sein Haus abzureißen und ein Schiff zu bauen: »Verschmähe den Besitz, erhalte dich selbst am Leben!« Utnapischtim tat, wie ihm geheißen, täuschte aber seine Mitmenschen über den Grund seines Schiffbaus, indem er sagte, nur er selbst sei Enlil und den anderen Göttern verhasst, allen anderen Menschen winke reichster Segen. Er füllte sein Schiff mit Gold und Silber, mit Tieren, Handwerkern und seinen Verwandten und gab dann ein Fest, bei dem der Wein wie Wasser floss. Auf einen Wink der Götter ging er an Bord – und sogleich brach die Sintflut los. Das Schiff mit den einzigen Überlebenden wurde nach Tagen an einen Berg gespült. Gott Enlil war zunächst über die Rettung Utnapischtims außer sich vor Wut, ließ sich aber besänftigen und nahm ihn und seine Frau in den Kreis der Unsterblichen auf.
Archäologen haben mehrfach versucht, Hinweise auf eine solche, möglicherweise globale Flutkatastrophe zu finden. 1929 stößt eine Ausgrabungsexpedition in der sumerischen Stadt Ur auf eine meterdicke Schlammschicht, in der sich, anders als in den Schichten darunter und darüber, keinerlei Spuren menschlicher Tätigkeit finden. Die Forscher datieren die Schicht auf die Zeit zwischen 3200 und 2800. In den Ruinenstädten in der Nähe von Ur lassen sich vergleichbare Schichten jedoch nicht nachweisen. In Kisch entdecken Archäologen zwar eine vergleichbare Sandschicht, die allerdings deutlich dünner ist und sich auf einen Umkreis von etwa zwölf Kilometern beschränkt.
Da auch die Datierungen kein übereinstimmendes Bild ergeben, gehen die Forscher davon aus, dass sich die Sintflut-Erzählung vermutlich aus der Erfahrung vieler kleinerer Katastrophen zusammensetzt. Vergleichbare Erzählungen gibt es bei vielen Völkern der Welt. Von Meeres- oder Wasserfluten sprechen u.a. die Überlieferungen der australischen Ureinwohner, einiger nordamerikanischer Indianerstämme, der in Südostasien beheimateten Tamilen sowie der Inder, Griechen und Kelten.

Sintflut-Legende und Arche Noah im Alten Testament: War die Sintflut ein lokales Ereignis oder eine globale Katastrophe?

Um 3000

Dritte Kurganwelle rollt an

Rund 1500 Jahre nach dem ersten Eindringen berittener Steppenvölker aus Russland (siehe S. 81) kommt es in Ostmitteleuropa mit der dritten Kurganwelle erneut zu bedeutenden ethnischen Verschiebungen. Die Invasion der sog. Kurganvölker führt dazu, dass die indoeuropäisierte Bevölkerung Mitteleuropas in verschiedene Regionen abwandert. Im Osten besiedelt sie die Ostseegebiete und Zentralrussland, im Norden Südskandinavien, im Süden den Adriaraum und Griechenland. Die Folge dieser Wanderung ist die endgültige Indoeuropäisierung ganz Europas.

Um 3000

Suche nach Bernstein: Kugelamphorenkult zieht nach Norden

Der Kugelamphorenkult, der sich seit der Mitte des 4. vorchristlichen Jahrtausends im heutigen Mitteldeutschland, Polen, der Ukraine und Rumänien ausgebreitet und überall eine erstaunlich homogene Kultur hervorgebracht hat, erreicht nun auch den Nordwesten Russlands sowie Estland. Gefäße mit kugelförmigem Körper, zylindrischem Hals sowie Ösenhenkeln am Halsansatz verleihen der Kugelamphoren-Kultur ihren Namen.
Im Zentrum des Kugelamphorenkults steht die Anbetung der Sonne, die der golden schimmernde Bernstein – das fossile Harz heute ausgestorbener Nadelbäume – symbolisiert. Die Gräber hochgestellter Personen enthalten häufig Stücke, in denen Stern- und Kreuzmuster als Sinnbilder der Sonne eingeritzt sind. Eine Bernsteinscheibe aus einem Grab im Norden der Ukraine, 600 km von den nächsten ostpreußischen und litauischen Bernsteinvorkommen entfernt, weist einen Durchmesser von zehn Zentimetern auf. Die darauf abgebildete Szene zeigt stilisierte Menschengestalten, die mit erhobenen Armen einen großen Bogen tragen. Bei dem daneben abgebildeten Tier handelt es sich wahrscheinlich um ein Pferd.

Um 2945 Ägyptische Krieger verwenden den **Schild**. Er ist die älteste bekannte Waffe, die ausschließlich der Verteidigung dient. Schon im 4. Jt. waren in Ägypten Schilder aus gehärteten Tierfellen bekannt. Mit dem Beginn des 3. Jt. kommt der Holzschild auf, der robuster ist und auch zum Schlagen benutzt werden kann. Die Krieger bemalen ihre Holzschilde meist mit denselben Zeichen, um auf dem Schlachtfeld ihre Zugehörigkeit zu einer bestimmten Partei deutlich zu machen. In Mesopotamien kommt der Schild um 2500 v. Chr. in Gebrauch. In Europa sind die frühesten Schilde erst für die Urnenfelderzeit nachweisbar, die im 13. Jh. v. Chr. einsetzt.

Um 2920 In Ägypten und Mesopotamien erreicht die Leinenweberei einen ersten Höhepunkt. Bei den bislang gängigen primitiven Formen des Webens nutzten die Handwerker einen senkrecht in die Erde gesteckten Pflock, um die Kettfäden zu befestigen. Diese bilden das erste Fadensystem und werden im rechten Winkel von den so genannten Schussfäden gekreuzt, so dass eine Textilstruktur entsteht. Jetzt lösen erste **Webstühle** diese Pflockkonstruktionen ab. Sie bestehen aus einem Holzrahmen mit Querleisten, an die die Weber die Kettfäden knüpfen. Um den Fäden Spannung zu verleihen, hängen Ägypter wie Mesopotamier kleine Gewichte aus gebranntem Ton an die Fäden. Diese Webgewichte sind heute alles, was von den Webstühlen übrig geblieben ist.

Um 2905 Die Ägypter verwenden poliertes Kupfer als **Handspiegel**. Handwerker gießen das Metall in eine Form, die heutigen Handspiegeln sehr ähnlich ist. Sie bestehen aus einem Griff und einer Pfanne. Die Pfanne wird so lange poliert und geglättet, bis eine spiegelnde Oberfläche entsteht. Die Technik der Spiegelherstellung verbreitet sich bis auf die Kykladen und nach Kreta. Dort ritzen die Handwerker zusätzlich Ornamente in die Spiegelfläche ein – eine Technik, die noch in der römischen Kaiserzeit üblich ist.

Um 2920

Metropole Memphis

Während der 1. Dynastie wird exakt auf der Grenze zwischen den beiden ehemaligen Landesteilen Ober- und Unterägypten die neue Hauptstadt Memphis errichtet. Der Stadtgründung geht ein gewaltiges technisches Projekt voraus. Der Pharao – in den Überlieferungen handelt es sich dabei um den sagenhaften König Menes – lässt das Land, auf dem die neue Residenz entstehen soll, durch einen gewaltigen Damm sichern und den Nil umleiten.

Von der Pracht und dem Reichtum der einstigen Metropole, die heute fast vollständig im Nilschlamm begraben liegt, zeugt noch die nur wenige Kilometer entfernte Nekropole (Totenstadt), auf der in den folgenden Jahrhunderten die Pyramiden von Sakkara, Abusir, Dahschur und Gizeh entstehen. Die Cheops-Pyramide, das bekannteste Monument von Gizeh, ist eines der sieben Weltwunder und das höchste Bauwerk des ganzen Altertums.

Von der Hauptstadt selbst ist relativ wenig bekannt. Ihr erster Name, Ineb-hedj, »die weiße Mauer«, dürfte auf das äußere Erscheinungsbild der befestigten Pharaonen-Residenz zurückzuführen sein. Die wenigen erhaltenen Quellen bezeugen, dass sich Memphis in kürzester Zeit zum wichtigsten Verwaltungszentrum des ägyptischen Reiches entwickelt. Nach dem Geschichtsschreiber Manetho entstehen bereits unter König Athotis, dem Nachfolger des Stadtgründers, die ersten Paläste. Von diesen frühen Bauwerken ist wenig erhalten – nicht zuletzt, weil Wohnhäuser und Profanbauten im Alten Reich aus nicht sehr dauerhaften Lehmziegeln errichtet werden. Widerstandsfähigere Materialien wie Kalkstein und Granit werden nur bei Tempelbauten, Königspalästen und -grabmälern verwendet.

Um 2700 v. Chr., mit Beginn der 3. Dynastie, ist das ägyptische Reich gefestigt. Die Hauptstadt Memphis entfaltet in dieser Phase ihren größten Glanz. Dies ändert sich, als um 2200 v. Chr. die Zentralmacht der Pharaonen immer stärker schwindet. Das Zentrum des Reiches verlagert sich fortan in die neu gegründete Hauptstadt Theben, während Memphis seinem unaufhaltsamen Niedergang entgegengeht.

Sphinx in Memphis: Das ägyptische Fabelwesen trägt einen Menschenkopf auf einem Löwenkörper.

Um 2920

Webstühle in Ägypten

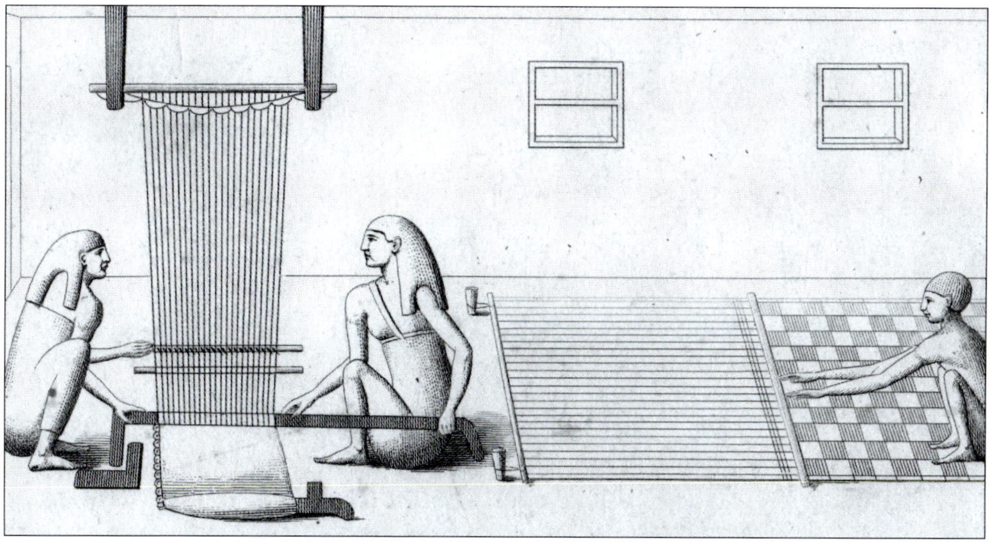

Nachdem die Kunst des Webens im Nahen Osten schon seit vielen Jahrhunderten bekannt ist, erreicht sie mit der Einführung des Webstuhls in Ägypten und Mesopotamien eine Hochblüte. Im Zweistromland ist zunächst der horizontale Webstuhl in Gebrauch, der erst in der Mitte des 2. Jt. v. Chr. durch den vertikalen Webstuhl der Ägypter verdrängt wird (Abb.: Ägypterinnen bei der Arbeit am Webstuhl).

Unter den vielen neuen Techniken, die in den arbeitsteilig organisierten Städten entstehen, nimmt die Weberei sowohl hinsichtlich der Zahl der Beschäftigten als auch im Hinblick auf ihre Bedeutung für die städtische Wirtschaft eine Vorzugsstellung ein. Vor allem in Niedermesopotamien basieren die Handelsbeziehungen der jungen Stadtstaaten zu einem großen Teil auf Stoffexporten. Das Textilhandwerk ist in den Ballungszentren der einzige Produktionsbereich, in dem Frauen den mit Abstand größten Teil der spezialisierten handwerklichen Tätigkeiten übernehmen. Nur das Walken (Verfilzen) wird von den Männern ausgeführt.

Mit welcher Geschwindigkeit sich das Webhandwerk in den folgenden Jahrhunderten entwickelt, zeigen historische Quellen aus Lagasch in Mesopotamien. Bis zum Ende des 3. Jt. v. Chr. sind allein in diesem Ort 15 000 Arbeiter in den Werkstätten des städtischen Verwaltungsbereichs beschäftigt. Zugleich hat das ganze Handwerk einen hohen Grad der Organisation erreicht. Die gesamte Produktion von der Beschaffung des Rohmaterials bis zur abschließenden Qualitätskontrolle wird von einem Generaldirektor überwacht, dem Inspektoren und Schreiber unterstehen.

Um 2945

Straßenbau in Mesopotamien

In einigen Städten Mesopotamiens folgt auf die Erfindung des Speichenrades die Anlage erster früher Verkehrswege. Eine ähnliche Entwicklung vollzieht sich wenig später in einigen Siedlungszentren Indiens. Während die Inder ihre Straßen vorwiegend mit Ziegeln aus Bitumenmörtel pflastern, werden die Verkehrswege in Mesopotamien in das Felsgestein gemeißelt oder mit Quadersteinen angelegt. Charakteristisch für den Straßenbau im Zweistromland ist die Einrichtung von Spurrillen für die Räder. Vermutlich dienen sie dem Zweck, den ungleichmäßigen Lauf der frühen Speichenräder zu kompensieren. Ähnliche Anlagen entstehen frühestens in der Bronzezeit auch auf Malta. Betonmörtel kommt erstmals um 2600 beim Bau einer Straße auf Kreta zum Einsatz (Abb.: gepflasterter Weg in Mykene). Im Jahr 2200 wird von der mesopotamischen Stadt Lagasch der älteste überlieferte Straßenplan angefertigt.

Um 2900

Facettenreiche Muster und Streitäxte: Die schnurkeramische Kultur breitet sich über Europa aus

Zum Ende der Jungsteinzeit setzt sich in weiten Gebieten Europas eine Kultur durch, deren kennzeichnendes Merkmal eine schnurverzierte Keramik ist. Es ist zwar nicht bewiesen, aber durchaus wahrscheinlich, dass die Verbreitung dieser Schnurkeramik auch mit veränderten religiösen oder mythischen Vorstellungen verbunden ist. Wer die Träger dieser neuen Kultur sind, ist bislang nicht eindeutig geklärt. Es könnte sich um eine neue ethnische Gruppe handeln, denkbar ist aber auch, dass sich bestimmte Schichten der bereits bestehenden Gesellschaften die Schnurkeramik zu Eigen machen. Unbestritten ist jedoch das Phänomen, dass sich in einem weiten Gebiet von Südschweden bis zu den Alpen und von den Niederlanden bis an den Dnjepr die Alltagskultur der Bevölkerung durch eine erstaunliche Homogenität auszeichnet. Von den Schnurkeramikern sind vor allem Gräber der Oberschicht überliefert. Eine allgemeine Normierung der Bestattungsriten deutet auf einen Zusammenhang zwischen der neuen Keramik und religiösen Vorstellungen hin. Die Toten werden in Hockerstellung begraben, wobei die Männer auf der rechten und die Frauen auf der linken Körperseite liegen. Diese geschlechtsdifferenzierte Bestattung spricht für eine klare gesellschaftliche Rollenteilung, die vermutlich patriarchalische Züge trägt. Unter den Grabbeigaben sticht vor allem die Streitaxt hervor – ein klassisches Statussymbol patriarchalischer Gesellschaften.

Die Keramik (Abb.: schnurkeramisches Tongefäß aus Oberlauterbach, Landkreis Freising) besteht aus wenigen, allerdings filigran gearbeiteten Formen. Die facettenreichen Schnurmuster werden erzeugt,

indem verschieden geflochtene Bänder in den noch feuchten Ton gedrückt werden. Schmuck stellen die Schnurkeramiker aus Muscheln, Knochen und durchbohrten Hundezähnen her.

Um 2890 Im Industal nutzen die Siedler der Induskultur den so genannten **Luftmörtel** für den Hausbau. Luftmörtel ist ein steinartiger Baustoff, der aus Sand und einem Bindemittel besteht. Das Gemisch kann luftgetrocknet werden, was bei den hohen Temperaturen, die im Industal herrschen, rasch vonstatten geht. Fast sämtliche Häuser der späteren Harappa-Kultur mit den großen Städten Mohenjo-Daro und Harappa sowie weiteren kleineren Siedlungen sind mit diesem Baumaterial errichtet. Die »Schnellbauweise« hat allerdings einen Nachteil: Bei starken Regenfällen trennt sich das Bindegemisch wieder und die Häuser fließen regelrecht auseinander.

Die Sumerer mahlen Getreide erstmals mit Hilfe von großen **Mahlsteinen**. Seit der Jungsteinzeit verarbeiten Bauern die Getreidekörner durch Zerstampfen oder Zerreiben. Demgegenüber bringt die Erfindung der Handmühle große Vorteile. Die Körner liegen auf einem flachen Stein, über den ein runder zweiter Stein gerollt wird. Bei den ersten Mahlvorrichtungen muss der obere Stein jedes Mal angehoben werden, um neues Korn nachzulegen. Später durchbohren die Sumerer den Mahlstein und können das Getreide durch das Loch kontinuierlich nachschütten.

Um 2850 Die Tempel der mesopotamischen Stadt **Uruk** erhalten prächtigen Wandschmuck, darunter auch Mosaiken, deren Steinchen aus Ton gebrannt und farbig glasiert worden sind.

Eine der größten Handelsstädte in Mesopotamien ist die Siedlung **Mari**, der heutige Ruinenhügel Tell Hariri in Ostsyrien. An der Handelsstraße von Babylonien zum Mittelmeer markiert Mari einen wichtigen Knotenpunkt. Auf dem 1000 x 600 m großen Areal legten Archäologen in den 1950er-Jahren mehrere Tempel der frühdynastischen Zeit frei. Ein dem Gott Dagon geweihter Kultbau stellt eine Vorform der Zikkurat dar, des massiven mehrstufigen Tempelturms der Babylonier. Berühmtheit erlangte Mari durch den Fund von 25 000 Tontafeln aus der Zeit von 1950 bis 1700 v. Chr., die politische und verwaltungstechnische Angaben aufweisen.

Um 2850

Herstellung von Halbfayencen

In Indien werden erstmals feinkörnige tonkeramische Erzeugnisse aus zumeist roten oder ockerfarbenen Scherben mit einer Glasur aus weißer Erde überzogen. Anschließend bedeckt man die bereits gebrannten Tongefäße mit einer Zinnschlämme und brennt sie noch ein weiteres Mal. Dabei schließt die Glasur die offenen Poren. Die auf solche Weise angefertigten tonkeramischen Erzeugnisse sind als Halbfayencen oder auch Mezzomajoliken bekannt. Obgleich die indischen Töpfer damit bereits das Prinzip der späteren Fayencen vorwegnehmen, handelt es sich noch nicht um Fayencen im eigentlichen Sinne. Deren charakteristisches Merkmal, nämlich die Beimengung von Zinnoxid, das für die Trübung der Glasur verwendet wird, ist noch nicht nachweisbar. Gleiches gilt auch für die bunt emaillierten Wandfliesen aus dem assyrisch-babylonischen Raum und für die farbig glasierten Gefäße und Schmuckstücke, die aus dem Alten Reich in Ägypten überliefert sind.

Um 2900

Kultur in Südmesopotamien

In der frühdynastischen Zeit ist Mesopotamien in eine Reihe von Stadtstaaten (Abb.: Rollsiegel aus Babylon, das den Sonnengott Schamasch zeigt) aufgeteilt, deren Einfluss sich auf die umliegenden Regionen erstreckt. Zu den wichtigsten Zeugnissen dieser Epoche zählen die Fundorte Tell Gubba, ein von mehreren Mauern umschlossener Gebäudekomplex, und Tell Razuk. Dieser von Wällen umgebene Rundbau besteht aus fünf Räumen, die einen Platz von zehn Metern Durchmesser umschließen.

Um 2800

Riesige Kultstätte: Die Steinkreisanlage von Avebury

In Avebury in der heutigen Grafschaft Wiltshire im Südwesten Englands entsteht die mit 427 m Durchmesser größte Steinkreisanlage der Welt (Abb.). Aus Menhiren wird ein riesiger Hauptkreis errichtet, der zwei kleinere Kreise umschließt. Vermutlich handelt es sich bei der Anlage, die zu den gewaltigsten Zeugnissen der ausgehenden Jungsteinzeit zählt, um ein Heiligtum, dessen Kultstätten sich innerhalb der Innenkreise befinden. Die ursprünglich rund 600 jeweils tonnenschweren Megalithen stammen aus den drei Kilometer entfernten Avebury Hills. Heute sind die Steinkreise lückenhaft, da viele Menhire später für den Straßen- und Häuserbau verwendet wurden.

Um 2800

Glockenbecher-Kultur eint Europa

Auf die Periode der Schnurkeramik folgt die Glockenbecher-Kultur, durch die erstmals alle Bewohner Europas in einen übergreifenden Kulturzusammenhang eingebunden werden. Unverkennbare Merkmale der Glockenbecher-Kultur sind verzierte, henkellose Trinkgefäße und die Bestattung der Toten nach einheitlichen Ritualen in Einzelgräbern. Ihre kulturgeschichtliche Bedeutung beruht aber vor allem auf der Einführung bzw. Verbreitung zweier bedeutender zivilisatorischer Errungenschaften – nämlich des Pferdes und des Alkohols.

Ihren Namen verdankt diese Kultur den charakteristischen Tongefäßen, die einer auf den Kopf gestellten Glocke ähneln. Die frühen Glockenbecher weisen noch die gleichen Verzierungen mit Schnüren und Bändern auf, die auch für die vorangehende Schnurkeramik typisch sind. Die horizontalen Linien ziehen sich mit einigen Zentimetern Abstand von oben bis unten um die Gefäße. In ihrer frühesten Form sind die typischen Glockenbecher noch schlank und relativ hoch. Aus dieser Urform entwickeln sich in der Folgezeit regional unterschiedliche Grundformen. Die Becher werden insgesamt gedrungener, die Verzierungsbänder breiter. Die Bestattungsrituale gleichen denen der Schnurkeramiker, markieren zugleich aber auch eine bewusste Abgrenzung von anderen Kulturen. Wie die Schnurkeramiker begraben die Glockenkeramik-Leute ihre Toten in Hockerstellung sowie in Einzelgräbern und machen beim Begräbnis einen geschlechtsspezifischen Unterschied. Im Gegensatz zu vorher werden nun allerdings die Frauen immer auf ihre rechte und die Männer auf ihre linke Körperseite gebettet. Da Frauen mit dem Kopf nach Süden

Tongefäß der Glockenbecher-Kultur aus Laa an der Thaya/Niederösterreich

und Männer mit dem Kopf nach Norden liegen, ist das Gesicht aller Toten dem Osten zugewandt. Von einer neuen Zeit künden auch die Grabbeigaben. In den Gräbern der Schnurkeramik dominierten Streitäxte aus Stein. Neben Keramikbechern und handwerklich hochwertigem Schmuck finden sich nun vor allem Dolche, die zunächst aus Feuerstein, später aus Kupfer oder Bronze hergestellt werden. Eine weitere häufige Grabbeigabe ist die Ausrüstung eines Bogenschützen. Dazu zählen Wams und Gürtel, Flintpfeilspitzen und steinerne Armschutzplatten, die mit Riemen am Unterarm befestigt werden.

Alkohol stellen die Glockenbecher-Leute in Form eines metähnlichen Getränks her, das mit Kräutern und Früchten aromatisiert wird. Die Art und Weise des Alkoholkonsums deutet auf einen tief greifenden kulturellen Wandel hin. Die Tatsache, dass Spuren von Met bislang nur in kleinen Gefäßen nachgewiesen wurden, lässt darauf schließen, dass er keineswegs in gemeinschaftlichen Zeremonien, sondern vielmehr privat genossen wurde und somit eher als ein Statussymbol diente. Alkohol, Pferde und kostbare Grabbeigaben zeugen von einer zunehmenden sozialen Hierarchisierung der Gesellschaft sowie von einem stärker individualisierten Lebensstil.

Die Glockenbecher-Kultur geht im Niederrheindelta aus einer lokalen Variante der Schnurkeramik hervor, deren handwerkliche und rituelle Traditionen sie in vielerlei Hinsicht weiterführt. Ihre Ausbreitung geschieht außerordentlich rasch und geht vermutlich im Wesentlichen auf zwei Gründe zurück: Zum einen steht sie im Zusammenhang mit dem Zerfall traditioneller Lebensformen, der sicher nicht zuletzt auf den dritten Einfall der Kurganvölker zurückzuführen ist. Detailanalysen des Verbreitungsgebietes zeigen, dass sich die Glockenbecher-Kultur von vorhandenen Gruppen bewusst abgrenzt. Zum anderen markiert sie das Aufkommen einer neuen, mobilen Lebensweise, deren Inbegriff das Pferd ist. Fast unüberwindbar erscheinende Entfernungen schrumpfen zu Strecken von wenigen Tagesritten zusammen. Diese Mobilität ermöglicht es, dass sich die Glockenbecher-Kultur binnen kürzester Zeit über den gesamten Kontinent ausbreitet und – gemeinsam mit dem Pferd – selbst die Balearen, Korsika, Sardinien und Nordafrika erreicht.

Um 2800

Auftrieb für Nilschifffahrt: Die ersten Holzboote verkehren auf dem Strom

Die auf dem Nil verkehrenden Boote aus Papyrusbündeln werden durch die ersten hölzernen Boote verdrängt. Die Schifffahrt erfährt dadurch einen enormen Auftrieb. Die ägyptischen Holzboote, die schon bald beachtliche Dimensionen erreichen und meist eine längliche Form, einen erhöhten Bug und reiche Verzierungen aufweisen, werden aus Planken gefertigt, die mit Hilfe einfacher Sägen angepasst und anschließend vernagelt werden (Abb.: ägyptisches Prunkboot aus Zedernholz im Museum von Gizeh). Ein starkes Seil, das vom Heck zum Vordersteven verläuft, dient als Sicherung vor einem Auseinanderbrechen der Konstruktion. Die meisten Boote verfügen sowohl über Ruder als auch über Segel.

Der bislang älteste Holzbootfund Ägyptens datiert aus der Zeit um 3100 v.Chr. und stammt aus Tarchan. Da das Boot in Einzelteile zerlegt und zur Abdeckung verschiedener Gräber verwendet wurde, hat man seine Fragmente erst in den 1990er-Jahren richtig zugeordnet.

Um 2800 Töpfern im Norden des Zweistromlandes ist die Kunst der **Einlegearbeiten** bekannt. Sie verzieren ihre Irdenware mit Perlmutt. Vermutlich handelt es sich bei den reich dekorierten Keramiken um Opfergefäße. Andere Verzierungen aus derselben Zeit zeigen Bemalungen oder Flach- bzw. Hochreliefs nach Art der mesopotamischen Rollsiegelbilder.

Die **Bautechnik** macht in den Hochkulturen des Zweistromlandes und am Nil große Fortschritte. Ein sumerischer Baumeister errichtet die erste Treppe aus Kalkstein. Sie führt in das Obergeschoss eines mehrstöckigen Wohnhauses. Bislang sind Leitern üblich, um Höhenunterschiede in Gebäuden zu überwinden. In Ägypten ersetzt man unterdessen die üblichen Lehmziegel durch Bauquader aus behauenem Stein. Das neue Material ist robuster, aber teurer. Es findet deshalb nur an repräsentativen Bauten Verwendung.

Im heutigen Iran entstehen unterirdische Tunnel zur Wasserversorgung. Die im Arabischen als **Quanat** bezeichneten ovalen Wasserstollen leiten das Grundwasser mit Hilfe eines leichten Gefälles zum Bestimmungsort. Für den Bau und die Unterhaltung der Röhren werden vertikale Schächte in den Boden eingetieft.

In Obernubien im heutigen Sudan entsteht die **Kerma-Kultur**. Charakteristisch für die frühe Stufe der Kerma-Kultur sind kleine Siedlungen, die von jeweils einem Fürsten regiert werden. Die Toten der Kerma-Kultur werden in aus Steinplatten errichteten Tumulusgräbern bestattet. Im Laufe des 3. Jt. v. Chr. erfolgt eine soziale Differenzierung. Diese drückt sich u. a. in großen Grabbauten für die Fürsten aus. In ihnen finden sich neben Keramikbeigaben auch Knochenreste, die die Praxis des Menschenopfers belegen. Die Geopferten sollten den Toten ins Jenseits begleiten.

Um 2750 Der mesopotamische König Gilgamesch lässt die **Stadtmauer von Uruk** fertig stellen. Das gewaltige, 9,5 km lange Bollwerk besteht aus 900 durch eine Mauer aus Lehmziegeln miteinander verbundenen Halbtürmen.

Um 2700

Die Kunst der Goldschmiede

Ägyptische Goldschmiede entwickeln die Kunst, Gold und Silber zu festem Blattgold und Blattsilber zu schlagen. Da beide Edelmetalle in einem hohen Maße dehnbar sind, eignen sie sich für dieses Verarbeitungsverfahren besonders gut.
Der Herstellungsprozess beginnt damit, dass die Edelmetalle zunächst zu Stäbchen gegossen und dann mit Hilfe von Walzen zu dünnen Blechen verarbeitet werden. Bei der anschließenden Treibarbeit dient den Gold- und Silberschlägern eine steinerne Platte als Amboss. Sie wird mit mehreren Lagen der dünnen Edelmetallbleche belegt, aus denen dünne Schichten von wenigen Nanometern herausgearbeitet werden. Blattgold und Blattsilber dienen der Veredelung sowohl von Goldschmiedearbeiten als auch von Gebrauchsgegenständen. Auf hölzerne Gegenstände werden sie mit Wachs aufgebracht, andere Materialien werden zuvor mit einer Grundierung überzogen.

Um 2750

Zisternen sammeln Wasser

Die Mesopotamier beginnen Gebrauchs- und Trinkwasser in Zisternen zu sammeln. Gewöhnlich werden die Vorratsbecken in den Innenhöfen der in Atriumbauweise errichteten Häuserblöcke angelegt. Gesammelt wird Regenwasser, das von den Dächern über Rohre in die Becken geleitet wird. Schon früher hatte man im Zweistromland das Hochwasser von Euphrat und Tigris in großen Teichen gesammelt, um damit in Trockenzeiten die Felder zu bewässern (Abb.: Zisterne im Jemen).

Um 2750

Beleuchtung durch Öllampen

In den Häusern der ägyptischen Oberschicht bürgert sich die Öllampe ein, um die Innenräume zu beleuchten. Bei den neuen ägyptischen Lampen handelt es sich um flache Schalen, die entweder aus Glas oder aus Ton (s. Abb.) gefertigt werden. Die überwiegend ovalen Gefäße sind etwa 7 cm hoch. Eine eigene Vorrichtung zum Halten des

Dochtes besitzen sie nicht, dieser schwimmt vielmehr frei in der Brennflüssigkeit. Neben den kleinen Tischlampen entstehen bald auch die ersten Stehlampen – etwa 1 m hohe Sockel aus Kalkstein, in deren Oberseite eine Schale eingelassen ist. Vor dieser Erfindung wurden in Ägypten zur Beleuchtung der Innenräume gewöhnlich Fackeln verwendet. Zumeist bestanden diese aus Spänen, Weinlaub oder Pflanzenfaserbündeln, die mit Pech, Asphalt oder Harzen getränkt wurden. Die Fackeln hatten zwar hervorragende Brenneigenschaften, aber den großen Nachteil einer starken Rauchentwicklung.

Um 2800

Kupfermetallurgie in Portugal

In den befestigten Siedlungen, die an der Wende vom 4. zum 3. Jt. v. Chr. im Süden und Westen der Iberischen Halbinsel entstanden sind, wird die Kunst der Kupfermetallurgie entwickelt. Damit wird der Stein als vorherrschender Werkstoff zur Herstellung von Waffen, Werkzeugen und Geräten abgelöst. Die wachsende Bedeutung der Metallurgie geht einher mit tief greifenden Veränderungen der wirtschaftlichen und sozialen Verhältnisse sowie der religiösen Vorstellungen. Wie in anderen europäischen Regionen bereitet diese Entwicklung auch auf der Iberischen Halbinsel den Boden für die hier in der Mitte des 3. Jt. anbrechende Glockenbecher-Kultur.
Zu einem Kernort der frühen Kupfermetallurgie in Portugal entwickelt sich die von starken Verteidigungsmauern umschlossene Siedlung Zambujal nördlich des heutigen Lissabon. Während sich die meisten frühen Siedlungszentren an den Ufern großer Flüsse bilden, liegt dieser befestigte Ort, wie geoarchäologische Untersuchungen beweisen, unmittelbar an einer Meeresbucht, die in den folgenden Jahrtausenden verlandet – die heutige Ausgrabungsstätte ist rund 14 km Luftlinie vom Atlantik entfernt. Die Funde von Prunkgräbern sowie von Gold und Elfenbein belegen, dass sich in Zambujal mit dem Anbruch der Kupferzeit eine starke Hierarchisierung der Gesellschaft herausbildet.

Um 2750

Stadtgötter und Stadtfürsten

In der frühdynastischen Epoche Mesopotamiens findet sich eine Ansammlung verschiedener Stadtstaaten wie Ur, Uruk, Kisch oder Lagasch. Jede Stadt ist im Glauben der Sumerer einem Stadtgott gewidmet. Die Herrscher der Stadtstaaten bekämpfen sich gegenseitig.

Die Mesopotamier betrachten sich selbst als Diener der Götter, die die Welt beherrschen. In städtischen Tempeln huldigen sie einem Gott oder einer Göttin. Jede Stadt gehört in ihren Augen einem Gott, z.B. dem Wassergott Enki oder dem Luftgott Enlil. Nur durch deren Verehrung lassen sich Naturgewalten wie Überschwemmungen oder Dürren abwenden, die das Leben der Mesopotamier bedrohen und als Zeichen göttlichen Zorns interpretiert werden. Können die Einwohner ihren Dienst an den Göttern nicht persönlich leisten, lassen sie sich durch Beterstatuen vertreten, deren besondere Kennzeichen weit aufgerissene Augen sind.

Die Stadtstaaten werden jeweils von einem Herrscher regiert. Diese tragen Bezeichnungen wie »Lugal« (sumerisch »großer Mann«), »En« (Herr) oder »Ensi« (Stadtfürst). Eine exakte Hierarchie ist nicht zu bestimmen. Ensi stand im Rang wohl niedriger als Lugal oder En. Der Herrschertitel eines En war – im Gegensatz zum gleich lautenden Priestertitel – auf die Stadt Uruk beschränkt.

Reliefdarstellung der Tell-Halaf-Kultur mit betenden Figuren aus der Zeit des Königs Gilgamesch

Eine Keilschrifttafel des Gilgamesch-Epos

Die heute wohl bekannteste Figur aus der frühdynastischen Zeit ist Gilgamesch, einer der Herrscher über die Stadt Uruk. Nach der Überlieferung gelingt es ihm, seine Heimat von der Oberherrschaft des mächtigen Stadtstaates Kisch zu befreien. Uruk, die heutige Ruinenstätte Wakra im Irak, entwickelt sich in der Folgezeit zum bedeutendsten Stadtstaat in Mesopotamien. Zur Hinterlassenschaft von Gilgamesch zählt u.a. eine gewaltige Verteidigungsmauer.

Von dem legendären Herrscher weiß die Nachwelt vor allem durch das Gilgamesch-Epos, das älteste Großepos der Weltliteratur. Seine Vorläufer, kürzere epische Dichtungen über Gilgamesch, entstehen um 2000 v.Chr. in der mesopotamischen Stadt Ur, deren Herrscher aus Uruk stammen. Das eigentliche Gilgamesch-Epos, das sich vermutlich auf dieses frühere Material stützt, wird erst in der mittelbabylonischen Zeit um 1200 v.Chr. in akkadischer Sprache niedergeschrieben. Das bedeutendste Werk der babylonischen Literatur berichtet von den vergeblichen Bemühungen des Stadtfürsten, Unsterblichkeit zu erlangen. Ein Exemplar des aus zwölf Tontafeln bestehenden, in Keilschrift abgefassten Zyklus wurde 1872 von einem britischen Forscher in der Bibliothek des assyrischen Königs Assurbanipal entdeckt.

Um 2750

Inder als Vorreiter der Mathematik: Die Einführung der Null revolutioniert das Rechnen

Im Norden Indiens entwickeln Gelehrte zu den bereits bekannten Ziffern von Eins bis Neun ein Symbol für die Null, das Nichts, und schaffen damit die Grundlage für das moderne Dezimalsystem. Warum die Null erstmals in Indien verwendet wird und nicht in einem der beiden anderen bestehenden Zahlensysteme dieser Epoche, dem ägyptischen und dem sumerischen, hat seine Ursache möglicherweise in religiösen Vorstellungen. In Indien existieren bereits jene drawidischen Traditionen, auf denen der spätere Hinduismus zu wesentlichen Teilen basiert. Das Nichts ist hier als Ursprung und Ende allen Daseins kein Tabu, keine Undenkbarkeit, sondern zentraler Bestandteil des religiösen Denkens. Auch in den folgenden Jahrhunderten spielt Indien bei der Weiterentwicklung des mathematischen Systems eine Vorreiterrolle. Erst mit der Ausbreitung des Islam geht diese auf die Araber über. Vor allem der berühmteste arabische Mathematiker, Mohammed Ibn Musa Al Chwarismi, wird mit seinen um 810 geschriebenen Abhandlungen über die indische Mathematik zu einem Bahnbrecher des modernen Rechnens. Das christliche Abendland kommt erst um das Jahr 970 mit der Null in Berührung. Der aquitanische Mönch Gerbert von Aurillac, der vermutlich im Kloster von Santa Maria de Ripoli die arabische Mathematik studiert, sieht sich zunächst jedoch schweren Anfeindungen seitens der Kirche ausgesetzt.

2700–1750 v. Chr.

1

2

3

1 – Wunder am Nil: Die Pharaonen des Alten Reiches setzen sich mit gigantischen Bauwerken wie der Sphinx und den Pyramiden von Gizeh Denkmäler für die Ewigkeit. 2 – Mysterium auch nach 4000 Jahren: Die Erbauer der Steinkreisanlage im englischen Stonehenge sind bis in die heutige Zeit unbekannt.

3 – Ein mächtiger Potentat aus dem Zweistromland: Bronzene Sitzstatuette des sumerischen Herrschers Gudea von Lagasch (um 2143–2124 v. Chr.).

4

7

5

6

8

9

4 – Tempelbau auf mesopotamische Art: Nordost-Fassade der Zikkurat von Ur. 5 – Europas frühe Hochkultur: minoischer Goldschmuck »Biene von Malia«. 6 – Glanz des alten China: Gefäß mit Maskenzier aus der Shang-Epoche. 7 – Geflügelter Dämon aus dem Zweistromland: Bronzestatue des Pazuzu; Babylon. 8 – Hoher Repräsentant der ägyptischen Götterwelt: Osiris herrscht im Jenseits. 9 – Metropole der Indus-Kultur: Ruinenstadt und Zitadelle von Mohenjo-Daro.

Idole, Dolmen, Pyramiden – Hochkulturen in voller Blüte

Die Menschheit vollzieht in der Mitte des 3. Jt., am Vorabend der Bronzezeit, den Durchbruch zur Entwicklung einer vielschichtig organisierten Gemeinschaft. Ägypter, Mesopotamier, kretische Minoer und Chinesen, selbst die Baumeister der europäischen Megalith-Monumente haben eines gemeinsam: Sie schaffen Bauwerke wie Pyramiden, Städte oder Kanäle in Gemeinschaftsleistungen, die nur durch äußerst straffe Gesellschaftsstrukturierung möglich sind.

Die Pharaonen im Alten Reich

Noch in der frühdynastischen Epoche Ägyptens (2965–2705) ist die Zivilisation am Nil ein Flickenteppich von Stämmen, über die Stammesfürsten herrschen. Erst Sanacht und Djoser, die ersten Könige des Alten Reiches (2705–2640), knüpfen aus vielen kleinen landwirtschaftlichen Parzellen und lokalen Herrschaften eine politische und wirtschaftliche Einheit zusammen – Keimzelle eines fast 3000 Jahre existierenden Großreiches.

König Djosers Grabmal in Sakkara setzt einen Akzent in der ägyptischen Geschichte. Die Stufenpyramide ist das erste steinerne Grabmal eines ägyptischen Herrschers und zur Zeit seiner Errichtung das größte Bauwerk der Welt. Die Vergöttlichung des toten Pharaos und die monumentale Architektur weisen den Weg in eine neue Epoche der Menschheit. Im Alten Reich bündeln die Pharaonen fortan nach Djosers Vorbild die Kräfte ihres Volkes, um immer größere Pyramiden zu errichten. Nirgendwo ist der Pomp der Gottkönige so deutlich sichtbar wie auf dem Pyramidenfeld von Gizeh, wo die Grabstätten des Cheops, des Chephren und des Mykerinos sich zu einer Nekropole ungeheuren Ausmaßes vereinen. Selbst die Nachfahren

Akkadisches Lapislazuli-Rollsiegel, um 2300 v. Chr.

der Pyramidenbauer im Mittleren und Neuen Reich scheuen sich vor Bauten von solch gewaltigen Ausmaßen. So verlegt sich der religiöse Fokus auf die Errichtung von Totentempeln und ganzen Totenstädten. Als erstes Großreich der Welt entwickelt sich Ägypten zu einem wirtschaftlichen Magneten und zieht Händler aus den entlegensten Regionen an. Dank eines weitläufigen Handelsnetzes können die Pharaonen auf Güter zurückgreifen, die aus dem heutigen Libanon, Mesopotamien und sogar Kreta stammen. Auf dem Nil fließt der Warenstrom wie auf einer modernen Hauptverkehrsachse durch das Land und versorgt gleichermaßen Ober- wie Unterägypten. Die gesamte Kultur des ägyptischen Reiches ruht auf den Schultern des Volkes und auf dessen Glauben an Gott und König. Der landwirtschaftliche Reichtum entsteht durch die Handarbeit von etwa einer Million Ägypter, ebenso ihre Monumente, ihre Schrift und das Beamtentum. Was das Alte Reich im Innern zusammenhält, ist der Glaube, dass durch den Gottkönig die Göttlichkeit der ägyptischen Gesellschaft selbst zum Ausdruck gebracht wird.

Individuum betritt die Bühne

Die Königslisten aus Babylonien und die Totenlisten der Pharaonen ermöglichen erstmals in der Geschichte einen gesicherten Blick auf das historisch handelnde Individuum. Während Herrscher wie Gilgamesch in Mesopotamien oder der Gründer der ersten ägyptischen Dynastie, Menes, sich allenfalls im legendenhaften Halbdunkel der Geschichte bewegen, verlassen König Sargon von Akkad oder der Pyramidenbauer Cheops den Bereich der »heroischen« Geschichtsschreibung und werden historisch fassbar. Darüber hinaus gibt es erstmals Männer im Schatten der Mächtigen, deren Ruhm Jahrtausende überdauert. Einer von ihnen ist Imhotep, seines Zeichens Baumeister von Djoser und Architekt der Stufenpyramide von Sak-

Die Stufenpyramide des ägyptischen Pharaos Djoser (r.) ist das älteste erhaltene Monument der Welt. Links befindet sich der Eingang zum Grabbezirk.

2700 v. Chr.

Um 2600: Als erste der Pyramiden von Gizeh, einem der sieben Weltwunder der Antike, entsteht die Cheopspyramide,

Um 2510: In den Städten Mesopotamiens und des Indus werden die ersten Kanalisationen gebaut.

Um 2500: Auf einem Friedhof in der sumerischen Stadt Ur werden prunkvolle Ruhestätten angelegt, die später als »Königsgräber« Weltruhm erlangen.

Um 2400: Baumeister im Zweistromland zwischen Euphrat und Tigris entwickeln die Architektur des Gewölbes.

Um 2300: Die Stadt Harappa am Indus gibt der ersten indischen Kulturstufe (Harappa-Kultur) den Namen.

Relikt der minoischen Kultur Kretas: Darstellung der Gottesmutter aus dem Palast von Malia

kara, dazu Hohepriester von Heliopolis, Arzt, Dichter, Astronom und Wundertäter. Den Universalgelehrten wird man später sogar als Gott verehren.

Krisensymptome am Nil

Als das Alte Reich kollabiert, stürzt Ägypten ins Chaos. In der 5. und 6. Dynastie gewinnen Territorialherren so sehr an Macht, dass ihr Einfluss die Autorität des Pharaos überschattet. Eine Reihe von schwachen Herrschern lässt die Zentralgewalt vollends zerfallen. Das Reich bricht auseinander. Die erste große Hochkultur der Geschichte geht in einem 100 Jahre währenden Strudel aus Bürgerkrieg und wirtschaftlichem Elend zugrunde. Die erneute Unterwerfung der aufständischen Fürsten gelingt erst Mykerinos II. gegen Ende des 3. Jt. v. Chr. Er ist als Einziger stark genug, den mächtigen Adel unter seine Knute zu zwingen und dauerhaft zu kontrollieren. Die Periode des Mittleren Reiches, Ägyptens Feudalzeitalter, beginnt.

Krieg an Euphrat und Tigris

Die erste Blüte Mesopotamiens kündigte sich mit den ersten Schriftzeichen bereits um 3000 v. Chr. an – früher als die Hochkultur Ägyptens. Das Land zwischen Euphrat und Tigris ist von einem Völkergemisch bewohnt. Im Osten liegt Elam, im Norden leben Bergvölker, Verwandte der Elamiten, im Westen sind die Semiten beheimatet. Der Süden der Region wird von einem Volk kontrolliert, das sich Sumerer nennt. Hinsichtlich Sprache und Kultur ist es mit keinem benachbarten Stamm vergleichbar. Die Fähigkeiten und Erfindungen der Sumerer ergänzen sich mit denen der anderen mesopotamischen Völker so gut, dass es zu einer kulturellen Explosion kommt. Sprache, Schrift, Kriegskunst, Verkehrswesen, Städtebau entstehen und vermengen sich zu einer Hochkultur.
Doch obwohl alle Stämme Mesopotamiens von denselben kulturellen Errungenschaften profitieren, herrscht beständig Krieg zwischen ihnen. Nach Gründung der ersten Städte zwischen Euphrat und Tigris entstehen als kleine politische Einheiten die Stadtstaaten. Mit Lanzen und Schilden aus Bronze kämpfen deren Könige um die Macht im Zweistromland. An ihrer Seite ringen Hohepriester um die Gunst der Stadtgötter, ohne die ein Sieg über den Nachbarn nicht denkbar wäre. Es sind die Sumerer, die über weite Teile des 3. Jt. v. Chr. die Oberhand im Zweistromland behalten. In dieser frühdynastischen Periode herrschen Könige in prachtvollen Städten, um nach ihrem Tod in ebenso prunkvollen Königsgräbern zusammen mit Preziosen, Sklavinnen und Soldaten bestattet zu werden.
Schließlich besiegen die Krieger Akkads alle sumerischen Stadtstaaten. Sargon, König des ersten mesopotamischen Großreichs, schwingt sich zum unumstrittenen Herrscher auf. Aber die Sumerer erstarken wieder. Sargons Nachfahren können alle Angreifer bis in die dritte Generation abwehren, dann fällt das Reich und zersplittert wieder in kleine Königtümer. Auf den Trümmern Akkads entsteht unter den Babyloniern eine neue Macht, die die Region für Jahrhunderte beherrschen wird.

Die erste Hochkultur Europas

Anders als Ägypter und Sumerer hinterlassen die Minoer auf der Mittelmeerinsel Kreta kaum Schriftzeugnisse. Die wenigen bekannten Überlieferungen in den Schriftsystemen Linear A und Linear B sind bis heute nur zum Teil dechiffriert. Viele Eckdaten der minoischen Geschichte fehlen bis heute, doch die archäologischen Zeugnisse dokumentieren in ausreichendem Maße, dass gegen Ende des 3. Jt. v. Chr. Kreta die erste Hochkultur Europas hervorbringt.
Um den Knotenpunkt Kreta kreuzen Handelsschiffe im Mittelmeer. Ein Netzwerk von Handelswegen entsteht in der ägäischen Inselwelt und auf dem griechischen Festland. Beliebtes Tauschobjekt sind die Idole der Kykladen – kleine Marmorstatuetten, die selten größer als 30 cm sind und keine individuellen Züge tragen. Sie finden als Grabbeigaben auch auf Kreta häufig Verwendung. Selbst an den Gestaden Ägyptens und des Vorderen Orients legen die Minoer an. Es kommt zu einem intensiven Kulturtransfer von Ideen, Gütern und Religionen, die sich noch Jahrhunderte später in der Kultur der Griechen wiederfinden lassen, der intellektuellen Vorväter des heutigen Europa. Kreta entwickelt sich zu einem blühenden Ort, an dem es Reichtum, aber keine Kriege gibt. Keine der bekannten minoischen Siedlungen oder Paläste ist von Befestigungsanlagen umgeben.

Mit einfachen, aber effektiven Hebeltechniken errichteten die Neolithiker gigantische Megalith-Stätten wie die von Stonehenge (England).

Monströse Megalith-Anlagen

Auch im Westen Europas bahnen sich Veränderungen an – auf weithin sichtbare Weise. Entlang der Atlantikküste stellen neolithische Gesellschaften tonnenschwere Steine auf oder fügen sie zu monumentalen Architekturen zusammen. Die Megalith-Bauten entstehen. Dolmen und Ganggräber dienen den Menschen über Generationen als Grabmäler, Steinkreise, sog. Henge-Monumente und Menhire hingegen als Sternwarten, Grenzpfähle oder Kultstätten. Das Brechen, der Transport und die Aufstellung der Steine sind nur in Gemeinschaftsarbeit möglich. Schätzungen der für ein Henge-Monument aufgewandten Arbeitszeit zeigen eine interessante Steigerung. Entstehen die ersten Wallanlagen noch in 50 000 Arbeitsstunden, so arbeiten die Erbauer der letzten Phase von Stonehenge bereits 2 Mio. Stunden an ihrem gewaltigen Werk. Diese Entwicklung zeigt den steigenden Organisationsgrad der Gemeinschaften, die solche Monumente errichten können – ähnlich wie es fast zur selben Zeit in Ägypten geschieht.

Urkaiser herrschen in China

Wie in Europa herrscht auch in Fernost Aufbruchstimmung. Die neolithischen Gesellschaften Chinas vereinen sich unter den legendären Urkaisern zu ersten kleinen Reichen. Der bekannteste Herrscher, Yü, bündelt die Kräfte seines Reiches und bezwingt die Überflutungen der großen Ströme. Als Gründer der ersten chinesischen Dynastie, der Xia, dient er allen folgenden Kaisern als Vorbild. Der Sippenname Xia ist eine der ältesten Eigenbezeichnungen der Chinesen und Chinas. Die Vorstellung eines großen Reiches der Mitte ist zu dieser frühen Periode der chinesischen Geschichte noch unangebracht. Grenzen im modernen Sinne existieren nicht, die Untertanen der Urkaiser besiedeln ein Gebiet von rund 700 000 km^2 im Osten der heutigen Volksrepublik. In die Zeit der ersten Dynastien fällt auch die Entdeckung der Bronze als vielfältig verwendbares Material. Wie in Europa, Vorderasien und Nordafrika breitet sich auch in Fernost das Wissen um seine erstaunlichen Eigenschaften rasch aus. Die Bronzezeit beginnt.

Um 2040: Nach den Wirren der Ersten Zwischenzeit vereint Mentuhotep II. Ägypten und begründet das Mittlere Reich.

Um 2020: Die minoische Hochkultur auf der Mittelmeerinsel Kreta betreibt einen ausgeprägten Stierkult.

Um 2000: In England wird das Megalith-Monument Stonehenge vollendet.

1830: Der Amoniter Samuabum schwingt sich zum Herrscher auf und begründet das altbabylonische Reich.

1766: In China herrscht die erste historisch fassbare Dynastie des Landes – die Shang-Dynastie.

1750 v. Chr.

Um 2700 In der Nähe des heutigen **Petit-Chasseur** bei Sion (Sitten) im schweizerischen Kanton Wallis stellen Angehörige der Glockenbecher-Kultur aufwändig gestaltete Grabstelen aus bis zu drei Meter großen Steinblöcken her. Die Gestalten tragen teilweise reich verzierte Kopfbedeckungen, ornamentierte Oberbekleidung und Gürtel mit einem Schachbrettmuster. Auf einigen der Menhire sind Dolch und Bogen wiedergegeben.

Intensive Körperpflege betreiben neolithische Menschen in der **Bieler Seeufersiedlung** beim heutigen Sutz-Lattrigen im Kanton Bern. Für die Hygiene benutzen sie u. a. Kämme aus Schneeballholz, mit denen sie Läuse aus dem Haar entfernen und den Haarschopf glätten. Dies belegt ein aufwändig gearbeiteter Kamm, der bei Ausgrabungen geborgen wurde.

In der oberägyptischen Stadt **Abydos** am westlichen Nilufer verlagert sich die Bautätigkeit. Statt auf die Errichtung neuer Königsgräber, die seit der 1. Dynastie um 2850 v. Chr. in der Siedlung angelegt wurden, konzentrieren sich die Baumaßnahmen nun auf den Ausbau der Stadt. Abydos erhält einen Tempelbezirk und neue Stadtviertel, die von Archäologen als Residenz-, Handwerks- und Versorgungsbezirke gedeutet werden.

Um 2694 In Indien werden **Drillbohrer** verwendet. Die steinzeitlichen Geräte bestehen aus einem Bogen mit einer Saite und einem spitzen Holzstab. Beim Bohrvorgang wird die Saite des Bogens um den Bohrer gelegt und dieser durch Streichen des Bogens in Drehbewegung versetzt (Fidelbogen-Prinzip). Das stetige Reiben des Bohrkopfes höhlt – bei gleichzeitigem Druck von oben – allmählich das unter dem Bohrer liegende Material aus.

Um 2670 Weit entwickelt ist die **Kupfererzverhüttung** in Ägypten und auf Zypern. Zur Metallgewinnung wird zunächst eine Lage aus Brennmaterial in mit Lehm und Ton ausgekleidete Öfen gelegt. Anschließend schichten die Handwerker Kupfererz darüber, zünden das Holz an und gewinnen so unreines Kupfer. Dieses wird durch weitere Verhüttungsvorgänge in Spezialöfen von Unreinheiten befreit. Zuletzt sticht man das Kupfer ab und lässt es mit Hilfe von kaltem Wasser erstarren.

Um 2705–2640

Pyramide mit Stufen

Die 3. Dynastie der ägyptischen Herrscher beginnt mit Sanacht, der jedoch kaum Spuren zurücklässt. Umso augenfälliger ist die Hinterlassenschaft seines Nachfolgers Djoser. Unter dessen Herrschaft wächst die erste Pyramide Ägyptens in den Himmel. Die Stufenpyramide von Sakkara nahe Memphis ist der weltweit erste monumentale Steinbau seiner Art.

Das Unternehmen Pyramidenbau droht zunächst an bautechnischen Problemen zu scheitern. Sechsmal muss der leitende Baumeister Imhotep den Bauplan ändern, bevor mit den Arbeiten an dem Steinmonument begonnen werden kann. Auf der Grundfläche errichten die Arbeiter zunächst eine Mastaba, einen rechteckigen, flachen Grabbau, dessen Krypta in den Boden eingetieft ist. Über mehrere Erweiterungsphasen hinweg wächst schließlich die Stufenpyramide von Sakkara über dem Grab empor. Schon bei diesem frühen Großbau ist die Bearbeitung der Kalksteinblöcke von höchster handwerklicher Qualität. In einem Anbau des Grabmonuments wird eine Statue Djosers aufgestellt, die deutliche Porträtzüge aufweist. Sie gilt heute als älteste lebensgroße Steinplastik Ägyptens.

Der ganze Pyramidenbezirk misst 500 x 300 m. Die Pyramide des Djoser erhebt sich inmitten einer Gruppe von Mastabas, die allesamt aus Nilschlammziegeln errichtet sind. Zur Zeit der

Die Statue des Königs Djoser aus Sakkara

3. Dynastie sind Grabmäler aus Stein für Angehörige des Herrschergeschlechts reserviert, während sich alle anderen Bevölkerungsschichten, auch hohe Beamte und Priester, mit Grabbauten aus Lehmziegeln begnügen müssen. Die Monumentalarchitektur wird so zum Ausdruck des Machtanspruchs der Herrscher.

Sakkara wird als Totenstadt bis zum Ende des Alten Reiches um 2180 genutzt und verfällt anschließend zusehends. Eine zweite Blütezeit folgt in der Zeit des Neuen Reiches, als der König Tutanchamun um 1345 v. Chr. die königliche Residenz wieder nach Theben verlegt.

Die 69 m hohe Stufenpyramide von Sakkara ist der älteste Monumentalbau Ägyptens.

Um 2650

Händler werden penibel

Intensiver Handel macht am Nil und am Euphrat die Einführung von Maßeinheiten notwendig. Messungen und Berechnungen sind zwei Säulen, auf denen die Hochkulturen Ägyptens und Mesopotamiens ruhen. Im Zweistromland (Abb.: sumerische Rechnung über einen Hausverkauf) dienen Getreidehohlmaße als Währungseinheit. Obwohl Metall das begehrteste Tauschmittel ist, wird sein Wert in Getreidemaßen ausgedrückt. 8,4 g entsprechen einem Sekel, etwa 180 Getreidekörnern. Zur Bestimmung so genauer Maße dienen auf das Zentigramm genaue Balkenwaagen. Exaktheit gilt auch bei der Landvermessung: Nach den regelmäßigen Überschwemmungen und dem Zurückweichen der Fluten müssen die Flure stets neu vermessen werden. Dazu dienen Messschnüre und in die Erde gesteckte Pflöcke.

Um 2630

Das Geheimnis der Seide

In China werden Seidenraupen gezüchtet. Der von den Tieren produzierte Faden kann zu Textilien verwoben werden. Seide löst in der Folgezeit Leinen als meistverwendeten Stoff in China ab und wird auch zum Exportschlager – eine Jahrtausende währende Tradition beginnt.
Seide wird aus dem Kokon des Seidenspinners Bombyx mori gewonnen (s. Abb.). Die verpuppten Raupen werden eingesammelt und entweder in der Sonne getrocknet oder gekocht. Aus einem taubeneigroßen Kokon lässt sich ein Faden von bis zu 1000 m Länge gewinnen. Gegenüber pflanzlichen Fasern hat Seide den Vorteil, dass sie nicht erst zu einem Faden gesponnen werden muss, sondern sofort verwoben werden kann. Bis in die Mitte des 6. Jh. n. Chr. ist die Herstellung von Seide das am besten gehütete Geheimnis im Reich der Mitte.

Um 2640

Imhotep ist der erste Universalgelehrte der Weltgeschichte

Der ägyptische Arzt, Baumeister und Schriftsteller Imhotep (Abb.: Sitzstatue) verfasst die älteste ägyptische Weisheitslehre, die »Lehre des Imhotep«. Der Leibarzt von König Djoser geht als erster Gelehrter in die Geschichte ein.
Imhotep beginnt seine Karriere als königlicher Beamter. Als Baumeister leitet er die Arbeiten zur Errichtung von Djosers Grabmonument – der Stufenpyramide von Sakkara und den Tempeln in diesem Bezirk. König Djoser schätzt den Gelehrten nicht nur als Architekten, sondern auch als Ratgeber. Quellen berichten, dass Djoser sich wegen einer sieben Jahre währenden Hungersnot verzweifelt mit der Bitte an Imhotep gewandt habe, der Gelehrte möge ihm helfen. Auch bei nachfolgenden Generationen ist die »Lehre des Imhotep« berühmt. Heute ist keine Kopie des Werkes mehr erhalten.
Seine Leistungen verschaffen Imhotep sogar einen Platz in der ägyptischen Götterwelt. Er wird zum Schutzherrn der Schreiber, zum Heilgott, Weisen und Zauberer. Noch zur Zeit des Hellenismus wird Imhotep als Heilgott verehrt und mit Asklepios, dem griechischen Gott der Heilkunde, gleichgesetzt. Das einzige heute noch erhaltene Zeugnis von Imhoteps Leben ist an seinem größten Werk zu finden: An der Stufenpyramide von Sakkara hinterlässt der Gelehrte an einer Statue eine authentische Signatur.

Um 2700

Neuer Sonnenkalender kennt zwölf Monate zu je 30 Tagen

Ägyptische Gelehrte entwickeln den ersten Sonnenkalender, mit dem das Jahr exakt berechnet werden kann. Bislang orientierten sich die Menschen am Nil an einem Mondkalender, um die zyklisch wiederkehrenden Jahreszeiten und Klimaveränderungen vorhersagen zu können. Besonders wichtig für die ägyptischen Bauern ist die Vorhersage des Nilhochwassers, das den fruchtbaren Schlamm auf die Felder spült. Da die Überschwemmungen im Niltal regelmäßig im ungefähren Abstand von 365 Tagen eintreten, entwickelte sich im Laufe der Jahrhunderte ein Kalender auf der Basis von Mondmonaten. Dieses System kannte die drei Jahreszeiten »Überschwemmung«, »Herauskommen der Saat« und »Trockenheit«. Obwohl der Mondkalender mit elf Tagen Toleranz viel ungenauer ist als der Sonnenkalender, reichte das System für die Naturbeobachtungen aus. Doch mit der Herausbildung der ägyptischen Hochkultur muss das Kalendersystem neuen Ansprüchen genügen. Die Verwaltung des riesigen Reiches benötigt genaue Zeitangaben, die sich nicht von Region zu Region unterscheiden. Beim neuen Sonnenkalender beginnt das Jahr nun mit dem Einsetzen der Nilüberschwemmung, die mit einem astronomischen Ereignis – dem Frühaufgang des Sterns Sirius – verknüpft wird (Mitte Juli). Fortan hat das Jahr zwölf Monate zu je 30 Tagen, die drei Jahreszeiten werden beibehalten. Am Jahresende, nach 360 Tagen, werden fünf Tage angehängt. Dieses berechnete Jahr deckt sich nicht mit dem alten Naturjahr. Nur alle 1460 Jahre fallen die Jahresanfänge beider Kalender zusammen.
Trotz der neuen Berechnungsmöglichkeiten halten die Ägypter auch weiter an dem Mondkalender fest: Das Mondjahr ist für kultische Zwecke mit den kosmischen Zyklen besser vereinbar.

Um 2700

Vorfahren der Hurriter?

Auf dem Hügel von Godin in Luristan, im Westen des heutigen Iran, lassen sich Einwanderer nieder. Dank ihrer prächtigen Keramik können sie Handelskontakte zu den benachbarten Hochkulturen von Akkad und Sumer knüpfen.
Die neuen Bewohner von Godin gehören der frühtranskaukasischen Kultur an. Deren Vertreter kommen ursprünglich aus dem Gebiet des heutigen Armenien und gründen Siedlungen in der Osttürkei, im Norden des Iran und im oberen Euphrattal. An diesen Orten leben die Menschen in Rundhäusern. Die Herdstellen der Gebäude sind hufeisenförmig angelegt und mit kunstvollen Reliefs verziert. Die Kunst aus Godin ähnelt den späteren Reliefs der Hurriter. Das Bergvolk im nördlichen Mesopotamien stammt möglicherweise von den frühen Transkaukasiern ab.

Um 2700

Fixpunkt der Geschichte

In der Königsliste von Ur taucht der Name des Herrschers Mebaragesi auf. Er ist der erste fassbare König des Zweistromlandes und älteste Fixpunkt der sumerischen Geschichte. »Nachdem die Flut gekommen und das Königtum vom Himmel gestiegen war, wurde Kisch (Sitz) einer Königsdynastie«, heißt es in der Quelle. Mebaragesi, an 22. Stelle der Liste, ist der Einzige, der auch andernorts belegt werden kann (Abb.: Fürstenstatue).

Um 2600 In China und Ägypten schreiben die Menschen mit **Tinte**. Um die Tusche herzustellen, wird Sesamöl verbrannt und der anfallende Ruß mit Wasser oder einer Leimlösung verflüssigt. Auf diese Weise entsteht eine auf Papyrus unlösliche Tinte. Da die ölige Schreibflüssigkeit jedoch unangenehm riecht, wird die Lösung teilweise mit wohlriechenden Essenzen versetzt. So fügt man in China der Tinte Moschus bei. Als weiterer Zusatz wird Schildkrötenurin verwendet. Das dient dazu, die Tusche auch auf harten Materialien wie Holz oder Stein haltbar zu machen.

Ägyptische Baumeister beherrschen die Technik der **Gewölbebogen**. Erstmals wurden sie beim Bau der Pyramide von Sakkara eingesetzt. Für die Bogenkonstruktionen verwenden die Ägypter Ziegel, die nach unten keilförmig auslaufen. Sie werden aneinander gesetzt und verkantet, so dass sie sich gegenseitig abstützen. Um die Bogen zu stabilisieren, werden die Ziegellagen mit Kieseln und Schlammmörtel verbunden.

Eine bisher nur bei der Jagd von Landtieren eingesetzte Waffe wird in Ägypten zum Fischfang benutzt: die **Harpune**. Das Fanggerät der Nilfischer besteht aus zwei trennbaren Teilen: der Wurfspitze und dem Harpunenschaft. In der Spitze befindet sich ein Loch, in das ein Seil geknotet wird. Dieses wickeln die ägyptischen Fischer um den Speerschaft, sodass Spitze und Speer fest verbunden sind. Wird die Harpune geworfen, rollt sich die Schnur ab und der getroffene Fisch kann mit der Leine ans Ufer gezogen werden.

Im heutigen Ecuador in Südamerika herrscht die **Valdivia-Kultur** vor. Die prähistorischen Indianer leben in hierarchisch gegliederten Dorfgemeinschaften, die bis zu 1500 Einwohner zählen. Charakteristisch für die Siedlungen sind feste Wohnhäuser und ein zentraler Kultplatz. Die Menschen der nach dem Ort Valdivia auf der Halbinsel Sant Elena bei Guayaquil benannten Kultur betreiben neben Jagd und Fischfang auch Ackerbau. Ab 2450 v. Chr. ist der Anbau von Mais belegt.

Bei **Medum**, etwa 75 km südlich von Kairo, beginnt unter dem Pharao Huni der Bau einer riesigen Pyramide. In einer ersten Bauphase errichten die Arbeiter aus Steinblöcken ein 67 m hohes, siebenstufiges Bauwerk. Bei einer späteren Umgestaltung wird der Monumentalbau mit einem weiteren Steinmantel umgeben und auf acht Stufen vergrößert. Erst unter Snofru, dem Schwiegersohn Hunis, erhält das Bauwerk das Aussehen einer »echten« Pyramide. Der Bau wird mit Steinplatten ummantelt und erhält zudem schräge geglättete Seitenwände.

Bewohner der Stadt **Schuruppak** im heutigen mittleren Irak stellen unzählige Tontafeln her, die in Keilschrift geschriebene Schul- und Verwaltungstexte enthalten. Die Keilschrifttafeln, die teilweise auf der Rückseite mit prächtigen Tiergravuren verziert sind, wurden bei Ausgrabungen auf dem heute als Tell Fara bezeichneten Ruinenhügel geborgen. Sie gelten aufgrund ihrer detaillierten Angaben als eine wichtige Quelle für das Verständnis der sumerischen Kultur.

Im heutigen Pakistan und Indien leben Angehörige der **Harappa-Kultur** in hoch entwickelten Städten. Ausgrabungen in Harappa und Mohenjo-Daro in Pakistan ergaben, dass den städtischen Zentren ein einheitlicher Bauplan zugrunde lag. So weisen alle Städte der Harappa-Kultur eine Zitadelle mit einer rechtwinklig angelegten Unterstadt auf. Die meist mehrstöckigen Häuser besitzen einen geräumigen Innenhof. Jede Stadt verfügt über ein ausgeklügeltes Entwässerungssystem, Getreidespeicher und öffentliche Bäder.

In Mesopotamien vertreiben sich die Sumerer die Zeit mit **Brettspielen**. Die in einigen mesopotamischen Städten aufgefundenen Spielbretter bestehen aus 20 gleich großen Quadraten. Die linke Seite des Spiels bilden zwölf Spielfelder, auf der gegenüberliegenden Seite liegen nur sechs. Sie sind untereinander durch die restlichen zwei Quadrate verbunden. In der Regel sind die Brettspiele reich verziert. So ist ein in Ur geborgenes Exemplar mit blauen Edelsteinen, Muscheln und Knochen geschmückt. Fünf Felder zieren Rosetten.

Um 2600

Ein gigantisches Grabmal

Ägyptische Arbeiter und Handwerker beginnen mit der Errichtung der Cheops-Pyramide. An der Grabstätte des Pharaos Cheops arbeiten etwa 100 000 Menschen mehr als 20 Jahre lang. Das monumentale Bauwerk aus 2,3 Mio. Steinblöcken besitzt an der Basis eine Kantenlänge von 233 m, die Höhe der Pyramide misst 146,6 m und ihr Gesamtvolumen 2 521 000 m^3. In dem gigantischsten Grabmal, das je für einen Herrscher errichtet wurde, wäre Platz für die fünf größten Kirchen der Welt.

Allein aus der Epoche des Alten Reiches (2705–2225) – der Hochphase des Pyramidenbaus – sind rund 20 steinerne Pyramiden erhalten. Sie legen Zeugnis ab über die wirtschaftliche Blüte und hoch entwickelte innerstaatliche Organisation des Nillandes. Als Vorläufer entstand die Stufenpyramide von Sakkara. Dieser erste steinerne Monumentalbau Ägyptens, der als Grabstätte des Pharaos Djoser dient, hat eine rechteckige Basis, alle weiteren Pyramiden sind auf quadratischer Grundfläche erbaut.

Die Cheops-Pyramide wird offenbar nach exakten mathematischen und astronomischen Prinzipien errichtet. Ihr Grundmaß scheint ein »Pyramidenzoll« zu sein – eine Einheit, die auf einer Granittafel vor dem Eingang der Königskammer überliefert ist. 25 Pyramidenzoll ergeben einen »Pyramidenmeter« (0,635 m). Nach diesem Maß betragen die Seitenlängen der Cheops-Pyramide 365,24 Pyramidenmeter – das entspricht genau der Anzahl der Tage im Jahr. Die Grabstätte ist exakt in Nord-Süd-Richtung gebaut. Besonders die zu den Grabkammern führenden Lichtstollen lassen astronomische Bezüge erkennen. So ist die erste und unvollendete Kammer auf den

Auf dem Pyramiden-Plateau in Gizeh befinden sich auch Grabstätten von Würdenträgern und Beamten. Sie sind mit Darstellungen des täglichen Lebens und religiöser Prozeduren geschmückt.

»Regenten des Firmaments«, den Zirkumpolarstern, ausgerichtet. Diese kosmische Zuordnung geht wahrscheinlich auf den Wunsch des Pharaos zurück, nach seinem Tod von der Erde zum Himmel aufzusteigen. Die eigentliche Königsgrabkammer, deren

Wächterin der Nekropole: Die Sphinx trotzt Sandstürmen und Vandalismus – und schweigt.

ür Ägyptens Gottkaiser

Die Pyramiden von Gizeh (v. l.: Mykerinos-, Chephren- und Cheops-Pyramide)

Wände aus 100 geschliffenen schwarzen Granitblöcken bestehen, liegt fast exakt unter der Spitze der monumentalen Pyramide. Die Nekropole von Gizeh komplettieren die kleineren Pyramiden der Pharaonen Chephren und Mykerinos, in unmittelbarer Nachbarschaft des Cheops-Grabmals.

Die Sphinx von Gizeh: Rätselhafte Hüterin der Gräber

Am Ende der Prozessionsrampe, die zur Pyramide von Chephren führt, bewacht die Sphinx den gesamten Gräberkomplex. Das 74 m lange und 20 m hohe Fabeltier – ein Löwenleib mit einem Herrscherantlitz – ist um 2600 v. Chr. von den Baumeistern des Chephren aus einem natürlichen Kalksteinhügel geschlagen worden. Der kompakte Fels konnte nicht zum Bau der Pyramiden verwendet werden, sodass der Gedanke nahe lag, ihn als Ausgangsmaterial für eine Statue zu benutzen. Zusammen mit den Pyramiden von Gizeh zählt die Sphinx zu den eindrucksvollsten Denkmälern der frühen ägyptischen Kunst.

Das Monument war ursprünglich mit farbigem Putz überzogen, von dem heute allenfalls noch Spuren vorhanden sind. Die dem Alten Reich (2705–2225) folgenden Generationen sehen in der Sphinx den Gott »Horus im Horizont«, den die Griechen Harmachis benannten. Eine konkurrierende Lehrmeinung geht davon aus, dass die Planung der Sphinx nicht auf Chephren, sondern bereits auf Cheops zurückgeht.

Kopffragment des Chephren, nach dem die Sphinx gestaltet sein soll.

Eine der häufigsten ungeklärten Fragen, die im Zusammenhang mit der Sphinx diskutiert werden, bezieht sich auf deren fehlende Nase. Vielfach wurden Napoleons Truppen verdächtigt, den Kopf als Übungsziel für ihre Artillerie missbraucht zu haben. Mittlerweile ist allerdings bekannt, dass die Verunstaltung bereits auf frühen Zeichnungen aus dem 14. oder 15. Jh. n. Chr. festgehalten wurde. Zwar wissen die Forscher noch nicht, warum die Sphinx verstümmelt wurde, aber sie können rekonstruieren, wie es geschah: Eisenstangen wurden zunächst in den oberen Bereich der Nase und unter das rechte Nasenloch getrieben, dann der Fels weggestemmt.

Zu Füßen der Sphinx liegt der Taltempel Chephrens, an dessen Ostseite sich ein doppelter Eingang befindet, der von zwei Sphingenpaaren bewacht wird. Das Bauwerk ist der besterhaltene Tempel der 4. Dynastie.

Um 2600

Steinzeitjapaner jagen Wale

Die älteste und dauerhafteste Kultur Japans ist die Jomon-Kultur (siehe S. 38). In der mittleren Jomon-Phase um 2600 v. Chr. verändert sich das Leben der frühen Japaner, die Jomon-Kultur tritt in ihre Blütezeit ein. Die auffallendste Neuerung ist die Hochseefischerei. Fortschrittliche Techniken im Schiffsbau ermöglichen den Jomon-Leuten eine intensive Meereswirtschaft. Dazu trägt auch die Erfindung der Knebelharpune bei. Beim Eindringen dieser Waffe in ein Beutetier stellt sich die Spitze quer und verankert sich damit auch in großen Meeressäugern. Dadurch wird u. a. die Jagd auf Wale ermöglicht.

Etwa zur gleichen Zeit taucht eine neue Keramikart in Japan auf. Die so genannten Flammenstilgefäße besitzen nach dem Trocknen aufgebrachte üppige Tonwülste und gelochte Henkel. Der gesamte Gefäßkörper ist mit unterbrochenen Applikationen verziert, die Spiralen oder Schnecken darstellen. Die Keramik ist überwiegend rotgebrannt. In der späten Jomon-Phase kommt schwarzgebrannte und mit Lack überzogene Irdenware hinzu.

Die Bevölkerungsdichte nimmt im Mittel-Jomon drastisch zu. In Zentraljapan leben zur Blütezeit der Kultur etwa 300 Menschen auf 100 km^2 – ein Ballungsraum der Jungsteinzeit. Nach etwa 1000 Jahren nimmt die Bevölkerungszahl wieder ab. Zu diesem Zeitpunkt hat die frühjapanische Kultur ihren Zenit bereits überschritten.

Um 2600

Frühminoische Kultur auf Kreta

Auf Kreta hält mit der minoischen Kultur die Bronzezeit in Europa Einzug. Ihr Kennzeichen ist der Gebrauch von Bronze als wichtigster Werkstoff für Waffen, Geräte und Schmuck. Die Phasen dieser Kultur auf Kreta werden anhand ihrer Keramiktypen unterschieden (Abb.: frühminoische Töpferscheibe und Gefäß). Die frühminoische Zeit kennt

bereits mehrfarbig bemalte Irdenware wie Schnabelkannen oder Gefäße aus Kalkstein. Die Goldschmiede dieser Zeit stellen kostbaren Schmuck her. Große Rundgräber dienen als Ruhestätten für die Toten. Unter den Grabbeigaben sind Tiergefäße aus Ton bemerkenswert, die auf einen Stierkult bereits in frühminoischer Zeit hinweisen.

Gesellschaft im alten Ägypten

*Der **Nil** mit seinen Flut- und Trockenzeiten bestimmt den Rhythmus von Aussaat und Ernte im alten Ägypten – und schafft hervorragende Arbeitsbedingungen. Im September, wenn sich die alljährlichen Nilfluten nach und nach zurückziehen, bleibt lockere, halbflüssige Erde zurück. Dann säen die Bauern im Nildelta aus und treiben anschließend ihre Herden über den Acker. Das genügt, um die Körner in den Boden einzustampfen. Ist der Boden dagegen schon wieder abgetrocknet, müssen die Bauern mit Hacke und Pflug selbst Hand anlegen.*

Bauern bewirtschaften Felder, Handwerker verarbeiten Rohstoffe, Beamte und Priester sind für die weltliche und geistliche Verwaltung des Reiches zuständig und über allem thront der Gottkönig, der Pharao. An der Gesellschaftsordnung des alten Ägypten zeichnet sich erstmals eine differenzierte soziale Schichtung ab.

Die Basis der ägyptischen Gesellschaft bildet das einfache Volk. Viehhirten und Bauern versorgen das Land mit Nahrung. Sie sind die Untergebenen oder Leibeigenen von Gutsherren, die den Viehbestand und Ernteertrag regelmäßig kontrollieren. Welche Bedeutung der Viehzucht beigemessen wird, zeigt der große Beamtenapparat, der zur Verwaltung der Fleischreserven des Landes eingesetzt wird. Das Handwerk bringt eine Vielzahl neuer Erfindungen hervor. Goldschmiede fertigen die ersten Zahnspangen an, aus Brauereien fließen Ströme von Bier, die Drehbank und die Kunst der Glasherstellung haben im Niltal ihre Anfänge. Sklaven gibt es in den frühen ägyptischen Reichen noch nicht. Alle notwendigen Gemeinschaftsarbeiten wie Damm-, Kanal- und Pyramidenbauten werden von der Bevölkerung geleistet. Erst im Mittleren Reich (1987–1640) werden im großen Stil Kriegsgefangene zu Sklaven gemacht.

Lesen und Schreiben – ein Adelsprivileg

Über die Unterschicht aus leibeigenen Bauern und Handwerkern herrscht der Adel. Angehörige der Oberschicht schlagen Karrieren als Schreiber oder Beamte ein, werden Priester oder dienen in der Armee. Voraussetzung für die meisten dieser Berufe sind Kenntnisse in Lesen und Schreiben. Kinder beginnen zum Teil schon mit zwölf Jahren die Beamtenlaufbahn. Auch Soldaten werden bereits in jungen Jahren rekrutiert. Doch das

Frauen tragen Opfergaben auf den Köpfen.

Heer, ägyptisch »mescha«, wird zur Zeit des Alten Reiches noch klein gehalten und nur im Kriegsfall mit Männern aus der Bevölkerung verstärkt. Auch die Priesterschaft ist zu Beginn der altägyptischen Geschichte noch unbedeutend. Erst im Neuen Reich (1540–1075) bildet sich durch den Machtzuwachs der Tempel in der 18. Dynastie eine große Schicht religiöser Oberhäupter heraus.

Die Datierung einzelner Epochen der ägyptischen Geschichte ist bis heute nicht vereinheitlicht worden. Für die Daten des Alten Reiches sowie der frühdynastischen Zeit muss daher in einzelnen Nachschlagewerken mit Abweichungen von mindestens 50 Jahren gegenüber den Angaben in der folgenden Übersicht gerechnet werden (Quelle: Ausstellungsführer des Ägyptischen Museums in Berlin, 1989)

Vorgeschichtliche Zeit:
Um 5500–3000

Frühdynastische Zeit:
2965–2705

Altes Reich:
2705–2225

Erste Zwischenzeit:
2180–1987 v. Chr.

Mittleres Reich:
1987–1640 v. Chr.

Zweite Zwischenzeit:
1640–1540 v. Chr.

Neues Reich:
1540–1075 v. Chr.

Dritte Zwischenzeit:
1075–716 v. Chr.

Spätzeit:
716–332 v. Chr.

Griechisch-römische Zeit:
332 v. Chr. – 395 n. Chr.

Im Fokus

Pyramidenarbeiter in Gizeh: Wie man ein Weltwunder baut

Kolonnen von 20 000 Männern mühen sich Tag für Tag im Glutofen Ägyptens ab, um das mächtigste Grabmal der Welt zu bauen: die Cheops-Pyramide. Als Baumaterial für die Pyramiden verwenden die Ägypter gewaltige Steinblöcke und

Versorgung der Arbeiter mit Fleisch: Eine Kuh wird geschlachtet und gehäutet.

Megalithe von bis zu 200 t Gewicht. Der zur Oberflächenverkleidung benutzte Nummuliten-Kalkstein stammt aus den großen Steinbrüchen des Mokattam-Gebirges bei Kairo. Am östlichen Nilufer abgebaut, wird er auf Lastensegler verladen und schließlich nach Gizeh transportiert. Auch die Werkzeuge, die zur Bearbeitung des Materials benutzt werden, sind bereits fortschrittlich. Die Bauarbeiter verwenden Säge, Hammer und Meißel sowie einen Bohrer aus Kupfer. Mit Kugeln aus Dolerit, einem harten, grünfarbenen Mineral aus der Wüste östlich des Roten Meeres, schlagen die Arbeiter den Stein so lange auf eine vorher markierte Stelle, bis er auseinander bricht. Auf jedem der für den Bau gefertigten Steinblöcke ist in ockerfarbenen Schriftzeichen vermerkt, für welche Stelle der Pyramide er bestimmt ist. Während der Jahrzehnte dauernden Bauzeit leben drei Generationen professioneller Handwerker und Arbeiter in Gizeh: Tischler und Bildhauer, Maler und Schreiber, Bäcker und Metzger. Neben den Pyramiden entsteht eine ganze Stadt für Hilfsarbeiter und Spezialisten. Die Männer und Frauen, die am Pyramidenbau arbeiten, sind mit militärischer Ordnung in Brigaden organisiert. Ein straff gegliederter Verwaltungsapparat steht hinter dem Bauprojekt. Täglich kommen neue Arbeitskolonnen und Warenlieferungen an und müssen verteilt werden. Ein nicht endender Menschenstrom wogt zwischen Baustelle und Arbeiterstadt hin und her. Über die Höhe des Lohns, den ein Mann bekommt, der den ganzen Tag riesige Kalksteinblöcke auf Holzschlitten lädt und sie mit anderen über Rampen zieht, berichtet etwa der Richter und Priester Kai in einer Schrifttafel: »Ich entlohnte sie mit Bier und Brot und ließ sie schwören, dass sie zufrieden waren.«

Der König ist oberster Herrscher des Reiches und zugleich Bindeglied zwischen Menschen- und Götterwelt. Götter wie Könige unterliegen der »Maat«, dem Ordnungsprinzip der Schöpfung. Wichtigste Aufgabe des Königs ist es, die »Maat« auf Erden zu verwirklichen. Der Herrscher ist theoretisch der einzige Handlungsträger des Staates, auch wenn er viele Aufgaben an Beamte, Handwerker und Bauern delegiert. Wer sich dem Willen des Königs widersetzt, muss deshalb mit drastischen Strafen rechnen – bis hin zur Grablosigkeit, die nach dem Glauben der Ägypter dem Verstorbenen die Möglichkeit des Weiterlebens nach dem Tode nimmt.

Ein Gott für alle Fälle

Die vielfältige Differenzierung der ägyptischen Gesellschaft spiegelt sich in der Götterwelt wider. Das Pantheon Ägyptens kennt bis zu 70 verschiedene Götter, von denen jeder einen anderen Zuständigkeitsbereich einnimmt. Zu Beginn der ägyptischen Kulturgeschichte sind alle überirdischen Wesen noch Tiergötter – ein Charakteristikum, wie es in vielen vorgeschichtlichen Kulturen auftritt. Doch schon zu Beginn des Alten Reiches haben fast alle Götter menschliche Züge. Einige tragen noch Tierköpfe, manche behalten Tierattribute, die an ihre archaische Vergangenheit erinnern. Verschiedene Götter besitzen einen universalen Charakter, weil sie mit keinem speziellen Kultort verknüpft sind. Andere sind so genannte Ortsgötter, die nur an besonderen Orten verehrt werden dürfen. Oberste Gottheit ist Re, der Vogelköpfige. Er ist Sonnengott und Weltenschöpfer und wird auch mit Autun, dem Gott des Universums, verglichen. Von Autun stammen die Zwillinge Schu (die Luft) und Tefnut (das Wasser) ab. Sie wiederum zeugen Nut (der Himmel) und Geb (die Erde). Die Kinder von Nut und Geb sind Seth (die Dürre), Isis (das Fruchtland), Osiris (das Überschwemmungswasser) und Netphys (die Wüste). Sohn von Isis und Osiris ist der Falkengott Horus, der einst Herr über Ägypten war. Seine Augen sind Sonne und Mond, er ist Herr über den Himmel und die Gestirne. Während der Zeit ihrer Regentschaft verkörpern die Pharaonen Horus, nach ihrem Tod nehmen sie die Gestalt von Osiris an.

Der schakalköpfige Anubis wird von den Ägyptern als Totengott verehrt (Grab von Haremhab im Tal der Könige).

Pharao Amenophis IV. (1353–1336), besser bekannt als Echnaton, erhebt den Gott Aton über alle anderen Götter. Folgende Hymne an Aton, dessen Symbol die Sonnenscheibe ist, wurde möglicherweise von Echnaton selbst verfasst:

»Du erscheinst in vollkommener Schönheit am Himmel ... Du lebendige Sonne, die Leben zuweist ... Du einziger Gott ohnegleichen! Du hast die Erde erschaffen nach Deinen Vorstellungen ... Du wohnst in meinem Herzen und niemand kennt Dich außer Deinem Sohn.«

Vielfach lehnen sich weltliche Angelegenheiten des ägyptischen Alltags an Götterlegenden an. So ist der Brauch des Mumifizierens auf den Osiriskult zurückzuführen. Der Legende nach waren Osiris und Isis Mann und Frau. Als Osiris starb, fand Isis den zerstückelten Leichnam ihres Mannes, band die Körperteile wieder zusammen und hauchte ihnen dank ihrer Zauberkraft neues Leben ein. Seither ist Osiris nicht nur Herrscher des Nils, sondern auch der Unterwelt, wo er über die Toten zu Gericht sitzt.

Im Reich der Pharaonen sind ***Katzen*** *heilige Tiere. Der Kult um sie hat eine mystische Seite – und eine sehr praktische. Katzen wurden im alten Ägypten seit der Zeit des Pharaos Tutanchamun (1332–1323) verehrt. Die Katzengöttin Bastet, die mit dem Sonnengott Re vermählt war, hatte die Aufgabe, als Mondkatze bei Nacht die Sonne zu bewachen und den Todfeind der Sonne, die Schlange der Finsternis, zu bekämpfen. Gleichzeitig galt die Katze als Hüterin des himmlischen Korns: Im Nilreich erkannte man schnell die besonderen Vorzüge der Katze. Sie half, die von den Kornkammern angelockten Mäuse und Ratten zu vertreiben. Wer eine Katze tötete oder aus dem Land schmuggelte, wurde mit dem Tod bestraft. Auf eigens angelegten Friedhöfen wurden Katzen wie Familienmitglieder bestattet: Als Grabbeigaben fand man einbalsamierte Mäuse.*

Der Sonnengott Re reist auf einem Schiff durch die Unterwelt. Er wird von einer Reihe niederer Götter begleitet.

Um 2550 Bei Dahschur, etwa 25 km nördlich von Kairo, lässt der ägyptische Pharao Snofru die gut 100 m hohe **Knickpyramide** erbauen. Ihre Seitenlänge beträgt an der Basis knapp 190 m, auf Höhe des Knicks rund 124 m. In dem aus Steinblöcken errichteten Bauwerk wurden bislang zwei miteinander verbundene Grabkammern entdeckt. Zwei Schächte im Norden und Westen führen zu den Räumen. Ihren Namen verdankt die Pyramide einem auf halber Höhe des Baus befindlichen Knick. Hier ändert sich der Neigungswinkel der glatten Wände von 55° zu 43°. Neuere Bauuntersuchungen ergaben, dass der Winkel aufgrund statischer Überlegungen verändert wurde.

In der Grabarchitektur entwickeln ägyptische Baumeister neue Ausdrucksformen. Im Umfeld der pyramidalen Großbauten entstehen auf den Gräberfeldern erstmals von **Säulen** getragene Totentempel. Die quadratischen Steinstützen sind zunächst als einfache Architekturglieder gearbeitet, die weder Kapitelle noch eine Basis besitzen. Als Vorbild der ägyptischen Säule dienten vermutlich Zeltstangen.

In China geraten die wohl aus dem Altai-Gebirge in der südwestlichen Mongolei eingewanderten **Thaistämme** unter zunehmenden Druck der chinesischen Bevölkerung. Durch die von Kaiser Huangdi um 2700 v. Chr. eingeleiteten Eroberungskriege leben nur noch kleine Gruppen der Thais in den fruchtbaren Ebenen am Jangtsekiang. Große Teile der Thaistämme sind bereits zuvor nach Süden abgewandert.

Um 2570

Privates Land im Nildelta

Hohe Beamte des ägyptischen Reiches werden mit Gütern belehnt. Die Ländereien liegen zum großen Teil im Nildelta-Gebiet Unterägyptens und sind weiträumig verstreut (Abb.: Landvermesser vermessen ein Kornfeld; ägyptische Malerei aus der 18. Dynastie, 15. Jh. v. Chr.). Diese Bodenprivatisierung belegen die Berichte aus der Kultkammer des Domänenverwalters Meten, der in der Totenstadt Sakkara bestattet liegt.

Mit der Belehnung verfolgt Pharao Snofru vermutlich das Ziel, zusammenhängende Liegenschaften und damit eine Machtkonzentration seiner Beamten zu vermeiden. Die erste belegbare Privatisierung der Geschichte birgt noch einen

weiteren Vorteil: Die Lehen garantieren, dass bislang unkultiviertes Land im Nildelta bearbeitet und fruchtbar gemacht wird.

Um 2550

Totenverehrung am Nil

Die Grabskulpturen von Rahotep und Nofret sind aus Kalkstein. Die Bemalung blieb erhalten.

Der ägyptische General Rahotep und seine Gemahlin Nofret werden mit reichen Grabbeigaben in einer Mastaba, einem flachen Grabbau, bestattet. Das Grab des Rahotep in der Medum-Pyramide südlich von Kairo ist eines der frühen Beispiele für den prachtvollen Totenkult im alten Ägypten.

Rahotep und Nofret sind nicht mumifiziert. Die Technik der Leichenkonservierung ist zur Zeit des Alten Reiches noch nicht weit fortgeschritten. Stattdessen werden jedem der beiden als Angehörigen hoher gesellschaftlicher Schichten Statuen mit ins Grab gegeben, in denen sich ihre Züge bewahren. Die Plastiken des Rahotep und der Nofret, heute im Ägyptischen Museum von Kairo aufbewahrt, werden in einer Nische der Mastaba eingemauert. Durch ein Loch in der Wand sollen sie als weltliche Statthalter der Toten Speisen annehmen, wobei Weihrauch, den man in den unterirdischen Vorratsräumen ausgelegt hat, für Wohlgerüche sorgt.

Die Ton- bzw. Kalkstein-Grabfiguren präsentieren sich im typischen Stil des Alten Reiches. Der Mann trägt einen kurzen Lendenschurz sowie Körperschmuck (Halsketten etc.) und ist rotbraun bemalt. Die Frau erscheint in einem Gewand mit übergeworfenem Mantel, ihre Haut zeigt einen gelblichen Ton. Unabhängig davon, in welchem Lebensalter die Abgebildeten in dieser Epoche zum Zeitpunkt ihres Todes standen – stets werden sie in einem zeitlosen Idealalter dargestellt. Kinder- und Altersbildnisse fehlen gänzlich.

Das Grab des Rahotep steht am Beginn einer neuen ägyptischen Begräbnistradition. Zur Zeit der 5. Dynastie (2520–2360) entstehen immer mehr Privatgräber mit reicher Ausstattung. Bunt bemalte Säulen und Reliefs schmücken die letzte Ruhestätte der Verstorbenen mit heiterer Farbigkeit. Die Wände der Mastabas sind mit Szenen bemalt, die weltliche Vergnügungen darstellen: Segeln, Jagd und Feste. Während der 6. Dynastie (2360–2195) begleiten ganze Figurengruppen den Toten ins Jenseits: Tonplastiken der gesamten Familie sowie eine große Dienerschaft, die den Herrn im Totenreich mit allem Nötigen versorgen soll.

Um 2570

Medum-Pyramide vollendet

Unter der Regierung von Pharao Snofru wird der Bau der Medum-Pyramide (s. Abb.) fertig gestellt, der unter Huni, dem letzten Herrscher der 3. Dynastie, begonnen wurde. Das Grabmal von Medum, etwa 85 km südlich von Kairo, hat eine ungewöhnliche Baugeschichte. Als siebenstufige Pyramide begonnen, wurde es später zu einer achtstufigen Konstruktion umgestaltet. Schließlich entschied sich der Bauherr, die Stufen zu verfüllen: Die erste Pyramide mit glatten Wänden entstand. Das Monument weist allerdings bauliche Mängel auf. Unerfahrenheit in der Baukunst und wohl häufig geänderte Pläne führen zu einem instabilen Gerüst. Die geglätteten Verkleidungssteine bieten nicht genügend Halt für die später eingesetzten Füllsteine. Für die äußere Verkleidung greift man auf eine falsche Schichttechnik. zurück. Schließlich geben die vier äußeren Stützmauern nach und die Verkleidung rutscht weg. Heute ist nur noch der Stufenkern der Pyramide sichtbar.

Im Glauben der Ägypter leben die Verstorbenen im Jenseits fort. Nicht nur die Seele, auch der Körper zieht ein in das Totenreich, um sein Leben dort fortzusetzen. Deswegen ist es wichtig, dem Vestorbenen materielle Güter wie Möbel, Waffen oder Schmuck mit auf den Weg in das nächste Leben mitzugeben. Sind die Wertgegenstände aufgebraucht oder im Grab verrottet, werden von Verwandten oder Priestern umgehend neue bereitgestellt. Diese Form der Unsterblichkeit ist zu Beginn der ägyptischen Reichsgeschichte nur dem König vorbehalten. Dem ägyptischen Glauben nach steigt der Herrscher nach seinem Ableben in die Welt der Götter auf und vereinigt sich mit ihnen. Der Sage nach nimmt er die Gestalt von Osiris an, des ersten wieder auferstandenen Toten der ägyptischen Geschichte.
Doch das Leben im Jenseits bietet nicht nur paradiesische Verhältnisse nach vorausgegangener weltlicher Mühsal. Überall lauern Gefahren. Schon zu Beginn der Reise steht das Totengericht, häufig auf Papyri dargestellt. Zentrales Motiv ist hier die Wägeszene, in der das Herz des Verstorbenen gegen die Maat, die ägyptische Vorstellung der rechten Ordnung, abgewogen wird. Sind Herz und Maat im Gleichgewicht, hat der Tote die Prüfung bestanden und darf ins Totenreich eingehen. Wer die Prüfung nicht besteht, wird von der Fresserin, einem monströsen weiblichen Mischwesen, verschlungen. Im Jenseits angekommen, muss der Tote in der Lage sein, die Unterwelt zu bereisen. Davon zeugen Grabinschriften, die davon sprechen, dass die Verstorbenen »auf den schönen Wegen des Westens (des Totenreichs) wandeln«.
Der Erhalt des Körpers bereitet den ägyptischen Gelehrten noch Probleme. Die später zur Perfektion gebrachte Technik der Mumifizierung ist in der Mitte des 3. Jt. v.Chr. noch weitgehend unbekannt. Vorbild für die Entwicklung der Leichenbalsamierung ist die Natur. Vor Entstehung der Grabkulte bestatteten die Bewohner des Niltals ihre Toten im Sand der Sahara. Das trockene Klima entzog den Leichen alle Flüssigkeit und dörrte sie aus. Haut und Haar blieben zurück. Die Wüstenmumien inspirierten Priester und Gelehrte des Alten Reiches, nach Mitteln der Mumifizierung zu suchen. Den Höhepunkt dieser Konservierungskunst erlebt Ägypten erst zur Zeit des Neuen Reiches (1540–1075).

2528–2520

Die Söhne des Re – Pharaonenkult um Ägyptens Sonnengott

Pharao Radjedef (auch: Djedefre) trägt während seiner Regierungszeit erstmals den Zusatz »Sohn des Re« im Namen – Zeichen für die wachsende Bedeutung des Kultes um Re, den Sonnengott. Im Glauben der Ägypter wird der Sonnengott jeden Morgen neu geboren. Er überquert den Himmel in einem Sonnenboot, dann altert er, stirbt und reist während der Nacht in einem Zyklus der Wiedergeburt durch die Unterwelt. Bei seiner Reise durch die Nacht wird der Sonnengott auf seinem Boot von Gottheiten begleitet, die meist Personifikationen seiner Wesenszüge sind und Namen wie »magische Macht« oder »Erkenntnis« tragen. Die Einführung des Titels »Sohn des Re« verdeutlicht die traditionelle Verbindung zwischen Sonne und Pharao (Abb.: Anbetung des Sonnengottes Re, der mit Falkenkopf und Sonnenscheibe dargestellt ist; Malerei aus dem Grab des Rahotep).

Auch Radjedef lässt eine Pyramide erbauen. Er wählt einen Ort beim heutigen Abu Roasch, westlich von Kairo, für sein Grabmonument aus. Da der Herrscher nur acht Jahre regiert, bleibt nicht genug Zeit, seinen Pyramidenbezirk vollständig auszubauen. Dennoch werden einige außergewöhnliche Statuen in Abu Roasch aufgestellt, darunter eine Plastik des Königs mit seiner Frau. Chentetka, die Königin, kniet vor ihrem Mann und hält sein Bein umfasst. Dieses Motiv wird später in den Bereich der Privatstatuen übernommen. In der königlichen Plastik ist es einmalig.

Um 2510

Fortschritt in der Hygiene: WC und erste Abwasserkanäle

In den Städten Mesopotamiens und der Indus-Kultur sind Kanalisationen bekannt, die für die nötige Hygiene in Ballungsgebieten sorgen. Das Entwässerungssystem in den sumerischen Städten besteht aus Hauptkanälen, die von Seitenkanälen gespeist werden. In jedem Haus kann Unrat durch ein Loch entsorgt werden, das an die Seitenkanäle angeschlossen ist. In einigen Fällen ist auch schon das Wasserklosett belegt. Die Abläufe haben ein leichtes Gefälle, um die Abwässer rasch zu den Hauptarmen der Kanalisation zu leiten. Die Kanalisation mündet in Sickergruben oder in einen Fluss. Meist sind die Kanäle aus Tonröhren zusammengesetzt oder aus gebrannten Ziegeln gemauert. Rechteckige Ziegelplatten decken die eingetieften Kanäle ab. Die Hauptkanäle verlaufen unter den gepflasterten Straßen und sind zum Teil als Tonnengewölbe gebaut.
Auch schriftliche Quellen belegen die Existenz von Abwasserkanälen zu dieser Zeit. Als der legendäre Held Akkads, Asuschu-namir, die Göttin Ischtar aus der Unterwelt befreien will, verflucht ihn die Königin der Hölle mit den Worten: »Der Bodensatz der Stadtkanalisation wird deine Nahrung sein und in der Abtrittgrube der Stadt wirst du deinen Durst löschen.«

Um 2500 Das in der frühen Bronzezeit an der Westküste der heutigen Türkei entstandene **Troja** entwickelt sich zu einem Fürsten- bzw. Königssitz. Das Siedlungsgebiet wird auf etwa 8000 m² erweitert und durch eine Befestigungsanlage geschützt. Der Mauerring, dessen Durchmesser 120 m beträgt, wird aus Bruchsteinen errichtet, die von einem Aufbau aus Lehmziegeln überbaut werden. Über zwei Tore im Südosten und Südwesten des Rings gelangt man in das Innere der Stadtanlage. Ausgrabungen auf dem heutigen Ruinenhügel Hissarlik ergaben, dass diese Stadtanlage, als Fundschicht Troja II bezeichnet, um 2300 v. Chr. einem Großbrand zum Opfer fiel.

Zu den ältesten chemischen Produkten zählt die **Seife**. In mesopotamischen Städten entdeckte Keilschrifttafeln berichten, dass die Sumerer zu dieser Zeit aus Holzasche und Öl eine seifenartige Substanz herstellen. Ferner enthalten die Tontafeln Angaben zum Waschen und zum Walken (Verdichten bzw. Verfilzen) von Wolltextilien. Neben den reinigenden Kräften schätzen die Sumerer an der Seife auch ihre medizinische Wirkung: Sie wird als Salbe bei der Behandlung von Wunden aufgelegt.

In der Hafenstadt **Byblos**, dem heutigen etwa 30 km nördlich von Beirut gelegenen Djubai, entsteht eine Kolonie ägyptischer Kaufleute. Ziel der Niederlassung ist es, den Handel mit Ägypten besser zu kontrollieren. Byblos ist ein wichtiger Exporthafen für den im Vorderen Orient so wichtigen Rohstoff Holz. Von hier werden die im Libanongebirge wachsenden Zedern nach Mesopotamien und Ägypten verschifft. In den Zielgebieten wird das Zedernholz als Baumaterial eingesetzt. So fanden Archäologen 1954 neben der Cheopspyramide von Gizeh ein aus libanesischem Zedernholz erbautes Schiff.

In China wird neben Kupfer auch **Bronze** zur Herstellung von Geräten verwendet. Den Übergang von der so genannten Kupferzeit zur Bronzezeit dokumentieren Bronzegefäße, die in einigen chinesischen Siedlungen gefunden wurden, darunter Schalen und Becher.

In Mesopotamien erlangt die Stadt **Nippur**, heute der Ruinenhügel Nuffar im Irak, eine wichtige Stellung. Ihren Bedeutungszuwachs verdankt Nippur dem Ekur, dem Heiligtum des Gottes Enil (sumerisch »Herr Wind«). Ab der Mitte des 3. Jt. steigt Enil innerhalb der sumerischen Götterwelt zum bedeutendsten Gott auf. Im Kampf der Städte bzw. Stadtstaaten um die Vormachtstellung in Mesopotamien wird der Gott zum Machtfaktor. Um ihre Herrschaft zu legitimieren, berufen sich die jeweiligen Könige im Gebiet des Zweistromlands auf Enil.

Um 2500

Mohenjo-Daro – Metropole der ersten indischen Hochkultur

Auf dem Gebiet des heutigen Pakistan entsteht mit der Indus-Kultur neben der ägyptischen und der mesopotamischen eine weitere Hochkultur. Eine ihrer größten Siedlungen ist Mohenjo-Daro, das heute zum Weltkulturerbe zählt.

Die Stadt ist nach einem schachbrettartigen Plan errichtet. Breite, gerade Straßen bilden zwölf rechteckige Stadtviertel. Die aus Ziegelmauerwerk errichteten Wohnhäuser gruppieren sich um Innenhöfe, manche Wohnungen sind mit Badezimmern und Toiletten ausgestattet. Im Westen wird Mohenjo-Daro von einer befestigten Zitadelle (s. Abb. oben) überragt, die sich auf einem elf Meter hohen, aus Lehmziegeln aufgeschichteten Hügel erhebt. Sie ist vermutlich der Sitz von Priesterkönigen. Die Metropole am rechten Ufer des Indus ist 800 Jahre lang das Herz der Indus-Kultur. Um 1700 v. Chr. setzt ihr Verfall ein.

Um 2500

Die Wasser des Nil regulieren den Pulsschlag eines Großreiches

Der Nil ist die Lebensader der ägyptischen Hochkultur (Abb.: Votivstatuette von Satis-Sothis, der Göttin der Nilüberschwemmung). Die ansteigenden und absinkenden Wasserpegel geben den Jahresrhythmus der Landwirtschaft vor.

Ohne den Nil wäre Landwirtschaft in Ägypten unmöglich, denn die Regenmenge ist mit 100 bis 200 mm im Jahr so gering, dass sämtliches Korn verdorren würde. Der Strom allein versorgt die Felder mit dem nötigen Wasser. Im Juli schmilzt der Schnee im Hochland Abessiniens. Das Schmelzwasser lässt den Nil ansteigen, bis er über die Ufer tritt und das gesamte Tal mitsamt Delta überschwemmt. Die Anrainer halten das herangespülte Wasser in großen Staubecken zurück und leiten es durch ein dichtes Netz von Kanälen auf die Felder. Die Uferstreifen des Nil werden bis zu einem gewissen Grad eingeebnet und bilden bei Hochwasser eine Reihe von Becken mit beträchtlichen Ausmaßen. Es kommt zur Ausprägung von Terrassen, die vom oberen Niltal zur Mündung hin abfallen. So entsteht ein Gefälle, das von Assuan bis zur Mittelmeerküste 85 m beträgt. Ebenso wichtig wie das Wasser ist der Schlamm, der mit den Jahresfluten auf das Land gespült wird. Er enthält wichtige Nährstoffe für das Wachstum der Saatpflanzen. Zudem spült das Hochwasser die für das Wachstum schädlichen Salze aus dem Boden. Die wichtigsten Anbaupflanzen sind Emmer und Gerste. Daneben gibt es Hülsenfrüchte wie Linsen und Kichererbsen sowie Gemüse wie Lattich, Zwiebeln und Knochblauch aber auch Dattelfrüchte.

Nachteilig wirkt sich die Nilflut auf das Leben im Tal aus. Die Hütten der Bauern bestehen aus ungebrannten Lehmziegeln, die dem Wasser nicht lange standhalten können. Ziehen sich die Fluten zurück, müssen Zehntausende mit dem Wiederaufbau ihrer Behausungen beginnen. Spätestens im Oktober sind die letzten Anzeichen des Hochwassers verschwunden. Heute sind die Auswirkungen der Nilflut kaum noch zu sehen.

Um 2500

Die prunkvollen Gräber von Ur

In Ur, der großen Sumererstadt in Südmesopotamien, liegt ein Friedhof mit über 1000 Grabstätten. Die meisten entstanden in frühdynastischer Zeit (2600–2500). 17 von ihnen wurden mit besonders reichen Beigaben ausgestattet. Durchweg höher gestellte Personen fanden hier ihre letzte Ruhestätte, weshalb man später dafür den Namen Königsgräber prägte.
Die Grabstätten befinden sich an einem Ort, der bereits seit dem 5. Jt. als Friedhof genutzt wird. Hier entstehen zehn gemauerte Grüfte sowie sieben Gruben ohne Grüfte. Zwischen den Gräbern wird noch genügend Raum für Begräbniszeremonien freigelassen. Eine Rampe führt in die unterirdische Anlage hinab und dient dazu, prunkvolle Beigaben wie Wagen und Zugtiere in die Gruft zu transportieren. Weitere Gräber liegen außerhalb der Grabkammern. In ihnen wird das Gefolge bestattet, das die verstorbenen Herrscher in den Tod begleiten muss. Dienerinnen mit reichem Schmuck und Musikinstrumenten sowie Soldaten in Waffen und Rüstung werden geopfert. Die Gefolgschaft wird nicht gewaltsam getötet, sondern vergiftet sich, so dass die Körper für das Leben im Jenseits unversehrt bleiben. Insgesamt werden in den Königsgräbern 74 Menschen zur Ruhe gebettet. Noch Jahrzehnte nach der letzten Königsbestattung ist der Ort heilig. Über den Gräbern zelebrieren die Bewohner von Ur Opferzeremonien und markieren den Schauplatz der Kulthandlungen mit einem kleinen Tempel.

Die »Königsstandarte von Ur« zählt zu den bedeutendsten archäologischen Funden im Zweistromland.

Die Archäologen Katherine und Leonard Woolley bei Ausgrabungen in Ur

Die Grabbeigaben sind so prachtvoll wie bislang in keinem anderen Grab der mesopotamischen Geschichte. Nach der Entdeckung der Königsgräber durch Leonard Woolley in den 1930er-Jahren erlangen die Funde Weltruhm. Ein Helm aus Gold ist in Form einer Perücke gearbeitet; den Kopfschmuck der Königin Puabi zieren Lapislazuli, Karneol und drei Reihen Goldblätter, dazu kommt ein goldener, mit sieben Rosen bestückter Kamm. Ein Spielbrett wurde als Mosaik aus Muscheln, Knochen, Lapislazuli und rotem Kalk gefertigt; am Resonanzkörper einer Lyra ist ein Kuhkopf aus Edelmetall befestigt.
Das wohl bekannteste Artefakt aus den Königsgräbern ist die so genannte Königsstandarte, ein mit Einlegearbeiten geschmückter Holzkasten. Auf drei horizontalen Ebenen sind Szenen des Lebens im Zweistromland abgebildet, die für die Geschichtsforschung von unschätzbarem Wert sind. Auf der »Friedensseite« tragen Tiere und Menschen Lasten zu einem Festmahl – vermutlich der Siegesfeier nach dem erfolgreichen Feldzug, der auf der »Kriegsseite« abgebildet ist.
Da nie zuvor Herrscher im Zweistromland mit derartigem Prunk bestattet wurden, sieht man in den Königsgräbern von Ur einen Beleg für eine neue gesellschaftliche Entwicklung zwischen Euphrat und Tigris: Die Konzentration der Bevölkerung auf die großen Städte erhöht die Macht der mesopotamischen Könige. Die Fernhandelsverbindungen nach Syrien, Ägypten und in den Iran versorgen das Zweistromland mit Edel- bzw. Schmucksteinen wie Lapislazuli, die für die Ausstattung der Herrschenden weiterverarbeitet werden und so deren Reichtum mehren.

Um 2500

Ein Ring aus reinem Zinn

Auf der griechischen Insel Lesbos vor der kleinasiatischen Küste stellen Metallhandwerker einen Ring her, der heute als ältestes bekanntes Zinnobjekt der Welt gilt.
Die Gewinnung und Verarbeitung von Zinn ist schwierig. Um das Metall aus Zinnstein auszuschmelzen, muss eine Temperatur von 1900 °C erreicht werden. Auch sind Zinnvorkommen in Europa selten, was das Material zu einem beliebten Handelsobjekt macht. In der Bronzezeit erhält das Zinn hohe Bedeutung, da es zusammen mit Kupfer zur Herstellung von Bronze benötigt wird. Doch auch in bronzezeitlichen Kulturen tauchen reine Zinngegenstände nur selten auf.

Um 2500

Silbury Hill – ein geheimnisvoller Megalith-Hügel entsteht

Ein gewaltiges Monument aus Sandsteinblöcken und Erde errichten Neolithiker im heutigen Südengland. Silbury Hill ist mit 39,6 m Höhe und 2 ha Grundfläche der größte von Menschen errichtete Hügel in ganz Europa.
Silbury Hill ist Teil des Avebury-Megalith-Komplexes im County Wiltshire. Der Hügelgipfel ist flach und 30 m breit. Der kreisrunde Fuß des Monuments besitzt einen Durchmesser von 167 m. Um die Aufschüttung auf eine Höhe von knapp 40 m bringen zu können, sind etwa 18 Mio. Arbeitsstunden nötig – eine Leistung, die nur von einer großen Gemeinschaft erbracht werden kann. Alter und Zweck des Hügels sind der Forschung lange ein Rätsel. Der Legende nach soll der mythische König Sil hier bestattet sein und im Innern des Hügels auf einem goldenen Pferd sitzen. Andere Theorien sprechen von einer riesigen Sonnenuhr zur Bestimmung der Jahreszeiten.
Organisches Material zur Kohlenstoffdatierung fehlt lange Zeit völlig. Doch im Herbst 2001 entdecken Archäologen neben einer römischen Münze, einer mittelalterlichen Eisennadel und bronzezeitlichen Töpfen auch ein Geweihstück, das sich mit Hilfe der Radiokarbonmethode auf ein Alter von 4500 Jahren zurückdatieren lässt. Damit ist Silbury Hill eindeutig in die Zeit der britischen Megalithik einzuordnen.

Um 2500 Auf die heute zu Finnland gehörenden **Åland-Inseln** im Süden des Bottnischen Meerbusens erfolgt eine Einwanderungswelle. Die aus westlich gelegenen Gebieten stammenden Siedler betreiben zwar schon einfachen Ackerbau und Viehzucht, jedoch überwiegen bei der Nahrungsbeschaffung Jagd- und Fischfang. Wegen der mit kleinen »Gruben« verzierten Keramik wird die Kulturstufe der neuen Inselbewohner als muldenkeramische Kultur bezeichnet. Seit etwa 4200 v. Chr. war die Inselgruppe von Angehörigen der kammkeramischen Kultur besiedelt.

Auf der Koreanischen Halbinsel und in der heutigen Mandschurei, im Nordosten Chinas gelegen, bestatten die Angehörigen der dort ansässigen bronzezeitlichen Kulturen die Verstorbenen in **Dolmengräbern**. Wie die gleichnamigen, in Europa erbauten steinernen Grabmale besitzen die Dolmen einen rechteckigen oder polygonalen (vieleckigen) Grundriss. Die Grabkammer besteht aus großen unbehauenen Steinblöcken. Dabei tragen zumeist vier bis sechs Steine einen oder zwei Decksteine.

Im heutigen Oberösterreich und Salzburger Land ist die **Mondsee-Kultur** ansässig. Die Pfahlbausiedlungen der nach dem Mondsee (Bezirk Vöcklabruck) benannten Kultur liegen zumeist auf kleinen Anhöhen oder an Seeufern. Von anderen Kulturen der Jungsteinzeit lässt sich die Mondsee-Kultur eindeutig anhand der Keramik unterscheiden. Die Gefäße zieren tiefe, eingeritzte Linien, die mit einer weißen Masse ausgefüllt sind. Auf diese Weise entsteht ein zu dem dunklen Ton kontrastierendes geometrisches Muster. Neben Keramikfunden wurden bei Ausgrabungen auch verschiedene Kupfergegenstände entdeckt, darunter Beile und Dolche.

Die Ägypter waschen ihre Textilien in Wäschereien am Hofe des Pharaos. Dabei benutzen sie Rhizinusöl und Salpeter als **Waschmittel**. Die Substanzen werden dem Waschwasser beigemengt. Anschließend walken Bedienstete die Wäsche in großen Holzfässern und hängen sie zum Trocknen auf. Die ätherischen Öle des Rhizinus lösen fettige Verschmutzungen. Der Salpeter dient zum Entfernen von Erd- oder Eiweißflecken.

Um 2500–1500

Ebla: Weltwissen in Ton

Eine der ältesten Städte im syrischen Kulturraum ist die Metropole Ebla, Zentrum und Hauptstadt des gleichnamigen Stadtstaates. Ebla liegt am Knotenpunkt der alten Handelsstraße, die von Mesopotamien nach Ägypten führt. Die Könige des Reiches unterhalten Handelsbeziehungen bis in den Iran.

Die Stadt erstreckt sich über etwa 55 ha und ist von einer mächtigen Mauer umgeben. Auf einem zentralen Hügel befindet sich in 15 m Höhe eine Festung. Doch selbst die imposanten Wehranlagen schützen die Stadt nicht vor dem Zugriff seiner Feinde. In der Mitte des 2. Jt. v. Chr. fällt Ebla unter dem Ansturm des Hethiter-Königs Murschili I. Heute ist mit dem zentralen Hügel, dem Westpalast und einem Tempel erst ein geringer Teil der Stadt ausgegraben.

Die Prachtentfaltung Eblas dokumentieren kostbare Schmuckstücke (hier eine Kette mit Medaillons).

Auf mehr als 15 000 Keilschrifttafeln halten die Gelehrten Eblas Wirtschaftsdaten und das Wissen ihrer Zeit fest. Einige Tafeltexte enthalten Personennamen, die zum Teil an die Figuren des Alten Testaments erinnern. Ein Wirtschaftstext rühmt den Reichtum des Königs, der 80 000 Schafe besitzen soll. Weitere Aufzeichnungen belegen, dass Handwerk und Kunsthandwerk eine wichtige Rolle in der syrischen Ökonomie spielen.

Die Texte werden auf Sumerisch und in der Lokalsprache, einem westsemitischen Dialekt, verfasst. Die festgestellte Sprachverwendung zeigt, dass die Kultur Eblas vom sumerischen Süden Mesopotamiens abhängig ist. Darauf deuten auch die in der Stadt verehrten Götter hin: Ischtar, Aschirat und Reschef wird in den anderen frühen semitischen Stadtstaaten Babyloniens ebenfalls gehuldigt. Obwohl der Archivraum mitsamt dem Palast später einem Feuer zum Opfer fällt, bleiben die Schriftstücke fast unversehrt, da sie auf feuerfestem Ton eingeritzt sind.

Die Ausgrabungen haben bislang nur einen kleinen Teil des Stadtgebietes freigelegt.

Um 2500

Sahara macht sich breit

Mit der Ausdehnung der Sahara verschwinden die letzten neolithischen Kulturen Nordafrikas. Seit mehr als 65 Mio. Jahren hat die Wüstenregion im Norden des Kontinents mit den Klimaveränderungen jeweils ihren Charakter verändert. Noch vor etwa 80 000 Jahren war die Sahara ein gewaltiger Sumpf. Davon zeugen noch heute versteinerte Baumstämme.
Seit etwa 40 000 Jahren ist die Sahara ständig eine Wüste. Die um 6000 v. Chr. einsetzende Feuchtphase ermöglichte zwar die Ausbreitung von Ackerbau und Viehzucht, war jedoch nur auf kleine Regionen beschränkt. Im 3. Jt. v. Chr. beginnt der Prozess der Desertifikation, der bis heute anhält (Abb.: Vegetationszerstörung in Ostafrika). Dabei wechseln sich Phasen mit höheren und geringeren Niederschlägen ab. Mit der wachsenden Bevölkerung Nordafrikas wirkt sich deren Eingriff in die Natur zusätzlich schädlich aus. Besonders die Rodung großer Waldbestände führt in den kommenden vier Jahrtausenden zur Ausbreitung der Wüste. Heute ist die Sahara mit etwa 9 Mio. km^2 die größte Wüste der Erde.

Um 2500

Schriftzeichen und Akupunktur: Hochkultur im Fernen Osten

Mit der Entwicklung der ersten Schriftzeichen und der Heilmethode der Akupunktur bildet China Merkmale einer Hochkultur aus.
Die fernöstliche Schriftkunst entsteht unabhängig von anderen Systemen wie dem der Ägypter oder Sumerer. Bereits im 6. Jt. v. Chr. pressten chinesische Töpfer Stempel mit Namenszeichen in die von ihnen hergestellte Erdware. Ob es sich bei diesen Töpfermarken bereits um Schriftzeichen handelte, ist jedoch fraglich. Die ersten als solche erkennbaren Schriftzeichen entstehen im Umfeld von Orakelsprüchen. Mit Hilfe von Knochen (Abb.: Orakelknochen der Shang-Dynastie mit Schriftzeichen), Muscheln oder Schildkrötenpanzern ver-

sucht man, die Zukunft zu bestimmen. Dazu erhitzen Wahrsager das Material über einem Feuer. Die Hitze lässt Knochen und Horn springen. Schreiber zeichnen anschließend die dabei entstehenden Risse auf. Diese werden als Bilder gedeutet und mit vorhandenen Aufzeichnungen abgeglichen. So entsteht langsam eine Bilderschrift.

Sind es zunächst einfache Zeichen, so entwickelt die Schrift im Laufe der folgenden Jahrhunderte immer differenziertere Formen, die auch die Kombination mehrerer Piktogramme zulassen. Die Leserichtung ist bei den Orakelschriften noch nicht fest vorgegeben. Erst in der Bronzezeit setzt sich die vertikale Schreibrichtung mit von rechts nach links verlaufenen Kolumnen durch. Noch im 3. Jt. v. Chr. entsteht die Kanzleischrift Lishu – Grundlage für die bis heute gebräuchliche Schrift Chinas, die mittlerweile 70 000 bis 80 000 Zeichen kennt.
Etwa um die Mitte des 3. Jt. v. Chr. entdecken die Chinesen auch die Heilkraft der Akupunktur: Mit aus Bambus geschnitzten Nadeln reizt man bestimmte Körperpunkte, um Störungen im Leitsystem des Organismus zu beheben. Im Hintergrund steht dabei die Lehre von Yin und Yang, jenen beiden polar aufeinander bezogenen Grundprinzipien, welche chinesischer Überlieferung zufolge in harmonischem Zusammenwirken die Gesetze des Kosmos bestimmen. Dementsprechend strömt die Lebensenergie Chi über genau definierbare Bahnen durch den menschlichen Körper. Die einzelnen Abschnitte der Bahnen sind mit wichtigen Organen wie Herz, Leber, Lunge, Milz und Niere verbunden. Durch Manipulation des Chi-Flusses kann die Funktion der Organe reguliert werden. Dazu stechen die Heilkundigen dem Patienten die Nadeln in die Haut und drehen sie in oder gegen die Flussrichtung des Chi. So kann dem Körper Chi hinzugefügt oder entzogen werden. In jedem Fall werden Blockaden beseitigt, die den Energiefluss aufhalten und kein Chi mehr an die Organe gelangen lassen.
Die Akupunkturpunkte des Körpers, die sich zur Behandlung besonderer Krankheiten eignen, werden im Lauf vieler Jahrhunderte genauer bestimmt. Heute sind 361 Punkte bekannt. Die abendländische Schulmedizin hat die Akupunktur mittlerweile anerkannt.

Um 2500

Monopol auf Bierbrauerei

In Mesopotamien und Ägypten wird das erste Bier gebraut (Abb.: Kalkstein-Statuette eines Bierbrauers). Die frühen Techniken der Bierherstellung sind recht simpel: Zu Malz verarbeitetes Getreide verbackt man zu Brot, das in Wasser aufgelöst und vergoren wird. Die Herrscher Ägyptens erkennen rasch das wirtschaftliche Potenzial des Gerstensaftes und erklären die Bierproduktion zum königlichen Monopol. Die hohe Bedeutung des Biers ist auch im Codex Hammurabi des Zweistromlandes festgehalten. Zahlreiche Paragraphen der Gesetzessammlung aus der Mitte des 2. Jt. v. Chr. beschäftigen sich mit Bierherstellung, Bierpreisen und der Zuteilung des Getränks.

Um 2450 In Ägypten erfolgt eine Differenzierung der Siedlungen in **Stadtviertel**, die ausschließlich von Angehörigen einer Bevölkerungsschicht bewohnt werden. Insbesondere Angehörige gehobener Schichten wohnen in eigenen Quartieren. Die wirtschaftlich oder gesellschaftlich besser gestellten Ägypter leben zumeist in mehrräumigen Häusern, die teilweise zwei Geschosse besitzen. In den großen Hofflächen stehen häufig Speicher zum Lagern von Getreide. Archäologen fanden in Gizeh am westlichen Nilufer Häuser, die ausschließlich Priestern vorbehalten waren.

In **Abusir** in der heutigen Provinz Gizeh lässt der ägyptische Pharao Sahure eine Pyramide errichten. Der Kern des Bauwerks wird aus einfachen Kalksteinblöcken erbaut. Für die Verkleidung der Wände lässt Sahure feinen weißen Kalkstein aus Tura, rund zwölf Kilometer südlich von Kairo, herbeischaffen. Die Kalksteinplatten werden auch in den Gängen im Innern der Pyramide verwendet. Rosengranit aus Assuan fasst die Türeingänge ein. Vor dem Tempelbau entstehen zahlreiche Totentempel, die mit Reliefs verziert sind. Eine der ausgewogensten Kompositionen der nur teilweise erhaltenen Hochreliefs zeigt Sahure mit Pfeil und Bogen bei der Jagd auf Wüstentiere.

Im Nordwesten, Osten und im Mittelland der heutigen Schweiz leben die letzten Angehörigen der **schnurkeramischen Kultur**. Seit etwa 2750 v. Chr. besiedelten die Schnurkeramiker, ausgehend von Mitteleuropa, Teile der Schweiz. Ihren Namen verdankt die spätjungsteinzeitliche Kulturstufe der charakteristischen Keramik, die man in vielen Gräbern entdeckte. Kennzeichen der Tongefäße sind Verzierungen in Form von Schnüren. Sie wurden mit Hilfe von gedrehten Schnüren erzeugt, die in den noch feuchten Ton eingedrückt wurden. Neben der Keramik gelten polierte Streitäxte als wichtiges Merkmal der schnurkeramischen Kultur.

Um 2420 Mit Hilfe von **Scharnieren** verbinden sumerische Handwerker Schreibtafeln aus Holz oder Elfenbein. Auf diese Weise ist es möglich, auch längere Texte auf den Tafeln unterzubringen. Die mehrteiligen Schriften lassen sich durch die Gelenke zu handlicher Größe zusammenfalten.

Um 2470

Girsu siegt über Umma

Auf einer Stele, die als das älteste Denkmal gilt, auf dem ein historisches Ereignis bezeugt ist, wird der Sieg der Herrscher von Lagasch über den verfeindeten Stadtstaat Umma verewigt. Zuvor war Girsu, eine Stadt im heutigen Südirak, Königsresidenz des Stadtstaates Lagasch geworden.
Das Zweistromland des 3. Jt. v. Chr. ist in viele kleine Einheiten zerteilt. Im Norden siedeln semitische Stämme, den Süden bevölkern die Sumerer. Ein zusammenhängendes Reich aber existiert weder im Norden noch im Süden. Vielmehr besteht die Region zwischen Euphrat und Tigris aus etwa einem Dutzend Stadtstaaten, die sich wiederum aus einzelnen Städten zusammensetzen. Im Stadtstaat Lagasch sind die Städte Lagasch, Girsu und Nina vereint.
In dem fruchtbaren Gebiet Mesopotamiens gibt es so viele Städte, dass der Abstand zwischen ihnen zum Teil nur 25 km beträgt. Zwischen den Städten liegen Felder, die nicht nur für den Ackerbau genutzt werden, sondern auch als Pufferzonen dienen. Kämpfen die Herrscher zweier Städte bzw. Stadtstaaten gegeneinander, ringen sie zunächst um die Weideländer. Erst danach wird der Krieg vor die Stadtmauern des Feindes getragen. Zwei dieser verfeindeten Nachbarn sind Girsu und Umma. Eannatum, sumerischer König der 1. Dynastie von Lagasch, gelingt ein Triumph über Umma, der auf einer Kalksteinstele, der so genannten Geierstele, festgehalten wird. Auf dem Relief ist der Stadtgott Ningirsu dargestellt, der eine Schar Feinde in einem Netz gefangen hält und mit einer Keule erschlägt. Auf die umherliegenden Leichen senken sich Geier herab. Die Keule des Gottes Ningirsu ist einer tatsächlichen Kriegswaffe der Sumerer nachempfunden: Schon um 2600 v. Chr. kämpfte der sumerische König Mesalim von Kisch mit einer Keule, die prachtvoll verziert war. Eine weitere Darstellung der Stele, die heute im Pariser Louvre zu sehen ist, zeigt eine dicht gedrängte Kampfformation sowie Krieger mit langen Speeren; Fürst Eannatum führt seine Truppen von einem Streitwagen aus in den Kampf.
Die Inschrift der Stele schildert den Grenzkonflikt zwischen Girsu und Umma: »Eannatum...brachte für Ningirsu sein geliebtes Feld ... wieder in seine Hand. Dem Manne von Umma gab Eannatum das große Klappnetz des Gottes Enlil und schwor ihm dabei. Der Mann von Umma schwört dem Eannatum: › ... Vom Feld Ningirsus werde ich nur gegen Abgabe essen ... Auf alle Ewigkeit werde ich die Grenze Ningirsus bestimmt nicht überschreiten, Deich und Graben werde ich bestimmt nicht ändern, die Markierungssteine dort werde ich bestimmt nicht ausreißen. Wenn ich aber die Grenze überschreiten sollte, möge das große Klappnetz Enlils ... vom Himmel herabfallen! ‹«
Nach dem Sieg über Umma erlangt Lagasch die Vorherrschaft über Sumer. Girsu wird prachtvoll ausgebaut. Aus jener Zeit sind zahlreiche Statuen und Weihgeschenke der Lagaschherrscher sowie Siegelabrollungen erhalten, die bis ins 17. Jh. v. Chr. hineinreichen. Die Keilschrifttexte aus Girsu spielen bei der Entschlüsselung der altsumerischen Sprache eine bedeutende Rolle.

Dieses sumerische Rollsiegel mit Abrollung stammt aus Girsu.

Ein Fragment der Stele: Oben Ningirsu mit Netz, unten Eannatum mit seinen Kriegern

2471

Chephrens Sohn vollendet das Ensemble von Gizeh

Der ägyptische Pharao Mykerinos (ägypt. Menkaure) verewigt sich mit der dritten Pyramide von Gizeh. Im Vergleich zu den benachbarten Pyramiden des Cheops und des Chephren wirkt das Grabmal klein. Es ist bei seiner Fertigstellung 66,5 m hoch (heute misst es noch 62 m) und damit nur halb so groß wie die Cheops-Pyramide. Grund für diese relativ kleine Grabarchitektur mag die kurze Regierungszeit des Königs gewesen sein, die lediglich 19 Jahre betrug.

Der Grabkomplex des Mykerinos ist nach der klassischen Form der Pyramidenanlagen errichtet. Der Taltempel dient zum Empfang des Leichenzugs, für den der Komplex per Schiff erreichbar ist. Ein Weg verbindet den Komplex mit dem Totentempel, der östlich der Pyramide steht und dem Totenkult des verstorbenen Königs dient. Südlich des Grabmals liegen drei kleinere Pyramiden für die Frauen des Mykerinos, die so genannten Königinnen-Pyramiden. Auch in der Gestaltung der Nebengebäude zeigt sich, dass die Bedeutung des Pharaos abgenommen hat. Der Taltempel ist aus luftgetrockneten Lehmziegeln hergestellt, eine Bauweise, die schnell und kostengünstig ist. Von hervorragender Kunstfertigkeit zeugen aber die Statuengruppen des Königs (Abb.: Mykerinos zwischen der Göttin Hathor und der Personifikation des Gaues Fal Hu, einer ägyptischen Verwaltungseinheit). Einmalig für diese Zeit ist ein Doppelbildnis des Mykerinos, das ihn zusammen mit einer seiner Gemahlinnen zeigt – es ist die erste Skulptur dieses Typs.

Der antike Historiker Herodot überliefert eine Legende über den ägyptischen König. Darin soll ein Orakel Mykerinos prophezeien, dass dem Reich 150 schlechte Jahre bevorstehen. Der Pharao selbst habe nur noch sechs Jahre zu leben. Mykerinos will daraufhin seine Macht über die Wahrsagerei demonstrieren. Um das Orakel zu widerlegen, schläft er fortan nicht mehr, macht die Nächte mit einem Meer von Öllichtern zu Tagen und verdoppelt so seine Lebenszeit von sechs auf zwölf Jahre.

Der Kult um die in Gizeh bestatteten Könige lebt in der 26. Dynastie (664–525) noch einmal auf. Die Pyramide des Mykerinos wird umfassend restauriert. Aus welcher Zeit der prächtige Basaltsarkophag des Königs stammt, lässt sich heute nicht mehr feststellen. Englische Forscher entdecken das Prunkstück im 19. Jh. Als sie es nach Europa verschicken, sinkt das Schiff auf dem Seeweg nach England in einem Sturm.

Mykerinos

ägyptischer König, †2471 v. Chr.

Der Sohn des Chephren gelangt nach kurzer Zwischenregierung eines heute unbekannten Königs auf den Thron. Mykerinos hat drei Frauen, von denen Chamenrenebti II. die bekannteste ist, sowie drei Kinder. Er herrscht 19 Jahre lang über Ägypten – im Vergleich zu seinen Vorgängern eine kurze Regierungszeit. Während seiner Herrschaft erlangen die Landesteile Ägyptens mehr Autonomie gegenüber dem zentralen Herrscher. Insgesamt gilt Mykerinos als milder König, der viele Repressalien seines Vaters Chephren und seines Großvaters Cheops rückgängig macht.

2490 v. Chr.: Inthronisation

2442

Erzfeinde in Nordafrika: Libyen und Ägypten immer im Krieg

Der ägyptische König Sahure führt einen Feldzug nach Libyen, um »den Herrscher des Libyerlandes bis zur westlichen Ecke des Himmels zurückzuschlagen«. Die Geschichte der beiden Nachbarn ist von ständigen Kämpfen gekennzeichnet.

Mit dem heutigen nordafrikanischen Staat hat das Libyen des 3. Jt. nichts gemein. Zu dieser Zeit umfasst das gesamte Gebiet westlich des Nil bis 1500 km in den Süden hinein. Die Sahara hat sich noch nicht auf ihre heutige Ausdehnung ausgebreitet, sodass die Region zwischen Nil und Cyrenaika noch viel gutes Ackerland bietet.

Von strategisch großer Bedeutung im Kampf mit den westlichen Nachbarn sind die Oasen. Sie dienen den Ägyptern als Außenposten, von denen aus sie Feindbewegungen im Auge behalten können. In fast allen Oasen westlich des Nil sind Truppen stationiert, die im Fall eines libyschen Angriffs sofort zuschlagen können.

Schon während der 1. Dynastie unternahm der ägyptische Herrscher Skorpion Vorstöße nach Libyen. Nach einer ersten schweren Niederlage im Jahr 2904 v. Chr. mussten die Libyer an die Ägypter Tribut entrichten. Als die Zahlungen ausblieben, fiel Pharao Snofru um 2592 v. Chr. in Libyen ein und unterwarf das Land erneut. Mit dem Feldzug König Sahures kommen die Nordafrikaner zum dritten Mal unter ägyptische Herrschaft. Die sich bis in die Ptolemäerzeit fortsetzenden Kriege (Abb.: König Sethos I. kämpft um 1250 v. Chr. gegen Hethiter und Libyer) führen zur Vermischung beider Völker.

2457

Eine Frau auf Ägyptens Thron

Nach dem Ende der 4. ägyptischen Herrscherdynastie schwingt sich Chentkaus I., Tochter des Mykerinos, für kurze Zeit zur Alleinherrscherin auf. Chentkaus ist die Mutter von Userkaf und Sahure, den beiden ersten Königen der 5. Dynastie. Unter ihrer Herrschaft kommt es zu Auseinandersetzungen über den Sonnenkult (Abb.: Relief mit der Barke des Sonnengottes Re), der den Ptah-Kult allmählich überlagert. Sahure erhebt den Sonnenkult wenig später zur Staatsreligion.

Um 2400 Weit entwickelt ist die **Tripolje-Kultur** im Südwesten Osteuropas. Davon zeugen große, oft mehrere Tausend Einwohner umfassende Siedlungen. Die in konzentrischen Kreisen angelegten Dörfer werden teilweise von Flechtzäunen begrenzt. Auch die Wände der rechteckigen Häuser bestehen aus Flechtwerk, das mit Lehm bestrichen wird. Die mit Giebeldächern bedeckten Behausungen erreichen beträchtliche Ausmaße. Nachgewiesen sind 16 bis 30 m lange Gebäude. Auf hohem Niveau steht auch die Keramikherstellung: sorgfältig gearbeitete Tongefäße mit weißen, roten oder schwarzen Verzierungen.

In Nordmesopotamien ist die Stadt **Nabada**, der heutige Ruinenhügel Tell Beydar im Norden Syriens, eine blühende Metropole. Eine bis zu 5 m starke Mauer umgibt die kreisrunde Siedlung, die einen Durchmesser von etwa 600 m aufweist. Ein zweiter innerer Wall schützt den Kern der Siedlung. Dieser besteht aus einem von Wohnvierteln umgebenen zentralen Palastgebäude, von dem sternförmig Straßen wegführen. Verbrachten Händler der durchziehenden Karawanen die Nacht in der mesopotamischen Stadt, mussten sie vermutlich zwischen der äußeren und der inneren Mauer nächtigen.

Auf einem Hochplateau in der heutigen spanischen Provinz Almería entsteht die Siedlung **Los Millares**. Um die Anlage zu schützen, schichten die Angehörigen der nach der Siedlung benannten Los-Millares-Kultur eine 275 m lange Steinmauer auf. Sie riegelt das Dorf gegen das Hinterland ab. Von einer nahe gelegenen Quelle wird Wasser über Aquädukte in die Stadt geleitet. Die in Rundhäusern und Rechteckbauten lebenden Bewohner treiben regen Handel mit anderen Kulturen. So wurden bei Ausgrabungen Bernstein von der Ostsee sowie Perlen und Schmuck aus Ägypten gefunden.

Im Grabbezirk von Gizeh am westlichen Nilufer entsteht das Privatgrab von **Ka-ni-nisut**. Die 3,6 x 1,6 m große und 2,4 m hohe Grabkammer besitzt an der Westwand zwei Scheintüren. Hinter der linken verbirgt sich der verschlossene Statuenraum (Serdab), vor dem täglich Feierlichkeiten zu Ehren des Toten veranstaltet werden. Die Wände des Grabmals zieren bemalte Reliefs von Nefretha-nisut, der Fau des Ka-ni-nisut, und Darstellungen seiner Eltern und Kinder.

Um 2400

Architektur hat den Bogen raus: Sumerer erfinden das Gewölbe

Baumeister des Zweistromlandes entdecken neue Konstruktionsmöglichkeiten (Abb.: Rekonstruktion einer Zikkurat mit Torbogenwölbungen, um 2100 v. Chr.). Die Architektur wird vielfältiger. Mehrere Tausend Menschen leben in den Städten Mesopotamiens. Vor allem Metropolen wie Ur sind auf den Einfallsreichtum und das Geschick der Baumeister angewiesen, gilt es doch, Kanalisationen zu konzipieren, Tempelanlagen und Grabmäler ober- wie unterirdisch zu errichten und Paläste für die Herrscher ebenso zu bauen wie Wohnhäuser für das einfache Volk. Einziges Baumaterial in Mesopotamien ist der Lehmziegel, der in feuchtem Zustand in Form gepresst und anschließend in der Sonne getrocknet wird. Holz und Stein stehen in den heißen Regionen zwischen Euphrat und Tigris nicht in ausreichenden Mengen zur Verfügung.

Zu den wichtigen Entdeckungen der Baukunst zählt die Kuppel. Sie wird zunächst noch als unechte Kuppel konstruiert, bei der horizontal versetzt übereinander gelegte Steine eine Art umgestülpte Pyramide bilden. Diese Art des Bauens ist von oben jedoch nicht belastbar und muss daher mit Hohlräumen durchzogen werden, damit die Kuppel nicht durch ihr Eigengewicht zum Einsturz gebracht wird.
Auch Torbogen und Durchgänge mit echter Gewölbetechnik entstehen an vielen Repräsentationsbauten. Bei einem echten Bogen verjüngen sich seitlich aneinander gesetzte Ziegel nach unten. Die Ziegelreihen enden auf einem Auflager, meist einer Säule. Verlängert man die Ziegelreihe nach unten, ergibt sich ein so genanntes Tonnengewölbe. Das Tonnengewölbe entsteht bereits um 2600 v. Chr. zeitgleich in Mesopotamien und Ägypten.
Die neuen Entwicklungen in der Architektur finden sich im Zweistromland vor allem an Tempelbauten wieder. Anlagen wie der Hochtempel von Chafadschi oder Obeid bestehen aus prächtigen Haupt- und Nebenbauten, die mit kunstvollen Mosaiken und Bildfriesen geschmückt sind.

Um 2400

Indigo läutet blaue Phase ein

Ägypter entdecken ein Extrakt der Indigopflanze als Färbemittel für Kleidung und Kunst. Das blaue Pulver wird zum wichtigsten pflanzlichen Farbstoff des Altertums.
Anders als mineralische Farbstoffe wie Mangan oder Rötel muss Indigo in einem aufwändigen Verfahren gewonnen werden, bevor es zum Einsatz kommen kann. Dazu werden die blaukupfern schimmernden Zweige des Indigostrauchs mehrere Stunden lang gewässert. Auf dem Boden der Bottiche setzt sich in dieser Zeit eine blaue Substanz ab, die nach Abgießen des Wassers getrocknet wird. Zuletzt wird das Indigo zu kleinen Ziegeln geformt. In dieser Form ist es leicht transportier- und verarbeitbar.
Insgesamt sind 300 Indigopflanzen bekannt, von denen Indigofera tinctoria (s. Abb. l.) am besten für die Herstellung des Farbstoffes geeignet ist. Die hochwertigsten Farbstoffe aus Indigo stammen aus Indien – der heutige Name leitet sich vom griechischen indikón, das Indische, ab. Trotz der Eigenproduktion importieren schon die Ägypter um 2000 v. Chr. Indigo aus dem Industal, da die Pflanzen dort unter optimalen Bedingungen gedeihen. Später zählen auch Babylonier und Juden zu den Abnehmern der indischen Exportfarbe. Erst Ende des 19. Jh. wird der Naturfarbstoff durch synthetisches Indigo verdrängt.

Um 2388

Religiöser Wandel am Nil

Der ägyptische Pharao Menkauhor lässt ein Sonnenheiligtum errichten. Das letzte Bauwerk dieser Art offenbart einen religiösen Wandel am Nil.
Re, der Sonnengott, wird von Osiris, dem Totengott, als höchste Gottheit abgelöst. Dem ägyptischen Glauben nach wurde Osiris von seinem Bruder Seth getötet und damit Herrscher der Unterwelt. Fortan identifizieren sich die ägyptischen Könige nicht länger nur mit dem Sonnengott Re, sondern auch mit Osiris, dessen Schicksal sich in der Gestalt eines verstorbenen Königs wiederholt. Texte an den Wänden des Pharaonengrabes von Unas (um 2360 v. Chr.) erklären die göttliche Bestimmung des verstorbenen Herrschers genau: Der Pharao wird nach seinem Tod als Inkarnation des Osiris verehrt und geht als Herrscher in das Totenreich ein. Gleichzeitig steigt er als Nachkomme des Sonnengottes Re in den Himmel auf.
Obwohl die heutige Forschung von insgesamt fünf Sonnenheiligtümern aus der Zeit der 5. Dynastie (2520–2360) weiß, sind nur zwei gefunden worden. Auch das Grab Menkauhors ist noch nicht lokalisiert. Es wird im nördlichen Bezirk Sakkaras vermutet. Dort steht die so genannte kopflose Pyramide, ein völlig zerstörtes Grabmal, das bislang noch keinem König zugewiesen werden konnte. Da Menkauhor nur acht Jahre regierte, ist seine Grablege vermutlich klein ausgefallen.

Eine Wandmalerei im Grab des Gaufürsten Baket in Beni Hassan: Das Be- und Entladen der Boote bezeugt die rege Handelstätigkeit.

Um 2400

Ägypter befahren das offene Meer

Mit einer Fahrt entlang der afrikanischen Ostküste schlägt der Ägypter Isesi ein neues Kapitel in der Geschichte der Schifffahrt auf.

Isesi beginnt seine Reise an der Nilmündung, durchquert das Rote Meer sowie die Meerenge Bab Al Mandab und erreicht über den Golf von Aden das Land Punt zwischen dem heutigen Ostsudan und Somalia. Punt ist ein reiches Land und beliebter Handelspartner der Ägypter, bislang aber nur über den Landweg zu erreichen. Isesi bringt Weihrauch, Harze, Edelhölzer und Gold über das Meer mit nach Hause.

Viel bedeutender als der Handelserfolg ist die Entdeckung und Bewältigung des Seewegs entlang der ostafrikanischen Küste. Die Schifffahrt ist für die Ägypter das wichtigste Verkehrsmittel. Alle Städte des Reiches sind durch den Nil miteinander verbunden. Die ältesten belegten Nilboote sind Nachen, die aus Papyrusbündeln zusammengebunden wurden. Sie dienten vor allem Hirten, die mit ihren Herden die mit Krokodilen bevölkerten Wasserläufe überqueren mussten. Hochwertiges Holz ist Mangelware im Pharaonenreich und muss importiert werden. Deshalb werden große Schiffe erst mit dem wirtschaftlichen Erstarken Ägyptens ab der 6. Dynastie (nach 2360 v. Chr.) gebaut. Noch im Alten Reich erhalten die Schiffsrümpfe ihr klassisches Aussehen mit einem Schiffsschnabel in Form eines Tierkopfes, mehreren Steuerrudern und einem riesigen Mast. Die Segel sind meist trapezförmig. Bei Flaute bringen Ruderer die Schiffe voran.

Der Tiefgang ägyptischer Schiffe, also die Höhe des Schiffsrumpfs unter Wasser, ist gering. Da die Schiffe aber tief im Wasser liegen – nur Achter- und Vordersteven ragen heraus –, ist diese Konstruktion lediglich für die ruhige Flussschifffahrt geeignet. Das Befahren des offenen Meeres ist mit solchen Schiffen ein unkalkulierbares Risiko. Die ägyptischen Fernhändler bleiben mit ihren Schiffen deshalb stets in der Nähe der Küste. Auf diese Weise legen sie an einem Tag etwa 75 Seemeilen (rund 140 km) zurück.

2390–2360

Abu Gurab: Pharao Niusere erbaut sich ein imposantes Sonnenheiligtum

Das Sonnenheiligtum von Abu Gurab ist die bis heute am besten erhaltene Kultanlage ihrer Art aus der Zeit der 5. Dynastie. Es besteht aus einem großen Hof mit einer Plattform.

Der Zugang zum Heiligtum ist den Pyramidenbezirken nachempfunden: Auf einem Kanal gelangt die Gemeinde zu einem Taltempel, der auf einem niedrigeren Niveau errichtet ist als das eigentliche Heiligtum. Von dort führt ein Weg hinauf zu einem Totentempel, durch den man ins Innere der Anlage gelangt. Hier öffnet sich ein Hof mit einem Altar, hinter dem der 36 m hohe Obelisk in den Himmel ragt. Daneben gibt es Schlachthöfe und Magazine. Südlich des Bauwerks ist ein Schiff des Sonnengottes Re aus Lehmziegeln nachgebaut. Die Dekoration in den Korridoren und Räumen des Tempels von Abu Gurab stellen die Jahreszeiten des ägyptischen Kalenders dar: Achte (Überschwemmung) und Schemu (Erntezeit). Bei königlichen Denkmälern im Alten Reich sind solche Naturdarstellungen selten. Parallelen sind nur aus dem Pyramidenbezirk des Unas in Sakkara bekannt. Im 19. Jh. ist das Sonnenheiligtum des Niusere als »Pyramide von Rigah« bekannt.

Um 2350 In Europa und im Vorderen Orient schätzen die Menschen **Bernstein** nicht nur als Ausgangsmaterial für Schmuckgegenstände. Das gelb-bräunliche Harz ist auch wegen seiner vermeintlichen Zauberkraft beliebt. Durch Reiben mit den Händen entwickelt der Schmuckstein Anziehungskraft. Was als Zauber gilt, ist jedoch lediglich ein physikalisches Phänomen: Die Reibbewegungen laden den Bernstein elektrostatisch auf.

Um 2300 Mit der Ausdehnung des mesopotamischen Großreiches Akkad erfolgt der Niedergang der Stadt **Tell Chuera** im heutigen Nordsyrien. Ausgrabungen ergaben, dass die Bautätigkeit ab etwa 2300 v. Chr. abnahm. Das etwa 650 000 m² große Tell Chuera liegt zwischen zwei Nebenflüssen des Euphrat. Ein Befestigungsring schützt die in eine Ober- und Unterstadt aufgeteilte Siedlung. In den oberen Stadtvierteln befinden sich vor allem öffentliche Großbauten. Die Unterstadt ist dicht bebaut. Schätzungen zufolge wohnten zur Blütezeit Tell Chueras etwa 8000 Menschen in der Stadt.

Im Vorderen Orient benutzen Handwerker einfache **Blasebälge**. Mit ihnen fachen sie die Glut in den zur Metallgewinnung erbauten Schmelzöfen an. Bei den Geräten handelt es sich zunächst um lange Rohre mit einem Mundstück aus Ton. Abwechselnd blasen Männer mit Hilfe der Rohre Luft in die Öfen, um die Betriebstemperatur konstant zu halten. Wenig später entstehen auch die ersten »echten« Blasebälge. Sie bestehen aus zwei an dem Rohr befestigten Fellsäcken, die – abwechselnd getreten – für Luftzufuhr sorgen.

Am Westufer des Nil bei Assuan in Ägypten entstehen Felsengräber von höheren Beamten. Die Gräber der Staatsdiener werden in den Granitfelsen **Qubbet el-Hawa** eingetieft. Bei Ausgrabungen auf dem »Hügel des Windes« wurden in den Grabmalen zum Teil außergewöhnliche Grabbeigaben entdeckt. So fanden Archäologen eine weißgrundige Schale mit einer für die 6. Dynastie unüblichen Darstellung. Das Tongefäß zeigt einen in ein langes Gewand gekleideten Nubier mit Pfeil und Bogen. Der Jäger wird von zwei schwarz-weißen Hunden begleitet, die ihn bei der Jagd auf Wüstentiere unterstützen.

Um 2300

Rätselhaftes Harappa

Mit Harappa entsteht eine der größten Städte am Indus. Nach dieser Siedlung nennt man die erste Hochkultur Indiens: die Harappa-Kultur.
Die Menschen am Indus erbringen technische und zivilisatorische Leistungen, die mit denen der Hochkulturen in Ägypten und Mesopotamien vergleichbar sind: U.a. bauen sie mehrstöckige Häuser, legen rechtwinklige Straßenzüge an und heben eine Kanalisation aus – Errungenschaften, die auch das Leben etwa im südlich benachbarten Mohenjo-Daro bestimmen (siehe S. 128). Doch Harappa weist darüber hinaus Eigenheiten auf, die es sonst in keiner anderen Stadt gibt. In der Metropole, die an einem alten Flussbett auf fünf Hügeln errichtet und von zwei großen Wällen umschlossen wird, gibt es keine Tempel. Prunkbauten wie Paläste fehlen völlig.
Bis heute gibt diese Kultur der Forschung Rätsel auf: Entwickelte sich hier am Indus eine egalitäre Gesellschaft? Oder wurde Harappa von Mohenjo-Daro aus regiert, wo sich ein festungsartiges Gebäude über alle anderen Häuser erhebt? Ein einziges Haus in der Mitte Harappas hat größere Ausmaße als die übrigen. Es ist mit Schächten durchzogen, um das Gebäudeinnere mit Frischluft zu versorgen. Ob es sich hier um einen Herrschersitz handelt, ist in der Forschung umstritten.

Harappa- Kultur: Tänzerin aus Bronze

Mohenjo-Daro: Statue eines Priesters; um 2500

Auch die Grabbeigaben lassen nicht auf die Existenz einer gesellschaftlichen Elite schließen. Kein herausragendes Grab ist mit reichem Schmuck und Waffen ausgestattet. Stattdessen werden die Menschen von Harappa mit profaner Gebrauchskeramik und Lebensmitteln bestattet.
Zu den Hinterlassenschaften der Einwohner von Harappa zählen Tongefäße, die mit Symbolen verziert sind. Möglicherweise ist in den heute unlesbaren Zeichen eine frühe Form der Schrift zu erkennen, die sich bereits um 3000 v. Chr. entwickelt haben könnte – etwa gleichzeitig mit der Keilschrift der Sumerer.

Die Umrisse der Häuser im Handwerkerviertel von Harappa sind noch heute gut zu erkennen.

2334

Ein machtbewusster Herrscher: Sargon begründet das erste Großreich im Vorderen Orient

Der mesopotamische König Sargon I. (s. Abb.) errichtet das Reich von Akkad. Das erste Großreich im Zweistromland löst die bisherigen politischen Systeme der Stadtstaaten auf. Die Zeit der sumerischen Reiche ist beendet.
Sargon taucht in alten Quellentexten unter dem Namen Scharum-kin oder Scharken auf. Erst die Bibel gibt dem Herrscher den Namen Sargon. Nach dem Sturz des Königs von Kisch gründet Sargon das Reich von Akkad und errichtet die gleichnamige Stadt als Basis für seine Kriegszüge. Zunächst besiegt er Lugalzagesi von Uruk und hält den König in einem Käfig gefangen. Vom Süden des Zweistromlandes wendet sich Sargon nach Norden und Westen. Immer mehr Stadtstaaten fallen unter dem Ansturm der Akkader und müssen sich dem Zepter Sargons beugen. Die Akkader dringen bis in den Libanon und zum Taurusgebirge vor, im Osten erreichen sie Elam. Ein großflächiges Territorialreich vom Persischen Golf bis zum Mittelmeer entsteht, in dem auch alle wichtigen Handelswege unter der Kontrolle der Akkader stehen. Der Fernhandel trägt den Einfluss des ersten mesopotamischen Großreiches weit über dessen Grenzen hinaus. Bis in die Induskultur reichen die Fernhandelsverbindungen von Sargons Kaufleuten. Unter Sargon wird die Rohstoffeinfuhr zum Staatsmonopol. Der Herrscher lässt sich zum Gottkönig erklären und reformiert damit das religiöse System der sumerischen Stadtgötter. In den religiösen Vorstellungen der Akkader kommt es zu einer Verschmelzung von semitischen und sumerischen Gottheiten.

Unter Sargon I. steigen die Semiten zum führenden Volk Mesopotamiens auf. Seit mehreren Jahrhunderten siedelt der bevölkerungsstarke Stamm am nordwestlichen Rand der Landschaft Sumer. Die Semiten entglitten im Lauf der Jahre der Kontrolle der sumerischen Stadtstaaten und erheben sich im akkadischen Großreich zur Führungsschicht. Bis heute ist die genaue Lage von Akkad nicht bekannt. Vermutlich lag die Stadt, auch Agade genannt, in der Region von Babylon, Kisch und Sippar. Akkadisch ist als Sprache seit etwa 2550 v. Chr. bezeugt und wird als Umgangssprache erst im 1. Jt. v. Chr. vom Aramäischen verdrängt.

Sargon von Akkad

akkadischer König (2334–2279)

Der Legende nach ist Sargon Sohn von einfachen semitischen Dattelbauern. Über sein Leben existieren kaum schriftliche Zeugnisse. Eine sumerische Königsliste berichtet lediglich, dass Sargon 56 Jahre lang regiert hat. Nach seiner Geburt soll er – wie Moses im Alten Testament – in ein Weidenkörbchen gelegt und auf dem Euphrat ausgesetzt worden sein. Der Junge wird von einem Bewässerer gerettet und von diesem aufgezogen. In jungen Jahren kommt Sargon als Mundschenk an den Hof von Kisch. Hier steigt er innerhalb von vier Jahren zum König auf. Als Herrscher dehnt Sargon sein Territorium bis an die Grenzen der damals bekannten Welt aus. In der Hauptstadt Akkad lässt Sargon, der mit Taschlutum verheiratet war, einen prächtigen Tempel für die Götter Ischtar und Zababa errichten.

Um 2300

Meteoriten als Eisenlieferant

Erste Spuren von Eisenverarbeitung stammen aus Ägypten, Mesopotamien und Indien. Vermutlich war Indien Vorreiter, denn das Wort Eisen lässt sich auf das Sanskritwort »Ajas« zurückführen. Eisen ist selten, sein Ausschmelzen aus erzhaltigem Gestein noch unbekannt. Stattdessen wird Eisen aus Meteoriten gewonnen, von denen kleine Mengen des harten Metalls abgeschlagen werden können. Frühe Eisenschmiede in Ägypten nennen Eisen deshalb »Kupfer des Himmels«. Als Erfinder der eigentlichen Eisentechnik gelten die Hethiter, die 1400–1200 eine Art Eisenmonopol im Nahen Osten innehatten.

2350

Soziale Krisen: Lagasch fällt

Lugalzagesi, König von Uruk und Umma, erobert Lagasch in Südmesopotamien. Noch einmal verschiebt sich das politische Gewicht in den kleinen Stadtstaaten des Zweistromlandes, bevor Sargon von Akkad dem System der Stadtstaaten unter seinem Großreich ein Ende macht.
Soziale und innenpolitische Krisen haben Lagasch in den vorangegangenen Jahren geschwächt. Davon berichten die heute so genannten Reformtexte des Uruinimgina, in denen unter anderem der Schutz von Witwen und Waisen vor dem Zugriff der Mächtigen gefordert wird. Vermutlich entzündeten sich an der Ausbeutung von sozial Schwachen schwere Unruhen in Lagasch, die zum Untergang der lokalen Herrscher führen.

2350

Die 6. Dynastie: Ägypten erlebt eine Zeit des Umbruchs

Mit Pharao Teti beginnt in Ägypten die Zeit der 6. Dynastie. Obwohl weder dynastische noch technische Neuerungen den historischen Schnitt erklären, lassen ägyptische Quellen um 2350 v. Chr. eine neue Epoche der Geschichte des Nillandes beginnen. Die 6. Dynastie (2350–2195, nach anderen Quellen ab 2360 v. Chr.) ist in jedem Fall eine Zeit der wirtschaftlichen Prosperität (Abb.: Ein Bauer melkt eine Kuh; Grabrelief aus Sakkara), bringt aber auch eine bedenkliche Schwächung der Königsmacht zugunsten der Provinzfürsten, der Beamtenschaft und des Adels.

Um 2250

Im Nordwesten Chinas entwickelt sich die **Qija-Kultur**. Sie nimmt Einflüsse der aus dem Osten kommenden Longshan-Kultur auf. In zahlreichen Gräbern der nach dem Ort Qija in der Provinz Gansu benannten Kultur fanden Archäologen tönerne Becher mit Ohrenhenkeln, die teilweise mit einem Dekor aus Dreiecken verziert sind. Die aus fein geschlämmtem Ton hergestellten Gefäße zeugen von hoher Kunstfertigkeit. Aus Tonringen modellierten die frühen chinesischen Handwerker die nur etwa drei Millimeter dicke Wandung der Becher. Nach dem Brennvorgang wurde die Oberfläche der Keramik poliert.

In der Nähe von Carlomanesti im heutigen Kreis Buzău in Rumänien wird ein Angehöriger der **Monteoru-Kultur** bestattet, die nach dem bronzezeitlichen Fundplatz Monteoru benannt ist. Er wird in seitlicher Hockerlage mit angezogenen Beinen in eine Erdgrube gelegt. Für die Reise ins Jenseits werden dem Toten mehrere Gegenstände als Grabbeigaben mitgegeben: eine Tasse, zwei bronzene Ringe und ein Armband. Die Tasse besitzt zwei bandförmige Henkel und ist mit zwei parallel verlaufenden Zickzacklinien verziert.

Auf dem Siedlungshügel **Tell Megiddo** in der Jesreel-Ebene im Südwesten des heutigen Israel erbauen bronzezeitliche Menschen einen frei stehenden Rundaltar. Auf einer elliptischen Plattform von etwa 10 m Länge errichten sie aus Bruchsteinen das im Durchmesser ca. 7 m große Rund des 1,25 m hohen Altars, auf den eine Treppe hinaufführt. Später entstehen in der Nähe des Kultplatzes schlichte Tempelbauten.

Am Gardasee im heutigen Norditalien ist die so genannte **Polada-Kultur** ansässig. Die Menschen der bronzezeitlichen Kulturstufe siedeln in Pfahlbausiedlungen am Seeufer und betreiben Ackerbau. Davon zeugt ein in der Nähe von Lavagnone gefundener Pflug. Das 2,20 m lange Ackergerät ist aus Eichenholz gefertigt und besteht aus zwei Teilen. Darüber hinaus fanden Archäologen auch Keramiken sowie Messer- und Waffenspitzen aus Kieselstein. Die Polada-Kultur ist nach dem Moorfundplatz Polada benannt.

Neben Werkzeugen aus Bronze besteht in Europa immer noch Bedarf an Geräten aus **Feuerstein**. Das wertvolle Material wird in sorgfältig angelegten Bergwerken unter Tage abgebaut, zu halbfertigen Produkten weiterverarbeitet und danach feilgeboten. Zu den bedeutendsten Untertagebauanlagen zählen Grimes Grave im Süden Englands und Rijckholt in den Niederlanden.

Um 2250

Ägypten greift nach Nubien

Ägyptische Reiseberichte und Kriegszüge belegen für die Zeit der 6. Dynastie (2360–2195), der letzten des Alten Reiches, rege Kontakte und Raubzüge in das benachbarte Nubien. Die Landschaft Nubien spielt für das Alte Reich Ägyptens ebenso wie für die späteren Dynastien eine wichtige Rolle. Zwischen erstem und zweitem Nil-Katarakt liegt die antike Landschaft Unternubien beiderseits des Stroms und umfasst Teile des heutigen ägyptischen Südens und des Sudan. Die Kontrolle über dieses kaum bewohnte, aber rohstoffreiche Gebiet ist von so großer Bedeutung für die alten Ägypter, dass Unternubien zur Zeit des Alten Reiches phasenweise einer direkten ägyptischen Herrschaft unterstellt wird.

Die reichen nubischen Steinbrüche und die in der Wüste beiderseits des Nil gelegenen Goldvorkommen werden in großem Maße ausgebeutet und dienen dazu, Herrschaft und Lebensstil der Pharaonen sowie ihre umfangreichen Baumaßnahmen zu finanzieren. Neben seiner Bedeutung als Rohstofflieferant spielt Nubien zudem eine mindestens ebenso bedeutende Rolle als Transitland. Begehrte Waren wie Straußenfedern, Gewürze, Paviane und Pygmäen werden aus dem Inneren und Osten Afrikas bis an den Hof des Pharaos transportiert. Auch nubische Krieger sind gefragt. Als unter dem zweiten König der 6. Dynastie, Pepi I., dringend Truppen benötigt werden, rekrutiert der ägyptische Beamte Uni Nubier für das ägyptische Heer. Berichten zufolge werden zur Zeit Pepis II. Kriegszüge gegen aufrührerische Stämme durchgeführt und aus Unternubien Gefangene und Viehherden nach Ägypten gebracht. Am Ende der 6. Dynastie, um 2200 v. Chr., geht die direkte ägyptische Kontrolle über Unternubien zunächst verloren. Erst im Mittleren Reich gelingt es, Nubien stärker und umfassender als je zuvor der ägyptischen Herrschaft zu unterwerfen.

Um 2205

Yü begründet Xia-Dynastie

Der Chinese Yü begründet die erste Herrscherdynastie in China. Kaiser Yü ist eine legendäre Gestalt. In der chinesischen Geschichte zählt er mit den Herrschern Shun und Yao zu den Urkaisern. Archäologisch ist seine Existenz jedoch nicht belegt.

Die Legende um den Aufstieg der Xia-Dynastie ist eng verknüpft mit den jährlichen Überflutungen der großen Ströme Chinas. Der Herrscher Shun beauftragt einen Mann namens Chuan, die Fluten einzudämmen. Aber Chuan versagt und wird hingerichtet. Sein Sohn Yü führt den Kampf gegen das Hochwasser fort. Flüsse werden mit Kanälen entlastet und Berge durchstoßen, damit das Wasser abfließen kann. Nach 13 Jahren ist die gewaltige Leistung vollbracht: Die Flüsse treten nicht mehr über die Ufer. Das Land kann fruchtbar gemacht und bearbeitet werden. Yü wird schließlich Kaiser. Als er stirbt, wenden sich die Chinesen seinem Sohn zu und ernennen ihn zum Herrscher. So entsteht die Dynastie der Xia, die 16 Generationen regiert.

Yü

legendärer chinesischer Kaiser des 3. Jt. v. Chr.

Die von Yü gegründete Herrscherdynastie erhält ihren Namen Xia nach seinem Stammsitz. Yü macht die Bevölkerung mit der Landwirtschaft vertraut und führt in China die Familiennamen ein. Alle fünf Jahre unternimmt der Kaiser eine Inspektionsreise und besucht die Lehnsfürsten des Landes. Dabei prüft Yü den Boden und teilt ihn in neun Klassen ein, die er unterschiedlich hoch besteuern lässt. Alle späteren chinesischen Kaiser verehren Yü als Vorbild.

2279–2198

Sargons Erben stemmen sich gegen den Zerfall Akkads

Die Nachfolger des Königs Sargon, des Begründers des Reiches von Akkad, bemühen sich, das riesige Reich zusammenzuhalten: Die von Sargon besiegten und unterworfenen sumerischen Stadtstaaten versuchen nun die akkadische Herrschaft abzuschütteln. Rimusch, ein Sohn des Sargon, wirft diese Revolten zunächst nieder. Die aufständischen Städte werden zurückerobert, Tausende von Gefangenen gemacht. Ein anderer Sohn Sargons, Manischtuschu, folgt nach dem Tod des Rimusch seinem Bruder auf den Thron. Auch ihm gelingt es noch einmal, die Macht Akkads zu festigen. Insbesondere das südliche Mesopotamien, das Gebiet der früheren sumerischen Stadtstaaten, weckt das Interesse des Königs. Hier liegt das Handelszentrum dieser Region. Die Kontrolle über wichtige Importgüter wie Kupfer, Gewürze und Edelhölzer ist von großer Bedeutung für die Herrscher von Akkad.

Naramsin, akkadischer König von 2259–2223., sieht sich zu Beginn seiner Herrschaft vor ähnliche Probleme gestellt wie seine Vorgänger. Aufstände und Revolten im Süden Mesopotamiens bedrohen seine Macht. Es dauert mehrere Jahre, bis Naramsin Südmesopotamien zurückerobert hat. Danach unternimmt der König Kriegszüge über die Reichsgrenzen hinaus. Den Euphrat entlang zieht er gegen Ebla in Syrien und gelangt bis an das Mittelmeer. Eine steinerne Stele (s. Abb.) bezeugt den Sieg des Königs über das Gebirgsvolk der Lullubäer: Geschmückt mit einem nur den Göttern zustehenden Hörnerhelm wirft Naramsin an der Spitze seines Heeres die Feinde nieder. Ein wohl überlegtes Herrschafts- und Verwaltungssystem sichert die Macht des Königs. Besonders im rebellischen Süden nimmt der König die Stelle der lokalen Stadtgötter ein. Vertraute bekommen wichtige Posten in den neu gegliederten Provinzen und erhalten Kronland zum Unterhalt von Heer und Verwaltung.

Unter König Scharkalischarri, dem Sohn von Naramsin, setzt ein neuerlicher Niedergang Akkads ein. Die so genannten Westleute oder Amoriter dringen auf der Suche nach fruchtbarem Land in die begehrten, durch Bewässerungsmaßnahmen kultivierten Gebiete der Akkader ein. Zudem vertreibt um 2200 v. Chr. eine Trockenzeit die Bewohner aus dem Norden Mesopotamiens.

2254

Ein Gottkönig für fast 100 Jahre

Im Alter von sechs Jahren besteigt Pepi II. den ägyptischen Thron. Er regiert das Reich länger als jeder andere ägyptische Pharao.

Von der Mitte des 23. vorchristlichen Jahrhunderts an herrscht Pepi II. angeblich 94 Jahre lang über Ägypten. Einige Forscher halten jedoch 64 Jahre für wahrscheinlicher. Er gelangt zu einer Zeit auf den Thron, in der die Macht und Herrschaft des ägyptischen Königs noch unangefochten ist. Eine Statuette aus Alabaster, heute im Brooklyn Museum of Art, zeigt den jungen König auf dem Schoß seiner Mutter Anchnesmerire. Angesichts der Jugend des Königs hat Anchnesmerire wahrscheinlich das Amt einer Regentin im Namen ihres Sohnes inne. Als Pharao führt Pepi II. den Thronnamen Neferkare (»Schön ist die Seele des Gottes Re«).

Pepi II. als Kind auf dem Schoß seiner Mutter

Nur über die erste Hälfte von Pepis Herrschaft sind verlässliche Informationen vorhanden. Der junge Pharao gilt als letzter bedeutender König des Alten Reiches und der 6. Dynastie vor dem Beginn der so genannten ersten Zwischenzeit (etwa 2195 v.Chr.). Sein besonderes Interesse gilt Nubien. In seiner frühen Regierungszeit schickt er zahlreiche Expeditionen in den südlichen Landstrich, um auf diese Weise Reichtümer für die königliche Hofhaltung heranzuschaffen.

Alabastergefäß aus dem Grab Pepis II.

Einem seiner Expeditionsleiter schreibt Pepi II.: »Beeile Dich und bringe mit Dir diesen Pygmäen, den Du aus dem Land der Horizontbewohner geholt hast, sicher und unbeschadet, für die Tänze zu Ehren des Gottes, um das Herz zu belustigen, das Herz des Königs, der für immer leben möge, zu erfreuen ... Meine Majestät sehnt sich danach, diesen Pygmäen zu sehen, mehr als nach den Gaben des Minenlandes und denen aus Punt. Wenn Du in meiner Residenz ankommst und dieser Pygmäe ist bei Dir, lebend, gesund und unversehrt, wird meine Majestät große Dinge für Dich tun ...«

Nicht anders als seine Vorgänger unterhält Pepi II. auch diplomatische und wirtschaftliche Beziehungen zu seinen Nachbarn. So sind etwa Kontakte bis nach Byblos im heutigen Libanon belegt. Im Sinai lässt der Pharao Türkis und Kupfer gewinnen, wie eine dort im Wüstental Wadi Maghara angebrachte Inschrift berichtet.

Schon vor seinem Tod im Alter von etwa 100 Jahren setzt ein dramatischer Niedergang ein. Die Kontakte zu dem von Pepi II. bevorzugten Nubien nehmen dramatisch ab. Immer mehr verliert die Zentralgewalt an Bedeutung und kann sich schließlich gegen die erstarkten Ansprüche lokaler Adelsfamilien nicht länger durchsetzen. Deren Grabanlagen in den Provinzstädten zeigen deutlich, dass der Reichtum und damit die Macht dieser lokalen Eliten und ihrer nun erblich gewordenen Staatsämter zum Ende der Herrschaft Pepis II. immer mehr ansteigt und im Gegenzug dazu die faktische Macht des Königs schwindet. Daran ändert auch die vom König befohlene Teilung des wichtigen Wesir-Amtes in je einen Posten für Unter- und Oberägypten nichts. Mit Sicherheit ist für den Niedergang der königlichen Autorität auch das hohe Alter und die Hinfälligkeit des Pharaos verantwortlich. Pepis Grabanlage ist im Unterschied zu denen seiner Vorgänger wesentlich bescheidener ausgestattet; fast wie eine Ankündigung der schweren Zeiten, die bald folgen sollen.

Altes und Mittleres Reich in Ägypten

Um 2200 In Europa besteht ein reger Warenaustausch. Über ein Netz aus **Fernstraßen** werden die Güter bis in die entlegensten Regionen transportiert. Unter den Handelsgütern befinden sich Bernstein, Elfenbein, Feuerstein, Keramikgefäße, Metallgeräte, Perlen, Salz und Schmuck. Haupthandelsverbindungen sind u.a. die Strecken von der Deutschen Bucht über den Brenner zur Adria, von der Elbmündung zur Saale und weiter bis in die Gegend des heutigen Passau sowie die Straße vom Kurischen Haff über Schlesien und weiter in die Balkanregionen.

In der Oase **Palmyra** im heutigen Syrien entsteht eine erste dörfliche Siedlung. Sie trägt nach Berichten späterer assyrischer Quellen den aramäischen Namen Tadmor. Im Kreuzungspunkt wichtiger Handelstraßen entwickelt sich Palmyra zur bedeutendsten Anlaufstation in der syrischen Wüste für die aus dem Osten, Norden und Westen kommenden Esel- und Kamelkarawanen. Auf dem Weg durch die kargen Wüstengegenden ist die fruchtbare Oase für die Händler ein willkommener Ruhepunkt. Hier können sie Wasservorräte auffüllen, Nachrichten austauschen und auch Waren kaufen und verkaufen.

Im Vorderen Orient ist die **Aloe Vera** eine beliebte Kulturpflanze. Ein erstes schriftliches Zeugnis über den Gebrauch der Pflanze liefert eine sumerische Keilschrifttafel. Die Blattsukkulente wird als medizinisches Heilmittel und als Räucherstoff eingesetzt. In Ägypten dient die Aloe, mit Myrrhe vermengt , zum Einbalsamieren der Toten. Erste Aufzeichnungen über die verschiedenen Anwendungsmöglichkeiten der Aloe Vera liefert der um 1500 v. Chr. entstandene Papyrus Ebers, das größte Buch zur Heilkunst im alten Ägypten.

In Mesopotamien finden Naturgewalten ihren bildlichen Ausdruck. So zeigt ein sumerisches Rollsiegel die symbolhafte Darstellung eines **Blitzes**. Neben einer Göttergestalt bildet das Siegel in stilisierter Form einen zickzackförmigen Blitz ab. Die älteste erhaltene Darstellung des Gewitterphänomens gehörte laut eines Keilschrifttextes einem Bediensteten des in der Stadt Isin residierenden Königs Bursin.

Um 2134

Ägyptische Literatur verarbeitet das Ende des Alten Reiches

Unter der Herrschaft der Herakleopoliten (Gaufürsten von Herakleopolis) der Ersten Zwischenzeit beginnt eine Blüte der altägyptischen Literatur.
Die Revolution am Ende der 6. Dynastie bietet den ägyptischen Schreibern einen schier unerschöpflichen Quell der Inspiration. Es entstehen die Werke der »Umsturzliteratur« und der »Welt der Klagen«, in denen die Autoren die unsicheren Verhältnisse nach dem Tod des Pharaos Pepi II. beschreiben. Sie beklagen Hungersnöte und den Verfall der Gesellschaft (Abb.: Musikszene und Deklamation; Grab des Gaufürsten Cheti in Beni Hassan). Neben Klagetexten werden andere Werke verfasst, darunter die Regierungsanweisungen des Merikares an seinen Sohn. Sie enthalten neben einer Regierungsanleitung auch Verhaltensregeln für den jungen Herrscher. Auch die religiöse Literatur erlebt mit der Verbreitung von Sargtexten, die als Geleit für die Toten auf den Innenseiten der Särge angebracht werden, einen Aufschwung.

Um 2200

Frühe städtische Siedlungen in den peruanischen Anden

Erste städtische Zentren in Peru markieren den Übergang von einer Gesellschaft der Jäger und Sammler zur sesshaften Lebensweise. Aus Mittelamerika gelangt die Kultur der Ackerbauern auf den südamerikanischen Kontinent. In den Zentral-Anden bei Aspero, Sechin Alto, Huaca de los Reyes und Garagay bilden sich kleine sesshafte Gruppen mit gut organisierten Siedlungszentren. Die Menschen von Aspero bauen sechs bis zehn Meter hohe Plattformen übereinander, auf denen sie leben. Auf der obersten Plattform legen sie Gehöfte und Gänge aus Stein sowie luftgetrockneten Ziegeln an. In versteckten Nischen werden Opfergaben aus Ton, Holz und Baumwolle aufgestellt, um den Segen der Götter für den Erhalt der Stadtanlage zu erbitten.

2160

Sonnenfinsternis in China

Der Mond wirft für einige Minuten seinen mächtigen Schatten auf China, als ihn seine Umlaufbahn genau zwischen Erde und Sonne führt. Es kommt zu einer totalen Sonnenfinsternis (Abb.: Korona der Sonnenfinsternis in Mitteleuropa von 1999). Weil sie dieses Ereignis nicht vorhersagen konnten, werden die beiden Hofastronomen Hi und Ho hingerichtet.
Schon im Neolithikum erkannten die chinesischen Sternenbeobachter, dass sich der Mond nicht auf einer festen Umlaufbahn um die Erde dreht. Auf seinem Weg verdeckt der Erdtrabant verschiedene Sterne. Anhand dieser Beobachtung errechneten die frühen Astronomen, dass der Weg des Mondes neunmal so lang ist wie sein vermuteter Umfang. Den chinesischen Hofastronomen fällt die wichtige Aufgabe zu, astronomische Ereignisse vorherzusagen und astrologisch zu deuten. Besonderheiten wie das Auftreten eines ungewöhnlich hellen Sterns, eines Kometen oder einer Sonnenfinsternis betrachten die Chinesen ebenso wie Erdbeben, Dürren und andere Naturerscheinungen als himmlische Zeichen, die Auskunft über bevorstehendes Glück oder Unglück geben können. Die aus den Ereignissen herausgelesenen Vorhersagen haben Einfluss auf die Gesellschaft. Daher ist es nach der Vorstellung der Chinesen möglich, sich gegen drohendes Unheil zu wappnen und himmlisches Wohlwollen zu erkennen – vorausgesetzt, die Vorhersage trifft ein.

Um 2150

Ägypter bauen Nil aus

Im Gebiet des ersten Nilkatarakts bei Assuan (s. Abb.) errichten die Baumeister der Pharaonen einen großen Kanal. Damit ist eine der wichtigsten Verbindungen des fruchtbaren Niltals mit dem Süden des Landes geschaffen.
Beim Bau des Kanals kommt den Ägyptern die Erfahrung zugute, die sie schon bei der Errichtung von Bewässerungsanlagen entlang des Nilufers gesammelt haben. Doch das Gebiet am Nilkatarakt ist schwieriges Gelände, der Kanal muss u.a. durch gewaltige Granitfelsen getrieben werden. Der Oberlauf des Nil ist durch den Kanal jetzt auch für Schiffe mit bis zu 40 m Länge befahrbar. Im Osten und Westen von Wüsten umgeben und im Norden vom Mittelmeer begrenzt, bleibt den Ägyptern nur diese eine Richtung, um ihr Reich auszudehen sowie neues Weide- und Ackerland zu finden. Da kaum Landverbindungen zu benachbarten Kulturen bestehen, kommt der Flussschifffahrt auf dem Nil große Bedeutung zu.

2155

Das Alte Reich endet im Chaos

Nach dem Tod des ägyptischen Pharaos Pepi II. beginnt der Zerfall des Alten Reiches. Ägypten spaltet sich in zwei Teilreiche und etliche unabhängige Fürstentümer – die so genannte Erste Zwischenzeit beginnt.
Schon seit Jahren bemühen sich die Gauverwalter um mehr Unabhängigkeit von der Regierung.

Sitzstatue eines Beamten des Alten Reiches

Immer wieder erheben sich die Fürsten gegen den Pharao. Durch die zunehmende Bürokratisierung des Staatsapparates lähmt sich die Machtzentrale der 6. Dynastie faktisch selbst, sodass sie den Bestrebungen der lokalen Fürstentümer nur wenig entgegensetzen kann. Hinzu kommt der Unmut der Bevölkerung über die ungleiche Steuerlast. So sind z.B. die Pyramidenstädte von Abgaben und Arbeitsleistungen befreit, die umso mehr von der restlichen Bevölkerung erbracht werden müssen. Als die Revolution ausbricht, richtet sie sich hauptsächlich gegen soziale Notstände. Das Prinzip des Königtums bleibt weitgehend unangetastet.
Der Umsturz führt dazu, dass über Jahrhunderte gewachsene Strukturen zerfallen. Der Niedergang des Reiches wird dadurch noch beschleunigt. Was als soziale Unruhen beginnt, führt letzten Endes zu großen wirtschaftlichen Problemen. Hungersnöte suchen das Land heim. Die Auflösung der alten Gesellschaftsstrukturen trägt ihren Teil dazu bei, das Land ins Chaos zu stürzen.

Die Prügelstrafe als Abschreckung; Wandgemälde aus Beni Hasan

Auch im religiösen Bereich werden Veränderungen sichtbar. In der Ersten Zwischenzeit ersetzen Sargtexte, die direkt auf dem Holzsarg des Verstorbenen angebracht werden, die bis dahin üblichen Pyramidentexte. Solche Grabtexte waren bisher ein ausschließliches Privileg des Königs. Von nun an werden die Texte auch an den Särgen reicher Privatleute angebracht. Die Schriften sollen den Toten die für das Leben im Reich des Osiris notwendige Zauberkraft verleihen.
Die Könige der 7. und 8. Dynastie bleiben jeweils nur für kurze Zeit an der Macht. Insgesamt nehmen beide Dynastien kaum mehr als 25 Jahre in der Geschichte des alten Ägypten ein. Auch den Herrschern der 9. und 10. Dynastie gelingt es nicht, das ganz Reich wieder unter einem König zu einen. In dieser Zeit beanspruchen einige Gaufürsten den Pharaonentitel für sich. Sie werden aber nicht im ganzen Reich als legitime Herrscher anerkannt. Rund 120 Jahre bleibt Ägypten ohne eine ordnende Zentralgewalt. Erst Mentuhotep II. gelingt es um 2040 v.Chr. (nach anderen Quellen und anderen Lebensdaten um 1987 v.Chr.), das Ringen um die Königswürde mit einem Sieg über die Thebaner zu beenden und das Mittlere Reich zu begründen.

Um 2100 In Mari, dem heutigen Ruinenhügel Tell Hariri in Ostsyrien, wird ein Teil des später als **Palast des Zimrilim** bezeichneten Residenzbaus mit Malereien geschmückt. Bei Ausgrabungen des im Laufe von drei Jahrhunderten durch zahlreiche Baumaßnahmen erweiterten Palastes entdeckten Archäologen in einem an den Osthof grenzenden Raum gemalte Friese. Die nur fragmentarisch erhaltenen Darstellungen zeigen eine Reihe von bekleideten Personen und verschiedene Wüstentiere. Seinen Namen verdankt der etwa 260 Räume umfassende Palastbau dem hier ab 1710 v. Chr. residierenden König Zimrilim.

Auf den Orkneyinseln vor der Nordküste des heutigen England wütet ein Sturm. Bei dem Unwetter wird das Steinzeitdorf **Skara Brae** von Sandmassen verschüttet. Auf diese Weise bleibt die Siedlung fast unversehrt der Nachwelt erhalten. 1850 wurde das Dorf von Archäologen ausgegraben. Dabei stießen die Forscher auf eine Ansammlung von steinernen Rechteckhäusern, die durch Gassen verbunden sind. In den Häusern entdeckte man aus Stein gebaute Betten, Regale und Herdstellen.

Auf der heute zu Griechenland gehörenden Mittelmeerinsel Euböa erlebt die Stadt **Amarinthos** eine Blütezeit. Die Menschen des an der Küste gelegenen Ortes leben von Ackerbau, Viehzucht und Fischfang. Darüber hinaus betreiben sie regen Handel mit anderen Inseln der Ägäis. Bei Ausgrabungen wurden in Küstennähe Gegenstände der Kykladen-Kultur gefunden. Erste Spuren der Besiedlung in Amarinthos stammen aus dem Neolithikum aus der Zeit um 6000 v. Chr.

Um 2080 In der sumerischen Stadt Lagasch, dem heutigen Ruinenhügel El-Hiba im Südirak, tritt König **Gudea** die Herrschaft an. Während seiner Regierungszeit bis etwa 2060 v. Chr. unterhält er weit reichende Handelsbeziehungen, die bis in das Indusgebiet reichen. Im Kultzentrum Girsu, dem heutigen Tello, lässt Gudea den Tempel des Gottes Ningirsu ausbauen. Darüber hinaus stiftet er etwa 15 überwiegend aus Diorit gemeißelte Stand- und Sitzbilder. Sie zeigen den König als Betenden.

Um 2094

Die Zikkurat von Ur

Die Regierungszeit von Urnammu, des Königs von Ur, endet. Sein Sohn Schulgi folgt ihm auf den Thron. Der Nachwelt bleibt Urnammu vor allem durch seine eindrucksvolle Bautätigkeit ein Begriff. Unter seiner Herrschaft entsteht eine neue Form des Tempelbaus in Mesopotamien.

Als Statthalter und Militärgouverneur des Fürsten Utuchengal von Uruk (Reg. 2116–2110) sammelte Urnammu Erfahrungen in politischen Angelegenheiten. Er löste sich aus dem Schatten des Adelsherrn, gründete einen selbstständigen Truppenverband und besiegte Uruk.

Als König von Ur ließ Urnammu viele Städte seines Reiches prachtvoll ausbauen. Er revolutionierte den Tempelbau, indem er die bislang üblichen flachen Terrassentempel durch stufenförmige Tempeltürme, so genannte Zikkurats, ersetzen ließ. Die Zikkurat erreicht eine Höhe von bis zu 20 m und verjüngt sich nach oben. Ihre Basis misst im Fall der Zikkurat Etemenniguru in Ur etwa 210 m im Umfang. Eine monumentale Treppe führt bis zur ersten Plattform hinauf, von dort gelangt man über Wandtreppen zu höheren Stockwerken. Auf der obersten Ebene wird den Göttern gehuldigt.

Kopf- und Halsschmuck aus Ur

Die gewaltigen Tempel dienen allerdings nicht allein der Verehrung der Götter. Sie sind Wirtschafts- und Verwaltungszentren, Wohnhäuser der Priester und Beamten sowie Archive. Dem Glauben nach ist das Tempeldach der Ort, auf dem sich die Götter niederlassen, um sich mit den Menschen zu vereinigen. Dementsprechend drückt sich in der monumentalen Architektur auch der Anspruch der Könige von Ur aus, die weltliche Macht weithin sichtbar mit religiöser Autorität zu verknüpfen.

Urnammus Tempelarchitektur findet weite Verbreitung und hält Einzug auch in die Baukunst der Assyrer, Babylonier und Elamiter. Die biblische Geschichte des Turmbaus zu Babel leitet sich ebenfalls von den monumentalen Tempeln des Zweitstromlandes ab.

Vom Sakralturm der Zikkurat von Ur (im Hintergrund) ist heute nur noch die untere Stufe erhalten.

Um 2040

Mentuhotep II. begründet das Mittlere Reich

In den Wirren der Ersten Zwischenzeit Ägyptens gelangt Mentuhotep II. auf den Thron – das Zeitalter des Mittleren Reiches beginnt.
Der Pharao entstammt der 11. Dynastie, einem Herrschergeschlecht, das während der Ersten Zwischenzeit stets um den Erhalt der Königswürde gekämpft hat. Das Reich ist in Ober- und Unterägypten gespalten. Mentuhotep regiert den südlichen Teil, Gaufürsten herrschen im Norden. 20 Jahre lang bemüht sich der Pharao um die Einigung der beiden Landesteile. Dazu knüpft er zunächst diplomatische Kontakte mit den Nubiern im Süden. Vermutlich heiratet er eine nubische Prinzessin, um nicht von den südlichen Nachbarn angegriffen zu werden, wenn er gegen die nördlichen Gaufürsten in den Krieg zieht. Um 2040 v. Chr. schlägt Mentuhotep los.

Mentuhotep II.

ägyptischer Pharao, Reg. 2064–2010

Nach Vereinigung der ägyptischen Landesteile gilt der Pharao als milder und friedfertiger Herrscher. Er erklärt Theben zur königlichen Residenz und startet ein umfangreiches Bauprogramm. Dabei entstehen u. a. die berühmten Steinbrüche im Wadi Hammamat. Zum Ende seiner Regierung zwingen Aufstände Mentuhotep zu Repressalien, wie Soldatengräber in der Nähe seines Totentempels vermuten lassen. Auf Inschriften wird er später mit dem legendären Reichsgründer Menes gleichgesetzt. Mentuhoteps Hauptfrau ist Tem. Eine Nebenfrau, Neferu, ist die Mutter seines Sohnes und Nachfolgers Amenemhat I.

In einer Folge von Kämpfen erobert er Unterägypten und vereinigt schließlich beide Landesteile unter seiner Herrschaft.
Mentuhotep stammt aus Theben, wo er seinen Totentempel errichten lässt. Die Grabanlage von Deir el-Bahari belegt eindrucksvoll, dass mit dem Herrscher eine neue Epoche angebrochen ist. Der Pharao besinnt sich nicht etwa auf die Architektur des Alten Reiches, sondern treibt die künstlerischen Entwicklungen voran, die während der Ersten Zwischenzeit zaghaft begonnen haben. Der Totentempel Mentuhoteps ist das erste ägyptische Bauwerk, das unterschiedliche Stockwerke aufweist. Eine 46 m breite Straße führt vom Taltempel zum Vorhof. Von dort ist ein unterirdischer Gang erreichbar, der in einem Scheingrab, einer symbolischen Begräbnisstätte, endet. Vom Grab selbst ist nichts erhalten. Der Tempel von Deir el-Bahari ist in den anstehenden Felsen getrieben und zählt heute zu den eindrucksvollsten Totentempeln Ägyptens.

Auch in Karnak (Abb.: Säulen des unter Thutmosis III. errichteten Amuntempels in Karnak) lässt Mentuhotep erste Bauten anlegen.
Trotz dieser gewaltigen Hinterlassenschaften gibt der erste Pharao des Mittleren Reiches der Forschung noch immer Rätsel auf. Seine Lebensdaten sind unbekannt, die Regierungszeit ist umstritten (nach einigen Quellen gründet Mentuhotep das Mittlere Reich erst 1987 v. Chr.). Ungewiss ist auch, ob Mentuhotep II. mit seinem Vorgänger, Mentuhotep I., identisch ist, denn der Pharao trägt zu Lebzeiten mehrere Namen, darunter »Der den beiden Ländern Herz gibt« und »Vereiniger der beiden Länder«.

Um 2100

Die ersten schriftlichen Rezepte: Medizin macht Fortschritte

Heilkundige in Mesopotamien schreiben erstmals Rezepte auf Tontäfelchen nieder. Sie sind die ältesten Belege für das Wirken von Ärzten im Zweistromland.
Die frühesten dieser Texte befassen sich mit dem Heilen von Krankheiten und Verletzungen durch pflanzliche und tierische Stoffe. Sie enthalten Mengenangaben und erklären, wie der Heilkundige vorzugehen hat. Spätere Rezepturen werden durch magische Praktiken ergänzt, wie eine Tontafel mit der Beschwörungsformel gegen den mutmaßlichen Verursacher des Zahnschmerzes zeigt (Abb.: Beschwörung des Zahnwurms, babylonische Keilschrift).

Auch in Ägypten hat die Medizin bereits einen hohen Stellenwert in der Gesellschaft. Ärzte, Priester und Magier sind mit der Heilkunde beschäftigt. Der älteste namentlich bekannte Arzt Ägyptens heißt Hesire und wird auf einem Grabrelief abgebildet, das aus den frühen Tagen des Alten Reiches stammt (etwa 2600 v. Chr.). Auf dem Bildnis trägt er einen Würdestab zur Kennzeichnung seines hohen Standes.
Ägyptische Heilkundige müssen eine Ausbildung durchlaufen, bevor sie praktizieren dürfen. Diese findet im so genannten Lebenshaus statt, einer Art Akademie. Nach Abschluss der Lehre gehören die Mediziner zu der gesellschaftlich hoch stehenden Schicht der Beamten. Innerhalb ihres Berufes können sie bis zum Palastarzt aufsteigen, der den Pharao persönlich behandelt.
Die Kenntnisse über die menschliche Gesundheit sind so groß, dass sich Spezialisten herausbilden. Es gibt Ärzte für Augenleiden, für Zahnleiden sowie Kopfschmerzen oder -verletzungen. Der griechische Geschichtsschreiber Herodot belegt im 5. Jh. v. Chr., dass sich die ägyptischen Ärzte auf Fachgebiete spezialisieren. So gibt es z. B. den Verdauungsexperten mit der Bezeichnung »Hirt des Afters«.

Um 2040

Gebrannte Ziegel mit Glasur

Beim Ausbau der Stadt Ur verwenden mesopotamische Baumeister erstmals gebrannte Ziegel. Bislang errichteten die Bewohner des Zweistromlandes ihre Häuser, Tempel und Paläste aus luftgetrockneten Lehmziegeln. Dieses Verfahren ist jedoch zeitaufwändig. Bis die Ziegel verarbeitet werden können, müssen sie zwei bis fünf Jahre in der Sonne liegen. Luftgetrocknetes Baumaterial ist zudem sehr anfällig bei Wassereinbruch.
Gebrannte Ziegel schaffen hier Abhilfe. Sie sind schnell hergestellt und widerstandsfähig. Zudem können sie glasiert oder mit Mineralien wie Kupferoxid farbig überzogen werden. Doch die Herstellung ist teuer, denn sie erfordert große Mengen Brennholz. Holz jedoch ist rar zwischen Euphrat und Tigris und muss über Fernhandelsrouten herbeigeschafft werden. Gebrannte Ziegel werden daher zunächst ausschließlich für Repräsentationsbauten verwendet. Auch die Kunst nutzt die Glasurtechnik (Abb.: Frauenkopf aus glasierter Keramik).

Um 2025 Neben Sonnenuhren sind in Ägypten auch **Einlaufwasseruhren** in Betrieb. Die frühen Zeitmessgeräte bestehen aus einem säulenförmigen Gefäß, in das Wasser ein- oder ausfließt. Der sich hebende oder senkende Wasserspiegel dient als Zeitmesser. Mit Hilfe eines auf der Wasserfläche schwimmenden Zeigers wird die Zeit auf einer in der Säule angebrachten Skala abgelesen. Diese Wasseruhren werden über Jahrhunderte in fast unveränderter Weise benutzt. Erst im 3. Jh. v. Chr. verbessert Ktesibios von Alexandria das Prinzip.

Um 2020 In der ägyptischen Stadt Abusir am westlichen Nilufer entsteht das Grabmal des Priesters **Herischef-hotep**. Zu den wertvollsten Grabbeigaben zählt neben Keramiken sowie Haus- und Bootsmodellen eine Mumienmaske, die auf dem Kopf des einbalsamierten Leichnams liegt. Sie zählt heute zu den frühesten erhaltenen Totenmasken. Die aus getränktem Leinen bestehende Maske bildet den Kopf des Herischef-hotep ab. Dieser trägt eine olive Perücke und einen schwarzen Backen- und Oberlippenbart sowie einen dem königlichen Zeremonialbereich entlehnten Knebelbart. Seine Brust ziert ein vielfarbiger Perlkragen.

Um 2010 In China überwachen **kaiserliche Bedienstete** staatliche Baumaßnahmen. Die in zentralen Baubüros organisierten Staatsdiener regeln den Bau öffentlicher Bauwerke und kontrollieren die Ausbesserungsarbeiten an den Gebäuden. Ihre Befugnisse sind schriftlich niedergelegt. Neben Angaben über die vorgeschriebene Arbeitszeit enthalten die Vorschriften auch Aussagen über die zu verwendenden Baumaterialien.

Um 2020

Minoische Hochkultur auf

Auf der Mittelmeerinsel Kreta entsteht eine Hochkultur, die eine der bemerkenswertesten Zivilisationsstufen der frühen Mittelmeerwelt hervorbringt.
Bereits um 6000 v. Chr. erreichten die ersten Einwanderer aus der Ägäis die Insel, deren Bild von Gebirgen und Wäldern geprägt ist. Im 3. Jt. v. Chr. entstanden erste größere Siedlungen und um 2020 v. Chr. wird der erste Palast in Knossos, dem politischen und religiösen Zentrum des neuen minoischen Reiches, erbaut. Der sagenhafte König Minos soll über das Inselreich herrschen – nach seinem Namen werden die frühen Kreter als Minoer bezeichnet.

Minoisches Gefäß in Form eines Stierkopfes

Zwischen 2000 und 1700 v. Chr. errichten die Minoer beeindruckende Palastanlagen – nicht nur im Hauptort Knossos, sondern auch in Phaistos, Malia und Sakros. Die Residenzen enthalten neben zahlreichen mit bunten Wandmalereien geschmückten Wohn- und Empfangsräumen auch Vorratslager und Werkstätten für Handwerker. Insgesamt zeigt sich das Bild einer komplexen und fortschrittlichen Wirtschafts- und Gesellschaftsstruktur, deren Mittelpunkt die Paläste bilden.
Die Verwalter der Residenzen lagern die landwirtschaftlichen Erzeugnisse und verzeichnen sie auf Tontafeln. Zu diesem Zweck entwickeln die Minoer eine eigene Bilderschrift. Die ältere, das so genannte Linear A, kann bis heute nicht entschlüsselt werden, das jüngere Linear B dagegen liefert seit seiner Entzifferung im Jahr 1952 wichtige Informationen über das minoische Wirtschaftsleben. So berichten die Tafeln von der Zahl der gehaltenen Schafe und der Menge des eingelagerten Olivenöls oder Weins. Die zentrale Kontrolle über alle Ressourcen ermöglicht eine genaue Planung, um die Bevölkerung mit den notwendigen Lebensmitteln und Gütern zu versorgen. Die minoische Flotte, die Handelsbeziehungen bis nach Ägypten unterhält, bringt Gold, Silber, Kupfer, Elfenbein, aber auch Steingefäße im Austausch gegen Fertigprodukte wie kunstvoll bemalte Tongefäße, Textilien, Metallarbeiten und Olivenöl.
Die prachtvollen Palastanlagen und kleineren Villenbauten überall auf der Insel zeugen vom hohen Wohlstand der adligen Oberschicht. Doch auch das einfache Volk profitiert von der Blüte der minoischen Kultur. Die zahlreichen Städte und Dörfer weisen keine Befestigungsanlagen auf; Krieg oder Überfälle brauchen die Kreter offenbar nicht zu fürchten. In den Stadthäusern ist das Obergeschoss mit den Wohnräumen über eine Treppe zu erreichen, während Werkstätten oder Lagerräume ebenerdig untergebracht sind. Die Minoer sind als begabte Handwerker bekannt, wie besonders die kunstvoll bemalten, hauchdünnen und auf der Töpferscheibe gefertigten Tongefäße beweisen, die im gesamten östlichen Mittelmeerraum gefragt sind.
Der große Palast von Knossos – durch den englischen Archäologen Arthur Evans ab 1900 ausgegraben und seitdem rekonstruiert – präsentiert sich heute in seinem Zustand um 1700 v. Chr. Zwei- und mehrstöckige Gebäude aus Kalkstein sind um einen zentralen Hof gruppiert, der wohl als Zentrum des politischen und religiösen Lebens diente. Die königlichen Räume sind im Südosten des Komplexes untergebracht, wo im Sommer ein kühler Wind aus den Bergen für Erfrischung sorgte. Im Westen liegt ein großer Thronsaal, in dem der König Gäste und Bittsteller empfing. Diese und andere wichtige Räume sind mit prächtigen farbigen Wandmalereien geschmückt, die Prozessionen, höfische Szenen, sprin-

Säulenvestibül der minoischen Kultur in Knossos

Kreta

gende Delfine, Wettkämpfe, Schiffe und Hafenszenen zeigen. Die Keller enthalten zahlreiche Vorratsräume, in denen Waren gelagert wurden. Handwerker und Arbeiter lebten ebenfalls in dem großen Komplex, da sie von dort auch ihre Rohstoffe, wie etwa die Wolle der bis zu 80000 Schafe, zur Weiterverarbeitung bezogen.

Vorratsgefäß aus Malia

Die Minoer verehren ihre Götter in Höhlenheiligtümern und Grotten, in denen Opfer- und Weihegaben dargebracht werden. Der bedeutendste Kult ist vermutlich – wie im übrigen Mittelmeergebiet – der der großen Mutter. Götterschreine in den Häusern dienen insbesondere der Verehrung der Schlangengöttin, von der zahlreiche Darstellungen gefunden werden. Tempelanlagen sind dagegen unbekannt.

Hof im rekonstruierten Palast von Knossos

Eine besondere Rolle nimmt der Stierkult ein. Häufige Kultsymbole der Minoer sind Hörner und Doppeläxte, mit denen Opferstiere erschlagen wurden. Auch das Turnen auf Stieren, das auf Fresken dargestellt ist, hat wohl kultische Bedeutung gehabt. Zugrunde liegt dem Treiben die Sage von Minotaurus: Minos, König von Kreta, hatte das Opfergeschenk des Poseidon, einen prächtigen Stier, verschmäht. Der erzürnte Gott ließ daraufhin die Gemahlin des Minos in Liebe zu diesem Stier entbrennen. Sie gebar ein Ungeheuer mit Menschengestalt und Stierkopf – den Minotaurus. Jedes Jahr opferten die Kreter sieben Jungfrauen und sieben Knaben dem in einem Labyrinth eingesperrten Ungeheuer, bis der Athener Theseus Minotaurus erschlug.

2003

Mit der 3. Dynastie endet die Geschichte des Reichs von Ur

Die 3. Dynastie von Ur, eines der machtvollsten Reiche in Mesopotamien, geht nach nur 100 Jahren unter.

Utuchengal, der Fürst der Stadt Uruk, konnte um 2115 v. Chr. die gefürchteten Gutäer besiegen und in ihre gebirgige Heimat zurückdrängen. Seinem Nachfolger Urnammu gelang die Vereinigung ganz Mesopotamiens unter seiner Herrschaft und die Gründung der 3. Dynastie von Ur. Das Reich wurde einer zentralisierten Verwaltung unterworfen, bei der Gouverneure für die einzelnen Tempelwirtschaften zuständig waren. Dem König direkt unterstellte Militärkommandeure sorgten für die Sicherheit des Landes. König Schulgi reformierte das Rechtswesen und gab eine Sammlung von Gesetzestexten heraus, die die Bevölkerung vor staatlicher Willkür und Anarchie schützen sollten. Vom Persischen Golf bezog das Reich Rohstoffe und Luxusgüter.

Schon unter König Schusin bedrohten nomadisierende Stämme die Gebiete Südmesopotamiens. Zum Schutz ließ der König eine 280 km lange Mauer zwischen Tigris, Euphrat und Dijala errichten – vergeblich: Um 2003 v. Chr. besiegeln die östlich von Ur ansässigen Elamiten mit Hilfe der »Su-Leute« aus dem Zagros (nördlich von Elam) den Untergang des Reichs. Auf Tontafeln aus Ur sind Klagelieder überliefert, die über die dramatischen Folgen des Niedergangs berichten und die mit Begleitung von Musikinstrumenten vorgetragen wurden (Abb.: Rekonstruktion einer Leier aus Ur).

Um 2010

»Fuß von Nippur« ist das erste physikalische Längenmaß

In Mesopotamien wird erstmals ein verbindliches Maß zur Längenberechnung festgelegt. In Nippur, wo sich ein bedeutendes Kultzentrum des Gottes Enlil befindet, dient ein Kupferstab als Urmaß. Seit dem 4. Jt. v. Chr. sind im Zweistromland verschiedene lokale Längeneinheiten in Gebrauch. Hauptmaß ist hierbei der Fuß, gemessen von der Ferse zu den Zehenspitzen eines Mannes. Für alle Bewohner überprüfbar legt nun der »Fuß von Nippur« das Längenmaß exakt fest. Diese erste Norm ist in 30 Fingerbreiten unterteilt und misst umgerechnet ca. 51 cm. Erst ein verbindliches Maß- und Längensystem schafft die Voraussetzungen für die beeindruckenden Leistungen der mesopotamischen Kulturen auf dem Gebiet der Architektur und Wissenschaft.

2017

Verwirrende Machtverhältnisse in Mesopotamien

Vom Niedergang des Reiches von Ur profitieren die Dynastien der amoritischen Städte Isin und Larsa, die nun für rund zwei Jahrhunderte das Geschehen in Mesopotamien bestimmen.

Zunächst ist Isin im Norden unter dem Usurpator Ischbierra, der sich 2017 v. Chr. zum »König von Ur« erklärt, die beherrschende Macht. Stolz nennt sich der König »Gott des Landes« und unterwirft Teile Südmesopotamiens. Ab 1932 v. Chr. gelingt es der Stadt Larsa unter ihrem König Gungunum, sich von Isins Vorherrschaft zu lösen. Über mehrere Generationen ringen die beiden nur etwa 60 km voneinander entfernten Städte um die Macht.

Als König Rimsin von Larsa Isin 1793 v. Chr. schließlich erobern kann, hat sich die politische Landschaft Mesopotamiens grundlegend verändert. Auf dem Gebiet des späteren babylonischen Großreiches haben sich mehrere Stadtstaaten etabliert. Zu ihnen zählen neben Larsa noch Babylon, Mari, Assur (Abb.: Fragment der Siegesstele des assyrischen Königs Samshi Adad I.; Reg. 1815–1782), Eschnunna und Elam.

Vorboten europäischer Kunst

*In der minoischen Kultur Kretas ist das Kunsthandwerk des **Siegelschnitts** auf sehr hohem Niveau ausgeprägt. Vor der Erfindung und Ausbreitung der Schrift stellen Siegel das einzige Erkennungszeichen für den Besitz eines Menschen dar. Sie müssen leicht wiedererkennbar und unverwechselbar sein. Für ihre Meisterwerke aus Halbedelsteinen und Elfenbein holen sich die minoischen Handwerker Inspirationen aus dem östlichen Mittelmeerraum, schaffen jedoch rasch eigenständige Modelle (z. B. Linsen- und Ringformen). Bei den Motiven zeigt sich eine größere Vielfalt als bei den orientalischen Vorlagen. Die Gravuren präsentieren Naturdarstellungen, Jagdszenen und rituelle Tänze.*

Mitte des 3. Jt. v. Chr. landen Händler und Entdecker aus Ägypten und Mesopotamien an den Gestaden der Mittelmeerinsel Kreta und kommen mit den Minoern in Kontakt – einer Zivilisation, deren kulturelle Leistungen ebenfalls bereits ein hohes Niveau erreicht haben. Die Minoer nehmen die Impulse aus den südöstlichen Hochkulturen auf und verarbeiten sie weiter. Kunst und Kultur des frühen Europa entwickeln sich dank der Einflüsse von Nil und Euphrat mit nie gekannter Intensität: Auf Kreta entsteht die erste originär europäische Kunst; von hier aus wird sie nach Griechenland und von dort auf die gesamte antike Welt ausstrahlen.

Einflüsse aus Ägypten nachweisbar

Vor allem Minoer und Ägypter pflegen in der Folgezeit intensive Handelsbeziehungen. Aus ägyptischen Werkstätten importierte Keramikgefäße beeinflussen das kretische Kunsthandwerk. Später finden die Ergebnisse dieses kulturellen Einflusses auch wieder an den Nil zurück: Um 2000 v. Chr. ist die minoische Kamareskeramik im gesamten östlichen Mittelmeerraum begehrt. Diese Gefäße, die aus einem hoch elastischen Tonmaterial hergestellt werden, besitzen eine hauchdünne Wandung und werden deshalb auch als »Eierschalenware« bezeichnet. In der spätminoischen Zeit entstehen kugelige Gefäßformen mit fast naturalistischer Bemalung. Meist schlängelt sich ein Tintenfisch in lockeren Windungen um das Gefäß, daher auch der Name Oktopusvasen. Bis in die spätminoische Zeit um 1500 v. Chr. sind die Handelsverbindungen ins Pharaonenreich nachzuvollziehen. In der bildenden Kunst unterscheiden sich die beiden Kulturen jedoch. Die Wandmalereien am Nil werden von starren Figuren dominiert, die nach einem Proportionsraster angelegt werden. Die Minoer hingegen malen bewegte Szenen: springende Leoparden, laufende Jäger, tanzende Priester. Linienschwung und Technik ähneln eher der Skulptur und Malerei Mesopotamiens.

In der mesopotamischen Kunst dient das Abbild des Menschen fast ausschließlich dem Zweck, seine Kriegstaten und andere weltliche Erfolge zu rühmen und ihn über den Tod hinaus bedeutend erscheinen zu lassen. Der Herrscher steht meist über den Feinden oder stellt triumphierend einen Fuß auf Gefangene und Tote. Auf der Geierstele von Girsu streitet sogar ein Gott an der Seite des Königs und erschlägt die Feinde mit einer Keule. Diese Bildnisse der Mesopotamier begründen eine lange Tradition. Zwar existieren Unterwerfungsbilder nicht auf Kreta, das seine Blütezeit konfliktfrei erlebt, doch finden sie sich später in der Kunst der europäischen Antike wieder, wie die Reliefs an den Triumphsäulen der römischen Kaiser belegen.

Minoer entwickeln Freskotechnik

Die sumerische Plastik zeichnet sich durch einen Stil aus, bei dem nur das Funktionelle den Typus der Person bestimmt. Individuelle Züge fehlen völlig. Die meisten Plastiken sind Altarstatuen mit großen Augen, schmalen Hüften und knöchellangen Gewändern. Ähnliche Merkmale zeigen die Plastiken der Minoer. Die berühmte Schlangengöttin von Knossos unterscheidet sich jedoch durch ihre hochgerissenen Arme und entblößten Brüste von den mesopotamischen Kunstwerken. Die Kunst auf Kreta geht neue Wege.

Die minoischen Künstler sind zu einfallsreich, um die Einflüsse aus dem Süden und Südosten zu übernehmen, ohne ihnen ei-

Das Motiv des Stiers ist in der minoischen Kunst allgegenwärtig: Fresko aus Knossos mit den so genannten Stierspringern.

genes Leben einzuhauchen. Bahnbrechend ist die Freskomalerei, eine Technik, die weder Ägypter noch Mesopotamier beherrschen. Nur aus der jungsteinzeitlichen Siedlung Çatal Hüyük sind Beispiele dieser Maltechnik bekannt. Dabei trägt der Künstler die Farbe auf den noch feuchten Wandputz auf. Trocknet der Putz, bildet sich über der Farbe eine Schicht aus nicht wasserlöslichem Calciumkarbonat, die die Leuchtkraft der Bilder auf einmalige Weise konserviert. Mit der Freskotechnik erschaffen die Minoer Wandbilder, die Jahrtausende überdauern – die erste eigenständige europäische Kunsttradition entwickelt sich.
Die Freskomalerei der Kreter findet im 1. Jt. v. Chr. ihre Fortsetzung in den Grabmonumenten der Etrusker und der Kunst der Römer. Einige der berühmten Wandmalereien aus Pompeji scheinen Abbilder der minoischen Kunstwerke von Knossos zu sein. Auffallend sind die Übereinstimmungen vor allem bei zwei Varianten der Wandgestaltung: zum einen die Verwandlung des Raumes in einen Gartensaal, zum anderen die Fortsetzung der gebauten Architektur in den Malereien an den Wänden. Noch die Künstler des europäischen Mittelalters schaffen Fresken großen Formats und mit großer Leuchtkraft.

Ägyptische Wandmalereien wirken meist viel starrer und unbelebter als die Szene von der Grabsäule Amenemhets in Theben.

Stierkult als verbindendes Element

Eine der bedeutendsten Parallelen der minoischen und altorientalischen Kunst ist das Motiv des Stieres. In Mesopotamien stehen Bildnisse von Stieren meist in kultischem Zusammenhang. Einer der bekanntesten Funde einer Stierplastik stammt aus den Königsgräbern von Ur: Ein goldener Stierkopf ziert den Resonanzkasten einer Leier. Der Gott Baal taucht ebenfalls in Stiergestalt auf. In Ägypten wird der Stier seit der Frühzeit als Erscheinungsform des Gottes Ptah verehrt. Doch während der Stierkult in den Hochkulturen nur eine von vielen religiösen Erscheinungsformen ist, spielt er auf Kreta eine zentrale Rolle. Stiere werden als Symbole der Fruchtbarkeit mit kultischen Spielen verehrt – den Vorläufern der Stierkämpfe. Letztlich entsteht auch die antike Legende um den Minotaurus aus dem Stierkult der Minoer.
Vermutlich gelangt die Goldschmiedekunst ebenfalls aus Mesopotamien und Ägypten nach Kreta. Die ältesten reinen Gold- und Silberarbeiten stammen aus den Königsgräbern von Ur (Mitte 3. Jt. v. Chr.) sowie dem Grab der ägyptischen Königin Hetepheres aus derselben Zeit. Auf Kreta entstehen die ersten Schmuckstücke aus Gold rund 1000 Jahre später. In der Zwischenzeit taucht diese Technik nur in Anatolien auf – dem geografischen Bindeglied zwischen Sumer und Knossos.

Im Fokus

Entstanden aus Archiven: Die ersten Bibliotheken der Welt

Während sich die bildende Kunst aus kultischen und repräsentativen Motiven entwickelt, entsteht die Literatur des Zweistromlandes aus Verwaltungstexten. Geschriebene Worte und Zahlen haben einen so hohen Stellenwert, dass sie in versiegelten Archiven aufbewahrt werden. Ende des 3. Jt. v. Chr. entstehen die ersten Bibliotheken, die Quellen der Literatur.
Das Bibliothekswesen verdankt seine Entstehung den Anforderungen der Verwaltung. Die dritte Dynastie von Ur stützt sich auf die komplexeste Bürokratie des Vorderen Orients und beschäftigt eine Vielzahl von Beamten. Schreiber halten alle wichtigen Vorgänge auf Tontafeln fest. Auch der Wunsch, Aussagen und Weisheiten zu sammeln und für die Nachwelt zu bewahren, führt zur Gründung von Archiven. Die Methode ist erfolgreich: Einige mesopotamische Spruchsammlungen und Kultgedichte sind noch zu Zeiten der Antike bekannt und schaffen von dort den Sprung bis in die Gegenwart.

Tontafeln bezeugen das hohe Kulturniveau der Sumerer. Dieses Exemplar erwähnt zum ersten Mal Pottasche als Waschmittel.

Die Schreiber ritzen die Texte in Tontafeln, die haltbarer sind als der in Ägypten verwendete Papyrus. Eine Tafel hat eine Seitenlänge von etwa 30 cm und umfasst, beidseitig beschrieben, etwa 3000 Zeichen in 30 Spalten. In den großen Metropolen zwischen Euphrat und Tigris richten die Schreiber Archivzimmer ein – kleine Räume mit Holzgestellen an den Wänden sowie Körben und Kisten auf dem Boden, in denen die Tafeln abgelegt oder aufgestellt werden. Um rasch Zugriff auf ein gesuchtes Schriftstück zu bekommen, hängen die Archivare kleine Etikettentäfelchen an die Regale, die Aufschriften wie »Inspektionen«, »Lieferungen« oder »Auszahlungen« tragen.
Die Ausstattung der Archive ist unterschiedlich. Die Bibliothek von Uruk ist mit Wasserrinnen versehen, um das Raumklima feucht zu halten, denn bei zu großer Hitze drohen die Tontafeln zu zerbröckeln. Die Archive der 3. Dynastie von Ur sind mit Bänken ausgestattet, die dem Lesen und Schreiben dienen. Briefe aus der Zeit um 2000 v. Chr. dokumentieren, dass die Archive versiegelt und nur einem kleinen Personenkreis zugänglich sind.

*Ein beliebtes Darstellungsmittel bei den Fresken der kretisch-minoischen Kultur sind **Bewegungsabläufe**. Die Malereien zeigen das sanfte Wiegen der Blätter und Gräser im Wind, das wilde Aufbäumen eines Stiers, das dynamische Abheben von Vögeln, das elegante Spiel der Delfine im Wasser oder das ausgelassene Tanzen von Menschen. Mit solchen Motiven lassen sich die langen Korridore der Paläste und die repräsentativen Säle besonders lebendig ausschmücken. So werden Opfernde auf ihrem Weg zu einem Heiligtum von imposanten Prozessionsfresken begleitet, während eine lange Reihe Tributpflichtiger den Weg zum Thronsaal weist.*

Um 2000 Leichte wendige Rundboote befahren die Binnengewässer in Mesopotamien und Indien. Die auf Euphrat, Tigris und Ganges verkehrenden, als **Guffa** bezeichneten Wassergefährte bestehen aus einem Gerüst aus Weiden- oder Schilfgeflecht. Über das Flechtwerk werden Tierhäute gespannt. Um das Guffa gegen eindringendes Wasser zu schützen, bestreichen die Bootsbauer die Wände mit Pech. Das einfache Rundboot ist im Zweistromland über mehrere Jahrtausende bis zu Beginn des 20. Jh. in Gebrauch.

In Mesopotamien verzieren Handwerker Holzgegenstände mit **Metallblechen**. Die aus Bronze oder Kupfer hergestellten Folien finden als Beschläge von Möbeln und Türen Verwendung. Darüber hinaus belegen in der sumerischen Stadt Ur gefundene Tontafeln, dass auch Musikinstrumente mit dünnem Metall geschmückt wurden. Die z.T. gepunzten oder mit Ritzzeichnungen versehenen Beschläge wurden um die zu verkleidenden Gegenstände gelegt und durch Hämmern der Holzform angepasst. Nägel oder Nieten befestigten die Metallfolien.

Zur Sicherung ihrer Eroberungen beginnen die Ägypter in **Unternubien**, zahlreiche Städte zu Festungen auszubauen. Siedlungen wie Aniba, Buhen und Ikkur erhalten aufwändige, aus mehreren Verteidigungslinien bestehende Wehranlagen. Gräben, Bastionen, Vor- und Hauptmauern schützen die ägyptischen Besitzungen. In Buhen am westlichen Nil-Ufer fanden Archäologen Reste einer gewaltigen, elf Meter hohen und fünf Meter breiten Ziegelmauer. In regelmäßigen Abständen waren Schießscharten in das Bollwerk eingelassen.

Im Mittelmeerraum wird der **Waagbalken**, der in Ägypten bereits seit etwa 5000 v. Chr. in Gebrauch ist, modifiziert. Die ursprünglich aus einem waagerechten Balken mit zwei an den Enden befestigten Schalen bestehende Konstruktion erhält einen schweren Standfuß. Die Ständerwaagen und auch die einfacheren Handwaagen sind für den Handel unverzichtbar. Mit den Messgeräten werden sowohl die Waren als auch die dafür eingetauschten Entgelte gewogen.

Um 2000 v. Chr.

Rätsel um Stonehenge

Auf dem Gebiet der heutigen Grafschaft Wiltshire im Südwesten Englands vollenden Menschen der frühen Bronzezeit das steinerne Monument von Stonehenge, in unserer Zeit das wohl berühmteste Zeugnis der europäischen Megalith-Kultur. Stonehenge wurde in drei Phasen errichtet. Zunächst war es nicht mehr als eine einfache kreisförmige Einfriedung mit einem Graben und einem Wall, ähnlich den Erdwerken der Jungsteinzeit. Dieses Rund mit einem Durchmesser von 115 m entstand um 2460 v. Chr. Die Nachfahren der Erbauer errichteten um 2200 v. Chr. einen Doppelkreis aus 80 Blausteinen im Innern der Anlage. Im Verlauf von 200 Jahren wurde das Heiligtum weiter umgebaut und erhielt seine heutige Gestalt. Sandsteinblöcke ersetzen die Blausteine. Sie sind durch horizontal aufliegende Steine, sog. Oberschwellen, miteinander verbunden. Ein weiterer Kreis aus Blausteinen kommt hinzu. Um einen Altarstein im Zentrum gruppiert sich noch ein Halbkreis. Eine 21 m breite Feststraße führt von Richtung Norden in die Megalith-Kreise hinein.

Die Funktion von Stonehenge ist bis heute ungeklärt. Vermutlich diente das Monument u. a. einem Sonnenkult, da die Achse der Anlage exakt auf den Punkt am Horizont zeigt, an dem die Sonne am Tag der Sommersonnenwende aufgeht. Auch die Identität der Erbauer ist unbekannt. Ein Männergrab in der Nähe, das im Sommer 2002 entdeckt wurde und aus der Zeit der Fertigstellung stammt, führte zu Spekulationen. Der Tote war mit großer Sicherheit ein reisender Handwerker aus der Schweiz, Bayern oder Westösterreich.

Opferfest in Stonehenge; Gemälde von Robert Havell (1816)

Die heute noch erhaltenen Teile von Stonehenge sind als UNESCO-Weltkulturerbe geschützt.

Um 2000 v. Chr.

Erste Räder mit Speichen

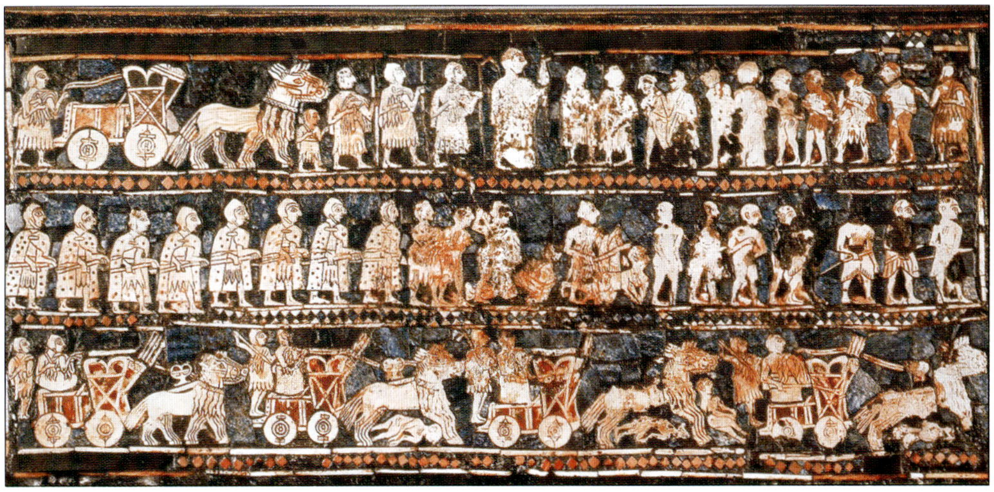

In Mesopotamien wird das Speichenrad erfunden: Sechs bis acht Speichen aus Bronze verbinden Radnabe und Felge. Bislang setzte man Räder aus Holzstücken zu runden Vollscheiben zusammen (Abb: Vollscheibenräder auf der Standarte von Ur; um 2650 v. Chr.). Diese Konstruktion bricht zwar leicht, genügt jedoch für den Warentransport mit Karren. Den Anforderungen eines Streitwagens sind Scheibenräder aber nicht gewachsen. Die Erfindung der Speichenräder revolutioniert die Kriegsführung. Sie sind nicht nur belastbar, sondern auch leicht und ermöglichen ein rasches Fortkommen – für den Lenker eines Streitwagens ein lebenswichtiger Vorteil.

Um 2000 v. Chr.

Mutige Seefahrer: Lapita erobern von Neuguinea aus Ozeanien

An den Küsten Neuguineas entsteht mit der Lapita-Kultur eine der ältesten menschlichen Kulturgemeinschaften Ozeaniens. Neuguinea ist nach Grönland die zweitgrößte Insel der Erde.

Bereits am Ende der letzten Eiszeit, vor rund 60 000 Jahren, gelangten Frühmenschen von Südchina aus in das Gebiet des heutigen Ozeanien und nach Neuguinea, das zu diesem Zeitpunkt noch mit Australien verbunden war. Die umliegende Inselwelt blieb jedoch zunächst menschenleer. Erste zaghafte Versuche, Neuland zu besiedeln, begannen bereits um 5000 v. Chr. Doch erst die Lapita-Leute bringen die kulturellen Voraussetzungen mit, die eine dauerhafte Ausbreitung des Menschen über den insularen Südseeraum ermöglicht. Die Vorfahren der Lapita stammen vermutlich aus Taiwan. Von dort waren einzelne Stämme bis nach Papua-Neuguinea vorgedrungen. Folgt man einer populären Theorie, so hatten die Lapita bei ihrer Ausbreitung leichtes Spiel, weil kurz vor ihrer Ankunft auf Neuguinea ein Vulkanausbruch das Land verwüstet und die bis dahin dort lebenden Gemeinschaften in die Bedeutungslosigkeit zurückgeworfen hatte.

Die Lapita leben zunächst in altsteinzeitlichen Verhältnissen. Sie kennen kaum feste Siedlungen oder Techniken wie z. B. die Herstellung von Keramikgefäßen. Erst um 1500 v. Chr. tauchen die ersten Irdenwaren auf – rot überzogene Gefäße mit verschlungenen Ornamenten. Als wichtigste Werkzeuge dienen Klingen aus dem ungeheuer harten Vulkangestein Obsidian. Mit ihrer Hilfe gelingt den Lapita der Sprung in die Jungsteinzeit. Mit neuen kulturellen Errungenschaften wie Vorratshaltung und verbesserter Bootsbautechnologie können sie ihren Lebensraum nun auch nach Osten ausdehnen. Sie entwickeln neben dem Fischfang, der Hauptnahrungsquelle der Lapita, den Ackerbau und die Viehzucht weiter, die beide bei den altsteinzeitlichen Kulturen noch nicht besonders ausgeprägt waren. Insel für Insel wird von den frühen Seefahrern in Besitz genommen. Rund 1000 Jahre nach der Besiedlung Neuguineas erreichen die Lapita Tonga und Samoa (siehe S. 192). Die Polynesier führen ab 200 v. Chr. die Entdeckungsreisen der Lapita fort – nach Hawaii, auf die Osterinseln und nach Neuseeland. Bis 1000 n. Chr. sind sämtliche Inseln im ozeanischen Raum besiedelt.

Um 2000 v. Chr.

Türschloss sichert Häuser

Die Einwohner Ägyptens sichern ihre Haustüren mit Schlössern, die von außen nur mit einem Schlüssel geöffnet werden können. Bislang schlossen einfache Kipphebel die Türen von innen. Dank der neuen Technik ist es erstmals möglich, die Tür zu verriegeln, nachdem man das Haus verlassen hat. Die Holzschlüssel greifen in den Schlössern durch ein Loch nach dem Bolzen und hebeln ihn in die Höhe.

Um 2000 v. Chr.

Linear A gibt Rätsel auf

Am Ende der frühminoischen Periode entsteht auf Kreta eines der ältesten europäischen Schriftsysteme. Das heute so genannte Linear A besteht aus Wort- und Begriffszeichen sowie aus Silbenzeichen, die sich von den ägyptischen Hieroglyphen ableiten. Etwa 300 Inschriften in Linear A sind überliefert, die vermutlich die Organisation des öffentlichen Lebens zum Inhalt haben. Bis heute ist Linear A – im Gegensatz zur späteren minoischen Schrift Linear B – nicht entschlüsselt.

Um 2000 v. Chr.

Gold und Soldaten: Nubiens Kusch-Kultur entwickelt sich im Windschatten pharaonischer Macht

Im Schatten des großen Nachbarn Ägypten bilden die Nubier eine eigene kulturelle Identität heraus: Die Kusch-Kultur entsteht.

Nubien (altägyptisch: Kusch) liegt am Nil-Oberlauf zwischen dem ersten und vierten Katarakt. Wie in Ägypten ist der Strom auch die Lebensader der Nubier. In der Gegend des ersten und zweiten Nilkatarakts hatte sich bereits um 3000 v. Chr. die so genannte A-Gruppen-Kultur herausgebildet, deren Entfaltung von Ägypten verhindert wurde. Auf diesem Erbe baut die nun entstehende C-Gruppen-Kultur auf, deren markantes Kennzeichen hoch entwickelte Keramiken sind.

Seine Blüte verdankt Kusch engen Beziehungen zu Ägypten. Die Pharaonen sind stets am Handel mit Nubien interessiert, denn das Land ist ein reiches Rohstofflager: Gold, Kupfer, Bausteine, Weihrauch, Myrrhe, Edelsteine, Elfenbein und Holz kommen aus dem Süden. Sehr gefragt sind auch nubische Söldner (Abb.: gefangene Nubier; Relief am Tempel Ramses' II.), die von den Pharaonen bei Thronstreitigkeiten zu Hilfe gerufen werden.

Der Blick zu den Sternen

Im südöstlichen Teutoburger Wald steht unweit der Gemeinde Horn-Bad Meinberg eine bizarre Sandsteinformation: die ***Externsteine****. Jahr für Jahr pilgern Tausende an den Ort und werden Zeuge, wie die Sonne zur Mittsommerwende ihre Strahlen durch ein Beobachtungsloch in der Felsenwand wirft. Die kreisrunde, in einer steinernen Altarnische gelegene Lichtöffnung, das so genannte Sazellum, gibt Astrologen reichlich Anlass zu Berechnungen und Spekulationen. Für eine kultische Bedeutung der bis zu 37 m hohen Felsriesen im Neolithikum oder Paläolithikum fehlen allerdings Beweise. Neuere Untersuchungen auf dem Falkenstein, einem Felsen in der Nähe der Externsteine, haben Spuren von Sitzschalen und Fußrasten ans Tageslicht gebracht. Einige Astronomen vermuten daher, von diesem »Observationsdeck« sei der Lauf der Sonne beobachtet worden. Belegt ist, dass die Felsengruppe altsteinzeitlichen Jägern und Sammlern als Schutz vor der Witterung gedient hat.*

Sonne, Mond und Sterne haben den Blick des Menschen seit Urzeiten auf den Himmel gelenkt. Wer die Bewegungsabläufe am Firmament zu deuten weiß, kann die Zeit an einer großen kosmischen Uhr ablesen. Das astrologische und astronomische Wissen der Menschen in der frühen Bronzezeit ist – wie man heute weiß – umfangreicher als noch vor wenigen Jahren vermutet.

Einige Steinblöcke der Megalith-Anlage von Stonehenge markieren genau die Extrempunkte der Mondphasen.

Spätestens mit dem Beginn der Sesshaftigkeit, des Ackerbaus und der Viehwirtschaft vor etwa 7000 Jahren erlebte die Kunst der Vorausschau, bis dahin Domäne der Schamanen, einen grundlegenden Wandel. Es genügte nicht mehr, die Geister anzurufen und um Jagdbeute oder Fruchtbarkeit zu bitten. Mit Hilfe exakter Himmelsbeobachtung und dem Aufspüren astronomischer Gesetzmäßigkeiten mussten Schlüsseldaten des Jahres vorherbestimmt werden. Wann sollten die Bauern die Saat ausbringen, wann das Vieh besamen lassen? Die Zeitpunkte der Winter- und Sommersonnenwenden markierten bereits bei den frühen Menschen wichtige Abschnitte des Jahres und sind bis in die Gegenwart mit Riten und Festlichkeiten verbunden. Um den längsten Tag und die längste Nacht aber gebührend begehen zu können, musste ihr Zeitpunkt auch vorher bestimmbar sein.

Der Himmel als Kalender

Die Sterne des Nachthimmels sind im Lauf eines Jahres an immer anderen Stellen zu sehen. Ihre Wanderung über das Firmament wiederholt sich jedoch und bietet Orientierungshilfe bei der Vorhersage der Jahreszeiten. Wann begann der Mensch, den Himmel als Zeitmesser zu verstehen? Ob sich eingeritzte Linien auf Statuetten und Speerschleudern aus der Altsteinzeit bereits als Mondkalender deuten lassen, ist umstritten. Die ersten definitiven Belege für genaue Himmelsbeobachtungen stammen in Europa aus der Zeit um 5500 v. Chr., der Jungsteinzeit. Ackerbauern richteten die Gräber ihrer Verstorbenen exakt nach den vier Haupthimmelsrichtungen aus. Auch die Häuser und Erdwerke der linearbandkeramischen Kultur waren stets in derselben Richtung angelegt – und das über das gesamte Verbreitungsgebiet vom Rhein bis ans Schwarze Meer.

Megalith-Anlagen – Sternwarten aus Stein?

Ab 4800 v. Chr. tauchten entlang der Atlantik- und Nordseeküste in Europa Megalith-Bauten und Menhire auf. Neben den eindeutig als Bestattungsplätze erkennbaren Dolmen und Ganggräbern dienten Alignements (Steinreihen), Cromlechs (Steinkreise bzw. -halbkreise) und Menhire (stehende Steine) wohl der Himmelsbeobachtung. Allein in der Bretagne gab es mehr als 6000 Megalith-Anlagen. Welche Vorhersagen oder Prophezeiungen mit Hilfe der großen Steine getroffen werden sollten, lässt sich heute nicht mehr feststellen. Nur Bruchstücke der alten Sternwarten sind noch vorhanden, schriftliche Zeugnisse gibt es nicht. Ohne »Gebrauchsanweisung« steht der moderne Mensch ratlos vor den alten Monumenten.

Carnac, Newgrange und Stonehenge sind die berühmtesten Werke der Megalith-Architektur und dokumentieren, wie genau die Erbauer die Gestirne beobachteten. Im irischen Grab von Newgrange wirft die Sonne am Mittwintertag, dem 21. Dezember, einen Lichtstrahl in den bis auf wenige Bogenminuten exakt ausgerichteten Grabgang. In Stonehenge sind die so genannten Station Stones an der Innenseite des Erdwalls genau auf die Mondextreme ausgerichtet. Mit den Menhiren von Carnac in der Bretagne lassen sich Sternbilder anpeilen. Weltweit sind alle Megalith-Gräber – mehr oder weniger genau – auf Sonnenaufgang und Sonnenuntergang ausgerichtet. Ob es sich bei den Monumenten der Megalith-Kultur um Observatorien oder Tempel, um Prozessionsstraßen oder Himmelsmarker handelt, lässt sich heute nicht mehr feststellen. Ihre Verbindung zu den Gestirnen ist jedoch unumstritten.

Bis weit in den Norden finden sich Megalith-Anlagen der Jungsteinzeit, die vermutlich der Himmelsbeobachtung dienten. Das Bild zeigt den Ring of Brodgar auf den Orkneyinseln.

Im Fokus

Himmelsscheibe von Nebra belegt astronomisches Wissen der Bronzezeit

Die Aussicht, eines Tages das astronomische Wissen der Bronzezeit entschlüsseln zu können, ist bislang als gering eingeschätzt worden. Doch mit der spektakulären Entdeckung der Himmelsscheibe von Nebra (Abb.) im Jahr 2002 fiel der Forschung plötzlich ein Schlüssel zu den Geheimnissen der Himmelsdeuter in die Hand: Die Scheibe enthält die erste konkrete Himmelsdarstellung der Geschichte.

Die Himmelsscheibe stammt aus Nebra in Sachsen-Anhalt. Dort fanden sie Raubgräber auf dem Mittelberg, einer 252 m hohen Erhebung. Seit ihrer Entdeckung und Beschlagnahmung durch deutsche Behörden im Februar 2002 sorgt die Scheibe weltweit für Aufsehen. Sie dokumentiert als vorerst einziges archäologisches Zeugnis, was bislang nur Vermutung war: Die frühen Menschen der europäischen Bronzezeit betrieben Astronomie und kannten selbst ohne optische Lichtverstärker etliche Sternbilder genau. Die Geschichte der bronzezeitlichen Astronomie in Europa muss umgeschrieben werden.

Die Scheibe ist 2,1 kg schwer und etwa 3600 Jahre alt. Das Trägermaterial besteht aus Arsenbronze, einer frühen Bronzelegierung, die einen Zinngehalt von nur 2,5 statt der sonst üblichen 10 Prozent aufweist. Zinn war in der Bronzezeit ein kostspieliges und seltenes Metall. Die Oberfläche der Himmelsscheibe weist Rückstände von Eiweiß auf. Möglicherweise wurde sie einst mit Eiern eingerieben, um der Bronze einen dunklen Blauton zu verleihen, der dem Nachthimmel ähneln sollte. Die heutige grüne Farbe stammt von der Korrosion des enthaltenen Kupfers. Auf der Scheibe funkeln 32 Sterne, eine Sonne und ein Mond aus Goldblech. Sieben der Sterne stellen den Sternhaufen der Plejaden dar, die übrigen 25 scheinen willkürlich über die Scheibe verteilt.

Gekrümmte Goldbleche am Rand der Scheibe symbolisieren vermutlich den Horizont, an dem Sonnenauf- und Sonnenuntergang zwischen Sommer und Winter ablesbar sind. Nur einer der beiden Horizontstreifen ist erhalten. Ein gestreifter Halbkreis gibt noch Rätsel auf, könnte aber eine Sonnenbarke darstellen. Derartige Schiffe zu Ehren des Sonnengottes sind aus dem alten Ägypten bekannt. In der europäischen Bronzezeit entwickelten sich die stilisierten Barken zu einem religiösen Symbol. Die Himmelsscheibe lag zusammen mit Armspiralen, Prunkschwertern und Beilen im Boden. Ob es sich um ein Depot von Reichtümern oder um die Insignien eines Fürsten handelt, der hier noch unentdeckt begraben liegen könnte, ist unklar. Vermutlich war der Mittelberg eine Art Sternwarte, von der aus die Astronomen ins Land blicken konnten. Darauf lassen Reste eines Walls schließen, der die Kuppe mit einem Durchmesser von 160 m einfasst. Am Fuß des Mittelbergs waren zwei weitere Erdwälle aufgeschüttet. Die Erhebung könnte eine Art Fluchtburg gewesen sein.

Die Interpretationen der Himmelsscheibe sind vielfältig. Wahrscheinlich zeigt sie auf einer Seite den nächtlichen Herbsthimmel. Die goldene Sichel soll wohl keinen Halbmond, sondern eine Mondfinsternis abbilden. Auch die Verwendung der Scheibe ist unklar. Hielten die Priester oder Astronomen sie in die Höhe, um ihre Macht über die Gestirne zu zeigen, oder steckte sie auf einem Pfosten als eine Art Wappen? Bei Grabungen im rd. 25 km entfernten Goseck entdeckten Archäologen im Juli 2003 das mit 7000 Jahren wohl älteste Sonnenobservatorium Europas. Seither wird über einen Zusammenhang mit der Himmelsscheibe von Nebra spekuliert.

Auf der Himmelsscheibe von Nebra ist das Sternbild der Plejaden abgebildet. Die große Bedeutung des Siebengestirns für die Landwirtschaft noch bis in die Antike beschreibt der griechische Dichter Hesiod (um 700 v. Chr.):

»Wenn das Gestirn der Plejaden, der Atlastöchter, emporsteigt, dann beginne die Ernte, doch pflüge, wenn sie hinabgehen. Sie sind vierzig Nächte und vierzig Tage beisammen, doch wenn sie wieder im kreisenden Jahre leuchtend erscheinen, erst dann beginne die Sichel zu wetzen.«

In der europäischen Bronzezeit spielt das Sonnenmotiv eine große Rolle. Metallgefäße, Gürteltaschen, Musikinstrumente sind mit dichten Reihen glänzender, nietenähnlicher Verzierungen dekoriert, die wohl das Zentralgestirn darstellen. Ähnliches ist aus Ägypten bekannt, wo der Sonnengott Re zum höchsten Gott erklärt wird. Besonders am Nil ist die astronomische Wissenschaft weit fortgeschritten.

Gelehrte, Magier oder Priester?

Die Laufbahnen der Gestirne zu entschlüsseln erfordert Wissen in Mathematik und Physik. Himmelsrichtungen lassen sich schon mit nichts weiter als einem Stock und einem Seil bestimmen. Der mit dem Seil verbundene Stock steckt im Boden. Wie mit einem Zirkel zieht man nun mit dem Seil einen Kreis um den Mittelpunkt und beobachtet den im Laufe eines Tages länger und kürzer werdenden Schatten des Stocks. Während seiner Wanderung berührt der Schatten zweimal den Kreis – diese Punkte markieren Osten und Westen.

Aufwändiger sind Beobachtungen der Mondphasen. Die Mondzyklen schwanken jährlich um wenige Grad. Will man ihre Position exakt festhalten, um die Extremphasen des Erdtrabanten bestimmen zu können, ist Ausdauer erforderlich: Einige Mondzyklen wiederholen sich nur alle 18,6 Jahre.

Wer sind die Sterngucker der bronzezeitlichen Kulturen in Europa? Priester oder Gelehrte, geheimnisumwitterte Magier oder die Könige ihres Volkes? Wie ihre Funktion auch gewesen sein mag, zu den jährlichen Großereignissen wie den Sonnenwendfeiern legen die Astronomen eine glänzende Tracht an. Davon zeugen Funde wie die rund 30 cm hohen Goldkegel von Etzelsdorf oder Berlin, die vermutlich als Hüte gedient haben, oder dünne Metallstücke von 0,06 mm Stärke, die Sterne, Sonnen und Mondsicheln darstellen und die Kleidung der Sterndeuter geschmückt haben könnten.

Am Tag der Wintersonnenwende fällt der Strahl der Sonne ins Innere der steinzeitlichen Dolmenanlage Denghoog auf der Insel Sylt und erhellt die Grabkammer. Als Augenzeuge dieses spektakulären Ereignisses berichtet der Autor Hubertus Jessel:

»Am 21. Dezember 1988 hatte ich das Glück, dass der Himmel genau zur rechten Zeit wolkenfrei war ... Die Sonne stand im Süden, zwölf Grad hoch und sie schickte ihr Licht in den Gang hinein. Was die Alten erzählten, fand ich bestätigt, als ich wieder in die Grabkammer hinabstieg. Das Licht lag hell auf dem Spiegelstein, wurde von dort reflektiert und erhellte die ganze Kammer.«

Um 1950 In der oberägyptischen Stadt Abydos wird das Grabmal des Güterverwalters **Antef** mit einer prächtigen Stele ausgestattet. Das bemalte Relief zeigt auf der linken Seite den Grabinhaber Antef, gefolgt von seiner Frau Sat-Hator. Beide befinden sich in Erwartung des Gottes Osiris. Vor seinem Totengericht muss sich jeder verstorbene Ägypter verantworten. Um die Gunst des Osiris zu erwerben, werden Opferriten vollzogen. Sie sind auf der rechten Seite der Stele in drei Registern dargestellt. Über den Figuren verläuft ein dreizoniger Fries mit Schriftzeichen, die u.a. die Namen der Personen nennen.

Im heutigen Polen entsteht auf einem Höhenrücken etwa 60 km südlich von Posen eine Siedlung der **Aunjetitzer Kultur**. Um das Dorf gegen das sich an den Höhenzug anschließende Hinterland abzuriegeln, legen die Aunjetitzer einen vier Meter tiefen und elf Meter breiten Graben an und schützen ihn durch eine doppelte Palisadenreihe aus Eichenpfosten. Die seit 1999 an dem Fundort Bruszczewo durchgeführten Grabungen ergaben, dass das Gebiet seit etwa 1700 v. Chr. fest besiedelt war. Archäologen entdeckten u.a. Reste von Lehm-Estrich und Keramik.

Das nach dem Niedergang der dritten Dynastie von Ur in Mesopotamien entstandene Machtvakuum nutzen die Dynastien von **Isin** und **Larsa** zum Ausbau ihres Herrschaftsbereiches. Unter den schon während der letzten Regierungsjahre von Ur entstandenen amurritischen Dynastien erfolgt z.T. ein politischer und gesellschaftlicher Wandel: Die zentralistische Organisation wird aufgegeben, es entstehen kleinere politische Einheiten. So werden die ursprünglich unter Aufsicht des Staates durchgeführten Handelstransaktionen nun von reichen Kaufleuten vollzogen.

In der ägyptischen Stadt Elephantine lässt Pharao Sesostris I. ein neues Heiligtum für die Göttin **Satet** erbauen. An der Stelle des unter Mentuhotep II. um 2025 v. Chr. errichteten Lehmziegelbaus entsteht ein Kultgebäude aus Steinblöcken. Der vor dem Tempel liegende Kulthof und das Tempelhaus der Satet, der Göttin des reinen Wassers, werden von einer Ziegelmauer eingefasst.

Um 1950 v. Chr.

Lastschlitten erleichtern Arbeit

Spätestens mit Beginn des 2. Jt. v. Chr. benutzen die Ägypter eine spezielle Technik für Schwertransporte: Schlitten dienen als Transportmittel für Schwerlasten bei den zahlreichen Baumaßnahmen der Pharaonen. Die älteste Darstellung eines Lastschlittens stammt von etwa 1950 v. Chr. und zeigt den Transport einer tonnenschweren steinernen Statue. Der hölzerne Schlitten wird von über 100 Männern gezogen. Seine Kufen gleiten auf einer mittels Wasser und Schlamm präparierten Bahn, was das Manövrieren erleichtert.

1926 v. Chr.

Die Abenteuer des Sinuhe

Im Mittleren Reich in Ägypten entsteht eine Erzählung, in der eine »Romanfigur« vom Ruhm des Pharaos Sesostris I. kündet. Sinuhe, ein in Intrigen verwickelter Beamter am Hof der ägyptischen Königin, flieht aus seiner Heimat, als die Ermordung des Pharaos, des Vaters von Sesostris, bekannt wird. Seine Odyssee führt ihn in den heutigen Libanon, wo er eine Prinzessin heiratet und eine hohe Stellung am Herrscherhof erlangt. Nach Jahren der Emigration erlaubt ihm der neue Pharao Sesostris I. gnädig die Rückkehr in seine Heimat.

Um 1910 v. Chr.

Mesopotamischer Herrscherglanz: 300 Räume für Maris Könige

Mit Mari (Abb. u.: Ausgrabungen in Mari, dem heutigen Tell Hariri) entsteht im heutigen Ostsyrien eine der prächtigsten Residenzen am Euphrat. Die Herrschaft der Könige von Mari erlebt ihre Blütezeit, als der Neubau eines Palastes mit über 300 Räumen in zwei Stockwerken in Angriff genommen wird. Als religiöses und administratives Zentrum wird die 2,5 ha große Residenz mit prachtvollen Wandmalereien und reichem Statuenschmuck ausgestattet. Die mit Wasserfarben auf eine Gipsunterlage aufgetragenen Malereien zeigen vor allem Opferszenen (Abb. r.) und zeremonielle Auftritte des Königs, aber auch Darstellungen des alltäglichen Lebens. Das umfangreiche Palastarchiv – mit Hunderten von Tontafeln – enthält zahllose Berichte an den Königshof sowie die diplomatische Korrespondenz mit anderen Reichen in der Region. Der letzte König von Mari,

Zimrilim (ab etwa 1780 v. Chr.), sorgt sich besonders um die Bewässerung des Ackerlandes, wie der Brief eines seiner für den Kanalbau zuständigen Beamten belegt. Zimrilim ist auch ein Verbündeter der Großmacht Babylon, deren König Hammurabi schließlich um 1757 v. Chr. Mari erobert und den Palast in Trümmer legt.

Um 1940 v. Chr.

Aunjetitzer Kultur in Europa

Menschen der Aunjetitzer Kultur errichten beim heutigen Leubingen nahe Erfurt einen Grabhügel über der letzten Ruhestätte eines bedeutenden Stammeshäuptlings oder Priesters. Zahllose Metallarbeiten, die in diesem und anderen Gräbern sowie in Depots gefunden wurden, belegen das hohe Niveau der Metallverarbeitung in diesem Kulturkreis der frühen Bronzezeit. Benannt nach einem Fundort im böhmischen Únetice, verbreitet sich die Aunjetitzer Kultur von etwa 2000 bis 1700 v. Chr. über Böhmen, Mähren, Niederösterreich (Abb.: rekonstruiertes Lagerhaus in Asparn), Schlesien, Sachsen, Thüringen, Brandenburg und Westpolen. Da im Erzgebirge die begehrten Rohstoffe Kupfererz und Zinnerz leicht abzubauen sind, erlangen die Handwerker der Aunjetitzer Kultur großes Geschick im Umgang mit Bronze.

Um 1950 v. Chr.

Der Aufbruch der Indogermanen

Aus dem Gebiet zwischen Mitteleuropa und der südrussischen Steppe dringen im Verlauf von Generationen indogermanische Stämme nach Zentralasien und in den Vorderen Orient ein – eine frühgeschichtliche Völkerwanderung beginnt.
Zunächst gründen die Neuankömmlinge kleine Reiche in Indien, dann profitieren die Indogermanen vom Niedergang des Reiches von Akkad und füllen so das in Kleinasien entstandene Machtvakuum. In Anatolien erblüht das Reich der Hethiter, der neuen Großmacht dieser Zeit, mit seiner berühmten Hauptstadt Hattusa. Dabei wird die ansässige Bevölkerung nicht vertrieben, sondern geht in der neuen Kultur auf. Auch die frühen Griechen (Achäer) auf dem Festland und in der Ägais sind indogermanischen Ursprungs.
Eine fortschrittliche Kriegstechnik kommt den Indogermanen bei ihrer Expansion zugute. Dazu zählt der Streitwagen, ein leichtes einachsiges Gefährt, das von zwei Pferden oder auch Mauleseln gezogen wird. In Assyrien und später auch in Ägypten entstehen bald regelrechte Streitwagenkorps. Assyrische Streitwagen werden auch mit Metallsicheln an den Radnaben ausgestattet, um so die feindlichen Schlachtreihen aufsprengen zu können.
Verbindendes Merkmal der von Indien bis Europa verbreiteten indogermanischen Stämme ist die Sprache, die sich rasch in zahlreiche verschiedene Sprachgruppen aufteilt. Noch heute lassen sich die meisten modernen Sprachen Europas auf eine Urform des Indogermanischen zurückführen. Sprachforscher unterscheiden eine west- und eine ostindogermanische Sprachfamilie. Zur westlichen Familie gehören u.a. die keltischen, germanischen, italischen und slawischen Sprachen. Einzig die Sprache der Basken und das Finno-Ugrische sind nicht indogermanischen Ursprungs. Gemeinsam sind den indoeuropäischen Kulturen auch Sozialstrukturen und religiöse Vorstellungen. Die aus Familienverbänden bestehende Gesellschaft ist hierarchisch gegliedert mit einer Adels- und Herrscherschicht an der Spitze. Formell entscheidet die Versammlung der freien und Waffen tragenden Männer über wichtige Angelegenheiten. Die Götterwelt spiegelt diese hierarchisierte Lebenswelt wider, an ihrer Spitze steht ein Himmels- oder Wettergott.

Die Wanderung der Indogermanen in einem idealisierten Holzstich von 1880

Um 1900 Auf Kreta entsteht neben den Palastzentren Knossos und Mallia auch die minoische Palastanlage von **Phaistos**. Sie wird auf einem Höhenzug über der fruchtbaren Ebene Messara erbaut. Von dem Palast, der um 1700 v. Chr. nach einem Brand durch einen jüngeren Herrschaftsbau überbaut wurde, sind lediglich einige Partien erhalten. Dazu zählen u. a. die Kulträume im Ostflügel und eine Stufenanlage im Vorhof des jüngeren Palastes. Ebenso wie die Anlagen in Knossos und Mallia diente der Palast in Phaistos sowohl als Herrschaftssitz als auch als kultisches Zentrum.

Auf dem zu den Orkneyinseln gehörenden Eiland Rousay errichten frühbronzezeitliche Menschen das Kammergrab **Midhowe Cairn**. Das aus großen Felsblöcken erbaute Grabmal dient mehreren Familienmitgliedern als Grablege und wird über Generationen genutzt.

Im Bereich der Aunjetitzer Kultur in Mitteldeutschland und Böhmen sind **Vollgriffdolche** verbreitet. Die mit einem Bronzegriff versehenen Prunkwaffen werden von Angehörigen der Oberschicht getragen. Im Verbreitungsgebiet der Aunjetitzer Kultur wurden zahlreiche Schatz- und Depotfunde geborgen, die die luxuriösen Waffen enthielten. Nach neuen Erkenntnissen entstanden die ersten Vollgriffdolche in Europa um 2000 v. Chr. in Italien. Von dort gelangten die Waffen über die Westschweiz und die Alpen nach Norden.

In Mesopotamien gewinnt der Gott **Marduk** zunehmend an Bedeutung. Der Gott der Weisheit und Beschwörungskunst war ursprünglich der Stadtgott Babylons. Im Laufe der Zeit erlangt Marduk überregionale Bedeutung. Sein Aufstieg gipfelt um 1700 v. Chr. mit der Ernennung zum Reichsgott: Unter dem in Babylon residierenden Herrscher Hammurabi wird der durch den Drachen symbolisierte Marduk oberste Gottheit.

Auf der Mittelmeerinsel Zypern erfolgt ein systematischer Abbau von **Kupfererz**. Das in den Randzonen des Troodos-Gebirges geschürfte Metall wird nach Kreta, Anatolien und Ägypten verschifft. Der rege Handel mit Kupfer führt zur Gründung von Städten. So entsteht im Osten Zyperns, in der Nähe des heutigen Famagusta, die befestigte Hafenstadt Enkomi. Sie entwickelt sich etwa ab dem Jahr 1600 v. Chr. zu einem bedeutenden Kupferzentrum.

1840 v. Chr.

Amenemhat III. lässt ein gewaltiges Labyrinth anlegen

Auf ihren Eroberungszügen in den Süden erreichen die Ägypter das Fayum genannte Gebiet in einer fruchtbaren Senke westlich des Nil (Abb.: heutige Bewässerungsanlage in Fayum). In dem Tal südlich des »großen Sees« Birket Quarun entsteht auf einem fast 85 000 m² großen Areal der Totentempelbezirk des Pharaos Amenemhat III., in dessen Zentrum sich ein gigantischer Irrgarten erstreckt. Die Ägypter nennen die Anlage Lope-rohunt, woraus dann später das heute gebräuchliche »Labyrinth« wird. 3000 Gänge verbinden zwölf Haupttempel und unzählige kleinere Nebentempel miteinander. Im Zentrum des aus Granit gehauenen Irrgartens steht eine drei Meter hohe Statue des krokodilförmigen Gottes Serapis (ägyptisch Sobok). Die Figur ist vollständig aus Smaragd gefertigt. Auch eine Darstellung des später aus den griechischen Mythen bekannten Minotaurus ist in dem riesigen Gangsystem verborgen. Serapis nimmt jedoch eine wesentlich höhere Stellung in der ägyptischen Götterwelt ein.

1766 v. Chr.

Shang-Dynastie führt China zur ersten Blütezeit

Die erste historisch fassbare Dynastie in China, die Shang-Dynastie, herrscht am Mittellauf des Hwangho, des Gelben Flusses.

Den literarischen Quellen zufolge ist Tang, der auch als Cheng Tang, als »Vollender Tang«, bezeichnet wird, der Ahnherr des Königsgeschlechts der Shang. Mit Hilfe seines Ministers und Vertrauten I-yin stürzt er den letzten, unfähigen Herrscher der bis dahin regierenden Xin-Dynastie. Eine feste Residenz gibt es während der Shang-Zeit nicht: Insgesamt achtmal wird die Hauptstadt verlegt. Den Mittelpunkt des Reiches, dessen Ausdehnung bis heute nicht genau zu bestimmen ist, bildet das Gebiet am unteren und mittleren Lauf des Gelben Flusses.

Nach der heute in der christlichen Welt gültigen Chronologie regiert die Shang-Dynastie fast 650 Jahre und endet erst 1122 v. Chr. Während dieser Zeit führen die Könige der Shang ihr Reich zu einer politischen und kulturellen Blüte. Der Bronzeguss, die Kalenderrechnung sowie die Seidenraupenzucht sind den alten Chinesen bereits bekannt. In kurzer Zeit erreicht der Bronzeguss eine von keiner anderen Kultur dieser Epoche erzielte Perfektion. Vor allem Ritualgefäße wie die gigantischen Dreifüße (Abb. l.), Ding genannt, sowie Glockenspiele werden aus der Legierung hergestellt. Im Ritual und bei Zeremonien am königlichen Hof spielen diese und andere Metallobjekte (Abb. r.: Bronzemaske aus der Shang-Zeit) eine wichtige Rolle.

Das Metall wird auch zur Herstellung von Waffen verwendet. Der Bronzeguss ermöglicht die Massenproduktion von Schwertern und anderem Kriegsgerät. Damit sind die Shang den benachbarten Völkern im Kampf weit überlegen. Gegen die Streitwagen der Chinesen kann keine andere Kultur der Region bestehen. Schnell können die Shang ihr Herrschaftsgebiet ausdehnen. Die eroberten Gebiete werden mit Hilfe eines wirkungsvollen Lehnssystems dem Shang-Reich eingegliedert. Sie unterwerfen sich der militärischen, politischen und religiösen Oberhoheit des Shang-Königs, der als oberster Herrscher und »Sohn des Himmels« auch das Amt des obersten Priesters innehat. Die Shang ritzen u. a. Orakelknochen und Schildkrötenpanzer an und legen sie ins Feuer, um aus den entstehenden Rissen den Ausgang eines geplanten Kriegszugs vorherzusagen.

Sprichwörtlich für die Stadt an sich und ihre Laster: Die Ruinen von Babylon zeugen von der einstigen Größe einer faszinierenden Zivilisation.

1830 v. Chr.

Babylon wird neues Machtzentrum

Mit der Inthronisation Samuabums entsteht in Babylon eine eigene Dynastie. Der Grundstein für das altbabylonische Reich, das unter König Hammurabi rund 100 Jahre später weite Teile Mesopotamiens beherrschen wird, ist gelegt.
Die Dynastie von Ur hatte zwar eine bedeutende Rolle im Machtgeflecht Mesopotamiens gespielt, war aber nie in der Lage, das Land zu einen. Rivalisierende Stadtstaaten, besonders Isin und Larsa, kämpften unentwegt um die Vormachtstellung im Zweistromland. Durch die ständigen Kämpfe geschwächt, verlor die Dynastie von Ur ihre Macht und ging unter. Der Amoriter Samuabum nutzt das Machtvakuum und unterwirft in rascher Folge Siedlungen in der Umgebung Babylons.
Die Nachfolger des Dynastiegründers, Sumulael und Sabium, setzen die Eroberungspolitik Samuabums fort und besiegen u.a. die Stadt Kisch. Unter Sumulael bleibt Babylon jedoch in seiner politischen Bedeutung noch weit hinter den übrigen Stadtstaaten Mesopotamiens zurück. Sein Einfluss ersteckt sich lediglich über ein Dutzend Fürstentümer in der Nachbarschaft. Ein großer Schritt in Richtung Vorherrschaft ist erst der Sieg Sabiums über Larsa. Das bis dahin relativ unbedeutende Babylon entwickelt sich nun neben den Städten Uruk und Isin zu einem wichtigen Machtfaktor. Hammurabi besiegelt schließlich mit den Eroberungen Maris und Eschunnas die Vorherrschaft Babylons über das Zweistromland.

1878 v. Chr.

Mittleres Reich in Ägypten erlangt seine größte Ausdehnung

Unter Pharao Sesostris III. dehnt Ägypten sein Herrschaftsgebiet bis zum zweiten Nilkatarakt weit im Süden aus. Erstmals werden umfangreiche Handelsbeziehungen auch mit weit entfernten Nachbarvölkern möglich.
Nach den chaotischen Verhältnissen der Ersten Zwischenzeit gelingt es den Ägyptern an der Wende zum 2. Jt., endlich wieder eine starke Zentralregierung zu schaffen und die Herrschaft des Pharaos zu festigen. Sesostris III. bricht die Macht der lokalen Provinzvorsteher und bindet die bis dahin selbstständig agierenden Adelsfamilien wieder an die Hauptstadt. Zum Schutz gegen die aus dem Süden stammenden Nomaden unternimmt der Pharao mehrere Feldzüge. Allein viermal schickt er seine Truppen gegen Nubien, um dort jede Bedrohung für das ägyptische Reich auszuschalten. Am zweiten Nilkatarakt, der neuen Südgrenze seines Imperiums, lässt er die Festungen Semne und Kumme errichten. Auch die nördlichen Gebiete müssen gegen heranrückende Feinde verteidigt werden. Die Truppen von Sesostris III. ziehen bis zur mittelpalästinensischen Stadt Sichem, um dort Verbündete im Kampf gegen Nomaden zu unterstützen.
Aber nicht nur die militärischen Unternehmungen sind erfolgreich. Die ägyptischen Handelsrouten erstrecken sich bald bis zum Roten Meer, auf die Sinai-Halbinsel und nach Babylon. Durch den Handel vergrößert sich unter Sesostris III. der Reichtum Ägyptens beträchtlich. Das Mittlere Reich befindet sich auf dem Gipfel seiner wirtschaftlichen und politischen Macht (Abb.: Tonfigur eines Schreibers aus der mittleren Dynastie).

1750–800 v. Chr.

1

2

3

1 – Schliemanns großer Fund: Goldene Gesichtsmaske aus einem der Schachtgräber von Mykene (16. Jh. v. Chr.), dem mächtigsten Reich des frühen Griechenland. 2 – Kriegerisches Ägypten: Streitwagen ermöglichen ein hohes Maß an Beweglichkeit in der Schlacht (Amarna-Zeit; Neues Reich, 18. Dynastie). 3 – Gedrungene, turmartige Steinbauten aus der Bronzezeit: Auf Sardinien entstehen tausende sog. Nuraghen, deren Bedeutung nicht völlig geklärt ist.

4

5

6

7

8

9

4 – Hohe Kunstfertigkeit im Reich der Mitte: Weingefäß aus der Zeit der Zhou. 5 – Minoische Palastkunst: Thronsaal des Palastes von Knossos (Kreta). 6 – Der Schrecken der Bronzezeit: Assyrische Krieger als Bogenschützen (neuassyrisch, 9. Jh.). 7– Der sagenhafte Schatz des Priamos: goldene Gefäße aus Troja II. 8 – Alttestamentarischer Mythos: Tempel des Salomo in Jerusalem (Rekonstruktion). 9 – Erste Hochkultur Mittelamerikas: Stele einer Olmeken-Göttin; Mexiko.

Hyksos, Hethiter, König David – Von der Bronze zum Eisen

Das Ende des Mittleren Reichs in Ägypten und der Aufstieg der Kelten in Europa sind die Eckpfeiler einer unruhigen Zeit. Das zweite vorchristliche Jahrtausend ist die Epoche der Bronze. Dank der Verbreitung der Metallurgie treiben bis dahin steinzeitliche Völker verstärkt Handel – ein Hauptmerkmal der Bronzezeit – und rüsten gleichzeitig militärisch auf. Die Gier nach den Reichtümern der entwickelten Wirtschaftszentren zieht Nomadenvölker an. Diese stehen als waffenstarrende Mächte plötzlich an den Grenzen der etablierten Großreiche und bringen die bislang stabilen politischen Gefüge im östlichen Mittelmeerraum ins Wanken. Erst um 1500 v. Chr. gelingt es dem Neuen Reich in Ägypten, die Fremdherrschaft der Hyksos abzuschütteln. Es beginnt die Zeit des ägyptischen Weltmachtstrebens. In der Vielfalt der europäischen Kleinvölker entwickeln sich – um 1000 v. Chr. – einzig die Kelten zu einem bedeutenden Kulturfaktor. Vor dem Hintergrund der um 800 v. Chr. einsetzenden Eisenzeit werden sie zu einem der bedeutendsten frühgeschichtlichen Völker der antiken Welt.

Ägypten ersteht neu

Eines der aus Sicht der Ägypter aggressiv auftretenden Fremdvölker sind die Hyksos in Nordafrika. Sie nutzen um 1640 v. Chr. die Schwäche des Pharaonen-Reiches aus, dringen über die Nordgrenze in das Niltal ein und reißen die Macht an sich. Die Invasion der Hyksos erschüttert das Selbstbewusstsein des stolzen Nilvolkes schwer. Nie zuvor sind die Ägypter von einem Fremdvolk beherrscht worden. 100 Jahre benötigen sie, um sich von dem Schock zu erholen, dann schlagen sie unter der Führung von Ahmose zurück. In einer neu erwachten Aufwallung nationaler Zusammengehörigkeit vertreibt der Pharao die Hyksos aus Niltal und Nildelta und schmiedet ein neues politisches Gefüge, das als Neues Reich in die Geschichte eingehen wird. Es beginnt eine Phase ägyptischer Hegemonialpolitik, während der die Pharaonen zu maßgeblichen Machthabern des gesamten Mittelmeerraums werden. Neue Kriegs- und Waffentechniken erlauben ihnen ein hartes Vorgehen gegen ihre Nachbarn. Kriege führen sie unbarmherzig – derart, dass etwa die Schlacht von Megiddo in die ersten Niederschriften des Alten Testaments um etwa 400 v. Chr. als Armageddon Eingang findet, der Ort, an dem die letzte Schlacht zwischen Gut und Böse ausgetragen werden soll.

Moses mit Gesetzestafel: Der israelitische Prophet als Mittler der Gottesoffenbarung; Gravur, 19. Jh.

Etwa 200 Jahre lang wachen erfolgreiche Herrscher über die Geschicke des Reiches – darunter mit Hatschepsut sogar eine Pharaonin –, bis Amenophis IV. unter dem Namen Echnaton eine Kulturrevolution ausruft. Der Pharao dünnt das alte ägyptische Pantheon aus und erhebt Amun zum einzigen Gott. Obwohl der ägyptische Monotheismus nur Episode bleibt, ist er von weltgeschichtlich immanenter Bedeutung: Die Ägypter unter Echnaton sind das erste Volk überhaupt, das nur eine einzige Gottheit anbetet.

Ein kriegerisches Zeitalter: Die Reliefs am Eingangspylon des mächtigen Luxor-Tempels preisen den Sieg von Pharao Ramses II. über die Hethiter.

Das Land der Bibel

Mit dem von Moses angeführten – historisch nicht zweifelsfrei belegten – Auszug der Israeliten aus Ägypten und der Landnahme in Kanaan entsteht ein neues Reich am östlichen Rand des Mittelmeers, das in seiner Ausdehnung zwar klein ist, in seiner geschichtlichen Bedeutung jedoch Grenzen sprengt. Um die Jahrtausendwende bildet sich unter den Königen Saul, David und Salomo in Palästina das Reich der Israeliten heraus. Es geht nach Aufschwung und Blüte unter den drei großen Königen rasch wieder unter, doch kann das Volk der Juden selbst unter Jahrhunderte währender Fremdherrschaft von Persern, Römern oder Arabern seinen Glauben an den einzigen Gott Jahwe und seine ethnische Identität wahren. Als Schauplatz des Neuen Testaments bleibt das Heilige Land eines der weltgeschichtlich bedeutendsten religiösen Zentren. Jerusalem mit seinen Palästen und Tempelbauten entwickelt sich zu einem spirituellen Ort dreier Religionen – des Judentums, später des Christentums und noch weit später des Islams.

Dauerkrieg im Zweistromland

Wie in keiner anderen Region ist die bronzezeitliche Geschichte so stark von Kriegen bestimmt wie im Zweistromland zwischen Euphrat und Tigris. Anders als das strategisch günstig gelegene Ägypten bietet Mesopotamien den Wüstenvölkern des Südens und Westens ein ebenso verlockendes Angriffsziel wie den Bergstämmen des Ostens und Nordens. Vor einem Szenario ungezählter kurzlebiger Stadtstaaten gelingt es nur wenigen Großreichen, die Macht über ganz Mesopotamien an sich zu reißen. Zu den bedeutendsten Großkönigen des Orients zählt Hammurabi, der die Vormachtstellung Babylons im Zweistromland begründet und zudem als Urheber der ältesten überlieferten Gesetzessammlung der Geschichte gilt. Mit dem Kodex des Hammurabi schlägt auch die Geburtsstunde der sumerischen Literatur, die ebenso wie die Kunst des Zweistromlandes die Minoer auf Kreta inspiriert und damit indirekt bis auf den europäischen Kontinent ausstrahlt.

Eine revolutionäre Neuerung in der Kriegstechnik des Zweistromlandes ist der einachsige Streitwa-

1750 v. Chr.

Um 1750: Mit der Zerstörung der Stadt Hattusa in Anatolien durch den Fürsten Anitta beginnt der Aufstieg der Hethiter im Vorderen Orient.

Um 1550: Die Hügelgräber-Kultur breitet sich aus und markiert einen kriegerischen Abschnitt in der europäischen Geschichte.

Um 1450: Die Mykener übernehmen die Vorherrschaft in der Ägäis und lösen die Minoer ab.

1352: Amenophis IV., der spätere Echnaton, besteigt den ägyptischen Thron. Die von ihm angeordnete Verehrung nur eines Gottes (Aton) gilt als frühe Vorform des Monotheismus.

Um 1250: Die Israeliten fliehen aus Ägypten und brechen in das Gelobte Land (Palästina) a

Triumphzug eines mächtigen Herrschers: Der assyrische König Sanherib kehrt an der Spitze seines Heeres aus der Schlacht zurück; Relief aus dem Britischen Museum in London, um 700 v. Chr.

gen. Er erlaubt das rasche Vorpreschen in der Schlacht und bringt Angreifern einen strategischen Vorteil. Das auch bei den Ägyptern viel genutzte Gefährt verliert erst gegen Ende des 2. Jt. v. Chr. an Bedeutung, als sich die Kriegstechnik vom Fahren auf das Reiten verlagert.

Trotz der kulturellen und technischen Überlegenheit kann sich auch das mächtige Babylon im Ringen um die Vormachtstellung in Mesopotamien nicht langfristig behaupten. Die Hethiter, ein Stamm aus Anatolien, dringen von Norden her vor und überrennen die Stadtstaaten des Vorderen Orients. Sie errichten ein Reich, dessen Größe alles Vorangegangene in den Schatten stellt. Selbst dem mächtigen Ägypten, das unter Ramses II. in höchster Blüte steht, können die Hethiter trotzen. Die legendäre Entscheidungsschlacht von Kadesh zwischen den Konkurrenten endet – entgegen anderslautender ägyptischer Darstellung – unentschieden. Als der Ansturm der sog. Seevölker um 1200 v. Chr. über die östliche Mittelmeerwelt hereinbricht, geht das Hethiter-Reich in den Wirren einer frühen Völkerwanderung zugrunde.

Kunst aus Kreta: die Schlangengöttin (minoische Skulptur aus Knossos)

Bereits um 1800 v. Chr. war das altassyrische Reich ein bedeutender Machtfaktor zwischen Euphrat und Tigris, wurde jedoch vom babylonischen König Hammurabi eingenommen und fristete seit dieser Zeit ein Schattendasein. Bei der Neuverteilung der Macht um 1100 v. Chr. können sich die Assyrer gegen alle Rivalen durchsetzen und eines der dauerhaftesten Reiche des Vorderen Orients errichten, das bis etwa 600 v. Chr. Bestand haben wird.

Phöniker dominieren Seehandel

Alle Erschütterungen des Vorderen Orients überleben die Phöniker, ein Handels- und Seefahrervolk, das nach der bedeutenden Hafenstadt Sidon auch Sidonier genannt wird. Die Phöniker beherrschen den Handel von Syrien bis zum Atlantik. Weite Meeresdistanzen überspannend, werden sie zu Vermittlern von Wissenschaft und Kultur, inspirieren die Keltiberer in Spanien mit der Kunst der Kreter und bringen die Waffentechniken des Zweistromlands nach Nordafrika. Erst mit dem Erstarken der Griechen um 800 v. Chr. verlieren die Phöniker die Vorherrschaft über das Mittelmeer. Die Zeit der vorderasiatischen Hegemonie geht mit ihnen zu Ende. Die künftigen Zentren der Macht werden in Europa liegen.

Anders als Ägypten oder Mesopotamien ist das zerklüftete Land der Griechen niemals ein einziger, geschlossener Staat unter straffer Führung. Nur wenigen Fürsten gelingt die Errichtung regional übergreifender Herrschaftsgebiete. Mykene ist das wohl mächtigste Reich des frühen Griechenland, es profitiert vom Untergang der minoischen Hochkultur auf der Insel Kreta durch eine Naturkatastrophe. Die Mykener nutzen die kulturellen Errungenschaften der Minoer und dehnen ihre Herrschaft über Kreta und den Peloponnes aus.

Um 1200 v. Chr. verschiebt sich mit dem Seevölkersturm über das Mittelmeer das Gefüge der bronzezeitlichen Reiche. Mykene geht unter. Die einfallenden Völker lassen sich an verschiedenen Stellen der Ägäis nieder und begründen die Urstämme der Griechen. Griechenland versinkt in einer kulturell dunklen Zeit, aus der wenig überliefert ist. Doch organisieren sich in der Stille die Kräfte, die in den nachfolgenden Epochen der sog. archaischen Zeit zu allmählicher Entfaltung gelangen sollen und aus denen schließlich die Ära der griechischen Kultur der Klassik hervorgehen wird.

Kelten läuten Eisenzeit ein

Zwar werden die Kelten erst ab etwa 500 v. Chr. von Römern und Griechen wahrgenommen und in Schriftquellen erwähnt, doch archäologische Zeugnisse belegen, dass die Kultur dieser europäischen Stämme zu dieser Zeit bereits 500 Jahre alt und damit älter als die der antiken Hochkulturen ist. Doch zunächst sind die unter dem Sammelbegriff Kelten bekannten Gruppen nichts weiter als kriegerische Bauern, die über ein großes Gebiet Sprache, Technik und Siedlungswesen mit ihren Nachbarstämmen teilen. Später läuten die Kelten in Europa die Eisenzeit ein. Die Kenntnis um die Erzverhüttung bringt ihnen einen enormen Vorteil gegenüber anderen europäischen Kulturen, den sie fast ausschließlich zu Kriegszwecken nutzen: Eisenerz wird in den keltischen Schmieden zu nichts anderem als Schwertern weiterverarbeitet. Erst als sich die Stämme gegen alle Feinde behauptet haben, bekommt der Handel mehr Gewicht im eisenzeitlichen Mitteleuropa.

Kulturzeugnisse in Amerika

Während in Europa die Metalle das Leben verändern, verharrt der Norden des amerikanischen Kontinents in seiner steinzeitlichen Lebensweise. Auch nach 7000 Jahren ist diese so erfolgreich, dass sich das Leben der arktischen Völker kaum verändert hat. Jagd und Halbnomadentum sind die Basis für das Leben im Eis, die bevorzugten Rohstoffe sind nach wie vor Stein und Holz. Auf dieser Grundlage dehnen sich die Eskimo-Kulturen von Amerikas Nordosten bis nach Grönland aus.

Nicht anders in Mittelamerika. Dort begründen die Olmeken die erste fassbare Hochkultur – alle späteren mesoamerikanischen Kulturen wird sie beeinflussen. Stein ist auch hier und in Südamerika der wichtigste Rohstoff. Er bleibt es bis ins 15. Jh. – bis die Europäer das Metall in Form von Schwertern und Kanonenkugeln mitbringen.

1240: Ein gewaltiges Erdbeben im Raum der Dardanellen zerstört das antike Troja.

Um 1115: Unter König Tiglatpileser I. dehnt sich das Herrschaftsgebiet Assyriens erheblich aus. Assur wird zu einem Machtzentrum in Mesopotamien.

1004: Der Söldner David lässt sich zum König von Juda ernennen. Unter seiner Herrschaft entsteht das erste israelitische Großreich.

Um 979: Griechische Händler errichten erste Stützpunkte im Mittelmeerraum. Diese markieren den Ausgangspunkt der griechischen Kolonisation.

Um 876: In Griechenland werden zum ersten Mal Vokale in ein schriftliches Alphabet aufgenommen.

800 v. Chr.

Um 1750 Im Nordwesten des heutigen Syrien, nordwestlich von Aleppo, schützen die Einwohner der Siedlung **Tell Djinderis** ihre Stadt mit einer meterdicken Mauer. Das aus Steinen errichtete Bollwerk umgrenzt das etwa 400 x 500 m große Siedlungsareal. Neben den Resten der Festungsmauer fanden Archäologen auch ein 50 x 50 m großes monumentales Kultgebäude. Das seit dem ausgehenden 4. Jt. v. Chr. besiedelte Tell Djinderis liegt im Tal des Flusses Afrin an der wichtigen Handelsstraße von Anatolien nach Palästina.

Der assyrische König Schamschi-Adad I. mahnt in einem Brief eine Bestellung von 10 000 **Nägeln** an. Die Erinnerung an die von ihm getätigte Bestellung ist der erste schriftliche Beleg für die Verwendung von Nägeln. Archäologen fanden die königliche Mahnung zusammen mit anderen Briefen in Mari, dem heutigen Ruinenhügel Tell Hariri in Ostsyrien. Die Briefe waren von Schamschi-Adad I. an seinen in Mari als König eingesetzten Sohn Jasmach-Adad gerichtet.

In der Nähe des heutigen **Tel Aviv** in Israel bestatten Kanaanäer ihre Verstorbenen auf einem riesigen Friedhof. Bei Ausgrabungen auf dem Areal fanden Archäologen Reste von mehr als 1000 Skeletten. Unter den menschlichen Überresten bargen die Forscher auch die Gebeine einer Frau, die ein Kind in den Händen hält. Neben den Knochen wurden Schmuck, Keramik und Waffen gefunden. Die in die Mittlere Bronzezeit datierende Nekropole wurde seit etwa 2000 v. Chr. als Bestattungsplatz genutzt.

In Babylon errichten die Bewohner der Stadt einen Tempel zu Ehren **Ischtars**, der Göttin der Liebe und des Geschlechtsverkehrs. Sie ist die bedeutendste Göttin Babyloniens. Die Reste des Kultbaus wurden zusammen mit Keilschrifttafeln 2001 von Archäologen freigelegt. Als bedeutendster Fund gilt eine Tontafel, die eine stillende Frau zeigt.

Um 1730 Bei der Belagerung von Städten verwenden die Assyrer **Erdrampen**. Um Befestigungsmauern zu überwinden, wird Erdreich aufgeschüttet, bis es an die Mauerkrone reicht. Die Belagerungstechnik ist so verbreitet, dass assyrische Mathematiker Formeln entwickeln, nach denen sich die benötigte Erdmenge errechnen lässt. Neben Erdrampen kommen auch Leitern und Rammböcke zum Einsatz.

Um 1750 v. Chr.

Bronzetechnik erreicht nun auch den Norden Europas

In Nordeuropa beginnt die frühe Bronzezeit. Schon die Wende von der Mittel- zur Jungsteinzeit setzte im Norden Jahrhunderte später ein als in Mittel- oder Südeuropa. So bilden sich auch die ersten bronzezeitlichen Kulturen hier erst aus, nachdem die Aunjetitzer Kultur (siehe S. 153) in Mitteleuropa bereits 200 Jahre lang existiert. Durch die Nähe zu den Aunjetitzern gelangt die Bronze schließlich auch an die Gestade der Ostsee, nach Jütland und Schweden.

Die Kunst der Bronzeherstellung und -verarbeitung bringt eine Vielzahl neuer Waffenformen nach Nordeuropa (Abb.: Bronzeschwert aus Ewart Park, England), die ihre Vorbilder in den südlichen Bronzekulturen haben. Dazu zählen vor allem Stabdolche – lange, dünne Bronzeklingen, die auf etwa 60 cm langen Holzschäften befestigt sind. Ihre Verwendung ist bis heute ungeklärt. Obwohl sie wie Äxte aussehen, sind sie als solche kaum zu gebrauchen. Zum Ausführen kräftiger Hiebe ist die Bronzeklinge zu dünn und das Metall zu weich. Vermutlich nutzen Priester oder Häuptlinge die Stabdolche als Zeremonialgeräte oder Würdezeichen. Auf eine Verbindung mit einem Fruchtbarkeitskult deutet ein Felsbild von Simrishamn in Schweden aus der frühen nordischen Bronzezeit hin. Darauf hält ein Mann mit erigiertem Geschlechtsteil eine Prunkaxt in die Höhe.

Eine andere prominente Waffenform der nordischen Bronzezeit sind sog. Vollgriffdolche. Der Griff dieser zweischneidigen Messer besteht nicht aus Holz, sondern ebenfalls aus der kostbaren Bronze. Eine interessante Variante dieser Waffe ist der Fischschwanzdolch. Zwar ähneln sich beide Messerarten in ihrer Form, unterscheiden sich aber im Material. Fischschwanzdolche werden vollständig aus einem großen Stück Feuerstein geschlagen und sind so die Bindeglieder zwischen Bronzezeit und vorangegangener Jungsteinzeit, in der Feuerstein eines der wichtigsten Werkzeugmaterialien war.

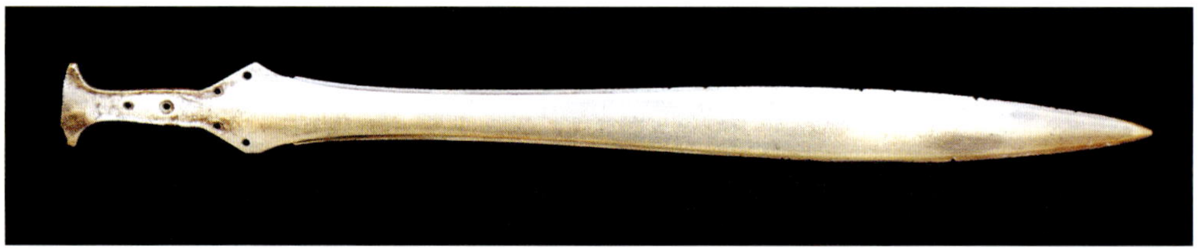

Um 1750 v. Chr.

Kriegerische Hethiter gründen Reich im Vorderen Orient

Der Hethiter-Fürst Anitta unternimmt einen Kriegszug zur östlich des heutigen Ankara gelegenen Stadt Hattusa, die er völlig zerstört. Die Eroberung des Vorderen Orients durch die Hethiter beginnt.

Seit etwa 1900 v. Chr. stoßen indogermanische Völker über die Kaspische Senke nach Vorderasien vor und lassen sich im östlichen Anatolien nieder. Die kleinen Gruppen verbindet eine gemeinsame Kultur und Sprache. Sie nennen sich Hethiter, auch die Namen Hatti oder Chatti sind überliefert. Das besiedelte Gebiet wird nach Sprachdialekten in drei politische Zonen geteilt, die über Jahrhunderte um die Vorherrschaft ringen. Schließlich gelingt es dem Fürsten Anitta, die Konkurrenten zu unterwerfen. Er errichtet das erste hethitische Großfürstentum mit Sitz in Kussara.

Anittas nächste Ziele sind die altassyrischen Handelsposten, von denen Hattusa einer der reichsten ist. Die Hethiter belagern die Stadt, nehmen sie ein und plündern alle Güter. Einer Überlieferung zufolge lässt Anitta Unkraut in der Stadt aussäen und alle verfluchen, die versuchen, Hattusa wieder zu besiedeln. Dessen ungeachtet wird die Stadt im 17. Jh. v. Chr. zur prachtvollen Residenz der hethitischen Könige ausgebaut (Abb.: hethitische Sphinx aus Hattusa).

100 Jahre nach Anitta tritt Tutchalija I. in Erscheinung. Er ist der erste historisch belegte König eines hethitischen Reiches. Mitte des 17. Jh. erobern die Hethiter Kappadokien zwischen Schwarzem Meer und Taurusgebirge und legen damit den Grundstein für die Herrschaft über alle anatolischen Kleinfürsten. Das hethitische Reich stellt in den folgenden Jahrhunderten eine ernste Bedrohung für die mesopotamischen Reiche dar.

Das Leben der Hethiter unterscheidet sich zunächst nicht von dem der anatolischen Bevölkerung. Die indogermanischen Einwanderer betreiben Landwirtschaft und Viehzucht. Ihre Grundnahrungsmittel sind Brot und Bier. Noch während sich die kulturelle und ethnische Identität ihres Volkes herausbildet, entwickeln die Hethiter eine Hieroglyphenschrift. Sie ritzen Bildsymbole in Tontafeln und halten damit die älteste bekannte Sprache eines indogermanischen Volkes für die Nachwelt fest. Gleichzeitig nutzen die hethitischen Schreiber die Keilschrift aus dem Zweistromland. Das Akkadische dient hauptsächlich zu bürokratischen Zwecken. Handelsvorgänge und Rechtssprüche werden schriftlich festgehalten. Die Rechtsprechung der Hethiter ähnelt der anderer indogermanischer Völker. Im Fall eines Vergehens ist die Entschädigung Betroffener wichtiger als die Strafe. So legt das hethitische Recht einen Schwerpunkt auf die Einigung der streitenden Parteien – selbst bei Mord kann eine Entschädigung gezahlt werden. Diese Totschlagbuße kommt unter dem Namen »Wergeld« noch in germanischen Volksrechten des frühen Mittelalters vor.

Um 1710 v. Chr.

Hammurabi erlässt Gesetze

Der babylonische König Hammurabi lässt Gesetzestexte niederschreiben, die als umfangreichste und bedeutendste Rechtssammlung der Alten Welt in die Geschichte eingehen.
Unter Hammurabis Herrschaft ist Babylon zur führenden Macht in Mesopotamien geworden. Dem König ist viel an geregelten Verhältnissen in seinem Reich gelegen. Er fördert die Entwicklung von Astronomie, Medizin und Mathematik. Marduk, ursprünglich der babylonische Stadtgott, steigt zur obersten Gottheit des Reiches auf. Er gilt als Ursprung der Welt und ist für den Erhalt der Ordnung verantwortlich. Hammurabi fasst alle ihm bekannten Rechtssprüche zusammen, darunter die Gesetze der beiden Könige Urnammu und Lipitischtar, und lässt sie als Gesetzessammlung in Dioritstelen meißeln. Die Stelen werden in heiligen Stätten aufgestellt, wo sie für jedermann öffentlich zugänglich sind: im Hauptheiligtum des Marduk in Babylon sowie in den Nebentempeln in anderen Städten unter Hammurabis Herrschaft.

Hammurabi

König von Babylon, * 1728 v. Chr.; † 1686 v. Chr.

Hammurabi gilt als einer der bedeutendsten Herrscher des alten Orients. Der sechste König des theokratischen Stadtstaats entstammt der 1. Dynastie von Babylon, die zu den Amoritern gehört, einem um 2000 v. Chr. in Babylonien eingewanderten Volk. Zunächst herrscht Hammurabi nur über ein kleines Reich und ist dem König von Assyrien untergeben. Nach dessen Tod schaltet der Babylonier jedoch alle Rivalen im Kampf um die Macht aus. Mit geschickter Kriegs- und Bündnispolitik unterwirft er die Reiche Eschunna, Larsa und Mari, bis er ein ganz Mesopotamien umfassendes Großreich errichten kann. Sein Herrschaftsgebiet umfasst das gesamte Flussgebiet des Tigris sowie den Mittel- und Unterlauf des Euphrat. Babylon erklärt er zur Hauptstadt und Residenz. Auf Tontafeln erhaltene Briefe berichten u. a. über die Anlage von Bewässerungssystemen. Gestützt auf eine ausgebildete Beamtenschaft, kann Hammurabi das Reich wirtschaftlich und kulturell zur Blüte bringen. Auf seiner berühmten Gesetzesstele beschreibt sich Hammurabi selbst: »Der König, der unter den Königen überragend ist, bin ich.«

- 1712 v. Chr.: Aufstieg nach dem Tod des assyrischen Königs Schamschi-Adad I.

Die babylonischen Rechtssprüche werden mit den Worten eingeleitet: »Vor diesem Bild soll der Geschädigte, der einen Rechtsanspruch hat, erscheinen und soll die Inschrift lesen und ihre kostbaren Worte beachten. Der Stein wird ihm Klarheit schaffen, auf dass er sein Recht finde.« Im Anschluss daran sind 280 Paragrafen zu Fällen unterschiedlichster Art aufgeführt. Diebstahl und Hehlerei werden zu den Kapitalverbrechen gezählt. Wer sich an den heiligen Gegenständen in den Tempeln oder am Eigentum des Königs vergeht, muss mit der Todesstrafe rechnen. Besteht aufgrund eines Streits Anspruch auf Schadenersatz, wird dessen Höhe genau aufgeführt. Die Gemeinschaft muss zudem auch an Einzelpersonen Unrecht vergüten.
Neben vielen Angelegenheiten in den Bereichen Handel und Verwaltung stellt die Gesetzessammlung des Hammurabi auch Regeln für das Zusammenleben in der Gemeinschaft auf. Kinderlosigkeit gilt als Scheidungsgrund. Verstößt ein Mann seine Frau aus anderen Motiven, muss er ihr den Brautpreis zurückzahlen. Auf Ehebruch steht gar die Todesstrafe: »Wenn die Frau eines Mannes gegriffen wird, wenn sie bei einem anderen Mann liegt, so bindet man sie beide und wirft sie ins Wasser. Wenn der Herr der Frau seine Frau leben lassen will, so lässt auch der König seinen Sklaven (Untertanen) leben.«

Fragment der gemeißelten Gesetzessammlung in Keilschrift

In die 2,25 m hohe Dioritstele aus Susa ist der Kodex eingemeißelt; ganz oben steht Hammurabi vor dem Sonnengott Schamasch.

Um 1700 In Armant in Oberägypten fertigen Steinmetzen die Statue des **Sebek-em-Sauf**, der im Mittleren Reich eine angesehene Persönlichkeit war. Sie stellt den Ägypter als einen glatzköpfigen, beleibten Mann dar. Der in einen unter der Brust zusammengeknoteten, knöchellangen Schurz gekleidete Sebek-em-Sauf stammt aus einer Beamtenfamilie.

Nach der Erdbebenkatastrophe auf Kreta, bei der die minoischen Paläste vollständig zerstört wurden, kommt es während des Wiederaufbaus zur Ausprägung der **minoischen Wandmalerei**. Beherrschendes Thema der Fresken ist die Religion. Herrscherliche Darstellungen fehlen dagegen. Die in Freskotechnik auf den feuchten Putz aufgetragenen Malereien zieren sowohl private Wohnhäuser als auch Paläste. Neben den Wandmalereien werden auch aufwändig gestaltete, bemalte Stuckreliefs als Dekoration verwendet.

Statt der bislang in Ägypten üblichen Rollsiegel werden nun kreisförmige **Flachsiegel** benutzt. Die mit Tieren verzierten Siegel dienen zur Kennzeichnung von Dokumenten und zur Versiegelung von Türen und Krügen. Beliebtestes Dekorationsmotiv der aus Elfenbein oder Stein gefertigten Flachsiegel ist der Skarabäus. Der Pillendreher oder Kotkäfer wird von den Ägyptern als die Gestalt des schöpferischen Sonnengottes Chepre verehrt.

In Troja, dem heutigen Ruinenhügel von Hissarlik, stirbt ein junger Mann an den Folgen einer **Schädeloperation** (Trepanation). Untersuchungen an dem an der Burgmauer Trojas gefundenen Schädel ergaben, dass die bronzezeitlichen Chirurgen zunächst mit einem scharfen Bohrer ein viereckiges Loch in das Schädeldach gebohrt hatten. Bei dem medizinischen Eingriff durchtrennten sie jedoch versehentlich eine im Schädelinnern verlaufende Arterie, sodass der Patient verblutete.

Ägyptische Handwerker überziehen erstmals Bronze- und Goldgegenstände mit einer Schicht aus **Email**. Bislang war die Glasur nur bei Stein, gebrannten Ziegeln und Keramik verwendet worden. Diese bieten mit ihrer porösen Oberfläche eine wesentlich bessere Haftung als Metall. Als einer der prächtigsten Belege für die neue Methode gilt der Armreif der Königin Aahotep, in dessen Mitte ein farbiges Stück Email-Glas prangt.

Um 1700 v. Chr.

Palastzeit auf Kreta

Aus den Trümmern, die ein gewaltiges Erdbeben – nach neuer Forschung infolge eines Vulkanausbruchs – auf Kreta hinterlässt, entwickelt sich die minoische Kultur zu neuer, nie gekannter Blüte. Ein hektischer und umfassender Wiederaufbau erfasst die Insel. Die kretischen Herrscher lassen die Palastbauten sowie Zentren der Verwaltung und Vorratshaltung in gewaltigen Dimensionen neu errichten.

Den prächtigsten Bau stellt der berühmte Palast von Knossos dar. Dieser Palastkomplex ist dank der Ausgrabungen und der Rekonstruktion durch den englischen Archäologen Arthur Evans noch heute ein anschaulicher Beleg für die künstlerischen und architektonischen Leistungen der alten Minoer. Das äußere Erscheinungsbild des Palastes ist gekennzeichnet von einer terrassenartig ansteigenden Architektur, deren Fassaden durch Pfeiler- und Säulenreihen bestimmt werden. Die mit Flachdächern gedeckten Raumfolgen, Säle, Hallen und Treppen sind lichtdurchflutet, bieten aber zugleich Kühlung und Schatten. Charakteristisch ist die Gruppierung der meist mehrgeschossigen Gebäudekomplexe um einen großen zentralen Hof. Die prachtvolle, gewaltige Anlage ist aus einer Vielzahl von über mehrere Stockwerke verteilten Einzelräumen und Korridoren zusammengesetzt. Vermutlich geht der Ursprung der Sage vom Labyrinth des Minos auf den verwinkelten Palastkomplex von Knossos zurück. Im Osten der Anlage liegen die königlichen Wohnräume, hier hat der Palast eine Höhe von bis zu vier Geschossen. Eine offene säulengeschmückte Treppenanlage sorgt für einen leichten Zugang zu allen Etagen. Ebenfalls im Ostteil erheben sich über den Magazinbauten mehrere dem Kult geweihte Räume sowie der berühmte Thronsaal. Hier führen besonders breite Treppen zu den Räumlichkeiten, deren Zutritt wohl vor allem Priestern und der königlichen Verwaltung vorbehalten ist. Im Innern künden kostbare Materialien vom Reichtum des Königs, leuchtende Malereien schmücken die Wände.

Das lichtdurchflutete Innere des Palastes von Knossos mit den Fragmenten der einst großflächigen Wandmalereien

Die weitläufigen Magazine und Werkstätten im Keller- und Erdgeschoss zeigen die wirtschaftliche Bedeutung der Residenz und die politische Macht des Herrschers von Knossos. Riesige Tonkrüge, sog. Pithoi, dienen ebenso wie Vorratsgruben zur Lagerung der Waren. Lange Korridore erschließen diese Magazine. Nachgewiesen sind auch eine Fayencewerkstatt sowie die Verarbeitung von Marmor, der vom griechischen Festland importiert wird.

Rekonstruktion des Palastes mit dem labyrinthartigen Teil

Um 1700 v. Chr.

Ende der Harappa-Kultur

Nach fast 800-jähriger Blüte geht die Harappa-Kultur im heutigen Pakistan unter. Diese erste bedeutende Zivilisation am Indus gibt der Forschung trotz jahrzehntelanger Ausgrabungen noch immer Rätsel auf. So ungeklärt wie etwa Fragen der vorherrschenden Gesellschaftsordnung (siehe S. 136) sind auch die Ursachen für den Untergang dieser Kultur. In den Ruinen von Harappa sind Antworten auf diese Frage nicht mehr zu finden, da die meisten archäologischen Zeugnisse im Jahr 1857 beim Bau einer Eisenbahn zerstört wurden. In Mohenjo-Daro, neben Harappa die zweite bedeutende Stadt der Induskultur, sind die überlieferten Zeichen besser lesbar. Hier lösen um 1700 v. Chr. armselige Hütten die früheren Stadthäuser ab. Alle Anzeichen weisen auf einen langsamen, Jahrzehnte dauernden Verfall der einst prächtigen Kultur (Abb.: Bronzeskulptur eines Wagenlenkers) hin. Die letzten Bewohner der Siedlungen bessern einstmals bedeutende Bauwerke nur noch provisorisch aus und nutzen die Tempel zu profanen Zwecken. Ziegel werden als Baumaterial aus alten Gebäuden entnommen und wieder verwendet. Der Gebrauch von Schriftzeichen nimmt rapide ab und verschwindet schließlich ganz.
Es scheint, dass die politische und gesellschaftliche Ordnung, die den Unterhalt und das Bestehen gerade der großen städtischen Gemeinschaften garantiert, zusammenbricht. Ob hierfür ein plötzliches Ereignis, wie der Einfall arischer Stämme, verantwortlich gemacht werden kann, ist fraglich. Als Erklärung kommt vermutlich weniger ein plötzliches, einmaliges Geschehen als vielmehr ein langsamer Niedergang in Betracht. Vielleicht führt der enorme Holzverbrauch für die Herstellung von Ziegeln zu einer ökologischen Katastrophe durch die fortschreitende Entwaldung. Denkbar sind auch eine Reihe von Dürreperioden und Überschwemmungen durch eine Verlagerung des Indus, die den Menschen ihre Lebensgrundlage entzieht. Erst im Jahr 1870 wird diese bemerkenswerte frühe Kultur von britischen Forschern wieder entdeckt.

Um 1700–1000 v. Chr.

Kupferabbau am Mitterberg

Ein frühgeschichtliches Bergbaurevier existiert beim heutigen Bischofshofen südlich von Salzburg. Um Kupfer zur Herstellung von Bronze zu gewinnen, bauen Bergleute den begehrten Rohstoff im Umfeld von 10 km im Tagebau ab. Sie treiben Stollen und Schächte mit Werkzeugen aus Stein, Geweih und Metall bis in 100 m Tiefe schräg in den Berg und legen Abbaustrecken von bis zu 300 m Länge an. Um die Abbaugebiete herum entstehen Werkstätten, Handwerkersiedlungen und Plätze zur Verhüttung des Kupfererzes. Wie der ganze Abbaukomplex weisen die zahlreichen Arbeits- und Versorgungsstätten auf ein Höchstmaß an Organisation und Planung zur Schaffung einer komplexen Infrastruktur hin.

Um 1700 v. Chr.

Venusphasen entdeckt

Astronomen im Zweistromland machen eine wichtige Entdeckung: Ohne optische Hilfsmittel erkennen sie die einzelnen Phasen im Verlauf des Planeten Venus. Für die Bestimmung dieser Planetenbewegung wird der scheinbare Verlauf der Sonne am Himmel, die Ekliptik, genau vermerkt. Diese Bahn wird nun in zwölf Abschnitte unterteilt, welche sich wiederum in je 60 einzelne Teile gliedern. Die einzelnen Abschnitte erhalten charakteristische Namen. In ihnen liegt der Ursprung der uns noch heute vertrauten Tierkreiszeichen. In dem so entstandenen Raster lassen sich die Bewegungen der Venus genau nachvollziehen. Bedeutsam ist zudem die Vorhersage von Sonnen- und Mondfinsternissen. Zu diesem Zweck verwenden mesopotamische Astronomen als Beobachtungshilfe ausgehöhlte Schilfrohre.

Um 1700 v. Chr.

Blüte der Schrift und der sumerischen Literatur

Reichhaltig und vielfältig präsentiert sich das literarische Schaffen in Mesopotamien. Zum Ende des 18. Jh. v. Chr. lassen sich erstmals zahlreiche schriftliche Traditionen fassen.
Die Schrift hat eine große Bedeutung für den Ausbau des Verwaltungswesens. Die Ausbildung zukünftiger Staatsbeamter obliegt zu diesem Zweck eigens vom Herrscher abgestellten Schreibern. In akkadischer und sumerischer Sprache ritzen Lehrer wie Auszubildende Schultexte mit Keilschriftzeichen in Tontafeln, die in großer Zahl überliefert sind. Wörterbücher helfen bei den Übungen (Abb.: Fragment einer Schrifttafel mit sumerischen und assyrischen Schriftzeichen). Mathematische Rechenanleitungen sind ebenfalls in Gebrauch. Neben Schreib- und Rechenübungen entstehen auch Werke von literarischer Bedeutung wie Götter- und Heldenepen.
Die Ninurta-Epen behandeln in rd. 700 Versen die Taten des jugendlichen Kriegsgottes Ninurta aus Nippur, der gegen den bösen Dämon Asag antritt und diesen schließlich besiegt. Neben heldenhafter Romantik bietet der Stoff geografische Beschreibungen des Landes Sumer. Der beliebteste und meistgelesene Roman spielt im Sagenkreis um den Helden Gilgamesch aus Uruk. Zahlreiche Einzelgeschichten und inhaltlich verschiedene akkadische sowie sumerische Versionen erzählen die Taten des Gilgamesch und seines Freundes Enkidu. Liebe, Freundschaft, die Suche nach dem ewigen Leben sowie Kampf und Tod sind die Themen dieser Geschichten. Erzählungen wie »Gilgamesch und der Himmelsstier« bieten spannende Unterhaltung, dienen der Verherrlichung der Stadt Uruk und sind zudem belehrende Fabeln.

Um 1650

Am **Zürichsee** in der heutigen Schweiz existiert ein ausgedehntes Wegenetz. Bei archäologischen Untersuchungen fanden Forscher eine vom See überflutete Doppelreihe von Holzpfählen. Die in einem Abstand von 2,1 m parallel verlaufenden Eichenpfosten stammen vermutlich von einem Bohlenweg oder einem Steg. Darüber hinaus entdeckten die Archäologen in der Nähe des Seeufers eine weitere vier bis sechs Meter breite Pfahlreihe sowie bronzene Weihgaben.

Auf der Mittelmeerinsel Kreta vollzieht sich in der **Vasenmalerei** ein Dekorationswandel. Neue Motive zieren die bislang nur mit abstrakten Ornamenten bemalte minoische Keramik. Die Vasenmaler schmücken die Tongefäße mit aus der Natur entlehnten Motiven: Gräser, Blumen und Palmen. Die einfachen ornamentalen Muster bleiben jedoch weiterhin in Gebrauch. Auch die Farben verändern sich. Statt dunkler Keramik mit hellen Verzierungen werden nun hellgrundige Gefäße mit dunklen Bemalungen hergestellt.

In Ägypten fertigen Kunsthandwerker die Sargmaske der Königin **Sat-djehutj** an. Das Abbild der Königin besteht aus einer hölzernen Grundform, die mit vergoldetem Stuck überzogen ist. Die kunstvollen Augen verleihen der Maske einen lebhaften Ausdruck. Sie sind nachträglich in das Holz eingesetzt und bestehen aus Kupfer, Marmor und Obsidian. Die künstlerisch hochwertige Maske ist ein Indiz dafür, dass die Königinnen in Ägypten an politischem Einfluss gewonnen haben.

In Teilen Chinas sind **Kaurischnecken** ein beliebtes Tauschobjekt und werden mit der Zeit zu einer Art Zahlungsmittel. Die Schneckengehäuse werden von Angehörigen der Oberschicht neben Jadeschmuck und anderen Halbedelsteinen als Geschenke überreicht oder gegen Waren eingetauscht. Wegen ihrer Herkunft von der südostchinesischen Küste und anderer weit entfernter Regionen gelten die Kaurischnecken als exotisches und kostbares Handelsgut. Insofern verweisen sie auf den Reichtum ihres Besitzers.

Die Minoer setzen **Schwerter** als Hieb- und Stichwaffen ein. Sie werden aus Bronze gearbeitet und besitzen eine gerade zweischneidige Klinge. Die neuen Waffen stellen vermutlich eine Weiterentwicklung der in der Bronzezeit weit verbreiteten kürzeren Dolche dar. Neben ihrer Funktion als Waffe haben die Schwerter auch repräsentative Bedeutung: Sie symbolisieren den Wohlstand ihres Besitzers und zeigen seine Zugehörigkeit zur Oberschicht.

Um 1650 v. Chr.

Rechenkunst in Ägypten

Im Land am Nil entsteht ein Papyrus, der belegt, dass die Ägypter schon seit Jahrtausenden mit mathematischen Berechnungen vertraut sind.
Das Papyrusfragment von Rhind (Abb.) enthält Gruppen von Rechenaufgaben, darunter eine Methode zur Bestimmung der Kreisoberfläche. Dazu soll das Dreifache des Kreisdurchmessers mit einem Zwölftel multipliziert werden. Auch die Regeln der Division, Addition und Multiplikation sind auf dem Papyrus erklärt. Die Division wird Dimidiation genannt. Einige Stellen des Rhindtextes sind aus noch älteren Schriften kopiert.

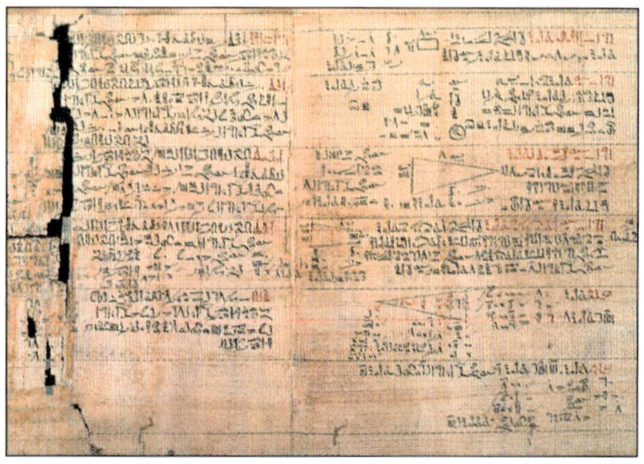

Um 1650 v. Chr.

Streitwagen noch wendiger

Bereits seit 2000 v. Chr. sind Streitwagen bei den Sumerern und Akkadern in Gebrauch. Dank neuer Konstruktionsmethoden fahren die Wagen nun mit nur einer Achse. Das macht sie wendiger und schneller im Kampf. Da jedoch sowohl Hethiter als auch Babylonier und Ägypter diese Art von Streitwagen nutzen, hat im Falle eines Krieges keine Partei einen eindeutigen Vorteil.

Um 1650 v. Chr.

Riesige Tempel in China

Die chinesische Erlitou-Kultur tritt in die Bronzezeit ein und erlebt ihre Blütephase. Die Menschen der Erlitou-Kultur, die bis dahin in jungsteinzeitlichen Verhältnissen lebten, beginnen mit der Errichtung von Monumentalbauten. Die Tempelkomplexe aus Erlitou sind so groß, dass in ihren Innenhöfen 10 000 Menschen Platz finden. Sie dienen nicht nur kultischen Zwecken, sondern werden auch als Versammlungsplätze genutzt.
Ein weiteres wichtiges Merkmal der Erlitou-Kultur sind die erstmals vorkommenden Gefäße aus Bronze, deren Form sich von den keramischen Vorgängern ableiten lässt.

1650 v. Chr.

Günstige Lage am Fluss: Hattusa wird Hauptstadt der Hethiter

Die Hethiter verlegen ihre Residenz in die Handelsmetropole Hattusa. Dieses Ereignis markiert den Beginn der größten hethitischen Machtentfaltung in Kleinasien.
Hattusa liegt etwa 200 km östlich vom heutigen Ankara. Das Gelände, auf dem die Stadt errichtet ist, bietet mit zwei Hügeln hervorragende Verteidigungsmöglichkeiten. Besonders günstig ist die Lage am Fluss Budakozu, dessen beide Arme hier zusammentreffen und die Stadt umschließen. Diese Topografie bietet nicht nur einen entscheidenden strategischen Vorteil, sie ist auch dem Handel dienlich, denn auf dem Wasserweg lassen sich bequem Güter von weit her in die Stadt transportieren.
Viele hethitische Könige benennen sich nach der neuen Hauptstadt Hattusili. Bis 1200 v. Chr. bleibt Hattusa das Machtzentrum der Hethiter (Abb.: Das Löwentor ist eines von ehemals fünf Stadttoren Hattusas).

Um 1650 v. Chr.

Fremde Herrscher am Nil: Invasion der Hyksos zerschlägt das Mittlere Reich in Ägypten

In Ägypten geht mit der Machtergreifung der Hyksos das Mittlere Reich unter. Das Land am Nil erlebte unter den letzten Pharaonen Chendjer, Neferhotep I. und Sebekhotep IV. den sowohl wirtschaftlichen wie auch kulturellen Niedergang. Die Schwächung des Großreiches blieb den Nachbarn nicht verborgen. Zwar konnten die Ägypter ihre Grenzen zunächst mit Mühe halten, doch als die Hyksos aus dem Norden heranstürmen, ist der Kampf verloren. Der Stamm übernimmt daraufhin die Macht am Nil und regiert mit ägyptischen Unterkönigen das Land (Abb.: Sieg der Hyksos; Holzstich nach Zeichnung).

Die Hyksos erhalten ihren Namen von den Ägyptern, die sie als »Herrscher fremder Länder« bezeichnen. Vermutlich stammen die Invasoren von den Hurritern ab, die gemeinsam mit den Hethitern eine indogermanische Gruppe bilden und aus Asien nach Anatolien eingewandert sind. Zunächst konzentrieren sich die neuen Herrscher auf die Eroberung des gesamten Niltals. Nachdem ganz Ägypten unter ihrer Kontrolle ist, greifen sie nach weiteren Gebieten und beherrschen schließlich auch Syrien und Palästina. Im Ostdelta des Nil bauen sie die Stadt Tanis zur neuen Residenz aus.
Die ägyptische Geschichtsforschung zählt die Hyksos als 15. Dynastie. Ihre ägyptischen Vasallen bilden die 16. und 17. Dynastie. Diese Epoche gilt als die Zweite Zwischenzeit.

1625 v. Chr.

Versinkt Atlantis in der Ägäis?

Erdbeben, Flutwellen und ein Vulkanausbruch auf der Kykladeninsel Thera, die seit dem Mittelalter auch Santorin genannt wird, verwüsten weite Teile der Ägäis. Starke Erdstöße suchen die Stadt Akrotiri auf Thera heim. In Panik fliehen die Bewohner vor den Beben. In Booten setzen sie zu den Nachbarinseln über. Kurz darauf bricht der Vulkan Thera aus und verwüstet das Eiland völlig. Große Landmassen versinken im Meer.
Die Katastrophe erfasst weite Teile der Ägäis. Aschewolken senken sich in den folgenden Wochen auf die Kykladen herab. Schwere Nachbeben erschüttern zudem die Inselwelt. Flutwellen rasen über die Küstenstreifen und vernichten ganze Städte und Dörfer. Besonders schlimm trifft es Kreta. Hier werden die Städte Mallia und Zakros von den Wassermassen hinweggespült. Die Minoer büßen den Großteil ihrer Flotte ein. Die Katastrophe vernichtet nicht nur die Ernte des laufenden Jahres, sondern schädigt das Land so nachhaltig, dass auch in den Folgejahren nicht genug Nahrung eingebracht werden kann. Die Versorgung der einst wohlhabenden Minoer bricht zusammen. In den folgenden 100 Jahren geht die jüngere Palastkultur unter. Als die Mykener 1420 v. Chr. vom Festland übersetzen, erobern sie die Reste der einst mächtigen Kultur Kretas im Handstreich.
Die Naturkatastrophe hat in der modernen Forschung die Frage aufgeworfen, ob die sagenhafte Insel Atlantis in der Ägäis lag. Generationen von Forschern und Abenteurern haben Atlantis inmitten des Atlantischen Ozeans vermutet. Doch mit der Untersuchung des Infernos auf den Kykladen erschien diese These hinfällig. In der Geologie zählt der Vulkanausbruch von Santorin zu den zerstörerischsten Katastrophen der Weltgeschichte. Der griechische Archäologe Spyridon Marinatos will in den Schriften des Philosophen Platon Datierungen entdeckt haben, nach denen der Untergang von Atlantis und die Katastrophe auf Santorin zeitgleich stattfinden.

Bemalte Vorratsgefäße aus Akrotiri

Der Vulkanausbruch auf Thera versetzte zwar einer blühenden Zivilisation den Todesstoß, doch konservierten Schlamm, Asche und Gestein die reiche Handelsstadt Akrotiri. Bei Ausgrabungen stellte sich heraus, dass die bronzezeitliche Siedlung an der Südwestküste Theras in enger Verbindung zur minoischen Kultur Kretas stand. Häuser waren mit mehreren Geschossen errichtet, ihre Wände mit prächtigen Fresken geschmückt. Die Freskotechnik stammt ebenso wie die Bildmotive von den Minoern. In den Hohlräumen des geschmolzenen Gesteins erhielten sich die Abdrücke von verbrannten Holzmöbeln wie Liegen oder Schemeln, die mit Gips ausgegossen und anschließend rekonstruiert werden konnten. Weil weder Leichen noch Kleinobjekte geborgen werden konnten, scheint es, dass die Bewohner Akrotiris die Insel rechtzeitig verlassen konnten und bewegliches Gut mit sich nahmen. Ob sie der Katastrophe auf den Nachbarinseln entgangen sind, ist jedoch fraglich.

Die spätminoischen Wohnhäuser von Akrotiri besaßen oft zwei oder mehr Geschosse.

Die Menschheit rüstet auf

Der griechische Dichter Homer, der im 8. Jh. v. Chr. lebt, berichtet in seinen Werken immer wieder von blutrünstigen Schlachten. Im vierten Gesang der »Ilias« beschreibt er den Kampf um Troja:

»Als sie nunmehr anstrebend auf einen Raum sich begegnet; / Trafen zugleich Stierhäut', und Speere zugleich, und die Kräfte / Rüstiger Männer in Erz; und die hochgenabelten Schilde / Naheten dichtgedrängt; und umher stieg lautes Getös' auf. / Jetzo erscholl Wehklagen und Siegesgeschrei miteinander, / Würgender dort und Erwürgter; und Blut umströmte die Erde. / Wie zween Ström' im Herbste geschwellt, den Gebirgen entrollend, / Zum gemeinsamen Tal ihr strudelndes Wasser ergießen, / Aus unendlichen Quellen durch tiefgehöhltes Geklüft hin; / Ferne hört ihr Geräusch der weinende Hirt auf den Bergen: / Also erhub den Vermischten sich Wutgeschrei und Verfolgung.«

Die Frühzeit Europas gilt vor allem in der romantischen Literatur der Neuzeit als goldene Menschheitsepoche, in der Milch und Honig fließen. Doch ganz so paradiesisch geht es in der Bronzezeit nicht zu. Homer, der erste schriftliche Gewährsmann der europäischen Geschichte, berichtet in seinen Werken »Ilias« und »Odyssee« vielfach von der Lust der Männer an Rüstung und Waffen. Archäologische Funde wie die Toten in den Schachtgräbern von Mykene bestätigen das Bild einer Kriegerkaste, die bis an die Zähne bewaffnet ist.

Die Kämpfer der Bronzezeit

Wie ein Kämpfer der Bronzezeit ausgesehen haben mag, zeigt die berühmte Kriegervase aus Mykene. Auf der Keramik aus dem 13. Jh. v. Chr. sind sechs bärtige Krieger mit gehörnten Helmen dargestellt. Sie tragen Panzer bis zur Hüfte, darunter ragt ein Rock aus Lederzungen hervor. Beinschienen sind zu erkennen, die aus Bronze oder Leder sein dürften. Ferner tragen die Männer Lanzen und Schilde, die wohl gängigste und effektivste Bewaffnung für das Fußvolk. Speere und Lanzen lassen sich einfach herstellen, da nur ihre Spitze aus kostbarem Metall angefertigt werden muss. Der Schaft, und damit der größte Teil der Waffe, ist aus Holz gearbeitet. Obwohl sie ähnlich aussehen, ist der Unterschied zwischen Lanze und Speer beträchtlich. Speere sind kürzer, leichter und besser ausbalanciert als Lanzen. Sie sind besonders zum Werfen geeignet. Die Lanze hingegen dient zum Stoßen. Ihre Feder ist breiter als die des Speeres, um bei Treffern größeren Schaden anzurichten. Um Gegner im Kampf auf Distanz zu halten, sind Lanzen mit einem langen Schaft versehen.

Minoischer Kampfhelm, aus Zähnen eines Ebers hergestellt

Einachsige Streitwagen mit zwei Rädern gehören zu den wichtigsten Kampfinstrumenten der Bronzezeit. Sie sind wendig und von nur zwei Kriegern bedienbar. Während der Lenker vorn im Wagen steht, beschießt ein Bogenschütze im hinteren Teil den Feind. In China, Indien, Mesopotamien, Ägypten und auf dem griechischen Festland gehören Streitwagen zur gängigen Ausrüstung der Truppen. Sogar auf der eher friedfertigen Insel Kreta unterhalten die Herrscher der minoischen Kultur einen gewaltigen Park von mehreren hundert Wagen. Davon zeugen Tafeln in spätminoischer Schrift (Linear B), die auch einen großen Beamtenstab aufzählen, der für die Wartung der Wagen zuständig ist.

Die Kriegervase aus Mykene, entstanden vor 1200 v. Chr.

Die Würdezeichen jedes Kriegers sind Schwerter – Waffen, die erst in der mittleren Bronzezeit auftauchen und sich über weite Teile Europas verbreiten. In ihnen gehen Kriegstechnik und Kunst eine Synthese ein. Ein Schwert zu schmieden ist aufwändig und teuer. Es wird vollständig aus Bronze gegossen und gehämmert. Nur der Griff ist mit Holz oder Leder ummantelt, ebenso die Schwertscheide, die auch mit Preziosen verziert sein kann. In einigen Regionen Europas wie Mykene sind auch die Klingen mit Einlegearbeiten aus Gold und Silber versehen, die Jagd- oder Kampfszenen darstellen. Eines der bedeutendsten Zentren der Schwertherstellung liegt in den Karpaten. Hier fertigen Schmiede die bronzezeitlichen Vollgriffschwerter, die bis nach Skandinavien Verbreitung finden. Schwerter sind kostbar und werden über Generationen vererbt. Sie sind jedoch nur bedingt kampftauglich. Die weiche Bronze verbiegt sich bereits nach wenigen harten Schlägen. Vermutlich geht eine bronzezeitliche Schlacht mit Schwertkämpfern so vor sich, dass in mehreren Reihen gekämpft wird. Während eine Reihe vorrückt und kämpft, zieht sich die andere zurück, um die Schwerter wieder geradezubiegen. Die meis-

Felsmalereien der Bronzezeit – wie hier bei Litsleby (Schweden) – haben häufig Jagd- und Kampfszenen als Motiv.

Pharao Ramses III. auf einem Streitwagen; kolorierter Kupferstich nach einem Relief aus dem Totentempel Ramses' III. in Medinet Habu

***Beile** sind kurzstielige Schlagwerkzeuge mit Schaft und meist einseitiger Schneide, die zum Spalten von Gegenständen (Holz, Knochen u. ä.), aber auch als Waffen eingesetzt werden. Nachdem im Neolithikum zum ersten Mal geschliffene Steinbeile zum Einsatz kamen, wurden im 3. Jt. v. Chr. Beile aus Kupfer hergestellt. In der Bronzezeit experimentieren die Menschen mit unterschiedlichen Beilformen, bis sich vier Haupttypen herausbilden: das Randleistenbeil, das Absatzbeil, das Lappenbeil und das Tüllenbeil.*

ten Schwerter dienen deshalb vermutlich als Paradewaffen. Die erste Verteidigungswaffe der Soldaten ist der Schild. Er besteht aus Holz oder gehärtetem Leder. Er schützt die Krieger zwar vor Speeren, die in dem Körperschutz stecken bleiben, kann dadurch aber so schwer und unhandlich werden, dass ihn sein Träger ablegen muss. Bis etwa 1200 v. Chr. verwenden die Mykener noch einen Schild, der den gesamten Körper schützt. Später kommen kleinere Schilde hinzu, die den Krieger zwar ungeschützter lassen, ihm jedoch mehr Bewegungsfreiheit einräumen. Ab dem 12. Jh. v. Chr. taucht schließlich der Rundschild auf und verbreitet sich rasch über Europa.

Rüstungen aus Metall

Mit Hilfe der Bronzetechnik entstehen erste Metallrüstungen. Panzer und Beinschienen sind selten, aber schon hoch entwickelt. Bei den ersten Exemplaren legen die Krieger zwei Metallschalen vor Brust und Rücken und halten diese mit Ledergurten zusammen. Ab dem 9. Jh. v. Chr. sind die beiden Rüstungshälften bereits zu einem Stück zusammengenietet, in das der Träger hineinschlüpfen kann. Die Bronzepanzer sind aus dünnwandigem Metall gearbeitet und dienen vermutlich eher zur Repräsentation als zu effektivem Kampfschutz.
Auch Helme sind nicht nur zum Schutz des Kämpfers da, sie zeichnen ihren Träger überdies als herausragende Person aus. Vermutlich tragen Anführer Helme in der Schlacht, um von ihren Soldaten erkannt zu werden. Homer berichtet in der Schilderung seines bronzezeitlichen Helden Odysseus von solchen Helmen, die mit Filz gefüttert sind. Die Helme bestehen nur selten aus Bronze. Aus dem mykenischen Raum sind Exemplare eines solchen Kopfschutzes bekannt, die vollständig aus Eberhauern zusammengesetzt sind. Die meisten Helme sind jedoch Kappen aus starkem Leder, deren charakteristische Form die Zugehörigkeit zu einer Truppe anzeigt.

*Im Neuen Testament heißt Megiddo **Armageddon** (»Hügel von Megiddo«) – der Ort, an dem die endgültige Schlacht zwischen Gut und Böse geschlagen wird. Das Geheimnis von Megiddos vermeintlicher Unbesiegbarkeit liegt innerhalb der meterdicken Mauern: Eine Quelle, die hier entspringt, liefert selbst bei einer langen Belagerung genügend Wasser.*

Im Fokus

Eindrucksvoll dokumentiert: Die Schlacht von Megiddo

Mit dem Vorstoß ins Land Kanaan gelingt es Pharao Thutmosis III., das ägyptische Reich bis nach Vorderasien auszudehnen. Der Kampf um Megiddo im heutigen Israel ist die erste Schlacht der Menschheitsgeschichte, über die zeitgenössische Berichte vorliegen.
1479 v. Chr. zieht Thutmosis III. gegen den König von Kadesh, einen Vasallen des Mitanni-Reiches, der mit der Festung Megiddo die wichtigsten Handelsrouten der Region kontrolliert. Kurz vor Megiddo muss Thutmosis zwischen drei Routen wählen. Die nördliche und südliche liegen in offenem Gelände, werden aber von den Kanaanitern bewacht. Der mittlere Weg führt über den Pass von Aruna. Hier stehen kaum Wachen, denn die Verteidiger Megiddos glauben, dass die Streitwagen der Ägypter den steilen Pfad nicht passieren können – ein folgenschwerer Irrtum.
Der Pharao lässt die Pferde von den äußerst leichtgewichtigen Wagen abspannen und die Tiere zu Fuß führen. Die Wagen werden von den Soldaten eigenhändig über den Berg getragen. Der Überraschungserfolg gelingt. In der Nacht lagert das ägyptische Heer unbehelligt vor Megiddo, in das sich die Verteidiger zurückgezogen haben. Thutmosis ermahnt seine Männer, sich für einen Angriff am frühen Morgen bereitzuhalten.

Ruinen der ehemaligen Stadt Megiddo am Rande der Yizre'el-Ebene in Israel

Nach einer schlaflosen Nacht lässt der Pharao die Truppen in einem eindrucksvollen Schauspiel aufmarschieren. Die ägyptischen Soldaten tragen bunte Uniformen, Pferde sind mit Federbüschen und Fahnen geschmückt, Standartenträger führen das Heer an und die Krieger brüllen Schlachtrufe zum Klang von Kriegshörnern und Trommeln.
Die Inschriften im Karnak-Tempel in Luxor berichten von einem glänzenden Sieg der Ägypter: »Der König selbst führte den Kopf des Heeres wie die Flamme eines Feuers ... Wie kein anderer ging er hin und erschlug die Barbaren ... und brachte ihre Prinzen als Gefangene heim.«

Um 1600 Auf Kreta töpfern Handwerker den so genannten **Diskos von Phaistos**. Die kreisrunde Tonscheibe wurde 1908 im Palast von Phaistos gefunden. Das einzigartige Kunstwerk, das einen Durchmesser von 15,8 bis 16,5 cm aufweist, ist auf der Vorder- und Rückseite mit Schriftzeichen verziert. Die mit Stempeln in den Ton eingedrückten Zeichen verlaufen vom äußeren Rand der Scheibe spiralförmig nach innen. Bis heute ist die Schrift nicht entziffert. Unklar ist auch, ob es sich um eine Silbenschrift handelt und in welcher Richtung sie zu lesen ist.

Eine neue Farbe schmückt minoische Stoffe: **Purpur**. Der rote bis blauviolette Farbstoff wird aus den Drüsen der Purpurschnecke gewonnen. Um die Farbe herzustellen, wird das zerkleinerte Schneckenfleisch in eine Salzlösung getaucht und gekocht. Zurück bleibt nach wiederholten Kochvorgängen eine gelbliche Flüssigkeit, in die die Stoffe eingelegt werden. Da eine einzelne Schnecke nur eine winzige Menge der Farbe liefert, wird Purpur zum kostbaren Luxusartikel.

In der Kunst der **Glasherstellung** erlangen ägyptische Handwerker eine hohe Fertigkeit. Die Produktion vollzieht sich in zwei Arbeitsschritten. Zunächst werden die Grundstoffe vermischt und bei einer Temperatur von 750 °C geschmolzen. Das dabei anfallende Rohmaterial wird in einem zweiten Arbeitsgang bei Temperaturen von 1100 °C nochmals erhitzt. Es entsteht dickflüssiges Glas, das in Formen gepresst wird.

Bei Zeneggen in der heutigen Schweiz im Kanton Wallis hinterlassen frühbronzezeitliche Menschen so genannte **Schalensteine**. Dabei handelt es sich um große Steinblöcke, in die zahlreiche bis zu fünf Zentimeter große schalenförmige Vertiefungen eingelassen sind. Bis heute ist nicht geklärt, welchem Zweck diese Steine dienten.

Beim heutigen Nebra in Sachsen-Anhalt fertigen bronzezeitliche Menschen die **»Himmelsscheibe von Nebra«**. Die auf dem dortigen Mittelberg entdeckte Scheibe gilt als eine der ältesten astronomischen Darstellungen der Welt. Die Bronzescheibe zeigt 32 applizierte goldene Sterne, drei Goldbogen sowie Sonne und Mond. Vermutlich stellen sieben der Sterne die Plejaden dar, die restlichen sind keinem Sternbild zuzuordnen.

Um 1600 v. Chr.

Grabkult in Mykene

Auf dem griechischen Festland entsteht die mykenische Kultur. Ihre 400 Jahre währende Blütezeit schafft die Grundlagen für die vorantike Zivilisation der Griechen.
Bereits um 1900 v. Chr. errichteten aus dem Norden eingewanderte Achäer eine von Wällen umgebene Burganlage auf dem südlichen Peloponnes. Eine 900 m lange und sechs Meter breite Mauer sollte die Siedlung vor angreifenden Feinden schützen. Der Schutzwall umschloss ein gewaltiges Areal von 30 000 m². Dank ihrer strategisch günstigen Lage wuchs die Siedlung zu einer der bedeutendsten Städte im Mittelmeerraum heran – der Stadt Mykene.
Außerhalb der Stadtmauern liegen die Begräbnisstätten der Mykener: ein Bestattungsplatz für die gewöhnlichen Bewohner und den niederen Adel sowie neun monumentale Kuppelgräber, die den Königen vorbehalten sind. Die größte dieser Grabanlagen ist das sog. Schatzhaus des Atreus mit einem Durchmesser von 14,5 m und einer Höhe von mehr als 13 m. Alle Anlagen bieten mit tief in die Erde getriebenen Schächten Platz für zwei bis drei Bestattungen. Insgesamt werden hier 19 Mitglieder einer mykenischen Königsdynastie beerdigt.

Sowohl die einfachen Kistengräber des Bestattungsfeldes als auch die königlichen Schachtgräber sind reich mit Grabbeigaben ausgestattet. Es finden sich Goldschmuck, kostbare Keramiken mit geometrischen Mustern und leuchtender Bemalung, Vasen aus Stein und Edelmetallen sowie zahlreiche Edel- und Halbedelsteine – Zeugnisse vom Glanz und Reichtum der mykenischen Kultur. Unter den Kostbarkeiten nehmen die goldenen Totenmasken (s. Abb. l.) der mykenischen Fürsten einen besonderen Platz ein. Diese aufwändig hergestellten Gesichtsmasken aus Elektron, einer natürlichen Gold-Silber-Legierung, belegen das Aussehen der 19 Mitglieder des mykenischen Königsgeschlechts.
Der Forscher Heinrich Schliemann entdeckte Mykene 1876 auf der Suche nach den Stätten der antiken griechischen Sage. In den Prunkgräbern glaubte er die sterblichen Überreste und die Totenmaske des legendären griechischen Königs Agamemnon gefunden zu haben. Der Sage nach war Mykene Stammsitz des Geschlechts der Atriden und Wohnort Agamemnons. Die Masken sind jedoch 400 Jahre älter als das den Mythen zugrunde liegende Geschehen.

Eingang zum Schatzhaus des Atreus, der größten Grabanlage von Mykene

Um 1600 v. Chr.

Niedergang der Rhône-Kultur

Bei Sitten (Sion) im heutigen Schweizer Kanton Wallis (Abb.: Aletschwald) hinterlassen die Angehörigen der Rhône-Kultur letzte Spuren. Die Rhône- bzw. Wallis-Kultur ist in der Westschweiz und Ostfrankreich angesiedelt. Die Menschen dieser Gruppe legen an der Rhône eine Begräbnisstätte mit Großsteingräbern und verzierten Menhiren an. Herausragend ist das Grab eines offensichtlich aus der gesellschaftlichen Oberschicht stammenden Kriegers, der wie die übrigen Leichen der Nekropole in gestreckter Rückenlage bestattet wurde. Damit unterscheidet sich die Rhône-Kultur von den benachbarten Kulturen, wo die Verstorbenen hockend zu letzten Ruhe gebettet werden. Auf die gehobene Stellung des Kriegers deuten die reichen Beigaben in seinem Grab hin: ein Beil mit einer 24 cm langen Bronzeklinge, zwei Bronzedolche sowie Schmuck aus Bernstein und Bronze.

Um 1600 v. Chr.

Webkunst, Dorfgemeinschaft und Vorratshaltung – Blüte der Straubinger Kultur geht zu Ende

Im Übergang von der Früh- zur Mittelbronzezeit endet die Blüte einer der ältesten frühbronzezeitlichen Kulturen im östlichen Süddeutschland: der Straubinger Kultur. Sie verbreitete sich in Nieder- und Oberbayern sowie z. T. in der Oberpfalz und Schwaben. Ausläufer der Straubinger Kultur reichten bis nach Oberösterreich.

Ein Merkmal dieser Kultur sind die mit reichen Grabbeigaben ausgestatteten Frauengräber, möglicherweise ein Zeichen für die Gleichstellung von Frauen und Männern in der Gesellschaft. In den Gräbern findet sich feines Leinengewebe, teils mit eingewebten Wollstreifen, das auf eine ausgeprägte und hoch entwickelte Webkunst wie auch auf eine gehobene Stellung der Trägerinnen hinweist. Auch Hauben aus schwerem Stoff oder Leder sind verbreitet. Nicht selten sind die Kopfbedeckungen mit einem schmalen Rand aus Metall versehen. Die Wertschätzung der Toten lässt sich auch an zahlreichen weiteren Beigaben, u. a. aus kostbarer Bronze, erkennen. Neben Bronzenadeln, die dazu dienen, die Gewänder vor der Brust zu verschließen, werden den Toten noch andere Schmuckstücke mit ins Grab gelegt. Die Frauen tragen Schmuck an Kopf, Hals, Brust, den Armen, Fingern und Beinen sowie an der Kleidung. Die Schmuckstücke sind aus Knochen, Bernstein, Kupfer, Bronze oder Gold gefertigt.

Die im flacheren Alpenvorland angelegten Siedlungen der Straubinger Kultur bestehen aus einzelnen Gehöften, Gemeinschaften oder Dorfverbänden einiger weniger Hütten. Bevorzugtes Siedlungsgebiet sind Flussufer und kleine Inseln. Die Häuser sind aus bis zu 20 cm starkem Bauholz solide errichtet, 20 bis 25 m lang und sechs bis zehn Meter breit. Die geräumigen Unterkünfte bieten Platz für eine Großfamilie. Die Wände werden mit Lehm verputzt, der aus Gruben in der näheren Umgebung stammt. Damit der Baustoff beim Trocknen nicht reißt, mengt man dem noch feuchten Lehm Getreidespelzen oder -körner bei. Der getrocknete Putz wird mit einer grau-weißlichen Farbe gestrichen.

In die Böden der Häuser lassen die Straubinger tönerne Vorratsgefäße ein. Da die Gefäße so vor direkter Sonneneinstrahlung geschützt sind und der Boden sie mit kühler Feuchtigkeit umhüllt, bleiben die Speisen und Vorräte stets gekühlt.

Um 1600 v. Chr.

Reich von Mitanni behauptet sich geschickt zwischen den Großmächten des Vorderen Orients

Der Zerfall des Reiches von Halab (Aleppo) im heutigen Syrien begünstigt die Gründung eigenständiger Staaten in Mesopotamien. Dem Hurriter-Fürsten Kirta gelingt es schließlich, die Stadtfürstentümer der Region zu einen. Das Reich Mitanni mit der Hauptstadt Taidu (das heutige Tall al-Hamidiya) entsteht.

Von den im Norden Mesopotamiens lebenden Hurritern ist wenig überliefert (Abb.: doppelgesichtiges Amulett aus dem älteren Südwest-Palast in Taidu). Ihre Sprache ist weder mit dem Sumerischen noch mit einer indoeuropäischen oder semitischen Sprache verwandt. Zu Beginn des 16. Jh. v. Chr. können die Hurriter eigene politische Strukturen etablieren. Der hurritische König von Mitanni, Suttarna I., dehnt das Herrschaftsgebiet des unter Kirta begründeten Reiches aus.

Gelegen zwischen drei Machtblöcken – den Hethitern im Norden, den Assyrern im Osten und den Erben der Babylonier, den Kassiten, im Südosten –, sind der Expansion des jungen Reiches jedoch enge Grenzen gesetzt. Im Süden drängt darüber hinaus das wieder erstarkende ägyptische Reich nach Norden. Vorerst jedoch bedroht keine dieser Mächte das Kerngebiet von Mitanni. Die Lage als Puffer zwischen den Großmächten verschafft Mitanni hingegen eine einzigartige Position. Der nördliche Bereich am Fluss Khabur ist von außerordentlicher verkehrsgeografischer Bedeutung für die Reiche des Vorderen Orients. Viele wichtige Karawanenrouten durchziehen das Gebiet, über das nun ein hurritischer Fürst herrscht. Entlang dieser Routen kann Mitanni seinen Einfluss bis an die Küste des Mittelmeeres ausdehnen. König Parattarna von Mitanni knüpft um 1500 v. Chr. Kontakte mit König Idrimi von Alalach (an der Mündung des Orontes).

Auch in südostliche Richtung dehnt sich das Mitanni-Reich weiter aus. Weder die Assyrer noch die Kassiten können verhindern, dass Assur in die Abhängigkeit Mitannis gerät. Im Süden leistet Thutmosis III. mit den ägytischen Heeren den vorrückenden Mitanni-Truppen jedoch Widerstand. Der Pharao rückt in seinem Zug nach Norden bis an den Euphrat vor und gebietet den hurritischen Ansprüchen auf die syrischen Gebiete Einhalt. Angesichts der Bedrohung durch die erneut aufstrebenden Hethiter verbünden sich schließlich Ägypten und das Mitanni-Reich Ende des 15. Jh. v. Chr. zu einer großen gemeinsamen Streitmacht.

Um 1550 In Ägypten fertigt ein Schreiber eine Niederschrift des gesamten ägyptischen medizinischen Wissens an: den **Papyrus Ebers**. Das 18,63 m lange und 30 cm hohe Schriftstück enthält etwa 880 heilkundliche Rezepte. Sie umfassen sowohl Heilmittel zur Behandlung ernsthafter Erkrankungen als auch Rezepturen gegen Haarausfall oder das Ergrauen. Verfasst ist der Papyrus Ebers im Hieratischen, einer kursiven Hieroglyphenform. Die Schriftzeichen sind in roter und schwarzer Farbe mit einem Pinsel oder einer Binse aufgetragen und stammen Untersuchungen zufolge von der Hand eines einzigen Schreibers.

Um einen **Einbaum** herzustellen, fällen frühbronzezeitliche Menschen beim heutigen Erlach am Bielersee im Schweizer Kanton Bern eine mächtige Eiche. Den entlaubten und entasteten Stamm höhlen sie mit einer Bronzeaxt aus. Bevor das Boot fertig ist, beenden die Handwerker ihre Arbeit. Forscher entdeckten den unfertigen Einbaum 1991 bei archäologischen Untersuchungen unter Wasser. Das 500 kg schwere Wassergefährt weist eine Länge von 7,95 m auf und ist im Heckbereich knapp einen Meter breit.

In **Palästina** verehren Kanaanäer eine erotische Göttin. Die als Partnerin des syrischen Wettergottes Hadad, der später den Namen »Baal« erhält, dargestellte Gottheit wird als nackte Frau abgebildet, die zwischen kleinen Bäumen steht oder Zweige in den Händen hält. Ihre Darstellungen finden sich vielfach auf der Rückseite von Stempelsiegeln. Die Vorderseite ziert in der Regel ein Skarabäus. Die kleinen Siegel finden ab der Mitte des 2. Jt. v. Chr. in Palästina massenhafte Verbreitung und sind bedeutende Bildträger.

Am Hof des **Tempels von Karnak** in Luxor wird die Statue eines ägyptischen Schreibers aufgestellt. Die Plastik, von der heute nur der Kopf und die linke Schulter erhalten sind, besteht aus schwarzem Granit. Sie zeigt das ebenmäßige Gesicht eines Schreibers, der durch die auf der Schulter eingemeißelte Schreibpalette eindeutig charakterisiert ist. Gemäß der Inschrift auf der Rückseite der Statue wurde sie von dem Schreiber selbst in Auftrag gegeben. In der Inschrift ist auch der Aufstellungsort verzeichnet.

Ägyptische Frauen schmücken sich nicht nur mit Schmuck aus Glas und Edelsteinen, auch künstliche **Perlen** finden als Zierrat Verwendung. Sie werden aus Perlmutt hergestellt. Die von den Perlmuscheln gebildeten echten Perlen sind im antiken Ägypten noch unbekannt.

1540 v. Chr.

Neues Reich in Ägypten

Nach gut 100 Jahren befreien sich die Ägypter von der Fremdherrschaft der Hyksos und begründen das Neue Reich. Schon seit zwei Generationen wehrten sich die entmachteten Pharaonen gegen die Hyksos. Apophis und sein Nachfolger

Kamose unterlagen im Kampf gegen die Fremdherrscher. Erst Ahmose, Kamoses Bruder, war erfolgreich gegen den Hyksos-Herrscher Chamudi. Er eroberte die wichtige Oasenstadt Auaris. Die Hyksos zogen sich in die Festung Schahuren zurück und gaben sich erst nach dreijähriger Belagerung geschlagen. Nun wandte sich Ahmose nach Süden, um Nubien zu unterwerfen. Das sagenhafte Goldland soll den Ägyptern die Reichtümer sichern, die sie für den Aufbau eines neuen Reiches benötigen. 1539 v. Chr. tritt Ahmose seine Herrschaft als Pharao ganz Ägyptens an, nachdem er die Grenzen des Mittleren Reiches wieder hergestellt hat. Unter Ahmose kommt es zu einer Reform der ägyptischen Religion. Amun, der bereits im Mittleren Reich eine bedeutende Rolle spielte, wird zum Hauptgott der ägyptischen Götterwelt erklärt (Abb: Ahmose wird von den Göttern Amun und Re mit heiligem Wasser gereinigt; Grabplatte aus Dra Abu En Aga).

1531 v. Chr.

Hethiter erobern Babylon

Die Hethiter ziehen unter Mursili I. mit einem gewaltigen Heer durch das Zweistromland und erobern Landstriche, Städte und Stadtstaaten. Schließlich fallen sie in der Stadt Babylon ein und zerschlagen das altbabylonische Reich.
Mursili I. ist Nachfolger des Hethiter-Königs Hattussili I. Als der alte König im Sterben lag, ließ er Mursili schwören, dass er Halab (Aleppo) einnehmen würde. Mursili wurde König und hielt sein Versprechen. Mit dem Fall Halabs ist ganz Nordsyrien unter hethitischer Kontrolle. Danach wendet sich Mursili kleinen Fürstentümern im Süden zu und marschiert am Euphrat entlang. Der Feldzug führt ihn bis vor die Tore Babylons, wo der Amoriter-König Samsuditana, ein Nachkomme Hammurabis, herrscht. Im Laufe des Krieges ist das hethitische Heer durch bäuerliche Fußtruppen und tributpflichtige Fürsten so angewachsen, dass Babylon nicht lange standhalten kann. 1531 v. Chr. erobert Mursili die Stadt und raubt die Statue des Stadtgottes Marduk – ein besonders schmerzlicher Verlust für die Babylonier. Aber Mursilis Ruhm ist nicht von Dauer. Er kann die eroberten Gebiete nicht halten und zieht sich wieder in die Heimat zurück. Dort ermorden ihn kurz darauf Angehörige der hethitischen Aristokratie. Babylon wird in der Folgezeit von der Dynastie der Kassiten regiert und wächst wieder zum Machtzentrum des Zweistromlandes heran.
Die Herkunft der Kassiten ist ebenso ungewiss wie die Umstände, durch die sie an die Macht gelangen. Die kassitischen Könige übernehmen die babylonische Lebensweise und ihre kulturellen Formen. Sie bauen und restaurieren die Tempel der traditionellen mesopotamischen Götter, verehren aber auch eigene Gottheiten. Die Kassiten lenken die Geschicke des Reiches mit 36 Herrschern 576 Jahre und neun Monate lang – so dokumentiert es die babylonische Königsliste.

Um 1510 v. Chr.

Mesopotamier nutzen das Rad

Konstrukteure des Zweistromlandes entwickeln neue, bahnbrechende Apparaturen, die die Möglichkeiten des Rades nutzen. Bislang diente das Rad in erster Linie zur Fortbewegung. Handwerker nutzen es seit langem in Form der Töpferscheibe, auf der sich Keramik schneller und besser herstellen lässt als mit bloßer Hand. Nun entdecken die Mesopotamier, dass sich über das Rad Kräfte umleiten lassen. Dazu ist eine Rolle notwendig, auf die ein Seil aufgezogen werden kann. Wichtig ist, dass das Seil sich gut aufrollen lässt. Mit dieser einfachen Vorrichtung lassen sich Flaschenzüge konstruieren.
Die Mesopotamier setzen auch große Holzräder als Tretmühlen ein (Abb.: Rekonstruktion eines Tretrades). Die Räder sind mehrere Meter hoch und müssen durch Muskelkraft angetrieben werden. Läuft der Arbeiter im Innern des Rades, handelt es sich um ein Tretrad, treibt er das Rad hingegen von der Außenseite an, spricht man von einem Laufrad. Die Mesopotamier setzen die Drehbewegung mit Hilfe von Achsen um, die mit der Radnabe verbunden sind und meistens Wasserschöpfwerke antreiben.

Der Tara Hill in Irland mit dem Grabhügel Mound of Hostages (Grabhügel der Geiseln) bleibt bis ins 4. Jh. n.Chr. das Zentrum der irischen Kelten.

Um 1550 v. Chr.

Hügel als Zeichen der Ehrerbietung

Mit der Hügelgräberkultur beginnt ein kriegerischer Abschnitt der europäischen Bronzezeit. Um die Mitte des 2. Jt. v. Chr. setzt zugleich die Entwicklung neuartiger Waffen ein.

Das Schwert findet in Europa weite Verbreitung als Prestigeobjekt und Kampfwaffe. Es ist vollständig aus Bronze hergestellt und entsprechend wertvoll. Traditionelle Waffen wie Speer, Lanze, Pfeil und Bogen können durch neue Bronzegusstechniken verbessert werden. Funde von Skeletten oder Skelettresten mit tödlichen Hieb- oder Stichverletzungen sind aus der Hügelgräber-Bronzezeit so zahlreich wie nie zuvor in Europa.

Vielerorts entstehen Wehranlagen, die ein Gelände von bis zu drei Hektar Fläche einfassen. Sie legen den Grundstein für das europäische Befestigungswesen, das die Kelten rund 700 Jahre später aufgreifen und weiter entwickeln.

Zeitgleich mit den befestigten Siedlungen tauchen Hügelgräber auf, die der Periode den Namen geben. Die Verstorbenen, wohl herausragende Persönlichkeiten einer Gemeinschaft, werden mit reichen Beigaben in der Erde bestattet. Anschließend schütten die Hinterbliebenen einen Hügel über dem Grab auf, der in Mitteleuropa meist einen Durchmesser von etwa 20 m und eine Höhe von etwa zwei Metern hat.

Die Hügel sind weithin sichtbare Denkmäler für die Verstorbenen und erinnern in ihrer Größe an die monumentalen Grabbauten der Megalith-Kultur. In allen bekannten Fällen ist unter den Hügeln nur ein einziger Mann bestattet. Vermutlich handelt es sich um einen Fürsten oder Priester, für den die Untertanen mit der Aufschüttung eine letzte große Gemeinschaftsleistung erbringen. Später Verstorbene werden oft an den Rändern der Fürstenhügel oder in den oberen Schichten der Erhebungen bestattet. In den 400 Jahren ihres Bestehens verbreitet sich die Hügelgräber-Kultur vom Elsass bis ins Karpatenbecken.

Um 1550 v. Chr.

Entdeckung des Hebelgesetzes: Schwingbrunnen revolutioniert die Bewässerungstechnik

Ägypter und Mesopotamier nutzen einen effektiven Schöpfmechanismus für die Bewässerung ihrer Felder. Der Schaduf oder Schwingbrunnen ist einfach zu bauen und zu bedienen. Seine Leistungsfähigkeit ist so hoch, dass er noch heute in vielen ländlichen Regionen entlang von Euphrat, Tigris und Nil benutzt wird.

Die Konstruktion eines Schadufs basiert auf dem Hebelgesetz, das in einer komplexen Mechanik umgesetzt ist. An einem Wasserlauf wird eine Säule aus Stein errichtet, auf der ein Hebel mit zwei Armen befestigt ist. Der Hebel ist um seine horizontale Achse drehbar, damit sowohl der Fluss als auch das zu bewässernde Feld erreicht werden können. Die Hebelarme sind verschieden lang. Der kürzere ist mit einem Gewicht beschwert, das schwer genug ist, um einen am längeren Arm befestigten Schöpfeimer voll Wasser anzuheben. Die Arbeit am Schaduf geht so vor sich, dass der Betreiber den langen Arm nach unten zieht, bis der Eimer ins Wasser taucht und sich füllt. Lässt der Arbeiter los, hebt das Gegengewicht den nun vollen Eimer an. Das Wasser kann nun über dem hinter dem Schaduf liegenden Feld entleert werden (Abb.: Ägypter bewässern mit Hilfe des Schadufs die Felder am Nil). Mit dieser Technik können drei Männer bis zu 6000 Liter Wasser in einer Stunde schöpfen.

Die Ägypter entwickeln mit Hilfe des Hebelgesetzes auch den Baukran. Mit ihm lassen sich wie beim Schwingbrunnen große Lasten an einem mechanischen Arm anheben, indem man sein Gegenstück mit Gewichten beschwert. Das Prinzip ist noch bei heutigen Baukränen erkennbar.

Um 1500 Während der Shang-Zeit perfektionieren chinesische Weber die Herstellung von **Seidenstoffen**. Die kostbaren Gewebe verzieren sie mit aufwändigen Rautenmustern. Um dem steigenden Bedarf nach Seide gerecht zu werden, sind zahlreiche Aufzuchtanlagen für Maulbeer-Seidenspinner in Betrieb. Sie bieten den Schmetterlingen ideale Bedingungen, um sich zu verpuppen. Aus den Kokons der Raupen wird der Seidenfaden gewonnen und zum Seidengarn weiterverarbeitet.

Ägyptische Handwerker entwickeln das sog. **Wachsausschmelzverfahren**, mit dessen Hilfe sich beim Metallgießen kostbarer Rohstoff sparen lässt. Es ermöglicht die Herstellung hohler Statuen statt massiver Plastiken.

In Ägypten ist die **Parfümherstellung** hoch entwickelt. In den Tempeln arbeiten zahlreiche Parfümeure an der Entwicklung wohlriechender Essenzen. Als Träger der Duftstoffe dienen kleine Wachskugeln. Sie werden häufig von den Frauen der Oberschicht im Haar getragen. Mit den Zutaten für die Parfüms sowie den fertigen Produkten entsteht in Ägypten und im gesamten Vorderen Orient ein schwunghafter Handel.

An der mexikanischen Golfküste lebt mit den **Olmeken** ein Volk unbekannter Herkunft, das als Träger der ersten Hochkultur Mittelamerikas gilt. Die sich im Laufe der Zeit über weite Teile Mittelamerikas ausbreitenden Olmeken schaffen ein streng organisiertes Staatswesen und eine effektive Landwirtschaft. Als Kultzentren dienen große Plätze, an denen pyramidale Bauten und Plattformen errichtet werden. Zum Kennzeichen der olmekischen Kultur werden kolossale Basaltköpfe mit großen Augen und breiten Nasen.

Auf Sardinien errichten frühbronzezeitliche Menschen aus Steinblöcken die ersten so genannten **Nuraghen**. Die kegelförmigen Turmbauten können einen Durchmesser von zehn Metern erreichen und mit mehreren Stockwerken bis zu acht Meter hoch aufragen. Heute sind auf der Mittelmeerinsel noch etwa 7000 Nuraghen erhalten.

Um 1500 v. Chr.

Eine Totenstadt im Fels

Der ägyptische Pharao Amenophis I. lässt sein Grab in einem Wadi (Trockental) westlich von Theben in den Fels hauen. Seine Grabanlage ist die erste ihrer Art an einem Ort, der später als Tal der Könige Berühmtheit erlangen wird.

Die wichtigste Residenz des Neuen Reiches von Ägypten ist Theben. Hier lässt Amenophis I. seinen Totentempel errichten. Seit der Zeit des Alten Reiches ist es Tradition, dass Totentempel und Grab eines Pharaos dicht beieinander liegen. Nun weicht Amenophis von diesem Prinzip ab. Der Tempel dient weiterhin als Ort der Totenfeiern und als Gedenkstätte. Das eigentliche Königsgrab liegt jedoch weit davon entfernt.

Grund für diese neue Begräbnissitte sind vermutlich Erfahrungen mit Grabräubern. Seit Jahrhunderten sind die reich ausgestatteten Gräber der Pharaonen das Ziel von Plünderern. Die Pyramiden, deren Größe den Ruhm der toten Könige sichtbar machen soll, locken Diebe und Hehler an. Die Grabräuber machen selbst vor den Leichnamen der Pharaonen nicht halt und reißen sogar den Körperschmuck der Verstorbenen an sich. Um solcher Entweihung zu entgehen, lassen sich – mit Ausnahme Echnatons – alle Pharaonen der 18., 19. und 20. Dynastie in verborgenen Gräbern bestatten.

So entsteht – weit entfernt von den Totentempeln zu Ehren der Verstorbenen – eine Totenstadt außerhalb Thebens. Der Platz ist gut gewählt. Er kann nur durch eine enge Talmündung oder über einen Bergpfad betreten werden und ist ansonsten von der Außenwelt abgeschnitten.

Die Herrscher verzichten für ihre letzte Ruhestätte auf weithin sichtbare Aufbauten. Stattdessen schlagen Arbeiter die Gräber in Felsgestein, wo sie nur schwer auszumachen sind. Nach außen sehen die Anlagen aus wie unscheinbare Felsenlöcher, dahinter verbergen sich jedoch die Königsgrüfte in unterirdischen Gang- und Raumsystemen. Die Eingänge der Gräber, die alle nach Süden ausgerichtet sind, werden mit gewaltigen Felsblöcken verschlossen, die wiederum mit Geröllhalden verdeckt werden. Hinter jedem Tor liegt ein abschüssiger Eingangskorridor, der in einen Vorraum mündet. Die Grabkammer mit dem Sarkophag kann bis zu 200 m tief in den Felsen reichen. Die Sarkophage bestehen aus Quarzit oder Granit und werden schon lange vor der Bestattung des Auftraggebers in die Grüfte gebracht.

Die Grabstätten sind mit reichen Reliefs und Wandmalereien geschmückt. Abgebildet sind mythologische Szenen und Texte, die den Verstorbenen im Totenreich zeigen. Manche Gräber sind mit außergewöhnlichem Schmuck versehen, der der Ägypto-

Das Tal der Könige heute: Die ehemals schroffen Felsen sind durch Erosion stark verwittert.

Grabkammer des Pharaos Ramses VI. mit von Grabräubern aufgebrochenem Granitsarkophag

logie heute Aufschlüsse über den Stand der Wissenschaft in der Pharaonenzeit liefert. So ist das Grab von Sethos I. mit einer bemalten Decke geschmückt, die den Sternenhimmel wiedergibt. Die Sternbilder sind zum Teil exakt an ihrer Position aufgemalt und zeugen von dem hohen Stand der ägyptischen Astronomie. Zu den berühmtesten Gräbern im Tal der Könige zählt das von Tutanchamun (siehe S. 178). Es ist das einzige fast vollständig erhaltene Grab. Alle anderen 57 Grüfte fallen schon kurz nach ihrer Belegung Grabräubern zum Opfer.
Der ägyptische Adel und seine Würdenträger suchen auch im Tod die Nähe der Pharaonen und lassen sich ebenfalls im Tal der Könige bestatten. Schon im Alten Reich wurden Fürsten in so genannten Mastabas beigesetzt, kleinen Grabbauten, die am Fuße der großen Pyramiden lagen. Im Tal der Könige sind die Adelsgräber den Königsgräbern fast ebenbürtig. Einige Fürsten lassen sich regelrechte unterirdische Paläste in den Felsen schlagen, in denen sie zur letzten Ruhe gebettet werden. Wie altägyptische Rechtspapyri über Grabräuberprozesse belegen, sind die toten Pharaonen auch in ihren geheimen Gräbern keineswegs vor Plünderern sicher. Schon kurz nach dem Ende des Neuen Reiches um 1075 v. Chr. ist die Situation im Tal der Könige so prekär, dass den Hohepriestern nichts anderes übrig bleibt, als die Leichname der Pharaonen aus den Gräbern zu holen und umzubetten, damit sie nicht von Räubern gestohlen werden.
Dass Dieben trotz hoher Sicherheitsvorkehrungen die Lage der Gräber bekannt war, hat in der neueren Forschung zu der Annahme geführt, dass den Pharaonen möglicherweise gar nicht an einer Geheimhaltung ihrer Grüfte gelegen war. Vielleicht sind die Felsengräber im Tal der Könige auch Zeichen für einen Glaubenswandel: Ließen sich die Herrscher des Alten und Mittleren Reiches noch in Pyramiden bestatten, um nach dem Tod die Himmelsleiter erklimmen zu können, könnten die Pharaonen des Neuen Reiches beabsichtigt haben, durch den Felsen zunächst in die Unterwelt zu gehen. Wie der Sternenhimmel im Grab von Sethos I. vermuten lässt, hofften die Herrscher vielleicht, aus dem unterirdischen Reich als Sonnengott in den Himmel aufsteigen zu können.

Um 1500 v. Chr.

Atterseegruppe verschwindet

Im Salzkammergut geht nach etwa 300 Jahren die Atterseegruppe unter. Die bronzezeitliche Gemeinschaft am gleichnamigen See nutzt zwar die Fortschritte der Bronzemetallurgie, lebt aber in der Tradition ihrer jungsteinzeitlichen Ahnen der Mondseegruppe. Wie die Menschen vor 1000 Jahren leben die Atterseer in Pfahlbauten, die sie am Seeufer errichten. Besonders in der kriegerischen Frühbronzezeit bieten die halb im Wasser stehenden Häuser einen wichtigen Vorteil: Sie müssen nur nach einer Seite durch Palisaden vor Feinden geschützt werden. Die anderen Seiten sind von Wasser umgeben.

Um 1500–1200 v. Chr.

Flügelhauben aus Lüneburg

Die Flügelhauben der Lüneburger Gruppe zählen zu den außergewöhnlichsten Kopfbedeckungen der Bronzezeit. Die Lüneburger Kulturgemeinschaft existiert etwa 300 Jahre lang im Bereich des heutigen Lüneburg und gilt als regionale Ausprägung der Hügelgräberkultur. Auffallendstes Merkmal der Gruppe ist die so genannte Flügelhaube – eine Art Krone, die ausschließlich von Frauen getragen wird. Der Mittelteil des Kopfputzes besteht aus Wolle oder Leder. An den Seiten sind längliche »Flügel« angenäht, die mit bronzenen Applikationen besetzt sind. Stets trägt nur eine Frau einer Generation eine solche Haube.

Um 1500 v. Chr.

Legendäres Leben des Idrimi

König Idrimi von Alalach (s. Abb.) lässt die Geschichte seines Lebens niederschreiben und wird zu einer legendären Gestalt der frühen Literatur. Idrimi herrscht über ein Reich in Syrien mit Residenz in Halab (Aleppo). Als es zu einer Revolte kommt, müssen er und seine Familie fliehen. Idrimi findet Zuflucht in der Wüste und muss eine Reihe von Prüfungen und Abenteuern bestehen. Nach sieben Jahren geben die Götter Idrimi ein Zeichen, dass es Zeit sei, Alalach zurückzuerobern. Der König lässt Schiffe bauen und zieht Truppen zusammen. Als er mit seiner Streitmacht vor den Mauern Halabs auftaucht, kapituliert die Stadt. Idrimi nimmt als rechtmäßiger Herrscher den Thron wieder ein, muss sich in den folgenden sieben Jahren jedoch gegen die Invasion der Hurriter zur Wehr setzen. Das in der Idrimi-Erzählung verwendete Schriftsystem wird im 14. und 13. Jh. v. Chr. weiterentwickelt. Es handelt sich um das erste Alphabet mit keilförmigen Buchstaben, die sonst für eine Bilderschrift benutzt wurden.

Um 1493 v. Chr.

Wiedererstarken des ägyptischen Reiches unter Thutmosis I.

In einem grausamen Feldzug unterwirft der ägyptische Pharao Thutmosis I. die Kuschiten – das Neue Reich dehnt seine Grenzen aus.
Unter dem Vorwand, einem Angriff der Kuschiten zuvorzukommen, führt Thutmosis (s. Abb.) eine Streitmacht an den mittleren Nil nach Nubien (altägyptisch: Kusch). Im Felsgebiet des Hagar al-Merwa zwischen dem 4. und 5. Nilkatarakt kommt es zur Schlacht. Es gelingt Thutmosis' Truppen, die Gegner einzukesseln und zu schlagen. Am Ort der Schlacht lässt der Pharao eine Inschrift in einen Felsen meißeln, der fortan als Grenzstein dient. Thutmosis tötet eigenhändig den kuschitischen König und hängt dessen Leichnam kopfüber am Bug seines Schiffes auf, mit dem er im Triumphzug nach Theben zurückkehrt. Dort verweigert Thutmosis seinem Feind ein Begräbnis und verhindert damit nach ägyptischer Vorstellung den Eingang des Toten ins Jenseits.
Ein weiterer Feldzug führt den Pharao nach Asien, wo er bis an den Euphrat vordringen kann. Im Zweistromland bereiten den Ägyptern die Hurriter Sorgen, die weit nach Süden vorstoßen und drohen, ägyptische Interessensphären zu verletzen. Das von den Hurritern gegründete Reich Mitanni dient jedoch als willkommener Puffer zwischen Ägypten und den großen Reichen Mesopotamiens und bleibt deshalb unangetastet. Wie zuvor in Kusch hinterlässt Thutmosis I. auch am Euphrat eine Inschrift in einem Felsen. Die beiden Grenzsteine markieren in den folgenden Jahrhunderten die weitesten Ausdehnungen des Pharaonenreiches.

Mit seinen Feldzügen festigt Thutmosis I. nicht nur die Grenzen des noch jungen Neuen Reiches. Er sichert sich mit Kusch auch ein gewaltiges Rohstofflager, das den erneuten Aufstieg Ägyptens in den kommenden Jahrhunderten ermöglicht.

Um 1450 Bei **Zacateno** am Nordufer des Tetzcoco-Sees im Tal von Mexiko entstehen Siedlungen der Olmeken. Reste der Besiedlung wurden von Archäologen bei Ausgrabungen freigelegt. Untersuchungen ergaben, dass die Siedler in festen, rechteckigen Steinhäusern lebten, deren Dächer von Balkenkonstruktionen getragen wurden. Darüber hinaus fanden die Forscher Steinmesser, Knochennadeln, Gewebe- und Lederreste, Mahlsteine sowie Tonfiguren.

Nachdem ein Vulkanausbruch um 1625 v. Chr. die minoischen Paläste schon einmal zerstört hatte, wird **Kreta** erneut von einer Katastrophe heimgesucht. Auf der gesamten Insel wüten ausgedehnte Brände. Den Feuermassen können die Minoer nichts entgegensetzen. Viele prachtvolle Palastanlagen und Städte fallen den Flammen zum Opfer. Einzig der Palast von Knossos bleibt weitgehend unbeschadet. Die Brandkatastrophe besiegelt das Ende der minoischen Kultur.

Um 1425 Eine neue Konstruktion erleichtert ägyptischen Webern die Arbeit. Statt der einfachen rechteckigen Webrahmen entstehen aufrecht stehende **Webstühle**, an denen die Handwerker auf Schemeln sitzend arbeiten können. Die großen Holzgestelle haben einen festen Rahmen, in den die Kettfäden gespannt werden. Mit einem Hebel lassen sich Hölzer auf- und niederbewegen. Auf diese Weise werden die Kettfäden abwechselnd gehoben, um den Schussfaden durchzulassen. Dank der neuen Webstühle sind die Weber in der Lage, bis zu zwei Meter breite Gewebe herzustellen.

Um 1420 In Zentralanatolien versucht König Tuhalija I. die Macht des **Hethiter-Reiches** auszudehnen. Während seiner Regierungszeit unternehmen die Hethiter Feldzüge an die Westküste der heutigen Türkei und nach Nordmesopotamien. Der König feiert zwar außenpolitische Erfolge, das Reich bleibt aber in seinem Einfluss auf die Zentraltürkei beschränkt. Im Norden und Nordosten der Hauptstadt Hattusa, etwa 200 km östlich des heutigen Ankara, muss Tuhalija die Kaskäer abwehren. Sie fallen vor allem in der Erntezeit wiederholt in das von den Hethitern kontrollierte Gebiet ein.

Um 1450 v. Chr.

Phöniker legen den Grundstein für das moderne Alphabet

In Phönikien entsteht die Urform des modernen Alphabets. Das Seefahrer- und Händlervolk der Phöniker, ansässig im heutigen Israel und Palästina, entwickelt eine vereinfachte Buchstabenschrift. 20 Buchstabenzeichen mit festgelegtem Lautwert lösen die zuvor benutzte Vielzahl von Bild- und Symbolzeichen ab. Das phönikische Alphabet besteht ausschließlich aus Konsonanten und ist leicht erlernbar. Da sich die neuen Buchstaben mit wenigen Strichen darstellen lassen (Abb.: phönikische Schriftzeichen auf dem Sarkophag König Eschmunazars; 5. Jh. v. Chr.), setzt sich das phönikische Alphabet auch als Schreibschrift (Kursive) durch. Über den Seehandel findet es schnell Verbreitung. Das phönikische Konsonantensystem wird im 1. Jt. v. Chr. von den Griechen um die bisher fehlenden, nur gesprochenen fünf Vokale a, e, i, o und u ergänzt. Damit ist das phönikische Alphabet der Ursprung der modernen europäischen Schrift.

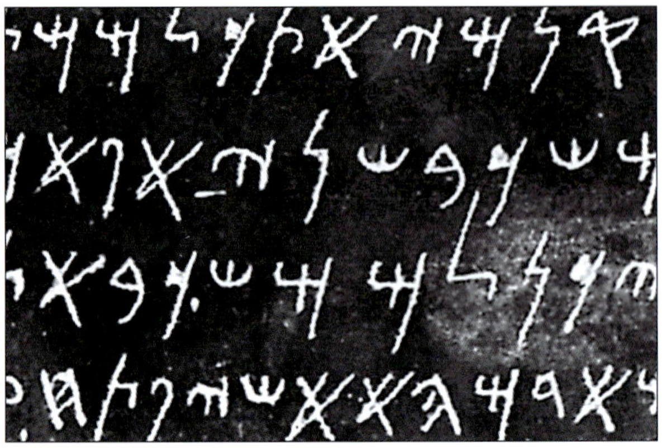

Um 1450 v. Chr.

Mykene – Herrscherin übe

Die Mykener treten in Nachfolge der kretischen Minoer die Vorherrschaft über die Ägäis und das östliche Mittelmeer an. Damit erreicht die zweite vorgriechische Hochkultur ihre Blüte.

Die Stadtanlage von Mykene war der griechischen Sage nach Königssitz des legendären Agamemnon; Aquarell nach einer Rekonstruktion

Die Mykener, Nachkommen um 1900 v. Chr. eingewanderter Indogermanen, übernehmen Anregungen der minoischen und vorderasiatischen Zivilisationen. Seit spätestens 1600 v. Chr. entwickelt sich eine eigenständige mykenische Kultur. Das durch den Zusammenbruch des kretischen Mittelmeerreiches entstandene Machtvakuum nutzen die mykenischen Fürsten ab 1450 v. Chr. schnell zur Ausweitung des eigenen Herrschaftsbereiches. Sie unterhalten Handelsbeziehungen bis nach Vorderasien, Syrien, aber auch Ägypten und Unteritalien. Das eigentliche Machtzentrum liegt auf der griechischen Peloponnes, wo auch die bekannten Päläste von Mykene und Tiryns zu finden sind. Ab 1400 v. Chr. umfasst das mykenische Herrschaftsgebiet das südliche und westliche Griechenland bis nach Thessalien im Norden sowie die Ionischen Inseln, die Kykladen und Kreta. Zudem errichten die Mykener Kolonien im westlichen Kleinasien.

Die mykenische Gesellschaft ist stark von kriegerischen Idealen und Vorstellungen geprägt. Vasenbilder zeigen immer wieder vorrückende Reihen von Kriegern, die mykenischen Palastanlagen sind

Um 1450 v. Chr.

Hohlgefäße in buntem Dekor: Ägyptische Glaskunst befindet sich auf hohem Niveau

In Ägypten erreicht die Verarbeitung von Glas einen neuen Höhepunkt. Auf der Basis ihrer in der Metallverarbeitung gewonnenen Erfahrungen beginnen ägyptische Handwerker erstmals mit der Herstellung größerer Glasgefäße. Bis dahin konnten während der für die Verarbeitung benötigten Zeit nur kleinere Glasmengen flüssig gehalten werden. Die ägyptische Glaskunst beschränkte sich daher auf die Herstellung von Perlen und ähnlicher kleiner Objekte. Jetzt entstehen Vasen (Abb.: Glasvase in Fischform), Schminkbehälter, Becher etc. aus Glas.
Hohlgefäße werden mit Hilfe der Sandkernmethode hergestellt. Dazu bringen die Glaskünstler eine Mischung aus Ton und Dung auf einen Metallstab auf, dessen Form den inneren Wänden des gewünschten Gefäßes entspricht. Dieser sog. Sandkern wird in eine noch flüssige zähe Glasschmelze gehalten. Durch ständiges Drehen des Kerns in der Schmelze haftet die Masse an der Form. Ist das Glas erkaltet, wird der Stab herausgezogen und der Kern herausgekratzt. Durch Schleifen und Polieren erhält das Glas seine endgültige Form. Eine zweite Technik besteht darin, heiße Glasfäden um einen Sandkern zu wickeln. Sind die Fäden erkaltet, wird das Gefäß nochmals erhitzt und die einzelnen Fäden durch Walzen miteinander verschmolzen. Bei der sog. Überfangmethode ummantelt eine zweite Glasschicht einen ersten hohlen Körper. Es entstehen doppelwandige Glasgefäße. Trotz des technischen Fortschritts ist es noch nicht möglich, durchsichtiges Glas herzustellen. Der zu geringe Schmelzgrad lässt die Luftbläschen in der Schmelze nicht entweichen, sodass das Glas trüb bleibt. Zur Kaschierung färben die Ägypter die fertigen Produkte ein. Zahlreiche Glashütten, vor allem in der Nähe der Königshöfe und Herrscherresidenzen, deuten auf eine Massenproduktion hin.

die Ägäis

durch aufwändige Befestigungsanlagen geschützt. Die Wandmalereien zeigen vor allem Kampf- und Jagdszenen. An der Spitze der Adelsgesellschaft stehen vermutlich Heerkönige mit ihrem jeweiligen Anhang: adeligen Kriegern und Landbesitzern, einem Königshof mit Beamten, Handwerkern, Arbeitern, Bauern, Unfreien und Sklaven. Die vom griechischen Dichter Homer später in der »Ilias« geschilderten Ereignisse reflektieren offenbar die Zustände in mykenischer Zeit und deuten darauf hin, dass zumindest zeitweise auch ein Oberkönig herrschte.
Neben Beutezügen ist der Handel die eigentliche Quelle des mykenischen Reichtums. Landwirtschaftliche Erzeugnisse, Bronzewaffen, Schmuck und Kunstgegenstände wie Elfenbeinreliefs werden über See exportiert, während auf dem griechischen Festland ein ausgebautes und gesichertes Wegesystem den Warentransport zu den Schiffen erlaubt. Insbesondere im handwerklichen Bereich profitiert die mykenische Kultur von der Übernahme minoischen Wissens.
Auf religiösem Gebiet verfolgen die Mykener eigene Vorstellungen. Hier werden Gottheiten wie Zeus und Hera, Ares und Athena verehrt, also Vorläufer der zwölf olympischen Götter der späteren Griechen. Damit unterscheiden sich die Mykener deutlich von den Kretern, die besonders die »Große Mutter« verehrten. Das Kultobjekt der Doppelaxt und die Verehrung anderer Gottheiten übernehmen die Mykener von den Minoern. Die Königspaläste Mykenes haben vergleichsweise einfache Grundrisse. Von besonderer Bedeutung ist in der Architektur das Megaron, eine rechteckige Halle mit Feuerstelle und flankierenden Säulen. Tontafeln, die auf Kreta und in den Palästen des Festlandes gefunden wurden, dokumentieren einen frühgriechischen Dialekt.

1458 v. Chr.

Unter Thutmosis III. expandiert das Reich der Ägypter

Nach dem Tod von Pharao Thutmosis II. herrscht dessen minderjähriger Sohn Thutmosis III. (Abb.: Standbild aus dem Amun-Tempel in Karnak) lediglich nominell über Ägypten, da die Regentschaft faktisch von seiner Stiefmutter Hatschepsut geführt wird. Erst ihr Tod im 22. Regierungsjahr des Thutmosis (1458 v. Chr.) ermöglicht dem mittlerweile erwachsenen Pharao eine eigenständige und auf die Ausweitung der ägyptischen Interessen ausgerichtete Politik.
Unter Thutmosis III. setzt eine aggressive Expansionspolitik ein, die Ägypten nach einer längeren Periode der Schwäche zu neuer Bedeutung im Widerstreit der vorderasiatischen Großmächte verhilft. In mindestens 17 Feldzügen unterwirft der Regent den strategisch bedeutsamen südsyrisch-palästinischen Raum und sichert das Gebiet durch die Stationierung ägyptischer Truppen und den Bau von Festungen. Auch der Sinai als Einfallstor nach Ägypten wird militärisch überwacht. Die eroberten Gebiete werden nach ägyptischem Vorbild verwaltet und können nun kontrolliert und ausgebeutet werden – ein enormer strategischer Vorteil. Die Expansion unter Thutmosis III., der 1426 v. Chr. stirbt, macht Ägyten auch zum Nachbarn und Konkurrenten einer anderen Großmacht: des Mitanni-Reiches. Erst dem Nachfolger Thutmosis IV. gelingt durch einen Vertragsschluss ein Ausgleich zwischen beiden Mächten.

1479 v. Chr.

Blüte der Kultur am Nil

Die innere Entwicklung Ägyptens wird in den ersten 20 Regierungsjahren des Pharaos Thutmosis III. von dessen Stiefmutter Hatschepsut geprägt. Die Witwe des früheren Pharaos Thutmosis II. erklärt sich 1479 v. Chr. zur ägyptischen Königin. Unter Hatschepsuts Herrschaft entstehen zahlreiche Bauwerke, darunter der Totentempel der Königin in Dair al-Bahri. Diese über mehrere Terrassen ansteigende Anlage in der Nähe von Theben soll nicht nur dem Nachruhm der Königin dienen, sondern auch ihre umstrittene Herrschaft legitimieren. Der Verzicht auf eine stärkere außenpolitische Betätigung führt zu einer kulturellen und künstlerischen Blüte im Innern. Auch schickt Hatschepsut eine Expedition in das sagenhafte Land Punt (vermutlich Somaliland), um durch Tausch und Handel Weihrauch und edle Hölzer zu beschaffen.

Hatschepsut

ägyptische Königin (1479–1458)

Die Königin Hatschepsut gehört zu den bekanntesten und umstrittensten Personen der altägyptischen Geschichte. Die Witwe des Pharaos Thutmosis II. reißt nach dessen Tod die Regierungsgewalt an sich. Zuerst ist Hatschepsut Regentin für den minderjährigen Pharao Thutmosis III., dann ernennt sie sich selbst zum Gottkönig. Auf Reliefs und Bildern ihrer zahlreichen Bauten wird die Pharaonin deshalb immer als Mann dargestellt, die sogar den zeremonialen Kinnbart der Pharaonen trägt. Die Selbstdarstellung der Königin zeichnet das Bild einer energischen und selbstbewussten Herrscherin, die sich bemüht, ihre umstrittene Herrschaft durch göttliche Herleitung zu legitimieren. Thutmosis III. kann erst nach Hatschepsuts Tod die Macht übernehmen.

1479 v. Chr.: Thronbesteigung

Um 1400 Am Euphratbogen im Osten Assyriens haben die Hurriter das **Mitanni-Reich** errichtet. Das mächtige Volk hat seit dem 16. Jh. v. Chr. seine Herrschaft beständig ausgeweitet und kontrolliert ein Gebiet, das vom Mittelmeer bis zum Zagrosgebirge reicht. Hauptstadt des Mitanni-Reiches ist Waschukkanni. Die Stadt, die bislang archäologisch nicht nachgewiesen werden konnte, lag vermutlich am Oberlauf des Flusses Khabur. Bekannt ist dagegen die hurritische Sprache, deren Schriftzeichen auf Tontafeln überliefert sind. Sie weist keinerlei Verwandtschaft zu den Sprachen der angrenzenden Völker auf.

Die assyrischen Herrscher von **Quatna** im heutigen Syrien lassen unter ihrem Palast eine unterirdische Grabstätte anlegen. Sie befindet sich zwölf Meter unter der Erdoberfläche und ist über einen fünf Meter tiefen Vorraum zu betreten. An die Hauptkammer schließen sich an drei Seiten kleinere Nebenräume an. Bei den Untersuchungen der 2002 entdeckten Grabkammern bargen Archäologen zahlreiche Funde, darunter Reste von Holzbahren, einen Löwenkopf aus Elfenbein und eine zu kultischen Zwecken benutzte goldene Hand, mit der Speisen und Trankopfer gereicht wurden.

Die Stadt **Ugarit**, das heutige Ras Schamra nördlich von Latakia in Syrien, erlebt eine Blütezeit. Die Siedlung ist der Mittelpunkt des etwa 100 Orte umfassenden Stadtstaates von Ugarit. In den Mauern der Stadt leben Händler aus vielen Gebieten des Vorderen Orients. Von der Vielfalt der Völker zeugen unzählige Tontafeln, die 1929 bei Ausgrabungen in Ras Schamra gefunden wurden. Sie sind teilweise in vier Sprachen verfasst: Sumerisch, Akkadisch, Hurritisch und Ugaritisch – eine in Ugarit entstandene Keilschrift.

Der neu angelegten Siedlung **Heliopolis**, heute ein Vorort von Kairo, liegt ein städtebauliches Konzept zugrunde. Die geraden und breiten Straßen verlaufen in einem rechtwinkligen Schachbrettmuster. Märkte und öffentliche Plätze entstehen nicht zufällig, sondern werden von den ägyptischen Architekten zielgerichtet entworfen.

Um 1380 Für die Bauvorhaben der Pharaonen müssen ägyptische Arbeiter in **Steinbrüchen** tonnenschwere Steine herausschlagen und abtransportieren. So sind während der Errichtung der Statue Amenophis' III. in Karnak Hunderte von Menschen mit der Freilegung von bis zu 1000 t schweren Steinkolossen beschäftigt. Sie werden in den Kalksteinbrüchen Minas in Mittelägypten mit Hammer und Meißel aus dem Fels herausgearbeitet und anschließend mit Hilfe von Seilzügen und Unterlegkeilen an ihren Bestimmungsort gezogen.

Um 1400 v. Chr.

Höhepunkt der bronzezeitlichen Handwerkskunst Nordeuropas

Der so genannte Sonnenwagen von Trundholm (s. Abb.) wird, vermutlich anlässlich eines Opferfestes, in einem Moor auf der jütländischen Halbinsel versenkt. Die 59,6 cm lange Plastik zeigt das bronzezeitliche Kunsthandwerk Nordeuropas auf seinem Höhepunkt. Das Objekt besteht aus einer einseitig vergoldeten Scheibe, die auf einem Wagen befestigt ist und von einem Pferd gezogen wird. Sie symbolisiert die Sonne, die während der gesamten Bronzezeit angebetet wird. Die andere, unverkleidet bronzene Scheibenseite ist möglicherweise als Sinnbild der Nacht zu deuten.

Um 1380 v. Chr.

Zu Amuns Ruhm: Amenophis III. lässt gewaltigen Tempel bauen

Unter Pharao Amenophis III. entsteht am rechten Nilufer mit dem Tempel von Luxor (Abb.: Farblithografie) eine der bedeutsamsten Kultstätten des Neuen Reiches in Ägypten. Schon zu Beginn der 18. Dynastie (um 1540 v. Chr.) existierte bei Luxor ein Heiligtum. Doch erst Amenophis III. baut die Stätte am rechten Nilufer zu einer prächtigen Tempelanlage aus.

Das Heiligtum ist dem Gott Amun geweiht und 260 m lang. Es zeigt eindrucksvoll, dass die Säule zum beherrschenden Element in der Architektur Ägyptens aufgestiegen ist. Die Prozessionskolonnade besteht aus 14 monumentalen, der sich dahinter öffnende Hof aus weiteren 64 kleineren Säulen. Aus dem Hof gelangt man in eine Säulenhalle, die ursprünglich überdacht war. Das eigentliche Heiligtum verbirgt sich in einem Labyrinth von Kammern – darunter der Geburtsraum des Pharaos, den Darstellungen der symbolisch göttlichen Geburt des Herrschers schmücken. Der Luxor-Tempel steht in enger Verbindung zum nahe gelegenen Karnak. Einmal im Jahr, während des zweiten und dritten Monats der Nilüberschwemmung, findet in Luxor ein religiöses Fest statt, in dessen Verlauf das Götterbild des Amun von Karnak zum Tempel von Luxor getragen wird.

Ramses II. lässt den Tempel von Luxor ab 1279 v. Chr. ausbauen und seine Kolossalbildnisse am Tempeleingang und am Eingang des Säulengangs aufstellen. Andere Herrscher nehmen in der Folge kleine Veränderungen vor und bringen Reliefs und Inschriften an den Tempeln an.

Echnaton und Nofretete opfern dem Sonnengott Aton. Sandsteinrelief aus dem Westflügel des Großen Amuntempels von Karnak.

1352 v. Chr.

Pharao Echnaton will den einen Gott

Mit dem Regierungsantritt Amenophis' IV. bricht in Ägypten eine Zeit des religiösen Umbruchs an. Der neue König besteigt den Thron nach dem Tod des rechtmäßigen Anwärters Tuthmosis. Schon in den ersten Tagen seiner Regentschaft rüttelt der Pharao an den religiösen Grundfesten im Reich. Er lässt sich zum Hohepriester des Sonnengottes ernennen – ein Amt, das zwar auch seine Vorgänger innehatten, jedoch nie zuvor in der Titulatur auftauchte. Dann gibt Amenophis dem Sonnengott Amun einen neuen, programmatischen Namen: »Re-Harachte, der in seinem Horizont jubelt in seinem Namen Schu (Licht), der die Sonnenscheibe (Aton) ist«. Dieses Vorgehen markiert den Beginn einer beispiellosen religiösen Reform in der ägyptischen Geschichte.

Das Darstellungssymbol des Sonnengottes ist künftig die Sonnenscheibe, deren Strahlen in Händen enden, die dem König und der Königin die Hieroglyphe für »Leben« entgegenhalten. Die gesamte Bildmotivik im Reich muss umgestaltet werden. Amenophis lässt die Tempel der anderen Götter schließen und alle Inschriften mit der Pluralbezeichnung »Götter« entfernen. Er selbst nennt sich ab seinem fünften Regierungsjahr Echnaton (»dem Aton wohlgefällig«) und verlegt die Königsresidenz von Memphis in das neu gegründete Tell-el-Amarna.

An der Seite Echnatons regiert seine Frau Nofretete. Sie spielt in Leben und Herrschaft des Echnaton eine große Rolle. Von allen Kolossalstatuen, die der Pharao während seiner Regierung anfertigen lässt, stellt ein Viertel Nofretete dar. Nie zuvor hat ein ägyptischer Herrscher seiner Frau so viel Bedeutung zugemessen. Echnatons Nachfolger Tutanchamun gibt die neue Religion wieder auf und kehrt mit dem königlichen Hof nach Memphis zurück.

Echnaton

ägyptischer Pharao (1352–1336 v. Chr.)

Der junge Prinz ist der zweite Sohn von Amenophis III. und dessen Hauptfrau Tiy. Vermutlich übt sich Amenophis IV. noch zu Lebzeiten seines Vaters als Mitregent in den Regierungsgeschäften. Wie sein Vater heiratet der Thronfolger eine Nichtadelige: Nofretete. Mit ihr hat der Pharao vier Töchter, aber keine Söhne. Der König ist von ungewöhnlicher Gestalt. Sein Kopf ist lang gezogen und seine Hüften sind sehr schmal. Diese Körperform findet Eingang in die Bildhauerkunst jener Zeit.

- 1347 v. Chr.: Amenophis IV. nennt sich Echnaton
- Um 1345 v. Chr.: Echnaton lässt östlich vom Amun-Tempel in Luxor einen Tempel zu Ehren von Aton errichten

Um 1375 v. Chr.

Neue Macht im Zweistromland: Suppiluliuma I. begründet erneuten Aufstieg der Hethiter

Unter König Suppiluliuma I. blüht das Reich der Hethiter in Kleinasien und steigt unaufhaltsam zur Großmacht auf.

Das Hethiter-Reich ist einer von drei Machtblöcken im Zweistromland. Neben ihm hat das hurritische Reich von Mitanni im Norden Mesopotamiens große wirtschaftliche wie politische Bedeutung. Im benachbarten Syrien herrschen die ägyptischen Pharaonen. König Suppiluliuma I. kämpft mit allen Mitteln für den Ausbau seines Machtbereichs. Zunächst wiegt er die Ägypter diplomatisch in Sicherheit, indem er Pharao Amenophis III. Glückwünsche und Geschenke übermittelt. Zugleich greift er das Reich von Mitanni an und erobert die wichtigen Städte Karkemisch und Halab (Aleppo). Bei der Verfolgung der flüchtenden Feinde geschieht allerdings ein Missgeschick: Suppiluliumas Soldaten verletzen ägyptisches Hoheitsgebiet und geraten mit dem Pharao in Konflikt. Trotz eines Zweifrontenkriegs kann Suppiluliuma jedoch die Truppen des Amenophis bezwingen und die Ägypter vertreiben. Alle syrischen Kleinfürsten werden durch Vasallenverträge gebunden. Nun sind die Hethiter unangefochten Herrscher in Vorderasien. Zentrum der neuen Großmacht ist das Hochland von Anatolien mit der alten Königsresidenz Hattusa.

Um 1350 Zunehmend werden die Küstenregionen des Mittelmeers von **Seeräubern** heimgesucht. Davon zeugt eine Tontafel, die im Archiv des ägyptischen Pharaos Echnaton gefunden wurde. Sie berichtet von stetigen Pirateneinfällen an der nordafrikanischen Küste. Der Schreiber kennt auch die Herkunft der Beutezügler: Sie stammen aus Lukki, dem antiken Lykien im Süden der heutigen Türkei.

In der **Kopais**, einer ursprünglich abflusslosen Beckenlandschaft in Böotien im heutigen Griechenland, bauen die Minyer aus Orchomenos alle Hauptabflüsse weiter aus. Die Maßnahmen waren notwendig geworden, da sich im Winter und Frühjahr riesige Hochwassermassen in der Senke zu einem See aufstauten. Bereits um 1600 v. Chr. war das gesamte Becken durch Deichbauten und Kanäle trockengelegt worden. Auf diese Weise gewannen die Siedler neue Ackerflächen.

In Ägypten entstehen zahlreiche medizinische Papyrus-Schriften. Zu ihnen zählt auch der **»Medizinische Papyrus London«**. Die nach ihrem Aufbewahrungsort benannte Schrift enthält eine Mischung aus Rezepten und Zaubersprüchen. Auf 2,1 m Länge listet der Papyrus, dessen Anfang und Ende nicht mehr erhalten sind, 25 Rezepte und 36 Zauberformeln auf.

Frühbronzezeitliche Menschen in der heutigen Schweiz vollziehen einen Wandel der Bestattungssitten. Das bereits seit einiger Zeit gelegentlich angewandte **Verbrennen der Toten** wird zur dominierenden Bestattungsform. Bei Angehörigen der Oberschicht werden zudem mit Bronze beschlagene Wagen auf dem Scheiterhaufen mitverbrannt. Dieses Ritual ist auch in Süddeutschland verbreitet.

Zu Kriegs- und Kultzwecken sind in Ägypten **Trompeten** in Gebrauch. Als älteste Belege der Blasinstrumente gelten zwei Exemplare, die bei der Öffnung des Grabes Tutanchamuns 1922 gefunden wurden. Die beiden Trompeten – eine aus Silber, die andere aus Bronze – sind 58,2 bzw. 50,5 cm lang und besitzen kein Mundstück.

Um 1330 Während der Regierungszeit des Pharaos Tutanchamun werden in Ägypten erstmals Gläser mit **durchsichtigem Glas** hergestellt. Bislang konnten die im Glas eingeschlossenen Bläschen aufgrund zu niedriger Temperaturen nicht entweichen und verursachten eine Trübung des Glases.

1323 v. Chr.

Die Maske des Königs

Im Alter von nur 17 Jahren stirbt der ägyptische Pharao Tutanchamun. Seine Totenmaske zählt zu den berühmtesten archäologischen Entdeckungen aller Zeiten.

Im Jahr 1332 v. Chr. bestieg der damals erst acht Jahre alte Pharao den Thron, um seine Herrschaft über das älteste Königreich der Welt anzutreten. In der kurzen Zeit seiner Regentschaft nahm der eher unbedeutende Pharao die in ihrer Wirkung revolutionäre Religionsreform des Echnaton (siehe S. 177) zurück. Dieser hatte die Stadt Tell-el-Amarna für den Sonnengott Aton gegründet und ihn als einzigen Gott angebetet. Schon unter dem Nachfolger Echnatons, Semenchkare, war Atons Ansehen immer mehr gesunken – bis Tutanchamun schließlich Amun, den Stadtgott Thebens, wieder an die Spitze des ägyptischen Pantheons stellte. Noch im ersten Jahr seiner Regierung verlegte Tutanchamun die Königsresidenz von Tell-el-Amarna zurück nach Memphis. Die Abkehr von der Götterfigur Aton bekräftigte der junge Herrscher mit der Änderung des Namens Tutanchaton in Tutanchamun. Damit wurde der Sonnengott auf den zweiten Rang in der ägyptischen Götterwelt verwiesen. Der Kult des Amun erlangte seine Vorrangstellung zurück.

Die weltberühmte Totenmaske des Tutanchamun ist im Ägyptischen Museum von Kairo ausgestellt.

Berühmtheit erlangte der politisch unauffällige Tutanchamun erst durch die Entdeckung seines Grabes durch den Archäologen Howard Carter zu Beginn des 20. Jh. Am 25. November 1922 öffnete Carter das Königsgrab Tutanchamuns im Tal der Könige bei Theben – die einzige Grablege eines ägyptischen Herrschers, die von Grabräubern fast unberührt geblieben war.

Carter entdeckte das Grab des jungen Pharaos zufällig nach sechs erfolglosen Grabungsversuchen unter den Resten 3000 Jahre alter, steinerner Arbeiterhütten. Zwei Siegel und eine Kartusche mit dem Namen Tutanchamuns am Eingang der Stätte wiesen das Grab als das des jungen Herrschers aus. Die anfänglichen Befürchtungen, es könnte wie alle bisher gefundenen Gräber bereits durch Räuber zerstört worden sein, erwiesen sich als unbegründet. Nach Öffnung der ersten Tür entdeckten die Forscher einen über sieben Meter langen verschütteten Gang. Erst nachdem dieser freigeräumt war, konnte Carter von einer zweiten Tür aus einen Blick auf das unversehrte Königsgrab werfen. In der Vorkammer fand er u.a. drei vergoldete Ruhebetten mit Tierköpfen und -füßen, einen vergoldeten Thron mit kostbaren Einlegearbeiten, vier zerlegte Streitwagen sowie zahlreiche Gefäße und Kisten. Der berühmteste Fund dieser Grabung war jedoch die goldene Königsmaske Tutanchamuns, die über dem Kopf der Mumie in einem Sarg aus purem Gold lag.

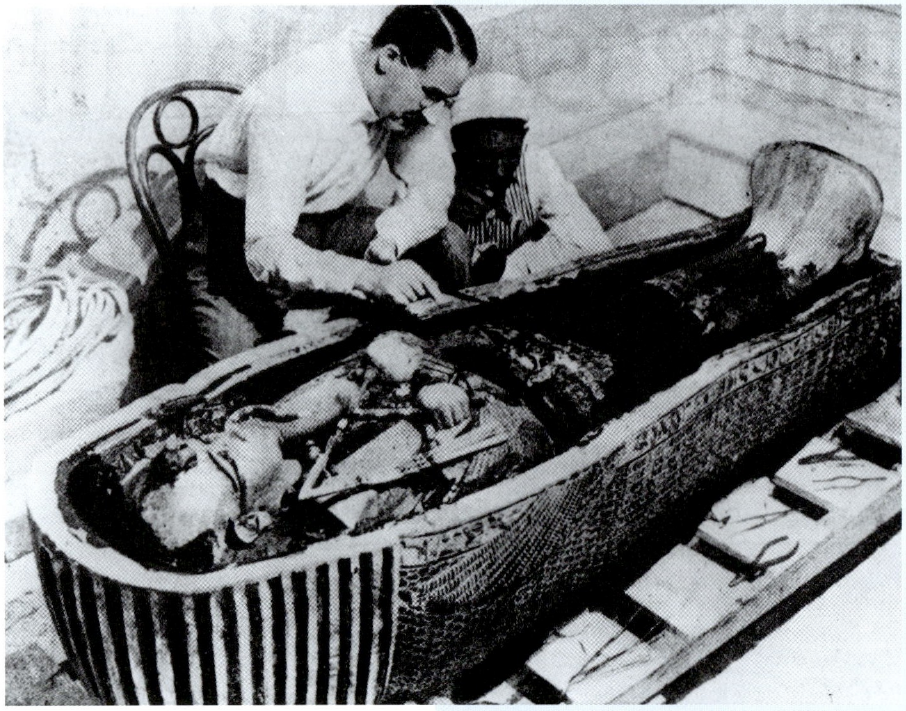

Großer Augenblick: Der englische Archäologe Howard Carter öffnet den Sarg Tutanchamuns.

Um 1350 v. Chr.

Prachtvolle Residenz Nippur

Die Stadt Nippur wird zum Kultzentrum der Sumerer. Auf einem Hügelfeld östlich des Euphrat erhebt sich die mesopotamische Siedlung 20 m hoch über die umliegende Ebene. Mehr als 3 km^2 Fläche sind mit Häusern, Palästen und Festungen bebaut und von einer mächtigen Mauer umgeben. Obwohl die Stadt nie eine eigene bedeutende Königsdynastie hervorbringt, wird sie zu einem Symbol der Herrschaft über ganz Sumer und Akkad und wächst zum wirtschaftlichen Zentrum des südlichen Mesopotamiens heran.
Nippur ist Sitz des Haupttempels des Gottes Enlil und mehrerer Nebentempel. Mit den Sakralbauten wollen sich die Stadtfürsten das Wohlwollen der Götter sichern und ihren Herrschaftsanspruch auf die benachbarten Landschaften festigen. Der turmartige Tempel des Luftgottes Enlil ragt über alle Gebäude der Stadt hinaus und symbolisiert als weithin sichtbares Zeichen die Vorherrschaft Nippurs. Als Kulturzentrum ist die Stadt auch Sitz einer bedeutenden Schule von Schreibern. Tausende Tontäfelchen mit Keilschrift-Vermerken zu Handel und Gesetzen, aber auch literarische Werke finden sich in den Archiven. Darunter ist auch eine maßstabsgerechte Karte der Stadt mit ihren Mauern, Toren und den wichtigsten Wasserläufen – ein Dokument, das bei der Entdeckung und Erforschung der altmesopotamischen Zivilisationen im 19. und 20. Jh. eine große Rolle spielt.

Um 1350 v. Chr.

Luren – die Blasinstrumente der nordeuropäischen Bronzezeit

In Nordeuropa verbreitet sich mit der Lure, einem langen, gebogenen Horn, eines der ältesten bekannten Blasinstrumente.
Die Instrumente sind zwischen 1,50 und drei Meter lang und teils aus mit Bronze besetzten Tier-

hörnern oder später völlig aus Bronze gefertigt (Abb.: Bronzelure aus Dänemark). Die Scheibe an der Schallöffnung ist dicht verziert. Das Schallrohr setzt sich aus einzelnen Segmenten zusammen, die durch Verbindungsstücke in Mäander- oder Ringform sowie mit losen Schlössern zusammengehalten werden. Für den Transport können die gewundenen Hörner ohne großen Aufwand zerlegt und später ebenso schnell wieder zusammengesetzt werden. Einige Luren werden sogar mit Anhängern oder Trageketten versehen, um sie besser transportieren zu können. Die Instrumente, die ausschließlich die harmonischen Töne oder Obertöne erzeugen, werden meist in Paaren hergestellt, deren Tonlage aufeinander abgestimmt ist.
Obwohl die Luren ihren Namen den nordischen Kriegstrompeten (Luor = hohler Stock) verdanken, nutzt man sie nicht in der Schlacht, denn die riesigen Hörner würden ihren Träger zu sehr behindern. Stattdessen finden die Luren bei kultischen Zeremonien und Opferritualen Verwendung. Den Archäologen sind Luren hauptsächlich aus Moorfunden in Dänemark, Norwegen und Südschweden bekannt. Vermutlich versenken die bronzezeitlichen Nordeuropäer die Instrumente im Rahmen von Kulthandlungen in den Mooren, die als Sitz der Geister gelten und Schauplatz der meisten rituellen Handlungen sind.

Um 1350 v. Chr.

Gewichtsbestimmung bis aufs Gramm: Schnellwaage lässt Handel mit Edelmetallen erblühen

Während der Regierungszeit des ägyptischen Pharaos Echnaton kommen erstmals Schnellwaagen mit Laufgewichten zum Einsatz. Die hauptsächlich in Ägypten und Mesopotamien gebräuchlichen Messgeräte verfügen über zwei unterschiedlich lange Arme. Am kurzen Arm hängt für gewöhnlich eine Schale für das zu wiegende Gut. Am längeren Arm ist ein Laufgewicht angebracht, das entlang einer Gewichtsskala so weit verschoben werden kann, bis sich der Waagbalken auf einer horizontale Lage einpendelt. Dabei können einige Waagen Gewichte bis auf den Bruchteil eines Gramms genau bestimmen.
Der Gebrauch dieser Schnellwaagen erleichtert den Handel in den Metropolen am Nil und im Nahen Osten enorm. Der direkte Tausch von Ware gegen Ware wird vom Tausch von Ware gegen Edelmetall abgelöst. Da es noch keine einheitlichen Zahlungsmittel in Form von Münzen oder Ähnlichem gibt, bleibt es jedem Händler selbst überlassen, die ihm angebotenen Metalle zu wiegen und ihren Wert zu bestimmen. Um erfinderischen Händlern und Betrügern Einhalt zu gebieten, überprüfen Staatsbeamte die Waagen etwa alle vier Monate. Gegen eine Gebühr können sich die Händler ihre geprüften Waagen mit einem Siegel versehen lassen, das die Eichung bestätigt.

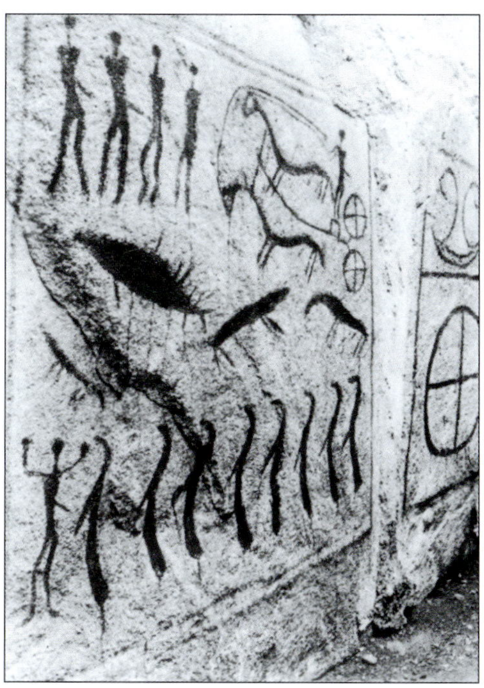

Um 1350 v. Chr.

Rippenboote und Vogelmenschen: Bilderwelten des Nordens

In Nordeuropa schlagen bronzezeitliche Künstler Tausende von Bildern in Felsen – und gewähren postum Einblicke in eine ansonsten kaum dokumentierte Kultur. Mit großem Aufwand entstehen in Ritz- und Schleiftechnik Szenen des alltäglichen und kultischen Lebens der frühen Skandinavier. Die Bilder sind stets schablonenartig angelegt, sodass sich die Darstellungen stark ähneln.
Beliebte Motive im Norden Schwedens sind Hirsche, Elche, Fische und Jagdszenen. Auch Schiffe tauchen häufig auf – Indiz für die Vorrangstellung des Fischfangs als Lebensgrundlage neben der Jagd. Im Süden herrschen Motive von Feldarbeiten mit Pferden, Pflügen, Rindern und Wagen vor – ihrerseits Hinweise auf die vornehmlich sesshafte Lebensweise der Südskandinavier.
Die abgebildeten Wasserfahrzeuge erinnern in ihrer Form an die erst 2000 Jahre später von den Wikingern gebauten Drachenboote. Sie verfügen über hochgezogene Vorder- und Achtersteven sowie aufgebogene Spanten, die mit einer Haut aus vermutlich imprägniertem Leder bespannt sind. Diese Bauweise verleiht den Booten ihr charakteristisches Aussehen, dem sie auch den Namen Rippenboote verdanken.
Eine herausragende Rolle in der nordischen Felskunst nehmen die Bilder im Grab von Kivik an der Ostküste der südschwedischen Provinz Schonen ein. Diese Ruhestätte einer hochgestellten Persönlichkeit umgibt ein riesiger Steinhügel. Das Grab selbst ist mit verzierten Steinen geschmückt, die eine Totenzeremonie darstellen und Vorstellungen über das Leben nach dem Tod vermitteln. Auf zwei Steinen sind insgesamt 37 Menschen zu sehen, teils in einer Prozession, teils in tänzerischer Haltung. Auffällig ist die häufige Darstellung von Vogelmenschen. Auf einer Zeichnung umgeben diese ein Opfergefäß, auf einem anderen Bild folgen sie in einem Trauerzug betend einem Mann (Abb.: untere Zeile). Über die gesamte Bronzezeit hinweg ist der Vogel eines der am häufigsten dargestellten Tiere.

Um 1300 Dem Grab des **Sen-nedjem** in Dêir el-Medîna werden kleine bemalte Mumienfiguren (Uschebti) aus Kalkstein beigegeben. Die Uschebti, in Ägypten seit dem Mittleren Reich in Gebrauch, sind Arbeiterfiguren, die in großer Zahl den Toten ins Grab gelegt werden. Sie sollen im Jenseits stellvertretend für den Verstorbenen Arbeiten verrichten. Die Aufgaben, die sie zu erfüllen haben, stehen in Hieroglyphenschrift auf dem Körper der Uschebti. Sie können aus Ton, Holz oder Stein gefertigt sein und besitzen eine Größe von 14 bis 20 cm.

In Mitteleuropa verfestigen sich in den spätbronzezeitlichen Gesellschaften zunehmend die Rang- und Eigentumsstrukturen. Die Sippen der Oberschicht, deren männliche Angehörige Schwerter als Statussymbole tragen, isolieren sich von den anderen Bevölkerungsschichten. Ein Großteil der Ländereien wird innerhalb dieser Familien untereinander aufgeteilt. Zudem besitzen sie die Masse der beweglichen Güter. Im Laufe der Zeit entsteht ein **»Schwertträgeradel«**, der zur einflussreichsten Schicht in der späten Bronzezeit wird.

In der Nähe des heutigen Hull in Großbritannien fertigen bronzezeitliche Menschen drei **Boote** an. Die Holzplanken binden sie mit Eibenzweigen aneinander. Die Fugen zwischen den Planken werden mit Moos abgedichtet. Reste der Wassergefährte wurden von Archäologen im Fluss Humber geborgen. Das besterhaltene der drei Boote misst 14 m in der Länge und ist 1,7 m breit. Wahrscheinlich wurde es zum Überqueren des Flusses benutzt. Einschließlich der 18 Ruderer konnte das bronzezeitliche Boot eine Traglast von etwa sieben Tonnen aufnehmen.

Beim Fischfang im Nil setzen die Ägypter neue **Angelhaken** ein. Statt der bisher verwendeten Typen werden mit Widerhaken besetzte Fanggeräte benutzt. Je nach Fischart variieren die Angelhaken in Form und Größe. Für kleine Fische sind acht Millimeter kurze Haken in Gebrauch, bei der Jagd auf große Tiere greifen die ägyptischen Fischer auf bis zu 18 cm lange Haken zurück.

Auf Befehl des elamischen Königs Untasch Gal entsteht am Ufer des Flusses Dez im heutigen Iran die **Zikkurat Tschoga Zanbil**. Der den Göttinnen Ischnikarab und Kiririscha geweihte Tempel ist aus Lehmziegeln errichtet. Die unterste Stufe des fünfstöckigen Kultbaus besitzt eine Seitenlänge von 105 m. Die Ecken des Stufenturms weisen in die vier Himmelsrichtungen. Heute ist die Zikkurat bis zu einer Höhe von 25 m erhalten und zählt zum UNESCO-Weltkulturerbe.

An der türkischen Südwestküste kentert ein **zypriotisches Handelsschiff**. Die Ladung des Schiffes wurde bei Taucharbeiten entdeckt. An Bord des Wracks fanden Archäologen bronzene Langschwerter und so genannte zypriotische Schleifennadeln.

1279 v. Chr.

Ramses II. – der Bauherr

Ramses II. besteigt den ägyptischen Thron. Die lange und erfolgreiche Regierung des Pharaos ist die wichtigste Epoche Ägyptens zur Zeit des Neuen Reiches. Letztmalig verschafft Ramses seinem Land eine Vormachtstellung im Vorderen Orient. Wichtigster Rivale der Ägypter sind die Hethiter. Schon lange schwelt zwischen beiden Großmächten ein Konflikt. Ausgelöst, heißt es, habe ihn die Ermordung eines hethitischen Prinzen, der um 1320 v. Chr. auf seinem Weg zur Hochzeit mit der Witwe Tutanchamuns den Tod fand. Tatsächlich ist aber der schon unter Ramses' Vater Sethos I. ausgebrochene Streit um die Kontrolle Syriens Ursache der neuerlichen Auseinandersetzung. Den Höhepunkt des Krieges markiert die berühmte Schlacht von Kadesh, die ohne wirklichen Sieger endet. 16 Jahre später grenzt ein Friedensvertrag zwischen Ägyptern und Hethitern – abgesichert durch die Hochzeit von Ramses II. mit einer hethitischen Prinzessin – die Einflusssphären beider Länder in Syrien voneinander ab. Ramses II. gilt als bauwütigster Pharao des alten Ägypten. Unter seiner Regierung entstehen zahlreiche neue Prachtbauten. Monumente früherer Pharaonen dienen als Steinbrüche für seine Bauprojekte – oder Ramses' Name wird über die Namenskartuschen seiner Vorgänger gesetzt. Zwei gewaltige Bauvorhaben sind untrennbar mit diesem Namen verbunden:
In Abu Simbel, nördlich des zweiten Nilkataraktes in Nubien gelegen, werden am Flussufer zwei Tempelanlagen in den Fels geschlagen. Der Große Tempel entsteht zu Ehren der Götter Re, Amun, Ptah sowie des Pharaos selbst. Seine Fassade zieren vier 22 m hohe Sitzstatuen Ramses' II. Ein 60 m langer Gang führt in die Anlage hinein: Deren Achse ist so angelegt, dass zum Zeitpunkt der Tagundnachtgleiche die aufgehende Sonne ihr Licht genau in das Innere des Heiligtums wirft. Der sog. Kleine Tempel steht etwa 150 m entfernt und ist der Göttin Hathor geweiht. Sechs steinerne Standfiguren, von denen vier den König und zwei seine Lieblingsfrau Nofreti-

Ramses II.

ägyptischer Pharao (1279–1213 v. Chr.)

Ramses II. folgt seinem Vater Sethos I. auf den ägyptischen Thron. Seine 66-jährige Regierungszeit wird bestimmt von Auseinandersetzungen mit den Hethitern und kolossalen Bauvorhaben. Der Pharao hat neben seiner Hauptgattin Nofretiri mehrere Nebenfrauen, darunter auch eine Hethiter-Prinzessin, die er aus diplomatischen Gründen heiratet. Insgesamt soll Ramses II. 96 Söhne und 60 Töchter gezeugt haben. Als er im hohen Alter von 96 Jahren stirbt, tritt sein 13. Sohn die Nachfolge an. Noch mehr als 1000 Jahre nach seinem Tod wird Ramses II. in Nubien als Gott verehrt.

- 1279: Errichtung kolossaler Sitzstatuen in Luxor
- 1259: Friedensschluss mit den Hethitern

Um 1275 v. Chr.

Schlacht von Kadesh: Ägypter trotzen den Hethitern

Die Auseinandersetzungen zwischen Ägypten und dem Hethiter-Reich erreichen zu Beginn der Regierung von Ramses II. ihren Höhepunkt.

Ramses rückt mit einem fünf Divisionen starken Heer von Fußsoldaten und Streitwagen nach Syrien ein, um die Hethiter unter ihrem König Muwatalli anzugreifen. Der Pharao trennt sein Heer: Eine Spezialtruppe soll einen Seehafen besetzen und sich dann bei Kadesh wieder mit dem Hauptheer vereinigen. Ramses selbst zieht mit den vier verbliebenen Abteilungen weiter Richtung Norden. In der Nähe von Kadesh schlägt eine Division unter Führung des Pharaos ein Lager auf. Als die zweite Abteilung des Heeres anrückt, wird sie von den im Hinterhalt liegenden Hethitern angegriffen und in die Flucht geschlagen. Auch das ägyptische Lager wird überrannt. Ramses geht zum Gegenangriff über und kann – unterstützt von ihm verbliebenen Truppen und der im rechten Augenblick eintreffenden Spezialtruppe – die Hethiter zurückschlagen. Den vermeintlichen Sieg lässt Ramses im ganzen Land feiern. Reliefs mit Darstellungen des Schlachtgeschehens und schriftliche Berichte werden an bedeutenden Gebäuden angebracht (Abb.: Ramses' Streitwagen in der Schlacht von Kadesh; Relief im Ramesseum). Durch sie wird der Kampf zu einer der ersten dokumentierten Schlachten der Weltgeschichte.

Der große Tempel von Abu Simbel wurde im 20. Jh. vor den Fluten des Assuanstaudamms gerettet.

ri darstellen, bewachen den Eingang. Reliefdekorationen und Wandmalereien der Tempel preisen vor allem die militärischen Erfolge Ramses' II.
Das zweite große Bauvorhaben des Pharaos ist die Errichtung seines Totentempels im oberägyptischen Theben. Die als Ramesseum bezeichnete Anlage umfasst neben dem eigentlichen Tempelgebäude Säulenhallen, Höfe, Vorratslager und einen Königspalast. Insgesamt wird eine Fläche von 900 x 600 m bebaut. Neben zahlreichen, den König verherrlichenden Reliefs erinnert auch noch anderes den Besucher daran, wem Ägypten diesen Bau zu verdanken hat: Eine 18 m hohe Statue des Pharaos aus rotem Granit mit einem Gewicht von mehr als 1000 t befindet sich im ersten Hof. Der Kopf der Statue misst in der Breite fast zwei Meter.
Den jahrtausendealten Bauten von Abu Simbel drohte in den 1960er-Jahren die Zerstörung. Der Bau des Assuan-Staudamms hätte die gesamte Anlage in den Fluten verschwinden lassen. Unterstützt von der UNESCO und mit Hilfe befreundeter Länder ließen die Ägypter von 1964 bis 1968 beide Tempel Stück für Stück abtragen. 65 m über dem ursprünglichen Standort – und damit oberhalb des Wasserspiegels – wurden die zersägten Blöcke neu zusammengesetzt.

Um 1300 v. Chr.

Die große Zeit der Wallburgen

Vom nördlichen Balkan über die Donauländer bis in die südliche Hälfte Deutschlands verbreitet sich die Urnenfelder-Kultur als bedeutendste Erscheinung der späten europäischen Bronzezeit. Ihren Namen verdankt diese von 1300 bis 800 v. Chr. nachweisbare Kultur einer markanten Bestattungsart: Die Asche bzw. Knochenreste der Verstorbenen werden in tönerne Urnen geschüttet und in der Erde bestattet. Bisweilen lassen sich regelrechte Urnenfelder mit bis zu mehreren hundert Bestattungen nachweisen.
Die Urnenfelder-Leute sind beeindruckende Baumeister und Handwerker. Vor allem im heutigen Bayern, aber auch in Österreich entstehen zahlreiche Wallanlagen und Befestigungen. Diese »Burgen« werden durch Holzpalisaden, Erdwälle und Toranlagen gesichert. Geschickt ziehen die Erbauer Abhänge und Spornlagen in Befestigungen mit ein und sichern sie durch Abschnittswälle. Zum Bau der Heunischenburg auf dem Wolfsberg (Kreis Kronach in Oberfranken) wird an der offenen Flanke der Burg sogar eine 3,5 m hohe und 2,6 m breite Steinmauer mit einer Länge von 110 m errichtet; die übrigen Abschnitte sind mit Palisaden gesichert. In der Torgasse dient eine kleine Ausfallpforte dazu, Feinden in den Rücken zu fallen.
Auf dem Glauberg in Hessen wird eine Fläche von 20 ha durch einen umlaufenden Wall gesichert. Hier sind auch steinerne Fundamente der Häuser nachweisbar. Im Innern der Wallanlagen befinden sich Wohnhäuser und Werkstätten, sodass der Eindruck einer befestigten Siedlung entsteht. Größere dieser Burgen werden heute als Fürstensitze und stadtähnliche Gebilde mit zahlreichen Handwerksbetrieben gedeutet. Dass die Urnenfelder-Leute in einer unsicheren und kriegerischen Zeit lebten, belegen Brandspuren und bronzene Pfeilspitzen in den Festungen.

Um 1300–500 v. Chr.

Siedlung der Lausitzer Kultur

Im Bäketal bei Berlin-Lichterfelde werden fünf rechteckige Wohnhäuser samt Nebengebäuden errichtet. Die hölzernen Häuser sind zwischen 8,5 und 12,5 m lang und sechs bis neun Meter breit. Sie besitzen im Innern einen einzigen Raum sowie eine Herdstelle. Zwei Brunnen aus ausgehöhlten Eichenstämmen dienen der Wasserversorgung. Das kleine Dorf wird durch einen umlaufenden, 60 cm tiefen und 1,5 m breiten Graben sowie einen Zaun geschützt. Im Nordwesten und Südosten befinden sich Durchlässe. Aufgefundene Pflanzenreste weisen auf eine steppenähnliche Vegetation der Umgebung hin. Wahrscheinlich wird die Siedlung verlassen, als während einer Dürreperiode die Brunnen austrocknen.
Die Erbauer dieser Siedlung gehören zur Lausitzer Kultur, die über 800 Jahre lang von der Saale im Westen bis nach Posen im Osten verbreitet ist und in viele regionale Teilgruppen zerfällt. Untersuchungen von Knochenfunden veranschaulichen die harten Lebensbedingungen der Lausitzer. Viele Kinder sterben im ersten Lebensjahr. Schwangerschaft und Geburt sind für Frauen mit Lebensgefahr verbunden. Häufig finden sich gemeinsame Bestattungen von Mutter und Kind.

1290 v. Chr.

Sethos I. verteidigt die Landesgrenzen und erobert Syrien zurück

Als zweiter Pharao der 19. Dynastie besteigt Sethos I. den ägyptischen Thron. Während seiner 13-jährigen Regierungszeit führt er zahlreiche Feldzüge. Im Norden erobert er die von seinem Vorgänger Ramses I. verlorenen Gebiete in Palästina und Syrien zurück. Wie zuletzt Thutmosis III., besetzt Sethos I. die Stadt Gaza. Auch gelingt ihm die Eroberung der Stadt Kadesh. Weiter vordringen kann der Pharao jedoch nicht. Die Hethiter und ihr König Muwatalli wehren alle ägyptischen Angriffe ab.
Ägypten wird unter Sethos' Regentschaft auf eine harte Probe gestellt. Von Westen her greifen beduinische Stämme aus der libyschen Wüste ägyptische Posten an und müssen vom König zurückgeschlagen werden. Auch aus dem Süden droht Gefahr. Hier sind es die Nubier, die die Grenze überrennen. Zum Schutz lässt Sethos bei Tell el-Amarna eine befestigte Stadt anlegen.

Innenpolitisch setzt der König die Restaurationspolitik seiner Vorgänger fort und tilgt an Baudenkmälern den Namen Echnatons. Zahlreiche Bauten werden von Sethos I. zu Ehren der angestammten Götter Ägyptens errichtet. In seinen letzten Regierungsjahren teilt sich Sethos den Thron mit seinem Sohn Ramses II. Der Pharao stirbt im Jahr 1279 v. Chr. Sein Grab spiegelt die neue Bedeutung Ägyptens wider: Es ist größer als die Gräber aller seiner Vorgänger (Abb: Sethos I. vor dem Gott Osiris; Wandmalerei aus dem Grab Sethos' I. in Theben).

Um 1255 Die als Fürstensitz konzipierte Burganlage von **Troja**, der heutige Ruinenhügel Hissarlik an der Nordwestküste der Türkei, bewohnen etwa 5000 Menschen. Sie leben zum Teil in zweistöckigen Häusern. Über mehrere Tore, darunter das Haupttor im Süden, kann die gewaltige Burganlage betreten werden. Ausgrabungen der heute als Troja VI bezeichneten Siedlung förderten zahlreiche graufarbene Keramiken ans Tageslicht. Die bis nach Griechenland exportierten Tonwaren imitieren metallische Gefäße.

In der Nähe von Sakkara, südlich von Kairo, entsteht ein heute nach seinem Aufbewahrungsort als **»Medizinischer Papyrus Berlin 3038«** bezeichnetes Dokument. Auf 5,2 m Länge versammelt der Papyrus 204 medizinische Einzeltexte. Neben vielen Rezepten, die im bereits um 1550 v. Chr. entstandenen Papyrus Ebers genannt werden, erwähnt der Papyrus weitere Heilmittel, u. a. gegen Übersättigung, Fieber und Rheuma.

Um 1252 Bei dem Transport einer mehr als 800 t schweren Statue des Pharaos Ramses II. nach Assuan benutzen ägyptische Arbeiter einen riesigen hölzernen **Schlitten**. Hunderte von Menschen ziehen die gewaltige Last mit Seilen an ihren Bestimmungsort. Um die Arbeit zu erleichtern, benutzen sie große hölzerne Hebel. Sie werden unter den Kufen angesetzt. Auf diese Weise wird der Schlitten angehoben und über Bodenwellen befördert.

Um 1250 v. Chr.

Hohe Kunst der Konservierung: Aus Leichen werden Mumien

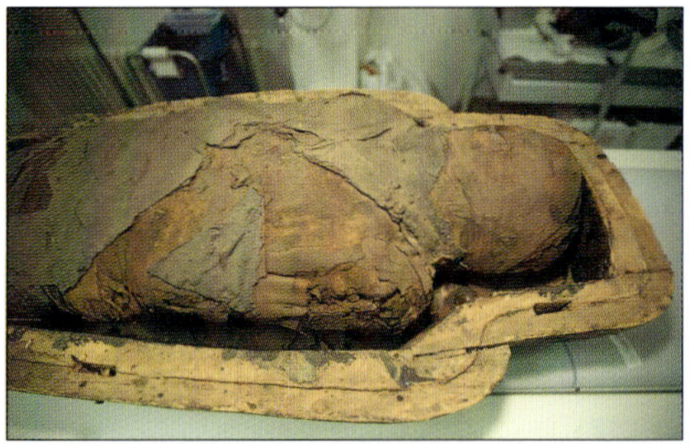

Im Neuen Reich Ägyptens erreicht die Technik der Leichenkonservierung ihren Höhepunkt. Die Verwandlung eines Leichnams in eine Mumie (s. Abb.) wird in eigens dafür eingerichteten Werkstätten vorgenommen und dauert mehr als 70 Tage. Zunächst müssen alle Weichteile aus dem Körper entfernt werden, um den Verwesungsprozess zu verlangsamen. Dazu dienen Spezialwerkzeuge wie Haken zum Auskratzen des Hirns durch die Nasenöffnung, da das Gesicht des Toten nicht beschädigt werden darf. Anschließend legen die Konservierer den Leichnam so lange in Kochsalzlösung, bis er entwässert ist – ein Prozess, der mehrere Wochen dauert. Neue Techniken erlauben es zudem, die Muskeln der Leiche nachzubilden, indem man den Körper an den entsprechenden Stellen mit Sägespänen ausstopft.
War es bislang üblich, die Gliedmaßen der Toten einzeln zu umwickeln, um ihnen im Jenseits Bewegungsspielraum zu lassen, so geht man nun dazu über, die Leichen in Kokons aus bis zu 350 m^2 Tuch zu hüllen. Zwischen die Tuchbahnen legen die Konservierer Grabbeigaben. Auch der Stoff muss haltbar gemacht werden und wird zu diesem Zweck mit harzigen Ölen bestrichen. Die fertige Mumie erhält eine Totenmaske, die die Gesichtszüge des Verstorbenen nachbildet. Bei Herrschern sind diese Masken aus Gold gefertigt.

Die Moses-Geschichte inspirierte Künstler aller Epochen: hier der Untergang der Ägypter im Roten Meer; jüdische Buchmalerei aus einer hebräischen Haggada (Erzählungen des Talmuds), 1740.

1250 v. Chr.

Kanalbau erleichtert Handel

Pharao Ramses II. vollendet das Kanalbauprojekt seines Vaters Sethos I. und lässt eine künstliche Wasserstraße anlegen, die künftig den Nil mit dem Roten Meer verbindet.
Der Kanal erlaubt es den Handelsschiffen der Ägypter, direkt in das Rote Meer einzufahren. Er beginnt bei der Siedlung Bubastis (heute Tell Basta) im östlichen Niltal und führt über das Wadi Tumilat, den Imasee und die Amerseen nach Patumos am Golf von Suez. Bislang gab es keine Verbindung der beiden Gewässer. Die Wasserstraße ist so breit, dass zwei Schiffe problemlos aneinander vorbeifahren können. Für das Beschiffen des Roten Meeres haben die Ägypter eigens eine hochseetüchtige Schiffsart namens Seket konstruiert. Sie ist mehr als sechs Meter breit, teilweise über 50 m lang und kann tonnenschwere Waren transportieren. Um 610 v. Chr. beginnen die Ägypter einen Durchstich zwischen Rotem Meer und Mittelmeer, aus dem später der Suezkanal entsteht.

1258 v. Chr.

Hethiter und Ägypter schließen Friedensvertrag über Syrien

Ein Friedensvertrag mit dem ägyptischen Pharao Ramses II. verschafft den Hethitern unter ihrem König Hattusili III. (Abb.: Hattusili, I., und seine Frau Puduepa erbringen Trankopfer vor zwei sitzenden Göttern; Relief) eine kurze Ruhepause im Ringen mit den benachbarten Reichen.
Syrien, der alte Zankapfel von Ägyptern und Hethitern, wird durch diesen Vertrag geteilt. Fortan bildet der Fluss Orontes die Grenze zwischen den Reichen. Trotz anhaltender Feindschaft der Könige Ramses II. und Hattusili III. hat der Frieden Bestand. Auch Hattusilis Nachfolger, Tutchalija, lebt mit den Ägyptern im Frieden und kann das Reich im Innern festigen. Doch den Hethitern drohen neue Probleme. Im Norden erstarken die Assyrer unter Tukulti-Ninurta I. Erste Grenzscharmützel enden mit Niederlagen der Hethiter. Tutchalija versucht die Assyrer wirtschaftlich zu schwächen und zwingt die syrischen Fürsten, Handelsblockaden gegen sie zu verhängen. Doch kaum sind erste Erfolge im Kampf gegen Assyrien zu verzeichnen, tauchen neue Feinde auf. Die Vorboten der sog. Seevölker, die kurz darauf aus dem Mittelmeerraum in Mesopotamien einfallen, berennen die Grenzen des Hethiter-Reiches im Westen.

Um 1250 v. Chr.

Exodus – Aufbruch ins Gelobte Land

Die Propheten Moses und Aaron führen dem Alten Testament zufolge die Stämme Israels aus der ägyptischen Gefangenschaft. Die legendäre Wanderung der Israeliten ins Gelobte Land (Kanaan) beginnt.
Diese Landschaft im heutigen Südpalästina wurde von den Hebräern erstmals um 1800 v. Chr. besiedelt. Das Volk der Ur-Juden zog vermutlich aus Ur im Zweistromland westwärts und ließ sich von seinem Stammvater Abraham in die kanaanitischen Gebiete führen. Ein Teil der Hebräer siedelte in Unterägypten, also im Machtbereich der Pharaonen.
Vermutlich wegen ihrer ausgeprägten Fruchtbarkeit begann der ägyptische Pharao Ramses II. die Neuankömmlinge zu unterdrücken. In der Bibel heißt es: »Da kam ein neuer König auf in Ägypten, der ... sprach zu seinem Volk: Siehe, des Volks der Kinder Israel ist viel und mehr als wir. Wohlan, wir wollen sie mit List dämpfen, dass ihrer nicht so viel werden. Denn wo sich ein Krieg erhöbe, möchten sie sich auch zu unseren Feinden schlagen ... Und man setzte Fronvögte über sie, die sie mit schweren Diensten drücken sollten; denn man baute dem Pharao die Städte Pithon und Ramesse zu Vorratshäusern. Aber je mehr sie das Volk drückten, je mehr es sich mehrte und ausbreitete ... und die Ägypter zwangen die Kinder Israels zum Dienst mit Unbarmherzigkeit und machten ihnen das Leben sauer mit schwerer Arbeit in Ton und Ziegeln und mit allerlei Frönen auf dem Felde und mit allerlei Arbeit, die sie ihnen auflegten mit Unbarmherzigkeit.«
Moses und Aaron, die Anführer der Israeliten, bitten Ramses II. um Freilassung der Unterdrückten, damit beide Teile des hebräischen Volkes in Kanaan zusammenfinden können. Doch der Pharao ist unnachgiebig. Er bedenkt die Hebräer mit noch härterer Arbeit. Unter anderem lässt er sie Ziegel brennen, ohne sie mit dem dafür notwendigen Stroh auszustatten.
Jetzt erbitten die Gepeinigten Unterstützung von ihrem Gott Jahwe. Dieser schickt sieben Plagen über Ägypten: den zur Schlange verwandelten Stab, in Blut verwandeltes Wasser, die Frosch-, Stechmücken- und Bremsenplage, eine Viehseuche, Geschwüre verursachenden Staub, eine Hagelkatastrophe, eine Heuschreckenplage und eine Finsternis. Ramses zeigt sich jedoch noch immer unerbittlich. Erst als Jahwe alle erstgeborenen Ägypter und das erstgeborene Vieh tötet, lässt der Pharao die Israeliten ziehen, schickt ihnen aber Truppen hinterher. Nach der Bibel gelingt es Moses, auf der Flucht das Meer zu teilen und mit seinem Volk trockenen Fußes hindurchzuziehen. Als die Ägypter folgen, werden sie von den Fluten verschlungen. Diese Legende hat in der Wissenschaft immer wieder für Spekulationen gesorgt. Eine gängige Erklärung für das Phänomen ist der Bardawilsee. Er wird vom Mittelmeer nur durch eine schmale Sandbrücke getrennt, die den Hebräern die Flucht ermöglicht haben könnte.
Wie viele Israeliten an dem Exodus beteiligt sind, ist ungewiss. Nach der Bibel ziehen 600 000 Männer mit ihren Familien nach Kanaan. Heute glaubt die Wissenschaft, dass 600 000 als 600 Familien verstanden werden muss. Demnach machen sich weniger als 15 000 Menschen auf den Weg. Auch die Dauer der Reise und ihre Stationen sind nur schlecht nachweisbar. Der Bibel zufolge sind die Israeliten 40 Jahre unterwegs. In dieser Zeit werden die Grundlagen des hebräischen Glaubens gelegt: Auf dem Berg Sinai empfängt Moses die Zehn Gebote. Die Ankunft im Gelobten Land erlebt der Prophet nicht. Er stirbt im biblischen Alter von 120 Jahren auf dem Berg Nebo, von dem aus er das Land Kanaan sehen kann. Josua übernimmt nun die Führung der Hebräer und führt sie ans Ziel. In Kanaan vereinigen sich die Neuankömmlinge mit den bereits hier siedelnden Stämmen ihres Volkes.
Die Verbindung zwischen Israeliten und Ägyptern beschäftigt die Bibelforschung noch immer. Der Name Moses ist ägyptischer Herkunft und taucht in abgewandelter Form in vielen Pharaonennamen wie Thutmosis oder Ahmosis auf. Auch der Monotheismus stammt vermutlich aus dem ägyptischen Kulturkreis. Pharao Echnaton war der erste Monarch der Geschichte, der das Pantheon der Götter für nichtig erklärte und nur noch Aton, die Sonnenscheibe, anerkannte. War er Moses ein Vorbild?

Moses führt das Volk der Israeliten; Detail eines römischen Sarkophag-Reliefs aus Spoleto (Italien)

Wie Recht hat die Bibel?

In Ägypten, Syrien und dem Zweistromland liegt der historische Boden, auf dem der Stoff für die Erzählungen des Alten Testaments entsteht. Heute zeugen nur noch Ruinenhügel, so genannte Tells, von der Existenz der bedeutenden biblischen Stätten. In der Vergangenheit wurden die Texte des Alten Testaments meist als Grundlage für archäologische Grabungen benutzt bzw. dienten die archäologischen Grabungen dazu, den Wahrheitsgehalt der Bibel-Erzählungen zu beweisen. Erst in jüngerer Zeit hat auf breiter Front eine Art Umkehrschluss in den wissenschaftlichen Diskurs Einzug gehalten.

Archäologie schürt Skepsis

Jericho, Babel (Babylon), Megiddo, Ninive sind Ziele archäologischer Untersuchungen, die neben historisch wichtigen Zusammenhängen auch die Legenden der Bibel in einem neuen Licht erscheinen lassen. Archäologen wie Israel Finkelstein und Neil A. Silberman präsentierten 2002 in ihrem Buch »Keine Posaunen vor Jericho« zuerst einmal die archäologischen Fakten und zogen daraus Rückschlüsse auf den historischen Wahrheitsgehalt der Bibel. So sei z. B. nach neuesten archäologischen Erkenntnissen die Geschichte vom Fall der Mauern von Jericho durch Posaunenklänge schon deshalb nicht haltbar, weil die älteste Stadt der Welt in der späten Bronzezeit gar nicht von einem Mauerwerk umgeben war. Städte wie Megiddo und Hazor besaßen zum besagten Zeitpunkt ebenfalls keine Mauer, obwohl die Bibel sie als »groß und himmelwärts befestigt« beschreibt.
Die Bibel entsteht als Schriftensammlung über einen Jahrhunderte währenden Zeitraum. Die Geschichten der hebräischen Bibel werden ab etwa 400 v. Chr. zusammengetragen, aber erst im Jahr 70 n. Chr. letztgültig niedergeschrieben. Sie gleichen dem Alten Testament des Christentums. Der Inhalt der Bibel ist jedoch viel älter und greift auf die Anfänge der menschlichen Zivilisation zurück.

Landkarte des Sinai, gezeichnet auf einen ägyptischen Papyrus. Hier soll sich der Gott des Alten Testaments seinem Propheten Moses offenbart haben.

Abraham (auch Ibrahhim) gilt heute als Stammvater der drei Weltreligionen Judentum, Christentum und Islam. Sein Auszug ins Land Kanaan und sein Gehorsam gegenüber Gott ist die Grundlage allen Glaubens. Obwohl die historische Person Abrahams historisch schwer zu fassen ist, gilt als sicher, dass er seine weiten Reisen in der mesopotamischen Stadt Ur begonnen hat, dem Ort, aus dem vermutlich auch Moses stammt –

Nach der Beschreibung der Bundeslade im 2. Buch Moses (Exodus) heißt es:

»Du sollst auch einen Gnadenthron machen aus feinem Golde; zwei und eine halbe Elle soll seine Länge sein und anderthalb Ellen seine Breite. Und du sollst zwei Cherubim machen aus getriebenem Golde an beiden Enden des Gnadenthrones, sodass ein Cherub sei an diesem Ende, der andere an jenem, dass also zwei Cherubim seien an den Enden des Gnadenthrons. Und die Cherubim sollen ihre Flügel nach oben ausbreiten, dass sie mit ihren Flügeln den Gnadenthron bedecken und eines jeden Antlitz gegen des anderen stehen; und ihr Antlitz soll zum Gnadenthron gerichtet sein. Und du sollst den Gnadenthron oben auf die Lade tun und in die Lade das Gesetz legen, das ich dir geben werde. Dort will ich dir begegnen, und vom Gnadenthron aus, der auf der Lade mit dem Gesetz ist, zwischen den beiden Cherubim will ich mit dir alles reden, was ich dir gebieten will für die Israeliten.«

Im Fokus

Die Bundeslade – ewiges Fahndungsobjekt der Archäologen

Das Zentralheiligtum der israelitischen Stämme ist seit Jahrhunderten Gegenstand von Spekulationen und – neben dem Grab Alexanders des Großen – eines der meistgesuchten und rätselhaftesten Objekte von Archäologen und Schatzsuchern. Die im 2. Buch Moses beschriebene Bundeslade dient zur Aufbewahrung der Zehn Gebote, die Gott seinem Propheten Moses auf dem Berg Sinai übergeben haben soll. Gott selbst habe nach der Bibel-Überlieferung den Israeliten Anweisung zum Bau der Lade gegeben: eines Kastens aus Akazienholz, der nach unserem heutigen Maß 1,83 m lang und 83 cm hoch gewesen sei. Innen und außen, heißt es da, ist das Heiligtum mit Gold überzogen. Den massiven Deckel zieren zwei goldene Engelsgestalten mit ausgebreiteten Flügeln, die sog. Cherubim. Für den Transport wurden zwei Tragestangen durch vier goldene Ringe gesteckt und ein eigener Wagen gebaut. Die Bundeslade durfte nicht berührt werden und war durch eine Hülle vor Blicken geschützt. König Salomo soll das Heiligtum im Tempel zu Jerusalem aufgestellt haben. Dort steht es bis zur Zerstörung des Tempels 587 v. Chr durch den babylonischen König Nebukadnezar II. Seither gilt die Bundeslade als verschollen.

Heiligtum der Israeliten: die Bundeslade (Illustration aus der Schedelschen Weltchronik, 1493)

Um ihren Verbleib ranken sich bis heute z. T. abenteuerliche Spekulationen, die alle nur eines gemeinsam haben: Sie sind sämtlich ohne Beweiskraft. Viele orthodoxe Juden und einige Wissenschaftler vermuten die Lade noch immer in Jerusalem, versteckt in unterirdischen Geheimgängen des Felsendoms. Dort sind archäologische Untersuchungen größeren Ausmaßes allerdings verboten. Anderen populären Theorien zufolge soll die Lade entweder in den Geheimarchiven des Vatikans oder im äthiopischen Aksum lagern. Heute ist die Bundeslade nur noch ein Symbol, in jüdischen Synagogen dargestellt durch den Thoraschrein.

beide gelten deshalb als »Ur-Väter« des Glaubens. Abraham reist um 2000 v. Chr. mit einer Eselkarawane nach Norden bis in die heutige Südtürkei, von dort nach Ägypten und weiter südlich bis Mekka. Seine Nachkommen bilden die zwölf Stämme Israels und verbreiten den Glauben an den Gott Jahwe.

Exodus historisch nicht belegbar

Nach dem Alten Testament wird Josef, ein Urenkel Abrahams, nach Ägypten verkauft. Dort leben er und seine Nachkommen unter der Knechtschaft der Pharaonen, aus die erst Moses sie um 1200 v. Chr. befreien kann (siehe S. 183). Der Auszug aus Ägypten, der sog. Exodus, ist das Schlüsselereignis des Alten Testaments und prägt ganz wesentlich unser biblisches Gottesbild. Allerdings gilt er als historisch nicht belegbar und stellt so einen uralten Zankapfel der biblischen Archäologie dar.
Sagen und Legenden pflastern den langen Marsch der Kinder Israels. An der Stelle, an der sich Gott dem Moses in einem brennenden Busch offenbart habe, steht heute das Katharinenkloster im südlichen Sinai. Noch immer wird dort ein vermeintlicher Ableger des sagenhaften Dornbuschs verehrt. Einer der berühmtesten Orte der Mosesgeschichte ist der Berg Sinai, wo der Prophet die Zehn Gebote Gottes empfängt. Möglicherweise dient der am Sinai anstehende Granit als Trägermaterial für die heiligen Texte. Der genaue Ort ist von Gläubigen und Forschern seit Jahrhunderten gesucht und bislang nicht identifiziert worden. Aus diesen und anderen Befunden lässt sich nach Auffassung des bibelkritischen Teils der Wissenschaft eindeutig ablesen, dass die Schrift in erster Linie ein Glaubenszeugnis und kein historisch verwertbares Dokument darstellt. Ob die Kinder Israels mit ihrem Führer und Fluchthelfer Moses tatsächlich ins Land Kanaan kommen, ist ebenfalls zweifelhaft. Vermutlich ziehen die ersten Siedler aus der Wüste ins westjordanische Bergland – ein Prozess, der wie alle vorhergehenden Landnahmen Jahrzehnte oder gar Jahrhunderte dauert. Von einem plötzlich Einfall von womöglich bis zu 600 000 Menschen (siehe S. 183) in einen unbesiedelten Landstrich existieren keine historischen Zeugnisse.
Andererseits scheint erwiesen, dass einzelne Begebenheiten des Alten Testaments durchaus historische Ereignisse zum Vorbild haben. Verblüffend authentisch ist z. B. der Zeitpunkt der Mosesgeschichte. Sie spielt zur Zeit Ramses' II. und in den 40 Jahren Wanderung, die dem Auszug aus Ägypten folgen. Demnach müssten die Israeliten um 1200 v. Chr. im Land Kanaan angelangt sein. Tatsächlich stammt die erste Nennung eines israelischen Stammes aus dieser Zeit. Pharao Merneptah lässt 1207 v. Chr. die Worte »Dein Same, Israel, ist vernichtet« in eine Stele meißeln.

Nach biblischer Überlieferung haben die Israeliten nach dem Auszug aus Ägypten in Kadesh (im Bild: Getreidesilos außerhalb der Befestigungsmauer) gelagert.

Moses empfängt die Gesetzestafeln mit den Zehn Geboten auf dem Berg Sinai; Buchmalerei aus der Leo-Bibel, 10. Jh.

Monotheismus – ein spätes Konstrukt?

Eine Gesamtschau auf nicht-hebräische Quellen führt zu dem Schluss, dass die in der Bibel als prachtvoll beschriebenen Königreiche Davids und Salomos dort kaum Widerhall finden. Manche Forscher leiten daraus ab, dass es sich entsprechend allenfalls um zweitrangige Mittelmächte gehandelt haben dürfte, David und Salomo allenfalls regionale Stammesfürsten waren.
Neuesten Theorien der Bibelforschung zufolge birgt das fünfte Buch Moses brisante Hinweise über die Entwicklung des monotheistischen Glaubens. So reinigt der israelitische König Josia den Glauben von Fremdeinflüssen und erlaubt nur noch den Kult um Jahwe, den Gott, dessen Name aus einem Tetragramm mit den Kürzeln JHWH (»Ich bin, der ich bin«) gebildet wird. Josia ist ein historisch belegbarer Herrscher aus dem 7. Jh. v. Chr., der sich den Untergang des assyrischen Reiches für die Restauration seines Herrschaftsgebietes zunutze macht. Möglicherweise ist Josia der Urheber der Legende vom erwählten Volk und dem verheißenen Land. Der König schafft demnach einen Mythos von einem gemeinsamen ethnischen Ursprung und einer gemeinsamen Aufgabe, um seinem Volk ein identitätsstiftendes Zusammengehörigkeitsgefühl zu vermitteln. Dazu braucht er einen Gott, der größer ist als alle anderen. Er erhöht Jahwe, der nach Ansicht einiger Bibelforscher zuvor nur einer von vielen Göttern war und im Tempel zu Jerusalem angebetet wurde, zum alleinigen Geisteswesen nicht nur der Israeliten, sondern gleich der ganzen Welt. Damit wäre der später alleinige Gott zunächst einer unter vielen gewesen. Für diese These spricht, dass die Schriften des Alten Testaments erst um 400 v. Chr. niedergeschrieben werden, also nur 200 Jahre nach Josia, und nicht bereits um 1200 v. Chr., in den Tagen Moses' und Josuas.

Der israelische Archäologe Israel Finkelstein über die Rolle der Bibel als Gegenstand archäologischer Forschung:

»Die biblische Archäologie stellt den Text in den Vordergrund. Archäologische Funde wurden immer schon benutzt, um den Bibeltext zu dekorieren. Was wir tun: Wir stellen die Archäologie in den Vordergrund, ohne den Text herunterzuspielen. Aber wir sagen: Nachdem vieles erst in einer sehr viel späteren Periode niedergeschrieben wurde und stark von der Ideologie und der Theologie der späteren Schreiber beeinflusst wurde, suchen wir nach einem wirklichen Zeitzeugen. Und der einzige Zeitzeuge für die Ereignisse der Bibel ist die Archäologie.«

Um 1200 Unterschiedliche klimatische Bedingungen herrschen in Europa. Während Dürreperioden die östlichen Mittelmeerregionen heimsuchen, ist der Alpenraum vom Wetter begünstigt, wie meteorologische Untersuchungen des **Paläoklimas** belegen. Obwohl kein direkter Zusammenhang nachzuweisen ist, fällt auf, dass viele kulturelle Entwicklungen Parallelen zu klimatischen Prozessen aufweisen. In Griechenland zerfällt das Reich von Mykene, in Anatolien erfolgt der Niedergang der Hethiter. Im Alpenraum ist dagegen anhand zahlreicher archäologischer Artefakte eine kulturelle Blüte fassbar.

In der seit dem 16. Jh. v. Chr. bestehenden Burgfestung Mykene im heutigen Griechenland benutzen die Bewohner Türschlösser mit Schlüsseln zur Verriegelung ihrer Häuser. Die mit den so genannten **lakedämonischen Schlüsseln** verschließbaren Schlösser gelten als älteste Belege einer Vorrichtung, bei der Riegel, Schlüsselloch und Schlüssel eine konstruktive Einheit bilden. Archäologisch nachweisbar sind einfache Schlösser bereits für die Zeit um 2000 v. Chr. in Ägypten.

Im heutigen Thüringen kommt es zu einer dichten Besiedlung des Erfurter Raumes. Als prominentestes Zeugnis der Siedlungsaktivitäten gilt ein Gräberfeld, das Archäologen auf dem Wiesenhügel in Erfurt freilegten. Bei den Ausgrabungen bargen die Forscher mehr als 300 Gräber der **Urnenfelderkultur**. Kennzeichen der spätbronzezeitlichen Kulturstufe sind ausgedehnte Friedhöfe, auf denen die verbrannten Toten in Urnen bestattet werden.

Unter König **Suppiluliuma II.** zerbricht in Kleinasien das Großreich der Hethiter. Als Ursache des Zerfalls gelten innenpolitische Spannungen sowie der Druck der aus den Balkanregionen vordringenden Seevölker. Mit dem Niedergang des Reiches zerfällt auch Hattusa, die Hauptstadt der Hethiter. Die in der Nähe des heutigen Dorfes Bogazkale liegende Stadt war seit 1570 v. Chr. Sitz der hethitischen Machthaber. Archäologische Untersuchungen ergaben, dass in der frühen Eisenzeit eine neue, zunächst bescheidene Besiedlung der einstigen Residenz erfolgte.

Um 1250 v. Chr.

Die Arbeiter des Königs

In einem Seitenarm des ägyptischen Tals der Könige entsteht die Siedlung Deir el-Medina. Ihre Überreste erlauben Archäologen einen eindrucksvollen Einblick in das Leben der Arbeiter zur Zeit des Neuen Reiches.

Das Tal der Könige ist die Grabstätte der Pharaonen der 18. bis 20. Dynastie. Hier schlagen die Arbeiter Gänge und Kammern in den Fels, in denen die Herrscher bestattet werden. Um den Jahrzehnte dauernden Ausbau der Königsgräber zu gewährleisten, leben die Nekropolenarbeiter in einer Schlafstadt in der Nähe.

Die ersten Anlagen der Stadt entstanden bereits unter Thutmosis I. zu Beginn des 14. Jh. v. Chr. Thutmosis war der erste Pharao, der sich im Tal der Könige bestatten ließ. Im Laufe der Zeit wächst die Siedlung auf 60 Gebäude an, die Rückfront an Rückfront errichtet werden, um Baumaterial zu sparen. Die Häuser sind dreigeteilt. Hinter dem Eingang liegt der Empfangsraum, dahinter ein Wohnraum sowie ein Schlafraum mit Sanitärbereich. In den vornehmeren Häusern kommen eine Loggia sowie ein Garten hinzu. Ein Teich sorgt für Bewässerung der Pflanzen. Bevorzugtes Baumaterial sind sonnengetrocknete Lehmziegel – einfach herzustellen und sehr preisgünstig. Im Sommer halten sie das Innere der Gebäude kühl, im Winter dagegen warm. Da die Hochwasser des Nil nicht bis nach Deir el-Medina heranreichen, drohen die Ziegel auch nicht aufzuweichen.

In der Arbeitersiedlung leben alle Arten von Handwerkern, die für den Ausbau der Königsgräber benötigt werden: Maurer, Steinmetze, Gipser, Schreiber, Zeichner und Maler mitsamt ihren Familien. Da die Söhne meist in die Fußstapfen der Väter treten, leben häufig mehrere Generationen unter einem Dach. Gebäude und handwerkliche Fertigkeiten werden von Generation zu Generation weitergegeben. Die Arbeiter Deir el-Medinas profitieren so von einem größer werdenden Erfahrungsschatz und stellen immer prächtigere Kunstwerke her. Die Schätze aus dem Grab Tutanchamuns (siehe S. 178) bezeugen das.

Mühsame Selbstversorgung in Ägypten: Ein Ehepaar bestellt ein Feld; Wandmalerei aus dem sog. Grab des Sennedjem in Deir el-Medina.

Luftaufnahme des dicht bebauten Deir el-Medina

Die Lebens- und Arbeitsumstände in der Siedlung sind zeitweilig schwierig. 1156 v. Chr. findet hier der erste bekannte Streik der Geschichte statt. Nachdem die Nekropolenarbeiter von Pharao Ramses III. zwei Monate nicht entlohnt wurden, legen sie die Arbeit nieder. Die Bezahlung erfolgt in Naturalien. Meist erhalten die Arbeiter für ihre Leistung gerade genug Lebensmittel, um sich und ihre Familie ernähren zu können. Ohne diesen Lohn droht den Menschen in Deir el-Medina der Hungertod. Das erkennt schließlich auch der Pharao, der die ausstehenden Zahlungen leistet und den Streik damit auflöst. Einer der zahlreichen Schreiber in Deir el-Medina hält das Ereignis für die Nachwelt fest.

Auch Skandale werden schriftlich fixiert. Eine Anklageschrift aus Deir el-Medina berichtet: »(Der Vorarbeiter Paneb) plünderte die Stätte Pharaos ... Er benutzte die Meißel Pharaos und das Beil für die Arbeit in seinem (eigenen) Grab ... Er ist dieses Amtes nicht würdig ... Ich ließ den Wesir von seinem Betragen wissen.«

Das Tal der Könige, die Wirkungsstätte der Handwerker, liegt in einer verborgenen Schlucht. Ägyptologen spekulierten lange, ob die Arbeiterfamilien nach getaner Arbeit getötet wurden, damit die Lage der Gräber geheim bliebe. Heute weiß man, dass das Tal nicht aus solchen Gründen, sondern zu religiösen Zwecken als Nekropole ausgebaut wurde. Die Arbeiter von Deir el-Medina verließen ihre Siedlung vermutlich überhaupt nicht und bewohnten die Häuser auch nach Fertigstellung der Gräber weiter.

1240 v. Chr.

Erdbeben verwüstet Troja

Ein Erdbeben erschüttert die Dardanellen. Die Stadt Troja an der Nordwestspitze Kleinasiens wird von den Erdstößen stark in Mitleidenschaft gezogen und zerstört (Abb.: Ruinen von Troja).
Das echte Troja ist identisch mit dem Troja in Homers berühmtem Epos »Ilias«, in dem ein zehn Jahre währender Krieg vor den Mauern der Stadt tobt. Die Ereignisse der homerischen Dichtung entstehen jedoch erst im 8. Jh. v. Chr., etwa 400 Jahre nach der Zerstörung der Stadt. Einige Ereignisse in der »Ilias« sind deshalb der Fantasie Homers zuzuschreiben, während andere historische Hintergründe haben (siehe S. 200/201).
Zwischen dem Untergang Trojas und der Niederschrift der »Ilias« erlebt die griechische Kultur einen Niedergang. Ursache dafür sind Wanderungsbewegungen in der ägäischen Welt, die um 1250 v. Chr. mit dem Zug der Seevölker einsetzen.

Um 1200 v. Chr.

Orakelsprüche als Lebenshilfe

Das I Ging (auch Yi-jing oder I-ching) genannte »Buch der Wandlungen« entsteht in China.
Die Schriften des I Ging fassen Orakelsprüche zusammen. Die Basis der Voraussagen bilden 64 Grundsituationen, die nach einem komplizierten Auszählungsverfahren – durch das Auszählen von Schafgarbe-Stängeln – ermittelt und mit dem Buch abgeglichen werden. Später treten Hexagramme an die Stelle der Schafgarben-Stängel. Das I Ging ist eine der ersten frühphilosophischen Schriften Chinas und bildet die Grundlage für Konfuzianismus und Taoismus. In Japan konsultieren Politiker das Werk bei schwerwiegenden Entscheidungen bis in die Neuzeit.

Um 1200 v. Chr.

Handel mit Schrott: Das Schiffswrack von Kap Chelidonia

Vor der Südküste Anatoliens sinkt ein mit Metallobjekten voll beladenes Schiff. Bei der Entdeckung des Wracks in den 1980er Jahren sorgt die Ladung für eine archäologische Sensation.
Der Schiffseigner war vermutlich ein phönikischer Kesselflicker, der an der Küste Syriens lebte. Darauf deuten syrisch-palästinische Kunstgegenstände hin, die sich an Bord befinden. Bevor er mit seinem elf Meter langen Schiff auf die Reise ging, nahm er eine Ladung Metallobjekte an Bord, die er vermutlich in mehreren Häfen entlang der östlichen Mittelmeerküste verkaufen wollte. Bevor er sein letztes Ziel, die Insel Rhodos, erreichen konnte, sank das Schiff aus unbekannten Gründen. Auf dem Meeresgrund vor dem Kap Chelidonia erhalten sich die Metallgegenstände unter einer mehrere Zentimeter starken Rostschicht. Viele Geräte können nach der Bergung wieder vollständig restauriert werden. Neben Kupferbarren zypriotischer Herkunft enthält die Ladung auch viel Bronzeschrott. Von besonderem Interesse sind vor allem zwei Funde: Ein Gesenkblock zum Nägelschmieden sowie Spezialhämmer legen die Vermutung nahe, dass sich an Bord eine Metallwerkstatt befand. Der phönikische Seefahrer kaufte vermutlich altes Gerät in den Häfen auf und schmiedete es an Bord zusammen, um es andernorts wieder abzustoßen.

Um 1250 v. Chr.

Frühe Völkerwanderung: Der Ansturm der Seevölker verändert die Mittelmeerwelt

Aus unbekannten Gründen geraten die bronzezeitlichen Stämme auf der Balkanhalbinsel in Bewegung. Eine Völkerwanderung setzt ein und verschiebt in den folgenden Jahrhunderten das gesamte Gefüge der Mittelmeerwelt.
Zunächst setzt sich der indogermanische Stamm der Illyrer in Bewegung. Unter dem Druck der Illyrer muss das Volk der Thraker nach Osten bis nach Kleinasien ausweichen. Auch die Dorer im Norden Griechenlands geraten in den Strom der Wanderbewegungen und ziehen nach Süden. Durch ihre Wanderung breitet sich der Werkstoff Eisen weiter aus. Der Griechenstamm kennt als einer der ersten die Verwendung von Eisenwaffen und läutet nun die Eisenzeit im östlichen Mittelmeergebiet ein. Der Ausgriff auf die Ägäis beschert den wandernden Stämmen den zusammenfassenden Namen Seevölker.
Der Zug der Seevölker geht nicht friedlich vonstatten. Die Neuankömmlinge müssen sich neue Siedlungsgebiete in Kriegen erstreiten. Eine Welle der Zerstörung schwappt über Griechenland, Syrien, Palästina und Kleinasien. Die Königreiche der frühen Griechen, insbesondere die der Mykener, gehen unter dem Ansturm der Seevölker ebenso zugrunde wie das Reich der Hethiter, deren berühmte Stadt Hattusa zerstört wird. Weite Teile dieser Länder fallen für Jahrhunderte in den Zustand der Schriftlosigkeit zurück.
Erst vor dem mächtigen Ägypter-Reich kommt der Einfall der Seevölker zum Stehen. Von Palästina her kommend, dringen diese ins Nildelta ein. In einer Doppelschlacht zu Lande und zu Wasser gelingt es Pharao Ramses III. die Eindringlinge zu besiegen und sein Reich zu sichern. Darstellungen aus jener Zeit (Abb.: ägyptisches Relief mit Seeschlacht) verraten viele Details über die einfallenden Stämme – wie einmastige Segelschiffe mit senkrecht emporgezogenen Steven oder Krieger mit Hörnerhelmen, die sonst nur aus dem bronzezeitlichen Skandinavien bekannt sind.

Um 1170 Ägyptern ist das Prinzip von **Blitzableitern** bekannt. Die Schutzvorrichtungen werden unter Pharao Ramses III. am Tempel von Madinat-Habu und am Chons-Tempel in Theben angebracht. Die hohen, mit Goldspitzen besetzten Blitzableitermasten sind an den höchsten Punkten der Tempelbezirke, den von zwei Türmen flankierten Toranlagen (sog. Pylone), befestigt.

Um 1125 Zur Orientierung benutzen Chinesen detaillierte **Landkarten**. Die in der Regel in Edelsteine eingravierte Kartografie liefert eine geografische Überschau des gesamten Reiches. Als Vorlage der Steinkarten dienen bereits existierende Stadtpläne und Verzeichnisse von Wäldern, Gebirgen und Gewässern. Etwa zeitgleich entstehen auch in Indien kartografische Pläne. Sie werden auf Palmfaserpapier gezeichnet.

Um 1120 In China sind kleine Geräte mit einer schwimmenden Magnetnadel in Gebrauch, die so genannten Fse-nan (sog. Schwimmer des Südens). Im vorderen Teil der Geräte befindet sich die in Form einer kleinen menschlichen Figur gestaltete Nadel. Der vermutlich aus Magnetit bestehende Zeiger weist in Richtung Süden. Fse-nan wurden wohl als **Kompass** benutzt und dienten zudem als kostbare Geschenke für auswärtige Gesandtschaften. So soll der chinesische Kaiser Ching Wang Abordnungen aus Tonkin und Tonkinchina mit Fse-nan beschenkt haben.

Um 1115 Der assyrische König Tiglatpileser I. lässt in der Hauptstadt **Assur**, dem heutigen Ruinenhügel Kalat Scherkat im Irak, eine umfangreiche Bibliothek einrichten. Sie beherbergt zahlreiche Keilschrifttafeln, die astronomische, medizinische und mathematische Texte enthalten.

1100 v. Chr.

Rätsel um Gournia: Einwohner verlassen die kretische Stadt

Auf Kreta, der größten Insel Griechenlands, geben die Bewohner Gournias ihre Stadt ohne erkennbare äußere Gründe nach über 2000-jähriger Besiedlung endgültig auf. Wie fast alle Siedlungsplätze der frühen Kreter liegt der Ort direkt an der Küste. Von dem niedrigen Hügel, auf dem sich Gournia ausbreitet, haben die Einwohner gute Sicht auf das umliegende Weideland und das Meer. Wie die Stadt zu dieser Zeit hieß, weiß man nicht. Ihr heutiger Name leitet sich von den zahlreichen Gruben (griechisch »gournes«) ab, die in unmittelbarer Nähe liegen. Das minoische Gournia beherbergt als ein Ort der Händler und Handwerker u.a. Schreiner, Töpfer (Abb.: Keramik aus Gournia) sowie Schmiede, die in mehrstöckigen Häusern leben und arbeiten. Unregelmäßige, gepflasterte Staßen trennen die einzelnen Wohnviertel voneinander und vermitteln den Eindruck einer natürlich gewachsenen Stadt.
Im Zentrum der Siedlung erhebt sich auf deren höchstem Punkt ein kleiner Palast. Obwohl das Gebäude sich in Größe und Prunk nicht mit den Palästen anderer minoischer Städte messen kann (die Anlage von Knossos ist zehnmal größer), stellt es doch das administrative Zentrum der Küstenstadt dar. Immerhin finden sich zwei große, öffentliche Plätze und mehrere Lagerhäuser im Einzugsbereich des Palastes.
Wie viele kretische Städte wurde auch das minoische Gournia um 1450 v. Chr. zerstört, danach jedoch wieder neu besiedelt. Nicht weit vom alten Palast, am Ende einer kleinen Straße, entstand ein kleiner Tempel. In dem Heiligtum finden sich einige mit einem Schlangenrelief dekorierte Tonröhren sowie ein kleiner Opfertisch mit der Tonfigur einer minoischen Göttin oder Priesterin mit erhobenen Armen. Um ihren Körper windet sich wie bei den Tonröhren eine Schlange. Welchen Symbolgehalt dieses Tier in der minoischen Kultur innehatte, ist bis heute nicht geklärt. Für die Abhaltung größerer Zeremonien dürfte der kleine Tempel allerdings nicht geeignet gewesen sein: In dem vier Meter langen und drei Meter breiten Raum finden nicht mehr als sechs Menschen Platz.

Um 1115 v. Chr.

Assur – neue Macht im Orient

Unter dem neuen König Tiglatpileser I. weitet sich das Herrschaftsgebiet Assyriens gewaltig aus. Die Königsstadt Assur (Abb.: Ruinen von Assur im Nordirak) wird – neben den Hauptstädten Babylons und des Hethiter-Reiches – zu einem der größten Machtzentren Mesopotamiens.
Assyrien konnte sich bereits im 18. Jh. v. Chr. unter der Führung von Schamschiadad I. von einem lokalen Fürstentum unter sumerischer Oberhoheit zu einem eigenständigen Staat entwickeln. Dieses altassyrische Reich wurde jedoch schon bald vom Nachbarreich Babylon erobert. Das Herrschaftsgebiet, das sich von Mari bis nach Syrien am oberen Euphrat ausdehnte, fiel später in churritische Hand, als das Mitanni-Reich die Babylonier aus diesem Gebiet verdrängte.
Erst 400 Jahre später gewann das Reich der Assyrer seinen Status als selbstständiger Staat wieder. Assuruballit I. rief sich im 14. Jh. v. Chr. zum Großkönig von Assyrien aus. Sein Reich wurde von den Herrschern der benachbarten Mächte Ägypten, Babylonien und Hethiter-Reich als gleichberechtigtes Großreich angesehen. Diesmal behielt Assyrien seine Selbstständigkeit. Ende des 13. Jh. v. Chr. beherrschten die Assyrer sogar Teile des babylonischen Reiches.
Ausgehend von dieser starken Ausgangsstellung unternimmt König Tiglatpileser I. von Assur um 1115 v. Chr. einige erfolgreiche Feldzüge gegen die phrygischen Muschki und die Hurriter. Damit erstreckt sich das Herrschaftsgebiet Assurs bald vom Mittelmeer bis zum Vansee in der heutigen Osttürkei. Der Grund für die militärischen Erfolge der Assyrer liegt in ihrer überlegenen Waffentechnik und Strategie: Bei Stadtbelagerungen setzen die Truppen Assurs u.a. Pioniereinheiten und riesige Belagerungsmaschinen ein.

1122 v. Chr.

Rebellen verdrängen Shang-Dynastie

Mit dem Sieg eines ursprünglich im Tal des Flusses Wei ansässigen Volkes über das Heer der Shang-Dynastie beginnt in China die Ära der Zhou-Dynastie (nach anderen Quellen um 1050). Die Rebellen nehmen die letzte Hauptstadt der Shang, Yin, ein und töten deren letzten Souverän, Di Xin. Angeblich verbrennt der König in jenem Palast, wo er zu Lebzeiten orgiastische Feste und grandiose Trinkgelage abgehalten haben soll.

Die ersten Könige der Zhou-Dynastie – König Wen (»Der Kultivierte«) und sein Sohn Wu (»Der Kriegerische«) – etablieren in China erstmals ein Lehnssystem, das häufig mit dem europäischen System des Feudalismus verglichen wird. Trotz einiger Parallelen weist das Lehnswesen der Zhou jedoch viele Eigenarten auf, die es von der europäischen Variante unterscheiden. So legen die frühen Herrscher der Zhou-Dynastie mit der Erblichkeit der von ihnen vergebenen Lehen bereits den Grundstein für ihren eigenen Untergang. Mit der Vergabe der Ländereien verliert die Königsfamilie die Möglichkeit der direkten Einflussnahme auf die Familien der Lehnsfürsten.

Die Kunst der Zhou-Zeit (hier ein Weihrauchgefäß) ist hoch entwickelt.

Ideologische Grundlage für die Herrschaft der Zhou-Könige über ihr Reich ist das »Himmelskönigtum«. Dem Zhou-König wird vom Himmel das Mandat verliehen, die Erde nach seinem Willen zu regieren. Der oberste Fürst avanciert zum »Sohn des Himmels« und somit zum Herrscher über alles »unter dem Himmel«. Dieses Mandat wird jedoch nicht unwiderruflich an ein Herrscherhaus verliehen. Es kann diesem wieder entzogen werden, wenn der Herrscher gegen den Willen des Himmels handelt. Deutlichstes Zeichen dafür, dass ein Herrschergeschlecht das Mandat des Himmels verloren hat, ist der Sieg eines anderen Hauses über das amtierende Fürstenhaus – wie im Falle des Sieges der Zhou über die Shang. Vor diesem Hintergrund ist es für die Fürsten von größter Bedeutung, über die Wünsche des Himmels informiert zu sein. Eine Möglichkeit, den göttlichen Willen in Erfahrung zu bringen, bietet das Orakel, insbesondere das Schafgarben-Orakel (siehe S. 187). Die neue Methode der Voraussage, die durch das Abzählen von getrockneten Schafgarben-Stängeln gewonnen wird, löst zu Beginn der Zhou-Dynastie das zur Shang-Zeit gebräuchliche Knochen- und Schildkrötenpanzer-Orakel ab.

Doch selbst die Orakel können den drohenden Niedergang der Zhou nicht abwenden, der sich in zunehmenden Kämpfen mit rivalisierenden Staaten und einstigen Vasallen abzeichnet. In den letzten Jahrhunderten der Dynastie verfügen die Zhou-Könige nicht mehr über genügend Macht, die tatsächliche Vorherrschaft über das Reich auszuüben. Die erstarkenden Lehnsfürsten sagen sich einer nach dem anderen vom Königshaus der Zhou los und ernennen sich selbst zu Königen. Die wirkliche Macht liegt nun in ihren Händen. Dem Königshaus der Zhou bleibt lediglich eine repräsentative Rolle.

Nach einer Periode höfischer Eleganz und Kultiviertheit zwischen 770 und 48 v. Chr., der »Frühling- und Herbstperiode« – so genannt nach den Annalen des Staates Lu von Konfuzius –, bricht in China schließlich die »Zeit der Streitenden Reiche« (481–249) an. Doch bestimmen nicht nur die Kämpfe der einzelnen Staaten das Leben der chinesischen Fürsten dieser Zeit. Die Periode der »Streitenden Reiche« gilt auch als der Geburtszeitraum einiger der wichtigsten chinesischen Philosophen. In dieser Zeit verfassen Konfuzius, Menzius, Xunzi, Lao-tse und Mozi ihre Werke, die bis in die Jetztzeit eine überragende Rolle in der chinesischen Philosophie spielen.

1190 v. Chr.

Letzte Pharaonen des Neuen Reiches trotzen Fremdvölkern

Ägypten erhält seine 20. Herrscherdynastie. Über ihren Gründer, den Pharao mit Geburtsnamen Sethnacht Mereamunre (»Siegreich ist Seth, Geliebt von Amun Re«), ist wenig bekannt. Er gilt als Enkel des großen Ramses II. aus der 19. Dynastie. Damit gilt dieser für die ägyptische Königsfamilie als Urvater des neuen Herrscherhauses. Alle nachfolgenden Könige der 20. Dynastie nehmen daher den Namen Ramses an (Abb.: Fresko aus dem Grab Ramses' VI.). Sethnacht selbst regiert nur drei Jahre. Trotz der kurzen Regierungszeit gelingt es ihm, das Reich zu festigen. Von Fremdvölkern ausgelöste Unruhen kann er überwinden. Er beendet die Belagerungen ägyptischer Grenzstädte und lässt die Tempel wieder öffnen, deren Türen aus Furcht vor dem Chaos geschlossen worden waren. Damit legt Sethnacht den Grundstein für den Erfolg seines Sohnes Ramses III. Mit diesem besteigt der letzte bedeutende Herrscher des Neuen Reiches den Thron. Der Pharao führt Ägypten erfolgreich durch eine Zeit, in der viele Reiche unter dem Ansturm der sog. Seevölker untergehen.

Ramses III.

ägyptischer Pharao (1187–1156 v. Chr.)

Der Sohn des Sethnacht und seiner Frau Tiymerenese besteigt den Thron Ägyptens 1187 v. Chr. nach kurzer Ko-Regentschaft mit seinem Vater. In dieser Zeit wird sein voller Geburtsname Ramses Heqaiunu (»Nach der Art des Re, Herrscher von Heliopolis«) durch seinen Thronnamen Usermaatre Meryamun (»Groß ist die Gerechtigkeit des Re, Geliebt von Amun«) ergänzt. In seiner für Pharaonen langen Regierungszeit von mehr als 31 Jahren heiratet Ramses III. mehrmals und wird Vater von mindestens zehn Söhnen, von denen ihm drei auf den Königsthron folgen. Ramses III. geht streng gegen die Korruption im Reich vor und siedelt das Volk der Philister in Südpalästina an. Er stirbt während einer Gerichtsverhandlung über eine Haremsverschwörung.

- 1158 v. Chr.: Gattin Tiy versucht vegeblich, Ramses im Interesse ihres Sohnes Pentewere zu ermorden.

Um 1100 An der Küste des heutigen Spanien im Südwesten Andalusiens errichten Phöniker die Handelskolonie **Gadir**, das heutige Cádiz. Die auf einem Muschelkalkfelsen gelegene Siedlung wird mit einer Steinmauer umgeben. Zwischen Gadir und dem an der Südwestküste Spaniens liegenden Tartessos entsteht ein reger Warenaustausch. Von Tartessos, einem bedeutenden Zinnumschlagplatz, gelangen Bernstein, Zinn und Silber nach Gadir. Tartessos, auf dessen Gebiet Besiedlungsspuren aus dem 17. Jh. v. Chr. nachgewiesen wurden, gilt als älteste Stadt Westeuropas.

In Mooren und Flussniederungen an der unteren Weser siedeln Angehörige der so genannten **Stader Gruppe** (auch Unterweser-Gruppe genannt). Bei Rodenkirchen im niedersächsischen Landkreis Wesermarsch entdeckten Archäologen ein etwa 100 x 60 m großes Siedlungsareal. Von der einstigen Bebauung konnten drei Häuser freigelegt werden. Sie liegen am Ufer eines ursprünglich bei dem Ort verlaufenden kleinen Flusses. Matten aus Binsengeflecht bedeckten den Boden der bis zu 15 m langen Wohnbauten.

Ein Wandel der Bestattungssitten vollzieht sich innerhalb des **Schwertträger-Adels**. Anhand der bisher gefundenen archäologischen Artefakte lässt sich feststellen, dass ab etwa 1100 v. Chr. in Mitteleuropa Gräber mit beigegebenen Prunkschwertern seltener werden und rund ein Jahrhundert später für etwa 150 Jahre überhaupt nicht mehr auftauchen. Die Schwertträger, benannt nach den bei zahlreichen Grabfunden entdeckten prunkvollen Bronzeschwertern, bildeten innerhalb der bronzezeitlichen Gesellschaft ab etwa 1300 v. Chr. die Oberschicht.

Im heutigen nordwestlichen Niedersachsen ist die spätbronzezeitliche **Ems-Hunte-Gruppe** beheimatet. Ihren Namen verdankt die Kulturstufe den beiden das Siedlungsgebiet begrenzenden Flüssen: der Ems im Westen und der Hunte im Osten. Charakteristisch für die Ems-Hunte-Kultur sind den Toten mit ins Grab beigegebene Rasiermesser. Die auf der einen Seite mit Verzierungen (u. a. Tier- und Schiffsdarstellungen) versehenen bronzenen Werkstücke wurden in zahlreichen Gräbern in z. T. großer Zahl entdeckt.

In Ägypten benutzen Architekten nachweislich **maßstabsgetreue Baupläne**. Für den Bau des Grabmals von Ramses IV., das im Tal der Könige am westlichen Nilufer von Theben angelegt wird, zeichnen Handwerker auf Papyrus einen detaillierten Plan im Maßstab 1:28. Er gilt als einer der ältesten Belege für maßstabsgetreue Zeichnungen. Im Grab von Ramses IV. bargen Archäologen neben Keramik und Bestattungsmöbeln den zerbrochenen Königssarkophag. Die wohl während der 21. Dynastie fortgeschaffte Mumie des Pharaos wurde im Grab Amenophis' II. entdeckt.

Um 1100–800 v. Chr.

Schmucke Details: Nordische Bronzezeit klingt prächtig aus

Die nordische Bronzezeit tritt in ihre letzte Phase. Das Verbreitungsgebiet der Kultur weitet sich aus und reicht nun von Norwegen und Schweden bis an die Flüsse Oder und Saale.

Die Menschen leben in Haufendörfern – ungeplant angelegten Siedlungen ohne Befestigungen, deren Größe bis zu einem Hektar reichen kann. Die Wohngebäude sind mit etwa 13 m Länge wesentlich kleiner als die gewaltigen Bauten der Jungsteinzeit mit ihren 30 m oder mehr.

Typisch für diese Phase der jüngeren Bronzezeit ist das verstärkte Aufkommen von Schmuck sowie von Gerät zur Körperpflege.

Der spektakuläre Fund eines Bronzemessers aus dem heutigen Beringstedt in Schleswig-Holstein gibt Aufschluss über den Körperschmuck der Frauen in der jüngeren nordischen Bronzezeit. Der Griff des Messers ist als Skulptur einer Frau gestaltet, die heute als Halsringgöttin bezeichnet wird. Sie trägt zwei auffallend große Ohrringe, Spiralschmuck an den Unterarmen und eine für diese Zeit typische Gürteldose, in der wohl Gebrauchsgegenstände des täglichen Lebens aufbewahrt wurden, auf dem Rücken.

Markant ist auch der kurze, von einem Gürtel gehaltene Schnurrock. Derartige Röcke und Gürtel sind aus mehreren Frauengräbern Dänemarks bekannt. Ferner fand man verzierte Kämme aus Horn und so genannte Rasiermesser – halbmondförmige Metallklingen (s. Abb.), deren tatsächlicher Verwendungszweck in der Forschung jedoch umstritten ist.

Um 1050 v. Chr.

In griechischem Stil

Nachdem die Invasion der Seevölker ab etwa 1250 v. Chr. die Anfänge der Zivilisation auf der Peloponnes und den Kykladen zertrümmert hatte, erwacht mit der allmählichen Herausbildung des geometrischen Stils die Kultur der Griechen. Ein von der Geschichtsschreibung so bezeichnetes »dunkles« Zeitalter – eine Zeit des Verfalls bronzezeitlicher Hochkulturen wie Mykene und des Scheiterns aller Versuche, kulturell daran anzuknüpfen – klingt damit aus.

Mit dem Ende des 2. Jt. v. Chr., verstärkt ab dem 9. Jh., setzt eine neue Entwicklung ein. Die eisenzeitliche Stilepoche der frühgriechischen Kunst beginnt. Sie geht der griechischen Archaik und Klassik voraus und ist besonders durch die Vasenmalerei repräsentiert. Die Gefäße sind mit geometrischen Mustern verziert. Tier- und später Menschendarstellungen tauchen ebenfalls auf, werden von den frühgriechischen Künstlern jedoch auf einfache Formen reduziert. Damit ähnelt der geometrische Stil Griechenlands dem Kunstschaffen der Villanova-Kultur in Italien aus der Zeit zwischen Ende des 2. Jt. und dem 7. Jh. v. Chr.

Zunächst tauchen horizontale und vertikale Ornamentstreifen auf. Die starren Verzierungen stehen in starkem Gegensatz zu den bewegten Dekors, die noch zu Zeiten der minoischen und mykenischen Kulturen üblich waren. Beliebt sind Mäander-Bänder, Rauten, Dreiecke, Kreise und auch das Hakenkreuz, das in der griechischen Kultur das Sonnenrad darstellt. Die Bemalung der Gefäße lässt einen ausgeprägten Hang zur Farbe erkennen: Kaum eine Stelle bleibt frei, alle Flächen sind mit schwarzen Verzierungen gefüllt.

Ab 770. v. Chr. erlangt der Mensch in der frühgriechischen Kunst mehr und mehr Bedeutung. Streifenfriese stellen Szenen dar, die kleine Geschichten erzählen. Die Friese zeigen Bestattungszeremonien, in die Schlacht ziehende Krieger, Wagenzüge oder Seeschlachten. Die Tradition der szenischen Vasenmalerei wird sich bis in die klassische Zeit der griechischen Kunst fortsetzen, in der die berühmten rot- und schwarzfigurigen Schöpfungen dieses Genres entstehen. Bis etwa 500 v. Chr. weichen die Ornamente an den Rand der bemalten Flächen zurück und räumen den Figuren einen stetig wachsenden Raum ein.

Die Plastik ist noch nicht ausgeprägt. Künstler stellen einfache Kleinfiguren aus Metall oder Ton her, die meist als Opfergaben dienen und in den Heiligtümern zu Tausenden niedergelegt werden.

Grabgefäß: Ornamente und szenische Malerei

Um 1100 v. Chr.

Die erste hebräische Dichtung

Mit dem Deboralied entsteht eines der ältesten Zeugnisse der althebräischen Literatur. Die Dichtung ist einer der ursprünglichsten Teile des Alten Testaments und taucht im Buch Richter, Kapitel 5, Vers 2 bis 31 auf. In der dort beschriebenen Geschichte ruft die Prophetin Debora ihr Volk zum Kampf gegen den Stamm der Kanaanäer auf. Sechs israelitische Stämme schließen sich in einem Feldzug zusammen. In der Ebene von Megiddo treffen sie auf die feindlichen Truppen, die sich unter den Königen von Kanaan zum Kampf stellen. Die Israeliten siegen. Als Dank- und Preislied auf den Triumph der Israeliten entsteht das Deboralied, in dem es heißt: »Feiern will ich Jahwe von Seir ... Vor Jahwe zerrannen die Berge, vor Jahwe, dem Gotte Israels. Ausgestorben waren die Dörfer, sie waren ausgestorben in Israel, bis Du, Debora, erstandest als Mutter in Israel.«
Das Deboralied enthält einen wichtigen Hinweis über die Zahl der israelitischen Stämme. Im ersten Buch Moses des Alten Testaments wird diese Zahl mit zwölf angegeben. Laut Deboralied ziehen sechs Stämme gegen die Kanaanäer, vier werden nach der Schlacht getadelt, weil sie nicht geholfen haben, den Feind zu besiegen. Demnach gibt es insgesamt nur zehn Stämme Israels.

1100–1075 v. Chr.

Die letzten Ramessiden – eine Ära des Niedergangs für Ägypten

Obwohl der Seevölkersturm an der ägyptischen Gegenwehr zerbricht und das Reich am Nil nicht in den Untergang reißt, beginnt nach dem Tod Ramses' III. (1156) eine Zeit des Niedergangs im Land der Pharaonen. Acht weitere Könige mit dem Namen Ramses versuchen während der 20. Dynastie vergeblich, an die Großtaten ihrer Vorgänger anzuknüpfen. Ägypten verliert für immer die Vormachtstellung im östlichen Mittelmeerraum. Auch bedeutende Bauwerke – die Zeichen einer blühenden Kultur – sind aus der 20. Dynastie nicht mehr bekannt.
In den Verwaltungsstrukturen der 19. und 20. Herrscherdynastie ist eine allmähliche Verschiebung der Macht zu beobachten. Immer mehr Land gerät in den Besitz der Tempel und ihrer Hohepriester, die schließlich reiche Großgrundbesitzer werden (Abb.: Züchtigung eines Sklaven; Wandmalerei vom Grab des Schreibers Mennah, 18. Dynastie). Diese Tendenz ist besonders im Süden des Reiches zu beobachten, dem Landesteil, in dem die Priester des Amun-Tempels von Karnak die größte Macht ausüben.

1075 v. Chr.

Das Großreich zerfällt in zwei Teile – Beginn der dritten Zwischenzeit am Nil

Das ägyptische Reich spaltet sich in zwei Teile auf, die unabhängig voneinander existieren. Die dritte Zwischenzeit am Nil bricht an.
Nach einer Zeit des Niedergangs unter den letzten Ramessiden übernimmt Smendes um 1075 v. Chr. die Regentschaft und begründet die 21. Dynastie. Sein Thronanspruch beruht vermutlich auf verwandtschaftlichen Beziehungen zur 20. Dynastie. Smendes verlegt die Residenz von Pi-Ramesse nach Tanis im nordöstlichen Nildelta. Von dort regiert er das nördliche Reich bis in die Gegend nördlich von el-Hiba. Das Südreich erstreckt sich von diesem Punkt bis nach Assuan und steht unter der Herrschaft thebanischer Hohepriester (Abb.: bemalter Sarkophag eines Schreibers aus Theben; Vereinigung der Himmelsgöttin Nut mit dem Erdgott Geb), die zwar die Regenten in Tanis anerkennen, aber dennoch ein autonomes Reich regieren. Vermutlich handelt es sich bei den Priestern um Angehörige libyscher Stämme, die über die Grenzen nach Ägypten eingefallen sind. Darauf lassen libysche Sprachelemente in überlieferten Namen wie Osorkon oder Psusennes (Abb. r.: Goldmaske des Psusennes) schließen. Auch die Bevölkerung von Theben, der Residenz des Südreiches, setzt sich wohl zu einem Großteil aus ursprünglichen Libyern zusammen.

Die beiden Teilreiche des Landes unterhalten freundschaftliche Beziehungen zueinander. Das Nordreich vertritt die gesamtägyptischen Interessen nach außen, belässt dem Süden jedoch Autarkie und erlaubt, dass alle politischen Entscheidungen von den Hohepriestern mit Hilfe eines Orakels getroffen werden, das an den Gott Amun gebunden ist. Die Priester des Südreiches sind für die Umbettung der ägyptischen Königsmumien verantwortlich. Namentlich Pinodjem I., ein Hohepriester, ist als treibende Kraft dieses Unternehmens bezeugt. Er lässt die toten Pharaonen aus ihren Gräbern im Tal der Könige in sichere Orte umbetten. Vorgeblicher Grund für die Verlegung ist das Unwesen von Grabräubern – doch wird dies von Pinodjem vermutlich nur behauptet. Tatsächlich hat es der Hohepriester selbst auf die Reichtümer in den Königsgräbern abgesehen.

Ägypten ist zu Beginn der dritten Zwischenzeit ein relativ armes Land. Die Staatskassen sind unter den letzten Ramessiden geleert worden. Der Reichtum der alten Könige soll Abhilfe schaffen. Pinodjem bedient sich auch persönlich an den Schätzen alter Tage – was sich darin zeigt, dass er den Prunksarkophag des Pharaos Thutmosis I. für sein eigenes Begräbnis restaurieren lässt.

Um 1030 Aus Italien dringen die **Sikuler** über die Straße von Messina nach Sizilien vor. Das dort ansässige Volk der Sikaner wird durch die Invasoren ins Landesinnere und in den Westen Siziliens verdrängt. Archäologisch sind die Siedlungen der Sikuler, nach denen Sizilien benannt ist, nur in geringem Maße fassbar. Als Zeugnis ihrer Schrift gilt eine in der Provinz Enna in Mittelsizilien gefundene, mit Schriftzeichen verzierte Keramik. Ab dem 8. Jh. v. Chr. geraten die Sikuler unter den Druck griechischer Einwanderer.

An den Seen des Schweizer Mittellandes kommt es erneut zu einer regen Bautätigkeit. Neben den in der frühen Bronzezeit erbauten Siedlungen entstehen neue Dörfer. Am Rande der Gewässer wachsen **Pfahlbausiedlungen**, die archäologischen Untersuchungen zufolge eine Fläche zwischen 0,3 und 2 ha einnehmen. Ferner stellten Forscher fest, dass diese Siedlungen von Zäunen umgeben waren. Die im Wasser stehenden Teile der Zäune dienten zum Schutz vor Wellen.

Im Vorderen Orient und in Europa bedienen sich die Menschen der **Lohgerberei**, um Felle haltbar zu machen. Da die bisher benutzten ungegerbten Tierhäute leicht faulig werden, setzen die Handwerker pflanzliche Gerbstoffe zum Konservieren des Leders ein. Diese gewinnen sie aus den Pflanzensäften von Eiche und Erle oder aus Früchten wie dem Granatapfel.

Um 1010 Neue Brückenkonstruktionen entstehen in Mesopotamien, Südost- und Mitteleuropa. Anstelle der bisher üblichen einfachen, gänzlich aus Holz errichteten Bauwerke entstehen Brücken, die teilweise oder auch vollständig aus Stein bestehen. Anhand der verschiedenen Konstruktionsprinzipien lassen sich drei Typen von **Steinbrücken** unterscheiden: die Pontonbrücke, die Auslegerbrücke und die Balkenbrücke.

In Jerusalem ordnet der israelitische König Salomo umfangreiche Baumaßnahmen zur **Wasserversorgung** der Stadt an. Auf seinen Befehl werden in den Hügeln am Stadtrand drei riesige Wasserbassins angelegt. Die durch Leitungen miteinander verbundenen Becken messen zwischen 120 und 160 m, sind bis zu 19 m tief und werden von natürlichen Quellen mit Frischwasser versorgt. Um den Wasserstand zu regulieren, hat man die Wasserbassins mit einfachen, schleusenartigen Vorrichtungen versehen.

Um 1012 v. Chr.

Kampf gegen die Philister: Saul einigt die Kinder Israels

Unter der Führung König Sauls schließen sich die israelitischen Stämme erstmals zu einem Volksverband zusammen (Abb.: die zwölf Stämme Israels; französische Buchmalerei, 14. Jh.).

Nach dem Auszug aus Ägypten um 1200 v. Chr. zogen die Israeliten nach der alttestamentarischen Überlieferung etwa 40 Jahre umher, bis sie das Gelobte Land (Palästina) erreichten. Sie vertrieben die dort ansässigen Kanaanäer und ließen sich in einem Gebiet nieder, das vom Mittelmeer im Westen bis zum Jordangraben im Osten sowie vom Libanongebirge im Norden bis zur Negev-Wüste im Süden reichte. Von Beginn an gerieten die Israeliten in Konflikt mit ihren Nachbarn. Im Westen übten die Philister – ein Volk westlicher Herkunft, das an der Südwestküste Palästinas in einem Fünfstädtebund zusammengeschlossen war – Druck auf die israelitischen Stämme aus. Gleichzeitig näherten sich von Osten die Ammoniter, ein Stamm semitischer Nomaden, und drangen bis an die Ufer des Jordan vor. Sie bedrängten nach alttestamentarischer Überlieferung die Stadt Jabes im Ostjordanland und bedrohten darüber hinaus die israelitischen Stämme.

Angesichts der doppelten Gefährdung entwickelt sich unter den nur lose verbundenen Israeliten ein starkes Zusammengehörigkeitsgefühl. Die am dringlichsten bedrohten Stämme Nordisraels schließen sich zusammen und ernennen einen gemeinsamen Anführer. Die Wahl fällt auf Saul, der zum ersten israelitischen König ernannt wird. Archäologischen und historischen Quellen zufolge hat Saul jedoch keine Allgewalt über die Stämme, sondern ist der ständigen Kontrolle der Stammesfürsten unterworfen. Auf dieser Basis gelingt es den Israeliten, der Bedrohung an den Grenzen Herr zu werden. Saul kann die Invasoren stoppen. Doch auch in der Folgezeit liefern die Philister den Israeliten Schlachten. Nach einer Niederlage am Giboa-Gebirge nimmt sich Saul 1005 v. Chr. das Leben.

Um 1030 v. Chr.

Per Einbaum übers Meer: Polynesier besiedeln Südseeinseln

Mit ersten Dörfern auf den Inselreichen Tonga und Samoa beginnt die Besiedlung Polynesiens. Das steinzeitliche Volk der Lapita, Vorfahren der heutigen Polynesier, sticht von Melanesien aus in See. Auf kleinen Booten oder Einbäumen (Abb. r.: kleines Ausleger-Kanu im Wasser vor der Inselgruppe Vava'u) erreichen die Lapita eine Pazifikinsel nach der anderen, nehmen sie in Besitz und lassen sich nieder. Ihre Hauptnahrungsquelle ist Fisch. Außerdem ernähren sie sich von Früchten und gewinnen Säfte aus Obst und Gemüse (Abb.: Frauen im Kulturzentrum von Nuku'alofa bereiten aus Kawa Kawa-Wurzeln ein Getränk zu.)

Aus der gemeinsamen vorpolynesischen Ursprache entwickeln sich in den insularen Siedlungszentren 35 Dialekte. Trotz geringfügiger Unterschiede bleibt die Kultur der Polynesier ihrer Herkunft verhaftet. So gibt es auf allen Inseln Übereinstimmungen hinsichtlich Religion und Gesellschaftsstruktur. Oberster Gott der Polynesier ist Tangaroa. Jedem insularen Stamm steht ein religiös verankerter Häuptling vor, dessen Amt innerhalb der einflussreichen Familien vererbt wird.

Die polynesischen Inseln, zu denen heute neben Staaten wie Kiribati oder Westsamoa auch nichtselbstständige Inselgruppen wie die Cookinseln oder die Tokelau-Inseln gehören, liegen inmitten eines riesigen Dreiecks, dessen Eckpunkte Neuseeland, die Osterinsel und Hawaii bilden. In einem Meeresgebiet von rund 50 Mio. km² haben sie zusammen eine Landfläche von 294 000 km², auf der rund 5 Mio. Menschen leben. Obwohl die Besiedlung der Inselgruppe schon am Ende des 2. Jt. v. Chr. beginnt, findet die letzte große Landnahme mit der Erschließung Neuseelands erst gegen Ende des 1. Jt. n. Chr. statt.

1004 v. Chr.

Goliath-Bezwinger David wird König

Der Söldnerführer David wird zum König von Juda ernannt. Unter seiner Herrschaft entsteht etwas später das erste israelitische Großreich. David, der dem israelitischen Stamm der Judäer angehört, hatte unter Saul als Offizier an dessen Hof gedient. Seine Erfolge im Kampf gegen die Philister hatten ihn beim Volk beliebt gemacht.

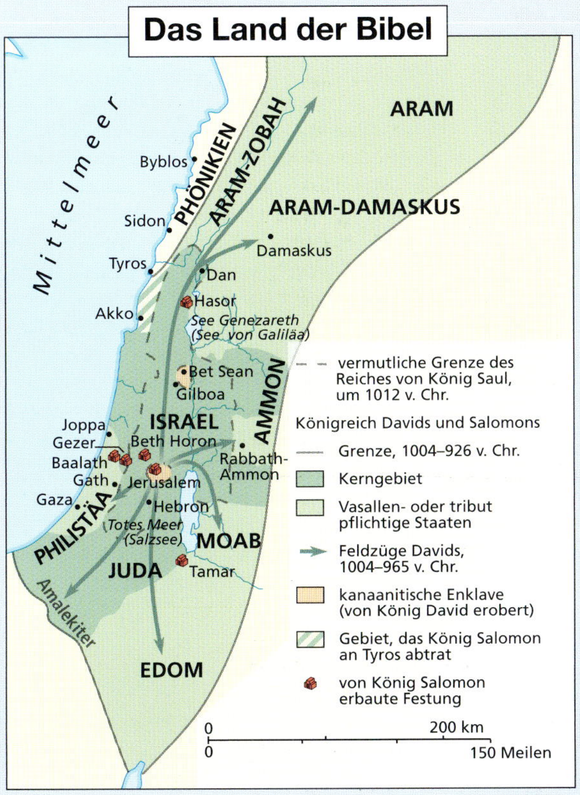

Als Saul befürchtete, David könnte seinem Sohn Jonathan die Thronfolge streitig machen, floh David dem biblischen Alten Testament zufolge vor dem König und hielt sich kurzzeitig sogar bei den Philistern auf. Ein Zufall bewahrte ihn davor, gegen sein eigenes Volk kämpfen zu müssen. Nach Sauls Tod übertrug der Feldhauptmann Abner die Königswürde Israels auf dessen Sohn Esbaal. David hingegen siedelt nach Hebron über, in die Heimat seines Stammes Juda, und lässt sich dort zum König ausrufen.

Die beiden israelitischen Teilstaaten Israel und Juda stehen sich in der Folge feindlich gegenüber. Es kommt zu Auseinandersetzungen zwischen den von Abner geführten Truppen des Nordens und den Anhängern Davids aus dem Süden. Nachdem Abner und Esbaal Mordanschlägen zum Opfer fallen, ist der Weg frei für David: Der König fasst alle Stämme Israels in einem einzigen Reich zusammen, richtet eine zentrale Verwaltung ein und baut ein stehendes Söldnerheer auf. Jerusalem lässt er zur Residenzstadt ausbauen. Kriegserfolge gegen Moabiter, Armäer, Edomiter, Philister und Syrer dehnen das Einflussgebiet Davids bis nach Mesopotamien aus. Gegen Ende von Davids Regierungszeit brechen mehrfach Unruhen aus. Sein Sohn Absalom zettelt einen Aufstand an. David kann die Revolte niederwerfen, sein Heerführer Joab lässt Absalom töten. Als David nach etwa 40-jähriger Herrschaft stirbt, hinterlässt er seinem Sohn Salomo jedoch ein gefestigtes Reich.

David

israelitischer König (1004–965)

Als junger Mann bricht David, so erzählt es die Bibel, aus seiner Geburtsstadt Bethlehem auf und gelangt an den Hof des ersten israelitischen Anführers Saul. In einem legendären Kampf besiegt David den Philister-Soldaten Goliath. Rasch steigt der talentierte Diplomat und Krieger zum Schildknappen und Lieblingsmusikanten Sauls auf. Als König von ganz Israel erkennt David, dass er das Reich vom judäischen Hebron aus nicht regieren kann. Er findet in Jerusalem eine zentral gelegene Stadt, die weder zu Israel noch zu Juda gehört, und erobert sie von den Jebusitern. Um seiner neuen Residenz Glanz zu verleihen, lässt er die Bundeslade vom judäischen Baala nach Jerusalem bringen und baut die Stadt zum geistigen und religiösen Zentrum der Israeliten aus. David, der seit frühchristlicher Zeit meist gekrönt und mit Harfe dargestellt wird, gilt als Verfasser vieler Psalmen.

Um 1030 v. Chr.

Hochkultur in Mesoamerika

Im heutigen Ostmexiko errichtet das Volk der Olmeken eine Reihe von Kultplätzen. Die La-Venta-Kultur, die erste Hochkultur Mittelamerikas, erreicht ihre Blütezeit. Die bedeutendsten Zentren der olmekischen Zivilisation sind San Lorenzo, Tenochtitlán und La Venta. Von ihrer hohen Entwicklungsstufe zeugen Städte mit architektonisch kunstvoll angelegten Kultzentren. Stets errichten die Olmeken um einen zentralen Platz Pyramiden und Plattformen, auf denen rituelle Handlungen vollzogen werden. Berühmt sind die olmekischen Steinköpfe (s. Abb.) – Kolossalplastiken ohne Hals oder Körper, bis zu 30 t schwer und mit einem Umfang von bis zu sechs Metern. Vermutlich stellen die Basaltriesen die Könige dar. Zu den Errungenschaften der frühen Mesoamerikaner zählen auch Kalender und Schrift. Diese Erfindungen gehen wie die Entwicklungen in Kunst und Architektur auf die Kultur der Maya und anderer Gruppen über, die nach 400 v. Chr. auf der La-Venta-Kultur aufbauen.

Um 1000 Durch den Einsatz von eisernen Scheren ist es keltischen Siedlern in Europa bei der **Schafschur** erstmals möglich, das Wollvlies im Ganzen vom Körper der Tiere zu trennen. Bislang wurde die Wolle mit Messern in einzelnen Stücken abgeschnitten oder mit Kämmen herausgestrichen. Voraussetzung für die neue Schurtechnik ist die Kenntnis der Eisenherstellung. Sie erlaubt es, widerstandsfähige und zugleich elastische Scheren anzufertigen. Mit den bis dahin verarbeiteten Metallen Bronze, Kupfer, Zinn und Blei war dies nicht möglich.

Nicht nur mit menschlichen Boten werden im Vorderen Orient und Ägypten Nachrichten befördert. Auch **Brieftauben** sind im Einsatz. Sie bieten die Möglichkeit, schriftliche Nachrichten schnell und zielgerichtet über weite Distanzen zu befördern.

Während der Zhou-Dynastie kommt in China erstmals eine gefährliche Waffe zum Einsatz: Die **Armbrust** ist eine Weiterentwicklung von Pfeil und Bogen. Sie besteht aus einem Bronzebogen, an dem in der Mitte ein horizontaler Steg angebracht ist. Dieser läuft am Ende in einer Stütze aus, die vom Schützen gegen den Körper gepresst wird. Eine in den Steg eingetiefte Rinne dient der Aufnahme des Pfeils. Die neue Konstruktion gewährleistet hohe Treffsicherheit und große Durchschlagskraft.

In den chinesischen Himmel steigen **Flugdrachen** auf. Die ersten Flugobjekte der Welt besitzen unterschiedliche Formen. Zum Heben von Lasten werden einfache rechteckige Drachen benutzt. Sie bestehen aus einem mit Papier oder Stoff bezogenen leichten Holzrahmen. An einer Leine geführt schwingen sie sich in die Lüfte. Darüber hinaus existieren aufwändige figürliche Drachen, die u. a. Menschen und Tiere darstellen.

Sicheln mit einer gehärteten Bronzeschneide erleichtern europäischen Siedlern die Erntearbeit. Die mit einem Holzgriff versehenen Ackerwerkzeuge lösen die bisher in Gebrauch befindlichen Sicheln aus Feuerstein ab. Um das Material widerstandsfähiger zu machen, erhalten die Bronzegeräte eine mit anderen Metallen versetzte Legierung. Den an der Sichel befestigten Griff passen die Handwerker kunstvoll der Handform an. Archäologisch nachweisbar sind die landwirtschaftlichen Geräte seit etwa 3500 v. Chr.; einfache jungsteinzeitliche Feuersteinsicheln wurden in Dänemark geborgen.

Wollene Kniehosen wärmen die spätbronzezeitlichen Menschen. Die in der Form an heutige Reiterhosen erinnernden Kleidungsstücke stellen eine Weiterentwicklung spätbronzezeitlicher Beinkleider dar. Sie bestehen aus Binden oder Lappen, die man enganliegend um die Knöchel und Unterschenkel wickelt. Auch Oberschenkel und Lenden werden mit den Wollbinden umbunden.

Nachdem die **Stahlherstellung** im Fernen Osten bereits seit längerer Zeit bekannt ist, wird die Technik auch im Mittleren Osten angewendet. Um den harten Werkstoff herzustellen, bedarf es einer ausgeklügelten Produktionsweise. Im Unterschied zu Eisen darf Stahl nicht mehr als 2 Prozent Kohlenstoff enthalten. Deshalb werden die Eisenstäbe in einem kistenförmigen Ofen bei etwa 1000 °C eine Woche lang durchgeglüht.

Um 1000 v. Chr.

Propheten – Mittler zwischen Gott und den Menschen

Bei den Israeliten erhält die Wahrsagerei immer größere Bedeutung – und entwickelt mit dem Prophetentum eine der Säulen des jüdischen Glaubens. Die Propheten verstehen sich als Mittler zwischen Gott und den Menschen. Damit stehen sie dem Schamanismus (siehe S. 30) nahe, jener Kultform, bei der Auserwählte schon in der Altsteinzeit einer Gemeinschaft den Willen der Götter oder Geisterwesen verkündeten. Wie für ihre Vorfahren ist auch bei den jüdischen Propheten die Trance ein wichtiges Mittel, um sich auf eine spirituelle Ebene zu begeben.

Der erste schriftlich belegte Prophet war Moses, der bereits um 1200 v. Chr. mit seinem Gott Jahwe kommunizierte. In der Mosesgeschichte des Alten Testaments manifestiert sich der göttliche Wille in den Gesetzestafeln, die der Prophet vom Berg Sinai hinabträgt. Auf Moses folgt vermutlich eine Reihe von namentlich nicht belegten Propheten. Oft stehen die Visionen der Seher in Widerspruch zu den Entscheidungen der israelitischen Fürsten und Könige. Dennoch wagen es die Herrscher nicht, gegen die Wahrsager vorzugehen. Der Respekt vor der Religion ist so groß, dass Könige sich sogar Hofpropheten halten und ihnen Gehör schenken.

Erst um 760 v. Chr. beginnt mit den in der Bibel aufgeführten Propheten Amos, Hosea, Ahia, Jesaja, Micha und Jeremia die Tradition der Schriftpropheten (Abb.: Ahia sagt der Frau des Königs Jerobeam den Tod ihres kranken Sohnes Abia voraus). Amos ist der erste Unheilsprophet und schürt die Angst vor der Strafe Gottes, die die Vernichtung Israels zur Folge haben soll. Ein Stamm würde allerdings überleben, aus dessen Same der heilige Messias erwachsen würde. Der so genannte Messianismus – der ein glückliches Zeitalter verspricht – ist ein integrierender Teil der prophetischen Schriften des Alten Testaments. Jeremia, der Letzte der Schriftpropheten, lehnt das Berufsprophetentum sowie das Königtum für den jüdischen Glauben streng ab. Noch in der Antike haben Propheten große Bedeutung. Im Vielgötterreich Roms lesen Auguren aus Vogeleingeweiden die Zukunft ab, in Griechenland sind Seher wie Kassandra oder Teiresias wichtige Figuren.

Um 1000 v. Chr.

Eine Höhle als Atelier – die Felsbilder von Val Camonica

Im Val Camonica im Norden Italiens entsteht die größte Ansammlung prähistorischer Kunst in Europa. Das Tal nördlich des Gardasees beherbergt mehr als 100 000 Felsbilder, die eine lange Tradition erkennen lassen. Die ältesten Gravierungen lassen sich bis in die europäische Mittelsteinzeit (etwa 8000–5000) zurückdatieren. Die meisten Werke entstehen jedoch in der ausgehenden Bronzezeit zum Ende des 2. Jt. v. Chr. Noch um die Zeitenwende suchen Bildhauer das Tal auf, um den hier anstehenden Sandstein zu verzieren.

Die Motive der Felsbilder zeigen eine chronologische Entwicklung, beginnend mit einfachen Zeichnungen von Pfeil und Bogen, Sonnenscheiben (s. Abb.) oder domestizierten Tieren. Jüngere Bilder geben szenische Ereignisse wieder. Das Bildprogramm von Val Camonica konzentriert sich auf Alltägliches: Frauen sitzen am Webstuhl, Männer arbeiten auf dem Feld oder jagen, Hüttenansammlungen symbolisieren kleine Dörfer. Berühmt ist die so genannte Mappa di Bedolina, eine Landkarte der Region.

Warum das Tal die Menschen über Jahrtausende zu künstlerischem Wirken inspiriert hat, ist ungeklärt. Gegen die Theorie, hier könnte ein rituelles Zentrum gelegen haben, spricht der teilweise grobe Umgang mit den Bildern, die von nachfolgenden Künstlern sogar ausradiert wurden.

Um 1000 v. Chr.

Rigveda: Indiens ältestes Schriftzeugnis gibt Aufschluss über die Entstehung der Kastenordnung

In Indien bilden sich zum Ende des 2. Jt. v. Chr. die gesellschaftlichen Kasten heraus. Die Weltschöpfungs-Hymne Rigveda enthält die ältesten Hinweise auf diese Vier-Stände-Ordnung, die noch heute das indische Gesellschaftsbild bestimmt.

Der Veda ist in der altindischen Sprachform, die dem Sanskrit vorausgeht, abgefasst und besteht sowohl aus Versen als auch aus Prosastücken. Der Rigveda entsteht in Nordwestindien sowie dem Pandschab und enthält die ersten Teile des Vedas. Ihm folgen Samaveda, Yajurveda und Atharvaveda. Jeder dieser Teile besteht aus den Elementen Samhitas (Hymnensammlungen), Brahmanas (Erörterungen des Rituals), Upanishaden (philosophisch-theologische Abhandlungen) und Sutras (Lehrsätze). Die Samhita ist eine Zusammenfassung von Hymnen, die sich zunächst im Besitz mehrerer Priesterfamilien befanden und vermutlich schon um 3000 v. Chr. gesammelt wurden. 2000 Jahre lang wurden die heiligen Texte mündlich weitergegeben und ergänzt, bevor man sie nun schriftlich im Rigveda dokumentiert.

Der Rigveda gilt in der Jetztzeit als wichtigste Quelle der altindischen Sprache und Kultur. Er gibt Aufschluss über die Entstehung der Kastenordnung und über gesellschaftliche Differenzen wie das Verhältnis der Geschlechter zueinander.

Um 1000 v. Chr.

Das keltische Europa

Der Stamm der Kelten bildet sich in Ost- und Mitteleuropa heraus. Ein Jahrtausend lang werden die Kelten die Geschichte Europas und des Mittelmeerraums entscheidend mitbestimmen.

Mit den Kelten hält das Eisen Einzug in Europa. Die bis dahin gängige Bronze verschwindet in den folgenden Jahrhunderten fast vollständig aus den Essen der Waffen- und Werkzeugschmiede, wird jedoch als Schmuckmetall weiter geschätzt.

Sinn für das Feine: keltisches Pferdegeschirr

Die Kelten sind kein einheitliches Volk, sondern eine Kulturgruppe, die sich dadurch auszeichnet, dass ihre Angehörigen eine gemeinsame Sprache sprechen und auf dieselben Traditionen in Kleidung, Bewaffnung, Alltagsgerät oder Siedlungsweise zurückgreifen. Diese Gemeinsamkeiten lassen sich vermutlich von den Indogermanen herleiten, von denen die Kelten indirekt abstammen. Erste Zeugnisse der keltischen Kultur aus Süddeutschland sind in die Zeit um 1000 v. Chr. datierbar. Von hier gelangt das Keltentum bis zur Iberischen Halbinsel, wo sich die keltiberische Kultur entwickelt, die u.a. von phönikischen Kaufleuten mit Errungenschaften aus dem östlichen Mittelmeerraum bereichert wird. Ab etwa 500 v. Chr. breitet sich die keltische Kultur vom mitteleuropäischen Zentrum explosionsartig auch nach Osten und Westen aus. Vermutlich sind es intensive Handelsbeziehungen mit anderen indogermanischen Stämmen, die zu neuen Kontakten führen und Siedlungsräume eröffnen. Keltische Wanderer gelangen bis nach Kleinasien, wo sie Galater genannt werden. Im Gebiet des heutigen Frankreich nennen sie sich Gallier. Ob sie auch auf die Britischen Inseln übergesetzt sind, gilt als umstritten. Die frühen Briten übernehmen zwar viele kulturelle Errungenschaften der Kelten, sind aber genetisch nicht mit ihnen verwandt.

Das keltische Jahrtausend ist archäologisch in zwei Hälften gegliedert. Um 800 v. Chr. ist die keltische Kultur so ausgeprägt, dass sie über einen weiten geografischen Raum als eigenständig bezeichnet werden kann. Nach einem Fundort im Salzkammergut wird diese Phase Hallstattzeit genannt. Die Kelten in Süddeutschland entwickeln während dieser 300 Jahre währenden Kulturstufe neue Gesellschaftsformen und begründen ab etwa 500 v. Chr. die (nach einem Schweizer Ort benannte) La-Tène-Kultur – eine Weiterentwicklung der keltischen Lebensweise, mit der die Expansion dieser Völkergruppe beginnt.

Die Kelten leben meist in Siedlungen auf dem flachen Land oder in Gewässernähe. Ihre Häuseransammlungen sind von Palisadenzäunen umgeben. Meist ragt ein Gebäude durch seine Größe über die anderen heraus. Diese Häuser stehen in der Regel den Fürsten zur Verfügung. Andere, ähnlich große Gebäude werden als Versammlungshallen oder zu kultischen Zwecken genutzt. Die keltischen Wohnsitze liegen weit verstreut, oft viele Tagesreisen voneinander entfernt. Diese Tatsache sowie die Vielfalt der Stämme führt zu einem Ungleichgewicht in der Verteilung von Macht und Reichtum. In der Folge bilden sich kulturelle Zentren dort, wo der Handel blüht. In der keltischen Spätzeit wachsen an diesen Orten so genannte Oppida: mit Mauern befestigte Städte, deren Vorbilder römischer Natur sind.

Eisen ist Werkstoff der Kelten: Schwertscheiden

Um 1000 v. Chr.

Leben in der Kältezone

Die arktischen Kulturen bilden sich heraus. Sie bestimmen bis in die Neuzeit das Leben zwischen Eis und Schnee in den nördlichen Breiten.

Die Besiedlung der arktischen Zonen begann bereits um 8000 v. Chr., als Jäger aus Sibirien die Beringstraße überquerten und sich auf den Aleuten niederließen. Von hier aus gelangte die arktische Kultur über Alaska in die Ostarktis. Bereits gegen 2600 v. Chr. erreichten erste Siedler Nordwestgrönland.

Ende des 2. Jt. v. Chr. entsteht entlang des Nordgürtels der Kontinente die Kultur der Inuit, die zwar regionale Gruppen unterscheidet, in ihren wichtigsten Ausprägungen jedoch bereits einheitlich ist. Vier große Gruppen bilden sich zwischen 1000 und 800 v. Chr. heraus: die pazifisch-aleutische Subtradition auf den Aleuten und an der Südküste Alaskas, die Choris-Norton-Near-Kipiutak-Gruppe an der Beringsee und im nördlichen Alaska, die Northern-Maritime-Gruppe an der äußersten Nordküste Alaskas sowie die Dorset-Kultur im Osten Nordamerikas (Abb. o.: Miniaturmaske der Dorsetkultur). Das arktische Volk bezeichnet sich selbst als Inuit, was schlicht »Menschen« bedeutet.

Die schwierigen Lebensbedingungen im arktischen Klima diktieren den Inuit einen harten Alltag. Mit halbsesshafter Lebensweise ernähren sie sich von der Jagd. Große Bedeutung hat neben dem Fischen vor allem die Jagd auf Wale, Seehunde oder Eisbären (Abb. u.: Harpunenhalterung für ein Boot). Sie versorgen die Menschen nicht nur mit Fleisch, sondern auch mit vielen Nebenprodukten wie Tran, Knochen, Häuten und Fellen. Ihre Behausungen errichten die Arktisjäger aus Walknochen oder – in Form von Iglus – auch aus Eisblöcken. Das seltene Holz sammeln die Inuit in Form von Treibholz.

964 In Jerusalem lässt König Salomo auf dem Hügel Morija, dem heutigen Tempelberg, einen gewaltigen Kultbau errichten: den **»Salomonischen« Tempel**. Mehr als 150 000 Arbeiter benötigen etwa sieben Jahre für das Bauwerk. Die Gestalt des Tempels ist bis heute archäologisch nicht zweifelsfrei rekonstruiert. Vermutlich erhob sich der etwa 31,5 x 10,5 m große Kultbau auf einem drei Meter hohen Podium. Innenwände und Fußboden des in Vorhalle, Heiliges und Allerheiligstes gegliederten Tempels waren mit Zedernholz verkleidet, das vom phönikischen König Hiram von Tyros geliefert worden sein soll.

Um 960 Unter König Salomo wird die in der Jesreel-Ebene im Norden Palästinas gelegene Stadt **Megiddo** zu einer königlichen Festung ausgebaut. Zugleich erhält sie den Rang einer Provinzhauptstadt. Das aus einem Burgberg und einer Unterstadt bestehende Megiddo dehnt sich auf einer Fläche von etwa 20 ha aus und ist damit deutlich kleiner als in seiner Anfangszeit: Nach neuen Erkenntnissen erstreckte sich das Megiddo der frühen Bronzezeit ab etwa 3150 v. Chr. über ein Gebiet von 50 ha. Darüber hinaus stellten Archäologen fest, dass der früher Salomo zugeschriebene Palast erst unter der Dynastie der Omriden (9. Jh. v. Chr.) erbaut wurde.

Im altsüdarabischen Reich **Saba** im heutigen Jemen herrscht die sagenumwobene Köngin von Saba. Dem Alten Testament zufolge (1. Könige 10) festigt die Herrscherin während eines Besuches bei König Salomo in Jerusalem die Handelsbeziehungen ihres Reiches. Das von der Hauptstadt Marib aus regierte Reich der Sabäer ist ein wichtiger Lieferant von Weihrauch. In den folgenden Jahrhunderten führt ein schwunghafter Handel mit dem begehrten Baumharz zum Aufstieg und Reichtum der Sabäer. Entlang der Weihrauchstraße gelangen die Handelswaren von Arabien ans Mittelmeer und an den Persischen Golf.

Um 965 v. Chr.

Salomo festigt Israel

König Salomo besteigt laut biblischer Überlieferung den israelitischen Thron und festigt das ins Schlingern geratene Reich seiner Vorfahren. Er begründet das »Goldene Zeitalter« Israels.

Nach dem Tod König Davids brachen in Israel Thronstreitigkeiten aus. Bathseba, eine Ehefrau Davids, suchte ihren Sohn Salomo zu inthronisieren. Dagegen standen allerdings die legitimen Herrschaftsansprüche von Salomos Halbbruder Adonija. Mit Hilfe des Propheten Nathan und einiger Hofintrigen gelingt es Bathseba dennoch, ihrem Sohn zum Thron zu verhelfen.

Salomo erweist sich schon bald als Glücksfall für sein Land. Im Innern stabilisiert er das Reich durch eine straffe Organisation der Verwaltung. Er teilt das Land in zwölf Gaue, die im Monatsturnus den Hof versorgen müssen, und baut ein differenziertes Abgabensystem sowie eine effiziente Beamtenschaft auf. Nach außen sichert er die Grenzen u. a. durch politisch motivierte Eheschließungen. Zudem entsteht auf den Ruinen ehemaliger kanaanäischer Siedlungen ein Netz von Befestigungsanlagen, in denen die schlagkräftigen Streitwagentruppen zum Schutz der Grenzen untergebracht sind. Unter Salomos Herrschaft dehnt sich das Reich von der Mittelmeerküste bis zum Euphrat und im Süden bis an die ägyptische Grenze aus. Weder zuvor noch danach herrschte ein israelitischer König über ein so großes Gebiet.

Salomo

König von Israel und Juda (um 965–926)

Der geschickte Diplomat gilt als Ideal eines mächtigen und weisen Herrschers. Salomos prunkvolle Hofhaltung und tolerante Außenpolitik haben wesentlichen Anteil an der Blüte der israelitischen Kultur. Der König legt großen Wert auf die Intensivierung der Handelsbeziehungen mit den Phönikern und lässt Jerusalem ausbauen, u. a. errichtet er dort den »Salomonischen« Tempel. Sein Urteilsvermögen und seine Weisheit sind sprichwörtlich (»Salomonisches Urteil«). Die jüdische Überlieferung schreibt ihm die Urheberschaft einiger Bücher der Heiligen Schrift zu (»Hohelied«, »Prediger und Weisheit Salomo«). Schon bald nach seinem Tod zeigt das Reich unter den politisch unfähigen Königssöhnen Auflösungserscheinungen.

So könnte er ausgesehen haben: Rekonstruktion von Salomos Tempel (Holy Land Hotel, Jerusalem)

969 v. Chr.

Tyros – Kleinod der Phöniker

Tyros steigt zum bedeutendsten phönikischen Handelszentrum auf. Die Stadt liegt auf zwei Inseln vor der syrischen Küste. Der phönikische König Hiram I. lässt die Inseln verbinden. Damit kann die Stadt wachsen, behält aber den Vorteil, von Land aus unangreifbar zu sein. Durch Handelskontakte u.a. mit den israelitischen Königen wird Tyros überaus wohlhabend und zum Ausgangspunkt der phönikischen Kolonisation des Mittelmeerraumes, in deren Verlauf u.a. Karthago gegründet wird (siehe S. 203). Vom ursprünglichen Zustand der Stadt ist nichts mehr erhalten. Auf einem assyrischen Bronzerelief ist ein Bild von Tyros überliefert, das hoch aufgeschossene und dichte Bebauung zeigt. Alexander der Große erobert die Stadt 332 v. Chr., indem er eine Landbrücke zu den Inseln aufschütten lässt. Ab 64 n. Chr. ist die Stadt in römischer Hand, 638 von Arabern besetzt. Im Zuge der Kreuzzüge wird Tyros um 1290 stark zerstört (Abb.: Aquarell von 1839).

979 v. Chr.

Griechen gründen Milet neu

In Griechenland beginnt eine Epoche kultureller Blüte und Expansion. Griechische Händler tauschen Waren in der Ägäis, im Schwarzen Meer und in weiten Teilen des Mittelmeeres. Dabei richten sie Stützpunkte ein, die zunächst als Umschlagplätze dienen. Der an diesen Orten angesammelte Reichtum lässt die Stützpunkte bald zu Städten anwachsen. Erste griechische Kolonien entwickeln sich in Italien und der Levante.

Entstehen die frühen Handelsposten noch aus rein wirtschaftlichen Gründen, so ist die zweite Phase der Städtegründungen schon von Bevölkerungsdruck motiviert. Ab etwa 700 v. Chr. setzt in Griechenland die archaische Epoche ein. Zu diesem Zeitpunkt haben sich die Hellenen als Kultur mit einheitlicher Sprache bereits etabliert und drängen über die Grenzen ihres Landes hinaus.

Eine der bedeutendsten Stadtgründungen der Griechen ist Milet an der Küste Kleinasiens. Schon um 1600 v. Chr. existierte eine Siedlung an der

Mündung des Mäander, die vermutlich ein minoischer, später ein mykenischer Vorposten an der Grenze zum Vorderen Orient war. Die Neugründung erfolgt 979 v. Chr. auf den Ruinen der alten Siedlung. Innerhalb weniger Jahrzehnte entwickelt sich die Stadt zu einem Zentrum der griechischen Kultur (Abb.: Die Ruinen der Agora, des Versammlungsplatzes von Milet, aus dem 3. Jh. v. Chr.). Von Milet aus gründen die Griechen allein am Schwarzen Meer 90 weitere Kolonien.

Um 970 v. Chr.

Das Geheimnis der Goldkegel: Kultpfähle oder Zauberhüte?

Goldschmiede im süddeutschen Raum fertigen einen konischen Hohlkörper aus Goldblech, der als »Goldkegel von Ezelsdorf« zu einem der prominentesten Fundobjekte der europäischen Bronzezeit werden soll.

Der beim heutigen Ezelsdorf im Nürnberger Land entdeckte Kegel ist aus papierdünnem Goldblech getrieben. Der untere Rand des Hohlkegels läuft schüsselförmig aus und wird von einem Bronzereif stabilisiert. Über die gesamte Höhe von 88 cm ist das Goldblech mit etwa 25 verschiedenen Metallstempeln verziert, die je eine um das Objekt herumlaufende Reihe bilden. Auffallend häufig kommen Sonnensymbole in verschiedenen Formen vor. Der Goldkegel von Ezelsdorf ist das jüngste Exemplar von insgesamt vier ähnlichen Gegenständen aus der Hügelgräber-Bronzezeit Mitteleuropas. Ähnliche Funde stammen aus dem heutigen Schifferstadt in Rheinland-Pfalz (Abb.) und aus dem französischen Avanton. Der zuletzt entdeckte Goldkegel konnte 1997 vom Berliner Museum für Vor- und Frühgeschichte auf dem Kunstmarkt angekauft werden. Seine Herkunft ist unbekannt.

Alle Kegel sind vollständig aus Gold hergestellt, unterscheiden sich jedoch in Dekor und Größe. Das Schifferstädter Exemplar ist nur etwa 30 cm hoch und damit um das Dreifache kleiner als der Kegel von Ezelsdorf.

Über den Zweck der aufwändig gearbeiteten Bleche wird in der Forschung noch immer gestritten. Einer Theorie zufolge dienten die Goldkegel als Pfahlbekrönungen und wurden bei kultischen Zeremonien am Eingang von Tempeln oder Opferplätzen aufgestellt. Am wahrscheinlichsten ist jedoch die Verwendung als Kopfbedeckung. Für eine solche Verwendung spricht das geringe Gewicht. Das Schifferstädter Exemplar wiegt dank seiner Blechstärke von nur 0,25 mm gerade einmal 350 g. An der Krempe des Schifferstädter Hutes sind zudem Löcher eingestanzt, die zur Befestigung der Kopfbedeckung gedient haben könnten – womöglich mittels eines Stücks Draht, das man zusammen mit dem Kegel fand. Der Berliner Hut weist außerdem eine gebördelte (umgerollte), verstärkte Krempe auf. Möglicherweise dienten die Goldkegel als Zeremonienhüte einer bronzezeitlichen Priesterschaft. Die Anordnung der Stempel auf dem Blech könnte einen Kalender darstellen, mit dessen Hilfe vielleicht Voraussagen über Jahreszeiten oder Wetterwechsel getroffen werden konnten.

Um 950 Auf den Gewässern Babyloniens und Assyriens verkehren so genannte **Keleks**. Die leichten tragbaren Wasserfahrzeuge bestehen aus einem mit Weidengeflecht bespannten Rahmen und den »Burdjuks«. Diese zusammengenähten und mit Luft gefüllten Hammelhäute sind der eigentliche Schwimmkörper. Die kleinen Boote sind universell einsetzbar. Um große Lasten zu transportieren, schnüren die Schiffer mehrere Keleks zusammen. Für ein bis zwei Personen genügt ein Kelek. Einzelpersonen können sich den Burdjuk auch unter den Bauch binden.

Um 910 Eine in Kriegen erprobte Waffe dient im Vorderen Orient häuslichen Zwecken: Die ursprünglich als Schleudergerät benutzte **Fackel** löst als Beleuchtung die bisher benutzten Kienspäne ab. Um die Fackeln herzustellen, werden mehrere Holzspäne zusammengebunden und an einem Stab befestigt. Als Brennmittel, mit dem die Späne getränkt werden, dienen Harz, Pech oder Asphalt.

Um 900 Die Bewohner einiger Gebiete Mitteleuropas und Griechenlands sind nicht mehr auf den Import von Eisenwerkzeugen angewiesen. Erstmals gelingt es ihnen, das Metall in so genannten **Rennöfen** zu gewinnen. Beim Bau der Öfen werden zwei Meter tiefe Gänge in abfallendes Gelände getrieben. Ein aus Lehm und Sand gefertigter Schacht führt in das Innere der Rennöfen. Als Belüftung dient ein Luftkanal, der vom Eingang nach innen verläuft. Die Konstruktion erlaubt es, über 1000 °C heiße Temperaturen zu erzeugen. Auf diese Weise lässt sich das Eisenerz zu reinem Eisen verhütten.

Die in Cuello im heutigen Belize lebenden **Maya** ordnen ihre Wohnstätten um einen 15 m breiten, mit Kalk verputzten Hof an. Die Hütten bestehen aus einem mit Lehm bestrichenen Fachwerk, besitzen ein Dach aus Palmwedeln und sind an den Schmalseiten abgerundet. Dies belegen archäologische Untersuchungen an der präklassischen Siedlung von Cuello.

Um 950 v. Chr.

Sardiniens Nuraghen – Monumente im Dienst der Astronomie

Die Bewohner der Mittelmeerinsel Sardinien errichten aus tonnenschweren behauenen Steinquadern eine Vielzahl mehrstöckiger Rundtürme, die Zyklopentürme oder Nuraghen (Abb.: Nuraghe bei Barumini) genannt werden. Die meisten Türme, deren erste Exemplare bereits um 1500 v. Chr. entstanden, sind von einer ebenfalls aus großen Steinen errichteten Mauer umgeben. Durch ihre monumentale Bauweise erhalten die Türme eine bemerkenswerte Stabilität. Fast 3500 Jahre nach ihrer Entstehung ragen noch rund 7000 der Großsteinanlagen in den Himmel. An ihrer Basis beträgt der Durchmesser der Zyklopentürme 10 bis 15 m. Das unterste Stockwerk wird vollständig von einem Kuppelraum eingenommen, um den sich ein kreisrunder Gang windet. Von dem Kreisgang führt eine Treppe in die oberen Stockwerke. Nur durch den schmalen Eingang fällt etwas Licht in den ansonsten fensterlosen Kuppelraum. Die Eingänge der meisten Nuraghen weisen genau nach Süden – in einigen Fällen aber auch in Richtung des Sonnenaufgangs zur Wintersonnenwende – oder sie geben den Blick auf besonders helle Sterne frei, die als astronomische Wegmarken dienen.

Diese Architektur deutet auf eine kultische bzw. astronomische Bedeutung der Zyklopentürme hin. Die Theorie, dass die wehrhaften Bauten den früheren Bewohnern Sardiniens als Festungsanlagen oder Wohnstätten dienten, ist mittlerweile in den Hintergrund gedrängt worden. Sie kann nicht plausibel erklären, warum eine so große Zahl Nuraghen zum Schutz einer recht kleinen Bevölkerungsgruppe hätte erbaut werden sollen.

944 v. Chr.

Ein Libyer beherrscht Ägypten

Mit dem Aufstieg des Libyers Sheshong I. auf den Thron der ägyptischen Pharaonen beginnt die 22. Dynastie. Bis zum Untergang des ägyptischen Großreiches bleibt das Land – mit Ausnahme der 30. Dynastie (380–342 v. Chr.) – dauerhaft unter der Herrschaft von Fremdvölkern.

Schon seit mindestens einer Generation unterhielt die Familie Sheshongs enge Kontakte mit dem Herrscherhaus der 21. Dynastie. So erhält Sheshong I. von Psusennes II., dem letzten König der 21. Dynastie, die Erlaubnis, seinem Vater im heiligen Abydos ein Opfer auszurichten: ein Privileg, das nur den engsten Vertrauten der Königsfamilie gewährt wird. Die enge Verbindung der beiden Familien führt dazu, dass der Sohn Sheshongs I. die Tochter Psusennes' II. zur Frau nimmt. Als Mitglied der königlichen Familie hat Sheshong I. nun auch legitime Ansprüche auf den Königsthron. Nach dem Tod Psusennes' II. ergreift Sheshong I. die Macht und wird zum ersten König der 22. Dynastie. Er nimmt den Herrschernamen Smendes an und untermauert damit seine Stellung als Gründer einer neuen Dynastie von Königen, die über 100 Jahre Bestand haben wird. Sheshong I. bemüht sich um innenpolitische Stabilität und besetzt alle wichtigen Positionen im Reich mit Mitgliedern der eigenen Familie. Die ägyptischen Fürstenhäuser bindet er mit Heiratsbündnissen an sich. Die Libyerherrschaft besteht über 200 Jahre – bis in die 24. Dynastie –, länger als die gesamte Ära der Ramessiden (Abb.: Anhänger aus der Zeit der Libyerherrschaft mit der Göttertriade Isis, dem auf einem Sockel thronenden Osiris und dessen Sohn Horus, 22. Dynastie).

912 v. Chr.

Assyrien wird mächtiges Großreich

Adadnirari I. besteigt den Königsthron von Assyrien. Mit ihm beginnt das neuassyrische Reich, das unter ihm und seinen Nachfolgern zum größten Reich des Vorderen Orients aufsteigt und in seinen Ausdehnungen sogar Ägypten oder das ehemalige Hethiter-Reich übertrifft.

Als bedeutendster Herrscher des neuassyrischen Reiches gilt jedoch nicht Adadnirari I., sondern sein Nachfolger Assurnasirpal I. (883–859). Er schließt die eroberten Gebiete noch fester an das Reich an. Seine Eroberungen reichen von Urartu im Norden bis nach Kilikien im Westen. In einem der Feldzugsberichte des Assurnasirpal werden die Völker der Perser und Meder zum ersten Mal erwähnt. Babylonien, das seit 900 v. Chr. unter assyrischer Vorherrschaft steht, versucht einige Male vergeblich, sich gegen die Könige Assurs aufzulehnen. Auch andere Aufstände gegen die assyrische Hegemonie werden mit rücksichtsloser Härte niedergeschlagen. Widerständler und Rebellen werden geköpft, gehängt, gepfählt oder eingemauert.

Der Verwaltungsapparat der Assyrer steht der gewaltigen Aufgabe gegenüber, ein riesiges Reich effizient organisieren zu müssen. Die assyrischen Könige lösen diese Aufgabe auf neue Art. Im Gegensatz zu den anderen Großreichen des Vorderen Orients lassen die Assyrer die eroberten Gebiete nicht durch Vasallen regieren, sondern richten Provinzregierungen ein. Die dort eingesetzten Provinzgouverneure sind für die Fronarbeit an den neu gebauten Straßen zuständig, treiben die Steuern ein, rekrutieren neue Soldaten und sorgen für den Truppennachschub. Aber die Befehlsgewalt über die in ihren Gebieten stationierten Garnisonen unterliegt weiterhin direkt und ausschließlich dem König. Damit beugen die Herrscher Assurs erfolgreich dem Missbrauch ihrer Truppen durch illoyale bzw. aufständische Gouveneure vor.

Nach jedem Sieg seiner Truppen über ein verfeindetes Volk errichtet Assurnasirpal I. Residenzen und Festungen für die Statthalter und Garnisonen Assurs. Damit weitet sich das Herrschafts- und Verwaltungsgebiet immer weiter aus. Dies hat u.a. auch wirtschaftliche Hintergründe. Die eroberten Gebiete beliefern das Kerngebiet Assyriens regelmäßig mit Rohstoffen wie Gold, Silber, Rindern und Pferden. Die begehrteste Kriegsbeute sind Kriegsgefangene, die als billige Arbeitskräfte bei aufwändigen Arbeiten an Tempeln und Palästen eingesetzt werden.

Bronzegewicht in Form eines Löwen aus Nimrud, Nordirak (assyrisch, 9./8. Jh. v. Chr.)

Assyrische Bogenschützen bei der Belagerung der Stadt Lachisch in Israel (Steinrelief, 8. Jh.)

950 v. Chr.

Hügelsiedlungen am Tiber

Etwa 200 Jahre bevor Romulus und Remus der Legende nach den Grundstein der »Ewigen Stadt« Rom legen, schließen sich früheisenzeitliche Stämme auf dem Palatin zu einer ersten stadtähnlichen Gemeinschaft zusammen.

Schon seit dem Ende der Bronzezeit lassen sich vereinzelt kleine Gemeinschaften auf den Hügeln am Tiber nieder. Die Nähe zum Fluss und die erhöhte Lage begünstigen die Entstehung blühender Siedlungen. Nachdem die Landwirtschaft genug Nahrung für den Erhalt der einzelnen Gemeinschaften liefert und sogar Überschüsse produziert, beginnt der Zustrom der verschiedenen Gruppen zu der Siedlung auf dem Kapitol. Hier entsteht die wohl bedeutendste Hügelsiedlung dieser Zeit, denn die nahe gelegene Furt unterhalb der Tiberinsel erlaubt es, den Fluss an dieser Stelle bequem zu überqueren.

878 v. Chr.

Religionsstreit in Palästina – Menschenopfer für Götzen Baal

Der Feldhauptmann Omri usurpiert den israelitischen Thron. Damit endet die Ära legendärer Herrschergestalten in der Tradition Davids.

Unter Omri gewinnen neue Glaubensvorstellungen Einfluss in Israel. Oft in der Geschichte übernehmen einwandernde Völker Religion und Götter der Gebiete, die sie erobern. In diesem Fall jedoch findet der Baal-Kult der eindringenden Amoriter regen Zulauf unter den Israeliten. Der Glaube an den einen Gott Jahwe ist noch nicht überall gefestigt. Gern wendet man sich Götzenbildern zu, wenn sie Schutz vor Unglück oder Hilfe in Notlagen versprechen. Vermutlich vor diesem Hintergrund verbreitet sich die Verehrung des Gottes Baal (»Herr«, s. Abb.) über den gesamten Vorderen Orient. Zentren des Baal-Kultes sind Kanaan, Syrien und Phönikien.

In Israel wird der Baal-Kult aber nicht kritiklos toleriert. Religiöse Führer, allen voran der Prophet Elias, gehen energisch gegen seine Verbreitung vor. Besonders die Menschenopfer sind den Gegnern des Baal-Kultes Stein des Anstoßes – Rituale, bei denen bevorzugt Kinder in Gruben geworfen oder in eisernen Baal-Standbildern lebendigen Leibes verbrannt werden. Obwohl der Baal-Kult noch im 9. Jh. v. Chr. in Israel abgeschafft wird, kann er sich in Syrien bis zur Einführung des Christentums halten.

Das wieder entdeckte Troja

Listige Helden, tragische Schicksale, Kämpfe Mann gegen Mann und ein gigantisches Pferd aus Holz – das ist der Stoff, aus dem die Trojadichtung geschmiedet ist. Seit dem 8. Jh. v. Chr. hat Homers Versepos »Ilias« über den Krieg um die legendäre Stadt in der heutigen Türkei seine Leser gefunden. Einer von ihnen nimmt die Dichtung des Griechen aber wörtlicher als alle vor ihm. Der deutsche Kaufmann Heinrich Schliemann folgt Homers Spuren und verwendet einen Großteil seines Lebens auf die Suche nach Troja. Die »Ilias« schildert die entscheidenden 51 Tage der zehnjährigen Belagerung Trojas durch die Griechen.

Ein so langer Krieg muss Spuren im Gelände hinterlassen haben – Waffen, die Überreste der Gefallenen, Überbleibsel des Griechenlagers etc. Schliemann ist von dem Gedanken besessen, die Stätten der homerischen Dichtungen wiederzufinden. Jede Ortsbeschreibung Homers prüft Schliemann aufs Genaueste und wird schließlich 1870 an der Mündung des ehemaligen Flusses Skamander fündig: Unter dem Ruinenhügel Hissarlik entdeckt der deutsche Forscher Reste einer untergegangenen Stadt. Bei Grabungen stößt man auf Siedlungsspuren und Grabanlagen – das kann nur Troja sein. Schliemann hat sich seinen Traum erfüllt. Bis 1894 dauern die Grabungsarbeiten an, teils unter der Ägide des Entdeckers, teils unter den Augen des deutschen Architekten Wilhelm Dörpfeld. Wie sich später herausstellt, hat Schliemann das homerische Troja nicht gefunden, sondern eine Stadt, die zwar alle Merkmale der Siedlung des sagenhaften Epos trägt, doch von einem Krieg keine Spuren erkennen lässt.

Modell der Oberstadt Trojas. Bislang sind bei den Ausgrabungen in der kleinasiatischen Fundstätte neun Siedlungsschichten entdeckt worden.

Schliemanns Entdeckung ist dennoch von unschätzbarem archäologischem Wert. Noch heute ist Troja Gegenstand vieler Untersuchungen und Grabungskampagnen. Die Profile des Hügels ergeben ein viel differenzierteres Bild der Siedlungsgeschichte, als Homer es geschildert hat. Es gab nicht nur ein Troja. Neun übereinander liegende Siedlungsschichten sind mittlerweile entdeckt. Ihre Geschichte reicht von 2950 v. Chr. bis in die byzantinische Zeit um 500 n. Chr. Hält Schliemann noch Schicht II für das homerische Troja, so weiß man heute: Die legendäre Stadt lag viel tiefer, in den Schichten VI/VIIa. Damit gehört Homers Troja ins 13. Jh. v. Chr., in die mykenische Bronzezeit. Und noch etwas ist bemerkenswert: Die Siedlung hieß vermutlich nicht Troja, sondern Wilusa und war Vasallenstadt der Hethiter.

Blühende Handelsstadt

Bereits in der ersten Hälfte des 3. Jt. v. Chr. gab es Häuser auf dem Hügel, später entwickelte sich der Ort zu einem Fürstensitz. Ende des 3. Jt. wurde die Siedlung erweitert und mit einer Burgmauer umgeben. Nach einer Phase relativer Bedeutungslosigkeit entwickelte sich Troja ab 1900 v. Chr. wieder zu einer blühenden Stadt, die Handelsbeziehungen insbesondere zur mykenischen Welt unterhielt. Sie umfasste ein Areal von etwa 20 000 m^2. Gegen 1250 v. Chr. wurde Troja durch ein Erdbeben völlig zerstört.

Hat Homer alles erfunden? Gab es den Krieg um Troja überhaupt nicht? Fest steht, dass sich der Dichter für seine Ge-

Heinrich Schliemann

Der legendäre Wiederentdecker des homerischen Troja wurde am 6. Januar 1822 in Neubukow/Mecklenburg geboren. Aus einer armen Pastorenfamilie stammend und so sprachbegabt wie geschäftstüchtig, erwarb er bereits 1847 ein eigenes Kontor in Russlands damaliger Hauptstadt Sankt Petersburg und baute als Kaufmann ein Millionenvermögen auf. So konnte er seinen Traum von einer Archäologie-Expedition nach Kleinasien finanzieren. Ab 1858 unternahm Schliemann mehrere Bildungsreisen innerhalb Europas sowie in den Orient und schrieb sich 1866 für ein Archäologiestudium in Paris ein. Ab 1868 leitete er mehrere Grabungen in Troja. Sein 1876 bei Grabungen in Mykene entdeckter Goldschmuck der Königsgräber ist heute im Nationalmuseum in Athen zu besichtigen. Heinrich Schliemann starb am 26. Dezember 1890 in Neapel.

Seit Schliemanns Tagen ein spannendes Terrain für Archäologen – heute und sicher auch in Zukunft: Ausgrabungsarbeiten in Troja schichte bei der Sagenwelt des Vorderen Orients bediente. Vermutlich ist nur ein Teil seiner Werke Neuschöpfung des Autors. Die in der »Ilias« beschriebene Gesellschaft ist heute von der Archäologie identifiziert. Sie gehört in die Zeit Homers und nicht in die des historischen Troja der ausgehenden Bronzezeit. Obwohl bei den Ausgrabungen in Troja ein Brandhorizont entdeckt wurde, ist dieser zu klein, um auf einen zehnjährigen Krieg und die Vernichtung einer gewaltigen Stadt hinzuweisen.

Helden der Bronzezeit

Der griechische Dichter Homer beschreibt in seiner »Ilias« in der zweiten Hälfte des 8. Jh. v. Chr. den zehn Jahre dauernden Krieg zwischen Griechen und Trojanern um die befestigte Stadt. Anlass der Auseinandersetzung ist der Sage nach die Entführung der mit dem griechischen König Menelaos verheirateten Helena durch den Prinzen Paris nach Troja. Der wahrscheinlichere Grund für eine solche Auseinandersetzung, falls sie überhaupt einen historischen Kern hat, mag wohl gewesen sein, dass die Mykener ihre Handelswege durch die Trojaner bedroht sahen. Bei Homer greifen die olympischen Götter auf beiden Seiten in die Schlachten ein, sodass der Kampf auf dem Olymp geführt wird. Zwar ist das Kriegsglück längere Zeit auf Seiten der Trojaner, doch die düsteren Prophezeiungen vom Untergang der Stadt erfüllen sich schließlich. Der Griechenheld Achilles, der sich lange aus dem Kampfgeschehen herausgehalten hat, greift nach dem Tod seines geliebten Freundes Patroklos ein und erschlägt Hektor, den Sohn des trojanischen Königs Priamos.

Ilias: Kampf um die Leiche des Patroklos (Holzstich, 19. Jh.)

Krieg um Troja – Wahrheit oder Metapher?

Erobert wird Troja durch eine List: Wie Homer in seinem Epos schildert, lässt Odysseus als vermeintliches Geschenk der Griechen ein hölzernes Pferd vor die Tore der Stadt bringen. Die Trojaner nehmen das »Geschenk« an und holen das Pferd zu sich herein. Ihm entsteigen nachts 30 griechische Kämpfer, die ihren Gefährten die Stadttore öffnen. Troja fällt danach einem Brand zum Opfer. Das Trojanische Pferd wird vielfach auch als symbolische Darstellung des Erdbebens gedeutet. Der heutigen Geschichtsforschung gilt der trojanische Krieg insgesamt als Metapher einer Zeit voller Umbrüche, Völkerwanderungen und politisch instabiler Systeme, die das Gesicht der Mittelmeerwelt nachhaltig verändert haben.

Im Fokus

Sagen und Legenden: Der Schatz des Priamos

Zum Ende des 19. Jh. war die Archäologie noch keine Wissenschaft im heutigen Sinne. Befunden und Strukturen im Boden wurden kaum Bedeutung beigemessen. Vermessungstechnik existierte nicht. Wichtig war, was materiellen Wert besaß. So suchte auch Heinrich Schliemann im vermeintlichen Troja nach Gold, Waffen und Rüstungen. Entsprechend enttäuscht war der Deutsche, als er zwar Burgmauern ausgrub, dort jedoch nur unbedeutende Funde machte.

Doch an einem heißen Julitag des Jahres 1873 wurde die Ausdauer des mecklenburgischen Kaufmanns belohnt. Schliemann entdeckte einen glänzenden Gegenstand. Sofort entließ er die türkischen Arbeiter in die Pause und machte sich gemeinsam mit seiner Frau daran, einen unermesslichen Schatz zu heben: Pfundschwere goldene Becher, großes silbernes und kupfernes Geschirr, goldenen Schmuck und Mischkrüge. Gefäße aus Silber und Kupfer waren unter die goldenen Stücke gemischt. Der Wert des Schatzes wurde auf über eine Million Mark geschätzt. Auf dem Grabungsfeld war jedoch ein türkischer Kontrolleur anwesend, der dafür zu sorgen hatte, dass keine Gegenstände, die der Osmanensultan als Landesherrscher für sich beanspruchte, außer Landes gebracht wurden. Aber genau das hatte Heinrich Schliemann im Sinn: Seine Frau (Abb. o.: Sophia Schliemann mit Teilen des Schatzes behängt) wickelte den Schatz in ihren Schal und brachte ihn unbemerkt durch alle Kontrollen. Wie es gelang, das Gold nach Athen zu schaffen, hat Schliemann niemals aufgedeckt.

Der Fund bestand aus 8833 Einzelteilen und sorgte für eine Sensation. Schliemann war überzeugt, den Schatz des Trojanerkönigs Priamos gefunden zu haben. Heute weiß man, dass der Goldfund aus dem 3. Jt. v. Chr., der vormykenischen Zeit, stammt. Zur Zeit der Entdeckung wusste man das jedoch nicht und angesichts der prächtigen Schmuckstücke hätte es vermutlich auch niemanden gestört. Der Schatz wurde nach Berlin gebracht. In den folgenden Jahrzehnten sollte er für diplomatische Verwicklungen sorgen, die bis in unsere Tage andauern. Tausende von Besuchern bestaunten im Berliner Museum für Vor- und Frühgeschichte die Prunkstücke aus der Türkei. Dann kam der Zweite Weltkrieg. Aus der zerstörten deutschen Hauptstadt verschwand 1945 neben vielen anderen Kulturgütern auch der vermeintliche Schatz des Priamos – in die Sowjetunion, wie man heute weiß. Seit dem Mauerfall wurden viele geheime Archive in der ehemaligen UdSSR geöffnet. Der Schatz tauchte wieder auf und wurde bereits in einer öffentlichen Schau ausgestellt. Über den weiteren Verbleib der wertvollen Stücke wird zur Zeit noch verhandelt.

Neue Erkenntnisse erhofft sich die Trojaforschung von den aktuellen Grabungskampagnen in Kleinasien. Nach 50-jähriger Pause begannen Archäologen 1988 wieder damit, am Ruinenhügel Hissarlik zu schürfen. Der Tübinger Prähistoriker Manfred Korfmann suchte nach der zum Burghügel gehörenden Unterstadt, entdeckte aber bis Anfang des 21. Jh. nur wenige Reste dieser Siedlungseinheiten. Korfmanns These, eine gewaltige Stadt habe am Fuß des Burghügels gelegen, sorgte für rege Diskussion in der Fachwelt.

Dieses kunstvoll gearbeitete Goldgefäß, so glaubte Schliemann, stammt aus dem sagenhaften Schatz des Priamos.

Bei seinen Ausgrabungen im griechischen Mykene ab 1876 war Schliemann davon überzeugt, die letzte Ruhestätte des legendären Königs Agamemnon gefunden zu haben. Später erinnerte er sich an den Moment, als er die vermeintliche goldene Totenmaske des Königs entdeckte:

»Das volle Gesicht war in all seinem Fleisch unter der schweren Goldmaske wunderbar erhalten; Haare gab es keine, doch beide Augen waren gut erkennbar, ebenso der Mund ..., der zweiunddreißig vollkommene Zähne zeigte ... Ich habe in das Antlitz Agamemnons geschaut.«

Die heutige Forschung hat ermittelt, dass die von Schliemann gefundenen Goldmasken bereits aus dem 17. Jh. v. Chr. stammen – rund 400 Jahre vor den Ereignissen, die Homer zu seiner Sage über Agamemnon inspirierten.

Um 875 Als Herrschaftssymbol und Zeichen der Würde ist in Assyrien der Gestellschirm in Gebrauch. Etwa zeitgleich tauchen auch bei den in Norditalien siedelnden Etruskern zusammenklappbare **Schirme** auf. Der gespannte Stoff wird durch Speichen aus Knochenstäben in Form gebracht.

Um 860 Im Ararat-Hochland im Osten der heutigen Türkei gründen die Urartäer das **Reich von Urartu**. In der Folgezeit dehnen die Urartäer, die zunächst rund um den Vansee siedeln, ihre Herrschaft nach Süden aus und fügen den Assyrern militärische Niederlagen und territoriale Verluste zu. Das Reich von Urartu existiert bis etwa 640 v. Chr.

858 **Salmanassar III.** führt die Politik seines Vaters Assurnasirpal II. fort, der während seiner Regierungszeit (883–859 v. Chr.) die Macht des neuassyrischen Reiches ausgeweitet hatte. Salmanassar gelingt es, die Grenzen seines Reiches weiter auszudehnen. Vor allem auf dem Gebiet des heutigen Syriens verzeichnet er territoriale Gewinne. Gegen den Landhunger der Assyrer formiert sich ein Bündnis kleiner Fürstentümer, denen sich auch Israel anschließt. In der Schlacht bei Karkar am Fluss Orontes kann die Allianz 853 v. Chr. dem assyrischen Vordringen vorerst Einhalt gebieten.

845 In dem bei der Teilung Israels 926 v. Chr. entstandenen Nordstaat beendet **Jehu** die Herrschaft der Omriden-Dynastie. Von dem Propheten Elias beauftragt, tötet er König Joram und Ahasja von Juda und lässt in Samaria das Heiligtum des Baal vernichten. Nach seiner Tat wird er von Elias zum König gesalbt. Vier Jahre später muss sich Jehu jedoch den Assyrern geschlagen geben. Den unter der Führung Salmanassars III. eingedrungenen Eroberern leistet Jehu den geforderten Tribut.

Um 820 Dem assyrischen König **Schamschi-Adad V.** gelingt es, die während der Herrschaft seines Vaters Salmanassar III. (858–824 v. Chr.) entstandenen inneren Konflikte zu beenden. Daraufhin unternehmen die Assyrer erfolgreiche Feldzüge nach Babylonien. Mit den Urartäern, die rund um den Vansee in Ostanatolien ein Reich gegründet hatten, schließt Schamschi-Adad Grenzabkommen.

Um 875 v. Chr.

Am Federsee in Oberschwaben lassen sich Kelten nieder

Ein keltischer Stamm errichtet am Federsee im heutigen Oberschwaben Häuser im Feuchtgebiet des Seeufers. Die Kelten sind die letzten Siedler am Federsee. Mit ihnen endet eine 4000-jährige Siedlungskontinuität, die sich bis in die Jungsteinzeit zurückverfolgen lässt.
Die Menschen des Neolithikums errichteten ab etwa 5000 v. Chr. an den Ufern des Federsees Häuser auf Pfählen, in denen sie Schutz vor Überschwemmungen und Überfällen fanden. Während der Urnenfelderzeit stieg der Wasserspiegel dauerhaft an. Die bronzezeitlichen Siedler befestigten das Seeufer mit einem Steinpflaster und errichteten Palisaden als Wellenbrecher. Diese als »Wasserburg« bezeichnete Siedlung wurde um 900 v. Chr. bei einem Brand zerstört, der vermutlich die Folge eines Überfalls war. Bislang galt die Geschichte der Feuchtbodensiedlungen am Federsee damit als abgeschlossen. Doch neue Entdeckungen haben zu der Erkenntnis geführt, dass auch die Kelten während der frühen Eisenzeit Bauten auf feuchtem Grund errichteten. Die keltische Besiedlung ist jedoch nur eine kurze Episode.

Um 811 v. Chr.

Legendäre Semiramis

Im assyrischen Reich herrscht mit Semiramis eine der legendärsten Königinnen Mesopotamiens. Semiramis stammt der Sage nach von der syrischen Fruchtbarkeitsgöttin Derketo ab. Als junge Frau heiratete sie den assyrischen Beamten Onnes, wurde später aber mit König Schamschi-Adad V. vermählt. Nach dessen Tod führt Semiramis die Staatsgeschäfte für ihren unmündigen Sohn. Sie baut die Sädte Babylon und Ekbatana aus und versucht sich als Heerführerin. Die meisten ihrer Feldzüge, u.a. gegen die Meder, sind politisch jedoch bedeutungslos. Die als prunksüchtig geltende Königin versucht ihren Sohn zu ermorden, um die Herrschaft nicht abtreten zu müssen. Als das Attentat fehlschlägt, zieht sich Semiramis ins Privatleben zurück.
Legendär sind die Hängenden Gärten, die Semiramis angeblich in Babylon anlegen lässt. Von diesen Gärten, die zu den sieben Weltwundern der Antike zählen, haben sich jedoch keine archäologischen Zeugnisse erhalten. Schriftquellen zufolge hat einzig der babylonische König Nebukadnezar II. um 605 v. Chr. eine große Gartenanlage für Babylon konzipiert.

Die Hängenden Gärten von Babylon werden Semiramis zugeschrieben (Holzstich nach Zeichnung).

814 v. Chr.

Bedeutende Handelsniederlassung an Nordafrikas Küste: Phöniker gründen Karthago

Das Seefahrer- und Händlervolk der Phöniker gründet an der nordafrikanischen Küste die Stadt Karthago, die im Laufe der folgenden 500 Jahre zu einem der bedeutendsten Zentren der Antike aufsteigen wird.
Die Phöniker sind die größte Handelsmacht im Mittelmeerraum. Mit ihren Schiffen sorgen sie für einen regen Warenaustausch zwischen den Kulturen der Israeliten im Osten sowie der Keltiberer im Westen. Der blühende Handel verhilft den Phönikern zu immensem Reichtum. Von ihrem Kerngebiet in Syrien verbreiten sie sich entlang der nordafrikanischen Mittelmeerküste und gründen zahlreiche Handelsniederlassungen. Eine davon ist Karthago beim heutigen Tunis. Die »Neue Stadt« ist Warenlager, Werft und Stützpunkt der phönikischen Kauffahrer. Interesse an der Kolonisierung des Hinterlandes haben die Phöniker nicht. Sie leben mit der bereits ansässigen Bevölkerung friedlich zusammen oder schotten sich von ihr ab. Auf diese Weise können sich die Karthager voll und ganz der Entwicklung ihrer Stadt widmen, die rasch und kontinuierlich wächst. Zu Beginn des 1. Punischen Krieges gegen das Römische Reich (264 v. Chr.) leben in Karthago schätzungsweise 400 000 Menschen.

Wie jede phönikische Stadt verfügt auch Karthago über eine eigene Infrastruktur mit Gericht, Festung (Abb. r.: Byrsa-Hügel, die Wehrburg Karthagos), Palast und Tempeln. Neben den Kaufleuten spielen die Handwerker eine wichtige Rolle. Sie reparieren Schiffe, schmieden aus Brucheisen oder Bronze neue Tauschwaren oder stellen gefragte Exportgüter her, wie z. B. Kunsthandwerk (Abb. l.: phönikische Terrakottamaske) oder purpurfarbene Gewänder, deren Farbstoff von der Purpurschnecke stammt und von den Kanarischen Inseln importiert wird. Ein weiteres Handelsgut ist Holz aus den Wäldern des Libanon. Libanesische Zedern finden u. a. Verwendung beim Bau des Jerusalemer Tempels unter König Salomo. Ferner ist Karthago berühmt für seinen Sklavenmarkt. Aus dem afrikanischen Hinterland gelangt ein schier endloser Strom menschlicher Arbeitskräfte an die Küste und wird über den gesamten Mittelmeerraum verkauft.

Trotz großer wirtschaftlicher Blüte verstehen sich die Phöniker nicht als einheitliches Volk. Weder kennen sie ein gemeinsames Staatswesen noch eine überregionale Sprache. Eine lose Föderation ist das einzige Bindeglied zwischen den phönikischen Stadtstaaten. Karthago entwickelt sich dementsprechend autark.

Um 850 v. Chr.

Keltische Siedlung im österreichischen Salzkammergut gibt der Hallstatt-Kultur ihren Namen

Im heutigen österreichischen Salzkammergut entsteht mit der Hallstatt-Kultur eine der ersten eisenzeitlichen Kulturen Mitteleuropas.
Die am Hallstätter See (Oberösterreich) siedelnden Menschen gehören dem Volksstamm der Kelten an. Sie betreiben intensiven Bergbau in den reichen Salzlagern der umliegenden Berge. Der Salzabbau gibt später auch Ort und See den Namen, denn das heutige Wort Salz geht auf den keltischen Begriff »Hall« zurück.

Dank der konservierenden Eigenschaft des Salzes bleiben in den alten Stollen viele Hinterlassenschaften der Hallstätter erhalten, darunter ein Tragsack aus Rinderfell (Abb. r.), in dem das abgebaute Salz ans Tageslicht gebracht wird. Auch seltene Holzgegenstände überdauern in den Salzschichten die Jahrtausende. Ein Bronzebeil mit Holzstiel (Abb. l.) belegt, dass die Hallstätter das kostbare Eisen anfangs noch nicht für die Herstellung von Werkzeugen verwenden. Zu weiteren Funden zählen Taschen, Kappen und Fackeln sowie die mumifizierte Leiche eines Bergmanns.
Für die moderne Archäologie wird der Fundort Hallstatt namengebend für eine ganze Kultur, die vom 9. bis zum 6. Jh. v. Chr. verbreitet ist und die erste Phase des keltischen Jahrtausends umfasst.
Zu den augenfälligsten Zeugnissen der Hallstatt-Zeit zählen Ringwall-Anlagen – Befestigungen mit konzentrisch verlaufenden Erdwällen. Eine der bekanntesten Ringwall-Anlagen ist der Fürstensitz Heuneburg im Saulgau (Baden-Württemberg). Die Fürsten der Hallstatt-Zeit haben ein hohes Lebensniveau und importieren griechische und etruskische Bronzegefäße sowie Schmuckstücke, Weinamphoren und attische Keramik.

800–450 v. Chr.

1

2

3

1 – Vormodernes Figuren-Ensemble: Keltischer Bronze-Kultwagen der Hallstattzeit (Grabfund aus Stettweg, Steiermark, 7. Jh. v. Chr.). 2 – Zeugnis aus der Gründerzeit künftiger Weltreligionen: die 13 Meter hohe Kolossal-Buddhastatue in der Wallfahrtsstadt Kamakura (Japan). 3 – Der neue Schiffstyp der Trireme beherrscht die Ägäis: Seeschlacht bei Salamis (480 v. Chr.), in der die Griechen unter Themistokles die persische Flotte vernichtend schlagen (Aquarell).

4

5

6

7

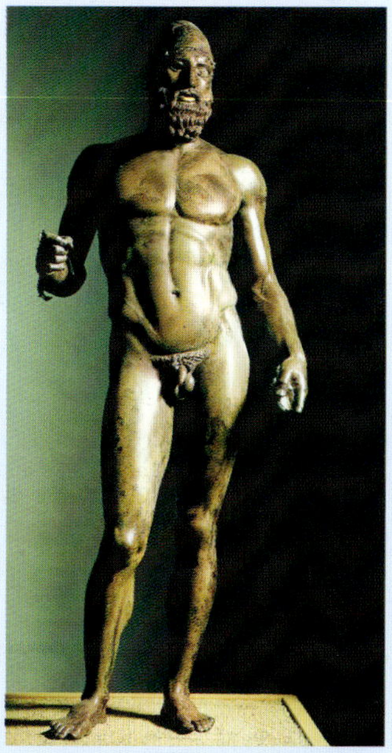
8

9

10

11

4 – Hügelgrab bei Sticna (Slowenien, 900–400 v. Chr.). 5 – Soldatischer Drill in der Antike: Fußtruppen (Hopliten) beim Wettlauf; attische Amphora. 6 – Spiegel mit Darstellung des Konfuzius. 7 – Skythische Tierfigur (um 600 v. Chr.). 8 – Griechisches Kunstideal: Bronzefigur von Riace. 9 – Farbenprächtiger Stoff der Paracas-Kultur in Südamerika. 10 – Er eroberte Babylon: König Sargon II. von Assyrien. 11 – In Stein gehauene Macht: Palast der Achämeniden in Persepolis (Iran).

Buddha, Sparta, Perserkriege – Auf dem Weg in die Antike

Die Eisenzeit setzt um 800 v.Chr. auch in Europa ein. Das harte Metall verdrängt die weiche Bronze und bestimmt in den nächsten 400 Jahren die Entwicklung neuer Reiche – und den Untergang überkommener Systeme. Nie zuvor gab es einen Werkstoff, der so vielfältig einsetzbar und zugleich so dauerhaft ist. Symbolträchtig prägt er eine Epoche der Menschheitsgeschichte, in der nur die stärksten Reiche überdauern. In Griechenland wächst die erste abendländische Hochkultur heran.

Durch alle Erschütterungen, die Vorderasien gegen Anfang des 1. Jt. v.Chr. erlebt hat, behauptet sich ein Handels- und Seefahrervolk an der Ostküste des Mittelmeers: die Phöniker. Sie beherrschen den Handel bis in den fernen Atlantik hinein. Zwar bereichern die umtriebigen Schiffsleute die Kulturgeschichte nicht in erster Linie durch Wissenschaft und Kunst, doch sind sie Vermittler zwischen Ost und West. Von ihrem Heimathafen Sidon aus legen die Phöniker mit zahlreichen Handelsniederlassungen Grundsteine für viele berühmte Städte wie Cadiz in Spanien oder Karthago in Nordafrika (bei Tunis). Erst mit dem Aufkommen der Griechen treten die Phöniker und damit der gesamte Orient seine Vormachtstellung an das Abendland ab.

Die Athener Akropolis (im Vordergrund der Parthenon-Tempel) entwickelt sich zum politischen Zentrum der ersten Demokratie.

Die Polis macht Politik

Das zerklüftete Gebiet Griechenlands am Ägäischen Meer bietet andere Voraussetzungen für kulturelle Entwicklungen als beispielsweise die weiten Landschaften des Vorderen Orients. In der gesamten Antike ist das Land der Hellenen niemals ein einziger, geschlossener Staat unter straffer Lenkung. Stattdessen schaffen die zahlreichen Gebirgszüge viele kleine abgeschlossene Räume, in denen sich Hunderte von Poleis (Stadtstaaten) entwickeln. Unter ihnen zählen Athen und Sparta zu den bedeutendsten.

Sparta, der einzige Staat des Volksstamms der Dorer, liegt im fruchtbaren Tal des Eurotas im Süden der Peloponnes. Die Spartaner gründen ihre Herrschaft auf militärische Härte sowie den Verzicht der Bürger auf persönliche Freiheit. Damit steht diese Polis im Gegensatz zur zweiten großen Hellenenmacht: Athen. Die Stadt, von den waldreichen Gebirgen der Landschaft Attika umgeben, lebt vom Handel und wird die erste Volksregierung der Geschichte hervorbringen.

Zunächst regieren wie in allen griechischen Staaten Könige das Land. Dann fällt die Staatsgewalt in die Hände eines Rates von Adligen. Diese sind zugleich Richter und Feldherren und bilden den Areopag, das höchste Gericht. Schon bald fordern die Bauern und Bürger Athens ein Mitbestimmungsrecht. Solon gibt dem Staat 594 v.Chr. eine neue Verfassung, die der Demokratie (Volksherrschaft) den Weg bahnt. Unterbrochen von einer Periode, in der Tyrannen (Alleinherrscher) die Geschichte vieler Stadtstaaten lenken, schlägt Athen gegen Ende des 6. Jh. v.Chr. mit der Verfassung des Kleisthenes endgültig den Weg zu einer Demokratie ein, die auch besitzlosen Bürgern und Bauern volle Rechte einräumt. Damit wird Athen der erste Bürgerstaat der Weltgeschichte, die erste Demokratie.

Am Vorabend der Klassik

Auf kulturellem Gebiet übertreffen die Griechen alle Vorgänger. Sie entwickeln neue Formen der Philosophie, Literatur und der bildenden Kunst. Aus dem noch groben geometrischen Stil der griechischen Frühzeit erwachsen in der Archaik erste lebensgroße Plastiken von Göttern und Menschen. Bildhauer und Steinschneider entwickeln mit Hammer und Meißel eine immer größere Kunstfertigkeit und stoßen die Tür zur klassischen Epoche der nächsten Generation weit auf. Dramatiker wie Aischylos und Thespis bereichern das Theater mit wegweisenden Ideen. Alle Errungenschaften breiten sich dank intensiver Kolonisationsbemühungen der Hellenen über den gesamten Mittelmeerraum aus und befruchten die jungen Kulturen Mittel- und Westeuropas ebenso wie die alten Zivilisationen Mesopotamiens und Ägyptens.

Mit den Persern taucht im Osten ein mächtiger Feind Griechenlands auf. Ihr König Kyros II. tritt im 6. Jh. v.Chr. nicht nur Babylon und Syrien in den Staub – er dehnt seine Macht auch bis an die Westküste Kleinasiens aus. Der persische Koloss erobert die blühenden Griechenstädte an der Küste Kleinasiens im Handstreich. Doch um 500 v.Chr. erheben sich die sog. ionischen Städte gegen die Fremdherrschaft. Der Perserkrieg bringt die griechische Kultur an den Rand des Untergangs. Zweimal wälzen sich riesige Heere und eine gewaltige Flotte nach Westen, um die Griechen zu unterwerfen. Bei Marathon und Salamis schlagen die zahlenmäßig unterlegenen Griechen den Gegner vernichtend. Ihr Erfolg gewinnt weltgeschichtliche Bedeutung. Ein kleines Volk am Rande Europas hat sich gegen einen übermächtigen Staat behauptet, das jahrtausendealte System des orientalischen Großreiches kommt vor den Toren des Kontinents zum Stehen und wird in seine Grenzen verwiesen.

Der Untergang der Assyrer

Unter der persischen Vorherrschaft im Vorderen Orient verschwindet mit Assyrien eines der mächtigsten Reiche des Zweistromlandes. Wie kein anderes politisches Gebilde zuvor hat Assyrien der Region Orient seinen Stempel aufgedrückt. Nicht einmal das einst mächtige Ägypten konnte Assyrien in die Schranken weisen. Es sind die Assyrer, die das erste Reich schaffen, das nicht aus Tribut zahlenden Vasallen zusammengesetzt ist, sondern vollständig von einer Zentralgewalt regiert wird – mit sichtbarem Erfolg: Im 7. Jh. v.Chr. überschreitet die Bevölkerungszahl der assyrischen Metropole Ninive als vermutlich erste Stadt der Welt die 100 000er-Grenze. Zur Zeit seiner größten Ausdehnung erstrecken sich die assyrischen Grenzen vom Kaspischen Meer bis Zypern und von Anatolien bis Ägypten. Durch die militärische Expansion des Reiches kommen viele Stämme und Völker des Vorderen Orients in Kontakt mit den Errungenschaften einer Hochkultur und entwickeln unter der Hegemonie der Assyrer eigene kulturelle und politische Formen. Auf diese Weise verdanken letztlich auch die Perser und Meder ihren Aufstieg den assyrischen Königen.

800 v.Chr.

781 v.Chr.: Der letzte König der westlichen Zhou-Dynastie gelangt auf Chinas Thron. Um 770 v.Chr. werden die westlichen von den östlichen Zhou abgelöst.

776 v.Chr.: In Griechenland finden die ersten Olympischen Spiele der Antike statt. Die Wettkämpfe werden bis 393 n.Chr. alle vier Jahre ausgetragen.

733 v.Chr.: Griechen gründen die Handelsniederlassung Syrakus auf Sizilien. Rund 200 Jahre lang breiten sich griechische Kolonien im Mittelmeerraum aus.

Um 710 v.Chr.: Mit der Hallstattzeit C bricht in Europa die Eisenzeit an. Bronze wird in weiten Teilen Mittel- und Westeuropas als Werkstoff verdrängt.

664 v.Chr.: Psammetich einigt das in Fürstentümer aufgespaltene ägyptische Reich und begründet die 26. Herrscherdynastie.

Die neuassyrische Kunst spiegelt die Blütezeit des assyrischen Großreiches im 7. Jh. v. Chr. wider (Mann auf einem Kamel, Bronzeplastik).

Auch die Reitervölker aus den russischen Steppen geraten in den Einzugsbereich der Assyrer. Kimmerer und Skythen beginnen im 8. Jh. v. Chr. mit ihren an eine Völkerwanderung erinnernden Zügen nach Süden und Westen. Sie legen den Grundstein für die in den Steppenregionen von nun an typische Lebensweise der nomadisierenden Reitervölker. Am Ende des 8. Jh. v. Chr. tauchen die Kimmerier am Südende des Kaukasus auf und überrennen die Kleinkönigreiche im Gebiet des heutigen Armenien. Auch das Reich der Phryger kann den Reiterhorden nicht standhalten und verliert seine Bedeutung.

Römer und Kelten

Während am Rande Europas Großmächte ringen, treten in seinem Süden und der Mitte Vorläufer von Kulturkreisen auf, die sich in den Jahrhunderten bis zur Zeitenwende zu bedeutenden Triebkräften der Weltgeschichte entwickeln werden. Keimzelle des später größten Weltreichs ist eine kleine, unscheinbare Stadt am Tiber, die ab der Mitte des 8. Jh. v. Chr. von etruskischen Königen beherrscht wird: Rom. Zweieinhalb Jahrhunderte später sind die Römer erstarkt, vertreiben die Etrusker aus der Stadt und gründen die römische Republik (nach dem lateinischen res publica = die öffentliche Sache). Das Werden Roms und der Aufstieg der griechischen Städte verlaufen zeitweise parallel. Die römische Autonomie fällt in die Zeit, in der auch die Griechen die letzten Tyrannen aus den Stadtstaaten vertreiben. Und wie in Griechenland muss auch in Rom die Masse des besitzlosen Volkes lange um Gleichberechtigung kämpfen. Über Jahrhunderte wird der Senat durch Auseinandersetzungen um das Mitspracherecht im Innern immer wieder heftig erschüttert.

Weiter nordwestlich, am Fuß der Alpen, entsteht mit dem Keltentum eine der bedeutendsten eisenzeitlichen Kulturen Europas. Während der Hallstattzeit (etwa 800–500 v. Chr.) erlebt dieses in viele Stämme zersplitterte Volk eine erste Blütephase, in der die Kelten unter Kleinkönigen zu schlagkräftigen und wirtschaftlich reichen Gruppen geeint werden. Über die Kolonie Massilia (Marseille) und ihre Handelsaktivitäten entlang der Rhône dringt das Gedankengut der Griechen nach Mitteleuropa vor. Neben der Kunst des Weinanbaus gelangt auch die hellenische Baukunst in die Region des heutigen Süddeutschlands und Frankreichs. Die Keltenburgen der Hallstattzeit werden mit den ersten Lehmziegelmauern und -türmen Mitteleuropas ausgestattet und zu uneinnehmbaren Bollwerken ausgebaut. Reichtum und Macht der Keltenfürsten drückt sich auch in monumentalen Grabstätten wie dem sog. Hohmichele und dem Fürstengrab von Hochdorf aus. Im 6. Jh. v. Chr. entledigt sich der keltische Adel seiner Oberhäupter und führt eine neue, vielschichtigere Regierungsform ein. Nicht länger steht ein Alleinherrscher an der Spitze der Stämme – vielmehr wird das Volk nun gleichenteils von einem Kriegeradel und einer Gruppe von Druiden regiert. Damit beginnt die Latènezeit, die zweite Phase des keltischen Jahrtausends. Die Kultur der Alpenrandbewohner dehnt sich über den nördlichen Mittelmeerraum bis nach Kleinasien aus.

Die Weisheit des Ostens

In Indien entwickelt sich nach dem Untergang der Induskultur ein System mehrerer Kleinstaaten, vornehmlich im Gangestal. Um 700 v. Chr. existieren 16 Reiche in Nordindien, elf davon liegen an den Ufern des Ganges. Die vier mächtigsten sind Kosala, Malla, Licchavi und Magadha. Aus diesem Gefüge von Kleinreichen kristallisiert sich Magadha als stärkster und dauerhaftester Staat heraus und wächst zu einem das gesamte Gangestal umfassenden Königreich heran. Die viel gerühmte Eroberung Indiens durch Alexander den Großen im 4. Jh v. Chr. wird nicht einmal die entferntesten Ausläufer des Reiches von Magadha, des größten indischen Königreiches seiner Zeit, streifen.

Etwa mit dem 6. Jh. v. Chr. setzt die Zeit der großen Glaubensstifter und Tugendlehrer Mittel- und Ostasiens ein. Zarathustra in Persien, später Buddha und Mahavira in Indien, Konfuzius und Laotse in China legen den Grund für ihre über Jahrhunderte, gar Jahrtausende weithin einflussreichen spirituellen und ethischen Grundsätze und Lehren.

China hatte zuvor mit dem Untergang der Zhou-Dynastie um 770 v. Chr. die Katastrophe eines Herrscherhauses erlebt, mit schwerwiegenden Auswirkungen für das ganze Land. Das Reich der Mitte zerfällt in über 100 unabhängige Reiche verschiedener Größe. Im Laufe des 8. Jh. v. Chr. überleben nur die stärksten dieser Staaten, indem sie die Kleineren annektieren. In der Epoche nach dem Zusammenbruch der Zhou-Dynastie vollzieht auch China den Übergang in die Eisenzeit (um 500 v. Chr.). Dank des neuen Werkstoffes erlebt auch die Landwirtschaft einen Aufschwung und die Bevölkerung steigt innerhalb von 400 Jahren von etwa fünf auf 20 Mio. Menschen.

Die Grundlagen der chinesischen Gesellschaftsethik schuf der große Philosoph Konfuzius. Sein Geburts- und Begräbnisort befindet sich in Qufu in der Provinz Shantung.

597 v. Chr.: Assyrische Truppen unter König Nebukadnezar II. erobern Jerusalem. Die Babylonische Gefangenschaft der Juden beginnt.

559 v. Chr.: Kyros II. wird persischer König. Unter seiner Herrschaft steigt Persien zur Weltmacht auf. Das persische Reich erstreckt sich bis nach Kleinasien.

509 v. Chr.: Mit der Vertreibung des letzten etruskischen Königs Tarquinius Superbus durch römische Adlige beginnt die Geschichte der römischen Republik.

490 v. Chr.: Der Erste Perserkrieg endet mit dem Sieg der Athener über die Perser bei Marathon. Auch im Zweiten Perserkrieg, der 479 endet, behalten die Griechen die Oberhand.

Um 480 v. Chr.: Buddha stirbt in Kushinagara (heutiges Indien). Der von ihm begründete Buddhismus entwickelt sich zur Weltreligion.

450 v. Chr.

Um 800 Auf Euböa legen frühe Siedler den Grundstein für die Stadt **Eretria**. Sie erreicht im 8. und 7. Jh. ihre Blüte und wird nach Chalkis die zweitgrößte Polis auf der griechischen Insel. Als erste Siedlungsspur gilt ein von Archäologen als Haus H bezeichnetes Gebäude. Es wurde bei 1970 durchgeführten Grabungen am Fuß der Akropolis entdeckt. Das Fundament ist fast vollständig erhalten. Es ist in einen Hauptraum mit halbrundem Abschluss und eine durch Stützen getragene Vorhalle unterteilt, die vermutlich ein Pultdach trug. Der Hauptraum war durch ein Satteldach geschützt.

Die in Ostanatolien beheimateten Urartäer verfügen über große Fertigkeit in der Erstellung von **Wasserversorgungssystemen**. Von ihrem technischen Können zeugt ein um 800 v. Chr. auf Befehl von König Minua erbauter Kanal. Das etwa 50 km lange Bauwerk leitet das Wasser aus entfernten Bergregionen über hohe Dämme und in den Felsen geschlagene Rinnen bis nach Tuschpa (heute Van), die Hauptstadt des Reiches. Noch heute dient die Wasserleitung zur Trinkwasserversorgung der Stadt Van.

Um 790 Der assyrische König **Adad-nerari III.** versucht das geschwächte Reich zu konsolidieren. Vor allem die Rückeroberung des aramäischen Syrien ist dem Herrscher ein Anliegen. Hier liegen die für den Außenhandel wichtigen Seehäfen. Bei seinen militärischen Unternehmungen gelingt es Adad-nerari, bis nach Damaskus vorzustoßen. Die unterworfenen Fürsten leisten dem Eroberer Tribut, bleiben aber weitgehend autonom. Nur der von den Urartäern kontrollierte Norden des Landes bleibt außerhalb des assyrischen Machtbereichs.

Um 770 Der israelitische König **Jerobeam II.** führt das Nordreich auf den politischen und wirtschaftlichen Höhepunkt. Dem Regenten gelingt es, das Ostjordanland von Syrien zurückzuerobern. Damit ist das Reich in den Grenzen wiederhergestellt, die es auch während der Herrschaft der Könige David und Salomo besaß. Mit den außenpolitischen Erfolgen setzt ein wirtschaftlicher Aufschwung ein. Insbesondere die Hauptstadt Samaria und der Königshof erleben eine Blütezeit. Da die einfache Bevölkerung von dem Wohlstand weitgehend ausgeschlossen bleibt, verschärfen sich die Klassenunterschiede.

Erstmals tauchen in der sog. geometrischen Epoche gegenständliche Darstellungen auf. Die Phase des **geometrischen Stils** (1000–700 v. Chr.) setzte im griechischen Raum nach dem Untergang der mykenischen Welt ein. Fortan wurden Vasen und Architektur mit abstrakten geometrischen Mustern verziert. Sie sind vor allem durch zahlreiche in Athen gefundene Grabvasen der Nachwelt erhalten geblieben. Ab 770 v. Chr. verwenden die Vasenmaler auch zeichenartige Bilder des Totenkults sowie Tierdarstellungen zur Dekoration der Töpferware.

776 v. Chr.

Wettkämpfe in Olympia

Die ersten Olympischen Spiele zu Ehren des Göttervaters Zeus finden in dem griechischen Heiligtum Olympia in der Landschaft Elis statt.
Alle vier Jahre sollen sich von nun an ausgewählte Athleten in einem sportlichen Wettkampf zu Ehren der Götter miteinander messen. Zugelassen sind lediglich freie Griechen. Sklaven und Angehörige fremder Völker dürfen an den Spielen nicht teilnehmen. Für alle Sportler gelten strikte Zulassungsbeschränkungen. Die Teilnehmer dürfen noch nicht mit dem griechischen Gesetz in Konflikt geraten sein und sollen neun Monate in der Heimat sowie 30 weitere Tage in Olympia trainiert haben.
Die Festspiele bestehen aber nicht nur aus sportlichen Veranstaltungen. Bis 724 v. Chr. bleibt es bei einer einzigen Disziplin: dem Stadienlauf über das Längenmaß einer Stadie – 192,27 m. Im Mittelpunkt stehen zu Beginn vor allem kultische Handlungen und Opfer für die griechischen Götter. Erst bei der 14. Austragung der Olympischen Spiele wird das sportliche Programm um eine neue Disziplin erweitert: Es kommt der Lauf über die doppelte Stadienlänge hinzu. Auf Geheiß des Orakels von Delphi erhält der Sieger einen Kranz aus Lorbeer, der im Namen des Gottes Apollon verliehen wird. Damit bekommen die sportlichen Leistungen selbst kultischen Charakter.
Vier Jahre später, bei den 15. Olympischen Spielen 720 v. Chr., wird eine dritte Laufdisziplin eingeführt – der Langstreckenlauf. Weitere Wettkämpfe werden erst 16 Jahre später in das olympische Programm aufgenommen: 704 v. Chr. werden Ringkampf und Fünfkampf olympisch. Der olympische Fünfkampf besteht aus Wettlauf, Weitsprung, Diskuswurf, Speerwurf und Ringkampf. Der Faustkampf wird 688 v. Chr. ein Bestandteil der Festspiele. Zwei Olympiaden später folgt das Wagenrennen mit Vierergespann. Bei den 33. Olympischen Spielen 644 v. Chr. kommen schließlich die beiden letzten Disziplinen hinzu: Allkampf, eine raue Mischung aus Boxen und Ringkampf, sowie Wettreiten. Damit ist das sportliche Programm der antiken Olympischen Spiele komplett.

Diskuswerfer; Kopie einer griechischen Bronzestatue

Der Ursprung der Olympischen Spiele geht auf die griechischen Mythen zurück. Einer Sage nach soll der Held Herakles Begründer der Spiele sein. Er wurde von König Augias von Elis beauftragt, dessen Ställe auszumisten. Dafür leitete Herakles den Fluss Alpheios kurzerhand um, sodass das Flusswasser durch die Stallungen floss und die Ställe säuberte. Über diese Methode kam es zum Streit zwischen Herakles und König Augias, wobei Herakles den König erschlug. Als Dank für seinen Sieg soll Herakles die Olympischen Spiele gestiftet haben. Einer anderen Sage nach hat Herakles' Großvater Pelops die Spiele als Dank für seinen Sieg über König Oinomaos von Pisa gestiftet. Pelops hatte um Hippodameia, die Tochter des Königs, geworben.
Die letzten Olympischen Spiele der Antike werden im Jahr 393 n. Chr. in Olympia ausgetragen.

Die Dramatik eines Wagenrennens im olympischen Hippodrom; Holzstich aus dem 19. Jh.

782 v.Chr.

Urartäer erbauen Eribuni

Der urartäische König Argischti I. gründet die Festung Eribuni auf dem Hügel Arinberd, östlich der heutigen armenischen Hauptstadt Eriwan. Von seiner Herrschaft zeugen Inschriften, die bei Ausgrabungen in Eribuni gefunden wurden.
Die Königsdynastie der Urartäer lässt sich bis zu Sarduri I. zurückverfolgen, der zwischen 844 und 828 v.Chr. die Hauptstadt Tuschpa am Ostufer des Vansees gründete. Zwar standen die Urartäer zu dieser Zeit noch im Schatten der übermächtigen Assyrer, doch verschob sich nach dem Tod des assyrischen Königs Salmanassar II. das Machtverhältnis im armenischen Raum. Schon Sarduris Nachfolger Menua I., der Eroberer, dehnte die urartäischen Grenzen aus.
Mit der Gründung Eribunis unter Argischti I. erlebt das Reich einen vorläufigen Höhepunkt. Argischti bringt die gesamte Ararat-Ebene sowie das Tal des Araxes unter seine Herrschaft und sorgt durch diesen Landgewinn für höhere landwirtschaftliche Erträge und größere Viehherden. Von besonderer Bedeutung ist die Kontrolle der Urartäer über die Kupferminen des Kleinen Kaukasus, die einen Aufschwung der Metallindustrie herbeiführen. Am linken Ufer des Araxes lässt Argischti die Stadt Argischtihinili erbauen, die als Ausgangsbasis für seine Feldzüge dient. Argischtis Nachfolger, Sarduri II., stößt in den südlichen Transkaukasus und ans Schwarze Meer bis Kolchis vor und erschafft ein Reich, das mit 800 km in westöstlicher und 500 km in nordsüdlicher Richtung das gesamte heutige armenische Hochland umfasst.

Um 780 v.Chr.

Sparta aggressiv: Messenische Kriege erschüttern die Region

Spartaner dringen in die nördlich gelegenen Regionen Messeniens vor und greifen dessen ebenfalls dorische Bevölkerung an: Der erste von den drei Messenischen Kriegen hat begonnen.
Die südwestlichste Landschaft auf der Peloponnes zählt zu einer der fruchtbarsten Regionen Griechenlands. Vor allem die Küste mit ihren günstigen Klimabedingungen bietet hervorragende Voraussetzungen für eine Besiedlung. Bereits in der mykenischen Zeit (16.–13. Jh. v.Chr.) war Messenien dicht bevölkert.
Über die in mehreren Etappen verlaufende Eroberung Messeniens sind kaum Überlieferungen erhalten. Das Wenige, das sich über die Messenischen Kriege findet, stammt vor allem aus den Versen des antiken spartanischen Dichters Tyrtaios und aus einem Epos von Rhianos. Danach gelingt es den Spartanern im ersten Messenischen Krieg, Nordmessenien zu unterwerfen. Dabei bleibt das Land aber vorerst in der Hand seiner ursprünglichen Bewohner. Ein Aufstand der Messenier führt jedoch bereits in der Mitte des 7. Jh. v.Chr. zum zweiten Messenischen Krieg, durch den die Spartaner das Land vollständig unter ihre Kontrolle bringen. Ein großer Teil der messenischen Bevölkerung flieht in benachbarte Länder, vor allem in die griechischen Kolonien Unteritaliens. Die besiegten Messenier werden von den Eroberern zu Heloten (Staatssklaven) gemacht, die die Hälfte ihrer landwirtschaftlichen Erträge an Sparta abliefern müssen. Als Heloten stehen die Messenier unter scharfer Überwachung durch die staatlichen Institutionen Spartas und befinden sich faktisch weiter im Krieg. Eine Erhebung des Aristomenes führt um 500/490 v.Chr. zum dritten und letzten Messenischen Krieg (Abb.: griechische Bronzeskulptur eines Kämpfers, 6. Jh. v.Chr.). Erneut kommt es zu einer größeren Auswanderungswelle in Richtung Unteritalien, u.a. nach Zankle, das zu dieser Zeit den Namen Messene (Messina) erhält.

781 v.Chr.

Unaufhaltsamer Niedergang: König You wird letzter Regent der westlichen Zhou-Dynastie

Mit dem Amtsantritt von König You (»dem Düsteren«) beginnt der letzte Abschnitt in der Geschichte der westlichen Zhou-Dynastie (Abb. u.: Weinkanne der westlichen Zhou aus Bronze). Dem König gelingt es nicht, sein Reich vor einfallenden Barbaren und aufstrebenden Lehnsfürsten zu schützen. Der Fürst des Nachbarstaates Shen – vom König eigentlich zum Beschützer der Zhou-Ländereien ernannt – verbündet sich mit den gefürchteten Rong-Barbaren und dem Lehnsstaat Zeng gegen die Zhou.

Streitigkeiten um den legitimen Thronfolger König Yous lösen die Auseinandersetzungen zwischen den Zhou und dem Fürsten von Shen aus. Der offizielle Thronfolger ist der älteste Sohn von You und seiner Hauptfrau, einer Tochter des Fürsten von Shen. Damit ist der Fürst von Shen durch Blutsbande an die Zhou gebunden. Doch König You verfällt der Konkubine Bao Si aus dem ehemaligen Herrscherhaus der Xia, setzt sie an die Stelle seiner Hauptgemahlin und ernennt ihren Sohn zum Thronfolger.

In der chinesischen Geschichtsschreibung bildet Bao Si eine äußerst negative Erscheinung. Der König kann seine Frau nicht zum Lachen bringen und lässt schließlich zu ihrer Erheiterung die Signalfeuer anzünden, die eigentlich die königstreuen Lehnsfürsten zur Verteidigung der Zhou-Ländereien rufen sollen. Dies gefällt Bao Si tatsächlich so sehr, dass der König die Signalfeuer des Öfteren nur zu ihrem Vergnügen entfachen lässt. Die jedesmal zur Hilfe eilenden Lehnsfürsten müssen unverrichteter Dinge wieder abziehen. Dies führt letztlich zur Katastrophe: Als der Fürst von Shen – erbost darüber, dass sein Enkel nicht mehr Thronfolger ist – seine Truppen in die Ländereien des Königs führt, reagiert niemand mehr auf die Signalfeuer. Die rebellierenden Streitkräfte zerstören die Hauptstadt der Zhou. Dabei werden der König und sein Thronfolger erschlagen und fast alle Reichtümer des Königshauses von den Barbaren geplündert.

In den nachfolgenden Wirren um die Thronfolge etablieren sich zwei Könige: Ping Wang, aus dem Hause des Fürsten von Shen, und Xi, ein weiterer Sohn des getöteten Königs von Zhou. Aus den Thronstreitigkeiten geht König Ping erfolgreich hervor. Xi wird von dem Fürsten Wen von Jin, einem Gefolgsmann Pings, getötet. Eine der ersten Amtshandlungen des neuen Königs ist im Jahr 770 v.Chr. die Verlegung der Hauptstadt in das weiter östlich gelegene Chengzhou. Damit beginnt die östliche Zhou-Zeit (Abb. o.: bronzener Drachenkopf der östlichen Zhou-Zeit).

Um 750 In Nush-e Djan im Westen des heutigen Iran errichtet das Reitervolk der Meder einen **Feuertempel**. Die bei Ausgrabungen auf dem Ruinenhügel der einstigen Hauptstadt der Meder freigelegten Reste des Gebäudes gelten als ältester Beleg eines solchen Kultbaus. Bei dem Heiligtum handelt es sich vermutlich um einen vorzoroastrischen Bau. Erst im 6. Jh. v. Chr. wurden die ursprünglich auf indoiranische Feuerkulte zurückgehenden »heiligen Feuer« Kultpraxis in der von dem Religionsstifter Zarathustra verbreiteten zoroastrischen Religion.

Der in Athen lebende sog. **Dipylon-Maler** bringt es bei der Dekoration von Vasen zu hoher Kunstfertigkeit. Als eines der bedeutendsten Werke des Künstlers gilt eine Amphore im geometrischen Stil, die auf dem antiken Athener Friedhof (Kerameikos) am Dipylontor gefunden wurde. Die im Archäologischen Nationalmuseum Athen aufbewahrte Vase stand ursprünglich oberirdisch auf einem Grab. Das 1,55 m hohe Gefäß hat einen zylinderförmigen Hals, der ca. ein Drittel der Gesamthöhe ausmacht. Zwischen den Henkeln befindet sich ein rechteckiges Bildfeld, das schematische Figuren bei der Totenaufbahrung zeigt.

744 In Assyrien besteigt **Tiglatpileser III.** den Königsthron. Mit politischem und militärischem Geschick leitet der Regent die Konsolidierung des geschwächten Reiches ein. Das erste Ziel seiner militärischen Unternehmungen ist das im Norden Syriens gelegene Fürstentum Bit Agusi. Es kontrolliert von der Hauptstadt Arpad aus die fruchtbaren Ebenen und den Zugang zum Mittelmeer. 740 v. Chr. fällt das Fürstentum in die Hände der Assyrer und wird als Provinz ins Reich eingegliedert. Zwei Jahre später erringt Tiglatpileser weitere Erfolge in Syrien und erobert u. a. den Küstenstreifen um das heutige Tell Kazel.

741 Für den von Aussatz gezeichneten König von Juda, Asarja, übernimmt dessen Sohn **Jotham** die Regierungsgeschäfte. Bereits 756 v. Chr. war er bei den ersten Anzeichen der Krankheit von seinem Vater zum Mitregenten ernannt worden. Der junge König tritt die Herrschaft über einen wohlhabenden Staat an. Asarja war es gelungen, seinem Reich Zugang zum Roten Meer zu verschaffen. Daraufhin war der Handel zwischen den Küstenstädten Tyros und Sidon wieder aufgeblüht. Jotham kann nicht an die erfolgreiche Politik seines Vaters anknüpfen. Er muss Gebietsverluste hinnehmen und stürzt das Reich in eine Krise.

Um 750 v. Chr.

Hochhäuser in Theben

Die Bewohner der griechischen Stadt Theben errichten die vermutlich ersten Gebäude mit vier oder fünf Geschossen. Mehrstöckige Bauten sind bereits seit der Jungsteinzeit bekannt, wie Tonmodelle von Tempeln belegen. Sie verfügten allerdings lediglich über zwei Stockwerke: Der Bau von Häusern aus weichen Lehmziegeln ließ mehr Geschosse nicht zu. Den Griechen hingegen stehen Stein und Holz in großen Mengen zur Verfügung – Baumaterialien, die Gebäuden auch in größeren Höhen noch Stabilität verleihen.

Um 750 v. Chr.

Monumente der Eisenzeit

Mit kolossalen Denkmälern aus Gusseisen entstehen in China und Indien die frühesten Monumente der Eisenzeit. Der chinesische Kaiser Ping Wang lässt eine 13 m hohe Pagode aus Gusseisen anfertigen, die als Kultstätte dient. In Indien war etwa 50 Jahre zuvor ein Obelisk in der Nähe des heutigen Delhi aufgestellt worden, der aus Gusseisenstücken zusammengeschweißt ist. Der unter dem Namen »Kutubsäule« bekannte Obelisk ist 16 m lang und bis zu einer Höhe von sieben Metern in den Boden eingetieft.

21. April 753 v. Chr.

Eine schicksalhafte Sage: Romulus gründet die »Ewige Stadt«

Der Legende nach gründet Romulus am Tiber die Stadt Rom. Der Gründungsmythos der Stadt geht auf den mythischen Helden Äneas zurück, der sich aus dem brennenden Troja habe retten können und nach siebenjähriger Irrfahrt in Latium gelandet sei.

Die Zwillinge Romulus und Remus sollen indirekt von Äneas abstammen. Sie werden nach ihrer Geburt vom König Amulius von Alba Longa (heute Castel Gandolfo) ausgesetzt und von einer Wölfin gesäugt (Abb. u.: die kapitolinische Wölfin; etruskische Bronzeskulptur mit den erst im Barock angefügten Knaben). Nachdem die Jünglinge herangewachsen sind, beschließt Romulus, auf dem Palatin, einem der sieben Hügel (Abb. o.), eine Stadt zu gründen. Remus jedoch verspottet ihn und springt über den entstehenden Mauerring, um seine Überlegenheit zu beweisen. Da erschlägt ihn der Bruder, baut die Stadt aus und ernennt sich zum König.

Der römische Gelehrte Marcus Terentius Varro errechnet im 1. Jh. v. Chr. den Tag der Stadtgründung: den 21. April 753. Dennoch gibt es keinerlei Belege für einen König namens Romulus. Tatsächlich entwickelt sich die Stadt aus einem Zusammenschluss bronzezeitlicher Siedlungen am Tiber. Der Name »Rom« leitet sich von dem etruskischen Geschlecht der Ruma ab.

Um 750 v. Chr.

Ilias: Europas Literatur ist geboren

Der griechische Dichter Homer beendet die Arbeiten an der »Ilias« und begründet mit dieser ersten schriftlich fixierten Dichtung der Antike die europäische Literatur.
In seinem Epos erzählt Homer die Geschichte des Trojanischen Krieges in 16 000 Hexametern. Dabei beschränkt sich der Dichter auf einen Zeitraum von etwa 50 Tagen und schildert aus dieser Perspektive die vorangegangenen Ereignisse, die zum Ausbruch des Krieges geführt haben, in Rückblenden. Auch die künftige Handlung mit dem Tod des Achill und dem Fall Trojas ist nur in Ausblicken in der »Ilias« erwähnt. Höhepunkt der Handlung ist der Tod Hektors durch Achill und die Bestattung des Helden.
Viele Elemente der »Ilias« sind noch heute in den Erzählstrukturen der europäischen Literatur wiederzufinden. Der Zweikampf der Helden, eine Festlichkeit, die von den Protagonisten besucht wird, oder die ausführlich beschriebene Bewaffnung der Hauptakteure sind bis heute weit verbreitete Stilmittel.

Hektor verabschiedet sich von den Frauen; Illustration einer frühen »Ilias«-Handschrift, 6. Jh. n. Chr.

Odysseus und seine Gefährten blenden den Zyklopen Polyphem; Schale aus Kyrene

Das zweite Homer zugesprochene Werk ist die »Odyssee«, die inhaltlich an die Ereignisse des Trojanischen Krieges anknüpft. Nach dem Fall Trojas absolviert der griechische Held Odysseus eine zehn Jahre währende Irrfahrt (Odyssee). Auf seinen Reisen erlebt er viele fantastische Abenteuer wie den Kampf gegen den Zyklopen Polyphem, die Begegnungen mit den Meerungeheuern Skylla und Charybdis, die Landung auf der Insel der Circe oder die lockenden Rufe der Sirenen. Während es in der Forschung heute als sicher gilt, dass Homer Verfasser der »Ilias« ist, ist seine Urheberschaft an der etwas jüngeren »Odyssee« umstritten.

Auch die historische Person Homers galt vor allem im 19. Jh. als unsicher. Lange Zeit vermuteten Literaturwissenschaftler, die »Ilias« sei ein aus mündlichen Überlieferungen zusammengesetztes Werk. Die komplexe Komposition des Epos sowie Homers detaillierte Ortskenntnisse gelten heute jedoch als Belege für die historische Existenz des Dichters.

Porträt von Homer als blinder Seher

Um 745 v. Chr.

Kuschiten auf dem Pharaonenthron: Das erstarkte Nubien bezwingt den Erzfeind Ägypten

Nach einer etwa 80 Jahre währenden Phase schwacher ägyptischer Pharaonen ist das Reich Kusch südlich des Nilreiches zu einem wirtschaftlichen und militärischen Riesen herangewachsen. Die innenpolitischen Auseinandersetzungen der Ägypter haben dazu geführt, dass sie die Ausbeutung des nubischen Kuschitenreiches vernachlässigt haben. In der Folge entstehen viele neue Städte in Nubien. Dank der neuen Stärke kann die Grenze nach Ägypten von ihnen wirkungsvoll gesichert werden.
Nachdem die Kuschiten sich im Innern konsolidiert haben, beschließen sie, den einst mächtigen Nachbarn anzugreifen. Ägypten lockt mit unermesslichen Reichtümern, die zur Zeit der 22. Dynastie nur schwach geschützt sind. Außerdem verfügt das Pharaonenreich über einen Zugang zum Mittelmeer und damit zu den Seehandelswegen – ein Vorteil, den das geografisch ungünstig gelegene Nubien nicht besitzt. Schließlich schlägt der kuschitische König Kaschta gegen die Ägypter los. Es gelingt ihm, Theben zu erobern, doch kurz darauf stirbt er. Sein Nachfolger Pije baut Oberägypten zu einer Militärbasis aus und macht sich anschließend daran, Unterägypten zu besetzen. Hier stellt sich Pije jedoch der ägyptische Fürst Tefnachte entgegen, der versucht, die Verbündeten der Kuschiten durch Intrigen auf seine Seite zu ziehen. Doch alle Versuche Tefnachtes, Unterägypten vor der Invasion zu bewahren, misslingen. Pije unterwirft ganz Ägypten und zwingt Tefnachte 745 v. Chr. zum Treueeid. Pijes Nachfolger Schabako unterdrückt endgültig alle Ansprüche der ägyptischen Regionalfürsten und wird 718 v. Chr. zum alleinigen Herrscher Ägyptens und Kuschs ausgerufen (Abb.: Sandsteinrelief mit Darstellung Schabakos aus Karnak).

Um 730 Auf der Mittelmeerinsel Sizilien entsteht nur kurze Zeit nach der Gründung der griechischen Kolonie Syrakus eine weitere Siedlung: **Megara Hyblaia**. Die Stadt wird von Griechen aus Megara im Einverständnis mit den ansässigen Sikulern errichtet. Das von dem griechischen Geschichtsschreiber Thukydides (5. Jh. v. Chr.) als eine der ältesten Gründungen auf Sizilien erwähnte Megara Hyblaia liegt nördlich von Syrakus an der Ostküste der Insel. Etwa 690 v. Chr. erhält die ursprünglich nur aus Wohnhäusern bestehende Siedlung öffentliche Bauten und eine Befestigungsmauer.

722 Die Eroberung des Reiches Israel und seiner Hauptstadt Samaria durch die Assyrer löst eine große Flüchtlingswelle aus. Viele Einwohner suchen im Süden Palästinas Zuflucht. Der Flüchtlingsstrom lässt **Jerusalem** um ein Vielfaches wachsen. Um Platz für die Flüchtlinge zu schaffen, werden auf dem Westhügel der Stadt neue Wohngebiete angelegt und durch mächtige Befestigungsanlagen geschützt. Die Bedeutung der Stadt wächst: Durch den Niedergang Israels steigt Jerusalem zum alleinigen hebräischen Geisteszentrum auf.

721 Nachdem in Babylonien der assyrische Herrscher Salmanassar V. bei einer Revolte ermordet wurde, erhebt sich sein Widersacher **Marduk-apla-idinna** zum König. Die Unruhen gegen Salmanassar waren ausgebrochen, als dieser die heilige Stadt Assur mit Steuern belegte. Daraufhin hatten sich die Widerständler um Marduk-apla-idinna gesammelt. Die Revolutionäre nutzten die Abwesenheit des assyrischen Königs, der sich auf Feldzügen gegen Syrien befand. Der Widerstand mündete schließlich in eine Palastrevolution, der Salmanassar zum Opfer fiel.

Um 720 In Süditalien gründen griechische Kolonisten die Stadt **Sybaris**. Die aus der Landschaft Elis im Nordwesten der Peloponnes stammenden Achaier wählen als Standpunkt ihrer Kolonie den Fluss Krathis. Aus seinen Flusssteinen werden die Fundamente für die Häuser errichtet. Die Wände der in der Regel aus zwei- oder drei Zimmern bestehenden Wohngebäude bilden ungebrannte Ziegel. Das aufstrebende Sybaris gelangt schnell zu Reichtum und gründet mit den Siedlungen Laos und Poseidonia weitere Kolonien in Italien.

733 v. Chr.

Kolonien der Hellenen

Auf Sizilien entsteht die griechische Siedlung Syrakus, die zu einer der bedeutendsten Handelsstätten des Mittelmeerraums aufsteigt. Die griechische Kultur ist in ihrem Kernland so hoch entwickelt, dass sie sich nun erfolgreich über die mediterranen Küsten ausbreiten kann.

Ruinen der Befestigungen des Castello Eurialo in Syrakus

Nach ersten erfolgreichen Kolonisationsversuchen an der Küste Kleinasiens (Milet) wagen sich die griechischen Händler nun auch nach Westen vor. In Italien ist bereits seit etwa 20 Jahren Kyme (Cumae, nördlich von Neapel) eine florierende griechische Niederlassung. Von dort ist es nur ein kleiner Sprung bis nach Sizilien. Auch auf Korsika siedeln sich Griechen an. An der Ostküste der Insel entsteht die Siedlung Alalia. Im Verlauf der nächsten 200 Jahre gelangen die Kolonisten an die Rhônemündung, wo sie Massilia (Marseille) gründen, und weiter bis an die Ostküste der Iberischen Halbinsel. Zu den berühmtesten Kolonien zählen die noch heute existierenden Städte Reggio (gegründet 720 v. Chr.), Tarent (706 v. Chr.), Istanbul (um 600 v. Chr.), Odessa (nach 600 v. Chr.) und Neapel (nach 500 v. Chr.).

Die Niederlassungen dienen in erster Linie dem Handel mit der ansässigen Bevölkerung. Neben Handelsplätzen entstehen aber auch reine Agrarkolonien, die das Mutterland mit Nahrungsmitteln versorgen. Mit den Gütern gelangen griechische Handwerkskunst, Ideologie und Religion in die kolonisierten Gebiete. Die Kultur Griechenlands verbreitet sich allmählich über Europa. Politisch sind die Niederlassungen nach dem Prinzip der Polis aufgebaut. Dabei handelt es sich um Stadtstaaten, die vom Mutterland unabhängig regiert werden. Einzig durch Kultur und Religion sind die Kolonisten mit Griechenland verbunden.

Kolonisation der Phöniker und Griechen

Um 725 v. Chr.

Aufstieg des Phrygerreiches

Im westlichen Zentralanatolien entsteht auf den Trümmern des Hethiter-Reiches das Reich der Phryger. Die Hethiter hinterließen um 1200 v. Chr. eine politisch zersplitterte Landschaft. Kleinstaaten rangen 400 Jahre lang um die Macht, ohne dass sich eine Kraft durchsetzen konnte. Die mächtigen assyrischen Nachbarn achteten zudem darauf, dass sich an ihren Grenzen keine Bedrohung in Form eines Großreiches formierte.
Dennoch gelingt es dem Stamm der Phryger, sich über die späthethitischen Kleinstaaten zu erheben und ein dauerhaftes Reich zu gründen. Politisches Zentrum wird die Stadt Gordion (Abb.: der ehemalige königliche Grabhügel Gordions), benannt nach dem Reichsgründer Gordios. Die auf einer hethitischen Vorgängersiedlung errichtete Stadt südwestlich des heutigen Ankara entwickelt sich rasch zu einem bedeutenden Umschlagplatz, da sie am Abzweig eines wichtigen Ost-West-Handelsweges liegt.
Die Anfänge des phrygischen Reiches sind so glanzvoll wie kurz. Vom Aufstieg und Fall seiner ersten Könige berichten die Schriftquellen der Assyrer, in denen die Nachbarn nicht als Phryger, sondern als Muschki bezeichnet werden. Ihnen steht ein König namens Mita vor. Ob es sich bei diesem um den legendären König Midas handelt, ist ungeklärt. König Mita gelingt es, die meisten der späthethitischen Kleinherrscher gegen das mächtige Assyrer-Reich einzuschwören. Mit zahlreichen Kriegen und Intrigen schwächt er die Position des Assyrer-Königs Sargon II. Trotzdem muss sich Mita letztendlich der assyrischen Übermacht ergeben. Er wechselt daraufhin die Fronten und kämpft fortan auf Sargons Seite gegen die von ihm selbst aufgewiegelten Kleinherrscher. Damit gerät das Reich der Phryger in Abhängigkeit von den Assyrern.

718 v. Chr.

Ägypten unter Schabako

Der Nubier Schabako stellt nach außen hin das Prinzip der Alleinregierung im ägyptischen Reich wieder her. Mit seiner Herrschaft als Pharao hört Unterägypten auf, ein eigenständiger Landesteil zu sein. Schabako ist der erste kuschitische Fürst, über dessen Anwesenheit in Ägypten an mehreren Orten Zeugnisse entdeckt wurden. Bildnisse Schabakos finden sich auf vielen Denkmälern, etwa in Bubastis, Pharbaithos oder in Buto. Insbesondere in Memphis scheint er sich öfter aufgehalten zu haben, denn die Überlieferung schreibt ihm die Entdeckung eines berühmten Textes über die einheimische Götterlehre zu. Wie alle kuschitischen Herrscher der 25. Dynastie ist auch Schabako darum bemüht, die ägyptischen Gotteshäuser zu restaurieren und die Anbetung der Gottheiten zu fördern.

Um 730 v. Chr.

Zug der Kimmerier

Aus den Steppen Südrusslands dringt das Reitervolk der Kimmerier nach Mitteleuropa vor. Von den Skythen aus ihrer Heimat vertrieben, fallen die Reiternomaden in den Kaukasus ein und stoßen weiter bis nach Ungarn vor. Auf ihrem weiteren Zug nach Süden erobern die Kimmerier 652 v. Chr. die lydische Hauptstadt Sardes im Gebiet der heutigen Westtürkei. Der Lyderkönig Alyattes kann das halbnomadische Volk erst um 600 v. Chr. endgültig aus Kleinasien vertreiben. Wie archäologische Funde im bayerischen und belgischen Raum vermuten lassen, erreichen versprengte Gruppen des Reitervolkes sogar die westlichen Regionen Mitteleuropas. Obwohl die Kimmerier Nomaden sind, deuten ihre Hinterlassenschaften auf eine späte Bronzekultur hin.

722 v. Chr.

Mit harter Hand: Assyrien ist größte Macht im Vorderen Orient

Die Assyrer erobern nach dreijähriger Belagerung Samaria und dehnen ihren Herrschaftsbereich bis nach Palästina aus. Damit ist Assyrien zur größten Macht im Vorderen Orient aufgestiegen. Mit Samaria geht auch das palästinensische Nordreich Israel im assyrischen Großreich auf. Nun wenden sich die Assyrer dem Reich Juda zu, doch bevor es zum Kampf kommt, unterwerfen sich die Judäer und retten ihre Kultur so vor dem Untergang.

Ein Jahr nach der Eroberung Samarias besteigt der assyrische König Sargon II. den Thron und begründet die Dynastie der Sargoniden. Der Machthunger des neuen Herrschers kennt keine Grenzen. 720 v. Chr. geht der Assyrer-König gegen den großen Nachbarn Ägypten vor. Dank ausgefeilter Militärtechnik können die Assyrer den Ägyptern Gebiete abtrotzen. Es folgen Eroberungen in Phrygien und auf Zypern. Um 710 v. Chr. gelingt es Sargon, die mächtige Stadt Babylon einzunehmen, deren Königstitel er fortan trägt.
Die weit auseinander liegenden Reichsgrenzen machen eine effektive Kontrolle der neu eroberten Gebiete jedoch schwer. So entwickelt Sargon ein straffes Regierungssystem, das die Beherrschung der unterworfenen Völker sichert. Eroberte Gebiete, die an das Kernland grenzen, erhalten den Status von zentral verwalteten Provinzen. Weit entfernt liegende Grenzregionen werden zu tributpflichtigen Vasallenstaaten umfunktioniert. Doch das wichtigste Herrschaftsmittel ist Terror. Das neuassyrische Reich ist ein Militärstaat, der von einem Soldatenadel geführt wird. Bei Aufständen fallen die Assyrer mit großer Brutalität in die revoltierenden Gebiete ein, verüben Massaker an der Zivilbevölkerung, foltern und ermorden Kriegsgefangene und deportieren ganze Völker in lebensfeindliche Gebiete. Dank überlegener Militärtechnologie überrennen Sargon und seine Nachfolger Stadt um Stadt (Abb.: Assyrer mit Schleudern, Relief vom Palast des Sanherib in Ninive). Sargons Sohn Sanherib erobert die Phönikerstädte Sidon und Jaffa und zerstört das abtrünnige Babylon.
Nirgendwo ist der Charakter des assyrischen Reiches so deutlich erkennbar wie in der Kunst jener Zeit. Auf Plastiken und Reliefs lassen sich die assyrischen Könige in Lebensgröße verherrlichen. Die Werke haben jedoch kaum künstlerischen Wert. Die assyrische Kunst dient einzig der Verherrlichung der Herrscher.

Um 710 Auf Befehl König Hiskias wird in **Jerusalem** die Wasserversorgung ausgebaut. Um weiteres Frischwasser in die Stadt zu leiten, legen Bauarbeiter einen 533 m langen Tunnel an. In Präzisionsarbeit treiben sie von zwei Seiten Stollen in den Berg, die sich in der Mitte treffen. Die etwa 60 bis 80 cm breite Röhre transportiert das Wasser über ein Gefälle von 30 cm von der Quelle Siloah in die Stadt. Die Eingänge des geschwungenen Tunnels sind 180 bzw. 300 cm hoch.

Etwa ein Jahrzehnt nach der Gründung der Stadt Sybaris an der Ostküste Siziliens errichten die aus Elis stammenden Achaier eine weitere griechische Kolonie: **Kroton** (heute Crotone). Die Stadt wird in Unteritalien am Ionischen Meer erbaut. Als Gründungsmythos gilt eine Weissagung des Orakels von Delphi. Auf dessen Geheiß gründen die Achaier unter der Führung Myskelos' von Rhypes die Siedlung. Archäologische Untersuchungen ergaben, dass die Siedler nur wenige Jahre nach der Erbauung das Stadtgebiet nach Süden erweiterten. Im 6. Jh. v. Chr. stieg Kroton zur beherrschenden Stadt in Unteritalien auf.

705 Nach dem Tod des assyrischen Königs Sargon II. verweigert **Hiskia**, der Regent von Juda, dem Nachfolger Sanherib die Tributzahlungen. In Palästina entsteht eine antiassyrische Koalition, an der sich u. a. auch der König von Askalon sowie die Ägypter unter Schebitku beteiligen. Der Widerstand veranlasst Sanherib 701 v. Chr. zum Einmarsch in Palästina. Die vereinte hebräisch-syrisch-ägyptische Streitmacht erleidet eine schwere Niederlage. Weite Teile Judas werden von den Assyrern verwüstet. Nur durch erneute Tributzahlungen gelingt es Hiskia, die völlige Zerstörung Jerusalems zu verhindern.

703 In Babylon hat sich **Marduk-apla-idinna** erneut zum König ausgerufen. Bereits 721 v. Chr. hatte er die Regentschaft bei einer Revolte gegen die herrschenden Assyrer an sich gerissen, war aber schließlich 710 v. Chr. von deren König Sargon II. geschlagen worden. Nun müssen sich die Assyrer unter Sanherib, dem Sohn Sargons, wiederum mit dem alten Feind auseinander setzen. Bei Kisch im heutigen Irak kommt es zur Entscheidungsschlacht. Marduk-apla-idinna und seine Verbündeten werden besiegt. Sanherib setzt als neuen assyrischen Statthalter in Babylonien Bel-ibni ein. Er hatte als Sohn eines Hofbeamten die Gunst des Königs erworben.

714 v. Chr.

Das Reitervolk der Kimmerier fällt ins Reich von Urartu ein

Nachdem das Reich von Urartu dem mächtigen Nachbarn Assyrien etwa 150 Jahre lang die Stirn geboten hat, wird es durch einen Ansturm der Kimmerier so geschwächt, dass es seine politische Bedeutung für immer einbüßt. Das Reitervolk der Kimmerier ist durch das Erstarken der Skythen aus seiner Heimat, den Steppen Südrusslands, verdrängt worden und fällt nun auf der Suche nach Lebensraum über die Völker des Vorderen Orients her.

Das Reich der Urartäer (Abb.: Ruinen einer Urartäer-Festung) wurde um 860 v. Chr. gegründet. Vermutlich schlossen sich regionale Stämme zu einem einheitlichen politischen und militärischen Gefüge zusammen, um den aus Süden vordringenden Assyrern Einhalt zu gebieten. Tatsächlich gelingt es den Urartäern als einzigem Volk der vorderasiatischen Geschichte, eine assyrische Invasion abzuwehren. Ihr Reichsgebiet dehnt sich vom Vansee im Osten bis zum Ararat-Massiv aus, dessen heutiger Name auf die Urartäer zurückgeht.

Um 710 v. Chr.

Eisenzeit in Europa

Mit der so genannten Hallstattzeit C beginnt die europäische Eisenzeit. Die nach dem Fundort Hallstatt im österreichischen Salzkammergut benannte Kultur wird nach dem Münchner Archäologen Paul Reinecke in die Perioden A bis D unterteilt. Die Perioden A und B sind deckungsgleich mit der in vielen Regionen noch vorherrschenden Urnenfelder-Kultur der jüngeren Bronzezeit. Erst um 710 v. Chr. beginnt mit Hallstatt C die eigentliche Eisenzeit, in der sich das neue Werkmaterial in weiten

Die Fürsten der Hallstattkultur besaßen eine klare Vorstellung von ihrer herausragenden Herrschaftsposition. Davon zeugen u.a. monumentale Grabhügel wie hier bei Korneuburg in Niederösterreich.

704 v. Chr.

Ninive – Residenz der Assyrer

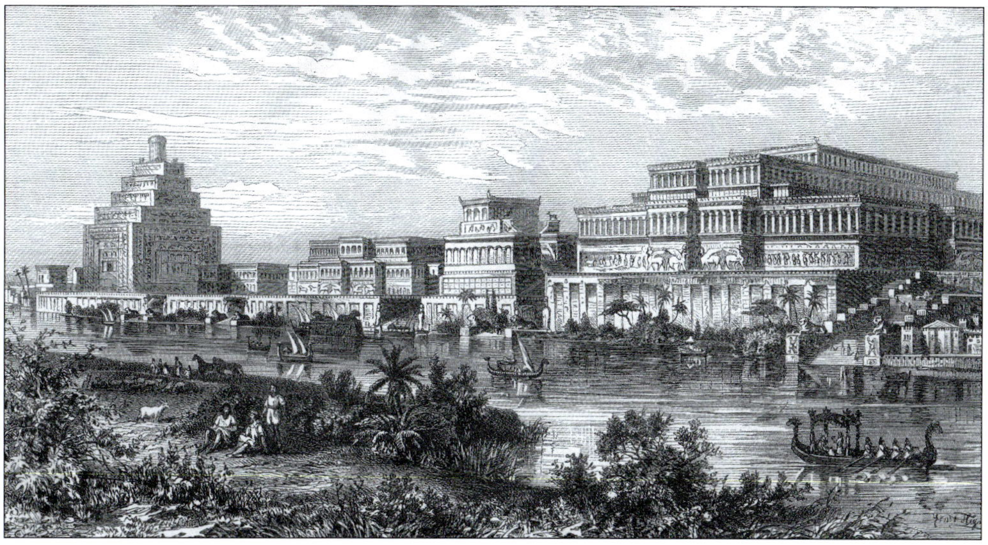

Sanherib wird als Nachfolger Sargons II. König des Assyrer-Reiches und ernennt Ninive zur neuen Hauptstadt. Unter seiner Herrschaft entwickelt sich die Stadt am Tigrisufer zu einer der prächtigsten Residenzen des Vorderen Orients (Abb.: Holzstich nach einer Rekonstruktion; 1880).
Der in unmittelbarer Nähe des heutigen Mosul im Irak gelegene Ort ist bereits seit dem 7. Jt. v. Chr. bevorzugter Siedlungsplatz von Neolithikern. Im 2. Jt. v. Chr. wurde mit dem Ischtartempel eines der wichtigsten Heiligtümer der Assyrer in Ninive errichtet. Zur Zeit Sanheribs leben etwa 170 000 Einwohner in der Stadt. Eine Zinnenmauer umschließt die 5 km^2 große Stadt, die in Form eines gewaltigen Dreiecks angelegt ist. Eine noch höhere Mauer aus Lehmziegeln soll etwaige Angreifer hinter dem ersten Bollwerk abwehren und macht Ninive zu einer schwer einnehmbaren Festung. Eine unablässige Schar aus Händlern, Handwerkern und Kriegern strömt durch die 15 stark bewachten Tore – die einzigen Zugänge ins Innere Ninives. Das Stadtbild wird beherrscht von dem monumentalen Palast Sanheribs, der mit den bedeutendsten Kunstwerken des neuassyrischen Reiches geschmückt ist, darunter überlebensgroße Lamassufiguren – weibliche geflügelte Wesen, die das Palasttor bewachen.
Sanheribs Nachfolger Assurbanipal lässt den zweiten großen Herrscherpalast Ninives sowie die königliche Bibliothek der Stadt errichten. In den Archiven lässt der König 5000 Keilschrifttafeln zusammentragen, von denen ein Teil erhalten ist.

Gebieten Mittel- und Westeuropas durchsetzt und die weiche Bronze zu einem Rohstoff für die Schmuckherstellung degradiert. Die letzte Stufe, Hallstatt D, beginnt um 600 v. Chr. und geht ab etwa 540 v. Chr. in die La-Tène-Zeit über – die zweite große Epoche der europäischen Eisenzeit.
Die Hallstattkultur breitet sich vor allem im südlichen Mitteleuropa aus. Anhand der erhaltenen Artefakte lassen sich ein östlicher und ein westlicher Kreis unterscheiden. Während der westliche Hallstattkreis Ostfrankreich, Süddeutschland sowie die Schweiz umfasst und besonders von den frühen Kelten bestimmt ist, liegt der östliche Kreis in Österreich, dem westlichen Ungarn, Slowenien und Teilen Kroatiens. Hier sind die Illyrer maßgeblich an der Ausprägung der Kultur beteiligt.
In der ersten Hälfte der Eisenzeit ist das Leben der Mitteleuropäer noch stark ländlich geprägt. Die meisten Kelten und Illyrer sind Bauern, die in kleinen Siedlungen leben und durch gemeinsame Kultur und Sprache miteinander verbunden sind. In größeren Dörfern arbeiten zudem Handwerker – Spezialisten, die qualitativ hochwertige Tongefäße mit vielfältigen Verzierungen, Fibeln (Gewandnadeln), Armreifen, Fingerringe aus Bronze, Ketten aus Glas- und Bernsteinperlen sowie vor allem Lanzenspitzen und Schwerter aus Eisen herzustellen wissen. Händler ziehen von Dorf zu Dorf und bringen neben Tauschwaren auch das Wissen um neue Techniken oder Formen in entlegene Gegenden. So sind an vielen markanten Fundplätzen der Hallstattzeit wie Vix oder Hochdorf Einflüsse aus dem Mittelmeerraum und dem Bereich der pontischen Steppen (osteuropäische Steppenzone) erkennbar.
Die Gesellschaftspyramide der Bronzezeit nimmt in der Hallstattkultur noch steilere Formen an. An der Spitze der Bauern, Handwerker und Händler steht nur noch ein einziger Fürst – ein adeliger Krieger, der in einer befestigten Höhensiedlung wohnt. Auch diese Festungen zeigen durch die Architektur ihrer Wälle eindeutige Merkmale mediterraner Bauweise. Wie Grabfunde belegen, lassen sich die Fürsten auf Wagen stehend durch ihre Ländereien fahren. Der Prunkwagen ist bis in die Zeit der fränkischen Dynastie der Merowinger im 6. und 7. Jh. n. Chr. das Zeichen unantastbarer Königswürde.

Bronzener Kultwagen der Hallstattzeit aus dem Grabhügel von Strettweg (Steiermark); spätes 7. Jh. v. Chr.

713 v. Chr.

Residenz Dur-Scharrukin

Der Assyrer-König Sargon II. gründet mit Dur-Scharrukin (akkadisch: Burg des Sargon) eine neue Stadt, die er zu einer prachtvollen Residenz ausbauen lässt.
Eine mächtige Mauer mit 183 Türmen und sieben Toren umzieht die gewaltige Anlage. Die Prachtbauten sind großzügig geplant und mit dem typisch neuassyrischen Figurenschmuck verziert, der einzig der Verherrlichung des Königs dient. Da Sargon II. bereits acht Jahre nach Baubeginn stirbt, wird das ehrgeizige Projekt Dur-Scharrukin nie vollendet. Ausgrabungen beim heutigen Chorsabad im Irak brachten im 19. Jh. dennoch eine Fülle von Funden aus der Stadt zutage, von denen viele allerdings bei einem Schiffsunglück verloren gingen.

Sargon II.

König von Assyrien (721–705 v. Chr.)

Der Begründer der Sargoniden-Dynastie kommt durch einen Staatsstreich auf den Thron und führt das neuassyrische Reich zu seiner größten Machtentfaltung. Mit überlegener Militärtechnik besiegt Sargon um 710 sogar das legendäre Babylon und ernennt sich selbst zum König des Stadtstaates. Bisherige Klientelstaaten wie Karkemisch werden von dem Assyrer in Provinzen umgewandelt. Diese Reform sichert die Grenzen des sich immer weiter ausdehnenden Reiches. Mit dem von ihm selbst gewählten Königsnamen knüpft der Herrscher an den legendären Sargon I. von Akkad an, der im 3. Jt. v. Chr lebte. König Sargon II. fällt während eines Kriegszuges.

- 717 v. Chr.: Sargon II. verliert eine Schlacht gegen die alliierten Stadtstaaten Babylon und Elam
- 716 v. Chr.: Ägypten ergibt sich Sargons Streitmacht kampflos bei Sile
- 706 v. Chr.: Einweihung des Palastes in Dur-Scharrukin

Eisen löst Bronze ab

Die Einteilung der von den Kelten geprägten Eisenzeit in die Hallstattzeit und die La-Tène-Zeit geht auf den schwedischen Forscher ***Hans Hildebrand*** *zurück, der 1872 den Vorschlag machte, die beiden Fundorte als Bezugspunkte zu nehmen. In den Ausgrabungen bei Hallstatt zeigt sich noch weitgehend die unverfälschte keltische Kultur, während in La Tène die Einflüsse aus dem Mittelmeerraum deutlich zu erkennen sind.*

Die Technik der Eisenverhüttung gelangt im frühen 11. Jh. v. Chr. von Vorderasien nach Griechenland und läutet die europäische Eisenzeit ein. Mit der Verbreitung des Stahls vom Balkan bis zu den Britischen Inseln beginnt eine der kriegerischsten Epochen der europäischen Geschichte.
Erste Eisenwaffen sind bereits aus der Zeit um 4800 v. Chr. im Irak und um 1700 v. Chr. u. a. im Gebiet der heutigen Slowakei belegt, doch sind Funde wie diese Ausnahmeerscheinungen. Das Eisen jener frühen Tage ist Meteoreisen, das findige Handwerker von selten vorkommenden Meteoriten abschlagen und bearbeiten. Da die hohe Schmelztemperatur des irdischen Eisens (1535 °C) nicht erreicht werden kann, verarbeiten die Handwerker dieses relativ weiche Eisen, das in seiner Beschaffenheit Kupfer ähnelt und somit kaum Vorteile bringt. Erst mit der Entdeckung von Erzabbau und Eisenverhüttung sind die Voraussetzungen für die Verarbeitung des irdischen Eisens geschaffen, das rasch Bronze als Werkstoff verdrängt. Das neue Material bringt viele Vorteile: Eisen ist härter als Bronze und damit für Werkzeuge und Waffen besser verwendbar, Eisen ist leichter zu verarbeiten, da Bronze erst aus Kupfer und Zinn legiert werden muss, und Eisen ist fast überall verfügbar. Das Erz kann in großen Mengen abgebaut werden und macht teure Importe, insbesondere von Zinn, überflüssig.

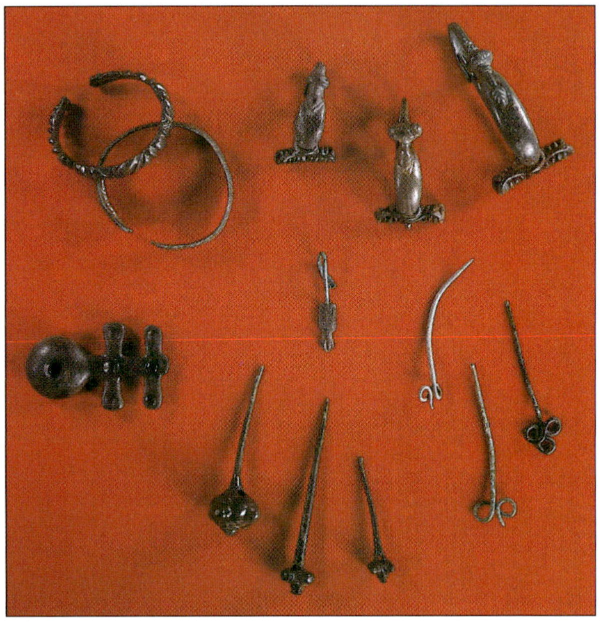

Eisenzeitliche Funde aus der Pipinsburg bei Osterode (Harz)

Während die Menschen in Europa erst im späten Mittelalter (um 1400) damit begannen, Eisen zu gießen, beherrschten die ***Chinesen*** *diese Technik bereits um 600 v. Chr. Voraussetzung für den Eisenguss war die Erzeugung einer Temperatur von mindestens 1538 °C – dem Schmelzpunkt dieses Metalls. Die Chinesen produzierten große Mengen gusseiserne Werkzeuge und landwirtschaftliche Geräte. Für die Herstellung von Waffen erwies sich der Eisenguss allerdings als Nachteil. Scharfe Kanten und Spitzen erzeugte man eher durch das Schmieden des Eisens. Da die Chinesen diese Fertigkeit erst im 4./3. Jh. v. Chr. erlernten, bestand der Großteil ihrer Waffen bis dahin noch aus Bronze.*

Vom Erz zum Metall

Die Gewinnung des Metalls aus Erz ist mühselig. Zunächst muss ein Eisenschmelzofen errichtet werden. Er wird aus Stein gemauert und innen mit Ton verkleidet, der bei den hohen Temperaturen zu Keramik brennt und das Ausfließen des geschmolzenen Erzes verhindert. Das Erz wird in kleine Stücke gebrochen, grob gesäubert und abwechselnd mit Holzkohlenlagen von oben in den Ofen geschichtet. Im unteren Ende des Ofens steckt eine Tonröhre. Durch sie lässt sich mit Hilfe eines Blasebalgs Sauerstoff in den Ofen pumpen, durch den die Brenntemperatur bis auf die erforderlichen 1535 °C erhöht werden kann. Um die Ofenhitze auf so hohem Niveau zu halten, müssen die Blasebälge stundenlang ununterbrochen getreten werden. Während der Erhitzung laufen Verunreinigungen aus dem Erz, die als Schlacke zurückbleiben. Das reine Eisen schmilzt zuletzt aus und sammelt sich am Boden des Ofens als so genannte Luppe, die nun zum Schmieden bereit ist. Schmiedbares Eisen darf nicht mehr als zwei Prozent Kohlenstoff enthalten und wird Stahl genannt. Die Öfen können nur einmal benutzt werden. Für den Aufbau eines neuen Ofens werden meist die Steine des Vorgängermodells wiederverwendet.

Anfänge der Eisenverarbeitung in Vorderasien

Die Hethiter sind vermutlich die Erfinder der Eisenverhüttung. Bereits um 1400 v. Chr. verkauft das Volk von Anatolien aus Eisendolche nach Ägypten. In Mesopotamien verfeinern Handwerker die Technik der Eisenverhüttung weiter. Eine Prunkaxt aus Ugarit enthält bereits einen hohen Anteil Nickel. Nickellegierungen sind besonders korrosionsbeständig und besitzen gute mechanische Eigenschaften.
Wie bedeutend das neue Material für die Kulturen des Zweistromlandes ist, lässt ein Depot des assyrischen Herrschers Sargon II. erkennen: In seinem Palast in Dur-Scharrukin lagert der König Ende des 8. Jh. v. Chr. 175 t Eisen ein. Zum Vergleich: Ein Eisenverhüttungszentrum im polnischen Heiligkreuzgebirge produziert um 100 v. Chr. ganze 11 t Eisen im Jahr.
Über Handelswege gelangt das Wissen über die Eisenverarbeitung Anfang des 1. Jt. v. Chr. nach Zentralasien und etwa 400 Jahre später über Indien nach China. Wie zuvor die Errungenschaften der Bronze- und Jungsteinzeit kommt auch das Eisen über den Balkan nach Europa und verbreitet sich über zahllose Regionalgruppen in Richtung Nordwesten. Die Griechen schmieden das Eisen ab etwa 1100 v. Chr., in Mitteleuropa nutzen es die Kelten der Hallstattzeit ab etwa 800 v. Chr., auf den Britischen Inseln taucht Eisen erst ab 500 v. Chr. und in Skandinavien sogar erst um die Zeitenwende auf.

Gussformen aus Eisen dienen zur Herstellung von Waffen und Werkzeugen. Diese zwei Hälften sowie ein Kern für den Guss einer Axt wurden 1953 in Hsing-Lung (China) ausgegraben.

Künstlerische Rekonstruktion einer Schmiede aus der Späteisenzeit. Der gewaltige Schmelzofen wird durch ein Loch von oben beschickt. Tatsächlich sind frühe Öfen aber nur bis zu einen Meter hoch.

*Das aus der frühen Eisenzeit stammende polnische Dorf **Biskupin**, 30 km nördlich von Gniezno gelegen, gehört zu den bedeutendsten archäologischen Stätten Europas. Man datiert Biskupin auf 700–400 v. Chr. und rechnet es der Lausitzer Kultur zu. Die auf Pfählen errichtete Dorfanlage bot rund 1000 Bewohnern und ihrem Nutzvieh Platz. Eine Rekonstruktion des Dorfes, das seit 1933 ausgegraben wurde, kann heute als Freilichtmuseum besichtigt werden.*

Mit dem Eisen kommt es auch vermehrt zu Kriegszügen in ganz Europa. Plötzlich haben viele bislang unbedeutende und wirtschaftlich schwache Gruppen die Möglichkeit, Metall zu verarbeiten und Waffen herzustellen. Schwerter, zuvor unschätzbar wertvolle Einzelstücke, verlassen die Schmieden jetzt in großen Stückzahlen. Schwer bewaffnete Heere ziehen über das Land und erobern fremde Gebiete.

Neben Waffen entstehen vor allem Werkzeuge aus Eisen. Das neue Material ermöglicht die Herstellung von besseren Pflugscharen (bislang aus Holz), Sensen und Hacken. Eine Intensivierung des Ackerbaus ist die Folge. Auch Äxte werden fortan aus Eisen hergestellt. Hammer und Zange werden neu erfunden und gleich so perfekt konstruiert, dass sie in ihren eisenzeitlichen Formen bis heute genutzt werden.

Im Fokus

Sonderfall Afrika: Direkt von der Steinzeit in die Eisenzeit

Neben Ägypten, den mesopotamischen Kulturen und Europa lernen auch Chinesen und Afrikaner ab 600 bzw. 500 v. Chr. das Eisen schätzen. Während die Erzschmelze in Asien an die Bronzezeit anknüpft und ähnliche kulturelle Veränderungen hervorruft wie in Europa, geht das Eisen in Afrika andere Wege.

Das Wissen um die Eisenverhüttung durchdringt den Schwarzen Kontinent vermutlich von Nordafrika ausgehend bis in den Süden. Hirten und Handelskarawanen machen die Bewohner mit der Erfindung der Erzschmelze bekannt und legen den Grundstein für die afrikanische Eisenzeit. Das neue Material verursacht einen Kulturschock, denn anders als Asien und Europa kannten die Afrikaner zuvor keine Metallverarbeitung. Eine afrikanische Bronzezeit hat es nie gegeben. Die Völker Afrikas leben in weiten Teilen des Kontinents noch wie jungsteinzeitliche Bauern, im unfruchtbaren Südwesten sogar noch als Jäger und Sammler. Ohne materiellen Reichtum und daraus resultierende Kriege wird Eisen in Afrika nicht in erster Linie zur Waffenproduktion verwendet, wie z. B. in Europa. Auch fehlen Wallburgen oder ähnliche monumentale Verteidigungsanlagen. Das Eisen wird für die Herstellung von Schmuck und Werkzeugen benutzt und legt so das Fundament für die Entstehung eines historisch-kulturellen Bewusstseins in Afrika.

Die ältesten Beispiele von Eisenarbeiten stammen aus dem Gebiet nördlich des Zusammenflusses von Niger und Benue. Die Eisenschmelzöfen von Taruga datieren aus der Zeit um 450 v. Chr. und gehören zur hoch entwickelten Nok-Kultur. Binnen 400 Jahren verbreitet sich das Eisen über den gesamten Westteil und die Mitte Afrikas. Einzig das Gebiet östlich des Victoriasees verharrt noch weitere 1000 Jahre in der Steinzeit.

In Afrika lange Zeit unbekannt: landwirtschaftliche Geräte aus Eisen

*In Japan, Korea, Südostasien, Mittel- und Südamerika sowie einigen Ländern Afrikas vermischte sich der Gebrauch von Metall für Werkzeuge und Waffen mit steinzeitlichen Traditionen. Zur Charakterisierung der Kulturstufen in diesen Regionen erweist sich die traditionelle Einteilung der Archäologie (Bronzezeit, Eisenzeit etc.) als ungeeignet. Man spricht daher von einer **Metallzeit mit weiter wirkenden neolithischen Traditionen**. In den meisten Fällen handelt es sich dabei um die Eisenzeit.*

Um 700 Unter ihrem legendären Führer **Achämenes** wandert das altpersische Herrschergeschlecht der Achämeniden aus der Gegend rund um den Urmiasee im Norden des heutigen Iran in den Süden des Landes. Aus einem zunächst kleinen, in der Nachbarschaft der Elamer, gelegenen Staat entwickelt sich in den folgenden Jahrhunderten das Weltreich der Perser. Alle Perserkönige, darunter Dareios I., führen ihre Abstammung auf den historisch nicht belegten Ahnherrn Achämenes zurück. Auch der im 5. Jh. v. Chr. lebende griechische Geschichtsschreiber Herodot bezeichnet Achämenes als Stammvater der Perser.

Die Kunst des griechischen Raumes unterliegt vermehrt Einflüssen des Orients. Als Beispiele des Stilwandels gelten u. a. große bronzene Kessel, die als Opfergaben in den Heiligtümern standen. Die ursprünglichen Dreifüße der Bronzegefäße werden durch konische Ständer ersetzt. Ihr oberes Ende schmücken **Greifenprotome**. Dabei handelt es sich um den Oberkörper eines aus den orientalischen Ländern übernommenen Fantasiewesens. Es besitzt den Körper eines Löwen und den Kopf eines Raubvogels. Die Ansatzplatten der Henkel, die Attaschen, sind zumeist als geflügelte Frauen oder Männer geformt.

Um schwere Lasten zu heben, entwickeln die Griechen ein neues mechanisches Hilfsmittel: den **Flaschenzug** mit zwei Rollen. An der Verankerung einer festen Rolle wird unten ein Seil befestigt. Dieses legt man zunächst um eine frei bewegliche Rolle, an der die Lasten hängen, und führt es anschließend über die fixe Seilrolle. Um die schweren Gegenstände hochzuheben, wird an dem freien Seilende gezogen. Da sich der eingesetzte Krafteinsatz verdoppelt, lassen sich selbst schwerste Gegenstände ohne große Anstrengung emporziehen.

In **Didyma** (heute Yenihisar) an der Westküste der heutigen Türkei entstehen erste Kultanlagen. Berühmtheit erlangte der Ort in der Antike als Orakelstätte des Apollon Philesios. Das frühe Heiligtum besteht aus einer Mauer, die die heilige Quelle einfasst. Über der Quelle erhebt sich ein kleiner Tempel (Naiskos) für das verehrte Kultbild. An der Stelle des späteren Artemistempels befindet sich ebenfalls ein von einer Mauer umgrenztes Quellbecken.

Um 700 v. Chr.

Hohe Kunstfertigkeit in der südamerikanischen Paracas-Kultur

Im Süden des heutigen Peru entsteht die Paracas-Kultur. Benannt ist sie nach der gleichnamigen Halbinsel, die sich 18 km südlich der heutigen Hafenstadt Pisco erstreckt. Zu ihren Kennzeichen zählen kostbare Textilien und eigentümliche Tonwaren (Abb.: Tonmaske).

Vor allem aus Gräbern sind entsprechende Funde bekannt. Die Hinterbliebenen bestatten ihre Verstorbenen in unterirdischen Grabkammern, die durch schmale Schächte zugänglich sind. Die Leichname werden in zahlreiche Stofflagen eingehüllt und in Hockerstellung beigesetzt. Aufgrund des trockenen Klimas mumifizieren die Körper mittels natürlicher Austrocknung. Die reichhaltigen Beigaben der meist in Gruppen bestatteten Mumienbündel umfassen insbesondere kunstvoll verzierte Stoffe, feine und mit farbigen Einlagen verzierte Keramik sowie Speisen für die Toten. In einer jüngeren Phase, die etwa bis ins Jahr 200 n. Chr. andauert, sind auch mit Steinen ausgelegte Grabkammern mit über 40 Einzelbestattungen in einem Raum üblich.

Die Paracas-Kultur bildet den Höhepunkt der Textilkunst im Andenraum. Bis zu drei Meter lange Mantos (Totentücher) werden um die Leichname gewickelt. In einem Fall sind etwa 70 einzelne Gewebe für ein Mumienbündel nachgewiesen. Die Totentücher sind aus Baumwolle gefertigt und mit farbigen Stickereien aus Alpakawolle verziert. Auch die Tongefäße zeigen ein charakteristisches Erscheinungsbild. Die dünnwandigen Keramiken sind mit Einlagen aus Harz versehen, die nach dem Brennen ein Dekor in leuchtenden Farben erzeugen.

Um 700 v. Chr.

Neuer Schiffstyp – ein Erfolgsmodell für den Mittelmeerraum

Griechische Schiffsbauer entwickeln aus phönikischen Vorbildern eine mit drei Ruderreihen ausgestattete Galeere, die sog. Trireme (s. Abb.). Dieser neue Schiffstyp beherrscht für Jahrhunderte das Mittelmeer und bildet schon bald das Rückgrat der Flotte von Athen. Bekannt wird die attische Trireme mit einer Besatzung von 170 Mann durch den Sieg der griechischen Flotte über die Perser bei Salamis im Jahr 480 v. Chr. Im Kampfeinsatz versucht der Kapitän, gegnerische Schiffe zu rammen und so zu versenken. Zu diesem Zweck ist am Bug ein bronzener Rammsporn angebracht.

Um 700 v. Chr.

Von Kind an Krieger: Strenge Manneszucht für Spartas Jugend

In Sparta entsteht eine der bemerkenswertesten Staatsordnungen des antiken Griechenlands. Alle politische Macht des spartanischen Staates liegt bei den männlichen Spartiaten, die sich als Vollbürger allein auf den Militärdienst konzentrieren. Die Mehrheit der Bevölkerung besteht dagegen aus den unterworfenen Bewohnern des Umlandes von Sparta, die als Heloten (Staatssklaven) rechtlos sind und auf den Bauernhöfen der Spartiaten beschäftigt werden. Eine dritte Gruppe bilden die Umwohner (Periöken), Angehörige von umliegenden Gemeinden, die zwar im Gegensatz zu den Heloten persönlich frei sind, aber ebenfalls keinen Zugang zur Volksversammlung in Sparta haben.
Während also die große Zahl der Heloten Sklavendienste verrichten muss, werden die Spartiaten von frühester Jugend an zum Kriegsdienst ausgebildet. Die Knaben eines Jahrgangs werden gemeinschaftlich und außerhalb ihrer Familien unterrichtet. Diese Tischgemeinschaften leben und kämpfen später auch im Heer zusammen.
Die Entbehrung und Härte der Ausbildung der jungen Spartiaten symbolisiert den militärischen Charakter der spartanischen Gesellschaft. Auf diese Weise soll die Existenz des spartanischen Staates sowohl nach innen gegen einen möglichen Aufstand der Heloten als auch gegen äußere Feinde gesichert werden. Das spartanische Heer gilt als das kampfstärkste seiner Zeit. Die Stadt Sparta selbst (Abb.: Ruinen der Akropolis des antiken Sparta) besitzt als eine der wenigen Siedlungen aus der Antike keine Mauern, um sich gegen Angreifer zu schützen.

Um 700 v. Chr.

Die allzu Menschlichen vom Olymp

Der Dichter Hesiod verfasst die einzige vollständig erhaltene mythische Theogonie (Weltentstehung) der Antike. In diesem Werk erklärt er den Ursprung der Welt und die Herkunft der Götter.
Die griechische Götterwelt erscheint in Hesiods »Abstammung der Götter« stark dem menschlichen Leben angeglichen. Hierarchie, familiäre Bindungen und allzu menschliches Verhalten kennzeichnen dieses Götterbild. Auch im Olymp, der Heimat der Götter, gibt es Rivalitäten, Missgunst, Verrat und Untreue. Jeder der griechischen Götter und jede der Göttinnen hat einen besonderen Aufgabenbereich. Hinzu kommen Halbgötter und Heroen sowie weniger bedeutende göttliche Gestalten wie z. B. Flussgötter und Quellnymphen. Allein ihre umfassende Macht unterscheidet die Götter von den Menschen.

Hesiod

griechischer Dichter; um 700 v. Chr.

Hesiod stammt vermutlich aus Askra (heute Palaioppanagia) in Böotien. Aufgewachsen ist er nach eigenen Aussagen als Schafhirte in Naupaktos. Mit seinem Epos »Werke und Tage«, das sich mit dem Leben der kleinen Bauern beschäftigt, tritt er mit der Nennung seines Namens aus der Anonymität der frühen griechischen Epiker. Er gilt – neben Homer – als der erste bedeutende griechische Dichter. Sein Hauptwerk, die Theogonie (»Abstammung der Götter«), zeichnet ein anschauliches Bild von den Glaubensvorstellungen seiner Zeit. Auch ein weiteres Werk des Hesiod, ein 828 Verse umfassendes Gedicht, behandelt ethische und moralische Fragestellungen sowie das Verhältnis der Menschen zu ihren Göttern. Entstanden ist dieses Werk aus Anlass eines Erbstreites zwischen Hesiod und seinem Bruder Perses.

Aus dem Chaos des Weltenbeginns lässt Hesiod das Göttergeschlecht entstehen. Uranos, der Himmel, zeugt mit Gaia, der Erde, den Sohn Kronos, die Zeit. Auch ist Uranos Vater des Kyklopen- und des Titanengeschlechts. Als Uranos sich weigert, die Titanen aus der Erde an das Licht der Welt zu lassen, tötet Kronos seinen Vater. Uranos wird entmannt und aus seinen in das Meer geworfenen Geschlechtsteilen entsteht Aphrodite, die schaumgeborene Göttin der Liebe. Da Kronos fürchtet, wie sein Vater von den eigenen Kindern getötet zu werden, verschlingt er alle seine Nachkommen. Nur der junge Zeus entgeht diesem Schicksal, weil seine Mutter Gäa Kronos einen Stein statt des Kindes verschlucken lässt. Versteckt in der Grotte Ida auf Kreta wächst Zeus heran. Als Erwachsener stürzt er seinen Vater und zwingt ihn, die verschlungenen Geschwister wieder auszuspeien.
Zeus (Abb. o.) steht als Göttervater an der Spitze der himmlischen Ordnung. Als Wettergott und Blitzeschleuderer herrscht er vom Olymp über Götter und Menschen. Seine äußere Erscheinung entspricht dem Bild einer väterlichen Gottheit und der natürlichen Autorität des Familienvorstandes. Verheiratet ist Zeus mit Hera, deren Aufgabenbereich der Schutz der Ehe ist. Nicht ohne Grund wacht Hera eifersüchtig über ihren Gatten, der sowohl mit anderen Göttinnen als auch sterblichen Frauen etliche Kinder zeugt.
So entstammen Apollon und seine Zwillingsschwester Artemis einem Abenteuer mit der Göttin Leto, ein Seitensprung mit Demeter bringt Persephone hervor und auch der »Zwillingsbruder« Kastors, Polydeukes, ist ein Kind des Zeus. Um an das Ziel seiner Begierde zu kommen, beweist der Göttervater viel Einfallsreichtum: Der Danae nähert er sich als Goldregen, Europa entführt er in Stiergestalt, Leda verführt er als Schwan.
Dem Gott Poseidon, auch er ein Kind des Zeus, untersteht das Meer, sein Bruder Hades herrscht über die Unterwelt, in der ruhe- und freudlos die Toten als Schatten leben. Athena, geboren aus dem Kopf des Zeus, ist die Göttin der Weisheit und der Kunstfertigkeit, besitzt aber auch kriegerische Qualitäten. Eigentlicher Gott des Krieges ist Ares, der männliche Kraft und Kampfeswut personifiziert und eine leidenschaftliche Affäre mit Aphrodite hat, die mit dem Hephaistos, dem hinkenden Schmied der Götter, verheiratet ist.

Kriegsgott Ares und Schönheitsgöttin Aphrodite leben im Glauben der Römer als Mars und Venus weiter; Relief, 5. Jh. v. Chr.

Um 700 Die halbnomadischen Indianerstämme Nordamerikas leben in **Erdhütten**. Die einfachen Behausungen wurden bei Ausgrabungen in Siedlungen der Mandan, der Hidsata und der Arikara gefunden. Obwohl sich die Stämme z. T. stark unterscheiden, ist die Bauweise der Erdhütten nahezu identisch. In eine etwa 60 cm tiefe Grube werden vier, manchmal auch mehr starke Pfosten eingetieft. Anschließend verbinden die Indianer die Stämme mit Querbalken, an die sie weitere dünne Baumzweige lehnen. Sie werden mit einem Geflecht aus Zweigen und Gras umspannt und mit einer Lehmschicht bedeckt.

Am Golf von Tarent gründen Achaier die griechische Kolonie **Metapont**. Zwar nennt der griechische Geschichtsschreiber Thukydides das Jahr 773 v. Chr. als Gründungsdatum, archäologische Belege einer Besiedlung liegen aber erst von der Wende des 8. zum 7. Jh. v. Chr. vor. Die zunächst wohl nur aus Wohnbauten bestehende Siedlung profitiert von dem fruchtbaren Hinterland. Zwischen den Flüssen Bradano und Basento liegen ausgedehnte ertragreiche Ackerflächen. Als Hafenstadt bleibt Metapont unbedeutend.

697 In Jerusalem wird **Manasse** König von Juda. Seine bis 642 v. Chr. währende Regentschaft ist durch absoluten Gehorsam gegenüber den assyrischen Besatzern geprägt. Jegliche Opposition gegen Assyrien und seine eigene Politik unterdrückt Manasse mit Gewalt. Die Gefolgschaft Manasses wird von den Assyrern belohnt. Der König, der den assyrischen Herrschern Baumaterial und Truppen zur Verfügung stellt, erhält die 701 v. Chr. von Juda abgetrennten Gebiete zurück und darf die Stadtmauer Jerusalems weiter ausbauen.

688 Auf einem seit dem 2. Jt. v. Chr. besiedelten Hügel an der Südwestküste Siziliens gründen griechische Kolonisten die Stadt **Gela**. Ihren Namen verdankt die Stadt dem Fluss Gelas, an dessen Ufer sie liegt. Aus der Frühphase der Siedlung stammen einige Nekropolen, die bei Ausgrabungen freigelegt wurden. Berühmtheit erlangt die Stadt durch den griechischen Dichter Aischylos. Er verbringt in Gela seine letzten Lebensjahre.

Um 700 v. Chr.

Das Orakel von Delphi

Bewohner der griechischen Stadt Delphi errichten dem Gott Apoll ein Heiligtum. Für Jahrhunderte wird die Stätte zum spirituellen Zentrum der antiken Welt. Der Legende nach weissagt das Orakel der Erdgöttin Gaia in Delphi und wird von ihrem Sohn, dem Drachen Python, bewacht. Apoll gelingt es noch im Knabenalter, Python zu bezwingen und das Orakel – jetzt unter seiner Ägide – für die Griechen zu öffnen.

Der Tempel in Delphi wird bald nach seiner Weihe zum Anziehungspunkt für Pilger aus ganz Griechenland und dem Vorderen Orient. Legendäre Könige wie der Phryger Midas oder der Lyder Gyges befragen der Sage nach das Orakel und lassen zum Dank prunkvolle Opfergaben zurück oder errichten Schatzhäuser.

Wer das Orakel in Anspruch nehmen will, muss geduldig sein. Im 6. und 5. Jh. v. Chr. tritt das Orakel nur einmal jährlich, im Frühjahr, in Aktion. Ab dem 4. Jh. v. Chr. kann es monatlich befragt werden. An den Weissagungstagen wird eine strenge Reihenfolge eingehalten: Bewohner Delphis können den Tempel stets als Erste betreten, ihnen folgen alle anderen Griechen, zuletzt kommen Besucher aus anderen Ländern, die von den Einheimischen Barbaren (»die unverständlich Redenden«) genannt werden.

Im Inneren des Tempels übermitteln Priester die Fragen der Besucher an die Hohepriesterin Pythia, die ihren Namen von dem legendären Tempelwächter Python ableitet. Die Pythia ist eine ältere Frau aus einer adeligen Familie Delphis, die als Dienerin Apolls ein lebenslanges Amt bekleidet und in Abgeschiedenheit lebt. Bevor sie die Fragen beantwortet, reinigt sie sich an einer Quelle, krönt sich mit einem Lorbeerkranz und betritt in einem weißen Gewand den Tempel. Im hinteren Teil des Gebäudes setzt sich die Pythia auf einen Dreifuß und gibt die Antwort des Orakels bekannt. Der griechische Historiker Plutarch beschreibt um 100 n. Chr., dass aus einer Erdspalte unter dem Dreifuß Rauch aufsteigt, den die Hohepriesterin einatmet und so den Willen Apolls vernimmt. In Trance gibt sie den Orakelspruch in Hexameterform wieder. Die Antworten sind meist Mahnsprüche, von denen einige Berühmtheit erlangen (»Erkenne dich selbst«).

Delphi erlebt in frühgriechischer Zeit seine Blüte. Das Ansehen des Apollonheiligtums nimmt zur Zeit des Hellenismus zwar ab, der Kult wird jedoch von den römischen Kaisern erneuert. Im Rahmen der Christianisierung lässt Kaiser Theodosius 391 v. Chr. den Tempel des Apoll als heidnische Stätte schließen.

Der Rundtempel der Athene von Delphi (Tholos) symbolisiert bis in die Neuzeit das Orakel.

682 v. Chr.

Archonten führen Athen – griechische Stadtstaaten entwickeln ein Staatsbeamtentum

Mit der Erstellung einer jährlichen Liste der Archonten (oberste Staatsbeamte) legt der Stadtstaat Athen einen weiteren bedeutenden Schritt auf dem Weg zur Demokratisierung zurück. Etwa gleichzeitig mit der Entstehung der Polis, der politisch autonomen Stadtstaaten, weicht das Königtum Griechenlands im 7. Jh. v. Chr. der Herrschaft des Adels. Die griechische Zivilisation hat sich nicht nur kulturell, sondern auch in Form einer neuartigen politischen Selbstorganisation endgültig etabliert.

Die militärisch orientierten Anführer der Frühzeit müssen zugunsten eines Kollegiums von hohen Beamten abdanken. Zunächst werden alle zehn Jahre neue Führer gewählt. Die Polis (Gesamtheit der Bürger) von Athen führt das Archontentum als Erste in einem jährlich wechselnden Turnus ein. Im ersten Jahr ersetzen nur zwei Männer den König: der Archon Eponymos, der mit politischen Aufgaben betraut ist, und der Archon Basileus, der oberste Kultbeamte. In den Folgejahren kommen die Ämter des Archon Polemarchos, des obersten Feldherrn, und die von sechs Gerichtsbeamten (Thesmotheten) hinzu. Der Adel tagt auf dem Areshügel, einer Erhebung westlich der Akropolis, nach der die Vollversammlung der Adeligen auch Areopag genannt wird (Abb.: Ruinen des alten Athen mit dem Hephaistostempel).

Um 695 v. Chr.

Reich der Phryger zerfällt unter dem Ansturm der kimmerischen Reiter aus dem Norden

Der Einfall der Kimmerier beendet die Blütezeit des phrygischen Reiches. Als einziges Volk Vorderasiens war es den Phrygern gelungen, sich den allmächtigen Assyrern zu widersetzen. Doch die Kämpfe gegen den Assyrerkönig Sargon II. haben das Reich mit der Hauptstadt Gordion geschwächt. So ist es den nun von Norden heranstürmenden kimmerischen Reitern ein Leichtes, die Verteidigungsanlagen zu überrennen. Obwohl Phrygien weiter besteht, hat es seine Bedeutung für immer verloren.

Der phrygische König Midas begeht der Legende nach der Niederlage gegen die Kimmerier Selbstmord. Der sagenhafte Herrscher der antiken Mythologie (Abb.: Gemälde von Nicolas Tournier, 1590–1638) hat vermutlich sein historisches Vorbild in König Mita, einem Herrscher, der in assyrischen Schriften als Gegenspieler Sargons II. erwähnt wird. Wie Archäologen vermuten, ist Mita identisch mit einem Toten, der um 700 v. Chr. in einem monumentalen Grabhügel nahe Gordion entfernt bestattet wurde. Die Überreste stammen von einem etwa 65 Jahre alten Mann mit künstlich verformtem Schädel.

Midas

König von Phrygien (2. Hälfte 8. Jh. v. Chr.)

Der Sohn des phrygischen Reichsgründers Gordios ist in seiner sprichwörtlichen Torheit eine markante Gestalt griechisch-lateinischer Legenden. Der Sage nach soll Midas vom Gott Dionysos mit der Gabe beschenkt worden sein, alles in Gold verwandeln zu können, was er berührt. Als sich auch seine Nahrung in Gold verwandelt, lässt ihn Dionysos im Fluss Paktolos baden. Das Bad nimmt Midas die Gabe, die sich in einen Fluch verwandelt hat. Der sagenhafte Fluss führt von da an Gold statt Wasser.

691 v. Chr.

Ninive erhält einen Aquädukt

Um die Metropole Ninive mit Wasser zu versorgen lässt der assyrische König Sanherib eine gewaltige oberirdische Leitung errichten. Einer der ersten Aquädukte der Geschichte entsteht.

Über eine 48 km lange Strecke fließt das Wasser aus dem Gebirge in stetem Gefälle bis in die Königsresidenz. Die größte Herausforderung für die Konstrukteure ist die Überbrückung eines 280 m breiten Tals beim heutigen Jerwan im Irak. Dafür schaffen die Assyrer zwei Millionen Steinquader heran. Sie erbauen eine Wasserbrücke, die 9 m hoch und 21 m breit ist. Sie überspannt das Tal auf gewaltigen Pfeilern. Fünf Bogen geben der Konstruktion Stabilität. Da die Technik des Gewölbebaus noch nicht ausgereift ist, vermag man jedoch nur Spitzbogen zu bauen, die keine großen Spannweiten erreichen. Der Aquädukt von Ninive dient späteren römischen Anlagen als Vorbild.

682 v. Chr.

Terpandros – ein Pionier des musikalischen Vortrags in Europa

Der Grieche Terpandros siegt bei einem Musikwettstreit in Sparta und wird damit zum ersten historisch fassbaren Musiker Europas.

Terpandros lebt auf der Insel Lesbos. Von dort stammt auch die Kithara, ein leierartiges Saiteninstrument, das vermutlich von Terpandros selbst entwickelt wurde (Abb.: Musikanten mit Harfe, Kithara und Lyra; Detail 5. Jh. v. Chr.). Der Musiker und Dichter widmet sich in seinem Schaffen besonders dem Nomos, einer altgriechischen Weise zu Ehren des Gottes Apoll. Mit seinen Nomos-Kompositionen zieht Terpandros um 682 v. Chr. nach Sparta, um dort an den Karneen, einem Kultfest zu Ehren Apolls, teilzunehmen. Er trägt eine selbst entwickelte, siebenteilige Nomosform vor und gewinnt den Wettstreit.

Um 680 Die in der kleinasiatischen Landschaft Lydien im Westen der heutigen Türkei herrschenden Lyder prägen **Münzen**. Sie gelten zusammen mit Münzen aus dem benachbarten griechischen Kleinasien als ältestes Metallgeld des Abendlandes. Die Münzen sind aus Silber oder Elektron, einer Legierung aus Gold und Silber, die in den Flüssen Kleinasiens natürlich vorkommt. Bildliche oder schriftliche Prägungen existieren zunächst nicht. Im Gegensatz zu den früher als Währung benutzten Edelmetallen müssen die Münzen nicht mehr ausgewogen werden. Ihr Gewicht ist gleich, sodass für die Abwicklung von Geschäften nur noch die Anzahl der Münzen von Bedeutung ist.

673 An der unteritalischen Küste am Ionischen Meer entsteht die griechische Siedlung **Lokroi Epizephyrioi** (heute Locri). Sie wird von griechischen Kolonisten aus Lokris gegründet. Eine Stadtmauer umgibt die etwa 230 ha umfassende Siedlung, die sich auf drei Hügeln von der Küste bis ins Hinterland erstreckt. Sie kann über drei Stadttore betreten werden. Der Stadt liegt ein symmetrisches Schema zugrunde. Eine große Straße teilt Lokroi in eine Unter- und Oberstadt. Während in den unteren Bereichen die Wohnhäuser und Handwerksbetriebe liegen, sind die oberen Bezirke den öffentlichen Bauten vorbehalten.

670 Unter den griechischen Auswanderern, die im heutigen Italien und Sizilien eine neue Heimat finden, sind auch zahlreiche Handwerker. Zu den namentlich bekannten zählt der Töpfer und Maler **Aristonothos**. Er hat sich mit Namen auf einer Vase verewigt, die in einem etruskischen Grab in Cerveteri (das antike Caere) gefunden wurde. Anhand der Buchstabenform fanden Archäologen heraus, dass der Handwerker ursprünglich auf der griechischen Insel Euböa beheimatet war. Der Kessel, in dem Wasser und Wein gemischt wurden, zeigt auf hellem Ton als Hauptmotiv den Überfall eines Piratenschiffs auf ein Handelsschiff.

Um 660 Am Bosporus entsteht die griechische Siedlung **Byzantion** (heute Istanbul). Sie erlangt im 4. Jh. n. Chr. als Sitz des Kaisers Konstantin unter dem Namen Konstantinopel Berühmtheit. Der Grieche Byzas von Megara soll die Stadt gegründet haben. Er wurde vom Orakel von Delphi beauftragt, die »Stadt der Blinden« zu suchen. Gegenüber dieser Stadt sollte er eine neue Siedlung bauen. Byzas begab sich auf die Suche und machte Kalchedon, das heutige Kadiköy auf der asiatischen Seite Istanbuls, als die gesuchte Stadt aus.

Um 680 v. Chr.

Gyges wird König von Lydien und regiert mit Geschick

Der lydische Fürst Gyges profitiert von der Zersplitterung des phrygischen Großreiches und ergreift die Herrschaft in der kleinasiatischen Landschaft Lydien (heute Westtürkei). Um 680 v. Chr. stürzt Gyges seinen Rivalen Kandaules und begründet die Dynastie der Mermnaden (Abb.: Kandaules lässt Gyges beim Entkleiden seiner Frau zusehen; Kupferstich, 17. Jh.). Leben und Regierung des Gyges bilden den Übergang zwischen sagenhafter Erzählung und gesicherter historischer Berichterstattung.

Gyges bemüht sich zunächst um ein freundschaftliches Verhältnis zu den griechischen Siedlungen in Kleinasien und ihren Mutterstädten auf dem griechischen Festland. Geschickt nutzt er die politischen Gegensätze zwischen den Stadtstaaten der Hellenen zum eigenen Vorteil: Auf Kosten der griechischen Kolonien erweitert er seinen Herrschaftsbereich in Kleinasien und geht zu militärischen Eroberungen über. Es gelingt ihm, neben Lydien auch das Küstengebiet im Norden bis zum Hellespont (Dardanellen) unter seine Kontrolle zu bringen. Städte wie Milet, Kolophon, Priene, Smyrna und Magnesia sowie die Landschaft Troas geraten in Abhängigkeit vom lydischen Reich.

Um 675 v. Chr. sucht Gyges engere Anbindung an das neuassyrische Reich unter Assurbanipal. Auch mit Ägyptens Pharao Psammetich pflegt der König gute diplomatische Beziehungen. Diese Suche nach Verbündeten unter den damaligen Großmächten geschieht nicht ohne Hintergedanken, denn das Reitervolk der Kimmerier fällt seit den 670er-Jahren in Lydien ein. Im Kampf gegen sie findet der durch den Historiker Herodot unsterblich gewordene Gyges um 650 v. Chr. den Tod.

664 v. Chr.

Pharao Psammetich vertreibt die Assyrer und eint Ägypten

Der Pharao Psammetich I. einigt das in rivalisierende Fürstentümer zerfallene Ägypten unter seiner Herrschaft.

Seit dem späten 8. Jh. v. Chr. beeinflussen die Assyrer die ägyptische Politik und setzen nach Belieben Fürsten und Könige ein (Abb. rechts: der ägyptische König Taharka aus der stark von Assyrern bestimmten 25. Dynastie; Abb. links: Assyrer stürmen eine ägyptische Stadt). Zunächst regiert Psammetich I. als ein von Assyrien abhängiger Vasall. Es gelingt ihm in seinem achten Regierungsjahr, rivalisierende Fürsten im Gebiet des Nildeltas zu unterwerfen. Gleichzeitig nutzt er eine politische Schwäche der Assyrer und begründet mit der 26. Dynastie eine eigenständige Herrschaft.

Der Geschichtsschreiber Herodot überliefert eine Legende über die Inthronisierung des Psammetich. Demnach habe eine Übereinkunft zwischen zwölf rivalisierenden Herrschern Ägyptens bestanden, sich jährlich in einem Tempel zu treffen, um ein gemeinsames Opfer darzubringen. Einer Weissagung zufolge soll derjenige König ganz Ägyptens werden, der diese Trankspende mit einem Bronzegefäß vornimmt. Aus diesem Grund wurden alle bronzenen Gefäße aus dem Tempel entfernt. Als eines Tages jedoch nur elf Gefäße für das Opfer bereitstehen, nimmt Psammetich seinen Bronzehelm als Behältnis – womit sich die Weissagung erfüllt.

Eine andere Erzählung spricht von »Bronzemännern« vom Meer, die dem König zu seinem Sieg über die rivalisierenden Fürsten verhelfen. Hier ist ein historischer Kern nachzuweisen. Dank guter Beziehungen zum Lyderkönig Gyges kann Psammetich lydische Söldner anwerben. Diese mit bronzenen Rüstungen gewappneten Krieger ermöglichen dem Pharao den Sieg. Weitere Feldzüge unternimmt Psammetich in seinem zehnten Regierungsjahr gegen die Libyer. Eine Schwächung der Assyrer durch deren Kampf mit den Skythen ermöglicht ihm die Kontrolle über Phönikien. Einen Angriff der Skythen auf Ägypten kann der Pharao 620 v. Chr. abwehren. Psammetich reorganisiert während seiner 54 Jahre dauernden Regierung vor allem die Verwaltung des Landes.

Um 650 v. Chr.

Hopliten revolutionieren Kriegskunst

Mit der Entwicklung der Hoplitentechnik etwa 650 v. Chr. entwickeln die Griechen eine Kampfesweise, die bis zum Erscheinen römischer Legionen die Schlachten der Antike bestimmt.
Der neue Fußsoldat ist mit einem großen Rundschild (griechisch Hoplos) und einem aus dichtem Leinengewebe oder Bronze bestehenden Brustpanzer gewappnet. Zudem trägt er einen Bronzehelm und Beinschienen. Als Angriffswaffen dienen ihm eine lange Stoßlanze und ein eisernes Schwert für den Kampf Mann gegen Mann. Die Hopliten kämpfen in einer dicht gestaffelten Schlachtreihe von meist acht Gliedern, wobei sich die Schilde der vordersten Reihe überlappen. Die ersten Reihen fällen zudem ihre Lanzen, so dass sich jedem Angreifer ein Wall von Lanzenspitzen entgegenstellt. Dieser schwer bewaffnete, aber auch wenig mobile Fußsoldat neuen Typs bildet die eng gestaffelte Schlachtreihe, die so genannte Phalanx, um sich gegenseitig Deckung zu geben und gemeinsam gegen den Feind vorzurücken. Mit der massiven Macht ihres Ansturms versuchen die Hopliten die feindlichen Reihen zu durchbrechen. Erst dann gehen sie zum Nahkampf über, bei dem in Einzelgefechten mit dem Schwert gekämpft wird. Ihre Blütezeit hat die griechische Phalanx im fünften und vierten Jahrhundert v. Chr. Sowohl im Kampf der griechischen Stadtstaaten untereinander als auch bei der Abwehr der Perser 490 und 479 v. Chr. sind es die schwer bewaffneten Hopliten, die maßgeblich am Erfolg der Griechen beteiligt sind.
Die neue Kampfesweise verlangt eine gute militärische Ausbildung und hohe Disziplin der Soldaten, da diese nur als Einheit erfolgreich sein können. Die Reihen müssen immer geschlossen gehalten werden, jeder Zwischenraum würde dem Feind eine Chance bieten. Zudem ist die Phalanx bei Angriffen von der Seite oder von hinten verwundbar, weshalb die Soldaten meist in mehreren Abteilungen neben- und hintereinander Aufstellung nehmen. Eine weitere Schwäche der Hoplitenphalanx liegt in ihrer geringen Flexibilität bei der Anpassung an das Gelände. Bäume, Hügel und Gräben reißen die dicht gestaffelten Reihen auseinander. Deshalb finden die meisten Schlachten der Zeit auf weiten Ebenen statt. Die Hoplitenphalanx wird von Peltasten (leicht bewaffneten Infanteristen) und Steinschleuderern begleitet, die das Hauptheer vor Umgehungsmaßnahmen sichern. Große Bedeutung kommt auch der Reiterei zu. Berittene sind schnell an bedrängten Stellen einsetzbar und können aus ihrer erhöhten Position überlegen kämpfen. Sie haben jedoch zwei entscheidende Nachteile: Zum einen sind Pferde kostbar, was die Aufstellung nur kleiner Einheiten erlaubt. Zum anderen tragen Reiter nur leichte Panzerung, um wendig zu bleiben. Werden sie vom Pferd gerissen, sind sie gegen Fußsoldaten praktisch wehrlos.
Das Aufkommen der Hopliten ist Ausdruck einer gewandelten politischen Situation. Die teure Ausrüstung können sich nur die vermögenden Bürger einer Stadt leisten. Arme dienen meist als leicht Bewaffnete oder als Ruderer in der Flotte, der Adel bevorzugt dagegen den Kampf in der elitären Reitertruppe. In dem Maße, in dem auch die Bedeutung des Hopliten auf dem Schlachtfeld wächst, verlangen die Bürgersoldaten auch nach Teilhabe an der politischen Macht in ihrer Vaterstadt. Ein Beispiel für diese Entwicklung von der Königs- oder Tyrannenherrschaft über die Adelsoligarchie hin zur Demokratie (griechisch Volksherrschaft) ist die Stadt Athen. Hier werden die Bürger im späten sechsten Jahrhundert in mehrere Steuerklassen unterteilt, die sowohl den politischen Einfluss des jeweiligen Bürgers als auch seine militärische Dienstpflicht bestimmen.

Hoplitenkrieger legen ihre Rüstungen an; rotfigurige griechische Vasenmalereien aus dem 5. Jh. v. Chr.

Spartanischer Hoplit mit korinthischem Helm

660 v. Chr.

Abkömmling der Sonnengöttin: Der legendäre Jimmu Tenno begründet Japans Kaiserhaus

Der Legende nach begründet um 660 v. Chr. der Ururenkel der Sonnengöttin, später als Jimmu Tenno bezeichnet, nach einem erfolgreichen Feldzug das japanische Reich Yamato. Von diesem Ahnherrn leitet sich das japanische Kaiserhaus in ununterbrochener Reihenfolge bis heute her.
Die Geschichte um Jimmu Tenno entstammt den beiden wichtigsten Quellen der japanischen Frühgeschichte und zugleich den ersten literarischen Überlieferungen des Inselreichs, dem Kojiki und dem Nihon Shoki. Dabei handelt es sich um Chroniken, die im Auftrag von Fürsten niedergeschrieben wurden und erstmals überlieferte historische Fakten mit mythologischen Ereignissen vermengen. So beginnen sowohl das Kojiki als auch das Nihon Shoki mit der Erschaffung der Welt durch die Götter, die anschließend aus dem Himmel herabsteigen und zu den Ahnherrn der Menschen werden. Aus der Verbindung eines der Nachkommen des sog. Himmlischen Enkels (Ninigi) mit einer Tochter des Meeresgottes entsteht Jimmu Tenno, der erste menschliche Herrscher.
In der überlieferten Liste der japanischen Herrscher, beginnend mit Jimmu Tenno, sind die ersten 30 Kaiser fiktiv. Neuere Untersuchungen verbinden Jimmu mit einem im 3. oder 4. Jh. n. Chr. auftauchenden, halb sagenhaften Sujin Tenno, der vermutlich das historische Vorbild für die Erzählung vom ersten japanischen Kaiser liefert. Erst diesem Herrscher gelingt die Begründung eines einheitlichen Reiches um 300 n. Chr. Mit Bidatsu Tenno tritt die erste historisch gesicherte Herrschergestalt sogar erst 572 n. Chr. auf.

Um 650 Die adeligen **keltischen Krieger** des ostalpinen Raums tragen schwere, kostbare Rüstungen. Zahlreiche Funde aus hallstattzeitlichen Gräbern in Österreich und Slowenien liefern ein umfassendes Bild über die militärische Ausstattung der Kriegereliten. So besteht die Ausrüstung im Idealfall aus einem aus Bronze gefertigten Brustpanzer und bronzenen Beinschienen. Den Kopf schützt ein ebenfalls aus Bronze gearbeiteter Helm. Er besitzt eine glockenförmige Kalotte, an der eine breite Krempe ansitzt. Für Kampfhandlungen sind die Krieger mit zwei Lanzen, einem eisernen Beil und einem Rundschild gerüstet.

Am Golf von Tarent in Unteritalien errichten griechische Kolonisten die Stadt **Siris**. Vermutlich wird die Stadt auf Resten einer älteren Handelsniederlassung erbaut. Das von Einwanderern aus Kolophon in Lydien gegründete Siris, das heutige Policoro, gelangt schnell zu Wohlstand und entwickelt sich zu einem wichtigen Zentrum am Golf von Tarent. Dies führt zu Rivalitäten mit den ebenfalls einflussreichen griechischen Städten Sybaris und Metapont. In der Mitte des 6. Jh. v. Chr. zerstört ein Bündnis von Sybaris, Metapont und Kroton die Stadt.

In der griechischen Stadt Korinth lebt der legendenhafte **Butades von Sikyon**. Nach der von Plinius dem Älteren im 1. Jh. n. Chr. überlieferten Legende soll Butades seiner Tochter ein tönernes Abbild ihres Geliebten geschaffen haben. Damit die Tochter ihren Liebsten immer vor Augen hatte, schuf Butades nach dem Schatten, den der Liebhaber bei einem Treffen des Liebespaares an die Mauer warf, dessen Gesicht aus Ton und brannte es. Nach der Fertigstellung des Kunstwerks fertigte Butades noch weitere Tonplastiken an. Auf diese Weise soll er, so Plinius, den Anstoß zur griechischen Tonplastik gegeben haben.

640 Als Achtjähriger besteigt **Josia** den Thron des Reiches Juda in Palästina. Während seiner Regentschaft löst sich der König aus der Umklammerung der assyrischen Fremdherrschaft. Als erste Maßnahme befiehlt Josia die Vertreibung der assyrischen Beamten aus Jerusalem. Mit der Einstellung der Tributzahlungen und dem Entfernen des assyrischen Staatskultes aus der Hauptstadt leitet er weitere wichtige Schritte zur Selbstständigkeit Judas ein.

Um 640 v. Chr.

Ein Tempel zu Ehren der Zeusgattin: Neue Ära für Olympia

Mit dem Heratempel entsteht auf der Peloponnes der erste Tempelbau im griechischen Heiligtum Olympia. Bislang hielten die Priester sämtliche Kulthandlungen hier unter freiem Himmel ab. Auf einem Altar in der Altis, dem heiligen Bezirk, verbrannten sie seit dem 10. Jh. v. Chr. Opfertiere und Votivgaben zu Ehren der Götter. Im Laufe der Jahrhunderte wuchs so um die Stätte ein Berg aus Asche und verbrannten Knochen.
Mit der Errichtung des Heratempels beginnt eine neue Phase für Olympia. Das Heraion genannte Gebäude dient dem Kult um die Zeusgattin Hera, der Hüterin der Sitte und Beschützerin der Frauen. Vermutlich wird auch ihr Gemahl, der Göttervater, in dem Tempel angebetet. Der Bau steht auf einem steinernen Sockel und ist zu großen Teilen aus Holz gefertigt (Abb.: Die ursprünglich hölzernen Säulen des Heraion wurden nach und nach durch Steinsäulen ersetzt). Das mit Lehmziegeln gedeckte Dach ist das erste bekannte Ziegeldach der Geschichte. Dem Heraion folgen im 6. Jh. v. Chr. weitere Bauten wie die Schatzhäuser, wo die an den Olympischen Spielen (siehe S. 208) teilnehmenden Stadtstaaten kostbare Weihgeschenke aufstellen lassen. Ebenfalls im 6. Jh. entsteht das Stadion, der sportliche Mittelpunkt Olympias. Die Kampfbahnen liegen eingebettet in Aufschüttungen, auf deren Hängen das Publikum Platz nimmt. Aus derselben Zeit stammt auch das Prytaneion, ein Verwaltungsgebäude, in dem das Festmahl für die Sieger abgehalten wird.

646 v. Chr.

Das Reich der Elamiter verschwindet von der Landkarte

Das neuelamitische Reich geht in den Wirren des Ansturms der Assyrer unter. Die Elamiter sind seit etwa 3000 Jahren an der Mündung von Euphrat und Tigris beheimatet. Nach der Zerstörung ihres Reiches durch Nebukadnezar von Babylon um 1100 v. Chr. entstand 742 v. Chr. ein neuer elamitischer Staat, der sich zu einem gefährlichen Gegner für die Assyrer entwickelte. Nach langen Kämpfen gelingt es deren König Assurbanipal, Elams Hauptstadt Susa zu erobern (Abb.: Elamitische Flüchtlinge verbergen sich vor den Assyrern im Schilf). Kurz darauf fällt das Reich an die Perser.

Um 650 v. Chr.

Griechische Kolonie am Nil

Griechen aus Milet gründen die Handelsniederlassung Naukratis in Ägypten. An einem Nilarm errichten die Kolonisten die ersten griechischen Tempel auf ägyptischem Territorium. Als Umschlagplatz für die Handelsschiffe aus zwölf griechischen Städten im Mittelmeerraum erhält Naukratis rasch große Bedeutung für den Warenfluss zwischen Griechenlands Kolonien und Memphis. Im Handwerkerviertel der aufblühenden Stadt stellen die Fremden auch selbst Güter wie Schmuckkeramik und Fayencen her, die sie an die Einheimischen verkaufen.

Um 640 v. Chr.

Ninive: Findige Handwerker machen Feuer mit dem Brennglas

Assyrische Handwerker aus Ninive erfinden das Brennglas. Dazu schleifen sie Linsen aus Bergkristall (s. Abb.) so fein, dass das durch den Brennpunkt des Kristalls einfallende Sonnenlicht gebündelt wird und hohe Temperaturen erzeugt. Auf diese Weise können brennbare Materialien leichter entzündet werden als mit der herkömmlichen Methode. Bei dieser wird Feuerstein so lange an Stahl geschlagen, bis Funken fliegen, die den jeweiligen Stoff in Brand setzen. Neben Kristall-Linsen verwenden die Assyrer zum Feuerentfachen auch Hohlspiegel aus Bronze.

648 v. Chr.

Assyrerreich: Letzte Blüte und Fall

Mit dem Sieg über seinen Bruder beseitigt der assyrische König Assurbanipal seinen erbitterten Konkurrenten im Streben um die Alleinherrschaft im Reich. Für kurze Zeit erlebt Assyrien eine letzte Blütephase.

Der Bruderstreit zwischen Assurbanipal und Schamasch-schum-ukin geht zurück auf die Erbteilung des Reiches. König Assarhaddon hatte Assurbanipal zum Kronprinzen Assyriens ernannt und dem älteren Schamasch-schum-ukin die Herrschaft über Nordbabylonien zuerkannt. Nach dem Tod des Vaters trachteten jedoch beide Brüder nach der Macht über das gesamte Reich und bekriegten einander. Schamasch-schum-ukin verbündete sich mit den Ägyptern, die in den letzten Jahrzehnten von den Assyrern beherrscht worden waren und sich aus dem Kampf an Schamasch-schum-ukins Seite einen starken Verbündeten gegen Assurbanipal erhofften. Auch die Syrer und kleinere arabische Stämme stellen sich auf die Seite des älteren Bruders. Der assyrischen Hauptstreitmacht sind jedoch auch die vereinten Heere Schamasch-schum-ukins nicht gewachsen. Nach vierjährigem Bürgerkrieg besiegt Assurbanipal den Bruder in Babylon und lässt die Stadt niederbrennen.

Es beginnt eine kurze Phase, in der das assyrische Reich ein letztes Mal aufblüht. Assurbanipal zerstört die Stadt Susa, vernichtet damit das aufstrebende neue Reich der Elamiter (siehe S. 224) und gewinnt so eine wirtschaftlich blühende Provinz mit fruchtbarem Land, reichen Bodenschätzen und Bauholz. Der König fördert Wissenschaften wie Medizin und Astronomie und lässt eine gewaltige Bibliothek in der Residenz Ninive anlegen, die das Wissen der Zeit konservieren soll.

Bereits in den letzten Regierungsjahren Assurbanipals kommt es zu Spannungen zwischen den Königssöhnen, die sich auf die politische und militärische Stabilität des Reiches auswirken. Assurbanipal stirbt 627 v. Chr. Zwei Jahre später versucht das Reitervolk der Skythen Assyrien zu überrennen, kann jedoch abgewehrt werden. Dann schließen Babylonier und Meder ein antiassyrisches Bündnis und unternehmen 614 v. Chr. einen gemeinsamen Feldzug. Assur fällt noch im ersten Kriegsjahr, die Hauptstadt Ninive wird zwei Jahre später zerstört. 608 v. Chr. ernennt sich der Führer der verbliebenen assyrischen Truppen Assuruballit II. zum letzten König des einst mächtigen Reiches, doch muss auch er kapitulieren. Das Kerngebiet Assyriens und seine nördlichen Provinzen fallen an die Meder, im Süden werden Elam, Westmesopotamien, Syrien und Palästina dem neubabylonischen Reich zugeschlagen.

Assurbanipal, letzter großer König der Assyrer, auf Löwenjagd; Kalksteinrelief

Um 630 Die Vasenmaler Athens übernehmen von den Handwerkern in Korinth die Technik der **schwarzfigurigen Vasenmalerei**. In der Folgezeit bringen es die athenischen Handwerker in dieser Technik zu höchster Kunstfertigkeit und lösen Korinth als führenden Herstellungsort dieser Vasen im griechischen Raum ab. Die von den Korinthern um 700 v. Chr. entwickelte Technik, auf hellen Tongrund Figuren als schwarze Silhouetten aufzumalen und die Details einzuritzen, hatte die Vasenmalerei revolutioniert. Bis zu diesem Zeitpunkt waren nur Vasen mit geometrischen Mustern und einfachen schematischen Figuren hergestellt worden.

627 In Jerusalem wird der aus einer Priesterfamilie stammende **Jeremias** zum Propheten ernannt. Während seines 40-jährigen Wirkens schafft sich Jeremias bei den Königen und im Volk wegen seiner Botschaft viele Feinde. So geißelt er u. a. die Verschwendungssucht, luxuriöse Bauvorhaben und die Untreue gegenüber Gott. Im Zentrum seiner prophetischen Aussagen steht die Verkündigung von Unheil als Strafe Gottes für seine untreuen Anhänger. 587 v. Chr. wird Jeremias gefangen genommen und nach Ägypten verschleppt. Er äußert offen seine Sympathie gegenüber den Babyloniern, die Jerusalem belagern.

626 An der adriatischen Küste im heutigen Albanien gründen Griechen aus Korinth und Kerkyra die Stadt **Epidamnos**, das heutige Durres. Die Lage des Ortes ist mit Bedacht gewählt. Er liegt im Süden eines Bergvorsprungs, der wie eine Halbinsel in das Meer ragt. Überregionale Bedeutung erlangt Epidamnos (ab 229 v. Chr. Dyrrhachium) als Hafenstadt. Zu dem auf der anderen Adriaseite in Unteritalien liegenden Brundisium (heute Brindisi) besteht ein reger Schiffsverkehr. Allerdings zieht die Stadt auch allerlei Gesindel an, sodass sie von römischen Schriftstellern vielfach als Lasterhöhle beschrieben wird.

616 In Rom herrscht der etruskische König **Lucius Tarquinius Priscus**. Er gilt als Begründer der tarquinischen Dynastie, die bis 509 v. Chr. in Rom die Könige stellt. Über Tarquinius existieren nur wenige Angaben, die zumeist legendenhaft sind und von später lebenden römischen Historikern überliefert wurden. Nach der Hauptquelle, das von Livius verfasste »Ab urbe condita libri«, war Tarquinius Sohn eines Griechen aus Korinth, der nach Tarquinia in Etrurien auswanderte. Da Tarquinius in dem Ort keine Chance sah, ein bedeutendes Amt bekleiden zu können, wandte er sich nach Rom und trat dort nach dem Tod des Königs Ancus Marcius die Herrschaft an.

625 v. Chr.

Die Skythen kommen

Das iranische Reitervolk der Skythen dringt bei seinen Feldzügen durch den Vorderen Orient bis an die Grenzen Ägyptens vor. Allein die um ihre Existenz kämpfenden Assyrer können den Angriffen der gefürchteten Reiter und Bogenschützen noch eine Weile standhalten.
Die Skythen stammen aus den Steppengebieten Mittelasiens. Um 800 v. Chr. siedelten sich östlich und westlich des Dnjepr in der südlichen Ukraine verschiedene Lokalgruppen dieses Volkes an. Dabei vertrieben sie die dort ansässigen Kimmerier. In seinen Berichten über die Skythen unterscheidet der griechische Historiker Herodot die Stämme nach ihrer Wirtschaftsform und Lebensweise in Nomaden-, Ackerbau- und Königsskythen. Letztere hielten nach Herodot andere Skythen als Knechte. Die sesshaft gewordenen Skythen betrieben vornehmlich Ackerbau und Viehzucht. Die nomadisierenden Stämme hingegen waren laut Herodot durch Raub und Brandschatzungen charakterisiert, durch ständig wechselnde militärische Bündnisse untereinander und mit den benach-

Skythischer Goldschmuck: Panther aus der Eremitage, St. Petersburg

627 v. Chr.

Korinth: Stabilität und Wohlstand unter der Tyrannenherrschaft

Der Tyrann Periandros führt Korinth (Abb.: Peirene-Brunnen) zu wirtschaftlicher und innenpolitischer Stabilität. In Griechenland herrscht die Tyrannis vor, eine Regierungsform, bei der sich ein Alleinherrscher auf seinen Einfluss beim Volk stützt.

Im 10. Jh. v. Chr. hatten die aus dem Norden einwandernden Dorer den Ort Korinth gegründet. Sie unterwarfen die frühen Siedler an der schmalen Landbrücke zwischen griechischem Festland und der Peloponnes und stellten fortan die Oberschicht der Stadtbewohner. Die alteingesessenen nichtdorischen Siedler bilden die unteren Schichten. Sie werden Bauern, Handwerker und kleine Händler. Seit der Stadtgründung berufen sich alle Herrscher Korinths auf ihre Abkunft von den Dorern.
Um 657 v. Chr. übernahm Kypselos von den Oligarchen des Geschlechts der Bakchiaden die Herrschaft über Korinth. Er ernannte sich selbst zum Alleinherrscher, gründete die Dynastie der Kypseliden und brach so mit der Tradition, sich auf die dorische Oberschicht zu stützen – im Gegenteil brachte er als erster Herrscher das einfache Volk auf seine Seite. Im Jahr 627 v. Chr. übernimmt sein Sohn Periandros vom Vater die Tyrannis über Korinth. Er fördert Handel und Gewerbe und kann mit Hilfe der unteren Schichten bald eine stabile Finanzwirtschaft errichten, die Korinth zu neuer wirtschaftlicher Blüte führt.

barten, nichtskythischen Stämmen. Viele Jahre trieben sie auf der Krim ihr Unwesen, bevor ihre Beutezüge sie in den Vorderen Orient führten.
Um 650 v. Chr. verließen die Skythenstämme ihre Wohngebiete zwischen Don und Karpaten und fielen in Vorderasien ein. Auf ihrem Weg nach Süden – am Schwarzen Meer entlang und durch Lydien sowie Syrien bis zu den Grenzen Ägyptens – trafen die Skythen auf die Stadtstaaten der Griechen. Aus den nicht immer friedlichen Begegnungen entwickeln sich dennoch für beide Seiten einträgliche Handelsbeziehungen. Die griechischen Handelskolonien tauschen Getreide und Gebrauchsgegenstände gegen Bronze-, Silber- und Goldschmuck. Den Griechen wird der Handel mit dem kriegerischen Reitervolk aus dem Norden so wichtig, dass sie eigens für den Handel Waren in einer dem Kunststil der Skythen nachempfundenen Art anfertigen lassen.
Einen Großteil ihres Gold- und Silberschmucks fertigen die Skythen jedoch selbst an. Typische Schmuckformen sind Objekte in Form nahezu aller bekannten Tierarten und Fabelwesen. Nicht nur Metalle, sondern auch Holz oder Leder werden mit hoher Kunstfertigkeit in den Werken des sog. Tierstils verwendet. Auch Tätowierungen im skythischen (auch skythosibirisch genannten) Stil sind bei den Kriegern beliebt. Macht und Stärke der abgebildeten Tiere sollen den Träger im Kampf unüberwindbar machen. Daher finden sich die Verzierungen größtenteils auf Kriegsgerät. Vorwiegend Waffen und Pferdegeschirr sind mit solchen Motiven geschmückt.

Die Skythen stehen in dem Ruf, hervorragende Reiter und große Krieger zu sein. Einfluss und Reichtum ihrer Häuptlinge lassen sich an der prächtigen Bauweise und der reichen Ausstattung fürstlicher Hügelgräber ablesen. Pferdegeschirre und skythische Waffen sind so markant ausgeformt, dass sie sich von allen anderen Kulturen abheben. Zu den Hauptwaffen der Skythen zählen der Steppenbogen und ein dolchartiges Kurzschwert.
Die nomadisierenden Skythen leben in Wagen oder Zelten. Sie tragen reich verzierte, mit einem Ledergürtel umschlungene Röcke oder Hosen, Schuhe aus weichem Leder und eine Mütze. Musik und Tanz stehen im Mittelpunkt der üppigen Trink- und Essgelage, bei denen insbesondere Wildbraten in großen Mengen zubereitet wird. Die Trinksitten der Skythen bei Siegesfeiern haben vor allem einen rituellen Charakter. Während nur siegreiche Krieger von dem Festwein kosten dürfen, müssen sich die Kämpfer, die in der Schlacht keinen Feind getötet haben, bis zum nächsten Fest gedulden.

Metallgefäß mit skythischen Kriegern aus dem 4. Jh. v. Chr.

621 v. Chr.

Drakons Gleichheits-Gesetze

Der athenische Gesetzgeber Drakon lässt die ersten Aufzeichnungen des griechischen Strafrechts anfertigen. In einer Zeit, in der die sozialen Spannungen steigen und in einigen griechischen Stadtstaaten Alleinherrscher die Macht an sich reißen (Tyrannis), strebt Drakon die Herstellung der Rechtsgleichheit an. Alle Menschen sollen vor dem Gesetz gleich sein.
Laut Aristoteles waren in Athen bereits seit 683 v. Chr. Beamte damit beauftragt, die gültigen Gesetze aufzuzeichnen. Drakon wurde 624 v. Chr. als Gesetzgeber eingesetzt. Schon nach drei Jahren beginnt er mit der Niederschrift eines für alle Griechen geltenden Rechts. Die Gesetze schränken die Autorität des Adels ein, stärken gleichzeitig die Rechte der unteren sozialen Schichten und sollen die Bevölkerung vor der Willkür der griechischen Richter schützen. Die Leibeigenschaft an griechischen Schuldnern wird aufgehoben, die Sklaverei aber als maßgeblicher Teil des antiken Wirtschaftssystems beibehalten. Insbesondere Kriegsgefangene werden als billige Arbeitskräfte in ganz Griechenland eingesetzt. Weitere Neuerungen in Drakons kodifiziertem Recht sind die juristische Unterscheidung von Mord und fahrlässiger Tötung sowie die Aufhebung der Blutrache.
Erst durch spätere Überlieferungen kommen Drakons Gesetze in den Ruf ihrer bis in die Gegenwart sprichwörtlichen Härte (»drakonische Strafe«). Trotzdem scheinen sie auch bei seinen Zeitgenossen auf Widerstand zu stoßen. Nach seinem Amtsantritt als Archon 594 v. Chr. erlässt Solon neue Gesetze für Athen.

631 v. Chr.

Griechen in Nordafrika: Der König von Thera gründet Kyrene

Nach einem Ratsspruch des Orakels von Delphi (siehe S. 220) gründen Griechen mit Kyrene eine bedeutende Kolonie in Nordafrika.
Der Sage nach erhält Arsitoteles, der Herrscher der griechischen Insel Thera (Santorin), auf die Frage nach einer Heilmethode für einen Sprachfehler von der Pythia statt einer Antwort die Anweisung, sich in Libyen niederzulassen. Der Rat löst zwar nicht sein ursprüngliches Problem, trägt aber doch zur Abhilfe bei einer noch größeren Sorge auf der kleinen Insel Thera bei: Überbevölkerung. Die gängigen Methoden der Geburtenbeschränkung und Kindesaussetzung genügen nicht mehr, das Bevölkerungswachstum unter Kontrolle zu halten. Thera bietet kaum noch genügend Nahrungsressourcen für ihre Bewohner.
Dem Rat des Orakels folgend beschließt die Volksversammlung Theras, aus jeder Familie einen unverheirateten Sohn nach Libyen zu senden. So entsteht die griechische Kolonie Kyrene in Nordostlibyen. Jedem Freiwilligen wird ein Anteil an dem neuen Land zugesagt. Selbst im Fall des Misserfolgs sollen den Siedlern keine Nachteile entstehen. Wenn es ihnen nicht gelinge, innerhalb von fünf Jahren eine funktionstüchtige Siedlung aufzubauen, dürften sie zurückkehren und erhielten ihren alten Besitz. Theraner, die sich weigern, an der Besiedlung teilzunehmen, werden geächtet. Die Vorsichtsmaßnahmen erweisen sich indes als überflüssig. Kyrene wird eine blühende Kolonie und gewinnt durch seine Ärzte- und Philosophenschulen im Mittelmeerraum schnell an Bedeutung (Abb.: Trinkschale aus Kyrene).

Um 610 In Athen wirkt der sog. **Nessos-Maler**. Seine Bezeichnung verdankt der namentlich nicht bekannte Handwerker einer schwarzfigurigen Amphore, die in Athen gefunden wurde. Auf dem Hals der Vase ist der Kampf von Herakles mit dem Centauren Nessos dargestellt. Neben diesem Keramikfund bargen Archäologen noch weitere Vasen, die die künstlerische Handschrift des Nessos-Malers aufweisen. Wegen zweier Darstellungen, die das Mischwesen Chimaira zeigen, wird der Künstler auch Chimaira-Maler genannt.

An der Schwarzmeerküste im heutigen Bulgarien entsteht die Siedlung **Apollonia Pontica**. Das heutige Sosopol wird als Kolonie Milets gegründet. Strategisch und handelspolitisch günstig gelegen, verfügt Apollonia über zwei Hafenbecken. Ihre Blüte erreicht die Stadt im 5. Jh. v. Chr. In diese Zeit fällt auch der Bau eines Apollontempels, der mit einer Statue des berühmten Bildhauers Kalamis ausgestattet wird. Auch von Apollonia gehen Stadtgründungen aus: Die nördlich gelegene Siedlung Anchialos gilt als Tochterstadt Apollonias.

Um 605 In Mytilene auf der griechischen Insel Lesbos lebt der Dichter **Alkaios**. Er gilt neben der etwa gleichzeitig auf dem Eiland lebenden Sappho als einer der bedeutendsten Vertreter der äolischen Lyrik. Bestimmend für das Leben und die Dichtung Alkaios' sind die auf der Insel ausgetragenen Adelsfehden. Ihretwegen muss er zeitweise Lesbos verlassen und sich als Söldner verdingen. Seine formvollendeten Verse thematisieren Krieg, Politik und Liebe. Berühmtheit erlangt Alkaios durch das auf eines seiner Gedichtfragmente zurückgehende lateinische Sprichwort »In vino veritas« (Im Wein liegt die Wahrheit).

Nachdem Ägypten die Oberhoheit über Palästina und Syrien an Babylonien verloren hat, wendet sich Pharao Necho II. friedlicheren Projekten zu. Einer seiner ehrgeizigsten Pläne ist der Bau eines **Kanals**, der den östlichen Nilarm mit dem Roten Meer verbinden soll. Tausende von Arbeitern werden für das gigantische Bauvorhaben zusammengezogen. Nach einer – wohl übertriebenen – Darstellung des griechischen Historikers Herodot sterben bei den Bauarbeiten 120 000 Menschen. Noch während des Baus beschleicht Necho die Sorge, der Wasserweg könne Feinden das Eindringen erleichtern.

602 In China verändert der **Hwangho (Gelber Fluss)** seinen Unterlauf. Bei der ersten der insgesamt neun bekannten Laufänderungen verlagert sich die Mündung des Flusses weiter südlich in die Bo-Hai-Bucht an der nordchinesischen Küste.

Um 610 v. Chr.

Roms Cloaca Maxima – ein Abwassersystem für Jahrhunderte

In Rom lässt der etruskische König Lucius Tarquinius Priscus eine Abwasseranlage erbauen, die bis in die späte Kaiserzeit in Gebrauch ist. Die nach der Abwassergöttin Cloacina benannte Kanalisation dient zunächst der Entwässerung des Feuchtbodengebietes zwischen den römischen Hügeln. Erst später führt die Cloaca Maxima auch Abfälle, die in den Tiber geleitet werden. Zur Zeit der römischen Republik werden neue Kanäle angelegt und mit der Cloaca Maxima zu einem gewaltigen Kanalisationsnetz verbunden. Noch heute ist der Austritt der Abwasserleitung in der Nähe der Tiberbrücke Pons Aemilius (Ponte Rotto) zu sehen (s. Abb.). Die Technik der Kanalisation hält im 7. Jh. v. Chr. Einzug in viele frühe römische Städte. Auch Kastelle werden mit Kloaken ausgestattet, die auch dazu dienen, Regenwasser aus den Steinbauten abzuleiten.

607 v. Chr.

Unter Alyattes treten die Lyder in Kleinasien als Eroberer auf

Unter König Alyattes greift das Lyderreich nach der Vorherrschaft im Vorderen Orient. Bereits seinen Vorgängern Gyges und Ardys war es im 7. Jh. v. Chr. gelungen, das ehemals kleine Lyderreich über den Westen Kleinasiens auszudehnen. Die Lyder eroberten dabei auch Reste des ehemaligen Phrygerreiches und brachten damit reiche Goldvorkommen in ihre Gewalt. Alyattes setzt die Expansionspolitik der Mermnadendynastie fort. Unter anderem kauft er griechische Kolonien an der kleinasiatischen Küste. Smyrna (heute Izmir, Türkei), das sich widersetzt, wird zerstört. Als sich Alyattes nach Osten wendet, löst er einen zermürbenden Grenzkrieg mit den Medern aus. Eine Sonnenfinsternis, als göttliches Zeichen interpretiert, beendet im Mai 585 v. Chr. die Kämpfe.

605 v. Chr.

Babylon – noch einmal Großmacht im Zweistromland

Unter König Nebukadnezar II. (s. Abb. r.) beginnt die prunkvollste Epoche des babylonischen Reiches. Seit 1250 v. Chr. war Babylon mehrfach in assyrische Hand gefallen, hatte jedoch trotz politischer Unbedeutsamkeit nie den Anspruch aufgegeben, das kulturelle Zentrum des Zweistromlandes zu sein. Der Sieg des Chaldäerfürsten Nabupolassar über Assyrien 626 v. Chr. läutete eine neue Blütezeit ein.

Nabupolassars Sohn Nebukadnezar II. kann die Stadt zu einer wirtschaftlichen und politischen Metropole ausbauen. Wenige Jahre nach seiner Thronbesteigung leben etwa 300 000 Menschen in Babylon, mehr als in jeder anderen Stadt dieser Zeit. Der König lässt den Tempel des Stadtgottes Marduk ausbauen, ein Projekt, das seit Jahrhunderten unvollendet ist. Der Bau ist das historische Vorbild für den biblischen Turm zu Babel. Er hat eine Grundfläche von 91,5 x 91,5 m und erhebt sich 90 m in die Höhe (Abb. l.: Der Tempel auf einem Schulwandbild).

Auch Babylons berühmtes, mit blauen Ziegeln verkleidetes Ischtar-Tor (heute im Berliner Pergamon-Museum) entsteht unter Nebukadnezar II., der die alte Doppelmauer um die Stadt erneuern und acht Stadttore einbauen lässt. Das Ischtar-Tor ist der Göttin der Liebe und des Krieges geweiht.

609 v. Chr.

Vorboten einer biblischen Tragödie

Der judäische König Josia fällt bei dem Versuch, einen Angriff der Ägypter abzuwehren. Josia war bereits als Achtjähriger auf den Thron gekommen und hatte seither versucht, die Reiche Juda und Israel wieder zu einen. Auch der Jahwekult, durchsetzt von Einflüssen fremder Religionen, sche Glaube. Die Verbannten halten in der Fremde noch stärker an ihren Traditionen fest und entwickeln neue religiöse Praktiken, um ihre stammesgeschichtliche Identität zu wahren. Ohne Tempel und Opferpriester bildet sich mit dem Wortgottesdienst eine neue Art Kult heraus, der in eigens dafür errichteten Synagogen praktiziert wird. Als die Juden nach 50 Jahren aus der »Babylonischen Gefangenschaft« zurückkehren können und das zerstörte Jerusalem wieder aufbauen, nehmen sie die in der Fremde ausgeprägten Riten in ihre alte Heimat mit.

Juden in Babylonischer Gefangenschaft; Gemälde von Antonio Puccinalli, 1851

sollte wieder zur monotheistischen (Eingott-) Glaubenslehre führen. Doch Josias ehrgeizige Pläne scheitern, als der Pharao Necho sein Einflussgebiet nach Juda ausdehnt.

Nach Josias Tod setzt Necho als neuen judäischen König dessen Sohn Jojakim ein. Bald jedoch unterliegen die Ägypter den wieder erstarkten Assyrern und verlieren das Reich Juda an deren König Nebukadnezar II. Obwohl Jojakim offiziell den Status eines assyrischen Vasallen annimmt, bemüht er sich darum, die Fremdherrschaft Nebukadnezars abzuschütteln. Die Assyrer schlagen jedoch mit aller Macht zurück: Ihre Truppen fallen 597 v. Chr. in Juda ein, belagern Jerusalem und erobern die Stadt. Die gesamte Oberschicht des Reiches wird nach Babylon ins Exil getrieben. Elf Jahre später stehen die Assyrer erneut vor den Toren der Stadt, zerstören den Tempel, das Allerheiligste der jüdischen Religion, und treiben nun alle Judäer aus ihrem Land.

Die Deportierten müssen sich in Babylonien niederlassen und dort Fronarbeit verrichten, viele fliehen vor diesem schweren Schicksal nach Ägypten. Im Exil verfestigt sich jedoch der jüdi-

Juden müssen Fronarbeit für die Babylonier leisten; Zeichnung nach einem assyrischen Relief.

Nebukadnezar II.

babylonischer König (605–562 v. Chr.)

Der Sohn Nabupolassars gilt als bedeutendster König des neubabylonischen Reiches. Bereits vor seiner Inthronisierung macht er sich als Feldherr einen Namen. 605 v. Chr. dringt er bis an die Grenzen Ägyptens vor und besiegt bei Karkemisch den Pharao Necho II. Anschließend kann er die Ägypter aus Syrien und Palästina verdrängen und die Herrschaft der Babylonier in diesen Gebieten sichern. Schließlich umfasst Nebukadnezars Reich ganz Mesopotamien und Syrien. Die Hauptstadt Babylon entwickelt sich unter seiner Regierung zur prächtigsten Metropole des Nahen Ostens. Nebukadnezar lässt die berühmte Prozessionsstraße mit dem Ischtar-Tor anlegen, einen Sommerpalast erbauen und die Stadt durch eine weitere Befestigungsmauer absichern, hinter die sich die Landbevölkerung bei Gefahr zurückziehen kann. Vermutlich gehen auch die Hängenden Gärten in seiner Residenz auf ihn zurück, die der Legende nach Königin Semiramis geschaffen haben soll und die zu den sieben Weltwundern der antiken Welt zählen. Nebukadnezar II. dient im 19. Jh. als Vorlage für die Figur des babylonischen Königs Nabucco in der gleichnamigen Oper Giuseppe Verdis.

- 604 v. Chr.: Feldzug bis nach Gaza
- 16.3.597 v. Chr.: Erste Eroberung Jerusalems
- 586: Erneute Belagerung und Zerstörung Jerusalems

Um 600 An der Westküste Unteritaliens entsteht die Stadt **Poseidonia** (Paestum). Sie ist eine Tochterkolonie der bereits um 720 v. Chr. gegründeten griechischen Siedlung Sybaris. Die Anlagen von Poseidonia erstrecken sich über ein weitläufiges Gebiet. Im Vorgebirge liegt das zentrale Heiligtum des Poseidon. In zehn Kilometer Entfernung des eigentlichen Stadtgebietes entsteht das Heiligtum zu Ehren Heras. Im Laufe des 6. Jh. v. Chr. wird Poseidonia ausgebaut und erhält ein rechtwinkliges Straßensystem sowie einen zentralen Platz.

In der Nekropole **Bin Tepe** (1000 Hügel) nahe der lydischen Residenzstadt Sardes im Westen Kleinasiens legen Arbeiter einen gewaltigen Grabhügel (Tumulus) an. Riesige Mengen Erdreich werden zu dem 69 m hohen Grabmal aufgeschüttet. Die Erdmassen, die einen Durchmesser von 355 m aufweisen, umfasst eine zehn Meter hohe und über 1000 m lange Steinmauer. Im Innern des Tumulus liegt die kleine, mit Marmorblöcken verkleidete Grabkammer. Das als Tumulus E bezeichnete Grabmal wurde von Archäologen nach den literarischen Beschreibungen Herodots als Ruhestätte des lydischen Königs Alyattes identifiziert.

In **China** fügt der von König Zhuang regierte Fürstenstaat Chu dem Heer des Staates Jin eine schwere Niederlage zu und erlangt die Vormacht. Der Sieg löst einen Wandel in den chinesischen Herrschaftsstrukturen aus. Bisher waren die militärischen Auseinandersetzungen zumeist Familienstreitigkeiten, die zwar blutig ausgefochten wurden, sich aber immer vor dem Hintergrund traditioneller und kultureller Verbundenheit ereigneten. Mit dem Beginn des 6. Jh. v. Chr. werden nun vermehrt geopolitische Aspekte zum Auslöser von Kriegen. Die Unterlegenen müssen durch Eid die Hegemonie der Sieger anerkennen.

Im heutigen Iran wird **Kambyses I.** König des Herrschergeschlechtes der Achämeniden. Über den Herrscher existieren nur wenige, widersprüchliche Quellen. Die wichtigsten sind die »Historien« des griechischen Historikers Herodot und die von dem persischen König Dareios I. in Auftrag gegebene sog. Bisutun-Inschrift im Westiran. Letztere zählt die Abstammung der Achämeniden auf und nennt auch Kambyses I. Demnach war Kambyses der Sohn Kyros' I. und Vater von Kyros II.

Um 600 v. Chr.

Adelsrepubliken in Indien

Im Norden des heutigen Indien bildet sich zwischen dem Pandschab (heute zu Pakistan), dem mittleren Ganges-Tal und Bengalen eine eigenständige Stadtkultur aus. Einige der neuen Regierungseinheiten sind als Adelsrepubliken organisiert, die von den Angehörigen führender Familien geleitet werden. Buddhistische Überlieferungen sprechen von 16 großen Stammesstaaten und ihren Hauptstädten, die aus Zusammenschlüssen älterer Siedlungen und Herrschaften entstehen. Kennzeichen der neuen Städte ist im Vergleich zu früheren indoarischen Siedlungen ihre Befestigung durch Wassergräben, Erdwälle und Palisaden. Etwa ab dem 5. Jh. v. Chr. werden auch massive Ziegelmauern errichtet. Fernstraßen sowie ein einheitliches Münzgeld sorgen für einen florierenden Handel und regen kulturellen Austausch. Neben den Republiken existieren vier Königreiche, deren Herrscher durch geschickte Bündnis- und Heiratspolitik Einfluss auf die Republiken gewinnen wollen. Tatsächlich können sie ihre Macht ausdehnen und legen so den Grundstein für die späteren indischen Königsherrschaften.

Um 600 v. Chr.

Sappho lehrt auf Lesbos

Sappho (s. Abb.), eine der bedeutendsten Dichterinnen der Antike, unterrichtet auf der griechischen Insel Lesbos einen Kreis junger Frauen aus wohlhabenden Kreisen bis zu deren Verheiratung. Diese Ausbildung dient der Vermittlung häuslicher, gesellschaftlicher und musischer Fertigkeiten und ist durch die Teilnahme an Kulthandlungen religiös geprägt. Sie zeugt von der vergleichsweise hohen sozialen Stellung der Frau auf Lesbos. Später werden dieser weiblichen Gemeinschaft gleichgeschlechtliche erotische Aktivitäten (»Lesbentum«) unterstellt. Nach der Verbannung der Aristokraten aus der Inselhauptstadt Mytilene geht Sappho von 603 bis 595 v. Chr. ins Exil nach Sizilien. Der Legende nach stürzt sie sich später wegen unerfüllter Liebe zu dem Jüngling Phaon von einem Felsen.

600 v. Chr.

Massalia – griechische Kolonie an der Küste Südfrankreichs

Griechische Kolonisten aus Phokaia (Kleinasien) gründen die Stadt Massalia an der Rhônemündung, aus der die heutige französische Hafenstadt Marseille hervorgeht (Abb.: Gründung von Marseille in einer niederländischen Buchmalerei, 15. Jh.). Massalia entwickelt sich zu einer bedeutenden Handelsstadt im westlichen Mittelmeer. Die verkehrsgünstige Lage macht die Siedlung zum idealen Umschlagplatz für Handelswaren und fördert so auch den steigenden Einfluss des Griechentums in Europa. Die Bewohner Massalias gründen weitere Städte an der südfranzösischen und spanischen Küste – wie Monoikos (Monaco), Nikaia (Nizza) und Emporion (Ampurias).

Um 600 v. Chr.

Taumel, Tanz, Glückseligkeit: Kleisthenes fördert den orgiastischen Kult um Weingott Dionysos

Kleisthenes, einem Mitglied der mächtigen Familie der Orthagoriden, gelingt durch einen Putsch die Errichtung einer eigenen Herrschaft in seiner Heimatstadt Sikyon, die in unmittelbarer Nähe Korinths liegt. Zur Festigung seiner Macht stützt sich Kleisthenes auf ionische Traditionen und fördert insbesondere den Dionysos-Kult. Diese ursprünglich nicht im übrigen Griechenland verbreitete Götterverehrung entstammt dem thrakisch-nordgriechischen Kulturkreis.

In der thrakisch-nordgriechischen Heimat ist Dionysos eine vielschichtige Gestalt. Als Vegetationsgott bringt man ihn insbesondere mit dem Weinanbau in Verbindung. Im Vordergrund steht bei Kleisthenes aber schon bald ein besonderer Aspekt der Dionysos-Verehrung: der orgiastische Kult. Literarische Überlieferungen vermitteln ein eindrucksvolles Bild von der Atmosphäre, die dem dionysischen Ritus eigen ist. Die ausschließlich weiblichen Jünger des Gottes verfallen auf ihren Streifzügen durch Wald und Gebirge in einen enthemmten und befreienden Taumel der Glückseligkeit und Erlösung. In der römischen Antike erlebt der orgiastische Kult des Dionysos später seinen Höhepunkt. Jetzt sind auch Männer bei den Spektakeln zugelassen. Mann und Frau nehmen die Rolle von Satyrn (Fruchtbarkeitsdämonen) und Mänaden (Gespielinnen des Dionysos) ein (Abb.: Satyr und Mänade beim Tanz; römisches Relief, um 100 v. Chr.). Meist gipfeln die dionysischen Feste der Römer in Orgien.

Mittels der aus Kriegsbeute gewonnenen Finanzmittel entfaltet Kleisthenes eine rege Bautätigkeit, auch an politisch und religiös bedeutenden Orten wie Delphi und Olympia. 576 oder 572 v. Chr. gewinnt er das Wagenrennen bei den Olympischen Spielen und präsentiert sich als bedeutendster griechischer Alleinherrscher des 6. Jh. v. Chr. Kleisthenes stirbt um 570. Die Herrschaft seiner Familie endet erst 60 Jahre später.

Um 600 v. Chr.

Zarathustra begründet Parsismus

Nach einer göttlichen Vision und zehnjähriger Wanderschaft begründet der etwa 30-jährige Zarathustra (griech. Zoroaster) eine neue monotheistische Religion – den Parsismus, nach seinem Stifter auch Zoroastrismus genannt. Über die Person Zarathustras ist wenig bekannt. Um 630 v. Chr. wurde er in Baktrien im heutigen Afghanistan geboren. 590 v. Chr. wird er ins persische Chorasan verbannt. Diese Stadt macht er zu seiner eigentlichen Wirkungsstätte, da ihm dort 588 v. Chr. die Bekehrung des Fürsten Wischtaspa gelingt. Zarathustra stirbt im Alter von 77 Jahren.

Kern der neuen Religion ist die Lehre von der unvereinbaren Dualität von Gut (verkörpert im Schöpfergott Ahura Masda) und Böse (Ahriman). Der Kampf zwischen diesen beiden widerstreitenden Prinzipien bestimmt das gesamte Universum und das Schicksal jedes Menschen. Der Einzelne muss in diesem Konflikt eine ethische Entscheidung treffen: Er kann das Böse überwinden, indem er Gutes denkt, redet und tut. Zarathustra unterscheidet sich mit diesem Ideal grundlegend von anderen religiösen Vorstellungen seiner Zeit. Ein hoher ethischer Anspruch zeichnet seine Predigten aus. Vor diesem Hintergrund kritisiert er auch die altiranische Religion. Die Ablehnung des dort üblichen Tieropfers bringt Zarathustra in einen schweren Konflikt mit der etablierten Priesterschaft und ist auch der Grund seines Exils.

Die heilige Schrift der Parsen, das Awesta, stammt vermutlich teilweise von dem Religionsstifter selbst. Kennzeichnend für den Kult sind zahlreiche Reinigungsriten sowie die Verehrung des Feuers als vom Bösen säubernde Kraft. Das Feuer selbst darf durch Unreines nicht beschmutzt werden. Dies zeigt sich auch in den Bestattungsriten der Parsen. Die Verstorbenen dürfen nicht verbrannt werden. Sie werden stattdessen auf den so genannten Türmen des Schweigens unter freiem Himmel dem natürlichen Zerfallsprozess und den Aas fressenden Vögeln preisgegeben. So sollen sie als Teil der Natur wieder in dieser aufgehen.

Der Parsismus erlebt seine Blütezeit in Persien in der Zeit der Achämeniden-Dynastie (6.–4. Jh. v. Chr.) sowie nach der Zeitenwende unter den Sassaniden. In dieser Zeit sind auch Darstellungen des Ahura Masda und des Königs beim gemeinsamen Opfer am Feueraltar verbreitet. Unter den Sassaniden ist der Zoroastrismus sogar alleinige Staatsreligion. Im heute mehrheitlich muslimisch geprägten Iran lebt noch immer eine beträchtliche religiöse Minderheit der Parsen.

Um die Person Zarathustras bilden sich nach seinem Tod viele Legenden. Er gilt gleichzeitig auch als Philosoph, Mathematiker, Astrologe und Zauberer. Die im 18. Jh. einsetzende Zarathustra-Forschung befasst sich vor allem mit der Tradition des Parsismus und dem Verhältnis dieser Lehre zum jüdischen und christlichen Monotheismus. Die Persönlichkeit Zarathustras – nicht seine Religion – macht 1883 der Philosoph Friedrich Nietzsche zum Symbol seiner vierbändigen philosophischen Dichtung »Also sprach Zarathustra«.

Der Tierkreis nach der Lehre Zarathustras; Kupferstich, 19. Jh.

Um 600 In Mytilene auf der griechischen Insel Lesbos gelingt es dem Staatsmann **Pittakos**, die seit einigen Jahren tobenden Adelsfehden und die tyrannische Herrschaft zu beseitigen. Mit politischem Geschick kann Pittakos, der von dem zeitweise von der Insel verbannten Dichter Alkaios u.a. als Dickbauch und Plattfuß beschimpft wird, Mytilene befrieden. Als Aisymnete, ein hoher Beamter mit Schlichterfunktion, erlässt Pittakos u.a. schärfere Gesetze gegen die Trunkenheit und gesteht den Adeligen eine Amnestie zu. Vom griechischen Philosophen Platon wird Pittakos zu den »sieben Weisen« der Antike gezählt.

Die in Athen gefertigten **Vasen** treten in starke Konkurrenz zu den in Korinth hergestellten Töpferwaren. Der gesamte griechische Raum – vom Schwarzen Meer bis nach Libyen, Spanien und Syrien – wird mit athenischen Keramikerzeugnissen beliefert. Einer der bekanntesten Töpfer aus dieser Zeit ist ein im Athener Töpferviertel (Kerameikos) lebender, von Archäologen als Gorgo-Maler bezeichneter Künstler. Die ihm zugesprochenen Vasen zeigen zumeist Tiere oder Tierfriese, mythologische Szenen sind selten. Seinen Namen verdankt der Gorgo-Maler einer aus seiner Hand stammenden Vase, die die Verfolgung des Perseus durch die Gorgonen zeigt.

Der in Argos lebende Bildhauer Polymedes meißelt die Figurengruppe der Dioskuren Kastor und Polydeukes **(Castor und Pollux)**. Die beiden männlichen, etwa 2,16 m hohen Statuen werden von den Argivern als Weihegeschenk in Delphi aufgestellt. Sie gelten als Meisterwerke der hocharchaischen Phase in der griechischen Kunst. Die Mutter der Zwillinge war Leda. Tyndareos, König von Sparta, war Vater des Kastor, Zeus der von Polydeukes. Die Dioskuren galten u.a. als Götter der Freundschaft sowie Schutzpatrone der Jünglinge. Früher wurde die Figurengruppe als Kleobis und Biton gedeutet. Nach dem griechischen Historiker Herodot waren Kleobis und Biton die Söhne der Kydippe, einer Hera-Priesterin.

597 Nach der Eroberung Jerusalems durch die Assyrer geht der judäische König Jojakim ins Exil nach Babylon. Als seinen Nachfolger setzen die Assyrer **Mathanja**, den Onkel Jojakims, ein. Unter dem Namen Zedekia regiert er über das stark verkleinerte Territorium Judas. Im Laufe seiner Herrschaft mehren sich Stimmen, die die Befreiung des Staates von der assyrischen Fremdherrschaft fordern. Sie berufen sich auf den Propheten Hanaja, der sich 595 v.Chr. für die Rückkehr Jojakims einsetzt. Als Gegenspieler Hanajas tritt der Prophet Jeremia für Gehorsam gegenüber den Besatzern ein.

594/593 v. Chr.

Solon der Schlichter

Der griechische Adelige Solon wird von den Athenern zum Archon (hoher Beamter) gewählt, um im Streit zwischen den Gesellschaftsschichten zu schlichten.

Im Staatswesen Athens gelten die 621 v.Chr. von Drakon erlassenen Gesetze, die Übergriffe des Adels auf die Bürger eindämmen sollen. Unterschiede zwischen Oberschicht und Bauerntum führen aber zu sozialen Spannungen. Zahlreiche Bauern sind in den vergangenen Jahrzehnten in Schuldknechtschaft der Fürsten geraten und damit zu Leibeigenen geworden. Die Fürsten wiederum verkauften viele unfreie Bauern ins Ausland. Auf den beschlagnahmten Feldern verhindern sog. Hypothekensteine die Bewirtschaftung des Landes. Mit der Verschiebung der wirtschaftlichen Macht zugunsten des Adels gerät das politische Gleichgewicht im vordemokratischen Athen ins Wanken. Unruhen flammen auf, nur knapp kann ein Bürgerkrieg verhindert werden. Fürsten wie Bauern sind an der Entspannung der Situation gleichermaßen interessiert und berufen Solon zum Schlichter. Der Archon greift mit drastischen Maßnahmen durch: Er verfügt die vollständige Abschaffung der Schuldknechtschaft. Die ins Ausland verkauften Athener müssen von ihren ehemaligen Herren zurückgekauft werden.

Solon mahnt seine Mitbürger an ihre Verantwortung gegenüber dem Staat.

Alle öffentlichen und privaten Schulden werden getilgt. Den Plan, alles Land auf gerechte Art neu zu verteilen, kann Solon zwar nicht durchsetzen, doch gelingt es ihm, ein Höchstmaß für Grundbesitz festzulegen und damit die Entwicklung des Großbauerntums zu unterbinden. Viele Reiche verarmen unter Solons Maßnahmen, die sozialen Spannungen werden jedoch beigelegt.

Solon zählt man heute zu den »sieben Weisen der Antike«, Gelehrten aus dem 7. und 6. Jh. v.Chr., die erstmals im 4. Jh. v.Chr. von Platon benannt werden. Zu ihnen zählen neben Solon:
- Chilon aus Sparta, der in seiner Polis eine tyrannenfeindliche Politik einleitete. Von Chilon stammt der berühmte Satz »Erkenne dich selbst«;
- Kleobulos von Lindos, der die Worte »Maßhalten ist das Beste« sprach;
- Bias von Priene, einer der bedeutendsten Richter Griechenlands. Mit dem Satz »Alles, was mir gehört, trage ich bei mir« will Bias darauf hinweisen, dass Leben und geistiger Reichtum die höchsten und einzigen Güter der Menschen sind;
- der Naturphilosoph Thales von Milet;
- Pittakos von Mytilene, der die Tyrannenherrschaft in seiner Polis abschafft;
- Periandros von Korinth, der die Sklavenarbeit erleichtert und die Adelsherrschaft einschränkt.

Bauer mit Ochsengespann; griech. Statue, 6. Jh.; Bauernproteste führen zur Krise in Athen.

Solon

griechischer Staatsmann und Dichter, * um 640 v.Chr. Athen, † nach 561 v.Chr. Athen

Der Angehörige der Herrscherdynastie der Medontiden gilt als Begründer der athenischen Demokratie. Solon teilt die Bürgerschaft in vier nach dem Einkommen gestufte Klassen ein und gründet eine ständige Versammlung mit 400 Mitgliedern, die die Rechte des bestehenden Alten Rates (Areopag) einschränkt. Auf ausgedehnten Handelsreisen lernt er weite Teile der bekannten Welt kennen. Im Rahmen seiner Reformhandlungen führt Solon in Athen neue Maße, Gewichte und Münzen ein. In seinen 270 erhaltenen Versen mahnt der Dichter seine Mitbürger zum Dienst an der politischen Idee, ein Gleichgewicht der Stände zu schaffen.

- Um 604 v.Chr.: Solon ruft die Athener zum Kampf um die Insel Salamis gegen Megara auf;
- Um 600 v.Chr.: Auf Solons Betreiben beschließt Athen einen Krieg gegen Krisfa zum Schutz von Delphi

Um 600 v. Chr.

Erste Umrundung Afrikas: Phönikische Entdecker vollbringen seemännische Pionierleistung

Phönikische Seeleute (Abb.: phönikisches Handelsschiff; Sarkophagrelief) umrunden innerhalb von drei Jahren den afrikanischen Kontinent.

Die Expedition bricht im Auftrag des ägyptischen Pharaos von Karthago an der afrikanischen Nordküste auf. Von dort führt die Reise ins Rote Meer und an der afrikanischen Ostküste entlang. Im Herbst werfen die Seefahrer Anker und überwintern an Land. In unbewohnten Gegenden säen die Mitglieder der Expedition selbst Getreide aus, das sie im Frühjahr vor der Weiterfahrt ernten. Den Seefahrern gelingt die Umrundung des Kaps der Guten Hoffnung. In ihrem Reisebericht halten sie fest, dass in den südlichen Breiten die Mittagssonne zur Rechten stehe. Dem wird in der Heimat später kein Glauben geschenkt: Mit wenigen Ausnahmen halten die zeitgenössischen Gelehrten die Erde für eine Scheibe.

Ihre Fahrt führt die Phöniker weiter die Westküste hinauf, bis sie wohlbehalten an der Meerenge von Gibraltar ankommen. Die afrikanische Küste ist erkundet. In den Folgejahren versuchen Ägypter wie Phöniker, Handelsniederlassungen an den Gestaden des Schwarzen Kontinents einzurichten. Die Phöniker sind ab 470 v. Chr. besonders in Westafrika erfolgreich.

Seit etwa 1500 v. Chr. haben sich die Phöniker im gesamten Mittelmeerraum einen Namen als Kaufleute und unerschrockene Seefahrer gemacht. Sie sind die Ersten, die das Mittelmeer verlassen und den Atlantik befahren. Römer und Griechen wagen sich erst Jahrhunderte später dorthin. Phönikische Kaufleute gelangen auf die Kanarischen und sogar auf die Britischen Inseln. Erst die Wikinger können es rund 1000 Jahre später mit den nautischen Leistungen der Phöniker aufnehmen.

593 v. Chr.

Ende der nubischen Fremdherrschaft in Ägypten: Pharao Psammetich II. besiegt die Kuschiten

Der ägyptische Pharao Psammetich II. führt einen Feldzug gegen Nubien und schüttelt die kuschitische Fremdherrschaft endgültig ab. Die Herrschaft der Kuschiten über Ägypten begann 745 v. Chr. unter Pharao Pije. Ihre Macht zerbrach jedoch rasch am Widerstand der ägyptischen Fürsten und der Invasion der Assyrer über das Nildelta.

Nachdem sich die Pharaonen Psammetich I. und Necho II. militärisch in der Region des östlichen Mittelmeers engagierten, ist Psammetich II. mehr an der Sicherung der ägyptischen Südgrenze interessiert. Er führt ein Heer aus griechischen, karischen und libyschen Söldnern nach Süden, erreicht die kuschitische Stadt Napata und zerstört sie. In der gesamten Region lässt der Pharao Feuer legen und die Waldbestände der Kuschiten zerstören. Mit dieser seit dem Alten Reich Ägyptens üblichen Vorgehensweise entzieht er dem Gegner die Lebensgrundlage – insbesondere Holz ist einer der wertvollsten Rohstoffe in Nordafrika und wird über weite Entfernungen aus Palästina bis an den Nil gehandelt.

Zurück in Ägypten, lässt Psammetich II. alles Gedenken an die Kuschiten ausmerzen. Sämtliche Inschriften, die auf Denkmälern an die nubischen Könige der 25. Dynastie erinnern, werden ausgemeißelt. Die Zeit der nubischen Bedrohung ist für Ägypten endgültig vorüber (Abb.: Das Pyramidenfeld von Meroë, der Bestattungsplatz der kuschitischen Könige).

Um 600 v. Chr.

Anfänge des Germanentums

Mit der Jastorfkultur verbreitet sich eine eisenzeitliche Gemeinschaft auf der Jütischen Halbinsel (Dänemark), die maßgeblichen Anteil an der Entstehung des Germanentums hat.

Die Kultur der Jastorfleute (nach dem Fundort Jastorf im heutigen Niedersachsen) entsteht aus einer bronzezeitlichen Tradition heraus. Sie verbreitet sich von Südjütland über Mecklenburg und Brandenburg bis nach Nordböhmen und ist besonders an ihren Urnengräbern zu erkennen, die stets unter Steinpackungen liegen. Aus der Jastorfkultur gehen etwa im 1. Jh. n. Chr. die so genannten Elbgermanen hervor. Sie vermischen sich mit den bereits im 3. Jh. v. Chr. entstanden südlichen germanischen Stämmen, die sich im heutigen Süddeutschland und in Frankreich durch Abspaltung von den hier vorherrschenden Kelten herausbilden.

Um 600 v. Chr.

Stein ersetzt Holz: Pons Salarius überbrückt den Tiber

Unter dem etruskischen König Tarquinius Priscus entsteht in Rom die erste Steinbrücke über den Tiber, der Pons Salarius (s. Abb.). Der Vorgängerbau, der Pons Sublicius, entstand um 620 v. Chr. und war noch vollständig aus Holz gebaut. Ein religiös motiviertes Verbot machte es lange Zeit unmöglich, Eisen für Profanbauten zu benutzen. Da in einer Steinbrücke jedoch Eisenklammern Verwendung finden, war die Lockerung des Verbots Voraussetzung für den Bau einer Steinbrücke.

Der Pons Salarius entsteht durch Aufmauerung so genannter echter Gewölbebogen über mehreren Traggerüsten. Eine hohe Bogenwölbung sorgt dafür, dass die Fahrbahn auch bei Hochwasser nicht in Mitleidenschaft gezogen werden kann. An der Stelle, an der die Brücke errichtet wird, kreuzen sich zwei der bedeutendsten Verkehrswege Latiums: der über weite Strecken schiffbare Tiber und die Straße zwischen Etrurien und Kampanien, die hier bis zum Anlegen der ersten Brücke eine Furt überquerte.

Um 590 Griechische Seefahrer legen beim heutigen Ampurias an der Nordostküste der Iberischen Halbinsel den Handelsplatz **Emporion** an. Die Gründung erschließt das angrenzende Hinterland für den Handel. Die auf Küstennähe angewiesene Seefahrt erhält auf diese Weise einen sicheren Landungs- und Lagerplatz. Die erste Siedlung entsteht aus Sicherheitsgründen noch auf einer nahe dem Festland gelegenen Insel (heute Halbinsel San Martin de Ampurias), knapp 100 Jahre später wird auf dem spanischen Festland eine neue Stadt gegründet.

Die Stadt **Korinth** prägt ihre ersten Münzen. Zur Förderung des Handels und der bedeutenden eigenen Wirtschaft werden erstmals Silbermünzen ausgegeben. Die Gewinne aus Vasenherstellung, Metallverarbeitung und Teppichweberei können auf diese Weise leichter umgesetzt werden. Nach der Abbildung des Stadtwappens mit dem geflügelten Pferd Pegasos auf den Münzen werden diese von den Zeitgenossen Poloi (griech.: »die Fohlen von Korinth«) genannt.

Um 585 Die griechischen Vasenmaler der so genannten **Komastengruppe** sind im Handwerkerviertel Kerameikos von Athen tätig. Um zwei namentlich unbekannte Meister gruppiert sich ein Kreis von mehreren Malern und Töpfern. Nach ihrem bevorzugten Bildmotiv, lustigen und teilweise nackt dargestellten Tänzern (Komasten), erhalten sie ihre kunstgeschichtliche Bezeichnung. Sowohl die Tradition der Komastendarstellung als auch die Formen der Vasen gehen auf korinthische Vorbilder zurück, die von den geschäftstüchtigen Vasenmalern aus Athen kopiert und erfolgreich weiterentwickelt werden.

Um 570 Im heiligen Bezirk der Stadt **Metapont** in Unteritalien entsteht der älteste der dort errichteten griechischen Tempel. Die gewaltige Anlage mit sechs Säulen an den beiden Schmalseiten und 17 an den Längsseiten ist in dorischer Ordnung erbaut und dem Apollon geweiht. Der Tempel weist als Besonderheit an der Ostseite eine doppelte Säulenreihe auf. In der zweiten Hälfte des 6. Jh. v. Chr. wird der Tempel auf 8 x 18 Säulen vergrößert.

570 v. Chr.

Ein Freund der Griechen: In Ägypten regiert Pharao Amasis

Unter Pharao Amasis (Abb.) erleben die Griechen in Ägypten eine Zeit wirtschaftlicher Blüte.
Nachdem der ägyptische König Apries den Kampf um die Griechenkolonie Kyrene in Libyen verloren hatte, riefen die meuternden Truppen General Amasis zum Gegenkönig aus. Apries floh zu den Babyloniern, die ihn in seinem Ringen um den ägyptischen Thron unterstützten. Doch Amasis schlug die königliche Armee vernichtend, Apries selbst fiel im Kampf. So wird Amasis zum legitimen fünften Herrscher der 26. Dynastie ausgerufen. Er erkennt die Wichtigkeit neuer Bündnisse gegen außenpolitische Bedrohungen durch Babylonier, Meder und Perser. Eine der ersten Amtshandlungen des neuen Pharaos ist der Friedensschluss mit den in Kyrene lebenden Griechen. Seine militärische Macht stützt sich zum großen Teil auf griechische Söldner. In seiner bis 526 v. Chr. währenden friedlichen Regierungszeit gründet der als Griechenfreund geltende Amasis die Hafenstadt Naukratis am westlichen Nilarm. Die Stadt entwickelt sich schnell zu einer für den griechischen Güterverkehr privilegierten Handelsmetropole. Eine zweite wichtige Einnahmequelle ist die von Amasis eroberte Mittelmeerinsel Kypros (Zypern).

559 v. Chr.

Der Aufstieg Persiens

Nach drei Jahre andauernden Auseinandersetzungen mit seinem Schwiegervater, dem medischen König Astyages, übernimmt Kyros II. die Macht im persischen Reich. Unter seiner Herrschaft entwickelt sich Persien zum Weltreich.

Kyros II. war zunächst ein Vasall des Mederkönigs Astyages. Mit der Eroberung der medischen Hauptstadt Ekbatana stürzt er die Mederherrschaft und etabliert die von ihm gegründete persische Dynastie der Achämeniden.

Kyros II. eroberte auf seinen Kriegszügen u.a. Baktra (hier: Stadtmauer) im heutigen Afghanistan.

570 v. Chr.

Erfindungen des Theodoros

Der Mathematiker und Konstrukteur Theodoros von Samos bereichert die griechische Kultur mit einer Vielzahl praktischer Erfindungen. Insbesondere führt Theodoros zahlreiche mechanische Konstruktionen aus Kleinasien und Ägypten in der griechischen Welt ein. Viele dieser Neuerungen gelten in Griechenland als eigenständige Erfindungen des Theodoros, stammen aber offensichtlich von orientalischen Vorbildern ab, so u. a. die Drehbank, die Bleiwaage und ein mit einem Schlüssel zu bedienendes Türschloss. Auch die von Theodoros verfeinerte Technik des Metallhohlgusses nach dem Wachsausschmelzverfahren, das die Herstellung dünnwandiger Gefäße ermöglicht, stammt ursprünglich aus Kleinasien. Originäre Errungenschaften des Theodoros von Samos sind die Einführung des Winkelmaßes in die Mathematik und das Edelsteinschleifen.

594 v. Chr.

Bodensteuer für Landbesitzer

Als erster Teilstaat führt Lu, die Heimat des Konfuzius, eine Bodensteuer ein, die bis in das spätere kaiserliche China Bestand hat.
Mit der Zunahme der Bevölkerung wird für viele Angehörige der unteren Adelsschichten die Aussicht auf ein vom König erteiltes Lehen oder eine Stellung in der königlichen Beamtenschaft immer unwahrscheinlicher. Ihren Lebensunterhalt verdient sich diese »shi« genannte Schicht oft als umherziehende Berater der zahlreichen Fürsten oder als Söldner. Der Lohn für die Dienste besteht häufig aus einem Stück Land zur Bestellung. Als Gegenleistung liefern die neuen Gutsbesitzer ihrem Fürsten einen Teil der Ernte ab. Ferner erbringen die Landbesitzer jährlich eine Steuer in Form eines Arbeitsdienstes für öffentliche Tätigkeiten. Die Höhe der Steuer ergibt sich aus der Größe der Felder, die von den Gutsbesitzern bearbeitet werden.

Der gelungene Staatsstreich läutet für Persien eine Phase der territorialen Expansion ein. In der Nähe des Ortes, an dem Kyros II. über die Armee des Astyages siegt, lässt er die neue Königsresidenz Pasargadai errichten. Neben Palästen beherbergt die Stadt eine große Tempelanlage und einen ausgedehnten Wildpark. Von Pasargadai aus beginnt Kyros II. mit der Eroberung des Vorderen Orients. In seinen ersten Feldzügen führt er die persischen Streitkräfte nach Westen. Als erstes Reich fällt den Persern 547 v. Chr. Lydien zu. Nach der Belagerung und anschließenden Eroberung der Hauptstadt Sardes ergibt sich der Lyderkönig Kroisos den Eroberern. Sein Reich wird zur persischen Provinz.
Von Lydien aus zieht der landhungrige Perserkönig in den folgenden Jahren die Westküste Kleinasiens entlang. Zahlreiche griechische Siedlungen fallen an die Perser. Auch die Städte Phönikiens und Palästinas werden von Kyros II. in rascher Folge dem stetig wachsenden persischen Reich einverleibt. Die neubabylonischen Könige Nabonid und Belsazar müssen sich 539 v. Chr. den persischen Tuppen ergeben. Mit der Eroberung Babylons endet für die Juden die fast 50-jährige so genannte Babylonische Gefangenschaft. Ein großer Teil der Exilanten kehrt in das inzwischen ebenfalls unter persischer Oberhoheit stehende Palästina zurück.

Kyros II. besiegt die Lyder; die Perser sind an ihren typischen Kopfbedeckungen erkennbar.

Den meisten Völkern der eroberten Gebiete gegenüber verhält sich König Kyros II. äußerst tolerant. Die Einheimischen dürfen ihre Bräuche, Religion und Sprachen beibehalten. Oft lassen die Perser auch die Regierungsformen unangetastet. Diese Vorgehensweise erleichtert es Kyros, sein riesiges Reich unter persischer Vorherrschaft zu einen.
So erfolgreich die Eroberungen im Westen verlaufen, so schwierig gestaltet sich die persische Expansion nach Osten. Zwischen 545 und 540 v. Chr. erobert Kyros II. Baktrien, Parthien und Sogdiana. Doch 529 v. Chr. fällt der persische König südlich des Aralsees im Kampf gegen die Massageten, eines der Nomadenvölker des Nordost-Irans. Sein Sohn, Kambyses II., übernimmt von Kyros ein Weltreich, das sich vom Mittelmeer bis zum Persischen Golf erstreckt.

Kyros II.

persischer König (559–529 v. Chr.)

Kyros II. gilt in den Schriften des Altertums als tugendhafter und mächtiger Herrscher. Schon als Vasall am medischen Hof fällt der Perser durch sein vornehmes Benehmen auf, durch das er die Gunst des Mederkönigs Astyages erlangt. Als König Persiens erobert Kyros innerhalb von knapp 20 Jahren weite Gebiete und schweißt sie zu einem Großreich zusammen, das größer ist als alle vorderorientalischen Reiche zuvor.
In antiken Schriften wird Kyros als Urheber zweier Grundsätze genannt, die das moderne Völkerrecht vorwegnehmen: Schonung des unterlegenen ebenbürtigen Gegners und Toleranz gegenüber fremden Religionen.

Um 560 v. Chr.

Ein rätselhaftes Lächeln

Ein unbekannter Bildhauer in Tenea, einem Dorf im Gebiet von Korinth, fertigt die Skulptur eines jungen Mannes an. Der so genannte Apoll von Tenea (Abb.) gilt der modernen Kunstgeschichte als Paradebeispiel eines griechischen Kuros (Jünglingsstatue).
Die archaische Plastik Griechenlands entwickelte sich seit dem 7. Jh. v. Chr. und erlebt Mitte des 6. Jh. v. Chr. ihre höchste Perfektion. Als Werkmaterial dienen Marmor, Kalkstein, Bronzeblech und Ton. Die Plastiken zeichnen sich durch die Straffheit ihrer Formen aus. Die lebensgroßen Statuen aus der Frühzeit der griechischen Bildhauerei zeigen nackte Jünglinge (Kuroi) oder mit einem Gewand bekleidete Mädchen (Koren). Stets ist die Körperhaltung aufrecht, die Arme liegen eng am Rumpf an, die Hüften sind betont eingezogen. Beide Beine stehen fast parallel nebeneinander. Nur ein kleiner Ausfallschritt ist erkennbar. Dieses Element der Bewegung entwickelt sich in der griechischen Klassik weiter und führt zur Ausgestaltung eines fest stehenden Standbeins und eines frei beweglichen Spielbeins.
Die Vorbilder der archaischen Skulpturen sind vermutlich in Ägypten zu suchen. In Griechenland bilden sich die berühmtesten Werkstätten auf der nordöstlichen Peloponnes, den Kykladen und auf Kreta heraus.

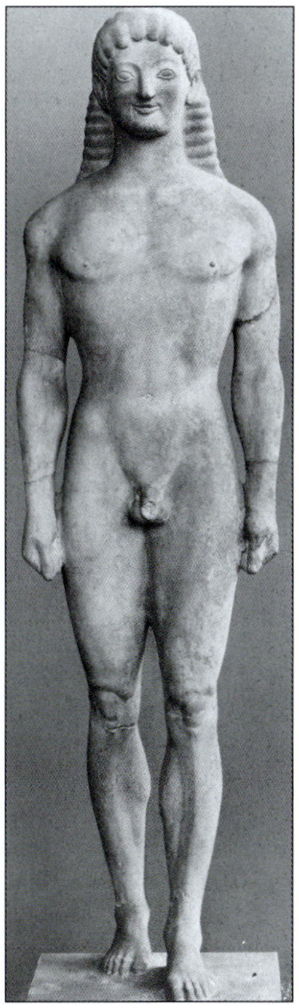

Niemals sind Kuroi und Koren als Individuen wiedergegeben. Gesichtszüge und Haartracht sind stets einförmig. Jeder Statue ist ein so genanntes archaisches Lächeln ins Antlitz gemeißelt, dessen Bedeutung bis heute unklar ist. Haar- und Barttrachten sowie die Gewänder der Koren sind ebenfalls einheitlich, zeigen jedoch in Details regionale Unterschiede.
Die Funktion der Skulpturen ist im sakralen Bereich zu suchen. Sie werden vor Gräbern aufgestellt und sollen vermutlich die Verstorbenen abbilden. An heiligen Stätten wie dem Orakel von Delphi stellen siegreiche Wettkämpfer Kuroi als Dankopfer auf. Auch Götter können in der Form des Kuros symbolisch dargestellt sein. Meist werden die Figuren mit Apoll gleichgesetzt.
Zu den berühmtesten Plastiken der griechischen Archaik zählt neben dem Apoll von Tenea der Statuenschmuck der Korenhalle auf der Athener Akropolis, der in der Spätphase der griechischen Archaik im späten 6. Jh. v. Chr. entsteht.

Um 550 In der zweiten Hälfte des 6. Jh. v. Chr. geht die Epoche der **griechischen Kolonisierung** zu Ende. Seit rund 200 Jahren hatten Auswanderer an den Küsten des Mittelmeers und des Schwarzen Meeres Siedlungen und Handelsplätze gegründet. Auf diese Weise hat sich die griechische Kultur in einem zuvor unbekannten Maße verbreitet. Technisches Wissen, handwerkliche Fertigkeiten und kulturelles Gedankengut werden zwischen Gibraltar und Kleinasien ausgetauscht. Das knapper werdende Angebot an guten Siedlungsplätzen, verbesserte Lebensbedingungen in den Heimatstädten sowie die Konkurrenz mit karthagischen und etruskischen Siedlern lassen die Kolonisierungsbewegung verebben.

Die **venetische Sprachenfamilie** verbreitet sich in Europa. Ausgehend von Pannonien im heutigen Ungarn erreicht das Venetische schließlich Italien. Auf dem Weg in den Süden spalten sich die Sprachen des Slawischen, Serbischen und Sabinischen ab. Die italische Sprache der Veneter vermischt sich zudem mit bereits bestehenden Sprachen aus dem Komplex des Keltischen, Germanischen und Osko-Umbrischen.

Auf der Peloponnes schließen sich zahlreiche Städte unter der Führung Spartas zu einem Verteidigungsbündnis zusammen. Neben den Spartanern gehören u. a. Achäer, Korinther und Troizener dem Verbund an. Im Kriegsfall entscheidet ein gemeinsames Treffen aller Verbündeten über das gemeinsame Vorgehen. Die Bundestruppen stehen dabei unter dem Oberbefehl Spartas. Zu Friedenszeiten werden keine Steuern erhoben. Die heute als **Peloponnesischer Bund** bezeichnete Allianz besteht bis 366 v. Chr. und zerbricht an dem zunehmenden Vormachtstreben Spartas gegenüber seinen Verbündeten.

548 Im gesamtgriechischen Heiligtum Delphi in der Landschaft Phokis fällt der **Apollon-Tempel** einem verheerenden Brand zum Opfer. Dabei wird die im 7. Jh. v. Chr. an der Orakelstätte des Gottes Apollon errichtete Anlage vollständig zerstört. Auf diesen Bau bezieht sich auch der griechische Sänger und Dichter Homer in seinen Werken. Erst um 510 v. Chr. wird ein prächtiger Neubau errichtet, in dessen Fundament Reste des älteren Tempels verbaut werden.

Um 550 v. Chr.

Totenkult der Etrusker

Der Sarkophag von Caere ist ein eindrucksvolles Beispiel für den hohen Stand der etruskischen Kultur. Caere (heute Cerveteri) liegt an der tyrrhenischen Küste Italiens, dem Kernland der Etrusker. Über griechische Seefahrer kommen die Etrusker in Kontakt mit der Zivilisation der Hellenen. Davon legt der Sarkophag von Caere Zeugnis ab. Er ist vollständig aus Ton gearbeitet. Der Deckel stellt ein Bett dar, auf dem ein Mann und eine Frau leicht aufgestützt ruhen (»Ehegattensarkophag«). Gesichter und Körper der Liegenden lassen klare Verbindungen zur griechischen Archaik erkennen (Abb.: Kopf der Frau). Die Form des Sarkophags ist jedoch eine etruskische Entwicklung, denn bei Griechen wie Römern gilt es als unsittlich, dass Frauen und Männer auf der gleichen Bettstatt liegen.

547 v. Chr.

Die Sätze des Thales

Der griechische Naturphilosoph Thales von Milet (Abb.: moderne Zeichnung) stirbt im Alter von 78 Jahren. Thales zählt zu den ersten Griechen, die die Phänomene des Lebens nicht mystifizieren, sondern versuchen, sie durch rationale Begründungen zu erklären. So geht auf ihn die Annahme zurück, der Ursprung allen Lebens sei das Wasser. In Verbindung mit dieser Theorie vermutet er, dass die Erde auf Wasser schwimme. Dieser kosmologische Ansatz zählt zu den meistdiskutierten philosophischen Fragen der Antike. Wegen starker Legendenbildung ist nicht gesichert, ob die ihm zugeschriebenen geometrischen Gesetze wie der Satz des Thales (alle peripheren Winkel im Halbkreis sind rechte Winkel) tatsächlich auf den Naturphilosophen zurückgehen.

550 v. Chr.

Der Jagdgöttin geweiht: Das Meisterwerk von Ephesos

In Ephesos wird der Artemistempel errichtet (Abb.: Kupferstich nach einer künstlerisch freien Rekonstruktion). Das der Jagd- und Fruchtbarkeitsgöttin Artemis geweihte Meisterwerk des Baumeisters Chersiphron zählt zu den sieben Weltwundern der Antike. Auf einem 55 x 110 m großen Sockel ragt der Tempel 20 m in die Höhe. Das mächtige Holzdach tragen 127 Säulen, die der Lyderkönig Kroisos stiftet. Der ionische Großtempel wird von vielen antiken Schriftstellern beschrieben. Durch ein Feuer, das 356 v. Chr. ein ruhmsüchtiger Bürger namens Herostratos legt, wird der Tempel vernichtet. Im 4. Jh. v. Chr. entsteht an gleicher Stelle ein Steinbau, der in christlicher Zeit als Steinbruch genutzt wird.

551–479 v. Chr.

Konfuzius predigt sittliches Handeln

Der chinesische Philosoph Konfuzius entwickelt seine einflussreichen Lehren. Über sein Leben ist nur wenig überliefert. Sein eigentlicher Name Kong Qiu oder Kong fuzi (»Meister Kong«) wird erst im 17. Jh. von den jesuitischen Missionaren zu »Confuzius« latinisiert.

Der größte Teil der konfuzianischen Überlieferungen stammt aus der von seinen Schülern zusammengetragenen Sammlung seiner Sprüche, dem Lunyu (»Erörterungen und Gespräche«). Eine weitere Hauptquelle sind Texte, die der konfuzianischen Tradition zugeschrieben werden. Zu diesen Schriften gehören die so genannten Fünf Klassiker und ihre ältesten Kommentare sowie einige wenige Texte aus dem 3. Jh. v. Chr.

Aus diesen Quellen geht hervor, dass Konfuzius in einer Zeit tiefer sozialer und politischer Umwälzungen lebt. Die Adelsgesellschaft des alten China steckt in einer Krise, die zur Zersplitterung der einzelnen Fürstenhäuser führt. Es beginnt die Periode der »Kämpfenden Staaten« der Zhanguo-Zeit. In dieser chaotischen Epoche tritt ein Verfall der überlieferten Sitten und Gebräuche ein. Dem Altertum verhaftet, bemüht sich Konfuzius durch seine Lehre, das sittliche Denken wieder zur absoluten Maxime des Handelns zu erheben. Er betont die Wichtigkeit der alten Riten. Der Edle (chinesisch »junzi«) kann unabhängig von seiner sozialen Stellung allein durch die Einhaltung der moralischen Regeln und Handlungen sein Wesen vervollkommnen und im Sinne der konfuzianischen Morallehre zum »Heiligen« werden. Die Grundlage der Gesellschaft soll der disziplinierte Mensch in einer hierarchisch geordneten Familie sein, in der die Kinder ihren Eltern und die Frauen ihren Männern gehorsam sind.

Konfuzius' Ideen sind bei den Fürsten unbeliebt. In einer Zeit, in der die einzelnen Fürstenhäuser in starker Konkurrenz stehen, werden die konfuzianischen Werte Tugend, Menschlichkeit und Aufrichtigkeit nur von seinen Schülern verfolgt.

In der Forschung ist bis heute umstritten, ob Konfuzius möglicherweise bestrebt war, durch die Durchsetzung moralischer Legitimation selbst Herrscher zu werden.

Konfuzius

chinesischer Philosoph; *551, †479 v. Chr.

Konfuzius wird nach der Überlieferung des Kommentators Gu Liang am 21. Tag des 10. Monats im Jahr 551 v. Chr. in Qufu im Staate Lu (im heutigen Shandong) geboren. Er stammt aus einer verarmten Adelsfamilie und wächst in ärmlichen Verhältnissen auf. Schon früh erwacht seine Freude am Lernen und sein Interesse am Altertum. Er wird Beamter, führt dann ein Wanderleben und zieht als Berater und Lehrer von einem Fürstenhof zum nächsten. Kurz vor seinem Tod widmet er sich der Bearbeitung der chinesischen Klassiker.

- 532 v. Chr.: Heirat einer Dame aus der Familie Jian-guan
- 531 v. Chr.: Verwalter von Kornspeichern
- 529 v. Chr.: Beginn der Lehrtätigkeit

Konfuzius im Kreis seiner Schüler; chinesischer Holzschnitt

550 v. Chr.

Bronzeliege und Goldhörner: Die prachtvolle Grabanlage des Keltenfürsten von Hochdorf

Kelten der ausgehenden Hallstattzeit bestatten einen ihrer Fürsten in einer monumentalen Grabanlage beim heutigen Hochdorf (Baden-Württemberg). Seit seiner Entdeckung im 20. Jh. gilt der Keltenfürst von Hochdorf als einer der spektakulärsten Funde der europäischen Archäologie. Der Tote ist ein etwa 40- bis 50-jähriger Mann, der mit 1,83 m für seine Zeit sehr hochgewachsen ist. Er wird mit einem unvergleichlich hohen Aufwand beigesetzt. In der etwa 25 m^2 großen Grabkammer wird der Leichnam auf einer gepolsterten Prunkliege aus Bronze aufgebahrt, die von kunstvoll verzierten Rollen getragen wird (Abb.: Bronzefigur auf einer Rolle der Liege). Der Tote trägt ein reich verziertes Gewand. Seine Schuhe sind mit Goldbändern geschmückt, die eine bisher ungeklärte Auffälligkeit zeigen: Beide Bänder sind so gefertigt, dass sie nur auf Schuhe für linke Füße passen.

Zur Grabausstattung gehört ferner ein vierrädriger Wagen aus Holz – das Zeichen der Herrschaft bei den Kelten der Hallstattzeit. Üppig ist die Formenvielfalt der Ess- und Trinkgeschirre. Neun große Trinkhörner hängen an der Kammerwand. Sie sind aus Eisen gearbeitet und mit Goldblechen besetzt. Von imposanter Größe ist ein mit Löwenstatuetten verzierter Bronzekessel. Er fasst 500 Liter Flüssigkeit, wird aber nur zu drei Vierteln mit Met gefüllt, da die dünne Bronze sonst bersten würde. Die Totenkammer besteht vollständig aus Holz und ist mit einer Steinpackung ummantelt. Um das Grab schütten die Kelten einen etwa sechs Meter hohen Hügel auf, der weithin sichtbar ist und in der Gegenwart wieder rekonstruiert wurde.

Der enorme Aufwand für die Bestattung des Fürsten von Hochdorf lässt auf seine hohe gesellschaftliche Stellung schließen. In einem topografischen Zusammenhang zum Hochdorfer Hügelgrab steht der Hohenasperg, der von der Grabhügelkuppe aus gut sichtbar ist. Hügel und Berg sind die einzigen höheren Geländeerhebungen im Umland. Vermutlich befand sich auf dem Hohenasperg der Sitz des toten Kelten. Solche Befestigungen sind aus der Hallstattzeit von Orten wie der Heuneburg oder dem Hohmichele (beide Baden-Württemberg) bekannt.

Kelten – Im Reich der Druiden

*In der griechisch-römischen Überlieferung gilt **Celtus** als Stammvater aller Kelten. Er war der Sohn von Celtine, einer Tochter des Britannicus, und des Helden Herakles. Celtine verliebte sich in den starken Zeussohn, Herakles, als der eine seiner zwölf Arbeiten für den Mykener-König Eurystheus erledigte. Der Held sollte die Rinder des spanischen Königs Geryon stehlen. Als er die Tiere durch Spanien trieb, entführte Celtine einige der Rinder und gab sie erst wieder her, nachdem Herakles mit ihr den Celtus gezeugt hatte.*

*Heute grausam anmutende **Menschenopfer** wurden bei den Kelten zu verschiedenen Anlässen erbracht. Für den Hauptgott Teutates ertränkte man die Todgeweihten, indem ihr Kopf in ein Fass mit Wasser gedrückt wurde. Keltische Priesterinnen benutzten Menschenopfer zum Wahrsagen. Sie stießen dem Opfer ein Schwert ins Herz und deuteten aus seinen Zuckungen und dem Fließen des Blutes die Zukunft.*

Unter den eisenzeitlichen Kulturen Europas können es nur die Kelten mit der Hochkultur der Römer aufnehmen. Wie den Römern gelingt es den mitteleuropäischen Keltenstämmen, auf weite Teile Europas auszugreifen. Und wie das Römische Reich überdauert auch die Kultur der Kelten fast 1000 Jahre.

Die meisten Fragen über das Leben der Kelten beantworten die Historiker der römischen Antike. Die frühesten Darstellungen stammen vom griechischen Geschichtsschreiber Herodot (5. Jh. v. Chr.). Detaillierte Beschreibungen liefern auch Gaius Julius Caesar, Lukian oder Strabo. So genau die Beobachtungen dieser Autoren sind, so unbedarft vergleichen sie die keltische Götterwelt mit der römischen. Teutates, Esus und Taranis, die keltischen Hauptgötter jener Zeit, werden in antiken Texten Jupiter, Merkur und Mars gleichgesetzt und damit vermutlich ihrer ursprünglichen Bedeutung beraubt. Doch trotz ihrer Interpretationen sind die antiken Schriften heute wertvolle Quellen, wenn es um den Gesellschaftsaufbau der Gallier, so der lateinische Name der mitteleuropäischen Kelten, oder um ihre Kultur geht.

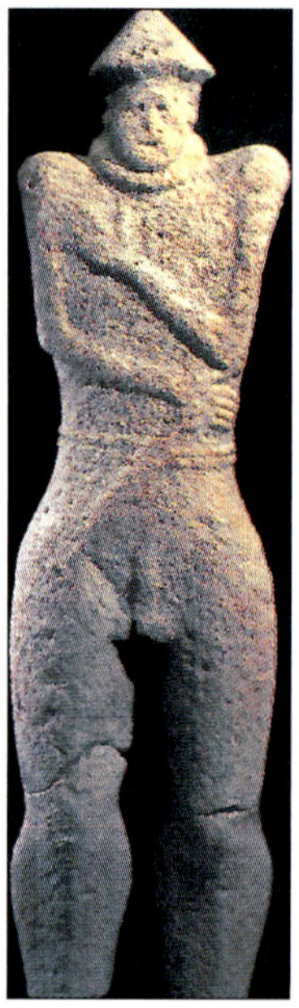

Keltische Skulptur: »Mann von Hirschlanden«

Mistelzweig und Menschenopfer

Die Gesellschaft der Kelten ist klar differenziert. Die Druiden bilden eine hochstehende eigene Klasse der keltischen Gesellschaft und sind nur dem Stammeshäuptling oder König untergeben, der nicht selten aus ihren Reihen stammt. Der eigentliche Führer der Druiden ist eine Art Erzdruide, ein hochstehender Priester-Magier, unter dem sich die weisen Männer zusammenschließen. Wie die Barden stehen auch die Druiden im Dienst der Tradition, indem sie die mythischen Erzählungen der Vorfahren weitergeben. Daneben beobachten sie den Lauf der Sterne und vermischen ihre astronomischen Kenntnisse mit einem ausgeprägten Mystizismus zu Wahrsagungen – den ersten Anfängen der Astrologie.

Köpfe toter Kelten auf einer Stele; 3. Jh. v. Chr., Entremont (Frankreich)

Der römische Schriftsteller Plinius der Ältere berichtet im 1. Jh. n. Chr. über den Brauch des Mistelschneidens, der eine der bedeutendsten sakralen Handlungen der Druiden ist. Die Mistel, ein Baumparasit, ist für die Kelten Symbol eines göttlichen Elements, das im Körper des Baums lebt und ihn beseelt. Entsprechend gilt die Mistel als Allheilmittel gegen fast alle Krankheiten – vom Kopfschmerz bis zur Unfruchtbarkeit. Die Misteln werden in einer religiösen Zeremonie mit goldenen Sicheln vornehmlich von Eichen geschnitten und in einem weißen Tuch gesammelt. An das feierliche Mistelschneiden schließt sich die Opferung zweier weißer Stiere an.

Kultopfer spielen in der keltischen Religion eine große Rolle. Neben Tier- und Trankopfern berichten antike Quellen häufig von Menschenopfern. Sie stehen in Zusammenhang mit einem weit verbreiteten Kopfkult, der an die Schädelkulte der europäischen Mittelsteinzeit erinnert. Der Kopf gilt den Kelten als wichtigster Körperteil, denn aus ihm geht das Denken hervor, das ihrer Ansicht nach die göttliche Kraft im Menschen beweist.

Lange Zeit galten keltische Viereckschanzen als Zeugnisse solcher Menschenopferkulte. Die vor allem im süddeutschen Raum zu findenden Anlagen sind großräumige, mit Erdhügeln umfasste Landschaftsmale, die einen Schacht aufweisen, der bis zu 32 m tief in den Boden reichen kann. Ob es sich hierbei tatsächlich um Opfergruben handelt, lässt sich nicht mehr eindeutig feststellen. Jüngsten Theorien zufolge könnten diese Anlagen auch Fluchtburgen gewesen sein, deren Schächte für Vorräte oder als Verstecke genutzt worden sind.

Eng mit den Druiden verknüpft sind die Barden, die zu den wichtigsten Stammesmitgliedern zählen. Sie besingen die Taten der Volkshelden und gelten als Mittler zwischen Menschen und Götterwelt. Neben den Druiden stellt der Kriegeradel die meisten Mitglieder der keltischen Oberschicht. Darunter stehen Händler, Handwerker und Bauern, die das wirtschaftliche Rückgrat bilden und im Kriegsfall das Heer stellen. Die Unterschicht besteht aus Unfreien, meist pachtabhängigen Kleinbauern oder Sklaven. Die Zugehörigkeit zu einer gesellschaftlichen Klasse ist durch Vererbung festgelegt, sozialer Aufstieg nicht möglich.

Die Machtzentren der Kelten

Heute wird das keltische Zeitalter in zwei Phasen gegliedert, die nach berühmten Fundorten benannt sind: die Hallstatt-Kultur (800–500 v. Chr.) und die La-Tène-Kultur (500 v. Chr. bis Zeitenwende). Die erste keltische Periode ist gekennzeichnet durch die Etablierung keltischer Machtzentren. Gewaltige Befestigungen entstehen, deren Reste u. a. im südwestdeutschen Raum noch heute ein imposantes Zeugnis von ihrer einstigen Größe ablegen.

Keltisches Menschenopfer: Der Erzdruide ist im Begriff, den Sohn des Königs zu opfern (Illustration von A. B. Houghton, 1868).

Die Heuneburg, der Hohmichele oder der Hohenasperg sind Höhenburgen, von denen aus einzelne Fürsten ihre Territorien überwachen. Überall in Mitteleuropa schießen derartige Machtzentren aus dem Boden. Die Fürstengräber jener Tage stehen mit ihrer Prunkausstattung denen der ägyptischen Pharaonen kaum nach, wie die Grabanlagen von Hochdorf oder Vix eindrucksvoll belegen.

Oghamschrift – eine irische Schrift des 4. Jh. n.Chr., die möglicherweise auf keltische Einflüsse zurückgeht, verewigt auf einem Stein bei Colaiste Ide in der Grafschaft Kerry

Das Ende der Fürstensitze

Gegen Ende der Hallstattzeit werden die mitteleuropäischen Fürstensitze der Kelten abrupt aufgegeben. Auch die Tradition der Fürstengräber wird nicht mehr weitergeführt. In den folgenden Jahrhunderten übernimmt der keltische Adel die Herrschaft, die Macht liegt nicht länger in den Händen Einzelner. Über die Ursachen dieser sozialen Umwälzungen existieren in der Forschung viele Theorien. Möglicherweise erheben sich die unteren Klassen, vielleicht findet aber auch ein »Umsturz von oben« statt. Auffällig ist auf jeden Fall, dass das Ende der Hallstatt-Kultur in eine Zeit fällt, in der die letzten Etruskerkönige aus Rom vertrieben werden und in Athen die Zeit der Tyrannen endet. Ob und wie diese Ereignisse in Zusammenhang stehen, bleibt jedoch ungeklärt.

Mit der La-Tène-Kultur beginnt eine neue, bewegte Epoche des keltischen Jahrtausends, die große Zeit der Landnahmen. Ganze Stämme und Stammesgruppen verlassen das mitteleuropäische Ursprungsgebiet und verbreiten sich im Verlauf des 4. und 3. Jh. v.Chr. westwärts über fast ganz Frankreich und Spanien, südwärts nach Oberitalien und ostwärts die Donau hinab bis ans Schwarze Meer. Ob die Kelten auch auf die Britischen Inseln gelangen, ist heute umstritten. Auf diesen Zügen kommt es häufig zu kriegerischen Zusammenstößen: 387 v.Chr. besetzt ein keltischer Heerhaufen Rom, 335 v.Chr. kommt es zu einem Treffen mit Alexander dem Großen an der unteren Donau. Auf den Wanderzügen dringen auch Einflüsse anderer Kulturen in die Gesellschaft der Kelten ein.

Der griechische Historiker Diodor liefert im 1. Jh. v.Chr. eine präzise Beschreibung der Gallier:

»Und wenn die Männer zum Kampf gereizt werden, brechen sie in Gesänge zum Preise der großen Taten ihrer Vorfahren und zum Ruhm ihrer eigenen hervorragenden Fähigkeiten aus, wobei sie ihre Gegner herabwürdigen und darum bemüht sind, sie des Geistes der Tapferkeit vor der Schlacht zu berauben ... Die abgeschlagenen Köpfe tragen sie als Beute davon, singen dazu ein Dankgebet an die Götter und stimmen Siegeslieder an ... Ihre Trompeten sind von seltsamer Gestalt und barbarisch (im Ton), denn wenn sie geblasen werden, geben sie einen rauen Klang von sich, der dem des Kriegsgetümmels gleicht ... Die Gallier sind erschreckend im Aussehen und ihre Stimmen sind tief und ganz rau ... Unter ihnen gibt es auch Lyriker, die sie Barden nennen. Diese Männer singen zur Begleitung von Instrumenten, die Leiern gleichen, und ihre Gesänge dienen dem Lobpreis oder der Schmähung ... Nicht nur für den zu schließenden Frieden, sondern auch bei Kriegsvorbereitungen hören sie vor allen anderen auf ihre »Philosophen« (Druiden) und ihre singenden Dichter, und dies wird nicht nur von ihren Freunden, sondern auch von ihren Feinden bezeugt«.

Im Fokus

Loreley und Westerwald – Keltische Namen leben bis heute fort

Die Sprache der Kelten ist weitgehend ausgestorben. Altkeltische Worte sind nur vereinzelt überliefert. Reste des Keltischen lassen sich in der Sprache der Bretonen und der Waliser (Kymrisch) entdecken. Das irische und schottische Gälisch geht vermutlich ebenfalls auf die Kelten zurück und wird goidelischer Sprachzweig genannt. Der Anteil der Kelten an der Entstehung der gälischen Sprachen ist aber umstritten, da sie nach neuesten Erkenntnissen die Britischen Inseln möglicherweise gar nicht besiedelt haben.

Auch etliche deutsche Worte gehen auf keltische Ursprünge zurück. Vor allem Orts- und Landschaftsnamen haben sich über das Zeitalter der Germanen sowie die Phase des Alt- und Mittelhochdeutschen hinweg bis heute erhalten. So bedeutet Rothaargebirge nach dem keltischen ruathhard so viel wie Bergwald. Der Westerwald geht auf die Begriffe uast (Wald) und er (groß) zurück. In der berühmten Loreley stecken die keltischen Worte luren (schauen) und ley (Felsen). Häufig sind die Namen keltischer Götter in Bergen, Flüssen oder Seen verborgen: Der Belchen ist ein Bergname, der in den Alpen (Gelber Belchen), in den Vogesen (Großer Belchen) und im Schwarzwald (Belchen) vorkommt und sich vermutlich auf den Keltengott Belenus bezieht.

Stärker als im Deutschen lassen sich im Französischen viele keltische Wortstämme wiederfinden. Die Gallier, die im 1. Jh. v.Chr. auf dem Gebiet des heutigen Frankreich siedelten, hinterließen den heutigen Bewohnern Begriffe wie z.B. alauda (Lerche), aus dem das neufranzösische alouette

Sie schaut herab vom Felsen: Der Name der Loreley geht auf keltische Begriffe zurück.

entstand. Auch das keltische Wort für Wagen, carruca, findet sich noch heute im französischen char sowie im englischen car wieder.

Um 545 Persische Truppen belagern die griechische Stadt **Phokaia** an der kleinasiatischen Küste. Zahlreiche Bewohner fliehen daraufhin aus ihrer Heimat und siedeln sich in der schon seit 565 v. Chr. bestehenden Tochterstadt Alalia auf Korsika an. Die Phokäer sind als gute Seefahrer bekannt und führen im Tyrrhenischen Meer zahlreiche Raubzüge gegen Etrusker und Punier durch.

Auf der Akropolis von Athen wird eine bedeutende Skulptur aufgestellt. Die heute als **Rampin-Reiter** benannte Statuengruppe zeigt zwei junge Männer zu Pferde. Möglicherweise sind Hipparchos und Hippias, die beiden Söhne des Tyrannen Peisistratos, dargestellt. Nach der Verwüstung der Akropolis durch die Perser im Jahr 480 v. Chr. geht die Reitergruppe im sog. Perserschutt, den Verfüllschichten östlich des Parthenons, verloren, wo sie im 19. Jh. wiederentdeckt wird. Zahlreiche Statuen aus dem Perserschutt sind heute im Akropolis-Museum ausgestellt.

Auf der Kykladeninsel **Delos**, dem mythischen Geburtsort des Gottes Apollon, findet eine kultische Reinigung statt. Peisistratos, der Tyrann von Athen, befiehlt, alle Gräber von Verstorbenen in Sichtweite des zentralen Heiligtums zu entfernen. Er folgt damit angeblich den Vorgaben des Orakels von Delphi. Allerdings kommt die Entscheidung erst durch das Einwirken des Peisistratos zustande. Auf diese Weise will der Tyrann den Einfluss Athens auf der Insel stärken.

545 v. Chr.

Ein Dichter auf der Flucht: Die Odyssee des Anakreon

Der griechische Dichter Anakreon (Abb.: Marmorbüste aus römischer Zeit) flieht vor den Persern aus seiner Heimatstadt Teos an der kleinasiatischen Küste (Ionien). Zunächst weicht er in die griechische Kolonie Abdera an der Küste Thrakiens aus, muss aber auch vor den Thrakern fliehen und gelangt nach Samos an den Hof des Tyrannen Polykrates. Als dieser 522 v. Chr. ermordet wird, reist Anakreon weiter nach Athen, wo er beim Tyrannensohn Hipparchos Aufnahme findet. Hier verfasst er seine wichtigsten Werke. Sein Ruhm wächst derart, dass ihm die Athener eine Statue auf der Akropolis errichten.

Anakreons Werke dienen besonders dem Vortrag beim Symposion – einer Zusammenkunft von Männern, die sich auf Liegen ruhend mit geistreichen Reden, Gedichten, Anekdoten und Liedern unterhalten. Durch diesen Schaffensschwerpunkt erhält Anakreon fälschlicherweise den Ruf eines Trinklieddichters. Sein Verdienst ist die Lösung der griechischen Lyrik vom strengen Versmaß.

547 v. Chr.

Ende des lydischen Reiches

Mit dem Tod von König Kroisos (Krösus) endet die Geschichte des lydischen Reiches. Kroisos bestieg 560 v. Chr. den Thron als Sohn und Nachfolger des Alyattes. Wie seinem Vater gelang es Kroisos, benachbarte Reiche im Handstreich zu erobern. Die gesamte westliche Hälfte Kleinasiens gehörte um 550 v. Chr. zu seinem Herrschaftsgebiet. Aus dieser Zeit stammen die Berichte über den legendären Reichtum des Kroisos: Alle eroberten Städte mussten dem Lyder Tribut zahlen, hinzu kam die Ausbeutung vielfältiger Rohstoffquellen in den unterworfenen Gebieten. Viele Bergwerke warfen Gold ab, das in großen Mengen auch aus dem Fluss Paktolos gewonnen wurde.

Kroisos war dafür bekannt, wertvolle Weihgeschenke nach Delphi zu bringen, um vom dortigen Orakel die Zukunft gedeutet zu bekommen. Die griechischen Historiker Herodot und Xenophon berichten, dass Kroisos das Orakel aufsuchte, als die Perser unter Kyros II. die Grenzen des lydischen Reiches bedrohten. Das Orakel verkündete, Kroisos werde ein mächtiges Reich zerstören, wenn er den Persern entgegenzöge und den Halys überschritte. Durch diesen Spruch ermutigt, ritt Kroisos an der Spitze seines Heeres dem Feind entgegen. Der Perserkönig Kyros II. schlug ihn jedoch überraschend bei Pteria (Kappadokien) und drängte ihn in die Residenz Sardes zurück. Die Katastrophe spielte sich so schnell ab, dass den lydischen Bundesgenossen Ägypten, Griechenland und Babylon keine Zeit zum Eingreifen blieb. Binnen Tagen standen die Perser vor Sardes, belagerten die Stadt und erobern sie schließlich 547 v. Chr.

Über das Schicksal des Kroisos ist nichts Genaues bekannt. Möglicherweise tötet Kyros II. ihn bei der Eroberung von Sardes. Andere Quellen hingegen berichten davon, dass der Lyderkönig versucht, sich durch Selbstverbrennung der Gefangennahme zu entziehen, aber von Kyros II. in letzter Minute vom Freitod abgehalten wird (Abb.: Kroisos auf dem Scheiterhaufen; Stahlstich).

546 v. Chr.

Tyrann des Goldenen Zeitalters

Mit der Alleinherrschaft des Tyrannen Peisistratos beginnt das sog. Goldene Zeitalter Athens. Die Herrschaft der Peisistraten in der Stadt bleibt bis zur Vertreibung des Hippias, eines der Söhne des Peisistratos, durch die Spartaner im Jahr 510 v. Chr. bestehen.
Peisistratos herrschte zunächst als Kleinfürst über die attische Bergregion. Nach den Überlieferungen der griechischen Gelehrten Herodot und Aristoteles war die Halbinsel Attika in der Mitte des 6. Jh. v. Chr. in drei Gebiete unterteilt, die jeweils einem Fürsten unterstanden: Peisistratos regierte in den Bergen, Lykurg herrschte über die Ebene und Megakles über die Küstenregion. Im Ringen um die attische Vorherrschaft verbündeten sich Megakles und Peisistratos. Um Lykurg zu vertreiben, ließen sie eine als Göttin Athene verkleidete Schauspielerin durch die Stadt fahren, die der Bevölkerung Peisistratos als Machthaber empfahl. Das Vorhaben gelang.
Peisistratos erhielt die Alleinherrschaft über Athen unter der Bedingung, eine Tochter des Megakles zu heiraten und eine sog. megakleische Dynastie zu gründen. Als sich Peisistratos aber weigerte, mit seiner Frau Kinder zu zeugen, vertrieb ihn Megakles aus Athen. Peisistratos floh nach Thrakien, wo er durch die Ausbeutung von Silberbergwerken ein beträchtliches Vermögen ansammelte. 546 v. Chr. kehrt er mit einem Söldnerheer in die Heimat zurück. Dieses Mal reißt Peisistratos die Macht mit Gewalt an sich und errichtet eine dauerhafte Alleinherrschaft.
Der Tyrann lässt die geltende Polisverfassung unangetastet, beschneidet aber die Rechte der Großgrundbesitzer. Mit der Einsetzung lokaler Richter wendet er sich gegen die noch bestehenden Adelsgerichte. Opponierende Adelige werden verbannt oder gehen ins Exil. Bis zu seinem Tod 527 v. Chr. gelingt es Peisistratos, Athen zu wirtschaftlicher Blüte zu führen. Er gibt eine einheitliche Staatsmünze aus, auf der ein Bild der Schutzgöttin Athene und einer Eule – Attribut Athenes – zu sehen sind. Die Vereinheitlichung des Münzwesens sorgt für einen Aufschwung des griechischen Handels, insbesondere des Exports. Außerdem sucht Peisistratos die Nähe zu Ionien und verhilft Athen auf diese Weise auch außenpolitisch zu neuer Bedeutung. Seine Söhne Hipparchos und Hippias führen die Regentschaft der Peisistraten fort und regieren bis zur Ermordung des Hipparchos im Jahr 514 v. Chr. gemeinsam die Stadt.

Mit einer als Göttin Athene verkleideten Schauspielerin täuscht Peisistratos die Bevölkerung Athens.

Peisistratos

Tyrann von Athen (561–527 v. Chr.)

Die Herrschaft des Peisistratos gilt als Übergang von der Athener Adelsherrschaft zur Volksherrschaft. Der entfernte Verwandte des weisen Solon führt die Reformen des attischen Staatsmannes fort. Der Adel ist weitgehend machtlos, da hohe Ämter ausschließlich von Freunden des Herrschers besetzt werden. Dank umfassender Landreformen schafft der Tyrann eine ihm zugeneigte, zufriedene Bauernschaft, auf die sich seine Herrschaft stützt. Beliebtheit erlangt Peisistratos auch durch seine Gewohnheit, sich unerkannt unter das Volk zu mischen, um von den Nöten der einfachen Menschen zu erfahren. In ganz Athen verwirklicht der Herrscher große Bauvorhaben, darunter den Ausbau der Akropolis.

- 565 v. Chr.: Teilnahme am Grenzkrieg gegen Megara
- Um 530 v. Chr.: Peisistratos initiiert den Bau des Zeustempels in Athen (Olympieion)

Um 545 v. Chr.

Kelten besiedeln Heuneburg

In der Nähe des heutigen Hundersingen (Baden-Württemberg) wird mit der Heuneburg eine der imposantesten Keltenburgen Europas errichtet. Die Anlage besteht aus einer Höhensiedlung von 45 000 m^2 Fläche und ist von einem Wall umgeben. Vermutlich leben ein keltischer Fürst mit seiner Familie und Vertreter der Adelsschicht im Innern der Burg. Vor der Mauer liegt eine Außensiedlung aus Holzhäusern. Anhand von gefundenen importierten Gütern lassen sich intensive Beziehungen der hier lebenden Kelten zu den Kulturen des Mittelmeeres, insbesondere den Griechen, nachweisen. Auch die Wallanlage um die Burg ist mit ihrem Steinfundament und aufgehenden Mauern aus luftgetrockneten Lehmziegeln typisch griechisch.

546 v. Chr.

Die Erde ist ein Zylinder: Das Weltbild Anaximanders von Milet

Mit Anaximander von Milet (Abb.: Anaximander mit Sonnenuhr; römisches Mosaik) stirbt der Begründer der wissenschaftlichen Geografie. Der Schüler des Thales von Milet unternahm langjährige Beobachtungen der Gestirne, zeichnete die erste griechische Landkarte und schuf den ersten Himmelsglobus. Sein Weltbild beeinflusst die griechische Wissenschaft der folgenden Jahrhunderte maßgeblich. Nach Anaximander schwebt die Erde als Zylinder mit gewölbter Oberfläche mitten im Universum. Sie ist von brennenden Speichenrädern umgeben, deren Feuerteile als Gestirne am Nachthimmel erscheinen. Er vermutet, die Erde sei nach ihrer Entstehung vollständig von Wasser bedeckt gewesen, die Kontinente seien durch langsame Austrocknung dieses Ur-Meeres entstanden.

540 **Zypern** wird Teil des persischen Großreiches. Im Zuge der Expansion unter König Kyros II. löst sich die Insel aus der seit 570 v. Chr. bestehenden ägyptischen Vorherrschaft. Neben Salz und Asbest ist Zypern ein Hauptlieferant von Kupfer, dem es auch seinen Namen verdankt. Die Annexion der Insel ist ein weiterer Schritt Persiens auf dem Weg zur Eroberung Ägyptens.

535 Vor **Alalia** an der Westküste Korsikas besiegen die verbündeten Truppen der Karthager und der Etrusker eine zahlenmäßig unterlegene Flotte der Phokäer. Die Raubzüge griechischer Freibeuter stellen seit längerem eine Bedrohung der gemeinsamen Interessen beider Mächte dar. Gefördert wird diese Koalition durch die schon länger bestehenden Handelsverbindungen zwischen Etrurien und Nordafrika.

Um 530 In der unteritalischen Stadt **Lokroi Epizephyrioi**, der von Kolonisten aus dem griechischen Lokris gegründeten Siedlung »unter dem Westwind«, wird der Haupttempel ausgebaut. Diese Baumaßnahme ist ein Zeichen der wirtschaftlichen Blüte der Siedlung. Nach der Abwehr eines Angriffs der Nachbarsiedlung Kroton um 550 v. Chr. profitierte die Stadt von einer Periode des Friedens und des Wohlstands.

In einem nicht näher bekannten Kampf fällt der adelige griechische Krieger **Kroisos**. Zu seinen Ehren wird beim heutigen Anavysos in Griechenland eine Statue aus Marmor errichtet (heute im Nationalmuseum von Athen), auf deren Basis folgende Inschrift zu lesen ist: »Bleibe stehen und trauere am Denkmal des toten Kroisos, den fällte unter den Vorkämpfern der wütende Ares.« Der tote Krieger wird hier als tapferer Recke gerühmt, der in der vordersten Schlachtreihe gefallen ist. Der griechische Kriegsgott Ares selbst soll Kroisos getötet haben.

Theodoros von Samos übt als Erster die Kunst des Edelsteinschleifens aus. Der Techniker und Mathematiker gilt der griechischen Überlieferung nach als der Erfinder zahlreicher nützlicher Werkzeuge und technischer Verfahren. So soll er u.a. das Winkelmaß, den Bronzeguss im Wachsausschmelzverfahren und die Drehbank entwickelt haben. Auch wenn die meisten Vorbilder hierfür schon vor längerer Zeit im Orient entstanden, so zeugt doch die Prominenz des Theodoros von seinem bedeutenden Einfluss auf die Technikgeschichte der griechischen Antike.

538 v. Chr.

Reichtum durch Handel – Polykrates beherrscht die Ägäis

Der Tyrann Polykrates (Abb.: »Der Ring des Polykrates«; Kupferstich von Matthäus Merian d. Ä.) schwingt sich von Samos aus zum Herrscher über das Ägäische Meer auf. Polykrates baut sein Inselreich zu einem blühenden Handelszentrum aus. Er lässt eine große Hafenmole errichten und diese mit Schiffshäusern ausstatten.

Samos entwickelt sich rasch zu einem beliebten Anlaufpunkt für Kaufleute, die dem Herrscher durch Warenhandel und Hafenzölle gute Einnahmen verschaffen.
Daraufhin lässt sich Polykrates eine große Flotte bauen, mit deren Hilfe er bald weite Teile des östlichen Mittelmeeres beherrscht. Damit wird er zum Konkurrenten der Großmächte Persien und Ägypten, die er mit einer Schaukelpolitik gegeneinander ausspielt. Als die Perser das Nilreich bedrohen, unterstützt Polykrates die Ägypter, muss aber bald erkennen, dass der Perserkönig Kambyses die Auseinandersetzung gewinnen wird. Rasch wechselt Polykrates 525 v. Chr. die Seiten und stellt den Persern einen Teil seiner Flotte für die Invasion des Nilreichs zur Verfügung. Die Schiffe bemannt Polykrates mit seinen innenpolitischen Feinden, die im Kampf den Tod finden sollen. Als diese umkehren, um den verhassten Tyrannen zu stürzen, scheitern sie an der überlegenen Streitmacht auf Samos. Auch eine durch Sparta angezettelte Revolte wird niedergeschlagen. Im Jahr 522 v. Chr. wird Polykrates von einem persischen Satrapen (Statthalter) in dessen Palast zu Tode gefoltert.

540–490 v. Chr.

Großreich in Nordindien

Unter den indischen Stammesstaaten steigt zur Zeit des Religionsstifters Buddha das Königreich Magadha zur bedeutendsten Macht im Nordosten des Subkontinents auf.

Der Gighakuta-Berg bei Rajgir: Hier soll Buddha zur Zeit des Königs Bimbisara gepredigt haben.

König Bimbisara erweitert die Vormachtstellung Magadhas nicht durch Kriegszüge, sondern durch geschickte Heiratspolitik. Die westlich angrenzenden Reiche von Kosala und Videha werden auf diese Weise zu engen Verbündeten gemacht. Bimbisara selbst heiratet die Schwester des Königs Prasenajit von Kosala und erlangt so die Kontrolle über weitere Gebiete bei Varanasi. Den König von Anga im heutigen Bengalen besiegt Bimbisara im Kampf und annektiert dessen Herrschaftsgebiet. Angas Hauptstadt Campa ist von großer wirtschaftlicher Bedeutung, da ihr Hafen Anlaufpunkt für die Flussschiffe des Ganges und die Küstenschiffe aus Südindien ist.
Sowohl der Ganges selbst und die strategische Kontrolle über diesen Wasserweg als auch die Handelsroute nach Nordwesten Richtung Taxila und Charsadda verschaffen Magadha und seinen Bewohnern wirtschaftlichen Reichtum. Die neue Hauptstadt des Reiches wird Rajagriha (heute Rajgir), die der König im großen Stil ausbauen lässt. Sie löst die Residenz Girivraja ab. Auch um die Verwaltung kümmert sich Bimbisara und unternimmt zahlreiche Inspektionsreisen durch sein Königreich.
Bimbisaras Regierung soll insgesamt 52 Jahre gedauert haben und endet tragisch: Der eigene Sohn Ajatashatru nimmt den Vater gefangen und ernennt sich zum König von Magadha. Sieben Jahre vor dem Nirwana Buddhas (traditionell datiert auf 486 v. Chr.) verhungert der alte König in Gefangenschaft.

Um 535 v. Chr.

Totale Macht: Tyrannen regieren die Griechenstädte Siziliens

Die griechische Kolonisierung Siziliens kommt zum Abschluss, als die Griechen im Mittelmeerraum mit Etruskern und Karthagern in Konflikt geraten. 535 v. Chr. vertreiben Etrusker und Karthager in der Seeschlacht bei Alalia die griechischen Phokäer von der Insel Korsika und beenden damit die griechische Expansion in Richtung Westen.
Bereits in der zweiten Hälfte des 8. Jh. v. Chr. hatte die Phase der griechischen Koloniegründungen auf Sizilien eingesetzt. Als Sprungbrett zur Besiedlung der Insel dienten Handelsplätze an den Küsten Unteritaliens. Griechen aus Euböa errichteten um 735 v. Chr. mit der Stadt Naxos an der Ostküste die erste griechische Siedlung auf Sizilien. Etwa ein Jahr später folgte das von Korinthern gegründete Syrakus. Nach rund 150 Jahren war diese Gründungswelle weitgehend abgeflaut. Um 600 bzw. 580 v. Chr. errichteten die Griechen mit Akragas (Agrigent) im Südwesten die jüngste Kolonie Siziliens. Ausgangspunkt für diese Besiedlung waren die Insel Rhodos sowie die sizilianische Stadt Gela – selbst eine Gründung aus dem Jahr 690 v. Chr.
Bevölkerungswachstum und mangelnde Ressourcen waren für die Kolonisten die Beweggründe, ihre alte Heimat zu verlassen. Sizilien entwickelte sich zu einem Experimentierfeld für Abenteurer und Händler, denen der Reichtum und die Unerschlossenheit des Landes zahlreiche Möglichkeiten eröffnete. Die Insel besitzt reiche Schwefelvorkommen und bietet mit ihrem milden Klima ideale Bedingungen für den Anbau von Getreide und Wein. Der Wohlstand spiegelt sich in zahlreichen Prachtbauten (Abb.: Ruinen des Castor-und-Pollux-Tempels in Agrigent).
Im 6. Jh. v. Chr. setzen sich in vielen sizilianischen Städten Tyrannen als Alleinherrscher durch. Berüchtigt ist Phalaris von Agrigent, der seine Feinde angeblich im Innern eines Bronzestieres zu Tode quält, indem er darunter ein Feuer anzünden lässt. An den wie Stiergebrüll klingenden Schreien soll sich Phalaris ergötzen. Sein Nachfolger ist Theron, der von den Einwohnern als gütiger Herrscher geschätzt wird. In seiner Regierungszeit entstehen mehrere Tempelbauten sowie eine bedeutende und wichtige Wasserleitung. In Syrakus herrscht Gelon mit seiner Familie. Mit ihm erringt erstmals eine Stadt die Vormacht auf der Insel. Unter Gelons Führung besiegen die griechischen Kolonisten im Jahr 480 v. Chr. bei Himera ihre ärgsten Konkurrenten auf Sizilien – die Karthager.

Um 536–533 v. Chr.

Neue Dramaturgie für die Athener Bühne: Thespis entwickelt eine frühe Form der Tragödie

In Athen findet unter der Leitung des griechischen Dichters Thespis die erste staatliche Aufführung einer Tragödie statt. Diese neue Form des Schauspiels verändert die Theaterlandschaft in der klassischen Antike grundlegend.
Ort der Aufführung ist das Dionysos-Theater am Südhang der Akropolis. In Athen hält man zweimal im Jahr Dionysosfeiern ab, die sog. Großen (März/April) und Kleinen Dionysien (Januar/Februar). Theaterstücke werden nur einmal anlässlich des jeweiligen Festes aufgeführt. Erst ab 386 v. Chr. wiederholt man frühere Aufführungen.
Thespis revolutioniert die Art und Weise der Theatervorführungen, die eng mit kultischen Feiern verknüpft sind, indem er einen einzelnen Sprecher dem bisher allein agierenden Chor gegenüberstellt und beide getrennt voneinander auftreten lässt. Mit diesem Kunstgriff schafft Thespis neue künstlerische Ausdrucksmöglichkeiten. Der Chor, der bis dahin durch Gesänge das mythische Geschehen kommentiert hat, wird in eine spannungsgeladene Handlung eingebunden. Die durch den Wechsel zwischen einem Schauspieler und dem Chor gewonnene Dramaturgie führt auch zu einer wachsenden Beliebtheit dieser Theaterform beim Publikum. Thespis erschafft damit eine neue Kunstform: die Tragödie (der griechische Name bedeutet »Lied beim Bocksopfer« bzw. »Lied um den Bockspreis«). Die von Thespis entworfene frühe Form der Tragödie wird von dem griechischen Dichter Aischylos durch die Einführung eines zusätzlichen zweiten Schauspielers weiterentwickelt (siehe S. 251).
Der aus Ikaria bei Athen stammende Thespis machte sich als Dichter schon vor der Tyrannis des Peisistratos in Athen (ab 561 v. Chr.) einen Namen und soll dort dem Staatsmann Solon begegnet sein. Die Utensilien seiner Stücke habe er – so berichtet der römische Dichter Horaz – auf einem Holzkarren mit sich geführt (Abb.: »Der Wagen des Thespis«; Deckengemälde von Gustav Klimt im Wiener Burgtheater). Solche »Thespiskarren« benutzen später viele Schauspielgruppen für Aufführungen. Der Begriff steht noch heute im übertragenen Sinn für eine Wanderbühne.

539 v. Chr.

Nach 50 Jahren Exil: Juden kehren aus Babylonischer Gefangenschaft nach Palästina zurück

Nach über 50-jährigem Exil in Babylonien kehren die Juden in ihre Heimat Palästina zurück. 597 v. Chr. hatte der babylonische König Nebukadnezar II. die judäische Oberschicht nach Babylonien deportiert. Im August 587 v. Chr. hatte er die judäische Hauptstadt Jerusalem geplündert und die Stadtbevölkerung in sein Reich verschleppen lassen. Nach der Eroberung Babylons durch den persischen König Kyros II. erlaubt dieser den Juden nun die Rückkehr in ihre Heimat. Bereits 520 v. Chr. beginnen sie mit dem Wiederaufbau ihres zentralen Heiligtums auf dem Tempelberg in Jerusalem.
Trotz des Verlustes der staatlichen Eigenständigkeit kehrt das Judentum gestärkt aus dem Exil zurück. Der jüdische Glaube erfährt in der Zeit der Verbannung seine entscheidende Prägung und erhält seine noch heute gültige Form. Insbesondere der kompromisslose Glaube an den einen Gott und damit die Ablehnung aller anderen Götter ist eine Folge dieser religiösen Selbstbesinnung. Auch die schriftliche Niederlegung der eigenen Glaubensgeschichte erfolgt während des babylonischen Exils. Eine neue Epoche in der Geschichte des jüdischen Volkes bricht an.

Um 520 Der **Waffenlauf** zählt zu den olympischen Wettkämpfen. Dabei müssen die in voller Rüstung mit Helm, Beinschienen, Speer und Schild bekleideten Läufer zwei Stadionlängen (192,27 m) zurücklegen. Wegen des hohen Gewichts, das die Wettstreitenden mit sich führen, werden die Bedingungen später erleichtert. Fortan dürfen die Kämpfer ohne Beinschienen und Speer das Stadion von Olympia umrunden.

Im chinesischen Staat Lu gründet der Philosoph **Konfuzius** eine eigene Schule. Hier vermittelt er seinen Schülern gegen eine geringe Entlohnung die Grundlagen im Rechnen, Schreiben und Lesen. Darüber hinaus unterrichtet Konfuzius Bogenschießen, Wagenlenken und Verhaltensregeln. 517 v. Chr. musste der Philosoph mit seinen Schülern und dem Fürsten Zhao ins Exil nach Qi gehen. Gegen den rechtmäßigen Fürsten hatte sich heftiger, von einflussreichen Familien unterstützter Widerstand formiert.

513 Um die reichen Gebiete nördlich des Schwarzen Meers zu erobern, unternimmt der persische König Dareios I. einen Feldzug gegen das dort ansässige Reitervolk der **Skythen**. Mit einem großen Heer überschreiten die Perser den Istros (Donau). Die Unternehmung scheitert jedoch. Den flinken skythischen Reiterscharen sind die vergleichsweise behäbigen Streitwagen der Perser unterlegen.

Um 510 In der etruskischen Metropole **Tarquinia** in Mittelitalien gestalten Maler das sog. Grab der Jagd und des Fischfangs (Tomba della Caccia Pesca). Die Fresken des in den Felsen eingetieften Grabmals zählen zu den bedeutendsten etruskischen Wandmalereien. Beide Kammern der durch einen schmalen Gang (Dromos) zugänglichen Grablege sind bis zur Decke ausgemalt. Berühmtheit erlangt die Darstellung eines jungen Mannes, der von einem Felsen ins Meer springt.

29. September 522 v. Chr.

Persien unter Dareios I.

Der persische Elitesoldat Dareios übernimmt die Macht und führt in der Folgezeit das Perserreich zu seiner größten Blüte.

Als der persische Reichsgründer Kyros II. im August 529 v. Chr. auf dem Schlachtfeld den Tod fand, bestieg sein Sohn Kambyses II. den Thron. Er führte die Expansionspläne des Vaters erfolgreich fort und dehnte die persischen Grenzen in Richtung Südwesten bis an die kleinasiatische Küste aus. Bei Pelusium stellten sich die Ägypter unter Pharao Psammetich III. den vorrückenden Persern entgegen, mussten jedoch eine Niederlage hinnehmen. 525 v. Chr. gelang Kambyses II. einer der größten politischen Erfolge der persischen Geschichte: die Eroberung Ägyptens.

In der Heimat hatte unterdessen ein Magier namens Gaumata den Thron besetzt. Als Kambyses von dem Usurpator erfuhr, eilte er heimwärts. Unterwegs stieß sich der König beim Aufsitzen die Schwertspitze ins Bein. Die Verletzung war so schwer, das Kambyses kurz darauf an ihren Folgen starb. Die Leibwache des Königs wurde nun von Dareios nach Persien zurückgeführt. Gemeinsam mit sechs adeligen Mitstreitern gelingt es Dareios, die Herrschaft Gaumatas zu beenden und selber den Thron zu übernehmen. Ein Jahr lang kommt es wiederholt zu Aufständen gegen den

Dareios I.

König von Persien (522–486 v. Chr.)

Dareios I. erweitert mit seiner Expansionspolitik das persische Weltreich und schafft durch eine Verwaltungsreform die Basis für dessen dauerhafte Stabilität. Der Sohn des parthischen Adeligen Hystapes entstammt einer Nebenlinie des achämenidischen Königshauses. Nach der Thronbesteigung sichert er seine Position durch Heirat mit Atossa, einer Tochter des Reichsgründers Kyros II. Dareios setzt die tolerante Politik von Kyros fort und erlaubt den Völkern unter seiner Herrschaft, ihre nationalen Eigenheiten, Sprachen und Religionen beizubehalten. Er stirbt während der Planung eines Feldzuges gegen Ägypten. Xerxes I., sein Sohn aus der Ehe mit Atossa, wird sein Nachfolger.

- 513 v. Chr.: Feldzug gegen die Skythen
- 499 v. Chr.: Beginn des Aufstands der kleinasiatischen (ionischen) Städte gegen die persische Herrschaft
- 493 v. Chr.: Niederschlagung des ionischen Aufstands

Die Ruinen der ehemaligen persischen Prunkresidenz Persepolis lassen die einstige Pracht der Bauten noch erahnen: so das Relief an der Treppenanlage (Teilansicht) zum Tripylon im Dareios-Palast.

König Dareios I., gefolgt von zwei Dienern; Relief am Nordtor des Palastes in Persepolis

selbst ernannten Regenten, doch Dareios kann der Situation schließlich Herr werden.
Unter dem neuen König erlebt Persien den Höhepunkt seiner Machtentfaltung. Die Grenzen weitet Dareios im Osten bis nach Indien, im Westen bis an die kleinasiatische Küste (Ionien) aus. Um ein so gewaltiges Reich beherrschen zu können, führt der König eine umfassende Verwaltungsreform durch. Er teilt seine Territorien in 20 Einheiten – sog. Satrapien – ein, die er von Adeligen regieren lässt. 518 v. Chr. beginnt Dareios mit

Das »Tor aller Länder« im Palast von Persepolis, durch das Gesandte die Anlage betraten

dem Bau der Prachtstadt Persepolis, die zum Inbegriff achämenidischer Weltmacht wird. In 58 Jahren Bauzeit entstehen Paläste und Prunkbauten, darunter der Hundertsäulensaal mit dem Herrscherthron. Die Stadt wird ebenso wie das persische Reich etwa 200 Jahre später von Alexander dem Großen zerstört.

Um 510 v. Chr.

Chinesen beherrschen die Technik der Eisenherstellung

Chinesische Schriftquellen berichten, dass Gelehrte des Staates Jing ihre Rechtssatzung auf die Oberfläche eines eisernen Kultgefäßes, eines so genannten Ding, prägen. Damit ist die Verwendung von Eisen in China erstmals belegt.
Vorreiter der chinesischen Eisenproduktion ist der Teilstaat Qin im Norden Chinas. Wie archäologische Funde belegen, liefern die Produktionsstätten Qins Roheisen, Werkzeuge und vor allem Waffen in viele benachbarte Reiche. Wie in Europa hat das Eisen auch in Ostasien bald die Bronze als wichtigsten Werkstoff verdrängt. Eisen ist günstiger, härter und leichter zu verarbeiten. Bereits im 4. Jh. v. Chr. kennen die Chinesen Techniken wie den Stapelguss, der es ihnen erlaubt, Massenproduktion zu betreiben. Bei diesem Verfahren fertigen die Gießer viele gleich aussehende Gussformen aus Ton an, die sie übereinander stapeln. Das geschmolzene Eisen wird in einen alle Formen verbindenden Kanal gegossen und fließt durch Seitenkanäle in jede einzelne Form. Durch geschickt platzierte Löcher kann die heiße Luft entweichen. Nach dem Erkalten werden die Tonformen abgeschlagen und Unebenheiten an den Werkstücken abgefeilt. Auf diese Weise lassen sich viele gleichförmige Produkte herstellen.

525 v. Chr.

Die Zahl als Grundprinzip der Welt: Die Lehre des Pythagoras

Der griechische Naturphilosoph Pythagoras gründet in Unteritalien die Philosophenschule der Pythagoreer.
Pythagoras (Abb.: Holzschnitt von 1491) stammt von der griechischen Insel Samos. In seiner Jugend führten ihn Reisen bis nach Ägypten und Babylonien. Als auf Samos der Tyrann Polykrates die Herrschaft ergriff, ging Pythagoras, der die Tyrannis als politisches System ablehnte, ins Exil nach Kroton (Crotone) in Unteritalien. Dort sammelt er Schüler um sich und gründet die Bruderschaft der Pythagoreer. In dieser gilt Pythagoras als vollkommener Weiser, zeitweilig wird er sogar als Inkarnation des Gottes Apoll verehrt.
Die Überhöhung des Philosophen ins Mythologische ist Ursache für die verschwommene Überlieferung der pythagoreischen Weisheiten und Lehrsätze. Fest steht, dass der Philosoph die Zahl als Grundprinzip der Welt erkannte und in allem Leben und allen Werken eine mathematische Ordnung sah. Aus Beobachtungen in Musik und Astronomie leitet Pythagoras die Behauptung ab, in der Welt herrsche eine Gesetzmäßigkeit, die er als Harmonie bezeichnet. Diese Harmonie drückt sich entweder in einfachen Zahlenverhältnissen aus oder steht zu solchen in sinnvollem Zusammenhang.
Zu den berühmtesten Hinterlassenschaften, die dem Philosophen zugeschrieben werden, zählt der sog. Satz des Pythagoras. Nach diesem heute grundlegenden Lehrsatz der Geometrie ist die Summe der Quadratflächen über den Katheten eines rechtwinkligen Dreiecks gleich der Quadratfläche über der Hypotenuse. Die Urheberschaft des gelehrten Griechen an dieser Erkenntnis darf jedoch bezweifelt werden, da bereits die Erbauer der jungsteinzeitlichen Megalith-Anlagen mit dieser Formel umgingen.

Pythagoras

griechischer Philosoph; * um 570 v. Chr. Samos; † um 500 v. Chr. Metapont

Pythagoras gilt als einer der ersten Philosophen Griechenlands. Er selber prägt auch den Begriff Philosophie, indem er sich als Freund des Wissens (griech. philos = der Freund, sophos = die Kenntnis) bezeichnet. Um die Weitergabe seines Wissens an Unbefugte zu verhindern, fixiert Pythagoras seine Lehren nicht schriftlich. Die politischen Aktivitäten der Pythagoreer in Unteritalien rufen den Widerstand anders Denkender hervor. Als es zu bewaffneten Auseinandersetzungen kommt, flieht Pythagoras nach Metapont, wo er im Alter von etwa 70 Jahren stirbt.

■ 525 v. Chr.: Gründung einer Philosophenschule

509 Nach dem Tod des verbannten Fürsten Zhao kehrt der chinesische Philosoph **Konfuzius** aus dem Exil im Lehnsstaat Qi ins Fürstentum Lu zurück. 517 v. Chr. waren in Lu Unruhen gegen den regierenden Fürsten Zhao ausgebrochen. Daraufhin hatten der Regent und Konfuzius sowie dessen Schüler den Weg ins Exil angetreten. Einige Jahre nach der Rückkehr wird Konfuzius zum Stadtgouverneur von Dschung-du berufen und 498 v. Chr. zum Justizminister ernannt.

508 Auf Befehl des persischen Königs Dareios I. bricht der griechische Geograf **Skylax** zu einer ausgedehnten Forschungsreise auf. Von der Mündung des Indus gelangt der aus Karyanda im südwestlichen Kleinasien stammende Schiffsreisende bis zum Arabischen Meer. Die Skylax ursprünglich zugeschriebenen schriftlichen Berichte über die Forschungsmission (Pseudo-Skylax) wurden allerdings nicht von ihm verfasst sondern entstehen erst im 4. Jh. v. Chr..

507 In **Athen** herrscht nach dem Sturz des Tyrannen Hippias und der Regierungsübernahme durch Kleisthenes eine Phase der Unsicherheit. Ausdruck des mangelnden politischen Selbstbewusstseins ist ein Bündnis, das die Griechen den Persern anbieten. Diese hatten 513 v. Chr. unter ihrem König Dareios I. während ihres – erfolglosen – Feldzugs gegen die nördlich der Donau ansässigen Skythen ihre Herrschaft über die südlich des Flusses liegenden thrakischen Gebiete ausgedehnt. Um die an den Grenzen Griechenlands stehenden Perser zu besänftigen, bieten die Griechen Dareios I. ein Bündnis an. Dieser lehnt jedoch ab.

506 In China fügt der junge Staat **Wu** dem Reich Chu eine empfindliche Niederlage zu. Der Sieg ist die Folge einer gegen Ende des 6. Jh. v. Chr. einsetzenden Entwicklung. Neben den etablierten chinesischen Reichen Qi und Chu entstanden im Südosten Chinas die Reiche Wu und Yue. Die Staaten, deren männliche Bevölkerung vor allem aus See- und Flussschiffern besteht, gelangen schnell zu Macht und Einfluss und lösen die älteren Reiche als Hegemonialmächte ab.

Ein Bündnis aus Spartanern, Böotiern und Chalkidern greift die Stadt Athen an. Der Feldzug endet mit einer Niederlage des Bundes. Als Zeichen seines Triumphes siedelt Athen auf der Insel Euböa, auf der auch das am Krieg beteiligte Chalkis liegt, mehr als 4000 Bürger an. Diese so genannten **Kleruchen** sind alle im wehrfähigen Alter und verfügen über das volle athenische Bürgerrecht. Mit der Ansiedlung erweitert Athen nicht nur seinen Herrschaftsbereich, sondern wirkt auch der Wanderungsbewegung entgegen. Durch das stetige Vordringen der Perser suchten viele Griechen in Athen Zuflucht.

508 v. Chr.

Attisches Rotationsprinzip: Kleisthenes führt Demokratie ein

Der griechische Staatsmann Kleisthenes übernimmt nach dem Sturz des Tyrannen Hippias die Regierungsgewalt in Athen. Er führt eine demokratische Verfassung ein und macht den attische Stadtstaat zum ersten in Griechenland, wo die absolute Macht des Adels gebrochen ist und allen freien männlichen Bewohnern der Stadt die gleichen Rechte eingeräumt werden.

Bis auf Frauen, Händler und Sklaven dürfen sich alle der etwa 315 000 Einwohner Athens an der Gestaltung ihres Gemeinwesens beteiligen. Kleisthenes' Verfassung bezieht sämtliche der über 100 Gemeinden, Dörfer und Stadtbezirke mit in den Staatsapparat ein. Sie werden zu zehn so genannten Phylen zusammengefasst, die jeweils 50 Vertreter in den Rat der 500 entsenden. Dieser Rat regelt für 36 Tage alle politischen Angelegenheiten der Stadt. Täglich wird ein neuer Vorsitzender gewählt. Nach Ablauf der Amtsperiode werden von den Phylen wieder 500 neue Vertreter in den Rat der Stadt gewählt. Durch dieses System entsteht eine weitgehende Gleichheit von Herrschern und Beherrschten. Die Gefahr, dass sich ein Volksvertreter gewaltsam zum Alleinherrscher aufschwingt, ist gering. Allerdings ist es kaum möglich, kompetente Männer für einen längeren Zeitraum im Amt zu halten, denn lediglich die Beamten der Finanzverwaltung und die Heerführer werden anhand ihrer Qualifikation ausgewählt und nicht – wie fast alle übrigen Träger eines politischen Amtes – durch das Los bestimmt.

Wenn auch jedem freien männlichen Athener das Recht zugestanden wird, in ein politisches Amt gewählt zu werden, verzichten doch viele darauf. Vor allem Angehörige der niederen Klassen, wie Bauern und Handwerker, können sich ein solches Amt nicht leisten. Sie müssten für die Dauer der Amtsperiode auf ihre gewerblichen Einnahmen verzichten. Dadurch bleibt die Zahl der tatsächlich in politischen Ämtern tätigen Athener gering.

Die rotierende politische Verwaltung ist nicht die einzige Methode, den Staat vor aufstrebenden Tyrannen zu schützen. Aristoteles berichtet in seiner »Staatsverfassung Athens« von einem Verfahren, mit dessen Hilfe die Athener unliebsame politische Führer für zehn Jahre ins Exil schicken können. Auf Geheiß des Kleisthenes wird das Scherbengericht (griech. Ostrakismos) eingeführt – eine geheime Volksabstimmung, bei der Tonscherben (griech. Ostraka) als Stimmzettel dienen. Auf die Scherben wird der Name des zu Verbannenden geritzt (Abb.: Scherbe mit dem Namen des Themistokles). Die Scherben werden dann eingesammelt und ausgewertet. Erscheint ein Name mehr als 6000-mal auf den Tontäfelchen, wird der entsprechende Politiker aus Athen verbannt. Er verliert weder seine Bürgerrechte noch sein Vermögen und darf nach Ablauf der zehn Jahre wieder nach Athen zurückkehren. 488/487 v. Chr. wird das Scherbengericht zum ersten Mal angewandt. Bis zum letzten Ostrakismos 416 v. Chr. werden auf diese Weise etwa 20 Männer aus der Stadt verwiesen.

Ende 6. Jh. v. Chr.

Fokus der römischen Politik

Mit dem Forum Romanum (s. Abb.) entsteht ein Brennpunkt der römischen Politik. Ingenieure lassen eine sumpfige Senke zwischen den Hängen der römischen Hügel Palatin und Kapitol durch die Aufschüttung von über 10 000 m^3 Erde auf ein höheres Niveau anheben. Die Senke liegt an einer Schleife des Tiber und wird in regelmäßigen Abständen überschwemmt. Erst durch die Aufschüttung ist die Besiedlung und dauerhafte Bebauung des Forum-Areals möglich. Das Gelände wird planiert und mit Kieselsteinen und Tonerde gepflastert. Es entsteht die erste künstliche Straße Roms: die Via Sacra, die später zu einer wichtigen Verkehrsachse wird. Um weitere Baumaßnahmen zu ermöglichen, wird das Gebiet durch die Anlage eines Kanals weiter entwässert. Der Kanal soll das sich zwischen den Hängen sammelnde Wasser in den Tiber leiten. Das Forum Romanum entwickelt sich in den folgenden Jahrzehnten schnell von einem Sakralbezirk zum dicht bebauten politischen und wirtschaftlichen Zentrum Roms.

509 v. Chr.

Meilenstein: Rom wird Republik

Nach dem Sturz der etruskischen Monarchie erhält das nun unabhängige Rom eine republikanische Verfassung. Damit schlägt die Geburtsstunde der römischen Republik. Bis dahin hatten die etruskischen Tarquinier-Könige die Latinerstadt fest in ihrer Hand. Den Römern gelingt jedoch ein Adelsaufstand gegen die Fremdherrscher. Sie stürzen den letzten etruskischen König Roms, Tarqinius Superbus, und entwickeln ein eigenes System politischer Kontrolle. Der Adel übernimmt die Führungsgewalt.
Die höchste Gewalt im Staat haben zwei ausschließlich aus Adelskreisen gewählte Konsuln inne. Sie bilden den Magistrat, das höchste politische Organ der Republik. Für ihre Amtszeit von einem Jahr haben sie die fast uneingeschränkte Gewalt über den römischen Staat. In Notzeiten können die Konsuln einen Diktator ernennen, der für sechs Monate die vollständige Kontrolle über die Stadt übernimmt und darüber hinaus niemandem Rechenschaft schuldig ist.
Das zweithöchste Amt der römischen Republik bekleiden die Prätoren, die für die Rechtsprechung zuständig sind. Auch ihre Machtbefugnisse sind, wie die der Konsuln, unbeschränkt und keiner Kontrolle durch Dritte unterworfen. Ihnen folgen die übrigen Beamten: Zensoren (frühere Konsuln), kurulische Ädilen (höhere Beamte) sowie – ab 447 v. Chr. – die Quästoren (Finanzbeamte). Die kurulischen Ädilen beaufsichtigen unter anderem die städtische Polizei, das Bauwesen sowie die öffentlichen Spiele. Die Quästoren sind für die Finanzverwaltung zuständig. Als Berater des Magistrats dient der Senat, eine Versammlung von 300 Oberhäuptern der römischen Adelsfamilien (patres).

Lucius Iunius Brutus, einer der Adelsführer

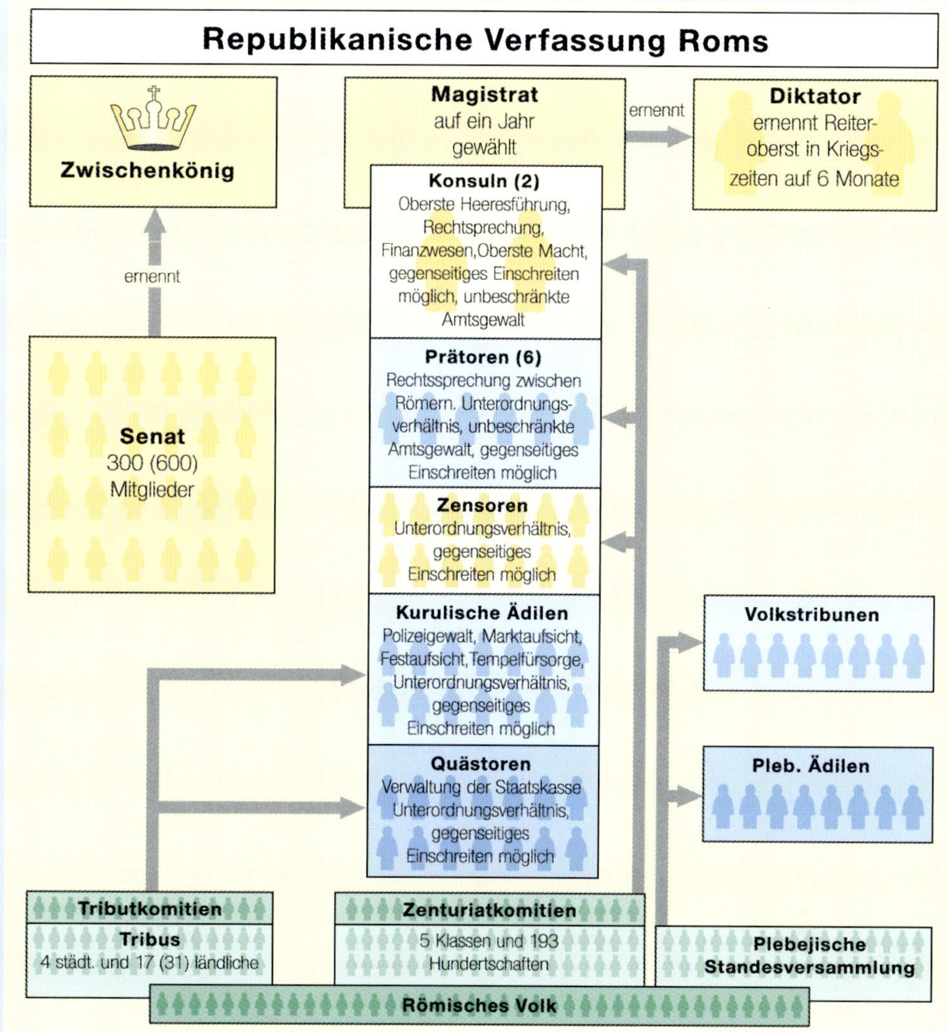

Die Gewaltenteilung in der römischen Republik

Gewählt werden die Konsuln durch Zenturiatskomitien – ein Regierungsorgan, dessen Mitglieder sich durch die Höhe ihres versteuerbaren Vermögens qualifizieren. Neben der Wahl des Magistrats entscheiden die Zenturiatskomitien mit ihren 193 Hundertschaften (lat. Zenturie) über Krieg und Frieden. Das einfache Volk bleibt von politischen Entscheidungen weitgehend ausgeschlossen.

Ende 6. Jh. v. Chr.

Eine Schwalbe macht noch keinen Sommer: Ein Sklave als Erzähler lehrreicher Geschichten

Die Fabeln des Dichters Äsop, dessen Gestalt sich zwischen Historie und Sage verliert, werden in Griechenland mündlich weitergegeben. Historisch gesicherte Fakten über Äsop, der um die Mitte des 6. Jh. v. Chr. gelebt haben soll, fehlen jedoch gänzlich (Abb.: hellenistische Bronzefigur aus Hadra, die vermutlich Äsop darstellt). Der »Aesoproman« aus dem 1. Jh. n. Chr. erzählt die Lebensgeschichte des Dichters in Form einer Legende. Der Historiker Herodot berichtet von einem Thraker oder Phryger Äsop, der Sklave unter dem Samier Iadmon ist. Als Iadmon erkennt, dass ihm sein Sklave an Klugheit überlegen ist, entlässt er Äsop aus der Knechtschaft.

Ob die heute als »Äsopische Fabeln« bekannten Tiergeschichten tatsächlich aus seiner Feder stammen, ist nicht gesichert. Die Erzählungen gehen auf griechische und orientalische Überlieferungen zurück und werden erst von dem athenischen Philosophen Demetrios von Phaleron um 300 v. Chr. zusammengetragen und niedergeschrieben. Viele der äsopischen Fabeln finden sich noch heute selbst

im deutschen Sprachgebrauch wieder, darunter das Sprichwort »Eine Schwalbe macht noch keinen Sommer«. Es geht auf die Geschichte über einen verschwenderischen Jüngling zurück. Als er eine Schwalbe sieht, denkt er, der Sommer sei gekommen und verschenkt sorglos seinen Mantel. Zu spät bemerkt der Jüngling, dass der Vogel erfroren ist.

Um 500 Zu den wohlhabendsten Handwerkern Athens zählt der Töpfer **Euphronios**. Ausdruck seines Reichtums sind die von ihm auf der Akropolis gestifteten Weihgeschenke. Insbesondere den großen, in rotfiguriger Technik bemalten Kelchkrateren verdankt Euphronios seinen Status. In den mit mythischen und alltäglichen Szenen verzierten Vasen mischt man Wein und Wasser. Euphronios bringt es in der um 530 v. Chr. entstandenen rotfigurigen Malweise zu hoher Meisterschaft. Dabei werden die Figuren auf den schwarz überzogenen Gefäßwänden als helle Flächen ausgespart und mit detaillierten Binnenzeichnungen versehen.

Die Blütezeit der im Ohiotal in Nordamerika ansässigen **Adena-Kultur** beginnt. Charakteristisch für die Adena-Leute sind die großen Grabhügel, die so genannten Mounds. Sie bestehen aus bis zu 20 m hohem Erdreich, das über den Gräbern aufgeschüttet wird. Häufig sind die Mounds von Wallanlagen umgeben, die wahrscheinlich kultischen Zwecken dienen. Neben den Grabhügeln bargen Archäologen auch Mounds, die sich über zerstörten Häusern türmten. Ihre Funktion ist bis heute nicht geklärt. Die aufgefundenen Siedlungsreste bezeugen, dass die Adena-Leute in kleinen, aus zwei bis fünf Häusern bestehenden Weilern lebten.

In Mesopotamien wird ein System für die Angleichung zwischen Mond- und Sonnenjahr entwickelt. Über einen Zeitraum von 19 Jahren werden sieben **Schaltmonate** dem aus Mondmonaten bestehenden Kalender hinzugefügt. Dies ist notwendig, da der Kalender mit 354 Tagen elf Tage weniger zählt als das Sonnenjahr.

Unter der griechischsprachigen Bevölkerung Unteritaliens verbreitet sich eine ursprünglich aus dem Orient stammende religiöse Bewegung: der sog. **Orphismus**. In den orphischen Dichtungen, die dem mythischen Sänger und Leierspieler Orpheus zugeschrieben werden, formulieren die Anhänger des Kultes ihre philsophischen und religiösen Vorstellungen. Sie thematisieren u. a. die Entstehung des Lebens und Jenseitshoffnungen – Ansichten, die in griechischen Kulten nicht miteinander kombiniert werden.

Um 500 v. Chr.

Der Krater von Vix – ein Monumentalwerk der Bronzekunst

Eine keltische Fürstin findet in der Nähe der heutigen französischen Ortschaft Vix ihre letzte Ruhestätte. Zu ihren Grabbeigaben gehört ein gewaltiger Krater (Mischgefäß), der mit 1200 Litern Volumen das größte erhaltene Bronzegefäß des Altertums darstellt (Abb.).
Der Krater ist 1,64 m hoch und 208 kg schwer. Seine weite Öffnung dient zum Schöpfen von Wein, der in Krateren traditionell mit Wasser vermischt wird. Die Griffe sind als spiralförmige Einrollung gestaltet und enden in Gorgonenköpfen. Form und Funktion des Gefäßes lassen keinen Zweifel, dass es sich um ein Importstück aus Griechenland handelt. Beziehungen zu Griechen und Etruskern belegen auch die Bautechniken der Kelten. Die etwa 40-jährige Fürstin zählte zur Oberschicht der Späthallstatt-Zeit und gehörte vermutlich einem Stamm an, der auch von intensivem Zinnhandel mit den Britischen Inseln profitierte.

504 v. Chr.

Der Abstieg der Etrusker

Die Etrusker erleiden bei Aricia (in der Nähe von Rom) eine Niederlage gegen den Latinischen Bund. Die Schwächung des etruskischen Einflusses in Latium läutet den Niedergang der etruskischen Kultur in Italien ein.

Zur Schwächung tragen vor allem die Griechen bei, denen die junge etruskische Handelsmacht ein Dorn im Auge ist. Von den etruskischen Vorstößen in den östlichen Mittelmeerraum zeugen griechische Legenden, die jene Gewässer als Schauplatz der Gräu-

Diener und Musikanten; etruskische Wandmalerei in der Tomba dei Leopardi (Tarquinia), 5. Jh. v. Chr.

Um 500 v. Chr.

Pioniertat: Hekataios von Milet beschreibt die Erde

Der Historiker und Geograf Hekataios von Milet veröffentlicht sein Werk »Erdbeschreibung«. Zeit seines Lebens reist Hekataios durch den östlichen Mittelmeerraum und gelangt bis nach Ägypten. Seine Fahrten bringen ihn auch nach Persien, Thrakien und Südrussland. Seine Aufzeichnungen nutzt der Gelehrte zur Verbesserung der ersten griechischen Weltkarte (Abb.: Weltkarte des Hekataios). Diese wurde von Anaximander von Milet erstellt. Das Weltbild ist bei beiden Geografen dasselbe: Die Erde schwebt als Zylinder in dem sie umgebenden Universum. Neben den geografischen Verbesserungen fügt Hekataios der Karte auch literarische Texte bei.

Die Prosa ist das wichtigste Betätigungsfeld des Mileters. Er gilt nicht nur als der älteste bekannte Prosaiker Griechenlands, sondern ist zudem der Erste, von dem eine große Anzahl Schriften bis heute überliefert ist. Seine »Periodos« gilt als ältestes griechisches Geschichtswerk, in dem die Folge historischer Vorgänge erstmals einer wissenschaftlichen Betrachtung unterzogen wird. In seiner vierbändigen »Genealogie« beschreibt er die Stammbäume adeliger Geschlechter. Politisch tritt Hekataios im ionischen Aufstand hervor, wo er sich als Mittler zwischen den griechischen Städten Kleinasiens und den Persern betätigt.

500 v. Chr.

Ionischer Aufstand beginnt

Die griechischen Städte Kleinasiens erheben sich gegen die Herrschaft der Perser. Der ionische Aufstand markiert den Beginn der Perserkriege (Abb.: Zweikampf zwischen griechischem und persischem Krieger; Vasenmalerei, 5. Jh. v. Chr.).

An der Küste Kleinasiens (heutige Türkei) liegen zahlreiche griechische Städte, darunter das wirtschaftlich bedeutende Milet und Ephesos. Die nach der Landschaft Ionien benannten Siedler stehen unter der Herrschaft der Perser, an die sie zum Teil hohe Abgaben zahlen müssen. Unterstützt von Hilfstruppen aus Athen und Eretria rufen die Ionier unter Führung von Aristagoras aus Milet zum Aufstand und überfallen die persische Stadt Sardes. Sie können die Unterstadt einnehmen und niederbrennen, scheitern jedoch an den Verteidigungsanlagen der Akropolis (Hochstadt). Die Perser schicken rasch Unterstützung. Die Ionier müssen sich zurückziehen, erreichen auf der Flucht Ephesos, werden dort jedoch von den nachrückenden Persern besiegt.

Die Nachricht von der Rebellion verbreitet sich entlang der kleinasiatischen Küste wie ein Lauffeuer. Städte am Hellespont und Bosporus schließen sich der Erhebung an. Es folgen Städte in Karien und auf Kypros (Zypern). Die Kyprier erlangen die Freiheit, verlieren sie jedoch im folgenden Jahr wieder, als eine von Persien entsandte Streitmacht der Phöniker auf der Insel landet. Auch auf dem Festland ebbt der Aufstand nach und nach ab. Die Perser erobern unter dem Feldherrn Daurises die Bosporusstädte Abydos, Perkote, Lampsakos und Paisos. Gleichzeitig unterwirft der Perser Hymeas das Gebiet des ehemaligen Troja. Der Rebellenführer Aristagoras muss erkennen, dass der Aufstand gescheitert ist. Er flieht nach Myrkinos, wird dort aber von den Thrakern erschlagen. 494 v. Chr. ist die Rebellion so weit unter Kontrolle, dass sich die Perser Milet, dem Zentrum des Aufstandes, zuwenden können. Sie vereinigen ihr Landheer und ihre Flotte zu einem gemeinsamen Angriff. Die ionische Flotte erwartet die Perser bei der Insel Lade. Die Seeschlacht endet für die Ionier in einer Katastrophe: Mit 353 gegen 600 Schiffe schon anfangs zahlenmäßig unterlegen, verlassen in der Schlacht auch noch die samischen Kapitäne den ionischen Flottenverband, weil sie zuvor von den Persern bestochen worden sind. Die meisten ionischen Schiffe gehen verloren. Milet wird eingenommen, seine Bewohner an den Tigris deportiert. Nach weiteren Eroberungen von Byzantion und Chalkedon haben die Perser ihre Herrschaft in Ionien wiederhergestellt.

Die Beteiligung Athens am ionischen Aufstand liefert den Persern einen Vorwand für einen Einfall in Griechenland. 492 v. Chr. beginnen die Perserkriege mit dem Mardonioszug nach Griechenland.

eltaten »tyrrhenischer Piraten« bezeichnen (das Tyrrhenische Meer wurde nach den Etruskern benannt). Griechen und Etrusker liefern sich mehrere Seeschlachten, bei denen es ausschließlich um die Sicherung wirtschaftlicher Vormacht in Italien geht. Konnten die Etrusker um 535 v. Chr. im Verbund mit Karthagern die Schlacht vor Alalia (Korsika) gegen die Phokäer noch gewinnen, so spiegelt sich ihr Abstieg in den Niederlagen bei Aracia und gegen Syrakus vor Kyme (bei Neapel) 474 v. Chr. Nach diesem Rückschlag geben die Etrusker die Schifffahrt auf und knüpfen stattdessen Handelsbeziehungen mit den Gebieten nördlich des Apennins. Sie führen nun hauptsächlich Handwerksprodukte wie Keramik und Bronzegefäße aus. Etruskische Bronzen finden ihren Weg sogar bis in Länder jenseits der Alpen.

Die Ursprünge der Etrusker sind in der Villanova-Kultur des 9. und 8. Jh. v. Chr. zu suchen. Das nicht indogermanische Volk, dessen Herkunft umstritten ist, ließ sich in Etrurien (heute Toskana) nieder – der italienischen Landschaft zwischen Tiber und Arno. Doch erst die Ankunft griechischer Siedler, die um die Mitte des 8. Jh. v. Chr. nach Italien kamen und in Kampanien Handelsstützpunkte errichteten, stellte für die Apenninhalbinsel ein Ereignis von geschichtlicher Tragweite dar. Die nun entstehenden Handelsbeziehungen zu den Griechen machten die etruskische Kultur mit Errungenschaften wie Metallverarbeitung, Schrift und gesellschaftlicher Differenzierung – aus der Schicht der Kaufleute erwuchs der etruskische Adel – sowie Städtebildung bekannt. Etrurien trat selbstständig in den Seehandel ein und knüpfte fruchtbare Handels- und Kulturbeziehungen bis in den Vorderen Orient.

Das Gedeihen handwerklicher Gewerbe im 7. und 6. Jh. v. Chr. ließ vor allem in Südetrurien einen freiheitlich gesinnten Mittelstand entstehen, der im frühen 5. Jh. v. Chr. zur treibenden Kraft bei der Gründung von Kolonien (u. a. Capua in Kampanien) wird. Im Kernland Nord- und Mittelitaliens bauten die Etrusker Siedlungen wie Rom oder Volterra zu Stadtstaaten aus. Sie wurden zunächst von Priesterfürsten regiert, ab dem 6. Jh. v. Chr. übernahm eine Adelsschicht die Herrschaft. 509 v. Chr. vertrieb der römische Stadtadel den letzten etruskischen König Lucius Tarquinius Superbus und gründete die römische Republik. Damit verloren die Etrusker eine ihrer wichtigsten Niederlassungen.

Heute spiegelt sich die etruskische Kunst und Kultur besonders in den gut erhaltenen Grabbauten wider. Die Gräber sind entweder als runde Tumuli (Grabhügel) errichtet oder als Krypten in den Tuffstein eingetieft, der in der heutigen Toskana an vielen Orten zu finden ist. Das Gräberfeld der Banditaccia in Cerveteri ist wegen seiner prachtvollen Wandmalereien berühmt, die einen Einblick in das etruskische Alltagsleben eröffnen. Die in der Region um Volterra zu Hunderten gefundenen Asche-Urnen sind von besonderem Interesse, denn sie tragen Reliefszenen aus der etruskischen Mythologie und weisen griechische Einflüsse auf.

Kult um den Tod: Etruskische Grabstatuette des 6. Jh. v. Chr. aus Caere, dem heutigen Cerveteri

488 In Akragas (heute Agrigent) an der Südküste der Mittelmeerinsel Sizilien errichtet **Theron** eine Tyrannis. Seine Herrschaft ist, im Gegensatz zu dem von antiken Schriftstellern überlieferten Bild des grausamen und ungebildeten Tyrannen, von Milde und Gerechtigkeitssinn geprägt. Bis zu seinem Tod 472 v. Chr. erweitert Theron das Herrschaftsgebiet des um 580 v. Chr. gegründeten Akragas. Er leitet eine Blüte der Stadt ein und legt den Grundstein für deren Aufstieg zur zweitmächtigsten Polis der Insel (neben Syrakus).

486 In Persien besteigt **Xerxes I.** nach dem Tod von König Dareios I. den Thron. Gemäß der von dem griechischen Historiker Herodot überlieferten Sitte, nach der ein persischer König nur dann in den Krieg ziehen dürfe, wenn er seinen Nachfolger bestimmt habe, hatte Dareios I. bereits zu Lebzeiten seinen Sohn Xerxes I. zum Thronfolger ernannt. Diesem gelingt es, das riesige Achämeniden-Reich zu sichern. Innere Aufstände in Ägypten und Babylonien schlägt der Herrscher nieder. Wie schon sein Vater, scheitert Xerxes jedoch bei dem Versuch, die persische Herrschaft auf Griechenland auszudehnen.

485 In der sizilianischen Stadt Syrakus bricht ein Volksaufstand aus. Die in Bedrängnis geratenen Großgrundbesitzer rufen **Gelon**, den Tyrannen von Gela, zur Hilfe. Er schlägt das Aufbegehren nieder und errichtet auch in Syrakus eine Tyrannenherrschaft. In Gela setzt Gelon seinen Bruder Hieron I. als Tyrannen ein. In den folgenden Jahren gelingt es Gelon, fast den gesamten Osten Siziliens unter seine Kontrolle zu bringen. Syrakus steigt zu einer der mächtigsten Städte im Mittelmeerraum auf. Im Bund mit Theron, dem Tyrannen von Akragas, besiegt Gelon 480 v. Chr. bei Himera die Karthager.

484 Zu Ehren der beiden Dioskuren (Göttersöhne) **Castor und Pollux** entsteht auf dem Forum Romanum ein Tempel. Der Kultbau wird von Aulus Postumus in Auftrag gegeben, nachdem zwei geheimnisvolle Reiter – von denen man glaubte, es sei das Dioskurenpaar – den Römern den Sieg über die Latiner und Tarquinier beschert hatten. Der Tempel von Castor und Pollux, von dem heute nur drei Säulen und Reste des Podiums erhalten sind, wird als einfacher Ringhallentempel (Peripteros) auf einem hohen Podest angelegt. Dabei laufen die korinthischen Säulen wie ein Ring um die fensterlose Kultkammer, die Cella.

481 Innerhalb der in China herrschenden Östlichen Zhou-Dynastie bricht die sog. **Zhan-guo-Zeit** an. Ihren Namen verdankt diese Periode – ähnlich wie die vorher herrschende Chun-qui-Zeit – einer berühmten historischen Schrift, welche die Ereignisse der Östlichen Zhou-Dynastie festhält: das »Zhan-guo ce«. Die »Pläne der Streitenden Reiche« berichten in literarisch vollendeter Form in 497 Erzählungen über die Geschicke des Reiches während einer Zeit der Wirren.

Um 484 v. Chr.

Abkehr vom Mythos: Eine neue Auffassung von Geschichte

Im kleinasiatischen Halikarnassos wird der spätere Geschichtsschreiber Herodot geboren. Er gilt als einer der wichtigsten Historiker der klassischen Antike. Von keinem anderen Autor jener Zeit sind so viele Schriften überliefert worden, deren Wahrheitsgehalt heute durch die historische Forschung bewiesen ist.

In seiner neun Bände umfassenden »Historia Apodexis« legt Herodot die Geschichte der griechischen Welt dar (Abb.: Karte nach Herodot, Holzstich von 1867). Dabei entfernt er sich von der bis dahin üblichen mythologischen Geschichtsschreibung und bemüht sich, Zusammenhänge aufzuzeigen. Herodots Geschichtswerk beginnt mit dem Leben des Lyderkönigs Kroisos, behandelt Herodots Begegnung mit dem athenischen Staatsmann Solon und widmet sich dann den Perserkriegen. In einer Rückblende erzählt der Historiker von den Medern und schildert die Lebensgeschichte des persischen Königs Kyros II.

Herodot schmückt die Erzählungen mit zahlreichen Anekdoten aus. In Herodot III, 38, heißt es über den persischen König Dareios I.: »Als Dareios König war, ließ er einmal alle Griechen seiner Umgebung zu sich rufen und fragte sie, um welchen Lohn sie bereit wären, die Leichen ihrer Väter zu verspeisen. Die aber antworteten, sie würden das um keinen Preis tun. Darauf rief Dareios die indischen Kalatier, die die Leichen ihrer Eltern essen, und fragte sie in Anwesenheit der Griechen, ... um welchen Preis sie ihre verstorbenen Väter verbrennen möchten.«

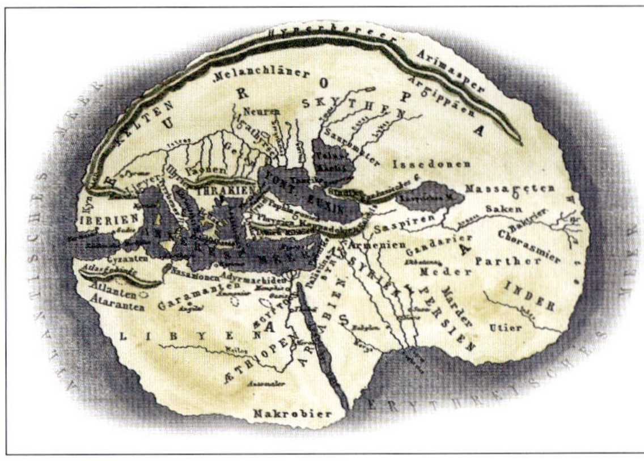

Herodot

griechischer Historiker; * um 484 v. Chr. Halikarnassos; † um 425 v. Chr.

Herodot stammt aus einer adligen Familie. Als junger Mann beteiligt er sich an dem Versuch, den Tyrannen Lygdamis in Halikarnassos zu stürzen. Als das misslingt, flieht er nach Samos. Später verlässt er wegen politischer Unruhen erneut seine Heimat und unternimmt Reisen nach Ägypten, Phönikien, Mesopotamien und ins Land der Skythen. Im Alter lässt er sich in Athen nieder, wo er sich mit Perikles und Sophokles anfreundet.

445 v. Chr.: Ehrung Herodots durch die Stadt Athen

486 v. Chr.

Tod des Dareios: Blütezeit des Perserreichs geht zu Ende

Mit dem Tod des Perserkönigs Dareios I. endet die höchste Blütephase des persischen Großreiches. Zu den Leistungen des Herrschers gehört u. a. der Bau der Residenz Persepolis, deren Palast zu den prächtigsten Bauwerken der Antike zählt (Abb.: Ruinen des Dareios-Palastes). Schätzungen zufolge fanden in den Königshallen etwa 10 000 Menschen Platz. Der Bau der Anlage wird unter Dareios' Nachfahren Xerxes I. und Artaxerxes I. bis etwa 460 v. Chr. fortgeführt. Alexander der Große lässt die Stadt auf seinen Eroberungszügen 331 v. Chr. niederbrennen.

490 v. Chr.

Der historische Sieg von Marathon

Die Athener schlagen die Perser bei Marathon und erringen einen der legendärsten Siege der Geschichte. Nach der Niederschlagung des ionischen Aufstandes (siehe S. 249) sandte der persische König Dareios I. eine Flotte in die Ägäis, um Athen und Eretria für die Unterstützung der Ionier zu bestrafen und ganz Griechenland zu erobern. Es gelang dem persischen Feldherrn Mardonios 492 v. Chr., Thrakien und Makedonien im Norden zu unterwerfen. Doch dann scheiterte seine Flotte in einem Sturm am Berg Athos. 300 Schiffe gingen unter, 20000 Soldaten ertranken. Mardonios musste nach Persien zurückkehren.

Dareios aber gab noch nicht auf. Er drohte den Griechen mit einer Invasion und forderte die hellenistischen Stadtstaaten auf, sich kampflos zu ergeben. Viele Griechen fürchteten die Perser und unterwarfen sich Dareios. Darauf kam es zu einem innergriechischen Konflikt, Athen blieb weiterhin unabhängig.

Die Athener blasen zum Sturmangriff auf das zahlenmäßig überlegene persische Heer; Farbdruck, 1925.

Der Siegesbote von Marathon, Bronzeskulptur

Im Frühjahr 490 v. Chr. stellen die persischen Feldherrn Datis und Artaphernes ein Landheer von etwa 300000 Mann sowie eine Flotte von 600 Schiffen auf. Mit dieser Streitmacht unterwerfen die Perser die Sporaden und die Kykladen, Eretria wird geplündert. Dann landen die Perser bei Marathon an der attischen Ostküste. Die Athener treten ihnen mit nur 10000 Soldaten unter der Führung des Kallimachos entgegen. Die von Sparta versprochene Hilfe erscheint nicht rechtzeitig zur Schlacht. Trotz zahlenmäßiger Unterlegenheit besiegen die Griechen die Perser, indem sie einen Überraschungsangriff unternehmen.

Die Perser retten sich auf ihre Schiffe. Da sie Athen unverteidigt wissen, umschiffen sie Kap Sunion, um die Stadt anzugreifen. In einer gewaltigen Anstrengung gelingt es den griechischen Truppen, Athen im Laufschritt vor den Persern zu erreichen. Als die Flotte der Invasoren vor Athen landet, sind die Mauern bereits von Soldaten besetzt. Die Perser ziehen kampflos ab. Der Legende nach soll ein einzelner Läufer den Athenern die Botschaft vom Sieg bei Marathon überbracht haben und anschließend vor Überanstrengung tot zusammengebrochen sein.

Um 490 v. Chr.

Athen wird Seemacht

Die Erschließung von Silberminen im Südosten Attikas bringt Athen großen Reichtum. Der Staatsmann Themistokles setzt ein umfangreiches Flottenbauprogramm durch. Die Flotte soll gegen die Perser eingesetzt werden (Abb.: griechische Schiffe in einer Schlacht; Sarkophagfragment, 2. Jh. v. Chr.).

484 v. Chr.

Neue Wege: Aischylos modernisiert die griechische Tragödie

Der griechische Dichter Aischylos (Abb.) gewinnt erstmals den Tragiker-Agon – einen Wettkampf, der anlässlich der Großen Dionysien in Athen veranstaltet wird. Aischylos' Theaterstücke begründen die moderne Form der tragischen Dichtung in Europa.

Der 525 v. Chr. im attischen Eleusis geborene Dichter ist als Soldat an den Schlachten von Marathon und Salamis gegen die Perser beteiligt. Schon in jungen Jahren verfasst Aischylos Tragödien, die ihm viel Ruhm einbringen. Seinem ersten Sieg bei den Athener Dionysien folgen noch zwölf weitere.

Die griechische Tragödie besteht zu dieser Zeit aus einem Chor und einem Schauspieler, der dem Gesang des Chores antwortet. Aischylos ist der erste Dichter, der einen zweiten Schauspieler einfügt, beide vom Chor trennt und sie Dialoge halten lässt. Vermutlich verfasst Aischylos rund 90 Tragödien in diesem Stil. Sieben davon sind bis heute erhalten.

Besondere Bedeutung kommt der Orestie zu. In ihr vereinigt der Autor die Stücke »Agamemnon«, »Coephoren« und »Eumeniden« zu einem Gesamtwerk und schafft die literarische Form der Trilogie. In der Tragödie »Die Perser« versucht Aischylos an einem Einzelereignis die Verkettung von Größe und Verhängnis darzustellen. Als der persische König den Angriff auf Griechenland beschließt, überschreitet er damit gottgegebene Schranken – sein Handeln führt zwangsläufig in die Katastrophe.

Hier kristallisiert sich die Kernaussage von Aischylos' Tragödien heraus: Der Mensch ist für jede seiner Handlungen verantwortlich und wird bei Verfehlungen zur Rechenschaft gezogen.

Um 480 Die Römer übernehmen von den Etruskern die Bauform des **Podiumtempels**. Im Gegensatz zu den griechischen Tempelbauten, bei denen die Säulen in der Regel an allen Seiten umlaufen, besitzt der Podiumtempel nur an der Frontseite Säulen. Die Seiten und die Rückwand sind geschlossen. Seinen Namen verdankt die Tempelform dem hohen Podium. Es kann eine Höhe von einem Meter bis zu vier Metern erreichen. Über eine große, vor dem Podium gelegene Treppenanlage ist der Kultbau zu betreten. Die Säulen der ersten Podiumstempel sind aus Holz. Später werden sie durch stabilere Säulen aus Stein ersetzt.

Im Gebiet der Flüsse Marne und Mosel entsteht innerhalb der westhallstattzeitlichen Kultur eine **Kriegeroberschicht**. Das Entstehen der Elite wird u.a. durch den ausgedehnten Handel mit den etruskischen Städten in Mittelitalien begünstigt. Vermehrt gelangen Luxusgüter aus der Mittelmeerregion über die Alpen nach Mitteleuropa. Archäologisch belegt ist die Bildung der Eliten durch zahlreiche reich ausgestattete Gräber, die im Bereich zwischen Marne und Mosel entdeckt wurden. So fand man u.a. Prunkwaffen, bronzene Schnabelkannen und Goldschmuck.

477 Auf der Athener Agora wird die von den Bildhauern Kritios und Nesiotes neu geschaffene Statuengruppe der Tyrannenmörder **Harmodios und Aristogeiton** aufgestellt. Sie ersetzt die ältere Tyrannenmördergruppe aus der Hand des Antenor, die von dem persischen König Xerxes I. im Jahr 480 v. Chr. geraubt wurde. Die Statuen, von denen heute nur noch eine römische Kopie aus der Villa des römischen Kaisers Hadrian in Tivoli (bei Rom) existiert, wurden zu Ehren der beiden Athener Bürger Harmodios und Aristogeiton angefertigt. Die beiden Männer hatten 514 v. Chr. den Tyrannen Hipparchos erdolcht – eine Tat, die beide mit dem Leben bezahlen mussten.

473 In China stürzt das von König Goujian regierte Reich **Yue** den Staat Wu. Die eroberten Gebiete werden dem Reich Yue einverleibt. Unter König Fucha war Wu zu einem mächtigen Nachbarn Yues aufgestiegen und hatte seine Herrschaft vom unteren bis zum mittleren Jangtsekiang ausgedehnt.

Um 480 v. Chr.

Neue Weltreligion in Asien

Der Religionsstifter Buddha (»der Erleuchtete«) stirbt im Alter von etwa 80 Jahren, nachdem er eine verdorbene Speise gegessen hat.
Als Fürstensohn Siddharta Gautama führt er ein angenehmes Leben in Nepal, bis ihn mit 29 Jahren starke Zweifel am Sinn seiner Existenz befallen. Er verlässt die Heimat und wandert jahrelang umher, um bei verschiedenen Meistern die Kunst der Meditation zu erlernen. Nach sieben Jahren strenger Askese erfährt er unter einem Feigenbaum beim nordindischen Uruvela die Erleuchtung (Bodhi).
Kurz darauf begegnen ihm fünf Asketen, denen er die erste Predigt seines neu erworbenen Wissens hält. Der Predigt kommt im heutigen Buddhismus unter dem Namen »Das Rad der Lehre in Bewegung setzen« große Bedeutung zu. In ihr nennt Buddha die vier Weisheiten des Lebens, wie sie ihm zuteil geworden sind: das Leiden, der Ursprung des Leidens, das Beseitigen seiner Ursache sowie die acht Wege, die zu diesem Ziel – der Erlösung – führen.
Mit den Asketen gründet er den ersten Bettelorden. Bald schließen sich weitere Erkenntnissuchende an, darunter Adelige und Händler, die dem harten, asketischen Leben der Mönche jedoch entsagen und stattdessen den Orden mit Geld unterstützen. Buddha gelingt es, weite Teile Nordindiens zu durchqueren und seine Lehre (Dharma) zu verbreiten. Er bleibt bis zu seinem Tod Oberhaupt des Ordens.

Buddha

Religionsstifter; * um 560 v. Chr. Lumbini (Nepal); † um 480 v. Chr. Kushinagara

Buddha wird als Fürstensohn Siddharta Gautama in die indische Adelsfamilie der Shakya geboren. Der Prinz wächst im Fürstentum seines Vaters Shuddhodana am Fuß des Himalaja auf. Seine Mutter Maya stirbt bereits kurz nach seiner Geburt. Mit seiner Frau und Cousine Yashodhara zeugt Siddharta einen Sohn, Rahula. Mit 29 Jahren verlässt er beide, um nach der Erlösung zu suchen. Auf seiner Reise widersteht er den Versuchungen des Gottes Koma-Mara (»Verlangen und Tod«). Nach seiner Erleuchtungserfahrung beschließt er, diese für sich zu behalten, lässt sich aber vom Gott Brahma zur Verkündigung überreden. Seine erste Predigt hält er in Benares (heute Varanasi). Zeugnisse seiner Lehren hat er selbst nicht hinterlassen. Heute vorhandene Texte stammen aus einer langen mündlichen und – ab dem 1. Jh. v. Chr. – schriftlichen Überlieferung.

Seeschlacht bei Salamis: Xerxes I. beobachtet den Untergang seiner persischen Flotte.

480 v. Chr.

Fiasko: Perser unterliegen

Der Zweite Perserkrieg tobt in Griechenland. In zwei großen Schlachten wenden die Griechen das Schicksal zu ihren Gunsten und drängen die Invasoren zurück.
Xerxes I., der seinem Vater Dareios I. auf den persischen Thron gefolgt ist, setzt sich im Frühjahr 480 v. Chr. mit gewaltigen Truppenkontingenten Richtung Griechenland in Bewegung. Der griechische Historiker Herodot berichtet von 1207 Kriegsschiffen, 1,7 Mio. Fußsoldaten und 80000 Reitern. Vermutlich sind jedoch deutlich weniger Soldaten unterwegs, um die Griechen zu unterwerfen. Auf zwei Schiffsbrücken überqueren die Perser den Hellespont, was nach Herodot sieben Tage und Nächte in Anspruch nimmt. Der Weg durch Griechenland ist über die ersten Wochen hinweg offen. Die Thessalier ergeben sich kampflos, um nicht von der persischen Übermacht niedergemetzelt zu werden.
Die Hellenen empfangen die Invasoren an zwei strategisch günstigen Stellen. Die griechische Flotte schließt den Seeweg am Kap Artemision ab, das Landheer besetzt den Thermopylenpass zwischen dem Kallidromos-Gebirge und dem Malischen Golf. Der Pass ist der einzige Weg, den die Perser auf ihrem Marsch nach Athen nehmen können. Er ist nur 15 m breit und eignet sich entsprechend gut für den Kampf gegen eine Übermacht. Tatsächlich gelingt es den Griechen unter der Führung des Spartaners Leonidas, die Perser bei den Thermopylen aufzuhalten. Mit etwa 7000 Mann aus allen Teilen Griechenlands stellt sich Leonidas König Xerxes entgegen. Bevor der Kampf losbricht, üben sich die Kontrahenten in psychologischer Kriegführung. Xerxes versucht den Gegner zu zermürben, indem er den Angriff tagelang hinauszögert. Als die Griechen nach dreitägigem Warten noch nicht die Flucht ergriffen haben, schlagen die Perser los. Zunächst sind die zahlenmäßig unterlegenen Hellenen erfolgreich und können den Persern schwere Verluste zufügen. Doch durch den Verrat eines Griechen namens Ephialtes entdeckt Xerxes einen geheimen Weg im Gebirge, über den er Truppen hinter die feindlichen Stellungen schicken kann. Der Kampf ist für die Griechen verloren. Leonidas entlässt die verbleibenden Kontingente und hält den Pass nur mit Hilfe von Thespiern und Thebanern, bis ihn die Angreifer überrennen. Die Perser stoßen nach Mittelgriechenland vor und verwüsten Athen.
Als die griechische Flotte die Nachricht von der Niederlage bei den Thermopylen erhält, zieht sie ihre restlichen Schiffe unter Führung des Eurybiades in die Meerenge bei der Insel Salamis zurück. Diesmal geht die Rechnung auf: Die persischen Schiffe können in der Meerenge nicht manövrieren und behindern sich gegenseitig. Die Perser müssen große Verluste hinnehmen und ziehen sich zurück.
Als Xerxes von der Niederlage bei Salamis erfährt, bläst er zum Rückzug. Er lässt jedoch seinen Feldherrn Mardonios in Thessalien das Winterlager aufschlagen. Der Krieg endet im Frühjahr 479 v. Chr.

477 v. Chr.

Der Attisch-Delische Seebund

Um der Gefahr eines neuerlichen Persereinfalls zu begegnen, gründen die Griechen den Attisch-Delischen Seebund. Etwa 200 griechische Stadtstaaten schließen sich dem Bündnis unter der Führung Athens an. Jedes Mitglied ist verpflichtet, der gemeinsamen Flotte Schiffe (Abb.: attische Tri-

reme) oder Tributzahlungen beizusteuern. Sitz der Flottenverwaltung und Hort der Finanzen ist die Insel Delos. Hier versammeln sich Abgesandte der teilnehmenden Städte in regelmäßigen Abständen. Bereits um 430 v.Chr. ist der Seebund auf 400 Mitglieder angewachsen.

bei Salamis

Leonidas stirbt den Heldentod in der Schlacht bei den Thermopylen; Stahlstich, 19. Jh.

Um 480 v. Chr.

Klassik – der eigentliche Beginn europäischer Kulturgeschichte

Mit der griechischen Klassik beginnt eine der bedeutendsten Epochen der abendländischen Zivilisationsgeschichte.

Die großen Siege gegen die Perser markieren den Beginn der Frühklassik. Die Periode reicht bis etwa 450 v.Chr. und mündet in die Hochklassik. Dieses nach dem bedeutenden Staatsmann Perikles benannte Zeitalter beginnt mit dem Kalliasfrieden zwischen Athen und Persien. Die Spätklassik setzt um 400 v.Chr. ein und endet mit den Alexanderzügen und dem Hellenismus um 330 v.Chr.

In der Klassik sind die griechischen Kulturelemente Politik, Kunst, Literatur und Philosophie eng miteinander verknüpft. In allen Bereichen bemühen sich die Griechen um den Ausgleich extremer Gegensätze, aus dem ein hohes Maß an Harmonie entsteht. Am deutlichsten wird dieser Ausgleich am Beispiel der klassischen Plastik. Herrschten früher die starren Formen der archaischen Koren (Mädchen) und Kuroi (Jünglinge) vor (siehe S. 235), lösen sich diese bildhauerischen Traditionen nun auf. An ihre Stelle tritt der Widerstreit von Ruhe und Bewegung, der so genannte Kontrapost. Er findet seinen Ausdruck in berühmten Statuen wie dem Hermes des Praxiteles, der auf einem starren, Kraft sammelnden Standbein ruht und ein freies Spielbein für die dargestellte Bewegung nutzen kann. Der Oberkörper ist insbesondere in der Hochklassik leicht gebeugt oder verdreht dargestellt und bildet mit dem oft etwas abgewinkelten Kopf ein Achsensystem, das der Komposition starke individuelle Züge verleiht. Während viele Männer in idealtypischer Nacktheit dargestellt sind, tragen Frauen in archaischer Tradition in der Frühklassik noch Gewänder. Erst Praxiteles wagt mit der spätklassischen Aphrodite von Knidos erstmals, eine nackte Frau darzustellen (Abb.: Die Venus von Arles stammt aus dem Jahr 360 v.Chr. und weist alle Merkmale einer typisch klassischen Plastik auf).

Die klassische Architektur setzt mit den Bauten der Insel Ägina und dem Zeustempel Olympias ein und erlebt mit dem Wiederaufbau der Athener Akropolis einen ersten Höhepunkt (siehe S. 262). Schmuck, Proportionen und Profile erfahren einschneidende Veränderungen. Der Heratempel II in Paestum (auch Poseidontempel genannt) bietet das typische Bild klassischer Geschlossenheit. Bis auf die Cella ist der Tempel noch heute vollständig erhalten. Zu den wichtigsten Bauwerken der Spätklassik zählen der Apollontempel von Delphi, der nach 350 v.Chr. entsteht, sowie der Tempel der Athena Polias in Priene. Berühmt sind auch der Artemistempel in Sardes und das jüngere Artemision in Ephesos.

Bis ins 5. Jh. v.Chr. ist bei den Griechen die Stadtplanung weitgehend unbekannt. Häuser werden dort gebaut, wo Raum vorhanden ist. Am Beginn der Klassik entwirft Hippodamos von Milet einen Plan für den athenischen Hafen Piräus, auf dem Straßen und Häuser in einem schachbrettartigen System angelegt sind. Der Ausbau des Hafens markiert den Beginn der Stadtplanung. Das System des Hippodamos wird später beim Wiederaufbau von Milet und Priene angewandt.

In der Kunst der Vasenmalerei setzt sich die rotfigurige Technik endgültig gegen die schwarzfigurige durch und wird zum meistbenutzten Stil in ganz Griechenland. Tausende von Keramiken entstehen, die vor allem menschliche Figuren zeigen. Bei den mythologischen Szenen sind nach wie vor Götter und Helden sehr beliebt, ebenso wie berühmte Szenen aus den Erzählungen um den Trojanischen Krieg, den Amazonen- oder den Kentaurenkampf. In der Spätklassik versuchen Vasenmaler bereits, durch Raumillusionen dreidimensionale Effekte zu erzielen.

Die griechische Literatur erlebt durch die Herausformung der Tragödie einen entscheidenden Einschnitt. Mit den Werken des Thespis, des Aischylos, des Euripides und des Sophokles löst sich das Theater allmählich von seinen kultischen Ursprüngen und nimmt profanere Züge an. Mit den Komödien des Aristophanes hält eine neue, weltlichere Literaturgattung Einzug auf den griechischen Bühnen. Auch die Historiker wenden sich von ihren sakralen Wurzeln ab. Hekataios, Herodot und Thukydides schreiben als Erste Geschichte unter wissenschaftlichen Aspekten nieder und distanzieren sich von den mythologisch verklärten Berichten ihrer Vorgänger.

In politischer Hinsicht ist die griechische Klassik eine Periode großer Gegensätze. Nach dem Ende der Perserkriege beginnt eine Jahrzehnte dauernde Auseinandersetzung zwischen Athen und Sparta: der Peloponnesische Krieg. Athen muss die Hoffnung auf die Vorherrschaft über ganz Griechenland aufgeben. Erst in der Spätklassik wird Griechenland nach vielen Kriegen unter der Vorherrschaft der Makedonier geeint.

Die Wege des Buddhismus

Der Religionsstifter Buddha erläutert in seinen Lehren den Weg zur Vollendung:

»Ich, ihr Mönche, als der Vollendete, habe die Welt völlig durchschaut und mich von ihr gelöst. Ich, ihr Mönche, habe den Ursprung der Welt und des Leidens durchschaut und für mein Teil verwirklicht, den Pfad zur Aufhebung der Welt durchschaut und dargelegt. Was die Wesen der Welt jemals an Erlösungswissen gesehen, gehört, empfunden, erkannt, verwirklicht, gesucht und erwogen haben, das habe ich, der Vollendete, durchschaut: Eben darum wird solch einer und werde ich ein ›Vollendeter‹ genannt.«

Mit der Erleuchtung und der Lehre des Buddha im 5. Jh. v. Chr. beginnt die Herausbildung einer Weltreligion und Philosophie, der heute rund 300 Mio. Menschen – vornehmlich in Asien – angehören.

Zunächst ist der Buddhismus nur auserwählten Gläubigen vorbehalten. Über einen Zeitraum von 100 Jahren nach dem Tod Buddhas entwickelt sich eine Art der Religionsausübung, der ausschließlich Mönche folgen können. Die Asketen sind um persönliche Erleuchtung bemüht und üben sich unter großen Entbehrungen in jahrelanger Meditation. Nur ihnen steht der Weg offen, dem Vorbild Buddhas zu folgen. Doch die buddhistische Lehre wird so populär, dass auch bei ihren weltlich lebenden Anhängern der Wunsch nach Erleuchtung wächst. Kurz vor der Zeitenwende bildet sich der Mahayana-Buddhismus (»Großes Fahrzeug«) heraus, dessen Praktiken allen offen stehen im Gegensatz zum traditionellen Hinayana-Buddhismus (»Kleines Fahrzeug«), welcher der geistigen Elite vorbehalten ist. Die Anhänger des Hinayana nennen sich selbst »Jünger des Theravada« (der Lehre der Älteren).

Das Floß der Spiritualität

Buddha beschrieb die Reise in die Spiritualität als eine Fahrt auf dem Floß der Philosophie – einem Fahrzeug, das dafür sorgt, dass der Erleuchtung Suchende nicht versinkt, »bevor er das Ufer jenseit von Geburt und Tod erreicht hat«. Dieses Modell ist das Yana-Prinzip des Buddhismus. Das Bild des spirituellen Fahrzeugs stammt von Buddha selbst. Er lebte in Regionen Nordindiens und Nepals, die von vielen Flüssen und Kanälen durchzogen waren – Flöße und Fähren gehörten dort zu den wichtigsten Fortbewegungsmitteln.

In der Frühzeit wird der Buddha durch Symbole wie das Rad der Lehre dargestellt; Relief am Westtor im indischen Sanchi.

Der Theravada- oder Hinayana-Buddhismus ist heute in Sri Lanka, Myanmar, Thailand, Kambodscha und Laos verbreitet. Der Mahayana-Buddhismus wird in Indien, China, Japan, Vietnam und Korea praktiziert. Während die Hinayana-Gemeinde eine einheitliche Richtung des Buddhismus bildet, ist die Mahayana-Gemeinde in viele Formen zersplittert, darunter der Zen-Buddhismus und der Tantrismus. Trotz großer Differenzen in der Auslegung der Lehre entstehen keine Feindseligkeiten zwischen den großen buddhistischen Strömungen. In den vorchristlichen Jahrhunderten nutzen Mahayana- und Theravada-Anhänger sogar dieselben Klöster für ihre religiösen Zeremonien.

Einer der größten Unterschiede zwischen den buddhistischen Strömungen ist die Anbetung der Bodhisattvas. Dabei handelt es sich um erleuchtete Wesen, die durch Meditation die Stufe universellen Wissens erlangt haben, den letzten Schritt zur Erleuchtung jedoch nicht gehen, um den Menschen bei der spirituellen Entwicklung zu helfen. Im Mahayana gelten alle praktizierenden Buddhisten als Bodhisattva-Schüler. Jede Sekte hat eigene Bodhisattvas, die zu erstrebende Tugenden wie Mitleid oder Weisheit personifizieren und ihre Anhänger beschützen. Einer der bedeutendsten Bodhisattvas ist Padmapani – Schirmherr der buddhistischen Kirche Tibets. Theravada-Buddhisten hingegen lehnen die Anbetung von Bodhisattvas und auch von Buddha selbst ab. Um das Andenken des Religionsstifters zu ehren, üben sie jedoch andere religiöse Praktiken aus. Dazu gehört das Umrunden einer Stupa, eines halbkugeligen Kultbaus, der eine Buddha-Reliquie enthalten kann.

Ein Großteil der buddhistischen Texte ist in ***Sanskrit*** *(altindisch: »geregelt«) niedergeschrieben. Sanskrit gehört zur indoarabischen Gruppe der indogermanischen Sprachen. Gemeinsam mit dem Vedischen, der ältesten Stufe der indischen Sprachentwicklung, bildet es das Altindoarische (Altindische). Ähnlichkeiten in Lexik und Formenbau des Sanskrit, des Lateinischen, Griechischen, Persischen und Germanischen führten zu Beginn des 19. Jh. zum Begriff der indogermanischen Sprachfamilie.*

Sitzender Buddha in Sukhothai (Thailand), der die Erleuchtung symbolisiert

Auf dem Weg ins Nirvana

Buddhisten suchen zeit ihres religiösen Lebens nach dem Pfad zur Erleuchtung. Sie verstehen das Leben als ewige Wanderung der Seele (Samsara), die nach dem Tod von einer Existenzform in die nächste übergeht. Dieses Hinübergleiten wird meist mit dem Bild aneinander stoßender Bälle verglichen, die durch kurze Berührung ins Rollen geraten. Geschwindigkeit

und Richtung des zweiten Balles hängen eng von denen des anstoßenden Balles ab. So entsteht ein kausaler Zusammenhang zwischen den Existenzformen, der auch Wiedergeburt genannt wird. Wichtigstes Ziel jedes Buddhisten ist es, die Kette des Samsara zu durchbrechen und ins Nirvana einzugehen.
Das Nirvana wird in der abendländischen Kultur häufig als buddhistisches Paradies interpretiert. Wörtlich heißt Nirvana »Auslöschen«. Es bedeutet die Freiheit von allen Bindungen wie Begierde, Hass oder Nichtwissen, den drei Quellen allen Leides. Erst wenn diese menschlichen Elemente durch Erleuchtung unwichtig geworden sind, erreicht der Buddhist ein gesegnetes Stadium, in dem der Kreislauf von Leben und Tod durchbrochen ist. Nach den Worten Buddhas liegt das Nirvana jenseits der menschlichen Vorstellung und aller Möglichkeiten der Beschreibung.
Trotz großer Popularität, die Buddhas Lehren erfahren, entstehen erst im 1. Jh. v. Chr. Abbilder des Religionsstifters in Form von Statuen. Sie haben die Aufgabe, den Anhängern der Religion als Vorbild bei der Suche nach Erleuchtung zu dienen. Frühe Buddha-Bilder werden in griechisch-römischer Tradition angefertigt, welche die nordindische Kunst jener Zeit stark beeinflusst. Es sind stehende Buddhas mit langen Gewändern. Einige Elemente jener frühen Statuen wie lange Ohrläppchen entwickeln sich zu Jahrhunderte überdauernden Standards. An allen Statuen dienen die Hände als Sinnbild für die Handlungen des Buddha: Liegen sie im Schoß, ist ein meditierender Buddha dargestellt. Die Hände vor der Brust, die Linke unter der Rechten, zeigen einen lehrenden Buddha. Häufig berührt die rechte Hand den Erdboden: Damit ist der soeben erleuchtete Buddha dargestellt, der die Erde als Zeugin seines neuen Lebensstadiums anruft.

Das Parinirvana des Buddha – ein Statuentyp, der den Tod des Religionsstifters und seinen Eingang ins Nirvana darstellt (Höhlentempel in Ajanta, Indien)

Im Fokus

Das Individuum im Mittelpunkt: Die große Zeit der Religionsgründer

Mit dem 6. und 5. Jh. v. Chr. bricht die Zeit der Hochreligionen an. In keinem anderen Zeitraum der Menschheitsgeschichte beginnen sich so viele philosophische und religiöse Lehren auszuformen, die sich langfristig behaupten können. Neben Buddha in Indien gehören Konfuzius und Laotse in China sowie Jesaja in Palästina zu den wichtigsten Religionsstiftern und Philosophielehrern.
Mit dem hebräischen Propheten Jesaja entwickelt sich vor 700 v. Chr. die jüdische Religion zu ihrer heutigen Form. Der wortgewaltige, streitbare Prediger kämpft um 740 v. Chr. in Jerusalem gegen soziale Missstände sowie den veräußerlichten Kult und ruft die Bevölkerung zum gläubigen Vertrauen auf Gott auf. In der 50 Jahre dauernden Babylonischen Gefangenschaft (ab 586 v. Chr.) verfestigt sich der jüdische Glaube an den einen Gott. Das Judentum geht gestärkt aus diesem Exil hervor.
Der Philosoph Konfuzius lebt um 500 v. Chr. in einer Zeit großer sozialer und politischer Umbrüche in China. Der zunehmende Individualismus ist für den Gelehrten der Beginn gesellschaftlicher Anarchie, in der keine Tradition mehr zählt. Daraufhin entwirft Konfuzius seine Lehre, in der er die Werte und Ideale der chinesischen Geschichte als verbindlich für jedermann festlegt.

Porträt-Darstellung des Konfuzius nach einem Holzschnitt

Auf dieser Grundlage entwickelt sich in den folgenden Jahrhunderten im gesamten Volk ein Bewusstsein für die Geschichte und Kultur Chinas.
Möglicherweise ein Zeitgenosse des Konfuzius ist Laotse, der mit dem Taoismus eine der wichtigsten Strömungen der Philosophie ins Leben ruft. Als Gegenentwurf zur Betonung des kulturellen Aspekts bei Konfuzius sowie der Entwicklung eines gesellschaftlichen Idealmenschen fordert Laotse das bedingungslose Annehmen der eigenen Natur. Der Mensch – so Laotse – ist durch Wissen und Willen fehlgeleitet und muss das Wuwei (Nichthandeln) lernen, um die Vollkommenheit im Einklang mit der Natur zu erreichen.
Allen Lehren gemein ist das Streben nach einem göttlichen Prinzip. Dieses Ziel tritt an die Stelle der Anbetung vieler Gottheiten, wie sie in Ägypten und Mesopotamien, Griechenland und Rom üblich ist. Während in den religiösen Systemen der Hochkulturen der Einzelne nur Teil einer religiösen Gemeinschaft ist und kultische Zeremonien einzig durch das Zusammenwirken Vieler vollzogen werden können, hat das Individuum in den neuen Hochreligionen einen anderen Stellenwert: Der Einzelne hat direkten Zugang zur Gottheit oder zur Ausübung der Lehre. Damit werden die neuen Religionen für eine breite Schicht des Volkes interessant. Nicht länger vermittelt eine Priesterschicht zwischen Mensch und Gott oder dem kosmischen Prinzip – ein Vorteil, der nach der Zeitenwende auch die Ausbreitung des Christentums beschleunigt.

Laotse reitet auf einem Ochsen; chinesische Statue

Von China aus verbreitete sich der in Indien entstandene Buddhismus seit dem 6. Jh. n. Chr. über weite Teile Ostasiens. In Tibet führte König Srongtsangampo um 632 die indischen Spätformen der Religion (Mahayana- und Vadjrajana-Buddhismus) ein. In der Folgezeit verschmolz der Buddhismus mit der Bon-Religion, der ursprünglichen tibetischen Religion, zum ***Lamaismus*** *(bla-ma: Mönch, Lehrer). Als eigentlicher Begründer des Lamaismus gilt der indische Mönch Padmasambhava, der 747 das erste Kloster gründete. Eine Besonderheit des Lamaismus ist die Chubilghanische Erbfolge, die auf dem Glauben an die Wiederverkörperung des verstorbenen Dalai-Lamas, des weltlichen Oberhauptes der Tibeter, in einem gleichzeitig geborenen Kind beruht. Außer in Tibet ist der Lamaismus heute auch in der Mongolei, Nepal, Bhutan (als Staatsreligion), der Himalaja-Region Indiens (Ladakh, Sikkim, Arunachal Pradesh) sowie in Teilen Nordchinas und Russlands (Burjatien, Kalmückien, Tuwa) verbreitet.*

Um 470 Eine aufstrebende Mittelmeermacht ist das an der nordafrikanischen Küste gelegene Karthago. Um neue Handelswege zu erschließen, betrauen die Karthager den Seefahrer **Hanno** mit einer Flottenexpedition. Hanno bricht zu einer Umsegelung der westafrikanischen Küste auf, die ihn über die Mündung des Senegal hinaus bis zum Golf von Guinea führt. Nach Hannos Rückkehr wird als Zeugnis seiner waghalsigen Unternehmung eine steinerne Tafel mit seinem Fahrtenbericht im Tempel des Melkart (griechisch: Herakles) angebracht. Die heute zerstörte Inschrift ist in einer griechischen Übersetzung erhalten.

462 In Sparta bricht ein Aufstand der **Heloten** aus. Die leibeigenen Bauern bringen die Regierenden derart in Bedrängnis, dass diese gezwungen sind, den Rivalen Athen um militärischen Beistand zu bitten. Die attische Macht entsendet daraufhin unter Führung des Kimon ein Hilfskorps. Die Aktion endet mit einer Schmach für Athen: Als die athenischen Truppen in Sparta eintreffen, verbrüdern sie sich mit den Aufständischen und schicken Kimon zurück. Diese Beleidigung führt 461 v. Chr. zur Absetzung und Verbannung Kimons aus Athen.

Um 460 In Griechenland werden zwei Kriegerstatuen gegossen. Sie wurden 1972 bei Riace vor der Südostküste Kalabriens (Italien) im Meer entdeckt und erlangten als **Krieger von Riace** Berühmtheit. Die beiden Bronzeskulpturen zeigen jeweils einen nackten bärtigen Hopliten (Waffenträger). Zwar sind die Waffen heute nicht mehr erhalten, ursprünglich waren die Krieger aber mit einem Speer und einem Schild bewaffnet. Wessen Hände die meisterhaften Skulpturen des so genannten strengen Stils schufen, ist umstritten. Möglicherweise sind sie in der Werkstatt des griechischen Bildhauers Phidias entstanden.

458 In Rom beruft der Senat den Kleinbauern **Cincinnatus** zum Diktator. Cincinnatus, der 460 v. Chr. bereits das Amt des Konsuls bekleidet hatte, war es gelungen, einen Angriff der Aequer abzuwehren und die Tiberstadt aus schwerer Bedrängnis zu befreien. Bereits nach 16 Tagen tritt Cincinnatus von dem Amt zurück.

456 v. Chr.

Zeustempel in Olympia

Im Heiligtum des Göttervaters Zeus im griechischen Olympia wird der ihm zu Ehren errichtete Tempel vollendet, an dem seit 468 v. Chr. gebaut wurde. Entwurf, Proportion und Skulpturenschmuck machen diesen in der dorischen Ordnung errichteten Zeustempel neben dem Parthenon auf der Athener Akropolis zum bekanntesten Vertreter der klassischen griechischen Architektur.

Der neue Tempel ist zugleich Ausdruck der religiösen und wirtschaftlichen Bedeutung des Heiligtums. Verantwortlich für den Bau ist der Architekt Libon aus Elis – jener Landschaft, welche die alle vier Jahre stattfindenden Olympischen Spiele ausrichtet. Je 13 Säulen aus verputztem Muschelkalk an den Längs- und sechs Säulen an den Frontseiten tragen das reliefverzierte Gebälk mit dem mit Marmorziegeln gedeckten Dach. Die Giebelfelder über den Schmalseiten sind mit plastischen Darstellungen aus der griechischen Mythologie geschmückt.

Der Tempel beherbergt später das berühmte, aus Gold und Elfenbein gefertigte Kultbild des Zeus – eines der antiken Weltwunder. Der bekannte Bildhauer Phidias aus Athen wird ab 438 v. Chr. mit der Anfertigung dieses 12,40 m hohen Kolossalwerkes beauftragt. Dargestellt ist der Göttervater auf einem reich geschmückten Thron sitzend und die Statue einer Siegesgöttin sowie ein Zepter in den Händen haltend. Der Schriftsteller Pausanias berichtet, dass es schiene, als würde der Gott die Decke des Tempels durchstoßen, wenn er sich von seinem Sitz erheben würde.

Das Kultbild des Zeus: Rekonstruktion der heute verschwundenen Statue; Holzstich, 19. Jh.

Säulentrommeln einer eingestürzten Säule des Zeustempels von Olympia

Um 470 v. Chr.

Der Wagenlenker von Delphi – Griechen entwickeln die Kunstform der Großbronzen

Mit dem Wagenlenker von Delphi (s. Abb.) entsteht eine der ältesten noch erhaltenen Bronzeplastiken der griechischen Klassik. Der Wagenlenker ist ein Weihegeschenk für das Apollon-Orakel von Delphi und stellt einen siegreichen Athleten dar. Vermutlich gehört die Statue ursprünglich zu einem Vierergespann mit Pferden. Der Lenker hält in einer Hand noch Reste der Zügel. Wagen und Pferde sind verschwunden. Entdeckt wurde die 1,80 m hohe Figur, die heute im Museum von Delphi zu sehen ist, 1896 bei Ausgrabungen.

Die Statue ist eine der wenigen überlieferten Bronzeskulpturen der griechischen Klassik. So genannte Großbronzen gehören zu den Meisterleistungen des antiken Kunstschaffens. Gegenüber den sonst üblichen Materialien Marmor und Ton bietet die Bronze dem Bildhauer die Möglichkeit, seinem Werk einen einmaligen Detailreichtum zu verleihen. Die Technik des Bronzegusses ist jedoch wesentlich komplizierter als die Bearbeitung eines Marmorblocks. Zunächst fertigt der Künstler ein Eisengerüst, auf das er mit Ton die ungefähre Form der späteren Figur modelliert. Auf diesen Kern wird eine drei bis fünf Millimeter starke Wachsschicht aufgetragen. Das so entstandene Modell wird nun bis ins Detail ausgestaltet. Ein kompliziertes Röhrensystem aus Wachs wird dann an die Modellschicht angeschmolzen und mit nicht brennbarem Material, meist einem Sand-Ton-Gemenge, ummantelt. Ein Teil der Röhren dient zum Einfüllen des Gussmaterials, ein anderer sorgt für die Abluft. Das fertige Modell wird mit einer weiteren Tonschicht ummantelt und anschließend ummauert, damit der Mantel dem Druck der einfließenden Bronze standhält. Nun wird das Wachs ausgeschmolzen. Zwischen Mantel und Kern entsteht so der Gusshohlraum, der mit flüssiger Bronze gefüllt wird. Nach Erkalten der Bronze schlägt der Bildhauer den Mantel ab, entfernt den Tonkern durch einen offen gelassenen Freiraum und feilt die Grate ab.

Die meisten der so entstandenen griechischen Bronzeskulpturen – der Wagenlenker wurde vermutlich nicht in einem Stück gegossen, sondern zusammengelötet – gehen in der Zeit zwischen Spätantike und Christentum verloren. In dieser Epoche ist das noch in der römischen Kaiserzeit herrschende Interesse an den Künsten verblasst. Tausende Meisterwerke der Antike werden ihres wertvollen Materials wegen eingeschmolzen. Einige sind heute noch als Marmorkopien der Römer erhalten und vermitteln nur einen ungefähren Eindruck von der Meisterschaft der griechischen Bildhauer und Bronzegießer. Zu den bedeutendsten zählen die Poseidonfigur vom Kap Artemision sowie der Faustkämpfer und der Krieger von Riace.

465 v. Chr.

Palastrevolte gegen Xerxes

Im Alter von etwa 55 Jahren stirbt der persische Großkönig Xerxes I. Im Königspalast von Persepolis fällt er im August einer Palastrevolte zum Opfer (Abb.: Xerxes im Kampf mit einem Löwen; Relief aus Persepolis).

Xerxes begann seine Karriere als »Sohn des Königs« und Stellvertreter seines Vaters Dareios I. (König seit 522 v. Chr.) in Babylon. 15 Jahre lang konnte er dort erste Regierungserfahrungen sammeln. 486 v. Chr. trat Xerxes, unterstützt von seiner einflussreichen Mutter Atossa, die Nachfolge seines Vaters an. Zunächst schlug er einen Aufstand in Ägypten nieder, dann 482 v. Chr. einen weiteren in Babylon. Erst 480 v. Chr. konnte Xerxes einen Rachefeldzug gegen Griechenland beginnen, der als Vergeltung für die Niederlage seines Vaters 490 v. Chr. bei Marathon (siehe S. 251) geplant war. Zwar sah Xerxes die Verwüstung Athens durch persische Truppen als ausreichenden Erfolg des Unternehmens an, doch überschattete die Niederlage der persischen Flotte bei Salamis (siehe S. 252) die letzten 14 Regierungsjahre des Großkönigs. Politische und administrative Impulse gingen von Xerxes nicht mehr aus. Der unzufriedene Adel beseitigt den Herrscher durch einen Aufstand.

Um 470 v. Chr.

Tod eines Wanderphilosophen

Der aus Kleinasien stammende Wanderphilosoph Xenophanes stirbt im Alter von fast 100 Jahren in Eleda. Er hatte in der unteritalischen Stadt um 540 v. Chr. eine Philosophenschule gegründet. Geboren um 565 v. Chr., war Xenophanes als Angehöriger der Oberschicht nach einem Umsturz aus seiner Heimatstadt Kolophon vertrieben worden. Bis ins hohe Alter reiste er durch Unteritalien, Sizilien und Griechenland und festigte seinen Ruf als kritischer, überkommene Traditionen und jeglichen Luxus sowie Äußerlichkeiten ablehnender Geist.

Um 460 v. Chr.

Wegweisender Historiker

Thukydides wird geboren. Der Sohn einer Athener Adelsfamilie gilt als Begründer der kritischen Geschichtsschreibung. Er schreibt die Geschichte des Peloponnesischen Krieges zwischen Athen und Sparta (431–404 v. Chr.) nieder. In den darin enthaltenen Bemerkungen zur Methode der Historiografie betont er die Bedeutung von Neutralität, Genauigkeit und dem Hinterfragen von Quellen. Thukydides wird aufgrund dieser erstmals formulierten Prinzipien und seines schriftstellerischen Könnens zum Vorbild aller antiken Historiker.

455 v. Chr.

Euripides betont die Verantwortung des Individuums

Das erste Stück des griechischen Dichters Euripides wird aufgeführt. Neben Aischylos und Sophokles gilt Euripides (Abb.) als einer der bedeutendsten Tragödiendichter des antiken Griechenland. Insgesamt verfasst er 75 Dramen (67 Tragödien und acht Satyrspiele), von denen heute 18 Stücke vollständig überliefert sind, darunter »Alkestis«, »Medea« und »Elektra«. Von den übrigen Werken sind Titel und Fragmente bekannt.

Euripides erringt mit seinen Dramen lediglich vier Siege bei Dichterwettkämpfen – den letzten erst nach seinem Tod 406 v. Chr. Das Material für seine Dramen wie »Die Troerinnen«, »Iphigenie in Aulis« oder »Hippolytos« entnimmt er der griechischen Sagenwelt. Ausgehend von Fragen über Schuld und Unschuld, Erkenntnis und Vernunft entwirft Euripides Sinnbilder und Maßstäbe menschlichen Handelns sowie der Moralvorstellungen der Gesellschaft im Athen des 5. Jh. v. Chr. Danach ist jedes Individuum für seine Taten selbst verantwortlich. Jeder Mensch sollte sich seiner Handlungen deshalb bewusst werden. Schuldhaftes Fehlverhalten kann auch die Berufung auf göttliches Wirken nicht entschuldigen.

Die Bedeutung des dramaturgischen Gesamtwerks des Euripides wird erst nach seinem Tod offenbar. Bereits im bald darauf folgenden 4. Jh. v. Chr. erfährt er in seiner Heimat große Wertschätzung. Zusammen mit den Werken des Aischylos († 456/55 v. Chr.) und des Sophokles († 406/05 v. Chr.) werden seine Dramen in eine staatliche Tragödiensammlung aufgenommen.

1

2

3

1 – Bedeutendes Heiligtum der Athener Akropolis: Das im attisch-ionischen Stil erbaute Erechtheion mit seiner von Mädchenstatuen getragenen Korenhalle.

2 – Ein Eroberer, der die Welt veränderte: Alexander der Große in der Schlacht bei Issos (Hochrelief am Sarkophag eines sidonischen Fürsten, um 330 v. Chr.)

3 – Blüte der griechischen Tragödie: Das Theater von Epidauros, Schauplatz großer Aufführungen seit klassischer Zeit, besitzt eine atemberaubende Akustik.

4

5

6

7

8

9

10

4 – Prächtiger Skulpturenschmuck an der Grabstätte eines Thrakerfürsten (3. Jh. v.Chr.). 5 – Furcht einflößend: Krieger aus Sparta galten als die tapfersten ihrer Zeit. 6 – Höhepunkt griechischer Vasenmalerei: Rot-figurige Keramik (um 380 v.Chr.) 7– Kunstvoll verzierter keltischer Helm. 8 – Befruchtender philosophischer Diskurs: Sokrates mit Schülern. 9 – Gesicht aus Afrika: Tonkopf der Nok-Kultur. 10 – Straßen sind die Lebensadern des Römischen Reiches: Via Appia.

Denker, Helden, große Reiche – Das Altertum wird klassisch

Die Epoche der griechischen Klassik (ab ca. 480 v. Chr.) und des Hellenismus (ab ca. 330 v. Chr.) ist eine große Zeit: eine Ära der politischen Aufklärung und kulturellen Erneuerung, kosmopolitischen Denkens und von Harmonie und Erhabenheit in der Kunst. Die größten Denker und Künstler der Antike schaffen revolutionäre Werke der Staatstheorie, der Philosophie, des Dramas, der Bildhauerei und der Medizin. Die Verbindung zwischen dem Gelehrten Aristoteles und seinem Schüler Alexander dem Großen steht für einen ganzen Abschnitt der Weltgeschichte. Idee und Praxis, Geist und Tat vereinen sich in einzigartiger Weise und legen die Basis für die abendländische Kultur. Die Städtegründungen der Griechen rund um das Mittelmeer verbreiten die griechische Sprache und Lebensart. Nach dem Tod Alexanders verliert Hellas zwar seine politische Macht, doch findet die hellenistische Kultur – entlang der Eroberungszüge des großen Visionärs – weit über den Mittelmeerraum hinaus Verbreitung. Auch das in seiner Frühzeit aufstrebende Rom übernimmt bereitwillig die griechische Kultur und führt sie zu neuer Blüte.

Die La-Tène-Kultur löst die Hallstattzeit ab und markiert die Hochphase der Kelten in Europa: Eber aus Bronze, Grabfund aus dem Sarcatal (Italien).

Wiege europäischer Kultur

Am Ende der frühklassischen Periode (480–450 v. Chr.) tritt Griechenland in sein »Goldenes Zeitalter« ein, die Hochklassik. Es ist das Perikleische Zeitalter, benannt nach dem Staatsmann, der die Glanzzeit Athens herbeiführte. Politik, Philosophie, Literatur und bildende Kunst gehen in der griechischen Klassik eine enge Verbindung ein. Hier wie dort streben die Menschen nach dem Ausgleich schroffer Gegensätze und der Schaffung von Harmonie. In der Bildhauerei lösen sich die starren Formen der Archaik zugunsten des Spiels von Ruhe und Bewegung auf. Einer der ersten architektonischen Meilensteine dieser Epoche ist der ab 447 v. Chr. entstehende Parthenon-Tempel auf der Athener Akropolis. Proportionen, Profile und Schmuck der Bauwerke folgen dem Ideal der klassischen Geschlossenheit. Die Ausformung der Tragödie revolutioniert die Literatur und das Schauspiel. Aischylos, Euripides und Sophokles überwinden die kultischen und sakralen Ursprünge der früheren Mysterienspiele und stellen die schicksalhafte Verstrickung des Individuums in den Vordergrund. Mit den Komödien des Aristophanes und Menanders hält darüber hinaus eine ausgesprochen weltliche Kunstgattung Einzug. Fortan dient Dichtung und damit der Besuch eines Theaters nicht allein der religiösen Erbauung, sondern auch dem profanen Vergnügen. Die Philosophie, bereits mit Thales, Empedokles oder Anaxagoras weit fortgeschritten, erlebt durch Sokrates den Beginn ihrer eigentlichen Blütezeit. So gewaltig ist der Einfluss des großen Denkers auf die erkenntnistheoretischen Lehren seiner und der nachfolgenden Epochen, dass sämtliche Philosophen sich künftig in Vor- und Nachsokratiker einteilen lassen müssen. Perikles, ein Enkel des demokratischen Reformers Kleisthenes, vollendet die Herrschaft Athens über die Mitglieder des Attischen Seebundes. Ihre Verfassungen werden nach dem Muster der attischen Demokratie umgeformt; ihre Bürger bleiben jedoch weitgehend rechtlos. Sie sind Untertanen Athens. Dort haben hingegen nun auch die niedrigsten Klassen politische Rechte. Selbst arme Bürger sind Teil der Polis. Doch auch in Athen bleiben Klassenunterschiede. Von seinen etwa 200 000 Einwohnern sind mehr als 150 000 Halbfreie oder Sklaven, ganz ohne politische Rechte. Die in Griechenland ausgeübten Regierungsformen – Monarchie, Aristokratie, Tyrannis, Oligarchie (die Herrschaft Weniger) und Demokratie – werden u. a. von Platon und Aristoteles, den Urvätern der politischen Theorie, leidenschaftlich diskutiert.

Einer der wichtigsten antiken Philosophen und zugleich Erzieher Alexanders des Großen: Aristoteles

Griff nach dem Weltreich

431 v. Chr. bricht der Peloponnesische Krieg aus und mit ihm eine lange und kräftezehrende innergriechische Auseinandersetzung. Das mörderische Ringen mit Sparta führt Athen mehrfach an den Rand des Untergangs. Der Krieg trägt zum Zerfall der griechischen Sitten und Lebenswelt bei. Sowohl Sieger als auch Unterlegene sind derart geschwächt, dass Griechenland fortan zum Spielball auswärtiger Mächte wird. Ein Profiteur des Peloponnesischen Krieges ist letztlich Persien, das die kleinasiatischen Städte zurückerobert.

Ein weiterer Kontrahent, der sich den griechischen Zwist zunutze macht, ist das im Norden gelegene Makedonien. Das zunächst kleine Reich beginnt seinen Aufstieg unter König Archelaos und

450 v. Chr.

Um 450 v. Chr.: Das in Rom verabschiedete Zwölftafelgesetz stärkt die Rechte der Plebejer und legt die Grundlagen für das römische Rechtssystem.

431 v. Chr.: Zwischen Sparta und Athen bricht ein Krieg um die Vorherrschaft auf dem Peloponnes aus. 404 v. Chr. entscheidet Sparta den 2. Peloponnesischen Krieg für sich.

421 v. Chr.: Der Bau des Erechtheions, des wichtigsten Heiligtums der Athener Oberstadt (Akropolis), beginnt.

387 v. Chr.: Keltische Heerscharen, die zuvor bereits Städte und Dörfer in Latium zerstört haben, plündern Rom.

351 v. Chr.: Mit dem Mausoleum des persischen Satrapen Mausolos in Halikarnassos ist eines der sieben Weltwunder der Antike vollendet.

schwingt sich unter Philipp II. zum Herrn über die griechischen Stadtstaaten auf. Anfänglich noch instabil, wird Makedonien unter Philipps Sohn Alexander zur Weltmacht. Alexander der Große stürmt in einem beispiellosen Feldzug das persische Reich und gelangt bis hinter die Grenzen Indiens. Obwohl der Makedone nach nur 13-jähriger Herrschaft stirbt, hat er das Gefüge der Mittelmeerwelt nachhaltig verändert. In den eroberten Gebieten breitet sich das Griechentum aus. Neue Formen und Ideen brechen die Strukturen der klassischen Zeit auf und prägen eine neue Epoche, den Hellenismus. Als dessen Kennzeichen gelten neben der hoch entwickelten Zivilisation die Wandlung hin zum kosmopolitischen Denken, das die Selbstbezogenheit der alten griechischen Polis überwindet. Politisch erfährt der Mittelmeerraum im Hellenismus eine radikale Neuordnung. Das Alexanderreich zerfällt nach dem Tod seines Schöpfers in rivalisierende Einzelstaaten. Ein 40 Jahre währender gewaltsamer Prozess der so genannten Diadochenkriege ist nötig, um die antike Welt zu befrieden. Schließlich erstehen drei Reiche aus den Trümmern der großasiatischen Welt Alexanders des Großen: Ägypten unter den Ptolemäern, der Nahe Osten unter den Seleukiden und Makedonien unter den Antigoniden.

Frau mit Fliegenwedel; indische Plastik aus Didarganj (Patna), 3. Jh. v. Chr.

Rom auf dem Sprung

In Italien konsolidiert sich mit Rom ein neuer aufstrebender Machtfaktor in der Mittelmeerwelt. Waren die Römer zunächst nur ein unbedeutender Mitstreiter in den Querelen der italischen Stämme, wächst ihre Macht nun zusehends. Im Innern sorgen plebejerfreundliche Gesetze für den Abbau sozialer Spannungen und Frieden. Nach außen vertraut Rom auf seine Lernfähigkeit und seine militärische Kraft. Der erste Abschnitt der römischen Expansion endet, als ein Zusammenstoß mit den Kelten die junge Tiberstadt an den Rand der Vernichtung bringt. Nach dem Abzug der plündernden Horden erhebt sich Rom jedoch aus den Ruinen und verfolgt sein Ziel – die Hegemonie über Italien – noch zielstrebiger als zuvor. Im Norden geraten die reichen Etruskerstädte unter römischen Einfluss, im Süden unterliegen die Samniten nach zähem Ringen der römischen Militärmacht. Auch als mit Phyrrus erstmals ein nichtitalischer Gegner antritt, behauptet sich Rom. Schließlich beherrschen die Römer ein Gebiet, das sich vom Arno im Norden bis zum Golf von Tarent im Süden erstreckt. Diese frühen Jahrhunderte werden später als größte Zeit der römischen Geschichte erinnert.

Kelten: Macht ohne Einheit

Anfang des 5. Jh. v. Chr. beginnt die zweite und größte Phase des keltischen Jahrtausends, die La-Tène-Zeit. In ihr entfaltet sich nicht nur ein neuer, originär keltischer Kunststil. Die gesamte keltische Kultur drängt aus ihrem Ursprungsgebiet an den Alpenhängen heraus und verbreitet sich entlang der mediterranen Küsten. Im folgenden Jahrhundert entstehen die großen keltischen Gruppen. Bis zum gallischen Krieg Julius Cäsars greifen diese so genannten Barbaren immer wieder störend in die reichsbildenden Prozesse am Mittelmeer ein: Die Gallier überfallen Rom, die Galater sind eine ständige Bedrohung für Pergamon in Kleinasien. 400 Jahre lang blüht die keltische Kultur. Doch trotz wirtschaftlichen Wohlstands, unerschrockenen Kriegern und einer durchorganisierten Gesellschaft soll es den Kelten zu keinem Zeitpunkt gelingen, sich zu einem Reich zusammenzuschließen.

Indiens erstes Großreich

Die indische Geschichte zur Zeit des klassischen Altertums ist geografisch in zwei Räume geteilt. Während im Süden kleine politische Einheiten parallel existieren, wird der Norden vom Magadha-Reich kontrolliert, dessen Königsdynastien in großer Pracht regieren. 16 kleine Vorgängerstaaten, fast alle entlang des Ganges gelegen, sind im Reich von Magadha aufgegangen. Dieses erreicht den Gipfel seiner Macht im 3. Jh. v. Chr. unter den Maurya, die in ihrer holzverschalten, 14 km langen Stadt Pataliputra ein politisches Gegengewicht zum westlich benachbarten Reich des Seleukidengeschlechts bilden. Dem Mauryakönig Aschoka gelingt es, sein kulturell und ethnisch heterogenes Gebiet für einen langen Zeitraum zu einen. Dazu nutzt er die wichtigen Handelswege, die fast alle durch seinen Herrschaftsraum führen. Seine Edikte lässt Aschoka in Steinstelen oder Felsen an den äußersten Punkten des Reiches einmeißeln, damit jeder Neuankömmling mit den Gepflogenheiten im Mauryareich bekannt wird. Heute markieren diese Orte die Ausdehnung des ersten indischen Großreiches.

Eisenzeit auch in Afrika

Während im Mittelmeerraum die Zeit der ersten Hochkulturen schon fast in Vergessenheit geraten ist, verharrt Afrika noch weitgehend in der Steinzeit. Erst die Nok-Kultur bringt die Technik der Eisenverhüttung auf den Schwarzen Kontinent. Südlich und westlich des Äquators verbreiten sich Landwirtschaft und Metallurgie rasch über ein riesiges Territorium. Das Geschehen in der afrikanischen Eisenzeit legt die Grundlage für das historische Afrika. Am Ende dieser Periode sind die Bauern, die sich des Eisens bedienen, weit nach Süden vorgedrungen, die Ära der ausschließlichen Jäger und Sammler ist auch in Afrika vorüber.

Alexander der Große zerschlägt den Gordischen Knoten (Kupferstich von Matthäus Merian d. Ä., 17. Jh.). Der makedonische Feldherr schwingt sich zum Herrscher über Asien auf und begründet ein Großreich.

347 v. Chr.: Der griechische Gelehrte Platon, der Begründer der Metaphysik, stirbt. 387 v. Chr. hatte er die Akademie von Athen gegründet.

333 v. Chr.: Der makedonische König Alexander der Große besiegt die Perser in der Schlacht bei Issos und begründet ein Weltreich.

322 v. Chr.: Mit dem Mauryareich unter König Tschandragupta entsteht einer der mächtigsten Staaten der indischen Geschichte.

Um 300 v. Chr.: In seinem 13-bändigen Werk »Die Elemente« schafft der griechische Gelehrte Euklid die Grundlagen für die Geometrie.

Um 300 v. Chr.: Nubische Könige verlegen ihre Nekropole nach Meroë. Eines der mächtigsten Reiche Nordafrikas entsteht.

264 v. Chr.

Um 450 Der griechische Philosoph **Leukipp** formuliert die Idee vom Atom als der Ureinheit der Materie und begründet damit die Atomistik. Grundvoraussetzung seiner Lehre ist die Existenz eines leeren Raumes. In diesem entsteht die Welt durch die Abspaltung unterschiedlicher Atome von der unendlichen Atommasse. Die herausgelösten Atome fallen ins Leere und ballen sich in einem Wirbel zusammen. Dabei verbinden sich gleichartige Bausteine miteinander. Die dichten und schweren Atome formen in der Mitte eine Kugel, die Erde. Sie wird von einer durchlässigen Membran aus miteinander verbundenen hakenförmigen Atomen umgeben.

In Akragas (Agrigent) an der Südküste Siziliens entsteht der so genannte **Heratempel**. Die Bewohner der Stadt errichten den Kultbau auf dem Kamm einer Hügelkette, die sich im Süden des Stadtgebietes erstreckt. Auf einem 37 x 17 m großen Unterbau erheben sich gewaltige, in dorischer Ordnung gebaute Säulen. Sie laufen auf allen Seiten um und bilden eine Ringhalle (Peripteraltempel) um das Allerheiligste, die Cella. Um den Tempel gegen das vom Meer herangewehte Salz zu schützen, werden das Podium und die Säulen mit einer weißen Putzschicht überzogen.

Der griechische Tragiker **Sophokles** vollendet in Athen die Tragödie »Aias«. Sie gilt als das älteste seiner sieben vollständig erhaltenen tragischen Werke. In der Tragödie thematisiert Sophokles den Wahnsinn und den Selbstmord Aias' des Großen. Er gilt nach Achill als größter griechischer Held. Im Kampf der Griechen gegen die Trojaner barg Aias die Leichen des Patroklos und des Achill. Als jedoch ein Schiedsgericht auf Betreiben der Göttin Athene die Waffen des Achill an Odysseus und nicht an Aias vergab, tötete sich dieser aus verletztem Stolz.

Die fruchtbaren Landstriche in den Tälern der Mosel und ihrer Nebenflüsse sind die Heimat des keltisch-germanischen Stammes der **Treverer**. Das Volk, das sich laut dem römischen Geschichtsschreiber Tacitus seiner germanischen Herkunft rühmt, betreibt Ackerbau und Weidewirtschaft. Ausgedehnte Wälder an den Hängen der Mosel bieten ihnen ideale Jagdbedingungen. Berühmtheit erlangen die Treverer wegen ihrer Pferdezucht und der gefährlichen Reiterscharen.

Um 450 v. Chr.

Monumente der Klassik

Mit den Hauptwerken der Akropolis Athens entstehen die bedeutendsten Bauten der klassischen Periode Griechenlands: der Parthenon, das Erechtheion (siehe S. 268) sowie der Niketempel. Die Akropolis (Hochstadt) ist die Keimzelle der Stadtgeschichte Athens. Auf dem Hügel ließen sich bereits in der Jungsteinzeit die ersten Siedler nieder. Im Laufe der Jahrtausende nutzten die Athener die Erhebung als Kultplatz oder Residenz früherer Könige und Tyrannen. Seit der griechischen Archaik (ab 650 v. Chr) gilt die Akropolis als Hauptheiligtum der Stadtgöttin Athene. Nach der Zerstörung durch die Perser 480 v. Chr. wurde die Bebauung der Akropolis unter dem athenischen Staatsmann Perikles vorangetrieben.

Der Parthenon-Tempel ist das wohl charakteristischste und heute wichtigste Monument der griechischen Klassik. Athene gewidmet (Parthenos, griech. »Jungfrau«, ist einer ihrer Beinamen), entsteht das Bauwerk innerhalb von rund 18 Jahren unter der Leitung des berühmten Bildhauers Phidias, der auch die Zeusstatue in Olympia entwarf. Der Tempel ist ein Musterbeispiel der dorischen Architektur und vollständig aus attischem Marmor errichtet. Zu dem üppigen Schmuckprogramm des Bauwerks zählt u. a. der Parthenonfries – ein insgesamt 120 m langes Reliefband (Hauptteil heute in London). Mehr als 50 Bildhauer arbeiten an dem Werk, das die Prozession anlässlich des Hauptfestes Athens, den Panathenäen, abbildet. 360 Menschen und 200 Pferde werden dargestellt.

Der Niketempel, der griechischen Siegesgöttin geweiht, weist an West- und Ostseite je vier ionische Säulen auf.

In geschützter Lage auf der Akropolis überdauert der Parthenon-Tempel der Athene mehr als 1000 Jahre annähernd unbeschadet. Erst im Krieg der Türken gegen Venedig 1687 explodiert das im Tempel untergebrachte Pulvermagazin und zerstört einen Großteil des Monuments.

Ein Ensemble von unvergleichlicher Fernwirkung (v. l.): Erechtheion, Propyläen und Parthenon

Um 450 v.Chr.

La-Tène-Kultur: Neue Epoche der Eisenzeit erfasst Mittel- und Südeuropa

Mit der La-Tène-Zeit bricht die zweite große Epoche der Kelten an. Mit ihr beginnt auch die zweite Hälfte der Eisenzeit in Europa.
Eine historisch nicht belegbare Revolte des Adels ist vermutlich die Ursache für eine nachhaltige Veränderung im Gefüge der keltischen Stämme. Künftig steht nicht mehr ein einzelner Herrscher an der Spitze der Gesellschaft. Die Macht ist vielmehr auf eine breite Aristokratenschicht verteilt. Dieser Umsturz erfasst das gesamte keltische Kerngebiet am Nordrand der Alpen und schlägt sich insbesondere in der Kunst nieder (Abb. r.: Gürtel der La-Tène-Zeit). Strebte das Handwerk der vorangehenden Hallstattzeit noch an, die symbolfreudige Kunst der Bronzezeit weiterzuentwickeln, halten in der La-Téne-Zeit Motive von Individuen Einzug in die Arbeiten von Töpfern, Schnitzern und Schmieden (Abb. l.: Ofen und Blasebälge einer Schmiede der La-Tène-Zeit). Menschliche Gesichter und Gestalten werden auf Treibarbeiten wie dem berühmten Gundestrupkessel angebracht, Fratzen verzieren die Henkel von hölzernen Kannen, ganze Bankettszenen sind in Situlen – eimerartige Gefäße – eingestanzt.

Namengebend für diese große Epoche der keltischen Kultur ist der Fundort La Tène am Neuenburger See (Schweiz). Die hier entdeckten Hinterlassenschaften wie Mühlstein und Töpferscheibe zählen zu den wichtigsten Neuerungen der La-Tène-Kultur – Erfindungen und Techniken, die vermutlich allesamt durch Handelsbeziehungen mit den Griechen ins keltische Kernland gelangt sind.

Mit der zweiten Blütephase der keltischen Zivilisation setzt auch deren Ausdehnung ein. Die alten Herrschersitze der Hallstattzeit werden aufgegeben. Die Kelten ziehen den Oberrhein und die obere Donau entlang nach Frankreich und Spanien, über Italien auf den Balkan und bis nach Kleinasien. Dort werden sie den antiken Schriftstellern als Keltiberer, Gallier und Galater bekannt. Stets findet die Expansion auf kriegerischem Wege statt. In West wie Ost berichten Zeitzeugen gleichermaßen entsetzt von dem ungewohnten Anblick der fremden Eindringlinge auf ihren Kriegszügen. Demnach kämpfen die Kelten der La-Tène-Zeit nackt, um dem Gegner ihre Furchtlosigkeit zu demonstrieren. Einzig ein Torques (metallener Reif mit verdickten Enden) ziert die Hälse der Krieger. Um einen noch schrecklicheren Eindruck zu erwecken, reiben sich die Kämpfer vor der Schlacht den Kopf mit Kalkwasser ein, sodass die bleichen Haare nach allen Seiten abstehen.

Um 450 v.Chr.

Krieg endet mit Kalliasfrieden

Der Athener Feldherr Kallias erzwingt die Einstellung der um 500 v.Chr. ausgebrochenen Kriegshandlungen zwischen Persien und den griechischen Stadtstaaten (siehe S. 249). Nach anfänglichen Niederlagen der Griechen hatte sich das Kriegsglück bereits um 479 v.Chr. gegen die Perser gewendet (siehe S. 252). Die Griechen – ermutigt vom Tod des persischen Feldherrn Mardonios – bauten nicht länger auf Verteidigung, sondern griffen den Feind ihrerseits in Kleinasien an. Trotz hoher Verluste entschieden sie die meisten der Feldzüge für sich und diktieren schließlich 449/448 v.Chr. den sog. Kalliasfrieden, der den von Persien beherrschten Kolonien an der kleinasiatischen Küste die Autonomie zugesteht.

Um 450 v.Chr.

Illyrer bedrängen Makedonen

Die Stämme der Illyrer werden erstmals historisch fassbar. Bereits seit dem 7. Jh. v.Chr. siedelt dieses Balkanvolk an der Adriaküste, in nordwestlicher Nachbarschaft zu den Makedonen. Ab etwa 450 v.Chr. kommt es vermehrt zu Zusammenstößen mit den Griechen. Der Historiker Thukydides, der über diese Kämpfe berichtet, ist der erste Gewährsmann für die Existenz der Illyrer. Ähnlich wie die Kelten bilden diese kein einheitliches Reich, sondern präsentieren sich als loser Bund von Stämmen, der eine weitgehend einheitliche Kultur aufweist. Im 1. Jh. v.Chr. wird Illyrien ins Römische Reich eingegliedert.

Um 450 v.Chr.

Zwölftafelgesetz legt Grundlagen für das römische Recht

Auf dem Forum Romanum werden in Bronzetafeln gegossene Rechtssprüche aufgestellt. Das sog. Zwölftafelgesetz ist das älteste überlieferte Rechtswerk der römischen Geschichte (Abb.: Rekonstruktion eines Bruchstücks).
Anlass für die schriftliche Fixierung des Gewohnheitsrechts ist der gesellschaftliche Gegensatz zwischen dem einfachen Volk (Plebejer) und den reichen Privilegierten (Patriziern), die die Senatoren stellen. Bereits 462 v.Chr. hatte der Tribun Gaius Terentilius Arsa ein Gesetz angeregt, das die Rechte des römischen Senats zugunsten der Plebejer einschränken sollte. Sein Vorschlag, fünf Männer für das Zusammentragen der Rechtsgrundsätze zu ernennen, wurde angenommen, aber erst 451 v.Chr. in die Tat umgesetzt. Statt fünf erhielten nun zehn Männer (Dezemvirn) – allesamt Patrizier – den Auftrag zur Erstellung der Rechtsgrundlage. Die von ihnen vorgelegten Grundsätze reichten jedoch nicht aus, um den Forderungen der Plebejer gerecht zu werden. Deshalb kommen 450 v.Chr. die Dezemvirn erneut zusammen. Dieses Mal sind zwei von ihnen Vertreter der Plebs. Zwei zusätzliche Rechtstafeln entstehen, die gemeinsam mit den ersten zehn auf dem Forum Romanum aufgestellt werden.

Das Zwölftafelgesetz enthält Rechtssprüche zum öffentlichen wie zum privaten Recht und legt den Grundstein für das spätere römische bürgerliche Recht (ius civile). Unter den Gesetzen der letzten beiden Tafeln findet sich das umstrittene Eheverbot zwischen Plebejern und Patriziern, das noch im selben Jahrhundert reformiert wird. Inwiefern der Originaltext der zwölf Tafeln wirksam gewesen sein mag, ist umstritten. Antiken Quellen zufolge sollen die Gesetze schon beim Galliersturm im Jahr 387 v.Chr. großteils vernichtet worden sein. Neuesten Forschungen zufolge wurden die Bronzetafeln jedoch vor der Verwüstung gerettet. Heute sind Auszüge überliefert.

Um 450 Im süditalienischen **Paestum** entsteht ein weiterer großer Tempelbau: der so genannte Poseidon-Tempel. Der Kultbau wird neben dem wesentlich älteren Heratempel errichtet. 14 dorische Säulen an den Längsseiten sowie sechs an den Schmalseiten gliedern den imposanten Bau. Er erhebt sich auf einem dreistufigen Unterbau (Krepis), deren oberste Stufe – das Stylobat – eine Grundfläche von etwa 24 x 60 m aufweist. Seinen Namen verdankt der Poseidon-Tempel Forschern des 18. Jh. Sie vermuteten in ihm eine Kultstätte des Meergottes Poseidon. Heute gilt der dorische Bau wie der benachbarte Tempel als Heiligtum der Hera.

448 Mit ihren Erfolgen bei den Olympischen Spielen untermauern die beiden Brüder **Akusilaos und Damagetos** den Ruf ihrer Familie als eine der erfolgreichsten Sportlerdynastien der Antike. Akusilaos erringt den Olympiasieg im Faustkampf, am selben Tag siegt sein Bruder Damagetos im Pankration, einer Mischung aus Faust- und Ringkampf. Die Athleten stammen aus der Familie des Diagoras von Rhodos. Er hatte 464 v. Chr. ebenfalls den Olympiasieg im Faustkampf errungen und war nach zahlreichen weiteren Erfolgen von dem Dichter Pindar in dessen siebter olympischer Ode besungen worden.

446 In Mittelgriechenland erleiden die **Athener** unter ihrem Feldherrn Tolmides eine schwere Niederlage. Im Jahr zuvor waren athenische Truppen bis Charoneia vorgedrungen, weil sie ihre Vormachtstellung durch böotische Emigranten bedroht sahen. Nach anfänglichen Erfolgen, bei denen die Athener u. a. die Bewohner von Charoneia versklavten, werden sie schließlich von den Böotiern in der Schlacht von Charoneia gestoppt und zurückgeschlagen.

Um 445 In Griechenland, vermutlich in Argos, stirbt der Dichter **Pindar**. Er wurde 522 oder 518 v. Chr. in Kynoskephalai als Sohn einer begüterten Familie geboren. In Lobliedern, den Epinikien, pries Pindar in formvollendeter Lyrik die Sieger der sportlichen Wettkämpfe. Sie sind nach den verschiedenen Wettbewerben in Olympien, Pythien, Nemeen und Isthmien aufgeteilt. Von dem umfangreichen, 17 Bücher umfassenden Werk Pindars sind nur vier Bücher mit den Epinikien vollständig erhalten. In der Antike galt Pindar als Meister des so genannten erhabenen Stils und wurde u. a. vom römischen Dichter Horaz rezipiert.

445 v. Chr.

Lex Canuleia in Kraft – Plebejer und Patrizier dürfen heiraten

Mit der Aufhebung des Eheverbots zwischen Plebejern und Patriziern fällt eine der wichtigsten Standesgrenzen in der altrömischen Gesellschaft. Der Volkstribun Canuleius, ein Sonderbeamter zum Schutz der Plebs gegen die Willkür des römischen Magistrats, bringt ein entsprechendes Gesetz ein, das nach seiner Verabschiedung als Lex Canuleia in die Geschichte eingeht.
In der römischen Gesellschaft hat die kleine Gruppe der adeligen Patrizier die Macht inne. Die breite Masse der Plebejer, meist freie Kleinbauern und Handwerker, ist von politischen Entscheidungen ausgeschlossen. Bereits 494 v. Chr. forderten die Plebejer Teilhabe an öffentlichen Ämtern und Privilegien. In den folgenden Jahrzehnten gab es ein zähes Ringen zwischen beiden Gruppen. Den Plebejern gelang es um 450 v. Chr. schließlich, sich durch die Einführung neuer Ämter (Volkstribunen, plebejische Ädilen) und politischer Gremien (plebejische Standesversammlung) vor Willkürmaßnahmen patrizischer Beamter zu schützen sowie Zugang zu Staatsämtern zu erlangen. Nach Aufhebung des Eheverbots kommt es zu einer Vermischung der römischen Führungsschicht.

446 v. Chr.

Griechen gegen Griechen: Athen und Sparta erstmals im Krieg

Der erste Krieg zwischen den beiden führenden griechischen Stadtstaaten Athen und Sparta endet ohne klaren Sieger. Seit den Perserkriegen hat Athen mit Hilfe des Attischen Seebundes seinen Einfluss ausgedehnt. Obwohl der Seebund ursprünglich als Verteidigungsbündnis gedacht war, nutzte Athen die Flotte (Abb. r.: griechischer Schmuckstein mit Darstellung eines Kriegsschiffes) zunehmend zur Durchsetzung eigener Interessen und zur Disziplinierung unwilliger Verbündeter. 460 v. Chr. sicherte man den Sitz des Seebundes und befestigte den Hafen von Piräus (s. Abb. u.).

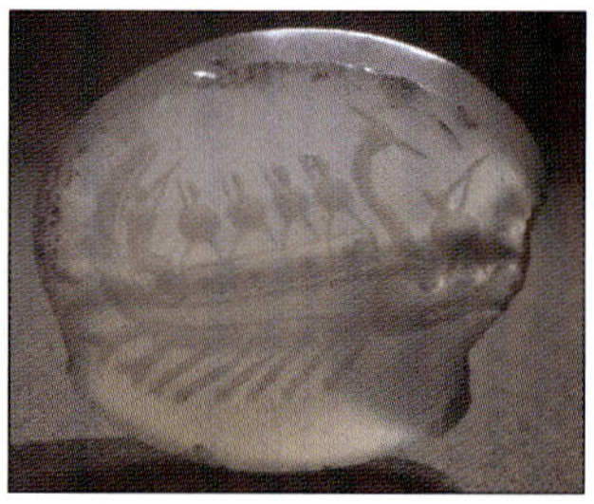

Diesem Streben nach der griechischen Vorherrschaft sah die zweite Führungsmacht, das zu Lande äußerst starke Sparta, nur widerwillig zu. Als Athen sich gegen einige im von Sparta angeführten Peloponnesischen Bund organisierte Städte wandte, griff Letzterer 457 v. Chr. die attische Macht an. Mit etwa 12 000 Soldaten zogen die Spartaner über den Golf von Korinth nach Böotien. In der Schlacht bei Tanagra siegten sie, doch in der nächsten Schlacht gewannen die Athener wieder die Oberhand. Als Athen 454 v. Chr. einen Aufstand in Ägypten gegen die dortige Perserherrschaft unterstützte, wurde Persien in den Peloponnesischen Krieg hineingezogen. Die Kämpfe weiteten sich bis nach Zypern aus. 449 v. Chr. stellten die Athener den Kampf gegen die Perser ein. Drei Jahre später schließen Sparta und Athen Frieden. In einem Vertrag erkennen beide Seiten gegenseitig ihre Herrschaftsgebiete an und versprechen, für drei Jahrzehnte Waffenruhe zu wahren.

Terrakotta-Büste der Nok-Kunst

Um 450 v. Chr.

Die Köpfe der Nok-Leute

Mit der Nok-Kultur tritt eine der bedeutendsten afrikanischen Gruppen in ihre Blütephase ein. Kennzeichnend für die Kunst dieser Zivilisation sind Tonköpfe mit ausdrucksstarken Gesichtern – die ersten bekannten Skulpturen Afrikas.
Benannt ist die Kultur nach dem Dorf Nok bei Kafanchan im heutigen mittleren Nigeria. Dort wurde der erste, für die Nok-Kultur typische Keramikkopf gefunden. Bei allen Nok-Keramiken werden die Gesichtszüge in stilisierter Form wiedergegeben, Nase und Ohren erscheinen häufig durchlöchert, Haare und Bart durch Riefen angedeutet. Typisch sind auch die breiten, aufgebläht wirkenden Nasenflügel sowie lang gezogene Ohren. Wie in zahlreichen späteren afrikanischen Kulturen stellen die charakteristischen Keramikköpfe wahrscheinlich Ahnen dar. Vermutlich werden die Plastiken im Haus aufbewahrt. Sie sind Teil eines Kultes zur Verehrung der Vorfahren. Deren Anbetung soll Schutz vor Gefahren bieten und das Wohlergehen der Familien sicherstellen.
Die Nok-Leute sind erfolgreiche Bauern und Pflanzer. Sie profitieren von einem regenreichen und fruchtbaren Klima im 1. Jt. v. Chr. Eine weitere wichtige Nahrungsquelle ist die Jagd. Technische Fähigkeiten sind weit ausgebildet, Gewinnung und Bearbeitung von Eisen bereits verbreitet, was Werkzeuge und Schlackenreste deutlich belegen. Die Nok-Kultur ist damit die erste Eisen verarbeitende Zivilisation in Afrika südlich der Sahara. Im namengebenden Dorf Nok fanden Archäologen die Überreste von 13 Eisenschmelzöfen – Ruinen einer vorgeschichtlichen afrikanischen Masseníndustrie.
Erst 1943 erkannte der Archäologe B. E. Fagg die Bedeutung der bis dahin gefundenen Keramiken als Zeugnisse einer alten afrikanischen Kultur. Über die Verteilung der Fundorte wurde deutlich, dass sich die Nok-Kultur über ein Gebiet von mehr als 300 km in Richtung Süden ausgebreitet hatte. Erst Ende des 20. Jh. wurden weitere Plastiken der Nok-Kultur bei Sokoto, einige hundert Kilometer nördlich, zutage gefördert.
Die Keramikfunde sind fast ausschließlich Kopf-Skulpturen. Die ersten Exemplare wurden meist bei der Anlage von Gruben für den Zinnabbau entdeckt. Die zu den Köpfen gehörigen Körper sind, wenn überhaupt, nur in kleinen Bruchstücken erhalten. Einer Theorie zufolge wurden die Terrakotten bei Hochwasser aus den Häusern geschwemmt, da die Nok-Leute auch in Flusstälern siedelten. Die Plastiken zerbrachen und nur die stabileren Köpfe konnten der Zerstörungskraft des Wassers widerstehen. Selten sind ganze Statuetten oder Büsten erhalten. Einige Stücke erreichen eine Höhe von 1,2 m. Angesichts der Kunstfertigkeit ihrer Schöpfer und deren technischer Fähigkeiten auch auf dem Gebiet der Metallurgie wird heute angenommen, dass die Nok-Kultur aus einer älteren, unbekannten Zivilisation hervorgegangen ist. Ein Nachweis für diese Vorläuferkultur konnte allerdings bis heute nicht erbracht werden.
Warum die Nok-Kultur um 200 n. Chr., also nach fast 700 Jahren, untergeht, ist nicht bekannt. Ihr Einfluss hat sich bis zu diesem Zeitpunkt jedoch auf die umliegenden Regionen im heutigen Nigeria ausgedehnt. Die späteren Stadtkulturen von Benin (heute Benin City) und Ife in der Zeit vom 10. bis 14. Jh. n. Chr. orientieren sich deutlich am Erbe der Nok-Leute.

447 v. Chr.

Rom wird Beamtenstaat

Mit Valerius Potitus und Aemilius Mamercus werden die ersten römischen Quästoren in ihr Amt gewählt. Dies berichtet im 1. Jh. n. Chr. der Geschichtsschreiber Tacitus. Ursprünglich Untersuchungsbeamte, bekommen die Quästoren bald Verwaltungsaufgaben und Finanzkontrolle zugeordnet. Hatten die regierenden Konsuln selbst die Quästoren zuvor als Amtsgehilfen ernannt, werden diese nun von der Volksversammlung gewählt: Die Quästur ist so ein unabhängiges Amt. In der sich entwickelnden römischen Ämterstruktur (cursus honorum, siehe S. 247) nimmt die Quästur die unterste Stufe ein. Übergeordnet sind Ädilat, Prätur, Zensorat und schließlich das Konsulat. Wie alle diese Ämter wird auch die Quästur jeweils für ein Jahr besetzt. Ein weiteres ihrer Kennzeichen ist die Kollegialität – das im Prinzip gleichberechtigte Zusammenwirken zweier Amtsinhaber. Im Jahr 421 v. Chr. wird die Zahl der Quästoren auf vier erhöht: Zwei sind für die städtische Verwaltung zuständig, die anderen begleiten die Konsuln auf Kriegszügen.

445 v. Chr.

Nehemia setzt den Glauben an den einen Gott durch

Der persische Großkönig Artaxerxes I. entsendet seinen früheren Mundschenk Nehemia als Statthalter in die Provinz Judäa. Nach der Rückkehr aus der Babylonischen Gefangenschaft und dem Wiederaufbau des jüdischen Heiligtums auf dem Tempelberg von Jerusalem bedeutet die Ernennung Nehemias einen weiteren wichtigen Schritt in der religiösen Selbstbestimmung des Judentums. Der neue Statthalter lässt die seit 587 v. Chr. niedergerissenen Stadtmauern von Jerusalem wieder errichten (s. Abb.).

Um eine Spaltung des Judentums zu verhindern – eine Gruppe besteht auf der ausschließlichen Verehrung Jahwes, die andere duldet auch andere Götter –, setzt Nehemia den monotheistischen Glauben endgültig durch. Ein einheitliches Selbstverständnis der jüdischen Gläubigen fördert er durch ein Heiratsverbot zwischen Juden und Heiden. Das jüdische Reinheitsgesetz im Tempel lässt er durch Tempeldiener vom israelitischen Stamm der Leviten kontrollieren.

442 Am Südhang der Akropolis von Athen entsteht der erste Prunkbau aus der Zeit des Perikles. Das mit öffentlichen Mitteln errichtete **Odeion**, ein überdachtes Musiktheater ganz in der Nähe des Dionysos-Theaters, soll den Bürgern einen regengeschützten Aufenthalt ermöglichen. Im Stil eines persischen Königszeltes verherrlicht es die Größe Athens, den griechischen Sieg über die Perser sowie auch Perikles selbst. Mit dem Odeion beginnt das von Perikles initiierte Bauprogramm zur Ausschmückung Athens.

Um 440 Mit dem **Doryphoros** (griech. für Speerträger) schafft der Bildhauer Polyklet aus Argos eine der bedeutendsten Skulpturen der klassischen Zeit. Die im verloren gegangenen Original in Bronze gegossene Statue eines jungen Mannes verkörpert die im Kanon, dem Lehrbuch des Polyklet, niedergelegte Proportionslehre. Zahlreiche Marmorkopien dieser Statue aus römischer Zeit zeugen von der außerordentlichen Bedeutung und Beliebtheit des Doryphoros in der Antike.

439 In **Rom** brechen in Folge einer Hungersnot politische Unruhen aus. Der reiche Plebejer Spurius Maelius nutzt die gespannte Lage und verteilt kostenlos Getreide an das Volk, um seine Chancen bei der nächsten Wahl zu erhöhen. Einflussreiche Patrizier befürchten aber, Maelius strebe nach der Alleinherrschaft. Als der Reiteroberst Gaius Servius Ahala auf Anweisung des Maelius verhaftet werden soll, tötet Ahala den Plebejer. Ahala wird mit dem Tyrannenmord zu einem Vorbild für die konservative Führungsschicht der römischen Republik.

Um 430 **Tharyps**, Herrscher des Königreiches der Molosser (430–390/385 v. Chr.), führt in seinem Land als Erster die griechische Kultur und Schrift ein. Wie der griechische Historiker Thukydides berichtet, lässt der in Athen erzogene König auch nach griechischem Vorbild Münzen prägen und die Verfassung neu ordnen.

444 v. Chr.

Aus strategischem Kalkül: Athen gründet Tochterstädte

An der Stelle des teilweise zerstörten Sybaris in Unteritalien gründen Athener Kolonisten eine Stadt, die zuerst wie ihre Vorgängerin heißt. Später erhält sie – nach der nahe gelegenen Quelle Thuria – den Namen Thurioi.
Diese Gründung ist das Ergebnis einer neuen Strategie Athens in Folge des 446 v. Chr. mit Sparta geschlossenen Friedens (siehe S. 264). Nicht durch militärische Eroberung, sondern mittels Schaffung eines Netzes von verbündeten Städten und Siedlungen, mit friedlichen Mitteln also, wollen die Athener ihren Einfluss erweitern. Diese neue Politik wird im griechischen Mutterland vor allem von dem Athener Staatsmann Perikles betrieben. Zahlreiche prominente Griechen sind an der Gründung Thuriois beteiligt. Hippodamos von Milet sorgt für die Errichtung von Gebäuden und Straßen in einem Rechteck von neun Kilometern Umfang. Der Historiker Herodot (siehe S. 250) erhält hier das Bürgerrecht. Aus dem Umfeld des Perikles stößt der Philosoph Empedokles von Agrigent zu den Neusiedlern. Sein Kollege Protagoras von Abdera formuliert Gesetze und Verfassung der jungen Stadt.

443 v. Chr.

Perikles prägt eine Ära

Die Athener stimmen bei einem Scherbengericht gegen Thukydides und verbannen den großen Geschichtsschreiber für zehn Jahre aus der Stadt. Damit entledigt sich der Staatsmann Perikles seines wichtigsten politischen Kontrahenten. Als nunmehr unangefochteter Lenker des athenischen Staates wird er in den folgenden 14 Jahren stets in das höchste Amt (Stratege) gewählt. Die Politik in Athen ist vom Streit zweier politischer Richtungen bestimmt. An der Spitze der gegnerischen Parteien stehen Perikles und Thukydides. Letzterer nahm ein umfangreiches Bauprogramm des Perikles (seit 448 v. Chr.) zum Anlass für grundsätzliche Kritik an dessen Person und Charakter. Das Scherbengericht entscheidet über die künftige Führung der Politik. Unter Perikles erlebt die Athener

Perikles spricht in Athen auf einer Versammlung der bedeutendsten Dichter und Denker seiner Zeit.

Um 430 v. Chr.

Feuer, Wasser, Erde, Luft: Empedokles begründet die Lehre von den vier Basiselementen

Mit dem aus Agrigent (Akragas) auf Sizilien stammenden Empedokles (Abb.: Renaissance-Fresko) stirbt der letzte bedeutende Vertreter der Naturphilosophie des 5. Jh. v. Chr. Zugleich Arzt, Philosoph und Redner, verfasste Empedokles Lehrgedichte, die Einblick in seine auf die Beobachtung der Natur und des Lebens fußende Lehre geben. Die von Empedokles begründete sog. Vierelementenlehre versucht, Entstehung und Zustand der Welt zu erklären. Feuer, Wasser, Erde und Luft werden als Grundstoffe definiert, deren Zusammenspiel und Mischung als Ursprung allen Seins

gilt. Nie könne etwas aus dem Nichts entstehen oder sich in Nichts auflösen. Entscheidend seien Formen und Zustände der Elemente.
Darüber hinaus beschäftigte sich Empedokles mit mathematischen, biologischen, naturphilosophischen und anthropologischen Fragen. 444 v. Chr. war er an der Gründung der Kolonie Thurioi durch Athen beteiligt. Als ihm seine Heimatstadt Agrigent die Herrscherwürde anbot, lehnte er ab. Empedokles führte ein Wanderleben, das ihn vor allem in seine Heimat Sizilien und auf die Peloponnes führte.

Demokratie in den nächsten Jahren ihre höchste Blüte.
Perikles verfolgt nach außen eine konsequente Politik zur Stärkung des politischen und wirtschaftlichen Einflusses Athens. Mit der Ansiedlung von Athener Bürgern in Koloniestädten verbreitet er seine politischen Vorstellungen und stärkt seine Machtbasis. Als wichtigstes außenpolitisches Instrument dient Perikles der 477 v. Chr. gegründete Attische Seebund. Es gelingt ihm, Athen die Kontrolle über die Bundesflotte und vor allem über die Abgaben der Mitglieder zu verschaffen. Grundsätzlich auf eine Politik mit friedlichen Mitteln bedacht, scheut Perikles dennoch nicht vor dem Einsatz der Flotte gegen abtrünnige Bündnispartner zurück. 449/448 v. Chr. schloss Perikles mit den Persern den sog. Kalliasfrieden (siehe S. 263), der die jeweiligen Einflusszonen festschreibt. Sein besonderes Verdienst ist es, die Bürger für ein umfangreiches Bauprogramm zu gewinnen. Damit entstehen in Athen mit Staatsgeldern die bekanntesten Bauten der klassischen Zeit, darunter der Parthenon-Tempel sowie der Niketempel auf der Akropolis. Um Perikles bildet sich zudem ein Kreis fortschrittlicher Denker und Künstler. Als kurz nach Beginn des Peloponnesischen Krieges die Pest in Athen ausbricht, wendet sich die Stimmung gegen Perikles. Er wird seines Strategenamtes enthoben und zur Zahlung von Strafgeldern verurteilt. Zwar folgt 429 v. Chr. seine Rehabilitierung, doch noch im selben Jahr stirbt Perikles an der Pest.

Perikles

athenischer Staatsmann, *490 v. Chr. Athen, † 429 v. Chr.

Perikles ist einer der bedeutendsten Staatsmänner der Antike. Der Sohn des Xanthippos und der Agariste entstammt der alten athenischen Adelsfamilie der Alkmaeoniden. Seine Herkunft führt ihn zu den radikalen Demokraten unter Ephialtes, nach dessen Ermordung 461 v. Chr. Perikles seine politische Karriere konsequent vorantreibt. Er gilt als der beste Redner seiner Zeit. Zweimal verheiratet – zuerst mit einer Athenerin, ab 450 v. Chr. mit Aspasia von Milet – hat Perikles drei Söhne: Xanthippos, Parolos und Perikles.

- 472 v. Chr.: verantwortlich für die Aufführung des Theaterstücks »Der Perser« des Aischylos
- ab 448 v. Chr.: Beginn des perikleischen Bauprogramms

431 v. Chr.

Peloponnesischer Krieg schwächt Athen und Sparta

Ein zweiter Krieg zwischen Athen und Sparta erschüttert die griechische Staatenwelt. Er schwächt alle daran beteiligten Staaten und zerstört die gewohnte Ordnung auf der Peloponnes.
Seit 433 v. Chr. war es wieder zu Spannungen zwischen Sparta und dem Peloponnesischen Bund einerseits sowie Athen und dem Attischen Seebund andererseits gekommen. Die Ursache dafür lag in den Versuchen der Athener, ihren Machtanspruch auch gegen die eigenen Verbündeten durchzusetzen. Dazu kam eine bei den Alliierten Spartas weit verbreitete Angst vor einer attischen Expansion. Athens Blockade der Stadt Megara führt 431 v. Chr. schließlich zur Kriegserklärung seitens des Peloponnesischen Bundes.
Einen Monat lang verwüsten die Truppen Spartas und seiner Bundesgenossen das Athener Umland. In der eingeschlossenen Stadt wütet die Pest, doch kann sie diesem ersten Angriff – wenn auch knapp – widerstehen. In den folgenden elf Jahren liefern sich beide Seiten regelmäßig Kämpfe (Abb.: Seeschlacht bei Korinth, ausgetragen 430 v. Chr.). In der Schlacht bei Amphipolis (422 v. Chr.) fallen sowohl der athenische als auch der spartanische Feldherr. Kriegsmüde suchen beide Seiten in Verhandlungen nach einer friedlichen Lösung. Mit dem 421 v. Chr. geschlossenen, nach dem Athener Nikias benannten Frieden endet diese erste Phase des Krieges mit der Wiederherstellung des Vorkriegszustandes.

Die gegenseitig beschworenen 50 Jahre Frieden erweisen sich aber schnell als Illusion. Die Athener Flotte überfällt 416 v. Chr. die bisher unabhängige Insel Melos. Die Männer werden getötet und die übrige Bevölkerung in die Sklaverei verkauft. Im Jahr darauf wird von Athen eine Expedition nach Sizilien gesandt. Das angegriffene Syrakus bittet Korinth und Sparta um Hilfe. Dem spartanischen Feldherrn Gylippos gelingt 413 v. Chr. die völlige Vernichtung der athenischen Truppen vor Syrakus. Die gefangenen Athener werden in die sizilianischen Steinbrüche verschleppt, ihre Kommandeure Nikias und Demosthenes hingerichtet. Zuvor läuft Alkibiades, einer der drei Athener Befehlshaber, aus Angst vor einer Anklage in seiner Heimatstadt zu den Spartanern über. Er beeinflusst entscheidend die Politik Spartas während der letzten Phase des Krieges.

428 Der römische Konsul **Aulus Cornelius Cossus** tötet Lar Tolumnius, den König von Veji, im Zweikampf. Die Rüstung des Königs wird als Siegestrophäe (spolia optima) im Tempel des Iupiter Feretrius in Rom ausgestellt. Der seit 436 v. Chr. andauernde Krieg Roms gegen die Vejer kommt 426 v. Chr. mit dem Abschluss eines 20-jährigen Waffenstillstands zu einem vorläufigen Ende.

In Athen wird erstmals eine **Vermögenssteuer** erhoben. Angesichts der steigenden Kriegskosten beschließt die Volksversammlung eine Sondersteuer für die drei höchsten Steuerklassen. Nach Maßgabe der Vermögensschätzung muss ein entsprechender Anteil abgeführt werden. Auch die Gruppe der Metöken (Mitbewohner), welche nicht das Bürgerrecht besitzen und deshalb auch nicht über das Gesetz mitentscheiden können, muss eine bestimmte Abgabe leisten. Insgesamt bringt die Steuer 1,2 Mio. Drachmen ein. Der Tageslohn für einen ungelernten Arbeiter beträgt zu dieser Zeit eine halbe bis eine Drachme.

424 Mit der Bildung einer Truppe aus freigelassenen Leibeigenen (Heloten) und Söldnern leitet der junge Feldherr **Brasidas** eine Abkehr von der konservativen Heerespolitik Spartas ein. Durch die Rekrutierung der zuvor vom Wehrdienst ausgeschlossenen Gruppe der Heloten kann der Mangel an Soldaten in der spartanischen Armee behoben werden. Die von Brasidas selbst angeführte Einheit kämpft erfolgreich gegen die Athener und erzwingt im Winter die Kapitulation der Stadt Amphipolis. Der Athener Stratege Thukydides wird wegen dieser Niederlage sogar aus seiner Heimatstadt verbannt. Brasidas fällt im Jahr 422 v. Chr.

Um 420 Erstmals wird ein sog. **korinthisches Kapitell** in einem Bau verwendet. Im Innenraum des Apollon-Tempels in Bassai lässt der Architekt Iktinos diese besondere Form eines Säulenabschlusses einbauen. In der Folgezeit wird die neue Kapitellform auch an der Außenfront von Gebäuden sehr beliebt. Verziert ist das korbförmige Kapitell mit Akanthusranken. Sie sind den gezackten Blättern des Bärenklaus (Acanthus) nachempfunden. Der Name des Kapitells leitet sich von der Stadt Korinth ab, in der es vermutlich erfunden wurde. Vorbild ist angeblich ein blattumwucherter Korb mit Opfergaben auf dem Grab eines Mädchens.

424 v. Chr.

Tod des Artaxerxes I. stürzt das Perserreich in die Krise

Der persische König Artaxerxes I. stirbt. Unter seinen Nachfolgern (Abb.: Grabanlage von Artaxerxes II.) beginnt der Abstieg des Reiches.
Die Thronbesteigung Artaxerxes' I. war von Blutvergießen und zahlreichen Intrigen begleitet. Nachdem sein Vater, König Xerxes I., ermordet worden war, tötete Artaxerxes seinen älteren Bruder Dareios. Einen weiteren Sohn des Xerxes, Hystaspes, der sich in Baktrien über die Ereignisse am persischen Hof empörte, ließ er ebenfalls beseitigen. Im Anschluss begann eine der friedvollsten Regierungsphasen im persischen Großreich. Artaxerxes schloss 449 v. Chr. den Kalliasfrieden mit den Griechen (siehe S. 263) und beendete die Perserkriege. Im Innern hatte der König gegen Aufstände in Ägypten und Kleinasien zu kämpfen. Artaxerxes I. trug zeit seines Lebens den Beinamen Langhand, da ihm ein Arm länger gewachsen war als der andere. Nach seinem Tod zerfällt die persische Großmacht zusehends durch Palastrevolten, Intrigen und innenpolitische Verschwörungen.

421 v. Chr.

Mit dem Erechtheion entsteht das wichtigste Heiligtum Athens

Auf der Athener Akropolis beginnt der Bau des Erechtheions. Der Tempel ist dem Kult der Burggöttin Athena Polias geweiht. Seinen heutigen Namen Erechtheion (Tempel des Erechtheus) erhält er erst in römischer Zeit. Das Gebäude ist im ionischen Stil errichtet und liegt an der heiligsten Stelle der Akropolis. Hier soll der Legende nach die Weisheitsgöttin Athene mit Meeresgott Poseidon um die Herrschaft über die Stadt gerungen haben. Davon zeugt ein Mal vom Dreizack des Poseidon im Fels, um das der Tempel errichtet ist. Auch der erste mythologische König der Halbinsel Attika, Kekrops, liegt im Erechtheion. Über seinem Grab erhebt sich die berühmte Korenhalle – ein steinerner Baldachin, dessen Decke von sechs weiblichen Figuren getragen wird (s. Abb.).

428 v. Chr.

Anaxagoras' Weltschöpfung

Anaxagoras stirbt in Lampsakos am Hellespont. Der griechische Philosoph bezeichnete als Erster die Sonne als brennende Gesteinsmasse. Nach seiner Lehre entstand die Welt durch zentrifugale Kräfte, durch welche die einst zusammenhängenden Urstoffe auseinander geschleudert wurden. Große Bedeutung bei diesem Vorgang sprach Anaxagoras einem alles beherrschenden Geist zu, den er als kosmische Vernunft (Nus) bezeichnete. Damit gab der Philosoph den Anstoß, den höchsten Grund für das Weltgeschehen nicht allein in der Natur zu suchen.

414 v. Chr.

Mit harter Hand: König Archelaos herrscht über Makedonien

Mit der Thronbesteigung des Archelaos beginnt der kulturelle Aufstieg Makedoniens. Archelaos ist ein nicht legitimer Sohn des makedonischen Königs Perdikkas II. Als der Vater stirbt, ermordet Archelaos alle Verwandten, um als einziger Anspruch auf die Herrschaft erheben zu können. Von dem Philosophen Platon als »der skrupelloseste aller Makedonen« bezeichnet, herrscht der neue König mit harter Hand. Durch den Ausbau der Handelsbeziehungen zu einigen Griechenstädten gelangt der im Norden anrainende Staat bald zu neuem Reichtum. Dank einer Heeresreform sind die Makedonen auch militärisch erfolgreich und unterwerfen u.a. das abgefallene Pydna. Archelaos legt in seiner Amtszeit den Grundstein für Aufstieg Makedoniens unter Philipp II. Auch als Förderer der Künste macht sich Archelaos über die Grenzen seines Reiches hinaus einen Namen. Zahlreiche berühmte Gelehrte und Künstler reisen an den Königshof nach Pella, darunter der Tragiker Euripides, der in seinem Stück »Archelaos« den König als Dynastiegründer verherrlicht. 399 v. Chr. wird Archelaos im Zuge einer Verschwörung ermordet.

Um 420 v. Chr.

Hippokrates – Vater der Heilkunde

Der griechische Heilkundige Hippokrates plädiert für eine unbefangene Beobachtung und Beschreibung von Krankheitssymptomen sowie für eine ganzheitliche Betrachtung des Menschen durch die zeitgenössischen Ärzte.

Hippokrates wurde um 460 v. Chr. auf der Insel Kos geboren. Aus einer Ärztefamilie stammend – auch sein Vater Herakleides ist als Heilkundiger tätig –, lernte der junge Hippokrates bei mehreren Lehrern den Beruf des Arztes. Auf Kos liegt zudem ein berühmtes Heiligtum des Heilgottes Asklepios, in dessen Nähe sich Behandlungszentren und Ärzteschulen entwickelt haben. Auf zahlreichen Reisen vermehrte Hippokrates sein Wissen und entwickelte sich zu einer medizinischen Koryphäe.

Durch die Schaffung einer auf Fachwissen und der genauen Beobachtung von Krankheiten sowie ihren Symptomen gründenden medizinischen Betreuung legt Hippokrates die Grundlage für den modernen Arztberuf. Besonders wichtig ist die Loslösung der praktischen Medizin von religiös begründeten Vorstellungen der Krankheitsursache und -bekämpfung. An deren Stelle setzt Hippokrates Diagnose und fachliche Behandlung durch den Arzt.

Grundlage der hippokratischen Krankheitslehre ist die so genannte Humoralpathologie. Nach dieser Theorie ist die rechte Mischung der vier Körpersäfte maßgeblich für die Gesundheit des Menschen. Die wichtigsten vier Säfte des Körpers sind nach der antiken Lehre Blut, gelbe Galle, Schleim und schwarze Galle. Sie beeinflussen Leber, Herz, Gehirn sowie Milz und rufen bei einem unausgeglichenen Verhältnis Krankheiten hervor (Abb.: Ein Zecher erbricht sich zu seiner Erleichterung; griechische Trinkschale, 5. Jh. v. Chr.). Das System der Körpersäfte wird im 2. Jh. v. Chr. von dem römischen Arzt Galen übernommen und verfeinert. Bis ins europäische Mittelalter hinein bleibt es Grundlage der Heilkunde.

Unter den hippokratischen Heilmethoden nimmt die gesunde Ernährung den wichtigsten Platz ein. Ein Patient, dessen Körpersäfte zu regulieren sind, erhält von den Ärzten der Insel Kos zunächst eine Diät verschrieben, die auf den Patienten und auf die herrschende Jahreszeit zugeschnitten ist. So sei nach den hippokratischen Schriften vor allem im Winter auf den Verzehr fleischhaltiger Kost zu achten, da diese den Körper warm und trocken halte. Wein sei in der kalten Jahreszeit nur unverdünnt zu trinken. Im Frühling hingegen müsse vermehrt Wasser zu sich genommen werden. Zu den Empfehlungen der hippokratischen Ärzte gehören auch ein festgelegtes Schlafpensum und körperliche Übungen. Erst wenn der Patient diese Empfehlungen beherzigt und nicht gesundet, suchen die Hippokratiker nach anderen Heilmethoden. So heißt es in den Schriften: »Was Medizin nicht heilt, heilt das Messer. Was das Messer nicht heilt, heilt die Ausbrennung. Was die Ausbrennung nicht heilt, ist unheilbar.«

Davon ausgehend sehen die hippokratischen Ärzte die Ausbrennung als letztes legitimes Mittel an, um den Patienten zu retten. Oft endet die Anwendung dieser Methode jedoch mit einer Verschlimmerung der Zustände. Die Heilkundigen fügen dem Patienten Verbrennungen auf der Haut zu, um die überschüssigen Lebenssäfte »verkochen« zu lassen. Die entstehenden Wunden müssen sich entzünden und werden anschließend mit Salben bestrichen und gereizt. Auf diese Weise sollen die Säfte von den kranken Körperregionen abgelenkt werden.

Hellenistische Marmorbüste des großen Arztes

Nach dem Tod des Hippokrates um 370 v. Chr., im Alter von etwa 90 Jahren, setzt eine wachsende Anerkennung seiner Tätigkeit sowie breite Rezeption der zahlreichen ihm zugeschriebenen Schriften ein. In seiner Heimat Kos wird Hippokrates nach seinem Tod kultisch verehrt. Sein Bildnis erscheint auch auf Bronzemünzen der Stadt. Eine Unterscheidung zwischen den tatsächlich von Hippokrates stammenden Texten und den ihm fälschlich zugerechneten Kommentaren anderer Medizinschulen ist nur sehr schwer möglich. Insgesamt sind unter seinem Namen rund 60 Werke aus über 500 Jahren antiker Medizingeschichte bekannt (Corpus Hippocraticum).

Im 2. Jh. n. Chr. werden zwei große Sammlungen aller mutmaßlichen Hippokrates-Lehrbücher samt Kommentaren neu zusammengestellt. Sie sorgen durch Übernahme vieler Inhalte in die christliche und orientalische Literatur des Mittelalters sowie der frühen Neuzeit für seinen bleibenden Ruf als Idealbild des helfenden Arztes. Ausdruck der selbstlosen Berufsauffassung ist noch heute die im »Eid des Hippokrates« ausgesprochene ethische Selbstverpflichtung jedes Arztes. Ob sie wirklich von ihm selber stammt, ist allerdings zweifelhaft.

Um 410 Der persische Satrap (Statthalter) von Phrygien, **Pharnabazos**, lässt Münzen mit seinem eigenen Porträt prägen. Bisher war es unüblich, das Bildnis eines lebenden Menschen auf Geldstücken wiederzugeben. Die Münzen zeigen das bärtige Bildnis des Pharnabazos in persischer Tracht. Sie dienen zur Bezahlung griechischer Söldner im Dienste des Satrapen. Während der persische Großkönig das Monopol zur Prägung von Goldmünzen hat, dürfen seine Satrapen auch eigene Silbermünzen herstellen lassen.

Der jüdische Tempel im ägyptischen **Elephantine** wird vom aufgewiegelten Mob zerstört. Seit 587 v. Chr. existiert in Ägypten eine jüdische Gemeinde, die mehrheitlich aus Söldnern im Dienste des Pharao besteht. Nach der Eroberung des Landes durch die Perser gelten die Juden bei den einheimischen Ägyptern jedoch als Kollaborateure der Perser. Ägyptische Priester hetzen die Menge auf, der bestochene persische Statthalter greift nicht ein. 1893 wurden zahlreiche Papyrusurkunden auf der Insel Elephantine gefunden, die einen bewegenden Einblick in das soziale und religiöse Leben der jüdischen Gemeinde erlauben.

406 **Perikles**, der Sohn des berühmten Athener Staatsmannes Perikles und seiner zweiten Frau Aspasia, wird in Athen zusammen mit anderen Strategen hingerichtet. Trotz eines Sieges der athenischen Flotte bei den Arginusen werden die Befehlshaber zu Hause vor Gericht gestellt, weil sie es versäumt hatten, für die Bergung getöteter Athener Soldaten zu sorgen. In der aufgeheizten Atmosphäre beschließt die Volksversammlung die Hinrichtung der siegreichen Strategen, obwohl hierfür keine gesetzliche Grundlage vorliegt. Ein Einspruch von Sokrates bleibt erfolglos.

Nach Ablauf eines 20-jährigen Friedens brechen erneut Kämpfe zwischen Rom und **Veji** aus. Da die Kampfhandlungen insgesamt zehn Jahre lang andauern, übernimmt der römische Staat die Kosten für den Einsatz der Milizsoldaten. Erstmals erhalten die Soldaten im Feld Soldzahlungen aus der Staatskasse, um die Versorgung ihrer Familien zu gewährleisten.

406 v. Chr.

Die drängende Frage nach der Schuld des Menschen

Sophokles stirbt in Athen. Der Tragödiendichter wird im Familiengrab, elf Meilen vor der Stadt, bestattet. Schon zu Lebzeiten genoss Sophokles dank seines Werkes hohes Ansehen in seiner Heimatstadt und bekleidete verschiedene politische und kulturelle Ämter. Während der Auseinandersetzungen zwischen Athen und Samos 441/440 v. Chr. befehligte er zusammen mit Perikles die athenische Flotte. Seit 411 v. Chr. gehörte er der Oligarchenregierung an. Zusammen mit dem älteren Aischylos und dem jüngeren Euripides gilt Sophokles als einer der drei großen Tragiker Athens. Insgesamt 24 Siege hat er bei musischen Wettkämpfen errungen – mehr als jeder athenische Dichter vor oder nach ihm.
Insgesamt 123 Werke des Sophokles sind namentlich bekannt, doch nur sieben Dramen sind vollständig in alten Handschriften erhalten. Die ältesten überlieferten Stücke – »Aias«, »Trachinierinnen« und »Antigone« – entstanden vor 440 v. Chr. Seiner Spätzeit entstammen »König Ödipus«, »Elektra« und »Philoktet«. Der »Ödipus auf Kolonos« wird 401 v. Chr. postum von einem Enkel des Dramatikers zur Aufführung gebracht.
Sophokles erhöht die Attraktivität der Aufführungen durch ein Hervorheben der dramatischen Handlung. Er lässt als Erster einen dritten Schauspieler auftreten und erhöht die Zahl der Chorsänger von 12 auf 15. Die Hauptperson tritt stärker in den Vordergrund. Auf diese Weise kann eine komplexere, unterhaltsamere Handlung auf die Bühne gebracht werden. Am Beispiel des griechischen Sagenstoffes wird die Frage nach der Verantwortung des Einzelnen für sein Handeln thematisiert. Ein besonderer Aspekt ist hierbei die ethische Frage nach Schuld oder Schuldlosigkeit des Menschen.
Sophokles' Stücke werden zum Vorbild europäischer Dichtung. Der römische Philosoph Seneca (1. Jh. n. Chr.) bezieht sich mit zwei seiner Tragödien ausdrücklich auf den großen Griechen. Auch deutsche Theaterklassiker wie Lessing oder Brecht werden von den Stücken des Sophokles beeinflusst.

Sophokles

athenischer Tragiker; *497 v. Chr., †406 v. Chr.

Der Sohn des Atheners Sophillos bewährt sich schon als Knabe in musischen und sportlichen Wettkämpfen. Neben seinem dichterischen Schaffen wirkt er auch als Priester des Heilgottes Halon und führt den Kult des Asklepios in Athen ein. Als ihm in einem Traum Herakles das Versteck eines von der Akropolis verschwundenen goldenen Kranzes enthüllt, stiftet Sophokles von der ausgelobten Belohnung ein Heiligtum für den Gott. Unter seinen Mitbürgern ist er wegen seiner Liebenswürdigkeit berühmt. Nach seinem Tod wird Sophokles als Heros der Bühne geradezu kultisch verehrt.

- 468 v. Chr.: Erster Sieg als Dichter bei den Großen Dionysien in Athen
- 442 v. Chr.: Ernennung zu einem von zehn Schatzmeistern des Attischen Seebundes

404 v. Chr.

Ägypten letztmals frei

Mit einem Aufstand können die Ägypter sich von der Fremdherrschaft durch die Perser befreien. Nach dem Regierungsantritt des persischen Großkönigs Artaxerxes II. brechen Thronwirren in Persien aus. Der ägyptische Fürst Amyrtaios aus Sais nutzt die Gunst der Stunde, verbündet sich mit den Spartanern und vertreibt die Perser aus Ägypten. Zum letzten Mal für die folgenden 2000 Jahre ist Ägypten ein unabhängiges Reich.
Amyrtaios' Nachfolger Nepherites I. (399–393 v. Chr.) begründet die 29. Dynastie der ägyptischen Pharaonen. Nach der langen politischen und kulturellen Unterdrückung durch die Perser – Ägypten war seit 525 v. Chr. die sechste Provinz des Perserreiches – leiten die Könige des neuen Hauses eine Periode der Wiederbelebung alter ägyptischer Kulte und reger Bautätigkeit ein (Abb.: Hibis-Tempel in el Charga). Außenpolitisch suchen sie Allianzen mit anderen Herrschern, um sich vor einem drohenden Rückeroberungsversuch der Perser zu schützen. Pharao Hakoris (392–380 v. Chr.) schließt 389 v. Chr. einen Bund mit Athen und Zypern. Als die Athener 386 v. Chr. mit den Persern einen Separatfrieden vereinbaren und das Bündnis verlassen, spitzt sich die Situation zu. 383 v. Chr. kann Hakoris einen persischen Angriff zurückschlagen. Durch Ausdehnung seines Herrschaftsbereiches nach Westen bis zur Oase Siwa erreicht er eine Stärkung im Innern, doch hinterlässt er der nachfolgenden 30. Dynastie das schwere Erbe, Ägyptens Unabhängigkeit verteidigen zu müssen.

413–404 v. Chr.

Sparta triumphiert über Athen

Mit dem Ausbruch des Dekeleischen Krieges beginnt die letzte Phase des seit 431 v. Chr. andauernden Konflikts zwischen den Großmächten Athen und Sparta sowie ihren Verbündeten. Auf Anregung des verbannten Athener Heerführers Alkibiades besetzen spartanische Truppen die Festung Dekeleia, 20 km nördlich von Athen. Durch die neue Strategie der dauerhaften Besetzung seines eigenen Territoriums soll dieses endgültig zur Kapitulation gezwungen werden.

Eine entscheidende Rolle beim Wiederaufflammen des Krieges spielt Alkibiades, ein Rivale des athenischen Staatsmannes und Feldherrn Nikias, der den letzten Frieden mit Sparta schloss. Mit großem Einfallsreichtum und überlegenen rhetorischen Fähigkeiten gesegnet, gelang es Alkibiades 415 v. Chr., die Athener zu einem Angriff auf Sizilien zu überreden. Die dort prosperierenden griechischen Stadtstaaten sollten nach seinem Plan die athenische Position gegen Sparta stärken. Diese sog. Sizilische Expedition unter Führung des Nikias endet in einer Katastrophe. Bis 413 v. Chr. ist ein Großteil des athenischen Heeres aufgerieben, weite Teile der athenischen Flotte liegen vernichtet am Grund des Hafenbeckens der sizilischen Stadt Syrakus. Die militärische Macht Athens, die sich seit Jahrzehnten auf die Flotte stützte, erhält mit dem Untergang der Sizilischen Expedition einen schweren Schlag.

Der spartanische Feldherr Lysander lässt nach der Eroberung Athens die Stadtmauern einreißen.

Allerdings geben sich die Athener noch nicht geschlagen. Durch den gewaltigen Warenstrom, der durch den Hafen von Piräus fließt, sind die finanziellen Ressourcen der Stadt gewaltig. Binnen weniger Monate läuft eine neue Flotte vom Stapel. Um sich gegen Sparta behaupten zu können, fehlt den Athenern jedoch ein Anführer. Alkibiades hatte sich nach der Katastrophe der Sizilischen Expedition abgesetzt, da ihm in Athen wegen religiöser Frevel ein Prozess droht. Seit 414 v. Chr. regieren Oligarchen den Stadtstaat mit mäßigem Geschick. Nach zahlreichen Niederlagen reißt die Geduld der Athener Bürger. Sie stürzen die Oligarchie, stellen die Demokratie wieder her und holen Alkibiades aus dem Exil zurück in die Stadt.
Vier Jahre lang kann sich Athen gegen die nun mit Persien verbündeten Spartaner behaupten.

Alkibiades

athenischer Feldherr und Staatsmann; * um 450 v. Chr. Athen; † 404 v. Chr. (ermordet) Melissa in Phrygien

Der Athener Alkibiades gehört zu den schillerndsten politischen Persönlichkeiten des 5. Jh. v. Chr. Er gilt als Paradebeispiel des gebildeten Staatsbürgers. Wechselnde politische Allianzen, Verbannung und Exil lassen ihn aber an politischer Glaubwürdigkeit verlieren. Nach der Niederlage Athens 404 v. Chr. drängt Sparta den persischen Satrapen Pharnabazos, bei dem Alkibiades Zuflucht gesucht hat, den ehemaligen Verbündeten zu beseitigen. Alkibiades wird erschlagen.

- 415 v. Chr.: Initiator der Sizilischen Expedition
- 415–410 v. Chr.: Verbannung aus Athen
- 408 v. Chr.: Stratege mit Sondervollmacht in Athen

Dann leitet ein Sieg Spartas 405 v. Chr. das Ende des innergriechischen Krieges ein. In der nördlichen Ägäis überfallen Spartaner und Korinther mit 200 Schiffen die athenische Flotte. 180 Schiffe der Athener werden zerstört. Nun sind die Staatskassen Athens endgültig leer, der Krieg hat hohen finanziellen Tribut gefordert. Fast verteidigungslos müssen die Athener mit ansehen, wie die Spartaner 404 v. Chr. bis vor die Stadtmauern gelangen. Nach kurzer Belagerung muss die Stadt kapitulieren. Mit der Schleifung der einst mächtigen Mauern und der Installierung einer Regierung von Spartas Gnaden (30 Tyrannen) endet der Peloponnesische Krieg.

403 **Marcus Furius Camillus** bekleidet das Amt eines Censoren in Rom. Damit beginnt die politische Karriere eines der bekanntesten Römer seiner Zeit. Zahlreiche Ämter, die er sogar über mehrere Amtszeiten innehat, militärische Siege und Triumphe sowie insbesondere die fünfmalige Berufung zum Diktator machen ihn zum größten Helden des frühen Rom. Viele spätere Legenden und Ausschmückungen spiegeln die lang anhaltende Bedeutung seiner Person wider. U. a. soll er Kraft seines Censoren-Amtes auch eine Junggesellensteuer in Rom eingeführt haben.

In Athen wird eine Reform der Schriftsprache durchgeführt. Unter dem Archonten (Staatsbeamten) Eukleides wird auf Antrag des Archinos beschlossen, in öffentlichen Urkunden nur noch das **ionische Alphabet** zu verwenden. Damit wird die ältere lokale Schriftform von der bekannteren gemeingriechischen abgelöst. In Athen ist es üblich, Beschlüsse, Gesetze sowie die Entlastungen der gewählten Beamten öffentlich auszuhängen.

401 **Kyniska**, die Tochter des Spartanerkönigs Archidamos I., feiert den Erfolg ihrer Pferdegespanne bei den Olympischen Spielen. Anlässlich ihres zweimaligen Sieges beauftragt sie den Erzgießer Apellas, eine Statuengruppe des Vierergespanns anzufertigen. Das Wagenrennen in Olympia gilt als prestigeträchtig und wird insbesondere von Adelsfamilien betrieben. Die von Apellas in Bronze gegossene Statuengruppe wird zur Erinnerung an den Sieg in Olympia aufgestellt. Die steinerne Basis des Vierergespanns mit der Weih-Inschrift der Kyniska ist bis heute erhalten.

403 v. Chr.

Sturz der 30 Tyrannen

Nach der Niederlage Athens im Peloponnesischen Krieg gegen Sparta beherrschen die so genannten 30 Tyrannen den attischen Stadtstaat. Unter Führung des spartanischen Staatsmannes Lysander wurde 404 v. Chr. ein Gremium aus 30 Männern gewählt, um Athen eine neue Verfassung zu geben. Zunächst übten die Dreißig politische Zurückhaltung. Im Laufe der Zeit gewannen sie jedoch Rückhalt bei der Athener Bevölkerung.
Gestärkt durch eine 3000-köpfige Anhängerschaft und eine von Lysander eingesetzte Leibwache, begannen die Tyrannen schließlich eine Willkür- und Gewaltherrschaft. Anführer der Gruppe war der Aristokrat Kritias, der in kürzester Zeit alle Oppositionellen hinrichten ließ. Mehr als 300 Bürger aus Eleusis und Salamis verloren ihr Leben. Sogar einen der 30 Tyrannen selbst, den gemäßigten Theramenes, zwang Kritias, den tödlichen Schierlingsbecher zu trinken, weil er seine Methoden kritisiert hatte. Den attischen Redner Lysias ließ Kritias schwer misshandeln, auch Lysias' Bruder Polemarchos wurde gefoltert. Weitere 1500 Bürger starben durch die Spartaner, 5000 schickte Kritias ohne Begründung in die Verbannung.
Im Exil sammelten sich etwa 70 Verstoßene um den Athener Thrasybulos. Von Theben aus unternahm die Gruppe einen Vorstoß nach Attika und eroberte das Kastell Phyle auf den Höhen des Parnes. Der Erfolg sprach sich herum. Bis Anfang 403 v. Chr. verfügten die Rebellen über 1000 Mann. Mit dieser Streitmacht erobern die Aufständischen die Hafenstadt Piräus und besiegen schließlich bei Munychia die Truppen der 30 Tyrannen. Die dortige Festung nehmen sie in Besitz. Kritias überlebt zwar die Schlacht, stirbt jedoch auf der Flucht bei einer Straßenschlägerei. Die übrigen Tyrannen entkommen nach Eleusis.
In dem nun führerlosen Athen setzen die Spartaner ein oligarchisches Regime ein. Als sich jedoch nach kurzem zeigt, dass auch dieses aus elf Männern bestehende Gremium eine Tyrannenherrschaft anstrebt, wird es wieder aufgelöst. Erst mit der Einsetzung des Staatsmanns Eukleides ins Archontat (höchste Beamtenschaft) beginnen sich die Zustände in Athen wieder zu normalisieren. Eine neu gewählte Kommission schreibt die demokratischen Richtlinien auf, die von einem Rat und 500 gewählten Nomotheten (Gesetzgeber) zum Gesetz erhoben werden. Die Demokratie in Athen ist wieder hergestellt.
Die verbannten Athener dürfen offiziell in die Stadt zurückkehren. Um künftigen Unfrieden zwischen ehemaligen Gegnern und Sympathisanten der 30 Tyrannen zu vermeiden, erlässt Eukleides eine allgemeine Amnestie. Jeder Athener wird an den Schwur gebunden: »Ich werde keinem Bürger außer den Dreißig oder den Elf etwas nachtragen; auch dem nicht, der über seine Machtausübung bereitwillig Rechenschaft ablegt.« Die Neuverteilung der Macht stößt jedoch erneut auf Kritik seitens der Athener, denn das System des Eukleides erlaubt den 3000 Sympathisanten der 30 Tyrannen, die höchsten politischen Ämter zu besetzen. Die Forderung des Thrasybulos, allen Nicht-Athenern, die sich an der Befreiung der Stadt beteiligt haben, das Bürgerrecht zu verleihen, verhallen hingegen ungehört.

Das prachtvolle Ensemble der Akropolis, des politischen Zentrums Athens, um 400 v. Chr. (Rekonstruktion)

Um 400 v. Chr.

Katapulte für den Krieg

In der griechischen Stadt Syrakus auf Sizilien wird eine Waffe erfunden, welche die Kriegstechnik der Antike revolutioniert: das Katapult. Zunächst entwickelt man eine eher kleine Gerätschaft, das Gastraphet, das etwa die doppelte Größe und Durchschlagskraft einer Armbrust besitzt. Bei der Belagerung des sizilianischen Motyla 397 v. Chr. sind die Gastrapethen so erfolgreich, dass der Herrscher von Syrakus, Dionysios I., eine Weiterentwicklung der Waffe in Auftrag gibt. Die Konstrukteure montieren nun die Gastrapethen auf Wagen und bringen eine Mechanik an, mit der die Bogen gespannt werden können. Doch der Kompositbogen der Waffe kann nicht weiter vergrößert werden, ohne zu brechen. Deshalb wird die Bogensehne etwa in der Mitte des 4. Jh. v. Chr. durch ein Seilsystem ausgetauscht. Zu den Pfeile verschießenden Maschinen kommt ebenfalls ab etwa 350 v. Chr. das Steinkatapult Palintonon, das mit bis zu 13 kg schweren Geschossen bestückt werden kann (Abb.: Katapult, wie es in der Antike verwendet wurde).

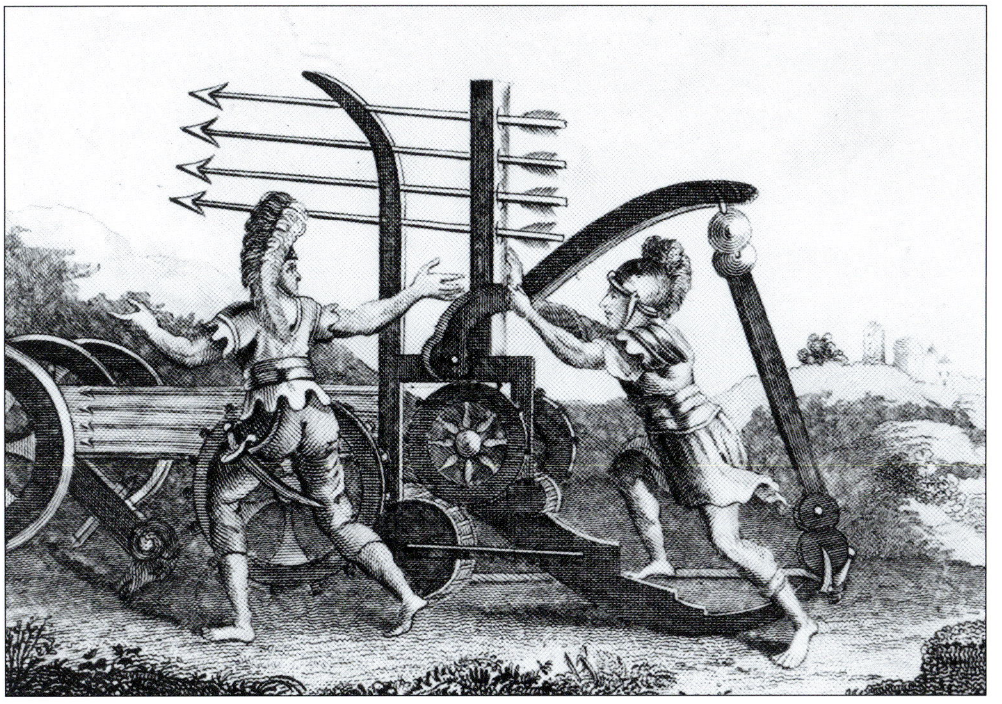

Um 400 v. Chr.

Göttliche Heilkunde: Asklepioskult steht in voller Blüte

Mit der Darstellung von Schlange und Stab erreicht der Kult um Asklepios seine höchste Blüte. Der Mythos um das Leben des griechischen Gottes der Heilkunde kennt verschiedene Ursprünge. Einer Version zufolge soll er in Messenien geboren worden sein. Die meisten Quellen nennen jedoch Thessalien als Herkunftslandschaft.

Asklepios (lat. Aesculapius), ein Sohn des Apoll, wird von dem Zentauren Cheiron zum Arzt ausgebildet. Als der junge Gott sein Wissen nutzt, um Tote wieder zum Leben zu erwecken, erschlägt ihn Zeus mit Blitzen – der Göttervater befürchtet nämlich, der Thanatos (die Unterwelt) könnte entvölkert werden. Aus Rache tötet daraufhin Apoll die Kyklopen, die Zeus die Blitze gaben, muss aber für diese Tat eine einjährige Zwangsarbeit bei einem Sterblichen ableisten. Machaon und Podaleirios, die Söhne des Asklepios, tauchen als berühmte Heilkundige in der Ilias des Homer (siehe S. 211) auf.

Der Kult des Asklepios erlebte mit der wachsenden Bedeutung der angewandten Heilkunde regen Zulauf. Bereits im 6. Jh. v. Chr. entstand ein Asklepios-Heiligtum in Epidauros. Wenige Jahrzehnte später verlor Apoll den Status des obersten Heilgottes der Griechen an Asklepios. Von Epidauros verbreitete sich der Kult über ganz Griechenland. Um 420 v. Chr. wurde er anlässlich der Pestepidemie in Athen eingeführt. Es folgen Tempelbauten in Sikyon, Pergamon, Knidos, Rom (293 v. Chr.), Tarent und Kyrene. Die Heiligtümer sind stets mit Ärzteschulen und Krankenhäusern zu so genannten Asklepieien verbunden. Zu diesen Anlagen zählen Liegehallen, Badeanlagen und Gästehäuser. Die Asklepieien entwickeln sich ab dem 5. Jh. v. Chr. zu beliebten Wallfahrtsorten für Kranke.

In der bildenden Kunst wird der Heilgott Asklepios als bärtiger Mann in einem langen Mantel dargestellt. Seit dem Ausgang des 5. Jh. v. Chr. hält er den Asklepiosstab in der Hand – einen hölzernen Stab, um den sich eine Schlange ringelt (Abb.: Asklepios-Statue in Epidauros). Die Schlange versinnbildlicht den Weg zwischen »Oben« und »Unten«, den Übergang vom Leben zum Tod. Ab dem 2. Jh. n. Chr. taucht unter dem Schlangenstab ein Ei auf, das die Wiedergeburt des Asklepios nach dessen Tod durch die Blitze des Zeus symbolisieren soll.

401 v. Chr.

Der Zug der Zehntausend

Der griechische Schriftsteller Xenophon (Abb.: Holzstich nach antiker Büste) schildert in seinem Werk »Anabasis« den sog. Zug der Zehntausend – die abenteuerliche Geschichte eines griechischen Heeres in Persien. Nach dem Tod von Dareios II. besteigt dessen ältester Sohn Artaxerxes II. den persischen Thron. Sein Bruder, Prinz Kyros

der Jüngere, sucht Artaxerxes zu stürzen und heuert ein griechisches Söldnerheer an, um gegen die Residenz Persepolis zu ziehen. Zum Heer gehört auch Xenophon. Als Kyros in der Ebene von Kunaxa (bei Babylon) fällt, beschließt das führerlos gewordene Griechenheer die Umkehr. Doch auf dem Rückweg müssen sich die 10 000 Soldaten gegen die nachsetzenden Perser und feindliche Stämme zur Wehr setzen. Xenophons Bericht über den Rückzug zählt zu den detailgetreuesten Schriften griechischer Militärtechnik.

Um 400 Beim heutigen Reinheim in der Nähe von Saarbrücken bestatten Kelten eine Angehörige der Oberschicht in einem reich ausgestatteten Grab. Das so genannte **Fürstinnengrab von Reinheim** besteht aus einer großen, ins Erdreich eingetieften Grabkammer, die mit Eichenholz verkleidet ist. Zahlreiche wertvolle Beigaben werden der verstorbenen Frau mitgegeben – darunter mit Menschen- und Raubvogelmasken verzierte goldene Hals- und Armreifen, goldene Trinkhornbeschläge sowie eine vergoldete Bronzekanne. Sie wurden 1954 bei der zufälligen Entdeckung des Grabes geborgen und gelten als Meisterwerke der keltischen Kunst.

In Athen beginnt die steile Karriere des ehemaligen Sklaven **Pasion**. Nach seiner Freilassung eröffnet er als Metöke (ortsansässiger Fremder) eine Bank. Zu einem Zinssatz zwischen 15 und 25 Prozent gewährt der umtriebige Geschäftsmann den Athener Bürgern Darlehen. Schnell steigt Pasion zu einem der bedeutendsten Geldwechsler und Bankiers in Athen auf. Seine Geschäftsbeziehungen erstrecken sich über ganz Griechenland und sogar bis ins Ausland. Wegen seiner Verdienste für die Stadt Athen – u. a. schenkte er der Bürgerschaft 1000 bronzene Schilde – erhält Pasion das volle athenische Bürgerrecht.

Im Tiefland Guatemalas und Belizes in Zentralamerika beginnt die Versumpfung der flachen, mit Seen bedeckten Bodensenken (Bajos). Sie sind die bevorzugten Siedlungsplätze der **Maya**. Untersuchungen ergaben, dass der ausgedehnte Brandrodungsbau der Mayas allmählich zur Versumpfung der Bajos führte. Die großen freigeholzten Flächen waren schutzlos den Erosionskräften von Wind und Wasser ausgesetzt, sodass immer mehr Ablagerungen in die Seen gespült wurden. Ausgangspunkt der Untersuchungen war die Frage, weshalb die Maya in sumpfigen, eher lebensfeindlichen Niederungen siedelten.

Der ausgedehnte Handel mit dem kostbaren Weihrauch begünstigt in Südarabien das Entstehen bedeutender Königreiche. Zu ihnen gehört auch das Reich Main, dessen Blütezeit ab 400 v. Chr. beginnt. Vom Kerngebiet in der Flussoase des Djauf im Nordosten des heutigen Jemen dehnten die **Minäer** ihre Herrschaft im Laufe des 4. Jh. v. Chr. bis an den Indischen Ozean und ans Mittelmeer aus. Damit kontrollierte das südarabische Volk große Teile der für den Warenaustausch wichtigen Weihrauchstraße. Ausgedehnte Handels- und Erkundungsfahrten führten die minäischen Kaufleute im 2. Jh. v. Chr. bis nach Griechenland.

Um 400 v. Chr.

Parsen nutzen Erdgas

Der griechische Geschichtsschreiber Ktesias erwähnt in seinen Werken erstmals brennbares Erdgas. Ktesias lebt als Leibarzt des Perserkönigs Artaxerxes II. an dessen Hof. In seiner Funkion als Diplomat kommt er mit vielen orientalischen Kulturen in Kontakt. Auf einer Reise lernt er die religiösen Praktiken der frühen Parsen kennen. Sie sind Anhänger des Parsismus – der von Zarathustra gestifteten Religion (siehe S. 231). Die Parsen sehen im reinigenden Feuer den Inbegriff göttlicher Kraft und nutzen brennbares Gas aus der Erde für ihre Zeremonien. Gegenüber den herkömmlichen Brennstoffen Holz oder Mist hat Erdgas den Vorteil, dass es geruch-, qualm- sowie geräuschlos verbrennt. Damit ist es für die heiligen Handlungen der Parsen hervorragend geeignet. Wegen seines hohen Heizwertes wird das Gas auch in einigen Haushalten genutzt. Unter dem Sammelbegriff Erdgas versteht man heute die brennbaren, in der Erdkruste vorkommenden Naturgase, deren Hauptbestandteil Methan ist.

398 v. Chr.

Syrakus unter Dionysios I.

Der Tyrann Dionysios I. lässt die sizilianische Stadt Syrakus (Abb.: Ruinen des Castello Eurialo) zu einer mächtigen Festung ausbauen. Grund für die umfangreichen Befestigungen sind die Kriege gegen die ebenfalls auf Sizilien siedelnden Karthager. Bis zum endgültigen Friedensschluss 392 v. Chr. kann Dionysios I. zwar große Erfolge erringen, die Karthager aber nicht von der Insel vertreiben.

396 v. Chr.

Römische Republik steigt zur größten Macht in Italien auf

Dem römischen Feldherrn Marcus Furius Camillus gelingt nach langer Belagerung die Einnahme der etruskischen Stadt Veji, etwa 18 km nordwestlich von Rom (Abb. u.: Rekonstruktion des Stadtbilds, ca. 400 v. Chr.). Die Eroberung Vejis markiert das Ende der etruskischen Unabhängigkeit. Andere Städte der Etrusker (Abb.: Kopf eines etruskischen Kriegers) schließen mit Rom Frieden, um das Schicksal Vejis nicht teilen zu müssen. Die Römer sichern Südetrurien durch die Errichtung zahlreicher Garnisonen. Mitte des 4. Jh. v. Chr. kommen römische Siedler in das Gebiet und gründen neue Städte. Etwa gleichzeitig erringen die römischen Truppen Siege im Kampf gegen die Volsker, Latiner sowie Herniker und bringen ganz Mittelitalien unter ihre Herrschaft. Die Ausweitung der Grenze führt jedoch zu Zusammenstößen mit den süditalienischen Samniten, die in drei Feldzügen unterworfen werden. Auch ein zwischenzeitlich im Norden entstandenes antirömisches Bündnis der Etrusker, Umbrer und Kelten kann 283 v. Chr. nach harten Kämpfen zerschlagen werden.

März 399 v. Chr.

Sokrates leert den Schierlingsbecher

Der Philosoph Sokrates wird in Athen wegen angeblicher Verführung der Jugend und Einführung neuer Götter zum Tode verurteilt und trinkt einen Becher voll giftigen Schierlings.
Obwohl die sokratischen Ideen zu den Grundlagen der abendländischen Philosophie zählen, sind keine Schriften ihres Urhebers überliefert. Sokrates vertrat zeit seines Lebens die Auffassung, Wissen sei eine zu veränderbare Angelegenheit, um fixiert zu werden. Erst sein Schüler Platon macht es sich zur Lebensaufgabe, die Philosophie des Sokrates niederzuschreiben.
Sokrates' Grundthese lautet: »Ich weiß, dass ich nichts weiß.« Damit stellt er sich in Gegensatz zu der Lehre der Sophisten, die seit dem 5. Jh. v. Chr. eine aufklärerische Philosophie vertreten, sich laut Sokrates aber nur Wissen anmaßen. Nach Sokrates ist nur Gott weise, nicht aber der Mensch. Deshalb fordert der Philosoph das sorgfältige Nachprüfen jeder Behauptung, um die Menschen vom Scheinwissen zu echtem Wissen zu bringen und begründet die Technik der Mäeutik (sog. »Hebammenkunst«). Mit dieser Methode fördert Sokrates durch geschicktes Fragen die im Gesprächspartner schlummernden, ihm aber nicht bewussten Antworten und Einsichten zutage. Mit seinem Vorgehen schafft Sokrates sich viele Feinde, denn er befragt häufig auch angesehene Männer in der Öffentlichkeit – und entlarvt auf diese Weise ihren Wissensdünkel.

Sokrates setzt im Kreis seiner Schüler zum tödlichen Trunk an; Gemälde von Charles Alphonse Dufresnoy

Sokrates

griechischer Philosoph; * um 470 v. Chr. Athen, † März 399 v. Chr. Athen

Sokrates ist einer der bedeutendsten Philosophen des Abendlandes. Der Sohn des Steinmetzen Sophronikos und der Hebamme Phainarete lebt zunächst im attischen Demos Alopeke. Im Peloponnesischen Krieg macht er sich als Hoplit im Kampf gegen Sparta einen Namen. Anschließend übernimmt er verschiedene politische Ämter in Athen. Spät heiratet er Xanthippe, mit der er drei Kinder hat. Statt wie andere Philosophen Schulen einzurichten und eine Anhängerschaft um sich zu scharen, hält sich Sokrates täglich auf den Athener Märkten und Plätzen auf, um öffentlich mit dem Volk über seine philosophischen Ideen zu debattieren.

- 432 v. Chr.: Teilnahme am Feldzug gegen Potedeia
- 408 v. Chr.: Begegnung mit Platon

Um 395 v. Chr.

Korinthischer Krieg vereint griechische Städte im Kampf gegen Sparta

Mit dem Korinthischen Krieg erschüttert erneut ein Bürgerkrieg die griechischen Stadtstaaten. Seit Beendigung des Peloponnesischen Krieges hat Sparta die unumstrittene Vorherrschaft über fast alle griechischen Städte inne. Die Vormachtstellung der Spartaner provoziert den Widerstand der anderen Poleis. Als Sparta durch Kämpfe mit den Persern in Kleinasien abgelenkt ist, kommt es zum offenen Konflikt.
Athen, Korinth, Argos und Theben schließen sich zu einer antispartanischen Koalition zusammen. Unterstützt von Persien, gelingt es Athen, eine Flotte zu bauen und die Hafenanlagen der Stadt zu befestigen. Derart gewappnet erobern die Athener die Inseln Lemnos, Scyros und Imbros. Sparta zieht kurzerhand seine Truppen aus Kleinasien ab, da es einen Zweifrontenkrieg fürchtet, und wirft sich den Aufständischen entgegen. Es folgt eine Reihe von Schlachten, die jedoch keine Entscheidung herbeiführen. 395 v. Chr. verlieren die Spartaner die Schlacht bei Haliartos, in welcher der berühmte Feldherr Lysander fällt. Der Spartaner Agesilaos besiegt den Städtebund ein Jahr später bei Koroneia (Abb.: Aquarell von 1989), doch kurz darauf erringen die Athener mit Hilfe der Perser erneut einen Sieg bei Knidos.

In dieser ausweglosen Situation gelingt es dem Spartaner Antalkidas, mit Persern und Hellenen einen Friedensvertrag auszuhandeln. Im so genannten Königsfrieden von 387 v. Chr. ergreifen die Perser die Gelegenheit und fordern von Antalkidas die seit über 100 Jahren umstrittenen ionischen Städte an der kleinasiatischen Küste. Die Spartaner müssen einwilligen. Die Autonomie der griechischen Städte wird festgeschrieben, Sparta behält jedoch die Kontrolle. Damit ist die Vorherrschaft der Spartaner über alle Hellenen de facto wieder hergestellt. Persien ernennt sich als Garant des Friedens zur Schutzmacht Griechenlands.

Um 390 In exponierter Lage entsteht an der italienischen Adriaküste die Stadt **Ancona**. Ein ins Meer hineinragender Bergausläufer des Monte Cardello bietet den ersten Siedlern – Bürger des sizilianischen Syrakus – ideale Bedingungen für die Gründung der Hafenstadt. Der vorstehende Felsen formt eine sichere und große Bucht. Sie verlieh der Stadt aufgrund ihrer ellenbogenartigen Form (griech. »ankon« = der Ellenbogen) den Namen.

Um 380 **Dionysios I.**, Tyrann von Syrakus, gerät erneut in Konflikt mit den Karthagern. Erst 392 v. Chr. hatte der Herrscher mit den mächtigen Feinden den syrakusanisch-karthagischen Frieden geschlossen. Im dritten Karthagerkrieg sieht sich Dionysios einer überlegenen Streitmacht ausgesetzt. Die Karthager haben sich mit den meisten griechischen Städten Unteritaliens zusammengeschlossen. Die kriegerischen Auseinandersetzungen enden mit einer Teilniederlage von Dionysios. Zwar fällt der Westteil Siziliens in karthagische Hand, die restlichen zwei Drittel der Mittelmeerinsel verbleiben aber unter syrakusanischer Herrschaft.

378 Nach dem Einfall der Kelten in Rom (387 v. Chr.) beginnen die Römer mit dem Bau einer gewaltigen Schutzanlage: der **Servianischen Mauer**. Das elf Kilometer lange Bollwerk umfasst die sieben Hügel Kapitol, Quirinal, Viminal, Esquilin, Caelius, Aventin sowie Palatin und umgrenzt ein etwa 426 ha großes Areal. Erbaut ist die Mauer, die z. T. Resten einer älteren Mauer folgt, aus 100 x 60 x 60 cm großen Steinblöcken, die ohne Mörtel zusammengefügt sind. Sie bestehen aus Grotta-Oscura-Tuff, der in etwa 15 km entfernten, am rechten Tiberufer gelegenen Steinbrüchen abgebaut wird.

18. Juli 387 v. Chr.

Keltenhäuptling Brennus

Die Kelten fallen in Latium ein und besiegen die Römer am Fluss Allia (heute Fosso di Bettina). Rom erlebt seine bislang größte Katastrophe.

Die erste Begegnung zwischen Römern und Kelten ereignete sich um 400 v. Chr. in Norditalien. Ein den Römern bislang unbekannter Stamm zog von den Alpen ins Po-Tal hinab und vertrieb die dort siedelnden Etrusker nach Süden. Als die Römer kurz darauf die Etrusker unterwarfen, wurden sie direkte Nachbarn der Kelten und schickten drei Gesandte aus, die das Volk aus dem Norden studieren sollten. Diese erste historische Begegnung verlief nach den Schriften des römischen Historikers Livius friedlich. Die Kelten forderten von den Römern das Recht, die fruchtbaren Ländereien der Etrusker entlang des Po besiedeln zu dürfen. Andernfalls drohten sie den Römern mit Krieg. Die Römer stimmten zu, verbündeten sich jedoch mit den Etruskern und begannen die entstehenden Keltensiedlungen anzugreifen. Als Quintus Fabius, einer der drei Gesandten, einen Keltenhäuptling im Kampf tötete, spitzte sich die Situation zu.

Als Reaktion schickten die Kelten ihrerseits Gesandte nach Rom und forderten die Auslieferung von Fabius und seiner gesamten Familie, zu der auch die restlichen Gesandten gehörten. Die Römer kamen der Forderung der Kelten nicht nach, da die Familie des Fabius zu den einflussreichsten Geschlechtern Roms zählte und zahlreiche Senatsmitglieder stellte. Um die keltischen Gesandten zu brüskieren, erhoben die römischen Senatoren Quintus Fabius sogar in den hohen Rang eines Militärtribuns mit konsularischen Vollmachten. Daraufhin verließen die Kelten die Stadt und drohten mit Krieg.

In der Folge zogen keltische Horden unter ihrem Fürsten Brennus durch Latium und plünderten Städte, Dörfer und Gehöfte. 391 v. Chr. gelangten keltische

Keltische Reiterkrieger im Sturmangriff (Aquarell von Peter Connolly, 20. Jh.)

erobert Rom

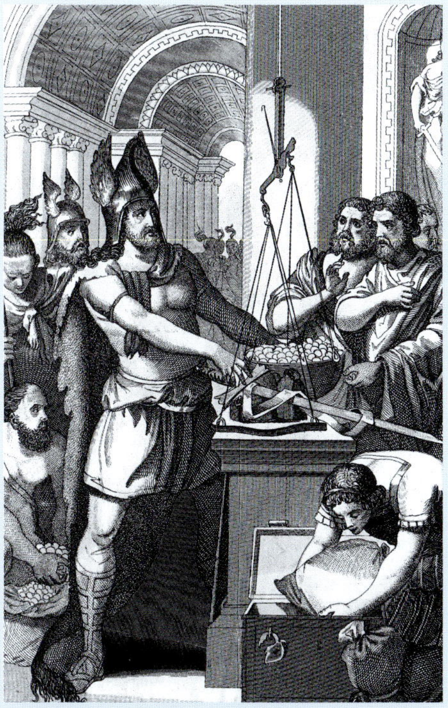

»Vae victis!« – Brennus wirft sein Schwert in die Waagschale; Holzstich, 19. Jh.

Krieger in die mit Rom verbündete Region Clusium (Chiusi). Gesandte aus Rom sollten zwischen den streitenden Lagern vermitteln, ergriffen aber Partei für die Einwohner von Clusium. Als die Kelten weiter Richtung Rom ziehen, stellen sich ihnen die Römer am Fluss Allia entgegen – und unterliegen. Der Tag der Schlacht geht als »dies ater« (schwarzer Tag) in die römische Geschichte ein. Ohne den Schutz ihrer Legionen müssen sich die römischen Bürger ergeben. Sie öffnen die Stadttore und verschanzen sich auf dem befestigten Kapitolinischen Hügel. Nach den Schriften des Livius weigern sich viele Männer des römischen Adels, ihre Häuser zu verlassen und erwarten die Kelten vor ihren Türen – unbewaffnet und in festlichem Ornat. Die Horden des Brennus ziehen zum Forum Romanum, plündern von dort aus die gesamte Stadt, setzen sie in Brand und erschlagen alle Römer, derer sie habhaft werden können. Die Belagerung des Kapitols dauert angeblich sieben Monate, an deren Ende den eingeschlossenen Römern die Vorräte ausgehen. Doch auch die Kelten sind am Ende ihrer Kräfte. In der verwüsteten Stadt sind Seuchen ausgebrochen, die die Horden des Brennus schwächen. Beide Parteien sind an einem Abzug interessiert und einigen sich auf Zahlung eines Tributs. Als das von den Kelten geforderte Gold abgewogen wird, wirft Brennus der Überlieferung nach auch noch sein Schwert in die Waagschale. Dem Protest des römischen Militärtribuns Quintus Sulpicius antwortet der Häuptling mit den Worten: »Vae victis!« (Wehe den Besiegten!).

Um 385 v. Chr.

Komödien des Aristophanes

Der griechische Schriftsteller Aristophanes (s. Abb.) stirbt. Aristophanes gilt als Vollender der alten attischen Komödie.
Die Komödie ist neben der Tragödie die wichtigste literarische Form der griechischen Antike. Sie begann sich um 480 v. Chr. aus Maskentänzen auszuformen und erhält in den folgenden 100 Jahren immer mehr Gestalt. Aristophanes ist der Erste, der die Komödie in festgelegte Teile gliedert. Sie beginnt mit der Prologszene und dem Einzugslied des Chores, die eigentliche Handlung wird mit einer Streitszene eröffnet, der wiederum der Chor folgt (Parabase). Nach mehreren komischen Szenen in episodenhafter Erzählweise beschließt der ausziehende Chor das Stück.
Aristophanes schreibt etwa 40 Stücke, von denen elf erhalten sind. Zu den bekanntesten zählen »Lysistrate«, »Die Frösche« und »Die Vögel«. Aus der letztgenannten Komödie stammt der Begriff »Wolkenkuckucksheim« als Bezeichnung für eine von Vögeln gebaute Stadt – eine realitätsferne Fantasiewelt.

Um 390 v. Chr.

Universalgenie Archytas

Erstmals in der Geschichte gelingt es dem griechischen Universalgelehrten Archytas von Tarent (s. Abb.) in seinen Schriften die Frequenz von Tönen zu beschreiben. Durch eine Reihe von Experimenten erkennt Archytas, dass Schall eine Luftschwingung ist, die von mechanischen Komponenten beeinflusst wird. Anhand der Länge einer Instrumentensaite und der Kraft, die darauf einwirkt, lässt sich die Höhe eines Tones mathematisch bestimmen.
Neben seiner Tätigkeit als Erfinder der Schraube und des Flaschenzugs macht sich Archytas auch als Philosoph und Offizier einen Namen. Siebenmal wird er in das Amt des Tarenter Strategen gewählt, obwohl nur zwei Amtszeiten zugelassen sind. Unter seiner militärischen Ägide bleibt Tarent unbesiegt. Mit dem Philosophen Platon verbindet Archytas eine enge Freundschaft. Als Platon in Syrakus von dem dortigen Herrscher Dionysios II. gefangen gehalten wird, reist Archytas nach Sizilien und erwirkt die Freilassung des Freundes.

Um 380 v. Chr.

Demokrit entwickelt die Atomtheorie weiter

Der Philosoph Demokrit (s. Abb.), der Gelehrte der Atomistik, stirbt. Demokrit erweiterte die Atomtheorie seines Lehrers Leukipp und behauptete, eine unendliche Teilung aller Dinge sei nicht möglich. Stattdessen gebe es ein kleinstes, unteilbares Teilchen, das so genannte Atom (griechisch atomos = unteilbar). Außer den Atomen gebe es nur das Nichts, in dem sich die Atome bewegen. Ihre unterschiedliche Lage, Größe und Dichte sorge für die Verschiedenheit der Dinge.
Nach Demokrit besteht die menschliche Seele aus runden Feueratomen, die dem Körper Wärme verleihen und Bewegung möglich machen. In den Atomen manifestiere sich das wahre Sein. Die Sinneswahrnehmung des Menschen spiegele hingegen nur das Denken wider. Die Entstehung der Welt führt Demokrit darauf zurück, dass aus dem ursprünglich freien Fall aller Atome eine Wirbelbewegung entstanden sei, die wie eine Zentrifuge die Entstehung vieler Welten verursachte. Damit beeinflusst Demokrit Epikur, der um 306 v. Chr. eine Philosophenschule gründet. Die Atomistik Demokrits ist der erste Versuch, die Welt rein materialistisch zu deuten.
In seinen Schriften, von denen heute nur Bruchstücke erhalten sind, empfiehlt Demokrit, das Leben in »heiterer Gemütsruhe« zu verbringen. Von seinen Zeitgenossen wird er deshalb als »Der lachende Philosoph« verehrt. Dass Demokrit sich intensiv mit chemischen Versuchen befasst haben soll, um den »Stein der Weisen« zu finden, geht auf mittelalterliche Legenden zurück.

Demokrit

griechischer Philosoph, *um 490 oder 460 v. Chr. Abdera; †um 380 v. Chr. Abdera

Der Hauptvertreter der Atomistik stammt aus einer wohlhabenden Familie und wird von persischen Gelehrten in Astronomie und Theologie ausgebildet. Nach dem Tod des Vaters bereist Demokrit Ägypten, Persien und Indien. Ob er auf seinen Fahrten auch nach Athen kommt und unter dem Philosophen Anaxagoras studiert, ist nicht geklärt. Er wird mit der Lehre der Pythagoreer bekannt und trifft auf Leukipp, der ihn nachhaltig beeinflusst. Demokrit widmet sich Experimenten mit Kräutern und Pflanzen und legt mit seinen Beobachtungen den Grundstein für die Entwicklung der Naturwissenschaften.

Um 370 Der griechische Mathematiker, Philosoph und Astronom **Eudoxos von Knidos** entwickelt eine Theorie zur Bewegung der Planeten. Sie wird später von Aristoteles aufgegriffen und prägt bis ins 16. Jh. die kosmologischen Vorstellungen. Die Theorie des bedeutenden Gelehrten basiert auf so genannten homozentrischen Sphären. Dabei handelt es sich um ein System aus Kugelschalen. Sie drehen sich einmal am Tag sowohl um die Erde als auch um alle anderen Planeten. Auf der Sphäreninnenseite liegen nach Eudoxos alle Sterne. Als Teil seiner Äthertheorie erweitert Aristoteles das System auf 27 Sphären, die als Kristallschalen die Planeten umkreisen.

In der chinesischen Stadt Zou in der heutigen Provinz Shandong erblickt der spätere Philosoph **Mengzi** das Licht der Welt. Während seiner Tätigkeit, die ihn an die Höfe verschiedener Fürsten führt, entwickelt Mengzi die konfuzianischen Ideen weiter. Die philosophischen Gespräche Mengzis werden von seinen Schülern mit der Einwilligung des streitbaren Gelehrten im gleichnamigen Werk, dem »Mengzi«, schriftlich niedergelegt. Vorstellungen von der Güte des Menschen sowie humanistische und mystische Reflexionen prägen die Gedankenwelt Mengzis.

367 Nach längerem Widerstand der Patrizier werden in Rom die **licinisch-sextischen Gesetze** angenommen. Sie wurden von den beiden Volkstribunen Gaius Licinius Stolo und Lucius Sextius Sextinus Lateranus eingebracht. Wichtigster Bestandteil der Gesetze ist die Gleichberechtigung der Plebejer bei der Besetzung des Konsulats: Von nun an muss einer der beiden römischen Konsuln Plebejer sein.

371 v. Chr.

Griechen im Dauerzwist

Die Bemühungen der gegeneinander Krieg führenden griechischen Städte, einen Friedensschluss zu erzielen, scheitern am Widerstand Thebens. Seit 378 v. Chr. tobt zwischen den Stadtstaaten der Krieg um die Vorherrschaft in Griechenland – mit wechselnden Allianzen und Erfolgen. Wirtschaftlich erschöpft vom jahrelangen Ringen, kommen die Vertreter Athens, Spartas und Thebens sowie die Herrscher von Syrakus und Makedonien in Sparta zusammen, um Frieden zu schließen. Die Versammlung bringt zwar den gewünschten Erfolg, doch als Theben dem Frieden nur für sich und nicht für den Böotischen Städtebund – dem es vorsteht – zustimmen darf, verlassen die Thebaner die Versammlung.

Der Spartanerkönig Kleombrotos zieht mit einem Heer nach Theben, um den Friedensschluss mit Waffengewalt zu erzwingen. Bei Leuktra trifft er auf die Truppen des Böotischen Bundes und wird von dem thebanischen Feldherrn Epameinondas vernichtend geschlagen. Erstmals erleiden die Spartaner eine Niederlage in einer offenen Feldschlacht. Epameinondas führt in der Schlacht von Leuktra die sog. schiefe Schlachtordnung ein: Die Hauptkräfte konzentrieren sich auf einen Flügel und können so trotz zahlenmäßiger Unterlegenheit eine örtliche Überlegenheit herstellen.

Der Sieg über Sparta gibt das Signal für die übrigen Stadtstaaten, erneut um ihre Autonomie zu kämpfen. Neun Jahre lang ringen die Griechen weiter um die Vorherrschaft auf der Peloponnes. Theben baut unter Epameinondas seine Position aus und wird mächtigster Stadtstaat. Als der thebanische Feldherr 362 v. Chr. in der Schlacht bei Mantineia gegen Sparta fällt, verliert Theben seine Vorherrschaft wieder. 338 v. Chr. greifen die Makedonen unter Philipp II. in das Ringen der Griechenstädte ein. Theben unterliegt in der Schlacht bei Chaironeia und wird 335 v. Chr. von Alexander dem Großen zerstört.

In der Schlacht bei Leuktra besiegt Thebens Feldherr Epameinondas die Spartaner; Holzstich

Um 360 v. Chr.

Ende der Perserherrschaft am Nil: Pharao Nektanebos II. beschert Ägypten langen Frieden

Nach vielen unruhigen Kriegsjahren erlebt Ägypten unter Nektanebos II. wieder eine Phase innerer Stabilität. Im 5. Jh. v. Chr. fiel Ägypten unter den Herrschaftsbereich der Perser, konnte jedoch um 404 v. Chr. die Achämeniden wieder vertreiben. 373 v. Chr. schlug Pharao Nektanebos I. (Abb.: Geburtshaus Nektanebos I. in Dendera) einen Großangriff der Perser zurück und leitete eine Ära des Wiederaufbaus ein. Sein Nachfolger Tachos will die Perser nun für ihre Angriffe strafen und beginnt einen Feldzug nach Kleinasien.

Tachos startet den Feldzug 360 v. Chr. Die Geschicke des Reiches legt er in die Hände seines Bruders Tjahapimu. Kaum hat Tachos Phönikien erreicht, erhält er Kunde, dass Tjahapimu gegen ihn revoltiert hat und Tachos Neffen Nektanebos die Regierung übertragen will. Nektanebos hält sich zu diesem Zeitpunkt in Syrien auf, wo er als Kommandant der ägyptischen Streitkräfte Städte belagert. Tachos kann die Revolte nicht aufhalten. Der für die Ägypter kämpfende Spartanerkönig Agesilaos schlägt sich auf die Seite Nektanebos'. Tachos' zweiter Verbündeter, Chabrias von Athen, zieht sich angesichts der undurchsichtigen Lage in die Heimat zurück. Tachos bleibt nur die Flucht. Er verhandelt mit dem Perserkönig Artaxerxes II., der ihm schließlich Asyl gewährt. Die Regierungszeit Nektanebos' II. bricht an.

Die Herrschaft des neuen Pharaos beschert dem Nilreich noch einmal einen 18-jährigen Frieden. Unter Nektanebos II. werden viele alte Heiligtümer restauriert und neue Kultplätze geschaffen, darunter der Tempel der Isis in Philae und des Amun in Siwa.

360 v. Chr.

Skulpturenmeister Leochares

Der attische Bildhauer Leochares nimmt die Arbeit am Skulpturenschmuck des Mausoleums von Halikarnassos auf, das wegen seiner Prachtarchitektur zu den sieben Weltwundern der antiken Welt zählt (siehe S. 281). Leochares ist einer der bedeutendsten Bildhauer des klassischen Griechenland. Zu seinen Werken zählen u.a. eine Gold-Elfenbein-Statue Philipps II. von Makedonien für Olympia, der so genannte Apoll von Belvedere (s. Abb.) sowie die »Artemis von Versailles«.

Um 360 v. Chr.

Nachrichtenübermittlung mit Feuer und Wasser

Mit der Entwicklung des Wassertelegrafen können über weite Entfernungen übermittelte Nachrichten erstmals fixiert werden.

Die Technik der telegrafischen Übermittlung geht auf den griechischen Gelehrten Polybios zurück. Dieser entwickelte um 450 v. Chr. ein System, bei dem ein zuvor festgelegter Code mithilfe von weithin sichtbaren Fackelsignalen übermittelt wurde. Für die Sendung einer Nachricht postierten sich Männer hinter zwei Mauern und hielten jeweils bis zu fünf Fackeln über deren Rand. Die Fackelzahl der ersten Mauer gab die Spalte des Codes an, die der zweiten Mauer die Zeilenzahl. Die Anzahl der Fackeln wurde vom Empfänger mit dem Code verglichen (Abb.: Fackeltelegraf; Kupferstich). Auf diese Weise ließen sich Nachrichten mit einer Geschwindigkeit von etwa acht Zeichen pro Minute übermitteln.

So einfach die Erfindung war, brachte sie doch zwei entscheidende Nachteile mit sich: Zum einen war der Fackeltelegraf bei Tag nur über eine Distanz von etwa einem Kilometer zu nutzen, zum anderen konnten die meisten Soldaten nicht lesen. Um 360 v. Chr. gelingt Aeneas dem Techniker eine entscheidende Verbesserung: Er wandelt die Fackelsignale in Wasserstände um. Dazu bedient sich Aeneas mehrerer Wasserbehälter, die mit Hähnen zum Ablassen des Wassers ausgestattet sind. Der Sender gibt mit dem Hochhalten einer Fackel Signale zum Öffnen und Schließen der Hähne. Der Wasserstand im Behälter kann nun mit dem Code verglichen und gedeutet werden.

Zwar sind die Beschreibungen des Fackeltelegrafen und des Wassertelegrafen bis heute in antiken Quellen enthalten. Für ihren tatsächlichen Gebrauch durch das griechische Militär gibt es jedoch keine Hinweise.

356 In der kleinasiatischen Stadt Ephesos brennt einer der bedeutendsten Bauten der Antike: der zu den sieben Weltwundern zählende **Artemis-Tempel**. Die Bürger der Stadt nehmen den Griechen Herostratos als Brandstifter fest. Unter Folter sagt er aus, er habe das Heiligtum aus Ruhmsucht angezündet. Daraufhin beschließen die Epheser, dass der Name Herostratos niemals mehr erwähnt werden dürfe. Durch den griechischen Geschichtsschreiber Theopompos hält der Name dennoch Einzug in die Geschichtswerke.

355 Nach dem Ende des Bundesgenossenkriegs, bei dem Chios, Rhodos, Kos und Byzanz die Unabhängigkeit von Athen erlangten, steigt **Eubulos** zum bedeutendsten athenischen Staatsmann auf. Mit politischem Geschick versteht er es, die Stadt über 15 Jahre lang von schweren kriegerischen Auseinandersetzungen fernzuhalten. Dies gelingt ihm durch eine strikte Fiskalpolitik. Alle Überschüsse aus den Steuereinnahmen dienen nicht der Finanzierung von Kriegen, sondern fließen in das Theorikon – eine Staatskasse, aus der Theaterbesuche der Athener bezuschusst werden.

354 In Syrakus wird **Dion** seine politische Vision zum Verhängnis. Er wird von Söldnern wegen seiner tyrannenähnlichen Herrschaft ermordet. Dion, der 357 v. Chr. nach seiner Verbannung mit einem Söldnerheer die Rückkehr nach Syrakus erzwungen hatte, versuchte in der Stadt einen von Königen geführten Gesetzesstaat im Sinne Platons einzuführen. Herrschen sollten mehrere Könige, zu denen auch Dion selbst gehörte. Da der Rat und die Volksversammlung weitgehend von der Macht ausgeschlossen wurden, formierte sich heftiger Widerstand gegen das Vorhaben, der in der Ermordung des Despoten gipfelt.

353 Im Krieg gegen die Etrusker verzeichnen die Römer einen großen Erfolg. Mit der Unterwerfung der Stadt **Caere** (heute Cerveteri) gelingt es Rom, eines der bedeutendsten etruskischen Zentren unter seine Kontrolle zu bringen. Ein 100-jähriger Frieden soll dauerhafte Ruhe mit den Etruskern garantieren.

356 v. Chr.

Orakel beauftragt Makedonier-König mit Friedensmission

In Griechenland bricht der dritte Heilige Krieg zwischen Theben und Phokis um die Unabhängigkeit des Kultzentrums von Delphi aus, der sich schnell zu einem gesamtgriechischen Krieg entwickelt. In ihn greift auch Philipp von Makedonien ein, dessen Sieg über die Phoker 352 v. Chr. zu einer ersten Wende führt. Trotz athenischer Widerstände wird Makedonien erstmals zur militärisch führenden Macht in Mittelgriechenland. Der Krieg wird erst 346 v. Chr. durch den Frieden des Vermittlers Philokrates beendet. Phokien wird aus der delphischen Religionsgemeinschaft, der Amphiktyonie, ausgestoßen, Philipp erhält für Makedonien Phokiens Sitz und Stimme in dem Gremium. Unmittelbar danach beauftragt Pythia, die durch Apollon inspirierte Priesterin des Orakels, Philipp damit, in Griechenland einen allgemeinen Frieden durchzusetzen. Makedoniens Aufstieg beginnt.

Philipp II.

König von Makedonien (359–336 v. Chr.); *382 v. Chr.; † 336 v. Chr. Aigai

Philipp setzt sich 359 v. Chr. als König gegen mehrere Konkurrenten durch und macht Makedonien zur Großmacht in der Ägäis. Bereits 358 v. Chr. erobert er das nordöstlich angrenzende Paionien, rund zehn Jahre später Thessalien. 342 v. Chr. ist die Eroberung Thrakiens abgeschlossen. Der Sieg bei Chaironea macht Philipp 338 v. Chr. zum faktischen Herrscher Griechenlands. In erster Ehe ist er mit Olympias verheiratet und zeugt mit dieser Alexander (den Großen). Während seiner Vorbereitungen zu einem Feldzug gegen das persische Großreich wird er 336 v. Chr. in Aigai ermordet.

- 351 v. Chr.: Feldzug gegen Thrakien
- 337 v. Chr.: Verstoßung der Olympias, Heirat mit Kleopatra

Um 350 v. Chr.

Revolte im Magadha-Reich: Nanda-Dynastie regiert

Mahapadma Nande übernimmt auf blutigem Weg die Macht im indischen Magadha-Reich. Von seiner Hauptstadt Pataliputra (dem heutigen Patna) aus kontrolliert Mahapadma nach der Ermordung der führenden Ksatriya-Adeligen ein Reich, das sich über die Ganges-Ebene und große Teile Nordindiens erstreckt. Seit dem Tod König Udayins, rund 50 Jahre zuvor, war dieses Reich in der buddhistischen Welt in Vergessenheit geraten. Dies ändert sich unter Mahapadma und seinen acht Söhnen. Ihr beinahe unermesslicher Reichtum wird sogar in Quellen weit entfernter südindischer Reiche erwähnt (Abb.: Kopf eines lächelnden Knaben; Tonfigur aus Bulandibah, Patna).

351 v. Chr.

Das Mausoleum von Halikarnassos

Mit dem Mausoleum von Halikarnassos in der heutigen Türkei (Bodrum) ist eines der sieben Weltwunder der Antike fertig gestellt. Auftraggeber des prächtigen Monuments in der Tradition des Grabes König Kyros' II. war Mausolos – persischer Satrap (Statthalter) und seit 377 v. Chr. Herrscher der Provinz Karien, die er gemeinsam mit seiner Schwester-Gattin Artemisia regierte.
Mausolos mag zwar offiziell den Titel eines Satrapen der persischen Großkönige geführt haben, seine Politik war jedoch eigenständig, wechselhaft und grundsätzlich erfolgreich. So kämpfte er 365 v. Chr. für den persischen Großkönig gegen den rebellierenden Satrapen Ariobarzanes, um sich nur drei Jahre später selbst dem Satrapen-Aufstand anzuschließen. Er engagierte sich im athenischen Bundesgenossenkrieg und verbündete sich 357 v. Chr. mit Chios, Rhodos, Byzanz und Kos. Innerhalb weniger Jahre gerieten weite Teile des kleinasiatischen Küstenstreifens sowie einige vorgelagerte Inseln unter seine unmittelbare Herrschaft. So besaß er Teile von Lydien und Herakleia und verfügte über erhebliche politischen Einfluss in Städten wie Erythai, Iasos, Lagina und Kaunos. Als Person wie als Politiker war Mausolos umstritten. Er überlebte mehrere Attentatsversuche und war ein gewiefter Taktiker. Seine Form der »hellenistischen Monarchie« gewährte den Städten seiner Territorien ein großes Maß an Selbstverwaltung und gliederte zugleich die Außenorte als Föderierte an.
Anstelle der weiter im Landesinneren gelegenen alten Hauptstadt Mylasa ließ Mausolos den Ort Halikarnassos am Kerameischen Meerbusen zwischen 370 und 365 v. Chr. systematisch erweitern und zu seiner neuen Hauptstadt ausbauen. Halikarnassos war Residenz, Festung, Kriegs- und Handelshafen, aber auch Wirkungsstätte zahlreicher griechischer Künstler. Mausolos förderte deren Aktivitäten als Patron und Mäzen. Auch für die Gestaltung seines späteren Grabes scheute Mausolos weder Kosten noch Mühen: Die federführenden Architekten Sartyros und Pytheos verwendeten lediglich feinsten karischen Marmor; der bekannte Bildhauer Skopas wurde mit der Erstellung des umfangreichen Skulpturenprogramms beauftragt.

Rekonstruktion des Mausoleums; Kupferstich von Georg Balthasar Probst, um 1750

Relief des heute zerstörten Mausoleums von Halikarnassos aus dem Britischen Museum in London

Mausolos selbst erlebt die Vollendung des Monuments, das nach seinem Namen Mausoleum heißt, nicht mehr. Er starb 353 v. Chr. – zwei Jahre vor der Fertigstellung des Bauwerks. Im 16. Jh. n. Chr. wird das 49 m hohe zweigeschossige Grabmal durch ein Erdbeben zerstört. Reste des Sockelfrieses sowie Statuen des Mausolos und der Artemisia befinden sich im Britischen Museum in London.

Um 350 v. Chr.

Die Theorien des Herakleides: Auf dem Weg zu einem neuzeitlichen astronomischen Weltbild

Licht breitet sich als Welle aus – dies behauptet Herakleides Pontikos, Mitglied der von Platon in Athen begründeten »Akademie«, der bedeutendsten philosophisch-naturwissenschaftlichen Gesellschaft der griechischen Welt.
Herakleides glaubt, dass sich das Licht von der Sonne zur Erde bewegt und geht hierbei von Schwingungen im Äther oder von Wellenbewegungen aus, wie er sie vom Wasser und dank der Lehre des Archytas von Tarent (um 390 v. Chr.) vom Schall kennt. Herakleides macht auch weiterhin mit Aufsehen erregenden Thesen von sich reden. Für ihn ist die Erde rund. Dieser Gedanke ist zwar nichts grundlegend Neues – bereits zu Beginn des 4. Jh. v. Chr. hatten dies die beiden Pythagoreer Hiketas und Ekphantos aus Syrakus vertreten –, doch Herakleides geht noch einen Schritt weiter: In seiner Schrift »Über die Vorgänge am Himmel« verkündet er nachdrücklich, dass sich die Erde täglich einmal um ihre Achse drehe, der Fixsternhimmel jedoch feststehe und sich somit für den Beobachter nur scheinbar um die Erde bewege. Für Herakleides erklärt sich der Wechsel von Tag und Nacht durch diese Erdrotation. Er kennt die Planeten Merkur und Venus und entwickelt ein Modell, in dem diese um die Sonne kreisen, sich die Sonne aber noch um die Erde bewegt. Herakleides' Überlegungen tragen wesentlich zu einem neuen, in sich geschlossenen astronomischen Weltbild bei.

Um 350 Vom starken griechischen Einfluss auf die phönikische Kunst und Vorstellungswelt zeugt u.a. ein Weihgeschenk (Votiv), das Archäologen im Tempel des phönikischen Gottes Eschmun nahe der Stadt Sidon im heutigen Libanon fanden. Das als **»Tribune d'Echmoun«** bezeichnete Votiv ist in der Form eines mit Reliefs verzierten Altars gearbeitet und zeigt Szenen aus der griechischen Mythologie. Auf dem oberen Fries versammeln sich Götter um Apoll, auf dem unteren Fries sind tanzende Nymphen zu sehen.

In den Ostalpen existiert neben dem Salzbergbaugebiet Hallstatt ein weiteres großes Zentrum der bergmännischen Salzgewinnung: der **Dürrnberg** südlich des heutigen Salzburg. Begünstigt durch die Lage am Fernhandelsweg im Salzachtal entstanden am Dürrnberg zahlreiche Bergwerke. Bis heute konnten Montanarchäologen zwölf unterschiedlich große Abbauorte lokalisieren, die darauf hindeuten, dass der Dürrnberg die Salzorte Hallstatt und Hallein an Bedeutung übertraf.

Im Westen der Mittelmeerinsel Sizilien festigen die Karthager ihre Herrschaft. Als Beleg dafür gelten die in der westsizilianischen Provinz geprägten karthagischen, so genannten **sikulopunischen Münzen**. Sie weisen seit etwa 350 v. Chr. die gleichen Prägungen auf wie die von Karthago in Nordafrika in Umlauf gebrachten Münzen. Die Vorderseite der Silbermünzen ziert der Kopf der Göttin Tanit. Pferdeköpfe, manchmal auch ganze Pferde sowie eine Palme schmücken die Rückseite. Die Münzen belegen, dass die Phönikier bemüht sind, ihr gesamtes Herrschaftsgebiet mit einem einheitlichen Münzsystem zu überziehen.

In der Königsnekropole von Sidon, dem heutigen Saida im Libanon, wird ein steinerner Sarg aufgestellt. Der sog. **Klagefrauensarkophag** dient einem der phönikischen Könige, vermutlich Straton von Sidon, als letzte Ruhestätte. Die Oberfläche des 2,97 m langen und 2,54 m hohen Meisterwerks zieren Reliefs. Während der durch Säulen gegliederte Kasten klagende Frauen in verschiedenen Posen abbildet, zeigt der Deckel des Sarkophags Szenen des Leichenzugs. Nur durch einen glücklichen Zufall wurde der Klagefrauensarkophag gefunden: 1887 entdeckte ein Bauer ihn beim Umpflügen seines Feldes.

Um 347 v. Chr.

Vom Urbild zur Erfahrung

Der griechische Gelehrte Platon, einer der einflussreichsten Philosophen der Antike, stirbt im Alter von etwa 80 Jahren in Athen. Platon gründete 387 v. Chr. die Akademie von Athen – eine Lehrinstitution, die er in seinem Garten einrichtete, um Schüler in den Wissenschaften Astronomie, Biologie, Mathematik, Politik und Philosophie zu unterrichten. Einer der begabtesten Schüler Platons ist der später berühmte Aristoteles.

Platon

griechischer Philosoph; *427 v. Chr. Athen; †um 347 v. Chr. Athen

Platon entwickelt in seinen Schriften die Metaphysik und bahnbrechende neue Staatsmodelle. Der Aristokratensohn ist zunächst politisch ambitioniert, verliert jedoch bald das Interesse an allen Staatsämtern, da er mit deren Theorien nicht einverstanden ist. Acht Jahre lang ist er Schüler des Sokrates, dessen Lehre er nachträglich schriftlich fixiert und ausbaut. Nach Sokrates' Tod siedelt Platon nach Megara über und bereist die Mittelmeerwelt. Zurück in Athen, eröffnet er 387 v. Chr. die berühmte Akademie in seinem Garten.

- 399 v. Chr.: Reise nach Italien
- 366 v. Chr.: Erste Reise nach Syrakus

Platon hat sämtliche Schriften in Dialogform abgefasst. In den fiktiven Gesprächen zwischen zwei oder mehr Personen werden philosophische Ideen dargelegt, diskutiert und kritisiert. Ähnlich wie sein Lehrer Sokrates (siehe S. 275) vertritt Platon eine Lehre, die zwischen sinnlich wahrnehmbarer Welt und durch Vernunft erkennbarer Wirklichkeit unterscheidet. Die Grundlage aller Erfahrung liefert ein Urbild, das der Philosoph als Idee bezeichnet. Die Erfahrungen des Lebens seien Abbilder dieser Ideen. Als höchstes Gut in dieser Ideenwelt nennt Platon die Tugenden, denen sich jeder Mensch durch die Aneignung von Wissen verschreiben kann.
Platon verfolgte zeit seines Lebens das Ziel, Philosophie und praktische Politik zu verbinden. Nach seiner Staatstheorie besteht der ideale Staat aus drei Klassen: Die ökonomische Struktur des Staates wird durch die Schicht der Kaufleute aufrecht erhalten. Eine Militärklasse sorgt für die Sicherheit im Inneren wie im Äußeren. Politische Führung kann nach Ansicht Platons nur durch Philosophenkönige gewährleistet werden. Die Erziehung eines Individuums bestimmt seine spätere Klassenzugehörigkeit. Nur wer bis ins hohe Alter lernt, kann zum Philosophenkönig aufsteigen. Die von ihm gegründete Akademie in Athen wird nach seinem Tod von seinem Neffen Speusippos geleitet und bleibt bis zur Schließung durch den römischen Kaiser Justinian im 6. Jh. n. Chr. bestehen.

Um 350 v. Chr.

Priene – kostbare Ruinenstadt

Die ionische Stadt Priene wird an den Hängen des Mykalegebirges neu gegründet. Priene gilt heute als eine der am besten erhaltenen Städte der griechischen Antike (Abb.: Ruinen in Priene).
Die Stadt lag ursprünglich am Latmischen Meerbusen (nördlich von Milet). Im Laufe der Jahrzehnte breitete sich jedoch der hier mündende Fluss Mäander so weit aus, dass die Stadt verlegt werden muss, um nicht dauerhaft überschwemmt zu werden. Die Priener planen die Neugründung ihrer Stadt nach dem Rastersystem des Hippodamos von Milet. Die Straßen werden nach einem rechteckigen Plan angelegt, dessen Blöcke eine Fläche von 35 x 47 m haben. In jedem dieser Blöcke stehen acht längliche, schmale Häuser. Da die steile Topografie keine Begradigungen zulässt, müssen viele Straßen als lang gezogene Treppen angelegt werden. Die wenigen ebenen Plätze sind öffentlichen Bauten vorbehalten, wie dem Tempel der Athena Polis oder der Agora – einem offenen Marktplatz, der von Hallengebäuden begrenzt wird. Das monumentale Theater Prienes wird in die Hügelflanke über der Agora eingelassen. Auf diese Weise dient die weithin sichtbare Landschaft als Szenenbild bei Aufführungen.
Priene ist eine der wenigen griechischen Städte, deren ursprüngliche Bebauung nicht maßgeblich von den Römern verändert wurde und ist deshalb von unschätzbarem Wert für die Archäologie.

Unterricht an Platons Akademie von Athen; Mosaik aus dem Archäologischen Museum Neapel

Um 350 v. Chr.

Lysipps hellenistische Plastiken

Die Werke des griechischen Bildhauers Lysipp markieren den Auftakt zur Periode der hellenistischen Kunst. Lysipp arbeitet hauptsächlich an Bronzestatuen. Seine Kunstfertigkeit spricht sich bald an den Adelshöfen der griechischen Stadtstaaten herum. Er wird u.a. an den makedonischen Königshof berufen, wo er als persönlicher Bildhauer Alexanders des Großen arbeitet.
Kein Werk Lysipps hat sich bis heute im Original erhalten. Sein häufig bewunderter und beschriebener Stil lässt sich jedoch in einigen römischen Marmorkopien seiner Bronzen wiedererkennen (Abb.: Silen mit dem Dionysosknaben; römische Kopie aus dem Vatikanischen Museum). Typisch für Lysipp ist die Darstellung des menschlichen Körpers in einem neuen Proportionensystem. Die Köpfe sind stets klein und mit audrucksstarker Mimik versehen. Die Körper sind schlank und stellen häufig Athleten dar, deren Bewegungen raumgreifend ausfallen.

343 v. Chr.

Der Pharao muss fliehen

Mit dem Einfall persischer Truppen endet die Geschichte des letzten unabhängigen ägyptischen Reiches. Vor 18 Jahren hatte Pharao Nektanebos II. erfolgreich den Thron usurpiert (siehe S. 279) und das Reich weitgehend friedlich regiert. Die Bedrohung durch die Perser war jedoch allgegenwärtig. Bereits 385, 383 und 373 v. Chr. hatte Persien versucht, die Herrschaft über Ägypten zurückzuerobern. Um einem erneuten Invasionsversuch entgegenzuwirken, hob Nektanebos II. ein großes Heer aus griechischen Söldnern aus. Tatsächlich konnten die Griechen einen persischen Angriff 351 v. Chr. abwehren. Trotz der Niederlage gab der persische König Artaxerxes III. seine Eroberungspläne nicht auf und sammelte eine große Armee in Babylon sowie eine Flotte in Sidon. Nektanebos II. sandte in einer geheimen Mission Griechen nach Sidon, die dafür sorgten, dass die dort lebenden Phöniker gegen die Herrschaft der Perser rebellierten. Im Zuge der Revolte wurde die persische Flotte zerstört.
Artaxerxes gibt sich aber nicht geschlagen und erobert 343 v. Chr. Sidon. Die Revolte gegen Persien bricht zusammen. Ägypten hat seine Verbündeten verloren. Durch das Nildelta strömen nun die persischen Truppen ins Reich. Ein letzter Versuch, Artaxerxes III. in einer Schlacht bei Memphis zu stoppen, scheitert. Nektanebos II. kann fliehen, Ägypten fällt an Persien.

Um 350 v. Chr.

Die Kultur der Keltiberer

An der Ostküste des heutigen Spanien bringt die Kultur der Keltiberer namhafte Kunstwerke und Technologien hervor. Seit etwa 600 v. Chr. vermischen sich die Völker der bronze- und eisenzeitlichen Ibererstämme mit denen der eingewanderten Kelten. Die so entstehenden Keltiberer breiten sich im Hügelland zwischen Tejo und Ebro aus (heutige Provinzen Soria, Guadalajara und Teruel). Hier leben die Keltiberer wie ihre mitteleuropäischen Verwandten als lose Stammesverbände in kleinen bäuerlichen Dörfern. Große Festungen aus Stein beherrschen das Land von den Hügelkuppen aus. An der Mittelmeerküste der Iberischen Halbinsel kommen die Keltiberer in Kontakt mit den seefahrenden Händlern des östlichen Mittelmeerraums. Sie erlernen u.a. die Kunst der polychromen Keramik und der Bildhauerei von Griechen und Phönikern, die regelmäßig an den Ufern des östlichen Spanien anlegen.
Auf ihren reich geschmückten Vasen hinterlassen die Keltiberer eindrucksvolle Bilder ihrer Alltagswelt, darunter die ersten südeuropäischen Szenen eines Stierkampfes. Vergleichbare Bilder von stierkampfähnlichen Ritualen sind nur aus dem minoischen Kreta der Bronzezeit bekannt. Ob es sich bei den keltiberischen Vasenbildern um den Vorläufer des spanischen Stierkampfes handelt, ist jedoch zweifelhaft. Die Krieger der Keltiberer sind auf Vasen und in Steinreliefs dargestellt (Abb.: Bewaffneter auf einem Relief aus Osuna in Südspanien). Ihre Kriegstechnik ist hoch entwickelt und gefürchtet. Sie kämpfen mit einem zweischneidigen Schwert, das dem späteren römischen Kurzschwert (gladius) als Vorbild dient. Berühmt sind die keltiberischen Plastiken, die stark von den griechischen Meistern beeinflusst sind.
Das prominenteste und zugleich umstrittenste Bildnis der Zeit ist die Büste der so genannten Dame von Elche, gefunden in der gleichnamigen spanischen Stadt beim heutigen Alicante. Die Züge der Dame zeigen ein erstaunlich hohes Maß an Individualität. Der Kopfputz besteht aus zwei seitlich angebrachten gewaltigen Diademen. Wegen ihres hohen Grades an bildhauerischer Perfektion wird die Dame von Elche oft als Fälschung bezeichnet. Ihre Authentizität ist jedoch belegt.

Um 340 Nach der Eroberung Thrakiens versucht der makedonische König **Philipp II.**, die Städte Perinth und Byzanz zu erobern. Die Belagerung scheitert jedoch an den starken athenischen Flottenverbänden, die sich den Makedonen in den Weg stellen. Mit der Kaperung von 180 Getreideschiffen fügt Philipp Athen dennoch eine schmerzliche Wunde zu. Um die Moral seiner Soldaten zu stärken, die nach der erfolglosen Belagerung gelitten hat, unternimmt Philipp anschließend einen Feldzug gegen die Skythen im Donaugebiet.

In Tegea auf der Peloponnes entsteht unter der Leitung des Bildhauers Skopas von Paros ein neuer Tempel für die Göttin **Athena Alea**. Er ersetzt einen älteren, archaischen Kultbau, der bei einem Brand 394 v. Chr. zerstört wurde. Der nun gebaute spätklassische Tempel ruht auf einem Unterbau, dessen oberste Stufe (Stylobat) eine Fläche von 19,2 x 47,6 m einnimmt. 84 schlanke, in dorischer Ordnung gehaltene Säulen tragen das Gebälk und das Dach. Eine große Rampe führt zum Eingang des Heiligtums. Im Gegensatz zu den äußeren Säulen sind die des inneren Kultraums (Cella) in korinthischer Ordnung erbaut.

Im chinesischen Staat Chu wird **Qu Yuan** als Sohn einer aristokratischen Familie geboren. Er gilt als einer der bedeutendsten Dichter Chinas. Als Erwachsener dient Qu Yuan als Minister am Hofe des Königs von Chu. Intrigen und Verleumdungen treiben den umsichtigen Staatsmann in den Selbstmord. Aus der Feder des Dichters stammt das Li Sao. Dabei handelt es sich um formvollendete poetische Klagelieder, die Qu Yuan in der Verbannung schrieb.

In Griechenland fertigt ein unbekannter Künstler den so genannten **Epheben von Antikythera**: eine prachtvolle Bronzestatue eines nackten, kräftigen Jünglings mit kurzem gelocktem Haar. Das Meisterwerk der Spätklassik wurde 1900 im Meer vor der Insel Antikythera bei Kreta gefunden.

338 **Timoleon**, der Tyrann von Syrakus, schließt mit den Karthagern Frieden. Bereits 340 v. Chr. hatte der aus Korinth stammende Herrscher die Phöniker am Fluss Krimisos vernichtend geschlagen. Nach dem Friedensschluss leitet Timoleon eine Blütezeit der Stadt Syrakus sowie der von ihm beherrschten sizilianischen Gebiete ein. Mit der Aufnahme der Sikulerstädte Morgantina, Alaisa und Herbessos entsteht ein mächtiges Bündnis (Symmachie). Darüber hinaus wirkt Timoleon mit der Ansiedlung von Neubürgern aus Italien und Griechenland dem Bevölkerungsschwund entgegen.

338 v. Chr.

Chinas Reformer Shang von seinen adeligen Gegnern getötet

Der chinesische Aristokrat Shang Yang wird von seinen Gegnern gevierteilt. Shangs Reformideen leiten die Anfänge des historischen chinesischen Han-Kaiserreiches (ab 221 v. Chr.) ein.
Im 4. Jh. v. Chr. ist das Gebiet des heutigen China in zahlreiche Kleinstaaten zersplittert. Im äußersten Westen liegt das Reich Qin. Shang Yang (auch Gongsun Yang) war dort Berater des Königs. Bereits 359 v. Chr. erließ er eine Reihe von Reformen, mit denen er die Grundlage für die Umstrukturierung Chinas unter der späteren Han-Dynastie schuf. Nach Shangs Ideen werden Adelsränge künftig nicht mehr vererbt, sondern für Leistungen im Krieg vergeben. Wer sich im Krieg nicht durch Loyalität und Einsatzbereitschaft auszeichnet, muss eine Degradierung seines Adelstitels hinnehmen. Er stellt darüber hinaus paramilitärische Gruppierungen auf, die aus mehreren Kleinfamilien bestehen. Dieses Vorgehen beschneidet die Macht der Großfamilien stark.
Als der König von Qin 338 v. Chr. stirbt, ist Shang Yang seinen Feinden im Adel schutzlos ausgeliefert. Er wird verurteilt und hingerichtet. Seine Nachfolger führen sein reformatorisches Werk fort.

338 v. Chr.

Mächtiges Makedonien

Mit dem Sieg in der Schlacht von Chaironeia bringt der Makedonenherrscher Philipp II. ganz Griechenland unter seine Kontrolle. Der König konnte sich zuvor bereits bei der Auseinandersetzung um Delphi gegen die anderen Griechenstädte behaupten (siehe S. 280). Als er 343 v. Chr. einen Feldzug gegen Thrakien startete, ging der brüchige Frieden zwischen Makedonien und Athen entzwei. Die Athener sahen ihre Handelsplätze in Thrakien bedroht und verbündeten sich mit Theben. Bei Chaironeia kommt es zur Entscheidungsschlacht, die Philipp II. trotz zahlenmäßiger Unterlegenheit gewinnt. Athen und Theben müssen die Vorherrschaft der Makedonen anerkennen. Im folgenden Jahr schließen sich fast alle griechischen Gebiete – bis auf Athen und die persisch regierten Regionen – im Korinthischen Bund zusammen.
Philipp II. ernennt sich zum höchsten bevollmächtigten Strategen Griechenlands. Er schwört die griechischen Städte auf eine panhellenische Ideologie ein und sammelt alle verfügbaren Truppen für einen Feldzug gegen Persien, um Rache für die persischen Überfälle im 5. Jh. v. Chr. zu nehmen sowie die ionischen Städte an der kleinasiatischen Küste zu befreien. Der erste Feldzug gelingt. Doch 336 v. Chr. fällt der Makedonenkönig bei der Hochzeitsfeier seiner Tochter Kleopatra mit König Alexander von Epirus einem Attentat zum Opfer. Ob der Attentäter Pausanius aus persönlichen Gründen handelt oder das Attentat auf makedonische Adelskreise zurückgeht, bleibt ungeklärt. Philipps Sohn Alexander (der Große), der bereits in Chaironeia eine entscheidende Rolle gespielt hat, setzt die Eroberungspläne des Vaters fort (siehe S. 286).

Fußbodenmosaik einer Löwenjagd aus der makedonischen Residenzstadt Pella (bei Saloniki)

343 v. Chr.

Römer gegen Samniten

Der erste Krieg zwischen Römern und Samniten bricht aus. Für mehr als 50 Jahre beherrscht der Konflikt zwischen beiden Völkern die Ereignisse auf der Apenninhalbinsel. Seit Beginn des 4. Jh. v. Chr. greift die römische Expansion mit großer Geschwindigkeit auf weite Teile Italiens über. In Kampanien, südlich von Rom, wehren sich die Samniten jedoch mit Erfolg gegen alle römischen Expansionsversuche. Beide Völker schlossen daraufhin 354 v. Chr. einen Friedensvertrag.

Die Samniten sind ein wehrhaftes Volk, das im 5. Jh. v. Chr. erstmals in Süditalien auftauchte und die griechische Kolonie Kyme sowie die Stadt Capua eroberte. In ihren Bergfestungen verschanzt, gelten die Samniten als unbezwingbar. Wie bei den Römern ist auch das Samnitenheer in Legionen und Kohorten unterteilt. Auch Kavallerie ist bekannt. Trotz der Gefährlichkeit der Samniten brechen die Römer 343 v. Chr. den Frieden, um Land in Kampanien zu gewinnen. In diesem ersten Samnitenkrieg kann keiner der Kontrahenten einen entscheidenden militärischen Sieg erringen. So einigen sich Römer und Samniten auf die Erneuerung des Friedens von 354 v. Chr. Die Römer erhalten die nordkampanischen Gebiete und beherrschen damit ein Territorium, das flächenmäßig ebenso groß ist wie Samnium.

343 v. Chr.

Trotz Invasion: Thrakien behauptet sich auf dem Balkan

Der Makedonenkönig Philipp II. erobert das Reich der Thraker, die ein Gebiet im nordöstlichen Balkan besiedeln. Im Westen grenzt ihr Siedlungsraum an Makedonien, im Osten an das Schwarze Meer, im Norden an die Donau und im Süden an die Ägäis. Obwohl das Gebiet seit der Jungsteinzeit eine entscheidende Rolle beim Kulturtransfer zwischen Asien und Europa gespielt hat, formte erst Teres um 430 v. Chr. das erste politisch zusammenhängende Reich Thrakiens. Die thrakische Kultur ist reich an Prunkgräbern (Abb. r.: Thrakergrab von Sweschtari) und Goldschätzen (Abb. u.: Goldring mit thrakischen Schriftzeichen). Der wirtschaftliche Reichtum und die strategisch günstige Lage Thrakiens wecken die Aufmerksamkeit des expandierenden Griechenreiches Makedonien. Dessen König Philipp II. fällt in dem Balkanreich ein und erobert es. Die militärische Macht Thrakiens ist jedoch in den vergangenen 100 Jahren so gewachsen, dass es weder Philipp II. noch seinem Sohn Alexander oder dessen Nachfolgern jemals gelingen wird, Thrakien vollständig unter makedonische Kontrolle zu bekommen. Erst unter der Herrschaft der Römer ab 148 v. Chr. verliert Thrakien seine politische und kulturelle Eigenständigkeit.

342 v. Chr.

Auf der Suche nach der letzten Wahrheit: Aristoteles und Alexander der Große

Der griechische Philosoph Aristoteles zieht an den Hof des Makedonenkönigs Philipp II. nach Pella, um dort die Ausbildung des Prinzen Alexander (des Großen) zu übernehmen. Alexander ist zu diesem Zeitpunkt 13 Jahre alt. Bis zu dessen 18. Lebensjahr ist Aristoteles für die Erziehung des Thronfolgers verantwortlich (Abb.: Aristoteles und sein Schüler Alexander). Er erhält für seine Dienste am Hof nicht nur ein königliches Honorar. Der Überlieferung nach stattet Philipp II. den Philosophen auch mit 1000 Sklaven aus, die Aristoteles bei seinen Naturbeobachtungen zu Diensten sind.

Aristoteles führt die Lehre des Platon weiter, dessen Schüler er in der Athener Akademie war. Nach Platon liegt die tatsächliche Wirklichkeit nicht in den Sinneswahrnehmungen, sondern in den Ideen der Menschen, die nur durch Vernunft erfahren werden können. Aristoteles führt diese Theorie weiter und will die letztgültige Realität in physikalisch erfassbaren Objekten erkennen. Um seine Ziele verfolgen zu können, widmet sich der Gelehrte nicht nur der Philosophie, sondern verfasst auch bedeutende Werke der Physik, Biologie, Psychologie, Kunsttheorie, Politik, Ethik und Logik. Er teilt die Wissenschaft in theoretische und praktische Disziplinen ein. Nach Aristoteles' Lehre beschäftigt sich die Physik mit Gegenständen, die zur Veränderung neigen. Die Mathematik hingegen untersucht, was unveränderlich ist. Auch die Philosophie der Metaphysik handelt von den unveränderlichen Dingen des Lebens. Die praktischen Wissenschaften wie Politik oder Ethik befassen sich schließlich mit Gegenständen, die veränderbar sein können, aber nicht zwingend anders sein müssen. Seine Studien hinterlässt Aristoteles in 26 überlieferten Schriften. Das darin erkennbare Weltbild besitzt bis in das Zeitalter der Aufklärung Gültigkeit.

Aristoteles

griechischer Philosoph; *384 v. Chr. Stagira; †322 v. Chr. Chalkis

Aristoteles ist eine der herausragenden Persönlichkeiten der antiken Philosophie. Sein Vater Nichomachus ist Hofarzt des makedonischen Königs – so beginnt Aristoteles' lebenslange Verbindung zu den Makedonen. Der 17-Jährige geht nach Athen und wird in Platons Akademie ausgebildet. Anschließend lehrt er in Assos und Mytilene, bevor ihn Philipp II. zum Lehrer Alexanders beruft. Nach dem Tod Philipps kehrt Aristoteles nach Athen zurück und gründet dort seine eigene Schule, das Lycaeum. Dort lehrt er bis zum Tod Alexanders des Großen 323 v. Chr. Er stirbt im Alter von 62 Jahren in Euböa.

- 347 v. Chr.: Nach dem Tod Platons wird Aristoteles als Nachfolger in der Akademie von Athen abgelehnt.
- 334 v. Chr.: Gründung des Lycaeums

331 In der Nähe des heutigen Cosenza in Italien stirbt der Molosserkönig **Alexander von Epirus** an einer Kriegsverletzung. Die tödliche Wunde erlitt der Feldherr bei einer Schlacht gegen die Lukaner und Bruttier. Alexander war zeitgleich mit Alexander dem Großen zu einem Eroberungsfeldzug nach Italien gezogen und hatte zunächst, u. a. gegen die Samniten und Lukaner, große militärische Erfolge gefeiert.

Um 330 Für das Heiligtum der Aphrodite in Knidos (Türkei) schafft der Bildhauer Praxiteles die so genannte **Aphrodite von Knidos**. Die Liebesgöttin ist unbekleidet und damit das erste großplastische Werk der griechischen Kunst, das die Schönheit des nackten weiblichen Körpers preist. Von der Berühmtheit der Statue, die nicht erhalten ist, zeugen zahlreiche römische Kopien. Praxiteles gilt als einer der bedeutendsten Bildhauer der Spätklassik. Neben der Aphrodite stammen aus seinen Händen zahlreiche weitere Meisterwerke, darunter der »Eidechsentöter«, der »Angelehnte Satyr« und »Hermes mit dem Dionysosknaben«.

Im Zuge ihrer Wanderungsbewegungen verlassen die Kelten die Höhensiedlung auf dem Bergstock der **Houbirg** bei Happurg nahe Nürnberg. In der Hallstattzeit war auf dem Hügel eine große befestigte Anlage entstanden, die zu den bedeutendsten Höhensiedlungen Deutschlands zählt.

In Athen wird der Ort der Volksversammlungen verlegt: Sie finden nun im mit Steinsitzen versehenen **Dionysostheater** statt. Bisher waren die Volksversammlungen auf der Agora und dem Nordhang des Hügels Pnyx abgehalten worden.

In ganz Griechenland kommt eine Waffe zum Einsatz, die sich durch ihre große Durchschlagskraft auszeichnet: das **Torsionskatapult**. Erstmals erwähnt sind die Katapulte auf Inschriften der Chalkothek (Aufbewahrungsort auf der Akropolis) in Athen. Sie werden in den Verzeichnissen der dort aufbewahrten Waffen aufgelistet. Auch Alexander der Große benutzt bei seinen Feldzügen die neue Waffe. Im Gegensatz zur Armbrust, dem »Gastraphetes«, werden die Katapulte mit einer Feder gespannt. Sie besteht aus gedrehten Seilen aus Rosshaar oder Tiersehnen.

336 v. Chr.

Feldherr und Visionär

Alexander der Große besteigt den Thron Makedoniens. Innerhalb von zehn Jahren errichtet er eines der größten Reiche der Weltgeschichte.
Nach dem Tod seines Vaters Philipp II. nimmt Alexander umgehend die Perserkriege wieder auf. Philipp hatte die zerstrittenen griechischen Stadtstaaten auf den gemeinsamen Feind Persien eingeschworen, mit dem die Hellenen seit mehr als 100 Jahren in ständigem Konflikt liegen. Alexander sammelt ein Heer von 35 000 Mann und überschreitet 334 v. Chr. den Hellespont nach Asien. Am Granikos treffen die Griechen erstmals auf die Perser unter dem Satrapen (Statthalter) Memnom; die Perser verlieren diese erste Schlacht. Ermutigt von dem Erfolg, ziehen die Griechen die kleinasiatische Küste hinab und befreien die ionischen Städte – darunter Sardes, Ephesos und Milet – von der Perserherrschaft.
Im Frühjahr 333 v. Chr. ziehen die Griechen in der alten phrygischen Königsstadt Gordion ein. Dort wird Alexander zu dem legendären Gordischen Knoten geführt, den König Gordios selbst geknüpft hat. Der Knoten, so heißt es, sei nur durch den lösbar, der einmal Herr über ganz Asien werden soll. Alexander zerschlägt den Knoten mit dem Schwert. Bald darauf kommt es zur Entscheidungsschlacht bei Issos. Der persische König Dareios III. ist den griechischen Invasoren persönlich entgegengezogen. Die Schlacht endet mit einem weiteren überwältigenden Erfolg für Alexander. Dareios kann fliehen. Sein Friedensangebot wird von dem Makedonen abgelehnt.
Um die persische Seeherrschaft zu brechen, zieht Alexander die syrische Küste entlang und erobert die Städte Thapsakos und Tyros, um anschließend in Ägypten einzufallen, das unter persischer Oberherrschaft steht. Der persische Satrap in Memphis ergibt sich kampflos. Alexander hält sich noch bis ins kommende Jahr in Ägypten auf. Er gründet die Küstenstadt Alexandria und wird in der Oase Siwa als Sohn Amuns begrüßt. Damit ist der Hellene anerkannter Herrscher des Nilreiches. Für die nächsten 300 Jahre stellen Alexanders Nachfolger die ägyptischen Herrscher (Ptolemäer).
Obwohl damit alle bedeutenden Gebiete Persiens in griechischer Hand sind, will Alexander nicht umkehren. Er zieht weiter ins persische Hinterland und trifft bei Gaugamela erneut auf die Truppen des Dareios. Wieder unterliegen die Perser den Kriegskünsten

Griechische Münze mit Alexanderbildnis

Das Reich Alexanders des Großen

Bei Issos besiegt Alexander (links) den Perserkönig Dareios (im Streitwagen); römisches Mosaik

des Makedonen, erneut kann Dareios fliehen. Alexander lässt sich zum König Asiens ausrufen und zieht weiter nach Süden, wo er zuerst Babylon und dann Susa mitsamt des immensen persischen Staatsschatzes einnimmt. Im Frühjahr 330 v.Chr. erreicht der Makedone die Perserresidenz Persepolis. Die Stadt wird ihm kampflos übergeben. Ein weiteres Mal kann der persische König Dareios die Flucht vor Alexander ergreifen. Bei den Siegesfeierlichkeiten lässt Alexander die Stadt bis auf die Grundmauern niederbrennen. Dann wendet er sich nach Norden, um Dareios endlich zu stellen. Doch die Griechen kommen zu spät. In Zadrakarta, an der Südküste des Schwarzen Meeres, muss Alexander erfahren, dass Dareios von seinem Satrapen Bessos ermordet worden ist. Damit ist der Makedone unumstrittener Herrscher Asiens.
Das Alexanderheer ist im Laufe des Feldzuges um ein Vielfaches angewachsen. Alexander schickt alle Griechen nach Hause, um zu demonstrieren, dass er nicht länger als Anführer des griechischen Bundes, sondern als König Asiens agiert. Das Heer, das nun aus zehntausenden Soldaten, Händlerkarawanen, Frauen und Kindern besteht, zieht weiter nach Osten und überquert das Hindukuschgebirge. Ein Jahr lang halten sich die Truppen in Sogdien (Iran) auf. Alexander erreicht im Norden den Fluss Iaxartes, der in der griechischen Antike das Ende der bekannten Welt markiert.
Von Ost-Iran aus zieht Alexander weiter nach Indien. Im Tal von Kabul wird er von indischen Fürsten empfangen. Nie zuvor ist ein Heerführer der Antike so weit nach Osten vorgedrungen. Doch als sich Alexander anschickt, Indien zu erobern, verweigern ihm seine Truppen die Gefolgschaft. Die Soldaten sind nach achtjährigen Kämpfen kriegsmüde geworden und zwingen den Makedonen zur Umkehr. Alexander muss zustimmen. Doch der Rückweg durch unwirtliche Gegenden fordert mehr Verluste als alle Schlachten zuvor. 60 Tage lang schleppen sich die Soldaten durch die lebensfeindliche Wüste Gedrosiens, bis sie die rettende Küste erreichen. Von 60000 Mann kommen nur 15000 lebend am Meer an. Die Überlebenden werden von Alexanders Flottenkommandanten Nearchos empfangen, den der Makedone vor Beginn des Wüstenmarsches mit allen Schiffen durch den Golf von Oman und den Persischen Golf gesandt hatte.
Alexander befährt nun mit seiner Flotte den Tigris und überwintert in Ekbatana. Von dort reist er 323 v.Chr. nach Babylon. Noch immer ist die Eroberungslust Alexanders ungebrochen. Eifrig bereitet er einen Feldzug gegen Arabien vor, als er am 29. Mai an einem Fieber erkrankt, das vermutlich durch eine Mücke übertragen wurde. Zwei Wochen später stirbt Alexander der Große am 10. Juni 323 v.Chr. in Babylon – im Alter von lediglich 32 Jahren.

Alexander der Große

makedonischer König; *20. Juli 356 v.Chr. Pella, †10. Juni 323 v.Chr. Babylon

Alexander der Große ist einer der erfolgreichsten Feldherren aller Zeiten. Von Aristoteles erzogen, leitet Alexander schon früh die makedonischen Staatsgeschäfte als Stellvertreter für seinen Vater Philipp II. Sein militärisches Talent zeigt sich erstmals in der Schlacht bei Chaironeia, die Makedonien die Vorherrschaft über Griechenland einbringt. Legendär ist Alexanders Lieblingspferd Bukephalos, auf dem er die Perserkriege bestreitet und nach dem er eine in Persien neu gegründete Stadt benennt. Die Taten Alexanders des Großen sind in ungezählten Legenden des Orients wiederzufinden. Die Lage seines Grabes zählt bis heute zu den großen Geheimnissen der Archäologie.

- 340 v.Chr.: Gründung von Alexandropolis in Thrakien
- 333 v.Chr.: Schlacht von Issos gegen die Perser
- 331 v.Chr.: Hochzeit mit der Tochter des Dareios in Susa

330 v.Chr.

Ein Grieche in Norwegen

Der Seefahrer Pytheas gelangt auf seinen Reisen als vermutlich erster Grieche in das Nordmeer und erreicht Skandinavien. Pytheas hält den Verlauf seiner Reise zwar schriftlich fest, sein Reisebericht ist jedoch heute nur in Fragmenten erhalten.
Da die Karthager zu dieser Zeit die Meerenge von Gibraltar besetzt halten, ist anzunehmen, dass Pytheas zunächst von Massalia (Marseille) aus über den Landweg nach Nordwesten vordringt und bei der Loiremündung in der Nähe des heutigen Nantes ein Schiff besteigt. Von dort setzt Pytheas zu den Britischen Inseln über und erreicht die Region um Cornwall – seit der Bronzezeit ein bedeutendes Zentrum für den Zinnhandel. Anschließend umschifft er die Nordspitze Britanniens und erreicht ein Land namens Thule – vermutlich Norwegen.
Auf seiner Reise macht Pytheas wichtige naturwissenschaftliche Beobachtungen. So ist er der Erste, der den Wechsel der Gezeiten mit dem Mond in Verbindung bringt und die Lage des Himmelsnordpols bestimmt.

328 v.Chr.

Philosophie aus der Tonne

Der griechische Philosoph Diogenes von Sinope stirbt. Obwohl er aus einer Aristokratenfamilie stammte, hatte er sich vom Leben in Wohlstand abgewandt und vom Philosophen Antisthenes ausbilden lassen. Fast mehr noch als durch seine philosophischen Lehren fiel er durch seine Lebenspraxis auf. In einer Übersteigerung des sokratischen Prinzips der Selbstgenügsamkeit lehnte er sämtliche Besitztümer ab. Nur der Besitzlose könne glücklich sein, so Diogenes. Mit nicht mehr als einer Tasche und grober Kleidung versehen, zog Diogenes von Stadt zu Stadt und verbreitete seine Lehren. Dieses umherstreunende Bettlerdasein brachte ihm den Beinamen Kyon (griechisch: Hund) ein. Seine Philosophie der Bedürfnislosigkeit wird in der Folge Kynismus genannt und ist mit der radikalen Kritik an gesellschaftlichen Konventionen verknüpft.
Zahlreiche Anekdoten sind von Diogenes überliefert. Eine Zeit lang soll er in einer Tonne gelebt haben. Als der makedonische König Alexander der Große ihn einmal aufsuchte (s. Abb.), fragte er Diogenes herausfordernd, welchen Wunsch er dem Bedürfnislosen erfüllen könne. Daraufhin soll Diogenes erwidert haben: »Geh mir aus der Sonne!«

Hellenismus als Leitkultur

Der französische Historiker Pierre Grimal (1912–1997) urteilt über die hellenistische Epoche:

»Vom Tod Alexanders bis zum Tode Cäsars lässt sich trotz der Kämpfe und der unzähligen Krisen, die die mediterrane Welt erschütterten, die Kontinuität einer Kultur nicht verkennen, die mit Hilfe ihrer Vergangenheit das Mittel findet, sich jedes Mal den wechselnden Erfordernissen einer Welt anzupassen, in der die Machtverhältnisse und die Wirtschaft in ständiger Entwicklung begriffen sind. Die Philosophen, die Schriftsteller, die Redner, selbst die Künstler sind es gewesen, die vor allem dieses Wunder vollbrachten, und es gibt vielleicht keine Periode in der Geschichte, die besser begreiflich macht, dass das letzte Wort in der Entwicklung der Weltreiche nicht den blinden Mächten, nicht der Gewalt der Waffen oder der Zahl gehört, sondern dem wohlüberlegten und bewussten Denken.«

Die griechische Kultur verbreitet sich über die gesamte antike Welt und hinterlässt ihre Spuren von Indien bis nach Gibraltar, vom Don bis an die Quellen des Nil. Die Eroberungszüge Alexanders des Großen (seit 334 v. Chr.) gelten im Allgemeinen als Beginn für die Verbreitung des Hellenismus. Tatsächlich zeichnet sich bereits ein Menschenalter vor Alexander eine Entwicklung ab, die alle Teile der antiken Welt grundlegend verändert. Den Grundstein für die Verbreitung der griechischen Kultur legen die Kolonien der Griechen von Milet in Kleinasien bis nach Massalia (Marseille) an der Mündung der Rhône. Persische und ägyptische Herrscher schätzen bereits um 400 v. Chr. Söldner aus Griechenland als schlagkräftige Truppen. Asiatische Könige wie Mausolos lassen sich von griechischen Architekten Grabdenkmäler errichten. All dies schafft fruchtbaren Boden für die endgültige Ausbreitung der hellenistischen Kultur.

Thalias Zauber an den Hängen des Burgbergs: das Theater von Pergamon.

Ausdehnung des Horizonts

Als typische Merkmale des Hellenismus gelten neben einer hoch entwickelten Zivilisation die Hinwendung zum kosmopolitischen Denken. Die Stadtstaaten (Poleis) haben endgültig ausgedient. Flächenstaaten entwickeln sich, in denen die vielen einst autonomen Städte unter einem König zusammengefasst sind. Viele neue Städte entstehen entlang Alexanders Marschroute. Der makedonische Feldherr selbst gründet zur Sicherung der eroberten Gebiete Dutzende von Siedlungen, denen er allen seinen Namen gibt. Das bekannteste Alexandria liegt an der Mündung des Nils und wird zu einer der größten Städte der Antike. Im 8./7. Jh. v. Chr. entsteht im Nordwesten Kleinasiens Pergamon. Es entwickelt sich in Windeseile zum Zentrum der griechisch-hellenistischen Kultur und Politik im ägäischen Raum. Schon bestehende Städte wie Milet oder Ephesos werden ausgebaut. Im asiatischen Hinterland wachsen hellenistische Großstädte wie Seleukia heran. Allen Neugründungen liegt das System der Stadtplanung zugrunde, das der griechische Architekt Hippodamos von Milet im 5. Jh. v. Chr. entwickelte. Es sieht die Anlage von Straßen und Häuserblöcken nach einem Schachbrettmuster vor, in dem alle öffentlichen Gebäude wie Theater oder Agora an einem optimalen, zuvor ausgewählten Platz errichtet werden. Die

In die Zeit des Hellenismus fällt der Bau zweier großer ***Bibliotheken****. Die Bibliothek von Alexandria gilt als bedeutendste Wissenssammlung des Altertums. In dem vom ägyptischen König Ptolemaios I. Soter um 290 v. Chr. gegründeten Bau sollen zur Zeit Kleopatras rund 700 000 Schriftrollen gelagert haben. Da es von der Bibliothek von Alexandria keinerlei archäologische oder schriftliche Zeugnisse gibt, geht man davon aus, dass sie in einem ähnlichen Monumentalbau untergebracht war wie ihre »kleine Schwester« im kleinasiatischen Pergamon. Die Architektur der Ende des 2. Jh. v. Chr. erbauten Pergamenischen Bibliothek ist dank einer Ausgrabung bekannt. Schätzungen zufolge konnte sie etwa 200 000 Schriftrollen aufnehmen.*

Wissenstempel der hellenistischen Antike in Kleinasien: die Bibliothek von Pergamon

Die Laokoon-Gruppe ist eine der berühmtesten vollständig erhaltenen Skulpturen der späten hellenistischen Kunst.

Einwohnerzahl dieser Großsiedlungen kann bis zu 600 000 Menschen erreichen. In der Hochphase der griechischen Klassik – wenige Jahrhunderte zuvor – lebten im kulturellen Zentrum Athen lediglich 200 000 Bürger.

Die Kunst beschreitet neue Wege

Mit dem Hellenismus tritt die griechische Kunst in ihre letzte große Phase ein. Die griechische Sprache verbreitet sich über die gesamte Mittelmeerwelt und Asien. Fast alle Texte der Zeit sind in Griechisch verfasst und orientieren sich an den großen Vorbildern der griechischen Klassik, darunter Aischylos, Thespis oder Platon. Nie zuvor ist der Wert von wissenschaftlichen Texten, Prosa und Lyrik so hoch geschätzt worden wie im Hellenismus. In Alexandria und Pergamon werden Bibliotheken eingerichtet, die das Wissen der Zeit bewahren. Alexandria wird zum Magneten für Literaten wie Kallimachos oder Theokrit, die hier neue Formen der Prosa entwickeln, insbesondere die Bukolik (Schäferdichtung). In dieser Zeit zeichnet sich schon jetzt die Sehnsucht des in den Städten verlorenen Menschen nach dem ruhigen Leben auf dem Lande ab. Noch in der römischen Kaiserzeit gilt Griechisch als Bildungssprache.
In der Plastik entstehen erstmals äußerst bewegte Statuen. Individuelle Züge – in der Archaik noch nicht vorhanden und in der Klassik nur angedeutet – sind nun das typische Merkmal hellenistischer Bildnisse. Berühmte Bildhauer wie Lysipp, Eutychides oder Polyeuktes schaffen Meisterwerke durch dynamische Kompositionen und üppige Körper. Zu den bedeutendsten bildhauerischen Kunstwerken der Epoche zählen die Nike von Samothrake, der Fries des Pergamon-Altars, die Venus von Milo und die Laokoon-Gruppe. Letztere stammt aus dem 1. Jh. n. Chr. und wurde vermutlich von dem römischen Kaiser Tiberius in Auftrag gegeben. Sie gilt als Beleg für den Einfluss der hellenistischen auf die sich nun langsam emanzipierende römische Kunst.

*Der griechische Gelehrte und Dichter **Kallimachos** (* um 310 v. Chr.) wirkte am Hof der Ptolemäer in Alexandria und gilt als Begründer der Bibliografie. Mit den »Pinakes«, den Katalogen der alexandrinischen Bibliothek, schuf er Verzeichnisse aller griechischen Schriftsteller und ihrer Werke. Jede der etwa 700 000 Schriftrollen der Bibliothek war dort vermerkt. Neben den Namen der Autoren, ihrer Herkunft und Fachgebiete soll Kallimachos auch Hinweise auf besondere Eigenarten der Schriftsteller notiert haben. Der Gelehrte starb um 240 v. Chr.*

Im Fokus

Das griechische Theater – Schauspieler treten in den Vordergrund

Im Hellenismus entwickelt das griechische Theater neue Formen, die die Grundlage für die abendländische Schauspielkunst bilden. Das Theater (griechisch theastai: sehen) hat seinen Ursprung in einem kultischen Reigentanz. Zunächst sind die Theaterbauten der klassischen Zeit rechteckig. Erst in der Spätklassik und mit dem Beginn des Hellenismus entwickelt sich die typische Hufeisenform.
Ein hellenistisches Theater besteht aus drei Elementen. Das Theatron, der Zuschauerraum, ist ein Halbrund mit Sitzreihen, das in eine Hügelflanke eingelassen ist. Der kreisrunde Platz der Orchestra liegt zu Füßen des Theatrons. Hier steht der Chor, der jedoch im Laufe der Jahrhunderte mehr und mehr an Bedeutung verliert. Hinter der Orchestra befindet sich die Skene (griechisch: Zelt). Sie dient als Rückwand oder Kulisse des Stücks. In ihr befindet sich zudem der Umkleideraum für die Schauspieler und die Requisitenkammer. Die Skene ist ab 460 v. Chr. mit Malereien verziert, erst später kommen Aufbauten hinzu.
Mit dem hellenistischen Theater beginnt auch die Entwicklung der Schauspielkunst. Waren die Anfänge des Theaters nur Tänzern und Sängern vorbehalten, so tritt u. a. durch die Ausformung von Tragödie und Komödie der Schauspieler in den Vordergrund. Der Chor verliert seine Funktion weitgehend. Schließlich ist er nur noch Einlage, um die Akte voneinander zu trennen. Die Schauspieler hingegen agieren wie lebendige Relief-Figuren vor der Skene oder dem Landschaftspanorama, das sich den Zuschauern auf ihren erhöhten Plätzen bietet. Die griechischen Theater sind so platziert, dass sie den Besuchern einen großartigen Blick in die Umgebung bieten. Im 1. Jh. v. Chr. wird die Skene durch Säulenarchitekturen derart erhöht, dass der Blick in die Landschaft verbaut ist. Mit dieser Maßnahme soll die Aufmerksamkeit des Publikums noch mehr auf das Bühnengeschehen gelenkt werden. Zu den bedeutendsten hellenistischen Theatern zählen die noch heute erhaltenen Aufführungsorte in Priene, Pergamon und Ephesos.
Unter den Römern werden viele griechische Theater umgebaut und u. a. für Tierkämpfe genutzt. In der römischen Kaiserzeit entsteht für derartige Volksveranstaltungen das Amphitheater, das aus zwei halbrunden griechischen Theatern zu einem Kreis zusammengesetzt ist. Das berühmteste Beispiel eines Amphitheaters ist das Kolosseum in Rom.

Aufführung des von Aischylos verfassten Trauerspiels »Agamemnon« in einem griechischen Theater; kolorierter Holzstich nach Zeichnung, 19. Jh.

*Nach dem Tod Alexanders des Großen teilten seine Feldherren das von ihm eroberte Reich untereinander auf. Als sog. Diadochen (Nachfolger) traten sie das Erbe an. Während Perdikkas als Chiliarch die Oberleitung übernahm, wurde die Zuteilung der Provinzen an die Feldherren **(Diadochenreiche)** wie folgt geregelt:*

- *Ptolemaios Lagou erhielt Ägypten und Libyen*
- *Laomedon erhielt Syrien*
- *Seleukos erhielt Babylon*
- *Philotas erhielt Kilikien*
- *Peithon erhielt Medien*
- *Eumenes erhielt Kappadokien und Phrygien*
- *Antigonos erhielt Pamphylien, Lykien und Großphrygien*
- *Kassandros erhielt Karien*
- *Menandros erhielt Lydien*
- *Leonnatos erhielt Phrygien (am Hellespont)*
- *Lysimachos erhielt Thrakien*
- *Krateros und Antipatros regierten über Makedonien und Griechenland*

Um 325 Beim heutigen Waldalgesheim im Hunsrück (Eifel) bestatten Kelten eine ihrer Angehörigen in einem mit prächtigen Beigaben ausgestatteten Grab. Die heute als **»Fürstinnengrab von Waldalgesheim«** bekannte Ruhestätte wurde 1869 von einem Landwirt bei Arbeiten auf dem Feld entdeckt. Archäologische Untersuchungen ergaben, dass der Leichnam der Frau in eine hölzerne Grabkammer gelegt wurde. Darüber befand sich eine Lage aus Feldsteinen, über die Erdreich zu einem Hügel aufgeschüttet wurde. In der Grabkammer barg man u. a. im sog. Rankenstil verzierte goldene Hals- und Armringe sowie Reste eines zweirädrigen Wagens.

In der makedonischen Hauptstadt Pella entstehen mehrere bedeutende **Mosaiken**. Sie sind nicht aus würfelförmigen Steinen zusammengefügt, sondern bestehen aus vielfarbigen Kieselsteinen. Die Kunstwerke schmücken das sog. Haus des Dionysos und ein zwei Straßen weiter befindliches Gebäude. Die Mosaikböden im Haus des Dionysos zeigen den Weingott auf einem Panther reitend sowie zwei bewaffnete Männer bei der Löwenjagd. Im anderen Haus zieren der »Raub der Helena« und eine Hirschjagd die Böden.

Tektonische Prozesse führen in Indien zum Verschwinden des heiligen Flusses **Saraswati**. Nach neueren Erkenntnissen ist der in vielen vedischen Texten besungene Fluss mit dem antiken Ghaggar identisch. Demnach entsprang der Saraswati im Kaschmirtal und mündete im Golf von Cambay im heutigen indischen Bundesstaat Guajarat.

Die von dem Feldherrn **Nearchos** geleitete griechische Flotte erobert auf ihrer Rückkehr vom Asienfeldzug Alexanders des Großen zahlreiche Inseln im Persischen Golf, darunter Failaka, mit 24 km^2 die größte der vor der kuwaitischen Küste gelegenen Inseln. Sie findet in hellenistischen Quellen unter dem Namen »Ikaros« schriftliche Erwähnung. Auch der heutige Inselstaat Bahrain, das antike Tylos, wird von Nearchos einverleibt.

322 v. Chr.

Griechischer Aufstand scheitert: Makedonen strafen Athen

Die Niederlage in der Seeschlacht von Amorgos entscheidet nicht nur den Lamischen Krieg, sie beendet auch die Geschichte der athenischen Seemacht endgültig.

Der Tod Alexanders des Großen 323 v. Chr. gab den von Makedonien beherrschten Stadtstaaten Griechenlands das Signal zum Aufstand. Unter Leosthenes heuerten die Athener die griechischen Söldner an, die bei den Alexanderzügen Kampferfahrung gesammelt hatten. Mit Demosthenes (s. Abb.) stellte sich ein talentierter Redner an die Spitze der Erhebung. Ihm gelang es, weitere Stadtstaaten auf die Seite Athens zu ziehen. Dem Ruf Athens folgten Argos, Epidauros, Sikyon, Troizen, Elis, Phleius, Messene, Teile Euboias und das gesamte Thessalien. Der Krieg begann mit Erfolgen für die Athener. Die strategisch wichtigen Thermopylen wurden besetzt, die Böoter bei Plataia bezwungen. Der Diadoche Antipatros wurde in der Stadt Lamia eingeschlossen und belagert (daher Lamischer Krieg). Antipatros war zu einem Friedensvertrag bereit, doch forderten die Athener bedingungslose Kapitulation. Die Belagerung dauerte an, bis der Makedone Leonnatos mit einem Entsatzheer von 20 000 Mann anrückte und Antipatros befreite.

Danach gelingt es den Makedonen, die Lage unter Kontrolle zu bringen. Mit den Siegen bei Amorgos und Krannon ist der Aufstand endgültig niedergeschlagen. Makedonien diktiert insbesondere für Athen einen harten Frieden. Die Athener müssen die Kriegskosten erstatten, ihre Verfassung ändern und alle reichen Bürger in die Verbannung schicken.

322 v. Chr.

Tschandragupta gründet

Indischer Grabhügel (Stupa) aus dem Jahr 150 v. Chr. in Sanchi, dem heutigen Madhya Pradesh

326 v. Chr.

Schwere Demütigung für Rom

Der große Samnitenkrieg bricht aus. Bereits 343 v. Chr. (siehe S. 285) rangen die in Kampanien siedelnden Samniten mit Rom um die Vorherrschaft in Italien. Nun löst das Vordringen der Samniten nach Neapel den zweiten Samnitenkrieg aus. Die in Neapel siedelnden Griechen werden von den Samniten aus den Bergen des Umlandes bedroht und rufen die Römer zu Hilfe. Der folgende Krieg dauert 20 Jahre. Zunächst müssen die Römer schwere Verluste hinnehmen. Nach einer Niederlage bei Caudium muss jeder römische Legionär als Zeichen der Niederlage unter einem aus drei Speeren gebildeten Joch hindurchgehen (s. Abb.). Dieses legendäre Kaudinische Joch zählt zu den größten Erniedrigungen des römischen Heeres in seiner 1000-jährigen Geschichte. Ein fünfjähriger Waffenstillstand erlaubt den Römern anschließend, sich neu zu organisieren. 304 v. Chr. müssen die Samniten einem von Rom diktierten Vertrag zustimmen, der Süditalien jedoch nur einen kurzen, bis zum dritten Samnitenkrieg 298 v. Chr. dauernden Frieden bringt.

Großreich

Der indische König Tschandragupta legt mit dem Maurya-Reich den Grundstein für einen der mächtigsten Staaten der indischen Geschichte. Tschandragupta gelingt die Eroberung des mächtigen Reiches von Magadha (siehe S. 242). Er setzt die Herrscherfamilie der Nandas (siehe S. 280) ab und begründet die Dynastie der Mauryas. Er übernimmt die alte Residenz der Nandas, Pataliputra (Patna), und erobert von dieser Basis aus den Nordosten Indiens.
Die Kultur der frühen Maurya-Dynastie ist heute durch den glücklichen Umstand überliefert, dass der Diadochenkönig Seleukos den griechischen Gelehrten Megasthenes als Gesandten an den Hof des neuen Königs Tschandragupta schickt. Megasthenes hält viele seiner Beobachtungen und Gespräche in seinem Werk »Indika« fest. Von den ursprünglich vier Büchern sind heute Fragmente erhalten. In seinen Schriften bewundert der Ethnograph u. a. das effektive politische System des Maurya-Reiches. An der Spitze des indischen Staates steht der König, der die Zentralgewalt innehat. Er regiert mit Hilfe einer Adelsschicht. In den Städten und Dörfern herrscht hingegen ein System, das in gewissem Maße Mitbestimmung zulässt. Megasthenes beschreibt ferner ausführlich den Reichtum der Mauryas, die »in hellen, leuchtenden Farben gekleidet sind und viel Gebrauch von Ornamenten und Edelsteinen machen«. Die nordindische Wirtschaft kann auf große Minerallager und eine gut funktionierende Landwirtschaft zurückgreifen. Unter Aschoka, dem Enkel Tschandraguptas, entwickelt sich der Maurya-Staat um 268 v. Chr. zum Großreich (siehe S. 303).

323 v. Chr.

Alexanders Weltreich zerbricht: Diadochen im Dauerkrieg

Nach seinem plötzlichen Tod hinterlässt Alexander der Große (s. Abb.) ein Weltreich, um das heftige Kämpfe entbrennen – die Diadochenkriege. Die Feldherren Alexanders teilen als Nachfolger (Diadochen) das Reich zunächst in gegenseitigem Einvernehmen untereinander auf und setzen als Scheinkönige Alexanders Halbbruder Phillippos Archedaios sowie seinen noch ungeborenen Sohn Alexandros ein. Die Provinzen werden jedoch de facto von den Feldherren regiert: Krateros und Antipatros sichern sich Makedonien und Griechenland, Lysimachos erhält Thrakien, Leonnatos Phrygien, Menandros Lydien, Kassandros Karien, Antigonos Pamphylien, Lydien und Großphrygien, Eumenes Kappadokien und Phrygien, Peithon Medien, Laomedon Syrien, Seleukos Babylon, Philotas Kilikien und Ptolemaios Ägypten und Libyen. Sämtliche Verwandten Alexanders, die Ansprüche auf die Herrschaft geltend machen könnten, werden ermordet, darunter Alexanders Mutter Olympias und seine Schwester Kleopatra. Die Rivalitäten unter den Feldherren sind so groß, dass es in den folgenden 40 Jahren zu insgesamt sechs Kriegen (Diadochenkriege) kommt. Zunächst gehen alle Feldherren gemeinsam gegen Perdikkas vor, der als Reichsverweser versucht, die Alleinherrschaft an sich zu reißen. Er wird von seinen Truppen vor Ägypten im Stich gelassen und ermordet. Nun wenden sich die übrigen Diadochen gegen Eumenes, der eine fünfjährige Odyssee durchlebt, schließlich Antigonos ausgeliefert und hingerichtet wird. Dessen Macht wächst. Er erhält den königlichen Oberbefehl über die Provinzen, zudem gelingt es ihm, sich von seinen Kontrahenten unabhängig zu machen. Dies hat später den dritten Diadochenkrieg zur Folge (siehe S. 292).

Der zweite Diadochenkrieg entbrennt 318 v. Chr. Nach dem Tod des Antipatros streiten dessen Sohn Kassandros und Antipatros' designierter Nachfolger Polysperchon um die Herrschaft in Griechenland und Makedonien. Kassandros kann Athen in seine Gewalt bringen. Zwischen 316 und 315 v. Chr. besiegt er Polysperchon und wird makedonischer König. Den Rivalen ernennt er zum Strategen in der Peloponnes. Als Verwalter Griechenlands lässt Kassandros Theben wieder aufbauen und gründet Kassandreia und Thessalonike.

Um 320 Der griechische Bildhauer Lysipp gießt eine bronzene Statue des Götterboten Hermes: den sog. **Sandalenbindenden Hermes**. Das heute nur durch Marmorkopien aus der römischen Kaiserzeit bekannte Kunstwerk zeigt den nackten Hermes, der seinen rechten Fuß auf einem kleinen Felsblock aufstützt. Mit der rechten Hand löst er die Schnürung seiner Sandale. Die linke Hand ist im Gegensatz zum bronzenen Original auf das Schienbein gelegt. Bei der ursprünglichen Statue trug Hermes in seiner Linken den Heroldsstab.

In der ägyptischen Hafenstadt Alexandria wirkt der Mathematiker **Pappos von Alexandria**. Seine genauen Lebensdaten sind nicht bekannt. Das einzige gesicherte Datum liefert ein Kommentar Pappos' zum »Almagest« des griechischen Herrschers Ptolemaios. In ihm berechnet er das Eintreten einer Sonnenfinsternis für das Jahr 320 v. Chr. Von den umfangreichen Forschungen des Gelehrten zeugt eine aus acht Büchern bestehende mathematische Sammlung, die »Synagoge«. Vermutlich wurden die Erkenntnisse des Pappos erst nach seinem Tod schriftlich niedergelegt. Pappos' Sammlung gilt als letzte bedeutende Abhandlung der antiken Mathematik.

In China wird der Philosoph Gongsun Long geboren. Er gilt als einer der bedeutendsten Vertreter der chinesischen **Sophisten**. Begünstigt wurde das Entstehen des Sophismus in China im Zeitalter der »Streitenden Reiche«. Im Gegensatz zu den griechischen Sophisten sind die Inhalte der chinesischen Denker pragmatischerer Natur. Die Dispute beschränken sich auf Verteidigungsreden vor Gericht und in der Politik. Als einer der wenigen Sophisten ist Gongsun Long der Nachwelt durch Textfragmente näher bekannt.

Karthago lässt keine **Goldmünzen** mehr prägen. Da das Edelmetall zu kostbar ist, bestehen die fortan ausgegebenen Schekel aus Elektron: eine Legierung aus Gold und dem weniger wertvollen Silber. Im Laufe der nächsten Jahrzehnte verringern die Phöniker stetig den Goldanteil zugunsten des Silbers. Erst 255 v. Chr. werden wieder Goldmünzen geprägt. Anlass ist der Sieg des Griechen Xanthippos gegen die Römer. Er hilft Karthago in größter Not und besiegt die römischen Invasoren in Nordafrika. Für seine Dienste werden er und seine Söldner mit Goldmünzen belohnt.

315–311 v. Chr.

Dritter Diadochenkrieg um die Herrschaft über Asien

Die militärischen Auseinandersetzungen zwischen den ehemaligen Feldherren Alexanders des Großen um dessen gewaltiges Erbe gehen in eine neue Runde (siehe S. 291).

Nach der Hinrichtung des Eumenes hat Antigonos in Asien keinen ernst zu nehmenden Gegner mehr. Er versucht seine Herrschaft durch Einsetzung ihm getreuer Statthalter (Satrapen) zu festigen. Von dem früheren Feldherrn Seleukos (s. Abb.) fordert er Rechenschaft über die Verwendung seiner Einkünfte. Seleukos gewinnt die Unterstützung seines alten Kameraden Ptolemaios, der auch Kassandros und Lysimachos von Antigonos' Gefährlichkeit überzeugen kann. Als Antigonos 315 v. Chr. Herrschafts-, Schatz- und Tributforderungen der Vier ablehnt, kommt es erneut zum Krieg, in dem Antigonos´ Sohn und Feldherr Demetrios zunächst Erfolge in Syrien erzielen kann. Das Blatt wendet sich erst, als die vereinten Truppen von Ptolemaios und Seleukos Demetrios in der Schlacht bei Gaza besiegen können. Dieser Sieg stellt u.a. die Voraussetzung für die Rückeroberung Babyloniens durch Seleukos dar. Der dritte Diadochenkrieg endet 311 v. Chr. durch einen Friedensschluss. Darin wird Kassandros bis zur Volljährigkeit des Alexandersohnes Alexandros zum Strategen Europas bestimmt, Lysimachos als Herrscher Thrakiens, Ptolemaios als Herrscher Ägyptens bestätigt. Antigonos wird Befehlshaber von Asien, die Griechen sollen autonom sein. Allerdings behauptet sich Seleukos noch in Babylonien.

Um 320 v. Chr.

Theophrast – ein Universalgelehrter von hohem Rang

Theophrast von Lesbos – Gelehrter, Physiker, Arzt, Zoologe, Chemiker und Philosoph – fasst den naturwissenschaftlichen Kenntnisstand seiner Zeit in seinen Schriften zusammen.
Der um 370 v. Chr. in Eresos auf Lesbos geborene Theophrast ist einer der bedeutendsten Schüler des Aristoteles, dem er um 322 v. Chr. in der Leitung der Athener Philosophenschule nachfolgt. Theophrast bleibt zeitlebens unverheiratet, um sich ganz der Forschung und Lehre widmen zu können. Die Zahl seiner Schüler ist Legende: es sollen etwa 2000 gewesen sein. Der Gelehrte ist von großem Arbeitseifer; er schreibt nicht weniger als 50 Bände zu naturwissenschaftlichen, metaphysischen, philosophischen und ethischen Fragen. Sein besonderes Interesse gilt der Chemie. Ausführlich beschreibt er die Herstellung von Quecksilber durch Zerreiben von Zinnober mit Essig in Kupfergefässen. Theophrast stirbt um 287 v. Chr. (Abb.: Theophrast auf dem Sterbelager), nach seinem Tod zerbricht die Schule. Der römische Feldherr und Staatsmann Lucius Cornelius Sulla lässt die umfangreiche Bibliothek des Gelehrten um 84 v. Chr. nach Rom bringen.

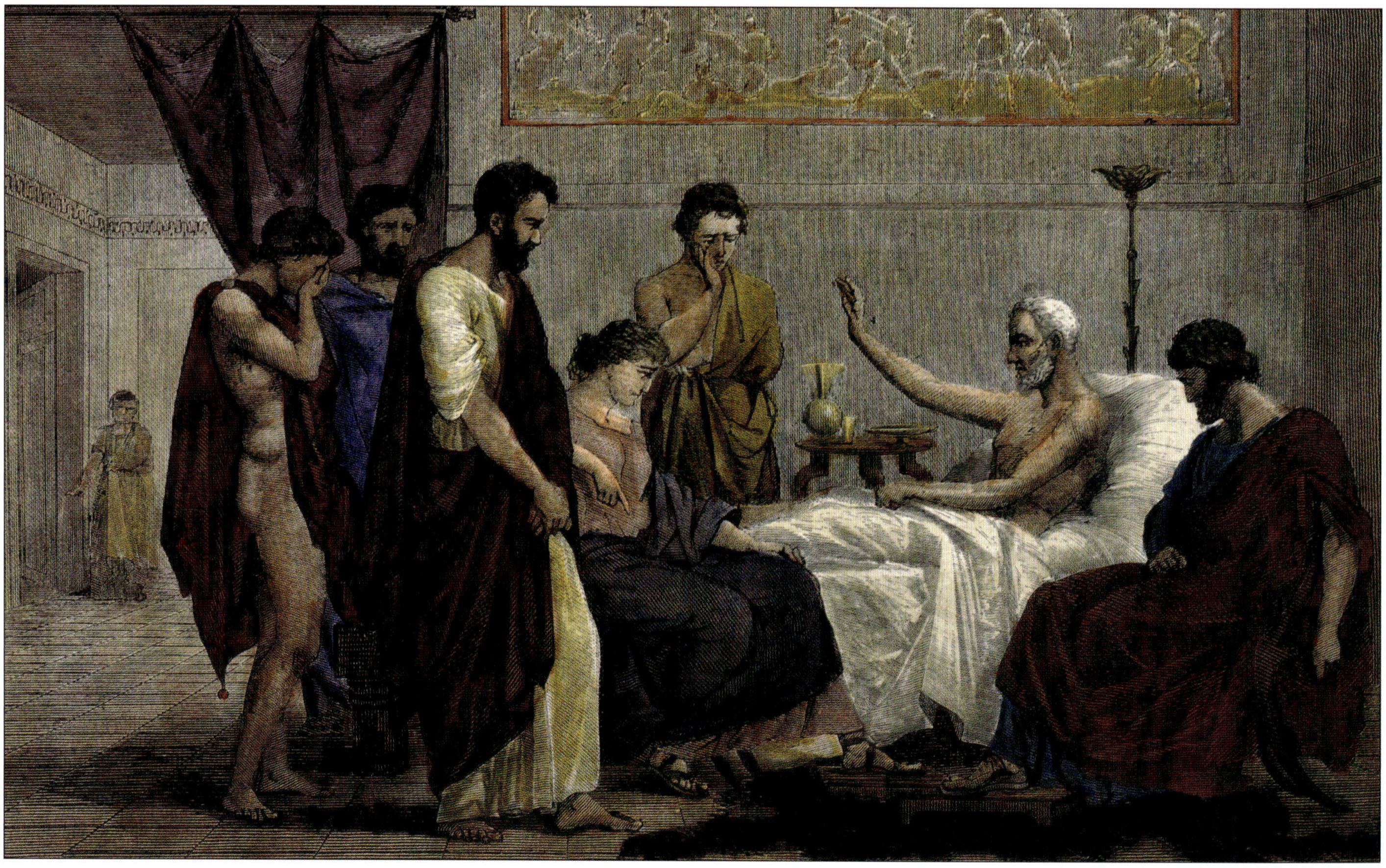

312 v. Chr.

Via Appia: Die erste Fernstraße

Der römische Zensor (Finanzbeamter) Appius Claudius Caecus legt den Grundstein für die erste gepflasterte Straße Roms, die nach ihm Via Appia benannt wird.
Die Via Appia ist die erste der großen Heer- und Handelsstraßen der Römer; zunächst verbindet sie Rom von der runden Seite des Circus Maximus bei der Porta Capena aus entlang der Küste durch die Pontinischen Sümpfe mit Capua und dient schnellen Truppenbewegungen während des zweiten Samnitenkrieges. Von Capua aus zweigen kleinere Straßen nach Kampanien ab und erschließen so den Süden Italiens. 190 v. Chr. wird die Via Appia über Benevent bis Brindisi verlängert und erreicht nun eine Länge von 540 km. Der Unterbau dieser je nach Geländebeschaffenheit zwischen vier und acht Meter breiten Straße besteht aus grobem, verfestigtem Kies, der Oberbau aus einer Lage glatter Quadersteine. An ihren Rändern sind Meilensteine aufgestellt, die regelmäßig Auskunft über Entfernungen geben. Die Via Appia ist schon bald von Gräbern gesäumt; zunächst Kammergräber führender Familien, wie die der Scipionen, der Servii und der Metelli, seit dem Ende des 2. Jh. v. Chr. auch einzeln stehende Grabbauten. Auch die Christen legen hier ihre bedeutendsten Katakomben an (Callixtus-Katakombe). Noch heute ist die antike Pflasterung der Via Appia vielfach erhalten.
Straßen mit örtlicher und regionaler Bedeutung gab es in Rom von Anfang an. Die Stadt selbst war an der Kreuzung uralter Handelswege gegründet worden. Bereits das Zwölftafelgesetz des Jahres 450 v. Chr., die erste schriftliche Fixierung römischer Gesetze, verzeichnet Vorschriften zum Straßenbau. Später jedoch tragen neben handelspolitischen besonders organisatorische und auch militärische Überlegungen zum Bau der großen Fernstraßen bei, die auf dem Höhepunkt des Römischen Reiches, der Kaiserzeit, rund 100000 km Länge aufweisen werden.

Die Via Appia (hier bei Rom) ist eine der bedeutendsten Straßen der römischen Geschichte.

306 v. Chr.

Schulgründung Epikurs in Athen: Philosophie eines freudig und intensiv gelebten Lebens

Epikur von Samos (Abb.: Epikur in einer Buchmalerei des 15. Jh.) gründet in seinem Athener Haus eine philosophische Schule. Sie erhält den Namen »Der Garten« (griech.: Kepos). Epikurs Philosophie des intensiv gelebten Lebens wird als Ideal die Jahrhunderte überdauern.
Epikur selbst dürfte in seiner philosophischen Bildung wohl durch Demokrit und Aristoteles beeinflusst worden sein; wie und auf welchem Wege dies geschah, ist unklar, und es ist auch kein Name eines Lehrers überliefert. Sicher ist jedoch, dass Epikur als 30-Jähriger begann, selbst Philosophie zu lehren, zunächst in Mytilene (310 v. Chr.), bald danach in Lampsakos. Seine dort geschlossenen Freundschaften mit seinen späteren Schülern und Weggefährten Hermarchos, Metrodoros und Kolotes prägen sein Leben und Werk entscheidend. Diese folgen ihm nach Athen und leben mit ihm in seiner neu gegründeten Schul- und Hausgemeinschaft.
Kern ihrer Philosophie ist nicht Erkenntnisgewinn als absoluter Wert, sondern die Bewährung der gewonnenen Erkenntnis im engen Zusammenleben. Ihr Ziel ist es, durch das richtige Denken zu einem glückseligen Leben zu gelangen. Diese wahre Glückseligkeit – die Eudämonie – ist jedoch nur durch einen weisen Umgang mit Genuss, durch Selbstbeherrschung, durch Tugend und Gerechtigkeit erreichbar. Nach Epikur ist die höchste Form der Eudämonie die unerschütterliche Ruhe der Seele, die Ataraxie.

Epikur

griechischer Philosoph und Begründer der epikuräischen Schule, * um 341 v. Chr. Samos, † um 271 v. Chr. Athen

Der Sohn eines attischen Bürgers verlebt seine zweijährige Ephebenzeit (im Alter zwischen 18 und 20) der militärischen Ausbildung in Athen, wo er sich mit dem Dichter Menander anfreundet, und folgt nach der Eroberung von Samos durch die Makedonier im Lamischen Krieg seinen Eltern ins Exil nach Kolophon. Nach Lehrtätigkeit in Mytilene und Lampsakos zieht er 306 v. Chr. nach Athen. Seine Philosophie des Eudämonismus ist eng verwandt mit dem von Aristippos begründeten Hedonismus. Der individuelle Eudämonismus, der das Glück des Einzelnen zum Maßstab nimmt, legt die Grundlage für die im 18./19. Jh. entwickelte Ethik des Utilitarismus. Epikurs Testament setzt seinen Freund und Schüler Hermarchos von Mytilene als Nachfolger und Schulleiter ein.

Um 305 In Rom veröffentlicht Gnaeus Flavius eine Zusammenstellung aller Klageformeln: das **»Ius civile Flavianum«**. Die Klagen hatte Gnaeus Flavius dem Staatsmann Appius Claudius entwendet, bei dem er als Schreiber beschäftigt war. Appius Claudius hatte sich der im Zwölftafelgesetz formulierten Klagen angenommen, um sie in eine modernere Form zu bringen. Die standardisierten Klagen, mit denen die Bürger ihre Rechtsstreitigkeiten austrugen, waren bis dato allein Auslegungssache des Priesterkollegiums. Das Volk dankt Gnaeus Flavius den Diebstahl mit der Verleihung mehrerer Ämter.

In Syrakus auf Sizilien wird der griechische Dichter **Theokrit** geboren. Aus seiner Feder stammen 31 Idyllen, in denen er überwiegend idealisierte Darstellungen des Hirtenlebens (Bukolik) bietet. Theokrit gilt als Vorbild des römischen Dichters Vergil.

305 Der in Vorderasien herrschende **Seleukos I. Nikator** krönt sich selbst zum König. 312 v. Chr. hatte der Makedone die Herrschaft über Babylon angetreten und seinen Machtbereich ostwärts bis zum Indus ausgedehnt. Als umsichtiger Herrscher erkennt Seleukos die Gefahr, die von dem indischen Maurya-Reich unter König Tschandragupta ausgeht. Gegen eine Zahlung von 500 Kriegselefanten verzichtet Seleukos 305 v. Chr. in einem Vertrag gegenüber Tschandragupta auf die Indusgrenze und zieht sich in die westlich gelegenen, unwegsamen Gebirgsregionen zurück.

Unter Demetrios Poliorketes belagern die Makedonen die Mittelmeerinsel **Rhodos**. Um die Stadtmauer zu verstärken, brechen die Rhodier Teile des Theaters, einige Tempel und Privathäuser ab und setzen die so gewonnenen Steine in das Verteidigungsbollwerk ein. Als die Ptolemäer in das Kriegsgeschehen eingreifen, gibt Demetrios Poliorketes die Belagerung auf. Nach dem glücklichen Ausgang des Krieges beginnen die Rhodier mit der Erfüllung ihres Gelöbnisses, nach überstandener Belagerung neuere und größere Tempel zu bauen. Sie errichten u. a. eine über 30 m hohe Statue des Stadtgottes Helios, die als Koloss von Rhodos zu den antiken Weltwundern zählt.

Um 300 v. Chr.

Sieben Reiche – die Keimzelle des chinesischen Zentralstaats

Im chinesischen Zeitalter der »Streitenden Reiche« kristallisieren sich sieben Teilstaaten als dauerhaft heraus. Sie werden zur Keimzelle des späteren Kaiserreiches.

Seit 475 v. Chr. ist China in viele kleine Stadtstaaten zersplittert, die mit wechselnden Allianzen einen ständigen Krieg gegeneinander führen. Zu Beginn des 2. Jh. v. Chr. schälen sich zunächst sieben Teilstaaten heraus, die sämtliche Kleinreiche in sich aufsaugen. Aus der Aufteilung des Staates Jin gehen die Reiche Han, Wei und Zhao im Nordwesten hervor. Das Reich Qi, von der alten Familie Tian regiert, kann seine günstige Position an der Ostküste Chinas behaupten. Yan und Hebei sind politisch relativ junge Gebilde, die an den besonders gefährdeten Grenzen zu den Steppennomaden liegen. Qin in der Provinz Shenxi ist berühmt für seinen Reichtum an Pferden sowie seine rauen und kriegerischen Heerscharen. Shu liegt im Han-Tal am Mittellauf des Gelben Flusses. Zusammen bilden diese Reiche die so genannten sieben Mächte (qixiong). In den folgenden Jahrzehnten stellen sich Wei und Qin als stärkste dieser Staaten heraus. Von diesen übrig gebliebenen Kontrahenten behauptet sich schließlich Qin. Mit

dem ersten Kaiser Qin Shi Huangdi beginnt um 221 v. Chr. die Geschichte des chinesischen Zentralstaates (Abb.: Plaketten in Form eines Wildesels aus Nordwestchina, 3./2. Jh. v. Chr.).

Um 300 v. Chr.

Altamerikanische Kultur: Hopewell-Leute erobern Ohio-Becken

Die nordamerikanischen Hopewell-Leute besiedeln die Ufer des Ohio im heutigen gleichnamigen US-Bundesstaat. In den 700 Jahren ihrer Existenz breitet sich die Hopewell-Kultur über ein riesiges Gebiet aus und erstreckt sich schließlich von den Großen Seen im Norden bis zum Golf von Mexiko im Süden, von den Appalachen im Osten bis nach Wyoming im Westen. Ein typisches Merkmal der nach einem Farmer benannten indianischen Kultur sind Bestattungen in Erdhügeln, so genannten Mounds (Abb.: Einäscherungszeremonie der Hopewell-Leute). Heilige Bezirke erstrecken sich über Flächen von bis zu 40 ha und sind von fünf Meter hohen Erdwällen umgeben.

302/301 v. Chr.

Vierter Diadochenkrieg ist aus

Mit dem vierten Diadochenkrieg endet die kurze Vorherrschaft des Antigonos. Dem ehemaligen Feldherren Alexanders des Großen war es gelungen, die Vorherrschaft über fast alle von seinen ehemaligen Mitstreitern verwalteten Provinzen des ehemaligen Alexanderreiches zu erringen.
Als Antigonos und sein Sohn Demetrios Poliorketes 302 v. Chr. zu Anführern des panhellenischen Bundes gewählt werden und damit de facto die Allmacht innehaben, erheben sich die anderen Diadochen: Kassandros, Lysimachos, Ptolemaios und Seleukos beginnen einen Feldzug. Es gelingt ihnen, Antigonos bis ans Schwarze Meer zurückzudrängen. Da setzt Demetrios Poliorketes von Makedonien nach Kleinasien über, um dem Vater zu Hilfe zu kommen. Die Gegner schlagen bei Ipsos in Anatolien die Entscheidungsschlacht. Antigonos fällt, sein Sohn muss fliehen. Das Griechenreich zerfällt wieder in Diadochenstaaten.

305 v. Chr.

Neue Königsdynastie: Ptolemäer herrschen am Nil

Der Diadoche Ptolemaios I. Soter (s. Abb.) erklärt sich zum König von Ägypten und begründet die ptolemäische Herrscherdynastie. Die Epoche der letzten autonomen Königsfamilie am Nil bricht an.

Der Grieche Ptolemaios zählte zu den bedeutendsten Feldherren im Heer Alexanders des Großen. Nach dem Tod Alexanders 323 v. Chr. teilten die Heerführer das Reich unter sich auf (Diadochenreiche). Ptolemaios erhielt den Oberbefehl über die Provinz Ägypten. In den Jahren bis 301 v. Chr. engagiert er sich in den Diadochenkriegen (siehe S. 292) und besiegt u. a. seine ehemaligen Kameraden Eumenes und Antigonos. Mit der Ausrufung des Ptolemaios zum König beginnt die etwa 300 Jahre andauernde Ptolemäerherrschaft am Nil. Der Dynastiegründer baut Alexandria zu einer der größten Kulturmetropolen der antiken Welt aus. Neben zahlreichen öffentlichen Prunkbauten lässt er eine große Bibliothek einrichten, die zu den bedeutendsten Wissenstempeln der Welt wird und deren Ruf Schriftsteller und Gelehrte aus dem gesamten Mittelmeerraum anzieht.
Innenpolitisch hält Ptolemaios an den bewährten altägyptischen sozialen und wirtschaftlichen Mechanismen fest. Die Verwaltung, bisher in den Händen einer autonomen und mächtigen Beamtenschaft, führt er weitgehend selbst und ordnet sie nach den Maßgaben der griechischen Bürokratie neu. Zahlreiche Expeditionen erschließen neue Rohstoffquellen im Inneren Afrikas.

Um 300 v. Chr.

Euklid und die Logik der Zahlen

Der griechische Gelehrte Euklid schreibt sein 13-bändiges Werk »Die Elemente« und schafft damit die Grundlagen für die Wissenschaften Mathematik und Geometrie.

Euklid zieht seine Kreise; Relief von Andrea Pisano am Dom von Florenz, 14. Jh.

Euklid arbeitet wie viele andere große Geister seiner Zeit in der ägyptischen Metropole Alexandria. Dort verfasst er sein Hauptwerk, das zum einen Teil aus einer Zusammenfassung des mathematischen Wissens der Zeit, zum anderen aus Euklids eigenen Erkenntnissen besteht.
»Die Elemente«, das einflussreichste Mathematikbuch aller Zeiten, beginnt mit fünf grundlegenden Definitionen: Ein Punkt ist etwas, was keine Teile hat; eine Linie ist eine breitenlose Länge; die Enden einer Linie sind Punkte; eine Gerade ist eine Linie, die gleichmäßig zwischen zwei Punkten verläuft. Es folgen fünf Postulate, darunter die Feststellung, dass zwischen zwei beliebigen Punkten stets eine Gerade gezogen werden kann. Nach Postulat vier sind rechte Winkel immer gleich. Postulat fünf, das so genannte Parallelen-Axiom, stellt fest, dass zu einer gegebenen Geraden nur eine einzige Gerade parallel durch einen zuvor festgelegten Punkt verlaufen kann. Diese Postulate sind die Grundlage für die Euklidische Geometrie, der erst weit über 2000 Jahre später, im 19. Jh., die Nicht-Euklidische Geometrie an die Seite gestellt wird. Euklids Axiome setzen einen neuen Umgang mit mathematischen Gesetzen voraus. Axiome können nicht bewiesen werden. Die einzige Möglichkeit sie zu beweisen sind empirische Methoden.
Neben der Geometrie beschäftigt sich Euklid auch mit der Zahlentheorie. Er schafft die Grundlagen der Arithmetik, indem er feststellt: Jede natürliche Zahl größer als 1 ist entweder eine Primzahl oder kann als Produkt einer Primzahl beschrieben werden. Der berühmte Euklidische Algorithmus aus dem siebten Buch der »Elemente« beschreibt das Verfahren zur Bestimmung des größten gemeinsamen Teilers. Euklid befasst sich neben Mathematik und Geometrie auch mit den Wissenschaften Astronomie und Optik sowie mit der Musiktheorie.
Obwohl Euklid als der einflussreichste Mathematiker der Antike gilt, sind seine Lebensdaten kaum bekannt. Als biografisch gesichert gilt einzig die Tatsache, dass Euklid seine Ausbildung in der platonischen Schule Athens erhalten hat. Bereits in den historischen Quellen der Antike wurde er häufig mit Euklid von Megara verwechselt, einem Sokrates-Schüler und Begründer der Philosophenschule von Megara. Im Mittelalter waren Euklid und seine Erkenntnisse in Europa noch völlig unbekannt, doch benutzten die Araber die »Elemente« schon im 8. Jh. n. Chr. für astronomische Beobachtungen und Vermessungen. Aus der arabischen Kultur sind zwar ausführliche biografische Anekdoten überliefert, doch sind diese heute als Erfindungen entlarvt.

Chinas Goldenes Zeitalter

Die chinesische Medizin betrachtet als Ursache jeder Krankheit oder funktionellen Störung des Menschen eine Folge des Verlusts der Balance zwischen Yin und Yang. Der Klassiker der traditionellen chinesischen Medizin »Buch des Gelben Kaisers zur Inneren Medizin« (Huang Di Nei Jing) rät zu folgender Therapie:

»Kaltes sollst du erhitzen – Heißes sollst du kühlen, Fiebriges sollst du erfrischen – Kühles sollst du erwärmen, Zerstreutes sollst du sammeln – Zusammengeballtes sollst du zerstreuen, Trockenes sollst du befeuchten – Feuchtes sollst du trocknen, Akutes sollst du beruhigen, Verhärtetes sollst du auflösen, Zerbrechliches sollst du festigen, Schwaches sollst du tonisieren, Übermächtiges sollst du ausleiten; jede Krankheit nach ihrer Art. Es herrsche Klarheit und Ruhe, sodass die pathogenen Energien zurückgehen zu ihrem Ursprung. Dies ist die Grundlage aller Therapie.«

Der chinesische Philosoph Konfuzius reflektiert im »Buch der Gespräche« (Lunyu) über die Kunst des Regierens:

»Wenn man ein Volk mit Regierungsverordnungen lenkt und mit harten Strafen zur Ordnung ruft, so wird es zwar keine Straftaten mehr geben, aber umso mehr Schamlosigkeit. Wenn man seinem Volk mit gutem Beispiel vorangeht und mit Tugend führt, es mit den Regeln der Sittlichkeit zur Ordnung ruft, so wird es keine Schamlosigkeit mehr geben und man wird sich aus Überzeugung fügen.«

Die Epoche der Streitenden Reiche geht in China der Kaiserzeit unmittelbar voran. Doch bevor sich der Zentralstaat um 221 v.Chr. endgültig durchsetzt, ringen die Fürsten kleiner und großer Staaten jahrhundertelang um Macht und Einfluss. Obwohl zwischen den Reichen ein ständiger und zermürbender Krieg herrscht, gilt die Periode der

Dekorativ und luxuriös: Bronzevase aus der Zhou-Dynastie

Streitenden Reiche im Rückblick als das Goldene Zeitalter der chinesischen Kultur.

Monumentale Schlachten – blühende Kultur

Der permanente Kriegszustand Chinas, der von 475 bis 221 v. Chr. anhält, sorgt in einer einmaligen historischen Situation nicht etwa für einen allgemeinen Niedergang, sondern ist Antrieb für immer neue Entwicklungen auf technischem wie kulturellem Gebiet. Stets müssen die Kriegsherren darum bemüht sein, Wirtschaft und Handel auszubauen, um noch mehr Soldaten ins Feld schicken zu können und noch prächtigere, uneinnehmbarere Festungen zu errichten. In dieser Atmosphäre des permanenten Überlebenskampfes und der allgegenwärtigen Konkurrenz gedeihen Reformgedanken und neue Ideen. Die Kriegstechnik erlebt einen gewaltigen Aufschwung. Mit dem Verfall der Traditionen, die schon Konfuzius im 4. Jh. v.Chr. beklagt, ändert sich die Art des bewaffneten Kampfes grundlegend. Zuvor waren Schlachten Auseinandersetzungen zwischen den oberen Gesellschaftsschichten der im Krieg befindlichen Reiche. Nur die Adeligen verfügten über Pferde, Wagen und die teuren Bronzewaffen. Das Fußvolk bestand ausschließlich aus Bauern, die – mit Holzwaffen versehen – allenfalls Statisten waren. Der Sieg diente einzig zur Mehrung des Ansehens und zum Erhalt der Ehre der Oberschicht. Damit ist es in der Zeit der Streitenden Reiche vorbei. Landbesitz und Sicherung der Grenzen sind überlebenswichtig und drängen den alten Ehrenkodex in den Hintergrund. Die Kämpfe ändern ihren Charakter. Adelige und Bauern werden durch Spezialisten ersetzt. Fortan kämpfen ausgebildete Strategen und professionelle Söldner für die Interessen der Fürsten. Ein Wettrüsten von bisher nicht gekannten Ausmaßen beginnt. Je wohlhabender ein Reich ist, desto größere Heere kann es ins Feld schicken. Bald treffen auf den Schlachtfeldern Armeen mit Truppenstärken von einer halben Million Soldaten aufeinander, wo zuvor wenige Tausend gegeneinander gekämpft haben. Entsprechend lang ziehen sich die zermürbenden Schlachten hin. Dauerte eine Schlacht ehedem höchstens einen Tag, so metzeln sich die gewaltigen Truppenkontingente in der Zeit

Im Fokus

Fließen muss das Qi: Die Grundlagen chinesischer Heilkunst

Zu den großen Leistungen auf kulturellem Gebiet, die die chinesische Kultur zur Zeit der Streitenden Reiche hervorbringt, zählen bedeutende Fortschritte in der Medizin. Die Herausbildung der traditionellen chinesischen Heilkunst ist damit weitgehend abgeschlossen. Großen Anteil daran hat das Buch Huang Di Nei Jing, das »Buch des Gelben Kaisers zur Inneren Medizin«, in dem ein vermutlich fiktives Gespräch des ersten chinesischen Kaisers mit dem Arzt Qi Bo festgehalten ist. Das Werk beschreibt erstmals die Vorstellungen der chinesischen Medizin, wie sie noch heute Gültigkeit besitzen.

Allen chinesischen Heilkünsten liegt die Vorstellung zugrunde, dass sich im menschlichen Körper ein Netz von Leiterbahnen befindet, durch welches ein ständiger Fluss von Lebensenergie, das so genannte Qi, strömt. Kommt es an bestimmten Punkten zu Qi-Stauungen werden wichtige Körperbereiche nicht mehr ausreichend mit Energie versorgt. Die Folge sind Krankheiten. Um sie zu beheben, muss der Qi-Fluss an den problematischen Stellen wieder in Gang gesetzt werden. Dies kann auf verschiedene Art geschehen: Bei der Akupunktur werden die Leiterbahnen durch Nadelstiche gereizt, bei Akupressur geschieht dasselbe durch Fingerdruck oder leichte Massage. Die Behandlungen können zwar bereits bei ein oder zwei Anwendungen Erfolg zeigen, sind jedoch in erster Linie als vorbeugende Maßnahmen gedacht.

Diese Behandlungsmethoden müssen an den richtigen Körperstellen durchgeführt werden. Ausgebildete Mediziner können verstopfte Qi-Stellen an einfachen Symptomen ausmachen. So deutet beispielsweise Hornhaut an den Fersen auf einen Defekt im Magen-Darm-Bereich hin, Schmerzen in den Fußgelenken können durch Behandlung der jeweils gegenseitigen Handgelenke behoben werden.

Menschen bei der Ausführung von »Daoyin« (Übungen zum Leiten und Dehnen); chinesisches Seidenbildnis, vermutlich aus dem 2. Jh. v.Chr.

Unzählige Kämpfe prägen das Zeitalter der Streitenden Reiche: Krieger (Qin-Dynastie, ca. 220–210 v. Chr.)

In die Jahrhunderte vor Beginn der Kaiserzeit fällt die klassische Periode der ***chinesischen Philosophie****. Sie erstreckt sich von Konfuzius (551–479 v. Chr.) bis zum Ende der Qin-Dynastie (221 v. Chr.). Die Philosophen und ihre Schulen waren zahlreich – nicht weniger als hundert Schulen soll es gegeben haben. In seinen »Historischen Aufzeichnungen« (Shiji) teilt der Historiker Sima Tan (2. Jh. v. Chr.) die Schulen in sechs Hauptgruppen ein: Demzufolge studierten die Anhänger von Yin-Yang die Natur des Kosmos und setzten seinen Wandel in Bezug zu den beiden einander ergänzenden und ablösenden Grundprinzipien Yin und Yang. Die Ru (Konfuzianer) dagegen konzentrierten sich auf Bildung und Ritual. Bei den Mohisten wiederum wurde Einfachheit, Nützlichkeit und Sparsamkeit in allen Dingen betont. Sie folgten traditionellen religiösen Vorstellungen. Die Logiker dachten über die Beziehung von Begriffen und Realität nach, während die Legalisten die Bedeutung der Gesetze gegenüber Tradition und Sitte hervorhoben. Die Taoisten schließlich setzten sich mit den beiden letztgenannten Prinzipien auseinander und schlugen eine alternative Organisation der Gesellschaft vor.*

der Streitenden Reiche mehrere Tage lang nieder oder belagern den Gegner in seiner Festung über Wochen oder gar Monate. Eine große Rolle bei der Aufrüstung der chinesischen Kriegstechnik spielen die benachbarten Nomadenvölker. Von ihnen übernehmen die Chinesen das Schwert, das bis dahin unbekannt ist. Das Wissen um die Eisenverarbeitung erleichtert die Verbreitung von Eisenschwertern, die nicht nur härter als Bronzewaffen, sondern auch günstiger herzustellen sind. Auch der Einsatz berittener Krieger, die Kavallerie, geht auf die Einflüsse der Steppennomaden zurück.

Soziale Umwälzungen und Reformen

Metall wird nicht nur kriegerisch genutzt. Der Aufschwung des privaten Handels und des Handwerks lässt Städte zu Wirtschaftszentren wachsen und bringt u. a. das erste chinesische Münzgeld hervor. Dabei handelt es sich nicht immer um Münzen im bekannten Verständnis. Die Formen des ersten chinesischen Hartgeldes imitieren Gegenstände des täglichen Gebrauchs. Verbreitet sind die bu in Form von Eisenspaten, die dao in Messerform, die so genannten Ameisennasen, die die Form der Kaurimuscheln nachahmen – des wichtigsten Tauschobjektes im Neolithikum – und schließlich runde, gelochte Münzen in der klassischen Form.

Der wirtschaftliche Reichtum verändert nicht nur das Leben der hohen gesellschaftlichen Schichten in den Städten, sondern macht sich besonders im 3. Jh. v. Chr. auch auf dem Land bemerkbar. Hier lebt ein Großteil der chinesischen Bevölkerung in Regionen, die so weitläufig und so entlegen sind, dass sie den Fürsten und Königen oft nicht einmal näher bekannt sind. Erst das Erstarken des Großgrundbesitzes fördert die Ausbreitung von Pachtherren, die die Bauern auspressen und sie schließlich von ihrem Land vertreiben. Wo sich zuvor Tausende von Höfen in Familienbesitz befanden, besorgen jetzt die reichen Grundherren eine kollektive Landwirtschaft. Den Bauern bleibt ein Leben als Landarbeiter oder die Abwanderung in die Städte, wo sie sich als Handlanger oder Arbeiter verdingen müssen. Damit sind die alten Strukturen der chinesischen Gesellschaft aus den Angeln gehoben. Die Großfamilie, das soziale Rückgrat des alten China, droht auseinander zu brechen. Armut breitet sich aus und damit eine Verrohung der Sitten.

Das Elend der Menschen weckt den Ruf nach Reformen. Nun treten Denker auf den Plan, deren Staatsmodelle die Grundlage für das spätere Kaiserreich schaffen. Allen voran der Fürst Shang Yang (siehe S. 294) und der Gelehrte Han Fei, der Mitte des 3. Jh. v. Chr. die beiden Prinzipien des chinesischen Staates postuliert: den Staat bereichern (fuguo) und die Heere stärken (qiangbing). Diese radikale Reform nimmt Adel und Großgrundbesitzern die Macht und stärkt den Hegemon. Unter den Streitenden Reichen bringt besonders der Qin-Staat die besten Voraussetzungen für die praktische Umsetzung dieser Prinzipien mit. Qin zählt noch im 3. Jh. zu den ärmsten Teilen Chinas. Doch gerade seine Armut macht es für Reformgedanken empfänglich, denn in Qin existiert keine Adelsschicht, die reich und mächtig genug wäre, sich gegen eine Zentralisierung der Macht aufzulehnen. Zu den Reformen der Qin zählen u. a. die freie Verkäuflichkeit von Grund und Boden, eine zentralisierte Staatsführung und der Erlass von Gesetzen. So wird Qin zur Keimzelle des Kaiserreichs und zum Namensgeber der Nation Qina.

Chinesische Münze mit quadratischer Ausstanzung

Um 300 Im Nordwesten der Halbinsel Yucatán in Zentralamerika gründen Maya die bedeutende Siedlung **Acanceh**. Im Zentrum der Stadt entsteht eine gewaltige Pyramide, deren vier Seiten mit überdimensionalen Stuckreliefs verziert werden. Sie wurden bei Ausgrabungen gegen Ende des 20. Jh. geborgen. Die stuckierten Masken zeigen menschliche Köpfe, die von symbolischen Attributen eingerahmt werden. U. a. zieren die Köpfe aufwändig gestaltete Ohrringe und großer Kopfputz. Aus den Mündern entwinden sich Spiralen. Das Acanceh der Maya ist heute vollständig von einer gleichnamigen Stadt überbaut.

In Griechenland und in den von den Griechen eroberten Gebieten in Kleinasien und dem Nahen Osten entsteht eine Variante des Griechischen: die **Koine**. Die auf der Grundlage des attischen Dialekts enstandene Koine verbreitet sich im gesamten hellenistischen Reich und wird zur Sprache des Hofes, der Literatur und des einfachen Volkes. Schnell differenziert sich die Koine jedoch in zwei Sprachen. Die gehobene Koine der Herrscher, Literaten und Intellektuellen sowie die niedere Koine der einfachen Bevölkerung. Bei beiden Varianten findet eine Vereinfachung der Sprache statt.

Vermutlich durch in ihre Heimat zurückgekehrte keltische Söldner, die im Heer Alexanders des Großen gedient hatten, gelangen hellenistische Goldmünzen nach Osteuropa. Dort werden sie nachgeprägt. Als eine der ersten Nachahmungen gelten **Goldstatere**, die in Siedlungen der Boier in Böhmen gefunden wurden. Die den Stateren Alexanders des Großen nachgebildeten Münzen zeigen auf der Vorderseite den Kopf des griechischen Feldherrn und auf der Rückseite die Göttinen Athene oder Nike. Wenig später tauchen keltische Eigenprägungen auf, die eine muschelartige Gestalt aufweisen und u. a. die Doppelaxt der Kelten abbilden.

Kunstvolle Knoten und Schleifen zieren die **Frisuren** der vornehmen griechischen Damen. Bei den Männern der Oberschicht kommen halblange Frisuren in Mode, die bevorzugt kraus oder gewellt getragen werden. Als Haarfärbemittel ist bei den schwarzhaarigen griechischen Frauen Safran in Gebrauch.

Um 300 v. Chr.

Körper als Forschungsobjekt: Herophilos ist der erste Anatom

Ein Meilenstein in der Medizingeschichte: Herophilos von Chalkedon (s. Abb.) beschreibt den Unterschied zwischen Venen und Arterien.
Herophilos ist der erste Arzt der Antike, der anatomische Forschungen an Leichen und Kadavern betreibt. Besondere Faszination übt das menschliche Gehirn auf ihn aus. Seine Studien führen ihn zu der Erkenntnis, dass dieses das Zentrum des Nervensystems und des Denkens ist. In seinen Werken, von denen heute nur Fragmente bekannt sind, beschreibt Herophilos bereits Hirnhaut und Hirnkammern, die großen Blutleiter sowie Schädel- und Rückenmarksnerven. Weitere anatomische Entdeckungen macht er hinsichtlich des Auges, des Zwölffingerdarms, der Haut und der Eileiter.
Bei seinen Experimenten im ägyptischen Alexandria entdeckt Herophilos, dass Venen dem Herzen das Blut zuführen, Arterien es hingegen vom Herzen wegtransportieren. Damit trifft der Mediziner eine bislang nicht bekannte Unterscheidung. Auch deutet er als Erster den Puls als Folge von Arterienkontraktionen. Nach bis dahin gängiger Lehre des Praxagoras galt der Puls als Muskelkontraktion. Zur Messung der Schlaggeschwindigkeit erfindet Herophilos die Klepsydra. Dabei handelt es sich um eine transportable Wasseruhr, die der Arzt zum Patienten tragen kann. Dieses medizinische Nebenprodukt wird zum Vorläufer der späteren Zeitmessgeräte. Noch zu seinen Lebzeiten entsteht das Gerücht, dass der Arzt zum Tode Verurteilte viviseziert habe – eine Behauptung, die bis heute nicht belegt werden kann.

Um 300 v. Chr.

Römische Priesterämter stehen jetzt auch der Plebs offen

In der römischen Republik tritt die »Lex Ogulnia« in Kraft, nach dem nun auch Plebejer zu Priesterämtern zugelassen sind (Abb.: Auguren – altrömische Priester – dargestellt in einer etruskischen Wandmalerei). Die Öffnung der römischen Gesellschaft schreitet voran: Nach der Aufhebung des Eheverbotes zwischen Plebejern (einfachem Volk) und Patriziern (Adeligen) ist ein weiterer Schritt zur Gleichstellung der Bürger getan. Etwa zur gleichen Zeit wird die »Lex valeria de provocatione« festgelegt, die besagt, dass der Magistrat nicht länger endgültig über Todesurteile entscheiden dürfe. Vielmehr müsse künftig die Volksversammlung einer Hinrichtung zustimmen.

Um 300 v. Chr.

Nubiens schwarze Pharaonen

Die Könige des nubischen Reiches von Napata verlagern ihre Nekropole nach Meroë (heute Sudan). Damit beginnt der Aufstieg eines der mächtigsten und dauerhaftesten Reiche Nordafrikas.

Die Pyramiden von Meroë orientieren sich an den Grabanlagen der Ägypter (Stahlstich, um 1850).

Das südlich von Ägypten gelegene Nubien fiel als Reich Kusch bereits zur Zeit des Alten Reiches unter die Herrschaft der Pharaonen. Um 650 v. Chr. setzte sich die napatische Dynastie in Kusch durch. Damit begann eine etwa 350 Jahre währende Periode der Unabhängigkeit. Die Kultur der ehemaligen ägyptischen Kolonialherren wurde jedoch zum Teil beibehalten: Die Kuschiten errichteten ihren Königen Pyramiden und nutzten die Hieroglyphenschrift.

Noch unter der napatischen Dynastie verlagerte sich die Residenz in die Stadt Meroë, die zwischen dem 5. und 6. Nilkatarakt in einer fruchtbaren Senke liegt. Ab 300 v. Chr. verlegt König Ergamenes auch die Nekropole der nubischen Herrscher hierher und begründet damit den Aufstieg Meroës zur reichsten afrikanischen Handelsmetropole der Zeit. Ergamenes ist einer der ersten der so genannten schwarzen Pharaonen, der über Ägypten mit dem Hellenismus in Berührung kommt. Er genießt eine griechische Bildung, widersetzt sich den überkommenen Traditionen seiner Heimat und führt das Reich zu einer neuen wirtschaftlichen wie kulturellen Blüte. So bedeutend wird dieses Zentrum afrikanischer Kultur, dass das gesamte Reich schließlich nach seiner Hauptstadt benannt wird. Bis ins 4. Jh. n. Chr. wechseln sich 43 Herrscher auf dem Thron Meroës ab. Immer wieder versuchen die Ägypter vergebens, das reiche Land im Süden zu erobern. Auch den Zugriffsversuchen der Römer kann Meroë trotzen, bis es schließlich von den im Reich lebenden Nomaden erobert wird.

Um 300 v. Chr.

Drei Dynastien behaupten sich in Südindien – Maurya-Reich im Norden bleibt unangefochten

In Südindien etablieren sich die Herrscherdynastien der Chola, Pandya und Chera. Während sich im Norden des Subkontinents das Großreich von Maurya immer weiter ausdehnt, sind die politischen und kulturellen Geschicke des Südens von den drei Großfamilien der Chola, Pandya und Chera abhängig. Ihre Reiche liegen alle im Gebiet der Draviden, einer Ethnie, die nach den Indoariern die zweitgrößte Sprachgruppe Indiens bildet. Vor allem die Chola gewinnen große Teile Südindiens durch militärische Expansion. Sie gründen eine Hauptstadt – das heutige Tamil Nadu –, die sich bis ins 14. Jh. n. Chr. als wichtigstes Zentrum im Süden behaupten wird. Obwohl die drei dravidischen Reiche an das der Maurya-Dynastie im Norden grenzen, können sie über die Jahrhunderte ihre kulturelle und politische Eigenständigkeit bewahren.

Um 300 v. Chr.

Neue seleukidische Residenz für Syrien: Antiochia wird drittes Zentrum des Hellenismus

An der Küste Syriens wird mit Antiochia eine der bedeutendsten Städte der Antike gegründet. Seleukos I. Nikator, ein ehemaliger Feldherr (Diadoche) Alexanders des Großen, konnte 301 v. Chr. im Zuge der Diadochenkriege seinem Kontrahenten Antigonos I. Syrien entreißen. Nach der Entscheidungsschlacht von Ipsos in Zentralphrygien nimmt Seleukos die Stadt Antigoneia ein und gründet sie neu. Zu Ehren seines Vaters Antiochos nennt er die Stadt nun Antiochia am Orontes (heute Antakija).

Rasch gewinnt Antiochia an Bedeutung. Dazu tragen zum einen die Karawanenwege aus Mesopotamien bei, die in der Stadt enden und einen unablässigen Warenfluss garantieren. Zum anderen lässt Seleukos den Hafen Seleukia Pieria bauen, der eine optimale Anbindung an die 25 km entfernte Küste gewährleistet (Abb.: Hafenmauer). Kulturelle Bedeutung gewinnt Antiochia u. a. durch die Austragung der Wettspiele zu Ehren des Apoll und einen angrenzenden heiligen Lorbeerhain, der noch heute existiert. Innerhalb weniger Jahre entwickelt sich die Stadt neben der Seleukidenresidenz Seleukia und dem ägyptischen Alexandria zur dritten Metropole des Hellenismus. Seleukos verlegt seine Residenz von Seleukia am Tigris in die neue Prachtstadt. Bereits im 2. Jh. v. Chr. leben etwa 500 000 Menschen in Antiochia, dem insbesondere unter religionswissenschaftlichen Aspekten große Bedeutung zukommt. Mit der Stadtgründung ist hier eines der frühesten jüdischen Viertel entstanden. Nach der Zeitenwende wird Antiochia für das junge Christentum bedeutsam: Die Apostel Petrus und Paulus leben eine Zeit lang hier und treffen der Legende nach auf den in der Stadt geborenen späteren Evangelisten Lukas.

Um 300 In Japan bildet sich die **Yayoi-Kultur** heraus. Die bis etwa 300 n. Chr. bestehende Kulturstufe ist vermutlich durch Einflüsse aus Korea geprägt. Mit der Yayoi-Kultur vollzieht sich in Japan erst sehr spät der Übergang von einer steinzeitlichen Jäger- und Sammlergesellschaft zu einer Metall verarbeitenden Kulturstufe. Mit dem Beginn der Yayoi-Kultur, die die seit etwa 7500 v. Chr. bestehende Jomon-Kultur ablöst, werden in Japan erstmals Gegenstände aus Bronze gefertigt. Darüber hinaus wenden die Yayoi den Nassfeldreisbau an.

299 Einer der mächtigsten Herrscher im Mittelmeerraum ist Agathokles, der Tyrann von Syrakus. 299 v. Chr. gelingt es ihm, die Insel **Kerkyra**, das heutige Korfu, der Regentschaft des makedonischen Herrschers Kassandros zu entreißen. Nur wenige Jahre später erhält die Insel wieder einen neuen Machthaber: 295 v. Chr. überlässt Agathokles Kerkyra dem König der Molosser: Pyrrhos. Der König bekommt das Eiland als Mitgift für seine Tochter Lanassa.

Um 298 Im chinesischen Zhao wird der Philosoph **Xunzi** geboren. Er gilt als einer der bedeutendsten Denker des 3. Jh. v. Chr. Seine philosophischen Erkenntnisse sind im gleichnamigen, in 32 Abschnitte gegliederten Buch Xunzi schriftlich fixiert. Die Kernaussage Xunzis bildet die These der »angeborenen Schlechtigkeit« des Menschen. Nur durch gesellschaftliche Eingriffe lassen sich Egoismus und Gewaltbereitschaft zähmen und in positive Energien umwandeln. Xunzi, der bis 238 v. Chr. lebt, ist in seiner Ideenwelt stark von Legalisten und Taoisten beinflusst.

295 Auf Geheiß des kurulischen Ädilen (patrizischer Amtsträger) Quintus Fabius Gurges wird in Rom ein Tempel zu Ehren der **Venus obsequens** (der »folgsamen« Venus) errichtet. Das Attribut »folgsam« erhielt die Liebesgöttin, weil sie angeblich nach einer Schlacht der Römer gegen die Samniten der Herausrufung (evocatio) von Quintus Fabius Rulianus, dem Vater des Quintus Fabius Gurges, Folge geleistet hatte. Bei der evocatio handelt es sich um eine Aufforderung an eine Gottheit, die feindliche Stadt zu verlassen und nach Rom zu ziehen. Zur Finanzierung des heute nicht mehr erhaltenen Tempels dienen Strafzahlungen unzüchtiger Matronen.

291/290 v. Chr.

Rom mit neuer Taktik: Letzter Samnitenkrieg endet siegreich

Nach acht blutigen Jahren beendet ein Friedensschluss den dritten und letzten Krieg zwischen den Römern und den mittelitalischen Samniten (siehe S. 291). Wie zuvor war der offizielle Anlass für die Kriegshandlungen ein an Rom ergehender Hilferuf: 298 v. Chr. hatten die Lukaner, deren Gebiet sich von Paestum aus südlich an das der Samniten anschloss, Rom um Unterstützung gegen samnitische Übergriffe ersucht.
Die Quellen berichten, dieser Krieg sei noch erbitterter und grausamer geführt worden als seine Vorgänger, doch hatten die Römer aus ihren Niederlagen gelernt. Heeresreformen führten zu Taktikänderungen. Die starre Schlachtenreihe wurde durch beweglichere Formen ersetzt, die Lanze gegen einen handlicheren Spieß ausgetauscht. Dennoch standen die Zeichen für Rom schlecht: Zeitgleiche Kriegserklärungen seiner alten Feinde, der Etrusker, Kelten und Sabiner, führten zu einem Mehrfrontenkrieg. 293 v. Chr. gelingt den Römern bei Aquilonia dennoch ein Sieg über die Samniten, von dem sich diese nicht mehr erholen. Der Frieden von 291/290 v. Chr. macht Rom zur stärksten Macht Italiens.

291 v. Chr.

Meister Menander – ein Dichter der lebensnahen Komödie

Im Alter von 51 Jahren ertrinkt Menander von Kephisia in der Nähe von Athen beim Baden im Meer. Mit ihm verliert Griechenland seinen bedeutendsten Dichter der neuen Komödie.
In insgesamt 108 rund sechs- bis neunstündigen Werken stellt Menander (s. Abb. r.) das Alltagsleben der Athener dar. Er schildert dabei humorvoll Situationen mit realen Bezügen. Es geht um Liebe und Ehe, um Eltern und Kinder, um Arme und Reiche. Insbesondere die Dialoge der Randfiguren seiner Stücke – Sklaven, Betrunkene und Händler – zeugen von Menanders Lebensnähe (Abb.: Szene einer Komödie des Menander in einem Mosaik von der Insel Lesbos). Besonders populär sind drei seiner Werke: »Dyskolos«, »Auluaria« und »Epitrepontes«. Im »Dyskolos« überzeugt ein junger reicher Athener seinen eigenbrötlerischen Schwiegervater davon, dass niemand ohne Freunde

auskommt. Die »Auluaria« greift dieses Bekehrungsmotiv auf. Hier wird ein kauziger Alter durch eine edle Tat eines in seine Tochter verliebten Jünglings von der Angst befreit, einen Schatz zu verlieren. Der »Epitrepontes« beschreibt Szenen einer erzwungenen und nun krisengeschüttelten Ehe: Der Ereignisreigen umspannt Vergewaltigung, Kindesaustausch, Trinkgelage und Intrigen. Erst das kluge und selbstlose Eingreifen einer Hetäre (Prostituierte) führt die Eheleute wieder zusammen.
Die griechischen Theater sind allesamt Freiluftbühnen in Halbkreisform. Die Zuschauer nehmen dabei auf ansteigenden Stufen Platz, mit rundum gutem Blick auf das in Vorder-, Mittel- und Oberbühne geteilte sog. Bühnenhaus, dessen Technik bereits über komplizierte Flug- und Schwebemaschinen verfügt. Sprechgesänge des Chores und Musikbegleitung gehören stets zu einer Aufführung dazu. Die ausschließlich männlichen Darsteller sind fantasievoll und oftmals bewusst überzeichnend geschminkt und kostümiert.
Menanders Komödien werden vor ausverkauften Häusern gespielt. Im Athener Dionysostheater wohnen bei voll besetzten Rängen etwa 20 000 Zuschauer den Vorstellungen bei; gibt man einen Menander in Epidauros, so sehen diesen etwa 14 000 Besucher, in Delphi immerhin noch rund 5000. Der Theaterbesuch ist kostenlos, da er durch die Theaterleitung – zumeist reiche Stadtbürger – bezuschusst wird. Dieses Gremium entscheidet auch über die Auswahl der Stücke und die Preisvergabe an die Autoren. Damit wird das Theater gelegentlich auch zum Spielball der Politik – vielfach werden Preise unabhängig vom künstlerischen Rang der Werke vergeben. Selbst dieses Problem des vorenthaltenen Ruhmes greifen Menanders Komödien in unnachahmlich lebensnaher Art und Weise auf. Denn obwohl sein 321 v. Chr. aufgeführter Erstling »Orgae« mit einem ersten Preis ausgezeichnet wurde und der Dramatiker später noch sieben weitere Male Wettbewerbe gewann, sollte sich der große Ruhm erst nach seinem Tod einstellen.

1. Hälfte 3. Jh. v. Chr.

Rom führt Silberwährung ein

Mit der Prägung der ersten Silbermünzen legt Rom den Grundstock für sein ökonomisches Ausgreifen. Die römische Währung bestand zunächst aus vorgewogenen Bronzebarren, deren Ursprung bei den mittelitalischen Stämmen vermutet wird. Aus diesen entwickelte sich das standardisierte »aes signatum«, ein mit einem Bild versehenes Bronzebarren-Geld, das gegen Ende des 4. Jh. v. Chr. entstand. Ansätze zu einer Münzprägung als Alternative zu der bis dahin üblichen Metallgewichtswährung lassen sich in Mittelitalien seit der zweiten Hälfte des 4. Jh. v. Chr. und in Rom seit 275 v. Chr. nachweisen. Das erste gegossene Kupfergeld in Münzform, das »aes grave«, wird als Auftragsarbeit im unteritalischen Kampanien hergestellt, einer Region, mit der Rom nach der Unterwerfung der Samniten enge wirtschaftliche Kontakte pflegt. Die Einheit des »aes grave«, der As, entspricht der Gewichtseinheit libra (Pfund). Die Teilung erfolgt dabei zumeist nach dem Zwölfersystem in so genannte unicae. Die Organisation des frühen römischen Münzsystems ist ungeklärt; fest steht, dass der Wert einer Münze immer durch ein Wertzeichen und ein Münzbild bestimmt wird.

Anders als in Rom basiert die Wirtschaft der unteritalischen und sizilischen griechischen Gemeinden bereits seit dem Ende des 6. Jh. v. Chr. auf einer Silberwährung. Mit der zunehmenden Kontrolle Roms über die griechischen Kolonien in Italien – insbesondere nach den sog. Pyrrhos-Kriegen (siehe S. 302) – wird eine Umstellung von Kupfer auf Silber unvermeidlich. Das Resultat ist die so genannte römisch-kampanische Didrachme mit der Prägung Romano. Es gibt vier verschiedene Typen mit jeweils festgelegter Kombination der Vorder- und Rückseitenprägung (z. B. Herakleskopf/Wölfin säugt Romulus und Remus). Didrachmen sind zur Zeit des Ersten Punischen Kriegs (264–241 v. Chr.) bereits im Umlauf.

Um 300 v. Chr.

Der Ur-Kult der Chavin

Die Chavin-Kultur, die erste Hochkultur Südamerikas, geht ihrem Untergang entgegen. Ihre Anfänge lassen sich auf das Jahr 1200 v. Chr. zurückdatieren – 2000 Jahre vor der Staatengründung der Inka; seit 750 v. Chr. prägte sie besonders das nördliche Hochland Perus. Die Chavin-Kultur basiert auf einem religiösen Zeugungskult, dessen Götter in allen späteren Kulturen der Zentral-Anden erscheinen und bis zur Zerstörung der Urkulturen durch die europäischen Eroberer verehrt werden sollten.

Das Zentrum der Chavin-Kultur ist die Tempelanlage Chavin de Huántar im Tal des Rio Mozna, mit deren Bau gegen 800 v. Chr. begonnen wurde. Chavin de Huántar liegt zwischen Küste und Urwald; über den Rio Mozna und dessen Hauptfluss Maranon erhielten seine Erbauer Zugang zu allen Zonen der Zentral-Anden. Chavin de Huántar, zugleich Wallfahrtszentrum und Umschlagplatz für Güter aller Art, profitiert auch vom Kanalbau, der zu den besonderen technischen Errungenschaften der Chavin-Kultur zählt.

Den Kern der Tempelanlage bilden zwei an- und übereinander gebaute, terrassierte Steinpyramiden mit einem komplizierten Raum- und Gängesystem. Um die Pyramiden herum schließen sich vertiefte Höfe, erhöhte Plattformen, öffentliche Plätze und profane Hausbauten an, die alle in Ostwest-Richtung angelegt sind.

Chavin besitzt ein Orakel, das durch eine Muscheltrompete spricht. Noch heute sind zeitgenössische Darstellungen der komplexen Götterwelt erhalten. Die zentrale Gottheit ist eine menschenähnliche Raubkatze mit langen Reißzähnen und Schlangenhaar; ein erhaltener, 4,5 m hoher Flachreliefstein in Lanzenform hat dieser furchtgebietenen Gottheit den Namen »Lanzón« gegeben. Eine weitere wichtige Gottheit der Chavin-Kultur ist der übernatürliche Kaiman, der tropische Nahrungspflanzen überbringt. Hinzu kommen Jaguare, Greifvögel und Schlangen sowie verschiedene menschenähnliche Figuren mit Tierköpfen.

Kultgefäß der Chavin-Kultur aus Keramik mit goldenem Schmuck

294 v. Chr.

Krieg der Diadochen: Demetrios setzt sich nach langem Kampf durch und regiert Makedonien

Nach der von ihm befohlenen Ermordung König Alexanders V. wird Demetrios I. Poliorketes (s. Abb.) von der makedonischen Heeresversammlung zum König ausgerufen.

In den Generationen übergreifenden Auseinandersetzungen zwischen den so genannten Diadochen, den früheren Feldherren und später verfeindeten Erben Alexanders des Großen, spielt auch Demetrios eine tragende Rolle. 307 v. Chr. gelang ihm nach längerer Belagerung die Eroberung Athens. Nach seinem Seesieg bei Salamis über die Flotte seines Rivalen Ptolemaios im folgenden Jahr nahm Antigonos in Makedonien als Erster der Diadochen den Königstitel an und machte seinen Sohn Demetrios zum Mitregenten. Um den in Ägypten herrschenden Ptolemaios endgültig zu besiegen, begannen Vater und Sohn eine Invasion, die jedoch scheiterte. 303 v. Chr. gelang es Demetrios, dem Diadochen Kassandros, der 305 v. Chr. ebenfalls den Titel eines makedonischen Königs angenommen hatte, dessen Hauptstützpunkt Athen zu entreißen. Mit Antigonos' Tod in der Schlacht von Ipsos 301 v. Chr. verlor Demetrios seine Machtbasis in Makedonien, wo Kassandros bis 297 v. Chr. König blieb.

In krasser Umkehr seiner bisherigen Politik verlobte sich Demetrios 298 v. Chr. mit der Tochter des Ptolemaios und ging mit diesem ein Bündnis ein. Im Jahr 295 v. Chr. ergab sich für ihn die Gelegenheit, nach Makedonien zurückzukehren: Alexander V., der König des Westteils Makedoniens, war von seinem Bruder Antipatros, der den Ostteil regierte, vertrieben worden. Daraufhin rief Alexander Demetrios zu Hilfe, dessen Fähigkeiten als Feldherr allgemein anerkannt waren, um seinen Herrschaftsanspruch durchzusetzen. Als Alexander und Demetrios in Dion (Pierien) zusammentrafen, regierte Alexander – dank der Hilfe des Diadochen Pyrrhos – bereits wieder über einige Provinzen. Der König gab Demetrios zu verstehen, dass er seine Dienste nicht mehr benötige, worauf Demetrios ihn töten lässt. Die in Dion anwesenden makedonischen Soldaten rufen Demetrios zum König aus. Die öffentliche Meinung schließt sich ihnen an.

Daraufhin kehrt Demetrios nach Makedonien zurück und vertreibt Antipatros. Zur Sicherung seiner Macht in Griechenland erobert Demetrios 294 v. Chr. erneut Athen, 292 v. Chr. Böotien und im folgenden Jahr Theben. Seine Expansionspläne führen 288 v. Chr. zum fünften Diadochenkrieg (bis 285 v. Chr.).

Um 280 In **Aigeira** an der Nordküste der Peloponnes erfolgt eine hellenistische Neugründung des dortigen Heiligtums. Über den Resten einer älteren Kultanlage aus dem 10. Jh. v. Chr. entstehen zahlreiche neue Bauwerke. Auf dem von einer Ringmauer umgebenen Areal errichten die Hellenen ein Theater, das von einigen kleinen Tempeln gesäumt wird. Aigeira entwickelt sich zu einem bedeutenden öffentlichen sakralen Zentrum.

272 Dem steigenden Wasserbedarf Roms tragen die Römer mit dem Bau einer zweiten Wasserleitung Rechnung: die **Aqua Anio vetus**. Das Bauwerk ergänzt die bereits 312 v. Chr. errichtete Aqua Appia. Initiiert wird das gigantische Bauprojekt von dem Zensor (Finanzbeamten) Manius Curius Dentatus. Zur Finanzierung der Aqua Anio vetus dient den Römern die gewaltige Kriegsbeute, die mit dem Sieg über den Molosserkönig Pyrrhos I. 275 v. Chr. in ihre Hände gelangt war. Über eine Länge von 64 km leitet der Kanal Anio vetus täglich etwa 176 000 m^3 Wasser vom Fluss Anio bis ins Zentrum der Metropole.

Um 270 Mit der Verlegung der Königsnekropole von Napata nach **Meroë** beginnt im heutigen Sudan die meroitische Phase des Reiches Kusch. Sie dauert bis etwa zur Mitte des 4. Jh. n. Chr. Während dieser Zeit entwickelt sich in Nubien eine eigenständige Kultur, bei der ägyptische, hellenistische und altsudanesische Einflüsse verschmelzen. Zur Blütezeit dehnen die Könige von Meroë ihre Herrschaft über ein Gebiet aus, das eine Längsausdehnung von etwa 2000 km besitzt.

270 In Alexandria stirbt **Arsinoë II.**, die Gattin und Schwester des Ptolemäerkönigs Ptolemaios II. Sie hatte den König gezwungen, seine ursprüngliche Gemahlin – ihre Stieftochter – zu verstoßen und sie selbst zu heiraten. Während der Regentschaft von Ptolemaios war Arsinoë die treibende Kraft der Politik ihres Mannes. Als erste Herrscherin wurde sie bereits zu Lebzeiten auf Münzen zusammen mit ihrem Gatten dargestellt.

282 v. Chr.

Siege nah am Desaster

Mit über 25 000 Soldaten und 20 Elefanten landet der Feldherr Pyrrhos in Tarent. Den König der Molosser, eines Stammes im griechischen Epiros, haben Stämme in Unteritalien um Hilfe gerufen gegen die Römer, die sich immer mehr nach Süden hin ausbreiten. Ein erstes blutiges Zusammentreffen mit den Truppen Roms bei Herakleia endet zwar siegreich, aber mit so großen Verlusten, dass Pyrrhos ausgerufen haben soll: »Noch so ein Sieg, und wir sind verloren.«
Nachdem sich ihm weitere griechische Städte in Süditalien angeschlossen haben, wendet Pyrrhos seine Truppen in Richtung Rom. 279 v. Chr. kann er bei Asculum zwar einen weiteren »Pyrrhos-Sieg« erringen, doch wieder mit höheren Verlusten als der Gegner. Der Vormarsch seiner Truppen stoppt bei Anagnia, 60 km vor den Toren Roms. Da erreicht ihn 278 v. Chr. ein Hilferuf der Griechen in Sizilien, die sich von den Karthagern aus Nordafrika bedroht fühlen. Wieder ist Pyrrhos erfolgreich. Binnen kurzer Zeit hat er fast die ganze Mittelmeerinsel unter Kontrolle gebracht. Die sizilianischen Griechenstädte verbünden sich jedoch hinter seinem Rücken mit Karthago, der endgültige Sieg bleibt Pyrrhus versagt. Als er daraufhin nach Italien zurückkehrt, muss er feststellen, dass die Römer nun besser gerüstet sind. Bei Benevent kommt es 275 v. Chr. erneut zur Schlacht. Doch Pyrrhos' Reserven sind erschöpft, der Kampf endet unentschieden. In Süditalien schließen die ehemals Rom-feindlichen Stämme mit den Römern Bundesgenossenverträge.

Pyrrhos

König der Molosser (306–302 und 297–272 v. Chr.), * 319/318 v. Chr., † 272 v. Chr. in Argos

Seine Zeitgenossen sehen in Pyrrhos den größten Feldherrn seit Alexander dem Großen. In die Geschichte geht der Herrscher aus dem heutigen Albanien allerdings eher durch die hohen Verluste ein, die ihn seine Siege kosten. Als erster hellenistischer König greift er in den Machtkampf zwischen Rom und den Städten Süditaliens ein. Gegen die Karthager kämpfen Pyrrhos' Truppen um Sizilien. Nachdem diese Vorhaben gescheitert sind, kehrt er 275 v. Chr. in seine Heimat zurück in der Absicht, ganz Griechenland zu unterwerfen. Nach anfänglichen Erfolgen in Makedonien findet Pyrrhos den Tod bei Straßenkämpfen – der Legende nach durch einen heruntergefallenen Dachziegel.

In der Schlacht bei Herakleia werden die Römer erstmals mit Kriegselefanten konfrontiert.

283 v. Chr.

Philetairos gründet Pergamon

Der makedonische Offizier Philetairos regiert den Burgberg Pergamon (heute Türkei), zunächst nur als Vasall des Diadochen Lysander, eines der Nachfolger Alexanders des Großen. Lysander macht Philetairos zum Verwalter seiner Staatskasse, doch der Undankbare nutzt das Geld, um ein eigenes Reich zu gründen. Sein Neffe und Adoptivsohn Eumenes I. erreicht 261 v. Chr. durch seinen Sieg bei Sardes über den Seleukiden Antiochos I. die endgültige Unabhängigkeit. Pergamon wird zu einem wichtigen Zentrum der hellenistischen Welt (Abb.: Kolonnaden zur Bibliothek).

268 v. Chr.

Friedensreich in ganz Indien

Aschoka aus der Maurya-Dynastie gründet ein Reich der Gewaltlosigkeit und der Toleranz. Als der Enkel des indischen Reichsgründers Tschandragupta die Thronnachfolge antritt, deutet sich noch nicht an, dass er Frieden und Religionsfreiheit zu Maximen seiner Regierung erheben wird. Nur mittels grausamer Kriege kann er den Subkontinent erobern und damit erstmals kulturell einigen. Von seiner Friedensherrschaft zeugen Inschriften auf Steinsäulen und Felsen – Zeugnisse von Aschokas neuen Rechtsnormen und seiner Förderung des Buddhismus.

Um 283 v. Chr.

Das Leuchtfeuer von Pharos

Das siebente und jüngste der Weltwunder, der Leuchtturm von Pharos bei Alexandria vor der Nordküste Afrikas (s. Abb.), wird eingeweiht.
Um 300 v. Chr. begann der Bau des Monuments. Die vor Alexandria liegende Insel Pharos wurde durch einen technisch anspruchsvollen Dammbau mit Wasserdurchlässen an das Festland angebunden. Rund zwei Jahrzehnte später ist der dreigeschossige Turm nach den Plänen des Architekten Sostratos fertig gestellt. Eine Leuchtvorrichtung bündelt das Licht über einem Hohlspiegel. Außen ist der Leuchtturm mit weißem Marmor verkleidet, sein Kegeldach schmückt eine Bronzestatue des griechischen Göttervaters Zeus. Die Baukosten werden mit etwa 800 Talenten angegeben. Dies entspricht ungefähr 20 800 kg Silber. Gut 1500 Jahre übersteht der Leuchtturm alle Kriegswirren, bis er 1303 bei einem Erdbeben in sich zusammenstürzt. Nach dem Standort wird der Leuchtturm auch einfach nur Pharos genannt. Abwandlungen dieses griechischen Wortes haben als Begriff für Leuchtturm in alle romanischen Sprachen Einzug gehalten.

281 v. Chr.

Ende in Sicht – der lange Niedergang des Seleukiden-Reiches

Das Reich der Seleukiden, eines der drei Großreiche der hellenistischen Staatenwelt, steht im Jahr der Ermordung des Herrschers Seleukos I. Nikator am Beginn seines Niedergangs.
Seleukos I., einer der Generäle Alexanders des Großen, übernahm nach dessen Tod 323 v. Chr. den persischen Teil des makedonischen Weltreiches. Der Machtbereich des Seleukiden umfasste fast ganz Vorderasien, reichte im Westen bis zum Mittelmeer, im Osten bis zum Indus, im Norden bis zum Kaukasus, im Süden bis zum Persischen Golf. Aufgrund seiner riesigen Ausdehnung, aber auch wegen innerer Zerrissenheit war die Existenz des Reiches bedroht.
Als Seleukos ermordet wird, sieht sich sein Sohn und Nachfolger Antiochos I. einem Flächenbrand gegenüber: In Syrien muss er eine Revolte niederschlagen, der ägyptische König Ptolemaios II. Philadelphos besetzt Inseln im östlichen Mittelmeer, das Reich von Bithynien in Kleinasien weitet sein Herrschaftsgebiet bis zum Schwarzen Meer aus. Als dann auch noch die Kelten aus dem Norden einfallen, muss sich Antiochos I. sogar mit dem feindlich gesonnenen makedonischen Herrscher Antigonos II. Gonatas verbünden, der ihm den kleinasiatischen Bereich des Seleukiden-Reiches streitig machen will. Auch der Einfluss auf das Reich von Pergamon geht Antiochos verloren. Dessen Herrscher Philetairos entzieht sich seinem Zugriff. Selbst ein Krieg, den Antiochos gegen Eumenes führt, den Nachfolger des Pergamon-Königs, kann die Autonomiebestrebungen der Pergamener nicht mehr rückgängig machen. Von den ständigen Konflikten um die Reichseinheit zermürbt, stirbt Antiochos I. 261 v. Chr. im Kampf gegen die erneut eingefallenen Kelten.
Auch seine Nachfolger vermögen das Seleukiden-Reich nicht mehr zu befrieden. Kämpfe gegen Gebietsansprüche der Ptolemäer, der ägyptischen Herrscher, schwächen die Seleukiden. Nur

Antiochos III. (der Große), der 223 v. Chr. die Herrschaft übernimmt, kann für kurze Zeit das Reich sogar erweitern. Doch mit seinem Krieg gegen Rom nimmt der endgültige Untergang seinen Lauf. 190 v. Chr. besiegen die Römer seine Truppen bei Magnesia. Als er drei Jahre später bei Susa einen Baaltempel plündern lässt, erschlagen ihn Einheimische. Die Dynastie der Seleukiden endet erst 65/64 v. Chr. mit Philipp II., den der römische Feldherr Pompeius absetzt. Ein großer Teil des Seleukiden-Reiches fällt als Provinz Syria unter römische Herrschaft. Der Rest teilt sich in Einzelreiche regionaler Könige auf (Abb.: Kolossalstatue des Antiochos I., König von Kommagene 69–36 v. Chr.; Nemrut Dag, Ostanatolien).

Mythos der sieben Weltwunder

In der Antike galt die ***Sieben*** *als heilige Zahl, die das Geistliche und das Weltliche umfasst, da sie sich aus der göttlichen Drei und der irdischen Vier zusammensetzt. Wie keine andere Zahl durchzieht die Sieben Mythen und Märchen, Sitten und Gebräuche, Religion und Magie. Besonders häufig kommt sie in der Bibel vor. Dort wird von sieben Schöpfungstagen berichtet, von sieben Todsünden, sieben Plagen, sieben fetten und sieben mageren Jahren, vom Buch mit den sieben Siegeln, dem siebenarmigen Leuchter, den sieben Sakramenten, den sieben Bitten des Vaterunsers und den sieben Worten Christi am Kreuz. In der Antike schuf man die sieben Säulen der Weisheit und erbaute Rom auf sieben Hügeln. In den Symbolkreis der Sieben gehören auch die sieben Weisen, die Sieben gegen Theben, die sieben Samurai und die sieben Weltmeere. Astrologen entdecken die Sieben beim Blick in den Himmel: Nach antiker Überzeugung ziehen die sieben Planeten über die sieben Sphären, erzeugen dabei die sieben Töne unserer Tonleiter und schicken die den sphärischen Klängen lauschenden Verliebten in den siebten Himmel – wo Saturn im verflixten siebten Jahr ein Quadrat zu seiner Ausgangsposition bildet, um vermutlich zu prüfen, ob das Gewesene noch weiterhin Bestand haben wird.*

»Der Mensch fürchtet die Zeit. Die Zeit fürchtet die Pyramiden.« (Arabisches Sprichwort)

Für die Menschen der antiken Welt symbolisieren die Sieben Weltwunder den Triumph menschlichen Geistes und Schaffens. Sie stehen für die Vereinigung von Wissenschaft, Kunst, Macht und Religion und sind unvergleichliche Leistungen der menschlichen Zivilisation. Größe und Schönheit sind jedoch keine Garanten für Unsterblichkeit. Sechs der Sieben Weltwunder sind verschwunden und existieren nur noch in Berichten antiker Reisender und Chronisten.

Die Cheops-Pyramide von Gizeh ist nicht nur das älteste der sieben Weltwunder, sondern auch das einzige bis heute erhaltene. Die Pyramide des ägyptischen Pharaos Cheops ist ein Bauwerk der Superlative. Mit ursprünglich 146,6 m gilt sie für Jahrtausende als das höchste Gebäude der Welt.

Die Hängenden Gärten der Semiramis sind nur in wenigen Schriftquellen überliefert. Danach soll der babylonische König Nebukadnezar II. im 6. Jh. v. Chr. seiner Frau Semiramis einen prächtigen Garten errichtet haben. Reste des 120 x 120 m großen Areals sind nicht erhalten. Archäologische Untersuchungen am Euphrat, wo die Gärten angelegt worden sein sollen, haben Überreste von terrassierten Mauern zutage gefördert, die bis zu 25 m breit waren.

Der Artemis-Tempel von Ephesos in Kleinasien muss, so heißt es, eine Meisterleistung der Architektur gewesen sein – bis ein ruhmsüchtiger Bürger der Stadt das Monument bis auf die Grundmauern niederbrennt. Der Nachfolgebau kann es mit dem ursprünglichen Prunk nicht aufnehmen und geht beim Goteneinfall 262 n. Chr. ebenfalls in Flammen auf.

Das Standbild des Zeus von Olympia ist das Werk des berühmten Bildhauers Phidias. Kaum eine Statue wurde so ausführlich beschrieben wie das zwölf Meter vor dem Betrachter aufragende Bildnis des griechischen Göttervaters. Die Spur dieses vermutlich größten Werkes der antiken Bildhauerkunst, das aus Elfenbein und Gold bestand, verliert sich im 5. Jh. n. Chr. während eines Großfeuers in Konstantinopel, wo sich die Statue im Besitz eines reichen Kaufmanns befand. Keine der Kopien, die angefertigt worden sein sollen, ist überliefert.

Das Mausoleum von Halikarnassos, das Grabmal des persischen Satrapen Mausolos, ist heute ebenfalls nicht mehr erhalten. Mausolos ließ sich Mitte des 4. Jh. v. Chr. ein Denkmal setzen, das viele antike Autoren bewundert und in ihren Schriften detailliert beschrieben haben. 1600 Jahre steht das Mausoleum an seinem Platz beim heutigen Bodrum (Türkei), bevor Kreuzfahrer des Malteserordens das architektonische Wunderwerk zerlegen, um aus seinen Steinen eine Festung zu bauen.

Der Koloss von Rhodos (alte Rekonstruktion): Vermutlich stand die Statue nicht über, sondern neben der Hafeneinfahrt.

Der Koloss von Rhodos bewachte die Hafeneinfahrt der griechischen Insel. Als Dank für einen Sieg über den Diadochen Demetrios errichten die Bewohner um 300 v. Chr. eine Statue von beträchtlichen Ausmaßen. Der Koloss von Rhodos steht nur 66 Jahre, dann stürzt er bei einem Erdbeben zusammen.

Einzig verbliebenes Weltwunder der Antike: Die Pyramiden von Gizeh erheben sich noch immer majestätisch über den Wüstensand.

Im Fokus

Wunder gibt es immer wieder: Uralter Streit um Listenplätze

Die Liste der sieben Weltwunder entsteht im 2. Jh. v. Chr. Die Idee, die bedeutendsten Bauwerke der damals bekannten Welt in einem Kanon zusammenzufassen, ist jedoch wesentlich älter und taucht erstmals in den Schriften des Historikers Herodot im 5. Jh. v. Chr. auf. Kallimachos von Kyrene, Bibliothekar in Alexandria, schreibt in der ersten Hälfte des 3. Jh. v. Chr. das Traktat »Eine Sammlung von Wundern aus aller Welt«. Doch verbrennt diese Aufzählung mitsamt anderen Wissensschätzen in der berühmten alexandrinischen Bibliothek. Nur der Titel ist überliefert. Die älteste erhaltene Liste wird von dem Schriftsteller Antipatros von Sidon als eine Art Reisebericht in einem Epigramm festgehalten. Darin zählt der griechische Dichter fast alle Bauwerke auf, die zu der heutigen Liste gehören. Einzig den Leuchtturm von Pharos nennt Antipatros nicht. Er gibt statt dessen den Stadtmauern Babylons den Vorzug. Die heute gültige Liste der sieben Weltwunder der Antike stammt aus dem ausgehenden Mittelalter, vermutlich wurde sie im Barock noch einmal verändert.

So alt wie die Liste ist auch die Diskussion über ihre Absolutheit. Schon der römische Geschichtsschreiber Plinius der Ältere wollte mit Theben und Rom ganze Städte als Weltwunder deklariert wissen. Weitere Kandidaten für einen Listenplatz sind die Große Mauer in China, der Tadsch Mahal im indischen Agra oder der Tempel von Angkor Wat in Kambodscha. Den Wundern der Antike sind im 20. Jh. »Wunderwerke« der Neuzeit an die Seite gestellt worden.

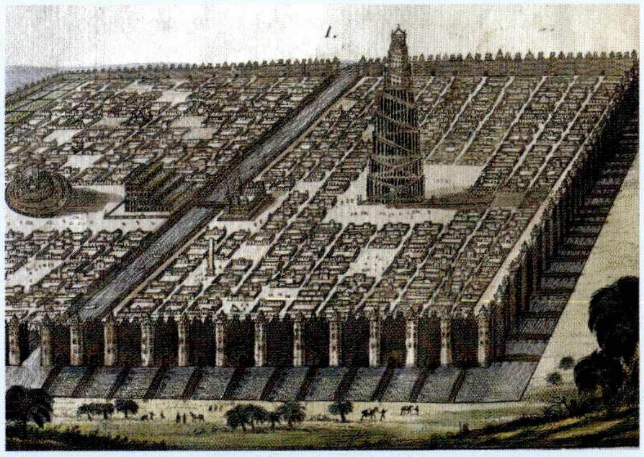

Phänomenal: Die Stadtmauern Babylons sollen so breit gewesen sein, dass Streitwagen auf ihnen fahren konnten.

In dieser Liste sind u. a. enthalten der Suezkanal in Ägypten, die Golden-Gate-Brücke in San Francisco, der Panamakanal und die Christusstatue in Rio de Janeiro.

Der deutsche Philosoph und Dichter Friedrich Nietzsche über den Zusammenhang von Herrschaft und Architektur:

»Die mächtigen Menschen haben immer die Architekten inspiriert; der Architekt war stets unter der Suggestion der Macht. Im Bauwerk sollte sich der Stolz, der Sieg über die Schwere, der Wille zur Macht versichtbaren.«

Wegen eines Orakels, das vor einer Wiedererrichtung warnt, bleiben die Reste der Statue liegen, bis Araber die Bronzemassen im 7. Jh. n. Chr. in Edessa einschmelzen.

Der Pharos-Leuchtturm von Alexandria entsteht um 300 v. Chr. und ragt 130 m in die Höhe. Zunächst nur als tagsüber sichtbare Hafenmarke gedacht, muss der Turm bald auch nachts seine Dienste erfüllen und erhält ein Leuchtfeuer. Bis 1303 n. Chr. steht er vor der ägyptischen Hafenstadt, dann stürzt das riesige Bauwerk bei einem Erdbeben in sich zusammen. Die Araber versuchen vergeblich, den Turm wieder aufzubauen. Um 1480 lässt Sultan Kait Bey eine Festung auf den antiken Fundamenten errichten, die noch heute existiert.

Die babylonische Königin Semiramis beaufsichtigt das Anlegen der Hängenden Gärten; Kupferstich des 17. Jh.

*Die **Cheops-Pyramide** ist das einzige bis heute erhaltene Weltwunder der Antike. Um die Dimensionen des Bauwerks zu erfassen, bietet sich ein Vergleich mit einigen weiteren herausragenden Bauten der Architekturgeschichte an. So fänden die fünf größten Kirchen der Welt gemeinsam bequem Platz in der gigantischen Grabstätte. Neben der Peterskirche in Rom sind dies der Mailänder Dom, der Dom von Florenz, die St.-Pauls-Kathedrale sowie die Westminster-Abtei in London.*

264 – 1 v. Chr.

1

2

3

1 – Hier schlug das politische Herz des Römischen Weltreichs: Blick auf das Forum Romanum und die Ruinen des Saturntempels. 2 – Der Heiland ist geboren: Von seiner Botschaft, seinem Leben und Sterben wird das Neue Testament erzählen (Gemälde von Stefan Lochner; 15. Jh.). 3 – Ringen der Völker: Die Reliefs am Triumphbogen von Orange (Frankreich) zeigen den erbitterten Kampf zwischen Römern und Galliern, den Cäsar siegreich beendet.

4

5

6

7

8

9

10

4 – Tiergottheiten prägen die religiöse Vorstellungswelt der Kelten: Silberkessel von Gundestrup. 5 – Baubeginn am Jahrtausendmonument: Die chinesische Mauer beeindruckt bis heute. 6 – Cäsars Erbe: Kaiser Augustus. 7– Monumentales Ebenmaß: Zeus-Altar von Pergamon. 8 – Ein Todfeind Roms, der scheitern muss: Karthagos Feldherr Hannibal. 9 – Indiens Götterhimmel: Detail an einer Stupa-Umzäunung in Kalkutta. 10 – Brot und Spiele: Römische Gladiatoren.

Konsuln, Krieger und Brahmanen – Aufbruch in eine neue Zeit

Alle Wege führen nach Rom – um die Zeitenwende ist die Tiberstadt unangefochtenes Machtzentrum und Mittelpunkt der antiken Welt geworden. Minoer, Mykener, Griechen – die vorangegangenen Kulturen des Mittelmeerraums haben den Boden bereitet. Die kurzen Seewege begünstigten Handel und Kulturtransfer. Das Erstarken Roms bereichert die mediterrane Welt jedoch um ein neues Phänomen. Die römische Republik ist ein selbstbewusster und expansiv ausgerichteter junger Militärstaat, der sich in ständigem Überlebenskampf befindet – im Innern wie nach außen hin. Selbst vermeintlich übermächtigen Feinden wie Karthago bieten die von einem strengen Tugendkanon geleiteten, überaus lernfähigen Römer die Stirn. Mehrmals am Rande des Abgrunds können sich Rom und seine Legionäre schließlich auf breiter Front durchsetzen. Um die Zeitenwende steht das Reich schließlich in voller Blüte: Das römische Zeitalter ist angebrochen – und das Mittelmeer zu einem römischen Binnengewässer geworden. Im Norden des Römischen Reiches allerdings sammeln sich Germanenstämme, die – weitgehend unbekannt und unberechenbar – auf Kriegszüge aus sind.
Auch am anderen Ende der Welt, in China, schreibt man ab 221 v. Chr. Geschichte: Ein ehemaliger Teilreichsfürst namens Qin Shi-Huangdi nimmt erfolgreich die Schaffung eines Einheitsstaates in Angriff und wird gleich dessen erster Kaiser. Mit der Installation eines zentralisierten Beamtenapparates unter der nachfolgenden Han-Dynastie sind noch im selben Jahrhundert wichtige Wachstumsvoraussetzungen für eine historisch bedeutsame Rolle des »Reiches der Mitte« erfüllt.

Das Römische Reich dehnt sein Herrschaftsgebiet aus: Keltenfürst Vercingetorix ergibt sich Cäsar.

Zahlreiche Prachtbauten unterstreichen den Führungsanspruch Roms im Mittelmeerraum: das Kapitol mit dem Tempel des Jupiter sowie dem Forum Romanum Ende des 2. Jh. v. Chr. (Rekonstruktion).

Mit Schwert und Standarte

Schon der Beginn der römischen Geschichte ist gewaltsamer Natur. Der Legende nach erschlägt Romulus seinen Bruder Remus, als dieser sich über die Stadtgründungsbemühungen des anderen lustig macht. Der Gründungsmythos ist gewissermaßen ein Spiegel der Wirklichkeit. Seit frühesten Jahren setzte Rom auf Expansion und militärische Schlagkraft. Es schickte seine Legionen in die nähere Umgebung, um zu plündern, zu unterwerfen und zu zerstören. Ganz Italien wurde zum Schlachtfeld. Für die Etrusker im Norden, für die Samniten im Süden hieß die Wahl: Rom oder Tod. Die zweite Phase ihrer Expansion führt die Römer nun über die Grenzen Italiens hinaus. Anders als die Griechen begegnen sie unbekannten Kulturen nicht mit demütig gesenkten Häuptern und Geschenken. Die Römer landen mit Legionen an den Küsten und pflanzen ihre Standarten an die Strände, deren Hinterland sie kurz darauf gewaltsam erobern. Das kriegerische Handwerk haben sie in den alljährlichen Kämpfen in der Heimat gelernt. Nun kommt ihnen ihre straffe militärische Organisation und ihre kriegerische Erziehung in der Fremde zugute. Bald pflastern Kastelle die römischen Territorien vom Ebro bis an den Rhein, vom Nil bis (später) zum Euphrat.
Doch der Weg zur Weltmacht ist steinig – zumal die Legionäre zu Beginn ihrer Expansion auf Seestreitkräfte verzichten müssen und fremde Länder in genagelten Ledersandalen überrennen. Denn so sehr den Römern das Kämpfen und Erobern im Blut zu liegen scheint, so verkümmert ist ihr Drang zu erfinden und zu entdecken. Es sind die seetüchtigen Karthager, die den Römern ihr Wissen um die Kunst des Schiffsbaus weitergeben. Ein verhängnisvoller Fehler, wie sich bald herausstellt. Nachdem sie alle gemeinsamen Gegner beseitigt haben, stehen sich Rom und Karthago als Rivalen im Kampf um die mediterrane Vorherrschaft gegenüber. Am Streit um das von den Karthagern besetzte Sizilien entzündet sich schließlich der Krieg zwischen den Kontrahenten, der in drei kräftezehrenden Konflikten ausgetragen wird. Die Punischen Kriege, die letztlich Rom als Sieger sehen, sind der endgültige Prüfstein für dessen Fähigkeit, zur Weltmacht aufzusteigen.

Abschied von der Republik

Als Folge der Expansionskriege herrscht soziale Unruhe in der Tiberrepublik mit ihren beiden Konsuln an der Spitze. Je mehr die Wirtschaft floriert, desto klarer treten die Standesunterschiede innerhalb der Gesellschaft hervor. Während Patrizier und nichtadelige Ritter durch Sklavenhandel, Bankgeschäfte und Fernhandel stetig reicher werden, wächst die Gruppe der Armen durch immer mehr versklavte Kriegsgefangene, verarmte Bauern und Plebejer. Die Probleme im Innern halten Rom dauerhaft in Atem. Die Situation eskaliert zu Bürgerkriegen. Sklavenarmeen, Bauernheere und von aufständischen Konsuln geführte Legionen marschieren durch Italien. Die Republik zerfleischt sich selbst.
In der Mitte des ersten Jahrhunderts v. Chr. beginnt mit Cäsars Ringen um die Macht der Todeskampf des alten Systems. Die römische Republik geht unter und wird kurz darauf als imperialer Phönix neu geboren. Die Zeit der großen Kaiser bricht an, deren erster, Augustus, zugleich der wohl bedeutendste ist. Er reorganisiert das Römische Reich und schafft die Grundlagen für eine lange Friedensära, die Pax Romana.

264 v. Chr.

221 v. Chr.: Qin Shi-Huangdi erobert sechs chinesische Königreiche und schafft einen Einheitsstaat. Damit begründet er das chinesische Kaisertum.

216 v. Chr.: Karthagos Feldherr Hannibal bezwingt die römischen Truppen in der Schlacht bei Cannae. Der Zweite Punische Krieg endet dennoch mit Roms Vorherrschaft im Mittelmeerraum.

Um 180 v. Chr.: In Ägypten wird der Stein von Rosette geschaffen. Er ermöglicht in der Neuzeit die Entschlüsselung der Hieroglyphen.

146 v. Chr.: Mit der Eroberung Korinths erlangt die römische Republik die Herrschaft über ganz Griechenland.

105 v. Chr.: Bei Arausio unterliegen die Römer den Germanenstämmen der Kimbern und Teutonen, die wenig später in Italien einfallen.

Germanen – Macht im Norden

Roms überlegene Militärtechnik, seine unerschöpflichen Ressourcen an Menschen und Material, sein Reichtum und seine Entschlossenheit machen es zum größten Reich der Weltgeschichte. Doch die Berichte aus dem kalten, unerschlossenen Norden lassen Konsuln und Senat aufhorchen. Die von Julius Cäsar »Germanen« genannten Völker (vermutlich nach ihrer Hauptwaffe, dem Speer) sind zunächst nur ein Nachbarvolk der Kelten, die Rom in Gallien Probleme machen. Doch bald zeigt sich, dass sie für das Weltreich einen noch viel gefährlicheren Feind als diese darstellen.

Eine Landflucht ist es, durch die sich Römer und Germanen erstmals begegnen. Kimbern und Teutonen ziehen in einer Jahrzehnte dauernden Wanderung von ihrer Heimat Nordeuropa südwärts und fallen im ersten vorchristlichen Jahrhundert in das Römische Reich ein. Zwar können die Horden in zwei Schlachten besiegt werden, doch das germanische Schreckgespenst lehrt die Römer in den folgenden Jahrhunderten immer wieder das Fürchten. Der Germane gilt ihnen als Feind der zivilisierten Welt. Er kämpft nackt und mit Todesverachtung, lebt in undurchdringlichen Urwäldern und stößt unverständliche Laute aus. Besonders die Körpergröße der Barbaren aus dem Norden macht den Soldaten des Imperiums zu schaffen, denn der durchschnittliche Römer ist nur 1,50 m groß und wird von den Germanen um zwei Köpfe überragt. Der Respekt der Legionäre ist begründet. Mit dem Vorstoß an den Rhein beginnt ihr ständiger Kampf gegen die ungestümen Nordmänner, den sie trotz aller technischen Überlegenheit auf Dauer nicht gewinnen können. Im dritten nachchristlichen Jahrhundert setzt mit dem Vordringen der Germanen aus dem Norden Europas der Niedergang des Römischen Reiches ein.

Despot auf dem Drachenthron

Fast zeitgleich mit den Römern erleben die Chinesen die Geburt ihres Imperiums. Der Fürst Qin Shi-Huangdi schwingt sich 221 v. Chr. zum Herrscher über die bis dahin im Krieg lebenden sieben Teilreiche auf und schafft das erste gesamtchinesische Reich. Der Kaiser gilt vor der Geschichte als brutaler und rücksichtsloser Despot. Im Kampf gegen die feudalistischen Traditionen lässt er Bücher konfiszieren und verbrennen – darunter gar Werke des Konfuzius. Für Unruhe sorgt die Zwangsrekrutierung von Arbeitern für den Bau der »Großen Mauer«, wie auch die hohe Belastung der Wirtschaft, die für die Versorgung des starken stehenden Heeres aufkommen muss. Der erste Kaiser Chinas ist selbst im Tod noch Gigantomane. Als Qin Shi-Huangdi stirbt, wird er in einem riesigen Grabmonument bestattet, an dem zuvor 700 000 Zwangsrekrutierte arbeiteten. Bauernaufstände führen kurz darauf zum Ende der Qin-Dynastie, die von der Han-Familie auf dem Thron abgelöst wird. Die Han-Zeit ist eine der am längsten dauernden politischen und kulturellen Epochen Chinas. Ihre Herrscher regieren mit Unterbrechung von 202 v. Chr. bis 220 n. Chr. das Reich der Mitte und dehnen dessen Grenzen in erfolgreichen Feldzügen aus.

Streitbereit für Chinas Kaiser: Bronzene Reiter aus der Zeit der Han-Dynastie

Landnahme in Polynesien

Während in Europa und Asien riesige Reiche mit Blut und Schwert gegründet werden, geht die Eroberung des Pazifiks still und fast unbemerkt vor sich. Auf abenteuerlichen Seefahrten gelingt südostasiatischen Eingeborenen eine der größten Landnahmen der Geschichte. Von Neuguinea, Samoa und Tonga aus durchkreuzen Polynesier ab dem 2. Jh. v. Chr. die Südsee und besiedeln Insel für Insel des später so genannten Polynesischen Dreiecks, dessen Eckpunkte Hawaii, Neuseeland und die Osterinseln sind. Mit einfachen Katamaranen, auf denen jeweils zwölf Menschen einschließlich Verpflegung für fünf Wochen Platz finden, erreichen sie vermutlich sogar den südamerikanischen Kontinent. Alle Zivilisationen der Welt machen zu diesem Zeitpunkt gewaltige Fortschritte: In Rom entstehen Monumentalbauten, die Chinesen streiten um die Lehren des Konfuzius, die Ägypter pflegen ihre prunkvollen Götterkulte. Die Polynesier hingegen machen einen Schritt zurück. Noch der Kulturstufe des Neolithikums verhaftet, trennen sich die Insulaner von der für alle Kulturen bahnbrechenden Erfindung der Keramik. So sehr sind die Menschen der Südsee an ihre Umwelt angepasst, dass sie auf die Herstellung von Gefäßen und damit auf Vorratshaltung verzichten können – ein Zustand, zu dem Jahrhunderte später den Europäern der Begriff vom Südseeparadies einfällt.

Mächtige Fußspur: Die Lehre Buddhas prägt auch Indien den Stempel auf; Relief aus Andhra Pradesh.

Buddhisten und Brahmanen

Durch Aschoka, König des nordindischen Großreiches der Maurya, beginnt sich der Buddhismus auf dem indischen Subkontinent auszubreiten. Ashoka fördert die Missionstätigkeit der in seinem Reich tätigen Geistlichen und leitet damit die Verbreitung der Weltreligion im indischen Raum ein. Auch in die Nachbarländer, die so erstmals mit der neuen Lehre in Kontakt kommen, sendet er Missionare. Auf diese Weise gelangt der buddhistische Glaube später bis nach China. Die Maurya beherrschen Nordindien über Jahrhunderte, bis Brhadratha, der letzt Mauryakönig, einem Attentat zum Opfer fällt. Die folgende Shunga-Dynastie drängt den Buddhismus zurück und fördert stattdessen die brahmanische Religion. Auch die folgenden Herrscher von Kanvas sind Anhänger des Brahmanismus und legen zudem den Grundstein für die Ausbreitung der Hochsprache Sanskrit.

Um 100 v. Chr.: Im Zuge seiner Eroberungspolitik gegen nomadische Völker legt Chinas Kaiser Wudi den Grundstein für die Seidenstraße.

58 v. Chr.: Auf Bitten des Volksstammes der Äduer marschiert der römische Feldherr Gaius Julius Cäsar nach Gallien. Er erobert das Gebiet und unterstellt es römischer Verantwortung.

46 v. Chr.: Cäsar führt als Imperator den julianischen Kalender im römischen Reich ein, dessen Grundzüge bis heute gültig sind.

27 v. Chr.: Octavian, der spätere Augustus, erhält weit reichende Vollmachten durch den Senat und begründet den Prinzipat. Das Ereignis steht am Beginn des römischen Kaisertums.

4 v. Chr.: In Bethlehem wird der Bibelüberlieferung zufolge Jesus Christus geboren. Als Geburtsort wahrscheinlicher ist die Stadt Nazareth.

1 v. Chr.

256 Vor der an der Südostküste Siziliens gelegenen Bergfestung **Eknomos** (heute Poggio Sant' Angelo) kommt es während des Ersten Punischen Krieges zu einer der entscheidenden Seeschlachten zwischen Römern und Karthagern. Insgesamt stehen sich etwa 700 Kriegsschiffe gegenüber. Unter Führung der Konsuln Marcus Atilius Regulus und Lucius Manlius Vulso greift die römische Flotte die feindlichen Schiffe an. Nach schweren Kämpfen, bei denen etwa 30 Schiffe der Karthager versenkt werden, tragen die Römer den Sieg davon. Damit ist der Seeweg nach Afrika frei.

Um 250 Im heutigen El Salvador bricht der Vulkan Ilopango aus. Seine gewaltigen Eruptionen führen zu einer Auswanderungswelle vieler in El Salvador und Ostguatemala ansässiger **Maya**. Sie suchen Zuflucht im Petén auf der Halbinsel Yucatán. Vermutlich durch die Einwanderer ausgelöst, beginnt im dortigen Tiefland um 250 v. Chr. die Phase der klassischen Maya-Kultur. Dabei kommt es zu einer Verschmelzung von alten und neuen Elementen. So werden anstatt der bisherigen tetraederförmigen Ziegel- und Lehmpyramiden steinerne Stufenpyramiden errichtet.

Im heutigen New Mexico und Arizona sowie im Norden Mexikos siedeln Indianer der **Mogollon-Kultur**. Sie hat sich aus der älteren Cochise-Kultur entwickelt, ist aber auch durch Einflüsse aus dem zentralamerikanischen Raum geprägt. Die Hauptnahrung der Mogollon-Indianer bilden Mais, Bohnen, Kürbis, Nüsse und Wildtiere. Die ersten Siedlungsplätze liegen in Höhlen, später entstehen Freilandsiedlungen mit Grubenhäusern.

246 Ptolemaios III. Euergetes, Herrscher des Ptolemäer-Reiches in Ägypten, beruft den griechischen Gelehrten **Eratosthenes** von Kyrene nach Alexandria. Dieser wird mit der Prinzenerziehung betraut und als Leiter der berühmten Bibliothek eingesetzt. Neben Dichtungen und philosophischen Arbeiten macht sich Eratosthenes vor allem durch geografische Forschungen einen Namen. Aus seiner Feder stammt ein dreibändiges Werk, in dem er u. a. eine Karte der damals bekannten Welt veröffentlicht.

241 v. Chr.

Ägyptens Ptolemäer ringen um die Macht in Syrien

Die Ptolemäer-Dynastie in Ägypten gewinnt Syrien von den Seleukiden zurück. In insgesamt sechs Kriegen ringen die Diadochenreiche der Seleukiden und Ptolemäer um die Herrschaft über Syrien und Palästina. Bereits 274 v. Chr. brach zwischen beiden ein Kampf um Syrien aus, der jedoch ohne Land- oder Machtgewinn endete.
Unter Antiochos II. begann um 260 v. Chr. der Zweite Syrische Krieg. Er endete sieben Jahre später mit Gebietsgewinnen für die Seleukiden und einer folgenschweren Vereinbarung: Im Friedensvertrag wurde die Hochzeit von Antiochos II. mit Berenike, einer Verwandten des ägyptischen Herrschers Ptolemaios II., festgelegt. Um die Vermählung vollziehen zu können, musste sich Antiochos jedoch zuvor von seiner ersten Frau Laodike trennen. Berenike schenkte Antiochos einen Sohn, ehe es Laodike gelang, den Seleukiden-König zur Rückkehr zu bewegen. Doch kurz nach seinem Eintreffen in Ephesos starb Antiochos II. an einem Gift, das ihm womöglich Laodike verabreicht hatte. Als ihre Agenten auch noch Berenike ermordeten, brach der Krieg zwischen Ägypten und dem Seleukiden-Reich 246 v. Chr. erneut aus. Bis 241 v. Chr. erobern die Ptolemäer (Abb.: Ptolemaios III. mit Strahlenkrone; Münzbildnis) die verlorenen Gebiete wieder zurück.

264 v. Chr.

Roms erstes Kräftemessen

Mit dem Ausbruch des Ersten Punischen Krieges beginnt ein jahrzehntelanger Kampf zwischen den Großmächten Rom und Karthago. Die Karthager in Nordafrika sind die größte Seemacht des 3. Jh. v. Chr. Während viele Städte entlang der Mittelmeerküste entweder griechische Kolonien sind oder in Abhängigkeit zu Rom geraten, ist Karthago ein eigenständig handelnder Stadtstaat. Seine Macht erstreckt sich über weite Teile der nordafrikanischen Küste vom Westen Libyens bis zur Meerenge von Gibraltar. Zudem herrschen die Karthager in Südspanien, auf Korsika und Sardinien.

Erfolgreich zur See: Römische Kriegsschiffe in einer Schlacht; Wandmalerei (Ausschnitt) aus Pompeji

246 v. Chr.

Ptolemäer fördern Wissenschaften und Künste: Alexandria wird kulturelles Zentrum der Antike

Unter dem ägyptischen Herrscher Ptolemaios II. entwickelt sich Alexandria (Abb.: Stadtansicht; Mosaik aus Gerasa in Jordanien, 6. Jh.) zur bedeutendsten Kulturmetropole der antiken Welt.

Die von Alexander dem Großen gegründete Stadt an der Westspitze des Nildeltas erlebt unter der Regentschaft der ursprünglich aus Griechenland stammenden Ptolemäer-Dynastie ihre eigentliche Blüte. Ptolemaios II. holt als ein Förderer der Wissenschaften und Künste viele berühmte Forscher und Philosophen an den Nil. Der Aufenthalt dieser geistigen Elite in Ägypten liefert dem Pharao den Anlass zum Bau eines Gebäudes, das als größter Wissenstempel aller Zeiten in die Geschichte eingehen wird: die Bibliothek von Alexandria.
Die Idee zum Bau der Bibliothek stammte von Ptolemaios I. Der Pharao war in seinem Herzen Grieche geblieben. Sein Bestreben – und auch das seiner Nachfolger – war es, das Wissen der großen griechischen Denker zusammenzutragen und der Nachwelt zu überliefern. So entsteht die Bibliothek von Alexandria, ein Gebäude, in dem bis zu 700 000 Schriftrollen aufbewahrt werden. Verglichen mit dem Bestand heutiger Bibliotheken mutet diese Zahl gering an – an antiken Maßstäben gemessen, übertrifft sie jedoch alles bislang Dagewesene. An die Große Bibliothek ist die so genannte Kleine Bibliothek mit weiteren 43 000 Schriftrollen angegliedert. Zum Gebäudekomplex gehört ferner das Museion, eine Forschungsstätte für Wissenschaftler unterschiedlichster Disziplinen. Die Große Bibliothek von Alexandria bleibt für etwa 200 Jahre das Wissenszentrum der Menschheit.

mit Karthago

Die Römer nennen die Karthager nach deren Stammvätern Phöniker oder Poeni – ein Name, aus dem sich später die Bezeichnung der Punischen Kriege ableitet. Als sich der Herrschaftsbereich Roms in der Mitte des 3. Jh. v. Chr. bis an die Südspitze Italiens ausgedehnt hat, kommen die beiden Mächte in Kontakt. Der Konflikt zwischen Karthagern und Römern ist vorprogrammiert, da Rom mit seiner Expansion in Süditalien in karthagisches Interessengebiet vordringt. Brennpunkt ist die Insel Sizilien, deren westliche Hälfte von Karthago kontrolliert wird. Als die sizilische Stadt Messana gegen die Herrschaft der Karthager rebelliert und die Römer zu Hilfe ruft, kommt es zum Kriegsausbruch.
Diese erste kriegerische Auseinandersetzung konzentriert sich auf Sizilien und Nordafrika. Rom belagert zahlreiche sizilische Städte, die unter karthagischer Herrschaft stehen. Als die Karthager versuchen, die Belagerungen durch den Einsatz ihrer Flotte zu brechen, versenken die Römer einen Großteil der feindlichen Schiffe – für die Seemacht Karthago ein besonders schmerzlicher Verlust. Erstmals seit der Gründung ihrer nordafrikanischen Handelsmetropole verlieren die Karthager die Kontrolle über die großen Seehandelsrouten im Mittelmeer. Der Versuch Roms, die karthagischen Küstenstädte in Nordafrika zu erobern, scheitert dagegen. Mithilfe des aus Griechenland stammenden Söldners Xanthippos können die Karthager die Römer zurückschlagen.
Der Krieg tobt 24 Jahre auf Sizilien und zur See, dann müssen sich die Karthager geschlagen geben. Sie unterzeichnen einen Friedensvertrag, in dem sie sich verpflichten, Rom die Kriegskosten zu erstatten und Sizilien für immer zu verlassen. Doch Rom, das mit Sizilien seine erste überseeische Kolonie erringt, gibt sich nicht zufrieden und beginnt mit Angriffen gegen die von Karthago gehaltenen Inseln Korsika und Sardinien.

264 v. Chr.

Beginn der Gladiatorenkämpfe

In Rom werden die ersten Gladiatorenkämpfe abgehalten. Der Ursprung dieser besonders in der Kaiserzeit beliebten Schaukämpfe ist unbekannt. Vermutlich übernehmen die Römer eine Sitte der Etrusker, die ihre Toten bei der Beisetzung mit Schaukämpfen ehren. Entsprechend finden auch die ersten römischen Gladiatorenkämpfe im Schein der Totenfeuer statt. Als sich die ursprünglich sakralen Gefechte zu einem Publikumsmagneten entwickeln, lassen die Römer auf dem Forum Holztribünen errichten, in deren Mitte sich die Gladiatoren messen. Im 1. Jh. v. Chr. entstehen steinerne Arenen, die als feste Schauplätze für die nun professionellen Kämpfer in der Tiberstadt dienen.
Das Wort Gladiator leitet sich von dem römischen Kurzschwert Gladius ab. Doch nicht alle Gladiatoren sind mit Kurzschwertern bewaffnet. Die Ausrüstung richtet sich nach der Kampfweise. In der Regel liegt der Reiz des Gladiatorenkampfes darin, leichte und bewegliche Kämpfer gegen schwerfällige, aber dafür gut gepanzerte Recken antreten zu lassen. Entsprechend teilen sich auch die Zuschauer in zwei Gruppen auf: Die einen sind Anhänger der leicht gerüsteten Kämpfer, die anderen favorisieren die kräftigen Krieger mit den großen Schilden. Auch gegen wilde Tiere treten die Gladiatoren in den Arenen an.
Die ersten Gladiatoren sind Sklaven aus den mit Rom verfeindeten Gebieten, meist Thraker, Samniten oder Gallier. In der römischen Kaiserzeit (ab 27 v. Chr.) wird der Gladiatorenkampf ein derart populärer Sport, dass sich eine Schicht von Berufsgladiatoren herausbildet, die es in ihrer Profession zu großem Ansehen bringen können (Abb.: römische Tonstatuetten zweier Gladiatoren aus dem Nationalmuseum Tarent, 3./2. Jh. v. Chr.).

Um 250 v. Chr.

Die Wasseruhr des Ktesibios

Der griechische Naturforscher Ktesibios von Alexandria erfindet eine Wasseruhr zur exakten Messung der Zeit. Das Instrument ist die Weiterentwicklung einer Erfindung aus Griechenland, bei der mittels auslaufender Flüssigkeit die Redezeit in Versammlungen bemessen wurde. Ktesibios macht sich dieses Zeitmessungsverfahren zunutze und konstruiert ein komplexes Gerät, mit dessen Hilfe Stunden, Tage und sogar Jahre bemessen werden können. Die Uhr wird mit Wasser gefüllt, das durch eine Öffnung austritt und in ein Becken fließt. Der steigende Wasserpegel hebt einen Schwimmer, an dem eine Zahnstange befestigt ist. Die Zahnstange wiederum ist mit einem Räderwerk verbunden, das je nach Wasserstand die Stunden anzeigt (Abb.: Prinzip einer Wasser-Auslaufuhr, wie sie auch Ktesibios konstruierte).

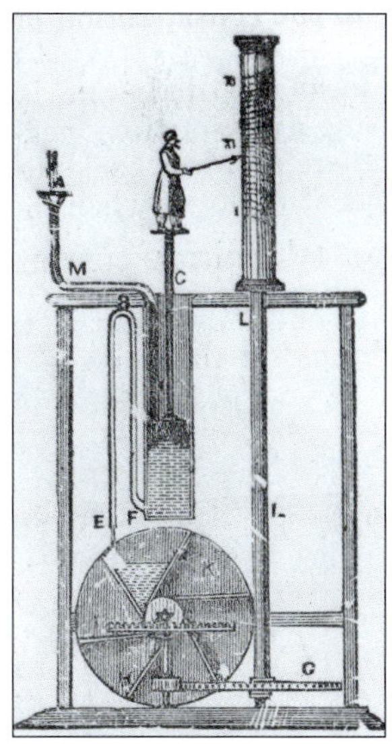

Bevor Ktesibios an der Konstruktion einer Wasseruhr tüftelte, machte er schon andere bedeutende Erfindungen wie die Feuerspritze oder das Hodometer, einen Wegmesser. Auch die Druckluftpumpe und die Wasserorgel stammen von dem griechischen Naturforscher. Bei Letzerer handelt es sich um eine pneumatische (luftdruckgestützte) Orgel mit bis zu acht Pfeifenreihen von je 18 Pfeifen sowie einer Tastatur mit etwa zwei Oktaven Umfang. Diese Hydraulis genannten Orgeln finden bald Verwendung bei Theateraufführungen und Zirkusveranstaltungen. Sie sind etwa 1,20 m hoch und basieren wie auch die anderen Erfindungen des Ktesibios auf Experimenten mit komprimierter und verdünnter Luft.

240 Bei den **Römischen Spielen** (Ludi Romani), die nach dem Sieg der Römer über die Karthager ausgetragen werden, erlebt das Publikum erstmals die Aufführung eines ins Lateinische übersetzten griechischen Dramas. Es war von dem griechischen Dichter Livius Andronicus in die lateinische Sprache übertragen worden. Dabei blieben die Personen, Inhalte und Schauplätze griechisch. Die Übersetzung gilt als der Beginn einer eigenständigen römischen Literatur, die nur wenig später auch Dramen mit römischen Inhalten hervorbringt. Livius Andronicus macht sich auch durch eigene Epen einen Namen.

237 König Zheng von Qin, der spätere erste Kaiser Chinas, entlässt seinen Berater Lü Buwei. An dessen Stelle tritt **Li Si**, der den Legalisten angehört. Sie sind eine Gruppe von Philosophen, denen der konfuzianische Grundsatz, nach dem die Herrscher allein durch ihr Vorbild das Volk lenken, nicht ausreicht. Stattdessen fordern sie eine detaillierte Gesetzgebung. Mit Hilfe von Li Si dehnt Zheng als Kaiser das zunächst nur in Qin geltende Verwaltungssystem auf das gesamte Reich aus. Darüber hinaus macht sich Li Si um die Vereinheitlichung des Münzsystems und verschiedener Längen- und Hohlmaße verdient.

236 Über die Alpen dringen Verbände der keltischen Boier bis zur Festung **Ariminum** (heute Rimini) an der Nordgrenze des Römischen Reiches vor. Den Invasoren werden Heeresverbände entgegengesandt. Bevor es jedoch zu Kampfhandlungen kommt, versandet der Vorstoß des keltischen Stammes wegen interner Streitigkeiten. Dennoch treiben die Römer ihre Bemühungen voran, die Kelten in Norditalien in Schach zu halten. Im selben Jahr erfolgen römische Vorstöße gegen die Ligurer im Nordwesten, nach Korsika und Sardinien.

Um 230 Hieron II., König von Syrakus an der Ostküste Siziliens, lässt einen gewaltigen Opferaltar errichten: den **Ara Hieronis**. Das Bauwerk, das 22,8 m breit und 177,6 m lang ist, stellt den größten bekannten Opferaltar der Antike dar. Auf der Plattform des Altars wurden Hunderte Ochsen zu Ehren des Gottes Eleutherios geopfert. Die Opfertiere führte man über zwei Rampen auf den Altar. Von diesem hat sich lediglich der Unterbau erhalten. Vermutlich besaß der ursprüngliche Kultbau eine Höhe von etwa 15 m.

Um 238 v. Chr.

Pergamons König vertreibt Kelten aus Kleinasien

Attalos I. (Abb.: Marmorbüste), Herrscher über den kleinasiatischen Stadtstaat Pergamon, besiegt die Galater vor den Toren der Stadt. Die Galater sind ein Zusammenschluss mehrerer keltischer Stämme. Vor etwa zwei Jahrhunderten hatten sie sich in Kleinasien angesiedelt und waren dort zuletzt als Söldner im Heer der Seleukiden in Erscheinung getreten. Nach der Niederlage der Seleukiden gegen die Ptolemäer (siehe S. 310) plündern die Galater die Städte im Norden der kleinasiatischen Küste und stehen bald vor den Toren der aufstrebenden Stadt Pergamon. 263 v. Chr. begründete Eumenes I. als König über das pergamenische Reich die Dynastie der Attaliden. Nach Eumenes' Tod führt Attalos I. den Kampf gegen die Galater fort und besiegt sie vernichtend an den Quellen des Kaikos. Damit ist die Bedrohung durch die sog. Barbaren endgültig beseitigt. Zu Ehren seines Sieges wird Attalos zum König Pergamons gekrönt. Nach weiteren Erfolgen in Phrygien, Lydien und Karien kann Attalos I. seine Herrschaft bis an den Taurus ausdehnen. Doch um 220 v. Chr. verliert er alle Eroberungen wieder an den Seleukiden-Herrscher Antiochos III., mit dem er vier Jahre später Frieden schließt und damit die pergamenischen Reichsgrenzen sichert. 197 v. Chr. stirbt Attalos I. an einem Schlaganfall.

239 v. Chr.

Besenstern als Wink der Götter: Halleyscher Komet entdeckt

Chinesische Astronomen halten als Erste die Entdeckung des Halleyschen Kometen (Abb.) schriftlich fest. Sie bezeichnen den Kometen als »Besenstern« (wegen des Schweifs), der »zuerst im Osten und dann im Norden« zu sehen ist.
Der nach dem englischen Astronomen Edmund Halley benannte Komet ist ein Ball aus Eis und Staub, dessen Kern etwa 16 km lang und 10 km breit ist. Er umkreist die Sonne und nähert sich etwa alle 77 Jahre der Erde auf Sichtweite. Diese Periode schwankt zwischen 75 und 79 Jahren und hängt von den Gravitationsfeldern anderer Planeten ab, die den Halleyschen Kometen auf seiner Reise durch das Sonnensystem beeinflussen. Seine Flugbahn führt ihn bis jenseits des Neptuns.
Seit 239 v. Chr. ist der Komet vielerorts gesichtet worden. Meist wird er als göttliches Zeichen gedeutet, so auch um 160 v. Chr. beim Aufstand Judäas gegen die Seleukiden-Herrschaft oder 1066 bei der Schlacht von Hastings. Anlässlich dieses Ereignisses wird der Komet auf dem berühmten Teppich von Bayeux abgebildet.

237 v. Chr.

Alte Rivalen vor neuem Krieg

Nach dem Ende des Ersten Punischen Krieges nutzen die Römer eine Schwäche der auf Sardinien und Korsika herrschenden Karthager und besetzen die beiden Inseln, die zu römischen Provinzen werden. Damit steht das gesamte Tyrrhenische Meer nun unter römischer Herrschaft.
Der Verlust der Inseln und die gewaltigen an Rom zu zahlenden Reparationsleistungen bringen Karthago an den Rand des Ruins. Während die Römer bis 227 v. Chr. auch das Reich der Illyrer unter ihre Kontrolle bringen und damit ihre Herrschaft über den Adriaraum einleiten, sammeln die Karthager auf dem Gebiet des heutigen Portugal und Spanien ihre Kräfte. Hier gelingt es dem Feldherrn Hamilkar Barkas, ein neues karthagisches Reich zu gründen. In wenigen Jahren unterwirft Hamilkar die iberischen und keltiberischen Stämme. Die Kriegsgewinne sendet der Feldherr heim nach Karthago, damit sie für die hohe Kriegsentschädigung für Rom verwendet werden können. Vermutlich aus diesem Grund greifen die Römer nicht in die Expansion der Karthager ein. Als Hamilkar Barkas bei einer Belagerung 229 v. Chr. ertrinkt, tritt sein Sohn Hasdrubal die Nachfolge als Anführer der Karthager auf der Iberischen Halbinsel an. Unter seiner Ägide wird die Stadt Karthago Nova (das heutige Cartagena) an der Mittelmeerküste als neues Machtzentrum der Karthager gegründet.

226 v. Chr. treffen Römer und Karthager ein Abkommen, in dem der Fluss Ebro in Spanien zur gemeinsamen Grenze erklärt wird. An dieser Grenzziehung ist besonders den Römern gelegen, denn sie verhindert, dass die Karthager mit den jenseits des Ebro siedelnden Keltenstämmen Verbindung aufnehmen können. Letztlich sind es jedoch die Römer, die den Grenzvertrag brechen. Als sie in die inneren Angelegenheiten der spanischen Stadt Sagunt eingreifen und römische Truppen den Ebro überqueren, sieht der karthagische Feldherr Hannibal, ein Bruder Hasdrubals, darin Anlass genug, den Frieden zu brechen – der Zweite Punische Krieg beginnt (siehe S. 316).

Der karthagische Feldherr Hamilkar Bargas besiegt die Keltiberer in der sog. Barbarenschlacht.

238 v. Chr.

Kalender mit Schaltjahr

Der ägyptische König Ptolemaios III. führt mit dem sog. Dekret von Kanopus das Schaltjahr in den ägyptischen Kalender ein. Der wichtigste Kalender der Ägypter orientiert sich an der Landwirtschaft und misst den Zeitraum vom Beginn einer Nilüberschwemmung zur nächsten. Der Nachteil dieses Systems liegt darin, dass keine Monate von unterschiedlicher Länge berücksichtigt werden. Darum verschiebt sich das Kalenderjahr alle vier Jahre um einen Tag. Die Einführung des Schaltjahres wird im 1. Jh. v. Chr. von Julius Cäsar für den abendländischen Kalender übernommen.

230–200 v. Chr.

Wanderung der Bastarnen

Der germanische Stamm der Bastarnen verlässt seine Siedlungsgründe im heutigen Nordostdeutschland und zieht nach Süden. 30 Jahre später erreichen die Bastarnen das Schwarze Meer, wo sie sich niederlassen. Bis ins 4. Jh. n. Chr. bleiben die Germanen dort ansässig, dann werden sie von den Goten vertrieben. Warum die Bastarnen ihre Heimat verlassen, ist unbekannt. Ihre langjährige Wanderung gilt als Vorläufer des großen Völkerzuges der Kimbern und Teutonen im 1. Jh. v. Chr., der eigentlichen ersten europäischen Völkerwanderung.

232 v. Chr.

Maurya-Kaiser Aschoka ist tot

Der indische Kaiser Aschoka stirbt. Der Regent des Maurya-Reiches gilt als einer der bedeutendsten Herrscher des frühbuddhistischen Indien. Obwohl die ersten Jahre von Aschokas Herrschaft von blutigen Eroberungszügen geprägt waren, ist der Kaiser für seine moralischen Grundsätze bekannt. Diese ließ Aschoka in der Spätphase seiner Regierungszeit in Stelen meißeln und an den Grenzen seines Reiches aufstellen. Damit Reisende aus anderen Ländern diese sog. Aschoka-Inschriften verstehen konnten, ließ der Herrscher die Lehrworte ins Griechische, Aramäische sowie Iranische übersetzen (Abb.: Löwenkapitell der Aschoka-Säule im indischen Sarnath, 3. Jh. v. Chr.).

Um 240 v. Chr.

Grieche rechnet Erde rund

Der griechische Gelehrte Eratosthenes von Kyrene (s. Abb.) berechnet im ägyptischen Alexandria als erster Mensch den Erdumfang. Eratosthenes beobachtet, dass die Mittagssonne am Tag der Sommersonnenwende von Alexandria aus betrachtet direkt über Syene steht. Syene und Alexandria liegen bei einer Abweichung von nur 3° fast auf demselben Längengrad. Diese Tatsache erlaubt es dem Gelehrten, mit Hilfe von Winkelmessungen den Umfang der Erde auf 39 690 km zu berechnen. Damit kommt Eratosthenes dem tatsächlichen Wert von 40 075 km sehr nahe. Zudem beweist er, dass die Erde Kugelform hat.
Eratosthenes gilt als einer der bedeutendsten Gelehrten seiner Zeit. Er erfindet ein Verfahren zum Auffinden von Primzahlen, den so genannten Sieb des Eratosthenes, und zeichnet eine astronomische Karte mit 675 Sternen.

Um 220 Vermutlich von einem Athener Künstler wird eines der bedeutendsten Werke hellenistischer Bildhauerkunst geschaffen: der sog. **Barberinische Faun**. Die etwa 1,80 m hohe Marmorplastik zeigt einen berauschten nackten Satyr, der mit weit gespreizten Beinen auf einem mit einem Fell bedeckten Fels lagert. Entgegen sonstigen Darstellungen von Satyrn – bocksbeinigen Fruchtbarkeitsdämonen im Gefolge des Dionysos – besitzt der Barberinische Faun nur wenige satyrhafte Züge. Allein Weinlaub im lockigen Haar und der Schweif charakterisieren ihn als Satyr.

Unter dem kuschitischen König Arnachamani entsteht im heutigen Sudan der **Löwentempel von Musawwarat es-Sufra**. Der Kultbau wird zu Ehren des Löwengottes Apedamak, einer der wichtigsten Götter im Reich von Meroë, etwa 40 km vom Nil entfernt im Tal Musawwarat erbaut. Vier gewaltige Säulen aus Sandstein tragen das Dach des Tempels, in dessen Innern ein Thron steht. Zwei turmartige, rechteckige Gebäude, die Pylonen, flankieren die Fassade. Die Außen- und Innenwände des Baus zieren Reliefs. Der Tempel von Musawwarat es-Sufra gehört zu den bedeutendsten altsudanesischen Kultbauten.

An der Akademie von Alexandria lehrt der Astronom und Mathematiker **Apollonios von Perge**. Der aus Kleinasien stammende Gelehrte führt u.a. die noch heute gebräuchlichen Bezeichnungen Parabel, Hyperbel und Ellipse ein. Vermutlich ist Apollonios auch der Erfinder der Theorie der Epizyklen. Mit ihrer Hilfe erklärt der Astronom die Bewegungen der Planeten.

220 Neben dem Circus Flaminius nehmen die Römer ein zweites großes Bauprojekt in Angriff: die **Via Flaminia**. Unter dem Volkstribun und Zensor Gaius Flaminius Nepos wird mit dem Bau der Straße begonnen. Über eine Länge von 315 km, das entspricht 213 römischen Meilen, führt die Via Flaminia von Rom durch Umbrien bis nach Ariminum (heute Rimini) an der Nordgrenze des Reiches. Mit der Straße schaffen die Römer die wichtigste Verbindung in den Norden Italiens.

221 v. Chr.

Circus Flaminius wird zum Versammlungsort der Plebejer

Mit dem Circus Flaminius wird die zweite Rennbahn Roms fertig gestellt – der Circus Maximus bekommt Konkurrenz (Abb.: Wagenrennen im Circus; römisches Steinrelief, 2. Jh. v. Chr.).

Der von dem Volkstribun und Zensor Gaius Flaminius Nepos in Auftrag gegebene Stadionbau beherrscht den unmittelbar nördlich des Tiber gelegenen Teil des Marsfeldes. Der Circus dient nicht nur Sport- und Theaterveranstaltungen, er erfüllt auch politische Zwecke. Flaminius Nepos sieht sich in erster Linie als Repräsentant des Volkes und nutzt den Circus als Symbol seiner Politik: Hier finden nun die Concilia Plebis statt. Auf diesen Beschlussversammlungen der römischen Plebejer werden deren Volksvertreter und Beamte gewählt sowie die für alle Einwohner Roms geltenden Gesetze des Volkes verabschiedet. In Zukunft nehmen auch die Triumphzüge der römischen Feldherren am Circus Flaminius ihren Anfang.

224 v. Chr.

Wankender Koloss: Erdbeben bringt ein Weltwunder zu Fall

Nur 66 Jahre nach seiner Erbauung stürzt der Koloss von Rhodos (Abb.: Kupferstich, 18. Jh.), eines der sieben Weltwunder, bei einem Erdbeben ein. Die Statue stellte den Sonnengott Helios dar, den Schutzherrn der Insel, von dem die Rhoder glauben, dass er ihnen 305 v. Chr. zum Sieg gegen König Demetrios von Phrygien und Lykien verhalf. 302 v. Chr. beauftragten sie den Bildhauer Chares von Lindos mit dem Bau einer erst 18, dann rund 36 m hohen Bronzestatue des Gottes. Ein mit Lehm ummanteltes und mit Felsbrocken gefülltes Eisengestell diente als innerer Träger. Dieser wurde mit Bronzeteilen umschlossen; das Gesicht und die Krone des Gottes waren vergoldet. Am Hafen der Stadt Rhodos aufragend, blickte der bronzene Helios nach Osten. Nach dem Erdbeben sagt ein Orakel Rhodos großes Unglück voraus, sollte die Statue wieder aufgerichtet werden. So bleibt sie 900 Jahre liegen, bis Araber sie 653 einschmelzen lassen und dabei rund 12 t Bronze gewinnen. Als höchste frei stehende Statue mit dem Koloss in Rom wird der Koloss erst seit 1886 durch die 47 m hohe New Yorker Freiheitsstatue übertroffen, die mit Fackel und Strahlenkranz an Helios erinnert.

221 v. Chr.

Die Große Mauer entsteht

In den nördlichen Grenzgebieten seines Reiches lässt Kaiser Qin Shi-Huangdi die älteren Schutzwälle der Staaten Ch'in, Chao und Yen verstärken und miteinander verbinden. Zwischen Süd-Gansu und der Halbinsel Liaodong legt er damit den Grundstein für die Große Chinesische Mauer (s. Abb.), die zunächst aus gestampfter Erde, Reisig und Holz errichtet wird. Auf knapp 2450 km Länge soll das Bollwerk sein Reich vor den Einfällen der nomadischen Xiongnu aus der Steppenzone schützen. Etwa 300000 Chinesen arbeiten in dieser Bauphase an der Mauer. Vier weitere Bauetappen folgen. Ihre endgültige Gestalt erhält die Wehranlage zur Zeit der Ming-Dynastie im 15. Jh. Heute ist die Mauer meist sieben bis acht Meter hoch, an ihrer Basis sieben und an ihrer zinnenbewehrten Krone fünf Meter breit.

221 v. Chr.

Der »Erste Kaiser« eint China

Qin Shi-Huangdi, der Herrscher des Staates Qin, erobert die sechs Königreiche Han, Zhao, Wie, Chu, Yan sowie Qi und vereinigt sie zu einem Einheitsstaat. Als »Erster Erhabener Göttlicher« begründet er das chinesische Kaiserreich.

Bei der Durchsetzung der Reichseinheit geht Shi-Huangdi mit großer Entschlossenheit vor. Er gründet mit Xianyang in der Provinz Shaanxi eine neue Hauptstadt, in die er den Adel des Landes umsiedelt. Den Adligen wird damit ihre bisherige lokale Basis entzogen. An der Spitze der Zentralregierung stehen mit dem Kanzler, dem Großzensor-Sekretär sowie dem Großen Oberfeldherrn drei Großwürdenträger – die Sangong. Sie üben die Kontrolle über neun Ministerien aus. Spätere Dynastien übernehmen dieses Organisationsschema mit geringfügigen Änderungen. Parallel zu dieser Verwaltungsreform werden auch Schrift, Maße und Gewichte, Münzwesen sowie Kalender und sogar die Spurbreite der Wagen und Lastkarren vereinheitlicht. Im gesamten Reich gilt nun der harte Strafkodex des Shi-Huangdi, in dem die Denunziation Andersdenkender zur Pflicht erhoben und Widerstand gegen den Kaiser mit Zwangsarbeit, Deportation und grausamen Körperstrafen bis hin zur Hinrichtung geahndet wird.

Diese Maßnahmen rufen besonders den Protest der gebildeten Oberschicht sowie der Konfuzianer hervor. Um eventuellem Widerstand den Boden zu entziehen, lässt Shi-Huangdi 213 v. Chr. die erste dokumentierte Bücherverbrennung der Geschichte durchführen, der neben konfuzianischen Schriften auch alle in Privatbesitz befindlichen philosophischen Werke sowie die Chroniken der ehemaligen Fürstenreiche zum Opfer fallen. Von diesem Bücherbann bleiben lediglich Werke über Heilkunde, Landwirtschaft und Weissagungen ausgenommen. Mit Ausnahme des Legalismus werden alle philosophischen Lehren verboten.

Mit 49 Jahren stirbt Shi-Huangdi nach nur elfjähriger Herrschaft. Er wird in einem prachtvollen unterirdischen Grabmonument bei Lintong in der Provinz Shaanxi bestattet. Um das bis heute ungeöffnete Innere des Grabes ranken sich zahlreiche Legenden. Zur Ausgestaltung der palastartigen Anlage werden in 36-jähriger Bautätigkeit rund 700000 Arbeiter herangezogen. Eine 460 m lange Mauer umspannt unzählige Säle und Gruben, die Shi-Huangdi das ihm versagt gebliebene Paradies ersetzen sollen. Auch im Tod muss der Kaiser auf nichts verzichten: Er liegt angeblich inmitten künstlicher Meere und Flüsse aus Quecksilber, unter goldstrahlendem Firmament, neben edelsteingeschmückten Grotten. Noch immer umgibt ihn ein Hofstaat – in Bronze nachgebildet.

Berühmt geworden ist seit ihrer Entdeckung 1974 die sog. Terrakotta-Armee, die das Grab symbolisch bewacht. 8000 Soldaten in Schlachtordnung sind in einer Grube postiert; bronzene Streitwagen sowie Bogenschützen, Pferde, Reiter und Fußsoldaten aus Terrakotta bilden die imposante Streitmacht des Kaisers. Die Fußsoldaten stehen in Marschordnung in Viererreihen. Alle Gesichter sind individuell in Ton modelliert.

Bereits ein Jahr nach dem Tod Shi-Huangdis brechen in Ostchina erste Aufstände gegen seinen Sohn und Nachfolger, Ershi-Huangdi, aus, die sich unter Führung von Rebellengenerälen rasch verbreiten. 202 v. Chr. setzt sich Liu Bang durch, der Begründer der Han-Dynastie.

Die Terrakotta-Armee bewacht die Nekropole des ersten chinesischen Kaisers Shi-Huangdi.

215 Der steigenden Bevölkerungszahl und dem daraus resultierenden Platzmangel in Rom begegnen die Römer mit dem Bau höherer Mietshäuser, den **Insulae**. Insbesondere in den Handels- und Hafengebieten auf dem Aventin bzw. rund um das Forum Boarium werden bis zu dreistöckige Insulae hochgezogen. Indirekt sind die Baumaßnahmen durch eine von dem römischen Geschichtsschreiber Livius überlieferte Anekdote bezeugt. So soll 215 v. Chr. eine vom Rindermarkt am Forum Boarium ausgebrochene Kuh bis ins dritte Stockwerk eines Mietshauses geflüchtet sein.

210 Nachdem die Römer bereits im Ersten Punischen Krieg **Akragas**, das heutige Agrigent an der Südküste Siziliens, eroberten, nehmen römische Truppen die Stadt im Zuge des Zweiten Punischen Krieges erneut ein. Akragas wird dauerhaft besetzt und in Agrigentum umbenannt, ein Großteil der Bevölkerung fällt der Versklavung zum Opfer. Mit der Eroberung durch die Römer endet die ruhmreiche Geschichte der Stadt. Sie hatte zeitweise neben Syrakus die mächtigste Polis Siziliens gebildet. Wenige Jahre nach der Eroberung, zwischen 197 und 193 v. Chr., richten die Römer in Agrigentum eine Kolonie ein.

206 Geschickt nutzt **Arqamani**, König des kuschitischen Reiches von Meroë im heutigen Sudan, Aufstände in Ägypten zur Vergrößerung seines Herrschaftsgebietes. In Ägypten waren 207 v. Chr. unter dem Ptolemäer-König Ptolemaios IV. Philopator Unruhen der einheimischen ägyptischen Bevölkerung gegen die hellenistische Herrscherschicht ausgebrochen. Arqamani erkennt die Gunst der Stunde und kann die Grenze seines Reiches bis nach Assuan ausdehnen. Dies belegen Inschriften, die Archäologen auf der Nil-Insel Phile südlich von Assuan fanden.

204 Die Römer folgen einer Weissagung der Sibyllinischen Bücher, wonach ihnen das Kriegsglück gegen die Karthager hold sei, wenn sie die Erdgöttin **Mater Idaea** aus Kleinasien nach Rom bringen. Eine römische Gesandtschaft bricht nach Phrygien auf, um den pergamenischen König Attalos um die Herausgabe des Symbols der Göttin zu bitten: einen schwarzgrauen Meteorstein. Attalos gibt dem Ansinnen der Römer nach und der Stein wird nach Rom verschifft. Auch ein Auflaufen des Schiffes auf dem Grund des Tiber kann das Unternehmen nicht stoppen. Der göttliche Stein wird sicher im Tempel der Viktoria auf dem Palatin untergebracht.

211 v. Chr.

Denar wird Haupthandelsmünze im Römischen Reich

In Rom wird der Denar als neue Währungseinheit eingeführt. Die Münze wird zum langlebigsten Zahlungsmittel der alten Welt. Ursprünglich verwendeten die Römer Kupferbarren, die nach Gewicht getauscht wurden. Auf den Binnenmärkten waren bereits Kupfermünzen und im Außenhandel dem griechischen Währungssystem nachempfundene Silbermünzen (Didrachmen) im Umlauf. Während des Zweiten Punischen Krieges aber kollabiert dieses System.

Um die Wirtschaft zu retten, führt der Senat den Silberdenar ein. Er wiegt 4,5 g und orientiert sich im Wert an den Bronzeassen. Ein As entspricht einer Gewichtseinheit von einem Pfund. Waren Gewicht und Nominalwert bei der Bronzewährung noch gleich (Aes grave), tragen die Denare das As nur noch als Nennwert. Ein auf die Münze geprägtes X zeigt den Wert von zehn Assen an. Der Denar ist bis ins 3. Jh. n. Chr. gebräuchlich (Abb.: Denar aus der Zeit Cäsars).

2. August 216 v. Chr.

Schlacht bei Cannae: Rom

In der Schlacht bei Cannae erleidet eine römische Übermacht eine der verheerendsten Niederlagen in der Militärgeschichte Roms. Der 218 v. Chr. ausgebrochene Zweite Punische Krieg bringt das Römische Reich an den Rand einer völligen Niederlage, endet schließlich aber mit der uneingeschränkten Herrschaft Roms im Mittelmeerraum. Seit Ende des Ersten Punischen Krieges 241 v. Chr. hatten die Karthager ein neues Reich in Spanien errichtet und den Ausbau von Heer und Flotte beharrlich vorangetrieben. Mit einem gewaltigen Militärapparat zog Hannibal 218 v. Chr. über die Alpen und fiel von Norden her in Italien ein. Binnen zweier Monate eroberte er ganz Norditalien mit Ausnahme zweier Städte. Als sich die in der Region lebenden Gallier mit 50000 Mann Hannibal anschlossen, schien der Untergang Roms besiegelt. Die Römer statteten den adligen Feldherrn Quintus Fabius Maximus mit allen Vollmachten aus und machten ihn zum Diktator für die Zeit des Krieges. Fabius beurteilte die Lage Roms richtig und schlug eine Verzögerungstaktik ein. Er spekulierte darauf, dass Hannibals gewaltiges Heer auch große Mengen an Vorräten benötigte. Der Nachschub aus Spanien kam jedoch nur langsam voran. Fabius' Plan war es deshalb, die Karthager so lange in Scharmützel zu verstricken, bis sie erschöpft genug waren, um einem vollen Angriff nicht mehr widerstehen zu können. Die Mehrheit der Römer betrachtete dieses Vorgehen jedoch als feige, Fabius wurde abgesetzt.
216 v. Chr. sind die Karthager bis Süditalien vorgedrungen. Als sie die Stadt Cannae angreifen, stellt

Hannibals Zug über die Alpen im Jahr 218 v. Chr.; Fresko von Jacopo Ripanda, 16. Jh.

218 v. Chr.

Gefahr gebannt: Römer stoppen Kelten im Norden der Apenninhalbinsel

Mit dem Bau der Festungen Cremona und Placentia sichern die Römer die von den Kelten eroberten Gebiete in Norditalien ab. Mit der Via Flamina entsteht eine direkte Verbindung von Rom durch das Apenninenmassiv nach Arimium.
Seit geraumer Zeit machten die norditalienischen Kelten den Römern zu schaffen (Abb.: keltische Skulptur eines enthaupteten Kopfes, 3./2. Jh. v. Chr.). Obwohl über mehrere Jahrzehnte keine Kriege mehr zwischen Römern und Kelten ausgefochten worden waren, kam es immer wieder zu Scharmützeln. Nachdem viele Kelten aus dem

Kerngebiet am Nordrand der Alpen ausgewandert waren und sich den italienischen Stämmen angeschlossen hatten, versuchten die Kelten den Römern Land zu entreißen. In der Folge kam es zu einer Reihe von Schlachten. 225 v. Chr. trafen die Kontrahenten bei Telamon aufeinander. Unter der Führung der Feldherren Aemilius und Attilius Regulus siegten die Römer. 222 v. Chr. beendete der römische Konsul Marcus Claudius Marcellus mit seinem Sieg über den Insubrer-König Virdomar bei Clastidium den Vorstoß der keltischen Stämme nach Norditalien.

am Abgrund

sich ihnen das römische Heer entgegen. 80 000 Legionäre betreten das Schlachtfeld. Karthago ist weit unterlegen. Dennoch bezwingt Hannibal die Römer in einer militärstrategisch genialen Variante der Umfassungsschlacht. Er lässt römische Fußsoldaten gegen eigene Truppenteile in einem Talkessel vorrücken, um sie dann von der Seite und mit Reitersoldaten von hinten anzugreifen. Das römische Heer wird fast völlig vernichtet.

Hannibal

karthagischer Feldherr, *Karthago 247/246 v. Chr., † Libyssa (Bithynien) 183 v. Chr.

Hannibal zählt zu den erbittertsten Feinden des Römischen Reiches. Der Sohn des Feldherrn Hamilkar Barkas wird bereits mit 25 Jahren Oberbefehlshaber des karthagischen Heeres. In Italien plündert Hannibal Stadt um Stadt. Nur Rom selbst kann ihm standhalten. Sein Erscheinen vor den Toren der Stadt 211 v. Chr. soll den berühmten Ausruf »Hannibal ad portas!« (Hannibal bei den Toren) hervorgebracht haben. Nach dem Sieg der Römer verdingt sich Hannibal als Feldherr bei verschiedenen Herrschern in Kleinasien. Als er an Rom ausgeliefert werden soll, vergiftet er sich.

- 215 v. Chr.: Bündnis mit Philipp V. von Makedonien
- 192 v. Chr.: Entwurf eines Kriegsplans für Antiochos III.

Die Römer erkennen, dass sie Hannibal in Italien nicht schlagen können. Sie entsenden einen jungen Feldherrn namens Publius Cornelius Scipio nach Spanien, um die dortigen Nachschublager der Karthager zu vernichten. Während Hannibal Italien verwüstet, vertreibt Scipio die Karthager aus Spanien. Als es dem Römer 204 v. Chr. gelingt, Karthago selbst einzunehmen, verliert Hannibal seinen letzten Rückhalt. Obwohl er in Italien ungeschlagen bleibt, muss er den Feldzug gegen Rom abbrechen. In Nordafrika treffen die Kontrahenten aufeinander. Scipio besiegt Hannibal 202 v. Chr. bei Zama und diktiert den Karthagern die Friedensbedingungen. Das Reich Karthagos wird auf das Territorium beschränkt, das es vor dem Ersten Punischen Krieg besessen hatte.

212 v. Chr.

Genialer Erfinder von römischem Legionär erschlagen

Bei der Einnahme der sizilischen Stadt Syrakus durch römische Truppen wird der griechische Gelehrte Archimedes von Legionären ermordet. Der Legende nach nähert sich ein Legionär dem Archimedes, der gerade eine geometrische Studie in den Sand zeichnet. Auf die Bedrohung seines Lebens soll der Gelehrte mit den Worten reagiert haben: »Störe meine Kreise nicht.« Daraufhin erschlägt ihn der Römer.
Zu den bedeutendsten Erkenntnissen des umtriebigen Erfinders gehört das so genannte archimedische Prinzip. Nach diesem wird jeder Körper, der in Wasser getaucht wird, nach oben getrieben. Demnach gehen Schiffe nicht unter, weil sie leichter sind als die Wassermenge, die ihr Gesamtvolumen verdrängen würde. Einige Körper schwimmen zwar in Salzwasser, gehen jedoch in Süßwasser unter. Dies führte Archimedes darauf zurück, dass Salzwasser eine höhere Dichte hat. Entsprechend werden viele Gegenstände, die in Süßwasser sinken, in Salzwasser aufgetrieben.
Auch die Formulierung des Hebelgesetzes geht auf Archimedes von Syrakus zurück. Der Gelehrte erkannte, dass sich mit einem Hebel viele Lasten einfacher heben lassen und unterschied Last, angreifende Kraft und Drehpunkt, deren Lage zueinander variieren kann. Wie der Hebel gehört auch die Schraube zu den so genannten Einfachen Maschinen in der Physik. Die archimedische Schraube oder Schraubenpumpe (s. Abb.) ermöglicht es, Wasser von einem niedrigen Niveau auf ein höheres zu befördern. Der ebenfalls von Archimedes erfundene Flaschenzug nutzt Teile des Hebelgesetzes, um mit einem Seil-Rollen-System große Lasten bewegen zu können. Der Legende nach soll Archimedes bei der Idee zum Flaschenzug ausgerufen haben: »Heureka!« (»Ich habe es gefunden!«)
Die wichtigsten Arbeiten des Gelehrten betreffen mathematische Gesetze. Archimedes war der Erste, der Möglichkeiten zur Berechnung des Inhalts oder des Schwerpunktes von durch Kegelschnitten begrenzten Körpern und Flächen aufzeigte. Auch gelang dem Syrakuser die Umfangsbestimmung des Kreises und eine annähernde Lösung für die Aufgabe, zu einem Kreis ein flächengleiches Quadrat zu konstruieren (Quadratur des Kreises).

Archimedes

griechischer Mathematiker, *Syrakus um 285 v. Chr., † Syrakus 212 v. Chr.

Die Erfindungen des Archimedes legen den Grundstein für neue Wege in der Mechanik, Mathematik und Geometrie. Der Sohn des Astronomen Phidias studiert bis zu seinem 40. Lebensjahr in Alexandria am Nil. Zurück in der Heimat widmet Archimedes sich mathematischen und naturwissenschaftlichen Studien. Er lehrt die Darstellung beliebig großer Zahlen, die Bestimmung der Quadratwurzel, Näherungswerte der Kreiszahl Pi (π) sowie die Lösung kubischer Gleichungen. Zahlreiche Ideen und Erfindungen tragen noch heute seinen Namen (archimedischer Punkt, archimedisches Prinzip u. a.).

- ab 218 v. Chr.: Entwicklung verschiedener Verteidigungsanlagen wie Wurfmaschinen oder Hebewerke

Zu den legendärsten Ideen des Archimedes gehört die Konstruktion von Brennspiegeln. Als die Römer seine Heimatstadt Syrakus von See her angreifen, stellt Archimedes Brennspiegel auf die Klippen der sizilischen Küste und lenkt die Sonnenstrahlen auf die römischen Segel, so dass diese Feuer fangen.

Um 200 Im Unterschied zu den Indianerkulturen des östlichen Nordamerika beginnen die Indianer im Südwesten erst jetzt mit der Herstellung von Keramikgefäßen. Die Produktion geht einher mit der Aufgabe der halbsesshaften zugunsten einer sesshaften Lebensweise. Zu den Kulturen des Südwesten gehört u. a. die **Mogollon-Kultur**, die sich um 250 v. Chr. herausgebildet hatte. Statt wie bisher Felsenhöhlen zu nutzen gehen die Mogollon-Indianer nun dazu über, runde, halb in den Boden getiefte Grubenhäuser als Wohnstätten zu errichten. Rund um die dörflichen Siedlungen werden Mais, Bohnen und Kürbis als Hauptnahrungsmittel angebaut.

Zwischen der in China herrschenden **Han-Dynastie** und dem ostasiatischen Nomadenvolk der Xiongnu, zu deren Abwehr die Chinesische Mauer errichtet worden war, werden Verträge geschlossen. Sie regeln insbesondere den Warenaustausch zwischen den beiden Mächten. Obwohl das Verhältnis immer wieder durch Zwischenfälle gestört wird, entsteht ein reger Warenverkehr. Von China gelangt Seide zu den Xiongnu, die sie nach West- und Vorderasien verhandeln.

In Rom gelangt die Komödie **»Mostellaria«** (Das Hausgespenst) des römischen Dichters Titus Maccius Plautus zur Uraufführung. Ort der Handlung ist das Haus des Handelsreisenden Theopropides in Athen. Während seiner Abwesenheit führen sein Sohn Philolaches und der Haussklave Tranio ein orgiastisches Leben und verjubeln auf Gelagen beinahe das ganze Vermögen des Hausherrn. Als dieser zurückkehrt, behauptet Tranio, man habe das Haus verkaufen müssen, da in ihm ein Hausgespenst spuke. Eine Zeit lang glaubt Theopropides den Schwindel. Als dieser schließlich auffliegt, zeigt er Großmut und lässt die Schwindler straffrei.

Um 200 v. Chr.

Skythen gründen Krimreich

Auf der Halbinsel Krim errichten die Skythen ihr letztes Reich. Das einst mächtige Volk, die Nomaden der russischen Steppen, musste seit Beginn des 3. Jh. v. Chr. einen kulturellen und wirtschaftlichen Niedergang hinnehmen. In ihrem Kernland, der unteren Dnjeprzone, verschwindet das skythische Volk immer mehr in der politischen und kulturellen Bedeutungslosigkeit. Nur auf der Krimhalbinsel behaupten sich nach wie vor skythische Könige. Sie haben das Nomadentum vollständig abgelegt und residieren stattdessen in Burgen, deren mächtigste beim heutigen Simferopol in die Höhe ragt. Die Nähe zum griechischen Einflussgebiet macht sich besonders in der Ausstattung und Bauweise dieser Burgen bemerkbar: Bis zu acht Meter starke Mauern umschließen einen Gebäudekomplex, der mit Flachdächern, Friesen und sogar einem Skulpturenprogramm versehen ist. In einem nahe gelegenen, nach griechischem Vorbild erbauten Mausoleum werden 39 Verstorbene übereinander bestattet. Doch auch auf der Krim neigt sich die große Zeit der Skythen ihrem Ende entgegen. Bis ins 4. Jh. n. Chr. residieren die Skythenkönige noch am Schwarzen Meer, dann fallen sie dem Ansturm der Hunnen und Goten zum Opfer.

Um 200 v. Chr.

Kelten bauen große Städte

Mit der Herausbildung von so genannten Oppida (großen Städten) beginnt die Spätphase der keltischen Kultur. In den Regionen des heutigen Süddeutschland und Frankreich wachsen kleine keltische Siedlungskerne zu den Oppida heran. Nach den Höhenburgen der frühkeltischen Fürsten, die im 6. Jh. v. Chr. aufgegeben wurden, sind die Oppida die größten befestigten Siedlungen des keltischen Jahrtausends. Sie erstrecken sich meist über mehrere Hektar, liegen an strategisch wie wirtschaftlich günstigen Plätzen und sind von mächtigen Wällen aus Holz, Stein und Erde umgeben. Berühmt ist u. a. das Oppidum von Manching bei Ingolstadt (Abb.: Kultbäumchen aus dem Manchinger Oppidum).

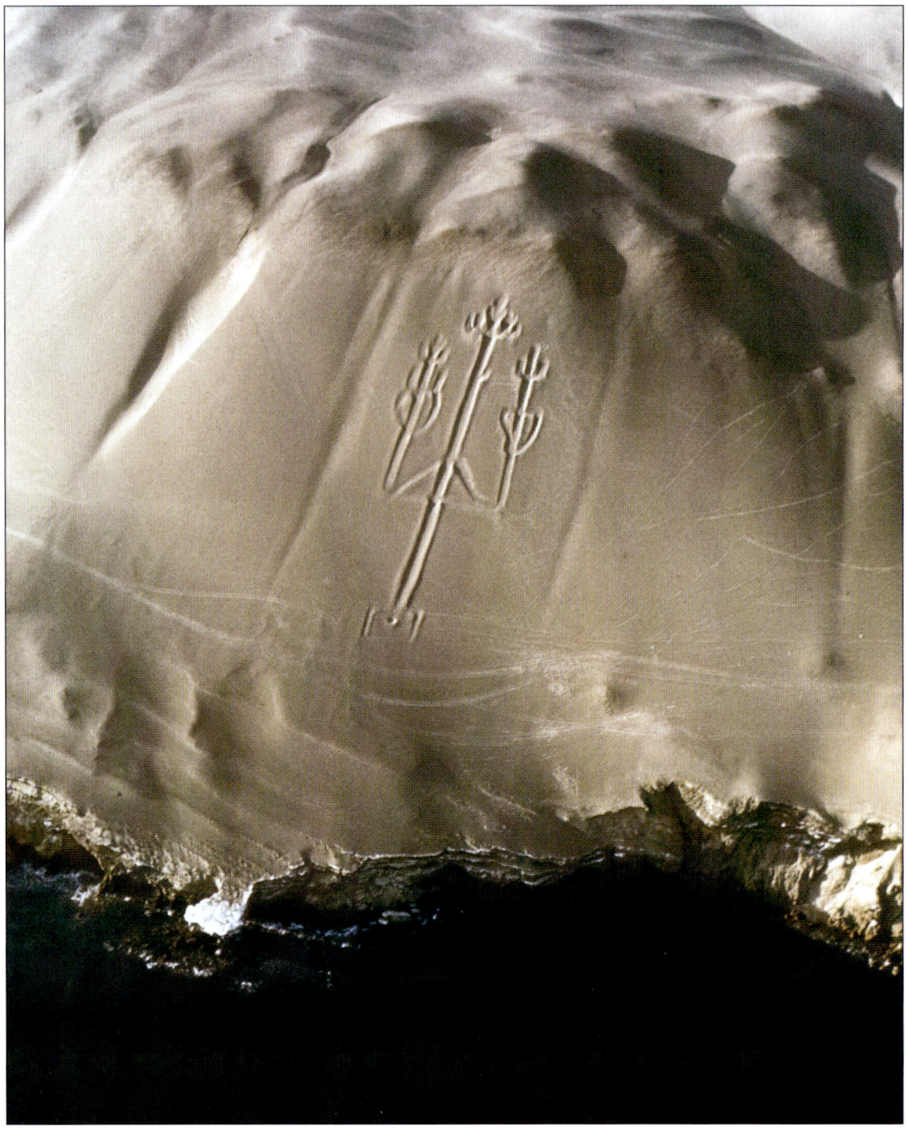

Um 200 v. Chr.

Rätselhafte Scharrbilder

Im Küstengebiet des heutigen Südperu legen Menschen einer unbekannten Kultur gewaltige Scharrbilder an (Abb.: der riesige Kandelaber auf der Paracas-Halbinsel). Ab 200 n. Chr. nehmen Angehörige der Nazcakultur diese Tradition auf und setzen sie fort. Die Zeichnungen werden deshalb auch in ihrer Gesamtheit als Nazca-Scharrbilder bezeichnet. Insgesamt entstehen zwischen 200 v. Chr. und 600 n. Chr. mehr als 900 Bilder verschiedener Größe und Form. Beeindruckend sind besonders die 70 Tier- und Pflanzenfiguren, darunter eine Spinne, ein Affe und ein 300 m großer Pelikan. Die Mehrzahl der Scharrbilder besteht aus geometrischen Formen. Die längste Figur ist eine etwa 15 km lange, in den Wüstenboden gekratzte gerade Linie.

Die Funktion der Kunstwerke ist bis heute ungeklärt. Die Tatsache, dass die Bilder vom Boden aus nicht wahrgenommen, sondern nur aus der Höhe als Ganzes erfasst werden können, leistete uferlosen Spekulationen über außerirdische Lebensformen und Landezeichen für Raumschiffe Vorschub. Eine heute verbreitete Theorie zieht völkerkundliche Vergleiche. Demnach war es bei den altamerikanischen Stämmen üblich, auf Wanderungen an Schreinen innezuhalten und dort zu beten oder zu meditieren. Bei den Nazcabildern könnte es sich um große Formen derartiger Schreine handeln, die zur Eingrenzung religiöser Zeremonien gedient haben mögen. Manche der Linien weisen auch astronomische Bezüge auf, einer anderen Theorie zufolge markieren die Scharrbilder unterirdische Wasservorkommen. Tatsächlich konnte festgestellt werden, dass unter einem Großteil der Bilder Wasserreservoirs liegen. In dem trockenen Klima der südperuanischen Wüstenregion ist Wasser überlebenswichtig.

202 v. Chr.

In China herrschen die Han-Kaiser

Der Kleinkönig Liu Bang besteigt den chinesischen Kaiserthron und begründet die Han-Dynastie, das bis ins Jahr 220 n. Chr. regierende Herrschergeschlecht im Reich der Mitte.
Die erste Zentralregierung Chinas unter Kaiser Qin Shi-Huangdi stützte sich auf die Ausbeutung des Volkes und der natürlichen Ressourcen des Landes. Nach dem Tod des ersten Kaisers 210 v. Chr. gelangte zunächst dessen Sohn Ershi-Huangdi auf den Thron. Doch im Volk galt der neue Kaiser als fragwürdiger Herrscher, der mit keiner großen Loyalität rechnen konnte. Kurz darauf kam es im ganzen Land zu lokalen Unruhen, die sich letztendlich alle gegen den Kaiser und sein Regime richteten. Im Laufe der Auseinandersetzungen setzten sich der aristokratische Heerführer Xiang Yu und der Beamte Liu Bang durch. Der als gewalttätig bekannte Xiang Yu erklärte sich selbst zum Hegemon über Westzhou. Um das gesamte Reich unter seine Kontrolle zu bringen, setzte Xiang Yu ein Dutzend Könige in den anderen Regionen des Landes ein. Einer dieser neuen Kleinkönige war Liu Bang, der über das Gebiet Han herrschte. Er stellte sich an die Spitze eines Bauernheeres und ging – seinerseits begierig auf die Kaiserwürde – mit Erfolg gegen die anderen Kleinkönige vor. Zwischen den Anhängern Liu Bangs und Xiang Yus kam es zum Kampf, den Liu Bang schließlich 202 v. Chr. gewinnt. Er erklärt sich zum neuen Herrscher ganz Chinas, begründet die Han-Dynastie und ernennt die Stadt Changan zur neuen Residenz. In die Geschichte geht er als Han Gaozu ein, ein Name, der ihm erst nach seinem Tod verliehen wird.

Das sog. Fliegende Pferd der Han-Zeit steht im Nationalmuseum von Peking.

Liu Bangs Eroberungen hatten sich auf ein Heer aus Bauern gestützt, die gegen die Repressalien des Qin-Reiches protestiert hatten. Dennoch hält er als neuer Kaiser am Verwaltungssystem seines im Volk verhassten Vorgängers fest. Die meisten Gesetze Qin Shi-Huangdis bleiben weiterhin in Kraft. Durch Volkszählungen und die Einrichtung eines Beamtentums bis in die kleinsten Siedlungen verschafft sich Liu Bang Zugriff auf jeden einzelnen seiner Untertanen – und damit auf dessen Steuern und Frondienste.

Üppige Grabbeigabe in Form eines Palasttores aus der Han-Zeit, zu bewundern im Britischen Museum in London

Um seine Macht zu etablieren, lässt Liu Bang im gesamten Reich zahlreiche Deportationen vornehmen. Besonders alte und einflussreiche Familien werden zwangsweise umgesiedelt. Mit dieser Maßnahme will der Kaiser die Macht der Clans brechen, indem er sie aus ihren angestammten Ländereien vertreibt. Die Umsiedlung großer Menschenmassen dient jedoch nicht nur politischen, sondern auch militärischen und wirtschaftlichen Zwecken. Regionen mit großem Bevölkerungsüberschuss werden ausgedünnt, um der Landwirtschaft mehr Fläche zur Verfügung zu stellen. Die Deportierten müssen an den Randgebieten des Reiches neues Land urbar machen und Sumpfgebiete trockenlegen. Besonders im Norden erschließen Tausende von Zwangsarbeitern auf diese Weise neue Ländereien und Verkehrswege, die der Versorgung des Heeres dienlich sind. Vor allem die Grenzkriege gegen die Xiongnu, die Vorläufer der Hunnen, halten den kaiserlichen Militärapparat an den Nordgrenzen in Atem.
Erst 191 v. Chr., vier Jahre nach dem Tod Liu Bangs, werden mit der Wiederzulassung verbotener Bücher und der Abschaffung der Verstümmelungsstrafe die schärfsten Gesetze des ersten Kaisers außer Kraft gesetzt.

Um 200 v. Chr.

Nachkriegskrise: Römische Wirtschaft am Boden

Nach Ende des Zweiten Punischen Krieges (Abb.: Niederlage Hannibals in der Schlacht von Zama 202 v. Chr.) kommt es in Rom zur Krise. Zwar haben die Römer den Krieg gegen Karthago gewonnen, doch sind die Ressourcen des Reiches nach den langen Kriegsjahren erschöpft. Hinzu kommt, dass die meisten der gefallenen römischen Soldaten Bauern waren und nun die Landwirtschaft in weiten Teilen Italiens brachliegt. Die meisten Ländereien gelangen in die Hände weniger Großgrundbesitzer, die versuchen, das Land von als Sklaven eingesetzten Kriegsgefangenen bearbeiten zu lassen. Die Soldaten, die aus dem Krieg heimkehren, finden ihre ehemaligen Güter nun im Besitz der römischen Oberschicht. So bleibt ihnen nichts anderes übrig, als in Rom selbst ein Auskommen zu suchen. Bald strömen die Veteranen mit ihren Familien zu Tausenden in die Stadt. Um das Schlimmste abzuwenden, erlassen die Senatoren ein Gesetz, nach dem jedem Heimkehrer entsprechend seiner Dienstdauer ein Stück Land zugewiesen wird. Damit entspannt sich die Lage ein wenig, doch die Misere hält weiter an.

Um 190 Im Heiligtum der ägäischen Insel Samothrake wird die sog. **Nike von Samothrake** aufgestellt. Die marmorne Siegesgöttin ist ein Weihgeschenk der Insel Rhodos anlässlich eines Sieges zur See. Das 1863 auf der Insel entdeckte, heute im Louvre in Paris ausgestellte Kunstwerk stellt eines der bedeutendsten Marmorwerke hellenistischer Kunst dar. Mit weit ausgebreiteten Schwingen steht die über drei Meter hohe Siegesgöttin auf dem Bug eines Schiffes. Der Gegenwind zeigt sich in dem meisterhaft gearbeiteten flatternden Faltenwurf des Gewandes. Ursprünglich hielt die Nike eine Sieg verkündende Trompete in den Händen.

In Palästina entsteht das Buch **Jesus Sirach**, eine der Zusatzschriften des Alten Testaments. Sie wird von der katholischen Kirche zum Kanon des Alten Testaments gezählt, in der evangelischen Kirche hingegen nicht. Das Buch Jesus Sirach wird in hebräischer Sprache von dem Schreiber Ben Sira verfasst und enthält als typische jüdische Weisheitsliteratur Unterweisungen, Hymnen und Gebete über die Weisheit. 132 v. Chr. wird das Buch in Alexandria von einem Enkel des Verfassers ins Griechische übersetzt.

190 Eine **Sonnenfinsternis** verdunkelt den Athener Himmel. Sie wird auch, so schildert es der römische Geschichtsschreiber Livius in seinem Werk »Ab urbe condita«, beim Heeresauszug des Konsuln Lucius Cornelius Scipio im Krieg gegen den Diadochenkönig Antiochos III. beobachtet. Die Tatsache, dass die Finsternis in Athen total ist, in Alexandria der Mond hingegen nur 4/5 der Sonne bedeckt, dient später dem Astronomen Hipparchos als Grundlage seiner astronomischen Berechnungen.

187 Unter dem Konsul Marcus Aemilius Lepidus beginnen die Römer mit dem Bau der **Via Aemilia**. Sie führt über 262 km als Fortsetzung der Via Flaminia von Ariminum, dem heutigen Rimini, nach Placentia (Piacenza) in der Po-Ebene.

197 v. Chr.

Rom zieht gen Osten

In der Schlacht bei Kynoskephalai (griech.: »die Hundsköpfe«, ein 726 m hoher Gebirgszug in Thessalien) besiegen römische Legionen die Truppen des makedonischen Königs Philipp V. Damit kommt die militärische Auseinandersetzung zwischen dem nach Osten expandierenden Rom und einem seiner Hauptgegner zu einem vorläufigen Ende.
Bereits 200 v. Chr. waren römische Truppen im heutigen Albanien gelandet, um den Kampf gegen die Makedonen aufzunehmen. Es kam zum Ausbruch des so genannten Zweiten Makedonischen Krieges. Ursache dafür war die Ausweitung der makedonischen Herrschaft bis nach Kleinasien in Allianz mit dem Seleukiden-Reich sowie die Unterstützung Philipps V. für Karthago im kurz zuvor beendeten Zweiten Punischen Krieg. Mit den nach der Unterwerfung Karthagos freigewordenen Legionen ging Rom im Osten des Mittelmeerraumes zum Angriff über. Der Kampf wurde von römischer Seite zunächst jedoch wenig erfolgreich geführt. Erst als 198 v. Chr. der neu gewählte Konsul Titus Quinctius Flaminius den Oberbefehl über die römischen Truppen übernahm, wendete sich das Blatt. Flaminius startete eine diplomatische Offensive, mit der er sich intensiv um die Unterstützung der griechischen Städte und Staatenbünde bemühte. Wie erwartet fand er dankbare Verbündete, denn die makedonische Vorherrschaft war den anderen Griechen ein Dorn im Auge. Sie sagten den Römern ihre Hilfe bei der Truppenversorgung zu. Dermaßen abgesichert, begann Flaminius seinen Angriff gegen das makedonische Heer.
In der Ebene bei Kynoskephalai gelingt Flaminius im Juni 197 v. Chr. ein überragender Sieg über Makedoniens König Philipp V. Die beweglichen römischen Truppen können sich erfolgreich gegen die starre makedonische Phalanx behaupten. Im folgenden Friedensvertrag muss der Makedone die von ihm eroberten Gebiete abtreten. Die makedonischen Besatzungen in Korinth, Demetrias und Chalkis auf Euböa werden aufgelöst, die Herrschaft des Königs wird auf das Kernland Makedonien beschränkt. Nach dieser Demütigung durch seine römischen Gegner hält Philipp V. fortan Frieden mit Rom; der Zweite Makedonische Krieg ist beendet.
Ein einschneidendes Resultat des Krieges ist die im Frühsommer 196 v. Chr. von Flaminius vorgenommene Freiheitserklärung für Griechenland. Bei den Isthmischen Spielen in Korinth, einem für alle Griechen bedeutsamen Fest ähnlich den Olympischen Spielen, nutzt er die Gelegenheit zu einer wohl überlegten politischen Geste. Die Befreiung von der makedonischen Herrschaft verklärt Flaminius zu einer Bestätigung der politischen Unabhängigkeit der griechischen Städte. Rom erscheint damit als Befreier von fremder Vorherrschaft, sichert sich aber faktisch selbst weiterhin den Einfluss auf die traditionell uneinigen Griechen. Die Erklärung der Autonomie fällt dennoch auf fruchtbaren Boden. Die Griechen feiern Flaminius sogar als Soter (griech.: »Retter/Erlöser«) und Philhellenos (»Freund der Griechen«). Zu Ehren Flaminius' werden in Griechenland sogar Goldmünzen mit seinem Bildnis geprägt. Diese ersten Porträts eines lebenden Römers auf Münzen wären in der römischen Republik hingegen undenkbar, weil die Selbstdarstellung Einzelner in Rom als unerwünschte Erinnerung an die etruskische Königsherrschaft gilt. Im Osten des Mittelmeerraumes aber, wo die Verehrung der jeweiligen Herrscher und Könige eine lange Tradition hat, ist dies ein vertrauter Vorgang.
Obwohl Flaminius selbst an griechischer Kultur interessiert ist, vergisst er nicht seine Aufgabe als römischer Konsul. Bis 194 v. Chr. verbleibt er mit einem Heer, nun als Prokonsul (d. h. in Verlängerung seiner Tätigkeit mit den Vollmachten eines Konsuls), zur Neuordnung des Landes in Griechenland. Dann kehrt er nach Rom zurück, wo der Feldherr in einem großen Triumphzug zur Feier seines Sieges bei Kynoskephalai zum Kapitol zieht.

Flaminius verkündet den Griechen bei den Isthmischen Spielen die Freiheit; Holzstich, 19. Jh.

188 v. Chr.

Hartnäckiges Diadochenreich bezwungen: Seleukiden schließen Frieden

Mit dem Frieden von Apameia in Phrygien schalten die Römer ihren größten Widersacher unter den hellenistischen Königen aus. Antiochos III. von Syrien muss demütigende Bedingungen hinnehmen und alle Eroberungen westlich des Taurus-Gebirges aufgeben.
Antiochos III., genannt der Große, war seit seiner Thronbesteigung im Jahr 223 v. Chr. auf die Wiederherstellung des Seleukiden-Reiches in seinen alten Grenzen von Griechenland bis nach Mesopotamien bedacht. 194 v. Chr. nutzte er den Abzug der römischen Truppen aus Griechenland und setzte über den Hellespont (heute Dardanellen). 191 v. Chr. schlugen ihn zwei aus Rom zurückgekehrte Legionen bei den Thermopylen und trieben Antiochos nach Ephesos in Kleinasien zurück. Dort kam es bei Magnesia am Mäander (heute Manisa) in den letzten Tagen des Jahres 190 v. Chr. zur entscheidenden Schlacht mit den Römern.

Antiochos der Große

(Antiochos III.) König von Syrien, *243/242 v. Chr., †Susa 187 v. Chr.

Der Sohn des Seleukos II. Kallinikos folgt 223 v. Chr. seinem älteren Bruder Seleukos III. auf den Thron des Seleukiden-Reiches. 220 v. Chr. schlägt er in Medien den Aufstand des Statthalters Molon nieder. 217 v. Chr. unterliegt er zwar im Vierten Syrischen Krieg dem Ägypter Ptolemaios IV. bei Raphia, behält aber die wichtige Stadt Seleukia Pieria. Von 212 bis 205 v. Chr. erneuert er in einem Feldzug bis nach Indien (Anabasis) die seleukidische Oberhoheit über Armenien, Parthien und Baktrien, von 201 bis 195 v. Chr. erobert er Südsyrien und Palästina. Antiochos wird bei der Plünderung eines Baaltempels in der Nähe von Susa erschlagen.

- 203 v. Chr.: Abschluss eines Geheimvertrags mit Philipp V. von Makedonien zur Teilung des Ptolemäer-Reiches
- 194 v. Chr.: Heirat von Tochter Kleopatra mit Ptolemaios V.

Trotz einer zahlenmäßigen Unterlegenheit von etwa 23 000 Römern und Verbündeten gegen etwa 50 000 Feinde siegte das römische Heer nach einem dramatischen Gefecht. Antiochos III. verlor gleich zu Beginn die Kontrolle über seine kampfstarke Kavallerie, als diese kleinere römische Truppenteile verfolgte. Die übrigen Legionen zerschlugen die seleukidischen Kerntruppen. Als Antiochos mit seiner Kavallerie wieder auf dem Schlachtfeld eintraf, war seine Armee vernichtet und das Lager eingenommen. Der seleukidische König, seiner gesamten militärischen Macht beraubt, stimmte Friedensverhandlungen zu. Mit dem offiziellen Friedensschluss 188 v. Chr. ist sowohl die Eindämmung Antiochos' III. als auch die unumstrittene Vorherrschaft Roms besiegelt. Neben der Abtretung von Gebieten muss Antiochos die ungeheure Summe von 15 000 Talenten (90 Mio. Drachmen) als Entschädigung zahlen.

187 v. Chr.

Indische Shunga-Dynastie beweist religiöse Toleranz

Mit der Ermordung des letzten Königs der Maurya-Dynastie, Brhadratha, läutet der Feldherr Pushyamitra als Usurpator die Herrschaft der Shunga in Nordindien ein. Anders als ihre Vorgänger, die dem Buddhismus zugeneigt waren, fühlen sich die Könige der Shunga-Dynastie dem Brahmanismus verpflichtet. Sie lassen die zuvor verbotenen blutigen Tieropfer wieder zu und fördern die hinduistische Religion sowie die Verehrung des viergesichtigen und vierarmigen Brahma, der in der hinduistischen Götterdreiheit aus Brahma, Vishnu und Shiva (Abb.: Brahma, l., und Shiva; indische Miniatur) die Schöpfungskraft symbolisiert. Die buddhistischen Untertanen werden allerdings in ihrer Religionsausübung keineswegs eingeschränkt. Vielmehr lassen die Shunga-Könige sogar die buddhistischen Heiligtümer ausbauen.
Das Klima gegenseitiger Toleranz führt sowohl zu einer wirtschaftlichen als auch einer kulturellen Blüte. Für etwa 150 Jahre beherrschen Könige aus der Familie der Shunga von ihrer Hauptstadt Pataliputra (heute Patna) und später von Vidisa aus das nordindische Königreich. Pushyamitra selbst regiert bis 149 v. Chr.

187 v. Chr.

Kaiserin Lü regiert in China

Nach dem Tod des Huidi, eines eher unbedeutenden Herrschers der chinesischen Han-Dynastie, schlägt im Jahr 188 v. Chr. die Stunde seiner machtbewussten Mutter, die als Kaiserin Lü in die Geschichte Chinas eingeht. Zunächst sorgt Lü für die Ernennung eines Adoptivsohnes zum Kaiser. Dann aber lässt sie diesen ermorden und übernimmt selbst die Regierung. Sie wird zur einzigen Frau, die in den offiziellen Herrscherlisten Chinas als Regentin geführt wird. Sieben Jahre lang bis zu ihrem Tod im Jahr 180 v. Chr. regiert die Kaiserin das Han-Reich mit harter Hand. Ihre Herrschaft stützt sich vor allem auf Mitglieder ihrer Familie, denen sie wichtige Posten im Staatsapparat verschafft. Fast gelingt es diesen nach dem Tod der Kaiserin sogar, den Thron mit einem eigenen Kandidaten zu besetzen. Dieses verhindern aber die Anhänger des verstorbenen Ehemannes der Kaiserin. Sie überwältigen Lüs Familie und töten alle potenziellen Thronrivalen.
Die im Reich der Mitte ungewohnte Regierung durch eine Frau führt später zu einer äußerst schlechten Beurteilung der Kaiserin durch die chinesischen Geschichtsschreiber. Selbst für die Fehler anderer Kaiser wird Lü von vielen Historikern verantwortlich gemacht.

189 v. Chr.

Chance genutzt: Artaxias gründet das großarmenische Reich

Artaxias, der Statthalter des seleukidischen Königs in Armenien, nutzt die Schwächung Antiochos' III. nach dessen Niederlagen gegen Rom zum Aufbau einer eigenen Herrschaft. Die von ihm gegründete Artaxiden-Dynastie führt das so genannte großarmenische Reich im 1. Jh. v. Chr. zur Blüte, bis es 66 v. Chr. von den Römern unterworfen wird (Abb.: Tigranes II., großarmenischer König von 94 bis 56 v. Chr.).

189 v. Chr. nimmt Artaxias den Königstitel an und erbaut im folgenden Jahr als neues Zentrum seines großarmenischen Reiches die Hauptstadt Artaxata (heute Artashat südöstlich von Eriwan). Damit folgt er dem Beispiel Alexanders des Großen und anderer Könige der hellenistischen Zeit, die zuvor schon Städte nach sich benannt hatten. Artaxias siedelt auch griechische Kolonisten an. Inschriften dieser Siedler, welche später in Artaxata gefunden werden, überliefern der Nachwelt unter anderem Texte des berühmten Tragikers Euripides.
Artaxias wurde 215 v. Chr. geboren. Durch die geschickte Ausnutzung der nach der Niederlage von Magnesia (s. o.) ungesicherten politischen Lage gelingt ihm die Schaffung einer von den Seleukiden unabhängigen Herrschaft. 164 v. Chr. muss Artaxias aber zumindest nominell wieder die Oberherrschaft eines Seleukiden-Königs, Antiochos IV., anerkennen. Wiederkehrende Unruhen im Seleukiden-Reich nutzt Artaxias 160 v. Chr. abermals zu seinen Gunsten, indem er Aufstände gegen den neuen Seleukiden-König Demetrios I. unterstützt. Nach dem Tod des Artaxias 95 v. Chr. geht die Herrschaft über das großarmenische Reich auf seinen Sohn Tigranes I. über.

Das Reich und sein Heer

In den letzten drei Jahrhunderten v. Chr. beginnt die Ausdehnung Roms über Italien und den gesamten Mittelmeerraum. Während sich andere Kulturen wie die der Griechen und Phöniker dank zivilisatorischer Höchstleistungen und begehrter Handelswaren an fremden Küsten festsetzten, verlassen sich die Römer fast ausschließlich auf die Macht des Schwertes. In den folgenden 700 Jahren überziehen die Eroberer vom Tiber Europa und Asien mit Krieg. Ihren Erfolg verdanken sie einem von Anfang an konsequent durchorganisierten Militärkörper: der römischen Legion.

Der Kampf der Legionäre gegen die »wilden« Barbaren gehört zu den beliebten Darstellungssujets im Römischen Reich.

*Das römische Heer zur Zeit Cäsars umfasste rund 64 000 Mann, von denen 50 000 die eigentlichen **Legionen** bildeten. Diese waren wie folgt organisiert:*

1 Legion = 10 Kohorten = 3600–6000 Mann
1 Kohorte = 3 Manipel = 360–600 Mann
1 Manipel = 2 Zenturien = 120–200 Mann
1 Zenturie = 60–100 Mann

Die Legion – Herz der römischen Armee

Die Römer sind zu keiner Zeit ihrer Geschichte eine Seemacht. Zwar bemühen sie sich, mit ihren wendigen Kriegsschiffen das Mittelmeer zu kontrollieren, doch schlagen sie fast sämtliche wichtigen Schlachten mit ihren gewaltigen und gut ausgebildeten Landheeren. Das Herzstück dieses Heeres ist die Legion. Ihre Zahl schwankt je nach politischer Lage. Im 2. Jh. v. Chr. stehen dem römischen Militärtribunen meist acht Legionen zur Verfügung. Zu Beginn der Kaiserzeit um 27 v. Chr. stehen 28 Legionen unter Waffen. Jede Legion ist mit einer Zahl und einem Namen gekennzeichnet, aus der ihre Stationierung ablesbar ist. Prägungen wie »III Gallica« oder »II Parthica« auf Legionärsausrüstungen liefern heute wertvolle Hinweise für die Rekonstruktion der römischen Militärgeschichte.

Zwar verändert sich die durchschnittliche Stärke einer Legion im Laufe der römischen Geschichte, doch bleibt die Organisation stets gleich. Kleinste Einheit ist das Contubernium, eine Gruppe von Männern, die sich ein Zelt, einen Packesel und einen Satz Essgeschirr teilen. Sie sind in Zehnergruppen zu einer Zenturie zusammengefasst, die demnach aus 60 bis 100 Mann besteht und von einem Zenturion angeführt wird. Die kleinste Kampfeinheit ist die Kohorte. Sie setzt sich aus sechs Zenturien zusammen. Zehn Kohorten wiederum bilden eine Legion.

Adlerstandartenträger (Aquilifer) und Legionsbefehlshaber (Imperator); Historienbild, 19. Jh.

*Römische Legionstruppen wurden durch angeworbene, nichtrömische Hilfstruppen **(Auxilia)** verstärkt. In Cäsars Heer etwa kämpften die Bogenschützen (sagittarii) aus Kreta und die Schleuderer (funditores) von den Balearen. Cäsars Kavallerie bestand u. a. aus den Reitern auf den Flügeln (equites alariae), eine aus Numidern, Spaniern, verbündeten Galliern und Germanen bestehende Einheit. Sie waren in Schwadronen (turmae) zu je drei Dekurien unterteilt, die wiederum jeweils zehn Reiter umfassten. Als Pferdeknechte (calones) und Treiber (muliones) dienten in der Regel Sklaven.*

Kampf um die Standarte

Eines der wichtigsten Merkmale des römischen Heeres ist die Standarte – ein langer Stab, an dem zahlreiche Insignien befestigt sind. Diese Feldzeichen dienen nicht allein dazu, die Erfolge der Legionen sichtbar zu machen, sie haben auch einen praktischen Nutzen im Feld. Jede Legion, jede Kohorte und sogar jede einzelne Zenturie verfügt über ihre eigene Standarte, die von einem hohen Offizier, dem Signifer, geführt wird. Der Signifer unterscheidet sich von seinen Kameraden durch Tierhäute und -köpfe, die er über der Uniform trägt. In der Schlacht dienen die Standarten als Mittel, die Soldaten zusammenzuhalten, da sie über den Köpfen der Kämpfenden gut sichtbar sind. Besondere Bedeutung kommt dem Legionsadler zu, der die größte und wichtigste Standarte schmückt und stets aus kostbarem Metall, meist Silber, geschmiedet ist. Die Adlerstandarten werden von einem Offizier,

Ein Schildbuckel aus der Varusschlacht von Kalkriese (Niedersachsen) wird der Ausrüstung eines römischen Legionärs zugerechnet.

dem Aquilifer, getragen, der als Zeichen großer Stärke mit einem Löwenfell geschmückt ist. Die Einbuße eines Legionsadlers im Feld gilt den Legionären als großer Ehrverlust. Neben den Standartenträgern haben die Hornbläser als Signalgeber eine wichtige Aufgabe im Feld.

Schildkrötenformationen greifen an

Neben dem Kampf auf dem offenen Schlachtfeld müssen Legionäre Städte und Festungen erobern. Eine der effektivsten Kampfformationen bei Belagerungen ist der Testudo, die sog. Schildkröte. Dabei schließen sich die Legionäre zu einer dicht stehenden Einheit zusammen und schützen sowohl die Seiten als auch die Köpfe mit einem fast lückenlosen Panzer ihrer Schilde. Während die in der Schildkröte geschützten Legionäre gegen Pfeilbeschuss immun sind, können sie fast ungehindert hinter die feindlichen Linien stürmen.
Bei Belagerungen kommen auch die römischen Kriegsmaschinen zum Einsatz, allen voran die Steine und Pfeile verschießenden Katapulte oder kleine Geschütze wie der Scorpio. Daneben führen die Legionen auch Drehkraft- oder Torsionsgeschütze wie die Balliste mit sich.

Das Römische Reich befand sich zur Zeit der Republik quasi ständig im Kriegszustand. Beinahe nahtlos reihen sich die Auseinandersetzungen mit benachbarten Völkern oder innerhalb des Imperiums aneinander:

343–341 v. Chr.:
1. Samnitenkrieg

326–304 v. Chr.:
2. Samnitenkrieg

298–290 v. Chr.:
3. Samnitenkrieg

282–272 v. Chr.:
Krieg gegen Pyrrhos

264–241 v. Chr.:
1. Punischer Krieg

229–228 v. Chr.:
1. Illyrischer Krieg

219 v. Chr.:
2. Illyrischer Krieg

218–201 v. Chr.:
2. Punischer Krieg

215–205 v. Chr.:
1. Makedonischer Krieg

200–197 v. Chr.:
2. Makedonischer Krieg

171–168 v. Chr.:
3. Makedonischer Krieg

154–133 v. Chr.:
Spanische Kriege

149–146 v. Chr.:
3. Punischer Krieg

111–105 v. Chr.:
Krieg gegen Jugurtha

91–88 v. Chr.:
Bundesgenossenkrieg

88–82 v. Chr.:
1. Bürgerkrieg

58–51 v. Chr.:
Gallischer Krieg

49–45 v. Chr.:
2. Bürgerkrieg

Im Fokus

Der Beruf des Legionärs sichert das soziale Überleben

Noch zu Beginn der römischen Expansion, im 3. Jh. v. Chr., besteht das Heer der Tiberrepublik aus Bauern. Erst als die großen Verluste im Zweiten Punischen Krieg die Ländereien um Rom verwaisen lassen, beginnen die Senatoren damit, ein Berufsheer aufzustellen.
Die Karriere als Legionär ist für viele Römer die einzige Alternative zu Armut und Hunger. Wer sich dem römischen Heer verpflichtet, dient zu Zeiten der Republik 16 Jahre lang, in der Kaiserzeit verlängert sich die Dienstdauer auf 26 Jahre. Nur einen Teil dieser Zeit verbringt der Legionär im Feld. Veteranen können sich auf passive Posten wie Leibgarde-Dienste zurückziehen. Eine ehrenhafte Entlassung nach Erfüllung der kompletten Dienstzeit beinhaltet eine Abfindung, die für einen einfachen Römer ein kleines Vermögen ausmacht, sowie ein Stück Land, auf dem der Veteran sich als Bauer zur Ruhe setzen kann. Wer nicht das römische Bürgerrecht besaß, konnte auch kein Legionär werden. Solche Söldner wurden in Auxiliar-Einheiten (Hilfstruppen) zusammengefasst und in der Regel von römischen Offizieren befehligt.
Der einfache Legionär hat an seiner Ausrüstung schwer zu tragen. Auf den meist tagelangen Märschen und im Kampf trägt er als Rüstung eine wollene Tunika und darüber ein Kettenhemd, das in der Kaiserzeit durch einen Bandpanzer ersetzt wird. Hinzu kommen ein rechteckiger Schild (Scutum), ein oder zwei Speere (Pilum) und das Schwert (Gladius). Das weitere Gepäck mit Essgeschirr, Zelt und Schlafrollen von etwa 30 kg Gewicht trägt der Legionär an einem Holzkreuz auf dem Rücken. Der schwere Eisenhelm (Galea) bietet zwar Schutz in der Schlacht, wird oft jedoch als lästig empfunden: Archäologen entdeckten in Palästina Legionärshelme ohne Kampfspuren, die wohl einfach weggeworfen worden waren.
Neben Kämpfen und Marschieren müssen die Legionäre noch eine Reihe weiterer Aufgaben erfüllen. Wenn sich eine Legion dauerhaft niederlässt, sind es die Soldaten, die in oft monatelanger Arbeit das Lager errichten. Dazu zählt das Arbeiten im Steinbruch, das Ausheben von Gräben, das Errichten von Wehranlagen sowie das Anlegen von Straßen und Brücken. Viele Veteranen verbleiben in den römischen Provinzen und kehren nach ihrer Entlassung nicht mehr in die Heimat zurück. Sie vermischen sich mit der Bevölkerung der römisch besetzten Gebiete.

Gut bewehrt mit Schild und Speer: Römischer Legionär in voller Rüstung

185 Im Heiligtum von Delphi wird der Geograf **Skymnos von Chios** geehrt. Für seine wissenschaftlichen Verdienste als Verfasser eines Reisehandbuches erhält er eine Auszeichnung als »Freund der Poleis«. Als solcher genießt Skymnos neben hohem Ansehen auch wirtschaftliche Vorteile. In mindestens 16 Büchern, von denen nur neun Fragmente erhalten sind, gibt der Gelehrte einen Überblick über Geschichte, Gründungssagen sowie die Vegetation von Städten und Landschaften in Asien, Libyen und Europa.

184 Makedoniens König **Philipp V.** prägt mit seinem Kommentar zu einer juristischen Niederlage ein noch heute verbreitetes Sprichwort. Griechische Städte hatten in Rom Klage gegen die Ausdehnung des makedonischen Herrschaftsbereiches erhoben. Als der römische Senat entscheidet, Philipp müsse seine Eroberungen zurückgeben, reagiert dieser mit dem Satz: »Es ist noch nicht aller Tage Abend.« Tatsächlich widersetzt er sich bis zu seinem Tod im Jahr 179 v. Chr. dem Urteil.

183 Um der drohenden Auslieferung an den Todfeind Rom zu entgehen, begeht der karthagische Feldherr **Hannibal** im Exil Selbstmord. Seit dem Jahr 195 v. Chr. hielt sich Hannibal, der im Zweiten Punischen Krieg Rom mehrfach an den Rand der Niederlage gebracht hatte, an verschiedenen Königshöfen in Kleinasien auf. Als Rom ultimativ vom bithynischen König Prusias die Auslieferung Hannibals verlangt, vergiftet der Karthager sich im Alter von 64 Jahren in Libyssa. Das Grab des im ganzen Altertum hoch geschätzten Feldherrn wird fast 400 Jahre später auf Befehl des römischen Kaisers Septimius Severus prachtvoll ausgebaut.

König **Demetrios I.** von Baktrien (heute größtenteils Afghanistan) zieht nach dem Vorbild Alexanders des Großen mit einem mächtigen Heer nach Nordindien. Tatsächlich gelingt ihm die Vergrößerung seines Reiches und die Eroberung Nordindiens. Dieses Ereignis bestimmt die zukünftige Geschichte und Entwicklung Baktriens, da sich dessen Schwerpunkt weiter nach Osten verlagert. Sogar seinen Königshof verlegt Demetrios nach Sakala im Nordwesten Indiens. Unter seiner Herrschaft wird der Buddhismus Staatsreligion.

184 v. Chr.

Witz, der sitzt – Plautus und die römische Komödie

In Rom stirbt Titus Plautus (s. Abb.), der erste römische Komödiendichter. Seine durch volkstümliche Sprache, derben Witz und ironische Überzeichnung gekennzeichneten Stücke erfreuen sich beim Publikum größter Beliebheit.

Plautus entlehnte seine Stoffe der zeitgenössischen griechischen Komödie des Menander (siehe S. 300) und passte die darin auftretenden Charaktere römischen Verhältnissen an. Verwechslungs- und Travestiegeschichten, überraschende Wendungen und sentimentale Ereignisse entsprechen Geschmack und Erwartung des römischen Publikums.

Plautus kam angeblich über die Bühnenarbeit zum Komödienschreiben. Nach der beliebten Figur des Dummkopfes (Maccus) nannte sich Plautus selbst scherzhaft Maccus. 20 Stücke sind vollständig erhalten und tragen Titel wie »Miles Gloriosus«, »Aulularia« und »Stichus«. Im Jahr seines Todes wird sein letztes Stück aufgeführt.

Um 185 v. Chr.

Teotihuacán gegründet

48 km nordöstlich des heutigen Mexiko City. gründen altamerikanische Ureinwohner die Stadt Teotihuacán. Die Siedlung entwickelt sich in den folgenden Jahrhunderten zu einem religiösen Zentrum und zur bedeutendsten Metropole einer vorkolumbischen Kultur in Mittelamerika.

Die Anfänge Teotihuacáns sind bescheiden. Am Rande des mexikanischen Hochlandes gelegen, ist die Stadt zuerst nur von geringer Bedeutung für die Region. Andere Zeremonialzentren wie Cuicuilco mit rund 20000 Einwohnern stehen im Mittelpunkt. Dies ändert sich erst, als eine Reihe von Vulkanausbrüchen im Süden des Hochlandes um die Zeitenwende sowie die Zerstörung von Cuicuilco durch den Ausbruch des Xitli um 100 n. Chr. die aus dem Süden flüchtende Bevölkerung nach Teotihuacán verschlagen.

Nun kommen auch die Stärken der Stadt zum Tragen. Dank des Monopols auf den wichtigen Werkstoff Obsidian, der für die Herstellung von Schneide-Instrumenten benötigt wird, können große Gewinne erwirtschaftet werden. Handelsverbindungen werden ausgebaut und tragen dazu bei, dass Teotihuacán überregionale Bedeutung erlangt. Die Existenz einer Kulthöhle, die als Geburtsort der Götter gilt, legt den Grundstein für die religiöse Vormachtstellung der Stadt. Ein umfassendes Bauprogramm macht den neuen Anspruch Teotihuacáns als wirtschaftliches und religiöses Zentrum sichtbar. Im Kern der Metropole entsteht ein großflächiger Zeremonialbezirk zu beiden Seiten der »Straße der Toten«. Neben Obsidianwerkstätten und kleineren Wohngebäuden werden hier mindestens 75 Heiligtümer errichtet, darunter im Norden die 42 m hohe Mondpyramide und im Osten die 65 m hohe Sonnenpyramide. Die heutigen Bezeichnungen sind irreführend. Tatsächlich sind die beiden Stufenpyramiden, auf deren obersten Etagen sich früher Tempel befanden, den Hauptgöttern der Stadt gewidmet: dem Regengott und der Großen Göttin.

Teotihuacán erlangt in vielen Bereichen zuvor unbekannte Dimensionen. In ihrer Blütezeit um 500 n. Chr. leben hier etwa 200000 Menschen auf einer Fläche von 20 km^2. Der Sonnentempel mit Grundmaßen von 220 x 220 m und einem Rauminhalt von 1 Mio. m^3 zählt zusammen mit Cheops-Pyramide und Chephren-Pyramide (beide in Gizeh) zu den weltgrößten Bauten.

Die gewaltige Sonnenpyramide überragt noch heute die Ruinen des großen Kultzentrums.

184 v. Chr.

Cato zum Zensor berufen

Der 234 v. Chr. geborene Marcus Porcius Cato (s. Abb.) wird in Rom zum Zensor berufen. Damit erreicht er den Höhepunkt seiner politischen Karriere. Cato sorgt durch seine rigide Amtsführung für die Wahrung und Durchsetzung altrömischer Moralvorstellungen und Sitten. Er unterzieht den Ritterstand einer strengen Musterung und verstößt sieben Mitglieder des Senats wegen schlechter Lebensführung. Cato gilt seinen Mitbürgern als Sinnbild eines uneigennützigen Staatsdieners und wird hoch verehrt. Seine im Dritten Punischen Krieg programmatisch geworden Forderung: »Im Übrigen fordere ich, dass Karthago zerstört werden muss«, ist eines der berühmtesten Zitate der römischen Antike.

184 v. Chr.

Ein Bautyp mit Zukunft: Am Tiber wächst die Basilika Porcia

In Rom entsteht mit der Basilika Porcia das erste zu mehreren Zwecken nutzbare öffentliche Gebäude der Stadt. Der Bau liegt auf dem Forum Romanum, direkt westlich neben der Kurie, dem Tagungsort des Senats. Auf dem Baugrund im Zentrum Roms müssen mehrere Geschäfte und zwei Privathäuser dem Neubau weichen, wie der römische Geschichtsschreiber Livius berichtet. Die Basilika besteht aus einer hohen, lang gestreckten Halle und dient in erster Linie als Gerichtsstätte. Sind keine Versammlungen anberaumt, treffen sich hier politische Gruppen, um abseits von Senat und Kurie Reden vor interessierten Passanten zu halten. Ferner dient das Gebäude an bestimmten Tagen als Markthalle. Absperrungen und Schranken im Innern ermöglichen es, gleichzeitig mehrere Veranstaltungen abzuhalten.
Die Ausschmückung der Innenräume mit verschiedenen Marmorarten und dekorativen Reliefs bietet zudem der römischen Oberschicht eine willkommene Gelegenheit zur Selbstdarstellung im politischen Konkurrenzkampf. 179 v. Chr. entsteht mit der Basilika Aemilia der nächste Hallenbau am Forum Romanum, dem schnell weitere folgen. Die Basilika Porcia fällt 52 v. Chr. einem Feuer zum Opfer und wird nicht wieder aufgebaut. Die in republikanischer Zeit entwickelten Basiliken sind direkte Vorgänger der ersten christlichen Gotteshäuser, die im 4. Jh. n. Chr. in Rom entstehen (Abb.: Altchristliche, vom römischen Typus abgeleitete Form der Basilika).

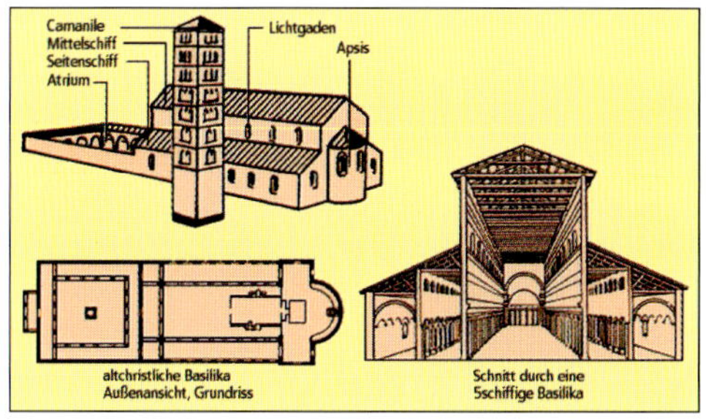

181 v. Chr.

Gründung Aquileias sichert die Nordgrenze des Weltreichs

Nach langjährigen Auseinandersetzungen mit einfallenden keltischen Stämmen gründet der römische Senat die Kolonie Aquileia in Norditalien (Abb. l.: Fußboden-Mosaik in der Basilika von Aquileia). Die Stadt entwickelt sich in der Kaiserzeit zu einer der bedeutendsten Metropolen. Die Römer gründen in der ersten Hälfte des 2. Jh. v. Chr. mehrere Städte, um die Nordgrenze zu sichern. Modena, Parma und Bologna gehen ebenfalls auf diese Zeit zurück.
Aquileia liegt zehn Kilometer von der Adriaküste entfernt und ist nach dem Fluss Aquilis benannt. 169 v. Chr. mit weiteren Neusiedlern verstärkt, steigt Aquileia zu einer der wichtigsten Städte der Region auf. Berühmt ist die Stadt für ihren lebhaften Handel und Reichtum. In ihrer Nähe befinden sich Goldminen, die bis auf die letzte Unze ausgebeutet werden. 175 und 148 v. Chr. profitiert Aquileia vom Bau neuer Straßen und den damit verbesserten Transportmöglichkeiten.
Die Hauptstadt des Bezirkes Velina gilt in der Spätantike als die neuntgrößte Stadt im Reich. Im 2. Jh. n. Chr. kann die Vernichtung Aquileias durch die Markomannen in letzter Minute verhindert werden. Erst 451 n. Chr. wird Aquileia durch den Hunnenkönig Attila erstmals erobert.

186 v. Chr.

Senat sorgt sich um die Staatsräson: Bacchantische Kulte sind in Rom künftig verboten

Berichte über angebliche Ausschweifungen und vermeintliche Verbrechen bei der nächtlichen Verehrung des Gottes Bacchus (griech. Dionysos) führen zu einer rigorosen Reaktion des römischen Staates. Der Senat beschließt, diese Geheimkulte zu zerschlagen. Die bacchantischen Kultfeiern werden verboten, die Versammlungsorte zerstört, die Mysten (eingeweihte Mitglieder des Kultes) verfolgt und zum Teil hingerichtet. Insgesamt 7000 Menschen sind betroffen.
Die Anhänger des Weingottes Bacchus sind besonders in Unteritalien verbreitet, wo die von griechischen Kolonisten gegründeten Städte noch nicht lange unter römischer Herrschaft stehen (Abb.: Zug des jugendlichen Dionysos im Tigerwagen; Mosaik, 3. Jh.). Sie versammeln sich fünfmal im Monat zu ihren nächtlichen Feiern. Bei der Anrufung des Gottes geraten sie in Extase und Entrückung. Die Eingeweihten suchen den Zustand des Enthusiasmus, des vom Gott erfüllten Seins. Ursprünglich sind nur Frauen zu den Feiern zugelassen, erst die Priesterin Annia Paculla weiht auch Männer in die geheimen Kultriten ein. Dem Mythos nach belohnt der Gott Bacchus seine Anhänger etwa durch die Kenntnis des Weinanbaus und bestraft seine Gegner grausam mit dem Tod. Sein mythisches Gefolge besteht aus den Satyrn mit Pferdeschweif und entrückten Frauen, den Mänaden. Diese erreichen in ihrer Verzückung den Zustand der Raserei (Mänade von griech. mainomai = rasen), in dem sie junge Ziegen zerreißen und deren rohes Fleisch verzehren. Die weltlichen Anhänger des Gottes erhoffen sich dagegen Erlösung von den Widrigkeiten des Lebens und Glückseligkeit auch nach dem Tod.
Die Popularität dieses Kultes und seine Konkurrenz zu den von Rom eingerichteten Staatskulten sind der wahre Grund für die harsche Reaktion des Senats. Angeheizt wird die Atmosphäre von einer generell angespannten Lage. Traditionelle Kräfte im Senat bekämpfen erbittert jede vermutete Abweichung von den altrömischen Tugenden der Sittlichkeit und Bescheidenheit. Rom befürchtet durch die Existenz der bacchantischen Geheimbünde insbesondere im Süden des Landes den Ausbruch von Aufständen gegen die römische Vorherrschaft. Die schnelle und durchgreifende Reaktion des Staates zeigt Wirkung. Die Kultvereine werden dauerhaft vernichtet.

180 König **Ptolemaios V.** von Ägypten wird an seinem Hof in Alexandria vergiftet. Er fällt einer Palastintrige zum Opfer, die Regierung übernimmt offiziell sein minderjähriger Sohn Ptolemaios VI. Zu Beginn seiner Herrschaft unterstand Ptolemaios V. der Kontrolle einflussreicher Ratgeber. Im Jahr 197 v. Chr. konnte er sich jedoch aus der Bevormundung seiner Minister lösen. Gegen den seleukidischen König Antiochos III. erlitt er zahlreiche Niederlagen und musste bedeutende Gebiete in Phönikien abtreten. Einen Aufstand in Ägypten warf Ptolemaios 184 v. Chr. nieder.

176 **Phraates I.** wird neuer König der Parther. Er übernimmt die Königswürde von seinem Vater Phriapatios. Geschickt verbindet Phraates I. die einheimische persische Tradition mit der griechischen Kultur des mit dem Parther-Reich verfeindeten Seleukiden-Reiches und schafft so die Grundlage für die Aufnahme hellenistischer Städte in seinen Herrschaftsbereich. Er stirbt bereits 171 v. Chr., ihm folgt sein Sohn Mithradates I. auf den Thron

175 Der aus Nordafrika stammende Gelehrte **Jason von Kyrene** wird zum Chronisten der Kämpfe zwischen dem Seleukiden-König Antiochos IV. und der jüdischen Widerstandsbewegung in Palästina. Selbst jüdischen Glaubens, aber stark von der hellenistischen Kultur beeinflusst, schildert Jason aus patriotischer Sicht den Kampf der Makkabäer. Auf sein heute verlorenes Werk gehen Teile der biblischen Makkabäer-Bücher zurück.

In **Athen** wird nach langem Stillstand der Bau des Zeustempels wieder aufgenommen. Der neue seleukidische König Antiochos IV. fördert mit großer finanzieller Unterstützung die Fortsetzung des bereits im 6. Jh. v. Chr. begonnenen Projektes. Doch auch dieser neuerliche Versuch scheitert. Fertig gestellt wird der Tempel erst im 2. Jh. n. Chr. durch den römischen Kaiser Hadrian.

169 v. Chr.

Makkabäer-Aufstand: Juden erheben sich gegen die Seleukiden

In Jerusalem bricht ein Aufstand aus, als Antiochos IV., der Herrscher des Seleudiden-Reiches, in die Stadt einfällt und den Tempelschatz aus dem höchsten Heiligtum des jüdischen Glaubens raubt. Antiochos zwingt die Juden, den syrischen Gott Baal Schamin im Tempel zu verehren. Andere heilige Stätten werden mit Zeusstatuen geschmückt. Der Versuch, Palästina zu hellenisieren, scheitert jedoch am Widerstand der Juden. Der Priester Mattathias und sein Sohn Judas Makkabäus widersetzen sich den religiösen Unterdrückungsmaßnahmen der Besatzermacht und beginnen einen letztlich erfolgreichen Widerstandskampf. Nach fünf Jahren und drei schweren Niederlagen räumen die Seleukiden Jerusalem. Judas Makkabäus (s. Abb.) wird zum Begründer des neuen jüdischen Hohepriester- sowie Königsgeschlechts der Makkabäer.

179 v. Chr.

Pons Aemilius: Roms erste Steinbrücke überspannt den Tiber

Mit dem Pons Aemilius entsteht im Zuge von Umbaumaßnahmen am Flusshafen die erste Steinbrücke Roms. Sie überspannt den Fluss an einer verkehrsreichen Stelle und besteht zunächst nur in den Fundamenten aus Stein. Die Fahrbahn ist aus Holz gezimmert. Die Bogen und damit die eigentliche Steinbrücke entstehen erst 142 v. Chr. auf Initiative der Zensoren Lucius Mummius und Scipio Aemilianus. Damit verfügt Rom – nach dem Pons Sublicus – über eine zweite Brücke, die neben den Furten den Fluss überquert. Alle in den folgenden Jahrzehnten angelegten Straßen orientieren sich auf die beiden Brücken hin.

Im Mittelalter, im 13., 15. und 16. Jh., zerstören Hochwasser die Brücke, doch lassen Päpste und Kaiser sie immer wieder aufbauen. Erst die Flut vom 24. Dezember 1598 reißt so viele Teile des Pons Aemilius mit sich, dass eine Restaurierung nicht mehr in Frage kommt. Die Überreste sind als Ponte Rotto noch heute in Rom zu sehen (s. Abb.).

Um 180 v. Chr.

Die Xiongnu bedrängen China

Der chinesische Kaiser Wendi versucht mit Getreide- und Seidelieferungen an das im Gebiet der Mongolei siedelnde Nomadenvolk der Xiongnu für Ruhe an den Grenzen Chinas zu sorgen. Zwar ist das junge chinesische Kaiserreich im Innern weitgehend gefestigt, seine Grenzen werden jedoch ständig von Feinden berannt. Zu den größten Bedrohungen zählen die Angriffe der in Zentralasien lebenden Xiongnu, den Vorläufern der Hunnen. Militärisch unterlegen, sind die Chinesen zu einer Beschwichtigungspolitik gegenüber den Angreifern gezwungen. Sie zahlen den Xiongnu hohen Tribut in Form von Seide, Alkohol, Reis sowie Kupfergeld und verheiraten chinesische Prinzessinnen mit den Nomadenfürsten.
Diese »Friede und Freundschaft« genannte Politik endet mit dem Regierungsantritt des Kaisers Wudi. Seine Berater erkennen, dass die chinesischen Geschenke an die Xiongnu den Reichtum und die Macht der Nomaden erhöhen. Mehrere Expeditionseinheiten sollen ab 133 v. Chr. die Xiongnu zur Entscheidungsschlacht zwingen. 127 v. Chr. setzt sich ein Heer von über 100 000 Reiter- und Fußsoldaten in Richtung Mongolei in Bewegung, vertreibt die Nomaden bis weit hinter die Grenzen und sichert die Region durch die Einrichtung von Kommandanturen. Der Xiongnu-Fürst Maodun entscheidet sich dafür, künftig eine auf das eigene Hoheitsgebiet ausgerichtete Politik zu verfolgen und konzentriert sich in den folgenden Jahrzehnten auf die Errichtung eines eigenen Reiches.

Um 180 v. Chr.

Druckwasser für Pergamon

König Eumenes II. von Pergamon lässt die erste Druckwasserleitung der Geschichte bauen: Die Burg von Pergamon in Kleinasien erhält ihr Wasser aus den nahe gelegenen Bergen. Doch der Bau von Aquädukten, wie sie andernorts zum Wassertransport dienen, reicht in Pergamon nicht aus. Das Wasser läuft zwar in stetem Gefälle bis in die Nähe der Stadt, muss aber dann wieder auf den Burgberg hinaufbefördert werden.
Die pergamenischen Konstrukteure finden heraus, dass der Druck des aus der Höhe hinabfließenden Wassers ausreicht, um von der tiefsten Stelle wieder eine Strecke bergauf fließen zu können. Sie legen einen Sammelbehälter auf dem Berg Hagios Georgios in 367,6 m Höhe an. Von hier fließt das Wasser zunächst bergab in zwei Täler auf 192 und 172 m Höhe. Dann wird es wieder um 195,6 m hinaufgedrückt, bis es auf 332 m Höhe eine Zisterne füllt. Der Druck des Wassers reicht aus, diese Strecke zu bewältigen, doch platzen die Rohre unter der großen Belastung. Die Konstrukteure lösen das Problem, indem sie die hölzerne Rohrleitung durch Lochsteine führen. Diese halten die Rohre in einem Abstand von 1,2 m wie Klammern zusammen. Damit ist das System stabil und Pergamon an einen Wasserzufluss angeschlossen.
Die Anlage der Wasserleitung ist nur eine von vielen Verbesserungen, die König Eumenes II. der Stadt bringt. Neben dem berühmten Theater und der Bibliothek wird auch der monumentale Zeus-Altar unter seiner Herrschaft geweiht (siehe S. 328).

Um 180 v. Chr.

Der Stein von Rosette

In Ägypten wird eine dreisprachige Inschrift in einen schwarzen Basaltblock gemeißelt. Der später so genannte Stein von Rosette gilt seit seinem Fund rund 2000 Jahre später als Schlüssel zur Entzifferung der ägyptischen Hieroglyphenschrift. Der Stein ist eine Basaltstele von ursprünglich etwa drei Metern Höhe. Die Inschrift stellt die Kopie eines Dekrets dar, das von einem Hohepriesterkonzil anlässlich des ersten Krönungstages von Ptolemaios V., dem ägyptischen Pharao, erlassen wurde. Der Text beschreibt die Ehren, die dem Pharao von Seiten der ägyptischen Tempelherrscher zuteil werden. Die Privilegien der Priester, besonders diejenigen wirtschaftlicher Art, sind im Detail verzeichnet. Darüber hinaus enthält der Stein die Angabe, dass das Dekret in der ägyptischen Umgangssprache (Demotisch) und in der gehobenen ägyptischen Sprache (Hieroglyphisch) zu veröffentlichen sei. Der Stein selbst enthält drei Fassungen des Textes: Demotisch, Hieroglyphisch und Griechisch.
1799 stehen französische Soldaten unter Napoleon in Ägypten. Als sie ein Wohnhaus in der Stadt Rosette abreißen, finden sie in einer der Hauswände eine beschriftete schwarze Basaltplatte eingemauert. Leutnant Bochard, der befehlshabende Offizier, lässt den Fund zu den anderen von der napoleonischen Expedition gesammelten Altertümern bringen. Nach dem Sieg englischer Truppen über die napoleonische Expeditionsarmee in Ägypten geht der Stein von Rosette in englischen Besitz über. Die Auslieferung des Reliktes und anderer Altertümer ist in einem Artikel des englisch-französischen Vertrages von Alexandria (1801) geregelt. Das Beutestück wird der ägptischen Sammlung des Britischen Museums in London 1802 übergeben.
Schon die Franzosen erkannten die Bedeutung des Steins. Nachdem er neben der unlesbaren Hieroglyphenschrift und dem ebenso unbekannten Demotisch eine Übersetzung ins bekannte Altgriechische bietet, kann er als eine Art Wörterbuch benutzt werden. Doch bis zur Entschlüsselung der Hieroglyphen ist es ein weiter Weg. Die kombinierten Informationen dieses Steins sowie einer anderen ägyptischen und griechischen Inschrift eines Obelisken aus Philai (bei Elephantine) führen erst nach einigen Jahren zum Durchbruch. Der Engländer Thomas Young findet zwar einige interessante Aspekte, doch die vollständige Entzifferung der Hieroglyphen gelingt erst dem Franzosen Jean-François Champollion. Champollion ist der Überzeugung, dass der Schlüssel zur Entzifferung der altägyptischen Schrift in der koptischen Sprache liegt. Der sprachbegabte Champollion beherrscht im Alter von 25 Jahren zehn Sprachen, darunter das Koptische, eine dem Ägyptischen entlehnte Sprache. Es gelingt dem Forscher, zunächst die demotische Sprache zu rekonstruieren. Die Hieroglyphenschrift bereitet mehr Probleme, doch die Tatsache, dass der Name von König Ptolemaios sechsmal auftaucht, gibt Champollion schließlich das entscheidende Hilfsmittel an die Hand. Am 22. September 1822 schickt er die Ergebnisse seiner Arbeit als Brief an Bon-Joseph Dacier, Vorsitzender der Akademie der Inschriften. Das Datum gilt seither als Geburtstag der Ägyptologie.

Der schwarze Basaltblock von Rosette, heute im British Museum in London zu sehen, stellt den Schlüssel zur Entzifferung der Hieroglyphen dar.

167 1000 Griechen werden als Geiseln nach Italien deportiert. Mit der Maßnahme soll die Einhaltung der von den Römern nach ihrem Sieg über den makedonischen König Perseus im Jahr zuvor erzwungenen Friedensbedingungen sichergestellt werden. Unter den Deportierten befindet sich auch der aus Megalopolis stammende spätere Historiker **Polybios**. Durch seine Freundschaft mit führenden römischen Politikern verfügt er über außerordentliche Verbindungen, die ihm bei der Abfassung seiner Universalgeschichte für die Zeit von 220 bis 146 v. Chr. zu Gute kommen.

159 Der Kauf von Wahlstimmen wird in Rom unter Strafe gestellt. Um zu verhindern, dass ein Amtsbewerber seine Wähler bei einer Abstimmung besticht, erfolgt auf Antrag des Konsuls Gnaeus Cornelius **Dolabella** die Festschreibung empfindlicher Sanktionen für diese vielfach gebräuchliche Praxis. Das neue Gesetz droht jedem Bewerber bei Zuwiderhandlung ein zehnjähriges Verbot der Ämterbekleidung an.

153 Die aus dem heutigen Portugal in das römische Herrschaftsgebiet auf der Iberischen Halbinsel vorgedrungenen keltiberischen **Lusitanier** schlagen zwei römische Heere. Zwei Jahre später unterliegen sie jedoch den Truppen des Prokonsuls Marcus Claudius Marcellus, der mit ihnen Frieden schließt. Weitere Aufstände folgen.

Der Amtsantritt der römischen **Konsuln** – und damit der traditionelle Jahresbeginn – werden vorverlegt. Der Senat beschließt die Maßnahme, um auf eine aktuelle Krise in Spanien schnell reagieren zu können. Nun beginnt das Amtsjahr nicht mehr am 1. März, sondern am 1. Januar. Die heutigen Monatsnamen September (siebter Monat), Oktober (achter Monat), November (neunter Monat) und Dezember (zehnter Monat) weisen noch auf den zuvor gültigen Jahresbeginn hin.

149 Ein Aufstand erschüttert die römische Herrschaft in Makedonien. Der Gerber Andriskos aus Adramytion gibt sich als Sohn des besiegten makedonischen Königs Perseus aus und kann erfolgreich ein Heer um sich sammeln. Von Thrakien aus dringt er als **König Philippos** in Makedonien ein und kann sogar den römischen Statthalter Paulus Iuventius besiegen. Bereits 148 v. Chr. erleidet Andriskos jedoch eine entscheidende Niederlage gegen ein römisches Heer. Vom thrakischen König, zu dem er daraufhin flieht, wird Andriskos an die Römer ausgeliefert und anschließend hingerichtet.

168 v. Chr.

Endstation Pydna: Makedonen unterwerfen sich den Römern

Die Römer besiegen bei Pydna am Golf von Saloniki (Abb.: Römische Legionäre durchbrechen die makedonische Phalanx) die Makedonen. Deren König wird beseitigt, das ehemals so mächtige Herkunftsland Alexanders des Großen versinkt in Bedeutungslosigkeit.

Im Zuge ihrer Expansion versuchten die Römer seit längerem, in Griechenland eine Hegemonialstellung zu erlangen. Ihr erbittertster Gegner war dabei Makedonien. Drei Kriege werden um die Vorherrschaft ausgefochten. Bereits im Zweiten Makedonischen Krieg musste König Philipp V. eine schwere Niederlage gegen Rom hinnehmen (siehe S. 320). In der Folgezeit betrieb der Herrscher eine Politik der inneren Stabilisierung und war einzig um den Erhalt Makedoniens Unabhängigkeit bemüht. Sein Sohn und Nachfolger Perseus verfolgte dieses Ziel weiter. Doch die Römer begannen 171 v. Chr. den Dritten Makedonischen Krieg, um den Konkurrenten ein für allemal zu beseitigen. Drei Jahre lang leistet Perseus heftigen Widerstand, dann zerschlägt der römische Feldherr Lucius Aemilius Paullus das makedonische Heer bei Pydna. Perseus wird in Rom gefangen gesetzt, sein Reich in vier halbautonome Regionen aufgeteilt. 148 v. Chr. ist Makedonien römische Provinz.

Um 160 v. Chr.

Ein Monument für Zeus

König Eumenes II. von Pergamon weiht dem Gott Zeus in seiner Stadt einen monumentalen Altar. Das Bauwerk geht unter dem Namen Pergamonaltar als Meisterwerk der hellenistischen Kunst in die Geschichte ein.

Der Altar gehört zu einer Reihe beeindruckender Monumentalaltäre, die ausschließlich im hellenistischen Kleinasien errichtet werden. Er ist entgegen der Tradition an keinen Tempel angeschlossen. Auf einem gewaltigen Unterbau von 34,20 x 36,44 m streckt sich das Marmorbauwerk in die Höhe. Eine 20 m breite Treppe führt zum Altarhof empor, der von einer ionischen Säulenreihe eingefasst wird.

Große Bedeutung erlangt der Altar wegen seiner üppigen Reliefkunst. Den gesamten Oberbau umläuft ein 120 m langer und 2,3 m hoher Figurenfries, der eine sog. Gigantomachie zum Thema hat. Dabei wird der Sieg der griechischen Götter über die Giganten, die Söhne der Erdmutter Gaia, dargestellt. In der griechischen Kunst symbolisiert die Gigantomachie die Siege der hellenistischen Könige über ihre Feinde. Eumenes II. lässt den Pergamonaltar anlässlich seines Sieges über die Galater 166 v. Chr. errichten, ca. 110 km nördlich des heutigen Izmir.

Neben dem gewaltigen Gigantenfries ist der kleine Telephosfries im Altarhof eher bescheiden. Er erzählt die Geschichte des Heraklessohnes Telephos, auf den die pergamenischen Könige ihr Geschlecht zurückführen. Während die Figuren des Gigantenfrieses in voller Bewegung dargestellt sind und sich fast vollständig vom Hintergrund lösen, ist der Telephosfries in der Tradition der griechischen Klassik mit nur wenigen zurückhaltenden Gesten angelegt.

Große Teile des Altars werden heute im Berliner Pergamonmuseum im Rahmen einer eindrucksvollen Rekonstruktion präsentiert.

Um 155 v. Chr.

Griechen herrschen in Indien

Der griechische General Menander lässt sich zum König eines nordindischen Reiches ausrufen. Damit beginnt die Geschichte der griechischen Herrschaft auf dem Subkontinent.
Im 3. Jh. v. Chr. erlangte der Grieche Euthydemos die Unabhängigkeit Baktriens (in Afghanistan) vom Seleukiden-Reich. Von Baktrien aus stieß sein Nachfolger, König Demetrios I., mit dem General Menander um 180 v. Chr. nach Nordindien vor. In Anlehnung an die Pläne Alexanders des Großen eroberten die Griechen Teile des nordindischen Grenzlandes. Als Demetrios durch einen Aufstand in der Heimat abgesetzt wird, ernennt sich Menander zum König über die eroberten indischen Gebiete. Er regiert 25 Jahre lang. Die Herrschaft griechischstämmiger Könige in Indien wird im 1. Jh. v. Chr. durch eindringende Stämme aus Zentralasien beendet.

Um 150 v. Chr.

Egalitäre Form der Bestattung

Im Gebiet des heutigen Norddeutschland und Südskandinavien bestatten germanische Stämme ihre Toten in Brandgrubenfeldern – große Friedhöfe, auf denen alle Einwohner einer Siedlung in die Erde gelegt werden. Im Gegensatz zu den vorhergehenden Bestattungsstätten sind alle Gräber mit einem ähnlich wertvollen Inventar versehen – ein Hinweis auf eine annähernde soziale Gleichstellung der Gemeinschaftsmitglieder. Da bei der Verbrennung eines erwachsenen Menschen etwa drei Liter Asche anfallen, konnten Archäologen die Verteilung von Erwachsenen und Kindern in den Siedlungen rekonstruieren. Demnach lebten in einem durchschnittlich großen Dorf etwa 15 Erwachsene und zehn Kinder.

Um 150 v. Chr.

Bauten für die Ewigkeit – dank Mörtel aus Vulkanerde

In Rom sorgt die Erfindung des hydraulischen Mörtels für einen Aufschwung im Bauwesen und neue Formen in der Architektur. Bislang arbeiteten die Baumeister Roms mit Luftmörtel, der aus einem Teil gelöschten Kalk und zwei Teilen Sand gemischt wird. Der hydraulische Mörtel besteht aus gebranntem Kalk und der so genannten Puteolanerde, die in der vulkanischen Region um den Vesuv gewonnen wird. Mit Ziegelmehl vermischt entsteht eine leicht zu verarbeitende Masse, die sich in Verbindung mit Feuchtigkeit erhärtet und einen dauerhaften Baustoff abgibt.
Zu den ersten Gebäuden, die mit hydraulischem Mörtel errichtet werden, zählen der Tempel der Magna Mater und die Porticus Aemilia.
Die erste schriftliche Erwähnung der Puteolanerde findet sich in den Schriften des römischen Architekten Vitruv: »Es gibt aber auch eine Erdart, die von Natur wunderbare Ergebnisse hervorbringt. Sie steht an im Gebiet von Baiae und der Städte, die rund um den Vesuv liegen. Mit Kalk und Bruchstein gemischt, gibt sie nicht nur den übrigen Bauwerken Festigkeit, sondern auch Dämme werden, wenn sie damit im Meere gebaut werden, im Wasser fest.« Nach Vitruv soll ein Gebäude drei Voraussetzungen erfüllen: Es muss dem Auge gefallen, seine ihm zugedachte Funktion erfüllen und es darf nicht einstürzen. Mit dem hydraulischen Mörtel scheint vor allem die letzte Forderung dauerhaft erfüllbar zu sein. Zahlreiche Bauwerke der späten Republik und der folgenden Kaiserzeit verdanken ihre lange Lebensdauer u. a. ihren hochqualitativen Baumaterialien (Abb.: Hydraulischer Mörtel stabilisiert die Bogen der Thermen in der Villa Adriana, die von Kaiser Hadrian zwischen 125 und 135 n. Chr. errichtet wurde).
Die Mauern römischer Bauwerke bestehen aus zwei Außenschalen, in die eine Mörtelfüllung gegossen wird. Auf diese Weise entsteht ein fester Kern, der von zwei noch härteren Wänden geschützt wird. Die Form der Außenwände verändert sich im Laufe der Jahrhunderte und dient der modernen Geschichtsforschung als Anhaltspunkt für die Datierung von römischen Bauwerken.
Im 1. Jh. n. Chr. entdecken die Römer mit dem so genannten Opus caementicium (von lat. Caementum = Bruchstein) eine Gussmörteltechnik, die ganz ohne Außenschalen auskommt. Damit schlägt die Geburtsstunde des Kuppelbaus, der mit dem Pantheon in Rom 128 n. Chr. seinen vorläufigen Höhepunkt erreicht.

159 v. Chr.

Tod eines begnadeten Dichters – Terenz und die Eleganz in der römischen Komödie

Der römische Dichter Terenz stirbt. Neben Plautus gilt Terenz als wichtigster Vertreter der altrömischen Komödie. Bis ins Mittelalter ist seine Beliebtheit ungebrochen.
In den Stücken des Terenz überzeugt besonders die Wortgewalt des Autors. Zur Charakterisierung seiner Figuren legt ihnen der Dichter eine jeweils typische Sprache in den Mund. Auch die Motivation der Protagonisten bringt Terenz meisterhaft auf den Punkt. Während sein Vorgänger Plautus griffige Komödien für das einfache Volk verfasste, die das europäische Lustspiel prägen, schrieb Terenz für die Aristokratie. Seine Situationen sind weniger derb, die Handlung eher elegant. Auch die Worte schöpfte Terenz aus dem Vokabular der römischen Oberschicht. Der Dichter brach mit Traditionen in Theateraufführungen, die noch aus der Zeit der griechischen Sakralspiele stammten. Er verwandelte das bisherige Singspiel der Schauspieler endgültig in ein Sprechdrama und strebte die Einheit der Handlung an.
Die Komödien des Terenz zählen noch zu seinen Lebzeiten zu den erfolgreichsten Stücken der Antike (Abb.: Aufführung einer Terenz-Komödie; Buchmalerei, 15. Jh.). Die Komödie »Der Eunuch« war das erste Theaterstück der Geschichte, das wegen großen Erfolgs zweimal am Tag aufgeführt werden musste. Große Literaten wie Miguel de Cervantes oder Molière orientieren sich später an den Werken des Römers.

Terenz

(Publius Terentius Afer), römischer Dichter, *um 185 v. Chr. Karthago, † 159 v. Chr.

Terenz stammt aus Karthago und gelangt vermutlich in Folge der Punischen Kriege als Sklave in den Haushalt eines römischen Patriziers. Wegen seiner Fähigkeit zu gepflegter Unterhaltung und seiner guten Manieren wird er in der römischen Gesellschaft beliebt und erlangt die Freiheit. Terenz schreibt sechs Komödien: »Andria«, »Hecyra«, »Heautontimorumenos«, »Eunuchus«, »Phormio« und »Adelphoe«. Jedes dieser Werke ist ein Sensationserfolg in Rom. Kurz nachdem er im Alter von 26 Jahren die Stadt als hoch dekorierter Dichter verlassen hat, stirbt er bei einem Schiffsunglück.

- 166 v. Chr: Uraufführung von »Andria«
- 165 v. Chr.: Uraufführung von »Hecyra«

Um 146 Lucius Cassius **Hemina** verfasst seine »Annales«, ein Werk, das die römische Geschichte von der mythischen Gründung durch Aeneas bis in die eigene Zeit behandelt. Der Historiker orientiert sich dabei stark am Schema der zu dieser Zeit verbreiteten Jahrbücher der Oberpriester, worunter der Zusammenhang der Erzählung stark leidet. Hemina ist einer der Ersten, die ein römisches Geschichtswerk in der lateinischen Muttersprache veröffentlichen und nicht mehr in Griechisch.

145 Im ägyptischen **Alexandria** brechen nach der Ermordung des Königs Ptolemaios VII. Unruhen aus. Weil sich dabei auch zahlreiche Gelehrte öffentlich gegen den Auftraggeber des Mordes, den neuen König Ptolemaios VIII. – sein wenig schmeichelhafter Beiname lautet Physkon (Dickwanst) – stellen, werden die führenden Geistesgrößen des Landes aus Alexandria ausgewiesen. Dieser Aderlass führt zu einem Niedergang der zuvor berühmten alexandrinischen Wissenschaft. Bald nehmen die Schulen von Rhodos und Pergamon, wo die Ausgewiesenen Zuflucht finden, den führenden Platz unter den Akademiestädten ein.

144 Der bisher größte Aquädukt entsteht in Rom. Innerhalb von vier Jahren wird unter der Aufsicht des Prätors Quintus Marcius Rex die nach diesem benannte **Aqua Marcia** errichtet. Die neue Wasserleitung, ein gemauerter und abgedeckter Kanal auf einer Bogenarchitektur, bringt über eine Länge von 90 km täglich 190 000 m^3 Frischwasser in die Stadt. Damit ist nicht nur der Bedarf von zahlreichen Privathaushalten und Kleingewerben gedeckt. Auch Badeanlagen werden vom neuen Leitungsnetz versorgt.

142 Anlässlich einer **Steuerschätzung** wird auch die Zahl der wehrdiensttauglichen Römer ermittelt. Der römische Zensus stellt fest, dass insgesamt 327 000 waffenfähige Bürger zur Verfügung stehen. Tatsächlich werden aber nur bei Bedarf Truppen ausgehoben. Eine Berufsarmee wird erst rund 40 Jahre später – durch den Feldherrn Gaius Marius – eingeführt.

In Syrien lässt der Feldherr **Tryphon** den minderjährigen König Antiochos VI. ermorden. Tryphon bricht so mit der seleukidischen Tradition und nimmt zudem nicht – wie erwartet – den Königstitel »basileus« an. Stattdessen nennt er sich Selbstherrscher (Autokrator) und verweist damit auf die persönlichen Leistungen und Erfolge als Grundlage seiner Herrschaft. Auch seine Bildnisse auf Münzen gleichen nicht der Darstellung früherer Könige, sie zeigen vielmehr ein sehr individuelles, dynamisches Porträt. Tryphon, von Rom nicht anerkannt, wird auch von den übrigen Machthabern der Seleukiden-Dynastie bekämpft.

146 v. Chr.

Dritter Punischer Krieg: Römer brennen Karthago nieder

Mit der Zerstörung Karthagos endet der Dritte Punische Krieg. Nach Ende des vorangegangenen Konflikts gegen Rom war der alte Gegner wieder zu wirtschaftlicher Blüte gekommen und verfügte erneut über eine große Flotte. In Rom wurde dieses Erstarken jedoch mit Argwohn beobachtet. Unvergessen waren den Römern die Niederlagen, die ihnen der karthagische Feldherr Hannibal auf eigenem Grund und Boden zugefügt hatte. Obwohl das neue Karthago keine Bedrohung für das inzwischen mächtige Rom darstellte, beschloss der Senat einen Feldzug gegen die Nordafrikaner. Maßgeblichen Anteil am Ausbruch des Krieges hatte der römische Staatsmann Cato, der in seinen Reden vor dem Senat vehement für die Zerstörung Karthagos eintrat.

Ein klarer Kriegsgrund fehlte den Römern allerdings. Deshalb griffen sie zu einer List und verpflichteten einen Verbündeten, den Numiderkönig Masinissa, die Karthager zu provozieren. Masinissas Mission war erfolgreich. 149 v. Chr. griff Karthago den westlichen Nachbarn Numidien an. Rom eilte seinem Verbündeten sofort zu Hilfe und erklärte Karthago den Krieg. Die Römer, durch zahlreiche Eroberungen in Griechenland und auf dem Balkan auf dem Weg zum Weltreich, waren den Karthagern zahlenmäßig weit überlegen. Schon nach wenigen Schlachten war die Niederlage Karthagos besiegelt. Rom diktierte einen harten Frieden. Als die Karthager ihre Stadt aufgeben sollten, brachen sie den Waffenstillstand und nahmen den Kampf wieder auf. Drei Jahre lang wird Karthago belagert. Schließlich stürmen die Römer die Mauern. Eine Woche lang wird in der Stadt selbst gekämpft, dann ist Karthago verloren. Alle Bewohner werden hingerichtet oder in die Sklaverei verkauft. Die Stadt selbst wird dem Erdboden gleichgemacht (Abb.: Römische Truppen zerstören Karthago).

Um 145 v. Chr.

Stupas – eindrucksvolle Symbole für den Geist des Buddha

In Indien bricht die große Zeit der Stupas an, hügelartige Kultbauten, die sich zu den Hauptsymbolen des Buddhismus entwickeln. Der Stupa gilt als universelles weltliches Symbol für den Geist Buddhas. Sein Ursprung lässt sich auf die frühindischen Begräbnishügel zurückverfolgen, in denen herausragende Persönlichkeiten einer Gemeinschaft bestattet wurden. Der Überlieferung zufolge wurde auch die Totenasche des Buddha in vier Stupas aufbewahrt. Alle späteren Stupas dienen ebenfalls als Reliquienschreine. Darüber hinaus stellt der Stupa selbst – vielfach aus Gold, Silber und Kristall gefertigt – eine Reliquie Buddhas dar. Stupas sind meist auf einem zylindrischen Sockel errichtet. Die Lage der Wände und Räume orientiert sich an den vier Haupthimmelsrichtungen. Die Architektur spiegelt Teile der buddhistischen Kosmologie wider. Ein Pfahl in der Mitte stellt die Weltachse dar, die Himmel und Erde verbindet. Der sich über dem Sockel erhebende Steinschirm gilt als kosmischer Baum, der das Zentrum der Welt markiert. Das gesamte Bauwerk ist ein Abbild der Himmelskuppel und des heiligen Berges Meru, dem Sitz der Götter. Eines der berühmtesten und ältesten Exemplare dieser buddhistischen Baukunst ist der Große Stupa von Sanchi im indischen Bundesstaat Madhya Pradesh (s. Abb.). Als Kuppelbau angelegt, erinnert er noch stark an die Grabhügel, von denen seine Form und Funktion abgeleitet sind. Der Große Stupa von Sanchi wurde im 3. Jh. v. Chr. von Kaiser Ashoka gestiftet und später erweitert. Er zählt seit 1989 zum UNESCO-Weltkulturerbe. Die ostasiatische Form des Stupa ist die Pagode.

146 v. Chr.

Griechen verlieren ihre Freiheit

Römische Truppen vernichten die Stadt Korinth – Rom wird zum uneingeschränkten Herrscher über Griechenland. Nach der Schlacht von Pydna (siehe S. 328) hatten die Römer in Teilen die Regentschaft über Makedonien, den einst mächtigsten Teil Griechenlands, übernommen. Der mutige Versuch der Makedonen, sich gegen die Sieger zu erheben, war zwar fehlgeschlagen, diente jedoch den anderen griechischen Kleinstaaten zum Vorbild für den Kampf gegen Rom.
147 v. Chr. beschlossen die leitenden Strategen des Achäischen Bundes, der 208 v. Chr. zur Abwehr der Hegemonieansprüche Spartas gegründet worden war, ihre Rom-freundliche Politik aufzugeben. Als die Verbündeten bei einem Streit mit Sparta die Vermittlung Roms nicht abwarteten, sondern den Konflikt eigenmächtig beilegten, griff Rom ein. Der römische Senat forderte die Griechenstädte Korinth, Argos und Sparta auf, den Achäischen Bund zu verlassen. Als sich die Griechen weigerten, diesem Befehl nachzukommen, brach 147 v. Chr. der Krieg aus.
Die römischen Truppen haben bei ihrem Vormarsch leichtes Spiel. Bereits im Sommer 146 v. Chr. ist der griechische Widerstand gebrochen. Die Stadt Korinth, Zentrum des Aufstandes, wird von den Truppen des römischen Konsuls Lucius Mummius niedergebrannt. Als Warnsignal für alle Griechen lässt Mummius die gesamte überlebende Bevölkerung der Stadt versklaven. Schiffsladungen voller griechischer Kunstwerke werden von Korinth nach Rom gebracht. Die Zerstörung der Stadt gilt als Fanal für das Ende der griechischen Selbstständigkeit. Kulturell lebt das Griechentum jedoch in der römischen Kultur fort. Griechisch ist die bevorzugte Sprache im Römischen Reich. Griechisches Gedankengut und griechische Kunst dienen den Römern als Vorbild bei der Entwicklung ihrer eigenen Kultur.

Römische Truppen unter Lucius Mummius zerstören Korinth; Holzstich, 19. Jh.

144 v. Chr.

Wasserleitungen als Lebensadern römischer Städte

Der römische Praetor Quintus Marcius Rex lässt die Aqua Marcia errichten, eine der wichtigsten Wasserleitungen Roms. Die Leitung nimmt das Wasser aus dem Anio auf, einem Fluss bei Arsoli-

Agosta, und führt es über eine Strecke von 91 km nach Rom. In der Stadt verzweigt sich die Aqua Marcia in mehrere kleine Aquädukte, die das Wasser in verschiedene Stadtteile transportieren. Das Kapitol erhält einen eigenen Zufluss. Der Quirinal, bislang der einzige Hügel Roms ohne Anbindung an das Wassersystem, wird ebenfalls versorgt.
Die Aquädukte sind die Lebensadern Roms und anderer Reichsstädte (Abb.: Aquädukt des Herodes in Cäsarea). Nachdem die Römer in der Frühzeit Wasser aus dem Tiber oder aus Brunnen schöpften, wuchs die Bevölkerung im 4. Jh. v. Chr. so stark an, dass eine zusätzliche Wasserzufuhr geschaffen werden musste. 312 v. Chr. wurde mit der Aqua Appia die erste Wasserleitung Roms errichtet. Einschließlich der Aqua Alexandriana (226 n. Chr.) entstehen in Rom zwölf Wasserleitungen. Durch diese fließen in der Kaiserzeit täglich 992 000 m^3 Wasser in die Stadt. Pro Kopf stehen den Römern damit etwa 1000 Liter am Tag zur Verfügung. Doch hat die Wasserversorgung auch Tücken. Bleirohre leiten das Wasser von den Aquädukten in Auffangbecken und Häuser. Viele Römer ziehen sich im Laufe der Jahre durch die Leitungen Bleivergiftungen zu und erliegen schmerzhaften Koliken.

145 v. Chr.

Das Grab einer Fürstin

In Mawandgdui, in der heutigen Provinz Hunan, wird die chinesische Fürstin Dai aufwändig bestattet. Ihr Grab wird 1974 entdeckt und sorgt für eine archäologische Sensation. Da der Sarg mit einer Schicht Holzkohle und einer Schicht weißer Tonerde ummantelt ist, sind die Erhaltungsbedingungen optimal. Der Leichnam selbst liegt in drei ineinander geschichteten Särgen, deren Zwischenräume mit Hunderten von Grabbeigaben gefüllt sind. Neben Alltagsgerät kommen Geschirr, Buchrollen und sogar Kleidung ans Licht.

143 v. Chr.

Römer bekämpfen Keltiberer

Der Numantinische Krieg der Römer gegen die Keltiberer bricht aus. Nach dem Untergang Karthagos waren römische Legionen in Spanien eingedrungen. Der Widerstand der Lusitaner im Südwesten sowie der Keltiberer im Westen ist rasch gebrochen. Nur die Stadt Numantia hält den Römern Stand. 138 v. Chr. gründen die Römer die Stadt Valentia (Valencia) als Veteranenkolonie auf der Iberischen Halbinsel. Viele Legionäre des Feldzuges lassen sich hier und in anderen spanischen Römerstädten nieder.

134 **Jerusalem** wird nach einer Belagerung durch den syrischen König Antiochos VII. erobert. Zwar lässt der Seleukide den Juden ihre religiöse Selbstbestimmung, doch werden sie zur Heeresfolge verpflichtet und müssen die Oberherrschaft der Besatzer anerkennen. Dem Hohepriester Johannes Hyrkanos wird freie Hand zur Selbstverwaltung des abhängigen Territoriums gelassen.

117 Im Auftrag des ägyptischen Königs erkundet der Seefahrer **Eudoxos von Kyzikos** den Seeweg nach Indien. Zahlreiche Luxusgüter werden vor allem seit dem Alexanderzug auf dem Landweg von Asien aus in den Westen transportiert. Nun legt Eudoxos die Grundlagen für den Ausbau des Seehandels. Ob ihm auch die Umschiffung Afrikas gelang, ist nicht erwiesen.

114 In Rom werden drei Priesterinnen der Göttin Vesta aufgrund von Verfehlungen hingerichtet. Die Frauen Aemilia, Licinia und Marcia waren der Unzucht und damit des Frevels gegen die Götter überführt worden. Die jungfräulichen **Vestalinnen** stehen als Hüterinnen des heiligen Herdfeuers der Vesta in hohem Ansehen. Ihr Haus steht in direkter Nähe des Vesta-Tempels auf dem römischen Forum. Ihr Dienst für die Göttin, den sie als Kinder beginnen, dauert 30 Jahre.

133 v. Chr.

Wirren um Agrarreform

Bürgerkriegsähnliche Unruhen auf dem Kapitolshügel in Rom beenden den Streit um eine Landreform. Der Volkstribun Tiberius Sempronius Gracchus wird mit etwa 200 seiner Anhänger im Zentrum der Stadt erschlagen. Damit ist an eine Durchführung der von Tiberius Gracchus betriebenen Reformvorhaben zur Unterstützung der landlosen Bauern nicht mehr zu denken.

Die römische Landbevölkerung verarmt im Verlauf des 2. Jh. v. Chr. zunehmend. Der Militärdienst zwingt die Männer zu langer Abwesenheit von ihren heimischen Höfen, die in der Konkurrenz zu den mit Sklavenarbeit bewirtschafteten Landgütern der Großgrundbesitzer nicht mehr bestehen können. Zudem legt die politische Führungsschicht der Senatoren ihre Gelder in Grundbesitz an, da ihnen Handel und Geldgeschäfte von Staats wegen verboten sind. Verschuldete Kleinbauernhöfe werden aufgekauft, ihre früheren Bewohner siedeln in die Armenviertel Roms um.

Den Empfindungen der Landlosen verschafft Tiberius Gracchus in der Volksversammlung Gehör: Nach seiner Wahl zu einem der beiden Volkstribunen beginnt er sofort mit der Durchsetzung seiner Reformpläne. Ein Ackergesetz soll verabschiedet werden, welches den besitzlosen Bauern Italiens Land aus dem Staatsbesitz zuweist. Gegen diese faktische Beschneidung seines Grundbesitzes formiert sich im Adel Widerstand. Der Amtskollege des Tiberius Gracchus legt sein Veto gegen den Gesetzesantrag ein. Gracchus wiederum lässt seinen Kollegen von der Volksversammlung widerrechtlich absetzen und das Ackergesetz verabschieden. Um die Durchsetzung der Beschlüsse auch nach Ablauf seiner auf ein Jahr begrenzten Amtszeit sicherzustellen, lässt sich Tiberius Gracchus bald darauf ebenso ungesetzlich auch für das Jahr 132 v. Chr. zum Volkstribun wählen. Dieser abermalige Bruch der Verfassung liefert seinen Gegnern den willkommenen Anlass, die Staatsordnung gewaltsam durchzusetzen. Gracchus wird ermordet.

Im Jahr 123 v. Chr. wird der Bruder des Tiberius, Gaius Gracchus, zum Volkstribunen gewählt. Er versucht das Reformwerk seines Bruders fortzusetzen und bringt mehrere Gesetzesanträge auf den Weg, die darauf abzielen, die Macht des Senats zu beschneiden und den römischen Bürgern preiswert Getreide zur Verfügung zu stellen. Gaius scheitert beim Versuch, den Ritterstand auf seine Seite zu ziehen. Als er 121 v. Chr. eines Mordes beschuldigt wird, flieht er und lässt sich von einem Sklaven töten, um seiner Verhaftung zu entgehen. Die Reformen werden nach und nach außer Kraft gesetzt oder verfälscht.

Tiberius Gracchus

römischer Staatsmann, * 162 v. Chr., † 133 v. Chr., Rom

Die Politik des Tiberius Sempronius Gracchus leitet das Zeitalter der römischen Revolutionen des 1. Jh. v. Chr. ein. Der Enkel des Scipio Africanus, des Siegers über Hannibal, schlägt eine politische Karriere ein. Nach dem Militärdienst folgen die verschiedenen Stufen der römischen Ämterlaufbahn. Tiberius Gracchus lernt die Not der verarmten Landbevölkerung aus eigener Anschauung kennen und sieht keine Alternative zu einer Landreform. Trotz seines Scheiterns wird er zu einer politischen Leitfigur für die Volkspartei der Popularen.

- 146 v. Chr.: Teilnahme an der Eroberung Karthagos
- 137 v. Chr.: Ernennung zum Prätor
- 133 v. Chr.: Wahl zum Volkstribun

Tiberius Gracchus wird mit 200 seiner Anhänger von Senatoren erschlagen; Stahlstich, 19. Jh.

Um 130 v. Chr.

Ein Tempel der Harmonie

Der berühmte Architekt Hermogenes aus Alabanda in Karien (heutige Türkei) entwickelt einen neuen Typ des griechischen Tempels. Mit dem Bau des Heiligtums der Artemis Leukophyrene in Magnesia am Mäander wird zum ersten Mal ein solcher Tempel nach den Plänen des Hermogenes errichtet. Neu sind die ungewöhnliche Dimension und der Grundriss (s. Abb.) des Baus: Die umlaufenden Säulen, 15 an den Längs- und acht an den Schmalseiten, stehen in größerem Abstand vom rechteckigen Innenraum als zuvor üblich. Ein solcher Pseudodipteros (nur scheinbar von zwei Säulenreihen umgebener Tempel) gilt als Weiterentwicklung der konventionellen Tempelarchitektur mit zwei Säulenkränzen. Zeitgenossen und spätere Architekturschriftsteller loben die Harmonie von Baukörper und Architekturteilen. Teile des schmückenden Relieffrieses und der marmornen Bauteile befinden sich heute in Berlin, Paris und Istanbul.

Um 130 v. Chr.

Venus wird Schutzgöttin

Venus, die Göttin der Schönheit (Abb.: Venus von Milo), genießt in Rom immer größere Verehrung. Bereits 295 v. Chr wurde ihr ein Gebäude in der Nähe des Circus Maximus geweiht, ein weiterer Tempel entstand 215 v. Chr. auf dem Kapitol. Im Venus-Kult verschmelzen ältere italische und griechisch-orientalische Gottheiten. Wie die griechische Aphrodite stellt Venus eine Verkörperung der körperlichen Liebe, der Fruchtbarkeit und des Wohlergehens dar. Sie gilt als Schutzherrin Roms (Venus Genetrix), da sie die Mutter des aus Troja geflüchteten Äneas ist und somit göttliche Ahnherrin der Römer. Verschiedene Adelsfamilien berufen sich im 2. Jh. v. Chr. auf Venus, doch erst Sulla (138–78 v. Chr.) nutzt ihre Verehrung als siegbringende Göttin (Venus Victrix) in der politischen Auseinandersetzung.

Um 120 v. Chr.

Wandalen auf dem Weg

Die germanischen Stämme der Hasdingen und Wandalen beginnen ihre Jahrhunderte dauernde Wanderung durch Europa. Von ihrer Heimat in Südnorwegen aus setzen sie sich in kleinen Gruppen in Bewegung. Die aus römischer Sicht barbarischen Völker verlassen ihre Heimat aufgrund klimatischer Veränderungen und einem großen Bevölkerungswachstum. Um 100 v. Chr. siedeln sie sich im heutigen Schlesien an, später erreichen die Wandalen Ungarn und den Donauraum. Zusammen mit anderen germanischen Stämmen ziehen sie im 5. Jh. n. Chr. während der großen europäischen Völkerwanderung nach Süden und gründen ein eigenes Königreich in Nordafrika. 455 plündern Truppen der Wandalen Rom. Der von ihrem Namen abgeleitete Wandalismus als Bezeichnung sinnloser Zerstörungswut ist allerdings erst seit einer Äußerung des französischen Philosophen Voltaire im 18. Jh. gebräuchlich.

141 v. Chr.

Kaiser Wudi auf Chinas Thron

Im Alter von 15 Jahren besteigt der Han-Kaiser Wudi den chinesischen Thron. Er leitet eine entscheidende Wende in der chinesischen Politik ein, indem er seit langer Zeit wieder militärisch gegen die von Norden einfallenden Reitervölker vorgeht. Die Nachwelt verleiht dem Kaiser, der persönlich niemals seine Truppen in die Schlacht führt, den Beinamen »der kriegerische Kaiser«. Zur Sicherung des Landes lässt Wudi die 100 Jahre alte chinesische Mauer in der Mongolei um 1000 km verlängern. Auch im Süden des Reiches, wo bald die wirtschaftlichen und bevölkerungsreichen Zentren des Han-Reiches entstehen, wird der Kaiser aktiv. 108 v. Chr. dehnt er die südlichen Grenzen aus und erobert Korea. Die wirtschaftliche Entwicklung sucht Wudi durch eine ausgefeilte Besteuerung und Verwaltung zu fördern. Seine Kundschafter und Gesandten reisen entlang der Seidenstraße bis in das heutige Afghanistan, wo sie die Kunde von der Kultur des hellenistischen Westen nach China bringen. Wudi stirbt 87 v. Chr.

133 v. Chr.

Römer erobern Spanien

Römische Legionen erobern nach monatelanger Belagerung die befestigte Siedlung Numantia in Spanien (heute Garray in Kastilien). Der römische Befehlshaber Paulus Cornelius Scipio Africanus, nach diesem Sieg auch Numantinus genannt, führte seit 134 v. Chr. einen Feldzug an, der den

letzten Widerstand keltiberischer Stämme (Abb.: keltischer Bronzehelm) gegen Rom brechen sollte. Diese wehren sich seit 181 v. Chr. gegen den wachsenden Einfluss Roms. Zwar wurde 179 v. Chr. für 25 Jahre Frieden geschlossen, doch brachen 153–151 v. Chr. und 143 v. Chr. (siehe S. 331) erneut Kämpfe aus. Nach dem Sieg über Karthago 146 v. Chr. engagierte sich Rom stärker auf dem vernachlässigten Kriegsschauplatz, aber erst Scipio Africanus gelingt die Isolation der einheimischen Stämme und deren Niederwerfung.

Zuletzt leistet nur noch Numantia Widerstand. Die 1087 m hoch gelegene Stadt wird bei der Eroberung völlig zerstört. Der in Rom lebende griechische Schriftsteller Polybios berichtet ausführlich über die Kämpfe und beschreibt die römischen Feldlager. Unter Kaiser Augustus entsteht auf den Ruinen Numantias eine unbedeutende Kleinstadt, im 4. Jh. n. Chr. wird diese Siedlung schließlich aufgegeben. Erst 1905 wurden die Baureste als die des berühmten Numantia identifiziert. Auch die Spuren der römischen Belagerungslinien fanden deutsche Ausgräber an Ort und Stelle.

109 Marcus Aemilius **Scaurus** erlebt den Höhepunkt seiner politischen Karriere: Der römische Adlige wird für dieses Jahr zum Zensor gewählt. Zudem ist er seit 115 v. Chr. Sprecher des Senats. Scaurus setzt den Bau der nach ihm benannten Via Aemilia Scauri durch, womit eine wichtige Verkehrsverbindung zwischen Pisa und Genua erschlossen wird. Politisch ist er nicht unumstritten, doch auch zahlreiche Gerichtsprozesse sowie die Annahme von Bestechungsgeldern des Numidier-Königs Jugurtha schaden ihm nicht.

105 **Judas Aristobulos** tritt nach dem Tod seines Vaters Johannes Hyrkanos dessen Erbe als Regent des jüdischen Reiches an. Wie seine beiden Vorgänger hat Aristobulos auch das Amt des Hohepriesters inne, welches trotz des Widerstandes religiöser Gruppen zu einem Vorrecht seiner Familie wird. Die von seinem Vater faktisch erreichte Unabhängigkeit von der bisherigen Oberherrschaft der syrischen Könige lässt Aristobulos nun offiziell bekräftigen: Er nimmt den Königstitel an und demonstriert damit die erstarkte Macht seiner Herrschaft. Bereits nach einjähriger Herrschaft stirbt Judas Aristobulos.

104 In Sizilien bricht der so genannte **zweite Sklavenkrieg** aus. Zahlreiche entflohene und revoltierende Sklaven schließen sich zu einem Heer zusammen und widersetzen sich der römischen Ordnungsmacht. Einer ihrer Anführer ist Salvius, der sich unter dem Namen Tryphon sogar zum König ausrufen lässt. Er beherrscht das östliche Sizilien, während im Westen der Insel ein gewisser Athenion zum König erhoben wird. Den Sklaven schließen sich auch zahlreiche verarmte freie Bürger an. 102 v. Chr. fällt Tryphon im Kampf gegen römische Truppen.

102 Zu Ehren von König **Mithridates VI.** von Pontos errichtet der Priester Helianax eine Ehrenkapelle im Heiligtum der Kabiren auf Delos, der alten griechischen Kultstätte inmitten des Inselkranzes der Kykladen. Helianax erweist damit dem pontischen König seine Loyalität. Die Kabiren sind eine Gruppe von Göttern, die als Schutzpatrone der Seefahrt gelten und Schiffbrüchigen Beistand leisten. Man verehrt sie als Nachkommen des Schmiedegottes Hephaistos (römisch Vulcanus), der in der griechischen Mythologie das Erdfeuer symbolisiert.

111 v. Chr.

Jugurthinischer Krieg wahrt Roms Interessen in Nordafrika

Um seine Interessen in Nordafrika zu wahren, beginnt Rom einen Krieg gegen Numidien (Abb.: numidischer Reiter). Nach dem Tod des numidischen Königs Micipsa 118 v. Chr. waren unter seinen Nachkommen Thronstreitigkeiten ausgebrochen. Micipsas Neffe Jugurtha ermordete den Königssohn Hiempsal. Da bei den Kämpfen auch viele in den numidischen Städten lebende Italiker zu Tode kamen, erklärt Rom 111 v. Chr. Jugurtha den Krieg.

Der römische Konsul Bestia soll Frieden in Nordafrika schaffen. Sein Friedensangebot an Jugurtha ist den Verantwortlichen in Rom aber zu milde. Jugurtha wird nach Rom beordert, um Auskunft über seine Abmachung mit Bestia zu geben, und versucht die Uneinigkeit der Römer auszunutzen. Er lässt seinen Vetter Massiva, den Rom als Geisel festhält, ermorden. Jugurtha wird daraufhin aus Italien ausgewiesen, der Krieg fortgesetzt. Unter Führung des Feldherrn Gaius Marius bezwingen die Römer Numidien 105 v. Chr. endgültig.

111 v. Chr.

Griff nach dem Mekong: China vergrößert seinen Machtbereich

Das chinesische Kaiserreich annektiert das Nachbarland Vietnam (Abb.: Blick auf die vietnamesische Küste). Bereits 179 v. Chr. war das Land am Mekong-Fluss teilweise unter die Kontrolle der Chinesen geraten. Nach Bereinigung der innenpolitischen Probleme Chinas im Zuge des Aufstiegs der Han-Dynastie sowie der Sicherung der Grenzen gegen die Xiongnu (siehe S. 327) konzentrieren sich die chinesischen Herrscher nun auf die Eroberung angrenzender Gebiete. Obwohl China rasch weite Teile Vietnams kontrolliert, kommt es im Laufe der Besatzungsgeschichte ständig zu blutigen Rebellionen gegen die Invasoren. Trotz teilweise großer politischer Gegensätze wird die vietnamesische Kultur von der chinesischen Zivilisation stark beeinflusst. Schrift, Religion und Philosophie der Vietnamesen haben ihre Wurzeln in China. Erst gegen Ende des 1. Jt. n. Chr. werden die Chinesen wieder aus dem Nachbarland vertrieben.

105 v. Chr.

Germanenstämme bedrohen Rom

Bei Arausio (heutiges Orange in Frankreich) erleiden die Römer eine vernichtende Niederlage gegen die Germanenstämme der Kimbern und Teutonen. Die Schlacht ist eines der traumatischen Erlebnisse in der Geschichte der römischen Republik und wird die Germanenpolitik für die nächsten 100 Jahre entscheidend prägen.

Bereits um 113 v. Chr. mehrten sich beunruhigende Nachrichten über die Einfälle von Barbaren in die römischen Außenbezirke. Die Kimbern, ein den Römern unbekannter Stamm aus den fremden Ländern Nordeuropas, waren in Noricum (Kärnten und Krain) eingefallen und verwüsteten das Land südlich der Donau. Als die plündernden Horden von mehreren hunderttausend Menschen die norische Garnison des Konsuls Papirius Carbo niederbrannten, brach in Rom Panikstimmung aus. Doch die Befürchtung, ein zweiter Kelteneinfall stehe bevor, war unbegründet. Auf der Suche nach neuem Siedlungsgebiet zogen die Kimbern an Italien vorbei und orientierten sich stattdessen in Richtung Süddeutschland. Dort schlossen sich die keltischstämmigen Teutonen der Völkerwanderung an.

Für einige Jahre beruhigte sich die Lage in den römischen Nordprovinzen. Dann tauchten Kimbern und Teutonen 109 v. Chr. in Südgallien auf. Dort verwalteten die Römer ihre Provinzgeschäfte von der Festung Aquae Sextiae (Aix-en-Provence) aus. Schließlich ist eine Konfrontation unvermeidlich. Die römischen Legionen des Konsuls Marcus Junius Silanus treten 105 v. Chr. den Germanen bei Arausio entgegen und unterliegen den Barbaren. Etwa 100 000 Legionäre fallen in der Schlacht. Rom ist erschüttert. Die Teutonen lassen sich in Gallien nieder, die Kimbern ziehen nach Spanien weiter.

Die Ablenkung der Kimbern nach Spanien verschafft Rom eine Atempause. Der Senat ernennt den früheren Soldaten Gaius Marius zum Konsul. Marius hat sich bereits im Jugurthinischen Krieg als umsichtiger Stratege hervorgetan. Nun sieht er sich der größten Herausforderung seiner Karriere gegenüber: Rom vor den Barbaren zu retten. Marius reorganisiert das Heereswesen von Grund auf. Aus der römischen Bauernarmee schmiedet er einen wehrhaften Kader von Berufssoldaten. Nur wer Leistungen erbringt, wird befördert. Dieses System sorgt rasch für einen effektiven Militärkörper. Auch die Ausbildung der Legionäre bessert sich. Da sie nun für 20 Jahre in den Diensten Roms stehen und keine Felder zu bewirtschaften haben, bleibt den Soldaten genug Zeit für militärischen Drill. Die Legionäre lernen das Kämpfen mit Holzwaffen, werden im Abwehren von Reiterangriffen geschult und müssen Gewaltmärsche mit schwerem Gepäck aushalten. Ein Jahr lang trainiert Marius seine Truppe von etwa 35 000 Mann, dann naht der Tag der Entscheidung.

104 v. Chr. vereinen sich Kimbern und Teutonen erneut und beschließen, über die Alpen nach Italien zu ziehen. Als Marius die Nachricht erhält, dass sich die germanischen Horden in Richtung Süden in Bewegung gesetzt haben, bringt er seine Truppen in der Festung Aquae Sextiae in Stellung. Der Legionär Sertorius erklärt sich bereit, den Feind auszukundschaften. Er hat sich bereits zuvor mit der Sprache des Feindes vertraut gemacht und kleidet sich in germanische Tracht. Der Lagebericht des Sertorius verheißt wenig Hoffnung: Den 35 000 römischen Legionären ziehen 150 000 Teutonen entgegen. Marius unternimmt nichts und verharrt mit seinen Truppen in der Festung, während sich die Germanen in einem nicht enden wollenden Treck an Aquae Sextiae vorbeischieben in Richtung Rom. Die Legionäre warten, bis die Germanen fast vollständig an ihnen vorübergezogen sind. Dann öffnet Marius die Tore und schickt seine Männer in die Schlacht. Die ungeordneten Truppen der Germanen, zusammen mit Planwagen voll Alter, Frauen und Kindern, können den gedrillten Legionären nichts entgegensetzen. Trotz ihrer zahlenmäßigen Unterlegenheit siegen die Römer. Doch noch in der Niederlage sind die Germanen Angst einflößend. Der römische Geschichtsschreiber Plutarch berichtet, die teutonischen Frauen seien mit der Bitte um Verschonung vor Marius getreten. Doch dieser habe abgelehnt. »Da zerschmetterten sie ihre Kinder an den Felsen und töteten sich sämtlich durch das Schwert oder durch Erhängen«, schreibt Plutarch.

Der Vernichtung der Teutonen folgt 101 v. Chr. der Untergang der Kimbern bei Vercellae (zwischen Turin und Mailand). Dieses Mal ist das Aufeinandertreffen der Heere vereinbart. Marius bedient sich einer List, erscheint als Erster auf dem Schlachtfeld und postiert sich so, dass der Feind gegen die Sonne anrücken muss und geblendet ist. Die Kimbern kämpfen verbissen, doch sind auch sie den gut ausgebildeten römischen Legionären letztlich unterlegen.

Marius

(Gaius Marius), römischer Feldherr und Staatmann, * 158 v. Chr. Arpinum, † 86 v. Chr. Rom

Marius reformiert das römische Heer und verleiht ihm entscheidende Schlagkraft. Der Spross einer Ritterfamilie beginnt seine Laufbahn als Soldat in Spanien. Obwohl der Parteigänger der Popularen (Volkspartei) mit 39 Jahren Volkstribun und später Prätor wird, schlägt sein Herz weiter für den Militärdienst. Obwohl 108 v. Chr. zum Konsul gewählt, zieht er bald wieder ins Feld und bewahrt durch seine Siege über Kimbern und Teutonen das Römische Reich vor dem Einfall der Germanen. In den innenpolitischen Wirren des römischen Bürgerkriegs übt Marius eine Gewaltherrschaft aus, wird aber von dem Optimaten Sulla im Auftrag des Senats entmachtet und geht ins Exil, aus dem er erst ein Jahr vor seinem Tod zurückkehrt. Siebenmal übte Marius das Konsul-Amt aus.

- 119 v. Chr.: Wahl zum Volkstribun
- 115 v. Chr.: Ernennung zum Prätor
- 87 v. Chr.: Rückkehr aus der Verbannung nach Italien

Die Teutonen ziehen 102 v. Chr. in riesigen Trecks an den in Aquae Sextiae versteckten Römern vorbei.

Um 100 Um die Jahrhundertwende erfreut sich in Rom ein besonderer Kunststil großer Beliebtheit. Zur Ausstattung ihrer Stadthäuser und Landgüter lassen Angehörige der römischen Oberschicht zahlreiche Kunstwerke aus Griechenland importieren. Dort entwickelt sich im Gegenzug eine hoch spezialisierte Kunstindustrie, die die gewünschten Güter herstellt. Prachtvolle Marmorreliefs und Statuen, aber auch Lampenständer (Kandelaber) und Prunkvasen werden im sog. **neuattischen Stil** ausgeführt. Dieser ist durch die reizvolle Neuinterpretation von Vorbildern der archaischen und klassischen Zeit gekennzeichnet.

Um 95 Der Streit um den Königsthron **Syriens** erreicht seinen Höhepunkt. Zwar ist das seleukidische Reich durch die dauernden Thronwirren bereits in die Bedeutungslosigkeit abgesunken, doch hindert dies die zahlreichen Thronanwärter nicht an der Ausfechtung eines erbitterten Bürgerkrieges. Antiochos IX. fällt im Kampf gegen den seit 96 v. Chr. regierenden König Seleukos VI., der wiederum noch im selben Jahr Antiochos X. unterliegt. Daraufhin fördert der ägyptische König Ptolemaios IX. die Erhebung Demetrios' III., der gemeinsam mit seinem Bruder Antiochos X. besiegt und sich zum Alleinherrscher ausrufen lässt.

Der berühmte Philosoph und Universalgelehrte **Poseidonius von Apamea** gründet eine eigene Schule auf der Insel Rhodos. Poseidonius unterrichtet nicht nur Philosophie, sondern auch Geschichtsschreibung, Völkerkunde, Psychologie und Geografie. Sein Hauptwerk ist die Fortsetzung der Geschichtsbücher des griechischen Historikers Polybios. Darin unterscheidet er auch erstmals zwischen den Kelten und Germanen als Bewohner das nordwestlichen Europa. Poseidonios berechnet auch den Erdumfang und beziffert diesen mit 1 800 000 Stadien (entspricht 31 932 km).

86 Der römische Feldherr Sulla erobert am 1. März im Zuge des **Ersten Mithridatischen Krieges** Athen. Die Stadt wird von römischen Truppen geplündert und der strategisch und wirtschaftlich bedeutende Hafen Piräus zerstört. Bei der weiteren Rückeroberung Griechenlands verlangt Sulla auch Abgaben der Heiligtümer von Olympia, Delphi und Epidauros. Die dort hinterlegten Tempelschätze lässt Sulla zu römischen Münzen umprägen, um seine Truppen bezahlen zu können.

79 Der römische Staatsmann **Cicero** bricht mit seinem Bruder Quintus und Titus Pomponius Atticus zu einer Bildungsreise in den Osten auf. Besucht werden Athen als Zentrum der griechischen Philosophie und Bildung sowie Rhodos und Kleinasien. Cicero gelingt es auch, sich in die Mysterien von Eleusis (ein Geheimkult um die Göttin Demeter) einweihen zu lassen. Die bildungshungrigen Römer treffen u. a. den Epikureer Zenon von Sidon in Athen sowie den Geografen und Philosophen Poseidonius in dessen Schule auf Rhodos.

Um 100 v. Chr.

Goten verlassen Südschweden

Mit der Abwanderung der Goten aus Südschweden und ihrem Zug in Richtung Ostpommern und in das Gebiet der südlichen Weichsel beginnt die Vorphase der späteren Völkerwanderung. Der zentrale Süden Nordeuropas ist zu diesem Zeitpunkt bereits dicht besiedelt und unterliegt keltischem Einfluss. Die Goten Südschwedens kennen den Ackerbau mit Hakenpflügen und leben auf Hofstätten mit dreischiffigen Hallenhäusern. Funde – besonders von den Inseln Gotland und Öland – zeigen, dass die römische Welt über die nordöstlichen Handelsrouten bereits bis hierher ausgreift.

In den Gräbern der Zeit dokumentiert sich die Differenzierung der gotischen Gesellschaft. Neben die Brandbestattung tritt nun für die gesellschaftlich Höherstehenden die Körperbestattung mit reichen Beigaben wie etwa Töpferwaren, Bronze- und Glasgefäße. Den römischen Einfluss – z. T. dienen Goten als Söldner Roms – belegen Kurzschwerter und Münzen. In der Folgezeit intensiviert sich auch der Pelzhandel mit den Römern.

Um 100 v. Chr.

Reich am Roten Meer: Aksum

An der Westküste des Roten Meers entsteht am Schnittpunkt bedeutender Karawanenrouten zwischen der so genannten Zimtküste am Golf von Aden und den östlichen Mittelmeerländern das Königreich Aksum (heute Äthiopien). Es zählt zu den sog. Weihrauchländern am Roten Meer und verdankt seinen Aufstieg neben dem Handel mit Weihrauch und Myrrhe besonders dem Elfenbeinexport aus Ostafrika. Zugleich ist das Königreich Zwischenstation für den Gewürzhandel mit dem heutigen Indien über die »Pfefferroute«. Aksums gleichnamige Hauptstadt besitzt weder Mauern noch andere Verteidigungsanlagen. Die Häuser und Paläste der Könige und auch deren palastartige Mausoleen mit hoch aufragenden Stelen (s. Abb.) verteilen sich über ein weites Areal. In den folgenden Jahrhunderten entwickelt sich Aksum zum christlichen Zentrum Ostafrikas.

100 v. Chr.

Streit in Rom um Veteranen

Die sog. Veteranenfrage führt in Rom zum Machtkampf innerhalb der politischen Führungseliten. Zur Versorgung der gegen die Germanen siegreichen Truppen lässt der Konsul Gaius Marius zusammen mit dem Volkstribun Appuleius Saturninus in Sizilien, Achaia, Makedonien und Gallien gegen den ursprünglichen Widerstand des Senats Kolonien einrichten. Die Senatoren werden gezwungen, dieses Ansiedlungsgesetz durch Eid anzuerkennen. Lediglich Quintus Cälius Metellus Numidicus verweigert den Eid und wird aus Rom verbannt.

In der Folgezeit erhöhen sich die Spannungen zwischen Senatsanhängern und den radikalen Anhängern des Gaius Marius. Als der Adelsstand der Ritter zum Senat übertritt, muss Marius, gerade erst zum sechsten Mal zum Konsul gewählt, den Notstand ausrufen. Seine eigenen Anhänger werden erschlagen. Die politische Karriere des Gaius Marius ist damit beendet. Er geht ins kleinasiatische Exil, das Ansiedlungsgesetz wird aufgehoben.

Um 100 v. Chr.

Mit Runen Zeichen setzen

In Anlehnung an das alt-etruskische Alphabet entstehen im Alpenraum die ersten germanischen Schriftzeichen: die Runen (Abb.: schwedisches Runenalphabet). Bis zur Einführung der lateinischen Schrift bleiben sie die einzige unter den germanischen Völkern verbreitete Schrift. Runen werden zuerst fast ausschließlich für Weih- und Inschriften verwendet und in bewegliche Gegenstände geritzt. Nach der Zeitenwende entstehen auch Runen-Handschriften. Im Althochdeutschen bezeichnet das Wort Runa ein Geheimnis oder auch das Geraune. Die germanische Runenreihe verändert gegenüber den Mittelmeeralphabeten die Reihenfolge der Buchstaben. Bis 200 n. Chr. entsteht die erste, 24 Zeichen umfassende Runenreihe, das nach der Abfolge seiner ersten Buchstaben benannte Futhark. Verlauf und Grund seiner Ausbreitung bis in den Maas-Schelde-Raum und nach Skandinavien sind bis heute ungeklärt.

Um 100 v. Chr.

Nomadenstamm der Kushana erobert Indiens Nordwesten

Dem zentralasiatischen Nomadenstamm der Kushana gelingt von Baktrien aus die Eroberung Nordwestindiens. 94 v. Chr. begründet ihr erster König Maues dort ein Großreich, das die früheren indogriechischen Reiche vernichtet, deren Kultur aber zum Teil übernimmt. In Indien werden die Kushana Saka genannt. Die irrtümliche westliche Bezeichnung Skythen (Abb.: skythischer Goldschmuck aus dem 7./6. Jh. v. Chr.) geht auf einen Sammelbegriff des Griechen Herodot für verschiedene Völkerschaften mit Reiterkriegertum zurück. Die Saka dehnen ihr Reich noch auf Westindien aus, bevor sie im 2. Jh. n. Chr. von der nordindischen Gupta-Dynastie abgelöst werden.

Um 100 v. Chr.

Seidenstraße – Brücke zum Westen

Chinas Kaiser Wudi legt den Grundstein für die Seidenstraße. Im Zuge seiner Expansions- und Eroberungspolitik gegen die nomadischen Steppenvölker schickt der Han-Kaiser seine Gesandten in bislang unbekannte Länder außerhalb des chinesischen Kulturkreises. Einer von diesen, Zhang Qian, berichtet ihm vom Volk der Yuezhi im westlich gelegenen Turkestan. Seinem Diplomaten lässt Wudi Heere folgen: 101 v. Chr. ist die chinesische Eroberung Turkestans bis zum Pamir abgeschlossen. Um den Handel mit Zentralasien und dem Westen auszubauen, lässt Wudi auch neue Straßen anlegen. Sie werden als Seidenstraße in die Geschichte eingehen, auch wenn sie ihren heute gebräuchlichen Namen erst im 19. Jh. durch den deutschen Gelehrten Ferdinand von Richthofen erhalten.

Mit Seidelieferungen hat China die benachbarten Nomadenvölker von ihren Einfällen ins Reich abhalten wollen, unter Wudi wird der kostbare Stoff jetzt zum wichtigsten Handelsgut. Die Karawanenwege ziehen sich in Zentralasien in drei Routen an Gebirgsrändern und Flussoasen entlang, vereinen sich im heutigen Samarkand und treffen bei Dura-Europos im heutigen Syrien auf den Euphrat. Der östliche Endpunkt der Seidenstraße liegt bei Luoyang in der Povinz Henan am Gelben Fluss, ihre erste Teilung erfolgt bei Anxi am westlichen Ende der Großen Mauer. Die nördliche Route verläuft entlang der Ausläufer der Wüste Gobi über Turfan, Kuldja und südlich des Balchassees über Kenkol nach Samarkand. Eine zentrale Route wählt von Anxi den direkten westlichen Weg durch die Ebene von Taklan Makan über Aksu nach Kashgar, wo sie sich mit der südlichen Strecke von Anxi über Khotan vereinigt.

Bis nach der Zeitenwende ein vertrautes Bild: Karawane auf der Seidenstraße; Zeichnung, 9. Jh. n. Chr.

Auf den ungepflasterten, staubigen und steinigen, Gebirge überwindenden und Wüsten durchmessenden Wegen entwickelt sich ein reger Ost-West-Austausch von Handelswaren, Gedankengut und Religionen. China liefert dem Westen Seide, Gold, Gewürze; der Westen wiederum versorgt das Reich mit Glas, Edelmetallen, Pflanzen wie Klee, Pfirsichen, Mandeln und Tieren wie z. B. arabische Pferde. Über die Seidenstraße erreichen das Judentum sowie der Islam die fernöstliche Welt und erfährt der Westen vom Buddhismus. Entlang der Seidenstraße entstehen neue religiöse Zentren, in den neuen Kultstätten vermischen sich Schriften und Malereistile. Östliche und westliche Herrscher sowie Großhändler geben Reiseberichte in das Land der Seide in Auftrag. Um 100 n. Chr. wird der makedonische Kaufmann Maes einen dieser Berichte dem Geografen Marinos von Tyros zur Berechnung der Gesamtstreckenlänge übergeben. Marinos scheitert an der Aufgabe, da ihm das chinesische Wegmaß »li«, das rund 580 m entspricht, unbekannt ist. In ihrer Gesamtlänge ist die Seidenstraße bis heute nicht vermessen worden.

Die Seidenstraße wird nie wirklich durchgängig, sondern nur in Etappen genutzt. Entlang ihres Verlaufs entwickeln sich die Oasen in Zentralasien zu den größten und bedeutendsten Handelsumschlagplätzen der Zeit, hier gehen die Güter von einer Karawane auf die jeweils nächste über. Von diesen Oasen aus, die im Laufe der Zeit zu Städten, teilweise sogar zu Stadtstaaten werden, erstrecken sich netzartig weitere Wege zu den Grenzen der bekannten Welt, von Bacare an der Südspitze Indiens bis zu den japanischen Inseln.

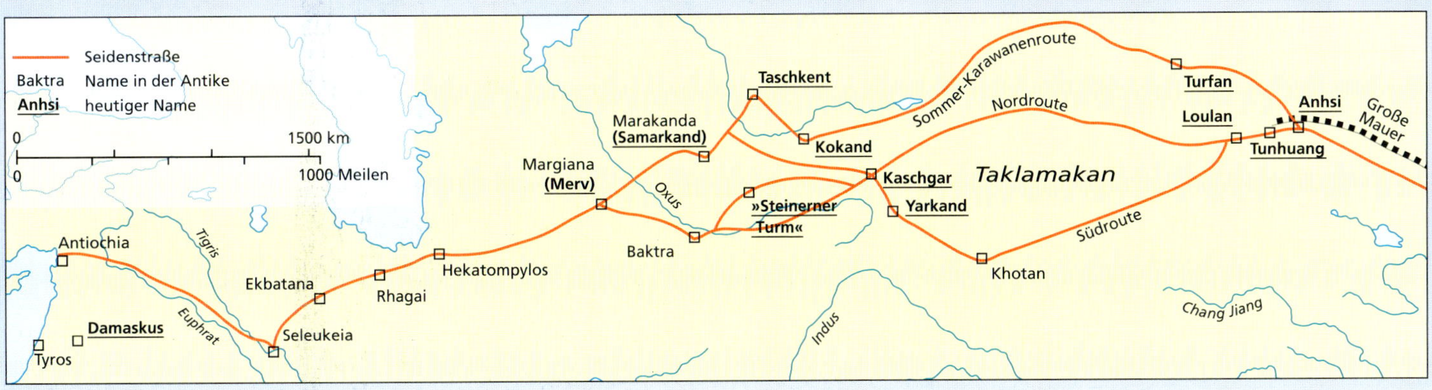

74 Der römische Befehlshaber **Marcus Antonius** erhält Sonderrechte zur Bekämpfung des Seeräuberunwesens auf Kreta und das Amt eines Prokonsuls. Drei Jahre langt versucht Marcus Antonius vergeblich, die ihm gestellten Aufgaben zu erfüllen. Er gerät schließlich 71 v. Chr. in kretische Gefangenschaft und stirbt noch im selben Jahr in Haft. Bekannt als ein unfähiger und habsüchtiger Mensch, erhält er von seinen Zeitgenossen den Spottnamen »der Kreter« (Creticus). Marcus Antonius Creticus ist der Vater des späteren Triumvirs Marcus Antonius.

68 Der römische Feldherr **Lucullus** besiegt den armenischen König Tigranes I. und Mithridates VI., den König von Pontos, am Fluss Arsanias in Armenien. Lucullus kämpft seit einigen Jahren mit wechselndem Erfolg im Osten, insbesondere gegen Mithradates VI. Erst 63 v. Chr. kann er seinen Triumph in Rom feiern und zieht sich bald darauf aus dem politischen Leben zurück. Lucullus gilt als einer der reichsten Römer seiner Zeit und ist Besitzer prachtvoller Villen, Bibliotheken und Obstplantagen. Auf seine opulenten Gelage geht die Bezeichnung »lukullische Genüsse« zurück.

67 Der römische Feldherr **Gnaeus Pompeius** erhält den Oberbefehl zur Bekämpfung von Seeräubern. Insbesondere im östlichen Mittelmeer stellen Piraten eine elementare Bedrohung für die Handelsschifffahrt dar. Der Güterverkehr zwischen den einzelnen Staaten ist erheblich gefährdet. Pompeius gelingt es mit 500 Kriegsschiffen und 20 Legionen sowie durch energisches Handeln, die Seeräuber und ihre Stützpunkte an der Küste innerhalb von drei Monaten zu vernichten. Die Überlebenden dieser Schlacht werden in der Stadt Pompeiopolis zwangsangesiedelt. Dabei wird zugleich Kilikien als neue Provinz unter römische Verwaltung gestellt.

73 v. Chr.

Rebellion der Sklaven

Der Sklave Spartacus löst einen Aufstand der Unfreien aus, der weite Teile Italiens erfasst. Der gebürtige Thraker war in seiner Heimat als Soldat für die Hilfstruppen der römischen Legionen rekrutiert worden. Bald darauf desertierte er, wurde gefangen genommen und versklavt. In Capua bildeten ihn die Römer zum Gladiator aus.

Den Tod in der Arena vor Augen, bricht Spartacus mit 80 Leidensgenossen aus. Sie erbeuten einen Wagen voller Waffen und fliehen auf den Vesuv. Als der Aufstand bekannt wird, gesellen sich weitere Unfreie zu Spartacus. Bald zieht ein Heer von Sklaven plündernd durch Italien. Obwohl es Spartacus' Plan ist, so schnell wie möglich die Alpen zu überqueren und so nach Norden in die Freiheit zu entkommen, wollen die meisten Sklaven die neu errungene Machtposition nicht aufgeben und weitere Städte erobern.

Alle Versuche der Römer, die unorganisierten Sklaven rasch niederzuwerfen, scheitern am Einfallsreichtum des Spartacus. Bis zum Winter des Jahres 73 v. Chr. wächst sein Heer auf etwa 70 000 Mann an. Die Kohorten, die sich ihm in den Weg stellen, werden vernichtet. Verzweifelt stellen die Römer zwei Legionen gegen die Rebellen auf, doch auch diese unterliegen Spartacus' Truppen. Schließlich gelingt es dem reichen Praetor Marcus Licinius Crassus, sechs Legionen auszuheben und sie gegen die Sklaven ins Feld zu schicken. 120 000 Mann bilden zu diesem Zeitpunkt das Gefolge von Spartacus.

Im Jahr 71 v. Chr. sind die in Süditalien stehenden Sklavenrebellen schließlich von römischen Truppen umzingelt. Ihnen bleibt nur die Flucht nach Norden. Als sich die gallischen Sklaven von Spartacus' Heer trennen, um ihre eigene Strategie zu verfolgen, ist es um die Rebellen geschehen. Crassus' Legionäre besiegen zunächst die Gallier, dann das Sklavenheer selbst. Spartacus fällt vermutlich in der Schlacht, sein Leichnam wird nie gefunden. Crassus lässt 6000 Sklaven entlang der Via Appia ans Kreuz schlagen.

Spartacus (links unten) fällt 71 v. Chr. in der Entscheidungsschlacht in Lukanien; Holzstich, 19. Jh.

72 v. Chr.

Ariovists Leute tragen Knoten

Die Sueben überschreiten den Oberrhein. Zwei Jahre später dringt dieser germanische Stamm in die verlassenen süddeutschen Gebiete der Kimbern ein. Der Ursprung der Sueben liegt in Thüringen. Bei ihren Wanderungen nach Südwesten stießen sie auf die Ubier, die sie nach langen Kämpfen tributpflichtig machten. Seither werden die Sueben von anderen Stämmen als eine Art Söldnertruppe im Kampf gegen feindliche Stämme angeheuert.

Gemeinsames Merkmal aller Sueben ist der von Männern wie Frauen gleichermaßen getragene Suebenknoten, ein Haargeflecht, das sich an der linken Vorderseite des Kopfes befindet (Abb.: Germanen; v. l.: germanische Frau, Suebe, Friese, Cherusker). Anführer des Stammes ist der Häuptling Ariovist. Er überquert den Rhein, weil er einen Ruf der Sequaner erhalten hat, die ihn im Kampf gegen die Häduer um Hilfe bitten. Ariovist besiegt die Häduer und lässt sich im Elsass nieder. Damit wird der Germanenstamm zum direkten Nachbarn des Römischen Reiches. Cäsar besiegt die Sueben 58 v. Chr. beim heutigen Mühlhausen im Elsass und treibt sie über den Rhein zurück.

82 v. Chr.

Diktatur von Adels Gnaden: Sulla entmachtet Roms Volkstribunen und stärkt den Senat

Der römische Feldherr Lucius Cornelius Sulla (Abb.: Statue; 1. Jh. v. Chr.) wird vom Senat zum Diktator Roms gewählt. Der Gegenspieler des Feldherrn und Konsuln Gaius Marius hatte in Kleinasien gegen König Mithridates von Pontos Krieg geführt, als Marius in Rom die Macht an sich riss und mit dem Konsul Lucius Cornelius Cinna in der Tiberstadt ein Gewaltregiment führte. Sulla kehrte nach Italien zurück, um seinen ehemaligen Kommandanten aus dem Feld zu schlagen. Er landete an der Ostküste. Die Truppen des Marius besiegte er ohne größere Verluste. Schließlich ist Rom in Sullas Hand. Dieser lässt sich zum Dikator wählen und 6000 Anhänger des Marius hinrichten.

Der Senat beauftragt Sulla damit, die Autorität der Republik wieder herzustellen. Der Diktator schwächt die Volkstribunen und stärkt den Senat, dessen Kopfzahl er von 300 auf 600 erhöht.

Der Senatsadel, repräsentiert durch die sog. Optimaten, steht in Gegnerschaft zu den aufbegehrenden Plebejern und somit zu den sog. Popularen, denen Marius angehört. Nachdem Sulla alle seine Reformen eingeleitet hat, zieht er sich im Jahr 79 v. Chr. ins Privatleben zurück.

Sulla

(Lucius Cornelius Sulla), röm. Feldherr, * 138 v. Chr., † 78 v. Chr.

Sulla dient unter seinem späteren Feind Marius in Africa und wird 88 v. Chr. zum Konsul ernannt. Als Diktator Roms gründet er zahlreiche Kolonien für seine Veteranen, darunter Pompeji. Um Putschversuche zu unterbinden, gesteht er dem Senat die Entscheidung über militärische Handlungen in den Provinzen zu. Sulla erhöht die Zahl der Staatsämter und sorgt für eine Entmilitarisierung Italiens. Nach seinem Rückzug aus dem öffentlichen Leben verfehlen fast alle von ihm verabschiedeten Reformen ihre Wirkung und beschleunigen den Zerfall der Republik.

91 v. Chr.

Italien im Bürgerkrieg – wer genießt Roms Staatsbürgerrecht?

In ganz Italien bricht ein Bürgerkrieg um die Vergabe des römischen Bürgerrechts aus. Auslöser ist die Ermordung des Staatsmannes Livius Drusus, der sich wegen seiner Forderung, das Bürgerrecht auf alle italischen Städte auszudehnen, Feinde im Adel geschaffen hatte.

Der Aufstand bricht zunächst in Asculum (Mittelitalien) aus. Dann schließen sich die alten italischen Stämme und Bundesgenossen Roms der Revolte an. Sie gründen einen eigenen Städtebund mit der Hauptstadt Corfinium. Rom ruft einige seiner angesehensten Heerführer zusammen, darunter Gaius Marius und den jungen Gnaeus Pompeius, und betraut sie mit der Führung des Kampfes. Nach zehn Monaten sind die Aufständischen besiegt. 89 v. Chr. verabschiedet der Senat die Lex Julia, die den tapferen Soldaten des Kampfes und allen Völkern, die Rom die Treue gehalten haben, das römische Bürgerrecht verleiht. Zwei weitere Gesetze stellen das volle Bürgerrecht auch jenen in Aussicht, die die Waffen binnen kürzester Zeit niederlegen.

Roms Schwächung während des Bürgerkriegs nutzt der König von Pontos, Mithridates VI., um sein Herrschaftsgebiet auszudehnen. Er erobert die von Rom besetzte Provinz Asia und wird als Befreier gefeiert. Als Zeichen seiner Macht lässt Mithridates 88 v. Chr. rund 80 000 Römer und Italer ermorden (Vesper von Ephesos). 86 v. Chr. besiegen ihn römische Truppen unter Konsul Sulla.

Um 100 v. Chr.

Die Kunst des Glasblasens

In der syrischen Stadt Sidon entdecken Handwerker die Technik des Glasblasens. Die Kunst der Glasherstellung ist bereits seit etwa 4000 v. Chr. bekannt. Sie wurde in Ägypten entdeckt und über Handelswege verbreitet. Bislang war es jedoch nur möglich, Glasfäden herzustellen und diese durch Aufspinnen zu Hohlglas weiterzuverarbeiten. Auch war Glas bisher nicht durchsichtig, kann aber nun durch die Zugabe von Braunstein entfärbt werden. Die Syrer entdecken, dass sich Glas mit Hilfe von hohlen Eisenröhren aufnehmen und durch Luftzufuhr zu einem Hohlkörper aufblasen lässt. Voraussetzung für diese Erfindung sind neue Techniken in der Feuerung, die höhere Temperaturen in den Schmelzöfen zulassen.

Rom – Metropole und Moloch

Rom – das ist eine Stadt der Sinne: Rom riecht, Rom ist laut, Rom fasziniert. Die Stadt der sieben Hügel bedeutet Last und Lust für Einwohner und Besucher, für Freie und Sklaven, für Patrizier und Plebejer, für fliegende Händler und Marktbeschicker, für Schmiede und Fischer, für Priester und Prostituierte. Noch ist die Macht Roms auf Italien und die Nachbarländer beschränkt. Dennoch wirkt die Stadt bereits wie ein Magnet auf Menschen, die versuchen, hier ihr Glück zu machen.

*Rom wurde auf **sieben Hügeln** erbaut. Der Legende nach gründete Romulus die Stadt auf dem Palatin. Auch die ältesten archäologischen Funde stammen von dem Hügel, auf dem sich Kaiser Augustus eine private Residenz erbauen ließ. Alle anderen Hügel überragt der Quirinal. In seiner Nachbarschaft erstreckt sich der wesentlich kleinere Viminalis. Südlich von diesem liegt der Esquilin, auf dem die großen Dichter Vergil und Horaz zu Hause waren. Noch weiter südlich erstrecken sich der Aventin und – in Form eines langen Kaps – der Caelius. Zwischen Palatin und Quirinal schließlich ragt der Capitol-Hügel auf, Zentrum von Religion und Politik im antiken Rom.*

Das Herz der Tiber-Metropole – römisches Leben auf dem Forum Romanum; Farbdruck, 1901

Die Metropole am Tiber wächst und wächst, niemand weiß genau, wie groß Rom eigentlich geworden ist. Auf den engen Straßen und Gassen, die Rom mehr oder weniger planlos durchziehen, nimmt der Verkehr der Kutschen und Karren täglich zu. Erst Kaiser Augustus wird die Stadt um die Zeitenwende in 14 Bezirke einteilen. Die Grenzen der im 4. Jh. v. Chr. angelegten Servianischen Mauer, die rund 430 ha umspannte, sind längst gesprengt. Die Stadtgrenzen verlaufen bereits eine Meile vor der geschlossenen Bebauung.

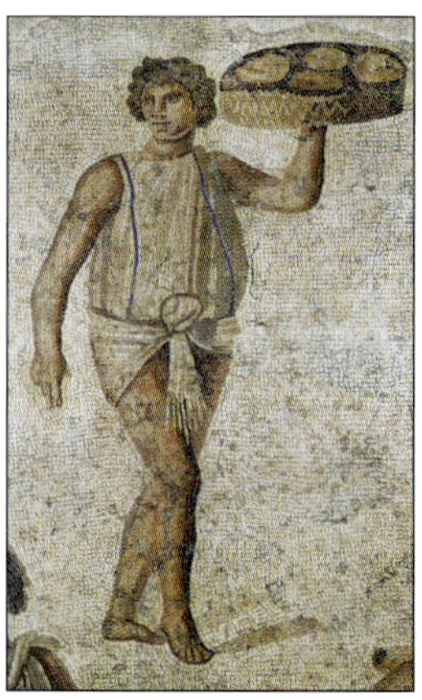

Sklavenarbeit gehört zum Lebensalltag in der Antike.

Architektonisch ist Rom vielseitig: Velia, aristokratische Villen, gibt es auf dem Palatin, freistehende Häuser auf Esquilin und Aventin. In den Insulae, mehrstöckigen Wohnblöcken, wohnen die Proletarier zur Miete. Im Parterre liegen hier oft Tavernen, Geldwechselstuben, Apotheken und Läden der unterschiedlichsten Art.

In den »Annalen« urteilt der römische Geschichtsschreiber Publius Cornelius Tacitus über seine Heimat:

»In Rom strömt alles Schreckliche und Schändliche zusammen und wird auch noch gefeiert.«

Wasser für die Massen

Um 200 v. Chr. leben in Rom 100 000 Menschen. Nur 25 000 haben das Bürgerrecht, das ihnen Grundbesitz und den Zugang zu Ämtern ermöglicht. Die Übrigen sind von diesen Bürgern abhängig und leben in einem komplizierten Abhängigkeits- und Schutzsystem, das seine Wurzeln in den frühen etruskischen Königszeiten hat und sich nur langsam auflöst. Um 200 v. Chr. gibt es auch schon Sklaven, deren Zahl mit den großen Eroberungszügen der Kaiserzeit noch gewaltig ansteigen wird.

Auf Neuankömmlinge warten zunächst die erwähnten Insulae, acht- bis zehngeschossige, küchen-, heizungs- und wasserlose Mietskasernen mit dünnen Wänden aus Mörtel und Ziegeln, mit Holzdecken und offenen Fensterbändern. Der Gang zum nächsten öffentlichen Brunnen kann weit sein. Um 200 v. Chr. wird Rom erst durch zwei Leitungssysteme – den Aqua Appia und den Aqua Anio Vetus – mit Wasser aus dem Apennin versorgt. Gegen Ende der Kaiserzeit werden zwölf Aquädukte täglich rund 1 Mrd. Liter Wasser in Roms 900 öffentliche Badeanstalten und die großen Kaiserthermen schleusen. 700 Jahre vorher jedoch sucht man vergeblich nach öffentlichen Badeanstalten. Die ersten werden erst 100 Jahre später errichtet, privat betrieben und gegen Eintrittsgeld zugänglich gemacht. Doch gibt es bereits ein gut organisiertes Abwassersystem, in dem sieben Hauptkanäle Abfälle aufnehmen und dem Tiber zuführen. Doch bis in die einzelnen Insulae reicht die Kanalisation nicht. 144 öffentliche Latrinen sollen hier Abhilfe schaffen.

Nur wenige der Insulae-Wohnungen verfügen über eigene Herdstellen. Seine Mahlzeiten nimmt der Durchschnittsrömer in den Garküchen auf den Straßen ein. Es gibt drei große Märkte: das Macellum mit Fisch-, Gourmet- und Lebensmittelmarkt, einen Gemüse- und Obstmarkt am Tiber sowie den ebenfalls außerhalb des Servianischen Mauerrings gelegenen Rindermarkt.

Markttage sind Festtage

Die Wochenmarkttage, die Nundinae, sind gleichsam die Feiertage des römischen Wochenalltags und zugleich Gerichtstage. Sie dienen der Verkündung von Gesetzen, der Verabschiedung von Volksbeschlüssen und der Vorstellung von

Handwerkerfleiß: römischer Metzger bei der Arbeit; Steinrelief

Kandidaten für politische Ämter. Das politische und religiöse Zentrum der Stadt ist das Forum nördlich des Palatin. Zwischen der Via Sacra und der Via Nova liegt dort auch der Vesta-Tempel und das Haus der Vestalinnen. Diese Priesterinnen der Göttin des Herdfeuers sind für die Dauer ihres 30-jährigen Dienstes zur Jungfräulichkeit verpflichtet. Zum Forum gehören aber auch die Tavernen mit ihren Bordellen. Im Straßenbild bleiben Prostituierte beiderlei Geschlechts jedoch genau wie die Sklaven und Unfreien unauffällig.
In Rom ist die Kleidung eher uniform. Lediglich Senatoren und Ritter verzieren ihre wadenlange, ärmellose und eng taillierte Tunika mit einem dunkelroten Streifen. Über die Tunika werfen die Männer eine Toga, einen weißen Umhang aus Wolle. Die Frauen tragen die Stola, ein kurzärmeliges Kleid, und außerhalb ihres Hauses auch einen Umhang, die Palla. Make-up gehört ebenfalls zum guten Ton. Wimpern und Augenbrauen werden mit Ruß gefärbt, zerkleinertes Eisenerz gibt der Haut den rechten Glanz.

Garant römischer Vitalität: Eine quirlige Jugend prägt Roms Stadtbild die ganze Antike über; Marmorrelief am Sarkophag eines Kindes, 2. Jh. v. Chr.

Großspektakel zum Zeitvertreib

Das Sehen und Gesehenwerden passiert in Rom auf den Märkten und Straßen. Andere Orte für derlei sind rar, feste, aus Stein gebaute Theater etwa gibt es noch nicht. Der römische Senat hält Einrichtungen dieser Art für moralisch fragwürdig und gefährlich. Erst unter Cäsar setzt sich im 1. Jh. v. Chr. diese Form der Vergnügung durch.

Die blutigen Tierhetzen in den großen Arenen sind ebenfalls noch Zukunftsmusik, doch finden bereits seit 264 v. Chr. regelmäßig Gladiatorenkämpfe statt, und zwar auf dem Forum. 221 v. Chr. ließ der Konsul Claudius Flaminius auf dem Marsfeld einen zweiten Circus errichten, in dem – wie auch in dem südwestlich des Palatin gelegenen Circus Maximus – Spiele ausgerichtet werden. Diese Sport- und Theaterspiele, die Ludi, hatten ursprünglich einen religiösen Hintergrund und wurden von den Ädilen von Amts wegen mit staatlichen Geldern ausgestattet. Erst später dienen sie – und die damit einhergehenden Getreide- und Brotverteilungen – politischen Zwecken.

Der große deutsche Historiker Theodor Mommsen beschreibt in der »Römischen Geschichte« das soziale Leben im Rom des 1. Jh. v. Chr.:

»Statt zu arbeiten, gaffte der römische Plebejer lieber im Theater; die Schenken und Bordelle hatten solchen Zuspruch, dass die Demagogen ihre Rechnung dabei fanden, vorwiegend die Besitzer derartiger Etablissements in ihr Interesse zu ziehen ... Im Nichtstun nahm es der Aristokrat dreist mit dem Proletarier auf; wenn dieser auf dem Pflaster lungerte, dehnte jener sich bis in den hellen Tag hinein in den Feldern. Die Verschwendung regierte hier ebenso maß- wie geschmacklos. Sie warf sich auf die Politik wie auf das Theater, natürlich zu beider Verderben.«

Im Fokus

Liebe ab zwei As – Prostitution ist in Rom allgegenwärtig

Liebe gegen Bezahlung ist in Rom leicht erhältlich – die Wege zu den Lupanaren, den Bordellen, sind ausgeschildert und unter Hinweis auf Preise und Angebot erläuternd bebildert. Wer sexuelle Ablenkung sucht, findet auch die Meretrix, die »Frau, die bezahlt wird«. Er findet sie in den Tavernen entlang der Foren, auf dem Marsfeld und in den Säulenhallen der Tempel, in der Suburba östlich des Forum Romanum und nicht zuletzt auf den Straßen, besonders der Via Sacra und dem Vicus Tuscus – der belebten Verbindung vom Forum zum Circus Maximus.

Erotische Ausschweifungen prägen Rom zu Zeiten der Republik ebenso wie zur Kaiserzeit: Enthüllung eines Phallussymbols (Fresko, um 60 v. Chr.).

Der Circus Maximus gilt als Laufsteg der besonders armseligen Prostituierten, solcher, die sich kein Zimmer in einer der billigeren Unterkünfte mit angeschlossenem Bordellbetrieb leisten können. Denn in Rom gibt es soziale Unterschiede auch unter den Liebesdienerinnen und Liebesdienern. Unter den Prostituierten beiderlei Geschlechts finden sich Kriegsgefangene und Sklaven, ausgesetzte Kinder und Opfer eines zweckorganisierten Menschenraubs, nicht zuletzt Frauen, die wirtschaftliche Not in dieses Gewerbe trieb.
Der Dienstleistungsgrundpreis professioneller Dirnen beträgt erschwingliche zwei As, stadtbekannte Kurtisanen verlangen für ihre Dienste aber auch leicht das 50-fache. Solche »besseren« Prostituierten verrichten ihre Arbeit nicht wie die vielen armen Kolleginnen in einer fensterlosen Kammer mit gemauertem Bettgestell, vor Blicken nur durch einen Vorhang geschützt und beaufsichtigt von Bordellbesitzern und Wirten. Ihnen bleibt erspart, wie die anderen zu Werbezwecken die Spintriae verteilen zu müssen, münzähnliche Terrakottaplättchen mit erotischen Abbildungen und Namensangaben, die den Interessierten freien Zugang zu den Bordellen gewähren. Mittel und Methoden zur Schwangerschaftsverhütung – Tränke, Pessare und Salben – sind zwar bekannt, aber oft erfolglos. Schwangerschaftsabbrüche werden in Rom mit wenig Skrupel praktiziert. Und Geschlechtskrankheiten gehören für die Kurtisanen zum Berufsrisiko.

Der römische Dichter Ovid erteilt den Frauen Ratschläge für die Körperpflege:

»Lasst den Geruch des trotzigen Bockes nicht unter die Achselhöhlen kommen und die Beine nicht von borstigen Härchen rau sein.«

63 Rom greift in die seit einem Jahr andauernden **innerjüdischen Thronstreitigkeiten** ein. Der römische Feldherr Gnaeus Pompeius, gerade mit der Neuordnung des Ostens betraut, erobert nach einem kurzen Kampf die Stadt Jerusalem. Pompeius betritt sogar das ausschließlich Priestern vorbehaltene Allerheiligste: den jüdischen Tempel. Judäa wird zu einem von Rom abhängigen Staat gemacht. Zwar setzen die römischen **Besatzer** Hyrkanos II. als Herrscher ein, **der Titel eines Königs** bleibt ihm aber verwehrt. Sein Rivale Aristobulos II. wird als Gefangener nach Rom gebracht.

Um 60 Der römische Dichter Gaius Valerius Catullus, genannt **Catull**, verfasst eine Reihe seiner Werke. Bekannt sind seine Liebeslieder auf eine Frau namens Lesbia sowie die Verarbeitung mythischer Stoffe und Epigramme nach dem Vorbild alexandrinischer Dichtung. Catull stammt aus Verona, wohin er sich nach mehrjährigem Aufenthalt in Rom zurückzieht. Hinter den Dichtungen an Lesbia wird eine Liebesbeziehung zu einer verheirateten Dame der römischen Oberschicht vermutet. Catull stirbt wahrscheinlich im Alter von 35 Jahren im Jahr 47 v. Chr.

59 **Ptolemaios XII.**, Vater der späteren Königin Kleopatra VII., wird auf Antrag Cäsars von Rom als König von Ägypten anerkannt. Die verschiedenen ägyptischen Anwärter auf den Königsthron suchen traditionell die Unterstützung durch die Vormacht Rom. Ptolemaios XII. muss erhebliche Finanzmittel einsetzen, um sich der Unterstützung der römischen Politiker zu versichern. Bereits 55 v. Chr. wurde er durch einen Aufstand vertrieben und floh nach Rom. Durch intensive Bestechung der Aufständischen konnte er aber noch im selben Jahr nach Alexandria zurückkehren.

Während des Konsulats von Gaius Julius Cäsar und seines politisch weniger bedeutenden Amtskollegen Bibulus werden neben wichtigen politischen Entscheidungen im römischen Machtkampf auch kleinere Neuerungen eingeführt. So bestimmen die Konsuln, dass fortan die Protokolle der Senats- und Komitiensitzungen öffentlich ausgehängt werden, um das politische Geschehen in Rom transparent zu machen. Zudem erscheint in diesem Jahr auch zum ersten Mal ein amtlicher **Tagesanzeiger** (acta diurina), der in Gestalt eines offiziellen Aushanges in der Stadt Rom von wichtigen Ereignissen berichtet.

Gaius Julius **Cäsar** heiratet in Rom die Patriziertochter Calpurnia. Es ist bereits die dritte Ehe des Staatsmannes. 84 v. Chr. ging Cäsar mit Cornelia, einer Tochter des Staatsmannes Cinna, eine Verbindung ein, doch sie starb bereits 69 v. Chr. Der Verwitwete heiratete daraufhin Pompeia, von der er sich 62 v. Chr. trennte.

Um 60 v. Chr.

Boier verlassen Böhmen

Das keltische Volk der Boier, ursprünglich zwischen Main und Donau ansässig und um 400 v. Chr. in Teilen nach Boiohaemum, das heutige Böhmen, gezogen, flieht vor den einfallenden Markomannen. Ihr erstes Ziel ist der Bereich der Ostalpen. Dort spalten sie sich auf. Diejenigen, die sich für den Weiterzug ins westliche Aquitanien entscheiden, werden hier weitgehend assimiliert. Die Boier, die sich nach Osten in die Ebenen zwischen Donau und Theiß begeben (Abb.: Silbermünze der Boier aus Pannonien), werden knapp zwei Jahrzehnte später durch den Dakerkönig Burebista vernichtet.

63 v. Chr.

Roms Weg nach Osten ist frei

Mit dem Tod des Königs von Pontos, Mithridates VI. Eupator, endet der Dritte Mithridatische Krieg. Mithridates hatte das von seiner Mutter ererbte pontische Reich in Kleinasien in zwei blutigen Kriegen bis zur Ost- und Nordküste des Schwarzen Meeres ausdehnen können. Dem mit Seeräubern und Sertorius Quintus, dem römischen Statthalter in Spanien, verbündeten Mithridates war 74 v. Chr. auch die Eroberung Bithyniens gelungen, doch unterlag er im folgenden Jahr dem römischen Feldherrn Lucullus bei Kyzikos. 66 v. Chr. bezwang ihn ein anderer römischer Feldherr, Pompeius, am Lykosfluss. Nach dieser Niederlage floh Mithridates auf die Krim und lässt sich dort nach dem Abfall seines Sohnes Pharnakes II. im heutigen Kertsch von einem Leibwächter töten. Der westliche Teil von Pontos wird mit der römischen Provinz Bithynien vereinigt. Roms Weg zur Errichtung neuer Provinzen im Osten ist frei.

63 v. Chr.

Macht der Rede – Cicero enthüllt Verschwörung Catilinas

Der römische Konsul Marcus Tullius Cicero deckt im Senat eine Verschwörung des Adligen Lucius Sergius Catilina auf (Abb.: Cicero beschuldigt Catilina; Historienbild). Catilina führte mit Unterstützung von Cäsar und Crassus als Fürsprecher der unteren Bevölkerungsschichten einen erfolglosen Wahlkampf um das Konsulat des Jahres 63 v. Chr. und plant einen Staatsstreich. Cicero erfährt davon durch die Mätresse eines der Komplizen Catilinas. In der Nacht zum 21. Oktober erhält er Briefe, in denen einige Senatoren aufgefordert werden, die Stadt zu verlassen und sich in Sicherheit zu bringen. Daraufhin tritt Cicero vor den Senat. Noch am gleichen Tag bevollmächtigt dieser ihn zu Notstandsmaßnahmen. Am 7. November lässt Cicero Catilina ausweisen und zum Feind erklären. Zahlreiche Anhänger Catilinas werden hingerichtet. Catilina fällt im Januar 62 v. Chr. bei Pistoria im Kampf.

Cicero

(Marcus Tullius Cicero), römischer Staatsmann, Redner und Schriftsteller, *3. 1. 106 v. Chr. Arpinum (heute Arpino), †7. 12. 43 v. Chr. bei Formiae (heute Formia)

Cicero erzielt nach seiner Ausbildung in Athen und auf Rhodos seine ersten Erfolge als Anwalt in Rom. Dort durchläuft er ab 75 v. Chr. die typische Ämterlaufbahn und wird 63 v. Chr. Konsul. Zeit seines Lebens setzt sich Cicero für einen starken Senat ein, was ihm die politische Gegnerschaft mit den Triumvirn Cäsar, Crassus und Pompeius sowie später auch mit Marcus Antonius einbringt. Dank seiner Redekunst behält Cicero in der Auseinandersetzung mit Catilina die Oberhand. Als er sich jedoch – in seinen 14 Philippischen Reden – gegen Marcus Antonius wendet, wird er auf dessen Betreiben 43 v. Chr. ermordet. Auf griechischem Gedankengut aufbauend, prägen seine vier Hauptwerke und 58 Reden das Ideal des Römertums.

60 v. Chr.

Mächtiges Triumvirat regiert Rom

Durch ein Geheimbündnis wollen Gnaeus Pompeius, Gaius Julius Cäsar und Marcus Licinus Crassus, die drei mächtigsten Männer Roms, ihre Macht und den politischen Einfluss steigern. Pompeius und Cäsar eint dabei ihre Ablehnung der Senatspolitik. Crassus, der den Beinamen »Dives« (der Reiche) führt, fungiert als Finanzier.
Pompeius hatte 71 v. Chr. nicht nur den Sklavenführer Spartacus besiegt, sondern durch seine Schlachten auch entscheidend zum Aufstieg Roms beigetragen. Nach der Eroberung Jerusalems schuf er 62 v. Chr. die Provinzen Syria und Bithynien. Als er nach Rom zurückkehrte, wurde er vom Senat brüskiert: Das Adelsgremium versagte ihm die erwartete Anerkennung für seine Gebietsannexionen im Osten, lehnte seine Regelung der dortigen Provinzen ab und verweigerte die materielle Versorgung der Veteranen.
Pompeius' Situation ändert sich erst durch die Rückkehr Cäsars nach Rom, denn auch dieser aufstrebende Machtmensch sieht sich als Opfer des Senats – bringt der doch dem vormaligen Quästor von Spanien und Prätor von Südspanien bei dessen Kandidatur für das Konsulamt erbitterten Widerstand entgegen. Denn gilt Cäsar nicht als höchst ambitioniert und spätestens seit seinen im Jahr 65 v. Chr. aufwändig ausgerichteten Spielen als Mann des Volkes? Pompeius erkennt in ihm den politisch Gleichgesinnten, beide finden in Crassus den potenten Geldgeber.
Das Bündnis wird durch die Heirat des Pompeius mit Julia, Cäsars einziger Tochter, besiegelt. Alle drei Männer schwören feierlich, nichts zu unternehmen, was die jeweils anderen missbilligen könnten. Ihre Forderungen und persönlichen Ziele ergänzen sich, was eine gute Voraussetzung zu deren Durchsetzung zu sein scheint. Pompeius kann auf die treue Gefolgschaft seiner Soldaten bauen. Vom Triumvirat verspricht er sich die Versorgung seiner Veteranen und nicht zuletzt die allgemeine Anerkennung seiner militärischen Erfolge im Osten. Gestützt auf weite Teile des Volkes, verlangt Julius Cäsar für sich die Einrichtung eines militärischen Oberkommandos für die Zeit nach seinem angestrebten Konsulat. Crassus wiederum, der Mann mit den Finanzmitteln, schließlich verspricht sich von dem Bündnis die Absicherung seiner wirtschaftlichen Interessen.

Ein unerbittlicher Cäsar-Gegner: Statue des Staatsmanns und Feldherrn Gnaeus Pompeius.

Pompeius

(Gnaeus Pompeius), römischer Feldherr und Staatsmann, * 29.9.106 v. Chr., †28.9.48 v. Chr. in Ägypten

Schon mit 23 Jahren hebt der gewiefte Taktiker und bedeutende Militär selbstständig eine Legion zur Unterstützung Sullas gegen Marius aus. Später kämpft Pompeius in Kilikien gegen Seeräuber und erringt Siege für Rom in Syrien. Dafür erhält er zwar den Beinamen »Magnus« (der Große), doch verweigert ihm der Senat weitere Unterstützung. Nach dem Tod des Crassus bricht Cäsar den Bürgerkrieg gegen Pompeius vom Zaun. Dieser sucht Zuflucht in Ägypten, wird aber bei der Landung ermordet.

- 70 v. Chr.: Wahl zum Konsul
- 67–66 v. Chr.: Kampf mit außerordentlichen Vollmachten gegen Seeräuber und Mithridates VI. von Pontos

Es gelingt den Männern, ihr Bündnis bis zu den Konsulatswahlen des Jahres 59 v. Chr. geheim zu halten. Wie vom Senat befürchtet, gewinnt Julius Cäsar das Konsularamt. Nun kann das Triumvirat mit Hilfe des legalen Staatsapparates seine Macht ausüben. Für viele Zeitgenossen beginnt damit der Untergang der römischen Republik, denn die Weichen für die zukünftige monarchische Struktur des Reiches sind nun gestellt.

58 v. Chr.

Siege als Bausteine für die eigene Karriere – Cäsar beginnt die Unterwerfung Galliens

Die nördlich Lugudunums (heute Lyon) siedelnden Äduer richten ein Hilfegesuch an Rom und bitten um Beistand gegen die Helvetier. Der neue Prokonsul der Provinzen Gallia Cisalpina und Gallia Narbonensis, Gaius Julius Cäsar, verlässt im März 58 v. Chr. Italien und zieht in Eilmärschen nach Norden. Wenige Wochen später besiegt er bei Bibracte die Helvetier, schließt mit diesen im Namen Roms ein Bündnis und erreicht ihre friedliche Rückkehr in ihre Heimat. Die von den Äduern drohende Gefahr durch eine Koalition von Sequanern und Sueben bleibt jedoch bestehen.
Die Sueben unter Ariovist dringen immer weiter nach Gallien vor, eine Gefährdung römischer Interessen lässt sich – so sieht es Cäsar – nicht mehr ausschließen. So zieht er nach Norden und trifft im Elsass mit Ariovist zusammen. Der Suebe verweigert den Rückzug. Zehn Tage nach dem Treffen kommt es bei Mühlhausen zur Schlacht, die Cäsar für sich entscheiden kann. Ariovist zieht sich über den Rhein zurück – die Germanengefahr ist für gut zwei Jahrhunderte gebannt und Roms Vormachtstellung in Mittelgallien garantiert. Doch dies bedeutet für Cäsar nur den ersten Schritt.

Bis zur Gesamteroberung Galliens unter seinem Oberkommando vergehen noch sieben Jahre. Cäsar nutzt dabei die Zersplitterung der Gallier in zahllose Stämme und Unterstämme, schließt mit großem politischem Geschick Bündnisse, greift in innere Streitigkeiten ein und gewinnt so immer die Unterstützung einer der beteiligten Fraktionen. 57 v. Chr. gelingt ihm die Unterwerfung der Belger in Nordgallien, im folgenden Jahr besiegt er die Aquitanier im Gebiet zwischen Garonne und den Pyrenäen. Seine Eroberungen sichert Cäsar durch die Stationierung von Legionen. 55 v. Chr. erreicht er bei seinen Kämpfen gegen die Usipier und Tenkterer den Niederrhein, 52 v. Chr. schlägt er einen landesweiten Aufstand unter Führung des Averners Vercingetorix bei Alesia nieder (Abb: Belagerung von Alesia; Aquarell, 20. Jh.) und beendet damit faktisch den gallischen Krieg. Gallien wird der römischen Herrschaft unterstellt. Die Ereignisse verewigt Cäsar in seinem Buch »Über den Gallischen Krieg«.

56 Bei einem Treffen in der etruskischen Stadt Lucca erneuern die drei Mitglieder des **Triumvirats**, Cäsar, Pompeius und Crassus, in Anwesenheit von über 200 Senatoren ihr inoffizielles Abkommen zur Teilung der politischen Macht in Rom. Zudem einigen sie sich über die Verteilung der wichtigen Statthalterämter in den Provinzen und die Konsulwürde, die ihren wirtschaftlichen und militärischen Einfluss sichert. So sollen Crassus und Pompeius im folgenden Jahr zu Konsuln gewählt werden. Cäsar dagegen kann die Verlängerung seines Prokonsulats in Gallien durchsetzen.

Um 55 Der römische Beamte und Historiker Marcus Terentius **Varro** verfasst in der Zurückgezogenheit seines Landgutes bei Casinum sein historisches Hauptwerk: die Antiquiates (Altertümer). Darin schildert er in 41 Büchern den Ursprung und die Geschichte des römischen Volkes, seines Landes und der Götter. Des Weiteren werden die religiösen Feste, Kultriten, die Jahresrechnung und das Kalenderwesen behandelt.

53 In einer dramatischen Schlacht bei Karrhae am oberen Lauf des Euphrat unterliegt der römische Feldherr und Politiker Marcus Licinius **Crassus** den Parthern. Crassus fällt nach der verlorenen Schlacht durch Verrat in die Hände seiner Feinde und wird getötet. Hand und Kopf des Crassus werden am parthischen Königshof während einer Theateraufführung zur Schau gestellt. Zwar kann die römische Provinz Syria in der Folgezeit erfolgreich verteidigt werden, doch gilt die Niederlage in Rom als eine der großen Katastrophen der römischen Geschichte.

52 In **Rom** entlädt sich die angeheizte politische Situation in gewaltsamen Unruhen. Die eigentlich abzuhaltenden Magistratswahlen werden daraufhin ausgesetzt. Publius Clodius Pulcher, ein Demagoge im Dienste Cäsars, versetzt Rom mit seinen Banden in Aufruhr. Um ihn zu bekämpfen, setzt der Senat Gladiatoren ein. Schließlich wird Gnaeus Pompeius zum alleinigen Konsuln bestimmt und kann mit dieser Notstandsmaßnahme die öffentliche Ruhe wieder herstellen.

Um 50 Das indogriechische Reich von **Sakala** wird durch den Volksstamm der Saken zerstört. Nach dem Zerfall des Alexander-Reiches hatten sich im Norden Indiens mehrere von griechischer Kultur und Denkweise geprägte Königreiche herausgebildet. Als letzte dieser Herrschaften geht jetzt das Reich von Sakala unter seinem König Hippostratos zugrunde. Die fruchtbare Kombination von griechischer und einheimischer Kultur bleibt aber in der sog. Gandhara-Kunst lebendig.

Um 50 v. Chr.

Keltenfund an falschem Ort – der Silberkessel von Jütland

In Einzelteile zerlegt wird im heute dänischen Jütland ein silbernes, mit Reliefs verziertes Behältnis im Moor versenkt: Der Kessel von Gundestrup (s. Abb.) ist ein Kunstschatz von hohem Rang. 1891 entdeckte ein Bauer im Moor von Raevemosen im nördlichen Dänemark Silberplatten mit einem Gesamtgewicht von fast 10 kg. Als Restauratoren die Fragmente wieder zusammenfügten, zeigte sich, dass es ein Kessel mit einem Durchmesser von ca. 1,75 m war, den figürliche Friese umschlossen.

Die gezeigten Motive geben den Forschern Rätsel auf. Zu sehen sind keltische Krieger, die in die Schlacht ziehen, Göttinnen und Götter, exotische Tiere wie Elefanten, Delfine und Löwen oder Fabelwesen wie Greife. Ein Geweih tragender Gott stellt Cernunnos dar, den keltischen Herrn der Tiere. In einer anderen Szene wird ein Mann von einer Schar Krieger kopfüber in ein kesselartiges Gefäß gesteckt. Für Archäologen ist es klar, dass der Kessel nicht an seinem Fundort hergestellt worden sein kann, dass er keine germanische Arbeit ist. Die Qualität und die für das Keltentum typischen Götterdarstellungen sprechen für einen keltischen Silberschmied aus Südosteuropa als Schöpfer.

Wie der Kessel in die Hände von Germanen kam und warum er im Moor versenkt wurde, lässt sich nicht eindeutig klären. 121 v. Chr. verließen die Germanenstämme der Kimbern und Teutonen ihre Heimat und begaben sich auf der Suche nach neuen Siedlungsgebieten weit in den Süden. Ungefähr 1600 km von der Heimat entfernt kamen die Kimbern ins Donaugebiet und stießen auf das keltische Volk der Skordisker sowie auf die Thraker. Möglicherweise ist den Germanen das Gefäß als Geschenk eines keltischen Fürsten in die Hände geraten – oder als Beutestück. Vermutlich nehmen ihn Heimkehrer mit in den Norden. Die Germanen versenken den Kessel im Moor – wahrscheinlich als Opfer für die Götter.

57 v. Chr.

Monument zu Ehren des Horus: Tempel von Edfu ist vollendet

Die Arbeiten am Horus-Tempel von Edfu, 100 km südlich von Luxor gelegen, werden beendet. 180 Jahre hat man am zweitgrößten Tempel Ägyptens gebaut. Das aus Sandstein errichtete Heiligtum ist dem falkenköpfigen Gott Horus geweiht. Den Eingang im Süden bildet eine gewaltige Pylonanlage (s. Abb.). Dahinter befindet sich ein Kolonnadenhof mit einem Altar in der Mitte. Nur Priester dürfen die sich anschließende Vorhalle und den Saal mit dem Allerheiligsten betreten – die granitene Kapelle für Horus. Die Wände, Decken und Säulen des Tempels sind reich mit Reliefs geschmückt. Inschriften erzählen von den Horus-Mythen und beschreiben Kultriten. Der Tempel von Edfu zählt zu den eindrucksvollsten und besterhaltenen Sakralbauten Ägyptens.

55 v. Chr.

Widerspenstige Sugambrer

Der Germanenstamm der Sugambrer gerät mit den Römern in militärische Konflikte. Gaius Julius Cäsar berichtet, Überlebende der germanischen Stämme der Usipeter und Tenkterer seien von Gallien aus über den Rhein geflohen und von den Sugambrern aufgenommen werden, die zwischen Sieg und Ruhr leben.
Als diese die Herausgabe der Menschen verweigern, schlägt Cäsar eine Brücke über den Rhein und lässt ihre Dörfer in Brand setzen. In der Folgezeit setzen die Sugambrer mehrfach plündernd über den Fluss, bis der spätere Kaiser Tiberius das Volk um 8 v. Chr. deportieren lässt und im Raum Xanten zwangsumsiedelt (Abb.: ein Sugambrer und ein Franke; Kreidelithografie, 19. Jh.).

55 v. Chr.

Pompeius-Theater vollendet

Das Theater des Pompeius Magnus auf dem Marsfeld, die erste steinerne Bühnenarchitektur Roms, wird vollendet (Abb.: Rekonstruktion des Theaters; Aquarell, 20. Jh.). Bisher war die Ausstattung entsprechender Anlagen sehr bescheiden. Aus Furcht vor Volksversammlungen, die außer Kontrolle geraten könnten, erlaubte der Senat nur provisorische Bauten aus Holz, die nach jeder Vorstellung wieder entfernt werden mussten. Pompeius wendet einen Trick an, um sein gigantisches Schauspielhaus mit einem Zuschauerraum von etwa 150 m Durchmesser in Stein errichten zu dürfen. Er deklariert das gesamte Theater als Stufenunterbau eines Tempels der Venus Victrix oberhalb der Sitzreihen. 40 000 Menschen finden darin Platz. Zum Komplex gehört auch ein riesiger Platanenhain, von Säulenhallen flankiert.

49 v. Chr.

Cäsar am Rubikon

Am 11. Januar überschreitet der in Gallien stationierte Konsul Gaius Julius Cäsar mit seinen Truppen den gallisch-italischen Grenzfluss Rubikon. Dadurch löst er einen blutigen Bürgerkrieg aus, der erst fünf Jahre später mit der Schlacht von Munda in Spanien endet.

Cäsar zieht als Triumphator über Gallien in Rom ein; Ölgemälde nach Andrea Mantegna, 15. Jh.

Durch die Eroberung Galliens von 58 bis 51 v. Chr., seine reiche Kriegsbeute sowie sein kampferprobtes Heer war Cäsar zum mächtigsten Mann des Imperium Romanum aufgestiegen. Als er sich von Gallien aus erneut um das Konsulat bewarb, erschien seine Macht dem Senat mehr und mehr als Bedrohung. Auf Betreiben von Cato dem Jüngeren befahlen die Senatoren Cäsar, die ihm unterstellten Soldaten zu entlassen und auf seine Herrschaft über die Provinzen zu verzichten. Gleichzeitig erteilte der Senat dem anderen Konsul, Gnaeus Pompeius, der auf die Seite der Optimaten im Senat geschwenkt war, diktatorische Vollmachten. Wäre Cäsar der Forderung des Senats nachgekommen und nach Entlassung seiner Truppen nach Rom zurückgekehrt, wäre er wegen wiederholter Verfassungsbrüche verurteilt und in die Verbannung geschickt worden. Um dieser Entmachtung zuvorzukommen, bricht Cäsar im Jahr 49 v. Chr. den Bürgerkrieg gegen Pompeius und dessen republikanische Anhänger vom Zaun. Mit dem Satz »Alea iacta est« (der Würfel ist gefallen) setzt er zum Marsch auf Rom an.
Binnen zwei Monaten erobert er Italien, bald darauf die beiden spanischen Provinzen, den eigentlichen Rückhalt des Pompeius. Nach einer halbjährigen Belagerung fällt auch die Hafenstadt Massilia (Marseille). 48 v. Chr. besiegt Cäsar das Heer seines Widersachers bei Pharsalos in Griechenland. Pompeius kann zwar nach Ägypten entkommen, wird jedoch kurz darauf ermordet. Cäsar ordnet die Verhältnisse am Nil neu. Er entscheidet den ägyptischen Thronstreit zugunsten von Kleopatra VII. und gewinnt damit auch das Ptolemäer-Reich für Rom. Ein Jahr später kämpft Cäsar in Zela gegen Pharnakes, den von Pompeius eingesetzten König am Bosporus. Seinen Sieg quittiert er mit dem Ausspruch: »Veni, vidi, vici!« (Ich kam, sah und siegte!).
Unruhen in Italien und eine Meuterei unter den Truppen zwingen Cäsar zur Rückkehr nach Rom und zu energischem Einschreiten. Geschickt versteht er es, sich der Treue seiner Soldaten wieder zu versichern. Er kommt ihrem Wunsch nach Entlassung nach und verspricht ihnen eine Belohnung, aber erst dann, wenn er mit anderen Soldaten den Feldzug in Africa beendet habe. Dort vernichtet Cäsar 46 v. Chr. in der Schlacht von Thapsus die republikanischen Truppen, die unter Führung von Cato und Sextus, dem Sohn des Pompeius, wieder ein Heer gesammelt haben.
Mit vier großen Triumphzügen feiert Cäsar seine Eroberung von Gallien, Ägypten, der Region Pontos am Schwarzen Meer und Africa. Er lässt das Volk reich bewirten, veranstaltet Spiele und verteilt Geld und Getreide an die Armen Roms. Im Herbst 46 v. Chr. geht erneut nach Spanien, um einen Aufstand der Söhne des Pompeius niederzuschlagen. In der Schlacht bei Munda bleibt Cäsar 45 v. Chr. siegreich. Die Bürgerkriege sind zu Ende, Cäsar ist Alleinherrscher.

Die Germanen kommen

*Die ersten literarischen Quellen über den **germanischen Glauben** stammen von dem römischen Historiker Tacitus. Ihm zufolge kannten die Germanen keinen eigentlichen Priesterstand. Geistliche Aufgaben wurden vom obersten Verwaltungsbeamten übernommen. Ihre Gottesdienste hielten die Germanen der vorchristlichen Zeit nur im Freien, in Hainen, ab – religiöse Tempel und Götterbilder kamen erst später hinzu. Tacitus setzt die germanischen Hauptgötter römischen Gottheiten gleich: Wodan (Odin) dem Merkur, Tyr (Ziu) dem Mars, Donar (Thor) dem Jupiter und Frija (Frigg) der Venus. Weitere Gestalten der germanischen Götterwelt sind Freyja, Freyr, Baldr, Loki und Hödr. Jeder Gottheit war eine spezielle Aufgabe zugedacht.*

Im 1. Jh. v. Chr. treten bisher namenlose Menschengruppen in Nord- und Mitteleuropa ins Rampenlicht der Geschichte: die Germanen. Sie selbst freilich kennen keine einheitliche Eigenbezeichnung und haben lange kein Zusammengehörigkeitsbewusstsein. Die, welche ihnen ihren Namen verleihen, sind Griechen und Römer.

Nachbarn der Kelten

Der griechische Historiker und Forschungsreisende Poseidonios von Apamea erwähnte erstmals den Namen »Germanen«. Er bezeichnete damit primitive Grenznachbarn der Kelten am rechten Ufer des Rhein. Als 120 v. Chr. Kimbern und Teutonen ihre Heimat in Jütland in der Hoffnung auf ein besseres Leben Richtung Süden verließen, kamen die Römer zum ersten Mal mit den Germanen in Berührung.
Der eigentliche »Erfinder« der Germanen ist kein Geringerer als Gaius Julius Cäsar. Roms größter Feldherr trennt in seiner Beschreibung des Gallischen Krieges die Kelten, die westlich des Rhein lebten, von den Germanen östlich des Rhein. Der Name »Germani« – so Cäsar – stamme von einer Bevölkerungsgruppe, die zu seiner Zeit am linken Rheinufer siedelt, ihren Ursprung aber auf der anderen Seite hatte. Cäsar, der diesen Namen von den Galliern hört, überträgt ihn auf alle Menschen östlich des Rhein und schafft eine künstliche Trennlinie zwischen Kelten und Germanen.

Furcht einflößende Wildheit prägt das Aussehen der germanischen Krieger; Holzstich, 19. Jh.

Eine Mutmaßung für den Namen »Germani« liefert der griechische Historiker und Geograf Strabon von Amaseia. Seiner Meinung nach unterschieden sich Kelten und Germanen kaum – Letztere seien nur noch wilder. Deshalb hätten ihnen die Römer den Namen gegeben, denn das lateinische Wort »germanus« heiße »echt«. Die Germanen seien also die »echten Kelten«. Die umfangreichste Schrift über die Germanen liefert der römische Geschichtsschreiber Tacitus. Sein Werk »Germania« enthält eine Vielzahl von Informationen über germanische Stämme, deren Siedlungsgebiete und die mythische Abstammung.

Ursprung Niedersachsen?

Archäologen versuchen durch Ausgrabungen dem Phänomen der Germanen auf die Spur zu kom-

Im Fokus

Das letzte Wort dem Thing: Gewohnheitsrecht kommt von den Göttern

Das Leben in der germanischen Gesellschaft ist auf einem patriarchalischen System aufgebaut. Die kleinste Organisationseinheit ist die Sippe, die aus der Großfamilie besteht, dem Verbund der Blutsverwandten. Innerhalb dieser sozialen Gruppe werden alle Rechts- und Ehrschutzangelegenheiten geregelt. Die kleinen Gemeinschaften besitzen kein schriftliches Recht, sondern ein Gewohnheitsrecht, das in ihren Sozialverbänden das Leben differenzierter regelt als jedes schriftlich kodifizierte Recht.

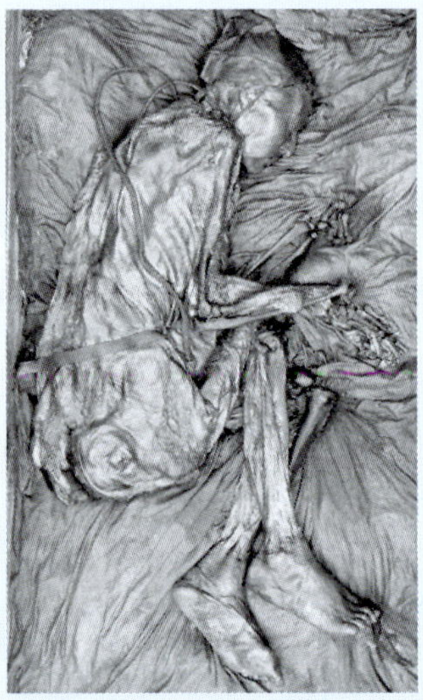

Die Moorleiche des »Tollundmanns« stammt aus Dänemark.

Das Gewohnheitsrecht beruht auf langer Tradition. Die Germanen führen es auf ihre Götter zurück. Oberste Instanz in allen Rechtsangelegenheiten und bei schwer wiegenden Streitfällen ist das Thing. Hier, in der Volksversammlung, werden Gesetze erlassen, hier wird Recht gesprochen. Dabei kommt den Stammesfürsten ein starkes Gewicht zu. Steht eine Entscheidung zur Abstimmung an, zählt man die Stimmen nicht aus. Bei Ablehnung wird gemurrt, bei Zustimmung schlägt man die Speere zusammen.

Von den Verhandlungen auf dem Thing berichtet der römische Schriftsteller Tacitus. Dort könnten Anklagen erhoben werden, über die auf Leben und Tod entschieden würde. Verräter, Überläufer, Feiglinge und solche, die gegen die Moral verstießen, müssten ihr Leben lassen. Bei leichteren Vergehen käme man mit der Zahlung von Pferden oder Rindern davon.
Das wirksamste Strafmittel in den frühen germanischen Gesellschaften ist die Ächtung. Der Beklagte wird als vogelfrei erklärt. Jeder darf ihn ungestraft erschlagen, ohne Sippenfehden befürchten zu müssen. Seine Sippe trennt sich von ihm, er verliert seinen sozialen Halt, sein Besitz wird eingezogen und neu verteilt – er wird zum Gesetzlosen. Sogar Kapitalverbrechen können mit Bußzahlungen gesühnt werden. Entscheidend ist, dass man sich mit der Sippe des Opfers verständigt. Andernfalls droht deren Blutrache.
Die Todesstrafe scheint man eher selten verhängt zu haben. Zeugnisse von Hinrichtungen könnten einige Moorleichen sein, die sich in Mooren der nördlichen Niederlande, in Niedersachsen, Schleswig-Holstein und Dänemark erhalten haben. Einige dieser Getöteten sind noch mit Stricken gefesselt, anderen schnitt man die Kehle durch oder erdrosselte sie. Unklar ist jedoch, ob es sich bei den entsprechenden Moorleichen um Hingerichtete handelt oder ob sie als Menschenopfer dienten. Als sich germanische Stämme im Römischen Reich niederlassen, geraten sie zunehmend unter den Einfluss römischer Rechtsvorstellungen, zu denen später das Christentum seine Moralvorstellungen beisteuert. Mit der Zeit kommt es zur Niederschrift und Sammlung der bisher nur mündlich überlieferten Stammesrechte.

Tacitus schildert in seiner »Germania« Volkstypus und Aussehen der Germanen:

»Ich für meine Person schließe mich der Ansicht an, dass sich die Bevölkerung Germaniens nicht mit Fremden durch Heiraten vermischt hat und so ein reiner und nur sich selbst gleicher Menschenschlag geblieben ist. Deshalb ist auch die äußere Erscheinung, trotz der so großen Menschenzahl, bei allen die gleiche: trotzige blaue Augen, rotblondes Haar und hoher Wuchs; doch reicht die Kraft ihres Körpers nur zum Angriff. Mühseliger Anstrengung sind die Germanen nicht im gleichen Maße gewachsen und am wenigsten können sie Durst und Hitze aushalten; dagegen sind sie an Kälte und Hunger durch Klima und kargen Boden gewöhnt.«

Hinrichtung von Germanen durch germanische Hilfstruppen in römischen Diensten (Marc-Aurel-Säule in Rom)

men. Sie unterscheiden zwischen der höher stehenden keltischen Zivilisation und den in Nordeuropa lebenden Kulturen. Kelten waren Meister des Schmiedehandwerks, lebten in Dörfern und kleinen Städten und verfügten über ein Münzwesen. Die Bevölkerung in Nordeuropa dagegen war wesentlich ärmer, kannte keine Münzen, keine Dörfer und Städte.
Bei ihren Untersuchungen sind Archäologen auf eine Zivilisation gestoßen, die sie nach einem Friedhof im östlichen Niedersachsen auf den Namen Jastorf-Kultur tauften. In dieser Kultur aus der Zeit um 500 v. Chr. sind schon einige Elemente erkennbar, die mit der Hinterlassenschaft der späteren Germanen in Verbindung stehen. In der Jastorf-Kultur sieht die Forschung die unmittelbaren Vorfahren der Germanen.

Durch das Eingreifen der Römer in Nordeuropa beginnt eine neue Epoche. Cäsar hat Gallien erobert, die keltische Hochkultur ist um Christi Geburt dem Untergang geweiht. Auch die keltische Bevölkerung im südlichen Teil Deutschlands verschwindet. Alle Völker, die zu diesem Zeitpunkt zwischen Nord- und Ostsee, Rhein, Donau und Weichsel siedeln, werden von archäologischer Seite als germanisch bezeichnet.
Einzelne Gruppen, wie sie etwa von Cäsar oder Tacitus erwähnt sind, können archäologisch nicht nachgewiesen werden. Solche »Stämme« waren wohl alles andere als feste Gebilde. Durch Abwanderung, Zuzug, Abspaltung und Angliederung einzelner Bevölkerungsgruppen wandelten sie sich in ihrer Zusammensetzung im Laufe der Zeit erheblich.

In seiner Biografie des römischen Feldherrn Marius berichtet der griechische Historiker Plutarch vom Einfall der Kimbern und Teutonen 105 v. Chr. in römisches Hoheitsgebiet:

»Kaum war nämlich die Nachricht von der Gefangenschaft des Jugurtha in Rom eingelaufen, als sich auch das Gerücht von den Teutonen und Kimbern verbreitete, das anfangs in Hinsicht auf Größe und Stärke der anrückenden Heere wenig Glauben fand, nachher aber weit unter der Wahrheit befunden wurde. Denn der Zug bestand aus dreihunderttausend streitbaren Männern in Waffen, und diese sollten einen noch weit größeren Haufen von Weibern und Kindern mit sich führen, um ein Land zu suchen, das diese große Menge ernähren könnte, und Städte, worin sie sich niederlassen wollten, so wie sie hörten, dass vor ihnen die Kelten den besten Teil Italiens den Etruskern abgenommen hätten. Weil diese Völker mit anderen in gar keinem Verkehr standen und weite Länder durchzogen hatten, wusste man nicht, wer sie eigentlich waren oder aus welchen Gegenden sie wie eine Wolke über Gallien und Italien hereinbrachen.«

Die Altenburg bei Niedenstein (Hessen), eine germanische Volksburg der Chatten, zur Zeit um Christi Geburt; Schulwandbild

Gaius Julius Cäsar beschreibt in seinem Buch »Über den Gallischen Krieg« den kriegerischen Charakter der Germanen:

»Für die Stämme der Germanen ist es höchster Ruhm, möglichst weit um sich herum nach Verwüstung des Gebietes Einöden zu haben. Dies halten sie für ein Merkmal der Tapferkeit, dass die von ihrem Nachbarn vertriebenen Nachbarn weichen und keiner es wagt, sich in ihrer Nähe anzusiedeln; zugleich glauben sie, dass sie dadurch sicherer seien, nachdem die Furcht vor einem plötzlichen Angriff beseitigt worden ist.«

48 Auf dem Marsfeld in Rom brennt der Tempel der **Bellona** nieder. Er war 296 v. Chr. zu Ehren der altrömischen Kriegsgöttin errichtet worden. Vor dem Tempel stand eine Säule, von der aus die Priester Feinden des Reiches den Krieg erklärten, indem sie Speere in Richtung des Feindeslandes warfen. Die Rolle der Bellona übernimmt später die kappadokische Muttergottheit Ma, deren Hauptkultort Komana ist.

Mithridates von Pergamon erhält von den Römern den Königstitel des **bosporanischen Reiches** mit Zuweisung des Fürstentums der Trokmer in Ostgalatien. Das bosporanische Reich liegt an der Nordküste des Schwarzen Meeres und diente jahrhundertelang als Kornkammer Griechenlands, bis 107 v. Chr. Mithridates VI. von Pontos das Gebiet dem pontischen Reich einverleibte. Unter Roms Oberhoheit erlebt das bosporanische Reich seit 63 v. Chr. unter wechselnden Königen eine neue Blüte.

46 Der Historiker Gaius Sallustius Crispus, genannt **Sallust**, wird von Cäsar als Prokonsul in der Provinz Africa Nova eingesetzt. Er verfasst einige bedeutende Geschichtswerke, in denen er populäre Themen behandelt, darunter die Verschwörung des Catilina und den Jugurthinischen Krieg. In seiner Funktion als Prokonsul bereichert Sallust sich durch Ausbeutung der ihm anvertrauten Provinz.

Gaius Julius Cäsar ordnet als Diktator des römischen Reiches an, die Zahl der Empfänger von kostenlosem Getreide von 320 000 auf 150 000 Menschen zu verringern. Die **Lex Iulia Frumentaria** bevorzugt bei der Verteilung des Getreides kinderreiche Familien. In einem weiteren Gesetz, dem Lex Sumptuaria, untersagt Cäsar ausschweifenden Luxus, auch bei Grabbauten. Ferner verbietet er alle politischen Vereinigungen und siedelt 80 000 Plebejer in Bürgerkolonien außerhalb Italiens an.

44 Mit **Burebista** stirbt der erste gemeinsame König der Daker und Geten, die das Gebiet Nordthrakiens bevölkern. Daker und Geten sind die ältesten ethnisch klar zuzuordnenden Einwohner des heutigen Rumänien. Das Reich Burebistas hat über den Tod des Königs hinaus Bestand und erreicht seine Blüte unter Decebalus Ende des 1. Jh. n. Chr. Anschließend fällt Thrakien in römische Hand.

1. Jh. v. Chr.

Aufschwung: Andhra lenken weltweiten Handel nach Indien

Langwierige Auseinandersetzungen mit den Stämmen der Saka-Dynastie haben es lediglich verzögert: Im südöstlichen Indien greift die Dynastie der Satavahana aus dem Volk der Andhra nach der Macht, die bis ins frühe 3. Jh. n. Chr. das politische Geschehen im Hochland von Dekkhan, einer nach Osten geneigten Plateaulandschaft, wesentlich bestimmt. Besondere Bedeutung erlangt das Reich durch seinen weltweiten Handel. Mit den Häfen am Roten Meer sowie in Südostasien herrscht ein reger Warenaustausch zur See. Ausgrabungen im Hafen von Arikamedu (bei Pondicherry) brachten sogar Beweise für die Einfuhr römischer Töpferwaren ans Tageslicht. Man stellt in Südindien auch Imitationen dieser Ware her. Von großer Bedeutung ist in diesem Zusammenhang die Einfuhr figürlicher Terrakotten aus dem Mittelmeerraum, für deren Nachahmung im Dekkhan-Gebiet spezielle Werkstätten entstehen. Eines der keramischen Hauptzentren ist die Hauptstadt des Andhra-Reiches: Pratisthanapura. Forscher vermuten, dass der Import wie auch die lokale Nachahmungsindustrie von den Satavahana-Herrschern gestützt und kontrolliert wird.

Die Satavahana bauen nicht nur das maritime Handelsnetz aus, sondern auch ein Binnensystem zur Verhandlung von Gütern, das sich häufig auf buddhistische Klöster stützt. Diese liegen, z. T. mit königlichen Landschenkungen versehen, an wichtigen Knotenpunkten. Die Förderung des Buddhismus schlägt sich auch in der großartigen künstlerischen Entwicklung im indischen Subkontinent der Jahrhunderte um Christi Geburt nieder. Viele Höhlentempel – wie die von Karle, Kanheri und Bhaja – werden wie die frühen Höhlen von Ajanta in dieser Zeit errichtet, ebenso zahlreiche Stupas wie in Sanchi und Amaravati (Abb.: Kalksteinrelief vom Großen Stupa in Amaravati im Bundesstaat Andhra Pradesh).

48 v. Chr.

Cäsars Frevel: Verheerende Verluste für Alexandrias Bibliothek

Die weltberühmte Bibliothek von Alexandria verliert durch Feuer einen Teil ihres Bestandes, als der römische Feldherr Gaius Julius Cäsar die ägyptische Stadt belagert und einen Teil der Schiffe im Hafen anzünden lässt (Abb.: Holzstich).

288 v. Chr. war die Bibliothek von Ptolemaios I., einem General Alexanders des Großen, erbaut worden. Im Laufe der Jahrhunderte entstand in der Bibliothek ein Kompendium des gesamten im damaligen Abendland bekannten schriftlichen Kulturguts. Über 700 000 Werke sollen sich zum Zeitpunkt des Brandes in den beiden Teilen der Bibliothek, dem Musaion und dem kleineren Serapis-Tempel, befinden.

Unklar ist, welche Teile der Bibliothek durch Cäsars Angriff zerstört werden. Vermutlich fällt nur ein kleiner Teil der Bücherlager im Hafen, in denen Schriftrollen zum Kopieren gelagert werden, den Flammen zum Opfer. Nach und nach wird der Bücherbestand weiter dezimiert. Roms Kaiser Diokletian lässt Alexandria 298 plündern, Theodosius befiehlt 391, alle heidnischen Tempel, darunter auch den Serapis-Tempel, zu zerstören. Das endgültige Aus kommt mit dem Vormarsch des Islam. Als 641 der Kalif Omar die Stadt einnimmt, lässt er alle Bücher verbrennen, weil der Koran nicht darunter ist.

46 v. Chr.

Julianischer Kalender in Kraft

Der auf Veranlassung Cäsars entwickelte julianische Kalender löst den römischen Kalender ab. Abgesehen von einer Korrektur durch Kaiser Augustus und von weiteren Veränderungen durch Papst Gregor XIII. 1582 ist er bis heute gültig.
Der Kalender der Römer hatte sich bis zur Reform Cäsars nach dem Mondjahr gerichtet. Alle zwei Jahre musste ein Schaltmonat eingelegt werden. In den Wirren der späten Republik war dies aber mehrmals versäumt worden. Um diese Missstände zu beenden, zieht Cäsar den ägyptischen Astronomen Sosigenes hinzu und lässt den Kalender per Gesetz reformieren. Festgeschrieben werden das Sonnenjahr mit 365 Tagen und ein Schalttag in jedem vierten Jahr. Im Februar des Jahres 46 v. Chr. schiebt man den normalen Schaltmonat ein, zwischen November und Dezember folgen zwei weitere mit zusammen 67 Tagen. Das Jahr 46 v. Chr. ist so mit 455 Tagen das längste der Geschichte. Zu Ehren Cäsars wird die Umbennung des Monats Quintilis, seines Geburtsmonats, in Julius (Juli) beschlossen.
Die Expansion des römischen Imperiums verhilft dem julianischen Kalender innerhalb kürzester Zeit zur Verbreitung innerhalb der gesamten damals bekannten Welt. Aber erst die Ausbreitung des Christentums sorgt für seinen wirklichen Siegeszug – mit der einzigen Änderung, dass der Beginn der Zeitrechnung ab dem 8. Jh. von der Gründung Roms auf den vermutlichen Zeitpunkt von Christi Geburt verlegt wird.

45 v. Chr.

Cäsar Diktator auf Lebenszeit

Nach seinem Sieg über die Söhne des Pompeius in der Schlacht bei Munda wird Gaius Julius Cäsar vom römischen Senat zum Diktator auf Lebenszeit ernannt – obwohl laut Verfassung dieses Amt nur auf Ausnahmesituationen und auch dann maximal auf sechs Monate beschränkt sein soll.
Kein Römer vor ihm hatte das Amt des Diktators so oft und so lange inne wie Cäsar. Zum ersten Mal übertrug ihm 49 v. Chr. der Prätor Marcus Aemilius Lepidus den Diktatorentitel und Cäsar führte ihn – noch ganz im Sinne der republikanischen Tradition – auch nur elf Tage. Er regelte anstehende Wahlen und stabilisierte den Geldmarkt, der durch die römischen Bürgerkriege geschwächt war. Nach dem Sieg gegen seinen Widersacher Pompeius bei Pharsalos 48 v. Chr. wurde Cäsar erneut zum Diktator ernannt, diesmal für ein Jahr. Der entscheidende Schlag gegen seine Gegner 46 v. Chr. in der Schlacht von Thapsus bescherte ihm bei seiner Rückkehr nach Rom eine weitere Verlängerung der außerordentlichen Herrschervollmacht auf zehn Jahre.
Als 45 v. Chr. alle Gegner niedergekämpft sind, überschüttet Rom Cäsar mit überschwänglichen Ehrungen, u. a. mit der lebenslänglichen Diktatur. Diese ruft mehr und mehr Gegner Cäsars auf den Plan und mündet schließlich in seiner Ermordung. Sein Erbe Octavian, den Cäsar 45 v. Chr. adoptiert und der später als Augustus in die Geschichte eingeht, wiederholt diesen Fehler nicht. Das Amt des Diktators, das ihm vom Volk wiederholt angetragen wird, lehnt er konsequent ab.

15. März 44 v. Chr.

Die Iden des März

Am 15. Tag des Monats Martius, an den so genannten Iden des März, erdolcht eine Gruppe republikanischer Senatoren Roms Imperator Gaius Julius Cäsar – und verfehlt dennoch ihr eigentliches Ziel: Die Ermordung des Diktators kann die alten Institutionen des römischen Adelsstaates nicht wieder funktionsfähig machen.
Cäsar war alleiniger Konsul und Diktator zugleich, ebenso oberster Priester und Sittenwächter. Er wurde mit einer Vielzahl an Ehrungen überhäuft: Er durfte im Senat neben den Konsuln auf der sella curulis sitzen, einem erhöhten goldenen Sessel, und stets als Erster im Senat – noch vor den Konsuln – seine Meinung äußern. Schon zu Lebzeiten wurden Statuen mit Cäsars Bildnis an symbolträchtigen Standorten platziert, wie auf der Rostra, der Rednerbühne auf dem Forum.
Das Neid- und Hasspotenzial wurde immer größer – bei seinen Gegnern und auch im Volk. Ein Ereignis am 15. Februar 44 v. Chr. brachte für die republiktreuen Senatoren das Fass zum Überlaufen: Während des Lupercalienfestes zeigte sich Cäsar wie ein römischer König in Purpurtoga und Goldkranz. Da trat der Konsul Marcus Antonius auf ihn zu und ließ sich von einem Sklaven ein Diadem reichen, das er Cäsar aufzusetzen suchte. Doch Cäsar sträubte sich, woraufhin das Volk jubelte. Damit machte Cäsar endgültig klar: Er verzichtet offiziell auf den Königstitel. Doch einer Gruppe von etwa 60 Senatoren blieb Cäsars Machtfülle ein Dorn im Auge. Es bildete sich eine Verschwörergruppe heraus: Marcus Iunius Brutus, Gaius Cassius und Servilus Casca – einstige Gegner Cäsars, die er verschont hatte. Als eine Senatssitzung auf den 15. März in der Curia des Pompeius-Theaters angesetzt wird, setzen sie ihre Attentatspläne in die Tat um.
Lucius Tillius Cimber tritt mit einem Gnadengesuch für seinen Bruder an Cäsar heran und zerrt diesem die Toga herunter – das verabredete Zeichen, loszuschlagen. Da beginnen auch die anderen auf den Diktator einzustechen, der sich mit dem einzigen verteidigt, was ihm als Waffe zur Verfügung steht – seinem Schreibgriffel. Schließlich muss Cäsar schwer verletzt und hilflos gegen die große Überzahl aufgeben und sinkt an der Statue des Pompeius zu Boden.

Cäsar

(Gaius Julius Cäsar), römischer Feldherr und Politiker, * 13. 7. 100 v. Chr. Rom, † 15. 3. 44 v. Chr. Rom (ermordet)

Cäsar entstammt einem verarmten Patriziergeschlecht. Nach dem Militärdienst im Osten und Studium in Rhodos dient er sich regulär durch die römische Ämterlaufbahn. Ein Zweckbündnis mit Pompeius und Crassus, das 1. Triumvirat, hilft dem bedeutenden Feldherrn bei der Verwirklichung seiner Pläne. Sein kontinuierlicher Aufstieg stößt bei seinen Gegnern zunehmend auf Widerstand. Cäsars Aufzeichnungen über den Gallienfeldzug sind eine wichtige historische Quelle.

- 59 v. Chr.: Wahl zum Konsul
- 58–51 v. Chr.: Eroberung Galliens
- 45 v. Chr.: Adoption seines Nachfolgers Octavian

Das Ende der Republik ist dennoch nicht mehr aufzuhalten. Ohne Cäsar bleibt ein Machtvakuum zurück, welches der Senat nicht zu füllen vermag. In 13 Jahren Bürgerkrieg bekämpfen sich die großen Feldherrn des Römischen Reiches einander, bis nur noch einer übrig bleibt: der Erbe Cäsars, Octavian.

Cäsar wird von seinen Gegnern im Senat niedergestochen; Ölgemälde von Karl Theodor von Piloty

Um 40 Im ägyptischen Alexandria begründet Ainesidemos mit den **Neuskeptikern** eine philosophische Schule in Alexandria. Der griechische Denker leugnet die Möglichkeit einer allgemeingültigen Erkenntnis, da seiner Meinung nach jeder Mensch unterschiedliche Wahrnehmungen habe. Ursache hierfür seien unterschiedlich stark ausgeprägte Sinnesorgane, verschiedene Betrachtungsweisen, das Alter sowie die Erziehung eines Individuums. Pyrrhon von Elis hatte im 3. Jh. v. Chr. erstmals die Grundsätze des Skeptizismus formuliert.

39 Der römische Staatsmann und Gelehrte Gaius Asinius **Pollio** stiftet die erste öffentliche Bibliothek Roms. Pollios Karriere begann als Feldherr unter Cäsar. 44 bis 43 v. Chr. bekleidete er das Amt eines Provinzverwalters in Hispania Ulterior (Gebiet um Córdoba). Als Konsul feierte er im Jahr 40 v. Chr. militärische Triumphe in Illyrien. Danach zog er sich aus dem politischen Leben zurück und widmete sich der Schreibkunst. Neben der Bibliothek fördert Pollio talentierte Dichter seiner Zeit wie Vergil oder Horaz.

34 Nach Siegen über die Parther besetzt der römische Feldherr Marcus Antonius **Armenien**. Das Land ist ein Pufferstaat zwischen Rom und den Parthern und erstreckt sich zwischen Mittelmeer und Kaspischem Meer. Im nächsten Jahr greift Antonius von Armenien aus mit Hilfe von indoskythischen Truppen das Partherreich an. Er träumt von einer Wiederbelebung des Weltreiches Alexanders des Großen und will den östlichen Mittelmeerraum bis Indien unter seine Herrschaft bringen. Damit stellt er sich in Gegensatz zur Politik Octavians und des Senats.

32 Mit **Tscheng** besteigt der letzte Herrscher der älteren Han-Dynastie den Kaiserthron Chinas. Während seiner Regierungszeit (bis 7 v. Chr.) gelangt die Wang-Familie zu entscheidendem Einfluss am Kaiserhof. 9 n. Chr. erhebt sich der Usurpator Wang Mang zum neuen Kaiser und versucht die Han zu stürzen.

38 v. Chr.

Oppidum Ubiorum – Die Urzelle des heutigen Köln entsteht

Die erste stadtähnliche Ansammlung auf dem Gelände des späteren Köln entsteht. An verkehrsgünstiger Stelle wird die Siedlung Oppidum Ubiorum des germanischen Stammes der Ubier gegründet. Zur Befriedung der Rheingrenze hatte Agrippa, Roms Statthalter in Gallien, deren Ansiedlung auf linksrheinischem, unter römischer Kontrolle stehendem Gebiet erlaubt (Abb.: Agrippa inspiziert einen Aquädukt; Reliefdarstellung). Das neue Stammesterritorium untersteht als Civitas Ubiorum dem römischen Verwaltungsapparat. Als kultisches zentrales Heiligtum wird ein Stammesaltar angelegt, die Ara Ubiorum. Die durch eine Mauer aus Holz und Erde geschützte Siedlung erhält ein regelmäßiges Straßennetz. Zahlreiche Handwerksbetriebe, Thermen und Privathäuser entstehen. Die Anwesenheit von römischem Militär und Verwaltung macht die Siedlung zur bedeutendsten am gesamten Niederrhein. Das genaue Gründungsdatum des Oppidum Ubiorum ist nicht überliefert. Sicher nachgewiesen ist die Existenz der Siedlung erst für das Jahr 9 n. Chr.

36 v. Chr.

Kleopatras Macht auf dem

Kleopatra als Königin Isis; Kalksteinrelief

Kleopatra VII., Königin aus ptolemäischem Herrscherhaus, leutet eine neue Ära für Ägypten ein. Das Jahr 37/36 v. Chr. wird zu ihrem 1. Regierungsjahr erklärt, eine neue Zählung beginnt. Der Beschluss soll den Machtzuwachs Ägyptens demonstrieren. Durch ihre Liebesbeziehung mit dem römischen Feldherrn Marcus Antonius, der sich aus dieser Verbindung Vorteile für seinen eigenen Kampf um die politische Vorherrschaft in Rom sowie einen Feldzug gegen die Parther versprach, erlangte Kleopatra 38 v. Chr. die Kontrolle über Teile von Kilikien, Chalkis, Phönikien, Judäa, Arabien, Kreta und Nordafrika. Nach einem Sieg des Antonius über Armenien im Jahr 34 v. Chr. wird Kleopatra zur »Königin der Könige« ausgerufen. Der Traum von einer Wiederbelebung des alten Glanzes ptolemäischer Herrscher scheint erfüllbar.
Kleopatra verdankt ihre Königswürde der Unterstützung Gaius Julius Cäsars, mit dem sie einst ebenfalls liiert war. Nach seiner Ermordung im Jahr 44 v. Chr. profitierte sie zunächst von der unsicheren politischen Lage in Rom. Als aber Octavian, der Erbe Cäsars und spätere Kaiser Augustus, seine Position abgesichert hat und zunehmend in Gegensatz zu seinem Rivalen Antonius gerät, wird Kleopatra selbst zur Zielscheibe römischer Propaganda. Die ägyptisch-griechische Königin stilisiert Octavian zu einem Sinnbild eines verruchten und unrömischen Orientalismus, dem Antonius verfallen sei. Damit kann er sich in der Auseinandersetzung mit seinem Rivalen die Unterstützung des römischen Volkes sichern.
Im folgenden Krieg verliert Kleopatra ihre Herrschaft über Ägypten. Um nicht von Octavian im Triumphzug durch Rom vorgeführt zu werden, entzieht sie sich 30 v. Chr. der drohenden Gefangennahme und tötet sich durch das Gift eines Schlangenbisses. Ihre

37 v. Chr.

Grausamer Herrscher im biblischen Palästina – Herodes der Große regiert mit harter Hand

König Herodes von Judäa feiert seine Hochzeit mit Mariamne, einer Angehörigen der alten Königsdynastie der Hasmonäer. Der 40 v. Chr. zum König ernannte Herodes, Spross einer weniger bedeutenden Familie, festigt auf diese Weise seine nicht unumstrittene Herrschaft. Mit dem römischen Feldherrn Marcus Antonius verbündet, muss er kurze Zeit später Land und Einfluss an dessen Geliebte, die ägyptische Königin Kleopatra VII., abtreten. Ein Wechsel auf die Seite des späteren Kaisers Octavian 31 v. Chr. sichert ihm seine weitere Herrschaft und eine Vergrößerung seines Reiches.

Herodes regiert mit brutaler und rücksichtsloser Härte, da sozialrevolutionäre Aufstände und religiöse Unruhen seine Regentschaft bedrohen. Mögliche Thronrivalen und Verschwörer werden hingerichtet, darunter 29/28 v. Chr. seine Frau Mariamne und 4 v. Chr. einer seiner Söhne. Positiv stellt sich die Bau- und Kulturpolitik des Königs dar, der zahlreiche Städte, Festungen und Paläste errichten lässt (Abb.: Palast des Herodes; Rekonstruktion). Sein größtes Bauvorhaben ist der Neubau des alten salomonischen Tempels in Jerusalem, von dem heute nur noch die Klagemauer erhalten ist. Herodes stirbt 4 v. Chr. Mit seinem Namen verknüpft ist der in seinem Ausmaß historisch umstrittene Kindermord von Bethlehem.

Höhepunkt

Versuche, die Königswürde in letzter Minute an die gemeinsamen Kinder mit Cäsar und Antonius zu übergeben, scheitern. Der Cäsarsohn Cäsarion wird auf Befehl des neuen Machthabers Octavian ermordet, die übrigen Kinder bringt man zur Erziehung nach Rom. Ägypten wird Provinz des Römischen Reiches.

Kleopatra wirkte im Umgang mit den Vertretern Roms mehr aufgrund ihrer hohen Bildung und ihres äußerst charmanten Auftretens als durch die ihr noch heute unterstellte Schönheit. Zeitgenössische Darstellungen zeigen vielmehr das Gesicht einer energischen und durchsetzungsfähigen Herrscherin, die den Reichtum und die ganze Prachtentfaltung Ägyptens geschickt zur Verwirklichung ihrer politischen Ziele einsetzte.

Kleopatra VII.

ägyptische Königin, * Dez. 70/Jan. 69 v. Chr.; † 12. 8. 30 v. Chr. Alexandria (Selbstmord)

Die Tochter des ägyptischen Königs Ptolemaios XII. wird 52 v. Chr. zur Mitregentin ernannt, streitet aber ab 50 v. Chr. mit ihrem Bruder Ptolemaios XIII. um die Herrschaft. Als Vertreter Roms entscheidet Cäsar 47 v. Chr. zugunsten Kleopatras. Nach der Ermordung Cäsars versucht Kleopatra gemeinsam mit Marcus Antonius vergeblich, dem Herrschaftsanspruch des Octavian die Macht eines hellenistischen Großreichs entgegenzusetzen. Mit ihrem Tod endet die Ptolemäer-Ära.

- 41 v. Chr.: Hochzeit mit Marcus Antonius
- 34 v. Chr.: Kleopatra nimmt die Titel »Königin der Könige« und »Neue Isis« an

7. Dezember 43 v. Chr.

Mann der vielen Worte – Cicero fällt Mordanschlag zum Opfer

Der römische Staatsmann, Anwalt und Schriftsteller Marcus Tullius Cicero fällt einer »Säuberungsaktion« seiner politischen Gegner zum Opfer. Von einem im Auftrag des Marcus Antonius ausgesandten Mordkommando eingeholt, befiehlt Cicero seinen Sänftenträgern anzuhalten und nimmt den Todesstreich furchtlos entgegen (Abb.: Die Ermordung Ciceros bei Formiae; Kupferstich von Matthäus Merian d. Ä., 17. Jh.).

Cicero hatte sich zunächst als Anwalt einen Namen gemacht und die römische Ämterlaufbahn absolviert. Als Vertreter einer zuvor politisch unbedeutenden Familie gelang ihm im Jahr 63 v. Chr. die Wahl zum Konsul. Eine seiner ersten Amtshandlungen war die Aufdeckung der Verschwörung des Catilina (siehe S. 342). In der Auseinandersetzung zwischen Pompeius und Cäsar unterstützte Cicero den Ersteren, an der Ermordung Cäsars war er jedoch nicht beteiligt.

Dem Machtstreben des Konsuls Antonius stellte Cicero sich 44 v. Chr. in mehreren Reden entgegen. Im Einvernehmen mit Octavian, dem späteren Kaiser Augustus, kann Antonius schließlich durchsetzen, dass Cicero für vogelfrei erkärt wird. Damit ist der Tod des Schriftstellers besiegelt. Neben seiner politischen Tätigkeit verfasste Cicero zahlreiche Reden sowie rhetorische und philosophische Lehrschriften. Er ist der bedeutendste lateinische Redner und Autor der Antike. Von keinem nichtchristlichen Schriftsteller sind mehr Texte erhalten.

30 Octavian, der spätere römische Kaiser Augustus, besucht im ägyptischen Alexandria das Grab Alexanders des Großen. Der Bericht darüber ist einer der letzten bekannten Hinweise auf die Lage des verschollenen **Alexandergrabes**, eines der noch immer ungelösten Rätsel der Archäologie.

In China schreibt der Gelehrte **Liu Hsin** die Geschichte der Astronomie nieder. Das Werk mit dem Titel »Drei-Zyklen-Kalender« schildert die Entdeckungen der chinesischen Sternkunde seit der Zeit um 3000 v. Chr.

Die jüdische Festung **Masada** ist fertig gestellt. Die Anlage liegt auf einem Felsplateau, das sich 441 m über dem Toten Meer erhebt. 70 n. Chr. kommt der Festung tragische Bedeutung beim Krieg Roms gegen die Juden zu: Drei Jahre lang können sich die Verteidiger gegen die römischen Belagerer behaupten, ehe sie den einzigen Ausweg in einem Massenselbstmord sehen.

In Rom wird der erste ägyptische **Obelisk** aufgestellt. Die Verschleppungspraxis von Monumenten vom Nil an den Tiber beginnt. Einer der Obelisken wird vom späteren Kaiser Augustus zu einer riesigen Sonnenuhr (Horologium) umfunktioniert.

29 Als Zeichen dafür, dass der römische Bürgerkrieg nach etwa 100 Jahren Dauer beendet ist, werden in Rom auf Beschluss des Senats die Tore des **Janustempels** geschlossen.

28 Nach einer **Volkszählung** beträgt die Einwohnerzahl Roms etwa 4 Mio. Menschen. Um die Stadt von Kriegsheimkehrern zu entlasten, werden 120 000 Veteranen in Kolonien angesiedelt, deren Grundbesitzer dafür entschädigt werden.

Der römische Historiker Gaius Julius **Hyginus** wird Leiter der Palatinischen Bibliothek in Rom. Hyginus, ein Freigelassener des Augustus, verfasst selbst ein umfangreiches Werk historischer, philologischer, astronomischer und landwirtschaftlicher Schriften, von denen heute allerdings nur noch wenige erhalten sind.

29 v. Chr.

Curia Julia – Octavian weiht neue Tagungsstätte des Senats

Im Herzen des Forum Romanum (Abb.: Rekonstruktion) beschreitet Kaiser Octavian mit der Einweihung der Curia Julia symbolträchtige Wege. In dem neuen Gebäude tagt nun der Senat, das oberste Gremium Roms. Die Curia wird zum politischen Zentrum römischer Macht. Ihr Vorgängerbau, die Curia Hostilia, wurde während des Bürgerkrieges zwischen Cäsar und Pompeius zerstört. Der Neubau war von Cäsar in Auftrag gegeben worden. Die Curia Julia vereint Zweckausrichtung mit Symbolik: Der Name weist auf das julische Geschlecht des Kaisers hin, den Giebel zieren Figuren mit Kränzen und Rudern als Zeichen der Siege Octavians zu Wasser und zu Lande, auf dem First steht die Siegesgöttin Viktoria auf einer Kugel – Zeichen der Weltherrschaft Roms. Octavian hat sich das erste von vielen Denkmälern gesetzt.

Um 30 v. Chr.

Mann von Welt: Strabo begründet die historische Geografie

Der Geograf und Historiker Strabo legt seine Weltkarte vor (Abb.: Karte der Erde nach Strabo; Holzstich, um 1890). Der um 64 v. Chr. in Amaseia in der heutigen Türkei geborene Grieche unternahm zahllose Reisen zu den Grenzen der bekannten Welt. Seine dabei gewonnenen Erkenntnisse fließen in sein Hauptwerk ein: die 17 Bände umfassende »Geografie«. In ihr verbindet Strabo geografische Angaben – etwa zu den Nilschwellen oder der Landschaft Indiens – mit von anderen Autoren übernommenen historischen Fakten. Obwohl sein Werk erst ab dem 5. Jh. n. Chr. Beachtung findet, gilt Strabo als Begründer der historischen Länderkunde.

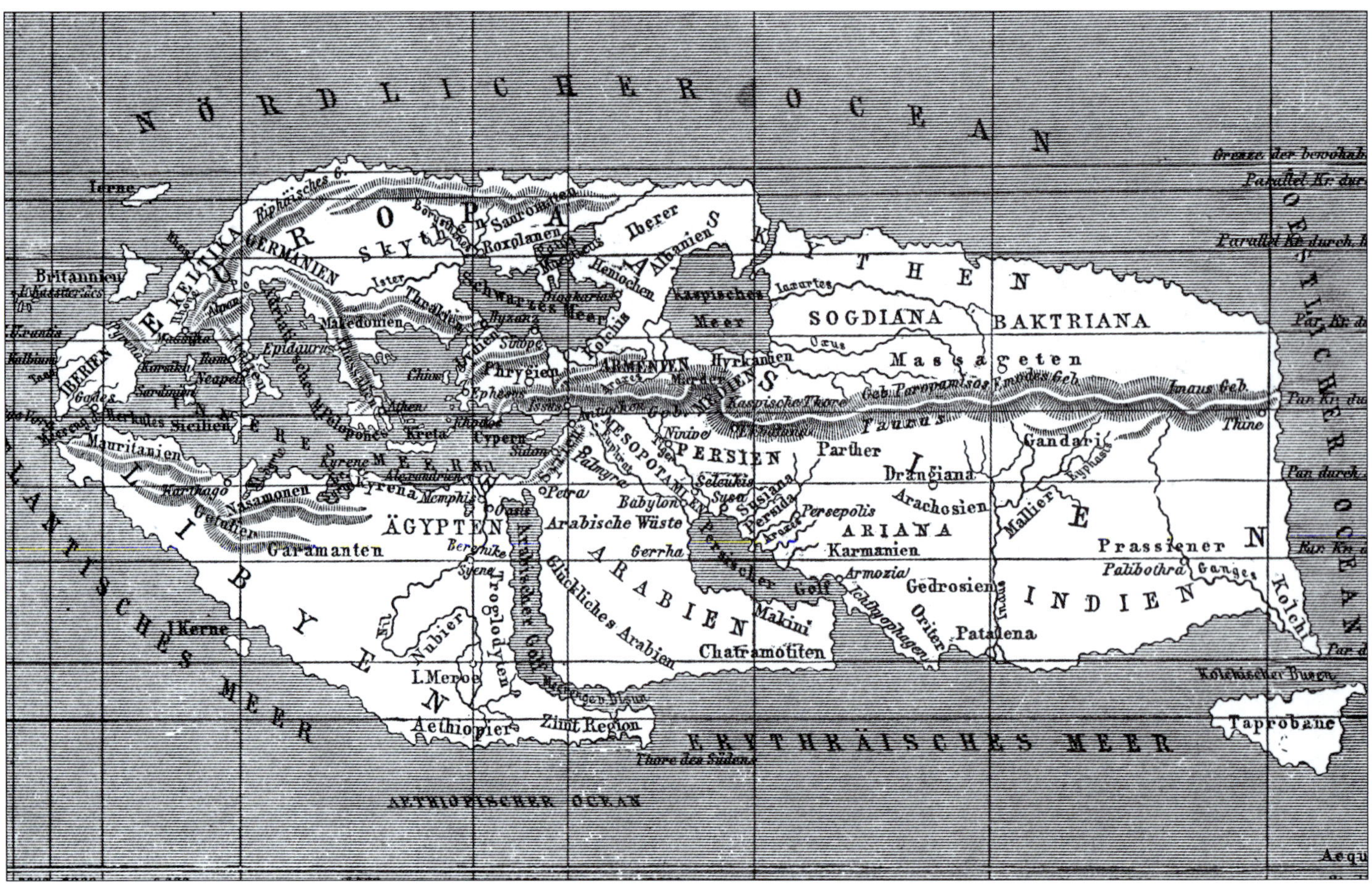

29 v. Chr.

Dichtkunst als patriotische Tat – Vergils »Aeneis« gibt Roms Ursprüngen ein verklärendes Gesicht

Der römische Dichter Vergil beginnt mit den Arbeiten zur »Aeneis«. Nach seiner Fertigstellung wird das Werk, fast ein früher Bestseller, zum römischen Nationalepos. Im Mittelpunkt der Erzählung steht Äneas. Der Sage nach führte dieser Held aus dem Umfeld des Trojanischen Krieges die überlebenden Trojaner nach Latium, siedelte sie dort an und wurde somit zum mythischen Stammvater Roms. In zwölf Büchern schildert Vergil die wechselvollen Kämpfe und die anschließende Vereinigung von Trojanern sowie Latinern und bringt seinen Lesern die Bedeutung Roms aus der zeitgenössischen Perspektive nahe.

Der 41-jährige Vergil (Abb.: Vergil zwischen zwei Musen; Mosaik aus Sousse, Tunesien) stammt aus einfachen Verhältnissen. Dennoch ließen ihm seine Eltern die bestmögliche Bildung zukommen. 55 v. Chr. ging er zum Studium der Rhetorik nach Rom. Ein früher Versuch, die politische Laufbahn einzuschlagen, scheiterte. Seine frühesten literarischen Werke fanden lediglich geringe Beachtung. Den Durchbruch verdankte Vergil den von 42 bis 39 v. Chr. entstandenen »Bucolica«, zehn in der mythischen Welt Arkadien angesiedelten Hirtengedichten. Durch Vermittlung des Konsuls Asinius Pollo wurde er in den Dichterkreis des berühmten Mäcenas eingeführt. Über Mäcenas erhielt Vergil Zutritt zum Kreis um den aufstrebenden Octavian, den späteren Augustus, den er 37 v. Chr. zu seinen Verhandlungen mit Marcus Antonius begleitete. Seit dieser Zeit arbeitete der Poet an den Natur-Lehrgedichten der »Georgica«. Nach Veröffentlichung dieser Lobpreisung des Landlebens im Jahr 29 v. Chr. folgt das Projekt der »Aeneis«.

Vergil

(Publius Vergilius Maro), römischer Dichter, * 15. 10. 70 v. Chr. Andes, † 21. 9. 19 v. Chr. Brundisium (Brindisi)

Der aus bäuerlichen Verhältnissen stammende Vergil erhält zunächst in Cremona und Mediolanum (Mailand) eine Grundausbildung in griechischer und römischer Literatur. Danach wendet er sich in Rom und Neapel der Rhetorik und der epikureischen Philosophie zu. Vergil selbst sieht sich als Stoiker – die Wahrnehmung bildet für ihn die Grundlage der Erkenntnis. Seine drei Hauptwerke machen ihn zum bis dahin bekanntesten römischen Dichter. Seine späten Jahre verbringt Vergil zurückgezogen. Er stirbt auf einer Seereise von Griechenland nach Neapel.

- 54 v. Chr.: Philosophiestudium in Neapel
- 38 v. Chr.: Erstes Treffen mit Octavian; Beginn einer lang anhaltenden Freundschaft

2. September 31 v. Chr.

Der Flotten-Triumph von Aktium

In der Seeschlacht bei Aktium am Ambrakanischen Golf südlich des heutigen Prevesa gelingt Rom unter Führung des Marcus Vipsanius Agrippa der Sieg über die Flotte der ägyptischen Königin Kleopatra VII. und ihres römischen Gatten Marcus Antonius. Der Kampf zwischen Marcus Antonius und seinem römischen Rivalen – und ehemaligen Schwager – Octavian tritt in seine entscheidende Phase.

Die Seeschlacht hat eine politisch-persönliche Vorgeschichte. Nach der Ermordung Cäsars im März 44 v. Chr. bemächtigte sich dessen Mitkonsul Marcus Antonius der Herrschaft in Rom und formte im folgenden Jahr mit Lepidus und Cäsars Adoptivsohn Octavian das 2. Triumvirat. Das Bündnis wurde durch die Hochzeit von Antonius und Octavians Schwester Octavia besiegelt. Im Jahr 40 v. Chr. erhielt Antonius bei der Aufteilung des militärischen Oberbefehls den Osten, Octavian den Westen und Lepidus (bis zu seiner Entmachtung durch Octavian 36 v. Chr.) zunächst Africa. Wenig später lernte Antonius die ägyptische Königin Kleopatra, Mutter des Cäsar-Sohnes Cäsarion, kennen und lieben. Es folgte 41 v. Chr. die Trennung von Octavia und die Heirat Kleopatras, der er quasi als Mitgift wichtige römische Ostgebiete – darunter Teile Syriens – übergab. Marcus Antonius entwickelte sich zum Großkönig orientalischen Stils, das Verhältnis zwischen ihm und Octavian wurde immer gespannter. Im Sommer des Jahres 32 v. Chr. ließ er sich von Octavia scheiden und ernannte seine und Kleopatras Kinder zu Großkönigen.

Seeschlacht bei Aktium; Stahlstich, 19. Jh.

Octavian reagierte. Widerrechtlich verschaffte er sich Zugang zu Antonius' Testament, das dieser bei den Vestalinnen hinterlegt hatte, und machte dessen persönliche und proägyptische Verfügungen in Rom publik. In der dortigen öffentlichen Meinung war der Feldherr daraufhin diskreditiert. Durch einen Gefolgschaftseid band Octavian nun die Bevölkerung Italiens und der westlichen Provinzen an sich. Senat und Volk erklärten Kleopatra den Krieg, der sich auch gegen Marcus Antonius richtete, welcher in Rom als Kleopatras Verbündeter betrachtet wurde.

Zu Beginn des Jahres 31 v. Chr. beginnt Octavian mit seinen militärischen Operationen. Griechenland wird zum Schauplatz des Landkrieges, doch die Entscheidung fällt zur See, da sowohl Octavian als auch Antonius über starke Flotten verfügen. Nach der Niederlage bei Aktium fliehen Kleopatra und ihr Gatte nach Alexandria. Als sich die Nachricht von der Flucht verbreitet, kapituliert nach der ägyptischen Flotte auch das Landheer des Antonius.

Ein Jahr später, am 1. August 30 v. Chr., zieht Octavian in Alexandria ein. Die Besiegten, Antonius und Kleopatra, begehen Selbstmord, Ägypten wird Rom einverleibt. Octavian steigt drei Jahre später unter dem Namen Augustus zum Kaiser des römischen Reiches auf. Zur Erinnerung an die Seeschlacht von Aktium stiftet er in Nikopolis (Region Epirus) alljährliche Spiele.

25 Der mauretanische König Juba II. führt sein nordafrikanisches Reich zu neuer Blüte und baut die Hauptstadt Cäsarea Mauretaniae (Cherchell) zum kulturellen Mittelpunkt der Region aus. Unterstützung erhält Juba II. vom römischen Kaiser Augustus, der **Mauretanien** zu einem Vasallenstaat macht. Juba war bereits 46 v. Chr. nach Rom gezogen und hatte dort seine Ausbildung erhalten. Die gesamte sich nun rasch entwickelnde mauretanische Kultur ist stark griechisch-römisch beeinflusst.

18 Der römische Staatsmann Marcus Agrippa lässt in Gallien den **Pont du Gard** errichten. Der Aquädukt beim heutigen Nîmes hat eine Länge von etwa 50 km und führt täglich etwa 20 000 m³ Wasser. Der Pont du Gard muss errichtet werden, um den Fluss Gardon zu überspannen. Die Wasserleitung hat die Form einer dreigeschossigen Steinbrücke aus Bogen und Pfeilern. Zu ihrer Errichtung müssen Riesenquader von bis zu sechs Tonnen Gewicht herbeigeschafft und bis zu einer Höhe von 40 m aufeinander getürmt werden.

16 Die Germanenstämme der Sugambrer, Usipeter und Tenkterer kämpfen gegen die römischen Besatzer. Marcus **Lollius**, Statthalter in Gallia comata (Nordgallien), muss eine schwere Niederlage im Kampf gegen die Barbaren hinnehmen, als es diesen gelingt, den Rhein zu überqueren und in römisches Gebiet vorzudringen.

Während seines Aufenthalts in Gallien (16–13 v. Chr.) gründet der römische Kaiser Augustus die Stadt **Augusta Treverorum** am rechten Ufer der Mosel. Die Siedlung entwickelt sich rasch zum wirtschaftlichen Mittelpunkt der Umgebung. Augusta Treverorum ist die Keimzelle der späteren Kaiserstadt Trier.

14 Die römische Familie Laterani weiht ihren neuen Palast in Rom ein. Das Stammgebäude der Adelsdynastie erlangt große geschichtliche Bedeutung, als Kaiser Konstantin der Große das Bauwerk im 4. Jh. n. Chr. der christlichen Kirche schenkt. Bis zu einem verheerenden Brand im Jahr 1308 dient der **Lateranpalast** den Päpsten als Residenz.

13 Der römische Staatsmann Publius Quinctilius **Varus** wird Konsul in Rom. Varus geht im Jahr 9 n. Chr. in die Geschichte ein, als er als Oberbefehlshaber der römischen Truppen in Germanien eine entscheidende Niederlage gegen germanische Stämme unter Arminius erleidet (Varusschlacht), die das Vordringen der Römer ins germanische Hinterland für immer beendet.

13 v. Chr.

Keimzelle von Mainz entsteht

Römische Soldaten errichten beim heutigen Mainz ein befestigtes Lager für zwei Legionen (etwa 12 000 Mann). An strategisch günstiger Lage soll so der Verkehr über den Rhein und die Mainmündung überwacht werden. In der Nähe des Lagers entsteht zur gleichen Zeit auch eine zivile Siedlung mit dem Namen Moguntiacum, die Keimzelle des späteren Mainz. Seinen Namen hat die Siedlung von einem germanischen Stammesheiligtum des Gottes Mogon.

Als Sitz des römischen Oberbefehlshabers eines der beiden germanischen Heeresbezirke wird das römische Mainz schnell zu einem administrativen und wirtschaftlichen Zentrum. Bis zum Jahr 43 n. Chr. sind hier die 14. Legion mit dem Beinamen Gemina (Zwilling) und die 16. Legion Gallica (die Gallische) stationiert, dann werden sie durch andere Truppen abgelöst. Neben den Legionen sind in Moguntiacum auch so genannte Hilfstruppen (Auxilia) angesiedelt, deren Soldaten aus unterworfenen Gebieten stammen. Das neue Lager auf dem Kästrich (von lat. castrum = militärisches Lager) umfasst ein Areal von ungefähr 1000 x 750 m. Eine Ummauerung aus Holzpalisaden und Erdwällen schützt neben den Unterkünften der Legionäre das Haus des Befehlshabers, Stabsgebäude, ein Krankenhaus und Militärwerkstätten. Von Moguntiacum aus starten zahlreiche Feldzüge römischer Truppen in das rechtsrheinische Germanien (Abb.: gefangene Germanen; römisches Relief aus dem Legionslager Mainz-Kästrich).

12 v. Chr.

Nîmes erhält Prunk-Tempel

In der heutigen südfranzösischen Stadt Nîmes errichten römische Baumeister einen Tempel zu Ehren der beiden Adoptivsöhne des Kaisers Augustus (Gaius und Lucius Cäsar): das »Maison Carré« (Abb.: Vorderseite). Es ist einer der wenigen römischen Tempel, die bis heute unzerstört erhalten blieben. Kaiser Augustus selbst hatte die Kolonie Nemausus 16 v. Chr. zur Ansiedlung seiner Veteranen gegründet und mit der Errichtung zahlreicher öffentlicher Gebäude begonnen.
Der rechteckige Tempelbau (26,42 x 13,54 m) in korinthischer Ordnung steht an beherrschender Stelle am römischen Forum. Sechs Säulen an den Schmal- und elf an den Längsseiten umgeben einen rechteckigen Innenraum, die Cella. Sie kann durch eine fast sieben Meter hohe und mehr als drei Meter breite Prunkpforte betreten werden.

27 v. Chr.

Vitruv prägt die Architektur

Der römische Architekt Vitruv veröffentlicht das einzig erhaltene antike Lehrwerk über die Baukunst: das zehnbändige »De architectura«. Vitruv diente zunächst im Heer Cäsars und Octavians als Militäringenieur, bevor er ab den 30er-Jahren v. Chr. als Architekt und Ingenieur u. a. beim Bau von Wasserleitungen tätig war. Er führte erstmals verbindliche Normen für die Größe der Leitungsrohre ein. Vitruv erhielt von Kaiser Augustus eine Ehrenpension. Die Summe seiner beruflichen Erfahrungen gibt er nun in Buchform heraus.
Behandelt werden neben Anweisungen zum Bau von Gebäuden und der Auswahl des Bauplatzes u. a. auch die Themen Baugeräte (Abb.: Baukran nach Vitruv; Farbradierung), Kriegsmaschinen sowie der Uhren- und Instrumentenbau. Vitruv steht in der Tradition seiner griechischen Vorgänger, doch überliefert er auch zahlreiche neuere Entwicklungen römischer Ingenieurskunst. Die Wiederentdeckung einer Abschrift seines Lehrbuchs im Kloster St. Gallen 1415 und deren Veröffentlichung 1486 machen Vitruv zum unbestrittenen Vorbild für die Baumeister der Renaissance.

27 v. Chr.

Aus Octavian wird Augustus

Der römische Senat verleiht Octavian, dem Erben und Adoptivsohn des im Jahr 44 v. Chr. ermordeten Cäsar, den Augustustitel sowie außergewöhnliche Regierungsvollmachten. Das Ereignis markiert den Beginn der römischen Kaiserzeit. Dem offiziellen Akt geht eine stillschweigende und wohlgeplante Vorbereitung voraus.

Nach seinem Sieg über die Cäsar-Mörder und andere innerrömische Rivalen ist Octavian an einer Neuordnung und Befriedung der politischen Verhältnisse interessiert. Zu diesem Zweck erklärt er seinen Rücktritt von allen Ämtern und lässt den Senat am 14. Februar 27 v. Chr. die alte und faktisch schon lange untergegangene Republik wiederherstellen. Als er zwei Tage später eine Rede vor dem Senat hält, werden ihm – wie erwartet – von Mitgliedern der Versammlung der Ehrenname Augustus (der Erhabene) sowie zahlreiche Sondervollmachten angetragen. Trotz scheinbarer Wiederherstellung der republikanischen Ordnung des Staates, gekennzeichnet insbesondere durch den jährlichen Wechsel der doppelt besetzten Staatsämter, wird Rom nun in eine Monarchie umgewandelt. Damit gelingt Augustus die Vollendung jener politischen Aufgabe, an der Cäsar gescheitert war.

Augustus erhält außerordentliche Vollmachten, die jene der Beamten überragen. Zudem untersteht die Armee seiner Kontrolle. Er wird zum Ersten unter Gleichen und zum Begründer der Prinzipat genannten Staatsform. Die Anerkennung, die der neue Kaiser genießt, ist seinen zahlreichen Ehrungen abzulesen: Lorbeer und ein Ehrenkranz schmücken sein Haus in Rom, in der Curia auf dem Forum Romanum wird ein goldener Schild mit den Tugenden des Augustus aufgehängt.

Der Kaiser leitet eine Reihe von Reformvorhaben ein, die die Struktur des Römischen Reiches für die nächsten Jahrhunderte bestimmen. Sie betreffen die Verwaltung in Rom und in den Provinzen, Sozial- und Ehegesetze sowie das Heer. Augustus gelingt die Umwandlung der innerlich zerrissenen römischen Republik in ein geeintes Kaiserreich.

Augustus' überragende Bedeutung als Begründer des römischen Kaisertums findet bis in die Gegenwart ihren Niederschlag. Von keinem Kaiser der römischen Antike gibt es mehr Bildnisse.

Augustus

(Gaius Julius Cäsar Octavius, auch Octavian), römischer Kaiser, *23.9.63 v. Chr.; †19.8.14. n. Chr. Nola

Der Sohn von Gaius Octavius und Atia, einer Nichte Cäsars, entstammt einer wohlhabenden Familie. Die Bezeichnung Octavian geht auf eine verniedlichende und lächerlich machende Formulierung seines Gegners Cicero zurück. Als 19-Jähriger tritt Octavian wie im Testament Cäsars vorgesehen dessen Erbe an und kann sich im bis 31 v. Chr. dauernden römischen Bürgerkrieg gegen seinen Rivalen Marcus Antonius durchsetzen. Nach seiner Rückkehr erhält er den Ehrentitel Augustus – später der offizielle Titel aller römischen Kaiser.

- 8 v. Chr.: Durchführung einer Volkszählung
- 13 n. Chr.: Augustus verfasst sein Testament und seinen Tatenbericht (Res gestae)

Überragender Staatsmann der römischen Antike: Kaiser Augustus

Um 20 v. Chr.

Korea löst sich von chinesischem Einfluss – Zeit der »Drei Reiche« bringt Aufbruch und Fortschritt

Dem starken chinesischen Einfluss auf der Koreanischen Halbinsel stellen sich drei kleine Königreiche und sechs Fürstentümer im Süden des Landes entgegen. Mit Paekche, Koguryo und Silla beginnt die Periode der »Drei Reiche« in Korea. Daneben etablieren sich die Kaya-Fürstentümer. Flüchtlinge aus dem Norden siedeln sich zu dieser Zeit im eher rückständigen Süden an und sorgen für eine wirtschaftliche und kulturelle Entwicklung der Region. Schnell gewinnen die Reiche an Macht und werden im Süden der Koreanischen Halbinsel zu einem bestimmenden politischen Faktor.

Das legendäre erste Reich auf koreanischem Boden, das Choson-Reich, soll der Überlieferung nach bereits im 3. Jt. v. Chr. entstanden sein. Politisch greifbar sind die Choson aber erst ab dem 4. bzw. 3. Jh. v. Chr. Im Jahr 108 v. Chr. waren die Choson von der chinesischen Han-Dynastie verdrängt worden. Seit dieser Zeit steht Korea unter chinesischem Einfluss.

Über die Frühzeit der »Drei Reiche« ist wenig überliefert. Die religiösen Vorstellungen sind stark vom Buddhismus und Konfuzianismus geprägt. Als eigentlicher Entstehungszeitraum der Königreiche gilt das 1. Jh. n. Chr. Das Reich von

Paekche erlangt erst unter König Koi im 3. Jh. eine militärische Bedeutung. Eine effektive zentrale Verwaltung und überregionale Bedeutung erhält das Reich sogar erst unter König Kunch'ogo im 4. Jh. Die Hauptstadt Hansong wird beim heutigen Seoul gegründet und das Territorium des Reiches durch Eroberungen vergrößert. Im 6./7. Jh. gelingt dem Reich Silla mit chinesischer Unterstützung schließlich die Eroberung von Koguryo und Paekche (Abb.: silberne Krone des Herrschers von Silla, 6. Jh.).

10 Unter der Leitung des römischen Feldherrn **Drusus** beginnen römische Legionäre mit der Trockenlegung des germanischen Gebietes im heutigen Holland. Die jüngst eroberten Ländereien sind von Sümpfen und Überschwemmungsgebieten durchzogen und sollen frucht- und besiedelbar werden. Die Römer bauen Deiche und ziehen Kanäle, um die Wassermassen gezielt abfließen zu lassen. Dabei kommen ihnen viele Technologien zugute, die sie bei der Trockenlegung der heimischen Feuchtgebiete selbst entwickelt haben.

9 Die Römer erklären **Pannonien** (heute ein Teil Ungarns) zur Provinz und gliedern die Landschaft politisch Illyrien an.

Der römische Feldherr **Drusus** fällt während eines Zuges gegen die Germanen vom Pferd und stirbt an den Verletzungen. In Mainz errichten die Legionäre ihrem Kommandanten ein Ehrenmal (Eichelstein). Um den Sturz ranken sich bald Legenden. So soll sich eine Hexe in eine Schlange verwandelt und das Pferd des Römers erschreckt haben. Mit dem Tod des Drusus, der den Ehrennamen Germanicus erhält, endet das Werk des Livius, des ersten Historikers, der sich ausschließlich der römischen Geschichte widmet.

8 **Arminius**, germanischer Fürst des Cheruskerstammes, besucht Rom. Der Germane steht im Dienst des römischen Militärs und stellt den Legionen des Augustus Hilfstruppen zur Seite, die gegen andere germanische Stämme kämpfen. In Rom lernt Arminius Strategie und Taktik der römischen Legionen kennen. 17 Jahre später wendet er sein Wissen gegen seine ehemaligen Verbündeten an und besiegt die Legionen des Römers Varus in der so genannten Varus-Schlacht.

Der Monat Sextilis wird durch Beschluss des römischen Senats und durch Plebiszit in **Augustus** (August) umbenannt. Anlass dafür sind das in diesem Monat von Augustus angetretene 1. Konsulat, die Eroberung Ägyptens sowie die Beendigung der Bürgerkriege

Tiberius Claudius, Stiefsohn des römischen Kaisers Augustus, unterwirft die Germanen zwischen Rhein und Elbe und siedelt etwa 40000 Sugambrer und Sueben an den Rhein um. Um den Widerstand der Germanen zu brechen, ließ Augustus eine sugambrische Gesandtschaft, die ihn aufsuchte, verhaften. Daraufhin hat Tiberius mit der Masse des führerlosen Stammes leichtes Spiel. Das rechtsrheinisch verbliebene Restvolk der Sugambrer löst sich in kleine Stämme auf.

27. November 8 v. Chr.

Der große Poet Horaz ist tot

Horaz (s. Abb.), einer der bedeutendsten Dichter Roms, stirbt. Quintus Horatius Flaccus, genannt Horaz, kam schon in früher Jugend nach Rom und genoss dort wie auch in Athen eine hervorragende Ausbildung. Nach seiner Zeit als Militärtribun unter Cäsars Sohn Brutus kehrte er von erfolglosen Feldzügen gegen Marcus Antonius und Octavian nach Rom zurück, um sich fortan der Dichtkunst zu widmen. Im Jahr 38 v. Chr. wurde Horaz von den Dichtern Varius und Vergil in den Kreis um Mäcenas eingeführt. Der römische Ritter Mäcenas Gaius, selbst Dichter und Kunstliebhaber, versammelte die bedeutendsten Dichter seiner Zeit um sich und förderte sie. Horaz erhielt von Mäcenas ein Landgut im italienischen Sabinerland, wo er sich – frei von allen finanziellen Sorgen – vollständig auf seine Dichtkunst konzentrieren konnte. Auch Kaiser Augustus bemühte sich um die Freundschaft des schon zu seinen Lebzeiten beliebten Dichters. Zu den als Klassiker geltenden vollständig erhaltenen Werken des Horaz zählen »Lied der Hundertjahrfeier«, »Von der Dichtkunst«, »Satiren« und »Briefe«.

9 v. Chr.

Germanicus erreicht die Elbe

Unter dem Feldherrn Nero Claudius Drusus, Stiefsohn des Augustus, dringen römische Legionen bis zur Elbe vor. Der Erfolg ist Drusus nur für kurze Zeit vergönnt. Beim Rückmarsch stürzt er vom Pferd und stirbt an den Folgen des Sturzes. Drusus führte zahlreiche, erfolgreiche Feldzüge gegen germanische Volksstämme (Abb.: Römer kämpfen gegen Germanen; Holzstich, 19. Jh.). Er unterwarf Friesen, Chauken, Bataver und Räter. Am Rhein, an der Lippe und im Taunus ließ er mehrere Kastelle errichten. Für seine Verdienste erhielt Drusus den Ehrennamen Germanicus.

Um 10 v. Chr.

Standort Deutschland – Augustus lässt Legionslager ausbauen

Wegen der immer häufiger auftretenden Aufstände vereinzelter germanischer oder keltischer Stämme befiehlt der römische Kaiser Augustus die Neuordnung der römischen Provinzen. Im besetzten Gallien und nicht zuletzt in Germanien entstehen befestigte Stützpunkte, so genannte Legionslager (Abb.: Modell des Lagers Divitia aus dem 4. Jh. n. Chr.). An strategisch günstigen Orten sollen die Lager die Grenzen des Reiches sichern und als Ausgangspunkte für Feldzüge gegen aufständische Volkstämme dienen. Die meisten Legionslager werden mit einem Erdwall oder Holzzaun zum Schutz vor Angriffen umgeben. Oft entstehen um die Lager zivile Ansiedlungen, die sich schnell zu größeren Städten entwickeln. Aus solchen Ansiedlungen entstanden u.a. Trier und Mainz.

8 v. Chr.

Aufstieg der Markomannen

Nach der Niederlage gegen die unter Tiberius Claudius ins Maingebiet vordringenden Römer führt König Marbod den Volksstamm der Markomannen (lat.: Marcomanni = »Bewohner einer Mark«) nach Böhmen. Ihr ursprüngliches Siedlungsgebiet bei Marktbreit fällt an Rom.
Marbod – ein ehemaliger Günstling des Kaisers Augustus, der in Rom ausgebildet und politisch geschult worden war – hatte nach seiner Rückkehr in seine Heimat die Königswürde an sich gerissen. In Böhmen gewinnen die Markomannen schnell an Macht und unterwerfen die benachbarten Volksstämme. Auf diese Weise entsteht unter Marbod das erste germanische Reich, das von der Donau bis zur Oder und von der unteren Elbe bis in das heutige Schlesien reicht. Anfangs unterhält das neu gegründete Reich noch friedliche Handelsbeziehungen mit Rom, doch im Jahr 6 n. Chr. entsendet Rom ein schlagkräftiges Heer unter erneuter Führung des Tiberius nach Böhmen. Marbods Reich stellt für die Römer eine ernst zu nehmende Bedrohung Norditaliens dar. Doch die römischen Truppen scheitern beim Versuch, das Gebiet östlich des Rhein als Provinz ihrem Reich anzugliedern. Im Jahr 19 n. Chr. muss Marbod vor aufständischen Markomannen-Fürsten nach Noricum fliehen.

9 v. Chr.

Monument römischer Staatskunst – Ara pacis wird geweiht

In Rom wird eines der kostbarsten bis heute erhaltenen Denkmäler der römischen Staatskunst geweiht: die Ara pacis (»Altar des Friedens«). Der Senat widmet den reliefgeschmückten Altar Kaiser Augustus, der nach der Befriedung aller Provinzen wieder in die Hauptstadt zurückkehrt. Die Mauern des monumentalen Baus (Abb.: Front der Ara pacis) zieren meisterhafte Reliefs. Hauptschmuck sind zwei Friese über die Opferprozession der kaiserlichen Familie und der Priester.

4 v. Chr.

Ist Christus der ersehnte Messias?

In einem Stall nahe Bethlehem wird der Messias geboren – so berichten es zwei der zwischen 65 und 100 n. Chr. in griechischer Sprache verfassten Evangelien des Neuen Testaments. Als Jesus Christus geht der Neugeborene in die Geschichte ein und wird zur zentralen Gestalt des Christentums. Die von den Evangelisten Matthäus und Lukas übermittelten Ereignisse sind jedoch historisch umstritten. Sie wurden von den Autoren im Rahmen ihrer theologischen Deutung interpretiert, keiner von beiden kannte Jesus persönlich. Unbestritten ist jedoch die weit reichende und bis heute anhaltende Wirkung, die von der Figur Jesus Christus ausgeht.
Folgt man den beiden Evangelisten, reisen der Zimmermann Josef und seine hochschwangere Frau Maria wegen einer Volkszählung nach Bethlehem in Galiläa. In der Stadt selbst finden sie jedoch keine Übernachtungsmöglichkeit, ihnen bleibt nur ein Stall. Dort bringt Maria einen Sohn zur Welt. Kurz nach der Geburt beobachten die Bewohner der Stadt sowie die Hirten auf den umliegenden Feldern eine seltsame Erscheinung: Ein Komet mit deutlich sichtbarem langem Schweif bewegt sich am Himmel auf Bethlehem zu und scheint über dem Stall stehen zu bleiben. Die Angst vor dem Kometen, der als Vorzeichen nahen Unglücks gilt, weicht jedoch rasch einem Hoffnungsgedanken, erwarten die Juden doch seit langer Zeit die Ankunft des Messias, des idealen Königs aus dem Stamm Davids, der das Volk Israel erlösen soll. Spontan brechen die Hirten auf, um dem neugeborenen Kind zu huldigen. Wenig später treffen im Palast von König Herodes I. Sterndeuter ein, die dem Kometen seit Monaten gefolgt sind, da ihnen dieser die Geburt eines großen Königs verheißen hatte. Im Palast weiß jedoch niemand etwas von einem neugeborenen König. Herodes bittet die Männer, weiter nach dem Kind zu suchen. Sie finden schließlich den Stall und bringen ihre kostbaren Geschenke dar: Gold, Weihrauch und Myrrhe. Herodes, der befürchtet, die Juden könnten in dem Kind einen Führer sehen, befiehlt laut Bibelüberlieferung die Ermordung aller Neugeborenen. Als Maria und Josef davon erfahren, fliehen sie mit dem Säugling nach Ägypten.

Die Geburt von Jesus Christus; Gemälde von Giorgio da Castelfranco (Giorgione), 16. Jh.

Jesus von Nazareth

*Nazareth (möglicherweise Bethlehem) um 4 v. Chr.,
†7.4.30 n. Chr. Jerusalem (gekreuzigt)

Jesus wächst in Nazareth auf. Er wird zum Gesetzesgehorsam und Gebetsernst erzogen, erlernt den Zimmermannsberuf und zeigt früh Ansätze einer individuellen Bibelauslegung. Die von ihm angekündigte Herrschaft Gottes versteht er als Aufforderung zur Nächstenliebe. Seine Erhebung über die jüdischen Gelehrten und den Priesteradel wird Jesus zum Verhängnis. Pontius Pilatus, der römische Statthalter von Judäa, verurteilt ihn zum Kreuzestod, weil er sich als Sohn Gottes und König der Juden bezeichnet.

- 28 n. Chr.: Jesus schließt sich dem Bußprediger Johannes an und lässt sich taufen
- 29 n. Chr.: Beginn der eigenen Wanderpredigertätigkeit

Diese Auswahl erläuterungsbedürftiger Stichwörter soll das Verständnis der in diesem Band dargestellten Sachverhalte erleichtern helfen.

Achäer
die ersten altgriechischen Volksgruppen auf dem griechischen Festland (um 1900 v. Chr.); bei Homer Name für die Gesamtheit der Griechen. Auf bereits bestehenden jungsteinzeitlichen Siedlungen im Norden der Peloponnes gründeten sie u. a. Mykene. Erstmals ist »Achäer« als Bezeichnung für die Griechen der mykenischen Periode in einem hethitischen Text zu finden, der von einer Auseinandersetzung zwischen dem Hethiter-König und dem König von Acheia handelt.

Ädil
römisches politisches Amt, das 494 v. Chr. zur Unterstützung des Volkstribunen geschaffen und ein Jahr später erstmals besetzt wurde. Die beiden aediles plebeii wurden vom concilium plebis, der Volksversammlung, für ein Jahr gewählt und saßen dem Gremium zugleich vor. Auch übertrug man ihnen die Leitung des Polizeidienstes sowie Verwaltung und Aufsicht über die plebejischen Tempel und Spiele. Bis 366 v. Chr. war das Ädilat nur Plebejern zugänglich.

Agora
(griech. für Versammlung); die Bürgerversammlung im griechischen Altertum. Der Begriff steht auch für den Ort der Versammlung, der zugleich den Mittelpunkt städtischen Lebens bildete. Insbesondere kennzeichnet er den Marktplatz altgriechischer Städte (Abb.: Grenzstein der Athener Agora), der meist baulich akzentuiert war. Bei der sog. Peristylen-Agora handelte es sich um eine spätere Entwicklung. Die Agora ist dann in der Regel rechteckig, von Säulen umgeben und bisweilen – so in Milet oder Magnesia – Teil eines größeren baulichen Komplex, der mehrere freie Plätze umfassen kann.

Akkad
erstes semitisches Großreich in Mesopotamien, dessen gleichnamige Hauptstadt am Euphrat im nördlichen Babylonien lag (heute Irak). Die genaue Lage ist unbekannt. Reichsgründer war Sargon I. (um 2350 v. Chr.). Das Herrschaftsgebiet reichte vom Persischen Golf über Mesopotamien bis zum Mittelmeer und nach Kleinasien. Um 2150 v. Chr. wurde das Reich von dem Bergvolk der Gutäer (Guti) zerstört, das Babylonien für etwa 100 Jahre beherrschte, ehe die Amoriter unter König Hammurabi ihre Herrschaft entfalteten.

Akropolis
(griech. für Hochstadt); gewöhnlich Plateau einer nicht allzu hohen Bodenerhebung innerhalb griechischer Städte, in der Frühzeit der mit Wehranlagen versehene Teil der Stadt (die Stadtburg), oft spielte das Vorhandensein eines geeigneten Hügels eine wichtige Rolle bei der Auswahl eines Siedlungsplatzes. Auch die Akropolis von Athen ist in dieser Hinsicht typisch. Später wurde sie zum heiligen Bezirk der Schutzgöttin Athene, deren Tempel, der Parthenon, sich hier erhebt.

Alignements
(franz. für Ausrichtung); lineare vorgeschichtliche Steinsetzung, Steinreihe, oft auf andere Megalithbauten ausgerichtet. Bis zu 13 parallel laufende Steinreihen befinden sich in Carnac (Frankreich); auch aus Südarabien bekannt.

Altamerika
Der Begriff bezieht sich meist auf Mittelamerika und das Andengebiet und umfasst historische Kulturen und Völker von den Olmeken über die Maya bis zu den Azteken.

Altes Reich
(2705–2225 v. Chr.); die dem Mittleren Reich vorausgehende erste Periode der ägyptischen Pharaonenzeit, in der vier Königsdynastien über Ägypten herrschten. Die Könige wurden in monumentalen Steinpyramiden begraben.

Amphitheater
wörtlich (von griech. amphi für beidseitig, theatron für Schauplatz) ein Doppeltheater, das um den Schauplatz der Darbietungen herum gebaut ist, sodass das Gezeigte von beiden Seiten betrachtet werden kann; von den Römern entwickelter Typ des Theaters, dessen Zuschauerränge eine elliptische Arena umgaben. Die ältesten Amphitheater waren Holzbauten, später errichtete man sie aus Stein. Das größte Bauwerk dieser Art ist Roms Kolosseum.

Aquädukt
(lat.: aqua ductus); in seiner häufigsten Erscheinungsform römische Überland-Wasserleitung mit wasserdicht ausgemauerten, meist gegen Verunreinigung und Verdunstung abgedeckten, mit Luftschächten versehenen Rinnen von leichtem Gefälle. Bodensenkungen werden auf steinernen Brückenkonstruktionen überquert; im Vorderen Orient schon seit dem 7. Jh. v. Chr. bekannt.

Archäologie: Pyramidenfelder des Königreichs Kusch in Meroë (Sudan)

Archäologie
Altertumswissenschaft, die sich im Unterschied zu den sonstigen historischen Fächern nicht mit Schriftquellen, sondern fast nur mit Artefakten beschäftigt. Die Disziplin der klassischen Archäologie widmet sich ausschließlich Kulturen der Antike, die Ur- und Frühgeschichte oder prähistorische Archäologie den schriftlosen Kulturen Europas seit Entstehung des Menschen. Ergänzt werden diese Wissenschaften durch die Spezialgebiete Ägyptologie, Assyrologie und Altamerikanistik.

Archimedisches Prinzip
Lehrsatz vom statischen Auftrieb; von dem griechischen Gelehrten Archimedes entdecktes physikalisches Gesetz, wonach der Auftrieb eines schwimmenden Körpers dem Gewicht der Flüssigkeit entspricht, die von diesem Körper verdrängt wird.

Architrav
(griech. für Hauptbalken); gerader Balken aus Holz oder Stein, der darüber liegende Bauteile trägt und selbst auf Säulen, Pfeilern und Bogenstellungen ruht. Die Bezeichnung wird meist bei der Beschreibung von antiken Bauwerken benutzt, besonders bei Tempeln in Ägypten, Griechenland und Italien. Das Material des Architravs und die auf ihm ruhende Last (Ziergiebel oder Dach) bestimmt den möglichen Abstand zwischen den Stützelementen. So ist das Material u. a. wichtig für die architektonische Gestaltung und deren Wirkung.

Altes Reich: Pyramiden von Gizeh

Archon
höchster Beamter eines griechischen Stadtstaates. Nach der Abschaffung des griechischen Königtums wählte man den Archon lebenslänglich, später wurde das Amt im Zehnjahresturnus neu besetzt. Das Archontat setzte sich aus einer variierenden Zahl von Beamten zusammen, die den Stadtstaat leiteten.

Aristokratie
(griech. für Herrschaft der Besten, Vornehmsten); Staatsform, in welcher der durch Geburt oder Besitz bevorrechtigte Stand die Staatsgewalt ausübt. Daneben existieren auch Geld- und Geistesaristokratie. Steht meist im Gegensatz zu Monarchie oder Demokratie.

Artefakt
(lat. für künstliches Gebilde), allgemein jedes künstlich Hergestellte, ein Kunstprodukt; in der Urgeschichte ein von Menschenhand hergestelltes Werkzeug.

Assyrer
ursprünglich semitische Nomaden im nördlichen Mesopotamien, die sich im Gebiet von Assur niederließen und den gleichnamigen Schutzgott Assurs übernahmen. Um 2004 v. Chr. scheinen sie Eigenstaatlichkeit erlangt zu haben; im 2. Jt. v. Chr. wurde ihr Reich zur Großmacht. Seinen Wohlstand verdankte es der Zwischenhändlerrolle, welche die Assyer während der sog. Altassyrischen Zeit (19. Jh. v. Chr.) spielten. Handel wohl mit Kupfer, Textilien und vielleicht auch Zinn; einsetzender Verfall im 7. Jh. v. Chr.

Aurignacien
Kulturstufe der europäischen Altsteinzeit, etwa ab 35000 v.Chr. Nach dem französischen Fundort Aurignac. Seit 1906 Bezeichnung einer frühen Formengruppe der jungpaläolithischen Schichtenfolge. Charakteristische Artefakte der Ära sind Knochenspitzen mit gespaltener Basis und kielförmige Steingeräte. Erstmals verleiht der Mensch im Aurignacien seinen Gedanken in Form von Höhlenmalereien und Skulpturen künstlerischen Ausdruck.

Babylonisches Reich
auf dem Boden des zunächst von den Sumerern, dann von den Akkadern besiedelten Mesopotamien gründeten um 1900 v.Chr. amoritische Einwanderer eine Herrscherdynastie, deren Reich unter König Hammurabi zur Großmacht wurde. Religiöses und politisches Zentrum des babylonischen Reichs war die Stadt Babylon im südlichen Mesopotamien. Die Macht Babylons verfiel schon wenig später. Das Herrscherhaus Hammurabi wurde um 1595 v.Chr. bei einem Einfall der Hethiter unter Mursili gestürzt. Danach eroberten die Kassiten das ganze Land und beherrschten es etwa 300 Jahre. Seit 1350 v.Chr. stieg der Einfluss Assurs, das Babylon schließlich eroberte.

Bandkeramik-Kulturen
nach der wellenförmig eingeritzten Verzierung ihrer Keramik genannte Kulturen. Sie repräsentieren die frühesten landwirtschaftlich orientierten Gesellschaftsverbände in Mitteleuropa und breiteten sich etwa in den Jahrhunderten ab Mitte des 5. Jt. v.Chr. von der mittleren Donau an den mittleren Rhein aus. Die Siedlungen liegen auf den Löss-Böden der großen Flusstäler und bestehen aus massiven, oft trapezförmigen Langhäusern. Eine der bekanntesten bandkeramischen Siedlungen wurde in Köln-Lindenthal entdeckt.

Basilika
im vorchristlichen Rom ein- oder mehrschiffige Markt- und Gerichtshalle mit über die Seitenschiffe überhöhtem Mittelschiff, Apsiden usw., später auch Palasthalle (z. B. Villa Hadriana bei Tivoli, Diokletianspalast in Split, Konstantinsbasilika in Trier) und vor allem christlicher Kultbau, in dieser Ausprägung mehrschiffig mit überhöhtem Mittelschiff und Oberlicht- bzw. Fenstergaden.

Bronzezeit
Kulturstufe der Menschheit (ab ca. 3000 v.Chr. in Mesopotamien, in Europa im 2. Jt. v.Chr.) zwischen Jungsteinzeit und Eisenzeit, in der die Bronze wichtigster Werkstoff für Waffen, Geräte und Schmuck war. Bronze ist eine Legierung aus Zinn und Kupfer und ermöglichte im Unterschied zu den bis dahin gängigen Techniken der Steinbearbeitung das Gießen beliebiger Formen. Zur Metallgewinnung wurden Verhüttungstechniken angewandt.

Buddhismus
Religion und Philosophie nach den Lehren des indischen geistlichen Führers Siddhartha Gautama (560 bis 480 v.Chr.), heute Weltreligion. Gautama wurde später Buddha (»der Erleuchtete«) genannt. Zur Essenz buddhistischer Weltdeutung gehören u.a. die Lehre von der Reinkarnation und das Gesetz des Karma. Dem Buddhismus gehören heute weltweit über 300 Mio. Menschen an.

C-14-Methode
(Radiokarbonmethode) Verfahren zur Datierung organischen Materials mit Hilfe des in ihm enthaltenen Isotops Kohlenstoff 14 (C14), dessen Halbwertszeit annähernd bekannt ist. Organismen nehmen radioaktiven Kohlenstoff über den Stoffwechsel aus der Atmosphäre auf. Stirbt ein Organismus ab, endet die Kohlenstoffzufuhr und der C-14-Anteil verstrahlt. Durch Messung der noch vorhandenen Strahlungsintensität lässt sich annähernd bestimmen, wieviel Zeit seit dem Absterben des organischen Gewebes vergangen ist.

Diadochen: der Seleukide Antiochos I.

Comitien
Volksversammlungen zur Zeit der römischen Republik.

Cro-Magnon
Leittyp fossiler Vertreter des Homo sapiens aus dem Jungpaläolithikum. Die Bezeichnung geht auf den Namen eines Felsüberhangs bei Les Eyzies in Südwestfrankreich zurück. Hier machte man 1868 sensationelle Funde von Frühmenschen, die vor etwa um 40000 Jahren gelebt haben müssen. Entwicklungsgeschichtlich stand der Cro-Magnon-Mensch dem Neandertaler sehr viel näher als dem Homo sapiens sapiens.

Demokratie: Losmaschine für die Verlosung öffentlicher Ämter in Athen

Demokratie
(griech. für Herrschaft des Volkes); Staats- und Regierungsform, die in der klassischen Antike als Alternative zu Monarchie und Aristokratie gesehen wurde. Während der heutige Demokratiebegriff alle Einwohner eines Staates in die politische Mitwirkung einbezieht, war die griechische Demokratie nur auf ausgewählte Mitglieder der Demen, der um eine Polis liegenden Orte, beschränkt. So waren z. B. Frauen und Sklaven vom Recht der Mitbestimmung ausgeschlossen.

Diadochenreiche
Territorien, die von den Generälen Alexanders des Großen nach dessen Tod besetzt und regiert wurden. Zu ihnen zählte das Ptolemäer-Reich Äyptens, das Seleukiden-Reich sowie das Reich von Pergamon.

Diktator
im republikanischen Rom ein in Notzeiten ernannter Beamter mit unbeschränkten Befugnissen. Er musste von einem der Konsuln ernannt werden und nach Erfüllung seines Auftrages abtreten. Sulla nutzte im 1. Jh. v.Chr. die Diktatur zur Neuordnung des Staates, Cäsar leitete mit seiner Ernennung zum Diktator auf Lebenszeit seine Alleinherrschaft und den Untergang der Republik ein.

Dolmen
(vom bretonischen Begriff für Steintisch); vorgeschichtliche Megalithgräber für einen oder mehrere Tote, mit vier bis sechs Tragsteinen und ein bis zwei Decksteinen entfernt an Tische erinnernd. Meist wölbten sich Erdhügel über ihnen, oft ist die Grabanlage von kreisförmigen Steinsetzungen umgeben. Dolmen finden sich überwiegend in Nord- und Westeuropa, sind aber auch für Palästina nachweisbar. Soweit erforscht, stammen sie dort aus der Kupfer- und frühen Bronzezeit.

Domestikation
Umwandlung wild lebender Tierarten in Haustiere durch gezielte Zuchtauswahl bzw. auf die Flora bezogen, die Züchtung von Kulturpflanzen. Sie setzte vor über 12 000 Jahren ein (Hund als Abkömmling des Wolfs) und setzte sich mit Schaf, Ziege, Schwein und Huhn fort. Erst durch eine solche Züchtung wurden aus dem Urrind die Milchkuh, aus dem asiatischen Bankivahuhn der Eierproduzent für den Menschen, aus dem Wildpferd das Reit- und Zugpferd. Auch Mais, Reis und verschiedene Weizensorten sind aus Wildpflanzen kultiviert worden.

Dorische Ordnung
griechischer Baustil, vor allem beim Tempelbau; charakteristisch sind kannelierte Säulenschäfte mit einer Proportion (Durchmesser zur Höhe) von eins zu acht und ein schlichtes Kapitell ohne Ornament. Über dem dreistufigen Unterbau (Krepis) stehen auf der obersten Stufe (Stylobat) Säulen, deren Schäfte durch Kanneluren ringsum vertikal gegliedert sind und sich nach oben verjüngen. Am Übergang zum Kapitell, also am oberen Teil einer Säule, bilden eingekerbte, umlaufende Ringe (Anuli) eine deutliche Zäsur und heben so das Kapitell etwas an. Dieses selbst besteht aus einem kissenartigen Polster, dem Echinus, und einer quadratischen Deckplatte, dem Abakus. Die Gestaltung des Echinus ist von landschaftlichen oder zeitlichen Stilelementen geprägt.

Dorische Wanderung
(auch ägäische Wanderung); die im 12. Jh. v.Chr. beginnende, von den Illyrern ausgelöste Völkerbewegung im östlichen Mittelmeerraum. Besonders in Griechenland aus ihren Lebensräumen verdrängt, verheerten die Dorer die Kulturen der kretisch-minoischen und mykenischen Siedlungsgebiete.

Druiden
Priesterkaste der Kelten in Gallien und auf den Britischen Inseln. Teilten die Herrschaft mit dem Adel. In Geheimzirkeln organisiert, bewahrten die Druiden die soziale Ordnung eines Stammes und sprachen Recht. In Irland gingen sie im Zuge der Christianisierung im 4. Jh. im Mönchtum auf.

Eisenzeit
Kulturstufe der Menschheit (in Mitteleuropa keltisch geprägt, ab ca. 800 v.Chr) nach der Bronzezeit. Eisen wird zum vorherrschenden Werkstoff für Waffen, Geräte und Schmuck. Die ältere Stufe in Europa ist die Hallstatt-Zeit, die jüngere die La-Tène-Zeit. Die Entdeckung des Eisens brachte technische Verbesserungen mit sich, beeinflusste aber auch die gesamte Sozialstruktur. Entscheidend war, dass Eisen, anders als Kupfer oder gar Zinn, so gut wie überall zu gewinnen war. Deshalb verloren die bronzezeitlichen Eliten, die die Metallversorgung bisher kontrolliert haben, ihre Macht.

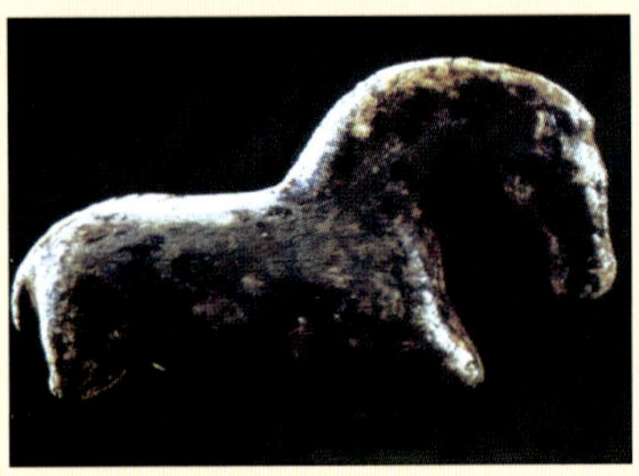

Gravettien: Pferdeskulptur

Exodus
bildungssprachlich für den Auszug der Juden aus Ägypten ins Gelobte Land. Auch Name des 2. Buch Mose.

Faustkeil
meist birnenförmiges Allzwecksteinwerkzeug aus dem älteren Paläolithikum; wird aus einem Kernstück gearbeitet, von dem man beidseitig Splitter abschlägt (daher auch Abschlag), es dadurch an einem Ende zuspitzt und die Oberfläche grob glättet. Meist wird spaltbares Gestein genutzt.

Fayence
eine nach dem Hauptproduktions- und Umschlagszentrum Faenza in Norditalien benannte, eine Zinnglasur aufweisende Keramik des Mittelalters und der Renaissance (auch als Majolika bekannt). Begriff auch angewandt auf eine besonders häufig im alten Ägypten anzutreffende silikatreiche Tonware, die man beim Brand so stark erhitzte, bis das silikathaltige Material schmolz und sich eine Art Glasur bildete. Sehr oft setzte man kupferhaltige Mineralien hinzu, was eine blaue Tönung ergab. Hauptsächlich werden Perlen und andere Teile von Schmuckstücken mittels dieser Technik hergestellt.

Fibel
ab etwa 1200 v. Chr.; an eine Sicherheitsnadel erinnernde Metallbrosche, vor allem in der Keltenzeit die bevorzugte Kleiderschließe der Bewohner Europas. Oft anspruchsvoll mit Einlegearbeiten aus Glas dekoriert. Ihre vom jeweiligen Verbreitungsgebiet beeinflusste Gestaltungsvielfalt machen einzelne Typen von Fibeln zu wichtigen archäologischen Leitformen. Besonders aus der La-Tène-Zeit blieb manch typologisches Paradestück erhalten.

Fresko
bereits in den frühen Hochkulturen Anatoliens und Kretas, später bei den Etruskern angewandte Technik der Wandmalerei. Dabei wird die Farbe auf den feuchten Putz aufgetragen, wodurch sie besonders haltbar bleibt. Beim echten Fresko trägt man zunächst eine mehrlagige Verputzschicht auf. Auf die vorletzte Schicht wird eine Entwurfskizze gezeichnet, die notwendig ist, da es nach Farbauftrag keine Korrekturmöglichkeit mehr gibt. Darüber kommt eine abschließende Putzschicht. Zuletzt erfolgt der eigentliche Farbauftrag auf dem noch nassen Verputz. Wenn dieser trocknet und abbindet, reagiert der darin enthaltene Kalk chemisch mit dem Kohlendioxid der Luft. Hierbei entsteht Calciumhydroxid, das die Farben fest mit dem Untergrund verbindet. Die in der Vulkanasche Pompejis erhalten gebliebenen Fresken haben unser Bild von der Antike wesentlich geprägt.

Fruchtbarer Halbmond
halbkreisförmig von Palästina über Syrien bis nach Mesopotamien reichende Region, deren Naturbedingungen Kulturbildung begünstigte. Von den fünf wichtigsten Nutztierarten Ziege, Schaf, Schwein, Kuh und Pferd wurden die ersten vier hier zuerst domestiziert. Auch Weizen, Gerste, Erbsen und Linsen kultivierte man erstmals in dieser Gegend.

Genfluss
der genetische Austausch zwischen Populationen aufgrund von Wanderungen fruchtbarer Individuen; gilt als wichtigster Faktor der Evolution nach der natürlichen Selektion. Er vermindert tendenziell die Unterschiede zwischen den Populationen. Der Genfluss spielt in menschlichen Populationen durch immer größer werdende Mobilität und immer weniger hemmend wirkende kulturelle Schranken inzwischen eine bedeutende Rolle als Faktor der Mikroevolution.

Hellenismus: Darstellung eines Kriegselefanten, 2. Jh. v. Chr.

Geometrischer Stil
der griechischen Archaik vorausgehende eisenzeitliche Stilepoche frühgriechischer Kunst, insbesondere auf dem Gebiet der frühen Vasenmalerei; zwischen etwa 1050 und 700 v. Chr., in fünf Stilphasen unterteilt. Die Bezeichnung rührt vom geometrischen Dekor der Artefakte dieser Epoche her, dessen Leitmotiv das Mäanderband ist. Ein besonderes Kennzeichen dieses Stils ist die Reduzierung des Figürlichen auf geometrisch-abstrakte Formen.

Geröllwerkzeug
unbearbeiteter Stein, der den frühen Menschen als Werkzeug diente und der von irgendwoher an seinen späteren Fundplatz gebracht wurde.

Glasur
bereits in der Antike verbreiteter glasartiger Überzug auf keramischen Gegenständen, der diesen Glanz und Glätte verleiht sowie poröse Erzeugnisse vor dem Eindringen von Flüssigkeiten oder Gasen schützt; man unterscheidet Anflugglasur, Mattglasur, Kristallglasur, Lüsterglasur und Laufglasur.

Gracchen
Angehörige des römischen Plebejergeschlechts der Sempronier, die im 2. Jh. v. Chr. die Innenpolitik Roms in Aufruhr versetzten. Der Volkstribun Tiberius Gracchus (162–133 v.Chr.) trat wie später auch sein Bruder Gajus Gracchus (153–121 v.Chr.) für eine Reform der Agrargesetze ein, um die Willkür der Großgrundbesitzer und die soziale Notlage der städtischen Unterschichten zu beenden. Zwar scheiterten beide Brüder mit ihrer Mission, doch beschleunigte diese am Vorabend der römischen Revolution den Zerfall des republikanischen Staatswesens.

Gravettien
Kulturstufe des europäischen Jungpaläolithikums (ab 28000 v.Chr.), deren Leitform Geschossspitzen aus Feuerstein des La-Gravette-Typs sind; benannt nach dem Fundort La Gravette in der Dordogne (Frankreich). Zeitgleiche und spätere Kulturen Mittel- und Osteuropas hat man bisweilen als östliches Gravettien zusammengefasst, während man sie heute wieder als separate Kulturgruppen betrachtet.

Hallstatt-Zeit
frühe Eisenzeit 800–400 v. Chr. Der Name leitet sich vom Ort Hallstatt (Österreich) ab. Obwohl Bronze für Schmuck lange in Gebrauch blieb, wurde für Werkzeuge und Waffen das härtere und elastischere Eisen bevorzugt. Ihre Toten bestatteten die Menschen der Hallstatt-Zeit unter großen Erdhügeln. Eine wohlhabende Führungsschicht legte ihre umwehrten Herrenhöfe und Großburgen an besonders geschützten Plätzen an.

Han-Dynastie
eine der dauerhaftesten und bedeutendsten chinesischen Herrscherdynastien. Das kurze Zwischenspiel des Usurpators Wang Mang gliedert

die Han-Zeit in zwei Unterperioden: die Phase der westlichen Han (202 v. Chr.–8 n. Chr.) und die östliche Han-Phase (25–220 n. Chr.); typische Artefakte der Han-Kultur sind tönerne, glasierte Grabbeigaben.

Hellenismus
Periode des weitreichendsten griechischen Einflusses, Ausbreitung der griechischen Kultur vom Mittelmeer bis zum Indus; Höhepunkt 336 v. Chr. unter Alexander dem Großen, dessen Eroberungszüge die Weltherrschaft zum Ziel hatten. Politisch einhergehend mit dem Niedergang der griechischen Poliswelt und einem Trend zur Bildung größerer Staaten. In Abkehr vom strengen klassischen Stil zeigt die Kunst eine Tendenz zu fließenden, üppigen Formen und orientalischen Stilelementen.

Heloten
leibeigene Landbewohner und rechtlose Arbeitssklaven des antiken Sparta, die als ursprüngliche Bevölkerung Lakoniens und Messeniens von den Dorern unterworfen worden waren.

Hethiter
Volk mit indogermanischer Sprache, das gegen Ende des 3. Jt. v. Chr. nach Zentralanatolien einwanderte und sich in der Krümmung des Flusses Halys sowie im benachbarten Gebiet niederließ. Erste Hauptstadt war vermutlich das noch nicht identifizierte Kuschara. Die ersten Herrscher des sog. Alten Reiches, die namentlich überliefert sind, waren Labarna und sein Sohn Hattusili I., unter dem die Residenz nach Hattusa verlegt wurde und eine Politik der Expansion nach Süden und Westen begann. Mursili I. setzte diese kriegerische Strategie fort und eroberte um 1595 v. Chr. das Reich von Babylon.

Hieroglyphen: Echnaton-Relief

Hieroglyphen
(griech. für heilige Kerben); um 3000 v. Chr. entwickeltes komplexes Schriftsystem im alten Ägypten, das zwar Bildzeichen verwendet, aber dennoch keine bloße Bilderschrift ist. Vielmehr besteht es aus einer Kombination dreier Symbolarten: Bild- bzw. Begriffszeichen, Lautzeichen und Bestimmungszeichen. Letztere dienen dazu, bei Wörtern mit gleichen Lautzeichen das Erkennen des richtigen Wortsinns zu erleichtern.

Höhlenmalerei
älteste Zeugnisse eines künstlerischen Ausdrucks der frühen Menschen (um 32 400 v. Chr., Grotte Chauvet, Frankreich), zugleich für die erstmalige Verwendung von Pigmenten und Bindemitteln. Entstanden am Ausgang der Eiszeit, einer Klimaperiode, in der weite Teile Europas noch mit Gletschern überzogen waren. Die meisten Fundorte in Europa befinden sich in Frankreich (150 Orte), gefolgt von Spanien (128) und Italien (21). Auch aus Afrika und den anderen Kontinenten sind Funde bekannt. Die Felszeichnungen stellen meist Tiere und Menschen dar, wobei Pferde und Wisente den Hauptanteil ausmachen. Abstrakte Zeichen und Linien ergänzen die Vielfalt der Felskunst.

Hopliten
schwer bewaffnete Fußtruppen im altgriechischen Bürgerheer, benannt nach dem großen, runden Schild (Hoplon), den sie zur Verteidigung mitführten. Hopliten bildeten über Jahrhunderte das Rückgrat aller griechischen Heere. Während in homerischer Zeit noch vielfach Adelige mit ihren Gefolgen diese Waffengattung bestückten, dienten zur Zeit der Perserkriege bereits die meisten freien Bürger griechischer Stadtstaaten als Hopliten innerhalb der Phalanx ihrer Heimatstadt. Auch das makedonische Heer bestand großteils aus diesem Kriegertypus. Oft verdingten sich griechische Hopliten als Söldner im gesamten Mittelmeerraum.

Idol
(griech. für Gestalt, Bild); meist kleingestaltiges, steinernes religiöses Kultobjekt, häufig Gottheiten darstellend. Stark verbreitet in den frühen Kykladen-Kulturen.

Imperator
zur Zeit der römischen Republik Titel des obersten Feldherrn im Krieg. Später Ehrenname des siegreichen Feldherren bei Triumphzügen. Seit der Herrschaft des Augustus ab 27 v. Chr. Titel der römischen Kaiser.

Indoeuropäer
sprachlich verwandte Völkerstämme, die heute den größeren Teil der Bevölkerung Europas stellen. In mehreren Wanderungsbewegungen gelangten die Indoeuropäer wahrscheinlich aus dem Norden und dem Osten in den Vorderen Orient. Am frühesten bezeugt sind die Luwier, die Hethiter und weitere verwandte Völkerschaften, die gegen Ende des 3. Jt. v. Chr. nach Anatolien vordrangen. Eine indo-iranische Aristokratie stand in den ersten Jahrhunderten des 2. Jt. v. Chr. auch an der Spitze der – linguistisch sonst nicht verwandten – Hurriter in Nordsyrien und Mesopotamien.

Indus-Kultur
(auch Harappa-Kultur); eine der frühesten Hochkulturen, aus Dorfkulturen im damals fruchtbareren Indusgebiet des 4. und 3. Jt. v. Chr. hervorgegangen. Die Herkunft ist noch ungeklärt, doch sind schon früh Beziehungen zu den Kulturen des Alten Orients nachweisbar, vor allem zu Sumer und Bahrain. Bisher wurden 100 Handelsplätze festgestellt: im Industal, in der oberen Gangesebene und in Gujarat bis zum Golf von Khambat sowie auf der Halbinsel Kathiawar am Indischen Ozean. Hauptgrabungsplätze sind Mohenjo-Daro, Harappa, Chanhu-Daro und der große Hafen Lothal. Blütezeit von etwa 2700 bis 500 v. Chr. Die Städte wurden nach einem Plan gebaut, jede Stadt beherrschte eine Zitadelle, die wahrscheinlich als Residenz des jeweiligen Priesterkönigs und zugleich als Kultstätte diente.

Ionische Ordnung
griechischer Tempelbau-Stil, neben der dorischen Ordnung weit verbreitet während der klassischen Zeit. Die ionische Säule ist schlanker und eleganter als die dorische, steht auf einer Basis und zeigt tiefe Kanneluren, deren Strenge dank der Voluten des Kapitells gemildert wirken. Durch die Reduzierung der Gebälkhöhe in Verhältnis zur Säule gewinnt der ionische Tempel optisch noch weiter an Leichtigkeit.

Ionische Wanderung
etwa zwischen 1100 bis 800 v. Chr. erfolgende, unter Wirkung des Drucks der einfallenden Dorer ausgelöste Wanderungsbewegung der Ionier nach Westen. Mit ihr beginnt die griechische Besiedlung der Ägäis und der kleinasiatischen Westküste.

Jäger- und Sammlerkultur
Lebensform der aneignenden Wirtschaft, sog. Wildbeutertum; war über 2 Mio. Jahre hinweg, also während der Altsteinzeit und der Mittelsteinzeit, bestimmend und hat sich in ausgedehnten Gebieten bis in die Neuzeit hinein erhalten (Australien, Nordamerika, Sibirien, Südafrika). Das Jagen und Sammeln war vor der Einführung des Ackerbaus allgemein verbreitet. Typisch für alle Stämme mit dieser Lebensform ist, dass die Jagd den Männern vorbehalten ist, während Frauen und Kinder das Sammeln übernehmen.

Judentum
Religion des »Volkes Israel«, Glaube der in den Büchern des Alten Testaments charakterisierten Angehörigen des Stammes bzw. des Reiches Juda, das von den Römern Judäa genannt wurde. Der jüdische Glaube ist religionsgeschichtlich der älteste monotheistische Glaube der Welt und die Mutterreligion von Christentum und Islam.

Keilschrift: Tafel aus Ebla, 2400 v. Chr.

Keilschrift
die mit einem Stichel keilförmig in Tontafeln, -prismen und -zylinder geritzte Schrift der Sumerer (Ende 4000 v. Chr.), u. a. von Assyrern, Persern und zum Teil auch den Ägyptern verwendet. Die ursprünglich abstrakten Bilderzeichen entwickelten sich im Lauf des 3. Jt. v. Chr. zu phonetischen Zeichen, die den Aufbau einer Grammatik ermöglichten. Literarische Zeugnisse sind seit ungefähr 1500 v. Chr. nachweisbar. Dem Gymnasiallehrer G. F. Grotefend gelang 1802 die erste Entzifferung von Keilschriftfunden.

Keramik: Gefäß aus Kreta

Keramik
Sammelbegriff für alle Arten von Töpferware. Man hat sie als erste Erfindung des Menschen bezeichnet, bei welcher plastisches Ausgangsmaterial und festes Endprodukt völlig voneinander verschieden sind. Bisher galt die Keramik als Errungenschaft des Neolithikums, allerdings wurden auf Kyushu in Japan Kera-

miken der Jomon-Kultur aus der Zeit um 12 700 v. Chr. gefunden. Keramik gehört mit ihren vielfältigen Rohstoffen, Herstellungsarten, Formen und Stilvarianten zu den wichtigsten archäologischen Leitformen. Insbesondere ist sie ein gutes Hilfsmittel bei der Datierung. Malereien auf bzw. Reliefs an keramischen Gefäßen vermitteln zudem unschätzbar wertvolle Einblicke in Mythen, Kulte und Lebensgewohnheiten alter Völker.

Kimbern und Teutonen
germanische Stämme. Die Kimbern stammen ursprünglich wohl aus Jütland. Als sie vermutlich durch eine Springflut ihr Land verloren hatten, brachen sie auf, um neue Siedlungsplätze zu suchen. Der Name der Teutonen hat seine Wurzeln wahrscheinlich in der keltischen Sprache. Auch sie verließen ihre Ländereien, um nach Süden zu ziehen. Als sich die Stämme vereinen, werden sie zu einer Bedrohung für das Römische Reich. Nach Schlachten bei Vercellae und Aquae Sextiae gegen die römischen Legionen gehen beide Völker im 1. Jh. v. Chr. unter. Ihr Zug gilt als Vorbote der großen Völkerwanderung im 4. Jh. n. Chr.

Kolonisation
Prozess der Gründung und Entwicklung von Kolonien. Unterschieden wird die entsprechende Besiedlung von auswärtigem unbewohntem Land, von bewohnten Gebieten – die in der Regel mit Unterwerfung und wirtschaftlicher Ausnutzung einhergeht – sowie von unterentwickelten Gebieten (auch eigenen Territorien) und deren damit einhergehender Höherentwicklung. Die Kolonisation des Mittelmeerraums durch die Griechen ab dem 7. Jh. v. Chr. führte zur Ausbreitung der griechischen Kultur in Europa.

Konfuzianismus
auf den chinesischen Gelehrten Konfuzius (551–479 v. Chr.) zurückgehende, neben Taoismus und Buddhismus wichtigste Geistesrichtung in Ostasien; in China seit der Han-Dynastie (202 v. Chr.–220 n. Chr.) bis zum Ende des Kaisertums im Jahr 1912 verbindliche Staatsdoktrin. Der Konfuzianismus ist im eigentlichen Sinne keine Religion, sondern eine praktisch orientierte moralische Philosophie. Sein zentrales Anliegen ist die Einbettung des Einzelnen in Familie, Staat und Moral im Sinne der chinesischen Tradition.

Konsul
Amt der beiden obersten römischen Beamten; zunächst nur Patriziern, ab 367 v. Chr. auch Plebejern zugänglich. Die auf ein Jahr gewählten Konsuln berufen den Senat und die Volksversammlung (comitia) ein, leiten diese und führen ihre Beschlüsse durch. In der Kaiserzeit verloren sie ihre Macht.

Korinthische Ordnung
griechischer Tempel-Baustil, gegen Ende des 5. Jh. v. Chr. entwickelt; unterscheidet sich im Wesentlichen nur durch das Kapitell von der ionischen Ordnung. Unter seiner konkav geschwungenen Deckplatte besteht dieses aus zwei zu einem Kelch geformten Akanthusblatt-Kränzen.

Kurie
Machtzentrum der römischen Republik, in dem der Senat tagt. Das Gebäude, in dem die politischen Rededuelle stattfanden, wurde bei Auseinandersetzungen zwischen Anhängern und Gegnern Julius Cäsars zerstört. Das auf dem Forum Romanum stehende Bauwerk stammt aus dem 3. Jh. n. Chr.

La-Tène-Zeit
späte Eisenzeit (ab 400 v. Chr. bis zur Zeitenwende); nach einem Fundort am Neuenburger See (Österreich) benannt. In Mittel- und Westeuropa weist die Kultur dieses Zeitabschnitts einheitliche Züge auf. Träger waren die Kelten, die man im sog. Hallstatt-Westkreis auch bereits als Träger der Hallstatt-Kultur anzusehen hat. Verbindendes Element ist u. a. die Sitte der Wagenbestattungen vornehmer Stammesangehöriger in prächtigen Fürstengräbern. Auch die Form der Ringwall-Siedlungen blieb erhalten. Daraus entwickelten sich sog. Oppida, die als Frühform städtischer Zivilisation gelten können.

Legion
Truppenverband des römischen Bürgerheeres (ausgehobene Mannschaft), seit der späten Republik eingeteilt in zehn sog. Kohorten zu je drei Manipeln, die wiederum mit je zwei Zenturien zu je 100 Mann. Die Legion war das Rückgrat des römischen Militärapparates.

Limes
(lat. für Grenzweg); bei den Römern die Bezeichnung für den Weg zwischen zwei Grundstücken, seit der Kaiserzeit angewandt auf die militärisch gesicherte Grenze des Römischen Reiches. In Deutschland ist vor allem der 548 km lange obergermanisch-rätische Limes zwischen Rheinbrohl und Kelheim an der Donau bekannt.

Logik
in der griechischen und römischen Antike bedeutsame Lehre von den formalen Beziehungen zwischen Denkinhalten, vom genauen Denken und Schlüsse ziehen. Im Bereich der formalen Logik wird zwischen philosophischer und mathematischer Logik unterschieden. Begründer der klassischen Logik war der griechische Philosoph Aristoteles (384–322 v. Chr.).

Lyder
Bewohner der Landschaft Lydien im westlichen Anatolien und Staatsvolk des gleichnamigen Reiches. Dessen Hauptstadt Sardeis wurde unter dem von Gyges begründeten Königshaus der Mermnaden (680–546 v. Chr.) erbaut. Ausgrabungen förderten griechisch-ionische und einheimisch-barbarische Kunstzeugnisse zu Tage. Nach dem Sieg des persischen Königs Kyros II. über den letzten Mermnaden Kroisos (den sprichwörtlich reichen Krösus) im Jahr 547 v. Chr fiel dessen lydisches Reich an Persien.

Magdalénien
Kulturstufe des europäischen Paläolithikums, etwa ab 18 000 v. Chr.; benannt nach Funden aus dem Abri (Felsüberhang) von La Madeleine in Südwestfrankreich; reichste Kunstepoche des Jungpaläolithikums; in zahlreichen Höhlen fand man Malereien und Kleinplastiken, darunter filigrane Schnitzereien aus Rentiergeweih und Elfenbein. Die Jäger dieser Epoche verwendeten bearbeitete Knochenstücke als Speer- und Pfeilspitzen, z. T. aus Rehgeweih. Im mittleren Magdalénien Gebrauch von Speerschleuder und Harpune.

Megalithen: Tempel von Mnajdra auf Malta

Makkabäer
auf Judas Makkabi zurückgehender Name für jüdisches Priestergeschlecht, das im 2. Jh. v. Chr. einen Aufstand der Juden gegen die Herrschaft der Seleukiden anführte.

Mittleres Reich: Bäckerei, 12. Dynastie

Maurya
altindisches Herrschergeschlecht, dessen Oberhaupt Tschandragupta 322 v. Chr mit dem Maurya-Reich eines der mächtigsten Reiche der indischen Geschichte begründete. Von Magadha aus entfalteten die Maurya ihre Macht und beherrschten unter Tschandraguptas Enkel Aschoka den größten Teil Indiens. Die Hauptstadt der Maurya-Dynastie war Pataliputra (heute Patna). Nach Aschokas Tod (232 v. Chr.) setzte der Niedergang des Maurya-Reiches ein.

Meder
Bezeichnung für indoarische Stämme im Westen und Norden des Iran mit der Hauptstadt Ekbatana; seit dem Beginn des 8. Jh. v. Chr. in assyrischen Chroniken erwähnt. Tiglatpileser III. unternahm im 8. Jh. eine Reihe von Feldzügen und unterwarf die Grenzbevölkerung. Unter ihrem Herrscher Kyaxares schlossen sich die Meder mit den Chaldäern zusammen und eroberten Assyrien.

Megalithen
(griech. für große Steine); Bauwerke, Grabanlagen und Steinsetzungen aus großen Steinblöcken. Megalithisches Brauchtum gab es bei vielen Völkern und Stämmen, deren Glaubensvorstellungen sich im Mittelmeergebiet sowie in West- und Nordeuropa wahrscheinlich auf dem Seeweg verbreitet haben. Die formenreiche Symbolik der megalithischen Kunst Alteuropas drückt sich insbesondere in Spiralen, Bogen und Schlangenreliefs aus.

Menhir
(bretonisch für: langer Stein); riesiger einzelner Stein mit kultischer Bedeutung, oft bearbeitet und aufrecht stehend. Menhire, fälschlicherweise oft mit den Kelten in Verbindung gebracht, stammen in Wahrheit aus dem ausgehenden Neolithikum. Die Steinmale können unterschiedliche Höhen aufweisen und einzeln sowie in Gruppen stehen. Man findet sie vorwiegend in Frankreich; auch in Südwestdeutschland.

Mesolithikum
Mittelsteinzeit (10000–5500 v.Chr.). Bezeichnung für die Kulturen der Nach-Eiszeit: Jäger- und Fischerkulturen sowie Kulturen im Jäger-Bauern-Übergangsstadium.

Minoische Kultur
die erste Hochkultur Europas; entstanden um 2000 v.Chr. auf der Insel Kreta. Die bronzezeitliche Kulturentwicklung wird auf Vorschlag des britischen Archäologen Arthur Evans in die Phasen Früh-, Mittel- und Spätminoisch eingeteilt. Zwischen 2000 und 1500 v.Chr. wurde auch die Inselgruppe der Kykladen in die minoische Kultur mit einbezogen.

Mittleres Reich
(ab 2040, nach anderen Quellen 1987–1640 v.Chr.); mittlere Periode der ägyptischen Pharaonenzeit, beginnend mit der Vereinigung von Ober- und Unterägypten durch Pharao Mentuhotep II. in der 11. Dynastie, die eine Blütezeit einleitete. Unter Sesostris III. erfolgte ab dem Jahr 1878 v.Chr. die Ausdehnung des ägyptischen Einflussbereiches bis zum zweiten Nilkatarakt und der Ausbau von Handelsbeziehungen.

Mykenische Kultur
(um 1600–1200 v.Chr.); bronzezeitliche Hochkultur auf dem griechischen Festland; schuf die Grundlagen für die vorantike Zivilisation der Griechen. Zunächst Verbindung von mittelhelladischen Traditionen mit

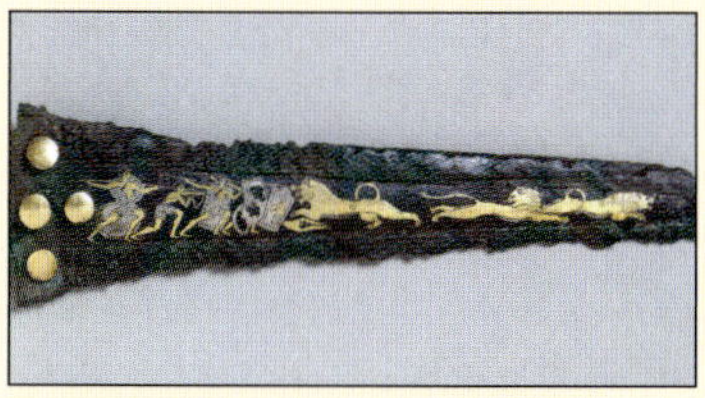

Mykenische Kultur: Bronzedolch

kretisch-minoischen Einflüssen. Aus dem Anfang der Periode datieren die mykenischen Schachtgräber, die im 19. Jh. von Heinrich Schliemann ausgegraben wurden. Um 1400 entstanden Kuppelgräber. Spätmykenische Keramik war im Mittelmeerraum weit verbreitet und bezeugt, dass die Mykener beim Handel das Erbe der Minoer angetreten haben.

Nekropole
(griech. für Totenstadt); Bezirk mit Gräbern, Tempeln und Wegen, in allgemeiner Bedeutung Name für Gräberfelder größerer Gemeinschaften.

Neolithikum: Herstellung eines Beils

Neolithikum
Jungsteinzeit (5500–3000 v.Chr.). gekennzeichnet u.a. durch das Auftreten geschliffener, nicht selten auch durchbohrter Steingeräte und die Herstellung von Tongefäßen (Keramik). Entscheidender noch aber ist der Übergang von der Aneignung zur Produktion von Nahrungsmitteln, eine Folge der erworbenen Fähigkeit zur Domestikation von Wildpflanzen bzw. -tieren; Entstehung von Bodenbau und Viehzucht.

Neolithische Revolution: Skara Brae

Neolithische Revolution
Abkehr des steinzeitlichen Menschen vom Wildbeutertum hin zur sesshaften Lebensweise; Begleiterscheinungen und Voraussetzungen sind neben der Sesshaftigkeit die Getreidewirtschaft, die Domestikation von Tieren, die Keramikherstellung und die Fähigkeit zum Schleifen von Steinwerkzeugen. Obwohl die Bezeichnung vielfach verwendet wird, ist sie wissenschaftlich irreführend, da es sich um keinen umstürzlerischen Prozess, sondern um eine Entwicklung gehandelt hat, die sich über Jahrtausende erstreckte.

Neues Reich
(1540–1075 v.Chr.); jüngere Periode der ägyptischen Pharaonenzeit; folgt auf die Vertreibung der asiatischen Herrscher der Hyksos und die daran anschließende Wiedergewinnung von Nubien unter den Königen der 18. bis 21. Dynastie. Dieser Epoche entstammt ein großer Teil der monumentalen Bauten Ägyptens.

Nok-Kultur
erste Eisen verarbeitende Kultur Afrikas (Blütezeit ab ca. 450 v.Chr. bis 200 n.Chr.), im Westen des Kontinents beheimatet. Ausgrabungen in Taruga im südlichen Teil des Jos-Plateaus förderten Schlackenhaufen und eine Vielzahl von Terrakottafiguren zutage. Mehrere hundert weitere Figuren wurden beim Freilegen von Zinnminen entdeckt.

Oligarchie
(griech. für Herrschaft der wenigen); auf Aristoteles zurückgehende Bezeichnung für eine Regierungsform, in der die Herrschaft einer kleinen Gruppe von Mächtigen zufällt.

Olmeken
Volk unbekannter Herkunft aus Mesoamerika (ab ca. 1500 v.Chr.); Träger der vorklassischen Kultur im südlichen Veracruz und Tabasco in Mexiko, auch La-Venta-Kultur genannt. Von diesen sind die historischen Olmeken als eine spätere Gruppe zu unterscheiden, die vielleicht an der Zerstörung von Teotihuacán beteiligt war und deren Macht viele mittelamerikanische Völker zu Wanderungen veranlasste. Die wichtigsten olmekischen Orte, La Venta und San Lorenzo, waren bereits seit ungefähr 1000 v.Chr. besiedelt. Die Olmeken gelten als die führende Kraft bei den revolutionären Änderungen in der vorklassischen Epoche Mesoamerikas, die durch die Gründung von Kultzentren und die Herausbildung hierarchischer Regierungsformen gekennzeichnet ist.

Olympiade
Zeitraum von vier Jahren, nach dem sich die Olympischen Spiele wiederholen. Die sportlichen Wettkämpfe wurden ab 776 v.Chr. in der griechischen Tempelstadt Olympia ausgetragen. Den Vier-Jahres-Rhythmus machte man zur Grundlage der Zeitrechnung, die nach Olympiaden erfolgte. Während der Wettspiele herrschte Friede zwischen den griechischen Stadtstaaten.

Optimaten
in der Endphase der römischen Republik die Anhänger der Partei des Adels und der herrschenden Familien (Senatspartei), die in Gegnerschaft zu den plebejische Interessen vertretenden Popularen stand.

Orakel
Bezeichnung für Weissagungen sowie für Stätten, an denen Weissa-

Orakel: Omphalos aus Delphi

gungen gemacht wurden. Vor Bestehen der großen Religionen und Kirchen Träger des göttlichen Willens und der göttlichen Offenbarung. Ihre Verkündung war in dieser Epoche eine Haupttätigkeit der Priester und Priesterinnen. Es gab Orakel, die in der Auslegung von Träumen bestanden (Traum-Orakel) und solche, die verschlüsselte, meist schwer verständliche oder zweideutige Antworten gaben (Spruch-Orakel).

Paläolithikum
Altsteinzeit (2,4 Mio.–10000 v.Chr.); früheste erfassbare und längste Kulturphase der Menschheit. Sie fällt mit der Eiszeit und den Zwischeneiszeiten zusammen und hebt sich deutlich von den nacheiszeitlichen Steinzeitepochen, Mesolithikum und Neolithikum, ab; Entwicklung von tiermenschlichen Vorformen über Ur- und Frühmenschen bis zum Jetztmenschen, dem Homo sapiens sapiens. Rückschlüsse auf die geistige Welt des Eiszeitmenschen ermöglicht die Betrachtung der Erzeugnisse einer sich entwickelnden und verfeinernden Werkzeugherstellung (Faustkeile, Klingen). Die Werkstoffe (u.a. Feuerstein, Obsidian, Quarz, Quarzit, Basalt) stammen oft von entlegenen Fundstellen. Bezeugt sind auch: Nutzung des Feuers, kluge Jagdmethoden, differenzierte Bestattungsformen (Schädelkult, Grabbeigaben), Vorliebe für Schmuck (Körperfärbung) sowie erste Kunstschöpfungen.

Pantheon
Tempelbauten der griechischen und römischen Antike, in denen zur gleichen Zeit alle Götter verehrt wurden. Da die Griechen meist einem bevorzugten Gott jeweils einen eigenen Tempel weihten, blieben solche Bauten selten. Der berühmteste stand in Pergamon. Der bis 128 n.Chr. in Rom von Valerius von Ostia errichtete größte Kuppelbau und Rundtempel der Antike, ein zylindrischer Backsteinbau, diente neben der Verehrung aller Götter auch der Huldigung der römischen Kaiser.

Parsismus
Spätform der Lehre des Religionsstifters Zarathustra (6./7. Jh. v. Chr.), benannt nach dessen Herkunftsland Persien; blühte vor allem in der Sassaniden-Zeit. Philosophischer Grundzug ist der Dualismus zwischen Ahura Mazda, dem guten, und Ahriman, dem bösen Geist; das heilige Buch der Parsen ist das Awesta. Nach der islamischen Eroberung Persiens wanderten die meisten Parsen nach Indien aus. Dort bekennen sich heute noch rund 120 000 Menschen zum Parsismus.

Parther
Volk in Nordpersien am Südufer des Kaspischen Meeres. Nach Unterwerfung ihrer Nachbarländer Medien und Baktrien dehnten die Parther vor 2200 Jahren ihr Reich im Westen bis zum Euphrat und im Osten bis zum Indus aus. Damit beherrschten sie einen wesentlichen Teil des Handelsweges vom Mittelmeerraum nach China. Durch die Römer hart bedrängt, mussten sie den westlichen Teil ihres Großreiches aufgeben und verloren im Kampf gegen die Perser die übrigen Eroberungen. Auch ihr Stammland ging im Perser-Reich auf.

Patrizier
im römischen Senat die Angehörigen des auf Landbesitz und Zugehörigkeit zur Offizierskaste beruhenden erblichen Adels. Seit etwa 500 v. Chr. im Alleinbesitz der politischen, priesterlichen und richterlichen Gewalt, mussten die Patrizier die Macht zunehmend mit Plebejern teilen und verschmolzen allmählich mit deren reichsten Familien zum römischen Besitzbürgertum.

Patrizier: Szenen des Landlebens

Peloponnesischer Krieg
(431–404 v. Chr.); zusammenfassende Bezeichnung für die Kämpfe zwischen den Stadtstaaten Athen und Sparta; endet mit der Schleifung der Stadtmauern Athens.

Perikleisches Zeitalter
höchste Blütezeit Athens während der Regierungszeit des Perikles, der zwischen 443 und 430 v. Chr. das Amt des Strategen ausübte; gilt auch als Höhepunkt der klassischen griechischen Kunst.

Perserkriege
entscheidende Auseinandersetzung zwischen Asien und Europa im Altertum, ausgelöst durch den Aufstand der ionischen Griechen und die Zerstörung der Stadt Eretria (490 v. Chr.) durch die Perser. Höhepunkte waren der Sieg der Athener gegen Persien bei Marathon (490 v. Chr.), die heldenhafte Verteidigung der Thermopylen durch den Spartaner-König Leonidas, der athenische Seesieg von Salamis (480 v. Chr.) sowie der Sieg des griechischen Landheeres bei Platää (479 v. Chr.). Im Kalliasfrieden (449/48 v. Chr.) verzichtete Persien auf die Seeherrschaft im Ägäischen Meer und die Oberhoheit über die Griechenstädte in Kleinasien.

Phalanx
geschlossene, mehrere Glieder tiefe Schlachtenordnung im antiken Griechenland; auch ein Heer Schwerbewaffneter.

Pharao
altägyptischer Gottkönig; benannt nach der hebräischen Wiedergabe des Titels »Pir-o« (Großes Haus).

Plebejer
Bezeichnung für die Volksmassen des Römischen Reiches, die im Gegensatz zum Adel, den Patriziern, vom Senat und zahlreichen Ämtern ausgeschlossen waren und auch keine Ehe mit Patriziern eingehen durften. Anders als Sklaven waren sie persönlich frei und zumeist Handwerker oder Bauern. In jahrhundertelangem Klassenkampf erreichten sie auf manchen Gebieten Gleichberechtigung, errangen allmählich viele Bürgerrechte und bildeten eigene Körperschaften.

Polis
(griech. für Stadt); Stadtstaat im antiken Griechenland; gleichzeitig die Gesamtheit der Bürger. Vorbildcharakter hatte die Polis von Athen. Das Hauptorgan bildete eine Vollversammlung aller Bürger, in der jeder das Recht hatte zu sprechen, Vorschläge zu unterbreiten und zu wählen. Die Vollversammlung kam mehrmals jährlich zusammen, um Entscheidungen zu treffen.

Popularen
Mitglieder der römischen Volkspartei in der Spätphase der Republik. Nach ihrem Führer Marius auch Marianer genannt, suchten die Popularen als Vertreter plebejischer Interessen gegen die Optimaten Agrar- und Sozialreformen durchzusetzen.

Prätor
Inhaber des höchsten Staatsamtes in der römischen Republik; später Titel der zwei höchsten Richter und endlich Bezeichnung für die Statthalter in den von Rom eroberten Provinzen.

Prinzipat
(von lat. princeps: der Erste); Amt des höchsten Würdenträgers im republikanischen Rom. Ursprünglich Ehrentitel des angesehensten Senators – der zuerst um seine Meinung gefragt wurde –, entwickelte es sich unter Cäsar zum Herrscheramt und wurde mit seiner erblichen Inanspruchnahme durch Augustus als republikanisches Amt aufgehoben.

Polis: Marktplatz in Sparta

Ptolemäer
ägyptische Herrscherfamilie (305 v. Chr.–30 n. Chr.). Benannt nach dem Diadochen Ptolemaios, der als Feldherr Alexanders des Großen das Land eroberte, dort als Statthalter eingesetzt wurde und sich nach Alexanders Tod zum König machte. Unter den Ptolemäern wurde Ägyptens neue Hauptstadt Alexandria zum geistigen Zentrum der Mittelmeerwelt. Die letzte Königin der Dynastie war Kleopatra VII.

Punische Kriege
die drei Kriege, die Rom im 3. und 2. Jh. v. Chr. gegen Karthago bzw. dessen Staatsvolk, die von den Phönikern abstammenden Punier, führte und beiderseitig als erbitterte Eroberungsfeldzüge angelegt waren. Bedeutsamster Feldherr im zweiten Punischen Krieg (218–201 v. Chr.) war der Karthager Hannibal. Der dritte Punische Krieg (149–146 v. Chr.) endete mit Roms Triumph und der völligen Zerstörung Karthagos.

Quästor
erste Stufe der altrömischen Beamtenlaufbahn mit Eintrittsberechtigung in den Senat. Als Gehilfe der Konsuln war der Quästor auch für die Finanzverwaltung zuständig.

Ringwallanlage
Befestigungsanlage vorgeschichtlicher Kulturen in Europa; bereits für das Neolithikum nachweisbar, größere Verbreitung jedoch erst in der Bronze-, vor allem aber während der Eisenzeit; in der Regel auf Kuppen zumeist isoliert liegender Berge. Die Befestigung kann aus einem einzigen umlaufenden Wall, aber auch aus mehreren konzentrischen Wällen und Gräben bestehen, manchmal zusätzlich mit Vorwerke.

Runen
einfaches Schriftsystem aus geraden Kerben, das von den Germanen nach Kontakt mit mittelmeerischen Schriften im 3. Jh. n. Chr. in Gebrauch kam (im Alpenraum erstmals um 100 v. Chr. nachweisbar). Die Schriftzeichen wurden dank ihrer Verbreitung durch die Wikinger noch weit ins Mittelalter hinein in ganz Nordeuropa verwendet.

Sarkophag
oftmals monumentaler Sarg aus Holz, Ton, Stein oder Metall, der in einer Gruft oder Grabkammer aufgestellt wurde; meist kastenartig, z. T. an Haus- oder Tempelformen erinnernd. Der Schmuck von Wänden und Deckplatten besteht häufig aus figürlichen Reliefs und Malerei. Ägyptische Exemplare sind seit frühester Zeit der Form der darin liegenden Mumien nachgebildet.

Satrap
(pers. für Reichshüter); Titel persischer Statthalter in eroberten Gebieten. Mit großen Vollmachten ausgestattet, konnten der Satrap in seinem Herrschaftsbereich (Satrapie) eine unumschränkte Herrschaft ausüben. Auf dem Höhepunkt seiner Machtentfaltung vor fast 2500 Jahren hatte das Perser-Reich bis zu 20 solcher Provinzherrscher eingesetzt.

Schamane
Zauber- oder Medizinmann; die magische, religiöse Autorität bei vielen Naturvölkern der Welt; Vermittler zwischen den Menschen und dem Übernatürlichen. Im engeren Sinn des Wortes versteht man darunter einen Menschen mit der Fähigkeit, sich in einem Zustand von Trance oder Ekstase in transzendente Bereiche zu versetzen oder mit jenseitigen Wesen in Beziehung zu treten.

Seevölker
in ägyptischen Texten zusammenfassende Bezeichnung für mittelmeerische Völker europäischer und kleinasiatischer Küstenstriche. Etwa ab 1250 v. Chr. lösten sie eine Bewegung aus, in deren Verlauf der Balkan, die mykenische Kultur Grie-

chenlands, das Hethiter-Reich und andere Reiche der Region von Südosteuropa über Kleinasien bis nach Ägypten erfasst wurden und z. T. untergingen. Ein Teil der Seevölker wurde in Palästina ansässig, ein anderer wanderte westwärts und ließ sich auf Italiens Festland sowie auf Sizilien und Sardinien nieder.

Seleukiden
hellenistische Herrscherdynastie, benannt nach Seleukos (um 358–281 v. Chr.), einem Feldherrn und sog. Diadochen Alexanders des Großen. Das Seleukiden-Reich war eines der Teilreiche, in die Alexanders Reich nach dessen Tod zerfallen war (Diadochen-Reiche). Unter seinem Gründer Seleukos erstreckte es sich von Kleinasien bis nach Afghanistan; die Hauptstadt Seleukeia lag am Tigris. Seleukos gründete zahlreiche Städte. Schwerpunkt des Reiches war später Syrien mit der in der heutigen Türkei gelegenen Hauptstadt Antiochia.

Senat
Rat der Alten, der sich in der römischen Republik aus den Häuptern der reichsten und mächtigsten Familien zusammensetzte; stellte die eigentliche Regierung Roms bis in die Kaiserzeit dar und hatte ein Aufsichtsrecht gegenüber allen staatlichen Stellen. Die Zahl seiner Mitglieder betrug bis ins 2. Jh. v. Chr. 300, wurde von Sulla auf 600 und von Cäsar auf 900 erhöht. Nach der Machtübernahme durch Augustus sank der Senat zu einem Vollzugsorgan des kaiserlichen Willens herab.

Shang-Dynastie: Klangstein

Shang-Dynastie
erstes historisch fassbares Herrschergeschlecht in China (1766–1122 v. Chr.); gegründet von Tang, nachdem er die Xia-Dynastie gestürzt hatte. Den Shang waren Bronzeguss, Seidenraupenzucht und Kalenderrechnung bekannt. Ihr Herrschaftsgebiet beschränkte sich auf das jetzige Mittelchina, das den heutigen Provinzen Shanxi, Hebei und Henan entspricht.

Skythen
mittelasiatische Nomaden, die nach Südrussland einwanderten und die dortigen, auf das 13. Jh. v. Chr. datierten Kammergräber hinterlassen haben sollen. Wahrscheinlich wichen die Kimmerier vor ihnen in den Nahen Osten aus. Zu Beginn des 7. Jh. v. Chr. drangen die skythischen Reiterkrieger in den Iran und Anatolien ein, auch in den assyrischen Annalen werden sie als Invasoren genannt; später zogen sie sich nach Südrussland zurück. Ihre Kunst stellt den wesentlichen Teil der Steppenkunst der Nomadenvölker dar, vor allem fand man Guss- und Treibarbeiten aus Gold, insbesondere Tierfiguren.

Solutréen
Kulturstufe des west- und südeuropäischen Paläolithikums, etwa ab 18 000 v. Chr.; benannt nach dem Dorf Solutré bei Macon (Frankreich). Prägnant sind meisterhaft geprägte Blatt- und Kerbspitzen, auch Broschen und Perlenketten.

Stele
Bezeichnung für einen aufrecht stehenden, dekorierten oder beschrifteten Denkstein; insbesondere in Griechenland als Grabstein vorkommend. Die Mode, kunstvoll dekorierte Stelen aufzustellen, begann in Athen im 6. Jh. v. Chr. und hielt sich bis ins 5. Jh. n. Chr. Auf Mittelamerika bezogen ist die Stele ein flaches, säulenartig dekoriertes Denkmal, oft mit eingemeißelten kalendarischen und hieroglyphischen Inschriften.

Stratege
gewählter Bezirksvorsteher in der griechischen Antike. Neben zivilen Verwaltungsaufgaben hatte er Verantwortung für das kriegerische Aufgebot und die militärische Führung. Das Ansehen der Strategen führte dazu, dass sie auch in der Politik eine führende Stellung einnahmen.

Stupa
von dem indischen Wort für Grabhügel abgeleitete Bezeichnung für buddhistische Kultstätten mit Überresten, die mit Buddhas Leben in Zusammenhang stehen. Die halbrunden Kuppelbauten sind häufig auf terrassenförmigem Gelände angelegt. Mit zunehmender Verbreitung des Buddhismus wurden auch für Reliquien von Buddhas Schülern derartige Bauten errichtet; deshalb insgesamt Bezeichnung für heilige Stätte des Buddhismus.

Sumerer
Bewohner des Südteils des alten Mesopotamien, die frühesten nachweisbaren Bewohner dieses Gebiets. Zu Beginn des 3. Jt. v. Chr. waren die Sumerer in einer Reihe von Stadtstaaten organisiert. Ein politischer Machtverfall trat zur Zeit der semitischen Herrscher von Akkad und infolge der Einfälle der Gutäer ein. Im ausgehenden 3. Jt. v. Chr. machten die Amoriter der Blüte des Sumerer-Reiches ein Ende.

Sarkophag: Grabkammer Thutmosis' III.

Tempel
(lateinisch templum, für Heiligtum); Bezeichnung für Sakralbauten, vor allem auf Bauwerke des altorientalischen Kulturraums und der griechisch-römischen Antike bezogen.

Terrakotta
(ital. gebrannte Erde); Plastik aus ausbranntem, unglasiertem Ton. In der Kleinplastik seit fast vier Jahrtausenden in Gebrauch. Im 4. Jh. v. Chr. erreichte ihre Herstellung in Tanagra (Griechenland) einen Höhepunkt.

Trichterbecher-Kultur
nach der oft in Megalithgräbern Norddeutschlands gefundenen typischen Keramik so bezeichnete älteste neolithische Kultur Südskandinaviens und der Tiefebene des nördlichen Mitteleuropas (ab etwa 3500 v. Chr.) in viele Untergruppen gegliedert; eines der bekanntesten Monumente ist der Denghoog, ein Ganggrab auf Sylt.

Triumvirat
(lat. für Dreimännerkollegium); gemeinsame Verwaltung eines Amtes im Römischen Reich. Zur Verhinderung von Amtsmissbrauch eingeführt, hatte es sich beim Amt für Münzprägung sowie beim Amt für Beaufsichtigung des Strafvollzuges bewährt. Von Cäsar, Crassus und Pompeius aus der Verwaltung auf die Politik übertragen. Das zweite Triumvirat bestand aus Antonius, Oktavian und Lepidus; es veranstaltete in Rom eine Ächtung politisch Missliebiger, der über 2000 Römer, darunter Cicero, zum Opfer fielen. Da das Amt von ihren Inhabern faktisch lediglich als Mittel zur Erringung der Alleinherrschaft betrachtet wurde, förderten die beiden Triumvirate mit dem Bürgerkrieg im Gefolge die Umwandlung der republikanischen Staatsform in eine Monarchie.

Tempel: Apollon-Tempel in Delphi

Tyrannis
Alleinherrschaft; in Alt-Griechenland im Gegensatz zur aristokratischen Oligarchie Herrschaft eines einzelnen Herrschers, der durch Gewalt zur Macht gelangt war und sich auf die Massen stützte; später allgemeine Bezeichnug für Willkürherrschaft.

Zhou-Dynastie
chinesisches Herrschergeschlecht (1100–256 v. Chr.), das sich in Form eines Lehensstaates organisierte. In die Zeit der Zhou-Dynastie fällt die Entstehung des Taoismus und des Konfuzianismus, außerdem entstanden dauerhafte politische Konzepte wie das »Mandat des Himmels«, nach dem das Recht zu herrschen dem Gerechten zufiel und dem Bösen und Korrupten verwehrt blieb; später entstand daraus die taoistische Überzeugung, dass der Himmel seinen Unwillen durch Naturkatastrophen zum Ausdruck bringe.

Zwölftafelgesetz
älteste Kodifikation des römischen Rechts; 451–450 v. Chr. im Zuge der Ständekämpfe auf der Grundlage verschiedener Rechtsquellen verfasst und in zwölf Bronze- oder Holztafeln geritzt. Dadurch sollten Uneinigkeiten zwischen Plebejern und Patriziern geklärt und allen Schichten Einblick in das Rechtswissen gewährt werden. 387 v. Chr. wurden die Tafeln beim Sturm der Gallier auf Rom vernichtet, doch sind einige Texte in späteren Quellen zu finden. Das Zwölftafelgesetz hatte entscheidenden Einfluss auf die Weiterentwicklung des römischen Rechtswesens, insbesondere die Entwicklung des »Corpus juris civilis« durch Kaiser Justinian im Jahr 528 n. Chr.

Register

Erfasst sind die wichtigsten Ereignisse, Themenkomplexe und Begriffe (auch Abkürzungen) sämtlicher Artikel. Ebenso verzeichnet sind die in den Artikeln, Jahreseinträgen und Biografien behandelten Personen. *Kursive* Seitenzahlen verweisen auf eine Abbildung, **halbfett** gesetzte auf eine Biografie.

A

B

C

D

E

F

G

L

M

N

O

P

Q

R

S

T

U

V

W

X

Y

Z

Bildnachweis

Agence photographique Réunion des Musées Nationaux, Paris: 253 r.; **aisa, Barcelona:** 7, 9, 10 u.l., u.r., 12 o., 21 o.r., 22 l., 24 r., 27 o., 28 u.l., 29 o., 31 u., 35 o.r., 37 o., 41 o.r., 42 o., 43 o.r., 44 o., u., 46 o., 46 u., 72 u., 77 o., 85 o., 86 u.l., 88 u., 89 u., 90 o., 93 u., 94 u., 96 u., 105 o., 107 u., 112 u., 115 r., 116 u.l., 117 M.l., u.l., 119 l., r., 120 o., 123 o., 124 o., u., 125 o., 126 u., 127 u., 129 o.r., 130 o., 133 o., 143 o.l., o.r., 147 o., 148 u., 149 o., 150 o., 156 u.r., 158 o., u., 159 u., 164 u., 166 o.r., u., 167 u., 168 o., u., 170 o., 172, 178 o., 180 o., 181 o., u., 183 u., 187 o., 189 l., u., u.r., 193 o.r., u., 194 u., 199 u., 203 o.l., 205 l.3.v.o., 206 l., 208 o., 210 u., 211 M.r., 212 o., 219 o., u.r., 220, 221 o., 224 o., 245 u.l., 246 o., 250 u., 254 o., 255 u.l., 257 o.l., u.l., 258 o., u.r., 259 o.l., o.r., 262 o., u., 263 o.r., 267 o., 268 o., u., 273 l., 274 o., 275 o.l., 277 u.r., 279 u.l., 282 u., 283 o., 285 o.r., 286 o., 291 u., 296 o., 301 o., 303 o.r., 304 o., u., 306 u.r., 307 o.r., 308 u., 318 u., 319 u., 324 u., 333 u.l., 342 u., 353 o., 355 o.l., 357 u., 361 l., 363 r., 365 o.; **Toni Angermayer, Holzkirchen**/Hans Pfletschinger: 121 u.l.; **Archäologisches Landesmuseum der Christian-Albrechts-Universität, Schleswig:** 28 o.r.; **Archiv für Kunst und Geschichte, Berlin:** 6, 10 u.M., 11 l.u., 25 o., 43 M.l., 48 o., 52 u., 53 o., 58 o., u., 73 u., 78 l., 82, 86 M., 94 o., 96 o., 101 o., 103 o., 109, 111 M., 112 o., 121 o.l., o.r., 122 u., 123 u.r., 126 o., 127 o., 128 u., 133 u.l., u.r., 134 u., 135 o., 136 u., 140 o., 141 u.l., u.r., 144 o., u., 145 o.l., u.l., u.r., 148 o., 152 o., 153 o., u., 156 o., u.l., 157 M., u.l., 161 u.l., 163 o., u., 164 o., 165 M., o., u., 166 o.l., 167 o., 171 o., 173 o.l., u.r., 174 u., 175 M., o., 176 u., 177 o., 178 u., 179 o., u., 180 u., 184 o., 185 u., 186 u., 187 u., 188 o., 190 o., 191 o., u.l., u.r., 192 o., 195 l., o.r., u.M., 199 l., 201 M., 202, 203 o.r., u.l., u.r., 208 u., 211 u., 213 u., 215 u.r., 218 o., u., 222 o., u.l., 228 u.l., 229 o., 231 o., 235 l., r., 236 u., 237 o.r., u., 238 o., 240 o., u., 241 o., u., 245 u.r., 247 o.l., 248 u., 250 o., 251 o.l., o.r., u.r., 252 u., 253 u.l., 256 o., 258 u.l., 259 M.r., 261 u., 265 u., 266, 267 l., r., 269 r., 271 l., r., 273 u.r., 274 M., u., 275 u., 276, 277 o.l., 278, 279 u.r., 280 o., 281 o., 283 u.l., 285 o.l., u.l., u.r., 289 o., u., 290 o., 291 o., 292 u., 293 u.l., 295 o., 297 o., 299 o., u., 300 o., 302 u., 303 u., 305 o., u., 307 M., M.r., 308 u., 310 o., 312 o., 313 o., 314 u., 316 u., 319 o.l., o.r., 320, 322 o., 324 o., 329 u.l., 330 o., u., 331 o., 332 u., 334 o., 335 u., 337 o.l., 338, 339 o., 340 o., u.l., 341 o., 342 o.l., 343 o., 345 o.l., r., 346 o., 347 u., 348 u., 349 u., 350 u., 351 u.r., 352 u., 353 u., 354 u., 356 o.r., u., 363 l., M.o., 364 l., o., /Jean-François Amelot: 75 u., /Piero Baguzzi: 205 l. 2.v.o., /Battanlini: 295 u.l., /Johann Brandstetter: 42 u.r., /British Library: 230 u., 242 o., /Cameraphoto: 251 u.l., /Peter Connolly: 108 o., 204 u.r., 223 o., u., 272 u., 308 o., 328 o., 343 u. 345 u.l., /Jean Paul Dumontier: 42 u.l., /Werner Forman: 28 u.r., 54 o., 86 M.r., u.r., 102, 108 u.r., 222 r., 239 o., 244, 259 u.l., 264 o., 326 u., 336 u., 337 r., 355 u., /François Guénet: 87 M.r., /Rainer Hackenberg: 86 M.l., /John Hios: 358 l., 359 o., /Image Select: 311 o., /Hartwig Koppermann: 335 o., /Herbert Kraft: 11 o.r., r.,2.v.o., 60 u., 79 u., 360 l., /Erich Lessing: 13 u., 15 r., 21 o.l., 23 l. 43 M.r., o.l., u.l., 50 o., 51 u., 56 M.r., o.r., u., 63 u., 64 o., 65 o., u., 67 o., 69 l., r., 72 o., 74 u., 81 o., u., 86 o., 87 o.r., 90 u.r., 91 o., 95 u., 99 u., 101 u., 104 o., u., 105 u., 110, 113 o., 114 o., 117 M., 123 u.l., 138 u., 141 o., 155 u., 157 o.l., 160 u., 204 o., 205 o.l., u.l., 209 u.l., 211 M.l., 214 u., 215 u.l., 216 u., 224 u., 236 o.l., 243 u., 247 u., 248 o., 249 r., 260 u., 263 o.l., 279 o., 307 o.l., u.r., 309 u., 321 o., 360 r., /Gilles Mermet: 325 u., /Jean-Louis Nou: 242 u., 255 o., 261 o., 280 u., 321 l., /Pirozzi: 233 u.r., /Jürgen Sorges: 55 o.l., 98 o., /Vatikanische Museen: 307 M.l., /Veintimilla: 99 o.l., /Irmgard Wagner: 252 o.; **Archiv Gerstenberg, Wietze:** 245 o.r.; **Archiv Igda, Mailand:** 54 u.; **Artothek, Weilheim**/Blauel-Gnamm: 306 u.l.; **Associated Press GmbH, Frankfurt**/Latreille: 36 u.; **Doc. N. Aujoulat, Dépt. Art Pariétal:** 10 o.; **Bayerischer Schulbuchverlag, München:** 249 o.; **Bibliotheque Nationale, Paris:** 227 u.r.; **Bildarchiv Hansmann, München:** 205 M.; **Bildarchiv Paturi, Rodenbach:** 20, 68 o., 83 o.l., 84 u., /esa: 312 u.; **Bildarchiv Preußischer Kulturbesitz, Berlin:** 33 o.r., 93 o., 139 u.l., 146, 157 M.r., u.r., 177 u., 197 r., 228 o., 234 o., 287 u., 341 u., 349 o., 351 o.; **Brandenburgisches Landesamt für Denkmalpflege, Wünsdorf:** 41 u.r.; **Bridgeman Art Library, London:** 125 u.; **British Museum, London:** 115 l., 142 o., 143 u.l., 173 o.r., 209 u.r., 281 u., 327; **Campus-Verlag, Frankfurt:** 66 o.; **Christoph & Friends/Das Fotoarchiv, Essen**/Thomas Mayer: 79 o., /Knut Müller: 182 o.; **J. Clottes:** 26; **M. Colyn:** 73 o.; **Corbis Bettmann, New York:** 155 o., 188 u., 332 o., /UPI: 47 u., 116 o.; **Corbis GmbH, Düsseldorf:** 213 o., /David Muench: 294 u., /Alan Towse/Ecoscene: 317 u.r.; **Corbis UK Ltd., London:** 68 u., 232 o., /Asian Art and Archaeology, INC: 154 u.r., /Burstein Collection: 209 o., /Chris Heller: 235 M., /Historical Picture Archive: 197 o., /Oriol Alamany: 214 o.; **Deutsche Presse Agentur, Frankfurt:** 49 u., 200 l., /Markus Beck: 97 o.r., /epa afp: 39 o., /epa afp Al-Sehti: 122 o., /epa USAir Force Pool: 358 u., /Farnsworth: 18, /Peter Förster: 151, /Norbert Försterling: 200 o., / Waltraud Grubitzsch: 39 u., /Merker: 19 M.r., /Bodo Müller: 192 u.r., /Patrick Pleul: 43 u.r., /Polfoto Carl Obling: 19 o., /Boris Roesler: 19 u.r., /Kurt Scholz: 192 u.l., /Wöstmann: 11 o.l.; **Deutsches Archäologisches Institut, Berlin**/Klaus Schmidt: 48 u.; **Deutsches Archäologisches Institut, Rom:** 347 o., 351 u.l.; **Tom Dillehay, Lexington (Kentucky):** 38 u.; **Document-Vortragsring e.V., München**/Richard Konstantin Blasy: 198 o., 249 u.l., 298 u., 350 o., 357 o., /Bernhard Gra: 246 u., /Detlef Haberland: 162 o., 197 u.l., 243 o., 259 o.M., u.r., 260 r., 344 u., 365 u., /Adrian Hey: 254 u., /Walter Kremnitz: 70 u., 106 u., /Hildegard Matthäi-Latocha: 315 o., /Hildegard Offermann: 288 u., / Wolfram Oswald: 85 u., /Ernst Rieber: 55 o.r., 225 o., /Erika Utzerath: 118 u., 290 u., 307 u.l.; **Dorling Kindersley, London:** 62 o., 134 o., 316 o.; **Ferdinand Dupuis-Panther, Hamburg:** 100 u.; **Embassy of The Islamic Republic of Iran in Ottawa:** 71 o.r.; **The Environment Agency:** 84 o.; **Forschungsinstitut u. Naturmuseum Senckenberg, Frankfurt**/Plodowski: 53 u.; **Fratelli Alinari I.D.F.A. S.p.A., Firenze:** 250 M.r., 342 r., 355 r.; **Fremdenverkehrsamt Malta, Frankfurt:** 362 u.; **Dr. Ingo Gabriel, Lürschau:** 45 o., 83 u.l.; **Germanisches Nationalmuseum, Nürnberg**: 70 o.; **Dr. Georg Gerster, Zumikon-Zürich:** 358 o.; **Geschichtsverein Windecken:** 63 o.; **Giraudon Bridgeman, Paris:** 174 o.; **Kai-Uwe Goetz, Hamburg:** 270 u.; **Ruth Greve, Lübeck-Travemünde:** 234 u.; © **Robert Harding, London**/Jackson: 233 M.; **Prof. Dr. Hans Hecklau, Trier:** 131 o.; **A. Heege:** 78 u.r.; **Dr. Helmut Hell, Reutlingen:** 17; **Hirmer Verlag, München:** 132 u., 292 o.; **Historischer Verein Bamberg:** 71 u.; **Dr. Volker Höhfeld, Hechingen:** 130 u.; **Dr. Sigmar Hohl, Oberding**: 361 u.r.; **Gerhard Huber, Graz:** 103 u., 107 o., 113 u., 210 o., 288 o., 303 o.l.; **Hulton Deutsch Collection Ltd., London:** 98 u., 111 o., 131 r., 159 o., 171 u., 236 o.r., 253 o.l., 273 o., 277 o.r., 311 u.r.; **Donal Hurlbert/Museum of Natural History/Smithsonian Institute:** 34; **The Hutchinson Library, London:** 296 u.; **IFA-Bilderteam GmbH, Ottobrunn:** 35 u.r., /Nägele: 83 o.r.; © **Il mondo degli animali, RCS Libri & Grandi Opere SpA Milano:** 50 u.; **Image Select, Clifton:** 30, 31 o.l., 33 u.r., 52 o., 67 u., 87 o.l., u.r., 89 o., 90 u.l., 91 u., 95 o., 99 o.r., 116 u.r., 118 o., 131 u.l., 136 o.l., o.r., 143 u.r., 154 u.l., 157 o.r., 162 u., 182 u., 186 o., 194 u., 198 u., 199 r., 207 o., u., 215 o., 217 o., u., 231 u.l., 233 o., 238 u.r., 256 u., 309 o., 317 o., 344 o., 348 o., 354 o.r., 361 o.r., /Archiv für Kunst und Geschichte: 137 u., 195 u.r., 196, 232 u., 264 u., /Corbis: 38 o.; **Instituto Geografico de Agostini, Milano:** 205 M.r.; **Interfoto, München:** 11 u.r., 32 u., 33 u.l., 43 M., 100 o., 111 u., 117 o.l., 120 u., 129 l., 139 o.l., 142 u., 161 o.l., 169 o., 170 u., 175 u., 184 u., 185 o., 205 u.r., 226 o., 227 o., 228 u.r., 229 u., 239 u., 255 u.r., 263 u., 265 o., 275 o.r., 297 u., 301 u., 313 u.r., 314 o., 321 u., 322 u., 331 u., 333 u.r., 334 u., 359 u., 363 M.u., /Barth: 114 u., /Bridgeman Art Library: 80 u., 160 o., 221 r., 259 M.l., 323 u., 339 r., 340 u.r., /Daniel: 310 u., /Hansmann: 71 o., 83 u.r., /Klammet: 300 u., /Sergej Subbotin: 201 u., /H. Weidner-Weiden: 293 o.; **Japanese National Tourist Office:** 204 u.l.; **Dr. Wilfried Koch, Rietberg:** 325 o.r., 333 o., 352 o.; **Kulturgeschichtliches Bildarchiv Hansmann, München:** 132 o., 294 o., 311 u.l.; **B. Klingwall:** 336 o.; **Kunstmuseum Brünn:** 22 r.; **Fotoagentur Helga Lage, Frankfurt:** 150 u.; **Lexikothek, Gütersloh:** 137 o.; **Lic. Maria Sanchez Proano and Betina Sanchez:** 12 u.; **Aldo Margiocco, Isoverde Campomorone:** 313 u.l.; **Mauritius, Mittenwald:** 128 o.; **Max-Planck-Gesellschaft, München:** 77 u.; **mediacolor's, Zürich**/Kage: 152 u., /Lessing: 238 u.l.; **Prof. Dr. James Mellaert, London:** 45 u., 57 o., u., 61 M.r.; **mev Verlag, Augsburg**: 306 o.; **Mittelrheinisches Landesmuseum, Mainz:** 354 o.l.; **Arnoldo Mondadori Editore, Mailand:** 13 o.; **Musée de l'Homme, Paris:** 14 o., 21 u.; **Musée du Louvre, Paris:** 161 r.; **Museo Arquelogico Nacional, Madrid:** 283 u.r.; **Museum Archaelogico Nationale, Neapel:** 298 o.; **Museum für die Archäologie des Eiszeitalters, Neuwied:** 23 r., 40, 41 l.; **Museum und Park Kalkriese, Bramsche-Kalkriese:** 323 o.; **Nationalmuseum Kopenhagen:** 8, 176 o.; **Niedersächsisches Landesmuseum, Hannover:** 35 l.; **Niedersächsisches Landesverwaltungsamt, Hannover**/Niedersächsisches Landesmuseum: 216 o.; **Hildegard Offermann, Esslingen:** 329 o.; **Okapia KG, Frankfurt**/W. Rohdich: 73 o.l.; **Österreichische Nationalbibliothek, Wien:** 329 u.r.; **Peter Oszvald/Kunst-u.Ausstellungshalle der BRD, Bonn:** 183 o.; **Stefanie Paulin, Lünen:** 62 u.l., 62 u.r.; **Miguel Perez:** 219 M.; **Photos 12, Paris:** 362 r.; **Prähistorische Staatssammlung, München:** 318 o.; **Rapho, Paris:** 117 u.r.; **La Réunion des Musées Nationaux, Paris:** 61 o., 87 u.l., 117 o.r.; **Reuters AG New Pictures, Berlin**/STR: 25 u.; **Rheinisches Landesmuseum, Bonn:** 66 u.; **Roemer- und Pelizaeus-Museum, Hildesheim:** 121 u.r.; **Roger Viollet, Paris:** 92; **Wilfried Rosendahl, Darmstadt:** 14 u., 15 l., 36 o., 37 u., 55 u.r.; **Rosgartenmuseum, Konstanz:** 31 o.r.; **Hans Roßdeutscher, Bielefeld:** 149 u., 154 o.; **SCALA Group S.p.A., Antella:** 287 o., 325 l.u.; **Schultz, Göttingen:** 61 u.; **Science Museum, London:** 76; **Mihai Serban, Cluj/Rumänien:** 74 o.; **Silvestris Fotoservice, Kastl**/Karl-Heinz Eckhardt: 80 o., /Lenz: 106 o., /Werner: 51 o.; **sipa-press, Paris:** 16, /AA: 140 u., /Trioli: 97 u.; **Skira, Genf:** 284; **Staatliche Antikensammlung und Glyptothek, München:** 205 o.r., 221 u.; **Topfoto, Kent/Uppa.co.uk:** 315 u.; © **Troja-Projekt am Inst. für Ur- und Frühgeschichte und Archäologie des Mittelalters der Universität Tübingen:** 200 u.; **Universität Bern/Institut für Vorderasiatische Archäologie und Altorientalische Sprachen, Bern:** 169 u.; **Universität Würzburg:** 78 o.; **Wissen Media Verlag GmbH, Gütersloh:** 11 M.l., 59 u., 64 u., 138 o., 147 u., 190 u., 201 o.r., 211 o.r., 230 o., 237 o.l., 257 u.r., 269 l., 270 r., 277 o.M., 282 o., 293 u.r., 302 o., 317 M.r., u.l., 325 o.l., 326 o., 328 u., 346 u., 356 o.l., /Cultural Relics Publishing House: 365 l., /Iraq Directorale General of Antiquities: 145 o.r., /Maurer: 97 o.l., /Musée d'histoire: 49 o.; **Württembergisches Landesmuseum, Stuttgart:** 27 u.; **ZEFA, Düsseldorf:** 226 u., 245 o.l.

© für die Karten: Andromeda, Oxford/Wissen Media Verlag GmbH, Gütersloh: S. 75, 88, 139, 193, 337; Wissen Media Verlag GmbH, Gütersloh: 212, 286

Trotz größter Sorgfalt konnten die Urheber des Bildmaterials nicht in allen Fällen ermittelt werden. Es wird gegebenenfalls um Mitteilung gebeten.

Kulturstufen der frühen Menschheit

Paläolithikum (Altsteinzeit)	Altpaläolithikum Mittelpaläolithikum Jungpaläolithikum	2,4 Mio. – 100 000 v. Chr. 100 000 – 40 000 v. Chr. 40 000 – 10 000 v. Chr.	**Alt- und Mittelsteinzeit** (2,4 Mio. – 5500 v. Chr.)
Mesolithikum (Mittelsteinzeit)	Alt- und Jungmesolithikum, Ackerbau, erste Städte in Vorderasien und Ägypten	10 000 – 5500 v. Chr.	
Neolithikum (Jungsteinzeit)	Altneolithikum Mittelneolithikum Jungneolithikum	5500 – 5000 v. Chr. 5000 – 4300 v. Chr. 4300 – 3000 v. Chr.	**Jungsteinzeit, Bronzezeit** (5500 – 1750 v. Chr.)
Bronzezeit Erste Hochkulturen	Altes und Mittleres Reich Ägyptens Mesopotamische Stadtstaaten Induskultur Kykladen- und Minoer-Kultur Megalith-Kultur	3000 – 1750 v. Chr.	
Vorphase der Antike	Hethiter und Hyksos Mykene Neues Reich in Ägypten Israeliten, Phöniker Olmeken	1750 – 800 v. Chr.	**Vor- und Frühantike, Eisenzeit** (1750 – 450 v. Chr.)
Frühphase der Antike	Griechische Kolonisation Zhou in China, Assyrer Lyder, Skythen, Perser Kelten, Etrusker Gandhara-Zeit in Indien	800 – 450 v. Chr.	
Klassik und Hellenismus	Perikleisches Zeitalter in Griechenland Alexanders Weltreich Rom erobert Italien Altes Amerika	450 – 250 v. Chr.	**Klassisches Altertum, Römerzeit** (450 – 1 v. Chr.)
Römisches Zeitalter	Weltmacht Rom römische Staatskrise Kaiserreich China Christi Geburt	250 v. Chr. – 1 n. Chr.	

CHAUVET LASCAUX TAUSCHHANDE
ALTAMIRA CLOVIS-KULTUR EISZEI
SCHAMANEN PHALLUSKULT JERICH
SCHÄDELKULT SESSHAFTIGKEIT ÇATA
HÜYÜK BANDKERAMIK INDUS-KULTU
ERTEBÖLLE VINČA-KULTUR METALLURGI
MEGALITH-GRÄBER RÖSSENER KULTU
MENHIRE KURGANVÖLKER PFAHLBAUTE
SUMERER HIEROGLYPHEN GGANTIJ
URUK ÖTZI ÄGYPTEN BRONZEZEI
TROJA SINTFLUT PYRAMIDEN MEMPHI
GLOCKENBECHERKULTUR CHEOP
SPHINX ANUBIS IMHOTEP HORU
EBLA LAGASCH AKKADER INDIG
HARAPPA SARGON MINOISCHE KULTU
STONEHENGE INDOGERMANEN BABYLO
HETHITER ATLANTIS MEGIDDO MYKEN
HATSCHEPSUT ECHNATON MOSE EXODU
NOFRETETE GILGAMESCH PROPHETE
RAMESSIDEN KASTENWESEN SPART